Vahlens Handbücher
der Wirtschafts- und Sozialwissenschaften

Einführung in die Allgemeine Betriebswirtschaftslehre

von

Dr. Dr. h. c. mult. Günter Wöhe

o. Professor der Betriebswirtschaftslehre
an der Universität des Saarlandes

unter Mitarbeit
von

Dr. Ulrich Döring

o. Professor der Betriebswirtschaftslehre
an der Universität Lüneburg

19., neubearbeitete Auflage

Verlag Franz Vahlen München

Die Deutsche Bibliothek – CIP-Einheitsaufnahme

Wöhe, Günter:
Einführung in die allgemeine Betriebswirtschaftslehre / von
Günter Wöhe. – 19., überarb. und erw. Aufl. / unter
Mitarb. von Ulrich Döring. – München : Vahlen, 1996
(Vahlens Handbücher der Wirtschafts- und
Sozialwissenschaften)
ISBN 3 8006 2092 8

ISBN 3 8006 2092 8

© 1996 Verlag Franz Vahlen GmbH, München
Alle Rechte vorbehalten
Satz und Druck: C. H. Beck'sche Buchdruckerei, Nördlingen
Bindung: R. Oldenbourg, München
Gedruckt auf säurefreiem, alterungsbeständigem Papier
(hergestellt aus chlorfrei gebleichtem Zellstoff)

Vorwort zur neunzehnten Auflage

Für die vorliegende neunzehnte Auflage haben wir zwei Überarbeitungsschwerpunkte gesetzt: Der Dritte Abschnitt (Die Produktion) wurde mit Ausnahme des Kapitels „Die Produktions- und Kostentheorie" völlig neu geschrieben. Gleichermaßen präsentiert sich der Fünfte Abschnitt (Investition und Finanzierung) in neu gefaßtem Text, wovon nur die institutionellen Kapitel „Die Quellen der Außenfinanzierung" und „Besondere Anlässe der Außenfinanzierung" ausgenommen sind.

Die tiefgreifende technische und organisatorische Weiterentwicklung der Produktionswirtschaft und die zunehmende Berücksichtigung des Umweltschutzes bei unternehmerischen Entscheidungen, insbesondere im Produktionsbereich, haben die praktische Produktionsplanung in hohem Maße beeinflußt. Dieser Entwicklung trägt der neue Lehrbuchtext zur Produktionsplanung und zu integrierten Planungs- und Steuerungssystemen Rechnung.

Auf dem Gebiet der Investition und Finanzierung haben sich die Gewichte der Lehrinhalte in den vergangenen Jahren stark verschoben: Einerseits genügt es nicht mehr, das einfache investitionsrechnerische Instrumentarium in deterministischen Modellen anzuwenden. Auch ein einführendes Lehrbuch muß sich – für den Anfänger verständlich – mit dem Phänomen des Investitionsrisikos auseinandersetzen. Andererseits hat die im angelsächsischen Raum entwickelte Kapitalmarkttheorie auch bei uns die Lehrinhalte verändert. Investition und Finanzierung finden ihren Niederschlag in Kapitalnachfrage und Kapitalangebot, wobei der Preismechanismus des Kapitalmarktes den von Kapitalanbietern und -nachfragern übernommenen Risiken Rechnung trägt. Dem einführenden Charakter dieses Lehrbuchs entsprechend haben wir uns bemüht, dem Anfänger die Grundlagen dieses kapitalmarktorientierten Denkansatzes verständlich zu machen.

Im übrigen wurde das gesamte Buch einer kritischen Durchsicht unterworfen. Änderungen im Steuerrecht, insbesondere aber die Novellierung des Umwandlungsrechts, machten eine weitreichende Überarbeitung notwendig.

Die gleichzeitig mit der neunzehnten Auflage des Lehrbuches erscheinende achte Auflage des Übungsbuches[1] setzt den gleichen Überarbeitungsschwerpunkt wie das Lehrbuch: Im Bereich der Produktionsplanung, insbesondere aber der Investition und Finanzierung wurden über 40 alte Aufgaben durch neu konzipierte Übungsfälle ersetzt.

Herr Dr. Joachim Behrendt (Marmara-Universität, Istanbul) und die Lehrstuhlmitarbeiter an der Universität Lüneburg, Frau Dipl.-Kff. Birgit

---

[1] Wöhe, G., Kaiser, H., Döring, U., Übungsbuch zur Einführung in die Allgemeine Betriebswirtschaftslehre, Vahlen Verlag, 8. Aufl., München 1996; im folgenden durch Klammerzusätze zitiert, z. B. (ÜB 1 / 4–6). Das bedeutet: Übungsbuch, 1. Hauptabschnitt, Aufgaben 4–6.

Kulow und die Herren Dipl.-Kfm. Axel Baden, Dipl.-Ök. Michael Borg-
mann, Dipl.-Kfm. Ralf-Michael Rokoß und Dipl.-Kfm. Frank Winzker,
haben uns bei der Überarbeitung des Buches sehr unterstützt. Wir danken
ihnen für wertvolle Verbesserungsvorschläge und die Hilfe beim Lesen der
Korrekturen.

Den Sekretärinnen, Frau Antje Jesswein und Frau Violetta Graf, gilt unser
Dank für die Umsicht und Sorgfalt bei der Erstellung der Druckvorlage.
Dem Lektor des Verlages, Herrn Dipl.-Vw. Dieter Sobotka, sind wir für die
tatkräftige und reibungslose Zusammenarbeit erneut zu Dank verpflichtet.

Saarbrücken/Lüneburg, im Juli 1996   *Günter Wöhe*
                                                      Ulrich Döring

Vorwort zur achtzehnten Auflage

In den vergangenen drei Jahrzehnten trugen regelmäßige Überarbeitungen
dieses Buches der Weiterentwicklung der Betriebswirtschaftslehre in Theorie und Praxis Rechnung. Da ein Buch dieses Umfangs nicht in kurzen
Zeitabständen völlig neu geschrieben werden kann, mußten bei jeder Neubearbeitung gewisse Schwerpunkte gebildet werden. Tiefe und Breite der
Überarbeitungen waren dabei in den einzelnen Auflagen unterschiedlich umfangreich.

Die vorliegende achtzehnte Auflage wurde einer „großen" Neubearbeitung unterzogen, die alle Hauptabschnitte des Buches zum Gegenstand hatte. Eine Ausnahme bildet der Zweite Abschnitt (Aufbau des Betriebes), der
in der Vorauflage den Schwerpunkt der Überarbeitung bildete.

Für die vorliegende achtzehnte Auflage liegen die Bearbeitungsschwer-
punkte im Dritten und Vierten Abschnitt. Der Vierte Abschnitt (Der Absatz) wurde von der ersten bis zur letzten Zeile neu geschrieben und dabei an
die rasante Entwicklung der modernen Marketinglehre angepaßt. Der Dritte
Abschnitt (Die Produktion) wurde um ein Kapitel „Integration der EDV in
den Produktionsbereich" erweitert und gleichzeitig durch Neufassung des
umfangreichen Kapitels „Produktions- und Kostentheorie" erheblich ge-
strafft.

Der Fünfte Abschnitt (Investition und Finanzierung) wurde um ein Kapitel
über Finanzinnovationen erweitert. Auch der Sechste Abschnitt (Das betriebliche Rechnungswesen) wurde überarbeitet und um einige Anmerkungen zur Prozeßkostenrechnung erweitert. Schließlich wurde der Erste
Abschnitt (Gegenstand, Methoden und Geschichte der Betriebswirtschaftslehre) um eine kurze Analyse des ökologieorientierten Ansatzes der Betriebswirtschaftslehre ergänzt.

Die gleichzeitig mit der achtzehnten Auflage des Lehrbuches erscheinende
siebente Auflage des Übungsbuches wurde entsprechend der Neubearbei-

tungsschwerpunkte insbesondere im Bereich des Absatzes und der Produktion um eine größere Zahl von neuen Aufgaben ergänzt. Um die Umfangerweiterung in Grenzen zu halten, wurden einige aus heutiger Sicht weniger wichtige Aufgaben gestrichen.

Für wertvolle Verbesserungsvorschläge und das Lesen der Korrekturen danken wir unseren Mitarbeitern, den Herren StB Dr. Rudolf Mohr, Dipl.-Kfm. Armin Pfirmann, Dipl.-Kfm. Helge Braun und Frau Dipl.-Kff. Cordula Müller (Saarbrücken) sowie den Herren Dr. Joachim Behrendt, Dr. Rainer Buchholz, Dipl.-Kfm. Axel Baden, Dipl.-Kfm. Claus Niemann und Dipl.-Kfm. Frank Winzker (Lüneburg). Für die Beteiligung an den Korrekturarbeiten sind wir ferner Frau cand. rer. oec. Susanne Baur und Frau cand. rer. oec. Stefanie Haberhauer zu Dank verpflichtet.

Unseren Sekretärinnen, Frau Doris Schneider (Saarbrücken) und Frau Antje Jesswein (Lüneburg), gilt unser Dank für die Umsicht und Sorgfalt beim Schreiben der Manuskripte. Dem Lektor des Verlages, Herrn Dipl.-Vw. Dieter Sobotka, sind wir für die erneute verständnisvolle und harmonische Zusammenarbeit sehr verbunden.

Saarbrücken/Lüneburg, im Juli 1993 *Günter Wöhe*
Ulrich Döring

Vorwort zur siebzehnten Auflage

Vor mehr als 30 Jahren erschien die erste Auflage dieses Buches. Seitdem ist es sechzehnmal überarbeitet und an die Weiterentwicklung der Allgemeinen Betriebswirtschaftslehre sowie der für sie relevanten Rechtsvorschriften angepaßt worden. Besondere Schwerpunkte der Neubearbeitung der siebzehnten Auflage bilden im Zweiten Abschnitt (Der Aufbau des Betriebes) die Bereiche der strategischen Planung und der computergestützten Informationswirtschaft und im Sechsten Abschnitt (Das betriebliche Rechnungswesen) das Gebiet des Jahresabschlusses.

Das zu diesem Lehrbuch erschienene Übungsbuch wurde um zahlreiche Aufgaben aus dem Gebiet der EDV erweitert und in allen Teilen an die 17. Auflage des Lehrbuches angepaßt.

Meine Mitarbeiter haben mir bei der Vorbereitung der 17. Auflage viele wertvolle Verbesserungsvorschläge unterbreitet und mich beim Lesen der Korrekturen sowie der Überarbeitung des Literatur- und Sachverzeichnisses unterstützt. Dafür gilt mein Dank den Herren Dipl.-Kfm. Joachim Kerth, Dipl.-Kfm. Rudolf Mohr, Dipl.-Kfm. Karl Wadle, Dipl.-Kfm. Christoph Kneip, Dipl.-Kfm. Thomas Mertes, Dipl.-Kfm. Christian Reith und Dipl.-Kfm. Armin Pfirmann. Kritische Anregungen verdanke ich auch Herrn Dipl.-Kfm. Joachim Behrendt (Lüneburg). Meinen Mitarbeiterinnen, Frau Monika Hertel, Frau Susanne Kern und Frau Cordula Müller bin ich für die Beteiligung an den Korrekturarbeiten zu Dank verpflichtet.

Meinen Sekretärinnen, Frau Doris Schneider, Frau Ruth Ast und Frau Barbara Balzer, danke ich für die Umsicht und Sorgfalt beim Schreiben der Manuskripte. Nicht zuletzt gilt mein Dank dem Lektor des Verlages, Herrn Dipl.-Vw. Dieter Sobotka, für die erneute harmonische Zusammenarbeit.

Saarbrücken, im Juni 1990   *Günter Wöhe*

Vorwort zur ersten Auflage

Das vorliegende Buch soll – wie der Titel zum Ausdruck bringt – in die Probleme der Allgemeinen Betriebswirtschaftslehre einführen. Es setzt – außer der Beherrschung der Technik der doppelten Buchführung – keinerlei betriebswirtschaftliche Kenntnisse voraus und ist folglich in erster Linie für Studierende der Wirtschaftswissenschaften gedacht, die sich in den ersten Semestern befinden und die sich vor einem tieferen Eindringen in Spezialprobleme einen Überblick über die Grundfragen der Allgemeinen Betriebswirtschaftslehre verschaffen wollen. Aus dieser Zielsetzung des Buches heraus erklärt sich auch die besonders intensive Behandlung der für den Anfänger überaus wichtigen Probleme des Rechnungswesens.

Meiner Ansicht nach würde es dem Wesen und Zweck einer Einführung in eine Wissenschaft widersprechen, wenn man auch solche Problemkreise behandelt, die noch nicht gelöst sind oder über deren Lösung es konträre Ansichten gibt, von denen noch keine bewiesen werden konnte. Ich habe mich deshalb bemüht, in erster Linie den Stoff zu behandeln, der erkenntnismäßig als gesichert gelten kann – wenn natürlich auch dieser und jener Hinweis auf offene Fragen nicht unterbleiben konnte und durfte, damit der Leser zum kritischen Nachdenken angeregt wird und nicht etwa den falschen Eindruck bekommt, daß die Allgemeine Betriebswirtschaftslehre eine Wissenschaft sei, in der alle Probleme bereits gelöst sind.

Das gesamte Stoffgebiet habe ich in sechs Abschnitte aufgeteilt. Der erste Abschnitt beschäftigt sich zunächst mit dem Gegenstand der Betriebswirtschaftslehre sowie mit der Gliederung der Betriebe und der Betriebswirtschaftslehre. Die sich anschließenden Ausführungen über die Methoden der Betriebswirtschaftslehre gehören zwar vom Standpunkt der Systematik zu diesem Abschnitt, können aber vom Anfänger ohne Nachteil für das Verständnis der folgenden Abschnitte übersprungen und zum Schluß gelesen werden, da sie demjenigen, der in der wissenschaftlichen Methodenlehre nicht zu Hause ist, zweifellos nach Erarbeitung der wichtigsten Sachprobleme der Betriebswirtschaftslehre verständlicher werden. Es erschien mir aber dennoch nicht zweckmäßig, diese Ausführungen an den Schluß des Buches zu stellen, da das eine Trennung der logisch zusammenhängenden Fragen des Erkenntnisobjekts und der Methoden der Betriebswirtschaftslehre bedeutet hätte.

Der zweite Abschnitt ist dem Aufbau des Betriebes gewidmet und behandelt die Faktoren, die die Voraussetzungen für die Entstehung eines Betriebes bilden. Dazu gehören erstens die Produktionsfaktoren (Arbeit, Betriebsmittel und Werkstoffe), die im Betrieb kombiniert werden. Zweitens bedarf der Betrieb im Verkehr mit anderen Wirtschaftseinheiten eines ,,rechtlichen Gewandes"; folglich werden die Rechtsformen der Betriebe besprochen. Drittens braucht der Betrieb einen bestimmten Standort, mit dessen Auswahl eine Vielzahl wirtschaftlicher Probleme verbunden ist.

Der dritte bis fünfte Abschnitt beschäftigen sich mit den drei betrieblichen Hauptfunktionen: Der Produktion (Leistungserstellung), dem Absatz (Leistungsverwertung) sowie der Finanzierung und Investition. Der sechste und letzte Abschnitt ist schließlich den Fragen des Rechnungswesens gewidmet.

Saarbrücken, im März 1960 *Günter Wöhe*

Inhaltsübersicht

Erster Abschnitt
Gegenstand, Methoden und Geschichte der Betriebswirtschaftslehre

Zweiter Abschnitt
Der Aufbau des Betriebes

Dritter Abschnitt
Die Produktion

Vierter Abschnitt
Der Absatz

Inhaltsverzeichnis

Erster Abschnitt
Gegenstand, Methoden und Geschichte der Betriebswirtschaftslehre

Zweiter Abschnitt
Der Aufbau des Betriebes

Dritter Abschnitt
Die Produktion

Vierter Abschnitt
Der Absatz

Fünfter Abschnitt
Investition und Finanzierung

Sechster Abschnitt
Das betriebliche Rechnungswesen

Verzeichnis der Abkürzungen

DMEB........	DM-Eröffnungsbilanz
DStR........	Deutsches Steuerrecht
DStZ (A)......	Deutsche Steuerzeitung, Ausgabe A
EDV.........	Elektronische Datenverarbeitung
EFTA........	European Free Trade Association (Europäische Freihandels-gemeinschaft)
eG..........	eingetragene Genossenschaft
EG AktG......	Einführungsgesetz zum Aktiengesetz
EG HGB.......	Einführungsgesetz zum HGB
EntwLStG......	Entwicklungsländer-Steuergesetz
Erg.Heft.......	Ergänzungsheft
Erl..........	Erläuterungen
Erl..........	Erlaß
EStDV........	Einkommensteuer-Durchführungsverordnung
EStG.........	Einkommensteuergesetz
EStR.........	Einkommensteuerrichtlinien
EU..........	Europäische Union
e. V.........	eingetragener Verein
EWG.........	Europäische Wirtschaftsgemeinschaft
EWGV........	EWG-Vertrag
f. oder ff.......	folgende
GbR.........	Gesellschaft bürgerlichen Rechts
GenG........	Genossenschaftsgesetz
GewO........	Gewerbeordnung
GewStG.......	Gewerbesteuergesetz
GewStR.......	Gewerbesteuerrichtlinien
GG..........	Grundgesetz
GmbH........	Gesellschaft mit beschränkter Haftung
GmbHG.......	GmbH-Gesetz
GmbH-Rdsch ...	GmbH-Rundschau
GoB.........	Grundsätze ordnungsmäßiger Buchführung
GrEStG.......	Grunderwerbsteuergesetz
GWB........	Gesetz gegen Wettbewerbsbeschränkungen (Kartellgesetz)
H...........	Heft
HdB.........	Handwörterbuch der Betriebswirtschaft
HdO.........	Handwörterbuch der Organisation
HdR.........	Handwörterbuch des Rechnungswesens
HdS.........	Handwörterbuch der Sozialwissenschaften
HdW.........	Handbuch der Wirtschaftswissenschaften
HGB.........	Handelsgesetzbuch
Hrsg.........	Herausgeber
hrsg.........	herausgegeben
HWA.........	Handwörterbuch der Absatzwirtschaft
HWB.........	Handwörterbuch der Betriebswirtschaft
HWO........	Handwörterbuch der Organisation
HWP.........	Handwörterbuch des Personalwesens
HWProd.......	Handwörterbuch der Produktion
HWR.........	Handwörterbuch des Rechnungswesens
HWRev.......	Handwörterbuch der Revision
HWStR.......	Handwörterbuch des Steuerrechts
i. d. R.........	in der Regel
IdW.........	Institut der Wirtschaftsprüfer
IHG.........	Investitionshilfegesetz
InvZulG.......	Investitionszulagengesetz
i. V. m........	in Verbindung mit
KartStV.......	Kartellsteuerverordnung

Erster Abschnitt
Gegenstand, Methoden und Geschichte der Betriebswirtschaftslehre

I. Gegenstand und Methoden der Betriebswirtschaftslehre

1. Das Erkenntnisobjekt der Betriebswirtschaftslehre

a) Wirtschaft und wirtschaftliches Prinzip

Die Betriebswirtschaftslehre ist eine selbständige wirtschaftswissenschaftliche Disziplin. Das gemeinsame Untersuchungsgebiet aller Wirtschaftswissenschaften ist die **Wirtschaft,** also dasjenige Gebiet menschlicher Tätigkeiten, das der Bedürfnisbefriedigung dient. Die menschlichen Bedürfnisse sind praktisch unbegrenzt, die zur Bedürfnisbefriedigung geeigneten Mittel (Güter) stehen dagegen nicht in unbeschränkter Menge zur Verfügung, sondern sind von Natur aus knapp. Diese naturgegebene Knappheit der Güter, d. h. das Spannungsverhältnis zwischen Bedarf und Deckungsmöglichkeit, zwingt die Menschen zu wirtschaften, d. h. bestrebt zu sein, die vorhandenen Mittel so einzusetzen, daß ein möglichst großes Maß an Bedürfnisbefriedigung erreicht wird. Die Realisierung dieses Ziels optimaler Bedürfnisbefriedigung setzt einen **Entscheidungsprozeß** über die Herstellung von Gütern (Produktion) und den Verbrauch von Gütern (Konsumtion) voraus.

Die Wirtschaft verdankt ihre Entstehung also einer quantitativen Relation: der Knappheit der Güter und der Unbegrenztheit menschlicher Bedürfnisse. Die wirtschaftliche Tätigkeit ist nicht nur auf die Produktion von Sachgütern, sondern ebenso auf die Erzeugung von immateriellen Gütern, d. h. Leistungen und Diensten gerichtet. Die Wirtschaft an sich hat keinen Eigenwert, sie ist **wertneutral.** Ihren Wert erhält sie erst von der **Zielsetzung,** die durch die wirtschaftliche Tätigkeit realisiert werden soll, d. h. von der Befriedigung der Bedürfnisse mit materiellen und immateriellen Gütern.

Die Knappheit der Güter zwingt die Menschen, mit ihnen hauszuhalten, d. h. Entscheidungen über ihre alternative Verwendung zu treffen. Das wirtschaftliche Handeln unterliegt wie jedes auf Zwecke gerichtete menschliche Handeln dem **allgemeinen Vernunftsprinzip (Rationalprinzip),** das fordert, ein bestimmtes Ziel mit dem Einsatz möglichst geringer Mittel zu erreichen. Auf die Wirtschaft übertragen läßt sich das Rationalprinzip **(ökonomisches Prinzip)** mengenmäßig oder wertmäßig formulieren. Die **mengenmäßige Definition** besagt, daß mit einem gegebenen Aufwand an Produktionsfaktoren der größtmögliche Güterertrag zu erzielen ist, d. h. der Ertrag soll maximiert werden **(Maximalprinzip),** oder daß ein gegebener Güterertrag mit geringstmöglichem Einsatz von Produktionsfaktoren zu erwirtschaften ist, d. h. der Mitteleinsatz soll minimiert werden **(Minimalprinzip).** Die **wertmäßige Definition** verlangt, so zu handeln, daß mit einem gegebenen Geldaufwand ein maximaler Erlösbetrag oder ein bestimmter Erlös mit einem minimalen Geldeinsatz erwirtschaftet wird.

Das ökonomische Prinzip (Wirtschaftlichkeitsprinzip) ist ein rein **formales Prinzip,** das keinerlei Aussagen über die Motive oder die Zielsetzungen des wirtschaftlichen Handelns macht. Ein Unternehmer kann beispielsweise nach dem ökonomischen Prinzip handeln, um den größtmöglichen Gewinn zu erzielen, ein anderer, um die Güterversorgung der Allgemeinheit zu verbessern, ein Dritter, um wirtschaftliche Macht zu erlangen usw. Es gibt ungezählte Beweggründe für die Beachtung des ökonomischen Prinzips. Doch sagt das Prinzip nichts über die Motive aus, sondern charakterisiert lediglich die Art der Durchführung des wirtschaftlichen Handelns.

Wir halten fest: **Wirtschaft** ist der Inbegriff aller planvollen menschlichen Tätigkeiten, die unter Beachtung des ökonomischen Prinzips (Rationalprinzips) mit dem Zweck erfolgen, die – an den Bedürfnissen der Menschen gemessen – bestehende Knappheit der Güter zu verringern. (**ÜB 1/1**)[1]

b) Der Betrieb als Objekt der Betriebswirtschaftslehre

aa) Zur Abgrenzung des Betriebsbegriffs

Der Prozeß der Erstellung von Gütern und der Bereitstellung von Dienstleistungen, der Absatz von Gütern und Leistungen und ihr Verbrauch erfolgt in organisierten Wirtschaftseinheiten, die unter dem Oberbegriff **„Einzelwirtschaften"** zusammengefaßt werden. Die Frage, welche Einzelwirtschaften als Betriebe anzusehen sind und welche der vielschichtigen Probleme, die an einem wie auch immer zu definierenden Betriebe zu finden sind, zum Gegenstand der Betriebswirtschaftslehre gehören, ist bis heute kontrovers. Folglich bestehen nach wie vor Meinungsverschiedenheiten über das Erkenntnisobjekt der Betriebswirtschaftslehre.

Die Beantwortung der ersten Frage entscheidet, ob neben den **Produktionswirtschaften** auch die privaten und die öffentlichen Haushalte **(Konsumtionswirtschaften)** als Betriebe definiert und in das Erkenntnisobjekt der Betriebswirtschaftslehre einbezogen werden. Die Beantwortung der zweiten Frage ist bedeutsam für die Abgrenzung der Betriebswirtschaftslehre zu anderen Disziplinen, die sich ebenfalls mit dem Betrieb befassen.[2]

Es besteht heute im wesentlichen Einigkeit darüber, den **Betrieb** als eine planvoll organisierte Wirtschaftseinheit zu umschreiben, in der Sachgüter und Dienstleistungen erstellt und abgesetzt werden. Mit dieser Definition des Betriebes ist das Erkenntnisobjekt der Betriebswirtschaftslehre noch nicht bestimmt, sondern nur das **Erfahrungsobjekt,** dessen Probleme und Sachverhalte zu komplex sind, als daß sie von einer einzigen wissenschaftlichen Disziplin erforscht werden könnten. Die Betriebswirtschaftslehre hebt im Wege der **isolierenden Abstraktion** nur einen Teilbereich, eine „Seite"

---

[1] Wöhe-Kaiser-Döring, Übungsbuch zur Allgemeinen Betriebswirtschaftslehre, 8. Aufl., München 1996, Zitierweise: **ÜB, fette** Zahl = Hauptabschnitt, magere Zahl = Aufgabe; Beispiel: **ÜB 1/1** = Erster Abschnitt, Aufgabe 1.
[2] Vgl. dazu S. 24 ff.

aus diesem Erfahrungskomplex heraus. Andere Disziplinen wie z. B. die Volkswirtschaftslehre, die Rechtswissenschaften, die Soziologie, die Arbeitswissenschaften beziehen andere betriebliche Teilbereiche in ihr Erkenntnisobjekt ein.

Faßt man den Betrieb als eine Kombination von Produktionsfaktoren auf, mit dem seine Eigentümer bestimmte Ziele realisieren wollen (z. B. Maximierung ihres Einkommens, Verbesserung ihres Sozialprestiges, Erringen wirtschaftlicher Macht), so sind Gegenstand einer solchen Betriebswirtschaftslehre **alle Entscheidungen über den Einsatz von Mitteln, mit denen diese Ziele optimal realisiert werden können.** Sieht man im Betrieb ein **Sozialgebilde,** das den Interessen aller in ihm tätigen Menschen und nicht nur den egoistischen Zielen der Eigentümer dienen soll, so ist die Problemauswahl notwendigerweise eine andere; sieht man im Betrieb eine Institution, die der **bestmöglichen Bedarfsdeckung** der Allgemeinheit dienen soll, so kommt man wieder zu einer anderen Problemauswahl. Die Bestimmung des Auswahlprinzips ist somit eine Entscheidung, die Festlegung einer Norm, durch die die logisch zusammengehörigen Sachverhalte und Probleme abgegrenzt werden, die das Erkenntnisobjekt ausmachen. Da die Bestimmung des Erkenntnisobjekts sich nicht wie ein Rechenexempel lösen und damit in ihrer Wahrheit sichern läßt, sondern es im Belieben jedes Forschers liegt, welche an einem Erfahrungsgegenstand empirisch feststellbaren Probleme und Sachverhalte er zum Gegenstand der Untersuchung macht, kann die durch das Erkenntnisobjekt bedingte Abgrenzung der einzelnen Wissenschaften nur durch eine **Konvention über das Identitätsprinzip,** d. h. das Prinzip, mit dessen Hilfe die Probleme einer Wissenschaft ausgewählt werden und das ihre logische Zusammengehörigkeit konstituiert, zustandekommen.

Die Einbeziehung der **privaten Haushalte** in den Betriebsbegriff und damit in das Objekt der Betriebswirtschaftslehre führt bei der Bestimmung eines einheitlichen Auswahlprinzips der Betriebswirtschaftslehre zu Schwierigkeiten. Empirisch läßt sich feststellen, daß die Eigentümer der Betriebe mit Hilfe der Betriebe – ggf. unter Beachtung gewisser subjektiv bestimmter Nebenbedingungen wie Prestige, soziales Bewußtsein u. a. – langfristig nach dem **maximalen Gewinn** streben. Gegenstand der betriebswirtschaftlichen Theorie sind somit alle von den Unternehmern im Unternehmen zu treffenden Entscheidungen, die der optimalen Realisierung der gegebenen Zielsetzungen dienen. Die privaten und öffentlichen Haushalte verfolgen andere Ziele als die Unternehmer. Zwar werden auch in Haushalten Leistungen erbracht, jedoch nicht, damit durch Absatz dieser Leistungen Gewinne erzielt werden, sondern damit durch Konsum dieser Leistungen der **Nutzen** aus der Verwendung eines außerhalb des Haushaltes (in der Regel als Arbeitnehmer in Produktionsbetrieben) verdienten Einkommens **maximiert** wird.

Die **gemeinsame Verbindung aller Einzelwirtschaften** könnte darin gesehen werden, daß alles Handeln in Einzelwirtschaften auf eine **Maximierung des Nutzens von Menschen** ausgerichtet ist. Diese Zielsetzung ist aber zu allgemein, als daß sie als Auswahlprinzip einer einzigen wissenschaftlichen Disziplin verwendet werden könnte. In privaten Produktionsbetrieben ist Nutzenmaximierung im marktwirtschaftlichen Wirtschaftssystem gleichbedeutend mit Erzielung des maximalen Gewinns oder Einkommens der Eigentümer des Betriebes; öffentliche, d. h. im Eigentum von Gebietskörperschaften stehende Produktionsbetriebe können das Ziel verfolgen, durch Kollektivleistungen – ggf. unter Verzicht auf Gewinn – den Nutzen aller Bürger zu steigern; private Haushalte versuchen, durch Verwendung ihres erzielten Einkommens ihren Nutzen zu maximieren.

Zwischen allen Einzelwirtschaften bestehen Interdependenzen. Die Gewinne der Unternehmen hängen von den Entscheidungen der Haushalte über die Verwendung ihrer Einkommen ab; die Höhe der Einkommen der Haushalte wird wiederum, da sie überwiegend in Betrieben erzielt werden, von den auf Gewinnmaximierung ausgerichteten Entscheidungen der Unternehmer beeinflußt. Alle privaten Einkommen werden durch Steuern gekürzt. Von der Höhe der Steuereinnahmen hängen aber wiederum Quantität und Qualität von Kollektivleistungen der öffentlichen Hand ab, die ihrerseits wieder die Einkommenserzielung der Betriebe und die Nutzenmaximierung der privaten Haushalte tangieren.

Betrachtet man den heutigen Stand der Entwicklung der Betriebswirtschaftslehre, so kann festgestellt werden, daß ein Teil der älteren und jüngeren Fachvertreter, die die privaten Haushalte in das Objekt der Betriebswirtschaftslehre einbeziehen, es bei dieser Definition bewenden lassen und sich fast ausschließlich mit der Erforschung der Produktionswirtschaft befassen. Die wirtschaftlichen Probleme der **öffentlichen Haushalte** sind seit jeher Gegenstand einer eigenen Disziplin, der **Finanzwissenschaft.** Eine gesonderte Wirtschaftslehre des privaten Haushaltes wurde bisher auch von denen, die ihn als Betrieb bezeichnen, im Rahmen der Betriebswirtschaftslehre noch nicht entwickelt. Einzelne Probleme werden gewöhnlich im Rahmen der Volkswirtschaftslehre und in den speziellen Betriebswirtschaftslehren behandelt. So wird z. B. das Konsumentenverhalten der Haushalte im Rahmen der Handelsbetriebslehre untersucht. Derartige Untersuchungen sind aber in der Regel nicht Selbstzweck, sondern Entscheidungsgrundlage für die Absatzpolitik des (Produktions-)Betriebes. Die **Einbeziehung der Haushalte** in das Objekt der Betriebswirtschaftslehre hat – bisher – also vorwiegend **programmatischen Charakter,** hat sich auf die betriebswirtschaftlichen Lehrsysteme aber nur wenig ausgewirkt.

Sieht man also von Definitionen des Betriebsbegriffs ab, denen bei der Behandlung von Sachfragen nicht Rechnung getragen wird, so kann auch für die gegenwärtige Betriebswirtschaftslehre festgestellt werden, daß ihr Gegenstand das Handeln und damit der **Entscheidungsprozeß im Betrieb im Sinne von Produktionswirtschaft** ist.

Das Erkenntnisobjekt der Betriebswirtschaftslehre kann deshalb auch umschrieben werden als die Summe aller wirtschaftlichen Entscheidungen, die im Rahmen eines Betriebes erfolgen. Dazu zählen Entscheidungen über die **Zielsetzungen** des Betriebes (z. B. Gewinnmaximierung, optimale Güterversorgung, Erringen wirtschaftlicher Machtpositionen u. a.), Entscheidungen über den **Aufbau** des Betriebes (z. B. Wahl der wirtschaftlich zweckmäßigsten Rechtsform, Wahl des optimalen Standorts) sowie Entscheidungen über die **Durchführung der Leistungserstellung und Leistungsverwertung** (z. B. Investitions- und Finanzierungsentscheidungen, Entscheidungen über die Zusammensetzung des Produktionsprogramms, über die Auswahl der Produktionsverfahren oder über die Absatzpolitik).

bb) Betrieb und Wirtschaftsordnung

Der Betrieb als eine Kombination von Produktionsfaktoren ist erstens durch Größen bestimmt, die vom jeweiligen historisch gegebenen Wirtschaftssystem unabhängig sind. Gutenberg bezeichnet sie als **systemindifferente** Faktoren. Zweitens wird der Betrieb durch solche Tatbestände beeinflußt, die sich aus einem empirisch gegebenen Wirtschaftssystem ergeben. Gutenberg nennt sie **systembezogene** Bestimmungsgrößen.[3] Systemindifferente Faktoren sind in erster Linie die **Produktionsfaktoren.** In jedem Industriebetrieb beispielsweise – ganz gleich, ob er der marktwirtschaftlichen, planwirtschaftlichen oder einer sonstigen Wirtschaftsordnung angehört – werden die Faktoren Arbeit, Betriebsmittel und Werkstoffe miteinander kombiniert. Diese Kombination erfolgt in jedem Falle nach dem rein formalen **Wirtschaftlichkeitsprinzip** (ökonomisches Prinzip). Zwar werden unter Umständen je nach dem Wirtschaftssystem die Zielsetzungen der Betriebe unterschiedlich sein, d. h. es wird z. B. ein Betrieb im marktwirtschaftlichen System den größtmöglichen Gewinn erstreben, ein Betrieb im planwirtschaftlichen System bemüht sein, ein bestimmtes Produktionssoll zu erfüllen, doch wird jede dieser Zielsetzungen unter Beachtung des Wirtschaftlichkeitsprinzips realisiert werden. Das Wirtschaftlichkeitsprinzip ist also neben dem System der Produktionsfaktoren die zweite Bestimmungsgröße des Betriebes, die von der Wirtschaftsordnung unabhängig ist.

Als dritten systemindifferenten Tatbestand bezeichnet Gutenberg das „**finanzielle Gleichgewicht**" des Betriebes. Ein Betrieb kann für eine längere Zeit nur existieren, wenn er seinen Zahlungsverpflichtungen termingerecht nachkommen kann. Das gilt für einen Betrieb in marktwirtschaftlichen Systemen, wo er das finanzielle Gleichgewicht aus eigener Kraft herstellen muß, ebenso wie in planwirtschaftlichen Systemen, wo finanzielle Lücken gegebenenfalls durch Zuschüsse gedeckt werden müssen.

Die nach dem Wirtschaftlichkeitsprinzip sich vollziehende Kombination der Produktionsfaktoren erhält ihre besondere Ausrichtung durch die Gegebenheiten eines Wirtschaftssystems. Das läßt sich anhand der beiden Idealtypen der (freien) Marktwirtschaft und der Zentralverwaltungswirtschaft zeigen.

Für den Betrieb in der **Marktwirtschaft** ist charakteristisch, daß er seinen Wirtschaftsplan auf Basis der gegebenen Marktsituation selbst bestimmen kann, daß ihm also keinerlei staatliche Lenkungsbehörden irgendwelche

---

[3] Vgl. Gutenberg, E., Grundlagen der Betriebswirtschaftslehre, Bd. I, Die Produktion, 24. Aufl., Berlin-Heidelberg-New York 1983, S. 457 ff. (im folgenden als „Grundlagen" zitiert)

Vorschriften machen (**Autonomieprinzip**). Der Unternehmer ist bei der Bestimmung seines Wirtschaftsplanes in der Weise autonom, daß er ihn an den Preisen der Produktionsfaktoren und den für seine produzierten Güter am Markt erzielbaren Preisen ausrichten kann, die das Knappheitsverhältnis der Produktionsfaktoren und der produzierten Güter zum Ausdruck bringen und die dafür sorgen, daß die Bedürfnisse nach der Rangordnung der Dringlichkeit (vom Standpunkt der gegebenen kaufkräftigen Nachfrage) befriedigt werden.

Triebfeder seines Handelns ist **das erwerbswirtschaftliche Prinzip**, d. h. das Bestreben, bei der Leistungserstellung und -verwertung das Gewinnmaximum zu erreichen. Bei seinen Entscheidungen orientiert er sich nicht nur an den Daten seiner Beschaffungs- und Absatzmärkte, sondern er muß auch die durch die Rechtsordnung gesetzten Daten beachten. Das **Privateigentum** an den Produktionsmitteln steht grundsätzlich den Personen zu, die das Eigenkapital zur Verfügung stellen, auch wenn sie nicht die unternehmerischen Entscheidungen treffen, sondern bestimmte Führungsentscheidungen aufgrund gesetzlicher Vorschriften oder vertraglicher Regelungen von Führungsorganen, die nicht Eigentümer sind (z. B. Vorstand der Aktiengesellschaft) oder von leitenden Angestellten oder anderen Arbeitnehmervertretern mitgetroffen werden (z. B. Mitbestimmung der Arbeitnehmer im Aufsichtsrat der Aktiengesellschaft).

Die Betriebe des marktwirtschaftlichen Wirtschaftssystems bezeichnet man als **Unternehmungen**. Die Unternehmung ist also eine historische Erscheinungsform des Betriebes. Der Begriff Unternehmung ist demnach enger als der Begriff Betrieb. Jede Unternehmung ist ein Betrieb, aber nicht jeder Betrieb ist eine Unternehmung.[4]

Die marktwirtschaftliche Wirtschaftsordnung hat nicht nur Vorteile, sondern auch Schwächen.[5] Als **Vorteile** sind herauszustellen das Höchstmaß an persönlicher Freiheit, das durch die Garantie des Privateigentums und des Privaterbrechts und durch die Autonomie unternehmerischer Entscheidungen gekennzeichnet ist. Der Wettbewerb erzwingt, daß der technische Fortschritt unverzüglich genutzt wird. Die Wohlstandssteigerung ist – wie die Erfahrung zeigt – größer als in jeder anderen zur Zeit realisierten Wirtschaftsordnung.

Die **Schwächen der Marktwirtschaft** liegen darin,
(1) daß dieses theoretisch sich selbst regelnde und erhaltende System in Wirklichkeit Tendenzen enthält, sich selbst zu beseitigen, indem – wie die Entwicklung im letzten Jahrhundert gezeigt hat – durch **Konzentrationsvorgänge** größten Ausmaßes der Wettbewerb eingeschränkt ggf. sogar völlig beseitigt und damit das Regulativ dieser Wirtschaftsordnung außer Funktion gesetzt wird;

---

[4] Der Gesetzgeber verwendet i. d. R. anstelle des Begriffs Unternehmung den Begriff Unternehmen (vgl. insbes. das Aktiengesetz). In der Betriebswirtschaftslehre werden beide Begriffe synonym gebraucht.
[5] Vgl. Wöhe, G., Interdependenzen zwischen Vermögensbildung, Gewinnbeteiligung und Mitbestimmung, Die Aktiengesellschaft 1974, S. 94 ff.

(2) daß sie große **Einkommensunterschiede,** insbesondere zwischen Arbeits- und Gewinneinkommen ermöglicht, die eine sehr unterschiedliche Vermögensbildung und damit eine ungleiche **Vermögensverteilung** zur Folge haben und deshalb den Keim zu sozialen Spannungen in sich tragen;

(3) daß Diskrepanzen zwischen Angebot und Nachfrage durch **konjunkturelle Schwankungen** ausgeglichen werden, die in Zeiten der Hochkonjunktur zu Preissteigerungen, Überbeschäftigung und Geldentwertung und in Zeiten der Rezession zu Massenarbeitslosigkeit mit all ihren sozialen Problemen führt.

Die „soziale Marktwirtschaft", wie sie zur Zeit in der Bundesrepublik Deutschland praktiziert wird, hat sich zum Ziel gesetzt, die genannten Schwächen der freien, durch staatliche Maßnahmen nicht beeinflußten Marktwirtschaft zu beseitigen. Dazu bedarf es auf Gesetz beruhender Eingriffe des Staates in den Wirtschaftsablauf, die insoweit systemkonform sind, als sie dazu dienen, das Funktionieren des Wettbewerbs zu sichern und die dem System immanenten Faktoren, die zu sozialen Spannungen führen können, abzubauen. So werden z. B. Konzentrationsprozesse, die auf Beseitigung des Wettbewerbs zielen, durch das **Gesetz gegen Wettbewerbsbeschränkungen,** das Kartelle grundsätzlich verbietet und marktbeherrschende Unternehmen unter Mißbrauchsaufsicht stellt,[6] in engen Grenzen gehalten. Die ungleiche Einkommens- und Vermögensverteilung wird durch **gesetzliche Umverteilungs- und Einkommenssicherungsmaßnahmen** (z. B. Einkommensteuerprogression, Vermögensbildungsgesetze, arbeitsrechtliche Schutzvorschriften u. a.), aber auch durch freiwilligen Verzicht auf Unternehmergewinne durch vertragliche Ergebnisbeteiligung der Arbeitnehmer[7] korrigiert, und die nachteiligen Folgen von Konjunkturschwankungen werden durch ein ganzes Bündel **wirtschafts- und steuerpolitischer Maßnahmen** abgeschwächt.[8]

Die unternehmerische Autonomie wird dadurch zwar eingeschränkt, aber letztlich nur zu dem Zweck, das marktwirtschaftliche System, das die Grundlage dieser Unternehmensverfassung ist, durch gesetzliche Steuerungsmaßnahmen aufrechtzuerhalten.

Die soziale Marktwirtschaft ist nicht eindeutig in der Verfassung verankert. Kaum ein Begriff läßt sich im politischen Raum so unterschiedlich interpretieren wie der Begriff „sozial". Gesetzliche Maßnahmen, die geeignet sind, diese Ordnung nicht zu verbessern, sondern zu beseitigen, können wegen dieser Zielsetzung allein kaum für verfassungswidrig erklärt werden. Deshalb ist es dringend erforderlich, die unvermeidlichen Unterschiede in der Vermögensverteilung in gewissen, durch das Leistungsprinzip legitimierten Grenzen zu halten, wenn verhindert werden soll, daß eines Tages

---

[6] Einzelheiten vgl. S. 390.
[7] Einzelheiten vgl. S. 301 ff.
[8] Vgl. Wöhe, G., Steuern als Mittel der Wirtschaftspolitik, Steuerkongreß-Report 1975, München 1975, S. 169 ff.

eine Umverteilung durch gewaltsame Überwindung der Wirtschaftsordnung erfolgt. Eine Verbesserung der Verteilungsgerechtigkeit ist nicht allein eine Frage der sozialen Gerechtigkeit, sondern auch der politischen Klugheit. Da die **Verteilungsgerechtigkeit** eine Norm ist, die rational nicht bestimmt werden kann, sondern stets durch subjektive Vorstellungen einzelner Personen oder Gruppen geprägt wird, kann die Frage, ob eine Maßnahme zur Verbesserung der Verteilungsgerechtigkeit dazu dient, die Marktwirtschaft „sozialer" zu machen, oder unter Umständen geeignet ist, einen Grundpfeiler dieser Wirtschaftsordnung zu erschüttern und damit den Anfang für das Ende der sozialen Marktwirtschaft zu machen, nicht vom Standpunkt wertfreier Wissenschaft, sondern nur **vom Standpunkt des eigenen Wertesystems** beantwortet werden.

Während die Möglichkeit zur Selbstbestimmung des Wirtschaftsplanes, das Streben nach größtmöglichem Gewinn und das Privateigentum an den Produktionsmitteln die Unternehmung, d. h. den Betrieb der marktwirtschaftlichen Wirtschaftsordnung, charakterisieren, geben dem **Betrieb der Zentralverwaltungswirtschaft** (zentralistische Planwirtschaft) andere Faktoren das Gepräge. Hier kann der einzelne Betrieb seine wirtschaftlichen Entscheidungen nicht autonom an Hand der Marktdaten bestimmen, sondern seine Leistungserstellung wird durch einen **zentralen Volkswirtschaftsplan** art- und mengenmäßig und gewöhnlich auch zeitlich bestimmt. Die Betriebe sind organisatorisch nicht mehr selbständig, sondern sie sind nur ausführende Organe der zentralen Wirtschaftsbehörden. Das Privateigentum an den Produktionsmitteln ist aufgehoben. Es besteht „**Gemeineigentum**".

Das Prinzip der Wirtschaftlichkeit gilt im zentralverwaltungswirtschaftlichen System in gleicher Weise wie in der Marktwirtschaft als Mittel zum Zweck. Der Wirtschaftsplan wird dem einzelnen Betrieb zwar vorgeschrieben, der Betrieb ist aber bestrebt, diesen Plan mit dem geringsten Einsatz von Mitteln zu erreichen. Die Wirtschaftlichkeit ist dem Plan untergeordnet. Während jedoch der autonome Betrieb der Marktwirtschaft seinen Wirtschaftsplan am erwerbswirtschaftlichen Prinzip ausrichtet, wird der planwirtschaftliche Betrieb durch das durch den zentralen Volkswirtschaftsplan vorgeschriebene **Produktions-Soll** oder andere wirtschaftspolitische Maßnahmen der zentralen Lenkungsbehörde gesteuert.

Die Steuerung der Betriebe der Zentralverwaltungswirtschaft kann verschieden straff erfolgen. Die schärfste Form ist die Vorgabe eines Produktions-Solls, die mildeste Form, die dem Betrieb den relativ größten Spielraum in seinen Entscheidungen läßt, ist eine Steuerung über die Festsetzung der Preise und Löhne, an denen der Betrieb seine Produktion ausrichten kann. Wie im marktwirtschaftlichen System werden die Produktionsfaktoren durch die Preise gelenkt, aber eben nicht durch Preise, die der tatsächlichen Knappheit der Güter entsprechen und somit eine Bedarfsdeckung nach der durch die kaufkräftige Nachfrage bestimmten Dringlichkeit erzwingen, sondern durch **behördlich festgesetzte Preise,** welche die Knappheit im Verhältnis zum geplanten Bedarf ausdrücken sollen.

Zwischen diesen beiden extremen planwirtschaftlichen Steuerungssystemen liegen viele andere Möglichkeiten, so z. B. die **Kontingentierung** der Betriebsmittel, Werkstoffe und Arbeitskräfte. Die mögliche Leistungserstellung wird hier durch die zugeteilten Mengen der Produktionsfaktoren bestimmt. Diese werden zwar nach dem ökonomischen Prinzip eingesetzt, aber eine Produktion mit den geringsten Kosten pro Stück wäre ein reiner Zufall, denn die durch die Kontingentierung der Produktionsfaktoren mögliche Ausbringung wird gewöhnlich über oder unter dem Kostenminimum (Punkt der niedrigsten Kosten pro Stück) liegen; also wird in keinem Fall die größte Wirtschaftlichkeit erreicht, sondern die geplante Leistung wird lediglich so wirtschaftlich wie unter den gegebenen Verhältnissen eben möglich erstellt.

Die Unterordnung des Prinzips der Wirtschaftlichkeit unter den Volkswirtschaftsplan zeigt sich am schärfsten bei der zuerst genannten Form der Zentralverwaltungswirtschaft, d. h. bei der Vorgabe eines Produktions-Solls, denn beim Produktions-Soll handelt es sich gewöhnlich um ein Mindest-Soll, das ,,übererfüllt'' werden kann, ja für dessen Übererfüllung sogar Titel, Medaillen und Geldprämien verliehen werden. Gerade das Antreiben zur ,,Übererfüllung'' ist aber die Ursache für Kosten der Überbeschäftigung, für überhastetes Arbeitstempo, Qualitätsverschlechterungen, Ausschuß usw.

In Wirklichkeit ist keines der genannten Wirtschaftssysteme in der dargestellten Reinheit realisiert. Auch in der Marktwirtschaft gibt es Betriebe, die keine Unternehmungen im oben beschriebenen Sinne sind, beispielsweise **öffentliche Betriebe** (Betriebe des Staates und der Gemeinden), und in den zur Zeit realisierten Systemen der Zentralverwaltungswirtschaft besteht im Bereich kleinerer gewerblicher und landwirtschaftlicher Betriebe zum Teil noch (oder bereits wieder) Privateigentum, begrenzte unternehmerische Autonomie und Gewinnstreben. Die öffentlichen Betriebe unterscheiden sich in ihren Zielsetzungen und ihrem Entscheidungsprozeß teilweise zwar nicht von den Unternehmungen, oft sind aber sowohl das erwerbswirtschaftliche Prinzip (Gewinnmaximierung) als auch die Selbstbestimmung des Wirtschaftsplanes aufgehoben oder eingeschränkt und ersetzt durch ein Streben nach einem ,,**angemessenen**'' Gewinn, das aus sozialer Rücksichtnahme entspringt (z. B. Versorgungs- und Verkehrsbetriebe), oder durch ein Streben nach bloßer Kostendeckung. Die Autonomie der Entscheidungen wird vom Betrieb auf eine Gebietskörperschaft, also eine öffentliche Verwaltung (Behörde) übertragen.

Die folgende Übersicht gibt noch einmal einen Überblick über die Bestimmungsfaktoren des Betriebes (vgl. S. 10).

cc) Die Stellung des Betriebes in der Gesamtwirtschaft

Der Betrieb kann nicht isoliert für sich allein existieren, sondern ist über die Beschaffungs- und Absatzmärkte mit anderen Wirtschaftseinheiten und über den gesetzlichen Zwang zur Steuerzahlung mit dem Staat (Gebietskör-

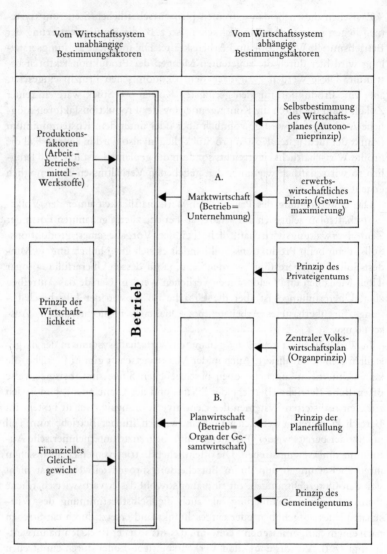

Abb. 1: Die Bestimmungsfaktoren des Betriebes

perschaften) verbunden. In Abb. 2 (vgl. S. 11) sind die durch diese Beziehungen ausgelösten Güter- und Finanzbewegungen schematisch dargestellt. Der Betrieb beschafft sich zunächst Geldmittel in Form von Eigen- und Fremdkapital. Er verwendet diese finanziellen Mittel zum Einkauf von Betriebsmitteln und Werkstoffen auf den Beschaffungsmärkten bzw. zur Entlohnung von am Arbeitsmarkt gewonnenen Arbeitskräften. Die so geschaffenen Bestände an Elementarfaktoren (Arbeit, Betriebsmittel, Werkstoffe) werden vom dispositiven Faktor **(Betriebsführung)** zur Erstellung von Be-

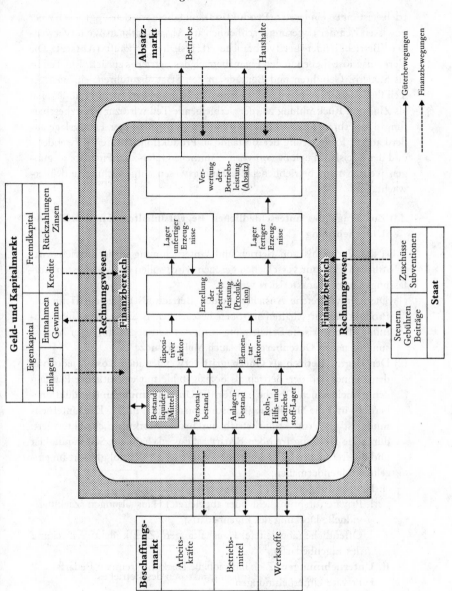

Abb. 2: Die Güter- und Finanzbewegungen des Betriebes

triebsleistungen eingesetzt (**Produktion**), und diese werden – ggf. nach einer gewissen Zeit der Lagerung – schließlich am Absatzmarkt an Weiterverwender (Betriebe) oder Letztverbraucher (Haushalte) verkauft (**Absatz**). Die Verkaufserlöse fließen in den Finanzbereich des Betriebes zurück. Ein Teil ist als Steuern, Gebühren und Beiträge an den Staat abzuführen, ein weiterer Teil fließt dem Eigenkapital als Gewinn (Entnahme) bzw. dem Fremdkapital als Zins und Rückzahlung zu, der verbleibende Teil wird zur Ersatzbeschaffung der verbrauchten Produktionsfaktoren, im Falle guter Ertragslage außerdem zur Erweiterung der Bestände an Produktionsfaktoren verwendet – und der Kreislauf beginnt von vorn. Sämtliche Güter- und Finanzbewegungen werden vom betrieblichen **Rechnungswesen** aufgezeichnet und überwacht.

dd) Zur Frage des unterschiedlichen Begriffsinhaltes von Betrieb und Unternehmung

Da das Verhältnis von Betrieb und Unternehmung in der betriebswirtschaftlichen Literatur verschieden gesehen wird, sollen die wichtigsten Auffassungen kurz charakterisiert werden.

(1) Die hier vertretene Ansicht faßt den **Betrieb als Oberbegriff** für alle Produktionswirtschaften im oben beschriebenen Sinne, die Unternehmung als historische Erscheinungsform des Betriebes auf. Dieser Auffassung ist neben **Gutenberg** z. B. auch **Mellerowicz**.

(2) Den Begriff **Betrieb als Oberbegriff** verwendet auch **Kosiol**, jedoch in dem Sinne, daß der Betrieb als Sozialgebilde mit einheitlicher Planung den gemeinsamen Oberbegriff für die **Unternehmungen** (Produktionsbetrieb) und die **Haushalte** (Konsumtionsbetrieb) bildet. Die Unternehmung ist als Produktionsbetrieb durch drei Merkmale charakterisiert: durch die Deckung fremden Bedarfs, die wirtschaftliche Selbständigkeit und die freiwillige Übernahme des Marktrisikos. Kosiol gliedert im einzelnen folgendermaßen:[9]

I. **Haushaltungen** (Ziel: Deckung eigenen Bedarfs)
   1. Private (ursprüngliche oder abgeleitete) Haushaltungen (Ziel: individuelle Deckung des Eigenbedarfs)
   2. Öffentliche (abgeleitete) Haushaltungen (Ziel: kollektive Deckung des Eigenbedarfs)
II. **Unternehmungen** (Ziel: individuelle Deckung fremden Bedarfs)
   1. Private Unternehmungen
   2. Öffentliche Unternehmungen

(3) **Unternehmung ist Oberbegriff**, Betrieb Unterbegriff. Nach **Lohmann** ist der Gegenstand der Betriebswirtschaftslehre ,,die kaufmännisch geleitete Unternehmung". Sie besteht aus drei Arbeitsgebieten: Dem ,,Betrieb" als dem technisch-produktionswirtschaftlichen Arbeitsbereich und dem ,,Geschäft", dessen Aufgabe es ist, die ,,Produktionswirtschaft und ihre rein innerbetrieblichen Vorgänge mit den Güter- und Zahlungsströ-

---

[9] Vgl. Kosiol, E., Unternehmung, HdB Bd. 4, 3. Aufl., Stuttgart 1962, Sp. 5540–5545

men zu verbinden, die die Volkswirtschaft durchziehen". Diese beiden Bereiche werden zusammengehalten durch die ihnen übergeordnete „Führung", „die das Programm, den Wirtschaftsplan aufstellt, nach dem künftig gewirtschaftet werden soll".[10]

Auch nach **Walther** ist der Betriebsbegriff dem Unternehmungsbegriff untergeordnet. „Um unser Denken zu erleichtern, sondern wir von unserem Erkenntnisobjekt ‚Unternehmung' ein sekundäres Erkenntnisobjekt, den Betrieb, ab. Die Unternehmungswirtschaftslehre geht also etappenweise vor. Sie betrachtet zuerst die inneren Beziehungen vom Gesichtspunkt der Wirtschaftlichkeit der Leistungserstellung und dann die äußeren Beziehungen vom Gesichtspunkt des Vermögensüberschusses oder der Rentabilität."[11]

(4) Betrieb und Unternehmung werden als **zwei nebengeordnete Seiten der Produktionswirtschaft** betrachtet. Der Betrieb stellt die produktionswirtschaftliche, die Unternehmung die finanzwirtschaftliche oder juristische Seite dar. Das bedeutet nach **Lehmann,** „daß das Wesen der Betriebe aus deren Produktionsbedingungen, das der Unternehmungen aus deren Finanzierungsbedingungen abzuleiten ist."[12]

Die gleiche Auffassung vertritt **Schäfer;** er kommt aber zu der Feststellung, daß der Unternehmung höherer Rang zukommt, weil sie sich „zur Realisierung ihrer Zwecke den Betrieb als körperlich-seelisches Gehäuse, als Durchführungsorgan bildet."[13]

Rössle setzt Betrieb und Unternehmung gleich und versteht „unter Betrieb die technisch wirtschaftliche Seite und unter Unternehmung die juristisch finanzielle Seite der Betriebswirtschaft."[14]

Im täglichen Sprachgebrauch werden für den Betrieb verschiedene Bezeichnungen verwendet. So spricht man von Firma, Fabrik, Werk und Geschäft. **Firma** ist ein juristischer Begriff und ist Ausdruck für den Namen, unter dem ein Kaufmann seinen Betrieb führt und seine Unterschrift abgibt. Mit der Bezeichung **Fabrik** und **Werk** verbindet sich die Vorstellung von der technischen Seite der Leistungserstellung, während das Wort **Geschäft** den Handelsbetrieb oder die kaufmännische Abteilung eines Industriebetriebes bezeichnen soll.

Das **Steuerrecht** verwendet eine Anzahl unterschiedlicher Begriffe zur Bezeichnung des Betriebes, ohne daß dafür eine sachliche Notwendigkeit besteht. Auffallend ist, daß die Begriffe nicht nur von Gesetz zu Gesetz verschieden sind, sondern daß auch innerhalb eines einzelnen Gesetzes verschiedene Ausdrücke für dieselbe Sache verwendet werden (z. B. Gewerbebetrieb, gewerblicher Betrieb, gewerbliches Unternehmen, wirtschaftlicher

---

[10] Lohmann, M., Einführung in die Betriebswirtschaftslehre, 4. Aufl., Tübingen 1964, S. 12 ff.

[11] Walther, A., Einführung in die Wirtschaftslehre der Unternehmung, Bd. 1, 2. Aufl., Zürich 1959, S. 13

[12] Lehmann, M. R., Allgemeine Betriebswirtschaftslehre, 3. Aufl., Wiesbaden 1956, S. 36

[13] Schäfer, E., Die Unternehmung, 10. Aufl., Wiesbaden 1980, S. 81

[14] Rössle, K., Allgemeine Betriebswirtschaftslehre, 5. Aufl., München 1956, S. 16

Geschäftsbetrieb). In der Abgabenordnung wird der Betriebsbegriff dem Unternehmensbegriff untergeordnet. Gleiches gilt für das Umsatzsteuerrecht. Nach § 2 Abs. 1 UStG umfaßt das Unternehmen die gesamte gewerbliche oder berufliche Tätigkeit des Unternehmers. Diese muß selbständig ausgeübt werden. Fehlt das Merkmal der Selbständigkeit (z. B. durch Eingliederung eines Unternehmens in einen Unterordnungskonzern), so wird aus einem Unternehmen im Sinne des UStG ein Betrieb (Organschaft).

c) Gliederung der Betriebe (Betriebstypologie)

Als Objekt der Betriebswirtschaftslehre haben wir den Betrieb im Sinne von Produktionswirtschaft (im Gegensatz zum Haushalt) und den sich im Betrieb vollziehenden Prozeß wirtschaftlicher Leistungserstellung und Leistungsverwertung bezeichnet. Die Betriebe, mit denen es die Betriebswirtschaftslehre zu tun hat, lassen sich nach verschiedenen Merkmalen gruppieren. Eine derartige Systematisierung nach Merkmalen hat nicht nur die Aufgabe, die große Zahl von Betrieben durch Hervorhebung ihrer charakteristischen Merkmale und Unterschiede überschaubar zu machen, sondern ist nach Nowak[15] auch ein Hilfsmittel für die Bestimmung der betriebsindividuellen Bedingungen, über deren Feststellung der Praktiker die geeigneten Betriebsformen und Verfahren auswählen kann, die zur größten Wirtschaftlichkeit führen.

Die Zahl der Gliederungsmöglichkeiten ist groß. Es sollen nur die wichtigsten angeführt werden. Die Betriebe lassen sich nach folgenden Gesichtspunkten einteilen:

(1) Nach **Wirtschaftszweigen** (Branchen) in Industrie- (einschließlich Handwerks-), Handels-, Bank-, Verkehrs-, Versicherungs- und sonstige Dienstleistungsbetriebe. Diese Gruppenbildung ist noch sehr grob und zeigt nur die wesentlichsten Unterschiede in den betrieblichen Hauptfunktionen, z. B. bei der Beschaffung der Produktionsfaktoren, der Finanzierung, der Leistungserstellung und -verwertung, in den Verfahren des Rechnungswesens usw. Die Unterschiede in den Betriebsbedingungen der einzelnen Gruppen, z. B. zwischen den Industriebetrieben, sind aber noch so erheblich, daß ein Vergleich der Betriebe nicht möglich ist. Dazu müssen weitere Gruppen gebildet werden.

Die folgende Übersicht – eine Auswertung der letzten Arbeitsstättenzählung (1987)[16] – zeigt die Aufteilung der Betriebe und Beschäftigten auf die verschiedenen Wirtschaftsbereiche. Danach entfallen nur 26,18% der Unternehmen, allerdings mit 50,51% der Beschäftigten, auf den Sachleistungen produzierenden Bereich (Wirtschaftsbereiche 1–4), während 73,82% der Unternehmen mit 49,49% der Beschäftigten Dienstleistungen der verschiedensten Arten hervorbringen (Wirtschaftsbereiche 5–10). Die drei größten

---

[15] Vgl. Nowak, P., Bestimmung der Betriebsindividualität mit Hilfe von Betriebsgliederungen, ZfhF 1954, S. 484 ff.
[16] Zu den Ergebnissen der Arbeitsstättenzählung 1970 vgl. die 16. Aufl. dieses Buches, München 1986, S. 14 f.

Gruppen sind die weiterverarbeitenden Unternehmen (16,04% der Unternehmen mit 39,16% der Beschäftigten), die sonstigen Dienstleistungsunternehmen (38,25% der Unternehmen mit 20,41% der Beschäftigten) und der Einzelhandel (19,18% der Unternehmen mit 11,48% der Beschäftigten).

Unternehmen und Beschäftigte 1987 nach Wirtschaftszweigen[17]

Wirtschaft	Zahl der Unternehmen	Anteil in %	Zahl der Beschäftigten	Anteil in %
1. Land- und Forstwirtschaft	28.195	1,34	137.958	0,63
2. Bergbau/Energie	3.010	0,14	485.183	2,21
3. Verarbeitendes Gewerbe	336.560	16,04	8.581.914	39,16
4. Baugewerbe	181.598	8,66	1.864.592	8,51
Summe 1–4	549.363	26,18	11.069.647	50,51
5. Großhandel	108.245	5,16	1.199.091	5,47
6. Handelsvermittlung	74.543	3,55	164.793	0,75
7. Einzelhandel	402.285	19,18	2.516.283	11,48
8. Verkehr/Nachrichten-übermittlung	81.039	3,86	1.513.583	6,91
9. Kreditinstitute/Versicherungen	80.052	3,82	979.435	4,47
10. Sonstige Dienstleistungsunternehmen und freie Berufe	802.324	38,25	4.473.807	20,41
Summe 5–10	1.548.488	73,82	10.846.992	49,49
Summe 1–10	2.097.851	100,00	21.916.639	100,00

(2) Nach der **Art der erstellten Leistung.** Eine Gliederung nach diesem Gesichtspunkt führt zu einer Trennung der Betriebe in:

(a) **Sachleistungsbetriebe** (vorwiegend Industrie- und Handwerksbetriebe), die nach dem gleichen Kriterium, also der Art der erstellten Leistung, weiter unterteilt werden können in Rohstoffgewinnungsbetriebe (z. B. Bergwerke), Produktionsmittelbetriebe (z. B. Maschinenfabriken) und Verbrauchsgüterbetriebe (z. B. Schuhfabriken). Die Gliederung der Sachleistungsbetriebe kann nach verschiedenen Gesichtspunkten fortgesetzt werden; bei den Rohstoffgewinnungsbetrieben z. B. nach dem Verfahren (Bergbau, Hüttenindustrie usw.) und bei den Produktionsmittel- und Verbrauchsgüterbetrieben nach dem vorherrschenden Rohstoff (Holzindustrie, Papierindustrie, Gummiindustrie) oder wieder nach der Art der Leistung (Werkzeugmaschinenindustrie, Automobilindustrie usw.). Je weiter die Gliede-

---

[17] Quelle: Veröffentlichungen des Stat. Bundesamtes, Fachserie 2: Unternehmen und Arbeitsstätten, Heft 11: Arbeitsstättenzählung vom 25. Mai 1987, Stuttgart 1990, S. 116 ff.

rung getrieben wird, desto größer wird die Zahl der gemeinsamen Merkmale einer Gruppe und damit die Vergleichbarkeit der Betriebe und der in den Betrieben gegebenen betrieblichen Größen.

(b) **Dienstleistungsbetriebe.** Hierzu gehören die Handelsbetriebe, deren Aufgabe die Sammlung und Verteilung von Sachgütern ist, die Bankbetriebe, deren Dienstleistungen im Aufnehmen von Darlehen, in der Gewährung von Krediten, in der Abwicklung des Zahlungsverkehrs zwischen anderen Wirtschaftseinheiten, im An- und Verkauf von Wertpapieren usw. bestehen, ferner Verkehrsbetriebe, Versicherungsbetriebe und sonstige Dienstleistungsbetriebe wie Hotels, Wirtschaftsprüfungsgesellschaften, Steuerberatungsbetriebe usw. Eine weitere Einteilung ist möglich.

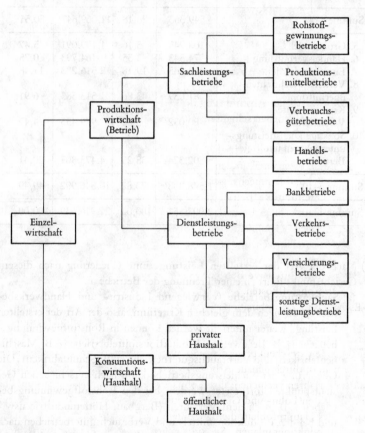

Abb. 3: Gliederung der Einzelwirtschaften

(3) Nach der **Art der Leistungserstellung.** Diese Gliederung kann nach zwei Kriterien erfolgen:
   (a) Nach **Fertigungsprinzipien** (Massenfertigung, Sortenfertigung, Serienfertigung, Partie- und Chargenfertigung, Einzelfertigung). In

dieser Einteilung werden mehrere Faktoren berücksichtigt: einmal die Anzahl der verschiedenartigen Produkte, sodann der Grad ihrer Verschiedenheit und der Grad der Wiederholbarkeit des Produktionsprozesses, d.h. die Häufigkeit des Leistungswechsels. Diese Faktoren haben einen Einfluß auf das Kalkulationsverfahren, die Arbeitsvorbereitung, die Beschaffung der Produktionsfaktoren, die Finanzierung usw.

(b) Nach **Fertigungsarten** (Arbeitstypen)[18] (Werkbankfertigung, maschinelle Werkstättenfertigung, Reihenfertigung, Fließbandfertigung). Diese Einteilung stellt auf die Art der Maschinenaufstellung und die zeitliche Abstimmung der Arbeitsoperationen ab. Nach diesen Kriterien lassen sich die Betriebe – insbesondere die Industriebetriebe – nach Nowak[19] auch folgendermaßen gliedern:

(aa) Betriebe mit weitgehend unbestimmter Folge der Arbeitsoperationen,

(bb) Betriebe mit gleichbleibender Folge der Arbeitsoperationen ohne zeitliche Abstimmung der Arbeitsgänge,

(cc) Betriebe mit gleichbleibender Folge der Arbeitsoperationen mit zeitlicher Abstimmung der Arbeitsgänge.

(4) Nach dem **vorherrschenden Produktionsfaktor** lassen sich unterscheiden:

(a) **arbeitsintensive** Betriebe. Ihr Kriterium ist ein besonders hoher Lohnkostenanteil an den gesamten Produktionskosten (Beispiel: optische und feinmechanische Industrie);

(b) **anlageintensive** Betriebe. Sie sind gekennzeichnet durch einen besonders großen Bestand an Betriebsmitteln, in denen hohe Kapitalsummen gebunden sind, so daß die Hauptkostenfaktoren die Abschreibungen und Zinsen sind, während Werkstoff- und Lohnkosten relativ weniger ins Gewicht fallen;

(c) **materialintensive** Betriebe. Sie haben einen besonders hohen Anteil an Rohstoffkosten.

Es sind auch Kombinationen dieser drei Fälle möglich. Dieser Gliederungsgesichtspunkt zeigt, welcher Produktionsfaktor den größten Anteil an den **Gesamtkosten** ausmacht. Diesem Faktor muß deshalb besondere Aufmerksamkeit geschenkt werden. So werden Betriebe mit hochbezahlten Facharbeitern durch genaue Arbeitsvorbereitung oder Verwendung zeitsparender Verfahren versuchen, ihre Lohnkosten zu senken. Besonders anfällig sind sie gegen Lohn- und Gehaltserhöhungen. Bei anlageintensiven Betrieben ist das Hauptproblem die dauernde Vollausnutzung der hochmechanisierten Produktionsanlagen. Sie sind gegen Beschäftigungsschwankungen äußerst empfindlich, da sie sich kurzfristig nicht an veränderte Beschäftigungslagen anpassen können, die Wertminderungen der Anlagen aber nicht nur eine Folge des technischen Verschleißes, sondern auch eine Folge be-

---

[18] Vgl. Pentzlin, K., Arbeits-Rationalisierung, München 1954, S. 90
[19] Vgl. Nowak, P., a. a. O., S. 497

schäftigungsunabhängiger Faktoren (z. B. technischer Fortschritt) sind. Bei materialintensiven Betrieben liegt das Hauptproblem in der Beschaffung des Materials und der laufenden Kontrolle des Materialverbrauchs.

(5) Die **Betriebsgröße** (Groß-, Mittel-, Kleinbetriebe): Die folgende Übersicht zeigt die Aufteilung der in der Arbeitsstättenzählung 1987[20] erfaßten Betriebe nach Größenklassen auf Grund der Zahl der Beschäftigten. Aus der Übersicht wird zunächst ersichtlich, daß auf die Betriebe mit über 50 Beschäftigten, die nur rd. 3% der Gesamtzahl der Betriebe ausmachen, 52,23% der Beschäftigten entfallen, während die Betriebe mit weniger als 50 Beschäftigten bei rd. 97% Anteil an der Gesamtzahl der Betriebe nur 47,77% der Arbeitnehmer beschäftigten. Noch krasser wird das Bild, wenn man sich vergegenwärtigt, daß die 650.235 Ein-Mann-Betriebe nur 2,41% der Beschäftigten umfassen (der geringste Prozentanteil aller Größenklassen), während nur 1.563 Großbetriebe mit 3.570.843 Beschäftigten den stärksten prozentualen Anteil (13,24%) aller Größenklassen ausmachen.

Unternehmen und Beschäftigte nach Größenklassen auf Grund der Beschäftigtenzahl 1987, in % der jeweiligen Summe[21]				
Unternehmen mit ... Beschäftigten	Zahl der Unternehmen	Anteil in %	Beschäftigte	Anteil in %
1	650.235	25,19	650.235	2,41
2 – 4	1.037.629	40,20	2.811.621	10,42
5 – 9	495.188	19,18	3.190.986	11,83
10 – 19	211.826	8,21	2.808.343	10,41
20 – 49	114.254	4,43	3.425.401	12,70
50 – 99	38.114	1,48	2.628.278	9,75
100 – 199	18.518	0,72	2.551.991	9,46
200 – 499	10.904	0,42	3.296.334	12,22
500 – 999	2.970	0,11	2.038.904	7,56
1.000 und mehr	1.563	0,06	3.570.843	13,24
insgesamt	2.581.201	100,00	26.972.936	100,00

Andere Kriterien für die Einteilung der Betriebe, die hier nur aufgezählt werden sollen, sind:
(6) Die **Standortabhängigkeit** (rohstoff-, energie-, arbeitskraft-, absatzabhängige Betriebe).
(7) Die **Beweglichkeit** (bodenständige, halbbodenständige, Wanderbetriebe).
(8) Die **Rechtsform** (Einzelunternehmung, Personengesellschaft, Kapitalgesellschaft, Genossenschaft u. a.). Dieser Gliederungsgesichtspunkt ist z. B. von Bedeutung für die Beurteilung des Kapitalrisikos (unbe-

---

[20] Zu den Ergebnissen der Arbeitsstättenzählung 1970 vgl. die 16. Aufl. dieses Buches, München 1986, S. 18.
[21] Quelle: Veröffentlichungen des Statistischen Bundesamtes, Fachserie 2, Heft 11, a. a. O., S. 34 f.

schränkte oder beschränkte Haftung), der Finanzierungsmöglichkeiten, der Steuerbelastung (Personengesellschaften – Kapitalgesellschaften), der Prüfungs- und Publizitätspflichten u. a. (ÜB 1/3)

d) Gliederung der Betriebswirtschaftslehre

Das Gesamtgebiet der Betriebswirtschaftslehre – so wie es sich heute lehrmäßig darbietet – läßt sich in drei Teile gliedern:
(1) in die betriebswirtschaftliche Verfahrenstechnik;
(2) in die Allgemeine Betriebswirtschaftslehre;
(3) in die spezielle Betriebswirtschaftlehren (Wirtschaftszweiglehren).

Die **betriebswirtschaftliche Verfahrenstechnik** besteht aus einer Verrechnungs- und einer Organisationslehre. Dazu gehören folgende Gebiete: Buchhaltung und Bilanz, Kostenrechnung, Wirtschaftsrechnen, Finanzmathematik, betriebswirtschaftliche Statistik, Planungsrechnung (z. B. lineares Programmieren, Netzplantechnik) und Büro- und Organisationstechnik. Teile davon, wie z. B. die Bilanz, die Kostenrechnung und die Planungsrechnung können auch Gegenstand theoretischer Überlegungen im Rahmen der Allgemeinen oder einer speziellen Betriebswirtschaftslehre sein.

Aufgabe der **Allgemeinen Betriebswirtschaftslehre** ist die Beschreibung und Erklärung der betrieblichen Erscheinungen und Probleme, die allen Betrieben gemeinsam sind, unabhängig davon, welchem Wirtschaftszweig sie angehören, in welcher Rechtsform sie betrieben werden und in wessen Eigentum sie stehen. Die Allgemeine Betriebswirtschaftslehre besteht aus einer **betriebswirtschaftlichen Theorie** und einem angewandten Teil (**Betriebspolitik**). Aufgabe der Theorie ist die Feststellung funktionaler Größenbeziehungen sowie die Erklärung realer Zusammenhänge und Geschehnisabläufe (Ursache-Wirkungsbeziehungen) und die Feststellung kausaler Regelmäßigkeiten und Gesetzmäßigkeiten.

Die angewandte Betriebswirtschaftslehre hat die Aufgabe, die in der Theorie gewonnenen Erkenntnisse auf konkrete Einzelfragen und zur Entwicklung von Verfahren anzuwenden, die der Realisierung bestimmter betrieblicher Zielsetzungen dienen sollen. Die betriebswirtschaftliche Theorie richtet sich auf die **Erkenntnis** des Betriebsprozesses, die angewandte Betriebswirtschaftslehre auf die **Gestaltung** des Betriebsprozesses.

Die **speziellen Betriebswirtschaftslehren** dagegen beschäftigen sich mit den betriebswirtschaftlichen Problemen, die durch die Besonderheiten der einzelnen Wirtschaftszweige bedingt, also nicht allen Betrieben gemeinsam sind. Zu diesen sog. **Wirtschaftszweiglehren** gehören die Industriebetriebslehre, die Handelsbetriebslehre, die Bankbetriebslehre, die Betriebswirtschaftslehre des Handwerks, des Verkehrs und der Versicherungen und die landwirtschaftliche Betriebslehre. Daneben haben sich eine Betriebswirtschaftliche Steuerlehre und eine Betriebswirtschaftslehre des Revisions- und Treuhandwesens (Betriebswirtschaftliche Prüfungslehre) entwickelt.

Die beiden letztgenannten Teilgebiete der Betriebswirtschaftslehre sind aber weder Wirtschaftszweiglehren, noch überhaupt spezielle Betriebswirtschaftslehren, auch wenn sie in den Prüfungsordnungen und Studienplänen der Universitäten und Hochschulen als spezielle Betriebswirtschaftslehren bezeichnet werden.[22] Die **Auswirkungen der Steuern** sind entweder bei den Betrieben aller Wirtschaftszweige im Prinzip gleich (soweit Unterschiede bestehen, werden sie zweckmäßigerweise im Rahmen der Wirtschaftszweiglehren behandelt, da sie eine Besonderheit eines Wirtschaftszweiges darstellen), oder sie sind nicht in erster Linie durch die Verschiedenheit des Wirtschaftszweiges bedingt, sondern vor allem durch die Verschiedenheit der **Rechtsform** (Personengesellschaft – Kapitalgesellschaft) oder durch die **Art der Verflechtung** des Betriebes mit anderen Betrieben (Interessengemeinschaften, Kartelle, Konzerne, Organschaftsverträge) oder durch **Unterschiede im Eigentum** des Betriebes (private Betriebe, öffentliche Betriebe, Genossenschaften).

Daraus wird ersichtlich, daß die Betriebswirtschaftliche Steuerlehre einen anderen Charakter hat als die übrigen speziellen Betriebswirtschaftslehren. Sie ist ihrem Wesen und ihrer Problemstellung nach ein **Teilgebiet der Allgemeinen Betriebswirtschaftslehre,** da ihre Probleme in überwiegendem Maße alle Betriebe gemeinsam angehen. Die durch die Rechtsform, die Verflechtung und die Eigentumsverhältnisse bedingten steuerlichen Unterschiede rechtfertigen allein nicht die Ausgliederung der Betriebswirtschaftlichen Steuerlehre aus der Allgemeinen Betriebswirtschaftslehre, denn es fehlt hier das Kriterium, das die Begründung für die Ausgliederung der Wirtschaftszweiglehren gibt: das Verhältnis des Allgemeinen zum Besonderen. Man könnte sonst mit gleichem Recht eine spezielle Betriebswirtschaftslehre der Finanzierung oder des Bilanzwesens entwickeln, denn zweifellos sind auch die Fragen der Finanzierung und Bilanzierung stark von der Rechtsform des Betriebes abhängig.

Ähnliches wie für die Betriebswirtschaftliche Steuerlehre gilt für das Gebiet des **Revisions- und Treuhandwesens.** Auch hier sind die unterschiedlichen Probleme bei den einzelnen Betrieben nicht in erster Linie eine Folge der Verschiedenheit des Wirtschaftszweiges, sondern werden auch sehr stark von der Rechtsform beeinflußt; man denke nur an die strengen gesetzlichen Vorschriften für die Prüfung von Kapitalgesellschaften.

Gegenstand des Revisions- und Treuhandwesens ist nicht der Prüfungs- und Beratungsbetrieb, sondern die Überwachung (Kontrolle und Prüfung) und Beratung des Betriebes. Die Überwachung wird aber nur zum Teil von Prüfungsbetrieben durchgeführt, soweit es sich nämlich um externe – meist auf gesetzlicher Grundlage beruhende – Prüfungen (z. B. handelsrechtliche Jahresabschlußprüfung) handelt. Die interne Revisionsabteilung eines Betriebes und ihre Aufgaben wären in einem so eng definierten Gegenstand nicht enthalten. Ebenso ist der Gegenstand der Betriebswirtschaftlichen Steuerlehre nicht der Steuerberatungsbetrieb, auch nicht die Tätigkeit dieser

---

[22] Vgl. Wöhe, G., Die betriebswirtschaftliche Steuerlehre – eine spezielle Betriebswirtschaftslehre?, ZfhF 1961, S. 49ff.; derselbe, Betriebswirtschaftliche Steuerlehre, Bd. I, 1. Halbbd., 6. Aufl., München 1988, S. 30ff.

Betriebe, sondern ihr Gegenstand sind die Auswirkungen der Steuern auf den Betrieb und die darauf basierenden betrieblichen Entscheidungen, die auf eine Minimierung der Steuerbelastung gerichtet sind. Ob die interne Steuerabteilung oder ein externer Steuerberater die Entscheidung trifft oder vorbereitet, ist dabei ohne Belang, denn beide entscheiden auf Grund der Erkenntnisse, die ihnen die Betriebswirtschaftliche Steuerlehre liefern soll. Keiner der beiden Teilbereiche läßt sich also als spezielle Betriebswirtschaftslehre im Sinne einer institutionellen Unterteilung der Betriebswirtschaftslehre auffassen.

Die nicht ganz befriedigende Gliederung in Allgemeine und spezielle Betriebswirtschaftslehren hat in zunehmendem Maße zu der Forderung geführt, diese Einteilung zugunsten einer Gliederung der Betriebswirtschaftslehre **nach betrieblichen Funktionen,** also nach Haupttätigkeitsgebieten (z. B. Beschaffung, Produktion, Absatz, Finanzierung u. a.) aufzugeben. Die funktionale Gliederung hat die bisherige institutionelle Gliederung jedoch noch nicht verdrängen können und hat noch zu keinem in sich geschlossenen System der Betriebswirtschaftslehre geführt. Als wichtigste betriebliche Funktionen wären zu nennen:

(1) Betriebsführung (Leitung, Planung, Organisation, Überwachung);
(2) Finanzierung (Kapitalbeschaffung);
(3) Investition (Kapitalverwendung);
(4) Beschaffung (von Arbeitskräften, Betriebsmitteln und Werkstoffen);
(5) Lagerung (von Werkstoffen, Halb- und Fertigfabrikaten und Waren);
(6) Leistungserstellung (Fertigung von Gütern, Bereitstellung von Dienstleistungen);
(7) Transport (innerbetrieblicher Transport, Außentransport);
(8) Absatz (Vertrieb, Werbung, Marktforschung).

Die Gliederung der Betriebswirtschaftslehre nach betrieblichen Funktionsbereichen kann allerdings die übliche Einteilung in Allgemeine und spezielle Betriebswirtschaftslehre nicht ersetzen, denn die Probleme, die sich durch die Eigentümlichkeiten der einzelnen Wirtschaftszweige ergeben, bedürfen doch im Rahmen der einzelnen Funktionen wiederum einer gesonderten Untersuchung. So sind beispielsweise bestimmte Probleme des Rechnungswesens (Kontrollfunktion) im Industriebetrieb, Handelsbetrieb und Bankbetrieb sehr unterschiedlich. Abgesehen von einigen allgemeinen Fragen müßte eine Behandlung der Kostenrechnung und Kalkulation für die drei genannten Wirtschaftszweige getrennt erfolgen.

Das gleiche gilt z. B. für die Funktion der Leistungserstellung. Die industrielle Fertigung und die Bereitstellung von Dienstleistungen durch Handels-, Bank- oder Versicherungsbetriebe haben so wenig Gemeinsames an sich, daß eine gemeinsame Behandlung dieser Fragen wenig zweckmäßig erscheint. Die Gliederung nach Wirtschaftszweigen, die durch die funktionale Einteilung ersetzt werden soll, müßte dann innerhalb jeder Funktion eingeführt werden. Das ist zweifellos kein Gewinn für eine Systematik, denn die tatsächliche Wirtschaft zeigt uns nicht getrennte Funktionen, sondern getrennte Wirtschaftszweige mit ihren Spezialproblemen.

Es erscheint uns deshalb zweckmäßiger, gewisse Mängel der Gliederung in Allgemeine und spezielle Betriebswirtschaftslehre in Kauf zu nehmen, als sie durch eine Gliederung nach betrieblichen Funktionen zu ersetzen, die diese Mängel nur scheinbar beseitigt, außerdem aber andere Unzulänglichkeiten aufweist.

Der Gedanke der funktionalen Gliederung ist fruchtbar zu verwerten, wenn man die Allgemeine Betriebswirtschaftslehre und die Wirtschaftszweiglehren funktional gliedert, ohne aber deshalb die Behandlung institutioneller Fragen aufzugeben. Die Frage der Gliederung nach Wirtschaftszweigen oder Funktionen ist also eine **Frage der Zweckmäßigkeit.** Die betriebswirtschaftliche Literatur verwendet heute zwar beide Kriterien, jedoch kann festgestellt werden, daß umfassende Lehrbücher im wesentlichen entweder das Gebiet der Allgemeinen Betriebswirtschaftslehre oder einzelner Wirtschaftszweiglehren behandeln, in welche die Funktionsgliederung einbezogen wird, Lehrbücher und Monographien einzelner Funktionen aber i. d. R. nicht die jeweilige Funktion durch alle Wirtschaftszweige verfolgen, sondern im wesentlichen die Teile zum Gegenstand haben, die allen Betrieben gemeinsam und folglich ein Ausschnitt aus einer funktional gegliederten Allgemeinen Betriebswirtschaftslehre sind. (**ÜB 1/4**)

2. Die Betriebswirtschaftslehre als Wissenschaft

a) Begriff, Wesen und Aufgaben der Wissenschaft

Wenn man die Behauptung aufstellt, daß die Betriebswirtschaftslehre eine Wissenschaft ist, muß man zunächst Klarheit darüber haben, durch welche Merkmale eine Wissenschaft konstituiert wird und welche Aufgaben ihr zugeschrieben werden. Voraussetzung für das Entstehen von Wissenschaften ist ,,einmal das Grundbewußtsein, daß der Mensch die Wirklichkeit, einschließlich seiner selber, erfassen und wahrheitsgetreu in seinem Bewußtsein vergegenwärtigen könne, und zweitens die Tatsache, daß der praktische Umgang des Menschen mit der Welt und mit seinesgleichen nicht einfach selbstverständlich und lückenlos geregelt erscheint (wie etwa bei der Tierwelt durch die Instinkte), sondern daß es der Erkenntnis der Dinge und des Menschen bedarf, um richtig handeln zu können.''[23] Wissenschaft ist ,,systematisiertes Wissen, der Inbegriff zusammengehöriger, auf ein bestimmtes Gegenstandsgebiet sich beziehender oder durch den gleichen Gesichtspunkt der Betrachtung verbundener, zu systematischer Einheit methodisch verknüpfter, zusammenhängender Erkenntnisse. Jede Wissenschaft enthält außer den positiven Erkenntnissen Theorien und Hypothesen und verarbeitet ihren Stoff sowohl mittels der allgemeinen logischen als auch mit Hilfe spezieller Methoden.''[24]

---

[23] Holzamer, K., Wissenschaft, in: Staatslexikon, Bd. 8, 6. Aufl., Freiburg 1963, Sp. 874
[24] Eisler, R., Handwörterbuch der Philosophie, 2. Aufl., hrsg. von R. Müller-Freienfels, Berlin 1922, S. 761 f.

Aus diesen und anderen Definitionen ist zu entnehmen, daß das **Ziel jeder Wissenschaft** die Erforschung ʻder Wahrheit, die Gewinnung eines sachlich geordneten Zusammenhanges von wahren und in ihrer Wahrheit gesicherten Urteilen ist.[25] Daß die Wissenschaft diese Aufgabe hat, ist erkenntnismäßig nicht zu sichern, wenn diese Umschreibung der Wissenschaft auch allgemeine Anerkennung gefunden hat. Diese Definition beruht also nicht auf Erkenntnis, sondern ist **ein Bekenntnis,** eine Stellungnahme. Damit beginnt die Wissenschaft auf der Basis eines Werturteils, dessen Wahrheit mit logischen Mitteln nicht gesichert werden kann. Seine Anerkennung beruht auf Konvention. ,,Das ,Apriori' der Wissenschaft besteht nicht in Erkenntnissen, sondern in Entscheidungen über ihre Aufgabe, ihre Probleme und Spielregeln, aber diese Entscheidungen gehen nicht in die Aussagen der Wissenschaft ein, sondern bilden nur ihre ,existentielle Basis'.''[26]

Die Wissenschaft ist jedoch nicht nur ein Bestand an endgültigen Wahrheiten, sondern in erster Linie ein **dynamischer Erkenntnisprozeß,** ein dauerndes Fortschreiten. Sie stellt die Frage nach der Wahrheit und ist beständig auf der Suche nach Antworten auf diese Frage.[27] Dieser dynamische Prozeß der Erkenntnisgewinnung im Wege vieler kleiner Schritte ist insbesondere für die Erfahrungswissenschaften typisch, zu denen die Betriebswirtschaftslehre gehört.

Das Ziel der Gewinnung wahrer Erkenntnis wird von der Wissenschaft nicht immer erreicht. Vielfach gelangt sie nicht zu wahren Urteilen, sondern nur zu **wahrscheinlichen Annahmen** oder auch nur zur Stellung von Fragen und Problemen. Dabei ist zu beachten, daß nicht jedes menschliche Erkennen mit wissenschaftlicher Erkenntnis gleichzusetzen ist.

Eine willkürliche Zusammenstellung von Urteilen, Annahmen und Problemen stellt noch keine Wissenschaft dar. Die Urteile müssen logisch zusammengehören. Was sie zusammenhält, ist der gemeinsame Gegenstand, das **Erkenntnisobjekt,** auf das sich die Urteile, Annahmen und Probleme beziehen. Kenntnis des Gegenstandes bedeutet, daß es möglich ist, sich ,,an ihm findende Merkmale festzulegen, die hinreichend und notwendig sind, ihn von anderen Gegenständen zu unterscheiden.''[28]

Neben der Gemeinsamkeit des Gegenstandes bedarf jede Wissenschaft einer sachlichen **systematischen Ordnung** ihrer Urteile, Annahmen und Probleme. Mit anderen Worten, Endziel jeder Wissenschaft ist ein ,,System'' im Sinne von Kant, also ,,ein nach Prinzipien geordnetes Ganzes der Erkenntnis''[29] oder anders formuliert ,,die einheitliche, nach einem Prinzip durchgeführte Anordnung einer Mannigfaltigkeit von Erkenntnissen zu einem Wis-

---

[25] Vgl. Wöhe, G., Methodologische Grundprobleme der Betriebswirtschaftslehre, Meisenheim/Glan 1959, S. 23
[26] Albert, H., Das Wertproblem im Lichte der logischen Analyse, ZfgSt 1956, S. 419
[27] Vgl. Hill, W., Betriebswirtschaftslehre als Wissenschaft, Zürich u. St. Gallen 1957, S. 11 ff.
[28] Carell, E., Wirtschaftswissenschaft als Kulturwissenschaft, Tübingen 1931, S. 18
[29] Kant, I., Metaphysische Anfangsgründe der Naturwissenschaft, Vorrede, Werke, hrsg. von E. Cassirer, Bd. IV, Berlin 1913, S. 369

sensganzen, zu einem in sich gegliederten, innerlich-logisch verbundenen Lehrgebäude.''[30]

Eine Anzahl von systematisch geordneten Urteilen, die sich auf einen gemeinsamen Gegenstand beziehen, würde jedoch keine Wissenschaft darstellen, wenn die Wahrheit oder Wahrscheinlichkeit der Urteile nicht durch Untersuchungen, Begründungen und Beweise gesichert wäre.

Wir halten fest: **Wissenschaft ist gekennzeichnet**
(1) durch die Frage nach der Wahrheit und das Suchen nach Antworten, also einem Streben nach Erkenntnis;
(2) durch Konstituierung eines Erkenntnisobjekts und von Erkenntniszielen, durch das sich eine wissenschaftliche Disziplin von anderen unterscheidet. Ist das Objekt wie in der Betriebswirtschaftslehre im Zeitablauf dauernden Veränderungen unterworfen, so ist das Ziel der restlosen Erfassung des Erkenntnisobjekts ein dynamischer Prozeß ohne endliche Begrenzung;
(3) durch Anwendung spezifischer Forschungsmethoden zur Gewinnung von Erkenntnissen;
(4) durch das Bestreben, alle Urteile über das Erkenntnisobjekt in ihrer Wahrheit zu sichern und in eine systematische Ordnung (System) zu bringen.

b) Die Stellung der Betriebswirtschaftslehre im System der Wissenschaften

aa) Der Standort der Wirtschaftswissenschaften

Die einzelnen Wissenschaften sind nicht nach einem vorgedachten Plan entstanden, sondern haben sich im Laufe von Jahrhunderten, teilweise von Jahrtausenden sporadisch, zum Teil völlig unabhängig voneinander entwickelt, und zwar teils nach praktischen Bedürfnissen, teils nach dem Interesse, das eine Zeitepoche bestimmten Problemen und Fragenkomplexen entgegenbrachte. Die Einteilung der Wissenschaften ist also nichts anderes als der Versuch, die zur Zeit existierenden Wissenschaften nach bestimmten Kriterien zu systematisieren.

Als brauchbares Einteilungskriterium hat sich der **Gegenstand,** das Untersuchungsobjekt erwiesen. Nach diesem Kriterium ergibt sich zunächst eine Zweiteilung in Idealwissenschaften und Realwissenschaften. Die Objekte der **Idealwissenschaften** werden vom Denken erschaffen, d. h. sie sind nicht unabhängig vom Denken gegeben. Das gilt für die Logik und die Mathematik. Die Gegenstände der **Realwissenschaften** dagegen sind in der Wirklichkeit vorhanden, sie sind real da, unabhängig davon, ob sich unser Denken mit ihnen beschäftigt oder nicht.

Üblicherweise werden die Realwissenschaften nach ihren Gegenständen in Naturwissenschaften und Geisteswissenschaften unterteilt. **Naturwissenschaften** befassen sich mit der gesamten Natur einschließlich des Menschen,

---

[30] Lisowsky, A., Die Betriebswirtschaftslehre als normative Wissenschaft, ZfB 1950, S. 611

soweit er selbst ein Teil der Natur ist, also mit körperlichen (physischen) Gegenständen, die ohne das Zutun des Menschen existieren. **Geisteswissenschaften** dagegen haben zum Gegenstand die gesamte Kultur, also alles, was erst durch oder mit Hilfe des Menschen in Erscheinung getreten ist; dazu gehört auch ,,der Mensch selber als Träger oder Mitgetragener der Kultur."[31] Geisteswissenschaften haben psychische Gegenstände.

Körperliche Gegenstände sind ausgedehnt, räumlich meßbar, sie lassen sich mit Hilfe der Sinneswahrnehmung erfassen. Psychische Objekte (Bewußtseinsinhalte) werden durch Selbstwahrnehmung erfaßt. Da das Seelische sich fast immer an Körperliches gebunden findet, gibt es auch **psychophysische Gegenstände**.[32] Sie sind ebenso wie rein körperliche Gegenstände real da, entstehen aber erst durch unbewußtes oder bewußtes Handeln der Menschen. Dazu zählen zum Beispiel alle gesellschaftlichen Erscheinungen wie die Sprache, die Religion, die Kunst, das Recht und die Wirtschaft. Deshalb findet man für die Wissenschaften, die sich mit diesen Objekten befassen, statt der Bezeichnung Geisteswissenschaften auch den Namen **Kulturwissenschaften.**

Heute hat sich eine gewisse Verselbständigung der Wirtschafts- und Sozialwissenschaften herausgebildet, der Oberbegriff Kulturwissenschaften tritt zurück. Die Einbeziehung oder Ausgliederung aus den Kulturwissenschaften ist eine Zweckmäßigkeitsfrage. Entscheidend ist allein, was eine solche Einteilung leistet, d. h. vor allem, ob sie in der Lage ist, die einzelnen durch den Gegenstand bestimmten wissenschaftlichen Disziplinen im Interesse einer Arbeitsteilung bei der Forschung gegeneinander abzugrenzen.

Weist man den Wirtschaftswissenschaften eine **Sonderstellung** zwischen Kultur- und Naturwissenschaften zu,[33] so sollte man das allerdings nicht mit der Behauptung begründen, daß die Wirtschaftswissenschaften teils im Bereich der Kultur- und teils im Bereich der Naturwissenschaften angesiedelt seien.[34] Zwar kann sich der Mensch bei seinem auf Bedürfnisbefriedigung gerichteten Handeln nicht über die Naturgesetze hinwegsetzen, es ist aber nicht Aufgabe der Wirtschaftswissenschaften, derartige Gesetze zu finden. Diese sind vielmehr für sie gegebene Größen, Daten, die beim wirtschaftlichen Handeln in Rechnung gestellt werden müssen. Entwickelt ein Betrieb neue technische Verfahren, so ist das eine Angelegenheit von Technikern, die aufgrund der Erkenntnisse der Naturwissenschaften (Physik, Chemie, Metallkunde usw.) arbeiten. Der Betriebswirt nimmt die Produktionstechnik als gegebene Größe hin und untersucht, wie bestimmte technische Verfahren sich wirtschaftlich auswirken.

Auch die Begründung, daß die Wirtschaftswissenschaften zum Teil zu den Naturwissenschaften gezählt werden müßten, weil sie sich wissenschaftli-

---

[31] Holzamer, K., a. a. O., Sp. 875
[32] Vgl. Becher, E., Geisteswissenschaften und Kulturwissenschaften, München und Leipzig 1921
[33] Vgl. Lisowsky, A., Grundprobleme der Betriebswirtschaftslehre. Ausgewählte Schriften, Zürich u. St. Gallen 1954, S. 85
[34] Vgl. Lehmann, M. R., Allgemeine Betriebswirtschaftslehre, 3. Aufl., Wiesbaden 1956, S. 269

cher Forschungsmethoden bedienen, die auch die Naturwissenschaften verwenden, ist nicht stichhaltig, weil die Trennung der Wissenschaften durch den unterschiedlichen Gegenstand und nicht durch unterschiedliche Forschungsmethoden erfolgt. Eine große Zahl gegenständlich getrennter wissenschaftlicher Disziplinen bedient sich gleicher Forschungsmethoden.

Auch die überaus zahlreichen Vergleiche mit naturwissenschaftlichen Begriffen, die sich in der Betriebswirtschaftslehre eingebürgert haben und dazu geführt haben, daß man den Betrieb als Organismus bezeichnet und von Geburt, Leben, Lebensdauer, Wachstum, Entwicklung, Lebenszyklus von Produkten u. a. spricht, können nicht darüber hinwegtäuschen, daß es sich hier lediglich um **Analogien** handelt, die der Veranschaulichung betrieblicher Zusammenhänge dienen sollen, aber nicht zu Schlüssen führen können, die nur in den Naturwissenschaften möglich sind.

bb) Das Verhältnis der Wirtschaftswissenschaften zu den Sozialwissenschaften

Die Wirtschaftswissenschaften werden häufig als Teilgebiet der Sozialwissenschaften aufgefaßt. Die an den Universitäten übliche Bezeichnung Wirtschafts- **und** Sozialwissenschaft zeigt demgegenüber keine Unterordnung, sondern eine **Gleichordnung** beider Wissenschaftsbereiche, bringt aber zugleich eine außerordentlich enge Verbindung beider Bereiche zum Ausdruck. Gleichordnung bedeutet aber Selbständigkeit und damit Verschiedenheit des Gegenstandes.

Unter dem Begriff **Sozialwissenschaften** faßt man gemeinhin alle wissenschaftlichen Disziplinen zusammen, die sich mit dem Menschen als soziales Phänomen und mit den institutionellen und organisatorischen Voraussetzungen für menschliches Handeln und Zusammenleben in Gemeinschaften und Gesellschaften beschäftigen. Die Grunddisziplin der Sozialwissenschaften ist die **Soziologie,** ferner gehören dazu die Wissenschaft von der Politik, die Sozialpsychologie, die Sozialpädagogik und die Sozialgeschichte. Faßt man den Begriff der Sozialwissenschaften sehr weit, so müßten auch die Rechtswissenschaften und die Wirtschaftswissenschaften hinzugezählt werden, denn auch das Wirtschaften in Betrieben und privaten und öffentlichen Haushalten basiert auf menschlichem Handeln und Zusammenleben und ist somit ein soziales Phänomen.

Die Verselbständigung der Wirtschaftswissenschaften neben den Sozialwissenschaften hat sich insbesondere durch die von der klassischen Nationalökonomie entwickelte und von der betriebswirtschaftlichen Theorie übernommene Fiktion des „**homo oeconomicus**", d. h. eines ausschließlich nach wirtschaftlichen Zweckmäßigkeitsüberlegungen handelnden Menschen, vollzogen. Diese Fiktion mußte notwendigerweise zur Verselbständigung der Wirtschaftswissenschaften führen, denn der Mensch – und zwar sowohl als Unternehmer als auch als Arbeitnehmer – wird in der klassischen Wirtschaftstheorie aufgefaßt erstens „als zweckrational denkendes und handelndes Wesen, dessen Ziel in der Maximierung seiner wirtschaftlichen Vorteile besteht. ... Dieses Wesen reagiert zweitens auf die von der Unternehmensleitung angebotenen finanziellen Anreize ... als von anderen Personen isoliertes Individuum. Schließlich wurde drittens, wie William F. Whyte bemerkt, stillschweigend unterstellt, daß Menschen ebenso wie Maschinen nach einer mechanistischen, standardisierten Methode behandelt werden können. ... Es ist interessant zu beobachten, wie hier die Neigung besteht, Arbeiter und Maschinen zusammen als Teil der Betriebsausrüstung zu betrachten'."[35] Es besteht kein Zweifel darüber, daß die Fiktion des „homo oeconomicus" die Analyse wirtschaftlicher Abläufe erheblich vereinfacht. **Interpersonale Konflikte,** die es überall gibt, wo Menschen in Gemeinschaften zusammenleben oder in Organisationen wie Betrieben gemeinsam arbeiten, aber dabei doch völlig verschiedene persönliche Interessenlagen haben können, werden durch den „homo oeconomicus" **ausgeschlossen.** Damit werden aber auch alle Problembereiche ausgeklammert, die den gemeinsamen Gegenstand der Sozialwissenschaften bilden. Die Wirtschaftswissenschaften haben sich damit verselbständigt. Der Einwand, daß eine solche Beschränkung auf das nur-wirtschaftliche Handeln der Menschen im Betrieb und das Ausklammern aller möglichen und tatsächlich auch auftretenden sozialen Konfliktsituationen und die Zuweisung dieser Probleme an andere wissenschaftliche Disziplinen nicht zu brauchbaren wissenschaftlichen Erkenntnissen führt, ist dann nicht stichhaltig, wenn man die gesicherten Erkenntnisse z. B. der Soziologie bei praktischen wirtschaftlichen Entscheidungen berücksichtigt und die notwendige Einseitigkeit der Fragestellung einer Einzeldisziplin durch **interdisziplinäre Zusammenarbeit** überwindet.

So wie die Trennung der Realwissenschaften in einzelne Disziplinen durch den Unterschied der Erkenntnisobjekte bedingt ist, so ist auch die Einteilung der Wirtschaftswissenschaften in verschiedene Disziplinen durch die unserem Denken gegenüberstehenden verschiedenen Erkenntnisobjekte bedingt. Alle wirtschaftswissenschaftlichen Disziplinen haben die gemeinsame Aufgabe der restlosen **Erfassung und Erklärung des gesellschaftlichen Teilbereichs „Wirtschaft",** d. h. des Komplexes menschlicher Handlungen, Verhaltensweisen und Institutionen, die auf die Unterhaltsfürsorge gerichtet sind. „Ein Anliegen der W. (Wirtschaftswissenschaften, der Verf.) ist demnach die Erforschung wirtschaftlicher Erscheinungen und ihrer Zusammenhänge bei der Verteilung der knappen Güter auf die einzelnen Individuen und Gemeinschaften sowie der Auswirkungen historischer Verteilungen auf die Gegenwart. Ein zweites Anliegen der W. betrifft die Analyse der Ziele und Mittel zur Gestaltung wirtschaftlicher Prozesse und Strukturen."[36] Zwischen den wirtschaftswissenschaftlichen Disziplinen besteht zur Erfüllung dieser Aufgabe eine in ihrem Umfang durch die verschiedenen Erkenntnisobjekte bestimmte **Arbeitsteilung,** doch kann keine Disziplin ohne Kenntnis des Arbeitsgebietes und der geleisteten Forschungsarbeit der Nachbardisziplinen sinnvolle wissenschaftliche Arbeit leisten.

---

[35] Schanz, G., Verhalten in Wirtschaftsorganisationen, München 1978, S. 23
[36] Albach, H., Wirtschaftswissenschaften, in: Gablers Wirtschaftslexikon, Bd. 2, 12. Aufl., Wiesbaden 1988, Sp. 2797

Die Wirtschaftswissenschaften gliedert man gemeinhin in **Betriebswirtschaftslehre** und **Volkswirtschaftslehre**, die **Finanzwissenschaft** als die Lehre vom öffentlichen Haushalt wird traditionell zur Volkswirtschaftslehre gezählt. Diese Einteilung ist historisch und nicht systematisch begründet. Würde man z. B. die Betriebswirtschaftslehre als die Lehre von den Einzelwirtschaften auffassen, so würden neben den Betrieben als Produktionswirtschaften auch die privaten und öffentlichen Haushalte als Einzelwirtschaften zum Objekt der Betriebswirtschaftslehre gehören. Betriebswirtschaftslehre und Volkswirtschaftslehre werden teils institutionell, teils funktionell weiter untergliedert.

cc) Betriebswirtschaftslehre und Volkswirtschaftslehre

Betriebswirtschaftslehre und Volkswirtschaftslehre untersuchen jede für sich eine Seite des Gesamtbereiches Wirtschaft, stehen also in einem sehr engen Verhältnis zueinander. Aufgabe der Betriebswirtschaftslehre ist es, alles wirtschaftliche Handeln, das sich im Betrieb vollzieht, zu beschreiben und zu erklären und schließlich auf Grund der erkannten Regelmäßigkeiten und Gesetzmäßigkeiten des Betriebsprozesses wirtschaftliche Verfahren zur Realisierung praktischer betrieblicher Zielsetzungen zu entwickeln. Da jedoch kein Betrieb für sich allein bestehen kann, sondern jeder Betrieb mit der Gesamtwirtschaft einmal über den Beschaffungsmarkt (Kapitalbeschaffung, Beschaffung von Produktionsfaktoren), zum anderen über den Absatzmarkt verbunden ist, muß die Betriebswirtschaftslehre auch die Beziehungen des einzelnen Betriebes zu anderen Wirtschaftseinheiten, zum Markt, untersuchen. Dabei erforscht sie aber nicht den gesamtwirtschaftlichen Prozeß, sondern geht stets vom einzelnen Betrieb aus. Die Betriebswirtschaftslehre bedient sich zur Erfüllung ihrer Aufgaben mehrerer Teildisziplinen, die gegenständlich voneinander getrennt sind (Betriebsbeschreibung und -morphologie, Betriebstheorie, Betriebspolitik, Betriebstechnik, Geschichte der Betriebswirtschaftslehre).

Gegenstand der Volkswirtschaftslehre ist nach A. Weber das „Ineinandergreifen der durch regelmäßigen Tausch miteinander verbundenen und durch gegenseitige Abhängigkeit aufeinander angewiesenen Einzelwirtschaften".[37] Die Gesamtwirtschaft ist also nicht etwa nur die Summe der Einzelwirtschaften, sondern sie hat ihre eigenen Probleme. Was für die Volkswirtschaftslehre Problem ist, so z. B. die Preisbildung der Produktionsfaktoren, die Bildung und Verteilung des Volkseinkommens u. a., ist für die Betriebswirtschaftslehre **Datum**, gegebene Größe, mit der sie zu rechnen hat. Jede Veränderung der volkswirtschaftlichen Daten, z. B. Änderungen der Bedürfnisstruktur (Mode), Bevölkerungsveränderungen (Lohnpreis), technische Fortschritte (Einfluß auf Zins und Nutzungsdauer der Anlagen) führt zu einem veränderten Verhalten der Betriebe.

Umgekehrt sind die Probleme der Betriebswirtschaftslehre, z. B. die Kostenverläufe des Betriebes, für die Volkswirtschaftslehre Daten, die sie bei ihren Forschungen als gegeben in Rechnung stellen muß, da sie logisch nicht

---

[37] Weber, A., Allgemeine Volkswirtschaftslehre, 7. Aufl., Berlin 1958, S. 1

zu ihrem Erkenntnisobjekt, sondern zum Objekt der Betriebswirtschaftslehre gehören. Das bedeutet, daß beide Disziplinen, Betriebswirtschaftslehre und Volkswirtschaftslehre, nicht ohne einander auskommen können. Die Interdependenz der Zusammenhänge der ökonomischen Größen· hat aber auch dazu geführt, daß trotz formaler Abgrenzung der Erkenntnisobjekte gewisse Überschneidungen der betriebswirtschaftlichen und der volkswirtschaftlichen Forschung unvermeidlich sind.

Trotz der logischen Trennung von Betriebswirtschaftslehre und Volkswirtschaftslehre durch die Verschiedenheit der Erkenntnisobjekte wird häufig die **Forderung nach einer Fusion beider Disziplinen** zu einer einheitlichen Wirtschaftswissenschaft erhoben. Die Begründungen für diese Forderung sind unterschiedlich. Teilweise wird die Verschiedenheit der Erkenntnisobjekte geleugnet. Hier handelt es sich dann gewöhnlich um eine Verwechslung von Erfahrungsgebiet (Wirtschaft) und Erkenntnisobjekt (eine isolierte ,,Seite" des Gebietes Wirtschaft).

Verschiedentlich wird auch nur eine Verschmelzung von betriebswirtschaftlicher und volkswirtschaftlicher Theorie unter Beibehaltung der Trennung der angewandten Teile beider Wissenschaften gefordert. Diese Forderung ist deshalb inkonsequent, weil man entweder zwei getrennte Erkenntnisobjekte anerkennt, dann aber nicht nur die praktischen Teile beider Disziplinen, sondern auch die theoretischen Grundlagen gegenständlich getrennt sind, oder aber weil man die Verschiedenheit der Erkenntnisobjekte leugnet; dann ist aber nicht einzusehen, aus welchem Grunde eine Trennung von angewandter Betriebswirtschaftslehre (Betriebswirtschaftspolitik) und angewandter Volkswirtschaftslehre (Volkswirtschaftspolitik) erfolgen soll.

Auch das Argument, daß die **Erkenntnisziele** der Betriebswirtschaftspolitik und Volkswirtschaftspolitik unterschiedlich seien, ist nicht stichhaltig. Zwar sind die praktischen Zielsetzungen des Betriebes und der Volkswirtschaft und die Mittel und Wege zur Realisierung dieser Zielsetzungen verschieden. Das Erkenntnisziel der angewandten Betriebswirtschaftslehre und Volkswirtschaftslehre ist aber das gleiche, nämlich die Erkenntnis ihres Gegenstandes. Hier liegt also eine Verwechslung von praktischen wirtschaftlichen Zielsetzungen einerseits mit Erkenntniszielen wissenschaftlicher Disziplinen andererseits vor. Die praktischen wirtschaftlichen Zielsetzungen gehören zum Gegenstand der betreffenden Disziplin.

In jüngster Zeit ist versucht worden, die Einheit der Wirtschaftswissenschaften damit zu begründen, daß die Betriebswirtschaftslehre sich einer **mikroökonomischen** und die Volkswirtschaftslehre einer **makroökonomischen** Betrachtung bediene und die mikroökonomische Analyse nur einen Sinn habe, wenn sie in den Gesamtzusammenhang, die makroökonomische Analyse, eingebaut werde. Die Begriffe Mikroökonomie für die Betriebswirtschaftslehre und Makroökonomie für die Volkswirtschaftslehre decken sich aber nicht mit dem, was man in der Regel unter diesen Wissenschaften versteht.[38] Als **mikroökonomische Größen** bezeichnet Schneider

---

[38] Vgl. Wöhe, G., Methodologische Grundprobleme . . ., a. a. O., S. 251 ff.

solche Größen, ,,welche sich auf die den gesamtwirtschaftlichen Kosmos bildenden elementaren Wirtschaftseinheiten (Haushalte und Unternehmungen) beziehen``; **makroökonomische Größen** dagegen sind solche, ,,die durch Zusammenfassung bzw. Addition der mikroökonomischen Größen gewonnen sind``.[39]

Mikroökonomie und Makroökonomie sind nicht etwa nur andere ,,Vokabeln`` für Betriebswirtschaftslehre und Volkswirtschaftslehre, sondern haben einen anderen Begriffsinhalt. Das drückt Zimmerman mit aller Deutlichkeit aus, wenn er fordert, daß der Unterschied zwischen Betriebswirtschaftslehre und Volkswirtschaftslehre einer Revision unterworfen werden müsse, ,,wobei die Preistheorie als Kernproblem der ersteren und die Problematik der Bildung, Verteilung und Schwankung des Volkseinkommens der letzteren zuzuweisen ist``.[40] Er tritt dafür ein, ,,in Zukunft die ganze Terminologie zu ändern und anstatt von Betriebswirtschaftslehre von Mikro- und anstatt von Volkswirtschaftslehre von Makro-Ökonomie zu sprechen. Anders gesagt, ich sehe in der zukünftigen Entwicklung sich jene auf die Problematik des partiellen, diese auf die des generellen Gleichgewichts konzentrieren. Vergegenwärtigt man sich, daß das Kernproblem der Betriebswirtschaftslehre die Wirkung des Wirtschaftsmotivs innerhalb der Betriebswirtschaft ist, so wird deutlich, daß sie den ganzen Problemkreis des partiellen Gleichgewichts der Preisanalyse umfaßt``.[41]

Da die mikroökonomische Analyse aber nicht vom einzelnen Betrieb ausgeht, sondern vom **Markt** aus in den einzelnen Betrieb hinein, ist sie in Wirklichkeit gar keine betriebswirtschaftliche Untersuchung. Eine mikroökonomische Analyse übersieht **beide Marktseiten:** Angebot und Nachfrage. Für das Marktgleichgewicht stellt aber, wie Mellerowicz es ausdrückt, ,,der Betriebsprozeß nur die eine Hälfte`` dar.[42] Die betriebswirtschaftliche Analyse betrachtet die Nachfrageseite als Datum. Setzt man Mikroökonomie und Betriebswirtschaftslehre gleich, so ergibt sich daraus allerdings mit Notwendigkeit die Einheit der Wirtschaftstheorie, denn die mikroökonomische Analyse hat erst einen Sinn, wenn sie in den Gesamtprozeß eingebaut wird, ,,isoliert betrachtet, bleibt die mikroökonomische Betrachtung ein Torso``.[43] Das kann man aber von der Betriebswirtschaftslehre, wie sie sich heute als Wissenschaft zeigt, nicht behaupten.

Andere Autoren begründen die Forderung nach einer einheitlichen Wirtschaftstheorie mit der Gemeinsamkeit der in der Betriebswirtschaftslehre und Volkswirtschaftslehre verwendeten **Methoden.** Diese Begründung ist deshalb unhaltbar, weil es keine spezifisch betriebswirtschaftlichen oder volkswirtschaftlichen Methoden gibt, sondern beide Disziplinen sich der

---

[39] Schneider, E., Einführung in die Wirtschaftstheorie, I. Teil: Theorie des Wirtschaftskreislaufs, 14. Aufl., Tübingen 1969, S. 65

[40] Zimmerman, L. J., Geschichte der theoretischen Volkswirtschaftslehre, 2. Aufl., Köln 1961, S. 236

[41] Zimmerman, L. J., a. a. O., S. 236

[42] Mellerowicz, K., Die Stellung der Betriebswirtschaftslehre im Rahmen der Wirtschaftswissenschaften, ZfB 1951, S. 392

[43] Mellerowicz, K., Betriebswirtschaftslehre am Scheidewege? ZfB 1953, S. 274

allgemeinen wissenschaftlichen Forschungsmethoden bedienen, die auch andere Wissenschaften, die nicht zu den Wirtschaftswissenschaften gehören, anwenden.

Eine Fusion von Betriebswirtschaftslehre und Volkswirtschaftslehre ist also **wegen der Verschiedenheit der Erkenntnisobjekte** logisch nicht möglich, wohl aber ist eine enge Zusammenarbeit zwischen beiden Disziplinen erforderlich, um ein ,,Aneinandervorbeiarbeiten" zu verhindern. Auch wird es sich nicht vermeiden lassen, in Lehrbüchern der Allgemeinen Betriebswirtschaftslehre und Allgemeinen Volkswirtschaftslehre zum besseren Verständnis eigener Probleme gesicherte Erkenntnisse der Schwesterdisziplin aufzunehmen. Das bedeutet keine Verschmelzung, sondern stellt lediglich eine Zusammenfassung der Forschungsergebnisse eng verwandter Disziplinen dar, die an derselben Aufgabe – der restlosen Erfassung und Erkenntnis des gemeinsamen Untersuchungsgebietes Wirtschaft – arbeiten.

Wenn heute eine Verschmelzung von Betriebswirtschaftslehre und Volkswirtschaftslehre logisch möglich wäre, so würde das bedeuten, daß die vor mehr als einem halben Jahrhundert erfolgte Abtrennung der Betriebswirtschaftslehre von der Volkswirtschaftslehre unbegründet gewesen ist. Die Entwicklung der Betriebswirtschaftslehre als selbständige, von der Volkswirtschaftslehre unabhängige Wissenschaft erfolgte aber nicht aus dem persönlichen Ehrgeiz einzelner Forscher heraus, eine neue Wissenschaft zu begründen, sondern deshalb, weil die Entwicklung der Betriebe, insbesondere der Industriebetriebe, Probleme mit sich brachte, die einer wissenschaftlichen Lösung harrten und die **dem Erkenntnisobjekt der Volkswirtschaftslehre logisch nicht zuzuordnen** waren. Das bedeutet nichts anderes, als daß die Probleme und Zusammenhänge einer bis dahin noch nicht wissenschaftlich untersuchten Seite der Wirtschaft angehören, deren Erforschung zur Bildung einer neuen wirtschaftswissenschaftlichen Disziplin führen mußte. Wegen der Zugehörigkeit der Probleme zu verschiedenen Erkenntnisobjekten waren auch die Versuche, die Betriebswirtschaftslehre (Privatwirtschaftslehre) zunächst als Bestandteil der Volkswirtschaftslehre zu entwickeln, zum Scheitern verurteilt.

dd) Betriebswirtschaftslehre und Nachbarwissenschaften (Hilfswissenschaften)

Es wurde oben bei der Erörterung des Erkenntnisobjekts der Betriebswirtschaftslehre bereits darauf hingewiesen, daß der Betrieb sowohl als Institution als auch der sich im Betriebe vollziehende Prozeßablauf nicht nur wirtschaftliche Probleme aufwirft, sondern daß auch Probleme technischer, rechtlicher, soziologischer, psychologischer, physiologischer, und ethischer Art entstehen. Unternehmerische Entscheidungen müssen auch die Lösung dieser Probleme einbeziehen. Ihre Erforschung ist aber nicht Aufgabe der Betriebswirtschaftslehre, sondern anderer Disziplinen, die vom Standpunkt der Betriebswirtschaftslehre den **Charakter von Hilfswissenschaften** haben.

Neben dem wirtschaftlichen ist für den Betrieb der **technische Bereich** am wichtigsten. Die Untersuchung und Gestaltung des technischen Betriebsprozesses ist Aufgabe der Ingenieurwissenschaften **(Betriebswissenschaft)** und damit des Ingenieurs. Der Betriebswirt muß die Produktionstechnik und die Mittel der technischen Gestaltung der Verfahren als gegeben hinnehmen und mit ihnen rechnen, d. h. überprüfen, welche Kosten- und Ertragsrelationen bei verschiedenen technischen Verfahren gegeben sind.

Da der Betrieb in eine bestimmte Rechtsordnung eingebettet ist, bestehen auch enge Beziehungen zur **Rechtswissenschaft.** Der Betrieb ist nicht nur eine wirtschaftliche, sondern auch eine durch die Rechtsordnung geregelte organisatorische Einheit. Alle rechtlichen Probleme, die im Betriebe auftauchen, gehören zum Objekt der Rechtswissenschaften und werden mit den Methoden und der Begriffsbildung dieser Wissenschaften behandelt. Bestimmte Rechtsnormen, z. B. die Vorschriften über die Rechtsformen, über die Gestaltung von Gesellschaftsverträgen, über den Abschluß von Kaufverträgen, sowie die Bestimmungen des Wettbewerbs-, Sozial-, Arbeits-, Bilanz- und Steuerrechts lösen bestimmte betriebliche Entscheidungen aus.

Aufgabe der **Arbeitswissenschaften** ist es, ,,Erkenntnisse für die optimale Gestaltung des Einsatzes der körperlichen, geistigen und seelischen Kräfte des Menschen zu liefern".[44] Die menschliche Arbeitskraft wird von vielen Faktoren beeinflußt, von der eigenen physischen und psychischen Leistungsfähigkeit, von den Maschinen, mit denen sie im Produktionsprozeß zusammenwirkt, von den Mitarbeitern, von der Betriebsgemeinschaft und dem ,,Betriebsklima", das sie umgibt. Mit diesen Größen beschäftigen sich eine Anzahl arbeitswissenschaftlicher Disziplinen: die Arbeitsphysiologie, Arbeitspsychologie, Arbeitssoziologie, Arbeitspädagogik, Arbeitsmedizin u. a. Ihre Erkenntnisse sind für den Betriebswirt unentbehrlich, z. B. bei Fragen der Arbeitsbewertung, der Entlohnung, der Arbeitsvorbereitung, der Gestaltung der Arbeitsplätze, der Regelung der Arbeitspausen usw.

Zweifellos kommt dem arbeitenden Menschen eine zentrale Stellung im Betriebe zu. Aber vom Standpunkt der Betriebswirtschaftslehre ist er nicht Zweck, sondern Mittel, einer der Faktoren, die zur Realisierung der mit dem Betriebsprozeß erstrebten praktischen Zielsetzungen eingesetzt werden. Die Betriebswirtschaftslehre muß bei der Berücksichtigung von Erkenntnissen der Betriebssoziologie, der Betriebspsychologie, der Wirtschaftsethik u. a. ihre **rein wirtschaftliche Betrachtungsweise** beibehalten und muß bei allen Maßnahmen, die z. B. zur Verbesserung der Arbeitsbedingungen führen können, überprüfen, ob diese Maßnahmen auch die Wirtschaftlichkeit der Leistungserstellung und/oder die Rentabilität des Kapitaleinsatzes erhöhen oder zumindest nicht vermindern, d. h. einen durch diese Maßnahmen ausgelösten zusätzlichen Aufwand durch Leistungssteigerung wenigstens kompensieren. Tun sie es nicht, so sind sie vom wirtschaftlichen Standpunkt aus unzweckmäßig.

Diese Feststellung mag vom sozialen Standpunkt aus betrachtet hart erscheinen, aber vom Standpunkt der Betriebswirtschaftslehre, die wie jede

---

[44] Böhrs, H., Über Aufgabe und Inhalt der Arbeitswissenschaften, BFuP 1955, S. 178

Einzelwissenschaft ihr Erkenntnisobjekt unter Abstraktion von anderen Wirklichkeitskomponenten erfassen muß, ist sie konsequent. Das Handeln eines Unternehmers wird ja nicht nur von wirtschaftlichen, sondern auch von ethischen und sozialen Motiven beeinflußt. Die Betriebswirtschaftslehre kann ihm stets **nur eine Komponente** – die rein wirtschaftliche – als Grundlage seiner Entscheidungen liefern, niemals aber fertige Rezepte für sein Handeln. Diese Entscheidungen trifft der Unternehmer nicht als „reiner Wirtschafter", als „homo oeconomicus", sondern **als Mensch,** in dessen Leben es auch andere Bereiche gibt, die in einer Rangordnung der Werte über den wirtschaftlichen stehen sollten.

Die historische Entwicklung zeigt eine **Tendenz zur Ausweitung des Erkenntnisobjekts.** War anfangs nur der Handelsbetrieb Gegenstand der Betriebswirtschaftslehre, so wurden im Laufe der Entwicklung die Untersuchungen zunächst auf den Industriebetrieb, danach auf alle produzierenden Erwerbswirtschaften (private und öffentliche Betriebe) und schließlich auf alle Einzelwirtschaften (Produktions- und Verbraucherwirtschaften) ausgedehnt.

Die Tendenz zur Ausweitung des Erkenntnisobjekts hat sich in den letzten Jahren durch immer weitere **Grenzüberschreitungen** in benachbarte Disziplinen verstärkt. Diese Grenzüberschreitungen werden von manchen Fachvertretern gar nicht mehr als solche empfunden, weil von ihnen eine bewußte Beschränkung auf bestimmte Bereiche des gesamten Betriebsgeschehens – z. B. auf das an empirisch feststellbaren Zielen der Unternehmer ausgerichtete wirtschaftliche Handeln im Betrieb – als eine nicht vertretbare Selbstbeschränkung der Betriebswirtschaftslehre angesehen wird.

Zweifellos kann durch irgendeine – rational nicht als einzig wahre beweisbare – Abgrenzung des Erkenntnisobjekts keinem Forscher vorgeschrieben werden, welche Probleme er zum Gegenstand seiner Untersuchungen macht. Besitzt er neben seinem betriebswirtschaftlichen Fachwissen auch ein entsprechend fundiertes Fachwissen eines Soziologen, Psychologen, Juristen, Technikers u. a. – und glaubt er nicht nur, es zu besitzen –, so ist er in der glücklichen Lage, nicht nur die betriebswirtschaftlichen Probleme, sondern auch soziologische, psychologische, rechtliche, technische u. a. Probleme, die im Betrieb auftauchen, selbst zu erforschen. Der weniger universale Forscher dagegen sieht sich in zunehmendem Maße zu einer **Spezialisierung** auf einen immer engeren Teilbereich der Wirklichkeit gezwungen und in der Erkenntnis, damit in bewußter Selbstbeschränkung nur einen Bereich aus dem interdependenten Zusammenhang durch Abstraktion isoliert zu haben, greift er bei seinen Forschungen im Rahmen einer **interdisziplinären Arbeitsteilung** auf die gesicherten Erkenntnisse anderer Disziplinen zurück.

Der Unterschied zwischen beiden Forschern besteht dann darin, daß letzterer die durch das Objekt bedingte Trennung der Wissenschaften anerkennt und beispielsweise Probleme der Arbeitshygiene und der Arbeitsphysiologie zur Medizin rechnet, weil ihre Behandlung ohne medizinische Kenntnisse Dilettantismus bleibt, während ersterer alle mit dem Betrieb zusammenhängenden Fragen als Betriebswirtschaftslehre ausgibt und damit das Fach wieder zu einer „Kunde" herabwürdigt, in der alles zusammengetragen wird, was ein Unternehmer oder sonstiger Entscheidungsträger im Betriebe wissen muß, um optimale Entscheidungen treffen zu können.

Gerade eine solche „Kunde" aber war es, mit der man bis in die jüngste Vergangenheit der Betriebswirtschaftslehre die Anerkennung als einer selbständigen wissenschaftlichen Disziplin, der ein Platz an den Universitäten gebührt, versagen wollte.

3. Die Betriebswirtschaftslehre als theoretische und als angewandte Wissenschaft

Die Betriebswirtschaftslehre besteht aus einem theoretischen und einem angewandten (praktischen) Teil. Die Theorie bildet die Grundlage für die angewandte Wissenschaft. Beide Teile unterscheiden sich durch ihr **Erkenntnisziel.** Erkenntnisziel der theoretischen Betriebswirtschaftslehre ist **reine Erkenntnis des Seienden,** die an sich niemals auf Zwecke gerichtet oder an Zwecken ausgewählt ist. Auswahlprinzip ist die logische Zusammengehörigkeit der Probleme, d. h. die Möglichkeit ihrer eindeutigen Zuordnung zum Erkenntnisobjekt der Betriebswirtschaftslehre.

Erkenntnisziel der angewandten Betriebswirtschaftslehre ist die Beschreibung und Beurteilung von empirisch vorgefundenen Entscheidungsprozessen sowie die Entwicklung neuer Entscheidungsgrundlagen, d. h. die **Gestaltung des Betriebsablaufs** im Hinblick auf einen obersten Zweck. Die der Realisierung dieser obersten Zielsetzung dienenden unternehmerischen Handlungsalternativen wählt die angewandte Betriebswirtschaftslehre als ihre Probleme aus.

a) Erkenntnismöglichkeiten und Methoden der theoretischen Betriebswirtschaftslehre

Das Erkenntnisobjekt der Betriebswirtschaftslehre hat wie das Objekt jeder Realwissenschaft eine existentielle Seite **(Dasein)** und eine logische Seite **(Sosein).** Jede Seite ist Gegenstand einer theoretischen Teildisziplin. Die theoretische Forschung muß folglich zwei Wege einschlagen, um zur Erkenntnis des Betriebsprozesses, d. h. zur Gewinnung von Gesetzmäßigkeiten, nach denen sich dieser Prozeß vollzieht, zu gelangen. Sie kann erstens, ausgehend von der Erfahrung, die tatsächlich beobachteten Tatbestände und Erscheinungen beschreiben und vergleichen, durch **Abstraktion** von mehr oder weniger belanglosen Einzelheiten zu typischen Erscheinungen vordringen und durch **induktives Folgern** eine kausale Erklärung der Wirklichkeit versuchen. Auf diese Weise gelangt man zu einer **empirisch-realistischen betriebswirtschaftlichen Theorie,** deren Forschungsverfahren vorwiegend empirisch-induktiv und empirisch-statistisch ist.

Sie kann zweitens aus der Erfahrung und durch Denken sich die Grundprinzipien der betrieblichen Prozesse erschließen, indem sie von der existentiellen Seite, dem realen Dasein der Gegenstände abstrahiert und nur die **logische Seite** der Gegenstände zu erkennen sich bemüht, um dann aus gesetzten Prämissen Relationen und funktionale Abhängigkeitsverhältnisse zwischen den betrieblichen Größen **auf deduktivem Wege** (teilweise mit Hilfe der Mathematik) abzuleiten. Das ist Aufgabe einer **reinen (exakten) betriebswirtschaftlichen Theorie**, die uns denknotwendige Urteile liefert.

Die Brauchbarkeit dieser Urteile zur Erklärung realer betriebswirtschaftlicher Prozesse liegt aber nicht allein in ihrer logischen Richtigkeit, sondern hängt von der Wahrheitssicherung der Prämissen ab, aus denen sie abgeleitet worden sind. Die Urteile der exakten Theorie sind bei fehlerfreier Deduktion immer richtig, aber nicht immer aktuell.

Beide Bereiche der betriebswirtschaftlichen Theorie sind also gegenständlich getrennt, und jeder Gegenstand erfordert eine ihm adäquate Forschungsmethode, die durch seinen Allgemeinheitsgrad bedingt ist.

Die **empirisch-realistische Theorie** findet ihre Grenze in der Tatsache, daß man mit ihr nur einfachere Ursachenkomplexe erklären kann, weil man allein durch Beobachtung, auch mittels der Statistik nicht in der Lage ist, komplizierte Zusammenhänge zu erfassen. Es gibt in der wirtschaftlichen Wirklichkeit keine zwei Sachverhalte, die eine strenge Übereinstimmung zeigen; andererseits kann aus den beobachteten Ursache-Wirkungszusammenhängen nicht gefolgert werden, daß auch in allen nicht beobachteten Fällen, bei denen der gleiche Ursachenkomplex vorausgesetzt wird, die gleiche Wirkung folgt. Die wahrnehmbaren betrieblichen Tatbestände sind stets Wirkungen eines **Ursachenkomplexes,** der sich durch Beobachtung nicht völlig entwirren läßt. Das wäre nur möglich, wenn – wie in den Naturwissenschaften – die betriebliche Theorie durch Isolierung der Ursachen im Experiment die Kausalzusammenhänge erfassen könnte. Kann man einen Komplex von Bedingungen im Experiment beliebig oft schaffen, so läßt sich nach einer als hinreichend angesehenen Zahl von Wiederholungen, die stets die gleiche Wirkung zeigen, der Wahrscheinlichkeitsschluß ziehen, daß hier eine Gesetzmäßigkeit vorliegt, die auch die noch nicht beobachteten Fälle bestimmt.

Hier zeigen sich die **Grenzen der induktiven Methode** in der Betriebswirtschaftslehre, denn erstens ist eine experimentelle Isolierung einzelner Ursachen zur Erforschung von Zusammenhängen in den Betrieben nicht möglich und – selbst wenn sie gelingen würde – ist zweitens eine künstliche Wiederholung der untersuchten Konstellation in der Regel nicht durchführbar.

Die Betriebswirtschaftslehre hat jedoch die Möglichkeit, an Stelle von Experimenten im Rahmen der exakten Theorie **Wirtschaftsmodelle** zu bilden, d. h. einzelne Zusammenhänge gedanklich zu isolieren und nun durch logisches Schließen aus dem Modell zu deduzieren. Empirisch-induktiv ist ein solches Vorgehen nicht möglich. Der Unterschied zum Modell des Naturwissenschaftlers liegt darin, daß dieser sich eine bestimmte Versuchsanordnung schafft und einzelne Faktoren aufeinander einwirken lassen kann. Er sieht die Wirkung durch Beobachtung und kann den Versuch beliebig oft wiederholen. Er geht also induktiv vor und folgert aus vielen gleich verlaufenden Versuchen einen gesetzmäßigen Zusammenhang. Bei seinem Experiment wendet er die sog. **Ceteris-paribus-Methode** an, d. h. er untersucht den Einfluß einer Größe (Ursache) auf eine andere Größe (Wirkung), indem er alle anderen Größen konstant hält. So verändert er z. B. bei Konstanz aller anderen Faktoren einer Versuchsanordnung nur die Temperatur einer Flüssigkeit. So kann er die Beziehungen zwischen dem Verhalten der Flüssigkeit und der Höhe der Temperatur empirisch feststellen.

Der Betriebswirt dagegen kann sich eine vereinfachte Ausgangskonstellation nur **durch Denken** schaffen. Auch er benutzt dabei die Ceteris-paribus-Methode, indem er z. B. untersucht, wie sich die Kosten verändern, wenn die Einsatzmengen eines Produktionsfaktors unter der Annahme der Konstanz aller anderen Faktormengen, -qualitäten, -preise usw. variiert werden. Er leitet aus seinem Modell rein logisch bestimmte Relationen ab, wendet also die **deduktive Methode** an, d. h. er schließt vom Allgemeinen auf das Besondere. Sein Modell wird nicht mit den beobachteten realen Sachverhalten übereinstimmen, es ist eine ,,zurechtgemachte Wirklichkeit'' (Spiethoff), ein isolierter Teilzusammenhang.

Die Begrenzung dieses Verfahrens liegt darin, daß die Prämissen, mit denen man arbeitet, zum Teil zwar aus der Erfahrung abgeleitet werden können, daß sie aber durch Abstraktion gewonnen worden sind, also in dieser reinen Form in der Realität, d. h. in den tatsächlich zu beobachtenden Prozessen nicht vorkommen, weil sie von historischen Zufälligkeiten überdeckt sind, d. h. von rechtlichen, technischen, soziologischen u. a. Faktoren, von denen die Theorie abstrahiert hat; folglich gelten – bei fehlerfreier Ableitung – die deduzierten Urteile zwar **streng logisch, denknotwendig,** auf Grund der zurechtgemachten Voraussetzungen sind sie jedoch an der existentiellen Seite des Gegenstandes nicht ohne weiteres feststellbar.

Problem ist daher, wie weit man die Abstraktion treiben kann, ohne zu völlig ,,weltfremden Spekulationen'' zu gelangen, die für die Erkenntnis der realen betrieblichen Prozesse keine Bedeutung mehr haben, weil sie nicht mehr Erkenntnis von Wesensmerkmalen und -sachverhalten, sondern rein gedankliche Konstruktionen darstellen. Die Gefahr, daß die exakte Theorie ,,weltfremd'' wird, dann nämlich, wenn die Prämissen, aus denen deduziert wird, nicht aus der Erfahrung stammen, sondern rein gedankliche Konstellationen konstruiert werden, hat zur Ablehnung der exakten betriebswirtschaftlichen Theorie durch namhafte Fachvertreter geführt.[45]

b) Betriebswirtschaftliche Modelle

aa) Möglichkeiten und Grenzen der Modellbildung

Betrachten wir die Möglichkeiten der Modellbildung etwas näher. Die betriebswirtschaftliche Forschung ist bestrebt, mit Hilfe von Modellen die komplexen Zusammenhänge der wirtschaftlichen Wirklichkeit zu vereinfa-

---

[45] Vgl. S. 68ff.; 76f.

chen, um sie überschaubar zu machen und um am Modell zur Erkenntnis von Grundzusammenhängen und Prozessen zu gelangen, die in den konkreten Betrieben durch die Vielzahl der Einflüsse verdeckt sind. ,,Modelle sind nichts anderes als ein Mittel, um sich an die wirtschaftliche Wirklichkeit heranzutasten. Sie sind gewissermaßen Bilder, um eben diese Wirklichkeit zu begreifen."[46] Kein Modell kann die Vielfalt der im Betriebe wirkenden Prozesse, Vorgänge, Handlungen und Abläufe wiedergeben. Jedes Modell muß also mit Abstraktionen arbeiten.

Man kann bei der Gewinnung von Prämissen die **Methode der Reduktion** anwenden. Man abstrahiert **(isolierende Abstraktion)** vom realen Dasein, vom Daseinsmoment der beobachteten betrieblichen Zusammenhänge und richtet seine Aufmerksamkeit auf die logische (nicht die existentielle) Seite ihres Seins. Durch fortschreitende Abstraktion von den tatsächlich beobachteten Einzelheiten reduziert man so die Erscheinungen gedanklich auf wenige oder einen Zusammenhang, der in dieser Reinheit real nie gegeben ist, von dem man aber annimmt, daß er dem Erkenntnisgegenstand wesenhaft zugehört. Diesen so durch isolierende Abstraktion gewonnenen Teilzusammenhang betrachtet man als Ausgangskonstellation, aus der nun, ohne die Erfahrung noch zu brauchen, Beziehungen zwischen betrieblichen Größen deduziert werden. So gelangt man zu Urteilen über **quantitative Abhängigkeitsverhältnisse** (z. B. Kostenverläufe im gegebenen Betrieb).

Solche Modelle werden als **Reduktivmodelle** bezeichnet. ,,Konkrete Tatbestände der mannigfaltigen Wirklichkeit oder aber in der allgemeinen Anschauung als typisch gegebene Tatbestände werden isoliert und durch Abstraktion auf einen restlichen Zusammenhang, ein gedankliches Gebilde reduziert. Hier bedeutet indes Abstraktion nicht ein bloßes Abstrahieren vom Besonderen, bei dem das Abstrahierte in einer allgemeinen Sphäre als Unbestimmtes, aber doch Bestimmbares erhalten bliebe, sondern es wird hier von gewissen Seiten einer Erscheinung völlig abgesehen."[47]

Man kann bei der Modellbildung auch anders vorgehen. Man reduziert nicht einen in der Wirklichkeit beobachteten Zusammenhang auf einen restlichen, vereinfachten Teilzusammenhang, indem man ihn von einer großen Zahl von unwesentlichen und wesentlichen Faktoren gedanklich isoliert, sondern man konstruiert aus bestimmten Grundbegriffen ein Modell **(Konstruktivmodell)**. ,,Es wird nicht durch Reduktion eines Ganzen gewonnen, sondern gebildet oder konstruiert aus den Elementen und Grundformen der Wirtschaft. Einige dieser Elemente werden – wieder zu einem nur gedanklichen – Modell zusammengefügt, an dem sich notwendige Zusammenhänge und Wirkungen zeigen lassen."[48]

Ein Reduktivmodell enthält nichts, das nicht tatsächlich im Betriebsprozeß gegeben ist, denn es ist ja gewissermaßen der ,,Rest" eines aus der Erfahrung stammenden Zusammenhanges. Nur sind eben bestimmte Seiten dieses Zu-

---

[46] Ruchti, H., Bilanz und Investition, in: Der Industriebetrieb und sein Rechnungswesen (Festschrift für M. R. Lehmann), Wiesbaden 1956, S. 37
[47] Ritschl, H., Theoretische Volkswirtschaftslehre, Bd. 1, Tübingen 1947, S. 110f.
[48] Ritschl, H., a. a. O., S. 110f.

sammenhanges weggelassen worden; aber man hat nichts hinzugesetzt. Beim Konstruktivmodell dagegen wird ein Zusammenhang rein gedanklich gesetzt, es werden dann unter Umständen Voraussetzungen gemacht, die zu einer Kombination von Elementen führen, die sich bisher nicht beobachten und auch nicht durch Reduktion gewinnen ließen. Beim Reduktivmodell kann man auf dem Wege der abnehmenden Abstraktion nacheinander **alle Faktoren wieder einführen,** von denen man zuvor abgesehen hat. Allerdings wird man feststellen müssen, daß mit zunehmender Zahl der Faktoren diese Aussagen sehr schnell ungenauer werden.

Man hat aber auch die Möglichkeit, neue Faktoren gedanklich einzuführen, also zu variieren. Der Übergang zwischen beiden Modelltypen ist deshalb letzten Endes fließend. Man kann ein Reduktivmodell bilden und hieraus deduzieren und – falls die logische Ableitung fehlerfrei ist – zu denknotwendigen Urteilen gelangen. Man kann aber den Zusammenhang auch dadurch variieren, daß man zusätzliche Prämissen einführt, aber nicht solche, von denen man vorher abstrahiert hat, sondern eben Faktoren, die aus anderen Zusammenhängen stammen und mit denen man den vorher untersuchten Zusammenhang nun kombiniert. So wird daraus ein Modell, das teils durch Reduktion, teils durch Konstruktion entstanden ist.

Alle Wirtschaftsmodelle haben den Charakter von **Arbeitshypothesen,** die zur Erklärung von realen Zusammenhängen, die auf empirisch-induktivem Wege nicht zu erfassen sind, verwendet werden. Hypothetisch bleibt, ob die Modellösung in der Realität praktikabel ist, denn obwohl die Modellanalyse zu denknotwendigen Aussagen geführt hat, können die dem Modell zugrundeliegenden Prämissen in der Realität nicht gegeben sein. So wird z. B. in einem Modell das preispolitische Verhalten eines Angebotsmonopolisten unter der Voraussetzung bestimmt, daß der Monopolist das Gewinnmaximum erzielen will, daß er seine Nachfragekurve und seine Kostenkurven kennt, vollkommene Voraussicht und unendlich schnelle Reaktionsfähigkeit besitzt usw.

Da die Ergebnisse der Modellanalyse hypothetisch sind, denn die mit Hilfe der Deduktion gewonnenen Urteile gelten zunächst nur in der logischen Sphäre, bedürfen sie einer **Überprüfung ihrer Brauchbarkeit** im empirischen Bereich, die davon abhängt, ob sie sich in diesem Bereich bewähren. Da eine Wahrheitssicherung **(Verifizierung)** der Hypothesen nicht möglich ist, denn sie würde voraussetzen, daß alle von der Hypothese betroffenen realen Zusammenhänge auf ihre Übereinstimmung mit der Hypothese überprüft werden müßten, gilt sie solange, bis sie widerlegt worden ist **(Falsifizierung).**[49] Die Modellanalyse der exakten Theorie, die uns die Erkenntnis bestimmter Grundzusammenhänge vermittelt und isolierte Teilzusammenhänge bis zur letzten Konsequenz logisch verfolgt, ist also zur theoretischen Erklärung des Betriebsprozesses unentbehrlich.

Exakte und empirisch-realistische betriebswirtschaftliche Theorie stehen einmal in einem **Ausschließungsverhältnis** zueinander, da nicht alle Proble-

---

[49] Vgl. Popper, K. R., Logik der Forschung, 10. Aufl., Tübingen 1994, S. 7.f.

me induktiv oder deduktiv untersucht werden können, sondern der jeweilige Untersuchungsgegenstand eine ihm adäquate Methode erfordert. Sie stehen andererseits in einem **Abhängigkeitsverhältnis** zueinander, da die empirisch-realistische Theorie in komplexe Zusammenhänge nicht ohne Kenntnis der logischen Relationen, die das Wesen des Betriebsprozesses ausmachen, eindringen kann, die exakte Theorie ihrerseits die Prämissen, mit denen sie arbeitet, möglichst auf induktivem Wege, also aus der Erfahrung gewinnen muß, auch wenn sie sich dann bei der logischen Ableitung nicht mehr der Erfahrung bedient.

bb) Systematisierungskriterien betriebswirtschaftlicher Modelle

Die Wirtschaftsmodelle lassen sich nicht nur – wie im vorangegangenen Abschnitt – nach der Herkunft ihrer Prämissen, sondern auch nach anderen Kriterien einteilen.

Für die Bildung sozialökonomischer Modelle gilt folgender allgemeiner Rahmen:[50]

„1. die Festlegung eines Untersuchungs- oder Beurteilungszieles,
2. die Auswahl und Definition von Merkmalen aus dem empirischen Gesamtzusammenhang,
3. die Isolierung der Merkmale, d. h. die Definition der Unabhängigkeit von nicht beachteten Merkmalen,
4. die Auswahl einer Technologie (eines Algorithmus) zur Lösung der durch das Untersuchungs- oder Beurteilungsziel vorgegebenen Frage,
5. die Durchführung der durch die Technologie vorgegebenen Operationen zur Bestimmung eines dem Untersuchungs- oder Beurteilungsziel entsprechenden Ergebnisses".

Die Problematik der Modellbildung liegt in der Formulierung des Problems, d. h. der Festlegung der **Problemstruktur** und der Auswahl der Modellmerkmale, die für die Lösung des Problems relevant sind. Dieser Vorgang der Abstraktion ist bis zu einem gewissen Grad subjektiv, d. h. aus der durch das zu untersuchende Objekt bestimmten Problemstruktur leitet der Forscher ein vereinfachtes Abbild der Realität, die **Realstruktur** ab. Der wissenschaftliche Erfolg oder Mißerfolg, d. h. die Brauchbarkeit der Modelllösungen als Hypothese zur Erklärung empirischer Zusammenhänge hängt ganz entscheidend von der Trennung der für die Problemlösung relevanten von den irrelevanten Merkmalen ab. Die Modellmerkmale werden als **Variable** bezeichnet.

Modelle können beschreiben und erklären und damit auch Entscheidungshilfen liefern. Sie können darüber hinaus aber auch Anweisungen für optimale Entscheidungen enthalten. Man unterscheidet nach dem Kriterium der Art der Aussage des Modells:
(1) Beschreibungsmodelle (deskriptive Modelle),
(2) Erklärungsmodelle (explikative Modelle),
(3) Entscheidungsmodelle.

---

[50] Tietz, B., Grundlagen der Handelsforschung, Bd. I: Die Methoden, Rüschlikon-Zürich 1969, S. 611

Mit Hilfe von **Beschreibungsmodellen** werden empirische Erscheinungen abgebildet, ohne daß sie dabei analysiert und erklärt werden. Ein Beispiel dafür ist die Buchführung des Betriebes,[51] die Bewegungen im Zeitablauf (Güter- und Geldströme) und Bestände an Zeitpunkten (Güterbestände, Zahlungsmittelbestände) durch Aufschreibungen erfaßt.

Mit **Erklärungsmodellen** sollen die Ursachen betrieblicher Prozeßabläufe erklärt werden. Sie stellen Hypothesen über Gesetzmäßigkeiten auf. Im einzelnen sind dazu folgende Schritte erforderlich:[52]

,,1. die Formulierung der relevanten Fragestellungen,

2. die Auswahl der zu erklärenden Variablen und der dafür relevanten Einflußgrößen (Erklärungsvariablen),

3. die Aufstellung von Hypothesen über die Beziehungen zwischen den Einflußgrößen unter Einsatz mathematischer Kalküle,

4. die Festlegung der Maßstäbe, mit denen die Variablen gemessen werden,

5. die Ermittlung der empirischen Daten (Schätzung der Parameter durch statistische Analysen),

6. die Testung der Hypothesen aufgrund empirischer Unterlagen,

7. die Formulierung der Gesetzmäßigkeiten, sofern empirische Untersuchungen die Eignung der Hypothesen bestätigen, sonst Rückkoppelung zu Punkt 3, d. h. Aufstellung neuer Hypothesen,

8. die Fortsetzung der Hypothesen durch neue empirische Unterlagen. (Häufig werden Erklärungsmodelle aufgestellt, auf deren Überprüfung mit empirischen Daten verzichtet wird. Der Erklärungswert gilt dann nur insoweit, als die zugrunde gelegten Prämissen dieser Modelle zutreffen.)''

Zu den Erklärungsmodellen im weiteren Sinne zählen auch die Vorhersagemodelle **(Prognosemodelle)**. Sie formulieren die Erklärung in eine Voraussage um. Ist z. B. in einem Erklärungsmodell die Hypothese aufgestellt worden, daß der Leistungswille der Arbeitnehmer durch Einführung eines Erfolgsbeteiligungssystems positiv beeinflußt wird, so läßt sich dieser Zusammenhang als Prognose formulieren: wenn ein Erfolgsbeteiligungssystem eingeführt wird, dann wird die Arbeitsleistung steigen. Auch diese Aussage hat hypothetischen Charakter.

Entscheidungsmodelle haben die Aufgabe, die Bestimmung optimaler Handlungsmöglichkeiten zu erleichtern. Sie suchen nach Mitteln zur optimalen Realisierung eines Zieles, d. h. sie übertragen die in einem Erklärungsmodell gewonnenen Erkenntnisse auf einen praktischen Anwendungsbereich. Dabei werden in der Regel mehrere Variable innerhalb bestimmter Nebenbedingungen in der Weise festgelegt, daß die Zielfunktion dieser Variablen einen Extremwert annimmt (z. B. Gewinnmaximierung, Kostenminimierung).

Entscheidungsmodelle sind auf die Zukunft gerichtet. Folglich kann nicht

---

[51] Vgl. Tietz, B., a. a. O., S. 684
[52] Tietz, B., a. a. O., S. 685

immer unterstellt werden, daß der Entscheidungsträger über vollkommene Voraussicht verfügt und alle Variablen seiner Zielfunktion kontrolliert. Vielmehr beruhen die Entscheidungen fast immer auf mehr oder weniger unsicheren Aktions-, Reaktions-, Trend- und Umwelterwartungen.

Nach der Art der Annahmen über das Eintreten der Ergebnisse eines Modells sind zu unterscheiden:

(1) Deterministische Modelle,

(2) Stochastische Modelle,

(3) Spieltheoretische Modelle.

In **deterministischen Modellen** wird unterstellt, daß ein Ergebnis mit 100%iger Wahrscheinlichkeit, d. h. mit **völliger Sicherheit** eintritt. Die Ergebnisse der einzelnen Handlungsalternativen werden als bekannt vorausgesetzt. Jeder Variablen können eindeutige Werte beigelegt werden. Ein Beispiel sind Investitionsmodelle, die unter Sicherheit gebildet werden. Es wird unterstellt, daß alle zukünftigen Einzahlungen und Auszahlungen alternativer Investitionsprojekte bekannt sind und somit das vorteilhafteste Investitionsprojekt bestimmt werden kann.[53]

Bei **stochastischen Modellen** besteht eine **Risikosituation**. Die Variablen des Modells können verschiedene Werte annehmen, die Wahrscheinlichkeitsmaße sind jedoch bekannt, d. h. bei Entscheidungen unter Risiko wird unterstellt, daß die Eintrittswahrscheinlichkeit der möglichen Ereignisse bestimmt ist.

Spieltheoretische Modelle werden entwickelt, wenn für die Variablen eines Modells keine Wahrscheinlichkeiten angegeben werden können. Hier liegt folglich eine **Entscheidung bei Unsicherheit** vor, d. h. sie führt zu Ergebnissen, über die weder Wahrscheinlichkeiten, noch sonstige andere Erkenntnisse vorhanden sind. In den Modellen wird unterstellt, daß man gegen einen rational spielenden Gegner oder gegen die Natur spielt. (**ÜB 1/ 8–12**)

c) Das Auswahlprinzip der angewandten Betriebswirtschaftslehre

aa) Gewinnmaximierung oder gemeinwirtschaftliche Wirtschaftlichkeit als Auswahlprinzip?

Da alles menschliche Handeln auf Ziele gerichtet ist, muß die Betriebswirtschaftslehre als praktische Wissenschaft ihre Probleme an den Zielen auswählen, die die Menschen, die die unternehmerischen Entscheidungen zu treffen haben, verfolgen. Diese Ziele müssen **empirisch festgestellt** werden und dürfen nicht aus Normen oder ideologischen Vorstellungen abgeleitet werden, an denen nach der subjektiven Vorstellung einzelner Fachvertreter oder gesellschaftlicher Gruppen die Entscheidungen im Betriebe ausgerichtet werden sollten, tatsächlich aber gar nicht ausgerichtet werden.

Die Betriebswirtschaftslehre dieser Prägung versteht sich also als **wertfrei,**

---

[53] Einzelheiten vgl. S. 742 ff.

weil sie die von den Betrieben verfolgten Ziele registriert, ohne sie ethisch-sozial zu beurteilen, und weil sie auch die Mittel, die geeignet sind, diese Ziele bestmöglich zu realisieren, nur auf ihre **Operationalität,** nicht aber auf ihre ethisch-sozialen Konsequenzen hin beurteilt.

Eine solche Betriebswirtschaftslehre wird als **praktisch-normativ** bezeichnet, da als Norm für die Problemauswahl ein empirisch nachweisbares praktisches Verhalten der Betriebe verwendet wird. Es darf jedoch nicht übersehen werden, daß die Entscheidung für eine solche Methode der Gewinnung des Auswahlprinzips selbst eine Wertung ist, der eine bestimmte Vorstellung von den Aufgaben einer Wissenschaft zugrunde liegt, die ihrerseits erkenntnismäßig nicht gesichert werden kann, sondern auf der Konvention derer beruht, die sich zur gleichen Auffassung bekennen.

Da die mit einem Betriebe verfolgten Ziele durch das **Wirtschaftssystem** mitbestimmt werden, in dem sich die betriebliche Tätigkeit vollzieht, ist eine solche Betriebswirtschaftslehre notwendigerweise eine Wirtschaftslehre, die auch das jeweils gegebene Wirtschaftssystem als Datum betrachtet, das keiner Bewertung unterzogen wird. Orientierungsgrößen für die Entscheidungen der Betriebsführung im System der Marktwirtschaft sind die Größen des Beschaffungs- und Absatzmarktes, d. h. die Preise der Produktionsfaktoren und die Preise der produzierten Güter und Leistungen. Diese Preise bilden sich durch Angebot und Nachfrage und lenken die Produktionsfaktoren in die Verwendungen, in denen die erwartete Differenz zwischen dem Wert des Faktoreinsatzes und dem Wert des Faktorertrages die größtmögliche ist. Der erwartete Gewinn steuert folglich den Einsatz der Produktionsfaktoren. Er bestimmt die Entscheidung, welche Güter in welchen Mengen produziert werden.

Aus der Vorstellung von diesem marktwirtschaftlichen Mechanismus resultiert seit Jahrzehnten die Annahme, daß das oberste Ziel aller Betriebe dieses Wirtschaftssystems die **langfristige Maximierung des Gewinns** sei und folglich allein als Auswahlprinzip einer ,,wertfreien" Betriebswirtschaftslehre in Betracht komme. Allerdings bietet auch diese Richtung der Betriebswirtschaftslehre kein einheitliches Bild, weil die langfristige Gewinnmaximierung vielfältig interpretiert werden kann. Es ist das Verdienst der betriebswirtschaftlichen Forschung der letzten Jahrzehnte, die unternehmerischen Zielsetzungen näher analysiert und aufgezeigt zu haben, daß das Gewinnmaximierungsprinzip nicht uneingeschränkt, sondern unter Beachtung **subjektiver Nebenbedingungen** verfolgt wird, also eine Anzahl von Zielkombinationen besteht, an denen sich die unternehmerischen Mittelentscheidungen orientieren.

Beschränken wir die Untersuchung auf das Wirtschaftssystem, in dem wir leben, so ist die Frage zu stellen: Welche Ziele verfolgen die Unternehmer tatsächlich? Verhalten sie sich systemkonform, d. h. versuchen sie, durch Orientierung an den Daten des Marktes ihren **Gewinn zu maximieren** oder wollen sie die **Gemeinschaft optimal mit Gütern und Dienstleistungen versorgen?** Damit ergibt sich die weitere Frage, ob diese beiden Ziele sich ausschließen oder sich bedingen, d. h. ob eine Ausrichtung der unternehmerischen Entscheidungen am Prinzip der Gewinnmaximierung zugleich zur bestmöglichen Güterversorgung (im Rahmen des gegebenen Wirtschaftssystems) führt oder nicht.

Bedeutende Fachvertreter wie **Schmalenbach** und **Nicklisch** haben das Gewinnmaximierungsprinzip als Auswahlprinzip der Betriebswirtschaftslehre abgelehnt, weil eine Orientierung am maximalen Gewinn ihrer Auffassung nach nicht zur optimalen Güterversorgung führt. An die Stelle des Gewinnprinzips stellen sie das Prinzip der **gemeinwirtschaftlichen Wirtschaftlichkeit** (gemeinwirtschaftliche Produktivität). Schmalenbach schreibt dazu: ,,An sich interessiert den Betriebswirtschaftler der Richtung, der der Verfasser angehört, der wirtschaftliche Betrieb nur als ein Organ der Gemeinwirtschaft. Ihn fesselt nicht der Betrieb als privatwirtschaftliche Erwerbsanstalt . . . Der Betriebswirtschaftler dieser Richtung fühlt sich, seiner Bescheidenheit unbeschadet, als Staatswirtschaftler"; und er fährt fort: ,,Und so ist es nicht der Sinn unserer Betriebswirtschaftslehre, zuzuschauen, ob und wie irgend jemand sich ein Einkommen oder Vermögen verschafft. Sinn unserer Lehre ist lediglich zu erforschen, wie und auf welche Weise der Betrieb seine gemeinwirtschaftliche Produktivität beweist."[54] ·

Da die Bedürfnisstruktur der einzelnen Menschen unterschiedlich ist, muß die Frage entschieden werden, welche Arten und Mengen von Gütern und Leistungen mit den von Natur aus knappen Mitteln (Produktionsfaktoren) erstellt werden. Wer diese Entscheidung trifft, hängt von der Staats- und Wirtschaftsverfassung ab.

Das Ziel einer bestmöglichen Versorgung des Marktes im Sinne einer ,,gemeinwirtschaftlichen Wirtschaftlichkeit" ist im Rahmen des marktwirtschaftlichen Systems **als unternehmerische Maxime nicht anzutreffen** und folglich als Auswahlprinzip einer Betriebswirtschaftslehre, die empirisch feststellt, was ist oder was theoretisch sein kann, sich aber jedes Urteils enthält, was sein soll, ungeeignet. Woher sollte auch der einzelne Betrieb wissen, wie er handeln muß, um seine ,,gemeinwirtschaftliche Aufgabe" am besten zu erfüllen, d. h. vom Standpunkt der Gemeinschaft aus den größtmöglichen Beitrag zum Sozialprodukt zu erbringen? Wann ist in einer Volkswirtschaft die ,,beste" Güterversorgung erreicht? Wie muß die Zusammensetzung des Sozialproduktes sein, welche Güter sind ,,wichtig", welche nicht? Das alles sind Fragen, die nicht von der Betriebswirtschaftslehre oder vom Betriebe her gelöst werden können.

Die langfristige Gewinnmaximierung wird von den meisten Fachvertretern, die als Objekt der Betriebswirtschaftslehre den Betrieb als planvoll organisierte Wirtschaftseinheit auffassen, in dem sich eine Kombination von Produktionsfaktoren nach den dem geltenden Wirtschaftssystem immanenten Gesetzmäßigkeiten vollzieht, als oberste Zielsetzung und damit als Auswahlprinzip anerkannt, wenn auch mit gewissen Nuancierungen, die in der Problematik der Bestimmung des Gewinns und der Beachtung von ,,Nebenbedingungen" liegen, auf die unten noch eingegangen wird. Dazu

---

[54] Schmalenbach, E., Dynamische Bilanz, 5. Aufl., Leipzig 1931, S. 94

einige Zitate aus der Literatur. **Sieber** schreibt: ,,Sehen wir doch endlich ein, daß ein unzureichendes Funktionieren der Marktwirtschaft nicht von den Unternehmungen her gebessert werden kann. Woher wollen sie denn anders als durch die Marktpreise, also durch ihren Gewinn, wissen, welche Produktion am dringlichsten ist? Wenn zum Beispiel von Betriebswirten gesagt wurde, der Gewinn interessiere sie als Privatsache des Unternehmers nicht und wie dergleichen kräftige Worte gegen den ,bloßen Profit' lauten mögen, so zeugen derartige Auffassungen von einer völligen Verkennung der Zusammenhänge zwischen Unternehmung und Volkswirtschaft."[55]

Rieger führt aus: ,,Die Unternehmung ist eine Veranstaltung zur Erzielung von Geldeinkommen – hier Gewinn genannt – durch Betätigung im Wirtschaftsleben. Wenn wir also von einem Zweck der Unternehmung reden, so kann es nur dieser sein, Gewinn zu erzielen, und zwar für den Unternehmer. Die Aufgabe oder Tätigkeit, der sie sich im Rahmen der Gesamtwirtschaft unterzieht, ist für sie oder besser für die Unternehmer ausschließlich Mittel zum Zweck.

Aus unserer derzeitigen Wirtschaftsverfassung ergibt sich die Unmöglichkeit, diesem Gewinnstreben begriffliche Grenzen zu ziehen. Insbesondere ist die Wissenschaft außerstande, einen Maßstab anzugeben, der den gerechtfertigten Gewinn von dem ,gemachten Profit' trennt . . .

Daß eine Unternehmung sich als Aufgabe die Versorgung des Marktes setzt, ist eine ganz unmögliche Vorstellung . . . Von den Unternehmern . . . könnte man eher behaupten, daß sie es außerordentlich bedauern, wenn sie den Markt versorgen; denn je länger er nicht versorgt ist, desto länger die Aussicht auf Absatz und Gewinn. Nichts hört der Kaufmann so ungern wie dies: Ich habe keinen Bedarf, der Markt ist versorgt – während er doch eigentlich verpflichtet wäre, es mit einem Gefühl tiefer Befriedigung zu vernehmen! – Man ist versucht, zu sagen: Die Unternehmung kann es leider nicht verhindern, daß sie im Verfolg ihres Strebens nach Gewinn den Markt versorgen muß."[56]

Schließlich eine Äußerung **Gutenbergs** zu dieser Frage: ,,Fragt man, wie Betriebe in marktwirtschaftlichen Systemen imstande sind, ohne zentrale Anweisungen und Befehle gerade die Güterarten und -mengen herzustellen, für die Bedarf besteht, dann wird zu antworten sein: Diese Wirkung wird dadurch erzielt, daß sie einem Prinzip überlassen werden, welches mit der gesamtwirtschaftlichen Bedarfsdeckung unmittelbar nichts zu tun hat, nämlich dem erwerbswirtschaftlichen Prinzip. Es ist mit dem gewinnmaximalen Prinzip nicht vollkommen identisch, jedoch erfährt es in ihm seine letzte Steigerung."[57]

---

[55] Sieber, E., Wirtschaftlichkeit und Wirtschaftlichkeitsmessung, in: Die Unternehmung am Markt (Festschrift Rieger), Stuttgart und Köln 1953, S. 185
[56] Rieger, W., Einführung in die Privatwirtschaftslehre, 3. Aufl., Erlangen 1964, S. 44ff.
[57] Gutenberg, E., Grundlagen, Bd. I, a. a. O., S. 464

bb) Kritische Einwände gegen die Gewinnmaximierung

Das Prinzip der Gewinnmaximierung unterliegt von zwei Seiten der Kritik. **Erstens** wird es angegriffen, weil es gar **nicht die zentrale Zielsetzung** der Unternehmungen sei, und zwar einerseits, weil die Maximierung des Gewinns nicht quantifizierbar sei, andererseits, weil die unternehmerischen Entscheidungen stets das Ergebnis einer ganzen Anzahl von Zielen seien, zu denen zwar vorrangig das Gewinnstreben gehöre, aber eben doch nicht in allen Fällen als dominierende Zielsetzung.

Zweitens wird das Prinzip aus der Vorstellung heraus abgelehnt, daß sich der Unternehmer zur Realisierung dieser Zielsetzung **über ethische und soziale Prinzipien hinwegsetze** und nur seinen persönlichen ,,Profit" suche und daß folglich eine Betriebswirtschaftslehre, die dieses Prinzip zum Auswahlprinzip ihrer Probleme mache und bei seiner Realisierung Hilfestellung leiste, sich allein in den Dienst des Gewinnstrebens der Unternehmer stelle.

Der erstgenannte Einwand richtet sich also nicht gegen die Gewinnmaximierung schlechthin, sondern **gegen die Ausschließlichkeit,** mit der die Betriebswirtschaftslehre sich an dieser Maxime orientiert, da diese Ausschließlichkeit nicht der wirtschaftlichen Wirklichkeit entspreche und folglich nicht aus der Erfahrung abgeleitet werden könne, sondern eine ideologische Parteinahme für kapitalistisches Unternehmerverhalten sei. Der zweite Einwand stellt die Beachtung dieser Maxime in der Praxis nicht in Frage, sondern hält sie für eine logische Folge des marktwirtschaftlich-kapitalistischen Wirtschaftssystems, **lehnt aber ihre sozialen und gesellschaftlichen Konsequenzen ab,** d. h. fordert eine Änderung der durch das Wirtschaftssystem bedingten Unternehmensverfassung, die auch eine Korrektur der Zielsetzungen der Betriebe zur Folge habe.

Der erste Einwand trifft insoweit zu, als die Gewinnerzielung in der Praxis nicht in der Form erfolgt, wie die Theorie sie aus Vereinfachungsgründen in ihren Modellen (z. B. in den Modellen der statischen Wirtschaftstheorie) seit Jahrzehnten unterstellt hat. Die Preistheorie z. B. untersucht, unter welchen Voraussetzungen ein Betrieb unter den Bedingungen eines vollkommenen Marktes das Gewinnmaximum erzielt. Der Unternehmer wird hier zum **homo oeconomicus** also zu einem ,,Idealunternehmer", der kein anderes Ziel als die Gewinnmaximierung kennt, der vollkommene Voraussicht und die Fähigkeit zu unendlich schneller Reaktion besitzt, und der es mit Partnern (Abnehmer, Konkurrenten) zu tun hat, die über die gleichen Fähigkeiten verfügen.

Ein solches Verhalten von Marktteilnehmern gibt es nur im Modell. **Bidlingmaier,** der die Problematik der Gewinnmaximierung einer eingehenden Analyse unterzogen hat, unterscheidet deshalb zwischen dem ,,ideal-objektiven Gewinnmaximum", das das Ziel des Idealunternehmers ist, und dem ,,real-objektiven Gewinnmaximum". Letzteres ist ,,mit dem relativen Höchstgewinn identisch, der unter realtypischen Handlungsbedingungen –

bei Heranziehung aller subjektiv erreichbaren Informationen und bei höchstmöglicher Reagibilität – zu erlangen ist."[58]

Die Diskussion in der entsprechenden Literatur über das Problem der unternehmerischen Ziele[59] hat zu der Erkenntnis geführt, daß sich das Gewinnstreben nicht in der Strenge wie im Modell angenommen, sondern unter „**Nebenbedingungen**" vollzieht, zu denen nicht nur **monetäre** (Sicherung der Zahlungsbereitschaft, Umsatzmaximierung, Kapitalerhaltung), sondern auch **nicht-monetäre** Ziele gehören (z. B. Streben nach Prestige, nach Unabhängigkeit, nach Verbesserung der sozialen Stellung, nach wirtschaftlicher Macht, nach Realisierung sozialethischer Vorstellungen). Die nicht-monetären Ziele gewinnen an Bedeutung bei anhaltend guter Wirtschaftslage (z. B. Bau repräsentativer und luxuriös ausgestatteter Verwaltungsgebäude, Gewährung freiwilliger Sozialleistungen, Unterstützung der wissenschaftlichen Forschung), sie treten hinter die monetären Ziele zurück, wenn die Ertragslage sich verschlechtert.

Es zeigt sich also, daß das formale Auswahlprinzip der Gewinnmaximierung eine ganze Anzahl von Handlungsalternativen umschließt. Die Schwierigkeiten der Bestimmung eines auf Gewinnmaximierung gerichteten Unternehmerverhaltens sind vor allem folgende:

(1) Der **Begriff des Gewinns** ist in der Literatur nicht eindeutig. Gibt es aber unterschiedliche Gewinnbegriffe, so gibt es auch unterschiedliche Handlungsalternativen zur Gewinnmaximierung.

(2) Die Unternehmer treffen ihre Entscheidungen nicht als „reine Ökonomen", sondern als Menschen, d. h.

(a) sie verfügen nicht über alle **Informationen,** die sie zu einer „modellmäßigen" Gewinnmaximierung benötigen. Sie müssen sich deshalb häufig an Hilfsgrößen orientieren (z. B. Maximierung des Umsatzes) und können erst nachträglich feststellen, ob ihre Entscheidungen geeignet oder nicht geeignet waren, das Ziel der Gewinnmaximierung zu realisieren.

(b) Sie treffen ihre Entscheidungen unter **Nebenbedingungen,** wollen also nur den Höchstgewinn erzielen, der sich unter Beachtung dieser Bedingungen erreichen läßt.

In beiden Fällen aber wollen sie unter den gegebenen objektiven Bedingungen (Marktgrößen) und subjektiven Bedingungen (Nebenbedingungen) ihren Gewinn maximieren. Die Gewinnhöhe wird in jedem der möglichen Fälle eine andere sein, wenn die Zielfunktion (Maximierung

---

[58] Bidlingmaier, J., Unternehmerziele und Unternehmerstrategien, Wiesbaden 1964, S. 94

[59] Vgl. dazu u. a.: Heinen, E., Die Zielfunktion der Unternehmung, in: Zur Theorie der Unternehmung, Festschrift zum 65. Geburtstag von Erich Gutenberg, Wiesbaden 1962, S. 9 ff.; ders., Das Zielsystem der Unternehmung, Wiesbaden 1963; Pack, L., Rationalprinzip und Gewinnmaximierungsprinzip, ZfB 1961, S. 207 ff. und 283 ff.; Gümbel, R., Nebenbedingungen und Varianten der Gewinnmaximierung, ZfhF 1963, S. 12 ff.; Hax, H., Rentabilitätsmaximierung als unternehmerische Zielsetzung, ZfhF 1963, S. 337 ff.; Koch, H., Über eine allgemeine Theorie des Handelns, in: Zur Theorie der Unternehmung, Festschrift zum 65. Geburtstag von Erich Gutenberg, Wiesbaden 1962, S. 367 ff.

des Gewinns unter Beachtung subjektiver Nebenbedingungen) jeweils durch unterschiedliche subjektive Faktoren beeinflußt wird. Formal aber ist das Ziel, an dem sich die Entscheidungen ausrichten, stets der unter den gegebenen Bedingungen realisierbare Höchstgewinn.

Wer die Gewinnmaximierungshypothese mit sozialethischen und gesellschaftspolitischen Argumenten kritisiert, kritisiert im Prinzip nicht die Betriebswirtschaftslehre, sondern die bestehende Wirtschaftsordnung und die durch diese Ordnung bedingten gesellschaftlichen Strukturen. Die Kritik trifft den Prozeß der volkswirtschaftlichen Einkommensbildung und Einkommensverteilung und würde vermutlich nicht geübt, wenn die in Betrieben erzielten Gewinne nicht allein den Unternehmern und Anteilseignern zufließen, sondern in anderer Weise verteilt würden.

Die Kritik entzündet sich überwiegend daran, daß die Gewinne in der Regel allein dem ,,Kapital'', also den Eigentümern der Betriebe zufließen, und daß folglich eine Betriebswirtschaftslehre, die diesen Prozeß der Gewinnerzielung im Betriebe untersucht und dem Betriebe Verfahren und Entscheidungshilfen liefert, den Gewinn zu maximieren, ihre Erkenntnisse nur einer kleinen Gruppe der Gesellschaft, nämlich den Kapitaleigentümern bzw. den für sie arbeitenden Managern zur Verfügung stellt und dieser Gruppe damit hilft, durch eine Vergrößerung der Gewinne ihre gesellschaftliche Machtstellung über die Massen der Arbeitnehmer zu stärken. Man unterstellt den Betriebswirten dieser Richtung ,,vorsätzliches Handeln'', d. h. bewußte positive Stellungnahme, also Parteinahme für die bestehende Wirtschaftsordnung.

Diejenigen Kritiker, die mit ihren ideologischen Angriffen auf die Gewinnmaximierung in Wirklichkeit auf die bestehende Wirtschafts- und Gesellschaftsordnung zielen, übersehen, daß dieses Prinzip nichts über die Verwendung des erzielten Gewinns aussagt und damit die Analyse der Mittelentscheidungen über die Realisierung dieser Zielsetzung nicht als Parteinahme für die ,,herrschende Klasse'' interpretiert werden kann. Würden z. B. die Arbeitnehmer durch Vertrag oder Gesetz am erzielten Ergebnis beteiligt, so würde die Zielsetzung der Gewinnmaximierung dadurch nicht tangiert, sie wäre dann wohl die Zielsetzung aller im Betriebe tätigen Personen, da man erfahrungsgemäß davon ausgehen kann, daß jeder im Betriebe Tätige sein Einkommen aus dieser Tätigkeit maximieren möchte.

cc) Gewinn – Rentabilität – Wirtschaftlichkeit – Produktivität

Wenden wir uns der Frage der Quantifizierbarkeit zu. Die Betriebswirtschaftslehre hat verschiedene **Gewinnbegriffe** entwickelt. Ermittelt man die Differenz zwischen bewertetem Ertrag und bewertetem Einsatz der Produktionsfaktoren, so erhält man den **Erfolg** des Betriebes. Er wird in der Erfolgsrechnung[60] als Differenz zwischen dem Ertrag und dem Aufwand einer Periode (Gewinn oder Verlust) ausgewiesen und stellt die Verzinsung des Eigenkapitals und – bei Einzelunternehmungen und Personengesellschaften

---

[60] Einzelheiten vgl. S. 1136 ff.

– die Vergütung für die Mitarbeit des Unternehmers bzw. der Mitunternehmer (Unternehmerlohn) dar. Von diesem bilanziellen (pagatorischen) Gewinn ist der **kalkulatorische Gewinn** zu unterscheiden, der sich in der Kostenrechnung als Differenz zwischen Erlösen und Kosten ergibt; dabei zählen Eigenkapitalzinsen und Unternehmerlöhne zu den Kosten.[61]

Setzt man den Periodenerfolg ins Verhältnis zum Kapital des Betriebes, so ergibt sich die **Rentabilität**. Sie zeigt, in welcher Höhe sich das Kapital in einer Abrechnungsperiode verzinst hat. Da das Gesamtkapital sich aus Eigenkapital (Unternehmerkapital, Beteiligungskapital) und Fremdkapital (Gläubigerkapital) zusammensetzt, unterscheidet man zwischen der **Gesamtkapitalrentabilität** und der **Eigenkapitalrentabilität**. Erstere ergibt sich, wenn man nicht nur den (Bilanz-)Gewinn, sondern auch die gezahlten Fremdkapitalzinsen,[62] die – da sie eine Verbindlichkeit sind – im Periodenaufwand enthalten sind, in Beziehung zum Gesamtkapital setzt:[63]

$$\text{Gesamtkapitalrentabilität} = \frac{\text{Gewinn} + \text{Fremdkapitalzinsen}}{\text{Gesamtkapital}} \times 100$$

Setzt man den Gewinn ins Verhältnis zum Eigenkapital, so erhält man die **Eigenkapitalrentabilität**:

$$\text{Eigenkapitalrentabilität} = \frac{\text{Gewinn}}{\text{Eigenkapital}} \times 100$$

Bezieht man den Gewinn nicht auf das Kapital, sondern auf den Umsatz, so erhält man die **Umsatzrentabilität**:

$$\text{Umsatzrentabilität} = \frac{\text{Gewinn}}{\text{Umsatz}} \times 100.$$

Von diesen Rentabilitätsbegriffen ist der Begriff der **Wirtschaftlichkeit** zu trennen. Der wertmäßige Wirtschaftlichkeitsbegriff bezeichnet dann, wenn ein bestimmter Ertrag mit verschiedenen Kombinationen von Produktionsfaktoren erzielt werden kann, das Verhältnis zwischen der günstigsten und der tatsächlich erreichten Kostensituation.[64]

$$\text{Wirtschaftlichkeit} = \frac{\text{Istkosten}}{\text{Sollkosten}}$$

---

[61] Einzelheiten vgl. S. 1261 ff.

[62] Fremdkapitalzinsen sind der Ertrag des Fremdkapitals. Da sie dem Kapitalgeber geschuldet werden, stellen sie für den Betrieb Aufwand dar, sind also nicht im Gewinn enthalten und müssen deshalb für die Berechnung der Gesamtkapitalrentabilität dem Gewinn hinzugerechnet werden.

[63] Die Summe aus Gewinn und Fremdkapitalzinsen wird in der Literatur auch als Kapitalgewinn bezeichnet. Vgl. Seischab, H., Demontage des Gewinns durch unzulässige Ausweitung des Kostenbegriffs, ZfB 1952, S. 19 ff.

[64] Vgl. Gutenberg, E., Einführung in die Betriebswirtschaftslehre, Wiesbaden 1958, S. 27

Das Verhältnis von mengenmäßigem Ertrag (gemessen in Stück, kg, usw.) und mengenmäßigem Einsatz von Produktionsfaktoren (gemessen in Arbeitsstunden, Betriebsmittel- und Werkstoffeinheiten) bezeichnet man als mengenmäßige oder **technische Wirtschaftlichkeit** oder als **Produktivität.**

Diese technische Beziehung hat für das betriebliche Rechnungswesen keine praktische Bedeutung, da ohne Bewertung der eingesetzten Produktionsfaktoren in Geldeinheiten (also ohne das Gleichnamigmachen) keine Aussage über die Beachtung des Rationalprinzips möglich ist.

Zur Ermittlung der (wertmäßigen) Wirtschaftlichkeit hat man in der Literatur auch den Quotienten aus in Geld bewertetem Ertrag und in Geld bewertetem Einsatz an Produktionsfaktoren gebildet:

$$\text{Wirtschaftlichkeit} = \frac{\text{Ertrag}}{\text{Aufwand}}$$

Gutenberg weist mit Recht darauf hin, daß dieser Quotient zu einer ,,Vermengung von Wirtschaftlichkeits- und Rentabilitätsvorstellungen"[65] führt, die vermieden werden sollte. Wird z. B. der Ertrag mit Marktpreisen bewertet, und nimmt die Preisentwicklung einen ungünstigen Verlauf, so wird eine geringere Wirtschaftlichkeit ausgewiesen. Trotz der Verschlechterung der so aufgefaßten Wirtschaftlichkeit kann aber die Wirtschaftlichkeit der Leistungserstellung gestiegen sein, etwa weil erfolgreiche Rationalisierungsmaßnahmen des Produktionsprozesses vorgenommen worden sind.

dd) Die Eigenkapitalrentabilität als Auswahlprinzip?

Aus den Beziehungen zwischen den Rentabilitätsbegriffen läßt sich ableiten, daß die Gewinnmaximierung nicht als eine Maximierung der Gesamtkapitalrentabilität (Unternehmensrentabilität) oder der Umsatzrentabilität aufgefaßt werden kann, sondern nur als **Maximierung der Eigenkapitalrentabilität.** H. Hax hat das an einfachen Zahlenbeispielen nachgewiesen, dabei aber zugleich gezeigt, daß auch die Maximierung der Eigenkapitalrentabilität nicht ohne Probleme ist.[66]

Angenommen, ein Betrieb erzielt mit einem Eigenkapital von 100.000 DM einen Gewinn von 2.000 DM. Durch zusätzlichen Einsatz von Fremdkapital in Höhe von 20.000 DM ist ein weiterer Gewinn von 1.000 DM zu erwirtschaften, aus dem jedoch die Fremdkapitalzinsen zu zahlen sind.

	Alternative I (nur Eigenkapitel)	Alternative II (Eigen- und Fremd- kapital)
Gewinn + Fremdkapitalzinsen	2.000 DM	3.000 DM
Gesamtkapital	100.000 DM	120.000 DM
Gesamtkapitalrentabilität	2,0%	2,5%

---

[65] Gutenberg, E., a. a. O., S. 28
[66] Zu den folgenden Beispielen vgl. Hax, H., Rentabilitätsmaximierung als unternehmerische Zielsetzung, ZfhF 1963, S. 337 ff., hier insbes. S. 340 ff.

Kosten die 20.000 DM Fremdkapital 10% = 2.000 DM Zinsen, so mindert sich bei Alternative II der Gewinn, der sich ohne Berücksichtigung von Fremdkapitalzinsen auf 3.000 DM beläuft, durch Berücksichtigung der Fremdkapitalzinsen auf 1.000 DM. Auf die Gesamtkapitalrentabilität hat die Höhe der Fremdkapitalzinsen keinen Einfluß. Die Eigenkapitalrentabilität ist jedoch in Alternative I doppelt so hoch (2%) wie in Alternative II (1%). Will der Unternehmer seine Eigenkapitalrentabilität maximieren, so muß er Alternative I wählen, wenn der Fremdkapitalzins höher als 5% = 1.000 DM ist. Liegt der Fremdkapitalzins unter 5%, so ist Alternative II vorteilhaft (z. B.: Fremdkapitalzins 3% = 600 DM; Gewinn = 3.000 DM – 600 DM = 2.400 DM; Eigenkapitalverzinsung = 2,4%). Eine Maximierung der **Gesamtkapitalrentabilität** führt also nur zum Gewinnmaximum, wenn der Fremdkapitalzins niedriger ist als die Gesamtkapitalverzinsung.

Auch die Maximierung der **Umsatzrentabilität** führt nicht notwendigerweise zu einer Gewinnmaximierung, wie folgendes Beispiel zeigt: Angenommen, ein Betrieb, der 1.000 Mengeneinheiten zu Stückkosten von 8 DM herstellt, kann bei gegebenem Kapitaleinsatz die Produktion auf 1.500 Mengeneinheiten erhöhen, jedoch infolge höherer Materialkosten die zusätzliche Menge nur zu Stückkosten von 9 DM produzieren. Der Absatzpreis beträgt 10 DM.

	Alternative I	Alternative II
Ausbringung	1.000 Stück	1.500 Stück
Umsatz	10.000 DM	15.000 DM
Kosten	8.000 DM	12.500 DM
Gewinn	2.000 DM	2.500 DM
Umsatzrentabilität	20 %	16,67%

Maximiert der Betrieb die Umsatzrentabilität, so verzichtet er auf einen Gewinn von 500 DM, d. h. er erzielt nicht die höchste Eigenkapitalverzinsung.

Aus diesen Beispielen müßte man folgern, daß die Maximierung der Eigenkapitalrentabilität die einzig richtige Alternative ist, wenn ein Unternehmer aus seinem insgesamt zu Erwerbszwecken eingesetzten Kapital das größtmögliche Einkommen erzielen will. Diese Folgerung gilt aber nur unter bestimmten Voraussetzungen. Angenommen, ein Betrieb kann mit einem Eigenkapital von 1.000 DM einen Gewinn von 200 DM, mit einem Eigenkapital von 1.500 DM einen Gewinn von 250 DM erzielen.

	Alternative I	Alternative II
Eigenkapital	1.000 DM	1.500 DM
Gewinn	200 DM	250 DM
Eigenkapitalrentabilität	20%	16,67%

Die zusätzlichen Mittel von 500 DM verzinsen sich also zu 10% im Betriebe. Stammen diese zusätzlichen 500 DM aus Mitteln des Unternehmers, so wählt er Alternative I, wenn er die Eigenkapitalrentabilität maximieren will. Will er aber sein Einkommen maximieren, so wählt er Alternative II, wenn ihm die 500 DM bei Anlage außerhalb des Betriebes weniger als 10% Zinsen bringen.

Diese Beispiele zeigen also, daß eine Maximierung der Gesamtkapitalrentabilität und der Umsatzrentabilität nur unter bestimmten Voraussetzungen zu einer Maximierung der Eigenkapitalrentabilität führen und daß eine Maximierung der Eigenkapitalrentabilität nur unter bestimmten Voraussetzungen zu einer Maximierung des Einkommens des Unternehmers führt.

Aus der letzten Fragestellung kann aber nicht gefolgert werden, daß eine Gewinnmaximierung im Sinne der Maximierung der Eigenkapitalrentabilität nicht als Auswahlprinzip der Betriebswirtschaftslehre verwendet werden kann. Die Betriebswirtschaftslehre untersucht die Entscheidungen, die der Unternehmer **im Betriebe** trifft, und nicht die Entscheidungen, die der Unternehmer trifft, um sein Gesamteinkommen durch Einsatz von Kapital in allen in der Wirtschaft denkbaren Anlagealternativen zu maximieren. Soweit sich die Einkommensmaximierung außerhalb des Betriebes vollzieht, gehört sie **nicht zum Gegenstand der Betriebswirtschaftslehre,** sondern ist für sie ein Datum wie z. B. auch die Rechtsordnung; d. h. ebenso wie bestimmte auf die Gewinnmaximierung gerichtete Entscheidungen durch die Rechtsordnung begrenzt werden, werden z. B. bestimmte Finanzierungsentscheidungen (z. B. Verwendung erzielter Gewinne im eigenen Betrieb oder in Alternativanlagen außerhalb des Betriebes) durch das Ziel der Maximierung des Gesamteinkommens des Unternehmers beeinflußt. (**ÜB 1**/13–17)

ee) Die begrenzte Gewinnerzielung als Auswahlprinzip?

Die Tatsache, daß der Unternehmer nicht immer den Maximalgewinn plant, den er unter Berücksichtigung seiner Informationen erzielen könnte, sondern einen Höchstgewinn, der unter Beachtung von Nebenbedingungen realisiert werden kann, hat dazu geführt, daß in der Literatur das Streben nach diesem relativen Maximalgewinn als **begrenzte Gewinnerzielung** bezeichnet wird. Bidlingmaier charakterisiert dieses Ziel folgendermaßen: ,,Der Ausdruck ,begrenzte Gewinnerzielung' kennzeichnet nicht – wie die Gewinnmaximierung – einen Extremalpunkt, sondern ein bereichsbezogenes (zonales) Unternehmerziel, das als gewinnorientiertes Aktionsziel seine Obergrenze unmittelbar unterhalb der Gewinnmaximierung, seine Untergrenze im Gewinnminimum findet."[67]

Die Nebenbedingungen können nach Bidlingmaier entweder **Minimalziele** (z. B. Sicherung der Momentanliquidität) sein, die das Hauptziel der Gewinnerzielung kaum tangieren, oder sie können **Maximalziele** sein (z. B. Umsatzmaximierung), über deren Realisierung die Höhe des erzielten Gewinns keine eindeutige Aussage zuläßt.

---

[67] Bidlingmaier, J., a. a. O., S. 99; vgl. auch die dort gegebenen Literaturhinweise

Bidlingmaier gibt folgende Systematik möglicher „**Zielkombinationen**"
gewinnorientierter Betriebe:[68]

„I. Begrenzte Gewinnerzielung unter außerökonomischen Nebenbedingungen

1. Unter maximalen außerökonomischen Nebenbedingungen (z. B. Gewinnlimitierung bei maximaler Macht bzw. Sicherheit, bei maximalem Prestige usw.)
2. Unter minimalen außerökonomischen Nebenbedingungen (z. B. Gewinnlimitierung unter Wahrung der Selbständigkeit, unter der Norm der Gerechtigkeit, Ehrlichkeit, Fairneß u. ä.)

II. Begrenzte Gewinnerzielung unter ökonomischen Nebenbedingungen

1. Unter maximalen ökonomischen Nebenbedingungen
   a) Gewinnlimitierung unter der Nebenbedingung der Umsatzmaximierung bzw. Marktanteilsmaximierung
   b) Gewinnlimitierung unter der Nebenbedingung der bestmöglichen Versorgung der Arbeiter und/oder Abnehmer
   c) Gewinnlimitierung unter der Nebenbedingung maximaler Kapazitätsausnutzung (Vollbeschäftigung der Unternehmung)
   d) Gewinnlimitierung unter der Nebenbedingung maximalen Wachstums

2. Unter minimalen ökonomischen Nebenbedingungen
   a) Gewinnlimitierung unter Aufrechterhaltung dauernder Momentanliquidität (Wahrung des ständigen finanziellen Gleichgewichts)
   b) Gewinnlimitierung unter der Nebenbedingung der Umsatzerhaltung bzw. Marktanteilserhaltung
   c) Gewinnlimitierung bei Schaffung von ausreichendem Einkommen für alle in der Betriebswirtschaft tätigen Menschen
   d) Gewinnlimitierung unter Sicherung einer Mindestwachstumsrate
   e) Gewinnlimitierung unter der Nebenbedingung der Erhaltung des guten Rufes der Firma
   f) Gewinnlimitierung unter der Nebenbedingung der Erhaltung des Markennamens
   g) Gewinnlimitierung unter der Nebenbedingung der Unternehmenserhaltung."

Diese Übersicht zeigt, daß der Unternehmer nicht als homo oeconomicus handelt, der keine außerökonomischen Ziele und im ökonomischen Bereich nur das absolute Gewinnmaximum als Ziel kennt, sondern daß eine große Anzahl von **Zielkombinationen** möglich ist. Alle diese Zielkombinationen setzen aber eine Gewinnerzielung voraus. Man kann diesen Tatbestand entweder so charakterisieren, daß der Unternehmer in der Praxis nur den Höchstgewinn plant, der sich unter Beachtung von Nebenbedingungen ergibt; oder man kann feststellen, daß das Streben nach dem absoluten Höchstgewinn des homo oeconomicus durch Nebenbedingungen eingeengt wird zu einem „begrenzten Gewinn". Hinter dem Bestreben nach begrenztem

---

[68] Bidlingmaier, J., a. a. O., S. 103

Gewinn verbirgt sich also letzten Endes die Gewinnmaximierungshypothese unter Nebenbedingungen.

Wir halten also fest, daß das formale Auswahlprinzip der Betriebswirtschaftslehre die Maximierung des Gewinns im oben beschriebenen Sinne ist, daß aber durch den Einbau von Nebenbedingungen, der heute in der formalen Theorie kaum noch Schwierigkeiten bereitet, die herkömmliche Gewinnmaximierungshypothese eine wirklichkeitsnähere Ausgestaltung erhalten hat.

4. Wertfreie und wertende Betriebswirtschaftslehre[69]

Über die bereits mehrfach angeschnittene Frage, ob die Betriebswirtschaftslehre als Wissenschaft Werturteile abgeben soll oder nicht, wird seit Jahrzehnten diskutiert, ohne daß es bisher zu einer einheitlichen Auffassung gekommen ist. Das Werturteilsproblem ist bekanntlich nicht auf die Betriebswirtschaftslehre oder die Wirtschaftswissenschaften beschränkt, sondern die Frage, ob oberste Werte oder ethische Normen für menschliches Handeln wissenschaftlich begründet werden können, gehört zu den Grundproblemen der Wissenschaftslehre.

Zunächst ist festzustellen, daß es zwei Arten von Werturteilen gibt. Wenn die Betriebswirtschaftslehre das Urteil abgibt, daß ein bestimmtes Produktionsverfahren wirtschaftlicher als ein anderes ist, so bewertet sie beide Verfahren im Hinblick auf ihre Brauchbarkeit, eine bestimmte Produktion so wirtschaftlich wie möglich durchzuführen. Wenn sie zu der Feststellung kommt, daß eine bestimmte Entlohnungsform ungerecht oder unsozial sei, so bewertet sie ebenfalls ein Verfahren. Beide Urteile unterscheiden sich aber wesentlich. Das erste Urteil stellt eine **Wertbeziehung** fest, macht also lediglich eine Aussage darüber, welches Verfahren wirtschaftlich geeigneter ist, einen Zweck zu realisieren. Es mißt aber dem Verfahren keinen Wert im Sinne eines ethischen Wertes zu, denn es wird kein Nachweis geführt, ob der Zweck im ethischen Sinne wertvoll ist oder nicht. Es enthält also eine Wertbeziehung (Zweck-Mittelverhältnis), die man auch als **Finalrelation** bezeichnet. Urteile dieser Art nennt man **sekundäre Werturteile**. Sie sind ihrem Charakter nach Seinsurteile, d. h. Urteile über das Sein und nicht über den Wert eines Gegenstandes oder Verfahrens. Sie können mit wissenschaftlichen Methoden (durch Wahrnehmung und Denken) in ihrer Wahrheit gesichert werden.

Sekundäre Werturteile sind nichts anderes als Umkehrungen von Kausalsätzen.[70] Hat man in der Theorie beispielsweise die Erkenntnis gewonnen, daß die Ursache A die Wirkung B auslöst, so kann man dieses Kausalverhält-

---

[69] Vgl. Wöhe, G., Zur Problematik der Werturteile in der Betriebswirtschaftslehre, ZfhF 1959, S. 165 ff.
[70] Vgl. Weber, M., Der Sinn der ,,Wertfreiheit" der sozialpolitischen und ökonomischen Wissenschaften, in: Gesammelte Aufsätze zur Wissenschaftslehre, 2. Aufl., Tübingen 1951, S. 515

nis umkehren und sagen: soll der Zweck B erreicht werden, so muß man das Verfahren A anwenden. Solange die Betriebswirtschaftslehre derartige Final-relationen registriert und Mittel (Verfahren) auf ihre Eignung zur Realisie-rung empirisch vorgefundener Zwecksetzungen überprüft, wertet sie nicht selbst, sondern ist wertfrei.

In dem zweiten Urteil dagegen wird einem Verfahren Wert beigelegt. Gerechtigkeit und soziales Verhalten sind ethische Werte. Urteile dieser Art bezeichnet man als **primäre (echte) Werturteile.** Sie schreiben gewissen Gegenständen oder Verfahren Wert zu mit dem Anspruch, daß diesen Urtei-len Allgemeingültigkeit zukommt.

Nicht immer sind die primären Werturteile so leicht erkennbar wie in dem angeführten Beispiel. Die Aussagen: ,,Die Umsatzsteuer ist zu hoch'', oder: ,,Die Beteiligung der Arbeitnehmer am Zuwachs zum Produktivvermögen wäre empfehlenswert'', enthalten ebenso eine Wertung. Denn wenn man die Umsatzsteuer als zu hoch bezeichnet, so muß man doch eine Vorstellung von der ,,richtigen'' Höhe der Umsatzsteuer haben. Ein solches Urteil wäre wissenschaftlich nur dann vertretbar, wenn mit rationalen Mitteln zu bewei-sen wäre, welches die ,,richtige'' Höhe der Umsatzsteuer ist. Die Empfeh-lung der Beteiligung der Arbeitnehmer am Produktivvermögen entspringt einer bestimmten Vorstellung über soziale Gerechtigkeit. Nur wenn diese Vorstellung mit wissenschaftlichen Methoden als wahr bewiesen werden kann, wäre ein solches Urteil in der Betriebswirtschaftslehre angebracht. Urteile der genannten Art werden im täglichen Leben laufend abgegeben, ohne daß man sich der in ihnen enthaltenen Wertungen bewußt wird.

In den Wirtschaftswissenschaften und besonders in der Betriebswirt-schaftslehre, wo Wert- und Bewertungsprobleme eine bedeutende Rolle spielen, bedarf die Werturteilsfrage einer besonders kritischen Betrachtung, und zwar gerade deshalb, weil Bewertungsfragen Gegenstand betriebswirt-schaftlicher Forschung sind. Gerade die große Bedeutung der Bewertungs-probleme in der Betriebswirtschaftslehre hat verschiedentlich zu der Auffas-sung geführt, die von **Max Weber** bereits Anfang dieses Jahrhunderts gefor-derte Wertfreiheit der Wirtschaftswissenschaften[71] könne nicht ohne weiteres auf die Betriebswirtschaftslehre übertragen werden. So hat beispielsweise **Nicklisch** die Auffassung vertreten, daß es vom ,,Reich der Zwecksetzungen . . . keine wertfreie Wissenschaft geben (könne), deshalb auch nicht von der Betriebswirtschaft''.[72]

Nach wie vor stehen sich im Hinblick auf die Verwendung von Werturtei-len in der Betriebswirtschaftslehre zwei konträre Ansichten gegenüber: die ,,Wertfreien'' lehnen die Abgabe von Werturteilen durch die Betriebswirt-schaftslehre strikt ab, die Befürworter der Wertungen vertreten die Auffas-sung, daß es ohne Werturteile gerade in einer so stark der Praxis verhafteten Wissenschaft wie der Betriebswirtschaftslehre nicht gehe, sondern daß alle Urteile, die ein Betriebswirt abgibt, wie Nicklisch es einmal gefordert hat,

---

[71] Vgl. Weber, M., Die ,,Objektivität'' sozialwissenschaftlicher und sozialpolitischer Er-kenntnis. Archiv für Sozialwissenschaften und Sozialpolitik, Bd. XIX, 1904, S. 22 ff.
[72] Nicklisch, H., Die Betriebswirtschaft, 7. Aufl., Stuttgart 1932, S. 29

durch das „wertende Gewissen" gehen müssen. Diese Forderung scheint heute, wo die „wertfreien" Fachvertreter zweifellos in der Mehrzahl sind, durch das Streben wieder stärkeres Gewicht zu bekommen, das Objekt der Betriebswirtschaftslehre in Richtung auf die Soziologie hin auszuweiten. Die **Soziologie** ist keine Wirtschafts-, sondern eine Sozialwissenschaft. Sie stellt den Menschen in den Mittelpunkt ihrer Untersuchungen, die Betriebswirtschaftslehre den Betrieb als Instrument der Realisierung unternehmerischer Ziele. Die Betriebssoziologie, die die zwischenmenschlichen Beziehungen im Betriebe zum Gegenstand hat, ist vom Erkenntnisobjekt her ein Teil der Soziologie, nicht der Betriebswirtschaftslehre. Daß Entscheidungen im Betriebe nicht nur auf Erkenntnissen basieren, die zum Objekt der Betriebswirtschaftslehre gehören, sondern auf Erkenntnissen, die zum Objekt anderer wissenschaftlicher Disziplinen zählen, wurde oben bereits dargelegt.

Es ist sogar gefordert worden, die Betriebswirtschaftslehre, die sich seit jeher bemüht, das jeweils bestehende Wirtschafts- und Gesellschaftssystem als Datum hinzunehmen (ohne damit eine positive oder negative Wertung des jeweiligen Systems vorzunehmen), müsse **in den Dienst ideologischer Auseinandersetzungen** gestellt werden, die zu einer Änderung des bestehenden Wirtschafts- und Gesellschaftssystems, d. h. zur Überwindung der herrschenden marktwirtschaftlichen (kapitalistischen) Ordnung führen sollen. Diejenigen, die diese Forderung stellen, werfen zugleich der heutigen Betriebswirtschaftslehre vor, die Hinnahme einer Wirtschafts- und Gesellschaftsordnung und der dieser Ordnung immanenten Handlungsweisen sowie der durch diese Ordnung konstituierten gesellschaftlichen Strukturen sei in Wirklichkeit bereits eine positive Wertung dieser Ordnung. Wer die Ziele der Unternehmer kritiklos zum Auswahlprinzip einer Wissenschaft mache und Entscheidungsalternativen aufzeige, wie diese Ziele optimal realisiert werden können, identifiziere sich mit diesen Zielen und allen ihren Nebenwirkungen auf sozialem und gesellschaftspolitischem Gebiet. Die These von der Wertfreiheit sei folglich eine Selbsttäuschung, wenn nicht sogar eine bewußte Unterstellung.

Eine solche Einstellung **leugnet die Möglichkeit einer wertneutralen wissenschaftlichen Forschung** überhaupt und unterstellt dem Andersdenkenden die eigene Denkungsweise, nämlich vom Standpunkt einer Ideologie aus Wissenschaft zu betreiben, um gesellschaftspolitische Ziele durchzusetzen, d. h. aber nichts anderes, als die **Wissenschaft zu politisieren.** Wer von einer Wissenschaft die Abgabe von Werturteilen über unternehmerische Ziele fordert bzw. sie im Namen der Wissenschaft abgibt, obwohl ihm bewußt ist, daß sie sich einer wissenschaftlichen Beweisführung entziehen, setzt Wissenschaft und politische Ideologie gleich. Die Wissenschaft unterscheidet sich aber gerade von der politischen Ideologie dadurch, daß die Wissenschaft ein Zusammenhang von wahren und in ihre Wahrheit gesicherten Urteilen ist, die systematisch geordnet sind und sich auf einen gemeinsamen Gegenstand beziehen, die Wissenschaft also zu objektiven Erkenntnissen führt, die **politische Ideologie aber ein persönliches Bekenntnis** ist.

Wer die Möglichkeit einer wertneutralen Forschung leugnet, übersieht einen ganz entscheidenden Unterschied: nämlich den zwischen **wissenschaftlicher Erkenntnis,** die in ihrer Wahrheit beweisbar ist, und **persönlichem Bekenntnis,** das der Forscher aufgrund seiner ethisch-sozialen und politischen Vorstellungen (also aufgrund seines Wertsystems) abgibt. Auch die Feststellung, daß jeder Forscher durch die Entscheidung, welchen Gegenstand er zum Ziele seiner wissenschaftlichen Untersuchungen macht, eine Wertung trifft, ist kein Einwand gegen eine wertneutrale Forschung. Abgesehen davon, daß die Entscheidung für einen Gegenstand die Wertneutralität der Aussagen über diesen Gegenstand nicht tangiert, muß diese Entscheidung weder eine positive Wertung für den untersuchten Gegenstand, noch eine negative Wertung für nicht in die Untersuchung einbezogene Gegenstände bedeuten.

Es bleibt natürlich **jedem Forscher selbst überlassen,** ob er sich auf die Gewinnung wissenschaftlicher Erkenntnis beschränkt, also neutral bleibt, oder ob er sich positiv oder negativ wertend für oder gegen die sozialen und gesellschaftlichen Konsequenzen seiner Erkenntnisse einsetzt, also **Stellung bezieht.** Es wird kaum einen Menschen geben, der über eine so große wissenschaftliche Objektivität verfügt, daß er nicht gelegentlich Werturteile im Rahmen wissenschaftlicher Arbeiten oder Diskussionen abgibt. Das verpflichtet ihn jedoch dazu, daß er seinen Lesern und Zuhörern klar macht, wo die **wissenschaftliche Erkenntnis aufhört** und das persönliche Bekennen, das sich der wissenschaftlichen Beweisführung entzieht, beginnt.

Gerade das Bekennen einer eigenen Meinung, die nicht rational beweisbar ist, kann zu einer fruchtbaren Diskussion von Problemen führen und sie einer Lösung näherbringen. Zu fordern ist also eine scharfe Trennung und vor allem eine Kenntlichmachung von wissenschaftlicher Erkenntnis und persönlichem Bekenntnis. Es ist eine Tatsache, daß mit persönlichen Ansichten durchsetzte wissenschaftliche Arbeiten oft auf den Leser einen größeren Eindruck machen als nüchterne logische Analysen, die sich jedes Werturteils und jeder persönlichen Wertung enthalten. Die Werturteile sollten aber **als solche gekennzeichnet** sein.

Scharf abzulehnen ist allerdings die Abgabe von Werturteilen in Zusammenhängen, wo die Nüchternheit bestimmter wirtschaftlicher Sachverhalte durch Wertungen verdeckt werden soll; wo man von Ethik und sozialem Verhalten spricht, in Wirklichkeit aber Rationalisierung und Rentablitätssteigerung meint. Das ist besonders häufig im Zusammenhang mit der menschlichen Arbeitskraft der Fall, wenn man die Arbeitskraft zwar als Produktionsfaktor in die Rechnung einstellt, diese nüchterne Rechnung aber durch Empfehlung von angeblich sozialen Maßnahmen verdecken möchte. Hier werden dann zwar Wertungen abgegeben, in Wirklichkeit ist man sich aber darüber im klaren, daß die empfohlenen „sozialen Maßnahmen" nur die Rentabilität erhöhen sollen.

II. Geschichte der Betriebswirtschaftslehre

Vorbemerkung

Die Betriebswirtschaftslehre ist als selbständige wirtschaftswissenschaftliche Disziplin erst zu Beginn des 20. Jahrhunderts entstanden. Sie hat sich also wesentlich später zur Wissenschaft entwickelt als die Volkswirtschaftslehre, obwohl die Quellen einzelwirtschaftlicher Betrachtung weiter in die Vergangenheit zurückreichen als die der gesamtwirtschaftlichen Betrachtung.

Man pflegt im allgemeinen das Jahr 1898, in dem die ersten **Handelshochschulen** (Leipzig, St. Gallen, Aachen und Wien) gegründet wurden, denen bald weitere folgten (Köln und Frankfurt/Main 1901, Berlin 1906, Mannheim 1907, München 1910, Königsberg 1915, Nürnberg 1919), als das Geburtsjahr der Betriebswirtschaftslehre als Wissenschaft zu bezeichnen. Es hat jedoch schon vorher eine wissenschaftliche Beschreibung und Erforschung des Betriebes gegeben, die nach bisherigen Untersuchungen ihren Schwerpunkt vor allem im Bereich der Handelsbetriebe hatte. D. Schneider hat jedoch anhand zahlreicher Quellen nachgewiesen, daß weniger die Handelswissenschaften als vielmehr die „landwirtschaftliche Betriebslehre", für die es einige Quellen bereits im Altertum gibt, und die zur Zeit Josephs II. entwickelte „k. k. Staatsrechnungswissenschaft", in der „geradezu ‚paradigmatische' Leitlinien späteren betriebswirtschaftlichen Denkens entwickelt wurden", „... als Vorläufer der Betriebswirtschaftslehre im Sinne einer bislang im wesentlichen praktisch-normativen Unternehmensführungslehre angesehen werden."[1]

Die Handelshochschulen sind teils zu Universitäten ausgebaut (Köln, Frankfurt und Mannheim), teils mit technischen Hochschulen (Aachen, München) oder Universitäten (Leipzig, Technische Universität Berlin, Hochschule für Wirtschafts- und Sozialwissenschaften Nürnberg mit Erlangen) vereinigt worden. Selbständig geblieben sind die Handelshochschule St. Gallen und die Hochschule für Welthandel in Wien.

Durch die Gründung zahlreicher neuer Universitäten nach dem 2. Weltkrieg hat die Betriebswirtschaftslehre einen bedeutenden Aufschwung erlebt. 1978 gab es mehr als 250 Ordinariate für Betriebswirtschaftslehre im deutschsprachigen Raum.[2] Die Gründung von Fachhochschulen hat daneben einen stärker praxisbezogenen Zweig betriebswirtschaftlicher Ausbildung geschaffen, der zur Fortsetzung der Traditionen der Handelshochschulen alten Stils geeignet zu sein scheint.

---

[1] Schneider, D., Vorläufer der Betriebswirtschaftslehre, ZfbF 1981, S. 118 und 117
[2] Vgl. Sundhoff, E., Dreihundert Jahre Handelswissenschaft, 2. Aufl., Köln 1991, S. 11

1. Die Bedeutung der Kenntnis der historischen Entwicklung für das Verständnis des gegenwärtigen Standes und der offenen Probleme einer Wissenschaft

Die Beschäftigung mit einer Wissenschaft setzt die Kenntnis ihrer historischen Entwicklung voraus, da der heutige Stand der Wissenschaft das Ergebnis dieser Entwicklung ist. Dennoch hat zur Zeit die wirtschaftshistorische und dogmengeschichtliche Ausbildung im Rahmen des Studiums der Wirtschaftswissenschaften einen beklagenswert niedrigen Stellenwert. Das dürfte einerseits darauf zurückzuführen sein, daß als Folge der Katastrophe des 2. Weltkrieges die zuvor über Jahrzehnte vorherrschende nationalistische Geschichtsbetrachtung aufgegeben wurde und sich erst ganz allmählich ein **neues Geschichtsbewußtsein** herausbildet, das die Geschichte nicht als eine Folge von durch Kriege bewirkten Grenzveränderungen, sondern als einen gesellschaftlichen Prozeß versteht und die kultur- und geistesgeschichtlichen sowie die wirtschaftlichen Entwicklungen stärker betont als die politisch-militärischen.

Die Vernachlässigung wirtschaftshistorischer Probleme im Rahmen der wirtschaftswissenschaftlichen Ausbildung ist andererseits darauf zurückzuführen, daß derartige Kenntnisse zwar die Allgemeinbildung erweitern und Verständnis für gesellschafts- und sozialpolitische Probleme vermitteln, daß aber infolge der zunehmenden **Veränderung der Universität** von einer Institution, die in erster Linie umfassend gebildete und zum wissenschaftlichen Arbeiten befähigte Menschen heranbilden soll, zu einer Institution, die den Schwerpunkt ihrer Tätigkeit fast ausschließlich auf die Ausbildung von Berufsspezialisten legt, die Bedeutung derjenigen Lehrveranstaltungen höher eingeschätzt wird, die Wissen vermitteln, das im praktischen Beruf unmittelbar angewendet werden kann. Diese Akzentverschiebung im Selbstverständnis der Universität ist nicht nur eine Folge der stärkeren Hinwendung zu den materiellen Dingen des Lebens, sondern auch eine Folge der nicht von den Studierenden, sondern von ihren Dozenten gesetzten Prioritäten in den Studien- und Prüfungsordnungen.

Die Geschichte der Betriebswirtschaftslehre ist

(1) einerseits eine Betrachtung der geschichtlichen Entwicklung des Wirtschaftens in Betrieben **als Institution** und andererseits eine Analyse der von oder mit Betrieben verfolgten Ziele und der zur Realisierung der Ziele einzusetzenden Mittel;

(2) eine Geschichte der **betriebswirtschaftlichen Lehrmeinungen.** Diese sind entweder der Versuch

(a) die beobachteten Tatbestände und Verhaltensweisen zu erklären und zwar aus dem gesamten historischen Zusammenhang heraus – und damit zu verstehen; oder

(b) Maximen für das Handeln im Betriebe gedanklich zu entwickeln, die aus einem bestimmten Wertesystem abgeleitet werden, und das beobachtete reale wirtschaftliche Handeln in ein den Idealvorstellungen entsprechendes Handeln zu überführen.

Beispiele für die **erste Richtung** sind Lehrmeinungen, die die vom Betriebe tatsächlich verfolgten **Ziele empirisch feststellen** und aus der Theorie Verfahren entwickeln, die geeignet sind, diese Ziele zu realisieren. Eine Wertung der Ziele (z. B. Gewinnmaximierung) erfolgt nicht. Eine solche Betriebswirtschaftslehre ist notwendigerweise zum größten Teil auf das jeweils historisch realisierte Wirtschaftssystem bezogen.

Beispiele für die **zweite Richtung** sind Lehrmeinungen, die zunächst aus einem allgemeinen Wertesystem Ziele für betriebliches Handeln postulieren und dann Verfahren entwickeln, wie diese Ziele am rationellsten zu verwirklichen sind. Lehrmeinungen dieser Art wollen die vorgefundene **Wirtschaft und ihre Ziele verändern,** indem sie versuchen, die Menschen zu überzeugen, daß die postulierten Ziele einen höheren ethischen Wert als die zur Zeit tatsächlich verfolgten haben und daß folglich die zu dieser Zeit geltende Wirtschaftsordnung und Unternehmensverfassung durch eine andere ersetzt werden müsse.

Die beiden genannten Bereiche der Geschichte der Betriebswirtschaftslehre – die Betrachtung der Entwicklung des Betriebes als Institution einerseits und die Entwicklung betriebswirtschaftlicher Lehrmeinungen andererseits – lassen sich nicht trennen, denn die Lehrmeinungen haben sich einerseits als Folge der empirischen Beobachtung wirtschaftlichen Handelns herausgebildet; andererseits wird das wirtschaftliche Handeln auch von theoretisch entwickelten Lehrmeinungen über dieses Handeln beeinflußt. Aus der theoretischen Analyse werden Empfehlungen für praktisches Handeln abgeleitet. Die **Theorie** erklärt, was ist und warum es so ist, die **Politik** als angewandte Wissenschaft ist Gestaltung, Verfahrensauswahl zur Realisierung bestimmter Ziele unter Anwendung der Theorie.

2. Die Entwicklung von den Anfängen bis zur Mitte des 17. Jahrhunderts

Solange es Betriebe mit geordneter Wirtschaftsführung gibt, ist es erforderlich, Aufzeichnungen über Bestände und Wertungen durchzuführen. Buchhaltung, Wirtschaftsrechnen und kaufmännischer Schriftverkehr lassen sich bereits im alten Ägypten, bei den Griechen und Römern nachweisen.[3] Was aber bis zu Beginn der Neuzeit fehlte, war die wissenschaftliche Beschäftigung mit betrieblichen Problemen, die über die bloße Rechen- und Verfahrenstechnik hinausgingen. Die durch Übung und Erprobung gewonnenen praktischen Erfahrungen kaufmännischer Betriebsführung wurden nicht veröffentlicht, sondern innerhalb der Kaufmannsfamilien sorgsam gehütet und weitervererbt. Die älteste Privatniederschrift dieser Art, die bisher bekanntgeworden ist, stammt von **F. B. Pegolotti** und wurde in den Jahren 1335 bis 1345 in Florenz verfaßt. Sie enthält vor allem Notizen über Münzen, Maße, Gewichte, Warennotierungen, Zinstafeln u. a. Nach E. Weber[4]

---

[3] Einzelheiten und Quellen vgl. bei Bellinger, G., Geschichte der Betriebswirtschaftslehre, Stuttgart 1967
[4] Vgl. Weber, E., Literaturgeschichte der Handelsbetriebslehre, Tübingen 1914

stammt die älteste bisher bekannte deutsche handelskundliche Anleitung aus dem Jahre 1511.

Das Aufzeichnen der Lebenserfahrungen und der Grundsätze praktischer Wirtschaftsführung eines Kaufmanns und die Weitergabe an den Nachfolger zum Nutzen der Familie und der Firma wurden vor allem in der Zeit der Renaissance erforderlich, als die großen Handelshäuser – insbesondere in den oberitalienischen Stadtstaaten – ihre Handelsbeziehungen auf viele Länder ausdehnten, und damit der Geschäftsumfang immer größer wurde. In dieser Zeit erfolgten auch die ersten wissenschaftlichen Bearbeitungen und Veröffentlichungen aus einzelnen Gebieten der Handels- und Rechentechnik.

Die älteste gedruckte Veröffentlichung handelstechnischer Art ist in dem im Jahr 1494 erschienenen Lehrbuch der Mathematik des aus Venedig stammenden Franziskanermönches und Mathematikprofessors **Luca Pacioli** „Summa de Arithmetica, Geometria, Proportioni et Proportionalità", das neben der Behandlung der Arithmetik und Algebra sowie ihrer Anwendung auf die kaufmännische Praxis und neben der Behandlung des Handelsaustausches, der Handelsgesellschaften, der Wechseltechnik u. a. vor allem dadurch bekannt geworden ist, daß es die erste vollständige und geschlossene gedruckte Darstellung des Systems der doppelten Buchführung enthält – überschrieben mit „Tractatus particularis de computis et scripturis". Die Entwicklung der doppelten Buchführung läßt sich nach Einführung der an die Stelle der schwerfällig zu handhabenden römischen Ziffern tretenden arabischen Zahlen – vor allem durch das im Jahre 1202 von dem Mathematiker **Leonardo Fibonacci Pisano** verfaßte „Liber abaci"[5] – bis in die Mitte des 13. Jahrhunderts zurückverfolgen und vollzog sich über die Einführung des Personenkontos, des Sachkontos, des Inventars, des doppelten Buchungssatzes bis zum formellen Abschluß einer Abrechnungsperiode, der zu Beginn des 15. Jahrhunderts an die Stelle der Abrechnung einzelner Geschäfte trat. In Paciolis Schrift läßt sich erstmals die Trennung von privatem Haushalt und Betrieb nachweisen, welche die Voraussetzung für die Entwicklung der am Gewinn orientierten kapitalistischen Unternehmung war.

Ausführungen über die doppelte Buchführung finden sich allerdings bereits in einer im Jahre 1458 für das Archiv eines Handelshauses angefertigten Handschrift von **B. Cotrugli** aus Ragusa, die jedoch erst 1573 in Venedig unter dem Titel „Delle Mercatura et del Mercante perfetto" veröffentlicht wurde.[6] In der Literatur wird deshalb L. Pacioli das Verdienst, als Erster das System der doppelten Buchführung dargestellt zu haben, von verschiedenen Seiten streitig gemacht. Löffelholz[7] hat jedoch nachgewiesen, daß das Kapitel von drei Seiten, auf denen sich Cotrugli mit der Buchführung beschäftigt, nicht als systematische Darstellung der Buchführung angesehen werden kann, zumal von der doppelten Buchführung überhaupt nicht die Rede ist.

---

[5] Vgl. Löffelholz, J., Geschichte der Betriebswirtschaft und der Betriebswirtschaftslehre, Stuttgart 1935, S. 121 f.
[6] Vgl. Weber, E., a. a. O., S. 8
[7] Vgl. Löffelholz, J., a. a. O., S. 141 ff.

Von da bis zur Mitte des 17. Jahrhunderts erschien eine Anzahl ähnlicher handelstechnischer Anleitungen, deren stofflicher Umfang infolge der Ausweitung des Handels auf inzwischen entdeckte überseeische Gebiete mehr und mehr zunahm. Als bedeutsam sind das „Handels-Buch" von **Lorenz Meder** aus Nürnberg, das im Jahr 1558 veröffentlicht wurde, und das Buch „Il Negotiante" von **Giovanni Domenico Peri** aus Genua zu nennen, das im Jahre 1638 erschien und mehrere Auflagen erlebte. Gegenüber einem nur wenige Jahrzehnte später veröffentlichten Werk von **Jacques Savary** (1622 – 1690) „Le Parfait Négociant" (1675) kann aber bei Peri und seinen Vorläufern noch nicht von einer systematischen wissenschaftlichen Bearbeitung des Stoffes gesprochen werden. Deshalb setzt Seyffert den Beginn der systematischen Handelswissenschaft mit dem Erscheinen von Savarys Werk an und bezeichnet die davor liegende Periode als die „Frühzeit der verkehrs- und rechentechnischen Anleitungen".[8]

Sundhoff hat für die Zeit vor Savary (etwa ab dem Jahre 1200) den Begriff **„Kommerzienkunde"** geprägt. Es erscheint ihm „nicht unangebracht, zur Benennung der ältesten Phase der Einzelwirtschaftslehre einen heute als antiquiert geltenden Ausdruck, nämlich den Plural des Wortes Kommerz zu verwenden",[9] und mit einem deutlichen Hinweis, wie langsam sich damals der wissenschaftliche Fortschritt vollzog, stellt er für diese Entwicklungsphase fest, daß es fast eines halben Jahrtausends bedurft hat, „um von der Kaufmannsarithmetik über die Buchhaltung bis zur Geschäftstechnik zu gelangen . . ."[10]

3. Die Entwicklung im Zeitalter des Merkantilismus (1650–1800)

Der Begriff Merkantilismus bezeichnet das Wirtschaftssystem bzw. die Wirtschaftstheorie und Wirtschaftspolitik im **Zeitalter des Absolutismus,** also etwa von der Mitte des 17. bis zum Ende des 18. Jahrhunderts. Der Dreißigjährige Krieg hatte die Grundlagen für die Bildung von Nationalstaaten in Westeuropa und von Territorialgewalten in Deutschland geschaffen. Die mittelalterliche Wirtschaft, die aus kleinen Wirtschaftseinheiten bestand, die vorwiegend auf Grundbesitz und Grundeinkommen basierten, ging über in ein **frühkapitalistisches Wirtschaftssystem,** das in erster Linie vom Staat entwickelt wurde.

Der Übergang vom Söldnerheer zum stehenden Heer und die Ausweitung der fürstlichen Hofhaltung erhöhten den staatlichen Finanzbedarf erheblich. So wurde es das zentrale Ziel der merkantilistischen Wirtschaftspolitik und der ihr zugrunde liegenden kameralistischen Staatswissenschaft, die fürstliche Schatzkammer zu füllen. Die Quellen, aus denen dem Staat Geld zufließen konnte, waren neben den Steuern vor allem der Außenhandel und die

---

[8] Seyffert, R., Betriebswirtschaftslehre, Geschichte der . . ., HdB, Bd. I, 3. Aufl., Stuttgart 1956, Sp. 998
[9] Sundhoff, E., a. a. O., S. 18
[10] Sundhoff, E., a. a. O., S. 24; zur Kritik an Sundhoffs zeitlicher Stufenfolge der Handelswissenschaft vgl. Schneider, D., Vorläufer . . ., a. a. O., S. 118 ff.

staatlichen Betriebe **(Manufakturen).** Der Staat erkannte, daß neben der Landwirtschaft die wirtschaftliche Tätigkeit des Bürgertums eine bedeutende Steuerquelle bildet. Das Bürgertum aber bedurfte wegen des noch rudimentären Entwicklungsgrads der kapitalistischen Wirtschaft des staatlichen Schutzes in Form der Verleihung von Privilegien und Monopolen.

Der Merkantilismus zeigte in den europäischen Staaten unterschiedliche Erscheinungsformen. So entwickelte sich in **Frankreich** unter Ludwig XIV. und seinem Finanz- und Wirtschaftsminister **Colbert** vor allem ein Gewerbemerkantilismus mit intensiver Gewerbeförderung im Inland und einem System von Schutzzöllen nach außen. In **England** und **Holland** entstand eine besondere Art von Handels- und Agrarmerkantilismus.[11] In **Deutschland** entwickelte sich eine als **Kameralwissenschaft oder Polizeywissenschaft** (Polizey im Sinne von staatlicher Verwaltung) bezeichnete Spielart, die im wesentlichen eine Lehre vom fürstlichen Haushalt und der ertragreichsten Gestaltung der Staatseinkünfte war.

Die Kameralwissenschaften umfaßten drei Bereiche, deren Gegenstände als Fiscal-, Polizey- und Oeconomiesachen bezeichnet werden.[12] Während in den beiden erstgenannten Bereichen der Schwerpunkt der wissenschaftlich-literarischen Beschäftigung mit wirtschaftlichen Fragen auf dem Gebiete der Wirtschafts- und Finanzpolitik liegt und die Volkswirtschaftslehre deshalb im Merkantilismus den Beginn der modernen Nationalökonomie, insbesondere der Finanzwissenschaft sieht, handelt es sich bei den ,,**Oeconomiesachen**" um einzelwirtschaftliche Probleme. ,,Wie die privatwirtschaftlichen Unternehmer, so waren auch die betriebswirtschaftlichen Verwaltungen der fürstlichen bzw. staatlichen land- und forstwirtschaftlichen Domänen, Bergwerke und Manufakturen, Münzanstalten und sonstigen öffentlichen Unternehmungen dazu angehalten, sich durch geeignete administrative und betriebspolitische Maßnahmen um die Ökonomisierung und Rentabilisierung der Wirtschaftsbetriebe zu bemühen."[13]

Die bedeutendsten Kameralisten waren **Johann Joachim Becher** (1625–1682), **Philipp Wilhelm von Hornigk** (1638–1712), **Veit Ludwig von Seckendorf** (1626–1692), **Johann Heinrich Gottlob v. Justi** (1717–1771) und **Joseph von Sonnenfels** (1732–1817).

Schmölders charakterisiert v. Justis Leistungen wie folgt: ,,Justi veröffentlichte seit 1750 eine große Zahl von Büchern und Aufsätzen über Staatsverfassungs- und Verwaltungsrecht, Kriegswissenschaft und Bevölkerungspolitik, Landwirtschaft und Bergwesen, Gewerbe, Handel und Verkehr, Münzwesen und Finanzwissenschaft, Geschichte und allgemeine Philosophie; in seinen Schriften spiegelte sich das ganze kameralistische System."[14]

Der bereits erwähnte Jacques Savary war ein enger Mitarbeiter des französischen Finanzministers Colbert und war maßgeblich an der ,,Ordonnance pour le Commerce" Ludwigs XIV. (1673) beteiligt. Sein Werk wurde in

---

[11] Vgl. Schmölders, G., Geschichte der Volkswirtschaftslehre, Wiesbaden 1961, S. 18
[12] Vgl. Weber, E., a. a. O., S. 46; Sundhoff, E., a. a. O., S. 82
[13] Sundhoff, E., a. a. O., S. 8
[14] Schmölders, G., a. a. O., S. 19

mehrere Sprachen übersetzt und erschien 1676 in deutscher Sprache unter dem Titel „Der vollkommene Kauff- und Handelsmann". Es enthält eine Beschreibung und Analyse der Handelstechnik und -geschäfte, einschließlich des Überseehandels. Der wesentliche Unterschied gegenüber früheren Veröffentlichungen liegt in der strafferen Systematik und dem Versuch, zu allgemeinen Regeln und Richtlinien für den Kaufmann zu gelangen. Es ist wohl kein Zufall, daß die systematische Handlungswissenschaft ihren Anfang im merkantilistischen Frankreich nahm, wo in dieser Zeit die Förderung des Handels, insbesondere des Importhandels mit Rohstoffen und des Exporthandels mit Fertigprodukten zum wirtschaftspolitischen Programm gehörte.

Savarys Werk hatte einen nachhaltigen Einfluß auf die handelswissenschaftliche Literatur der folgenden hundert Jahre. Von den in dieser Zeit erschienenen einschlägigen Werken verdienen die zahlreichen Veröffentlichungen von **Paul Jakob Marperger** (1656 bis 1730) erwähnt zu werden. Sie gingen allerdings – wie auch die Schriften von **Johann Hübner** und **Gottfried Christian Bohn** („Der Wohlerfahrene Kaufmann", 1727) nicht wesentlich über den von Savary behandelten Stoff hinaus. Bemerkenswert ist Marpergers 1708 in Hamburg erschienenes Kaufmannsmagazin, das den ersten Versuch einer lexikalischen Zusammenstellung der handelswissenschaftlichen Materie darstellte.

Alle diese Veröffentlichungen haben trotz des unbestrittenen praktischen Wertes für die Zeitgenossen mit der heutigen Betriebswirtschaftslehre nicht viel Gemeinsames. Sie tragen nicht den Charakter einer Einzelwissenschaft, sondern einer „**Kunde**", die ihren Wissensstoff aus den Erkenntnissen verschiedener wissenschaftlicher Disziplinen zusammenstellt; sie sind zu vergleichen mit heutigen praktischen Kaufmannsbüchern, die etwa alles enthalten, „was ein guter Kaufmann wissen muß", und die eine Zusammenstellung von Wissensstoff aus den Gebieten des Rechnungswesens, des Schriftverkehrs, der Betriebswirtschaftslehre, der Volkswirtschaftslehre, der Wirtschaftspolitik, der Technik und des Handels-, Steuer- und Wirtschaftsrechts darstellen.

Ein besonderes Merkmal ist die **ethisch-normative Grundausrichtung** dieser frühen handelskundlichen Literatur. Die negative Bewertung der Handelstätigkeit und des Kaufmannsberufes durch die antike Philosophie und die kirchliche Morallehre des Mittelalters veranlaßte die Autoren, sich durch ausführliche Rechtfertigung des Kaufmannsstandes um seine moralische Anerkennung zu bemühen und Grundsätze und Verhaltensregeln für den „ehrbaren Kaufmann" aufzustellen. Auch Savary beschäftigt sich in seinem „Parfait Négociant" noch mit der Frage: „Wie kann auf eine redliche Weise dauernd der größte Gewinn erzielt werden?" und „Wie kann durch eine Erziehung des einzelnen zu einem guten Wirtschafter und Staatsbürger eine Gesundung der darniederliegenden gesamten Wirtschaft herbeigeführt werden?"[15]

---

[15] Weber, E., a. a. O., S. 22

Ein wesentlicher Umschwung vollzieht sich durch **Carl Günther Ludovici** (1707–1778). Er beginnt die Handlungswissenschaft, die bisher von den Kameralwissenschaften nicht zu trennen war, als selbständige Disziplin im Rahmen der Kameralwissenschaften zu entwickeln. Ludovici war Professor der Philosophie an der Universität Leipzig und hielt dort neben philosophischen und kulturhistorischen auch handelswissenschaftliche Vorlesungen. Seine größte literarische Leistung ist die in den Jahren 1752 und 1756 erschienene fünfbändige „Eröffnete Akademie der Kaufleute: oder vollständiges Kaufmannslexicon". Als Anhang des fünfbändigen Lexikons erschien unter dem Titel „Grundriß eines vollständigen Kaufmanns-Systems, nebst den Anfangsgründen der Handlungswissenschaft, und angehängter kurzer Geschichte der Handlung zu Wasser und zu Lande" die erste systematische wissenschaftliche Darstellung der Handlungswissenschaft.

Ludovici teilt sein Kaufmannssystem in zwei Teile ein:
(1) in die kaufmännischen Hauptwissenschaften, zu denen die Warenkunde, die Handlungswissenschaft und die Buchhaltung zählen, und
(2) in die kaufmännischen Nebenwissenschaften, die sich einerseits aus unentbehrlichen Hilfswissenschaften, wie z. B. kaufmännischem Rechnen, Maß-, Münz- und Gewichtskunde, Kaufmannsgeographie, Kaufmannsrecht, Korrespondenzlehre u. a. und andererseits aus bloß nützlichen Hilfswissenschaften, wie z. B. der Handelspolitik des Staates, der Wappenlehre zur Unterstützung der Münzkunde, der Naturlehre und Mechanik als Ergänzung der Warenkunde u. a. zusammensetzen.

Seyffert charakterisiert Ludovicis wissenschaftliche Leistung folgendermaßen: „Im ganzen hat Ludovici eine gewaltige Arbeitsleistung bewältigt. Er ist weniger der Forscher, der Eigenes schafft, als der Sammler, der den Stoff aufspürt und systematisiert. Sein Verdienst um die Betriebswirtschaftslehre ist ein zweifaches; die Herausgabe des ersten und besten deutschen Handelslexikons und die klare Systematik sowohl der Kaufmannswissenschaft im allgemeinen, als der Handelswissenschaft im besondern".[16]

Erwähnenswert sind noch zwei weitere Autoren dieser Epoche. Im Jahr 1763 erschien der „Versuch einer allgemeinen Einleitung in die Handlungswissenschaft" von **J. K. May**. Im Gegensatz zu dem Wissenschaftler Ludovici kommt May aus der Praxis. Dennoch vertritt er ausdrücklich die Ansicht, daß die theoretische Ausbildung die praktische Erfahrung ersetzen könne. Trotz gewisser Anlehnungen an Ludovici und Savary zeigt das Buch von May doch eine eigene Systematik. Er gliedert die Handlungswissenschaft in einen allgemeinen (theoretischen) und einen besonderen (praktischen) Teil, eine Systematik, die bis auf den heutigen Tag in den wirtschaftswissenschaftlichen Disziplinen üblich ist.

Ein anderes Werk aus dieser Zeit, das „Gemeinnützige Lehrbuch der Handlungswissenschaft für alle Klassen von Kaufleuten und Handlungsstudierenden von **J. H. Jung**, das 1785 in Leipzig erschien, ist weniger wegen eines wesentlichen Fortschritts hinsichtlich der behandelten Materie als we-

---

[16] Seyffert, R., a. a. O., Sp. 1002

gen der eigenen Systematik von Bedeutung. Jung behandelt in dem Abschnitt „Tausch" die Warenkunde, Geldkunde und Handelskunde, also die Kenntnisse, die zum Abschluß von Kaufverträgen erforderlich sind, und stellt in einem zweiten Abschnitt „Expedition" (Frachtkunde, Zahlungskunde, Kontorkunde) die Kenntnisse zusammen, die zur Erfüllung der beiderseitigen Verbindlichkeiten erforderlich sind.[17]

Seinen Höhepunkt und sein Ende erreicht das handelswissenschaftliche Schrifttum in dem „System des Handels", das **Johann Michael Leuchs** (1763 – 1836) im Jahre 1804 veröffentlicht hat, zu einer Zeit also, da die Ideen des ökonomischen Liberalismus sich auszubreiten und die Kameralwissenschaften allmählich zu verfallen begannen. Das System besteht aus drei Hauptteilen. Der erste Teil, der das Kernstück des gesamten Werkes darstellt, beschäftigt sich mit der „bürgerlichen Handelswissenschaft" (Privathandelswissenschaft), die mit ihren einzelnen Abschnitten, z. B. der Tauschmittellehre (Ware und Geld), der Wertbestimmungslehre (Kalkulationslehre), der Handelslehre (Ein- und Verkauf), der Wahrscheinlichkeitslehre (Spekulationslehre) und der Kontorwissenschaft noch heute relativ modern anmutet. Als zweiter Teil schließt sich die Staatshandelswissenschaft und als dritter Teil die Handelskunde an. Das Leuchs'sche System des Handels geht also weit über eine Handelsbetriebslehre im heutigen Sinne hinaus, da es im zweiten Teil auch eine volkswirtschaftliche Analyse des Handels und im dritten Teil eine Beschreibung der Warenkunde, der Wirtschaftsgeographie und anderer Gebiete enthält.

4. Die Entwicklung im 19. Jahrhundert

Eine ausgezeichnete Charakteristik der Handlungswissenschaft, wie sie sich zu Beginn des 19. Jahrhunderts als wissenschaftliche Disziplin darstellt, findet sich in dem Artikel „Handlungswissenschaft" von **Rau** in der „Allgemeinen Enzyklopädie der Wissenschaften und Künste".[18] Dort heißt es: „Die Handelswissenschaft ist also die Lehre, den Handel als Gewerbe auf die vorteilhafteste Weise zu betreiben. Da die hierzu führenden Mittel bloß aus der Erfahrung erkannt werden können, so ist die Handelswissenschaft auch nur unter die Erfahrungswissenschaften zu rechnen, deren Material schon außerhalb gegeben ist und in denen nur die Auffassung und Darstellung dem forschenden Geiste angehört. Sie ist in dieser Hinsicht den anderen Gewerbewissenschaften, z. B. der Bergbau- und Landwirtschaftslehre ähnlich, weicht aber darin von ihnen ab, daß sie viel weniger als diese die Gesetze der vernunftlosen Natur benutzt, vielmehr ganz auf die Eigenschaften, Zwecke und Einrichtungen des Menschen gebaut ist".

Im 19. Jahrhundert tritt ein rascher **Niedergang der Handlungswissenschaft** ein. Der ökonomische Liberalismus führte zu einem starken Auf-

---

[17] Vgl. Weber, E., a. a. O., S. 74
[18] Leipzig 1844, zitiert bei Weber, E., a. a. O., S. 92

schwung der Nationalökonomie und einer Loslösung der Volkswirtschaftslehre von den Kameralwissenschaften. Während die Volkswirtschaftslehre an allen Universitäten Fuß fassen konnte und volkswirtschaftliche Lehrstühle errichtet wurden, gelang der Handlungswissenschaft der Anschluß an die neue wirtschaftliche Strömung nicht. Sie geriet zusammen mit den Kameralwissenschaften in Verfall. Was übrig blieb, war keine Wissenschaft mehr, auch nicht im Sinne einer wissenschaftlichen Kunstlehre, sondern eine Kunde von der Technik der Buchhaltung, des Schriftverkehrs, der Maße, Gewichte, Münzen usw.

D. Schneider kommt insgesamt über die Bedeutung der Handelswissenschaften für die Entwicklung der Betriebswirtschaftslehre zu einem negativen Urteil. Nachdem er Savary als ,,Rechtskommentator", Marperger als ,,ziemlich unbedeutenden Vielschreiber", J. J. Becher als ,,abenteuernden Fürstendiener, menschlich-fragwürdigen Projekteschmied und nicht unbedeutenden Chemiker" charakterisiert und bei anderen bekannten Autoren der Handlungswissenschaften wie May und Leuchs insbesondere kritisch auf ihre kaufmännische Erziehungs- und Morallehre hingewiesen hat, kommt er zu dem Ergebnis: ,,Die Handelsbetriebslehre, auf die sich bislang die Geschichte der Betriebswirtschaftslehre im wesentlichen stützt, kommt bis 1900 über Stoffhuberei, banale (oder fragwürdige) Ratschläge und sittliche Empfehlungen nicht hinaus."[19]

Ob Schneiders Angriff auf die bisherige Einschätzung der Bedeutung der Handlungswissenschaften für die Entwicklung der Betriebswirtschaftslehre zu einer neuen Beurteilung führen wird, muß der weiteren historischen Forschung überlassen werden, von der erwartet wird, daß sie die Fähigkeit besitzt, die Äußerungen von Autoren früherer Jahrhunderte aus der damaligen Zeit heraus zu begreifen und zu verstehen.

Warum die Handlungswissenschaften den Anschluß an die veränderten ökonomischen und technischen Verhältnisse des 19. Jahrhunderts nicht fanden, ist bis heute nicht recht geklärt. Die erste industrielle Revolution mit ihrer rapiden Entwicklung der maschinellen Produktionstechnik mag zum Teil daran Schuld haben. Die Ausbildung des Ingenieurs erschien zunächst wichtiger als die des Kaufmanns. Während sich Technische Hochschulen entwickelten, wurden die Handlungswissenschaften von den Universitäten verdrängt. Hinzu kam die Geringschätzung der Handlungswissenschaften durch die sich schnell entwickelnde Nationalökonomie, deren Vertreter vom Standpunkt ihres theoretischen Lehrsystems auf die praktisch orientierte handelswissenschaftliche Kunstlehre herabschauten.

An Ansätzen zur Entwicklung einer über die Handlungswissenschaft hinausgehenden **Allgemeinen Privatwirtschaftslehre** hat es nicht gefehlt, doch wurden die Anregungen von der akademischen Lehre entweder nicht aufgenommen oder erfolgte ihre theoretische Bearbeitung im Rahmen der Volkswirtschaftslehre. So enthalten die Schriften der Nationalökonomen **J. H. Gossen, A. Cournot** und **J. H. von Thünen** zur Nutzen- und Preistheorie

---

[19] Schneider, D., Vorläufer . . ., a. a. O., S. 127

bzw. zur landwirtschaftlichen Produktions- und Ertragstheorie auch einzelwirtschaftliche, d. h. nach heutiger Wissenschaftsabgrenzung betriebswirtschaftliche Untersuchungen.

Zwei für die Entwicklung der Betriebswirtschaftslehre erwähnenswerte
Werke sind hier besonders hervorzuheben: die ,,Allgemeine Gewerkslehre"
von **A. Emminghaus,** die im Jahre 1868 erschien, und die im gleichen Jahre
in deutscher Übersetzung herausgegebene ,,Theorie und Praxis des Geschäftsbetriebes im Ackerbau, Gewerbe und Handel" von **J. C. Courcelle-
Seneuil.** E. Weber sagt über die wenigen positiven Versuche der Begründung einer selbständigen Privatwirtschaftslehre neben der Volkswirtschaftslehre: Sie ,,scheinen ihrer Zeit mehr etwas Absonderliches denn etwas Besonderes gewesen zu sein; sie wurden nicht beachtet und schnell vergessen".[20]

Dennoch lohnt sich ein Blick auf das Werk von **Emminghaus,** dessen
Gliederung in sechs Abschnitte bereits recht modern anmutet. Seyffert bezeichnet es als ,,originelle, tiefschürfende Industriebetriebslehre".[21] Emminghaus behandelt nach einer Analyse von Grundbegriffen und der Stellung des ,,Gewerksbetriebs" in der Gesamtwirtschaft im 2. Abschnitt die
Probleme der Arbeitsleistung, des Arbeitsentgelts und der Arbeitsbedingungen und im 3. Abschnitt die Probleme von Kapital und Vermögen (Anlage-
und Umlaufvermögen, Kapitalbedarfsermittlung, Kapitalbeschaffung, Ergiebigkeit des Einsatzes einzelner Vermögensarten). Der 4. Abschnitt ist
Institutionen wie Fachschulen, Kammern, Banken, Börsen, Versicherungen,
Transporteinrichtungen und Zeitungen als Werbeträger gewidmet und der
5. Abschnitt enthält Ausführungen über Betriebstypologie und Rechtsformen. Der 6. Abschnitt schließlich behandelt die Buchführung.

5. Die Entwicklung der Betriebswirtschaftslehre vom Beginn des 20. Jahr-hunderts bis zu Beginn des Zweiten Weltkrieges

Erst mit der Gründung der Handelshochschulen, also ab 1898, begann die
Handelswissenschaft, ihre alte Position wieder zu erringen und sich darüber
hinaus – angeregt durch die Probleme der inzwischen stark angewachsenen
Zahl moderner Industriebetriebe – von der Handelswissenschaft zu einer
Allgemeinen Betriebswirtschaftslehre zu erweitern, die mit fortschreitender Entwicklung den Industriebetrieb immer stärker in den Mittelpunkt
ihres Interesses stellte. Zwar konnte die junge Privatwirtschaftslehre, wie die
Betriebswirtschaftslehre in den ersten Jahren ihrer Entwicklung genannt
wurde, in den beiden ersten Jahrzehnten dieses Jahrhunderts mit der in ihrer
theoretischen Fundierung bereits wesentlich weiter fortgeschrittenen Volkswirtschaftslehre wissenschaftlich nicht konkurrieren und mußte sich noch
immer geringschätzige Blicke auf die Kunstlehre, die sich anfangs vorwiegend mit Fragen der Technik des Rechnungswesens beschäftigte, gefallen

---

[20] Weber, E., a. a. O., S. 115
[21] Seyffert, R., Betriebswirtschaftslehre, Geschichte der . . ., a. a. O., Sp. 1005

5*

lassen, doch begann die Betriebswirtschaftslehre bald über die reine Deskription hinaus zur Erklärung der betrieblichen Zusammenhänge fortzuschreiten und eine eigene betriebliche Theorie zu entwickeln, wenn auch nach wie vor auf der Beschreibung und Erforschung praktischer Probleme des Rechnungswesens der Akzent lag.

Die ersten bedeutenden betriebswirtschaftlichen Werke, die vor dem ersten Weltkrieg erschienen, waren **Josef Hellauer's** „System der Welthandelslehre" (1910, 10. Aufl., 1954), **Johann Friedrich Schär's** „Allgemeine Handelsbetriebslehre" (1911) und **Heinrich Nicklisch's** „Allgemeine kaufmännische Betriebslehre als Privatwirtschaftslehre des Handels und der Industrie" (1912).

Die Geringschätzung der Privatwirtschaftslehre durch die Nationalökonomie, die sich in Bezeichnungen wie „öde Profitlehre" oder „Studium der Technologie des Rechnungswesens" zeigte, hatte eine doppelte Konsequenz: einmal veranlaßte sie eine Reihe bedeutender Fachvertreter zur Verteidigung des Faches gegen den Vorwurf der „Profitlehre" durch Ausbildung einer normativ-wertenden (ethisch-fundierten) Betriebswirtschaftslehre, vor allem durch **Schär, Rudolf Dietrich**[22] und ganz ausgeprägt durch **Nicklisch.** Zum anderen führte sie zu der Forderung, von der „Kunstlehre", deren Problem – wie **Schmalenbach** es ausgedrückt hat – die Frage ist, „in welcher Weise ein wirtschaftlicher Erfolg mit möglichst geringer Aufwendung wirtschaftlicher Werte erzielt wird",[23] abzugehen und eine „wissenschaftliche Privatwirtschaftslehre" zu entwickeln. Diese Forderung wurde von **Weyermann** und **Schönitz** in ihrem im Jahre 1912 erschienenen Buch „Grundlegung und Systematik einer wissenschaftlichen Privatwirtschaftslehre und ihre Pflege an Universitäten und Fachhochschulen"[24] vertreten.

Das Werk von Weyermann-Schönitz löste die erste methodologische Diskussion in der Betriebswirtschaftslehre über die Frage aus, ob die Betriebswirtschaftslehre eine Kunstlehre oder eine theoretische Wissenschaft sei bzw. sein sollte, denn tatsächlich war sie damals eine Kunstlehre. **Eugen Schmalenbach** trat für die Kunstlehre ein. „‚Wissenschaft' im Gegensatz zu ‚Kunstlehre' ist" – seiner Ansicht nach – „eine philosophisch gerichtete, ‚Kunstlehre' dagegen eine technisch gerichtete Wissenschaft. Die ‚Kunstlehre' gibt Verfahrensregeln, die ‚Wissenschaft' gibt sie nicht."[25]

Weyermann-Schönitz dagegen lehnten die Kunstlehre ab „als eine Anleitung zu möglichster Routine in einer öden Profitmacherei".[26] Sie wollten eine wissenschaftliche Privatwirtschaftslehre entwickeln, die frei von Rezepten und Ratschlägen nur die Beschreibung und Erklärung der Wirklichkeit erstrebt. Ihre Einwände richteten sich aber nur gegen die „unwissenschaftliche" Kunstlehre, die nur empirisch vorgeht, also lediglich auf Erfahrung, Übung und Erprobung beruht, nicht dagegen gegen eine **angewandte Wis-**

---

[22] Betriebs-Wissenschaft, München und Leipzig 1914
[23] Schmalenbach, E., Die Privatwirtschaftslehre als Kunstlehre, ZfhF 1911/12, S. 310
[24] Karlsruhe 1912
[25] Schmalenbach, E., a. a. O., S. 314
[26] Weyermann, M., Schönitz, H., a. a. O., S. 46

senschaft, die theoretisch fundiert ist. Allerdings lehnten sie auch Systeme der Privatwirtschaftslehre ab, ,,die als Wertmaßstab nicht die Rentabilitätssteigerung, sondern im bewußten Gegensatz dazu einen idealistischen Wertmaßstab benutzen",[27] wie beispielsweise die Handelsbetriebslehre Schär's.

Die Frage, ob die Betriebswirtschaftslehre eine reine Wissenschaft, also nur auf Erkenntnis, nicht dagegen auf Gestaltung der Wirklichkeit gerichtet sei, oder ob sie als eine praktische Wissenschaft, die Anleitungen und Verfahrensregeln gibt, entwickelt werden müsse, wurde damals nicht entschieden und ist in der Folgezeit mehrfach wieder aufgeworfen worden, so insbesondere im Anschluß an **Wilhelm Riegers** ,,Einführung in die Privatwirtschaftslehre" (1928) und **Erich Gutenbergs** ,,Grundlagen der Betriebswirtschaftslehre" (1. Band 1951).

Damals setzte sich die Schmalenbachsche Auffassung, die in der Betriebswirtschaftslehre eine Kunstlehre sieht, schnell durch. Dazu trug besonders die Tatsache bei, daß die Betriebswirtschaftslehre die Phase der bloßen Beschreibung von praktischen Verfahren allmählich überwand und in ein Stadium induktiver Forschung eintrat, deren Ziel die Gewinnung von Regelmäßigkeiten und Gesetzmäßigkeiten des betrieblichen Wirtschaftens ist. Der Vorwurf der Unwissenschaftlichkeit konnte nun nicht länger gegen ein Fach erhoben werden, das sich um die theoretische Erkenntnis der allgemeinen Grundprinzipien des betrieblichen Wirtschaftens bemühte, aus denen Verfahrensregeln abgeleitet wurden.

Seyffert ist der Ansicht, daß der Prozeß der Erweiterung der Handelswissenschaften zur Betriebswirtschaftslehre etwa mit dem Jahre 1926 als abgeschlossen gelten kann, da von diesem Jahre an verschiedene große Sammelwerke der Betriebswirtschaftslehre herausgebracht wurden, ,,die eine gewisse Ausreife der Disziplin zur Voraussetzung haben".[28] Zu nennen sind das von **Nicklisch** herausgegebene ,,Handwörterbuch der Betriebswirtschaft" in 5 Bänden (1926–1928), ferner das fünfbändige ,,Handwörterbuch des Kaufmanns" von **Karl Bott** (1926–1927), sodann der 16-bändige ,,Grundriß der Betriebswirtschaftslehre", deren Herausgeber **Walter Mahlberg, Eugen Schmalenbach, Fritz Schmidt** und **Ernst Walb** waren (sieben Bände sind seit 1926 erschienen) und schließlich das von F. Schmidt 1927–1932 herausgegebene Sammelwerk ,,Die Handelshochschule" in sechs Bänden.

Die Situation der Betriebswirtschaftslehre als Wissenschaft war zu Ende der ersten Hälfte dieses Jahrhunderts im wesentlichen durch drei Auffassungen gekennzeichnet, die, wenn auch unterschiedlich stark, noch immer die gegenwärtige Betriebswirtschaftslehre beeinflussen.[29]

Den Schwerpunkt der **empirisch-realistischen Richtung** der Betriebswirtschaftslehre **im Sinne Schmalenbachs** und seiner Schüler und Anhänger bildet eine auf einer vorwiegend empirisch-induktiven betriebswirt-

---

[27] Weyermann, M., Schönitz, H., a. a. O., S. 52
[28] Seyffert, R., a. a. O., Sp. 1009
[29] Die Darstellung folgt verkürzt meinem Beitrag ,,Betriebswirtschaftslehre, Entwicklungstendenzen der Gegenwart", HdB, Bd. 1, 4. Aufl., Stuttgart 1974, Sp. 713ff.

schaftlichen Theorie basierende „angewandte Betriebswirtschaftslehre" (wissenschaftliche Kunstlehre), deren Ergebnisse unmittelbar der betrieblichen Praxis dienen sollen.

Der Akzent bei der Behandlung von Sachfragen lag folglich zunächst auf den Gebieten des Rechnungswesens und der Unternehmensfinanzierung (Schmalenbachs Hauptwerke: Dynamische Bilanz, Kostenrechnung und Preispolitik, Kontenrahmen, Finanzierungen). Auswahlprinzip für die Probleme dieser Betriebswirtschaftslehre ist die Maximierung der Rentabilität des Einsatzes des Unternehmerkapitals, wenngleich Schmalenbach die Gewinnmaximierungshypothese durch die programmatische Forderung nach „**gemeinwirtschaftlicher Wirtschaftlichkeit**" zu verbrämen suchte. Er war sich jedoch in allen seinen Arbeiten darüber im klaren, daß in einer marktwirtschaftlichen Wirtschaftsordnung der Unternehmer sich allein an den Daten des Marktes, d. h. an den Beschaffungspreisen seiner Produktionsfaktoren und den Absatzpreisen seiner produzierten Leistungen orientieren kann und nicht an dem Ziel, einen möglichst großen Beitrag zur Bedarfsdeckung der Gemeinschaft zu leisten.

Die Betriebswirtschaftslehre dieser Richtung lehnt die Abgabe echter (primärer) Werturteile ab, ist also „**wertfrei**" in dem Sinne, daß sie untersucht, wie in Betrieben gehandelt wird und nicht, wie vom Standpunkt eines bestimmten Wertsystems gehandelt werden sollte. Weder die im Betrieb – oder besser gesagt, die mit Hilfe eines Betriebes – verfolgten Ziele, noch die zur Zielerreichung eingesetzten Mittel werden vom Standpunkt bestimmter ethisch-sozialer Vorstellungen bewertet.

Das Auswahlprinzip dieser Richtung der Betriebswirtschaftslehre ist eine **praktische Norm**, d. h. eine Norm, von der man – wie z. B. vom Streben nach maximalem Gewinn – behauptet, daß sie empirisch festgestellt werden könne. Deshalb wird eine solche Betriebswirtschaftslehre als **praktisch-normative Disziplin** bezeichnet.

Ziel der **normativ-wertenden Richtung** der Betriebswirtschaftslehre **im Sinne Nicklischs** und seiner Schüler und Anhänger ist es, Normen für betriebliches Handeln zu setzen, d. h. ausgehend von obersten, allgemeingültigen Grundnormen („ewigen Werten") die für die Betriebswirtschaftslehre als Einzelwissenschaft gültigen Sondernormen abzuleiten, also ein bestimmtes Sollen zu postulieren. Da dieser geforderte betriebliche Idealzustand mit den empirisch vorgefundenen betrieblichen Geschehnisabläufen und Zusammenhängen nicht immer übereinstimmt, erfolgt die Beschreibung und Erklärung dieser Geschehnisabläufe und Zusammenhänge nicht als Endziel, sondern mit der Absicht, Verfahrensregeln aufzustellen und erziehend auf die Wirtschaftssubjekte einzuwirken, um zu erreichen, daß das tatsächliche betriebliche Sein mit dem aus den abgeleiteten Normen sich ergebenden Sollzustand in Übereinstimmung gebracht werden kann. Da es sich dabei meist um Normen handelt, die aus sog. allgemeingültigen sittlichen Werten abgeleitet werden, bedeutet jedes diesen Normen nicht adäquate Verhalten einen Verstoß gegen die sittliche Ordnung und wird durch Werturteil als ungerecht, unsozial usw. verworfen.

Für Nicklisch ist nicht der Betrieb, sondern „das Leben der Einheiten der

Wirtschaft, die Betriebe heißen"[30] Gegenstand der Betriebswirtschaftslehre. Er stellt den Menschen in den Mittelpunkt und nicht den Kombinationsprozeß der Produktionsfaktoren. Der Betrieb ist „eine Synthese von Bewußtseins- und Naturvorgängen . . ., die in jedem einzelnen Falle durch menschliche Bewußtseine herbeigeführt wird . . . So wird uns deutlich, daß ein Betrieb ohne Bewußtseinsanalyse in seinen Zusammenhängen weder erkannt, noch sicher geleitet werden kann."[31]

Damit die Wirtschaft sich in den harmonischen Gesamtzusammenhang des Weltganzen einordnet, müssen ihr die gleichen obersten Werte und Normen, welche die geistige Grundlage aller Lebensformen darstellen, als Wegweiser dienen. Da der empirische Zustand der Wirtschaft von diesem Sein-Sollen abweicht, muß nach Nicklisch die Betriebswirtschaftslehre notwendigerweise normativ sein und echte Werturteile abgeben. „Vom Reich der Zwecksetzungen kann es keine wertfreie Wissenschaft geben, deshalb auch nicht von der Betriebswirtschaft."[32]

Ziel der **theoretischen Richtung** der Betriebswirtschaftslehre **im Sinne von Fritz Schmidt** und der **Privatwirtschaftslehre Wilhelm Riegers** und ihrer Schüler und Anhänger ist nur die Erkenntnis, die systematische Erforschung der empirischen betrieblichen Probleme, aber nicht die Entwicklung von Anleitungen und Rezepten. Beide Forscher unterscheiden sich jedoch in ihrem Ausgangspunkt. Schmidt geht bei seinen Untersuchungen nicht vom Betrieb als einer selbständigen Einheit, sondern vom Betrieb als Glied der Marktwirtschaft aus. Seine Betrachtung hat deshalb teilweise **gesamtwirtschaftlichen Charakter.** Die Beziehungen zwischen Betriebswirtschaftslehre und Volkswirtschaftslehre hält er für so eng, daß er bezweifelt, daß die Trennung beider Disziplinen in der Zukunft aufrecht erhalten werden kann. Sein Name wird deshalb in der heutigen Betriebswirtschaftslehre im allgemeinen – wohl zu Unrecht – nicht im Zusammenhang mit den Begründern betriebswirtschaftlicher „Richtungen", die in der gegenwärtigen Betriebswirtschaftslehre fortwirken, genannt, sondern vor allem im Rahmen der neueren bilanztheoretischen Diskussion, da seine organische Bilanztheorie, welche die Problematik der Geldwertschwankungen im Rechnungswesen lösen sollte, in Zeiten starker Geldwertschwankungen besonders aktuell ist, obwohl das Bilanzrecht diese theoretische Auffassung bis heute ablehnt, so daß Schmidts Gedanken bisher nur in der Kostenrechnung Beachtung finden konnten.

Rieger unterscheidet sich von allen Betriebswirten seiner Zeit vor allem dadurch, daß er die Betriebswirtschaftslehre als eine Theorie der kapitalistischen Unternehmung auffaßt, die erklären soll, wie mittels des betrieblichen Prozesses der Unternehmer den größtmöglichen Gewinn erzielen kann. Rieger lehnt im Gegensatz zu Schmalenbach eine stets auf Anwendung ihrer Erkenntnisse in der Praxis bedachte Betriebswirtschaftslehre ab: „Die Privat-

---

[30] Nicklisch, H., Die Betriebswirtschaft, 7. Aufl., Stuttgart 1932, S. 6
[31] Nicklisch, H., a. a. O., S. 173
[32] Nicklisch, H., a. a. O., S. 29

wirtschaftslehre enthält sich . . . jedes direkten Eingriffes in das Leben; ihre Aufgabe ist das Forschen und Lehren als Ding an sich, und soweit ihre Gedanken auf fruchtbaren Boden fallen und Wurzeln schlagen . . ., helfen sie die Wirtschaft gestalten."[33]

Die theoretische und die praktisch-normative Auffassung haben gemeinsam, daß sie die Abgabe von **Werturteilen** in der Betriebswirtschaftslehre ablehnen. Insofern bilden beide Auffassungen zusammen einen Gegenpol zur normativ-wertenden Betriebswirtschaftslehre im Sinne Nicklischs. Sie unterscheiden sich aber in der völlig konträren Ansicht über die Bedeutung einer **reinen Theorie** der Unternehmung und der Entwicklung von Verfahren und Anleitungen für die betriebliche Praxis durch eine angewandte Wissenschaft.

In einer Bestandsaufnahme der Betriebswirtschaftslehre zur Mitte dieses Jahrhunderts hat **Erich Gutenberg** die Entwicklung der betriebswirtschaftlichen Theorie dieser Zeit auf drei Problembereiche zurückgeführt, an deren Erforschung die Betriebswirtschaftslehre nach dem Ersten Weltkriege zur wissenschaftlichen Disziplin herangereift ist.[34] Das **erste Problem** ist die Frage der Eliminierung von **Geldwertschwankungen** aus dem Rechnungswesen. Den Anstoß zur Erforschung dieser Frage gaben die katastrophalen Währungsverhältnisse nach dem Ersten Weltkriege, die zur Folge hatten, daß das herkömmliche betriebliche Rechnungswesen seine Kontrollfunktionen nicht mehr ausüben konnte. Das Ergebnis der theoretischen Analyse schlug sich in den betriebswirtschaftlichen Bilanztheorien nieder, die mit den Namen Eugen Schmalenbach, Ernst Walb, Fritz Schmidt, Heinrich Sommerfeld, Walter le Coutre und Erich Kosiol verbunden sind.

Das **zweite Problem** ist die theoretische Beschäftigung mit der Frage der Bestimmungsfaktoren, von denen die **Entwicklung der Kosten** im Betrieb abhängt. Sie führte zum Aufbau der betrieblichen Produktions- und Kostentheorie, insbesondere zur Analyse des Problems der fixen Kosten und der Beziehungen zwischen Kostenverläufen und Beschäftigungsgrad. Hier sind für den betrachteten Zeitraum vor allem die grundlegenden Arbeiten von Eugen Schmalenbach und Konrad Mellerowicz zu nennen.

Der **dritte Problemkreis,** an dem nach Gutenberg die Betriebswirtschaftslehre zur Wissenschaft heranreifte, ist der Bereich der **Absatzwirtschaft.** Seine Analyse führte zur Entwicklung der betriebswirtschaftlichen Absatztheorie, die in dem betrachteten Zeitraum die ersten Versuche gemacht hat, die Unsicherheiten und Risiken der zukünftigen Verwertung der Produktionsleistungen am Markt durch Analysen der möglichen Reaktionen der potentiellen Käufer und Konkurrenten mit Hilfe der Marktforschung transparenter zu machen.

Keiner der oben skizzierten drei methodologischen Richtungen der Betriebswirtschaftslehre gelang es, einen tragfähigen systembildenden Grundgedanken zu entwickeln, von dem aus die Gesamtheit der betriebswirtschaft-

---

[33] Rieger, W., Einführung in die Privatwirtschaftslehre, 1. Aufl., Erlangen 1928, S. 81
[34] Vgl. Gutenberg, E., Betriebswirtschaftslehre als Wissenschaft, Krefeld 1957, S. 14ff.

lichen Erkenntnisse einheitlich hätte entwickelt werden können. **Schmalenbach** war von seiner wissenschaftlichen Einstellung her an einer „Systembildung" weniger interessiert als an der Lösung von für die Praxis dringenden Einzelfragen.

Nicklisch ist wohl der einzige Betriebswirt dieser Zeit, der versucht hat, zu einem geschlossenen betriebswirtschaftlichen System zu gelangen. Durch seinen normativ-wertenden Ausgangspunkt mußte dieser Versuch scheitern, weil er den Betrieb als eine Gruppe arbeitender Menschen auffaßte und ihm aus der Philosophie abgeleitete Normen für sein Handeln vorgab, ohne zu beachten, daß durch die zu seiner Zeit bestehende Wirtschaftsordnung und die aus ihr resultierende Unternehmensverfassung, die auch durch die gelenkte Wirtschaft zwischen 1933 und 1945 nicht wesentlich tangiert wurde, notwendigerweise ein Interessengegensatz zwischen dem Führungsanspruch der Kapitaleigentümer und den von dieser Gruppe abhängigen Arbeitnehmern besteht, die Gruppenbildung im Betriebe also auf rechtlicher und arbeitsorganisatorischer Basis, aber nicht auf Basis einer gemeinsamen Zielvorstellung zustande kommt.

Riegers Ausgangspunkt war zu eng, um systembildend wirken zu können. Wirtschaften ist für ihn Geldbeschaffung und nicht Gütererzeugung. Letzteres ist für ihn nur ein technisches, aber kein wirtschaftliches Problem. Folglich beschränkt er seine Untersuchungen neben der Darstellung institutioneller Fragen (Rechtsformen, Unternehmenszusammenschlüsse u. a.) vor allem auf die Probleme der Finanzierung und Liquidität sowie des Rechnungswesens. Der Produktions- und Absatzprozeß als ökonomischer Entscheidungsprozeß wird völlig vernachlässigt.

Schmidts Ausgangspunkt dagegen war zu weit und griff zu stark in die gesamtwirtschaftliche Problematik über, als daß er die Grundlage des Systems einer Wissenschaft hätte werden können, die in dieser Zeit gerade dadurch gekennzeichnet war, daß sie sich durch bewußtes Abheben von der älteren und in ihrer theoretischen Fundierung bereits weiter fortgeschrittenen Volkswirtschaftslehre als selbständige wirtschaftswissenschaftliche Disziplin profilieren wollte.

6. Die Entwicklung der Betriebswirtschaftslehre seit dem Zweiten Weltkrieg

Die Betriebswirtschaftslehre der Gegenwart ist in ihren methodologischen Grundproblemen durch die Weiterführung der methodologischen Diskussion der ersten Hälfte dieses Jahrhunderts geprägt. Zwar haben sich in dieser Zeit die Schwerpunkte der Erforschung von Sachproblemen mehrfach verlagert, denn die betriebswirtschaftliche Forschung erhielt wesentliche Impulse durch die großen wirtschaftlichen Umwälzungen dieser Zeit, die im Gefolge politischer Veränderungen eintraten. Hatte die erste Inflation zu intensiver Beschäftigung mit Bewertungsfragen (Bilanztheorien), mit Problemen der Kalkulation und Preispolitik, mit Fragen der Finanzierung und Liquiditäts-

politik geführt, so stellte die fortschreitende Verbesserung der Produktionstechnik, die zur Spezialisierung, Automatisierung und schließlich zur Automation führte, die Probleme der Rationalisierung, der Arbeitsvorbereitung,
der Investitions- und Abschreibungspolitik in den Vordergrund. Die gelenkte Wirtschaft der dreißiger und vierziger Jahre erforderte erneut eine intensive Beschäftigung mit Problemen des Rechnungswesens. In dieser Zeit wurden aber auch die theoretischen Grundlagen für die Produktions- und Kostentheorie und die betriebliche Preispolitik entwickelt.

Die Wiedereinführung der Marktwirtschaft nach der Währungsreform
von 1948 verschob den Akzent der betriebswirtschaftlichen Forschung stärker auf das Gebiet des Absatzes, der Marktforschung und der Werbung, und
in den letzten Jahrzehnten sind Fortschritte insbesondere auf dem Gebiet der
Investitionstheorie und der Theorie der Unternehmensführung, insbesondere in den Bereichen der strategischen Planung, der Managementkonzeptio-
nen und der Organisationstheorie zu verzeichnen. Die Entwicklung der mathematischen Planungsrechnung ermöglichte in den letzten Jahren die modellmäßige Lösung simultaner Planungsprozesse und damit die Berücksichtigung der Interdependenzen zwischen bisher isoliert entwickelten Teillö-
sungen. Eine wesentliche Unterstützung haben diese rechen- und datenin-
tensiven Verfahren durch die stürmische Entwicklung der EDV-Techniken
erhalten. Die in den beiden letzten Jahrzehnten zunehmende Erkenntnis, daß
drastische Maßnahmen zum Schutze der Umwelt vorgenommen werden
müssen, führte zur Entwicklung einer – noch in den Ansätzen steckenden –
betrieblichen Umweltökonomik, welche die Allgemeine Betriebswirtschaftslehre um die Analyse der Einflüsse ergänzen soll, die einerseits durch
die Einwirkungen der natürlichen Umwelt auf den Betrieb und andererseits
durch die Wirkungen staatlicher und betrieblicher umweltpolitischer Maßnahmen ausgelöst werden.

Daß aber trotz der beachtlichen Fortschritte in der Lösung von Einzelfragen, ihrer Integrierung in eine geschlossene betriebswirtschaftliche Theorie
und der Entwicklung von Modellen, die eine Hilfestellung bei Entscheidungen im praktischen Betriebe geben sollen und an denen der außenstehende
Praktiker den Fortschritt der Betriebswirtschaftslehre beurteilt, wesentliche
methodologische Grundfragen der Betriebswirtschaftslehre nach wie vor
kontrovers sind, hat seinen Grund wohl nicht zuletzt darin, daß nicht mit
rationalen Mitteln bewiesen werden kann, welche Aufgaben die Wissenschaft im allgemeinen und eine Einzeldisziplin, deren Inhalt das Treffen und
die Realisierung menschlicher Entscheidungen ist, im besonderen hat. Hier
könnte eine einheitliche Meinung nur durch Konvention zustande kommen.

Neben der im Laufe der Entwicklung zu beobachtenden Akzentverschiebung von einem Sachgebiet auf ein anderes, z. B. von der Bilanz- und Bewertungslehre auf die Kostenrechnung, dann auf die Produktions- und Kostentheorie, dann auf die Investitionstheorie usw. ist – insbesondere nach
dem Zweiten Weltkrieg – ein **Übergang zu neuen Forschungsverfahren** zu
beobachten, der noch im vollen Gange ist und in der Literatur bereits – ob zu
Recht, sei dahingestellt – zu einer Unterscheidung zwischen einer „traditio-

nellen" (älteren) und einer „modernen" Richtung, d. h. einer Richtung, die sich vorwiegend quantifizierender mathematischer Methoden (z. B. der Optimierungs- oder Programmierungsrechnung) bedient, geführt hat.

a) Das System Erich Gutenbergs

Als bedeutsamstes Ereignis für die Entwicklung der betriebswirtschaftlichen Theorie nach dem Zweiten Weltkrieg ist das Erscheinen der „Grundlagen der Betriebswirtschaftslehre" von **Erich Gutenberg**[35] anzusehen. Dieses rein theoretische Werk löste ähnlich wie die Arbeiten von Weyermann–Schönitz und Rieger eine starke methodologische Diskussion aus, die noch andauert und die erneut zeigt, daß die Fundamente der Betriebswirtschaftslehre durchaus noch nicht unerschütterlich sind.

Gutenbergs System stellt nicht wie das System Nicklischs den Menschen, sondern den Kombinationsprozeß der Produktionsfaktoren, d. h. die **Produktivitätsbeziehung zwischen Faktoreinsatz und Faktorertrag** in den Mittelpunkt (produktivitätsorientierter Ansatz). Gutenberg schreibt: „Bezeichnet man die Arbeitsleistungen und die technischen Einrichtungen als Produktionsfaktoren und das Ergebnis der von diesen Produktionsfaktoren eingesetzten Mengen als Produktmengen, Ausbringung oder Ertrag (physisch-mengenmäßig gesehen), dann erhält man eine Beziehung zwischen dem Faktorertrag und dem Faktoreinsatz. Diese Beziehung ist eine Produktivitätsbeziehung, und zwar nicht irgendeine, sondern die betriebliche Produktivitätsbeziehung schlechthin … Diese theoretische Ausgangslage verlangt nun aber nach einer Ergänzung, und zwar insofern, als das Verhältnis zwischen Faktorertrag und Faktoreinsatz einerseits wieder auf eine andere Größe bezogen werden muß, denn ein Unternehmen produziert nicht, um zu produzieren, also hier: um zu demonstrieren, wie sich aus einer gegebenen Faktoreinsatzmenge ein Maximum an Ertrag erzielen läßt. Der Bezugspunkt, auf den die gesamte Produktivitätsbeziehung ihrerseits hingeordnet werden müßte, besteht offenbar in Zielsetzungen, die außerhalb der betrieblichen Prozedur als solcher liegen, ihr aber erst ihren Sinn geben."[36]

Entsprechend dieser Aufgabenstellung der Betriebswirtschaftslehre behandelt Gutenberg im ersten Band seiner „Grundlagen" **(Die Produktion)** das „System der produktiven Faktoren", in dem er die Bestimmungsgrößen für die Ergiebigkeit der Produktionsfaktoren beschreibt, den „Kombinationsprozeß der Produktionsfaktoren" und die „Determinanten des Betriebstyps". Den Schwerpunkt bildet der Kombinationsprozeß und hier wiederum die Produktions- und Kostentheorie, die sich von den zeitlich früher liegenden grundsätzlichen Arbeiten Schmalenbachs, Mellerowiczs u. a. einerseits und der im Rahmen der volkswirtschaftlichen Mikroökonomie entwickelten, auf dem Ertragsgesetz basierenden Produktions- und Kostentheorie vor allem durch die **Theorie der Verbrauchsfunktionen** und der Anpassungs-

---

[35] Gutenberg, E., Bd. 1: Die Produktion, 1. Aufl., 1951; Bd. 2: Der Absatz, 1. Aufl. 1955; Bd. 3: Die Finanzen, 1. Aufl. 1969

[36] Gutenberg, E., Betriebswirtschaftslehre als Wissenschaft, Kölner Universitätsrede, 2. Aufl., Krefeld 1961, S. 25

formen an Beschäftigungsschwankungen andererseits grundlegend unterscheidet. Die Theorie der Verbrauchsfunktion beschreibt den gesetzmäßigen Zusammenhang zwischen Faktoreinsatz und Faktorertrag an einem Aggregat in der Weise, daß die Ausbringung durch einen technischen Produktionskoeffizienten mit dem notwendigen Faktoreinsatz verbunden ist. Die Theorie der Produktionskoeffizienten ermöglichte unter Anwendung der inzwischen entwickelten Methoden der mathematischen Programmierung auch die Entwicklung einer Theorie der Produktionsfunktionen in Mehrproduktunternehmen.

Gutenbergs zweiter Band **(Der Absatz)** ist der betriebswirtschaftlichen Absatztheorie gewidmet, die bis dahin – obwohl sich die Betriebswirtschaftslehre aus den Handelswissenschaften entwickelt hat – nur wenig entwickelt war. Gutenberg rezipierte auch hier die theoretischen Erkenntnisse der Mikroökonomie und baute im Rahmen seiner Ausführungen zum absatzpolitischen Instrumentarium, die den Schwerpunkt dieses Bandes bilden, auf der Preistheorie eine betriebliche Preispolitik auf, die er vor allem um die **Theorie der polypolistischen Absatzkurve** bereicherte.

Der dritte Band **(Die Finanzen)**, der erst 1969 erschien, rundet Gutenbergs Werk ab. Die Konzeption, die den Betriebsprozeß als Kombination von Produktionsfaktoren begreift, wird auch in diesem Teil konsequent beibehalten.

Die methodologische Diskussion wurde durch die Angriffe **Mellerowiczs** auf Gutenbergs Werk, das die moderne Wirtschaftstheorie in die Betriebswirtschaftslehre integrierte, eröffnet und führte zu Stellungnahmen vieler Fachvertreter. Es ging zunächst vor allem um die Frage, ob eine **exakte betriebswirtschaftliche Theorie,** die deduktiv vorgeht und oft die Mathematik bei ihren Ableitungen zu Hilfe nimmt – allerdings in den meisten Fällen nicht als Erkenntnismittel, sondern lediglich zur vereinfachten Darstellung komplizierter Zusammenhänge – einen Erkenntniswert hat oder eine wirklichkeitsfremde Spekulation darstellt, weil ihre Ergebnisse nicht unmittelbar für die Praxis brauchbar sind. Wir halten es nicht für sinnvoll, die Untersuchung dort abzubrechen, wo die Ergebnisse der Theorie nicht mehr unmittelbar zur Entwicklung praktischer Verfahren verwertbar sind. Um zu angenäherten Aussagen zu kommen, kann der Praktiker letztlich auf die Wissenschaft verzichten. Ziel der Betriebswirtschaftslehre als Wissenschaft muß es sein, zu einer restlosen Erkenntnis ihres Objektes zu gelangen, also alle Probleme bis zur letzten logischen Konsequenz zu durchdenken, auch wenn für die Praxis angenäherte Lösungen genügen.

Durch die Kontroverse zwischen Gutenberg und Mellerowicz über die in der Betriebswirtschaftslehre anzuwendende Methode ist in letzter Zeit der Eindruck entstanden, als handele es sich bei den beiden genannten theoretischen Richtungen um eine Alternative: entweder empirisch-induktive oder mathematisch-deduktive Forschung. Wir sind der Ansicht, daß beide Methoden in der theoretischen Betriebswirtschaftslehre je nach der Art des zu untersuchenden Gegenstandes Anwendung finden müssen, wenn wir zu einer vollständigen Erkenntnis des Betriebsprozesses gelangen wollen. Die anzuwendende Methode hängt – ebenso wie der Grad der Abstraktion – von dem zu untersuchenden Gegenstand ab.[37]

Man betont im betriebswirtschaftlichen Schrifttum immer wieder die Notwendigkeit der „Praxisnähe", und zahlreiche Autoren glauben – auch wenn sie grundsätzlich die Ausbildung einer betriebswirtschaftlichen Theorie befürworten – aus der Forderung nach einer „praxisnahen Betriebswirtschaftslehre" die Schaffung einer reinen (exakten) Theorie des Betriebsprozesses ablehnen zu müssen, weil sie befürchten, man könne durch „wirklichkeitsfremde" theoretische Konstruktionen den Kontakt mit der Praxis verlieren und sich damit selbst isolieren.

So befürchtet **Mellerowicz,** daß die Entwicklung einer reinen Theorie des Betriebes zu einer Trennung der Theorie von der Betriebspolitik führen würde. Darin liege dann die Gefahr, daß die theoretischen Erkenntnisse für die Praxis nicht mehr verwertet werden könnten. „Die Betriebswirtschaftslehre würde dadurch wieder eine bloße Kunstlehre, beruhend lediglich auf Erfahrung und Übung, wie vor 50 Jahren."[38] Er kommt folgerichtig zu der Auffassung, daß die Betriebswirtschaftslehre in ihren Verfahren „nur bis an die ökonomische Grenze der Genauigkeit" gehe und nur untersuche, „was für die betriebliche Wirtschaftsführung relevant ist, und mit Methoden, die diesem Zweck dienen können".[39]

Gutenberg dagegen lehnt die „im Grund doch so trivialen Regeln und Gebrauchsanweisungen für die Praxis"[40] ab und sieht die Aufgabe der Betriebswirtschaftslehre darin, „die innere Logik der Dinge aufzuspüren und die betrieblichen Sachverhalte geistig zu durchdringen ... Der wissenschaftliche Wert oder Unwert einer betriebswirtschaftlichen Untersuchung hängt nicht von der praktischen Bedeutung des zu untersuchenden Gegenstandes ab".[41]

Man kann Gutenbergs Werk, das bei seinem Erscheinen zunächst als eine „Umwälzung" in der betriebswirtschaftlichen Forschung aufgefaßt wurde, heute nach einem Abstand von vierzig Jahren nicht mehr als den Beginn einer „neuen Richtung" in der Betriebswirtschaftslehre, sondern eher als den **konsequenten Abschluß der Periode der Entwicklung einer betriebswirtschaftlichen Theorie** interpretieren, die bisher eine Anzahl von Hypothesen zur Erklärung von Einzelfragen erarbeitet hatte, nun aber erstmals auf einem systemtragenden Prinzip als geschlossenes System entwickelt wurde und die gekennzeichnet ist durch die Rezeption und Weiterentwicklung der neoklassischen Mikroökonomie und ihre Verbindung mit bisher in der Betriebswirtschaftslehre erarbeiteten theoretischen Lösungen von Einzelfragen aus dem Gebiete der Produktion, des Absatzes und der Finanzierung.

---

[37] Vgl. S. 34ff.
[38] Mellerowicz, K., Eine neue Richtung in der Betriebswirtschaftslehre? Eine Betrachtung zu dem Buch von E. Gutenberg: „Grundlagen der Betriebswirtschaftslehre", 1. Band: Die Produktion, ZfB 1952, S. 155
[39] Mellerowicz, K., a. a. O., S. 147
[40] Gutenberg, E., Zum „Methodenstreit", ZfhF 1953, S. 341
[41] Gutenberg, E., a. a. O., S. 340

Die **Kritik** an Gutenbergs Gesamtkonzeption setzt vor allem daran an, daß die Unternehmung im Sinne des erwerbswirtschaftlichen Betriebstyps mit gewinnmaximaler Ausrichtung ein Idealtyp sei und Gutenberg nicht untersucht habe, ob seine Voraussetzungen in der Realität gegeben seien. Da Gutenberg diesen Betriebstyp wegen seiner durch den Marktmechanismus gegebenen Steuerungsfunktion auch für volkswirtschaftlich zweckmäßig halte, weil durch Beachtung des erwerbswirtschaftlichen Prinzips gerade die Güter und Leistungen hergestellt würden, für die Bedarf besteht, und weil er deshalb seine Untersuchung und die Stoffauswahl überwiegend auf diesen Betriebstyp abgestellt habe, habe er das Prinzip der Wertneutralität aufgegeben und Partei ergriffen, weil er seine Forschungen und Erkenntnisse auf einen Betriebstyp beschränkt, und damit den Außenstehenden nicht die Möglichkeit biete, die Funktionsweise unterschiedlicher Betriebstypen beurteilen zu können – auch wenn er sich grundsätzlich gegen Anleitungen und Rezepte für die Praxis wende. Vorwürfe dieser und ähnlicher Art werden der wertfreien Richtung der Betriebswirtschaftslehre insgesamt gemacht. Daß sie nicht stichhaltig sind, wurde oben[42] bereits dargelegt.

b) Der entscheidungsorientierte Ansatz in der Betriebswirtschaftslehre

Die Bezeichnung „**entscheidungsorientierte Betriebswirtschaftslehre**" charakterisiert kein neues System der Betriebswirtschaftslehre, sondern einen **neuen methodischen Ansatz,** der dadurch gekennzeichnet ist, daß die Frage nach Entscheidungen gestellt wird mit denen betriebswirtschaftliche Ziele optimal realisiert werden können.

Wirtschaftliches Handeln im Betriebe besteht seit jeher im Treffen von Entscheidungen. Folglich ist die Betriebswirtschaftslehre seit jeher bestrebt, Instrumente zu entwickeln, die helfen, in einer gegebenen Situation die optimale Entscheidung zu treffen, d. h. die Handlungsalternative auszuwählen, die im Hinblick auf die Zielerreichung allen anderen vorzuziehen ist. Ob man den Gewinn maximieren, die Kosten minimieren, die optimale Bestellmenge oder das optimale Fertigungsprogramm bestimmen oder unter mehreren Investitionsalternativen die vorteilhafteste auswählen will, stets ist unter mehreren zur Wahl stehenden Handlungsalternativen jene zu bestimmen, die das Ziel in höchstem Maße erreicht, also z. B. die Zielgröße maximiert oder minimiert. Das räumen auch die Vertreter der entscheidungsorientierten Betriebswirtschaftslehre ein: „Neu und für die Zukunft richtungsweisend ist nicht so sehr die Tatsache, daß sich die Betriebswirtschaftslehre mit Entscheidungen befaßt, sondern die Art und Weise, die Methodik, wie sie Entscheidungen untersucht."[43]

Die entscheidungsorientierte Betriebswirtschaftslehre baut auf der **formalen Entscheidungstheorie** auf, deren Ziel eine logische Analyse des menschlichen Verhaltens ist, das bestimmte Ziele unter der Annahme unterschiedli-

---

[42] Vgl. S. 53ff.

[43] Vgl. Heinen, E., Zum Wissenschaftsprogramm der entscheidungsorientierten Betriebswirtschaftslehre, ZfB 1969, S. 208

cher realer Handlungsalternativen optimal realisieren will. Sie versucht also, auf formallogischer Basis Entscheidungssituationen zu typisieren und formale Methoden zur Lösung der Probleme abzuleiten. Ebenso wie die statistische Methodenlehre als formale Methode zur Erfassung von Massenerscheinungen auf die verschiedensten Objekte angewendet werden kann (Umsatz-, Bevölkerungs-, Verkehrs-, Krankenstatistik usw.), sind auch die von der Entscheidungstheorie entwickelten formalen Regeln zur Vorbereitung und zum Treffen von Entscheidungen auf alle Bereiche anwendbar, die das Ergebnis menschlicher Entscheidungen sind.

Im Rahmen der entscheidungsorientierten Betriebswirtschaftslehre wurden zunächst „die betriebswirtschaftlichen Entscheidungstatbestände aufgelistet, systematisiert und auf ihre rationalen Lösungsmöglichkeiten hin untersucht. Hierzu lagen bereits von früher Ergebnisse der Produktions- und Kostentheorie und der Invenstitionstheorie vor. Die Entscheidungsmodelle dieser Art wurden um Variablen erweitert, die die Entscheidungssituation nach Sicherheit, Risiko und Unsicherheit variierten. Aus diesen Bemühungen ergaben sich mathematisch formulierte Entscheidungsmodelle, mit deren Hilfe sich die verschiedensten Entscheidungsprobleme prinzipiell lösen ließen."[44] Beispiele sind die Produktions- und Kostentheorie für Ein- und Mehrproduktunternehmen mit einstufiger und mehrstufiger Fertigung, die Optimierung von Produktionsprogrammen, die Lösung von Kapazitätszuteilungs- und Reihenfolgenproblemen, optimale Investitions- und Finanzierungsprogramme, optimale Lagerhaltung, optimale Werbeprogramme u. a.

Zur Lösung dieser Aufgaben lagen in der Mathematik bereits hochentwickelte Verfahren vor: lineare Gleichungssysteme, die lineare und nichtlineare Planungsrechnung, Matrizen und Vektoren, die Graphentheorie, die Kombinatorik, heuristische Verfahren wie etwa suboptimierende Iterationsverfahren, das Entscheidungsbaumverfahren, die Wahrscheinlichkeitstheorie, die Prognoserechnung in der Statistik, die Simulation und die Spieltheorie.

Aus der Übernahme dieser Verfahren in die Betriebswirtschaftslehre entwickelte sich ein eigenes betriebswirtschaftliches Vertiefungsfach, **die Unternehmensforschung,** deren Forschungsergebnisse sich in zahlreichen Programmierungs-, Engpaß-, Warteschlangen-, Konkurrenz- und Lagerhaltungsmodellen niedergeschlagen haben.

Auch die entscheidungsorientierte Betriebswirtschaftslehre versteht sich als **wertfreie Wissenschaft** in dem Sinne, daß sie von Zielkombinationen ausgeht, die tatsächlich verfolgt werden. Die Zielfunktion ist also stets eine Kombination von empirisch festgestellten Zielen der Unternehmer. Da die entscheidungsorientierte Betriebswirtschaftslehre nicht nur den Ablauf von Entscheidungsprozessen im Betriebe erklären, sondern darüber hinaus den Entscheidungsträgern „Verhaltensempfehlungen" geben will, also sich als angewandte Wissenschaft, d. h. als Kunstlehre im Sinne Schmalenbachs versteht, bleibt trotz der Behauptung, daß diese Betriebswirtschaftslehre den Menschen in den Mittelpunkt stelle und eine Synthese zwischen Nicklisch

---

[44] Bellinger, B., Die Betriebswirtschaftslehre der neueren Zeit, Darmstadt 1988, S. 84

und Gutenberg anstrebe, der abhängige Arbeitnehmer wie bei Gutenberg „Produktionsfaktor", dessen eigene Ziele nicht analysiert werden, sondern dessen Verhalten im Betrieb lediglich zu dem Zweck untersucht wird, damit es bei den auf Realisierung der unternehmerischen Ziele ausgerichteten Entscheidungen berücksichtigt werden kann.

Der Hinweis, daß die entscheidungsorientierte Betriebswirtschaftslehre ein **„interdisziplinärer Systementwurf"** sei (Heinen), stellt keine „Neuorientierung" dar, sondern beinhaltet das Problem des Verhältnisses der Betriebswirtschaftslehre zu den Nachbarwissenschaften, d. h. zu den Disziplinen, deren Erkenntnisse sie als „Hilfswissenschaften" zur Erklärung ihres Objektes heranziehen muß. Wenn sich die Übernahme auf „betriebswirtschaftlich auswertbare Forschungsbemühungen und -ergebnisse"[45] von Nachbardisziplinen beschränkt, so wird damit der Rahmen einer traditionell abgegrenzten Betriebswirtschaftslehre nicht überschritten. Wenn jedoch behauptet wird, „daß mit dem entscheidungsorientierten Ansatz die Betriebswirtschaftslehre in die Sozialwissenschaften integriert" und damit „der Versuch einer exakten Abgrenzung beispielsweise zur Psychologie oder Soziologie zu einem vergeblichen Unterfangen" werde,[46] so wird, falls eine solche Entwicklung wirklich eintreten würde – und Ansätze sind, wie oben erwähnt, vorhanden – die Betriebswirtschaftslehre als Wissenschaft Gefahr laufen, daß sie wegen des Hinübergreifens in andere Disziplinen, die sich nach wie vor abgrenzen, an Profil verliert.

Sucht man nach dem Fortschritt, den die entscheidungsorientierte Betriebswirtschaftslehre gebracht hat, so ist festzustellen, daß zwar auch die Analyse unternehmerischer Entscheidungen in Beschreibungs- und Erklärungsmodellen, die die besonders von Gutenberg zu einem geschlossenen System entwickelte marginalanalytische betriebswirtschaftliche Theorie enthält, nicht nur beschreibt, sondern auch die Bedingungen des optimalen Einsatzes dieser Instrumente festlegt. Die Bedeutung und der **Erkenntnisfortschritt** der Modelle der entscheidungsorientierten Betriebswirtschaftslehre liegen vor allem darin, daß sie im Gegensatz zu den Hypothesen einer überwiegend statischen Theorie der Unternehmung auch das **Zeitproblem** einbeziehen, indem sie Entscheidungen über mehrere Perioden oder Abfolgen von Entscheidungen im Zeitablauf unter Einbeziehung und Quantifizierung von Risiko sowie Ungewißheit und Unsicherheit rechenbar gemacht haben.

c) Der systemorientierte Ansatz der Betriebswirtschaftslehre

Versucht der entscheidungsorientierte Ansatz die Erkenntnisse der allgemeinen Entscheidungstheorie für die Betriebswirtschaftslehre nutzbar zu machen, indem er betriebswirtschaftliche Entscheidungsmodelle entwickelt, so geht der systemorientierte Ansatz noch einen Schritt weiter und will

---

[45] Heinen, E., Der entscheidungsorientierte Ansatz der Betriebswirtschaftslehre, in: Wissenschaftsprogramm und Ausbildungsziele der Betriebswirtschaftslehre, Berlin 1971, S. 32
[46] Heinen, E., a. a. O., S. 32

Gestaltungsmodelle „für zukünftige Wirklichkeiten" entwickeln. Dieser Ansatz will nicht erklären, „was ist", sondern „was in Zukunft sein wird", da eine als kybernetische Wissenschaft aufgefaßte Betriebswirtschaftslehre „sich nicht für das Seiende, sondern das Werdende, nicht für das Bestehen, sondern für das Funktionieren von Systemen"[47] interessiere.

Die Tatsache, daß aufgrund kybernetischer Erkenntnisse neuartige technische Anlagen konstruiert werden können, hat zu der Hypothese geführt, auf welcher der systemorientierte Ansatz beruht, daß nämlich mit dem gleichen formalen Erkenntnisapparat auch neue funktionsfähige soziale Systeme, zu denen die Betriebe gehören, entworfen werden können. Nach Baetge besteht die kybernetische Vorgehensweise „zunächst in einer detaillierten System- und Verhaltensanalyse. Danach folgt eine empirische und theoretische Modellbildung sowie die Optimierung und Simulation mit exakten und/ oder heuristischen Verfahren. Damit sollen dem Entscheider akzeptable Lösungsvorschläge vorgelegt werden, aus denen er die ihm ‚optimal' erscheinende Alternative auswählen kann."[48]

Der systemorientierte Ansatz faßt die Betriebswirtschaftslehre somit als eine **„Gestaltungslehre"** auf, die sich von den Naturwissenschaften dadurch unterscheidet, daß sie nicht auf Erklärung, sondern auf Zukunftsgestaltung ausgerichtet ist. Sie wird in die Nähe der Ingenieurwissenschaften gestellt, von denen sie sich dadurch unterscheidet, daß sie sich nicht mit technischen, sondern mit sozialen Systemen beschäftigt. Ulrich sieht in dieser Betriebswirtschaftslehre „eine notwendige Vorstufe zu einem sinnvollen praktischen Handeln der sogenannten Führungskräfte in zweckorientierten sozialen Systemen, insbesondere in Unternehmungen".[49]

Die **Systemtheorie** versteht unter einem System allgemein eine geordnete Gesamtheit von Elementen, zwischen denen Beziehungen bestehen und die wiederum Systeme niederer Ordnung (Subsysteme) sein können.

Das Wesen der kybernetischen Systeme besteht darin, daß sie als offene Verhaltenssysteme in der Lage sind, Störungen im Rahmen von Steuerungs- und Regelungsprozessen zu kompensieren, so daß das System selbsttätig in den Bereich der zulässigen Abweichungen zurückkehrt.

Ebenso wie die entscheidungsorientierten Betriebswirte charakterisieren auch die systemorientierten Betriebswirte ihren Ansatz als **„interdisziplinär"**. Während erstere aber durch Übernahme sozialpsychologischer, soziologischer oder politologischer Erkenntnisse die Betriebswirtschaftslehre nicht mehr als Wirtschaftswissenschaft, sondern als Sozialwissenschaft etikettieren, fordern letztere, daß die Betriebswirtschaftslehre auf die Eingliederung in ein klassisches Wissenschaftssystem verzichtet, denn sonst müßte sie „den Anspruch aufgeben, reale Unternehmungen erklären oder Gestaltungsmodelle für solche entwickeln zu können."[50]

---

[47] Ulrich, H., Der systemorientierte Ansatz in der Betriebswirtschaftslehre, in: Wissenschaftsprogramm und Ausbildungsziele der Betriebswirtschaftslehre, Berlin 1971, S. 46

[48] Baetge, J., Kybernetik. Die Systeme und ihre Gesetzmäßigkeiten, in: Betriebswirtschaftslehre heute, hrsg. von Küting, K. und Schnorbus, A., Frankfurt/M. 1992, S. 24

[49] Ulrich, H., a.a.O., S. 44

[50] Ulrich, H., a.a.O., S. 48

Die Betriebswirtschaftslehre dieser Prägung kehrt damit ebenso wie die entscheidungsorientierte Betriebswirtschaftslehre zu Schmalenbachs methodischem Ausgangspunkt zurück: sie wird **Kunstlehre,** die der Praxis Anleitungen in Form von Modellösungen anbietet. Dieser neue Pragmatismus in der Betriebswirtschaftslehre unterscheidet sich allerdings von dem früherer Jahrzehnte in der Qualität seiner Rezepte: sie werden auf Basis des theoretischen Wissens einer ganzen Anzahl von Disziplinen entwickelt.

Die zukünftige Entwicklung erst kann Antwort auf zwei Fragen geben: erstens, ob sich überhaupt die durch menschliches Handeln bestimmten sozialen Systeme wie sich selbst steuernde Regelkreise erklären lassen, d. h., ob die Übertragung des Begriffsapparates technischer Systeme auf soziale Systeme einen sinnvollen Ansatz darstellt, und ob neue Systeme dieser Art nicht nur theoretisch konstruiert, sondern für die zukünftige Gestaltung betrieblicher Prozesse (im Sinne sozialer und nicht technischer Prozesse) eingesetzt werden können; zweitens, ob eine Wissenschaft, die nicht bestehende Wirklichkeiten erklärt, sondern zukünftige Wirklichkeiten entwirft und Anleitungen zu ihrer Realisierung gibt, infolge der Komplexität der zu beachtenden Faktoren noch den Namen Betriebswirtschaftslehre tragen kann, oder ob sie vielmehr als „interdisziplinärer" Ansatz im Sinne der heutigen Wissenschaftseinteilung eine neue Wissenschaft darstellt, die auf den Erkenntnissen der Betriebswirtschaftslehre, die sich als Wirtschaftswissenschaft im heutigen Sinne versteht, ebenso wie auf den Erkenntnissen vieler anderer selbständiger Disziplinen aufbaut.

d) Der verhaltensorientierte Ansatz

Die entscheidungsorientierte Betriebswirtschaftslehre tritt uns in mehreren Spielarten entgegen. Die bisher skizzierte Art unterstellt **rationales Entscheidungsverhalten** und Gesetzmäßigkeiten im Ablauf von Entscheidungsprozessen. Demgegenüber versucht die verhaltenswissenschaftlich orientierte Betriebswirtschaftslehre unter **Aufgabe des Rationalprinzips** das **tatsächliche Entscheidungsverhalten** von Einzelpersonen und Organisationen mit Hilfe der Erkenntnisse der Verhaltenswissenschaften, d. h. den auf Erklärung des menschlichen Verhaltens gerichteten Sozialwissenschaften wie der Psychologie, der Sozialpsychologie und der Soziologie in vereinfachten Modellen zu erfassen.

Mit der Einbeziehung verhaltenswissenschaftlicher Aspekte in das Erkenntnisobjekt der Betriebswirtschaftslehre näherte sich die seit Gutenberg primär theoretisch konzipierte Betriebswirtschaftslehre in Deutschland der auf die Lösung konkreter Managementprobleme ausgerichteten angelsächsischen Managementlehre.[51]

Die grundsätzliche **Kritik** der Vertreter der verhaltensorientierten Richtung der Betriebswirtschaftslehre richtet sich gegen die **Realitätsferne** der

---

[51] Vgl. Kirsch, W., Die verhaltenswissenschaftliche Fundierung der Betriebswirtschaftslehre. In: Wissenschaftstheoretische Grundfragen der Wirtschaftswissenschaften, hrsg. von H. Raffée und B. Abel, München 1979, S. 105 ff.

traditionellen Wirtschaftswissenschaften durch die Annahme des rationalen Verhaltens eines „homo oeconomicus". Damit das Verhalten in Betrieben und an Märkten erklärt, prognostiziert und daraus Handlungsempfehlungen abgeleitet werden können, seien auch psychologische, soziologische und sozialpsychologische Aspekte zu untersuchen. Zwischen einzelnen Vertretern des verhaltensorientierten Ansatzes der Betriebswirtschaftslehre bestehen jedoch Meinungsverschiedenheiten über die Frage, ob für die Entwicklung betriebswirtschaftlicher Verhaltenstheorien die Übernahme allgemeiner (sozial-)psychologischer Theorien anzustreben ist oder ob eine eigenständige betriebswirtschaftliche Verhaltensforschung entwickelt werden soll.[52]

Neben der Einbeziehung verhaltenswissenschaftlicher Elemente in die entscheidungsorientierte Betriebswirtschaftslehre sind vor allem eine verhaltenswissenschaftliche Absatztheorie und eine verhaltenswissenschaftliche Organisationstheorie entwickelt worden.

Die **verhaltensorientierte Absatztheorie**[53] verfolgt das Ziel, „das Zustandekommen und die Wirkung der absatzpolitischen Maßnahmen von Unternehmungen mit Hilfe verhaltenswissenschaftlicher Kategorien zu erklären" und – darauf aufbauend – „Techniken zur Steuerung des menschlichen Verhaltens im Dienste von Unternehmungen zu entwickeln".[54] Dadurch sollen die Genauigkeit und Sicherheit von Absatzprognosen erhöht und die Optimierung der Absatzpolitik verbessert werden.[55] Zu diesem Zweck werden tatsächliche Marktreaktionen mit Hilfe empirischer Untersuchungen über das Verhalten der Anbieter und Nachfrager ermittelt. Untersuchungsobjekt der verhaltensorientierten Absatztheorie ist demzufolge gleichermaßen das Verhalten des anbietenden Betriebes, der Konkurrenten und der Nachfrager.

Die verhaltensorientierte Absatztheorie beschränkt sich jedoch bisher weitgehend auf die Untersuchung des **Konsumentenverhaltens.** Dabei werden bei Kaufentscheidungen von Konsumenten folgende Verhaltenstypen unterschieden:[56] Rationalverhalten, Gewohnheitsverhalten, Impulsverhalten und sozial abhängiges Verhalten. Welches Verhalten einer Kaufentscheidung im Einzelfall zugrunde liegt, hängt von den spezifischen Merkmalen des Kaufobjektes ab.

Das Verhalten von Individuen wird als Funktion der Eigenschaften einer Person (P) und der Umwelt (U) erklärt. Vereinfacht ausgedrückt handelt es sich um **psychologische** Erklärungsansätze, wenn das Verhalten von den Eigenschaften einer Person abgeleitet wird, und um **soziologische,** wenn das Verhalten von der Umwelt einer Person abgeleitet wird.

Die **verhaltensorientierte Organisationstheorie** befaßt sich einerseits mit

---

[52] Vgl. Elschen, R., Betriebswirtschaftslehre und Verhaltenswissenschaften. Probleme einer Erkenntnisübernahme am Beispiel des Risikoverhaltens bei Gruppenentscheidungen, Thun, Frankfurt a. M. 1982, S. 15

[53] Vgl. Kroeber-Riel, W., Absatztheorie, verhaltensorientierte. In: HWA, hrsg. von B. Tietz, Stuttgart 1974, Sp. 159–167

[54] Kroeber-Riel, W., Absatztheorie, a. a. O., Sp. 159

[55] Vgl. Kroeber-Riel, W., Absatztheorie, a. a. O., Sp. 165

[56] Vgl. Meffert, H., Marketing. Grundlagen der Absatzpolitik, 7. Aufl., Wiesbaden 1986, S. 141

dem Verhalten von Institutionen, andererseits mit dem Verhalten von Mitgliedern der Institutionen, das sich unter den gesetzten organisatorischen Bedingungen vollzieht.[57] Dementsprechend liefert sie einerseits Beiträge zum Individual- und Gruppenverhalten in soziotechnischen Systemen und andererseits Beiträge zum strukturbezogenen Verhalten von soziotechnischen Systemen.

Der verhaltensorientierte Ansatz der Betriebswirtschaftslehre unterliegt von verschiedenen Seiten der **Kritik.** Gegen die Ablehnung des Rationalprinzips als Basis betriebswirtschaftlicher Forschung wird eingewendet, daß durch die Annahme rationalen Verhaltens keine Aussage über den wirklichen handelnden Menschen gemacht, sondern lediglich eine methodologische Vorentscheidung getroffen werde, um eine eindeutige Erklärung beobachtbarer Tatbestände zu erhalten.[58] Skepsis besteht auch gegenüber dem **komplexen Erkenntnisobjekt,** dem Verhalten in Organisationen und Märkten. Es wird bezweifelt, daß dieses Verhalten wegen seiner Komplexität in Form von Gesetzen erklärt und beschrieben werden könne, insbesondere wenn nicht ein Mensch allein, sondern eine Organisation von Menschen in ihrem Verhalten erklärt werden solle.[59] Zwar können zur Lösung praktischer Probleme der Unternehmensführung auch Kenntnisse der Verhaltenswissenschaften erforderlich sein, die betriebswirtschaftliche Theorie muß sich jedoch auf den wirtschaftlichen Aspekt menschlichen Handelns beschränken.[60]

e) Sonstige theoretische Ansätze

aa) Der arbeitsorientierte Ansatz

Ein Hauptangriffspunkt gegen die heutige Betriebswirtschaftslehre, die die betrieblichen Entscheidungen aus der Sicht der Entscheidungsträger, also der Unternehmensführung untersucht, ist der **Vorwurf der Einseitigkeit.** Die Kritik entzündet sich überwiegend daran, daß die Gewinne i. d. R. allein dem „**Kapital",** also den Eigentümern der Betriebe zufließen, und daß folglich eine Betriebswirtschaftslehre, die diesen Prozeß der Gewinnerzielung im Betriebe untersucht und dem Betriebe Verfahren und Entscheidungshilfen liefert, den Gewinn unter Beachtung gewisser Nebenbedingungen zu maximieren, ihre Erkenntnisse nur einer kleinen Gruppe der Gesellschaft, nämlich den Kapitaleigentümern, bzw. den für sie arbeitenden Managern zur Verfügung stelle und dieser Gruppe damit helfe, durch eine Vergrößerung der Gewinne ihre **gesellschaftliche Machtstellung** über die breite Masse der Arbeitnehmer zu stärken.

Der arbeitsorientierte Ansatz will die Interessen der Arbeitnehmer als so-

---

[57] Vgl. Grochla, E., Einführung in die Organisationstheorie, Stuttgart 1978, S. 130

[58] Vgl. Schneider, D., Geschichte betriebswirtschaftlicher Theorie, München, Wien 1981, S. 9f.

[59] Vgl. Sieben, G., Schildbach, Th., Betriebswirtschaftliche Entscheidungstheorie, 4. Aufl., Düsseldorf 1994, S. 198

[60] Vgl. Schneider, D., Geschichte, a. a. O., S. 26ff.

ziale Gruppe im Betrieb zum Objekt einer „**arbeitsorientierten Einzelwirtschaftslehre**" machen. Dieser „Ansatz" ist allerdings methodologisch und auch politisch-ideologisch dadurch vorbelastet, daß er überspitzt die Arbeitnehmer als die einzige produktive Klasse in der Gesellschaft ansieht. Das erinnert an marxistische Vergangenheit und bildet gleichzeitig einen Ansatz für die Kritik.[61]

Folgende Problemkreise werden in den Mittelpunkt gestellt, durch die das Zielsystem der Unternehmung geändert werden soll: Die Sicherung der Arbeitsplätze, die Sicherung der Einkommen der Arbeitnehmer, die optimale Gestaltung der Arbeit innerhalb der Betriebe. Diese Ziele werden dem Ziel der langfristigen Gewinnmaximierung übergeordnet.

Eine Einordnung dieser drei Problemkreise in die heutige Wissenschaftsgliederung hätte folgendes Ergebnis: Die Sicherung der Arbeitsplätze ist in erster Linie ein gesamtwirtschaftliches Problem, das nicht vom einzelnen Betrieb aus gelöst werden kann. Die Sicherung der Einkommen der Arbeitnehmer als gesellschaftliche Gruppe ist ebenfalls kein betriebswirtschaftliches Problem, sondern ist Teil der Lehre von der volkswirtschaftlichen Einkommenserzielung und Einkommensverteilung. Als einzelwirtschaftlich kann man diese Probleme nur dann auffassen, wenn man sie aus der Sicht des (Arbeitnehmer-) Haushalts als Fragen der Einkommenserzielung und -sicherung analysiert. Der dritte Bereich, die optimale Gestaltung der Arbeit und der Arbeitsbedingungen, ist Gegenstand der Arbeitswissenschaften, die von der Betriebswirtschaftslehre seit jeher als Hilfswissenschaften herangezogen werden.

Als Fazit ist festzuhalten, daß der arbeitsorientierte Ansatz ein **interdisziplinärer Ansatz** ist, der das Zielsystem der Unternehmung einseitig auf die Arbeitnehmerinteressen ausrichten will und dazu aus verschiedenen Disziplinen, insbesondere aus der Volkswirtschaftslehre, den Arbeitswissenschaften, dem Recht (Arbeits- und Sozialrecht), der Soziologie und Anthropologie Erkenntnisse zusammenträgt, um die Stellung und Verhaltensweisen der Arbeitnehmer innerhalb des Betriebes und die Gestaltung der Arbeitsbedingungen zu analysieren.

bb) Die empirische Theorie der Unternehmung

Die empirische Theorie der Unternehmung geht von der Tatsache aus, daß die Betriebswirtschaftslehre einen Bestand an Entscheidungsmodellen erarbeitet hat, „die einem empirischen Test unterzogen werden müssen",[62] d. h. anhand von Prüfungsbefunden ist zu untersuchen, ob und in welchem Umfange sich aufgestellte Hypothesen in den empirischen Untersuchungen bewährt haben. Nach Albach unterscheiden sich die Arbeiten, die zu den

---

[61] Vgl. Projektgruppe im Wirtschafts- und Sozialwissenschaftlichen Institut des Deutschen Gewerkschaftsbundes (WSI): Grundelemente einer Arbeitsorientierten Einzelwirtschaftslehre, WSI – Studie zur Wirtschafts- und Sozialforschung 23, Köln 1974

[62] Albach, H., Ansätze zu einer empirischen Theorie der Unternehmung. In: Wissenschaftsprogramm und Ausbildungsziele der Betriebswirtschaftslehre, hrsg. von G. v. Kortzfleisch, Berlin 1971, S. 136

Prüfungsbefunden führen, von früheren empirischen Arbeiten vor allem dadurch, „daß sie keinen deskriptiven Charakter haben, sondern theoretische Hypothesen an empirischem Material überprüfen".[63]

Die Schwierigkeiten und Grenzen einer empirischen Theorie der Unternehmung sieht Albach im theoretischen Bereich **im Fehlen einer dynamischen Theorie der Unternehmung,** im praktischen Bereich in den engen Möglichkeiten, empirisches Material zu gewinnen. Da Befragungen und Erhebungen sehr aufwendig sind und man deshalb oft auf Repräsentanz des Datenmaterials verzichten muß, empfiehlt er zur Datengewinnung verstärkt Experimente heranzuziehen. Diese Konzeption zeichnet sich dadurch aus, daß ihre Aussagen sich auf die Realität beziehen, die mittels geeigneter Theorien erklärt werden soll, und daß nur intersubjektiv nachprüfbare Aussagen anerkannt werden.[64]

Die empirische Theorie der Unternehmung ist besonders von Witte und seinen Mitarbeitern weiterentwickelt worden. Witte betont die Verpflichtung der empirisch-betriebswirtschaftlichen Forschung, „in der Unternehmungspraxis Nutzen zu stiften. Unter dem Nutzungsaspekt hat sich ein Forschungsergebnis in einem viel weitergehenden Sinn zu bewähren, indem es nicht nur richtig (im Sinne von nicht falsifiziert), sondern auch praktisch verwendbar ist".[65]

cc) Konflikt- und machttheoretische Ansätze

Konflikttheoretische Aspekte wurden von der Betriebswirtschaftslehre erst beachtet, seit erkannt wurde, daß Konflikte für den Betrieb nicht nur negative Auswirkungen haben (systemgefährdende oder Arbeitsabläufe behindernde Effekte), sondern auch positive (Konflikte als Anreiz für Leistung, Karriere, etc.).[66] **Konflikttheoretische Ansätze** in der Betriebswirtschaftslehre finden sich einerseits in der entscheidungsorientierten Richtung (systematisierende Arbeiten über Konflikte im Individualbereich, Ziel-, Informations- und Sozialsystem der Unternehmung), andererseits in der verhaltensorientierten Richtung, wo Konflikte in der Unternehmung unter Einbeziehung ihrer psychologischen und sozialpsychologischen Komponenten problemorientiert behandelt werden. In der betriebswirtschaftlichen Konfliktforschung wird i. d. R. auf den Konfliktbegriff Dahrendorfs zurückgegriffen, wonach Konflikte allgemein Gegensätzlichkeiten in den Beziehungen zwischen Elementen sind.[67]

Bei unternehmensbezogenen Konflikten lassen sich Konflikte innerhalb

---

[63] Albach, H., Ansätze, a. a. O., S. 155

[64] Schanz, G., Pluralismus in der Betriebswirtschaftslehre: Bemerkungen zu gegenwärtigen Forschungsprogrammen. In: Auffassungen und Wissenschaftsziele der Betriebswirtschaftslehre, hrsg. von M. Schweitzer, Darmstadt 1978, S. 316

[65] Witte, E., Nutzungsanspruch und Nutzungsvielfalt. In: Der praktische Nutzen empirischer Forschung, hrsg. v. E. Witte, Tübingen 1981, S. 13 f.

[66] Vgl. Oechsler, W., Wagner, B., Der konflikttheoretische Ansatz in der Betriebswirtschaftslehre. In: Zum Praxisbezug der Betriebswirtschaftslehre in wissenschaftstheoretischer Sicht, hrsg. v. H. Ulrich, Bern 1976, S. 100 f.

[67] Vgl. Dahrendorf, R., Gesellschaft und Freiheit. Zur soziologischen Analyse der Gegenwart, München 1961, S. 201

der Unternehmung **(Innenkonflikte)** und Konflikte zwischen der Unternehmung und ihrer Umwelt **(Außenkonflikte)** unterscheiden. Die Aufgabe der
unternehmensbezogenen Konfliktforschung liegt einerseits in der Ermittlung der Ursachen der Entstehung und der Auswirkung von Konflikten und
Konfliktbeziehungen und andererseits in der Entwicklung von Maßnahmen
zur zielorientierten, bewußten Gestaltung und Steuerung von Konfliktfel-
dern **(Konfliktmanagement).** Dabei dienen Gestaltungsmaßnahmen der
Schaffung einer Organisationsstruktur, durch die Konfliktursachen reduziert
bzw. aufgehoben werden und unvermeidbare Konflikte austragbar gemacht
werden. Demgegenüber dienen Steuerungsmaßnahmen der direkten Verhal-
tensbeeinflussung bei Konfliktprozessen.[68]

Die Untersuchung von **Machtproblemen** in der Betriebswirtschaftslehre,
z. B. im Zusammenhang mit Problemen der Mitbestimmung oder der Organisationsstruktur, steht noch am Anfang. Bisherige Arbeiten konnten nur in
sehr begrenztem Umfang Theorien entwickeln und beschränken sich meist
auf folgende Aufgaben:[69]

– Formulierung eines für betriebswirtschaftliche Probleme zweckmäßigen
  Machtbegriffs;
– Erarbeitung betriebswirtschaftlich relevanter Machtmerkmale;
– Beschreibung realer Aufbau- und Ablaufstrukturen der Macht in der Un-
  ternehmung;
– Entwicklung von Konzepten zur Messung von Macht;
– Ableitung von Hypothesen zur Erklärung und Prognose einzelner ökono-
  misch relevanter Machtprobleme in der Unternehmung.

dd) Der situative Ansatz

Der situative Ansatz wurde Mitte der 60er Jahre in der angelsächsischen
Managementlehre aus der Kritik an der nach allgemeingültigen Aussagen
strebenden Systemtheorie entwickelt und in Deutschland in erster Linie von
der **Organisationslehre** übernommen. Dieser Ansatz geht von der Grundan-
nahme aus, daß es nicht generell gültige, optimale Handlungsalternativen
gäbe, sondern mehrere situationsbezogen angemessene.

Folglich seien „alternative Handlungen und Strukturen zu entwerfen, in
ein Entscheidungsmodell einzubringen und aus der Fülle der logisch denkbaren Alternativen diejenigen auszuwählen, die unter genau zu spezifizierenden
Bedingungen (Situationen) z. B. erfolgreicher (effizienter) sind als andere".
Ziel der situativen Ansätze sei „die Relativierung der generellen, traditionellen und systemtheoretischen Aussagen (Organisations- und Führungsprinzipien) sowie die situationsadäquate Berücksichtigung formal- und verhaltenswissenschaftlicher Gestaltungsempfehlungen."[70]

---

[68] Vgl. Krüger, W., Theorie unternehmensbezogener Konflikte, ZfB, 51. Jg. 1981, S. 912
[69] Vgl. Krüger, W., Macht in der Unternehmung. Elemente und Strukturen, Stuttgart
1976, S. 2 f.; ders., Unternehmungsprozeß und Operationsalisierung von Macht. In: Macht
in Organisationen, hrsg. von G. Reber, Stuttgart 1980, S. 233 f.
[70] Staehle, W. H., Deutschsprachige situative Ansätze in der Managementlehre. In: Organisationstheoretische Ansätze, hrsg. von A. Kieser, München 1981, S. 215

Der situative Ansatz geht in der Weise vor, daß zunächst die für unterschiedliche Entscheidungssituationen relevanten Einflußfaktoren ergründet und systematisiert werden und dann untersucht wird, welche Beziehungen zwischen den unabhängigen Variablen (Situationsgrößen, -faktoren, Kontextvariablen) und den abhängigen Variablen (Dimension von Struktur und Verhalten) bestehen. Damit sollen mögliche Konsequenzen von Entscheidungen, die einzelne Variablen betreffen, prognostiziert werden.

Kritisch ist dazu anzumerken, daß infolge der vielfältigen Interdependenzen zwischen den unabhängigen Variablen es äußerst schwierig, wenn nicht überhaupt unmöglich ist, den Einfluß einer unabhängigen Variablen zu isolieren und ihren relativen Einfluß im Verhältnis zu anderen Faktoren zu bestimmen.[71]

In der **Organisationstheorie** versucht man, Unterschiede zwischen realen Organisationsstrukturen mit Unterschieden in den Situationen, in denen sich die jeweiligen Organisationen befinden, zu erklären.[72] In der **Führungstheorie** werden anhand mehrerer Dimensionen unterschiedliche Führungssituationen herausgearbeitet, denen jeweils ein bestimmter Führungsstil zugeordnet wird. Weitere situative Ansätze wurden in der Unternehmensplanung, dem Rechnungswesen und im Bereich der betrieblichen Funktionen Produktion, Absatz, Finanzierung und Personalwesen entwickelt.[73]

ee) Der EDV-orientierte Ansatz

Dieser Ansatz unterscheidet sich von den bisher erörterten dadurch, daß er keine neue Konzeption der Bestimmung und Abgrenzung des Erkenntnisobjekts, der Erkenntnisziele und der wissenschaftlichen Methoden der Betriebswirtschaftslehre darstellt, sondern daß er die Verbindung zwischen der elektronischen Datenverarbeitung, deren Anwendungsgebiete nicht nur im wirtschaftlichen Bereich der Betriebe, sondern ebenso im Bereich der Naturwissenschaften und der Technik sowie vielen anderen Bereichen menschlicher Tätigkeiten liegen, und der Betriebswirtschaftslehre herstellen will. „Unter dem Sammelbegriff EDV werden die Informations- und Kommunikationstechniken zur elektronischen Verarbeitung von Daten zusammengefaßt, also deren Erfassung, Speicherung, Transformation, Übertragung und Ausgabe".[74]

Diese Techniken können sowohl in einer produktivitätsorientierten als auch in einer entscheidungs-, system- oder verhaltensorientierten Betriebswirtschaftslehre angewendet werden. Während EDV-Anwendungsprogramme zunächst das betriebliche Rechnungswesen verbesserten und wirtschaftlicher gestalteten, bestimmen in jüngster Zeit in zunehmendem Um-

---

[71] Vgl. Staehle, W. H., Der situative Ansatz in der Betriebswirtschaftslehre. In: Zum Praxisbezug der Betriebswirtschaftslehre aus wissenschaftstheoretischer Sicht, hrsg. von H. Ulrich, Bern 1976, S. 38

[72] Vgl. Kieser, A., Kubicek, H., Organisation, 3. Aufl., Berlin, New York 1992, S. 45f.

[73] Vgl. Staehle, W. H., Der situative Ansatz, a. a. O., S. 43f.

[74] Scheer, A.-W., EDV-orientierte Betriebswirtschaftslehre, 4. Aufl., Berlin-Heidelberg-New York-Tokio 1990, S. 1

fang **EDV-gestützte Informationssysteme** betriebswirtschaftliche Abläufe und führen zu Verbesserungen im Bereich der strategischen und operationalen Planung, Organisation und Kontrolle und damit insgesamt zu Kostensenkungen.

Die enge Verflechtung zwischen Betriebswirtschaftslehre und EDV wird nach Scheer durch folgende Aspekte begründet:

„– Unterstützung rechen- und/oder datenintensiver betriebswirtschaftlicher Verfahren durch die EDV

– Notwendigkeit EDV-geeigneter betriebswirtschaftlicher Konzepte zur Erhöhung der Wirtschaftlichkeit der EDV

– Hohe Gestaltungswirkung von Anwendungssoftware."[75]

Entwicklung, Einführung und Auswahl von computergestützten Informationssystemen setzen profunde Kenntnisse der EDV voraus. Zur Vermittlung dieser Kenntnisse hat sich in den letzten beiden Jahrzehnten ein selbständiges betriebswirtschaftliches Vertiefungsfach, die **Wirtschaftsinformatik,** entwickelt, die „als Wissenschaft von Entwurf und Anwendung computergestützter Informationssysteme"[76] definiert wird. „Gegenstand der Wirtschaftsinformatik ist die Frage, wie Informations- und Kommunikationstechniken betriebswirtschaftliche Abläufe, Entscheidungsprobleme und Lösungsverfahren umgestalten können. Daneben können aber auch EDV-orientierte betriebswirtschaftliche Konzepte neue Anforderungen an die Weiterentwicklung der Informationstechnik stellen."[77] Es handelt sich hier um eine ähnliche Weiterentwicklung der Betriebswirtschaftslehre wie im Anschluß an den entscheidungsorientierten Ansatz, der zur Bildung des Faches „Unternehmensforschung" geführt hat.

ff) Der ökologieorientierte Ansatz

Die Nutzung der Natur (Umwelt) durch Betriebe, Haushalte und Einzelpersonen kann zur Verunreinigung der Luft, von Gewässern oder von Bodenflächen führen, durch die gesundheitliche Schäden für Menschen und Tiere und dauerhafte Schäden an der Natur (Waldsterben) eintreten können. Solange die natürliche Umwelt als freies Gut behandelt wurde, konnten keine Marktpreise für die Umweltnutzung und somit auch keine Kosten für die Betriebe entstehen, die sich der natürlichen Ressourcen bedienten bzw. die natürliche Umwelt durch Rückstände aus den Produktionsprozessen belasteten. Da die durch wirtschaftliches Handeln verursachten Umweltbelastungen in den meisten Fällen **nicht quantifizierbar** sind und folglich sich Marktpreise nicht bilden können, „ist der Staat aufgerufen, Preise oder Bedingungen zur Preisbildung zu setzen. Erst durch die **aus Preisen folgenden Kosten** ist die Betriebswirtschaftslehre auf die natürliche Umwelt gestoßen: Entsorgungsvorgänge werden mit Gebühren belegt, die nach Menge und

---

[75] Scheer, A.-W., a. a. O., S. 2

[76] Scheer, A.-W., a. a. O., S. 2

[77] Scheer, A.-W., Gegenstand der Wirtschaftsinformatik. Wirtschaftsinformatik: eine junge Wissenschaft, in: Betriebswirtschaftslehre heute, hrsg. von Küting, K. und Schnorbus, A., Frankfurt/M. 1992, S. 161.

Schädlichkeit der abgegebenen Rückstände variieren (Abwasserabgaben, Abfallabgaben, Schwefeldioxydabgaben). Produktion und Entsorgung von Rückständen werden durch Ge- und Verbote eingeschränkt. Durch solche Restriktionen muß auf umweltschädliche Prozesse oder Erzeugnisse verzichtet werden."[78]

Die Problematik der Einbeziehung von durch wirtschaftliches Handeln verursachten Umweltbelastungen in wirtschaftswissenschaftliche Untersuchungen ist zuerst im Rahmen der Volkswirtschaftslehre aufgegriffen worden,[79] da die Untersuchung ökologischer Folgen des Wirtschaftens ein gesamtwirtschaftliches Problem ist. Die berechtigte Forderung, nachteilige Folgen für die natürliche Umwelt durch wirtschaftliches Handeln in den Betrieben zu berücksichtigen, hat dann die Frage nach der Integration dieses Problems in die Betriebswirtschaftslehre aufgeworfen.

Beim ökologischen Ansatz der Betriebswirtschaftslehre[80] lassen sich **zwei Grundströmungen** unterscheiden: Erstens die sog. **ethisch-normative ökologische Betriebswirtschaftslehre,** deren Vertreter eine grundsätzlich andere Orientierung des wirtschaftlichen Denkens und Handelns fordern.[81] Nicht mehr die auf den Erfolg der Einzelwirtschaft gerichtete Denkweise, die sich an der Verwertung des eingesetzten Kapitals und dem Gewinnziel orientierte, soll die betriebswirtschaftliche Betrachtung dominieren, sondern **die Vereinbarkeit von ökologischer und betriebswirtschaftlicher Sichtweise** soll in den Vordergrund gestellt werden. Es geht also nicht um das in einzelnen Bereichen „unmittelbar Machbare, sondern um eine grundsätzliche Auseinandersetzung mit dem Verhältnis von Ökologie und Ökonomie."[82] Kritisch ist dazu anzumerken, daß es sich hier einerseits stellenweise um recht utopische und von praxisrelevanten Problemen losgelöste Überlegungen handelt[83] und daß andererseits dieser Ansatz durch die inzwischen allgemein akzeptierte ökonomische Notwendigkeit der Auseinandersetzung mit ökologischen Fragen (Abfallentsorgung, Ressourcenverknappung, gestiegenes Umweltbewußtsein in der Bevölkerung) überholt ist.[84]

Zweitens hat sich ein ökologieorientierter Ansatz entwickelt, dessen Ver-

---

[78] Strebel, H., Umwelt und Ökonomie – Wer die Natur nutzt, muß dafür zahlen –, in: Betriebswirtschaftslehre heute, hrsg. von Küting, K., und Schnorbus, A., Frankfurt/M. 1992, S. 183

[79] Vgl. insbesondere Wicke, L., Umweltökonomie, 4. Aufl., München 1993; Seidel, E., Strebel, H. (Hrsg.), Umwelt und Ökonomie? Reader zur ökologieorientierten Betriebswirtschaftslehre, Wiesbaden 1991, S. 2

[80] Für weitere Literaturhinweise vgl. die Bibliographie in: Seidel, E., Strebel, H., a. a. O., S. 481 ff.

[81] Vgl. Freimann, J., Ökologie und Betriebswirtschaftslehre, ZfbF 1987, S. 380 ff.; Öko-Institut, Projektgruppe ökologische Wirtschaft, Arbeiten im Einklang mit der Natur, 1985; Pfriem, R. (Hrsg.), Ökologische Unternehmenspolitik, Frankfurt/M. -- New York 1986; Hopfenbeck, W., Allgemeine Betriebswirtschafts- und Managementlehre, 8. Aufl., Landsberg/Lech 1995, S. 84 ff.

[82] Freimann, J., a. a. O., S. 381

[83] Vgl. Hopfenbeck, W., a. a. O., S. 89

[84] Vgl. Ridder, H.-G., Die Integrationsfähigkeit der Allgemeinen Betriebswirtschaftslehre am Beispiel der Ökonomisierung ökologischer Fragestellungen, in: Freimann, J., Ökologische Herausforderung der Betriebswirtschaft, Wiesbaden 1990, S. 145

tretern es weniger um eine völlige Neuorientierung des betriebswirtschaftlichen Denkens, sondern in erster Linie um die **Einbeziehung ökologischer Fragestellungen in die traditionelle Betriebswirtschaftslehre geht.**[85] Umweltschutz wird als neues Element im betriebswirtschaftlichen Zielsystem verstanden,[86] und zwar nicht als Konkurrenzziel zum Gewinnstreben, sondern als eine weitere Nebenbedingung zur Zielsetzung der langfristigen Gewinnmaximierung.[87] Die betriebliche Umweltökonomie wird definiert als eine **Teildisziplin der Betriebswirtschaftslehre,** „die die Beziehungen des Betriebes zu seiner natürlichen Umwelt und die Einwirkungen der Umwelt und ihrer Qualität sowie der Umweltpolitik auf den Betrieb darstellt und analysiert und die Möglichkeiten des Betriebes aufzeigt, wie er entsprechend seiner Zielsetzungen ... den umweltbezogenen Erfordernissen des Marktes, des Staates und der Gesellschaft am besten gerecht wird."[88]

Die aus dem Subziel Umweltschutz resultierenden Problemstellungen sind in allen Funktionsbereichen des Betriebes bzw. im Rahmen der gesamten Betriebswirtschaftslehre zu berücksichtigen. So ergeben sich insbesondere neue Denkansätze im Bereich des **Rechnungswesens** (Entwicklung eines ökologisch orientierten Rechnungswesens, insbesondere im Bereich der Kostenrechnung), der **Steuern und Finanzen** (Mitarbeit bei der Entwicklung und Gestaltung ökologisch effizienter Besteuerung und Finanzierung), der **Logistik** (Mitarbeit und ökologische Beratung bei Standort-, Beschaffungs- und Lagerhaltungsentscheidungen sowie in inner- und überbetrieblichen verkehrswirtschaftlichen Belangen), der **Information** (Mitarbeit bei der Entwicklung und Organisation von Informationssystemen), der **Fertigung** (Beratung und Mitarbeit bei der Entwicklung und Erhaltung umweltschonender Produktionsverfahren) und des **Marketing** (Entwicklung ökologisch orientierter Marktstrategien sowie Beratung der Wirtschaft und wirtschaftsnaher Institutionen im Sinne eines nicht-kommerziellen Marketing).[89]

Kritisch ist zu diesem Ansatz der Betriebswirtschaftslehre anzumerken, daß es zweifelhaft erscheint, ob die Betriebliche Umweltökonomie eine Teildisziplin der Betriebswirtschaftslehre ist. Sie scheint vielmehr vor allem den Prozeß der betrieblichen Leistungserstellung unter dem – bislang vernachlässigten – Aspekt des Umweltschutzes zu betrachten. Der **Erkenntnisfortschritt** für die Betriebswirtschaftslehre durch die Betonung des Umweltaspektes ist wohl eher **gering:** die Umwelt und der Umweltschutz können in der Betriebswirtschaftslehre methodisch nur erfaßt werden, wenn sie sich **in**

---

[85] Vgl. Strebel, H., Umwelt und Betriebswirtschaft – Die natürliche Umwelt als Gegenstand der Unternehmenspolitik, Berlin-Bielefeld-München 1980, vgl. auch Seidel, E., Menn, H., Ökologisch orientierte Betriebswirtschaft, Stuttgart 1988

[86] Vgl. Strebel, H., a. a. O., S. 46 ff.

[87] Vgl. Bräuer, K., Konzepte der ökologisch orientierten Betriebswirtschaftslehre, WiSt 1992, S. 41 f.; vgl. auch Strebel, H., Gründe und Möglichkeiten betriebswirtschaftlicher Umweltpolitik, in: Seidel, E., Strebel, H. (Hrsg.), Umwelt und Ökonomie, a. a. O., S. 212 f.

[88] Wicke, L., Haasis, H.-D., Schafhausen, F., Schulz, W., Betriebliche Umweltökonomie – Eine praxisorientierte Einführung, München 1992, S. 19

[89] Vgl. Seidel, E., Menn, H., a. a. O., S. 125 ff. sowie ausführlich Wicke, L., Haasis, H.-D., Schafhausen, F., Schulz, W., Betriebliche Umweltökonomie, a. a. O., S. 28 ff.

Kosten und Erlösen niederschlagen. Eine Berücksichtigung ist dann aber selbstverständlich und mit dem herkömmmlichen Instrumentarium auch möglich.

Der ökologieorientierte Ansatz der Betriebswirtschaftslehre läßt sich methodologisch mit der Betriebswirtschaftlichen Steuerlehre vergleichen. So wie diese ein Bestandteil der Allgemeinen Betriebswirtschaftslehre ist, da ihr Ziel die Analyse des Einflusses der Besteuerung auf unternehmerische Entscheidungen sowohl im institutionellen Bereich (z. B. Rechtsformwahl, Standortwahl) als auch im funktionalen Bereich (z. B. Beschaffung, Lagerhaltung, Transport, Leistungserstellung) ist, so wird teils durch das gewachsene Umweltbewußtsein, teils durch gesetzliche Zwangsmaßnahmen zur Beachtung des Umweltschutzes in Zukunft bei allen umweltrelevanten unternehmerischen Entscheidungen – ob im institutionellen Bereich (z. B. Standortwahl unter ökologischen Gesichtspunkten) oder im funktionalen Bereich (z. B. Kosten der Entsorgung von Produktionsrückständen) – der ökologische Aspekt zu beachten sein. Die Probleme der Betrieblichen Umweltökonomie sind folglich wegen der durch die Nutzung der natürlichen Umwelt und der durch Umweltschutzmaßnahmen ausgelösten Einflüsse auf Kosten und Erlöse **in allen relevanten Bereichen der Allgemeinen Betriebswirtschaftslehre** (und der Speziellen Betriebswirtschaftslehren) ebenso zu **berücksichtigen** wie z. B. die Einflüsse der Besteuerung. Ob das im Rahmen von Lehrbüchern zur Allgemeinen Betriebswirtschaftslehre oder in gesonderten Veröffentlichungen erfolgt, ist – wie bei der Betriebswirtschaftlichen Steuerlehre wegen des großen Stoffumfangs – keine methodologische, sondern eine didaktische Frage.

Zweiter Abschnitt
Der Aufbau des Betriebes

A. Die betrieblichen Produktionsfaktoren

I. Überblick

Die systematische Einteilung der Produktionsfaktoren wird durch das Ziel bestimmt, das mit der Einteilung verfolgt wird.[1] Die hier verwendete – durch Gutenberg begründete – herrschende Systematik dient der Untersuchung der Bestimmungsfaktoren, von denen die Ergiebigkeit der zur Leistungserstellung und Leistungsverwertung in einem nach langfristiger Gewinnmaximierung strebenden Unternehmen eingesetzten Produktionsfaktoren abhängt. Wer z. B. die Berechtigung des Privateigentums an den Produktionsmitteln in Frage stellt, kommt folgerichtig zu einer anderen Einteilung der Produktionsfaktoren. Er analysiert dann allerdings nicht mehr das Verhalten der Betriebe im zur Zeit bestehenden Wirtschaftssystem, sondern geht von der Modellvorstellung einer anderen Gesellschaftsordnung und Unternehmensverfassung aus.

Der betriebliche Leistungsprozeß erfordert den Einsatz von menschlicher Arbeitskraft, von Maschinen, Werkzeugen und Werkstoffen. **Arbeitsleistungen, Betriebsmittel** und **Werkstoffe** sind die drei Produktionsfaktoren, die im Betrieb kombiniert werden. Diese Kombination vollzieht sich jedoch nicht von selbst wie ein naturgesetzlicher Prozeß, sondern ist das Ergebnis leitender, planender und organisierender Tätigkeit des Menschen. Diese dispositiven Tätigkeiten gehören ebenso zum Bereich der menschlichen Arbeitsleistung wie die ausführende Arbeit eines Drehers oder einer Sekretärin. Man kann demnach grundsätzlich zwei Arten von Arbeitsleistungen unterscheiden: ausführende (vollziehende) Arbeit und leitende (dispositive) Arbeit. Da die gesamte Kombination der Produktionsfaktoren eine dispositive Arbeitsleistung darstellt, also ohne leitende Tätigkeit die übrigen Faktoren (vollziehende Arbeit, Betriebsmittel und Werkstoffe) nicht zu sinnvollem wirtschaftlichen Einsatz gelangen können, ist es zweckmäßig, aus dem Faktor menschliche Arbeitskraft die dispositive Arbeit als selbständigen Produktionsfaktor auszugliedern.[2] Somit unterscheiden wir vier betriebliche Produktionsfaktoren:

(1) Die **dispositive Arbeit** (Betriebsführung). Ihre Funktionen sind die Leitung, Planung, Organisation und Überwachung des Betriebsprozesses.

---

[1] Zu unterschiedlichen Einteilungsmöglichkeiten vgl. insbes. Weber, H. K., Zum System produktiver Faktoren, ZfbF 1980, S. 1056 ff.
[2] Vgl. Gutenberg, E., Grundlagen der Betriebswirtschaftslehre, Bd. 1: Die Produktion, 23. Aufl., Berlin-Heidelberg-New York 1979, S. 3 (im folgenden als „Grundlagen" zitiert)

Die Ausübung dieser Tätigkeiten besteht in einem Vorbereiten und Treffen von Entscheidungen;

(2) die **ausführende** (objektbezogene) **Arbeit;**

(3) die **Betriebsmittel** (z. B. Grundstücke, Gebäude, Maschinen, Werkzeuge);

(4) die **Werkstoffe** (z. B. Roh-, Hilfs- und Betriebsstoffe).

Die unter (2)–(4) aufgeführten Produktionsfaktoren bezeichnet man als **Elementarfaktoren** oder als objektbezogene Faktoren, da sie eine unmittelbare Beziehung zum Produktionsobjekt haben. Ihr Einsatz wird vom dispositiven Faktor gelenkt.

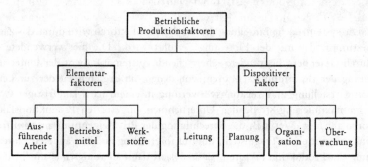

Abb. 1: Das System der betrieblichen Produktionsfaktoren

Die Trennung in dispositive und ausführende Arbeit ist allerdings deshalb problematisch, weil es in der Hierarchie der Führungsstellen im Betriebe außer der Führung durch den Eigentümer (bzw. durch beauftragte Organe wie Vorstände und Geschäftsführer von Kapitalgesellschaften) nur wenige Führungskräfte gibt, die – obwohl sie selbständige Führungsentscheidungen treffen können – nicht zugleich Weisungen übergeordneter Instanzen auszuführen haben. Deshalb könnte man den dispositiven Faktor weiter unterteilen in einen **originären** Bestandteil, d. h. die **Leitung des Betriebes** einerseits, die ihre autonome Entscheidungsgewalt letzten Endes aus dem der marktwirtschaftlichen Ordnung zugrunde liegenden Privateigentum an den Produktionsmitteln ableitet, und in **derivative** Bestandteile wie die **Planung,** die **Organisation** und die **Kontrolle,** deren Entscheidungskompetenzen durch Weisungen der Betriebsführung mehr oder weniger begrenzt werden.

Eine scharfe Trennungslinie läßt sich weder zwischen originärer und derivativer dispositiver Arbeit noch zwischen dispositiver Arbeit insgesamt und ausführender Arbeit ziehen. Ob diese Trennungslinie – bezogen auf die Führungshierarchie – weiter „oben" oder weiter „unten" verläuft, hängt wesentlich vom **Führungsstil**[3] (z. B. autoritär oder kooperativ) und von den angewendeten **Führungsprinzipien** (Managementprinzipien)[4] ab.

---

[3] Zu den verschiedenen Führungsstilen vgl. ausführlich S. 133 ff.
[4] Vgl. dazu ausführlich S. 136 ff.

Wenn in den folgenden Abschnitten die vier Produktionsfaktoren (dispositive Arbeit, ausführende Arbeit, Betriebsmittel, Werkstoffe) zunächst gesondert analysiert werden, bevor die bei ihrer Kombination auftretenden Probleme behandelt werden, so sollte man sich stets die Problematik, die in dieser vereinfachenden Einteilung der Produktionsfaktoren liegt, vor Augen halten.

Die **Volkswirtschaftslehre** verwendet eine Dreiteilung der Produktionsfaktoren in **Arbeit, Boden** und **Kapital**.[5] Die dispositive Arbeit wird nicht als gesonderter Faktor angesehen. Boden und Arbeit sind ursprüngliche (originäre) Produktionsfaktoren, Kapital gilt als abgeleiteter Produktionsfaktor. Von originären Produktionsfaktoren kann man streng genommen nur sprechen, wenn der Boden im „Urzustand" ist, d. h. nicht durch Einsatz des abgeleiteten Produktionsfaktors Kapital (z. B. Maschinen zur Rodung oder technische Anlagen zur Drainage) in seiner Qualität verbessert wird. Entsprechend ist „originäre" Arbeit ungelernte Arbeit, denn die Ausbildung zur Facharbeit muß im volkswirtschaftlichen Sinne bereits als „Produktionsprozeß" bezeichnet werden.[6]

Auch hier macht die Abgrenzung der Faktoren Schwierigkeiten. So ist der Produktionsfaktor **Boden** die Grundlage völlig unterschiedlicher Nutzungen, je nachdem, ob er z. B. landwirtschaftlich oder als Standort für Gewerbetreibende oder zur Gewinnung von Rohstoffen wie Kohle, Erz und Öl genutzt wird.

Unter **Kapital** im volkswirtschaftlichen Sinne sind Kapitalgüter, d. h. ist Realkapital (nicht Geldkapital) zu verstehen, mit dem die Arbeit ausgestattet und dadurch ergiebiger gemacht wird. Zum Kapital gehören Maschinen, Werkzeuge und Werkstoffe, d. h. alle Hilfsmittel, die sich der Mensch zur Erleichterung und Steigerung der Ergiebigkeit seiner Arbeit schafft. Der volkswirtschaftliche Produktionsfaktor Kapital setzt sich also **aus produzierten Gütern** zusammen, die geeignet sind, im Produktionsprozeß Nutzungen abzugeben und durch Kombination mit dem Faktor Arbeit und Boden die Ergiebigkeit dieser Faktoren zu steigern. Dieser Unterschied im System der Produktionsfaktoren ist bedingt durch die Verschiedenheit der Erkenntnisobjekte der Betriebswirtschaftslehre und der Volkswirtschaftslehre.

Die Volkswirtschaftslehre erklärt, wie sich der durch eine Kombination von Produktionsfaktoren erzielte Ertrag als Einkommen auf die beteiligten Produktionsfaktoren verteilt, und gelangt so zu den drei **funktionellen Einkommenskategorien** Arbeitslohn, Grundrente (Bodenrente, Pachten) und Zins, die vom Standpunkt der Produktion zugleich die Produktionskosten im volkswirtschaftlichen Sinne darstellen. Ein verbleibender Rest des Ertrages fällt den Unternehmern als Unternehmergewinn (Residualgewinn) zu. Das **Volkseinkommen** (Nettosozialprodukt) einer Periode läßt sich definie-

---

[5] Vgl. Carell, E., Produktionsfaktoren, HdS, Bd. 8, S. 571 ff.
[6] Vgl. Bartling, H., Luzius, F., Grundzüge der Volkswirtschaftslehre, 10. Aufl., München 1992, S. 21

ren als Lohnsumme plus Grundrentensumme plus Zinssumme plus Unternehmergewinne dieser Periode. Bei betriebswirtschaftlicher Betrachtung ist es gleich der **Wertschöpfung** der Unternehmen, die sich ebenfalls aus Löhnen, Pachten, Zinsen und Gewinnen zusammensetzt. Wenn aber „das Sozialprodukt als Output einer Volkswirtschaft von den zum Einsatz kommenden Produktionsfaktoren Arbeit, Boden und Kapital und dem für die Art der Kombination dieser Produktionsfaktoren maßgeblichen technisch-organisatorischen Wissen abhängt,"[7] so zeigt diese Feststellung, daß auch hier in Form des „**technisch-organisatorischen Wissens**" eine Art dispositiver Faktor für erforderlich gehalten wird. Das volkswirtschaftliche System der Produktionsfaktoren ist also für eine Theorie der Einkommensbildung und -verteilung geeignet, jedoch nicht für eine Analyse des Betriebsprozesses.[8]

Zur Erklärung des Betriebsprozesses ist das oben angeführte System der betrieblichen Produktionsfaktoren zu verwenden. Der volkswirtschaftliche Faktor Grund und Boden gehört in der Betriebswirtschaftslehre zum Produktionsfaktor **Betriebsmittel,** die **Werkstoffe** dagegen sind für die Betriebswirtschaftslehre ein eigener Produktionsfaktor, während sie in der Volkswirtschaftslehre als „produzierte Güter" aufgefaßt und damit zum Faktor Kapital gerechnet werden. Da die betriebswirtschaftlichen Produktionsfaktoren nicht in beliebiger Menge vorhanden, sondern „knapp" sind, muß der Betrieb einen Preis dafür bezahlen. Die Preise für die Produktionsfaktoren sind **betriebliche Kosten.** Kosten sind also: Menge der Produktionsfaktoren mal Preise der Produktionsfaktoren.

Während es in der Volkswirtschaftslehre nur drei Hauptkostenarten: Lohnkosten, Grundrentenkosten und Zinskosten gibt, die vom Standpunkt der Produktionsfaktoren aus gesehen zugleich die drei funktionellen Einkommenskategorien darstellen, entspricht den betrieblichen Produktionsfaktoren eine Vielzahl von Kostenarten (Löhne, Gehälter, soziale Abgaben, Materialkosten, Abschreibungen, Zinsen usw.).

Kritik wird häufig an der „mechanistischen" Betrachtung der menschlichen Arbeit als Produktionsfaktor geübt. Hierbei wird gewöhnlich übersehen, daß zwar die Arbeitsleistung mit den Faktoren Betriebsmittel und Werkstoffe kombiniert wird, daß aber die Zeit des „**Taylorismus**"[9], der von der Vorstellung ausgeht, daß durch sachkundige psychologische und organisatorische Behandlung die Leistung des Menschen wie die einer Maschine gesteuert werden könne, vorbei ist. Der Mensch hat als „Faktor Arbeit" nicht nur aufgrund eines Kataloges arbeits- und sozialrechtlicher Vorschriften, deren Ziel durch das Schlagwort „**Humanisierung der Arbeitswelt**" umschrieben werden kann (z. B. gesetzliche Vorschriften zur Arbeitszeit- und Urlaubsregelung, zur Lohnfortzahlung im Krankheitsfall, zum Mutter- und Jugendschutz, zur Lohnregelung bei Sonn- und Feiertagsarbeit usw.),

---

[7] Bartling/Luzius, a. a. O., S. 20f.
[8] Vgl. Gutenberg, E., Grundlagen, Bd. I, a. a. O., S. 4
[9] Vgl. Taylor, F. W., Die Grundsätze wissenschaftlicher Betriebsführung, München und Berlin 1913

sondern auch aufgrund zusätzlicher Maßnahmen des Betriebes[10] im System der Produktionsfaktoren einen völlig **anderen Stellenwert** als die materiellen Produktionsfaktoren. Daß derartige Maßnahmen nicht nur aus „sozialen" Überlegungen erfolgen, sondern auch zur Leistungssteigerung motivieren sollen, dient nicht nur den Interessen des Betriebes, sondern auch denen der Arbeitnehmer selbst, da höhere Leistungen aufgrund von Tarifverträgen in der Regel auch höher bezahlt werden müssen. Ohne Zunahme der Arbeitsproduktivität durch entsprechende Gestaltung des gesamten Kombinationsprozesses könnte eine Steigerung der Lohnkosten vom Betriebe nicht erwirtschaftet werden. (ÜB 1/5–6)

II. Die Betriebsführung

1. Die Funktionen des dispositiven Faktors (Überblick)

Es wurde oben[1] bereits ausführlich erörtert, daß das oberste Ziel eines Betriebes im marktwirtschaftlichen Wirtschaftssystem (Unternehmung) darin besteht, den größtmöglichen Gewinn auf lange Sicht unter Beachtung bestimmter Nebenbedingungen zu erreichen. Damit diese Zielsetzung verwirklicht werden kann, bedarf es einer einheitlichen Führung des Betriebes, die die Kombination der menschlichen Arbeitskraft mit den Betriebsmitteln und Werkstoffen plant, organisiert und kontrolliert. Man bezeichnet diese Tätigkeit der Führungsspitze als leitende (dispositive) Arbeit und die Gesamtheit aller Führungsorgane als **dispositiven Faktor.** Für die Führungskräfte, d. h. für die Gruppe von Personen, die anderen Personen Weisungen erteilen darf, hat sich auch im deutschen Sprachgebrauch zunehmend der Begriff **„Management"** eingebürgert. Die Bezeichnung Management wird zugleich für die Funktionen verwendet, die diese Personen ausüben.

Oberste Aufgabe der Betriebsführung ist die Fixierung der konkreten betrieblichen Zielsetzungen, mit denen das Endziel, die langfristige Gewinnmaximierung, erreicht werden soll, und die Festlegung der Betriebspolitik, d. h. der „Marschroute", die der Betrieb einhalten muß, um die gesteckten Ziele auf wirtschaftlichste Weise zu erreichen. Alle Ziele bzw. Teilziele, die ein Betrieb verfolgt, kann man in dem Begriff der **Zielfunktion** zusammenfassen. Erste und oberste Aufgabe des dispositiven Faktors ist es, in einer **Zielentscheidung** die Zielfunktion zu formulieren. Alle anderen Entscheidungen beziehen sich dann auf die Wahl der Mittel, derer sich der Betrieb bedienen will, um seine Zielfunktion zu realisieren. Man bezeichnet diese als **Mittelentscheidungen.**

Alle Entscheidungen, die sich auf die Grundfunktionen des dispositiven Faktors beziehen, werden als **Führungsentscheidungen** bezeichnet. Eine echte Führungsentscheidung liegt dann vor, wenn eine Entscheidung

---

[10] Vgl. die Ausführungen zur optimalen Gestaltung der Arbeitsbedingungen und zu freiwilligen Sozialleistungen auf S. 262 ff. bzw. S. 298 ff.
[1] Vgl. S. 3 und S. 41 ff.

(1) ein hohes Maß an Bedeutung für die Vermögens- und Ertragslage und damit für den Bestand des Unternehmens besitzt,

(2) auf das Ganze der Unternehmung gerichtet ist,

(3) entweder nicht an untergeordnete Stellen übertragbar ist oder im Interesse des Unternehmens nicht übertragen werden darf.[2]

Entscheidungen, die allen drei Merkmalen entsprechen, sind z. B.:[3]

„1. Festlegung der Unternehmenspolitik auf weite Sicht,

2. Koordinierung der großen betrieblichen Teilbereiche,

3. Beseitigung von Störungen im laufenden Betriebsprozeß,

4. Geschäftliche Maßnahmen von außergewöhnlicher betrieblicher Bedeutsamkeit,

5. Besetzung der Führungsstellen im Unternehmen."

Zur Realisierung der betrieblichen Zielsetzungen bedarf es zunächst einer genauen **Planung** aller Einzelheiten in allen betrieblichen Bereichen, also einer Planung des Fertigungsprogramms in Industriebetrieben oder des Warensortiments in Handelsbetrieben, einer Planung der Finanzierung und der Beschaffung der Produktionsfaktoren, einer Planung des Vertriebs u. a. Da die betrieblichen Ziele auf verschiedenen Wegen erreicht werden können, umfaßt die Planung die gedankliche Verfolgung verschiedener Handlungsalternativen, an die sich die Entscheidung für die vom Standpunkt der Zielsetzung optimale Alternative anschließt.

Der Vollzug **(Realisation)** dieser Planung erfordert eine Verteilung der Aufgaben, eine Übertragung von Anordnungsbefugnissen, eine Regelung der Verkehrswege zwischen den gebildeten betrieblichen Bereichen. Das ist Aufgabe der betrieblichen **Organisation.**

Zur Realisierung der Planung gehört neben der Organisation auch die Aufgabe, die ausführende Arbeit zur Durchführung von Tätigkeiten zu veranlassen, in bestimmte Aufgaben einzuweisen oder vor Ausführung bestimmter Aufgaben zu unterweisen. In der Literatur wird dieser Teil der Realisation unter dem Begriff „aktuelles Einwirken" zusammengefaßt.[4] Der Begriff Realisation umfaßt jedoch nur die Tätigkeit des dispositiven Faktors, nicht dagegen die Ausführung einzelner Sachaufgaben.

Letztlich muß der dispositive Faktor sich einen Überblick verschaffen können, inwieweit und in welcher Weise die gesteckten Ziele realisiert worden sind. Dazu bedarf es einer **Überwachung** der betrieblichen Ablaufprozesse einerseits durch Personen, die die Tätigkeiten ausüben (Kontrolle) oder durch automatische Kontrolleinrichtungen, andererseits durch betriebsinterne oder betriebsexterne Sachverständige, die an der Ausführung nicht beteiligt sind (Prüfung, Revision). Wichtiges Hilfsmittel der Überwachung ist das betriebliche Rechnungswesen (Buchführung, Bilanz, Kostenrechnung, Statistik und Vergleichsrechnung).

---

[2] Vgl. Gutenberg, E., Unternehmensführung. Organisation und Entscheidungen, Wiesbaden 1962, S. 59 ff.

[3] Gutenberg, E., Unternehmensführung, a. a. O., S. 61

[4] Vgl. Schubert, U., Der Management-Kreis. In: Management für alle Führungskräfte in Wirtschaft und Verwaltung, Bd. I, Stuttgart 1972, S. 42

Die **Aufgaben des dispositiven Faktors** können also folgendermaßen zusammengefaßt werden:
(1) Ziele setzen,
(2) Planen,
(3) Entscheiden,
(4) Realisieren,
(5) Kontrollieren.

Diese Funktionen der Betriebsführung sind nicht alle zeitlich nachgeordnet, sondern zwischen ihnen bestehen **Interdependenzen und Rückkoppelungen.** Das Setzen von Zielen ist ebenso wie das Planen ein Entscheidungsprozeß. Stellt sich bei der Planung heraus, daß ein vorgegebenes Teilziel nicht erreichbar ist, so muß ggf. das Ziel korrigiert werden. Voraussetzung für die Ausübung der Teilfunktionen des dispositiven Faktors ist der Austausch von Informationen, d. h. die **Kommunikation.**

Schubert hat die Aufgaben der Betriebsführung als Kreismodell dargestellt.[5] Die Betriebsführung setzt Ziele, plant, entscheidet über Planungsalternativen, realisiert und kontrolliert, ob die Realisation den Zielen entspricht. Ist das nicht der Fall, so können sich Rückwirkungen auf die Ziele ergeben; der Kreis ist geschlossen.

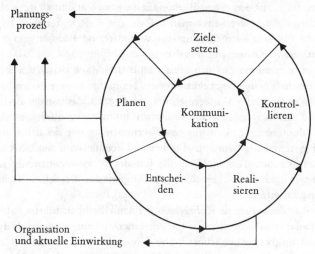

Abb. 2: Management-Kreis

2. Strategische Unternehmensführung

Der Begriff strategische Unternehmensführung bezeichnet eine Führungskonzeption, die die Steuerung und Koordination der langfristigen Entwicklung des Unternehmens zum Ziele hat und bei der die unternehmerischen Entscheidungen nicht nur von **rational-ökonomischen** Überlegungen, sondern auch vom **soziologischen** und **sozialen Umfeld** bestimmt werden.

---

[5] Schubert, U., a. a. O., S. 43 f.

Durch diese Ausweitung der strategischen Unternehmensführung über das rein Ökonomische hinaus vollzieht sich „eine Trendwende in der Betriebswirtschaftslehre von einer rein ökonomisch orientierten Disziplin zu einer Ökonomisches und Soziales integrierenden Wissenschaft vom Management."[6] Das strategische Management betrifft also nicht nur einzelne Aufgaben des dispositiven Faktors wie beispielsweise die Planung, sondern wirkt sich auf den gesamten Aufgabenumfang der Unternehmensführung aus. Die strategische Planung stellt allerdings einen besonderen Schwerpunkt der strategischen Unternehmensführung dar.[7]

Es stellt sich die Frage, ob es sich bei der strategischen Unternehmensführung um eine völlig **neue Konzeption** oder nur um eine neue Terminologie für etwas längst Bekanntes handelt. Geht man von dem oben abgebildeten Management-Kreis aus, der die Aufgaben des dispositiven Faktors zeigt, so ergeben sich beim Vergleich zwischen den klassischen Aufgaben des dispositiven Faktors und denen des strategischen Managements nicht nur sprachliche, sondern auch inhaltliche Ähnlichkeiten; denn ob von strategischer Zielsetzung, strategischer Planung, Strategieentscheidung (-formulierung), Strategierealisation (-implementation) und strategischer Kontrolle gesprochen wird oder einfach von Zielsetzung, Planung, Entscheidung, Realisation und Kontrolle, führt auf den ersten Blick zu keinem wesentlichen Unterschied. Bei genauerer Analyse erkennt man jedoch, daß sich hinter dem Begriff strategische Unternehmensführung eine veränderte oder besser gesagt eine **weiterentwickelte Konzeption** verbirgt.

Dabei ist es in diesem Zusammenhang ohne Belang, ob es sich um ein von der Wissenschaft neu entwickeltes oder um ein in den Unternehmen bereits seit langem praktiziertes Managementkonzept handelt, das von der Betriebswirtschaftslehre aufgegriffen und – gestützt auf vorwiegend in amerikanischen Großunternehmen gewonnene Erfahrungen – wissenschaftlich analysiert und systematisiert wurde und mit einer – ebenfalls aus den USA übernommenen – neuen Terminologie, die von der Praxis nicht immer angenommen wird, zu einem „Lehrstück" der Allgemeinen Betriebswirtschaftslehre gemacht wurde.

Albach hat die klassische Konzeption der Unternehmensführung als **statisch** und **adaptiv**, die strategische Unternehmensführung dagegen als **dynamisch** und **aggressiv** bezeichnet.[8] Die Unterscheidung basiert auf einer grundsätzlich anderen Einstellung der Unternehmensführung zu Umweltveränderungen. Während die klassische Unternehmensführung aus einer statischen Grundhaltung heraus eingetretene Umweltveränderungen durch einen u. U. langfristigen Adaptionsprozeß verarbeitet, versucht die strategische Unternehmensführung durch eine frühzeitige dynamische Suche nach Chancen und Risiken, die sich aus veränderten Umweltbedingungen erge-

---

[6] Bleicher, K., Organisation, in: Allgemeine Betriebswirtschaftslehre, Bd. 2: Führung, hrsg. von Bea, F. X., Dichtl, E., Schweitzer, M., 6. Aufl., Stuttgart 1993, S. 172

[7] Vgl. S. 144 ff.

[8] Vgl. Albach, H., Beiträge zur Unternehmensplanung, 3. Aufl., Wiesbaden 1979, S. 64 ff.

ben können, **aggressive Strategien** zu entwickeln, die schon verfolgt werden, bevor die Umweltveränderung eingetreten ist.

Ein typisches Beispiel für den ersten Fall ist eine Unternehmensführung, die stets die Herstellung jener Produkte fördert, die im vergangenen Jahr den höchsten Beitrag zum Unternehmenserfolg geleistet haben. Demgegenüber würde eine strategische Unternehmensführung Produkte fördern oder neu entwickeln, von denen sie sich erhofft, daß sie unter den zukünftigen, u. U. erheblich veränderten Umweltbedingungen den Bestand des Unternehmens sichern und den Unternehmenserfolg vermehren werden. Man muß sich allerdings die Frage stellen, ob ein weitsichtiger Unternehmer nicht schon immer so gehandelt hat und lediglich die Betriebswirtschaftslehre sich nun bemüht, dieses Handeln wissenschaftlich zu durchdringen, methodisch aufzubereiten und Entscheidungsgrundsätze und Verfahren zur Realisierung einer solchen Führungskonzeption zu entwickeln.

Die veränderte Konzeption der Unternehmensführung ist in erster Linie eine Reaktion auf die immer rascheren und tiefer greifenden Umweltveränderungen, denen insbesondere größere, weltweit operierende Unternehmen ausgesetzt sind. Es leuchtet ein, daß die strategische Unternehmensführung aufgrund der veränderten Konzeption andere Schwerpunkte setzt und andere Instrumente verwendet. Das kommt am deutlichsten bei der strategischen Planung zum Ausdruck, die sich intensiv mit dem Problem der **Früherkennung strategischer Herausforderungen** (sog. Frühwarnsysteme) auseinandersetzt.

Auf die Darstellung der **klassischen** Unternehmensführung kann jedoch trotz der neuen Konzeption des strategischen Managements aus den folgenden Gründen **nicht verzichtet** werden:

(1) Die strategische Unternehmensführung kann effizient nur von solchen Unternehmen angewendet werden, die erheblichen Umweltveränderungen ausgesetzt sind. Soweit kleinere und mittlere Unternehmen kaum von gravierenden Umweltveränderungen betroffen werden, hat für sie die neue Konzeption nur eine geringe Bedeutung.

(2) Die strategische Unternehmensführung ist langfristig ausgerichtet und gibt nur die grundsätzliche Richtung und keine Details an. Je operativer, d. h. auf konkrete Vorgehensweisen gerichtet, die Entscheidungen werden, desto stärker muß auch bei strategischer Unternehmensführung auf Instrumente der klassischen Unternehmensführung zurückgegriffen werden.

(3) Die klassische Unternehmensführung stellt die Basis der strategischen Unternehmensführung dar, die nicht isoliert entwickelt wurde, sondern eine Weiterentwicklung klassischer Unternehmensführungskonzeptionen wie dem „Management by objectives"[9] darstellt.

---

[9] Vgl. S. 138 f.

3. Die Träger der Führungsentscheidungen

a) Eigentümer und Führungsorgane

Die Träger der betrieblichen Führungsentscheidungen sind im marktwirtschaftlichen Wirtschaftssystem entweder die **Eigentümer** des Betriebes oder die von den Eigentümern zur Führung des Betriebes bestellten Führungsorgane **(Geschäftsführer, Manager).** Sind die Eigentümer zugleich Geschäftsführer, so bezeichnet man solche Betriebe als **„Eigentümer-Unternehmungen".**[10] Beispiele sind die Einzelunternehmung, ferner die Offene Handelsgesellschaft (OHG), bei der die Geschäftsführung – soweit vertraglich nicht anders vereinbart – allen Gesellschaftern gemeinsam zusteht, außerdem die Einpersonen-Kapitalgesellschaften. Dazu gehören z. B. solche GmbH, deren Anteile in der Hand einer natürlichen Person vereinigt sind, die zugleich Geschäftsführer ist.

Der Eigentümer übt bei Unternehmen dieser Art **zwei Funktionen** aus: er trägt das Kapitalrisiko, und er leitet das Unternehmen, d. h., er ist allein für die Aufstellung des Wirtschaftsplans verantwortlich, trifft alle Entscheidungen selbständig und trägt die gesamte Verantwortung für die wirtschaftliche Entwicklung des Betriebes, von der nicht nur sein eigenes Einkommen, sondern auch das seiner Arbeitnehmer abhängt. Der Gewinn steht ihm allein zu, entsprechend hat er auch den Verlust allein zu tragen.

Übernehmen die Anteilseigner eines Unternehmens nur das Kapitalrisiko, und werden die Führungsentscheidungen Geschäftsführern übertragen, die nicht am Unternehmen beteiligt sind, so spricht man von **„Geschäftsführer-(Manager-)Unternehmungen".**[11] Typische Beispiele dafür sind die Kapitalgesellschaften, vor allem die Aktiengesellschaften. Die Anteilseigner (Aktionäre) bilden die **Hauptversammlung,** die den **Aufsichtsrat** wählt; dieser bestellt den **Vorstand.** Die laufende Geschäftsführung obliegt dem Vorstand;[12] er wird kontrolliert vom Aufsichtsrat. Der Vorstand ist in der Führung der Gesellschaft völlig autonom – bis auf die wenigen Entscheidungen, bei denen das Gesetz oder die Satzung eine Zustimmung des Aufsichtsrates verlangt oder eine Beschlußfassung durch die Hauptversammlung erfolgen muß. Vorstand und Aufsichtsrat werden häufig unter dem Begriff der **„Verwaltung"** der Aktiengesellschaft zusammengefaßt. Dieser Begriff verwischt die Unterschiede in der Kompetenzverteilung.[13]

Eine **Kombination** von Eigentümer- und Geschäftsführer-Unternehmung stellen Unternehmen dar, die zwei Gruppen von Eigentümern haben: solche, die als Geschäftsführer die Führungsentscheidungen treffen, und solche, die nur Kapitalgeber sind. Beispiele sind die **Kommanditgesellschaf-**

---

[10] Gutenberg, E., Unternehmensführung, a. a. O., S. 12
[11] Gutenberg, E., Unternehmensführung, a. a. O., S. 12
[12] Vgl. § 76 AktG
[13] Einzelheiten über die Kompetenzen von Vorstand, Aufsichtsrat und Hauptversammlung vgl. S. 340 ff.

ten, bei denen die Komplementäre ebenso wie die Einzelunternehmer oder Gesellschafter der OHG mit ihrem gesamten Vermögen haften, die Haftung der Kommanditisten dagegen auf ihre bedungenen Einlagen beschränkt ist. Die Geschäftsführung steht nur den Komplementären zu – es sei denn, der Gesellschaftsvertrag sieht eine andere Regelung vor. Gleiches gilt für die **Kommanditgesellschaften auf Aktien (KGaA).** Hier liegt die Geschäftsführung allein bei den persönlich haftenden Gesellschaftern, die praktisch die Funktion des Vorstandes der AG ausüben. In der Hauptversammlung der KGaA haben die Komplementäre nur ein Stimmrecht für ihre Aktien, das sie allerdings in bestimmten Fällen nicht ausüben dürfen (z. B. bei der Wahl und Abberufung des Aufsichtsrats und bei der Wahl der Abschlußprüfer).[14]

Auch bei der GmbH und bei der Aktiengesellschaft ist die Kombination von Eigentümer- und Gesellschafter-Unternehmung anzutreffen, z. B. wenn die Geschäftsführer oder Vorstandsmitglieder zugleich mit Kapitaleinlagen wesentlich beteiligt sind.

Die **Teilung der beiden Unternehmerfunktionen** zwischen Eigentümern und Managern ist vor allem dadurch bedingt, daß Großunternehmen Kapitalbeträge benötigen, die eine oder wenige Personen in der Regel nicht aufbringen können. Deshalb sind bereits im 19. Jahrhundert Organisationsformen entwickelt worden, in denen die Kapitaleinlagen vieler Personen zusammengefaßt werden. Gesellschaften dieser Art müssen schon wegen der großen Zahl der Entscheidungsträger ein handlungsfähiges Führungsgremium wählen.

Heute erfolgt die Finanzierung großer Aktiengesellschaften oft durch mehrere Tausend Aktionäre, die mit der Übernahme von Anteilen und damit von Kapitalrisiko eine möglichst hohe Verzinsung ihres eingesetzten Kapitals anstreben, **am Treffen von Führungsentscheidungen aber nicht interessiert** sind und dazu in der Regel auch nicht in der Lage wären. Sie nehmen meist noch nicht einmal in der Hauptversammlung die wenigen Möglichkeiten wahr, einen Einfluß auf die Geschicke ihrer Gesellschaft auszuüben, die ihnen das Aktiengesetz einräumt (z. B. Zustimmung bei Kapitalerhöhungen, Sanierungen, Fusionen, Abschluß von Unternehmensverträgen u. a.), sondern bevollmächtigen ihre Bank, für sie in der Hauptversammlung abzustimmen **(Depotstimmrecht).** Die Banken erhalten auf diese Weise über das Stimmrecht ihrer Depotkunden einen Einfluß auf bestimmte Führungsentscheidungen, ohne daß sie ihrerseits Kapitalrisiko tragen. Zwar hat die Neuregelung des Depotstimmrechts durch das Aktiengesetz 1965[15] dafür gesorgt, daß die Banken stärker an die Weisungen ihrer Kunden, wie die Bank zu den einzelnen Tagesordnungspunkten abstimmen soll, gebunden werden, doch geben auch weiterhin die meisten Aktionäre aus Unkenntnis über Inhalt und Tragweite der zu treffenden Entscheidungen den Banken eine Blankovollmacht für die Ausübung ihres Stimmrechts.

---

[14] Vgl. § 285 AktG
[15] Vgl. § 135 AktG

Die besondere Problematik der Trennung der Unternehmerfunktion in eine Gruppe von Kapitalgebern und eine Gruppe von Managern liegt in den **Interessengegensätzen,** die zwischen beiden Gruppen bestehen können. Die Manager werden an sich von den Kapitalgebern eingesetzt, um deren Interessen wahrzunehmen, d. h. in der Regel eine möglichst hohe Verzinsung des zur Verfügung gestellten Kapitals zu erzielen und an die Kapitalgeber auszuschütten. Die Manager sind ihrerseits an der Sicherung ihrer eigenen wirtschaftlichen und gesellschaftlichen Position und an der Ausübung und Erweiterung der ihnen zuwachsenden wirtschaftlichen Macht interessiert. Die Vergrößerung der Macht setzt ein Wachstum des Unternehmens voraus. Dazu ist eine Ausweitung der Eigenkapitalbasis erforderlich. Sie kann durch Gewinnthesaurierung erfolgen, führt dann aber zwangsläufig zu einer Verringerung der Gewinnausschüttungen. Durch Rücklagenbildung können zwar die Aktienkurse steigen (und damit das Vermögen der Aktionäre), aber das sofort verfügbare Einkommen der Aktionäre ist geringer, als wenn die erzielten Gewinne ausgeschüttet worden wären.

Neben den Eigentümern und Geschäftsführern gibt es noch ein „drittes Zentrum betrieblicher Willensbildung",[16] das zunehmende Bedeutung erlangt und die gesellschaftspolitische Diskussion seit vielen Jahren beherrscht: die **Mitbestimmung der Arbeitnehmer.** Sie kann sich auf Bereiche beschränken, die den Faktor Arbeit betreffen (z. B. arbeitsrechtliche Mitbestimmung nach dem Betriebsverfassungsgesetz) oder den gesamten Bereich unternehmerischer Entscheidungen umfassen (z. B. die unternehmerische Mitbestimmung der Arbeitnehmer in den Aufsichtsräten nach dem Montan-Mitbestimmungsgesetz 1951 und dem Mitbestimmungsgesetz 1976).

b) Die Mitbestimmung der Arbeitnehmer

aa) Arbeitsrechtliche und unternehmerische Mitbestimmung

Es ist ein Charakteristikum des marktwirtschaftlichen Wirtschaftssystems, daß der Unternehmer zur Erzielung des maximalen Gewinns seinen Wirtschaftsplan, d. h. sein Produktions-, Absatz- und Investitionsvolumen und seinen Finanzplan selbst bestimmen kann. Das vom Unternehmer zur Verfügung gestellte Kapital trägt Chancen und Risiken unternehmerischer Entscheidungen. Wird der Betrieb gut geführt, werden also richtige Entscheidungen getroffen, verspricht das dem Unternehmer Gewinn, der sich in einer Erhöhung seines Vermögens niederschlägt. Versagt dagegen die Betriebsführung, werden also falsche Entscheidungen getroffen, hat das für den Kapitalgeber in aller Regel eine Verringerung, womöglich den totalen Verlust seines Vermögens zur Folge. Die marktwirtschaftliche Ordnung beruht damit auf dem Prinzip, daß derjenige, der im ökonomischen Bereich **Entscheidungen** trifft, auch deren **vermögensmäßige Konsequenzen,** seien sie positiv oder negativ, zu tragen hat.

---

[16] Gutenberg, E., Unternehmensführung, a. a. O., S. 16

Solange eine derartige Verantwortlichkeit des Kapitalgebers besteht, behält dieser Grundsatz auch dann noch seine Gültigkeit, wenn – wie das nach dem Zweiten Weltkrieg geschehen ist – der Gesetzgeber die **Unternehmerautonomie** durch bestimmte Vorschriften **einschränkt**. Die aus der Bereitstellung von Kapital erwachsende Entscheidungsfreiheit innerhalb des Betriebsgeschehens erfuhr dreimal eine gesetzliche Einschränkung zugunsten der zweiten, am Produktionsprozeß beteiligten Personengruppe, der Arbeitnehmer. Durch das **Betriebsverfassungsgesetz** (BetrVG) vom 11. 10. 1952 i. d. F. vom 23. 12. 1988,[17] das Gesetz über Sprecherausschüsse der leitenden Angestellten vom 20. 12. 1988,[18] das **Gesetz über die Mitbestimmung der Arbeitnehmer in den Aufsichtsräten und Vorständen der Unternehmen des Bergbaues und der Eisen und Stahl erzeugenden Industrie** vom 21. 5. 1951[19], ergänzt durch das Mitbestimmungsergänzungsgesetz vom 7. 8. 1956[20] und das **Gesetz über die Mitbestimmung der Arbeitnehmer** vom 4. 5. 1976[21] wurde die Mitwirkung und Mitbestimmung der Arbeitnehmer in den Betrieben und Unternehmungen für den Bereich der Bundesrepublik Deutschland geregelt.

Diese gesetzlichen Regelungen unterscheiden sich grundsätzlich. Die im Betriebsverfassungsrecht und im Tarifvertragsrecht geregelte Mitbestimmung wird als **arbeitsrechtliche Mitbestimmung** bezeichnet. Sie bezieht sich im Gegensatz zur **unternehmerischen Mitbestimmung** der Mitbestimmungsgesetze (häufig als qualifizierte Mitbestimmung bezeichnet) nicht auf die Mitwirkung bei allen wichtigen unternehmerischen Planungen und Entscheidungen, sondern räumt den Arbeitnehmern in Einzelfragen, die insbesondere das tägliche Arbeitsleben, den Arbeitsplatz und die Lohngestaltung betreffen, ein Recht auf Information, Anhörung oder Mitentscheidung ein. Die arbeitsrechtliche Mitbestimmung geht, wie das Arbeitsrecht überhaupt, vom Schutzbedürfnis des Arbeitnehmers aus; sie ist also eine Weiterentwicklung des kollektiven Arbeitsrechts und schränkt die Autonomie der Unternehmensleitung nur punktuell ein.

Die unternehmerische Mitbestimmung dagegen soll den Arbeitnehmern eine unmittelbare Einflußnahme auf die unternehmerischen Entscheidungen einräumen. Ihr Ziel ist nicht der Schutz der in einem „fremden" Unternehmen beschäftigten Arbeitnehmer,[22] sondern Mitentscheidung der durch den Gesetzgeber zu Partnern der Eigentümer des Unternehmens gemachten Arbeitnehmer im „eigenen" Unternehmen. Diese geplante Umgestaltung der geltenden Wirtschafts- und Gesellschaftsordnung soll unterstützt werden durch eine Beteiligung der Arbeitnehmer am Zuwachs zum Produktivvermögen, d. h. durch eine **Vermögensumverteilung durch Vermögensbildung** der Arbeitnehmer zu Lasten der Unternehmergewinne.

---

[17] BGBl 1989 I, S. 1, zuletzt geändert durch Gesetz vom 28. 10. 1994, BGBl I, S. 3210
[18] BGBl I, S. 2312, s. bes. S. 2316ff.
[19] BGBl I, S. 347, zuletzt geändert durch Verordnung vom 26. 2. 1993, BGBl I, S. 278
[20] BGBl I, S. 707, zuletzt geändert durch das Gesetz vom 28. 10. 1994, BGBl I, S. 3264
[21] BGBl I, S. 1153, zuletzt geändert durch Gesetz vom 28. 10. 1994, BGBl I, S. 3210
[22] Vgl. Aktuelle Dokumente, Mitbestimmung in privaten Unternehmen, zusammengestellt von G. Schwerdtfeger, Berlin-New York 1973, S. 8f.

In der gesellschaftspolitischen Diskussion der letzten Jahre nimmt die Forderung nach Mitbestimmung der Arbeitnehmer bei allen unternehmerischen Entscheidungen noch vor der Frage der Vermögensbildung in Arbeitnehmerhand den ersten Platz ein. Diese Forderung wird inzwischen von allen politischen Parteien anerkannt. Von den Parteien, von Interessenverbänden und unabhängigen Gutachtern ist eine Anzahl von Mitbestimmungsmodellen entwickelt worden, aus denen schließlich als Kompromiß das bereits erwähnte Mitbestimmungsgesetz vom 4. 5. 1976 hervorgegangen ist.

Wir beschäftigen uns hier nicht deshalb mit diesem Problem, weil wir die Absicht haben, in diesem Zusammenhang in die Reihe der Kritiker oder der Befürworter von Mitbestimmungsmodellen zu treten. Es kann nicht Aufgabe eines Lehrbuchs der Betriebswirtschaftslehre sein, sich mit Argumenten zur Mitbestimmungsfrage auseinanderzusetzen, die größtenteils aus dem Bereich der Ethik, der Soziologie und der Rechtsphilosophie stammen. Im Rahmen der Betriebswirtschaftslehre können wir nur untersuchen, in welcher Weise die Mitbestimmungsmodelle die **Struktur des dispositiven Faktors** und dadurch die unternehmerischen Entscheidungen beeinflussen können.

Nachdem oben festgestellt wurde, daß der Aufsichtsrat erhebliche Einflußmöglichkeiten auf den Vorstand einer Aktiengesellschaft hat, können wir nunmehr davon ausgehen, daß im Modell der unternehmerischen Mitbestimmung alle wichtigen Dispositionen des Vorstandes des Einverständnisses der Arbeitnehmer- und Gewerkschaftsvertreter bedürfen. Wenn auch bei Unternehmerentscheidungen, die sich des direkten Einflusses der Arbeitnehmer entziehen, wenn also bei nicht mitbestimmten Unternehmerentscheidungen ethische und soziale Motive als Nebenbedingungen der Zielsetzung der langfristigen Gewinnmaximierung seit jeher eine Rolle spielen, so wird doch das Rentabilitätsdenken immer im Vordergrund stehen. Auf dieses Rentabilitätsdenken gründet sich das marktwirtschaftliche System, denn das Investitionsvolumen und damit Art und Umfang der Güterversorgung richten sich nach der Höhe des erwarteten Gewinns.

Das oft vorgetragene Argument, das Mitbestimmungsrecht der Arbeitnehmer könne den betrieblichen Entscheidungsprozeß verlangsamen, ist u. E. nicht gravierend, weil Arbeitnehmervertreter ihre Einwendungen wohl nur gegen Entscheidungen von hohem Gewicht geltend machen werden, die ohnehin durch einen langwierigen Entscheidungsprozeß gekennzeichnet sind, so daß eine zusätzliche Verzögerung nur selten schädlich ist.

Was u. E. viel schwerer wiegt, ist die Tatsache, daß die **Interessenlage** der Unternehmerseite und der Arbeitnehmerseite unterschiedlich sein kann. Während die Unternehmerseite ihre Entscheidungen weiterhin an den Daten des Marktes, also an den den Gewinn beeinflussenden Größen orientieren wird, können von Arbeitnehmer- und Gewerkschaftsseite beeinflußte Entscheidungen mit Wirtschaftlichkeit und Rentabilität u. U. nur noch insoweit in Einklang stehen, als das zur Erhaltung eines gewissen Lohnniveaus und zur Sicherung der Arbeitsplätze erforderlich ist.

Rationalisierung und Automatisierung werden möglicherweise nur in solchem Maße durchgeführt werden, wie die Arbeitsnachfrage das Arbeitsangebot übersteigt. Das ist aber nur solange der Fall, wie die Gesamtwirtschaft im Wachsen begriffen ist. Wirtschaftswachstum läßt sich auf längere Sicht aber nur durch Maßnahmen der Rationalisierung und Automatisierung gewährleisten, die in der Regel nicht ohne Einfluß auf die Zahl und die Art der Arbeitsplätze sind.

Der Politiker, der über die Realisierung von Mitbestimmungsforderungen zu entscheiden hat, wird sämtliche Vor- und Nachteile, und nicht nur die ökonomischen, sorgfältig abzuwägen haben. Sollte er zu dem Ergebnis gelangen, daß **gesellschaftspolitische Vorzüge** die betriebswirtschaftlichen Nachteile übersteigen und einen Eingriff in die bestehende Wirtschafts- und Gesellschaftsordnung rechtfertigen, so muß auch der Wirtschaftswissenschaftler, trotz mancher aus seinem Fachbereich geäußerten Bedenken, die unternehmerische Mitbestimmung als rechtliches Datum ebenso akzeptieren wie andere Rechtsnormen, deren ökonomische Wirkung er analysiert. (**ÜB 2/38**)

bb) Die arbeitsrechtliche Mitbestimmung

(1) Die Mitbestimmung nach dem Betriebsverfassungsgesetz

Das Betriebsverfassungsgesetz hat für Betriebe mit mindestens fünf Arbeitnehmern eine bestimmte Organisation der Betriebsvertretung vorgesehen. Das Hauptorgan der Arbeitnehmer ist der **Betriebsrat,** der von der Betriebsversammlung, die aus den Arbeitnehmern des Betriebes besteht, gewählt wird. Die **Betriebsversammlung** kann dem Betriebsrat keine Weisungen erteilen. Sie nimmt in vierteljährlichem Abstand den Tätigkeitsbericht des Betriebsrats entgegen. Sie hat also kein positives Mitbestimmungsrecht, sondern nur das Recht auf Information und Beratung. Sie kann dem Betriebsrat Anträge unterbreiten und zu seinen Beschlüssen Stellung nehmen (§ 45 BetrVG).

Aufgabe des Betriebsrats ist es, die Interessen der Arbeitnehmer (Arbeiter und Angestellte) zu vertreten. Nach § 80 Abs. 1 BetrVG hat der Betriebsrat folgende allgemeine Aufgaben:

(1) Darüber zu wachen, daß die zugunsten der Arbeitnehmer geltenden Gesetze, Verordnungen, Unfallverhütungsvorschriften, Tarifverträge und Betriebsvereinbarungen durchgeführt werden;

(2) Maßnahmen, die dem Betrieb und der Belegschaft dienen, beim Arbeitgeber zu beantragen;

(3) die Durchsetzung der tatsächlichen Gleichberechtigung von Männern und Frauen zu fördern;

(4) Anregungen von Arbeitnehmern und der Jugend- und Auszubildendenvertretung entgegenzunehmen und, falls sie berechtigt erscheinen, durch Verhandlungen mit dem Arbeitgeber auf eine Erledigung hinzuwirken;

(5) die Eingliederung Schwerbeschädigter und sonstiger besonders schutzbedürftiger Personen zu fördern;

(6) die Wahl einer Jugend- und Auszubildendenvertretung vorzubereiten und durchzuführen und mit dieser zur Förderung der Belange der ju-

gendlichen Arbeitnehmer und Auszubildenden, die das 25. Lebensjahr noch nicht vollendet haben, eng zusammenzuarbeiten; er kann von der Jugend- und Auszubildendenvertretung Vorschläge und Stellungnahmen anfordern;

(7) die Beschäftigung älterer Arbeitnehmer im Betrieb zu fördern;

(8) die Eingliederung ausländischer Arbeitnehmer im Betrieb und das Verständnis zwischen ihnen und den deutschen Arbeitnehmern zu fördern.

Soweit eine gesetzliche oder tarifliche Regelung nicht besteht, hat der Betriebsrat in folgenden Angelegenheiten **mitzubestimmen** (§ 87 Abs. 1 BetrVG):

(1) Fragen der Ordnung des Betriebs und das Verhalten der Arbeitnehmer im Betrieb;

(2) Beginn und Ende der täglichen Arbeitszeit einschließlich der Pausen sowie Verteilung der Arbeitszeit auf die einzelnen Wochentage;

(3) vorübergehende Verkürzung oder Verlängerung der betriebsüblichen Arbeitszeit;

(4) Zeit, Ort und Art der Auszahlung der Arbeitsentgelte;

(5) Aufstellung allgemeiner Urlaubsgrundsätze und des Urlaubsplans sowie die Festsetzung der zeitlichen Lage des Urlaubs für einzelne Arbeitnehmer, wenn zwischen dem Arbeitgeber und den beteiligten Arbeitnehmern kein Einverständnis erzielt wird;

(6) Einführung und Anwendung von technischen Einrichtungen, die dazu bestimmt sind, das Verhalten oder die Leistung der Arbeitnehmer zu überwachen;

(7) Regelungen über die Verhütung von Arbeitsunfällen und Berufskrankheiten sowie über den Gesundheitsschutz im Rahmen der gesetzlichen Vorschriften oder der Unfallverhütungsvorschriften;

(8) Form, Ausgestaltung und Verwaltung von Sozialeinrichtungen, deren Wirkungsbereich auf den Betrieb, das Unternehmen oder den Konzern beschränkt ist;

(9) Zuweisung und Kündigung von Wohnräumen, die den Arbeitnehmern mit Rücksicht auf das Bestehen eines Arbeitsverhältnisses vermietet werden, sowie die allgemeine Festlegung der Nutzungsbedingungen;

(10) Fragen der betrieblichen Lohngestaltung, insbesondere die Aufstellung von Entlohnungsgrundsätzen und die Einführung und Anwendung von neuen Entlohnungsmethoden sowie deren Änderung;

(11) Festsetzung der Akkord- und Prämiensätze und vergleichbarer leistungsbezogener Entgelte, einschließlich der Geldfaktoren;

(12) Grundsätze über das betriebliche Vorschlagswesen.

Der Betriebsrat hat auch auf die Bekämpfung von Unfall- und Gesundheitsgefahren zu achten und hat Anregungen für Unfallverhütungsmaßnahmen zu geben. Bei der Einführung und Prüfung von Arbeitsschutzvorrichtungen und bei Unfalluntersuchungen ist er hinzuzuziehen (§ 89 BetrVG).

Der Betriebsrat übt ferner einen Einfluß in **Personalangelegenheiten** aus. Das ist besonders wichtig, da gerade durch Einstellung neuer Arbeitskräfte, durch Versetzungen innerhalb des Betriebs oder durch Beförderungen Spannungen innerhalb der Belegschaft eintreten können, wenn durch die Betriebsführung absichtlich oder unabsichtlich eine tatsächliche (oder scheinbare) Benachteiligung von Arbeitnehmern erfolgt, die auf Grund längerer Betriebszugehörigkeit, größerer Befähigung usw. geeigneter für bestimmte Positionen erscheinen als die von der Betriebsführung ausgewählten Mitarbeiter. § 92 Abs. 1 BetrVG bestimmt, daß der Arbeitgeber den Betriebsrat über die **Personalplanung,** insbesondere über den gegenwärtigen und künftigen Personalbedarf sowie über die sich daraus ergebenden personellen Entscheidungen und Maßnahmen der Berufsbildung umfassend zu unterrichten hat. Der Betriebsrat kann Vorschläge für die Einführung einer Personalplanung und ihre Durchführung machen. Er kann ferner verlangen, daß Arbeitsplätze, die besetzt werden sollen, innerhalb des Betriebs ausgeschrieben werden (§ 93 BetrVG).[23] Im Falle einer Kündigung ist der Betriebsrat zuvor anzuhören.

Einen **unmittelbaren Einfluß auf die Betriebsführung** und ihre wirtschaftlichen Entscheidungen **hat der Betriebsrat nicht.** Er kann jedoch bei wesentlichen Änderungen im Betriebe (z. B. Einführung neuer Arbeitsmethoden, Stillegung, Einschränkung oder Verlegung von Betriebsteilen, Zusammenschluß mit anderen Betrieben), durch die die Lage der Arbeitnehmer verschlechtert werden könnte, Einspruch erheben.[24] Kommt zwischen dem Unternehmer und dem Betriebsrat ein Interessenausgleich über die geplante Betriebsveränderung zustande, so ist dieser nach § 112 Abs. 1 BetrVG schriftlich niederzulegen. Gleiches gilt für eine Einigung über den Ausgleich oder die Milderung der wirtschaftlichen Nachteile, die den Arbeitnehmern durch die geplante Änderung entstehen **(Sozialplan).**

Nach § 76 BetrVG kann zur Beilegung von Meinungsverschiedenheiten zwischen Arbeitgeber und Betriebsrat eine Einigungsstelle eingerichtet werden. Sie besteht aus einer gleichen Zahl von Beisitzern, die vom Arbeitgeber und Betriebsrat bestellt werden und einem unparteiischen Vorsitzenden, der – falls eine Einigung über seine Person nicht zustande kommt – vom Arbeitsgericht bestellt wird.

Bestehen in einem Unternehmen mehrere Betriebsräte, so muß nach § 47 Abs. 1 BetrVG ein **Gesamtbetriebsrat** gebildet werden, der sich aus Mitgliedern der einzelnen Betriebsräte zusammensetzt. In Konzernen kann nach § 54 Abs. 1 BetrVG mit Zustimmung der Gesamtbetriebsräte der Konzernunternehmen, in denen mindestens 75% der Arbeitnehmer der Konzernunternehmen beschäftigt sind, ein Konzernbetriebsrat errichtet werden.

In Betrieben mit mehr als 100 Arbeitnehmern ist ein **Wirtschaftsausschuß** zu bilden, der aus mindestens drei, höchstens sieben Mitgliedern besteht, die vom Betriebsrat bestimmt werden. Ein Mitglied muß zugleich dem Betriebsrat angehören. Der Wirtschaftsausschuß soll eine vertrauensvolle Zusammenarbeit zwischen dem Betriebsrat und der Betriebsführung herbeiführen und eine gegenseitige Unterrichtung in wirtschaftlichen Angelegenhei-

---

[23] Einzelheiten zur Personalauswahl vgl. S. 257 ff.
[24] Vgl. § 111 BetrVG

ten sicherstellen. Allerdings dürfen die Betriebsgeheimnisse durch die Unterrichtung nicht gefährdet werden. Zu den wirtschaftlichen Angelegenheiten, über die eine Berichterstattung erfolgt, gehören insbesondere:[25]

(1) die wirtschaftliche und finanzielle Lage des Unternehmens;
(2) die Produktions- und Absatzlage;
(3) das Produktions- und Investitionsprogramm;
(4) Rationalisierungsvorhaben;
(5) Fabrikations- und Arbeitsmethoden, insbesondere die Einführung neuer Arbeitsmethoden;
(6) die Einschränkung oder Stillegung von Betrieben oder Betriebsteilen;
(7) die Verlegung von Betrieben oder Betriebsteilen;
(8) der Zusammenschluß von Betrieben;
(9) die Änderung der Betriebsorganisation oder des Betriebszwecks;
(10) sonstige Vorgänge und Vorhaben, welche die Interessen der Arbeitnehmer des Unternehmens wesentlich berühren können.

Sind in einem Unternehmen mindestens 5 Arbeitnehmer, die das 18. Lebensjahr noch nicht vollendet haben oder die zu ihrer Berufsausbildung beschäftigt sind und das 25. Lebensjahr noch nicht vollendet haben, beschäftigt, so ist nach § 60 Abs. 1 BetrVG die Wahl einer **Jugend- und Auszubildendenvertretung** zwingend vorgeschrieben. Diese besteht je nach Anzahl der genannten Arbeitnehmer im Betrieb aus 1–13 Jugend- und Auszubildendenvertretern und hat die Aufgabe, die besonderen Belange der jugendlichen Arbeitnehmer und der unter fünfundzwanzigjährigen Auszubildenden wahrzunehmen (§ 60 Abs. 2 BetrVG). Dazu stehen ihr Antrags- und besondere Informationsrechte durch den Betriebsrat zu (§ 70 BetrVG). Ferner besteht für die Jugend- und Auszubildendenvertretung nach § 67 Abs. 1 BetrVG die Möglichkeit zur Teilnahme an Betriebsratssitzungen sowie zur Aussetzung von Betriebsratsbeschlüssen, sofern durch diese Beschlüsse wichtige Interessen der jugendlichen Arbeitnehmer erheblich beeinträchtigt werden (§ 66 Abs. 1 BetrVG).[26]

Die Möglichkeiten der Arbeitnehmer, auf die Gestaltung des betrieblichen Geschehens einzuwirken, beschränken sich nach dem Betriebsverfassungsgesetz jedoch nicht auf die Mitbestimmung durch den Betriebsrat. Das Betriebsverfassungsgesetz enthält weiterhin Regelungen über eine **Mitbestimmung im Aufsichtsrat**. So bestimmt § 76 Abs. 1 BetrVG 1952,[27] daß bei Aktiengesellschaften und Kommanditgesellschaften auf Aktien ein Drittel der Aufsichtsratsmitglieder aus Vertretern der Arbeitnehmer bestehen muß. Darüber hinaus müssen nach § 77 Abs. 1 BetrVG GmbH mit mehr als 500 Arbeitnehmern einen Aufsichtsrat nach aktienrechtlichen Vorschriften bilden, auf den dann die Regelungen des § 76 BetrVG 1952 anzuwenden

---

[25] Vgl. § 106 Abs. 3 BetrVG
[26] Vgl. hierzu auch Alewell, K., Mitbestimmung, betriebliche, in: HWProd, a.a.O., Sp. 1287
[27] § 129 BetrVG 1988 setzt die Vorschriften des BetrVG 1952 mit Ausnahme der Vorschriften über die Mitbestimmung im Aufsichtsrat (§§ 76–77a, 81, 85 und 87 BetrVG 1952) außer Kraft.

sind. § 76 BetrVG 1952 gilt auch für den Aufsichtsrat von Erwerbs- und Wirtschaftsgenossenschaften und Versicherungsvereinen auf Gegenseitigkeit, sobald die Zahl der Arbeitnehmer 500 überschreitet.[28]

Die **Gesamtzahl der Aufsichtsratsmitglieder** beträgt dabei mindestens 3, höchstens 21. Sie muß durch drei teilbar sein und richtet sich nach der Höhe des Grund- bzw. Stammkapitals.[29] Besteht der Aufsichtsrat nur aus drei Mitgliedern, so muß der Arbeitnehmervertreter ein Arbeitnehmer des betreffenden Betriebes sein; sind mehrere Arbeitnehmervertreter zu wählen, so müssen sich darunter mindestens je ein Arbeiter und ein Angestellter des Betriebes befinden. Die Wahl erfolgt unmittelbar und gemeinsam durch alle Arbeitnehmer des Betriebes, wobei jedoch leitende Angestellte nicht wahlberechtigt sind.[30]

Während die Mitbestimmungsrechte des Betriebsrates genau abgegrenzt sind, nehmen die Arbeitnehmervertreter im Aufsichtsrat an allen Entscheidungen teil und erhalten alle Informationen, die dem Aufsichtsrat zugehen. Allerdings können sie aufgrund der Drittelparität des BetrVG bei Abstimmungen, die mit einfacher Mehrheit erfolgen, von den Vertretern der Anteilseigner überstimmt werden. (ÜB 2/39)

(2) Die Mitbestimmung nach dem Sprecherausschußgesetz

In Betrieben mit mindestens zehn leitenden Angestellten müssen Sprecherausschüsse der leitenden Angestellten gewählt werden.[31] Zu den **leitenden Angestellten** zählt nach § 5 Abs. 3 BetrVG, wer nach Arbeitsvertrag und Stellung im Unternehmen oder im Betrieb

(1) zur selbständigen Einstellung und Entlassung von im Betrieb oder in der Betriebsabteilung beschäftigten Arbeitnehmern berechtigt ist oder

(2) Generalvollmacht oder Prokura hat und die Prokura auch im Verhältnis zum Arbeitgeber nicht unbedeutend ist oder

(3) regelmäßig sonstige Aufgaben wahrnimmt, die für den Bestand und die Entwicklung des Unternehmens oder eines Betriebs von Bedeutung sind und deren Erfüllung besondere Erfahrungen und Kenntnisse voraussetzt, wenn er dabei entweder die Entscheidungen im wesentlichen frei von Weisungen trifft oder sie maßgeblich beeinflußt; dies kann auch bei Vorgaben, insbesondere auf Grund von Rechtsvorschriften, Plänen oder Richtlinien, sowie bei Zusammenarbeit mit anderen leitenden Angestellten gegeben sein.

Bestehen Zweifel, ob ein Angestellter die Kriterien, die unter Nr. 3 aufgeführt sind erfüllt, so wird er nach § 5 Abs. 4 BetrVG zu den leitenden Angestellten gezählt, wenn er

(1) aus Anlaß der letzten Wahl des Betriebsrats, des Sprecherausschusses oder von Aufsichtsratsmitgliedern der Arbeitnehmer oder durch rechts-

---

[28] § 77 Abs. 2, 3 BetrVG 1952
[29] Vgl. § 76 Abs. 1 BetrVG 1952 i. V. m. § 95 AktG
[30] Vgl. § 76 Abs. 2 BetrVG 1952; s. auch Jarke, M., Vergleich der Mitbestimmungsgesetze, in: WISU 1977, Studienblatt 12
[31] Vgl. § 1 Abs. 1 SprAuG

kräftige gerichtliche Entscheidung den leitenden Angestellten zugeordnet worden ist oder

(2) einer Leitungsebene angehört, auf der in dem Unternehmen überwiegend leitende Angestellte vertreten sind, oder

(3) ein regelmäßiges Jahresarbeitsentgelt erhält, das für leitende Angestellte in dem Unternehmen üblich ist.

Da es unter Umständen Schwierigkeiten bei der Ermittlung des regelmäßigen, für leitende Angestellte üblichen Jahresarbeitsentgelts geben kann, setzt das Gesetz zur Klärung von Zweifelsfällen eine Obergrenze, die sich auf das Dreifache der jährlich im voraus durch Rechtsverordnung festgelegten Bezugsgröße nach § 18 des Vierten Buches Sozialgesetzbuch beläuft. Für das Jahr 1996 betrug diese Grenze in den alten Bundesländern 148 680 DM.[32]

Der Sprecherausschuß setzt sich je nach der Anzahl der leitenden Angestellten im Betrieb aus 1–7 Mitgliedern zusammen[33] und hat die **Aufgabe,** die **Belange der leitenden Angestellten** im Betrieb zu vertreten.[34] Der Arbeitgeber hat die Pflicht, den Sprecherausschuß rechtzeitig über die folgenden Angelegenheiten der leitenden Angestellten zu unterrichten:[35]

(1) Änderungen der Gehaltsgestaltung und sonstiger allgemeiner Arbeitsbedingungen;

(2) Einführung oder Änderung allgemeiner Beurteilungsgrundsätze.

Der Sprecherausschuß ist ähnlich wie der Betriebsrat von wesentlichen Änderungen im Betrieb, durch die die Lage der von ihm vertretenen Arbeitnehmer verschlechtert werden könnte, zu unterrichten. Darüber hinaus muß zusätzlich halbjährlich im gleichen Umfang wie beim Wirtschaftsausschuß eine Unterrichtung über allgemeine wirtschaftliche Angelegenheiten erfolgen.[36] Ähnlich wie beim Betriebsrat fehlen allerdings auch dem Sprecherausschuß die Möglichkeiten, einen unmittelbaren Einfluß auf die Betriebsführung und ihre wirtschaftlichen Entscheidungen auszuüben.

Der Sprecherausschuß kann ferner Einfluß auf **Personalangelegenheiten** nehmen, da ihm beabsichtigte Einstellungen oder personelle Veränderungen sowie Kündigungen rechtzeitig mitzuteilen sind. Eine Kündigung, die ohne Anhörung des Sprecherausschusses ausgesprochen wurde, ist unwirksam.[37] Das Verhältnis zwischen Sprecherausschuß und Betriebsrat soll auf vertrauensvoller Zusammenarbeit beruhen. Diese wird dadurch gefördert, daß beide Institutionen den Mitgliedern der jeweils anderen Institution das Recht einräumen können, an ihren Sitzungen teilzunehmen und daß mindestens einmal im Kalenderjahr eine gemeinsame Sitzung stattfinden soll.[38] Dennoch wird das Verhältnis deutlich vom Betriebsrat dominiert, denn dem Spre-

---

[32] Vgl. § 5 Abs. 4 Nr. 4 BetrVG sowie Schneider, H., Beitragsbemessungsgrenzen, Bezugsgrößen, Beitragssätze in den Sozialversicherungen 1996, BB 1995, Beilage 20 zu Heft 51/52, S. 5
[33] Vgl. § 4 Abs. 1 SprAuG
[34] Vgl. § 25 Abs. 1 SprAuG
[35] Vgl. § 30 SprAuG
[36] Vgl. § 32 SprAuG
[37] Vgl. § 31 Abs. 2 Satz 3 SprAuG
[38] Vgl. § 2 Abs. 2 SprAuG

cherausschuß steht im Hinblick auf den Inhalt von Betriebsvereinbarungen nur ein sehr eng auszulegendes Anhörungsrecht zu.[39]

cc) Die unternehmerische Mitbestimmung

(1) Das Mitbestimmungsgesetz für die Montanindustrie

Die unternehmerische Mitbestimmung, die den Arbeitnehmern einen Einfluß auf die unternehmerische Planung und Entscheidung einräumt, ist im Jahre 1951 in den Unternehmen der Montanindustrie durch das „Gesetz über die Mitbestimmung der Arbeitnehmer in den Aufsichtsräten und Vorständen des Bergbaus und der Eisen und Stahl erzeugenden Industrie"[40] eingeführt worden. Das Gesetz findet Anwendung auf Montanunternehmen, die in der Rechtsform der AG oder GmbH betrieben werden und mindestens 1.000 Arbeitnehmer haben.

Die Mitbestimmung der Arbeitnehmer wird in erster Linie realisiert durch eine **paritätische Besetzung des Aufsichtsrats,** daneben durch Stellung eines Vorstandsmitglieds durch die Arbeitnehmer, des sog. **Arbeitsdirektors,** der für Personal- und Sozialfragen zuständig ist. Alle dem Mitbestimmungsgesetz unterliegenden Unternehmen müssen einen Aufsichtsrat bilden, also auch die GmbH.

§ 4 Montan-MitbestG bestimmt über die **Zusammensetzung des Aufsichtsrats:**

„(1) Der Aufsichtsrat besteht aus elf Mitgliedern. Er setzt sich zusammen aus

    (a) vier Vertretern der Anteilseigner und einem weiteren Mitglied,

    (b) vier Vertretern der Arbeitnehmer und einem weiteren Mitglied,

    (c) einem weiteren Mitglied.

(2) Die in Absatz 1 bezeichneten weiteren Mitglieder dürfen nicht

    (a) Repräsentant einer Gewerkschaft oder einer Vereinigung der Arbeitgeber oder einer Spitzenorganisation dieser Verbände sein oder zu diesen in einem ständigen Dienst- oder Geschäftsbesorgungsverhältnis stehen,

    (b) im Laufe des letzten Jahres vor der Wahl eine unter Buchstabe a bezeichnete Stellung innegehabt haben,

    (c) in dem Unternehmen als Arbeitnehmer oder Arbeitgeber tätig sein,

    (d) an dem Unternehmen wirtschaftlich wesentlich interessiert sein.

(3) Alle Aufsichtsratsmitglieder haben die gleichen Rechte und Pflichten. Sie sind an Aufträge und Weisungen nicht gebunden."

Bei Gesellschaften mit mehr als 20 Mill. DM Nennkapital kann der Aufsichtsrat sich aus 15 Mitgliedern, bei Gesellschaften mit mehr als 50 Mill. DM Nennkapital aus 21 Mitgliedern zusammensetzen, wenn die Satzung oder der Gesellschaftsvertrag eine entsprechende Bestimmung enthält.[41] Die Aufteilung der Sitze auf „Kapital" und „Arbeit" muß auch in diesem Falle paritätisch und nach den Grundsätzen des § 4 Montan-MitbestG

---

[39] Vgl. Engels, G., Natter, E., a. a. O., S. 28 ff.

[40] BGBl I, S. 347

[41] Vgl. § 9 Montan-MitbestG

erfolgen. Das 11., 15., oder 21. Mitglied (der **„Unparteiische"**) gibt bei Stimmengleichheit den Ausschlag. Dieses Mitglied wird nach § 8 Montan-MitbestG von den übrigen Aufsichtsratsmitgliedern gewählt. Damit ist der gesamte Aufsichtsrat paritätisch besetzt.

Die **Hauptversammlung,** d. h. die Versammlung der Anteilseigner, wählt den Aufsichtsrat, dieser wiederum bestellt und kontrolliert den Vorstand. In einer nicht mitbestimmten Aktiengesellschaft werden also die für die Unternehmensführung verantwortlichen Organe vom „Kapital" gewählt und kontrolliert. Bei mitbestimmten Gesellschaften wählt zwar auch die Hauptversammlung den Aufsichtsrat, die Nominierung der von den Arbeitnehmern gestellten Vertreter durch die Belegschaft und Gewerkschaft ist jedoch für die Hauptversammlung verbindlich. Die Wahl der Arbeitnehmervertreter durch die Hauptversammlung ist also eine **„Bestätigungswahl".**

Die Arbeitnehmer haben ein unmittelbares Mitbestimmungsrecht nur bei Entscheidungen, die in die Kompetenz des Aufsichtsrats fallen. Dazu gehören neben der Feststellung des Jahresabschlusses[42] und allen grundlegenden Entscheidungen des Vorstandes, die laut Satzung der Zustimmung des Aufsichtsrats bedürfen,[43] vor allem das Recht zur Bestellung und Abberufung des Vorstandes.[44] Über dieses Recht setzt sich die Mitbestimmung in den **Vorstand** fort, wenn aufgrund der Parität im Aufsichtsrat nur ein Vorstand gewählt werden kann, der ebenfalls paritätisch besetzt ist oder von Personen beider Gruppen getragen wird, weil er einen Interessenausgleich erwarten läßt.

Zum Vorstand mitbestimmter Gesellschaften gehört als gleichberechtigtes Mitglied ein **Arbeitsdirektor,** der nach § 13 Abs. 1 Montan-MitbestG nicht gegen die Stimmen der Mehrheit der Arbeitnehmervertreter bestellt werden kann.

Wirkt sich die unmittelbare Mitbestimmung im Aufsichtsrat mittelbar durch Wahl der Mitglieder auf den Vorstand und damit auf die gesamte Führung der Gesellschaft aus, so hat die Besetzung des Vorstandes auch Rückwirkungen auf die Hauptversammlung. Diese besteht zwar nur aus Anteilseignern, jedoch trifft sie ihre Entscheidungen, ohne die der Vorstand bestimmte Maßnahmen nicht durchführen kann (z. B. Verwendung des Bilanzgewinns, Kapitalerhöhung, Kapitalherabsetzung, Fusion, Abschluß von Unternehmensverträgen), häufig auf Vorschlag des Vorstandes und nicht aus eigener Initiative. (**ÜB 2/40**)

(2) Das Mitbestimmungsgesetz 1976

Das Mitbestimmungsgesetz 1976 ist das Ergebnis eines Kompromisses zwischen verschiedenen Mitbestimmungsmodellen der politischen Parteien und anderer Institutionen. Die vor der Kodifizierung des Gesetzes entwickelten Modelle unterscheiden sich vor allem darin, ob erstens die Arbeitnehmer

---

[42] Vgl. § 172 AktG
[43] Vgl. § 111 Abs. 4 AktG
[44] Vgl. § 84 AktG

paritätisch oder unterparitätisch im Aufsichtsrat vertreten sein sollen und ob zweitens der Aufsichtsrat durch zwei Gruppen (Anteilseigner und Arbeitnehmer) oder durch drei Gruppen (Anteilseigner, leitende Angestellte und sonstige Arbeitnehmer oder Anteilseigner, Arbeitnehmer und Vertreter des öffentlichen Interesses) besetzt werden soll.[45]

Das Gesetz dehnt die unternehmerische Mitbestimmung der Arbeitnehmer auf alle Unternehmen mit eigener Rechtspersönlichkeit (AG, KGaA, GmbH usw.) aus. Voraussetzung ist, daß sie in der Regel **mehr als 2.000 Arbeitnehmer** beschäftigen.[46] Das Gesetz findet keine Anwendung auf Unternehmen, die dem Montan-Mitbestimmungsgesetz unterliegen, d. h., die Vorschriften des Montan-Mitbestimmungsgesetzes gelten weiter. Ebenso behalten die Vorschriften des BetrVG 1952 auch für Unternehmen mit weniger als 2.000 Arbeitnehmern ihre Gültigkeit.[47] Von der Mitbestimmung ausgeschlossen sind sog. **Tendenzbetriebe,** d. h. Betriebe, die z. B. politischen, wissenschaftlichen oder konfessionellen Zwecken dienen.[48] § 4 Abs. 1 MitbestG erweitert den Kreis der dem Mitbestimmungsgesetz unterliegenden Unternehmen auch auf **Kommanditgesellschaften,** sofern der Komplementär eine **juristische Person** ist (z. B. GmbH & Co KG) und die Kommanditisten an dieser juristischen Person eine Mehrheitsbeteiligung besitzen. Andere Kommanditgesellschaften werden durch das Mitbestimmungsgesetz ebensowenig erfaßt wie Offene Handelsgesellschaften, Einzelunternehmen, wirtschaftliche Vereine und Stiftungen.

Die unternehmerische Mitbestimmung der Arbeitnehmer soll nach dem MitbestG durch einen **paritätisch besetzten Aufsichtsrat** gewährleistet werden. Die Pflicht zur Bildung eines Aufsichtsrats ergibt sich dabei aus § 6 Abs. 1 MitbestG, sofern nicht bereits andere Gesetze für bestimmte Rechtsformen einen Aufsichtsrat vorschreiben. Die Mitgliederzahl der Aufsichtsräte ist im Gegensatz zum BetrVG und Montan-MitbestG von der Größe der Belegschaft und nicht von der Höhe des Nominalkapitals abhängig. Dabei sieht § 7 Abs. 1 MitbestG folgendes Sitzverhältnis zwischen Arbeitnehmern und Anteilseignern vor:

Zahl der Beschäftigten	Sitzverhältnis (Arbeitnehmer: Anteilseigner)
bis zu 10.000	6:6 oder 8:8 oder 10:10
mehr als 10.000 bis zu 20.000	8:8 oder 10:10
mehr als 20.000	10:10

Abb. 3: Sitzverhältnis nach dem MitbestG

---

[45] Einen Überblick über die Mitbestimmungsmodelle gibt Schwerdtfeger, G., Mitbestimmung in privaten Unternehmen, Berlin 1973
[46] Vgl. § 1 Abs. 1 MitbestG
[47] Vgl. § 1 Abs. 2 MitbestG
[48] Vgl. Chmielewicz/Großmann/Inhoffen/Lutter, Die Mitbestimmung im Aufsichtsrat und Vorstand, in: DBW 1977, S. 110

Die **Arbeitnehmervertreter** setzen sich aus Arbeitnehmern des Unternehmens und Repräsentanten der im Unternehmen vertretenen Gewerkschaften zusammen. Die Arbeitnehmer des Unternehmens bilden drei Gruppen: Arbeiter, nicht leitende Angestellte und leitende Angestellte. Diese Gruppen sind entsprechend ihrem zahlenmäßigen Verhältnis zu berücksichtigen, jedoch muß mindestens ein Vertreter jeder Gruppe im Aufsichtsrat vertreten sein.[49]

Es ergibt sich folgende **Aufteilung der Arbeitnehmervertreter** im Aufsichtsrat:[50]

Zahl der Arbeitnehmervertreter	Aufteilung der Arbeitnehmervertreter				Gewerkschaftsvertreter
	Arbeitnehmer des Unternehmens				
	Arbeiter	nicht-leit. Ang.	leit. Ang.	gesamt	
6	entsprechend ihrem zahlenmäßigen Verhältnis im Unternehmen, jedoch mind. 1 Mitglied jeder Gruppe			4	2
8				6	2
10				7	3

Abb. 4: Aufteilung der Arbeitnehmervertreter nach dem MitbestG

Die Wahl der Arbeitnehmervertreter erfolgt entweder in **Urwahlen** oder über **Wahlmänner**. Das Gesetz läßt prinzipiell beide Möglichkeiten offen, sieht jedoch ab einer Belegschaftszahl von 8.000 Arbeitnehmern den Übergang von der Urwahl zur Wahl durch Wahlmänner vor.[51] Die Gewerkschaften haben für die ihnen zustehenden Sitze ein Vorschlagsrecht.[52]

Das Mitbestimmungsgesetz enthält genaue Regelungen über den Gang der **Willensbildung im Aufsichtsrat.** Hierbei ist zunächst die Wahl des Aufsichtsratsvorsitzenden und seines Stellvertreters von Bedeutung. § 27 Abs. 1 MitbestG schreibt vor, daß sowohl der Aufsichtsratsvorsitzende als auch seine Stellvertreter vom Aufsichtsrat mit Zwei-Drittel-Mehrheit zu wählen sind. Grundsätzlich kann jedes Mitglied des Aufsichtsrats zum Vorsitzenden gewählt werden, also auch ein Vertreter der Arbeitnehmer. Kommt die geforderte Mehrheit nicht zustande, so wählen im zweiten Wahlgang die Anteilseignervertreter mit einfacher Mehrheit den Vorsitzenden und die Arbeitnehmervertreter dessen Stellvertreter.[53]

Beschlüsse des Aufsichtsrats bedürfen der Mehrheit der abgegebenen Stimmen.[54] Bei Stimmengleichheit kommt dem Vorsitzenden bei der zwei-

---

[49] Vgl. § 15 Abs. 2 MitbestG
[50] Vgl. § 7 Abs. 2, § 15 Abs. 2 MitbestG
[51] Vgl. § 9 Abs. 1 u. 2 MitbestG
[52] Vgl. Chmielewicz/Großmann/Inhoffen/Lutter, a. a. O., S. 119
[53] Vgl. § 27 Abs. 2 MitbestG
[54] Vgl. § 29 Abs. 1 MitbestG

ten Abstimmung eine **doppelte Stimme** zu. Dem Stellvertreter steht diese zweite Stimme nicht zu.[55] Somit hat der Aufsichtsratsvorsitzende bei Abstimmungen im Falle von Pattsituationen die Möglichkeit, Entscheidungen herbeizuführen. „Das Mitbestimmungsgesetz stellt hier also weitgehend sicher, daß einerseits der Aufsichtsratsvorsitzende das Vertrauen der Anteilseigner im Aufsichtsrat hat, und daß andererseits der Aufsichtsrat als Entscheidungsgremium funktionsfähig bleibt."[56] Das Recht des Aufsichtsratsvorsitzenden, in Pattsituationen von seiner Zweitstimme Gebrauch zu machen, sichert gleichzeitig ein leichtes Übergewicht der Anteilseignerseite im Aufsichtsrat.[57]

Nach § 31 Abs. 2 MitbestG bestellt der Aufsichtsrat die **Vorstandsmitglieder mit Zwei-Drittel-Mehrheit.** Wird dieses Mehrheitsverhältnis nicht erreicht, ist ein paritätisch besetzter Vermittlungsausschuß einzuschalten. Bei der Abstimmung über den Vorschlag dieses Ausschusses ist die Mehrheit der Stimmen der Aufsichtsratmitglieder erforderlich. Kommt auch dann eine Bestellung nicht zustande, so hat bei einer erneuten Abstimmung der Aufsichtsratsvorsitzende zwei Stimmen. Auch hier steht dem Stellvertreter die zweite Stimme nicht zu.[58]

Als gleichberechtigtes Mitglied des Vorstandes ist nach § 33 Abs. 1 MitbestG ein **Arbeitsdirektor** zu bestellen. Diese Vorschrift gilt nicht für Kommanditgesellschaften auf Aktien. Der Arbeitsdirektor wird wie jedes andere Vorstandsmitglied bestellt, d. h., er könnte nach dem Mitbestimmungsgesetz – entgegen der Regelung im Montan-Mitbestimmungsgesetz – auch bei ablehnender Haltung der Arbeitnehmervertreter bestellt werden.[59] Der Zuständigkeitsbereich des Arbeitsdirektors ist in der Regel das Personal- und Sozialwesen.

(3) Beurteilung der Mitbestimmung nach dem MitbestG 1976

Das MitbestG 1976 sichert den Arbeitnehmern zwar die gleiche Anzahl an Vertretern im Aufsichtsrat wie den Anteilseignern, eine volle Stimmenparität ergibt sich jedoch nicht. Die Vertreter der Anteilseigner behalten bei Abstimmungen des Aufsichtsrates ein **Übergewicht,** das sich nicht automatisch aus der Sitzverteilung im Aufsichtsrat, sondern aus den Bestimmungen des Gesetzes über die Willensbildung im Aufsichtsrat ergibt. Von Bedeutung ist hierbei **erstens** die Tatsache, daß der Aufsichtsratsvorsitzende mit den Stimmen der Anteilseignervertreter gewählt wird, sofern in einem ersten Wahlgang keine Zwei-Drittel-Mehrheit erreicht wird. Damit ist zunächst sichergestellt, daß der Aufsichtsratsvorsitzende das Vertrauen der Anteilseigner genießt.

---

[55] Vgl. § 29 Abs. 2 MitbestG
[56] Chmielewicz/Großmann/Inhoffen/Lutter, a. a. O., S. 120
[57] Vgl. hierzu: Matthias, St., Die Anteilseigner haben das letzte Wort, in: Wertpapier 1979, S. 245 ff.
[58] Vgl. § 31 Abs. 4 MitbestG
[59] Vgl. Chmielewicz/Großmann/Inhoffen/Lutter, a. a. O., S. 126 mit Literaturnachweisen.

Abb. 5: Die Mitbestimmung im Aufsichtsrat nach dem Mitbestimmungsgesetz, dem Montan–Mitbestimmungsgesetz und dem Betriebsverfassungsgesetz

	Mitbestimmungsgesetz (MitbestG v. 4. 5. 1976)	Montan-Mitbestimmungsgesetz (Montan–MitbestG v. 12. 5. 1951)	Betriebsverfassungsgesetz (BetrVG v. 11. 10. 1952)[60]
1) erfaßte Unternehmen	– alle Unternehmen mit eigener Rechtspersönlichkeit – unter best. Vorauss. auch KG mit einer Kap.Ges. als persönlich haftender Gesellschafterin – keine Montanbetriebe – keine Tendenzbetriebe (§§ 1, 4)	– Montanbetriebe in der Rechtsform der AG, GmbH oder bergrechtlichen Gewerkschaft mit eigener Rechtspersönlichkeit (§ 1)	– AG und KGaA – GmbH und bergrechtliche Gewerkschaft mit eigener Rechtspersönlichkeit – Erwerbs- und Wirtschaftsgenossenschaften – Versicherungsvereine auf Gegenseitigkeit, sofern Aufsichtsrat vorhanden (§ 76 Abs. 1, § 77)
2) Mindestbeschäftigtenzahl	mehr als 2.000 (§ 1 Abs. 1)	mehr als 1.000 (§ 1 Abs. 2)	mehr als 500 (außer AG und KGaA) (§ 77)
3) Sitzverhältnis im Aufsichtsrat (Anteilseigner: Arbeitnehmer)	1:1 (§ 7)	1:1, dazu ein „neutrales" Mitglied – je ein Mitglied der Anteilseigner und der Arbeitnehmer muß ein sog. „weiteres" Mitglied sein – das „neutrale" Mitglied wird von den übrigen Aufsichtsratsmitgliedern mit Mehrheit zur Wahl vorgeschlagen und von der Hauptversammlung gewählt (§ 8)	2:1 (§ 76 Abs. 1)

	Mitbestimmungsgesetz (MitbestG v. 4. 5. 1976)	Montan-Mitbestimmungsgesetz (Montan-MitbestG v. 12. 5. 1951)	Betriebsverfassungsgesetz (BetrVG v. 11. 10. 1952)[60]
4) absolute Mitgliederzahl des Aufsichtsrates	abhängig von der Zahl der Arbeitnehmer: bis 10.000: 12, 16 oder 20 bis 20.000: 16 oder 20 mehr als 20.000: 20 (§ 7)	abhängig von der Höhe des Grund- bzw. Stammkapitals: bis 20 Mio DM: 11 bis 50 Mio DM: 11 oder 15 mehr als 50 Mio DM: 11, 15 oder 21 (§ 4)	abhängig von der Höhe des Grund- bzw. Stammkapitals: bis 3 Mio DM: 3, 6 oder 9 bis 20 Mio DM: 3, 6, 9, 12 oder 15 mehr als 20 Mio DM: 3, 6, 9, 12, 15, 18 oder 21 (§ 77 BetrVG i. V. m. § 95 AktG)
5) Aufteilung der Arbeitnehmersitze im Aufsichtsrat	– 4, 6, oder 7 Betriebsvertreter, davon mind. je 1 Arbeiter, 1 nichtleitender Angestellter, 1 leitender Angestellter – 2 bzw. 3 Gewerkschaftsvertreter (§§ 15, 16)	– 1, 2 oder 3 Arbeitervertreter – 1 Angestelltenvertreter – 3, 4 oder 6 Gewerkschaftsvertreter, darunter muß das „weitere" Mitglied sein (§§ 6, 9)	– ein Arbeitnehmer des Betriebes, sofern nur 1 Arbeitnehmervertreter zu wählen ist – mind. je 1 Arbeiter und 1 Angestellter, sofern mehrere Arbeitnehmervertreter zu wählen sind (§ 76 Abs. 2)
6) Wahlverfahren für die Arbeitnehmervertreter	dispositives Recht, gesetzlich vorgesehen ist: bis 8.000 AN: Urwahl ab 8.000 AN: Wahlmänner (§ 9 ff.)	die Hauptversammlung wählt nach den Vorschlägen des Betriebsrates („Bestätigungswahl") (§ 5)	Unmittelbare Wahl durch alle Arbeitnehmer des Betriebes (§ 76 Abs. 2)

(Fortsetzung S. 120)

	Mitbestimmungsgesetz (MitbestG v. 4. 5. 1976)	Montan-Mitbestimmungsgesetz (Montan-MitbestG v. 12. 5. 1951)	Betriebsverfassungsgesetz (BetrVG v. 11. 10. 1952)[60]
7) Die Willensbildung im Aufsichtsrat a) Wahl des Aufsichtsratsvorsitzenden und seines Stellvertreters	– Wahl mit einer Mehrheit von $\frac{2}{3}$ der Soll-Mitglieder des Aufsichtsrates (§ 27 Abs. 1) – falls 2. Wahlgang notwendig, wählen die Anteilseignervertreter den Aufsichtsratsvorsitzenden und die Arbeitnehmervertreter den Stellvertreter mit einfacher Stimmenmehrheit (§ 27 Abs. 2)	– Wahl mit einfacher Stimmenmehrheit (das „neutrale Mitglied" kann durch seine Stimme eine Entscheidung herbeiführen, sofern Anteilseigner und Arbeitnehmer geschlossen gegeneinander stimmen)	– Wahl mit einfacher Stimmenmehrheit
b) Bestellung und Abberufung von Vorstandsmitgliedern	– erforderlich ist eine $\frac{2}{3}$Mehrheit der Mitgliederzahl (§ 31 Abs. 2) – vor dem 2. Wahlgang erarbeitet ein paritätisch besetzter Aufsichtsratsausschuß einen Vorschlag (§ 31 Abs. 3) – für die zweite Abstimmung ist eine einfache Mehrheit erforderlich (§ 31 Abs. 3) – in einer evtl. dritten Abstimmung hat der Aufsichtsrats-	– Wahl mit einfacher Stimmenmehrheit (das „neutrale Mitglied" kann durch seine Stimme eine Entscheidung herbeiführen, sofern Anteilseigner und Arbeitnehmer geschlossen gegeneinander stimmen) – ein Vorstandsmitglied ist der Arbeitsdirektor; er kann nicht gegen die Arbeitnehmerstimmenmehrheit bestellt bzw. abberufen werden	– Wahl mit einfacher Stimmenmehrheit

	Mitbestimmungsgesetz (MitbestG v. 4. 5. 1976)	Montan-Mitbestimmungsgesetz (Montan-MitbestG v. 12. 5. 1951)	Betriebsverfassungsgesetz (BetrVG v. 11. 10. 1952)[60]
	vorsitzende 2 Stimmen (§ 31 Abs. 4) – ein Vorstandsmitglied ist der Arbeitsdirektor (außer KGaA) (§ 33 Abs. 1)	(§ 13 Abs. 1)	
c) „normale" Sachentscheidungen	– 1. u. 2. Abstimmung erfolgt mit einfacher Stimmenmehrheit – ergibt sich auch bei 2. Abstimmung ein „Patt", kann Aufsichtsratsvorsitzender Zweitstimme einsetzen (§ 29)	– Abstimmung mit einfacher Stimmenmehrheit	– Abstimmung mit einfacher Stimmenmehrheit
8) Ausgestaltung der Mitbestimmung	paritätisch nach Sitzen	paritätisch	nicht paritätisch

[60] Für die Mitbestimmung im Aufsichtsrat gelten weiterhin die Vorschriften des BetrVG 1952 (vgl. § 129 BetrVG 1988).

Zweitens enthält das Gesetz die Regelung, daß der Aufsichtsratsvorsitzende mögliche Pattsituationen durch Abgabe einer Zweitstimme lösen kann. Diese Zweitstimme steht nur dem Aufsichtsratsvorsitzenden zu; somit kann sich bei Blockabstimmungen ein entscheidendes Stimmenübergewicht für die Anteilseignerseite ergeben.

Drittens wird von der Arbeitnehmerseite, insbesondere von den Gewerkschaften kritisiert, daß zu den Arbeitnehmervertretern mindestens ein **leitender Angestellter** gehören muß, der von seinem Aufgabenbereich und seiner Interessenlage her u. U. stärker die Auffassungen des Managements als der Arbeitnehmer vertritt. Diese Unterstellung konnte bisher empirisch nicht erhärtet werden.

Generell ist festzustellen, daß die Sachzwänge bei der Führung des Unternehmens i. d. R. eine Zusammenarbeit aller Mitglieder des Aufsichtsrats auslösen und daß die Konfrontation zwischen den beiden „Bänken" im Aufsichtsrat der Ausnahmefall ist.

Die Wirksamkeit der Mitbestimmungsgesetzgebung hängt insgesamt auch davon ab, daß sie nicht durch Umgehungsmaßnahmen unterlaufen wird. So ist es z. B. möglich, **Betriebsaufspaltungen**[61] durchzuführen, damit die Arbeitnehmerzahl je Unternehmen unter 2.000 gesenkt wird und damit das bisherige Unternehmen aus dem Anwendungsbereich des MitbestG 1976 ausscheidet.

Entscheidend für den Umfang der Mitbestimmung sind ferner die Vorschriften des § 11 Abs. 4 AktG, nach denen die **Satzung** oder der Aufsichtsrat festlegen kann, daß der Vorstand bestimmte Arten von Geschäften nur mit Zustimmung des Aufsichtsrats ausführen darf. Der Einfluß der Arbeitnehmer-Mitbestimmung ist folglich umso größer, je mehr Geschäfte zustimmungsbedürftig sind und umso geringer, je mehr Handlungsfreiheit dem Vorstand gegeben wird.[62]

c) Die Organisation der Führungsspitze

Wird ein Unternehmen nur von einer Person geführt, die zugleich der Eigentümer ist (Einzelunternehmung, Einpersonen-Gesellschaft), so ist die Einheitlichkeit der Willensbildung und der Vertretung des Unternehmens nach außen gewährleistet. Werden die Führungsentscheidungen von mehreren Personen getroffen, so muß die Führungsgruppe so organisiert werden, daß sie funktionsfähig ist. Bei Personengesellschaften können die Befugnisse der geschäftsführenden Gesellschafter in der Regel durch Vertrag frei gestaltet werden. Bei Kapitalgesellschaften schreiben das Gesetz und ggf. die Satzung eine bestimmte Organisation durch Bildung von Führungs- und Kontrollorganen vor.

Besteht die Führungsspitze aus mehreren Personen, so kann die Organisation nach verschiedenen Prinzipien erfolgen. Grundsätzlich unterscheidet man zwei Systeme, zwischen denen es jedoch Übergänge und Mischformen

---

[61] Zur Betriebsaufspaltung (Doppelgesellschaft) vgl. S. 367 ff.
[62] Vgl. Chmielewicz/Großmann/Inhoffen/Lutter, a. a. O., S. 123

gibt. Liegt die Führung des Betriebes zwar bei einer Gruppe von Personen, hat aber ein Mitglied der Gruppe das Recht, bei Meinungsverschiedenheiten zwischen den Mitgliedern allein zu entscheiden, so spricht man vom **Direktorialprinzip.** Der Vorstand der Aktiengesellschaft war nach § 70 Abs. 2 AktG 1937 in dieser Form organisiert. Ein Mitglied des Vorstandes wurde durch den Aufsichtsrat zum „Vorsitzer des Vorstandes" ernannt. Als primus inter pares konnte er zwar seinen Vorstandskollegen keine Weisungen erteilen, jedoch bei Meinungsverschiedenheiten allein die Entscheidung treffen. Ein solches System bedeutet praktisch, daß der Vorsitzende nicht überstimmt werden kann.

Eine solche Konzentration von Entscheidungsmacht in der Hand einer Person hat Vorteile und Gefahren. Ein **Vorteil** liegt darin, daß ein besonders befähigtes Mitglied der Führungsgruppe bei der Durchsetzung von schnell zu treffenden Entscheidungen nicht von unentschlossenen, risikoscheuen Personen behindert werden kann. Außerdem enthält das Direktorialprinzip „gewisse Bremsen gegen Ressortegoismus und mangelnde Zusammenarbeit".[63] Die **Gefahr** dieses Systems liegt in der Ausstattung einer Einzelperson mit einer Machtfülle, die dazu führen kann, daß diese Person den Blick für die Grenzen der eigenen Fähigkeiten zum Nachteil des Unternehmens verliert.

Liegt die Führung des Betriebes in der Hand mehrerer gleichberechtigter Personen, so spricht man vom **Kollegialprinzip.** Die Organisation des Vorstandes der Aktiengesellschaft erfolgt durch das Aktiengesetz 1965 nach diesem Prinzip. § 77 Abs. 1 AktG bestimmt, daß dann, wenn der Vorstand aus mehreren Personen besteht, sämtliche Vorstandsmitglieder nur gemeinschaftlich zur Geschäftsführung befugt sind. Zwar kann der Aufsichtsrat nach § 84 Abs. 2 AktG ein Mitglied des Vorstandes zum Vorstandsvorsitzenden ernennen, jedoch kann weder die Satzung noch die Geschäftsordnung bestimmen, daß ein oder mehrere Vorstandsmitglieder Meinungsverschiedenheiten im Vorstand gegen die Mehrheit der Mitglieder entscheiden.[64]

Im Kollegialsystem kann die Einheitlichkeit der Willensbildung auf unterschiedliche Weise realisiert werden. Die strengste Form liegt vor, wenn alle Beschlüsse **einstimmig** gefaßt werden müssen, jedes Mitglied also ein Einspruchsrecht hat. Dieses System ist relativ schwerfällig und in der Regel nur bei einer kleinen Mitgliederzahl des Führungsgremiums funktionsfähig. Werden die Beschlüsse nach dem **Mehrheitsprinzip** gefaßt, so kann die Geschäftsordnung entweder generell **einfache** oder **qualifizierte** Mehrheit oder nur für Beschlüsse über bestimmte Gegenstände qualifizierte Mehrheit festsetzen. Ferner kann die Geschäftsordnung vorsehen, daß bei Stimmengleichheit die Stimme des Vorsitzenden entscheidet.

Der **Vorteil** des Kollegialsystems liegt darin, insbesondere wenn die wichtigsten betrieblichen Funktionen auf die Mitglieder der Führungsspitze auf-

---

[63] Gutenberg, E., Unternehmensführung, a. a. O., S. 49
[64] Vgl. § 77 Abs. 1 AktG

geteilt sind (z. B. kaufmännischer und technischer Direktor oder Einkaufslei-
ter, Vertriebsleiter usw.), daß mehrere leitende Persönlichkeiten über mehr
Fachkenntnisse und Überblick verfügen als nur eine. Zwar wird sich auch
ein Direktor, der den Betrieb allein leitet, von seinen Mitarbeitern beraten
lassen, aber zweifellos wird ein abhängiger Angestellter seine Ansicht gegenüber der des Chefs mit wesentlich weniger Nachdruck vertreten als ein
Ressortleiter, der als Vorstandsmitglied selbst stimmberechtigt ist und seine
Meinung gegenüber Gleichgestellten durchsetzen muß. Andererseits können
dauernde und ernste Meinungsverschiedenheiten im Vorstand, insbesondere
bei Entscheidungen, die schnell getroffen werden müssen, von **Nachteil** für
den Betrieb sein.

4. Das System der betrieblichen Ziele

a) Zielvorstellungen

Es wurde oben bereits darauf hingewiesen, daß die oberste Aufgabe der
Betriebsführung darin besteht, in einer Zielentscheidung die **Zielfunktion**
des Betriebes zu formulieren, in der alle Ziele bzw. Teilziele, deren Realisation der Betrieb anstrebt, zum Ausdruck kommen. Für die Unternehmung
als marktwirtschaftlich orientiertem Betrieb ist die **langfristige Gewinnmaximierung** das oberste Ziel. Während jedoch das theoretische Modell von
einer Art „Ideal-Unternehmer" ausgeht, „der als ökonomische Entschei-
dungseinheit (‚Homo oeconomicus') unter bestimmten Prämissen (u. a. vollkommene Voraussicht, vollkommene Markttransparenz, unendlich große
Reaktionsgeschwindigkeit) seine Entscheidungen so trifft, daß der maximale
Gewinn erzielt wird,"[65] wird in der betrieblichen Praxis das Ziel der langfristigen Gewinnmaximierung nicht isoliert, sondern unter Beachtung zusätzlicher Zielsetzungen verfolgt, die als **Nebenbedingungen** in der Zielfunktion
ihren Niederschlag finden.

In einem solchen Fall spricht man von einem „Zielbündel"[66] bzw. von
einem **„Zielsystem"**,[67] weil ein ganzes Bündel gleichzeitig zu verfolgender
Ziele vorliegt. Diese Situation ist oft eine Folge der Tatsache, daß am Zielbil-
dungsprozeß nicht nur eine Entscheidungsinstanz beteiligt ist, sondern daß
mehrere Instanzen wie z. B. die Eigentümer, die Geschäftsführung (sofern
diese nicht aus den Eigentümern besteht) und die Mitarbeiter des Betriebes
ihren Einfluß geltend machen können. Das Zielbündel ist dann als **Kompromißlösung** zwischen den Zielvorstellungen der einzelnen Instanzen zu sehen.[68] Beabsichtigen beispielsweise die Eigentümer des Betriebes zum

---

[65] Korndörfer, W., Unternehmensführungslehre, 7. Aufl., Wiesbaden 1989, S. 36
[66] So z. B. Schmalen, H., Grundlagen und Probleme der Betriebswirtschaft, 8. Aufl.,
Köln 1992, S. 137
[67] So z. B. Bamberg, G./Coenenberg, A. G., Betriebswirtschaftliche Entscheidungslehre,
8. Aufl., München 1994, S. 25 ff.
[68] Vgl. Bidlingmaier, J./Schneider, D. J.-G., Ziele, Zielsysteme und Zielkonflikte, in:
Grochla, E./Wittmann, W. (Hrsg.), Handwörterbuch der Betriebswirtschaft, Bd. 3,
4. Aufl., Stuttgart 1976, Sp. 4733

Zwecke der Gewinnmaximierung die Lohnkosten über Entlassungen von Arbeitskräften zu reduzieren, während die Arbeitnehmer auf die Sicherheit ihrer Arbeitsplätze bedacht sind, so könnte der Kompromiß z. B. darin bestehen, daß keine Arbeitskräfte entlassen werden, sondern lediglich die Arbeitsplätze von Mitarbeitern, die aus Altersgründen ausgeschieden sind, nicht neu besetzt werden.

Versucht man, die möglichen Zielvorstellungen, die die Zielfunktionen der Betriebe beeinflussen können, zu systematisieren, so bietet sich eine grundsätzliche Unterscheidung in monetäre und nicht monetäre Zielvorstellungen an. Unter **monetären Zielvorstellungen** versteht man dabei Ziele, „die sich in Geldeinheiten messen lassen"[69] wie z. B. das Gewinnstreben und das Umsatzstreben. Diese beiden Zielsetzungen lassen sich nicht immer gemeinsam verwirklichen, so z. B. dann nicht, wenn eine Umsatzerhöhung nur über eine Werbemaßnahme möglich ist, deren Kosten die Zunahme der Umsatzerlöse noch übersteigt. Ein solcher Fall kann insbesondere dann eintreten, wenn die Geschäftsführung mit den Eigentümern des Betriebes nicht identisch ist und umsatzabhängig bezahlt wird. Weitere monetäre Zielvorstellungen sind beispielsweise die Sicherung der Zahlungsbereitschaft und die Kapitalerhaltung.

Die **nicht-monetären Zielvorstellungen** können sowohl ökonomischer als auch außerökonomischer (z. B. soziologischer, ethischer, sozialer oder politischer) Art sein. Beispielhaft seien aufgeführt:[70]
- Streben nach Marktanteilsvergrößerung,
- Erreichen bestimmter Wachstumsziele,
- Streben nach Prestige und Macht,
- Unabhängigkeitsstreben,
- Sicherung der Arbeitsplätze,
- Gewinnung politischen Einflusses,
- Verpflichtung gegenüber der Familientradition,
- Verminderung von Umweltbelastungen,
- Versorgung der Bevölkerung mit bestimmten Leistungen.

Die letztgenannte Zielvorstellung ist in der Regel das dominierende Ziel öffentlicher Betriebe,[71] die dabei meist bemüht sind, entweder nach dem Prinzip der Kostendeckung zu arbeiten oder nur einen „angemessenen" Gewinn, d. h. nicht den aufgrund der Marktverhältnisse maximalen Gewinn zu erzielen (Vgl. z. B. die Tarifpolitik kommunaler Versorgungsbetriebe).

b) Zielarten

Die Zielarten lassen sich nach mehreren Kriterien systematisieren. Im folgenden wird eine Unterteilung nach
- der Rangordnung der Ziele,

---

[69] Korndörfer, W., Unternehmensführungslehre, a. a. O., S. 37
[70] Vgl. den ausführlichen Katalog möglicher Zielsetzungen bei Hörschgen, H., Grundbegriffe der Betriebswirtschaftslehre, 3. Aufl., Stuttgart 1987, S. 471
[71] Zu den Zielsetzungen öffentlicher Betriebe vgl. S. 377 ff.

- dem angestrebten Ausmaß der Zielerreichung,
- den Beziehungen zwischen den Zielen und
- dem zeitlichen Bezug der Ziele

vorgenommen.

Das Kriterium **„Rangordnung der Ziele"** führt zur Unterscheidung von Ober-, Zwischen- und Unterzielen. Als **Oberziel** bezeichnet man die oberste Zielsetzung der Gesamtunternehmung, die in der Regel nicht unmittelbar, sondern nur über Zwischenstufen erreichbar ist. Außerdem ist das Oberziel gewöhnlich **nicht operational** zu formulieren, d. h. es läßt sich nicht in Maßgrößen (Anzahl, Geld, Gewicht) vorgeben. Eine solche Vorgabe ist jedoch dann von entscheidender Bedeutung, wenn eine Aufteilung der Entscheidungsgewalt im Unternehmen und eine Delegierung auf untergebene Mitarbeiter erforderlich ist. Zu diesem Zweck müssen aus dem Oberziel bestimmte Teilziele als **Unterziele (Subziele)** abgeleitet werden, die den einzelnen Abteilungen oder Mitarbeitern vorgegeben werden.

Besteht z. B. das Ziel eines Betriebes darin, einen möglichst hohen Umsatz zu erreichen, so können daraus die Unterziele maximaler Umsatz für Produkt A und maximaler Umsatz für Produkt B abgeleitet und je einem Verkaufsleiter zugeteilt werden.

Die Ableitung der Unterziele muß sehr sorgfältig erfolgen, damit das Gesamtziel der Unternehmung nicht gefährdet ist. Bei jeder Entscheidungsinstanz bleibt nach der Delegierung von Entscheidungsgewalt ein Rest, der nicht delegierbar ist. Somit erhält die untergeordnete Abteilung nur ein Teilziel (Unterziel) gesetzt und verliert dadurch leicht die Verbindung zum obersten Ziel, möglicherweise dadurch, daß vorgesetzte Stellen ihnen die Einordnung des Unterzieles im Gesamtziel nicht erklären. Hieraus folgt, daß jede Ebene die ihr untergeordneten Abteilungen und die eigenen Ziele überwachen muß. Wichtig ist auch, daß **jedes Unterziel operational** ist. Nur in diesem Falle ist es möglich, den Erfolg und die Leistung des verantwortlichen Arbeiters oder Angestellten zu messen. Ein operationales Ziel spornt zur Mitarbeit an, ermöglicht eine leistungsgerechte Entlohnung und hilft dem Arbeitenden, seine Tätigkeit selbst zu beurteilen.

Neben den Unterzielen können auch **Zwischenziele** vorgegeben werden. Die Unterziele sind dann Mittel zur Erreichung der Zwischenziele und diese wiederum Mittel zur Realisierung des Oberziels. So kann es z. B. Ziel der Werbeabteilung eines Betriebes sein, eine möglichst breite Bevölkerungsschicht anzusprechen (Unterziel), damit der Umsatz eines Produktes eine bestimmte Höhe erreicht (Zwischenziel) und dadurch eine Gewinnerhöhung eintritt (Oberziel).

Systematisiert man die Zielarten nach dem **angestrebten Ausmaß der Zielerreichung,** so kann zwischen unbegrenzten und begrenzten Zielen unterschieden werden. Im Falle **unbegrenzter Ziele** wird ein maximaler Zielerreichungsgrad angestrebt (z. B. Gewinnmaximierung, Kostenminimierung), im Falle **begrenzter Ziele** begnügt man sich mit dem Erreichen eines vorgegebenen Wertes (z. B. Vergrößerung des Marktanteils auf 35%). Bei unbegrenzten Zielsetzungen kann in der Regel nicht mit Sicherheit gesagt werden, ob unter den möglichen Handlungsalternativen tatsächlich diejenige erfaßt wurde, die den maximalen Zielerreichungsgrad gewährleistet; d. h. es treten Informationsprobleme auf, deren Bewältigung – sofern sie überhaupt möglich ist – mit erheblichen Kosten verbunden ist. Folglich begnügt man sich mit dem Erreichen eines bestimmten **Anspruchsniveaus**. Hat man das Anspruchsniveau realisiert, so kann man es im nächsten Schritt erhöhen, gelingt die Realisation nicht, so wird man sein Anspruchsniveau absenken.[72]

Die Berücksichtigung von Zielbeziehungen zwischen den einzelnen Zielsetzungen führt zu einer Unterscheidung von

– komplementären,

– konkurrierenden,

– antinomen und

– indifferenten Zielen.[73]

Liegen **komplementäre Ziele** vor, so führt die Erhöhung des Zielerreichungsgrades von Ziel 1 auch zu einer Erhöhung des Zielerreichungsgrades von Ziel 2; z. B. führt eine Kostensenkung im Produktionsbereich zu einer Gewinnerhöhung. Zeichnerisch kann diese Zielbeziehung folgendermaßen dargestellt werden:

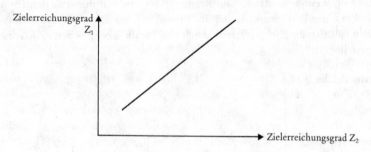

Abb. 6: komplementäre Zielbeziehung

Konkurrierende Ziele liegen dann vor, wenn die Erhöhung des Zielerreichungsgrades von Ziel 1 zu einer Verminderung des Zielerreichungsgrades von Ziel 2 führt. Ein Beispiel für eine mögliche Zielkonkurrenz ist die Intensivierung des Kundendienstes bei gleichzeitiger Kostenminimierung. Zeichnerisch stellt sich die Zielkonkurrenz wie folgt dar:

---

[72] Schmalen weist darauf hin, daß sich die „Anspruchsanpassungstheorie" mit diesen Verhaltensweisen beschäftigt. (Vgl. Schmalen, H., a. a. O., S. 137f.) Zum Bestreben, ein bestimmtes Anspruchsniveau im Rahmen der betrieblichen Zielsetzungen zu realisieren, vgl. auch die Ergebnisse einer empirischen Forschung bei Hauschildt, J., Die Struktur von Zielen in Entscheidungsprozessen – Bericht aus einem empirischen Forschungsprojekt, in: ZfbF 1973, S. 709ff.

[73] Diese Unterscheidung findet sich bei Bidlingmaier, J./Schneider, D. J.-G., a. a. O., Sp. 4738

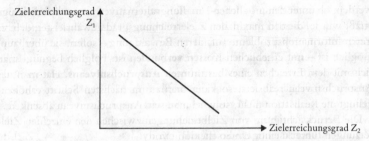

Abb. 7: konkurrierende Zielbeziehung

Von **Zielantinomie** spricht man dann, wenn die Realisation von Ziel 1 die Realisation von Ziel 2 ausschließt und umgekehrt. Die Zielantinomie kann als Extremfall der Zielkonkurrenz angesehen werden. Zielantinomie liegt z. B. dann vor, wenn man den Energieverbrauch einer Maschine senken, gleichzeitig aber den Ausstoß pro Stunde erhöhen will und dazu die Maschine mit überhöhten Drehzahlen arbeiten lassen muß. Zeichnerisch bewegt man sich im Falle der Zielantinomie auf der Z_1- bzw. Z_2-Achse.

Zielindifferenz bedeutet, daß die Erfüllung einer Zielsetzung keinen Einfluß auf die Erfüllung einer anderen Zielsetzung hat. Das ist beispielsweise der Fall, wenn man das Kantinenessen verbessern will und außerdem eine Senkung der Betriebsstoffkosten im Produktionsbereich anstrebt. Zeichnerisch läßt sich die Zielindifferenz durch eine Parallele zur Z_1- bzw. Z_2-Achse darstellen.

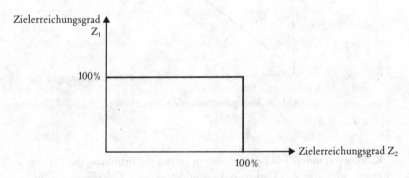

Abb. 8: Zielindifferenz

Auch der **zeitliche Bezug** der Ziele bietet sich als Systematisierungskriterium für die Zielarten an. Hier können unterschieden werden:
- kurz-, mittel- und langfristige Ziele,
- zeitpunkt- und zeitraumbezogene Ziele,
- statische und dynamische Ziele,
- dauernde und vorübergehende Ziele.[74]

---

[74] Vgl. Heinen, E., Grundlagen betriebswirtschaftlicher Entscheidungen. Das Zielsystem der Unternehmung, 3. Aufl., Wiesbaden 1976, S. 85 ff. und S. 119 ff.

Die Unterscheidung in **kurz-, mittel- und langfristige Ziele** orientiert sich an der Kalenderzeit; dabei ist jedoch nicht exakt festgelegt, welcher Zeitraum unter kurz-, mittel- und langfristig zu verstehen ist. Ein **zeitpunktbezogenes** Ziel ist beispielsweise das Vorhaben, am 1. März einen Kassenbestand von 3.000 DM zu haben, ein **zeitraumbezogenes** Ziel ist die Absicht, innerhalb der ersten beiden Monate im Jahr den Bestand auf dem Bankkonto auf 10.000 DM zu halten. Bei **statischen** Zielen bleibt eine Entwicklung im Zeitablauf unberücksichtigt, während **dynamische** Ziele den Zeitablauf berücksichtigen. So ist z. B. ein dynamisch formuliertes Ziel die Forderung nach einer Umsatzsteigerung innerhalb der ersten drei Monate des Jahres in Höhe von 15% im Vergleich zu den ersten drei Vorjahresmonaten. Ein **dauerndes** Unternehmensziel ist beispielsweise das Gewinnstreben, während das Bestreben, innerhalb des nächsten halben Jahres fällig werdende Kredite zu Zwecken der Liquiditätssicherung zu prolongieren, ein **vorübergehendes** Unternehmensziel ist.

c) Zielkonflikte

Zielkonflikte können sich im Falle konkurrierender Zielsetzungen ergeben. Folgende Arten sind hierbei zu unterscheiden:
- Individualkonflikte,
- hierarchisch bedingte Zielkonflikte,
- innerorganisatorische Konflikte.

Individualkonflikte entstehen, wenn Spannungen zwischen den Zielen der Organisation und den eigenen privaten Zwecken vorhanden sind. Je höher der Solidaritätsgrad eines Entscheidungsträgers ist, um so weniger Spannungen treten auf. Zielkonflikte können bewußt oder unbewußt entstehen. Allgemein gilt, daß die Auswirkung eines Individualkonfliktes sich um so stärker auf das Unternehmensziel auswirkt, je höher die Stellung des Entscheidungsträgers ist.

Hierarchisch bedingte Zielkonflikte hängen von der Art der Ziele ab. Sie treten auf, wenn das dem einzelnen Entscheidungsträger gegebene Ziel nicht operational ist, d. h. die Zielerreichung nicht in Maßgrößen gemessen werden kann. Ist ein Ziel nicht operational, so gibt es keine geeignete Basis für das Handeln der Mitarbeiter ab. Liegt ein nichtoperationales Ziel vor, so empfiehlt es sich, dieses Ziel in operationale Unterziele zu zerlegen. Beispiel: Ziel für den Produktionsleiter: Produzieren Sie Kühlschränke! (nichtoperational). Ausweg: Produzieren Sie 2.000 Kühlschränke vom Typ A im Monat; senken Sie dabei die Kosten soweit wie möglich! Beide Unterziele können gemessen werden.

Innerorganisatorische Konflikte entstehen, wenn in Abteilungen, die im Hinblick auf das Oberziel zusammenarbeiten müssen, unterschiedliche Ziele verfolgt werden, die nicht miteinander harmonieren. Beispiel: Der Absatzleiter wünscht aus absatzpolitischen Gründen ein breites Sortiment, der Produktionsleiter möchte sich auf wenige Produkte spezialisieren, um den Vorteil der großen Serie auszunutzen. Hier muß ein Kompromiß gefunden werden.

Bei dem Versuch, Zielkonflikte zu vermindern, muß zuerst geprüft werden, ob sie subjektiv oder hierarchisch bedingt sind. Im ersten Fall kann Abhilfe z. B. durch eine andere Form der Entlohnung oder die Gewährung von Aufstiegschancen geschaffen werden. Hierarchisch bedingte Zielkonflikte entstehen häufig durch eine falsche Abteilungsbildung. Hier muß eine neue Bestimmung der Unterziele erfolgen, z. B. eine neue Abteilungsbildung oder eine neue Kompetenzabgrenzung.

d) Das Zielsystem der strategischen Unternehmensführung

Ebenso wie die klassischen Unternehmensführungskonzeptionen muß auch die strategische Unternehmensführung zunächst das vom Unternehmen verfolgte **Oberziel** formulieren, bevor einzelne strategische Ziele erarbeitet werden können. Für dieses Oberziel wird häufig der Begriff **Unternehmensleitbild** verwendet. Daneben gibt es andere Umschreibungen wie beispielsweise: Unternehmensphilosophie, Unternehmensgrundsätze, Unternehmensgrundordnung, Unternehmensverfassung, Corporate Identity und **Unternehmenskultur.** Den Definitionen dieser Begriffe ist gemeinsam, daß sie sich auf einen Katalog von Kriterien beziehen, der die **Wertvorstellungen** und Bekenntnisse der Unternehmensführung im Hinblick auf ihre Umwelt enthält und der klare Normen für ihr unternehmerisches Verhalten setzt.[75] Konkret beziehen sich diese Kriterien auf das Tätigkeitsfeld des Unternehmens, auf das grundsätzliche Verhalten des Unternehmens gegenüber Mitarbeitern, Kunden, Aktionären, Staat und Gesellschaft, auf Grundzüge der Akquisitions-, Beteiligungs- und Kooperationspolitik des Unternehmens, auf die Einstellung des Unternehmens zu Wachstum, technischem Fortschritt, Ressourcenverwendung sowie natürlicher Umwelt und nicht zuletzt auf die Absicht, Gewinne zu erzielen.[76]

Das Unternehmen wird also nicht mehr nur als Instrument zur Erzielung von Geldeinkommen der am Unternehmen beteiligten und in ihm insgesamt tätigen Personen, sondern als soziales System aufgefaßt. Statt auf der einseitigen „Betonung kurzfristiger ökonomischer Ertragskraft" liegt der Akzent auch oder sogar in erster Linie auf der „Betonung der gesellschaftlichen und sozialen Verträglichkeit von Entscheidungen."[77]

Aus diesem Unternehmensleitbild werden die strategischen Zielsetzungen abgeleitet, und zwar in erster Linie für bestimmte Produkt-Markt-Kombinationen, für die bei günstiger Marktattraktivität eine Verbesserung der Wettbewerbsposition erwartet wird. Die Konkretisierung der strategischen Ziele erfolgt dann durch die Formulierung von **Unterzielen,** die als Indikatoren für die Wettbewerbssituation gelten und die sich bezüglich ihres Inhaltes, ihrer Dimension und vor allem ihres Zielerreichungsgrades präzisieren las-

---

[75] Vgl. Rüttinger, R., Unternehmenskultur, Erfolge durch Vision und Wandel, Düsseldorf/Wien 1986, S. 56

[76] Vgl. Gabele, E., Kretschmer, H., Unternehmensgrundsätze als Instrument der Unternehmensführung, ZfbF 1983, S. 716 ff.

[77] Bea/Dichtl/Schweitzer, a. a. O., S. 177 ff.

sen, wie z. B. Marktanteil, Distributionsgrad, Deckungsbeitrag oder Umsatz.[78]

Verbunden werden diese Zielebenen durch die **finanzwirtschaftlichen Ziele;** dabei handelt es sich vor allem um Zielsetzungen im Rahmen der Erfolgs- und Liquiditätspolitik. Nach wie vor wird dieser Bereich von der Maxime der Gewinnmaximierung dominiert. Als operationalisierte Indikatoren verwendet das strategische Management hierfür insbesondere die Rentabilität (ROI[79]) und den Cash Flow.[80, 81]

5. Die Führungsinstrumente

a) Begriff und Aufgabe

Der Einsatz von Führungsinstrumenten beeinflußt einerseits die Motivation der Mitarbeiter, andererseits kann die Motivierung von Mitarbeitern selbst als ein Führungsinstrument bezeichnet werden. „Motivation ist dasjenige in uns und um uns, was uns dazu bringt, uns so und nicht anders zu verhalten."[82] Das **Motivieren** selbst ist ein aktives, zielgerichtetes Steuern des Verhaltens und somit ist die Wahrnehmung der Motivierungsaufgabe ein komplexes Führungsinstrument.[83]

Der optimale Einsatz der Führungsinstrumente durch die Betriebsführung ist dann gewährleistet, wenn eine Identifikation der Zielsetzung des Unternehmens mit den persönlichen Wünschen der Mitarbeiter herbeigeführt wird.[84] Die Betriebsführung muß deshalb versuchen, durch den Einsatz der entsprechenden Führungsinstrumente die Mitarbeiter so zu beeinflussen, daß sie im äußersten Fall überzeugt sind, ihre eigenen Ziele durch ihren persönlichen Einsatz für die Ziele des Unternehmens optimal realisieren zu können. Die Instrumente, die den Führungskräften dafür zur Verfügung stehen, lassen sich wie folgt gliedern (vgl. Abb. 9):[85]

Die objektiv bewertbaren Führungsinstrumente können zwar von den einzelnen Mitarbeitern subjektiv unterschiedlich beurteilt werden, doch gibt es sowohl bei den materiell direkten als auch bei den materiell indirekten Führungsinstrumenten relativ eindeutige Kriterien zur Beurteilung. Die Unter-

---

[78] Vgl. Wieselhuber, N., Phasen und Prozeß der strategischen Planung, in: Praxis der strategischen Unternehmensplanung, hrsg. von A. Töpfer und H. Afheldt, Frankfurt 1983, S. 71 f.

[79] ROI = Return on Investment = Rückfluß des investierten Kapitals = unter dem Namen „Rentabilitätsrechnung" bekanntes Praktikerverfahren der Investitionsrechnung; Einzelheiten vgl. S. 751 ff.

[80] Vgl. Scheffler, H. E., Planung, strategische, in: Management Enzyklopädie, Bd. 7, 2. Aufl., Landsberg am Lech 1984, S. 704 f.

[81] Cash Flow = Kennziffer für den Mittelzufluß aus dem Umsatzprozeß; Einzelheiten vgl. S. 804 ff.

[82] Graumann, C. F., Einführung in die Psychologie, 3. Aufl., Bd. 1: Motivation, Frankfurt 1974, S. 1

[83] Vgl. Tietz, B., Die Grundlagen des Marketing, Bd. 3: Das Marketing-Management, München 1976, S. 776

[84] Vgl. Korndörfer, W., Unternehmensführungslehre, a. a. O., S. 181

[85] Vgl. zu der prinzipiellen Aufteilung Tietz, B., a. a. O., S. 775 f.

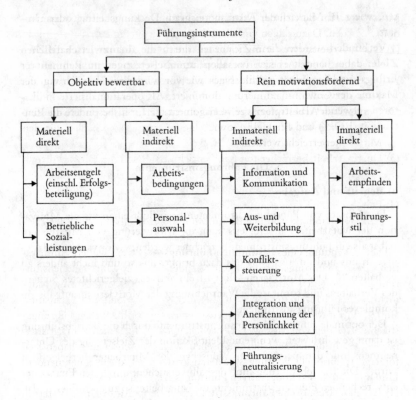

Abb. 9: Systematik der Führungsinstrumente

nehmensführung hat die Aufgabe, einerseits das Arbeitsentgelt und die betrieblichen Sozialleistungen, andererseits die Personalauswahl und die Arbeitsbedingungen so zu gestalten, daß der für das Unternehmen bestmögliche Erfolg realisiert werden kann.[86] Personalauswahl und Arbeitsbedingungen werden deshalb als materielle – wenn auch als materiell indirekte – Führungsinstrumente bezeichnet, weil einerseits die richtige Personalauswahl Voraussetzung für eine materielle Zufriedenstellung von Mitarbeitern und Unternehmen ist und andererseits gute Arbeitsbedingungen – wenn auch in engen Grenzen – einer höheren Vergütung vorgezogen werden können.

b) Die immateriellen direkten Führungsinstrumente

Die Zufriedenheit in und mit der Arbeit trägt in erheblichem Maße zu einer Steigerung des Leistungswillens der Arbeitskräfte bei. Die Unternehmensführung kann sich zur **Verbesserung des Arbeitsempfindens** einiger

---

[86] Vgl. dazu ausführlich die Ausführungen auf S. 257 ff.

Maßnahmen im Bereich der Arbeitsbereichstrukturierung (Arbeitsorganisation) bedienen. Dazu zählen vor allem folgende Maßnahmen:

(1) Durch **Arbeitserweiterung** („job enlargement") soll vor allem die Zerstückelung eines Arbeitsprozesses rückgängig gemacht und dem Mitarbeiter ein möglichst geschlossenes „Arbeitspaket" zur Bearbeitung anvertraut werden.[87]

(2) Durch einen **Arbeitsplatzwechsel** („job rotation") soll in erster Linie eine Erweiterung des Blickfelds sowie eine gewisse Abwechslung für den Mitarbeiter erreicht werden.

(3) Durch **Arbeitsbereicherung** („job enrichment") soll die Verantwortung mit Hilfe erhöhter Entscheidungs- und Kontrollbefugnisse erhöht werden. Das führt meist auch zu einer qualitativen Aufwertung einer Stelle.[88]

(4) Durch Bildung kleiner **autonomer Arbeitsgruppen** soll diesen eine größere Selbständigkeit in der Bestimmung des Aufgabeninhalts, der Zielsetzung und der Durchführung der Aufgabe gegeben werden.[89]

Die Anwendung eines bestimmten **Führungsstils** ist ein weiteres immateriell direktes Führungsinstrument. Je nachdem, ob die Unternehmensführung mehr mit den Mitteln der Autorität, des Drucks und Zwangs oder mehr mit den Mitteln der Überzeugung, der Kooperation und Partizipation am Führungsprozeß vorgeht, wendet sie einen unterschiedlichen Führungsstil an.[90] Aus den von Max Weber entwickelten Grundformen der charismatischen, traditionalen und bürokratischen Willensdurchsetzung haben sich folgende traditionelle Führungsstile herauskristallisiert, die in zunehmendem Umfange durch den kooperativen Führungsstil ersetzt werden:[91]

(1) Der **patriarchalische Führungsstil:** Leitbild ist die Autorität des Vaters in der Familie, was in einem absoluten Herrschaftsanspruch des „Patriarchen" als alleiniger Führungsinstanz und seiner Anerkennung durch die Geführten zum Ausdruck kommt. „Der Patriarch führt in dem Bewußtsein, Belegschaftskinder unter sich zu wissen, die in keiner Weise an der Führung beteiligt werden (können)".[92] Der Führungsanspruch ist für den Patriarchen an eine Treue- und Versorgungspflicht gegenüber den Geführten gekoppelt.

(2) Der **charismatische Führungsstil:** „Charisma bedeutet eine Gnadengabe, d. h. die als Fügung zu definierende Fähigkeit eines Menschen, durch seine Ausstrahlungskraft andere Menschen zu führen."[93] Der Herrschaftsanspruch ist in gleicher Weise wie beim patriarchalischen Füh-

---

[87] Vgl. Esser, E., Führung und Motivation, in: Personalführung, hrsg. von Manfred Timmermann, Stuttgart, Berlin, Köln, Mainz 1977, S. 63–107, s. bes. S. 100

[88] Vgl. Berthel, J., Personal-Management, 2. Aufl., Stuttgart 1989, S. 230

[89] Vgl. Mitarbeiterführung, Bd. 9 der USW-Schriften für Führungskräfte, hrsg. von Horst Albach u. a., Wiesbaden 1977, S. 103

[90] Vgl. Witte, E., Führungsstile, in: Handwörterbuch der Organisation, hrsg. von Erwin Grochla, Stuttgart 1969, Sp. 595

[91] Vgl. Baumgarten, R., Führungsstile und Führungstechniken, Berlin, New York 1977, S. 25

[92] Witte, E., a. a. O., Sp. 596

[93] Tietz, B., a. a. O., S. 783

rungsstil gegeben, so daß sich beide Führungsstile weitgehend ähnlich sind. Der charismatische Führer ist allerdings voll und ganz auf seine Ausstrahlungskraft angewiesen, die ihm eine beim patriarchalischen Führungsstil unbekannte „mystische" Führungsstärke vermittelt. Die Wohlfahrtsverpflichtungen des „Patriarchen" sind für den charismatischen Führer nicht vorhanden.[94]

(3) Der **autokratische Führungsstil:** Im Gegensatz zu den beiden vorgenannten Führungsstilen steht hier nicht die Person des Führenden, sondern die Institution im Vordergrund. Die Herrschaft geht zwar auch hier von einem souveränen Alleinherrscher aus, doch bedient sich der „Autokrat" eines hierarchisch gestaffelten Führungsapparates. Das hat zur Folge, daß sich die autokratische Führung in starkem Maße disziplinierender und strukturierender Elemente bedient, und zwar mit der Begründung, daß große soziale Gebilde straffer Organisation bedürften.[95]

(4) Der **bürokratische Führungsstil:** Er wird als Fortentwicklung des autokratischen Führungsstils angesehen; dabei wird die Willkür des Autokraten durch die Legalität, das Reglement und die fachliche Kompetenz abgelöst.[96] Bei diesem Führungsstil ist ein verfeinertes Instanzensystem, eine präzise Definition und Abgrenzung der Befugnisse und eine Reglementierung der Arbeitsabläufe unwillkürliche Folge. „Während durch die autokratische Herrschaft die Geführten diszipliniert wurden, erreichte der bürokratische Führungsstil die Disziplinierung der Führenden."[97]

(5) Der **kooperative Führungsstil:** Hier werden im Gegensatz zu den autoritären Führungsstilen die Arbeitnehmer bei Führungsentscheidungen mitbeteiligt, wobei ihre Beteiligung entweder lediglich beratender Art sein oder sich in Form eines demokratischen Willensbildungsprozesses vollziehen kann, an dem alle Beteiligten mitwirken.[98]

c) Die immateriellen indirekten Führungsinstrumente

Die Information und Kommunikation sind indirekte Führungsmittel zur positiven Beeinflussung der Motivation der Mitarbeiter. „Information gehört zu den wichtigsten Voraussetzungen einer sachlich erfolgreichen und persönlich befriedigenden Zusammenarbeit. Der Leistungserfolg einer Arbeitsgruppe hängt z. B. entscheidend davon ab, ob Vertrauen statt Mißtrauen, Solidarität statt Mißgunst, Mitverantwortung statt Resignation zwischen den Gruppenmitgliedern untereinander oder zwischen Gruppenmitgliedern und Vorgesetzten überwiegen."[99] Die **Information** als Führungsinstrument ist unter zwei Aspekten zu betrachten. Einerseits ist sie als zweckorientiertes

---

[94] Vgl. Witte, E., a. a. O., Sp. 597
[95] Vgl. Berthel, J., a. a. O., S. 54
[96] Vgl. Tietz, B., a. a. O., S. 783
[97] Witte, E., a. a. O., Sp. 599
[98] Vgl. Raffée, H., Grundprobleme der Betriebswirtschaftslehre, Göttingen 1974, S. 164
[99] Sahm, A., Motivation, in: Management-Enzyklopädie, Bd. 4, München 1971, S. 737–747, s. bes. S. 742

Wissen Voraussetzung für den Erfolg der Tätigkeit der Mitarbeiter, andererseits gibt sie den Mitarbeitern das Bewußtsein „Bescheid zu wissen".[100] Die **betriebliche Aus- und Weiterbildung** sind dann als ein Führungsinstrument anzusehen, wenn sie eine motivierende Wirkung haben, d. h. „wenn sie die geistige Durchdringung und Transparenz der Eingebundenheit der Mitarbeiter in das Unternehmen erhöhen".[101] Die Aussicht, sich beruflich fortentwickeln zu können, wenn entsprechende Aus- und Weiterbildungsmöglichkeiten in Anspruch genommen werden, kann bei den Mitarbeitern zu einem leistungsmotivierenden Element werden. Das Wissen um die Chance des beruflichen Aufstiegs bei bestimmten Fortbildungsmaßnahmen kann aber nur dann motivierend wirken, wenn der Mitarbeiter eine für ihn realistische Fortentwicklungsmöglichkeit sieht.

Ein weiteres Führungsinstrument steht der Unternehmensführung mit der **Konfliktsteuerung** zur Verfügung. Das Unternehmen benötigt für ein zufriedenstellendes Funktionieren ein bestimmtes Maß an Übereinstimmung darüber, wer wann was wie macht. „Dabei heißt Konfliktregelung nicht notwendigerweise Konsensbildung. Nötig ist lediglich das Erreichen einer operativen Übereinstimmung, auch wenn diese darauf basiert, daß eine Seite überstimmt oder zum Nachgeben gezwungen wurde."[102]

Ein anderes, auf Motivation beruhendes Führungsinstrument ist die **Förderung der Integration,** d. h. die uneingeschränkte soziale Aufnahme eines Mitarbeiters in die Gruppen, in denen er mitwirkt, und die darauf folgende Anerkennung und Beachtung seiner Persönlichkeit.[103] Jeder Mitarbeiter hat in einem gut funktionierenden Personalführungssystem Anspruch auf Anerkennung und Kritik. Das ist nur möglich, wenn der Mitarbeiter in sein soziales Umfeld integriert ist und wenn die Führungskräfte es verstehen, auf ihn einzugehen und seine Leistung angemessen zu beurteilen.[104]

Zuletzt sei noch ein Führungsinstrument erwähnt, das zu einer Verkleinerung der Führungsprobleme beitragen kann. Es kann als **„Führungsneutralisierung"** oder als „Neutralisierung der Führungsanforderungen" bezeichnet werden und zeichnet sich dadurch aus, daß Führungshilfen institutionalisiert werden. Tietz umschreibt dieses Instrument wie folgt: „So erweist sich die Durchsetzung vieler Entscheidungen von Mensch zu Mensch als schwierig. Wird dagegen die Computer-Autorität eingeschaltet, d. h. die Durchsetzungsanforderung so weit neutralisiert, daß z. B. ‚der Computer' eine bestimmte Lösung erzwingt, zerfallen viele Widerstände, und es entwickelt sich eine Tendenz zur Anpassung an die Computeranforderungen."[105]

---

[100] Vgl. Tietz, B., a. a. O., S. 787
[101] Tietz, B., a. a. O., S. 788
[102] Mayntz, R., Konfliktregelung, in: Betriebswirtschaftslehre, Teil 2: Betriebsführung, hrsg. von Erwin Grochla, Stuttgart 1978, S. 30
[103] Vgl. Tietz, B., a. a. O., S. 792
[104] Vgl. Korndörfer, W., Unternehmensführungslehre, a. a. O., S. 212
[105] Tietz, B., a. a. O., S. 793

6. Die Führungsprinzipien

a) Begriff und Zielsetzungen

Die Betriebsführung kann sich unterschiedlicher Führungsprinzipien (Managementprinzipien/Führungstechniken) bedienen. Im Laufe der letzten Jahre ist eine Vielzahl von Führungskonzepten entwickelt worden, die meist unter der Bezeichnung „Management by ..." zum Teil längst bekannte Prinzipien mit neuen Namen belegen, zum Teil neue Konzepte darstellen. Sie schließen sich in der Regel nicht aus, stellen also keine Alternativen dar, sondern können zueinander indifferent bzw. voneinander unabhängig sein, sie können sich gegenseitig bedingen bzw. ergänzen, sie können sich aber auch ausschließen bzw. trennen.

Inhalt der Führungsprinzipien sind in erster Linie organisatorische Probleme und ihre Lösung im Rahmen der Führungsaufgabe. Die **Ziele,** die mit der Anwendung der Führungsprinzipien verfolgt werden, lassen sich wie folgt zusammenfassen:

(1) Führungsprinzipien sollen als Regelsysteme, die selbständig arbeiten und deren Erfolg meßbar ist, die Führungskräfte für echte Führungsaufgaben freistellen und von Routinearbeiten entlasten, die ihre Mitarbeiter erledigen können. Damit soll der Einsatz des dispositiven Faktors effizienter gestaltet werden.

(2) Führungsprinzipien sollen den einzelnen Mitarbeitern mehr Selbständigkeit bei den Ausführungshandlungen zugestehen, dadurch kreative Kräfte freisetzen und somit zu einer auf die Optimierung des Unternehmenserfolges positive Leistungssteigerung hinwirken.[106]

(3) Führungsprinzipien sollen die unternehmerische Leistung und Anpassungsfähigkeit an veränderte Umweltbedingungen im Hinblick auf den langfristigen Erfolg des Unternehmens optimal aktivieren.[107]

Die jeweiligen Führungsprinzipien heben zur Realisierung der genannten Ziele bestimmte Teilbereiche hervor. Im folgenden sollen die wichtigsten Führungsprinzipien unter Beachtung der mit ihnen vorrangig verfolgten **Teilziele** erläutert werden.

b) Prinzipien zur Lösung des Delegationsproblems

Im System der **„Führung nach dem Ausnahmeprinzip" (Management by Exception)** beschränkt die Betriebsführung ihre Entscheidungen auf außergewöhnliche Fälle, d. h. sie greift in den den einzelnen Führungskräften übertragenen Aufgabenbereich nur ein, wenn Abweichungen von den angestrebten Zielen eintreten und in besonderen Situationen wichtige Entscheidungen getroffen werden müssen.

---

[106] Vgl. Korndörfer, W., Unternehmensführungslehre, a. a. O., S. 198
[107] Vgl. Liertz, R., Management-Techniken, in: Management-Enzyklopädie, Bd. 6, 2. Aufl., Landsberg am Lech 1984, S. 420 f.

Dieses Konzept stellt die **Entscheidungsfunktion** der Unternehmensführung in den Mittelpunkt. Es setzt voraus, daß alle Routineentscheidungen an Mitarbeiter delegiert werden. Dabei sind die Weisungs- und Entscheidungskompetenzen der Entscheidungsträger klar abzugrenzen und Regeln für den Informationsfluß bei Ausnahmesituationen aufzustellen. Der Mitarbeiter muß für seinen Aufgabenbereich Vorgabewerte erhalten, deren Einhaltung durch ein entsprechendes Kontrollsystem überwacht werden kann. Dabei muß festgelegt werden, welche Abweichungen vom geplanten Ergebnis noch zulässig sind, bevor der Vorgesetzte eingreifen muß, um entweder durch außergewöhnliche Maßnahmen die Übereinstimmung zwischen dem vorgegebenen Ziel und der tatsächlichen Leistung herzustellen oder infolge veränderter Bedingungen das Ziel zu revidieren.

An dieser Führungskonzeption ist **positiv** zu beurteilen, daß die Unternehmensführung von Routinetätigkeiten entlastet wird und sich auf neue Führungsaufgaben konzentrieren kann, die durch die Notwendigkeit der Anpassung der betrieblichen Planung und Realisation an veränderte wirtschaftliche Daten entstehen. Die Delegation von Entscheidungsbefugnissen und Verantwortung kann sich fördernd auf den Leistungswillen der Mitarbeiter auswirken. Allerdings können in dieser Hinsicht auch **negative** Wirkungen eintreten, wenn in Ausnahmefällen, in denen sich der sonst an Routinearbeiten gebundene Mitarbeiter durch eine kreative Handlung bewähren könnte, der Vorgesetzte eingreift. Das Bewußtsein, daß dann, wenn ein Leistungsprozeß nicht planmäßig abläuft, die Betriebsführung durch ihre Entscheidung die Verantwortung wieder an sich zieht, kann sich negativ auf die Eigeninitiative und das Verantwortungsbewußtsein der Mitarbeiter auswirken. Die Gefahren dieses Führungssystems liegen ferner in der Möglichkeit, daß unangenehme Informationen unterdrückt werden, weil man ein Eingreifen der übergeordneten Instanz vermeiden möchte.

„Das Prinzip ‚**Management by Decision Rules**' besagt, daß mit der Delegation von Entscheidungsaufgaben zugleich genaue Regeln vorzugeben sind, nach denen delegierte Entscheidungen zu fällen sind.“[108] Dieses Prinzip der „**Führung anhand von Entscheidungsregeln**“ geht davon aus, daß das Koordinationsproblem bei Entscheidungsprozessen, an denen mehrere Personen beteiligt sind, allein durch Entscheidungsregeln bewältigt werden kann, die aus dem Gesamtzielsystem des Unternehmens abgeleitet werden können.[109] „Da exakte Entscheidungsregeln nur dann vorgegeben werden können, wenn alle potentiellen Entscheidungssituationen vorhersehbar sind, ist der Anwendungsbereich für dieses Prinzip auf Routineentscheidungen beschränkt.“[110]

Das Prinzip „**Führung durch Aufgabendelegation**“ (**Management by Delegation**) besagt, daß klar abgegrenzte Aufgabenbereiche mit entspre-

---

[108] Fuchs-Wegner, G., Management by ... Eine kritische Betrachtung moderner Managementprinzipien und -konzeptionen, BFuP 1973, S. 681
[109] Vgl. Fuchs-Wegner, G., Management-Prinzipien und -Techniken, in: HdB, Band I/2, Sp. 2571 ff.
[110] Fuchs-Wegner, G., a. a. O., Sp. 2573

chender Verantwortung und Kompetenz auf nachgeordnete Mitarbeiter übertragen werden, damit einerseits die übergeordneten Führungsstellen von Routinearbeiten entlastet werden und andererseits schnelle Entscheidungen getroffen werden können.

Dieses Führungsprinzip hat eine besondere Ausprägung in dem von R. Höhn[111] und der Harzburger Akademie für Führungskräfte der Wirtschaft entwickelten und vertretenen **„Harzburger Modell"** gefunden, das unter der Bezeichnung **„Führung im Mitarbeiterverhältnis"** bekannt geworden ist.

Das Harzburger Modell wird durch folgende Elemente charakterisiert:
- Entscheidungen werden nicht von einer einzelnen oder wenigen Führungskräften an der Spitze getroffen, sondern jeweils von Mitarbeitern auf den Ebenen, zu denen sie gehören.
- Es werden generell keine Einzelaufträge mehr erteilt, sondern den Mitarbeitern werden feste Aufgabengebiete mit den dazugehörigen Kompetenzen und Verantwortungen zugewiesen.
- Der Vorgesetzte delegiert zugleich mit dem Aufgabenbereich einen Teil seiner Verantwortung an den untergeordneten Mitarbeiter. Die „Führungsverantwortung" bleibt uneingeschränkt bei ihm.
- Mit Hilfe von Stellenbeschreibungen werden die Aufgabengebiete, Unterbzw. Überstellungsverhältnisse, Regelungen bezüglich Stellvertretung, Kommunikationsbeziehungen usw. abgegrenzt.
- In einer „Allgemeinen Führungsanweisung" werden die Grundsätze der „Führung im Mitarbeiterverhältnis" für alle verbindlich festgelegt.

Das Delegationsproblem ist auch Gegenstand eines **„Managements by Systems",** d. h. einer Führung durch Systemsteuerung. Dieses Konzept basiert auf der betriebswirtschaftlichen Systemtheorie und versucht, bei weitestgehender Delegation von Aufgaben eine möglichst umfangreiche Selbstregulierung der Subsysteme mit Hilfe eines computergestützten Informations- und Steuerungssystems zu erreichen.

c) Ziel- und ergebnisorientierte Prinzipien

Beim Führungsprinzip **„Führen durch Zielvereinbarung" (Management by Objectives)** erarbeiten die Betriebsleitung und die Mitarbeiter auf den nachgeordneten Führungsebenen gemeinsam bestimmte Ziele, die die jeweilige Führungskraft in ihrem Arbeitsbereich realisieren soll. Der Aufgabenbereich jedes einzelnen Mitarbeiters und seine Verantwortung werden also **nach dem Ergebnis festgelegt,** das von ihm erwartet wird. Der Mitarbeiter kann im Rahmen des mit dem Vorgesetzten gemeinsam abgegrenzten Aufgabenbereichs selbst entscheiden, auf welchem Wege er die vorgegebenen Ziele erreichen will. Nicht diese Entscheidung, sondern das Ergebnis wird kontrolliert. Der **Grad der Zielerfüllung** dient als Grundlage der Leistungsbewertung einer Führungskraft und der Festlegung seiner Bezüge (Gehalt, Tantieme, Gewinnbeteiligung). Er liefert der Betriebsführung zugleich Anhaltspunkte für die Beförderung und weitere Ausbildung von Führungskräf-

---

[111] Vgl. Höhn, R., Führungsbrevier der Wirtschaft, 7. Aufl., Bad Harzburg 1970

ten und für die Personalplanung Hinweise zur Besetzung von Führungsstellen.

Voraussetzung für ein solches Führungskonzept ist einerseits eine detaillierte **Planung aller Teilziele** bis zur untersten Management-Ebene und andererseits eine umfassende **Erfolgskontrolle.** Durch dieses System werden die jeweiligen Führungskräfte von der Spitze bis zur unteren Ebene entlastet, da sie nicht zu entscheiden haben, wie in den einzelnen Bereichen gearbeitet wird, sondern nur an der Festlegung beteiligt sind, was erreicht werden soll. Die Verantwortungsbereitschaft und die Eigeninitiative der Mitarbeiter werden gefördert, wenn die gemeinsam gesetzten Ziele erreichbar sind. Sind sie zu hoch gesteckt, so werden die Mitarbeiter entweder unter starken Leistungsdruck gesetzt oder durch Mißerfolge unsicher.

Da dieser Führungsstil alle Führungsebenen des Unternehmens in die Gestaltung der Unternehmenspolitik einbezieht und die einzelnen Führungskräfte bei der Festlegung von Aufgaben, deren Erfüllung von ihnen verlangt wird und für die sie verantwortlich gemacht werden, beteiligt, kann er die **partnerschaftliche Zusammenarbeit fördern.** „Management by Objectives sieht das Unternehmen als ein pluralistisches, soziales Gefüge an, das eine Ausrichtung der Organisationsmitglieder auf gemeinsame Ziele ermöglicht. Diese Ausrichtung kann prinzipiell dann als optimal bezeichnet werden, wenn die persönlichen Ziele der Führungskräfte, wie beispielsweise Aufstieg im Unternehmen oder Einkommensverbesserung, mit den Unternehmenszielen in Einklang stehen."[112]

Das Prinzip „**Führung durch Ergebnisorientierung" (Management by Results)** basiert auf dem Prinzip der Vorgabe von Zielen. Der Vorgesetzte soll hierbei sowohl die von den Mitarbeitern zu erreichenden Ergebnisse (Leistungs-Soll) festsetzen als auch die erreichten Ergebnisse (Ist-Leistung) damit vergleichen, somit also auch eine Leistungskontrolle vornehmen.[113]

Bei diesem Prinzip wird einerseits unterstellt, daß eine effiziente Führung nur bei einer ständigen Ergebniskontrolle der Mitarbeiter möglich ist, andererseits wird angenommen, daß die Höhe der Anforderungen an die Mitarbeiter mit der Qualität ihrer Leistungen positiv korreliert. Dieses Prinzip ist stärker autoritär ausgerichtet als das „Management by objectives", da es mehr an den Ergebniszielen der Unternehmensführung orientiert ist und den Mitarbeitern weniger Mitbestimmungsbefugnisse über die zu erreichenden Ziele gewährt.

7. Die Planung und Entscheidung

a) Begriff, Aufgaben und Struktur der Planung

Damit die Betriebsführung ihre Zielsetzung, mit Hilfe des Betriebsprozesses eine Gewinnmaximierung auf lange Sicht zu erreichen, realisieren kann, bedarf es einer Planung, wie sich der Betriebsprozeß vollziehen soll. Die

---

[112] Fiertz, A. L., Management by Objectives, Management Enzyklopädie, Bd. 4, München 1971, S. 257

[113] Vgl. Fuchs-Wegner, G., Management-Prinzipien und -Techniken, a. a. O., Sp. 2574

Betriebsführung steht dabei vor dem schwerwiegenden Problem, daß die Realisierung ihrer allgemeinen und besonderen Zielsetzungen in der Regel auf verschiedenen Wegen versucht werden kann. Sie muß also Entscheidungen treffen, ihren Plan fixieren und damit für alle Abteilungen des Betriebes für eine bestimmte Planungsperiode ganz konkrete Ziele vorgeben, die zu realisieren sind. Die Tätigkeit des dispositiven Faktors vollzieht sich also – wie oben bereits erwähnt – in folgenden Etappen: Ziele setzen – planen – entscheiden – durchführen – kontrollieren.

Planung ist die **gedankliche Vorwegnahme zukünftigen Handelns** durch Abwägen verschiedener Handlungsalternativen und Entscheidung für den günstigsten Weg. Planung bedeutet also das **Treffen von Entscheidungen, die in die Zukunft gerichtet sind** und durch die der betriebliche Prozeßablauf als Ganzes und in allen seinen Teilen festgelegt wird. Da Entscheidungen nicht nur auf Grund systematischer gedanklicher Vorbereitung, sondern auch aus einer Augenblickssituation heraus, gewissermaßen intuitiv, erfolgen können – ein großer Teil der in der betrieblichen Praxis getroffenen Entscheidungen ist von dieser Art – können die Begriffe Planung und Entscheidung nicht gleichgesetzt werden. „Planen ist solches Entscheiden, das nicht auf Improvisation beruht."[114]

Ebenso wie Planungen sind auch **Prognosen** in die Zukunft gerichtet. Während aber die Planung festlegt, welche Entscheidungen getroffen werden müssen, damit zukünftige Ereignisse eintreten, sagt die Prognose voraus, daß bestimmte Ereignisse wahrscheinlich eintreten werden. Die Prognose ist somit zwar „ein bedeutender und unerläßlicher Bestandteil systematischer Entscheidungsprozesse",[115] im Gegensatz zur Planung aber nicht durch aktives Handeln gekennzeichnet. Sie ist eine Methode der Planung.

Der Planungsprozeß läuft in mehreren Stufen ab. Die erste Stufe ist die **Sammlung von Informationen.** Aufgabe des dispositiven Faktors in diesem Stadium ist es, alle die Daten zu gewinnen, die in irgendeiner Beziehung zum Objekt der Planung stehen. Um Entscheidungen treffen zu können, braucht die Betriebsführung möglichst umfassende Informationen über die Lage am Absatz- und Beschaffungsmarkt, über Finanzierungsmöglichkeiten, über die zur Wahl stehenden technischen Verfahren, über die Leistungsfähigkeit und das Verhalten der Konkurrenz, über die allgemeine Wirtschaftslage usw. Da jedoch jede Planung in die Zukunft gerichtet ist, müssen auch die **Erwartungen geschätzt** und in Rechnung gestellt werden. Je unvollkommener die Informationen sind, die der Betriebsführung zur Verfügung stehen, desto größer sind die Unsicherheiten und die Risiken, die in den Erwartungen stecken.

Auf Basis dieser Prognosen werden als zweite Stufe der Planung verschiedene **Alternativpläne** ausgearbeitet, von denen jeder eine Möglichkeit darstellt, das Ziel zu erreichen. In der dritten Stufe muß eine **Entscheidung**

---

[114] Diederich, H., Allgemeine Betriebswirtschaftslehre, 7. Aufl., Stuttgart/Berlin/Köln 1993, S. 67
[115] Diederich, H., a. a. O., S. 67

gefällt werden, die einen der Alternativpläne für verbindlich erklärt. Durch diese Entscheidung wird ein Soll vorgezeichnet, dessen Einhaltung im Rahmen des Vollzugs durch einen Soll-Ist-Vergleich kontrolliert werden kann. Die Kontrolle ist unbedingt nötig, um sicherzustellen, daß das Ziel der Planung überhaupt erreicht wird. Somit gehört also zu jedem Plan ein Kontrollplan.

In Zusammenhang mit der Erweiterung der operativen, bereichsspezifischen Teilplanung um die gesamtunternehmensbezogene Planung wird der Begriff der Planung differenzierter verwendet. Dabei kann entsprechend den Zielsetzungen der strategischen Unternehmensführung[116] diese Differenzierung des Planungssystems durch die Aufgliederung in vier Teilkomplexe erfolgen:

(1) Unternehmensleitbildplanung

Gegenstand der Unternehmensleitbildplanung ist die Formulierung von Aussagen über die allgemeinen Unternehmensgrundsätze, d. h. von quantitativen und vor allem qualitativen Grundaussagen der Führungsspitze über die unternehmenspolitischen Ziel- und Grundsatzentscheidungen, so z. B. über das Verhältnis des Unternehmens zu seinem Tätigkeitsfeld, zu Mitarbeitern, Anteilseignern, Umwelt, Ressourcen, technischem Fortschritt u. ä. Dabei muß stets darauf geachtet werden, daß das Unternehmensleitbild so präzise formuliert wird, daß es in der konkreten Unternehmenspolitik berücksichtigt und umgesetzt werden kann.

(2) Strategische Planung

Die strategische Planung befaßt sich primär mit der langfristigen Planung von Strategien für bestimmte Produkt-Markt-Kombinationen (Geschäftsfelder) und damit verbunden auch mit Plänen, die sich mit der Schaffung und Erhaltung von Erfolgspotentialen beschäftigen und die letztlich die langfristige Produktionsprogrammplanung bestimmen. Folglich hat die strategische Planung auch die Analyse der vorhandenen Erfolgspotentiale (Stärken und Schwächen) des Unternehmens zum Gegenstand und erstellt darauf aufbauend Prognosen über die Attraktivität bestimmter Teilmärkte. Auf dieser Planungsebene sind auch die Synergie- und Substitutionseffekte, die sich durch die Aufgabe oder Förderung bestimmter Produkt-Markt-Kombinationen ergeben, zu beachten.

(3) Operative Planung

Die Aufgabe der operativen Planung besteht darin, ausgehend von den Ergebnissen der – grundsätzlich langfristigen – strategischen Planung, Pläne für kurz- und mittelfristige Produktionsprogramme zu entwickeln und daraus für die einzelnen Funktionsbereiche Maßnahmenkataloge zur Umsetzung der Pläne zu erarbeiten. Dabei ist das Problem der Abstimmung der Teilpläne der verschiedenen Funktionsbereiche zu beachten.

---

[116] Vgl. S. 130f.

(4) Erfolgs- und Liquiditätsplanung

Alle bisher dargestellten Teilkomplexe des Planungssystems müssen mit der Erfolgs- und Liquiditätsplanung abgestimmt werden. Gesamtunternehmensbezogene Planerfolgsrechnungen, Planbilanzen und Finanzpläne zählen zu den typischen Instrumenten dieses Teilkomplexes.

In vielen Darstellungen werden die Teilkomplexe (1) und (2) unter dem Begriff der strategischen Planung und die Teilkomplexe (3) und (4) unter dem Begriff der operativen Planung zusammengefaßt.[117] Da aber beispielsweise die Festlegung einer bestimmten Dividendenpolitik im Rahmen der Unternehmensleitbildplanung auch mit der Erfolgs- und Liquiditätsplanung abgestimmt werden muß und da sie sich deutlich von der Ebene der strategischen Planung abhebt, erscheint es zweckmäßiger, eine Unterteilung des Planungssystems in vier anstelle von zwei Teilkomplexen vorzunehmen.

Unternehmensleitbild-planung	Erfolgs- und Liquiditätsplanung
Strategische Planung	
Operative Planung	

Abb. 10: Teilkomplexe im Planungssystem

Je nachdem von welcher Unternehmensebene die Pläne der vor- oder nachgelagerten Planungsebene abgeleitet werden, wird in retrograde, progressive oder Gegenstromplanung unterschieden. Bei der **retrograden (top-down-) Planung** (vgl. Abb. 11) erfolgt die Ableitung der Pläne von oben nach unten. Der von der Unternehmensführung fixierte globale Rahmenplan wird von den nachgelagerten Planungsstufen in Teilpläne zerlegt und weiter präzisiert und dient der nächsten Planungsebene wiederum als Rahmenplan. Diese Planungsrichtung hat den **Vorteil**, daß die Zielsetzungen aller Teilpläne in hohem Maß der Zielsetzung des Gesamtunternehmens entsprechen. Allerdings besteht die Gefahr, daß die vorgelagerte Planungsebene der nachgelagerten Planungsebene Plandaten vorgibt, die diese unter Umständen nicht erfüllen kann (vertikale Interdependenz der Pläne). Um dies zu vermeiden, muß die übergeordnete Planungsebene für einen reibungslosen Informationsfluß sorgen; das ist allerdings oft mit hohem Aufwand verbunden. Da es sich bei dieser Methode jedoch kaum vermeiden läßt, daß bei der unteren Planungsebene der Eindruck entsteht, „verplant" zu werden, bleiben Zweifel, ob die untere Planungsebene auf Anfragen hin offen und ehrlich informiert, so daß die Planungsqualität beeinträchtigt werden kann.[118]

---

[117] Vgl. Hahn, D., Arbeitskreis „Langfristige Unternehmensplanung" der Schmalenbach-Gesellschaft, Strategische Planung, in: Strategische Unternehmensplanung, hrsg. von D. Hahn, B. Taylor, Würzburg/Wien 1980, S. 18

[118] Vgl. Wild. J., Grundlagen der Unternehmensplanung, 4. Aufl., Opladen 1982, S. 191 ff.

Den umgekehrten Weg beschreitet die **progressive (bottom-up-) Planung** (vgl. Abb. 12). Sie beginnt auf der untersten Planungsebene mit der Planung. Die Teilpläne werden an die jeweils übergeordnete Stufe weitergeleitet, die die Pläne koordiniert, zusammenfaßt und wiederum weitergibt, bis die oberste Planungsebene erreicht ist. Dieses Konzept hat den **Vorteil,** daß die Planung unmittelbar von den Betroffenen ausgeht, die sofortigen Zugang zu den benötigten Informationen haben. Die Beteiligten können sich mit dem selbsterarbeiteten Planinhalt identifizieren; dadurch wird ihre Motivation gestärkt.[119] Das wesentlichste Problem dieser Planungsmethode besteht darin, daß sich die Teilpläne, die der übergeordneten Planungsebene eingereicht werden, inhaltlich widersprechen können bzw. nicht gleichzeitig realisieren lassen.

Die Nachteile der beiden dargestellten Planungskonzepte können weitgehend durch Einsatz des **Gegenstromverfahrens** (top-down/bottom-up-Planung) ausgeschaltet werden (vgl. Abb. 13). Beim Gegenstromverfahren stellt die Unternehmensführung zunächst einen vorläufigen Rahmenplan auf, von dem die vorläufigen Teilpläne abgeleitet werden **(retrograder Verlauf).** Von der untersten Planungsebene bis hinauf zur Unternehmensführung erfolgt dann eine Überprüfung der Planvorgaben auf ihre Realisierbarkeit **(progressiver Verlauf).** Werden dabei Abweichungen vom Rahmenplan notwendig, so müssen die Koordinationsprobleme durch Unterzyklen gelöst werden.[120]

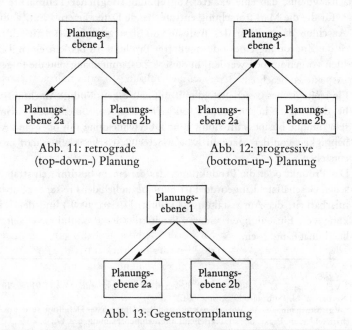

Abb. 11: retrograde   Abb. 12: progressive
(top-down-) Planung   (bottom-up-) Planung

Abb. 13: Gegenstromplanung

---

[119] Vgl. Lorange, P., Corporate Planing, Englewood Cliffs 1980, S. 188
[120] Vgl. Töpfer, A., Planungs- und Kontrollsysteme industrieller Unternehmungen, Berlin 1976, S. 114

Nachteilig kann sich jedoch auswirken, daß dieses Planungskonzept relativ zeitintensiv ist.

b) Die strategische Planung

aa) Strategische Geschäftsfelder

Die Suche nach den unternehmensspezifischen Erfolgspotentialen, die sich aus der zukunftsorientierten Denkweise der strategischen Unternehmensführung[121] ergibt, verlangt auch eine veränderte Unternehmenssegmentierung. Die historisch gewachsene Unternehmensstruktur, die aus der Entwicklung von einem ursprünglich überschaubaren und auf wenige Produkte konzentrierten Unternehmen zu einem Unternehmen mit einer Vielzahl von verschiedenen Produkten bzw. Dienstleistungen entstanden ist, eignet sich häufig nicht zur unmittelbaren Anwendung der Instrumente der strategischen Planung.

Obwohl die strategische Planung eindeutig auf die Gesamtunternehmung ausgerichtet ist, kann sie aus Gründen der Komplexitätsreduzierung nicht darauf verzichten, ein Gesamtunternehmen in weniger komplexe Teilbereiche zu zerlegen. Diese speziell auf die Erfordernisse der strategischen Planung ausgerichteten Segmente werden **strategische Geschäftsfelder** oder Geschäftseinheiten genannt.[122] Sie beruhen auf einer oder mehreren Produkt-Markt-Kombination/en.[123] Die Definition strategischer Geschäftsfelder setzt zunächst voraus, daß eine **exakte Abgrenzung möglicher Teilmärkte** erfolgt, für die die Marktforschung entsprechende Daten liefern kann.[124] Erst im Anschluß daran kann der Aufbau von strategischen Geschäftsfeldern durch die Zuordnung eines oder mehrerer Produkte zu den einzelnen Teilmärkten vorgenommen werden. In diesem Zusammenhang sind die folgenden Aspekte zu beachten:[125]

(1) Ein strategisches Geschäftsfeld muß auf eine **eigenständige Marktaufgabe**, d.h. auf die Lösung eines spezifischen Kundenproblems ausgerichtet sein (unique business mission). Eine Überschneidung mit oder eine Abhängigkeit von der Marktaufgabe anderer Geschäftseinheiten darf nicht entstehen.

(2) Das Produkt oder die Produktlinie, das/die einem bestimmten strategischen Geschäftsfeld zugeordnet ist, muß bezüglich der Preise, der Substituierbarkeit, der Ausgestaltung (Qualität, Design, usw.) und der Wirkung von Einstellungen anderer Produkte oder Produktlinien weitgehend unabhängig sein.

---

[121] Vgl. S. 130 f.

[122] Vgl. Winand, U./Mußhoff, H. J., Geschäftsfeldsegmentierung, in: HWPlan, hrsg. von Szyperski, N., Stuttgart 1989, Sp. 580 ff.

[123] Vgl. Bormann, W. A., Vorgehensweise und Probleme bei der Definition strategischer Geschäftsfelder, in: Praxis der strategischen Unternehmensplanung, a. a. O., S. 207

[124] Vgl. S. 608 ff.

[125] Vgl. Neubauer, F.-F., Strategische Unternehmensführung, in: Management Enzyklopädie, Bd. 8, 2. Aufl., Landsberg am Lech 1984, S. 842 sowie Hinterhuber, H. H., Strategische Unternehmensführung, Bd. II, 5. Aufl., Berlin/New York 1992, S. 121 f.

(3) Dem Produkt oder der Produktlinie, das/die in ein bestimmtes strategisches Geschäftsfeld aufgenommen wurde, muß ein einheitlicher Kreis von Konkurrenten zugeordnet werden können.

Nur wenn diese Kriterien erfüllt sind, kann festgestellt werden, ob ein Geschäftsfeld ein positives Erfolgspotential besitzt und welche daran anknüpfenden Strategien formuliert werden müssen. Oft wird in diesem Zusammenhang auch gefordert, daß für ein strategisches Geschäftsfeld ein **relativer Wettbewerbsvorteil** erreichbar sein muß. Da die Wettbewerbssituation aber erst durch die Analyse der Erfolgspotentiale der notwendigerweise vorab definierten strategischen Geschäftsfelder beurteilt werden kann, erscheint eine Einbeziehung in den auf die Bildung von strategischen Geschäftsfeldern ausgerichteten Kriterienkatalog wenig sinnvoll.

bb) Instrumente zur Beurteilung von strategischen Geschäftsfeldern und zur Auswahl von Strategien

(1) Erfahrungskurven-Analyse

Als Erfahrungskurve wird der aus einer empirischen Untersuchung der Boston-Consulting-Group aus dem Jahre 1966 abgeleitete funktionale Zusammenhang zwischen der **kumulierten Produktmenge und den Stückkosten** bezeichnet. Die Kernaussage lautet, daß jeweils bei einer Verdoppelung der im Zeitablauf kumulierten Produktmenge mit einem Rückgang der Kosten (bezogen auf konstante Geldwerte) um 20–30% zu rechnen ist.[126] Als verantwortlich für diesen Effekt werden mehrere, kaum trennbare Einflußfaktoren genannt. Dazu zählen zunächst **Lernprozesse** im Produktionsbereich, die zu einer Verringerung der Fertigungszeiten und zu einer Reduzierung der Ausschußquote führen können. Dieser Effekt wird durch die für die Massenproduktion typische **Kostendegression** bei Kapazitätserweiterungen unterstützt. Langfristig können auch der technische Fortschritt und Rationalisierungsmaßnahmen zur Senkung der Stückkosten beitragen.

Die Kostenerfahrungskurve wird durch die **Preiserfahrungskurve** ergänzt. Diese liegt in der Einführungsphase regelmäßig unter den Stückkosten, da die Einführungs- und Entwicklungskosten des Produktes häufig nicht in einen realisierbaren Marktpreis einbezogen werden können. Bei stabilen Wettbewerbsbedingungen folgen die Preise, sobald sie einen bestimmten Abstand von den Stückkosten erreicht haben, deren langfristigem Verlauf. Drängen in der Wachstumsphase keine oder nur unbedeutende Wettbewerber auf den Markt, so bleibt das relativ hohe Preisniveau, nicht zuletzt zur Deckung der Anlaufverluste, erhalten und paßt sich den verringerten Stückkosten nicht an. Dadurch entsteht ein „Preisschirm", unter dem selbst Anbieter mit höheren Stückkosten in den Markt eindringen können. Der dadurch zunehmende Wettbewerb führt schließlich zu einem rapiden Preisverfall, der erst endet, wenn der Marktpreis auf die Preislinie trifft und

---

[126] Vgl. Henderson, B. D., Die Erfahrungskurve in der Unternehmensstrategie, 2. Aufl., Frankfurt/New York 1986, S. 19

den Preis erreicht, den er angenommen hätte, wenn von Anfang an eine stabile Wettbewerbssituation bestanden hätte.[127]

Kritik wird an dem Konzept der Erfahrungskurve insbesondere wegen des monokausalen Zusammenhangs geübt, der zwischen der kumulierten Produktmenge und der Preisentwicklung hergestellt wird. Begründet wird diese Kritik damit, daß auch durch völlig andere Hypothesen (z. B. Anzahl der Konkurrenten) die Preisentwicklung überzeugend erklärt werden kann.[128] Darüber hinaus dürften reale Preise für einzelne Produkte nur relativ schwer zu ermitteln sein.

(2) **Produktlebenszyklus**

Die ausführliche Darstellung und Erläuterung des Konzeptes des Produktlebenszyklus erfolgt im Abschnitt über den Absatz;[129] deshalb wird in diesem Zusammenhang nur kurz auf die Bedeutung dieses Instrumentes für die strategische Planung eingegangen. Idealtypisch gliedert sich der Produktlebenszyklus in die Einführungs-, Wachstums-, Reife- und Sättigungsphase eines Produkts, in denen sich jeweils unterschiedliche Konsequenzen für die absetzbare Menge ergeben. Gelingt es für ein Produkt, seine derzeitige Lage im Produktlebenszyklus zu fixieren, so können die Wachstumschancen für die absetzbare Menge geschätzt werden; folglich kann eine entsprechende Ausrichtung der langfristigen Produktionsprogrammplanung erfolgen. Ziel der strategischen Planung muß es in diesem Zusammenhang sein, eine möglichst gleichmäßige Verteilung der Produkte auf alle Phasen zu erreichen.

Ein wesentlicher Nachteil dieses Instrumentes besteht darin, daß empirisch ermittelte Produktlebenszyklen oft erheblich von dem idealtypischen Verlauf abweichen[130] und daß es vor allem bei Produkten mit einem sehr langen Produktlebenszyklus häufig nicht gelingt, kurzfristige Schwankungen von einem langfristigen Abwärtstrend zu unterscheiden.[131]

(3) **Portfolioanalysen**

„Ziel der strategischen Portfolio-Analyse ist es, die zu erwartenden Ressourcen in solche Geschäftsfelder zu lenken, in denen die Marktaussichten günstig erscheinen und die Unternehmung relative Wettbewerbsvorteile nutzen kann."[132] Auch auf diesem Gebiet war die Boston-Consulting-Group (BCG) federführend. Aufbauend auf empirischen Studien, aus denen sich zwei typische Determinanten für Erfolgspotentiale herauskristallisierten, nämlich **Marktanteil** und **Marktwachstum,** entwickelte die BCG eine **Vier-Feld-Matrix,** die sich aus einer Einteilung dieser Determinanten in niedrige und hohe ergibt (vgl. Abb. 14).

---

[127] Vgl. Henderson, B. D., a. a. O., S. 28 ff.

[128] Vgl. Simon, H., Preismanagement, Wiesbaden 1982, S. 204 ff.

[129] Vgl. S. 645 ff.

[130] Vgl. Simon, H., a. a. O., S. 188 f.

[131] Vgl. Kreikebaum, H., Strategische Unternehmensplanung, 5. Aufl., Stuttgart/Berlin/Köln 1993, S. 76 f.

[132] Gabele, E., Portfolio-Planung, in: Vahlens Großes Wirtschaftslexikon, Bd. 2, München 1987, S. 343

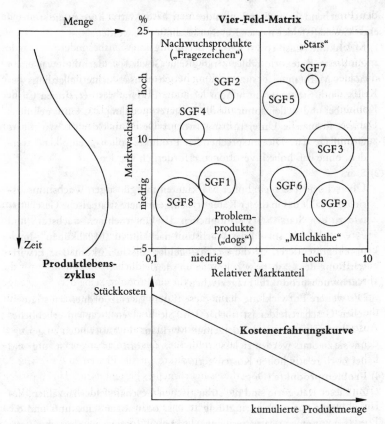

Abb. 14: Zusammenhang zwischen der Konzeption des Produktlebenszyklus, der Kostenerfahrungskurve und der Vier-Feld-Matrix

Der **relative Marktanteil** wird dabei durch die Relation des eigenen Marktanteils zu dem des größten Konkurrenten bestimmt. Die **Marktwachstumsrate** kann aus statistischen Untersuchungen abgeleitet werden. Da beide Größen quantifizierbar sind, ist es möglich, die Position, die die strategischen Geschäftsfelder in der Vier-Feld-Matrix einnehmen, durch Kreise zu fixieren: Der auf die einzelnen strategischen Geschäftsfelder entfallende Umsatzanteil wird zusätzlich durch eine Variation des Durchmessers der Kreise zum Ausdruck gebracht.

Der Portfolio-Ansatz basiert auf den Hypothesen der beiden zuvor behandelten Instrumente, denn der relative Marktanteil stellt lediglich einen Indikator für das aus der Erfahrungskurve abgeleitete Kostensenkungspotential dar, und das Marktwachstum kann als Steigungsmaß des Produktlebenszyklus gedeutet werden.[133]

---

[133] Vgl. Scholz, Chr., Strategisches Management, a. a. O., S. 190 f.

Entsprechend ihrem Standort in der Vier-Feld-Matrix können die strategischen Geschäftsfelder in vier Kategorien eingeteilt werden:

(1) **Milchkühe** (Cash cows)

Zu dieser Kategorie zählen strategische Geschäftsfelder, die zwar einen hohen Marktanteil besitzen, deren Wachstumsaussichten allerdings gering sind. Sie tragen in hohem Maß zur Bildung des derzeitigen Cashflow bei und stellen somit für die Weiterentwicklung des Unternehmens durch finanzielle Unterstützung anderer Geschäftsfelder die wichtigste Grundlage dar. Die entsprechenden Produkte sollen „gemolken" werden, ohne daß hohe Investitionen erforderlich werden.

(2) **Stars**

Überschneidet sich ein hoher Marktanteil mit günstigen Wachstumsaussichten, zählt das in dieser Kategorie eingeordnete strategische Geschäftsfeld zu den Stars. Stars ermöglichen das Unternehmenswachstum und entwickeln sich, sobald das Wachstum nachläßt zu „Milchkühen". Insofern repräsentieren sie die Geschäftsfelder, die in Zukunft zur Erwirtschaftung des Cash-flow beitragen werden.

(3) **Nachwuchsprodukte** (Fragezeichen)

Die weitere Entwicklung der in diese Kategorie einzuordnenden strategischen Geschäftsfelder ist noch offen. Sie besitzen zwar ein erhebliches Wachstumspotential, der derzeitige Marktanteil ist aber noch zu gering, um sie zu Stars werden zu lassen. Ihr Beitrag zum Cash-flow ist aufgrund der noch relativ hohen Kosten gering.

(4) **Problemprodukte** (Dogs)

Zu dieser Kategorie sind die strategischen Geschäftsfelder zu zählen, deren Markt nur noch geringfügig wächst oder sogar schrumpft und die zudem nur einen relativ geringen Marktanteil sowie eine schwache Wettbewerbsstellung („arme Hunde") aufweisen. Obwohl sie oft noch starke Umsatzanteile besitzen, können sie wegen ihrer schlechten Kostenposition zu einer erheblichen Verschlechterung des Cash-flow führen.

Aus der Einordnung in die verschiedenen Kategorien können unmittelbar sogenannte **Normstrategien** abgeleitet werden.

Für die strategischen Geschäftsfelder, die zur Kategorie **Nachwuchsprodukte** (Fragezeichen) gerechnet werden, kann zwischen einer **Offensiv-** und einer **Defensivstrategie** gewählt werden. Sofern es unter den gegebenen Wettbewerbsbedingungen möglich erscheint, sollte sich das Unternehmen bemühen, den Marktanteil deutlich zu steigern, um eine günstigere Kostenposition zu erreichen, anderenfalls sollte das Geschäftsfeld aufgegeben werden.

Zur Beseitigung des negativen Einflusses der zur **Problemkategorie** (dogs) zählenden Geschäftsfelder auf den Cash-flow muß das Unternehmen eine mittelfristige **Desinvestitionsstrategie** verfolgen. Der für diese Geschäftsfelder typische hohe Umsatzanteil läßt einen kurzfristigen Rückzug in der Regel nicht zu.

Bei den strategischen Geschäftsfeldern, die den **Milchkühen** zugeordnet werden, muß geprüft werden, ob die finanziellen Mittel, die zur Erhaltung des hohen Marktanteils aufgewendet werden müssen **(Konsolidierungsstrategie)**, den Cash-flow-Beitrag dieser Geschäftsfelder nicht so stark mindern, daß ein Festhalten an dieser Strategie nicht mehr zu rechtfertigen ist und statt dessen die Einleitung einer **Desinvestitionsstrategie** vorteilhafter wäre. Der Cash-flow, den die strategischen Geschäftsfelder dieser Kategorie erwirtschaften – ergänzt um die liquiden Mittel, die durch die Liquidation der Geschäftsfelder der Kategorien Nachwuchs- und Problemprodukte frei werden – ist vor allem zur Finanzierung der Investitions- und Wachstumsstrategie der zur Kategorie „Stars" zählenden Geschäftsfelder einzusetzen.

Problematisch an dieser Konzeption ist die Fixierung der Grenze zwischen „niedrig" und „hoch"; das wird noch dadurch verstärkt, daß durch diese einfache Einteilung auch viele Geschäftsfelder Mittelpositionen einnehmen, d. h. auf der Grenze zwischen zwei Kategorien liegen. Für diese Geschäftsfelder fehlen aber Normstrategien. Durch den dargestellten Zusammenhang mit der Erfahrungskurve und dem Produktlebenszyklus gelten die kritischen Einwände zu diesen Instrumenten auch für die Vier-Feld-Matrix.[134] Bemängelt wird darüber hinaus insbesondere die der Konzeption zugrunde liegende Prämisse, daß die beiden Faktoren Marktwachstum und relativer Marktanteil ausreichen, um Erfolgspotentiale zu bestimmen.[135]

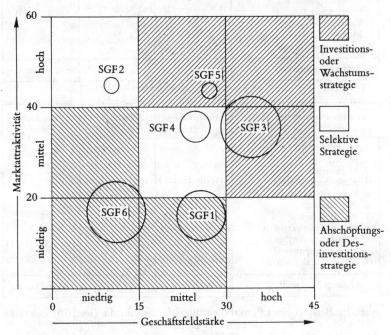

Abb. 15: Neun-Feld-Matrix

[134] Vgl. Scholz, Chr., a. a. O., S. 193
[135] Vgl. Neubauer, F.-F., a. a. O., S. 843

Zur Beseitigung der aufgezeigten Mängel, wurde eine lineare **Neun-Feld-Matrix** entwickelt, die einerseits das „Marktwachstum" durch die „**Marktattraktivität**" und andererseits den „relativen Marktanteil" durch die „**Geschäftsfeldstärke**" ersetzt. Für beide Beurteilungskriterien wird eine Differenzierung in „niedrig, mittel und hoch" durchgeführt, so daß sich neun verschiedene Kategorien ergeben (vgl. Abb. 15).

Im Gegensatz zur Vier-Feld-Matrix, deren größter Vorteil in der Quantifizierbarkeit der Beurteilungskriterien liegt, kann eine Quantifizierung der eher **qualitativ** ausgerichteten Begriffe „Marktattraktivität" und „Geschäftsfeldstärke" nur durch eine **gewichtete Punktbewertung** der Kriterien erfolgen, die sich als Indikator für die Größen Marktattraktivität bzw. Geschäftsfeldstärke eignen (vgl. Abb. 16).

Bewertungskriterien für die Geschäftsfeldstärke	Gewichtungs-faktor	Punktzahl max. 5 Punkte	Gewichtete Punktzahl
1. Relativer Marktanteil	3,5		
2. Produkt Qualität	1,5		
3. Technische Position	0,5		
4. Produktion	0,5		
5. Arbeitsorganisation	0,5		
6. Distribution	0,5		
7. Vertrieb	0,5		
8. Marketing-Mix	0,5		
9. Finanzielles Ergebnis	1,0		
Gesamte Punktzahl	9,0		(max. 45 Punkte)

Bewertungskriterien für die Marktattraktivität	Gewichtungs-faktor	Punktzahl max. 5 Punkte	Gewichtete Punktzahl
1. Marktwachstum	3,5		
2. Marktgröße	1,0		
3. Marktrisiko	0,5		
4. Markteintrittskosten	0,5		
5. Konkurrenzsituation	1,0		
6. Preiselastizität	0,5		
7. Bestellhäufigkeit	0,5		
8. Investitionsattraktivität	1,5		
9. Rohstoffattraktivität	1,0		
10. Innovationspotential	1,0		
11. Soziale Attraktivität	1,0		
Gesamte Punktzahl	12,0		(max. 60 Punkte)

Abb. 16: Beispiel eines Punktbewertungssystems für die Geschäftsfeldstärke und die Marktattraktivität[136]

Erweisen sich auf Grund der Analyse die Marktattraktivität und die Geschäftsfeldstärke als gering, so soll eine **Abschöpfungsstrategie,** d. h. Erzielung eines möglichst hohen Cash-flow ohne hohe ausgabeverursachende

---

[136] Vgl. Dunst, K. H., Portfolio-Management, 2. Aufl., Berlin/New York 1983, S. 104

Aktivitäten wie beispielsweise eine Werbekampagne oder, wenn kein nennenswerter Cash-flow erwirtschaftet werden kann, eine **Desinvestitionsstrategie** angestrebt werden. Erreicht das analysierte Geschäftsfeld wenigstens in einem der beiden Beurteilungskriterien eine gute oder in beiden eine mittlere Position, so muß ähnlich der Vier-Feld-Matrix eine anhand möglicher zukünftiger Entwicklungen orientierte Entscheidung zwischen einer **Offensiv-** oder **Defensivstrategie** (selektive Strategie) erfolgen. Sofern die strategischen Geschäftsfelder in mindestens einem Bereich eine hohe und in dem jeweils anderen Bereich mindestens eine mittlere Bewertung erreichen, soll eine **Investitions-** und **Wachstumsstrategie** betrieben werden, um die Marktposition auszubauen.

Der Vorteil dieser Matrix, daß zur Beurteilung von strategischen Geschäftsfeldern wesentlich mehr Kriterien herangezogen werden, wird allerdings durch den hohen Anteil rein subjektiver Bewertungen – die auch zu bewußten Fehleinschätzungen reizen – wieder in Frage gestellt.

(4) **PIMS (Profit Impact of Market Strategies)-Programm**

Das PIMS-Programm wurde von der General Electric Co. entwickelt und wird heute von einem unabhängigen Unternehmen mit dem Namen „Strategic Planning Institut" betrieben. Im Mittelpunkt von PIMS steht eine Datenbank, in die rund 250 Mitgliedsunternehmen Daten zu rund 3000 strategischen Geschäftsfeldern eingeben. Auf der Basis dieses Datenpools wird dann mit Hilfe einer multiplen Regression nach Faktoren gesucht, die mit dem

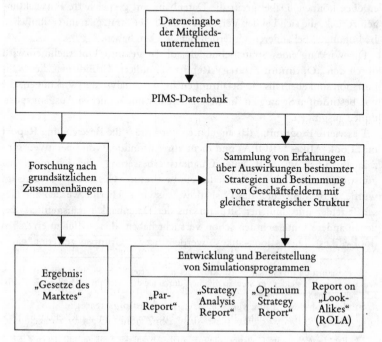

Abb. 17: PIMS-Modell

ROI[137] bzw. dem Cash flow[137a] positiv oder negativ korrelieren. Auf diese Weise wurden ca. 30 Unternehmens- und Marktvariablen identifiziert, die eine deutliche Korrelation zum ROI bzw. zum Cash flow aufweisen. In bezug auf den ROI wurde dabei festgestellt, daß eine **hohe Investitionsintensität** (Relation der Investitionen zum Umsatz eines Geschäftsfeldes) eindeutig **negativ** mit dem ROI korreliert, während ein **hoher Marktanteil** oder eine **hohe Qualität** der Produkte der Geschäftseinheit stark **positiv** korrelieren. Des weiteren wurde festgestellt, daß sich Marktwachstum und ROI eher indifferent zueinander verhalten, was allerdings vorrangig darauf zurückzuführen ist, daß der ROI als Relativziffer keine Aussagen über die absolute Gewinnhöhe erlaubt. Auf Basis der identifizierten Erfolgsdeterminaten gelingt es PIMS, 70% des Unterschieds zwischen den finanziellen Ergebnissen (ROI) zweier verschiedener Geschäftsfelder zu erklären.[138]

Zur praktischen Umsetzung dieser empirischen Erkenntnisse stellt PIMS vier Programme zur Verfügung, mit deren Hilfe die Unternehmen das Erfolgspotential ihrer Geschäftsfelder beurteilen und darüber hinaus die Wirkungen bestimmter Strategien testen können. Der „**Par-Report**"[139] gibt an, welchen ROI ein Geschäftsfeld aufgrund seines strategischen Profils eigentlich erreichen müßte. Weicht der tatsächlich erreichte ROI davon negativ ab, so kann daraus auf Mängel im Bereich der operativen Planung geschlossen werden.

Der „**Strategy Analysis Report**" simuliert die Auswirkungen, die sich durch die Anwendung alternativer Strategien bei einzelnen Geschäftsfeldern ergeben können. Dabei greift die Datenbank auf gespeicherte Entwicklungen zurück, die sich bei der Verfolgung ähnlicher Strategien unter ähnlichen Bedingungen bei anderen Unternehmen ergeben haben.

Die Wirkung eines Strategiebündels auf das gesamte Unternehmen wird durch den „**Optimum Strategy Report**" simuliert. Grundlagen dieser Simulation sind ebenfalls die Erfahrungen aus der Analyse der Wirkungen, die von bestimmten Strategien für Geschäftsfelder mit ähnlichen Ausgangspositionen ausgingen.

Das vierte Programm, das angeboten wird, trägt die Bezeichnung **Report on „Look-Alikes"** (ROLA) und dient zur Auffindung von operativen Einzelmaßnahmen wie z. B. einer Qualitätsverbesserung, die sich möglichst günstig auf eine Zielsetzung, die für ein bestimmtes Geschäftsfeld festgelegt wurde, z. B. Steigerung des Cash-flow, auswirkt. Hierfür werden alle Geschäftsfelder mit ähnlicher Struktur aus der Datenbank herausgefiltert, bei denen andere Unternehmen schon versucht haben, dieses Ziel zu erreichen (look-alikes). Diese „look-alikes" werden in zwei Gruppen getrennt, näm-

---

[137] = Return on Investment = Rückfluß des investierten Kapitals, hier definiert als Gewinn des Geschäftsfeldes vor Steuern dividiert durch die durchschnittlich in dem Geschäftsfeld gebundenen Investitionen.

[137a] Zur Cash-flow-Analyse vgl. S. 804f.

[138] Vgl. Luchs, R. H., Müller, R., Das PIMS-Programm, in: Strategische Planung 1985, S. 83

[139] „Par" bezeichnet im Golfsport die maximale Anzahl der Schläge, mit denen der Ball das Loch erreichen muß. Hier ist es im übertragenen Sinne zu verstehen.

lich in die, die das Ziel erreicht haben und in die, die es nicht erreicht haben. Auf der Basis von über 200 Daten aus dem operativen Bereich wird dann danach gesucht, worin sich die Gewinner von den Verlierern unterscheiden.[140]

c) Der Zusammenhang zwischen strategischer und operativer Planung

Mit der Festlegung bestimmter Strategien ist die Notwendigkeit verbunden, auf taktisch-operativer Ebene die Maßnahmen zu planen, die die Umsetzung der Strategien in die Realität ermöglichen. Nach dem Objekt der Planung kann man die Betriebsaufbauplanung, die Programmplanung und die Betriebsablaufplanung unterscheiden. Die **Betriebsaufbauplanung** legt den Gesamtaufbau des Betriebes in organisatorischer, finanzieller sowie technischer Sicht fest und wird sehr stark durch die strategische Planung beeinflußt. Die **Programmplanung** fixiert für einen bestimmten Zeitraum das Produktionsprogramm und die Produktionsmengen. Sie wird langfristig durch die strategische Planung festgelegt, mittel- und kurzfristig hingegen durch die operative Planung. Die **Betriebsablaufplanung** baut auf der Programmplanung auf und hat die Aufgabe, die Produktionsfaktoren richtig aufeinander abzustimmen und einzusetzen. Sie kann nach den Phasen des Betriebsprozesses in die Beschaffungsplanung, Materialplanung, Produktionsplanung, Lagerplanung und Absatzplanung untergliedert werden.

Nach anderen Gesichtspunkten lassen sich weitere Gliederungen aufstellen. Nach der Länge des Zeitraumes, den der Plan erfaßt, unterscheidet man kurzfristige und langfristige Pläne. Der Schwerpunkt der strategischen Planung liegt in dieser Beziehung aufgrund ihrer Zukunftsbezogenheit auf der Entwicklung langfristiger Pläne, während die operative Planung sich auf einen kürzeren Zeitraum bezieht. Den Zeitraum, für den eine Planung gilt, bezeichnet man als **Planungshorizont.** Nach dem Umfang der Planung differenziert man in Gesamtpläne und Teilpläne. **Teilpläne** erfassen nur einen Teil des betrieblichen Geschehens, indem sie entweder sich als konkrete Maßnahmenplanung der operativen Planung auf einen bestimmten Ausschnitt beschränken oder als Strategieplan für ein bestimmtes strategisches Geschäftsfeld nur in großen Zügen den Betriebsablauf festlegen.

Das System der Teilpläne steht in einem bestimmten Zusammenhang zueinander. Im allgemeinen ist der strategische Plan, der in der Regel ein Rahmenplan **(Globalplan)** ist, weil mit zunehmendem Planungshorizont die Erwartungen immer unsicherer werden, bestimmend für die Ausrichtung der operativen Pläne **(Detailpläne).** Sie müssen ihm angepaßt werden. Der strategische Rahmenplan enthält meist einen an den Strategien für die einzelnen Geschäftsfelder orientierten Kapazitätsplan und den dazu notwendigen Investitionsplan. Der in einer Periode gültige Gesamtplan setzt sich aus den operativen Teilplänen zusammen, die mit dem strategischen Rahmenplan untereinander abgestimmt sein müssen.

---

[140] Vgl. Luchs, R. H., Müller, R., a. a. O., S. 95 ff.

Während die strategische Planung in der Lage ist, einen eventuell in einem betrieblichen Teilbereich bestehenden Engpaß zu beseitigen, müssen sich die operativen Pläne diesem Engpaßfaktor anpassen. Diese Notwendigkeit zur Orientierung der operativen Planung am Minimumsektor des Betriebes wird als **„Ausgleichsgesetz der Planung"**[141] bezeichnet. Dieses Gesetz zwingt alle Teilpläne zur Anpassung an den Plan, in dessen Bereich der Minimumsektor liegt.

Das Verhältnis von **Produktions- und Absatzplan** wird langfristig durch den aus der strategischen Planung abgeleiteten Absatzplan bestimmt. Auf operativer Ebene ist es allerdings durchaus möglich, daß sich dieses Verhältnis kurzfristig umkehrt. Daraus können auch Differenzen zwischen Produktion und Absatz entstehen, die durch Produktion auf Lager und Absatz vom Lager ausgeglichen werden. Hier tritt also eine **Lagerplanung** hinzu, die dafür sorgen muß, daß bei fehlender kurzfristiger Übereinstimmung von Produktion und Absatz doch eine mengen- und qualitätsmäßige Übereinstimmung auf lange Sicht erzielt werden kann.

Ist am Markt eine größere Menge eines Produktes absetzbar, als angeboten werden kann, d. h. kann die Nachfrage nicht befriedigt werden, so daß seitens der Nachfrager lange Lieferzeiten in Kauf genommen werden müssen, so bestimmt der Produktionsplan alle weiteren Teilpläne, es sei denn, daß dieser wiederum vom Finanzplan beschränkt wird. Die Größe des möglichen Absatzes hängt von den vorhandenen Produktionskapazitäten ab. Produziert dagegen ein Betrieb auf Grund spezieller Kundenaufträge, so liegt der Absatz gewissermaßen vor der Produktion. Hier bestimmt der Absatzplan den Umfang der übrigen Teilpläne; auch der Produktionsplan ist vom Absatzplan abhängig. Allerdings könnte auch hier der Minimumsektor im finanziellen Bereich liegen.

Durch die Aufstellung eines Teilplanes liefert jede Betriebsabteilung der Betriebsführung einen Voranschlag der Auszahlungen, die zur Realisierung des Planes erforderlich sind, und der Einzahlungen, die beim Vollzug der Planung anfallen werden. Dies gilt sowohl für die finanziellen Auswirkungen der strategischen Teilpläne als auch für die operativen Teilpläne. Erstere werden dann in einem langfristigen, relativ groben **Finanzplan** zusammengefaßt, während letztere in die wesentlich detailliertere kurzfristige **Budgetplanung** eingehen. Insbesondere die in der Budgetplanung festgelegten Werte werden zur vorgegebenen Norm, die eingehalten werden soll. Nach Vollzug des Planes erfolgt dann eine Kontrolle, die zeigen soll, ob die Planzahlen mit den Istzahlen (z. B. vorgegebene Auszahlungen und tatsächlich angefallene Auszahlungen) übereinstimmen oder ob Abweichungen eingetreten sind.

Bei der Aufstellung der Teilpläne versucht jede Betriebsabteilung, die ihr im Rahmen der Gesamtplanung gestellte Aufgabe optimal zu lösen. Auch dies ist sowohl auf der strategischen als auch auf der operativen Planungsebene notwendig. Eine optimale Lösung vom Standpunkt eines einzelnen Ge-

---

[141] Gutenberg, E., Grundlagen, Bd. I, a. a. O., S. 163 ff.

schäftsfeldes bzw. Betriebsteils bedeutet aber nicht immer zugleich eine optimale Lösung der Gesamtaufgabe. So ist es auf strategischer Ebene beispielsweise denkbar, daß eine Desinvestitionsstrategie für ein bestimmtes Geschäftsfeld sich negativ auf andere Geschäftsfelder auswirkt und somit einer optimalen Lösung der Gesamtaufgabe entgegen läuft. Auf operativer Ebene kann eine Planung, die bei einer Betriebsabteilung zu einer Kostenminderung führt, für eine andere Abteilung eine Mehrbelastung bedeuten. Die Betriebsführung muß versuchen, eine **Koordinierung der Teilpläne** in der Weise zu erreichen, daß im Interesse des Gesamtbetriebes eine optimale Lösung gefunden wird, d. h. sie muß die unterschiedlichen Interessen der einzelnen Geschäftsfelder bzw. Abteilungen ausgleichen.

Die Lösung derartiger Planungs- und Koordinierungsaufgaben ist außerordentlich kompliziert und enthält viele Unsicherheitsfaktoren. So wird z. B. auf operativer Ebene die Fertigungsabteilung dafür eintreten, daß wenige Produkte in großen Serien produziert werden, da auf diese Weise die Stückkosten der Produkte am niedrigsten gehalten werden können. Kleine Auflagen und häufiger Serienwechsel sind mit höheren Stückkosten verbunden als Großserien. Ein sehr umfangreiches Produktionsprogramm erschwert die optimale Ausnutzung aller Teilbereiche der Fertigung und birgt die Gefahr von Engpässen oder Überkapazitäten bei einzelnen Teilbereichen in sich.

Die Vertriebsabteilung wird dagegen für kleinere Serien und ein großes Sortiment eintreten, um am Absatzmarkt eine möglichst günstige Position zu haben. Die Finanzabteilung wird große Serien ablehnen, wenn damit eine umfangreiche Lagerhaltung verbunden ist, durch die größere Kapitalbeträge für längere Zeit festgelegt werden. Die Personalabteilung wird für eine Produktion auf Lager eintreten, wenn der Absatz zurückgeht, um keine Arbeitskräfte entlassen zu müssen, die später im Falle einer Besserung der Absatzlage nur sehr schwer am Arbeitsmarkt wieder zu beschaffen sind.

Da alle Teilpläne Bestandteil des Gesamtplanes sind, mit dessen Realisierung die gesteckten Ziele erreicht werden sollen, können isolierte Teilplanungen in der Regel nicht zu einem optimalen Ergebnis führen. Folglich ist eine **simultane Planung** des gesamten betrieblichen Prozesses anzustreben. Trotz verschiedener Ansätze ist es aber bis heute noch nicht gelungen, praktizierbare Verfahren für eine simultane Planung aller Bereiche, z. B. eine simultane Investitions-, Finanzierungs-, Beschaffungs-, Produktions- und Absatzplanung zu entwickeln. Einen bedeutenden Fortschritt bei der Lösung komplizierter Planungs- und Koordinierungsaufgaben hat die Entwicklung mathematischer Planungsverfahren gebracht, die später besprochen werden. (**ÜB** 2/21–22)

d) Die Ungewißheit als Grundproblem der Planung

Da die Planung stets zukunftsbezogen ist, setzt die Festlegung von Planungsentscheidungen Informationen, d. h. Wissen über wirtschaftliche Daten vielfältigster Art voraus. „Das Wissen, das zur Erstellung von Plänen erforderlich ist, muß stets vor der Realisation der Pläne verfügbar sein und es ermöglichen, beabsichtigtes Handeln gedanklich vorwegzunehmen sowie vorausschauend vorzubereiten."[142]

Man unterscheidet verschiedene Formen der Information. Eine Entscheidung unter **vollkommener Information** liegt dann vor, wenn der Entscheidende mit Sicherheit die Entwicklung aller Daten, die für ihn zweckorientiertes Wissen darstellen, ermitteln kann. Vollkommene Information setzt also die Kenntnis der Zukunft voraus. Das Gegenteil hiervon stellt die **vollkommene Ignoranz** dar. Sie kennzeichnet den Fall, in dem ein absoluter Mangel an Information vorliegt. Den Bereich, der zwischen diesen beiden Extremen liegt, bezeichnet man als **unvollkommene Information.**

Da sich die Planung auf die Zukunft bezieht, muß der Planer Vorstellungen über die zukünftigen Datenkonstellationen haben. Diese Erwartungen sind das Ergebnis eines Prozesses, in dem der Planer sich die zukünftigen Datenkonstellationen vorstellt und sie auf die Möglichkeit ihres Eintreffens hin überprüft. Ist das Ausmaß des Vertrauens, das der Planer in das tatsächliche Eintreten einer Erwartung setzt, unbegrenzt, steht für ihn also absolute Sicherheit fest, so liegt eine „**sichere Erwartung**" vor. Ist dies nicht der Fall, haben wir es mit einer „**unsicheren Erwartung**" zu tun. Hier rechnet der Planer mit der Möglichkeit, daß die effektiven Daten von den erwarteten abweichen. Ist die Wahrscheinlichkeit der Abweichungen statistisch berechenbar, so spricht man von **Risikoerwartungen.**

Zur Lösung des Problems, wie der Betrieb seine Ziele bei unvollkommener Information realisieren kann, d. h. welche Entscheidungen er zu treffen hat, hat die **betriebswirtschaftliche Entscheidungstheorie,** der wir uns im folgenden Abschnitt zuwenden wollen, ein Instrumentarium in Form sog. Entscheidungsregeln entwickelt. (**ÜB 2/20; 32–33**)

e) Der Begriff der Entscheidung

Als Entscheidung bezeichnet man die Auswahl einer von zwei oder mehreren Handlungsmöglichkeiten (Alternativen), die dem Entscheidungsträger zur Realisierung eines Ziels zur Verfügung stehen.[143] Eine Entscheidung liegt sowohl bei einer bewußten als auch bei einer unbewußten Auswahl einer von mehreren Handlungsmöglichkeiten vor.[144] In der Betriebswirtschaftslehre wird die systematische Analyse der Wahlhandlungen, die in Unternehmen zu tätigen sind, im Rahmen der Betriebswirtschaftlichen Entscheidungstheorie vorgenommen. Dabei lassen sich zwei Hauptrichtungen unterscheiden:

(1) Die **normative Entscheidungstheorie** geht von einem rationalen Handeln des Entscheidungsträgers aus und bemüht sich um „ein Aufzeigen

---

[142] Bea, F. X., Dichtl, E., Schweitzer, M., Allgemeine Betriebswirtschaftslehre, Bd. 2: Führung, 6. Aufl., Stuttgart/New York 1991, S. 27 f.

[143] Vgl. Hörschgen, H., Grundbegriffe der Betriebswirtschaftslehre, 3. Aufl., Stuttgart 1992, S. 18

[144] Vgl. Sieben, G., Schildbach, Th., Betriebswirtschaftliche Entscheidungstheorie, 3. Aufl., Düsseldorf 1990, S. 1

alles dessen, was Rationalität im Handeln impliziert".[145] Dabei wird das rationale Handeln als grundsätzlich zweckmäßige Grundeinstellung angesehen. Deshalb wird diese Richtung als wertende oder normative Entscheidungstheorie bezeichnet.[146, 147]

(2) Die **deskriptive Entscheidungstheorie** will das Zustandekommen von Entscheidungen in der Realität aufzeigen,[148] indem sie das tatsächliche Handeln mit dem Ziel beschreibt und erklärt, empirisch gehaltvolle Hypothesen über das menschliche Entscheidungsverhalten zu gewinnen. Aufgrund dieser Zielsetzung wird diese Richtung auch als empirisch-realistische Entscheidungstheorie bezeichnet.[149]

Im folgenden gehen wir von einem bewußt handelnden Entscheidungsträger aus und unterstellen somit die Rationalitätsbedingung. Die Entscheidung wird also im Sinne der normativen Entscheidungstheorie analysiert, d. h., es wird nicht aufgezeigt, wie Entscheidungsträger **tatsächlich** entscheiden, sondern wie rational handelnde Entscheidungsträger entscheiden **sollen**.

f) Das Entscheidungsfeld

aa) Die Handlungsmöglichkeiten

Damit der Entscheidungsträger, bei dem es sich um eine Einzelperson oder um eine Gruppe von Personen handeln kann, überhaupt vor einem Entscheidungsproblem steht, muß ihm eine Mehrzahl von Handlungsmöglichkeiten (Aktionen, Alternativen) zur Verfügung stehen.[150] Die Gesamtheit der Handlungsmöglichkeiten wird als **Aktionenraum** oder **Entscheidungsraum** bezeichnet; dabei ist es unerheblich, ob es sich bei den betrachteten Aktionen um Einzelmaßnahmen oder um ein Bündel von Maßnahmen handelt.[151] Eine Aktion kann sich aus der Kombination verschiedener **Aktionsparameter** – einzelne Variablen bzw. Handlungsbereiche, die in der vom Entscheidenden festgelegten Höhe zusammengesetzt zu einer Aktion werden – ergeben.[152]

---

[145] Gäfgen, G., Theorie der wirtschaftlichen Entscheidung, Untersuchungen zur Logik und Bedeutung des rationalen Handelns, 3. Aufl., Tübingen 1974, S. 8

[146] Vgl. Sieben, G., Schildbach, Th., a. a. O., S. 1 f.

[147] Der Begriff „wertend" wird hier im Sinne der Abgabe sekundärer Werturteile (Vgl. S. 53 ff.), d. h. der Abgabe von Urteilen über Zweck-Mittel-Verhältnisse, und der Begriff „normativ" entsprechend als „praktisch-normativ" und nicht im Sinne von „normativ-ethisch" gebraucht (Vgl. zu dieser Unterscheidung S. 70 f.)

[148] Vgl. Schmidt, R.-B., Bürkle, R., Entscheidungstheorie, in: Staatslexikon, 7. Aufl., Bd. 2, Freiburg/Br. 1986, Sp. 291

[149] Vgl. Sieben, G., Schildbach, Th., a. a. O., S. 3

[150] Vgl. Schneeweiß, H., Entscheidungskriterien bei Risiko, Bd. 6 der Reihe ‚Ökonometrie und Unternehmensforschung', hrsg. von M. Beckmann u. a., Heidelberg, New York 1967, S. 7 f.

[151] Vgl. Bamberg, G., Coenenberg, A. G., Betriebswirtschaftliche Entscheidungslehre, a. a. O., S. 14

[152] Vgl. Drukarczyk, H., Müller-Hagedorn, L., Das Grundmodell der Entscheidungstheorie als Rahmen für die Behandlung ökonomischer Probleme, in: Betriebswirtschaftslehre. Eine Einführung in die Theorie der Unternehmung, Bd. 1, hrsg. von J. Drukarczyk und L. Müller-Hagedorn, Wiesbaden 1978, S. 19

Beispiel:

Ein Unternehmen hat 100.000,– DM zur Verfügung und kann damit entweder das Produkt A oder das Produkt B produzieren (Produktionsaufwand pro Produktart entweder 60.000,– DM oder 100.000,– DM) oder das Geld auf der Bank anlegen oder einen Teil für die Produktion eines Produktes und einen Teil für die Geldanlage verwenden.

Aktionsparameter 1:   **Aktionsparameter 2:**
Produktion   Geldanlage

Die möglichen Aktionen bzw. Handlungsmöglichkeiten sehen so aus:
Aktion 1: Produktion von Produkt A (100.000,– DM)
Aktion 2: Produktion von Produkt B (100.000,– DM)
Aktion 3: Geldanlage (100.000,– DM)
Aktion 4: Produktion von Produkt A (60.000,– DM) und Geldanlage (40.000,– DM)
Aktion 5: Produktion von Produkt B (60.000,– DM) und Geldanlage (40.000,– DM)

---

bb) Die Umweltbedingungen

Eine Entscheidung des Entscheidungsträgers zwischen den verschiedenen Handlungsmöglichkeiten ist nur dann möglich, wenn er über die **Informationen aus seiner Umwelt** verfügt, die das Ergebnis der Handlungsmöglichkeiten beeinflussen, vom Entscheidungsträger aber nicht beeinflußt werden können. Beispiele für nicht beeinflußbare Umweltbedingungen sind gesetzliche Vorschriften, die konjunkturelle Lage oder die Rohstoffpreise.[153] Jede denkbare Konstellation der das Ergebnis einer Aktion beeinflussenden Umweltbedingungen wird als **Zustand** bezeichnet, so daß dieser eine Wertkombination aller relevanten Umweltdaten ausdrückt. Die Menge aller möglichen Umweltzustände wird **Zustandsraum** genannt.[154]

Beispiel:

In Ergänzung des vorangegangenen Beispiels besteht die Möglichkeit eines Verkaufsverbots für das Produkt A sowie des Verlustes des angelegten Geldes (durch Konkurs des Schuldners).

Zustand 1: Verkaufserlaubnis für Produkt A, Konkurs des Schuldners
Zustand 2: Verkaufsverbot für Produkt A, Konkurs des Schuldners
Zustand 3: Verkaufserlaubnis für Produkt A, kein Konkurs des Schuldners
Zustand 4: Verkaufsverbot für Produkt A, kein Konkurs des Schuldners

---

Der Aktions- und der Zustandsraum werden in einem Entscheidungsmodell so definiert, daß in einer Entscheidungssituation genau eine Aktion gewählt wird und genau ein Umweltzustand eintritt **(Vollständigkeitsprin-**

---

[153] Vgl. Hansmann, K.-W., Grundlagen der betriebswirtschaftlichen Entscheidungslehre, in: Leitfaden zum Grundstudium der Betriebswirtschaftslehre, hrsg. von E. Krabbe, 5. Aufl., Gernsbach 1992, S. 16
[154] Vgl. Bamberg, G., Coenenberg, A. G., Entscheidungstheorie, in: HdWW, Bd. 2, Stuttgart, New York, Tübingen, Göttingen, Zürich 1980, S. 379

zip).[155] Damit man die Grundlagen für die Bestimmung des Zustandsraumes erhält – da sich alle Entscheidungsprobleme auf die Zukunft beziehen, muß auch der für die Zukunft relevante Zustandsraum berücksichtigt und ermittelt werden –, ist ein **Informationssystem** erforderlich, das durch eine Menge sich gegenseitig ausschließender Nachrichten über die möglichen Zustände und durch die Struktur bestimmt wird, die durch die bedingten Wahrscheinlichkeiten beschrieben wird. Ausgehend von den Wahrscheinlichkeiten des Eintreffens bestimmter Umweltzustände kann zwischen einem vollkommenen und einem unvollkommenen Informationssystem unterschieden werden.[156]

In der Literatur hat sich eine Dreiteilung hinsichtlich des Sicherheitsgrades der Umweltzustände durchgesetzt, die im Zusammenhang mit dem Vollkommenheitskriterium so dargestellt werden kann:

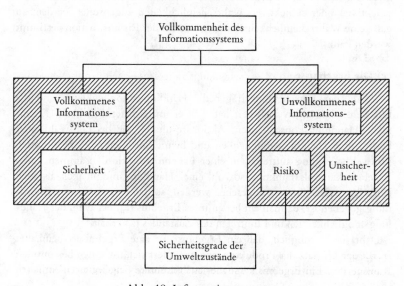

Abb. 18: Informationssysteme

Bei einem **vollkommenen Informationssystem** ist dem Entscheidungsträger die Menge der Umweltzustände bekannt; außerdem kann er jedem Umweltzustand eine Eintreffwahrscheinlichkeit von 1 oder von 0 zuordnen, so daß er weiß, welche Umweltsituation mit Sicherheit eintritt.[157]

Bei einem **unvollkommenen Informationssystem** ist erstens eine **Entscheidung unter Risiko** möglich; eine solche Konstellation ist dann gegeben, wenn zwar die Menge der Umweltzustände bekannt ist, die Wahrscheinlich-

---

[155] Vgl. Bamberg, G., Coenenberg, A. G., Entscheidungstheorie, a. a. O., S. 379
[156] Vgl. Bamberg, G., Coenenberg, A. G., Betriebswirtschaftliche Entscheidungslehre, a. a. O., S. 18 ff.
[157] Vgl. Szyperski, N., Winand, U., Entscheidungstheorie. Eine Einführung unter besonderer Berücksichtigung spieltheoretischer Konzepte, Stuttgart 1974, S. 42

keit des Eintretens dieser Zustände aber zwischen 0 und 1 liegt, so daß das Eintreten der jeweiligen Umweltsituation nur mit einem bestimmten Wahrscheinlichkeitsprozentsatz berücksichtigt werden kann. Dabei ist die Summe der den Umweltzuständen zugeordneten Wahrscheinlichkeiten (P_j) gleich 1, d. h. bei zwei möglichen Umweltzuständen A und B tritt z. B. A mit 60%iger ($P_A = 0,6$) und B mit 40%iger ($P_B = 0,4$) Wahrscheinlichkeit ein.

Die Wahrscheinlichkeiten können **objektiv** – als Grenzwerte der relativen Häufigkeiten bei identischer Wiederholung wie z. B. beim Roulette – oder **subjektiv** – als Angabe des Grades der Überzeugung eines Entscheidungsträgers z. B. infolge der Erfahrung aus ähnlichen Entscheidungssituationen – bestimmt werden.

Zweitens ist bei einem unvollkommenen Informationssystem eine **Entscheidung unter Unsicherheit** möglich; auch bei dieser Konstellation ist zwar die Menge der Umweltzustände bekannt, diesen können aber keine objektiven oder subjektiven Wahrscheinlichkeiten zugeordnet werden, so daß keine Wahrscheinlichkeitsfunktion wie bei der Risikosituation bestimmt werden kann.[158]

cc) Die Ergebnisse

Sobald der Entscheidungsträger die Handlungsmöglichkeiten und die Umweltbedingungen analysiert hat, faßt er im nächsten Schritt die Ergebnisse (Handlungskonsequenzen, Aktionsresultate), die bei der Wahl einer bestimmten Handlungsmöglichkeit und beim Eintreffen einer bestimmten Umweltbedingung auftreten, in einer **Ergebnisfunktion** zusammen. Jedes Ergebnis kann als Funktion sowohl einer Handlungsmöglichkeit als auch einer Umweltbedingung angesehen werden, so daß eine eindeutige Zuordnung gegeben ist, da man ein bestimmtes Ergebnis (e_{ij}) bei Wahl der Handlungsmöglichkeit (a_i) und Eintreten des Zustandes (z_j) erhält.[159]

Dabei ist es möglich, daß ein Ergebnis nur eine Ergebnisart beinhaltet (z. B.: der Umsatz der Produktgruppe verändert sich um einen bestimmten Prozentsatz). Ein Ergebnis kann aber auch mehrere Ergebnisarten enthalten

Aktionenraum \ Zustandsraum	z_1	z_2	$\ldots$	z_n
a_1	e_{11}	e_{12}	$\ldots$	e_{1n}
a_2	e_{21}	e_{22}	$\ldots$	e_{2n}
$\vdots$	$\vdots$	$\vdots$		$\vdots$
a_m	e_{m1}	e_{m2}	$\ldots$	e_{mn}

Abb. 19

[158] Vgl. Hansmann, K.-W., a. a. O., S. 18
[159] Vgl. Hansmann, K.-W., a. a. O., S. 19

(z. B.: Umsatzveränderung, Kostenveränderung und Personalfluktuation); das ist der Fall, wenn mehrere Zielsetzungen verfolgt werden. Die Ergebnisfunktion und damit die Gesamtheit der Ergebnisse lassen sich in einer **Ergebnismatrix** darstellen (vgl. Abb. 19).[160]

Diese Ergebnisse kommen unabhängig von dem vorhandenen Informationssystem zustande, d. h. sie besagen lediglich, daß bei Vornahme einer bestimmten Handlung und bei Vorhandensein eines bestimmten Zustandes ein bestimmtes Ergebnis erzielt wird. Erst danach wird die Beurteilung getroffen, ob und wie Informationen über die Wahrscheinlichkeit des Auftretens der einzelnen Umweltzustände erhalten werden können. (**ÜB 2/21–22**)

g) Die Bewertung möglicher Ergebnisse

Die Ergebnisfunktion bzw. die Ergebnismatrix ist der Ausgangspunkt für die Entscheidung. Damit der Entscheidungsträger jedoch zu einer rationalen Entscheidung gelangt, muß er sich – da unter einer Entscheidung die Auswahl einer Alternative im Hinblick auf ein Ziel verstanden wird – zunächst über die von ihm verfolgten Ziele klar werden, bevor er die verschiedenen Ergebnisse aus seiner Sicht bewerten kann.

Das **Zielsystem**[161] ist einerseits durch die verfolgten Zielgrößen und andererseits durch die Beurteilung der Merkmalsausprägungen durch den Entscheidungsträger bestimmt. Die Ergebnisarten, denen keine im Zielsystem verankerte Zielgröße entspricht, werden in der Bewertung der Ergebnisse, die in der Ergebnismatrix aufgeführt sind, nicht berücksichtigt.[162] Wenn z. B. die Ergebnisarten der Umsatz, die Beschaffungskosten und die Personalfluktuation sind und im Zielsystem lediglich der Umsatz und die Beschaffungskosten festgelegt sind, während die Personalfluktuation dort nicht berücksichtigt wird, weil Personal beliebig beschafft und ersetzt werden kann, so braucht diese Ergebnisart auch nicht bewertet zu werden.

Da die Ergebnisse der Ergebnismatrix verschiedene Merkmale besitzen – die Höhe, die Art, die Sicherheit und den zeitlichen Bezug des Ergebnisses –, die noch nicht miteinander vergleichbar sind, muß eine **Vergleichbarkeit der Ergebnisse** angestrebt werden, d. h. sie müssen auf einen Nenner gebracht werden.[163] Unter Anwendung des Zielsystems des Entscheidungsträgers wird die Ergebnismatrix in die **Entscheidungsmatrix** (Nutzenmatrix, Nützlichkeitsmatrix) überführt; dabei ordnet der Entscheidungsträger den Ergebnissen (e_{ij}) reelle Zahlen zu, die den Nutzen (u_{ij}) angeben.[164] Dieser

---

[160] Vgl. Bamberg, G., Coenenberg, A. G., Entscheidungstheorie, a. a. O., S. 379

[161] Vgl. dazu ausführlich S. 124 ff.

[162] Vgl. Bamberg, G., Coenenberg, A. G., Betriebswirtschaftliche Entscheidungslehre, a. a. O., S. 26

[163] Vgl. Sieben, G., Schildbach, Th., a. a. O., S. 30

[164] Vgl. Drukarczyk, J., Müller-Hagedorn, L., a. a. O., S. 35; auf das Problem, wie diese Nutzenwerte ermittelt werden, wie also die Ergebnismatrix in die Entscheidungsmatrix überführt wird, kann an dieser Stelle nicht eingegangen werden, doch besteht darin bei der Anwendung dieser theoretischen Grundlagen die Hauptschwierigkeit.

Vorgang läßt sich folgendermaßen darstellen (f bezeichnet die Funktion, die den Nutzen ergibt):

$$
\begin{array}{ccc}
\text{Ergebnisse} & \xrightarrow{\text{Bewertung}} & \text{Nutzenfunktion} \\
e_{ij} & \xrightarrow{\quad f \quad} & u_{ij} = f(e_{ij})
\end{array}
$$

Die resultierende Entscheidungsmatrix läßt sich in Analogie zur Ergebnismatrix bilden; dabei werden statt der nicht bewerteten Ergebnisse (e_{ij}) die nach Berücksichtigung des Zielsystems und Vornahme der Bewertung resultierenden **Nutzenwerte** (u_{ij}) verwendet:[165]

Aktionenraum \ Zustandsraum	z_1	z_2	$\ldots$	z_n
a_1	u_{11}	u_{12}	$\ldots$	u_{1n}
a_2	u_{21}	u_{22}	$\ldots$	u_{2n}
.	.	.		.
.	.	.		.
a_m	u_{m1}	u_{m2}	$\ldots$	u_{mn}

Abb. 20

h) Die Entscheidungsregeln

Damit der Entscheidungsträger zu einer Entscheidung gelangt, muß er die in der Entscheidungsmatrix zusammengestellten Nutzenwerte so auswerten, daß er einen größtmöglichen Nutzen hat. Dazu muß er bestimmte Richtlinien befolgen, die in ihrer stärksten Form als Entscheidungsregeln auftreten. **Entscheidungsregeln** geben zu jedem Entscheidungsproblem die optimalen Aktionen eindeutig an, bzw. sie gestatten die dazu erforderliche Errechnung, so daß mit ihnen das Entscheidungsproblem gelöst wird. Die Entscheidungsregeln sind je nachdem, wie das Informationssystem beschaffen ist – Sicherheit, Risiko oder Unsicherheit – in ihrer strukturellen Ausgestaltung unterschiedlich. Deshalb werden sie im folgenden unter Beachtung dieses Gesichtspunktes untersucht.

aa) Entscheidungen bei Sicherheit

Bei Entscheidungen unter Sicherheit ist die Wahrscheinlichkeit (p) des Eintreffens eines Zustandes entweder 1 oder 0. Die mit einer Wahrscheinlichkeit von 1 oder 100% eintretenden und damit sicheren Zustände, die bei Einsatz der jeweiligen Handlungsmöglichkeiten eintreffen, können sodann miteinander verglichen werden. Ausgehend von einer Entscheidungsmatrix

---

[165] Vgl. Bamberg, G., Coenenberg, A. G., Entscheidungstheorie, a. a. O., S. 380

läuft das, wenn nur eine Zielsetzung verfolgt wird, auf die Wahl des im Hinblick auf diese Zielvorstellung **maximalen Spaltenwertes** hinaus.[166]

Beispiel:

Aktionenraum \ Zustandsraum	z_1 (p = 1)	z_2 (p = 0)
a_1	12	25
a_2	30	4
a_3	18	20

Treten mit Sicherheit die Umweltbedingungen (z_1) ein, so werden die bei den einzelnen Aktionen sich ergebenden Werte miteinander verglichen; sodann wird – bei dem Ziel der Maximierung – die Handlungsmöglichkeit (a_2) gewählt, da deren Nutzen mit 30 am größten ist.

Verfolgt der Entscheidungsträger **nur ein Ziel** – z. B. die Kostenminimierung oder die Gewinnmaximierung –, dann läßt sich auf die beschriebene Weise ein Entscheidungsproblem bei vorhandenen sicheren Erwartungen einfach lösen. Verfolgt er dagegen **mehrere Ziele,** von denen er für jedes einen eigenen Nutzenwert bildet, dann muß er bei vorhandenen Zielkonflikten entweder die Aktionen ausschließen, die zur Realisierung jedes Zieles schlechter als die anderen Aktionen sind, oder er muß die **Ziele bewerten;** dabei kann er entweder eine Reihenfolge der Ziele nach ihrer Wichtigkeit bilden oder die Ziele gewichten.[167]

bb) Entscheidungen bei Risiko

Werden bei Bestehen eines unvollkommenen Informationssystems – also bei Entscheidungen unter Risiko und unter Unsicherheit – Entscheidungsregeln angewendet, so kann dadurch der Grad der Vollkommenheit einer Information nicht erhöht werden.[168] Jedoch können dem Entscheidungsträger die möglichen Konsequenzen bei Anwendung verschiedener Entscheidungsregeln aufgezeigt und mit Hilfe der Entscheidungstheorie systematisiert werden. Die endgültige Entscheidung wird dem Entscheidungsträger dadurch aber nicht abgenommen, sondern nur vorbereitet.

Bei Entscheidungen unter Risiko, die durch bekannte Wahrscheinlichkeiten für das Eintreten bestimmter Umweltbedingungen gekennzeichnet sind, geht man zunächst vom Erwartungswertprinzip **(Bayes-Prinzip)** aus. Dieses Prinzip verlangt, daß diejenige Handlungsmöglichkeit gewählt wird, die den größten mathematischen Erwartungswert der Zielerreichungsgrade aufweist. Dabei ist der mathematische Erwartungswert als die über alle Umweltsituationen gebildete Summe der mit den Eintrittswahrscheinlichkeiten

---

[166] Vgl. Szyperski, N., Winand, U., a. a. O., S. 53

[167] Vgl. Hansmann, K.-W., a. a. O., S. 26 f.; vgl. dazu auch ausführlich S. 125 ff. dieses Buches

[168] Vgl. Dinkelbach, W., Entscheidungstheorie, in: HdB, Bd. I/1, hrsg. von E. Grochla und W. Wittmann, 4. Aufl., Stuttgart 1974, Sp. 1297

gewichteten Zielerreichungsgrade zu verstehen.[169] Der Zielerreichungsgrad wird dabei in der Regel mit erwarteten Gewinngrößen definiert.

Anhand der folgenden Entscheidungsmatrix soll die Anwendung dieser Entscheidungsregel gezeigt werden:

Zustandsraum	z_1	z_2	z_3	Erwartungswert (μ_i) =
Wahrschein-lichkeit	0,1	0,6	0,3	$\sum\limits_{j=1}^{n} n_{ij} \cdot p_j{}^{170}$
Aktionenraum				
a_1	10	30	25	$10 \cdot 0,1 + 30 \cdot 0,6 + 25 \cdot 0,3 = \underline{26,5}$
a_2	35	5	30	$35 \cdot 0,1 + 5 \cdot 0,6 + 30 \cdot 0,3 = \underline{15,5}$
a_3	40	20	10	$40 \cdot 0,1 + 20 \cdot 0,6 + 10 \cdot 0,3 = \underline{19,0}$

Abb. 21

Den größten Erwartungswert weist die Handlungsmöglichkeit (a_1) auf; sie muß folglich bei Anwendung des Erwartungsprinzips auch gewählt werden.

Kritik wird an dieser Entscheidungsregel deshalb geübt, weil sie zum einen nur bei ausreichend häufig wiederkehrenden gleichartigen Entscheidungen zu logisch einsichtigen Ergebnissen führt, was bei betriebswirtschaftlichen Entscheidungsproblemen nicht der Normalfall ist.[171] Zum anderen wird daran bemängelt, daß darin eine **indifferente Einstellung zum Risiko** zum Ausdruck kommt und damit weder der Fall der Risikovermeidung noch der Fall der Risikobereitschaft berücksichtigt wird.[172, 173] (**ÜB 1/ 9–11; 2/23**)

cc) Entscheidungen bei Unsicherheit

Entscheidungen, die das Merkmal der unsicheren Erwartung tragen, sind dadurch gekennzeichnet, daß der Entscheidungsträger dem Eintritt der verschiedenen Umweltbedingungen **keine Wahrscheinlichkeiten zuordnen** kann. Die bei diesem unvollkommenen Informationssystem vorliegenden Handlungsmöglichkeiten werden vom Entscheidungsträger entsprechend dem Nutzen, den sie für ihn haben, bewertet und in einer Entscheidungsmatrix aufgeführt. Die Entscheidung für eine bestimmte Handlungsmöglichkeit ist dann einfach, wenn eine Aktion die anderen Aktionen dominiert,

---

[169] Vgl. Sieben, G., Schildbach, Th., a. a. O., S. 59

[170] n_{ij} = Zielerreichungsgrade der Aktionen $a_1 \ldots a_n$ beim Eintreten der Umweltzustände $z_1 \ldots z_n$;

p_j = Eintrittswahrscheinlichkeit der Umweltzustände $z_1 \ldots z_n$.

[171] Vgl. Szyperski, N., Winand, U., a. a. O., S. 53 und 54

[172] Vgl. Sieben, G., Schildbach, Th., a. a. O., S. 60

[173] Eine Weiterentwicklung des Erwartungswertprinzips ist das Bernoulli-Prinzip, bei dem die Fixierung auf bestimmte Größen aufgegeben und eine Ergebnisverteilung in ihrer Gesamtheit einbezogen wird. Vgl. dazu ausführlich Bamberg, G., Coenenberg, A. G., Betriebswirtschaftliche Entscheidungslehre, a. a. O., S. 70 ff.

d. h., wenn sie bei mindestens einem Umweltzustand einen höheren Nutzen und bei den übrigen Umweltzuständen keinen geringeren Nutzen als die anderen Aktionen aufweist.[174] Dominiert eine Aktion auf diese Weise nicht alle übrigen Aktionen, dann können durch Anwendung dieser Dominanz-überlegungen zumindest diejenigen Aktionen aus den Entscheidungsüberlegungen und damit aus der Entscheidungsmatrix eliminiert werden, die von einer anderen Aktion dominiert werden.

Da der Fall, daß eine Aktion alle anderen Aktionen dominiert, eine Ausnahme darstellt, bleibt trotz Anwendung der Dominanzüberlegungen in der Regel ein Entscheidungsproblem, zu dessen Lösung in der Literatur zahlreiche Ansätze in Form von Entscheidungsregeln gemacht wurden, die ihrerseits jeweils auf der Risikobereitschaft des Entscheidungsträgers aufbauen.

(1) Die Maximin-Regel (Wald-Regel)

Diese Regel wird in der Literatur häufig als Minimax-Regel bezeichnet, da sie von ihrem Begründer, A. Wald, ursprünglich auf Verlustfunktionen angewendet wurde.[175] Mit Hilfe dieses Kriteriums wird die zweckmäßigste Handlungsalternative als **Maximum der Zeilenminima**, d. h. als der Wert, der für den Entscheidungsträger bei Eintreten der ungünstigsten Umweltbedingungen noch am besten ist, ermittelt.

Aktionenraum \\ Zustandsraum	z_1	z_2	z_3	Zeilen-minima	Zeilen-maxima
a_1	18	35	5	5	35
a_2	20	14	25	14	25
a_3	12	15	30	12	30
Spaltenmaxima	20	35	30		

Abb. 22

Wählt der Entscheidungsträger die Handlungsmöglichkeit (a_2), so verhindert er, daß der Nutzenwert unter den Wert 14 sinkt. Da sich die Beurteilung der Aktionen nur nach den schlechtest-möglichen Ergebnissen richtet, liegt bei der Maximin-Regel ein sehr **pessimistisches Kriterium** vor, das gut für den Bereich der Spieltheorie – im Zustandsraum befindet sich ein rational handelnder Gegenspieler, der das Ergebnis des Entscheidungsträgers möglichst negativ beeinflussen möchte –, das dagegen weniger gut für den hier angenommenen Fall einer indifferenten und damit nicht von vornherein feindlichen Umwelt anwendbar ist.[176] (**ÜB 2/24**)

---

[174] Vgl. Hansmann, K.-W., a. a. O., S. 29

[175] Vgl. Bühlmann, H., Loeffel, H., Nievergelt, E., Entscheidungs- und Spieltheorie. Ein Lehrbuch für Wirtschaftswissenschaftler, Berlin, Heidelberg, New York 1975, S. 132

[176] Vgl. Schneeweiß, H., a. a. O., S. 22 f.

(2) Die Maximax-Regel

Bei Anwendung dieser zur Minimax-Regel entgegenstehenden Regel wird das **Maximum der Zeilenmaxima**, d. h. der Wert, der für den Entscheidungsträger bei Eintreten der günstigsten Umweltbedingungen am besten ist, zur Ermittlung der anzuwendenden Handlungsmöglichkeiten verwendet. Die Wahl der Handlungsmöglichkeit (a_1) ermöglicht dem Entscheidungsträger bei Eintreffen seiner **optimistischen Erwartungen** einen Nutzenwert von 35; dabei ist jedoch der darin zum Ausdruck gebrachte extreme Optimismus bei realen unternehmerischen Entscheidungen fast nie zu beobachten, es entspricht eher dem Verhalten eines Glücksspielers.[177] (**ÜB 2/25**)

(3) Die Hurwicz-Regel (Pessimismus-Optimismus-Regel)

Während bei Anwendung der pessimistischen Maximin-Regel das Maximum der Zeilenminima und bei Anwendung der optimistischen Maximax-Regel das Maximum der Zeilenmaxima zum Auffinden der besten Handlungsmöglichkeit dient, kombiniert die Hurwicz-Regel beide Regeln. Dabei wird ein sog. **Optimismusparameter (λ)** eingeführt, der das Risikobewußtsein des Entscheidungsträgers widerspiegelt, da die jeweiligen Zeilenmaxima mit λ (das zwischen 0 und 1 liegt) und die jeweiligen Zeilenminima mit $(1 - \lambda)$ – d. h. dem in der Summe mit λ einen Wert von 1 ergebenden Betrag – multipliziert werden.[178] Je größer dabei λ ist, um so optimistischer ist die Grundeinstellung, bei $\lambda = 1$ liegt die Anwendung der Maximax-Regel, bei $\lambda = 0$ die Anwendung der Maximin-Regel vor.

Zunächst werden die Werte der Zeilenminima und der Zeilenmaxima ermittelt (vgl. Abb. 22). Danach werden die Werte der Zeilenmaxima mit λ, die der Zeilenminima mit $(1 - \lambda)$ multipliziert; in diesem Beispiel wird von einer **eher pessimistischen Einstellung** mit $\lambda = 0,3$ ausgegangen. Die Summe der sich so ergebenden Zeilenwerte wird maximiert.

Zeilen-extremwerte / Aktionenraum	Zeilenmaxima $\cdot \lambda$	Zeilenminima $\cdot (1 - \lambda)$	Summe
a_1	$35 \cdot 0,3 = 10,5$	$5 \cdot 0,7 = 3,5$	$10,5 + 3,5 = 14$
a_2	$25 \cdot 0,3 = 7,5$	$14 \cdot 0,7 = 9,8$	$7,5 + 9,8 = 17.3$
a_3	$30 \cdot 0,3 = 9$	$12 \cdot 0,7 = 8,4$	$9 + 8,4 = \boxed{17.4}$

Abb. 23

Bei dieser Mischung zwischen Optimismus und Pessimismus erscheint die Handlungsmöglichkeit (a_3) als die vorteilhafteste. Die Problematik dieser Regel liegt in der Ermittlung des Optimismusparameters (λ).[179] (**ÜB 2/26**)

---

[177] Vgl. Hansmann, K.-W., a. a. O., S. 35
[178] Vgl. Hansmann, K.-W., a. a. O., S. 35
[179] Vgl. Hansmann, K.-W., a. a. O., S. 37

(4) Die Savage-Niehans-Regel (Regel des kleinsten Bedauerns)

Bei dieser Entscheidungsregel soll der Entscheidungsträger sich nicht unmittelbar an den absoluten Nutzenwerten, sondern an der Minimierung des höchstmöglichen, durch eine Fehleinschätzung der Umweltsituation bedingten Nachteils orientieren. Dieser Nachteil (Bedauern, Opportunitätsverlust) wird durch die Differenz zwischen dem zu erwartenden und dem maximalen Nutzen ausgedrückt, den man bei Kenntnis des eingetretenen Umweltzustandes hätte erreichen können.[180]

Zunächst sind die **Spaltenmaxima**, d. h. die bei Eintreten einer bestimmten Umweltsituation bei Einsatz der besten Handlungsmöglichkeit erzielbaren Nutzenwerte, zu ermitteln (vgl. Abb. 22). Danach wird für jeden Nutzenwert der Entscheidungsmatrix der maximal mögliche Nachteil durch Differenzbildung des jeweiligen Spaltenmaximumwertes zum jeweiligen Nutzenwert ermittelt. Von diesen Werten wird für jede Handlungsalternative der maximale Betrag – das maximale Risiko – durch Zeilenmaximierung ermittelt, ehe aus diesen Werten der minimale Wert – die Aktion, bei der das maximale Risiko am kleinsten ist – gewählt wird.

Aktionenraum \ Zustandsraum	z_1	z_2	z_3	Maximales Risiko
a_1	2	0	25	25
a_2	0	21	5	21
a_3	8	20	0	20

Abb. 24

Bei Anwendung dieser – wie die Maximin-Regel – pessimistischen Entscheidungsregel erweist sich die Handlungsmöglichkeit (a_3) als die beste Lösung, da hier der höchstmögliche Nachteil im Falle einer Fehleinschätzung der Umweltsituation mit 20 am geringsten ist. (**ÜB 2/27**)

(5) Die Laplace-Regel (Regel des unzureichenden Grundes)

Da dem Entscheidungsträger über die Umweltbedingungen keine Wahrscheinlichkeiten bekannt sind, gibt es nach der Laplace-Regel keinen zureichenden Grund für die Annahme, daß die Umweltzustände mit unterschiedlichen Wahrscheinlichkeiten eintreten. Diese Vorgehensweise ist vergleichbar mit der Bildung von Erwartungswerten in der Risikosituation. Alle Umweltzustände werden als gleich wahrscheinlich eingestuft, was zu einer Gewichtung aller Nutzenwerte einer Aktion mit den gleichen Wahrscheinlichkeitswerten führt.

Bei Anwendung der eine neutrale Haltung gegenüber der Unsicherheit darstellenden Laplace-Regel weist die Handlungsmöglichkeit (a_2) den maxi-

---

[180] Vgl. Schneeweiß, H., a. a. O., S. 23f.

Zustandsraum Aktionenraum　Gewichte	z_1 $\frac{1}{3}$	z_2 $\frac{1}{3}$	z_3 $\frac{1}{3}$	Summe
a_1	$18 \cdot \frac{1}{3}$	$35 \cdot \frac{1}{3}$	$5 \cdot \frac{1}{3}$	$58 \cdot \frac{1}{3} = 19 \frac{1}{3}$
a_2	$20 \cdot \frac{1}{3}$	$14 \cdot \frac{1}{3}$	$25 \cdot \frac{1}{3}$	$59 \cdot \frac{1}{3} = \boxed{19 \frac{2}{3}}$
a_3	$12 \cdot \frac{1}{3}$	$15 \cdot \frac{1}{3}$	$30 \cdot \frac{1}{3}$	$57 \cdot \frac{1}{3} = 19$

Abb. 25

malen Nutzenwert auf. Hauptkritikpunkt an der Laplace-Regel ist die Anwendung des unbeweisbaren Prinzips vom mangelnden Grund.[181]

Zusammenfassend kann festgestellt werden, daß im gewählten Beispiel einmal die Handlungsmöglichkeit (a_1) und je zweimal die Handlungsmöglichkeit (a_2) und (a_3) als am vorteilhaftesten eingestuft wurden. Zu jeder der angewendeten Entscheidungsregeln kann Kritik bezüglich der jeweils unterstellten Einstellungen des Entscheidungsträgers zum Risiko geäußert werden, andererseits wird dem Entscheidungsträger aber bewußt, welches Risikoverhalten sich hinter seiner Entscheidung verbirgt, was letztlich die Transparenz der Entscheidungssituation erhöht.[182]

i) Die Entscheidungen bei bewußt handelnden Gegenspielern (Spieltheorie)

In der **Spieltheorie**[183] werden rationale Verhaltensweisen in Konfliktsituationen sowie das Gleichgewicht der Pläne und des Verhaltens aller Spieler beschrieben. Derartige Spielsituationen sind dadurch gekennzeichnet, daß mehreren eigenen Handlungsmöglichkeiten auch mehrere Handlungsmöglichkeiten eines oder mehrerer **Gegenspieler** gegenüberstehen. Ziel der Spieltheorie „ist die Bestimmung des ‚besten Verhaltens‘ eines Spielers in allen Situationen, in denen das Ergebnis nicht nur von seinem eigenen Verhalten, sondern auch von dem aller anderen Spieler abhängt, deren Interessen seinem eigenen oft feindlich, manchmal freundlich gegenüberstehen."[184]

Wirtschaftliche Bedeutung erlangt die Spieltheorie z. B. dann, wenn der Entscheidungsträger bei bestimmten preispolitischen Maßnahmen damit rechnen muß, daß seine Konkurrenten in bestimmter Weise reagieren. Seine

---

[181] Vgl. Hansmann, K.-W., a. a. O., S. 39
[182] Vgl. Dinkelbach, W., Entscheidungsmodelle, Berlin/New York 1982, S. 92
[183] Vgl. dazu ausführlich Bamberg, G., Coenenberg, A. G., Betriebswirtschaftliche Entscheidungslehre, a. a. O., S. 153 ff.; Bühlmann, H., Loeffel, H., Nievergelt, E., a. a. O., S. 153–222; Neumann, J., Morgenstern, O., Theory of Games and Economic Behaviour, Princeton 1947; Szyperski, N., Winand, U., a. a. O., S. 91–152
[184] Morgenstern, O., Spieltheorie, in: HdS, Bd. 9, Stuttgart, Tübingen, Göttingen 1956, S. 707

Entscheidungen werden in ihrer Wirksamkeit also unter Umständen durch die Entscheidungen eines Konkurrenten beeinflußt. In einem Entscheidungsmodell wird versucht, für den Entscheidungsträger eine **optimale Strategie** zu ermitteln, bei deren Anwendung er sich ein bestimmtes Spielergebnis, d. h. in der Regel den maximalen Gewinn sichern kann.

Anhand des einfachen Falles eines Zwei-Personen-Spiels – der Entscheidungsträger hat nur einen Gegner – wird eine mögliche Lösung in einem spieltheoretischen Problem dargestellt. Es ist davon auszugehen, daß Spieler und Gegenspieler jeweils das Ziel der eigenen Nutzenmaximierung haben, daß beide Spieler vollkommene Informationen über die eigenen Handlungsmöglichkeiten und die des Gegners besitzen sowie den jeweiligen Nutzen einer Handlungsmöglichkeit kennen, daß sie aber nicht wissen, zu welcher Aktion der jeweilige Gegner greift. Da jeder der beiden Beteiligten damit rechnen muß, daß der andere die für ihn ungünstigste Handlungsmöglichkeit benutzt, ist die pessimistische Maximin-Regel – Maximum der Zeilenminima – ein rationales Entscheidungskriterium in der Spielsituation.[185]

Für den Gegner erscheinen die Handlungsmöglichkeiten des betrachteten Entscheidungsträgers als Umweltzustände, so daß er beim Versuch, die für seinen Gegner – den hier betrachteten Entscheidungsträger – ungünstigste Handlungsmöglichkeit zu wählen, aus den maximalen Spaltenwerten – für ihn negative Nutzenwerte – das Minimum bildet. Der betrachtete Entscheidungsträger wählt die Aktion, bei der das **minimale Ergebnis größtmöglich** ist, der Gegenspieler versucht, den maximalen Verlust möglichst klein zu halten.[186] Dazu folgendes Beispiel, in dem a_i die Handlungsalternativen des Entscheidungsträgers und s_j diejenigen des Gegners darstellen:

Aktionenraum des Gegners Aktionenraum	s_1	s_2	s_3	Zeilenminima
a_1	10	15	7	7
a_2	20	5	8	5
a_3	14	12	10	10 Max.
Spaltenmaxima	20	15	10 Min.	

Abb. 26

In diesem Beispiel entsprechen sich **das Maximum der Zeilenminima** des Entscheidungsträgers und das **Minimum der Spaltenmaxima** des Gegners, so daß jeder Spieler genau die Aktion – a_3 bzw. s_3 – als optimale gewählt hat, mit der der jeweils andere bei seiner Alternativenauswahl gerechnet hatte. In

---

[185] Vgl. Morgenstern, O., Spieltheorie, a. a. O., S. 709
[186] Vgl. Sieben, G., Schildbach, Th., a. a. O., S. 91 f.

einem solchen Fall mit einer eindeutigen Lösung spricht man von einem **Spiel mit Sattelpunkt.**[187] Erfüllen sich die Erwartungen der beiden Gegenspieler nicht, dann handelt es sich um ein **Spiel ohne Sattelpunkt,** das sich dadurch auszeichnet, daß das Maximum der Zeilenminima des Entscheidungsträgers kleiner als das Minimum der Spaltenmaxima des Gegners ist. Dazu folgendes Beispiel:

Aktionenraum des Gegners / Aktionenraum	s_1	s_2	s_3	Zeilen-minima
a_1	10	15	7	7
a_2	20	5	8	5
a_3	10	12	16	10 Max.
Spaltenmaxima	20	12 Min.	16	

Abb. 27

Der betrachtete Entscheidungsträger rechnet damit, daß der Gegner s_1 wählt, der Gegenspieler rechnet damit, daß der Entscheidungsträger a_1 wählt. In Wirklichkeit wählt der Gegner s_2 und der Entscheidungsträger a_3. Bei Spielen ohne Sattelpunkt gestaltet sich die Wahl einer optimalen Strategie viel schwieriger als bei Vorhandensein eines Sattelpunktes, weshalb jeweils eine gemischte Strategie empfehlenswert ist.[188] (**ÜB 2/29–31**)

j) Operations Research

aa) Begriff und Aufgaben von Operations Research

Zur Lösung betrieblicher Planungs- und Koordinierungsprobleme ist eine Anzahl wissenschaftlicher Methoden und Verfahren entwickelt worden. Die im folgenden behandelten Verfahren werden unter der Bezeichnung **Operations Research** zusammengefaßt. Sie wurden während des Zweiten Weltkrieges zuerst in Großbritannien und später in den USA zur Lösung militärischer Probleme (Transportprobleme, Nachschubprobleme) angewendet. In den letzten Jahrzehnten wurden sie auf wirtschaftliche Fragen übertragen und fanden auch in Deutschland Eingang und Anwendung. Zwar ist noch kein Verfahren entwickelt worden, um eine optimale Gesamtlösung aller betrieblichen Entscheidungs- und Planungsprobleme auf rechnerischem Wege zu finden, doch können schwierige Teilaufgaben mit Hilfe mathematischer Planungsansätze gelöst werden.

Für den Begriff Operations Research gibt es eine Anzahl von deutschen Bezeichnungen. So finden sich in der Literatur z. B. die Begriffe Verfahrensforschung, Unternehmensforschung, Planungsforschung, Ablaufforschung,

---

[187] Vgl. Morgenstern, O., Spieltheorie, a. a. O., S. 709
[188] Zu Lösungsansätzen hierzu vgl. ausführlich Szyperski, N., Winand, U., a. a. O., S. 120 ff.

Entscheidungsforschung, Operationsforschung, Operationsanalyse u. a. m. In den letzten Jahren hat sich der Begriff **„Unternehmensforschung"** durchgesetzt.

Die Unternehmensforschung führt zur Bildung **mathematischer Entscheidungsmodelle.** Wie alle mathematischen Modelle in der Wirtschaftstheorie, so können auch diese Modelle nicht mehr an Erkenntnissen liefern, als man zuvor durch Auswahl der Voraussetzungen in sie hineingesteckt hat. Das entscheidende Problem ist also der Ansatz, d. h. die Auswahl der Prämissen. Die Verwendung der Mathematik als formale Sprache zwingt zu einer klaren Formulierung der Probleme und bietet in Verbindung mit dem Einsatz der EDV den Vorteil, daß auch Probleme solcher Größenordnungen durchgerechnet werden können, die bisher als praktisch unlösbar galten.

Zur Lösung eines Problems durch Operations Research ist nach Churchmann, Ackoff, Arnoff[189] die **Aufstellung eines Untersuchungsplans** erforderlich, der folgende Schritte umfaßt:

(1) Die Formulierung des Problems.

(2) Den Entwurf eines mathematischen Modells für das zu untersuchende System.

(3) Die Ableitung einer Lösung aus dem Modell.

(4) Die Überprüfung des Modells und der daraus abgeleiteten Lösung.

(5) Die Vorsorge für eine Überwachung und Anpassung der Lösung.

(6) Die praktische Verwirklichung der Lösung.

Ein solcher Lösungsweg kann oft nur noch von Forscherteams unterschiedlicher Fachrichtungen (Betriebswirte, Statistiker, Mathematiker, Physiker, Ingenieure, Soziologen, Psychologen u. a.) erfolgreich beschritten werden. Zur Lösung des Modells sind EDV-Anlagen notwendig. Wittmann ist der Ansicht, „daß wir als Betriebswirte soviel Mathematik bei der Verfahrensforschung können müssen, daß wir in der Lage sind, das Problem mathematisch hinreichend zu formulieren und den Aussagewert der von den Mathematikern erzielten Ergebnisse abzuschätzen".[190]

Man erkennt aus dieser Zusammenstellung der Schritte eines Lösungsweges, daß die Unternehmensleitung keine mathematischen Spezialkenntnisse für den Einsatz von Methoden der Unternehmensforschung benötigt, denn die Unternehmensleitung ist – grob gesprochen – nur für die erste Phase (Formulierung des Problems) und für die Anweisungen zur Anwendung der Lösung zuständig. Es wird aber auch deutlich, daß sie zur Formulierung konkreter Aufgaben und zur Beurteilung und Verwirklichung der Lösungen auf einen allgemeinen Überblick über die zur Verfügung stehenden Instrumente und ihre Leistungsfähigkeit nicht verzichten kann.

Die Aufgabe der Unternehmensleitung besteht weiter darin, die **personellen und organisatorischen Voraussetzungen** für die wirkungsvolle Arbeit

---

[189] Vgl. Churchman, C. W., Ackoff, R. L., Arnoff, E. L., An Introduction to Operations Research, New York 1957; deutsche Ausgabe: Operations-Research – Einführung in die Unternehmensforschung, 5. Aufl., Wien/München 1971, S. 22 ff. (im folgenden wird weiterhin nach der deutschen Ausgabe zitiert)

[190] Wittmann, W., Betriebswirtschaftslehre und Operations Research, ZfhF 1958, S. 294

eines Teams zu schaffen. Dazu gehört vor allem, daß die Gruppe innerhalb des Unternehmens nicht durch Kompetenzprobleme behindert wird, sondern Gelegenheit hat, mit allen jeweils berührten Bereichen und Abteilungen zusammenzuarbeiten. Die letzte Voraussetzung ist auch deshalb bedeutsam, weil sich das Einsatzgebiet von Operations Research mit vielen Teilen des betrieblichen Rechnungswesens überschneidet. Hier kommt es darauf an, die Impulse zu nutzen, die von den neuen Verfahren auf die Ausgestaltung und Arbeitsweise des Rechnungswesens ausgehen können.

bb) Operations Research-Verfahren[191]

(1) Lineare Programmierung

Gemessen am Stand der derzeitigen Forschung und an der Skala der Anwendungsmöglichkeiten kann die Lineare Programmierung als das wohl bedeutsamste Teilgebiet der Unternehmensforschung bezeichnet werden. Es geht hierbei um die Lösung von Planungsproblemen, deren Struktur sich in einem System linearer Gleichungen und/oder Ungleichungen darstellen läßt.

Die rechnerische Lösung des linearen Gleichungsansatzes erfolgt in der Regel mit Hilfe der sog. **Simplex-Methode.** Einfache Probleme, wie die Kostenminimierung bei Transporten verschiedener Mengen von mehreren Ausgangsorten zu mehreren Bestimmungsorten,[192] sog. Transportprobleme werden mit Hilfe besonderer Methoden, z. B. der MODI-Methode gelöst. Das universell verwendbare Lösungsverfahren ist das Simplexverfahren. Dieses numerisch-iterative Berechnungsverfahren eignet sich sehr gut zum Einsatz auf EDV-Anlagen; Standardprogramme für die Simplex-Methode liegen in verschiedenen Programmiersprachen vor.

Ein Modell der Linearen Programmierung ist durch drei Funktionen bzw. Gruppen von Funktionen zu beschreiben:
(a) die Zielfunktion;
(b) die Nebenbedingungen (auch Beschränkungen oder Restriktionen genannt);
(c) die Nicht-Negativitätsbedingungen.[193]

Die **Zielfunktion** gibt die funktionale Abhängigkeit zwischen den zu maximierenden oder minimierenden Zielgrößen und den in Nebenbedingungen enthaltenen Variablen an. Es muß sich um eine lineare Zielfunktion und lineare Nebenbedingungen handeln, da sonst die bekannten Rechenverfahren nicht anwendbar sind.[194] Soll z. B. ein optimales Produktionsprogramm

---

[191] Im folgenden können die Verfahren und ihre Anwendungsmöglichkeiten nur knapp umrissen werden. Zur rechnerischen Lösung vgl. insbesondere Dürr, W., Kleibohm, K., Operations-Research, 2. Aufl., München/Wien 1988, S. 40 ff. sowie Dinkelbach, W., Operations Research, Heidelberg 1992

[192] Z. B. die Zuteilung von Leergut verschiedener Sammelstellen an verschiedene Füllstationen bei minimalen Transportkosten.

[193] Vgl. Runzheimer, B., Operations Research I, 4 Aufl., Wiesbaden 1990, S. 35 ff.

[194] Die neuere Forschung hat Lösungsverfahren für einige nichtlineare Funktionen entwickelt oder versucht, nichtlineare Funktionen durch lineare zu approximieren. Vgl. Zimmermann, W., Operations Research, 7. Aufl., München/Wien 1995, S. 208–239

ermittelt werden, und wird als zu maximierende Größe der gesamte Dek-kungsbeitrag gewählt, so könnte die Zielfunktion lauten:

$$D = d_1x_1 + d_2x_2 + \ldots + d_nx_n,$$

wobei D der zu maximierende Deckungsbeitrag, d_1, d_2, ..., d_n der jeweilige Deckungsbeitrag je Stück der Produkte 1, 2, ..., n und x_1, x_2, ..., x_n die zu produzierenden Mengen der Produkte 1, 2, ..., n sind.

Die **Nebenbedingungen** werden ebenfalls in Form von linearen Beziehun-gen, allerdings in der Regel als Ungleichungen ausgedrückt. Wichtige pro-duktionstechnische, finanzielle und durch den Markt bedingte Beschränkun-gen, die das auszuarbeitende Produktionsprogramm betreffen, können so in das Modell einbezogen werden. Die Tatsache, daß z. B. die verschiedenen Produktionsanlagen eine Maximalkapazität von b_1, b_2, ..., b_m haben und die verschiedenen Produkte diese Kapazität in unterschiedlichem Maße binden, wird durch eine Reihe von Ungleichungen ausgedrückt:

$$a_{11}x_1 + a_{12}x_2 + \ldots + a_{1n}x_n \leq b_1$$
$$a_{21}x_1 + a_{22}x_2 + \ldots + a_{2n}x_n \leq b_2$$
$$a_{m1}x_1 + a_{m2}x_2 + \ldots + a_{mn}x_n \leq b_m$$

In diesen Ungleichungen bedeuten:

a_{11} = Kapazitätsbindung einer Einheit von Produkt 1 auf Maschine 1
a_{12} = Kapazitätsbindung einer Einheit von Produkt 2 auf Maschine 1 usw.

Die dritte Gruppe von Funktionen, die sog. **Nicht-Negativitätsbedin-gungen,** werden ebenfalls als System von Ungleichungen ausgedrückt. Sie besagen, daß ein Produktionsprogramm keine negativen Produktionsmen-gen enthalten darf, eine Situation, die zwar den mathematischen Bedingun-gen des Modells genügen würde, aber wirtschaftlich unsinnig ist.

Lineare Programmierungsprobleme sind entweder **Minimierungs- oder Maximierungsprobleme.** Je nach Art der Fragestellung wird mit den glei-chen mathematischen Lösungsverfahren die Zielfunktion entweder mini-miert oder maximiert, je nachdem, ob als Zielgröße z. B. der Gesamtgewinn oder die Gesamtkosten gewählt wurden.

Von den zahlreichen **Anwendungsmöglichkeiten** der Linearen Program-mierung können hier nur einige Beispiele genannt werden:

(a) Die Ermittlung der kostenminimalen Mischung verschiedener Eisenerz-sorten in der Hochofenabteilung eines Stahlwerkes bei bestimmten An-forderungen an die Roheisenqualität und die Schlackenzusammenset-zung. Ähnliche Mischungsaufgaben werden mit Hilfe der linearen Pla-nungsrechnung in der chemischen und pharmazeutischen Industrie sowie in der Futtermittel-, Nahrungsmittel- und Mineralölindustrie gelöst.

(b) Die Bestimmung optimaler Produktionspläne für mehrere Perioden un-ter Berücksichtigung der Maschinenbelegung und Lagerhaltung bei vor-gegebenen Personal-, Maschinen- und Lagerkapazitäten, Absatzmengen usw.

(c) Die Lösung von Transportproblemen, wie z. B. die Minimierung der Leerzugkosten im Güterverkehr einer Eisenbahngesellschaft oder die kostengünstigste Verteilung der Produkte eines Mineralölkonzerns von verschiedenen Raffinerien auf verschiedene Niederlassungen und Läger und weiter auf einzelne Tankstellen und sonstige Verbraucher. (Vergleichbare Anwendungen sind bekannt für die Planung der Linienbesetzung von Fluggesellschaften, des Öltankereinsatzes der US-Navy, der Verteilung von Kohlesorten verschiedener Zechen auf die einzelnen Gaswerke des englischen North-Western-Gas-Board usw.)

(d) Ferner kann die Lineare Programmierung bei der Ermittlung optimaler Investitionsstrategien, Finanzpläne, Werbebudgets, Rundreisewege für Vertreter oder Lieferfahrzeuge sowie Stundenpläne im Unterrichtswesen angewendet werden.

Die Lineare Programmierung ist ein **Teilgebiet der mathematischen Programmierung,** zu der man außerdem noch die ganzzahlige, die parametrische, die stochastische und die nichtlineare Programmierung zählt. Ist man bei einem konkreten Problem darauf angewiesen, für einzelne oder alle Planungsgrößen (Variablen) die Lösungswerte nur in ganzen Zahlen zu errechnen (weil z. B. 2,35 Maschinen nicht angeschafft werden können), so bedient man sich der Verfahren der ganzzahligen Linearen Programmierung.

Will man die Lösung eines optimalen Programms in Hinblick auf ihre Veränderungen bei Variation einzelner Planungsdaten (Parameter) überprüfen, so wendet man die Verfahren der parametrischen Programmierung an, die häufig auch als **Sensitivitätsanalysen** bezeichnet werden.

Sind die Daten der Modelle nicht sicher, sondern unterliegen sie dem Zufall, dann handelt es sich nicht mehr um deterministische, sondern um stochastische Modelle; in diesen Fällen können die Verfahren der **stochastischen Programmierung** eingesetzt werden. Wenn die Zielfunktion und/oder mindestens eine Nebenbedingung eines Planungsproblems nichtlinearen Funktionsgesetzen gehorcht, liegt ein Anwendungsfall der **nichtlinearen Programmierung** vor. (ÜB 4/16–21)

(2) Warteschlangenmodelle

Bei Warteschlangenmodellen[195] (waitingline models oder queuing models) geht es um die **Dimensionierung von Engpässen,** die dann auftreten können, wenn Objekte irgendwelcher Art in regelmäßiger oder zufälliger Folge bei einem Bedienungssystem mit einer oder mehreren Abfertigungsstationen (Kanälen) eintreffen und dort mit unregelmäßiger oder bestimmter Abfertigungszeit bedient werden. Beispielsweise warten Kunden an den Kassen eines Selbstbedienungsladens, Arbeiter am Ausgabeschalter eines Werkzeug-Magazins, Schiffe auf Entladung im Hafen, Telefongespräche auf Vermittlung, stillstehende Maschinen auf Inbetriebsetzung oder Versandaufträge auf Bearbeitung.

---

[195] Vgl. Schneeweiß, H., Zur Theorie der Warteschlangen, ZfhF 1960, S. 471 ff.

In diesen Situationen muß ein Kompromiß zwischen den Unterhaltungs-
kosten der Bedienungseinrichtung und den Wartekosten der abzufertigenden
Objekte gefunden werden. Zur Ermittlung eines derartigen Optimums verwendet man die Methoden der Wahrscheinlichkeitsrechnung, wobei die
durchschnittliche Ankunfts- und Abfertigungsrate, die mittlere Schlangen-
länge und die durchschnittliche Wartezeit eine besondere Rolle spielen. Bei
komplizierten Systemen setzt man auch Simulationsverfahren ein.[196]

Beispiele:

(a) Die Ermittlung der optimalen Anzahl der Beschäftigten in den Werk-
zeugausgabestellen eines Industriebetriebes; minimiert wird die Summe
aus den (fixen) Personalkosten an den Schaltern und den (variablen) Leerzeiten der wartenden Arbeiter.

(b) Die Bestimmung des Wartungspersonals in einer Spinnerei, wo die Spin-
deln der Maschinen infolge von Fadenbrüchen oder Materialmangel auf
Bedienung warten; abzuwägen sind hier die Personalkosten gegenüber
den Stillstandskosten der Maschinen.

(c) Die Dimensionierung des Fuhrparks eines Warenhauses zur Frei-Haus-
Belieferung der Kunden.

(d) Die Arbeitszeiteinteilung von Telefonistinnen, Ampelregelung an Stra-
ßenkreuzungen, Besetzung von Maut- und Zollstellen, Zeit- und Ablaufplanung von Produktionsprozessen.

(3) Lagerhaltungsmodelle

Lagerhaltungsmodelle (inventory models) beschäftigen sich mit den Fragen nach der Höhe der zu lagernden Bestände, nach der Größe der Lagerzu-
gänge (Bestellmengen, Losgrößen), nach den voraussichtlichen Abgängen
und nach der Organisation der Bestandskontrolle und Nachbestellung. Die
Überlegungen gelten prinzipiell für Rohstoff-, Halb- und Fertigfabrikatelä-
ger; das zu ermittelnde Optimum stellt gewöhnlich einen Ausgleich zwischen Kostenarten her, die sich zur Höhe der Bestell- oder Lagermenge
gegenläufig verhalten. So führt eine hohe Bestellmenge z. B. zu hohen kalkulatorischen Zinsen und gleichzeitig zu niedrigen Beschaffungsstückko-
sten.

Lagerhaltungsmodelle sind entsprechend den unterschiedlichen Fragestellungen in ihrer mathematischen Struktur sehr heterogen. Der Differential-
rechnung bedient man sich bei den Modellen, die auf der Formel für die
optimale Bestellmenge bzw. Losgröße[197] aufbauen. Andere Modelle arbeiten
mit den Verfahren der linearen und dynamischen Programmierung, der
Wahrscheinlichkeitstheorie oder der Simulation. So lassen sich z. B. folgende
Tatbestände, die auch die Anwendungsmöglichkeiten dieses Teilgebietes der
Unternehmensforschung verdeutlichen, in den verschiedenen Modellen berücksichtigen: Marktpreisschwankungen auf den Beschaffungsmärkten;
mengenabhängige Beschaffungspreise (durch Rabattstaffeln); „Kosten" für

---

[196] Vgl. S. 177f.
[197] Vgl. S. 552ff. bzw. 559ff.

Fehlmengen; Qualitätsminderungen des Bestandes in Abhängigkeit von der Lagerhaltung; zufallsabhängige Lieferfristen und Lagerabgänge; Kapazitäts- und Kapitalrestriktionen; mehrperiodische Abstimmung zwischen Produktion und Lager (auch unter Berücksichtigung saisonaler Absatzschwankungen). (ÜB 3/1–8)

(4) Die Netzplantechnik

Die Netzplantechnik[198] (network analysis) umfaßt Verfahren zur Planung, Steuerung und Ablaufkontrolle komplexer Projekte mit einer größeren Anzahl auszuführender Arbeitsgänge. Sie hat seit ihrer Entstehung um 1957/58 eine rapide Entwicklung erfahren und gehört heute zu den in der Praxis bekanntesten Verfahren der Unternehmensforschung; dazu trug neben der schnellen Verbreitung von EDV-Anlagen auch ihre einfache, d. h. leicht erlernbare, mathematische Struktur bei.

Die Grundlagen der Netzplantechnik entstammen der Graphentheorie; allen Verfahren ist ein graphisches Modell (Netzplan) gemeinsam, das die einzelnen Arbeitsgänge (Tätigkeiten, Vorgänge, Aktivitäten) und die Zeitpunkte, an denen diese Tätigkeiten beginnen bzw. enden (Ereignisse, Knoten, events), in ihrer logischen Aufeinanderfolge übersichtlich und eindeutig darstellt. Erst nach einer derartigen Strukturanalyse können weitere Untersuchungen angestellt werden, die sich gewöhnlich auf das Zeitgerüst des Projekts erstrecken und den herkömmlichen Terminplanungsverfahren überlegen sind. Man ermittelt beispielsweise den „kritischen Pfad", der jene Aktivitäten des Netzplanes angibt, deren Verzögerung auch den Endtermin des Projekts verzögern würde. Nicht kritische Vorgänge sind dann innerhalb gewisser Grenzen (Pufferzeiten) verschiebbar. Neuere Verfahren berücksichtigen schließlich auch Kapazitäts- und Kostengesichtspunkte.

Von der Vielzahl der Netzplan-Techniken seien hier nur einige der bekannteren erwähnt: **CPM** (Critical Path Method); **PERT** (Program Evaluation and Review Technique); **MPM** (Metra Potential Method).

Auch von den **Anwendungsgebieten** kann nur ein kleiner Ausschnitt aufgezeigt werden:

(a) Entwicklung von Waffen- und Nachrichtensystemen; beim Polaris-Projekt der amerikanischen Marine erwies sich PERT als so wirkungsvoll, daß der Einsatz von Netzplantechniken für die Erlangung von Regierungsaufträgen in den USA heute obligatorisch ist;

(b) Planung von Bauvorhaben (Autobahnen, Hotels, Universitäten, Atomkraftwerke);

(c) Installation und Programmierung von EDV-Anlagen;

(d) Wartungs- und Reparaturplanung von Großanlagen (Flugzeuge, Raffinerien, Drehöfen, Fuhrpark);

(e) Erprobung und Markteinführung neuer Produkte; Planung von Wahl- und Werbekampagnen, von Konferenzen und Fertigungsabläufen; Vorbereitung von Angeboten usw.

---

[198] Vgl. Zimmermann, W., a. a. O., S. 6 ff. sowie Dinkelbach, W., Operations Research, a. a. O., S. 215 ff.

(5) Ersatzmodelle

Ersatzmodelle (Erneuerungsmodelle, replacement models) beschäftigen sich mit der optimalen Ersatzpolitik bei Gegenständen, deren Funktionsfähigkeit plötzlich, vollständig und nicht vorhersehbar endet und die gewöhnlich in größerer Zahl eingesetzt sind (z. B. Glühbirnen, Elektronenröhren, Maschinenelemente).[199] Die Alternativen für die Ersatzpolitik solcher Gegenstände bestehen darin, entweder bei jedem Ausfall sofort einzeln zu ersetzen oder nach einer bestimmten Zeit alle Gegenstände auf einmal zu erneuern. Beim Gruppenersatz sind die Reparaturkosten pro Stück geringer als beim Einzelersatz; gleichzeitig müssen aber zusätzliche Kosten wegen der Erneuerung noch funktionsfähiger Gegenstände veranschlagt werden. Das Ziel der Ersatzmodelle besteht darin, das hier existierende Kostenminimum und damit die optimale Ersatzstrategie aufzufinden.

Wie bei ähnlichen zufallsabhängigen Problemen (vgl. Warteschlangen- und Lagerhaltungsmodelle) gibt es auch für Ersatzprobleme kein allgemeingültiges Lösungsverfahren. Man bedient sich vor allem der Wahrscheinlichkeitsrechnung und der Simulationsverfahren.

Anwendungen sind z. B. bekannt für den Ersatz von Schwellen und Schienen (bei einer Eisenbahngesellschaft); für den Ersatz von Glühlampen; für den Ersatz elektronischer Teile an Radargeräten und für prophylaktische Reparaturen eines Maschinenparks (Kugellager, Ventile usw.).

(6) Die dynamische Programmierung

Die dynamische Programmierung (dynamic programming) beinhaltet Rechenverfahren zur Optimierung mehrstufiger Prozesse, bei denen die Entscheidung auf jeder Stufe die Entscheidungssituation auf der nächsten Stufe beeinflußt. Das von R. Bellman (1957) maßgeblich entwickelte Verfahren basiert auf dem Prinzip der Rekursion; man rechnet vom Endzustand rückwärts über alle Entscheidungsstufen bis zum Prozeßbeginn.

Die Anwendungsbereiche der noch nicht sehr weit entwickelten und verbreiteten dynamischen Programmierung erstrecken sich insbesondere auf Produktionsplanungs-, Lagerhaltungs- und Ersatzprobleme.

(7) Simulationsverfahren

Bei fast allen bisher genannten (insbesondere stochastischen) Teilgebieten der Unternehmensforschung treten Probleme auf, die infolge ihrer Komplexität äußerst schwierige Berechnungen erfordern würden. Hier können Simulationsverfahren[200] weiterhelfen. Man versteht darunter experimentelle Methoden, die anhand eines mathematischen Modells durch Versuche (Probieren) eine Näherungslösung anstreben. Dabei werden nicht sämtliche Da-

---

[199] Dagegen werden Überlegungen zum Ersatz von Gegenständen, deren Leistungsfähigkeit im Zeitablauf allmählich sinkt (z. B. Maschinen, Kfz) gewöhnlich nicht im Rahmen der Unternehmensforschung behandelt, sondern als Teilgebiet der Investitionsrechnung betrachtet.

[200] Vgl. Koxholt, R., Die Simulation – Ein Hilfsmittel der Unternehmensforschung, München–Wien 1967

tenkonstellationen durchgerechnet, sondern nur gewisse, bei ersten Versuchen Erfolg versprechende Alternativen weiterverfolgt. Die zur Nachbildung der Ungewißheit benötigten Zufallszahlen werden meistens mit der sog. **Monte-Carlo-Methode**[201] erzeugt.

Simulationsverfahren lassen sich grundsätzlich in allen Teilbereichen der Unternehmensforschung anwenden, wenngleich ihr bedeutsamstes Feld die Warteschlangen-, Lagerhaltungs- und Ersatzprobleme sind; eine Anzahl von Simulations-Programmen[202] für EDV-Anlagen liegt hierzu vor.

cc) Grenzen der Anwendung von Operations Research

Der Anwendung mathematischer Planungsverfahren sind Grenzen gesetzt. Diese Grenzen gelten allerdings zum Teil für alle in der Betriebswirtschaftslehre verwendeten Modelle, also z. B. auch für die später zu betrachtenden kosten- und preistheoretischen Modelle.

Die Möglichkeiten der Anwendung von Operations Research hängen zunächst von der **Beschaffung der notwendigen Daten** ab. Für manche Verfahren sind Daten erforderlich, die in der Praxis nicht zu beschaffen sind. So wird z. B. in der Spieltheorie mit bekannten Gewinnen und Verlusten gearbeitet, also mit Daten, die in der Praxis nicht verfügbar sind.[203] Des weiteren müssen die einzelnen, in ein Operations Research-Modell eingehenden Faktoren quantifizierbar und meßbar sein, da ihre Größe und Veränderungen sonst nicht durch mathematische Modelle auszudrücken sind.

Eine zweite Begrenzung der Anwendung der Verfahren liegt in den verwendeten **mathematischen Modellen.** Sie setzen voraus, daß eine streng kausale Beziehung zwischen den einzelnen Variablen besteht. Existiert eine derartige Beziehung nicht, können die Verfahren nicht angewendet werden. Damit scheiden diejenigen betriebswirtschaftlichen Probleme, die durch ein Vorherrschen menschlicher Entscheidungsfreiheit gekennzeichnet sind, größtenteils aus dem Forschungsgebiet von Operations Research aus. Darüber hinaus gibt es betriebliche Vorgänge, die nur in stark vereinfachter Darstellung modellmäßig erfaßt werden können. Das hat zur Folge, daß weniger wichtige Faktoren entweder ganz fallengelassen oder als konstant angenommen werden müssen, worunter die Exaktheit und Zuverlässigkeit des Ergebnisses leidet.

Eine dritte Begrenzung erfährt die Anwendung von Operations Research-Verfahren durch die vorhandenen **Lösungsverfahren.** So ist man zwar in der Lage, bei Zuteilungsproblemen mit nichtlinearen Abhängigkeiten Modelle aufzustellen, doch reichen die bekannten Lösungsverfahren nicht aus, um bei komplexen nichtlinearen Programmen eindeutig optimale Kombinationen zu bestimmen.

---

[201] Gelegentlich werden die Begriffe „Simulation" und „Monte-Carlo-Methode" auch synonym verwandt.

[202] Für Simulationsverfahren wurden auch spezielle Programmiersprachen entwickelt, wie z. B. SIMULA und SIMSCRIPT.

[203] Vgl. Churchman, C. W., Ackoff, R. L., Arnoff, E. L., a. a. O., S. 510 ff., wo in dieser Beziehung unter sehr optimistischen Annahmen gearbeitet wird.

Das wichtigste betriebsbedingte Kriterium, an dem die Anwendbarkeit von Operations Research geprüft werden muß, ist die **Frage der Wirtschaftlichkeit.** In jedem einzelnen Fall muß abgewogen werden, ob die durch den Einsatz von Operations Research zu erzielenden Ersparnisse die entstehenden Kosten rechtfertigen; beide Größen können in der Regel nur geschätzt werden. Das ist neben der Betriebsgröße auch von der Art der anfallenden betrieblichen Probleme abhängig.

Die aufgezeigten Grenzen der Anwendung können jedoch nicht scharf gezogen werden. Eine allgemeingültige Bestimmung der verfahrensbedingten Grenzen ist z. B. deshalb unmöglich, weil ständig neue Forschungsergebnisse erzielt werden. So werden durch Verbesserungen der statistischen Beobachtungs- und Aufbereitungsverfahren bisher nicht meßbare Variablen meßbar oder durch Entwicklung neuer Lösungsverfahren manche nichtlineare Programme lösbar.

8. Die Betriebsorganisation

a) Begriff und Aufgaben der Organisation

Das gesamte betriebliche Geschehen vollzieht sich in einer bestimmten Ordnung, d. h. nach bestimmten Regelungen. Diese Ordnung muß zunächst geplant und dann mit Hilfe von organisatorischen Maßnahmen verwirklicht werden. Unter Organisation verstehen wir einerseits den **Prozeß der Entwicklung dieser Ordnung** aller betrieblichen Tätigkeiten (Strukturierung) und andererseits das Ergebnis dieses gestalterischen Prozesses, d. h. die **Gesamtheit aller Regelungen,** deren sich die Betriebsleitung und die ihr untergeordneten Organe bedienen, um die durch Planung entworfene Ordnung aller betrieblichen Prozesse und Erscheinungen zu realisieren. Die Organisation ist also eine Aufgabe der Betriebsleitung (ebenso wie Planung und Kontrolle) und gleichzeitig ein Mittel in ihrer Hand, um die Kombination der Produktionsfaktoren Arbeit, Betriebsmittel und Werkstoffe, aber auch um die Mitwirkung des dispositiven Faktors selbst an der Erstellung der Betriebsleistung zielentsprechend zu gestalten.

Gutenberg bezeichnet die Betriebsorganisation als einen **derivativen Produktionsfaktor,** weil die Träger der organisatorischen Aufgaben „ihre Anweisungsbefugnisse aus dem obersten Direktionsrecht der Geschäfts- und Betriebsleitung ableiten".[204]

Die hier vorgetragene relativ enge Auffassung des Begriffes Organisation wird auch von Lohmann vertreten. Er trennt Disposition und Organisation scharf voneinander und bezeichnet die Organisation als das „Gehäuse, in dem Planung, Ablauf und Kontrolle sich vollziehen, aber mit eigentlichem wirtschaftlichem Inhalt und vor allem Impulsen erfüllt es erst die Disposition".[205] Gutenberg versteht unter Organisation „nur diejenige Appara-

---

[204] Gutenberg, E., Grundlagen, Bd. I, a. a. O., S. 8
[205] Lohmann, M., Einführung in die Betriebswirtschaftslehre, 4. Aufl., Tübingen 1964, S. 250

tur ..., die die Aufgabe hat, eine durch Planung vorgegebene Ordnung im Betriebe zu realisieren".[206] Der Begriff der Organisation ist auch weiter gefaßt worden, indem man auch die Planung der Ordnung oder sogar alle gestaltenden Kräfte des Betriebes als Organisation betrachtet und damit praktisch Betrieb und Betriebsorganisation gleichsetzt.

Zwischen Planung und Organisation bestehen wechselseitige Beziehungen. Da grundsätzlich alle betrieblichen Tätigkeiten der Planung unterliegen, gibt es auch eine **Planung der Organisation.** Da umgekehrt alle betrieblichen Tätigkeiten organisiert werden müssen, gibt es ebenso eine **Organisation der Planung.** Beide Tätigkeitsgebiete durchdringen sich gegenseitig vor allem während der Aufbauphase eines Betriebes und bei tiefergreifenden Umstellungen. Sachlich läßt sich ein Vorrang des einen oder des anderen Gebietes nicht begründen. Da die Funktionen der Planung und der Organisation in der Regel von getrennten Abteilungen vollzogen werden, gehört es zu den wichtigen Aufgaben der Betriebsleitung, die Tätigkeiten in beiden Bereichen zu koordinieren.

Gegenstand der Organisation ist, wie oben schon erwähnt, die gesamte betriebliche Tätigkeit. Ebensowenig wie es eine allgemeinverbindliche und von Überschneidungen freie Systematik der betrieblichen Funktionen gibt, existiert eine zweifelsfreie Systematik der einzelnen Gegenstände der Organisation. Das Handwörterbuch der Organisation[207] enthält die folgenden, hier interessierenden Tätigkeitsgebiete als Stichworte:

Organisation von:

Absatz	Personalwesen
Anlagenwirtschaft	Planung
Fertigung	Rechnungswesen
Finanzierung	Revision (interne)
Forschung	Transportwesen
Kontrolle	Werbung
Materialwirtschaft	

Es handelt sich also um eine Mischung aus betrieblichen Haupt- oder Unterfunktionen (z. B. Absatz bzw. Werbung) und sog. Querfunktionen, z. B. Personalwesen. Die Organisation der Betriebsführung (mit Ausnahme der Teilgebiete Planung, Kontrolle und interne Revision) ist nicht mit einem eigenen Stichwort vertreten. Diese Gruppen sind unter Zweckmäßigkeitsgesichtspunkten gebildet worden und entsprechen der häufig in der Praxis anzutreffenden Abteilungsgliederung der Betriebe. Es sind also auch andere Einteilungen der Tätigkeitsgebiete denkbar. Wir wollen an dieser Stelle nur die Grundsätze der Organisation besprechen. Bei der Behandlung der einzelnen Produktionsfaktoren bzw. der einzelnen betrieblichen Funktionen werden wir – soweit erforderlich – auf organisatorische Besonderheiten dieser Gebiete hinweisen.

---

[206] Gutenberg, E., Grundlagen Bd. I, a. a. O., S. 236
[207] Handwörterbuch der Organisation (HdO), hrsg. von E. Grochla, 3. Aufl., Stuttgart 1992 (1. Aufl., Stuttgart 1969)

In jedem geordneten Betrieb müssen alle betrieblichen Tatbestände geregelt werden. Diese **„Regelungen"** bilden den Inhalt der Betriebsorganisation; sie gewährleisten, daß eine bestimmte Ordnung im betrieblichen Ablauf herrscht.

„Regelungen" stellen Anweisungen der Betriebsführung und ihrer Organe dar. Sie können bestimmte Tatbestände ein für allemal ordnen. Das ist dann der Fall, wenn sich bestimmte Vorgänge immer wieder in gleicher oder ähnlicher Weise wiederholen, so daß sich eine Regelung in jedem Einzelfall erübrigt. Man spricht dann von einer **„allgemeinen Regelung"**. Sie bedeutet, daß die Entscheidungsfreiheit der Betriebsangehörigen bei der Erfüllung ihrer Aufgaben eingeschränkt wird. Bestehen keine allgemeinen Regelungen, so muß jeder Fall **speziell** geregelt werden. Das bringt für denjenigen, der dispositive Aufgaben zu lösen hat, einen größeren Ermessensspielraum. Für denjenigen, der nur ausführende Arbeiten zu verrichten hat, ist es gleichgültig, ob die Gestaltungsmöglichkeiten seiner Tätigkeit durch allgemeine oder spezielle Regelungen eingeschränkt werden. Für denjenigen, der dispositive Arbeit ausführt, besteht die Möglichkeit, eine allgemeine oder spezielle Regelung zu treffen.

Je größer die Gleichartigkeit, Regelmäßigkeit und Wiederholbarkeit betrieblicher Prozesse wird, um so mehr allgemeine Regelungen können getroffen werden und um so weniger spezielle Anordnungen sind erforderlich. Gutenberg bezeichnet die Tatsache, daß mit abnehmender Veränderlichkeit betrieblicher Tatbestände die Tendenz zur allgemeinen Regelung zunimmt, als das **„Substitutionsprinzip der Organisation"**.[208] Die Vergrößerung der Zahl der allgemeinen Regelungen nimmt dem Betriebsangehörigen immer mehr verantwortungsbewußte Entscheidungen ab, alles wird „von oben" geregelt, der einzelne ist nur noch mechanisch ausführendes Organ, keine selbständige Persönlichkeit mehr. Formulare, die den Ablauf bestimmter Vorgänge bis in die letzte Einzelheit vorschreiben, nehmen dem einzelnen die Entscheidung ab und machen bestimmte Fachkenntnisse, die für selbständige Entscheidungen erforderlich wären, überflüssig. Das Entwerfen des Formulars stellt eine einmalige organisatorische Leistung dar; ist sie vollzogen, so besteht damit eine neue allgemeine Regelung.

Der **Vorteil** der allgemeinen Regelung besteht darin, daß sie eine erhebliche Vereinfachung der betrieblichen Führungsaufgaben bedeuten und damit die Führungsorgane entlasten und für andere Aufgaben frei machen. Der **Nachteil** liegt darin, daß sie dort, wo sie nicht die optimale Lösung einer organisatorischen Aufgabe darstellen, zu einer Schematisierung von Abläufen führen, bei denen eine spezielle Regelung in jedem Falle sinnvoller wäre, weil es ihnen an Gleichartigkeit und Regelmäßigkeit fehlt, die die Anwendung allgemeiner Regelungen voraussetzt.

Die wesentliche organisatorische Aufgabe besteht darin, das durch das Substitutionsprinzip determinierte **organisatorische Optimum** anzustreben. Hierunter ist der Zustand zu verstehen, der dadurch gekennzeichnet ist, daß

---

[208] Gutenberg, E., Grundlagen, Bd. I, a. a. O., S. 240

genau alle gleichartigen, sich wiederholenden betrieblichen Vorgänge allgemeinen und keinen speziellen Regelungen unterliegen.[209] Die Substitution spezieller durch allgemeine Regelungen ist durch das zweckmäßige Verhältnis beider Regelungen begrenzt. Sie muß nach dem **Prinzip des organisatorischen Gleichgewichts** einen Ausgleich zwischen dem stabilen, aber unelastischen allgemeinen Regelungssystem und dem elastischen, aber instabilen speziellen System schaffen. Die Forderung nach Gleichgewichtigkeit ist nicht nur an die Regelungssysteme zu stellen, sondern auch an die Stärke der einzelnen Regelungen, mit der diese in den Entscheidungsspielraum betrieblicher Funktionsträger eingreifen und sich somit auf den Ablauf betrieblicher Prozesse auswirken. Liegen, gemessen an den zu erfüllenden Aufgaben, unangemessen starke Regelungen vor, so sprechen wir von einem überorganisierten Betrieb. Ein unterorganisierter Betrieb liegt entsprechend dann vor, wenn die Regelungen zu schwach ausgestaltet sind.

b) Formelle und informelle Organisationsstruktur

In der deutschen Literatur zur betriebswirtschaftlichen Organisationslehre hat sich eine Trennung in Aufbauorganisation und Ablauforganisation eingebürgert. Die **Aufbauorganisation** erstreckt sich auf die Verknüpfung der organisatorischen Grundelemente (Stelle, Instanz und Abteilung) zu einer organisatorischen Struktur und auf den Beziehungszusammenhang zwischen diesen Elementen. Bei der **Ablauforganisation** handelt es sich demgegenüber um die Ordnung von Handlungsvorgängen (Arbeitsprozessen). Anders formuliert: die Aufbauorganisation befaßt sich mit Fragen der **Institution,** die Ablauforganisation mit den **Arbeits- und Bewegungsabläufen** innerhalb dieser Institutionen. Hier wird deutlich, daß es sich bei dieser Trennung von Aufbau und Ablauf um einen wissenschaftlichen „Kunstgriff" handelt, dessen Anwendung fragwürdig ist.

In der Realität sind die Organisationsstruktur eines Betriebes und die darin vollzogenen Abläufe untrennbar verbunden; beide bedingen sich gegenseitig. Das heißt aber, daß die Organisation von Ablauf und Aufbau synchron erfolgen muß. Bei der Trennung von Aufbau und Ablauf handelt es sich also um unterschiedliche Betrachtungsweisen[210] ein und desselben betrieblichen Tatbestandes, eine gedankliche Abstraktion also, die die wissenschaftliche Durchdringung erleichtern soll, die aber nicht bis zur letzten Konsequenz durchzuführen ist, wie sich später noch zeigen wird.

Aufbau- und Ablauforganisation bilden die formelle Organisationsstruktur des Betriebes. Diese fügt das betriebliche Geschehen zu einer auf den Unternehmenszweck ausgerichteten Einheit zusammen. Neben der bewußt vorgegebenen formellen Organisationsstruktur entwickeln sich in der Praxis unbewußt gebildete **(informelle) Organisationen,** die im Zeitablauf verän-

---

[209] Vgl. Kern, W., Der Betrieb als Faktorkombination, in: Allgemeine Betriebswirtschaftslehre, Handbuch für Studium und Prüfung, hrsg. von H. Jacob, 5. Aufl., Wiesbaden 1988, S. 183
[210] Vgl. Kosiol, E., Organisation der Unternehmung, Wiesbaden 1962, S. 186 ff.

derungen unterliegen. Die Ursache ihrer Entstehung ist in den menschlichen Eigenheiten, wie z. B. Sympathie, Antipathie, gemeinsamen Interessen, und dem unterschiedlichen sozialen Status der betrieblichen Mitarbeiter zu suchen. Ihren Ausdruck finden informelle Gruppenbildungen oftmals im Betriebsklima. Dadurch, daß formelle und informelle Organisationsstrukturen nebeneinander bestehen, ergeben sich entweder fördernde oder hemmende Auswirkungen auf die bewußt gestaltete Struktur. Das Erkennen von informellen Gruppen ist somit eine wichtige Aufgabe der Betriebsleitung. Sie muß bemüht sein, positive Einwirkungen zu fördern und hemmende Konflikte zu verhindern (Personalpolitik).

c) Die Aufbauorganisation

Aufgabe der Aufbauorganisation ist es, ausgehend von der gegebenen Gesamtaufgabe des Betriebes (z. B. Erbringen einer Marktleistung unter Beachtung des erwerbswirtschaftlichen Prinzips), eine Aufspaltung in so viele Teilaufgaben (oder Einzelaufgaben) vorzunehmen, daß durch die anschließende Kombination dieser Teilaufgaben zu Stellen „eine sinnvolle arbeitsteilige Gliederung und Ordnung der betrieblichen Handlungsprozesse"[211] entsteht. Erste Aufgabe der Aufbauorganisation (wenn wir sie als Tätigkeit des Organisierens verstehen) ist also die Analyse und Zerlegung der Gesamtaufgabe des Betriebes **(Aufgabenanalyse).** Die zweite Aufgabe besteht dann darin, die Einzelaufgaben zusammenzufassen, indem „Stellen" gebildet werden **(Aufgabensynthese),** wobei sich aus der Aufgabenstellung Beziehungszusammenhänge zwischen diesen Stellen ergeben.

aa) Die Aufgabenanalyse

Unter **Aufgabe** versteht man eine Zielvorschrift für menschliches Handeln. Die Aufgabe fordert vom Menschen, einen bestimmten Zustand zu verwirklichen. So gesehen läßt sich eine Aufgabe durch die folgenden fünf Merkmale beschreiben:[212]
(1) durch ihren Verrichtungsvorgang (manuell oder geistig, ausführend oder leitend oder Kombinationen davon);
(2) durch ihr Objekt (personell, materiell oder immateriell);
(3) durch die zur Verrichtung notwendigen Arbeits- oder Hilfsmittel;
(4) durch ihren räumlichen Bezug;
(5) durch ihren zeitlichen Bezug.
Es stellt sich die Frage, nach welchen Gesichtspunkten die Zergliederung der betrieblichen Gesamtaufgabe in Teilaufgaben vorgenommen werden soll. Kosiol[213] unterscheidet die folgenden Gliederungsmerkmale:
(1) die **Verrichtungsanalyse;** eine Aufgabe wird in die einzelnen, zu ihrer Erfüllung notwendigen Verrichtungen zerlegt;

---

[211] Kosiol, E., Aufbauorganisation, HdO, 1. Aufl., Stuttgart 1969, Sp. 172
[212] Vgl. Kosiol, E., Organisation der Unternehmung, a. a. O., S. 43
[213] Kosiol, E., Aufgabenanalyse, HdO, 1. Aufl., Stuttgart 1969, Sp. 203 ff. und Organisation der Unternehmung, a. a. O., S. 49

(2) die **Objektanalyse;** die Aufgabe wird nach den einzelnen Objekten, an denen sie erfolgt, zergliedert (z. B. Teilaufgaben an Rohmaterial, an Einbauteilen, am Endprodukt);

(3) die **Sachmittelanalyse;** eine Aufgabe wird nach den Sachmitteln, die zu ihrer Durchführung erforderlich sind, in Teilaufgaben aufgespalten (z. B. Bohrmaschine, Drehbank, Rechenmaschine usw.);

(4) die **Ranganalyse;** alle Teilaufgaben werden in ein Rangverhältnis eingeordnet (leitende Teilaufgaben oder ausführende Teilaufgaben);

(5) die **Phasenanalyse;** alle Teilaufgaben werden nach ihrer sachlichen Zugehörigkeit in das Phasenschema „Planung, Realisation, Kontrolle" eingeordnet;

(6) die **Zweckbeziehungsanalyse;** alle Aufgaben werden nach ihrem Zweck eingeordnet, wobei man primäre Aufgaben (zur Erbringung der eigentlichen Betriebsleistung) und sekundäre Aufgaben, die die zielgerechte Erfüllung der primären Aufgaben sichern helfen, unterscheidet (z. B. Kantine).

Diese Gliederungsmerkmale können nicht alternativ angewendet werden, sondern alle Gliederungen werden für die folgende Aufgabensynthese benötigt. Erst wenn man die Gesamtaufgabe eines Betriebes nach allen diesen Merkmalen in Teilaufgaben zerlegt hat, erhält man einen Einblick in die komplizierte Struktur der Teilaufgaben, die durch die gegebene Gesamtaufgabe bedingt ist. Das Ergebnis der Aufgabenanalyse sind Aufgabengliederungspläne nach den verschiedenen Merkmalen, die eine Voraussetzung dafür sind, daß die Verfahren der Aufgabensynthese angewendet werden können.

bb) Die Aufgabensynthese

(1) Die Stellenbildung

Ziel der Aufgabensynthese ist es, die im Rahmen der Aufgabenanalyse gebildeten Teilaufgaben (Elementaraufgaben) so zu kombinieren, daß daraus arbeitsteilige Einheiten, die sog. **Stellen,** entstehen, die zusammen mit ihren Verknüpfungen dann die organisatorische Struktur des Betriebes bilden. Die Stelle ist damit das Grundelement der Aufbauorganisation. Sie stellt die Zusammenfassung von Teilaufgaben zum Arbeitsbereich und Aufgabenbereich einer Person dar.

Wieviele Teilaufgaben und welche Arten zu einer Stelle zusammengefaßt werden sollen, läßt sich nicht allgemein sagen. Ein Ziel der Stellenbildung ist es, die Stelle leicht „beherrschbar" zu halten, indem ihr gleichartige Aufgaben zugeordnet werden. Dieses Prinzip hat allerdings den Nachteil größerer Monotonie, durch die der Leistungswille des Stelleninhabers gehemmt werden kann. Bei der Stellenbildung darf auch nicht nur eine Stelle isoliert betrachtet werden, sondern die Aufgabensynthese muß so vorgenommen werden, daß für alle Stellen ein möglichst hoher Grad an Beherrschbarkeit erreicht wird.

Grundsätzlich sind bei der Elementaraufgabenkombination zur Bildung einer Stelle zwei Möglichkeiten gegeben:

(a) Die Stellenaufgabe wird auf eine **abstrakte noch zu suchende Person** abgestellt. In diesem Fall bilden die am Arbeitsmarkt anzutreffenden Kenntniskombinationen oder Fähigkeiten (Angebot an Aufgabenerfüllung) bestimmte Beschränkungen (z. B. läßt das Vorhandensein von kaufmännisch ausgebildeten Technikern eine andere Stellenbildung zu, als wenn nur Kaufleute oder Techniker verfügbar wären).

(b) Für in der Hierarchie hohe und höchste Stellen kann die Ausrichtung der Stelle **nach der Kenntniskombination** (Fähigkeiten) **des** bereits bekannten **zukünftigen Stelleninhabers** erfolgen, wenn er über eine hochwertige, u. U. seltene oder einmalige Kenntniskombination (Aufgabenerfüllungskombination) verfügt, so daß eine „Maßschneiderung" einer Stelle für den Betrieb von hohem Interesse ist. Die Gefahr einer derartigen Stellenbildung für den Betrieb besteht darin, daß der Stelleninhaber in gewisser Weise unersetzlich wird und folglich hohe Gehaltsforderungen stellen kann. Schwerer wiegt aber, daß bei seinem Ausscheiden oder Tod die Umbildung einer Anzahl benachbarter Stellen erforderlich werden kann, so daß über die Interdependenzen zwischen den einzelnen Stellen das gesamte Stellengebäude in Mitleidenschaft gezogen werden kann.

Das Ergebnis der Stellenplanung ist der **Stellenplan.** Die Zuordnung der Teilaufgaben wird in **Stellenbeschreibungen** niedergelegt, die verbindlich die Eingliederung der Stelle in die Organisationsstruktur, ihre Funktionen, Verantwortlichkeiten und Kompetenzen wiedergeben. Schwarz charakterisiert die Stellenbeschreibungen folgendermaßen:[214] „Stellenbeschreibungen sind ein praktisches Hilfsmittel der zweckmäßigen Eingliederung von Aufgabenträgern in organisatorische Beziehungszusammenhänge ... Der Hauptzweck von Stellenbeschreibungen besteht in der Sicherung einer rationalen, reibungslosen und kontinuierlichen Aufgabenerfüllung. Sie stellen die höchstentwickelte Form der schriftlichen Festlegung organisatorischer Regelungen in der Unternehmung dar. Insbesondere erstrecken sich Stellenbeschreibungen auf folgende Komplexe:

1) sachliche Festlegung der Aufgaben,
2) nähere Erläuterung der organisatorischen Eingliederung der Stelle und Angabe organisatorischer Beziehungen (Verkehrswege),
3) Anleitung zur zweckmäßigen Aufgabenlösung und
4) Darstellung personeller Anforderungen auf Grund der Aufgabenübernahme durch den Stelleninhaber. "

(2) Kompetenz – Verantwortung

Aus der Stellenaufgabe leitet sich die **Kompetenz** und die Verantwortung des Stelleninhabers ab. „Unter Kompetenz versteht man in der Organisationslehre die einem Stelleninhaber ausdrücklich zugeteilten Rechte oder Be-

---

[214] Schwarz, H., Arbeitsplatzbeschreibungen, 13. Aufl., Freiburg i. Br. 1995, S. 21

fugnisse. Ihr Gegenstück sind die Pflichten oder Verantwortungen, welche der Stelleninhaber zu übernehmen hat."[215]

Den Begriff **Verantwortung** definiert Hauschildt als die „Pflicht einer Person (Aufgabenträger), für die zielentsprechende Erfüllung einer Aufgabe persönlich Rechenschaft abzulegen". Die Verantwortung „setzt Beziehungen zwischen mindestens zwei Stellen voraus: der auftraggebenden Stelle und der auftragnehmenden Stelle. Zwischen beiden Stellen wird durch die Erteilung von Kompetenz und Verantwortung ein Regelkreis errichtet: Nach oder während der Aufgabenerfüllung soll die Rechenschaftslegung (Vollzugsmeldung, feed-back) erfolgen. Die Verantwortung ist die Pflicht zur ‚Antwort' auf die Frage, ob die gestellte Aufgabe zielentsprechend erfüllt wurde ... Wenn diese Frage zu bejahen ist, wird dem Aufgabenträger Entlastung erteilt: Wenn die Aufgabe erfolglos oder schadenbewirkend oder nicht erfüllt wurde, unterwirft sich die untergeordnete Stelle der negativen Sanktion. Sie ‚wird zur Verantwortung gezogen'".[216]

(3) Instanzen- und Abteilungsbildung

Die Verteilung der Aufgaben auf die einzelnen Stellen kann nach verschiedenen Merkmalen erfolgen. **Sachliche Merkmale** sind z. B. das Arbeitsobjekt (Objektprinzip) und die Arbeitsverrichtung (Verrichtungsprinzip). Entweder werden die Aufgaben an gleichen Objekten zu einer Stelle zusammengefaßt; dann werden in dieser Stelle ungleiche Arbeitsverrichtungen vorgenommen (z. B. handwerkliche Fertigung). Oder Aufgaben mit gleichen Verrichtungen werden einer Stelle zugeordnet, was bedeutet, daß diese Stelle ihre Arbeitsverrichtungen an ungleichen Objekten vornimmt (z. B. Werkstattfertigung).

Das wichtigste **formale Merkmal** der Aufgabenverteilung ist die **Rangbildung** der Stellen, die daraus resultiert, daß die Aufgaben in Ausführungsaufgaben und Leitungsaufgaben zerfallen. Werden die sich auf Ausführungsarbeiten verschiedener Stellen beziehenden Leitungsaufgaben zu einer ranghöheren Stelle zusammengefaßt, so entsteht eine **Instanz,** d. h. eine Stelle, die Leitungsaufgaben für eine Reihe rangniederer Stellen übernimmt. Die Gesamtheit dieser Stellen, also die Instanz selbst und die ihr untergeordneten Stellen bezeichnet man als **Abteilung.** Wird ein Teil der Leitungsaufgaben mehrerer Instanzen einer weiteren Stelle zugeordnet, so entsteht damit eine übergeordnete Instanz und die Gesamtheit dieser Stellen bildet dann die übergeordnete Abteilung.

Betrachtet man diesen gleichen Vorgang nicht vom Standpunkt der rangniederen Stelle, sondern von der Aufgabenstellung der ranghöheren Stelle, so spricht man von der **Delegation von Aufgaben,** besonders von der Delegation von Leitungsbefugnissen. Wichtigstes Problem bei der Aufgabenverteilung nach dem Merkmal Rang ist die Frage, ob Leitungsaufgaben zu

---

[215] Ulrich, H., Kompetenz, HdO, 1. Aufl., a. a. O., Sp. 852
[216] Hauschildt, J., Verantwortung, HdO, 1. Aufl., a. a. O., Sp. 1693 f.

vereinigen oder möglichst zu trennen sind, d. h., ob man ein zentralisiertes oder dezentralisiertes Leitungssystem wählen soll.

Außerdem stellt sich die Frage, wie groß die Zahl der Stellen sein soll, die einer gemeinsamen Leitungsinstanz unterstellt werden. Man spricht hier von der sog. **Leitungsspanne.** Die maximale Leitungsspanne hängt einmal von Art und Inhalt der der Abteilung zugewiesenen Aufgaben ab, zum anderen von den Kommunikations- und Kontrollmöglichkeiten. Sobald die Instanz die Abteilung nicht mehr steuern und kontrollieren kann, ist es angebracht, eine Abtrennung bzw. eine Ausgliederung von Aufgaben vorzunehmen. Die Leitungsspanne wird aber nicht nur von den persönlichen Fähigkeiten des Stelleninhabers, sondern auch von der Art der in der Abteilung zu bewältigenden Arbeiten bestimmt. Sind diese Arbeiten im wesentlichen vorgeregelt und treten wenig sachliche Probleme auf, so wird die Instanz in dieser Hinsicht entlastet und kann sich der Führung einer größeren Zahl von Menschen widmen, als wenn sie in sachlicher Hinsicht stark belastet ist.

Auch die Zahl der Leitungsbereiche höheren Grades und damit auch die Zahl der übereinander gelagerten hierarchischen Stufen hängt von den individuellen Gegebenheiten des Betriebes ab. Da auf den höheren Stufen der Hierarchie die Fragen der direkten Menschenführung gegenüber sachlichen Fragen zurücktreten, ist die Zahl der einem Leiter der höheren Stufen zu unterstellenden Personen wesentlich geringer als auf den unteren Stufen. Die Abteilungsgliederung eines Betriebes ergibt also das Bild einer Pyramide. Auf einer großen Zahl von ausführenden Abteilungen ruht eine geringere Zahl von Leitungsbereichen höheren Grades. An der Spitze der Pyramide steht die Betriebsführung.

Es ist wichtig, daß die Aufgaben, die einer Instanz übertragen werden und die Kompetenzen, die man ihr delegiert, übereinstimmen. Sind die Kompetenzen nicht scharf abgegrenzt, so gibt es Überschneidungen und Reibereien; sind sie zu eng, so daß die übergeordnete Instanz „dazwischenreden" kann, so kann man der untergeordneten Instanz auch nicht die volle Verantwortung für die durchzuführende Aufgabe zuschieben. Gerade in kleineren und mittleren Betrieben besteht die Gefahr, daß der Unternehmer alles allein machen will, sich dadurch selbst überlastet und das Verantwortungsbewußtsein und die Arbeitsfreude seiner Betriebsangehörigen einschränkt. Es sollte der Grundsatz herrschen, daß übergeordnete Instanzen nicht nur die Aufgaben und Kompetenzen nach unten abgeben, die sie selbst nicht mehr bewältigen können, sondern daß sie den untergeordneten Stellen nur die Aufgaben abnehmen, die diese selbst nicht lösen können.

(4) **Dezentralisation – Zentralisation**

Bei der Aufgabenverteilung ist stets zwischen den Prinzipien der Dezentralisation und der Zentralisation zu unterscheiden. **Dezentralisation** als Prinzip der Aufgabenverteilung bedeutet, daß Aufgaben auf mehrere Stellen übertragen werden. Das erfordert eine größere Zahl von Fachkräften, die den übertragenen Aufgaben und Anforderungen gerecht werden können. Dies erhöht aber auch das Verantwortungsgefühl und die Arbeitsfreude der

Betriebsangehörigen. Bei zu weitgehender Dezentralisation besteht allerdings die Gefahr, daß durch mangelnden Überblick der Betriebsleitung und durch Verwischung der Abgrenzung der Aufgaben Unordnung im Betrieb entsteht. Außerdem gehen dadurch die Rationalisierungsvorteile der Arbeitsteilung verloren.

Dezentralisation vermindert den Verwaltungsapparat an der Spitze und entlastet diese. Je mehr der Mensch vom ungelernten Arbeiter zum Spezialisten wird, um so mehr muß man ihn zum verantwortungsbewußten Mitarbeiter machen, d. h., es müssen auch leitende Aufgaben delegiert werden. Die Verteilung der Aufgaben und Verantwortung auf viele untergeordnete Mitarbeiter erfordert eine größere Kunst der Menschenführung als die Zusammenballung der Befehlsgewalt in wenigen Händen.

Zentralisation als Prinzip der Aufgabenverteilung ist zwangsläufig dann gegeben, wenn der Betrieb nicht über genügend geeignete Fachkräfte verfügt, denen bestimmte Aufgaben übertragen werden können. Ihre Gefahr liegt darin, daß im extremen Fall die untergeordneten Stellen bloße Befehlsempfänger sind, die keine eigene Initiative entwickeln können. So geht zwangsläufig der Kontakt zwischen der Betriebsführung und untergeordneten Stellen verloren. Die Betriebsführung regelt zwar alles selbst, kann aber nicht alle Regelungen auch selbst überwachen.

In der Praxis werden beide Organisationsprinzipien zusammen angewendet. So kann für einzelne betriebliche Bereiche die Zentralisation von Vorteil sein. Es bedeutet z. B. eine Verwaltungsvereinfachung, wenn in einem Großbetrieb eine eigene statistische Abteilung gebildet wird, statt daß an verschiedenen Stellen des Betriebes statistische Arbeiten nebeneinander geleistet werden. Durch Zentralisation des Einkaufs können günstige Marktsituationen schneller und besser ausgenutzt werden, eine Zentralisation des Lagerwesens kann zu Kostenersparnissen und Vereinfachungen führen. Doch sind das keine allgemeinen Rezepte, sondern es kommt stets auf die Gegebenheiten eines konkreten Betriebes oder eines Wirtschaftszweigs an. Eine zentrale Organisation bestimmter Bereiche kann in einem Wirtschaftszweig notwendig, in einem anderen unzweckmäßig sein. Örtliche Dezentralisation bedeutet noch nicht unbedingt eine verwaltungsmäßige Dezentralisation. Ein Betrieb kann räumlich in Teilbetriebe oder Filialen aufgeteilt sein, während z. B. das Rechnungswesen, der Einkauf usw. straff zentralisiert sind.

cc) Das Ergebnis der Aufbauorganisation

Als Ergebnis der aufbauorganisatorischen Tätigkeit, d. h. von Aufgabenanalyse und -synthese, ergibt sich die **Stellengliederung** des Betriebes, aus der hervorgeht, welche Stellen überhaupt geschaffen werden und welche Beziehungen zwischen diesen Stellen bestehen. Dieses **Beziehungsgefüge** oder System soll nun noch einer näheren Betrachtung unterzogen werden. Beziehungen zwischen den einzelnen Stellen können in mehrfacher Hinsicht bestehen, so daß man das Gesamtsystem Aufbauorganisation (wobei der

Begriff jetzt im institutionellen Sinn gebraucht wird) in mehrere Teilsysteme, gewissermaßen in Schichten zerlegen kann.

(1) Das Aufgabengefüge

Das Aufgabengefüge[217] stellt als Ergebnis der Aufgabensynthese das Grundgefüge der Aufbauorganisation dar. Es macht sichtbar, welche Stellen mit welchen Aufgaben betraut wurden und nach welchem Kriterium diese Aufgabenzuordnung vorgenommen wurde (sachlich, formal, räumlich, zeitlich, personell). Aus diesem Grundgefüge lassen sich im Wege der isolierenden Abstraktion mehrere wesentliche Teilsysteme ableiten. Betrachtet man die Verteilung der Leitungsaufgaben nach dem Rangmerkmal, so erhält man das **Leitungssystem,** das die Beziehungen der einzelnen Stellen unter dem Gesichtspunkt der Weisungsbefugnis abbildet. Isoliert man die sich aus der Erfüllung der einzelnen Aufgaben ergebenden Beziehungen zwischen den Stellen, so ergibt sich einerseits das **Kommunikationssystem,** das die Beziehungen zwischen den Stellen unter dem Gesichtspunkt des Austauschs von Nachrichten abbildet, und andererseits das **Arbeitssystem,** das den Austausch von Arbeitsobjekten zum Inhalt hat. Systematisiert man alle Aufgaben unter dem Gesichtspunkt, ob es sich um realisierende (d. h. leitende oder ausführende) oder um kontrollierende Aufgaben handelt, so erhält man das betriebliche **Kontrollsystem,** das die Gesamtheit aller in die Arbeitsabläufe eingebauten Kontrollen abbildet. Mit letzterem werden wir uns erst unten bei der Erörterung der Überwachungsaufgaben befassen.[218] Gliedert man schließlich alle Aufgaben nach dem Merkmal Planung, so ergibt sich das betriebliche **Planungssystem,** das die Gesamtheit aller Planungsaufgaben darstellt.

(2) Das Leitungssystem

Jedes Leitungssystem stellt ein **hierarchisches Gefüge** dar, in dem die einzelnen Stellen unter dem Gesichtspunkt der Weisungsbefugnis miteinander verbunden sind. Die Rangverhältnisse der einzelnen Stellen (und damit auch der Stelleninhaber) lassen sich als Über- (bzw. Unter-) und Gleichordnungsverhältnisse ausdrücken. Es gibt mehrere Grundformen, nach denen diese Hierarchie aufgebaut sein kann.

(a) Das Liniensystem

Das Liniensystem, das die straffste Form der organisatorischen Gliederung eines Betriebes darstellt, knüpft an das von Fayol formulierte Prinzip der Einheitlichkeit der Auftragserteilung an. Danach darf eine Instanz nur von einer übergeordneten Anweisungen erhalten. Folglich sind sämtliche Abteilungen in einen einheitlichen Instanzenweg **(Dienstweg)** eingegliedert, es besteht von der Betriebsleitung bis zur untersten Stelle eine eindeutige Linie der Weisungsbefugnis und Verantwortung, die über mehrere Zwischenstu-

---

[217] Vgl. Kosiol, E., Organisation der Unternehmung, a. a. O., S. 765 ff.
[218] Vgl. S. 198 ff.

fen führt. Deshalb wird auch der Begriff **Einliniensystem** verwendet. Sämtliche Anweisungen, Aufträge und Mitteilungen gehen von der Leitung an die jeweils unmittelbar unterstellte Abteilung weiter, die sie wiederum weiterleitet, bis die empfangene Stelle erreicht wird. Die Einhaltung des Dienstweges soll die **Einheitlichkeit der Leitung** garantieren. Sie soll verhindern, daß eine untergeordnete Stelle von verschiedenen Seiten Anweisungen erhält. Der Dienstweg muß nicht nur von unten nach oben, er muß auch von oben nach unten eingehalten werden. Auch der Vorgesetzte darf innerhalb seines Bereiches nicht untergeordnete Instanzen überspringen. Zwei gleichgeordnete Instanzen können nicht unmittelbar miteinander Verbindung aufnehmen, sondern müssen den Umweg über die nächste gemeinsam übergeordnete Instanz machen.

Dieses System ist für kleinere Betriebe zweckmäßig. Es schafft **klare, übersichtliche Befehlsverhältnisse** und eindeutige Abgrenzungen. Im Großbetrieb bringt die Einhaltung des Dienstweges unter Umständen eine erhebliche Arbeitsbelastung der einzelnen Zwischeninstanzen mit sich, die nach oben immer größer wird. Die Betriebsleitung wird überlastet, die **Befehlswege sind lang und schwerfällig.** Da die Betriebsleitung nicht alle Entscheidungen bis in die letzten Einzelheiten selbst treffen kann, muß sie untergeordneten Abteilungen gewisse Teile der Leitungsbefugnisse übertragen oder ihnen in einem weit gesteckten Rahmen Ermessensfreiheit überlassen.

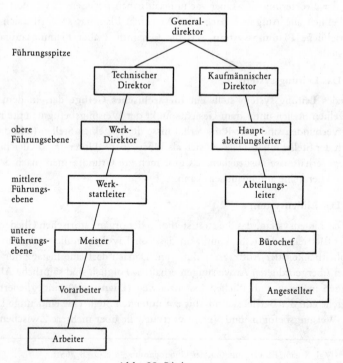

Abb. 28: Liniensystem

Die Schwerfälligkeit dieses Liniensystems läßt sich etwas vermindern, wenn man durch allgemeine Regelungen für bestimmte Vorgänge, insbesondere für laufende Mitteilungen, verkürzte Dienstwege zuläßt und die Einhaltung der Dienstwege nur für Aufträge und Weisungen verlangt.

(b) Das Funktionssystem

Der Weg der Aufträge, Weisungen und Mitteilungen wird hier nicht durch den Instanzenweg bestimmt, sondern von der **Art der betreffenden Aufgaben.** Der Arbeiter erhält in der Werkstatt nicht mehr nur von einer Stelle (einem Meister), sondern von vielen Stellen, die jeweils Träger bestimmter Leitungsaufgaben sind, Aufträge, so daß die Einheitlichkeit der Leitung und Auftragserteilung aufgehoben wird. Das System wird daher auch als **Mehrliniensystem** bezeichnet. Musterbeispiel für diese Art von Leitungssystem der Verkehrswege ist das Taylorsche **Funktionsmeistersystem.** Für jeden Funktionsbereich ist ein Meister zuständig, der für einen scharf abgegrenzten Bereich Anweisungen an einen Arbeiter gibt. Das erfordert eine enge Zusammenarbeit zwischen den einzelnen Funktionsmeistern.

Dieses System schaltet zwar den schwerfälligen Instanzenweg aus, birgt aber die Gefahr in sich, daß der Arbeiter das Gefühl hat, er müsse mehreren Herren dienen, was sich leistungshemmend auswirken kann. Die Kompetenzen der einzelnen Meister lassen sich in praxi nicht so scharf trennen, daß die **Gefahr von Überschneidungen** völlig ausgeschlossen ist.

Beispiel:

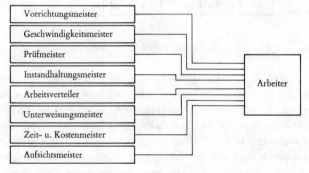

Abb. 29: Funktionssystem

Das Funktionsmeistersystem eignet sich z. B. für allgemeine Regelungen, so z. B. wenn der „Instandhaltungsmeister" generelle Anweisungen für die Wartung von Maschinen gibt oder wenn der „Zeit- und Kostenmeister" bestimmte Formulare für das Rechnungswesen ausfüllen läßt usw.

(c) Das Stabliniensystem

Das Stabliniensystem stellt eine Kombination des Liniensystems mit dem System der Abspaltung bestimmter Funktionen dar. Will man die Einheitlichkeit der Leitung und des Auftragsempfangs erhalten, die beim Funktionssystem verlorengeht, zwingt aber die immer weiter fortschreitende Arbeitsteilung zur Abspaltung gewisser Aufgaben, so kann man sich dadurch helfen, daß man zwar den Instanzenweg (Liniensystem) beibehält, aber einzelnen Instanzen **Stabsstellen** zuordnet, die bestimmte Aufgaben übernehmen können, aber **keine Weisungsbefugnisse** haben. Stabsstellen haben weder primäre noch sekundäre Ausführungsaufgaben. Ihre Aufgabe besteht darin, Teilaufgaben einer Leitungsinstanz zu übernehmen im Sinne von **Vorbereitung und Unterstützung** dieser Instanz bei der Wahrnehmung ihrer Leitungs- und Ausführungsaufgaben. So kann eine Instanz für bestimmte Funktionen Spezialisten einsetzen, die bestimmte Fragen untersuchen und bearbeiten und der übergeordneten Instanz, der sie beigegeben sind, Vorschläge unterbreiten bzw. für sie bestimmte Aufgaben erledigen. Stabsstellen haben nur **beratende** Funktionen. Auf diese Weise wird der Stelleninhaber einer Instanz entlastet, er kann sich auf bestimmte Aufgaben spezialisieren, während seine Stäbe die Ausarbeitung anderer Spezialaufgaben erledigen. Die Stabsstellen erhalten Anweisungen, können sie aber nicht weitergeben. Die Weisungsbefugnis liegt bei der betreffenden Instanz, die ihre Entscheidungen auf den Arbeiten der Stabsstellen aufbaut.

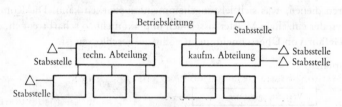

Abb. 30: Stabliniensystem

Dem Vorteil, daß die strenge Einhaltung des Dienstweges bei gleichzeitiger Nutzung von Spezialkenntnissen erhalten bleibt, steht als **Nachteil** gegenüber, daß es sich beim Stabliniensystem nicht um eine konfliktfreie Organisationsform handelt. Besondere Probleme entstehen durch die starre Funktionstrennung in Entscheidungsvorbereitung durch den Stab und Entscheidung durch die Linie. Für den Entscheidungsträger der Linie bedeutet dies, daß er Stabsvorschläge akzeptieren oder ablehnen, nicht aber kontrollieren kann. Es besteht also die Möglichkeit, daß der Stab durch entsprechende Aufbereitung von Informationen **Entscheidungen herbeiführt, die er nicht verantwortet.**

Weiterhin besteht die Gefahr, daß die Linie Stabsstellen infolge ihres Auskunftsrechtes inoffiziell als Kontrolleinrichtung benutzt. Dies führt zu abnehmender Informationsbereitschaft untergeordneter Instanzen mit dem Ergebnis, daß eine sinnvolle beratende Tätigkeit der Stäbe nicht mehr möglich ist.

(d) Das Liniensystem mit Querfunktionen

Das Liniensystem kann auch in der Form abgewandelt werden, daß sog. Querfunktionen eingebaut werden. Dabei wird zwar grundsätzlich der Instanzenweg beibehalten, aber bestimmte Funktionen, die sich auf den ganzen Betrieb beziehen, z. B. Personalwesen, Rechnungswesen, Arbeitsvorbereitung, Terminwesen usw. werden nicht als Stabsstellen ohne Weisungsrecht, sondern **als Funktionsbereiche mit Weisungsrecht** ausgegliedert. Das führt dann dazu, daß die Kompetenzen für bestimmte Vorgänge geteilt werden, indem der Leiter einer Linieninstanz, z. B. der Leiter einer technischen Betriebsabteilung und der Leiter der Funktionsstelle, z. B. der Personalchef, ein gemeinsames Entscheidungsrecht bei der Einstellung von Arbeitskräften für die betreffende Betriebsabteilung haben. Es kann also weder der betreffende Abteilungsleiter, noch der Personalchef allein die Einstellung von Arbeitskräften vornehmen. Keine von beiden Instanzen hat das alleinige Entscheidungsrecht, sondern beide zusammen müssen die Entscheidung treffen. Erfolgt keine Einigung, so muß eine höhere Instanz angerufen werden.

Abb. 31: Liniensystem mit Querfunktionen

(e) Divisionalisierte Organisation (Spartenorganisation)

Die traditionelle Stablinienorganisation ist infolge ihrer funktionalen Struktur beschränkt auf Unternehmen mit nicht zu stark variierenden Produktionsprogrammen. Unter dem Druck fortschreitender Diversifikation und Verzweigung sind viele Großunternehmen von der funktionalen Organisationsstruktur abgegangen und haben die bisherige Unternehmensstruktur primär **nach dem Objektprinzip** umgestaltet, indem sie auf Produkte, Produktgruppen, Betriebsprozesse oder räumliche Gegebenheiten ausgerichtete Sparten (Divisionen) bilden.[219] Bei einer an den betrieblichen Produkten orientierten Gliederung entstehen wieder homogene Geschäftsbereiche, die unter verantwortlicher Leitung die betrieblichen Funktionen zusammenfassen. Das am Objektprinzip orientierte System wird lediglich durch die Bildung von zentralen Spezialabteilungen durchbrochen, die beratend der Gesamtleitung und den Spartenleitungen zur Seite stehen. Durch diese Art der Organisation wird ein schwer steuerbares komplexes System in flexiblere anpassungsfähigere **Teilsysteme** aufgespalten. Weitere Vorteile bestehen in der besseren Abgrenzung der Verantwortung sowie in der Entwicklung eines stärkeren Verantwortungsgefühls der Spartenleiter durch die Einräumung unternehmerischer Entscheidungskompetenz im Rahmen der von der Gesamtleitung vorbestimmten Geschäftspolitik.

---

[219] Vgl. Grochla, E., Unternehmungsorganisation, Hamburg 1972, S. 188

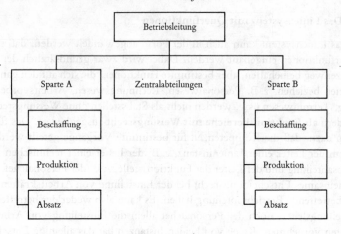

Abb. 32: Spartenorganisation

In der Praxis ist es vielfach so, daß Betriebe soweit in verselbständigte Teilbereiche aufgelöst werden, daß sich ihr Beitrag zum Gesamtergebnis des Betriebes ermitteln läßt. In diesen Fällen wird auch die Gewinnverantwortung an den Spartenleiter delegiert. In diesem Zusammenhang spricht man statt von Sparten auch von **Ergebniseinheiten** (profit-center). Die Verantwortung für das Ergebnis der Sparte verlangt, daß der Spartenleiter in seinem Bereich ergebnisbeeinflussende Entscheidungen treffen kann.[220] Nicht in den Verantwortungsbereich fallen die Ergebnisse der Entscheidungen übergeordneter Instanzen.

(f) Matrixorganisation

Die Matrixorganisation entsteht durch die Überlagerung von funktionsorientierten und objektorientierten Organisationsstrukturen, die formal einer Matrix gleicht.[221]

Die Funktionsweise der Matrixorganisation zeigt folgendes Beispiel.[222] In einem Industriebetrieb wird die Betriebsleistung in den Abteilungen Konstruktion, Fertigung und Entwicklung erstellt, die mit den Abteilungen Einkauf, Material und Personalwesen in der Weise kooperieren, daß die übergeordnete Betriebsleitung nicht eingeschaltet werden muß. Jede Abteilung hat auf ihrem Gebiet Entscheidungsvollmacht. Benötigt z. B. die Konstruktionsabteilung zusätzliche Mitarbeiter, so kann sie sich unmittelbar an die Personalabteilung wenden.

---

[220] Vgl. Danert, G., Die Funktion der Profit-center, in: Information und Kontrolle in der multinationalen Unternehmung, Bericht über eine Diskussionstagung der Schmalenbach-Gesellschaft, ZfbF 1971, S. 195f.; Harrmann, A., Divisionale oder funktionale Aufbauorganisation, DB 1971, S. 538
[221] Vgl. Grochla, E., a. a. O., S. 105
[222] Lauxmann, F., Öhl, G., Organisation, in: Management für alle Führungskräfte in Wirtschaft und Verwaltung, Bd. II, Stuttgart 1972, S. 188f.

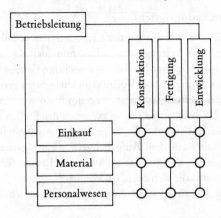

Abb. 33: Matrixorganisation

Die Objektstellen sind in der Praxis meist durch die betrieblichen Produkte **(Produkt-Management)** oder durch bestimmte Projekte **(Projekt-Management)** bestimmt und mit Produktmanagern bzw. Projektmanagern besetzt. Die Produktmanager haben die Aufgabe, alle für die Produktion und den Absatz der betrieblichen Produkte erforderlichen Maßnahmen zu koordinieren, während die Leiter der Funktionsbereiche für die Produktdurchführung verantwortlich sind. Da in einer Matrixorganisation die Produktmanager (Projektmanager) sich mit den Funktionsleitern die Autorität teilen müssen, hängt der reibungslose Ablauf des Betriebsprozesses in entscheidendem Maß von einer guten Zusammenarbeit ab.[223] Der Vorteil dieser Organisationsform besteht in der Möglichkeit, das vorhandene Spezialwissen für Innovationsprozesse ausnutzen zu können.

Die Funktionsweise des Projektmanagement zeigt folgendes Schaubild:[224]

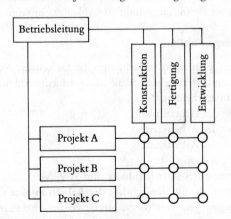

Abb. 34: Matrixorganisation, Projekt-Management

---

[223] Vgl. Grochla, E., a. a. O., S. 207
[224] Lauxmann, F., Öhl, G., a. a. O., S. 189

(3) Das Kommunikationssystem

Ein Teil des Kommunikationssystems ist durch das gewählte Leitungssystem vorgegeben. Das Leitungssystem bestimmt das Kommunikationssystem insofern, als es vorschreibt, daß eine wichtige Gruppe von Nachrichten, nämlich Anordnungen und Vollzugsmeldungen zu Anordnungen **nur nach Maßgabe des Leitungssystems** vorgenommen werden dürfen. Allerdings würde der Nachrichtenaustausch zwischen den Stellen zu schwerfällig, wenn man für alle Nachrichten die Wege des Leitungssystems vorschreiben würde. Es muß daher aus dem Aufgabengefüge ein **eigenes Kommunikationssystem** abgeleitet werden, das auch gewisse Regeln für den Nachrichtenaustausch vorsieht, die sich beziehen können:[225]

(1) auf die Kommunikationswege, die für bestimmte Nachrichten einzuhalten sind,

(2) auf die Form und die Technik des Nachrichtenaustauschs,

(3) auf Anlaß und Zeitpunkt der Nachrichtenübermittlung.

Dabei stellen die letzten beiden Punkte allerdings schon Vorwegnahmen ablauforganisatorischer Tätigkeiten dar.

Neben dem formalen Kommunikationssystem entwickelt sich in jedem Betrieb ein **informales System.** Das kann positiv wirken, da nicht alle Fälle eines notwendigen Informationstausches vorherzusehen sind und das formale System möglicherweise zu schwerfällig ist. Es kann allerdings auch negativ wirken, wenn dadurch Nachrichten falsch gelenkt werden, z. B. einzelne Stellen ausgeschaltet werden.

(4) Das Arbeitssystem

Das Arbeitssystem stellt schließlich die Verbindungswege dar, auf denen Arbeitsobjekte zwischen den einzelnen Stellen ausgetauscht werden und legt gleichzeitig fest, welche Stellen mit welchen Objekten befaßt werden. Auch hier ergibt sich ein Berührungspunkt zur Ablauforganisation.

d) Die Ablauforganisation

Unter Ablauforganisation versteht man die **Gestaltung von Arbeitsprozessen.** Dabei muß der Arbeitsablauf in verschiedener Hinsicht geordnet werden. Man unterscheidet:[226]

(1) die Ordnung des Arbeitsinhalts,

(2) die Ordnung der Arbeitszeit,

(3) die Ordnung des Arbeitsraums,[227]

(4) die Arbeitszuordnung.

Bei der Ordnung des **Arbeitsinhalts** sind zwei Merkmale zu unterscheiden: der Arbeitsinhalt muß hinsichtlich der **Arbeitsobjekte** und hinsichtlich der **Verrichtungen** geordnet (organisiert) werden. Arbeitsobjekt und die

---

[225] Vgl. Hax, H., Kommunikationssysteme, HdO, 1. Aufl., a. a. O., Sp. 847 ff.

[226] Vgl. Witte, E., Ablauforganisation, HdO, 1. Aufl., a. a. O., Sp. 24 ff.

[227] Zu Fragen der Arbeitszeit und des Arbeitsraums vgl. S. 264 ff., 269

Grobfestlegung der Verrichtung ergeben sich aus der Gesamtaufgabe des Betriebes. Im Rahmen der Aufgabenanalyse wurde, wie wir gesehen haben, die Gesamtaufgabe in Teilaufgaben zerlegt. Insofern baut also die Ablauforganisation auf einem Ergebnis der Aufbauorganisation auf. Da aber die Verkettung der einzelnen Teilaufgaben und der zu ihrer Erfüllung notwendigen Verrichtungen in der Regel nicht eindeutig festliegt, bleibt als weitere organisatorische Aufgabe, diese Verkettung vorzunehmen, d. h. Arbeitsabläufe zu schaffen, die dem Wirtschaftlichkeitserfordernis genügen.

Weiterhin legt die Aufgabenanalyse zwar fest, welcher Erfolg bewirkt werden soll, doch häufig ist damit noch nicht eindeutig bestimmt, durch welche Verrichtung dieser Erfolg erzielt werden soll. In allen Fällen, in denen sich aus der Aufgabenstellung die dazu notwendige Verrichtung nicht eindeutig ergibt, muß im Rahmen der Ablauforganisation bestimmt werden, welche Verrichtung zur Erfüllung der Aufgabe vorzunehmen ist.

Die Ordnung der **Arbeitszeit** erfolgt in drei Schritten. Zunächst muß die Zeitfolge der einzelnen Teilaufgaben bestimmt werden. Zwar ergibt sich die Reihenfolge einzelner Teilaufgaben häufig aus der Aufgabenanalyse, doch ist diese Reihenfolge in der Regel nicht so streng, daß hier nicht doch organisatorisches Gestalten notwendig wäre. Zwar ist z. B. klar, daß eine Endmontage nicht vor Fertigstellung der Einzelteile möglich ist, aber mit der Aufgabenanalyse wird nicht die Reihenfolge aller Teilaufgaben bestimmt. So ist es durchaus denkbar, daß die an einem Gußrohling notwendigen Arbeiten Bohren, Drehen, Fräsen und Schleifen in unterschiedlicher Reihenfolge vorgenommen werden können. Es ist Aufgabe der Ablauforganisation, hier die zweckmäßigste Abfolge zu bestimmen.

Wenn die Reihenfolge der einzelnen Teilaufgaben bestimmt ist, muß weiterhin die **Zeitdauer der Teilaufgaben** festgelegt werden. Dies ist erstens notwendig, um eine Einhaltung der Reihenfolgebedingung zu gewährleisten, zweitens weil die Zeitdauer der einzelnen Verrichtungen ein wesentlicher Kostenfaktor ist.

Die höchste Stufe der Zeitbestimmung liegt vor, wenn nicht nur Zeitfolge und Zeitdauer, sondern auch der Kalenderzeitpunkt festgelegt wird. Sind für alle Teilaufgaben eines Betriebsbereichs sowohl die Zeitpunkte des Beginns der Verrichtungen als auch die der Beendigung festgelegt, dann ist damit naturgemäß auch eine Bestimmung der einzelnen Zeitdauern und der Reihenfolge erfolgt. Eine solch strenge Bestimmung der Zeitpunkte ist eher für ausführende als für leitende Aufgaben erforderlich.

Im Rahmen der Ablauforganisation muß weiterhin eine Bestimmung der **räumlichen Zuordnung der Aufgabenverrichtung** erfolgen. Auch hier berühren sich Aufbau- und Ablauforganisation. Während dort das Merkmal Raum allerdings nur untergeordnete Bedeutung besitzt, d. h. die räumliche Festlegung einer Arbeit sich häufig aus der Entscheidung über die Aufgabensynthese nach den Merkmalen Verrichtung oder Arbeitsobjekt ergibt, gewinnt das Merkmal Raum im Rahmen der Ablauforganisation an Bedeutung. So interessieren Fragen der Anordnung einzelner Stellen innerhalb eines Raums die Aufbauorganisation weniger. Aufgabe der Ablauforganisation ist es aber gerade, dafür zu sorgen, daß die einzelnen Stellen räumlich so angeordnet werden, daß eine größtmögliche Wirtschaftlichkeit erreicht wird.

Schließlich muß eine **Zuordnung der Teilaufgaben zu Stellen** vorgenommen werden. Der Feinheitsgrad dieser Arbeitszuordnung hängt von der Art der wahrzunehmenden Aufgaben ab. Während z. B. bei ausführenden Arbeiten in der Regel eine Zuordnung der einzelnen Verrichtungen zu ganz bestimmten Stellen (Personen) vorgenommen wird, ist es insbesondere bei leitenden Aufgaben auch denkbar, daß eine Aufgabe einer Gruppe zugeordnet wird, und daß im Rahmen der Gruppe dann entschieden wird, wer die Aufgabe auszuführen hat.

Es zeigt sich also, daß enge und vielfältige Beziehungen zwischen Aufbau- und Ablauforganisation vorliegen, so daß – wie oben bereits erwähnt – die Organisation von Aufbau und Ablauf synchron erfolgen müßte. Wie wird nun diese Organisationsaufgabe in der Praxis gelöst? Es ist nicht so, daß die Praxis immer von einer gegebenen (oder geplanten) Aufbauorganisation ausgeht, an die die Ablauforganisation angepaßt wird; es könnte auch umgekehrt vorgegangen werden. Man hilft sich in diesem Dilemma mit einem Stufenverfahren: Entweder legt man erst die Aufbauorganisation in Rohform fest, nimmt dann die Strukturierung der Arbeitsabläufe vor und ändert – falls erforderlich – die Aufbauorganisation entsprechend ab. Oder man geht umgekehrt von einer vorläufigen Ablauforganisation aus, legt dann die Aufbauorganisation fest und untersucht, ob Schwächen in der auf diese Weise bestimmten Aufbauorganisation durch Änderungen an der vorläufigen Form der Ablauforganisation behoben werden können. (**ÜB** 2/34–36; 3 /69; 73–79)

9. Die Überwachung

Es genügt nicht, daß die Betriebsführung einen bis in alle Details durchdachten und ausgearbeiteten Wirtschaftsplan aufstellt und seine Durchführung organisiert. Sie muß auch überwachen, ob die Ergebnisse des betrieblichen Handelns mit den Planungen übereinstimmen und ob die organisatorischen Regelungen effizient sind und auch eingehalten werden. Ist das nicht oder nicht in vollem Umfange der Fall, d. h. werden Abweichungen von den geplanten Werten und von organisatorischen Regelungen festgestellt, so müssen diese Abweichungen analysiert werden, damit die auf diese Weise gewonnenen Erfahrungen bei künftigen Planungen und organisatorischen Regelungen verwertet werden können. Die Überwachung ist also neben der Planung und Organisation die dritte Hauptaufgabe der Betriebsführung.

a) Begriff und Gegenstand

Zur Erfüllung der Überwachungsaufgaben bedient sich die Betriebsführung der Instrumente der Kontrolle und Prüfung (Revision). In der seit langem geführten Diskussion um das Verhältnis der Begriffe „Überwachung", „Kontrolle" und „Prüfung" zueinander zeichnet sich allmählich eine Übereinstimmung in der Form ab, daß **Überwachung** als Oberbegriff verwendet wird, dem die Begriffe **Kontrolle** und **Prüfung** untergeordnet sind; die Begriffe Prüfung und **Revision** werden weitgehend synonym verwendet. Akzeptiert man das, so ist weiterhin eine Abgrenzung der Begriffe Kontrolle und Prüfung erforderlich.

Zur Unterscheidung von Kontrolle und Prüfung werden in der Literatur unterschiedliche Kriterien verwendet.[228] Inzwischen hat sich jedoch das von Hasenack eingeführte Kriterium der **Abhängigkeit vom jeweiligen Verantwortungsbereich** durchgesetzt.[229] Von Wysocki hat dieses Kriterium noch verfeinert, indem er zwischen direkter und indirekter Prozeßabhängigkeit unterscheidet.[230] Während die **direkte** Prozeßabhängigkeit sich mit der Abhängigkeit vom Verantwortungsbereich bei Hasenack deckt, liegt **indirekte** Prozeßabhängigkeit dann vor, wenn eine direkt prozeßabhängige Person eine dritte Person mit der Überwachungsaufgabe betraut, der gegenüber sie Weisungsbefugnis besitzt. Eine **Prüfung** liegt demnach immer dann vor, wenn eine Überwachungsmaßnahme von einer Person durchgeführt wird, die vom zu überwachenden Prozeß oder Verantwortungsbereich weder direkt noch indirekt abhängig ist. Sie ist an sich eine der Betriebsführung zukommende Aufgabe, wird jedoch in der Regel an betriebsinterne oder betriebsexterne Sachverständige delegiert. Von **Kontrolle** spricht man dagegen immer dann, wenn die Überwachung durch die mit der Ausführung der Aufgabe befaßten Personen vorgenommen wird.

Kontrolle und Prüfung unterscheiden sich hingegen nicht in ihrer **Zielsetzung**. Beide haben sowohl die Aufgabe, vorbeugend zu wirken, d. h. die überwachten Personen zu vorschriftsmäßigem Handeln anzuhalten, als auch die Aufgabe, aufdeckend zu wirken, d. h. Abweichungen festzustellen. Ob die Abweichung nun noch rückgängig zu machen ist oder nicht, hängt nicht von der Art der Überwachung, sondern von der Art des betroffenen Betriebsprozesses ab.[231]

Gegenstand der Überwachung ist grundsätzlich der gesamte Tätigkeitsbereich des Betriebes mit Ausnahme der obersten Führungsspitze, da eine Überwachung dieser Spitze durch sich selbst nicht denkbar ist.[232] Ähnlich wie Planung und Organisation sich z. T. überlagern, gibt es auch Bereiche, in denen sich Planung, Organisation und Überwachung überlappen. Ebenso

---

[228] Vgl. Egner, H., Zum wissenschaftlichen Programm der betriebswirtschaftlichen Prüfungslehre, ZfbF 1970, S. 771 ff.; v. Wysocki, K., Grundlagen des betriebswirtschaftlichen Prüfungswesens, 3. Aufl., München 1988, S. 2 ff. sowie die dort angegebene Literatur

[229] Vgl. Hasenack, W., Geleitwort des Herausgebers zu Zimmermann, E., Theorie und Praxis der Prüfungen im Betriebe, Essen 1954, S. 7

[230] Vgl. v. Wysocki, K., Grundlagen des betriebswirtschaftlichen Prüfungswesens, a. a. O., S. 6

[231] Vgl. Egner, H., Zum wissenschaftlichen Programm . . ., a. a. O., S. 773

[232] Natürlich gibt es eine Überwachung der Betriebsleitung durch Außenstehende. Bekanntestes Beispiel ist die handelsrechtliche Jahresabschlußprüfung. Dabei handelt es sich aber nicht um eine Überwachungsmaßnahme, die der Betrieb in Ausübung seiner Überwachungsfunktion getroffen hat, sondern um eine Prüfungspflicht, die der Gesetzgeber mit dem Ziel der Sicherung der Interessen Außenstehender dem Betrieb auferlegt.

wie die Überwachung geplant und organisiert werden muß, hat umgekehrt eine Überwachung der Ausübung der Planungs- und Organisationsfunktion zu erfolgen.

Der Begriff des **Controlling**[233] geht, obwohl man vom Wortstamm her eine ähnliche Bedeutung vermuten könnte, über die Überwachungsfunktionen weit hinaus, da er auch **Planung und Steuerung** mit einbezieht. Das aus den USA stammende und sich in Deutschland ständig weiter verbreitende Controlling-Konzept gilt auch als Informations- und Führungsinstrument für ganze Unternehmen. Man kann unter Controlling eine Entscheidungs- und Führungshilfe durch „ergebnisorientierte Planung, Steuerung und Überwachung des Unternehmens in allen seinen Bereichen und Ebenen"[234] verstehen.

Die speziellen Aufgaben und der Umfang der Überwachung sind je nach der Art des **Wirtschaftszweiges** und der **Betriebsgröße** unterschiedlich. Im Bank- oder Handelsbetrieb tauchen wesentlich andere Kontrollprobleme auf als im Industriebetrieb. Eine laufende Überwachung muß beim Einsatz der betrieblichen Produktionsfaktoren und in sämtlichen betrieblichen Funktionsbereichen erfolgen. Bei der Arbeitskraft beginnt die Kontrolle mit der Feststellung der Anwesenheit im Betriebe und verfolgt bis zum Ende der Arbeitszeit jede Arbeitsverrichtung. Die Arbeitsleistung wird mengenmäßig und qualitätsmäßig überprüft, der Ausschuß, der Materialverbrauch, der Materialabfall werden registriert, die Einhaltung, Über- oder Unterschreitung der Vorgabezeiten wird überwacht usw. Im Fertigungsbereich ist die Arbeitsvorbereitung zu kontrollieren, sämtliche Produktionsvorgänge werden laufend überwacht, es werden laufende Kontrollen an Hand von Konstruktionszeichnungen durchgeführt, die Einhaltung der Termine wird überwacht usw. Die Aufzählung von Kontrollen ließe sich in beliebiger Zahl durch sämtliche betriebliche Funktionen fortsetzen.

Analog der Gliederung der Überwachungsmaßnahmen in Kontrolle und Prüfung kann man auch eine **interne Kontrolle** und eine **interne Prüfung** (Interne Revision) unterscheiden. Während man aber unter interner Kontrolle die Gesamtheit der Kontrollmaßnahmen versteht, die seitens der Organisation in die betrieblichen Arbeitsabläufe eingebaut werden, muß die Funktion der **Internen Revision** organisatorisch verselbständigt werden, indem die Maßnahmen entweder von betriebsexternen Prüfern oder von direkt der Unternehmensleitung unterstellten Angehörigen einer Abteilung „Interne Revision" vorgenommen werden; nur dann ist das Erfordernis der Unabhängigkeit der Prüfung zu wahren.

---

[233] Vgl. hierzu auch Horváth, P., Controlling, 5. Aufl., München 1994; ders., Controlling – Entwicklung und Stand einer Konzeption zur Lösung der Adaptions- und Koordinationsprobleme der Führung, ZfB 1978, S. 194 ff.; ders., Controlling als Beruf, WiSt 1978, S. 186 ff.

[234] Freiling, C., Controlling, in: Lexikon der Rechnungslegung und Abschlußprüfung, hrsg. von W. Lück, 2. Aufl., Marburg 1989, S. 180

b) Die Interne Kontrolle

Bei der Behandlung der Aufbauorganisation haben wir das Kontrollsystem nur kurz erwähnt, obwohl es Bestandteil der Aufbauorganisation ist. Um der Kontrollfunktion der Betriebsleitung gerecht zu werden, muß im Rahmen der Betriebsorganisation nach den folgenden Grundsätzen vorgegangen werden:

(1) Jeder Arbeitsgang vollzieht sich nach festgelegten Regeln in einem vorgegebenen Organisationssystem. Das gilt um so mehr, je mehr ausführende und je weniger leitende Tätigkeiten in einer Stelle vereint sind. Selbst Ausnahmefälle müssen insofern geregelt werden, daß feststeht, wer darüber entscheidet, wann ein Ausnahmefall vorliegt und wie dieser zu behandeln ist. Es leuchtet ein, daß ein Arbeitsgang, dessen Ausführung in das Belieben der beteiligten Stellen gestellt ist, sich jeder Kontrolle entzieht. Die **Zwangsläufigkeit von Arbeitsvorgängen** ist mithin Voraussetzung für das Einbauen von Kontrollvor- und -einrichtungen in die Abläufe.

(2) Es muß eine möglichst weitgehende **Trennung von Funktionen** vorgenommen werden, die durch eine klare Abgrenzung der Verantwortungsbereiche ergänzt werden muß. Der Grundsatz der Funktions- oder Aufgabentrennung verlangt, daß kein Arbeitsgang von Anfang bis Ende von einer Person durchgeführt wird, sondern daß jeweils mehrere, sich gegenseitig kontrollierende Personen beteiligt werden. Dabei wird eine eindeutige Abgrenzung der Aufgaben- und Verantwortungsbereiche um so wichtiger, je mehr Personen beteiligt sind.

(3) Dritter Grundsatz ist der möglichst weitgehende **Einbau von Kontrollvor- und -einrichtungen** in die Arbeitsgänge, wobei eine Umgehung der Kontrollen durch entsprechende Vorkehrungen verhindert werden muß.

Aus der Aufzählung dieser Grundsätze geht hervor, daß es sich bei der Kontrolle um einen Aspekt der Betriebsorganisation handelt, d. h. daß hier eine Überschneidung von Organisation und Überwachung vorliegt.

Zu den Instrumenten der Kontrolle gehören allgemeine organisatorische Vorkehrungen. So müssen Organisationspläne, Geschäftsverteilungspläne bzw. genaue Arbeitsanweisungen, Arbeitsablaufpläne (in Form verbaler Beschreibung oder von Ablaufdiagrammen) vorliegen. Außerdem muß ein ausgebautes **Formularwesen** vorhanden sein. Besonders scharf müssen die Kontrollvorkehrungen im Rechnungswesen sein. Neben dem Kontenplan sind detaillierte Buchungsanweisungen oder Kontierungsrichtlinien erforderlich, sowie Vorschriften über regelmäßig durchzuführende Kontrollabstimmungen. Weitere Instrumente der Kontrolle sind Kontrollvorrichtungen, die technischen Charakter haben, wie z. B. Stempeluhren, Zählwerke, Schlösser, Registrierkassen u. a. Die Gesamtheit der exakt aufeinander abgestimmten Instrumente und Maßnahmen der Internen Kontrolle bezeichnet man als **Internes Kontrollsystem**.

c) Die Interne Revision

Das zweite Instrument zur Erfüllung der Überwachungsaufgaben der Betriebsleitung ist die Interne Revision. Während sich der Tätigkeitsbereich der Kontrolle auf die vorschriftsmäßige Ausführung der Arbeitsgänge beschränkt, hat die Interne Revision, die im Auftrage der Betriebsleitung als unabhängige Prüfungsinstitution tätig wird, ein weiteres Arbeitsfeld. Sie prüft nicht nur die Arbeitsgänge selbst, sondern hat auch zu prüfen, ob das Interne Kontrollsystem ordnungsgemäß funktioniert (gewissermaßen eine Überwachung der Überwachung); sie hat drittens zu prüfen, ob die sonstigen Teilsysteme der Aufbau- und Ablauforganisation der jeweiligen Aufgabenstellung entsprechend als effizient zu bezeichnen sind[235] und ob alle Arbeitsabläufe den Vorschriften entsprechend vorgenommen werden.

Man kann daraus **vier allgemeine Aufgabenbereiche** der Internen Revision ableiten:

(1) Sie muß alle Anweisungen, Verfahren und Methoden, mit denen die Aufgaben aller anderen Abteilungen gesteuert oder ausgeführt werden, einer kritischen Analyse und Beurteilung unterziehen.

(2) Sie muß insbesondere das Interne Kontrollsystem überprüfen und beurteilen und – falls erforderlich – Verbesserungsvorschläge unterbreiten.

(3) Sie muß das betriebliche Kommunikationssystem analysieren und beurteilen; das gilt insbesondere für die Berichte und Informationen, die an die Betriebsführung gehen.

(4) Sie hat die Zweckmäßigkeit von Maßnahmen (Buchführung und sonstige) zu beurteilen, die zur Sicherung von Vermögensverlusten aller Art dienen.

Die Abteilung „Interne Revision" wird darüber hinaus häufig für Tätigkeiten herangezogen, die nicht zu ihrem eigentlichen Aufgabengebiet gehören, wie z. B. zur Mitarbeit bei der innerbetrieblichen Schulung, da ihre Mitarbeiter über eine genaue Kenntnis des ganzen Betriebes verfügen. Nicht zur Aufgabe der Internen Revision gehört es, Änderungen an der Aufbau- oder Ablauforganisation vorzunehmen. Dafür ist die Organisationsabteilung zuständig, mit der die Revisionsabteilung zwar eng zusammenarbeiten muß, in deren Tätigkeitsfeld sie aber nicht eindringen darf, weil sie sonst später die Zweckmäßigkeit von Maßnahmen beurteilen müßte, die sie selbst getroffen hat. Die Unabhängigkeit der Prüfung wäre dann nicht mehr gewährleistet.

Wie jede andere Tätigkeit muß auch die Interne Revision geplant sein. Zu diesem Zweck wird ein Plan aufgestellt (als **Revisionsprogramm** bezeichnet, da der Begriff Prüfungsplan für die Planung der einzelnen Prüfungen verwendet wird), der die Prüfungen in den einzelnen betrieblichen Teilbereichen darstellt. In der Regel handelt es sich um ein mehrjähriges Programm, in dessen Rahmen die einzelnen betrieblichen Teilbereiche je nach ihrer Bedeutung häufiger oder seltener geprüft werden. Hinzu kommen ungeplante

---

[235] Vgl. Egner, H., Grundfragen der Internen Revision, Bilanz- und Buchhaltungspraxis 1971, S. 125 ff.

Prüfungen, die dann vorgenommen werden müssen, wenn in einzelnen Teilbereichen Schwierigkeiten aufgetreten sind oder Delikte vermutet werden. Die Arbeitsweise der Internen Revision hängt stark von der Eigenart der zu prüfenden Abteilung ab. Man kann lediglich die folgenden großen Schritte unterscheiden:[236]

(1) Prüfung des jeweiligen Teilsystems:
   – Organigramm aufstellen (durch Beobachtung und Befragung),
   – Ablaufdiagramm aufstellen,
   – Arbeitssystem analysieren und Schwachstellen feststellen.
(2) Prüfung der Anwendung des Systems:
   – Prüfungsgebiete und Prüffelder festlegen,
   – Stichprobenumfang und -elemente festlegen,
   – Elemente ziehen und prüfen.
(3) Urteilsbildung (ggf. mit der Folge weiterer Prüfung des Systems der Anwendung, falls Zweifel auftauchen).

d) Externe Prüfungen

Alle gesetzlich vorgeschriebenen und gesetzlich vorgesehenen Prüfungen (z. B. die **Jahresschlußprüfung** von Kapitalgesellschaften) gehören, wie schon erwähnt, nicht zu den betrieblichen Überwachungsmaßnahmen. Auch in Fällen, in denen sich der Betrieb freiwillig Prüfungen unterwirft, etwa, weil er einen Kredit beantragt hat **(Kreditwürdigkeitsprüfung)** oder weil er sich um öffentliche Aufträge beworben hat (Preisprüfung), kann man nicht davon sprechen, daß eine innerbetriebliche Überwachungsfunktion durch externe Prüfer wahrgenommen wird, denn die Prüfung dient dann nicht mehr internen Zwecken. Allerdings gibt es Fälle, in denen sich Betriebe freiwillig einer Prüfung unterziehen, um die Ausübung der Überwachungsfunktion zu verbessern. Hier ist vor allem die von vielen Betrieben vorgenommene freiwillige Jahresabschlußprüfung zu erwähnen. Ebenso sind Sonderprüfungen, etwa zur Aufdeckung von Delikten (z. B. **Unterschlagungsprüfung**), zur Feststellung von organisatorischen Mängeln **(Organisationsprüfung)** oder von sonstigen Mängeln denkbar. Sobald allerdings über eine Feststellung und Beurteilung des Zustandes des Betriebes hinausgegangen wird und Vorschläge zur Verbesserung gemacht werden, handelt es sich nicht mehr um eine Überwachung, sondern um eine **Beratung.**

Die externen Prüfungen lassen sich auch nach ihren **Prüfungsorganen**[237] unterscheiden. Sie werden von behördlichen oder privatrechtlichen Organen durchgeführt. Zu den **behördlichen Organen,** die externe Prüfungsaufgaben in Betrieben wahrnehmen, zählen:

– Rechnungshöfe und -ämter von Bund, Ländern und Gemeinden,
– Außenprüfungsstellen der Finanzverwaltung,

---

[236] Vgl. Egner, H., Arbeitstechnik der Internen Revision, Bilanz- und Buchhaltungspraxis 1971, S. 215

[237] Vgl. Egner, H., Betriebswirtschaftliche Prüfungslehre, Berlin – New York 1980, S. 199f.

– Prüfungsstellen der Aufsichtsbehörden einzelner Branchen (Bundesauf-
sichtsämter für Kreditwesen, für Versicherungs- und Bausparwesen, Bundeskartellamt).

Die von behördlichen Organen durchgeführten Prüfungen sind größtenteils
gesetzlich vorgeschrieben. So nimmt z. B. die Finanzverwaltung **steuerliche
Betriebsprüfungen,** sog. Außenprüfungen, vor, um gemäß § 194 AO die
steuerlichen Verhältnisse der Betriebe zu ermitteln.

Die **privatrechtlich** organisierten Prüfungsorgane unterteilen sich in solche mit Vorbehaltsaufgaben und solche ohne Vorbehaltsaufgaben. Diese
Unterscheidung besagt, daß es Prüfungen gibt, die nur bestimmten Personen oder Personengruppen, z. B. Wirtschaftsprüfern und vereidigten Buchprüfern, vorbehalten sind. Als Organe **mit Vorbehaltsaufgaben** gelten:

– Freiberuflich tätige Wirtschaftsprüfer, vereidigte Buchprüfer und Sozietäten,

– Wirtschaftsprüfungs- und Buchprüfungsgesellschaften,

– Prüfungsverbände der Genossenschaften und der Sparkassen.

Organe **ohne Vorbehaltsaufgaben** sind:

– Freiberuflich tätige Personen mit Prüfungsaufgaben (z. B. Steuerberater),

– Beratungsgesellschaften mit Prüfungen,

– Prüfungsabteilungen bestimmter Unternehmen (z. B. Kreditprüfungsab-
teilung einer Bank).

Die größte Bedeutung im Rahmen der externen Pflichtprüfungen, die nur
von Wirtschaftsprüfern oder vereidigten Buchprüfern bzw. von Wirtschafts-
prüfungs- oder Buchprüfungsgesellschaften durchgeführt werden dürfen,[238]
kommt der **Pflichtprüfung des Jahresabschlusses** der Kapitalgesellschaften,
die eine bestimmte Größe überschreiten, zu.[239] Außerdem schreibt das AktG
eine Anzahl von aperiodischen **Prüfungen** vor, z. B. Pflichtprüfungen bei
der Gründung (§ 33 AktG), ferner für Vorgänge bei Maßnahmen, die zu
Kapitalveränderungen führen (z. B. bei Kapitalerhöhungen mit Sacheinlagen
gem. § 183 Abs. 3 AktG oder bei einer bedingten Kapitalerhöhung mit Sacheinlagen gem. § 194 Abs. 4 AktG) sowie auf Antrag von Aktionären eine
Sonderprüfung wegen unzulässiger Unterbewertung.[240]

---

[238] Eine Übersicht über die Prüfungspflichten im deutschen Rechtsbereich findet sich bei
v. Wysocki, K., Grundlagen des betriebswirtschaftlichen Prüfungswesens, 3. Aufl., München 1988, S. 27 ff.
[239] Vgl. §§ 316, 267 HGB
[240] Vgl. § 258 AktG

10. Computergestützte Informationswirtschaft

a) Die Information

aa) Die Informationsbeschaffung und -verarbeitung

Die Knappheit der Ressourcen zwingt zu sparsamem Umgang mit den Produktionsfaktoren. Der dispositive Faktor, die Unternehmensleitung, muß deshalb den betrieblichen Kombinationsprozeß unter Beachtung des **Wirtschaftlichkeitsprinzips** steuern. Alle Faktoreinsatzentscheidungen sind folglich im Rahmen der unternehmerischen Zielsetzung zu optimieren. Zu diesem Zweck muß jeder Entscheidung eine sorgfältige Planung vorausgehen. Planung aber setzt Wissen um die betrieblichen Funktionszusammenhänge und Kenntnis der Beschaffungs- und Absatzmärkte voraus. Planung und Entscheidung sind also nur auf der Basis von Informationen möglich. Informationen sorgen dafür, daß die knappen Faktoren in die günstigste Verwendungsmöglichkeit – die Volkswirtschaftslehre spricht von optimaler Allokation – gelenkt werden. Informationen gewährleisten also einzelwirtschaftlich die Optimierung betrieblicher Ziele und gesamtwirtschaftlich eine Maximierung des Wohlstands.

Unter **Information** versteht man nicht jedes beliebige Wissen, sondern zweckbezogenes, entscheidungsrelevantes Wissen.[241] So stellen die in einer Börsenzeitung abgedruckten Preisnotierungen der Rohstoffbörse für einen Schmuckwarenhersteller nur insoweit Informationen dar, als sie sich auf Edelmetalle beziehen. Informationsgewinnung bedeutet also immer Selektion entscheidungsrelevanten Wissens. Informationen werden dabei in Form von **Daten** abgebildet. Die Informationen über die Höhe des Kurses für Edelmetalle kann beispielsweise den Daten des Wirtschaftsteils einer Tageszeitung entnommen werden. Diese Daten setzen sich wiederum aus einzelnen **Zeichen** (Buchstaben, Zahlen oder Sonderzeichen) zusammen. Ein Zeichen stellt also die kleinste logische Informationseinheit dar.

Die Informationsbeschaffung und -verarbeitung sind Voraussetzungen für die unternehmerische Planung und Entscheidung. Die im Zuge des Planungs- und Entscheidungsprozesses auftauchenden Fragen, nämlich:
– Welche Aktionsvariablen (Entscheidungsmöglichkeiten) bestehen?
– Mit welchen Entscheidungsvariablen (Umweltzuständen) ist zu rechnen?
– Welche Eintrittswahrscheinlichkeiten sind den denkbaren Umweltzuständen beizumessen?
– Welche Zielbeiträge (erwartete Ergebnisse) können den verschiedenen Handlungsmöglichkeiten zugerechnet werden?

---

[241] Vgl. Wittmann, W., Unternehmung und unvollkommene Information, Köln, Opladen 1959, S. 8; Mag, W., Entscheidung und Information, München 1977, S. 5; Busse von Colbe, W./Laßmann, G., Betriebswirtschaftstheorie, Band 1: Grundlagen, Produktions- und Kostentheorie, 5. Aufl., Berlin, Heidelberg, New York 1991, S. 8

lassen sich nur nach Beschaffung entsprechender Informationen, der **Planungs- und Steuerungsinformationen,** beantworten.[242] Je vollständiger und zuverlässiger diese sind, desto genauer ist die Planung, desto kleiner wird die Gefahr von Fehlentscheidungen und desto höher ist auch der Zielerreichungsgrad.

Die Planung ist in der unternehmerischen Praxis stets mit einer gewissen Unsicherheit verbunden. In der Regel stimmen die tatsächlich realisierten Zielbeiträge mit den geplanten nicht überein. Im Rahmen der betrieblichen Überwachung und Kontrolle sind die erwarteten Plangrößen (Sollwerte) daher den tatsächlich realisierten Istwerten gegenüberzustellen. Es sind also **Kontrollinformationen** zu verarbeiten. Die Kontrolle dient dabei vordergründig der Abweichungsanalyse, letztendlich aber der Verbesserung künftiger Planung. Aus Kontrollinformationen werden so potentielle Planungsinformationen.

Ebenso wie die Unternehmensleitung Planungs-, Steuerungs- und Kontrollinformationen benötigt, brauchen auch die mit der Ausführung der Entscheidungen beauftragten Mitarbeiter Informationen, sogenannte **Ausführungsinformationen,** damit sie eine zielgerichtete Leistungserstellung vornehmen können.[243] Die betroffenen Planungs- und Ausführungsstellen eines Unternehmens unter Beachtung des ökonomischen Prinzips mit den individuell benötigten Informationen zu versorgen, ist Aufgabe der Organisation.

Der gesamte Prozeß der Betriebsführung, nämlich Planung, Entscheidung, Organisation und Kontrolle, wird vom Prozeß der Informationsbeschaffung, -verarbeitung und -übermittlung begleitet. Die Darstellung des Management-Kreises[244] hat bereits deutlich gemacht, daß der Austausch von Informationen, d. h. die **Kommunikation,** im Zentrum des Managementprozesses steht. Ebenso wie der Geldfluß in einem Unternehmen die Voraussetzung für die Bereitstellung von Produktionsfaktoren ist und damit den Güterfluß erst ermöglicht, ist auch der Informationsfluß, der die Verwendung der Produktionsfaktoren steuert, Voraussetzung für eine wirtschaftliche Kombination der Produktionsfaktoren.[245]

bb) Die Organisation des Informationsprozesses

Die Organisation des Informationsprozesses erstreckt sich auf folgende Stufen:

(1) Feststellung des Informationsbedarfs,

(2) Informationsbeschaffung und -eingabe,

(3) Informationsspeicherung (zeitliche Transformation),

(4) Informationsverarbeitung (sachliche Transformation),

---

[242] Vgl. Erichson, B./Hammann, P., Information, in: Allgemeine Betriebswirtschaftslehre, hrsg. von Bea, F. X./Dichtl, E./Schweitzer, M., 6. Aufl., Band 2: Führung, Stuttgart, New York 1993, S. 193 ff.

[243] Vgl. Hoffmann, F., Computergestützte Informationssysteme, München, Wien 1984, S. 1.

[244] Vgl. S. 99.

[245] Vgl. Reusch, P. J. A., Aufbau und Einsatz betrieblicher Informationssysteme, Mannheim, Wien, Zürich 1984, S. 1–3; s. auch Mag, W., a. a. O., S. 4

(5) Informationsübermittlung (örtliche Transformation) und
(6) Informationsausgabe an die benötigten Stellen.

(1) Der **Informationsbedarf** ist aus dem zur Lösung anstehenden Entscheidungsproblem abzuleiten. Der größeren Planungsgenauigkeit und den damit ermöglichten besseren Entscheidungen (die sich in höheren Erträgen niederschlagen) stehen jedoch die Informationskosten gegenüber, da sich die Unternehmensleitung zur Ermittlung des Informationsbedarfs verschiedener personeller und sachlicher Hilfsmittel (z. B. Beratungskosten, Personalkosten, Raumkosten für Archive, Telefonkosten usw.) bedienen muß. Unter dem Aspekt der Kostenverursachung wird die Ermittlung selbst zu einem ökonomischen Problem. Da Informationen knapp, teuer und nutzbringend sind, weisen sie die Eigenschaften eines – immateriellen – Wirtschaftsgutes auf.[246]

Zur Lösung dieses Problems läßt sich theoretisch feststellen, daß die Planungsgenauigkeit durch zusätzliche Informationsbeschaffung solange erhöht werden sollte, wie die Zusatzerträge aus der verbesserten Planung (= Grenzertrag der Planung) noch größer als die zusätzlich verursachten Informationskosten (= Grenzkosten der Planung) sind. Da jedoch die Ex-Ante-Ermittlung der Grenzkosten schwierig und die der Grenzerträge unmöglich ist, ist die Bestimmung des optimalen Informationsbedarfs über die Bedingungsgleichung Grenzkosten = Grenzertrag in der Planungspraxis nicht zu lösen. Bei der Bestimmung des optimalen Informationsumfangs bleibt der Planungsinstanz daher nur der Ausweg sukzessiver Informationsbeschaffung, bei der von Planungsstufe zu Planungsstufe die informatorische Basis verbessert wird. Es bleibt dabei der Erfahrung und Intuition der Planungsinstanz überlassen, auf welcher Informationsstufe sie die Lösung des Planungsproblems als abgeschlossen, d. h. als entscheidungsreif betrachtet.[247]

(2) Die **Informationsbeschaffung** kann sich auf **organisationsinterne Informationsquellen** (z. B. Rechnungswesen, Informationen durch Mitarbeiter) oder auf **organisationsexterne Informationsquellen** (z. B. amtliche Statistiken, Unternehmensberater) stützen. Die Wahl zwischen internen und externen Informationsquellen ist dabei nicht nur eine Kostenfrage, da bestimmte Daten (z. B. der Krankenstand der Belegschaft) nur aus bestimmten Quellen bezogen werden können. Daneben ist zu trennen zwischen personalen (z. B. Mitarbeiter) und sachlichen Informationsquellen (z. B. Statistiken).

Bei der Informationsbeschaffung ist darauf zu achten, daß die Informationen zeitgerecht vorliegen und daß sie **zutreffend** sind. Informationen, die bis zum Entscheidungszeitpunkt nicht verfügbar sind, sind wertlos. Informationen, die lange vor dem Entscheidungszeitpunkt beschafft wurden, können zwischenzeitlich überholt sein und müssen, was zusätzliche Kosten verursacht, aktualisiert werden. Informationen können jedoch nicht nur durch

---

[246] Vgl. Erichson, B./Hammann, P., a. a. O., S. 199
[247] Vgl. Noltemeier, H., Einführung in computergestützte Planungssysteme, in: Computergestützte Planungssysteme, hrsg. von Noltemeier, H., Würzburg, Wien 1976, S. 23

Zeitablauf überholt werden, sondern auch von Anfang an unzutreffend sein. Diese Gefahr ist besonders groß beim Rückgriff auf personale Informationsquellen. Menschliches Versagen als Fehlerquelle bei der Informationsübermittlung kann auf Fahrlässigkeit, häufig auch auf Vorsatz zurückzuführen sein. Die Versuchung der bewußten Informationsverfälschung ist dann besonders groß, wenn das Eigeninteresse eines Stelleninhabers weit vom Organisationsinteresse abweicht.

(3) Beim Streben nach Informationskostenminimierung gelangt man früher oder später zur **Informationsspeicherung**. Wie ist das zu erklären? Man denke an sporadisch anfallende Daten wie quartalsweise Steuerzahlungen, monatliche Lohn- und Gehaltszahlungen, Wochenberichte von Außendienstmitarbeitern oder tägliche Materialzugänge. Besteht zum Zeitpunkt des Datenanfalls kein aktueller Entscheidungsbedarf, so ist es nicht zwingend notwendig, diese Informationen festzuhalten. Tritt dann später eine Entscheidungssituation ein, bei der man auf die alten Daten zurückgreifen muß, so müssen die benötigten Informationen im Rahmen **primär-statistischer Erhebung** gesucht werden. Werden dagegen die Daten zum Zeitpunkt ihres Anfalls gesammelt, müssen sie lediglich bis zum Eintritt des Entscheidungsfalls gespeichert und zur Informationsgewinnung gegebenenfalls aktualisiert und aufbereitet werden. Diesen Rückgriff auf gesammelte Daten bezeichnet man als **sekundär-statistische Methode.**[248] Da die primär-statistische Datenerhebung teuer, mühsam und zeitaufwendig ist, begegnet man ihr in der betrieblichen Praxis weit seltener als den Verfahren der Datensammlung und -speicherung. Durch die Informationsspeicherung werden also zeitliche Differenzen zwischen Datenbeschaffung und Datenverwendung überbrückt; die Datenspeicherung dient der **zeitlichen Transformation** von Daten.

(4) Informationen werden oft in anderer Form benötigt, als sie beschafft wurden. Hat z. B. eine Bauunternehmung darüber zu entscheiden, ob sie einen konkreten Bauauftrag zu einem vom Nachfrager vorgegebenen Preis übernehmen will, benötigt sie zur Ermittlung der Entscheidungsgrundlage nicht das gesamte Zahlenmaterial des Rechnungswesens, sondern lediglich die Selbstkosten für den betreffenden Auftrag. Zu ihrer Ermittlung muß eine Reihe von Einzelinformationen (Materialmengen, Materialpreise, Lohnstunden, Stundenlohnsätze usw.) verarbeitet werden. Die Informationen werden also einer **sachlichen Transformation** unterzogen; es wird eine **Informationsverarbeitung** vorgenommen.

(5) Die Beschaffung und Verarbeitung von Informationen ist kostspielig. Im Zuge der **Informationsübermittlung** müssen organisatorische Vorkehrungen zur Optimierung des innerbetrieblichen Informationsflusses getroffen werden. In der Regel fallen die Informationen nicht an den Stellen an, die sie als Entscheidungsgrundlage benötigen. Aufgabe des Kommunikationssystems ist es dann, durch allgemeine Regelungen die reibungslose, kostengünstige und unverfälschte Informationsübermittlung an andere Stellen, also die **örtliche Transformation,** sicherzustellen. Dadurch wird schließlich die

---

[248] Vgl. Erichson, B./Hammann, P., a. a. O., S. 208 f.

(6) **Informationsausgabe** an die Stellen, die die relevanten Informationen zum relevanten Zeitpunkt in der relevanten Form benötigen, ermöglicht.

Die Instrumente, die zur Ausführung dieser Grundfunktionen der Informationswirtschaft eingesetzt werden, sind umso besser, je schneller, sicherer und genauer sie die **Informations- oder Datenverarbeitung** vornehmen können. Die derzeit beste Verarbeitung wird durch die **Elektronische Datenverarbeitung (EDV)** mit Hilfe einer **Elektronischen Datenverarbeitungsanlage (EDVA)** ermöglicht. Gegenüber der manuellen Datenverarbeitung bietet sie folgende Vorteile:

- **hohe Verarbeitungsgeschwindigkeit** und kurze Zugriffszeiten auf gespeicherte Daten;
- **hohe Speicherkapazitäten,** die die Sammlung sehr vieler Informationen auf kleinstem Raum ermöglichen;
- **geringe Fehleranfälligkeit** der EDV, die ein höheres Maß an Sicherheit und Genauigkeit als die manuelle Datenverarbeitung garantiert;
- **hohe Kostenvorteile** der EDV, die sich aus der Tatsache ergeben, daß in den zurückliegenden Jahren die Personalkosten permanent gestiegen, die Kosten für die EDV jedoch drastisch gesunken sind.

Hinzu kommt in jüngster Zeit die **leichte Programmierbarkeit** von EDV-Anlagen, die es ermöglicht, ständig wiederkehrende Abläufe im Betrieb in einem Programm abzubilden, das diese Abläufe dann automatisch ausführt und damit einen wesentlichen Beitrag zur Rationalisierung des Betriebsprozesses leistet.

Der Erfolg eines Unternehmens ist abhängig von der relativen Marktstärke gegenüber seinen Konkurrenten. Bestimmte in der Nachkriegszeit der Zugang zum Beschaffungsmarkt die Wettbewerbsstärke eines Unternehmens, so ist es heute in zunehmendem Maße die Fähigkeit zu effizienter Informationsbeschaffung und -verarbeitung.[249] Weil die EDV den herkömmlichen Formen der Informationsverarbeitung in technischer und kostenmäßiger Hinsicht überlegen ist und weil ihre Einsatzmöglichkeiten noch längst nicht ausgeschöpft sind, wird sich in Zukunft das Schicksal manchen Unternehmens an der Verfügbarkeit einer computergestützten Informationsverarbeitung entscheiden.

Zwar handelt es sich bei der EDV um ein **technisches** Hilfsmittel der Unternehmensführung, dessen Beschreibung strenggenommen nicht zum Gegenstand der Betriebswirtschaftslehre gehört. Gleichwohl erscheint es aus den angeführten Gründen zulässig und ratsam, sich auch in einem einführenden Lehrbuch zur Betriebswirtschaftslehre mit den Grundlagen dieser Technik und ihren vielfältigen Anwendungsmöglichkeiten ansatzweise zu beschäftigen. Die folgenden Ausführungen haben daher das Ziel, den künftigen betriebswirtschaftlichen Anwender der EDV mit den Grundlagen der Datenverarbeitung vertraut zu machen und ihm die Schwellenangst vor dieser Technik zu nehmen. (**Üb 2**/41)

---

[249] Vgl. Busse von Colbe, W./Laßmann, G., a. a. O., S. 9

b) Die Komponenten einer EDV-Anlage

EDV-Anlagen haben die Aufgabe, die manuelle Datenverarbeitung zu ersetzen. Die elektronische Datenverarbeitung muß daher ähnlich wie die manuelle Datenverarbeitung funktionieren. Das nachfolgende Beispiel macht deutlich, wie sehr sich die einzelnen Arbeitsschritte bei elektronischer und manueller Datenverarbeitung entsprechen.

Zu diesem Zweck gehen wir von einer Situation aus, in der alternativ einem Mitarbeiter eines Betriebes oder einer EDV-Anlage (EDVA) der Auftrag erteilt wird, die säumigen Kunden zu mahnen. Die Abwicklung des Auftrages erfolgt dann in folgenden Schritten:

(1) Zunächst muß der Auftrag erteilt werden. Während der Mitarbeiter den Auftrag mündlich oder schriftlich durch seine Sinnesorgane (Ohr oder Auge) erfaßt, muß die Auftragserteilung an die EDVA durch ein **Eingabegerät** – zum Beispiel eine Tastatur – erfolgen.

(2) Im Betrieb existiert eine genaue Arbeitsanweisung, wie beim Mahnen säumiger Kunden vorzugehen ist. Der Mitarbeiter muß dafür die schriftliche Arbeitsanweisung aus einem Ordner und auf seinen Schreibtisch holen. Bei der EDV existiert als Arbeitsanweisung ein **Programm,** in dem die einzelnen Arbeitsschritte detailliert festgelegt sind. Dieses Programm wird von einem **externen Speicher** geladen und in den **Arbeitsspeicher** eingelesen.

(3) Anschließend erfolgt die Ausführung entsprechend der Arbeitsanweisung. Während der Mitarbeiter zunächst in einem Karteikasten, in dem für jeden Kunden eine Karteikarte mit allen Rechnungen und Zahlungen enthalten ist, auf den Schreibtisch holen muß, muß in der EDVA eine **Datei,** in der die Kunden, die für sie ausgestellten Rechnungen und die von ihnen erfolgten Zahlungen gespeichert sind, in den Arbeitsspeicher geladen werden.

(4) Als nächstes muß der Mitarbeiter aus den Karteikarten diejenigen Kunden heraussuchen, bei denen noch Rechnungen offen sind. Zu diesem Zweck muß sein Gehirn zwei Funktionen wahrnehmen. Zum einen muß es den gesamten Arbeitsablauf entsprechend der Arbeitsanweisung steuern, also dafür sorgen, daß eine Karteikarte nach der anderen gezogen wird, mit dieser Karteikarte bestimmte Rechen- und Vergleichsoperationen durchgeführt werden und abhängig vom Ergebnis dieser Operationen die Karteikarte wieder einsortiert oder herausgenommen wird. Zum anderen muß das Gehirn die Rechen- und Vergleichsoperationen selbst (z. B. Addition) vornehmen, um festzustellen, ob einzelne Zahlungen überfällig sind oder nicht.

Nichts anderes macht die EDVA. In der Datei wird ein Kunde nach dem anderen herausgesucht, es werden durch das **Rechenwerk** bestimmte Operationen durchgeführt, und abhängig vom Ergebnis der Operationen wird der betreffende Datensatz in eine neue Datei kopiert oder nicht. Die Steuerung des Arbeitsablaufes wird dabei durch das **Steuerwerk** übernommen.

(5) Anschließend wird vom Mitarbeiter ein Vordruck „1. Mahnung" in der benötigten Anzahl aus dem Schrank genommen und ein Vordruck nach dem anderen in die Schreibmaschine eingespannt, damit dort die von den Karteikarten übernommene Adresse des Kunden eingesetzt werden kann.

Entsprechend wird in der EDVA aus einer weiteren Datei, die sämtliche benötigten Vordrucke enthält, das zu versendende Formular in der benötigten Anzahl kopiert, es werden die aus der erstellten Datei mit den säumigen Kunden bekannten Adressen in das jeweilige Formular eingesetzt, und ein Formular nach dem anderen wird an das **Ausgabegerät** – hier den **Drucker** – gesandt und dort ausgedruckt.

(6) Schließlich teilt der Mitarbeiter seinem Auftraggeber mündlich mit, daß er den erteilten Auftrag erledigt hat. Analog teilt die EDVA ihrem Auftraggeber auf einem weiteren Ausgabegerät, dem **Bildschirm,** mit, daß die Aufgabe ausgeführt ist.

Eine EDVA besteht somit aus folgenden Komponenten:

EDV-Komponente	entspricht bei der manuellen Datenverarbeitung	Aufgabe
Eingabegeräte (z. B. Tastatur, Belegleser)	Sinnesorgane zur Aufnahme (z. B. Ohr, Auge)	Eingeben von Daten in die EDVA
Ausgabegeräte (z. B. Drucker, Bildschirm)	Sinnesorgane und Instrumente zur Ausgabe (Mund, Bleistift usw.)	Ausgaben von Daten aus der EDVA
Externe Speicher (z. B. Festplatte, Diskette)	Karteikasten, Ordner, Schrank usw.	Speichern von Informationen, die nicht sofort benötigt werden
Arbeitsspeicher (auch „Hauptspeicher")	Schreibtisch, Speicherfunktion des menschlichen Gehirns	Speichern von Daten und Programmen, die aktuell benötigt werden
Steuerwerk	Steuerungsfunktion des menschlichen Gehirns	Steuerung des gesamten Arbeitsablaufs bzw. Programms
Rechenwerk	Rechenfunktion des menschlichen Gehirns, Taschenrechner	Rechnen, Vergleichen usw.; allgemeine sachliche Transformation
Dateien	Karteien, allgemein: Ablagesysteme mit Ordnungssystem	Geordnete Ablage von Daten
Programme	Arbeitsanweisungen	detaillierte Anweisung zur Verrichtung der Arbeit

Abb. 35: Vergleich elektronischer und manueller Datenverarbeitung

Während der obere Teil der Tabelle die benötigten Geräte, die sogenannte **Hardware,** enthält, sind im unteren Teil die immateriellen Komponenten, die **Software,** aufgeführt.[250]

Bei der **Hardware** kann man zwischen den externen Komponenten, nämlich den Ein- und Ausgabegeräten sowie den externen Speichern, und den internen Komponenten, der sogenannten **Zentraleinheit,** nämlich Arbeitsspeicher, Steuerwerk und Rechenwerk, unterscheiden. Den Kern des Systems bilden jedoch Steuerwerk und Rechenwerk; zusammen werden sie als **Zentralprozessor** oder **central processing unit (CPU)** bezeichnet. Daneben existieren die (in der Tabelle nicht aufgeführten) **Verbindungseinrichtungen,** die den Datenaustausch zwischen den einzelnen Komponenten ermöglichen.

Neben der Hardware werden die **Software** und dabei insbesondere die Programme, in denen jeder denkbare Arbeitsablauf bis ins einzelne vorgedacht wurde, benötigt. Ohne diese Software ist die EDVA mit einem Universalwerkzeug zu vergleichen, dem die einzelnen Werkzeugaufsätze fehlen und das deshalb nicht arbeiten kann.

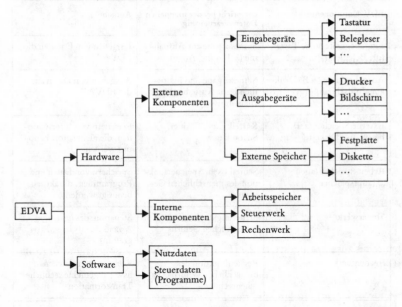

Abb. 36: Komponenten einer EDVA

Damit die EDVA als Universalwerkzeug einsetzbar ist, müssen beliebige Programme durch sie verarbeitet werden können. Ein Fernsehgerät kann beispielsweise nur eine Art von Datenverarbeitung durchführen. Es verarbeitet die eintreffenden Signale, also die Dateneingabe, immer in derselben

---

[250] Der Begriff „Software" wird – abweichend vom verbreiteten Sprachgebrauch – wegen der zweckmäßigeren Systematik hier nicht nur für Programme, sondern auch für die Nutzdaten gebraucht.

Form zu einem Fernsehbild, indem es die Daten durch fest verdrahtete Leitungen zu fest vorgegebenen „Bearbeitungsstellen" (Verstärker, Bildröhre usw.) sendet. Wollte man unterschiedliche Bearbeitungsmöglichkeiten schaffen, müßte man jedesmal die im Fernsehgerät befindlichen Kabel lösen und neu miteinander verbinden. Da der einzelne Benutzer eines Computers das in der Regel nicht auf sich nehmen möchte, dürfen die einzelnen Programme, also die in der Reihenfolge der Bearbeitung gespeicherten Arbeitsanweisungen, nicht in starrer, innerhalb der EDVA fest verdrahteter Form vorhanden sein, sondern müssen veränderbar sein.

Um das zu ermöglichen, werden die Programme in einer **Programmiersprache** geschrieben (so, als ob man eine Arbeitsanweisung auf der Schreibmaschine schreibt) und in der EDVA in immaterieller und damit veränderbarer Form, nämlich wie eine Datei, gespeichert. Erst in dem Moment, in dem das gewünschte Programm benötigt wird, lädt die EDVA dieses Programm in den Arbeitsspeicher. Jetzt erkennt das Gerät, daß es sich nicht um zu verarbeitende Daten, also um **Nutzdaten,** handelt, sondern um Daten, die die Verarbeitung steuern, sogenannte **Steuerdaten.** Erst zu diesem Zeitpunkt wird innerhalb des Computers festgelegt, wie die Verarbeitung der Daten zu erfolgen hat. Dieses Prinzip, die Nutz- und Steuerdaten innerhalb der EDV auf dieselbe Art, nämlich als Datei, zu speichern, wird als **von Neumann-Prinzip** oder **von-Neumann-Architektur** bezeichnet. (**Üb 2**/42)

c) Die Zeichendarstellung und Zeichenverarbeitung

aa) Die Darstellung von Zeichen in der EDV

Prinzipiell können Daten auf verschiedene Weise dargestellt werden. So kann beispielsweise die Geschwindigkeit eines Fahrzeuges entweder dadurch gemessen werden, daß ein sich entsprechend der Geschwindigkeit verändernder Zeiger auf einem Tachometer eine bestimmte Stellung aufweist, oder dadurch, daß die Geschwindigkeit durch eine Zahl angezeigt wird. Im ersten Fall werden Daten durch eine kontinuierliche Größe, sogenannte **analoge Daten** (z. B. elektrische Spannung) dargestellt, im zweiten Fall durch einzelne zusammengesetzte **Zeichen** (hier eine Zahl), sogenannte **digitale Daten.**

Da im Betrieb in erster Linie die Verarbeitung einzelner Zeichen (insbesondere Zahlen) erfolgt, sind die dort eingesetzten EDV-Anlagen überwiegend **Digitalrechner.** Im Gegensatz zu den im technischen Bereich verwendeten Analogrechnern können sie keine kontinuierlichen Größen, sondern ausschließlich einzelne Zeichen abbilden.

Der gesamte Zeichenvorrat, der zur Darstellung von Daten verwendet werden kann, wird **Code** genannt. Die einzelnen Zeichen können auf verschiedene Arten dargestellt werden. So kann der Buchstabe „a", ein alphabetisches Zeichen, im Morsealphabet durch die Zeichenfolge „. –" („kurz" – „lang") beschrieben werden. Um zu wissen, welcher Buchstabe durch welche Zeichenfolge dargestellt wird, benötigt man eine Übersetzungs- oder **Codetabelle.** Unter Code versteht man „eine Vorschrift für die eindeutige

Zuordnung (Codierung) der Zeichen eines Zeichenvorrats zu denjenigen eines anderen Zeichenvorrats."[251] Die Codetabelle enthält daher für jedes einzelne Zeichen des Zeichenvorrates des einen Codes ein entsprechendes Zeichen in einem anderen Code. Das Wort „Betrieb", bestehend aus sieben alphabetischen Zeichen, kann beispielsweise im Morsealphabet dargestellt werden durch die Zeichenfolge „– ... . – . –. ... . – ..."[252]

Vergleichbar dem Morsealphabet existieren auch innerhalb des Computers **Übersetzungstabellen,** mit deren Hilfe Zeichen in andere Codes übersetzt werden. Genau wie im Morsealphabet nur zwei Zeichen, nämlich „–" und „." verfügbar sind, gibt es auch innerhalb des Computers nur zwei verfügbare Zeichen, zum einen logisch als „0" oder „nein" und zum anderen „1" oder „ja" bezeichnet. Jedes einzelne Zeichen innerhalb des Computers, also jede „1" oder „0", wird als **Bit** bezeichnet.

Der Vorteil der Reduzierung auf nur zwei Zeichen besteht darin, daß diese von der logischen Ebene ohne Schwierigkeiten auf die physikalische Ebene übertragen werden können. Es ist relativ einfach, technische Lösungen zu finden, mit deren Hilfe diese zwei Zeichen dargestellt werden können. Beispielsweise kann die logische „0" physikalisch als ein ausgeschalteter Schalter innerhalb eines elektrischen Stromkreises, als magnetischer Nordpol oder als elektrisch negative Ladung dargestellt werden, während ein eingeschalteter Schalter, ein magnetischer Südpol oder eine elektrisch positive Ladung die logische „1" symbolisieren. Während im Morsealphabet die Buchstaben jedoch mit unterschiedlich langen Zeichenfolgen umschrieben werden, strebt man innerhalb des Computers gleichlange Zeichenfolgen an, um die Verarbeitung genormt durchführen zu können. Die Darstellung von Zeichen durch zwei Zustände bezeichnet man als **Binärcode** oder als **Dualcode.**

Aus diesen Überlegungen folgt, daß Codetabellen erstellt werden müssen, mit deren Hilfe eine Übersetzung der alphabetischen Zeichen (26 Zeichen Großschreibung und 26 Zeichen Kleinschreibung), der 10 Ziffern, von zusätzlichen Sonderzeichen (z. B. [, :, ?) und von Steuerzeichen (z. B. Wagenrücklauf wie bei einer Schreibmaschine) stattfinden kann. In der Anfangszeit des Computers beschränkte man sich auf insgesamt 64 darstellbare Zeichen, indem man auf Kleinschreibung und viele Sonderzeichen verzichtete; die heute gängigen Codetabellen erlauben dagegen regelmäßig die Darstellung von insgesamt 256 Zeichen.

Da im computerinternen Code nur „0" und „1" existieren, muß man diese auf verschiedene Arten kombinieren, um alle gewünschten Zeichen darstellen zu können. Will man z. B. 64 Zeichen darstellen, benötigt man im Binärcode mindestens 6 aneinandergereihte Elemente; für 256 Zeichen werden 8 Elemente im Binärcode benötigt.[253]

---

[251] Heinrich, L. J./Roithmayr, F., Wirtschaftsinformatik-Lexikon, 5. Aufl. München, Wien 1995, S. 126.

[252] Die einzelnen Buchstaben sind durch jeweils ein Leerzeichen getrennt. Zu beachten ist, daß das Morsealphabet nicht zwischen Groß- und Kleinschreibung unterscheidet.

[253] Insgesamt sind bei Ausnutzung aller denkbaren Kombinationen von 6 Zeichen 64 verschiedene Zeichenfolgen darstellbar, da $2^6 = 64$; bei 8 Zeichen können $2^8 = 256$ unterschiedliche Zeichenfolgen geschaffen werden.

Welche Codes gewählt werden, welches Zeichen also durch welche Zeichenfolge im Binärcode dargestellt wird, ist eine Frage der Konvention. In der Anfangszeit setzte sich am meisten der aus 6 Zeichen bestehende BCD-Code (binary coded decimal code) durch, der später zum 8 Zeichen umfassenden **EBCDIC-Code (extended binary coded decimal interchange code)** erweitert wurde. Heute hat neben dem EBCDIC-Code der ebenfalls 8 Zeichen umfassende erweiterte **USASCII-Code (USA Standard Code for Information Interchange)** oder kurz **ASCII-Code** die weiteste Verbreitung gefunden.

Zeichendarstellung im Originalcode	Zeichendarstellung im ASCII-Code	Zeichendarstellung im Originalcode	Zeichendarstellung im ASCII-Code
. . .		0	0011 0000
A	0100 0001	1	0011 0001
B	0100 0010	2	0011 0010
C	0100 0011	3	0011 0011
D	0100 0100	4	0011 0100
E	0100 0101	5	0011 0101
. . .		6	0011 0110
a	0101 0001	7	0011 0111
b	0101 0010	8	0011 1000
c	0101 0011	9	0011 1001
d	0101 0100	. . .	
e	0101 0101	:	0011 1010
. . .		;	0011 1011
Leerzeichen	0010 0000	<	0011 1100
Tabulator	0000 1001	=	0011 1101
Wagenrücklauf	0000 1101		

Abb. 37: Ausschnitt aus der erweiterten USASCII-Codetabelle

Die meisten Codes – auch der hier dargestellte USASCII-Code – sind **sortierfähig.** Wenn man die einzelnen Zeichenblöcke in aufsteigender Reihenfolge sortiert,[254] erreicht man damit automatisch eine alphabetische Sortierung des Originalcodes. Diese Sortierfähigkeit ist, wie wir später noch sehen werden, von großer Bedeutung bei der Textverarbeitung.

Weiterhin sind die Codetabellen so angelegt, daß sich derselbe Buchstabe in Groß- und Kleinschreibung lediglich durch ein Zeichen, hier nämlich eine 0 an vierter Stelle bei Großschreibung statt einer 1 bei Kleinschreibung, unterscheidet. Dadurch ist beispielsweise eine sehr schnelle Umwandlung von Klein- in Großschreibung und umgekehrt in Textverarbeitungsprogrammen möglich. Zu beachten ist jedoch, daß in der Regel innerhalb einer EDVA nicht nur ein Code, sondern mehrere Codes (z. B. gerätespezifisch oder länderspezifisch)[255] existieren. So können z. B. für die Arbeit im Zen-

---

[254] Der kleinste Block ist in diesem Fall 0000 0000: dann folgen 0000 0001, 0000 0010 und 0000 0011; am Schluß steht der Block 1111 1111.

[255] Beispiele für die Notwendigkeit länderspezifischer Codes sind in Deutschland die Zeichen ä, ö, ü und ß, für die Notwendigkeit gerätespezifischer Codes bestimmte, für einen einzelnen Drucker benötigte Steuerzeichen.

tralprozessor andere Codes als für die Arbeit mit einem Drucker oder dem Bildschirm verwendet werden.

Da ein Zeichen des Originalcodes durch jeweils 8 Bits dargestellt wird, verbindet man diese 8 Bits zu einer Einheit, dem **Byte**. Ein Byte besteht also aus 8 Bits. Findet sich z. B. bei einem Computer die Angabe, daß der Hauptspeicher eine Kapazität von 640 Kilobytes (kurz KB) hat, bedeutet das, daß er etwa 640.000 Zeichen speichern kann.[256] Das entspricht etwa 200 Textseiten dieses Lehrbuches. (**Üb** 2/43–44)

bb) Die Darstellung von Zahlen in der EDV

Würde man in der EDVA auch Zahlen so abbilden, wie es oben für die Zeichen beschrieben wurde, entstünden zwei wesentliche Probleme. Zum einen würde, da jede einzelne Ziffer durch 8 Bits dargestellt wird, bei sehr großen oder sehr kleinen Zahlen (z. B. 0,0000035) sehr viel Speicherplatz verloren gehen; zum anderen wäre es nicht möglich, mit diesen Zahlen direkt zu rechnen. Aus diesem Grund sind zwar in den Codetabellen auch die zehn Ziffern enthalten, sie werden dort jedoch nicht zum Rechnen, sondern ausschließlich als Teil der sogenannten **alphanumerischen Zeichen** wie Buchstaben benutzt. Alphanumerische Zeichen verwendet man z. B. zur Darstellung von Jahreszahlen, Kontonummern oder Geburtsdaten.

Zur Durchführung von Rechenoperationen bietet es sich dagegen an, ein System zu benutzen, das – wie das bei uns gebräuchliche Dezimalsystem – als **Stellenwertsystem** konzipiert ist. Während die Römer ein System benutzten, bei dem einzelne Werte durch verschiedene Zeichen dargestellt wurden (I = 1, X = 10, C = 100 usw.),[257] ist ein Stellenwertsystem dadurch gekennzeichnet, daß der Wert der Zahl nicht nur von der Ziffer abhängt, sondern auch davon, wo diese Ziffer, an welcher Stelle sie also steht. Die Ziffer 2 beispielsweise kann sowohl für eine 2 als auch für eine 20, 200 oder 2000 verwendet werden. Rückt dabei die 2 eine Stelle nach links,[258] ist der damit dargestellte Wert jeweils zehnmal so groß wie der vorhergehende Wert.

Ursache dieser Verzehnfachung des Wertes ist die Tatsache, daß insgesamt genau zehn verschiedene Ziffern zur Verfügung stehen. Das bei uns verwendete System wird daher als **Dezimalsystem** bezeichnet. Will man eine einfache, bei Null beginnende Zählung durchführen, zählt man zunächst die zur Verfügung stehenden Ziffern in aufsteigender Reihenfolge auf – 0,1,2,3,4,5,6,7,8 und 9. Erst wenn alle diese Ziffern „verbraucht" sind, ist man gezwungen, zur Darstellung des Wertes zusätzlich die Stellen hinzuzu-

---

[256] 1 Kilo = 1.000. Genauer ist 1 Kilobyte = 1.024 Bytes, da man innerhalb der EDV und des Binärcodes stets in mit der Basis 2 darstellbaren Zahlen rechnet (2^{10} = 1.024). Weiterhin finden Verwendung die Größen Megabyte (MB; 1 MB = 1.048.576 bytes = ca. 1 Mio Bytes) und neuerdings auch Gigabyte (GB; 1 GB = 1.073.741.824 Bytes = ca. 1 Mrd. Bytes).

[257] Genaugenommen gab es auch hier bereits Ansätze zu einem Stellenwertsystem – während die Zeichenfolge XIX der 19 entspricht, symbolisiert die Folge XXI die 21.

[258] Das Weiterrücken wird besonders deutlich, wenn man eine Auffüllung mit Nullen vornimmt – die oben beschriebenen Zahlen lauten dann 2,000; 20,00; 200,0 und 2000.

nehmen – es wird um eine Stelle nach links weitergerückt und dort die nach der Null nächste Ziffer, nämlich die 1, eingetragen. Auf diese Art entsteht die Zahl 10; die Ziffern an der zweiten Stelle haben einen gegenüber der ersten Stelle zehnfachen Wert. Entsprechend kann nach Überschreiten der 99 wieder eine Stelle nach links weitergerückt werden und auf diese Art wieder eine Verzehnfachung des Wertes, insgesamt also eine Verhundertfachung der an erster Stelle stehenden Ziffer, erreicht werden. Hat man beispielsweise die Zahl 14.285 in diesem System dargestellt, so läßt sie sich über die einzelnen Stellen folgendermaßen aufgliedern:

(4) (3) (2) (1) (0) Stellen nach links verschoben	
1 4 2 8 5	
4 Stellen: Zehntausender (10000)= $10 \times 10 \times 10 \times 10$ = 10^4	
3 Stellen: Tausender (1000)= $10 \times 10 \times 10$ = 10^3	
2 Stellen: Hunderter (100)= 10×10 = 10^2	
1 Stelle: Zehner (10)= 10 = 10^1	
0 Stellen: Einer (1)= 1 = 10^0	

Die Zahl **14.285** läßt sich also zerlegen in		
1×10.000	oder	1×10^4
$+ \; 4 \times \;\; 1.000$	oder	4×10^3
$+ \; 2 \times \;\;\;\; 100$	oder	2×10^2
$+ \; 8 \times \;\;\;\;\; 10$	oder	8×10^1
$+ \; 5 \times \;\;\;\;\;\; 1$	oder	5×10^0.

Wie bereits beschrieben, ist es für die technische Realisierung vorteilhaft, mit nur zwei physikalischen Zuständen (ein oder aus, elektrisch positiv oder negativ, magnetischer Südpol oder Nordpol) zu arbeiten. Diese jeweils zwei physikalischen Zustände lassen sich in zwei logische Zeichen, nämlich „0" und „1", übersetzen. Das Darstellungsvermögen des Computers ist daher auf diese beiden Ziffern 0 und 1 begrenzt. Dieses mit nur zwei Ziffern operierende System wird als **Dualsystem** bezeichnet; nachfolgend werden zur Unterscheidung die im Dualsystem dargestellten Zahlen mit dem Index$_2$, Zahlen im Dezimalsystem mit dem Index$_{10}$ versehen. Man sagt auch, daß das Dezimalsystem die **Basis 10** (alle Stellen sind als ein Vielfaches von 10 darstellbar; gleichzeitig ist 10 die Anzahl der zur Verfügung stehenden Ziffern) und das Dualsystem die **Basis 2** hat. Im Gegensatz zum Dezimalsystem, bei dem man erst nach Überschreiten der 9 gezwungen wird, die nächsthöhere Stelle zu nutzen, muß hier bereits nach Überschreiten der 1 die nächsthöhere Stelle um 1 erhöht werden. Die Zahl 10_2 im Dualsystem entspricht also der 2_{10} im Dezimalsystem. Die zweite Stelle von rechts bedeutet demzufolge nicht eine Verzehnfachung, sondern lediglich eine Verdoppelung des ursprünglichen Wertes.

Genau wie beim Dezimalsystem läßt sich eine im Dualsystem dargestellte Zahl, hier beispielsweise die Zahl $1\,100\,011_2$, in ihre einzelnen Stellen zerlegen:

(6) (5) (4) (3) (2) (1) (0) Stellen nach links verschoben

1 1 0 0 0 1 1$_2$

6 Stellen: 2 x 2 x 2 x 2 x 2 x 2 $= 2^6 = 64_{10}$
5 Stellen: 2 x 2 x 2 x 2 x 2 $= 2^5 = 32_{10}$
4 Stellen: 2 x 2 x 2 x 2 $= 2^4 = 16_{10}$
3 Stellen: 2 x 2 x 2 $= 2^3 = 8_{10}$
2 Stellen: 2 x 2 $= 2^2 = 4_{10}$
1 Stelle: 2 $= 2^1 = 2_{10}$
0 Stellen: $2^0 = 1_{10}$

Die Zahl 1 100 011$_2$ läßt sich also zerlegen in

	1 x 64$_{10}$	oder	1 x 2^6
+	1 x 32$_{10}$	oder	1 x 2^5
+	0 x 16$_{10}$	oder	0 x 2^4
+	0 x 8$_{10}$	oder	0 x 2^3
+	0 x 4$_{10}$	oder	0 x 2^2
+	1 x 2$_{10}$	oder	1 x 2^1
+	1 x 1$_{10}$	oder	1 x 2^0
	99$_{10}$		99$_{10}$

Also ist 1 100 011$_2$ = 99$_{10}$. Will man Zahlen aus dem Dualsystem in das Dezimalsystem umformen, genügt eine Rechnung wie vorstehend beschrieben, bei der die Dualzahl in ihre einzelnen Stellen zerlegt und die Summe addiert wird. Die umgekehrte Berechnung kann durch die **fortgesetzte Division** erfolgen, bei der die umzuwandelnde Dezimalzahl durch 2 (die Basis) dividiert wird. Der verbleibende Rest wird als niedrigste Stelle der Dualzahl eingetragen, der Quotient wird erneut durch 2 geteilt usw.

Beispiel:

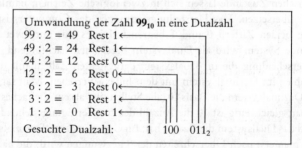

Umwandlung der Zahl **99$_{10}$** in eine Dualzahl
99 : 2 = 49   Rest 1
49 : 2 = 24   Rest 1
24 : 2 = 12   Rest 0
12 : 2 = 6   Rest 0
 6 : 2 = 3   Rest 0
 3 : 2 = 1   Rest 1
 1 : 2 = 0   Rest 1
Gesuchte Dualzahl: 1   100   011$_2$

Ebenso wie hier für ganze Zahlen dargestellt, können auch gebrochene Zahlen oder Zahlen, die kleiner als 1 sind, in das Dualsystem umgewandelt werden. So wie sich die Reihe der Zehnerpotenzen nach rechts fortsetzt mit 10^{-1}, 10^{-2} usw., setzt sich im Dualsystem die Reihe der Zweierpotenzen fort mit 2^{-1}, 2^{-2} usw. Während diese Zahlen im Dezimalsystem jedoch den Werten $\frac{1}{10}$, $\frac{1}{100}$, usf. entsprechen, handelt es sich im Dualsystem um die Werte $\frac{1}{2}$, $\frac{1}{4}$, $\frac{1}{8}$ usw. Die Umrechnungen vom Dual- in das Dezimalsystem können folglich wie bei den ganzen Zahlen vorgenommen werden, die umgekehrte Umrechnung von Dezimalzahlen in das Dualsystem mit dem Verfahren der fortgesetzten Multiplikation.[259]

Wie oben festgestellt wurde, entspricht eine Verschiebung um eine Stelle nach links im Dezimalsystem stets einer Verzehnfachung. Man kann die Zahl 14.285_{10} also auch anders darstellen:

$$14285_{10} = 1428,5 \times 10 = 142,85 \times 10^2 = 14,285 \times 10^3 = 1,4285 \times 10^4$$
$$= \mathbf{0,14285 \times 10^5}$$

Entsprechendes gilt für eine sehr kleine Zahl in umgekehrter Form:

$$0,000023_{10} = 0,0023 \times 10^{-1} = 0,023 \times 10^{-2} = \mathbf{0,23 \times 10^{-3}} = 2,3 \times 10^{-4}$$

Entsprechend kann im Dualsystem vorgegangen werden, nur daß hier statt der Verzehnfachung bzw. Zehntelung eine Verdoppelung bzw. Halbierung der Zahlen stattfindet.

Beispiel:

$$1\,001_2 = 100,1 \times 2^1 = 10,01 \times 2^2 = 1,001 \times 2^3 = \mathbf{0,1001 \times 2^4}$$

Innerhalb eines Computers werden in der Regel alle Zahlen in einer solchen Form, der **Exponentendarstellung,** gespeichert.[260] Dabei gilt die Konvention, daß die Darstellung stets so erfolgt, daß links vom Komma nur Nullen und rechts vom Komma die erste Ziffer ungleich Null steht. Bei den o. a. Beispielen sind die entsprechenden Umformungen fettgedruckt. Durch diese Konvention spart man den Speicherplatz für die Darstellung des Kommas.

Für die Frage, wieviel Platz für die computerinterne Darstellung einer Zahl benötigt wird, ist es also irrelevant, ob sie besonders groß oder klein ist, da dieses Problem mit der Exponentendarstellung lösbar ist; wichtig ist lediglich die Frage, wieviele Stellen neben dem Exponenten (und neben dem Vorzeichen zur Darstellung negativer Zahlen) gespeichert werden sollen. Stellt man ein Byte für Vorzeichen und Exponenten zur Verfügung,[261] kann man mit einem weiteren Byte 8 Stellen, mit 2 Byte 16 Stellen usw. speichern. Je mehr Stellen gespeichert werden, desto genauer wird die Zahl

---

[259] Vgl. dazu z. B. Biethahn, J., Einführung in die EDV für Wirtschaftswissenschaftler, 7. Aufl., München, Wien 1992, S. 74 ff.

[260] Das gilt allerdings nur für die Gleitpunktarithmetik; in der daneben möglichen Festpunktarithmetik wird von vornherein festgelegt, an welcher Stelle sich das Komma befindet, und auf die Darstellung des Exponenten verzichtet. Dadurch wird zwar Speicherplatz für die Exponenten gespart, dafür jedoch u. U. für die in der Gleitpunktarithmetik nicht auftretende führende oder schließende Nullen entsprechender Speicherplatz verbraucht.

[261] Verwendet man ein bit für das Vorzeichen (0 = +, 1 = −), kann der Exponent maximal $2^7 = 128$ betragen oder – bei möglichen negativen Exponenten – zwischen +64 und −63 liegen.

dargestellt, desto mehr Speicherplatz wird jedoch verbraucht und desto schwieriger werden die einzelnen Rechnungen. Das in kommerziellen Rechnern im wesentlichen eingesetzte und hier ausschließlich behandelte **Byte-Konzept** bietet daher die Möglichkeit, zur Darstellung einer einzelnen Zahl mehrere Bytes miteinander zu koppeln, so daß durch die Abbildung von zusätzlichen Stellen eine höhere Genauigkeit erreicht werden kann.[262] (**ÜB 2/45–46**)

cc) Mathematische Grundfunktionen

Oben wurde festgestellt, daß das Dualsystem geeignet ist, alle realen Zahlen darzustellen. Im folgenden soll gezeigt werden, wie im Rahmen des Dualsystems gerechnet wird.

Beispiel:

Addition von zwei Zahlen im **Dezimalsystem:**
Zu addieren sind die Zahlen 19_{10} und 83_{10}

1 9	1. Zahl
8 3	2. Zahl
1 1	Übertrag von der vorigen Stelle

2	1. Schritt: $9 + 3$ $\quad = 12 \rightarrow$ Summe 2, Übertrag 1
0	2. Schritt: $1 + 8 + 1 = 10 \rightarrow$ Summe 0, Übertrag 1
1	3. Schritt: 1 $\qquad = 1 \rightarrow$ Summe 1, Übertrag 0

1 0 2	Summe

Addition derselben Zahlen im **Dualsystem:**
$19_{10} = 10011_2$
$83_{10} = 1010011_2$

1 0 0 1 1	1. Zahl
1 0 1 0 0 1 1	2. Zahl
0 1 0 0 1 1	Übertrag von der vorigen Stelle

0	1. Schritt: $1 + 1$ $\quad = 10_2 \rightarrow$ Summe 0, Übertrag 1^{263}
1	2. Schritt: $1 + 1 + 1 = 11_2 \rightarrow$ Summe 1, Übertrag 1
1	3. Schritt: $0 + 0 + 1 = 1_2 \rightarrow$ Summe 1, Übertrag 0
0	4. Schritt: $0 + 0 + 0 = 0_2 \rightarrow$ Summe 0, Übertrag 0
0	5. Schritt: $1 + 1 + 0 = 10_2 \rightarrow$ Summe 0, Übertrag 1
1	6. Schritt: $\quad 0 + 1 = 1_2 \rightarrow$ Summe 1, Übertrag 0
1	7. Schritt: $\quad 1 + 0 = 1_2 \rightarrow$ Summe 1, Übertrag 0

$1\ 1\ 0\ 0\ 1\ 1\ 0_2 = 1 \times 64_{10} + 1 \times 32_{10} + 0 \times 16_{10} + 0 \times 8_{10} + 1 \times 4_{10} + 1 \times 2_{10}$ $\qquad\qquad\quad = 102_{10}$

---

[262] Daneben existiert noch das Wortkonzept, welches sich dadurch auszeichnet, daß eine feste „Wortlänge" vorgegeben wird. Bei dieser wird von vornherein und unabänderlich

Die Beispiele zeigen, daß die Addition im Dualsystem prinzipiell genauso wie die Addition im Dezimalsystem funktioniert. Entsprechendes gilt für Subtraktion, Multiplikation, Division und komplexere mathematische Operationen, da diese letztlich alle auf die Addition zurückgeführt werden können.[264]

So einfach jedoch eine solche Addition für den Menschen ist, so schwierig ist sie für eine EDVA. Wie gezeigt wurde, werden innerhalb der EDVA nur einfache physikalische Zustände (z. B. ein- oder ausgeschaltet) dargestellt. Um eine Addition vornehmen zu können, müssen daher für die EDVA Lösungen gefunden werden, die es erlauben, mit einfachen Operationen wie z. B. dem Ein- oder Ausschalten des Stromes diese physikalischen Zustände in der gewünschten Form verändern zu können.

Auf der logischen Ebene besteht die einfachste Form der Veränderung von Werten darin, mit ihnen elementare logische Operationen **(Boolesche Algebra)** durchzuführen. Bei diesen Elementaroperationen werden zwei Eingangsvariable E1 und E2, die entweder den Wert 0 oder 1 annehmen können, auf verschiedene Arten miteinander verknüpft. Abhängig von der Art dieser Verknüpfung wird eine bestimmte Ausgangsvariable A erzeugt.[265]

Da nur zwei Eingangsvariable E1 und E 2 berücksichtigt werden und da jede Eingangsvariable nur den Wert 0 oder 1 annehmen kann, existieren nur vier Möglichkeiten, diese beiden Eingangsvariablen zu verknüpfen. Diese vier Möglichkeiten und der Wert, den die Ausgangsvariable A bei jeder dieser Kombinationen abhängig von der Art der Verknüpfung annimmt, werden nachfolgend am Beispiel des **Ausschließlichen ODER** (Exklusives Oder, Entweder – Oder) in Tabellenform dargestellt.

Zur Erläuterung dieser Verknüpfung diene folgendes **Beispiel:** Der Leiter der Produktion hat die Möglichkeit, bei zusätzlichen Aufträgen eine zweite Maschine einzusetzen. Die Maschine ist jedoch nur in der Lage, die Produktion für einen zusätzlichen Auftrag durchzuführen; liegen zwei zusätzliche Aufträge vor, ist es bereits günstiger, die Produktion durch einen benachbarten Betrieb, der über eine wesentlich größere Maschine verfügt, in Form eines Fremdauftrages durchführen zu lassen. Der Produktionsleiter erwartet

---

festgelegt, wieviele Zeichen ein Wort hat (üblich sind z. B. 36, 48 oder 60 Bits). Da die Genauigkeit hier explizit vorgegeben ist, findet ein derartiges Konzept dort Anwendung, wo zumindest häufig eine hohe Genauigkeit angestrebt wird, nämlich im wissenschaftlich-technischen Bereich.

[263] Da es nur zwei Ziffern gibt und da $10_2 = 2_{10}$.

[264] So kann man beispielsweise statt einer Multiplikation eine fortgesetzte Addition vornehmen; eine Potenzrechnung wiederum kann auf die Multiplikation zurückgeführt werden. Genaugenommen erfolgt die Multiplikation durch Addition und fortgesetzte Stellenverschiebung, die Subtraktion durch Komplementaddition und die Division durch eine Zusammensetzung beider Operationen. Zur näheren Erläuterung der Verfahren vgl. z. B. Hansen, H. R., Wirtschaftsinformatik I, 5. Aufl., Stuttgart 1987, S. 132 ff., sowie Biethahn, J., a. a. O., S. 68 ff.

[265] Es muß sich nicht zwingend um zwei Eingangsvariable handeln; beim logischen NICHT beispielsweise wird nur eine Eingangsvariable verarbeitet. Die Darstellung der einzelnen Variablen erfolgt in der Booleschen Algebra i. d. R. nicht in 0-1, sondern in W-F bzw. T-F (wahr-falsch bzw. true-false)- Form.

die Anrufe zweier Kunden, die ihm noch am selben Tag mitteilen wollen, ob sie einen Zusatzauftrag erteilen oder nicht.

Eingangswert 1 E1	Eingangswert 2 E2	Ausgangswert A Ausschl. ODER
0	0	0
1	0	1
0	1	1
1	1	0

Abb. 38: Ausschließliches ODER

Für diesen Fall kann man folgende Symbole vereinbaren:

E1 = 0: Kunde 1 erteilt keinen zusätzlichen Auftrag
E1 = 1: Kunde 1 erteilt den zusätzlichen Auftrag
E2 = 0: Kunde 2 erteilt keinen zusätzlichen Auftrag
E2 = 1: Kunde 2 erteilt den zusätzlichen Auftrag
A = 0: Die zusätzliche Maschine wird nicht eingesetzt
A = 1: Die zusätzliche Maschine wird eingesetzt.

Erteilen weder Kunde 1 noch Kunde 2 einen zusätzlichen Auftrag (E1 = 0, E2 = 0), weist die Tabelle A = 0 aus – die Maschine wird nicht eingesetzt. Erteilen entweder Kunde 1 oder Kunde 2 einen Auftrag, der jeweils andere Kunde jedoch nicht (E1 = 1, E2 = 0 oder E1 = 0, E2 = 1), ist A = 1 – die Maschine wird eingesetzt. Erteilen schließlich beide Kunden einen Zusatzauftrag (E1 = 1, E2 = 1), zeigt die Tabelle für A den Wert A = 0. In diesem Fall wird die Maschine nicht eingeschaltet, sondern es werden beide Aufträge als Fremdaufträge an den benachbarten Betrieb erteilt.

Genau wie es ein logisches Ausschließliches ODER gibt, gibt es in der Booleschen Algebra auch andere logische Verknüpfungen. Die wichtigsten sind dabei die Verknüpfungen **UND, ODER (nicht ausschließlich)** und **NICHT**. Die folgenden Tabellen zeigen, wie die logische UND- und die ODER-Verknüpfungen aufgebaut sind.

Eingangswert 1 E1	Eingangswert 2 E2	Ausgangswert A UND
0	0	0
1	0	0
0	1	0
1	1	1

Eingangswert 1 E1	Eingangswert 2 E2	Ausgangswert A ODER
0	0	0
1	0	1
0	1	1
1	1	1

Abb. 39: UND – Verknüpfung / ODER – Verknüpfung

Als Beispiel für die Notwendigkeit einer UND-Verknüpfung diene eine Abwandlung des obigen Beispiels. Der Produktionsleiter will jetzt nicht mehr wissen, ob seine eigene zusätzliche Maschine eingesetzt wird oder nicht, sondern er möchte wissen, ob er dem benachbarten Betrieb den Fremdauftrag erteilen soll oder nicht. Für diese Frage gelten für E1 und E2 die oben vereinbarten Symbole. Für die Ausgangsvariable A gilt hier:

A = 0: Es wird kein Fremdauftrag erteilt.

A = 1: Der Fremdauftrag wird erteilt.

Erteilen weder Kunde 1 noch Kunde 2 einen zusätzlichen Auftrag (E1 = 0, E2 = 0) oder erteilt nur einer der beiden Kunden einen Zusatzauftrag (E1 = 0, E2 = 1, oder E1 = 1, E2 = 0), nimmt in der Tabelle der Ausgangswert A immer den Wert 0 an (A = 0); der Fremdauftrag wird also nicht erteilt. Erteilen dagegen beide Kunden einen Zusatzauftrag (E1 = 1, E2 = 1), so wird, da A = 1, der Fremdauftrag an den benachbarten Betrieb weitergegeben.

Die nachfolgende Abbildung faßt die beiden hier besprochenen Verknüpfungen von zwei Eingangsvariablen E1 und E2 noch einmal zusammen.

Eingangswert 1 E1	Eingangswert 2 E2	Ausgangswert A Ausschl. ODER	Ausgangswert A UND
0	0	0	0
1	0	1	0
0	1	1	0
1	1	0	1

Abb. 40: Verknüpfungen Ausschließliches ODER und UND

Betrachten wir jetzt noch einmal die duale Addition und berücksichtigen dabei nur die letzte Stelle, so stellt man fest, daß die beiden zu addierenden Ziffern ebenfalls nur in 4 Kombinationen auftreten können – entweder sind beide Ziffern gleich Null, beide Ziffern gleich 1 oder jeweils eine Ziffer gleich Null und eine Ziffer gleich 1. Die Summe für diese eine Stelle ist dabei abhängig von der Kombination der beiden Ziffern wie folgt zu bilden:

1. Ziffer	2. Ziffer	Summe S	Übertrag Ü
0	0	0	0
1	0	1	0
0	1	1	0
1	1	0	1

Abb. 41: Addition einer Stelle

Vergleicht man die Abbildungen Nr. 40 und Nr. 41, so stellt man fest, daß die Werte, die die Ausgangsvariable A bei den Verknüpfungen des Ausschließlichen ODER und des UND annimmt, genau mit den Werten übereinstimmen, die bei der Addition zweier Ziffern für die Summe und für den

Übertrag auf die nächste Stelle benötigt werden. Die Bildung der Summe kann dabei durch das Ausschließliche ODER, die Bildung des Übertrages auf die nächste Stelle durch das UND vorgenommen werden. Die Addition einer einzigen Stelle läßt sich also auf elementare logische Operationen zurückführen.

Müssen mehr als zwei Ziffern (hier beispielsweise als dritte Ziffer der Übertrag von der jeweils vorhergehenden Stelle) addiert werden, so ist auch eine solche Operation für den Computer nicht unmittelbar möglich, da er lediglich zwei Eingangsvariable verknüpfen kann. Rechnerintern werden daher zunächst zwei der drei Ziffern zu einer Zwischensumme bzw. einem Zwischenübertrag verknüpft. Anschließend werden diese Zwischenergebnisse wiederum mit der nächsten zu addierenden Ziffer, hier also dem Übertrag der jeweils vorhergehenden Stelle, verknüpft und so schrittweise die Summe und der Übertrag für eine einzige Stelle ermittelt.[266] Allein für die Addition einer einzigen Stelle sind also bereits mehrere logische Grundoperationen notwendig.

Gleichzeitig werden zusätzliche Operationen dadurch notwendig, daß man in der Regel nicht mit der Addition einer einzigen Stelle auskommt, sondern umfangreichere Zahlen addieren möchte. Das kann man erreichen, indem man eine Ziffer nach der anderen durch ein einziges „Addierwerk" eingibt, dort Berechnungen durchführt, das Ergebnis speichert und erst nach Durchführung aller Additionen das Gesamtergebnis zusammensetzt und gegebenenfalls auf dem Bildschirm anzeigt. Das kostet jedoch Zeit. Daher nutzt man vorwiegend die Möglichkeit, zur Beschleunigung des Rechenvorgangs mehrere solcher Addierwerke parallel einzusetzen, die zu addierenden Zahlen parallel in die Addierwerke einzugeben und sich dann das Ergebnis parallel ausgeben zu lassen.

Je mehr solcher Addierwerke parallel geschaltet sind, desto schneller wird die EDVA bei Rechenvorgängen. Sinnvoll ist es dabei, nicht nur die benötigte Anzahl von Addierwerken parallel einzurichten, sondern auch in allen anderen Verarbeitungsstufen dieselbe Anzahl parallel geschalteter Bauteile vorzusehen. Kann man auf diese Art 8 Bits, also 8 duale Ziffern gleichzeitig verarbeiten, so spricht man von einem **8-Bit-Rechner;** entsprechend existieren, wie es heute im Bereich der Mikrocomputer üblich geworden ist, auch **16-Bit-Rechner** oder **32-Bit-Rechner.**

Festzuhalten bleibt, daß jede mit Digitalrechnern arbeitende EDVA hinsichtlich der mathematischen Funktionen – gleichgültig, wie kompliziert diese auch immer sein mögen – nichts anderes macht, als die Ziffern 0 und 1 auf verschiedene Arten mit logischen Grundbausteinen (z. B. UND, ODER und NICHT) zu verbinden. Die Grundidee bei einem Computer besteht in nichts anderem als in der Übertragung der logischen Zeichen 0 und 1 in psyikalische Zustände (z. B. elektrisch ein- oder ausgeschaltet, magnetischer Nord- oder Südpol usw.) und der Übertragung der logischen Operationen

---

[266] Auf eine genaue Darstellung wird hier verzichtet, da insbesondere die Übertragsbildung zusätzliche logische Schritte erfordert.

in physikalische Schaltelemente, in sogenannte **Schaltalgebra.** Die Funktionsweise der Schaltalgebra verdeutlicht das folgende Beispiel:

Zur Realisierung des logischen UND und des logischen ODER (nicht ausschließlich) stehen eine Batterie, eine Glühbirne als „Ausgangswert" A, die dann den Wert 1 aufweist, wenn sie leuchtet, etwas Draht und zwei Schalter als „Eingangswerte" E1 und E2, die im geschlossenen Zustand den Wert 1 und in offenem Zustand den Wert 0 annehmen, zur Verfügung. Diese Bauteile werden folgendermaßen miteinander verbunden:

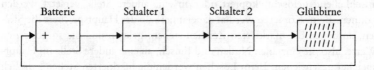

Abb. 42: Realisierung einer UND-Schaltung durch einfache Bauelemente

Die Glühbirne kann nur leuchten, wenn Schalter 1 und Schalter 2 beide geschlossen sind. Nur wenn also E1 = 1 und E2 = 1, ist auch A = 1. Kontrolliert man jetzt die Wertetabelle für das logische UND (vgl. Abb. 39), kann man feststellen, daß mit dieser Schaltung das logische UND realisiert worden ist.

Jetzt werden die Bauteile wie folgt angeordnet:

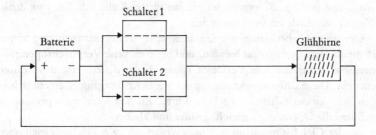

Abb. 43: Realisierung einer ODER-Schaltung durch einfache Bauelemente

Hier leuchtet die Glühbirne dann, wenn entweder der Schalter 1 oder der Schalter 2 oder Schalter 1 und Schalter 2 zusammen eingeschaltet werden. A wird also A = 1, wenn E1 = 1 und E2 = 0 oder wenn E1 = 0 und E2 = 1 oder wenn E1 = 1 und E2 = 1. Mit dieser Schaltung ist also, wie Abb. 39 zeigt, das logische ODER (nicht ausschließlich) realisiert worden.

Tatsächlich wurden in der Anfangszeit der EDV die einzelnen logischen Grundbausteine durch derartige Schaltungen realisiert, wobei statt der Glühbirnen Relais, die ihrerseits andere elektrische Schaltkreise steuerten, eingesetzt wurden. Heute erfolgt die Realisierung mit anderen technischen Mitteln, wobei insbesondere integrierte Schaltkreise aus Halbleiterbauelementen eine Rolle spielen. (**ÜB 2**/47–48)

dd) Sonstige logische Grundfunktionen

Oben wurde beschrieben, wie die in einer EDVA dargestellten Zeichen durch mathematische Operationen miteinander verknüpft werden können. Daneben gibt es jedoch eine Vielzahl weiterer, nichtmathematischer Operationen, wie sie beispielsweise in einem Textverarbeitungssystem benötigt werden.

Jedem Anwender ist bekannt, daß in einem **Textverarbeitungssystem** unter anderem komplette Zeichenketten, sogenannte Blöcke, markiert und anschließend gelöscht, kopiert oder an eine andere Stelle versetzt werden können. Beim Kopieren werden dabei innerhalb des Hauptspeichers die Stellen, an denen die markierten Zeichen stehen, gelesen und die so gelesenen Werte, also die einzelnen Nullen und Einsen, an eine andere Stelle im Hauptspeicher geschrieben. Beim Löschen werden die markierten Stellen lediglich (z. B. mit Nullen) überschrieben, beim Verschieben schließlich werden sie erst an eine andere Stelle kopiert und anschließend gelöscht. Das Verschieben ist also eine aus Kopieren und Löschen zusammengesetzte Operation.

Bei allen diesen Operationen werden die einzelnen Zeichen jedoch nicht eigentlich verarbeitet, sondern es finden lediglich Lese-, Schreib- und Verschiebevorgänge statt. Viele Operationen mit nichtnumerischen Zeichen sind letztlich auf derartige Arbeitsschritte zurückführbar.

Daneben existieren jedoch auch nichtmathematische Operationen, bei denen Zeichen verändert werden. Veränderungen werden z. B. vorgenommen, wenn eine Umwandlung von Groß- in Kleinschreibung erfolgt; hierbei wird, wie in Abb. 37 gezeigt wurde, an vierter Stelle lediglich eine duale Null in eine duale Eins umgewandelt.

Operationen, bei denen als Ergebnis neue Werte entstehen und somit ebenfalls Daten verarbeitet werden, sind beispielsweise **Vergleichsoperationen,** bei denen aus dem Vergleich zweier dualer Ziffern eine neue Ziffer entsteht. Diese Ziffer drückt aus, ob der Vergleichsvorgang zu einem richtigen oder einem falschen Ergebnis führte. Zu den Vergleichsoperationen gehören die Operationen **gleich, größer** und **kleiner.**

Bei der **Gleich-Operation** will man wissen, ob zwei Zeichen gleich oder ungleich sind. Benötigt wird diese Operation beispielsweise, wenn man in einer Liste einen bestimmten Namen sucht. Der zu suchende Name wird eingegeben und anschließend durch die EDVA jeder Name in der Liste daraufhin geprüft, ob er gleich oder ungleich dem gesuchten Namen ist. Ist das Ergebnis des Vergleichsvorgangs positiv, stimmen also gesuchter Name und Name in der Liste überein, nimmt ein Ausgangswert A den Wert $A = 1$ an; stimmen sie nicht überein, ist $A = 0$ (Null). Da auch hierbei die EDVA wieder nur Bit für Bit bearbeiten kann, reduziert sich die Frage bei einem solchen Vergleich darauf, ob Bit E1 gleich Bit E2 ist, ob also $E1 = E2$.

Das ist immer dann der Fall, wenn entweder $E1 = 0$ und $E2 = 0$ oder wenn $E1 = 1$ und $E2 = 1$. Da $A = 1$, wenn der Vergleichsvorgang zu einem richtigen Ergebnis führt, und $A = 0$, wenn er zu einem falschen Ergebnis führt, ergibt sich für einen Vergleich die folgende Wertetabelle:

E1	E2	A
0	0	1
1	0	0
0	1	0
1	1	1

Abb. 44: Wertetabelle einer Vergleichsschaltung

Ähnlich können auch die Größer- und Kleiner-Funktionen, die besonders für Sortiervorgänge mit sortierfähigen Codes eine wichtige Rolle spielen, durch elementare logische Operationen abgebildet werden.

Zum Vergleich eines einzigen Zeichens, das durch 8 Bits dargestellt wird, müssen also acht solcher Vergleiche durchgeführt werden; zum Vergleich kompletter Zeichenketten (wie im hier genannten Beispiel der Name) wird bereits eine Vielzahl logischer Grundoperationen benötigt.[267] Auch bei dieser Operation ist es folglich möglich, sie in einzelne logische Grundoperationen zu zerlegen; auch hier kann also eine Abbildung innerhalb des Computers mit Hilfe der Schaltalgebra erfolgen. Entsprechendes gilt für alle anderen nichtmathematischen Funktionen wie z. B. Schaltungen zur Umwandlung von verschiedenen, innerhalb der EDVA vorhandenen Codes.

Da der Computer nichts anderes kann, als Nullen und Einsen abzubilden und sie mit elementaren logischen Operationen miteinander zu verknüpfen, ist er nicht ohne weiteres zur Lösung komplexer Probleme befähigt. Dazu muß erst eine **Aufgabenanalyse** erfolgen, bei der das komplexe Problem in einzelne Teilprobleme aufgespalten wird. Anschließend wird jedes dieser Teilprobleme nochmals analysiert, in noch kleinere Aufgaben zerlegt usw., bis schließlich nur noch elementare logische Operationen übrigbleiben. Die Lösung der komplexen Probleme wird dadurch erreicht, daß die Lösungen der Teilprobleme schrittweise zur Lösung des komplexen Problems zusammengesetzt werden. Erst durch diese Zusammensetzung wird es möglich, komplexere Probleme zu lösen. Das verdeutlicht die Abbildung 45, die das oben[268] beschriebene Beispiel aufgreift.

Sogar zur Durchführung von dem Menschen relativ einfach erscheinenden Operationen ist also im Computer eine Vielzahl von einzelnen Operationen notwendig. Erst durch die Fähigkeit des Computers, diese Grundoperationen in sehr hoher Geschwindigkeit auszuführen, nimmt der Anwender die Zerlegung von Problemen in immer kleinere Teilprobleme und die Zusammensetzung des Gesamtergebnisses aus den Teilergebnissen der einzelnen Operationen nicht mehr wahr; erst dadurch wird rationelle elektronische Datenverarbeitung möglich. Dabei arbeitet der Computer umso schneller, je höher seine **Taktfrequenz** ist – bei jedem Takt wird eine Elementaroperation

---

[267] Auch die Vergleichsoperation setzt sich wiederum aus fünf logischen Grundoperationen zusammen; sie ist darstellbar als (NICHT E1 UND NICHT E2) ODER (E1 UND E2).
[268] Vgl. S. 210ff.

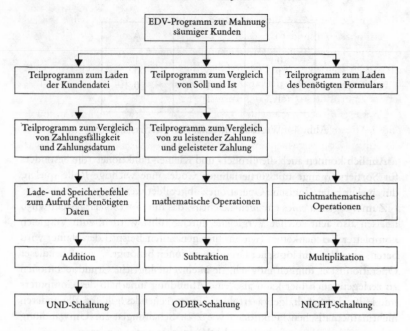

Abb. 45: Zusammensetzung eines EDV-Programmes zur Mahnung
säumiger Kunden

ausgeführt.[269] Diese hohe Geschwindigkeit ändert jedoch nichts am prinzipiellen Vorgehen – ein Computer ist lediglich in der Lage, zwei duale Ziffern abzubilden und diese durch logische Elementaroperationen zu verknüpfen. Nur insoweit kann ein Computer das menschliche Denken ersetzen;[270] dabei kommt sein Vorgehen dem menschlichen Denken umso näher, je mehr die einzelnen Operationen zu komplexeren Programmen verdichtet werden. (ÜB 2/49)

d) Die Hardware

aa) Die Speicher

Damit die oben beschriebenen Funktionen auch ausgeführt werden können, müssen die einzelnen zu verarbeitenden Daten, die Nutzdaten, und die der Steuerung dienenden Daten, die Steuerdaten oder Programme, **gespeichert** werden. Die wichtigsten Ziele sind auch hier
– eine hohe **Speicherkapazität** zur Aufnahme möglichst vieler Daten,

---

[269] Ein mit 100 MHZ getakteter Computer kann beispielsweise pro Sekunde etwa 2:800000 Additionen ausführen.

[270] Geht man von zu lösenden Problemen aus, so sind Computer lediglich in der Lage, aus ihnen vorgegebenen Werten (Prämissen) neue Werte (Konklusionen) abzuleiten; sie können lediglich „deduktiv denken". Nicht möglich ist ihnen dagegen das induktive Denken, bei dem aus der Beobachtung von einzelnen Tatbeständen neue, übergreifende Schlußfolgerungen gezogen werden können. Ein typisches Beispiel des induktiven Denkens, das der Computer daher nicht nachvollziehen kann, ist das Lernen.

– eine hohe **Zugriffsgeschwindigkeit,** damit die Daten möglichst schnell verfügbar sind, und
– geringe **Kosten** für jedes zu speichernde Zeichen.[271]

Zwischen diesen drei Zielen besteht grundsätzlich eine Konkurrenzbeziehung: je höher die Speicherkapazität, desto langsamer der Zugriff; je schneller der Zugriff, desto höher die Kosten usw.

Ein wesentlicher Unterschied zwischen der Speicherung im Computer und der Speicherung im menschlichen Gehirn beruht auf der Tatsache, daß die Ablage von einzelnen Informationen beim Menschen inhaltsorientiert **(assoziativ)** erfolgt, während in der EDV eine **adreßorientierte Speicherung** vorgenommen wird. Damit eine EDVA arbeiten kann, muß ihr (ähnlich, wie es beim Versand von Briefen durch die Anschrift geschieht) genau mitgeteilt werden, wo (an welcher Adresse) sie bestimmte Daten finden kann bzw. wohin sie Daten zu bringen hat. Es muß ihr also nicht nur mitgeteilt werden, **was** sie zu tun hat, sondern auch, **womit** (mit welchen Daten) sie es zu tun hat. Jeder in der EDV eingesetzte Speicher muß so adressierbar sein, daß für jedes speicherbare Zeichen eine **eindeutige Adresse** (ähnlich den Hausnummern einer Straße) existiert.

Abhängig von Ort, Zeitdauer und Zweck der Speicherung unterscheidet man zwischen der Speicherung in Registern, im Arbeits- oder Hauptspeicher und in externen Speichern.

Die **Register** haben die Aufgabe, innerhalb des Steuer- und Rechenwerkes Zwischenwerte (z. B. bei der Ermittlung des Ergebnisses einer komplexen mathematischen Formel) oder andere, aktuell benötigte Werte (z. B. der nächste auszuführende Befehl, Zwischenwerte von mathematischen Operationen in den Registern des Rechenwerkes usw.) aufzunehmen. Register sind sehr schnell, aber auch sehr teuer und werden daher relativ sparsam eingesetzt.

Der **Arbeitsspeicher** ist der zweitschnellste Speicher innerhalb einer EDVA. Er wird heute physikalisch i. d. R. durch **Speicherchips** realisiert. Unter Chip versteht man dabei ein Halbleiterplättchen, auf dem eine Vielzahl elektronischer Bauelemente (bis zu Hunderttausende) für Logik- und Speicherfunktionen auf kleinstem Raum vereinigt sind. Unterschieden wird dabei zwischen Prozessorchips und Speicherchips, wie sie hier benötigt werden. Auch im Arbeitsspeicher wird bereits eine sehr hohe Zugriffsgeschwindigkeit realisiert.[272] Wegen der hohen Kosten dieser Technik ist zur Speicherung vieler Daten jedoch nach wie vor der Rückgriff auf externe Speicher notwendig.

Externe Speicher sind die preiswertesten Speicher, dafür jedoch auch die mit der geringsten Zugriffsgeschwindigkeit. Eingesetzt wird dafür eine große Anzahl verschiedener physikalischer Prinzipien, deren einzige Gemeinsamkeit oft darin besteht, zwei unterschiedliche physikalische Zustände abbilden zu können. In großem Umfang werden dabei **magnetische Speicher**

---

[271] Vgl. auch S. 209
[272] Heute z. B. von ca. 1 Mrd. Zugriffe pro Sekunde; vgl. Biethahn, J., a. a. O., S. 24

verwendet. Früher waren beispielsweise **Magnetbandspeicher** sehr verbreitet, bei denen ähnlich dem Verfahren bei einem Tonbandgerät eine Speicherung von Daten durch die Ausrichtung von Elementarmagneten auf einem Magnetband bewirkt wurde. Bei diesen Bandspeichern waren jedoch nur **serielle Zugriffe** möglich; das Band mußte immer von vorn nach hinten an eine bestimmte Stelle gespielt werden, damit bestimmte Daten gelesen oder geschrieben werden konnten. Im Hauptspeicher dagegen können, da jeder Speicherplatz direkt adressierbar ist, **direkte** (und damit wesentlich schnellere) Zugriffe realisiert werden.[273]

Dasselbe Prinzip wird in leicht veränderter Form bei den **Disketten** und bei den aus mehreren einzelnen Platten bestehenden **Festplatten (Magnetplatten)** angewendet. In beiden Fällen werden die Elementarmagnete nicht nacheinander auf einem Band, sondern nebeneinander in konzentrischen Kreisen abgelegt. Auf diese Weise ist ein **halbdirekter Zugriff** möglich – der betreffende konzentrische Kreis kann direkt angewählt werden; innerhalb dieses Kreises müssen jedoch sequentiell die betreffenden Daten gesucht werden. Bei Festplatten berührt der Schreib- und Lesekopf im Gegensatz zur Diskette nicht das Speichermedium, sondern fliegt in sehr geringem Abstand über sie hinweg. Damit können wesentlich höhere Geschwindigkeiten und dadurch wiederum sehr schnelle Zugriffe und die Speicherung sehr vieler Daten auf kleinstem Raum erreicht werden.

Neben den verschiedenen magnetischen Speichern gibt es eine Vielzahl anderer Speicher, bei denen andere physikalische Prinzipien realisiert werden.[274] Die einzige Voraussetzung ist, daß das jeweilige Speichermedium zwei physikalische Zustände annehmen und dadurch die beiden logischen Zeichen 0 und 1 abbilden kann.

bb) Der Zentralprozessor

Das Steuer- und Rechenwerk, das zusammen mit einigen Registern den Zentralprozessor bildet, ist das „Gehirn" einer EDVA. Dabei hat das Rechenwerk die Aufgabe, elementare mathematische und logische Operationen durchzuführen, während das Steuerwerk den gesamten Arbeitsablauf zu überwachen und zu steuern hat.

Das Rechenwerk erhält dabei vom Steuerwerk die Anweisungen, welche elementaren Operationen es mit welchen Daten vorzunehmen hat; es hat also die Aufgabe, die **sachlichen Transformationen** vorzunehmen. Es besteht folglich im wesentlichen aus Registern zur Aufnahme von Zwischenwerten und aus elementaren logischen Schaltungen, damit es z. B. Vergleiche durchführen (Vergleichsschaltungen) oder Additionen vornehmen (Addierwerke) kann. Teilweise sind in einer EDVA auch mehrere Rechenwerke enthalten, damit mehrere Elementarbefehle parallel ausgeführt werden können und damit folglich schneller gearbeitet werden kann.

---

[273] Daher auch die Bezeichnung RAM (random access memory) – Speicher mit wahlfreiem Zugriff.

[274] Dazu gehören z. B. die (mittlerweile veraltete) Speicherung auf Papierdatenträgern (Lochkarte) oder auf elektrischen und optischen Speichern.

Das Steuerwerk muß, damit es den gesamten Arbeitsablauf steuern kann, Informationen erhalten, welche Arbeitsschritte im einzelnen in welcher Reihenfolge vorzunehmen sind. In den Anfangsjahren der EDV geschah das noch manuell, nämlich durch einen Operator, der der EDVA mitteilte, was sie im einzelnen zu tun habe. Heute wird der Großteil der Steuerung durch **Programme** vorgenommen. Erst durch diese automatische Steuerung durch Programme ist es möglich geworden, EDV-Anlagen ohne die ständige Unterstützung durch EDV-Fachkräfte einsetzen zu können. Erst diese Operator-unabhängige Steuerung ermöglichte beispielsweise die Entwicklung der **Personal Computer (PC's).** In einem Programm sind sämtliche vorzunehmenden Arbeiten, also die einzelnen Arbeitsschritte, in der Reihenfolge enthalten, in der sie abzuarbeiten sind. Ein Programm besteht also aus einer Folge von **Befehlen;** ein Befehl ist dabei eine eindeutige Anweisung an das Steuerwerk, bestimmte Elementaroperationen auszuführen.

Innerhalb des Steuerwerkes wird dabei ein Befehl nach dem anderen in der Reihenfolge, in der die Befehle auszuführen sind, geladen. Befehle sind ebenfalls in dualer Form gespeichert.[275] Sie bestehen aus einem **Operationsteil** (was ist zu tun) und einem **Operanden- oder Adreßteil** (mit welchen Daten ist es zu tun). Durch den Adreßteil erfährt das Steuerwerk, welche Daten es benötigt; werden ihm z. B. drei Adressen genannt und lautet der Befehl im Operationsteil „Addiere", lädt es den Inhalt der ersten beiden Adressen, nämlich die zu addierenden Zahlen, in die Register des Rechenwerkes und legt nach der Berechnung das Ergebnis an der dritten genannten Adresse ab.

Die Interpretation des Befehls und die Umsetzung in elektrische Impulse wird durch den **Befehlsdecoder** vorgenommen. Der Befehlsdecoder ist also eine Schnittstelle zwischen logischer und physikalischer Welt. Die umgesetzten Befehle, also die elektrischen Impulse, werden nun an die zuständigen Geräte (z. B. Rechenwerk, Bildschirm oder Drucker) übertragen und sorgen dort für die Ausführung des gewünschten Befehls.

Steuer- und Rechenwerk sind der komplizierteste Teil innerhalb einer EDVA und nahmen daher früher auch den meisten Platz ein. Nach dem heutigen Stand der Technik sind jedoch oft schon beide Teile auf einem einzigen Chip, dem **Prozessorchip,** mit einer Größe von wenigen Quadratzentimetern untergebracht.

cc) Die Verbindungseinrichtungen

Damit die einzelnen Komponenten einer EDVA miteinander kommunizieren können, müssen Verbindungseinrichtungen existieren. Diese bestehen auf verschiedenen Hierarchieebenen:
(1) innerhalb des Zentralprozessors (Steuer- und Rechenwerk);

---

[275] Bei vielen EDVA steht dabei ein Byte, also 8 duale Ziffern und damit 256 mögliche Ziffernkombinationen, zur Verfügung. Es existieren also maximal 256 mögliche Maschinenbefehle. Zur Maschinensprache vgl. Heinrich, L. J., Roithmayr, F., a. a. O., S. 336, sowie Grochla, E., ADV-Systeme (Komponenten und Gestaltung), in: Handwörterbuch der Organisation, hrsg. von Grochla, E., 2. Aufl., Stuttgart 1980, Sp. 278f.

(2) innerhalb der Zentraleinheit (zwischen Zentralprozessor und Arbeitsspeicher);

(3) zwischen der Zentraleinheit und den in der unmittelbaren Nähe installierten Eingabe-Ausgabe-Geräten und externen Speichern;

(4) zwischen der Zentraleinheit und den in weiterer Entfernung installierten anderen Komponenten – zum Teil ebenfalls über Kanäle (lokaler Bereich), zum Teil über die Datenfernübertragung (s. u.).

Diese Verbindungseinrichtungen bestehen im wesentlichen aus **Übertragungseinrichtungen,** welche die einzelnen Bits zwischen Registern der einzelnen Komponenten übertragen sollen, und **Vermittlungseinrichtungen,** die wie ein Fernsprechamt dafür sorgen, daß die jeweils abgesandten Daten auch dorthin gelangen, wo sie benötigt werden. Daneben bestehen **Treiber** zur Signalverstärkung und **Puffer** zur Zwischenspeicherung von Werten, damit unterschiedliche Geschwindigkeiten einzelner Komponenten ausgeglichen werden können.[276]

Innerhalb der Zentraleinheit kann die Übertragung der Daten über jeweils individuelle Verbindungen zwischen zwei Komponenten erfolgen (schnell, aber relativ aufwendig) oder über gemeinsame Verbindungswege, sogenannte **Busse,** die wie das öffentliche Fernsprechnetz von allen Komponenten gemeinsam genutzt werden.[277]

Die Verbindung zwischen der Zentraleinheit und externen Komponenten (z. B. Drucker oder Bildschirm) erfolgt über **Kanäle.** Da jedoch die externen Komponenten regelmäßig wesentlich langsamer arbeiten als der Zentralprozessor, entstünde ein wesentlicher Zeitverlust, wenn die Zentraleinheit jedesmal auf die Fertigstellung einer Operation warten müßte. In derselben Zeit, in der z. B. ein Matrixdrucker ein Zeichen druckt, kann das Rechenwerk ca. 1800 Additionen durchführen. Aus diesem Grund werden zum einen die Kanäle oft für mehrere externe Komponenten gleichzeitig genutzt,[278] zum anderen existieren häufig separate Prozessoren, die die Aufgabe haben, den Zentralprozessor von der Überwachung der Ein- und Ausgabevorgänge vollständig zu entlasten. (**ÜB 2/51**)

dd) Die Ein- und Ausgabegeräte

Damit die EDVA überhaupt ihre Datenverarbeitungsaufgabe wahrnehmen kann, muß sie von irgendeiner Stelle die Daten bekommen, die sie verarbeiten soll, und an eine andere Stelle die verarbeiteten Daten liefern. Als Ein- und Ausgabegeräte werden alle Geräte bezeichnet, die den Kontakt

---

[276] Vgl. i. E. Hansen, H. R., a. a. O., S. 235 ff.

[277] Vgl. Judmann, K., Bus, in: Lexikon der Wirtschaftsinformatik, hrsg. von Mertens, P., 2. Aufl. Berlin, Heidelberg, New York 1990, S. 85 f.

[278] Beispielsweise durch den Anschluß von 30 Datensichtgeräten an einen Kanal. Es stehen daher verschiedene Arten von Kanälen (Selektorkanäle, Bytemultiplexkanäle und Blockmultiplexkanäle) zur Verfügung. Vgl. dazu Heinrich, L. J., Roithmayr, F., a. a. O., S. 285 f.

zwischen der EDV-Welt und der „Außenwelt" herstellen.[279] Geeignet ist dafür letztlich jedes Gerät, das als Eingabegerät Informationen in duale Form übersetzen bzw. als Ausgabegerät duale Daten in anders erfaßbare Informationen verwandeln kann.

Voraussetzung ist nicht nur die Umsetzbarkeit in digitale Daten, sondern auch die Möglichkeit, diese Daten durch eine EDVA normiert verarbeiten zu lassen. Das setzt weiter voraus, daß die Informationen in den betreffenden Geräten in demselben Code geschrieben sind, in derselben Geschwindigkeit anfallen und dieselben physikalischen Grunddaten nutzen und daß im einfachsten Fall die Anschlüsse der Geräte miteinander verbunden werden können. Sind alle diese Voraussetzungen erfüllt, so bezeichnet man die Geräte als **kompatibel.** Diese Probleme sind entweder durch Normung oder durch Einsatz von Hilfsmitteln wie Codeumwandlungstabellen, Pufferspeicher zur Anpassung der Geschwindigkeiten, Adapter für einheitliche Stecker usw. lösbar.

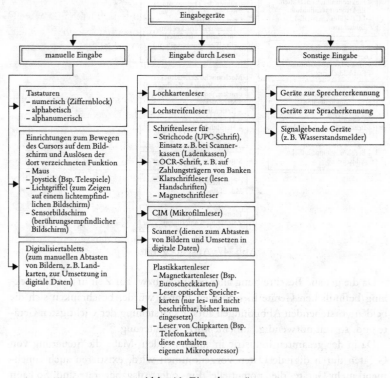

Abb. 46: Eingabegeräte

---

[279] Teilweise werden auch die Geräte, die den Kontakt zwischen einer EDVA und anderen EDVA herstellen (z. B. Modems zur Übermittlung von Daten per Datenfernübertragung), als Ein- und Ausgabegeräte bezeichnet. Wollte man dem folgen, so könnte man auch alle Geräte, die externe Speichermedien schreiben oder lesen (Festplattenlaufwerk, Diskettenlaufwerk usw.), als Ein- oder Ausgabegerät betrachten; dieser weiten Definition soll hier nicht gefolgt werden.

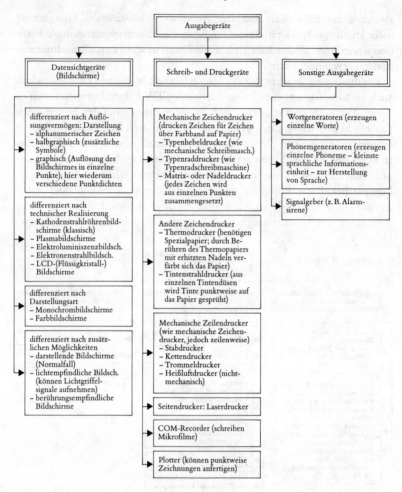

Abb. 47: Ausgabegeräte

Da die genaue Beschreibung aller gängigen bzw. zur Zeit in der Entwicklung befindlichen Geräte hier zu weit führen würde, beschränken sich die beiden vorstehenden Abbildungen auf die Darstellung der wichtigsten Geräte und, soweit notwendig, auf eine kurze Erläuterung.[280]

Da in der gesamten Industrie in zunehmendem Maße die Steuerung von Geräten durch digitale Daten vorgenommen wird, existieren auch zunehmend mehr Geräte, die „potentielle" Ein- oder Ausgabegeräte sind. So kann beispielsweise ein Fotoapparat, der das von ihm aufgenommene Bild in digitale Daten umsetzt, oder ein Telefon, das die Sprache in digitaler und nicht in analoger Weise überträgt, ein potentielles Eingabegerät sein. Die Entwick-

---

[280] Wegen näherer Einzelheiten vgl. z. B. Stahlknecht, P., Einführung in die Wirtschafts-informatik, 6. Aufl., Berlin, Heidelberg, New York 1994, S. 46 ff. und S. 77 ff.; Biethahn, J., a. a. O., S. 46 ff.

lung in diesem Bereich ist noch lange nicht abgeschlossen. Angestrebt wird zur Zeit die Verarbeitung der menschlichen Sprache, bei der das Problem der korrekten Übersetzung bisher nicht befriedigend gelöst werden konnte.[281] (ÜB 2/52)

ee) Die EDVA-Konfigurationen

Bisher wurden die Komponenten beschrieben, aus denen sich eine EDVA grundsätzlich zusammensetzt. Prinzipiell gilt das für jede EDVA – unabhängig davon, ob es ein kleiner Heimcomputer oder ein großes Rechenzentrum ist. Die einzelnen Anlagen unterscheiden sich jedoch hinsichtlich ihrer Ausstattung erheblich. So kann beispielsweise nur ein einziger Zentralprozessor, es können aber auch mehrere hundert verschiedene, mit vielen Spezialaufgaben beauftragte Prozessoren eingesetzt werden; es kann nur ein Bildschirm oder es können Hunderte von Datensichtgeräten an einer Anlage angeschlossen sein; auf einem Kanal können gleichzeitig 8 oder 32 Bits transportiert werden usw.

Oft findet man in der Praxis eine Einteilung in **verschiedene Rechnerklassen,** bei denen man folgende Gruppen unterscheidet:
– Mikro- oder Kleinrechner (darunter: Personalcomputer, Homecomputer);
– Minirechner, Mittlere Datentechnik;
– Großrechner bzw. Großrechenanlagen;
– Superrechner.

Die einzelnen Rechner werden nach verschiedenen Kriterien zugeordnet; die wichtigsten sind der Preis des Rechners, seine Verarbeitungsbreite (wieviel Bits werden gleichzeitig verarbeitet), seine Verarbeitungsleistung (die z. B. in MIPS – Millionen Instruktionen pro Sekunde – gemessen wird), seine Arbeitsspeicherkapazität und die Anzahl der verwendeten Prozessoren.[282] Wegen der rasanten technischen Verbesserungen bei gleichzeitigem Preisverfall sind die Übergänge jedoch fließend; das, was heute ein komfortabler Mikorechner leistet, war bis in die sechziger Jahre noch den Großrechnern vorbehalten.

Eine Sonderrolle nehmen dabei die **Superrechner** ein. Im Gegensatz zur normalen, universell einsetzbaren EDVA sind sie auf eine einzige Aufgabe spezialisiert und können nur ein einziges Programm verarbeiten. Ihre Stärke ist ihre enorme Rechengeschwindigkeit. Sie rechnen so schnell, daß sie separate Großrechner als Vorrechner benötigen, die die zu berechnenden Daten für sie aufbereiten.

Als Tendenz bei der Hardwareentwicklung läßt sich ein Trend zu immer schnelleren, größeren, besseren (und sichereren) und gleichzeitig billigeren Rechnern feststellen. Daneben weist die Entwicklung des Hardwaremarktes auf eine zunehmende Dezentralisierung hin. „Klassische" Großrechenanlagen, bei denen viele Benutzer mit einer EDVA arbeiten, werden zunehmend

---

[281] Hinsichtlich der Verarbeitung der menschlichen Sprache vgl. Kurbel, K., Entwicklung und Einsatz von Expertensystemen, Berlin, Heidelberg, New York 1989, S. 6ff.
[282] Vgl. i. E. Hansen, H. R., a. a. O., S. 55ff. und S. 300ff.; s. auch Grobe, H.-J., Mikrocomputer, in: Lexikon der Wirtschaftsinformatik, hrsg. von Mertens, P., 2. Aufl., Berlin, Heidelberg, New York 1990, S. 282f.

durch viele kleine und leistungsfähige Rechner, die durch **Rechnernetze** miteinander verbunden sind, ersetzt. Man spricht in diesem Zusammenhang von der Schaffung **dezentraler Intelligenz,** die später noch genauer behandelt wird.

e) Die Programme

aa) Grundlagen

Bisher wurde besprochen, welche Hardware, also welche Geräte, notwendig sind, um die elektronische Datenverarbeitung vornehmen zu können. Wie schon angedeutet wurde, sind daneben jedoch weitere Komponenten notwendig, die zusammengefaßt als **Software** bezeichnet werden. Software ist dabei „der immaterielle Teil von Datenverarbeitungssystemen".[283] Sie besteht aus den Nutzdaten, also den zu verarbeitenden Daten, und den Steuerdaten, d. h. den Programmen oder Befehlsfolgen zur Steuerung des gesamten Arbeitsablaufs.

Ein Datenverarbeitungssystem benötigt Programme für verschiedene Zwecke. Zum einen existieren **Anwenderprogramme,** die einer EDVA mitteilen, was überhaupt zu tun ist. Sie enthalten also die Arbeitsanweisungen zur Durchführung der eigentlichen, mit Hilfe der EDV zu bewältigenden Aufgaben. Zum anderen jedoch benötigt die EDVA **Systemprogramme,** um sich selbst, also das Datenverarbeitungssystem, zu verwalten. Vergleicht man eine EDVA mit einem Betrieb, so entsprechen diese Systemprogramme den internen Abteilungen (Planung, Rechnungswesen usw.), die nach außen hin nicht in Erscheinung treten, jedoch dafür sorgen, daß der Betriebsablauf optimiert wird.

Diese Systemprogramme werden beispielsweise eingesetzt, um die Verwaltung des Hauptspeichers oder die Zuteilung des Zentralprozessors auf verschiedene Anwender vorzunehmen, während die Anwenderprogramme Aufgaben wie Finanzbuchhaltung, Materialverwaltung usw. wahrnehmen sollen.

Ebenso wie die einzelnen Hardwarekomponenten hergestellt werden müssen, ist auch die Software gesondert anzufertigen. Es müssen also Programme geschrieben oder – kurz gesagt – es muß **programmiert** werden. Während diese Aufgabe zu Beginn der EDV im wesentlichen durch die Hardwarehersteller und in den einzelnen Betrieben durch angestellte Programmierer wahrgenommen wurde, kamen später spezialisierte Softwarehäuser, unabhängige Programmierbüros und ihre eigenen Programme erstellende Anwender als Softwareanbieter hinzu.

Trotz dieser Zunahme an Softwareanbietern ist jedoch das Softwareangebot noch immer kleiner als die Softwarenachfrage, die sich mit zweistelligen Zuwachsraten entwickelt. Ursache dafür sind der Preisverfall bei der Hardware, der zu einer steigenden Zahl von Anwendern führt, und die steigenden Anforderungen an die Qualität der Software selbst.

---

[283] Heinrich, L. J./Lehner, F./Roithmayr, F., Informations- und Kommunikationstechnik, 4. Aufl., München 1994, S. 28

Diese Diskrepanz zwischen Softwareangebot und -nachfrage führt zu einem **Anwendungsrückstau** (auch als Softwarelücke bezeichnet). Heute stellt nicht mehr die Hardware, sondern die Software den Engpaß und den teuersten Faktor beim Einsatz der EDV dar, so daß die verbesserten Möglichkeiten, die die Hardware bieten kann, kaum ausgenutzt werden können. Abhilfe schaffen können hier **Standardsoftware** (für mehrere Anwender einheitlich geschriebene Programme) und der Einsatz von Methoden des **software engineering**. Mit diesen Methoden wird versucht, durch das Anwenden bestimmter Prinzipien, Methoden, Verfahren und Werkzeugen der Ingenieurswissenschaften eine höhere Programmiereffizienz zu erreichen.[284]

bb) Die Systemprogramme

Der wichtigste Teil der Systemprogramme ist im **Betriebssystem** zusammengefaßt. Es soll

– die **reibungslose Zusammenarbeit** aller Komponenten einer EDVA sichern;
– eine **effiziente Nutzung** der Betriebsmittel gewährleisten, indem es für eine möglichst kurze und gleichmäßige Auslastung der einzelnen Hardwarekomponenten sorgt;
– die **Fehlerfreiheit** und **Sicherheit** bei der Datenverarbeitung garantieren;
– eine komfortable, **anwenderfreundliche Benutzung** (z. B. durch umfangreiche Hilfsprogramme, kurze Antwortzeiten des Systems usw.) ermöglichen.

Daneben übernimmt das Betriebssystem die Aufgabe, unterschiedliche Hardwarekomponenten zu **standardisieren**. Müßte ein Programmierer bei jedem Anwenderprogramm, das er entwickelt, auf die speziellen Gegebenheiten der jeweiligen Hardwarekomponenten Rücksicht nehmen, wäre das außerordentlich aufwendig, da er jede einzelne EDV-Anlage in allen ihren Details kennen müßte. Weiterhin wäre es unmöglich, Programme zu entwickeln, die auf verschiedenen EDVA laufen könnten. Jedes Programm wäre zwingend auf einen bestimmten Typ von Computern beschränkt, so daß der Anspruch, über ein Universalwerkzeug zu verfügen, nicht mehr aufrechterhalten werden könnte. Ein Betriebssystem sorgt daher für die Normierung. Mit ihm können – unabhängig von der internen Struktur der einzelnen EDVA – Befehle stets in dieselben Wirkungen umgesetzt werden.

Betriebssysteme können danach unterschieden werden, welche **Betriebsarten** sie unterstützen. Eine wichtige Frage ist dabei, wieviele Anwender gleichzeitig eine EDVA benutzen können. Ist es nur ein Anwender, wie es bei den klassischen **Personal Computern (PC's)** der Fall ist, so spricht man vom **Einbenutzer- oder Einplatzsystem.** Können auch mehrere Nutzer gleichzeitig mit derselben EDVA arbeiten, so ist das betreffende Betriebssystem **mehrplatzfähig.** Wenn das Betriebssystem darüber hinaus mehrere Programme parallel im Hauptspeicher hält und jedem einzelnen Programm

---

[284] Vgl. dazu Wirtz, K. W., Software Engineering, in: Lexikon der Wirtschaftsinformatik, hrsg. von Mertens, P., 2. Aufl., Berlin, Heidelberg, New York 1990, S. 387 ff.

den Zentralprozessor für jeweils sehr kurze Zeit zur Verfügung stellt, wenn
also der Zentralprozessor mehrere Programme quasi gleichzeitig bearbeitet,
ist ein **Mehrprogrammbetrieb (multiprogramming)** möglich.[285]

Eine weitere Frage ist, welche **Verarbeitungsformen** vom Betriebssystem
unterstützt werden. In den Anfangszeiten der EDV dominierte die **Stapelverarbeitung.** Dabei wurden sämtliche zu verarbeitenden Daten gesammelt,
in die EDVA eingegeben und von dieser ohne Eingriff des Benutzers verarbeitet. Anschließend wurden die Ergebnisse dem jeweiligen Benutzer gesammelt geliefert. Stellte der Benutzer Fehler fest, die auf falsch eingegebe-
nen Daten beruhten, so mußte der gesamte Prozeß von vorn durchlaufen
werden. Die Datenverarbeitung erfolgte also **sukzessiv.**

Mit der zunehmenden Beschleunigung der Verarbeitung innerhalb einer
EDVA änderte sich auch die Verarbeitungsform. Ein Großteil der durch
EDVA wahrgenommenen Aufgaben wird heute im Rahmen der **Dialogverarbeitung** abgewickelt. Dabei stehen beide Teile, Anwender und EDVA, in
ständiger Verbindung und können noch während des Verarbeitungsprozes-
ses Daten austauschen oder Korrekturen vornehmen. Auf diese Art kann der
Anwender direkt in den Verarbeitungsprozeß eingreifen, Zwischenergebnisse abrufen, die weitere Verarbeitung abhängig von diesen Zwischenergebnissen vornehmen lassen und einzelne Daten noch während der Verarbeitung
eingeben. Die Anlage kann einzelne Eingaben des Anwenders sofort auf ihre
Plausibilität hin überprüfen, ihn auf Fehler aufmerksam machen und die
Möglichkeit bieten, Fehler sofort zu korrigieren. Mensch und Maschine arbeiten also **simultan.** Auf diese Weise kann die Anzahl der für die Abwicklung eines Auftrages benötigten Arbeitsschritte erheblich reduziert werden,
so daß die Dialogverarbeitung erhebliche Auswirkungen auf die betriebliche
Organisation hat.[286]

Voraussetzung für die sinnvolle Durchführung der Dialogverarbeitung
sind **kurze Antwortzeiten** (im Sekundenbereich), was hohe Anforderungen
an die Verarbeitungsgeschwindigkeit einer EDVA stellt. Da die Stapelverarbeitung eine wesentlich höhere Auslastung der Hardwarekomponenten erreicht, ist die Dialogverarbeitung außerdem nur dann sinnvoll, wenn die
EDVA den jeweiligen Arbeitsprozeß ohne Eingriffsmöglichkeit des Menschen nicht oder nur wesentlich schlechter ausführen kann. Die Verarbeitung
von Belegen im Bankenzahlungsverkehr, die Erstellung der Konten der Finanzbuchhaltung aus dem Journal heraus u. ä. sind beispielsweise Aufgaben,
die nach wie vor sinnvoll mit Hilfe der Stapelverarbeitung gelöst werden
können.

Da jedoch der Preis von Hardwarekomponenten ständig sinkt und ihre
Leistungen steigen, während gleichzeitig die mit Hilfe der EDV zu lösenden
Probleme immer komplexer werden, wird heute die Stapelverarbeitung nur
noch selten eingesetzt. Für die einzelnen Anwender wird durch den Einsatz

---

[285] Vgl. Heinrich, L. J./Lehner, F./Roithmayr, F., a. a. O., S. 49
[286] Vgl. Wedekind, E. E., Informationsmanagement in der Organisationsplanung, Wiesbaden 1988, S. 45 ff.

der Dialogverarbeitung eine wesentlich **höhere Aktualität** der Daten geboten. Durch die Dialogverarbeitung wird außerdem die „klassische" Trennung zwischen Dateneingabe- und Sachbearbeitertätigkeit aufgehoben. Mit dem Dialog zwischen Mensch und EDVA und mit der Verlagerung von Tätigkeiten vom Menschen auf die EDV kann der einzelne Sachbearbeiter damit ein breiteres Aufgabengebiet betreuen. Es erfolgt also eine **Integration von Funktionsabläufen am Arbeitsplatz.** Schließlich ermöglicht die Dialogverarbeitung einen **interaktiven Planungs- und Entscheidungsprozeß,** was zur Entwicklung betrieblicher Informationssysteme führte. Auf diese wird später noch genauer eingegangen. (**ÜB 2/53–54**)

cc) Die Anwenderprogramme

Damit sie ihre Aufgaben erfüllen kann, benötigt eine EDVA – wie oben bereits festgestellt – auch Anwenderprogramme. Diese Anwenderprogramme können mit unterschiedlicher Zielsetzung konzipiert werden. Entweder werden sie als **Standardprogramme** oder Standardsoftware entwickelt, die bei einer möglichst großen Anzahl von Nutzern eingesetzt werden soll, oder als **Individualprogramme,** die für die Lösung eines einzigen, häufig wiederkehrenden Problems eines einzelnen Anwenders konzipiert werden. Die **optimale Anpassung an die organisatorischen Gegebenheiten** des einzelnen Betriebes wird durch die Individualprogramme ermöglicht, da diese – wie ein Maßanzug – genau auf die organisatorischen und technischen Gegebenheiten (Hardwareausstattung) eines Betriebes abgestimmt werden können. Gleichzeitig kann durch die Einbeziehung der betroffenen Fachabteilungen bei der Entwicklung und ihre spätere Betreuung eine **verbesserte Akzeptanz** der EDV erreicht werden. Schließlich können Individualprogramme beliebig an veränderte organisatorische Gegebenheiten angepaßt werden, so daß sie eine **hohe Flexibilität** bieten.

Diese Vorteile bietet die Standardsoftware nicht. Dafür ist sie jedoch um ein Vielfaches billiger; ihre Kosten liegen oft bei nicht einmal 10% der Kosten für vergleichbare Individualsoftware.[287] Außerdem ist die Standardsoftware im Gegensatz zur Individualsoftware sofort verfügbar; das ist insbesondere im Hinblick auf den geschilderten Anwendungsrückstau von Bedeutung. Weiterhin kann sie dazu dienen, in den Betrieben Lücken im betriebswirtschaftlichen und technischen Wissen aufzufüllen. Die Verbreitung von Standardsoftware führt so dazu, daß die in ihr enthaltenen betriebswirtschaftlichen Lösungskonzepte über diese Programme als Multiplikator Verbreitung erfahren.[288]

Insbesondere der große Kostenvorteil der Standardsoftware, verbunden mit ständigen Weiterentwicklungen und erhöhter Benutzerfreundlichkeit, führt zu einem zunehmenden Einsatz der Standardsoftware. Wurden noch 1979 ca. 80% der auf kommerziell genutzten PC's eingesetzten Programme

---

[287] Vgl. Scheer, A.-W., EDV-orientierte Betriebswirtschaftslehre, 4. Aufl., Berlin, Heidelberg, New York 1990, S. 141
[288] Vgl. ebda., S. 139 ff.

individuell angefertigt, so kehrte sich dieses Verhältnis Ende der achtziger Jahre nahezu um.[289]

Ob für einzelne Aufgaben eines Betriebes der Einsatz von Standard- oder Individualsoftware zweckmäßiger ist, läßt sich nicht pauschal beurteilen. Genau wie bei anderen Investitionsentscheidungen muß auch hier die Alternative gewählt werden, die das beste Kosten-Nutzen-Verhältnis bietet. Wichtige Kriterien, die bei der Entscheidung zwischen Standard- und Individualsoftware sowie bei der Auswahl von Standardsoftware berücksichtigt werden sollten, sind z. B. die von einem Standardsoftwarepaket gebotene Anpaßbarkeit an Veränderungen der Problemstellungen der organisatorischen Gegebenheiten und die vom Programm gebotene Benutzerfreundlichkeit.[290] Letztlich läuft die Entscheidung jedoch oft auf die Abwägung der wichtigsten Kriterien hinaus – dem höheren Preis von Individualsoftware steht ihre bessere Anpassungsfähigkeit an betriebliche Gegebenheiten gegenüber. Hier zeigt sich, daß besonders jene Probleme zur Lösung durch Standardsoftware geeignet sind, die bei allen Anwendern auf dieselbe Art gelöst werden, also wenig oder keine betriebsspezifischen Gegebenheiten aufweisen. Dazu gehören beispielsweise die Textverarbeitung, die Finanzbuchhaltung oder die Materialwirtschaft, während Bereiche mit starken betriebsspezifischen Einflüssen wie die Kapazitätssteuerung oder die Unternehmensplanung den standardisierten Lösungen weniger zugänglich sind.

Einen Kompromiß zwischen beiden Arten von Anwendungssoftware bieten sogenannte **Modulprogramme,** bei denen der Anwender aus einer Art Baukastensystem die für ihn passenden Programmteile zusammenstellen kann. Modulprogramme stellen somit einen Kompromiß zwischen Standard- und Individualsoftware dar, der die Vorteile beider Arten von Software miteinander verbinden soll. Ähnliches wird für den Bereich der mathematisch-statistischen Planungsverfahren mit Hilfe von **Methodenbanken** erreicht, wie sie beispielsweise bei der Auswahl von Prognoseverfahren verwandt werden. Methodenbanken enthalten zur Lösung eines bestimmten Problems nicht eine, sondern verschiedene Lösungsmethoden; abhängig von der genauen Problemstellung wird der Benutzer einer solchen Methodenbank zur Auswahl der Methode geführt, die für seine Problemstellung am besten geeignet ist.[291]

---

[289] Vgl. Kutzner, R., Organisationskonzepte für Personal Computer, Köln 1988, S. 30, sowie die dort genannte Literatur.

[290] Zu den erarbeiteten Kriterienkatalogen vgl. z. B. Stahlknecht, P., Standardsoftware, in: Lexikon der Wirtschaftsinformatik, hrsg. von Mertens, P., 2. Aufl., Berlin, Heidelberg, New York 1990, S. 400 ff.

[291] Ähnliches gilt für Modellbanken, bei denen die Strukturen realer Probleme erfaßt und in Modellen abgebildet werden. Vgl. dazu z. B. Kohlas, J., Modelle und Methoden, in: Informatik für EDV-Benützer, hrsg. von Kohlas, J., Waldburger, H., Bern, Stuttgart 1978, S. 71 ff.

dd) Die Programmiersprachen

Damit eine EDVA einzelne Befehle verstehen kann, müssen diese in Maschinensprache, also in dualer Form, vorliegen. Wollte ein Programmierer die Programme jedoch in dieser Form schreiben, wäre das für ihn äußerst umständlich. Er müßte nicht nur eine Zerlegung von Problemen in elementare logische Operationen vornehmen, sondern auch noch Befehl für Befehl in die duale Form übersetzen.

Um ihn zunächst von der Arbeit des Übersetzens zu befreien, wurden **Assemblersprachen** entwickelt. Bei ihnen muß der Programmierer das Programm zwar ebenfalls in elementare logische Operationen zerlegen, die Übersetzung in die Maschinensprache wird jedoch Befehl für Befehl durch ein Übersetzungsprogramm, den Assembler, übernommen.

Die Weiterführung bei der Entwicklung derartiger Übersetzungsprogramme bestand darin, den Programmierer auch von der Arbeit der Zerlegung von Problemen in kleinste Elementaroperationen zu entlasten. Viele Probleme ähneln sich in ihrer Struktur, so daß es nicht zwingend notwendig ist, jedesmal ein neues Programm zu schreiben, um das betreffende Teilproblem zu lösen. Ein Beispiel dafür stellen Sortiervorgänge dar, die in immer gleicher Form anfallen. Zerlegt in Elementaroperationen bestehen sie darin, die zu sortierenden Elemente einer Liste einzeln nacheinander aufzurufen und mit dem jeweils nächsten Element zu vergleichen. Soll die Liste (z. B. eine Umsatzliste) nach Größe absteigend sortiert werden, so müssen Element 1 und 2 vertauscht werden, wenn Element 1 kleiner als Element 2 ist; ist Element 1 größer, so bleibt die Reihenfolge bestehen.

Um diese vollständige Zerlegung nicht mehr vornehmen zu müssen, wurden **höhere Programmiersprachen** (Programmiersprachen der 3. Generation) entwickelt, die ein Programm aus Elementaroperationen durch einen einzigen, entsprechend „mächtigeren" Befehl ersetzen. Statt des Schreibens eines kompletten Sortierprogramms steht in derartigen Programmiersprachen ein einziger Befehl „Sortiere", der entsprechende Operationen auslöst, zur Verfügung. Diese Programmiersprachen sind weniger am maschineninternen Ablauf des Datenverarbeitungsprozesses als am Problem selbst orientiert. Sie heißen daher auch **problemorientierte Programmiersprachen.**

Da die EDV jedoch nur elementare, in dualer Form gespeicherte Maschinenbefehle verstehen kann, müssen in einer derartigen Form geschriebene Programme ebenfalls übersetzt werden. Naturgemäß sind die dabei zu leistenden Übersetzungsarbeiten wesentlich umfangreicher als bei einfachen, Befehl für Befehl übersetzenden Assemblern.

Die Übersetzung der einzelnen Programme kann zu verschiedenen Zeitpunkten erfolgen. Die erste Möglichkeit besteht darin, daß das Programm nach dem Schreiben sofort in Maschinensprache übersetzt wird. In diesem Fall wird das Programm durch einen **Compiler** umgesetzt und steht danach nur noch in Maschinensprache zur Verfügung. Eine zweite Möglichkeit besteht darin, das Programm in seiner Orginalform zu erhalten und erst beim Programmablauf mit Hilfe eines **Interpreters** umzusetzen. Dem Vorteil der wesentlich höheren Verarbeitungsgeschwindigkeit kompilierter Programme steht dabei der Nachteil gegenüber, daß bei Änderungen der Programme jedesmal das in der höheren Programmiersprache geschriebene Originalprogramm, der sogenannte **Quellcode,** verändert und neu kompiliert werden muß, während ein durch einen Interpreter ausführbares Programm beliebig verändert werden kann.

Je komplexer und umfangreicher derartige Übersetzungsprogramme sind, desto leichter ist die Tätigkeit des Programmierens und desto geringer der dafür benötigte Zeitaufwand. Zunehmender Programmierkomfort erlaubt es der jeweiligen Programmiersprache, sich vom computerinternen Arbeitsablauf ab- und zu den zu lösenden Problemen hinzuwenden.

Diese Problemorientierung bewirkt zwei Dinge: Zum einen können Programmiersprachen entwickelt werden, die besonderes gut für die Lösung einzelner Probleme geeignet sind. Es kann also eine **Spezialisierung** erfolgen.[292] Zum anderen wird zunehmend versucht, die Programmiertätigkeit am menschlichen Denken auszurichten. **Hochsprachen** bzw. Sprachen der 4. Generation werden beispielsweise in einer Form konzipiert, bei der der Anwender dem Computer nicht mehr mitteilen muß, **wie** etwas zu tun ist, sondern nur noch, **was** zu tun ist. Es genügt also, das Problem zu formulieren und seine Lösung dem Computer, genauer: einem sehr ausgefeilten und umfangreich konstruierten Übersetzungsprogramm, zu überlassen. Das wiederum führt dazu, daß für die Anwendung solcher Programmiersprachen zunehmend weniger EDV-spezifische Kenntnisse erforderlich sind. Auf diese Art wird eine zunehmende Anzahl von EDV-Nutzern in die Lage versetzt, ohne ständige Unterstützung durch EDV-Fachkräfte die EDV zur Lösung ihrer individuellen Probleme einsetzen zu können. In den einzelnen Betrieben können daher Sachbearbeiter in zunehmendem Maße mit einfachen Programmieraufgaben betraut werden. Schließlich steigt durch den Einsatz derartiger Programme die Programmiereffizienz, so daß damit der Anwendungsrückstau abgebaut werden kann.

Besonders berücksichtigt werden muß bei der Entwicklung von Programmen die sogenannte **Benutzerschnittstelle.** Darunter versteht man die Teile eines Programms, mit denen der Anwender in Berührung kommt. Vereinfacht gesagt handelt es sich um den Teil des Programms, dessen Auswirkungen der Anwender auf dem Bildschirm zu sehen bekommt. Sind die dort sichtbaren Programmteile für den Anwender unübersichtlich, mißverständlich oder sogar fehlerhaft, führt das zu Akzeptanzschwierigkeiten. Gleichzeitig stellt eine schlechte Benutzerschnittstelle eine potentielle Fehlerquelle dar, da die mißverständlichen oder fehlerhaften Anforderungen und Anweisungen des Systems zur fehlerhaften oder unvollständigen Dateneingabe führen

---

[292] Beispielsweise wurde die Programmiersprache FORTRAN zu Beginn für den wissenschaftlich-technischen Bereich mit wenigen Daten, dafür jedoch komplizierten Funktionen entwickelt, während COBOL für den kaufmännisch-administrativen Bereich (viele Daten, einfache Operationen) entwickelt wurde. Durch den ständigen Ausbau des Befehlsvorrates der einzelnen Sprachen verschwimmen diese Unterschiede jedoch wieder; Programmiersprachen werden universeller.

können. Diese fehlerhaften Eingaben werden durch das Programm weiterverarbeitet, so daß trotz eines guten Programmes die Ergebnisse, die es liefert, falsch sind. Aus diesen Gründen wird in neuerer Zeit einer guten Benutzerschnittstelle und allgemein einem benutzerfreundlichen Programm ein hoher Stellenwert eingeräumt.

f) Die Nutzdaten

aa) Grundlagen der Nutzdatenverwaltung

Neben den oben dargestellten Steuerdaten gibt es die Nutzdaten, also die Daten, die durch die EDVA zu verarbeiten sind. Lange Zeit nahm man keine genaue Trennung zwischen Nutz- und Steuerdaten vor. So können beispielsweise in einem Programm, das der Lohnabrechnung dient, die jeweiligen Lohnsteuersätze bereits fest in das Programm eingebunden sein, so daß diese Nutzdaten fest mit den Steuerdaten des Computers verbunden sind. Sie können aber auch in einer separaten Datentabelle erfaßt werden, die bei Ablauf des Programmes als Hilfsmittel herangezogen wird. Dadurch erfolgt eine **strikte Trennung zwischen Nutz- und Steuerdaten.** Nimmt man diese Trennung nicht vor, muß bei jeder Änderung der Lohnsteuersätze das gesamte Programm nach den Stellen, an denen die einzelnen Steuersätze „versteckt" sind, durchsucht und dort geändert werden, während bei einer separaten Tabelle lediglich diese Tabelle zu verändern ist. Die Trennung macht Programme also änderungsfreundlicher und damit flexibler.

Dennoch benötigen Programme die Daten stets in einer bestimmten Form. Soll ein Programm beispielsweise für Zwecke der Finanzbuchhaltung ein Journal aus einzelnen Zahlen zusammenstellen, benötigt es dafür numerische Daten in einer bestimmten Länge; würde statt einer so genormten Zahl plötzlich die Zeichenfolge „x2sdf!" oder die Zahl „0,00000000012" auftreten, könnte das Programm mit ihnen nicht arbeiten. Die Daten müssen also normiert oder **formatiert** werden. Dabei wird festgelegt, welche Information in welcher Form an welcher Stelle gespeichert wird.[293] Nachfolgend soll daher kurz gezeigt werden, wie Daten überhaupt formatiert werden können.

Ziel der elektronischen Datenverarbeitung ist die Verarbeitung von Informationen über die reale Umwelt. Genau wie man zur Beschreibung von Personen einzelne Merkmale auflistet (Größe 1,75 m, Augen braun, Haar schwarz usw.), also eine Beschreibung der Objekte der Realwelt mit Hilfe einzelner Merkmale oder **Attribute** vornimmt, werden auch in der EDV einzelne reale Objekte durch einige relevante Attribute oder Daten beschrieben. Die Daten dienen also dazu, den für die Verarbeitung benötigten Teil eines Realweltobjektes in der EDV-Welt abzubilden. Soll beispielsweise in einer EDVA eine Adreßverwaltung eingerichtet werden, so werden einzelne Menschen mit wenigen Attributen, nämlich Nachname, Vorname, Postleitzahl usw. beschrieben, während andere Merkmale wie Kinderzahl, Größe,

---

[293] Das Gegenstück dazu stellen unformatierte Daten dar, wie sie beispielsweise bei Texteingaben vorliegen; hier ist nicht festgelegt, an welcher Stelle welche Information zu finden ist.

Alter usw. außer acht bleiben; sie sind für den Zweck der Adreßverwaltung irrelevant. Die Daten, die zusammen das Realweltobjekt in der EDV-Welt repräsentieren, bilden den **Datensatz,** die einzelnen Merkmale stellen die **Felder** des Datensatzes dar.

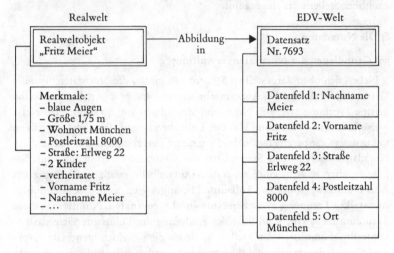

Abb. 48: Abbildung von Realweltobjekten in der EDV

Die einzelnen Felder bestehen nun ihrerseits aus einer bestimmten Anzahl von Zeichen eines bestimmten Typs. So kann z. B. das Feld „Postleitzahl" aus 4 numerischen Zeichen oder das Feld „Nachname" aus 25 alphabetischen Zeichen (nicht benötigte Zeichen werden durch Leerzeichen aufgefüllt) bestehen. Alle Datensätze zusammen bilden eine **Datei,** alle Dateien eines Datenverarbeitungssystems zusammen eine **Datenbank.** Die nachfolgende Abbildung veranschaulicht noch einmal die Zusammenhänge zwischen den einzelnen Begriffen.

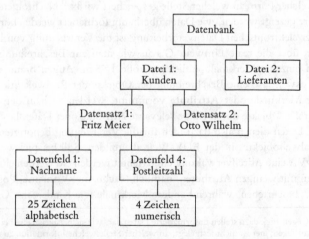

Abb. 49: Aufbau von Dateien und Datenbanken

Die Tatsache, daß die Verarbeitung der Nutzdaten der eigentliche Zweck jeder Datenverarbeitung ist, führte in jüngerer Zeit dazu, daß man sich von den technischen Problemen der Datenverarbeitung ab- und einer genaueren Betrachtung der Nutzdaten zuwandte. Heute wird daher von einem fortschrittlichen Datenverarbeitungssystem gefordert, daß die Verwaltung der Nutzdaten folgenden Kriterien genügt:

(1) Technische Effizienz durch schnelle Zugriffszeiten auf die Daten und eine wirtschaftliche Speicherauslastung;

(2) Redundanzfreiheit (alle Daten sollen nur einmal in einer Datenbank gespeichert werden);

(3) Integrität der Daten (Fehlerfreiheit bei der Abbildung der Realität und Widerspruchsfreiheit der Daten untereinander);

(4) Aktualität der Daten;

(5) Unabhängigkeit der Nutzdaten von den sie verarbeitenden Programmen, also den Steuerdaten;

(6) Unabhängigkeit der Daten von der Art der physikalischen Speicherung, also von der Frage, wie die Daten innerhalb einer EDVA tatsächlich gespeichert werden;

(7) Flexibilität der Datenverwaltung, damit eine einfache Anpassung an veränderte Problemstellungen vorgenommen werden kann.

Diese Anforderungen führten zur Entwicklung von Datenbanksystemen, die später noch beschrieben werden. (**ÜB 2/55**)

bb) Die Erfassung von Nutzdaten

Im Vergleich zu den übrigen Teilbereichen der Datenverarbeitung (Verarbeitung, Speicherung und Ausgabe) ist die Datenerfassung oder Dateneingabe ein sehr langsamer Teilbereich der EDV, da der Großteil der benötigten Daten nach wie vor manuell, nämlich über Tastaturen, eingegeben werden muß. Man spricht daher auch vom „Hemmschuh" oder „Flaschenhals" der EDV.

In der Anfangszeit der EDV orientierte man sich am jeweiligen Standort der EDVA, um dann die Daten dorthin zu transportieren und sie in der gewünschten Form für die Eingabe aufzubereiten. Mit der Verkleinerung und Verbilligung von Hardwarekomponenten bestehen diese Sachzwänge heute nicht mehr. Es ist daher möglich, die Datenerfassung in der Form zu organisieren, in der sie für den jeweiligen Betrieb und den jeweiligen Zweck am sinnvollsten ist. Man paßt also nicht mehr die Datenerfassung den technischen Gegebenheiten an, sondern legt fest, wie die Datenerfassung im Rahmen der betrieblichen Organisation am besten organisiert werden kann und paßt anschließend die Geräteausstattung diesen Erfordernissen an.

Will ein Betrieb daher die EDV einsetzen, so ist es für ihn sinnvoll, festzustellen, wo die einzelnen Daten anfallen, wann sie dort in welcher Menge anfallen, in welcher Form sie anfallen und wie schnell die Ergebnisse zur Verfügung stehen müssen. Hilfreich ist dabei die Anfertigung eines **Datenflußplanes,** in dem alle im Betrieb auftretenden Datenströme aufgezeichnet werden. Erst danach ist festzulegen, welches Datenerfassungsverfahren am besten geeignet ist.

Bei den Erfassungsverfahren unterscheidet man abhängig vom Ort der Erfassung zwischen **zentraler** und **dezentraler** Erfassung. Brachte man in den Anfangsjahren der EDV „die Daten zum Computer", erfaßte sie also zentral, so ist man heute bemüht, „den Computer zu den Daten zu bringen", also eine dezentrale Erfassung der Daten an den Stellen vorzunehmen, an denen sie anfallen.

Weiterhin trennt man zwischen **on-line-Datenerfassung,** bei der eine direkte Verbindung mit Datenaustauschmöglichkeit zwischen Erfassungsgerät und EDVA besteht, und **off-line-Datenerfassung,** bei der diese Verbindung nicht besteht. Dabei geht die Entwicklung in Richtung der on-line-Datenerfassung, damit eine größere Aktualität erreicht werden kann. Schließlich kann man nach dem Mobilitätsgrad der Datenerfassungsgeräte zwischen **stationären** und **mobilen** Erfassungsgeräten unterscheiden. Mobile Datenerfassungsgeräte ermöglichen eine vom Standort der EDVA völlig unabhängige Datenerfassung. Sie können sinnvoll beispielsweise bei der Lagerverwaltung oder im Rahmen der Inventur eingesetzt werden.

Durch die Tendenz zu dezentraler, unter Umständen sogar mobiler Datenerfassung bieten sich den einzelnen Betrieben bessere organisatorische Gestaltungsmöglichkeiten, mit deren Hilfe sie eine optimale Anpassung der Datenerfassung an die betrieblichen Erfordernisse vornehmen können.

cc) Die Datenbanksysteme

Mit der Verwaltung und Speicherung von Daten versucht man – wie oben gezeigt –, bestimmte Ziele zu verwirklichen. Eines der wichtigsten Ziele ist die **Datenunabhängigkeit.** Während früher die Unabhängigkeit der Daten von ihrer physischen Speicherungsform besonders problematisch war, bemüht man sich heute besonders um die Unabhängigkeit der Nutzdaten von den Programmen, also von den Steuerdaten.[294]

Zu diesem Zweck wurden Datenbankverwaltungssysteme oder kurz **Datenbanksysteme** entwickelt. Bei ihnen werden die Daten als separates Organisationsinstrument angesehen, das von den Programmen völlig unabhängig ist. Die Verwaltung und Pflege der Daten geschieht zentral durch einen **Datenbankadministrator.** Bei der klassischen Datenverarbeitung wurden die jeweils benötigten Daten in der gewünschten Form für jedes Programm einzeln zur Verfügung gestellt, die Eingabe der Daten mußte dabei in aufbereiteter Form für jedes Programm separat erfolgen. Benötigten verschiedene Programme dieselben Daten, führte das dazu, daß viele Daten mehrfach vorhanden waren; sie waren **redundant.** Nur stellenweise erfolgte für den Datenaustausch zwischen einzelnen Programmen eine notdürftige Verbin-

---

[294] Die physikalischen Probleme haben insbesondere wegen des Vordringens anderer Speichermedien an Bedeutung verloren. Trotzdem ist es auch heute noch notwendig, sich mit den einzelnen physischen Speicherungsformen auseinanderzusetzen. Vgl. dazu z.B. Stahlknecht, P., Einführung . . ., a. a. O., S. 179 ff.

dung durch **Bridge-Programme,** so daß eine Mehrfacherfassung vermieden werden konnte.

Bei einem Datenbanksystem dagegen existieren alle Daten nur einmal, und zwar in möglichst zweckneutraler Form. Benötigt ein Programm einzelne Daten, so fordert es sie vom Datenbankverwaltungssystem an. Dieses stellt die Daten zusammen, bereitet sie in der vom Programm benötigten Form auf und stellt sie ihm dann zur Verfügung. Werden Daten verändert, so werden die geänderten Daten sofort in der Datenbasis berücksichtigt. Damit können alle Programme stets mit den aktuellsten Daten arbeiten. Soll die Struktur einzelner Dateien verändert werden, weil beispielsweise in einer Kundendatei ein Feld zur Erfassung der Reaktion auf eine bestimmte Werbemaßnahme eingerichtet werden soll, so ist diese Änderung innerhalb des Datenbanksystems möglich, ohne daß einzelne Programme verändert werden müssen. Ein Datenbanksystem erfüllt also weitgehend die Forderungen nach Datenunabhängigkeit, Redundanzfreiheit, Aktualität und Flexibilität und damit die Forderungen, die an die Nutzdatenverwaltung gestellt werden. Die nachfolgende Abbildung veranschaulicht die Unterschiede zwischen klassischer Dateiverwaltung und einem Datenbanksystem.

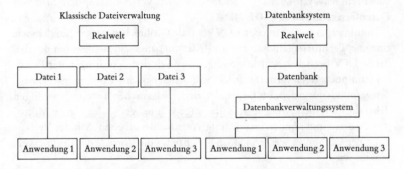

Abb. 50: Klassische Dateiverwaltung und Datenbanksystem

Die technische Entwicklung bei den Datenbanksystemen ist noch nicht abgeschlossen. Insbesondere sind noch Probleme der technischen Effizienz (Datenbankverwaltungssysteme arbeiten wesentlich langsamer als Programme mit Unterstützung durch die klassische Dateiverwaltung) und bei der Realisierung von Netzwerken zu lösen.[295]

Betriebswirtschaftlich ermöglichen Datenbanksysteme die Installation **integrierter Systeme,** bei denen nicht mehr einzelne Probleme mit einzelnen Programmen gelöst werden („Insellösungen"), sondern bei denen ein Programmsystem geschaffen wird, in dem der gesamte Betriebsablauf abgebildet wird. Wird in einem solchen integrierten System beispielsweise ein eingehender Auftrag eingegeben, so wird nicht nur dessen Erledigung veran-

---

[295] Vgl. dazu Hoffmann, F., a. a. O., S. 106. Bei den Netzwerken sind besonders Probleme der Datensicherheit und bei der Realisierung von auf mehrere Rechner verteilten Datenbanksystemen zu lösen.

laßt, sondern es werden gleichzeitig Buchungssätze für die Buchhaltung erstellt, die Statistik weitergeführt, die Einkaufsdisposition aktualisiert und die Rechnungsstellung veranlaßt. Es erfolgt daher durch Datenbanksysteme eine Veränderung der betrieblichen Organisationsstruktur; Funktionen werden dezentralisiert und an einzelnen Stellen, an denen die jeweiligen Daten anfallen, integriert.[296]

dd) Die Datenfernübertragung und Datenfernverarbeitung

Bisher wurden Besonderheiten bei der Nutzdatenerfassung und bei der Nutzdatenspeicherung behandelt. Weitere Besonderheiten treten bei der örtlichen Transformation, also dem Nutzdatentransport, über größere Entfernungen auf. Von einer **Datenfernübertragung (DFÜ)** spricht man, wenn Daten über die örtlichen Grenzen einer EDVA hinaus übertragen werden. Das ist ab einer Entfernung von ca. 2000m der Fall, da dann die übertragenen Signale verstärkt werden müssen; wegen des bei Überschreiten der Grundstücksgrenzen einsetzenden Leitungsmonopols der Deutschen Bundespost liegt jedoch beim Überschreiten der Grundstücksgrenzen unabhängig von der Entfernung in jedem Falle bereits DFÜ vor. Werden die Daten außerdem nach erfolgter DFÜ an anderer Stelle verarbeitet, spricht man von **Datenfernverarbeitung (DFV).**

Dominierten zu Beginn der EDV zentrale Großrechenanlagen, an die viele einzelne **Terminals** (Bildschirm und Tastatur) angeschlossen waren und bei denen DFV betrieben wurde, so setzen sich seit dem Vordringen der Personal Computer **Rechnernetze** durch, mit denen einzelne Computer miteinander verbunden werden. Im Gegensatz zu den klassischen Terminals verfügen dabei die einzelnen Arbeitsplätze über eigene Intelligenz, also eigene Mikroprozessoren, und können unabhängig voneinander arbeiten. Mit der Verbindung der Computer werden jedoch gleichzeitig die Vorteile des Rechnerverbundes wie

– **Datenverbund** (zentral gespeicherte Daten können von allen angeschlossenen Rechnern abgerufen werden);
– **Funktionsverbund** (Geräte und Programme müssen nur jeweils einmal vorhanden sein und können von allen angeschlossenen Rechnern benutzt werden);
– **Kommunikationsverbund** (möglicher Informationsaustausch zwischen den einzelnen Rechnern) sowie
– **Lastverbund** und **Sicherheitsverbund** (bei starker Auslastung bzw. Ausfall einzelner Rechner kann auf andere Rechner ausgewichen werden) ausgenutzt.

Für die DFÜ werden spezielle Geräte, insbesondere eine **Datenübertragungseinrichtung,** benötigt. Das können beispielsweise Akustikkoppler oder Modems sein, mit deren Hilfe digitale Daten des Computers in analoge Daten übertragen werden. Diese analogen Daten werden anschließend mit Hilfe des Telefonnetzes übertragen.

---

[296] Vgl. dazu auch Scheer, A.-W., EDV-orientierte . . . , a. a. O., S. 16 ff.

Bei der DFÜ ist jedoch eine große Zahl technischer Probleme zu lösen. Am schwierigsten ist es dabei, Normen zu vereinbaren, die es einer Anzahl völlig unterschiedlicher EDVA erlauben, miteinander zu kommunizieren. Die Probleme bestehen dabei auf verschiedenen Ebenen oder Schichten; sie beginnen bei einfachen physikalischen Anpassungsnotwendigkeiten (gleiche Stromstärke, gleiche Belegung von einzelnen Steckern) und gehen über Fragen wie z. B. Geschwindigkeit und Reihenfolge der übertragenen Daten bis hin zur Art der Codierung von Daten. Um diese Normung zu erreichen, wurde von einem internationalen Normungsausschuß ein einheitliches Übertragungsmodell, das **ISO-OSI-Referenzmodell** (International Organisation for Standardization – Open Systems Interconnection) entwickelt, das für insgesamt sieben Schichten einheitliche Normen festlegt.

Rechnernetze existieren auf verschiedenen Ebenen. Die wichtigsten Netze sind die **lokalen Netze (LANS),** bei denen Rechner auf lokaler Ebene miteinander verbunden werden, und die **offenen Fernnetze,** an die sich einzelne EDV-Benutzer nach Bedarf anschließen können und die zur Übertragung die verschiedenen Dienste der Deutschen Bundespost nutzen. Diese ist zur Zeit dabei, ein einheitliches, auf Glasfasertechnologie basierendes **IBFN-Netz (integriertes Breitbandfernmeldenetz)** zu errichten, über das gleichermaßen digitale Telefongespräche, Daten von EDVA, Telexe und Telefaxe, Videokonferenzen sowie Rundfunk und Fernsehen übertragen werden können. Die Übertragung sämtlicher Signale erfolgt dabei in digitaler Form. Auf dieser Vereinheitlichung beruhen die Vorstellungen vom **Office of the future,** bei dem sämtliche in einem Büro anfallenden Arbeiten – angefangen von Terminplanung, Schreibarbeiten, Kommunikationsdiensten wie Telefon, Telefax und Videokonferenzen über die Textverarbeitung, Sprachverarbeitung (z. B. diktierte Texte) und Handschriftenverarbeitung bis hin zur Ablage – mit Hilfe eines einheitlichen **Büroinformationssystems** abgewickelt werden.[297]

Zur Zeit ist eine starke Tendenz zur Vernetzung von EDVA festzustellen. Es werden nicht nur einzelne EDVA untereinander, sondern auch diese Netze wiederum miteinander verbunden, so daß die Grenzen zwischen den einzelnen Netzwerktypen verschwimmen. Nach Überwindung der technischen Probleme, die im wesentlichen durch eine Anpassung der verschiedenen Hersteller an das ISO-OSI-Referenzmodell erreicht werden dürfte, wird in absehbarer Zeit vermutlich der größte Teil aller EDVA miteinander verbunden sein. Das führt dazu, daß verschiedene, von spezialisierten Anbietern entwickelte Dienstleistungen wie z. B. **Mailboxdienste,** bei denen die Nachrichtenübermittlung zwischen angeschlossenen Nutzern ermöglicht wird, an Bedeutung gewinnen werden. Das gilt noch mehr für spezialisierte **Datenbankdienste.** Bei diesen wird spezielles Wissen zu einzelnen Wissensgebieten in großen Mengen zusammengetragen, strukturiert gespeichert und mit Hilfe der EDV in schneller Form verfügbar gemacht. Gegen Gebühr erhalten die angeschlossenen Nutzer Zugang zu diesem Datenbankdienst, können

---

[297] Vgl. Hoffmann, F., a. a. O., S. 208 ff.

dort Recherchen vornehmen und sich die Ergebnisse auf ihre eigene EDVA übertragen lassen.

g) Die Auswirkungen des EDV-Einsatzes auf die Betriebsführung

aa) Auswirkungen auf die Betriebsorganisation

Oben wurden die Vorteile des Einsatzes der EDV für die Betriebsführung bereits angesprochen. Die wichtigsten Vorteile dabei sind die höhere Geschwindigkeit der Informationsverarbeitung, die Zuverlässigkeit der Verarbeitung und die Möglichkeit, mehr Daten als bei der manuellen Datenverarbeitung in effizienter Weise zu verarbeiten. Diese Vorteile werden noch durch die Vernetzung und die damit ermöglichte Nutzung externer Informationsdienste gesteigert. Weiterhin kann die Vernetzung und die Dezentralisierung von EDV-Anlagen zu einer **Dezentralisierung von Entscheidungsbefugnissen** führen. Rationale Entscheidungen erfordern die Verarbeitung von Informationen; werden durch die verteilte Intelligenz Informationen und Möglichkeiten zur Verarbeitung der Information dezentralisiert, so können auch die Entscheidungen dezentralisiert werden. Daneben kann die Vernetzung zu einer **Vereinheitlichung betriebswirtschaftlicher Konzepte** in verbundenen Unternehmen führen, da die Vernetzung direkten Datenaustausch ermöglicht, die Auswertung dieser Daten jedoch einheitlich ermittelte Daten erfordert.[298]

Wegen der durch eine hohe Verarbeitungsgeschwindigkeit erreichten höheren Aktualität der Informationen, der effizienten Verarbeitung von mehr Informationen und wegen der Möglichkeit, durch die Vernetzung Informationen sehr schnell in beinahe beliebiger Menge und Genauigkeit an beliebige Orte zu transportieren, steigen also die Möglichkeiten, über eine bessere Informationsverarbeitung einen **Wissensvorsprung** zu erreichen. Da der mögliche Wissensvorsprung der Anwender gegenüber den Nichtanwendern durch die Fortschritte bei der EDV noch größer wird, wird der effizienten Informations- und damit Datenverarbeitung zukünftig noch größere Bedeutung zukommen. Betriebe, die dieses Problem nicht rechtzeitig erkennen und sich darauf einrichten, werden einen zunehmenden relativen Wettbewerbsnachteil aufweisen und langfristig Schwierigkeiten haben, sich am Markt zu behaupten.

Dabei darf allerdings nicht übersehen werden, daß diese Vorteile nicht allen Betrieben in vollem Maße zugänglich sind, da dafür relativ hohe Investitionen erforderlich sind. Das gilt beispielsweise für die Touristikbranche, in der der gesamte Buchungs- und Reservierungsverkehr zunehmend über elektronische Reservierungssysteme abgewickelt wird. Kleine Reiseveranstalter und Reisebüros, die sich den Anschluß an diese Systeme wirtschaftlich nicht erlauben können, werden dadurch zunehmend aus dem Markt gedrängt.

---

[298] Vgl. Scheer, A.-W., EDV-orientierte ..., a. a. O., S. 98 ff.

Da viele wiederkehrende betriebliche Arbeiten mit Hilfe der EDVA abgewickelt werden können, sind die Auswirkungen des EDV-Einsatzes auf die Funktionen der Betriebsführung bei der **Betriebsorganisation** am deutlichsten zu sehen. Durch die Ausnutzung aller Möglichkeiten, die die EDV heute bietet (Dialogverarbeitung, Einsatz von Datenbanksystemen, Vernetzung, Einsatz dezentraler Intelligenz usw.) wird dabei der gesamte Betriebsablauf im Idealfall in einem integrierten EDV-System abgebildet werden, wobei sämtliche auszuführenden Tätigkeiten vorprogrammiert sind. Im Gegensatz zur Anfangszeit der EDV, als die Organisation der EDVA angepaßt werden mußte, wird heute das EDV-System auf die betrieblichen Gegebenheiten und Bedürfnisse zugeschnitten. Dadurch ist es beispielsweise möglich, Funktionen an einzelnen Arbeitsplätzen zu integrieren und somit dem Kunden die „Leistung aus einer Hand" zu bieten, wie es beispielsweise in der Kundenberatung der Banken oder Versicherungen gewünscht wird. Durch die Dezentralisierung von Informationen und von Informationsverarbeitungskapazitäten (dezentrale Intelligenz) wird also auch die Dezentralisierung von Arbeitsvorgängen (z. B. im Rahmen von Heimarbeit) und Entscheidungskompetenzen ermöglicht.

Die EDV stellt folglich ein wichtiges Hilfsmittel zur Realisierung einer Vielzahl möglicher Organisationskonzepte dar. In den Anfangsjahren der EDV wurde wegen der notwendigen Zentralisierung von Verarbeitungsvorgängen der Freiraum bei der Gestaltung dieser Konzepte stark eingeschränkt. Beispielsweise mußten, da alle Daten zentral erfaßt wurden, sämtliche zu erfassenden Daten an bestimmte Datenerfassungsstellen gesandt werden. Heute dagegen ermöglichen die genannten technischen Neuerungen die Realisierung aller gewünschten Organisationskonzepte.

Die veränderten Organisationsstrukturen führen allerdings auch zu geänderten Anforderungen an die Qualifikation der Mitarbeiter, die mindestens Kenntnisse in der EDV-Anwendung, teilweise jedoch auch zusätzliche einfache Programmierkenntnisse benötigen. Gleichzeitig kann die Übertragung einfacher geistiger Arbeiten auf die EDV zu generell steigenden Anforderungen an die Qualifikation des Personals führen.

bb) Auswirkungen auf Planung, Entscheidung und Kontrolle – betriebliche Informationssysteme

Neben den Auswirkungen des EDV-Einsatzes auf die Betriebsorganisation sind auch Auswirkungen auf Planung, Entscheidung und Kontrolle festzustellen. Mit Hilfe der EDV kann ein **computergestütztes Informationssystem** aufgebaut werden, das Informationen über den Betrieb, das **Basissystem,** verarbeitet.[299] Ein derartiges Informationssystem hat also die Aufgabe, die betrieblichen Informationen aufzunehmen und die relevanten Informationen

– zum gewünschten Zeitpunkt (durch zeitliche Transformation)

---

[299] Vgl. Szyperski, N., Computergestützte Informationssysteme, in: Handwörterbuch der Organisation, hrsg. von Grochla, E., 2. Aufl., Stuttgart 1980, Sp. 921

– in der gewünschten Form (durch sachliche Transformation)
– am gewünschten Ort (durch örtliche Transformation)
zur Verfügung zu stellen.[300]
Ein Informationssystem muß nicht zwingend computergestützt sein.
Auch eine in klassischer Form organisierte, manuell geführte Buchhaltung
stellt einen Teil eines betrieblichen Informationssystems dar. Erst die Unterstützung durch den Computer ermöglicht jedoch eine wirtschaftliche, umfassende und alle betrieblichen Teilbereiche integrierende Informationsverarbeitung.[301] In einigen Bereichen – z. B. bei **Personalinformationssystemen** –
sind die aus dieser verbesserten Informationsverarbeitung realisierbaren Vorteile umstritten. Hier setzt der **Datenschutz** an, dessen Aufgabe es ist,
„durch den Schutz personenbezogener Daten vor Mißbrauch ... der Beeinträchtigung schutzwürdiger Belange des Betroffenen entgegenzuwirken".[302]

In ihrer einfachsten Form sind computergestützte Informationssysteme als
starre, periodische **Abrechnungs- und Berichtssysteme** konzipiert, die zu
festen Terminen festgelegte Informationen in verdichteter Form (z. B. Li-
sten, Kennzahlen) ausgeben. In einer komfortableren Fassung werden die
Empfänger der betreffenden Informationen – unter Umständen auch außerhalb der regelmäßigen Berichtszyklen – durch das Informationssystem zusätzlich auf besondere Entwicklungen, auf Ausnahmesituationen, auf das
Überschreiten vorgegebener Schwellenwerte oder auf bestimmte Trends
hingewiesen.[303]

Werden Meldungen bei Vorliegen bestimmter Datenkonstellationen aperiodisch, also außerhalb der normalen Berichtszyklen, ausgegeben **(Frühwarnsysteme),** kann sich dadurch auch der Planungsprozeß verändern. Statt
wie bei der klassischen Planung nur zu bestimmten, festgelegten Zeitpunkten Pläne aufzustellen oder Planrevisionen vorzunehmen, können diese Planungsprozesse ergänzend auch durch erfolgte Frühwarnungen oder aperiodi-
sche Informationen ausgelöst werden. Statt beispielsweise eine monatliche
Planung der Lagerhaltung und daraus resultierend Bestellungen vorzunehmen, kann die Nachbestellung direkt durch einzelne Ereignisse, nämlich die
Lagerabgänge, ausgelöst werden. Es findet also eine vermehrte **Ereignis-
orientierung** der Planung statt.[304]

Über Abfragesysteme mit standardisierten oder freien Dialogen zwischen
Anwender und Computer können die gewünschten Informationen in der
gewünschten Form ebenfalls aperiodisch gewonnen werden. Für freie Dialo-
ge sind dabei insbesondere die bereits beschriebenen Datenbanksysteme geeignet.

---

[300] Der Begriff Informationssystem wird nicht überall in der hier verwandten Form
verstanden; zu den Abgrenzungen vgl. Stahlknecht, P., Einführung ..., a. a. O., S. 403 ff.

[301] Vgl. Reusch, P. J. A., a. a. O., S. 1 ff.

[302] § 1 Bundesdatenschutzgesetz (BDSG). Zum Datenschutz vgl. Nagel, K., Datensiche-
rung und Datenschutz, in: Handwörterbuch der Organisation, hrsg. von Grochla, E.,
2. Aufl., Stuttgart 1980, Sp. 477 ff.

[303] Das erfordert den Einbau von Prognoseverfahren wie z. B. die lineare Regression in
das Informationssystem. Vgl. dazu S. 172 ff. sowie Curth, M. A./Weiß, B., PC-gestützte
Managementtechniken, 2. Aufl., München, Wien 1989, S. 123 ff.

[304] Vgl. Scheer, A.-W., EDV-orientierte ..., a. a. O., S. 58 ff.

In einer noch weiter verbesserten Fassung schließlich werden nicht nur die Abweichungen bzw. Trends selbst angegeben, sondern es wird versucht, gleichzeitig die Ursachen für diese zu ermitteln. Diese Ursachenforschung wird durch den Einsatz verschiedener **Analyseverfahren** wirkungsvoll unterstützt.[305]

Je komfortabler die Informationssysteme ausgelegt sind, desto besser werden, da mehr Informationen zur Entscheidungsfindung herangezogen werden, die Entscheidungen selbst fundiert. Die Planung wird verbessert, der Zielerreichungsgrad steigt. Werden neben den ermittelten Ist-Daten auch Soll-Daten verarbeitet und in Beziehung zu den Ist-Daten gesetzt, so kann das Informationssystem auch für Kontrollzwecke eingesetzt werden. Durch computergestützte Informationssysteme, die eine gute Abbildung der betrieblichen Realität vornehmen, werden also Planung, Entscheidung und Kontrolle wirkungsvoll unterstützt.[306]

Umstritten ist, inwieweit Informationssysteme nicht nur zur Unterstützung von Entscheidungen, sondern auch zum selbständigen, automatischen Entscheiden eingesetzt werden können. Das weitgehende Scheitern umfassend angelegter **Management-Informations-Systeme (MIS)** zu Beginn der sechziger Jahre hat in diesem Bereich zu einiger Skepsis geführt.[307] In jedem Falle sind computergestützte Informationssysteme für die Unterstützung beim Fällen quantitativer Entscheidungen, für die ein vollständig formuliertes Entscheidungsproblem dem Computer vorgegeben wird, geeignet. Hierbei übernimmt der Computer abhängig von den Vorgaben des Benutzers entweder selbständig die Optimierung von Entscheidungen **(Optimierungsmodelle)** oder er zeigt ihm die Wirkung von Veränderungen der Entscheidungsparameter auf **(Verhaltensanalysemodelle)**.[308] Probleme treten hier erst bei schlecht strukturierten und nicht voll quantifizierbaren Entscheidungsproblemen auf.

Eine zunehmend größere Bedeutung bei der Entscheidungsunterstützung gewinnen **Simulationsmodelle**. Diese bilden die Realität im Computer ab und lösen bestimmte Fragestellungen durch Experimentieren. Typische Fragestellungen sind:

– Welche Auswirkung hat die Veränderung eines Parameters auf die Zielgröße?

---

[305] Vgl. Curth, M. A./Weiß, B., a. a. O., S. 46 ff.

[306] Zu den einzelnen Ausprägungen der Informationssysteme vgl. Mertens, P./Griese, J., Industrielle Datenverarbeitung, Bd. 2: Informations-, Planungs- und Kontrollsysteme, 5. Aufl., Wiesbaden 1988, S. 1 ff.; Reusch, P. J. A., a. a. O., S. 1 ff.; Meyer, B. E., Computergestützte Unternehmensplanung, Berlin, New York 1983, S. 23 f.

[307] Die Ursachen des Scheiterns werden allerdings nicht einheitlich gesehen. Vgl. dazu Wedekind, E. E., a. a. O., S. 41 f.; Stahlknecht, P., Erfahrungen mit computergestützten Planungsmodellen, in: Modell- und computer-gestützte Unternehmensplanung, hrsg. von Grochla, E./Szyperski, N., Wiesbaden 1973, S. 342; Dearden, J., Will the Computer Change the Job of Top Management?, in: Sloan Management Review, Fall 1983, 25, S. 57 ff.

[308] Vgl. dazu die Operations-Research-Verfahren, S. 172 ff., sowie bei Mertens, P./Griese, J., a. a. O., S. 233 ff.; Stahlknecht, P., Einführung ..., a. a. O., S. 400 ff.; zu den Bewertungs- und Entscheidungstechniken auch Curth, M. A., Weiß, B., a. a. O., S. 144 ff.

– Welche Werte müssen einzelne Parameter annehmen, damit ein bestimmter Zielwert erreicht wird?[309]

Umstritten ist, ob computergestützte Informationssysteme auch die Formulierung der Handlungsalternativen vornehmen können, da zur Entwicklung dieser Handlungsalternativen Kreativität benötigt wird. Diese steht einem Computer jedoch bisher nicht im erforderlichen Umfang zur Verfügung. Völlig offen ist, inwieweit ein derartiges Informationssystem selbständig Entscheidungsbedarf feststellen und die Entscheidungsprobleme so präzisieren und formulieren kann, daß sie einer anschließenden maschinellen Lösung und Umsetzung zugänglich sind.

Festzuhalten bleibt daher, daß der Wert eines computergestützten Informationssystems als Informations-, Planungs- und Kontrollinstrument unbestritten ist, daß es jedoch als selbständig Entscheidungen fällendes **Lenkungssystem** bisher kaum realisiert ist.

cc) Expertensysteme zur Unterstützung betrieblicher Entscheidungen

Oben wurde festgestellt, daß die bisher realisierten computergestützten Informationssysteme nur begrenzt für die automatische Durchführung von Entscheidungen geeignet sind. Hilfestellung bei der Lösung dieses Problems verspricht man sich von sogenannten **Expertensystemen.**

Expertensysteme stellen ein Forschungsgebiet der **Künstlichen Intelligenz** dar. Ihre Aufgabe besteht darin, die analytischen Fähigkeiten und das Beurteilungsvermögen eines menschlichen Experten nachzuahmen, um sein Wissen maschinell verfügbar und reproduzierbar zu machen.[310] Im Unterschied zur klassischen EDV werden sie nicht zur Lösung standardisierter, sondern fallweise auftretender und sogenannter **schlecht strukturierter Probleme** eingesetzt. Die schlechte Strukturierung kann dabei z. B. durch fehlende (unvollständige) Daten, durch eine für eine exakte Lösung zu große Zahl möglicher Lösungsmöglichkeiten oder durch Ungewißheiten bei der Zielsetzung bzw. durch nicht quantifizierbare Zielsetzungen verursacht werden.[311] Allen diesen Merkmalen ist gemeinsam, daß die betreffenden Probleme einer Lösung durch klassische Entscheidungsregeln und -verfahren und damit auch einer computergestützten Lösung nicht mehr zugänglich sind. Versucht man, solche Probleme in einem Entscheidungsmodell und dieses wiederum in der EDV abzubilden, so erfolgt die Abbildung notwendigerweise nur für einen Teil des Problems; eine Lösung innerhalb des Entscheidungsmodells führt folglich auch nicht zur optimalen Lösung des zugrundeliegenden Problems.

In der Praxis erfolgt die Lösung dieser für den komplexen betrieblichen Alltag typischen Probleme daher nach wie vor durch den Menschen, der für die Lösung sein durch Lernen, Erfahrung und auf andere Weise erworbenes

---

[309] Vgl. dazu Prätsch, J., Langfristige Finanzplanung und Simulationsmodelle, Frankfurt, Bern, New York 1986, S. 52 ff., sowie Külp, B., Einführung in die Programmiertechnik ökonomischer Simulationsmodelle in dBASE, Freiburg 1988, S. 33 ff.

[310] Vgl. i. E. Kurbel, K., a. a. O., S. 19 ff.

[311] Vgl. Luconi, F. L./Malone, T. W./Scott Morton, M. S., Expert Systems: The Next Challenge for Managers, in: Sloan Management Review, Summer 1986, 27, S. 7 ff.

Fachwissen anwendet. So kann beispielsweise die Erfahrung lehren, daß es in einem Lager zweckmäßig ist, zu Weihnachten stets doppelt so große Bestellungen zu tätigen oder im Winter wegen häufigerer Krankheiten 10% mehr Aushilfspersonal einzustellen. Gelingt es, dieses Wissen und die Regeln, mit denen ein menschlicher Experte dieses Wissen verarbeitet, in einem Computer abzubilden, spricht man von einem Expertensystem. In diesem Fall können die betreffenden Entscheidungen automatisiert durch den Computer getroffen werden. Andere Einsatzbereiche dieser Technologie liegen bei **Interpretationsproblemen** (z. B. im Rahmen der Erstellung des Prüfungsberichtes bei einer Wirtschaftsprüfungsgesellschaft), **Diagnoseproblemen** (z. B. Fehlersuche in einem komplexen technischen System) oder **Planungsproblemen,** bei denen die exakte Planung durch eine zu große Anzahl möglicher Handlungsalternativen oder durch unvollständige Daten unmöglich ist.

Trotz eines explosionsartigen Anstiegs von Expertensystemen, der allerdings teilweise auch auf eine inflationäre Verwendung dieses Begriffes zurückzuführen ist, sollten die Chancen, die diese Technologie nach dem heutigen Stand bietet, nicht überschätzt werden. So konnten beispielsweise Probleme bei der Abbildung hierarchisch strukturierten Wissens, des sehr hohen Aufwandes zur Einrichtung eines Expertensystems, der Integration der Expertensystemtechnologie in die konventionelle Computertechnologie sowie der Überprüfung der Konsistenz, d. h. der Widerspruchsfreiheit des gespeicherten Wissens, bisher nicht befriedigend gelöst werden. Die größten Schwierigkeiten bereitet jedoch die bisher kaum realisierte und wegen der auf das deduktive Denken beschränkten Möglichkeiten des Computers vielleicht auch nicht realisierbare **Lernfähigkeit** der Systeme, die damit ohne die ständige und aufwendige Pflege und Weiterentwicklung durch den Menschen schnell veralten.

Die Entwicklung im Bereich der Expertensysteme ist jedoch noch nicht abgeschlossen. Inwieweit sie tatsächlich zur Automatisierung betrieblicher Entscheidungen eingesetzt werden können, läßt sich folglich noch nicht abschließend beurteilen.[312]

III. Die menschliche Arbeitsleistung

1. Allgemeine Bestimmungsfaktoren

Unter dem betrieblichen Produktionsfaktor **menschliche Arbeit** wird der Einsatz der physischen und psychischen Fähigkeiten eines Menschen zur Realisierung betrieblicher Zielsetzungen verstanden. Die menschliche Arbeitsleistung ist einerseits von der **physischen und psychischen Leistungsfähigkeit** der Arbeitskraft, andererseits von dem Willen abhängig, die eigene

---

[312] Zur Expertensystemtechnologie vgl. Kurbel, K., a. a. O.; Mertens, P./Allgeyer, K., Künstliche Intelligenz in der Betriebswirtschaft, in: ZfB 1983, S. 686 ff.; Scheer, A.-W., Betriebliche Expertensysteme I, Schriften zur Unternehmensführung, hrsg. von Jacob, H., Bd. 36, Wiesbaden 1988.

physische und psychische Leistungsfähigkeit voll einzusetzen. Diese ist bedingt durch die körperliche Konstitution und das Niveau der Begabung, ferner durch das Lebensalter, durch die Förderung der natürlichen Begabung, durch Fachausbildung und durch das Gewinnen praktischer Arbeitserfahrung. Aus den Faktoren körperliche Konstitution, Begabung, Lebensalter, Fachausbildung und praktische Arbeitserfahrung resultiert die **Eignung** der Arbeitskraft für die Ausführung bestimmter Tätigkeiten.

Die Bedeutung des **Lebensalters** ist für die Arbeitsleistung unterschiedlich zu bewerten. Bei schwerer **körperlicher Arbeit** nimmt die Leistungsfähigkeit mit zunehmendem Alter ab. Eine Kompensation durch erhöhte Erfahrung und Fertigkeit in der Arbeitsverrichtung erfolgt nur in geringem Maße. Bei **geistiger Tätigkeit** und Handarbeiten, die weniger körperliche Kraft, aber große Fertigkeit verlangen, ist es umgekehrt. Hier nimmt die Leistungsfähigkeit gewöhnlich durch jahrelange Erfahrung zu und sinkt in höherem Alter in der Regel nicht ab.

Das Arbeitsergebnis hängt darüber hinaus aber wesentlich davon ab, ob es dem Betrieb gelingt, die Arbeitskraft entsprechend ihrer spezifischen Eignung einzusetzen, und ob seitens der Arbeitskraft nicht nur die physische und psychische Möglichkeit, sondern auch der Wille vorhanden ist, ihre Leistungsfähigkeit voll zur Verfügung zu stellen. Der **Leistungswille** kann erheblich beeinträchtigt werden, wenn Arbeitskräfte entweder nicht ihrer Eignung entsprechend oder unter ungünstigen Arbeitsbedingungen eingesetzt werden. Sie gewinnen dann den Eindruck, daß sowohl ihre berufliche Fähigkeit als auch ihre Persönlichkeit unterbewertet wird, werden unzufrieden, und als Folge mangelnder Motivation sinkt die Leistung ab.

Der Leistungswille hängt im wesentlichen von vier Faktoren ab:

(1) Von der **Personalauswahl.** Die richtige Personalauslese und -zuordnung zu den einzelnen Stellen liefert die Voraussetzungen für die Arbeitszufriedenheit der Mitarbeiter und bestimmt somit auch entscheidend die Qualität und Effektivität menschlicher Arbeitsleistungen.

(2) Von den **Arbeitsbedingungen** im weitesten Sinne. Ihre Gestaltung ist Aufgabe der Arbeitsorganisation. Sie erstreckt sich im wesentlichen auf zwei große Bereiche:

  (a) auf das Verhältnis der Arbeitskraft zur Arbeit und zum Arbeitsplatz. Aufgabe des Betriebes ist es, dieses Verhältnis optimal zu gestalten. Mittel dazu sind Arbeitsstudien und Arbeitsvorbereitung;

  (b) auf das Verhältnis der Arbeitskraft zu Vorgesetzten und Mitarbeitern, also auf eine genaue Abgrenzung des „Befehlsbereiches" und auf das Gefühl der Sicherheit des Arbeitsplatzes.

(3) Von der Höhe des **Arbeitsentgeltes.** Der Arbeitende muß die Überzeugung haben, daß er seiner Leistung entsprechend bezahlt wird.

(4) Von den **freiwilligen betrieblichen Sozialleistungen.** Diese werden aufgrund der Zugehörigkeit des Menschen zum ‚Sozialsystem' Betrieb gewährt und sollen den Arbeitnehmern vor allem das Gefühl geben, daß der Betrieb über die gesetzlich vorgeschriebenen Sozialabgaben hinaus seiner Fürsorgepflicht für seine Mitarbeiter z. B. durch freiwillige Lei-

stungen zur wirtschaftlichen Sicherung oder durch Einrichtungen zur Fortbildung und zur Freizeitgestaltung nachkommt.

Somit entstehen für den Betrieb im Zusammenhang mit dem Faktor Arbeit vier große Problemkreise: erstens eine bestmögliche Personalauswahl, zweitens die Schaffung optimaler Bedingungen für den Einsatz der menschlichen Arbeit im Betriebe, drittens die Frage der Entlohnung (Lohnhöhe und Lohnform) der Arbeitskräfte und viertens die Frage der freiwilligen betrieblichen Sozialleistungen. Betrachten wir im folgenden diese vier Problemkreise im Detail (**ÜB** 2/1–2).

2. Die Personalauswahl

a) Begriff und Bedeutung der Personalauswahl

Unter Personalauswahl versteht man „den Entscheidungsprozeß, an dessen Ende die Bestimmung derjenigen Kandidaten steht, die sich für bestimmte Positionen aus einem Kreise von Bewerbern als die ‚bestqualifizierten' herausgestellt haben."[1] Das zentrale Problem bei der Personalauswahl besteht darin, zu prüfen, ob ein Kandidat für die vorgesehenen Aufgaben geeignet ist oder nicht. Das kann durch einen **Soll-Ist-Vergleich** festgestellt werden. Dabei muß das Soll-Objekt, also die zu besetzende Stelle, daraufhin analysiert werden, welche Anforderungen sie an den Bewerber stellt, und das Ist-Objekt, also der potentielle Mitarbeiter, ist auf seine Eignung zu überprüfen. Der Vergleich ergibt dann, ob der Kandidat für die Stelle geeignet ist oder nicht oder ob er ggf. überqualifiziert ist.

Die Bedeutung der Personalauswahl liegt vor allem in der gegenseitigen Abhängigkeit zwischen dem wirtschaftlichen Vorteil für den Betrieb und dem Grad der Zufriedenheit des einzelnen Mitarbeiters.[2] „Mit der Auswahl und dem Einsatz seiner Mitarbeiter bestimmt der Betrieb weitgehend Qualität und Effektivität der menschlichen Arbeitsleistung und schafft damit eine der wesentlichen Voraussetzungen für seinen wirtschaftlichen Erfolg."[3] Da nicht jeder Mensch für jede Aufgabe gleichermaßen geeignet ist, ergibt sich für den Betrieb bei jeder Besetzung ein wirtschaftlicher Vorteil oder Nachteil, für den Mitarbeiter ein Erfolgs- oder Mißerfolgserlebnis, das wiederum Rückwirkungen auf die von ihm erwartete Leistung bzw. auf seine Zufriedenheit hat.[4] Der Rückkoppelung zwischen menschlichen und wirtschaftlichen Auswirkungen personeller Auswahlmaßnahmen kommt eine große Bedeutung zu. Die Wichtigkeit personeller Auswahlentscheidungen nimmt im Zeitverlauf zu, da

(1) Technik und Automation die Arbeitsanforderungen und damit die erforderlichen Eignungsvoraussetzungen verändern;

---

[1] Berthel, J., Personalmanagement, 4. Aufl., Stuttgart 1995, S. 166
[2] Vgl. Justen, R., Personalauswahl, in: Handwörterbuch des Personalwesens (HWP), hrsg. von E. Gaugler, Stuttgart 1975, Sp. 1479
[3] Unternehmerische Personalpolitik, hrsg. von der Bundesvereinigung der Deutschen Arbeitgeberverbände, 3. Aufl., Köln 1983, S. 250
[4] Vgl. Justen, R.: a. a. O., Sp. 1479

(2) die Menschen aufgrund ihrer oft qualifizierten Ausbildung mit ihrer Arbeit höhere Erwartungen verbinden und eine stärkere Entfaltung ihrer Persönlichkeit anstreben;

(3) mit steigenden Personal- und Ausbildungskosten sich einerseits die Einstellungskosten erhöhen und andererseits die zunehmende rechtliche Einengung der Möglichkeiten, sich von ungeeigneten Arbeitskräften zu trennen, zu immer sorgfältigerer Personalauswahl zwingt.[5]

Der Spielraum der freien Personalauswahl durch die Unternehmensführung wird durch die **Rechte des Betriebsrats** eingeschränkt. Dieser hat nach § 95 BetrVG ein Mitbestimmungsrecht bei der Aufstellung von Richtlinien über die personelle Auswahl bei Einstellungen, Versetzungen, Umgruppierungen und Kündigungen. Nach § 99 BetrVG hat er die vom Betriebe getroffene Auswahlentscheidung zu prüfen und kann ihr bei Vorliegen bestimmter Gründe die Zustimmung versagen, und zwar nach § 99 Abs. 2 Nr. 2 BetrVG insbesondere dann, wenn personelle Einzelmaßnahmen nach der Ansicht des Betriebsrats gegen die Auswahlrichtlinien verstoßen. Deshalb ist es wichtig, klar und verständlich gefaßte Richtlinien zu vereinbaren, nicht zuletzt auch deshalb, damit der Betriebsrat Personalentscheidungen rasch überprüfen kann. Die Aufstellung von Auswahlrichtlinien für leitende Angestellte ist gem. § 5 Abs. 3 BetrVG nicht erforderlich.

b) Auswahlprinzipien der Personalauswahl

Bei der Anwendung bestimmter Prinzipien für die Personalauswahl ist zu beachten, daß die Ziele des Mitarbeiters mit denen des Betriebes auf der Grundlage der betrieblichen Erfordernisse soweit wie möglich übereinstimmen.[6] So bezieht sich z. B. ein wichtiges Auswahlprinzip darauf, ob **offene Stellen** vorrangig mit externen Mitarbeitern oder mit Mitarbeitern aus den eigenen Reihen besetzt werden. Das hängt einerseits von den Bedingungen beim Betrieb und andererseits von den Bedingungen bei den Bewerbern ab. Wenn z. B. ein Betrieb an einem abgelegenen Standort qualifizierte Spezialisten sucht und diese in seinen eigenen Reihen nicht vorhanden sind, so bleibt nur der Weg der externen Arbeitskräftebeschaffung. Eine **innerbetriebliche Ausschreibung** ist nur für solche Arbeitsplätze zweckmäßig, „die für eine Gruppe von Mitarbeitern eine Verbesserung der Einkommensmöglichkeiten oder des beruflichen Aufstiegs bedeuten. Anfängerpositionen und die Positionen der untersten Lohn- und Gehaltsstufen fallen also grundsätzlich weg."[7]

Die freie Anwendung von Auswahlprinzipien durch die Unternehmensführung wird durch die **Rechte des Betriebsrats** eingeschränkt. Er kann nach § 93 BetrVG verlangen, „daß Arbeitsplätze, die besetzt werden sollen, allgemein oder für bestimmte Arten von Tätigkeiten vor ihrer Besetzung

---

[5] Vgl. Unternehmerische Personalpolitik, a. a. O., S. 250 f.
[6] Vgl. Unternehmerische Personalpolitik, a. a. O., S. 251
[7] Weitbrecht, H., Innerbetriebliche Stellenausschreibung, in: HWP, Sp. 1041

innerhalb des Betriebs ausgeschrieben werden." Nach § 5 Abs. 3 BetrVG gilt diese Regelung nicht für leitende Angestellte.

Die Bedeutung des § 93 BetrVG liegt vor allem darin, daß der Betriebsrat nach § 99 Abs. 2 Nr. 5 BetrVG seine Zustimmung zu einer Einstellung verweigern kann, wenn keine innerbetriebliche Ausschreibung stattgefunden hat. Der Arbeitgeber ist jedoch nicht verpflichtet, den innerbetrieblichen Bewerber vorzuziehen. Der Betriebsrat kann seine Zustimmung nur verweigern, wenn bei der Einstellung die Auswahlrichtlinien (§ 95 BetrVG) verletzt worden sind. Damit unnötige Reibereien mit dem Betriebsrat und Unklarheiten sowie eine daraus folgende Unzufriedenheit bei der Belegschaft vermieden werden, ist es zweckmäßig, eine **Betriebsvereinbarung** über das Verfahren der innerbetrieblichen Stellenausschreibung zu treffen.[8]

In dem Umfang, in dem der Betrieb Wahlmöglichkeiten bei den Auswahlprinzipien hat, sollte er die Vor- und Nachteile der externen bzw. internen Auswahl berücksichtigen. Die **Vorteile** einer internen Stellenbesetzung (und damit gleichzeitig die Nachteile einer externen Stellenbesetzung) sind im wesentlichen die folgenden:[9]

(1) Die interne Stellenbesetzung bietet den bisherigen Mitarbeitern Aufstiegsmöglichkeiten und trägt damit zu einer Steigerung der Motivation bei. Die Mitarbeiter erkennen ihre Aufstiegschancen und zeigen den dafür erforderlichen Einsatz.

(2) Die Aussicht auf Aufstiegsmöglichkeiten kann die außerbetriebliche Fluktuation einschränken, weil mehr Chancen der innerbetrieblichen Beförderung wahrgenommen werden.

(3) Bei der vorrangigen Berücksichtigung externer Bewerber können bei den bereits im Betriebe beschäftigen Mitarbeitern Frustrationen entstehen; dadurch kann eine Verminderung des Leistungswillens ausgelöst werden.

(4) Die innerbetriebliche Stellenbesetzung ist für alle Beteiligten mit einem geringeren Risiko verbunden. Der Mitarbeiter kann sich ein besseres Bild über die zu besetzende Stelle und die ihn erwartenden Anforderungen machen als ein externer Bewerber. Der Betrieb hat in der Regel bessere Informationen über den internen als über den externen Bewerber, zumal externe Bewerber ihre Schwächen zunächst wesentlich leichter verbergen können.

Die wesentlichen **Nachteile** einer internen Stellenbesetzung (und damit gleichzeitig die Vorteile einer externen Stellenbesetzung) lassen sich wie folgt darstellen:[10]

(1) Die Einbeziehung des externen Arbeitsmarktes ist häufig unerläßlich, damit die Nachteile einer gewissen „Betriebsblindheit" vermieden und

---

[8] Vgl. Weitbrecht, H., a.a.O., Sp. 1044f.
[9] Vgl. dazu Justen, R., a.a.O., Sp. 1480f.; ferner Berthel, J., Personalmanagement, a.a.O., S. 177
[10] Vgl. dazu Justen, R., a.a.O., Sp. 1480f.; ferner: Berthel, J., Personalmanagement, a.a.O., S. 177f.

Erfahrungen, die Arbeitnehmer in anderen Betrieben gewonnen haben, genutzt werden können.

(2) Wenn Frustrationen bei bisherigen Mitarbeitern vermieden und ihnen Aufstiegschancen in Aussicht gestellt werden sollen, besteht die Gefahr, daß einem internen Bewerber der Vorzug vor einem höher qualifizierten externen Bewerber gegeben wird.

(3) Wenn bestimmte Spezialkenntnisse oder Fähigkeiten bei externen Bewerbern in größerem Umfange als bei Bewerbern aus dem Betriebe vorhanden sind, muß auf erstere zurückgegriffen werden.

(4) Die innerbetriebliche Besetzung von Stellen als Unternehmensmaxime führt automatisch zu erhöhten Anforderungen an die innerbetriebliche Aus-, Fort- und Weiterbildung und damit zu höheren betrieblichen Aufwendungen.

c) Das Verfahren der Personalauswahl

Die Personalauswahl erfolgt in vier Hauptstufen:[11]
(1) Analyse der Positionsanforderungen;
(2) Anwerbung und Erfassung des Anwärterkreises (Vorauswahl);
(3) Analyse der Fähigkeiten der Anwärter (Eignungsprüfung);
(4) Auswahlentscheidung.

Die **Analyse der Positionsanforderungen** setzt zunächst eine exakte Stellenbeschreibung voraus, die neben der Feststellung der einzelnen Tätigkeiten auch Anforderungen, die aus der organisatorischen Eingliederung und aus den Kommunikationsbeziehungen zu anderen Stellen resultieren, umfassen sollte.[12] Die Positionsanforderungen müssen danach personenunabhängig mit Hilfe bestimmter Leistungskriterien ermittelt werden. Sie ergeben ein **Anforderungsprofil,** das an technische und organisatorische Änderungen anpassungsfähig sein sollte. Die Auswahlkriterien, mit deren Hilfe das Anforderungsprofil ermittelt werden soll, müssen zu Beginn des Auswahlprozesses festgelegt werden, damit eine möglichst sachbezogene Personalauswahl möglich ist.[13] Folgende Auswahlkriterien lassen sich zusammengefaßt unterscheiden:[14, 15]

(1) Fachliche Auswahlkriterien (alle Kriterien, die durch eine Ausbildung oder durch Erfahrung gewonnen werden können).

(2) Physische Auswahlkriterien (alle Kriterien, die objektivierbar in der körperlichen Natur der Bewerber liegen).

(3) Psychische Auswahlkriterien (alle Kriterien, die ausschließlich in der Persönlichkeitsstruktur des Bewerbers liegen und die die nicht-körperlichen

---

[11] Vgl. Kreikebaum, H., a. a. O., S. 151 f.
[12] Zur Stellenbeschreibung vgl. S. 185
[13] Vgl. Justen, R., a. a. O., Sp. 1482
[14] Vgl. dazu auch die Ausführungen zu den Methoden der Arbeitsbewertung auf S. 275 ff.
[15] Vgl. Unternehmerische Personalpolitik, a. a. O., S. 252 f.; Justen, R., a. a. O., Sp. 1483 ff.

Anforderungen einer Arbeit kennzeichnen, wie z. B. Konzentrationsfähigkeit, Zuverlässigkeit).

(4) Sozialpsychologische Auswahlkriterien (alle Kriterien, die die Anforderungen an das zwischenmenschliche Verhalten und die soziale Umwelt am Arbeitsplatz und in der Familie bezeichnen).

Damit die Personalauswahl so rational wie möglich durchgeführt werden kann, sollte im Anschluß an die Fixierung der Positionsanforderungen die **Bandbreite der Arbeitsvergütung** festgelegt werden.[16]

Die Anwerbung von Kandidaten kann über eine interne oder eine externe Stellenanwerbung erfolgen. Die Vor- und Nachteile beider Formen der Stellenbesetzung wurden oben bereits erörtert. Zur **internen** Stellenanwerbung kann sich der Betrieb einer innerbetrieblichen Stellenausschreibung, einer Nachfolgeplanung oder einer Förderkartei bedienen.[17] Zur **externen** Stellenbesetzung kann der Betrieb entweder direkt an potentielle Bewerber herantreten (z. B. durch Postwurfsendungen an Schul- oder Hochschulabgänger), oder er kann sich mit Hilfe betriebsfremder Organe indirekt mit den potentiellen Bewerbern in Verbindung setzen (z. B. durch Stellenanzeigen in Zeitungen oder Zeitschriften, Plakatanschläge in Schulen oder Hochschulen, Werbeveranstaltungen oder Arbeitsvermittlung durch das Arbeitsamt).[18]

Die Zahl der Bewerber hängt dabei außer von den Werbemaßnahmen auch von der Situation auf dem Arbeitsmarkt, den Leistungsanforderungen des betreffenden Berufes und der Attraktivität des jeweiligen Betriebes ab.[19] Diese erste Vorauswahl wird durch eine zweite Vorauswahl ergänzt, die nach Sichtung der Unterlagen zu einer Grobauslese der Kandidaten und somit zur Vorauswahl bzw. Erfassung des Anwärterkreises führt.

Die wichtigste Voraussetzung für eine richtige Personalauswahl ist die Analyse der Fähigkeiten der Anwärter **(Eignungsprüfung)**. Der Schwerpunkt jeder Personalauswahl liegt beim Vergleich zwischen den Anforderungsmerkmalen der zu besetzenden Stelle und den Eignungsmerkmalen des Bewerbers. Sowohl das Anforderungsprofil als auch das Eignungsprofil unterliegen im Zeitverlauf Veränderungen, so daß der momentane Vergleich nur mit einer gewissen Wahrscheinlichkeit in die Zukunft projiziert werden kann.[20] Die Arbeitsanforderungen sind in der Regel relativ genau zu ermitteln, die Gewinnung von Informationen über den Stellenbewerber ist dagegen mit Unsicherheitsfaktoren behaftet.[21] Das Risiko bei internen Bewerbern ist dabei – wie oben bereits ausgeführt[22] – geringer als bei externen Bewerbern.

---

[16] Vgl. Justen, R., a. a. O., Sp. 1486
[17] Vgl. Harlander, N., Heidack, C., Köpfler, F., Müller, K.-D., Praktisches Lehrbuch Personalwirtschaft, 2. Aufl., Landsberg a. Lech 1991, S. 280 f.
[18] Vgl. zur externen Stellenbesetzung ausführlich Scholz, Ch., Personalmanagement, 4. Aufl., München 1994, S. 234 ff.
[19] Vgl. Kreikebaum, H., a. a. O., S. 151 f.
[20] Vgl. Kreikebaum, H., a. a. O., S. 152
[21] Vgl. Unternehmerische Personalpolitik, a. a. O., S. 254
[22] Vgl. S. 258

Die Feststellung der Eignung der Bewerber vollzieht sich in mehreren Stufen.[23] Zunächst werden die **Bewerbungsunterlagen** (z. B. Lebenslauf, Zeugnisse, Referenzen, Lichtbild, Bewerbungsschreiben, Personalfragebogen) analysiert; danach findet ein Vorstellungsgespräch statt, das dem Personalleiter bzw. dem unmittelbaren Vorgesetzten des Bewerbers einen näheren Eindruck von der Persönlichkeit, den Fähigkeiten und Interessen des Bewerbers geben soll. Diese zweite Stufe der Personalauswahl kann durch psychologische Tests, graphologische Gutachten u. ä. ergänzt werden. Die dritte Stufe schließlich ist zugleich eine erste Kontrollstufe: mit Ablauf der drei- bis maximal sechsmonatigen **Probezeit** wird die Entscheidung getroffen, ob ein Bewerber endgültig übernommen werden soll oder nicht.

3. Die Schaffung optimaler Arbeitsbedingungen

a) Die Arbeitsgestaltung (Überblick)

Der Begriff Arbeitsgestaltung bezeichnet das Ziel, durch eine zweckmäßige Organisation von Arbeitssystemen unter Beachtung der menschlichen Leistungsfähigkeit und Bedürfnisse ein optimales Zusammenwirken des arbeitenden Menschen, der Betriebsmittel und der Arbeitsgegenstände zu erreichen.[24] Aus dieser Definition ergeben sich **zwei gleichrangige Ziele:**
(1) eine menschengerechte Gestaltung der Arbeitsbedingungen und
(2) eine den Ertrag des Betriebes steigernde Gestaltung des Arbeitssystems.

An dieser Stelle wird nur das erstgenannte Problem anhand einiger Schwerpunkte behandelt.

Optimale Bedingungen für den Einsatz der Arbeitskraft zu schaffen, ist Aufgabe der **Betriebsorganisation,** die sich dabei der Erkenntnisse der **Arbeitswissenschaften** bedient. Ein wichtiges Hilfsmittel dazu sind **Arbeitsstudien,** die sich aus den Bewegungs- und Zeitstudien entwickelt haben. Die **Bewegungs- und Zeitstudien** sind Bestandteil der Lehre von der wissenschaftlichen Betriebsführung (scientific management), die von **F. W. Taylor** (1856–1915) in den USA begründet wurde. Die Entwicklung der Bewegungsstudien geht vor allem auf **F. B. Gilbreth** (1863–1924) zurück. Das erste System analytischer Arbeitsbewertung wurde 1916 von **Charles Bedaux** (1888–1944) entwickelt. In Deutschland wurden die Zeitstudien insbesondere von dem 1924 gegründeten **REFA** („Reichsausschuß für Arbeitszeitermittlung", ab 1934 „Reichsausschuß für Arbeitsstudien", seit 1946 „Verband für Arbeitsstudien REFA – e. V.") eingeführt und allmählich auf den jetzigen Umfang der Arbeitsstudien erweitert.

---

[23] Ein Teil dieser Maßnahmen braucht bei internen Bewerbern nicht vorgenommen zu werden, weil die gesuchten Informationen bereits vorliegen. Auch auf ein Vorstellungsgespräch mit dem unmittelbaren Vorgesetzten kann hier in den Fällen verzichtet werden, in denen bereits persönliche Kontakte bestehen.

[24] Vgl. REFA-Methodenlehre des Arbeitsstudiums, Hrsg.: Verband für Arbeitsstudien REFA e. V., Bd. 3, 7. Aufl., München 1985, S. 69 ff.

Unter dem Begriff der Arbeitsstudien faßt man heute praktische Verfahren zusammen, die folgenden Aufgaben dienen:

(1) der rationellen Arbeitsgestaltung (Bewegungsstudien, Arbeitsablaufstudien, Arbeitsgestaltungsstudien, Arbeitsplatzstudien);

(2) der Leistungsvorgabe mit Hilfe der Arbeitszeitstudien, Belastungsstudien und Leistungsstudien;

(3) der Arbeitsbewertung mit Hilfe der Arbeitswertstudien.

Die Arbeitszeitstudien, die die Ermittlung der Vorgabezeiten zum Zwecke haben, und die Arbeitswertstudien, die die Voraussetzung für die Arbeitsbewertung sind, werden später ausführlich besprochen. Die **Arbeitsgestaltungsstudie** dient durch Analyse der Arbeitsvorgänge vor allem der Rationalisierung des Arbeitsablaufs. Sie soll Hemmnisse, Leerlauf, ungünstige und erschwerende Bedingungen für die Arbeitskraft erkennen und beseitigen helfen.

Die Arbeitsstudien sind das Hauptgebiet der **Arbeitswissenschaften,** deren Ziel es ist, „Erkenntnisse für die optimale Gestaltung des Einsatzes der körperlichen, geistigen und seelischen Kräfte der Menschen zu liefern".[25] Andere wichtige Teilgebiete der Arbeitswissenschaften sind die Arbeitspsychologie, die Arbeitsphysiologie, die Arbeitsmedizin, die Arbeitshygiene, die Arbeitspädagogik, die Arbeitstechnologie und die Arbeitssoziologie. Die Arbeitswissenschaften haben für die Betriebswirtschaftslehre den Charakter von Hilfswissenschaften.

Von besonderer Bedeutung für die Arbeitsstudien sind Arbeitspsychologie und Arbeitsphysiologie. Die **Arbeitspsychologie** beschäftigt sich mit den seelischen Auswirkungen, die sich durch den Arbeitsprozeß ergeben. Nur wenn es gelingt, einerseits den Menschen an die Arbeit, andererseits die Arbeit an den Menschen anzupassen, können optimale Arbeitsbedingungen geschaffen werden. Zu den Hauptaufgaben der Arbeitspsychologie gehören deshalb die Untersuchung der Anlagen der Arbeitskräfte, d. h. der Begabung, der Intelligenz, des Gedächtnisses, des Charakters usw. durch Testverfahren und Eignungs- und Kenntnisprüfungen, ferner die Analyse der Einflüsse, die sich durch Monotonie der Arbeit (Fließband, Automaten u. a.), durch Licht- und Temperaturverhältnisse, Lärm, Farbgebung der Räume und Maschinen u. a. auf die Arbeitsleistung ergeben.

Die **Arbeitsphysiologie** befaßt sich mit der Auswirkung der Arbeitsverrichtungen auf den menschlichen Körper, mit dem Energieverbrauch für einzelne Verrichtungen, mit Problemen der Körperhaltung, des Arbeitstempos, der Ermüdung, mit der Regelung der Pausen, der Anpassung der Maschinen und Werkzeuge an den Menschen usw.

Aus der Vielzahl der angedeuteten Probleme, die mit der Frage der Schaffung optimaler Arbeitsbedingungen im Zusammenhang stehen, sollen wegen ihrer Wichtigkeit drei ausführlicher behandelt werden: die Arbeitszeitregelung, die Arbeitsplatzgestaltung und die Frage des Betriebsklimas.

---

[25] Böhrs, H., Über Aufgabe und Inhalt der Arbeitswissenschaften, BFuP 1955, S. 178

b) Die Arbeitszeitregelung

aa) Dauer und Lage der Arbeitszeit

Bei der Gestaltung der Arbeitszeit kommt es darauf an, einen Kompromiß zwischen den Interessen des Betriebes und denen des arbeitenden Menschen zu schließen. Der Arbeitnehmer muß sich an betriebliche Ordnungen anpassen, etwa an Urlaubs- und Pausenregelungen. Andererseits muß der Betrieb bei der Festlegung solcher Ordnungen berücksichtigen, daß der Mensch ermüdet, eine bestimmte physiologische Belastbarkeitsstruktur aufweist und die unterschiedlichsten individuellen Interessen verfolgt.

Bei der Gestaltung der Arbeitszeit sind bestimmte **gesetzliche Vorschriften über den Arbeitszeitschutz** zu beachten; dazu gehören insbesondere:

(1) Das **Arbeitszeitgesetz** (ArbZG) vom 6. 6. 1994.[26] Es regelt die Dauer der täglichen Arbeitszeit, gibt Vorschriften über Grenzen und Verfahren von Arbeitszeitverlängerungen und enthält Bestimmungen über Arbeitspausen, Ruhezeiten und Lohnzuschläge.

(2) Die **Gewerbeordnung** (GewO) vom 21. 6. 1869.[27] Sie spricht beispielsweise ein generelles Verbot für Sonn- und Feiertagsarbeit aus,[28] das nur in (allerdings recht häufigen) Ausnahmefällen aufgehoben wird.

(3) Das **Bundesurlaubsgesetz** (BUrlG) vom 8. 1. 1963.[29] Dieses Gesetz enthält allgemeine Urlaubsbestimmungen, die durch andere Gesetze (das Jugendarbeitsschutzgesetz, das Mutterschutzgesetz und das Schwerbeschädigtengesetz) näher konkretisiert werden.

(4) Auch **Unfallverhütungsvorschriften,** die von den Berufsgenossenschaften erlassen werden, einzelne Verordnungen von Bund und Ländern für bestimmte Gewerbezweige und die Tarifverträge haben Auswirkungen auf die Arbeitszeitgestaltung.

§ 2 Abs. 1 ArbZG definiert die **Arbeitszeit** als „die Zeit vom Beginn bis zum Ende der Arbeit ohne die Ruhepausen". Die regelmäßige werktägliche Arbeitszeit darf nach § 3 Satz 1 ArbZG acht Stunden nicht übersteigen, d. h. die wöchentliche Höchstarbeitszeit beträgt 48 Stunden.

Diese gesetzliche Regelung hat kaum noch Bedeutung, denn es besteht die Tendenz, die **Arbeitszeit immer mehr zu verkürzen** (5-Tage-Woche mit 40 Arbeitsstunden, 4-Tage-Woche mit 35 Arbeitsstunden), um den Arbeitnehmern mehr Freizeit zu verschaffen. Eine solche Verkürzung der Arbeitszeit soll bei vollem Lohnausgleich erfolgen, d. h. es soll für eine Arbeitszeit von 40 oder 35 Stunden derselbe Wochenverdienst erreicht werden wie für eine Arbeitszeit von 48 Stunden. Das setzt voraus, daß die Ergiebigkeit der Arbeit entsprechend erhöht werden kann, d. h. daß in der kürzeren Wochenarbeitszeit durch technische Verbesserungen und rationelleren Arbeitseinsatz

---

[26] BGBl I, S. 1170
[27] In der Fassung vom 1. 1. 1987, BGBl I, S. 425, zuletzt geändert durch Gesetz vom 23. 11. 1994, BGBl I, S. 3475
[28] Vgl. § 105 a GewO
[29] Zuletzt geändert durch das Gesetz vom 6. 6. 1994, BGBl I, S. 1170

die gleiche Arbeitsleistung wie bisher erbracht werden kann, denn anderenfalls bedeutet die Verkürzung der Arbeitszeit eine Erhöhung der Lohnkosten pro produzierter Mengeneinheit. Die Frage der optimalen Gestaltung des Arbeitseinsatzes gewinnt infolgedessen für die Betriebe immer mehr an Bedeutung.

Eine Steigerung der Arbeitsproduktivität kann nicht nur durch eine bessere Ausstattung der Arbeitskraft mit Betriebsmitteln und durch Rationalisierung der Arbeitsorganisation erreicht werden, sondern Untersuchungen, die insbesondere im Zusammenhang mit der Diskussion um die Einführung der 40-Stunden-Woche erfolgten, haben gezeigt, daß auch eine Verkürzung der Arbeitszeit bei unveränderten technischen und organisatorischen Bedingungen nicht zwingend einen entsprechenden Produktionsrückgang zur Folge hat, besonders dann nicht, wenn die Verkürzung der Wochenarbeitszeit auch zu **kürzeren täglichen Arbeitszeiten** führt.

Ähnliche Erfahrungen – allerdings in umgekehrter Richtung – hat man auch während des 2. Weltkrieges gemacht, als in der Rüstungsindustrie der Personalmangel durch verlängerte Arbeitszeiten bis zu 12 Stunden täglich ausgeglichen werden sollte. Graf hat damals zahlenmäßig belegt, daß eine Verlängerung der Arbeitszeit um 12% (von etwa 48 auf 54 Wochenstunden) nur einen Mehrertrag von ca. 3–4% erbrachte. Er zitiert eine amerikanische Untersuchung solcher Kriegsproduktionen, die das Ergebnis in einem prägnanten Satz zusammenfaßt: „An 7 Tagen der Woche zu arbeiten, heißt, den Lohn von 8 Tagen für eine Leistung von 6 Tagen zu bezahlen."[30]

Die erwähnten Untersuchungen haben in ihren Ergebnissen gemeinsam, daß eine Veränderung der Wochenarbeitszeit zu einer gleichlaufenden, aber relativ geringeren Veränderung der gesamten Wochenleistung führt, während sich die Stundenleistungen entgegengesetzt verhalten. Bei extrem langen Arbeitszeiten (bis zu 70 Wochenstunden) ist nachgewiesen worden, daß Arbeitszeitverkürzungen sogar zu einer Steigerung der Gesamtleistung führten. Nicht zuletzt diese Erkenntnisse haben dazu geführt, die sehr langen Arbeitszeiten in der Frühzeit der Industrialisierung nach und nach zu reduzieren.

§ 3 Satz 2 ArbZG läßt eine anderweitige Verteilung der wöchentlichen Arbeitszeit zu, allerdings darf dabei die tägliche Arbeitszeit 10 Stunden nicht überschreiten. Die Einführung der 4-Tage-Woche würde also auch bei 40 Wochenarbeitsstunden nicht gegen das Gesetz verstoßen.

Für die **Lage der Arbeitszeit** gibt es einige Sondervorschriften. So besteht ein Verbot der Nachtarbeit für Jugendliche[31] und für werdende und stillende Mütter.[32] An Sonn- und Feiertagen ist die Beschäftigung von Arbeitnehmern grundsätzlich verboten, allerdings gibt es eine große Zahl branchenbedingter Ausnahmen von dieser Bestimmung.[33]

---

[30] Graf, O., Arbeitsphysiologie, Wiesbaden 1960, S. 91
[31] Vgl. § 14 JarbSchG
[32] Vgl. § 8 MuSchG
[33] Vgl. §§ 9 und 10 ArbZG

bb) Die Verteilung der Arbeitszeit auf den Arbeitstag

Bei der Verteilung der Arbeitszeit auf den 24-Stunden-Tag sind vor allem zwei Fragen von Bedeutung:
(1) der Zeitpunkt des Beginns der Arbeit;
(2) die Unterbrechung der Arbeit durch Pausen.

Arbeitsphysiologische Untersuchungen haben ergeben, daß der Mensch im Laufe eines Arbeitstages einem bestimmten **Arbeitsrhythmus** unterliegt. Jeder Mensch braucht am Morgen eine gewisse Anlaufzeit, während der die Leistung ansteigt und ein Vormittagsmaximum erreicht. Vor der Mittagspause tritt ein Abfall der Leistung ein, nach der Mittagspause erfolgt ein erneuter Anstieg bis zum Nachmittagsmaximum, das aber unter dem Höchststand des Vormittags liegt. Gegen Ende der Arbeitszeit erfolgt gewöhnlich ein schneller Leistungsabfall. Wird in einem Betrieb 24 Stunden täglich gearbeitet, so sind nach diesen Untersuchungen die höchsten Leistungen zwischen 8 und 11 Uhr am Vormittag und zwischen 18 und 21 Uhr am Abend möglich. Die schlechteste Leistungszeit liegt zwischen 1 und 4 Uhr nachts. Die Arbeitsorganisation muß auf diese **„physiologische Arbeitskurve"** bei der Einteilung der Arbeit Rücksicht nehmen, sollte also von der Arbeitskraft nicht gerade zu Beginn oder am Ende der Arbeitszeit die größten Leistungen verlangen und sollte die schwierigsten Verrichtungen – soweit möglich – auf den Vormittag legen. Der Leistungskurve entgegengesetzt verläuft die **„Fehlerkurve"** für Ausschuß, falsche Ablesungen, Unfälle usw.

Auch nach Einführung der fünftägigen 40-Stunden-Woche beginnen viele Produktionsbetriebe heute noch um 6 Uhr mit der Arbeit. Diese Regelung erscheint unter den heutigen Lebensgewohnheiten fragwürdig, da sie impliziert, daß ein Arbeitnehmer, der acht Stunden Schlaf benötigt, unter Berücksichtigung der Wegzeit zum Arbeitsplatz bereits gegen 21 Uhr zu Bett gehen muß. Nun führen aber die heutigen Lebensgewohnheiten durch Fernsehen, Rundfunk, Kino oder durch den Besuch von Abendschulen und anderen Veranstaltungen zu immer längerer Abendbeschäftigung.

Die zunehmende Einführung der **„gleitenden Arbeitszeit"** kommt diesen veränderten Lebensgewohnheiten entgegen. Gleitende Arbeitszeit bedeutet, daß der Arbeitnehmer den Beginn und das Ende seiner täglichen Arbeitszeit innerhalb einer vom Betrieb festgelegten Zeitspanne, die den frühestmöglichen Arbeitsbeginn und das spätestmögliche Arbeitsende umfaßt, selbst bestimmen kann; in der vom Betrieb festgelegten **„Kernzeit"** müssen alle Arbeitnehmer anwesend sein.

Beginnt ein Arbeitnehmer – unter Einhaltung der Kernzeit – seinen Arbeitstag z. B. später als „normal", so muß er den Zeitausgleich nicht am gleichen Tage vornehmen. Zeitrückstände oder auch Zeitguthaben kann er in der Regel innerhalb eines Lohnabrechnungszeitraums ausgleichen. Solche Regelungen sind aus produktionstechnischen Gründen nicht in allen Betrieben möglich. Sie sind z. B. im Verwaltungsbereich einfacher zu organisieren als im Fertigungsbereich.

Der **Vorteil** der gleitenden Arbeitszeit besteht vor allem darin, daß der Arbeitnehmer in gewissen Grenzen seine Arbeitszeit seinem individuellen Lebens- und Leistungsrhythmus angleichen kann. Es gibt Frühaufsteher, die zum Ausgleich lieber einen arbeitsfreien Nachmittag haben, und es gibt Menschen, die lieber später mit der Arbeit beginnen und dafür bis in den Abend hinein arbeiten. Die Möglichkeit der Selbstbestimmung des Arbeitsbeginns reduziert die psychologische Belastung des als Zwang empfundenen festen Arbeitsbeginns und wirkt sich **leistungssteigernd** aus. Der Betrieb muß im Rahmen der Arbeitszeitregelung allerdings die Arbeitszeitschutzvorschriften – z. B. über die höchstzulässige tägliche Arbeitszeit und über die Pausenregelung – beachten.

Andere Formen der Flexibilisierung der Arbeitszeit sind beispielsweise die Teilzeitarbeit, bei der der Arbeitnehmer kürzer als die normale betriebliche Wochenarbeitszeit arbeitet (also z. B. 20 Wochenstunden halbtags) oder das sogenannte **Job Sharing**. Beim Job Sharing teilen sich zwei Arbeitnehmer Rechte und Pflichten eines Vollzeitarbeitsplatzes. Die Teilung bezieht sich sowohl auf die Länge der Arbeitszeit als auch auf die Arbeitsaufgaben sowie ggf. auf den Ausgleich von Ausfallzeiten.[34]

Ein bedeutsames Problem im Zusammenhang mit der Arbeitszeit ist die Regelung der **Arbeitspausen**. Arbeitspsychologie und Arbeitsphysiologie haben sich dieser Frage besonders angenommen. Das Arbeitszeitgesetz regelt in § 4 die **Mindestdauer** der Pausen, die nach der Länge der täglichen Arbeitszeit gestaffelt ist: „Die Arbeit ist durch im voraus feststehende Ruhepausen von mindestens 30 Minuten bei einer Arbeitszeit von mehr als sechs bis zu neun Stunden und 45 Minuten bei einer Arbeitszeit von mehr als neun Stunden insgesamt zu unterbrechen. Die Ruhepausen nach Satz 1 können in Zeitabschnitten von jeweils 15 Minuten aufgeteilt werden. Länger als sechs Stunden hintereinander dürfen Arbeitnehmer nicht ohne Ruhepausen beschäftigt werden."[35] Desweiteren steht jedem Arbeitnehmer nach Beendigung der täglichen Arbeit eine ununterbrochene Ruhezeit von mindestens elf Stunden zu (§ 5 ArbZG).

Eine Pause dient der körperlichen und geistigen Erholung der Arbeitskraft. Lage, Dauer und Häufigkeit der Pausen müssen so gewählt werden, daß bei geringstmöglichem Verlust an Arbeitszeit ein bestimmtes Maß an Erholung erzielt wird.

Jede Pause bedeutet eine Unterbrechung des Arbeitsprozesses und erfordert ein erneutes Anlaufen. Die Erfahrung hat gezeigt, daß die Erholung in den ersten Minuten einer Pause am größten ist. Von diesem Gesichtspunkt aus wäre es zweckmäßig, statt einer langen Pause mehrere kurze Pausen einzulegen. Das führt aber zu häufigen Unterbrechungen des Produktionsprozesses, die sich negativ auswirken können. Je länger andererseits eine Pause ist, um so länger ist danach die Einarbeitungszeit, da die Arbeitskraft an Übung verliert. Von entscheidender Bedeutung ist ferner, daß die Pause dann eintritt, wenn die Leistung nachzulassen beginnt, also sich eine Ermü-

---

[34] Vgl. Scholz, Ch., Personalmanagement, a. a. O., S. 340
[35] § 4 ArbZG

dung zeigt. Wird die Arbeit im Zustand der Ermüdung fortgeführt, so ist der Leistungsabfall beträchtlich.

Unter Berücksichtigung der physiologischen Arbeitskurve wird deutlich, daß eine möglichst lange Mittagspause den gesundheitlichen und körperlichen Bedürfnissen des arbeitenden Menschen am besten entspricht. Die Mittagspause soll nach arbeitsphysiologischen Erkenntnissen nicht unter 45 Minuten dauern und noch etwa 20 Minuten Ruhe nach Abschluß der Mahlzeit gewähren, damit der zur Verdauung erforderliche hohe Blutbedarf nicht bereits durch die Arbeitstätigkeit wieder beeinträchtigt wird. Die Mindestdauer, die das ArbZG für die Ruhepause vorschreibt, liegt also unter der physiologisch wünschenswerten Dauer.

Kurz- und Kürzestpausen treten als Entspannungsphasen während der Arbeitstätigkeit zwangsläufig (und auch unwillkürlich) auf. Die Regelung solcher Pausen wirft die Frage auf,
– wie lang diese Pausen sein sollen,
– wann sie eingelegt werden sollen,
– ob man ihre Gestaltung dem Arbeitenden selbst überläßt oder
– ob man sie allgemeinverbindlich und systematisch organisiert.

Die **individuelle Gestaltungsfreiheit** der Kurzpausen hat den Vorteil, daß die Erholung den persönlichen Belastungen angepaßt werden kann. Der Nachteil besteht in der Gefahr, daß sie einerseits nicht rechtzeitig eingelegt werden und damit ihre volle Erholungswirkung verfehlen und andererseits überhaupt nicht eingehalten werden, weil der Arbeitende Schwierigkeiten mit der Bewältigung seines Arbeitspensums hat. Durch Verzicht auf die Pausen kann er auf Grund stärkerer Ermüdung noch weiter in Rückstand geraten.

Das Abwägen dieser Vor- und Nachteile führte in der betrieblichen Praxis zu dem Ergebnis, Kurzpausen vor allem bei kurzfristigen Schwerarbeiten mit ungleichmäßiger Arbeitsbelastung der freien Gestaltung zu überlassen. Für Arbeiten mit eher gleichmäßiger Belastung hat sich die organisierte Kurzpause durchgesetzt.

Richtige Pausengestaltung sollte zu einer Leistungssteigerung führen, die nicht nur den auf Grund der Pausen verursachten Zeitverlust voll kompensiert, sondern darüber hinaus auch noch das Tagesergebnis erhöht. Arbeitswissenschaften und Betriebswirtschaftslehre sprechen in diesen Fällen von einer **„lohnenden Pause"**. Die lohnende Pause wird durch das Optimum zwischen zu kurzen und zu langen Pausen bestimmt. Zu kurze Pausen können relativ wenig Ermüdungsausgleich bieten, während zu lange Pausen verhindern, daß der Arbeitsverlust durch gesteigerte Mehrleistung nach der Pause aufgeholt wird.

Neben der Zahl und Länge der Pausen spielt auch ihre zeitliche Lage eine wichtige Rolle. Man legt die Pausen nach Möglichkeit nicht in Zeiten eines Leistungsanstiegs, sondern versucht, sie kurz nach Erreichen temporärer Leistungsmaxima einzuschalten.

Die Gewährung von Kurzpausen steht in Konkurrenz mit der Gewährung von Erholungszuschlägen in den Vorgabezeiten. Es hat sich jedoch heute die

Auffassung durchgesetzt, daß die Pausengestaltung das primäre Instrument für die Abstimmung des Arbeitsablaufs auf die physiologische Arbeitskurve ist. Eine optimale Zahl, Dauer und zeitliche Verteilung organisierter Pausen ist ein Datum für die Bemessung der Erholungszuschläge und hat gewöhnlich zur Folge, daß diese geringer sein können als ohne entsprechende Pausenregelung (**ÜB 2/3**).

c) Die Arbeitsplatzgestaltung

Die Höhe der Arbeitsleistung wird ferner vom **Arbeitsplatz** und **Arbeitsraum** beeinflußt. Die Bewegungsfreiheit, die ein Arbeiter oder Angestellter an seinem Arbeitsplatz hat, die Lichtverhältnisse, die Temperatur und Luftfeuchtigkeit, der Lärm, die Farbgebung der Räume und Maschinen, die Zweckmäßigkeit der Anordnung der Maschinen und Werkzeuge u. a. sind von großer Bedeutung für das Arbeitsergebnis. Räumliche Beengtheit führt zu Störungen, erhöht die Unfallgefahr und mindert – insbesondere wenn der Arbeiter im Akkord steht – die Arbeitslust. Schlechte Lichtverhältnisse und unzureichende Lüftung führen zu schnellerer Ermüdung und verschlechterter Arbeitsqualität. Helle, ansprechende Farben der Arbeitsräume und Maschinen vermindern – wie arbeitspsychologische Untersuchungen ergeben haben – die Augenermüdung, stellen eine geringere Nervenbelastung dar und erhöhen unbewußt die Arbeitsfreude. Auch auf die Sauberkeit der Arbeitsräume ist zu achten.

Ein weiterer Faktor, durch den die Ergiebigkeit der Arbeitsleistung erhöht werden kann, ist die **zweckmäßige Gestaltung der Betriebsmittel,** mit denen ein Arbeitsplatz ausgestattet ist. Maschinen und Werkzeuge sollten, soweit es technisch möglich ist, den physiologischen Bedingungen des Menschen angepaßt werden. Der Energieaufwand ist im Stehen größer als im Sitzen, am größten in gebückter oder verkrampfter Haltung. Die Körperhaltung ist also mit entscheidend dafür, wie schnell Ermüdungserscheinungen eintreten. Dies trifft für eine Sekretärin an der Schreibmaschine ebenso zu wie für einen Arbeiter an der Drehbank.

d) Das Betriebsklima

Das Problem der Schaffung optimaler Arbeitsbedingungen läßt sich nicht allein dadurch lösen, daß die Betriebsführung sich um eine optimale Gestaltung der äußeren Arbeitsbedingungen, also um eine Gestaltung des Arbeitsablaufs und des Arbeitsplatzes und um die Regelung der Arbeitszeit und der Arbeitspausen bemüht. Für den Leistungswillen des Arbeitnehmers, für seine Bereitschaft, die volle Leistungsfähigkeit für den Betrieb einzusetzen, ist ein gutes Verhältnis zwischen dem Arbeitnehmer und seinen Vorgesetzten und zwischen den Arbeitskollegen untereinander mindestens ebenso wichtig wie die äußeren Arbeitsbedingungen.

Diesen Bereich zwischenmenschlicher Beziehungen im Betrieb, im angloamerikanischen Sprachgebrauch **human relations** genannt, wollen wir hier unter dem Ausdruck **Betriebsklima** zusammenfassen. Herrscht zwischen den Angehörigen eines Betriebes Neid, Mißgunst und Mißtrauen anstatt Kameradschaft, Verständnis, Vertrauen und Hilfsbereitschaft, dann wirkt sich ein solchermaßen gestörtes Betriebsklima hemmend auf den Produktionsprozeß aus. Fühlt sich der Arbeitnehmer durch seine Vorgesetzten in seiner Menschenwürde mißachtet, glaubt er, daß er durch sie falsch beurteilt und ungerecht behandelt wird, ist er der Meinung, daß man seinen Problemen verständnislos gegenübersteht, daß seine Vorgesetzten über ihn schalten und walten wie über jedes andere Produktionsmittel, dann wird er sehr schnell der Arbeit im Betriebe überdrüssig, dann wird der Betrieb nicht mehr mit seinem vollen Arbeitseinsatz, der in starkem Maße vom Arbeitswillen abhängt, rechnen können.

Je mehr die Tätigkeiten der Hilfsarbeiter von Maschinen übernommen und je mehr qualifizierte Facharbeiter benötigt werden, die in der Lage sind, komplizierte technische Anlagen zu bedienen und eigene Verantwortung zu tragen, desto mehr wandelt sich das Verhältnis zwischen Arbeitnehmer und Unternehmer. Aus dem Arbeitnehmer wird ein **Mitarbeiter,** dessen Stellung im Betriebe durch die Gesetzgebung (Betriebsverfassung, Kündigungsschutz), durch Tarifverträge und durch freiwillige betriebliche Maßnahmen (Ergebnisbeteiligung) immer mehr von der eines abhängigen Arbeitnehmers in die eines Partners übergeht.

Partnerschaft im Betriebe bedeutet, daß nicht mehr die Betriebsführung allein über die Fragen entscheidet, die für die Arbeitskräfte von wesentlicher Bedeutung sind (äußere Arbeitsbedingungen, Entlohnung, Einstellung und Kündigung, Versetzung und Beförderung), sondern daß die Arbeitnehmer durch ihre Vertreter, deren Stellung im Betriebe gesetzlich gesichert ist, ein Mitsprache- oder Mitentscheidungsrecht oder wenigstens ein Recht auf Information haben. Diese unter dem Begriff **Mitbestimmung** zusammengefaßten Rechte der Arbeitnehmer sind ein wesentlicher Faktor, der sich positiv auf den Leistungswillen und damit auf die effektive Arbeitsleistung auswirkt.[36] Er trägt zur Verbesserung des Betriebsklimas, zur Erhaltung des sozialen Friedens im Betriebe bei und ersetzt das Gefühl einer völligen Abhängigkeit von der Betriebsführung durch das Gefühl der Sicherheit.

Freiwillige Sozialleistungen,[37] z. B. die Errichtung von Werkssiedlungen, Sportplätzen, Werksbibliotheken usw., können das Verhältnis zwischen Arbeitnehmer und Arbeitgeber bei weitem nicht so positiv beeinflussen wie das Recht zur Mitbestimmung. Sie sind Maßnahmen, die aus der Fürsorgepflicht des Betriebes getätigt werden und können gerade deshalb das Gefühl echter Partnerschaft nicht aufkommen lassen, auch wenn die Arbeitnehmer den guten Willen der Betriebsführung anerkennen.

---

[36] Die Probleme der Mitbestimmung sind oben im Zusammenhang mit der Betriebsführung bereits ausführlich behandelt worden (vgl. S. 104 ff.).
[37] Einzelheiten vgl. S. 298 ff.

4. Das Arbeitsentgelt

a) Das Arbeitsentgelt als Gegenstand der Volkswirtschaftslehre, der Betriebswirtschaftslehre und des Arbeitsrechts

Das Problem der Bestimmung des Arbeitsentgelts wird von mehreren wissenschaftlichen Disziplinen unter unterschiedlichen Aspekten untersucht und zu lösen versucht: der Volkswirtschaftslehre, der Betriebswirtschaftslehre, dem Arbeitsrecht, den Arbeitswissenschaften, der Ethik, der Soziallehre u. a. Hier soll nur die Fragestellung der drei erstgenannten Disziplinen erörtert werden.

Die **Volkswirtschaftslehre** beschäftigt sich mit Lohnproblemen im Rahmen der Theorie des Wirtschaftskreislaufes und im Rahmen der Verteilungstheorie. Letztere behandelt den Lohn entweder als eine der drei **funktionellen Einkommenskategorien** (funktionelle Einkommensverteilung). Hier interessiert das Einkommen des Faktors Arbeit, d. h. der Gesamtheit aller Arbeitnehmer oder einzelner Gruppen, nicht des einzelnen Menschen; oder sie stellt die Frage nach der **persönlichen Einkommensverteilung,** d. h. nach dem Einkommen der Haushalte, das sich aus Zuflüssen verschiedener funktioneller Einkommenskategorien zusammensetzen kann.

Die **Betriebswirtschaftslehre** versucht, den Lohn des einzelnen Arbeitnehmers für seine Arbeitsleistung im Betrieb zu bestimmen. Technische Hilfe bei der Problemlösung leisten die **Arbeitswissenschaften,** vor allem durch die Entwicklung eines Instrumentariums zur Messung und Bewertung der Arbeitsschwierigkeit, der Arbeitsleistung und der Arbeitszeit. Der Arbeitslohn ist für den Betrieb als Entgelt für einen Produktionsfaktor eine **Kostenbestimmungsgröße,** die ihren Niederschlag sowohl in der Kostenrechnung als auch in der Gewinn- und Verlustrechnung findet. Er ist unabhängig von der Ertragslage des Betriebes auf Grund von Arbeitsverträgen zu zahlen. Zum **Arbeitslohn** zählen alle auf Grund von Arbeitsleistungen gezahlten Entgelte (Zeitlöhne, Gehälter, Leistungslöhne, Prämien, Lohnzulagen, Gratifikationen, Honorare, Provisionen). Davon zu trennen sind Entgelte, die mit der Arbeitsleistung nur mittelbar zusammenhängen und deren Zahlung und Höhe vom Gewinn abhängig gemacht wird (Gewinnbeteiligungen, Tantiemen).

Mit dem Problem des Arbeitsentgeltes zusammenhängende Rechtsfragen werden im **Arbeitsrecht** geregelt. Seine Rechtsnormen sind für den Betrieb Daten, die er bei seinen Entscheidungen berücksichtigen muß. Im **Individualarbeitsrecht** werden die rechtlichen Beziehungen zwischen dem einzelnen Arbeitnehmer und seinem Arbeitgeber normiert. Zu den Pflichten des Arbeitgebers gehören die Lohnzahlungen und der Lohnschutz, zu den Pflichten des Arbeitnehmers die Leistungserbringung. Das **kollektive Arbeitsrecht** hat das Recht der Arbeitsverbände zum Inhalt. Für das Arbeitsentgelt sind vor allem das Tarifvertrags-, Arbeitskampf- und Schlichtungsrecht, das Betriebsverfassungsrecht und das Personalvertretungsrecht von Bedeutung.

b) Lohnhöhe und Lohngerechtigkeit

Oberstes Prinzip für die Entlohnung ist der Grundsatz, daß der Lohn gerecht sein muß. Die Frage der **Lohngerechtigkeit** ist jedoch ein Problem, das weder die Betriebswirtschaftslehre, noch eine andere wissenschaftliche Disziplin lösen kann, da es keinen objektiven Maßstab dafür gibt, was gerecht ist. Lohngerechtigkeit ist ein **ethischer Wert,** der nur formalen Charakter trägt, der aber inhaltlich nicht mit wissenschaftlichen Mitteln bestimmt werden kann. Wenn man den Lohn für eine bestimmte Arbeit als gerecht bezeichnet, so besagt das, daß jede andere Lohnhöhe ungerecht ist. Diese Aussage aber ist ein **Werturteil,** das mit wissenschaftlichen Methoden nicht als wahr bewiesen werden kann, also keine wissenschaftliche Erkenntnis, sondern ein subjektives Bekenntnis darstellt. Welche Höhe und Form der Entlohnung allgemein als gerecht empfunden wird, hängt in starkem Umfange von der in einer historischen Epoche bestehenden Gesellschaftsordnung und ihren sozial-ethischen Grundlagen ab. Ebenso wie bei der Frage nach einer gerechten Besteuerung kommt auch bei der Frage nach der Lohngerechtigkeit eine praktizierbare Lösung nur durch einen Kompromiß zwischen divergierenden Auffassungen zustande.

Die Betriebswirtschaftslehre kann deshalb keinerlei Aussagen über die absolute Gerechtigkeit der Entlohnung machen, sondern nur über die „**relative**" **Gerechtigkeit** im Sinne einer Einstufung der einzelnen Tätigkeiten. Wesentlich für die Ergiebigkeit der Arbeitsleistung ist, daß der Arbeitende das Gefühl hat, daß er nach dem Wert seiner Leistung entlohnt wird, und daß sein Lohn in einem angemessenen Verhältnis zum Lohn seiner Arbeitskollegen steht, die höhere oder niedrigere Tätigkeiten verrichten.

Das wichtigste Problem ist also zunächst einmal die **Festlegung der Relationen** für die Entlohnung von verschiedenen Tätigkeiten nach einem allgemeinen Grundprinzip, das als „gerecht" anerkannt wird. Diese Aufgabe fällt der **Arbeitsbewertung** zu. Das Arbeitsentgelt muß dem **Wert des produktiven Beitrages,** der durch eine Arbeitsverrichtung für den Betrieb geschaffen worden ist, entsprechen. Wie aber läßt sich dieser produktive Beitrag bestimmen? Er ist das Ergebnis einer „**Leistung**", die die Arbeitskraft erbracht hat. Diese Leistung besteht in dem Einsatz einer bestimmten Menge an körperlicher Kraft und an geistigen Fähigkeiten. Je schwieriger die Arbeitsverrichtung ist, desto größer sind die Anforderungen an die Fähigkeiten und damit an die Begabung und Fachausbildung der Arbeitskraft, desto höher ist also auch der Wert der Leistung anzusetzen. Schwierigkeitsgrad und Leistungshöhe stehen also in einem bestimmten Verhältnis zueinander. Dabei muß beachtet werden, daß der Schwierigkeitsgrad nicht nur nach der Größe der erforderlichen körperlichen oder geistigen Fähigkeiten bemessen werden darf, sondern ebenso mitbestimmt wird von erschwerenden Umwelteinflüssen wie Lärm, Rauch, Temperatur u. a.

Maßgebend für die relative Höhe des Arbeitsentgeltes sind also:
(1) die körperlichen und geistigen Anforderungen, die eine Arbeit an den Menschen stellt (Arbeitsschwierigkeit) und

(2) die tatsächliche Arbeitsleistung (Arbeitsdauer, Arbeitsmenge, Arbeitsgüte).

Der **Schwierigkeitsgrad einer Arbeit,** also die Anforderungen, die ein Arbeitsplatz stellt, sind Maßstab für die relative Einstufung einer Arbeitsverrichtung, d. h. sie bedingen, ob eine Tätigkeit höher oder niedriger bewertet wird als eine andere. Die Höhe des Lohnes wird aber nicht nur davon bestimmt, daß eine Arbeitskraft eine bestimmte Tätigkeit ausübt, sondern auch davon, was sie tatsächlich leistet. Zwei Arbeitskräfte können die gleiche Tätigkeit verrichten, also den gleichen Anforderungen genügen, dennoch kann das Arbeitsergebnis quantitativ und qualitativ unterschiedlich sein. Folglich muß eine „**Normalleistung**" als Vergleichsmaßstab durch Messung oder Schätzung ermittelt werden. Sie muß sich in einer Größenordnung bewegen, die von den betroffenen Arbeitnehmern akzeptiert werden kann. Leistungsunterschiede zwischen Arbeitnehmern, die gleiche Tätigkeiten ausüben, lassen sich lohnpolitisch durch Wahl einer geeigneten Lohnform (Akkordlohn, Prämienlohn, Zeitlohn mit Leistungszulagen) berücksichtigen.

Der Grundsatz der Übereinstimmung von Lohn und Leistung wird von Kosiol als **Äquivalenzprinzip** bezeichnet.[38] Es gliedert sich in zwei Prinzipien:

(1) Das Prinzip der Äquivalenz von Lohn und Anforderungsgrad (Arbeitsschwierigkeit);

(2) das Prinzip der Äquivalenz von Lohn und Leistungsgrad (Arbeitsmenge und -güte).

Neben der Leistung können auch **soziale Überlegungen** für die Bestimmung der Höhe des Arbeitsentgeltes maßgebend sein. So haben sich in den heutigen Lohntarifen u. a. folgende Gesichtspunkte sozialer Art niedergeschlagen, die nicht eine Folge wirtschaftlicher Überlegungen, sondern **sozial- oder gesellschaftspolitischer Maßnahmen** sind. Sie sind gesetzlich verankert und stellen damit für die Betriebswirtschaftslehre Daten dar. Neben tarifvertraglichen gibt es auch einzelvertragliche oder freiwillige Lohnzuschläge. Solche Daten sind z. B.:

(1) Die Staffelung der Entgelte nach dem **Lebensalter.** Sie widerspricht dem Prinzip der Entlohnung nach der Leistung, denn wenn auch die Differenzierung des Lohnes für eine Verrichtung gegenüber anderen Verrichtungen nach der Leistung erfolgt, so bedeutet diese Staffelung nach dem Lebensalter, daß zwei Arbeitskräfte für die gleiche Tätigkeit bei gleicher Leistung auf Grund unterschiedlichen Lebensalters verschiedene Arbeitsentgelte erhalten. Das kann sich auf die Leistungshöhe der niedriger bezahlten jüngeren Arbeitskräfte negativ auswirken.

---

[38] Vgl. Kosiol, E., Leistungsgerechte Entlohnung, 2. Aufl., Wiesbaden 1962, S. 22f.; ferner Berthel, J., Personalmanagement, a. a. O., S. 388

(2) Die Staffelung der Entgelte nach dem **Familienstand**. Hier treten die gleichen Probleme auf wie bei der Staffelung nach dem Lebensalter.

(3) Der Anspruch auf **bezahlten Urlaub** führt zu einer Zahlung von Arbeitsentgelten an Tagen, an denen überhaupt keine Leistung erbracht wird. Vielfach wird zusätzlich noch ein Urlaubsgeld gezahlt.[39]

(4) Im **Krankheitsfalle** wird der Arbeitslohn für eine bestimmte Zeit weitergezahlt, obwohl keine Leistung erbracht werden kann.[40]

(5) Die Garantie eines **Mindestlohnes bei Akkordarbeit** sichert einen bestimmten Lohn, auch bei geringerer Leistung.

(6) Für Nachteile, die einer Arbeitskraft durch ungünstige oder zu lange Arbeitszeiten entstehen können, werden auf Grund der Bestimmungen des Arbeitsschutzrechtes oder der Tarifverträge Zuschläge (**Lohnzulagen**) gewährt, so für Mehrarbeit und Überstunden, für Nachtarbeit und Sonn- und Feiertagsarbeit.[41] Auch das widerspricht an sich der Entlohnung nach der Leistung, denn es ist eine Erfahrungstatsache, daß die Arbeitsleistung mit steigender Arbeitszeit abnimmt und in den Nachtstunden besonders niedrig ist. Hier muß für ein – vom Arbeitnehmer allerdings unverschuldetes – niedrigeres Arbeitsergebnis ein höheres Arbeitsentgelt gezahlt werden. Die Zuschläge sind nicht ein Entgelt für seine Leistung, die der Betrieb erhält, sondern eine Entschädigung für den Zwang der Arbeitskraft, ungünstigere Arbeitsbedingungen hinnehmen zu müssen. Diese werden bei der Arbeitsbewertung als besondere Anforderungsart berücksichtigt. Beispiele für freiwillige Lohnzulagen sind Alters- und Treuezulagen.

Das Einbeziehen sozialer Faktoren bei der Bemessung der Arbeitsentgelte bedeutet, daß aus dem Leistungslohn ein **Soziallohn** wird, d. h. daß der Grundsatz gleicher Lohn für gleiche Leistung nicht so zu verstehen ist, daß die „Leistung" allein an der Menge und der Qualität des Arbeitsergebnisses gemessen wird, sondern daß erschwerende Arbeitsbedingungen wie Nacht- und Sonntagsarbeit u. a. als besonders zu vergütende Leistung des Arbeitnehmers berücksichtigt werden. Die betriebswirtschaftlichen Methoden der Arbeitsbewertung können also nur dazu dienen, die relative Höhe der Entgelte für verschiedene Tätigkeiten zu ermitteln. Diese so ermittelten Relationen bilden dann die Grundlage für die Bestimmung der absoluten Höhe des Entgeltes durch die Verhandlungen der Tarifpartner (**ÜB** 1/7; **2/8**).

---

[39] Vgl. Bundesurlaubsgesetz vom 8. 1. 1963 zuletzt geändert durch das Gesetz vom 6. 6. 1994, BGBl I, S. 1170

[40] Vgl. Lohnfortzahlungsgesetz vom 27. 7. 1969 zuletzt geändert durch das Gesetz vom 26. 5. 1994, BGBl I, S. 1014

[41] Vgl. Gesetz zur Regelung der Lohnzahlung an Feiertagen vom 2. 8. 1951 zuletzt geändert durch Gesetz vom 18. 12. 1975, BGBl I, S. 3091

c) Die Methoden der Arbeitsbewertung

aa) Überblick

Eine Staffelung der Arbeitsengelte nach dem Schwierigkeitsgrad der einzelnen Arbeitsverrichtungen durchzuführen, ist Aufgabe der Arbeitsbewertung. Sie geht von bestimmten **Anforderungen** aus, die eine Arbeitsverrichtung an einen arbeitenden Menschen stellt. Die wichtigsten Anforderungsarten sind: Fachkenntnisse (Vorbildung und Erfahrung), Geschicklichkeit, körperliche und geistige Anstrengung bei der Ausführung von Verrichtungen, Verantwortung für Menschen und Sachen (Mitarbeiter, Maschinen, Werkstücke), Umgebungseinflüsse wie Lärm, Staub, Temperatur u. a.

Mit Hilfe dieser Faktoren werden Kennzahlen für den Schwierigkeitsgrad der Arbeit gewonnen, die man als **Arbeitswerte** bezeichnet. Diese Arbeitswerte sind objektive Maßstäbe für den Schwierigkeitsgrad der Arbeit, d. h. sie gelten für jeden Arbeiter, der eine bestimmte Tätigkeit verrichtet. Die individuelle Leistung des Arbeiters kann berücksichtigt werden durch Leistungsprämien u. a.

Im Interesse der Übersichtlichkeit und Wirtschaftlichkeit dürfen die Anforderungen nicht zu stark differenziert werden. Das auf Grund internationaler Erfahrungen im Jahre 1950 auf einer Konferenz für Arbeitsbewertung in Genf entwickelte „**Genfer Schema**" geht von sechs Anforderungsgruppen aus. Die beiden Obergruppen sind das Fachkönnen und die Belastung. Beide Obergruppen werden auf geistige und körperliche Anforderungen bezogen. Als weitere Anforderungen treten hinzu: Verantwortung und Arbeitsbedingungen. Es ergibt sich also folgendes Schema:

Gruppenzahl	Hauptanforderungsarten
I.	1. Fachkönnen = geistige Anforderungen 2. Fachkönnen = körperliche Anforderungen
II.	3. Belastung = geiste Beanspruchung 4. Belastung = körperliche Beanspruchung
III.	5. Verantwortung
IV.	6. Arbeitsbedingungen

Eine weitere Unterteilung der Hauptanforderungen zeigt das folgende Schema:[42]

---

[42] Wibbe, J., Arbeitsbewertung, Entwicklung, Verfahren und Probleme, 3. Aufl., München 1966, S. 14

18*

Hauptmerkmale	Untermerkmale (Anforderungsarten)
A. Geistige Anforderungen	1. Fachkenntnisse 2. Nachdenken (geistige Beanspruchung)
B. Körperliche Anforderungen	3. Geschicklichkeit 4. Muskelbelastung 5. Aufmerksamkeit (Belastung der Sinne und Nerven)
C. Verantwortung für	6. Betriebsmittel und Produkte 7. Sicherheit und Gesundheit anderer 8. Arbeitsablauf
D. Arbeitsbedingungen (Umgebungseinflüsse)	9. Temperatur 10. Nässe (Wasser, Feuchtigkeit, Säure) 11. Schmutz (Öl, Fett, Staub) 12. Gas, Dämpfe 13. Lärm, Erschütterung 14. Blendung, Lichtmangel 15. Erkältungsgefahr, Arbeiten im Freien 16. Unfallgefährdung

Es gibt zwei Prinzipien der qualitativen Analyse der Arbeit, aus denen vier Verfahren entwickelt worden sind:

(1) Die **summarische Methode** ist dadurch gekennzeichnet, daß die Arbeitsverrichtungen als Ganzes bewertet werden, d. h. es wird eine Gesamtbeurteilung der Arbeitsschwierigkeit vorgenommen. Dabei werden die einzelnen Anforderungsarten summarisch (global) berücksichtigt.

(2) Bei der **analytischen Methode** werden die Arbeitsverrichtungen in die einzelnen Anforderungsarten aufgegliedert. Für jede Anforderungsart wird eine Wertzahl ermittelt, und aus der Summe der Einzelwerte ergibt sich dann der Arbeitswert der einzelnen Verrichtungen.

Bei der Quantifizierung der Arbeitsschwierigkeit werden wiederum zwei Prinzipien angewendet: das **Prinzip der Reihung** und das **Prinzip der Stufung.** Im ersten Fall werden die zu bewertenden Arbeitsverrichtungen in einer Reihenfolge geordnet, bei der die Arbeit mit dem höchsten Schwierigkeitsgrad an erster, die mit dem geringsten Schwierigkeitsgrad an letzter Stelle steht. Im zweiten Fall werden Anforderungsstufen festgelegt. Unterschiedliche Arbeitsverrichtungen gleicher Schwierigkeit werden der gleichen Stufe zugeordnet.

Kombiniert man die summarische und analytische Methode mit den Prinzipien der Reihung und Stufung, so ergeben sich die vier Grundmethoden der Arbeitsbewertung:[43]

Methode der Quantifizierung	Methode der qualitativen Analyse	
	summarisch	analytisch
Reihung	Rangfolgeverfahren	Rangreihenverfahren
Stufung	Lohngruppenverfahren	Stufenwertzahlverfahren

bb) Die summarische Arbeitsbewertung

Das **Rangfolgeverfahren** ordnet sämtliche in einem Betrieb vorkommenden Arbeitsverrichtungen nach ihrem Schwierigkeitsgrad, so daß eine Rangordnung aller Verrichtungen entsteht. Es ist einfach in der Durchführung, ist aber für komplizierte Verhältnisse nicht geeignet.

Mit der Bildung einer Rangfolge ist das Problem der Entlohnung noch nicht gelöst, denn durch die Rangfolge allein wird noch nicht ersichtlich, wie groß der Unterschied in den Anforderungen zwischen den aufeinanderfolgenden Arbeitsverrichtungen ist. Nur wenn der Abstand der Anforderungen zwischen den einzelnen Rängen etwa gleich groß ist, ist es richtig, daß der Lohnabstand von Rang zu Rang der gleiche ist. Bei ungleichen Rangabständen müssen die Unterschiede bei der Umrechnung der Ränge in Normallöhne berücksichtigt werden.[44]

Das **Katalogverfahren (Lohngruppenverfahren)** geht anders vor. Es bildet eine Anzahl von Stufen mit unterschiedlichem Schwierigkeitsgrad, sog. **Lohngruppen.** Sämtliche Arbeitsverrichtungen werden dann in die ihren Schwierigkeitsgraden entsprechenden Lohngruppen eingereiht. Die Verrichtungen einer Lohngruppe entsprechen sich also in ihrem Schwierigkeitsgrad. Einem solchen Lohngruppenkatalog ist gewöhnlich eine Vielzahl von Richtbeispielen beigegeben. Dieses Verfahren ist zwar einfach und wirtschaftlich zu handhaben, bekommt jedoch leicht etwas Schematisches und ermöglicht zu wenig die Berücksichtigung der individuellen Verhältnisse eines Betriebes.

Das Lohngruppenverfahren wird in Tarifverträgen bevorzugt. Gewöhnlich werden 6–12 Lohngruppen gebildet. Jede Lohngruppe wird in allgemeiner Form charakterisiert.

Beispiel:[45]

Lohngruppe 8: Facharbeiter mit meisterlichem Können und Dispositionsvermögen (z. B. Vorarbeiter und Gruppenführer in Facharbeiterabteilungen mit hoher Verantwortung).

---

[43] Vgl. Berthel, J., Personalmanagement, a. a. O., S. 132ff.
[44] Zur Berechnung vgl. Wibbe, J., a. a. O., S. 106ff.
[45] Lücke, W., Arbeitsleistung, Arbeitsbewertung, Arbeitsentlohnung, in: Industriebetriebslehre, hrsg. von H. Jacob, 4. Aufl., Wiesbaden 1990, S. 249f.

Lohngruppe 7: Bestqualifizierter Facharbeiter (für besonders schwierige Facharbeiten, die hohe Anforderungen an Können und Wissen stellen).

Lohngruppe 6: Qualifizierter Facharbeiter (für schwierige Facharbeiten mit langjähriger Erfahrung, auch in Anlernung erworben).

Lohngruppe 5: Facharbeiter (im Lehrberuf ausgebildet) oder Angelernte mit Fähigkeiten, die denen eines Facharbeiters gleichzusetzen sind.

Lohngruppe 4: Qualifizierter Angelernter (für Spezialarbeiten durch Anlernen mit zusätzlicher Erfahrung erworben).

Lohngruppe 3: Angelernter (für Maschinenarbeiten mit Zweckausbildung oder Fähigkeiten durch Anlernen erworben).

Lohngruppe 2: Hilfsarbeiter (Anlernung einfacher Art).

Lohngruppe 1: Hilfsarbeiter (Anlernung einfachster Art).

Der gemeinsame **Nachteil** der summarischen Verfahren der Arbeitsbewertung ist vor allem darin zu sehen, daß die einzelnen Anforderungsmerkmale nicht gewichtet werden können, weil nicht die einzelne Anforderungsart, sondern die einzelne Arbeitsverrichtung als Ganzes bewertet wird. Diesen Mangel versuchen die analytischen Methoden der Arbeitsbewertung zu beseitigen.

cc) Die analytische Arbeitsbewertung

Beim **Stufen-Wertzahlverfahren** wird für jede Anforderungsart eine Punktwertreihe festgelegt. Die Wertzahlen bringen die unterschiedliche Beanspruchung der Arbeitskraft durch die betreffende Anforderungsart zum Ausdruck. Zum Beispiel:

Anforderungsart	Bewertungsstufe	Wertzahl
Fachkönnen	äußerst gering	0
	gering	2
	mittel	4
	groß	6
	sehr groß	8
	extrem groß	10

Für jede Anforderungsart einer Arbeitsverrichtung oder eines Arbeitsplatzes wird die Wertzahl ermittelt; die Summe der Wertzahlen aller Anforderungsarten einer Arbeitsverrichtung ermöglicht dann die Eingliederung in eine Lohngruppe.

Die einzelnen Anforderungsarten können unterschiedlich **gewichtet** werden. Außerdem kann eine unterschiedliche Unterteilung der Wertzahlen erfolgen, d. h., einerseits kann die Gesamtzahl der Wertzahlen für die einzelnen Anforderungsarten verschieden groß sein, andererseits können die Wertzahlen nicht nur linear, sondern auch progressiv oder degressiv steigen. Für die Gewichtung gibt es keine objektiven Merkmale. Sie wird stets von subjektiven Überlegungen beeinflußt sein (z. B. die Einstufung körperlicher oder geistiger Anforderungen). Bei einer Untersuchung deutscher und amerikanischer Systeme sind folgende durchschnittliche Gewichte ermittelt worden:[46]

	USA-Systeme	Deutsche Systeme
Ausbildung	45%	22%
Geistige Anforderungen	31%	34%
Körperliche Anforderungen	11%	24%
Äußere Einflüsse	13%	20%

Das **Rangreihenverfahren** nimmt wie das summarische Rangfolgeverfahren eine Einordnung von der einfachsten bis zur schwierigsten Verrichtung vor, jedoch für jede Anforderungsart getrennt. So ordnet man sämtliche Verrichtungen einmal nach den erforderlichen Fachkenntnissen, dann nach der Geschicklichkeit, der Verantwortung usw. Die Stellung einer bestimmten Tätigkeit in einer Rangreihe wird in Prozenten ausgedrückt, wobei die am niedrigsten bewertete Verrichtung mit 0%, die am höchsten bewertete mit 100% angesetzt wird.

Die Problematik dieses Verfahrens liegt wie beim Stufenwertzahlverfahren darin, daß der Gesamtwert einer Verrichtung sich nicht durch Addition der für diese Verrichtung ermittelten Prozentzahlen jeder Rangreihe ergibt, sondern daß den einzelnen Anforderungsarten ein verschiedenes Gewicht bei der Bewertung beigelegt wird, das in der Multiplikation der Prozentzahl mit einem Gewichtungsfaktor seinen Ausdruck findet. Ob dem fachlichen Können, der körperlichen und geistigen Anstrengung oder der Verantwortung bei der Bewertung ein größeres Gewicht zukommt, ist schwer zu entscheiden. Hier helfen nur Beobachtung und Erfahrung, ein wissenschaftlicher „Beweis" ist nicht zu erbringen.

dd) Die Festsetzung des Geldlohnes

Alle genannten Verfahren der Arbeitsbewertung stellen nur schematische Lösungen dar, die nicht für alle Betriebe und alle Wirtschaftszweige anwendbar sind. Immer bedarf es einer Anpassung an die Gegebenheiten des einzelnen Betriebes.

Sind mit Hilfe der Arbeitsbewertung die Arbeitswerte, d. h. die Relationen zwischen den Schwierigkeitsgraden und damit die relativen Lohnhöhen festgelegt, so ist es Aufgabe der Tarifpartner, die absoluten Geldwerte für die Entlohnung auszuhandeln. Dabei wird in der Regel nicht über jede Lohngruppe verhandelt, sondern nur über den **Ecklohn,** das ist z. B. beim Lohngruppenverfahren der Lohn einer Gruppe, der gleich 100% gesetzt wird. Die Löhne der anderen Lohngruppen stehen zum Ecklohn in einer bestimmten Relation. Die Spanne zwischen den einzelnen Lohnsätzen kann gleich sein, also z. B. von Gruppe zu Gruppe um den gleichen Geldbetrag steigen; d. h.,

---

[46] Nach Lücke, W., a. a. O., S. 260

daß Lohnsatz und Arbeitsschwierigkeit sich von Lohngruppe zu Lohngruppe in gleichem Maß verändern. Der Abstand zwischen den einzelnen Lohnsätzen kann aber auch degressiv oder progressiv verlaufen.

In den Tarifabschlüssen der letzten Jahre ist in zunehmendem Maße die **Tendenz einer Nivellierung** der Abstufung der Löhne nach dem Schwierigkeitsgrad zu beobachten, da entweder nur noch ein Teil der Lohnerhöhung durch eine prozentuale Anhebung aller Löhne erfolgt, ein anderer Teil dagegen in Form eines gleichen absoluten Erhöhungsbetrages (**„Sockelbetrages"**) für alle betroffenen Arbeitnehmer gewährt wird (z. B. DM 100,– Erhöhung monatlich von der untersten bis zur obersten Lohngruppe, sowie 6% auf die bisherigen Tariflöhne) oder die Streichung der jeweils untersten oder sogar der beiden untersten Lohngruppen verlangt wird. Eine solche mit sozialen Überlegungen (Anhebung des Existenzminimums der Arbeitnehmer mit dem geringsten Einkommen) begründete Tarifpolitik birgt die Gefahr in sich, daß Arbeitnehmer, die sich teilweise unter jahrelangen Opfern an Freizeit in Abendlehrgängen freiwillig weitere Kenntnisse aneignen, in ihrer Motivation zur Leistung negativ beeinflußt werden, wenn andere ohne Erhöhung ihrer Qualifikation durch Tarifverträge in der dargestellten Weise relativ begünstigt werden.

d) Lohnformen

aa) Übersicht

Als **Lohnform** bezeichnet man das Verfahren der Berechnung des Arbeitsentgeltes für eine Arbeitsleistung bei gleicher Arbeitsschwierigkeit. Ein Entlohnungsverfahren muß so elastisch sein, daß es Leistungsunterschiede zwangsläufig im Arbeitsentgelt berücksichtigt, d. h. daß das Entgelt mit zunehmender Leistung steigt, mit fallender Leistung sinkt. Dabei bilden allerdings die oben erwähnten sozialen Komponenten des Arbeitsentgelts, die in den Tarifen berücksichtigt werden, eine Begrenzung (z. B. Zahlung eines tariflich garantierten Mindestlohns bei Akkordentlohnung auch im Falle niedrigerer Leistung).

Zu unterscheiden sind drei Hauptlohnformen, die jeweils in verschiedenen Varianten praktiziert werden:

(1) der Zeitlohn;
(2) der Akkordlohn (Stücklohn);
(3) der Prämienlohn.

Akkordlohn und Prämienlohn werden häufig unter der Bezeichnung **Leistungslohnsysteme** oder **Lohnanreizsysteme**[47] zusammengefaßt, weil bei diesen Entlohnungsformen eine direkte Beziehung zwischen Lohnhöhe und Leistungshöhe besteht. Die Leistung ist in der Regel **meßbar** und in Beziehung zu einer **Normalleistung** zu setzen. Die Bezeichnung Leistungslohn sollte jedoch nicht den falschen Eindruck erwecken, als ob der Zeitlohn

---

[47] Vgl. Baierl, F., Lohnanreizsysteme: Mittel zur Produktivitätssteigerung, 5. Aufl., München 1974, S. 59f.

überhaupt nicht leistungsbezogen sei, sondern für die Anwesenheit im Betriebe bezahlt wird. Auch beim Zeitlohn wird eine bestimmte Leistung unterstellt, die allerdings entweder nicht meßbar ist, wie z. B. bei dispositiven Tätigkeiten, oder vom Arbeitnehmer – zumindest quantitativ – nicht beeinflußt werden kann, wie z. B. bei vorgegebener Tätigkeit an Fließbändern. Hier ist die Zeit Maßstab für die Leistung.

bb) Der Zeitlohn

(1) Begriff und Wesen

Beim Zeitlohn erfolgt die Entlohnung **nach der Dauer der Arbeitszeit** und zwar ohne Rücksicht auf die während dieser Zeit geleistete Arbeit. Als Maßstab wird beim Arbeiter in der Regel die Stunde (Stundenlohn), beim Angestellten der Monat (Monatsgehalt), verwendet. Zum Zeitlohn zählen ferner der Schichtlohn, der Tagelohn, Wochenlohn und Monatslohn. Zwischen dem gezahlten Lohn und der Leistung der Arbeitskraft besteht in der Regel keine feste Beziehung, jedoch wird bei der Ermittlung des Zeitlohns eine bestimmte Leistung vorausgesetzt **(Normalleistung).** Eine Ausnahme bilden Arbeitsverrichtungen, bei denen die Arbeitskraft keinen Einfluß auf die Arbeitsgeschwindigkeit hat, sondern das Tempo durch die Maschine bestimmt wird (z. B. Fließband). Hier besteht zwischen Zeitlohn und Leistung eine feste Beziehung.

Beim Zeitlohn bestehen zwei Grundbeziehungen:

(1) Der **Lohn pro Zeiteinheit** (Stundenverdienst) des Arbeitnehmers ist konstant, d. h. der Gesamtverdienst verläuft proportional zur Arbeitszeit, unabhängig davon, ob während der Arbeitszeit der Leistungsgrad über- oder unterdurchschnittlich ist.

(2) Die **Lohnkosten pro Stück** verändern sich proportional zur in Anspruch genommenen Zeit, d. h. sie fallen bei überdurchschnittlichem Leistungs-

Beispiel:
Stundenlohn 14,– DM, Normalleistung (Leistungsgrad 100%), 10 Stück/Std

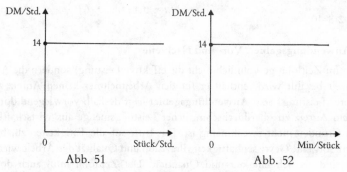

Abb. 51   Abb. 52

Verlauf der Stundenlohnkurve

in Abhängigkeit von der Mengen-   in Abhängigkeit vom Zeitbedarf
leistung pro Zeiteinheit   pro Mengeneinheit

grad und damit abnehmendem Zeitverbrauch pro Leistungseinheit und steigen bei unterdurchschnittlichem Leistungsgrad und damit steigendem Zeitverbrauch pro Einheit; anders formuliert: die Lohnkosten pro Stück entwickeln sich umgekehrt proportional zur Leistung.

Leistungsgrad in %	Leistung Stück/Std	Stückzeit Min/Stück	Lohnkosten DM/Stück	Stundenlohn DM/Std
80	8	7,50	1,75	14,00
90	9	6,67	1,55	14,00
100	10	6,00	1,40	14,00
110	11	5,45	1,27	14,00
120	12	5,00	1,17	14,00

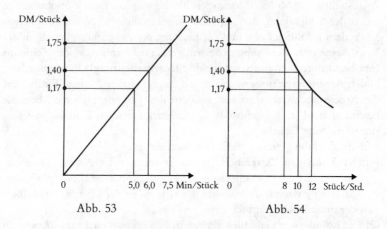

Abb. 53   Abb. 54

Verlauf der Lohnkostenkurve je Mengeneinheit

in Abhängigkeit vom Zeitbedarf   in Abhängigkeit von der Mengen-
pro Mengeneinheit   leistung pro Zeiteinheit

(**ÜB 2**/8–10)

(2) **Anwendungsgebiet, Vor- und Nachteile**

Da im Zeitlohn gewöhnlich nicht die effektive Leistung, sondern die Arbeitszeit bezahlt wird, enthält er für den Arbeitnehmer keinen Anreiz zu höherer Leistung. Sein **Anwendungsgebiet** liegt deshalb vorwiegend dort, wo ein Anreiz zu überdurchschnittlicher Leistungsmenge aus wirtschaftlichen Gründen nicht zweckmäßig ist. Das trifft auf alle Tätigkeiten zu, bei denen Sorgfalt, Gewissenhaftigkeit, Präzision und Qualität der Arbeit wichtiger sind als Schnelligkeit und Quantität. Der Zeitlohn muß auch dort angewendet werden, wo die Leistung nicht meßbar ist, bzw. die Messung mit zu hohen Kosten verbunden wäre. Das ist neben dispositiven Tätigkeiten bei solchen Tätigkeiten der Fall, bei denen unterschiedliche Verrichtungen anfallen, bzw. die Verrichtungen unregelmäßig ausgeführt werden, so z. B. bei Hilfsarbeiten, bei Transport-, Reparatur- und Lagerarbeiten, ferner bei Büroarbeiten. Der Zeitlohn ist ferner dort zweckmäßig, wo durch überhastetes Arbeitstempo Gesundheitsschäden, Unfälle oder Schäden an den Betriebsmitteln eintreten können und deshalb eine das Arbeitstempo steigernde Lohnform nicht anwendbar ist.

In den Fällen, in denen eine schwankende und oft sehr geringe Leistungsintensität nicht vom Arbeitnehmer zu vertreten, sondern eine Folge davon ist, daß zu bestimmten Zeiten nur wenige Arbeitsverrichtungen anfallen und dazwischen längere Wartezeiten liegen, in denen lediglich eine Leistungsbereitschaft besteht (z. B. bei Verkäuferinnen, Telefonistinnen, Pförtnern, Auskunftsbeamten u. a.), ist der Zeitlohn die einzig mögliche Form der Entlohnung.

Die **Vorteile** des Zeitlohnes liegen in der Einfachheit der Abrechnung, der Schonung von Mensch und Maschine, dem Vermeiden von Unruhe, überhastetem Arbeitstempo und dadurch bedingter Qualitätsminderung. Die **Nachteile** bestehen vor allem darin, daß der Betrieb allein das Risiko geringer Arbeitsleistung trägt, bzw. zur Verminderung dieses Risikos eine Überwachung der Arbeitskräfte durchführen muß, was – abgesehen von den zusätzlichen Kosten für den Betrieb – zu Mißstimmungen führen kann. Außerdem bietet der Zeitlohn für den Arbeitenden keinen Anreiz zu einer Steigerung seiner Leistung. Bei Arbeitnehmern mit überdurchschnittlichem Leistungsgrad führt diese Form der Entlohnung zu Unzufriedenheit, da bei Arbeitskollegen, die im Akkordlohn stehen, der höhere Leistungsgrad sich in einem höheren Verdienst niederschlägt.

(3) Der Zeitlohn mit Leistungszulage

Der Nachteil, daß der Zeitlohn keine Motivation zur überdurchschnittlichen Leistung auslöst, kann durch die Gewährung von Leistungszulagen zum Zeitlohn (sog. leistungsgebundener Zeitlohn oder Zeitlohn mit Leistungszulage) beseitigt werden. Diese Variante des Zeitlohns setzt eine **Leistungsbewertung**[48] des Arbeitnehmers voraus. Darunter ist ein Verfahren zu verstehen, „mit dessen Hilfe alle in einem Unternehmen anzutreffenden Personen im Hinblick auf ihr Arbeitsverhalten, ihre Einsatzbereitschaft und ihre Leistungen nach ähnlichen Systemen wie der Arbeitsbewertung unter bestimmten Merkmalen beurteilt und eingestuft werden."[49] Der Unterschied zur Arbeitsbewertung besteht darin, daß diese eine Arbeitsverrichtung unabhängig von der Person bewertet, die sie ausführt, die Leistungsbewertung dagegen die Leistung dieser Person bewertet.

Der Katalog der Merkmale der Leistungsbewertung geht von drei Hauptmerkmalen aus: der **Leistung,** dem **Verhalten** und der **Einsatzbereitschaft**

---

[48] In der Literatur finden sich dafür auch die Begriffe Persönlichkeitsbewertung, persönliche Bewertung, Leistungsverhaltensbewertung und persönliche Leistungsbeurteilung.

[49] Bloch, W., Leistungsbewertung, in: HWP, a. a. O., Sp. 1164

des Arbeitnehmers. Eine weitere Unterteilung jedes Hauptmerkmals zeigt
der folgende von Bloch zusammengestellte Merkmalskatalog:[50]

| | Mitarbeiterkategorien und zugehörige Leistungsbewertungsmerkmale | | |
	Routinearbeit	Schwierige Arbeit ohne Führung	Führungstätigkeit
Leistung	Leistungsmenge Qualität	Zielerreichung quantitativ Zielerreichung qualitativ	Zielerreichung quantitativ Zielerreichung qualitativ
Verhalten	Verhalten in der Arbeitsgemeinschaft Verhalten gegen Außenstehende Einhalten von Vorschriften Umgang mit Sachwerten	Informationstätigkeit Delegationsbereich respektiert Verhalten gegen Außenstehende Befolgen von Weisungen Einsatz von Hilfsquellen	Informationstätigkeit Delegationsbereich respektiert Verhalten gegen Außenstehende Befolgen von Weisungen Budget einhalten Förderung von Mitarbeitern Beherrschung des Führungsprozesses
Einsetzbarkeit	Selbständigkeit Einsatzmöglichkeit	Erweiterung der Aufgaben Einsatzmöglichkeit Weiterbildung	Erweiterung der Aufgaben Einsatzmöglichkeit Weiterbildung

Abb. 55: Merkmale der Leistungsbewertung

Analog zum Stufenwertzahlverfahren der Arbeitsbewertung wird auch bei
der Leistungsbewertung jedes Merkmal einer Bewertungsstufe zugeordnet.
Dabei bedeuten:

Stufe 1: Das Verhalten oder die Leistung liegt wesentlich unter den durchschnittlichen Erwartungen.

Stufe 2: Das Verhalten oder die Leistung liegt unter den durchschnittlichen Erwartungen.

Stufe 3: Das Verhalten oder die Leistung entspricht den durchschnittlichen Erwartungen.

Stufe 4: Das Verhalten oder die Leistung liegt über den durchschnittlichen Erwartungen.

[50] Bloch, W., a. a. O., Sp. 1169f.

Stufe 5: Das Verhalten oder die Leistung liegt wesentlich über den durchschnittlichen Erwartungen.[51]

Vom **Prämienlohn** unterscheidet sich der Zeitlohn mit Leistungszulage in erster Linie dadurch, daß die zum Zeitlohn gewährten Prämien i. d. R. auf exakt meßbaren Größen beruhen, also z. B. auf die überdurchschnittliche Mengenleistung oder auf die besondere Qualität der Leistung (z. B. unterdurchschnittlicher Ausschußprozentsatz) oder auf die Einhaltung von Terminen bezogen werden, während die Leistungszulagen für das überdurchschnittliche Verhalten oder die überdurchschnittliche Einsatzbereitschaft eines Mitarbeiters gezahlt werden, wobei das Ergebnis seiner Tätigkeit nicht in Stückzahlen gemessen, sondern nur insgesamt beurteilt werden kann.

cc) Der Akkordlohn (Stücklohn)

(1) Begriff und Berechnung

Der Akkordlohn ist eine leistungsabhängige Lohnform; er wird für ein Stück (oder eine Verrichtung) ohne Beziehung auf die für die Produktion benötigte Arbeitszeit (oder als Provision für den effektiv erzielten Umsatz) bezahlt. Im Gegensatz zum Zeitlohn wird also nicht die Dauer der Arbeitszeit vergütet, sondern das mengenmäßige Ergebnis.

Wesentliche Voraussetzung für die Anwendung dieser Lohnform ist einerseits, daß die zu entlohnende Arbeitsverrichtung „akkordfähig" ist, d. h. daß ihr Ablauf im voraus bekannt ist und sowohl zeitlich als auch mengenmäßig regelmäßig wiederholt werden kann, und andererseits, daß der Arbeitnehmer das mengenmäßige Ergebnis pro Zeiteinheit durch die Intensität seiner Leistung beeinflussen kann. Je mehr die Automatisierung des Produktionsablaufs fortschreitet, desto größer wird der Anteil der vom Arbeitnehmer nicht beeinflußbaren Ablaufzeiten. So wird z. B. an einem Fließband mit vorgegebener Taktzeit die Zahl der Arbeitsverrichtungen eines Arbeitnehmers pro Zeiteinheit vorgegeben, d. h. er kann von sich aus die Vorgabezeiten nicht überschreiten, um seinen Stundenverdienst zu erhöhen.

Es ist zu unterscheiden zwischen Zeitakkord und Geldakkord. Beim **Zeitakkord** wird für die Ausführung einer Arbeitsverrichtung eine bestimmte Zeit vorgegeben, die vergütet wird. Wird die Vorgabezeit unterschritten, so erhöht sich der Stundenverdienst des Arbeiters. Beim **Geldakkord** wird für eine Arbeitsleistung ein bestimmter Geldsatz festgelegt. Beide Verfahren unterscheiden sich im Ergebnis nicht, doch hat der Zeitakkord den Vorteil, daß bei Tariflohnänderungen die Vorgabezeiten unverändert bleiben und lediglich mit einem geänderten Geldfaktor multipliziert werden, während beim Geldakkord sämtliche Stücklohnsätze neu berechnet werden müssen. Die Ermittlung der Vorgabezeiten kann durch **Schätzung** erfolgen, genauer sind jedoch exakte Messungen mit Hilfe von **Zeitstudien.**

Da der Akkordlohn nicht nur die Möglichkeit bietet, den Stundenverdienst zu erhöhen, sondern auch ein starkes Absinken des Stundenverdien-

---

[51] Bloch, W., a. a. O., Sp. 1167 f.

stes eintreten kann, wenn der Arbeiter zwar eine Leistung erbringen will, aber vorübergehend dazu nicht in der Lage ist (z. B. persönliche Indisponiertheit), so ist der Akkordlohn heute im allgemeinen verbunden mit einem **garantierten Mindestlohn** (Zeitlohn), der auch bei geringerer Leistung bezahlt wird. Der Akkordlohn geht also in Zeitlohn über, wenn ein bestimmtes Leistungsniveau unterschritten wird.

Der Akkordlohn wird aus zwei Bestandteilen ermittelt:

(1) dem **garantierten (tariflichen) Mindestlohn.** Er entspricht meistens dem Mindestlohn bei Zeitlohn, d. h. es wird eine Normalleistung (Leistungsgrad 100%) unterstellt;

(2) dem **Akkordzuschlag,** der etwa 15–25% des Mindestlohnes beträgt.

Beide Faktoren bilden zusammen den **Akkordrichtsatz,** d. h. den Stundenverdienst bei Normalleistung eines Akkordarbeiters. Die Entlohnung liegt also von vornherein über dem Zeitlohn für vergleichbare Arbeit, weil unterstellt wird, daß der Akkordarbeiter gegenüber einem im Zeitlohn stehenden Arbeiter eine größere Arbeitsintensität aufzuweisen hat.

Dividiert man den Akkordrichtsatz durch 60, so erhält man den **Minutenfaktor.**

Beispiel:

Tarifl. Mindestlohn	12,00 DM	$\text{Minutenfaktor} = \dfrac{\text{Akkordrichtsatz}}{60}$
+ Akkordzuschlag 20%	2,40 DM	
= Akkordrichtsatz	14,40 DM	$\text{Minutenfaktor} = \dfrac{14,40 \text{ DM}}{60 \text{ Min.}}$
		$= 24,0 \text{ Pfg./Min.}$

Beträgt die Vorgabezeit für die Bearbeitung eines Werkstückes 20 Minuten, so ergibt sich ein Lohn von 20 × 24,0 Pfg. = 4,80 DM. Werden drei Werkstücke in der Stunde bearbeitet, so wird der Akkordrichtsatz von 14,40 DM erreicht. Werden vier Stücke in einer Stunde bearbeitet, so erhöht sich der Stundenverdienst auf 4,80 DM × 4 = 19,20 DM. Die Mehrleistung kommt in voller Höhe der Arbeitskraft zu, die Lohnkosten für den Betrieb sind je Werkstück konstant:

Zeitakkord: $\quad SV = m \cdot t_s \cdot G_m$
$\qquad\qquad 14,40 = 3 \cdot 20 \cdot 0,24$

Geldakkord: $\quad SV = m \cdot G_e$
$\qquad\qquad 14,40 = 3 \cdot 4,80$

SV = Stundenverdienst,
t_s = Stückzeit (Vorgabezeit je Stück in Minuten),
G_m = Geldfaktor je Minute (je Einheit der Vorgabezeit),
G_e = Geldsatz je Mengeneinheit (Stücklohn),
m = Menge (Stückzahl).

Vergleicht man den Akkordlohn mit dem Zeitlohn, so ergeben sich folgende Unterschiede:

(1) Der **Stundenverdienst** des Arbeitnehmers ist bei Zeitlohn konstant, während er bei Akkordlohn proportional zur Leistungsmenge steigt oder fällt;

(2) die **Lohnkosten pro Mengeneinheit** verändern sich bei Zeitlohn proportional zur in Anspruch genommenen Zeit, während sie bei Akkordlohn konstant sind.

Beispiel für Akkordlohn:

Stundenlohn	14,00 DM
Akkordzuschlag 20%	2,80 DM
Akkordrichtsatz	16,80 DM

Normalleistung (Leistungsgrad 100%): 10 Stück/Std.

Leistungsgrad in %	Leistung Stück/Std.	Stückzeit Min/Stück	Lohnkosten DM/Stück	Stundenlohn DM/Std.
80	8	7,50	1,68	13,44
90	9	6,67	1,68	15,12
100	10	6,00	1,68	16,80
110	11	5,45	1,68	18,48
120	12	5,00	1,68	20,16

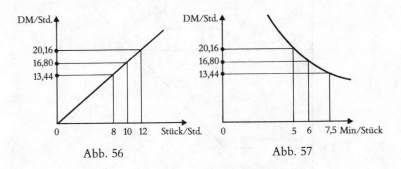

Abb. 56 Abb. 57

Verlauf der Stundenverdienstkurve

in Abhängigkeit von der Mengenleistung pro Zeiteinheit in Abhängigkeit vom Zeitbedarf pro Mengeneinheit

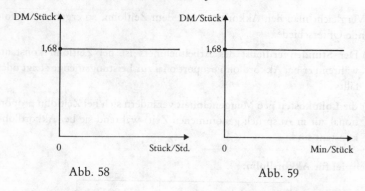

Abb. 58   Abb. 59

Verlauf der Lohnkostenkurve je Mengeneinheit

in Abhängigkeit von der Mengen-   in Abhängigkeit vom Zeitbedarf
leistung pro Zeiteinheit   pro Mengeneinheit

Ist tariflich ein **Mindestlohn** garantiert, so ergibt sich folgende Darstellung, wenn wir von nachstehenden Voraussetzungen ausgehen:

Stundenlohn (Zeitlohn)	14,00 DM
Akkordzuschlag 20%	2,80 DM
Akkordrichtsatz	16,80 DM
Vorgabezeit 30 Min/Stück	

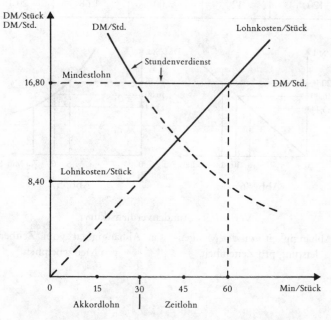

Abb. 60: Akkordlohn mit garantiertem Mindestlohn

$$\text{Akkordlohn pro Stück } \frac{16,80}{2} = 8,40 \text{ DM}$$

Der garantierte Mindestlohn soll dem Akkordrichtsatz entsprechen.

Übersteigt der Zeitverbrauch pro Stück 30 Minuten, so würde ohne Mindestlohngarantie der Stundenverdienst unter den Akkordrichtsatz absinken. Der Mindestlohn schafft den Übergang zum Zeitlohn, der Stundenverdienst kann nicht unter 16,80 DM sinken. Allerdings steigen nun mit zunehmendem Zeitverbrauch die Lohnkosten pro Stück. Das Risiko der Minderleistung geht vom Arbeitnehmer auf den Betrieb über (**ÜB 2/4–6**).

(2) **Sonderformen**

Eine besondere Variante des Akkordlohnes ist der **Gruppenakkord,** bei dem die Vorgabezeit und der Minutenfaktor nicht für einen einzelnen Arbeitnehmer, sondern für eine Gruppe von Arbeitnehmern ermittelt werden. Er kann angewendet werden, wenn z. B. ein Facharbeiter, ein angelernter Arbeiter und ein Hilfsarbeiter gemeinsam an einem Werkstück arbeiten (vgl. Beispiel unten) oder wenn alle Arbeiter bei der gemeinsamen Bearbeitung eines Werkstückes die gleichen Tätigkeiten haben und an der Arbeit gleich lange beteiligt waren. Der Mehrverdienst einer Gruppe wird im letzten Fall gleichmäßig auf die Beteiligten aufgeteilt. Ist eine Gruppe gut aufeinander eingespielt, so kann ein solches System der Entlohnung sich für den Betrieb vorteilhaft auswirken. Die beteiligten Arbeiter kontrollieren sich gegenseitig, und Arbeitskräfte, die allein wesentlich langsamer arbeiten würden, werden zu größerer Leistung angehalten. Das setzt aber voraus, daß die Gruppen möglichst klein gehalten werden, da der Anreiz zur Leistungssteigerung bei der einzelnen Arbeitskraft schwindet, sobald sie den Überblick darüber verliert, was ihre Arbeitskollegen leisten. Das Gefühl, daß ein anderer einen Teil der eigenen Leistung vergütet erhält, wirkt leistungshemmend.

Beispiel:

Akkordarbeiter	eff. Arb.-Std.	Lohn pro Std.	Lohn bei Normal-leistung in DM	Umrechnungsfaktor: $\frac{\text{DM/Werkstück}}{\text{Lohn b. Normal-leistung in DM}} = \frac{732,5}{586}$	Brutto-verdienst (Akkord-lohn)
Facharbeiter	12	19.–	228,–	1,25	285,00
angelernter Arbeiter	14	13.–	182,–	1,25	227,50
Hilfsarbeiter	16	11.–	176,–	1,25	220,00
	42		586,–		732,50

Um dem Arbeiter einen besonderen Anreiz zur Leistungssteigerung zu geben, kann der Betrieb zum Akkordlohn eine Sondervergütung bezahlen, die in einer bestimmten Relation zur Mehrleistung oder zur Gesamtleistung steht **(progressiver Leistungslohn)**. Das bedeutet allerdings für den Betrieb, daß die Lohnkosten je Stück nicht mehr konstant sind, sondern infolge der Zahlung von Sondervergütungen für das Unterschreiten der Vorgabezeit zunehmen. Ein progressiver Leistungslohn ist deshalb nur dann wirtschaftlich sinnvoll, wenn durch die Leistungssteigerung eine intensivere Nutzung der Betriebsmittel erreicht wird und dadurch eine Kostendegression (Sinken der fixen Stückkosten) eintritt, die den progressiven Leistungslohn kompensiert.

(3) Vorteile und Nachteile

Die **Vorteile** des Akkordlohnes liegen **erstens** in dem Anreiz zu erhöhter Leistung, da die gesamte Mehrleistung dem Arbeitnehmer zugute kommt. Da der Betrieb nur die Leistung bezahlt, trägt er kein Risiko für Minderleistungen (abgesehen von Fällen, wo der Mindestlohn nicht erreicht wird). Dennoch kann es dem Betrieb nicht gleichgültig sein, wenn ein Arbeiter weit hinter der Normalleistung zurückbleibt. Zwar sind auch dann – soweit die Leistung wenigstens dem garantierten Mindestlohn entspricht – die Lohnkosten je Einheit konstant, aber die auf eine Einheit entfallenden fixen Kosten (Abschreibungen, Zinsen) sind um so höher, je geringer die Ausnutzung der Maschinen durch die Arbeitskräfte ist. Die durchschnittlichen Kosten je Produkteinheit können also – trotz konstanter Lohnkosten je Einheit – durch das Verhalten des Arbeiters beeinflußt werden. Ein Zurückbleiben hinter der Normalleistung ist beim Akkordlohn jedoch der Ausnahmefall.

Zweitens erweist sich der Akkordlohn äußerst vorteilhaft für die Kostenrechnung, da die Lohnkosten je Stück konstant sind, die Lohnkosten sich also proportional zur Änderung der Ausbringungsmenge entwickeln.

Die **Nachteile** des Akkordlohnes liegen in der Gefahr, daß das Arbeitstempo übersteigert wird und dadurch ein schnellerer Kräfteverbrauch und ein erhöhter Verschleiß an Betriebsmitteln eintritt, ferner eine Minderung der Qualität der Arbeitsverrichtung erfolgt, wodurch zusätzliche Qualitätskontrollen erforderlich werden. Daneben besteht die Gefahr, daß weniger leistungsfähige Arbeitskräfte unzufrieden werden. Außerdem bereitet die richtige Ermittlung der Vorgabezeiten oft nicht geringe Schwierigkeiten.

(4) Die Ermittlung der Vorgabezeiten

Ob der Akkordlohn von den Arbeitskräften auch als Leistungslohn empfunden wird, hängt davon ab, daß die Akkorde für die einzelnen Tätigkeiten nach einheitlichen Grundsätzen aufgestellt werden und daß vor allem die Akkorde auf die Normalleistung und auf ein normales Arbeitstempo und nicht auf Basis von Bestleistungen festgelegt werden. Der Betrieb muß versuchen, durch exakte Zeitmessungen **(Zeitstudien)** zu einem normalen, d. h. durchschnittlichen Zeitverbrauch für eine Verrichtung zu gelangen.

Eine Zeitmessung zeigt nicht die durchschnittliche (normale) Zeit, sondern die Zeit, die eine bestimmte Arbeitskraft für eine Arbeitsverrichtung benötigt. Um zu einer Vorgabezeit zu gelangen, muß man möglichst viele Messungen derselben, aber durch verschiedene Arbeitskräfte ausgeführten

Tätigkeit vornehmen, außerdem muß man den **Leistungsgrad** der einzelnen Arbeitskräfte schätzen. Die Zeitstudie besteht also aus zwei Teilen: der Zeitmessung und der Leistungsgradschätzung.

In der Physik gilt die Gleichung: Arbeit = Leistung · Zeit. Die Zeit kann gemessen werden, der Leistungsgrad dagegen ist nur zu schätzen. Er ist gleich 100% bei normaler und liegt über 100% bei überdurchschnittlicher, unter 100% bei unterdurchschnittlicher Leistung. Welche Leistung als normal anzusehen ist, läßt sich exakt nicht bestimmen, sondern kann mangels einer objektiven Norm unbewußt durch subjektive Faktoren beeinflußt werden. Der Leistungsgrad ist das Verhältnis von **effektiver Leistung** (Istleistung) zu einer durch Erfahrung gewonnenen **Normalleistung** (Bezugsleistung). „Unter REFA-Normalleistung wird eine Bewegungsausführung verstanden, die dem Beobachter hinsichtlich der Einzelbewegungen, der Bewegungsfolge und ihrer Koordinierung besonders harmonisch, natürlich und ausgeglichen erscheint. Sie kann erfahrungsgemäß von jedem in erforderlichem Maße geeigneten, geübten und voll eingearbeiteten Arbeiter auf die Dauer und im Mittel der Schichtzeit erbracht werden, sofern er die für persönliche Bedürfnisse und gegebenenfalls auch für Erholung vorgegebenen Zeiten einhält und die freie Entfaltung seiner Fähigkeiten nicht behindert wird." [52]

$$\text{Leistungsgrad} = \frac{\text{Istleistung}}{\text{Normalleistung}} \cdot 100$$

Um zu einer Normalzeit zu gelangen, muß die gemessene Istzeit mit Hilfe des Leistungsgrades umgerechnet werden:

$$\text{Normalzeit} = \frac{\text{Istzeit} \cdot \text{Leistungsgrad}}{100}$$

z. B. effektiver Zeitverbrauch 20 Minuten, Leistungsgrad 110%:

$$\text{Normalzeit} = \frac{20 \cdot 110}{100} = 22 \text{ Minuten}$$

Die durch Zeitstudien ermittelte Normalzeit für einzelne Arbeitsverrichtungen ist noch nicht identisch mit der Vorgabezeit. Ein Mensch kann nicht ununterbrochen acht Stunden lang arbeiten, sondern braucht innerhalb eines achtstündigen Arbeitstages auch Zeiten für Erholung und persönliche Bedürfnisse. Außerdem müssen Zeiten für arbeitsablaufbedingte oder störungsbedingte Unterbrechungen berücksichtigt werden.

Die Ermittlung der Vorgabezeit geht deshalb von einer **Analyse des Ar-**

---

[52] REFA- Methodenlehre des Arbeitsstudiums, Hrsg.: Verband für Arbeitsstudien REFA e. V., Bd. 2, Datenermittlung, 6. Aufl., München 1978, S. 136

beitsablaufes aus, bei der alle Zeiten in einer bestimmten Planperiode ermittelt werden, in der ein Arbeitnehmer entsprechend seinem Arbeitsverhältnis eingesetzt ist. Da die Arbeitskraft an Betriebsmitteln arbeitet und Werkstoffe einsetzt, wird eine derartige Ablaufgliederung für alle drei Produktionsfaktoren durchgeführt. Nach REFA ergibt sich auf den Faktor Arbeit bezogen die in Abb. 61 dargestellte **Ablaufgliederung:**[53]

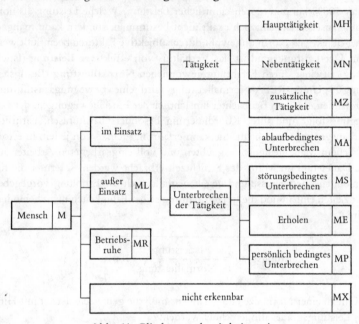

Abb. 61: Gliederung der Arbeiterzeit

Als „nicht erkennbar" werden in diesem Schema alle Zeiten aufgeführt, die sich keiner Einflußgröße zuordnen lassen. Sie sind die Differenz zwischen dem Untersuchungszeitraum und der Summe der übrigen drei Zeitkategorien.

Einflußgrößen für unproduktive Zeiten	Berücksichtigung in der Vorgabezeit
(1) ablaufbedingtes Unterbrechen	Grundzeit
(2) störungsbedingtes Unterbrechen	sachliche Verteilzeit
(3) Erholen	Erholungszeit
(4) persönlich bedingtes Unterbrechen	persönliche Verteilzeit

Abb. 62

---

[53] REFA, Datenermittlung, a. a. O., S. 25

Die Einsatzzeit wird in die **produktive Zeit** (Tätigkeitszeit) und die **unproduktive Zeit** (Unterbrechung der Tätigkeit) unterteilt. Letztere wird auf vier Einflußgrößen zurückgeführt.

Jede Vorgabezeit setzt sich aus einer Anzahl von Zeitkomponenten zusammen. Bei der Ermittlung ist zu unterscheiden zwischen auftragsunabhängigen und auftragsabhängigen Vorgabezeiten. Erstere beziehen sich auf eine bestimmte Mengeneinheit (z. B. 1 Stück), letztere auf einen einzelnen Auftrag (z. B. 250 Stück). REFA verwendet die in Abb. 63 dargestellte Gliederung der Auftragszeit (Vorgabezeit für einen bestimmten Auftrag):[54]

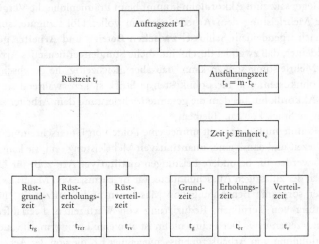

Abb. 63: Gliederung der Auftragszeit

Rüstzeiten sind Zeiten für die Vorbereitung der Ausführung. Sie fallen bei einem Auftrag in der Regel nur einmal an. Die Ausführungszeit für einen Auftrag ergibt sich aus der Vorgabezeit je Einheit (t_e) multipliziert mit der Auftragsmenge ($t_a = m \cdot t_e$). Sie setzt sich aus Grundzeit, Erholungszeit und Verteilzeit zusammen. Die **Grundzeit** besteht aus der Summe der Soll-Zeiten aller Ablaufabschnitte, die für die planmäßige Ausführung eines Ablaufs durch den Menschen erforderlich sind und umfaßt die **Tätigkeitszeit** und die ablaufbedingte, d. h. planmäßige **Wartezeit.** Sie bezieht sich auf eine Mengeneinheit. Die **Erholungszeit** ist die Summe aller für die Erholung der Arbeitskraft erforderlichen Zeiten, bezogen auf eine Mengeneinheit. Die **Verteilzeit** berücksichtigt Zeiten, die unregelmäßig und weniger häufig anfallen und deshalb als Zuschlag zur Grundzeit berücksichtigt werden.

dd) Der Prämienlohn

(1) Begriff und Anwendungsgebiet

Je weniger infolge zunehmender Mechanisierung und Automatisierung des Produktionsprozesses der einzelne Arbeitnehmer das mengenmäßige

---

[54] REFA, Datenermittlung, a. a. O., S. 42

Produktionsergebnis beeinflussen kann, desto geringer wird die Bedeutung des Akkordlohnes. An seine Stelle tritt in zunehmendem Maße insbesondere zur Berücksichtigung qualitativer Faktoren der Arbeitsleistung der Prämienlohn. Böhrs charakterisiert diese Lohnform folgendermaßen: „Prämienentlohnung liegt vor, wenn zu einem vereinbarten Grundlohn, der nicht unter dem Tariflohn liegen darf, planmäßig ein zusätzliches Entgelt – die Prämie – gewährt wird, dessen Höhe auf objektiv und materiell feststellbaren Mehrleistungen des Arbeiters beruht, die bei reiner Zeitlohnarbeit ohne Leistungszulagen in der Regel nicht erwartet werden können."[55]

Im Gegensatz zum Akkordlohn kommt beim Prämienlohn die Vergütung für die Mehrleistung dem Arbeiter nicht in voller Höhe zugute, sondern wird nach irgendeinem Schlüssel **zwischen Betrieb und Arbeiter geteilt**. Das bedeutet, daß zwar der durchschnittliche Stundenverdienst des Arbeiters durch Mehrleistung steigen kann, daß aber gleichzeitig die durchschnittlichen Lohnkosten, also die Lohnkosten je Stück sinken, während sie beim reinen Akkordlohn, bei dem die gesamte Mehrleistung dem Arbeiter zugute kommt, je Stück konstant bleiben.

Die Prämie muß aber nicht immer eine Folge von Unterschreitungen der Vorgabezeit und damit einer **quantitativen** Mehrleistung sein, sie kann auch gezahlt werden für besondere Leistungen **qualitativer** Art: z. B. für Unterschreiten der zulässigen Ausschußquote, für Ersparnisse von Material, Energie oder sorgsame Behandlung von Maschinen und Werkzeugen, für die Einhaltung von Terminen, Reduzierung von Wartezeiten, Leerlaufzeiten, Reparaturzeiten usw. Der Prämienlohn ist also eine Lohnform, die auch für die Entlohnung von Arbeitsergebnissen geeignet ist, die von der Arbeitszeit unabhängig sind, sich also nicht im Mengenergebnis zeigen, während der Akkordlohn der Mengenleistung proportional und folglich arbeitszeitabhängig ist.

Der Prämienlohn ist auch dort anwendbar, wo das Arbeitsergebnis zwar von der Arbeitszeit abhängig ist, wo sich aber eine Akkordentlohnung nicht durchführen läßt. Das ist beispielsweise dann der Fall, wenn eine Ermittlung genauer Akkorde nicht möglich ist, weil der Betrieb nicht über geschulte Fachkräfte für die Durchführung von Arbeits- und Zeitstudien verfügt, oder wenn die Berechnung genauer Akkorde sich wirtschaftlich nicht lohnt, weil auf Grund sehr unterschiedlicher und kleiner Aufträge ein schneller Wechsel in den Arbeitsverrichtungen eintritt.[56]

Im Gegensatz zum Akkordlohn, der als Ganzes ein Leistungslohn ist, ist beim Prämienlohn der Grundlohn in der Regel von der Leistung unabhängig, und nur die Prämie ist leistungsbezogen. Der Betrieb hat die Möglichkeit, durch Ausgestaltung der Prämie die Mehrleistung der Arbeitskraft in gewissem Umfang zu beeinflussen. Steigt die Prämie **linear** oder gar **progressiv** an, so ist der Anreiz zur Mehrleistung oder zur Leistungsverbesserung besonders groß. Eine solche Gestaltung der Prämienentlohnung ist

---

[55] Vgl. Böhrs, H., Leistungslohngestaltung, 3. Aufl., Wiesbaden 1980, S. 159
[56] Vgl. Böhrs, H., a. a. O., S. 162

dann sinnvoll, wenn die Verbesserung des Arbeitsergebnisses in erster Linie vom Arbeitnehmer abhängig ist.

Besteht die Gefahr, daß beim Überschreiten einer bestimmten Leistungshöhe Gesundheitsschäden für den Arbeiter oder Beschädigungen an den Maschinen durch überhastetes Arbeitstempo eintreten können, so ist es zweckmäßig, daß das Steigungsmaß der Prämie von Anfang an oder von einer bestimmten Leistungshöhe an kleiner wird, damit der Anreiz zur Leistungssteigerung für den Arbeiter immer mehr nachläßt.

Bei Bemessung und Gestaltung der Prämien muß außerdem beachtet werden, daß die Prämienentlohnung die Akkordentlohnung vergleichbarer Leistungen nicht überschreitet, um das Prinzip der relativen Lohngerechtigkeit nicht zu verletzen und den Arbeitsfrieden im Betrieb nicht zu gefährden.

Die **Prämienarten** lassen sich nach den Bezugsgrößen der Prämienberechnung einteilen in:

(1) **Mengenleistungsprämien.** Sie treten an die Stelle des Akkordlohns, wenn genaue Vorgabezeiten, z. B. wegen wechselnder Arbeitsbedingungen, nicht ermittelt werden können.

(2) **Qualitätsprämien.** Sie werden für eine Steigerung der qualitativen Produktionsleistung (z. B. Unterschreitung der zulässigen Ausschußquote) gezahlt.

(3) **Ersparnisprämien.** Sie werden für Einsparungen an Produktionsfaktoren gewährt (z. B. höhere Materialausbeute, geringerer Energieverbrauch).

(4) **Nutzungsgradprämien.** Sie sollen eine optimale Ausnutzung der Betriebsmittel sicherstellen (z. B. Reduzierung der Wartezeiten, Leerlaufzeiten, Reparaturzeiten).

Die verschiedenen Prämienarten lassen sich in einem Lohnanreizsystem kombinieren.[57]

(2) Prämienlohnsysteme

Die im Folgenden dargestellten Entlohnungssysteme werden in der Literatur teilweise auch als Akkordlohnkombinationen bezeichnet, in der Regel jedoch im Gegensatz zum proportionalen Akkordlohn, bei dem der Stundenverdienst proportional zur Mehrleistung steigt, den Prämienlöhnen zugeordnet.

Die wichtigsten „klassischen" Prämienlohnverfahren sind die folgenden:

(a) **Prämienlohnsystem nach Halsey.** Da ungenaue Vorgabezeiten zu unsicheren Lohnentwicklungen führen, geht dieses System davon aus, daß zum Grundlohn nur ein Teil des ersparten Zeitlohns gezahlt wird. Wird also die Vorgabezeit unterschritten, so erhält der Arbeiter neben dem Grundlohn eine Prämie von 33 ⅓ bis 67% des ersparten Zeitlohns. Der andere Teil fällt dem Betrieb zu. Der Ertrag der Mehrleistung wird also zwischen Betrieb und Arbeiter geteilt.

---

[57] Beispiele vgl. Wiesner, H., Der Prämienlohn in Theorie und Praxis, Köln 1965, S. 75 ff.

Der durchschnittliche Stundenverdienst steigt linear in Abhängigkeit vom Prämienfaktor zur Leistungssteigerung.[58] Die Lohnkosten je Stück, das in der ersparten Zeit produziert wird, bleiben konstant und betragen genau: Prämienfaktor × Vorgabezeit × Stundenlohn. Wird die Vorgabezeit überschritten, so wird der volle Zeitlohn vergütet.

Beispiel für 10 DM Stundenlohn und 10 Std. Vorgabezeit je Stück:

Leistung in Stück bei 100 Std.	Leistungsveränderung in %	Prämie = 50% des ersparten Lohns	Lohn in DM	Durchschn. Std.-Lohn in DM	Prozentuale Veränderung Durchschn.-Std.-Lohn	Lohnstückkosten je Stück über Normalleistung
10	–	–	1.000	10,–	–	–
11	10	50	1.050	10,5	5%	50
12	20	100	1.100	11,0	10%	50
15	50	250	1.250	12,5	25%	50
20	100	500	1.500	15,–	50%	50

(b) **Prämienlohnsystem nach Rowan.** Der Arbeiter erhält eine Prämie, die soviel Prozent vom Grundlohn ausmacht, wie die Vorgabezeit unterschritten wird. Die Prämie steigt im Gegensatz zum Halsey-System nicht linear im Verhältnis zur Leistungssteigerung, sondern die Prämienzuwächse werden im Verhältnis zur Leistungssteigerung immer kleiner. Der Lohn eines Zeitabschnitts berechnet sich hier nach folgender Formel:

$$\text{Lohn/Monat} = (\text{Ist-Zeit} \times \text{Std.-Lohn}) \times \left[1 + \left(\frac{\text{Soll-Zeit} ./. \text{Ist-Zeit}}{\text{Sollzeit}}\right)\right]$$

Bei diesem Lohnsystem werden dem Arbeiter bei Leistungssteigerungen in der Nähe der Normalleistung die höchsten Prämienzuwächse gewährt, während diese Zuwächse bei großen Abweichungen von der Normalleistung stark zurückgehen, d. h., der Prämienlohn hat einen degressiven Verlauf im Verhältnis zur Leistung.[59] Der durchschnittliche Stundenverdienst steigt degressiv im Verhältnis zur Leistungssteigerung, während die Lohnkosten je Stück, das in der ersparten Zeit produziert wird, proportional zur Leistungssteigerung sinken. Sie betragen genau:

$$\text{Std.-Lohn} \times \frac{\text{Ist-Zeit}}{\text{Soll-Zeit}} \times (\text{Vorgabezeit je Stück})$$

---

[58] Vgl. die Berechnungsformel bei Harlander, N., u. a., Praktisches Lehrbuch der Personalwirtschaft, a. a. O., S. 351

[59] Vgl. Harlander, N., u. a., Personalwirtschaft, a. a. O., S. 352

Beispiel für 10 DM Stundenlohn und 10 Std. Vorgabezeit je Stück:

Leistung in Stück bei 100 Std.	Leistungsveränderung in %	Prämie	Lohn	Durchschn. Std.-Lohn in DM	Prozentuale Veränderung Durchschn.-Std.-Lohn	Lohnstückkosten je Stück über Normalleistung
10	–	–	1.000	10,—	–	–
11	10	90,90	1.090,90	10,91	9,1%	90,90
12	20	166,67	1.166,67	11,67	16,7%	83,34
13	30	230,77	1.230,77	12,31	23,1%	76,92
15	50	333,33	1.333,33	13,30	33,3%	66,67
20	100	500,00	1.500,00	15,00	50,0%	50,00

(c) **Differential-Stücklohnsystem nach Taylor.** Dieses Verfahren geht vom Akkordlohn aus, der mit Hilfe genauer Zeitstudien für die Normalleistung festgelegt wird. Wird die Vorgabezeit unterschritten, so erfolgt eine volle Vergütung der Gesamtleistung mit einem über dem Normalsatz liegenden Akkordsatz. Wird die Vorgabezeit überschritten, also die Normalleistung nicht erreicht, erfolgt die Vergütung zu einem Akkordsatz, der unter dem Normalsatz liegt. Dieses Verfahren arbeitet also mit unterschiedlichen Akkordlohnsätzen. Dadurch löst dieses System einen starken Leistungsdruck aus, weil es jeden Arbeiter an seine persönliche Leistungsgrenze heranführen will.[60]

(d) **Prämienlohnsystem nach Bedaux.**[61] Bedaux hat zur Messung der menschlichen Arbeitskraft die Maßeinheit „B" eingeführt. Als Arbeitseinheit „1B" bezeichnet er die Arbeitsmenge, die eine durchschnittliche eingearbeitete Arbeitskraft bei normaler Arbeitsgeschwindigkeit unter normalen Verhältnissen in einer Minute leistet. In dieser Arbeitsmenge ist bereits die zur Erholung erforderliche Zeit berücksichtigt. Die Leistung von 60 B-Einheiten in der Stunde stellt die Normalleistung dar, die durch den Grundlohn (Lohnbasis) vergütet wird, der durch Arbeitsbewertung mit Hilfe eines von Bedaux entwickelten Systems ermittelt wird.

Die **Arbeitsbewertung** nach Bedaux erfolgt durch Punkte für eine Anzahl von Arbeitsanforderungen, ist also ein analytisches Verfahren. Bedaux bewertet folgende Anforderungsarten:[62] Fachkenntnisse und Anlernzeit, Beanspruchung der Sinne und Nerven, Beanspruchung der Muskeln, Geschicklichkeit, Beanspruchung der Denkfähigkeit, Verantwortung, Einflüsse der Umgebung und schließlich Beanspruchung der Fähigkeit zur Führung anderer. Der auf den Durchschnittsarbeiter abgestellte Grundlohn ist ein **garantierter Mindestlohn;** er wird also auch bei Leistungen von weniger als 60 B-Einheiten je Stunde gezahlt (**ÜB 2/7**).

---

[60] Vgl. Harlander, N., u. a., Personalwirtschaft, a. a. O., S. 352
[61] Vgl. die ausführliche Darstellung bei Rochau, E., Das Bedaux-System, 3. Aufl., Würzburg 1952
[62] Vgl. Böhrs, H., a. a. O., S. 43

5. Die freiwilligen betrieblichen Sozialleistungen

a) Begriff und Abgrenzungen

Durch Gewährung freiwilliger Sozialleistungen kann der Betrieb versuchen, den **Leistungswillen der Arbeitnehmer positiv zu beeinflussen.** Zu den freiwilligen betrieblichen Sozialleistungen zählt alles, „was der Betrieb seinen früheren und ständigen Mitarbeitern und deren Familienangehörigen außer dem festvereinbarten und dem durch Erfolgsbeteiligung variabel gehaltenen Arbeitsentgelt in Form von Sachgütern, Dienstleistungen, Nutzungen und Geld gewährt."[63] Die gesetzlichen und tarifvertraglich festgelegten Sozialleistungen[64] (z. B. Arbeitgeberbeiträge zur Sozialversicherung, Lohnfortzahlung im Krankheitsfall) bleiben hier außerhalb der Betrachtung, denn sie geben dem Betrieb keinen Gestaltungsspielraum und sind folglich kein Mittel, den Leistungswillen der Arbeitnehmer gezielt zu beeinflussen. Diese wissen, daß der Betrieb derartige Zahlungen leisten muß, während freiwillige Sozialleistungen nur erbracht werden können, wenn der Unternehmer oder die Gesellschafter auf ihnen sonst zustehende Gewinnanteile zugunsten der Belegschaft verzichten.

Die begriffliche **Abgrenzung** der freiwilligen Sozialleistungen **von den Löhnen** ergibt sich aus der Tatsache, daß letztere eine – in der Regel leistungsabhängige – Gegenleistung des Betriebes für die geleistete Arbeit sind, erstere dagegen letztlich aufgrund der Zugehörigkeit des Arbeitnehmers zum „Sozialsystem" Betrieb gewährt werden, also i. d. R. **in keiner Relation zur Höhe der Leistung** und des Arbeitsentgeltes stehen. Eine Werksbibliothek, eine Werkskantine oder eine betriebseigene Sportanlage stehen jedem Arbeitnehmer unabhängig von seiner Einordnung in die Hierarchie der Arbeitsverrichtungen und der Lohngruppen zur Verfügung. Auch eine klare Abgrenzung zur Erfolgsbeteiligung ist möglich, da diese im Gegensatz zu den betrieblichen Sozialleistungen erfolgsabhängig ist und außerdem als ein spezieller Teil des Arbeitsentgelts angesehen werden kann, zu dessen Zahlung sich der Betrieb vertraglich verpflichtet hat.

Es darf nicht übersehen werden, daß die Betriebe bei der Entscheidung über die Gewährung freiwilliger Sozialleistungen häufig nicht mehr frei sind. Sobald derartige Leistungen durch Betriebsvereinbarungen festgelegt sind oder durch mehrfache Wiederholung zu gewohnheitsrechtlichen Ansprüchen führen, ist es für den Betrieb auch bei Verschlechterung der Ertragslage kaum noch möglich, die Leistungen nicht mehr zu gewähren. Sie bekommen dann zwar nicht rechtlich, aber faktisch den Charakter gesetzlicher Sozialleistungen.

---

[63] Pleiß, U., Sozialleistungen, betriebliche, in: HWP, S. 1821
[64] Vgl. dazu: Brandenburg, W., Hahn, G., Grundzüge des Sozialrechts, München 1978, S. 57 ff.

b) Ausprägungsarten und Bedeutung der freiwilligen betrieblichen Sozialleistungen

Freiwillige betriebliche Sozialleistungen werden in vielen Varianten gewährt. So unterscheidet Haberkorn aufgrund einer im Jahre 1970 bei 200 Industriebetrieben verschiedener Größe durchgeführten Untersuchung mehr als hundert Ausgestaltungsmaßnahmen.[65] Eine Systematisierung kann nach mehreren Kriterien, z. B. nach der Form des Entgeltes, dem Empfängerkreis, der Häufigkeit der Gewährung, dem Grad der Notwendigkeit, der Bemessungsgrundlage, der kostenrechnerischen Behandlung oder nach Ziel und Art vorgenommen werden.[66] Eine **Systematisierung nach Zielsetzungen und Instrumenten** (Formen) der betrieblichen Sozialleistungen führt zu folgenden Gruppen:[67]

(1) Wirtschaftliche Besserstellung (z. B. Weihnachtsgeld, Zuschüsse für Werkskantine, Wohnungshilfe, Jubiläumsgeschenke).

(2) Absicherung gegen Risiken des Lebens bzw. der Arbeit (z. B. Pensionsrückstellungen und Pensionszahlungen).

(3) Ausgleich familiärer Belastungsunterschiede (z. B. Familienzulage, Geburts- und Heiratsbeihilfen).

(4) Förderung geistiger und sportlicher Interessen (z. B. Werksbücherei, betriebliche Weiterbildungsmöglichkeiten, Sportanlagen).

Die **finanzielle Bedeutung** der freiwilligen betrieblichen Sozialleistungen sollte nach der genannten Untersuchung nicht unterschätzt werden; so wurde für das Jahr 1970 ein monatlicher Betrag von 180,– DM pro Arbeitnehmer an freiwilligen betrieblichen Sozialleistungen ermittelt.[68] Dabei ist allerdings zu beachten, daß Großbetriebe – einerseits wegen ihrer größeren Finanzkraft und andererseits aufgrund der Tatsache, daß bestimmte Formen der Sozialleistungen; wie z. B. Pensionskassen und Kantinen; erst ab einer bestimmten Anzahl von Arbeitnehmern wirtschaftlich vertretbar sind – i. d. R. wesentlich höhere pro-Kopf-Leistungen erbringen können, als kleinere Betriebe.[69]

c) Motive für die Gewährung freiwilliger betrieblicher Sozialleistungen

Die mit den betrieblichen Sozialleistungen verfolgten Ziele können ihren Ursprung in ökonomischen, sozialen und ethischen Motiven haben. Man wird allerdings Hentze zustimmen müssen, „daß allein aus sozialen und ethischen Erwägungen kaum eine Sozialleistung eingeführt wird, sondern daß gleichzeitig wirtschaftliche Ziele verfolgt werden."[70] Die Realisierung der betrieblichen Ziele der **Fürsorge und Vorsorge** für die Belegschaft mit-

---

[65] Vgl. Haberkorn, K., Zeitgemäße betriebliche Sozialleistungen, München 1973, S. 206–208

[66] Vgl. Bartsch, J., Fischer, G., Optische Betriebswirtschaftslehre, Heft 1, Herne/Berlin 1976, Schaubild Nr. 11

[67] Vgl. Kossbiel, H., Türk, K., Betriebliche Sozialpolitik, in: Betriebswirtschaftslehre, Teil 2: Betriebsführung, hrsg. von Erwin Grochla, Stuttgart 1978, S. 35

[68] Vgl. Haberkorn, K., a. a. O., S. 212

[69] Vgl. Thomsen, E., Das Angebot betrieblicher Sozialleistungen als Instrument der Personalbeschaffungs- und Personalfreisetzungspolitik, Bochum 1982, S. 77 f.

[70] Hentze, J., Personalwirtschaftslehre 2, 5. Aufl., Bern und Stuttgart 1991, S. 148

tels freiwilliger Sozialleistungen kann i. d. R. nicht isoliert von der übergeordneten betrieblichen Zielsetzung der langfristigen Gewinnmaximierung gesehen werden. Zwar kann die soziale Fürsorge für die Mitarbeiter heute bei der Mehrzahl der Betriebe als selbstverständliche **Nebenbedingung** angesehen werden, unter der die Gewinnmaximierung angestrebt wird, jedoch läßt sich i. d. R. nicht quantifizieren, in welchem Umfang die Erwartung des Betriebes, daß freiwillige Sozialleistungen sich leistungssteigernd und sich damit nicht nur auf der Aufwands-, sondern auch auf der Ertragsseite der Erfolgsrechnung auswirken, das eigentliche Motiv für die Einführung mancher Sozialleistung gewesen ist.

Die am häufigsten anzutreffenden Motive, die ein Betrieb mit der Gewährung freiwilliger betrieblicher Sozialleistungen verfolgt, sind die folgenden:

(1) **Steigerung der Leistung der Arbeitnehmer** (freiwillige betriebliche Sozialleistungen wirken sich positiv auf den Leistungswillen und die Arbeitsmoral aus und stärken das Vertrauen des Arbeitnehmers zum Arbeitgeber, der ohne gesetzlichen oder tarifvertraglichen Zwang auf sonst ihm allein zufließende Ertragsanteile verzichtet).

(2) **Bindung der Arbeitnehmer an den Betrieb** (z. B. durch eine betriebliche Altersversorgung, durch Überlassung von Werkswohnungen und damit Verminderung der wirtschaftlichen Nachteile der Fluktuation, die für den Betrieb insbesondere bei höher qualifizierten Arbeitskräften darin bestehen, daß er gut eingearbeitete und ggf. im Betriebe ausgebildete oder weitergebildete Arbeitnehmer an die Konkurrenz verliert).

(3) Werbeargument bei der **Beschaffung von Arbeitskräften** (größere Anziehungskraft des Betriebes auf externen Beschaffungsmärkten[71]).

(4) **Sicherung der Einflußmöglichkeiten** auf die Arbeitnehmer (Begrenzung des gewerkschaftlichen Einflusses bis hin zu einer Selbstverpflichtung der Arbeitnehmer in bezug auf Verantwortungs- und Kooperationsbereitschaft[72]).

(5) **Steuerersparnisse bzw. Steuerverschiebungen,** insbesondere mit Hilfe von Rückstellungen für zugesagte Pensionen. Derartige Pensionsrückstellungen dürfen vom Jahre der Zusage an als Aufwand und steuerliche Betriebsausgabe verrechnet werden, auch wenn die Auszahlung der Ruhegelder erst nach Jahren oder Jahrzehnten erfolgen muß. Sie mindern somit die Steuerbelastung bereits in der Gegenwart und verbessern die Liquiditäts- und Rentabilitätslage des Betriebes.[73]

Die Gewerkschaften stehen den freiwilligen betrieblichen Sozialleistungen ebenso negativ wie betrieblichen Ergebnisbeteiligungssystemen gegenüber. Sie befürchten dadurch eine Entfremdung der Arbeitnehmer von ihrer Gewerkschaft, weil das aufkommende Gefühl von **Partnerschaft** im Betriebe anstelle der Konfrontation der Tarifparteien das Schutzbedürfnis der Arbeit-

---

[71] Vgl. Hentze, J., a. a. O., S. 148
[72] Vgl. Kossbiel, H., Türk K., a. a. O., S. 39
[73] Vgl. dazu die ausführliche Analyse der Finanzierungswirkungen langfristiger Rückstellungen auf S. 872 ff.

nehmer durch starke Gewerkschaften verringert; sie befürchten weiter eine Beschränkung der Freizügigkeit der Arbeitnehmer, eine Uneinheitlichkeit und Unsicherheit des freiwilligen Aufwands und ein Vorenthalten von Lohn.[74] Die Gewerkschaften sind infolgedessen daran interessiert, **tarifliche Regelungen** herbeizuführen, d. h. bisher von einzelnen Betrieben freiwillig gewährte Leistungen für alle Betriebe verbindlich zu machen. Dadurch würde der positive Effekt der Motivation des Leistungswillens als Folge der Freiwilligkeit der Sozialleistungen verlorengehen, weil nun ein tarifvertraglicher Anspruch auf derartige Leistungen besteht, dessen Durchsetzung dem Ansehen der Gewerkschaft zugute kommt.

6. Die Erfolgsbeteiligung der Arbeitnehmer

a) Ziele und Formen der Erfolgsbeteiligung

Unternehmen haben die Möglichkeit, ihre Arbeitnehmer am erwirtschafteten Erfolg zu beteiligen. In diesem Fall setzt sich die **Gesamtvergütung** des erfolgsbeteiligten Arbeitnehmers aus
– dem tariflichen Arbeitslohn,
– den freiwilligen betrieblichen Sozialleistungen und
– dem Erfolgsanteil
zusammen.

Die Erfolgsbeteiligung kann sich an der erbrachten Leistung, dem erwirtschafteten Ertrag oder dem erzielten Gewinn orientieren. Folgende Formen sind möglich:[75]

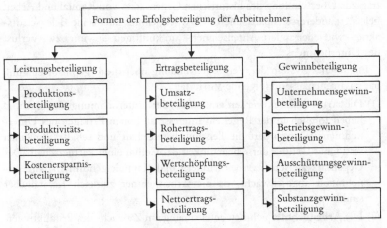

Abb. 64: Erfolgsbeteiligungsformen

---

[74] Vgl. Merle, G., Der freiwillige soziale Aufwand in der Industrie und seine betriebswirtschaftliche Behandlung, Berlin 1963, S. 144

[75] Vgl. zu den einzelnen Formen der Erfolgsbeteiligung insbesondere Gaugler, E., Erfolgsbeteiligung, in: HWP, Sp. 797 ff.; derselbe, Gewinnbeteiligung und Rechnungswesen, in: HWR, Sp. 607 ff.

Die **Unternehmensgewinnbeteiligung** orientiert sich am Ergebnis der Handels- bzw. der Steuerbilanz. Im Unternehmensgewinn ist auch das neutrale Ergebnis enthalten, das z. B. durch Gewinne oder Verluste aus der Veräußerung von Beteiligungen entsteht. Soll das neutrale Ergebnis keinen Einfluß auf die Erfolgsbeteiligung der Arbeitnehmer haben, wählt das Unternehmen die Form der **Betriebsgewinnbeteiligung.**

Will man die Erfolgsbeteiligung der Arbeitnehmer von dem an die Anteilseigner ausgeschütteten Gewinn abhängig machen, wählt man die Form der **Ausschüttungsbeteiligung.** Hierbei ist zwischen einer Dividendensummen- und einer Dividendensatzbeteiligung zu unterscheiden. Die Substanzgewinnbeteiligung geht dagegen von der Änderung des Substanzwerts des Betriebes aus. Die Substanzwertänderungen werden dabei mit Hilfe der steuerlichen Einheitswertberechnung ermittelt.[76]

Die Erfolgsbeteiligung der Arbeitnehmer kann als
(1) Barauszahlung oder
(2) Kapitalbeteiligung
erfolgen. Im Fall der Kapitalbeteiligung, die als
– Eigenkapitalbeteiligung (Belegschaftsaktien) oder
– Fremdkapitalbeteiligung (Arbeitnehmerdarlehen)
erfolgen kann, spricht man auch vom **Investivlohn.** Gegenüber der Barauszahlung hat die Kapitalbeteiligung Vorteile für die Arbeitnehmer und das Unternehmen: Sie stärkt einerseits die Vermögensbildung in Arbeitnehmerhand und sie leistet andererseits einen wichtigen Beitrag zur Finanzierung des Unternehmens. Besonders positiv ist dabei die Eigenkapitalbeteiligung in Form von Belegschaftsaktien zu beurteilen: Einerseits wird hierbei ein Beitrag zur Überwindung des historischen Gegensatzes von Kapital und Arbeit geleistet; andererseits partizipiert der Arbeitnehmer über seine Belegschaftsaktie – wie jeder andere Anteilseigner – am künftigen Gewinn bzw. Verlust des Unternehmens.

Ein solches System der Vermögensbildung über die Ergebnisbeteiligung hat zusammenfassend folgende **Vorteile:**

(1) Die Arbeitnehmer werden am Erfolg der Unternehmung beteiligt und haben folglich in der Regel ein Interesse an hohen Erträgen des Unternehmens. Das fördert die Leistungsbereitschaft und schafft allmählich statt eines Gefühls der Abhängigkeit das Gefühl einer Partnerschaft. Der Gegensatz zwischen Arbeitnehmern und Kapitaleigentümern wird zunehmend abgeschwächt, da die Arbeitnehmer zugleich Kapitalgeber sind.

(2) Die Arbeitnehmer nehmen anteilsmäßig am Zuwachs des Produktivvermögens ihres Unternehmens teil. Sie werden zu einer Vermögensbildung gezwungen, zu der viele im Fall von Barausschüttungen von Gewinnanteilen nicht bereit wären.

---

[76] Zu Einzelheiten der Ausschüttungs- und Substanzgewinnbeteiligung vgl. Gaugler, E., Erfolgsbeteiligung, a. a. O., Sp. 798 f.

(3) Die Arbeitnehmer erhalten in ihrer Eigenschaft als Anteilseigner – nicht als Arbeitnehmer – Mitbestimmungsrechte und Gewinnanteile auf Grund der ihnen zuwachsenden Anteilsrechte.

(4) Das System ermöglicht eine Mitwirkung der kapitalbeteiligten Arbeitnehmer im Aufsichtsrat. Diese Mitwirkung ist durch Übernahme von Kapitalrisiko legitimiert.

(5) Das System fördert die Tendenz, Arbeitsplätze in besonders ertragreichen Unternehmen zu suchen und ertragsschwache Unternehmen zu meiden. Dadurch tritt ein starker Konkurrenz- und Rationalisierungsdruck für weniger leistungsfähige Unternehmen ein.

(6) Ein vertraglicher Anspruch auf Anteil am Gewinn (und eine Verpflichtung zur Übernahme anteiliger Verluste) begründet ein Recht, an den Entscheidungen, von denen die Höhe der Gewinne bzw. Verluste abhängt, mitzuwirken. (**ÜB 2/11**)

b) Erfolgsbeteiligungssysteme in der Praxis

Die Praxis hat eine Vielzahl von Erfolgsbeteiligungssystemen entwickelt, von denen hier nur einige typische Verfahren dargestellt werden sollen. Dabei ist darauf hinzuweisen, daß die Erfolgsbeteiligungssysteme in den jeweiligen Unternehmen einer häufigen Veränderung und Anpassung unterliegen, die sich sowohl auf die Art des Erfolgsbeteiligungssystems als auch auf Einzelheiten wie z. B. zahlenmäßige Veränderungen beziehen können.[77]

aa) Das System der Bertelsmann AG[78]

Ein wesentlich stärker am Periodengewinn orientiertes System wird von der Bertelsmann AG praktiziert. Es besteht seit 1970 und sah ursprünglich vor, daß die Mitarbeiter ihre Gewinnanteile als stille Beteiligung im Unternehmen anlegen mußten. Nach Ablauf einer bestimmten Sperrfrist konnte die Beteiligung monatlich über eine betriebsinterne Börse veräußert werden. Im Jahre 1981 wurde das Kapital in Genußkapital umgewandelt. Seit 1986 erhalten die berechtigten Mitarbeiter ihre jährlichen **Gewinnanteile in Form von Genußscheinen,**[79] die nach Ablauf einer zweijährigen Sperrfrist an der Wertpapierbörse gehandelt werden können.

Die **Berechnungsbasis** für die Gewinnanteile der einzelnen Mitarbeiter beträgt 50% des entsprechend der Betriebsvereinbarung korrigierten und um eine angemessene Eigenkapitalverzinsung gekürzten, **handelsrechtlichen Konzernergebnisses.** Die so ermittelte Berechnungsbasis, die mit dem Gesamtumfang der Mitarbeitergewinnbeteiligung identisch ist, wird in Relation zur monatlichen Lohnsumme aller berechtigten Mitarbeiter gesetzt. Diese Relation wird als **Angebotsquote** bezeichnet und ergibt durch Multi-

---

[77] Die Information über die dargestellten Systeme geben den Stand von 1995/96 wieder.

[78] Den folgenden Ausführungen liegt Informationsmaterial zugrunde, das von der Bertelsmann AG freundlicherweise zur Verfügung gestellt wurde.

[79] Genußscheine sind Wertpapiere, die bestimmte Vermögensrechte, jedoch keine darüber hinausgehenden Mitgliedschaftsrechte verbriefen.

plikation mit dem Monatslohn des einzelnen Mitarbeiters dessen **Bruttogewinnbeteiligung.**

Beträgt der Gesamtumfang der Mitarbeitergewinnbeteiligung beispielsweise 94,35 Mio. DM und die Lohnsumme des Basismonats Juni 51 Mio. DM, dann ergibt sich eine Angebotsquote von 185%.[80] Ein Mitarbeiter mit einem Monatslohn von 4.000,– DM erhält folglich eine Bruttogewinnbeteiligung von 7.400,– DM (185% von 4.000 DM).

Zusätzlich gewährt die Bertelsmann AG einen **Kursrabatt,** der ab 1992 auf den Marktkurs bezogen 15% beträgt. Bei einem angenommenen Kurs von 160% – der Nominalbetrag beträgt 100,– DM – wird bezogen auf den Nominalbetrag ein Kursrabatt von 24 DM gewährt.

Die Bruttogewinnbeteiligung sowie der Kursrabatt unterliegen grundsätzlich der Lohnsteuer- und Sozialversicherungspflicht. Wenn der Mitarbeiter jedoch die Vergünstigung des § 19a EStG[81] in Anspruch nehmen kann, bleibt der Kursrabatt, sofern er nicht mehr als 50% beträgt, bis zu einem Höchstbetrag von 300 DM jährlich lohnsteuer- und sozialversicherungsfrei, vorausgesetzt, daß die gesetzliche Festlegungsfrist (Sperrfrist) von 6 Jahren nicht verletzt wird. Aufbauend auf dem Eingangsbeispiel ergeben sich somit folgende Berechnungen:

Bruttogewinnanteil	7.400,— DM
+ Kursrabatt (24% von 3.100 DM)[82]	744,— DM
− Lohnsteuer- und sozialversicherungsfreier Betrag	
(§ 19a EStG)	300,— DM

= Lohnsteuer- und sozialversicherungspflichtiger Betrag	7.844,— DM
Abzüge bei einem Belastungssatz von 40% für Lohnsteuer und Sozialabgaben (40% von 7.844,— DM)	3.137,60 DM

Bruttogewinnanteil	7.400,— DM
− Abzüge	3.137,60 DM

= Nettogewinnanteil = Anlagebetrag	4.262,40 DM

Umrechnung in Genußkapital bei einem Vorzugskurs von 136% (5.062,01 DM/136%) = Nominalbetrag	3.134,12 DM

---

[80] $\dfrac{94{,}35 \text{ Mio DM}}{51{,}00 \text{ Mio DM}} \cdot 100 = 185\%$

[81] Diese Vorschrift regelt die steuerliche Begünstigung einer unentgeltlichen oder verbilligten Überlassung von Vermögensbeteiligungen an Arbeitnehmer.

[82] Bei konstantem Belastungssatz für Lohnsteuer und Sozialabgaben ergibt sich der Kursrabatt (KR) nach folgender allgemeinen Formel:

Da die Genußscheine nur glatte 100,– DM verbriefen, erfolgt eine Abrundung. Der Abrundungserlös wird zum Vorzugskurs ausgezahlt.

Die Verzinsung der Genußscheine richtet sich nach der **Gesamtkapitalrendite,** die sich aus der Relation des korrigierten Gewinns der Konzern-Gewinn- und Verlustrechnung zum arithmetischen Mittel des Vermögens zu Beginn und Ende des Geschäftsjahres ergibt. Der Gewinnanteil der Genußscheine beträgt bei einer zwischen 12% und 16% liegenden Gesamtkapitalrendite 15% des Grundbetrages. Beträgt die Gesamtkapitalrendite weniger als 12% oder mehr als 16%, ist der Gewinnanteil um einen Prozentpunkt höher als die Gesamtkapitalrendite.

An möglichen **Verlusten** des Unternehmens sind die Genußscheininhaber ebenso wie die Aktionäre bis zur Höhe ihrer Einlage beteiligt. In diesem Fall ergibt sich eine **negative Gesamtkapitalrentabilität,** nach deren auf den Grundbetrag bezogenen Prozentsatz sich die Verlustbeteiligung der Genußscheine bestimmt. Anspruch auf Gewinnanteile haben die Genußscheininhaber erst dann wieder, wenn der auf das Genußkapital entfallende Verlust durch spätere Gewinne ausgeglichen wurde.

Da die Genußscheine an deutschen Wertpapierbörsen gehandelt werden, können sie, sofern sie weder betrieblich noch gesetzlich gesperrt sind, **täglich verkauft** werden. Mitarbeiter der Bertelsmann AG können bezüglich Verwaltung und Verkauf ihrer Genußscheine auf die in der Regel kostenlosen Serviceleistungen der Bertelsmann Treuhand- und Anlage GmbH (BTA), die zu 100% im Eigentum der Bertelsmann AG steht, zurückgreifen. Von 1981 bis 1995 haben die Mitarbeiter bei Bertelsmann und Gruner + Jahr ein Genußkapital von 648 Mio. DM gebildet. Insgesamt hat das Genußkapital bei Bertelsmann inzwischen eine Höhe von nominal 881 Mio. DM erreicht. Seit Einführung des unternehmenseigenen Beteiligungsmodells vor 26 Jahren wurden die Mitarbeiter mit weit über einer Milliarde DM am Gewinn beteiligt.

bb) Das System der Bayer AG[83]

Die Bayer AG ermöglicht ihren Mitarbeitern durch eine jährliche **Bonuszahlung** an die bonusberechtigten Mitarbeiter, das Angebot von Anteilen des **DEGEF-Bayer-Mitarbeiter-Fonds** und das jährlich neu festgelegte Angebot von **Belegschaftsaktien** sowie Vorteilsausgleichs-Angebote für außertarifliche und leitende Mitarbeiter zu **Vorzugskursen** eine Beteiligung am Erfolg des Unternehmens sowie der Wirtschaft insgesamt.

Über die jährliche **Bonuszahlung** werden die bonusberechtigten Mitarbeiter am wirtschaftlichen Erfolg des Unternehmens beteiligt. Der Bonus zur

---

$$KR = [BGA - s \cdot (BGA - 300) - s \cdot KR] \cdot \left(\frac{k}{0{,}85k} - 1 \right)$$

BGA = Bruttogewinnanteil
k = Prozentsatz des Börsenkurses/100
s = konstanter Belastungsprozentsatz für Lohnsteuer und Sozialabgaben/100 (im Bsp. 40%)

[83] Den folgenden Ausführungen liegt Informationsmaterial zugrunde, das von der Bayer AG freundlicherweise zur Verfügung gestellt wurde.

Jahresprämie betrug für das Jahr 1994 94% des durchschnittlichen individuellen Monatseinkommens. Über die gewährte Bonuszahlung konnten die Mitarbeiter nicht in vollem Umfang frei verfügen. 5 Prozentpunkte der Bonuszahlung wurden zur Förderung der Vermögensbildung im DEGEF-Bayer-Mitarbeiter-Fonds für drei Jahre fest angelegt.

Der **DEGEF-Bayer-Mitarbeiter-Fonds** wurde als thesaurierender Fonds ausgelegt, d. h., die in diesen Fonds einfließenden Erträge werden nicht ausgeschüttet, sondern zur Wiederanlage verwendet. Tarifmitarbeitern und Auszubildenden werden in der Regel – bisher mit Ausnahme der Jahre 1991 und 1993 einmal jährlich Anteile in Verbindung mit der Bonusregelung angeboten. Diese Anteile unterliegen einer dreijährigen Sperrfrist. Die Depotgebühren trägt die Bayer AG. Unabhängig von dieser Bonusregelung können Mitarbeiter und Pensionäre jederzeit unbegrenzt Anteile spesen- und provisionsfrei erwerben. Diese Anteile unterliegen keiner Sperrfrist. Das Fondsvermögen des DEGEF-Bayer-Mitarbeiter-Fonds betrug Ende 1994 138,5 Mio. DM.

Das **Belegschaftsaktienangebot** der Bayer AG wird ab 1992 in modifizierter Form durchgeführt. In den Jahren 1984 bis 1991 wurden die Aktien – mit Ausnahme einer Anlagemöglichkeit nach dem 5. Vermögensbildungsgesetz – ohne Sperrfrist angeboten. Dies führte zwar in den letzten Jahren zu einer hohen Beteiligungsquote von ca. 90% der Berechtigten; jedoch hatten sich viele Mitarbeiter wieder kurzfristig von ihrem Aktienbesitz getrennt. Ab 1992 soll daher die längerfristige Vermögensbildung durch Beteiligung am „eigenen" Unternehmen bei folgenden Rahmenbedingungen stärker gefördert werden:

– Die Belegschaftsaktien dürfen erst nach Ablauf einer Sperrfrist veräußert werden.
– Der Kursvorteil wird, soweit er steuerpflichtig ist, zu Lasten der Mitarbeiter versteuert. (Bisher wurden Steuern und Sozialversicherungsbeiträge vom Unternehmen getragen.)
– Der Kursabschlag ist zum Ausgleich deutlich höher als vorher.

Im Rahmen des Angebots 1995 ermöglichte das Unternehmen insbesondere seinen Tarifmitarbeitern, den **steuerlichen Vorteil des § 19a EStG** zu nutzen, wonach die Vermögensbildung durch Kapitalbeteiligung bei einer Festlegungsfrist von sechs Jahren mit einem Freibetrag von 300 DM jährlich gefördert wird. Bei 6jähriger Sperrfrist konnten die Mitarbeiter eine geringe Stückzahl (Tarifmitarbeiter: 4 Stück) Aktien mit hohem Kursabschlag (50% des Börsenkurses) erwerben. Durch den niedrigen Eigenanteil und die Ratenzahlung waren diese Wertpapiere für jeden Mitarbeiter, der Aktien kaufen wollte, erschwinglich. Alternativ wurde eine größere Stückzahl Aktien (bis zu 1/24 des individuellen Brutto-Vorjahreseinkommens) mit einem geringeren Kursabschlag (15–20%) und einer Sperrfrist von knapp 20 Monaten angeboten. Ein Steuervorteil konnte hier nicht genutzt werden. 57% aller zeichnungsberechtigten Mitarbeiter machten von dem Angebot gebrauch.

Zusätzlich bietet Bayer im Rahmen eines sog. **„Vorteilsausgleichs-Aktienangebots" (VAA)** seit 1971 seinen außertariflichen und leitenden Mitarbeitern Bayer-Aktien zu Vorzugsbedingungen – d. h. zum halben Börsen-kurs – an. Dieses Angebot gilt als Ausgleich dafür, daß dieser Mitarbeiter-kreis keine vermögenswirksamen Leistungen gemäß Tarifvertrag erhält. Be-zugsberechtigt sind außertarifliche und leitende Mitarbeiter, die am Stichtag des Vorstandsentscheides im Unternehmen beschäftigt waren. Die Anzahl der angebotenen Aktien orientiert sich an der Höhe der vermögenswirksa-men Leistungen für Tarifmitarbeiter. 1995 wurden 5 Aktien je Mitarbeiter angeboten. Die steuerlichen Vergünstigungen des § 19a EStG konnte dieser Personenkreis entweder beim VAA oder beim Belegschaftsaktiengebot nut-zen. Derzeit befinden sich ca. 3–4% des Grundkapitals in Mitarbeiterbesitz.

7. Die Interessenvertretung der Arbeitnehmer

Aufbauend auf den Elementarzielen der Arbeitnehmer haben sich der Deutsche Gewerkschaftsbund (DGB) und seine Einzelorganisationen an heutige politische und gesellschaftliche Gegebenheiten angepaßte Aufgaben gestellt und differenzierte Zielsetzungen entwickelt. Sie verfolgen diese Ziele nicht nur gegenüber den Arbeitgebern, sondern auch gegenüber Parlamen-ten, Verwaltungen und anderen gesellschaftlichen Institutionen, da auch hier Entscheidungen getroffen werden, die die Arbeitnehmer substanziell be-treffen.

Der DGB will nicht nur die materiellen Lebensverhältnisse seiner Mitglie-der verbessern, sondern verfolgt – nach eigener Auffassung – auch das Ziel, „für die Sicherung und den Ausbau des sozialen Rechtsstaates einzutreten und die weitere Demokratisierung von Wirtschaft, Staat und Gesellschaft zu erreichen."[84]

Die einzelnen Ziele und Aufgaben werden in **Grundsatz- und Aktions-programmen** formuliert; dabei enthalten die Grundsatzprogramme mehr die grundsätzlichen Leitlinien für die Willensbildung, während in den Ak-tionsprogrammen die Ziele konkretisiert werden.

Schwerpunktmäßig hat der DGB in früheren und neueren Grundsatz- und Aktionsprogrammen[85] im wesentlichen **folgende Ziele** und Maßnahmen festgelegt:

– Vollbeschäftigung und Lebensqualität durch qualitatives Wirtschaftswachstum
– Wirksame Strukturpolitik zur Verwirklichung qualitativen Wirtschaftswachs-tums
– Arbeitsmarktpolitik verbessern und konzentrieren
– Arbeitszeitpolitik im Arbeitnehmerinteresse
– Die Chancengleichheit von Frauen auf dem Arbeitsmarkt durchsetzen
– Die Einkommens- und Vermögensverteilung muß gerechter werden
– Für die lebenswerte Umwelt
– Soziale Gestaltung von Arbeit und Technik
– Erforschung, Entwicklung und Umsetzung neuer Techniken und Verfahren

---

[84] DGB-Broschüre „Wir über uns", Hrsg.: DGB, Düsseldorf 1979, S. 14
[85] Vgl. Entwurf: Grundsatzprogramm des Deutschen Gewerkschaftsbundes, Düsseldorf 14. 3. 1981; Aktionsprogramm '88

- Arbeit und Gesundheit
- Reform und Ausbau des Systems der sozialen Sicherheit
- Arbeitnehmer- und Gewerkschaftsrechte erweitern
- Neue Medien, Kultur und Freizeit sinnvoll gestalten
- Verbesserung des öffentlichen Dienstleistungsangebots
- Integration ausländischer Arbeitnehmer und ihrer Familien vorantreiben
- Chancengleichheit durch Bildung und Ausbildung verwirklichen

Die Wahrung und der Ausbau der Tarifautonomie sowie Arbeitskämpfe als letztes Druckmittel stellen traditionelle und wesentliche Bestandteile gewerkschaftlicher Politik dar. **Tarifautonomie** bedeutet, daß die Gewerkschaften mit den Arbeitgebern bzw. deren Verbänden Tarifverträge[86] frei und unabhängig ohne Einmischung von außen (z. B. des Staates) aushandeln und abschließen können.[87] Die Abmachungen der Tarifverträge gelten unmittelbar und **zwingend nur für Mitglieder** der vertragsabschließenden Parteien.[88] Grundsätzlich sind die Unternehmen nicht verpflichtet, gewerkschaftlich nicht organisierten Arbeitnehmern die Lohnerhöhungen oder sonstigen Leistungen, die in einem Tarifvertrag beschlossen werden, zu gewähren. In der Praxis erscheint es jedoch vielen Unternehmen als zweckmäßig, auch den Nichtmitgliedern ihrer Belegschaft die Ergebnisse zu Gute kommen zu lassen, da sie sonst damit rechnen müßten, daß sich die gesamte Belegschaft gewerkschaftlich organisiert.

Allgemeingültigkeit können tarifvertragliche Vereinbarungen aber auch durch die sogenannte **Allgemeinverbindlichkeitserklärung,**[89] die vom Arbeits- und Sozialministerium des Bundes oder eines Landes gegeben werden kann, erlangen. Für die Gewerkschaften kann eine solche Allgemeinverbindlichkeitserklärung zum Problem werden, wenn Gewerkschaftsmitglieder sehen, daß nicht organisierte Arbeitnehmer Rechtsansprüche auf die gleichen Leistungen erlangen, ohne Beitrag zu zahlen.

Die Gewerkschaften sind verpflichtet, während der Laufzeit des Tarifvertrages keine Kampfmaßnahmen gegen die vertraglich festgelegten Bestimmungen zu ergreifen. Spezielle Tarifverträge, die als **Manteltarifverträge** bezeichnet werden, können auch für längere Zeiträume Arbeitsbedingungen regeln, die keiner allzu häufigen Änderung unterliegen, z. B. Arbeitszeit, Urlaub usw.

Die Tarifautonomie schließt das Recht der Gewerkschaften ein, für die Durchsetzung ihrer Forderungen über Lohn- und Arbeitsbedingungen einen **Arbeitskampf** durchzuführen. Bevor es aber beim Scheitern von Tarifverhandlungen zum Streik kommt, setzt ein Schlichtungsverfahren ein, bei dem ein Gremium von Arbeitgeber- und Gewerkschaftsvertretern unter einem neutralen Vorsitzenden versucht, eine Einigung zu erarbeiten. Führt auch die

---

[86] Vgl. Schuster, D., Die Deutsche Gewerkschaftsbewegung, 6. Aufl., Düsseldorf, Köln 1980, S. 134 f.
[87] Die Grundlage für die Tarifautonomie wurde im Tarifvertragsgesetz (TVG) vom 9. April 1949 (WiGBl. S. 55) geschaffen.
[88] Vgl. § 4 Abs. 1 TVG
[89] Vgl. § 5 TVG

Schlichtung nicht zum Erfolg, können die Gewerkschaften unter bestimmten Voraussetzungen den **Streik** beschließen.

Das **Streikrecht** ist in Artikel 9 Abs. 3 des Grundgesetzes verankert. Ein Streikbeschluß wird in der Regel durch eine sogenannte Urabstimmung, bei der alle Mitglieder befragt werden, herbeigeführt, wenn sich 75% der Befragten für eine Arbeitseinstellung aussprechen. Die Streikenden erhalten weder Lohn noch Arbeitslosenunterstützung; lediglich die Gewerkschaftsmitglieder werden von der Gewerkschaft unterstützt.

Die Arbeitgeber können die **Aussperrung** als Gegenmaßnahme ergreifen, d. h. alle Arbeitnehmer – auch Nichtstreikende und Arbeitswillige – werden vom Arbeitgeber daran gehindert, zu arbeiten und bekommen für die Zeit der Aussperrung auch keinen Lohn. Die Aussperrung wird von den Gewerkschaften mit der Behauptung bekämpft, daß die durch das Streikrecht hergestellte „Chancengleichheit" zwischen Arbeitgebern und Arbeitnehmern durch die Aussperrung zunichte gemacht würde. Von Arbeitgeberseite wird die Aussperrung damit verteidigt, daß sie die „Kampfparität" herstelle. In den Urteilen vom 10. 6. 1980[90] hat das Bundesarbeitsgericht entschieden, daß ein grundsätzliches Aussperrungsverbot unzulässig ist, daß die Arbeitgeberseite aber die Verhältnismäßigkeit der Mittel zu beachten habe (Übermaßverbot),[91] und daß Aussperrungen als Abwehrmaßnahmen dann legitimiert sind, wenn ein Verhandlungsübergewicht der streikenden Gewerkschaft die Verhandlungsparität stört.

IV. Die Betriebsmittel

Der moderne Betriebsprozeß ist – insbesondere im industriellen Bereich – dadurch gekennzeichnet, daß die Arbeitskraft in immer stärkerem Maße mit Betriebsmitteln ausgestattet wird. Das hat im Laufe der Entwicklung in vielen Betrieben dazu geführt, daß die Bedeutung der menschlichen Arbeitskraft scheinbar oder tatsächlich immer mehr hinter die der Betriebsmittel zurückgetreten ist. Waren Werkzeuge und Maschinen vor einigen Jahrzehnten lediglich Hilfsmittel, um die Ergiebigkeit der Arbeitsleistung zu erhöhen, so hat sich heute die Maschine weitgehend verselbständigt. Viele maschinelle Anlagen bedürfen kaum noch der Mitwirkung der menschlichen Arbeitskraft, sie produzieren, transportieren, registrieren und rechnen „vollautomatisch"; es genügt ihre Einstellung und Überwachung von einer Schaltzentrale aus. Für den Betrieb ergeben sich aus dieser Entwicklung neben den technischen Problemen, die hier nicht weiter verfolgt werden können, entscheidende wirtschaftliche Aufgaben. Die Kosten der Betriebsmittel übersteigen in vielen Betrieben die Kosten für Arbeitsleistungen und Werkstoffe um ein Vielfaches. Deshalb muß der Frage der rationellsten Ausnutzung der Betriebsmittel besondere Aufmerksamkeit geschenkt werden.

---

[90] 1 AZR 822/79 (Aussperrung in der Druckindustrie) und 1 AZR 168/79 (Aussperrung in der Metallindustrie)

[91] Als unverhältnismäßig gilt beispielsweise die Beantwortung eines eng begrenzten Teilstreiks mit einer unbefristeten, bundesweiten Aussperrung.

Zu den Betriebsmitteln gehört die gesamte technische Apparatur, deren sich der Betrieb zur Durchführung des Betriebsprozesses bedient. Das sind in erster Linie Maschinen und maschinelle Anlagen sowie Werkzeuge jeder Art. Aber auch Grundstücke und Gebäude, Verkehrsmittel, Transport- und Büroeinrichtungen rechnet man dazu. Bei den Betriebsmitteln darf nicht nur an die im Produktionsprozeß eingesetzten Antriebs- und Arbeitsmaschinen, sondern muß ebenso an die Maschinen und EDV-Anlagen gedacht werden, die in der Verwaltung, insbesondere im Rechnungswesen, und im Vertrieb Verwendung finden.

1. Lebensdauer, wirtschaftliche Nutzungsdauer und Abschreibungen

Die entscheidenden mit den Betriebsmitteln zusammenhängenden wirtschaftlichen Probleme entstehen zunächst einmal dadurch, daß die Anlagegüter nicht, wie z. B. die Rohstoffe, bei einem Produktionsvorgang verbraucht werden, sondern eine bestimmte Lebensdauer haben **(technische Nutzungsdauer)**, d. h. ihre Nutzungen über eine Reihe von Jahren abgeben können. Mit dem Kauf einer Maschine beschafft sich der Betrieb Maschinennutzungen auf viele Jahre im voraus. Das bedeutet, daß in den Anlagen hohe Geldbeträge für eine Reihe von Rechnungsperioden gebunden (investiert) werden müssen, die auf dem Wege über den Verkauf der Produkte und Leistungen – also über den Absatzmarkt – bis zum Ende der wirtschaftlichen Nutzungsdauer wieder freigesetzt und entsprechend verzinst werden müssen. Für den Betrieb entsteht damit das Problem, die **wirtschaftliche Nutzungsdauer** der Betriebsmittel zu schätzen und die Wertminderung, die im Laufe der Jahre eintritt, richtig zu ermitteln und den, durch die Produktion der Erzeugnisse verursachten Kosten zuzurechnen. Unter wirtschaftlicher Nutzungsdauer versteht man die Zeitspanne, in der es wirtschaftlich sinnvoll ist, eine Anlage zu nutzen. Die technische Nutzungsdauer umfaßt dagegen die Zeitspanne, während der eine Anlage technisch einwandfreie Nutzungen abgeben kann. Die wirtschaftliche Nutzungsdauer ist in der Regel kürzer als die Lebensdauer.

Die auf Grund planmäßiger Rechnungen ermittelten Beträge, die zur Erfassung der Wertminderungen an den Betriebsmitteln dienen, bezeichnet man als **Abschreibungen.**[1] Die Wertminderung der einzelnen Anlagegüter ist während des Verlaufs der Nutzungsdauer je nach ihrer technischen Beschaffenheit unterschiedlich, jedoch kann als Regel gelten, daß der **Gebrauchswert** von Maschinen in den ersten Jahren der Nutzungsdauer nur langsam sinkt und erst gegen Ende der Nutzungszeit stärker abfällt. Der **Zeitwert** dagegen, d. h. der Wert, der beim Verkauf einer Maschine am Markt noch zu erzielen wäre, sinkt sofort nach Inbetriebnahme, weil ein Käufer beim Erwerb einer „gebrauchten" Anlage – selbst wenn der Gebrauchswert noch gar nicht abgenommen hat – einen erheblichen Abschlag vom Anschaffungspreis verlangt. Im allgemeinen interessiert der Zeitwert der Anlagegüter nicht, da sie in der Regel nicht veräußert werden sollen. Die

---

[1] Vgl. die ausführliche Behandlung des Abschreibungsproblems auf S. 1082 ff.

Länge der technischen Nutzungsdauer einer Anlage kann durch sorgfältige und sachgemäße Pflege und Wartung entscheidend beeinflußt werden.

Eine Wertminderung der Betriebsmittel tritt aber nicht nur durch ihre Nutzung oder durch Witterungseinflüsse ein (z. B. bei Baggern, Straßenbaumaschinen u. a.), sondern auch durch **technischen Fortschritt**. Die Entwicklung der Technik geht immer weiter, deshalb ist die Gefahr, daß ein Betriebsmittel technisch und wirtschaftlich „überholt" wird, um so größer, je länger seine Lebensdauer ist. Ein aktuelles Beispiel ist der rasante technische Fortschritt bei EDV-Anlagen. Die kaufmännische Vorsicht zwingt den Betrieb, bei der Schätzung der wirtschaftlichen Nutzungsdauer und bei der Bemessung der jährlichen Abschreibungsbeträge nicht nur die Wertminderung durch Gebrauch oder natürlichen Verschleiß zu berücksichtigen, sondern auch eine Entwertung durch den technischen Fortschritt in Rechnung zu stellen.

Da immer die Gefahr besteht, daß Anlagen durch technischen Fortschritt entwertet werden, bevor sie physisch abgenutzt sind, ist es erforderlich, das in den Anlagen gebundene Kapital möglichst schnell über den Absatzmarkt wieder freizusetzen. Der Betrieb wird oft vor die Frage gestellt, ob es zweckmäßig ist, eine veraltete Anlage bereits durch eine moderne zu ersetzen, die mit geringeren Kosten arbeitet, auch wenn die alte Anlage noch einige Jahre genutzt werden kann.[2] Nicht immer wird dabei die Entscheidung für die moderne Anlage getroffen werden. Die technische Verbesserung ist vielfach mit einer Steigerung der quantitativen oder qualitativen Leistungsfähigkeit verbunden, d. h., bestimmte Anlagen lohnen sich erst von einer bestimmten Betriebsgröße ab oder bei bestimmten Anforderungen an die Präzision. Für einen kleineren Betrieb kann eine Anlage „alter Technik" durchaus kostengünstiger sein. Die Betriebsgröße spielt also bei der Wahl der Betriebsmittel und der technischen Verfahren eine wesentliche Rolle.

Die Erfassung der Wertminderungen der Betriebsmittel durch Abschreibungen ist eines der wichtigsten Probleme des Rechnungswesens. In die Gewinn- und Verlustrechnung gehen die Abschreibungen als Aufwand ein **(bilanzielle Abschreibungen)**. Von ihrer Höhe hängt somit der ausgewiesene Periodenerfolg ab. Deshalb hat der Steuergesetzgeber bzw. die Finanzverwaltung für die steuerliche Gewinnermittlung die Nutzungsdauer der verschiedenen Arten von Betriebsmitteln normiert (sog. betriebsgewöhnliche Nutzungsdauer der AfA-Tabellen).[3] In der Kostenrechnung müssen die Abschreibungen **(kalkulatorische Abschreibungen)** so bemessen werden, daß – nachdem sie in die Preise einkalkuliert wurden – durch den Umsatz der produzierten Güter dem Betrieb wieder ausreichend finanzielle Mittel zur Verfügung stehen, damit die verbrauchten Betriebsmittel wieder beschafft werden können. Die Abschreibung ist aber nicht nur ein Aufwands- und Kostenfaktor, sondern auch ein Finanzierungsfaktor, da die pro Periode durch Umsatz „verdienten" Abschreibungsgegenwerte bis zur späteren Er-

---

[2] Vgl. die Ausführungen über Investitionsplanung und Investitionsrechnung auf S. 742 ff.
[3] AfA = Absetzung für Abnutzung

satzbeschaffung der abgeschriebenen Betriebsmittel zur Finanzierung anderer Produktionsfaktoren zur Verfügung stehen.[4] (**ÜB 2/12–13**)

2. Kapazität und Kapazitätsausnutzung

Jedes Betriebsmittel besitzt ein bestimmtes Leistungsvermögen je Zeiteinheit, das laufend ausgenutzt werden muß, da die in den Betriebsmitteln gebundenen Kapitalbeträge amortisiert und verzinst werden müssen. Stillstand oder nur teilweise Nutzung bedeutet also Zinsverlust. Da außerdem kontinuierlich technische Verbesserungen gemacht werden, kann auch dann eine starke Wertminderung eintreten, wenn Anlagen nicht oder nicht voll genutzt werden und folglich die Wertminderungen durch Gebrauch (technischer Verschleiß) gering sind. Dann besteht die Gefahr, daß die wirtschaftliche Nutzungsdauer beendet ist, bevor das in einem Betriebsmittel gebundene Kapital durch den Umsatz der produzierten Güter wieder freigesetzt worden ist.

Jede Anlage ist auf Grund ihrer technischen Daten geeignet, in einer Zeitspanne eine bestimmte Menge an Leistungen einer bestimmten Qualität abzugeben. Man bezeichnet das Leistungsvermögen in quantitativer und qualitativer Hinsicht als **Kapazität.** Jede Anlage besitzt eine bestimmte **technische Maximalkapazität,** auf die hin sie konstruiert ist und die nicht überschritten werden kann. Die technische Maximalkapazität liegt gewöhnlich über der **wirtschaftlichen Kapazität,** d. h. über der Ausbringungsmenge, die vom wirtschaftlichen Standpunkt aus die optimale ist.

Für den Betrieb ist es nicht unbedingt zweckmäßig, die technisch maximale Kapazität auszunutzen, wenn eine geringere Ausnutzung wirtschaftlicher, d. h. mit geringeren Kosten verbunden ist. Würde man z. B. einen Motor stets bis zur Grenze seiner technischen Maximalkapazität ausnutzen, also auf höchsten Touren laufen lassen, so wären Verschleiß und Betriebsstoffverbrauch – auf die Leistungseinheit bezogen – wesentlich höher als bei einer geringeren Nutzung, die vom wirtschaftlichen Standpunkt die optimale wäre. Würde man aber eine bestimmte Umdrehungszahl unterschreiten, so würden Verschleiß und Betriebsstoffverbrauch ebenfalls zunehmen. Es gibt also auch Betriebsmittel, die eine **Minimalkapazität** besitzen, deren Ausnutzung aus wirtschaftlichen Gründen nicht unterschritten werden darf.

Das Verhältnis von technischer Kapazität und effektiver Ausnutzung der Kapazität bezeichnet man als **Kapazitätsausnutzungsgrad.** Vielfach wird auch von **Beschäftigungsgrad** gesprochen. Der Kapazitätsausnutzungsgrad wird in Prozenten der technischen Kapazität ausgedrückt, also:

$$\text{Kapazitätsausnutzungsgrad} = \frac{\text{Ist-Produktion}}{\text{Kann-Produktion}} \times 100$$

Jede Anlage verfügt auch über eine bestimmte **qualitative Maximalleistung,** deren Überbeanspruchung zu erhöhten Kosten, z. B. zu größerem

---

[4] Vgl. die ausführliche Behandlung des Finanzierungseffektes der Abschreibungen auf S. 875 ff.

Ausschuß, führt, deren nicht volle Ausnutzung aber ebenso unwirtschaftlich ist, da in diesem Falle eine Anlage geringerer Leistungsfähigkeit oder Präzision, die in der Regel weniger kostet, den Anforderungen genügen würde.

Für den Betrieb stellt sich die Aufgabe, unter der Vielzahl der möglichen Anlagen die Auswahl für seine ganz konkreten betrieblichen Aufgaben zu treffen. Da die Anlagen aber gewöhnlich eine lange Lebensdauer haben, bedeutet die Beschaffung bestimmter Aggregate stets ein Festlegen auf lange Sicht. Der Betrieb muß deshalb bestrebt sein, die einmal beschafften Anlagen so einzusetzen, daß sie in quantitativer und qualitativer Hinsicht optimal genutzt sind. Jede Überbeanspruchung führt zu erhöhtem Verschleiß und damit zu steigenden Kosten, jede zu geringe Ausnutzung bedeutet ein Brachliegen von Aggregaten und des in ihnen investierten Kapitals. Die Entscheidung, welche zur Realisierung einer bestimmten betrieblichen Aufgabe zur Wahl stehenden Betriebsmittel (Verfahren) optimal sind, wird durch Investitionsrechnungen vorbereitet.[5] (**ÜB 2/14–16**)

3. Die Betriebsmittelzeit

Ebenso wie beim Faktor Arbeit entsteht auch beim Faktor Betriebsmittel das Problem des optimalen Einsatzes. Zur Lösung dieses Problems wird auch hier der Arbeitsablauf gegliedert. Nach REFA ergibt sich folgende auf die Betriebsmittel bezogene **Analyse der Ablaufarten**.[6]

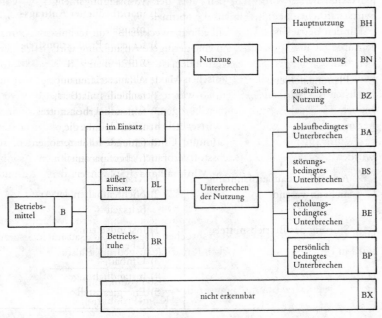

Abb. 65: Gliederung der Betriebsmittelzeit

---

[5] Einzelheiten vgl. auf S. 742 ff.
[6] REFA, Datenermittlung, a. a. O., S. 29

Ein Betriebsmittel ist im Einsatz, „wenn es dem Betrieb zur Ausführung von Arbeitsaufgaben zur Verfügung steht und durch Aufträge belegt ist."[7] Während des Einsatzes wird es genutzt. Die **Hauptnutzungszeit** ist der Einsatz des Betriebsmittels im Sinne seiner Zweckbestimmung (z. B. Spanabheben an einer Drehmaschine), die **Nebennutzungszeit** wird zur Vorbereitung, zum Rüsten, Beschicken oder Entleeren des Betriebsmittels benötigt (z. B. Werkstücke ein- und ausspannen).

Die Nutzung kann unterbrochen werden, und zwar planmäßig (ablaufbedingt), wenn z. B. das Betriebsmittel auf eine planmäßige Tätigkeit der Arbeitskraft oder auf die planmäßige Anlieferung von Werkstücken warten muß (z. B. Lesen von Zeichnungen und Arbeitsanweisungen, An- und Abtransporte von Werkstücken). Eine planmäßige Unterbrechung kann auch durch **Erholungszeiten** der Arbeitskraft bedingt sein. Daneben kann eine Unterbrechung außerplanmäßig durch Störungen an den Betriebsmitteln oder durch die Arbeitskraft eintreten.

Als wichtigste Ursachen dafür, daß ein Betriebsmittel „außer Einsatz" sein kann, führt REFA an:[8]

Fälle für „außer Einsatz"	Ursachen
fehlender Auftrag	1) Betriebsmittel dient planmäßig als Reserve, 2) marktbedingter Auftragsmangel, 3) fehlende Produktionsfreigabe des Auftrages
Planungsfehler	1) Arbeitskräftemangel, 2) fehlendes Material, 3) fehlende Arbeitsmittel, 4) fehlende Energie, 5) fehlende Informationen (Arbeitspapiere)
Arbeitskraft außerplanmäßig nicht anwesend	1) Krankheit, 2) Nichteinhalten der Arbeitszeit
Störung des Betriebsmittels	1) Instandsetzung, 2) Überholung, 3) Umbau, 4) Instandhaltung, 5) Energieausfall

Abb. 66

---

[7] REFA, a. a. O., S. 30
[8] REFA, a. a. O., S. 30

Als **Betriebsruhe** werden in der Ablaufgliederung die Zeiten bezeichnet, die für gesetzlich, tariflich oder betrieblich geregelte Arbeitspausen anfallen. Der Betrieb muß bestrebt sein, die Zeiten der Unterbrechung **(Brachzeiten)** zugunsten der Nutzungszeiten immer mehr zu verringern. Durch sorgfältige Wartung der Anlagen müssen Störungen auf ein Minimum herabgedrückt werden. Durch Kontrollen oder durch Anwendung entsprechender Lohnformen (Akkordlohn, Prämienlohn) muß versucht werden, Brachzeiten, die die Arbeitskräfte durch zu geringes Arbeitstempo verursachen können, zu vermindern. Durch Arbeitsablaufstudien muß erreicht werden, Brachzeiten, die durch den Arbeitsablauf bedingt sind, z. B. durch zu langsame Zulieferung von Werkstücken von einer vorgelagerten Produktionsstelle, zu reduzieren.

Allerdings ist der Betrieb gerade auf diesem Gebiet stark vom Markt abhängig. Je differenzierter das Produktionsprogramm ist, desto stärker werden sich Markteinflüsse in der Produktion bemerkbar machen. Muß die Produktion eines Artikels eingeschränkt, die eines anderen ausgedehnt werden, so kann es in einzelnen Abteilungen zu Engpässen, in anderen nur zur Teilausnutzung von Betriebsmitteln kommen, wenn beide Artikel in unterschiedlichen Fertigungsgängen produziert werden. Dann ist unter Umständen eine Überbeanspruchung an einer Stelle, Brachzeit an einer anderen Stelle nicht zu vermeiden. Paßt sich der Betrieb mit seinem Produktionsmittelbestand der veränderten Absatzlage an, so wird auch diese Situation nicht von langer Dauer sein. Die optimale Abstimmung aller Betriebsabteilungen und die Vollausnutzung der Kapazität aller Betriebsmittel ist also eine Aufgabe, vor die der Betrieb praktisch täglich neu gestellt wird.

V. Die Werkstoffe

Unter dem Begriff Werkstoffe faßt man alle Güter zusammen, aus denen durch Umformung, Substanzänderung oder Einbau neue Fertigprodukte hergestellt werden. Fast alle diese Güter sind bereits von anderen Betrieben gewonnen, bearbeitet oder erzeugt worden. Was für den einen Betrieb Ausgangsstoff ist, stellt für einen anderen Betrieb Endfabrikat dar. Zu den Werkstoffen zählt man Roh-, Hilfs- und Betriebsstoffe, ferner alle Güter, die als fertige Bestandteile in ein Produkt eingebaut werden, z. B. Lichtanlagen, Armaturen und Bereifung bei der Automobilproduktion. Als **Rohstoffe** bezeichnet man diejenigen Stoffe, die als Hauptbestandteil in die Fertigfabrikate eingehen. **Hilfsstoffe** sind solche Güter, die zwar auch Bestandteil der Fertigfabrikate werden, die aber wertmäßig oder mengenmäßig eine so geringe Rolle spielen, daß sich eine genaue Erfassung pro Stück nicht lohnt, so z. B. die Anstrichmittel von Maschinen, der Leim bei der Möbelproduktion usw. **Betriebsstoffe** werden bei der Produktion verbraucht, gehen aber nicht in das Fabrikat ein, so z. B. Kohle, Dieselöl, Elektrizität, Schmierstoffe usw. (**ÜB 2**/17–19)

1. Die Werkstoffzeit

Die Werkstoffe werfen zwei wesentliche wirtschaftliche Probleme auf. Das erste ist das **Zeitproblem,** d. h. vor allem die Frage der Lagerdauer vor Beginn der Verarbeitung und der Liegezeit während der einzelnen Phasen des Produktionsprozesses. Da in den Werkstoffen ebenso wie in den Betriebsmitteln erhebliche Kapitalbeträge gebunden sind, die erst auf dem Wege über den Verkauf der Fertigfabrikate, also im Umsatzerlös, wieder freigesetzt werden, ist es für den Betrieb von großer Bedeutung, daß die Zeitspanne zwischen Beschaffung der Werkstoffe und Erstellung und Verkauf der Endprodukte so kurz wie möglich ist.

Die Diskrepanzen zwischen diesen Zeitpunkten versucht man heute durch Anwendung des Konzepts der **„just-in-time-production"** zu reduzieren, indem zum einen die Produktionsnachfrage genau – also ohne oder mit nur geringen Beständen an Fertigerzeugnissen – gesteuert und zum anderen die Beschaffung der zur Produktion erforderlichen Werkstoffe dem Zeitpunkt des Produktionsbeginns unmittelbar – also unter Vermeidung von Lagerbeständen an Werkstoffen bzw. unter Beschränkung auf Sicherheitsbestände – vorgeschaltet wird.[1] Die dadurch geminderten Liegezeiten führen u. a. zu

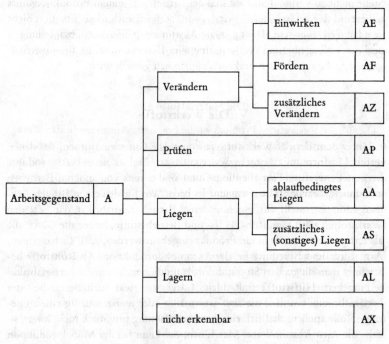

Abb. 67: Gliederung der Werkstoffzeit

---

[1] Vgl. Kilger, W., Industriebetriebslehre Bd. I, Wiesbaden 1986, S. 286, sowie ausführlich: Wildemann, H., Das Just-In-Time Konzept, 4. Aufl., Aschaffenburg 1995

einer Herabsetzung der Kapitalbindung und damit auch der Zinskosten. Allerdings erfordert der reibungslose Produktionsablauf, daß stets die Betriebsbereitschaft gesichert ist und keine Unterbrechungen eintreten. Außerdem ist zu beachten, daß der Preis pro Mengeneinheit in der Regel von der zu einem Zeitpunkt beschafften Menge abhängt (Mengenrabatt). Folglich muß der Betrieb bestrebt sein, die Bestellmenge zu fixieren, die unter Berücksichtigung der Beschaffungs-, Lager- und Zinskosten kostenoptimal ist (optimale Bestellmenge).[2]

Die Werkstoffzeit teilt man ähnlich wie die Arbeiterzeit und die Betriebsmittelzeit ein. REFA hat auch hierfür eine **Analyse der Ablaufarten** entwickelt, spricht jedoch nicht von Werkstoffen, sondern umfassender vom „Arbeitsgegenstand".[3]

Von **Veränderungszeit** spricht man dann, wenn im Produktionsprozeß mit den Arbeitsgegenständen entweder Form- und Zustandsveränderungen vorgenommen werden **(Einwirkzeit)**, oder wenn die Werkstücke in ihrer Lage verändert oder von Arbeitsplatz zu Arbeitsplatz transportiert werden **(Förderzeit)**. Die Veränderungszeit der Werkstoffe entspricht der Nutzungszeit der Betriebsmittel und der Tätigkeitszeit der Arbeitskraft. Die **Prüfzeit** dient der Kontrolle der Arbeitsgegenstände. Die übrige Zeit, in der sich die Stoffe im Betriebe befinden, teilt sich in die Liege- und Lagerzeiten. **Liegezeiten** resultieren aus ablauf- oder störungsbedingten Unterbrechungen während der Veränderung oder Prüfung der Arbeitsgegenstände.

Doch zu trennen sind die **Lagerzeiten**, die vor (Werkstoffeingangslager), während (Zwischenlager) oder nach (Fertiglager) dem Produktionsprozeß anfallen.

2. Die Materialausbeute

Das zweite wesentliche Problem ist die Frage der **Ausnutzung der Werkstoffe**, oder anders ausgedrückt, die Frage des Materialverlustes. **Materialverluste** können auf zweifache Weise entstehen. Entweder dadurch, daß bei der Fertigung durch Bearbeitungs- und Materialfehler **Ausschuß** entsteht oder daß **Materialabfälle** eintreten. Es bedarf wohl keiner Erwähnung, daß die Ausschußproduktion für den Betrieb besonders unwirtschaftlich ist, weil beim Anfall von Ausschuß nicht nur der verarbeitete Werkstoff unbrauchbar wird, sondern auch die verwendete Arbeitszeit und Maschinennutzung verloren sind. Bei bestimmten Gütern ist es möglich, wenigstens einen Teil der bereits verursachten Kosten durch Verkauf des Ausschusses als Erzeugnis 2. Wahl mit erheblichem Preisabschlag zu decken.

Materialabfälle und Ausschuß lassen sich nicht ganz vermeiden. Daher muß der Betrieb versuchen, durch zweckmäßigen Einkauf (Beachtung der erforderlichen Abmessungen, der Qualität der Einsatzstoffe etc.) und durch Anwendung rationellster und technisch ausgereifter Fertigungsverfahren den

---

[2] Einzelheiten vgl. auf S. 552ff.
[3] REFA, a. a. O., S. 33

Verlust möglichst zu reduzieren. Die Ausnutzung des Materials hängt darüberhinaus auch von der **Arbeitskraft** ab, so daß auch hier ein Ansatzpunkt für die optimale Ausnutzung der Werkstoffe liegt. Möglichkeiten hierzu bieten vor allem **Prämien,** die bei Unterschreitung bestimmter Abfall- und Ausschußprozentsätze gezahlt werden.

Manche Abfälle lassen sich veräußern (Schrott, Sägemehl u. a.) und vermindern damit in Höhe der erzielten Erlöse die Materialkosten der Produkte. Andere Abfälle lassen sich zu **Nebenprodukten** verarbeiten. Oft werden aus dem Bestreben heraus, Abfälle irgendwie zu verwenden, neue Produkte entwickelt und dem Betrieb neue Abteilungen angegliedert. Gerade in der chemischen Industrie sind die Beispiele zahlreich, daß aus Abfällen, die zunächst als unbrauchbar erschienen und deren Beseitigung sogar mit Kosten verbunden war, später Produkte entwickelt wurden, die unter Umständen zum Hauptprodukt wurden.

Die zunehmende Rohstoffverknappung und das Steigen bestimmter Rohstoffpreise haben dazu geführt, daß die Betriebe der Wieder- bzw. Weiterverwendung und -verwertung von Abfallstoffen – in der wissenschaftlichen Diskussion als Wiedergewinnungskreislauf **(Recycling)**[4] bezeichnet – zunehmende Beachtung schenken. Das trifft insbesondere für Energie (Abwärme), aber auch für Abfallstoffe (z. B. Schrott, Kunststoffabfälle) zu, die erst nach einem bestimmten Aufbereitungs- oder Umwandlungsprozeß entweder für die gleiche oder eine andere Position im eigenen Betrieb oder auch von anderen Betrieben verwendet werden können.

Fallen aber im Produktionsprozeß Abfälle oder Nebenprodukte an, die keiner Verwertung zugeführt werden können, so stellt sich für den Betrieb das Problem der **Entsorgung,** bei dem zwei Aspekte eine besondere Rolle spielen; zum einen der **Weg** der Entsorgung, der in Folge des gestiegenen Umweltbewußtseins Auswirkungen auf die Beurteilung des Betriebs in der Öffentlichkeit haben kann, und zum anderen die mit der Entsorgung verbundenen **Kosten,** die eine Erhöhung der Herstellungskosten der Produkte nach sich ziehen, Konsequenzen, die gegenbenfalls zu Zielkonflikten bei betrieblichen Entscheidungen führen können.

B. Die Wahl der Rechtsform als Entscheidungsproblem

I. Überblick

Die Rechtsordnung stellt den Unternehmungen eine Anzahl von Rechtsformen (Unternehmungsformen) zur Verfügung und überläßt es in der Regel den Eigentümern oder Gründern, die Entscheidung für eine bestimmte Rechtsform nach betriebswirtschaftlichen, steuerlichen oder anderen (z. B. erbrechtlichen) Gesichtspunkten zu treffen. Daneben entwickelten sich in der

---

[4] Vgl. dazu ausführlich: Staudt, E., Schultheiß, B., Recycling, WiSt 1973, S. 491 ff.; Berg, C. C., Recycling in betriebswirtschaftlicher Sicht, WiSt 1979, S. 201 ff.

Wirtschaft Rechtsformen, die vom Gesetzgeber nicht vorgesehen waren (z. B. GmbH & Co. KG, Doppelgesellschaft).

Das BGB regelt in den §§ 705 ff. die Gesellschaft des bürgerlichen Rechts, die die Grundform der Personengesellschaft bildet; ferner regelt es in den §§ 21 ff. den Verein, auf dem die Kapitalgesellschaften aufbauen, sowie in den §§ 80 ff. die rechtsfähige Stiftung. Das HGB enthält Vorschriften über die Offene Handelsgesellschaft (OHG, §§ 105 ff.), die Kommanditgesellschaft (KG, §§ 161 ff.), die Stille Gesellschaft (§§ 230 ff.) und die Reederei (§§ 489 ff.). Das Recht der Aktiengesellschaft ist im Aktiengesetz vom 6. 9. 1965, das Recht der GmbH im Gesetz betreffend die Gesellschaften mit beschränkter Haftung vom 20. 5. 1898, das Recht der Genossenschaften im Gesetz betreffend die Erwerbs- und Wirtschaftsgenossenschaften vom 19. 8. 1994 und das Gesetz über die Beaufsichtigung der Versicherungsunternehmen (VAG) vom 17. 12. 1992 geregelt worden. Die heute nicht mehr zulässige und somit bedeutungslos gewordene bergrechtliche Gewerkschaft hatte ihre rechtliche Regelung weder durch ein Reichs- noch durch ein Bundesgesetz erfahren, sondern durch die Berggesetze der Länder, die im wesentlichen auf dem Allgemeinen Berggesetz (ABG) für die Preußischen Staaten vom 24. 6. 1865 basierten.[1]

Die Rechtsformen der Betriebe sind zwar in erster Linie eine Angelegenheit der Rechtswissenschaft, können aber im Rahmen eines Lehrbuches der Allgemeinen Betriebswirtschaftslehre nicht unerörtert bleiben, da sich aus den bestehenden Rechtsnormen eine Anzahl bedeutsamer betriebswirtschaftlicher Entscheidungsprobleme ergibt. Den für die Rechtsform des Betriebes häufig verwendeten Ausdruck „Unternehmungsform" ersetzen wir durch die weitergefaßte Bezeichnung **„Rechtsform des Betriebes"**. Das ergibt sich notwendigerweise aus der oben gegebenen Begriffsbestimmung von Betrieb und Unternehmung. Als Unternehmungen bezeichneten wir Betriebe des marktwirtschaftlichen Wirtschaftssystems, die einmal gekennzeichnet sind durch die Möglichkeit, ihren Wirtschaftsplan selbst zu bestimmen, und die zweitens nach dem größtmöglichen Gewinn streben.

Betriebe, denen diese Merkmale in der Regel fehlen, wie z. B. öffentliche Betriebe, die Organe einer Gebietskörperschaft sind, zählen nicht zu den Unternehmungen, soweit sie nicht nach dem Grundsatz langfristiger Gewinnmaximierung, sondern lediglich nach dem Prinzip der Kostendeckung arbeiten oder nur einen „angemessenen" Gewinn erstreben. Sie können aber grundsätzlich in denselben Rechtsformen geführt werden wie Unternehmungen (z. B. in der Form der AG oder GmbH).

Der Begriff „Rechtsform des Betriebes" ist also weiter gefaßt als der Be-

---

[1] Gemäß § 163 Abs. 1 BundesbergG waren bergrechtliche Gewerkschaften, die im Laufe der Zeit immer mehr an Bedeutung verloren hatten, mit Ablauf des 1. 1. 1986 aufzulösen, wenn nicht bis zu diesem Stichtag eine Umwandlung oder Verschmelzung beschlossen wurde oder eine Auflösung in sonstiger Weise erfolgte. Da die Möglichkeit, ein Unternehmen in der Rechtsform der bergrechtlichen Gewerkschaft zu gründen bzw. zu führen, somit nicht mehr besteht, wird im weiteren von der Behandlung der bergrechtlichen Gewerkschaft abgesehen.

griff „Unternehmungsform" und schließt auch öffentliche Betriebe und Genossenschaften ein. Da die wirtschaftlichen Probleme der öffentlichen Betriebe jedoch wegen ihrer spezifischen Aufgabenstellung (Deckung von Kollektivbedarf durch wirtschaftliche Betätigung der öffentlichen Hand) von besonderer Art sind, werden diese Betriebe einer getrennten Betrachtung unterzogen.

Zunächst sei an Hand eines Schemas ein Überblick über die wichtigsten Rechtsformen privater und öffentlicher Betriebe gegeben:

I. Private Betriebe:
  1. Einzelunternehmungen (Einzelkaufmann, Einzelfirma).
  2. Personengesellschaften:
     a) Gesellschaft des bürgerlichen Rechts (GbR);
     b) Offene Handelsgesellschaft (OHG);
     c) Kommanditgesellschaft (KG);
     d) Stille Gesellschaft;
     e) Reederei (Partenreederei).
  3. Kapitalgesellschaften:
     a) Aktiengesellschaft (AG);
     b) Kommanditgesellschaft auf Aktien (KGaA);
     c) Gesellschaft mit beschränkter Haftung (GmbH).
  4. Mischformen (Kombinationen von Personen- und Kapitalgesellschaften):
     a) AG & Co. KG;
     b) GmbH & Co. KG;
     c) GmbH & Still;
     d) Doppelgesellschaft (Betriebsaufspaltung).
  5. Genossenschaften.
  6. Versicherungsvereine auf Gegenseitigkeit (VVaG).
  7. Stiftungen.

II. Öffentliche Betriebe:
  1. Öffentliche Betriebe in nicht-privatrechtlicher Form:
     a) ohne eigene Rechtspersönlichkeit: Regiebetriebe, Eigenbetriebe, Sondervermögen;
     b) mit eigener Rechtspersönlichkeit: öffentlich-rechtliche Körperschaften, Anstalten und Stiftungen.
  2. Öffentliche Betriebe in privatrechtlicher Form:
     a) rein öffentlich (AG, GmbH, Genossenschaft);
     b) gemischtwirtschaftliche (Genossenschaft, AG oder GmbH mit oder ohne Mehrheitsbeteiligung der öffentlichen Hand).

II. Statistische Angaben

1. Die Arbeitsstättenzählungen

Bei der letzten Arbeitsstättenzählung (25. 5. 1987) wurde festgestellt, daß von rund 2,1 Mill. Betrieben über 77% Einzelunternehmungen waren und nur etwa 4,8% in der Form einer Personengesellschaft, 10,5% in der Form der GmbH und 0,1% in der Form der AG geführt wurden.

Allerdings waren zu diesem Zeitpunkt in den Einzelunternehmungen nur 27,7%, in den Personengesellschaften 20,6%, dagegen in den Kapitalgesellschaften rund 40,3% aller Beschäftigten tätig. Entsprechend stark variiert die durchschnittliche Zahl der Beschäftigten von 3,7 bei den Einzelunternehmungen zu 1142,8 bei den Aktiengesellschaften. Die Übersicht zeigt die Verteilung der Unternehmen und Beschäftigten im einzelnen.[1]

Unternehmen und Beschäftigte nach Rechtsformen 1987 (Bundesrepublik Deutschland einschließlich Berlin (West))					
Rechtsform	Unternehmen		Beschäftigte		Beschäftigte je Unternehmen
	Anzahl	%	Anzahl	%	
Unternehmen mit einer Person als Inhaber	1.622.481	77,34	6.071.114	27,70	3,74
Unternehmen mit mehreren Personen als Inhabern	136.711	6,52	831.570	3,79	6,08
OHG und KG	52.871	2,52	1.526.877	6,97	28,87
GmbH & Co KG	49.030	2,34	2.996.819	13,67	61,12
GmbH	219.665	10,47	5.671.070	25,88	25,81
AG und KGaA	2.780	0,13	3.177.099	14,50	1.142,84
Eingetragene Genossenschaft	7.022	0,33	264.538	1,21	37,67
Sonstige private Rechtsformen	4.193	0,20	172.652	0,79	41,17
Unternehmen von Körperschaften, Anstalten oder Stiftungen des öffentlichen Rechts	3.098	0,15	1.204.900	5,49	388,92
insgesamt	2.097.851	100,00	21.916.639	100,00	10,44

[1] Vgl. Statistisches Jahrbuch 1995 für die Bundesrepublik Deutschland, Wiesbaden 1991, S. 120 ff.

Die folgende Übersicht zeigt die Ergebnisse der vorausgegangenen Arbeitsstättenzählung (27. 5. 1970)[2]. Die beiden Übersichten lassen sich allerdings nur bedingt vergleichen, weil sie unterschiedlich gegliedert sind. Erstmals sind 1987 die erfaßten Gesellschaften des bürgerlichen Rechts (GbR) und Sozietäten unter der Gruppe „Unternehmen mit mehreren Personen als Inhabern" von den Einzelunternehmen („Unternehmen mit einer Person als Inhaber") getrennt ausgewiesen und auch die GmbH & Co KG sind nicht mehr unter der Rubrik „OHG und KG", sondern als eigene Gruppe erfaßt worden.

Für die neuen Bundesländer liegen zur Zeit noch keine statistischen Angaben über die Rechtsformen der Betriebe vor. Tendenziell läßt sich jedoch eine besondere Präferenz für die GmbH erkennen, und zwar sowohl bei der Umwandlung von früher volkseigenen Betrieben als auch bei der Neugründung privater Betriebe.

Unternehmen und Beschäftigte nach Rechtsformen 1970 (Bundesrepublik Deutschland einschl. Berlin-West)					
	Unternehmen		Beschäftigte		Beschäftigte je Unternehmen
Rechtsform	Anzahl	%	Anzahl	%	
Einzelunternehmungen	1.738.542	91,12	7.507.502	35,3	4,3
OHG und KG	111.078	5,82	5.273.410	24,8	47,5
GmbH	34.466	1,81	3.250.631	15,3	94,3
AG und KGaA	2.484	0,13	3.612.708	17,0	1.454,4
Genossenschaften	13.260	0,69	262.181	1,2	19,8
sonstige private Rechtsformen	3.820	0,20	173.499	0,8	45,4
Unternehmungen v. Körperschaften des öffentl. Rechts	4.410	0,23	1.184.475	5,6	268,6
insgesamt	1.908.060	100,0	21.264.406	100,0	11,1

Der Vergleich beider Arbeitsstättenzählungen macht dennoch folgende Tendenzen deutlich:

(1) Die Zahl der Arbeitsstätten hat sich seit 1970 etwa im gleichen Umfang erhöht wie sie zwischen der Arbeitsstättenzählung 1961[3] und 1970 abgenommen hatte.

---

[2] Vgl. Veröffentlichungen des Stat. Bundesamtes, Fachserie C: Unternehmen und Arbeitsstätten, Heft 6: Arbeitsstättenzählung vom 27. 5. 1970 (einschließlich Korrekturen), Stuttgart und Mainz 1972
[3] Vgl. Veröffentlichungen des Stat. Bundesamtes, Fachserie C: Unternehmen und Arbeitsstätten, Heft 4: Arbeitsstättenzählung vom 6. 6. 1961, Stuttgart und Mainz 1965

	Gesamtzahl der erfaßten Arbeitsstätten	Veränderung gegenüber der vorangegangenen Zählung
1961	2.099.339	
1970	1.908.060	− 191.279
1987	2.097.851	+ 189.791

(2) Die Zahl der Personenhandelsgesellschaften (einschl. GmbH & Co KG) ist zwischen 1961 und 1970 trotz der Abnahme der Arbeitsstätten stark angestiegen, zwischen 1970 und 1987 trotz steigender Zahl der Arbeitsstätten insgesamt rückläufig.

	OHG und KG (einschl. GmbH & Co KG)	Veränderung gegenüber der vorangegangenen Zählung
1961	94.355	
1970	111.078	+ 16.723
1987	101.901	− 9.177

(3) Die auffälligste Veränderung zeigt die zahlenmäßige Entwicklung der GmbH. Sie nehmen seit 1961 ständig zu, und zwar mit steigender Zuwachsrate (von 1961 bis 1970 um ca. 40%, von 1970 bis 1987 um ca. 537%).

	GmbH	Veränderung gegenüber der vorangegangenen Zählung
1961	24.762	
1970	34.466	+ 9.704
1987	219.665	+ 185.199

2. Die Umsatzsteuerstatistik

Ein ähnliches Bild – eine Konzentration der wirtschaftlichen Aktivitäten auf die relativ geringe Zahl der Kapitalgesellschaften – zeigt die Verteilung der im Jahr 1992 in der Bundesrepublik Deutschland (alte Bundesländer) getätigten steuerpflichtigen Umsätze auf die einzelnen Rechtsformen, wie sie aus der Auswertung der Umsatzsteuerstatistik 1992 hervorgeht. Danach entfielen auf die Einzelunternehmungen, die 72,8% der in der Umsatzsteuerstatistik erfaßten Betriebe ausmachen,[4] nur 14,3% der Umsätze, während die wichtigsten Kapitalgesellschaften (AG, KGaA, GmbH) bei 13,6% der Zahl der Unternehmungen 50,2% des Gesamtumsatzes erzielten. Die Personengesellschaften (OHG, KG) liegen mit 11,9% der Zahl der Betriebe und 30,1% der Umsätze zwischen diesen Extremwerten.

---

[4] Es ist zu beachten, daß in der Umsatzsteuerstatistik nur Betriebe mit Jahresumsätzen über 25.000 DM erfaßt werden. Die Stellung der Einzelunternehmungen ist daher zu positiv dargestellt. Darüber hinaus fehlt ein Teil der Kapitalgesellschaften, da sie in einen Organkreis eingegliedert sind und ihre Organumsätze nicht der Umsatzsteuer unterliegen (vgl. die Ausführungen zur Organschaft auf S. 435 f.).

Umsatzsteuerstatistik 1992[5]

Rechtsform	Steuerpflichtige					Steuerbarer Umsatz[6]				
	1990		1992		Zu- (+) bzw. Abnahme (−) 1990 gegenüber 1992	1990		1992		Zu- (+) bzw. Abnahme (−) 1990 gegenüber 1992
	Anzahl	%	Anzahl	%	%	Mill. DM	%	Mill. DM	%	%
Einzelunternehmen	1.545.264	73,4	1.674.473	72,8	+ 8,4	748.591	14,9	851.867	14,3	+ 13,8
Offene Handelsgesellschaften	173.294	8,2	189.323	8,2	+ 9,2	342.897	6,8	387.183	6,5	+ 12,9
Kommanditgesellschaften	85.219	4,1	84.199	3,7	− 1,2	1.204.775	23,9	1.403.144	23,6	+ 16,5
Aktiengesellschaften und Kommanditgesellschaften auf Aktien	1.717	0,1	1.879	0,1	+ 9,4	1.017.320	20,2	1.193.806	20,1	+ 17,3
Gesellschaften mit beschränkter Haftung	263.341	12,5	310.373	13,5	+ 17,9	1.466.155	29,1	1.787.639	30,1	+ 21,9
Erwerbs- und Wirtschaftsgenossenschaften	6.106	0,3	5.754	0,3	− 5,8	87.572	1,7	99.303	1,7	+ 13,4
Unternehmen gewerblicher Art von Körperschaften des öffentl. Rechts	5.344	0,3	5.204	0,2	− 2,6	65.069	1,3	92.462	1,6	+ 42,1
Sonstige Rechtsformen	23.689	1,1	27.969	1,2	+ 18,1	105.395	2,1	127.270	2,1	+ 20,8
Insgesamt	2.103.974	100	2.299.174	100	+ 9,3	5.037.773	100	5.942.673	100	+ 18,0

[5] Fachserie 14, Reihe 8: Umsatzsteuer 1992, hrsg. vom Statistischen Bundesamt, Stuttgart 1994, S. 30. Die Angaben beziehen sich auf die alten Bundesländer, da 1990 noch keine Umsatzsteuerstatistik für die neuen Länder erstellt wurde.
[6] Ohne Umsatzsteuer

Steuerpflichtige, steuerbarer Umsatz und durchschnittlicher steuerbarer
Umsatz nach ausgewählten Rechtsformen und Umsatzgrößenklassen
für 1992[7]

Umsatzgrößenklassen von ... bis unter ... DM	25.000– 1 Mill.	1 Mill.– 10 Mill.	10 Mill.– 50 Mill.	50 Mill.– 100 Mill	100 Mill. und mehr	Insgesamt
(1) Zahl der Steuerpflichtigen[8] insgesamt	2.139.507	429.923	50.084	6.388	5.909	263.181
(2a) Einzelunternehmen	1.732.471	188.381	5.792	247	96	192.698
(2b) in % von (1)	80,98	43,82	11,56	3,87	1,62	73,22
(3a) Personengesellschaften	195.960	76.196	19.608	3.103	2.617	29.748
(3b) in % von (1)	9,16	17,72	39,15	48,50	44,29	11,30
(4a) GmbH	179.348	158.783	21.693	2.375	2.159	359.358
(4b) in % von (1)	8,38	35,77	43,31	37,18	36,54	13,65
(5a) AG und KGaA	491	522	360	186	605	2.164
(5b) in % von (1)	0,02	0,12	0,72	2,91	10,24	0,08
(6) Steuerbare Umsätze in Mill. DM insgesamt	526.339	1.180.335	1.016.117	442.344	3.163.309	6.328.444
(7a) Einzelunternehmen	391.280	418.996	101.359	16.579	22.530	950.744
(7b) in % von (6)	74,34	35,50	9,98	3,75	0,71	15,02
(8a) Personengesellschaften	54.679	250.740	419.226	214.281	884.626	1.823.552
(8b) in % von (6)	10,39	21,24	41,26	48,44	27,97	28,82
(9a) GmbH	73.162	472.040	430.430	164.462	841.237	1.981.331
(9b) in % von (6)	13,90	39,99	42,36	37,18	26,59	31,31
(10a) AG und KGaA	178	1.999	9.200	13.252	1.204.503	1.229.132
(10b) in % von (6)	0,03	0,17	0,91	2,99	38,08	19,42
(11) Durchschnittliche steuerbare Umsätze insgesamt (6):(1) in Mill. DM	0,25	2,75	20,29	69,25	535,34	2,40
(12) Einzelunternehmen (7a):(2a)	0,23	2,22	17,50	67,12	234,69	0,49
(13) Personengesellschaften (8a):(3a)	0,28	3,29	21,38	69,06	338,03	6,13
(14) GmbH (9a):(4a)	0,41	3,07	19,84	69,25	389,64	5,51
(15) AG und KGaA (10a):(5a)	0,36	3,83	25,56	71,25	1.990,91	567,99

In der obigen Tabelle sind 5 Umsatzgrößenklassen gebildet worden. Die
Tabelle zeigt

(1) wie viele in einer bestimmten Rechtsform geführten Betriebe absolut und
in Prozent in die jeweilige Umsatzgrößenklasse fallen;

(2) wie groß der steuerbare Gesamtumsatz der in einer bestimmten Rechts-

---

[7] Vgl. Fachserie 14, Reihe 8, a. a. O., S. 38
[8] Nur Steuerpflichtige mit Jahresumsätzen ab 25.000 DM

form geführten Betriebe absolut und in Prozent in jeder Umsatzgrößenklasse war;

(3) wie groß der durchschnittliche steuerbare Umsatz eines in einer bestimmten Rechtsform geführten Betriebes absolut und in Prozent war.

Aus der Tabelle ist z. B. zu entnehmen, daß rund 81% der Umsätze bis zu 1 Mill. DM von Einzelunternehmen und nur 0,02% von AG und KGaA getätigt wurden, während an Umsätzen von 100 Mill. DM und mehr die Einzelunternehmen mit etwa 1,6%, die AG und KGaA dagegen mit 10,24% beteiligt waren.

Bei der Zuordnung der steuerbaren Umsätze je Umsatzgrößenklasse auf die einzelnen Rechtsformen ist zu beachten, daß die absolute Zahl der Betriebe je Rechtsform außerordentlich unterschiedlich ist. So betrug der Gesamtumsatz bei **Einzelunternehmen** in der Größenklasse bis zu 1 Mill. DM rund 391,3 Mrd. DM, bei den **AG und KGaA** dagegen nur 178 Mill. DM. Dennoch war der durchschnittliche Umsatz je Einzelunternehmen in dieser Größenklasse kleiner (226.000 DM) als bei den AG und KGaA (363.000 DM), weil der Gesamtumsatz in einem Falle von etwa 1,73 Mill. Einzelunternehmen, im anderen Fall von 491 AG und KGaA erwirtschaftet wurde. So läßt es sich auch erklären, daß die Gesamtumsätze aller Einzelunternehmen (rund 951 Mrd. DM) und aller AG und KGaA (rund 1.229 Mrd. DM) relativ eng beieinander lagen, obwohl der Durchschnittsumsatz je Einzelunternehmen nur 493.000 DM, je AG und KGaA jedoch 568 Mill. DM betrug.

Die Tabelle gibt weitere interessante Aufschlüsse. So bestätigt sie zwar die weit verbreitete Annahme, daß der größte Teil aller Einzelunternehmen sehr niedrige Umsätze erzielt, sie widerlegt aber die ebenso weit verbreitete Vorstellung, daß Aktiengesellschaften grundsätzlich Umsätze von hunderten von Millionen machen, denn ein knappes Viertel aller AG und KGaA liegt mit seinen Umsätzen unter der Millionengrenze.

Weitere statistische Unterlagen stehen insbesondere für die **AG und die GmbH** zur Verfügung. So zeigt die Übersicht auf S. 327 die Verteilung der Aktiengesellschaften und GmbH auf die einzelnen Wirtschaftsbereiche sowie das in diesen Bereichen investierte Kapital für die Jahre 1992 und 1993. Aus der Übersicht wird zugleich ersichtlich, daß sich die Zahl der Aktiengesellschaften gegenüber der Arbeitsstättenzählung 1987 nur relativ leicht verändert hat, während die Zahl der GmbH sich gegenüber den Angaben im Statistischen Jahrbuch 1987 mehr als verdoppelt hat.

Zahl und Kapital der Kapitalgesellschaften nach Wirtschaftszweigen (Früheres Bundesgebiet)[9]

Wirtschaftsgliederung	AG/KGaA				GmbH			
	1992		1993		1992		1993	
	Anzahl	Mill. DM	Anzahl	Mill. DM	Anzahl	Mill. DM	Anzahl	Mill. DM
Land- und Forstwirtschaft, Fischerei	70	201	80	233	4.073	782	4.733	880
Produzierendes Gewerbe	1.055	95.034	946	81.609	169.150	108.228	168.141	102.041
Handel	227	6.559	220	6.665	138.469	33.171	134.827	33.589
Verkehr, Nachrichtenübermittlung (ohne Bundesbahn, Post)	131	4.803	123	4.272	22.387	6.643	21.892	6.372
Kreditinstitute, Versicherungsgewerbe	564	31.901	457	20.887	7.302	8.105	6.751	5.361
Dienstleistungsunternehmen (einschließl. Freier Berufe)	1.172	35.317	1.108	33.604	208.278	89.186	207.100	87.013
Insgesamt	3.219	173.814	2.934	147.271	549.659	246.114	543.444	235.255

[9] Vgl. Statistisches Jahrbuch 1995 für die Bundesrepublik Deutschland, Stuttgart und Mainz 1995, S. 134. 1993 ohne Angaben für Hessen.

III. Entscheidungskriterien für die Wahl der Rechtsform privater Betriebe[1]

1. Überblick

Die Wahl der Rechtsform zählt zu den langfristig wirksamen unternehmerischen Entscheidungen. Die Frage, welche Rechtsform für einen Betrieb die wirtschaftlich zweckmäßigste ist, stellt sich nicht nur bei der Gründung eines Betriebes, sondern sie muß jeweils von neuem überprüft werden, wenn sich wesentliche persönliche, wirtschaftliche, rechtliche oder steuerrechtliche Faktoren ändern, die zuvor bei der Entscheidung für eine bestimmte Rechtsform den Ausschlag gegeben haben. Ist die früher gewählte Rechtsform vom wirtschaftlichen Standpunkt aus nicht mehr die zweckmäßigste, so kann ein Wechsel notwendig werden. Die Überführung eines Betriebes von einer Rechtsform in eine andere bezeichnet man als Umwandlung.

Wird ein privater Betrieb gegründet oder soll ein bereits bestehender privater Betrieb in eine andere Rechtsform überführt werden (z. B. zur Erweiterung der Kapitalbeschaffungsmöglichkeiten oder wegen der Übertragung des Betriebes auf mehrere Erben), so sind in der Regel die folgenden Merkmale der in Frage kommenden Rechtsformen miteinander zu vergleichen:

(1) die Rechtsgestaltung, insbesondere die Haftung,
(2) die Leitungsbefugnisse (Vertretung nach außen, Geschäftsführung, Mitbestimmung),
(3) die Gewinn- und Verlustbeteiligung, sowie Entnahmerechte,
(4) die Finanzierungsmöglichkeiten mit Eigen- und Fremdkapital,
(5) die Flexibilität bei der Änderung von Beteiligungsverhältnissen und bei Eintritt und Ausscheiden von Gesellschaftern,
(6) die Steuerbelastung,
(7) die gesetzlichen Vorschriften über Umfang, Inhalt, Prüfung, Offenlegung des Jahresabschlusses,
(8) die Aufwendungen der Rechtsform (z. B. Gründungs- und Kapitalerhöhungskosten, besondere Aufwendungen für die Rechnungslegung).

Diese Faktoren sind bei der Wahl oder der Änderung der Rechtsform gegeneinander abzuwägen. Dabei ist zu beachten, daß erstens **nicht alle Entscheidungskriterien zu quantifizieren** sind und daß zweitens zwischen den aufgezählten Kriterien Interdependenzen bestehen. So beeinflußt z. B. der Umfang der Haftung der Gesellschafter für die Verbindlichkeiten des Betriebes bei Personenunternehmen das Risiko der Gesellschafter (auf die Kapitaleinlagen beschränkte Haftung oder unbeschränkte, d. h. eine sich auch auf das außerhalb des Betriebes vorhandene Privatvermögen erstreckende Haftung). Je höher das Risiko des Kapitalverlustes ist, desto höher ist der Anspruch auf Gewinnanteile und auf Entscheidungsbefugnis bei der Ge-

---

[1] Vgl. Wöhe, G., Unternehmensformen, Management-Enzyklopädie, 2. Aufl., Bd. 9, München 1984, S. 326 ff.; ders., Betriebswirtschaftliche Steuerlehre, Bd. II, 1. Halbbd., 5. Aufl., München 1990, S. 21 ff.

schäftsführung bzw. der Vertretung der Gesellschaft nach außen. Aber auch die Kreditwürdigkeit und damit die Finanzierungsmöglichkeiten hängen c. p. vom Umfang der Haftung ab.

Mit der Entscheidung für eine bestimmte Rechtsform sind die Auswirkungen der aufgezählten Entscheidungskriterien (Haftung, Finanzierung usw.) zwar nicht für die Gesamtlebensdauer des Betriebes unabänderlich festgelegt, denn die Rechtsform kann – abgesehen von den wenigen Fällen einer gesetzlich vorgeschriebenen Rechtsform – gewechselt werden; die **Umwandlung** in eine andere Rechtsform muß aber genau überlegt werden, denn sie ist ein komplizierter Vorgang, der nicht nur die bestehenden gesellschaftsrechtlichen Beziehungen verändert, sondern auch die laufende steuerliche Belastung für die Zukunft entscheidend beeinflußt, wenn die neue Rechtsform anderen Steuerarten, anderen Vorschriften über die Ermittlung der Bemessungsgrundlagen oder anderen Steuertarifen als die bisherige Rechtsform unterliegt. Zudem werden bestimmte Umwandlungsvorgänge durch die Besteuerung von Umwandlungsgewinnen, Vorgänge des Rechtsverkehrs und sonstige Umsatzvorgänge erheblich belastet.

Die Rechtsverhältnisse zwischen den Gesellschaftern sind durch das Gesellschaftsrecht geregelt, jedoch sind die gesellschaftsrechtlichen Normen in weitem Umfang **dispositives Recht,** das durch Gesellschaftsverträge gestaltet werden kann, so daß wirtschaftliche Überlegungen in diesen Verträgen berücksichtigt werden können. Da der Gestaltungsspielraum bei den einzelnen Rechtsformen unterschiedlich weit ist, beeinflußt er unmittelbar die Entscheidung über die zu wählende Rechtsform.

Die grundsätzliche Freiheit der Entscheidung bei der Wahl der Rechtsform wird allerdings in mehrfacher Weise eingeschränkt, so daß nicht jede beliebige Rechtsform für jeden Betrieb in Frage kommt. Die Einschränkung kann verschiedene Gründe haben:

(1) **Beschränkung des Wahlrechts durch gesetzliche Vorschriften:**

    a) Für bestimmte Rechtsformen ist eine Mindestzahl von Gründern und/ oder ein Mindestnennkapital vorgeschrieben. So muß eine AG einen Gründer[2] und ein Grundkapital von mindestens 100.000 DM[3] haben, eine GmbH kann ebenso von nur einer Person gegründet werden,[4] das Stammkapital muß mindestens 50.000 DM[5] betragen. Für die Gründung einer Genossenschaft sind mindestens sieben Gründer erforderlich,[6] ein Mindestkapital ist nicht vorgeschrieben. Die Gründung und Führung einer Personengesellschaft (GbR, OHG, KG) erfordert mindestens zwei Gesellschafter. Auch bei der Bildung einer stillen Gesellschaft müssen zwei Vertragspartner vorhanden sein.

---

[2] Vgl. § 2 AktG
[3] Vgl. § 7 AktG
[4] Vgl. § 1 GmbH–Gesetz vom 20. April 1892 (RGBl S. 477) in der Fassung der Bekanntmachung vom 20. Mai 1898 (RGBl S. 846) mit allen späteren Änderungen
[5] Vgl. § 5 GmbHG
[6] Vgl. § 4 GenG

b) Für einige in speziellen Gesetzen geregelte wirtschaftliche Betätigungen sind bestimmte Rechtsformen verbindlich. So dürfen Hypotheken- und Schiffspfandbriefbanken nur in der Rechtsform der Aktiengesellschaft oder Kommanditgesellschaft auf Aktien, bestimmte Versicherungsunternehmungen nur als Aktiengesellschaften oder Versicherungsvereine auf Gegenseitigkeit und Kapitalanlagegesellschaften nur in der Form der AG oder GmbH geführt werden.[7]

c) Die Entscheidung zwischen der Bildung einer GbR einerseits oder einer OHG oder KG andererseits hängt von der Art und dem Umfang der Geschäftstätigkeit ab. Ist eine Gesellschaft als Minderkaufmann zu qualifizieren, weil ihr „Gewerbebetrieb nach Art und Umfang einen in kaufmännischer Weise eingerichteten Geschäftsbetrieb nicht erfordert"[8], so kann sie nur in der Form der GbR geführt werden. Betreibt die Gesellschaft ein Grundhandelsgewerbe im Sinne des § 1 Abs. 2 HGB und erfordert der Geschäftsumfang einen in kaufmännischer Weise eingerichteten Geschäftsbetrieb, so kann eine Personengesellschaft nur als OHG oder KG, nicht dagegen als GbR geführt werden. Freiberuflich tätige Personen können sich in der Regel nicht in einer OHG oder KG, sondern nur in einer GbR zusammenschließen, es sei denn, eine von Steuerberatern oder Wirtschaftsprüfern gebildete Personengesellschaft übt treuhänderische Tätigkeiten aus und erfüllt dadurch die Voraussetzungen eines Gewerbebetriebes.[9]

(2) **Beschränkung des Wahlrechts durch die Art der wirtschaftlichen Aufgabe:** die Reederei kommt nur für Betriebe der Schiffahrt, die Genossenschaft nur für Betriebe in Frage, die „die Förderung des Erwerbs und der Wirtschaft ihrer Mitglieder mittels gemeinschaftlichen Geschäftsbetriebes bezwecken" (§ 1 GenG);

(3) **Beschränkung des Wahlrechts durch besondere Eigentumsverhältnisse:** bestimmte Rechtsformen kommen nur für Betriebe in Frage, die sich im Eigentum der öffentlichen Hand befinden (Regiebetriebe, Eigenbetriebe, öffentlich-rechtliche Körperschaften, Anstalten). Für diese Betriebe sind bestimmte privatrechtliche Formen nicht geeignet (z. B. OHG), während andere in Betracht kommen (z. B. AG oder GmbH).

2. Rechtsgestaltung, insbesondere Haftung

a) Personenunternehmungen

Eine Einzelunternehmung ist dadurch charakterisiert, daß ein Kaufmann seinen Betrieb ohne Gesellschafter oder nur mit einem stillen Gesellschafter betreibt. Der Einzelunternehmer haftet für die Verbindlichkeiten seiner Fir-

---

[7] Vgl. § 2 Hypothekenbankgesetz, § 2 des Gesetzes über Schiffspfandbriefbanken, § 7 Abs. 1 VAG und § 1 Abs. 3 des Gesetzes über Kapitalanlagegesellschaften
[8] § 4 Abs. 1 HGB
[9] Vgl. § 49 Abs. 2 StBerG, § 27 Abs. 2 WPO

ma grundsätzlich allein und **unbeschränkt,** d. h. nicht nur mit dem in seinen Betrieb eingelegten Teil seines Vermögens, sondern auch mit seinem sonstigen „Privatvermögen". Die **Gründung** einer Einzelunternehmung erfolgt formlos. Falls der Gegenstand der gewerblichen Betätigung eines der in § 1 HGB aufgezählten neun sog. Grundhandelsgewerbe ist, oder im Zusammenhang mit einer sonstigen gewerblichen, nicht aber land- und forstwirtschaftlichen Betätigung ein in kaufmännischer Weise eingerichteter Geschäftsbetrieb erforderlich ist, muß eine Eintragung im **Handelsregister** vorgenommen werden. Die Firma der Einzelunternehmung ist eine **Personenfirma,** d. h. sie muß einen Familiennamen und mindestens einen ausgeschriebenen Vornamen enthalten.[10] Obwohl nur der Einzelunternehmer selbst und nicht die Firma Träger von Rechten und Pflichten ist, kann auch er unter seiner Firma klagen und verklagt werden.[11]

Nicht zu den Einzelunternehmungen zählt die **Einmanngesellschaft,** die dadurch entsteht, daß sämtliche Anteile an einer GmbH oder AG sich in der Hand eines Gesellschafters befinden. GmbH und AG können gem. § 1 GmbHG bzw. § 2 AktG bereits als Einmanngesellschaften gegründet werden, entstehen aber auch dadurch, daß ein Anteilseigner nach der Gründung sämtliche Anteile von den Mitgründern erwirbt. Auch durch Umwandlung eines Einzelunternehmens in eine AG oder KGaA kann eine Einmanngesellschaft begründet werden.

Die **Gesellschaft des bürgerlichen Rechts** ist ein vertraglicher Zusammenschluß von natürlichen oder juristischen Personen zur Förderung eines von den Gesellschaftern gemeinsam verfolgten Zwecks.[12] Der Gesellschaftsvertrag kann formlos abgeschlossen werden, d. h. es ist noch nicht einmal die Schriftform erforderlich. Die Gesellschaft des bürgerlichen Rechts kann nicht ins Handelsregister eingetragen werden. Die Gesellschafter haften persönlich mit ihrem gesamten **Privatvermögen,** ohne die Gläubiger zunächst auf das Gesellschaftsvermögen verweisen zu können. Das Gesellschaftsvermögen steht ihnen zur gesamten Hand zu.

Die Gesellschaft kann, braucht aber nicht nach außen aufzutreten. Sie kann eine reine **Innengesellschaft** sein, bei der nur ein Gesellschafter nach außen auftritt. Dann haftet der „Innengesellschafter" den Gläubigern des „Außengesellschafters" nicht.

Die Gesellschaft des bürgerlichen Rechts kann als Rechtsform für viele Zwecke verwendet werden. Sie kommt vor allem für den Zusammenschluß von Minderkaufleuten (z. B. kleinen Handwerksbetrieben) oder von Angehörigen freier Berufe (z. B. Sozietäten von Rechtsanwälten oder Steuerberatern) in Betracht. Erstere können nach § 4 Abs. 2 HGB keine OHG oder KG gründen, weil dazu nur Vollkaufleute berechtigt sind. Für letztere kommen die OHG und die KG deshalb nicht in Frage, weil die Ausübung eines freien Berufs kein Handelsgewerbe ist.

---

[10] Vgl. § 18 Abs. 1 HGB
[11] Vgl. § 17 Abs. 2 HGB
[12] Vgl. § 705 BGB

Die GbR findet sich ferner bei sog. **Gelegenheitsgesellschaften,** d. h. bei Gesellschaften, die zur Durchführung bestimmter Aufgaben auf Zeit gebildet werden (z. B. ein Bankenkonsortium zur Emission von Wertpapieren oder zur Finanzierung von Großprojekten, eine Arbeitsgemeinschaft (AR-GE) zur Durchführung eines Bauvorhabens durch mehrere Baufirmen, eine Mitfahrergemeinschaft von Arbeitskollegen).

Sie eignet sich ferner zur rechtlichen Gestaltung von Kartellverträgen, Interessengemeinschaften, Gewinngemeinschaften, Grundstücksverwaltungsgesellschaften u. a. Als Innengesellschaft wird sie vorwiegend bei Unterbeteiligungen verwendet.

Eine **Unterbeteiligung** liegt vor, wenn sich eine Person nicht unmittelbar an einer Gesellschaft, sondern an einem Gesellschaftsanteil einer anderen Person beteiligt. Gründe dafür können neben der Geheimhaltung der Beteiligung vor allem in der Finanzierung der Hauptbeteiligung zu sehen sein. Darf nach dem Gesellschaftsvertrag z. B. eine bestimmte Beteiligungsquote nicht unterschritten werden oder möchte ein Anteilseigner einen prozentualen Anteil an einer Gesellschaft erreichen, den er selbst nicht in vollem Umfange finanzieren kann, so bietet sich die Unterbeteiligung als Form der Finanzierung des Anteils an. Die Unterbeteiligung wird ferner bei Familiengesellschaften häufig zur Vorwegnahme von Erbregelungen verwendet.

Eine Unterbeteiligung kann an allen Arten von Gesellschaftsanteilen bestehen, z. B. an Anteilen an einer OHG, an Komplementär- oder Kommanditanteilen einer Kommanditgesellschaft, an GmbH-Anteilen, an einem Aktienpaket, an einer stillen Beteiligung oder auch an einem Recht, das keine Gesellschaftsbeteiligung ist, z. B. einer Darlehensforderung.[13]

Die **Offene Handelsgesellschaft (OHG)** ist nach § 105 HGB eine Gesellschaft, deren Zweck auf den Betrieb eines Handelsgewerbes unter gemeinsamer Firma gerichtet ist. Die **Firma** muß den Namen mindestens eines Gesellschafters mit einem Zusatz enthalten, in dem das Gesellschaftsverhältnis zum Ausdruck kommt (z. B. Karl Müller & Co., Karl Müller OHG). Die Gesellschafter der OHG haften – ebenso wie der Einzelunternehmer und die Gesellschafter der GbR – den Gläubigern **unbeschränkt** mit ihrem gesamten Vermögen, d. h. es haftet nicht nur das Gesellschaftsvermögen, sondern jeder Gesellschafter haftet auch mit seinem Privatvermögen, ohne daß er eine Einrede der Vorausklage oder eine Einrede der Teilung hat; der Gläubiger kann sich also sofort an einen einzelnen Gesellschafter halten und die ganze Leistung von ihm verlangen.

Die **Kommanditgesellschaft (KG)** unterscheidet sich von der OHG in erster Linie dadurch, daß sie zwei Arten von Gesellschaftern hat: erstens solche, die wie die Gesellschafter der OHG unbeschränkt mit ihrem gesamten Vermögen haften **(Komplementäre),** und zweitens solche, deren Haftung auf eine bestimmte, im Handelsregister eingetragene Kapitaleinlage beschränkt ist **(Kommanditisten).** Solange die Einlage noch nicht voll ein-

---

[13] Vgl. Peter, K., Crezelius, G., Neuzeitliche Gesellschaftsverträge und Unternehmensformen, 5. Aufl. Herne/Berlin 1987, S. 562 ff.

gezahlt ist, haftet der Kommanditist mit seinem Privatvermögen für die Resteinzahlung. Jede KG muß mindestens einen Komplementär und einen Kommanditisten haben.

Die **Firma** muß den Namen wenigstens eines Komplementärs und einen das Gesellschaftsverhältnis andeutenden Zusatz enthalten (z. B. Karl Müller & Co. KG, Karl Müller KG). Der Name eines Kommanditisten darf nicht in die Firma aufgenommen werden.

Eine insbesondere aus steuerlichen Überlegungen entwickelte Variante ist eine KG, bei der ein (meist der einzige) Komplementär eine Kapitalgesellschaft ist **(GmbH & Co. KG, AG & Co. KG)** und deren Gesellschafter zugleich Kommanditisten der KG sind.

Die KG hat wirtschaftlich eine gewisse Ähnlichkeit mit der **stillen Gesellschaft,** da auch bei dieser mindestens ein Gesellschafter seine Haftung auf die Höhe seiner Einlage beschränkt. Rechtlich besteht jedoch der Unterschied, daß die stille Gesellschaft keine Gesamthandsgesellschaft, sondern eine reine Innengesellschaft ist, da die Einlage des stillen Gesellschafters „in das Vermögen des Inhabers des Handelsgeschäfts übergeht",[14] in der Bilanz in der Regel also nicht in einer besonderen Position erscheint.

Die stille Gesellschaft zählt zu den Personengesellschaften, jedoch nicht zu den Handelsgesellschaften, da sie selbst kein Handelsgewerbe betreibt, sondern nur der Inhaber des Betriebes. Inhaber, d. h. tätiger Teilhaber (Hauptgesellschafter), kann ein Einzelunternehmer, eine Personengesellschaft oder eine Kapitalgesellschaft sein. Der Inhaber wird nach § 230 Abs. 2 HGB „aus den in dem Betriebe geschlossenen Geschäften allein berechtigt und verpflichtet", da er nur im eigenen Namen handelt. Der stille Gesellschafter ist nur verpflichtet, seine Einlage zu leisten. Bei Beendigung des Gesellschaftsverhältnisses hat er Anspruch auf Rückzahlung seiner Einlage.

Nach § 233 Abs. 1 HGB hat der stille Gesellschafter das Recht, eine Abschrift des Jahresabschlusses zu verlangen und deren Richtigkeit durch Einsicht in die Bücher zu prüfen. Durch dieses Recht unterscheidet sich die stille Beteiligung vom gewinnbeteiligten Darlehen **(partiarisches Darlehen).** Im Konkursfalle kann der stille Gesellschafter eine Forderung in Höhe seiner Einlage (vermindert um den auf ihn entfallenden Verlustanteil) als Konkursgläubiger geltend machen.

Von dieser als echte oder **typische** stille Gesellschaft bezeichneten Gesellschaftsform unterscheidet sich die unechte oder **atypische** stille Gesellschaft dadurch, daß letztere als **Mitunternehmerschaft** anzusehen ist, weil der stille Gesellschafter nicht nur am Gewinn und Verlust, sondern auch an den Vermögenswerten (stille Rücklagen, Firmenwert) beteiligt ist und ggf. auch unternehmerische Funktionen ausübt.[15] Diese Unterscheidung hat vor allem steuerliche Konsequenzen.

Obwohl Personengesellschaften keine juristischen Personen sind, also keine eigene Rechtspersönlichkeit besitzen, tragen sie dennoch einige Züge der

---

[14] § 230 Abs. 1 HGB
[15] Einzelheiten vgl. S. 344

juristischen Personen, die dazu geführt haben, daß man von einer „**relativen Rechtsfähigkeit**"[16] der Personengesellschaften spricht. Diese relative Rechtsfähigkeit zeigt sich sowohl im Handels- als auch im Steuerrecht. **Handelsrechtlich** wird sie durch die Firma und das Gesamthandsprinzip konstituiert. So kann eine Personengesellschaft unter ihrer Firma Rechte erwerben und Verbindlichkeiten eingehen. Sie kann ferner unter ihrer Firma klagen und verklagt werden. Über das Gesellschaftsvermögen, das allen Gesellschaftern zur gesamten Hand zusteht, findet ein selbständiger Konkurs statt. Auch die Zwangsvollstreckung in das Gesellschaftsvermögen kann vollzogen werden, ohne daß ein Urteil gegen alle Gesellschafter erforderlich ist.

Steuerrechtlich zeigt sich die relative Rechtsfähigkeit der Personengesellschaft darin, daß einzelne Steuern von der Gesellschaft, andere von den Gesellschaftern erhoben werden. So gehen z. B. das Einkommensteuergesetz (bzw. Körperschaftsteuergesetz) und das Vermögensteuergesetz davon aus, daß Personengesellschaften keine eigene Rechtspersönlichkeit besitzen und folglich weder ein Einkommen noch ein Vermögen haben können. Einkommensteuer und Vermögensteuer treffen demgemäß nur die Gesellschafter der Personengesellschaften, nicht dagegen die Gesellschaft selbst.

Bei der Gewerbesteuer, der Grundsteuer und den Verkehr- und Verbrauchsteuern ist dagegen die Personengesellschaft Steuerschuldner. Allerdings bewirkt die relative Rechtsfähigkeit, daß auch für diese Steuern die Gesellschafter unbeschränkt haften, was bei den Kapitalgesellschaften – ausgenommen im Falle des Komplementärs einer KGaA – nicht möglich ist. Kommanditisten haften jedoch nur im Umfange ihrer zivilrechtlichen Haftung, d. h. nach § 171 HGB bis zur Höhe ihrer Einlage für die Gewerbesteuer.[17]

b) Kapitalgesellschaften

Im Gegensatz zu den an die Person der Gesellschafter gebundenen Personengesellschaften stehen sich bei den Kapitalgesellschaften die Gesellschaft als **juristische Person** und die Gesellschafter als natürliche oder juristische Personen als fremde Rechtspersonen gegenüber. Der Tod eines Gesellschafters einer OHG führt nach § 131 HGB – soweit der Gesellschaftsvertrag nicht etwas anderes bestimmt – zur Auflösung der Gesellschaft; der Tod eines Gesellschafters einer Kapitalgesellschaft ist für den Weiterbestand der Gesellschaft ohne Bedeutung. Die Kontinuität der betrieblichen Tätigkeit ist von der Person der Gesellschafter unabhängig; ein Wechsel der Gesellschafter hat in der Regel keinen Einfluß auf den Betrieb, da die Gesellschafter zwar als Kapitalgeber das Kapitalrisiko tragen, aber nicht die Verantwortung für die Führung des Betriebes haben, weil die Kapitalgesellschaften als juristische Personen eine eigene Rechtspersönlichkeit besitzen.

---

[16] Bühler spricht von „Halbrechtsfähigkeit", vgl. Bühler, O., Steuerrecht der Gesellschaften und Konzerne, 3. Aufl., Berlin und Frankfurt a. M. 1956, S. 31
[17] Vgl. § 5 Abs. 1 S. 3 GewStG

Da den juristischen Personen aber die natürliche Handlungsfähigkeit fehlt, muß die Rechtsordnung ihnen natürliche Personen zur Verfügung stellen, deren Handlungen als Handlungen der juristischen Personen gelten, vorausgesetzt, daß sie im Namen der Kapitalgesellschaft und im Rahmen der gesetzlichen und satzungsmäßigen Befugnisse der Organe erfolgen.[18]

Eine Ausnahme im Hinblick auf die Trennung der Unternehmerfunktionen bilden die **Einmann-Gesellschaften** (Einmann-GmbH, Einmann-AG), wenn der Alleingesellschafter zugleich Geschäftsführer ist, sowie jene Gesellschaften mit beschränkter Haftung, bei denen sämtliche Gesellschafter zugleich Geschäftsführer sind. Hier sind wie bei der Einzelunternehmung und der OHG beide Unternehmerfunktionen, die Übernahme des Kapitalrisikos und die Führung des Betriebes in der Hand der Gesellschafter vereinigt.

Die wichtigsten Formen der Kapitalgesellschaft sind die AG und die GmbH. Der KGaA kommt relativ geringe Bedeutung zu.

Wesentliches Merkmal einer **Aktiengesellschaft** ist die Zerlegung des Nominalkapitals (Grundkapitals) in Aktien. Sie ermöglicht die Beschaffung großer Kapitalbeträge über den Kapitalmarkt und macht damit die AG zur bevorzugten Rechtsform von Großunternehmungen mit hohem Kapitalbedarf.

Die **Gesellschaft mit beschränkter Haftung** ist eine Rechtsform vorwiegend für kleine und mittlere Betriebe, deren Eigentümer ihre Haftung auf ihre Kapitaleinlagen beschränken wollen. Da sie aber weniger formbelastet als die AG ist, wurde sie bisher auch von größeren Unternehmungen gewählt, für die an sich die AG die wirtschaftlich zweckmäßigste Form wäre, die aber die strengen Rechnungslegungsvorschriften der AG, vor allem aber die Pflichtprüfung und Veröffentlichung des Jahresabschlusses umgehen wollten. Seit dem Inkrafttreten des Bilanzrichtliniengesetzes[19] bestehen keine Unterschiede mehr in den Rechnungslegungs-, Prüfungs- und Publizitätsvorschriften für Kapitalgesellschaften. Erleichterungen im Hinblick auf die Anwendung dieser Vorschriften werden nicht in Abhängigkeit von der Rechtsform, sondern von der Größe des Unternehmens gewährt, so daß nunmehr Kapitalgesellschaften gleicher Größenmerkmale aus Sicht der Rechnungslegung auch gleich behandelt werden.

Die Firma einer Aktiengesellschaft ist in der Regel eine **Sachfirma,** d. h. die Firmenbezeichnung muß dem Gegenstand des Unternehmens entnommen sein und die Bezeichnung „Aktiengesellschaft" („AG") enthalten. Die Firma der GmbH kann Sach- oder Personenfirma sein; sie muß in jedem Fall die Worte „mit beschränkter Haftung" („m. b. H.") enthalten.

Die **Kommanditgesellschaft auf Aktien (KGaA)** ist eine Kombination von KG und AG. Wenigstens ein Gesellschafter muß **persönlich unbeschränkt** mit seinem gesamten Vermögen haften, während die Haftung der Kommanditisten (Kommandit-Aktionäre) auf ihre in Aktien verbrieften Ka-

---

[18] Vgl. Lehmann, H., Dietz, R., Gesellschaftsrecht, 3. Aufl., Berlin und Frankfurt/M. 1970, S. 28

[19] Vgl. Bilanzrichtlinien-Gesetz vom 19. 12. 1985, BGBl I, S. 2355

pitaleinlagen beschränkt ist. Die KGaA ist als Kapitalgesellschaft eine juristische Person und steht somit der AG näher als der KG. Ihre Rechtsverhältnisse sind im Aktiengesetz geregelt.[20] **(ÜB 2/61–62)**

c) Genossenschaften

Eine Genossenschaft ist eine Gesellschaft mit einer nicht geschlossenen Zahl von Mitgliedern (Genossen), die einen wirtschaftlichen Zweck verfolgen und sich dazu eines gemeinsamen Geschäftsbetriebes bedienen. Der Zweck ist nach § 1 GenG „die Förderung des Erwerbs oder der Wirtschaft der Mitglieder mittels gemeinschaftlichen Geschäftsbetriebes". Entsprechend dieser Zwecksetzung ist das ursprüngliche Ziel der Genossenschaft nicht Gewinnerzielung, sondern **Selbsthilfe der Mitglieder durch gegenseitige Förderung.** Alle Mitglieder sind gleichberechtigt, jedes Mitglied hat in der Generalversammlung unabhängig von der Höhe des Kapitalanteils nur eine Stimme.

Auf Grund ihres Charakters als Hilfsgesellschaften haben die Genossenschaften gewisse steuerliche Vorteile. Diese lassen sich dann nicht mehr rechtfertigen, wenn – wie das heute bei vielen Genossenschaften bereits der Fall ist – sich die Geschäftstätigkeit nicht überwiegend auf die Mitglieder beschränkt. Je größer der Umfang der Nicht-Mitglieder-Geschäfte einer Genossenschaft wird, desto mehr nähert sie sich in ihren Zielsetzungen einer auf Gewinnmaximierung ausgerichteten Handelsgesellschaft an, die mit anderen Betrieben in Konkurrenz steht. Sie müßte dann auch in der Rechtsform einer solchen geführt und entsprechend besteuert werden.

Die Genossenschaft ist weder Personen- noch Kapitalgesellschaft, sondern ein **wirtschaftlicher Verein.** Sie ist eine juristische Person und im Genossenschaftsregister einzutragen.[21] Sie hat kein festes Grundkapital wie die Kapitalgesellschaften, sondern ihr Kapital setzt sich aus den Einlagen der Mitglieder zusammen und schwankt demgemäß auch mit der Mitgliederzahl, die mindestens sieben betragen muß.[22]

Das Statut der Genossenschaft enthält Vorschriften über den Betrag, bis zu dem sich die einzelnen Mitglieder mit Einlagen beteiligen können **(Geschäftsanteile)** und welcher Betrag davon mindestens einzuzahlen ist **(Mindesteinlage).** Die Beteiligung mit mehr als einem Geschäftsanteil kann statutarisch erlaubt sein. Die Einlage jedes Mitglieds wird also nach oben durch die Zahl der möglichen Geschäftsanteile und deren Höhe, nach unten durch die Mindesteinlage begrenzt. Dem eingezahlten Betrag jedes Mitglieds **(Geschäftsguthaben)** werden Gewinne solange zugeschrieben, bis der Geschäftsanteil erreicht ist, Verluste werden entsprechend abgezogen.[23]

Für die Verbindlichkeiten der Genossenschaft haftet den Gläubigern nur das Vermögen der Genossenschaft.[24] Aufgrund der **beschränkten Haft-**

---

[20] Vgl. §§ 278–290 AktG
[21] Vgl. § 10 Abs. 1 GenG
[22] Vgl. § 4 GenG
[23] Vgl. § 19 GenG
[24] Vgl. § 2 GenG

pflicht sind die Nachschüsse der Mitglieder zur Deckung der Verbindlichkeiten der Genossenschaft auf die im Statut festgelegte Haftsumme beschränkt. Die Haftsumme darf nicht niedriger als der Geschäftsanteil sein.[25]

Das Genossenschaftsgesetz zählt in § 1 die wichtigsten Genossenschaftstypen auf. Nach Henzler[26] lassen sich die Genossenschaften folgendermaßen einteilen:

I. Beschaffungsgenossenschaften:

1. Warenbezugsgenossenschaften:
   a) Bezugsgenossenschaften (Einkaufsgenossenschaften) der Handwerker,
   b) Einkaufsgenossenschaften der Händler,
   c) Bezugsgenossenschaften der Landwirte,
   d) Verbrauchergenossenschaften;
2. Baugenossenschaften (Wohnungsbau, Wohnungsverwaltung, Wohnungsbetreuung);
3. Kreditgenossenschaften:
   a) Städtische (gewerbliche) Kreditgenossenschaften,
   b) Ländliche Spar- und Darlehenskassenvereine;
4. Nutzungsgenossenschaften (z. B. landwirtschaftliche Maschinengenossenschaften);
5. Dienstleistungsgenossenschaften.

II. Verwertungsgenossenschaften:

1. Landwirtschaftliche Absatzgenossenschaften (Verwertungsgenossenschaften) einschließlich der Produktionsgenossenschaften [z. B. Molkereigenossenschaften];
2. Fischerei- und Fischverwertungsgenossenschaften;
3. Absatzgenossenschaften der Handwerker, zu denen neben den Lieferungsgenossenschaften auch die früher in größerer Zahl vorhandenen Magazingenossenschaften zu rechnen sind;
4. Verkehrsgenossenschaften (soweit sie Verkehrsleistungen der Mitglieder verwerten);
5. Kreditgenossenschaften, soweit sie Spargelder oder andere Einlagen ihrer Mitglieder („zur Verwertung") entgegennehmen.

Steuerlich werden die Genossenschaften wie Kapitalgesellschaften behandelt, d. h. sie sind **unbeschränkt körperschaftsteuerpflichtig.** Unter bestimmten Voraussetzungen werden jedoch Befreiungen bzw. Vergünstigungen für land- und forstwirtschaftliche Nutzungs- und Verwertungsgenossenschaften, sowie für bestimmte Wohnungsbaugenossenschaften ge-

---

[25] Vgl. § 119 GenG
[26] Vgl. Henzler, R., Genossenschaft (Wesen, Organisation, Arten), HdB, Bd. II, 3. Aufl. Stuttgart 1958, Sp. 2186

währt.[27] Alle anderen Genossenschaften haben lediglich die Möglichkeit, Rückvergütungen[28] an ihre Mitglieder gewinnmindernd abzusetzen.[29]

Die Genossenschaften sind in der Bundesrepublik Deutschland in **Genossenschaftsverbänden** zusammengeschlossen. Jeder der drei Genossenschaftszweige (gewerbliche und landwirtschaftliche Genossenschaften, Konsumgenossenschaften, Baugenossenschaften) ist dreistufig organisiert. Die unterste Stufe bilden die örtlichen Einzelgenossenschaften, die auf der mittleren Stufe zu regionalen Genossenschaftsverbänden, Einkaufszentralen, Zentralkassen zusammengeschlossen sind. An der Spitze stehen der Deutsche Genossenschafts- und Raiffeisenverband e. V., der Revisionsverband und der Bund deutscher Konsumgenossenschaften e. V. und der Gesamtverband Gemeinnütziger Wohnungsunternehmen e. V., dessen Mitglieder zu etwa zwei Dritteln aus Genossenschaften bestehen.

Nach der letzten Arbeitsstättenzählung vom 25. Mai 1987 waren 7.022 oder 0,33% aller erfaßten Betriebe eingetragene Genossenschaften. 264.538 oder 1,2% aller Beschäftigten hatten in ihnen ihren Arbeitsplatz.

d) Öffentliche Betriebe

Öffentliche Betriebe sind Betriebe, die sich ganz oder überwiegend im Eigentum der öffentlichen Hand befinden. Sie können erstens in **nicht privatrechtlicher Form** geführt werden und sind dann einerseits entweder Teil der öffentlichen Verwaltung (Regiebetriebe, z. B. kommunale Krankenhäuser) oder als Betriebe ohne eigene Rechtspersönlichkeit aus der öffentlichen Verwaltung ausgegliedert (Eigenbetriebe, Sondervermögen, z. B. kommunale Verkehrs- und Versorgungsbetriebe, Bundesbahn und Bundespost), oder sie können andererseits die Form einer juristischen Person des öffentlichen Rechts haben (öffentlich-rechtliche Körperschaften, Anstalten und Stiftungen, z. B. Bundesanstalten wie die Deutsche Genossenschaftskasse, die Kreditanstalt für Wiederaufbau, ferner Landesanstalten wie Staatsbanken, öffentliche Bausparkassen und Gemeindeanstalten wie öffentliche Sparkassen).

Öffentliche Betriebe können zweitens als Betriebe mit eigener Rechtspersönlichkeit **in privatrechtlicher Form** geführt werden, z. B. als öffentliche Kapitalgesellschaften (AG, GmbH), als öffentliche Genossenschaften oder als gemischtwirtschaftliche Betriebe; dann unterliegen sie den gleichen Vorschriften wie private Kapitalgesellschaften und Genossenschaften (Aktiengesetz, GmbH-Gesetz, Genossenschaftsgesetz) und teilen mit diesen die Vor- und Nachteile dieser Rechtsformen.

Da die im folgenden erörterten Bestimmungsgründe für die Wahl der Rechtsform für öffentliche Betriebe nur bedingt, teilweise überhaupt nicht gelten und sich deshalb die öffentlichen Betriebe nur schwer in die gewählte

---

[27] Vgl. § 5 Abs. 1 Nr. 10, 14 KStG, § 3 Nr. 8, 14, 15 GewStG, § 3 Abs. 1 Nr. 7, 13 VStG
[28] § 22 KStG
[29] Zur Kritik der Besteuerung der Genossenschaften vgl. Wöhe, G., Betriebswirtschaftliche Steuerlehre, Band II, 1. Halbband, a. a. O., S. 434 ff.

Systematik einordnen lassen, werden die besonderen Probleme der öffentlichen Betriebe am Ende dieses Kapitels getrennt behandelt.[30]

3. Leitungsbefugnis

a) Personenunternehmungen

Die Leitungsbefugnis umfaßt zwei Bereiche: erstens die **Geschäftsführungsbefugnis** und somit die Frage, wer im Innenverhältnis, d. h. im Verhältnis der Gesellschafter untereinander, das Recht und die Pflicht hat, die Gesellschaft zu führen, und zweitens die **Vertretungsbefugnis,** die das Verhältnis der Gesellschafter gegenüber Dritten, also das Außenverhältnis zum Inhalt hat.

Die Leitungsbefugnis steht bei den Personenunternehmungen in einem engeren Zusammenhang mit der rechtlichen Haftung und damit mit der Risikoübernahme als bei den Kapitalgesellschaften.

Der **Einzelunternehmer** ist alleiniger Eigentümer seines Unternehmens. Er trägt das gesamte Risiko der betrieblichen Betätigung und haftet allein für seine Schulden. Infolgedessen stehen ihm auch allein alle Entscheidungsbefugnisse zu, es sei denn, er ist bei wirtschaftlichen Schwierigkeiten in die Abhängigkeit eines Kreditgebers geraten, der seinen Kredit nur gegen zeitweilige Einräumung gewisser Mitspracherechte gewährt hat. Der (typische) **stille Gesellschafter** ist von der Geschäftsführung und Vertretung grundsätzlich ausgeschlossen.

Bei der **GbR** steht die Geschäftsführung nach § 709 Abs. 1 BGB grundsätzlich allen Gesellschaftern gemeinschaftlich zu, d. h. für jedes Geschäft ist die Zustimmung aller Gesellschafter notwendig. Im Gesellschaftsvertrag kann jedoch die Gesamtgeschäftsführung auf mehrere Gesellschafter übertragen werden. Auch eine Einzelgeschäftsführung kann vertraglich vereinbart werden.

Die Vertretung der Gesellschaft nach außen steht im Zweifel den Geschäftsführern zu (§ 714 BGB). Sie vertreten nicht die Gesellschaft, sondern die anderen Gesellschafter.

Bei der **OHG** sind nach § 114 Abs. 1 HGB alle Gesellschafter zur Geschäftsführung berechtigt und verpflichtet. Im Gesellschaftsvertrag können jedoch einzelne Gesellschafter von der Geschäftsführung ausgeschlossen werden. Bei der **KG** liegt die Geschäftsführung nach § 164 HGB allein bei den Komplementären, jedoch kann auch hier der Gesellschaftsvertrag eine andere Regelung vorsehen. § 164 HGB schließt aus, daß die nicht zur Geschäftsführung befugten Kommanditisten einer Entscheidung der Komplementäre widersprechen können, soweit sie im Rahmen des üblichen Geschäftsbetriebes liegt. Die Kommanditisten haben jedoch – ebenso wie der stille Gesellschafter – ein Kontrollrecht: sie können eine Abschrift des Jahresabschlusses verlangen und seine Ordnungsmäßigkeit durch Einsichtnahme in die Bücher und Papiere der Gesellschaft überprüfen.

---

[30] Vgl. S. 374 ff.

Während bei der **OHG** alle Gesellschafter zur Vertretung befugt sind
(§ 125 Abs. 1 HGB), einzelne jedoch durch Vertrag ausgeschlossen werden
können, obliegt die Vertretung der **KG** allein den Komplementären. Die
Kommanditisten sind gem. § 170 HGB zur Vertretung nicht ermächtigt.
Diese Vorschrift ist zwingend, d. h. die Kommanditisten können die Vertretungsbefugnis auch nicht durch Vertrag erlangen. Die Vertretung bezieht
sich – im Gegensatz zur GbR – bei der OHG und der KG auf die Gesellschaft
selbst und nicht auf die anderen Gesellschafter.

b) Kapitalgesellschaften

Die Führung der Kapitalgesellschaften liegt bei den gesetzlich dafür vorgesehenen Organen. Notwendige **Organe der GmbH** sind die Geschäftsführer, die Gesellschafterversammlung und – falls die Satzung oder das Gesetz es
vorsieht – der Aufsichtsrat. Ein Aufsichtsrat ist in Abhängigkeit davon,
welchem Mitbestimmungsgesetz die GmbH unterliegt, in folgenden Fällen
zu bilden:
(1) bei Betrieben der Montanindustrie mit mehr als 1.000 Arbeitnehmern
    nach § 1 Abs. 2 des Montan-Mitbestimmungsgesetzes;
(2) bei Betrieben außerhalb der Montanindustrie
    – mit mehr als 500 Arbeitnehmern nach § 77 Abs. 1 BetrVerfG 1952
      i. V. m. § 129 BetrVerfG 1988,
    – mit mehr als 2.000 Arbeitnehmern nach § 1 Abs. 1 MitbestG.
Die laufende Führung der Gesellschaft obliegt den **Geschäftsführern.** Nur
in wenigen im Gesetz vorgesehenen Fällen ist eine Beschlußfassung der Gesellschafterversammlung über Maßnahmen der Geschäftsführer erforderlich.
Bei der kleinen GmbH sind Geschäftsführer und Gesellschafter häufig die
gleichen Personen, so daß im Hinblick auf die Leitungsfunktion kein Unterschied zur Personengesellschaft besteht.

Die Hauptaufgaben der **Gesellschafterversammlung** sind die Feststellung
des Jahresabschlusses, die Verwendung des Gewinns, die Bestellung, Abberufung und Entlastung der Geschäftsführer sowie die Prüfung und Überwachung der Geschäftsführung. Der Aufsichtsrat hat im wesentlichen die gleichen Kontrollrechte wie der Aufsichtsrat der Aktiengesellschaft.

Bei der **AG** ist die Trennung zwischen Eigentümern (Aktionären) und
Betriebsleitung (Vorstand) streng durchgeführt. Hier sind die Mitglieder des
Vorstandes und nicht die wirtschaftlichen Eigentümer des Betriebes die eigentlichen Unternehmer, denn der Vorstand trifft sämtliche Führungsentscheidungen selbständig und trägt die gesamte Verantwortung für die wirtschaftliche Entwicklung der Gesellschaft und das ihm anvertraute Kapital.

Die AG hat drei Organe: den Vorstand,[31] den Aufsichtsrat[32] und die
Hauptversammlung.[33] Der **Vorstand** besteht aus einer oder mehreren Personen; im letzteren Falle sind sämtliche Vorstandsmitglieder nur gemeinschaft-

---

[31] Vgl. §§ 76–94 AktG
[32] Vgl. §§ 95–116 AktG
[33] Vgl. §§ 118–147 AktG

lich zur Geschäftsführung befugt. Der Vorstand wird durch den Aufsichtsrat für längstens 5 Jahre bestellt, eine erneute Bestellung nach Ablauf dieser Frist ist zulässig. Werden mehrere Personen zu Vorstandsmitgliedern bestellt, so kann der Aufsichtsrat ein Mitglied zum Vorsitzenden des Vorstands ernennen.

Der Vorstand ist bei der Führung der Gesellschaft nicht an Weisungen des Aufsichtsrats oder der Hauptversammlung gebunden. Nach den Mitbestimmungsgesetzen[34] muß dem Vorstand – wie bereits seit 1951 bei den Gesellschaften der Montanindustrie – ein **Arbeitsdirektor** angehören. Neben den technischen und kaufmännischen Direktoren ist er ein gleichberechtigtes Vorstandsmitglied. Er kann bei Gesellschaften der Montanindustrie nicht gegen die Stimmen der Arbeitnehmervertretung im Aufsichtsrat ernannt oder abberufen werden. In seinen Verantwortungsbereich fallen alle Aufgaben, die im Zusammenhang mit den Arbeitnehmern stehen, z. B. Entlohnung, Ausbildung und Unfallschutz. Nach dem Mitbestimmungsgesetz 1976 wird er wie jedes andere Vorstandsmitglied bestellt.

Nach § 90 Abs. 1 AktG hat der Vorstand dem Aufsichtsrat vor allem über die beabsichtigte Geschäftspolitik, die Rentabilität der Gesellschaft und den Gang der Geschäfte zu berichten.

Der **Aufsichtsrat,** der von der Hauptversammlung für höchstens vier Jahre bestellt wird, hat die Geschäftsführung des Vorstandes zu überwachen, der ihn mindestens alle drei Monate über die Lage der Gesellschaft informieren muß. Der Aufsichtsrat setzt sich nach aktienrechtlichen Vorschriften aus mindestens drei, höchstens 21 Mitgliedern zusammen, die nicht gleichzeitig dem Vorstand angehören dürfen. Nach dem noch geltenden § 76 des Betriebsverfassungsgesetzes 1952 ist ein Drittel der Mitglieder von den Arbeitnehmern zu wählen. Bei Betrieben, die dem Montan-Mitbestimmungsgesetz unterliegen, muß der Aufsichtsrat grundsätzlich aus 11 Mitgliedern bestehen, von denen fünf Vertreter der Arbeitnehmer sein müssen. Dem Aufsichtsrat von Betrieben, die der erweiterten Mitbestimmung unterliegen, gehören mindestens 12, höchstens 20 Mitglieder an, von denen die Hälfte Arbeitnehmervertreter sind.[35]

Die **Hauptversammlung** hat keinen Einfluß auf die laufende Geschäftsführung, vor allem kann sie in der Regel die Feststellung des Jahresabschlusses und damit die Höhe des zur Verteilung gelangenden Gewinns nicht beeinflussen, obwohl die Aktionäre das gesamte Kapitalrisiko tragen. Bei Entscheidungen, die eine Satzungsänderung erfordern, ist die Zustimmung der Hauptversammlung mit Dreiviertelmehrheit erforderlich.

Nach § 119 Abs. 1 AktG beschließt die Hauptversammlung in den im Gesetz und in der Satzung ausdrücklich bestimmten Fällen, insbesondere über

(1) die Bestellung der Mitglieder des Aufsichtsrats, soweit sie nicht in den Aufsichtsrat zu entsenden oder als Aufsichtsratsmitglieder der Arbeit-

---

[34] Dies gilt nur in Fällen der Mitbestimmung nach dem Montan-MitbestG und dem MitbestG; das BetrVerfG 1952 kennt die Figur des Arbeitsdirektors nicht.
[35] Einzelheiten zur Mitbestimmung vgl. S. 104 ff.

nehmer nach dem Betriebsverfassungsgesetz oder den Mitbestimmungsgesetzen zu wählen sind;

(2) die Verwendung des Bilanzgewinns;

(3) die Entlastung der Mitglieder des Vorstands und des Aufsichtsrats;

(4) die Bestellung der Abschlußprüfer;

(5) Satzungsänderungen;

(6) Maßnahmen der Kapitalbeschaffung und der Kapitalherabsetzung;

(7) die Bestellung von Prüfern zur Prüfung von Vorgängen bei der Gründung oder der Geschäftsführung;

(8) die Auflösung der Gesellschaft.

Die **KGaA** hat die gleichen Organe wie die Aktiengesellschaft, kann aber
zusätzlich über einen Ausschuß oder Beirat der Kommanditaktionäre verfügen. Das Recht zur Geschäftsführung steht kraft Gesetzes den persönlich
haftenden Gesellschaftern zu, die den Vorstand der KGaA bilden, dabei
jedoch im Hinblick auf ihre Rechte und Pflichten bei der Geschäftsführung
nicht den aktienrechtlichen Bestimmungen, sondern den entsprechenden
Vorschriften für die KG unterliegen; dadurch sind ihre Befugnisse im Vergleich zum Vorstand einer AG in bestimmten Bereichen umfangreicher, in
anderen Bereichen enger ausgestaltet. Im Gegensatz zur Aktiengesellschaft
tragen die Vorstandsmitglieder der KGaA einen Teil des Kapitalrisikos; einerseits haften sie unbeschränkt, andererseits können sie sich in Form von
Vermögenseinlagen oder durch Erwerb von Kommanditaktien beteiligen
und damit gleichzeitig die Stellung von Kommanditaktionären einnehmen.
Die KGaA vereinigt wesentliche Merkmale der KG und der AG: sie orientiert sich bei der Regelung der Geschäftsführung an der Individualität der
KG, kann aber die Finanzierungsvorteile der AG nutzen.

Die besondere rechtliche Konstruktion der KGaA bedingt es auch, daß
Aufsichtsrat und Hauptversammlung in ihren Aufgaben und Befugnissen
nur eingeschränkt mit den entsprechenden Organen der AG vergleichbar
sind. So kann beispielsweise der Aufsichtsrat der KGaA nicht über die Bestellung und Abberufung der geschäftsführenden Organe entscheiden.

c) Genossenschaften

Die Organe der Genossenschaft sind der Vorstand, der Aufsichtsrat und
die **Generalversammlung.** Letztere ist das oberste Willensorgan der Genossenschaft. Sie entscheidet über Änderungen des Statuts, wählt den Vorstand
und Aufsichtsrat, beschließt über den Jahresabschluß und die Gewinnverteilung und befindet über die Entlastung von Vorstand und Aufsichtsrat. Sie
besteht in der Regel aus den Mitgliedern der Genossenschaft. Bei Genossenschaften mit mehr als 1.500 Mitgliedern kann das Statut bestimmen, daß die
Generalversammlung aus Vertretern der Genossen bestehen soll **(Vertreterversammlung).** Die Vertreterversammlung besteht aus mindestens 50 Vertretern.[36]

---

[36] Vgl. § 43a GenG

Die laufende Geschäftsführung liegt in den Händen des **Vorstandes,** der aus mindestens zwei Mitgliedern bestehen muß.[37] Der **Aufsichtsrat** muß sich aus mindestens drei Mitgliedern zusammensetzen.[38] Er überwacht den Vorstand, kann jederzeit die Bücher einsehen und Berichterstattungen vom Vorstand fordern. Er ist ferner zur Prüfung des Jahresabschlusses, des Lageberichts und des Vorschlages über die Verwendung des Jahresüberschusses bzw. über die Deckung des Jahresfehlbetrages verpflichtet.

4. Gewinn- und Verlustbeteiligung

a) Personenunternehmungen

Das Risiko eines Unternehmers oder Gesellschafters hängt entscheidend von Art und Umfang der Haftung gegenüber den Gläubigern für die Verbindlichkeiten des Unternehmens ab; vom Kapitalrisiko wiederum wird der Anteil eines Gesellschafters am Gesamtergebnis (Gewinn oder Verlust) mitbestimmt.

Der **Einzelunternehmer** trägt alle Risiken seines Betriebes allein; dafür steht ihm auch der gesamte Gewinn zu, andererseits treffen ihn alle Verluste allein.

Bei unbeschränkter Haftung wird das Risiko eines Personengesellschafters von der Höhe des vorhandenen Privatvermögens mitbestimmt. Deshalb ist eine Gewinnverteilung nach Kapitalanteilen in der Regel nicht angemessen. In der **OHG** wird der Gewinn gemäß Gesellschaftsvertrag verteilt. In der **GbR** erfolgt die Gewinnverteilung unabhängig von der Höhe der Gesellschaftsbeiträge nach Köpfen. Bei unterschiedlicher Höhe dieser Beiträge muß ein angemessener Gewinnverteilungsschlüssel im Gesellschaftsvertrag bestimmt werden. Enthält der Vertrag keine Regelung der Verlustverteilung, so gilt nach § 722 Abs. 2 BGB der Gewinnverteilungsschlüssel auch für die Verteilung des Verlustes. Gewöhnlich wird für die mitarbeitenden Gesellschafter ein Arbeitsentgelt **(Unternehmerlohn)** vereinbart, das zunächst den zur Verteilung verbleibenden Gewinn kürzt. Sodann werden die Kapitaleinlagen in vertraglich vereinbarter Höhe **verzinst.** Der noch verbleibende Gewinn wird nach dem Schlüssel verteilt, in dem der durch die Höhe des mithaftenden Privatvermögens der einzelnen Gesellschafter unterschiedliche Umfang des Risikos seinen Ausdruck findet. Soweit eine vertragliche Gewinnverteilungsregelung nicht getroffen ist, bestimmt § 121 HGB, daß die Kapitaleinlagen mit 4% zu verzinsen sind und der Rest des Gewinns **nach Köpfen** zu verteilen ist. Der Gewinnanteil eines Gesellschafters wird seinem Kapitalanteil zugeschrieben. Verlustanteile und Entnahmen werden davon abgezogen.

Auch bei der **KG** erhalten die geschäftsführenden Gesellschafter in der Regel zu Lasten des verteilungsfähigen Gewinns ein Arbeitsentgelt. Die Ka-

---

[37] Vgl. § 24 GenG
[38] Vgl. § 36 GenG

pitaleinlagen werden nach § 168 HGB – soweit der Gesellschaftsvertrag nichts anderes bestimmt – mit 4% verzinst. Der verbleibende Gewinn ist **„angemessen"** zu verteilen. Infolge der Haftungsbeschränkung bei den Kommanditisten kommt eine Verteilung des Gewinns nach Köpfen nicht in Betracht. Vielmehr muß der Gesellschaftsvertrag diese Verteilung entsprechend dem tatsächlichen Risiko regeln, das bei den Kommanditisten in der Regel dem Verhältnis der Anteile entspricht, während bei den Komplementären die Höhe des mithaftenden Privatvermögens zusätzlich berücksichtigt werden muß. Wie bei der OHG werden Gewinnanteile den Kapitaleinlagen zugeschrieben und Verlustanteile abgezogen. Bei den Kommanditisten kommt nach § 167 Abs. 2 HGB eine Gewinnzuschreibung nur dann in Betracht, wenn die vereinbarten Einlagen entweder noch nicht voll eingezahlt oder durch Verlustzuweisungen bereits wieder gemindert sind.

Nach § 169 HGB dürfen Gewinne an die Kommanditisten nur ausgeschüttet werden, wenn die vereinbarten Einlagen voll geleistet worden sind. Wird die Einlage durch Verluste gekürzt, so müssen diese in den folgenden Gewinnperioden wieder ausgeglichen werden. Eine Wiederauffüllung der Kommanditeinlagen aus in früheren Jahren erhaltenen Gewinnen kann nicht gefordert werden. Übersteigt der Verlustanteil des Kommanditisten seinen Kapitalanteil, so kann im Gesellschaftsvertrag vereinbart werden, daß er **im Innenverhältnis** weiterhin an Verlusten beteiligt wird. Dann entsteht ein **negatives Kapitalkonto,** das steuerlich nach der besonderen Vorschrift des § 15a EStG behandelt wird.

Die Gewinn- und Verlustbeteiligung des **stillen Gesellschafters** ist gesetzlich nicht erschöpfend geregelt. Das HGB spricht in § 231 Abs. 1 von einem „angemessenen Anteil". Während eine Verlustbeteiligung vertraglich ausgeschlossen werden kann, verbietet § 231 Abs. 2 HGB ausdrücklich den Ausschluß einer Gewinnbeteiligung. Wie beim Kommanditisten vermehren auch beim stillen Gesellschafter nicht entnommene Gewinne die Einlage nicht. Ist eine Verlustbeteiligung vereinbart, so nimmt der stille Gesellschafter nach § 232 Abs. 2 HGB am Verlust nur bis zum Betrage seiner vertraglich vereinbarten Einlage teil. Aus Gründen der steuerlichen Anerkennung der Angemessenheit der Gewinnverteilung wird in den Gesellschaftsverträgen in der Regel ein bestimmter Prozentsatz des tatsächlichen Werts der stillen Einlage als Effektivverzinsung vereinbart.

Bei einer **typischen** stillen Gesellschaft wird der stille Gesellschafter nicht an den stillen Rücklagen beteiligt, die im Vermögen des tätigen Gesellschafters, in das seine Einlage eingegangen ist, entstehen. Der stille Gesellschafter hat also nur Anspruch auf Rückzahlung seiner **nominellen** Einlage. Damit er durch übermäßige Bildung stiller Rücklagen, z.B. durch hohe Anfangsabschreibungen langlebiger Anlagegüter oder durch steuerliche Sonderabschreibungen, die nicht die Aufgabe haben, eingetretene Vermögensminderungen zu erfassen, sondern lediglich einer wirtschaftspolitisch gewünschten Beeinflussung der Steuerbemessungsgrundlage dienen sollen, nicht benachteiligt wird, müssen im Gesellschaftsvertrag Vereinbarungen über den Modus der Gewinnermittlung getroffen werden. (**ÜB** 2/56–59)

b) Kapitalgesellschaften

Bei beschränkter Haftung erfolgt die Gewinnverteilung grundsätzlich **nach Kapitalanteilen,** da das übernommene Risiko von der Höhe der Kapitaleinlage bestimmt wird. Das gilt für die GmbH, die AG und die Genossenschaft.

Die Gesellschafter einer **GmbH** haben gem. § 29 Abs. 1 GmbHG Anspruch auf den Jahresüberschuß, korrigiert um einen möglichen Gewinn- oder Verlustvortrag, soweit der sich ergebende Betrag nicht auf Grund gesetzlicher oder gesellschaftsvertraglicher Bestimmungen bzw. durch Beschluß der Gesellschafterversammlung von der Verteilung ausgeschlossen ist. Der zu verteilende Betrag wird dann – vorausgesetzt, der Gesellschaftsvertrag sieht keinen anderen Maßstab vor – nach dem Verhältnis der Kapitalanteile an die Gesellschafter ausgeschüttet.

Bei der **AG** beschließt in der Regel die Hauptversammlung über die Verwendung des Bilanzgewinns; dabei ist sie an den vom Vorstand vorgelegten und vom Aufsichtsrat festgestellten Jahresabschluß gebunden,[39] in dem bereits vorab über den Umfang des auszuschüttenden und des in die Rücklagen einzustellenden Gewinns entschieden worden ist. Daneben besteht auch die – in der Praxis selten vorkommende – Möglichkeit, daß die Hauptversammlung den Jahresabschluß feststellt.[40]

Da durch die Bildung von Gewinnrücklagen der zur Ausschüttung an die Aktionäre verbleibende Gewinn erheblich gekürzt werden kann, ist von den Aktionären immer wieder gefordert worden, daß die Bildung von anderen Gewinnrücklagen aus dem **Bilanzfeststellungsrecht** von Vorstand und Aufsichtsrat herausgenommen und als Maßnahme der Gewinnverwendung der Hauptversammlung zugebilligt wird. Da in diesem Falle aber die Gefahr besteht, daß die Hauptversammlung den gesamten Gewinn ausschüttet und entgegen den Erfordernissen des Gesamtunternehmens keine Zuführung zu den offenen Rücklagen über den in die gesetzliche Rücklage einzustellenden Betrag hinaus beschließt, hat das Aktiengesetz 1965 eine Kompromißlösung eingeführt.

Nach § 58 Abs. 2 AktG dürfen Vorstand und Aufsichtsrat, wenn sie den Jahresabschluß feststellen, nicht mehr als die **Hälfte des Jahresüberschusses** in die anderen Gewinnrücklagen einstellen, es sei denn, die Satzung läßt die Einstellung eines höheren Betrages zu. Stellt dagegen die Hauptversammlung den Jahresabschluß fest, so kann sie im Rahmen der gesetzlichen und statutarischen Grenzen Beträge in die Gewinnrücklagen einstellen, höchstens aber die Hälfte des Jahresüberschusses.[41] Beschließt die Hauptversammlung aber über den festgestellten Jahresabschluß, so kann sie neben den Zuweisungen von Vorstand und Aufsichtsrat noch weitere Beträge in die Gewinnrücklagen einstellen. Darüber hinaus hat sie in ihrem Beschluß u. a. den

---

[39] Vgl. § 174 Abs. 1 AktG
[40] Vgl. § 173 Abs. 1 AktG
[41] Vgl. § 58 Abs. 1 AktG

Bilanzgewinn, den auszuschüttenden Betrag und einen eventuellen Gewinnvortrag anzugeben.[42]

Die Gewinnverteilung bei der **KGaA** zwischen Komplementär und Kommanditaktionären erfolgt nach den für die KG geltenden Grundsätzen. Da diese den Erfordernissen der KGaA aber wohl kaum genügen – man bedenke einerseits die Stellung des Komplementärs, andererseits die Möglichkeit der Börsennotierung von Kommanditaktien – enthält die Satzung der KGaA i. d. R. Bestimmungen über die Gewinnverteilung.

c) Genossenschaften

Bei Genossenschaften ist nach § 19 Abs. 1 GenG der sich bei Feststellung des Jahresabschlusses ergebende Gewinn oder Verlust auf die Genossen zu verteilen. Maßstab für die Ergebnisverteilung ist im ersten Geschäftsjahr das Verhältnis der auf die Geschäftsanteile geleisteten Einzahlungen, in den folgenden Geschäftsjahren das Verhältnis der um Gewinne bzw. Verluste korrigierten Geschäftsguthaben zum Schluß des vorangegangenen Geschäftsjahres. Allerdings kann im Statut hinsichtlich des Maßstabes der Gewinnverteilung eine abweichende Regelung getroffen werden; § 20 GenG räumt sogar die Möglichkeit ein, von einer Gewinnverteilung abzusehen und Gewinne der gesetzlichen Rücklage und anderen Ergebnisrücklagen zuzuschreiben.

5. Finanzierungsmöglichkeiten[43]

a) Eigenkapitalbeschaffung

aa) Personenunternehmungen

Bei der **Einzelunternehmung** ist die Eigenkapitalbasis durch das Vermögen des Unternehmers begrenzt. Es gibt keine gesetzlichen Vorschriften über eine Mindesthöhe des Haftungskapitals. Das eingelegte Kapital kann jederzeit wieder entnommen, d. h. in den Haushalt überführt werden, da der Einzelunternehmer mit seinem gesamten Privatvermögen für die Verbindlichkeiten des Betriebes haftet. Eine Kapitalerweiterung kann – wenn man von außerordentlichen Zuflüssen (z. B. durch Erbschaft) absieht – in erster Linie im Wege der **Selbstfinanzierung,** d. h. der Nichtentnahme erzielter Gewinne erfolgen. Zwar kann der Einzelunternehmer im Gegensatz zu Gesellschaften mit vielen Anteilseignern allein über Entnahme oder Thesaurierung von Gewinnen entscheiden, jedoch sind die Möglichkeiten zur Selbstfinanzierung bei den meisten kleinen Einzelunternehmern begrenzt, da sie in der Regel aus dem Gewinn ihrer Betriebe die Aufwendungen der persönlichen Lebensführung decken müssen.

Die Begrenzung der Selbstfinanzierung kann aber auch der Zielsetzung des Einzelunternehmers entsprechen. Ziel vieler Unternehmer ist wegen der engen Verbindung zwischen Haushalt und Betrieb nicht die immer weitere

---

[42] Vgl. § 174 Abs. 2 AktG
[43] Vgl. auch die detaillierte Darstellung in Wöhe, G., Bilstein, J., Grundzüge der Unternehmensfinanzierung, 7. Aufl., München 1994, S. 35 ff.

Ausdehnung des Betriebes, sondern die Maximierung des Gewinns aus einem begrenzten Eigenkapitaleinsatz. Nicht für die Lebensführung benötigte Gewinne werden häufig nicht im Betriebe investiert, sondern aus Gründen der Risikostreuung zur Sicherung des Familienhaushaltes anderweitig angelegt.

Eine weitere Möglichkeit der Vergrößerung der Eigenkapitalbasis, die ohne Aufgabe der Rechtsform und ohne Beeinträchtigung der Dispositionsfreiheit erfolgen kann, ist die **Aufnahme eines stillen Gesellschafters.**

Ebenso wie bei der Einzelunternehmung ist auch bei der **OHG** die Erweiterung der Eigenkapitalbasis durch Erhöhung der Kapitaleinlagen der Gesellschafter entweder aus vorhandenen Privatvermögen oder durch allmähliche Thesaurierung von erzielten Gewinnen möglich. Ein dritter Weg ist die **Aufnahme neuer Gesellschafter.** Durch die engen persönlichen Beziehungen, die in der Regel zwischen den Gesellschaftern bestehen, sind dieser Form der Finanzierung insbesondere durch die damit verbundene Beschränkung der Geschäftsführungsbefugnisse der bisherigen Gesellschafter jedoch relativ enge Grenzen gesetzt.

Je größer die Zahl der Gesellschafter und je ungleicher die Höhe ihres Privatvermögens ist, desto unterschiedlicher ist in der Regel die Interessenlage im Hinblick auf Gewinnentnahmen und Gewinnthesaurierung. Benötigen einzelne Gesellschafter ihre Gewinnanteile zum Lebensunterhalt, während andere sie im Betriebe belassen können, so muß im Gesellschaftsvertrag eine Regelung getroffen werden, in welcher Weise sich durch Gewinnthesaurierungen die Anteilsverhältnisse verschieben.

Je höher die Selbstfinanzierung durch Bildung **stiller Rücklagen** ist (z. B. durch zulässige Unterbewertung von Vermögensteilen aus steuerlichen Gründen), desto schwieriger wird die Erweiterung der Eigenkapitalbasis durch Aufnahme weiterer Gesellschafter, da diese beim Eintritt einen Teil ihrer Kapitaleinlagen den Rücklagen bzw. den Kapitalkonten der bisherigen Gesellschafter zuführen müssen, weil sie im Falle der Auseinandersetzung oder des Ausscheidens auch an den vor ihrem Eintritt gebildeten stillen Rücklagen beteiligt sind.

Die Möglichkeiten der Eigenfinanzierung der **KG** sind in der Regel größer als die der OHG, weil durch die Beschränkung der Haftung der Kommanditisten auf ihre Kapitaleinlagen und den grundsätzlichen Ausschluß der Kommanditisten von der Geschäftsführung Kapitalgeber gefunden werden können, die zur Mitarbeit im Betriebe und zur Risikoübernahme in einer OHG nicht bereit sind. Im Hinblick auf die Eigenfinanzierung ist bei der KG bereits ein **Übergang zur Kapitalgesellschaft** zu erkennen, bei der Gesellschafter nur ihr Kapital in einem Betriebe arbeiten lassen, ohne sich sonst um den Betrieb zu kümmern. Das auch bei kleineren KG relativ enge persönliche Verhältnis zwischen den Gesellschaftern begrenzt allerdings die Kapitalbeschaffungsmöglichkeiten im Vergleich zur großen Kapitalgesellschaft mit anonymem Anteilsbesitz.

Auch OHG und KG können ihre Eigenkapitalbasis- analog zum Einzelunternehmer – durch Aufnahme eines **stillen Gesellschafters** erweitern. Darüber hinaus können ihre Gesellschafter Unterbeteiligungen an einzelnen Geschäftsanteilen einräumen, und dadurch die Finanzierung ihrer Anteile oder deren spätere Erhöhung erleichtern.

bb) Kapitalgesellschaften

Die **AG, KGaA und GmbH** haben ein in seiner Höhe fixiertes **Nominalkapital**. Es bildet zusammen mit den offenen Rücklagen das Eigenkapital, dessen Veränderungen – sofern es nicht durch Satzungsänderung erhöht oder vermindert worden ist – sich in den Rücklagebewegungen und nicht in einer Veränderung des Nominalkapitals zeigen. Sind Gewinne nicht entnommen worden, so erhöhen sich die Rücklagen, während Verluste durch Rücklagenauflösung buchtechnisch verrechnet werden, sofern die Kapitalgesellschaft keine Gewinn- oder Verlustvorträge ausweist. Sind keine Rücklagen mehr vorhanden, so muß das Nominalkapital auch im Verlustfall weiterhin unverändert in der Bilanz ausgewiesen werden, wird jedoch entweder durch den Ausweis eines **Verlustvortrages** bzw. Jahresfehlbetrags auf der Passivseite oder – falls das Eigenkapital durch Verluste aufgebraucht ist und sich ein Überschuß der Passivposten über die Aktivposten ergibt – durch Ausweis einer aktivischen Position **„Nicht durch Eigenkapital gedeckter Fehlbetrag"**[44] korrigiert.

Die Stückelung des Grundkapitals der AG in **Aktien** (Mindestnennbetrag des Grundkapitals 100.000 DM, der Aktien 5 DM) erschließt dieser Rechtsform die günstigsten Möglichkeiten der Eigenkapitalbeschaffung. Durch die Teilnahme einer nicht begrenzten Zahl von Gesellschaftern (Aktionären) auch mit relativ kleinen Anteilen, können sehr hohe Kapitalbeträge aufgebracht werden. Deshalb ist die AG in der Regel die zweckmäßigste Rechtsform für Großbetriebe. Hat ein Aktionär seinen Anteil voll eingezahlt, so hat er **nur noch Rechte**: das Stimmrecht in der Hauptversammlung, das Recht auf Dividende und Liquidationserlös und das Aktienbezugsrecht im Falle der Ausgabe neuer (junger) Aktien im Rahmen von Kapitalerhöhungsmaßnahmen.

Lautet die Aktie nicht auf den Namen des Inhabers – und das ist die Regel – so bleibt der Aktionär anonym. Er kann sein Beteiligungsverhältnis jederzeit durch Verkauf der Aktie beenden. Das ist gegenüber anderen Rechtsformen ein großer Vorteil. Benötigt der Gesellschafter liquide Mittel oder wird ihm das Risiko seiner Beteiligung zu groß, so kann er ohne Kündigung ausscheiden, indem er seine Aktie verkauft. Die Kapitalausstattung der Gesellschaft wird dadurch nicht beeinträchtigt, denn an seine Stelle tritt ein neuer anonymer Aktionär. Das Aktienkapital ist also **unkündbar**. Der Aktienhandel vollzieht sich an den Börsen oder über die Banken. Nur etwa ein Viertel der deutschen Aktiengesellschaften ist an einer deutschen Börse zugelassen. Die Börsenzulassung erfordert ein bestimmtes Mindestnennkapital, dessen Höhe von der Größe und der Bedeutung des Börsenplatzes abhängt.

---

[44] Vgl. § 268 Abs. 3 HGB

Eine **Erhöhung des Aktienkapitals** ist durch Ausgabe junger Aktien im Wege der ordentlichen Kapitalerhöhung möglich. Die Inhaber der alten Aktien haben ein **Bezugsrecht** auf die jungen Aktien, durch das ein Kursverlust der alten Aktien ausgeglichen werden soll, der eine Folge davon ist, daß die jungen Aktien in der Regel zu einem Kurs ausgegeben werden, der unter dem Kurs der alten Aktien liegt. Nach der Kapitalerhöhung bildet sich ein einheitlicher Kurs (Mittelkurs) für alle Aktien. Das Bezugsrecht wird so berechnet, daß der Kursverlust an den alten durch den Kursgewinn an den neuen Aktien ausgeglichen wird. Ist ein Aktionär nicht an der Übernahme junger Aktien interessiert, so kann er sein Bezugsrecht an der Börse verkaufen und erhält dadurch den Ausgleich für den Kursverlust seiner alten Aktien.

Für die **KGaA** gelten für die Einbringung des Grundkapitals und die Durchführung von Kapitalerhöhungen die Regelungen des Aktienrechts, ebenso können Kommanditaktien auch in den Börsenhandel aufgenommen werden. Daneben kann Eigenkapital von den persönlich haftenden Gesellschaftern in Form von nicht auf das Grundkapital geleisteten Einlagen eingebracht werden.[45]

Obwohl auch die **GmbH** ein festes Nominalkapital (Stammkapital mindestens 50.000 DM) hat, entsprechen ihre Kapitalbeschaffungsmöglichkeiten eher denen einer Personengesellschaft als denen einer AG. Die GmbH-Anteile (Mindestanteil je Gesellschafter 500,– DM) sind nicht teilbar und werden nicht am Kapitalmarkt gehandelt. Die Zahl der Gesellschafter ist bei der GmbH in der Regel wesentlich kleiner als bei der AG. Die Erweiterung der Eigenkapitalbasis ist entweder durch (beschränkte oder unbeschränkte) **Nachschußzahlungen,** die in der Satzung vorgesehen sein müssen, oder durch Aufnahme neuer Gesellschafter möglich. Da die neuen Gesellschafter automatisch entsprechend ihren Anteilen an den stillen und offenen Rücklagen beteiligt werden, ist zuzüglich zu ihren Stammeinlagen ein Agio zu fordern, das dem Anteil der neuen Gesellschafter an den Rücklagen entspricht.

cc) Genossenschaften

Auch die Eigenkapitalbeschaffungsmöglichkeiten der **Genossenschaften** sind geringer als die der AG. Die Höhe des Eigenkapitals schwankt mit der Zahl der Mitglieder, es ist kein festes Grundkapital gesetzlich vorgeschrieben. Da jedes Mitglied in der Generalversammlung nur eine Stimme hat, ist der Erwerb mehrerer Genossenschaftsanteile wenig attraktiv. Scheidet ein Mitglied aus der Genossenschaft aus, so ist es im Konkursfalle nicht mehr haftbar. Das Statut kann jedoch eine Regelung enthalten, nach der die Genossen im Konkursfall beschränkte oder unbeschränkte **Nachschüsse** zur Befriedigung der Gläubiger der Genossenschaft leisten müssen;[46] diese Nachschußpflicht kann den Genossen auch nach seinem Ausscheiden treffen.

---

[45] Vgl. § 281 Abs. 2 AktG
[46] Vgl. §§ 6 Nr. 3, 105 GenG

Erhält der Genosse seinen Geschäftsanteil zurück, so vermindert sich das Eigenkapital der Genossenschaft und damit auch ihre Kreditbasis. Hier wird der finanzierungsmäßige Unterschied zur Aktiengesellschaft deutlich. Ein Aktionär kann nur durch den Verkauf seiner Aktien sein Gesellschaftsverhältnis beenden. Das Grundkapital der Aktiengesellschaft bleibt aber unverändert, da an die Stelle des ausscheidenden ein neuer Aktionär tritt.

Die Genossenschaften sind verpflichtet, in das Statut Bestimmungen über die Bildung einer **gesetzlichen Rücklage** aufzunehmen, die zur Deckung von Verlusten dient.[47] Außerdem muß aus dem Statut ersichtlich sein, welcher Teil des jährlichen Gewinns in die Rücklage einzustellen ist, bis der im Statut angegebene Mindestbetrag der Rücklage erreicht ist. Die Rücklagen sind der Teil des Eigenkapitals einer Genossenschaft, der nicht von den Mitgliederbewegungen berührt wird und folglich für die Kreditwürdigkeit der Genossenschaft von besonderer Bedeutung ist.

b) Fremdkapitalbeschaffung

aa) Personenunternehmungen

Die Kreditbasis der einzelnen Rechtsformen ist unterschiedlich. Sie hängt einerseits von der Höhe des Eigenkapitals und den Möglichkeiten ab, die Eigenkapitalbasis zu erweitern, andererseits von den Haftungsverhältnissen und den Rechtsvorschriften, durch die die Sicherheit der Gläubiger gewährleistet und damit das Vertrauen in die Kreditwürdigkeit und Kreditsicherheit vergrößert wird. Neben diesen – oft sogar vor diesen – Faktoren wird die Kreditwürdigkeit eines Betriebes von den tatsächlichen wirtschaftlichen Verhältnissen, insbesondere der Ertragslage, dem guten Ruf, den persönlichen Fähigkeiten des Unternehmers oder der Geschäftsführer, der Marktposition u. a. bestimmt.

Sieht man zunächst von diesen nicht durch die Rechtsform bedingten Faktoren ab, so ist die OHG in der Regel kreditwürdiger als die Einzelunternehmung, weil wenigstens zwei Gesellschafter unbeschränkt haften.

Nachteilig auf die Kreditwürdigkeit der **Einzelunternehmung** wirkt sich insbesondere bei langfristiger Fremdfinanzierung aus, daß das Schicksal des Betriebes von dem des Unternehmers abhängt. Sein Tod kann zu einer Auflösung des Betriebes führen. Das Risiko der Kreditgeber ist also besonders groß. Die Gewährung langfristigen Fremdkapitals wird deshalb häufig davon abhängig gemacht, daß dem Kreditgeber gewisse **Mitsprache-** und **Kontrollrechte** eingeräumt werden und damit ein wesentlicher Vorteil der Einzelunternehmung – das Recht des Unternehmers, alle Führungsentscheidungen allein zu treffen – geschmälert wird.

Bei der **OHG** ist die Gefahr, daß die Gesellschaft durch den Tod eines Gesellschafters aufgelöst werden muß, zwar geringer, jedoch kann auch hier der Bestand des Betriebes durch das Ausscheiden eines Gesellschafters oder der Erben eines verstorbenen Gesellschafters in Frage gestellt werden. Der

---

[47] Vgl. § 7 Nr. 2 GenG

Kreditgeber wird deshalb prüfen müssen, welche Regelungen der Gesellschaftsvertrag für den Fall der Auseinandersetzung vorsieht und welche Zusagen er erhält, daß für die Dauer des Kreditverhältnisses die von ihm kalkulierten Risiken nicht durch Änderung des Gesellschaftsvertrages vergrößert werden.

Auf Grund der unbeschränkten Haftung der Gesellschafter der OHG könnte man vermuten, daß diese Rechtsform auch grundsätzlich kreditwürdiger als die KG und die GmbH ist. Auf die **Kreditwürdigkeit der KG** wirkt sich jedoch die Tatsache positiv aus, daß die persönlichen Bindungen der Kommanditisten an die Gesellschaft in der Regel geringer als die der Gesellschafter der OHG sind und folglich durch **Neuaufnahme** weiterer Kommanditisten die Eigenkapitalbasis leichter erweitert werden kann. Positiv ist weiterhin zu beurteilen, daß die Einlagen der Kommanditisten im Handelsregister eingetragen sind und eine **Rückzahlung** durch die Gesellschaft den Gläubigern gegenüber als **nicht geleistet gilt.**

Ebenso brauchen die Gläubiger eine **Herabsetzung** der Kommanditeinlagen nicht gegen sich gelten zu lassen.[48] Eine Herabsetzung oder Rückzahlung der Kommanditeinlagen kann erst nach Löschung im Handelsregister wirksam werden. Darüber hinaus verjähren auch Ansprüche aus Verbindlichkeiten gegenüber der Gesellschaft gegen einen Kommanditisten ebenso wie gegen einen Komplementär grundsätzlich erst fünf Jahre nach dem Ausscheiden des Gesellschafters oder nach der Auflösung der Gesellschaft.[49]

bb) Kapitalgesellschaften

Die infolge der beschränkten Haftung der Gesellschafter geringere **Kreditwürdigkeit der GmbH** wird in der Praxis insbesondere bei kleiner Gesellschafterzahl und enger persönlicher Bindung häufig dadurch erhöht, daß Kredite außerhalb der Gesellschaft im Privatvermögen der Gesellschafter gesichert werden (z. B. durch Grundpfandrechte). Auch ist es nicht selten, daß die Gesellschafter einer OHG außerhalb der Gesellschaft über wenig Privatvermögen verfügen, so daß die wirtschaftliche Potenz einer großen GmbH trotz beschränkter Haftung eine bessere Sicherheit als das geringe Privatvermögen der Gesellschafter der OHG bedeutet. Es kommt also auf den Einzelfall an, und es lassen sich nur unter sehr engen Voraussetzungen generelle Aussagen über eine von der Rechtsform abhängige Kreditwürdigkeit von Personenunternehmen und GmbH machen.

Die besten Möglichkeiten der Fremdkapitalbeschaffung besitzen die **AG** und die **KGaA**, weil einerseits das Aktiengesetz und das für die Rechnungslegung maßgebende HGB zahlreiche Vorschriften enthalten, die dem Schutze der Gläubiger dienen, und weil andererseits besondere langfristige Finanzierungsformen (insbesondere die Emission von Schuldverschreibungen, Wandelschuldverschreibungen und Gewinnschuldverschreibungen) vor allem den großen börsenfähigen Gesellschaften offenstehen. Außerdem kann bei

---

[48] Vgl. § 172 Abs. 4 HGB
[49] Vgl. § 159 Abs. 1 HGB i. V. m. § 161 Abs. 2 HGB

guter Ertragslage durch Ausgabe junger Aktien die Eigenkapitalbasis als Grundlage der Kreditwürdigkeit vergrößert werden. Positiv wirkt sich ferner die Unkündbarkeit des Grundkapitals seitens der Anteilseigner und damit die Tatsache aus, daß die Existenz der Gesellschaft vom Schicksal der Gesellschafter unabhängig ist. Bei der KGaA kann sich darüber hinaus die unbeschränkte Haftung des Komplementärs positiv auf das Kreditpotential auswirken.

Der Gläubigerschutz soll insbesondere durch – auch für die GmbH geltende – strenge Bilanzierungs- und Bewertungsvorschriften, die eine zu günstige Darstellung der Vermögens-, Finanz- und Ertragslage der Gesellschaft verhindern sollen, erreicht werden. Durch den Zwang zur Bildung gesetzlicher Rücklagen, die nur zur Verlusttilgung, dagegen nicht zur Dividendenzahlung aufgelöst werden dürfen, soll vermieden werden, daß alle erzielten Gewinne ausgeschüttet werden. Die gesetzliche Pflichtprüfung des Jahresabschlusses und der Zwang zu seiner Veröffentlichung **(Publizitätspflicht)**, besondere Schutzvorschriften bei der ordentlichen Kapitalherabsetzung sowie qualifizierte Mehrheiten in der Hauptversammlung bei Beschlüssen von besonderer wirtschaftlicher Tragweite (z.B. Kapitalherabsetzung, Fusion) tragen ebenfalls zur Verbesserung der Kreditwürdigkeit und damit der Fremdkapitalbeschaffung bei. Nicht selten sind Banken als Großgläubiger im Aufsichtsrat vertreten und erhalten so laufend Informationen über die wirtschaftliche Lage des Schuldners.

6. Steuerbelastung

a) Überblick

Die Besteuerung der einzelnen Rechtsformen sollte sich vom betriebswirtschaftlichen Standpunkt betrachtet in einer Weise vollziehen, daß von der steuerlichen Seite aus kein Einfluß auf ihre Wahl ausgeht, damit vermieden wird, daß wichtige sonstige wirtschaftliche Überlegungen (z.B. Finanzierungsform, Kreditwürdigkeit als Folge der Haftung usw.) zugunsten momentan gegebener Steuervorteile vernachlässigt werden.

Die historische Entwicklung der Besteuerung der einzelnen Rechtsformen zeigt jedoch, daß steuerliche Motive bei der Wahl der Rechtsform oft die Oberhand gewonnen haben und Betriebe beispielsweise die Form der Kapitalgesellschaft vorgezogen haben, weil sie zu gewissen Zeiten (z.B. in den zwanziger Jahren und in der Zeit nach dem 2. Weltkrieg bis etwa 1953, als man von einer „Flucht in die Kapitalgesellschaft", insbesondere in die GmbH, gesprochen hat) geringer besteuert wurde als die Personengesellschaften, obwohl für diese Betriebe auf Grund ihrer betrieblichen Struktur und Zielsetzung, insbesondere ihrer Betriebsgröße, vom wirtschaftlichen Standpunkt aus die Form der Personengesellschaft zweckmäßiger gewesen wäre. Umgekehrt haben Betriebe – da ihre Gesellschafter ihre Haftung beschränken wollten und ursprünglich aus diesem Grunde die Form der Kapitalgesellschaft, z.B. die GmbH, gewählt hatten – eine Umwandlung in eine Personengesellschaft, bei der die beschränkte Haftung für alle Gesellschafter aufrechterhalten werden kann (GmbH & Co KG), vorgenommen, wenn die Kapitalgesellschaft infolge einer Änderung der Steuergesetzgebung wieder vergleichsweise höher besteuert wurde, wie das z. B. heute besonders für kleinere und mittlere Betriebsgrößen der Fall ist.

Untersucht man, welche durch die Steuergesetzgebung gesetzten Faktoren die Wahl der Rechtsform eines Betriebes beeinflussen können, so sind vor allem drei Problemkreise von Bedeutung:[50]

(1) Der stärkste Einfluß auf die Wahl der Rechtsform geht von Unterschieden in der laufenden Besteuerung des in Personen- und Kapitalgesellschaften erzielten **Gewinns** und **Gewerbeertrags** und des in diesen Gesellschaften eingesetzten **Vermögens** und **Gewerbekapitals** aus. Diese Unterschiede beruhen im wesentlichen auf drei Faktoren:

    a) der Anwendung **unterschiedlicher Steuerarten** (z. B. Körperschaftsteuer und Vermögensteuer für Kapitalgesellschaften, aber nicht für Personengesellschaften);

    b) der **unterschiedlichen Ermittlung der Bemessungsgrundlagen** (z. B. bei der Gewinnermittlung nach dem Einkommen- und Körperschaftsteuergesetz, bei der Ermittlung des Gewerbeertrages und -kapitals, bei der Ermittlung des Einheitswertes des Betriebsvermögens oder des Wertes der Anteile der Gesellschafter an der Gesellschaft);

    c) der **unterschiedlichen Tarifgestaltung** (z. B. Freibetrag und Staffelung der Meßzahlen bei der Gewerbeertragsteuer der Personenunternehmen, nicht aber der Kapitalgesellschaften; unterschiedliche Höhe des Einkommensteuerspitzensatzes und des Körperschaftsteuersatzes für von Kapitalgesellschaften thesaurierte Gewinne).

Welche Rechtsform die geringste steuerliche Belastung eines Betriebes und seiner Unternehmer hervorruft, muß anhand von Steuerbelastungsvergleichen ermittelt werden.

(2) Ein weiteres Kriterium für die Wahl der sonst wirtschaftlich zweckmäßigsten Rechtsform kann die **steuerliche Belastung des Umwandlungsvorgangs** sein. Die Besteuerung der Umwandlung kann zur Folge haben, daß ein vom wirtschaftlichen Standpunkt aus zweckmäßiger und notwendiger Wechsel der Rechtsform verhindert wird, da sie einen plötzlichen finanziellen Eingriff in einen laufenden Betriebsprozeß bedeutet, den der Betrieb sich ohne Schaden nicht leisten kann. Es muß deshalb untersucht werden, welchen Einfluß die Umwandlungssteuergesetzgebung auf die Wahl der wirtschaftlich zweckmäßigsten Rechtsform hat.

(3) Ein dritter Problemkreis waren – bis zur Aufhebung der Kapitalverkehrsteuern – die steuerlichen Unterschiede der verschiedenen Rechtsformen bei der **Gründung und Kapitalerhöhung**. Diese Unterschiede waren von nur geringer Entscheidungsrelevanz, da es sich bei der Besteuerung der Gründung bzw. Kapitalerhöhung um eine einmalige Belastung (Gesellschaftsteuer, aufgehoben mit Wirkung vom 1. 1. 1992) handelt,

---

[50] Vgl. Wöhe, G., Betriebswirtschaftliche Steuerlehre, Band II, 1. Halbband, a. a. O., S. 30 ff.

die deshalb in der Regel die betriebswirtschaftlichen Überlegungen nicht wesentlich beeinträchtigte, da sie durch andere wirtschaftliche Vorteile einer bei der Gründungsbesteuerung ungünstiger behandelten Rechtsform kurzfristig kompensiert werden konnte.

Wenn man die Besteuerung der Rechtsformen, deren sich der Betrieb bedienen kann, vergleichend betrachtet, so braucht man nicht von jeder einzelnen Rechtsform auszugehen, sondern kann vier Gruppen bilden:
(1) die Einzelunternehmungen und die Personengesellschaften (Offene Handelsgesellschaft, Kommanditgesellschaft und stille Gesellschaft);
(2) die Kapitalgesellschaften (GmbH, Aktiengesellschaft und Kommanditgesellschaft auf Aktien);
(3) die Kombinationen zwischen Personen- und Kapitalgesellschaften (GmbH & Co KG, AG & Co KG, Doppelgesellschaft) und
(4) die Sonderformen wie Erwerbs- und Wirtschaftsgenossenschaften, öffentliche Betriebe und Stiftungen.

b) Vergleich der steuerlichen Belastung von Personen- und Kapitalgesellschaften[51]

aa) Allgemeines

Der wesentlichste Unterschied in der Besteuerung der in Personenunternehmen und in Kapitalgesellschaften erzielten Gewinne und des in diesen Betrieben eingesetzten Vermögens besteht darin, daß erstere – da sie für diese Steuern **keine selbständigen Steuersubjekte** sind – keinen einkommensteuerpflichtigen Gewinn und kein vermögensteuerpflichtiges Vermögen haben können, sondern eine Einkommensteuerpflicht nur beim Alleinunternehmer bzw. bei den Mitunternehmern entsteht, und zwar unabhängig davon, ob die Gewinne entnommen oder im Betrieb belassen werden. Entscheidend für die Steuerpflicht ist also nicht der Zeitpunkt, an dem der Gewinn dem Steuerpflichtigen als Einkommen zufließt, sondern an dem der Gewinn im Betriebe entstanden ist.

Bei den Kapitalgesellschaften wird durch die Zwischenschaltung einer juristischen Person, also einer Körperschaft mit eigener Rechtspersönlichkeit, die ein **selbständiges Steuersubjekt** ist, eine Körperschaftsteuerpflicht auf das „Einkommen" (Gewinn) und eine Vermögensteuerpflicht auf das „Vermögen" der juristischen Person begründet. Die gleichen wirtschaftlichen Werte werden noch einmal als Vermögen der Anteilseigner bei diesen der Vermögensteuer unterworfen.

Durch die ab 1. 1. 1977 eingeführte Anrechnung der von der Kapitalgesellschaft auf die ausgeschütteten Teile des Gewinns gezahlten Körperschaftsteuer auf die Einkommensteuerschuld der Anteilseigner wird zwar die frühere **steuerliche Doppelbelastung** dieser Gewinne **vermieden,** während sie

---

[51] Vgl. Wöhe, G., Bieg, H., Grundzüge der Betriebswirtschaftlichen Steuerlehre, 4. Aufl., München 1995, S. 208 ff. sowie die in die Einzelheiten gehende Darstellung bei Wöhe, G., Betriebswirtschaftliche Steuerlehre, Band II, 1. Halbband, a. a. O., S. 35 ff.

bis dahin durch den ermäßigten Körperschaftsteuertarif für ausschüttungsfähige Gewinne[52] lediglich gemildert wurde, an der selbständigen Besteuerung des „Einkommens" der juristischen Person hält der Steuergesetzgeber aber unverändert fest.

Die Aufhebung der Doppelbelastung der Gewinne der Kapitalgesellschaften durch das Anrechnungssystem beseitigt nicht automatisch die Unterschiede in der Gewinnsteuerbelastung von Kapital- und Personengesellschaften. Zwar ist es richtig, daß der an die Anteilseigner ausgeschüttete Gewinn im Endergebnis nur noch der individuellen Einkommensteuer des Anteilseigners unterliegt. Dennoch aber ist der **Einfluß der Besteuerung auf die Wahl der Rechtsform nicht völlig aufgehoben** und die Wettbewerbsneutralität nicht in vollem Umfange hergestellt worden, weil es beim Vergleich der steuerlichen Vorteilhaftigkeit einer Kapitalgesellschaft und einer Personengesellschaft nicht allein darauf ankommt, daß alle ausgeschütteten Gewinne bei den Gesellschaftern nur nach deren individuellen Verhältnissen besteuert werden, sondern weil **drei weitere Bedingungen** erfüllt sein müssen:

(1) Die Gewinnermittlung muß – da sie auch für die Gewerbesteuer von Bedeutung ist – bei Betrieben aller Rechtsformen nach den gleichen Grundsätzen erfolgen.

(2) Die aus einem Gewinn vor Steuern mögliche Gewinnausschüttung bzw. Gewinnthesaurierung muß von der Rechtsform unabhängig sein.

(3) Nicht nur die ausgeschütteten, sondern auch die im Betriebe zur Finanzierung neuer Investitionen oder – in Zeiten starker Geldentwertung und Preissteigerungen – zur Substanzerhaltung zurückbehaltenen Teile des Nominalgewinns müssen in allen Betrieben nach den gleichen Regeln besteuert werden.

Auch nach Durchführung der Körperschaftsteuerreform und der ihr gefolgten Steuerreformmaßnahmen wird keine der drei genannten Bedingungen erfüllt. Thesaurierte Gewinne werden bei Personengesellschaften nicht anders als ausgeschüttete Gewinne behandelt: der Gesamtgewinn wird im Wege der **einheitlichen Gewinnfeststellung**[53] von der Gesellschaft ermittelt, auf die Gesellschafter entsprechend dem Gewinnverteilungsschlüssel aufgeteilt und von ihnen mit ihrem **individuellen Einkommensteuersatz** versteuert, gleichgültig ob der Gewinn entnommen oder thesauriert wird. Bei Kapitalgesellschaften unterliegt der zurückbehaltene Gewinn einer **proportionalen Körperschaftsteuer** von 45%. (ÜB 2/62–67)

bb) Unterschiede bei der Ermittlung des Gewinns und Gewerbeertrages

Neben der Anwendung unterschiedlicher Steuerarten bestehen auch Unterschiede in der Ermittlung des steuerpflichtigen Gewinns, die automatisch zu rechtsformabhängigen Unterschieden in der **Gewerbesteuerbelastung** führen. Alle Einkünfte, die die Gesellschafter einer **Personengesellschaft** aus der Gesellschaft beziehen, gelten einkommensteuerrechtlich als **Einkünfte**

---

[52] Vgl. § 19 Abs. 1 Nr. 1 KStG 1975
[53] Vgl. §§ 179 und 180 AO

aus Gewerbebetrieb. Dazu zählen nach § 15 Abs. 1 Nr. 2 EStG nicht nur „die Gewinnanteile der Gesellschafter einer Offenen Handelsgesellschaft, einer Kommanditgesellschaft und einer anderen Gesellschaft, bei der der Gesellschafter als Unternehmer (Mitunternehmer) anzusehen ist", sondern auch „die Vergütungen, die der Gesellschafter von der Gesellschaft für seine Tätigkeit im Dienst der Gesellschaft oder für die Hingabe von Darlehen oder für die Überlassung von Wirtschaftsgütern bezogen hat".

Die Einkünfte aus Gewerbebetrieb, die Gesellschafter von Personengesellschaften erzielen können, setzen sich also nicht nur aus Gewinnanteilen, die die Gesellschaft mit dem Gewerbebetrieb erzielt, sondern auch aus **Sondervergütungen** zusammen, die – wenn sie an Nichtgesellschafter gezahlt würden – als Betriebsausgaben den Erfolg der Steuerbilanz mindern und bei diesen Personen zu anderen Einkunftsarten zählen würden (Einkünfte aus nichtselbständiger Arbeit, aus Vermietung und Verpachtung, aus Kapitalvermögen).

Bei den **Kapitalgesellschaften** dagegen sind auch die Gehälter der geschäftsführenden Gesellschafter sowie Vergütungen der oben genannten Art **als Betriebsausgaben abzugsfähig.** Sie sind nicht als „Sondervergütungen" den Gewinnanteilen (Dividenden) der Gesellschafter (Anteilseigner) hinzuzurechnen, sondern werden bei diesen der Einkunftsart zugerechnet, die aufgrund der zivilrechtlichen Vertragsgestaltung in Betracht kommt. Die Gewinnanteile zählen zu den Einkünften aus Kapitalvermögen und nicht zu den Einkünften aus Gewerbebetrieb.

Die übrigen in § 15 Abs. 1 Nr. 2 EStG aufgezählten Vergütungen sind bei der Ermittlung des körperschaftsteuerlichen Gewinns ebenso wie in der Handelsbilanz auch dann als Betriebsausgaben (Aufwand) abzugsfähig, wenn sie Anteilseignern oder geschäftsführenden Gesellschaftern zufließen. Die steuerliche Gewinnermittlung erfolgt also in Personengesellschaften nach anderen Prinzipien als in Kapitalgesellschaften und zwar selbst dann, wenn in der Handelsbilanz keine Unterschiede in der Gewinnermittlung bestehen, mit anderen Worten, ein gleich hoher Handelsbilanzgewinn führt **je nach der gewählten Rechtsform** zu einem unterschiedlich hohen Steuerbilanzgewinn.

Die Grundlage für die Ermittlung des Gewerbeertrages ist der einkommen- bzw. körperschaftsteuerpflichtige Gewinn. Folglich sind im Gewerbeertrag der Personengesellschaften sämtliche im einkommensteuerpflichtigen Gewinn enthaltenen Vergütungen enthalten, die für besondere Leistungen der Gesellschafter gezahlt werden, während derartige Vergütungen bei der Ermittlung des körperschaftsteuerpflichtigen Gewinns als Betriebsausgaben abgezogen werden dürfen und folglich – da Hinzurechnungsvorschriften nicht bestehen – nicht Bestandteil des Gewerbeertrages sind.

cc) Unterschiede in der Höhe der möglichen Gewinnausschüttung

Die mögliche Gewinnausschüttung aus einem gegebenen Gewinn vor Steuern ist unterschiedlich hoch, weil die Kapitalgesellschaften im Gegensatz zu den Personengesellschaften selbständig der Vermögensteuer unterworfen werden und diese bei der Ermittlung des körperschaftsteuerpflichtigen Gewinns nicht abzugsfähig ist, sondern aus mit Körperschaftsteuer belastetem Eigenkapital gezahlt werden muß. Folglich muß **Körperschaftsteuer auf die Vermögensteuer** gezahlt werden. Beide Steuern zusammen reduzieren den zur Ausschüttung oder Thesaurierung zur Verfügung stehenden Gewinn bei Kapitalgesellschaften, jedoch nicht bei Personengesellschaften. Das zeigt folgendes Beispiel, bei dem unterstellt wird, daß mit einem Betriebsvermögen, dessen vermögensteuerliche Bemessungsgrundlage[54] 2.000.000 DM beträgt ein Gewinn vor Steuern von 400.000 DM (Fall 1) bzw. von 100.000 DM (Fall 2) erzielt wird. Die Gewerbesteuer wird nicht berücksichtigt.

Aus dem Beispiel (vgl. S. 358), das den geltenden Thesaurierungssteuersatz für Kapitalgesellschaften von 45% zugrunde legt, ergibt sich, daß ein Gewinn von 100.000 DM bzw. 400.000 DM vor Steuern, der in einer Personengesellschaft einem verfügbaren Einkommen vor Einkommensteuer von 100.000 DM bzw. 400.000 DM entspricht, bei einer Kapitalgesellschaft im Fall 2 zu einem Gewinn vor Einkommensteuer von 78.183 DM, im Fall 1 von 378.183 DM führt.

Daraus sind **zwei Folgerungen** zu ziehen: **Erstens** ist die Kapitalgesellschaft in jedem Falle um die Vermögensteuer und die darauf entfallende Körperschaftsteuer schlechter gestellt als die Personengesellschaft.[55] Eine Anerkennung der Vermögensteuer als Betriebsausgabe bei der Ermittlung des körperschaftsteuerpflichtigen Gewinns hätte diese wettbewerbsverzerrende Körperschaftsteuer von 81,81%[56] der Vermögensteuer beseitigen können.

Darüber hinaus hätte eine Aufhebung der selbständigen Vermögensteuerpflicht der Kapitalgesellschaften die wettbewerbsverzerrende Wirkung überhaupt beseitigt. Sie wäre im Rahmen der Vermögensteuerreform dringend geboten gewesen, da sich gegen die wirtschaftliche Doppelbelastung des in Kapitalgesellschaften investierten Vermögens einerseits die gleichen Argumente vorbringen lassen wie gegen die wirtschaftliche Doppelbelastung der Gewinne, andererseits aber noch ein besonders schwerwiegendes Argument hinzukommt, nämlich die Tatsache, daß die Vermögensteuer auch dann zu entrichten ist, wenn Gewinne nicht erzielt werden und folglich die Kapitalgesellschaften in Verlustjahren härter getroffen werden als die Personengesellschaften.

---

[54] Bei der Ermittlung der vermögensteuerlichen Bemessungsgrundlage sind vom Einheitswert des Betriebsvermögens 75% des den Freibetrag in Höhe von 500.000 DM übersteigenden Teils anzusetzen (vgl. § 117a Abs. 1 BewG). Der Einheitswert des Betriebsvermögens beläuft sich im Beispiel daher auf 3.166.667. Die Bemessungsgrundlage ermittelt sich wie folgt: (3.166.667 − 500.000) · 0,75 = 2.000.000.

[55] Allerdings darf der kompensatorische Effekt nicht übersehen werden, der darin besteht, daß die Gesellschafter der Kapitalgesellschaft infolge des geringeren verfügbaren Einkommens vor Einkommensteuer auch weniger Einkommensteuer als die Gesellschafter der Personengesellschaft zu entrichten haben.

[56] $\dfrac{100 \times 45}{100 - 45} = 81{,}81\%.$

Zweitens zeigt das Beispiel, daß die prozentuale Reduzierung des zur Ausschüttung verwendbaren Einkommens einer Kapitalgesellschaft im Vergleich zu einer Personengesellschaft eine **Funktion der Kapitalrendite** ist. Je niedriger diese ist, desto höher ist der zur Zahlung der Vermögensteuer und der darauf entfallenden Definitiv-Körperschaftsteuer benötigte prozentuale Anteil des Gewinns.

Beispiel:

Lfd. Nr.		Fall 1	Fall 2
1	Gewinn vor Steuern	400.000	100.000
2	VSt (0,6% von 2 Mio. DM)	./. 12.000	./. 12.000
3	KSt auf VSt (81,81% von Nr. 2)	./. 9.817	./. 9.817
4	Verfügbares Einkommen vor ESt (Barausschüttung + KSt + Anrechnung)	= 378.183	= 78.183
5	KSt insgesamt (45% von Nr. 1)	180.000	45.000
6	Definitiv-KSt auf VSt	./. 9.817	./. 9.817
7	KSt-Tarifbelastung auf Nr. 4	= 170.183	= 35.183
8	Definitiv-KSt in v. H. der KSt insgesamt (Nr. 6 in v. H. von Nr. 5)	5,45%	21,82%
9	Verfügbares Einkommen vor ESt bei Pers.Ges. (Nr. 1)	400.000	100.000
10	Verfügbares Einkommen vor ESt bei GmbH (Nr. 4)	./. 378.183	./. 78.183
11	Differenz zugunsten der Pers.-Ges. absolut (Nr. 9 ./. Nr. 10)	= 21.817	= 21.817
12	Differenz zugunsten der Pers.-Ges. in v. H. (Nr. 11 in v. H. von Nr. 9)	5,45%	21,82%

dd) Unterschiede in der Belastung nicht entnommener Gewinne

Die Vorteilhaftigkeit einer Rechtsform im Hinblick auf die **steuerliche Belastung der Selbstfinanzierung** durch Gewinnthesaurierung hängt neben der Rechtsform selbst auch von der Höhe des thesaurierten Gewinnes ab. Begründet wird dieser Unterschied durch den von Kapitalgesellschaften anzuwendenden Thesaurierungssteuersatz von 45% einerseits und durch die Besteuerung der auf die Gesellschafter einer Personengesellschaft entfallenden Gewinne im Rahmen der progressiven Einkommensbesteuerung mit einem Spitzensteuersatz von bis zu 53% andererseits.

Die Maßstäbe für einen Vergleich der Belastung der Gewinnthesaurierung sind der Körperschaftsteuersatz von 45% und das gewogene arithmetische Mittel der Einkommensteuerdurchschnittsätze der Gesellschafter einer Personengesellschaft. Nur bei sehr hohen zu versteuernden Gewinnen der letzteren erweist sich die Gewinnthesaurierung bei einer Kapitalgesellschaft als weniger stark mit Steuern belastet.[57]

Bei kleinen und mittleren Betriebsgrößen ist die Thesaurierungsbelastung bei Kapitalgesellschaften in der Regel wesentlich höher als bei Personengesellschaften.

Allerdings besteht für Kapitalgesellschaften theoretisch die Möglichkeit, durch **Ausschüttung aller Gewinne und Wiedereinlage** der zur Selbstfinanzierung benötigten Gewinnteile die Körperschaftsteuer auf die Ausschüttung durch Anrechnung bzw. Vergütung zu neutralisieren und somit die Besteuerung der Selbstfinanzierung derjenigen von Personengesellschaften anzugleichen. Die praktischen Möglichkeiten, durch Ausschüttung und Wiedereinlage die Besteuerung der thesaurierten Gewinne auf die individuelle Einkommensteuerbelastung der Gesellschafter herunterzuschleusen, sind begrenzt.

Zunächst darf nicht übersehen werden, daß weiterhin die von der Einkommensteuer getroffenen Gewinnanteile in der Regel auch der **Kirchensteuer** unterliegen und daß bis zum 31. 12. 1991 bei der Wiedereinlage in Form von Eigenkapital **Gesellschaftsteuer** anfiel. Wenn der Betrieb bestimmte Teile des Gewinns zur Selbstfinanzierung verwenden will, ist es unter Berücksichtigung dieser zusätzlichen Steuerbelastung seit dem 1. 1. 1992 immer dann zweckmäßig, sofort zu thesaurieren, wenn die Summe aus Einkommensteuer und Kirchensteuer größer als 45% des Gewinns vor Steuern ist.[58]

Neben diesen einfachen Rechenoperationen beeinflussen aber noch andere Überlegungen die Entscheidung über Ausschüttung und Wiedereinlage bzw. Gewinnaufspaltung. So ist das sog. „Schütt-aus-hol-zurück"-Verfahren bei anonymem Anteilsbesitz nicht möglich. Bei Gesellschaften, deren Gesellschafter namentlich bekannt sind, ist es nur durchführbar, wenn die Gesellschafter ihm zustimmen. Je größer die Zahl der Gesellschafter ist, desto heterogener ist ihre Interessenlage.

ee) Kein Verlustausgleich bei den Anteilseignern

Ein Nachteil der Kapitalgesellschaft, der sich insbesondere bei solchen Gesellschaften auswirkt, die aufgrund ihrer Größe und personellen Zusammensetzung auch in der Rechtsform einer Personengesellschaft geführt werden könnten, ist die auch durch das Anrechnungssystem nicht beseitigte Tatsache, daß Verluste **stets im Bereich der Kapitalgesellschaft** bleiben. Im Gegensatz zu den Gewinnen können sie nicht den Anteilseignern zugerechnet werden. Folglich können die Anteilseigner anteilige Verluste nicht mit positiven Einkünften aus anderen Einkunftsarten verrechnen (Verlustausgleich) und ihre Einkommensteuerschuld sofort reduzieren. Die Verluste dürfen nur bei der Kapitalgesellschaft zurück- oder vorgetragen werden, d. h. mit früheren oder späteren Gewinnen ausgeglichen werden.

---

[57] Die Kirchensteuer, die ebenfalls Einfluß auf die Beurteilung der Vorteilhaftigkeit in einem solchen Vergleich hat, wurde nicht berücksichtigt. Sie beträgt je nach Bundesland 8% oder 9% der Einkommensteuer.

[58] Zur Berechnung vgl. S. 868 ff.

Verluste, die in Personengesellschaften anfallen, werden dagegen im Rahmen der einheitlichen Gewinnfeststellung ebenso wie die Gewinne auf die Gesellschafter verteilt und können von diesen – sieht man von der Einschränkung durch § 15a EStG bei Kommanditisten und stillen Gesellschaftern ab – im Rahmen ihrer Veranlagung zur Einkommensteuer mit anderen Einkünften ausgeglichen werden. Es kann somit bei den Gesellschaftern von Personengesellschaften ein **Liquiditätsvorteil** entstehen, der nicht eintreten würde, wenn man den Betrieb in der Rechtsform einer Kapitalgesellschaft gegründet hätte.

Verluste von Kapitalgesellschaften wirken sich bei den Anteilseignern nur dann steuermindernd aus, wenn die schlechte Ertragslage des Betriebes zu einem dauerhaften Sinken des Wertes der Anteile führt und folglich – falls die Anteile in einem Betriebsvermögen gehalten werden – die Anteilseigner eine **Teilwertabschreibung** vornehmen können, durch die ihr steuerpflichtiges Einkommen gemindert wird. Bei kleinerer und mittlerer Betriebsgröße, bei der bei der Rechtsformwahl die Alternative Kapitalgesellschaft oder Personengesellschaft tatsächlich besteht, dürfte es allerdings die Regel sein, daß die Anteile an einer Kapitalgesellschaft im Privatvermögen gehalten werden, so daß eine steuerwirksame Teilwertabschreibung nicht vorgenommen werden kann.

ff) Unterschiede in der Bewertung der Anteile

Die durch die doppelte steuerliche Belastung des Vermögens bedingte vermögensteuerliche Mehrbelastung der Kapitalgesellschaften, oder genauer gesagt, ihrer wirtschaftlichen Eigentümer, deren Erträge aus ihren Anteilen um die Vermögensteuer ihrer Gesellschaft gekürzt werden, wird durch die Anwendung unterschiedlicher Bewertungsverfahren bei der Bewertung von Anteilen an Personen- oder Kapitalgesellschaften verstärkt oder abgeschwächt. Während bei Personengesellschaften der nach den Vorschriften des Bewertungsgesetzes ermittelte **Einheitswert** des Betriebsvermögens auf die beteiligten Gesellschaften **aufgeteilt** wird, erfolgt die Bewertung von Anteilen an Kapitalgesellschaften entweder mit den maßgebenden Kursen[59] oder – bei nicht notierten Anteilen – nach dem **„Stuttgarter Verfahren".**[60]

Die Anteile an Personengesellschaften werden also zum **Substanzwert** bewertet. Hier waren bis zum 31. 12. 1992 die stillen Rücklagen aufzulösen, weil bei der Ermittlung des Einheitswertes des Betriebsvermögens der größte Teil der Wirtschaftsgüter zum Teilwert angesetzt werden mußte. Ab 1. 1. 1993 sind die Steuerbilanzwerte in die Vermögensaufstellung zu übernehmen und folglich die stillen Rücklagen nicht mehr aufzulösen. Ferner werden alle nicht bilanzierungsfähigen immateriellen Wirtschaftsgüter, die im **Firmenwert** eines Betriebes enthalten sind, und außerdem die zukünftigen Ertragsaussichten, die als **Kapitalisierungsmehrwert** Bestandteil des Firmenwertes sind, außer acht gelassen.

---

[59] Vgl. § 11 Abs. 1 BewG.
[60] Vgl. Abschn. 4ff. VStR.

Auch die Ermittlung des gemeinen Wertes der Betriebsgrundstücke nach dem **Sachwertverfahren**[61] oder dem **Ertragswertverfahren**[62] stellt keine Berücksichtigung des Ertragswertes dar, denn hier handelt es sich stets um Einzelbewertungen einzelner Wirtschaftsgüter, die zum Betriebsvermögen gezählt werden, nicht um die Kapitalisierung des Reinertrages des Betriebes. Bei der Bewertung der Anteile an **Kapitalgesellschaften** zum maßgebenden Kurs nach § 11 Abs. 1 BewG dagegen ist die Grundlage der **Börsenkurs,** in dem sich die Ertragslage, repräsentiert auch durch die Bestandteile des Firmenwertes, zeigt.

Das zur Bewertung nicht notierter Anteile angewendete „**Stuttgarter Verfahren**" legt der Berechnung des gemeinen Wertes den Substanzwert (Einheitswert des Betriebsvermögens) zugrunde, der durch Berücksichtigung der Ertragsaussichten einer gewissen Korrektur unterliegt. Dies führt dazu, daß bei guter Konjunkturlage die Bewertung zum Stuttgarter Verfahren **höher** ausfallen kann als die reine Substanzbewertung bei der Personengesellschaft, weil die Ertragserwartungen berücksichtigt werden müssen.

Die Höherbewertung ist aber nicht allein eine Folge der Berücksichtigung zukünftiger Erfolgsaussichten, sondern kann auch durch höheren Ansatz von Vermögenswerten bedingt sein. Bei der Ermittlung des Einheitswertes des Betriebsvermögens einer Personengesellschaft sind **Betriebsgrundstücke** nicht mit ihrem tatsächlichen Wert, sondern mit ihrem Einheitswert, zu dem ein **Zuschlag von 40%** gemacht werden muß,[63] im Einheitswert des Betriebsvermögens enthalten. Handelt es sich dagegen um Betriebsgrundstücke einer Kapitalgesellschaft, so sind sie bei der Ermittlung des Wertes der nicht notierten Anteile mit dem **Verkehrswert** anzusetzen, der in der Regel erheblich höher ist als der Einheitswert der Betriebsgrundstücke zuzüglich 40%. Das zeigt sich bereits darin, daß gem. Abschnitt 7 VStR Betriebsgrundstücke im Zweifel, d. h. wenn keine anderen Anhaltspunkte für den Verkehrswert vorliegen, **mit 280% des am jeweiligen Stichtag maßgeblichen Einheitswertes,** mindestens aber mit dem in der Steuerbilanz ausgewiesenen Wert, anzusetzen sind. Statt eines Zuschlags von 40% muß also ein Zuschlag von 180% zum Einheitswert gemacht werden.

Es bleibt also festzustellen, daß bei gleichen wirtschaftlichen Voraussetzungen der Anteil eines Gesellschafters an einem Betrieb in der Regel geringer bewertet wird, wenn der Betrieb in der Rechtsform einer Personengesellschaft statt in der Form einer Kapitalgesellschaft geführt wird. Lediglich bei länger anhaltender unterdurchschnittlicher Ertragslage könnte es zu einer niedrigeren Bewertung kommen.

gg) Unterschiede in der Vermögensteuerbelastung durch Gewährung von Freibeträgen

Im Bereich der Betriebsgrößen, bei denen sich die Wahl der Rechtsform als echte Alternative darstellt, spielt die Vorschrift des § 117a BewG eine

---

[61] Vgl. §§ 83 ff. BewG.
[62] Vgl. §§ 78 ff. BewG.
[63] Vgl. § 121 a BewG.

besondere Rolle. Sie erlaubt es, den für Zwecke der Vermögensteuer festzustellenden Einheitswert des Betriebsvermögens um 500.000 DM zu kürzen und den übersteigenden Teil lediglich mit 75% anzusetzen. Dieser **Freibetrag** wird einer Kapitalgesellschaft als selbständigem Steuersubjekt nur **einmal** gewährt, während bei Personengesellschaften **jeder** Gesellschafter diesen **Freibetrag** auf den auf ihn entfallenden Anteil am Einheitswert des Betriebsvermögens anwenden kann. Die Mehrfachgewährung des Freibetrages kann dazu führen, daß bei gleichem Einheitswert des Betriebsvermögens die Kapitalgesellschaft Vermögensteuer zu entrichten hat, während das in die Personengesellschaft investierte Vermögen bei den Gesellschaftern steuerfrei bleibt. Zusätzlich unterliegen die Gesellschafter der Kapitalgesellschaft mit ihren Anteilen der Vermögensteuer, da diese Anteile bei ihnen zum Kapitalvermögen (sonstigen Vermögen i. S. d. § 110 BewG) zählen, der Freibetrag von 500.000 DM aber nur beim Betriebsvermögen abgezogen werden kann.

Beispiel: Vier Gesellschafter stehen vor der Wahl, ein Unternehmen, das mit einem Kapital von 2.000.000 DM (Einheitswert des Betriebsvermögens) ausgestattet werden soll, entweder in der Rechtsform der GmbH oder der OHG zu gründen. Die folgende Tabelle zeigt die sich ergebende Vermögensteuerbelastung.

	OHG	GmbH
Einheitswert des Betriebsvermögens	2.000.000 DM	2.000.000 DM
Freibetrag gem. § 117a BewG	2.000.000 DM	875.000 DM[64]
Steuerpflichtiges Vermögen (gerundet)	–	1.125.000 DM
Vermögensteuerbelastung	–	6.750 DM
Definitivkörperschaftsteuer (100% der VSt)	–	6.750 DM
Gesamtsteuerbelastung	–	13.500 DM

64

Einheitswert	2.000.000 DM	
./. Freibetrag gem. § 117a Satz 1 BewG	500.000 DM	500.000 DM
= davon steuerfrei gem. § 117a Satz 2 BewG (25% von 1.500.000 DM)	1.500.000 DM	375.000 DM
Freibetrag insgesamt		875.000 DM

c) Die Bildung von gesetzlich nicht vorgesehenen Gesellschaftsformen zum Zwecke der Steuerminimierung

aa) Überblick

Eine Folge der unterschiedlichen steuerlichen Belastung von Personen- und Kapitalgesellschaften ist die Entwicklung sog. „kombinierter Rechtsformen" durch die Praxis. Diese Formen sind ein Alarmzeichen dafür, daß erhebliche Differenzen in der steuerlichen Belastung zwischen Personen- und Kapitalgesellschaften bestehen. Die wichtigsten Fälle kombinierter Rechtsformen sind die GmbH & Co KG und die verschiedenen Spielarten der Doppelgesellschaft, d. h. der Betriebsaufspaltung in zwei juristisch selbständige Bestandteile, von denen der eine in der Form einer Kapitalgesellschaft, der andere in der Form einer Personengesellschaft geführt wird.

Derartige Konstruktionen sind möglich, weil das Gesellschaftsrecht weitgehend **dispositives Recht** ist, weil also den Personen, die mit anderen ein Unternehmen bilden wollen, die Freiheit belassen bleibt, durch Gesellschaftsverträge eine Gestaltung der Rechtsverhältnisse vorzunehmen, die den wirtschaftlichen Gegebenheiten des Einzelfalles in weitem Maße Rechnung trägt. Die zivilrechtliche und insbesondere die steuerrechtliche Anerkennung dieser Konstruktionen ist – teilweise nach erheblichen Widerständen – heute durch die Wirtschaft erreicht worden. Es handelt sich bei diesen Konstruktionen in erster Linie um **Kombinationen von Personen- und Kapitalgesellschaften,** die den Betrieb in die Lage versetzen sollen, die zivilrechtlichen Vorteile der Kapitalgesellschaften auszunutzen, ohne ihre steuerlichen Nachteile in Kauf nehmen zu müssen.

Bei der Analyse der steuerlichen Vorteile dürfen die organisatorischen und kostenmäßigen Auswirkungen der Führung von Betrieben in den genannten kombinierten Rechtsformen nicht außer acht gelassen werden, da zusätzliche Aufwendungen oder sonstige Nachteile, die die GmbH & Co KG und die Doppelgesellschaft haben können (z. B. geringere Kreditwürdigkeit bei der GmbH & Co KG, getrennte Buchführung bei der Doppelgesellschaft), die steuerlichen Vorteile, deren zeitliche Dauer sich in der Regel nicht übersehen läßt, kompensieren oder überkompensieren können.

bb) Die GmbH & Co KG

Die GmbH & Co ist ihrer Konstruktion nach eine **Personengesellschaft,** und zwar in der Regel eine Kommanditgesellschaft, an der eine GmbH als Komplementär, d. h. als persönlich haftender Gesellschafter allein oder zusammen mit anderen Komplementären beteiligt ist. Alle oder einige Gesellschafter der Komplementär-GmbH können zugleich Kommanditisten der GmbH & Co KG sein. Es ist aber auch denkbar, daß die Gesellschafter der GmbH und die Kommanditisten der GmbH & Co KG verschiedene Personen sind.

Unter den verschiedenen rechtlich möglichen Varianten ist die steuerlich interessanteste Konstruktion die sog. **GmbH & Co KG im engeren Sinne.**

Bei einer solchen Gesellschaft sind die Gesellschafter der GmbH und die Kommanditisten der GmbH & Co KG die gleichen Personen. Weitere Gesellschafter sind nicht vorhanden. Dabei ist es gleichgültig, ob eine Gesellschaft von Anfang an als GmbH & Co KG gegründet wird oder bereits eine GmbH oder Kommanditgesellschaft vorhanden ist, die zur GmbH & Co KG erweitert wird. In jedem Falle sind zwei Gesellschaftsverträge erforderlich.

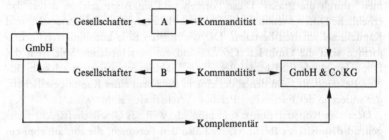

Abb. 68: Die GmbH & Co KG

Durch eine solche Konstruktion wird erreicht, daß alle als Gesellschafter beteiligten natürlichen Personen ihre Haftung auf ihre Einlagen beschränkt haben und die Gesellschaft dennoch eine Personengesellschaft ist und steuerlich als solche behandelt wird, obwohl die GmbH ihr den Namen gibt. **Unbeschränkt** als Komplementär **haftet nur die GmbH** mit ihrem Gesellschaftsvermögen. Da die Gesellschafter der Komplementär-GmbH und der GmbH & Co KG dieselben Personen sind, haben sie ihre Haftung einmal als Beteiligte der Komplementär-GmbH und zum zweiten als Kommanditisten der GmbH & Co KG beschränkt.

Durch das im Rahmen der Körperschaftsteuerreform eingeführte Anrechnungssystem hat die ausschließlich aus steuerlichen Erwägungen gebildete GmbH & Co KG ihre **Bedeutung nicht verloren.** Da das körperschaftsteuerliche Anrechnungssystem nur die auf die ausgeschütteten Gewinnanteile entrichtete Körperschaftsteuer auf die individuelle Einkommensteuerschuld der Anteilseigner anrechnet bzw. vergütet, werden die zur Selbstfinanzierung im Betriebe zurückbehaltenen Gewinnanteile auch in Zukunft um die Körperschaftsteuer (Steuersatz 45%) gekürzt. Werden in einer GmbH & Co KG die Gewinnanteile der Komplementär-GmbH voll ausgeschüttet, so wird die auf die Ausschüttung gezahlte Körperschaftsteuer bei den Anteilseignern voll auf die Einkommensteuerschuld angerechnet.

Die Gewinnanteile der Kommanditisten unterliegen – auch wenn sie zur Selbstfinanzierung in der Gesellschaft zurückbehalten werden, nur der **individuellen Einkommensteuerbelastung.** Ist diese wesentlich niedriger als 45% – und das wird bei kleinerer und mittlerer Betriebsgröße die Regel sein –, so kann die Belastung der Selbstfinanzierung auch in Zukunft durch Bildung einer GmbH & Co KG erheblich günstiger gestaltet werden als durch Bildung einer GmbH; es sei denn, alle Gesellschafter sind bereit, einer Vollausschüttung der Gewinne und einer Wiedereinlage nach Versteuerung stets zuzustimmen.

Bei **ertragstarken Unternehmen** kann dagegen die GmbH hinsichtlich der Einkommen- bzw. Körperschaftsteuerbelastung vorteilhafter als die GmbH & Co KG sein. Da der Einkommensteuerspitzensatz 53% beträgt, der Körperschaftsteuersatz für einbehaltene Gewinne dagegen nur 45%, ist es unter Umständen, d. h. in Abhängigkeit von der Gewinnhöhe, der Zahl der beteiligten Gesellschafter sowie deren individueller Einkommensteuersätze günstiger, entweder das Unternehmen in der Rechtsform der GmbH zu führen und die Gewinne zumindest teilweise zu thesaurieren oder aber bei Wahl der Rechtsform der GmbH & Co KG der Komplementär-GmbH in größerem Umfang Gewinne zur Thesaurierung zukommen zu lassen; die zweite Alternative wird allerdings i. d. R. eine höhere Vermögensteuerbelastung sowohl der Komplementär-GmbH selbst als auch ihrer Anteilseigner nach sich ziehen, deren Vermeidung sonst eines der Ziele der GmbH & Co KG ist.

Die Gewinnsteuerbelastung der GmbH & Co KG hängt von folgenden Größen ab:[65]

(1) Von der **Aufteilung des Eigenkaptials** auf die Komplementär-GmbH und die Kommanditisten. Sie beeinflußt

   (a) den Gewinnverteilungsschlüssel, der festlegt, welcher Bruchteil des Gewinns der Komplementär-GmbH zufließt und somit der Körperschaftsteuer unterliegt;

   (b) die Höhe des bei der Komplementär-GmbH der Vermögensteuer unterliegenden Betriebsvermögens. Da die Vermögensteuer bei der Gewinnermittlung nicht als Betriebsausgabe abgezogen werden kann, bestimmt die Kapitalaufteilung, welcher Teil der gezahlten Körperschaftsteuer zur Definitivsteuer wird, also auch später nicht angerechnet werden kann. Überschreitet der Einheitswert des Betriebsvermögens der GmbH – eine Größe, deren Höhe von den Gesellschaftern durch Konzentration des Betriebsvermögens auf die KG gelenkt werden kann – 500.000 DM nicht, so bleibt wegen des Freibetrages des § 117a BewG die GmbH vermögensteuerfrei.

(2) Von der Höhe der **Gewerbesteuerhebesätze.** Sie beeinflussen, da die Gewerbesteuer im Gegensatz zur Vermögensteuer bei der Gewinnermittlung abzugsfähig ist, die Höhe des steuerpflichtigen Gewinns.

(3) Von der **Zahl der einkommensteuerpflichtigen Gesellschafter.** Von ihr hängt bei gegebener Gewinnhöhe und gegebenem Gewinnverteilungsschlüssel die Höhe der durchschnittlichen Einkommensteuerbelastung aller Gewinne ab.

(4) Von den **persönlichen Verhältnissen** der einkommensteuerpflichtigen Gesellschafter (Familienstand, Einkünfte aus anderen Einkunftsarten, Sonderausgaben usw.). Auch diese Faktoren beeinflussen die durchschnittliche Einkommensteuerbelastung.

---

[65] Vgl. dazu den Steuerbelastungsvergleich zwischen einer GmbH und einer GmbH & Co KG bei Wöhe, G., Betriebswirtschaftliche Auswirkungen der Körperschaftsteuerreform, DBW 1977, S. 39 ff.

(5) Von der **absoluten Gewinnhöhe**. Sie bestimmt bei gegebener Zahl der einkommensteuerpflichtigen Gesellschafter und gegebenem Gewinnverteilungsschlüssel ebenfalls die Höhe der durchschnittlichen Einkommensteuerbelastung.

(6) Von der **Aufteilung** des Gewinnanteils der GmbH **auf Ausschüttung und Thesaurierung**. Sie bestimmt, auf welchen Teil des Gewinns eine Körperschaftsteueranrechnung erfolgt und welcher Teil des Gewinns zunächst um Körperschaftsteuer gekürzt bleibt.

Die GmbH & Co KG ist auch nach Einführung des Anrechnungssystems in der Regel **steuerlich vorteilhafter als die GmbH,** weil infolge mangelhafter Koordinierung von Reformmaßnahmen (Körperschaftsteuer – Vermögensteuer – Gewerbesteuer – Gewinnermittlungsvorschriften) die gewinnsteuerliche Doppelbelastung nicht völlig beseitigt worden ist (Definitiv-Körperschaftsteuer auf nichtabzugsfähige Ausgaben), die vermögensteuerliche Doppelbelastung nicht abgeschafft und die Prinzipien der Gewinnermittlung nicht vereinheitlicht worden sind. Im einzelnen kann folgendes festgestellt werden:[66]

(1) Eine **Ersparnis von Gewinnsteuern** tritt ein, wenn Gewinne, die im Falle der Thesaurierung in der GmbH um 45% Körperschaftsteuer gekürzt werden, in der GmbH & Co KG als Gewinne der Kommanditisten einer geringeren durchschnittlichen Einkommen- und Kirchensteuerbelastung unterliegen. Dieser Vorteil kann bei sehr hohen Gewinnen jedoch in einen Nachteil umschlagen, der aus der Differenz zwischen dem Spitzensteuersatz der Einkommensteuer (53%) zuzüglich der Kirchensteuer und dem Thesaurierungssteuersatz der Körperschaftsteuer resultiert.

(2) Eine **Ersparnis von Vermögensteuer** (und auf die Vermögensteuer zu zahlender Definitiv-Körperschaftsteuer) ergibt sich bei der GmbH & Co KG, da in der GmbH das gesamte Betriebsvermögen (abzgl. des Freibetrags gem. § 117a BewG), bei der GmbH & Co KG nur das Betriebsvermögen der Komplementär-GmbH – soweit es den Freibetrag des § 117a BewG übersteigt – der Vermögensteuer unterliegt.

(3) Die Ziele der Ersparnis von Gewinn- und Vermögensteuern können konkurrieren, wenn für Zwecke der Minderung der Gewinnsteuerbelastung Gewinne von der Komplementär-GmbH thesauriert werden und Voraussetzung für den Umfang des Gewinnanteils ein höheres Stammkapital ist. Dadurch wird der Einheitswert des Betriebsvermögens und folglich die Vermögensteuerbelastung steigen.

(4) Eine **Ersparnis von Vermögensteuer** tritt bei den Gesellschaftern der GmbH & Co KG ein, wenn die Bewertung der GmbH-Anteile mit dem Stuttgarter Verfahren zu einer höheren Bemessungsgrundlage führt als die Aufteilung des Einheitswertes des Betriebsvermögens der GmbH & Co KG auf ihre Gesellschafter.

---

[66] Vgl. hierzu auch Wöhe, G., Die Familienunternehmung als Instrument der Steuerminimierung, NSt, 2. Aufl., Heft 14/15 1984

(5) Die vermögensteuerlichen und gewinnsteuerlichen Vorteile sind um so größer, je kleiner der Anteil der Komplementär-GmbH am Gesamtkapital und am Gesamtgewinn der GmbH & Co KG ist.

(6) Ein **Steuernachteil** für die GmbH & Co KG ergibt sich dadurch, daß bei ihr keine Pensionsrückstellungen für geschäftsführende Gesellschafter gebildet werden dürfen und darüberhinaus die Geschäftsführergehälter (und andere Vergütungen an die Gesellschafter) den einheitlich festgestellten Gewinn nicht mindern und folglich in die Bemessungsgrundlage für die **Gewerbeertragsteuer** eingehen, während bei der GmbH Geschäftsführergehälter und Zuführungen zu Pensionsrückstellungen für geschäftsführende Gesellschafter voll abzugsfähig sind und bei der Ermittlung des Gewerbeertrages – mit Ausnahme der Zinsen auf langfristige Gesellschafterdarlehen – keine Hinzurechnung erfolgt.

(7) Der unter (6) genannte Gewerbesteuernachteil läßt sich dadurch vermeiden, daß die geschäftsführenden Gesellschafter **nicht zugleich Kommanditisten** sind.

(8) Der unter (6) genannte Gewerbesteuernachteil vermindert sich relativ im Vergleich zur GmbH mit der Erhöhung des Gewerbeertragsteuer-Freibetrages und der Staffelung des Tarifs für die Personengesellschaft.

(9) Im Gegensatz zur GmbH besteht bei der GmbH & Co KG die Möglichkeit, **Verlustanteile** der Kommanditisten im Rahmen des § 15a EStG mit positiven Einkünften aus anderen Quellen **auszugleichen** – ein Vorteil dieser Rechtsform für ertragsschwache Unternehmen.

cc) Die Doppelgesellschaft

Als Doppelgesellschaft bezeichnet man einen Betrieb, der seine wirtschaftlichen Zielsetzungen durch Verwendung von zwei rechtlich selbständig nebeneinander bestehenden Gesellschaften zu realisieren sucht. In der Regel sind an beiden Gesellschaften die gleichen Gesellschafter beteiligt. Eine solche Doppelgesellschaft kann dadurch entstehen, daß ein bisher in einer einheitlichen Rechtsform geführter Betrieb unter Wahrung seiner wirtschaftlichen Einheit in zwei rechtlich selbständige Gesellschaften aufgeteilt wird; ein solcher Vorgang wird in Literatur und Rechtsprechung als **Betriebsaufspaltung** bezeichnet.

Bei den in der Praxis am häufigsten anzutreffenden Formen der Doppelgesellschaft wird ein Teil des Betriebes in der Rechtsform der Personengesellschaft, ein anderer Teil in Form der Kapitalgesellschaft geführt. Dabei sind **zwei typische Konstruktionen** zu unterscheiden:

(1) die Bildung einer Besitzpersonengesellschaft und einer Betriebskapitalgesellschaft und

(2) die Bildung einer Produktionspersonengesellschaft und einer Vertriebskapitalgesellschaft.

Eine Doppelgesellschaft, die sich aus einer **Besitzpersonengesellschaft** und einer **Betriebskapitalgesellschaft** zusammensetzt, entsteht in der Regel in der Weise, daß aus der bisher bestehenden Personengesellschaft die **Funk-**

tionen Beschaffung, Produktion und Absatz mit den entsprechenden Leitungs- und Verwaltungsfunktionen ausgegliedert und der neu gebildeten Kapitalgesellschaft übertragen werden. Mit anderen Worten, die betrieblichen Aufgaben gehen insgesamt auf die Kapitalgesellschaft über, die nun praktisch das **gesamte Risiko** der betrieblichen Tätigkeit übernimmt. Die wesentlichen Teile des Anlagevermögens, also insbesondere die Grundstücke und Gebäude, die Maschinen und maschinellen Anlagen und sonstige Betriebseinrichtungen bleiben Eigentum der Personengesellschaft (bzw. ihrer Gesellschafter), die diese Anlagegüter an die Betriebskapitalgesellschaft zur Durchführung der betrieblichen Aufgaben verpachtet.

Diese Konstruktion der Doppelgesellschaft hat zur Folge, daß alle Gewinne aus der betrieblichen Tätigkeit bei der Kapitalgesellschaft anfallen. Die Personengesellschaft hat in der Regel nur noch Betriebseinnahmen in Höhe der **Pachtzinsen,** die so bemessen werden können, daß sie nach Entnahme durch die Gesellschafter der Personengesellschaft zusammen mit den von der Kapitalgesellschaft an diese Gesellschafter, die Geschäftsführer der Kapitalgesellschaft sind, gezahlten Geschäftsführergehältern zur Bestreitung des Lebensunterhaltes dieser Gesellschafter ausreichen, so daß alle bei der Betriebskapitalgesellschaft anfallenden Gewinne zurückbehalten werden können und somit dem unter Umständen höheren Einkommensteuersatz der Gesellschafter entzogen werden.

Bei der Aufspaltung des Betriebes in eine **Produktionspersonen- und Vertriebskapitalgesellschaft** werden nicht die gesamten betrieblichen Aufgaben auf die Kapitalgesellschaft übertragen, sondern nur die Absatzfunktion wird ausgegliedert. Die **Vertriebsabteilung** des Betriebes wird praktisch juristisch verselbständigt und tritt nun unter einer eigenen Firma auf. Beschaffungs- und Produktionsfunktion verbleiben bei der Personengesellschaft.

Die Übernahme der produzierten Güter durch die Vertriebsgesellschaft erfolgt zu **festen Verrechnungspreisen,** in deren Festsetzung und Anerkennung durch die Finanzbehörden das entscheidende Problem dieser Form der Doppelgesellschaft liegt, denn von der Höhe der Verrechnungspreise hängt die Gewinnaufteilung auf die Personengesellschaft und die Kapitalgesellschaft ab. Sind die Verrechnungspreise sehr niedrig angesetzt worden, so wird der Gewinn der Personengesellschaft ebenfalls relativ niedrig sein, während dafür bei der Kapitalgesellschaft die Differenz zwischen Einkaufs- und Absatzpreisen größer wird.

Die steuerliche Bedeutung der Doppelgesellschaft beruht darauf, daß die Gewinne und Verluste, demfolgend die Gewerbeerträge und -verluste, sowie das Vermögen und Gewerbekapital in der Weise auf die beiden Gesellschaften aufgeteilt werden, daß die Steuerbelastung insgesamt geringer ist als sie wäre, wenn der Betrieb nur in einer einzigen Rechtsform geführt würde. Für diese steuerliche Besserstellung durch eine solche Rechtsgestaltung müssen folgende **Voraussetzungen** erfüllt sein:
(1) Die eine der beiden Gesellschaften ist eine Personengesellschaft, die andere eine Kapitalgesellschaft.

(2) Die Gesellschafter beider Gesellschaften sind die gleichen natürlichen Personen, so daß von der Aufteilung bzw. Verschiebung der Bemessungsgrundlagen zwischen den beiden Gesellschaften zum Zwecke der Steuerminimierung stets die gleichen Personen getroffen, in der Regel also begünstigt werden, oder daß zumindest Gesellschafter, die nur an einer der beiden Gesellschaften beteiligt sind und folglich eine andere steuerliche Interessenlage haben können, keinen Einfluß auf die Führung und damit auf die steuerpolitischen Entscheidungen des Betriebes ausüben können.

(3) Die Tarife der Einkommen- und Körperschaftsteuer sind so gestaltet, daß die Belastung des Gesamtgewinns bei Gesellschaft und Gesellschaftern vor der Betriebsaufspaltung höher ist als nach der Aufteilung auf eine Personen- und eine Kapitalgesellschaft.

(4) Die gewinnsteuerlichen Vorteile werden nicht durch andere steuerliche Mehrbelastungen (z. B. zusätzliche Vermögensteuer, Gewerbesteuer, Umsatzsteuer, Verkehrsteuern) oder durch höhere laufende Verwaltungskosten (z. B. Kosten für die Prüfung und Veröffentlichung des Jahresabschlusses der Kapitalgesellschaft) als Folge der Betriebsaufspaltung kompensiert.

Die **Vorteile bzw. Nachteile einer Betriebsaufspaltung** bestehen vor allem im folgenden:

(1) Da die Betriebs-GmbH die wesentlichen Teile des Vermögens des Personenunternehmens pachtet, läßt sich ihr Eigenkapital relativ niedrig halten. Dadurch wird die unumgängliche Vermögensteuer- und Definitiv-Körperschaftsteuerbelastung – wie im Regelfall bei der GmbH & Co KG – auf ein Minimum reduziert; sie wird vermieden, wenn der Einheitswert des Betriebsvermögens 500.000 DM nicht übersteigt.

(2) Die Gehälter der geschäftsführenden Gesellschafter sind – im Gegensatz zur GmbH & Co KG – abzugsfähig, ebenso die für diese Personen von der GmbH gebildeten Pensionsrückstellungen. Dadurch mindern sich der körperschaftsteuerpflichtige Gewinn und der Gewerbeertrag.

(3) Durch Vereinbarung möglichst hoher Pacht- und Darlehenszinsen mit der Besitzgesellschaft läßt sich der Gewinn der GmbH reduzieren. Allerdings entsteht das Problem der Angemessenheit des Pachtzinses und der verdeckten Gewinnausschüttung.

(4) Nachteilig wirkt sich aus, daß die Besitzgesellschaft nach ständiger Rechtsprechung gewerbesteuerpflichtig bleibt, auch wenn sich ihre Tätigkeit nur noch auf die Vermögensverwaltung erstreckt.

(5) Je stärker der Gewinn durch Pachtzinsen, Geschäftsführergehälter und Pensionsrückstellungen reduziert wird, desto niedriger ist der nach dem Stuttgarter Verfahren ermittelte Wert der GmbH-Anteile und damit die Vermögensteuer der Gesellschafter. Der Nachteil eines höheren Stuttgarter Wertes im Vergleich zum Substanzwert der Anteile an Personengesellschaften läßt sich reduzieren.

(6) Der Wert des Eigenkapitals der Betriebs-GmbH darf nicht so niedrig festgesetzt werden, daß die Gefahr von Buchverlusten infolge hoher Ge-

hälter und Pachtzinsen entsteht, ggf. sogar eine Überschuldung eintritt. Regelmäßige Verluste können dann ggf. nicht durch Verlustrücktrag oder -vortrag ausgeglichen werden. Außerdem kann der Gewerbesteuervorteil durch den Abzug der Gehälter nicht voll genutzt werden.

(7) Mit Hilfe der Verrechnungspreise und Pachtzinsen können die Gesellschafter die Gewinnentstehung lenken. Dabei ist es vorteilhaft, die Gewinne teilweise bei der GmbH zu thesaurieren, wenn die Durchschnittssteuerbelastung der Gesellschafter mit Einkommen- und Kirchensteuer über 45% liegt, bzw. die Gewinne zur Personengesellschaft durchzuleiten, wenn die Steuerbelastung niedriger als 45% ist. Im letzten Fall kann bei entsprechender Rechtsgestaltung der verbleibende, möglichst gering gehaltene Gewinn der Betriebs-GmbH zum Zwecke der Anrechnung der Körperschaftsteuer entnommen werden, ohne daß zur Selbstfinanzierung eine Wiedereinlage mit all ihren Problemen erforderlich wäre. Die Finanzierung neuer Investitionen erfolgt bei der Besitzgesellschaft aus den Pachteinnahmen. Die neu beschafften Anlagewerte werden der Betriebs-GmbH verpachtet. Das dürfte bei gleichgerichteten Interessen der Gesellschafter auch dann möglich sein, wenn keine Gesellschafteridentität besteht.

(8) Im Vergleich zur GmbH hat die Betriebsaufspaltung – ähnlich wie die GmbH & Co KG – den Vorteil, daß zusätzliche Freibeträge genutzt werden können. So erhält beispielsweise eine aus einer Personengesellschaft ausgegliederte GmbH einen eigenen Freibetrag gem. § 117a BewG, einen Freibetrag für das Gewerbekapital von 120.000 DM nach § 13 Abs. 1 GewStG sowie einen Freibetrag von 50.000 DM gem. § 13 Abs. 2 Nr. 1 GewStG für die Hinzurechnung von Dauerschulden zum Gewerbekapital, ohne daß der Personengesellschaft bisherige Freibeträge verloren gehen.

d) Der Wechsel der Rechtsform (Umwandlung)

Der Wechsel der Rechtsform eines Betriebes, der nicht nur aus steuerlichen Überlegungen, sondern in der Mehrzahl der Fälle aus wirtschaftlichen oder rechtlichen Motiven erfolgt (Erschließung neuer Finanzierungsmöglichkeiten, Erhöhung der Kreditwürdigkeit, Beschränkung der Haftung, Erbfolge u. a.), unterliegt einer Anzahl von Verkehrsteuern (Umsatzsteuer, Grunderwerbsteuer) und – soweit ein Zwang zur Auflösung stiller Rücklagen besteht – auch den Gewinnsteuern. Somit hat die steuerliche Belastung auch bei der Umwandlungsentscheidung unmittelbaren Einfluß auf die Wahl der Rechtsform.[67]

Der Einfluß der Besteuerung auf die Umwandlung kann doppelter Art sein:

---

[67] Einzelheiten über Arten, Motive und steuerliche Entscheidungsprobleme der Umwandlung vgl. auf S. 951ff., vgl. auch die detaillierte Darstellung bei Wöhe, G., Betriebswirtschaftliche Steuerlehre, Band II, 1. Halbband, a. a. O., S. 469ff.

(1) Die steuerliche Belastung einer Rechtsform kann das entscheidende oder doch mitbestimmende **Motiv** für die Umwandlung sein, z. B. bei der Verschiebung der steuerlichen Belastung von Personen- und Kapitalgesellschaften, wie sie in den letzten Jahrzehnten durch Änderungen der Relation der Steuertarife mehrfach aufgetreten ist.

(2) Durch die Tatsache, daß der **Umwandlungsvorgang** eine Anzahl von Steuerpflichten auslöst, wird jede Umwandlung – ganz gleich, aus welchen Motiven sie erfolgt – steuerlich belastet, so daß je nach der Höhe der Umwandlungssteuern betriebswirtschaftlich an sich zweckmäßige Umwandlungen durch die Besteuerung verhindert werden oder doch zumindest die von der neuen Rechtsform erwarteten wirtschaftlichen Vorteile zum Teil kompensiert werden können.

Alle durch den Umwandlungsvorgang ausgelösten Steuerzahlungen belasten die **Liquidität** des Betriebes und seine **Rentabilität** nach Steuern bzw. seine Gesamtkosten einmalig. Vom Standpunkt des Betriebes sind Umwandlungsgewinne, die durch gesetzlich erzwungene Auflösung von stillen Rücklagen entstehen, **unrealisierte Gewinne.** Es hat kein Umsatz mit anderen Wirtschaftseinheiten stattgefunden, durch den eine Gewinnrealisierung hätte erfolgen können. Durch bloße Bewertungsmaßnahmen tritt kein Zufluß an liquiden Mitteln ein, aus denen die Gewinnsteuern entrichtet werden könnten. Sie müssen also – ebenso wie die Verkehrsteuern – aus vorhandenen liquiden Mitteln oder ggf. durch Aufnahme von Krediten bezahlt werden, wenn durch den Gesetzgeber vorgeschrieben wird, daß durch die Änderung der Rechtsform einer unveränderten wirtschaftlichen Einheit Veräußerungsgewinne entstehen.

Die Entscheidung für eine neue Rechtsform kann in den Fällen, in denen der Betrieb zwischen verschiedenen Rechtsformen frei wählen kann, als eine **Investitionsentscheidung** aufgefaßt werden, die Einzahlungen in Höhe der in Zukunft erwarteten, allein durch die Rechtsform bedingten Mehrerlöse (z. B. als Folge besserer Finanzierungsmöglichkeiten oder geringerer laufender Steuerzahlungen) erbringt und Auszahlungen in Höhe der durch den Umwandlungsvorgang ausgelösten einmaligen Steuerzahlungen sowie sonstige Auszahlungen für Gründungskosten, Gebühren, Beraterhonorare u. ä. – das sind gewissermaßen die Anschaffungsauszahlungen für die neue Rechtsform – und Auszahlungen in Höhe der ggf. laufenden Steuermehrbelastungen gegenüber der bisherigen Rechtsform (z. B. Körperschaft- und Vermögensteuer bei der Umwandlung eines Personenunternehmens in eine Kapitalgesellschaft) und laufende höhere Auszahlungen für die Rechtsform (z. B. für Verwaltungsorgane, für Rechnungslegung, Pflichtprüfung und Veröffentlichung des Jahresabschlusses) verursacht.

Diese Investition wird jedoch nicht nur durchgeführt, wenn sie mit hoher Wahrscheinlichkeit vorteilhaft ist, sondern es wird auch Fälle geben, wo sie **Nachteile** erwarten läßt, aber aus zwingenden Gründen dennoch vorgenommen werden muß, so z. B. wenn der Wechsel der Rechtsform durch einen Erbfall unvermeidlich geworden ist.

Da die Umwandlung rechtlich als Einbringung des Betriebsvermögens und der Schulden eines Betriebes in eine neu gegründete Gesellschaft oder als Übertragung auf eine bereits bestehende Gesellschaft und somit als Sacheinlage in die neue Gesellschaft angesehen wird, stellt sich als steuerlich bedeutsamstes Problem die Frage nach der steuerlichen Behandlung der in den übertragenen Wirtschaftsgütern enthaltenen stillen Rücklagen.

Das UmwStG gewährt bei der Umwandlung einer Einzelunternehmung oder Personengesellschaft in eine Kapitalgesellschaft ein Wahlrecht, die Buchwerte, die Teilwerte[68] oder Zwischenwerte für das übernommene Vermögen anzusetzen. Die entsprechenden Bestimmungen enthalten die §§ 20–23 UmwStG. Diese Vorschriften finden allerdings nicht nur für die genannten Umwandlungsfälle Anwendung, sondern gelten generell für die „Einbringung eines Betriebes, Teilbetriebes oder Mitunternehmeranteils in eine Kapitalgesellschaft gegen Gewährung von Gesellschaftsanteilen". Alle genannten Einbringungen gelten als **Sacheinlagen.** Die Umwandlung einer Personengesellschaft oder Einzelunternehmung in eine Kapitalgesellschaft wird nur als ein besonderer Fall der Sacheinlage in eine Kapitalgesellschaft aufgefaßt.[69]

Das UmwStG ließ bis zum 31. 12. 1994 bei der Umwandlung einer **Kapitalgesellschaft in eine Personengesellschaft** im Gegensatz zum umgekehrten Fall der Umwandlung **keine Bewertungswahlrechte** zu. Seit 1. 1. 1995 sieht § 3 UmwStG 1995 ein Wahlrecht zwischen „dem Buchwert und einem höheren Wert" vor, allerdings dürfen die Teilwerte nicht überschritten werden. Damit ist der Gesetzgeber im Rahmen einer umfangreichen Novellierung des Umwandlungsrechts der Forderung der Wirtschaftspraxis nach einer „steuerneutralen" Umwandlung von Kapital- auf Personengesellschaften gefolgt.

7. Aufwendungen der Rechtsform

Die Aufwendungen, die eine Rechtsform verursacht, hängen in erster Linie vom Umfang gesetzlicher Vorschriften ab. Je größer dieser ist, um so höher sind die Aufwendungen. Während bei Personengesellschaften im allgemeinen nur einmalige Aufwendungen bei der Gründung für die Eintragung ins Handelsregister, für die Beglaubigung oder Beurkundung von Gesellschaftsverträgen und Grundstückskäufen, für die Grunderwerbsteuer u. ä. anfallen, verursachen die Kapitalgesellschaften (und die wenigen dem Publizitätsgesetz unterliegenden Personengesellschaften) außerdem laufende Aufwendungen.

Bei der AG und KGaA treten zu den genannten einmaligen Aufwendungen noch die Kosten für den Druck und die Ausgabe der Aktien, für Prospekte und für die Gründungsprüfung. Die ab 1. 1. 1992 aufgehobene Gesellschaftsteuer traf die Eigenfinanzierung aller Kapitalgesellschaften bei der Gründung und späteren Kapitalerhöhungen.

---

[68] Zum Begriff des Teilwertes vgl. S. 1081 f.
[69] Vgl. § 20 Abs. 2 UmwStG

Laufende rechtsformabhängige Aufwendungen haben vor allem Kapitalgesellschaften und Genossenschaften zu tragen. Dabei ist zu beachten, daß bestimmte Aufwendungen auch von der Größe des Unternehmens bestimmt werden.

Während Genossenschaften in bestimmten, an die Höhe der Bilanzsumme anknüpfenden Zeitabständen generell Pflichtprüfungen durch Prüfungsverbände unterliegen,[70] differenziert das HGB hinsichtlich der Prüfungspflicht nach der Größe des Unternehmens, die anhand der Kriterien Bilanzsumme, Umsatzerlöse und Arbeitnehmerzahl gemessen wird. Danach werden kleine, mittelgroße und große Kapitalgesellschaften unterschieden,[71] von denen erstere – unabhängig von der Rechtsform, also auch AG und KGaA – nicht prüfungspflichtig sind.[72] Personengesellschaften sind dagegen nur dann prüfungspflichtig, wenn sie unter das Publizitätsgesetz fallen.

Neben den Aufwendungen für derartige Pflichtprüfungen haben die Unternehmen auch Aufwendungen für die Veröffentlichung des Jahresabschlusses und des Lageberichts, für sonstige Bekanntmachungen (Einberufung der Hauptversammlung), für Aufsichtsratssitzungen und Hauptversammlungen sowie laufende rechtsformabhängige Steuern (Körperschaftsteuer, Vermögensteuer) zu tragen.

8. Publizitätszwang

Für bestimmte Rechtsformen sowie für Betriebe bestimmter Größenordnung besteht Publizitätszwang, d. h. sie sind verpflichtet, ihre Jahresabschlüsse, d. h. die Bilanz und Gewinn- und Verlustrechnung sowie den Anhang, der die Posten der Bilanz und der Gewinn- und Verlustrechnung erläutert, und ferner den Bericht über die wirtschaftliche Lage des Betriebes (Lagebericht) nach Prüfung durch einen Abschlußprüfer zu veröffentlichen. Diese Veröffentlichung erfolgt zum Schutze der Gläubiger und der Anteilseigner des Betriebes und – vor allem bei Großbetrieben – im Interesse der Öffentlichkeit. Der Umfang der handelsrechtlichen Publizitätspflichten hängt wiederum von der Größe des Unternehmens ab. Kleine, nicht prüfungspflichtige Kapitalgesellschaften müssen Bilanz und Anhang in gekürzter Form,[73] mittelgroße Kapitalgesellschaften ebenfalls Bilanz und Anhang in gekürzter Form,[74] darüber hinaus aber auch Gewinn- und Verlustrechnung sowie Lagebericht und große Kapitalgesellschaften den vollständigen Jahresabschluß und Lagebericht zum Handelsregister (Registerpublizität) einreichen. Zusätzlich haben große Kapitalgesellschaften den Jahresabschluß und den Lagebericht im Bundesanzeiger (Vollpublizität) bekanntzumachen.

Die Bedeutung des Publizitätszwanges für die Wahl der Rechtsform ist nicht nur unter dem Gesichtspunkt der dadurch verursachten zusätzlichen

---

[70] Vgl. § 53 GenG
[71] Vgl. § 267 Abs. 1–3 HGB
[72] Vgl. § 316 Abs. 1 HGB
[73] Vgl. §§ 266 Abs. 1, 288, 326 HGB
[74] Vgl. §§ 288, 327 HGB

Aufwendungen zu sehen. Bis zum Inkrafttreten des Bilanzrichtlinien-Gesetzes, das die GmbH hinsichtlich der Prüfungs- und Publizitätspflichten der AG und KGaA gleichstellte, war die Rechtsform der GmbH häufig der der Aktiengesellschaft vorgezogen worden, um sich dem Zwang zur Publizität zu entziehen.

Die Pflicht zur Veröffentlichung des Jahresabschlusses bestand früher nur für Aktiengesellschaften ohne Rücksicht auf die Unternehmensgröße. Eine Erweiterung der Publizitätspflicht auch auf Unternehmen anderer Rechtsformen erfolgte durch das „Gesetz über die Rechnungslegung von bestimmten Unternehmen und Konzernen" (sog. **Publizitätsgesetz**) vom 15. 8. 1969.[75] Für die Schaffung dieses Gesetzes sprachen vor allem zwei Gründe:

(1) Das Interesse an Jahresabschlüssen durch Eigentümer, Gläubiger und die Öffentlichkeit ist nicht in erster Linie von der gewählten Rechtsform abhängig, sondern von der Größe des Unternehmens.

(2) Konkurse und Vergleichsverfahren sowie die Notwendigkeit staatlicher Unterstützungen von bisher nicht rechenschaftspflichtigen Großunternehmen in der Vergangenheit sprechen für eine Erweiterung der Publizitätspflicht, von der man sich einen gewissen Kontrolleffekt erhofft.

Im einzelnen sieht das Publizitätsgesetz vor, daß Unternehmen unabhängig von der gewählten Rechtsform grundsätzlich dann öffentlich Rechnung zu legen haben, wenn für einen Abschlußstichtag und in der Regel für die zwei darauf folgenden Abschlußstichtage jeweils mindestens zwei der drei folgenden Merkmale zutreffen:

(1) die Bilanzsumme übersteigt 125 Mill. DM,

(2) die Umsatzerlöse übersteigen 250 Mill. DM,

(3) es werden mehr als 5.000 Arbeitskräfte beschäftigt.

Diese Vorschriften gelten für alle Rechtsformen außer für Kapitalgesellschaften, da für diese bereits nach dem Handelsgesetzbuch eine allgemeine Publizitätspflicht besteht.

IV. Öffentliche Betriebe

1. Arten und Aufgaben

a) Überblick

Betriebe, die sich ganz oder überwiegend im Eigentum von Gebietskörperschaften (Bund, Länder, Gemeinden) befinden, waren unter dem Begriff **„Erwerbsvermögen"** ursprünglich allein Gegenstand der Finanzwissenschaft. Im Zuge der Entwicklung der Betriebswirtschaftslehre in der Zeit nach 1945 hat sich zunehmend eine Betriebswirtschaftslehre der öffentlichen Wirtschaft konstituiert, die den speziellen Betriebswirtschaftslehren zugerechnet wird und sich überwiegend mit der Übertragung betriebswirtschaftlicher Grundsätze auf die öffentliche Verwaltung und die öffentlichen Betriebe unter Berücksichtigung ihrer spezifischen Verhältnisse befaßt. Die Allge-

---

[75] BGBl. I, S. 1189

meine Betriebswirtschaftslehre hat jedoch nie verkannt, daß aus den Zielsetzungen, die die Gebietskörperschaften mit den öffentlichen Betrieben verfolgen, eine Reihe von betriebswirtschaftlichen Problemen nicht nur im Bereich dieser Betriebe, sondern auch für die privaten Betriebe, soweit sie auf die Leistungen (und deren Preise) öffentlicher Betriebe (z. B. kommunale Versorgungsbetriebe) angewiesen sind, entsteht.

Noch uneinheitlich und zum Teil im Widerspruch zur Allgemeinen Betriebswirtschaftslehre ist die von der Allgemeinen Betriebswirtschaftslehre verwendete Terminologie, die teilweise gleichberechtigt nebeneinander von öffentlichen Unternehmen und von öffentlichen Betrieben spricht.[1]

Auch das Kommunalrecht ignoriert die von der Betriebswirtschaftslehre entwickelte Unterscheidung zwischen Betrieb und Unternehmung und verwendet für die öffentlichen Betriebe grundsätzlich den Begriff **„wirtschaftliche Unternehmen"**. Der Betriebsbegriff wird auf solche wirtschaftliche Unternehmen beschränkt, die keine Rechtspersönlichkeit haben, wie z. B. die Eigenbetriebe. So gebrauchen die meisten Eigenbetriebsverordnungen oder -gesetze der Länder die Formulierung: „Die wirtschaftlichen Unternehmen der Gemeinden ohne Rechtspersönlichkeit werden als Eigenbetriebe geführt."[2]

Die rechtliche und organisatorische Struktur der öffentlichen Betriebe zeigt eine große Vielfalt. Sie werden entweder als Gebilde **ohne Rechtspersönlichkeit** beispielsweise als kommunale Regiebetriebe, die Abteilungen der Verwaltung darstellen, oder als Gebilde **mit eigener Rechtspersönlichkeit** als juristische Personen des öffentlichen Rechts (Körperschaften, Anstalten, Stiftungen) oder als juristische Personen des Privatrechts (AG, GmbH, Genossenschaft) geführt. An den letztgenannten Betrieben in privatrechtlicher Gestaltung kann die öffentliche Hand entweder sämtliche Anteile (rein öffentlicher Betrieb) oder eine Beteiligung (gemischtwirtschaftlicher Betrieb) halten.

Öffentliche Betriebe unterliegen grundsätzlich der **Körperschaftsteuer,** und zwar nach § 1 Abs. 1 Nr. 1 und 2 KStG entweder aufgrund ihrer Rechtsform des Privatrechts als Kapitalgesellschaften (AG, GmbH) oder Genossenschaften, oder nach § 1 Abs. 1 Nr. 6 KStG als Betriebe gewerblicher Art von Körperschaften des öffentlichen Rechts. Dazu zählen „alle Einrichtungen, die einer nachhaltigen wirtschaftlichen Tätigkeit zur Erzielung von Einnahmen außerhalb der Land- und Forstwirtschaft dienen und die sich innerhalb der Gesamtbetätigung der juristischen Person wirtschaftlich herausheben. Die Absicht, Gewinn zu erzielen, und die Beteiligung am allgemeinen wirtschaftlichen Verkehr sind nicht erforderlich."[3]

---

[1] Vgl. z. B. Thiemeyer, T., Öffentliche und gemeinwirtschaftliche Unternehmen als Erkenntnisobjekte der Betriebswirtschaftslehre und als wirtschaftspolitisches Instrument, in: Betriebswirtschaftliche Erkenntnisse für Regierung, Verwaltung und öffentliche Unternehmen, hrsg. von Peter Eichhorn, Baden-Baden 1985, S. 125 ff.; Schmidt, H.-J., Betriebswirtschaftslehre für die Verwaltung, Heidelberg/Hamburg 1982, S. 85 ff.

[2] Pagenkopf, H., Kommunalrecht, Bd. 2, 2. Aufl., Köln-Berlin-Bonn-München 1976, S. 159

[3] § 4 Abs. 1 KStG

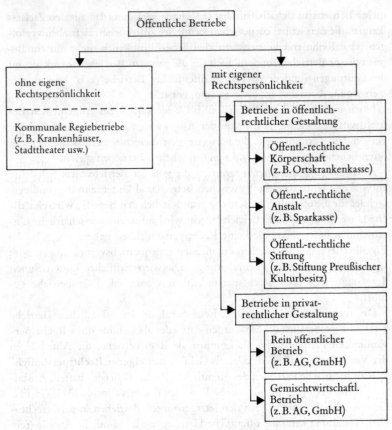

Abb. 69: Gliederung der öffentlichen Betriebe

Zu den Betrieben gewerblicher Art gehören z. B. Versorgungs-, Verkehrs- und Hafenbetriebe, nicht dagegen Hoheitsbetriebe, d. h. Betriebe, die überwiegend der Ausübung der öffentlichen Gewalt dienen. Eine Ausübung der öffentlichen Gewalt liegt insbesondere vor, „wenn es sich um Leistungen handelt, zu deren Annahme der Leistungsempfänger auf Grund gesetzlicher oder behördlicher Anordnung verpflichtet ist."[4] Zu den Hoheitsbetrieben zählen z. B. Anstalten zur Lebensmitteluntersuchung, zur Desinfektion, zur Müllbeseitigung, zur Straßenreinigung u. a. sowie Schlachthöfe, Wetterwarten u. a.

Bestimmte in § 5 Abs. 1 KStG einzeln aufgezählte öffentliche Betriebe sind von der Körperschaftsteuer befreit. Dazu zählen z. B. das Bundeseisenbahnvermögen, die Deutsche Post AG, die Deutsche Telekom AG, die staatlichen Lotterieunternehmen, die Deutsche Bundesbank, die Staatsbanken, soweit sie Aufgaben staatswirtschaftlicher Art erfüllen, und eine Reihe weiterer im Gesetz genannter Kreditinstitute mit öffentlichen Aufgaben.

---

[4] Abschnitt 5 Abs. 14 S. 1 KStR

Nach betriebswirtschaftlichen Unterscheidungsmerkmalen gegenüber Privatbetrieben ist bei öffentlichen Betrieben zwischen Betrieben mit maximalem Gewinnstreben, mit dem Ziel der Kostendeckung und Zuschußbetrieben zu unterscheiden.

b) Betriebe mit maximalem Gewinnstreben (Erwerbsbetriebe)

Diese Betriebe unterscheiden sich in ihren Zielsetzungen und den zu ihrer Realisierung eingesetzten Mitteln kaum von Privatbetrieben. Ein staatliches Bergwerk z. B., das in der Rechtsform der Aktiengesellschaft geführt wird, kann ebenso wie ein privates Bergwerk mit dem Ziel der Gewinnmaximierung betrieben werden. Der Zweck dieses Betriebes ist dann ein rein finanzwirtschaftlicher: den größtmöglichen finanziellen Beitrag zum Haushalt der Gebietskörperschaft zu erwirtschaften. Die gewählte Rechtsform und damit die Art der Betriebsführung und der Gang des Entscheidungsprozesses können zwar gewisse Unterschiede gegenüber Privatbetrieben bedingen, doch werden öffentliche Erwerbsbetriebe heute häufig in den für Privatbetriebe möglichen Rechtsformen der Kapitalgesellschaften geführt.

Die Berechtigung des Staates, sich mit eigenen Betrieben in solchen Wirtschaftssektoren zu betätigen, in denen er nicht eine soziale Aufgabe (Deckung von Kollektivbedarf) erfüllt, sondern als Konkurrent der Privatwirtschaft auftritt, ist umstritten. Die bundeseigenen Betriebe haben vor allem im Energiesektor einen teilweise erheblichen Anteil. Auch auf Länderebene findet man eine Vielzahl industrieller Beteiligungen, bei denen es sich jedoch zumeist um Minderheitsbeteiligungen handelt, z. B. der des Saarlandes an der Saarbergwerke AG, der Niedersachsens an der Volkswagen AG oder der Bayerns an der Bayerngas AG; hinzu kommen vielfach mittelbare Beteiligungen über die Landesbanken. Die Gemeinden unterhalten vorwiegend Verkehrsbetriebe, die in Konkurrenz mit privaten Verkehrsbetrieben stehen können. Die Anerkennung oder Ablehnung staatlicher und kommunaler Betätigung in diesen Bereichen ist eine politische Entscheidung für oder gegen einen Einfluß der öffentlichen Hand auf die Preis- und Tarifpolitik in den genannten Wirtschaftsbereichen.

Die Gesellschaften des industriellen Bundesvermögens tragen in teilweise nennenswertem Umfang zur inländischen Gesamtförderung bzw. -erzeugung wichtiger Produktionsbereiche bei.

Bedingt durch die (Teil-) Privatisierungspolitik des Bundes in den vergangenen Jahren waren die Zahl und Bedeutung der Beteiligungen des Bundes[5] an Erwerbsbetrieben rückläufig. So wurden die Anteile des Bundes an der Volkswagen AG, der VEBA AG, der Vereinigten Industrie Unternehmungen AG (VIAG) und zuletzt der Salzgitter AG entweder an private Interessenten unmittelbar veräußert (1989 erwarb die Preussag AG den Salzgitter Konzern) oder deren Kapital wurde an der Börse plaziert (1986 brachte der Bund 50% des Grundkapitals der VIAG an die Börse) und damit der breiten Öffentlichkeit zugänglich gemacht.

Zu den wesentlichsten Beteiligungen, die der Bund heute noch hält, rechnen im Industriebereich die Beteiligungen an der Saarbergwerke AG (Grundkapital: 580 Mio DM; Bundesanteil: 74%) und der Industrieverwaltungsgesellschaft AG (Grundkapital: 112 Mio DM; Bundesanteil: 50,42%), bei den Verkehrsunternehmen die Beteiligung an der Deutschen Lufthansa AG (Grundkapital: 1.526 Mio DM; Bundesanteil: 51,42%) und im Finanzierungssektor die Beteiligung an der DEG – Deutsche Investitions- und Entwicklungsgesellschaft zur Förderung des Aufbaus der Wirtschaft in Entwicklungsländern GmbH (Stammkapital: 1.000 Mio DM; Bundesanteil: 100%).[5] Hinzu kommt eine Vielzahl von Beteiligungen an kleineren Unternehmen sowie Beteiligungen der Sondervermögen des Bundes (ERP, Ausgleichsfonds).

c) Betriebe mit dem Grundsatz der Kostendeckung oder mäßigem Gewinnstreben

Diesen Betrieben – z. B. Verkehrs-, Nachrichten- und kommunale Versorgungsbetriebe – fehlt ein wesentliches Merkmal der privaten Unternehmung: das Streben nach langfristiger Gewinnmaximierung. Sie haben zwar häufig eine **Monopolstellung** (Straßenbahngesellschaften, Energie- und Wasserversorgungsbetriebe), nutzen diese aber preispolitisch auf Grund ihrer wirtschafts- und sozialpolitischen Zielsetzungen nicht aus. Ihre Aufgabe ist die **Deckung eines Kollektivbedarfs.** Man bezeichnet diese Betriebe deshalb als Bedarfsdeckungsmonopole. Ihre Preis- (Tarif-)politik zielt zumindest auf Kostendeckung ab, gewöhnlich aber auf einen angemessenen Gewinn, um dem staatlichen oder gemeindlichen Haushalt einen Zuschuß zu erbringen.

Die Berechtigung der Gebietskörperschaften, sich in diesen Bereichen der Wirtschaft zu betätigen, ist vor allem darin zu sehen, daß eine Deckung dieses lebensnotwendigen Bedarfs durch Privatbetriebe, die notwendigerweise in einem marktwirtschaftlichen Wirtschaftssystem nach dem erwerbswirtschaftlichen Prinzip geführt werden müssen, in der Regel nur zu erheblich höheren Preisen erfolgen könnte.

d) Zuschußbetriebe

Derartige Betriebe – z. B. Krankenhäuser, Theater, Museen u. a. – dienen ebenfalls der Deckung von Kollektivbedarf, unterscheiden sich aber von den unter c) genannten Betrieben in betriebswirtschaftlicher Hinsicht dadurch, daß ihre Preispolitik ausschließlich **nach sozialen Erwägungen** erfolgt, also in vielen Fällen keine Kostendeckung erreicht werden kann, sondern ein Zuschuß aus dem Haushalt der sie tragenden Gebietskörperschaften erforderlich ist. Für die Berechtigung der Gebietskörperschaften zur Führung derartiger Betriebe gilt das zu c) Gesagte in verstärktem Maße.

---

[5] Die Zahlenangaben entstammen dem Bericht über die Beteiligungen des Bundes 1991, a. a. O., S. 281 ff. und beziehen sich i. d. R. auf den 31. 12. 1991.

2. Öffentliche Betriebe in nicht-privatrechtlicher Form

a) Öffentliche Betriebe ohne eigene Rechtspersönlichkeit

Kommunale Regiebetriebe (Verwaltungsbetriebe) sind organisatorisch Abteilungen der öffentlichen Verwaltung (Gemeindeverwaltung) und werden in der Regel von Beamten geleitet. Regiebetriebe haben kein eigenes Vermögen. Die Rechnungslegung erfolgt mit Hilfe der kameralistischen Buchführung, da eine Bindung an den Haushaltsplan der betreffenden Gebietskörperschaft, in dem sich sämtliche Einnahmen und Ausgaben des Regiebetriebs unsaldiert (Bruttoprinzip) niederschlagen, besteht. Dadurch haftet den Regiebetrieben eine gewisse Schwerfälligkeit an. Sie sind dort wenig zweckmäßig, wo die Geschäftsvorfälle sich nicht auf bloße Einnahmen- und Ausgabenvorgänge beschränken, sondern sowohl eine Beständerechnung als auch eine Aufwands- und Ertragsrechnung erforderlich ist.

Die Schwerfälligkeit liegt insbesondere im Rechnungswesen, weniger in der Betriebsführung. Zwar ist den Regiebetrieben oft der Vorwurf gemacht worden, sie seien wegen der fehlenden Dispositions- und Entscheidungsfreiheit ihrer leitenden Beamten zu unbeweglich und deshalb in ihrer Wirtschaftlichkeit vergleichbaren Privatbetrieben grundsätzlich unterlegen, jedoch ist auch eine gewisse Bürokratisierung in den Verwaltungen privater Großbetriebe zu beobachten, so daß in dieser Hinsicht kein wesentlicher Einwand gegen die Führung von Regiebetrieben gemacht werden kann. Nicht übersehen werden darf allerdings, daß bei der Besetzung der leitenden Positionen derartiger Betriebe parteipolitische Interessen gegenüber fachlicher Qualifikation eine Rolle spielen können.

Die Regiebetriebe sind in großen Gemeinden nur noch relativ selten anzutreffen, da dort die meisten kommunalen Betriebe als Eigenbetriebe nach den Eigenbetriebsverordnungen bzw. den Eigenbetriebsgesetzen der Länder geführt werden. Bestimmte Betriebe können jedoch von den Vorschriften der Eigenbetriebsverordnung befreit werden.

Beispiele für Regiebetriebe sind öffentliche Einrichtungen wie Stadtentwässerung, Straßenreinigung, Müllabfuhr, Krankenhäuser, Bibliotheken, Museen, Theater, landwirtschaftliche Musterbetriebe, Schlachthöfe, Gemeindeforsten.

b) Öffentliche Betriebe mit eigener Rechtspersönlichkeit

Im Verkehrs- und Nachrichtenwesen und in der Kreditwirtschaft wird die Form der **Körperschaft oder Anstalt des öffentlichen Rechts** bevorzugt. Die Körperschaft oder Anstalt des öffentlichen Rechts stellt keine allgemeine Rechtsform dar, sondern jede einzelne wird durch Gesetz mit besonderen Satzungsbestimmungen für eine konkrete öffentliche Betriebsaufgabe errichtet.

Beispiele für Anstalten des öffentlichen Rechts sind rechtsfähige Bundesanstalten wie die Kreditanstalt für Wiederaufbau, die Deutsche Genossenschaftskasse, die Bundesanstalt für den Güterfernverkehr, die Bundesautobahnen u. a., ferner rechtsfähige Landesanstalten wie Staatsbanken, Landesbanken, Girozentralen, öffentliche Bausparkassen u. a., außerdem rechtsfähige Gemeindeanstalten wie öffentliche Sparkassen und schließlich die regionalen Rundfunkanstalten.

Die Anstalten des öffentlichen Rechts werden von einem Vorstand nach einer von den Verwaltungsträgern oder von ihnen selbst erlassenen Satzung geleitet, der von einem Verwaltungsrat beaufsichtigt wird.

Zu den öffentlichen Betrieben mit eigener Rechtspersönlichkeit gehört auch die **öffentlich-rechtliche Stiftung,** die eine juristische Person ist. Sie hat keine Mitglieder und keine Gesellschafter. Ihr Organ ist der Vorstand oder – auf Anordnung des Stifters – eine Behörde. Beispiele hierfür sind die Stiftung Preußischer Kulturbesitz und die Studienstiftung der Deutschen Wissenschaft.

3. Öffentliche Betriebe in privatrechtlicher Form

Öffentliche Betriebe können auch in Rechtsformen des Gesellschaftsrechts, und zwar gewöhnlich in der Form der öffentlichen Kapitalgesellschaft (AG, GmbH) oder der öffentlichen Genossenschaft m.b.H. geführt werden. Ein Unterschied zu vergleichbaren privaten Betrieben besteht in der Regel nur im Hinblick auf das Eigentum, nicht dagegen hinsichtlich der meisten betriebswirtschaftlichen Entscheidungsprobleme. Die bundeseigenen Betriebe dieser Art sind überwiegend in Konzernen zusammengefaßt, z. B. in der Saarbergwerke AG.

Beteiligt sich die öffentliche Hand an privaten Betrieben oder veräußert sie Anteile von bisher rein öffentlichen Betrieben (z. B. Deutsche Lufthansa AG, Volkswagenwerk AG) im Rahmen von Privatisierungsmaßnahmen, so spricht man von **gemischtwirtschaftlichen Betrieben.** Sie sind deshalb problematisch, weil die Interessen der öffentlichen Hand und des privaten Kapitals unterschiedlich sein können. Letzteres ist gewöhnlich an einer möglichst hohen Verzinsung interessiert, während die öffentliche Hand bei ihrer Preis- und Tarifpolitik häufig – wenn auch nicht in allen Fällen – Rücksicht auf die Interessen der Allgemeinheit nimmt.

Die Führung derartiger Betriebe obliegt den Organen der Gesellschaft, also z. B. beim Vorstand und Aufsichtsrat einer AG. Nach § 65 Abs. 1 BHO soll sich der Bund an der Gründung eines Unternehmens in einer Rechtsform des Privatrechts oder an einem bereits bestehenden Unternehmen derartiger Rechtsformen nur beteiligen, wenn

(1) ein wichtiges Interesse des Bundes vorliegt und sich der vom Bund angestrebte Zweck nicht besser und wirtschaftlicher auf andere Weise erreichen läßt,

(2) die Einzahlungsverpflichtung des Bundes auf einen bestimmten Betrag begrenzt ist,

(3) der Bund einen angemessenen Einfluß, insbesondere im Aufsichtsrat oder in einem entsprechenden Überwachungsorgan erhält,

(4) gewährleistet ist, daß der Jahresabschluß und der Lagebericht, soweit nicht weitergehende gesetzliche Vorschriften gelten oder andere gesetzliche Vorschriften entgegenstehen, in entsprechender Anwendung der Vorschriften des Dritten Buchs des Handelsgesetzbuchs für große Kapitalgesellschaften aufgestellt und geprüft werden.

Unmittelbare Beteiligungen von erheblichem Wert darf der Bundesfinanzminister nur mit Zustimmung von Bundestag und Bundesrat veräußern. Die Betätigung des Bundes als Aktionär oder Gesellschafter ist vom Bundesrechnungshof nach kaufmännischen Grundsätzen zu prüfen.[6]

C. Der Zusammenschluß von Unternehmen als Entscheidungsproblem

I. Begriff und allgemeine Charakterisierung der Unternehmenszusammenschlüsse

Unternehmenszusammenschlüsse entstehen durch Verbindung von bisher rechtlich und wirtschaftlich selbständigen Unternehmen zu größeren Wirtschaftseinheiten, ohne daß dadurch die rechtliche Selbständigkeit und die Autonomie der einzelnen Unternehmen im Bereich wirtschaftlicher Entscheidungen aufgehoben werden muß. Erfolgt der Zusammenschluß auf freiwilliger Basis und in relativ loser Form durch Bildung von Gelegenheitsgesellschaften zur Durchführung nur eines oder einer vertraglich begrenzten Zahl von Projekten (z. B. Arbeitsgemeinschaften im Baugewerbe, Konsortien im Kreditgewerbe) oder durch Bildung einer Interessengemeinschaft zur gemeinsamen Durchführung von Forschungs- und Entwicklungsvorhaben oder durch gewisse Kartellabsprachen oder Bildung von Fachverbänden, die die Interessen der Mitgliedsunternehmen nach außen, insbesondere gegenüber dem Gesetzgeber, der Verwaltung oder den Gewerkschaften als Tarifpartner vertreten, so faßt man derartige unternehmerische Funktionsgemeinschaften nach der Art ihres Zustandekommens und ihres Handelns unter dem Oberbegriff **„Kooperationen"** zusammen.

Notwendige **Merkmale des Kooperationsbegriffs** sind einerseits die Zusammenarbeit zwischen Unternehmen durch Abstimmung (Koordinierung) von Funktionen oder Ausgliederung von Funktionen und Übertragung auf eine gemeinschaftliche Einrichtung und andererseits die rechtliche und – in den nicht der vertraglichen Zusammenarbeit unterworfenen Bereichen – auch die wirtschaftliche Selbständigkeit.[1]

Für die **wettbewerbsrechtlichen Konsequenzen** ist von Bedeutung, ob durch Kooperationen Wettbewerbsbeschränkungen oder marktbeherrschen-

---

[6] Vgl. § 92 Abs. 1 BHO
[1] Vgl. Benisch, W., Kooperationsfibel, hrsg. vom Bundesverband der Deutschen Industrie, 4. Aufl., Bergisch Gladbach 1973, S. 68

de Stellungen entstehen oder nicht; für die **steuerlichen Konsequenzen** ist wesentlich, ob durch einen Unternehmenszusammenschluß im Wege der Kooperation ein Außenverhältnis begründet wird, der Unternehmenszusammenschluß also für bestimmte Funktionsbereiche einen **selbständigen Gewerbebetrieb** bildet (z. B. eine Arbeitsgemeinschaft in der Rechtsform der Gesellschaft des bürgerlichen Rechts, die Verträge mit dem Bauherrn abschließt), oder ob ein **Innenverhältnis**, d. h. eine Verbindung nur zwischen den beteiligten Unternehmen besteht (z. B. Bankenkonsortium, Gewinngemeinschaft), ferner ob es sich um einen Vertrag über ein einziges bzw. eine begrenzte Anzahl von Projekten oder eine nicht begrenzte Anzahl handelt.

Führt ein Unternehmenszusammenschluß durch kapitalmäßige oder vertragliche Bindungen zur Einschränkung oder völligen Aufhebung der wirtschaftlichen Selbständigkeit der beteiligten Unternehmen, obwohl ihre rechtliche Selbständigkeit gewahrt bleibt, so handelt es sich um eine Form der **Konzentration.** Hauptmerkmal derartiger Unternehmenskonzentrationen ist die **Unterordnung** der zusammengeschlossenen Unternehmen **unter eine einheitliche Leitung,** die entweder durch Erwerb einer Mehrheitsbeteiligung (faktische Beherrschung) oder durch Abschluß eines Beherrschungsvertrages zustande kommen und so weit gehen kann, daß ein beherrschtes Unternehmen Weisungen der Obergesellschaft (Konzernverwaltung) selbst dann befolgen muß, wenn diese Weisungen für das beherrschte Unternehmen von Nachteil, für die Gesamtheit der zusammengeschlossenen Unternehmen aber von Vorteil sind (z. B. Stillegung von Teilkapazitäten, Änderung des Fertigungsprogramms, Lieferung an andere Mitglieder des Zusammenschlusses zu unter den Marktpreisen liegenden Verrechnungspreisen).

Die Anerkennung der einheitlichen Leitung einer Konzernverwaltung kann auch allein durch Vertrag zustande kommen, ohne daß eine kapitalmäßige Beherrschung durch eine Obergesellschaft besteht. Einigen sich beispielsweise zwei Unternehmen darauf, sich der Leitung eines gemeinsamen, vertraglich vereinbarten Organs zu unterstellen, so handelt es sich um einen Gleichordnungskonzern.

Geben die Unternehmen beim Zusammenschluß auch ihre rechtliche Selbständigkeit auf, so daß nach dem Zusammenschluß nur noch eine rechtliche Einheit (Firma) existiert, so spricht man von einer **Fusion (Verschmelzung).** Sie kann sich entweder durch Aufnahme (z. B. nimmt die Gesellschaft A die Gesellschaft B auf, danach besteht nur noch das Unternehmen A) oder durch Neubildung (die Gesellschaften A und B bilden zusammen ein neues Unternehmen C) vollziehen.

Die bisherigen Ausführungen zeigen, daß die **Intensität der Unternehmenszusammenschlüsse** von losen und zeitlich oder auf Einzelobjekte begrenzten Absprachen über die vertragliche Koordinierung und Ausgliederung von Funktionen und über die Bildung von Gemeinschaftsunternehmen bis zur vollständigen wirtschaftlichen Unterordnung unter eine einheitliche Leitung und schließlich bis zur Aufgabe auch der rechtlichen Selbständigkeit eines Unternehmens reichen kann.

Die wirtschaftliche Entwicklung nach dem 2. Weltkrieg hat der Unternehmenskonzentration starke Impulse gegeben. Die Schaffung größerer Märkte (EU, EFTA), die verschärfte internationale Konkurrenz (Japan, USA), die zunehmende Mechanisierung und Automatisierung des Produktions- und Absatzprozesses, die Notwendigkeit der Sicherung der Rohstoff- und Energieversorgung und die immer kostspieliger werdenden Forschungs- und Entwicklungsvorhaben begünstigen einerseits die Tendenz zur Bildung größerer und straff geführter Wirtschaftseinheiten. Andererseits zwingt die Unternehmenskonzentration kleine und mittlere Unternehmen, durch Kooperationsverträge ihre Wettbewerbsfähigkeit zu stärken und dadurch einer Verdrängung vom Markt zu begegnen.

Es gehört zum Wesen der freien Marktwirtschaft, daß sie sich nicht selbst erhält, sondern zur Bildung von Unternehmenskonzentrationen führt, die den Wettbewerb und damit das Regulativ der Marktwirtschaft beseitigen und so die allmähliche Zerstörung des marktwirtschaftlichen Systems einleiten. Folglich muß der Gesetzgeber **ordnungspolitische Maßnahmen** ergreifen und gesetzliche Regelungen schaffen, durch die Unternehmenszusammenschlüsse, die den Wettbewerb außer Funktion setzen, verboten werden, bzw. die Bildung von Unternehmenskonzentrationen kontrolliert **(Fusionskontrolle)** und unter Aufsicht gestellt wird, damit festgestellt werden kann, ob sie eine marktbeherrschende Stellung erreicht haben oder nicht. Diese Regelungen enthält das **Gesetz gegen Wettbewerbsbeschränkungen (GWB)**[2] das im allgemeinen Sprachgebrauch als „Kartellgesetz" bezeichnet wird, obwohl es nicht nur Regelungen für Kartelle, sondern auch für marktbeherrschende Unternehmen enthält.

Da die marktwirtschaftliche Ordnung eine große Zahl selbständiger Unternehmer braucht, die bereit sind, autonome Entscheidungen zu treffen und Risiko zu übernehmen, muß die staatliche Wirtschaftspolitik nicht nur durch Verbots- und Mißbrauchsregelungen die wettbewerblichen Strukturen der Märkte sichern, sondern auch „die leistungssteigernde Kooperation kleiner und mittlerer Unternehmen fördern und dadurch ihre Wettbewerbsfähigkeit gegenüber großen Konkurrenten stärken".[3]

II. Die Zielsetzungen von Unternehmenszusammenschlüssen

1. Überblick

Die mit Unternehmenszusammenschlüssen verfolgten Zielsetzungen sind zahlreich. Oberstes Ziel eines Unternehmens, das durch freiwilligen Zusammenschluß mit anderen Unternehmen einen mehr oder weniger großen Teil

---

[2] Gesetz gegen Wettbewerbsbeschränkungen i. d. F. vom 20. 2. 1990, BGBl I, S. 235, zuletzt geändert durch das Gesetz zur Bereinigung des Umwandlungsrechts vom 28. 10. 1994, BGBl I, S. 3210

[3] Zwischenbetriebliche Zusammenarbeit im Rahmen des Gesetzes gegen Wettbewerbsbeschränkungen (Kooperationsfibel), hrsg. vom Bundesminister für Wirtschaft, Bonn-Duisdorf 1976, S. III

seiner wirtschaftlichen Selbständigkeit aufgibt, ist es, mit dieser Entscheidung seine Chancen zur langfristigen Gewinnmaximierung zu verbessern. Der Weg dazu führt erstens über eine **Erhöhung der Wirtschaftlichkeit** durch Erzielung von Rationalisierungseffekten und damit Kostensenkungen im Rahmen der größeren Wirtschaftseinheit, zweitens über eine **Stärkung der Wettbewerbsfähigkeit durch Verbesserung der Marktstellung** gegenüber Abnehmern, Lieferanten oder potentiellen Kreditgebern, drittens über eine **Minderung der Risiken** der betrieblichen Tätigkeit durch Aufteilung des Risikos auf mehrere Partner, viertens über das Erringen einer wirtschaftlichen **Machtposition** durch Einschränkung des Wettbewerbs und fünftens über die Bildung von Organisationen **(Wirtschaftsfachverbänden),** die die gemeinsamen Interessen der Mitgliedsunternehmen gegenüber dem Gesetzgeber, der Verwaltung und anderen Verbänden wahrnehmen. Diese verschiedenen Wege zur Gewinnerhöhung müssen sich nicht notwendigerweise ausschließen, sondern können nebeneinander beschritten werden.

Während vor allem kleine Unternehmen durch Kooperation mit anderen Unternehmen ihre Wettbewerbsfähigkeit erhöhen und ihre Risiken vermindern wollen, sind es insbesondere Großunternehmen, die im Wege der Konzentration marktbeherrschende Stellungen zu gewinnen oder durch Kartellabsprachen so hohe Marktanteile zu vereinigen suchen, daß sie gemeinsam die Absatzpreise diktieren können, weil der Wettbewerb der außerhalb des Kartells stehenden „Außenseiter" kaum noch wirksam werden kann. Im Interesse der Aufrechterhaltung des die Marktwirtschaft bestimmenden Konkurrenzprinzips verbietet das Gesetz gegen Wettbewerbsbeschränkungen Kartellabsprachen, die den Wettbewerb beeinträchtigen.

Die Erzielung von Rationalisierungseffekten durch Unternehmenszusammenschlüsse ist nicht an bestimmte Betriebsgrößen gebunden. Diese Zielsetzung liegt sowohl den meisten, den Wettbewerb nicht beschränkenden Kooperationen zwischen kleinen und mittleren Unternehmen als auch vielen Konzentrationsvorgängen zwischen großen Unternehmen zugrunde. Je größer allerdings ein primär aus Rationalisierungsüberlegungen vollzogener Unternehmenszusammenschluß im Laufe der Zeit wird, desto eher besteht die Gefahr, daß sich gewissermaßen „nebenbei" eine Beeinträchtigung des Wettbewerbs durch das Entstehen einer marktbeherrschenden Unternehmensgruppe ergibt.

Die mit Unternehmenszusammenschlüssen verfolgten Ziele erstrecken sich **auf alle Funktionsbereiche** eines Unternehmens. Dabei kann nur ein Ziel für den Zusammenschluß ausschlaggebend sein, z. B. die Rationalisierung im Fertigungsbereich oder die Koordinierung der Beschaffung oder des Absatzes; es können aber auch nebeneinander mehrere Ziele verfolgt werden. Die Rangordnung der Ziele wird stets so zu bestimmen sein, daß tendenziell der größtmögliche Gewinn erzielt werden kann. Das verfolgte Ziel oder die verfolgte Zielkombination bestimmt in der Regel auch die rechtliche Form, sowie die Intensität und die Dauer des Zusammenschlusses. (**ÜB 2/71**)

2. Ziele im Beschaffungsbereich

Zusammenschlüsse, die vom Beschaffungssektor ausgehen, können das Ziel haben, durch Gemeinschaftseinkauf eine Verbesserung der Marktposition gegenüber starken Lieferanten und dadurch günstigere Konditionen (Lieferbedingungen, Zahlungsbedingungen, Termine) zu erreichen, sowie durch gemeinschaftlichen Einkauf größerer Mengen günstigere Beschaffungspreise (Mengenrabatt) für die zusammengeschlossenen Unternehmen zu erzielen. Beispiele sind die Bildung von Einkaufsgenossenschaften, von freiwilligen Ketten, von Einkaufssyndikaten u. ä.

Neben dem Ziel, Preisvorteile bei der Beschaffung zu erlangen, kann insbesondere bei Industriebetrieben die Risikominderung durch Sicherung der Rohstoffversorgung in quantitativer und qualitativer Hinsicht ein Motiv für den Zusammenschluß mit vorgelagerten Produktionsstufen (z. B. Rohstoffgewinnungsbetriebe) sein.

Eine derartige Risikominderung ist vor allem in Branchen erforderlich, die außerordentlich stark von fremden Zulieferern abhängig sind. Ein typisches Beispiel ist die Automobilindustrie, bei der es durch verspätete Anlieferung von Zuliefererteilen zu erheblichen Produktionsstörungen und damit zu Terminüberschreitungen kommen kann. Eine kapitalmäßige Beteiligung an den wichtigsten Zuliefererbetrieben bzw. ihre vollständige Integration kann diese Risiken erheblich einschränken.

Auch die Personalbeschaffung läßt sich im Rahmen von Unternehmenszusammenschlüssen verbessern, z. B. durch Erweiterung des innerbetrieblichen Arbeitsmarktes im Wege der internen Stellenausschreibungen oder durch die Ausbildung von Führungsnachwuchskräften in der Geschäftsleitung abhängiger Unternehmen.

3. Ziele im Produktionsbereich

Im Bereich der Produktion können Zusammenschlüsse das Ziel der Verbesserung der Produktionsverhältnisse (Schaffung optimaler Betriebsgrößen, Ausnutzung der Auflagendegression, gleichmäßige Auslastung vorhandener Kapazitäten) verfolgen. Maßnahmen dazu sind einerseits die **Normung** (Festlegung von Abmessungen, Formen und Qualitäten von Einzelteilen) und die **Typung** (Vereinheitlichung von Ausführungsformen von Endprodukten), die zu Kostendegressionen durch Großserienherstellung führen können (z. B. Zuweisung der Herstellung einzelner Teile oder Typen einer Produktart, die vor dem Zusammenschluß von allen Unternehmen produziert wurden, an jeweils ein Unternehmen), andererseits die Differenzierung des Fertigungsprogramms durch Aufnahme neuer Produktarten **(Diversifikation)** zur Risikominderung im Produktionssektor durch bessere Ausnutzung vorhandener Anlagen.

Weitere Maßnahmen sind die Abstimmung des Produktionsprogramms, die Zusammenlegung von Produktionskapazitäten, der Austausch von Erfahrungen, die Schaffung gemeinsamer Forschungseinrichtungen zur Entwicklung und gemeinsamen Verwertung von Patenten und neuen Produktionsverfahren u. a.

4. Ziele im Finanzierungsbereich

Auch vom Bereich der Investition und Finanzierung gehen Impulse zu Unternehmenszusammenschlüssen aus. So können beispielsweise geplante Investitionsobjekte gemeinsam besser ausgelastet werden oder besonders große und kapitalintensive Investitionsvorhaben – und damit möglicherweise rationellere Fertigungsverfahren – überhaupt erst nach einem Zusammenschluß kleinerer oder mittlerer Betriebe durch gemeinsame **Aufbringung hoher Kapitalbeträge** durchführbar sein. Auch eine Vergrößerung der Eigenkapitalbasis, eine Erweiterung von Fremdfinanzierungsmöglichkeiten durch Stärkung der Kreditwürdigkeit, eine Erhöhung der Rentabilität oder eine Minderung von Risiken durch Beteiligungen und die Erleichterung sonstiger Kapitaldispositionen können Ziel eines Unternehmenszusammenschlusses sein.

Die **Erschließung internationaler Märkte** erfordert infolge größerer Risiken und langer Zahlungsziele einen besonders hohen Kapitalbedarf, der häufig nur durch einen Zusammenschluß mehrerer Unternehmen aufgebracht werden kann. Neben diesen Aspekten spielt gerade bei der Errichtung von Tochterunternehmen in ausländischen Staaten eine Rolle, daß diese solche Investitionen oftmals nur dann zulassen, wenn ihnen selbst bzw. einem ansässigen nationalen Unternehmen eine Beteiligung an dem ausländischen Tochterunternehmen eingeräumt wird.

Ein anderes Motiv für Zusammenschlüsse ist die gemeinsame **Finanzierung von Großprojekten,** die die Finanzkraft eines Betriebes bei weitem übersteigen, z. B. im Bereiche der Bauwirtschaft (z. B. Bau einer Talsperre, großer Autobahnbrücken, olympischer Wettkampfstätten) oder im Bereich der Kreditwirtschaft (z. B. Übernahme einer Wertpapieremission durch ein Bankenkonsortium).

5. Ziele im Absatzbereich

Motiv für Zusammenschlüsse im Bereich des Absatzes ist häufig die Schaffung einer gemeinsamen, rationeller arbeitenden Vertriebsorganisation aller zusammengeschlossenen Unternehmen zur Sicherung und Verbesserung der Marktstellung. Ein Beispiel dafür sind Verkaufssyndikate, die vor allem die Aufgabe haben können, eine selbständige Preispolitik der einzelnen Betriebe zu verhindern und im Falle vertraglich vereinbarter Produktionsquoten die Einhaltung dieser Quoten zu überwachen.

Besonders häufig aber ist der Zweck der Konzentration das **Erlangen wirtschaftlicher Macht,** die Schaffung marktbeherrschender Positionen am Absatzmarkt und die Ausschaltung des Wettbewerbs durch Festsetzung einheitlicher Preise, einheitlicher Geschäftsbedingungen oder bestimmter Absatzquoten, letzten Endes das Erringen einer **Monopolstellung.** Hier ist nicht in erster Linie die Erhöhung der Wirtschaftlichkeit der Leistungserstellung und -verwertung der Ausgangspunkt für den Zusammenschluß, sondern die Vergrößerung der Rentabilität mit Hilfe wirtschaftlicher Macht, wobei unter Umständen die Wirtschaftlichkeit der Leistungserstellung durch das Entstehen von Überkapazitäten zurückgehen kann.[1]

Auch der Gesichtspunkt der **Risikominderung** durch Sicherung der Absatzmöglichkeiten kann eine Rolle spielen. Die sich immer mehr verschärfende Konkurrenz auf den Absatzmärkten und die durch Veränderung der Käufergewohnheiten oder der Einkommensverhältnisse jederzeit drohenden Absatzrückgänge zwingen die Betriebe in immer stärkerem Umfange zur Risikostreuung durch Diversifikation, d. h. zur Verbreiterung des Angebotsprogramms durch Aufnahme neuer Produkte für vorhandene oder neue Märkte. Der zweckmäßigste und auf Grund der vorhandenen Kapazitäten und Finanzierungsmöglichkeiten oft einzig mögliche Weg ist hier der Zusammenschluß mit anderen Unternehmen, die entweder Produkte herstellen, die in sachlichem Zusammenhang mit den eigenen Produkten stehen **(horizontale Diversifikation),** einer vor- oder nachgelagerten Absatzstufe angehören **(vertikale Diversifikation)** oder sich wechselseitig mit den eigenen Produkten ergänzen **(komplementäre Diversifikation).**

6. Steuerliche Ziele

Bis zur Umsatzsteuerreform 1968 spielte auch der Gesichtspunkt steuerlicher Vorteile eine wichtige Rolle, da durch den Zusammenschluß von vor- bzw. nachgelagerten Unternehmen eine Senkung der Umsatzsteuerbelastung möglich war. Da die Mehrwertsteuer weitgehend wettbewerbsneutral ist und da sich nach Einführung des körperschaftsteuerlichen Anrechnungssystems (1977) und durch spezielle steuerliche Rechtsinstitute (Organschaft, Schachtelprivileg) für Unternehmenszusammenschlüsse keine wesentlichen steuerlichen Vorteile mehr erzielen lassen, ist die Bedeutung dieses Motivs für den Unternehmenszusammenschluß im Inland wesentlich zurückgegangen.

Im **internationalen Bereich** dagegen hat das bestehende Steuergefälle zu sog. niedrig besteuernden Ländern (z. B. Schweiz und Liechtenstein) zur Bildung von Unternehmenszusammenschlüssen besonderer Art geführt, mit deren Hilfe im Ausland niedriger als im Inland besteuerte Vorgänge ins Ausland verlegt werden (z. B. mit Hilfe ausländischer Vertriebs- oder Patentverwertungsgesellschaften). Vorteile dieser Art sind allerdings durch das Außensteuergesetz vom 8. 9. 1972[2] und die Novellierung des Doppelbesteuerungsabkommens mit der Schweiz eingeschränkt worden.

---

[1] Vgl. die Ausführungen zum Preiskartell auf S. 405 f.
[2] BGBl I, S. 1713

7. Sonstige Ziele der Kooperation

Zu den sonstigen gemeinsamen Interessen, die Unternehmen durch Zusammenschlüsse zu Verbänden oder zu oft nur auf beschränkte Zeit gegründeten Aktionsgemeinschaften wahrnehmen können, gehören:

- gemeinsame Werbung,
- Durchführung gemeinschaftlicher betriebswirtschaftlicher Vorhaben (z. B. Betriebsvergleiche, Marktuntersuchungen, Ausbildung),
- Durchführung gemeinschaftlicher technisch-wissenschaftlicher Vorhaben (gemeinsame Forschungs- und Entwicklungsprojekte),
- gemeinsame Informations- und Nachrichtendienste,
- gemeinsame Öffentlichkeitsarbeit (Public Relations),
- gemeinsame Lobbyarbeit.

Die genannten Zielsetzungen treten i. d. R. nicht isoliert auf. Im konkreten Einzelfall sind meist mehrere der genannten Motive Anlaß für Unternehmenszusammenschlüsse.

III. Systematisierung der Unternehmensverbindungen

Die Unternehmensverbindungen lassen sich nach verschiedenen Kriterien systematisieren, die sich zum Teil überschneiden. Die gebräuchlichsten Systematisierungskriterien werden im folgenden aufgeführt.

1. Systematisierung nach der wirtschaftlichen und rechtlichen Selbständigkeit der zusammengeschlossenen Unternehmen

Nach der Beeinflussung der wirtschaftlichen und rechtlichen Selbständigkeit der zusammengeschlossenen Unternehmen wird zwischen Formen der **Kooperation** und der **Konzentration** unterschieden. Die Kooperation ist gekennzeichnet durch freiwillige Zusammenarbeit von Unternehmen, die rechtlich und in den nicht der vertraglichen Zusammenarbeit unterworfenen Bereichen auch wirtschaftlich selbständig bleiben. Die Zusammenarbeit erfolgt zu dem Zwecke, durch Zusammenlegung einzelner Unternehmensfunktionen „die Leistung der beteiligten Unternehmen zu steigern und dadurch deren Wettbewerbsfähigkeit zu verbessern."[1]

Eine **Konzentration** von Unternehmen liegt vor, wenn die Partner einer Unternehmensverbindung entweder ihre wirtschaftliche Selbständigkeit verlieren (Beispiel: Unterordnungskonzern, einheitliche Leitung durch die Konzernobergesellschaft) oder außerdem noch ihre rechtliche Selbständigkeit aufgeben (Beispiel: Fusion durch Aufnahme oder Neubildung).

Das Schaubild auf S. 389 zeigt die wichtigsten Erscheinungsformen, die unten einzeln behandelt werden.

---

[1] Benisch, W., Kooperationsfibel, hrsg. vom Bundesverband der Deutschen Industrie, 4. Aufl., Bergisch Gladbach 1973, S. 67

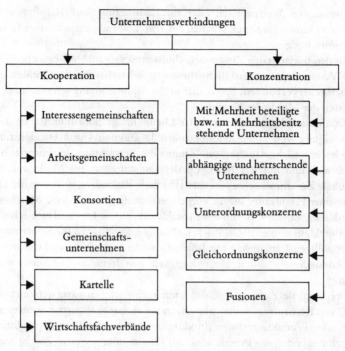

Abb. 70: Formen der Kooperation und Konzentration

2. Systematisierung nach der Art der verbundenen Wirtschaftsstufen

Abb. 71: Unternehmensverbindungen

Zusammenschlüsse auf **horizontaler Ebene** sind Vereinigungen von Unternehmen der gleichen Produktions- und Handelsstufe (z. B. mehrere Stahlwerke, mehrere Schuhfabriken, mehrere Warenhäuser). Der **Zweck** des Zusammenschlusses ist entweder die Ausschaltung der bisher bestehenden Konkurrenz zwischen den zusammengeschlossenen Unternehmen und die Schaffung einer marktbeherrschenden Stellung gegenüber nicht angeschlossenen Unternehmen des gleichen Wirtschaftszweiges bzw. das Erringen gemeinsamer Marktmacht gegenüber Lieferanten und Abnehmern oder eine den Wettbewerb nicht beeinträchtigende Kooperation durch Koordinierung oder gemeinsame Durchführung bestimmter Funktionen, z. B. die Bildung von Arbeitsgemeinschaften im Baugewerbe, von Bankenkonsortien zur

Emission von Wertpapieren oder zur Finanzierung eines Großprojektes, oder von Interessengemeinschaften zur Durchführung gemeinsamer Grundlagenforschung.

Zu den horizontalen Zusammenschlüssen zählen auch die branchenmäßigen Vereinigungen von Unternehmen zu **Wirtschaftsfachverbänden** oder **Arbeitgeberverbänden,** deren Ziel in der Wahrnehmung gemeinsamer Interessen der Mitglieder besteht.

Zusammenschlüsse auf **vertikaler Ebene** (Integrationen) entstehen durch Vereinigung von aufeinanderfolgenden Produktions- und Handelsstufen. Die jeweils nachgelagerte Stufe nimmt die Erzeugnisse der vorgelagerten Stufe auf, und nur das Erzeugnis der Endstufe tritt am Markt auf. Der vertikale Zusammenschluß ist entweder nach **rückwärts,** d. h. von der Endstufe einer Produktion auf die vorgelagerte Stufe gerichtet (eine Maschinenfabrik schließt sich z. B. mit einem Stahlwerk, einem Erz- und einem Kohlebergwerk zusammen). Ziel solcher Zusammenschlüsse ist die Sicherung der regelmäßigen Versorgung mit Rohstoffen oder Fertigteilen und dadurch die Risikominderung durch Unabhängigkeit von fremden Zulieferunternehmen.

Der vertikale Zusammenschluß kann auch nach **vorwärts** gerichtet sein, d. h. von Rohstoffgewinnungsbetrieben auf die nachgelagerten, weiterverarbeitenden Produktionsstufen (Produktionsmittel- oder Verbrauchsgüterunternehmen) oder von Produktions- auf Handelsunternehmen. Ziel ist hier in erster Linie die Sicherung des Absatzes entweder an weiterverarbeitende Mitgliedsunternehmen oder an Letztverbraucher durch eigene Vertriebsunternehmen.

Vertikale Unternehmenszusammenschlüsse sind vorwiegend im Bereich der Konzentrationen zu finden, weil die Vorteile der Integration vor allem durch eine einheitliche Leitung der zusammengeschlossenen Unternehmen realisiert werden können.

Zusammenschlüsse **anorganischer Art (branchenfremde Zusammenschlüsse)** liegen dann vor, wenn weder eine horizontale Verbindung (gleiche Branche und Produktionsstufe), noch eine vertikale Verbindung (aufeinander folgende Produktions- und Handelsstufen) gegeben ist, sondern Unternehmen unterschiedlicher Branchen und/oder unterschiedlicher Produktions- und Handelsstufen sich beispielsweise aus finanzierungspolitischen Gründen oder zum Zwecke der Risikoverteilung vereinigen.

Die Einschränkung der wirtschaftlichen Entscheidungsfreiheit kann bei jeder der drei genannten Formen der Unternehmensverbindungen recht unterschiedlich sein je nach der Art der vertraglichen und kapitalmäßigen Bindungen, die die sich zusammenschließenden Unternehmen eingehen. (**ÜB 2/ 72**)

3. Systematisierung nach der rechtlichen Zulässigkeit

Unternehmensverbindungen, die keine Wettbewerbsbeschränkungen zur Folge haben, sind grundsätzlich zulässig. **Wettbewerbsbeschränkungen** können entweder dadurch entstehen, daß zwischen rechtlich selbständigen

Unternehmen Kartellverträge abgeschlossen oder Kartellbeschlüsse gefaßt werden, die „geeignet sind, die Erzeugung oder die Marktverhältnisse für den Verkehr mit Waren oder gewerblichen Leistungen durch Beschränkung des Wettbewerbs zu beeinflussen."[2]

Aus dieser Vorschrift folgt, daß **Kartelle grundsätzlich verboten** sind, es sei denn, sie werden durch Einzelvorschriften des GWB von diesem Verbot ausgenommen. Dabei sind **Einzelausnahmen**[3] (§§ 2–8 GWB) und Bereichsausnahmen (§§ 99–103 GWB) zu unterscheiden. Erstere nehmen bestimmte Kartellarten von dem generellen Verbot aus, da sie ihrem Wesen nach andere Ziele als die Beschränkung des Wettbewerbs verfolgen. Diese Kartellarten sind entweder generell zulässig, müssen jedoch der Kartellbehörde angezeigt werden, die eine Widerspruchsmöglichkeit hat, oder sie müssen von der Kartellbehörde genehmigt werden, bevor sie wirksam werden können.

Die **Bereichsausnahmen** betreffen einerseits Unternehmen der öffentlichen Hand, die zwar grundsätzlich dem GWB unterliegen, von denen aber bestimmte Unternehmen (z. B. Deutsche Bundesbank) ausgenommen sind, oder die Bereichsausnahmen betreffen ganz bestimmte im Gesetz aufgezählte Wirtschaftszweige (z. B. Landwirtschaft, Kreditinstitute, Versicherungsunternehmen, Schutzrechtsverwertungsgesellschaften, Versorgungsunternehmen).

Statt durch Kartellverträge können Wettbewerbsbeschränkungen auch durch „ein aufeinander **abgestimmtes Verhalten** von Unternehmen" entstehen, d. h. durch Absprachen („Frühstückskartelle"), die „nicht zum Gegenstand einer vertraglichen Bindung" (§ 25 GWB) gemacht werden dürfen. So ist es nach § 26 GWB verboten, ein anderes Unternehmen zu Liefersperren oder Bezugssperren in der Absicht aufzufordern, „bestimmte Unternehmen unbillig zu beeinträchtigen".

Der Wettbwerb kann nicht nur durch Kartellverträge über Preise, Produktionsquoten usw. eingeschränkt werden, sondern auch durch die **marktbeherrschende Stellung** eines oder mehrerer zusammengeschlossener Unternehmen. Marktbeherrschende Unternehmen sind nicht grundsätzlich verboten, sondern unterliegen der **Mißbrauchsaufsicht** der Kartellbehörden. § 22 Abs. 3 GWB stellt Vermutungen auf, unter welchen größenmäßigen Voraussetzungen ein Unternehmen als marktbeherrschend angesehen werden kann, und § 23 Abs. 1 GWB schreibt vor, unter welchen Voraussetzungen ein Zusammenschluß von Unternehmen dem **Bundeskartellamt anzuzeigen** ist. Dieses darf einen Zusammenschluß untersagen, wenn zu erwarten ist, daß durch ihn eine marktbeherrschende Stellung entsteht oder verstärkt wird und die sich zusammenschließenden Unternehmen nicht nachweisen, daß die Verbesserung der Wettbewerbsbedingungen die Nachteile der Marktbeherrschung überwiegt.[4]

---

[2] § 1 Abs. 1 GWB
[3] Vgl. dazu ausführlich S. 404 ff.
[4] Vgl. § 24 Abs. 1 GWB

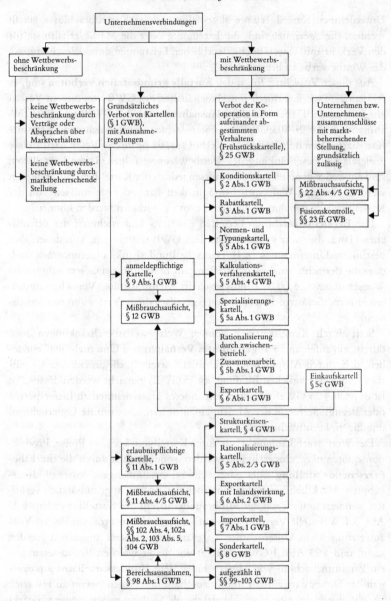

Abb. 72: Rechtliche Zulässigkeit von Unternehmensverbindungen

4. Systematisierung nach rechtlichen Gestaltungsmöglichkeiten

Nach der rechtlichen Gestaltungsmöglichkeit kann entweder auf die Vertragsdauer oder auf die **Zusammenschlußdauer** abgestellt werden. Dann sind **kurzfristige,** d. h. zur Realisierung eines einzigen Projekts oder einer vertraglich begrenzten Zahl von Projekten gebildete Unternehmensverbindungen (z. B. Gelegenheitsgesellschaften wie Arbeitsgemeinschaften im Baugewerbe oder Konsortien im Bankgewerbe) von **langfristigen,** zeitlich nicht befristeten Unternehmensverbindungen (z. B. Konzerne) zu unterscheiden. Oder es kann das Kriterium der Rechtsbeziehungen zwischen der Unternehmensverbindung und Dritten gewählt werden. Dann sind **Innenverhältnisse,** bei denen keine unmittelbaren Rechtsbeziehungen zwischen der Unternehmensverbindung und Dritten, sondern nur zwischen den Partnern der Unternehmensverbindung (z. B. Gewinngemeinschaft) entstehen, von **Außenverhältnissen** (z. B. Verkaufssyndikat) zu unterscheiden, bei denen es zu unmittelbaren Rechtsbeziehungen zwischen der Unternehmensverbindung und Dritten kommt.

IV. Die Kooperationsformen im einzelnen

1. Interessengemeinschaften

a) Die Interessengemeinschaft im weiteren Sinne

Der Begriff der Interessengemeinschaft wird in der Wirtschaftspraxis und der Literatur nicht einheitlich verwendet. In der weitesten Fassung des Begriffs wird die Interessengemeinschaft „als eine vertragliche Verbindung der Interessen zweier oder mehrerer Personen zu einem gemeinsamen Ziel" aufgefaßt. „Eine Interessengemeinschaft in diesem Sinne wäre hiernach jede Gesellschaft bürgerlichen Rechts (§ 705 BGB)."[1] Im Bereich der Unternehmenszusammenfassungen versteht man unter einer Interessengemeinschaft **im weiteren Sinne** „alle vertragsmäßigen Zusammenfassungen gemeinschaftlicher Interessen selbständig bleibender Unternehmungen."[2] Richtet sich der Interessengemeinschaftsvertrag auf die Vergemeinschaftung von Gewinnen und Verlusten (Gewinnpooling, Gewinngemeinschaft), so spricht man von einer Interessengemeinschaft **im engeren Sinne.**[3] Eine in der Wirtschaftspraxis häufig anzutreffende **Verwaltungsgemeinschaft** wird nicht notwendigerweise als Wesensmerkmal der Interessengemeinschaft betrachtet.[4]

Interessengemeinschaften entstehen in der Regel durch **horizontale** Zusammenfassung von Unternehmen auf vertraglicher Basis. Die der Interessengemeinschaft angehörenden Unternehmen bleiben rechtlich und wirtschaftlich selbständig, da normalerweise keine Kapitalbeteiligungen bestehen und folglich kein Verhältnis der Über- und Unterordnung, sondern der Nebenordnung gegeben ist.

---

[1] Rasch, H., Deutsches Konzernrecht, 5. Aufl., Köln-Berlin-Bonn-München 1974, S. 87
[2] Fischer, L., Die Gesellschaft bürgerlichen Rechts, Bielefeld 1977, S. 223; vgl. auch: von Wallis, H., Besteuerung der Unternehmenszusammenfassungen, 5. Aufl., Herne/Berlin 1979, S. 168
[3] Vgl. Fischer, L., a. a. O., S. 224
[4] Vgl. Fikentscher, W., Die Interessengemeinschaft, Köln-Berlin-Bonn-München 1966, S. 19

Ziel einer Interessengemeinschaft ist allgemein die Verfolgung eines gemeinsamen wirtschaftlichen Zwecks, durch dessen Realisierung die vertraglich verbundenen Unternehmen hoffen, das allgemeine unternehmerische Ziel der langfristigen Gewinnmaximierung besser erreichen zu können als ohne eine derartige Kooperation. So werden beispielsweise in der chemischen Industrie häufig kostspielige Versuchs- und Entwicklungsabteilungen zusammengelegt und die entwickelten Verfahren und Patente gemeinsam ausgewertet. Die durch derartige Rationalisierungen erzielten **Kostensenkungen** können unter Umständen die gesamtwirtschaftlichen Nachteile der Abschwächung des Wettbewerbs ausgleichen. Ziel einer Interessengemeinschaft können auch Kostensenkungen sein, die durch gemeinsamen Einkauf, durch Aufteilung des Fertigungsprogramms auf die angeschlossenen Betriebe, wodurch der einzelne Betrieb nur noch eine geringe Zahl von Artikeln, dafür aber in großen Serien zu produzieren braucht, oder durch Verwertung von Nebenprodukten und Abfällen erzielt werden können.

Weiterhin können Interessengemeinschaften auch dann entstehen, wenn Anteilseigner von Beteiligungen am gleichen Unternehmen, die gleichgerichtete Interessen verfolgen, sich zusammenschließen, um eine Abstimmung bei der Ausübung von Beteiligungsrechten zu treffen, oder wenn Unternehmen gemeinsame Instanzen zur Koordination der Entscheidungen in gemeinsam gegründeten oder erworbenen Tochtergesellschaften **(Gemeinschaftsunternehmen)** bilden.

Koberstein[5] bezeichnet als wesentlichstes Merkmal einer Interessengemeinschaft „die paritätische Gleichrichtung der kaufmännischen und verwaltungsmäßigen Führung der sich zusammenschließenden Unternehmungen". Das bedeutet, daß die Geschäftsführungen der zur Interessengemeinschaft zusammengeschlossenen Betriebe engen Kontakt halten, sich gegenseitig informieren und beraten. Oft wird auch ein **beratendes Gremium aus Vorstandsmitgliedern** der einzelnen Gesellschaften gebildet. Der Austausch von Aktien kann die vertraglichen Bindungen verstärken, ohne daß es zu Über- bzw. Unterordnungsverhältnissen kommt.

Ihrer **Rechtsnatur** nach ist die Interessengemeinschaft gewöhnlich eine **Gesellschaft des bürgerlichen Rechts,** bei der sich die Gesellschafter verpflichten, den gemeinsamen Zweck in der durch den Vertrag bestimmten Weise zu fördern.[6] Als Innengesellschaft tritt sie nach außen nicht in Erscheinung. Sie darf insbesondere keine Geschäfte mit Dritten im Namen der Gesellschafter tätigen. Gemeinschaftliches Vermögen ist nicht erforderlich. Eine gemeinsame Verwaltung erfolgt in der Regel nicht, doch besteht häufig eine Gemeinschaftsverwaltung für die im Vertrag festgelegten Angelegenheiten, über die ein gemeinsamer Beschluß gefaßt werden muß.[7]

Vom **Kartell** unterscheidet sich die Interessengemeinschaft in der Regel durch die im Vertrag zum Ausdruck kommenden unterschiedlichen Zielset-

---

[5] Koberstein, G., Unternehmungszusammenschlüsse, Essen 1955, S. 95
[6] Vgl. § 705 BGB
[7] Vgl. Friedländer, H. E., Konzernrecht, 2. Aufl., Berlin und Frankfurt/Main 1954, S. 116

zungen und die Instrumente zu ihrer Realisierung: Ziel des Kartells ist in erster Linie die Steigerung der Rentabilität der Unternehmen der Mitglieder durch Wettbewerbsbeschränkung, Ziel der Interessengemeinschaft ist in erster Linie die Erhöhung der Rentabilität der ihr angehörenden Unternehmen durch gemeinsame Durchführung bisher getrennt wahrgenommener Aufgaben (Forschung, Entwicklung, Rationalisierung). Trotz grundsätzlicher wirtschaftlicher Selbständigkeit kann jedoch die wirtschaftliche Dispositionsfreiheit der einzelnen Unternehmen durch Interessengemeinschaftsverträge in verschieden starkem Maße eingeengt werden.

Der Übergang von der Interessengemeinschaft zum Kartell kann fließend sein, weil die Verfolgung gemeinsamer Interessen zu vertraglichen Absprachen führen kann, die den Wettbewerb einschränken. Folglich müssen auch Interessengemeinschaftsverträge auf ihre wettbewerbsrechtliche Zulässigkeit untersucht werden.[8] Eine Anzeigepflicht bei der Kartellbehörde nach § 23 GWB besteht jedoch nicht.

Auch der Übergang von der Interessengemeinschaft zum **Konzern** kann fließend sein. Wird im Laufe der Zeit die wirtschaftliche Zusammenarbeit zwischen den Mitgliedern einer Interessengemeinschaft so eng, daß sie zur Koordinierung bestimmter Aufgaben ein gemeinsames Führungsgremium bilden, so kann der Übergang zum Konzern erfolgt sein, auch wenn keine kapitalmäßigen Beteiligungen bestehen.

Bilden die Mitglieder der Interessengemeinschaft einen sog. **Gemeinschaftsrat,** der ggf. zunächst nur die Aufgabe hat, für die Anwendung gemeinsamer Rechnungslegungsgrundsätze zu sorgen, dessen Kompetenzen in einem weiteren Stadium aber allmählich auch auf bestimmte wirtschaftliche Entscheidungen der Mitglieder ausgedehnt werden, so liegt eine sog. **zentralisierte Interessengemeinschaft** vor, die sich faktisch nicht von einem Gleichordnungskonzern unterscheidet.[9] Sind rechtlich selbständige Unternehmen, ohne daß das eine Unternehmen von dem anderen abhängig ist, unter einheitlicher Leitung zusammengefaßt, so bilden sie nach § 18 Abs. 2 AktG einen Gleichordnungskonzern.

b) Die Interessengemeinschaft im engeren Sinne (Gewinngemeinschaft)

Von der bisher behandelten Interessengemeinschaft wird in der Literatur – wie oben bereits erwähnt – die Interessengemeinschaft im engeren Sinne unterschieden, die eine **Gewinn- und Verlustgemeinschaft** ist. Eine solche liegt vor, wenn die von allen beteiligten Unternehmen erwirtschafteten Gesamtgewinne oder auch nur die Gewinne aus bestimmten Quellen (z. B. aus Export, gemeinsamer Patentverwertung u. a.) in eine gemeinsame Kasse fließen und dann nach bestimmten Schlüsseln auf die zusammenlegungspflichtigen Unternehmen verteilt werden **(Gewinnpoolung),** deren Grund-

---

[8] Vgl. S. 398 f.
[9] Vgl. Fikentscher, W., a. a. O., S. 22 verwendet den Begriff konzernierte Interessengemeinschaft.

lage z. B. die Kapitalbasis oder der Umsatz sein kann.[10] Eine Gewinngemeinschaft liegt nach herrschender Auffassung nicht vor, wenn nur die Gewinne aus einem einzelnen Geschäft oder einigen Geschäften zusammengelegt werden.[11] Dann kann es sich um eine Gelegenheitsgesellschaft in Form einer Arbeitsgemeinschaft oder eines Konsortiums handeln.

Gewinnpoolung setzt nicht nur vertragliche Vereinbarungen über die Aufteilung des zusammengelegten Gewinns, sondern auch über die Ermittlung des ausgleichspflichtigen Gewinns voraus.[12] Da die Höhe des Periodengewinns durch Nutzung von Bilanzierungs- und Bewertungswahlrechten beeinflußt werden kann, müssen die Vertragspartner nicht nur regeln, welche Gewinne (z. B. Gesamtgewinn der Handelsbilanz ausschließlich der Erträge aus Beteiligungen oder Jahresgewinn aus bestimmten Geschäftssparten) der Poolung unterworfen werden, sondern müssen auch bis ins einzelne gehende Vereinbarungen über die **anzuwendenden Gewinnermittlungsvorschriften** (z. B. des Ertragsteuerrechts oder des HGB) sowie über die Behandlung von Geschäftsvorfällen treffen (z. B. Bewertung der Bestände, Methoden der Abschreibung, Umfang der Bildung von Rücklagen und Rückstellungen, Aktivierung oder Sofortabschreibung angeschaffter immaterieller Wirtschaftsgüter, Bildung von Rechnungsabgrenzungsposten u. a.).

Zur Ermittlung des in die Gemeinschaftsregelung eingehenden Gewinns stellt jeder Vertragspartner eine **Vorbilanz** auf. Das Gesamtergebnis aller Vorbilanzen wird dann nach dem vertraglich vereinbarten Schlüssel auf die Vertragspartner aufgeteilt. Die **Fixierung des Schlüssels** gehört zu den schwierigsten Fragen der Vertragsgestaltung. Ist der Schlüssel für einen längeren Zeitraum starr, so kann er nicht nur auf der Basis von Vergangenheitserfolgen der Vertragspartner, sondern muß auf der Grundlage von zukünftigen Ertragserwartungen festgelegt werden. Diese sind aber nicht nur generell, sondern in dem speziellen Fall des Abschlusses eines Gewinnpoolungsvertrages besonders schwer zu schätzen, weil jeder Vertragspartner davon ausgeht, daß durch diesen Vertrag seine Ertragslage verbessert werden soll, z. B. durch Rationalisierungsmaßnahmen, gemeinsame Patentverwertung, gemeinsame Finanzierungspolitik oder gemeinsame Geschäftspolitik in bestimmten Bereichen u. a. Anderenfalls wäre er nicht bereit, seinen Gewinn

---

[10] Der Begriff „Pool" ist nicht eindeutig, denn er wird in den USA und in England häufig im Sinne des deutschen Begriffs „Kartell" verwendet. Friedländer (Friedländer, H. E., a. a. O., S. 114) weist darauf hin, daß die großen amerikanischen Pools der siebziger und achtziger Jahre des letzten Jahrhunderts in deutscher Terminologie Verkaufs- und Preiskartelle und keine Interessengemeinschaften waren. Da bei vielen Interessengemeinschaften die Gewinnpoolung nicht das einzige Ziel des Zusammenschlusses ist, sondern weitere gemeinsame Zwecke verfolgt werden können, werden die Begriffe Interessengemeinschaft und Pool in der Literatur nicht als identisch angesehen (vgl. Fikentscher, W., a. a. O., S. 19; Fischer, L., a. a. O., S. 224).
[11] Vgl. Würdinger, H., Aktienrecht und das Recht der verbundenen Unternehmen, 4. Aufl., Heidelberg, Karlsruhe 1981, S. 306; Reuter, H.-P., Die Besteuerung der verbundenen Unternehmen, München 1970, S. 210, Tz 969
[12] Vgl. dazu Mann, G., Steuerliche Probleme bei der Poolung von Unternehmensgewinnen, in: Zur Besteuerung der Unternehmung, Festschrift für Peter Scherpf, Berlin 1968, S. 225 f.; Rasch, H., a. a. O., S. 89 ff.; v. Wallis, H., a. a. O., S. 29 f.

mit den Gewinnen seiner Vertragspartner zusammenzulegen. Aufgrund der Ungewißheit zukünftiger Ertragsentwicklungen hängt das Aushandeln des Verteilungsschlüssels – ähnlich wie bei der Ermittlung des Kaufpreises eines Unternehmens im Wege der Gesamtbewertung – letzten Endes von der wirtschaftlichen Stärke und dem Verhandlungsgeschick der einzelnen Vertragspartner ab.

Gewinngemeinschaften können von Unternehmen aller Rechtsformen gebildet werden. Eine Gewinngemeinschaft **im Sinne des § 292 Abs. 1 AktG** liegt jedoch nur vor, wenn eine inländische AG oder KGaA „sich verpflichtet, ihren Gewinn oder den Gewinn einzelner ihrer Betriebe ganz oder zum Teil mit dem Gewinn anderer Unternehmen oder einzelner Betriebe anderer Unternehmen zur Aufteilung eines gemeinschaftlichen Gewinns zusammenzulegen.“[13] Es wird also vorausgesetzt, daß **ein Vertragsteil eine AG bzw. eine KGaA ist**, während die anderen Vertragsteile Unternehmen in jeder Rechtsform mit Sitz im Inland oder Ausland sein können.[14] Die Vertragspartner der Gewinngemeinschaftsverträge sind nach § 15 AktG verbundene Unternehmen. Weiterhin ist erforderlich, daß sich der Vertrag auf die Zusammenlegung des Jahresergebnisses der beteiligten Unternehmen bezieht und nicht etwa nur auf Ergebnisse aus einzelnen Geschäften.[15] Hingegen ist es gleichgültig, wie hoch der Bruchteil am Gesamtgewinn ist, den jedes Unternehmen einbringt.[16]

Für die Aufteilung des Gewinns schreibt das Aktiengesetz keinen bestimmten Aufteilungsschlüssel vor. Die Vertragspartner können also den Schlüssel selbst bestimmen. Er muß jedoch eine Aufteilung ermöglichen, die dem **Verhältnis von Leistung und Gegenleistung** entspricht. Würde ein Vertragspartner regelmäßig höhere Gewinnanteile erhalten, als ihm aufgrund seiner wirtschaftlichen Leistung im Rahmen des Vertrages zustehen dürften, so liegt ggf. keine Gewinngemeinschaft, sondern eine Gewinnabführung vor.

Enthält der Vertrag keine Regelung über die Vergemeinschaftung der Verluste, so gilt nach § 722 Abs. 2 BGB, daß die Vertragsparteien nach Maßgabe ihrer Gewinnansprüche **auch am Verlust** beteiligt sein sollen. Abweichend davon kann die Verlustübernahme vertraglich ausgeschlossen werden oder sich auf einen vereinbarten Höchstbetrag beschränken. Der Vertrag kann aber auch vorsehen, daß der Verlust einer Mitgliedsgesellschaft in unbeschränkter Höhe auszugleichen ist. Verträge, die ausschließlich die Vergemeinschaftung von Verlusten zum Gegenstand haben, sind keine Unternehmensverträge im Sinne des § 292 AktG.

Da nach dem Wortlaut des Aktiengesetzes der Zweck der Zusammenlegung des Gewinns die Aufteilung des Gewinns ist, liegt keine Gewinnge-

---

[13] § 292 Abs. 1 Nr. 1 AktG
[14] Vgl. Godin-Wilhelmi, Aktiengesetz, 4. Aufl., Berlin/New York 1971, Anm. 3 zu § 292, S. 1600
[15] Vgl. Würdinger, H., a. a. O., S. 306
[16] Vgl. Godin-Wilhelmi, a. a. O., S. 1600

meinschaft vor, wenn der Gewinn nicht aufgeteilt, sondern von den Beteiligten z. B. für die Grundlagenforschung verwendet wird, deren Ergebnisse allen Beteiligten zugute kommen sollen. Eine solche vertragliche Vereinbarung ist zwar eine Interessengemeinschaft, aber keine Gewinngemeinschaft. Der Gewinn wäre lediglich Berechnungsgrundlage für die Höhe des Aufwandes, den jede Gesellschaft für die gemeinsamen Aufgaben beizusteuern hätte.[17]

Eine Gewinngemeinschaft liegt auch dann vor, wenn die Gewinne nicht zusammengelegt und nach einem bestimmten Schlüssel wieder aufgeteilt werden, sondern wenn die **Aufwendungen und Erträge** der an der Gewinngemeinschaft beteiligten Unternehmen so **korrigiert werden,** daß bei jedem Unternehmen von vornherein der Gewinn entsteht, der dem beabsichtigten Verteilungsschlüssel entspricht.[18]

Die Gewinngemeinschaft stellt eine **engere Bindung als die meisten Kartellabsprachen** dar, weil die Gewinnschlüsselung einen Zusammenschluß oder zumindest eine sehr enge Zusammenarbeit der Verwaltungen und des Rechnungswesens der beteiligten Betriebe erforderlich macht. Deshalb bilden die Mitglieder einer Gewinngemeinschaft häufig eine **Verwaltungsgemeinschaft,** die in den verschiedensten Gestaltungsformen anzutreffen ist, z. B. in der Form des Austauschs von Vorstands- und Aufsichtsratsmitgliedern oder der Bildung eines gemeinschaftlichen Aufsichtsorgans, das als Gemeinschaftsrat oder Verwaltungsrat bezeichnet wird und für die Entscheidung aller Fragen zuständig ist, „die die grundsätzliche Führung der Interessengemeinschaft betreffen ...".[19]

Die Gewinngemeinschaft unterscheidet sich von einem **Organschaftsverhältnis mit Gewinnabführung** dadurch, daß bei diesem stets ein Über- und Unterordnungsverhältnis gegeben ist, d. h. daß die Untergesellschaft ihre wirtschaftliche Selbständigkeit verliert und eine Gewinnabführung grundsätzlich von unten nach oben erfolgt, während bei der Gewinngemeinschaft je nach der Gewinnlage jede der beteiligten Gesellschaften einmal Gewinne abführen, ein anderes Mal Gewinne erhalten kann. Die Gewinngemeinschaft und der Gewinnabführungs- bzw. Teilgewinnabführungsvertrag schließen sich also aus.

Die aktienrechtliche Gewinngemeinschaft kann jedoch auch mit anderen im Aktiengesetz geregelten **Unternehmensverträgen** gekoppelt sein, z. B. mit einem Beherrschungsvertrag (§ 291 AktG) oder einem Betriebspacht- oder Betriebsüberlassungsvertrag (§ 292 Abs. 1 Nr. 3 AktG). Auch zwischen nach § 15 AktG verbundenen Unternehmen kann zusätzlich ein Gewinngemeinschaftsvertrag geschlossen werden. So können zwischen den Vertragsteilen einer Gewinngemeinschaft z. B. „eine Mehrheitsbeteiligung, ein Abhängigkeitsverhältnis, ein Unterordnungskonzern mit oder ohne aktien-

---

[17] Vgl. Godin-Wilhelmi, a. a. O., S. 1600
[18] Vgl. Havermann, H., Die verbundenen Unternehmen und ihre Pflichten nach dem Aktiengesetz 1965, WPg 1966, S. 92
[19] Rasch, H., a. a. O., S. 91

rechtliche Eingliederung, ein Gleichordnungskonzern, oder wechselseitige Beteiligungen bestehen. "[20]

Der fließende Übergang zwischen Interessengemeinschaft einerseits und Kartell und Konzern andererseits erfordert in den Fällen, in denen die Interessengemeinschaft neben der Gewinnpoolung auch andere wirtschaftliche Zwecke verfolgt, eine Prüfung, ob durch die über die Gewinnpoolung hinausgehenden Absprachen eine **Beschränkung des Wettbewerbs** eintreten kann. Da wettbewerbsrechtlich Kartelle grundsätzlich verboten, Konzerne aber grundsätzlich erlaubt sind, hat Fikentscher[21] zur Unterscheidung der wettbewerbsrechtlichen Zulässigkeit von Interessengemeinschaften die Unterscheidung in **nichtkonzernierte** und **konzernierte** Interessengemeinschaften eingeführt.

Erstere ist regelmäßig eine Gesellschaft bürgerlichen Rechts ohne gemeinsame wirtschaftliche Führung und somit ohne Weisungsabhängigkeit der Mitglieder. Ein ggf. vorhandenes Gemeinschaftsorgan hat lediglich die Aufgabe, die Gewinnvergemeinschaftung und -verteilung zu überwachen.[22] **Letztere** besitzt eine einheitliche Leitung in Form einer Verwaltungsgemeinschaft. Diese „bewirkt eine einheitliche wirtschaftliche Führung und damit ein Konzernverhältnis auf der Ebene der Gleichordnung."[23] Da kein Mitglied der Interessengemeinschaft einen beherrschenden Einfluß auf die übrigen Mitglieder ausüben kann, kommt die einheitliche Leitung durch Vertrag zustande, also entweder durch Übertragung von Kompetenzen auf ein Gemeinschaftsorgan oder durch Gründung einer eigenen Verwaltungsgesellschaft.

Da die Interessengemeinschaft grundsätzlich ein Zusammenschluß auf horizontaler Ebene ist, hat vor Abschluß des Vertrages zwischen den Mitgliedsunternehmen Wettbewerb bestanden. Durch eine bloße Gewinn- und Verlustgemeinschaft wird diese Wettbewerbssituation nicht verändert. Enthält der Vertrag aber weitere Absprachen, so ist es Aufgabe der Kartellbehörde, den Nachweis zu erbringen, ob darin ein abgestimmtes, wettbewerbbeschränkendes Verhalten im Sinne des § 25 Abs. 1 GWB zu sehen ist. Handelt es sich bei den Absprachen faktisch um Kartellvereinbarungen, so greifen die Bestimmungen des GWB (§§ 1 ff.) mit der Folge ein, daß die Absprachen unwirksam sind. Das bedeutet nicht notwendigerweise, daß deshalb der gesamte Interessengemeinschaftsvertrag nichtig ist, d. h. die Gewinnpoolungsvereinbarung kann bestehen bleiben.[24]

2. Gelegenheitsgesellschaften

Gelegenheitsgesellschaften sind Gesellschaften, „bei denen der gesellschaftliche Zusammenschluß zur Durchführung eines oder einer im Gesellschafts-

---

[20] Reuter, H.-P., a. a. O., S. 243, Tz 1641
[21] Vgl. Fikentscher, W., a. a. O., S. 22
[22] Vgl. Fikentscher, W., a. a. O., S. 52
[23] Fikentscher, W., a. a. O., S. 22
[24] Vgl. Fikentscher, W., a. a. O., S. 44

vertrag festgelegten Anzahl von Einzelgeschäften auf gemeinsame Rechnung vorgenommen wird."[25] Sie werden in der Regel in der Rechtsform der **Gesellschaft des bürgerlichen Rechts** geführt. Die Rechtsform der OHG oder KG kommt nicht in Betracht, da diese den Betrieb eines Handelsgewerbes voraussetzen, der durch die Merkmale der Selbständigkeit, der Nachhaltigkeit und der Gewinnerzielungsabsicht bestimmt wird. Eine nur gelegentliche oder einmalige Tätigkeit fällt nicht hierunter. Die Rechtsformen der Kapitalgesellschaften kommen deshalb nicht in Frage, weil der gesetzlich vorgeschriebene Aufwand zu ihrer Gründung, Führung und Abwicklung in keinem Verhältnis zur kurzen Dauer einer Gelegenheitsgesellschaft steht.

Die Gesellschaft des bürgerlichen Rechts kann **formlos** entstehen und aufgelöst werden.[26] Tritt sie nach außen auf und schließt sie selbst Rechtsgeschäfte ab, so ist sie eine **Außengesellschaft,** die einen Namen führen und Gesellschaftsvermögen haben kann. Ein typisches Beispiel dafür sind die Arbeitsgemeinschaften im Baugewerbe. Tritt die Gelegenheitsgesellschaft nach außen nicht in Erscheinung, so ist sie eine **Innengesellschaft,** die sich ausschließlich auf die Beziehungen der Gesellschafter untereinander beschränkt. Eine Namensführung und die Bildung von Gesellschaftsvermögen sind nicht möglich. Beispiele dafür sind die Bankenkonsortien.

Die **Motive** für die Bildung von Gelegenheitsgesellschaften sind vielfältig. Sie ermöglichen mehreren Unternehmen die gemeinsame Durchführung von Projekten (z. B. Errichtung großer Bauwerke durch eine Arbeitsgemeinschaft, Übernahme und Placierung von Wertpapieremissionen durch ein Bankenkonsortium), die entweder die Kapazität eines einzelnen Unternehmens überschreiten, oder bei denen ein einzelnes Unternehmen das Risiko der Ausführung nicht allein übernehmen will. Auch der Auftraggeber kann daran interessiert sein, das Risiko der Ausführung nicht nur einem Unternehmer zu übertragen, sondern die Haftung auf mehrere zu verteilen.

a) Arbeitsgemeinschaften

Arbeitsgemeinschaften sind Zusammenschlüsse von rechtlich und wirtschaftlich selbständigen Unternehmen, die das Ziel verfolgen, eine bestimmte Aufgabe gemeinschaftlich zu lösen oder einen einzigen Werkvertrag (§ 631 BGB) oder Werklieferungsvertrag (§ 651 BGB) bzw. eine begrenzte Anzahl derartiger Verträge gemeinsam zu erfüllen.[27] Sie sind vorwiegend – wenn auch nicht ausschließlich – im **Baugewerbe** anzutreffen und sind neben den Bankenkonsortien die wichtigste Erscheinungsform der **Gelegenheitsgesellschaften,** die dann gebildet werden, wenn ein einzelnes Unternehmen entweder von seiner produktionstechnischen oder finanziellen Kapazität her

---

[25] Fischer, L., a. a. O., S. 177; vgl. auch Bick, O., Die Gelegenheitsgesellschaft, Recht und Besteuerung, 2. Aufl., Wiesbaden 1968; Paulick, H., Gelegenheitsgesellschaft, HwStR Bd. I, 2. Aufl., München, Bonn 1981, S. 586

[26] Vgl. §§ 705 ff. BGB

[27] Vgl. Bick, O., Arbeitsgemeinschaften, insbesondere im Baugewerbe – Recht und Besteuerung, NSt 5/1971, S. 15 ff.; Fischer, L., a. a. O., S. 190

nicht in der Lage ist, einen Großauftrag (z. B. Bau einer Talsperre oder einer großen Autobahnbrücke) allein auszuführen oder wenn das Unternehmen das Risiko des Großauftrages nicht allein übernehmen will. Häufig verlangt auch der öffentliche Auftraggeber im Rahmen der Ausschreibung größerer Projekte der öffentlichen Hand die Beteiligung mehrerer mittelständischer Unternehmen.[28] Außer im Baugewerbe werden Arbeitsgemeinschaften auch für industrielle Großaufträge, für die Koproduktion eines Films oder für einzelne Forschungs- und Entwicklungsprojekte gebildet.

In der Regel sind Arbeitsgemeinschaften Kooperationen auf **horizontaler Ebene**, d. h. Zusammenschlüsse von Unternehmen des gleichen Wirtschaftszweiges, jedoch ist dieses Merkmal nicht begriffsnotwendig für die Arbeitsgemeinschaft. Es gibt in selteneren Fällen – z. B. bei Fertigstellung industrieller Gesamtanlagen oder bei schlüsselfertiger Errichtung von Gebäuden – auch entsprechende Zusammenschlüsse von Unternehmen verschiedener Branchen.[29]

Die Arbeitsgemeinschaft in der Bauwirtschaft ist in der Regel eine **Gesellschaft des bürgerlichen Rechts** nach §§ 705 ff. BGB. Sie schließt im eigenen Namen und für eigene Rechnung den Vertrag mit dem Auftraggeber, führt den Auftrag aus und rechnet mit dem Auftraggeber ab. Folglich entstehen unmittelbare Rechtsbeziehungen nur zwischen diesem und der Arbeitsgemeinschaft, nicht dagegen zwischen ihm und einzelnen Mitgliedern der Arbeitsgemeinschaft.[30] Sie ist folglich eine **Außengesellschaft,** die einen eigenen Namen führen und Gesellschaftsvermögen haben kann. Allerdings ist das Gesellschaftsvermögen keine Bedingung für eine Außengesellschaft.

In der Wirtschaftspraxis haben sich im Baugewerbe andere Vertragsformen entwickelt, die oft im Gegensatz zu den bisher beschriebenen „echten" (selbständigen) Arbeitsgemeinschaften in Form der Gesamthandsaußengesellschaft[31] als „unechte" (unselbständige) Arbeitsgemeinschaften oder Beteiligungsgemeinschaften bezeichnet werden. Diese Vertragsformen unterscheiden sich in erster Linie darin, ob überhaupt und wenn ja, welche Rechtsbeziehungen zwischen dem Auftraggeber und den ausführenden Unternehmen bestehen. Schließt der Auftraggeber nur mit einem Bauunternehmer **(Hauptunternehmer)** den Vertrag über die Ausführung des Bauvorhabens ab, und verpflichtet sich dieser, einen Teil der Ausführung einem oder mehreren anderen Unternehmern **(Nebenunternehmer)** im Namen und für Rechnung des Auftraggebers zu übertragen, so entstehen durch diese Vertragsgestaltung nicht wie bei der echten Arbeitsgemeinschaft unmittelbare Rechtsbeziehungen zwischen dem Auftraggeber und der Arbeitsgemeinschaft, sondern unmittelbare Rechtsbeziehungen zwischen dem Auftraggeber und sowohl dem Hauptunternehmer als auch den Nebenunternehmern. Jeder Unternehmer haftet dem Auftraggeber für die ordnungsmäßige Aus-

---

[28] Vgl. Schubert, W., Küting, K., Unternehmenszusammenschlüsse, München 1981, S. 108

[29] Vgl. Giefers, H. W., Arbeitsgemeinschaften, Freiburg 1966, S. 11

[30] Vgl. BFH vom 10. 5. 1961, HFR 1962, S. 45

[31] Vgl. Fischer, L., a. a. O., S. 190

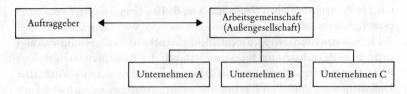

Abb. 73: Echte Arbeitsgemeinschaft

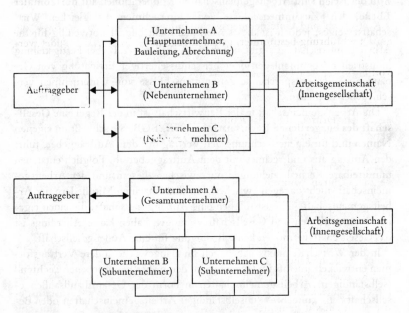

Abb. 74: Unechte Arbeitsgemeinschaften

führung seiner Teilleistungen. Zur Koordinierung der Arbeiten wird in solchen Fällen der Hauptunternehmer die Bauleitung und gemeinschaftliche Verwaltungs-, ggf. auch Abrechnungsaufgaben übernehmen. Zur Erleichterung dieser Arbeiten kann eine Innengesellschaft zwischen dem Haupt- und den Nebenunternehmern geschlossen werden. Meist hat der Hauptunternehmer auch vertraglich die Haftung und Gewährleistung für die Leistungen der Nebenunternehmer mit zu übernehmen.

Es ist auch eine Rechtsgestaltung möglich, bei der der Auftraggeber nur einem Unternehmer die Ausführung des gesamten Bauvorhabens überträgt, dieser **Gesamtunternehmer** sich aber zur Durchführung der Arbeiten eines oder mehrerer **Subunternehmer** bedient. Zwischen diesen und dem Auftraggeber bestehen keine unmittelbaren Rechtsbeziehungen, sondern der Gesamtunternehmer schließt im eigenen Namen und für eigene Rechnung Verträge mit seinen Subunternehmern ab. Dabei handelt es sich um eine **Innengesellschaft,** d. h. um ein von außen nicht erkennbares Gesellschaftsverhältnis. Eine Innengesellschaft hat kein Gesellschaftsvermögen und kann keinen Namen führen.[32]

Die Unternehmer A, B und C bilden eine Arbeitsgemeinschaft. Das Unternehmen A ist federführend. Die Rechtsbeziehungen zwischen dem Auftraggeber und der Arbeitsgemeinschaft zeigen die obigen Schaubilder. (Die Pfeile zeigen unmittelbare Rechtsbeziehungen zwischen dem Auftraggeber und der Arbeitsgemeinschaft bzw. ihren Gesellschaftern.)

b) Konsortien

Konsortien sind Unternehmensverbindungen auf vertraglicher Basis, die zur Durchführung bestimmter, genau abgegrenzter Aufgaben gebildet werden und sich nach Erfüllung der Aufgaben wieder auflösen. Als Rechtsform kommt in der Regel die **Gesellschaft des bürgerlichen Rechts** in Betracht.

In den meisten Fällen tritt das Konsortium **nach außen** auf. Der von den Mitgliedern (Konsorten) bestellte **Konsortialführer** vertritt das Konsortium gegenüber Dritten, führt das Konsortialkonto und verteilt das Konsortialergebnis gemäß dem Konsortialvertrag, der in der Regel formlos abgeschlossen wird und die Rechte und Pflichten der Konsorten regelt.

Schutzgemeinschaften, die von Aktionären zur Beherrschung eines Unternehmens durch Stimmrechtsbindung oder Veräußerungsverbot gebildet werden, gehören begrifflich dazu, fallen aber, da sie in der Regel auf längere Dauer angelegt sind, nicht unter die Gelegenheitsgesellschaften, sondern sind eher den Interessengemeinschaften zuzurechnen.

Am häufigsten anzutreffen sind Bankenkonsortien; deren wichtigste Aufgaben sind „die Übernahme und Veräußerung von Aktien bei Gründungen und Kapitalerhöhungen, auch die Übernahme von Teilschuldverschreibungen, Stillhalteaktionen, Kursregulierungen usw".[33] Das **Emissionskonsortium** ist „ein auf gemeinsame Mitwirkung an einer bestimmten Emission gerichteter Zusammenschluß von Banken, bei denen die Bildung eines irgendwie gearteten Gesellschaftsvermögens und die gemeinsame Übernahme des mit der Emission verbundenen Risikos dadurch ausgeschlossen werden, daß jeder Konsorte von vornherein nur einen seiner Beteiligungsquote entsprechenden Anteil an der Emission zu Alleineigentum erhält und ihn in eigenem Namen und auf eigene Rechnung . . . weitergibt."[34]

Neben den für alle Gelegenheitsgesellschaften in Betracht kommenden Zielen der **Risikoverteilung** und ggf. der Ausschaltung störender Konkurrenz werden Bankenkonsortien vor allem zur Zusammenfassung von **Finanzkraft und Placierungsmöglichkeiten** gebildet. Fischer weist darauf hin, daß die einschränkenden Vorschriften des § 13 KWG über Großkredite, d. h. über Kredite an einen Kreditnehmer, die bestimmte Grenzen über-

[32] Vgl. Bick, O., Die Gelegenheitsgesellschaft, a. a. O., S. 80 f.; Meyer, R., Der Einfluß des Steuerrechts auf Kooperation und Konzentration, in: Schriften zur Kooperationsforschung, C. Berichte, Bd. 2, hrsg. von E. Brettcher, Tübingen 1973

[33] Paulick, H., Konsortium, HwStR Bd. II, a. a. O., S. 899

[34] Westermann, H. P., Das Emissionskonsortium als Beispiel der gesellschaftsrechtlichen Typendehnung, AG 1967, S. 286 f.

schreiten, „einen gewissen Zwang" zur Bildung von Kreditkonsortien ausüben.[35]

3. Kartelle

a) Begriff und Zielsetzung

Der wichtigste horizontale Zusammenschluß, bei dem nur vertragliche
Absprachen erfolgen, die kapitalmäßige und rechtliche Selbständigkeit der
beteiligten Betriebe jedoch unangetastet bleibt, ist das Kartell.[36] Einschränkungen erfährt allerdings die wirtschaftliche Selbständigkeit der am Kartell
Beteiligten, und zwar in den Bereichen, die Gegenstand der Kartellbindung
sind; insbesondere wird der Umfang des dem Unternehmen zur Verfügung
stehenden absatzpolitischen Instrumentariums beschnitten. Hauptziel von
Kartellverträgen ist die **Marktbeherrschung** durch die Beseitigung oder zumindest die **Beschränkung des Wettbewerbs.** Das setzt voraus, daß der
größte Teil des Angebots bzw. der Nachfrage eines Wirtschaftszweiges im
Kartell zusammengefaßt ist. Nur selten werden Außenseiter den Konkurrenzkampf mit dem Kartell aufnehmen; in der Regel passen sie sich den vom
Kartell geschaffenen Bedingungen, insbesondere dem Kartellpreis an.

Welcher **Rechtsform** sich ein Kartell bedient, hängt im wesentlichen von
der Art des Kartells und von seinen Zielsetzungen ab. Kartelle, die nach
außen nicht in Erscheinung treten, sog. Kartelle **niederer Ordnung,** haben
im allgemeinen die Form einer BGB-Gesellschaft.[37] Häufig wird wegen der
fehlenden Rechtsfähigkeit einer solchen Gesellschaft die Geschäftsführung
ausgegliedert und einer eigens für sie gegründeten GmbH übertragen, die die
Aufgabe hat, der Gesellschaft des bürgerlichen Rechts als Rechtsträger und
geschäftsführendes Organ zu dienen. Kartelle, die sich solcher Organisationsformen bedienen, bezeichnet man als Kartelle **höherer Ordnung,** die
Organisationsform selbst – da eine Gesellschaft bürgerlichen Rechts und eine
GmbH bestehen – als Doppelgesellschaft. Doppelgesellschaften findet man
insbesondere bei **Syndikaten,** der Kartellform mit dem höchsten Bindungs-
grad. Die Rechtsform der Aktiengesellschaft wird bei Kartellen seltener angewendet, da sie sich wegen der aufwendigen Gründungsvorschriften und
der schwerfälligen Verwaltung (Vorstand, Aufsichtsrat, Hauptversammlung) nicht so gut eignet wie die Form der GmbH.

b) Arten der Kartelle

Kartellabsprachen können sich beziehen auf:
– die Absatz- und Geschäftsbedingungen (Konditionenkartelle);
– die Festsetzung der Absatzpreise (Preiskartelle);
– die Produktion (Produktionskartelle);
– den Absatz (Absatzkartelle).

---

[35] Vgl. Fischer, L., a. a. O., S. 178 f.

[36] Die Analyse der wirtschaftlichen Ziele und Wirkungen von Kartellabsprachen erfolgt
zunächst ohne Rücksicht auf ihre wettbewerbsrechtliche Regelung. Diese wird in einem
gesonderten Abschnitt dargestellt (vgl. S. 409 ff.).

[37] Vgl. §§ 705 ff. BGB sowie die Ausführungen zur GbR auf S. 331 f.

aa) Konditionenkartelle

Beim Konditionenkartell erstrecken sich die Kartellabmachungen nicht auf die Absatzpreise, sondern auf gewisse Nebenbedingungen der Kaufverträge **(Geschäftsbedingungen).** So erfolgt beispielsweise eine genaue vertragliche Regelung der Lieferungs-, Zahlungs- und Kreditbedingungen, der Garantieleistungen und sonstiger Geschäftsbedingungen. Der Schwerpunkt der Absprachen liegt in der Regel auf dem Gebiete der Transport- und Verpackungskosten und der Skonti. Durch derartige Vereinbarungen wird die Transparenz des Marktes erhöht, und der Wettbewerb wird zu einem echten Preiswettbewerb, während alle anderen Faktoren des Wettbewerbs, die in der Variation der Konditionen liegen können, ausgeschaltet werden.

Der Vorteil derartiger Kartellabsprachen für die einzelnen Mitglieder besteht z. B. darin, daß durch Festsetzung der höchstzulässigen Dauer von Lieferantenkrediten ein Unternehmen mit hoher Liquidität keine längeren Zahlungsziele einräumen kann als andere Unternehmen, deren Liquiditätslage entsprechende Konditionen nicht erlaubt. Eine Verletzung der Kartellabsprachen wird in der Regel mit Konventionalstrafen belegt.

bb) Preiskartelle

(1) Das **Einheitspreis-Kartell** setzt den Absatzpreis des produzierten Gutes fest und schaltet damit zwischen den Kartellmitgliedern jede Preiskonkurrenz aus. Die Qualitätskonkurrenz kann dadurch nicht völlig beseitigt werden, jedoch setzt ein Einheitspreiskartell in der Regel voraus, daß die Unterschiede in der Qualität nur geringfügig sind, da anderenfalls der Anbieter mit der besten Qualität die gesamte Nachfrage auf sich konzentrieren würde.

Der Kartellpreis (Absatzpreis) muß entweder in einer Höhe festgesetzt werden, daß der mit den höchsten Kosten produzierende Betrieb seine Kosten noch decken kann, oder die Betriebe, deren Kosten den Kartellpreis übersteigen, müssen ihre Verluste durch Abführung von Gewinnteilen der kostengünstiger arbeitenden Betriebe ersetzt bekommen. Das bedeutet in jedem Falle, daß auch Betriebe mit veralteter Produktionstechnik, die bei vollständigem Wettbewerb vom Markt verdrängt würden, noch existieren können, wenn sie dem Kartell angeschlossen sind.

Folglich liegt der Kartellpreis in der Regel **höher als der Wettbewerbspreis.** Das besagt aber, daß der Absatz bei höheren Kartellpreisen vergleichsweise geringer ist als bei Konkurrenzpreisen und demgemäß das Kartell seine Produktionskapazitäten nicht voll ausnutzen kann, also im Kartell **Überkapazitäten** entstehen. Als Folge muß den einzelnen Kartellmitgliedern eine bestimmte **Produktionsquote** zugeteilt werden, die nicht überschritten werden darf. Die dadurch bedingten Überkapazitäten führen zu einer Erhöhung der Produktionsstückkosten, da bestimmte im Betrieb wirksame Kostendegressionen infolge zu geringer Ausnutzung der Anlagen nicht voll wirksam werden können.

Die dem Kartell angeschlossenen Betriebe sind infolge des garantierten Preises und der festgesetzten Produktionsquote nicht zu dauernden Kostensenkungen durch Rationalisierungsmaßnahmen gezwungen. Technische Verbesserungen werden nur zögernd eingeführt, zumal sie gewöhnlich mit Kapazitätserweiterungen verbunden sind, die auf Grund der Quotensetzung nicht ausgenutzt werden können und die Überkapazität vergrößern.

Die Überhöhung des Kartellpreises (gegenüber dem Wettbewerbspreis) führt außerdem dazu, daß neue Betriebe (**Außenseiter**) aufkommen, die wesentlich wirtschaftlicher produzieren können, da sie dem Kartell nicht angehören und folglich dem Kartell scharfe Konkurrenz machen. Es kommt dann entweder zu einem wirtschaftlichen Kampf zwischen Kartell und Außenseiter oder zu einer Aufnahme des Außenseiters in das Kartell oder zu sonstigen Absprachen. Im Falle der Aufnahme des Außenseiters kann der Kartellpreis nur aufrechterhalten werden, wenn die am Markt angebotene Produktmenge nicht vergrößert wird, also dem Außenseiter eine Produktionsquote durch Kürzung der Quoten aller anderen Mitglieder zugeteilt wird.

(2) Das **Mindestpreis-Kartell.** Wenn zwischen Betrieben der gleichen Branche keine Preiskonkurrenz, sondern Reklamewettbewerb besteht, weil die unter verschiedenen Marken angebotenen Erzeugnisse vom Käufer als Güter eigener Art angesehen werden (Markenartikel), richten sich die vertraglichen Absprachen auf die Festlegung von Mindestpreisen oder Richtpreisen, die nicht unterboten werden dürfen, jedoch jederzeit überschritten werden können. Beispiel: Produzenten von Farbfernsehgeräten vereinbaren, daß der Preis für ein Gerät mit einer 36-cm-Bildröhre nicht weniger als 600 DM, mit einer 53-cm-Bildröhre nicht weniger als 900 DM und mit einer 70-cm-Bildröhre nicht weniger als 1.500 DM betragen darf. Die technische Ausrüstung der Apparate der verschiedenen Marken einer Preisklasse unterscheidet sich nicht wesentlich. Konkurrenz machen sich die verschiedenen Hersteller dann nur noch dadurch, daß sie durch die äußere Ausstattung, z. B. durch das Design des Gehäuses usw., und durch Werbemaßnahmen Präferenzen für ihre Güter schaffen.

(3) Das **Submissionskartell** ist eine Sonderform des Preiskartells. Als Submission bezeichnet man eine öffentliche Ausschreibung von Aufträgen, die dazu führen soll, daß die Interessenten sich einen scharfen Wettbewerbskampf liefern und, um den „Zuschlag" zu erhalten, möglichst preisgünstige Angebote abgeben. Bei öffentlichen Auftraggebern (Bund, Länder, Gemeinden) soll durch die Ausschreibung erreicht werden, daß der preisgünstigste Anbieter zum Zuge kommt und Begünstigungen einzelner Interessenten ausgeschlossen werden. Der durch die Submission bedingte Wettbewerb wird von dem – vor allem im Baugewerbe verbreiteten – Submissionskartell beseitigt, indem Vereinbarungen über die Angebotspreise getroffen werden, die nicht unterboten werden dürfen, bzw. indem von vornherein ausgehandelt wird, welches Kartellmitglied zum Zuge kommen soll; die Preisstellung aller Beteiligten erfolgt entsprechend.

(4) Das **Gewinnverteilungs-Kartell** stellt eine noch strengere vertragliche Bindung dar als das Preiskartell, da hier nicht nur Preise und Produktionsquoten durch das Kartell vorgeschrieben, sondern auch die von allen Mit-

gliedern erwirtschafteten Gewinne nach bestimmten Schlüsseln auf die angeschlossenen Betriebe verteilt werden.

(5) Das **Markenschutz-Kartell.** Produzenten von Markenartikeln sind daran interessiert, daß ihre Erzeugnisse durch den Handel zu festgesetzten Endverkaufspreisen abgesetzt werden, weil sich mit der Preishöhe beim Käufer eine bestimmte Qualitätsvorstellung verbindet. Eine Preissenkung führt oft nicht zu Absatzsteigerungen, sondern zur Abwanderung auf eine andere Marke, weil der Käufer vermutet, daß mit der Preissenkung auch eine Qualitätsverschlechterung verbunden ist. Preiserhöhungen dagegen ziehen nicht einen entsprechenden Rückgang der Nachfrage nach sich, weil der Käufer, der sich an eine bestimmte Marke (z. B. eine bestimmte Rasiercreme oder ein bestimmtes Waschpulver) gewöhnt hat, ihr auch bei Preissteigerungen „treu bleibt", solange sich diese in gewissen Grenzen vollziehen.

Der Produzent kann die Einhaltung des Endverkaufspreises dadurch erzwingen, daß er mit Groß- und Einzelhändlern vertragliche Vereinbarungen über die Preishöhe trifft **(Preisbindung der zweiten Hand).** Werden diese Vereinbarungen durch den Händler nicht eingehalten, so sperrt der Produzent die Belieferung. Diese Form der sogenannten autonomen Preisbindung ist nur dann wirksam, wenn der Markenartikelcharakter eines Produktes so stark ausgeprägt ist, daß der Einzelhändler den Artikel unbedingt in seinem Sortiment führen muß, wenn er nicht Käufer verlieren will, und wenn ferner nicht die Gefahr besteht, daß der Käufer sofort auf eine andere Marke übergeht, die der Händler ihm anbieten kann.

Besteht diese Gefahr, dann erfolgt eine kartellmäßige Vereinbarung zwischen Markenartikelproduzenten in der Weise, daß ein Händler, der die vom Erzeuger vorgeschriebenen Endverkaufspreise nicht einhält, von keinem der dem Kartell angeschlossenen Betriebe mehr beliefert wird. Beispiel: Eine Anzahl von Waschmittelproduzenten bildet ein Markenschutzkartell. Hält ein Händler den Endverkaufspreis irgendeiner Marke nicht ein, so sperren sämtliche Kartellmitglieder die Lieferung. Die Preisbindung der zweiten Hand wird durch das Kartell verschärft, der Wettbewerb im Handel eingeschränkt.

cc) Produktionskartelle

Bei den folgenden Kartellformen richten sich die Absprachen nicht in erster Linie auf die Ausschaltung des Wettbewerbs, sondern auf produktionstechnische Vereinbarungen, die allerdings auch zu einer Beschränkung des Wettbewerbs führen können. Hier sind zu nennen:

(1) **Normen- und Typungskartelle** dienen in erster Linie der Rationalisierung, da durch sie die Produktpalette mit dem Effekt reduziert und vereinheitlicht wird, daß bei gegebener Nachfrage nach einer Produktart und bei Beschränkung auf wenige Produkttypen größere Mengen von diesen abgesetzt und damit Kostendegressionseffekte erzielt werden können. Als **Normung** bezeichnet man dabei einen Rationalisierungsprozeß, der auf die Festlegung von Abmessungen, Formen und Qualitäten von Einzelteilen gerichtet ist, während unter **Typung** die Vereinheitlichung

von Ausführungsformen von Endprodukten verstanden wird. Wettbewerbsbeschränkungen können bei solchen Kartellen durch die Einschränkung des Angebots auftreten; das eröffnet aber andererseits Nichtkartellmitgliedern oder Angehörigen anderer Branchen die Möglichkeit, mit Variationen von Produkttypen den Markt zu betreten.

(2) **Spezialisierungskartelle** gehen über Absprachen über Normung und Typung hinaus und führen zu einer Beschränkung des Wettbewerbs. Ein Beispiel mag das erläutern: Wenn drei Kühlschrankproduzenten vereinbaren, daß zum Zwecke der Produktionsvereinfachung und Kostensenkung jeder Betrieb nur noch Kühlschränke einer Größe (z. B. Betrieb A bis 100 Liter, Betrieb B über 100 bis 200 Liter, Betrieb C über 200 Liter) baut, dann ist ein Kunde, der einen 100-Liter-Schrank kaufen will, gezwungen – falls keine anderen Kühlschrankhersteller vorhanden sind –, beim Betrieb A zu kaufen. A ist hinsichtlich des Angebots von 100-Liter-Kühlschränken konkurrenzlos. Der Wettbewerb beginnt erst dort, wo der 100-Liter-Schrank in Relation zu einem 120-Liter-Schrank des Betriebes B zu teuer wird. Eine andere Form der Spezialisierung kann darin liegen, daß Betriebe bestimmte Funktionen aufeinander verteilen, indem beispielsweise dem einen der Vertrieb, dem anderen Werbung und Absatzförderung übertragen werden.

(3) Art und Umfang der Produktion können auch durch Absprachen über die Ausnutzung, Verwertung und den Austausch von Patenten beeinflußt werden **(Patentverwertungskartelle).** Durch die gemeinsame Nutzung von Patenten können die Kartellmitglieder gegenüber den Nichtmitgliedern erhebliche kostenwirtschaftliche Vorteile haben, die die Außenseiter entweder vom Markt verdrängen oder ihren Beitritt zum Kartell zur Folge haben können. Dadurch wird der Wettbewerb erheblich eingeschränkt.

(4) Insbesondere in Krisenzeiten sind **Kontingentierungskartelle** von Bedeutung. Sie dienen bei Nachfragerückgängen einer Aufteilung der verbleibenden Gesamtnachfragemenge auf die Mitglieder. Durch eine solche Aufteilung soll verhindert werden, daß durch eine zu hohe Angebotsmenge die Preise stark fallen. Die Absprachen können sich auch darauf beschränken, daß in bestimmten wirtschaftlichen Situationen eine Ausweitung der Kapazitäten der Mitgliedsbetriebe unterbleiben muß. Die Wirksamkeit derartiger Kartellabsprachen hängt in besonderem Maße davon ab, daß nennenswerte Außenseiter nicht vorhanden sind.

dd) Absatzkartelle

(1) Das **Syndikat** ist die am weitesten entwickelte und straffste Form des Kartells. Da beim Preiskartell nicht genau überwacht werden kann, ob der einzelne Betrieb seine Produktionsquoten einhält oder ob er Abnehmer zu einem unter dem Kartellpreis liegenden Preis beliefert, wird der Absatz zentralisiert, d. h. es wird ein gemeinsames „Verkaufskontor" eingerichtet, das – z. B. in Form einer GmbH – rechtlich selbständig ist, und über das der gesamte Absatz aller Kartellmitglieder erfolgt.

Die **Zentralisierung des Absatzes** hat für die Kartellmitglieder Vor- und Nachteile. **Positiv** zu werten sind die straffe Absatzorganisation und die starke Marktposition des Syndikats gegenüber den Abnehmern und gegenüber der Konkurrenz (Außenseiter). Durch gemeinsame Werbung, gemeinsame Absatzpolitik, zweckmäßige Aufteilung der beim Syndikat eingehenden Aufträge können Kosteneinsparungen erzielt werden. **Nachteilig** kann sich auswirken, daß die einzelnen Kartellmitglieder in diesem Falle in eine starke Abhängigkeit von der Kartelleitung geraten, da die Regelung des Marktes allein durch das Syndikat erfolgt und der einzelne Betrieb gar keine unmittelbare Beziehung mehr zu den Abnehmern hat. Je länger ein Syndikat besteht, desto schwieriger wird es für einen Betrieb, aus dem Kartellverband auszuscheiden, da er den Kontakt mit dem Markt immer mehr verliert.

Die Bildung von Syndikaten ist besonders in Wirtschaftszweigen möglich, bei denen eine weitgehende Standardisierung der Produkte erfolgen kann, z. B. in den Grundstoffindustrien (z. B. Kohle, Kali, Eisen, Stahl).

(2) Absprachen über eine räumliche Aufteilung des Absatzmarktes **(Gebietskartelle)** wirken auf den Produktionssektor zurück, denn sie haben eine mittelbare Kontingentierung der Produktion zur Folge. Sind in dem einem Kartellmitglied zugewiesenen Absatzgebiet keine nennenswerten Außenseiter vorhanden, so kann es dort eine monopolartige Stellung erringen. Von besonderer Bedeutung sind derartige Absprachen bei Produkten, die niedrige Transportkosten verursachen. In diesen Fällen besteht die Gefahr, daß auch Anbieter, die weit entfernt von einem bestimmten Absatzgebiet produzieren, in dieses Gebiet eindringen, da ihre Wettbewerbsfähigkeit durch die Transportkosten nur geringfügig gegenüber einem Anbieter beeinträchtigt wird, der seinen Standort unmittelbar im Absatzgebiet hat. Für diesen Anbieter kann ein Gebietskartell Abhilfe schaffen. Sind die Transportkosten dagegen sehr hoch, ist ein Gebietskartell in der Regel nicht erforderlich, da die hohen Kosten entfernt liegende Anbieter automatisch fernhalten.

c) Die wettbewerbsrechtliche Regelung der Kartelle

Da die Kartelle im allgemeinen eine Beschränkung des Wettbewerbs bezwecken, widersprechen sie den wirtschaftspolitischen Zielsetzungen der marktwirtschaftlichen Wirtschaftsordnung, weil der uneingeschränkte Wettbewerb eine der wesentlichsten Voraussetzungen der freien Marktwirtschaft darstellt. Folglich hat die Rechtsordnung eine Regelung des Kartellwesens vorgenommen, um den Mißbrauch wirtschaftlicher Machtstellungen und Beschränkungen des Wettbewerbs zu verhindern. Das derzeitig geltende Kartellrecht ist in dem bereits angesprochenen Gesetz gegen Wettbewerbsbeschränkungen (Kartellgesetz) niedergelegt. Danach sind **Kartelle grundsätzlich verboten.** Nach § 1 Abs. 1 GWB sind „Verträge, die Unternehmen oder Vereinigungen von Unternehmen zu einem gemeinsamen Zweck schließen, und Beschlüsse von Vereinigungen von Unternehmen unwirksam, soweit sie geeignet sind, die Erzeugung oder die Marktverhältnisse für den Verkehr mit Waren oder gewerblichen Leistungen durch Beschränkung des Wettbewerbs zu beeinflussen".

Eine **Ausnahme** bilden acht Kartellarten, die nach Ansicht des Gesetzgebers keine unmittelbare Beeinträchtigung des Wettbewerbs zum Ziele haben. Sie unterliegen der Aufsicht und müssen – mit Ausnahme der Einkaufskartelle – **bei der Kartellbehörde angemeldet** werden. Vier weitere Kartellarten können auf Antrag von den Kartellbehörden **erlaubt** werden.

Das **Bundeskartellamt in Bonn** ist nach § 44 Abs. 1 GWB für alle Ausnahmen vom generellen Kartellverbot gem. § 1 GWB zuständig, deren Wirkungen über das Gebiet eines Bundeslandes hinausgehen, sowie für Strukturkrisen-, Export- und Importkartelle, die Preisbindung bei Verlagserzeugnissen (§ 16 GWB) und unverbindlichen Preisempfehlungen (§ 38 a GWB).

Der **Bundeswirtschaftsminister** ist neben der Aufsicht über reine Exportkartelle (§ 6 Abs. 1 GWB) zuständig für Ausnahmen im Sinne des § 8 GWB, d. h. er kann erstens eine Ausnahmegenehmigung vom Kartellverbot geben, obwohl die Voraussetzungen der §§ 2–7 GWB nicht vorliegen, „wenn ausnahmsweise die Beschränkung des Wettbewerbs aus überwiegenden Gründen der Gesamtwirtschaft und des Gemeinwohls notwendig ist", und er kann zweitens Strukturkrisenkartelle zulassen, wenn „eine unmittelbare Gefahr für den Bestand des überwiegenden Teils der Unternehmen eines Wirtschaftszweiges" besteht und mittels anderer gesetzlicher oder wirtschaftspolitischer Maßnahmen die Gefahr nicht rechtzeitig abgewendet werden kann.

Alle übrigen Aufgaben (regionale Wettbewerbsbeschränkungen) nehmen die **Landeskartellbehörden** wahr, die den Wirtschaftsministerien der Länder unterstellt sind.

Anmeldepflichtig sind die folgenden **Kartellarten.**[38] Verträge über die unter 1 bis 4 genannten Kartellarten werden nur wirksam, wenn die Kartellbehörde innerhalb von 3 Monaten seit Eingang der Anmeldung nicht widerspricht.[39] Die unter 5 bis 7 aufgeführten Kartelle werden bereits mit der Anmeldung wirksam.

(1) **Konditionenkartelle.**[40] Sie wurden oben bereits besprochen. Regelungen über Preise und Preisbestandteile dürfen nach § 2 Abs. 1 GWB in die Verträge nicht einbezogen werden. Am 31. 12. 1994 waren 58 bei den Kartellbehörden angemeldete Kartelle dieses Typs in Kraft.

Ebenfalls Einfluß auf den Wettbewerb können Konditionenempfehlungen von Wirtschafts- und Berufsverbänden nehmen. Sie sind daher nur im Rahmen der Vorschrift des § 38 Abs. 2 Nr. 3 GWB zulässig, d. h. wenn sie nicht auf die Umgehung sonstiger Bestimmungen des GWB – also insbesondere der über Konditionenkartelle – ausgerichtet sind, son-

---

[38] Die folgenden Zahlenangaben zu den Kartellarten wurden anhand des Berichts des Bundeskartellamts über seine Tätigkeit in den Jahren 1993/94 sowie über die Lage und Entwicklung auf seinem Aufgabengebiet (§ 50 GWB), BT-Drucksache 13/1660, S. 174ff. ermittelt.

[39] Vgl. §§ 2 Abs. 3, 3 Abs. 3, 5a Abs. 3, 5b Abs. 2 GWB

[40] Vgl. § 2 GWB

dern lediglich allgemeine Geschäfts-, Lieferungs- und Zahlungsbedingungen einschließlich Skontiregelungen zum Gegenstand haben. Konditionenempfehlungen sind anmeldungsbedürftig und unterliegen der Mißbrauchsaufsicht des Bundeskartellamts, dem bis zum 31. 12. 1994 301 Konditionenempfehlungen gemeldet wurden.

(2) **Rabattkartelle,** soweit die Rabatte ein echtes Leistungsentgelt (Mengenrabatt, Gesamtumsatzrabatt) darstellen und nicht zu einer ungerechtfertigt unterschiedlichen Behandlung von Wirtschaftsstufen oder Abnehmern der gleichen Wirtschaftsstufe führen, die gegenüber den Lieferanten die gleiche Leistung bei der Abnahme von Waren erbringen.[41] Rabattkartelle sollen die Mißbräuche im Rabattwesen beseitigen und damit einen echten Preiswettbewerb erhalten. Tritt bei Markenartikeln zum Rabattkartell die Preisbindung zweiter Hand, so wird der Preiswettbewerb lediglich auf der Handelsstufe, nicht dagegen auf der Produktionsstufe ausgeschaltet. Am 31. 12. 1994 gab es 8 derartige Kartelle.

(3) **Spezialisierungskartelle** dienen der Rationalisierung wirtschaftlicher Vorgänge durch Spezialisierung. Allerdings muß nach § 5a Abs. 1 GWB „ein wesentlicher Wettbewerb" auf dem Markt erhalten bleiben. Zur Förderung der Rationalisierung durch Spezialisierung sind sogar Abreden über gemeinsame Beschaffungs- und Vertriebseinrichtungen (Syndikate) zulässig, wenn sie „zur Durchführung der Spezialisierung erforderlich sind". Am 31. 12. 1994 bestanden 37 bei den Kartellbehörden angemeldete Spezialisierungskartelle, vorwiegend in der Elektrotechnik und im Maschinenbau.

(4) **Kooperationskartelle**[42] – auch Mittelstandskartelle[43] genannt – zielen auf die Erhöhung der Leistungsfähigkeit kleiner und mittlerer Betriebe, denn sie erlauben diesen die Rationalisierung wirtschaftlicher Vorgänge durch zwischenbetriebliche Zusammenarbeit, sofern dadurch der Wettbewerb auf dem Markt nicht wesentlich beeinträchtigt wird. Diese Kartellform, mit deren Hilfe kleine und mittlere Betriebe Wettbewerbsnachteile gegenüber Großunternehmen ausgleichen und damit auch den Wettbewerb auf dem Gesamtmarkt stärken können, findet in der Praxis großen Zuspruch; am 31. 12. 1994 waren bei den Kartellbehörden 173 derartiger Kooperationserleichterungen angemeldet, die meisten davon im Baugewerbe und im Handwerk.

§ 5b GWB gibt keine starren Größenklassen für die Einstufung der Betriebe als kleine, mittlere oder große Betriebe vor, sondern stellt auf die **branchentypischen Größenstrukturen** ab. Darüberhinaus wird auch eine Beteiligung eines Großunternehmens am Kooperationskartell nicht ausgeschlossen, solange dadurch die Durchsetzung des Ziels der Vorschrift gewährleistet ist und der Wettbewerb auf dem Markt nicht wesentlich beeinträchtigt wird.

---

[41] Vgl. § 3 Abs. 1 GWB
[42] Vgl. § 5b Abs. 1 GWB
[43] Vgl. Schubert, W., Küting, K., a. a. O., S. 172

Eine weitere Möglichkeit zur Förderung der Leistungsfähigkeit kleiner und mittlerer Unternehmen bieten sog. **Mittelstandsempfehlungen,**[44] die von Vereinigungen solcher Unternehmen an ihre Mitglieder ausgegeben werden können. Gegenstand der Empfehlungen können sämtliche Wettbewerbsparameter (Preise, Sonderangebote, Absatzgestaltung etc.) sein;[45] dabei ist allerdings zu beachten, daß der Wettbewerb nicht eingeschränkt werden darf, sondern sich die Wettbewerbssituation verbessern muß. Die Empfehlungen müssen unverbindlich sein, dürfen nicht durch Ausübung von wirtschaftlichem, gesellschaftlichem und sonstigem Druck durchgesetzt werden und unterliegen der Mißbrauchsaufsicht.[46]

(5) **Normen- und Typungskartelle.**[47] Kartelle dieser Art sind wenig verbreitet (6 Kartelle am 31. 12. 1994). Regerer Gebrauch wird dagegen von den **Normen- und Typenempfehlungen**[48] gemacht, die von einzelnen Unternehmen und von Verbänden ausgesprochen werden können. Solche Empfehlungen sind zulässig, wenn sie ausdrücklich als unverbindlich bezeichnet werden und zu ihrer Durchsetzung kein Druck ausgeübt wird, ferner sind sie bei den Kartellbehörden anzumelden und unterliegen deren Mißbrauchsaufsicht. Am 31. 12. 1994 wurden 25 Normen- und Typenempfehlungen registriert.

(6) **Kalkulationsverfahrenskartelle**[49] sind für solche Wirtschaftszweige zugelassen, in denen bei Ausschreibungen Waren oder gewerbliche Leistungen nur auf Grund von Beschreibungen angeboten werden können (z. B. Baugewerbe). In diesen Bereichen wird eine Vereinheitlichung der Methoden der Leistungsbeschreibung oder Preisaufgliederung zugelassen, um die Vergleichbarkeit von Angeboten zu verbessern. Die Wirtschaft hat bisher kein solches Kartell angemeldet.

(7) **Exportkartelle,**[50] jedoch müssen die Absprachen auf die Auslandsmärkte beschränkt bleiben.[51] Ende 1978 waren beim Bundeskartellamt 59 und bei den Landeskartellbehörden 4 dieser Kartelle angemeldet.

Einkaufskartelle gem. § 5c GWB brauchen hingegen nicht angemeldet zu werden, sondern unterliegen lediglich der Mißbrauchsaufsicht (§ 12 Abs. 1 GWB). Sie wurden durch die fünfte Novelle des GWB von 1989 eingeführt und dienen der Verbesserung der Einkaufsmöglichkeiten kleinerer und mittlerer Unternehmen.

Daneben gibt es Kartelle, die auf Antrag vom Bundeskartellamt erlaubt werden können. Dazu gehören:

---

[44] Vgl. § 38 Abs. 2 Nr. 1 GWB

[45] Vgl. Müller-Henneberg, H., Schwartz, G., Gesetz gegen Wettbewerbsbeschränkungen und Europäisches Kartellrecht, Gemeinschaftskommentar, hrsg. von W. Benisch, 4. Aufl., Köln, Berlin, Bonn, München 1980ff., 6. Lieferung 1982, Anm. 99 zu § 38 GWB

[46] Vgl. hierzu auch die kritischen Anmerkungen in den Berichten des Bundeskartellamtes über seine Tätigkeit in den Jahren 1985/86 und 1987/88, BT-Drucks. 11/554, S. 26ff. und BT-Drucks. 11/4611, S. 26f.

[47] Vgl. § 5 Abs. 1 GWB

[48] Vgl. § 38 Abs. 2 Nr. 2 GWB

[49] Vgl. § 5 Abs. 4 GWB

[50] Zu dieser Kartellart werden keine Zahlenangaben vom Bundeskartellamt publiziert.

[51] Vgl. § 6 Abs. 1 GWB

(1) **Strukturkrisenkartelle,** die dann von der Kartellbehörde zugelassen werden können, wenn Absatzrückgänge eingetreten sind, die auf einer nachhaltigen Änderung der Nachfrage beruhen. Die Absprachen richten sich auf eine planmäßige Anpassung der Kapazität der beteiligten Betriebe an die veränderte Marktlage, wobei die Interessen der Gesamtwirtschaft und des Gemeinwohls zu berücksichtigen sind.[52] Konjunkturkrisenkartelle (Sonderkartelle) sind grundsätzlich nicht zulässig, es sei denn, sie werden vom Bundeswirtschaftsminister zugelassen, wenn eine „Beschränkung des Wettbewerbs aus überwiegenden Gründen der Gesamtwirtschaft oder des Gemeinwohls" zweckmäßig erscheint.[53] Am 31. 12. 1994 war kein Strukturkrisenkartell angemeldet.

(2) **Rationalisierungskartelle,** bei denen die Rationalisierung über die rein technischen Vorgänge der Normung und Typung hinausgeht „und geeignet ist, die Leistungsfähigkeit oder Wirtschaftlichkeit der beteiligten Unternehmen in technischer, betriebswirtschaftlicher oder organisatorischer Beziehung wesentlich zu heben und dadurch die Befriedigung des Bedarfs zu verbessern".[54] Der Gesetzgeber fordert allerdings, daß der Rationalisierungserfolg in einem angemessenen Verhältnis zu der damit verbundenen Wettbewerbsbeschränkung steht. Kann der Rationalisierungseffekt auf andere Weise nicht erreicht werden oder ist er im Interesse der Allgemeinheit erwünscht, so können Preisabsprachen oder Beschaffungs- und Absatzsyndikate erlaubt werden.[55] Am 31. 12. 1990 gab es 39 erlaubte Kartelle dieser Art.

(3) **Exportkartelle,** wenn die Absprachen auch im Inland wirksam sein sollen,[56] weil nur dadurch die erstrebte Wettbewerbsregelung auf den Auslandsmärkten sichergestellt wird. Am 31. 12. 1994 bestanden 2 derartige Kartelle.

(4) **Importkartelle,** die den Wettbewerb auf Auslandsmärkten regeln sollen, vorausgesetzt, daß sie den Wettbewerb im Inland nicht oder nur unwesentlich berühren.[57] Derartige Kartelle existieren z. Z. nicht.

Nicht dem Gesetz gegen Wettbewerbsbeschränkungen unterliegen alle diejenigen Betriebe, auf die auf Grund ihrer Eigenart die marktwirtschaftlichen Prinzipien nicht oder nicht in vollem Umfange zutreffen, (sog. **Bereichsausnahmen**[58]) z. B. Verkehrsbetriebe, Kreditinstitute und Versicherungsunternehmen, Betriebe der Energie- und Wasserversorgung, der Land- und Forstwirtschaft u. a. Für diese gilt überwiegend ebenfalls die Mißbrauchsregelung.[59]

Die **vertikale Preisbindung** ist grundsätzlich verboten.[60] Eine Ausnahme

---

[52] Vgl. § 4 GWB
[53] Vgl. § 8 GWB
[54] § 5 Abs. 2 GWB
[55] Vgl. § 5 Abs. 3 GWB
[56] Vgl. § 6 Abs. 2 GWB
[57] Vgl. § 7 GWB
[58] Vgl. §§ 99–103 GWB
[59] Vgl. §§ 102 Abs. 4, 102a Abs. 2, 103 Abs. 5, 104 GWB
[60] Vgl. §§ 15, 38 Abs. 1 Nr. 11 u. Nr. 12 GWB

läßt § 16 GWB für Verlagserzeugnisse zu. Unverbindliche Preisempfehlungen können jedoch ausgesprochen werden, wenn es sich um Markenartikel handelt, zu ihrer Durchsetzung kein Druck angewendet und erwartet wird, daß der empfohlene Preis von der Mehrheit der Abnehmer auch gefordert wird.[61] Ein Markenartikel muß folgende Eigenschaften aufweisen: er muß von gleichbleibender oder verbesserter Güte sein und ein Firmen-, Wort- oder Bildzeichen tragen (Markenzeichen).[62] Wird mit unverbindlichen Preisempfehlungen Mißbrauch getrieben, kann das Bundeskartellamt sie für unzulässig erklären. Ein Mißbrauch liegt u. a. dann vor, wenn der empfohlene Preis in einer Mehrzahl von Fällen die tatsächlich geforderten Preise übersteigt.

Das Gesetz gegen Wettbewerbsbeschränkungen schließt – wie die Ausnahmebestimmungen zeigen – nicht jede Form der Kooperation zwischen Unternehmungen aus. Zur besseren Information über die zulässigen Formen der Zusammenarbeit hat das Bundeswirtschaftsministerium eine Zusammenstellung über die „Zwischenbetriebliche Zusammenarbeit im Rahmen des Gesetzes gegen Wettbewerbsbeschränkungen" (sog. **Kooperationsfibel**) herausgegeben. Diese Schrift erläutert die Möglichkeiten zwischenbetrieblicher Zusammenarbeit, die kartellrechtlich unbedenklich sind, wenn sie auf Rationalisierung und Leistungswettbewerb ausgerichtet sind. Aufgezählt werden insbesondere folgende Bereiche:

(1) Zusammenarbeit bei der Beschaffung und Auswertung von Informationen;

(2) Zusammenarbeit beim Einkauf;

(3) Zusammenarbeit bei der Produktion;

(4) Zusammenarbeit beim Vertrieb;

(5) Zusammenarbeit bei der kaufmännischen Verwaltung.

Ebenso wie in der Bundesrepublik Deutschland besteht auch in der **EG** ein generelles Kartellierungsverbot. Art. 85 Abs. 1 EWG-Vertrag verbietet grundsätzlich „alle Vereinbarungen zwischen Unternehmen, Beschlüsse von Unternehmensvereinigungen und aufeinanderabgestimmte Verhaltensweisen, welche den Handel zwischen den Mitgliedstaaten zu beeinträchtigen geeignet sind und eine Verhinderung, Einschränkung oder Verfälschung des Wettbewerbs innerhalb des gemeinsamen Marktes bezwecken oder bewirken, insbesondere

a) die unmittelbare oder mittelbare Festsetzung der An- oder Verkaufspreise oder sonstiger Geschäftsbedingungen;

b) die Einschränkung oder Kontrolle der Erzeugung, des Absatzes, der technischen Entwicklung oder Investitionen;

c) die Aufteilung der Märkte oder Versorgungsquellen;

d) die Anwendung unterschiedlicher Bedingungen bei gleichwertigen Leistungen gegenüber Handelspartnern, wodurch diese im Wettbewerb benachteiligt werden;

---

[61] Vgl. § 38a Abs. 1 GWB
[62] Vgl. § 38a Abs. 2 GWB

e) die an den Abschluß von Verträgen geknüpfte Bedingung, daß die Vertragspartner zusätzliche Leistungen annehmen, die weder sachlich noch nach Handelsgebrauch in Beziehung zum Vertragsgegenstand stehen".

Art. 86 EWG-Vertrag erweitert das Verbot auf die „mißbräuchliche Ausnutzung einer beherrschenden Stellung auf dem Gemeinsamen Markt". Ebenso wie das GWB sieht auch der EWG-Vertrag eine Anzahl von Ausnahmen von dieser generellen Verbotsregelung vor.[63]

4. Gemeinschaftsunternehmen

Gemeinschaftsunternehmen – im internationalen Bereich auch **Joint Ventures** genannt – stellen eine Form der Kooperation von Unternehmen dar, die sich in jüngerer Zeit zunehmender Beliebtheit erfreut. Allein im Jahr 1994 wurden dem Bundeskartellamt[64] 527 derartige Zusammenschlüsse angezeigt.

Grundsätzlich versteht man unter Gemeinschaftsunternehmen „eine Form der wirtschaftlichen Zusammenarbeit zwischen zwei oder mehreren voneinander unabhängigen Unternehmen – den sog. Gesellschafterunternehmen –, die sich darin niederschlägt, daß ein rechtlich selbständiges Unternehmen gemeinsam gegründet oder erworben wird mit dem Ziele, Aufgaben im gemeinsamen Interesse der Gesellschafterunternehmen auszuführen."[65] Gemeinschaftsunternehmen können in jeder beliebigen Rechtsform geführt werden, die für die Zwecke der Gesellschafterunternehmen geeignet ist. Dabei steht das typische Gemeinschaftsunternehmen unter der **gemeinsamen Leitung** der Gesellschafterunternehmen, die im Regelfall prozentual gleichmäßig beteiligt sind oder bei ungleichmäßiger Beteiligung dennoch eine gemeinsame Leitung vereinbart haben; im Gegensatz zu einem Konzernunternehmen liegt hier **keine einheitliche Leitung** vor.

Die Ausübung der gemeinsamen Leitung kann auf unterschiedliche Art und Weise und in unterschiedlich straffer Form zwischen den Gesellschafterunternehmen vereinbart werden. Denkbare Gestaltungen reichen von der gemeinsamen Besetzung des Führungsgremiums des Gemeinschaftsunternehmens durch Vertreter der Gesellschafterunternehmen über die Unterstellung des Gemeinschaftsunternehmens unter eine BGB-Gesellschaft mit Weisungsbefugnis bis hin zu losen und unregelmäßigen Zusammentreffen und Beratungen der Gesellschafterunternehmen über Belange des Gemeinschaftsunternehmens.[66] Eine Institutionalisierung der Leitung dürfte regelmäßig empfehlenswert sein, da Gemeinschaftsunternehmen zumeist auf Dauer ausgelegt sind, ein wesentliches Kriterium, durch das sie sich von Gelegenheitsgesellschaften unterscheiden.

---

[63] Vgl. Art. 4 EWG-KartVO vom 6. 2. 1962, BGBl II, S. 93 mit allen nachfolgenden Änderungen

[64] Vgl. Bericht des Bundeskartellamts über seine Tätigkeit in den Jahren 1993/94, a. a. O., S. 166

[65] Schubert, W., Küting, K., a. a. O., S. 219

[66] Vgl. hierzu auch Zündorf, H., Die Konsolidierung von Gemeinschaftsunternehmen auf der Grundlage der Equity-Methode und der Quotenkonsolidierung nach neuem Konzernbilanzrecht, Diss. Saarbrücken 1987, S. 7 f.

Die möglichen Gründe für die Errichtung von Gemeinschaftsunternehmen sind vielfacher Natur. Im Vordergrund steht allgemein das Ziel der Verbesserung der Rentabilität, das entweder durch freiwillige oder durch zwangsweise Kooperation mit anderen Unternehmen verfolgt wird. Zwangsläufig ist die Gründung von Gemeinschaftsunternehmen häufig bei Investitionen im Ausland, insbesondere in solchen Staaten, die gesetzliche Beschränkungen bei der Beteiligung von Ausländern an nationalen Unternehmen kennen und eine Zusammenarbeit mit einheimischen Partnern fordern.[67]

Einzelziele, die mit Gemeinschaftsunternehmen realisiert werden sollen, können beispielsweise gerichtet sein auf

– den Beschaffungsbereich (Sicherung der Versorgung mit Rohstoffen vor allem im Ausland),
– den Produktionsbereich (gemeinsame Nutzung von optimalen Betriebsgrößen),
– den Absatzbereich (Erschließung neuer Absatzmärkte vor allem im Ausland),
– den Bereich der Forschung und Entwicklung.

V. Die Konzentrationsformen im einzelnen

1. Überblick über die „verbundenen Unternehmen" des Aktiengesetzes

Eine Kodifizierung der rechtlichen Gestaltung einer Anzahl von Unternehmenszusammenschlüssen ist erstmals im Aktiengesetz 1965 erfolgt. Dort wird der Begriff des „verbundenen Unternehmens",[1] also eines Unternehmens verwendet, das Mitglied einer Unternehmensverbindung ist. Die im Gesetz geregelten Arten von verbundenen Unternehmen werden zunächst in § 15 AktG erschöpfend aufgezählt und sodann in den §§ 16–19, 291 ff. und 319 ff. AktG im einzelnen behandelt.

Da sich die aktienrechtlichen Vorschriften nicht nur auf Aktiengesellschaften und Kommanditgesellschaften auf Aktien, sondern auch auf an Unternehmensverbindungen beteiligte Unternehmen aller Rechtsformen beziehen, und da die verbundenen Unternehmen eine Anzahl von Pflichten zu erfüllen haben, durch die die Entscheidung über das Eingehen derartiger Verbindungen beeinflußt wird (Rechnungslegung, Publizität, Finanzierung, Besteuerung), ist eine ausführliche Darstellung der rechtlichen Regelungen zum Verständnis der aus ihnen resultierenden wirtschaftlichen Entscheidungen erforderlich. Voraussetzung für die Anwendung der aktienrechtlichen Regelungen ist aber, daß wenigstens eines der beteiligten Unternehmen in der Rechtsform der AG oder KGaA geführt wird.

---

[67] Vgl. Helms, G., Management von Joint Ventures, ZfB 1985, S. 290
[1] Neben dem AktG verwendet auch das HGB in § 271 Abs. 2 den Begriff des „verbundenen Unternehmens". Der handelsrechtliche Begriff findet ausschließlich im Bereich der §§ 238–339 HGB Anwendung, der aktienrechtliche im gesamten Bereich des AktG, darüberhinaus im GWB etc. Vgl. hierzu auch: Kropff, B., „Verbundene Unternehmen" im Aktiengesetz und im Bilanzrichtlinien-Gesetz, DB 1986, S. 364ff.; Küting, K., Verbundene Unternehmen nach HGB und AktG, DStR 1987, S. 347ff.

Nach § 15 AktG sind verbundene Unternehmen:
(1) In **Mehrheitsbesitz** stehende Unternehmen und mit Mehrheit beteiligte Unternehmen (§ 16 AktG).
(2) **Abhängige** und **herrschende** Unternehmen (§ 17 AktG).
(3) **Konzernunternehmen** (§ 18 AktG). Konzerne sind Zusammenfassungen rechtlich selbständiger Unternehmen unter einheitlicher Leitung. Dabei sind folgende Typen zu unterscheiden.[2]
  a) der **Unterordnungskonzern,** d. h. die Zusammenfassung als herrschendes und abhängiges Unternehmen (§ 18 Abs. 1 AktG). Dabei kann die einheitliche Leitung beruhen:
  aa) auf einem Beherrschungsvertrag (§ 291 AktG);
  bb) auf der Eingliederung eines Unternehmens (§ 319 AktG);
  cc) auf einer tatsächlichen Beherrschungsmacht (faktischer Konzern). Sie wird vermutet, wenn ein Abhängigkeitsverhältnis nach § 17 AktG besteht (§ 18 Abs. 1 Satz 3 AktG).
  b) Der **Gleichordnungskonzern** (§ 18 Abs. 2 AktG), bei dem kein Unternehmen von einem anderen abhängig ist.
(4) **Wechselseitig beteiligte Unternehmen** sind Unternehmen in der Rechtsform der Kapitalgesellschaft oder früher auch der bergrechtlichen Gewerkschaft, die dadurch verbunden sind, daß jedem Unternehmen mehr als 25% der Anteile des anderen Unternehmens gehören (§ 19 Abs. 1 AktG). Dabei sind drei Fälle zu unterscheiden:
  a) Es besteht kein Abhängigkeitsverhältnis, d. h., keines der wechselseitig beteiligten Unternehmen kann auf das andere einen beherrschenden Einfluß ausüben (§ 19 Abs. 1 AktG).
  b) Ein wechselseitig beteiligtes Unternehmen besitzt eine Mehrheitsbeteiligung an dem anderen Unternehmen oder kann mittelbar oder unmittelbar einen beherrschenden Einfluß ausüben (§ 19 Abs. 2 AktG).
  c) Jedes der wechselseitig beteiligten Unternehmen besitzt eine Mehrheitsbeteiligung an dem anderen Unternehmen oder jedes kann auf das andere unmittelbar oder mittelbar einen beherrschenden Einfluß ausüben (§ 19 Abs. 2 AktG).
(5) **Vertragsteile eines Unternehmensvertrages.** Dabei kann es sich um folgende in den §§ 291 und 292 AktG aufgeführte Verträge handeln:
  a) den **Beherrschungsvertrag.** Er liegt vor, wenn eine AG oder KGaA die Leitung ihrer Gesellschaft einem anderen Unternehmen unterstellt (§ 291 Abs. 1 AktG). Durch einen solchen Vertrag wird stets ein Konzernverhältnis in der Form eines Unterordnungskonzerns geschaffen, da eine einheitliche Leitung gegeben ist;
  b) den **Gewinnabführungsvertrag,** durch den sich eine AG oder KGaA verpflichtet, ihren gesamten Gewinn an ein anderes Unternehmen abzuführen (§ 291 Abs. 1 AktG);
  c) die **Gewinngemeinschaft,** die dann gegeben ist, wenn eine AG oder KGaA sich verpflichtet, ihren Gewinn oder den Gewinn einzelner

[2] Vgl. Godin-Wilhelmi, Aktiengesetz, Band I, 4. Aufl., Berlin 1971, Anm. 1 zu § 15 AktG

ihrer Betriebe ganz oder zum Teil mit dem Gewinn anderer Unternehmen oder einzelner Betriebe anderer Unternehmen zur Aufteilung eines gemeinschaftlichen Gewinns zusammenzulegen (§ 292 Abs. 1 Nr. 1 AktG);

d) den **Teilgewinnabführungsvertrag,** durch den sich eine AG oder KGaA verpflichtet, einen Teil ihres Gewinns oder den Gewinn einzelner ihrer Betriebe ganz oder zum Teil an einen anderen abzuführen (§ 292 Abs. 1 Nr. 2 AktG);

e) den **Betriebspacht- oder Betriebsüberlassungsvertrag,** durch den eine AG oder KGaA den Betrieb ihres Unternehmens einem anderen verpachtet oder sonst überläßt (§ 292 Abs. 1 Nr. 3 AktG).

Zu den verbundenen Unternehmen gehört ferner die „**eingegliederte Gesellschaft**" (§ 319 AktG), d. h. die Aktiengesellschaft, deren Anteile sich zu 100% in der Hand der zukünftigen Hauptgesellschaft befinden. Da die Hauptgesellschaft und die eingegliederte Gesellschaft nach § 18 Abs. 1 AktG „als unter einheitlicher Leitung zusammengefaßt" anzusehen sind und folglich einen Konzern bilden, ist eine gesonderte Aufzählung der eingegliederten Gesellschaft in § 15 AktG nicht erforderlich.

Die Beziehungen, die zwischen verbundenen Unternehmen, die Konzernunternehmen sind, und allen anderen Arten von verbundenen Unternehmen bestehen, hat Havermann[3] treffend mit den Begriffen **multilateral** und **bilateral** zu kennzeichnen versucht. Beziehungen zwischen Konzernunternehmen sind multilateral, d. h., alle Unternehmen, die unter einheitlicher Leitung stehen, sind miteinander verbunden.

Beherrscht z. B. die Gesellschaft A die beiden Gesellschaften B und C und übt A die einheitliche Leitung aus, so sind B und C nicht nur im Verhältnis zu A verbundene Unternehmen, sondern auch untereinander, auch wenn zwischen B und C weder eine vertragliche, noch eine kapitalmäßige Bindung besteht. Nach § 18 Abs. 1 AktG sind alle drei Unternehmen Konzernunternehmen und als solche über § 15 AktG auch verbundene Unternehmen.

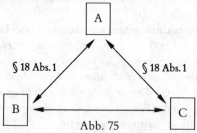

Abb. 75

Gleiches gilt für zwei Gesellschaften A und B, deren Anteile sich in der Hand eines Eigentümers befinden, der kein Unternehmer ist. Stehen sie unter der einheitlichen Leitung des Eigentümers, so sind sie Konzernunternehmen, obwohl kein Abhängigkeitsverhältnis besteht. Es liegt ein Gleichordnungskonzern nach § 18 Abs. 2 AktG vor.

---

[3] Vgl. Havermann, H., Die verbundenen Unternehmen und ihre Pflichten nach dem AktG 1965, WPg 1966, S. 32

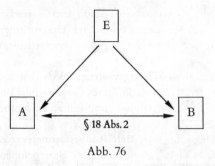

Abb. 76

Kombiniert man beide Fälle, so sind alle Gesellschaften Konzernunternehmen, da sie unter einheitlicher Leitung zusammengefaßt sind. Sind also die Anteile von A und B in der Hand eines privaten Eigentümers E und beherrscht außerdem die Gesellschaft A die beiden Gesellschaften C und D, so sind auch B einerseits und C und D andererseits verbundene Unternehmen.[4]

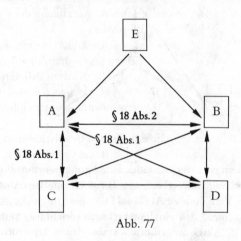

Abb. 77

Sind Unternehmen nicht durch einheitliche Leitung verbunden, so gelten nur solche Unternehmen als verbundene Unternehmen, die **im Verhältnis zueinander**
a) in Mehrheitsbesitz stehende und mit Mehrheit beteiligte Unternehmen (§ 16 AktG),
b) abhängige und herrschende Unternehmen (§ 17 AktG),
c) wechselseitig beteiligte Unternehmen (§ 19 AktG) oder
d) Vertragsteile eines Unternehmensvertrages (§§ 15, 291, 292 AktG) sind.

Kann z. B. A auf B und C einen beherrschenden Einfluß ausüben, ohne daß eine einheitliche Leitung besteht, so sind A und B und A und C im Verhältnis zueinander verbundene Unternehmen, nicht aber B und C. Die Beziehungen zwischen den Unternehmen sind also bilateral.

---

[4] Vgl. Havermann, H., a. a. O., S. 31

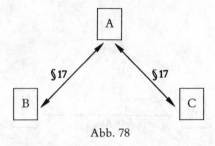

Abb. 78

Der Einfluß kann auch mittelbar sein (vgl. Abb. 79). Beherrscht A nur B, B aber seinerseits C und D, so herrscht A auch über C und D. C und D sind aber im Verhältnis zueinander keine verbundenen Unternehmen.

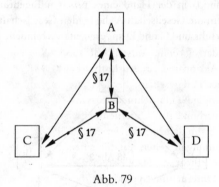

Abb. 79

Besteht außerdem eine wechselseitige Beteiligung zwischen B und X (vgl. Abb. 80), so ist X nur im Verhältnis zu B ein verbundenes Unternehmen, nicht dagegen im Verhältnis zu A, C und D.

Die Beispiele zeigen, daß ein Unternehmen gleichzeitig unter mehrere Arten der in § 15 AktG aufgeführten verbundenen Unternehmen fallen kann. Aus diesen Beziehungen entsteht eine Anzahl von Pflichten zwischen den verbundenen Unternehmen, sowie zu ihren Gesellschaftern und Gläubigern, deren Einhaltung überprüft werden muß. So ist im letzten Beispiel B im Verhältnis zu A abhängiges Unternehmen. Da kein Beherrschungsvertrag besteht, ist B verpflichtet, nach § 312 AktG einen Abhängigkeitsbericht zu erstellen. Im Verhältnis zu C und D ist B aber herrschendes Unternehmen. Wenn auch hier unterstellt wird, daß kein Beherrschungsvertrag besteht, so ist B gegenüber C und D und deren Aktionären schadensersatzpflichtig (neben Vorstand und Aufsichtsrat, § 318 AktG), wenn B die Gesellschaften C und D veranlaßt hat, für diese Gesellschaften nachteilige Rechtsgeschäfte vorzunehmen, ohne die Nachteile bis zum Ende des Geschäftsjahres ausgeglichen zu haben. Gegenüber A hätte B aus dem gleichen Grunde ggf. selbst Schadensersatzansprüche. B muß außerdem im Verhältnis zu X die nach § 328 AktG bei wechselseitiger Beteiligung eintretende Beschränkung des Stimm- und Dividendenbezugsrechts beachten.

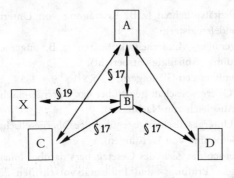

Abb. 80

Das Aktiengesetz enthält eine Reihe von Vorschriften, die entweder an das Vorliegen des Tatbestandes „verbundene Unternehmen" oder an einzelne Formen aktienrechtlicher Unternehmensverbindungen anknüpfen. So steht beispielsweise jederzeit dem Aufsichtsrat[5] und innerhalb der Hauptversammlung[6] den Aktionären ein **Auskunftsrecht** gegenüber dem Vorstand über die rechtlichen und geschäftlichen Beziehungen zu verbundenen Unternehmen zu. Abhängige Unternehmen müssen jährlich einen Bericht über die Beziehungen zu verbundenen Unternehmen erstellen[7] und die Abschlußerklärung des Berichts in den zu publizierenden Lagebericht einbeziehen.[8]

Andere Bestimmungen gelten nur für einen Teil der Unternehmensverbindungen, so die Pflicht zur Handelsregistereintragung bei Abschluß oder Beendigung von Unternehmensverträgen,[9] oder für einzelne Arten von verbundenen Unternehmen, wie etwa die Einschränkung des Stimmrechts bei wechselseitig beteiligten Unternehmen.[10]

Als Zielsetzungen, die der Gesetzgeber mit den den Unternehmensverbindungen auferlegten Pflichten verfolgt, sind zu unterscheiden:

(1) Offenlegung der Unternehmensverbindung (Mitteilungspflichten, Jahresabschluß, Lagebericht);

(2) Sicherung der Gesellschafter und der Gläubiger;

(3) Sicherung gegen Benachteiligung durch den beherrschenden Einfluß eines anderen Unternehmens:

    a) Sicherung der abhängigen Gesellschaft;

    b) Sicherung der Aktionäre und der Gläubiger.

Die **Pflichten** selbst lassen sich gliedern in:

(1) Mitteilungspflichten über das Bestehen von Unternehmensverbindungen;

(2) Auskunftspflichten;

---

[5] Vgl. § 90 Abs. 3 S. 1 AktG
[6] Vgl. § 131 Abs. 1 S. 2 AktG
[7] Vgl. § 312 Abs. 1 AktG
[8] Vgl. § 312 Abs. 3 S. 3 AktG
[9] Vgl. §§ 294 Abs. 1, 298 AktG
[10] Vgl. § 328 Abs. 1 AktG

(3) sonstige Publizitätspflichten (z. B. Eintragung von Unternehmensverträgen im Handelsregister);

(4) Pflichten gegenüber Minderheitsaktionären (z. B. angemessener Ausgleich, Abfindung, Abhängigkeitsbericht);

(5) Pflichten gegenüber den Gläubigern;

(6) Pflichten der Obergesellschaft gegenüber der Untergesellschaft (Verlustübernahme, Ausgleich von Nachteilen);

(7) Pflichten der Untergesellschaft gegenüber der Obergesellschaft (Gewinnabführung, Befolgung von Weisungen).

Unterstützt werden die Ziele des Gesetzgebers darüber hinaus durch die Rechnungslegungs-, Prüfungs- und Publizitätsvorschriften des HGB für Konzerne und bestimmte Formen von Unternehmensverbindungen.[11]

2. In Mehrheitsbesitz stehende Unternehmen und mit Mehrheit beteiligte Unternehmen (§ 16 AktG)

a) Der Begriff der Mehrheitsbeteiligung

Der Begriff der Mehrheitsbeteiligung umfaßt nach § 16 Abs. 1 AktG zwei Tatbestände: die Mehrheit der **Anteile,** d. h. die Kapitalmehrheit einerseits und die Mehrheit der **Stimmrechte** andererseits. Differenzen zwischen der prozentualen Kapitalbeteiligung und dem prozentualen Anteil an den Stimmrechten können sich dadurch ergeben, daß es einerseits stimmrechtslose Vorzugsaktien,[12] andererseits Mehrstimmrechtsaktien gibt.

Besitzt z. B. ein Unternehmen alle stimmrechtslosen Vorzugsaktien in Höhe von 30% des gesamten Grundkapitals und 24% in Stammaktien, so hat es zwar eine Kapitalmehrheit von 54%, und die Voraussetzungen des § 16 Abs. 1 AktG sind gegeben, d. h. das Unternehmen ist ein mit Mehrheit beteiligtes Unternehmen, gemessen an der Zahl der Stimmen besitzt es aber nur einen Anteil von 34,29% an allen Stimmrechten.

§ 140 Abs. 2 AktG bestimmt, daß **stimmrechtslose Vorzugsaktien** automatisch das Stimmrecht erhalten, wenn die Vorzugsdividende in einem Jahr nicht oder nicht vollständig gezahlt wird. Das Stimmrecht erlischt wieder, wenn die Rückstände nachgezahlt sind. Von besonderer Bedeutung ist die Vorschrift, daß stimmrechtslose Vorzugsaktien, die auf diese Weise das Stimmrecht erhalten haben, bei der Berechnung einer nach Gesetz oder Satzung erforderlichen Kapitalmehrheit berücksichtigt werden müssen.

Die Ausgabe von **Mehrstimmrechtsaktien** ist nach § 12 Abs. 2 AktG zwar grundsätzlich unzulässig. Mehrstimmrechte, die vor Inkrafttreten des AktG 1965 rechtmäßig geschaffen worden sind, bleiben aber aufrechterhalten.[13] Außerdem ist auch nach neuem Aktienrecht die Neuausgabe von

---

[11] Vgl. §§ 290 ff. HGB; es sei allerdings nochmals darauf hingewiesen, daß die Konzernbegriffe des AktG und HGB – ebenso wie die Begriffe der verbundenen Unternehmen – nicht identisch sind.

[12] Vgl. §§ 12 Abs. 1, 139–141 AktG

[13] Vgl. § 5 Abs. 1 EGAktG

Mehrstimmrechtsaktien mit behördlicher Genehmigung zulässig, „soweit es zur Wahrung überwiegender gesamtwirtschaftlicher Belange erforderlich ist".[14]

Nach § 17 Abs. 2 AktG wird von einem in Mehrheitsbesitz stehenden Unternehmen vermutet, daß es von dem an ihm mit Mehrheit beteiligten Unternehmen abhängig ist. Diese Vermutung kann widerlegt werden, d. h. ein in Mehrheitsbesitz stehendes Unternehmen muß nicht notwendigerweise abhängig sein (z. B. stimmrechtslose Vorzugsaktien).

Aber auch ein abhängiges Unternehmen muß nicht notwendigerweise ein Konzernunternehmen sein. Zwar gilt nach § 18 Abs. 1 AktG die Vermutung, daß ein abhängiges Unternehmen mit dem herrschenden Unternehmen einen Konzern bildet, doch kann auch diese Vermutung widerlegt werden; dann nämlich, wenn zwar Abhängigkeit, aber keine einheitliche Leitung besteht.

Liegt eine Mehrheitsbeteiligung vor, so gilt also folgende Vermutungskette:

(1) Mehrheitsbeteiligung (§ 16 AktG) läßt Abhängigkeitsverhältnis vermuten (§ 17 Abs. 2 AktG);

(2) Abhängigkeitsverhältnis (§ 17 AktG) läßt Konzern vermuten (§ 18 Abs. 1 Satz 3 AktG);

(3) Konzern liegt vor, wenn beide Vermutungen nicht widerlegt werden können.

b) Berechnung der Mehrheit

Unter dem Begriff Mehrheit ist – da im Gesetz keine Erläuterungen gegeben werden – die **einfache Mehrheit,** d. h. jede 50% der Kapitalanteile oder der Stimmrechte übersteigende Beteiligung zu verstehen. Der Begriff **Mehrheit der Anteile** ist mißverständlich, denn es kommt nicht auf die Zahl, sondern auf den Nennwert der Anteile an. Der Teil der einem Unternehmen gehörenden Anteile ergibt sich daher aus der Relation der dem Unternehmen gehörenden Anteile zum Gesamtnennbetrag der Anteile. Vor der Berechnung sind eigene Anteile und Anteile, die ein anderer für Rechnung der Unternehmung übernommen hat (z. B. Vorratsaktien) vom Nennkapital abzusetzen.[15]

Analog erfolgt die Berechnung der **Mehrheit der Stimmrechte.** Die Zahl der Stimmrechte, die einem Unternehmen auf Grund seiner Anteile zusteht, ist in Beziehung zur Gesamtzahl der Stimmrechte der anderen Unternehmung zu setzen, nachdem bei dieser die Stimmrechte aus eigenen Anteilen und solchen, die ihnen gleich stehen, abgezogen worden sind.[16]

Nach § 16 Abs. 4 AktG zählen zu den Anteilen, die einem mit Mehrheit beteiligten Unternehmen gehören:[17]

---

[14] § 12 Abs. 2 AktG
[15] Vgl. § 16 Abs. 2 AktG
[16] Vgl. § 16 Abs. 3 AktG
[17] Vgl. Havermann, H., a. a. O., S. 34

(1) Anteile, die das mit Mehrheit beteiligte Unternehmen selbst hält,
(2) Anteile, die einem anderen für Rechnung des mit Mehrheit beteiligten Unternehmens gehören (bei Aktiengesellschaften: Vorratsaktien),
(3) Anteile, die einem von dem mit Mehrheit beteiligten Unternehmen abhängigen Unternehmen gehören,
(4) Anteile, die einem anderen für Rechnung eines von dem mit Mehrheit beteiligten Unternehmen abhängigen Unternehmen gehören,
(5) Anteile, die ein Einzelunternehmer in seinem Privatvermögen hält.

Beispiele:
A ist mit 35% an B beteiligt, außerdem mit 100% an C. C hat Anteile von 20% an B. Da der Anteil von C an B der Gesellschaft A zuzurechnen ist, hat A eine Mehrheitsbeteiligung von 55% an B.

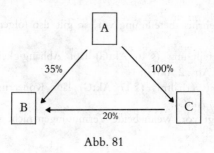

Abb. 81

A hat eine Mehrheitsbeteiligung an B und an C. C ist aber trotz seiner Stimmenmehrheit von 60% nicht mehrheitsbeteiligt, da die Anteile und Stimmen von C, das von A abhängig ist, nach § 16 Abs. 4 AktG A zugerechnet werden müssen.

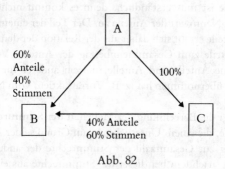

Abb. 82

Anteile bzw. deren Stimmrechte, die einem Unternehmen gehören oder von einem Dritten für dessen Rechnung gehalten werden, das von einem in Mehrheitsbesitz befindlichen Unternehmen abhängig ist, dürfen nicht vom Nennkapital bzw. von der Gesamtzahl aller Stimmrechte des in Mehrheitsbesitz befindlichen Unternehmens abgezogen werden,[18] obwohl sie doch

---

[18] § 16 Abs. 4 ist nach herrschender Meinung auf § 16 Abs. 2 AktG nicht anzuwenden;

eigenen Aktien dieser Unternehmen gleichzustellen sind, denn es dürfen nicht nur die Rechte aus eigenen Aktien, sondern auch aus Aktien der herrschenden Gesellschaft, die einem abhängigen Unternehmen gehören oder für dessen Rechnung von einem Dritten gehalten werden, nicht ausgeübt werden.[19] Diese Regelung hat zur Folge, daß eine Mehrheitsbeteiligung an einem Unternehmen, dessen Aktien zum Teil von abhängigen Gesellschaften dieses Unternehmens gehalten werden, schwerer, d. h. mit einem höheren Anteil an der Gesamtzahl der Stimmen zu erlangen ist, als wenn es sich um eigene Aktien handeln würde.

Beispiel:[20]

Hat eine AG (B) insgesamt 1.000 Stimmrechte und hält sie 10% eigene Aktien, so sind bei der Berechnung der Mehrheit die 100 Stimmrechte der eigenen Aktien abzuziehen, es bleiben also 900 Stimmrechte; die Mehrheit ist dann erreicht, wenn ein Unternehmen mehr als 450 Stimmrechte, d. h. mehr als 45% aller Stimmrechte besitzt.

Verteilt die AG dagegen die eigenen Aktien auf von ihr abhängige Gesellschaften (C), so werden diese Anteile bei der Berechnung der Mehrheit nicht berücksichtigt, folglich sind mehr als 500 Stimmrechte, d. h. mehr als 50% aller Anteile zur Erlangung der Mehrheit erforderlich.

Im Fall 1 verfügt die AG A über die Mehrheit der Anteile an der AG B, im Fall 2 dagegen nicht.

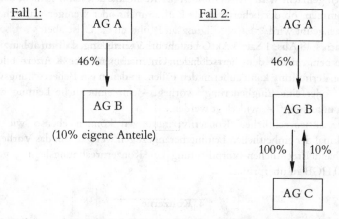

Fall 1:

AG A

46%

AG B

(10% eigene Anteile)

Fall 2:

AG A

46%

AG B

100% | 10%

AG C

Anteile, aus denen die mit ihnen verbundenen Rechte nicht ausgeübt werden können, werden also unterschiedlich behandelt: sind es eigene Anteile der in Mehrheitsbesitz stehenden Gesellschaft, so sind sie bei der Berechnung der Mehrheit der Stimmen von der Gesamtzahl der Stimmrechte abzusetzen, liegen die Anteile bei von diesem Unternehmen abhängigen Gesellschaften, so werden sie nicht abgezogen.

---

vgl. Geßler, E., Hefermehl, W., Eckardt, U., Kropff, B., Aktiengesetz, Kommentar, Bd. I, München 1984, Anm. 30 zu § 16 AktG m. w. N.
[19] Vgl. § 71 d S. 4 i. V. m. § 71 b AktG
[20] Vgl. Godin-Wilhelmi, Bd. I, a. a. O., Anm. 8 zu § 16 AktG

Der Zweck der Vorschriften des § 16 Abs. 4 AktG ist der gleiche wie der der Absätze 2 und 3; es sollen Umgehungen und Verschleierungen der tatsächlichen Mehrheitsverhältnisse ausgeschlossen werden, d. h., es soll verhindert werden, daß ein an sich mit Mehrheit beteiligtes Unternehmen diese Mehrheitsbeteiligung dadurch verschleiern kann, daß es seine Anteile auf von ihm beherrschte Gesellschaften verteilt.

3. Abhängige und herrschende Unternehmen

Nach § 17 Abs. 1 AktG sind abhängige Unternehmen „rechtlich selbständige Unternehmen, auf die ein anderes Unternehmen (herrschendes Unternehmen) unmittelbar oder mittelbar einen beherrschenden Einfluß ausüben kann." Der Gesetzgeber hat darauf verzichtet, in § 17 AktG Angaben darüber zu machen, wie der beherrschende Einfluß ausgeübt werden muß. Der Tatbestand des abhängigen Unternehmens ist bereits erfüllt, wenn die Möglichkeit zur Einflußnahme besteht. „Damit wird gleichzeitig der wesentlichste Unterschied zwischen dem (aktienrechtlichen d. V.) Konzernbegriff und dem Abhängigkeitsbegriff verdeutlicht. Während es für den Konzern begriffswesentlich ist, daß die Leitung tatsächlich ausgeübt wird, genügt für ein Abhängigkeitsverhältnis bereits die Möglichkeit der Einflußnahme. Dies gilt auch, wenn es – wie unter Umständen bei einer vorübergehenden Bankbeteiligung – unwahrscheinlich ist, daß von der Beherrschungsmacht Gebrauch gemacht wird. Aus Gründen der Rechtsklarheit kann es nicht darauf ankommen, ob der beherrschende Einfluß mehr oder weniger wahrscheinlich ausgeübt wird."[21]

Nach § 18 Abs. 1 Satz 3 AktG besteht die **Vermutung,** daß ein abhängiges Unternehmen mit dem herrschenden Unternehmen einen Konzern bildet. Diese Vermutung kann außer in den Fällen, in denen ein Beherrschungsvertrag[22] oder eine Eingliederung[23] vorliegt – eine einheitliche Leitung wird dann unterstellt[24] –, widerlegt werden.

Die aktienrechtlichen Konzernvermutungen können ebenso wie das Merkmal der einheitlichen Leitung herangezogen werden, um das Vorliegen der handelsrechtlichen Verpflichtung zur Konzernrechnungslegung gem. § 290 HGB zu überprüfen.[25]

4. Konzerne

a) Begriff

Tritt zu einem Abhängigkeitsverhältnis eine einheitliche Leitung des herrschenden Unternehmens hinzu, so liegt ein Konzern vor. § 18 Abs. 1 Satz 1

---

[21] Kropff, B., Aktiengesetz, Düsseldorf 1965, S. 31 (Begründung des Regierungsentwurfs)
[22] Vgl. § 291 AktG
[23] Vgl. § 319 AktG
[24] Vgl. § 18 Abs. 1 S. 2 AktG
[25] Vgl. Siebourg, P., in: Küting/Weber: Handbuch der Konzernrechnungslegung, Stuttgart 1989, Anm. 29ff. zu § 290 HGB

AktG lautet: „Sind ein herrschendes und ein oder mehrere abhängige Unternehmen unter der einheitlichen Leitung des herrschenden Unternehmens zusammengefaßt, so bilden sie einen Konzern; die einzelnen Unternehmen sind Konzernunternehmen."

Besteht zwischen zwei oder mehreren Unternehmen ein Beherrschungsvertrag oder ist ein Unternehmen in ein anderes eingegliedert, so gelten sie als unter einheitlicher Leitung zusammengefaßt und erfüllen damit das Hauptmerkmal des Konzernbegriffs. In diesen beiden Fällen hat das herrschende Unternehmen ein uneingeschränktes Weisungsrecht, durch das das abhängige Unternehmen so eng an die Obergesellschaft gebunden wird, daß kraft gesetzlicher Fiktion auch dann ein Konzern gegeben ist, wenn die Obergesellschaft ausnahmsweise von ihrem Weisungsrecht keinen Gebrauch macht.[26]

Der **Begriff der einheitlichen Leitung** ist im Gesetz nicht näher umschrieben worden. Die Begründung geht von einem sehr weit gefaßten Begriff aus und stellt fest: „Als Zusammenfassung unter einheitlicher Leitung muß es bereits angesehen werden, wenn die Konzernleitung die Geschäftspolitik der Konzerngesellschaften und sonstige grundsätzliche Fragen ihrer Geschäftsführung aufeinander abstimmt. Diese Abstimmung setzt kein Weisungsrecht voraus. Sie kann sich vielmehr auch in der lockeren Form gemeinsamer Beratungen vollziehen oder aus einer personellen Verflechtung der Verwaltungen ergeben. Eine gesetzliche Festlegung der an die einheitliche Leitung zu stellenden Anforderungen erscheint aber angesichts der vielfältigen Formen, die die Wirtschaft für die Konzernleitung herausgebildet hat, nicht möglich."[27]

Im Falle eines Abhängigkeitsverhältnisses läßt sich die einheitliche Leitung leichter herstellen als im Gleichordnungskonzern. Während im ersten Falle auf Grund der bestehenden Beteiligungs- oder Vertragsverhältnisse das herrschende Unternehmen nicht nur die Konzernführung übernehmen, sondern auch die personelle Besetzung der Verwaltungsorgane der abhängigen Gesellschaft maßgeblich beeinflussen kann, müssen die in einem Gleichordnungskonzern zusammengefaßten Unternehmen in gegenseitiger Abstimmung ein gemeinsames Führungsorgan schaffen.

b) Konzernarten

Konzerne, die durch Abhängigkeitsverhältnisse entstehen, bezeichnet man als **Unterordnungskonzerne.** Sind dagegen Unternehmen, ohne daß ein Abhängigkeitsverhältnis besteht, unter einheitlicher Leitung zusammengefaßt, so bilden sie einen **Gleichordnungskonzern.** Die Rechnungslegungsvorschriften des Handelsgesetzbuches beziehen sich nur auf Unterordnungskonzerne.[28]

In der Praxis haben sich zwei weitere Konzernbegriffe herausgebildet, die

---

[26] Vgl. Kropff, B., Aktiengesetz, a. a. O., S. 33 (Begründung des Regierungsentwurfs)
[27] Kropff, B., a. a. O., S. 33 (Begründung des Regierungsentwurfs)
[28] Zur Konzernrechnungslegung vgl. S. 1170 ff.

im Aktiengesetz nicht ausdrücklich enthalten sind: der **Vertragskonzern** und
der **faktische Konzern.** Ersterer beruht auf Beherrschungsvertrag, letzterer
auf tatsächlicher Beherrschung durch Beteiligungsbesitz; allerdings muß
auch hier die einheitliche Leitung hinzutreten, sonst handelt es sich um eine
Mehrheitsbeteiligung gemäß § 16 AktG bzw. bei fehlender Widerlegung der
Vermutung um ein Abhängigkeitsverhältnis nach § 17 AktG. Die Vorschriften der §§ 311 ff. AktG, die die Verantwortlichkeit des herrschenden Unternehmens und seiner gesetzlichen Vertreter gegenüber einem abhängigen Unternehmen bei Fehlen eines Beherrschungsvertrages regeln, gelten nicht nur
für den faktischen Konzern, sondern auch für Abhängigkeitsverhältnisse
außerhalb von Konzernverhältnissen, dagegen nicht für Vertragskonzerne.

Durch einen Vertrag allein kommt in der Praxis ein Konzern in der Regel
nicht zustande, vielmehr ist eine kapitalmäßige Mehrheitsbeteiligung im allgemeinen die Voraussetzung für den Abschluß eines Beherrschungsvertrages.

Eine **Beteiligung** kann beispielsweise in der Weise entstehen, daß die Aktiengesellschaft A einen Teil der Aktien der Aktiengesellschaft B erwirbt. Ist
der prozentuale Anteil sehr gering, so liegt regelmäßig kein Zusammenschluß vor. Vielmehr muß die Absicht hinzutreten, einen Einfluß auf die
Gesellschaft B zu nehmen. Das Handelsgesetzbuch bezeichnet einen Anteil
an einer Kapitalgesellschaft dann als Beteiligung, wenn er mindestens 20%
des Nennkapitals dieser Gesellschaft beträgt.[29]

Verfügt die Gesellschaft A über eine Beteiligung von 25% plus einem
Stimmrecht an der Gesellschaft B, so besitzt sie eine sog. **Sperrminorität,**
d. h. die Hauptversammlung der Gesellschaft B kann ohne die Zustimmung
der Gesellschaft A keinen Beschluß mehr fassen, zu dem eine 75%ige Mehrheit erforderlich ist. Das ist beispielsweise der Fall bei Satzungsänderungen,
z. B. bei Erhöhung oder Herabsetzung des Grundkapitals oder bei der Fusion
mit anderen Betrieben. Eine Beteiligung unter 50% reicht im allgemeinen
nicht zur Beherrschung aus, wenn nicht andere Tatbestände hinzutreten.

Die Bildung eines Konzerns kann auf verschiedene Weise vor sich gehen.
Von einem Konzern mit **Kapitalführung** spricht man dann, wenn z. B. die
Aktiengesellschaft A mindestens 51% der Aktien der Gesellschaft B oder
mehrerer Gesellschaften erwirbt. Würde die Gesellschaft B ihrerseits die
Gesellschaft C durch Mehrheitsbeteiligung beherrschen, die Gesellschaft C
wiederum die Gesellschaft D usw., so genügte die Beherrschung von B, um
auch über C, D usw. zu herrschen (Verschachtelungsprinzip). Dieses Prinzip
ermöglicht es einem Betrieb (im Beispiel der Gesellschaft A), mit relativ
wenig Kapital einen Einfluß auf eine ganze Reihe von Betrieben auszuüben.

Ein Konzern kann auch dadurch gebildet werden, daß eine bestehende
Gesellschaft weitere Gesellschaften (z. B. Vertriebsgesellschaften) gründet,
an denen sie kapitalmäßig mit Mehrheit oder zu 100% beteiligt ist.

Die Beherrschung der Konzernglieder kann auch durch eine **Holding-
Gesellschaft** (Dachgesellschaft) erfolgen, die lediglich die angeschlossenen

---

[29] Vgl. § 271 Abs. 1 HGB

Betriebe verwaltet, ohne selbst Produktions- oder Handelsaufgaben zu übernehmen. Eine Holding-Gesellschaft kann in der Weise gebildet werden, daß mehrere Gesellschaften ihre Aktien in eine neu gegründete Gesellschaft einbringen, die als Dachgesellschaft die Verwaltungsspitze des Konzerns darstellt und die angeschlossenen Gesellschaften beherrscht. Die rechtliche Selbständigkeit der Konzernglieder bleibt auch hier erhalten.

Leitungsmacht und Verantwortlichkeit des herrschenden Unternehmens sind bei Bestehen eines Beherrschungsvertrages und faktischer Beherrschung unterschiedlich geregelt. Liegt ein **Beherrschungsvertrag** vor, d. h. unterstellt eine Aktiengesellschaft oder Kommanditgesellschaft auf Aktien die Leitung ihrer Gesellschaft einem anderen Unternehmen,[30] so ist nach § 308 Abs. 1 AktG das herrschende Unternehmen berechtigt, dem Vorstand der abhängigen Gesellschaft Weisungen hinsichtlich der Leitung der Gesellschaft zu geben, die – wenn der Vertrag nichts anderes vorsieht – auch **nachteilig** für die Gesellschaft sein können, vorausgesetzt, daß sie den Belangen des herrschenden Unternehmens oder der mit ihm und der Gesellschaft konzernverbundenen Unternehmen dienen.

Die Obergesellschaft könnte also ihre Leitungsmacht dazu verwenden, daß bei einer abhängigen Gesellschaft buchtechnisch oder tatsächlich kein Gewinn entsteht und folglich die außenstehenden Aktionäre (Minderheiten) leer ausgehen. Die gleiche Situation kann eintreten, wenn ein **Gewinnabführungsvertrag** geschlossen wird, durch den sich eine Aktiengesellschaft oder Kommanditgesellschaft auf Aktien verpflichtet, ihren ganzen Gewinn an die Obergesellschaft abzuführen. Um eine Benachteiligung außenstehender Aktionäre zu vermeiden, sehen die §§ 304, 305 AktG vor, daß diese Gesellschafter beim Abschluß von Beherrschungs- oder Gewinnabführungsverträgen einen **„angemessenen Ausgleich"** – entweder in Form einer Abfindung und damit verbundenem Ausscheiden des Minderheitsaktionärs oder, bei Aufrechterhaltung der Minderheitsbeteiligung durch eine Dividendengarantie – erhalten.

Besteht dagegen kein Beherrschungsvertrag, sondern eine **faktische Beherrschung,** so darf nach § 311 Abs. 1 AktG ein herrschendes Unternehmen seinen Einfluß nicht dazu benutzen, eine abhängige Aktiengesellschaft oder Kommanditgesellschaft auf Aktien zu veranlassen, ein für sie nachteiliges Rechtsgeschäft vorzunehmen oder Maßnahmen zu ihrem Nachteil zu treffen oder zu unterlassen, es sei denn, daß die Nachteile ausgeglichen werden.

Hier hat der Gesetzgeber es nicht für notwendig erachtet, für außenstehende Aktionäre einen besonderen Ausgleich vorzuschreiben, da eine Schädigung nicht eintreten kann, wenn keine nachteiligen Weisungen durch die Obergesellschaft gegeben oder anderenfalls die Nachteile ausgeglichen werden. Zur Sicherung der Minderheiten (und Gläubiger) verpflichtet aber § 312 AktG den Vorstand der abhängigen Gesellschaft, einen „Bericht über Beziehungen zu verbundenen Unternehmen" **(Abhängigkeitsbericht)** zu erstellen.

---

[30] Vgl. § 291 Abs. 1 AktG

Die betriebswirtschaftlich interessanten Probleme beim **Minderheiten-
und Gläubigerschutz** sind vor allem zwei:

(1) Die Problematik der **Berechnung des angemessenen Ausgleichs** der außenstehenden Aktionäre beim Abschluß eines Beherrschungs- oder Gewinnabführungsvertrages,

(2) die Problematik des **Abhängigkeitsberichts** und zwar

   (a) die Erfassung der Tatsachen, über die zu berichten ist (Rechtsgeschäfte und andere Maßnahmen, die die abhängige Gesellschaft auf Veranlassung oder im Interesse des herrschenden Unternehmens oder eines
   mit ihm verbundenen Unternehmens ausgeführt oder unterlassen
   hat) und

   (b) Maßstäbe für die Berechnung der Angemessenheit der Gegenleistung.

Diese Probleme können an dieser Stelle nicht weiter verfolgt werden, da
sie eine Erörterung des Bewertungsproblems, insbesondere der Bewertung
ganzer Unternehmen[31] voraussetzen.

Vom wirtschaftlichen Standpunkt aus kann die Konzernbildung auf horizontaler oder vertikaler Ebene erfolgen. Ziel eines **horizontalen Konzerns**
ist es in der Regel – wie beim Kartell –, eine marktbeherrschende Position zu
erringen, die Konkurrenz auszuschalten und damit die Möglichkeit autonomer Preispolitik zu schaffen. Eine Erhöhung der Absatzpreise gegenüber den
bei Wettbewerb sich bildenden Preisen ist beim horizontalen Konzern vom
einzelwirtschaftlichen Standpunkt nicht so negativ zu beurteilen wie beim
Kartell,[32] weil durch die einheitliche wirtschaftliche Leitung des Konzerns
Überkapazitäten durch straffe Investitionspolitik vermieden oder durch Betriebsstillegungen abgebaut werden können, während beim Kartell die
Überkapazitäten gerade eine der Ursachen von Unwirtschaftlichkeiten sind.

Vertikale Konzerne stellen einen Zusammenschluß von Betrieben aufein-
anderfolgender Produktions- oder Handelsstufen dar (Integration) und entstehen im allgemeinen nicht nur mit dem Ziel der Marktbeherrschung, sondern sind häufig eine Folge von bereits bestehenden horizontalen Konzentrationen. Wird z. B. ein Rohstoffmarkt auf der Angebotsseite durch ein Kartell
(Syndikat) beherrscht, so besteht die Tendenz zur betrieblichen Integration,
um durch Angliederung eines Rohstoffgewinnungsbetriebes dem hohen
Kartellpreis auszuweichen.

Auch eine durch Zugehörigkeit eines Betriebes zu einem Preiskartell mit
Produktions- (Absatz-)quoten bedingte Überkapazität kann eine Integration
veranlassen. Ist z. B. durch Kartellvereinbarung einem Stahlwerk eine Produktionsquote vorgeschrieben, so enthält diese Quote nicht den Eigenverbrauch des Betriebes an Stahl. Der Eigenverbrauch läßt sich durch Angliederung einer Maschinenfabrik erhöhen. Das bedeutet eine verbesserte Ausnutzung der Kapazität und der möglichen Kostendegression des Stahlwerkes
und damit eine Steigerung der Wirtschaftlichkeit. Diese Beispiele zeigen, daß

---

[31] Zur Unternehmensbewertung vgl. S. 789 ff.
[32] Vgl. S. 404 ff.

Unternehmenszusammenschlüsse auf horizontaler Ebene eine der Ursachen für eine weitere Integration der Wirtschaft sind, es sei denn, Preiskartelle sind – wie in der Bundesrepublik Deutschland – verboten.

c) Wettbewerbsrechtliche Probleme des Konzerns

Da Konzerne marktbeherrschende Stellungen erlangen und eine Beschränkung des Wettbewerbs erreichen können, unterliegen sie ebenso wie die Kartelle dem **Gesetz gegen Wettbewerbsbeschränkungen.** Während aber Kartelle grundsätzlich verboten sind und nur wenige Kartellarten kraft Gesetzes oder auf Antrag von dem Verbot ausgenommen werden,[33] sind Konzerne grundsätzlich zulässig, jedoch müssen Unternehmenszusammenschlüsse der Kartellbehörde angezeigt werden, „wenn die beteiligten Unternehmen insgesamt im letzten vor dem Zusammenschluß endenden Geschäftsjahr Umsatzerlöse von mindestens 500 Millionen Deutscher Mark hatten. Ist ein beteiligtes Unternehmen ein abhängiges oder ein herrschendes Unternehmen im Sinne des § 17 des Aktiengesetzes oder ein Konzernunternehmen im Sinne des § 18 des Aktiengesetzes, so sind für die Berechnung der Umsatzerlöse sowie von Marktanteilen die so verbundenen Unternehmen als einheitliches Unternehmen anzusehen; wirken mehrere Unternehmen aufgrund einer Vereinbarung oder in sonstiger Weise derart zusammen, daß sie gemeinsam einen beherrschenden Einfluß auf ein beteiligtes Unternehmen ausüben können, so gilt jedes von ihnen als herrschendes Unternehmen."[34]

Das Bundeskartellamt kann Zusammenschlüsse von Unternehmen untersagen (Fusionskontrolle),[35] wenn zu erwarten ist, daß durch den Zusammenschluß eine marktbeherrschende Stellung entsteht oder verstärkt wird.[36] Als marktbeherrschend gilt ein Unternehmen, wenn es als Anbieter oder Nachfrager erstens ohne Wettbewerber oder keinem wesentlichen Wettbewerb ausgesetzt ist oder zweitens im Verhältnis zu seinen Wettbewerbern über eine überragende Marktbeherrschung verfügt. Besteht zwischen zwei oder mehr Unternehmen kein wesentlicher Wettbewerb, so gelten auch diese als marktbeherrschend. Eine marktbeherrschende Stellung wird vermutet, wenn die im GWB aufgeführten Marktanteile erreicht sind.[37] Nutzen die Unternehmen marktbeherrschende Stellungen mißbräuchlich aus, so kann das Bundeskartellamt Verbote aussprechen und Verträge für unwirksam erklären.

Zusammenschlüsse können bereits dann verboten werden, wenn das Vorhaben bekannt wird. Die Absicht eines Zusammenschlusses kann gemeldet

---

[33] Vgl. S. 409 ff.
[34] Vgl. § 23 Abs. 1 GWB
[35] Der Begriff der Fusion im Sinne der Fusionskontrolle des GWB umfaßt einen wesentlich weiteren Bereich (vgl. § 23 Abs. 2 GWB) als man auf Grund des herkömmlichen Inhalts des Fusionsbegriffes (vgl. S. 444 f.) annehmen könnte. Er geht auch über den Konzernbegriff hinaus und erfaßt Beteiligungen schon ab 25%.
[36] Vgl. § 24 GWB
[37] Vgl. § 22 Abs. 3 GWB

werden, eine Pflicht hierzu besteht, wenn im abgeschlossenen Geschäftsjahr eines der beteiligten Unternehmen Umsatzerlöse von mindestens zwei Milliarden DM hatte bzw. wenn mindestens zwei hieran beteiligte Unternehmen Umsätze von je einer Milliarde DM oder mehr tätigten.[38] Innerhalb eines Jahres nach Eingang der Zusammenschlußanzeige können auch vollzogene Zusammenschlüsse untersagt werden.[39] Diese Zusammenschlüsse sind dann aufzulösen, falls nicht der Bundesminister für Wirtschaft die Erlaubnis zum Zusammenschluß erteilt. Wird durch die Erlaubnis die marktwirtschaftliche Ordnung nicht gefährdet, ist dies möglich, wenn im Einzelfall die gesamtwirtschaftlichen Vorteile des Zusammenschlusses überwiegen oder es „durch ein überragendes Interesse der Allgemeinheit gerechtfertigt ist."[40]

Seit Einführung der **Fusionskontrolle** (1974) sind bis zum 31. 12. 1994 insgesamt 19.224 Zusammenschlüsse vollzogen worden;[41] davon waren 15.117 kontrollpflichtig bzw. wurden präventiv geprüft und 4.107 waren nach § 24 Abs. 8 GWB von der Prüfung freigestellt.

Im Jahr 1991 hat die Zahl der Zusammenschlüsse eine neue Rekordmarke (2.007 Zusammenschlüsse, das sind rd. 30% mehr als im Vorjahr) erreicht. Zum Schwerpunkt der Konzentration wurden in den letzten Jahren vor allem Zusammenschlüsse von Unternehmen des Handels und Handelshilfsgewerbes; eine Tendenz, die den Gesetzgeber dazu bewogen hat, die Tatbestandsmerkmale für eine marktbeherrschende Stellung in Hinblick auf das Ziel der Einschränkung der Konzentration im Handel bei der Novellierung des GWB neu zu definieren.[42]

d) Steuerliche Probleme des Konzerns

aa) Überblick[43]

Das deutsche Steuerrecht benachteiligt Unternehmenszusammenschlüsse in der Form des Konzerns, denn es gibt bis heute noch kein Konzernsteuerrecht, das den Konzern, der eine wirtschaftliche Einheit ist, auch rechtlich als Einheit betrachtet.

Die wesentlichen steuerlichen Probleme entstehen beim Unterordnungskonzern aufgrund der Tatsache, daß es keine einheitliche **Konzernsteuerbilanz** gibt, sondern daß jedes Konzernunternehmen eine eigene Steuerbilanz und eine eigene Vermögensaufstellung zu erstellen hat. Infolge der Beteiligung der Obergesellschaft an der Untergesellschaft arbeitet ein Teil des Kapitals der Obergesellschaft in der Untergesellschaft. Diesem Kapital ent-

---

[38] Vgl. § 24a Abs. 1 GWB
[39] Vgl. § 24 Abs. 2 S. 2 GWB
[40] Vgl. § 24 Abs. 3 GWB
[41] Alle Zahlenangaben finden sich im Bericht des Bundeskartellamtes über seine Tätigkeit in den Jahren 1993/94 sowie über die Lage und Entwicklung auf seinem Aufgabengebiet (§ 50 GWB), BT-Drucksache 13/1660, S. 148 ff.
[42] Vgl. Fünftes Gesetz zur Änderung des Gesetzes gegen Wettbewerbsbeschränkungen vom 22. 12. 1989, BGBl I, S. 2486 ff.; s. bes. den neu gefaßten § 22 Abs. 1 GWB
[43] Einzelheiten vgl. Wöhe, G., Bieg, H., Grundzüge der Betriebswirtschaftlichen Steuerlehre, 4. Aufl., München 1995, S. 290 ff.

spricht in der Bilanz der Obergesellschaft die Position Beteiligungen, in der Bilanz der Untergesellschaft erscheint sein vermögensmäßiger Gegenwert in Form irgendwelcher Wirtschaftsgüter.

Wirtschaftlich betrachtet wird ein und dasselbe Vermögen infolge der rechtlichen Selbständigkeit der Konzerngesellschaften zweimal (oder mehrmals) ausgewiesen. Ebenso werden die Gewinne und Gewerbeerträge zwei- oder mehrfach erfaßt: sie entstehen bei der Untergesellschaft durch den laufenden Betriebsprozeß und werden als anteilige Beteiligungserträge an die Obergesellschaft weitergegeben.

Um eine offensichtliche steuerliche Diskriminierung, die sich aus dem System des Steuerrechts ergibt, zu vermeiden, hat das Steuerrecht mehrere Rechtsinstitute geschaffen oder von der Rechtsprechung übernommen, die von der normalen Regelung, daß jeder Betrieb, der in der Rechtsform der Kapitalgesellschaft geführt wird, in vollem Umfange selbständig steuerpflichtig ist, abweichen und unter bestimmten Voraussetzungen Unternehmenszusammenschlüsse entweder generell oder bei einzelnen Steuerarten in gewissem Umfang **als wirtschaftliche Einheiten** behandeln, damit die gleichen steuerlichen Vorteile, die sich durch die Fusion erreichen lassen, auch ohne Aufgabe der rechtlichen Selbständigkeit zu erzielen sind.

Bei den Rechtsinstituten, die steuerliche Sonderregelungen für Unternehmenszusammenschlüsse auf der Grundlage von Kapitalbeteiligungen (Konzerne) enthalten, handelt es sich um das Schachtelprivileg,[44] die Organtheorie[45] und den Ergebnisabführungsvertrag.[46]

bb) Das Schachtelprivileg

Das Schachtelprivileg gilt für die **Vermögensteuer** und die **Gewerbesteuer** und galt bis zur Einführung des Anrechnungssystems auch für die Körperschaftsteuer. Das **Anrechnungssystem** macht das körperschaftsteuerliche Schachtelprivileg überflüssig, weil die von der Untergesellschaft auf die ausgeschütteten Gewinne gezahlte Körperschaftsteuer auf die Körperschaftsteuer, die die Obergesellschaft auf die empfangenen Beteiligungserträge zu zahlen hat, angerechnet wird, so daß eine zweifache Körperschaftsteuerbelastung nicht mehr eintreten kann. Die Ausschüttung der Untergesellschaft setzt sich heute aus einer Barausschüttung und der Steuergutschrift zusammen. Die sich bei der Obergesellschaft auf die Beteiligungserträge ergebende Körperschaftsteuer und der Körperschaftsteueranspruch gleichen sich aus.

(1) Das vermögensteuerliche Schachtelprivileg

Das vermögensteuerliche Schachtelprivileg hat besondere Bedeutung, da die Organschaft keine Auswirkungen auf die Vermögensteuer hat.

---

[44] Vgl. § 9 KStG 1975, §§ 7, 9 und 12 GewStG und § 102 BewG. Für die Körperschaftsteuer hat das Schachtelprivileg nach Einführung des Anrechnungssystems keine Bedeutung mehr, da die von der Untergesellschaft auf die als Beteiligungserträge ausgeschütteten Gewinne gezahlte Körperschaftsteuer auch bei der Obergesellschaft angerechnet wird.

[45] Vgl. §§ 14–19 KStG, § 2 Abs. 2 S. 2 GewStG, § 2 Abs. 2 Nr. 2 UStG.

[46] Vgl. § 291 Abs. 1 AktG, § 14 KStG.

Kapitalgesellschaften sind gem. § 1 VStG mit dem Einheitswert ihres Betriebsvermögens selbständig steuerpflichtig, darüberhinaus unterliegen die Anteilseigner mit den Anteilen als natürliche Personen noch einmal der Vermögensteuer. Das führt zu einer vom Gesetzgeber gewollten, wirtschaftlich jedoch nicht vertretbaren Doppelbelastung von in Kapitalgesellschaften investierten Vermögen.

Das Schachtelprivileg berührt diese Doppelbelastung nicht, es verhindert aber eine darüber hinausgehende Mehrfachbelastung, die bei Konzernen, bei denen die einzelnen Konzernunternehmen in der Rechtsform von Kapitalgesellschaften geführt werden, infolge der selbständigen Vermögensteuerpflicht der Konzerngesellschaften und des Ansatzes von korrespondierenden Werten in den Vermögensaufstellungen sonst entstehen würde.

Folglich bleiben bei der Ermittlung des Einheitswerts des Betriebsvermögens Beteiligungen einer Obergesellschaft an Untergesellschaften unter folgenden Voraussetzungen außer Ansatz:[47]

– Ober- und Untergesellschaft sind Kapitalgesellschaften,
– die Beteiligung beträgt mindestens 10% des Grund- oder Stammkapitals und
– wird ununterbrochen seit mindestens 12 Monaten vor dem für die Vermögensteuer maßgebenden Abschlußtag, also seit Beginn des dem Feststellungszeitpunkt vorangehenden Wirtschaftsjahres, von der Obergesellschaft gehalten.

Die Beschränkung der Anwendung des Schachtelprivilegs auf inländische Kapitalgesellschaften ist unter bestimmten Voraussetzungen durchbrochen worden. Nach § 102 Abs. 2 BewG zählen Beteiligungen an ausländischen Tochtergesellschaften, an denen die Muttergesellschaft wenigstens mit 10% beteiligt ist, nicht zum Einheitswert des Betriebsvermögens, wenn die in dieser Vorschrift aufgeführten umfangreichen Voraussetzungen gegeben sind.

Konzernbeteiligungen an Kapitalgesellschaften von weniger als 10% werden vom Schachtelprivileg nicht erfaßt und können daher einer vermögensteuerlichen Zwei- oder Mehrfachbelastung unterliegen.

(2) **Das gewerbesteuerliche Schachtelprivileg**

Die Gewerbesteuer kennt sowohl das Schachtelprivileg als auch die Organschaft. Liegen die Voraussetzungen für beide vor, so bietet die Organschaft gegenüber dem Schachtelprivileg den Vorteil des Verlustausgleichs durch Verrechnung aller Gewerbeerträge und -verluste. Bei Anwendung des Schachtelprivilegs können Gewerbeverluste dagegen nur von der Gesellschaft, bei der sie entstanden sind, vorgetragen werden.

Das gewerbesteuerliche Schachtelprivileg verhindert aber, daß Teile des Gewerbeertrages, die bereits bei einem Betrieb besteuert worden sind, im Falle der Weitergabe als Beteiligungsgewinn beim Empfänger erneut der Gewerbeertragsteuer unterliegen und daß das der Beteiligung zugrunde lie-

---

[47] Vgl. § 102 Abs. 1 BewG.

gende Vermögen bei der Obergesellschaft noch einmal zur Gewerbekapitalsteuer herangezogen wird.

Obwohl bei einer Objektsteuer wie der Gewerbesteuer die Rechtsform des steuerpflichtigen Unternehmens keine Rolle spielen sollte, weil stets der Ertrag und das Kapital des Objektes Betrieb und nicht der Gewinn oder das Vermögen natürlicher oder juristischer Personen besteuert werden soll, hat der Gesetzgeber bis heute keine Regelungen getroffen, die eine zwei- oder mehrfache Gewerbesteuerbelastung desselben Gewerbeertrages oder Gewerbekapitals im Falle von Verschachtelungen in allen Fällen ausschließen. Vielmehr spielt die **Rechtsform** hier doch eine entscheidende Rolle. Grundsätzlich sind im Hinblick auf die Rechtsform der verflochtenen Unternehmen **vier Beteiligungsfälle** möglich und auch gewerbesteuerrechtlich geregelt:

(1) Beteiligung einer Kapitalgesellschaft an einer Kapitalgesellschaft (§ 9 Nr. 2a GewStG, § 102 BewG);

(2) Beteiligung einer Kapitalgesellschaft an einer Personengesellschaft (§ 9 Nr. 2 und § 12 Abs. 3 Nr. 2 GewStG);

(3) Beteiligung einer Personengesellschaft an einer Personengesellschaft (§ 9 Nr. 2 und § 12 Abs. 3 Nr. 2 GewStG);

(4) Beteiligung einer Personengesellschaft an einer Kapitalgesellschaft (§ 9 Nr. 2a und § 12 Abs. 3 Nr. 2a GewStG).

In den Fällen (1) und (4) ist bei der Ermittlung des Gewerbeertrages der Gewinn der Obergesellschaft zu kürzen um die Gewinne aus Anteilen an einer inländischen Kapitalgesellschaft, soweit die Beteiligung an dieser Gesellschaft wenigstens **10%** beträgt.

Ist die Beteiligung geringer, so kann eine zwei- oder mehrfache Belastung der Beteiligungserträge durch die Gewerbesteuer nicht vermieden werden.

Entsprechend ist im Fall (4)[48] der Einheitswert des Betriebsvermögens, der die Grundlage für die Ermittlung des Gewerbekapitals ist, bei der Obergesellschaft um die Beteiligung zu kürzen, falls diese wenigstens 10% erreicht; andernfalls tritt eine zweifache Belastung mit Gewerbekapitalsteuer ein.

In den Fällen (2) und (3) ist bei der Ermittlung des Gewerbeertrages der Gewinn der Obergesellschaft zu kürzen um die Anteile am Gewinn einer Offenen Handelsgesellschaft, einer Kommanditgesellschaft oder einer anderen Gesellschaft, bei der die Gesellschafter als Unternehmer (Mitunternehmer) des Gewerbebetriebes anzusehen sind. Dabei wird weder eine Mindestbeteiligung, noch eine Mindestbesitzdauer gefordert. Eine analoge Regelung gilt für die Gewerbekapitalsteuer.

cc) Die Organschaft

Ist eine Gesellschaft von einer anderen so stark abhängig, daß sie keinen eigenen Willen mehr hat, sondern wirtschaftlich nichts anderes als eine Abteilung der Obergesellschaft darstellt, so verliert die abhängige Gesellschaft

---

[48] Im Fall (1) ist eine derartige Kürzung für Zwecke der GewKapSt nicht mehr vorzunehmen, da die Beteiligung bereits vom Einheitswert des Betriebsvermögens im Rahmen der Ermittlung der VSt-Bemessungsgrundlage abgezogen wurde.

auch steuerrechtlich ihre Selbständigkeit und wird als „Organ" der Obergesellschaft betrachtet **(Organtheorie).** Dabei kommt es nur auf das Innenverhältnis an. Es ist ohne Bedeutung, daß die abhängige Gesellschaft nach außen
rechtlich selbständig ist.

Organschaft[49] liegt dann vor, wenn ein Unternehmen nach dem Gesamt-
bild der tatsächlichen Verhältnisse **finanziell, wirtschaftlich und organisatorisch** derart in ein anderes Unternehmen eingegliedert ist, daß es wirtschaftlich betrachtet lediglich einen Teilbetrieb des übergeordneten Unternehmens bildet. Die Untergesellschaft, die eine Kapitalgesellschaft sein muß,
wird als **Organ,** die Obergesellschaft, bei der die Rechtsform unerheblich ist,
als **Organträger** bezeichnet.

Die **finanzielle Eingliederung** liegt vor, wenn der Organträger unmittelbar über die Mehrheit der Stimmrechte des Organs verfügt. Das Bestehen
eines Beherrschungsvertrages oder einer aktienrechtlichen Eingliederung erfüllt die Voraussetzungen der **organisatorischen** Eingliederung, die allerdings auch bei faktischen Konzernen durch zusätzliche organisatorische
Maßnahmen wie etwa personelle Verflechtung der Leitungsgremien sichergestellt werden kann. Schließlich erfordert die **wirtschaftliche** Eingliederung, daß das Unternehmen des Organs nach Art einer unselbständigen
Betriebsabteilung die Tätigkeit des Organträgers unterstützt.

Sind die Voraussetzungen für die Organschaft gegeben, so treten bei der
Umsatzsteuer und der **Gewerbesteuer** die steuerlichen Wirkungen der Organschaft aufgrund der gesetzlichen Regelungen automatisch ein, d. h. hier
liegt eine **unentziehbare Organschaft** vor, auf die der Konzern auch dann
nicht verzichten kann, wenn durch das Organschaftsverhältnis unter bestimmten Voraussetzungen steuerliche Mehrbelastungen eintreten können.
Bei der **Körperschaftsteuer** kommt als weitere Voraussetzung für die Anerkennung der Organschaft der Abschluß eines **Gewinnabführungsvertrages**
hinzu, so daß es die zusammengeschlossenen Betriebe in der Hand haben, ob
sie durch Abschluß eines derartigen Vertrages eine körperschaftsteuerlich
wirksame Organschaft herstellen wollen oder nicht. Man spricht daher hier
von **entziehbarer Organschaft.**

Die Organtheorie gilt nur für die drei genannten Steuern (Körperschaftsteuer, Gewerbesteuer, Umsatzsteuer). Ihre Anwendbarkeit auf andere Steuern, insbesondere auf die Vermögensteuer, ist von der Rechtsprechung des
RFH und des BFH abgelehnt worden.

Nach der Körperschaftsteuerreform hat die Organschaft **an Bedeutung
verloren,** denn durch das Anrechnungssystem wird eine Zwei- oder Mehrfachbelastung mit Körperschaftsteuer automatisch verhindert, weil die bei
der Untergesellschaft auf die ausgeschütteten Beteiligungserträge gezahlte
Körperschaftsteuer bei der Obergesellschaft angerechnet wird. Durch die
körperschaftsteuerliche Organschaft kann ein Steuervorteil für den Konzern
nur noch dadurch eintreten, daß Verluste einzelner Konzerngesellschaften
mit Gewinnen anderer Konzerngesellschaften sofort verrechnet werden kön-

---

[49] Vgl. § 14 KStG.

nen **(Verlustausgleich).** Ohne Organschaft müßten alle Gewinne sofort versteuert werden, während die Verluste – soweit ein Verlustrücktrag nicht möglich ist – auf spätere Perioden vorgetragen werden könnten. Der Verlustausgleich hat einen Liquiditätsvorteil und einen Zinsgewinn aufgrund erst späterer Steuerzahlung zur Folge.

Ein weiterer Vorteil kann dann entstehen, wenn der Organträger eine **Personengesellschaft** ist und die Organgesellschaften durch Gewinnabführung die Körperschaftsteuer völlig vermeiden. Dieser Vorteil hat sich zwar im Anrechnungssystem abgeschwächt, da die ohne Organschaft anfallende Körperschaftsteuer auf die ausgeschütteten Beteiligungserträge bei der Personengesellschaft auf die Einkommensteuer der Gesellschafter angerechnet würde, die Körperschaftsteuer in Höhe von 45% auf die bei der Untergesellschaft gebildeten Rücklagen könnte aber nicht vermieden werden. Liegt der durchschnittliche Einkommensteuersatz auf die nicht ausgeschütteten Gewinne unter 45%, so ist die Organschaft weiterhin vorteilhaft.

5. Die wechselseitige Beteiligung

Nach § 19 Abs. 1 AktG sind „wechselseitig beteiligte Unternehmen" solche Unternehmungen mit Sitz im Inland in der Rechtsform einer Kapitalgesellschaft, die dadurch verbunden sind, daß jeder Unternehmung mehr als der vierte Teil der Anteile der anderen Unternehmung gehört.

Wechselseitige Beteiligungen wurden erstmals im AktG 1965 genannt. Der Gesetzgeber führte drei Überlegungen an, die ihn zur **Einführung besonderer Pflichten** für wechselseitig beteiligte Unternehmen veranlaßt hatten:[50]

(1) Eine wechselseitige Beteiligung zweier Kapitalgesellschaften gefährde die Kapitalgrundlage, und zwar sowohl die Aufbringung als auch die Erhaltung und den richtigen Ausweis des Kapitals.

Beispiel: Es werden zwei Aktiengesellschaften A und B mit je 1 Mill. DM Grundkapital gegründet, wobei das Grundkapital voll eingezahlt wird. Jede der beiden Gesellschaften erwirbt anschließend von den jeweiligen Anteilseignern eine Beteiligung von 500.000 DM des Kapitals der anderen Gesellschaft. Das Grundkapital beider Gesellschaften beträgt dann 2 Mill. DM, die effektiv vorhandenen Mittel der Gesellschaften belaufen sich aber nur auf 1 Mill. DM, denn A erwirbt für 500.000 DM, die den Anteilseignern von B zufließen, eine Beteiligung an B und B in gleicher Weise eine Beteiligung an A. Im Falle der Liquidation beider Gesellschaften stehen je Gesellschaft dem Grundkapital von 1 Mill. DM nur echte Vermögenswerte von 500.000 DM gegenüber.

(2) Die wechselseitige Beteiligung komme im Ergebnis einer Rückgewähr von Einlagen an die Aktionäre gleich. Eine solche Rückgewähr ist aber nach § 57 Abs. 1 AktG unzulässig.

(3) Die wechselseitige Beteiligung könne außerdem eine Herrschaft der

---

[50] Vgl. Kropff, B., Aktiengesetz, a. a. O., S. 34

Verwaltung in der Hauptversammlung zur Folge haben, die den Grundsätzen des Gesellschaftsrechts widerspricht: „Die Rechte aus wechselseitigen Beteiligungen werden durch die Verwaltungen ausgeübt, die dadurch die Willensbildung in der Hauptversammlung der anderen Gesellschaft erheblich, bei hoher Beteiligung sogar maßgebend beeinflussen. Das Ergebnis sind Verwaltungen, die zwar gegenseitig auf Verständnis angewiesen sind, aber keiner Kontrolle durch die eigentlichen Anteilseigner mehr unterliegen und sich der Sache nach durch wechselseitige Zuwahl ergänzen."[51] Die außenstehenden Aktionäre verlieren jede Einflußmöglichkeit auf die Gesellschaft. Da das Aktienrecht insgesamt die Tendenz einer Verstärkung der Stellung der Aktionäre verfolgt, befürchtete der Gesetzgeber, daß mit Hilfe des Instruments der wechselseitigen Beteiligung die Rechte der außenstehenden Aktionäre eingeengt werden könnten, und hat deshalb die besonderen Regelungen für die wechselseitige Beteiligung getroffen. Dazu gehört auch, daß im Anhang unter Nennung des betreffenden Unternehmens Angaben über das Bestehen einer wechselseitigen Beteiligung zu machen sind.[52]

Die Gefahren der wechselseitigen Beteiligung sollen durch eine **Beschränkung der Rechte** aus der Beteiligung, die § 328 Abs. 1 AktG ausspricht, vermindert werden. Danach darf eine Gesellschaft die Rechte aus Anteilen, die ihr an dem anderen Unternehmen gehören, nur für höchstens den vierten Teil aller Anteile des anderen Unternehmens ausüben, sobald dem einen Unternehmen das Bestehen der wechselseitigen Beteiligung bekannt geworden ist oder ihm das andere Unternehmen eine Mitteilung nach § 20 Abs. 3 oder § 21 Abs. 1 AktG gemacht hat. Diese Vorschrift beschränkt nicht nur das Stimmrecht, sondern auch das Recht auf Gewinnanteil und das Bezugsrecht. Nicht betroffen ist das Recht auf neue Aktien bei einer Kapitalerhöhung aus Gesellschaftsmitteln, weil eine solche Kapitalerhöhung den Wert der Anteile in der Regel nicht verändert, denn der Erhöhung der Nennwerte entspricht eine Verminderung des Kurses. Die prozentuale Beteiligung bleibt im übrigen gleich.

Bestehen bei wechselseitig beteiligten Unternehmen Mehrheitsbeteiligungen, so gelten beide als abhängige und herrschende Unternehmen; hält nur eines der Unternehmen eine Mehrheitsbeteiligung, so ist dieses das herrschende, das die Minderheitsbeteiligung haltende das abhängige Unternehmen.[53] In diesen Fällen findet keine Beschneidung der Rechte durch § 328 AktG statt;[54] anzuwenden sind die Vorschriften für abhängige und herrschende Unternehmen; dabei kommt auch den Regelungen über eigene Anteile besondere Bedeutung zu.

---

[51] Kropff, B., Aktiengesetz, a. a. O., S. 35
[52] Vgl. § 160 Abs. 1 Nr. 7 AktG
[53] Vgl. § 19 Abs. 2, 3 AktG
[54] Vgl. § 19 Abs. 4 AktG

6. Vertragsteile eines Unternehmensvertrages

a) Überblick

Das Aktiengesetz zählt in den §§ 291 und 292 sieben Arten von Unternehmensverträgen auf. Diese Aufzählung ist eine erschöpfende. Die Partner dieser Verträge sind nach § 15 AktG „verbundene Unternehmen". Das gilt nicht für andere Verträge, mit deren Hilfe ein Unternehmen die Leitung eines anderen Unternehmens beeinflussen kann. Ebenso gelten die Vorschriften der §§ 293 ff. über Abschluß, Änderung und Beendigung von Unternehmensverträgen nur für die im Gesetz aufgezählten Vertragsarten. Im einzelnen handelt es sich um folgende Vertragsarten:

(1) Beherrschungsvertrag;
(2) Gewinnabführungsvertrag;
(3) Geschäftsführungsvertrag;
(4) Gewinngemeinschaft;[55]
(5) Teilgewinnabführungsvertrag;
(6) Betriebspachtvertrag;
(7) Betriebsüberlassungsvertrag.

Das gemeinsame Merkmal aller im AktG genannten Unternehmensverträge ist es, daß sie den Zweck und die Struktur eines Unternehmens verändern können.[56] Die Folge kann sein, daß eine Gesellschaft ihren Betrieb nicht mehr selbst betreibt, sondern ihn einem anderen Unternehmen überläßt, oder daß eine Gesellschaft ihr Unternehmen nicht mehr nur für Rechnung ihrer Aktionäre führt. Diese einschneidenden Änderungen des Unternehmenszweckes erfordern besondere Sicherungen für die Aktionäre und für die Gläubiger der Gesellschaft. Deutlich werden diese darin, daß sämtliche Unternehmensverträge nur mit Zustimmung der Hauptversammlung, der eine Mehrheit von 75% des vertretenen Kapitals zugrunde liegen muß, geschlossen werden können,[57] und daß die Handelsregistereintragung der Unternehmensverträge Voraussetzung für ihre Wirksamkeit ist.[58]

b) Der Beherrschungsvertrag

Das Wesen eines Beherrschungsvertrages besteht darin, daß eine AG oder KGaA die Leitung ihrer Gesellschaft einem anderen Unternehmen unterstellt. Auf Grund der erforderlichen Mehrheit für den Abschluß des Beherrschungsvertrags wird in der Regel eine **faktische Beherrschung** diesem Vertrag vorausgehen, denn es ist kaum vorstellbar, daß ein Unternehmen sich freiwillig der Leitung eines anderen unterwirft. Sofern nicht bereits dadurch ein Abhängigkeits- und ggf. Konzernverhältnis begründet war, resultieren diese Formen verbundener Unternehmen aus dem Abschluß des Beherr-

---

[55] Die Gewinngemeinschaft wurde oben (vgl. S. 395 ff.) bereits ausführlich behandelt.
[56] Vgl. Würdinger, H., Aktien- und Konzernrecht, 4. Aufl., Karlsruhe 1981, S. 303
[57] Vgl. § 293 Abs. 1 AktG
[58] Vgl. § 294 Abs. 1, 2 AktG

schungsvertrags, denn dieser ist eines der Tatbestandsmerkmale des Unterordnungskonzerns.

Ein Vertrag, durch den sich nicht voneinander abhängige Unternehmen einer einheitlichen Leitung unterstellen, ohne daß eines der vertragschließenden Unternehmen hierauf von einem anderen abhängig wird, ist kein Beherrschungsvertrag,[59] vielmehr entsteht infolge eines derartigen Vertrages ein Gleichordnungskonzern.

Bei Bestehen eines Beherrschungsvertrags verpflichtet § 308 Abs. 2 AktG den Vorstand des abhängigen Unternehmens, **Weisungen** der herrschenden Gesellschaft zu befolgen. Solange der Vorstand der abhängigen Gesellschaft keine Weisungen erhält, leitet er die Gesellschaft eigenverantwortlich gem. § 76 Abs. 1 AktG. Ihm erteilte Weisungen können sämtliche unternehmerischen Entscheidungen betreffen wie z. B. die Gestaltung von Markt- oder Konzernverrechnungspreisen, die Umstellung oder Verlagerung der Produktion, auch von rentablen Bereichen in andere Konzernunternehmen oder etwa die Verschiebung liquider Mittel zwischen Konzernunternehmen.[60] Solchen Weisungen muß selbst dann gefolgt werden, wenn sie für die abhängige Gesellschaft **nachteilige Auswirkungen** haben, gleichzeitig aber den Belangen des herrschenden Unternehmens oder der mit ihm oder der Gesellschaft konzernverbundenen Unternehmen dienen.[61] Ein Verweigerungsrecht hat der Vorstand nur dann, wenn Weisungen offensichtlich nicht diesen Belangen dienen.[62] In diesem Fall ist er verpflichtet, die Ausführung der Weisungen zu verweigern; andernfalls setzt er sich der Gefahr einer Ersatzpflicht gem. § 310 Abs. 3 AktG aus.

Aus Gründen des Minderheiten- und Gläubigerschutzes ist die Dispositionsfreiheit des herrschenden Unternehmens bei der Ergebnissteuerung des abhängigen Unternehmens insoweit eingeschränkt, als das herrschende Unternehmen für die Auffüllung der gesetzlichen Rücklage[63] und den Ausgleich von Jahresfehlbeträgen[64] des abhängigen Unternehmens Sorge zu tragen hat.

c) Der Gewinnabführungsvertrag

Bei Abschluß eines Gewinnabführungsvertrages nach § 291 Abs. 1 Satz 1 AktG verpflichtet sich eine AG oder KGaA, ihren ganzen Gewinn an ein anderes Unternehmen abzuführen. Als Gewinnabführungsvertrag gilt auch ein Vertrag, durch den eine AG oder KGaA es übernimmt, ihr Unternehmen für Rechnung eines anderen Unternehmens zu führen (sog. Geschäftsführungsvertrag).[65]

In der Praxis treten Beherrschungs- und Gewinnabführungsvertrag zumeist kombiniert auf, insbesondere da durch beide Verträge Teilvorausset-

---

[59] Vgl. § 291 Abs. 2 AktG
[60] Vgl. Würdinger, H., a. a. O., S. 327 f.
[61] Vgl. § 308 Abs. 1 S. 2 AktG
[62] Vgl. § 308 Abs. 2 S. 2 AktG
[63] Vgl. § 300 Nr. 3 AktG
[64] Vgl. § 302 Abs. 1 AktG
[65] Vgl. § 291 Abs. 1 S. 2 AktG

zungen der körperschaftsteuerlichen **Organschaft**[66] erfüllt werden. Diese Vertragskombination ist eine hinreichende, aber keine notwendige Teilbedingung der Organschaft, denn bei faktischen Konzernen oder in Fällen der Eingliederung genügt der Abschluß eines Gewinnabführungsvertrages.

Die Befugnisse, die das gewinnberechtigte Unternehmen durch den Gewinnabführungsvertrag erlangt, reichen nicht an die mit einem Beherrschungsvertrag verbundenen Rechte heran. Insbesondere besteht **kein Weisungsrecht im Sinne des § 308 AktG**, so daß das herrschende Unternehmen – in Analogie zum faktischen Konzern – seinen Einfluß nicht dazu verwenden darf, die abhängige Gesellschaft zu veranlassen, ein für sie nachteiliges Rechtsgeschäft vorzunehmen oder Maßnahmen zu ihrem Nachteil zu treffen oder zu unterlassen, es sei denn, daß es diese Nachteile ausgleicht. Allerdings ist das abhängige Unternehmen von der Verpflichtung zur Aufstellung eines Abhängigkeitsberichtes befreit.[67]

Die vertragliche Pflicht zur Gewinnabführung gilt für das abhängige Unternehmen nicht uneingeschränkt, vielmehr müssen bestimmte, zur Auffüllung der gesetzlichen Rücklage notwendige Beträge zurückbehalten werden;[68] darüber hinaus dürfen vorvertragliche satzungsmäßige Rücklagen oder andere Gewinnrücklagen nicht aufgelöst und abgeführt werden. Weiterhin darf die gesetzliche Rücklage nicht zum Verlustausgleich verwendet werden, sondern das herrschende Unternehmen ist verpflichtet, Jahresfehlbeträge zu egalisieren.

d) Der Teilgewinnabführungsvertrag

Ein Teilgewinnabführungsvertrag liegt vor, wenn sich eine AG oder KGaA vertraglich verpflichtet, „einen Teil ihres Gewinns oder den Gewinn einzelner ihrer Betriebe ganz oder zum Teil an einen anderen abzuführen."[69] § 292 Abs. 2 AktG nimmt aus dem aktienrechtlichen Begriff des Teilgewinnabführungsvertrages ausdrücklich Verträge mit Einzelpersonen aus, die die Gesellschaft zu Leistungen verpflichten, die ihrem betriebswirtschaftlichen Wesen nach Aufwendungen sind, auch wenn sie als Gewinn bezeichnet werden. Ausdrücklich ausgeklammert werden Verträge über eine Gewinnbeteiligung mit Mitgliedern von Vorstand und Aufsichtsrat oder mit einzelnen Arbeitnehmern der Gesellschaft sowie eine Abrede über eine Gewinnbeteiligung im Rahmen von Verträgen des laufenden Geschäftsverkehrs oder Lizenzverträgen. Hiervon zu unterscheiden sind aber Gewinnbeteiligungsvereinbarungen mit allen Arbeitnehmern, wie sie im Rahmen heutiger Erfolgsbeteiligungssysteme vielfach anzutreffen sind. Da solche Vereinbarungen nicht mit Einzelpersonen getroffen werden, sondern – mit Ausnahmen wegen z. B. nur kurzer Unternehmenszugehörigkeit – für alle Arbeitnehmer

---

[66] Durch Abschluß eines Beherrschungsvertrages ist das Kriterium der organisatorischen Eingliederung i. S. d. Organschaft erfüllt. Vgl. S. 436

[67] Vgl. § 316 AktG

[68] Vgl. § 300 Nr. 1 AktG

[69] § 292 Abs. 1 Nr. 2 AktG

gelten, rechnen sie zu den Teilgewinnabführungsverträgen.[70] Während der Teilgewinnabführungsvertrag als Unternehmensvertrag der Zustimmung der Hauptversammlung mit qualifizierter Mehrheit bedarf, entfällt dieses Erfordernis bei den anderen genannten Verträgen, da sie nicht unter den Begriff der aktienrechtlichen Unternehmensverträge fallen.

Der Grund für die Einengung des Begriffs des Teilgewinnabführungsvertrages ist aber nicht in ihrer betriebswirtschaftlichen Substanz zu suchen, sondern ist ein praktischer: das Verfahren, die Hauptversammlung bei allen Arten von Gewinnbeteiligungsverträgen zustimmen zu lassen, ist zu schwerfällig. Die Begründung führt dazu aus: „Die Hauptversammlung kann nicht mit allen im Wirtschaftleben üblichen Formen der Gewinnbeteiligung befaßt werden; unbedeutende Gewinnabführungen müssen zustimmungsfrei bleiben."[71] Die Entscheidungskompetenz über die durch § 292 Abs. 2 AktG ausgeklammerten Teilgewinnabführungen liegt daher in Händen des Vorstandes und ggf. des Aufsichtsrats, hinsichtlich der Gewinnbeteiligung des Vorstandes selbst allein in Händen des Aufsichtsrats;[72] hinsichtlich der des Aufsichtsrats entscheidet die Hauptversammlung, sofern die Satzung keine Regelung beinhaltet.[73]

Für die Berechnung des abzuführenden Teilgewinns gilt ebenso wie beim Gewinnabführungsvertrag der sich aus § 301 AktG ergebende Höchstbetrag. Bei seiner Berechnung ist die Sonderbestimmung über die Bildung der gesetzlichen Rücklage zu beachten.[74]

e) Betriebspacht- und Betriebsüberlassungsvertrag

§ 292 Abs. 1 Nr. 3 AktG definiert Betriebspacht- und Betriebsüberlassungsverträge als Verträge, durch die eine AG oder KGaA „den Betrieb ihres Unternehmens einem andern verpachtet oder sonst überläßt". Verträge dieser Art bedürfen der Zustimmung der Hauptversammlung mit qualifizierter Mehrheit.

Durch einen **Pachtvertrag** überläßt das verpachtete Unternehmen seinen Betrieb einem anderen Unternehmen zu Besitz und zur Nutzung, das ihn auf eigene Rechnung und im eigenen Namen gegen Zahlung einer Vergütung betreibt.[75] Voraussetzung für die Anwendung der aktienrechtlichen Vorschriften ist dabei die Verpachtung des gesamten Unternehmens, nicht die einzelner Betriebe.

Beim **Betriebsüberlassungsvertrag** tritt die übernehmende Gesellschaft nicht im eigenen Namen, sondern auf Grund entsprechender Vollmachten im Namen der überlassenden Gesellschaft auf, führt die überlassene Gesellschaft aber auf eigene Rechnung. Die verpachtende oder überlassende Gesellschaft muß stets eine AG oder KGaA sein, die Pächterin oder Übernehmerin

---

[70] Vgl. Würdinger, H., a. a. O., S. 308
[71] Kropff, B., Aktiengesetz, a. a. O., S. 379
[72] Vgl. §§ 86, 87 Abs. 1 AktG
[73] Vgl. § 113 AktG
[74] Vgl. § 300 Nr. 2 AktG
[75] Vgl. § 581 BGB

kann jede beliebige Rechtsform haben, sie muß nicht unbedingt ein Unternehmen, sondern kann auch eine Einzelperson sein. Da durch die Pacht der Pächter – somit auch als Einzelperson – zum Unternehmer wird, sind die beteiligten Unternehmen nach § 15 AktG stets verbundene Unternehmen. Ein Abhängigkeitsverhältnis im Sinne des § 17 AktG oder ein Konzernverhältnis nach § 18 AktG entsteht durch Betriebspacht oder Betriebsüberlassung nicht. Die verpachtende oder ihren Betrieb überlassende Gesellschaft kann selbständig bleiben und ihre eigene Finanz-, Abschreibungs- und Dividendenpolitik betreiben.[76]

In der Praxis ist sie aber häufig von dem anderen Unternehmen abhängig. Diese Abhängigkeit ist oft überhaupt erst die Voraussetzung für den Abschluß derartiger Verträge. Die Abhängigkeit hat zur Folge, daß die herrschende Gesellschaft der verpachtenden oder ihren Betrieb überlassenden Gesellschaft jeden während der Vertragsdauer entstehenden Jahresfehlbetrag ausgleichen muß, soweit die vereinbarte Gegenleistung das angemessene Entgelt nicht erreicht.[77] Es muß also nicht jeder Jahresfehlbetrag ausgeglichen werden. Die Verlustübernahme hat nur in dem Umfange zu erfolgen, daß das Entgelt auf die angemessene Höhe ergänzt wird. Unabhängig davon besteht infolge des Abhängigkeitsverhältnisses parallel zum Erfordernis der Verlustübernahme die Verpflichtung des herrschenden Unternehmens zum Nachteilsausgleich gemäß § 311 Abs. 1 AktG. Darüber hinaus sind auch die übrigen Vorschriften für abhängige Unternehmen zu beachten.

7. Eingegliederte Gesellschaften

Das AktG 1965 hat erstmals den Begriff der eingegliederten Gesellschaft geschaffen und regelt diese Form der Unternehmensverbindung in den §§ 319–327. Die Hauptversammlung einer Aktiengesellschaft kann die Eingliederung der Gesellschaft in eine andere Aktiengesellschaft mit Sitz im Inland **(Hauptgesellschaft),** deren Hauptversammlung mit qualifizierter Mehrheit der Eingliederung ebenfalls zustimmen muß, beschließen, wenn sich alle oder wenigstens 95% aller Aktien der Gesellschaft in der Hand der zukünftigen Hauptgesellschaft befinden.[78] Im letzteren Fall der Eingliederung durch Mehrheitsbeschluß scheiden die Minderheitsaktionäre spätestens mit der Eingliederung aus und haben Anspruch auf eine **angemessene Abfindung.**[79] Eine Eingliederung in ein Unternehmen, das nicht die Rechtsform der Aktiengesellschaft hat, ist nicht möglich. Diese Beschränkung ist im Interesse des Gläubigerschutzes erforderlich, denn da die zukünftige Hauptgesellschaft für die Verbindlichkeiten der eingegliederten Gesellschaft haftet, könnten die Gläubiger schlechter gestellt sein, wenn die Hauptgesellschaft nicht die gleiche Rechtsform wie die eingegliederte Gesellschaft hat.

---

[76] Vgl. Rasch, H., Deutsches Konzernrecht, 5. Aufl., Köln-Berlin-Bonn-München 1974, S. 95

[77] Vgl. § 302 Abs. 2 AktG

[78] Vgl. §§ 319 Abs. 1, 320 Abs. 1 AktG

[79] Vgl. § 320b Abs. 1 AktG

Die Eingliederung ist die engste Verbindung von Unternehmen, die rechtlich selbständig bleiben. Wirtschaftlich kommt sie einer Verschmelzung gleich, denn es entsteht eine wirtschaftliche Einheit. Die Hauptgesellschaft besitzt die uneingeschränkte Leitungsmacht über die eingegliederte Gesellschaft und kann ohne Einschränkung über deren Vermögen verfügen.

Bei der Entscheidung, einzugliedern oder zu verschmelzen, können – setzt man das Vorliegen der aktienrechtlichen Voraussetzungen voraus – mehrere Gründe für die Eingliederung sprechen: ihre im Vergleich zur Verschmelzung geringere steuerliche Belastung, die weitere rechtliche Selbständigkeit und damit verbunden die Möglichkeit zur Nutzung von Firmennamen sowie auch die Möglichkeit, die Eingliederung später rückgängig zu machen.[80] Für die Verschmelzung sprechen i. d. R. die weniger strengen Durchführungsvoraussetzungen. Gehen nach der Eingliederung Aktien der eingegliederten Gesellschaft an außenstehende Aktionäre über, so endet sie nach § 327 Abs. 1 Nr. 3 AktG automatisch. Die Eingliederung stellt also eine wesentlich engere Unternehmensverbindung dar als der Beherrschungsvertrag.

Die Eingliederung begründet eine **Mithaftung der Hauptgesellschaft** für die Verbindlichkeiten der eingegliederten Gesellschaft. Durch diese Mithaftung sichert das Grundkapital der Hauptgesellschaft auch die Gläubiger der eingegliederten Gesellschaft, die unter bestimmten Voraussetzungen zudem eine Sicherheitsleistung fordern können.[81] Da alle aktienrechtlichen Gläubigerschutzvorschriften für die Hauptgesellschaft gelten, ist es nicht erforderlich, ihre Einhaltung auch von der eingegliederten Gesellschaft zu verlangen.

Deshalb sind bei Eingliederung auch die besonderen Gläubigerschutzvorschriften des § 303 AktG und die besonderen Vorschriften über die Sicherung des Grundkapitals durch beschleunigtes Auffüllen der gesetzlichen Rücklage bei Bestehen von Unternehmensverträgen bzw. durch Festsetzung eines Höchstbetrages der Gewinnabführung nicht erforderlich, allerdings muß die Hauptgesellschaft Bilanzverluste der eingegliederten Gesellschaft ausgleichen, soweit diese den Betrag der Kapitalrücklagen und der Gewinnrücklagen übersteigen.[82]

8. Die Fusion

Die Probleme der Fusion werden hier der Vollständigkeit halber kurz angeschnitten. Eine ausführliche Behandlung erfolgt im Rahmen der Finanzierung im Fünften Abschnitt.

Die Fusion (Verschmelzung) ist die engste Form des Unternehmenszusammenschlusses, weil die sich zusammenschließenden Unternehmen nicht wie beim Konzern, Kartell und der Interessengemeinschaft ihre rechtliche Selbständigkeit behalten, sondern nach der Verschmelzung nur noch **eine rechtliche Einheit** besteht. Wie bei der Bildung von Konzernen unterschei-

---

[80] Vgl. Schubert, W., Küting, K., a. a. O., S. 324 ff.
[81] Vgl. § 321 Abs. 1 AktG
[82] Vgl. § 324 Abs. 3 AktG

det man zwischen einer horizontalen und einer vertikalen Verschmelzung, je nachdem, ob Betriebe der gleichen Produktions- und Handelsstufe oder Betriebe vor- und nachgelagerter Produktions- und Handelsstufen sich vereinigen.

Die **Motive** der Verschmelzung sind ähnlich denen der Konzernbildung: Erringen einer Machtstellung entweder zur Sicherung des Absatzmarktes oder zur Sicherung der Rohstoffbeschaffung, Erweiterung der Kapital- und Kreditbasis, gemeinsame Verwertung von Patenten, Vereinheitlichung des Produktionsprogrammes, leichtere Durchführung von Rationalisierungsmaßnahmen unter einheitlicher Leitung.

Der Zusammenschluß von Unternehmen zu einer rechtlichen und wirtschaftlichen Einheit kann in **zwei Formen** erfolgen. Wollen sich z. B. zwei oder mehrere Aktiengesellschaften zusammenschließen, so können sie erstens ihr Vermögen als Ganzes auf eine neu gebildete Aktiengesellschaft übertragen. Die bisherigen Aktionäre tauschen dabei ihre Aktien gegen Aktien der neuen Gesellschaft ein. Das Umwandlungsgesetz bezeichnet diese Form der Verschmelzung als **„Verschmelzung durch Neubildung".**[83] Sie ist nur zulässig, wenn jede der sich vereinigenden Gesellschaften mindestens zwei Jahre im Handelsregister eingetragen war.[84] Eine Verschmelzung muß von den Hauptversammlungen der beteiligten Gesellschaften mit Dreiviertelmehrheit des anwesenden Aktienkapitals beschlossen werden.[85]

Die zweite Möglichkeit zur Fusion besteht darin, daß ein Unternehmen sein Vermögen als Ganzes auf ein anderes, bereits bestehendes Unternehmen überträgt. Handelt es sich um Aktiengesellschaften, so werden die Aktionäre der übertragenden (und damit untergehenden) Gesellschaft mit Aktien der übernehmenden Gesellschaft entschädigt. Nach der Verschmelzung existiert als Rechtssubjekt und als Firma nur noch die übernehmende Gesellschaft. Das Umwandlungsgesetz nennt diese Form der Verschmelzung **„Verschmelzung durch Aufnahme."**[86] (ÜB 2/73–75)

Der betriebswirtschaftliche Fusionsbegriff ist nicht an bestimmte Rechtsformen der untergehenden Unternehmen oder des weiterhin bestehenden bzw. neu zu gründenden Unternehmens gebunden. Diese beiden Formen der Verschmelzung gelten u. a. auch für die Verschmelzung von GmbH.[87]

---

[83] § 2 Nr. 2 UmwG
[84] Vgl. § 76 Abs. 1 UmwG
[85] Vgl. § 65 Abs. 1, 2 UmwG
[86] § 2 Nr. 1 UmwG
[87] Vgl. § 3 Nr. 2 des Umwandlungsgesetzes vom 28. 10. 1994, BGBl. I, S. 3210. Vorher geregelt im Gesetz über die Kapitalerhöhung aus Gesellschaftsmitteln und über die Verschmelzung von Gesellschaften mit beschränkter Haftung vom 23. 12. 1959, BGBl I, S. 789

D. Die Wahl des Standorts als Entscheidungsproblem

I. Überblick über das Standortproblem

Die Wahl des Standorts ist eine der unternehmerischen Entscheidungen, die ebenso wie die oben behandelte Wahl der Rechtsform oder der Form des Unternehmenszusammenschlusses den Aufbau des Betriebes mitbestimmt. Sie ist eine **Entscheidung mit langfristiger Wirkung,** die unter Umständen – insbesondere bei Großbetrieben – nicht mehr revidiert werden kann. Wie bei allen seinen Entscheidungen, so muß der Unternehmer auch bei der Wahl des Standorts, die bei der Gründung oder Verlegung eines Betriebes oder bei der räumlichen Ausgliederung oder Angliederung von Betriebsstätten erfolgt, seine Entscheidung so treffen, daß er auf lange Sicht gesehen den größtmöglichen Gewinn erzielen kann. Da es sowohl Aufwendungen als auch Erträge gibt, die an verschiedenen Standorten unterschiedlich sind (z. B. Transportkosten, Arbeitslöhne, Grundstückspreise, Mieten, Steuerbelastung und Absatzmöglichkeiten, also Absatzmengen und Absatzpreise), kann das Gewinnmaximum nur erreicht werden, wenn der Betrieb den Standort wählt, an dem ceteris paribus die **Differenz zwischen standortbedingten Erträgen und standortabhängigen Aufwendungen die größtmögliche** ist. Bei der Ermittlung dieser Differenz ist nicht vom (erwarteten) Bruttogewinn des Betriebes, sondern vom (erwarteten) Nettogewinn auszugehen, der nach Abzug der Steuern verbleibt, da auch Steuern – wie z. B. die Gewerbesteuer – standortabhängig sein können, d. h. ein gegebener Bruttogewinn an verschiedenen Standorten einer unterschiedlichen Steuerbelastung unterworfen werden kann.

Bei der Überlegung, welcher Ort für einen Betrieb der optimale Standort ist, muß eine Vielzahl von Faktoren berücksichtigt werden, die miteinander in Konkurrenz stehen. Die Wahl des Standorts ist immer ein Problem des Abwägens von Kostenvorteilen und Absatzvorteilen. Die betriebswirtschaftliche und die volkswirtschaftliche Standorttheorie haben sich mit diesen sog. Standortfaktoren beschäftigt. Die Standorttheorie fand ihre erste systematische Darstellung in dem 1909 erschienenen Werk „Über den Standort der Industrien" von **Alfred Weber,** der auch den **Begriff des Standortfaktors** prägte.[1] Weber versteht unter einem Standortfaktor „einen seiner Art nach scharf abgegrenzten Vorteil, der für eine wirtschaftliche Tätigkeit dann eintritt, wenn sie sich an einem bestimmten Ort oder auch generell an Plätzen bestimmter Art vollzieht."[2]

Als Standortfaktoren eines Industriebetriebes sieht er nur die Höhe der **Arbeitskosten,** die Höhe der **Transportkosten** und die **Agglomeration** an. Örtliche Unterschiede in den Materialkosten führt er auf unterschiedliche

---

[1] Vgl. Weber, A., Über den Standort der Industrien, 1. Teil, Reine Theorie des Standorts, Tübingen 1909
[2] Weber, A., a. a. O., S. 16

Transportkosten zurück. Der Betrieb ist also nach Weber entweder arbeitsorientiert, dann nämlich, wenn die Ersparnis an Arbeitskosten am Ort der niedrigsten Löhne größer ist als die Ersparnis an Transportkosten am Ort der niedrigsten Materialpreise, oder er ist transportorientiert, wenn der Kostenvorteil bei den Transportkosten gegeben ist.

Weber berücksichtigt vor allem die **Kostenseite** des Standortproblems; er vernachlässigt dagegen die Absatzseite. Das liegt vermutlich zum Teil darin begründet, daß Weber sich mit dem Standort von Industriebetrieben und nicht von Einzelhandelsbetrieben beschäftigt hat. Beim Industriebetrieb wird aber die Absatzseite bereits mit dem Transportkostenproblem berücksichtigt, denn die Höhe des Nettoerlöses (= Umsatz abzüglich Transportkosten) richtet sich bei einheitlichen Ab-Werk-Preisen allein nach den Transportkosten. Der Industriebetrieb kann in der Regel durch die Standortwahl zwar die Kosten der Produktion und des Transports, nicht aber die Nachfrage nach seinen Produkten beeinflussen. Beim Handelsbetrieb dagegen wird der Absatz entscheidend vom Standort bestimmt (z. B. Standort in der Hauptgeschäftsstraße der City oder „auf der grünen Wiese").[3]

Die moderne Standorttheorie hat den Mangel der Vernachlässigung des Absatzproblems, der nicht nur bei Weber, sondern auch in späteren Untersuchungen über den Standort des Betriebes zu finden ist, beseitigt.[4]

Nicht alle Betriebe sind in der Wahl ihres Standorts frei. Für bestimmte Wirtschaftszweige ist der Standort **geographisch vorgegeben,** z. B. für den Bergbau, den Schiffsbau, für Wasserkraftwerke usw. Andere Betriebe wählen ihren Standort nicht ausschließlich nach wirtschaftlichen, sondern auch nach **persönlichen** Gesichtspunkten (z. B. aufgrund von Familientradition oder sonstigen persönlichen Präferenzen für einen Ort). Manche Betriebe bedürfen einer **Konzession** eines Hoheitsträgers (z. B. Spielbanken). Auch die zunehmenden gesetzlichen Vorschriften über den Umweltschutz, die insbesondere in Ballungsräumen, in denen die Luftverschmutzung bereits hohe Werte erreicht hat, zu umfangreichen zusätzlichen Investitionen zwingen, können die Attraktivität bestimmter Standorte erheblich reduzieren.

Für bereits bestehende Betriebe ergeben sich wirtschaftliche Restriktionen, wenn infolge veränderter wirtschaftlicher Verhältnisse ein anderer Standort optimal wäre, die Kosten der Verlegung des Betriebes aber höher sind als der am neuen Standort zu erwartende Zusatzgewinn. Hier ist die Folge häufig eine **Standortteilung,** d. h. eine Verlagerung eines Teils der wirtschaftlichen Aktivitäten auf andere Standorte. Industriebetriebe, die vor Jahrzehnten außerhalb einer Stadt gegründet wurden, sind inzwischen durch Ausdehnung der Städte in die Stadt „hineingewachsen", d. h. ggf. von Wohngebieten

---

[3] Zur Standortwahl im Handel vgl. Tietz, B., Die Standort- und Geschäftsflächenplanung im Einzelhandel. Ein Beitrag zur regionalen Handelsforschung, Rüschlikon-Zürich 1969; Tietz, B., Binnenhandelspolitik, München 1986, S. 436 ff.; Tietz, B., Der Handelsbetrieb, München 1985, S. 200 ff.

[4] Vgl. insbesondere: Behrens, K. Chr., Allgemeine Standortbestimmungslehre, 2. Aufl., Köln und Opladen 1971. Behrens unterscheidet zwischen Orientierung nach dem Gütereinsatz (Beschaffung und Transformation) und nach dem Absatz (Absatzpotential und Absatzkontakte).

umgeben. Sie haben keine Möglichkeit zur räumlichen Ausdehnung mehr, außerdem müssen sie in zunehmendem Maße höhere Kosten durch eine Verschlechterung ihrer Transportsituation oder durch zusätzliche Umweltschutzmaßnahmen, die außerhalb von Wohngebieten nicht erforderlich wären, hinnehmen. Auch die im Inland im Vergleich zu ausländischen Staaten höheren Lohnkosten können eine Standortteilung im Wege der Verlagerung bestimmter – insbesondere arbeitsintensiver Produktionen – ins Ausland auslösen.[5]

Die einzelnen Faktoren, die die Wahl des Standortes beeinflussen, können miteinander in Konkurrenz stehen. So sind z. B. an einer Stelle besonders günstige Arbeitskosten (niedrige Löhne), dafür aber schlechte Verkehrsbedingungen und somit hohe Transportkosten für Rohstoffe und Fertigfabrikate gegeben; oder die Absatzmöglichkeiten sind an einem Ort ungünstig, während andererseits die Transportkosten für das Material besonders niedrig sind. Die Konkurrenz der Standortfaktoren veranlaßt den Betrieb, die Produktions- und Vertriebskosten an verschiedenen zur Wahl stehenden Standorten zu schätzen. Der günstigste Standort ist dann der, der den größtmöglichen Gewinn, also die bestmögliche Verzinsung des eingesetzten Kapitals ermöglicht.

Für Betriebe, deren Standortwahl weder geographischen noch rechtlichen noch wirtschaftlichen noch persönlichen Beschränkungen unterliegt, stellt sich die Frage nach dem optimalen Standort meist **in vierfacher Form.** Zunächst muß vor allem im Hinblick auf steuerliche Unterschiede bzw. auf die Höhe der Lohnkosten die Entscheidung getroffen werden, ob der Betrieb bzw. eine Betriebsstätte im Inland oder im Ausland gegründet werden soll **(nationale bzw. internationale Standortwahl).** Danach ist die Frage zu beantworten, in welcher Region innerhalb der Volkswirtschaft der Betrieb errichtet werden soll **(interlokale Standortwahl).** Ist das geklärt, hat man sich also z. B. für eine bestimmte Stadt entschieden, so ergibt sich die Frage nach dem günstigsten Standort innerhalb der Stadt **(lokale Standortwahl).** Schließlich tritt das Problem des Standortes noch einmal innerhalb des Betriebes bei der Anordnung der einzelnen Betriebsabteilungen auf **(innerbetriebliche Standortwahl).**

Die Fragen des innerbetrieblichen Standortes sollen hier nicht weiter verfolgt werden. Sie sind eine Angelegenheit der speziellen Betriebswirtschaftslehren. Im Industriebetrieb ist das innerbetriebliche Standortproblem vor allem ein Problem des Produktionsablaufs und damit der innerbetrieblichen Transportkosten. Die Anordnung der einzelnen Abteilungen muß so erfolgen, daß c. p. die Transportkosten auf ein Minimum herabgedrückt werden, da vermeidbare innerbetriebliche Transportleistungen völlig unproduktiv sind. Im Warenhaus ist die Anordnung der einzelnen Abteilungen teils ein Verkehrsproblem (man wird die Abteilungen, die am stärksten besucht werden, in das Erdgeschoß legen, um den Käuferstrom nicht durch das ganze

---

[5] Vgl. Olbert, G., Der Standortentscheidungsprozeß in der industriellen Unternehmung, Dissertation, Würzburg 1976, S. 3

Haus lenken zu müssen), teils ein Absatz- und Werbeproblem (man wird auf dem Wege zu den am häufigsten nachgefragten Waren weniger gängige oder noch nicht eingeführte Artikel anbieten).

II. Entscheidungskriterien bei der Standortwahl

1. Die nationale Standortwahl

a) Materialorientierung (Rohstofforientierung)

Von Materialorientierung (Rohstofforientierung) spricht man dann, wenn sich der Standort nach den billigsten **Transportkosten** für die Beschaffung der für die Produktion erforderlichen Roh-, Hilfs- und Betriebsstoffe richtet. Den Transportkosten kommt eine besondere Bedeutung zu, wenn zur Produktion mehr Rohstoffe benötigt werden, als im Endprodukt enthalten sind. Man bezeichnet solche Stoffe als **Gewichtsverlustmaterial,** im Gegensatz zum **Reingewichtsmaterial,** das zu 100% in das Endprodukt eingeht (z.B. Edelmetalle in der Schmuckwarenindustrie). Allerdings dürfen auch beim Reingewichtsmaterial die Transportkosten nicht ganz außer acht gelassen werden, da z.B. die Tarife der Bundesbahn für den Transport von Massengütern niedriger als für den Transport von hochwertigen Fertigfabrikaten sind. Verarbeitet eine Maschinenfabrik Stahl ohne nennenswerten Gewichtsverlust am Ort des Stahlwerkes, so werden die **Transporttarife** für eine produzierte Maschine zum Absatzort höher sein als die Tarife für den Transport der gleichen Gewichtsmenge von unverarbeitetem Stahl zum Absatzort, wenn die Maschinenfabrik sich an diesem Ort befindet.

Die Kohle ist z.B. ein 100%iges Gewichtsverlustmaterial, beim Eisenerz ist der prozentuale Gewichtsverlust je nach der Qualität der Erze unterschiedlich. Deshalb wird in der Regel, wenn Kohle und Erz nicht im gleichen Raum vorkommen, das Erz zur Kohle transportiert; so werden z.B. schwedische Eisenerze, die sehr hochwertig sind, zur Verhüttung ins Ruhrgebiet und lothringische Eisenerze ins Saarland gebracht.

Die Orientierung nach dem Fundort der Stoffe, insbesondere der Kohle, der vor der Entdeckung der Elektrizität eine noch größere Bedeutung als heute zukam, hat zur Bildung großer Industriegebiete geführt. Auf relativ engem Raum erfolgte sowohl eine Zusammenballung von Betrieben des gleichen Wirtschaftszweiges, also eine horizontale Konzentration, als auch eine Vertikalgliederung als Folge der Materialorientierung; so orientiert sich die Roheisengewinnung nach der Kohle, das Walzwerk nach dem Hüttenwerk, die Maschinenfabrik nach dem Walzwerk usw. Typische Beispiele sind das Ruhrgebiet, das saarländische, oberschlesische, sächsische, mittelenglische, lothringische und belgische Industriegebiet.

Die Folge dieser Konzentration von Schwerindustrie und der dadurch bedingten großen Bevölkerungsdichte in diesen Gebieten ist, daß andere Wirtschaftszweige, die absatzorientiert oder arbeitsorientiert sind, sich ebenfalls in den betreffenden Räumen ansiedeln, so z.B. die Zulieferindustrien der materialorientierten Wirtschaftszweige, die absatzorientierte Konsumgüterindustrie usw.

Die relativ einseitige Inanspruchnahme des Arbeitsangebots durch die Schwerindustrie führte in den Industrierevieren zu einem Überangebot an billigeren weiblichen Arbeitskräften, die insbesondere die Textilindustrie anlockte. Beispiele dafür sind vor allem Mittelengland (Manchester), das Rheinland, das sächsische Industriegebiet um Chemnitz und Zwickau u. a. Die Konzentration von Betrieben auf engem Raum hat ein besonders hochentwickeltes Verkehrsnetz zur Folge; die günstigen Verkehrsbedingungen locken wiederum andere Betriebe an, so daß die **Agglomeration** sich immer mehr verstärkt.

Die Agglomerationstendenz kann sich in Zeiten eines starken Mangels an Arbeitskräften in den Ballungszentren abschwächen. Insbesondere arbeitsintensive Wirtschaftszweige sind in zunehmendem Maße gezwungen, sich in Gebieten niederzulassen, wo die Industrialisierung bisher wenig fortgeschritten ist.

b) Arbeitsorientierung

Für arbeitsintensive Betriebe spielt der Faktor Arbeitskosten eine entscheidende Rolle. Während früher die Frage der Arbeitsorientierung allein ein Problem der Orientierung **nach den niedrigsten Löhnen** war, ist sie heute in zunehmendem Maße auch ein Problem der Orientierung nach Orten, wo überhaupt noch qualifizierte Arbeitskräfte zur Verfügung stehen.

Da seit der Entdeckung der Elektrizität und der Erfindung des Elektromotors eine Orientierung zum Antriebsstoff Kohle nicht mehr erforderlich ist, bestand bei arbeitsintensiven Betrieben die Tendenz, Standorte in kleinen Gemeinden zu suchen, solange hier die **Tariflöhne der niedrigsten Ortsklasse** gezahlt wurden, also für den Betrieb ein Kostenvorteil bei dem Produktionsfaktor eintrat, der am stärksten ins Gewicht fällt (z. B. optische Industrie, Textilindustrie, Spielwaren- und Musikinstrumentenindustrie). Entscheidend ist, daß der Vorteil der geringeren Arbeitskosten nicht durch erhöhte Transportkosten des Materials kompensiert wird. Dem arbeitsintensiven Großbetrieb können bei der Wahl kleinerer Orte zusätzliche Kosten für die Herbeiholung der Arbeitskräfte aus einem größeren Umkreis entstehen.

Arbeitskräftemangel hat zur Folge, daß die tatsächlichen Löhne zum Teil erheblich **über den Tariflöhnen** liegen können. Außerdem ist eine Differenzierung der Löhne nach Gemeindegrößenklassen durch Aufhebung bzw. Vereinheitlichung der Ortsklassen in den Tarifverträgen bereits in weitem Umfange beseitigt worden.

Arbeitermangel in Industriegebieten kann unter Umständen zur Arbeitsorientierung zwingen. So sind in den Jahren der Hochkonjunktur Betriebserweiterungen am bisherigen Standort oft aus Mangel an Arbeitskräften gescheitert, und die Betriebe wurden gezwungen, obwohl sie ihrem Wesen nach gar keine arbeitsorientierten Standorte haben, Zweigniederlassungen an Orten zu errichten, die die nötigen Arbeitskräfte zur Verfügung stellen konnten. Dabei entstehen nicht nur keine Arbeitskostenvorteile, sondern müssen häufig noch andere Standortnachteile (z. B. höhere Transportkosten) hingenommen werden.

Da Arbeitskraftreserven oft nur in relativ kleinen Orten in wenig erschlossenen Gebieten anzutreffen sind, entsteht für die Betriebe bei Gründung von Zweigwerken ein weiteres Problem mit dem Faktor Arbeit: die Schwierigkeit, qualifizierte Führungskräfte zu veranlassen, in Orten ihren Arbeitsplatz und Wohnsitz zu nehmen, die im Hinblick auf das Angebot komfortabler Wohnungen, von kulturellen Leistungen, Schulen, Sportanlagen u. a. mit größeren Orten nicht konkurrieren können. Der geringe „Freizeitwert" derartiger Standorte muß unter Umständen durch erheblich höhere Gehälter oder Zulagen kompensiert werden, damit überhaupt Führungskräfte gewonnen werden können.

Nicht immer sind nur die niedrigen Löhne Ursache der Arbeitsorientierung gewesen, sondern teilweise auch das räumlich konzentrierte **Angebot von Spezialarbeitskräften**. Bestimmte handwerkliche Fertigkeiten finden sich in einzelnen Gebieten und werden seit Generationen weitervererbt, z. B. Glasbläserei im Thüringer Wald; hier ist sogar eine weitere Spezialisierung in einzelnen Orten zu beobachten, z. B. auf Christbaumschmuck, auf Herstellung von Thermometern oder von Glasspielwaren. Andere Beispiele sind die Schmuckherstellung im Raum von Pforzheim und im Raum von Gablonz bzw. nach der Vertreibung der Deutschen aus diesem Gebiet im Raum von Kaufbeuren, die Lederwarenherstellung in Offenbach, die Schuhproduktion im Raum von Pirmasens.

c) Abgabenorientierung

Es ist relativ leicht einzusehen, daß es auf Grund der Verschiedenheit der Steuersysteme der einzelnen Staaten, die eine Folge der unterschiedlichen wirtschaftlichen und staatspolitischen Entwicklung ist, ein steuerliches Standortgefälle im internationalen Bereich gibt. Weniger wahrscheinlich erscheint es auf den ersten Blick, daß ein solches Gefälle im nationalen Bereich möglich ist, da hier nach dem Grundsatz der Gleichmäßigkeit der Besteuerung die Steuergesetze theoretisch an jedem Ort des Staates gleichmäßig zur Anwendung gelangen müßten.

Wenn aber auch im nationalen Bereich die Besteuerung einen Einfluß auf die Wahl des Standortes erlangen kann, so ist das ein Zeichen dafür, daß entweder der Staat mit Hilfe der Steuerpolitik eine bestimmte **Standortpolitik** betreiben will, d. h. daß er durch räumlich begrenzte Steuervorteile die Ansiedlung von Betrieben in den begünstigten Gebieten fördern oder die Abwanderung aus diesen Gebieten verhindern will, oder daß es dem Steuergesetzgeber nicht gelungen ist bzw. auf Grund der Verfassung nicht gelingen kann, die Steuergesetze so zu gestalten, daß sie dem **Prinzip der Gleichmäßigkeit der Besteuerung** entsprechen und innerhalb des Staatsgebietes ein Steuergefälle verhindert wird, durch das bestimmte Standorte steuerlich begünstigt, andere relativ benachteiligt werden. Das kann z. B. der Fall sein, wenn eine steuerliche Gesetzesnorm zwar für das gesamte Bundesgebiet einheitlich gilt, die Finanzhoheit und Verwaltung der Steuern aber auf Bund, Länder und Gemeinden aufgeteilt sind und beispielsweise die Länder von der Möglichkeit von Ermessensentscheidungen bei der Ermittlung der Steuerbemessungsgrundlagen unterschiedlich Gebrauch machen, oder aber, wenn – wie z. B. bei den Realsteuern – die Gemeinden das Recht haben, nach ihrem Finanzbedarf **Hebesätze** für die bundeseinheitlich geregelten Gemeindesteuern festzusetzen. Das Steuergefälle zwischen verschiedenen Standorten ist dann nicht eine Folge gezielter steuerpolitischer Maßnahmen, sondern eine Folge des Steuersystems.

Es lassen sich also **drei Gruppen** von standortbedingten Steuerdifferenzierungen in der Bundesrepublik Deutschland unterscheiden:[6]

(1) Steuerdifferenzierungen, die durch das Steuersystem bedingt sind;

(2) Steuerdifferenzierungen infolge dezentraler Finanzverwaltung;

(3) Steuerdifferenzierungen, die durch die Steuerpolitik geschaffen werden.

Ein typisches Beispiel für die erste Gruppe sind die **Realsteuern** (Gewerbesteuer, Grundsteuer), die überwiegend den Gemeinden zufließen und die wichtigsten Quellen zur Deckung ihrer Ausgaben bilden. Die Realsteuern sind zwar für das gesamte Bundesgebiet einheitlich im GewStG und GrStG geregelt, jedoch haben nach § 16 GewStG und § 21 GrStG die Gemeinden das Recht, die **Hebesätze der Realsteuern** entsprechend ihrem Finanzbedarf (unter Beachtung einer Obergrenze) jährlich neu zu bestimmen. Auf diese Weise können von Gemeinde zu Gemeinde[7] erhebliche Unterschiede in der Realsteuerbelastung der Betriebe entstehen.

Nach § 6 GewStG sind die Besteuerungsgrundlagen, nach denen die Gewerbesteuer[8] errechnet wird, der Gewerbeertrag und das Gewerbekapital.

Unter dem **Gewerbeertrag** ist gem. § 7 GewStG der nach den Bestimmungen des Einkommen- oder Körperschaftsteuergesetzes zu ermittelnde Gewinn aus Gewerbebetieb zu verstehen, vermehrt um „Hinzurechnungen"[9] und vermindert um „Kürzungen"[10]. Die Gewerbesteuer ist bei der Ermittlung des Gewerbeertrages abzugsfähige Betriebsausgabe. Zur Berechnung der Gewerbeertragsteuer ist von einem **Steuermeßbetrag** auszugehen, der sich durch Anwendung eines bundeseinheitlichen Prozentsatzes **(Steuermeßzahl**[11]**)** auf den Gewerbeertrag ergibt. Diesem Betrag wird der Steuer-

---

[6] Vgl. Wöhe, G., Bieg, H., Grundzüge der Betriebswirtschaftlichen Steuerlehre, 4. Aufl., München 1995, S. 158 ff.

[7] Nach § 1 GewStG sind die Gemeinden berechtigt, eine Gewerbesteuer zu erheben. Eine Verpflichtung dazu besteht nicht. Im Jahre 1990 verzichteten von den 8.503 Gemeinden der Bundesrepublik Deutschland allerdings lediglich 17 auf die Erhebung der Gewerbesteuer.

[8] Vgl. zur Gewerbesteuer ausführlich: Wöhe, G., Betriebswirtschaftliche Steuerlehre, Bd. I, 1. Halbbd., 6. Aufl., München 1988, S. 300 ff.

[9] Vgl. § 8 GewStG

[10] Vgl. § 9 GewStG

[11] Die Steuermeßzahl beträgt 5 v. H. des Gewerbeertrages. Bei Einzelunternehmen und Personengesellschaften ist der Gewerbeertrag um einen Freibetrag von 48.000 DM zu kürzen, außerdem steigt die Meßzahl von 1% bis 5% in Sprüngen von je 24.000 DM, d. h. die Meßzahl von 5% wird bei Personenunternehmen erst bei Gewerbeerträgen von mehr als 96.000 DM angewendet (vgl. § 11 GewStG).

meßbetrag für das **Gewerbekapital** hinzugerechnet. Er errechnet sich aus dem Einheitswert des Betriebsvermögens, vermehrt um „Hinzurechnungen"[12] und vermindert um „Kürzungen"[13], multipliziert mit der Steuermeßzahl für das Gewerbekapital.[14] Aus dem so ermittelten einheitlichen Steuermeßbetrag ergibt sich durch Anwendung eines Hebesatzes, dessen Höhe im Ermessen der hebeberechtigten Gemeinde liegt, die Gewerbesteuerschuld.

Der gewogene **Durchschnittshebesatz** der Gewerbesteuer vom Ertrag und Kapital betrug im Jahre 1992 370%. 78,0% der Gemeinden konzentrierten sich auf den Hebesatzbereich zwischen 251 und 350%. Nur 9 Gemeinden verwendeten einen Hebesatz von über 450%. Die stärksten Abweichungen vom Durchschnittshebesatz des gesamten Bundesgebietes zeigten das Saarland mit einem Durchschnittsteuersatz von 419% sowie Hamburg und Bremen mit einem Durchschnittshebesatz von 415% sowie Berlin (West) mit 300%.[15]

Die dargestellten Belastungsunterschiede von Gemeinde zu Gemeinde machen den Einfluß deutlich, den die Hebesätze der Gewerbesteuer auf die Standortwahl haben. Das gilt nicht nur für die Standortplanung bei Neugründungen, sondern auch bei der Errichtung neuer Betriebsstätten bereits bestehender Unternehmen. Die sog. **Zerlegung**[16] der Gewerbesteuer auf alle Gemeinden, in denen ein Unternehmen Betriebsstätten unterhält, hat zwar eine bremsende Wirkung auf die Verlegung der Geschäftsleitungen in Orte mit niedrigen Hebesätzen, denn die Zerlegung verhindert, daß der gesamte Gewerbeertrag am Ort der Geschäftsleitung besteuert wird; er ist auf alle beteiligten Gemeinden aufzuteilen. Dennoch hat das Unternehmen auch im Rahmen der Zerlegung noch genügend Möglichkeiten, standortbedingte Steuervorteile zu erzielen. Es wird vor allem die arbeitsintensiven Teile des Betriebsprozesses in Gemeinden durchführen, die besonders niedrige Hebesätze haben, weil als Verteilungsmaßstab **(Zerlegungsschlüssel)** für die meisten Betriebe (grundsätzlich für alle Industriebetriebe) das Verhältnis der gesamten Lohnsumme des Unternehmens zur anteiligen Lohnsumme der Betriebsstätten angewendet wird.[17]

Die zweite Gruppe von standortbedingten Steuerdifferenzierungen verdankt ihre Entstehung der Tatsache, daß die Finanzverwaltungen der Länder bei der Auslegung der Steuergesetze die vom Gesetzgeber eingeräumten **Ermessensspielräume** unterschiedlich anwenden. Das trifft insbesondere bei der Anerkennung von Abschreibungssätzen, bei der Abgrenzung zwischen Betriebsausgaben und Privatentnahmen, bei den Anforderungen an die Ordnungsmäßigkeit der Buchführung und bei der Gewährung von Steuererlaß nach § 227 AO und Steuerstundung nach § 222 AO zu. Dabei ist zu beob-

---

[12] Vgl. § 12 Abs. 2 GewStG
[13] Vgl. § 12 Abs. 3 GewStG
[14] Die Steuermeßzahl beträgt 2 v. T. des Gewerbekapitals, das bei allen Gewerbebetrieben um einen Freibetrag von 120.000 DM zu kürzen ist (vgl. § 13 GewStG).
[15] Vgl. Realsteuervergleich 1992, Fachserie 14, Reihe 10.1, hrsg. vom Statistischen Bundesamt, Wiesbaden 1994, S. 72–83
[16] Vgl. §§ 28 ff. GewStG
[17] Vgl. § 29 Abs. 1 GewStG

achten, daß in der Regel die finanzstarken Länder, die im Rahmen des Finanzausgleichs Zahlungen an finanzschwache Länder zu leisten haben, viel großzügiger gegenüber dem Steuerpflichtigen sind.

Als Beispiele für die dritte Gruppe seien die **Steuervergünstigungen für Berlin (West)** und das ehemalige Zonenrandgebiet genannt, die nach der Wiedervereinigung Deutschlands nicht sofort aufgehoben werden konnten, sondern über einen längeren Zeitraum allmählich abzubauen sind. Die sofortige Aufhebung der Steuerpräferenzen würde insbesondere im Bereich der Produktionsbetriebe zu Zusammenbrüchen oder Schrumpfungsprozessen führen, weil – und das war eine Aufgabe der Förderungsmaßnahmen – bei der Gründung von Betriebsstätten in Berlin die Steuerpräferenzen Bestandteil der Investitionsüberlegungen waren. Hier sind also Übergangsregelungen unerläßlich. Sie sollten aber im Interesse der Gleichmäßigkeit der Besteuerung nicht wieder nach dem Gießkannenprinzip erfolgen, sondern wie bei den steuerlichen Maßnahmen zur Zonenrandförderung an den Nachweis von Standortnachteilen gebunden werden. Die im Berlinförderungsgesetz normierten Berliner Steuerpräferenzen bestehen vor allem in Vergünstigungen bei der Einkommen-, Körperschaft- und Umsatzsteuer. Wohl in keinem anderen Fall hat sich der Einfluß der Besteuerung auf die Entscheidung über den Standort so deutlich gezeigt wie bei den Berliner Steuerpräferenzen, durch die nicht nur eine Abwanderung von Betrieben aus Berlin verhindert wurde, sondern zeitweilig sogar eine Zuwanderung von Zweigbetrieben aus dem Bundesgebiet eingetreten ist. Allerdings war der Umfang der Steuervergünstigungen aus politischen Gründen auch so außergewöhnlich hoch, daß er viele konkurrierende wirtschaftliche (und politische) Standortfaktoren bei weitem übertraf.

d) Verkehrs- und Energieorientierung

Bestimmte Betriebe sind verkehrsorientiert und bevorzugen die großen Umschlagplätze (Hafenstädte), daneben auch Verkehrsknotenpunkte oder Umladeplätze vom Land- zum Binnenschiffsverkehr. Hierher gehören z. B. die Ölgesellschaften, der Baumwollhandel, die Kaffeeröstereien und Kaffee- und Tabakwarenversandgeschäfte, der Getreidehandel u. a. Die Verkehrsorientierung ergibt sich aus dem Streben nach Minimierung der Transportkosten und der Notwendigkeit des Übergangs auf ein anderes Transportmittel. Verkehrsbetriebe sind nicht verkehrsorientiert, sondern absatzorientiert: sie wählen die Standorte, an denen die größte Nachfrage nach Verkehrsleistungen besteht.

Im Gegensatz zur Verkehrsorientierung hat die Energieorientierung heute weitgehend an Bedeutung verloren, da Wasser und Kohle als Energieträger hinter die standortunabhängige Elektrizitätsversorgung zurückgetreten sind. Ausnahmen gibt es im Bereich energieintensiver Unternehmen (z. B. der Aluminiumverarbeitung) und solcher Großunternehmen, die eigene Kraftwerke unterhalten.

e) Umweltorientierung

Die zunehmende Beachtung des Umweltschutzes durch den Gesetzgeber hat in den letzten Jahren dazu geführt, daß bestimmte Standorte – z. B. in unmittelbarer Nähe von Wohngebieten oder in Landschaftsschutzgebieten – entweder überhaupt nicht mehr zur Verfügung stehen oder erhebliche zusätzliche Kosten aufgrund behördlicher Auflagen verursachen. Diese Auflagen können sich sowohl auf die äußere Gestaltung von Bauwerken und Anlagen als auch auf die Installation besonderer Vorrichtungen beziehen, mit denen die Verunreinigung von Luft und Gewässern oder die Lärmbelästigung von Wohngebieten vermieden oder reduziert werden soll.[18]

Die Erfahrungen der letzten Jahre zeigen, daß manche Betriebe neben gesetzlichen Vorschriften und behördlichen Auflagen bei der Standortwahl auch die öffentliche Meinung in Rechnung stellen müssen, die z. B. in Bürgerinitiativen ihren Ausdruck finden kann. So wird es z. B. immer schwieriger, Standorte für Betriebe zu finden, die für die Umwelt mit besonderen Risiken verbunden sein können, wie z. B. Atomkraftwerke.

Da die Kosten für den Umweltschutz nicht an allen Standorten gleich hoch sind, können sie einen erheblichen Einfluß auf die Standortentscheidung bekommen. So kann z. B. ein Standort in einer dichtbesiedelten Region Vorteile bei der Beschaffung von Arbeitskräften oder im Hinblick auf die Transportkosten oder die Absatzmöglichkeiten bieten. Diese Vorteile können aber durch die Kosten für Umweltschutzmaßnahmen überkompensiert werden, die in diesem Gebiet höher als in einem weniger dicht besiedelten Gebiet sein können.

f) Absatzorientierung

Nach den optimalen Absatzmöglichkeiten orientieren sich vor allem der Groß- und Einzelhandel und bestimmte Wirtschaftszweige, die einen engen Kontakt mit den Absatzgebieten haben müssen, da ihre Absatzmöglichkeiten relativ eng begrenzt sind, z. B. Nahrungsmittelbetriebe, Brauereien, Baugewerbe u. a.

Hat ein Betrieb nach Abwägung aller zu beachtenden Faktoren die Auswahl des Standortes innerhalb der Volkswirtschaft getroffen und sich für einen Ort entschieden, so stellt sich für ihn das lokale Standortproblem, denn bei der Wahl der zur Verfügung stehenden räumlichen Möglichkeiten innerhalb der Stadt tauchen neue Probleme auf: Grundstückskosten bzw. Ladenmiete, Ausdehnungsmöglichkeiten, Verkehrsverhältnisse (z. B. Gleisanschluß), Vorschriften des Umweltschutzes (Abwässer, Abgase, Lärm) und baurechtliche Vorschriften (Flächenbegrenzung für Großbetriebe des Einzelhandels). Während Industriebetriebe allein schon auf Grund der benötigten Fläche sich in der Regel am Rande der Stadt ansiedeln, sind die Bedingungen bei Handelsbetrieben in Abhängigkeit von der Betriebsgröße und den ange-

---

[18] Vgl. Bundes-Immissionsschutzgesetz vom 15. 3. 1974, BGBl I, S. 721

botenen Produkten andere; ein heute vielfach entscheidender Faktor für die lokale Ansiedlung sind die Höhe der Mieten und die Größe der benötigten Geschäftsflächen in den Innenstädten, sowie die Verkehrs- und Parksituation in diesen Bereichen.

Die Art der angebotenen Waren ist für die Standortwahl im Einzelhandel von besonderer Bedeutung. Man unterscheidet zwischen Geschäften, die Waren des täglichen Bedarfs (z. B. Lebensmittel), und Geschäften, die Waren des periodisch (Kleidung) oder aperiodisch (Möbel) wiederkehrenden Bedarfs anbieten.

Während erstere früher relativ gleichmäßig über die ganze Stadt verteilt waren und sich ihr Absatz auf ein kleines Gebiet beschränkte, hat die Konzentration und die zunehmende Konkurrenz im Handel vielfach zur Verdrängung von kleinen Einzelhandelsbetrieben geführt; dazu hat insbesondere die Errichtung von Verbrauchermärkten außerhalb der Stadtzentren – in verkehrs- und mietkostengünstigen Lagen – beigetragen. Diese bieten neben den auf Grund ihrer hohen Umsätze niedrig kalkulierten Preisen den Vorteil, dem Kunden durch ihr breites Sortiment lange Einkaufswege zu ersparen.

Einzelhandelsbetriebe, die einen nur in größeren Abständen wiederkehrenden Bedarf decken, wählen den Standort nach anderen Gesichtspunkten aus. Sie müssen sich der Konkurrenz stellen, da der Konsument bei Anschaffung derartiger Waren verstärkt Qualitäts- und Preisvergleiche anstellt. Daher wählen sie Hauptgeschäftsstraßen zum Standort, auch wenn sie ein Vielfaches an Ladenmiete oder für das Grundstück gegenüber anderen Lagen bezahlen müssen. Liegen sie sehr weit abseits, so werden sie, wenn sie nicht durch besondere Preisvorteile oder besonders intensive Werbung (erhöhte Kosten!) ihren Standortnachteil ausgleichen, kaum beachtet und werden nur einen geringen Absatz haben. Der Konkurrenzkampf wird in den Hauptgeschäftsstraßen besonders scharf geführt; das hat eine Verdrängung der weniger leistungsfähigen Betriebe in ungünstigere Lagen mit geringeren Raumkosten bzw. eine Verdrängung vom Erdgeschoß in höhere Etagen zur Folge.

Da ein bestimmter Standort Vorteile und Nachteile hat, versuchen große Betriebe, den Nachteilen dadurch auszuweichen, daß sie eine **Dezentralisierung** durchführen, indem sie z. B. die Produktion oder die Lagerhaltung einerseits und den Vertrieb andererseits räumlich trennen. Manche Betriebe bilden auch Produktionsfilialen, die entweder gleichartig, also horizontal gegliedert sind, wobei sowohl absatzpolitische Überlegungen als auch besonders günstige Arbeitskosten ausschlaggebend sein können, oder auch vertikal aufgeteilt werden können, indem verschiedene Produktionsstufen nach dem bei ihnen vorherrschenden Standortfaktor gelegt werden. Große Einzelhandelsbetriebe haben in der Hauptgeschäftsstraße häufig nur ihren Verkaufsladen, das Lager und die Verwaltung dagegen in Nebenstraßen oder am Stadtrand, wo die Raumkosten geringer sind.

2. Die internationale Standortwahl

a) Wirtschaftliche Gründe für die internationale Standortwahl

Die Internationalisierung der Wirtschaft hat dazu geführt, daß heute nicht nur multinationale Konzerne, sondern auch mittelständische Unternehmen ihre wirtschaftlichen Aktivitäten über mehrere Länder verteilen. Grundsätzlich besteht für diese Unternehmen die Möglichkeit, entweder im Inland hergestellte Produkte zu exportieren oder sich in den entsprechenden Märkten mit Direktinvestitionen zu engagieren. Der Begriff der **Direktinvestition** beinhaltet dabei im einzelnen insbesondere folgende Tatbestände:
- die Gründung oder den Erwerb von Unternehmen im Ausland;
- die Errichtung oder den Erwerb von Zweigniederlassungen im Ausland;
- die Errichtung oder den Erwerb von Betriebsstätten im Ausland sowie
- den Erwerb von Beteiligungen an Unternehmen im Ausland.[19]

Die Wahl für einen internationalen Standort ist durch die großen Fortschritte, die im Bereich des Transportwesens, der Informationsübermittlung und Datenspeicherung in den letzten Jahrzehnten gemacht wurden, wesentlich erleichtert worden.[20] Seit etwa Mitte der sechziger Jahre entscheiden sich immer mehr Unternehmen, bei internationaler wirtschaftlicher Aktivität internationale Standorte den nationalen vorzuziehen.[21] Das läßt sich auf eine Reihe von Gründen zurückführen.

Der zunehmende Exportanteil an der Gesamtproduktion deutscher Unternehmen führte in den fünfziger Jahren vorwiegend zur Errichtung von **Verkaufsniederlassungen und Kundendienststationen** im Ausland. Solchen Niederlassungen folgte bei weiter wachsendem Exportanteil der inländischen Produktion dann fast zwangsläufig der **Bau oder der Erwerb ausländischer Produktionsstätten,** deren Produkte bei wachsendem ausländischem Markt den Export ergänzten bzw. ganz ersetzten. Diese Tendenz zur Wahl internationaler Standorte wird noch dadurch verstärkt, daß einzelne Länder aus beschäftigungs-, zahlungsbilanz-, währungspolitischen und anderen Gründen eine Produktion im Inland dem Import von Waren vorziehen und deshalb die Errichtung von Produktionsstätten ausländischer Unternehmen im Inland durch Investitions- und Steueranreize fördern.

Die Ursachen für das im Vergleich zum umgekehrten Fall steigende Engagement deutscher Unternehmen im Ausland in Form von Direktinvestitio-

---

[19] Als typisches Merkmal der Direktinvestition wird die Absicht einer dauerhaften unternehmerischen Aktivität im Ausland angesehen, im Gegensatz zur Portofolioinvestition, die den Tatbestand einer meist kurzfristigen, unter primär renditeabhängigen Entscheidungskriterien vorgenommenen Geldkapitalanlage im Ausland bezeichnet. Vgl. zu dieser Abgrenzung: Seifert, H., Die deutschen Direktinvestitionen im Ausland, Köln und Opladen 1967, S. 25 ff.
[20] Vgl. dazu: Bayer, W. F., Die multinationalen Unternehmen und die Industriestaaten, in: Aktuelle Fragen multinationaler Unternehmen, ZfbF, Sonderheft 4, Opladen 1975, S. 16
[21] Vgl. Umschwung in der Bilanz der Direktinvestitionen, in: Monatsberichte der Deutschen Bundesbank, 30. Jg. 1978, Nr. 10, S. 31 ff.

nen[22] werden allerdings nicht in den im Ausland vorteilhaften Rahmenbedingungen allein gesehen, „wenngleich die relativ hohe Steuerbelastung der deutschen Unternehmen sowie die hohen deutschen Löhne und Lohnnebenkosten und die steigenden Lasten für den Umweltschutz dazu geführt haben dürften, daß bei dem einen oder anderen neuen Investitionsobjekt die Bundesrepublik Deutschland als Standort gegenüber dem Ausland ins Hintertreffen kam. Ausschlaggebend dürfte letztendlich sein, daß eine ganze Reihe deutscher Konzerne inzwischen in Unternehmensgrößen hineingewachsen ist, für die sich nur noch im internationalen Geschäft größere Ausdehnungsmöglichkeiten finden lassen. Im internationalen Wettbewerb sind höhere Anteile an der Weltproduktion und am Welthandel oftmals nur dann zu erringen, wenn eigene Produktionsstätten, Vertriebsgesellschaften und Dienstleistungsbetriebe direkt auf den ausländischen Märkten errichtet werden und damit auch etwaigen protektionistischen Tendenzen begegnet werden kann."[23]

In den letzten Jahren hat sich die Kapitalverflechtung der deutschen Wirtschaft erheblich intensiviert. Die deutschen Direktinvestitionen erreichten Ende 1989 bereits 185 Mrd. DM (1985 131 Mrd. DM). Nach Auffassung der Deutschen Bundesbank war eine „wesentliche Ursache für die starke, in diesem Umfang früher noch nicht beobachtete Expansion ... zweifellos die gute Wirtschaftslage in den großen Industrieländern, in denen sich deutsche Investoren bevorzugt ansiedeln. Daneben war aber auch die bevorstehende Verwirklichung des Gemeinsamen Europäischen Binnenmarktes eine wichtige Triebfeder für diese Entwicklung."[24]

b) Zwischenstaatliches Steuergefälle als Standortfaktor

aa) Steuergefälle im Rahmen von Doppelbesteuerungsabkommen und anderen Maßnahmen zur Vermeidung der internationalen Doppelbesteuerung

Die Steuersysteme der einzelnen Staaten weisen Unterschiede auf, auch wenn eine Anzahl von Steuern, wie beispielsweise die Einkommensteuer, die Körperschaftsteuer, die Vermögensteuer, die Umsatzsteuer und gewisse spezielle Verbrauchsteuern, in den meisten modernen Staaten erhoben werden. Diese Verschiedenheiten ergeben sich aus der unterschiedlichen historischen Entwicklung der nationalen Steuersysteme, die eine Folge einer unterschiedlichen wirtschaftlichen und staatspolitischen Entwicklung ist. Infolge-

---

[22] In den Statistiken und Berichten der Deutschen Bundesbank werden als Direktinvestionen nur solche Kapitalanlagen erfaßt, die mit einem unmittelbaren Einfluß auf die Geschäftstätigkeit des kapitalnehmenden Unternehmens verbunden sind. Vgl. Umschwung in der Bilanz der Direktinvestionen, a. a. O., S. 31, FN. 1

[23] Die Entwicklung der Kapitalverflechtung der Unternehmen mit dem Ausland in den Jahren 1976 bis 1985, in: Monatsberichte der Deutschen Bundesbank, 39. Jahrgang 1987, Nr. 3, S. 21 f.

[24] Die Entwicklung der Kapitalverflechtung der Unternehmen mit dem Ausland von Ende 1987 bis Ende 1989, in: Monatsberichte der Deutschen Bundesbank, 43. Jahrgang 1991, Nr. 4, S. 28

dessen gibt es Staaten, in denen die Besteuerung der Betriebe vergleichsweise niedrig ist und andere, in denen sie relativ hoch ist. Staaten mit relativ niedriger Steuerbelastung (sog. **„Steuerparadiese"** oder **„Steueroasen"**) haben zweifellos als Standort für Betriebe bzw. für Zweigbetriebe oder auch lediglich als Sitz ihrer Verwaltungen eine gewisse Anziehungskraft.

Grundsätzlich haben Inländer – also natürliche Personen, die ihren Wohnsitz oder ihren gewöhnlichen Aufenthalt im deutschen Inland haben oder Gesellschaften, deren Geschäftsleitung oder Sitz im deutschen Inland liegt – keinen Vorteil aus dem internationalen Steuergefälle, weil sie als unbeschränkt Steuerpflichtige ihr gesamtes, also auch ihr im Ausland erzieltes Einkommen in der Bundesrepublik Deutschland versteuern müssen **(Welteinkommensprinzip);** im Einklang mit den bestehenden Konventionen des internationalen Steuerrechts sehen die von der Bundesrepublik Deutschland abgeschlossenen **Doppelbesteuerungsabkommen** (DBA) jedoch fast ausnahmslos vor, daß Einkünfte aus Gewerbebetrieb nur in dem Land zu besteuern sind, in dessen Gebiet das Unternehmen seine Betriebsstätte unterhält. Diese **„Freistellungsmethode"** hat zur Folge, daß ein Betrieb, der eine Zweigniederlassung in einem niedrig besteuernden DBA-Land hat, mit den Teilen seines Gewinns, die er in der ausländischen Zweigniederlassung erzielt, nur der niedrigeren Auslandsteuer unterliegt und folglich die Differenz zwischen der niedrigeren Auslandsteuer und der höheren Inlandsteuer erspart.

Das Steuergefälle zwischen der Bundesrepublik Deutschland und niedrig besteuernden Ländern kann darüberhinaus insbesondere dadurch gezielt ausgenutzt werden, daß in derartigen Ländern Kapitalgesellschaften gegründet werden, auf die normalerweise im Inland entstehende Einkünfte und genutzte Vermögenswerte verlagert und damit der unbeschränkten Steuerpflicht entzogen werden. Derartige Gesellschaften werden als **Basisgesellschaften** bezeichnet, weil sie als steuerbegünstigte Basis für die internationale Geschäfts- und Investitionstätigkeit eingesetzt werden.

Steuerbegünstigte ausländische Standorte können beispielsweise zu folgenden Zwecken gewählt werden:

(1) Ein inländisches Unternehmen schaltet eine von ihm beherrschte Basisgesellschaft als **Einkaufsgesellschaft** für ausländische Rohstoffe oder Betriebsmittel ein, von der es zu höheren Preisen als beim Direkteinkauf beim ausländischen Lieferanten bezieht. Folglich sind die Aufwendungen im Inland höher und die Gewinne entsprechend niedriger, weil ein Teil des Gewinns bei der Basisgesellschaft auf den Zwischenhandel verbleibt und somit der deutschen Besteuerung entzogen wird.

(2) Ein inländisches Unternehmen schaltet eine von ihm beherrschte Basisgesellschaft als **Vertriebsgesellschaft** für die im Inland produzierten Leistungen ein und liefert an diese Gesellschaft zu möglichst niedrigen Verrechnungspreisen. Ein Teil des Gewinns entsteht folglich bei der Basisgesellschaft und wird der deutschen Besteuerung entzogen.

(3) Ein inländisches Unternehmen, das Betriebsstätten oder Tochtergesellschaften in hoch besteuernden Ländern unterhält, bringt diese Betriebs-

stätten oder Beteiligungen in eine **Holding-Gesellschaft** in einem niedrig besteuernden Land ein.

(4) Ein inländisches Unternehmen überträgt seinen **Wertpapierbesitz** auf eine Basisgesellschaft in einem niedrig besteuernden Land und entzieht damit die Einkünfte aus diesen Wertpapieren der unbeschränkten Steuerpflicht.

(5) Ein inländisches Unternehmen bringt **Patente** in eine Basisgesellschaft ein. Die Lizenzgebühren scheiden damit aus der unbeschränkten Steuerpflicht aus.

(6) Ein inländisches Unternehmen bringt Patente in eine Basisgesellschaft ein und schließt, da es das Patent selbst verwerten will, mit der Basisgesellschaft **(Patentverwertungsgesellschaft)** einen Lizenzvertrag ab. Die gezahlten Lizenzgebühren vermindern als Betriebsausgaben den Gewinn des inländischen Unternehmens und fallen als Gewinn bei seiner Basisgesellschaft an.

bb) Gezielte positive oder negative Beeinflussung der Wahl ausländischer Standorte durch die Steuergesetzgebung

Das deutsche Steuerrecht hat in zweifacher Hinsicht Einfluß auf die Wahl ausländischer Standorte genommen; einerseits wurden derartige Maßnahmen gezielt gefördert, andererseits die Möglichkeiten zur Ausnutzung des internationalen Steuergefälles drastisch beschnitten. Die Verfolgung beider Ziele war überwiegend politisch motiviert.

Instrumente zur Förderung von Auslandsinvestitionen waren das **Entwicklungsländer-Steuergesetz**[25] und das **Auslandsinvestitionsgesetz.**[26/27] Ersteres wurde mit Wirkung zum 1. 1. 1982 aufgrund des geringen Anteils der Investitionen deutscher Unternehmen in Entwicklungsländern und der daraus gefolgerten untergeordneten Rolle des Gesetzes aufgehoben. Die Förderung bestand vor allem in der Gewährung von **steuerfreien Rücklagen** in Höhe eines bestimmten – von der Eingruppierung des Entwicklungslandes abhängigen – Prozentsatzes der Anschaffungs- oder Herstellungskosten einer Kapitalanlage. Die Rücklagen waren nach 6 Jahren mit jährlich einem Sechstel bzw. einem Zwölftel – je nach Entwicklungsland – aufzulösen. Auf Grund dieser Fristen läuft die Auflösung dieser Rücklagen auch heute noch.

Im Rahmen des Subventionsabbaus durch das Steuerreformgesetz 1990 wurde die letztmalige Anwendung der Vorschriften des **AIG** für den Veranlagungszeitraum bzw. das Wirtschaftsjahr 1989 verfügt. Auch das AIG wird infolge der einzelnen Fristenregelungen seiner Vorschriften noch Auswirkungen auf künftige Perioden haben, eine heutige Inanspruchnahme seiner

---

[25] Gesetz über steuerliche Maßnahmen zur Förderung von privaten Kapitalanlagen in Entwicklungsländern vom 13. 2. 1975 (BGBl I, S. 493), aufgehoben durch das 2. Haushaltsstrukturgesetz vom 27. 12. 1981
[26] Gesetz über steuerliche Maßnahmen bei Auslandsinvestitionen der deutschen Wirtschaft vom 18. 8. 1969, (BGBl I, S. 1214), zuletzt geändert durch das Steuerreformgesetz 1990 vom 25. 7. 1988, BGBl I, S. 1093
[27] Vgl. ausführlich zum EntwLStG und AIG: Wöhe, G., Betriebswirtschaftliche Steuerlehre, Bd. II, 2. Halbbd., 3. Aufl., München 1982, S. 341 ff.

Förderungsmaßnahmen ist aber ausgeschlossen. Die Förderungsmaßnahmen bestanden im einzelnen in der Zulässigkeit

– der Bildung **steuerfreier Rücklagen** bei der Überführung bestimmter Wirtschaftsgüter ins Ausland (§ 1 AIG),

– der Berücksichtigung von **Verlusten** ausländischer Betriebsstätten (§ 2 AIG) und ausländischer Tochtergesellschaften (§ 3 AIG)

– und der Übertragung **stiller Rücklagen** auf Anteile an ausländischen Kapitalgesellschaften (§ 4 AIG).

Als einzige dieser Maßnahmen blieb die Berücksichtigung von Verlusten ausländischer Betriebsstätten durch die Regelung des § 2a Abs. 3, 4 EStG erhalten; die bereits 1981 vorgenommene Gesetzesänderung, die zur Aufhebung von § 4 AIG, aber gleichzeitig zur weiteren Rücklagenübertragung nach § 6b Abs. 1 S. 2 Nr. 5 EStG führte, wurde ebenfalls durch das Steuerreformgesetz 1990 gestrichen.[28]

Das **Außensteuergesetz**[29] hat den Steueranspruch der Bundesrepublik Deutschland für bestimmte Fälle ausgeweitet, in denen das internationale Steuergefälle zu Steuervorteilen führte, ohne daß gegen bis dahin bestehende gesetzliche Regelungen verstoßen wurde. Dieses Gesetz verfolgt im einzelnen vor allem **folgende Ziele:**

(1) Durch § 1 AStG soll eine „ungerechtfertigte" Abspaltung von in der Bundesrepublik Deutschland erzielten Gewinnen international verbundener Unternehmen verhindert werden. Die Vorschrift sieht stets eine Gewinnberichtigung vor, wenn innerhalb international verbundener Unternehmen Rechtsgeschäfte vereinbart werden, die voneinander unabhängige Dritte unter gleichen oder ähnlichen Verhältnissen nicht vereinbart hätten (Prinzip des „dealing at arm's length").

(2) §§ 2–4 AStG schränken die Steuervorteile, die durch die Verlegung des Wohnsitzes ins Ausland und dem dadurch ausgelösten Übergang von der unbeschränkten zur beschränkten Steuerpflicht entstehen, durch eine **befristete Erweiterung der beschränkten Steuerpflicht** bei der Einkommen-, Vermögen- und Erbschaftsteuer für Auswanderer in Niedrigsteuerländer ein, um eine „gleichmäßigere und gerechtere" Besteuerung der im Inland befindlichen Steuerquellen zu erreichen.

(3) § 6 AStG **fingiert eine Auflösung stiller Rücklagen** und somit eine Gewinnrealisierung und Besteuerung bei wesentlichen Beteiligungen, die von natürlichen Personen gehalten werden, die bisher unbeschränkt steuerpflichtig waren und ihren Wohnsitz ins Ausland verlegen.

(4) §§ 7–14 AStG regeln die sog. **Durchgriffsbesteuerung,** d.h. den Durchgriff der inländischen Steuerhoheit (Gewinnzurechnung) auf die Gewinne unbeschränkt Steuerpflichtiger aus bestimmten qualifizierten ausländischen Beteiligungen. Halten deutsche Gesellschafter unmittelbar oder mittelbar eine Mehrheitsbeteiligung an einer ausländischen Gesellschaft

---

[28] Vgl. § 52 Abs. 9 EStG
[29] Gesetz über die Besteuerung bei Auslandsbeziehungen (Außensteuergesetz) vom 8. 9. 1972, zuletzt geändert durch Gesetz zur Änderung des Umwandlungssteuerrechts vom 28. 10. 1994, BGBl I, S. 3267

(Zwischengesellschaft, Basisgesellschaft), die im Land ihres Sitzes weniger als 30 v. H. Ertragsteuern bezahlt, so werden diejenigen Einkünfte der Basisgesellschaft, die aus „passiven" Tätigkeiten stammen und in der Basisgesellschaft thesauriert werden, den deutschen Gesellschaftern zugerechnet. „Passive" Tätigkeiten i. S. des AStG sind u. a. Einkünfte aus Vermietung, Verpachtung (wozu auch die Überlassung von Rechten, Plänen, Mustern, Verfahren, Erfahrungen und Kenntnissen zählt) und aus Darlehensaufnahme und -vergabe sowie aus Dienstleistungen und Handelstätigkeiten.[30]

---

[30] Vgl. § 8 AStG

Dritter Abschnitt
Die Produktion

I. Grundlagen

1. Der Begriff der Produktion

Unter Produktion versteht man zuweilen jede **Kombination von Produktionsfaktoren.** In dieser weiten Definition umfaßt die Produktion den gesamten betrieblichen Leistungsprozeß. Wer dieser Definition folgt, muß alles, was in einem Unternehmen geschieht, als Produktion bezeichnen. Auch der Absatz, die Investition, die Finanzierung, die Unternehmensführung (Planung, Organisation und Kontrolle) würden dazugehören. Angesichts spezifischer Probleme in den genannten Unternehmensbereichen erscheint es zweckmäßig, den **Produktionsbegriff enger** zu fassen und ihn auf die **betriebliche Leistungserstellung** zu begrenzen.

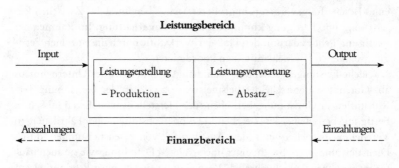

Abb. 1: Produktion als betriebliche Hauptfunktion

Die Kombination der Produktionsfaktoren, also der Input, ist für das Unternehmen mit Auszahlungen verbunden. Über die Leistungsverwertung, den Output, erwirtschaftet das Unternehmen Einzahlungen, die es zum Erwerb neuer Produktionsfaktoren verwenden kann. Dem Güterstrom (Input – Output) steht also ein gegenläufiger Finanzstrom (Auszahlung – Einzahlung) gegenüber.

Die **Koordination der Güterströme** (Input – Output) ist Gegenstand des **Leistungsbereichs,** der seinerseits in Leistungserstellung (Produktion) und Leistungsverwertung (Absatz) eingeteilt wird. Aufgabe des **Finanzbereichs** ist die **Koordination der Zahlungsströme.** Sie ist für das Unternehmen von existentieller Bedeutung, weil der Verlust der Zahlungsfähigkeit zwangsläufig das Ende der Unternehmenstätigkeit (Konkurs) bedeutet.

Die Produktion als betriebliche Hauptfunktion läßt sich weiter unterteilen:

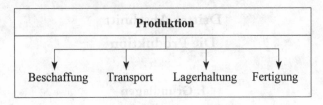

Abb. 2: Teilbereiche der Produktion

Im Rahmen der **Beschaffung** geht es um die Bereitstellung von **Werkstoffen**. Prinzipiell könnte man auch die Bereitstellung von Betriebsmitteln und Arbeitskräften zur Beschaffung zählen. Weil aber der Einsatz des Faktors Arbeit völlig andere Probleme aufwirft als die Bereitstellung von Werkstoffen, behandelt ihn die Betriebswirtschaftslehre im Rahmen der **Personalwirtschaft**.[1] Ähnliches gilt für die Beschaffung von Betriebsmitteln, die wegen ihrer spezifischen Problematik unter dem Stichwort **Investition**[2] abgehandelt wird.

Der **Transport** beschäftigt sich mit der Überwindung räumlicher Distanzen innerhalb eines Betriebes. Üblicherweise werden Werkstoffe im Rahmen eines Beschaffungsvorgangs in größerer Menge bereitgestellt. Zwischen Beschaffung und Fertigung kommt es also zur **Lagerhaltung.** Im Rahmen der **Fertigung** geht es darum, den Fluß der Werkstoffe durch die einzelnen Fertigungseinheiten (Betriebsmittel) zu koordinieren.

Welche Leistungen erstellt werden, hängt von der Art des Unternehmens ab. Gutenberg unterscheidet beispielsweise zwischen der Gewinnung von Rohstoffen in Gewinnungsbetrieben, der Herstellung von Erzeugnissen in Fertigungsbetrieben, der Bearbeitung von Rohstoffen und Fabrikaten in Veredelungsbetrieben und der Ausführung von Dienstleistungen durch Dienstleistungsbetriebe.[3] In einer noch engeren Definition, wie sie auch häufig im täglichen Sprachgebrauch Verwendung findet, wird Produktion auf die betriebliche Leistungserstellung von Fertigungsbetrieben, also die **Herstellung von Erzeugnissen** beschränkt.

Da mit dieser Definition jedoch die Tätigkeit der Gewinnungs-, Veredelungs- und Dienstleistungsbetriebe aus dem Untersuchungsbereich ausgeschlossen wird, ist sie zu eng.

---

[1] Vgl. hierzu S. 255 ff.
[2] Vgl. hierzu S. 737 ff.
[3] Vgl. Gutenberg, E., Grundlagen der Betriebswirtschaftslehre, Bd. I, Die Produktion, 24. Aufl., Berlin–Heidelberg–New York 1983, S. 1 ff.

2. Die Produktion als betriebliche Hauptfunktion

a) Produktionsplanung als Partialplanung

Im vorstehenden Kapitel wurde die Tätigkeit eines Unternehmens in den güterwirtschaftlichen Bereich mit den Teilbereichen Leistungserstellung und Leistungsverwertung sowie den finanzwirtschaftlichen Bereich aufgegliedert. Folgt ein Unternehmen dem Ziel der **langfristigen Gewinnmaximierung,** dann geht es darum, die Differenz zwischen Erlösen und Kosten auf lange Sicht zu maximieren. Unterstellt man, daß alle Entscheidungen im Absatzbereich bereits getroffen sind, ist die **Erlösseite konstant,** denn der für den Output erwartete Erlös ist fest vorgegeben. Zur Erreichung des Gewinnmaximums genügt es dann, die **Kosten** im Bereich der Leistungserstellung und im Finanzbereich (= Finanzierungskosten) zu **minimieren.**

Für die Erreichung seiner Ziele führt das Unternehmen **Planungen** durch, versucht also, künftige Entscheidungen gedanklich vorwegzunehmen. Planungsverfahren lassen sich danach unterscheiden, ob sie das gesamte Unternehmen (**Totalmodell**) oder einzelne Teilbereiche (**Partialmodelle**) umfassen. Idealerweise muß die unternehmerische Planung in Form eines Totalmodells erfolgen, also gleichzeitig Leistungserstellung, Leistungsverwertung und Finanzierung umfassen, weil sonst unter Umständen das Oberziel, ein maximaler langfristiger Gewinn, verfehlt wird. Werden der Finanzbereich und der Produktionsbereich unabhängig voneinander partial geplant, so könnte es beispielsweise sein, daß die optimalen Produktionsmengen, die dabei für den Produktionsbereich ermittelt werden, überhaupt nicht realisierbar sind, weil im Finanzierungsbereich der Kreditspielraum bereits so weit ausgeschöpft ist, daß die notwendigen Maschinen nicht mehr beschafft werden können.

Die unternehmerische Umwelt ist jedoch so komplex, daß das Idealziel einer gleichzeitigen (**simultanen**) Totalplanung im Regelfall nicht realisierbar ist. Das Entscheidungsfeld, d. h. die Gesamtheit aller unternehmerischen Handlungsmöglichkeiten, wird daher partialisiert (zerlegt), und die einzelnen Entscheidungsbereiche werden nacheinander (**sukzessiv**) geplant. Um dabei Abweichungen vom langfristigen Gewinnmaximum so weit wie möglich zu vermeiden, müssen die **Interdependenzen** zwischen den einzelnen Planungsfeldern berücksichtigt werden. Dabei werden zunächst die Ergebnisse eines Planungsbereichs als feste Daten für die übrigen Partialplanungen berücksichtigt. So müssen beispielsweise Begrenzungen des Finanzierungsbereichs oder Absatzrestriktionen bei der Planung der Produktion als Nebenbedingungen berücksichtigt werden.[4]

---

[4] Trotz Berücksichtigung dieser Interdependenzen wird jedoch das Gewinnmaximum bei sukzessiver Planung verfehlt, wenn die jeweils optimalen Ergebnisse eines Teilbereiches voneinander abhängen, die optimalen Lösungen also interdependent sind.

Für eine sukzessive Partialplanung ist zuerst die Frage zu beantworten, mit welchem betrieblichen Teilbereich man bei der Planung beginnen soll. Allgemein beginnt man mit der Planung im **Minimumsektor,** also in dem Bereich, in dem Engpässe am wahrscheinlichsten auftreten können. Dieses Vorgehen wird nach Gutenberg auch als **Ausgleichsgesetz der Planung**[5] bezeichnet.

Da in marktwirtschaftlichen Systemen im Regelfall das Güterangebot die Güternachfrage übersteigt, treten Engpässe häufig zuerst im Absatzbereich auf.[6] In einem solchen Fall kann zwar mehr produziert werden, und auch zusätzliche Kredite sind noch zu erhalten, eine weitere Steigerung der Absatzmengen ist jedoch nicht realisierbar. Daher ist es zweckmäßig, die betriebliche Planung mit der Absatzplanung zu beginnen.

Planungsbereich	Zielvorschrift
Unternehmensgesamtplan	Maximiere langfristigen Gewinn!

Teilpläne:

Minimumsektor:	
Absatzplanung	Maximiere langfristigen Gewinn!

| | Datum ↓ |

| **Produktionsplanung** | Minimiere Kosten! |

| | Datum ↓ |

| **Investitionsplanung** | Minimiere Kosten! |

| | Datum ↓ |

| **Finanzplanung** | Minimiere Kosten! |

Abb. 3: Ableitung der Teilpläne aus dem Gesamtplan (Sukzessive Planung)

Im Rahmen der **Absatzplanung** wird zunächst das gewinnmaximale Absatzprogramm ermittelt. Dabei wird festgelegt, welche Produkte in welcher Menge zu welchem Preis abgesetzt werden können. Damit ist die Erlösseite determiniert.

[5] Vgl. S. 154
[6] Vgl. S. 598

Produktarten und -mengen der Absatzplanung sind feste Vorgaben für die **Produktionsplanung**. Bei vorgegebener Erlösseite erfolgt in diesem Planungsbereich Gewinnmaximierung über die Minimierung der Produktionskosten.

Im Rahmen der Produktionsplanung wird u. a. festgelegt, welche Betriebsmittelkapazitäten benötigt werden. An diesen Vorgaben (Daten) hat sich der Investitionsplan zu orientieren. Bei der **Investitionsplanung** geht es dann beispielsweise nur noch darum, ob ein bestimmter Kapazitätsbedarf durch fünf parallel arbeitende Kleinaggregate oder durch eine Großanlage gedeckt werden soll. In diesem speziellen Fall orientiert man die Investitionsentscheidung an den (minimalen) Kosten bzw. am minimalen Barwert der Auszahlungen der Kapazitätsvorhaltung.[7]

Hat sich im Rahmen der Investitionsplanung die Großanlage als optimal erwiesen, gilt die Anschaffung dieses Betriebsmittels als Datum für die **Finanzplanung**. Die Suche nach der kostengünstigsten Finanzierungsalternative ist schließlich Aufgabe der Finanzplanung.

b) Sachliche Partialisierung der Produktionsplanung

Folgt man vorstehendem Vorgehen und beginnt die Planung mit dem Absatzbereich, so hat der Produktionsbereich die Aufgabe, Produktionsfaktoren zu beschaffen und einzusetzen (**Input**) und damit vom Absatzbereich vorgegebene Produkte in vorgegebener Menge zu erzeugen (**Output**), wobei dieser Kombinationsprozeß dem Ziel der Kostenminimierung zu folgen hat. Die **Produktionstheorie** versucht, den mengenmäßigen Zusammenhang zwischen Input und Output in Form von Produktionsfunktionen oder komplexeren Produktionsmodellen abzubilden. Die **Kostentheorie** bewertet den mengenmäßigen Input mit Preisen und sucht anschließend mit Hilfe mathematischer Kalküle nach kostenminimalen Faktoreinsatzkombinationen für die Produktion bestimmter vorgegebener Mengen. Die Produktions- und Kostentheorie stellt also die **theoretische Grundlage** praktischer Produktionsplanung dar; sie wird in Kapitel II ausführlich behandelt.

In der Praxis allerdings ist die Planung des Produktionsablaufes sehr komplex, da völlig unterschiedliche Entscheidungen wie z. B. über das Produktionsprogramm, über den Standort einzelner Maschinen, über Zeitpunkte und Zeitdauer von Maschinenbelegungen, über die Reihenfolge der Auftragsbearbeitung oder über die optimale Bestellmenge von Rohstoffen getroffen werden. Wegen dieser hohen Komplexität gelingt es in der Regel nicht, den gesamten Produktionsablauf in einem einzigen Modellbereich abzubilden und das Produktionsoptimum simultan zu bestimmen.

Die unternehmerische **Praxis** hat sich daher weitgehend von der **Produktions- und Kostentheorie gelöst** und das Teilentscheidungsfeld „Produktionsplanung" noch weiter partialisiert. Weil dabei eine Orientierung am

---

[7] Üblicherweise berücksichtigt aber die Investitionsplanung mögliche Erlösunterschiede der Investitionsalternativen, weshalb Auszahlungen und Einzahlungen in die Investitionsrechnung eingehen. Vgl. S. 746 ff.

Güterstrom (Beschaffung – Fertigung – Absatz) erfolgt, kann man diese Aufteilung auch als **sachliche Partialisierung** bezeichnen.

Produktionsplanung	
Teilplan	**Zielvorschrift**
Produktionsprogramm-planung	Erlösseite offen: Maximiere Gewinn!
	Erlösseite konstant: Minimiere Kosten!
Innerbetriebliche Standortplanung	Minimiere Transportkosten!
Bereitstellungsplanung	Minimiere Summe aus Beschaffungs- und Lagerkosten!
Fertigungsplanung	Minimiere Stückkosten!
Planung der Abfallwirtschaft	Minimiere Entsorgungskosten!

Abb. 4: Sachliche Partialisierung der Produktionsplanung

Die Zerlegung des Produktionsplans in einzelne Teilpläne hat den Vorteil, daß die **Anzahl** der in einem Teilplan zu optimierenden **Handlungsalternativen überschaubar** bleibt. Das übernächste Kapitel (III. Die Produktionsplanung) folgt in seiner Gliederung diesem sachlichen Partialisierungskonzept.

Nach dem Konzept der sukzessiven Planung wird der Unternehmensgesamtplan in **Teilpläne** (Produktionsplan, Absatzplan usw.) **zerlegt,** die ihrerseits in Unterteilpläne (Vgl. Abb. 4) gegliedert werden. In einem zweiten Planungsschritt werden die Unterteilpläne wieder zu einem Teilplan und die Teilpläne zu einem Gesamtplan **zusammengeführt.** Diese zusammenführende Abstimmung ist nötig, weil die gegenseitige Abhängigkeit (**Interdependenz**) zwischen den Teilplänen berücksichtigt werden muß.

Erst mit dem Vordringen der elektronischen Datenverarbeitung und ihrer Fähigkeit, auch komplexere Probleme bei relativ geringen Planungskosten zu lösen, wurden in jüngerer Zeit einzelne Teilprobleme der Produktionsplanung wieder zu umfassenderen Modellen im Rahmen von **Produktionspla-**

nungs- und -steuerungssystemen (PPS-Systemen) zusammengefaßt. Kapitel III behandelt daher zunächst einzelne, sukzessiv zu lösende Teilprobleme der Produktionsplanung, während Kapitel IV der Integration dieser Ansätze in umfassenderen PPS-Systemen gewidmet ist.

c) Zeitliche Partialisierung der Produktionsplanung

Die Zerlegung von Entscheidungsfeldern erfolgt nicht nur wie vorstehend beschrieben in sachlicher, sondern auch in zeitlicher Hinsicht. Abhängig davon, wie lange ein Unternehmen an die Folgen seiner Entscheidung gebunden ist, unterscheidet man zwischen **langfristiger (strategischer) und kurzfristiger (operativer) Planung.**[8] Da die im Rahmen der langfristigen Planung getroffenen Entscheidungen den Unternehmer hinsichtlich seiner weiteren Entscheidungen binden, beginnt die sukzessive Planung in zeitlicher Hinsicht mit der langfristigen (Rahmen-)Planung und endet mit der kurzfristigen (Fein-)Planung.

Diese Reihenfolge gilt auch im Produktionsbereich, so daß die Zerlegung der Produktionsplanung sowohl sachlichen als auch zeitlichen Kriterien folgt. Sie beginnt mit der Festlegung des **langfristigen Produktionsprogramms,** also der Festlegung, welche Produkte überhaupt mit Hilfe welcher Techniken und Maschinen produziert werden sollen. Die Darstellung der sukzessiven Produktionsplanung beginnt daher mit diesem Kapitel (III.1.).

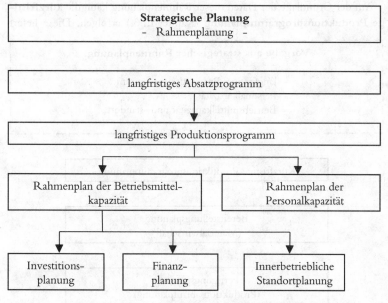

Abb. 5: Festlegung des Kapazitätsrahmens im Wege strategischer Planung

---

[8] Zur strategischen und operativen Planung vgl. S. 141 ff. Zuweilen unterscheidet die Literatur zwischen lang-, mittel- und kurzfristiger Planung. Die mittelfristige Planung wird dann als taktische Planung bezeichnet.

Sind die Entscheidungen über das langfristige Produktionsprogramm getroffen, so müssen die benötigten Betriebsmittel beschafft und finanziert, die notwendigen Arbeitskräfte eingestellt und der Standort der Maschinen unter Berücksichtigung der Transportwege festgelegt werden. Hier findet wiederum eine Arbeitsteilung zwischen den betrieblichen Funktionsbereichen statt: Während die **innerbetriebliche Standortplanung** innerhalb des Teilbereichs „Produktionsplanung" (Kapitel III.2.) erfolgt, sind Entscheidungen über die konkret zu beschaffenden Betriebsmittel der überwiegend langfristig orientierten Hauptfunktion „Investition und Finanzierung" zuzuordnen, während die Planung der Personalkapazität von der „Personalwirtschaft" vorzunehmen ist.

Das Konzept strategischer Planung läßt sich am Beispiel der Automobilproduktion einfach erläutern: Im Wege der Marktforschung wird festgestellt, in welchen Marktsegmenten für die kommenden 20 Jahre die besten Absatzchancen liegen. Aus dem Absatzprogramm (Typen, Seriengröße) wird das **langfristige Produktionsprogramm** abgeleitet. Aus dem langfristigen Produktionsprogramm wird der langfristige Betriebsmittelbedarf abgeleitet. Nach diesen Vorgaben wird der langfristige Investitions- und Finanzplan erstellt. Die **innerbetriebliche Standortplanung** beschäftigt sich mit der optimalen räumlichen Anordnung der Betriebsmittel. Derartige Standortentscheidungen reichen weit in die Zukunft und gehören somit zur **strategischen Produktionsplanung.**

Auf der Grundlage der Daten dieser Rahmenplanung kann die **kurzfristige Produktionsprogrammplanung** (Kapitel III.3.) erfolgen. Diese liefert

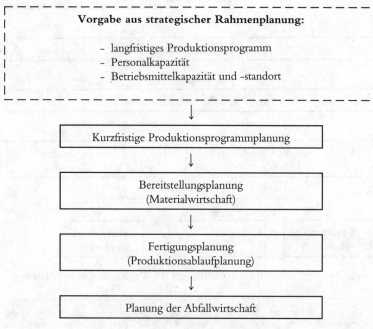

Abb. 6: Operative Produktionsplanung

wiederum die Grundlage für die **Bereitstellungsplanung** (Kapitel III.4.), die **Planung des Produktionsablaufes** (Kapitel III.5.) und die **Planung der Abfallwirtschaft** (Kapitel III.6.), die sich mit dem Recycling und der Beseitigung der nicht am Markt absetzbaren Abfallprodukte beschäftigt.

d) Interdependenzen zwischen einzelnen Teilbereichen der Produktionsplanung

Mit der Auswahl des Betriebsmittelstandorts werden die innerbetrieblichen Transportwege festgelegt. Sowohl die Probleme des **innerbetrieblichen Transports** als auch die der **Lagerplanung** treten überall dort im Unternehmen auf, wo mit materiellen Gütern gearbeitet wird. Neu beschaffte Rohstoffe werden im Eingangslager gelagert und zum passenden Zeitpunkt zu einer ersten Fertigungsstelle transportiert. Die an der ersten Fertigungsstelle hergestellten Zwischenprodukte werden zwischengelagert und anschließend zur zweiten Maschine transportiert; innerbetrieblicher Transport und Lagerung sind Teilprobleme der Fertigungsplanung. Die an der zweiten Maschine hergestellten Endprodukte schließlich werden zum Fertigwarenlager transportiert und dort gelagert. Hier liegt ein Teilproblem der Absatzplanung.

Würde man Maßnahmen der Lagerung und des innerbetrieblichen Transports jedoch für jeden Teilbereich – also für die Beschaffung, für die Fertigung selbst und schließlich für den Absatz – einzeln planen, so würde das Gewinnmaximum des Unternehmens verfehlt werden, da in einem solchen Fall gemeinsam nutzbare, teure Ressourcen wie Lagerplätze oder Transportfahrzeuge häufig weniger effizient eingesetzt würden.

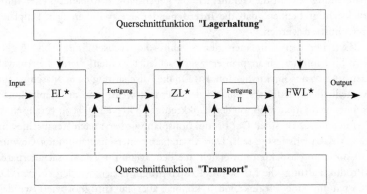

* EL = Eingangslager, ZL = Zwischenlager, FWL = Fertigwarenlager

Abb. 7: Innerbetrieblicher Transport und Lagerhaltung

Es bietet sich daher an, die gesamten Funktionen innerbetrieblicher Transport und Lagerwirtschaft bereichsübergreifend und simultan zu planen. Beide Aufgabenbereiche stellen dann **Querschnittsfunktionen** im Betrieb dar. Am konsequentesten wird der Idee der Simultanplanung gefolgt, wenn die gesamte Organisation der Güterwirtschaft von einer einzigen Abteilung, der **Logistikabteilung,** vorgenommen wird. Die Logistikabteilung ist dann für die Koordination von Lagerhaltung und innerbetrieblichem Transport zuständig.

Existiert keine separate Logistikabteilung, so erfolgt die Zuordnung der beiden Funktionen im wesentlichen nach praktischen Gesichtspunkten. Möglichkeiten und Grenzen des innerbetrieblichen Transports hängen vom Standort der einzelnen Fertigungsstellen, der einzelnen Lager usw. ab, während die innerbetriebliche Standortplanung ihrerseits zu einem großen Teil von Transportfragen determiniert wird. Die Planung von **innerbetrieblichem Standort und innerbetrieblichem Transport** erfolgt daher häufig simultan und zu einem großen Teil vor der eigentlichen Fertigungsplanung (Kapitel III.2.). Die **Lagerwirtschaft** dagegen wird häufig als Teil der Materialwirtschaft, also der **Bereitstellungsplanung** angesehen und betrifft die Lagerung von Werkstoffen (Eingangslager) sowie von Zwischenprodukten (Zwischenlager); sie wird in Kapitel III.4.d.) ausführlich behandelt. Die Lagerung der Fertigfabrikate dagegen stellt in einem solchen Fall einen Teil der Absatzplanung dar.

e) Interdependenzen der Produktionsplanung zu anderen betrieblichen Teilplänen

Bei der Erläuterung der sukzessiven Planung[9] wurde festgestellt, daß im allgemeinen zunächst der Absatzplan verabschiedet wird. Auf der Grundlage dieser Teilplandeterminierung wird der Produktionsplan verabschiedet, aus dem wiederum der Finanzplan abgeleitet wird usw. Bei einer isolierten Partialplanung besteht die **Gefahr,** daß die gegenseitigen Abhängigkeiten unberücksichtigt bleiben, daß die **Interdependenzen** zwischen den Teilplänen **zerschnitten** werden.

Zwischen den Teilplänen gibt es zahlreiche wechselseitige Abhängigkeiten: So kann der Finanzplan erst verabschiedet werden, wenn die Auswahl der Investitionsobjekte bekannt ist. Ob die Anschaffung einer Maschine aber vorteilhaft ist, kann erst entschieden werden, wenn man die Kapitalkosten kennt, wenn man weiß, ob der Bankkredit zu 8% oder 10% zu verzinsen ist.

Ein anderes Beispiel: Der Produktionsplan wird erst nach Verabschiedung des Absatzplans festgestellt. Der Absatzplan seinerseits kann unter Gewinnmaximierungsaspekten nur erstellt werden, wenn für jede Absatzalternative (Produktgattung) die Erlöse und Kosten prognostiziert werden können. Die Kosten für eine Produkteinheit können aber nur prognostiziert werden, wenn man konkrete Vorstellungen über die Beschaffungskosten der Werkstoffe, die Lagerkosten, die Fertigungskosten usw. hat.

Diesen Interdependenzen trägt man Rechnung, indem man sich um eine weitgehende **Koordination**[10] **der Teilpläne** bemüht. Absatz-, Produktions-, Investitions- und Finanzplan haben im ersten Planungsdurchgang nur vor-

---

[9] Vgl. die Darstellung in Abb. 3 auf S. 466
[10] Zur Koordination von Teilplänen vgl. S. 153ff.

läufigen Charakter. Im zweiten (und jedem weiteren) Planungsdurchgang werden die erkannten Interdependenzen berücksichtigt. Mit jedem Planungsdurchgang werden die Teilpläne konkreter, plausibler und verbindlicher.

3. Produktion und Umwelt

Die ständig zunehmende Industrialisierung der vergangenen Jahrzehnte hat zu verstärkten **Umweltbelastungen** geführt, die in hohem Maße im Rahmen des betrieblichen Fertigungsprozesses entstehen. Zunehmende Umweltbelastungen führen zu einer verstärkten Wahrnehmung dieser Auswirkungen und damit zu einem steigenden **Umweltbewußtsein** der Bevölkerung insbesondere westlicher Industrieländer.[11] Damit gewinnen Fragen des **Umweltschutzes** im Rahmen der Produktionstheorie[12] und insbesondere der Produktionsplanung an Bedeutung.

Unter Umwelt werden im Rahmen dieser Diskussion Komponenten der natürlichen Umwelt wie Luft, Wasser und Boden verstanden. Unternehmen beanspruchen im Rahmen des industriellen Fertigungsprozesses insbesondere auf folgende Arten die natürliche Umwelt:

– Es werden für die Produktion bestimmte Güter eingesetzt, die unmittelbar (z. B. Wasser zur Kühlung) oder mittelbar (z. B. Rohstoffe aus dem Boden oder Energie) der Umwelt entnommen werden. Durch den **Input** werden also Umweltgüter verbraucht.

– Auch der **Output** belastet direkt oder indirekt die Umwelt. Direkt belastet er sie beispielsweise mit unerwünschten Kuppelprodukten des Fertigungsprozesses wie Abwasser, Abgas, Strahlung oder Lärm. Indirekt entstehen Umweltbelastungen unter anderem durch die Verpackung der hergestellten Güter oder durch Rückstände beim Verbrauch der Produkte wie beispielsweise Kühlaggregate von nicht mehr verwendbaren Kühlschränken.

Nach traditioneller volkswirtschaftlicher Lehre werden große Teile der von der Umwelt bereitgestellten Güter als unbegrenzt verfügbar und damit als **freie Güter** (Luft, Wasser, Licht usw.) angesehen. Freie Güter brauchen, da sie kostenlos sind, bei einzelwirtschaftlichen, gewinnorientierten Entscheidungen nicht berücksichtigt zu werden. Tatsächlich sind diese Güter jedoch nicht unbegrenzt verfügbar. Ein großer Teil ist zwar in hohem Maße vorhanden, kann jedoch, sollen die Bestände geschont werden, nur in einem bestimmten Maße für den Input genutzt (Holz, Trinkwasser) bzw. durch den Output belastet (Luftverschmutzung durch Abgase, Strahlung) werden. In anderen Fällen sind die Güter (z. B. Erdöl oder Erdgas) zwar noch reichlich vorhanden, werden jedoch in absehbarer Zeit verbraucht sein.

Häufig handelt es sich bei einzelnen Komponenten der Umwelt daher

---

[11] Vgl. Steven, M., Umweltschutz im Produktionsbereich (I), WISU 1992, S. 35

[12] Vgl. dazu beispielsweise Strebel, H., Umwelt und Betriebswirtschaft. Die natürliche Umwelt als Gegenstand der Unternehmenspolitik, Berlin 1980, S. 38 ff.; Steven, M., Umwelt als Produktionsfaktor?, ZfB 1991, S. 509 ff.; Dyckhoff/Souren, Grundlegende umweltschutzorientierte Erweiterungen der Produktionstheorie, WISU 1993, S. 333 ff.

nicht um freie, sondern um **öffentliche Güter:** Sie mögen für den einzelnen Nachfrager unbegrenzt verfügbar und damit kostenlos sein, für die gesamte Volkswirtschaft oder die Weltgemeinschaft dagegen ist ihre Menge begrenzt. Der am Markt gebildete, „private" Preis dieser Güter entspricht somit nicht dem „öffentlichen" Preis, den sie eigentlich haben müßten, um die tatsächliche Knappheit der Güter abzubilden, weil die **Mechanismen der Marktwirtschaft** hier **versagen.**

Die Güter sind zu billig – im Extremfall kostenlos –, weil der heutige Marktpreis nicht oder zuwenig von künftiger Knappheit beeinflußt wird (Erdöl) oder weil die Möglichkeiten, das eigentlich knappe Gut auf einem Markt zu handeln, technisch und finanziell begrenzt sind (Handel mit Luft oder Wasser). Da in solchen Fällen der Markt nicht funktioniert, muß der **Staat eingreifen** – entweder durch **gesetzliche Normen,** mit der Belastungsobergrenzen festgelegt werden (Bundesimmissionsschutzgesetz, Wasserhaushaltsgesetz) oder durch die „künstliche" Festlegung höherer Marktpreise, die der tatsächlichen Knappheit der Güter gerecht werden. Letzteres kann beispielsweise durch den Handel mit **Zertifikaten,**[13] die Rechte auf Umweltbelastung verbriefen oder durch „Umweltsteuern" geschehen.

Man versucht, negativen Umweltwirkungen, über einen Kostenfaktor, die Umweltsteuer, Rechnung zu tragen. In der Volkswirtschaftslehre spricht man von der **Internalisierung negativer externer Effekte.** Ein Beispiel stellt die Mineralölsteuer dar, mit deren Hilfe Benzin künstlich verteuert wird, um im Endverbraucherpreis nicht nur die Rohstoffkosten, sondern auch die aus der Nutzung von Kraftfahrzeugen resultierenden Umweltbelastungen zu erfassen. In dieselbe Richtung zielen Diskussionen über die Einführung von Energiesteuern, Grundwasserabgaben usw.

Inwieweit ein Unternehmer die durch seine Entscheidungen **verursachten Umweltbelastungen berücksichtigen** sollte, hängt von seinem Zielsystem ab. Vier Betrachtungsweisen lassen sich unterscheiden:[14]

(1) Der Unternehmer fühlt sich von seinen eigenen moralischen und ethischen Normen her verpflichtet, den Schutz der Umwelt in bestimmtem Maße genau wie beispielsweise die Einhaltung der Menschenrechte oder christliche Wertvorstellungen bei seinen Entscheidungen zu berücksichtigen. In einem solchen Fall kann das modellmäßige Ziel der langfristigen Gewinnmaximierung beibehalten werden. Die **ethischen Normen** zum Umweltschutz stellen dann **Nebenbedingungen** dar, die der Unternehmer im Rahmen seiner Entscheidungen – oft unbewußt – berücksichtigt.

(2) Der Unternehmer nimmt das Ziel „Umweltschutz" explizit in sein Zielsystem auf und berücksichtigt es beispielsweise neben dem Gewinnmaximierungsziel als **konkurrierendes Ziel.**

(3) Der Unternehmer verfolgt das Ziel der Gewinnmaximierung und berücksichtigt dabei den Umweltschutz, soweit er dazu **durch geltende**

---

[13] Vgl. Kreikebaum, H., Umweltgerechte Produktion, Wiesbaden 1992, S. 7f.
[14] Für die Punkte (2) bis (4) vgl. Strebel, H., Umwelt und Betriebswirtschaft, a. a. O., S. 48 ff.

Gesetze gezwungen wird. Zum einen liefern Gesetze und Verordnungen zwingend einzuhaltende Nebenbedingungen (z. B. Abgasobergrenzen), die bei einzelnen Entscheidungen relevant sind, zum anderen existieren Preise für die Nutzung der Umwelt. Beispiele sind Lizenzgebühren für Umweltnutzungszertifikate oder steuerlich erhöhte Mineralölkosten, die im Gewinnmaximierungskalkül zu berücksichtigen sind.

(4) Der Unternehmer **antizipiert** eine mögliche Verschärfung der **künftigen Umweltgesetzgebung** und fällt seine Entscheidungen schon heute so, daß er möglichen künftigen Anforderungen genügt. Gleichzeitig berücksichtigt er veränderte Absatzmöglichkeiten: er forciert umweltfreundliche Produkte und nimmt – anders als die Konkurrenz – umweltbelastende Produkte aus dem Markt.

Inwieweit die Berücksichtigung von Umweltschutzaspekten durch die Verankerung in ethischen Normen und Werten erfolgen soll, ist ein **primäres Werturteil,** das nicht richtig oder falsch sein kann, sondern dem jeder Entscheidungsträger nach dem eigenen Gewissen folgen kann.[15] Die westliche Industriegesellschaft ist offensichtlich zur Zeit dabei, derartige Normen und Wertvorstellungen für ihre Mitglieder zu entwickeln, so daß diese langfristig bei unternehmerischen Entscheidungen und somit auch in der Betriebswirtschaftslehre zu berücksichtigen sind. Noch scheint es allerdings zu früh für ein gefestigtes, von der Mehrheit akzeptiertes Normensystem zu sein.

Ähnliches gilt für die Berücksichtigung des Zieles „Umweltschutz" im Rahmen des betrieblichen Zielsystems. Hier treten bei der Anwendung eines solchen Zielsystems auf praktische Entscheidungen große Probleme (Meßbarkeit, Gewichtung der Ziele usw.) auf, die eine Anwendung erschweren.

Aus diesen Gründen gehen wir in unserer **vereinfachenden Modellanalyse** weiter davon aus, daß der Unternehmer dem **Ziel der langfristigen Gewinnmaximierung** folgt. Dabei hat er in jedem Fall die unter (3) genannten **Gesetze und Steuern** bei seiner Planung zu **berücksichtigen.** Da die Umwelt überwiegend im Rahmen des betrieblichen In- und Outputs tangiert wird, ist bei einer sukzessiven Produktionsplanung die Berücksichtigung von Umweltschutzaspekten insbesondere bei der Bedarfs- und Beschaffungsplanung (Kapitel III.4.) und im Rahmen der Abfallwirtschaft (Kapitel III.6.) relevant.

Dieses Vorgehen ist jedoch **defensiv** ausgerichtet, da es nur auf die jeweils geltenden staatlichen Beschränkungen reagiert. Will der Unternehmer sein langfristiges Gewinnmaximum erreichen, so muß er eine **offensive** Strategie verfolgen, indem er **langfristig erwartete Entwicklungen antizipiert.** Für die unternehmerische Planung bedeutet das folgendes:

(1) Unterstellt man, daß das Umweltbewußtsein weiter zunehmen wird, so kann der Unternehmer versuchen, Umweltschutzinnovationen (neu entwickelte umweltfreundliche Erzeugnisse und Verfahren) vorzunehmen und sich so einen Vorsprung vor seiner Konkurrenz zu verschaffen. Sein

---

[15] Vgl. S. 54ff.

antizipativer „Umweltschutz" wird durch künftige Pioniergewinne belohnt. Die Entwicklung entsprechender umweltorientierter Produktions- und Absatzstrategien ist Teil der **strategischen Planung.**

(2) Bei Entscheidungen im Absatzbereich sind mögliche Mengen- oder Erlösrückgänge durch das Angebot umweltschädigender Produkte oder das Bekanntwerden von Informationen über umweltschädigende Produktionsverfahren (Imageverluste) zu berücksichtigen. So kann die Kostenersparnis durch eine zwar kostengünstige, jedoch umweltbelastende Entsorgung durch einen Verbraucherboykott, der zu starken Absatzrückgängen führt, überkompensiert werden. Beispielsweise beabsichtigte 1995 der Ölkonzern Shell, eine ausgediente Ölplattform kostengünstig in der Nordsee zu versenken. Der darauf folgende Verbraucherboykott, der zu Absatzeinbußen von regional bis zu 50% führte, veranlaßte den Konzern jedoch letztlich dazu, eine teurere Abwrackung an Land vorzunehmen. Die Berücksichtigung derartiger Aspekte ist Aufgabe der **strategischen Produktions- und Absatzplanung.**

(3) Schließlich kann eine offensive Strategie auch in der Produktionsplanung zu einer langfristigen Kostenersparnis und damit Gewinnsteigerung führen, wenn die **Planung** des **Umweltschutzes in integrierter Form** erfolgt. Zum einen werden Nachteile der Sukzessivplanung (Verarbeitung umweltschädigender Rohstoffe und nachfolgende teure Entsorgung der Produktionsrückstände) vermieden. Zum anderen kann auf die nachträgliche teure Anpassung von Produktionsverfahren an neue Auflagen (Beispiel: nachträglicher Einbau von Rauchgasentschwefelungsanlagen) verzichtet werden, wenn von vornherein bei der Produktionsplanung Umweltaspekte berücksichtigt und mögliche künftige Gesetzesänderungen antizipiert werden. Diese integrierte Berücksichtigung des Umweltschutzes in der Produktionsplanung wird in Kapitel IV.5. behandelt.

II. Die Produktions- und Kostentheorie

1. Ziele und Teilbereiche der Produktions- und Kostentheorie

Unternehmen produzieren Güter durch die Kombination oder Umwandlung anderer Güter. Die von den Unternehmen produzierten Güter bezeichnet man auch als **Produkte,** Output oder Ausbringung, die zur Produktion eingesetzten Güter als **Produktionsfaktoren,** Input oder Faktoreinsatz. Ein Möbelhersteller beispielsweise produziert Möbel (Produkte) durch den Einsatz von Holz, Schrauben und Leim (Werkstoffe), den Einsatz von Werkzeugen und Maschinen (Betriebsmittel) und den Einsatz von Arbeit.[1]

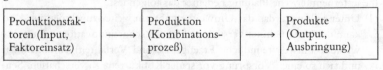

Abb. 8: Produktionsprozeß

---

[1] Zur Einteilung der Produktionsfaktoren vgl. S. 93 ff.

Das Ziel der **Produktionstheorie** besteht darin, die funktionalen Zusammenhänge zwischen der Menge der eingesetzten Produktionsfaktoren und der Menge der damit hergestellten Produkte (Ausbringungsmenge) aufzuzeigen. Bezogen auf den oben erwähnten Möbelhersteller hätte die Produktionstheorie beispielsweise die Frage zu beantworten, wieviel Holz, Schrauben, Leim, wieviel Arbeitszeit und wieviele Maschinenstunden benötigt werden, um einen, zwei oder mehr Tische vom Typ M herzustellen.

Dem Betriebswirt genügt es jedoch nicht, Informationen über die mengenmäßigen Beziehungen zwischen Input und Output zu erhalten. Ihn interessiert nicht nur, welche Mengen an Produktionsfaktoren verbraucht wurden, sondern auch, was dieser Verbrauch und was damit die Produktion eines einzelnen Produktes kostet. Zu diesem Zweck müssen die in der Produktionstheorie ermittelten Verbrauchsmengen bewertet, also mit den Preisen der jeweiligen Produktionsfaktoren multipliziert werden. Das Ziel der **Kostentheorie** besteht darin, die funktionalen Beziehungen zwischen Ausbringungsmenge und den durch die Produktion entstandenen Kosten darzustellen. Für den Möbelhersteller wäre beispielsweise die kostentheoretische Fragestellung relevant, wie sich die Gesamtkosten entwickeln, wenn die Produktion von Tischen vom Typ M um 10% erhöht wird.

2. Grundlagen der Produktionstheorie

a) Produktionsmodelle und Produktionsfunktionen

Untersucht wird eine einfache Produktion, bei der ein Produkt M durch die Kombination von zwei Produktionsfaktoren R_1 und R_2 produziert wird. Die täglich hergestellte Menge des Produktes M beträgt 5 Einheiten (m = 5). Weiterhin wird angenommen, daß es verschiedene Möglichkeiten gibt, 5 Einheiten M mit Hilfe der beiden Produktionsfaktoren R_1 und R_2 zu produzieren. Die nachfolgende Wertetabelle gibt alle denkbaren Kombinationen der beiden Produktionsfaktoren zur Produktion von 5 Einheiten M wieder.

Punkt	r_1	r_2	m
A	1	5	5
B	2	3	5
C	2	6	5
D	3	2	5
E	3	3	5
F	3	5	5
G	4	2	5
H	5	1	5
I	6	1	5

Abb. 9: Faktoreinsatzkombinationen

Trägt man diese möglichen Kombinationen in ein Diagramm ein, in dem auf der Abszisse r_1 und auf der Ordinate r_2 abgetragen werden, so ergibt sich das in Abb. 10 dargestellte Bild.

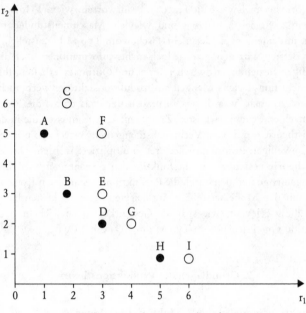

Abb. 10: Effiziente Faktoreinsatzkombinationen

Das ökonomische Prinzip verlangt, einen vorgegebenen physischen Ertrag m mit so wenig Produktionsfaktoren r_1 und r_2 wie möglich herzustellen. So gesehen sind die durch einen ausgefüllten Kreis gekennzeichneten Punkte (•), an denen **technisch effizient** produziert wird, ökonomisch sinnvoller als die durch einen leeren Kreis (o) gekennzeichneten Punkte. Beispielsweise kann dieselbe Menge an Output (m = 5) sowohl durch die Kombination B mit $r_1 = 2$, $r_2 = 3$ als auch durch die Kombination C mit $r_1 = 2$, $r_2 = 6$ hergestellt werden. Würde man aber die Kombination C statt der Kombination B wählen, so würden damit 3 Einheiten des Faktors R_2 verschwendet werden; die Produktion wäre ineffizient. Allgemein wird eine Produktion als technisch effizient bezeichnet, wenn das **ökonomische Prinzip eingehalten** wird, wenn also die beiden folgenden Voraussetzungen erfüllt sind:

(1) Es ist nicht möglich, eine gegebene Ausbringungsmenge bei Verminderung der Einsatzmenge eines Produktionsfaktors herzustellen, ohne die Einsatzmenge mindestens eines weiteren Produktionsfaktors zu erhöhen.

(2) Es ist nicht möglich, mit einer gegebenen Einsatzmenge jedes Produktionsfaktors eine höhere Ausbringungsmenge herzustellen.

Unterstellt man für alle Produktionsfaktoren und für die Produkte beliebige Teilbarkeit und Homogenität, so lassen sich die Beziehungen zwischen technisch effizienten Faktoreinsatzkombinationen und Ausbringungsmenge durch **Produktionsfunktionen** darstellen. Die Forderung nach **beliebiger Teilbarkeit** ist beispielsweise dann erfüllbar, wenn statt der Messung von Einheiten (Stückzahlen) eine Messung nach Gewicht, Raum- oder Flächeneinheiten erfolgt. **Homogenität** bedeutet, daß die Einheiten eines Produktionsfaktors oder eines Produktes untereinander beliebig austauschbar sein müssen. Stellt der Faktor R_1 beispielsweise Arbeitsstunden dar, so muß die Qualität einer Arbeitsstunde unabhängig davon sein, ob sie von Mitarbeiter A oder B und ob sie am Vormittag oder am Nachmittag erbracht wird.

Für das hier beschriebene Beispiel läßt sich die folgende Produktionsfunktion aufstellen:

(1) $m = f(r_1, r_2)$

Die Produktionsfunktion stellt den funktionalen Zusammenhang zwischen Faktoreinsatzmengen r_1 und r_2 (Input) und Ausbringungsmenge m (Output) bei technisch effizienter Produktion dar. Sie gibt für jede denkbare technisch effiziente Faktorkombination die Höhe der dazugehörigen Ausbringungsmenge an.[2]

Anstelle des Begriffs Produktionsfunktion wird häufiger – insbesondere bei der Abbildung komplexer Produktionsvorgänge – der Begriff **Produktionsmodell** verwendet.[3] Bezieht man die mehrstufige Produktion und die Produktion mehrerer Güter ein, so lassen sich die in Abb. 11 dargestellten Arten von Produktionsmodellen unterscheiden.

Fertigungsstufen \ Produkte	eins	mehrere
eine	einstufige Einproduktmodelle	einstufige Mehrproduktmodelle
mehrere	mehrstufige Einproduktmodelle	mehrstufige Mehrproduktmodelle

Abb. 11: Arten statisch-deterministischer Produktionsmodelle

Die bisher beschriebenen Produktionsmodelle oder -funktionen sind dadurch gekennzeichnet, daß sich alle Größen (Faktoreinsatzmengen und Ausbringungsmengen) auf eine fest vorgegebene Periode beziehen. Bei dem in diesem Kapitel untersuchten Beispiel ist die Bezugsperiode ein Arbeitstag (m = 5/Tag). Darüber hinaus unterstellt es Sicherheit hinsichtlich der zu berücksichtigenden Daten. Es handelt sich somit um ein **statisch-deterministi-**

---

[2] Bei mehr als zwei Produktionsfaktoren gilt die Produktionsfunktion $m = f(r_1, r_2, \ldots, r_n)$.

[3] Zur Abgrenzung der beiden Begriffe sowie weiterführend vgl. Bloech/Lücke, Produktionswirtschaft, Stuttgart, New York 1982, S. 105 ff.; Busse von Colbe/Laßmann, Betriebswirtschaftstheorie, Bd. 1, Grundlagen, Produktions- und Kostentheorie, 5. Aufl., Berlin u. a. 1991, S. 96 ff.

sches Produktionsmodell. Wird dagegen die zeitliche Gestaltung des Produktionsablaufs mitberücksichtigt, liegt ein **dynamisches** Modell vor. Berücksichtigt man die Unsicherheit auf der Grundlage wahrscheinlichkeitstheoretischer Überlegungen, handelt es sich um ein **stochastisches** Modell. Insgesamt lassen sich die in Abb. 12 dargestellten Fälle unterscheiden.

Berücksichtigung der Zeit Sicherheit	nein	ja
sicher	statisch-deterministische Produktionsmodelle	dynamisch-deterministische Produktionsmodelle
unsicher	statisch-stochastische Produktionsmodelle	dynamisch-stochastische Produktionsmodelle

Abb. 12: Arten von Produktionsmodellen

Bei den nachfolgenden Ausführungen werden wir uns auf den einfachsten Fall beziehen, der überhaupt denkbar ist:[4] Wir gehen von einer **statisch-deterministischen** Produktion aus, bei der ein Produkt auf einer einzigen Produktionsstufe (**einstufiges Einproduktmodell**) mit Hilfe von **zwei Produktionsfaktoren** hergestellt wird. Es gilt somit eine einfache Produktionsfunktion vom Typ der Gleichung (1).

Wie wir noch sehen werden, führt bereits dieses einfache Modell zu einer gewissen Komplexität. Diese Komplexität nimmt weiter zu, wenn realistischere Fälle (Mehrproduktunternehmen, mehrstufige Fertigung, nichtlineare Produktionsbeziehungen) einbezogen werden. Die hohe Komplexität ist auch der Grund dafür, daß exakte Produktionsmodelle nur in Ausnahmefällen zur Lösung praktischer Produktionsprobleme verwendet werden. Produktionstheoretische Überlegungen sind somit in erster Linie für das Verständnis grundlegender betriebswirtschaftlicher Zusammenhänge relevant. (**ÜB 3/1–3**)

b) Substitutionalität und Limitationalität

Wir haben die Produktionsfunktion als funktionalen Zusammenhang zwischen Input und Output bei technisch effizienter Produktion definiert. In Abb. 10 stellen daher die ausgefüllten Punkte A, B, D und H die Produktionsfunktion dar. Berücksichtigen wir zusätzlich, daß die Produktionsfaktoren R_1 und R_2 beliebig teilbar sind, so lassen sich die möglichen Faktoreinsatzkombinationen (r_1, r_2) für einen Output von m = 5 durch eine durchge-

---

[4] Zu Erweiterungen vgl. Fandel, G., Produktion I, Produktions- und Kostentheorie, 4. Aufl., Berlin u. a. 1994, S. 149 ff.

zogene Linie, die sogenannte **Isoquante**, darstellen. Entsprechende Isoquanten lassen sich für andere Outputmengen (m = 6, m = 7 usw.) erstellen:

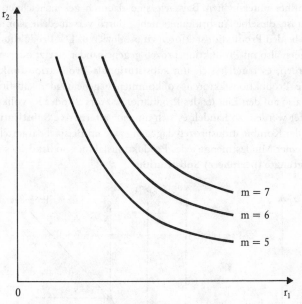

Abb. 13: Isoquanten für alternative Ausbringungsmengen

Stellt man die Ausbringungsmenge m als Senkrechte zur dazugehörigen Faktorkombination (r_1, r_2) dar, so erhält man die dreidimensionale Darstellung in Abb. 14, das sogenannte **Ertragsgebirge**. Das Ertragsgebirge zeigt

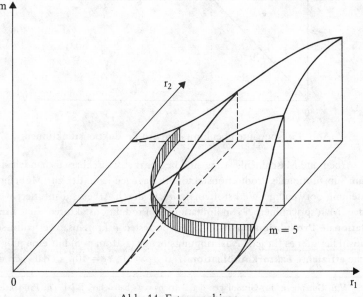

Abb. 14: Ertragsgebirge

für jede denkbare technisch effiziente Faktorkombination die dazugehörige Ausbringungsmenge an.

Die bisher untersuchten Beispiele sind dadurch gekennzeichnet, daß es möglich ist, dieselbe Ausbringungsmenge durch verschiedene Kombinationen der beiden Produktionsfaktoren zu produzieren. Die Produktionsfaktoren können also im Produktionsprozeß gegeneinander ersetzt oder substituiert werden; es handelt sich um **substitutionale Produktionsfunktionen.** Sind die Produktionsfaktoren vollkommen gegeneinander substituierbar, könnte also auf den Einsatz des Produktionsfaktors R_1 oder R_2 vollkommen verzichtet werden, so handelt es sich um eine **alternative Substitution.** Erfordert der Kombinationsprozeß dagegen – wie im Beispiel dargestellt – den Einsatz einer Mindestmenge jedes Produktionsfaktors, so handelt es sich um eine **begrenzte (periphere) Substitution.**[5]

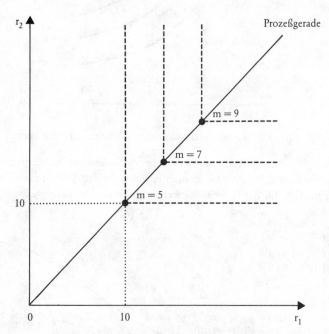

Abb. 15: Isoquanten bei limitationalen Produktionsfunktionen

Arbeit und Maschinenleistung sind begrenzt austauschbar. Es handelt sich um substitutionale Produktionsfaktoren. Dagegen kann der zur Möbelherstellung notwendige Werkstoffeinsatz nicht durch Arbeit substituiert werden. Man spricht hierbei von limitationalen Produktionsfaktoren. Eine **limitationale Produktionsfunktion** geht von festen Faktoreinsatzverhältnissen aus. Hier gibt es für jede Ausbringungsmenge (z. B. m = 5) nur **eine** mögliche **effiziente Faktorkombination** (z. B. $r_1 = 10$, $r_2 = 10$), so daß sich die

---

[5] Vgl. Gutenberg, E., Grundlagen der Betriebswirtschaftslehre, Bd. I, Die Produktion, 24. Aufl., Berlin u. a. 1983, S. 301 f. und 312.

Isoquanten in Form einzelner Punkte darstellen lassen (Abb. 15). Die geometrische Verbindung aller effizienten Faktorkombinationen wird als **Prozeßgerade** bezeichnet (Abb. 15). Für limitationale Produktionsprozesse ist kennzeichnend, daß nicht zwischen mehreren Faktoreinsatzkombinationen (Faktorsubstitution), sondern nur zwischen mehreren Produktionsprozessen mit jeweils vorgegebenen Einsatzkombinationen – beispielsweise durch einen Wechsel der fertigenden Maschine – unterschieden werden kann **(Prozeßsubstitution).** Wird der Produktionsprozeß verändert, so handelt es sich um eine **Prozeßvariation.** Für den entsprechenden Produktionsprozeß ergibt sich damit eine zweite Prozeßgerade. Je mehr Prozeßvariationen möglich sind, desto mehr Prozeßgeraden existieren. Gibt es unendlich viele Prozeßvariationen, so gibt es auch unendlich viele Prozeßgeraden. Der Grenzfall limitationaler Produktionsfunktionen entspricht damit wieder einer substitutionalen Produktionsfunktion.

c) Partialanalyse und Totalanalyse

Das oben in Abb. 14 dargestellte Ertragsgebirge setzt drei Größen zueinander in Beziehung: die Einsatzmenge des Produktionsfaktors R_1 (r_1), die Einsatzmenge des Produktionsfaktors R_2 (r_2) und die Ausbringungsmenge m. Mit Hilfe des Ertragsgebirges kann also eine Produktionsfunktion vom Typ (m = f(r_1, r_2)) dargestellt werden. Bei der Analyse derartiger Produktionsfunktionen können drei Arten der Betrachtung unterschieden werden:

(1) Die **Ausbringungsmenge** m wird **konstant** als $\bar{m}$ gesetzt, variabel sind die Einsatzmengen r_1 und r_2 der Produktionsfaktoren R_1 und R_2. Die Fragestellung lautet hier: Welche technisch effizienten Kombinationen der Produktionsfaktoren R_1 und R_2 erlauben die Produktion einer vorgegebenen Ausbringungsmenge $\bar{m}$?

(2) Die **Einsatzmenge eines Produktionsfaktors** – beispielsweise des Faktors R_1 – wird **konstant** gesetzt, variabel sind die Einsatzmenge des zweiten Produktionsfaktors R_2 und die Ausbringungsmenge m. Die Fragestellung lautet: Wie ändert sich die Ausbringungsmenge m in Abhängigkeit von der Einsatzmenge eines Produktionsfaktors (hier r_2), wenn die Einsatzmenge der übrigen Produktionsfaktoren (hier r_1) konstant bleibt?

(3) **Alle** drei betrachteten **Größen** (r_1, r_2 und m) sind **variabel.** Die Fragestellung lautet: Wie ändert sich die Ausbringungsmenge m, wenn die Einsatzmenge aller Produktionsfaktoren (hier r_1 und r_2) proportional (bei unveränderten Faktoreinsatzverhältnissen) verändert wird?

Aus Abb. 14 ergibt sich, daß sich diese drei Fragestellungen als unterschiedliche Schnitte durch das Ertragsgebirge darstellen lassen. Bei **Frage (1)** wird die auf der Senkrechten abgetragene Ausbringungsmenge konstant gesetzt. Abhängig davon, in welcher Höhe die Ausbringungsmenge (z. B. mit m = 5) fixiert wird, werden horizontale Schnitte durch das Ertragsgebirge durchgeführt. Das Ertragsgebirge wird also von oben betrachtet. Genauso, wie Höhenlinien auf Landkarten die Punkte in der Ebene miteinander verbinden, in denen eine bestimmte Höhe gerade erreicht wird, entstehen bei horizontalen Schnitten durch das Ertragsgebirge Linien, die die Punkte in der Faktoreinsatzebene miteinander verbinden, in denen die betreffende Höhe der Ausbringung gerade erreicht wird. Auf diese Art entsteht das bereits bekannte Bild der Isoquanten (Abb. 13).

Bei **Frage (2)** wird die auf der waagerecht nach rechts verlaufenden Achse gemessene Faktoreinsatzmenge r_1 konstant gesetzt. Abhängig davon, in welcher Höhe diese Faktoreinsatzmenge fixiert wird, entstehen vom Vordergrund in den Hintergrund verlaufende vertikale Schnitte durch das Ertragsgebirge. In diesem Fall wird das Ertragsgebirge von der Seite her betrachtet.[6] Da man sich bei der Betrachtung auf die Variation nur eines Produktionsfaktors (R_2) beschränkt und die Abhängigkeit der Ausbringungsmenge von der Einsatzmenge nur dieses Produktionsfaktors untersucht, stellt man eine Partialbetrachtung an. Es wird also eine **partielle Faktorvariation** durchgeführt. Für das in Abb. 14 dargestellte Ertragsgebirge ergeben sich beispielsweise die aus vertikalen Schnitten abgeleiteten partiellen Gesamtertragsfunktionen der Abb. 16.

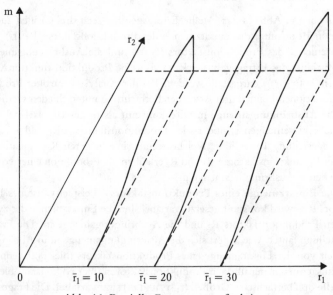

Abb. 16: Partielle Gesamtertragsfunktionen

Frage (3) schließlich betrifft Änderungen der Ausbringungsmenge in Abhängigkeit von Änderungen der Einsatzmengen aller Produktionsfaktoren. Es wird eine Totalbetrachtung vorgenommen, also eine **totale Faktorvariation** durchgeführt. Da nach der Änderung der Ausbringungsmenge in Abhängigkeit von einer proportionalen Änderung der Faktoreinsatzmengen gefragt wird, bleibt das Faktoreinsatzverhältnis $r_1 : r_2$ stets konstant. Für Fragestellung (3) wird folglich ebenfalls ein vertikaler Schnitt durch das Ertragsge-

---

[6] Analog entspricht die Variation des Faktors R_1 bei Konstantsetzung des Faktors R_2 einem Blick von vorne auf das Ertragsgebirge, also einem Schnitt von links nach rechts.

birge vorgenommen. Dieser Schnitt erfolgt jedoch im Gegensatz zur partiellen Faktorvariation (Fragestellung (2)) nicht parallel zur r_1- oder r_2-Achse, sondern vom Nullpunkt aus entlang einer Geraden, deren Verlauf vom vorgegebenen Einsatzverhältnis $r_1 : r_2$ bestimmt wird. Das Ertragsgebirge wird wie eine Torte schräg durchschnitten, wie Abb. 17 zeigt.

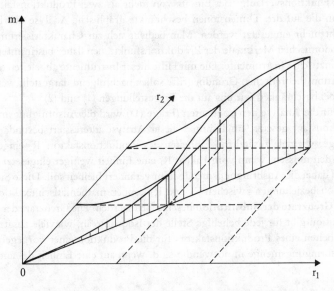

Abb. 17: Totale Faktorvariation beim Ertragsgebirge

Die Zusammenhänge zwischen den drei Fragestellungen verdeutlicht nochmals die folgende Übersicht (Abb. 18). (**ÜB 3/4**)

Fragestellung	Konstant	Schnitt durch Ertragsgebirge	Untersuchungs- gegenstand
(1)	Ausbringungs- menge (m)	horizontal	Isoquanten
(2)	Faktoreinsatz- menge (r_1 oder r_2)	vertikal, parallel zur r_2-Achse oder r_1-Achse	Partielle Faktor- variation
(3)	Faktoreinsatz- verhältnis ($r_1 : r_2$)	vertikal, entlang der Prozeßgeraden	Totale Faktor- variation

Abb. 18: Produktionstheoretische Analysebereiche

d) Produktionstheoretische Grundbegriffe

aa) Analyse der Isoquanten

Bereits bei einer sehr einfachen Produktionsfunktion mit nur zwei Produktionsfaktoren stößt man an die Grenzen einer graphischen Darstellung der Funktionsverläufe. Bei Einsatz von mehr als zwei Produktionsfaktoren kann die auf drei Dimensionen beschränkte graphische Analyse überhaupt nicht mehr eingesetzt werden. Man bedient sich zur Charakterisierung der ökonomischen Merkmale der Produktionsfunktionen daher bestimmter mathematischer Instrumente. Die mit Hilfe dieser Instrumente abgeleiteten produktionstheoretischen Grundbegriffe sollen nachfolgend dargestellt werden. Dabei beschränken wir uns auf die Fragestellungen (1) und (2).

Für die Analyse der Isoquanten (**Frage (1)**) wird die Ausbringungsmenge $\bar{m}$ konstant gesetzt. Im Rahmen dieser Analyse interessiert besonders die Frage, wieviele zusätzliche Einheiten des Produktionsfaktors R_2 eingesetzt werden müssen, wenn vom Faktor R_1 eine Einheit weniger eingesetzt wird und dabei die Ausbringungsmenge $\bar{m}$ unverändert bleiben soll. Diese Substitutionsbeziehungen zwischen R_1 und R_2 können mathematisch exakt durch die **Grenzrate der Substitution** beschrieben werden. Die Grenzrate der Substitution gibt für jede beliebige Stelle der Isoquante an, wieviele zusätzliche Einheiten eines Produktionsfaktors für die Produktion einer vorgegebenen Ausbringungsmenge $\bar{m}$ notwendig sind, wenn auf eine Einheit des anderen

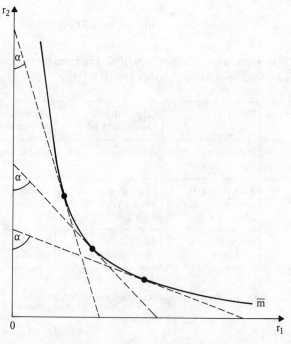

Abb. 19: Graphische Ermittlung der Grenzrate der Substitution

Produktionsfaktors verzichtet werden soll.[7] Graphisch läßt sich die Grenzrate der Substitution als Steigung der Isoquante an der betreffenden Stelle bestimmen. Diese Steigung ergibt sich aus dem Tangens des Winkels α zwischen Tangente und Ordinate, wie Abb. 19 zeigt.

Analytisch läßt sich die Steigung der Isoquante ermitteln, indem die Produktionsfunktion nach einem Produktionsfaktor – beispielsweise nach r_1 – aufgelöst und die so entstandene Isoquantengleichung nach dem anderen Produktionsfaktor abgeleitet wird. (ÜB 3/5–9)

bb) Analyse der partiellen Faktorvariation

Bei der Partialanalyse (**Frage (2)**) wird die Ausbringungsmenge m in Abhängigkeit von der Einsatzmenge eines (variablen) Produktionsfaktors – hier des Faktors R_2 – untersucht, während die Einsatzmenge der übrigen (fixen) Faktoren – hier des Faktors R_1 – konstant gesetzt wird. Diese Analyse ist beispielsweise bei einer kurzfristigen Betrachtung sinnvoll, bei der nur die Einsatzmenge eines Faktors (beispielsweise die Rohstoffmenge) variiert werden kann, während die Einsatzmengen der übrigen Faktoren (beispielsweise Personal oder Maschinen) kurzfristig nicht beeinflußbar (fixiert) sind. Die partielle Gesamtertragsfunktion ist gleich der Produktionsfunktion, wenn die Einsatzmenge der übrigen Faktoren konstant gesetzt wird:

$$(2) \qquad m = f(\bar{r}_1, r_2)$$

Bei der partialanalytischen Betrachtung interessiert besonders die Frage, wie sich die Ausbringungsmenge bei Einsatz einer zusätzlichen Einheit des variablen Faktors verändert. Dieser Ertragszuwachs wird als **Grenzertrag des variablen Faktors** oder auch als **partielles Grenzprodukt** bezeichnet. Betrachtet man Änderungen der Ausbringungsmenge in Abhängigkeit von infinitesimal kleinen Veränderungen der Faktoreinsatzmenge, so spricht man von der **Grenzproduktivität** des variablen Faktors.

Graphisch läßt sich der Grenzertrag des variablen Faktors als Steigung der partiellen Gesamtertragsfunktion bestimmen, indem an die betreffende Stelle der Funktion eine Tangente gelegt wird. Abb. 20 zeigt, daß sich die Steigung der partiellen Gesamtertragsfunktion damit als Tangens des Winkels α zwischen Tangente und Abszisse berechnen läßt. Algebraisch ergibt sich die Grenzproduktivität durch Ableitung der partiellen Gesamtertragsfunktion (2) nach dem variablen Faktor R_2.

---

[7] Da ein einzelner Punkt der Isoquante betrachtet wird, muß es genau heißen: Wieviele zusätzliche Einheiten des einen Produktionsfaktors werden für die Produktion einer vorgegebenen Ausbringungsmenge $\bar{m}$ zusätzlich benötigt, wenn auf eine **infinitesimal kleine** Einheit des anderen Produktionsfaktors verzichtet wird?

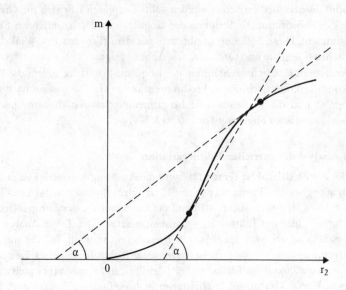

Abb. 20: Bestimmung der Grenzproduktivität

Der **Durchschnittsertrag** e (auch Durchschnittsprodukt oder Produktivität des betreffenden Faktors genannt) läßt sich bestimmen, indem der Gesamtertrag durch die Einsatzmenge des variablen Produktionsfaktors dividiert wird.

$$(3) \qquad e_1 = \frac{m}{r_1}, \ e_2 = \frac{m}{r_2} \ \left(\begin{array}{l} \text{Durchschnittsertrag des} \\ \text{variablen Faktors } R_1 \text{ bzw. } R_2 \end{array} \right)$$

Den Kehrwert des Durchschnittsertrages e bezeichnet man auch als **Produktionskoeffizienten** a des variablen Faktors. Er gibt die Anzahl der im Produktionsprozeß durchschnittlich notwendigen Faktoreinsatzmengen des jeweiligen Produktionsfaktors zur Produktion einer Einheit der Ausbringungsmenge m an.

$$(4) \qquad a_1 = \frac{r_1}{m}, \ a_2 = \frac{r_2}{m} \ \left(\begin{array}{l} \text{Produktionskoeffizient des} \\ \text{variablen Faktors } R_1 \text{ bzw. } R_2 \end{array} \right)$$

cc) Zusammenfassung und Beispiel

Zum Abschluß sollen die in den vorhergehenden Kapiteln erarbeiteten produktionstheoretischen Grundbegriffe noch einmal in Form einer Übersicht zusammengestellt werden.

Begriff	Berechnung	Art der Analyse	Erläuterung
Grenzrate der Substitution	$\dfrac{dr_1}{dr_2}$	Analyse der Isoquanten	Austauschrelation zwischen zwei Produktionsfaktoren R_1 und R_2 bei Konstanz der Ausbringungsmenge m
Grenzproduktivität	$\dfrac{\delta m}{\delta r_1}, \dfrac{\delta m}{\delta r_2}$	Analyse der partiellen Faktorvariation	Veränderung der Ausbringungsmenge m in Abhängigkeit von infinitesimal kleinen Änderungen der Faktoreinsatzmenge r_1 bzw. r_2
Partielles Grenzprodukt, Grenzertrag des variablen Faktors	$dm_{r1} = \dfrac{\delta m}{\delta r_1} \cdot dr_1$ $dm_{r2} = \dfrac{\delta m}{\delta r_2} \cdot dr_2$	Analyse der partiellen Faktorvariation	Veränderung der Ausbringungsmenge m in Abhängigkeit von hinreichend kleinen Änderungen der Faktoreinsatzmengen der variablen Faktoren dr_1 bzw. dr_2
Durchschnittsertrag, Durchschnittsprodukt, Produktivität	$e_1 = \dfrac{m}{r_1}, e_2 = \dfrac{m}{r_2}$	Analyse der partiellen Faktorvariation	Durchschnittlicher Ertrag des Produktionsfaktors R_1 bzw. R_2
Produktionskoeffizient	$a_1 = \dfrac{r_1}{m}, a_2 = \dfrac{r_2}{m}$	Analyse der partiellen Faktorvariation	Anzahl der im Produktionsprozeß durchschnittlich notwendigen Faktoreinsatzmengen r_1 bzw. r_2 zur Produktion einer Einheit m

Abb. 21: Übersicht über produktionstheoretische Grundbegriffe

Beispiel: Gegeben sei eine einstufige Einproduktfertigung des Produktes M mit der Menge m mit Hilfe der beiden Produktionsfaktoren R_1 und R_2, die in den Mengen r_1 und r_2 eingesetzt werden. Die Produktionsfunktion wird durch Gleichung (1) beschrieben. Berechnet werden sollen Werte für die Variablen $r_1 = 3$, $r_2 = 4$, $dr_1 = 1$ und $dr_2 = 2$. Die Ausbringungsmenge beträgt somit $m = r_1 \cdot r_2 = 12$.

Grenzrate der Substitution: Analysiert wird der Zusammenhang zwischen r_1 und r_2, wenn die Ausbringungsmenge m konstant gesetzt wird. Zunächst muß die Produktionsfunktion (1) nach r_2 (oder alternativ nach r_1) abgeleitet werden:

$$(5) \qquad r_2 = \frac{\bar{m}}{r_1}$$

Die so entstehende Isoquantengleichung ist unter Anwendung der Quotientenregel[8] nach r_1 abzuleiten:

$$(6) \qquad \frac{dr_2}{dr_1} = \left(\frac{\bar{m}}{r_1}\right)' = \frac{\bar{m}'\cdot r_1 - \bar{m}\cdot r_1'}{r_1{}^2} = -\frac{\bar{m}}{r_1{}^2}$$

Für m = 12 und $r_1 = 3$ ergibt sich somit die Grenzrate der Substitution als $(dr_2 : dr_1) = - (12 : 9) = - 1,33$.

Grenzproduktivitäten: Die Grenzproduktivitäten der Produktionsfaktoren R_1 und R_2 lassen sich ermitteln, indem die Produktionsfunktion nach den Faktoreinsatzmengen r_1 und r_2 unter Anwendung der Produktregel[9] abgeleitet wird.

$$(7) \qquad \frac{\delta m}{\delta r_1} = (r_1 \cdot \bar{r}_2)' = r_1' \cdot \bar{r}_2 + r_1 \cdot \bar{r}_2' = \bar{r}_2$$

$$\frac{\delta m}{\delta r_2} = (\bar{r}_1 \cdot r_2)' = \bar{r}_1' \cdot r_2 + \bar{r}_1 \cdot r_2' = \bar{r}_1$$

Für das Beispiel betragen die Grenzproduktivitäten damit
$$(\delta m : \delta r_1) = 4$$
$$(\delta m : \delta r_2) = 3.$$

Partielle Grenzprodukte (Grenzerträge der variablen Faktoren): Zur Ermittlung der partiellen Grenzprodukte sind die Grenzproduktivitäten mit hinreichend kleinen Mengenänderungen – hier $dr_1 = 1$, $dr_2 = 2$ – zu multiplizieren:

$$(8) \qquad dm_{r1} = \frac{\delta m}{\delta r_1} \cdot dr_1, \; dm_{r2} = \frac{\delta m}{\delta r_2} \cdot dr_2$$

Die partiellen Grenzproduktivitäten berechnen sich somit im Beispiel wie folgt:
$$dm_{r1} = 4 \cdot 1 = 4, \; dm_{r2} = 3 \cdot 2 = 6.$$

Durchschnittsertrag (Produktivität) der variablen Faktoren: Der Durchschnittsertrag der Produktionsfaktoren R_1 und R_2 ergibt sich, indem die Ausbringungsmenge m durch die jeweilige Faktoreinsatzmenge r_1 bzw. r_2 geteilt wird. Im Beispiel berechnen sich die Durchschnittserträge als
$$e_1 = 4, \; e_2 = 3.$$

---

[8] Zur Quotientenregel vgl. beispielsweise Gal, T. u. a., Mathematik für Wirtschaftswissenschaftler, Band II, Analysis, 3. Aufl., Berlin u. a. 1991, S. 172.
[9] Vgl. ebenda.

Produktionskoeffizienten: Die Produktionskoeffizienten geben an, wieviele Einheiten der Produktionsfaktoren R_1 bzw. R_2 durchschnittlich benötigt werden, um eine Einheit der Ausbringungsmenge m herzustellen. Sie berechnen sich als Kehrwert des Durchschnittsertrages:

(9) $\qquad a_1 = \dfrac{r_1}{m}, \; a_2 = \dfrac{r_2}{m}$

und betragen somit im Beispiel

$\qquad a_1 = 0,25, \; a_2 = 0,33.$ (ÜB 3/10)

3. Grundlagen der Kostentheorie

a) Der Zusammenhang zwischen Produktions- und Kostenfunktionen

Mit Hilfe der Produktionstheorie gelingt es, unter einer Anzahl von möglichen Produktionsprozessen die Prozesse auszuwählen, die hinsichtlich der Einhaltung des Wirtschaftlichkeitsprinzips optimal sind. Auf der Ebene der Produktionstheorie wird dem Wirtschaftlichkeitsprinzip dabei mit Hilfe des Effizienzkriteriums gefolgt, indem alle technisch ineffizienten (faktorverschwendenden) Produktionsprozesse ausgesondert werden.

In der Kostentheorie werden die zur Produktion eingesetzten Produktionsfaktoren **bewertet,** also mit den vom Markt vorgegebenen Faktorpreisen multipliziert. Das mit Hilfe der Produktionstheorie ermittelte **Mengengerüst** der Produktion wird von der Kostentheorie um ein **Wertgerüst** ergänzt.[10] Genauso kann der mengenmäßige Output (die Ausbringungsmenge m) in die Wertgröße „Erlös" transformiert werden, indem die Ausbringungsmenge mit dem ebenfalls vom Markt vorgegebenen Marktpreis des Produktes multipliziert wird. Der unternehmerische **Gewinn** ergibt sich als Differenz zwischen Erlösen und Kosten.

Existieren bei substitutionalen Produktionsfunktionen – z. B. in einem Heizwerk – mehrere alternative Produktionsfaktoren zur Produktion derselben Ausbringungsmenge, so sind zwar die Erlöse bei jeder Produktionsalternative gleich, die Kosten jedoch können sich unterscheiden. Damit unterscheidet sich auch der Gewinn des Unternehmens bei den einzelnen Alternativen: er wird um so größer, je größer die Differenz zwischen Erlösen und Kosten ist, je geringer also die Kosten sind. Aufgabe der Kostentheorie ist es in einem solchen Fall, unter den technisch effizienten Produktionsprozessen denjenigen Prozeß auszuwählen, der zu minimalen Kosten führt und damit den ökonomisch effizientesten Produktionsprozeß darstellt **(Ziel der Kostenminimierung).**

Die Bewertung der Produktionsfaktoren führt damit zu einer Vereinheitlichung der Rechengrößen: Statt den Faktorverbrauch in Stück, Kilogramm usw. für Werkstoffe und in Stunden für den Arbeits- und Betriebsmitteleinsatz anzugeben, erfolgt nunmehr die Messung einheitlich in Geldeinheiten

---

[10] Vgl. Adam, D., Produktions- und Kostentheorie, 2. Aufl., Tübingen 1977, S. 19f.

(z. B. in DM). Erst diese Vereinheitlichung erlaubt die Auswahl des kostenminimalen Produktionsprozesses unter mehreren technisch effizienten Möglichkeiten. Kosten lassen sich daher wie folgt definieren:

**Kosten stellen den mit Preisen bewerteten Verzehr von Produktions-
faktoren (einschließlich öffentlicher Abgaben) dar, der durch die Erstellung der betrieblichen Leistungen verursacht wird.**[11]

Eine Produktionsfunktion stellt die mengenmäßigen Beziehungen zwischen
Faktoreinsatzmengen und Ausbringungsmengen dar. Bewertet man die Faktoreinsatzmengen r_1, r_2, ..., r_n mit den Preisen q_1, q_2, ..., q_n, so ergibt sich
die **Gesamtkostenfunktion:**

$$(10) \qquad K = q_1 \cdot r_1 + q_2 \cdot r_2 + \ldots + q_n \cdot r_n$$

Dabei stellen die Faktoreinsatzmengen r_1 bis r_n das Mengengerüst und die
Preise q_1 bis q_n das Wertgerüst dar. Da die Faktoreinsatzmengen von der
Ausbringungsmenge abhängen, gibt die Kostenfunktion gleichzeitig die **Abhängigkeit der Kosten von der Ausbringungsmenge** wieder. Aktionsparameter (unabhängige Variable) ist dabei die Ausbringungsmenge, während
die Kosten die abhängige Variable bilden:

$$(11) \qquad K = f(m)$$

b) Ableitung der Gesamtkostenfunktion

aa) Kostenisoquanten (Isokostengeraden)

Die Gesamtkosten K sind eine Funktion der Ausbringungsmenge m (Gleichung (11)). Die Faktorpreise q_1 bis q_n gelten im folgenden als vom Markt
vorgegeben und konstant ($\bar{q}_1$ bis $\bar{q}_n$). Bei einer Produktionsfunktion vom
Typ (1) ist die Ausbringungsmenge m von der Höhe des Faktoreinsatzes r_1
und r_2 abhängig. Sind $\bar{q}_1$ und $\bar{q}_2$ vorgegeben, läßt sich die Gesamtkostenfunktion für eine solche Produktionsfunktion wie folgt darstellen:

$$(12) \qquad K = \bar{q}_1 \cdot r_1 + \bar{q}_2 \cdot r_2$$

Die Gesamtkosten hängen damit nur von den Faktoreinsatzmengen r_1 und r_2
ab. Steht ein vorgegebenes **Kostenbudget** K^0 zur Verfügung, so läßt sich
dieses Budget in unterschiedlicher Weise auf die beiden Produktionsfaktoren
R_1 und R_2 aufteilen. Wird das gesamte Budget ausschließlich zum Kauf des
Produktionsfaktors R_1 verwendet, so können damit

$$(13) \qquad r_1 = \frac{K^0}{\bar{q}_1}$$

---

[11] Zur Abgrenzung der Kosten vom Aufwand und von den Ausgaben vgl. S. 1016 ff.
sowie Mellerowicz, K., Kosten und Kostenrechnung, Bd. I, Theorie der Kosten, 5. Aufl.,
Berlin, New York 1973, S. 6 ff.

Einheiten des Produktionsfaktors R_1 erworben werden, während die Verausgabung ausschließlich für den Produktionsfaktor R_2 den Kauf von

$$(14) \qquad r_2 = \frac{K^0}{\bar{q}_2}$$

Einheiten R_2 ermöglicht. Wird das Kostenbudget K^0 in unterschiedlicher Weise auf die beiden Produktionsfaktoren aufgeteilt, so können analog den Produktionsisoquanten die verschiedenen Kombinationen in Form von **Kostenisoquanten (Isokostengeraden)** in einem r_1-r_2-Diagramm dargestellt werden, wie Abb. 22 zeigt.

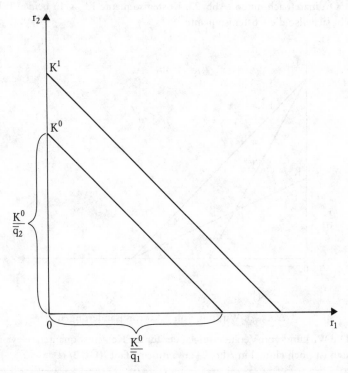

Abb. 22: Kostenisoquanten

In Abb. 22 zeigt die Strecke $K^0 : \bar{q}_1$ auf der Abszisse die vollständige Verausgabung des Kostenbudgets K^0 für den Produktionsfaktor R_1 an, während die Strecke $K^0 : \bar{q}_2$ auf der Ordinate entsprechendes für den Faktor R_2 bezeichnet. Die Funktionsgleichung der Kostenisoquante läßt sich ermitteln, indem Gleichung (12) für das Kostenbudget K^0 nach r_2 aufgelöst wird:

$$(15) \qquad r_2 = \frac{K^0}{\bar{q}_2} - \frac{\bar{q}_1}{\bar{q}_2} \cdot r_1$$

Der Schnittpunkt der Ordinate wird durch das Verhältnis des vorhandenen Budgets K^0 und des Preises des Faktors R_2 ($\bar{q}_2$) determiniert, während die (negative) Steigung der Kostenisoquante durch das Verhältnis der Preise der beiden Produktionsfaktoren ($\bar{q}_1 : \bar{q}_2$) festgelegt. Erhöht man das Kostenbudget von K^0 auf K^1, so ändert sich der Schnittpunkt mit der Ordinate, nicht jedoch die Steigung der Kostenisoquante; die Kostenisoquante verschiebt sich in Abb. 22 parallel von K^0 nach K^1.

Die Steigung der Kostenisoquante verändert sich, wenn sich die Preise der Produktionsfaktoren $\bar{q}_1$ oder $\bar{q}_2$ ändern. Steigt der Preis des Faktors R_1 von $\bar{q}_1^0$ auf $\bar{q}_1^1$, so verschiebt sich der Schnittpunkt der Kostenisoquante mit der Abszisse nach links (Abb. 23: Kostenisoquante $K^0{}_{q1}$); steigt der Preis des Faktors R_2 auf $\bar{q}_2^1$, verschiebt sich der Schnittpunkt der Kostenisoquante mit der Ordinate nach unten (Abb. 23: Kostenisoquante $K^0{}_{q2}$). In beiden Fällen dreht sich also die Kostenisoquante.

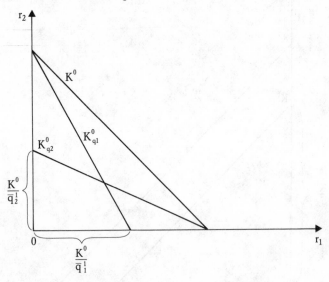

Abb. 23: Wirkung von Faktorpreisänderungen

Die Wirkung von Veränderungen der für die Kostenisoquanten relevanten Daten ist noch einmal in Abb. 24 zusammengefaßt. (**ÜB 3/11**)

Erhöhung des ...	Wirkung
– Kostenbudgets K	Parallelverschiebung der Kostenisoquante nach rechts oben
– Faktorpreises q_1	Verschiebung des Schnittpunktes mit der Abszisse nach links, steilerer Verlauf der Isoquante
– Faktorpreises q_2	Verschiebung des Schnittpunktes mit der Ordinate nach unten, flacherer Verlauf der Isoquante

Abb. 24: Wirkung von Datenänderungen auf Kostenisoquanten

bb) Kostenminimum bei limitationalen Produktionsfunktionen

Die im vorhergehenden Kapitel eingeführten Kostenisoquanten bilden alle r_1-r_2-Kombinationen ab, die zur Realisierung desselben Kostenbudgets führen. Mit Hilfe der Produktionsisoquanten werden dagegen alle zur Realisierung derselben Ausbringungsmenge $\bar{m}$ führenden r_1-r_2-Kombinationen dargestellt. Bildet man beide Arten von Isoquanten in einem Diagramm ab, so ergibt sich für limitationale Produktionsfunktionen das in Abb. 25 dargestellte Bild.

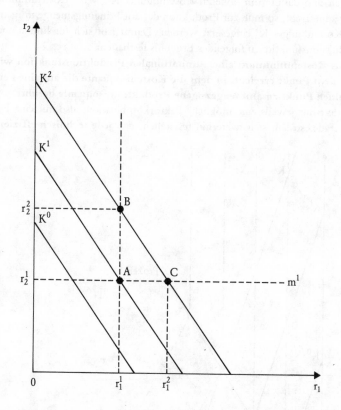

Abb. 25: Kosten- und Produktionsisoquanten bei limitationalen
Produktionsfunktionen

Die Produktionsisoquante zeigt an, daß zur Produktion der Ausbringungsmenge m^1 mindestens die Faktoreinsatzmengen r_1^1 und r_2^1 eingesetzt werden müssen. Da die dafür benötigten Faktoreinsatzmengen mit Hilfe des Kostenbudgets K^0 nicht beschafft werden können, muß das Budget auf K^1 erhöht werden. Die Kostenisoquante K^1 berührt gerade die Produktionsisoquante m^1 (genauer: schneidet gerade die auf den Punkt A reduzierte Produktionsisoquante m^1). Mit Hilfe des Kostenbudgets K^1 kann also eine einzi-

ge r_1-r_2-Kombination erworben werden, die genau ausreicht, die Menge m^1
zu produzieren (Punkt A). Wird das Kostenbudget weiter auf K^2 erhöht, so
kann mit Hilfe dieses Budgets der Punkt B (r_1^1-r_2^2) oder der Punkt C (r_1^2-r_2^1)
realisiert werden; in beiden Fällen wird ebenfalls genau die Menge m^1 produziert. Diese Punkte liegen jedoch nicht mehr auf der Produktionsisoquante,
stellen also **keine technisch effizienten Produktionsmöglichkeiten** mehr
dar. Im ersten Fall wird ein Teil des Faktors R_2 (die Menge $r_2^2 - r_2^1$, also die
Strecke BA), im zweiten Fall ein Teil des Faktors R_1 (die Menge $r_1^2 - r_1^1$,
also die Strecke CA) verschwendet. Diese Verschwendung führt zu höheren
Kosten und damit zum höheren Kostenbudget K^2. Wird Kostenminimierung angestrebt, so muß zur Produktion der Ausbringungsmenge m^1 genau
das Kostenbudget K^1 eingesetzt werden. Damit läßt sich für limitationale
Produktionsfunktionen folgendes Ergebnis festhalten:

**Das Kostenminimum einer limitationalen Produktionsfunktion wird
in dem Punkt erreicht, in dem die Kostenisoquante die auf einen einzelnen Punkt zusammengezogene Produktionsisoquante berührt.**

Existiert nur jeweils eine mögliche Faktorkombination, also nur eine Prozeßgerade, so läßt sich weiterhin feststellen, daß **jede technisch effiziente**

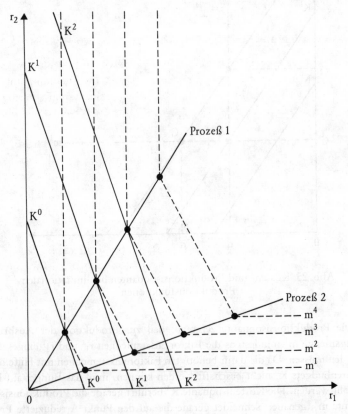

Abb. 26: Minimalkosten bei alternativen Prozeßgeraden

Faktorkombination gleichzeitig auch eine kostenminimale Faktorkombination darstellt. Da in diesem Fall nur eine einzige technisch effiziente Faktorkombination existiert, gibt es auch keine Möglichkeit, durch Veränderung des Kostenbudgets bei Variation nur eines Produktionsfaktors die Ausbringung zu erhöhen. Existieren dagegen alternative Prozeßgeraden **(Prozeßvariation),** so kann sich das in Abb. 26 dargestellte Bild ergeben.

Können die in Abb. 26 dargestellten Kostenbudgets K^0, K^1 oder K^2 realisiert werden, so ist ersichtlich, daß in jedem Fall Prozeß 1 wirtschaftlich sinnvoller ist als Prozeß 2, denn jede Kostenfunktion schneidet die Prozeßgerade 2 bei einem niedrigeren Ausbringungsniveau als die Prozeßgerade 1. Zwar können stets zwei alternative, jeweils technisch effiziente Faktoreinsatzkombinationen – die Punkte auf den Prozeßgeraden – realisiert werden. Die mit Hilfe des Prozesses 1 realisierten Ausbringungsmengen sind jedoch in jedem Fall höher als die mit Hilfe des Prozesses 2 realisierten Alternativen, wenn dasselbe Kostenbudget eingesetzt wird. Für den Fall mehrerer linearlimitationaler Produktionsprozesse gilt also:

Das Kostenminimum wird erreicht, wenn stets der Prozeß gewählt wird, der bei einem beliebigen Kostenbudget die Realisierung der höheren Ausbringungsmenge zuläßt.

cc) Kostenminimum bei substitutionalen Produktionsfunktionen

Analog dem Vorgehen bei limitationalen Produktionsbeziehungen kann auch bei substitutionalen Produktionsfunktionen das Kostenminimum ermittelt werden, indem Produktions- und Kostenisoquanten gleichzeitig in ein r_1-r_2-Diagramm eingezeichnet werden. Dabei ergibt sich das in Abb. 27 dargestellte Bild.

Das Kostenminimum wird dort erreicht, wo mit einem gegebenen Kostenbudget die maximale Ausbringungsmenge realisiert wird. Das ist in Abb. 27 offensichtlich an der Stelle der Fall, wo die Kostenisoquante K^1 die Produktionsisoquante m^1 tangiert (Punkt A). Liegt die Produktionsisoquante höher (Abb. 27: m^2), so gibt es keinen Berührungspunkt zwischen ihr und der Kostenisoquante; die betreffende Ausbringungsmenge ist nicht realisierbar. Liegt die Produktionsisoquante dagegen niedriger (Abb. 27: m^0), so gibt es zwar zwei Schnittpunkte zwischen der Produktionsisoquante und der Kostenisoquante und damit zwei mögliche technisch effiziente Faktorkombinationen, das so erreichte Ausbringungsniveau ist jedoch geringer. Die kostenminimale Faktoreinsatzkombination einer substitutionalen Produktionsfunktion, die sogenannte **Minimalkostenkombination,** ist an genau einer Stelle realisierbar, an der eine Kostenisoquante eine Produktionsisoquante gerade tangiert. Mit Hilfe der Minimalkostenkombination wird daher die **ökonomisch** effiziente (gleich kostengünstigste) Faktorkombination aus der Menge aller **technisch** effizienten Faktorkombinationen ausgewählt.

Die Steigung der Kostenisoquante wird, wie aus Gleichung (15) ersichtlich ist, durch das Preisverhältnis der beiden Produktionsfaktoren bestimmt. Mathematisch ausgedrückt: Die Steigung der Kostenisoquante ergibt sich, in-

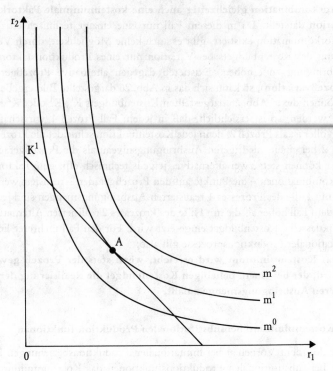

Abb. 27: Minimalkostenkombination

dem die nach einem Produktionsfaktor aufgelöste Kostenfunktion (Gleichung (15)) nach dem anderen Produktionsfaktor abgeleitet wird:

(16)
$$r_2 = \frac{\bar{K}}{\bar{q}_2} - \frac{\bar{q}_1}{\bar{q}_2} \cdot r_1$$

$$\frac{dr_2}{dr_1} = - \frac{\bar{q}_1}{\bar{q}_2} \text{ (Steigung der Kostenisoquante)}$$

Die Steigung der Produktionsfunktion an der betreffenden Stelle wird durch die erste Ableitung der Produktionsisoquante, die Grenzrate der Substitution, ausgedrückt. Da die Minimalkostenkombination gerade dort erreicht wird, wo sich Produktionsisoquante und Kostenisoquante tangieren, sind dort die Steigungen der Produktionsisoquante und der Kostenisoquante gleich.

Für die Minimalkostenkombination muß also die Bedingung erfüllt sein, daß die Grenzrate der Substitution gleich dem negativen umgekehrten Faktorpreisverhältnis ist:

(17)
$$\frac{dr_2}{dr_1} = - \frac{q_1}{q_2} \left(\begin{array}{l} \text{Grenzrate der Substitution gleich} \\ \text{negatives umgekehrtes Faktorpreisverhältnis} \end{array} \right)$$

Da die Grenzrate der Substitution gleich dem umgekehrten Grenzproduktivitätsverhältnis der Produktionsfaktoren ist, gilt weiterhin:

$$
(18) \qquad \frac{q_1}{q_2} = \frac{\dfrac{\delta m}{\delta r_1}}{\dfrac{\delta m}{\delta r_2}} \quad \left(\begin{array}{l} \text{Faktorpreisverhältnis gleich} \\ \text{Verhältnis der Grenzproduktivitäten} \end{array} \right)
$$

Somit läßt sich abschließend folgende Bedingung für die kostenminimale Produktion formulieren:

Bei substitutionalen Produktionsfunktionen wird das Ziel der Kostenminimierung in dem Punkt erreicht, in dem die Minimalkostenkombination realisiert wird. Dort ist das Verhältnis der Preise von je zwei Produktionsfaktoren gleich dem Verhältnis ihrer Grenzproduktivitäten.

Anhand dieser Aussage läßt sich auch ersehen, daß eine Veränderung der Faktorpreise zu einer Veränderung der Minimalkostenkombination führen muß. Abb. 28 zeigt, daß die Minimalkostenkombination für einen solchen Fall nur erreicht wird, wenn ein anderer Punkt auf der Produktionsisoquante und somit eine andere Grenzrate der Substitution gewählt wird.

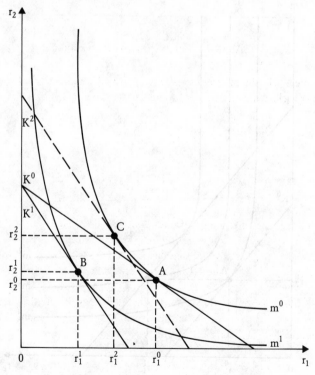

Abb. 28: Wirkung von Preisänderungen

32*

Steigt der Preis des Produktionsfaktors R_1 (q_1), so verschiebt sich der Schnittpunkt der Kostenisoquante mit der Abszisse nach links, und die Kostenisoquante verläuft steiler (Kostenisoquante K^1 statt K^0). Die Verteuerung des Produktionsfaktors bewirkt, daß mit demselben Kostenbudget nur noch eine geringere Ausbringungsmenge m^1 realisiert werden kann (Punkt B statt Punkt A). Folglich geht die Menge der eingesetzten Produktionsfaktoren zurück. Gleichzeitig wird jedoch der jetzt relativ teure Produktionsfaktor R_1 teilweise durch R_2 substituiert, so daß einer Verringerung des Faktoreinsatzes R_1 ($r_1^0 - r_1^1$) eine Erhöhung des Faktoreinsatzes R_2 gegenübersteht ($r_2^1 - r_2^0$). Soll dieselbe Menge m^0 wie vor der Preiserhöhung von R_1 produziert werden, so muß das Kostenbudget auf K^2 erhöht werden. Die neue Minimalkostenkombination (Punkt C) liegt oberhalb der alten Kombination A, und auch hier findet eine teilweise Substitution des teureren Produktionsfaktors R_1 (r_1^0 sinkt auf r_1^2) durch den relativ preiswerteren Faktor R_2 statt (r_2^0 steigt auf r_2^2).

Schließlich sei auf die Frage eingegangen, welche Änderungen sich bei partiellen Faktorvariationen ergeben. Es sei davon ausgegangen, daß der Faktor R_2 auf dem Niveau $\bar{r}_2^0$ fixiert sei, während die Einsatzmenge des Faktors R_1 ausgehend von r_1^0 variiert werden kann. Die Zusammenhänge zwischen partieller Faktorvariation und Minimalkostenkombination verdeutlicht Abb. 29.

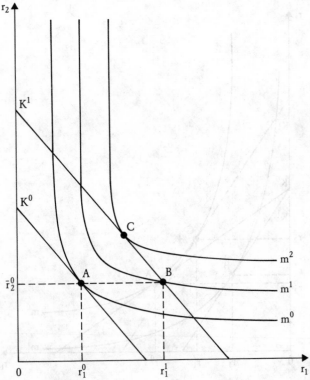

Abb. 29: Partielle Faktorvariation und Minimalkostenkombination

Abb. 29 zeigt, daß durch die Erhöhung des Kostenbudgets von K^0 auf K^1 bei partieller Faktorvariation, also bei Fixierung der Einsatzmenge eines Produktionsfaktors, eine Erhöhung der Ausbringungsmenge erreicht werden kann. Da $\bar{r}_2^0$ fixiert ist, kann durch Erhöhung des Kostenbudgets auf K^1 die Faktoreinsatzkombination r_1^1-$\bar{r}_2^0$ (Übergang von Punkt A zu Punkt B) und damit bei technisch effizienter Produktion die Ausbringungsmenge m^1 realisiert werden. Die Minimalkostenkombination und damit die Produktion der Ausbringungsmenge m^2 (Punkt C) kann jedoch nicht erreicht werden, da dazu auch die Einsatzmenge des Produktionsfaktors R_2 erhöht werden müßte.

Partielle Faktorvariation bei substitutionalen Produktionsfunktionen führt somit zwar zur Erhöhung der Ausbringungsmenge, die Minimalkostenkombination (= Produktion zu minimalen Kosten) kann dabei jedoch nicht mehr realisiert werden. (ÜB 3/12–16)

dd) Ableitung von langfristigen Gesamtkostenfunktionen

Am Beispiel einer **substitutionalen Produktionsfunktion** soll dargestellt werden, wie mit Hilfe der Kostenisoquanten Gesamtkostenfunktionen abgeleitet werden können.

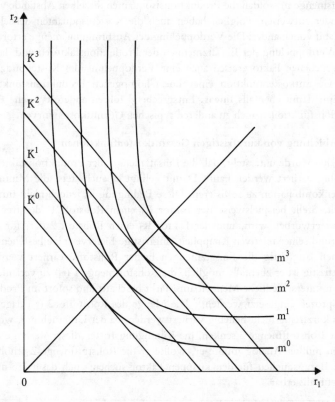

Abb. 30: Ausbringungsmenge und Minimalkostenkombination

Oben wurde festgestellt, daß es bei substitutionalen Produktionsfunktionen für eine gegebene Ausbringungsmenge genau eine Minimalkostenkombination gibt. An der betreffenden Stelle wird technisch effizient produziert und gleichzeitig die Forderung nach Kostenminimierung erfüllt. Die Minimalkosten geben dabei die für eine vorgegebene Produktionsmenge m entstehenden Kosten an. Wird $\bar{m}$ jetzt variiert, so existiert für jedes mögliche m auch eine Minimalkostenkombination. Die Beziehung zwischen alternativen Ausbringungsmengen und realisierbaren Minimalkosten wird durch die **langfristige Gesamtkostenfunktion** beschrieben. Abb. 30 zeigt, wie für verschiedene Ausbringungsmengen (m^0, m^1 . . .) verschiedene Minimalkostenkombinationen und damit verschiedene Kostenbudgets (K^0, K^1 . . .) festgelegt werden können.

In Abb. 30 wird deutlich, daß bei homogenen Produktionsfunktionen alle Minimalkostenkombinationen auf derselben Linie liegen. Homogene Produktionsfunktionen sind dadurch gekennzeichnet, daß unabhängig von der Ausbringungsmenge m stets ein bestimmtes Faktoreinsatzverhältnis $R_1 : R_2$ optimal ist. Die in Abb. 30 dargestellten Produktionsisoquanten sind aus einer **linear-homogenen Produktionsfunktion** abgeleitet: Die Verdoppelung der Faktoreinsatzmengen führt auch zur Verdoppelung der Ausbringungsmenge m, so daß die Produktionsisoquanten dieselben Abstände voneinander aufweisen. Folglich haben auch die Kostenisoquanten denselben Abstand voneinander: Die Verdoppelung der Ausbringungsmenge erfordert eine Verdoppelung der Einsatzmengen der Produktionsfaktoren und damit bei gegebenen Faktorpreisen auch eine Verdoppelung des Kostenbudgets. Die Gesamtkostenfunktion einer linear-homogenen Produktionsfunktion verläuft damit ebenfalls **linear**. Entsprechend führen andere typische Produktionsfunktionen auch zu anderen typischen Gesamtkostenkurven.

ee) Ableitung von kurzfristigen Gesamtkostenfunktionen

Bisher wurde unterstellt, daß die Einsatzmenge aller Produktionsfaktoren beliebig variiert werden kann. Damit gelingt es auch stets, die Minimalkostenkombination zu realisieren. Diese Bedingung ist jedoch nicht immer erfüllt. Stellt beispielsweise der Faktor R_1 einen Rohstoff 1, der frei am Markt erworben wird, und der Faktor R_2 einen Rohstoff 2 dar, für den aufgrund seiner relativen Knappheit langfristige Lieferverträge bestehen, so können langfristig die Einsatzmengen beider Rohstoffe variiert werden. Kurzfristig ist es ebenfalls möglich, die Rohstoffmenge 1 (r_1) zu verändern, indem unterschiedliche Mengen am Markt beschafft und sofort im Produktionsprozeß eingesetzt werden.[12] Die Menge des Rohstoffes 2 (r_2) dagegen kann kurzfristig nicht beliebig variiert werden, da der Unternehmer, wollte er die Rohstoffmenge 2 senken, die Kündigungsfristen dieser Verträge einhalten müßte. Analog müßte er, wollte er die Rohstoffmenge 2 erhöhen, neue Bezugsquellen für den knappen Faktor suchen; auch das wäre nicht sofort realisierbar.

---

[12] Das Beispiel unterstellt, daß keine Lagerhaltung möglich ist.

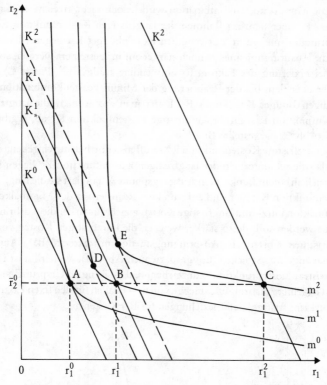

Abb. 31: Ableitung der kurzfristigen Gesamtkostenfunktion

Handelt es sich um einen limitationalen Produktionsprozeß, so ist damit die Ausbringungsmenge m festgelegt, und es existiert nur eine einzige Minimalkostenkombination. Bei substitutionalen Produktionsprozessen dagegen kann die Ausbringung durch **partielle Faktorvariation** (Veränderung der Einsatzmenge v_1) in bestimmten Maßen variiert werden.[13] Die Kosten des fixen Faktors R_2 bleiben somit unabhängig von der Ausbringungsmenge m stets konstant, während sich durch Veränderungen der Faktoreinsatzmenge r_1 die Kosten des Faktors R_1 abhängig von der Ausbringungsmenge m verändern.

Für die vorstehend bezeichnete Situation, bei der die Einsatzmenge des Produktionsfaktors R_2 fixiert ist und zu konstanten Kosten von $\bar{q}_2 \cdot \bar{r}_2^{\,0}$ führt, läßt sich die kurzfristige Gesamtkostenfunktion mit Hilfe der Abb. 31 ableiten. In Abb. 31 wird in der Ausgangssituation A durch die Faktoreinsatzkombination r_1^0-$\bar{r}_2^{\,0}$ das Produktionsniveau m^0 mit Hilfe des Kostenbudgets K^0 dort erreicht, wo auch die Minimalkostenkombination realisiert wird. Soll bei Fixierung des Faktors R_2 in der Höhe $\bar{r}_2^{\,0}$ ein höheres Ausbringungsniveau m^1 erreicht werden, so muß dafür der Faktor R_1 in der Menge r_1^1 eingesetzt werden, die dafür aufzuwendenden Kosten betragen K^1 (Punkt

[13] Vgl. S. 487f.

B). Die Minimalkostenkombination wird jedoch nicht erreicht, so daß die Kosten K^1 über dem im Rahmen der langfristigen Kostenfunktion für die Ausbringungsmenge m^1 notwendigen Kostenbudget $K^1_\star$ liegen (Punkt D). Soll die Ausbringungsmenge noch stärker auf m^2 gesteigert werden, so liegt das bei Fixierung des Faktors R_2 notwendige Budget K^2 (Punkt C) noch stärker über dem bei der Realisierung der Minimalkostenkombination notwendigen Budget $K^2_\star$ (Punkt E). Leitet man aus Abb. 31 die langfristige Kostenfunktion K^L und die kurzfristige Kostenfunktion K^K ab, ergibt sich das in Abb. 32 dargestellte Bild.[14]

Die kurzfristige Kostenfunktion K^K ist offensichtlich dadurch gekennzeichnet, daß sie nie unterhalb der langfristigen Kostenfunktion K^L liegen kann. Lediglich an einem Punkt, dem Ausgangspunkt A, tangiert sie die langfristige Kostenfunktion K^L; hier sind aufgrund der Realisierung der Minimalkostenkombination kurz- und langfristige Kosten gleich. Je stärker die Ausbringung erhöht werden soll, desto stärker weichen die kurzfristigen Kosten von den langfristigen Kosten ab (Ausbringungsmenge m^1: Strecke BD, Ausbringungsmenge m^2: Strecke CE; vgl. dazu auch Abb. 31). Weiterhin ist für die kurzfristige Kostenfunktion kennzeichnend, daß sie nie im Ursprung beginnt: Selbst bei einer Ausbringungsmenge von $m = 0$ fallen für den fixen Faktor (im Beispiel langfristige Lieferbeziehungen für R_2) Kosten an.

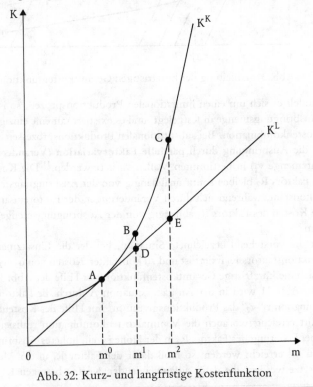

Abb. 32: Kurz- und langfristige Kostenfunktion

---

[14] Im Beispiel wird eine linear-homogene Produktionsfunktion unterstellt.

ff) Fixe und variable Kosten

Ehe ein Betrieb die Produktion aufnehmen kann, müssen bestimmte Grundvoraussetzungen (Kauf oder Miete von Betriebsmitteln, Aufbau einer Organisation usw.) erfüllt sein. Output setzt die Herstellung der **Betriebsbereitschaft** voraus. Die Herstellung der Betriebsbereitschaft verursacht Kosten, die man als **fixe Kosten** bezeichnet. Beispiele für fixe Kosten sind Mieten für Büroräume oder Produktionshallen, Darlehenszinsen, Geschäftsführergehälter usw.

Während fixe Kosten zeit- oder bereitschaftsabhängige Kosten sind, handelt es sich bei **variablen Kosten** um **ausbringungsmengenabhängige Kosten**. Beispiele sind Werkstoffkosten oder Akkordlöhne. Wie Abb. 33 zeigt, setzen sich die Gesamtkosten somit aus fixen und variablen Kosten zusammen. In Abb. 33, in der zur Vereinfachung nunmehr auch bei der kurzfristigen Kostenfunktion von einem linearen Verlauf ausgegangen wird, beginnt die Gesamtkostenkurve stets auf Basis der fixen Kosten, die daher auch als **Fixkostensockel** bezeichnet werden.

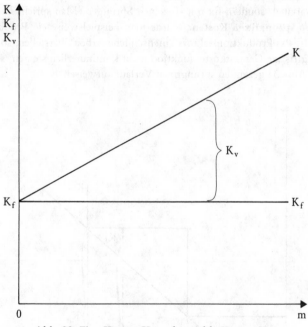

Abb. 33: Fixe Kosten K_f und variable Kosten K_v

Die Gesamtkosten setzen sich somit aus den fixen Kosten K_f und den von der Ausbringungsmenge m abhängigen variablen Kosten K_v (m) zusammen:

$$K = K_f + K_v (m)$$

(19)   mit: K   = Gesamtkosten
         K_f = fixe Kosten
         K_v (m) = variable Kosten

Bisher wurde stets davon ausgegangen, daß die Einsatzmenge der Produktionsfaktoren völlig beliebig gestaltet werden kann, daß also die Produktionsfaktoren beliebig teilbar sind. Hebt man diese Annahme zugunsten einer realitätsnäheren Betrachtung auf, so erfährt der Begriff der fixen und variablen Kosten eine Relativierung, denn tatsächlich sind Produktionsfaktoren nicht unendlich teilbar. Will der Unternehmer beispielsweise die Menge des Produktionsfaktors „menschliche Arbeitskraft" durch den Einsatz zusätzlicher Arbeitskräfte erhöhen, so kann er den Einsatz dieses Produktionsfaktors in der Regel nicht um einzelne Stunden erhöhen, sondern er muß sich (bei Vollzeitkräften und im Rahmen der geltenden Tarifverträge) entscheiden, entweder eine zusätzliche Vollzeitkraft mit beispielsweise 35 zusätzlichen Wochenarbeitsstunden einzustellen oder sie nicht einzustellen. Die Faktoreinsatzmenge kann in diesem Fall nicht beliebig, sondern nur in Sprüngen von 35 Wochenarbeitsstunden erhöht werden. Da jede eingestellte Arbeitskraft voll entlohnt werden muß, steigen auch die Kosten nicht kontinuierlich, sondern abhängig von der Anzahl der beschäftigten Vollzeitkräfte an. Auch bei langfristiger Betrachtung verhalten sich die Personalkosten also nicht variabel, sondern fix mit einzelnen Sprüngen. Man spricht in diesem Fall von **sprungfixen Kosten.** Würde man beispielsweise ein Produkt nur mit Hilfe des Produktionsfaktors „menschliche Arbeit" herstellen, so würde die langfristige Gesamtkostenfunktion nicht kontinuierlich steigen, sondern den in Abb. 34 gezeigten sprungfixen Verlauf aufweisen.

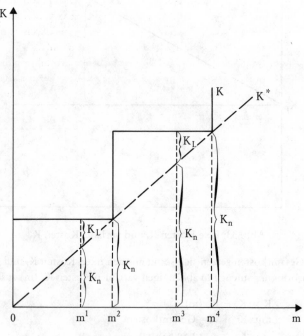

Abb. 34: Sprungfixe Kosten

Die Funktion K zeigt den tatsächlichen Verlauf der Kostenfunktion an, während K* die idealisierte Version (Behandlung als variable Kosten bei unterstellter vollständiger Teilbarkeit) darstellt.

Je stärker Produktionsfaktoren teilbar sind, desto mehr nähern sich die durch sie verursachten Kosten kontinuierlich steigenden variablen Kostenfunktionen an; je weniger das der Fall ist, desto stärker treten die Fixkostensprünge zum Vorschein.

Die jeweilige Differenz zwischen K und K* (K liegt oberhalb von K*) ist darauf zurückzuführen, daß die mit jeweils einer Arbeitskraft eingekaufte Kapazität (35 Wochenarbeitsstunden) nur dann voll ausgenutzt wird, wenn auch genau 35, 70 oder ein anderes Vielfaches an Wochenarbeitsstunden in der Produktion benötigt werden (Punkte m^2, m^4). Werden dagegen nur 25 bzw. 50 Wochenarbeitsstunden benötigt (Punkte m^1, m^3), so müssen trotzdem 35 bzw. 70 Wochenarbeitsstunden bezahlt werden. Die Differenz von 10 bzw. 20 Wochenarbeitsstunden verursacht zwar Kosten, führt aber nicht zu Produktionssteigerungen. Diese Kosten werden daher auch als **Leerkosten** K_2 bezeichnet, während man die Kosten für die im Produktionsprozeß tatsächlich genutzten Faktoreinheiten (25 bzw. 50 Stunden) **Nutzkosten** K_n nennt.[15] (**ÜB 3**/17–20)

c) Spezielle Kostenbegriffe

Es wurde festgestellt, daß sich die Gesamtkosten aus fixen und variablen Kosten zusammensetzen und damit die Gesamtkostenfunktion generell wie in Gleichung (19) dargestellt werden kann. Abhängig vom Verlauf der Produktionsfunktion kann die Gesamtkostenfunktion beispielsweise einen linearen, einen progressiven oder einen degressiven Verlauf aufweisen.

Den Zuwachs zu den Gesamtkosten, der durch die Produktion der jeweils letzten Ausbringungseinheit verursacht wird, bezeichnet man als **Grenzkosten (K′)**. So kann man vereinfachend die Grenzkosten der 33. Produktionseinheit in der Weise ermitteln, daß man von den Gesamtkosten bei der Produktion von 33 Produkteinheiten die Gesamtkosten bei der Produktion von 32 Produkteinheiten subtrahiert.[16] Die Grenzkostenkurve gibt die Steigung der Gesamtkostenfunktion an. Sie läßt sich ermitteln, indem die erste Ableitung der Gesamtkostenfunktion gebildet wird:

$$(20) \qquad K' = \frac{dK}{dm}$$

Dabei führen lineare Gesamtkostenfunktionen zu konstanten Grenzkostenfunktionen, progressiv steigende Gesamtkostenfunktionen zu steigenden Grenzkostenfunktionen und degressiv steigende Gesamtkostenfunktionen zu fallenden Grenzkostenfunktionen.

---

[15] Vgl. Bredt, O., Der endgültige Ansatz der Planung, in: Technik und Wirtschaft, 1939, S. 252; Gutenberg, E., Grundlagen, Bd. I, a. a. O., S. 348 ff.

[16] Genau genommen handelt es sich bei den Grenzkosten um die Kosten, die die zusätzliche Produktion einer infinitesimal kleinen Menge an Produkten verursacht.

Die **Durchschnittskostenfunktion** läßt sich ermitteln, indem die Gesamtkostenfunktion durch die Ausbringungsmenge geteilt wird:

$$(21) \qquad k = \frac{K}{m} = \frac{K_f}{m} + \frac{K_v}{m} = k_f + k_v$$

Gleichung (21) zeigt, daß sich die Durchschnittskosten oder **Stückkosten k** aus den **fixen Stückkosten** k_f und den **variablen Stückkosten** k_v zusammensetzen.

Diese kostentheoretischen Grundbegriffe seien nachfolgend am einfachen Beispiel einer proportionalen (linearen) Kostenfunktion mit Fixkostenblock verdeutlicht:

$$(22) \qquad K = K_f + k_v \cdot m$$

Die Grenzkostenfunktion für diese Gesamtkostenfunktion lautet:

$$(23) \qquad K' = \frac{dK}{dm} = k_v$$

Die Grenzkosten K' sind damit bei einer proportionalen (linearen) Gesamtkostenfunktion gleich den variablen Stückkosten k_v.
Die Durchschnittskostenfunktion schließlich berechnet sich als

$$(24) \qquad k = \frac{K}{m} = \frac{K_f}{m} + k_v$$

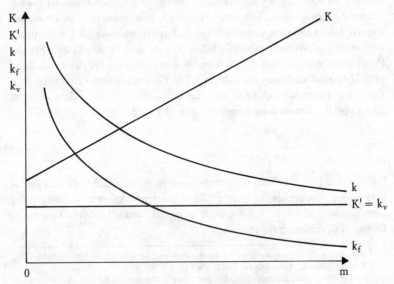

Abb. 35: Kostenfunktionen

Da die variablen Stückkosten k_v bei einer linearen Gesamtkostenfunktion konstant sind, wird der Verlauf der Durchschnittskostenfunktion im wesentlichen von den fixen Stückkosten k_f bestimmt. Da sich die Fixkosten mit steigender Ausbringungsmenge auf immer mehr Produkte verteilen, weist die Funktion der fixen Stückkosten und damit auch die gesamte Stückkostenfunktion einen fallenden Verlauf auf. Dieser Sachverhalt wird als **Fixkostendegression** bezeichnet.

Die unterschiedlichen Kostenverläufe einer **linearen Gesamtkostenfunktion** K verdeutlicht nochmals Abb. 35. (**ÜB 3/21–28**)

Beispiel: Ein Betrieb weist Fixkosten von K_f = 100.000 DM und variable Stückkosten von k_v = 10 DM bei linearem Gesamtkostenverlauf auf. Daraus lassen sich die folgenden Größen ableiten:

	Funktion	Beispiel: m = 2.000
Gesamtkosten	$K = 100.000 + 10 \cdot m$	$K = 100.000 + 20.000 = 120.000$
Grenzkosten	$K' = 10$	$K' = 10$
Stückkosten	$k = (100.000 : m) + 10$	$k = 50 + 10 = 60$
Variable Stückkosten	$k_v = 10$	$k_v = 10$
Fixe Stückkosten	$k_f = (100.000 : m)$	$k_f = 50$

d) Überblick über die Bestimmungsfaktoren der Kosten

Die Gesamtkosten der Produktion werden von verschiedenen Kosteneinflußgrößen oder **Kostendeterminanten** bestimmt. Im Rahmen der Kostentheorie versucht die Betriebswirtschaftslehre,

– die verschiedenen Kostendeterminanten zu systematisieren, gegenseitige Abhängigkeiten zu analysieren und die Wirkung der Kostendeterminanten auf die Gesamtkosten zu ermitteln (**Erklärungsaufgabe**);

– dem Unternehmer Hilfestellung bei einzelnen Entscheidungen zu geben, damit durch eine geeignete Beeinflussung der Kostendeterminanten – soweit möglich – im Hinblick auf das unternehmerische Ziel optimale Entscheidungen getroffen werden können (**Gestaltungsaufgabe**).

Bei den Kostendeterminanten kann danach unterschieden werden, ob es sich um Aktionsvariable (vom Unternehmer beeinflußbare Kostendeterminanten) im Produktionsbereich, um Aktionsvariable in anderen betrieblichen Teilbereichen oder um (durch den Unternehmer nicht beeinflußbare) Daten handelt.[17]

(1) Bei den **Aktionsvariablen im Produktionsbereich** spielen beispielsweise die folgenden Kostendeterminanten eine Rolle:

(a) Die **Betriebsgröße** bezeichnet die gesamte Fertigungskapazität eines Betriebes. Je größer beispielsweise ein Betrieb ist, desto höher sind die von der Produktionsmenge unabhängigen Kosten (fixe Kosten

---

[17] Zur Gliederung der Kostendeterminanten vgl. Gutenberg, E., Grundlagen, Bd. I, a. a. O., S. 344 ff. Vgl. außerdem Adam, D., Produktionsmanagement, 7. Aufl., Wiesbaden 1993, S. 114 f.

der Betriebsbereitschaft) wie Mieten oder Zinsen für die Finanzierung des Maschinenparks. Andererseits kann eine Erhöhung der Betriebsgröße auch Kosteneinsparungen – beispielsweise durch leistungsfähigere Maschinen – zur Folge haben. Wird die Betriebsgröße verändert, indem beispielsweise eine bestehende Produktionsstätte um eine gleichartige Produktionsstätte erweitert wird, handelt es sich nach Gutenberg um eine **multiple Betriebsgrößenvariation,** bei der die bestehende Fertigungskapazität mit m Einheiten um eine oder mehrere gleichartige Einheiten erweitert wird.[18] Wird dagegen im Rahmen der Veränderung der Betriebsgröße auch das Fertigungsverfahren verändert, indem man beispielsweise von arbeitsintensiver Fertigung zu maschineller Fertigung übergeht, so spricht man von **mutativen Betriebsgrößenvariationen.**[19]

(b) Unter dem **Produktionsprogramm** versteht man die im Verlauf einer Periode in bestimmter zeitlicher und mengenmäßiger Verteilung erzeugten Güter verschiedener Qualität. Werden beispielsweise neue Produkte in das Produktionsprogramm aufgenommen oder einzelne Produkte aus dem Produktionsprogramm eliminiert, so ändert sich die Kombination der Produktionsfaktoren und ändern sich somit die Kosten. Gleiches gilt, wenn beispielsweise durch eine Veränderung der Produktionsreihenfolge oder der Losgröße die Kostenstruktur des Betriebes verändert wird. Unter einer Losgröße versteht man die in einem Produktionsgang gefertigte Stückzahl eines Produktes, also z. B. die Auflage eines Buches.

(c) Unter der **Beschäftigung** versteht man die Zahl der von einem Betrieb in einer bestimmten Periode gefertigten Produktmenge. Setzt man die Beschäftigung in Relation zu der theoretisch maximalen Beschäftigung (Kapazität) eines Betriebes, so erhält man den **Beschäftigungsgrad.** Wird die Beschäftigung ausgedehnt, so müssen beispielsweise mehr Rohstoffe eingesetzt werden, während eine Maschine mit freien Kapazitäten noch zusätzlich genutzt werden kann, ohne daß bestimmte zusätzliche Kosten – z. B. Leasinggebühren – entstehen. Die Veränderung der Beschäftigung kann folglich zu Veränderungen der Kostenstruktur führen.

(d) Die **Produktionsbedingungen** betreffen die Gestaltung des Produktionsablaufs. Dabei wird vor allem zwischen arbeitsintensiven und maschinenintensiven (kapitalintensiven) Fertigungsverfahren unterschieden.

(e) Unter **Faktorqualitäten** versteht man die für einen speziellen Produktionsprozeß relevanten Eigenschaften der Produktionsfaktoren. Wechselt man beispielsweise geringwertiges Schmieröl einer Maschine gegen hochwertiges Schmieröl aus, so erhöhen sich die Kosten

---

[18] Vgl. Gutenberg, E., Grundlagen, Bd. I, a. a. O., S. 424
[19] Vgl. ebd., S. 428 ff.

durch das teure Schmieröl, während unter Umständen gleichzeitig die Reparaturkosten der Maschine sinken.

(f) Die **Faktorpreise** sind teilweise vom Unternehmen beeinflußbar. Das kann beispielsweise der Fall sein, wenn durch die Bestellung größerer Rohstoffmengen zwar einerseits die Beschaffungskosten für den Rohstoff durch die Gewährung größerer Mengenrabatte sinken, andererseits jedoch die Lagerkosten für den Rohstoff ansteigen.

Die vorstehend beschriebenen Kostendeterminanten stellen grundsätzlich vom Unternehmer beeinflußbare Aktionsvariable dar. Für einzelne Entscheidungen jedoch können diese Kostendeterminanten auch den Charakter von Daten annehmen. So ist die Betriebsgröße zwar langfristig eine Aktionsvariable, kurzfristig jedoch kann sie nicht verändert werden und stellt für unternehmerische Entscheidung ein Datum dar.

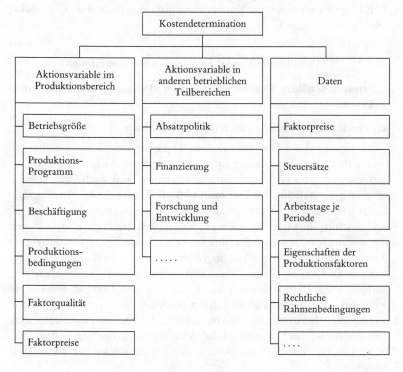

Abb. 36: Kostendeterminanten

(2) Die betriebliche Praxis ist durch sukzessive Planung gekennzeichnet. So hat der Betrieb (z. B. durch Werbung) begrenzten Einfluß auf die absetzbare Menge. Die Absatzmenge ist also eine Aktionsvariable der Absatzpolitik. Ist aber der Absatzplan festgelegt, dann stellt die **Aktionsvariable aus einem anderen betrieblichen Teilbereich** für den Produktionsbereich ein **Datum** dar. Will der Leiter des Produktionsbereichs die Stückkosten durch Steigerung der Ausbringungsmenge senken, bedarf es einer

Abstimmung mit den Leitern der von der Mengenänderung betroffenen Funktionsbereiche, insbesondere also mit dem Bereich des **Absatzes** und der **Finanzierung**. Die Planung muß in diesen Fällen simultan erfolgen.

(3) Schließlich existieren noch Kostendeterminanten, die für das gesamte Unternehmen **Daten** darstellen, also nicht beeinflußbar sind. Zu ihnen gehören beispielsweise

(a) In aller Regel die Faktorpreise; zur Ausnahme vgl. (1) (f);

(b) Steuersätze;

(c) Anzahl der Arbeitstage je Periode;

(d) bestimmte (häufig technische) Eigenschaften von Produktionsfaktoren, beispielsweise der Energieverbrauch einer Maschine und

(e) rechtliche Rahmenbedingungen (z. B. Auflagen beim Umweltschutz).

Abb. 36 gibt noch einmal die Kostendeterminanten in Form eines Überblicks wieder.

4. Ausgewählte Produktions- und Kostenfunktionen

a) Ertragsgesetzliche Produktionsfunktion (Produktionsfunktion vom Typ A)

aa) Produktionsfunktionen nach dem Ertragsgesetz

Der älteste aus der Literatur bekannte Typ einer Produktionsfunktion ist die im 18. Jahrhundert von Turgot[20] für die landwirtschaftliche Produktion entwickelte und im 19. Jahrhundert von v. Thünen[21] statistisch nachgewiesene **ertragsgesetzliche Produktionsfunktion.** Turgot beobachtete in der Landwirtschaft, daß der zunehmende Einsatz des Produktionsfaktors Arbeit bei konstanten Einsatzmengen der Produktionsfaktoren Boden, Saatgut und Dünger zunächst zu steigenden und später zu abnehmenden Grenzerträgen führt. Da in einem solchen Fall die Abhängigkeit der Ausbringungsmenge von der Einsatzmenge eines Produktionsfaktors (Arbeit) bei Konstanz der übrigen Produktionsfaktoren (Boden, Saatgut und Dünger) untersucht wird, handelt es sich um einen Fall der partiellen Faktorvariation.[22] Später wurden diese Erklärungsansätze von Gutenberg unter dem Namen **„Gesetz vom abnehmenden Ertragszuwachs"** oder **„Ertragsgesetz"** in die Betriebswirtschaftslehre übernommen und um den Fall der totalen Faktorvariation erweitert.[23]

Die **partielle Gesamtertragsfunktion** m einer ertragsgesetzlichen Produktionsfunktion läßt sich aus einem vertikalen Schnitt durch das in Abb. 14 dargestellte Ertragsgebirge gewinnen.[24] Sie weist den in Abb. 37 ausgewiesenen Verlauf auf.

---

[20] Turgot, A. R. J., Réflexions sur la formation et la distribution des richesses, Paris 1766
[21] Thünen, J. H. v., Der isolierte Staat in Beziehung auf Landwirtschaft und Nationalökonomie, Rostock 1842
[22] Vgl. S. 487 f.
[23] Vgl. Gutenberg, E., Grundlagen, Bd. I, a. a. O., S. 303 ff.
[24] Vgl. S. 481

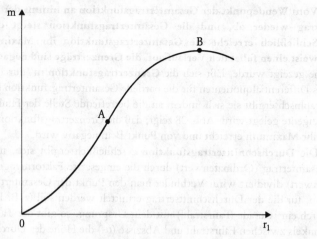

Abb. 37: Gesamtertragsfunktion einer ertragsgesetzlichen
Produktionsfunktion

Bis zum Punkt A, dem **Wendepunkt,** nimmt der Gesamtertrag progressiv
(mit steigenden Zuwachsraten) zu. Zwischen Punkt A und Punkt B verläuft
die Gesamtertragskurve degressiv, die Grenzerträge nehmen ab. Vom Punkt
B an, dem **Maximum** der Gesamtertragsfunktion, nimmt der Gesamtertrag
wieder ab. Die Grenzerträge werden negativ, da der zusätzliche Einsatz des
variablen Produktionsfaktors nicht nur keine zusätzlichen Erträge erbringt,
sondern sogar die Wirksamkeit der zuvor eingesetzten Produktionsfaktoren
beeinträchtigt. Damit läßt sich das Ertragsgesetz wie folgt formulieren:

**Werden steigende Einsatzmengen eines variablen Faktors mit konstan-
ten Einsatzmengen anderer Produktionsfaktoren kombiniert, so steigt
der Gesamtertrag zunächst progressiv; die Grenzerträge nehmen zu.**

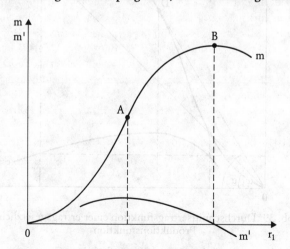

Abb. 38: Grenzertragsfunktion einer ertragsgesetzlichen
Produktionsfunktion

Vom Wendepunkt der Gesamtertragsfunktion an nimmt der Grenzertrag wieder ab, und die Gesamtertragsfunktion steigt degressiv. Schließlich erreicht die Gesamtertragsfunktion ihr Maximum. Sie weist einen fallenden Verlauf auf, die Grenzerträge sind negativ.

Wie gezeigt wurde, läßt sich die **Grenzertragsfunktion** m′ durch Bildung des Differentialquotienten für die partielle Gesamtertragsfunktion ermitteln. Graphisch ergibt sie sich, indem an die betreffende Stelle der Funktion eine Tangente gelegt wird. Abb. 38 zeigt, daß die Grenzertragsfunktion in Punkt A ihr Maximum erreicht und von Punkt B an negativ wird.

Die **Durchschnittsertragsfunktion** e schließlich ergibt sich, indem der Gesamtertrag (Ordinatenwert) durch die eingesetzte Faktormenge (Abszissenwert) dividiert wird. Verbindet man den Punkt der Gesamtertragsfunktion, für die der Durchschnittsertrag ermittelt werden soll (z. B. Punkt C), durch eine Gerade (Fahrstrahl) mit dem Ursprung, so gibt der Tangens des Winkels zwischen Fahrstrahl und Abszisse (α_3) die Höhe des Durchschnittsertrages an (Abb. 39). Abb. 39 zeigt, daß der Durchschnittsertrag sein Maximum an der Stelle erreicht, an der der Fahrstrahl zur Tangente an der Gesamtertragsfunktion wird (Punkt D). Da eine Tangente auch die Steigung der Gesamtertragsfunktion, also den Grenzertrag mißt, schneiden sich in Punkt D Grenzertrags- und Durchschnittsertragsfunktion:

Bei einer ertragsgesetzlichen Produktionsfunktion sind Grenzertrag und Durchschnittsertrag in dem Punkt gleich, in dem der Durchschnittsertrag sein Maximum erreicht.

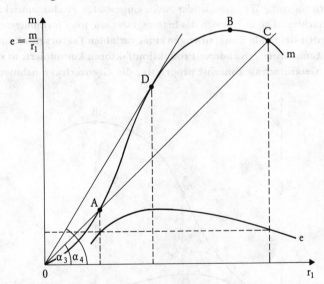

Abb. 39: Durchschnittsertragsfunktion einer ertragsgesetzlichen Produktionsfunktion

Die Beziehungen zwischen Gesamtertragsfunktion, Grenzertragsfunktion und Durchschnittsertragsfunktion verdeutlicht Abb. 40.

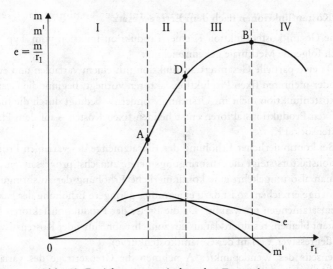

Abb. 40: Beziehungen zwischen den Ertragskurven

Mit Hilfe der Punkte A, D und B läßt sich die Gesamtertragsfunktion anhand eines von Gutenberg entwickelten Vierphasenschemas darstellen.[25] Am Ende der Phase I, dem Wendepunkt der Gesamtertragsfunktion, erreicht der Grenzertrag m' sein Maximum, um danach wieder zu fallen. Am Ende der Phase II wird der Durchschnittsertrag e maximal, am Ende der Phase III schließlich ist das Maximum der Gesamtertragskurve m erreicht (Abb. 41). (ÜB 3/78–80)

Phase	Gesamtertrag m	Durchschnitts-ertrag e	Grenzertrag m'	Endpunkt der Phase
1	progressiv steigend	steigend	positiv, steigend bis Max.	Wendepunkt m' = max.
II	degressiv steigend	steigend bis Max.	positiv, fallend	e = max. e = m'
III	degressiv steigend bis Max.	fallend	positiv, fallend bis 0	m = max. m' = 0
IV	fallend	fallend	negativ, fallend	

Abb. 41: Vierphasenschema der ertragsgesetzlichen Produktionsfunktion

---

[25] Vgl. Gutenberg, E., Grundlagen, Bd. I, a. a. O., S. 309 ff.

bb) Kostenfunktionen nach dem Ertragsgesetz

Die Gesamtkostenfunktion K einer Produktionsfunktion vom Typ A ist durch folgende Merkmale gekennzeichnet:

(1) Da eine partielle Gesamtertragsfunktion mit einem variablen und einem oder mehreren fixen Produktionsfaktoren vorliegt, beginnt die Gesamtkostenfunktion nicht im Ursprung, sondern – bedingt durch die für die fixen Produktionsfaktoren entstehenden fixen Kosten – auf dem Fixkostensockel K_f.[26]

(2) Bei kontinuierlicher Erhöhung der Einsatzmenge des variablen Produktionsfaktors steigt die Ausbringungsmenge zunächst progressiv an. Will man also umgekehrt eine kontinuierliche Erhöhung der Ausbringungsmenge erreichen, so ist dazu eine immer geringere Erhöhung der Faktoreinsatzmengen notwendig. Da die Preise der Produktionsfaktoren konstant bleiben, resultiert daraus ein zunächst abnehmender Kostenzuwachs (degressiver Verlauf der Gesamtkostenkurve).

(3) Jenseits des Wendepunktes A nehmen die Grenzerträge des variablen Faktors wieder ab, so daß eine kontinuierliche Erhöhung der Ausbringungsmenge eine steigende Einsatzmenge dieses Faktors und damit einen progressiven Kostenverlauf (zunehmender Kostenzuwachs) bewirkt.

Die Gesamtkostenfunktion einer ertragsgesetzlichen Produktionsfunktion verläuft folglich ausgehend vom Fixkostensockel K_f zunächst degressiv und anschließend progressiv, so daß sich insgesamt ein S-förmiger Kostenverlauf ergibt.

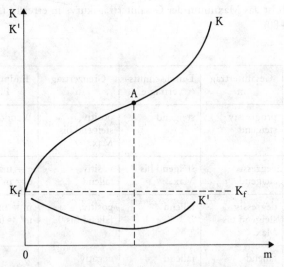

Abb. 42: S-förmige Gesamtkostenfunktion

Die **Grenzkostenfunktion** K′ läßt sich wiederum analytisch durch Bildung der ersten Ableitung und graphisch durch Tangenten an die Gesamtko-

---

[26] Vgl. S. 505 ff.

stenfunktion ableiten. Damit ergibt sich für die Gesamt- und für die Grenzkostenfunktion das in Abb. 42 dargestellte Bild. Abb. 42 zeigt, daß die Grenzkosten fallen, solange die Gesamtkostenfunktion degressiv verläuft. In Punkt A, in dem die Gesamtertragsfunktion ihren Wendepunkt hat, erreichen die Grenzkosten ihr Minimum, um anschließend – im progressiven Teil der Gesamtkostenfunktion – wieder anzusteigen.

Die **Durchschnittskostenfunktion** k ergibt sich analytisch, indem die Gesamtkosten an einem beliebigen Punkt durch die dort erreichte Ausbringungsmenge geteilt werden. Graphisch lassen sich die Durchschnittskosten ermitteln, indem eine Gerade (Fahrstrahl) durch den betreffenden Punkt der Gesamtkostenfunktion und den Ursprung gelegt wird (Abb. 43).

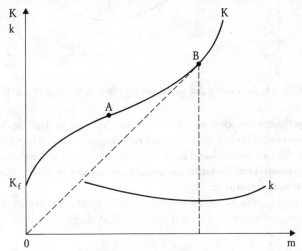

Abb. 43: Durchschnittskostenfunktion einer S-förmigen
Gesamtkostenfunktion

Dort, wo der Durchschnittsertrag einer ertragsgesetzlichen Produktionsfunktion sein Maximum erreicht, sinken die Durchschnittskosten auf ihr Minimum (Punkt B). Da an diesem Punkt der Fahrstrahl durch den Ursprung zur Tangente der Gesamtkostenfunktion wird und da die Tangente der Gesamtkostenfunktion die Grenzkosten anzeigt, sind in Punkt B Durchschnittskosten und Grenzkosten gleich.

Die Durchschnittskostenkurve wird in ihrem Minimum von der Grenzkostenkurve geschnitten.

Die Durchschnittskosten oder Stückkosten setzen sich aus fixen und variablen Stückkosten zusammen. Die **variablen Stückkosten** k_v gewinnt man analog den gesamten Stückkosten, indem man die variablen Gesamtkosten K_v durch die Ausbringungsmenge teilt. Graphisch lassen sich die variablen Stückkosten k_v bestimmen, indem ausgehend vom Fixkostensockel K_f ein Fahrstrahl durch die Kurve der Gesamtkosten gelegt wird. Die Gesamtkostenfunktion K wird also zur Ermittlung der variablen Stückkosten praktisch von ihrem Fixkostensockel K_f „heruntergehoben" (Abb. 44).

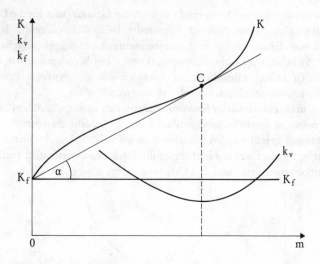

Abb. 44: Ableitung der variablen Durchschnittskostenfunktion

Die variablen Stückkosten fallen bis zum Punkt C, in dem sie ihr Minimum erreichen. Da dort der Fahrstrahl zur Tangente wird, schneiden sich in Punkt C die Grenzkosten und die variable Durchschnittskostenfunktion:

Die variable Durchschnittskostenkurve schneidet in ihrem Minimum die Grenzkostenkurve.

Stellt man abschließend die verschiedenen Kostenfunktionen in einer Abbildung zusammen, so ergibt sich das in Abb. 45 dargestellte Bild.

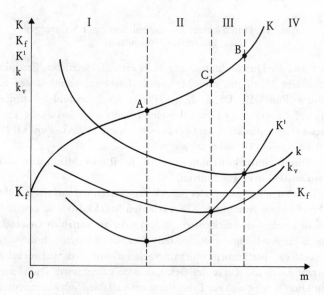

Abb. 45: Beziehungen zwischen den Kostenkurven

Mit Hilfe der Punkte A, B und C läßt sich auch die Gesamtkostenfunktion in vier Phasen einteilen. Dabei kennzeichnet der Punkt A (Ende der Phase I) das Minimum der Grenzkosten. Am Ende der Phase II (Punkt C) erreichen die variablen Stückkosten ihr Minimum; gleichzeitig schneidet die variable Durchschnittskostenkurve die Grenzkostenkurve. Am Punkt B schließlich (Ende der Phase III) erreichen die gesamten Stückkosten ihr Minimum. Gleichzeitig schneidet dort die Durchschnittskostenfunktion die Grenzkostenfunktion. Das Vierphasenschema der ertragsgesetzlichen Kostenfunktionen ist abschließend in Abb. 46 zusammengefaßt.

Phase	Gesamt-kosten K	variable Durch-schnitts-kosten k_v	gesamte Durch-schnitts-kosten k	Grenz-kosten K'	Endpunkt der Phase
I	degressiv steigend	fallend	fallend	fallend bis Min.	Wende-punkt K' = min.
II	progressiv steigend	fallend bis Min.	fallend	steigend $K' \leq k_v$ $K'' < k$	k_v = min. $k_v = K'$
III	progressiv steigend	steigend	fallend bis Min.	steigend $K' \geq k_v$ $K' \leq k$	k = min. $k = K'$
IV	progressiv steigend	steigend	steigend	steigend $K' > k_v$ $K' \geq k$	

Abb. 46: Vierphasenschema der ertragsgesetzlichen Kostenfunktion

Wie eingangs erwähnt, entstand das Ertragsgesetz aus der Übertragung von Erfahrungen in der Landwirtschaft auf den industriellen Bereich. In der betriebswirtschaftlichen Realität können ertragsgesetzliche Produktionsfunktionen jedoch kaum beobachtet werden.[27] Ertragsgesetzliche Produktions- und Kostenfunktionen beruhen auf der Annahme partieller Faktorvariation. Da Unternehmen jedoch die auf der langfristigen Kostenfunktion liegenden Minimalkostenkombinationen realisieren wollen und die kurzfristig fixierten Produktionsfaktoren ebenfalls variieren, gelten ertragsgesetzliche Kostenfunktionen in der betriebswirtschaftlichen Realität allenfalls bei kurzfristigen Betrachtungen. (**ÜB 3/29–32**)

b) Neoklassische Produktionsfunktionen

Aus der Kritik am klassischen Ertragsgesetz heraus wurde das Konzept der neoklassischen Produktionsfunktion entwickelt. Dabei handelt es sich eben-

---

[27] Vgl. dazu Gutenberg, E., Bd. I, a. a. O. S. 318 ff.; Fandel, G., a. a. O., S. 191 ff.

falls um substitutionale Faktorbeziehungen, wobei jedoch im Gegensatz zum klassischen Ertragsgesetz nicht zunächst zunehmende und später abnehmende Grenzerträge, sondern von Anfang an abnehmende Grenzerträge unterstellt werden. Es handelt sich bei neoklassischen Produktionsfunktionen somit praktisch um einen Sonderfall der ertragsgesetzlichen Produktionsfunktion:

Die neoklassische Produktionsfunktion stellt den Teil der ertragsgesetzlichen Produktionsfunktion dar, in dem die Gesamtertragskurve degressiv steigend und die Grenzertragskurve fallend verläuft (Phasen II und III).

Da es sich ebenfalls um eine substitutionale Produktionsfunktion handelt, ist es auch möglich, partielle Faktorvariationen vorzunehmen. Die partielle **Gesamtertragsfunktion** weist den bereits bekannten degressiven (unterlinear-homogenen) Verlauf auf. Die **Grenzertragsfunktion** m′ verläuft durchgehend fallend. Auch die **Durchschnittsertragsfunktion** e fällt kontinuierlich, liegt jedoch oberhalb der Grenzertragsfunktion. Die Zusammenhänge zwischen diesen Funktionen verdeutlicht Abb. 47.

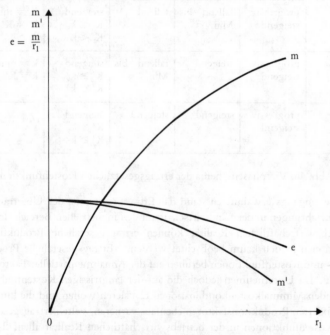

Abb. 47: Neoklassische Ertragsfunktionen

Da die Grenzerträge kontinuierlich sinken, steigen die **Gesamtkosten** K ausgehend vom Fixkostensockel K_f bei festen Faktorpreisen mit der Ausbringungsmenge kontinuierlich an (progressiver Verlauf der Gesamtkostenfunktion).[28] Die **Grenzkostenfunktion** K′ weist damit ebenfalls einen konti-

---

[28] Vgl. S. 504

nuierlich ansteigenden Verlauf auf. Bei den **Stückkosten** k muß zwischen fixen und variablen Stückkosten unterschieden werden. Bei den **fixen Stückkosten** k_f verteilen sich die gesamten Fixkosten mit steigender Ausbringungsmenge auf immer mehr Produkte; der bereits bekannte Effekt der Fixkostendegression führt zu einem fallenden Verlauf der fixen Durchschnittskostenkurve. Die **variablen** Stückkosten k_v dagegen, die sich durch einen vom Fixkostensockel K_f ausgehenden Fahrstrahl durch die Gesamtkostenkurve graphisch ermitteln lassen (Tangens des Winkels α_1), steigen von Anfang an progressiv an. Die sich aus den fixen und den variablen Stückkosten zusammensetzenden gesamten Stückkosten werden dabei zunächst weitgehend von den fallenden fixen Stückkosten determiniert, bis sie ihr Minimum erreichen (Abb. 48: Punkt A). Von dort an überwiegt der Einfluß der variablen Stückkosten; die Durchschnittskostenkurve steigt wieder an. Graphisch läßt sich das Minimum der Durchschnittskostenkurve k wiederum bestimmen, indem ausgehend vom Ursprung ein Fahrstrahl durch die Gesamtkostenkurve K gelegt wird. An der Stelle, an der der Winkel zwischen Fahrstrahl und Abszisse den kleinsten Wert annimmt, wird auch der Tangens dieses Winkels (Abb. 48: α_2) und werden damit die Durchschnittskosten minimal. Abb. 48 zeigt, daß dieser Fall am Punkt r_1^0 eintritt, in dem der Fahrstrahl zur Tangente an der Gesamtkostenkurve wird. Da die Tangente gleichzeitig die Steigung der Gesamtkostenfunktion und damit die

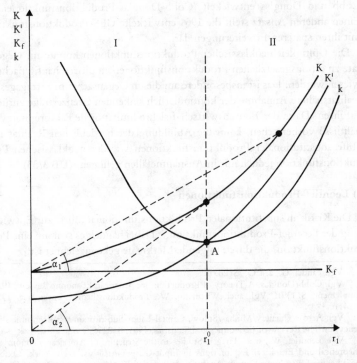

Abb. 48: Zusammenhänge zwischen neoklassischen Kostenfunktionen

Grenzkosten anzeigt, sind an dieser Stelle Durchschnittskosten und Grenzkosten gleich:

Die Durchschnittskostenkurve einer neoklassischen Produktionsfunktion schneidet in ihrem Minimum die Grenzkostenkurve.

Mit Hilfe des Punktes A kann für die Kostenfunktionen einer neoklassischen Produktionsfunktion ein Zweiphasenschema entwickelt werden, wobei in Phase I die gesamten Stückkosten bis auf ihr Minimum (Punkt A) fallen und in Phase II wieder ansteigen.[29] In Abb. 49 sind die wichtigsten Merkmale dieses Zweiphasenschemas zusammengestellt.

Phase	Gesamt-kosten K	Grenz-kosten K'	fixe Durch-schnitts-kosten k_f	variable Durch-schnitts-kosten k_v	gesamte Durch-schnitts-kosten k	Endpunkt der Phase
I	progressiv steigend	steigend	fallend	steigend	fallend bis Min.	k = min. k = K'
II	progressiv steigend	steigend	fallend	steigend	steigend	

Abb. 49: Zweiphasenschema der neoklassischen Kostenfunktionen

Konkrete neoklassische Produktionsfunktionen wurden erstmals 1928 von Cobb und Douglas entwickelt (Cobb-Douglas-Produktionsfunktionen).[30] Einen anderen Ansatz stellt die 1961 entwickelte CES-Produktionsfunktion mit ihren späteren Erweiterungen dar.[31]

Die Gültigkeit neoklassischer Produktionsfunktionen konnte im Gegensatz zu ertragsgesetzlichen Produktionsfunktionen empirisch häufig nachgewiesen werden. Das ist insbesondere auf die im Gegensatz zum Ertragsgesetz realitätsnähere Annahme der kontinuierlich sinkenden Grenzerträge zurückzuführen. Da in der Betriebswirtschaftslehre limitationale Faktoreinsatzverhältnisse vorherrschen, kann die Abbildung der betrieblichen Realität mit Hilfe substitutionaler Produktionsfunktionen wie der neoklassischen Produktionsfunktion jedoch nur in Ausnahmefällen gelingen. (**ÜB 3/33**)

c) Leontief-Produktionsfunktionen

Die Kritik an substitutionalen Produktionsfunktionen führte zur Entwicklung der Leontief-Produktionsfunktion.[32] Dabei handelt es sich um eine Produktionsfunktion, die durch folgende Merkmale gekennzeichnet ist:

[29] Vgl. Fandel, G., a. a. O., S. 267 ff.
[30] Vgl. Cobb/Douglas, A Theory of Production, in: American Economic Review, 1928, Supplement, S. 139 ff. Vgl. auch Wittmann, W., Produktionstheorie, Berlin u. a. 1968, S. 141 ff.
[31] Vgl. Arrow/Chenery/Minhas/Solow, Capital-Labor-Substitution and Economic Efficiency, in: The Review of Economics and Statistics, 1961, S. 225 ff.
[32] Vgl. Leontief, W., u. a. (Hrsg.), Studies in the Structure of American Economy. – Theoretical and Empirical Explorations in Input-Output-Analysis, New York, Oxford 1953; Leontief, W., Input-Output-Analysis, in: Leontief, W. (Hrsg.), Input-Output-Economics, New York 1966, S. 134 ff.

(1) Die Produktionsfaktoren können nicht gegeneinander substituiert werden, es handelt sich um eine **limitationale** Produktionsfunktion.

(2) Das Faktoreinsatzverhältnis ist unabhängig von der Ausbringungsmenge stets konstant **(homogene Produktionsfunktion)**, so daß sich die auf einen Punkt reduzierten Insoquanten durch eine Prozeßgerade miteinander verbinden lassen. Weiterhin führt eine proportionale Erhöhung der Faktoreinsatzmenge zu einer ebenfalls proportionalen Erhöhung der Ausbringungsmenge. Die Leontief-Produktionsfunktion ist also **linear-limitational**.

(3) Da es sich um eine limitationale Produktionsfunktion handelt, existiert keine Möglichkeit, die Ausbringungsmenge durch partielle Faktorvariation zu erhöhen.[33]

Damit lassen sich die Isoquanten einer Leontief-Produktionsfunktion entsprechend Abb. 50 darstellen.

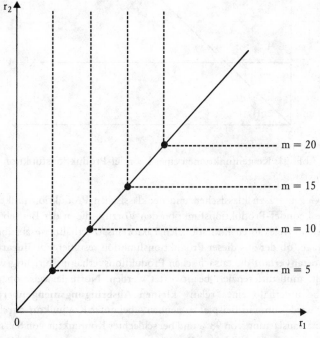

Abb. 50: Isoquanten einer Leontief-Produktionsfunktion

Da keine partielle Faktorvariation vorgenommen wird, ist nur die langfristige Kostenfunktion, bei der keine Fixkosten existieren, von Interesse. Die **Gesamtkostenfunktion** beginnt folglich im Ursprung. Da die Ausbringungsmenge weiterhin proportional von den Faktoreinsatzmengen abhängt

---

[33] Vgl. S. 496 f. Allerdings ist es bei alternativen Prozeßvarianten und damit alternativen Prozeßgeraden möglich, dieselbe Ausbringungsmenge durch verschiedene Faktoreinsatzkombinationen zu erzeugen.

und die Faktorpreise konstant sind, verläuft die Gesamtkostenfunktion darüber hinaus linear. **Grenzkosten** und **Durchschnittskosten** sind damit stets gleich, beide Funktionen verlaufen konstant (Abb. 51).

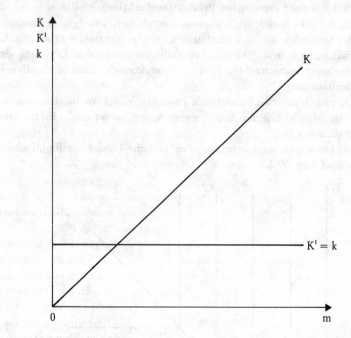

Abb. 51: Kostenfunktionen einer Leontief-Produktionsfunktion

Im Gegensatz zu klassischen und neoklassischen Produktionsfunktionen hat die Leontief-Produktionsfunktion den Vorzug, die in der Betriebswirtschaftslehre relevanten limitationalen Faktoreinsatzverhältnisse abzubilden. Die Frage, ob der aus dieser Produktionsfunktion resultierende **lineare Gesamtkostenverlauf** die tatsächlichen Produktionsverhältnisse richtig widerspiegelt, muß differenziert beantwortet werden. Normalerweise operieren Betriebe innerhalb eines relativ **kleinen Ausbringungsmengenbereichs.** Dieser wird – um ein Beispiel zu nennen – bei guter Konjunktur durch eine Kapazitätsauslastung von 98% und bei schlechter Konjunktur von 85% markiert. Innerhalb dieses kleinen Beschäftigungsintervalls steigen die Gesamtkosten annähernd proportional zur Ausbringungsmenge, so daß die Verwendung entsprechender Produktionsfunktionen möglich ist. In anderen Situationen dagegen (Expansion, teilweise Betriebsstillegungen usw.) müssen aber die Produktions- und Kostenverhältnisse innerhalb größerer Beschäftigungsintervalle untersucht werden. Hierbei begegnet man auch nichtlinearen Gesamtkostenverläufen. Auch erfordert die genauere Abbildung der betrieblichen Realität die Berücksichtigung von Faktoreinsatzverhältnissen, die zwar für eine gegebene Ausbringungsmenge festgelegt (limitational) sind, die sich jedoch mit der Ausbringungsmenge verändern.

d) Gutenberg-Produktionsfunktionen (Produktionsfunktionen vom Typ B)

aa) Ableitung der Produktionsfunktion aus Verbrauchsfunktionen

Gutenberg versucht bei der von ihm entwickelten Produktionsfunktion vom Typ B, die Mängel der bisher behandelten Produktionsfunktionen – insbesondere der ertragsgesetzlichen Produktionsfunktion – zu beseitigen.[34] Er geht dabei von den folgenden Annahmen aus:

(1) Die Annahme weitgehender Substituierbarkeit der Produktionsfaktoren wird aufgegeben und durch die im industriellen Bereich vorherrschende **Limitationalität** ersetzt.

(2) Bei der Behandlung der Produktionsfaktoren wird zwischen Betriebsmitteln (beispielsweise Maschinen oder Werkzeugen) und den übrigen Produktionsfaktoren – beispielsweise Rohstoffen – unterschieden.[35] Die Betriebsmittel werden von Gutenberg als **Gebrauchsfaktoren,** die übrigen Produktionsfaktoren als **Verbrauchsfaktoren** bezeichnet. Dabei werden Produktionsfunktionen differenziert für einzelne **überschaubare Einheiten** (Arbeitsplätze oder Maschinenaggregate) ermittelt.

(3) Bei den Gebrauchsfaktoren geht Gutenberg davon aus, daß es keine unmittelbaren Beziehungen zwischen dem Input an Verbrauchsfaktoren und dem Output an Produkten gibt. Stattdessen wird angenommen, daß sowohl der Verbrauch an Produktionsfaktoren als auch der Output von den **technischen Eigenschaften** des untersuchten Betriebsmittels und von der Intensität der Nutzung abhängen.[36] Es bestehen somit nur **mittelbare Beziehungen** zwischen Input und Output, die sich mit Hilfe von sogenannten **Verbrauchsfunktionen** abbilden lassen.

Die Verbrauchsfunktionen stellen das wichtigste Instrument der von Gutenberg entwickelten Theorie dar. Der Verbrauch an Produktionsfaktoren – beispielsweise des Produktionsfaktors r_1 – ist abhängig von den mit z_1, z_2, ..., z_n bezeichneten technischen Eigenschaften des Betriebsmittels und der Intensität d, mit der es genutzt wird. Betrachtet man beispielsweise einen im Betrieb eingesetzten Benzinmotor, so hängt der Verbrauch des Produktionsfaktors Benzin von technischen Eigenschaften des Motors wie Verbrennungsgrad oder Kompression und von der Drehzahl (also der Intensität) ab. Gleichzeitig bestimmen diese Faktoren auch die technische Leistung des Aggregates Benzinmotor. Stellt man in einem Diagramm den Benzinverbrauch und die Leistungsabgabe in Abhängigkeit von der Intensität (Drehzahl) gegenüber, so ergibt sich das in Abb. 52 dargestellte Bild.

Entsprechend kann auch der Verbrauch des Benzinmotors an weiteren Produktionsfaktoren r_2, r_3, ..., r_n (Schmiermittelverbrauch, Verschleiß, Inspektions- und Instandhaltungsaufwand usw.) durch weitere Verbrauchsfunktionen dargestellt werden. Diese Verbrauchsfunktionen können auch in

---

[34] Zu den folgenden Ausführungen vgl. insbesondere Gutenberg, E., Grundlagen, Bd. I, a. a. O., S. 326 ff.

[35] Zur Einteilung der Produktionsfaktoren vgl. S. 93 ff.

[36] Vgl. Gutenberg, E., Grundlagen, Bd. I, a. a. O., S. 329 ff.

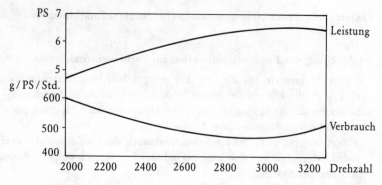

Abb. 52: Verbrauch und PS-Leistung eines Benzinmotors

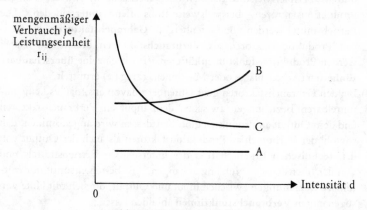

Abb. 53: Verbrauchsfunktionen

anderer als der in Abb. 52 dargestellten konvexen Form verlaufen. Der Verbrauch an Werkstoffen beispielsweise kann intensitätsunabhängig sein und damit den in Abb. 53 dargestellten konstanten Verlauf (Kurve A) aufweisen. Ist der Verbrauch zunächst leistungsunabhängig und nach Überschreiten einer bestimmten Intensität intensitätsabhängig, ergibt sich die Kurve B. Bei Zeitlohnarbeit dagegen ergibt sich eine degressive Verbrauchsfunktion (Kurve C).

Der Benzinverbrauch r_1 des Motors pro technischer Ausbringungseinheit b (Leistung) ist wie beschrieben abhängig von den technischen Eigenschaften $z_1, z_2, \ldots, z_n$ und der Intensität d. Gutenberg beschränkt seine Untersuchungen auf die Variation der Intensität d und betrachtet die technischen Eigenschaften als konstant (sog. z-Situation).[37] Für die einzelnen Produktionsfaktoren r_i (Benzin, Schmiermittel, Verschleiß usw.) läßt sich der Verbrauch des

---

[37] Vgl. Gutenberg, E., Grundlagen, Bd. I, a. a. O., S. 330. Eine Berücksichtigung aller Prozeßbedingungen erfolgt bei Aufstellung der „engineering production functions". Siehe dazu Bloech/Lücke, a. a. O., S. 131 ff.; Chenery, H. B., Engineering Production Functions, in: The Quarterly Journal of Economics, Bd. 63 (1949), S. 507 ff.

Aggregates 1 (hier des Benzinmotors) pro technischer Ausbringungseinheit des Aggregates b in Abhängigkeit von der als konstant unterstellten z-Situation $\bar{z}_1$, $\bar{z}_2$, ..., $\bar{z}_n$ und der Intensität d darstellen als

$$(25) \qquad \frac{r_i}{b} = f_i \, (\bar{z}_1, \, \bar{z}_2, \, \ldots \, \bar{z}_n, \, d)$$

oder einfacher als

$$(26) \qquad \frac{r_i}{b} = f_i \, (d)$$

Da in einem Betrieb in der Regel mehrere Aggregate j eingesetzt werden, läßt sich der Verbrauch des Faktors i an einem Aggregat j allgemein schreiben als

$$(27) \qquad \frac{r_{ij}}{b_j} = f_{ij} \, (d_j)$$

Aus den **Verbrauchsfunktionen** wird eine **Produktionsfunktion,** wenn der Faktoreinsatz r_{ij} zur Ausbringungsmenge des Betriebes m in Beziehung gesetzt wird. Da die Ausbringungsmenge m – die Menge der hergestellten Produkte – in Beziehung zur technischen Ausbringung b_j der einzelnen Aggregate j – hier beispielsweise der Leistung des Benzinmotors – gesetzt wird, gilt

$$(28) \qquad b_j = \varphi(m)$$

Durch Zusammenfassung der Gleichungen (27) und (28) und eine Umformung läßt sich der Verbrauch eines Produktionsfaktors r_i am Aggregat j durch die Funktion

$$(29) \qquad r_{ij} = f_{ij} \, (d_j) \cdot \varphi(m)$$

abbilden.

Die Leistungsabgabe eines Aggregates b_j kann auch als Produkt aus Leistungsintensität d_j und Einsatzzeit t ermittelt werden. Die technische Ausbringung (Leistung) einer Bohrmaschine beispielsweise kann durch die Anzahl der Umdrehungen gemessen werden, die sich als Produkt aus Leistungsintensität – gemessen in Umdrehungen pro Minute – und der Einsatzzeit – gemessen in Minuten – ergibt. Damit gilt weiterhin

$$(30) \qquad \begin{aligned} b_j &= d_j \cdot t \\ \Rightarrow d_j &= \frac{b_j}{t} = \frac{\varphi(m)}{t} \end{aligned}$$

Somit läßt sich Gleichung (29) in allgemeinerer Form auch schreiben als

$$(31) \qquad r_{ij} = f_{ij}\left(\frac{\varphi(m)}{t}\right) \cdot \varphi(m)$$

Gleichung (31) verdeutlicht, wieso mit Hilfe der Gutenberg-Produktionsfunktion nur mittelbare Input-Output-Beziehungen hergestellt werden. Unmittelbar hängt der Input (Faktorverbrauch) von der technischen Leistung und von der Intensität ab, mittelbar dagegen von der Faktoreinsatzzeit und vom Output.

Addiert man die Faktorverbrauchsfunktionen aller Aggregate j für jeweils einen Produktionsfaktor r_i, so erhält man die Verbrauchsmengen des jeweiligen Faktors für das gesamte Unternehmen. Addiert man weiterhin die Faktoreinsatzfunktionen für sämtliche Produktionsfaktoren und für die unmittelbar von der Ausbringungsmenge abhängigen Verbrauchsfaktoren, so erhält man schließlich die nach den Produktionsfaktoren aufgelöste **Produktionsfunktion vom Typ B.** Löst man Gleichung (31) nach der Ausbringungsmenge m auf, so stellt man fest, daß sie von folgenden Faktoren abhängt:

– über die Faktorverbrauchsfunktion indirekt von der **Einsatzmenge** der Produktionsfaktoren,

– von der **Intensität,**

– von der **Einsatzzeit** der Aggregate. (**ÜB** 3/34–35)

bb) Aus Verbrauchsfunktionen abgeleitete Kostenverläufe

Die Gesamtkostenfunktion eines Betriebes läßt sich in gewohnter Weise ermitteln, indem auf Grundlage der zuvor ermittelten Produktionsfunktion die für eine bestimmte Ausbringungsmenge anfallenden Faktorverbrauchsmengen mit ihren jeweiligen – wiederum als konstant unterstellten – Faktorpreisen bewertet werden. Abhängig vom Verlauf der zugrunde liegenden Verbrauchsfunktionen können die aus einer Gutenberg-Produktionsfunktion abgeleiteten Gesamtkostenfunktionen unterschiedliche Verläufe aufweisen. Sowohl lineare, progressive, degressive, S-förmige als auch jede andere Form von Gesamtkostenverläufen sind denkbar. Im Gegensatz zum Ertragsgesetz gibt es also keinen „gesetzmäßigen", sondern einen **aus der betriebsindividuellen Produktionstechnik abgeleiteten Verlauf** der Gesamtkostenfunktion.

Soll die Ausbringungsmenge des Betriebes verändert werden, so ändern sich auch die Gesamtkosten. Im Gegensatz zu den bisher behandelten Produktionsfunktionen hängen jedoch die Gesamtkosten nicht unmittelbar von der Ausbringungsmenge ab, sondern variieren entsprechend den zugrunde gelegten Verbrauchsfunktionen. Wie festgestellt wurde, ist die Ausbringungsmenge mittelbar von den Faktoreinsatzmengen abhängig. Die Faktoreinsatzmengen wiederum variieren abhängig von der Anzahl der zur Produktion eingesetzten Aggregate, von der Intensität und von der Einsatzzeit.

Somit gibt es auch verschiedene Möglichkeiten, die Ausbringungsmenge zu verändern, also an **unterschiedliche Beschäftigungslagen** anzupassen:[38]

(1) Anpassung der Anzahl der Aggregate (**quantitative Anpassung**),
(2) Anpassung der Intensität der Nutzung (**intensitätsmäßige Anpassung**),
(3) Anpassung der Einsatzzeit der Aggregate (**zeitliche Anpassung**),
(4) Kombination der vorstehenden Anpassungsformen (**kombinierte Anpassung**).

Bei der **quantitativen Anpassung** bleiben Intensität und Einsatzdauer der Aggregate unverändert, während die Anzahl der eingesetzten Gebrauchsfaktoren (Betriebsmittel) verändert wird. Kann dieselbe Leistung durch Aggregate verschiedener Kostenniveaus erbracht werden, so können darunter die Aggregate mit den geringsten Produktionskosten ausgewählt werden. Diese Anpassungsart, bei der zwischen Aggregaten mit unterschiedlichen Kostenniveaus ausgewählt wird, bezeichnet man als **selektive Anpassung.** Geht in einem solchen Fall die Beschäftigung zurück, so werden zunächst die am unwirtschaftlichsten arbeitenden Aggregate abgeschaltet. Wird die Beschäftigung ausgedehnt, so wird jeweils das kostengünstigste der bisher nicht genutzten Aggregate eingesetzt.

Bei der **intensitätsmäßigen Anpassung** wird die Ausbringungsmenge durch Veränderung der Intensität (Leistungsabgabe pro Zeiteinheit) bei konstanter Anzahl der eingesetzten Aggregate und konstanter Einsatzzeit variiert. Da die Kosten von den Faktoreinsatzmengen und diese wiederum von den zugrunde liegenden Verbrauchsfunktionen abhängen, müssen die anhand der Verbrauchsfunktionen ermittelten Faktoreinsatzmengen bewertet und anschließend die bewerteten Faktoreinsatzfunktionen addiert werden, um die Gesamtkosten eines Aggregates zu ermitteln. Die Durchschnittskosten pro Ausbringungseinheit können auf ähnliche Art abhängig von der Intensität bestimmt werden, indem die Verbrauchsfunktionen direkt mit Preisen multipliziert und die sich ergebenden Funktionen addiert werden (Abb. 54: Durchschnittskosten auf der Ordinate). Gleichzeitig kann, da bei sonst unveränderten Bedingungen die Ausbringungsmenge linear von der Intensität abhängt, auf der Abszisse statt der Intensität die Ausbringungsmenge abgetragen werden.

Wie Abb. 54 entnommen werden kann, existiert ein Intensitätsgrad, an dem die Durchschnittskosten des betreffenden Aggregats minimal werden (Punkt A). Es handelt sich dabei um das Minimum der Kurve des bewerteten Gesamtfaktorverbrauchs pro Leistungseinheit, das auch als **optimaler Leistungsgrad** bezeichnet wird. Existiert ein optimaler Leistungsgrad und erfolgt eine intensitätsmäßige Anpassung, so steigen die Kosten verglichen mit anderen Anpassungsformen in der Regel stärker an; der dann gewählte Intensitätsgrad ist unwirtschaftlich. Diese Anpassungsform kommt daher in der Realität in der Regel nur dann zur Anwendung, wenn aus technischen

---

[38] Zu einer weitergehenden Differenzierung möglicher Anpassungsarten vgl. Gutenberg, E., Grundlagen, Bd. I, a. a. O., S. 354ff.; Busse v. Colbe/Laßmann, a. a. O., S. 262 ff.

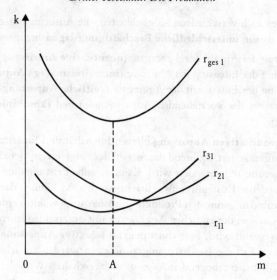

Abb. 54: Durchschnittskostenermittlung bei intensitätsmäßiger Anpassung

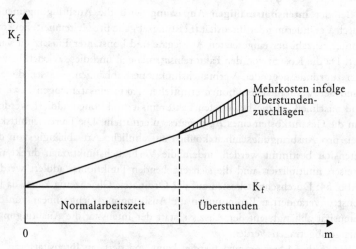

Abb. 55: Kostenverlauf bei zeitlicher Anpassung

Gründen keine andere Form der Anpassung erfolgen kann (z. B. bei chemischen Prozessen, die nicht beliebig unterbrochen werden können).

Die **zeitliche Anpassung** stellt eine in der Praxis weit wichtigere Anpassungsform dar, bei der bei unverändertem Bestand an Gebrauchsfaktoren und unveränderter Intensität die Einsatzzeit der Gebrauchsfaktoren variiert wird. Verändern sich die Kosten je Faktoreinsatzeinheit nicht, ergibt sich daraus ein **linearer Gesamtkostenverlauf**; die Gesamtkosten hängen proportional von der Einsatzzeit und somit von der Ausbringungsmenge ab. Verändern sich dagegen die Preise der Produktionsfaktoren (beispielsweise durch die Zahlung von Überstundenzuschlägen bei Erhöhung der Einsatzzeit der Arbeitskräfte), so kann die Gesamtkostenfunktion an der betreffenden Stelle auch einen anderen Verlauf aufweisen (Abb. 55).

Bei **kombinierten Anpassungen** erfolgt eine Anpassung an veränderte Beschäftigungsgrade, indem jeweils die Anpassungsart gewählt wird, die die geringstmöglichen Durchschnittskosten für die jeweils neue Beschäftigungsmenge verursacht. Beispielsweise sei angenommen, daß eine bestimmte Ausbringungsmenge mit der optimalen Intensität (optimaler Leistungsgrad) bei vollständiger Ausnutzung der Betriebszeit (maximaler Betriebszeit) erzeugt wird. Soll eine Verringerung der Ausbringungsmenge erreicht werden, wäre es unwirtschaftlich, eine intensitätsmäßige Anpassung vorzunehmen, da in einem solchen Fall die Durchschnittskosten steigen würden. Die Anpassung der Beschäftigung **nach unten** erfolgt daher mit Hilfe **zeitlicher Anpassung.** Diese Anpassungsform ist jedoch nicht möglich, wenn die Ausbringungsmenge erhöht werden soll, da die maximale Einsatzzeit bereits erreicht ist. Die Anpassung der Beschäftigung **nach oben** muß daher kurzfristig mit Hilfe **intensitätsmäßiger Anpassung** erfolgen.[39]

Die bisher beschriebenen Anpassungsarten gehen von einem gegebenen Bestand an Gebrauchsfaktoren (Betriebsmitteln) aus, sind also bei kurzfristigen Anpassungen der Beschäftigung relevant. Langfristig dagegen ist es auch möglich, die Anzahl der eingesetzten Betriebsmittel (Aggregate) zu erhöhen oder zu vermindern. In derartigen Fällen ändert sich der Gesamtkostenverlauf durch die **Veränderung der Betriebsgröße.** Wird die Anzahl der Gebrauchsfaktoren verändert, ohne daß dabei die Verfahrenstechnik verändert wird, spricht man von einer **multiplen Betriebsgrößenvariation.** Das ist beispielsweise dann der Fall, wenn im Betrieb bereits 10 Maschinen vom Typ X existieren und eine elfte (gleichartige) Maschine zusätzlich erworben wird. Wird dagegen die Verfahrenstechnik verändert, indem die 10 Maschinen vom Typ X ausgesondert und durch 10 schnellere und modernere Maschinen vom Typ Y ersetzt werden, handelt es sich um eine **mutative Betriebsgrößenvariation.**[40] Auch die Umstellung von arbeitsintensiven auf kapitalintensive Fertigungsverfahren bei steigender Ausbringungsmenge stellt ein Beispiel mutativer Betriebsgrößenvariation dar. (**ÜB 3/36–49**)

cc) Erweiterungen der Produktionsfunktion vom Typ B

Die von Gutenberg entwickelte Produktionsfunktion vom Typ B stellt, verglichen mit den vorhergehenden Ansätzen, einen wesentlichen Fortschritt dar. Insbesondere die Aufgliederung des Betriebes in einzelne Teileinheiten und die Berücksichtigung unterschiedlicher Kostendeterminanten für Gebrauchsfaktoren im Rahmen der Ermittlung von Verbrauchsfunktionen ermöglichen eine genauere Abbildung der betrieblichen Zusammenhänge. Auch die damit verbundene Aufgabe der Vorstellung, es existierten direkte Input-Output-Beziehungen, führt zu einer realitätsnäheren Behandlung in-

---

[39] Vgl. im einzelnen Adam, D., Produktions- und Kostentheorie, a. a. O., S. 32 ff.
[40] Vgl. Gutenberg, E., Grundlagen, Bd. I, a. a. O., S. 421 ff.; vgl. auch S. 510

dustrieller Produktionsprozesse. Diese Erweiterungen der klassischen Betrachtungsweise sind jedoch unvollständig. So gelingt es beispielsweise
nicht, auch substitutionale Produktionsprozesse, die in der Realität durchaus
existieren, abzubilden. Auch bleibt – beispielsweise durch die Konstantsetzung der technischen Bedingungen – die Anzahl der berücksichtigten Kostendeterminanten nach wie vor relativ gering.

Aufbauend auf dieser Kritik entwickelte Heinen **Produktionsfunktionen
vom Typ C,** die den Versuch einer Synthese von substitutionalen und limitationalen Produktionsfunktionen darstellen.[41] Auch er unterteilt den Betrieb in
Teileinheiten, die er so festlegt, daß eindeutige Beziehungen zwischen der
technischen Leistung und der erzeugten Produktmenge pro Zeiteinheit bestehen (sogenannte „Elementarkombinationen"). Für jede Elementarkombina-
tion untersucht er den Verbrauch an Produktionsfaktoren, die er in beliebig
teilbare, im Produktionsprozeß untergehende Faktoren („Repetierfaktoren")
und nicht beliebig teilbare, ein Nutzungspotential verkörpernde Faktoren
(„Potentialfaktoren") einteilt. Bei Untersuchung des Faktorverbrauchs unterscheidet Heinen **technische Verbrauchsfunktionen** und **ökonomische Verbrauchsfunktionen.** In den technischen Verbrauchsfunktionen wird der Zusammenhang zwischen dem Verbrauch eines Produktionsfaktors und den
technischen Daten eines Aggregates dargestellt, während die ökonomischen
Verbrauchsfunktionen auf der Grundlage der technischen Verbrauchsfunktionen den Zusammenhang zwischen dem Faktorverbrauch und der erstellten
Produktmenge beschreiben. Die Produktionsfunktion vom Typ C wird in der
Weise ermittelt, daß für jede Faktorart die ökonomischen Verbrauchsfunktionen zusammengefaßt werden. Im Ergebnis erhält man dann den Gesamtver-
brauch an Produktionsfaktoren. Das besondere Verdienst Heinens liegt in der
Erfassung aller in der Realität auftretenden technologischen Prozesse und ihrer
Klassifizierung mit Hilfe einer **Typologie der Elementarkombinationen.**

Kloock versucht mit der von ihm entwickelten **Produktionsfunktion vom
Typ D,** den Einfluß organisatorischer Beziehungen – beispielsweise mehrstufiger Fertigung einschließlich der Abbildung von Zwischenlagern – auf Produktionsfunktionen darzustellen.[42] Dazu überträgt er die in der Volkswirtschaftslehre gebräuchlichen Input-Output-Modelle auf betriebswirtschaftliche Produktionsprozesse. Damit gelingt es ihm insbesondere, einen formalen
Rahmen zur Verfügung zu stellen, mit dessen Hilfe alle denkbaren Produktionsfunktionen – auch die bisher in diesem Abschnitt behandelten Produktionsfunktionen vom Typ A, B und C – abgebildet werden können. Nicht
untersucht wird dagegen eine weitere (zusätzliche) Berücksichtigung von
Kosteneinflußgrößen; hier wird ein auf der Gutenberg'schen Analyse aufbau-
endes System von Verbrauchsfunktionen zugrunde gelegt.

---

[41] Hierzu und zu den nachfolgenden Ausführungen vgl. Heinen, E., Betriebswirtschaftliche Kostenlehre, 6. Aufl., Wiesbaden 1983, S. 244 ff.
[42] Zur Produktionsfunktion vom Typ D vgl. Kloock, J., Zur gegenwärtigen Diskussion
der betriebswirtschaftlichen Produktionstheorie und Kostentheorie, in: ZfB 1969, 1. Ergän-
zungsheft, S. 64 ff.

III. Die Produktionsplanung

1. Die langfristige Produktionsprogrammplanung

Kapitel I.2. behandelte den Zusammenhang zwischen Total- und Partialplanung. Dabei wurde festgestellt, daß eine Totalplanung zwar theoretisch optimal ist, häufig jedoch an der Komplexität der Praxis scheitert. Damit ist das Unternehmen darauf angewiesen, seine Entscheidungen zu zerlegen (zu partialisieren) und sukzessiv zu planen. Ausgangspunkte der sukzessiven Planung stellen dabei in sachlicher Hinsicht ein wahrscheinlicher Engpaßsektor wie z. B. der Absatzbereich und in zeitlicher Hinsicht die langfristige Planung dar, an deren Entscheidungen die Planungen mit kürzerem Planungshorizont gebunden sind.[1]

Für die sukzessive Produktionsplanung, die im folgenden behandelt wird, bietet es sich an, mit der langfristigen Produktionsprogrammplanung zu beginnen, denn die dabei getroffenen Entscheidungen sind Ausgangspunkt weiterer Teilplanungen im Produktionsbereich. Ist das Unternehmen auf einem Käufermarkt tätig, liegt also der Engpaß beim Absatz, baut die langfristige Produktionsprogrammplanung auf der strategischen Absatzplanung auf. **Aufgabe** der langfristigen Produktionsprogrammplanung ist es, ausgehend vom Ziel der langfristigen Gewinnmaximierung festzulegen, welche **Arten von Produkten** mit Hilfe welcher **Produktionsverfahren** produziert werden sollen.[2] Im einzelnen hat sich die langfristige Produktionsprogrammplanung mit den folgenden Teilproblemen zu beschäftigen:

– Festlegung der **Produktfelder,** in denen das Unternehmen tätig werden will, sowie Festlegung der einzelnen Produkte und ihrer Eigenschaften;

– Auswahl des **Produktionsverfahrens,** mit dessen Hilfe die ausgewählten Produkte gefertigt werden sollen, sowie die Entscheidung über den **Fertigungstyp**[3] wie z. B. Werkstatt- oder Fließfertigung;

– Entscheidungen über die **Fertigungstiefe,** d. h. Festlegung der Grenze zwischen Eigenerstellung von Komponenten und deren Fremdbezug von Zulieferern (Beispiel: Zubehörteile in der Automobilindustrie);

– Festlegung des **Kapazitätsrahmens** für Betriebsmittel und Arbeitskräfte.

Häufig binden Entscheidungen der langfristigen Produktionsprogrammplanung das Unternehmen für sehr lange Zeit. In der Automobilindustrie beispielsweise beträgt der Zeitraum von der Entwicklung eines bestimmten Automobiltyps bis zur Einstellung der Produktion für alle Varianten dieses Typs manchmal mehrere Jahrzehnte. Aus diesem Grund gehen in die Entscheidung über das langfristige Produktionsprogramm auch sehr langfristige Erwägungen ein.

Dazu gehören beispielsweise:[4]

---

[1] Vgl. ausführlich S. 153f.
[2] Vgl. Blohm, H. u. a., Produktionswirtschaft, 2. Aufl., Herne/Berlin 1988, S. 244.
[3] Die verschiedenen Fertigungstypen werden ausführlich auf S. 556 behandelt.
[4] Vgl. Streitferdt, L., Produktionsprogrammplanung, HWB, Bd. I/2, 5. Aufl., Stuttgart 1993, Sp. 3478ff.

- Erwartete technische, ökonomische und gesellschaftliche Entwicklungen und deren Einfluß auf die künftige Nachfrage nach bestimmten Produkten (Beispiel: Zunehmende Freizeit führt zu verstärkter Nachfrage nach Freizeitartikeln). Hier besteht eine wichtige Aufgabe der **Marktforschung** darin, diese Entwicklungen und ihre Auswirkungen möglichst genau zu prognostizieren.[5]
- **Technische Neuentwicklungen,** die beispielsweise zur Entwicklung neuer Produkte durch die Forschungs- und Entwicklungsabteilung führen.
- Die Berücksichtigung von **Fertigungs- oder Absatzverwandtschaften,** also der Möglichkeit, bestehende Fertigungsanlagen oder Vertriebskanäle für neue Produkte nutzen zu können.
- Die Möglichkeit der Verbesserung der **Risikomischung** bei Konjunktur- oder Saisonschwankungen (Beispiel: Ein Hersteller von Tennisbekleidung nimmt Skianzüge in sein Produktionsprogramm mit auf).

Die Entscheidungen über das langfristige Produktionsprogramm binden das Unternehmen nicht nur für viele Jahre, sondern sind auch sonst für seinen Fortbestand und seine weitere Entwicklung entscheidend. Die langfristige Produktionsprogrammplanung ist daher häufig Teil der **strategischen Planung,** deren Träger die oberste Unternehmensleitung ist.

2. Die Planung von innerbetrieblichem Standort und innerbetrieblichem Transport

Nach Durchführung der langfristigen Produktionsprogrammplanung sind folgende Rahmenentscheidungen getroffen:

- Festlegung der Produktgruppen bzw. **Produktarten**
- Festlegung der durchschnittlichen **Produktionshöchstmenge**
- Festlegung der **Fertigungsverfahren**
- Festlegung des **Kapazitätsrahmens** für Betriebsmittel und Arbeitskräfte

---

Abb. 56: Vorgaben der langfristigen Produktionsprogrammplanung

Im Rahmen der **strategischen Investitionsplanung** wurde bereits entschieden, **welche Betriebsmittel** (Art, Menge) im Rahmen des langfristigen Investitionsprogramms angeschafft werden sollen. Aufgabe der **langfristigen Produktionsplanung** ist die Bestimmung des **optimalen innerbetrieblichen Standorts** für jedes Betriebsmittel. Die Wahl des innerbetrieblichen Maschinenstandorts determiniert die Transportwege zwischen den Betriebsmitteln. Dabei entstehen **Transportkosten,** die **minimiert** werden müssen. Deshalb ist es sinnvoll, den innerbetrieblichen Standort und den innerbetrieblichen Transport simultan zu planen. Bei der innerbetrieblichen Standortwahl geht es um die räumliche Planung von

---

[5] Zur Marktforschung vgl. S. 608 ff.

- kompletten **Produktionsstätten** wie Fabriken und Werkstätten,
- Standorten für einzelne **Betriebsmittel** und
- Standorten von **Lagerplätzen** zwischen den einzelnen Fertigungsplätzen.

Wie alle unternehmerischen Entscheidungen hat sich auch die innerbetriebliche Standortwahl am Prinzip langfristiger Gewinnmaximierung zu orientieren. Dieses Oberziel läßt sich – unter vereinfachenden Annahmen – für die innerbetriebliche Standortwahl folgendermaßen operationalisieren:

Zielebene	Zielvorschrift
(1) Oberziel	Maximiere langfristigen Gewinn
(2) Zwischenziel (a)	Minimiere Produktionskosten
(3) Zwischenziel (b)	Minimiere Transportkosten
(4) Unterziel	Minimiere Transportwege

Abb. 57: Zielhierarchie innerbetrieblicher Standortwahl

Geht man davon aus, daß die innerbetriebliche Standortentscheidung die Erlösseite nicht tangiert, gelangt man auf Ebene (2) zur Kostenminimierung. Unterstellt man ferner, daß die Standortwahl ausschließlich die Transportkosten beeinflußt, reduziert sich das Planungsproblem auf der Ebene (3) zur Transportkostenminimierung. Geht man ferner davon aus, daß die Transportkosten pro Streckeneinheit identisch sind, gelangt man auf Ebene (4) zur Streckenminimierung. Gelten diese Annahmen, so können zur Lösung innerbetrieblicher Standortprobleme standardisierte betriebswirtschaftliche Modelle[6] auf der Basis der linearen Programmierung verwendet werden.

Da die oben beschriebenen vereinfachenden Annahmen jedoch in der Regel nicht zutreffen, muß die Praxis, will sie zu korrekten Entscheidungen kommen, häufig für jedes innerbetriebliche Standort- und Transportproblem eine individuelle Lösung suchen, ohne dabei auf betriebswirtschaftliche Standardmodelle zurückgreifen zu können.

3. Die kurzfristige Produktionsprogrammplanung

Die langfristige Produktionsprogrammplanung[7] hatte die Aufgabe, Produktionskapazitäten zu schaffen, die den langfristigen Absatzerwartungen angepaßt sind. Auf der strategischen Planungsebene wurde also festgelegt, welche Jahresproduktion (gegliedert nach Produktarten und Produktmengen) während eines längeren Planungszeitraums von beispielsweise fünf Jahren realisiert werden soll. An diesem langfristigen Produktionsrahmen orientierte sich die Kapazitätsbereitstellung von Arbeitskräften und Betriebsmitteln. Rechnete man beispielsweise mit einem langfristigen Absatzvolu-

---

[6] Vgl. ausführlich Corsten, H., Produktionswirtschaft, 5. Aufl., München/Wien 1995, S. 331 ff.
[7] Vgl. S. 533 f.

men m_a von 950 Einheiten, so legte man die Betriebsmittelkapazität auf beispielsweise 1.000 Produktionseinheiten m_p aus. Ein Kapazitätsproblem ergibt sich dann, wenn z. B. im dritten Jahr des Fünfjahreszeitraums die Absatzmöglichkeiten die Produktionskapazität übersteigen ($m_a > 1.000$). Es entsteht ein Produktionsengpaß. Auf der langfristigen Planungsebene löst man ein solches Engpaßproblem durch eine Neuanschaffung von Betriebsmitteln. Im Rahmen kurzfristiger, operativer Produktionsprogrammplanung (z. B. quartalsweise Planung) betrachtet man den Produktionsengpaß als **gegeben,** d. h. unabänderlich. Die kurzfristige **Produktionsprogrammplanung** hat die **Aufgabe,** für eine **optimale Nutzung des vorhandenen Produktionsengpasses** zu sorgen. Optimal ist die Nutzung des Produktionsengpasses dann, wenn unter den gegebenen Kapazitätsrestriktionen das Gewinnmaximum erreicht wird.

Der Periodengewinn G ist die Differenz zwischen den Gesamterlösen E und den Gesamtkosten K. Die Gesamtkosten K setzen sich zusammen[8] aus variablen, d. h. (mengenabhängigen) Kosten K_v (z. B. Materialkosten) und (mengenunabhängigen) fixen Kosten K_f (z. B. Fremdkapitalzinsen oder Leasinggebühren). Da bei der kurzfristigen Produktionsprogrammplanung die Produktionskapazitäten eine vorgegebene Größe sind, sind auch die Fixkosten K_f eine von der Produktionsmenge m unabhängige Größe. Die variablen Kosten $K_v = k_v \cdot m$ dagegen und die Erlöse $E = p \cdot m$ variieren mit der Ausbringungsmenge m. Die Differenz zwischen dem Stückerlös p und den variablen Stückkosten k_v bezeichnet man als Bruttogewinn/Stück oder **Dekkungsbeitrag/Stück db** ($db = p - k_v$).

Die Zusammenhänge zwischen **Deckungsbeitragsrechnung** und Gewinnermittlung lassen sich an folgendem Beispiel demonstrieren:

gegeben:		
p	= Erlös/Stück	10 DM
k_v	= variable Kosten/Stück	4 DM
db	= Deckungsbeitrag/Stück ($p - k_v$)	6 DM
m	= Ausbringungsmenge/Jahr	900 Stück
K_f	= Fixkosten/Jahr	2.000 DM
gesucht:		
G	= Periodengewinn	
G	= Deckungsbeitrag/Jahr − Fixkosten	
G	= db · m − K_f	
G	= 6 · 900 − 2.000	
G	= 5.400 − 2.000	
G	= + 3.400	

Abb. 58: Gewinnermittlung im Rahmen der Deckungsbeitragsrechnung

---

[8] Zur Unterscheidung von variablen und fixen Kosten vgl. S. 505 ff.

Würde im obigen Beispiel die Ausbringungsmenge um ein Stück erhöht (verringert), würde sich der Periodengewinn G um den Stückdeckungsbeitrag von 6 erhöhen (verringern). Aus db · m ergibt sich DB, der Deckungsbeitrag/Periode. Für den Periodengewinn G gilt:

$$G = DB - K_f$$

Da K_f als konstante Größe nicht entscheidungsrelevant ist, basieren die Optimierungsmodelle für das kurzfristige Produktionsprogramm auf der Maximierung des Periodendeckungsbeitrags DB.

Der **Stückdeckungsbeitrag** db ist die **Schlüsselgröße** zur **kurzfristigen Produktionsprogrammplanung.** Die konkrete Ausgestaltung der kurzfristigen Produktionsprogrammplanung[9] ist sowohl von der Anzahl der Produkte als auch von der Anzahl der Kapazitätsengpässe abhängig. Fünf Fälle (1) bis (5) sind zu unterscheiden:

Engpässe Anzahl ╲ Produkte Anzahl	eins	zwei	mehrere
einer	(1)	(3)	(3)
mehrere	(2)	(4)	(5)

Abb. 59: Varianten kurzfristiger Produktionsprogrammplanung

Variante (1)

Das Einproduktunternehmen maximiert seinen Periodengewinn G, wenn es die einzige vorhandene Maschine bis zur Kapazitätsgrenze auslastet. Bedingung: Der Deckungsbeitrag db muß positiv sein ($p > k_v$).

Variante (2)

Ein einziges Produkt durchläuft mehrere Fertigungsstufen (Betriebsmittel). Man ermittelt zunächst den absoluten Produktionsengpaß, der z. B. bei Aggregat D liegt. Zur Auslastungsregel von D vgl. Variante (1).

Variante (3)

In einem Mehrproduktunternehmen liegt der Produktionsengpaß beim Aggregat F. Mit den drei Produkten lassen sich die Stückdeckungsbeiträge db_1, db_2 und db_3 erwirtschaften. Sind die Bearbeitungszeiten der drei Produkte unterschiedlich lang, ermittelt man zunächst die **Deckungsbeiträge pro Engpaßbelastungseinheit** db_1/E, db_2/E und db_3/E. Definiert man die Engpaßbelastungseinheit E z. B. als 60 Maschinenminuten, zeigt db/E den in einer Maschinenstunde erzielbaren Deckungsbeitrag. Man belastet dann den Engpaß F vorrangig mit dem Produkt, das den höchsten Deckungsbeitrag/ Stunde erwirtschaftet. Ist damit die Kapazitätsgrenze von F noch nicht erreicht, fertigt man zweitrangig das Produkt mit dem zweithöchsten db/E-

---

[9] Vgl. hierzu Adam, D., Produktionsmanagement, 7. Aufl., Wiesbaden 1993, S. 61

Wert usw. Ein konkretes Anwendungsbeispiel findet sich im zugehörigen Übungsbuch.[10]

Variante (4)

Ein Unternehmen fertigt zwei Produkte, von denen jedes mehrere (mindestens zwei) Fertigungsstufen, im einfachsten Fall also die Aggregate A und B durchläuft. Die Absatzmöglichkeit für beide Produkte ist größer als die Produktionskapazität von A bzw. B. Welches Produkt soll in welcher Menge gefertigt werden?

Dieses Problem löst man mit Hilfe der linearen Programmierung. Hilfsweise kann man eine graphische Lösung herbeiführen, die im zugehörigen **Übungsbuch**[11] beispielhaft **erläutert** wird. Hier kann der Lösungsweg nur ansatzweise beschrieben werden.

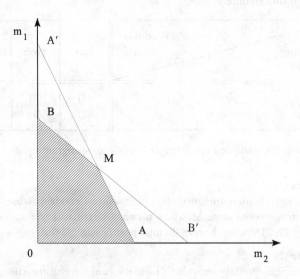

Abb. 60: Kapazitätsrestriktionen und zulässiger Lösungsbereich

Die Geraden $A'A$ bzw. BB' markieren die **Kapazitätsrestriktionen** der Aggregate A bzw. B. Die schraffierte Fläche zeigt den **zulässigen Lösungsbereich,** d. h. die Produktmengenkombinationen m_1/m_2, die realisierbar sind. Die maximalen Kapazitätsauslastungsmöglichkeiten liegen an der Linie BMA.

Zur Ermittlung der gewinnmaximalen Produktmengenkombination muß man die **Isogewinnlinie** G kennen, deren Verlauf durch das konkrete Verhältnis der Deckungsbeiträge db_1 und db_2 bestimmt wird (vgl. Abb. 61).

Das Gewinniveau G_4 kann nicht realisiert werden, weil es außerhalb des Lösungsbereichs AMB liegt. Die Gewinniveaus G_1 bzw. G_2 sind realisierbar, liegen aber unterhalb des Gewinnmaximums. Das Gewinniveau G_3 ent-

---

[10] Vgl. Wöhe/Kaiser/Döring, Übungsbuch, a. a. O., 3. Abschnitt, Aufg. 50–56
[11] Vgl. Wöhe/Kaiser/Döring, Übungsbuch, a. a. O., 4. Abschnitt, Aufg. 5

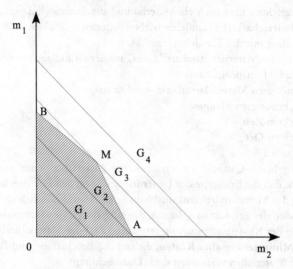

Abb. 61: Ermittlung der gewinnmaximalen Mengenkombination

spricht dem Gewinnmaximum. Die gewinnmaximale m_1/m_2-Kombination wird durch den Punkt M markiert.

Variante (5)

Konkurrieren mehr als zwei Produkte um mehrere Produktionsengpässe, läßt sich die gewinnmaximale Produktmengenkombination im Wege der **linearen Programmierung**[12] ermitteln. Dabei bedient man sich der **Simplex-Methode**, die im zugehörigen Übungsbuch[13] beispielhaft erläutert wird. Dabei wird die Zielfunktion

$$G = db_1 \cdot m_1 + db_2 \cdot m_2 + db_3 \cdot m_3$$

maximiert, wobei die Kapazitätsrestriktionen für die Aggregate A, B, C usw. als **Nebenbedingungen** beachtet werden müssen (**ÜB 3**/50–56 und **ÜB 4**/3–8).

4. Die Materialwirtschaft

a) Aufgaben der Materialwirtschaft

Nach Durchführung der lang- und kurzfristigen Produktionsprogrammplanung steht im einzelnen fest, welche Produkte in welchen Mengen mit Hilfe welcher Produktionsverfahren gefertigt werden sollen. Die notwendigen Arbeitskräfte und Betriebsmittel sind beschafft und die Betriebsmittel mit Hilfe der innerbetrieblichen Standort- und Transportplanung an den dafür geeigneten Stellen aufgestellt worden. Damit die Fertigung tatsächlich beginnen kann, fehlen nur noch die **Werkstoffe**, also der Teil der Produktionsfaktoren, der kurzfristig zu beschaffen ist. Die bereitzustellenden Werk-

---

[12] Vgl. hierzu Kahle, E., Produktion, 4. Aufl., München/Wien 1996, S. 72 ff.
[13] Vgl. Wöhe/Kaiser/Döring, Übungsbuch, a. a. O., 4. Abschnitt, Aufgabe 5–8

stoffe bezeichnet man auch als Material und die Bereitstellungsplanung als **Materialwirtschaft.** Bei Handelsbetrieben dagegen befaßt sich die Bereitstellungsplanung mit den Handelswaren.

Aufgabe der Materialwirtschaft[14] ist es, auf der Grundlage des verabschiedeten Produktionsprogramms
– die benötigten **Materialarten** und -qualitäten
– in den benötigten **Mengen**
– zur rechten **Zeit**
– am rechten **Ort**
bereitzustellen.

Bei gegebener Qualität der verarbeiteten Materialien kann man davon ausgehen, daß die Erlösseite des Unternehmens von den Entscheidungen im Rahmen der Materialwirtschaft unabhängig ist. Damit läßt sich auch in diesem Bereich der Produktionsplanung das langfristige Gewinnmaximum auf dem Weg der Kostenminimierung erreichen. **Ziel** der Materialwirtschaft ist also die **Minimierung aller Kosten,** die mit der Beschaffung und Bereitstellung von Materialien verbunden sind. Dazu gehören

(1) die **unmittelbaren Beschaffungskosten** (Materialeinkaufspreise)
(2) die **mittelbaren Beschaffungskosten** (z. B. Transportkosten vom Lieferanten zum Unternehmen) und
(3) die **Lagerkosten.**

Lagerkosten entstehen dann, wenn Werkstoffe und Einbauteile (Materialien) auf Vorrat beschafft werden. Lagerhaltung ist die Regel; vorratslose Fertigung ist die Ausnahme. **Vorratslose Faktorbeschaffung** ist problemlos möglich, wenn die Faktorbereitstellung über Versorgungsnetze (Wasser, Gas, Elektrizität, Fernwärme) erfolgt. Im übrigen ist eine lagerlose Beschaffung von Werkstoffen und Einbauteilen nur im Falle
– **auftragsweiser Einzelfertigung** oder
– nach dem **Just-in-Time-Konzept**
möglich. Im ersten Fall verzichtet z. B. ein Heizungsinstallationsbetrieb auf Lagerhaltung und beschafft sich für jeden Auftrag die Einbauteile beim Großhändler. Im zweiten Fall bemüht sich z. B. ein Automobilhersteller um eine vollständige Synchronisierung von Beschaffung und Fertigung, wie sie das Just-in-Time-Konzept anstrebt. Das jeweils benötigte Material wird erst unmittelbar vor Beginn der Fertigung vom Lieferanten übernommen. Das Ziel beim Just-in-Time-Konzept besteht in einer möglichst geringen – im Idealfall überhaupt keiner – Lagerhaltung und damit in der Vermeidung von Lagerkosten.[15] Wer glaubt, Kostenminimierung durch **Vermeidung** von **Lagerkosten,** also über vorratslose Fertigung erreichen zu können, muß folgendes bedenken: Bei auftragsindividueller Materialbeschaffung werden zwar Lagerkosten vermieden, dafür steigen aber die mittelbaren Beschaffungskosten (z. B. Personalkosten und Transportkosten für den Pendelverkehr zwischen Liefer-Großhändler und Handwerksbetrieb) an. Beim Just-in-

---

[14] Vgl. Kilger, W., Optimale Produktions- und Absatzplanung, Opladen 1973, S. 55
[15] Das Just-in-Time-Konzept wird weiter unten dargestellt. Vgl. S. 584 f.

Time-Konzept werden die Lagerkosten häufig nicht vermieden, sondern nur auf die vorgelagerte Fertigungsstufe, d. h. den Zulieferbetrieb, verlagert, der seinerseits die ihm entstandenen Lagerkosten in die Materialpreise einkalkuliert.

Beschaffungsart	Vorteil	Nachteil
Fallweise bei Einzelfertigung	Lagerkosten sinken	mittelbare Beschaffungskosten steigen
Just-in-Time-Konzept	Lagerkosten sinken	unmittelbare Beschaffungskosten (Einkaufspreise) steigen

Abb. 62: Vor- und Nachteile vorratsloser Fertigung

Die **einzelnen Planungsaufgaben** der **Materialwirtschaft,** die in die organisatorische Zuständigkeit der Einkaufsabteilung und der Logistikabteilung (Lagerverwaltung und Transport) fallen, werden in folgenden Arbeitsschritten dargestellt:

(1) Zunächst wird der **Materialbedarf** für eine **Planungsperiode,** z. B. für ein Jahr, ermittelt (Kapitel 4. b).

(2) Danach stellt sich die Frage, bei **welchen Lieferanten** der Materialbedarf gedeckt werden soll (Kapitel 4. c).

(3) Laufen – was die Regel ist – Beschaffung und Fertigung nicht synchron, wird Material auf Vorrat beschafft. Es entsteht das Problem der Lagerhaltung. Bei der **strategischen Lagerplanung** geht es darum, den Standort, die räumliche Kapazität und die Ausstattung der Lager zu optimieren (Kapitel 4. d. aa). Bei der **operativen Lagerplanung** geht es darum, den Materialbedarf einer Periode in optimale Einzelbestellmengen aufzuteilen (Kapitel 4. d. bb).

Zum letzten Punkt: Streng genommen gehören die Entscheidungen über **Lagerkapazitäten** und -ausstattungen in den Bereich der **Investitionsplanung.** Ob ein Lager gebaut oder eine maschinelle Großanlage beschafft wird: es handelt sich um eine langfristige Investitionsentscheidung, die durch die Investitionsrechnung[16] fundiert wird. Gleichwohl erscheint es zweckmäßig, derartige Entscheidungen im Rahmen der Materialwirtschaft zu behandeln. Der Grund: Die von der Investitionsrechnung benötigten Planungsdaten wie Mindestkapazität, materialgerechte Lagerausstattung und zweckmäßiger Lagerstandort müssen von der Einkaufs- bzw. Logistikabteilung bereitgestellt werden.

---

[16] Vgl. hierzu S. 746 ff.

b) Die Materialbedarfsermittlung

Im jetzigen Planungsstadium sind die lang- und kurzfristige Produktions-programmplanung abgeschlossen. Die zur Produktion benötigten Kapazitäten (Arbeitskräfte und Betriebsmittel) stehen bereit. Es fehlen nur noch die Materialien. Ehe eine Beschaffungsentscheidung getroffen werden kann, muß festgestellt werden,

– welche **Materialarten**
– in welchen **Mengen**

für die Planungsperiode benötigt werden. Die Berechnung des erwarteten Materialbedarfs kann als

(1) programmgebundene Materialbedarfsermittlung oder als
(2) verbrauchsgebundene Materialbedarfsermittlung

erfolgen.

Im **Fall (1)** wird der erwartete Materialbedarf auf **technisch-analytischem Wege** ermittelt. Einfachheitshalber kann man von einem Ein-Produkt-Unternehmen ausgehen. Die geplante Produktionsmenge von beispielsweise zehntausend Einheiten wird als Primärbedarf bezeichnet. Benötigt man zur Produktion von einem Stück 3 kg Rohstoff der Sorte A und zwei Einbauteile vom Typ B, läßt sich aus dem Primärbedarf der Sekundärbedarf der Materialarten A und B ableiten. Den Bedarf von Hilfs- und Betriebsstoffen sowie von kleinen Verschleißwerkzeugen bezeichnet man als Tertiärbedarf.

Im **Fall (2)** wird der Materialbedarf mit Hilfe statistischer Verfahren auf der Grundlage des **Verbrauchs vergangener Planungsperioden** ermittelt. Beide Verfahren werden im folgenden kurz dargestellt.

aa) Programmgebundene Materialbedarfsermittlung

Werden bei der Fertigung die Produktionsfaktoren in festen Relationen[17] eingesetzt, läßt sich der Materialbedarf technisch-analytisch prognostizieren. Dabei stehen für die Fertigung von Produkten entweder Baupläne oder – bei chemischen Prozessen oder Lebensmitteln – Rezepturen zur Verfügung, mit deren Hilfe ermittelt werden kann, aus welchen Komponenten ein Produkt besteht. Die programmgebundene Bedarfsermittlung kann daher nur funktionieren, wenn das Verhältnis zwischen In- und Output der einzelnen Fertigungsstufen genau bekannt und eindeutig (deterministisch) festgelegt ist.

Die programmgebundene Bedarfsermittlung erfolgt in der Regel mit Hilfe von **Stücklisten,**[18] wobei insbesondere die Strukturstückliste, die Baukastenstücklisten und die Mengenübersichtsstückliste von Bedeutung sind.[19] Die **Strukturstückliste** enthält eine nach Fertigungsstufen strukturierte Aufstel-

---

[17] Zur limitationalen Produktionsfunktion vgl. S. 482f.

[18] Allerdings existieren auch andere Verfahren wie z. B. Gozinto-Graphen. Vgl. dazu z. B. Schneeweiß, C., Einführung in die Produktionswirtschaft, 5. Aufl., Berlin u. a. 1993, S. 44 ff.

[19] Zu einer ausführlichen Darstellung von Stücklisten vgl. Schneeweiß, C., Einführung in die Produktionswirtschaft, a. a. O., S. 159 ff.; Blohm, H. u. a., Produktionswirtschaft, a. a. O., S. 220 ff.; Reichwald/Dietel, Produktionswirtschaft, in: Industriebetriebslehre, hrsg. von E. Heinen, 9. Aufl., Wiesbaden 1991, S. 494 ff.

lung aller Einzelteile eines Produktes. Bezeichnet man die beiden herzustellenden Produkte mit X_1 und X_2, die verwendeten Baugruppen mit Großbuchstaben und die in die Baugruppen eingebauten Einzelteile mit Kleinbuchstaben, dann kann die **Fertigungsstruktur** folgendes Aussehen haben:

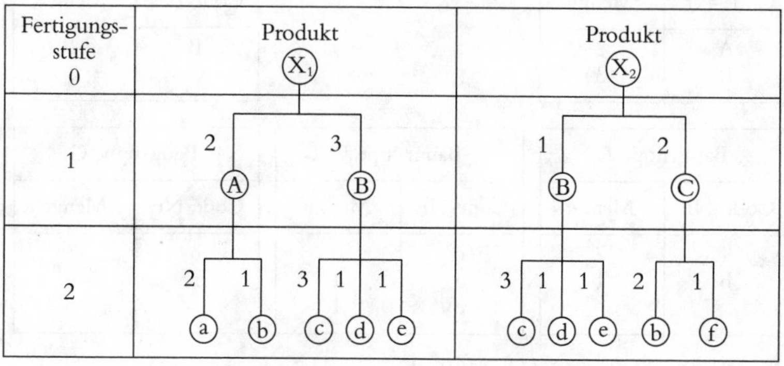

Fertigungs-stufe 0	Produkt X_1	Produkt X_2

Abb. 63: Beispiel einer Fertigungsstruktur

Die an den Verbindungslinien markierten Zahlen beziffern die Anzahl der verwendeten Baugruppen bzw. Einzelteile.

Hieraus läßt sich folgende **Strukturstückliste** ableiten:

Abb. 64: Strukturstücklisten

Zerlegt man die Strukturstücklisten in ihre Komponenten, erhält man **Baukastenstücklisten:**

Produkt X_1		Produkt X_2	
Code-Nr.	Menge	Code-Nr.	Menge
A	2	B	1
B	3	C	2

Baugruppe A		Baugruppe B		Baugruppe C	
Code-Nr.	Menge	Code-Nr.	Menge	Code-Nr.	Menge
a	2	c	3	b	2
b	1	d	1	f	1
		e	1		

Abb. 65: Baukastenstücklisten

Der Vorteil von Baukastenstücklisten besteht insbesondere bei komplizierteren Fertigungsprozessen (z. B. der Fertigung von Autos) darin, daß man sie für jedes Endprodukt in unterschiedlicher Weise wie mit einem Baukastensystem kombinieren kann, ohne jedesmal von Grund auf neue Strukturstücklisten erstellen und – zum Beispiel in einer EDV-Anlage – speichern zu müssen. So läßt sich im Beispiel die Materialplanung dadurch vereinfachen, daß man bei beiden Produkten X_1 und X_2 auf den Baukasten B zurückgreifen kann, ohne die Einzelteile c, d, e zu spezifizieren.

Aus den Baukastenstücklisten lassen sich **Mengenübersichtsstücklisten** ableiten:

Produkt X_1		Produkt X_2	
Code-Nr.	Menge	Code-Nr.	Menge
A	2	B	1
B	3	C	2
a	4	b	4
b	2	c	3
c	9	d	1
d	3	e	1
e	3	f	2

Abb. 66: Mengenübersichtsstücklisten

Aus der Mengenübersichtsstückliste ergibt sich der konkrete Bedarf an bestimmten Komponenten für die einzelnen Produkte. Faßt man nun den Bedarf an einzelnen Komponenten – beispielsweise Einzelteile – für alle in einer bestimmten Produktionsperiode zu fertigenden Produkte zusammen, so erhält man den **Bruttobedarf** für die einzelnen Materialarten. In der Praxis wird dieser Bruttobedarf häufig noch um eine Sicherheitsmarge, den **Mehrverbrauchszuschlag,** erhöht. Zieht man vom Bruttobedarf den noch vorhandenen Lagerbestand ab, so erhält man den **Nettobedarf,** wobei in der Praxis häufig nochmals eine Sicherheitsmarge, der **Sicherheitsbestand,** berücksichtigt wird, um sich gegen kurzfristige Fehlprognosen bei der Bedarfsberechnung abzusichern. (**ÜB** 3/65)

bb) Verbrauchsgebundene Materialbedarfsermittlung

Statt einer programmgebundenen kann auch eine verbrauchsgebundene Bedarfsermittlung stattfinden, bei der der Materialbedarf nicht aus Bauplänen oder Rezepturen, sondern aus dem Verbrauch vergangener Planungsperioden ermittelt wird. Diese Verfahren müssen angewandt werden, wenn keine exakten Beziehungen zwischen In- und Output bestehen und somit eine programmgebundene Bedarfsermittlung ausgeschlossen ist. Eine Faustregel besagt daher, daß der **Sekundärbedarf** (Rohstoffe) eher **programmgebunden,** der **Tertiärbedarf** (Hilfsstoffe und Betriebsstoffe wie Sägeblätter für die elektrische Säge) dagegen eher **verbrauchsgebunden** ermittelt wird.

Grundlage jeder verbrauchsgebundenen Bedarfsplanung ist eine Verbrauchsstatistik vergangener Planungsperioden. Das einfachste Verfahren verbrauchsgebundener Bedarfsermittlung besteht darin, den Bedarf der nächsten Periode als **Durchschnitt** sämtlicher vergangenen Perioden zu berechnen. Wurden beispielsweise in den vergangenen 5 Planungsperioden 1.000, 800, 600, 1.200 und 1.400 Einheiten der Materialart M_1 verbraucht, so wird bei diesem Verfahren von einem Bruttomaterialbedarf von 1.000 Einheiten für die nächste Periode ausgegangen.

Offensichtlich kann dieses Verfahren jedoch zu einer Fehleinschätzung des tatsächlichen Verbrauchs führen: Ging der Verbrauch zunächst von 1.000 über 800 auf 600 Einheiten zurück, so stieg er anschließend sprunghaft auf 1.200 und dann sogar auf 1.400 Stück an. Es besteht also in diesem Fall eine gewisse Wahrscheinlichkeit, daß dieser steigende Trend sich fortsetzt und der tatsächliche Bruttobedarf weit über 1.000 Stück liegt.

Derartige Fehler lassen sich durch verfeinerte statistische Verfahren vermeiden: Im einfachsten Fall wird ein **gleitender Durchschnitt** berechnet; weiterhin werden Verfahren der **exponentiellen Glättung** oder – bei Vorliegen von Trends wie in diesem Beispiel – Verfahren der **linearen Einfachregression** eingesetzt.[20] Die Grundproblematik der verbrauchsorientierten Bedarfsermittlung bleibt jedoch trotz verfeinerter Verfahren bestehen: Es werden Vergangenheitswerte extrapoliert, ohne die Ursachen der Verbrauchsschwankungen in der Vergangenheit (z. B. Absatzschwankungen durch Konjunkturänderungen) und ohne mögliche zukünftige Entwicklungen (z. B. geänderte Fertigungsverfahren) zu berücksichtigen. Will man vermeiden, daß bestimmte Materialien aufgrund eines unerwartet hohen Verbrauchs plötzlich nicht mehr verfügbar sind, so müssen höhere Sicherheitsbestände vorrätig gehalten werden.

---

[20] Vgl. dazu ausführlich Blohm, H. u. a., Produktionswirtschaft, a. a. O., S. 231 ff.

cc) Materialklassifizierung mit Hilfe der ABC-Analyse

Die programmorientierte Bedarfsermittlung erfordert hohen Planungsaufwand und damit hohe Planungskosten. Die verbrauchsorientierten Verfahren benötigen dagegen zwar weniger Planungsaufwand, verlangen aber höhere Sicherheitsbestände im Lager. Höhere Sicherheitsbestände bedeuten wiederum vermehrten Lagerplatzbedarf und damit höhere Lagerkosten. Vor allen Dingen bedeuten sie jedoch höhere Finanzierungskosten, weil das im Lager gebundene Kapital „totes" Kapital ist, das verzinst werden muß. Die **Zinskosten** sind ein sehr wichtiger **Bestandteil** der **Lagerkosten.** Die Zinskosten verhalten sich proportional zum Wert des eingelagerten Materials. Ein Unternehmen, das Gold und Kupfer verarbeitet, wird die Lagerbestände an Gold minimieren, um Zinskosten zu sparen. Die Sicherheitsbestände sind klein; die Materialbedarfsprognose muß präzise, d. h. programmgesteuert sein. Bei der Einlagerung von Kupfer fallen die Zinskosten weniger ins Gewicht. Hier bevorzugt man die ungenauere Prognoserechnung mit den geringeren Planungskosten (verbrauchsgebundene Prognose).

Eine differenziertere Behandlung einzelner Materialarten ist in vereinfachter Form möglich, wenn der Wert einzelner Materialarten (und damit ihre Lagerkosten) ins Verhältnis zu ihrem mengenmäßigen Bedarf (und damit ihren Planungskosten) gesetzt wird. Während dabei teure, in geringen Mengen benötigte Materialien eher programmorientiert beschafft werden sollten (die Planungskosten sind geringer als die Lagerkosten), sollte die Beschaffung billiger, in großen Mengen benötigter Materialien eher verbrauchsorientiert erfolgen (die Planungskosten sind höher als die Lagerkosten).

Eine einfache Methode der Materialklassifizierung im Hinblick auf Wert und Menge stellt die **ABC-Analyse**[21] dar. Mittels der ABC-Analyse erfolgt eine Einteilung des Materialsortiments in A-Güter, B-Güter und C-Güter. Dabei stellen A-Güter Materialien mit hohem Wertanteil, jedoch niedrigem Mengenanteil, C-Güter Materialien mit niedrigem Wertanteil und hohem Mengenanteil und B-Güter die dazwischenliegenden Güter dar. Zunächst wird für jede Materialart ihr Periodenverbrauch in Geldeinheiten ermittelt, indem die jeweilige Periodenverbrauchsmenge mit dem jeweiligen Preis multipliziert wird. Der so ermittelte wertmäßige Verbrauch wird anschließend ins Verhältnis zum wertmäßigen Gesamtverbrauch gesetzt und so der prozentuale Verbrauch der einzelnen Materialarten in der jeweiligen Periode in Geldeinheiten ermittelt. Schließlich werden die einzelnen Materialarten nach ihrem Prozentanteil am wertmäßigen Verbrauch in absteigender Reihenfolge sortiert, wie ein Beispiel im zugehörigen Übungsbuch[22] zeigt.

Ob eine bestimmte Materialart in die A, B oder C-Kategorie gehört, hängt von der Festlegung der Grenzwerte ab, die auf Konventionen beruht, letztlich also willkürlich erfolgt. Oft ergeben sich aber anhand der Rangfolge

---

[21] Vgl. ausführlich Reichwald/Dietel, Produktionswirtschaft, a. a. O., S. 500. Neben der Anwendung für die Materialklassifizierung existiert eine Vielzahl anderer Anwendungsmöglichkeiten wie z. B. in der Absatzplanung die Abstufung von Verkaufsbemühungen für einzelne Güter in Abhängigkeit von deren Wert und mengenmäßigem Umsatz.

[22] Wöhe/Kaiser/Döring, Übungsbuch, a. a. O. (**ÜB 3/66**)

Anhaltspunkte für eine sinnvolle Festlegung der Grenzwerte.[23] Häufig stützen sich ABC-Analysen auf folgende **Einteilungskonvention:**[24]

Materialart	Wertanteil in %	Mengenanteil in %
A-Güter	ca. 80%	ca. 10%
B-Güter	ca. 15%	ca. 20%
C-Güter	ca. 5%	ca. 70%

Abb. 67: ABC-Analyse

Die erste Zeile der Tabelle beispielsweise besagt, daß die Summe der A-Güter ca. 80% des wertmäßigen Periodenbedarfs repräsentiert, ihr Anteil an der Gesamtzahl der benötigten Materialarten jedoch nur bei ca. 10% liegt.

Die Ergebnisse der ABC-Analyse lassen sich auch graphisch entweder in Form einer Konzentrationskurve (Lorenzkurve) oder als Balkendiagramm darstellen.[25]

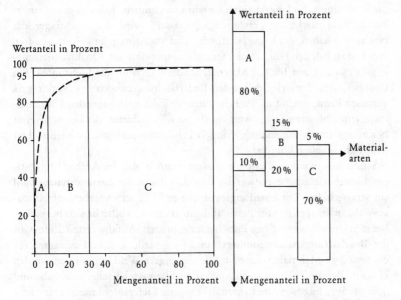

Konzentrationskurve   Balkendiagramm

Abb. 68: Darstellung der Wert- und Mengenanteile

---

[23] Vgl. hierzu Glaser/Geiger/Rhode, PPS-Produktionsplanung und -steuerung, 2. Aufl., Wiesbaden 1992, S. 45
[24] Vgl. Grün, O., Industrielle Materialwirtschaft, in: Industriebetriebslehre, hrsg. von M. Schweitzer, 2. Aufl., München 1994, S. 557 f.
[25] Vgl. ebenda, S. 558 f.

Nach den konventionellen Annahmen der ABC-Analyse sollen
- **A-Güter** möglichst **programmgesteuert**
- **B-Güter** mit **verbrauchsorientierten Verfahren** und
- **C-Güter** auf der Grundlage **gröberer Schätzungen**

disponiert werden.

Die ABC-Analyse ist in der betrieblichen Planungspraxis weit verbreitet. Dem Vorteil der Einfachheit stehen **methodische Schwächen** gegenüber: Zu bemängeln ist beispielsweise die Tatsache, daß nicht alle Lagerkostenarten (z. B. Raumkosten) wertabhängig sind. Besonders häufig wird in der Literatur[26] die Beliebigkeit der Klassenbildung kritisiert. (**ÜB 3/66**)

c) Beschaffungsmarktforschung und Lieferantenauswahl

Steht fest, welche Materialien in welcher Menge benötigt werden, stellt sich die Frage nach der Auswahl des/der besten Lieferanten. Bei einer **kurzfristigen Beschaffungsentscheidung** läßt sich diese Frage leicht beantworten: Bei gegebener Bedarfsmenge und gegebener Materialqualität sollte der Lieferant den Zuschlag erhalten, bei dem die **Beschaffungskosten** (Einkaufspreis und Transportkosten) **minimiert** werden.

Die – kurzfristige – Kostenminimierung garantiert aber nicht in jedem Fall die Erreichung des **langfristigen Gewinnmaximums.** Kommt es auf einem Beschaffungsmarkt zu Versorgungsengpässen, wird der Nachfrager das Nachsehen haben, der keine langfristige Lieferbeziehung aufgebaut, sondern von Fall zu Fall den billigsten Lieferanten ausgewählt hat. Qualitätsmerkmale gibt es nicht nur für das Material, sondern auch für die Lieferanten: Ein Großlieferant, der sich flexibel den Bedarfsschwankungen des Nachfragers anpassen kann, nimmt in der Prioritätenskala des nachfragenden Unternehmens einen höheren Stellenwert ein als ein Kleinanbieter, der bei stoßweiser Nachfrage im Saisongeschäft mangels Produktionskapazität schnell in Lieferschwierigkeiten kommt.

Schon diese wenigen Beispiele machen deutlich, daß der Aufbau langfristiger Lieferbeziehungen notwendig und daß damit die **Lieferantenauswahl** ein **strategisches Entscheidungsproblem** ist. Die strategische Lieferantenauswahl, man spricht von Beschaffungsmarketing, vollzieht sich normalerweise in einem zweistufigen Entscheidungsprozeß. Auf der ersten Stufe wird der **Beschaffungsmarkt sondiert**[27] und festgestellt, welche Lieferanten für die jeweilige Materialart überhaupt in die engere Wahl genommen werden können. Bei dieser Vorauswahl spielen qualitativ-technische, räumliche und quantitative, insbesondere kapazitätsbezogene Lieferantenkriterien eine herausragende Rolle.

Nach dieser ersten Vorauswahl verbleiben meist fünf bis zehn oder mehr Lieferanten, die sich zum Aufbau einer langfristigen Lieferbeziehung grundsätzlich eignen. Dieser begrenzte Kreis von Kandidaten wird auf einer zwei-

---

[26] Vgl. Tempelmeier, H., Material-Logistik, 3. Aufl., Berlin u. a. 1995, S. 13
[27] Vgl. hierzu Arnold, U., Beschaffungsinformation, HWB, Band I/1, 5. Aufl., Stuttgart 1993, Sp. 325 ff. und die dort angegebene Literatur, insbes. Hammann/Lohrberg, Beschaffungsmarketing, Stuttgart 1986

ten Auswahlebene einer genauen Analyse unterzogen. Dabei bedient man sich eines **Scoringmodells,** d. h. eines **Punktbewertungssystems,** das etwa folgendermaßen aufgebaut ist: In der Kopfzeile werden die möglichen Lieferanten A, B, C, in der Vorspalte die Entscheidungskriterien aufgeführt. Ein vorrangiges (nachrangiges) Entscheidungskriterium erhält eine hohe (niedrige) Gewichtungsziffer. Jeder Lieferant erhält für jedes Kriterium einen Punktwert einer Skala, die von 1 bis 5 oder 1 bis 10 reicht. Der lieferantenindividuelle Punktwert wird seinerseits mit der Gewichtungsziffer multipliziert. Der Lieferant mit der höchsten gewichteten Gesamtpunktzahl rangiert auf Platz 1:

Bewertungskriterien	Gewich-tungsziffer	A	
		Punkt-zahl	gewichtet
Finanzielle Kriterien			
Einstandspreis	• •	• •	• •
Transportkosten	• •	• •	• •
Zahlungsbedingungen	• •	• •	• •
•			
•			
Materialqualität			
Technische Standards	• •	• •	• •
Umweltverträglichkeit	• •	• •	• •
•			
•			
Lieferantenqualität			
Termintreue	• •	• •	• •
Flexibilität	• •	• •	• •
Innovationsfähigkeit	• •	• •	• •
•			
•			
Gesamtpunktzahl			• •

Abb. 69: Lieferantenauswahlsystem

Steht die Lieferantenrangreihe fest, muß entschieden werden, ob der Gesamtbedarf bei einem oder mehreren Lieferanten gedeckt werden soll. Diese

Entscheidung hängt von Faktoren wie Marktmacht des Einkäufers, Marktmacht der Lieferanten, Risiko von Versorgungsengpässen usw. ab.[28]

d) Die Lagerplanung

Im Rahmen der Bedarfsermittlung[29] wurde für jede Materialart festgestellt, wie hoch der Gesamtbedarf B für eine Planungsperiode, z. B. ein Jahr, ist. Außerdem ist entschieden, bei welchen Lieferanten das jeweilige Material eingekauft werden soll. Offen ist jetzt noch die Frage, ob der **Periodenbedarf B**

– durch **eine große Bestellung** oder
– **mehrere kleine Bestellungen**

gedeckt werden soll.

Im ersten Fall benötigt man große, im zweiten Fall geringere Lagerkapazitäten. Lagerhaltung verursacht Kosten, z. B. Raumkosten, Zinskosten und Versicherungskosten. Trotzdem kann es sich kaum ein Unternehmen leisten, auf Lagerhaltung zu verzichten, weil hiermit wichtige Funktionen erfüllt werden:

(1) Die **Ausgleichsfunktion** sichert die Überbrückung von Mengen- und Zeitdifferenzen, die sich zwischen Beschaffung und Fertigung auftun.[30]

(2) Im Rahmen der **Sicherungsfunktion** werden vorsichtsbedingte Pufferbestände aufgebaut, um eventuellen Versorgungsengpässen vorzubeugen.

(3) Im Zuge der **Spekulationsfunktion** werden Lagerbestände bei drohenden Preiserhöhungen aufgestockt.

In Produktionsbetrieben[31] orientiert sich die Lagerhaltung an der Fertigungsabfolge:

Fertigungs-prozeß	○———————————————————————➤			
Lagerart	**Eingangs-lager**	**Hand-lager**	**Zwischen-lager**	**Ausgangs-lager**
Lager-gegenstand	Material	Material	Halb-fabrikate	Fertig-fabrikate
Lagerort	Sammel-lager Einkauf	Vor jeweiligem Arbeits-platz	Zwischen einzelnen Fertigungs-stufen	Sammel-lager Verkauf

Abb. 70: Lagerarten

---

[28] Vgl. hierzu Reichwald/Dietel, Produktionswirtschaft, a. a. O., S. 465 ff.
[29] Vgl. S. 542 ff.
[30] Nur bei leitungsgebundener Versorgung (z. B. Gas oder Wasser) entfällt die Ausgleichsfunktion.
[31] In Handelsbetrieben gibt es nur ein Warenlager.

Im Rahmen der Lagerplanung sind
- **langfristige Entscheidungen** zum Aufbau der Lagerkapazitäten und
- **kurzfristige Entscheidungen** zur Optimierung der Bestellmenge

zu treffen, die im folgenden behandelt werden.

aa) Langfristige Lagerkapazitätsplanung

Im Zuge langfristiger Lagerplanung sind im wesentlichen drei Fragen zu beantworten:
(1) Wie groß soll das Lager sein? – **Kapazitätsplanung** –
(2) Wo soll das Lager gebaut werden? – **Standortplanung** –
(3) Wie soll das Lager ausgestattet werden? – **Ausstattungs- und Organisationsplanung** –

Die Entscheidung über die **langfristige Lagerkapazität** hängt letzten Endes von der strategischen Produktionsprogrammplanung ab, die ihrerseits den Rahmen für die Materialbedarfsplanung vorgibt.

Die Wahl des **Lagerstandorts** unterliegt grundsätzlich denselben Erwägungen wie andere Entscheidungen im Bereich der innerbetrieblichen Standortwahl. Reduziert man – wie dort erläutert – das Ziel der Kostenminimierung im Produktionsbereich auf das Ziel der Minimierung der Transportwege, so können die Standardmodelle der innerbetrieblichen Standortwahl Verwendung finden. Durch die Anwendung dieser Verfahren wird der Lagerstandort so gewählt, daß die im Laufe der Planungsperiode zurückzulegenden Transportwege minimiert werden.

Sollen jedoch weitere kostenbestimmende Faktoren (Höhe der Transportkosten pro Transportmeter, Berücksichtigung der Anlieferungsmöglichkeiten an die Eingangswarenlager usw.) berücksichtigt werden, so sind umfassendere Modelle erforderlich. Das gilt insbesondere dann, wenn berücksichtigt wird, daß statt eines einzelnen, **zentralen** Lagers auch mehrere kleinere **dezentrale** Lager errichtet werden können. Während zentrale Lager die Lagerkosten beispielsweise durch ein erleichtertes Bestandscontrolling, geringere Mindestbestände und geringeren Personalaufwand vermindern können, führen dezentrale Lager in der Regel zu niedrigeren Transportkosten. In einem solchen Fall bedarf die Planung des Lagerstandortes eines komplexeren Planungsmodells, in dem sämtliche Kosten berücksichtigt werden.

Bei der **Lagerausstattung** und **-organisation** ist abhängig von den Eigenschaften des zu lagernden Gutes festzulegen, ob die Lagerhaltung im Freien (**Freilager**), in geschlossenen Gebäuden (**Gebäudelager**) oder in speziellen Lagern (Tank, Silo oder Bunker) erfolgen soll. Weiterhin muß entschieden werden, in welcher technischen Form die Lagerung organisiert werden soll.[32] So kann beispielsweise das Material ohne weitere Vorrichtungen am Boden (**Bodenlagerung**) oder es kann – bei geringeren Lagerkosten – in Regalen gelagert werden (**Fachregallagerung**). Regale wiederum können so gebaut werden, daß sie direkt von Gabelstaplern befahren werden können

---

[32] Vgl. ausführlich Jünemann, R., Materialfluß und Logistik – Systemtechnische Grundlagen mit Praxisbeispielen, Berlin u. a. 1989, S. 145 ff.

(**Einfahrregal**) oder Teil komplexer Regalsysteme – z. B. in Form von **Hochregallagern,** mit deren Hilfe die benötigte Grundfläche des Lagers verkleinert wird – sind. Auch bei der Entscheidung für ein bestimmtes Lagersystem steht das Ziel der Minimierung der Lagerkosten unter Berücksichtigung von Be- und Entladevorgängen im Vordergrund.

bb) Kurzfristige Bestellmengenplanung

Mit Hilfe der Materialbedarfsermittlung wurde für die einzelnen Materialarten der Gesamtbedarf B für die Planungsperiode ermittelt. Mit der Auswahl der Lieferanten wurde festgelegt, wo der betreffende Bedarf gedeckt werden kann. Zur Bereitstellung des benötigten Materials muß nunmehr die konkrete Bestellung vorgenommen werden.

Nur in den seltensten Fällen wird die für den Planungszeitraum, z. B. ein Jahr, ermittelte **Bedarfsmenge B** auf einmal bestellt werden, da in einem solchen Fall der anfängliche Lagerbestand und somit auch die Lagerkosten zu hoch würden. Sinnvoller ist es, im Laufe des Jahres mehrmals – beispielsweise zu Beginn jedes Quartals – zu bestellen. **Bestellmenge** und Bedarfsmenge fallen in einem solchen Fall auseinander. Wird jedes Quartal derselbe Teil des Jahresbedarfs bestellt, so beträgt die Bestellmenge ein Viertel der (jährlichen) Bedarfsmenge. Bezeichnet man mit B den mengenmäßigen Bedarf für ein Jahr, mit m die Bestellmenge und mit h die Bestellhäufigkeit, so gilt der folgende einfache Zusammenhang zwischen Bedarfs- und Bestellmenge:

$$B = h \cdot m$$

Die Gesamtkosten der Beschaffung der Jahresbedarfsmenge B setzen sich wie folgt zusammen:

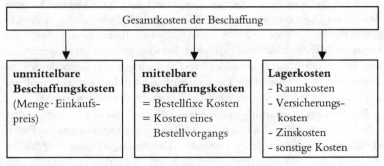

Abb. 71: Gesamtkosten der Beschaffung[33]

Mit **steigender Bestellmenge**
– sinkt die Zahl der Beschaffungsvorgänge/Jahr, so daß – auf ein Jahr bezogen – die **bestellfixen Kosten sinken;**

---

[33] Daneben werden in der Literatur Fehlmengenkosten genannt, die bei unzureichender Vorratshaltung entstehen können. Vgl. Reichwald/Dietel, Produktionswirtschaft, a. a. O., S. 517 ff.

– erhöht sich der durchschnittliche Lagerbestand, so daß die **Lagerkosten steigen.**

Lagerkosten und bestellfixe Kosten weisen also eine gegenläufige Tendenz auf. Die **optimale Bestellmenge,** ist die kritische Menge, bei der die **Gesamtkosten der Beschaffung** (des Jahresbedarfs) das **Minimum** erreichen.

Das Grundmodell zur Ermittlung der optimalen Bestellmenge m_{opt} verwendet folgende Symbole:

B = Jahresbedarf

p = Preis pro Mengeneinheit

K_f = Bestellfixe Kosten pro Bestellung

i = Zinskostensatz pro Jahr in % des Materialwertes

l = Lagerkostensatz pro Jahr in % des Materialwertes

q = $(i + l)$ = zusammengefaßter Zins- und Lagerkostensatz in % des Materialwertes

K = Gesamtkosten der Beschaffung pro Jahr

m = Bestellmenge

m_{opt} = optimale Bestellmenge

$$\boxed{\begin{array}{c}\text{Gesamt-}\\\text{kosten/Jahr}\end{array}} = \boxed{\begin{array}{c}\text{unmittelbare}\\\text{Beschaffungs-}\\\text{kosten/Jahr}\end{array}} + \boxed{\begin{array}{c}\text{mittelbare}\\\text{Beschaffungs-}\\\text{kosten/Jahr}\end{array}} + \boxed{\begin{array}{c}\text{Lager-}\\\text{kosten/Jahr}\end{array}}$$

$$\boxed{K} = \boxed{B \cdot p} + \boxed{\frac{K_f}{m} \cdot B} + \boxed{\frac{m \cdot p}{2} \cdot q}$$

Abb. 72: Grundgleichung zur Bestimmung der optimalen Bestellmenge

Das Kostenminimum läßt sich ermitteln, indem die erste Ableitung der Kostenfunktion nach der Bestellmenge m vorgenommen und gleich Null gesetzt wird:

$$\frac{dK}{dm} = -\frac{B \cdot K_f}{m^2} + \frac{p \cdot q}{2} = 0$$

Die Formel für die optimale Bestellmenge ergibt sich nunmehr durch Auflösung der Gleichung nach m:

$$m_{opt} = \sqrt{\frac{2 \cdot B \cdot K_f}{p \cdot q}}$$

Beispiel:

Beträgt der Jahresbedarf 10.000 Stück, kostet eine Materialeinheit 100 DM, liegen die bestellfixen Kosten pro Bestellung bei 500 DM, die Lagerkosten bei 3% und die Zinskosten bei 7%, so errechnet sich die optimale Bestellmenge wie folgt:

$$m_{opt} = \sqrt{\frac{2 \cdot 10.000 \cdot 500}{100 \cdot 0,10}} = 1.000 \text{ Stück}$$

Das Grundmodell der optimalen Bestellmenge geht, wie schon ansatzweise bei der Behandlung der Lager- und Zinskosten gezeigt wurde, von vielen vereinfachenden Annahmen aus:

(1) Die Planungsperiode beträgt 1 Jahr, der Jahresbedarf ist bekannt.

(2) Der Verbrauch ab Lager erfolgt kontinuierlich, also in stets gleichbleibender Höhe.

(3) Die Beschaffungsgeschwindigkeit ist unendlich groß.

(4) Es gibt keinen Materialausschuß, keinen Schwund und keinen Verderb.

(5) Der Preis pro Stück ist immer gleich; er schwankt weder im Laufe des Jahres noch in Abhängigkeit von der Bestellmenge (Mengenrabatt).

(6) Es gibt keine finanziellen Restriktionen (beliebig hohe Kreditaufnahme ist möglich), und die Zinskosten sind stets konstant.

(7) Es gibt keine Lagerraumbeschränkungen.

(8) Es gibt keine fixen Lagerkosten, und die Lagerkosten fallen proportional zum Wert der Lagermenge an.

(9) Die bestellfixen Kosten sind unabhängig von der Höhe der Bestellmenge, so daß beispielsweise die Transportkosten vom Lieferanten zum Unternehmen unabhängig von der gelieferten Menge immer gleich sind.

(10) Es gibt keine Abnahmevorschriften von Seiten des Lieferanten wie z. B. Mindestabnahmemengen.

Die Aufzählung macht deutlich, wie weit das Grundmodell der optimalen Bestellmenge von der Realität entfernt ist. Man kann versuchen, bestimmte Annahmen aufzuheben und so zu besseren Modellen zu kommen, bezahlt dafür jedoch mit höherem Planungs- und Rechenaufwand. So existieren beispielsweise Erweiterungen des Grundmodells der optimalen Bestellmenge, bei denen mengenabhängige Beschaffungskosten (Mengenrabatte), beschränkte Lagerkapazitäten oder fixe Lagerkosten berücksichtigt werden.[34] Bei noch umfassenderen Modellen werden explizit die Zeit (dynamisch-deterministische Modelle) oder die Unsicherheit hinsichtlich des Eintretens bestimmter zukünftiger Ereignisse (stochastische Modelle) erfaßt.[35]

Häufig lohnt es sich jedoch nicht, derartig komplizierte Modelle zu verwenden. Auch gelingt es nur in wenigen Fällen, ein tatsächlich realitätsgetreues Modell zu konstruieren. In solchen Fällen behilft man sich daher mit Näherungslösungen (Heuristiken), die zwar keine optimalen, jedoch relativ

---

[34] Vgl. z. B. Grochla, E., Grundlagen der Materialwirtschaft, a. a. O., S. 84 ff.; Corsten, H., Produktionswirtschaft, a. a. O., S. 384 ff.

[35] Vgl. Schneeweiß, C., Modellierung industrieller Lagerhaltungssysteme, Berlin u. a. 1981, S. 41 ff.

gute Lösungen bei begrenztem Planungsaufwand liefern. Typische Beispiele dafür sind **flexible Bestellstrategien**, bei denen insbesondere das Bestellpunktsystem und das Bestellrhythmussystem Anwendung finden.[36] Beide Systeme gehen von der Grundgleichung für die Beschaffungsplanung aus, nach der der Materialbedarf B gleich dem Produkt aus Bestellmenge m und Bestellhäufigkeit h ist. Im Gegensatz zum Grundmodell der optimalen Bestellmenge heben sie jedoch die Annahme (2), nach der der Verbrauch während der Planungsperiode gleichmäßig erfolgt, auf.

Man kennt zwar die geplante Produktionsmenge und somit auch für jede Materialart die (Jahres-)Bedarfsmenge B. Angesichts der Verbrauchsschwankungen ist aber die Lagerentnahmemenge in den einzelnen Kalenderwochen nicht prognostizierbar. Die beiden in der Praxis entwickelten Systeme gehen von einer gegebenen Bedarfsmenge B aus. Sie setzen einen der beiden Parameter in Abhängigkeit von den Verbrauchsschwankungen. Beim **Bestellpunktsystem** wird die Bestellmenge m – ermittelt beispielsweise mit Hilfe des Grundmodells der optimalen Bestellmenge – fixiert, der Bestellzeitpunkt jedoch zunächst offengelassen. Bestellt wird immer dann, wenn ein bestimmter **Meldebestand** als Mindestbestand des Lagers erreicht ist. Dieser Meldebestand berücksichtigt sowohl die normale Lieferzeit, während der die Produktion und damit der Materialbedarf fortgesetzt werden, als auch Sicherheitsreserven für unerwartet höheren Verbrauch oder Lieferfristüberschreitungen.

Beim **Bestellrhythmussystem** wird der umgekehrte Weg gewählt: Die Bestellzeitpunkte und damit der Bestellrhythmus werden festgelegt und die Bestellmenge in Abhängigkeit vom tatsächlichen Verbrauch variiert. Sie errechnet sich, indem bei jedem Bestellvorgang soviel bestellt wird, daß unter Berücksichtigung des jeweils noch vorhandenen Lagerbestandes und der normalen Lieferfrist das Lager bis an seine Kapazitätsgrenze gefüllt wird. Damit können beide Systeme bei sehr geringem Planungsaufwand sowohl Verbrauchsschwankungen als auch implizit Sicherheitsbestände (eiserne Reserven), Fehlmengen oder beschränkte Lagerkapazitäten berücksichtigen und so wesentlich realitätsnähere Ergebnisse als das Grundmodell der optimalen Bestellmenge liefern. (**ÜB** 3/57–64)

5. Die Fertigungsplanung

Gegenstand der Fertigungsplanung ist die Festlegung der Aufbauorganisation und der Ablauforganisation der Fertigung. Gegenstand der **Aufbauorganisation** sind die Rahmenentscheidungen zur Festlegung von **Fertigungsverfahren**. Die Entscheidungen binden das Unternehmen langfristig und werden folglich auf der **strategischen Ebene** getroffen.

Gegenstand der **Ablauforganisation** ist die **zeitliche Optimierung** des Fertigungsablaufs. Diese Entscheidungen werden kurzfristig, d. h. auf der Basis gegebener Fertigungsverfahren und -kapazitäten getroffen. Sie sind also auf der **operativen Ebene** angesiedelt.

---

[36] Vgl. z. B. Kahle, E., Produktion, a. a. O., S. 156 ff.

a) Die Fertigungsverfahren

Die Festlegung des Fertigungsverfahrens und der Organisation der Fertigung erfolgt im Rahmen der langfristigen Produktionsprogrammplanung, da das Unternehmen auch an diese Entscheidungen langfristig gebunden ist. Die Diskussion über die Planung des Fertigungsverfahrens wurde jedoch zunächst zurückgestellt.

Die Fertigungsverfahren lassen sich nach verschiedenen Kriterien einteilen. Zunächst sollen sie danach differenziert werden, wieviele Produkte der gleichen Art nacheinander hergestellt werden:

Art des Verfahrens	Charakteristikum	Beispiel
Einzelfertigung	einzelne Stücke oder Aufträge	Maßanzug Einfamilienhaus
Serienfertigung	mehrere Einheiten verschiedener Produkte auf unterschiedlichen Anlagen	PKW und LKW
Sortenfertigung	mehrere Einheiten verschiedener Produkte auf gleichen Anlagen	Kollektion Wintermäntel oder Buchdruck
Massenfertigung	unbegrenzt viele Einheiten eines (mehrerer) Produkte auf gleichen Anlagen	Bier Koks

Abb. 73: Fertigungsverfahren nach Zahl der Produkte

Eine weitere Einteilung der Fertigungsverfahren erfolgt im Hinblick auf die **organisatorische Gestaltung** des Fertigungsablaufes. Dabei geht es um die Frage, ob bei der Planung eher eine Orientierung an einzelnen Arbeitsgängen (Verrichtungsorientierung) oder am Fertigungsablauf für die einzelnen Produkte (Produkt- oder Objektorientierung) erfolgt. Werden die Betriebsmittel im Hinblick auf die Optimierung einzelner Arbeitsgänge angeordnet, so kommt man zum Extremtyp der **Werkstattfertigung**. Dabei werden die Betriebsmittel und Arbeitsplätze nach dem **Verrichtungsprinzip** zu einzelnen Werkstätten wie beispielsweise Tischlerei, Lackiererei oder Schlosserei zusammengefaßt.

Orientiert sich die Aufstellung der Betriebsmittel dagegen im wesentlichen am Fertigungsablauf einzelner Produkte, gelangt man zum anderen Extremfall der **Fließfertigung**. Die Betriebsmittel und Arbeitsplätze werden hier so angeordnet, daß das einzelne Produkt die Fertigung möglichst ohne

Unterbrechung und mit möglichst wenigen Zwischentransporten durchläuft. Die Planung erfolgt hier orientiert am **Produkt- oder Objektprinzip.** Die konsequenteste Ausprägung der Fließfertigung stellt die **Fließbandfertigung** z. B. bei der Montage von Autos dar, bei denen die Werkstücke mit Hilfe von Fließbändern von Arbeitsplatz zu Arbeitsplatz weiterbefördert werden.

Zwischen diesen beiden extremen Organisationsformen der Fertigung stehen Zwischenformen wie beispielsweise die **Gruppenfertigung,** bei der zwar die Produktionsmittel für einzelne Fertigungsschritte ähnlich der Werkstattfertigung zu Gruppen zusammengefaßt werden, innerhalb der einzelnen Gruppen jedoch eine Aufstellung nach dem Arbeitsgang (Objektorientierung wie bei der Fließfertigung) erfolgt.[37]

Stark beeinflußt wird die Fertigungsplanung auch von der Frage, ob es sich um einen ortsgebundenen oder um einen nicht ortsgebundenen Fertigungstyp handelt. Eine ortsgebundene Fertigung liegt vor, wenn nicht das Produkt zu den Betriebsmitteln, sondern die Betriebsmittel zum Produkt transportiert werden müssen. Das ist beispielsweise der Fall bei der **Baustellenfertigung** oder bei sehr großen und damit schwer beweglichen Produkten (Schiffbau, Großmaschinenbau). Weitere Einteilungskriterien betreffen beispielsweise die Frage, ob eine auftrags- oder marktorientierte Fertigung erfolgt, ob Investitions- oder Konsumgüter gefertigt werden oder ob eher material-, arbeits- oder kapitalintensiv gefertigt wird.[38]

Abschließend lassen sich die Fertigungstypen folgendermaßen systematisieren:

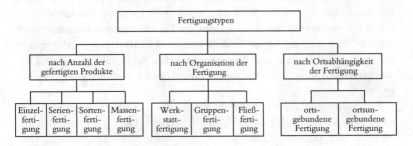

Abb. 74: Systematisierung von Fertigungstypen

Wie gelangt man zur **optimalen Gestaltung** der **Fertigungstypen?** Da die Erlösseite – im allgemeinen – von der Wahl des Fertigungstyps unabhängig ist, orientiert sich die Entscheidung am **Kostenminimum.** Vergleicht man die beiden Extremtypen Werkstattfertigung und Fließfertigung, sind folgen-

---

[37] Vgl. hierzu Kaluza, B., Gruppen- und Inselfertigung, HWProd, Stuttgart 1996, Sp. 613ff.
[38] Zu diesen Einteilungsmöglichkeiten vgl. Krycha, K.-T., Produktionstypologien, HWProd, a. a. O., Sp. 1617ff. und die dort angegebene Literatur.

de Entscheidungskriterien, die ihrerseits die Kostenhöhe und Kostenstruktur beeinflussen, zu berücksichtigen:

Fertigungstyp Kriterium	Werkstattfertigung	Fließfertigung
Investitionssumme/		
Kapitalintensität	niedrig	hoch
Kapitalkosten	niedrig	hoch
Personalqualifikation	hoch	niedrig
Arbeitsintensität	hoch	niedrig
Lohnstückkosten	hoch	niedrig
Transportwege	lang	kurz
Leerkosten	hoch	niedrig
(Fehl- und Wartezeiten)		
Fixkostenanteil	niedrig	hoch
Flexibilität	hoch	niedrig

Abb. 75: Kostenmerkmale der Werkstatt- und Fließfertigung

Zusammenfassend läßt sich etwas vereinfachend sagen, daß sich die Werkstattfertigung gegenüber der Fließfertigung durch geringere einmalige Kosten, jedoch höhere laufende Kosten (Personalkosten, Transportkosten und Leerkosten) auszeichnet. Je höher die zu fertigende Stückzahl, desto eher lohnen auch die hohen Investitionen für eine Fließfertigung, da die geringeren einmaligen Kosten der Werkstattfertigung im Laufe der Produktionszeit durch die geringeren laufenden Kosten der Fließfertigung überkompensiert werden. Naheliegenderweise findet daher die **Fließfertigung** insbesondere im Bereich der **Sorten- und Massenproduktion** Anwendung, während die **Werkstattfertigung** besonders für die **Einzel- und Serienfertigung** geeignet ist.

Bei einer Entscheidung zwischen Werkstatt- und Fließfertigung müssen unbedingt Risikoüberlegungen angestellt werden. Häufig ergeben sich am Absatzmarkt Bedarfsverschiebungen, mit denen niemand gerechnet hat. Unerwarteten Änderungen des Produktionsprogramms kann man sich bei Werkstattfertigung besser und schneller anpassen als bei Fließfertigung. Auch konjunkturell bedingten Schwankungen der Produktions- und Absatzmenge kann die Werkstattfertigung weitaus besser Rechnung tragen. Die höhere **Flexibilität** ist wohl der größte **Vorteil** der **Werkstattfertigung**. (ÜB 3/67–69)

b) Die Produktionsablaufplanung

aa) Überblick

An dieser Stelle ist ein Planungsstadium erreicht, wo über das Produktionsprogramm entschieden ist, die Fertigungsverfahren festliegen, die Betriebsmittel installiert sind und die Aufträge angenommen sind und ihrer Erledigung harren. Zu entscheiden ist jetzt die Frage, in welcher zeitlichen Abfolge die Aufträge abgewickelt werden sollen. Hat die Auftragsabfolge keinen Einfluß auf die Erlösseite, orientiert man sich am Ziel der Kostenminimierung.

Bei Sortenfertigung, wo eine Fertigungsstelle, z. B. eine Näherei, von mehreren Sorten, z. B. Hemden und Hosen, beansprucht wird, stellt sich die Frage, ob der gesamte Jahresbedarf an Hemden bzw. Hosen hintereinander produziert werden soll oder ob der Jahresbedarf in kleinere Fertigungslose zerlegt wird, die umschichtig die Fertigungsstelle durchlaufen. Dieses Problem wird unter dem Stichwort **„Optimierung der Losgrößen"** erörtert und gleich anschließend unter dem Gliederungspunkt bb) behandelt.

Bei der Planung der Fertigungsfolge soll im Endergebnis entschieden werden, daß beispielsweise der Auftrag A in der Fertigungsstelle F am 30. Mai von 10 Uhr bis 13 Uhr bearbeitet wird. Vorstufe zur Erreichung dieses Planungsziels ist eine **grobe Terminplanung** ohne Berücksichtigung möglicher Kapazitätsengpässe. Dieser Planungsschritt wird unter dem Stichwort **„Durchlaufterminierung"** unter dem Gliederungspunkt cc) abgehandelt.

Im Rahmen der **Kapazitätsterminierung** (Gliederungpunkt dd) erfolgt eine Abstimmung der Istkapazität mit dem Kapazitätsbedarf. Sind die Kapazitäten aufeinander abgestimmt, erfolgt eine **Terminfeinplanung,** die als Reihenfolge- oder Maschinenbelegungsplanung bezeichnet wird (Gliederungspunkt ee). Die **zeitliche Optimierung** der **Fließfertigung** wird schließlich unter dem Gliederungspunkt ff) erläutert.

bb) Losgrößenplanung

Kennzeichen der Sortenfertigung ist die Herstellung artverwandter Produkte, die die gleichen Betriebsmittel beanspruchen. Oben wurde das Beispiel einer Näherei erwähnt, wo Hosen und Hemden bearbeitet werden. Dabei ist zu entscheiden, ob jeweils der gesamte Jahresbedarf gefertigt wird oder ob man jeweils nur einen Monatsbedarf (Wochenbedarf) produziert, wobei der Jahresbedarf in zwölf (52) Fertigungslose zerlegt wird.

Auch bei der Festlegung der optimalen Größe des Fertigungsloses (kürzer: der optimalen Losgröße) ist die Entscheidung am Ziel der **Minimierung der Produktionskosten** auszurichten. Die wichtigsten Kosten, die bei der Entscheidung zu berücksichtigen sind, sind die Rüstkosten einerseits und die Zins- und Lagerkosten andererseits.

Unter den **Rüstkosten**[39] versteht man alle Kosten, die durch einen Sortenwechsel verursacht werden. Dazu gehören beispielsweise die Kosten der Umrüstung der Maschinen (durch Arbeits- oder Werkzeugeinsatz, wenn die Maschinen von der Produktion von Hosen auf die Produktion von Hemden umgestellt werden) und die durch den Produktionsausfall entstehenden indirekten Kosten in Form entgangener Gewinne, da während der Umrüstungszeit weder Hosen noch Hemden produziert und anschließend verkauft wer-

---

[39] Vgl. Hoitsch, H.-J., Produktionswirtschaft, 2. Aufl., München 1993, S. 390f.

den können (Opportunitätskosten). Da die Rüstkosten bei jeder Umrüstung und damit für jedes einzelne Fertigungslos anfallen, werden sie auch als **auflagefixe Kosten** bezeichnet. Je seltener eine Umrüstung erfolgt und je größer damit die Fertigungslose werden, desto geringer werden die auflagefixen Kosten für ein produziertes Stück. Wird jeweils der gesamte Jahresbedarf an Hosen und Hemden auf einmal produziert, sind die auflagefixen Kosten pro Stück besonders niedrig.

Auf der anderen Seite müssen sämtliche gefertigten Produkte bis zur Weiterveräußerung gelagert werden, verursachen also **Lagerkosten** und – bedingt durch das im gelagerten Material gebundene Kapital – **Zinskosten.** Erfolgt die Weiterveräußerung kontinuierlich während des Jahres, so entstehen höhere Zins- und Lagerkosten, wenn die gesamte Produktionsmenge am Jahresbeginn gefertigt und gelagert wird, als wenn mehrmals pro Jahr kleinere Mengen gefertigt und relativ zeitnah abgesetzt werden. Sollen die Zins- und Lagerkosten pro produziertes Stück minimiert werden, so muß die jeweils gefertigte Stückzahl, also das Fertigungslos, möglichst klein sein. Im Extremfall wird jede Hose, die verkauft werden kann, unmittelbar vor dem Verkauf gefertigt und verursacht so weder Lager- noch Zinskosten.

Bei der Wahl der optimalen Losgröße ist also im wesentlichen abzuwägen zwischen den auflagefixen Kosten einerseits, die große Fertigungslose erfordern und den Zins- und Lagerkosten andererseits, die kleine Fertigungslose verlangen. Das einfachste Modell zur Festlegung der optimalen Losgröße ist das statische **Grundmodell der Losgrößenplanung,** auch unter dem Namen Adler'sche Losgrößenformel bekannt. Für die nachfolgende Darstellung dieses Modells werden folgende Symbole verwandt:

B   = Jahresbedarf (Jahresabsatzmenge)

K_f = auflagefixe Kosten (Rüstkosten pro Sortenwechsel)

i   = Zinskostensatz pro Jahr und Produkteinheit

l   = Lagerkostensatz pro Jahr und Produkteinheit

q   = (i + l) = zusammengefaßter Zins- und Lagerkostensatz

K   = gesamte relevante Kosten der Losgrößenplanung

m   = Losgröße

m_{opt} = optimale Losgröße

Da die Adler'sche Losgrößenformel stark dem Grundmodell zur Ermittlung der optimalen Bestellmenge ähnelt, kann im wesentlichen auf die dortigen Ausführungen verwiesen werden.[40] Ähnlich wie dort ergeben sich die gesamten relevanten Kosten als Summe der auflagefixen Kosten K_f und der durchschnittlichen Lager- und Zinskosten.

$$K = \frac{B}{m} \cdot K_f + \frac{m \cdot q}{2}$$

Wie schon bei der Berechnung der optimalen Bestellmenge läßt sich die optimale Losgröße ermitteln, indem die erste Ableitung der Kostenfunktion

---

[40] Vgl. S. 552 ff.

nach Losgröße m mit Null gleichgesetzt (Ermittlung des Kostenminimums) und die entstehende Gleichung nach m aufgelöst wird:

$$m_{opt} = \sqrt{\frac{2 \cdot B \cdot K_f}{q}}$$

Beispiel:
Beträgt die jährliche Absatzmenge 180.000 Stück, liegen die auflagefixen Kosten bei 2.500 DM und die Lager und Zinskosten pro Jahr und Stück bei 9 DM, so errechnet sich die optimale Losgröße wie folgt:

$$m_{opt} = \sqrt{\frac{2 \cdot 180.000 \cdot 2.500}{9}} = 10.000$$

Bei einem Jahresbedarf von 180.000 Stück sind die Stückkosten am geringsten, wenn jeweils 10.000 Stück produziert werden, bevor ein Sortenwechsel erfolgt. Insgesamt sind daher in der betreffenden Periode 18 Fertigungslose zu produzieren.

Wie das Grundmodell der optimalen Bestellmenge geht auch das Grundmodell der optimalen Losgröße von einer Fülle unrealistischer Voraussetzungen aus. Beispielsweise unterstellt es einen kontinuierlichen Absatz im Jahr (also z. B. kein Weihnachtsgeschäft), pro Umrüstung konstante auflagefixe Kosten und konstante Lagerkosten. Beschränkte Lagerkapazitäten werden genauso vernachlässigt wie mögliche finanzielle Restriktionen. Bessere Lösungen des Problems der optimalen Losgröße verlangen auch hier nach besseren Modellen, die z. b. mehrstufige Produktion mit oder ohne Engpässe, Bedarfsschwankungen im Zeitablauf im Rahmen dynamischer Modelle oder eine der Höhe nach unsichere (stochastische) Jahresbedarfsmenge berücksichtigen.[41] (**ÜB 3/70**)

cc) Durchlaufterminierung

Ausgangsbasis der Durchlaufterminierung sind vorgegebene Kapazitäten an Arbeitskräften und Betriebsmitteln sowie ein konkreter Auftragsbestand für den Planungszeitraum, z. B. für den Monat September. Häufig ist das Unternehmen für einzelne Aufträge an fest zugesagte Fertigstellungstermine gebunden.

Aufgabe der Durchlaufterminierung[42] ist es, unter Beachtung technologischer Arbeitsabläufe, für jeden Arbeitsvorgang die **Bearbeitungszeit festzustellen.** Daraus läßt sich der Anfangs- und Endtermin für jeden Auftrag ableiten.

---

[41] Vgl. Hoitsch, H.-J., Produktionsplanung, HWB, Bd. I/2, 5. Aufl., Stuttgart 1993, Sp. 3463
[42] Vgl. Zäpfel, G., Produktionswirtschaft, Berlin/New York 1982, S. 221 ff.

Die Durchlaufterminierung ist eine – vorläufige – **Termingrobplanung.** Die Frage, ob die Fertigungskapazitäten zur Auftragsabwicklung während des Planungszeitraums ausreichen, wird zunächst ausgeblendet. Mit diesem Problem setzt sich erst der nächste Gliederungspunkt – dd) Kapazitätsterminierung – auseinander.

Ziel der Durchlaufterminierung ist die aus dem Gewinnmaximierungsprinzip abgeleitete **Kostenminimierung.** Je schneller ein Auftrag abgewikkelt wird, desto

(1) kürzer sind die Liegezeiten für Materialien und Halbfabrikate, die zwischen den einzelnen Fertigungsstationen lagern (**Minimierung Lagerkosten**),

(2) früher ist mit dem Eingang der Veräußerungserlöse zu rechnen (**Minimierung Finanzierungskosten**) und desto

(3) geringer ist die Gefahr von Terminüberschreitungen (**Minimierung Vertragsstrafen**).

Somit kann die **Minimierung der Durchlaufzeiten** als operationales **Unterziel** der Durchlaufterminierung angesehen werden.

Üblicher Gegenstand der Durchlaufterminierung ist ein Auftrag, der mehrere Fertigungsstufen durchläuft. Die Verweildauer eines Auftrags auf einer Fertigungsstufe bezeichnet man als vorgangsbezogene Durchlaufzeit:

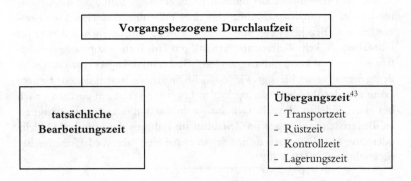

Abb. 76: Zusammensetzung der Durchlaufzeit

Die Arbeitsweise der Durchlaufterminierung soll an folgendem Beispiel erläutert werden: Ein Konfektionsunternehmen hat den Auftrag, 1.000 Anzüge zu fertigen. Die Anzüge durchlaufen vier Fertigungsstufen. H (J) steht für die getrennte Bearbeitungszeit von Hosen (Jacken). In den Fertigungsstellen (2) und (3) gibt es getrennte Arbeitsplätze für die Bearbeitung von Jacken bzw. Hosen. H + J steht für die gemeinsame Bearbeitungszeit von Hosen und Jacken.

---

[43] Unter der Übergangszeit versteht man die Zeitspanne, die zwischen dem Ende der Bearbeitungszeit auf Stufe n-1 und dem Beginn der Bearbeitungszeit auf Stufe n liegt.

Fertigungsstufe	Durchlaufzeit
(1) Zuschneiden	H + J : 2 Tage
(2) Zusammenstecken	H : 2 Tage J : 3 Tage
(3) Nähen	H : 4 Tage J : 6 Tage
(4) Bügeln	H + J : 2 Tage

Abb. 77: Durchlaufzeit (Beispiel)

Bei der Aufstellung der Durchlaufzeiten ist die logische Arbeitsfolge zu beachten, d. h. hier Zuschneiden vor Zusammenstecken usw. Aus Abb. 77 läßt sich folgendes **Balkendiagramm** ableiten:

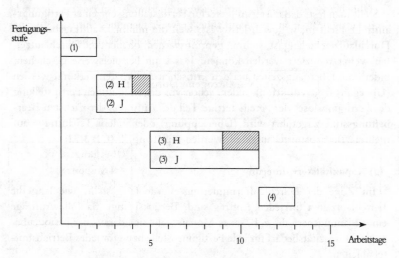

Abb. 78: Balkendiagramm mit Durchlaufzeiten

Aus Abb. 78 wird deutlich, daß
– die **auftragsbezogene Durchlaufzeit** mindestens 13 Arbeitstage beträgt,
– die Bearbeitung der Jacken auf Stufe (2) bzw. (3) die Durchlaufzeit determiniert (**kritischer Pfad**) und daß
– bei der Bearbeitung von Hosen auf Stufe (2) und (3) **Pufferzeiten** (schraffierte Flächen) entstehen.

Käme es auf einer Fertigungsstufe zu unerwarteten Verzögerungen, würde sich die auftragsbezogene Durchlaufzeit entsprechend verlängern. Ausnahme: Wenn man auf Fertigungsstufe (2) mit dem Zusammenstecken der Hosen am dritten Arbeitstag beginnt, könnte eine unerwartete Verzögerung

36*

beim Zusammenstecken der Hosen durch die Pufferzeit aufgefangen werden, ohne daß es zu einer Verzögerung bei der Abwicklung des Gesamtauftrags käme.[44]

Als zeitliche Manövriermasse können die Pufferzeiten nur im Falle der **Vorwärtsterminierung** eingesetzt werden, wo man mit jedem Arbeitsgang zum frühestmöglichen Zeitpunkt beginnt. Hätte man mit dem Zusammenstecken der Hosen nicht am zweiten, sondern erst am dritten Arbeitstag (= spätestmöglicher Termin) begonnen, hätte eine **Rückwärtsterminierung**[45] vorgelegen.

Die Verwendung von Balkendiagrammen wird bei komplexeren Fertigungsprogrammen und stärkeren Abhängigkeiten der einzelnen Arbeiten voneinander schnell unübersichtlich. In der Praxis werden daher für die Planung der Durchlaufterminierung überwiegend **Netzpläne**[46] eingesetzt und mit ihrer Hilfe Pufferzeiten, kritische Wege und mögliche Anfangs- und Endzeitprodukte festgelegt. Bekannte Verfahren des sogenannten **Projektmanagements** mit Hilfe der Netzplantechnik sind beispielsweise CPM (Critical Path Method) oder PERT (Program Evaluation and Review Technique).

Stellt man fest, daß die termingerechte Fertigstellung einzelner Fertigungsaufträge nicht mehr gewährleistet ist, weil die minimale auftragsbezogene Durchlaufzeit zu lang ist, so muß geprüft werden, ob nicht die Durchlaufzeiten weiter reduziert werden können. Das kann beispielsweise geschehen, indem die Übergangszeiten bei den kritischen Aktivitäten verkürzt werden (**Übergangszeitreduktion**), indem schon vor der endgültigen Fertigstellung des Fertigungsloses der bereits fertige Teil des Auftrages der nächsten Bearbeitungsstufe zugeführt wird (**Überlappung**) oder indem Teilaufträge auf mehrere Betriebsmittel aufgeteilt werden (**Splitting**).[47] (ÜB 3/72)

dd) Kapazitätsterminierung

Im Zuge der Durchlaufterminierung wurde festgestellt, wie lang die Durchlaufzeiten für jeden Auftrag sind. Berücksichtigt man alle Aufträge einer Planungsperiode, z. B. eines Monats, läßt sich daraus der periodenbezogene Kapazitätsbedarf für jede Fertigungsstelle bzw. für jedes Betriebsmittel ableiten.

Die **Kapazitätsterminierung** hat die **Aufgabe,**
(1) den Kapazitätsbedarf (**Sollkapazität**) mit der verfügbaren **Istkapazität** zu **vergleichen** und
(2) Maßnahmen zum **Ausgleich von Soll- und Istkapazität** zu ergreifen.
Die Istkapazität wird in der Regel auf Basis von Zeiteinheiten, also z. B. in Maschinenstunden pro Arbeitstag ermittelt. Dabei werden zunächst normale

---

[44] Analog ist die Pufferzeit auf Stufe (3) als zeitliche Manövriermasse anzusehen.
[45] Zur Vorwärts- und Rückwärtsterminierung vgl. Hoitsch, H.-J., Produktionswirtschaft, a. a. O., S. 445 ff.
[46] Vgl. dazu Corsten, H., Produktionswirtschaft, a. a. O., S. 416 ff. und Schwarze, J., Netzplantechnik, 6. Aufl., Herne/Berlin 1990.
[47] Vgl. Hoitsch, H.-J., Produktionswirtschaft, a. a. O., S. 449 ff.

Produktionsverhältnisse zugrundegelegt, also von der Möglichkeit von Überstunden, Zusatzschichten usw. abgesehen. Der Istkapazität wird anschließend der ebenfalls in Zeiteinheiten umgerechnete Kapazitätsbedarf (Sollkapazität) für dieselbe Planungsperiode gegenübergestellt.

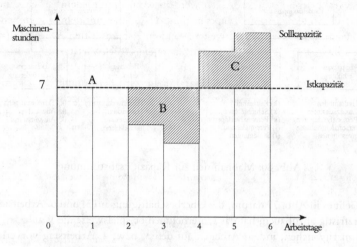

Abb. 79: Istkapazität und Sollkapazität

Beim **Kapazitätsabgleich** für ein konkretes Betriebsmittel wurde von einer normalen Betriebszeit von sieben Stunden pro Tag ausgegangen. Drei Fälle sind denkbar:

A **Idealzustand:** Soll- und Istkapazität sind deckungsgleich.

B **Unterbeschäftigung:** Das Betriebsmittel ist nicht ausgelastet; es entstehen Leerkosten (z. B. anteilige Leasinggebühren).

C **Überbeschäftigung:** Ein Produktionsengpaß (am 5. und 6. Tag) verhindert die termingerechte Abwicklung. Deckungsbeiträge gehen verloren.

Das Gewinnmaximum wird nur erreicht, wenn die Situation B bzw. C vermieden wird. Damit ist man bei Aufgabe (2), dem **Ausgleich** von Soll- und Istkapazität. Hierbei kann man zwischen

(k) **kurzfristigen** Ausgleichsmaßnahmen auf der Basis gegebener Kapazitäten (an Betriebsmitteln und Stammpersonal) und

(l) **langfristigen** Ausgleichsmaßnahmen durch Erhöhung bzw. Reduzierung der vorhandenen Kapazitäten

unterscheiden. Zum Ausgleich von Soll- und Istkapazität kann man

(1) die Istkapazität verändern (**Kapazitätsanpassung**)[48] oder

(2) den Kapazitätsbedarf verändern (**Belastungsanpassung**).

Beide Möglichkeiten werden in Abb. 80 systematisiert, wobei zwischen kurzfristigen (k) und langfristigen (l) Maßnahmen unterschieden wird:

---

[48] Die unten spezifizierten Kapazitätsanpassungsmaßnahmen laufen im Prinzip auf eine zeitliche, intensitätsmäßige und quantitative Anpassung hinaus, wie sie im Rahmen der Produktions- und Kostentheorie behandelt wurde. Vgl. S. 528 ff.

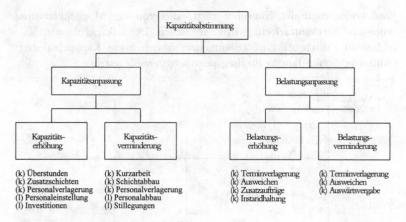

Abb. 80: Maßnahmen zur Kapazitätsabstimmung

Geht es in Abb. 79 darum, die Überbeschäftigung am 5. und 6. Arbeitstag kurzfristig abzubauen, hat das Unternehmen beispielsweise die Wahl
(1) auszuweichen, indem Arbeiten auf den 3. bzw. 4. Arbeitstag vorverlagert werden,
(2) Überstunden zu fahren oder
(3) Fremdaufträge zu vergeben.

Vorzuziehen ist in jedem Fall Möglichkeit (1). Scheidet diese aus organisatorischen Gründen aus, entscheidet man zwischen (2) und (3) nach dem **Kostenminimierungsprinzip.** (ÜB 3/71)

ee) Reihenfolge- und Maschinenbelegungsplanung

Im Zuge der Termingrobplanung wurde festgelegt, in welchen Zeitabschnitten die Aufträge die einzelnen Fertigungsstellen durchlaufen sollen. Im Zuge der Kapazitätsterminierung wurde sichergestellt, daß die notwendigen Kapazitäten zur Verfügung stehen. Diese Entscheidungen sind Daten für die nun folgende Terminfeinplanung. Hier werden die Aufträge nicht mehr Werkstätten oder Fertigungsstellen, sondern einzelnen Maschinenarbeitsplätzen (Aggregaten) zugeordnet.

Reihenfolge- und Maschinenbelegungsplanung können den Arbeitsablauf aus unterschiedlicher Perspektive betrachten:
(1) In welcher zeitlichen Abfolge sollen die Aufträge N = 1,2 ... n das Aggregat A durchlaufen? Die Antwort gibt das **Maschinenbelegungsdiagramm.**
(2) In welcher zeitlichen Abfolge soll der Auftrag N1 die Aggregate A, B, C ... durchlaufen? Die Antwort gibt das **Auftragsfolgediagramm.**

Auch die **Terminfeinplanung** strebt nach **Kostenminimierung.** Lange Durchlaufzeiten bedeuten lange Liegezeiten für die Materialien sowie die Halbfabrikate, die zwischen den einzelnen Fertigungsstufen lagern. Mit langen Durchlaufzeiten erhöht sich die Kapitalbindung im Umlaufvermögen.

Zur Minimierung der (Kapital-)Kosten strebt man folglich nach **Minimierung der Durchlaufzeiten.**

Im folgenden wird die Erstellung eines Maschinenbelegungs- und eines Auftragsfolgediagramms am Beispiel erläutert:
- Ein Unternehmen erhält einen Gesamtauftrag G, der zu einem festen Zeitpunkt erledigt sein muß.
- G läßt sich technisch in die Teilaufträge (1) und (2) zerlegen.
- Beide Teilaufträge (1) und (2) beanspruchen die Aggregate A, B, C in (technologisch bedingt) unterschiedlicher Reihenfolge, wobei die Zahlen die jeweilige Bearbeitungszeit in Stunden angeben:

Teilauftrag Aggregat	A	B	C	technologische Reihenfolge
(1)	2	2	3	A, B, C
(2)	2	2	4	B, C, A

Abb. 81: Beispieldaten zur Maschinenbelegungs- und Auftragsfolgeplanung

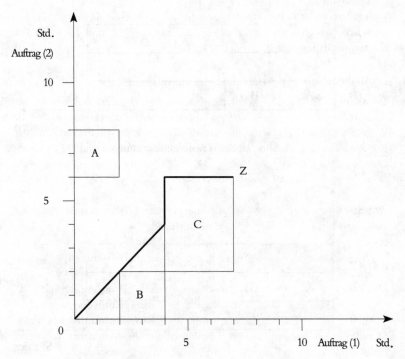

Abb. 82: Struktur des Reihenfolgeproblems

Das Reihenfolgeproblem läßt sich – wie in Abb. 82 dargestellt – graphisch lösen. Zunächst werden die jeweiligen Bearbeitungsdauern unter Beachtung der Bearbeitungsfolge in einem Koordinatensystem abgetragen. Die mit A, B und C bezeichneten Felder werden **Konfliktfelder** genannt. Die Konfliktfelder zeigen, in welchen Zeitabschnitten die beiden Teilaufträge das gleiche Aggregat beanspruchen. Ziel der Terminplanung ist es, den kürzesten Weg vom Ursprungspunkt 0 zum Zielpunkt Z zu finden. Die Strecke zwischen 0 und Z markiert die (minimale) Fertigungsdauer für beide Teilaufträge. Grundsätzlich liegt der **kritische Weg** (die kürzeste Durchlaufzeit) an der 45°-Linie. Der kritische Weg darf aber kein Konfliktfeld durchschneiden. Um dies zu vermeiden, muß man von der 45°-Linie abweichen und einen Umweg machen, was zu Zeitverlusten führt.

Abb. 82 zeigt, daß das Aggregat C zum zeitlichen Engpaß wird. Hier entsteht bei der Bearbeitung der beiden Teilaufträge eine zweistündige Wartezeit. Die gesamte Bearbeitungszeit beträgt 9 Stunden.

Die Auftragsfolge bzw. die Maschinenfolge werden üblicherweise in einem **Gantt-Diagramm** dargestellt, wo auf der Horizontalen die Zeiteinheiten (z. B. Maschinenstunden) und auf der Vertikalen die Aufträge bzw. die Aggregate abgetragen werden.

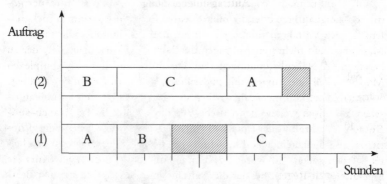

Abb. 83: Auftragsfolgediagramm

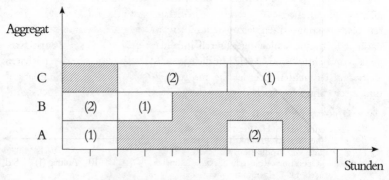

Abb. 84: Maschinenbelegungsdiagramm

Die schraffierten Flächen stehen für Wartezeiten der Aufträge bzw. für Leerzeiten der Aggregate. Leerzeiten der Betriebsmittel sind mit Leerkosten verbunden, die man im Sinne des Gewinnmaximierungsziels soweit wie möglich abbauen sollte. Will man jedoch zur Vermeidung von Leerkosten zu einer verbesserten Kapazitätsauslastung gelangen, muß man sich um zusätzliche Aufträge bemühen, wodurch sich schließlich die Durchlaufzeiten im Regelfall verlängern. Wer eine Maximierung der Kapazitätsauslastung und eine Minimierung der Durchlaufzeit anstrebt, verfolgt zwei konkurrierende Ziele und gerät in das **Dilemma der Ablaufplanung.**[49]

Graphische Lösungsverfahren haben den Vorzug, schnell und einfach relativ gute Lösungen zu erbringen und flexibel auf neue Aufträge oder Auftragsstornierungen reagieren zu können. Dafür stoßen sie aber bei komplexeren Problemstellungen (viele Maschinen und Aufträge, mehrere mögliche Bearbeitungsreihenfolgen) schnell an ihre Grenzen. Mit Hilfe **kombinatorischer Verfahren** formalisiert man den Lösungsprozeß auf Basis von GANTT-Diagrammen, statt intuitive Verschiebungen der einzelnen Aufträge vorzunehmen.[50] Da es sich auch hierbei um ein heuristisches Verfahren handelt, ermittelt man ebenfalls suboptimale Lösungen, kommt jedoch unter Umständen schneller zum Ergebnis als beim einfachen Ausprobieren.

Will man optimale Lösungen ermitteln, muß man auf Verfahren der **gemischt-ganzzahligen** oder der **nichtlinearen Programmierung** zurückgreifen.[51] Diese Verfahren führen jedoch bei Berücksichtigung von mehreren Maschinen und mehreren Aufträgen durch eine explosive Zunahme der zu beachtenden Nebenbedingungen und Variablen schnell zu so komplexen Modellen, daß eine Anwendung in der Praxis sich bislang nicht bewährt hat.

In der Regel kommen daher neben den bereits erwähnten kombinatorischen Verfahren weitere heuristische Verfahren wie z. B. das **Branch-and-Bound-Verfahren**[52] oder einfache **Prioritätsregeln**[53] zur Anwendung. Prioritätsregeln bieten einfache Empfehlungen, welche Aufträge zuerst bearbeitet werden sollen. So werden z. B. mit Hilfe der **KOZ-Regel** (Kürzeste Operationszeit-Regel), bei der die Aufträge mit der jeweils kürzesten Bearbeitungszeit zuerst bearbeitet werden, gute Durchlaufzeiten und eine hohe Kapazitätsauslastung erreicht, während bei der Einhaltung von Lieferterminen Abstriche zu machen sind. Bei der **SZ-Regel** (Schlupfzeit-Regel) dagegen wird durch die Bevorzugung der Aufträge mit den geringsten Pufferzeiten bis zur endgültigen Fertigstellung zwar eine gute Termineinhaltung, dafür jedoch eine schlechtere Durchlaufzeit erreicht. Obwohl Prioritätsregeln „kurzsichtig" sind, da sie nur die eigene Maschine und nur den nächsten Zeitpunkt betrachten, werden sie aufgrund ihrer einfachen Anwendbarkeit und ihrer Fähigkeit, auch dynamische Reihenfolgeprobleme (Berücksichti-

[49] Vgl. hierzu Corsten, H., Produktionswirtschaft, a. a. O., S. 437 f.

[50] Vgl. Kistner/Steven, Produktionsplanung, 2. Aufl., Heidelberg 1993, S. 130 ff.

[51] Vgl. Zäpfel, G., Produktionswirtschaft, a. a. O., S. 263 ff. sowie ausführlich Müller-Merbach, H., Operations Research, 3. Aufl., München 1973, S. 370 ff.

[52] Vgl. Hoitsch, H.-J., Produktionswirtschaft, a. a. O., S. 505 ff.

[53] Vgl. dazu Kistner/Steven, Produktionsplanung, a. a. O., S. 150 ff.

gung neu hinzukommender oder wegfallender Aufträge) zu lösen, sogar in einigen PPS-Systemen eingesetzt.

ff) Fließbandabgleich

Im Gegensatz zur Werkstattfertigung sind bei der Fließfertigung viele Termin- und Kapazitätsplanungsprobleme durch die Vorgabe eines festen Fertigungsablaufes bereits gelöst. Den Regelfall der Fließfertigung stellt die **zeitlich gebundene Fließfertigung** dar, bei der die jeweilige Bearbeitungsdauer an den einzelnen Stationen z. B. durch die Wahl eines einheitlichen Transportbandes (**Fließbandfertigung**) voneinander abhängt. Das wichtigste Problem der Fertigungsplanung bei Fließbandproduktion besteht in der Vornahme des **optimalen Fließbandabgleichs.**

Start- und Endtermine der Fertigung werden auch bei der Fließfertigung durch die Termingrobplanung vorgegeben. Damit stehen zur Optimierung des Fließbandabgleichs noch zwei Parameter zur Verfügung:

(1) Die Festlegung der **Taktzeit,** mit der das Fließband weiterbewegt wird.

(2) Die Festlegung der **Anzahl der Arbeitsstationen,** zu denen einzelne elementare Arbeitsschritte zusammengefaßt werden.

Zur Erläuterung dieser Zusammenhänge kann man von einem ganz einfachen Beispiel ausgehen: An einem Fließband wird ein Produkt in zwei Arbeitsgängen A und B gefertigt. Arbeitszeitstudien[54] haben ergeben, daß
– Verrichtung A 40 Sekunden/Stück
– Verrichtung B 80 Sekunden/Stück
dauert. Würde man für jede Verrichtung eine Arbeitsstation einrichten und die Taktzeit auf 80 Sekunden festlegen, entstünde auf der Verrichtungsstufe A bei jedem durchlaufenden Stück eine Leerzeit von 40 Sekunden.

Zum optimalen Fließbandabgleich sollte man daher versuchen, Verrichtung B zu kürzen. Kann man beispielsweise Verrichtung B in zwei Arbeitsschritte B1 und B2 mit einer Dauer von je 40 Sekunden aufteilen, so erhält man einen optimalen Fließbandabgleich mit drei Arbeitsstationen A, B1 und B2 und einer Taktzeit von 40 Sekunden. (ÜB 3/73–79)

6. Die Planung der Abfallwirtschaft

Oben[55] wurde bereits gezeigt, daß bei der industriellen Produktion in hohem Maße natürliche Ressourcen verbraucht werden, wodurch Produktion und Umweltschutz in Kollision geraten. Mögliche Umweltbelastungen beim Output können auf zwei Arten auftreten:

(1) Die Umwelt kann durch unerwünschte Nebenprodukte der Produktion (Kuppelprodukte) **unmittelbar belastet** werden. Abb. 84 gibt einen Überblick über mögliche Umweltbelastungen in Form unerwünschter Kuppelprodukte.

(2) Daneben kann die Umwelt **mittelbar belastet** werden, indem umweltbelastende Produkte abgesetzt werden. Zu den möglichen mittelbaren

---

[54] Vgl. hierzu S. 262 f.
[55] Vgl. S. 473 ff.

Belastungen gehören dabei sowohl Belastungen durch den Ge- oder Verbrauch der Produkte (Abgase beim Autofahren, Rückstände bei der Entsorgung von Kühlschränken) als auch Belastungen durch die Verpackung der Produkte (z. B. Einwegflaschen).

Art der Emission	Beispiele
gasförmig	Gas, Schwefeldioxyd, organische Verbindungen
fest	Abfallstoffe
flüssig	Abwasser
energetisch	Abwärme, Strahlung
Lärm	Maschinenbetrieb

Abb. 85: Unerwünschte Kuppelprodukte

Für die Planung von Umweltschutzmaßnahmen stehen zwei verschiedene Ansätze, die als integrierter und als additiver Umweltschutz bezeichnet werden, zur Verfügung. Beim **integrierten Umweltschutz** geht es darum, Umweltschutzmaßnahmen integriert für den gesamten Betrieb bzw. etwas eingeschränkter für den gesamten Produktionsbereich zu planen. Dabei werden in jedem Planungsbereich (Materialbeschaffung, Festlegung der Fertigungsverfahren, Festlegung der Verpackung im Rahmen der Distributionsplanung usw.) von vornherein mögliche Umweltschutzaspekte berücksichtigt.[56] Etwas plastischer läßt sich dieser Ansatz mit dem Satz „**Vorsorge** ist besser als Nachsorge" umschreiben.

Der integrierte Ansatz berücksichtigt, daß jeder einzelne Planungsbereich mit seinen Entscheidungen bereits die Beziehungen zwischen dem Betrieb und seiner Umwelt beeinflussen kann. So determiniert beispielsweise bereits die langfristige Produktionsprogrammplanung mit ihren Entscheidungen für bestimmte, mehr oder weniger umweltfreundliche Produkte und Fertigungsverfahren die gesamte weitere Planung im Umweltbereich. Aus diesem Grund erfordert der integrierte Umweltschutz auch eine integrierte Planung aller Teilbereiche der Produktionswirtschaft. Er wird daher ausführlich im Rahmen der integrierten Produktionsplanung und -steuerung (Kap. IV.5.) behandelt.

Im Gegensatz dazu erfolgt die Planung von Umweltschutzmaßnahmen beim **additiven Umweltschutz** erst nach Abschluß des Produktionsprozesses. Sämtliche Entscheidungen der vorgelagerten Planungsbereiche (lang- und kurzfristige Produktionsprogrammplanung, die gesamte Beschaffungs-

---

[56] Vgl. Kreikebaum, H., Umweltgerechte Produktion, Wiesbaden 1992, S. 5 ff. sowie die ausführliche Darstellung in Kap. IV. 5.

planung, die Losgrößenplanung sowie die genaue Termin- und Kapazitätsplanung) sind dabei bereits gefallen, ohne daß Umweltschutzaspekte (ausgenommen vielleicht bei der Beschaffungsplanung) berücksichtigt wurden.

Die Ergebnisse dieser Teilplanungen stellen **Daten** für die nach Abschluß
des Fertigungsprozesses einsetzende Planung des Umweltbereiches dar. Man
bezeichnet entsprechende Technologien daher auch als „nachgeschaltete"
oder **end-of-pipe-Technologien.** Beim additiven Umweltschutz geht es nur
noch darum, die Abfälle zu beseitigen, die der Produktionsprozeß insgesamt
verursacht hat – unabhängig davon, ob diese vielleicht durch eine bessere
Planung in vorgelagerten Bereichen ganz oder teilweise hätten vermieden
werden können. Der additive Umweltschutz folgt daher dem Gedanken der
„**Nachsorge**"; sein Planungsgegenstand ist die **betriebliche Abfallwirtschaft.**

Ziel der betrieblichen Abfallwirtschaft ist die **Minimierung** der **Kosten**
der **Umweltnutzung** (z. B. Abwasserabgaben, Kosten der Müllentsorgung).
Gesetzliche Auflagen z. B. über Abgasobergrenzen stellen Nebenbedingun-
gen dar, die bei der Verfolgung des Zieles „Minimierung der Umweltko-
sten" zu berücksichtigen sind. Derartige Bedingungen sind z. B. in den fol-
genden Gesetzen verankert:
- Bundesimmissionsschutzgesetz und TA Luft (Luftreinhaltung);
- Wasserhaushaltsgesetz und Abwasserabgabengesetz (Gewässerschutz);
- Atomgesetz (radioaktive Strahlung);
- Benzinbleigesetz (Abgasbelastung);
- Abfallgesetz (Abfallbeseitigung und Recycling);
- Gesetz über die Umweltverträglichkeitsprüfung (indirekte Umweltbela-
  stungen);
- Verpackungsverordnung (Umweltbelastung durch Verpackungen).

Additive Umweltschutzmaßnahmen werden insbesondere dann eingesetzt, wenn in der betrieblichen Umweltschutzpolitik eine **defensive Strategie** verfolgt wird, wobei sich das Unternehmen darauf beschränkt, auf die
gesetzlichen Rahmenbedingungen (zum einen gesetzliche Ge- und Verbote,
zum anderen „Umweltabgaben") zu reagieren.

Maßnahmen der betrieblichen Abfallwirtschaft betreffen im wesentlichen
gasförmige (Abgase), flüssige (Abwässer) und feste (Abfälle im engeren Sinne) Stoffe. Abfallstoffe können danach unterschieden werden, ob sie weiter
verwertet werden können oder nicht. Im einzelnen bestehen die folgenden
Möglichkeiten:[57]
(1) Beim **Recycling** versucht man, zu einer vermehrten Kreislaufwirtschaft
von Stoffen zu kommen, indem Abfallstoffe wieder als Rohstoffe in den
Produktionsprozeß eingehen. Abfallstoffe können entweder unmittelbar
(unbearbeitet) oder mittelbar (bearbeitet) in denselben oder in einen anderen Produktionsprozeß eingehen. Installiert ein Kohlekraftwerk beispielsweise eine Rauchgasentschwefelungsanlage, so wird mit deren Hil-

---

[57] Zur Abfallwirtschaft vgl. ausführlich Steven, M., Umweltschutz im Produktionsbereich (II), WISU 1992, S. 109f.

fe ein Teil des Schwefels, der bei der Verbrennung entsteht, herausgefiltert und in Gips umgewandelt. Es handelt sich um eine Recyclingmaßnahme, bei der die Abfallstoffe (Schwefel) unmittelbar, also unbearbeitet in einem anderen Produktionsprozeß (Gipserzeugung) eingesetzt werden. Allerdings muß bei mittelbaren Recyclingmaßnahmen stets überprüft werden, ob nicht die bei der Bearbeitung entstehenden Umweltbelastungen größer sind als beim Verzicht auf das Recycling.

(2) Bei der **thermischen Verwertung** (Müllverbrennung) wird versucht, einen Teil der Abfallstoffe durch den thermischen Prozeß in Energie umzuwandeln, die wiederum im Produktionsprozeß eingesetzt werden kann. Auch hier ist jedoch zu prüfen, in welchem Verhältnis die aus der Verbrennung resultierenden Belastungen (Rückstände, Rauch) zu den bei Nichtverwertung entstehenden Belastungen des Abfallstoffes stehen.

(3) Sowohl die nicht weiterverwertbaren Abfälle als auch die Rückstände aus dem Recycling und der thermischen Verwertung müssen der endgültigen **Abfallverwertung** zugeführt werden. Hier werden die Abfälle entweder auf Deponien oder, sofern solche nicht existieren, in sogenannte „Zwischenlager" – z. B. auf dem Fabrikgelände – verbracht. Dabei handelt es sich allerdings nicht mehr um eine Maßnahme des Umweltschutzes, sondern um eine zeitliche Verschiebung des Entsorgungsproblems.

Damit die betriebliche Abfallwirtschaft koordiniert und das Ziel der Minimierung der Kosten der Umweltnutzung – hier der Kosten der Abfallverwertung – erreicht wird, bietet es sich an, ein **integriertes Abfallwirtschaftskonzept** zu erstellen. Mit seiner Hilfe werden sämtliche in der Produktion entstehenden Abfälle getrennt nach Arten erfaßt, um dann über die Weiterverwendung (Recycling), thermische Verwertung oder Entsorgung auf geeigneten Deponien zu entscheiden.[58]

IV. Integration der Produktionsplanung und -steuerung

1. Ansätze zur Integration

Im ersten Teil dieses Abschnitts wurde festgestellt, daß die betriebliche Planung im Idealfall im Rahmen eines **Totalmodells** erfolgt. Nur in diesem Fall ist gewährleistet, daß das betriebliche Oberziel, die langfristige Gewinnmaximierung, auch tatsächlich erreicht wird. Wird das Planungssystem dagegen in einzelne **Partialmodelle** zerlegt und erfolgt die Planung schrittweise (**sukzessiv**), so kann dieses Ziel verfehlt werden, weil wichtige **Interdependenzen** zwischen den einzelnen Teilbereichen vernachlässigt werden.

Die unternehmerische Umwelt ist jedoch so komplex, daß die Formulierung eines Totalmodells in der Regel nicht gelingt. Die gesamte Produk-

---

[58] Ein Beispiel für ein integriertes Abfallwirtschaftskonzept findet sich bei John, H., Abfallwirtschaftskonzept – Handlungsgrundlage für wirtschaftliche und ökologische Entscheidungen im Chemieunternehmen, in: Seidel, E. (Hrsg.), Betrieblicher Umweltschutz: Landschaftsökologie und Betriebswirtschaftslehre, Wiesbaden 1992, S. 211 ff.

tionsplanung (Teil III) war von einer immer feineren Zerlegung des Planungsproblems in kleinere Teilprobleme gekennzeichnet, wobei diese Zerlegung gleichzeitig auch immer die Gefahr der Verfehlung des betrieblichen Oberziels mit sich bringt. Es liegt daher nahe, zu versuchen, einige dieser Teilplanungsprobleme wieder zu einem umfangreicheren Modell zu integrieren. Erreicht die Zusammenfassung von Teilmodellen eine gewisse Größenordnung, so spricht man von **Produktionsplanungs- und -steuerungssystemen** oder kürzer **PPS-Systemen.**

Ein möglicher Weg der Berücksichtigung von Interdependenzen zwischen Planungsmodellen besteht darin, diese zu einem Totalmodell zusammenzufassen und **simultan** zu planen. In den ersten Ansätzen zur integrierten Produktionsplanung in den 60er und 70er Jahren wurde versucht, die Integration der Produktionsplanung mit **Modellen der linearen Programmierung (LP-Modellen)** vorzunehmen, bei denen beispielsweise Programm-, Losgrößen- und Maschinenbelegungsplanung simultan vorgenommen wurden.[1] Insbesondere wegen gravierender rechentechnischer Probleme und methodischer Schwächen wie z. B. fehlender Flexibilität sind diese Ansätze jedoch nicht weiterverfolgt worden.

In der Praxis hat sich daher parallel zu den Simultanplanungsansätzen ein anderes Vorgehen durchgesetzt, bei dem von vornherein auf die Erreichung eines absoluten Optimums (maximaler langfristiger Gewinn) verzichtet wird. Ausgangspunkt war die Erkenntnis, daß viele Planungsfehler auf einem widersprüchlichen Datengerüst beruhen. Bei jeder Planänderung in einem einzelnen Teilbereich – beispielsweise bei einer Anpassung der kurzfristigen Produktionsprogrammplanung wegen der Annahme eines Zusatzauftrages – müssen die veränderten Daten von allen anderen Planungsbereichen wie z. B. der Materialwirtschaft entsprechend berücksichtigt werden. Das wichtigste Ziel der ersten in der Praxis eingesetzten PPS-Systeme bestand daher darin, ein **einheitliches Datengerüst** für die gesamte Produktionsplanung zur Verfügung zu stellen, bei dem sämtliche Teilplanungen auf denselben Datenbestand zurückgreifen. Das erste derartige System stellte das Programm **MRP (Material Requirements Planning)** dar, dessen wesentliche Aufgabe es war, vom Bedarf an Enderzeugnissen (Primärbedarf) über eine Stücklistenauflösung auf den Sekundärbedarf zurückzuschließen.

Im **Programmteil** eines PPS-Systems, dem eigentlichen Planungsteil, folgen traditionelle PPS-Systeme der Grundidee der **sukzessiven Planung** und planen die einzelnen Teilbereiche unabhängig voneinander, wie es in Kap. III ausführlich beschrieben wurde. Erst in jüngerer Zeit ist man dazu übergegangen, PPS-Systeme nicht nur zur gemeinsamen Datenverwaltung, sondern auch zu einer weiteren Verbesserung der Planung zu nutzen. Das geschieht im wesentlichen mit Hilfe von **Rückkopplungen** innerhalb des Systems, mit denen vermehrt Interdependenzen berücksichtigt werden.

---

[1] Zu einem Überblick vgl. Hoitsch, H.-J., Produktionsplanung, HWB, Bd. I/2, 5. Aufl., Stuttgart 1993, Sp. 3464f.

System	Datenverwaltung	Planungsansatz	Zielerreichung
dezentrale Planung	unabhängig je Teilbereich	sukzessiv	gering
simultane PPS-Systeme	integriert	simultan	theoretisch maximal, praktisch gering
traditionelle PPS-Systeme	integriert	sukzessiv	gering bis mittel
neuere PPS-Systeme	integriert	sukzessiv mit Rückkopplungen	mittel bis hoch

Abb. 86: Arten von PPS-Systemen

In Kap. IV.2. werden zunächst traditionelle PPS-Systeme vorgestellt, während einige neuere Planungsansätze, die heute größtenteils durch die EDV unterstützt werden, in Kap. IV.3 erläutert werden. (ÜB 3/80)

2. Traditionelle PPS-Systeme

a) Aufgaben und Aufbau

Die besonderen Stärken von PPS-Systemen liegen im Bereich der Verwaltung umfangreicher Datenmengen und der Lösung von klar strukturierten, quantitativen Problemen wie beispielsweise der Ermittlung der optimalen Losgröße. Dabei ist eine EDV-Unterstützung hilfreich bis unabdingbar.

Dagegen lassen sich eher „unscharfe", schwer quantifizierbare Problemstellungen wie die langfristige Produktionsprogrammplanung mit Hilfe klassischer Operations-Research-Verfahren und herkömmlicher Datenverarbeitung nicht lösen.[2] Folgerichtig beschränken sich PPS-Systeme im Regelfall auf die **kurzfristige Mengen- und Zeitplanung**, während die strategische Planung mit Hilfe anderer Verfahren erfolgt. Die Ergebnisse der strategischen Planung stellen dann **Daten** für das operativ planende PPS-System dar.

Ein PPS-System hat daher die **Aufgabe**, den mengenmäßigen und zeitlichen Produktionsablauf auf Basis erwarteter und/oder vorliegender Kundenaufträge und unter Beachtung der verfügbaren Kapazitäten zu planen und zu steuern.[3] Da die Erlösseite bereits festgelegt ist, ist grundlegendes **Ziel** wiederum die Minimierung der Produktionskosten. Bei der praktischen Realisierung werden aus Vereinfachungsgründen häufig daraus abgeleitete Teilziele – Minimierung der Durchlaufzeiten, Minimierung der Terminabwei-

---

[2] Zu den Möglichkeiten und Grenzen des EDV-Einsatzes vgl. S. 205 ff. insb. S. 250 ff.
[3] Vgl. Zäpfel, G., „Produktionsplanungs- und -steuerungssysteme (PPS), HWB, Bd. I/2, 5. Aufl., Stuttgart 1993, Sp. 3468

chungen, Maximierung der Kapazitätsauslastung oder Minimierung der Lagerbestände – verfolgt.

PPS-Systeme greifen zur Erfüllung ihrer einzelnen Aufgaben auf Informationen aus den unterschiedlichsten betrieblichen Teilbereichen zurück. Als Voraussetzung für die Realisation eines PPS-Systems ist somit zunächst eine einheitliche Datenbasis zu schaffen. Diese Datenbasis beschreibt das Unternehmen und seine relevanten ökonomischen und technischen Prozesse. Sie wird in einer Datenbank abgespeichert. Die Schaffung einer einheitlichen Datendefinition ist ausgesprochen aufwendig, bringt dem Unternehmen aber große Vorteile. Da alle Abteilungen mit derselben Datenbasis arbeiten, können Fehler, die aus Dateninkonsistenzen bei einer redundanten Informationssicherung auf Abteilungsebene entstehen, verhindert werden.

Die Planungsbereiche eines PPS-Systems werden in einzelne Komponenten, sogenannte **Module,** zerlegt. Typischerweise besteht ein traditionelles PPS-System aus den folgenden Modulen:[4]

Modul	Aufgabe
Grunddatenverwaltung	Integrierte Verwaltung aller Planungsdaten
Produktionsprogramm-planung	Ermittlung des Primärbedarfs
Mengenplanung	Materialbedarfsermittlung Bestellmengenplanung Losgrößenplanung
Termin- und Kapazitäts-planung	Durchlaufterminierung Kapazitätsterminierung
Werkstattsteuerung	Auftragsveranlassung
Betriebsdatenerfassung	Auftragsüberwachung
Vertriebssteuerung	Steuerung Produktdistribution

Abb. 87: PPS-Module

Die einzelnen Module, die im folgenden Kapitel genauer beschrieben werden, unterscheiden sich bei den einzelnen PPS-Systemen naturgemäß in Abhängigkeit von Branche, Betriebsgröße und Fertigungstyp. So wird ein großer Hersteller von Massenware, der auf eine Fließbandfertigung zurückgreift, beispielsweise mit völlig anderen Planungsproblemen konfrontiert als ein kleiner, spezialisierter Nischenanbieter, der auftragsbezogene Einzel- und Kleinserienfertigung betreibt. Im allgemeinen ist die Grundstruktur traditio-

---

[4] Zu einer ausführlichen Diskussion der Elemente von PPS-Systemen vgl. z. B. Reichwald/Dietel, Produktionswirtschaft, a. a. O., S. 581 ff.; Scheer, A. W., CIM – Der computergesteuerte Industriebetrieb, 4. Aufl., Berlin u. a. 1990, S. 19 ff.

neller PPS-Systeme jedoch ähnlich. Die sukzessive Planung folgt dabei dem in Kap. III ausführlich erläuterten Gedankengang.

b) Komponenten eines traditionellen PPS-Systems

Der Aufgabenbereich der einzelnen Module eines traditionellen PPS-Systems läßt sich wie folgt spezifizieren:

(1) Praktisch alle PPS-Systeme verfügen heute über eine integrierte **Grunddatenverwaltung.** Durch die Integration werden – wie erwähnt – die durch eine Mehrfacherfassung von Daten entstehende Mehrarbeit und Fehler, die auf einem inkonsistenten Datengerüst beruhen, vermieden. Im einzelnen stellt die Grunddatenverwaltung folgende Arten von Informationen zum Abruf bereit:

Information	Beispiele
Absatzbezogene Daten	Kundenstammdaten Auftragsbestand Verkaufszahlen
Beschaffungsbezogene Daten	Lieferantenstammdaten Lieferkapazitäten Lieferkonditionen
Teilestammdaten	Technische Daten der Vor-, Zwischen- und Endprodukte (z. B. Maße) Wirtschaftliche Daten der Produktion (Kosten, Preise)
Erzeugnisstrukturdaten	Baukastenstücklisten Rezepturen Strukturstücklisten
Arbeitsplandaten	Fertigungsablauf je Produkt Betriebsmittelbedarf Fertigungszeiten
Betriebsmitteldaten	Kapazitäten Rüstzeiten Kosten je Maschinenstunde

Abb. 88: Grunddaten eines PPS-Systems

(2) Mit Hilfe der **Produktionsprogrammplanung** wird der Primärbedarf an Endprodukten – in der Regel für einen Zeitraum von 6 bis 12 Monaten – festgelegt. Je nachdem, ob eine auftragsbezogene Fertigung oder eine anonyme Massenfertigung erfolgt, unterstützt die EDV die Planung des Produktionsprogramms durch Daten der Kundenauftragsverwaltung oder durch Absatzprognosen. Zum Teil wird der aus dem geplanten Produktionsprogramm abgeleitete Primärbedarf (Festlegung der zu pro-

duzierenden Endprodukte nach Art, Menge und Termin) auch unmittelbar von der Vertriebsabteilung vorgegeben.

(3) Ausgehend vom ermittelten Primärbedarf an Enderzeugnissen erfolgt in der **Mengenplanung** eine Ermittlung des Bedarfs an Zwischenprodukten und Werkstoffen. Grundsätzlich erfolgt die Bedarfsermittlung mit Hilfe von **Stücklisten**, wie es in Kap. III.4.b) ausführlich erläutert wurde.[5] Während bei der **Bruttobedarfsermittlung** der Gesamtbedarf festgelegt wird, wird der Bedarf bei der **Nettobedarfsermittlung** um die verfügbaren Lagerbestände gemindert. Anschließend erfolgt die Ermittlung der **optimalen Bestellmenge**[6] und der **optimalen Losgröße**[7] der einzelnen Fertigungslose. Da mit der Größe des Fertigungsloses die notwendige Bearbeitungsdauer der einzelnen Fertigungsgänge festgelegt wird, werden durch diesen Planungsschritt auch die Rahmendaten für den nächsten Planungsschritt, die Terminplanung, vorgegeben.

(4) Im nächsten Schritt, der **Termin- und Kapazitätsplanung**, steht die Zeitwirtschaft im Vordergrund. Es geht nun darum, ausgehend vom geplanten Fertigstellungstermin auf den Starttermin für die jeweiligen Fertigungsaufträge zurückzuschließen. Für diesen Zweck werden die im Rahmen der **Durchlaufterminierung** behandelten Instrumente eingesetzt.[8] Dabei geht man von **geplanten Durchlaufzeiten** aus. Obwohl die geplanten Durchlaufzeiten auf historischen Erfahrungen basieren, enthalten sie im gesamten Planungskonzept die größten Unsicherheiten, da sie sich zu einem erheblichen Teil aus kaum vorhersagbaren Übergangszeiten zusammensetzen.

Die Terminplanung ist damit aber noch nicht abgeschlossen, denn es muß zuvor noch überprüft werden, ob für die geplanten Fertigungen auch **ausreichende Kapazitäten** zur Verfügung stehen. Kapazitätsüber- oder -unterdeckungen können durch Lagerhaltung, durch Einsatz von Überstunden oder Ausweichaggregaten oder durch eine Erhöhung von Produktionsintensitäten ausgeglichen werden. Notfalls müssen einzelne Aufträge in die Zukunft verschoben werden. Hier greifen PPS-Systeme auf die Verfahren der **Kapazitätsterminierung** zurück.[9]

Das Ergebnis der Termin- und Kapazitätsplanung ist i.d.R. noch weit von einem optimalen Plan entfernt, da das Ziel der meisten PPS-Systeme nur darin besteht, einen mit den Kapazitäten übereinstimmenden (zulässigen) Produktionsplan zu finden. Je ungenauer dabei die Kapazitätsgrobplanung im Bereich der Produktionsprogrammplanung war, desto umfangreicher ist dann der Planungsaufwand im Rahmen des Kapazitätsabgleichs.

(5) Mit der Durchführung der Termin- und Kapazitätsplanung endet in der Regel die Planungsarbeit eines PPS-Systems. Mit der nunmehr erfolgen-

---

[5] Vgl. S. 542 ff.
[6] Vgl. S. 552 ff.
[7] Vgl. S. 559 ff.
[8] Vgl. S. 561 ff.
[9] Zur Kapazitätsabstimmung vgl. ausführlich S. 564 ff.

den konkreten Erteilung von Fertigungsaufträgen an die einzelnen Werkstätten, der **Werkstattsteuerung,** beginnt der Einsatz der **Steuerungs-
komponente** eines PPS-Systems. Voraussetzung für die Auftragsfreigabe ist, daß die benötigten Werkstoffe und Betriebsmittel verfügbar sind.
Ist das der Fall, wird der Fertigungsauftrag freigegeben und in die Warteschlangen vor den Betriebsmitteln eingereiht. Die **Reihenfolge- und
Maschinenbelegungsplanung**[10] erfolgt also nicht mehr im Rahmen des
PPS-Systems, sondern dezentral auf Meister- oder Disponentenebene.
Dabei wird für einen kurzfristigen Planungszeitraum von maximal ein
bis zwei Wochen festgelegt, welche Maschinen in welcher Reihenfolge
durch die einzelnen Fertigungsaufträge belastet werden.

(6) Eine zuverlässige Werkstattsteuerung ist nur gewährleistet, wenn in ausreichendem Maße Rückmeldungen über den Fortschritt der Aufträge
sowie über den Zustand der Betriebsmittel und der Werkzeuge erfolgen.
Dieser Informationsrückfluß wird als **Betriebsdatenerfassung (BDE)** bezeichnet. Für ihn stehen oft eigene Rechnersysteme zur Verfügung, deren
Terminals so konstruiert sind, daß sie den besonderen Belastungen (Hit-
ze, Staub und Nässe) des Produktionsbereichs standhalten. Zeigt die Betriebsdatenerfassung Produktionsrückstände, Anlagenausfälle oder Veränderungen im Krankenstand an, so gehen diese Daten, zusammen mit
den Daten aus dem Planungsbereich, wieder in die kurzfristige Detailpla-
nung des PPS-Systems ein.

(7) Im Rahmen einiger PPS-Systeme werden schließlich die Daten über fer-
tiggestellte Produktmengen direkt der **Vertriebssteuerung** übergeben.
Dort werden dann beispielsweise Verpackungseinheiten oder Touren zusammengestellt, oder es wird im Rahmen der Auftragsfertigung eine
Mitteilung über die Fertigstellung des Produktes an den Kunden vorbereitet.[11] (**ÜB 3/81**)

3. Neuere Ansätze der Produktionssteuerung

a) Schwächen traditioneller PPS-Systeme

Es wurde bereits erläutert, daß PPS-Systeme in der Praxis zunächst mit
dem Ziel entwickelt wurden, durch den Rückgriff auf eine gemeinsame
Datenbasis (integrierte Datenverwaltung) Planungsfehler aufgrund eines in-
konsistenten Datengerüstes zu vermeiden. Durch die mit Einführung von
PPS-Systemen erfolgte Verbesserung der Datenverwaltung konnte dieses
Ziel weitgehend erreicht werden.

Das Konzept der sukzessiven Planung der einzelnen Teilbereiche wurde
dabei weitgehend beibehalten. Mit diesem Konzept kann jedoch das Oberziel der operativen Produktionsplanung, die Maximierung des langfristigen
Gewinns, verfehlt werden. Das verdeutlichen die folgenden Überlegungen
zur Kritik an traditionellen PPS-Systemen:

---

[10] Vgl. S. 566 ff.
[11] Vgl. Scheer, A. W., CIM – Der computergesteuerte Industriebetrieb, a. a. O., S. 27

– Es wird – beispielsweise bei der Kapazitätsplanung – weitgehend auf **Rückkopplungen** zwischen den einzelnen Modulen verzichtet.

– Aus der Partialisierung von Entscheidungen auf einer Planungsebene resultieren Abweichungen vom Optimum durch die **Vernachlässigung von Interdependenzen.** Ergebnisse anderer Teilplanungen werden als Daten angesehen, während sie in Wirklichkeit indirekt von den Ergebnissen der eigenen Planung abhängen. So wird beispielsweise die optimale Losgröße für jeden einzelnen Fertigungsschritt bei gegebenen Rahmendaten (z. B. Lagerplatz) separat festgelegt, ohne daß die Veränderung der knappen Kapazitäten „Lagerplatz" durch die eigene Planung Berücksichtigung findet.

– Statt aufwendigerer betriebswirtschaftlicher Verfahren, die zu besseren Ergebnissen führen würden, werden häufig nur **einfache Heuristiken** eingesetzt.

– Die tatsächlichen Durchlaufzeiten weichen häufig von den bei der Durchlaufterminierung zugrunde gelegten durchschnittlichen Durchlaufzeiten ab. Dadurch stimmen jedoch auch die Ergebnisse des Kapazitätsabgleichs nicht mehr, was zu einer Verlängerung der realen Durchlaufzeiten führen kann. Da dieses Risiko den Verwendern eines PPS-Systems bekannt ist, neigen sie dazu, Fertigungsaufträge sicherheitshalber frühzeitig freizugeben, wodurch die Warteschlangen vor den einzelnen Fertigungsstellen sich vergrößern und wodurch sich die tatsächliche Durchlaufzeit noch weiter erhöht. Dieser sich selbst verstärkende Prozeß wird auch als **Durchlaufzeit-Syndrom** bezeichnet.[12]

Die betriebswirtschaftlichen Mängel herkömmlicher PPS-Systeme haben dazu geführt, daß die mit der Einführung derartiger Systeme verfolgten Ziele (Verkürzung der Durchlaufzeiten, Verbesserung der Kapazitätsauslastung, Verminderung der Lagerkosten) häufig nicht im gewünschten Ausmaß erreicht werden konnten. Neuere PPS-Systeme versuchen, diesem Mangel durch verbesserte Planungstechniken abzuhelfen. Da sich jedoch – wie anfangs beschrieben – eine simultane Planung des kurzfristigen Produktionsablaufs in der Praxis nicht bewährt hat, behalten die neueren Systeme das Konzept der Sukzessivplanung grundsätzlich bei. Sie versuchen jedoch, den Engpaßbereich der Planung ausfindig zu machen und durch eine engpaßorientierte Planung den Zielerreichungsgrad zu erhöhen. Einige dieser Systeme werden nachfolgend kurz vorgestellt.

b) MRP II (Manufacturing Resource Planning)

Mit Hilfe des ursprünglichen MRP-Konzepts (MRP I) wurden PPS-Systeme entwickelt, die im wesentlichen aus einem Modul zur Produktionsprogrammplanung und einem Modul zur Mengenplanung mit Materialbedarfsermittlung und (teilweise) Bestellmengenplanung und Losgrößenplanung bestanden.[13] Eine daraus abgeleitete Termin- und Kapazitätsplanung dage-

---

[12] Vgl. Zäpfel, G., Produktionsplanungs- und -steuerungssysteme (PPS), a. a. O., Sp. 3470

[13] Vgl. Orlicky, J., Material Requirements Planning, New York u. a. 1975

gen existierte nicht. Die Vernachlässigung insbesondere der Kapazitätsplanung führte jedoch dazu, daß die vom MRP I errechneten optimalen Pläne – beispielsweise die optimale Losgröße – häufig überhaupt nicht realisierbar waren. Das System MRP II entstand als Antwort auf die Kritik an diesem Vorgehen.[14] Im Gegensatz zum MRP I berücksichtigt es auf jeder Planungsstufe Kapazitätsrestriktionen und folgt darüber hinaus der Idee der **hierarchischen Planung**, bei der die Planung ausgehend von der strategischen bis hin zur operativen Ebene erfolgt. Ein MRP II-System setzt sich aus folgenden Komponenten zusammen:[15]

Komponente	Aufgaben
Geschäftsplanung	Erstellung von Ergebnisplänen, Finanzplänen, Absatzplänen, Investitionsplänen
Produktionsprogrammplanung für Produktgruppen	Ableitung von Produktionsprogrammplänen für einzelne Produktgruppen auf Basis der Absatzplanung
Produktionsprogrammplanung für einzelne Erzeugnisse	Festlegung der einzelnen Produktionsmengen je Produktart (Primärbedarf), grobe Terminplanung
Materialbedarfsplanung	Materialbedarfsermittlung über Stücklisten, Bestellmengenplanung, Losgrößenplanung
Termin- und Ablaufplanung	Durchlaufterminierung, Kapazitätsterminierung, Reihenfolge- und Maschinenbelegungsplanung

Abb. 89: Komponenten eines MRP II-Systems

Das Ziel der Kapazitätsberücksichtigung führt dazu, daß auf jeder einzelnen Planungsebene eines MRP II-Systems **Kapazitätsüberlegungen** berücksichtigt werden. So wird bereits bei der Geschäftsplanung der Ressourcenbedarf grob abgeschätzt, und bei der Produktionsprogrammplanung für Produktgruppen werden die Kapazitäten einzelner Werkstandorte abgeglichen. Dem hierarchischen Planungskonzept folgend werden außerdem vielfach **Rückkopplungen** eingebaut, so daß beispielsweise ein bei der Losgrößenplanung festgestellter Kapazitätsengpaß zu einer Rückmeldung zur Produktionsprogrammplanung für einzelne Enderzeugnisse und zu Planrevisionen auf dieser Planungsebene führt.

---

[14] Ein entsprechender Vorschlag aus dem Jahr 1981 stammt von Wight. Vgl. dazu Wight, O., Manufacturing Resource Planning: MRP II, 2. Aufl., New York 1986
[15] Vgl. ausführlicher Reichwald/Dietel, Produktionswirtschaft, a. a. O., S. 602ff.; Zäpfel, G., Produktionsplanungs- und -steuerungssysteme (PPS), a. a. O., Sp. 3472f.

Durch den Einsatz von MRP II-Systemen konnten stellenweise erhebliche Verkürzungen der Lagerdauer und der Durchlaufzeiten realisiert werden. Theoretisch liegt die Stärke dieser Systeme darin, daß sie – anders als traditionelle PPS-Systeme – neben der operativen Produktionsprogrammplanung auch die strategische Ebene und die sehr kurzfristige Reihenfolge- und Maschinenbelegungsplanung mit berücksichtigen. Diese theoretische Stärke ist jedoch gleichzeitig auch ihre praktische Schwäche. Zum einen benötigt ein MRP II-System sehr genaue Daten wie z. B. detaillierte Absatzpläne für einen längeren Zeitraum in der Zukunft. Diese Daten sind jedoch häufig auf strategischer Ebene noch nicht in der gewünschten Genauigkeit bekannt. Zum anderen reagiert es durch die Einbeziehung der Reihenfolge- und Maschinenbelegungsplanung sehr empfindlich auf kurzfristige Störungen (Maschinenausfälle, Ausfall von Materiallieferungen usw.).

c) OPT (Optimized Production Technology)

Es wurde bereits erwähnt, daß neuere PPS-Systeme zwar das sukzessive Vorgehen bei der Planung beibehalten, sich jedoch stärker als traditionelle PPS-Systeme an betrieblichen Engpässen orientieren und ihre Planung an diesen Engpässen ausrichten. Sie folgen damit dem von Gutenberg konzipierten Ausgleichsgesetz der Planung.[16] Konsequent umgesetzt wird diese Idee von **OPT-Systemen**. Das wesentliche Ziel dieser Systeme besteht in der **Minimierung der Durchlaufzeiten** und damit gleichzeitig einer **Verminderung der Lagerkosten**. Das Planungskonzept der OPT läßt sich in den folgenden fünf Schritten darstellen:[17]

Nr.	Arbeitsschritt
(1)	Identifikation der Engpässe
(2)	Festlegung der effizienten Ausnutzung der Engpässe
(3)	Unterordnung der übrigen Ressourcen unter die Engpaßplanung aus (2)
(4)	Soweit möglich, Beseitigung oder Lockerung von Systemengpässen
(5)	Soweit (4) erfolgreich war, Neuplanung ab (1)

Abb. 90: Planungskonzept eines OPT-Systems

Die Ermittlung und Darstellung von Systemengpässen erfolgt im allgemeinen mit Hilfe eines **OPT-Produkt-Netzwerks**. In diesem wird zunächst

---

[16] Vgl. S. 153f.
[17] Vgl. Cohen, O., The Drum-Buffer-Rope (DBR) Approach to Logistics, in: Computer-Aided Production Management, hrsg. von Rolstadas, A., Berlin u. a. 1988; Schragenheim/Ronen, Drum-Buffer-Rope Shop Floor Control, in: Production and Inventory Management Journal, Third Quarter 1990, S. 18ff.

der gesamte Material- und Fertigungsfluß in Form eines Netzwerks dargestellt. Anschließend werden die Systemengpässe, die eine Auslastung von
100% und darüber aufweisen, durch eine **Rückwärtsterminierung** ermittelt
und im Netzwerk besonders hervorgehoben. Die den Engpässen vorgelagerten, also unkritischen Arbeiten werden auch weiterhin mit Hilfe der Rückwärtsterminierung geplant. Die Planung der Engpaßsektoren und der nachgelagerten Stellen erfolgt dagegen mit Hilfe einer Vorwärtsterminierung, die
Kapazitätsbeschränkungen berücksichtigt. Das genaue Vorgehen des computergestützten Systems ist jedoch nicht bekannt, da die Algorithmen der
kommerziell verwerteten OPT-Systeme geheimgehalten werden.[18]

Geeignet sind OPT-Systeme insbesondere für die Serienfertigung. Eine
Detailkritik ist wegen des nicht veröffentlichten Lösungsalgorithmus nicht
möglich. In jedem Falle wurde festgestellt, daß ein OPT-System extrem
empfindlich auf Störungen und Änderungen in den Engpaßbereichen reagiert, da sich ein Fehler in diesen Bereichen in allen nachfolgenden Pla-
nungsschritten fortpflanzt und dabei häufig vergrößert. (**ÜB 3/82**)

d) Belastungsorientierte Auftragsfreigabe (BORA)

Im Rahmen der Darstellung traditioneller PPS-Systeme wurde bereits auf
das **Durchlaufzeit-Syndrom** hingewiesen, das zu einer Verlängerung der
Durchlaufzeiten der einzelnen Produkte und somit über steigende Zins- und
Lagerkosten zu einer Erhöhung der Produktionskosten führt.[19] Ursache dieses Phänomens sind im wesentlichen ein ungenauer Kapazitätsabgleich und
die Verwendung geschätzter (durchschnittlicher) Durchlaufzeiten.

Dieses Problem versucht man mit der **belastungsorientierten Auftragsfreigabe** zu lösen.[20] Dabei geht man zunächst von geplanten Durchlaufzeiten
aus und vergleicht diese mit der noch zur Verfügung stehenden Zeit. Als
Ergebnis dieses Vergleichs erhält man entweder einen zeitlichen Verzug oder
einen Puffer. Für die Aufträge mit dem größten Verzug wird dann die Freigabe erteilt. Die durch diesen Auftrag verursachte Kapazitätsbelastung an
der betreffenden Maschine wird auf ein **Belastungskonto** gebucht. Da die
Möglichkeit besteht, daß der betreffende Arbeitsgang noch in der laufenden
Planungsperiode beendet und der Auftrag an die nächste Bearbeitungsstelle
weitergereicht wird, muß auch eine eventuelle Belastung des nächsten Betriebsmittels berücksichtigt werden. Auch dort erfolgt eine Belastung auf
dem Belastungskonto für dieses Betriebsmittel, wobei die geringere Wahrscheinlichkeit, daß der Auftrag tatsächlich noch in der laufenden Planungsperiode dort bearbeitet werden muß, durch einen pauschalen Abschlag
von der Bearbeitungszeit berücksichtigt wird. Der Abschlag ist so zu wählen, daß er im Durchschnitt aller Aufträge möglichst realistisch den Wegfall
einzelner Aufträge abbildet. Entsprechend ist auf allen folgenden Produktionsstufen zu verfahren.

---

[18] Zur Funktionsweise vgl. Hoitsch/Lingnau, Neue Ansätze der Fertigungssteuerung –
Ein Vergleich, WISU 1992, S. 307 f.; Zäpfel, G., Produktionsplanungs- und -steuerungssy-
steme (PPS), a. a. O., Sp. 3475 f.
[19] Vgl. S. 580
[20] Vgl. Wiendahl, H., Belastungsorientierte Fertigungssteuerung, München/Wien 1987.

Führt die geplante Freigabe eines Auftrags dazu, daß auf einem Belastungskonto eine bestimmte **Belastungsschranke** überschritten wird, so wird das entsprechende Aggregat für alle weiteren Aufträge gesperrt. Der betrachtete Auftrag wird allerdings trotz des Überschreitens der Belastungsschranke freigegeben,[21] um zu gewährleisten, daß die geplante Belastung eines Aggregats nach Möglichkeit realisiert wird. Alle weiteren Aufträge, die auf bereits gesperrten Maschinen zu bearbeiten sind, werden ebenso wie die nicht dringlichen Aufträge in die nächste Planperiode verschoben. Die Belastungsschranke liegt zwischen 200 und 300% der Periodenkapazität. Die Wartezeiten und letztlich auch die Durchlaufzeiten hängen also unmittelbar von der Belastungsschranke ab und sind somit weitgehend statisch vorgegeben. Nach Angaben in der Literatur soll durch die belastungsorientierte Auftragsfreigabe eine Reduzierung der Durchlaufzeiten um 20 bis 50% möglich sein.[22] Derartige Verringerungen sind allerdings nur im günstigsten Fall zu erwarten. An der BORA wird bemängelt, daß dieses Verfahren für seinen vorrangigen Einsatzbereich in der Werkstattfertigung zu starr und kaum mit der Realität in diesem Bereich (Maschinenausfall, kurzfristige Eilaufträge) in Einklang zu bringen sei.

e) Das Kanban-Verfahren

Die Kanban-Fertigungssteuerung wurde in Japan von Taiichi Ohno entwickelt, der sie bei der Toyota Motor Company auch praktisch umgesetzt hat.[23] Sie stellt eine Anpassung des PPS-Systems an die besonderen Verhältnisse in Japan dar, die durch eine sehr kleine bebaubare Landfläche, Rohstoffknappheit, Unternehmensverbundenheit und Gruppendenken gekennzeichnet sind. Während das knappe Bauland zu hohen Lagerkosten führt, resultiert aus der Rohstoffknappheit der Zwang zu einer möglichst ausschußfreien Produktion. Damit spielen Zins- und Lagerkosten in Japan eine besonders wichtige Rolle. Erinnert sei hier an die Überlegungen zur Ermittlung der optimalen Bestellmenge:[24] Je höher Zins- und Lagerkosten werden, desto geringer wird die optimale Bestellmenge. Bei extrem hohen Zins- und Lagerkosten sinkt die optimale Bestellmenge so weit, daß man jedes Stück genau zu dem Zeitpunkt einzeln beschafft, an dem es für den Produktionsbetrieb benötigt wird. Das ist die Grundidee der **Just-in-Time-Produktion** und die Basis des Kanban-Systems, dessen Realisierung zu sehr kleinen Lagerbeständen führt.

Der wichtigste Unterschied des Kanban-Verfahrens zum traditionellen PPS-System besteht darin, daß die Fertigungssteuerung umgedreht wird. Das bedeutet, daß die Werkstücke nicht entsprechend dem Produktionsfluß

---

[21] Vgl. Glaser/Geiger/Rhode, PPS-Produktionsplanung und -steuerung, a. a. O., S. 216f.

[22] Vgl. Helberg, P., PPS als CIM-Baustein, Gestaltung der Produktionsplanung und -steuerung für computerintegrierte Produktion, Berlin 1987, S. 76

[23] Vgl. Ohno, T., Toyota Production System. Beyond Large Scale Production, Cambridge/Norwalk 1988

[24] Vgl. S. 552ff.

vor dem nächsten Betriebsmittel auf die Weiterbearbeitung warten, sondern daß der Anreiz zur Produktion von der nachgelagerten Produktionsstufe ausgeht (**Holprinzip**). Diese entnimmt aus dem Pufferlager einen Behälter mit Vorprodukten. Die Behälter sind genormt und enthalten stets dieselbe Anzahl von Vorprodukten. An den Behältern sind **Laufkarten** (japanisch: Kanban) angebracht. Bei der Entnahme wird der Kanban abgelöst und in die Kanban-Box der entsprechenden Fertigungsstelle gelegt, die diese Vorprodukte herstellt. Der Kanban dient somit als Fertigungsauftrag. Die neu produzierten Vorprodukte werden wieder in Behältern im Pufferlager mit einem Kanban versehen und zur weiteren Entnahme bereitgestellt.

Das Kanban-Verfahren ist, wie oben bereits angedeutet, unmittelbar mit den Begriffen Just-In-Time-Production und Lean Production verbunden. **Lean Production** bedeutet, daß das Unternehmen mit möglichst kleinen Lagerbeständen auskommt. Durch das Kanban-Verfahren werden nicht nur die Lagerbestände reduziert, sondern auch die **Durchlaufzeiten** um ca. 50–70% vermindert.[25] Darüber hinaus hat die dezentrale Fertigungssteuerung durch das Kanban-Verfahren eine Entlastung der zentralen Planungsinstanz und durch die Delegation von Verantwortung auch eine Steigerung der Motivation zur Folge. Häufig wird deshalb Lean Production nicht nur als ein Fertigungsprinzip, sondern umfassender als ein Managementprinzip (**Lean Management**) verstanden.

Voraussetzungen für den Einsatz des Kanban-Verfahrens sind geringe Bedarfsschwankungen bei hohem Wiederholungsgrad der Fertigung und möglichst konstante Losgrößen. Das bedeutet, daß das Kanban-System besonders für die Massen- und Sortenfertigung geeignet ist.[26] Sein Einsatz setzt weiterhin eine sofortige Qualitätskontrolle, die räumliche Nähe der aufeinanderfolgenden Produktionsstellen bzw. ein leistungsfähiges innerbetriebliches Transportsystem sowie einen flexiblen Mitarbeitereinsatz voraus.

Kritisiert wird am Kanban-Verfahren vor allen Dingen die einseitige Ausrichtung an einer einzigen Zielgröße, den Zins- und Lagerkosten. Der Vorzug einer hohen Zielerreichung für das Teilziel einer Minimierung der Lagerkosten wird oftmals mit Einbußen in anderen Planungsbereichen bezahlt. So führt eine Orientierung am Kanban-System beispielsweise beinahe zwingend zu einer geringeren Kapazitätsauslastung. Eine Reihenfolge- und Maschinenbelegungsplanung fehlt dem System ebenfalls. Darüber hinaus werden die Anfälligkeit des Systems für größere Störungen (Systemzusammenbrüche) und die großen Planungsprobleme im Rahmen der Einführung des Verfahrens (z. B. die Bestimmung der Anfangsbestände der Pufferlager) kritisiert.

---

[25] Vgl. Wildemann, H., Das Just-in-Time-Konzept, 3. Aufl., St. Gallen 1992
[26] Vgl. S. 556

f) Das Fortschrittszahlenkonzept

Beim **Fortschrittszahlenkonzept** wird der gesamte Produktionsbereich in einzelne **Kontrollblöcke** eingeteilt.[27] So kann beispielsweise eine einzelne Werkstatt, eine Fertigungsstraße oder auch eine einzelne Maschine einen Kontrollblock bilden. Jeder Kontrollblock läßt sich durch eine bestimmte Menge an Input von Materialien und Vorprodukten und eine bestimmte Menge an Output an dort erstellten Zwischen- oder Fertigfabrikaten kennzeichnen. Die kumulierte Menge der einzelnen Input- und Outputgüter bezeichnet man als **Fortschrittszahl.**

Im Rahmen der Produktionsplanung werden Sollfortschrittszahlen, die die angestrebten Produktionsmengen für die verschiedenen Kontrollblöcke repräsentieren, vorgegeben. Die Abstimmung der verschiedenen Kontrollblöcke erfolgt dadurch, daß die Ausgangsfortschrittszahlen (Outputfortschrittszahlen) eines Kontrollblocks mit den Eingangsfortschrittszahlen (Inputfortschrittszahlen) des nachfolgenden Kontrollblocks verglichen werden. Bildet man für einen Kontrollblock die Differenz aus Output- und Inputfortschrittszahl, so erhält man unter Beachtung eventueller Anfangsbestände und technologischer Mengeneinsatzverhältnisse den Umlaufbestand in diesem Kontrollblock. Vergleicht man schließlich die Sollfortschrittszahlen mit den Istfortschrittszahlen, d. h. dem tatsächlichen Produktionsfortschritt, so kann festgestellt werden, ob gegenüber der Planung ein Vorlauf oder ein Rückstand besteht.

Als Vorteile des Fortschrittszahlenkonzeptes werden die Vereinfachung der Kommunikation zwischen den Kontrollblöcken, die erleichterte Bestandsüberwachung und Bedarfsermittlung sowie die leichtere Erkennbarkeit von systematischen Fehlern genannt.[28] Die Einsatzmöglichkeit dieses Konzepts ist allerdings auf die Serien- und Massenfertigung mit hoher Auftragswiederholungshäufigkeit begrenzt.

g) Das CIM-Konzept (Computer Integrated Manufacturing)

PPS-Systeme wurden ursprünglich zum Zweck der Datenintegration entwickelt. Im Rahmen der Produktionsplanung und -steuerung werden jedoch nicht nur die relevanten **betriebswirtschaftlichen Daten** (z. B. Kosten), sondern auch eine Vielzahl **technischer Daten** benötigt. Technische und betriebswirtschaftliche Daten sind in vielfacher Weise miteinander verzahnt. Beispielsweise erzeugt die rechnerunterstützte Entwicklung neuer Produkte **(CAD, Computer Aided Design)** technische Daten wie die Auflistung der Bestandteile eines Produktes (Stücklisten), auf deren Grundlage eine programmgebundene Materialbedarfsermittlung vorgenommen werden kann. Andererseits erfordert die Durchführung einer computergestützten Fertigung **(CAM, Computer Aided Manufacturing)**, bei der einzelne Maschinen

---

[27] Zum Fortschrittszahlenkonzept vgl. ausführlich Heinemeyer, W., Die Planung und Steuerung des logistischen Prozesses mit Fortschrittszahlen, in: Fertigungssteuerung II, hrsg. von D. Adam, Wiesbaden 1988, S. 5 ff.
[28] Vgl. Helberg, P., PPS als CIM-Baustein, a. a. O., S. 60 f.

und unter Umständen sogar vollständige Lager- und Transportsysteme vom Computer gesteuert werden, betriebswirtschaftliche Daten der Produktionsplanung, um beispielsweise die einzelnen Werkstücke zum richtigen Zeitpunkt zum richtigen Betriebsmittel befördern zu können.[29]

Ausgangsbasis des **CIM-Konzepts (Computer Integrated Manufacturing)** ist das Ziel, durch Integration der technischen und betriebswirtschaftlichen Datenverwaltung überflüssige Organisationsarbeiten und Planungsfehler zu vermeiden. Gleichzeitig können auf der gemeinsamen Datenbasis gemeinsame Programme (Funktionen) wie z. B. eine vollautomatische Werkzeugmaschinensteuerung installiert werden (**Vorgangsintegration**). Durch die mögliche Daten- und Vorgangsintegration, die durch die vermehrte Berücksichtigung von Interdependenzen eine Verbesserung der betriebswirtschaftlichen Zielerreichung bewirken kann, birgt das CIM ein immenses **Rationalisierungspotential**, mit dessen Hilfe Durchlaufzeiten weiter verkürzt und Lagerkosten vermindert werden können.

Für die Einführung eines CIM-Konzeptes müssen die betriebswirtschaftlichen Daten eines PPS-Systems und die technischen Daten der einzelnen technischen Teilsysteme integriert werden.

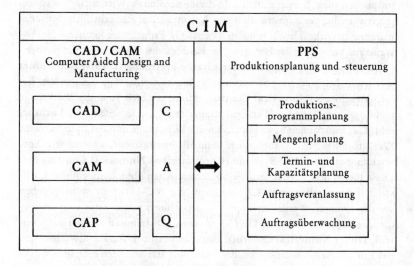

Abb. 91: Komponenten des CIM-Konzepts[30]

Die einzelnen Komponenten eines PPS-Systems wurden bereits weiter oben erläutert. Die einzelnen Bestandteile des CAD/CAM-Systems haben folgende Aufgaben:

---

[29] Zu den Daten- und Funktionsbeziehungen zwischen CAD und CAM einerseits und PPS-Systemen andererseits vgl. ausführlich Scheer, A. W., CIM – Der computergesteuerte Industriebetrieb, a. a. O., S. 60 ff.

[30] Entnommen aus: Integrierter EDV-Einsatz in der Produktion, hrsg. vom Ausschuß für wirtschaftliche Fertigung (AWF), Eschborn 1985, S. 10

Komponente	Aufgabe
CAD	Computer Aided Design (Anfertigung von Konstruktions-zeichnungen)
CAM	Computer Aided Manufacturing (Computersteuerung von Werkzeugmaschinen)
CAP	Computer Aided Planning (Arbeitsplanerstellung)
CAQ	Computer Aided Quality Assurance (Computergestützte Qualitätsrechnung)

Abb. 92: Aufgaben der CAD/CAM-Komponenten

Programme zur **computerunterstützten Konstruktion (CAD-Programme)** dienen der **Anfertigung von Konstruktionszeichnungen** als Grundlage von Konstruktionsberechnungen. Durch graphische Darstellungen direkt auf dem Bildschirm ersetzen CAD-Programme Reißbrett, Bleistift und Zirkel. Neben der zweidimensionalen Darstellung (z. B. für Schaltpläne) ermöglichen viele Systeme auch eine dreidimensionale Wiedergabe, was beispielsweise bei der Konstruktion von Automodellen eine erhebliche Rationalisierung bewirkt. Die Outputdaten der CAD-Programme können beispielsweise zur Steuerung der Fertigung im Rahmen des CAM eingesetzt werden.

Programme zur **computerunterstützten Fertigung (CAM-Programme)** werden insbesondere zur Steuerung von Werkzeugmaschinen eingesetzt. Bei **NC-Maschinen (Numerical Control)** erfolgt die Steuerung der Werkzeuge nicht manuell, sondern über Datenträger (z. B. Lochstreifen oder Lochkarten). Das Einspannen bzw. Umrüsten der Werkzeuge und das Einrichten des Werkstücks werden jedoch noch manuell durchgeführt. Eine neuere Entwicklung stellen **CNC-Systeme (Computerized Numerical Control)** dar. Diese bieten den Vorteil, daß die Steuerungsdaten ohne Umweg über Lochstreifen unmittelbar vom Computer an die NC-Maschine weitergegeben werden können. Werden mehrere NC-Maschinen von einem Computer bedient, so spricht man von **DNC-Systemen (Distributed Numerical Control, Direct Numerical Control)**. Erfolgen auch der Werkzeugwechsel und das Einrichten des Werkstücks, der Transport zwischen den einzelnen Werkmaschinen, das Bereitstellen der Rohlinge und ggf. die Endkontrolle computergesteuert, so handelt es sich um ein **flexibles Fertigungssystem (FFS)**.[31]

Bei der **computergestützten Planung (CAP)** werden die Auswahl der Werkstoffe, die Erstellung von Arbeits- und Montageplänen sowie die Entwicklung von Programmen für NC-Maschinen geplant. Im **Arbeitsplan** werden die Arbeitsvorgangsfolge, die Maschinenauswahl, die Bearbeitungszeit, die notwendigen Rückvorgänge und die zu verwendenden Werkzeuge festgelegt. Darüber hinaus unterstützen einige Programme auch die Erstellung von **Prüfungsplänen** für die Qualitätskontrolle.

---

[31] Vgl. Hirt/Reineke/Sudkamp, FFS-Management, Köln 1991, S. 7

Unter **CAQ (Computerunterstützte Qualitätssicherung)** werden computerunterstützte Maßnahmen zur Qualitätssicherung verstanden. Die bisher entwickelten CAQ-Programme entwickeln vor allen Dingen Prüfprogramme (z. B. mit der Ziehung von Zufallsstichproben) und unterstützen Meßsysteme, die feststellen können, ob bei der Fertigung von Werkstücken bestimmte Toleranzgrenzen überschritten werden (Ausschußerfassung). Ziel eines umfassenden computerunterstützten Qualitätsmanagements ist es, die Qualität aller Arbeitsvorgänge von der Produktentwicklung bis zum Vertrieb zu überprüfen.

Im Idealfall besteht zwischen den einzelnen CIM-Komponenten keine Trennung. Das bedeutet, daß aus der im CAD entwickelten Konstruktionszeichnung automatisch ein Programm für die NC-Maschinen (CAP) abgeleitet wird. Im Wege des DNC kann das Programm für die konkrete Produktion abgerufen und umgesetzt werden (CAM). Parallel dazu werden aus der CAD-Konstruktion die Stücklisten erstellt und darauf aufbauend der Arbeitsplan sowie der Prüfungsplan entwickelt (CAP). Somit liegen alle notwendigen Daten vor, damit im Rahmen eines flexiblen Fertigungssystems, das auch die Qualitätssicherung umfaßt (CAQ), eine **ausschließlich computergesteuerte Produktion** durchgeführt werden kann. Dieser Arbeitsablauf läßt sich wie folgt darstellen:

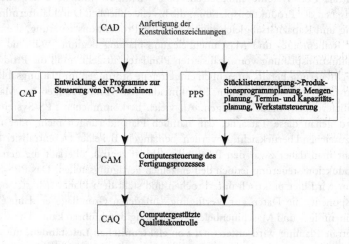

Abb. 93: Arbeitsablauf nach dem CIM-Konzept

Der geschilderten Idealsituation stehen allerdings eine Vielzahl von praktischen Hindernissen entgegen. Abgesehen von den außerordentlich hohen Kosten für die Anschaffung von flexiblen Fertigungssystemen gibt es zur Zeit noch viele Arbeiten, die nicht vollautomatisch durchgeführt werden können. Des weiteren können die Plandaten der Termin- und Ablaufplanung bei mehrstufiger Produktion in den wenigsten Fällen eingehalten werden, so daß unvermeidlich Stillstandszeiten für die flexiblen Fertigungssysteme eintreten, da entsprechende Vorprodukte fehlen. Eine Amortisation der in flexible Fertigungssysteme investierten Mittel setzt oft voraus, daß diese Anlagen ohne Unterbrechung 24 Stunden in Betrieb sind. (**ÜB 3/83**)

h) Entwicklungsperspektiven beim EDV-Einsatz in der Produktionsplanung und -steuerung

Die obigen Ausführungen haben gezeigt, daß die Produktionsplanung und -steuerung in zunehmendem Maße die Entwicklung **flexibler Fertigungssysteme** anstrebt. Die Möglichkeit, Betriebsmittel als NC-Maschinen elektronisch zu steuern, erlaubt es, sie für eine Vielzahl unterschiedlicher Produkte einzusetzen. Damit können hohe **Investitionsausgaben** vermieden werden. Der normalerweise hohe Zeitaufwand für die Umrüstung flexibler Systeme läßt sich durch den Einsatz des Computers (CAP und CAM) vermindern. Umfaßt das flexible System nur eine Maschine, so spricht man von einer **flexiblen Fertigungszelle.** Die höchste Entwicklungsstufe flexibler Fertigungssysteme stellen Systeme dar, die einzelne flexible Fertigungszellen mit einem flexiblen Transportsystem verketten. Dadurch werden die Vorteile der Fließfertigung mit denen der Werkstattfertigung kombiniert.

Die Flexibilität der einzelnen Fertigungseinheiten wird weiterhin dazu genutzt, eine stärkere **Dezentralisierung** der Planung vorzunehmen und dezentrale PPS-Systeme einzusetzen. Eine wichtige Schnittstelle liegt dabei zwischen der Produktionsplanung, die bis einschließlich Durchlaufterminierung und Kapazitätsabgleich reicht, und der Produktionssteuerung, die mit der Reihenfolge- und Maschinenbelegungsplanung beginnt. Während die Produktionsplanung von idealisierten Plandaten ausgeht, muß die Produktionssteuerung bereits tatsächlich eingetretene Störungen im Planungsablauf (Ausfälle von Betriebsmitteln, Krankmeldungen, Verzögerungen von Materiallieferungen) berücksichtigen. An vielen herkömmlichen PPS-Systemen wird genau diese Tatsache, daß nämlich Planänderungen nicht oder nur unzureichend berücksichtigt werden, bemängelt. Bei einer Dezentralisierung plant man daher zwar den Produktionsablauf zentral, überläßt die genaue Produktionssteuerung jedoch den einzelnen Fertigungsstellen. Das PPS-System wird hier praktisch unterbrochen und stellt dem Planer (Meister oder Disponent) die Daten zur Verfügung, auf deren Grundlage er dann eine Reihenfolge- und Maschinenbelegungsplanung durchführen kann. Diese dezentrale Planung wird unterstützt von **elektronischen Leitständen,** mit deren Hilfe beispielsweise GANTT-Diagramme zur Maschinenbelegung am Bildschirm als elektronische Plantafeln entwickelt werden können. Gleichzeitig dient ein Leitstandsystem auch als Frühwarnsystem, da Rückmeldungen über Störungen automatisch an die zentrale PPS-Systemsteuerung gemeldet und dort im Wege von Plankorrekturen berücksichtigt werden.

Weitere Tendenzen beim EDV-Einsatz in der Produktionsplanung und -steuerung lassen sich kurz wie folgt zusammenfassen:[32]
– Die Einrichtung flexibler Fertigungssysteme und die Dezentralisierung

---

[32] Vgl. Zäpfel, G., Produktionsplanung und -steuerung (PPS), in: Lexikon der Betriebswirtschaftslehre, hrsg. von H. Corsten, 3. Aufl., München/Wien 1995, S. 784 f.

der Steuerung ermöglichen den gleichzeitigen Einsatz **mehrerer unterschiedlicher PPS-Systeme,** von denen beispielsweise eines primär für Einzelfertigung (Auftragsfertigung) und eines primär für die Serienfertigung (Marktfertigung) im selben Betrieb geeignet ist.

– Zur Datenkommunikation zwischen den einzelnen Rechnern und Peripherieeinheiten an unterschiedlichen Standorten (z. B. bei mehreren Werken) sowie zwischen dem Betrieb und seinen Lieferanten und Kunden wird zunehmend die **Datenfernübertragung (DFÜ)** eingesetzt.[33]

– Im Zuge immer besserer Software erfolgt eine stärkere Orientierung von PPS-Systemen am Ziel der **Benutzerfreundlichkeit,** was beispielsweise zu einer besseren Benutzerführung oder zu übersichtlicheren Benutzeroberflächen (graphische Darstellung der Maschinenbelegung) führt.

– Als geeignetes Instrument der Produktionsplanung werden vermehrt **Simulationstechniken** eingesetzt, mit deren Hilfe die Auswirkungen unterschiedlicher Datenkonstellationen – z. B. unterschiedlicher Maschinenbelegungspläne – auf das gesamte Produktionssystem am Rechner simuliert werden können.

Der Leser, der den gesamten Abschnitt zur Produktion kritisch gelesen hat, wird feststellen, daß die Betriebswirtschaftslehre weit davon entfernt ist, Instrumente für die Produktionsplanung zur Verfügung zu stellen, die gleichzeitig betriebswirtschaftlich geeignet, einfach zu bedienen und bei den häufigen Datenänderungen im Produktionsbereich hinreichend flexibel sind. Wie die Tendenz zur dezentralen Leitstandsteuerung mit ausdrücklicher Einbeziehung des Wissens und der Erfahrungen des Meisters zeigt, kann bislang offensichtlich kein noch so ausgefeiltes Programm zur Maschinensteuerung den Fachmann vor Ort ersetzen. So liegt es nahe, zur Produktionsplanung und -steuerung EDV-Techniken einzusetzen, die dieselbe „Denkweise" wie ein Mensch haben, also auch mit unscharfen und schwer quantifizierbaren Problemen arbeiten können. Derartige Instrumente bezeichnet man als Instrumente der **künstlichen Intelligenz.** Besonders geeignet für die Produktionsplanung sind **Expertensysteme,** da diese darauf ausgelegt sind, das (heuristische) Erfahrungswissen eines menschlichen Experten aufzunehmen, mit Hilfe einfacher logischer Operationen auf konkrete Probleme anzuwenden und dabei im Laufe der Zeit zu lernen, also neues Wissen aufzunehmen.[34] Expertensysteme werden im Produktionsbereich beispielsweise zur Diagnose von Systemfehlern, zur Reihenfolgeplanung oder zur sequentiellen Zeit-, Kapazitäts- und Reihenfolgeplanung eingesetzt. In Deutschland befindet sich die Anwendung von Expertensystemen allerdings erst in ihren Anfängen.[35]

---

[33] Zur Datenfernübertragung vgl. S. 248 ff.

[34] Zur Funktionsweise eines Expertensystems vgl. S. 254 f.

[35] Zu einer Bestandsaufnahme vgl. Scheer, A. W. (Hrsg.), Betriebliche Expertensysteme I – Einsatz von Expertensystemen in der Betriebswirtschaft – Eine Bestandsaufnahme, Wiesbaden 1988; ders., Betriebliche Expertensysteme II – Einsatz von Expertensystem-Prototypen in betriebswirtschaftlichen Funktionsbereichen, Wiesbaden 1989

4. Integrierter Umweltschutz

In Kap. III.6. wurden zwei Ansätze zur Planung von Umweltschutzmaßnahmen, der additive und der integrierte Ansatz, vorgestellt. Während der additive Ansatz sich auf Nachsorgemaßnahmen (Recycling, Entsorgung) im Bereich der betrieblichen Abfallwirtschaft beschränkt, wird beim integrierten Ansatz versucht, Umweltschutzmaßnahmen integriert in jedem Planungsbereich von vornherein zu berücksichtigen, also **Vorsorge statt Nachsorge** zu betreiben.

Entscheidend für die Beurteilung von Umweltschutzmaßnahmen ist letztlich nicht der In- und Output einzelner Planungsbereiche, sondern der In- und Output des gesamten Unternehmens gegenüber der Umwelt. So stellt beispielsweise die Weitergabe eines umweltschädigenden Stoffes von der Materialbeschaffung zur Fertigung keine Umweltschädigung dar. Diese tritt erst dann auf, wenn der umweltschädigende Stoff in irgendeiner Form – sei es als Bestandteil des verkauften Produktes, sei es als unerwünschtes Kuppelprodukt Abgas – den Betrieb verläßt. Die Verfolgung eines integrierten Umweltschutzkonzeptes erfordert daher ebenfalls ein Konzept der **integrierten Planung,** das sämtliche planerischen und stofflichen Beziehungen zwischen den Teilbereichen eines Unternehmens berücksichtigt und auf Beziehungen zwischen dem Unternehmen und seiner Umwelt zurückführt. Nur damit ist sichergestellt, daß Umweltbelastungen tatsächlich an ihrer Wurzel entdeckt und ihre Wirkung auf andere betriebliche Planungsbereiche und in letzter Instanz auf den betrieblichen Output berechnet werden können.

Stellt man beispielsweise fest, daß bestimmte Abgasobergrenzen überschritten werden, so kann die mögliche Ursache der Überschreitungen über die Maschinenbelegungsplanung (eine Änderung der Maschinenbelegungsplanung bewirkt zeitliche Verschiebungen der Abgasentstehung) und die Materialwirtschaft (die Weiterverarbeitung bestimmten Materials erzeugt die Abgase) bis hin zur langfristigen Produktionsprogrammplanung, die die Art der zu fertigenden Produkte festgelegt hat, zurückverfolgt werden. Damit bietet es sich an, Maßnahmen des integrierten Umweltschutzes in die Verfahren zur **integrierten Produktionsplanung und -steuerung,** wie sie in diesem Kapitel besprochen wurden, einzubeziehen.

Maßnahmen des integrierten Umweltschutzes sind weiterhin besonders dafür geeignet, im Rahmen der langfristigen Gewinnmaximierung eine **offensive Umweltschutzstrategie** zu verfolgen, bei der mögliche künftige Änderungen der Bedarfsstruktur (erhöhte Nachfrage nach umweltschonenden Produkten) oder Verschärfungen der Umweltgesetzgebung antizipiert oder Veränderungen der betrieblichen Erlöse durch schwer quantifizierbare Faktoren (Unternehmensimage) berücksichtigt werden.[36] Da die Berücksichtigung derartiger Faktoren nicht nur die Kosten-, sondern auch die Erlösseite betrifft und da eine einfache deterministische Rechnung wegen der

---

[36] Zur Zielformulierung bei einer offensiven Umweltschutzstrategie vgl. S. 475 f.

schwer quantifizierbaren und mit künftigen Unsicherheiten behafteten Faktoren nicht möglich ist, ist es in der Regel auch nicht möglich, ein einfaches, **operationales Ziel** wie „Kostenminimierung" für die integrierte Umweltschutzplanung abzuleiten. Statt dessen müssen sämtliche Maßnahmen unter Berücksichtigung künftiger Unsicherheiten im Hinblick auf die Beeinflussung des Oberzieles „langfristige Gewinnmaximierung" beurteilt werden. Grundlage für die mögliche Ergreifung von Umweltschutzmaßnahmen stellt die Kenntnis möglicher und tatsächlicher Umweltbelastungen dar. Basis einer integrierten Umweltschutzplanung ist daher ein **betriebliches Umweltinformationssystem,** mit dessen Hilfe die für mögliche Umweltbelastungen relevanten Stoff- und Energieflüsse im Unternehmen dargestellt werden können. Auf Basis eines solchen Informationssystems kann auch eine **ökologische Buchführung** oder eine zur Veröffentlichung vorgesehene **Ökobilanz** erstellt werden. Häufig wird die Erstellung eines derartigen Informationssystems wie auch die Koordination sämtlicher Umweltschutzaktivitäten vom **Umweltbeauftragten** des Unternehmens vorgenommen.

Maßnahmen des integrierten Umweltschutzes können in beinahe jedem Teilbereich der Produktionsplanung ergriffen werden. So sind beispielsweise folgende Ansätze denkbar:[37]

Bereich	Maßnahmen (Beispiele)
langfristige Produktionsprogramm-planung	Wahl umweltfreundlicher Produkte Wahl weniger umweltbelastender Fertigungsverfahren Umweltverträglichkeitsprüfungen
kurzfristige Produktionsprogramm-planung	Verschiebung von Teilaufträgen
Materialwirtschaft	Beschaffung umweltfreundlichen Materials
Lagerhaltung	Sichere Lagerung umweltgefährdender Stoffe Vermeidung von Ausschuß
innerbetrieblicher Transport	Geringer Energieverbrauch bzw. geringe Emission der Transportmittel

Abb. 94: Maßnahmen des integrierten Umweltschutzes

Weitere Beispiele lassen sich mühelos für beinahe jeden Teilbereich der Planung finden. Allerdings ist damit das Problem der **integrierten Planung im Rahmen eines PPS-Systems** nicht gelöst. Will man dieses Ziel erreichen, so muß eine Vielzahl zusätzlicher Daten (z. B. Emissionsgrenzen, Rückstandskoeffizienten, Endlagerkapazitäten) usw. im Modell erfaßt und von

---

[37] Vgl. ausführlicher Lücke/Schulz, Umweltschutz und Investitionen, Wiesbaden 1992, S. 134 ff.; Steven, M., Umweltschutz im Produktionsbereich (II), WISU 1992, S. 105 ff.

den einzelnen Teilmodulen berücksichtigt werden. Das erfordert wiederum umfangreichere betriebswirtschaftliche Modelle, als sie zur Zeit zur Verfügung stehen. Da eine zentrale Erfassung aller Beziehungen zwischen Betrieb und Umwelt angestrebt wird, erfordert die integrierte Planung des Umweltschutzes überdies eine stärkere Zentralisierung im Rahmen von Totalmodellen – eine Anforderung, die im Gegensatz zu den gegenwärtigen Tendenzen bei der Integration der Produktionsplanung steht. Bereits diese wenigen Andeutungen zeigen, daß die Produktionsplanung gegenwärtig weit von einer Integration von Umweltschutzgesichtspunkten in den gesamten Produktionsplanungsprozeß und noch weiter von einer vollständig integrierten Planung entfernt ist.

Vierter Abschnitt
Der Absatz

I. Grundlagen

1. Der Absatz als betriebliche Hauptfunktion

Jeder Betrieb ist eingebettet in ein System von Märkten.[1] Auf dem **Beschaffungsmarkt** agiert er als Nachfrager von Arbeitskräften, Betriebsmitteln und Werkstoffen. Auf dem **Geld- und Kapitalmarkt** tritt der Betrieb i. d. R. als Nachfrager von Eigen- und Fremdkapital auf. Verfügt er über Liquiditätsüberschüsse, findet man ihn auf der Anbieterseite des Kapitalmarkts. Am **Absatzmarkt** betätigt sich der Betrieb als Anbieter von Gütern und Dienstleistungen.

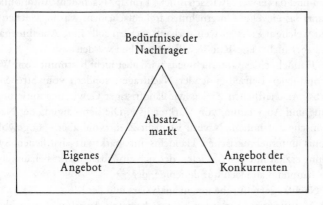

Abb. 1: Determinanten des Absatzmarktes

Der Absatzmarkt läßt sich als Dreieck darstellen, das durch die Eckpunkte „Bedürfnisse der Nachfrager", „eigenes Angebot" und „Angebot der Konkurrenten" markiert wird. Die Bedürfnisse der Nachfrager stehen nicht zufällig an der Spitze dieses Dreiecks. Orientierungspunkt für das eigene Angebot sind in erster Linie die Nachfragerbedürfnisse und in zweiter Linie die Angebote der Konkurrenz.

Betriebliche Tätigkeit ist ein sich ständig wiederholender Prozeß von Leistungserstellung und Leistungsverwertung. Als **Leistungserstellung** bezeichnen wir die Beschaffung von Produktionsfaktoren und ihre Verarbeitung zu Gütern oder Dienstleistungen. Diese Vorgänge wurden im dritten Abschnitt „Die Produktion" untersucht. Zur **Leistungsverwertung** gehört die Suche nach Abnehmern und die physische Distribution der Güter. Nach

---

[1] Vgl. die Abbildung auf S. 11

dem Absatz der Güter oder Dienstleistungen fließen dem Betrieb Geldmittel zu, die er zum erneuten Erwerb von Produktionsfaktoren einsetzt. Damit schließt sich der Wertekreislauf: Geld – Produktionsfaktoren – Produkte – Geld.

Im Zuge einer einführenden Darstellung[2] der Beziehungen zwischen Produktion, Absatz, Investition und Finanzierung wurde der betriebliche Funktionsbereich Absatz als Leistungsverwertung charakterisiert. Es ist an der Zeit, diese Kurzbeschreibung zu modifizieren.

Im **planwirtschaftlichen System** bedeutet Leistungsverwertung letztlich **Distribution**. Der zentrale Volkswirtschaftsplan bestimmt, welche Menge in welcher Qualität zu welchem Preis an welchen Abnehmer geleitet wird. Der einzelne Betrieb hat nur ein Ziel: Planerfüllung.

Im **marktwirtschaftlichen System** fallen dem Funktionsbereich Absatz eigenständige Planungsaufgaben zu, die weit über die Distribution und die Leistungsverwertung im technisch-physikalischen Sinne hinausgehen. Neben dem Privateigentum an den Produktionsmitteln charakterisiert den Betrieb im marktwirtschaftlichen System (= Unternehmung) das Autonomieprinzip und das erwerbswirtschaftliche Prinzip. Nach dem Autonomieprinzip kann das einzelne Unternehmen frei entscheiden, was in welchen Mengen zu welchem Preis an wen verkauft werden soll. Eine Abnahmegarantie gibt es aber nicht. Der **Kunde** will **umworben** werden.

Das Handeln eines Unternehmens wird aber nicht bestimmt vom Wunsch nach optimaler Befriedigung der Nachfrager, sondern vom Streben nach erwerbswirtschaftlichen Zielen wie langfristiger Gewinnmaximierung, Sicherung und Ausweitung von Märkten usw. Die Befriedigung der Nachfragerwünsche auf hohem Niveau ist nicht Ziel, wohl aber – ungewolltes – Ergebnis unternehmerischen Handelns im marktwirtschaftlichen System: Gewinne erzielt nur der Anbieter, der sich am Absatzmarkt behaupten kann und behaupten kann sich nur derjenige, der
– die **Nachfragerwünsche genau analysiert** und der
– den Nachfragerwünschen mit einem **besseren Angebot** entgegenkommt als die Konkurrenz.

Im Rahmen seiner absatzwirtschaftlichen Bemühungen sucht ein Unternehmen Antworten auf folgende Fragen: Welche Bedürfnisse haben die Nachfrager heute und in welche Richtung werden sich die Nachfragerwünsche entwickeln? Was bieten die Konkurrenten? Wo bietet sich eine Marktlücke für das eigene Unternehmen? Wie läßt sich die eigene Produkt- und Sortimentsgestaltung optimieren? Wie kann man die potentiellen Nachfrager von der eigenen Leistungsfähigkeit überzeugen? Welcher Vertriebsweg sichert eine effiziente Weiterleitung des Angebots an die Endabnehmer? Und schließlich: Welche Gütermenge läßt sich – voraussichtlich – innerhalb der Planperiode zu welchem Preis absetzen?

Als knappe Vorschau zu den Ausführungen dieses Abschnitts läßt sich festhalten:

---

[2] Vgl. S. 465 ff.

(1) Wie jedes unternehmerische Handeln, so orientieren sich auch alle Planungen im Bereich des Absatzes an den **Unternehmenszielen.**

(2) Planvolles Handeln setzt detaillierte Informationen über die innerbetrieblichen Gegebenheiten und die betriebliche Umwelt voraus. Die Marktforschung hat die Aufgabe, alle entscheidungsrelevanten **Daten** über den Absatzmarkt – d. h. über die Nachfrager und ihre Wünsche und über die Konkurrenten und ihr Angebot – bereitzustellen.

(3) Märkte sind keine Erbhöfe. Sie müssen erobert und verteidigt werden. Durch den zielbewußten Einsatz der **absatzpolitischen Instrumente** (Produktpolitik, Preispolitik, Werbung und Distribution) versucht jedes Unternehmen, sich einen Wettbewerbsvorsprung vor seinen Konkurrenten zu sichern.

Ziele, Daten (der Umwelt) und Instrumente (Entscheidungsvariable) bilden die Grundlage unternehmerischer (Absatz-)Entscheidungen. Diese drei Planungselemente werden im folgenden ausführlich behandelt. Zuvor müssen noch die Begriffe „Absatz" und „Marketing" gegeneinander abgegrenzt werden.

2. Absatz versus Marketing

Unternehmerisches Handeln orientiert sich immer an den Marktgegebenheiten. Auf ungesättigten Märkten (Verkäufermärkten) dominiert eine produktionsorientierte Denkweise: Wie können wir die Produktion ausdehnen? Lassen sich durch Produktionssteigerung die Stückkosten bzw. die Grenzkosten senken? Auf gesättigten Märkten (Käufermärkten) stellt sich eine verkaufsorientierte Denkweise ein: Wie können wir Absatzwiderstände überwinden?

Merkmal	Verkäufermarkt	Käufermarkt
Wirtschaftliches Entwicklungsstadium	Knappheitswirtschaft	Überflußgesellschaft
Verhältnis Angebot zu Nachfrage	Nachfrage > Angebot (Nachfrageüberhang), Nachfrager aktiver als Anbieter	Angebot > Nachfrage (Angebotsüberhang), Anbieter aktiver als Nachfrager
Engpaßbereich der Unternehmung	Beschaffung und/oder Produktion	Absatz
Primäre Anstrengungen der Unternehmung	Rationelle Erweiterung der Beschaffungs- und Produktionskapazität	Weckung von Nachfrage und Schaffung von Präferenzen für eigenes Angebot

Abb. 2: Verkäufermarkt und Käufermarkt

Käufermärkte sind das Kennzeichen westlicher Industriegesellschaften. Natürlich gilt auch hier das Kostenminimierungsdenken der Produktionswirtschaft. Bei steigendem Güterangebot, bei zunehmender Verschärfung des Wettbewerbs rückt aber die Absatzwirtschaft immer stärker in den Mittelpunkt unternehmerischen Denkens. Wenn die Beschaffungs-, Produktions-, Investitions- und Finanzierungsmöglichkeiten größer sind als die Absatzmöglichkeiten, wird der Absatz zum **Unternehmensengpaß**. Der Absatzsektor wird zum Dreh- und Angelpunkt unternehmerischer Planung. Nach dem von Gutenberg konzipierten **„Ausgleichsgesetz der Planung"**[3] nimmt die kurzfristige Unternehmensplanung ihren Ausgang von dem Funktionsbereich, in dem der Engpaß liegt. Dieser Minimumsektor liegt für die meisten Unternehmen auf dem Gebiet des Absatzes. Mit dem Übergang von der Produktions- zur Verkaufsorientierung hat die Absatzwirtschaft sowohl in der Unternehmenspraxis als auch in der betriebswirtschaftlichen Literatur an Bedeutung gewonnen.

Im betriebswirtschaftlichen Schrifttum und im wissenschaftlichen Lehrbetrieb hat sich der Begriff **Marketing** auf breiter Front durchgesetzt. Dabei stößt man auf drei Marketinginterpretationen:

(1) Marketing als Lehre von der optimalen Gestaltung des **Absatzbereichs.**
(2) Marketing als (marktbezogene) **Betriebswirtschaftslehre.**
(3) Marketing als **selbständige Wissenschaft.**

Nach der **Version (1)** wird Marketing als Teilgebiet der Betriebswirtschaftslehre angesehen. Man spricht in diesem Zusammenhang auch von Business-Marketing oder kommerziellem Absatzmarketing. Diese enge Marketingversion deckt sich umfangmäßig vollständig und inhaltlich weitgehend[4] mit der traditionellen Lehre vom Absatz, wie sie von Erich Gutenberg entwickelt wurde.

Nach der **Version (2)** gehört nicht nur der Absatzmarkt, sondern gehören auch alle Beschaffungsmärkte zum Untersuchungsgegenstand des Marketing. Ob Rohstoffmärkte, Arbeitsmarkt, Finanzmarkt – alles ist Bestandteil des Marketing. Mit dieser Begriffsausdehnung tritt das Marketing an die Stelle der Allgemeinen Betriebswirtschaftslehre: „Marketing ist die bewußt marktorientierte Führung des gesamten Unternehmens oder marktorientiertes Entscheidungsverhalten in der Unternehmung".[5]

In seiner weitesten **Version (3)** wird Marketing über den Unternehmensbereich hinaus auf die Untersuchung zwischenmenschlicher Beziehungen ausgedehnt. Dieses allgemeine Marketingkonzept wird in der Literatur als **Sozio-Marketing, Sozial-Marketing** oder **Generic Marketing** bezeichnet. „Marketing überwindet damit immer stärker seinen vormals spezifisch absatzwirtschaftlichen Charakter und wird mehr und mehr zu einer Schlüsselvariablen im Rahmen der Steuerung zwischenmenschlicher und gesellschaftlicher Prozesse (Generic Marketing)".[6]

---

[3] Vgl. hierzu S. 154
[4] Zu einer ersten Skizzierung der inhaltlichen Unterschiede vgl. S. 599 ff.
[5] Meffert, H., Marketing – Grundlagen der Absatzpolitik, 7. Aufl., Wiesbaden 1986, S. 29
[6] Nieschlag/Dichtl/Hörschgen, Marketing, 17. Aufl., Berlin 1994, S. 25

Die Marketingliteratur ist inzwischen weit über ihren absatzwirtschaftlichen Kern hinausgewachsen. Das hat dazu geführt, daß immer größere Bereiche des Marketing nicht mehr in die Betriebswirtschaftslehre eingeordnet werden können und daß das Marketing – wie Tietz[7] es schon in den siebziger Jahren charakterisiert hat – zur Marketingwissenschaft im Sinne einer selbständigen wissenschaftlichen Disziplin geworden ist. Marketing stellt vom Standpunkt heutiger Wissenschaftseinteilung einen **interdisziplinären Ansatz** dar, in dem Teile der Betriebswirtschaftslehre, der Volkswirtschaftslehre, vor allem aber der Soziologie, der Psychologie und der Verhaltenswissenschaft zusammengefaßt werden.

Im folgenden wollen wir uns nur noch mit der engsten Marketingversion (1), dem **absatzorientierten Marketing** beschäftigen. Diese Marketingvariante bildet zumindest in der deutschsprachigen Lehrbuchliteratur ganz eindeutig den Untersuchungsschwerpunkt.

Verglichen mit der traditionellen Lehre vom Absatz hat der Marketingansatz Stärken und Schwächen. In der einschlägigen Literatur findet sich fast durchweg die These vom **Primat des Marketing**. Danach fordert man die Unterordnung aller unternehmerischen Planungsbereiche unter die Vorgaben der Marketingplanung. Begründung: Der Absatz sei immer unternehmerischer Engpaßsektor. Dieser Dominanzanspruch ist in seiner absoluten Form **nicht gerechtfertigt:**

(1) Für manches Unternehmen liegt der Engpaß in einem anderen Bereich, etwa im Personal- oder Finanzbereich.

(2) Bei Änderung der gesamtwirtschaftlichen Rahmenbedingungen kann sich der Minimumsektor sehr schnell verlagern.

Zwei Energiekrisen haben uns gelehrt, daß sich betriebliche Engpässe sehr schnell in den Beschaffungsbereich verlagern können. Auch die Vielzahl ungelöster Umweltprobleme sollte uns vorsichtig machen: Möglicherweise wird die Produktion von Industriegütern in der Zukunft nicht durch die eingeschränkten Absatzmöglichkeiten, sondern durch die ungelösten Probleme der Belastung von Luft, Gewässern und Boden eingeengt.

Unternehmensziele, Marktforschung (Daten) und Instrumente sind die konstitutiven Elemente des Marketing. Der Zusammenhang zwischen diesen Elementen läßt sich folgendermaßen darstellen (siehe Abb. 3):

(1) Zur Erreichung der Unternehmensziele sind die absatzpolitischen Instrumente planvoll einzusetzen. Die Auswahl dieser Instrumente hängt nicht nur von den Zielen, sondern auch von den Umweltdaten ab.

(2) Die Marktforschung hat die Aufgabe, die benötigten Umweltdaten (über Abnehmer und Konkurrenten) bereitzustellen.

(3) Unternehmensziele und Marktforschungsergebnisse bestimmen die Auswahl der einzusetzenden Instrumente.

(4) Mit dem Einsatz der absatzpolitischen Instrumente will der Anbieter das Verhalten seiner Abnehmer, aber auch seiner Konkurrenten beeinflussen.

Zwischen der traditionellen Lehre vom Absatz und dem Marketing gibt es

---

[7] Vgl. Tietz, B., Marketing, 3. Aufl., Düsseldorf 1993, S. 1 ff.

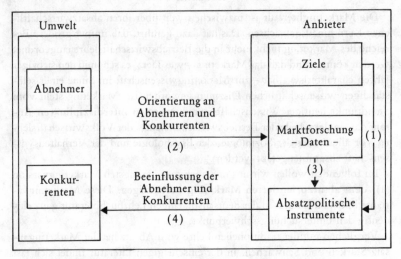

Abb. 3: Ziele, Daten und Instrumente des Marketing

keinen prinzipiellen, sondern nur einen graduellen Unterschied. Die **Stärke des Marketingansatzes** zeigt sich dabei in

(a) einer **intensiven, systematischen Marktanalyse** (Datensammlung) und
(b) einem gezielten, teilweise **aggressiven Einsatz der absatzpolitischen Instrumente.**

Es ist das unbestreitbare Verdienst der Marketingliteratur, die Wettbewerbsverschärfung auf den Absatzmärkten zeitig erkannt zu haben. Mit ihren Forschungsergebnissen zur verbesserten Marktanalyse (Daten) und Marktbearbeitung (Instrumente) ist sie den Bedürfnissen der Unternehmenspraxis entgegengekommen.

Im Zuge verbesserter (a) Marktanalyse strebt die Marketingliteratur verstärkt nach

– umfassender Identifikation der **Nachfragerwünsche,**
– genauer Analyse des **Nachfragerverhaltens** und
– Aufteilung des Gesamtmarktes in homogene Nachfragergruppen **(Marktsegmentierung).**

Zur Erforschung der Kundenwünsche und des Nachfragerverhaltens bedient sich die Marketingliteratur psychologischer Erkenntnisse. Im ständig sich verschärfenden Wettbewerb kann nur der Anbieter bestehen, der die Bedürfnisse der Nachfrager genau analysiert und der ihr Kaufverhalten erforscht, um es in seinem Sinne zu beeinflussen.

Diesem Ziel dient letztlich auch die Marktsegmentierung. Im Zuge der Marktsegmentierung wird eine heterogene Gesamtmenge von Marktteilnehmern in homogene Nachfragerschichten zerlegt. Auf diese Art entstehen **Zielgruppen** (z. B. Babynahrung: Frauen im Alter von 20 bis 40 Jahren), auf die sich die absatzpolitischen Bemühungen konzentrieren sollen. Diese bestehen im (b) gezielten Einsatz der Marketinginstrumente. Auf heißumkämpften Märkten genügt es nicht mehr, den Bedarf der Nachfrager zu erforschen und sich diesem Bedarf mit dem Einsatz der Instrumente anzupassen. Es geht vielmehr darum, Kaufmotive zu untersuchen und durch geeignete Maßnahmen **Bedürfnisse zu wecken,** deren sich die Nachfrager möglicherweise gar nicht bewußt sind. Vor allem das subjektive Erscheinungsbild eines Produktes und eine aggressive Werbung sollen Kaufimpulse auslösen und den Absatzerfolg steigern. Die Schwerpunktverschiebung von der traditionellen Absatzlehre zum Marketing, das was die Marketingliteratur teilweise als **Marketing-Maxime**[8] bezeichnet, läßt sich am besten an folgender Aussage festmachen: **Versuche nicht, zu verkaufen, was bereits produziert wurde, sondern produziere, was sich verkaufen läßt.** (ÜB 4/1–2)

3. Absatzplanung und Absatzpolitik

Auf Käufermärkten müssen die Anbieter große Anstrengungen zur Überwindung von Absatzwiderständen unternehmen. Zu diesem Zweck werden die absatzpolitischen Instrumente eingesetzt. Nach Gutenberg[9] gehören Produktgestaltung, Preispolitik, Werbung (Kommunikationspolitik) und Absatzmethoden (Distributionspolitik) zu den **absatzpolitischen Instrumenten.** Diese Einteilung der **Absatzpolitik** hat sich in der Marketingliteratur auf breiter Front durchgesetzt.

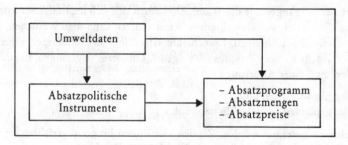

Abb. 4: Absatzplanung

Ziel der Absatzplanung ist die Festlegung des Absatzprogramms und die Prognose der Absatzmengen und Absatzpreise. Ausgangspunkt der Absatzplanung sind die Umweltdaten; die Informationen über die Nachfrage- und Konkurrenzsituation werden von der Marktforschung zur Verfügung gestellt. In Abhängigkeit von der Nachfrage- und Konkurrenzsituation konzipiert der Anbieter seine Absatzpolitik. So plant er die Einführung neuer oder die Umgestaltung bestehender Produkte; er plant z. B. weiterhin eine Niedrigpreisaktion, verschiedene Werbemaßnahmen für bestimmte Produkte und den Ausbau seines Vertriebssystems durch Gewinnung neuer Händler.

[8] Vgl. Dichtl, E., Marketing, in: Allgemeine Betriebswirtschaftslehre, Bd. 3: Leistungsprozeß, hrsg. von Bea/Dichtl/Schweitzer, 6. Aufl., Stuttgart 1996, S. 132
[9] Vgl. Gutenberg, E., Grundlagen der Betriebswirtschaftslehre, Bd. II: Der Absatz, 17. Aufl., Berlin u. a. 1984, S. 104 ff.

Erst auf der Basis dieser absatzpolitischen Konzeption kann der Anbieter sein Absatzprogramm planen und die zugehörigen Mengen und Preise prognostizieren. Liegt der Minimumsektor – wie auf Käufermärkten üblich – im Absatzbereich, ist der Absatzplan **Ausgangspunkt** zur Erstellung weiterer **Teilpläne.** Aus dem Absatzplan wird der Produktionsplan abgeleitet. Aus diesem wiederum werden die einzelnen Beschaffungspläne (Werkstoffe, Arbeitskräfte, Betriebsmittel) abgeleitet. Letztlich muß im Rahmen des Finanzierungsplans die Bereitstellung der notwendigen Finanzmittel geplant werden. Die Aufrechterhaltung des finanziellen Gleichgewichts (= Erhaltung der Zahlungsbereitschaft) ist schließlich Voraussetzung jeglicher betrieblicher Tätigkeit.

Als Dreh- und Angelpunkt betrieblicher Planung ist die Absatzplanung mit größten **Schwierigkeiten** verbunden. Das hat folgenden Grund: Die von der Marktforschung bereitgestellten **Daten** sind **lückenhaft** und **unsicher.** Hieraus folgt zweierlei: Erstens steht die Prognose der Absatzmengen und Absatzpreise von vornherein auf schwankendem Boden. Zweitens kann die Fehleinschätzung der Nachfrage- und Konkurrenzsituation den Anbieter zwingen, im Laufe der Planungsperiode seine Absatzpolitik zu ändern. Das hat wiederum zur Folge, daß die Istwerte der Absatzmengen und -preise von den Planwerten abweichen.

Die im Rahmen der Absatzplanung vorzunehmende Umsatzprognose baut auf Vergangenheitsdaten auf. Zum einen läßt sich die unternehmenseigene Umsatzstatistik fortschreiben. Zum anderen kann man versuchen, auf der Basis des bisherigen Branchenumsatzes und des bisherigen eigenen Marktanteils zu einer Prognose des eigenen Umsatzes zu gelangen. In beiden Fällen muß einer Änderung

– der Umweltdaten und
– der geplanten eigenen Absatzpolitik

Rechnung getragen werden. Zu den vielfältigen Prognoseverfahren sei auf die einschlägige Literatur[10] verwiesen. (**ÜB** 4/3–8)

II. Die absatzpolitischen Ziele

Mit seinen absatzpolitischen Entscheidungen verfolgt das Unternehmen den Zweck, den eigenen Nutzen zu mehren, indem es Abnehmer und Konkurrenten in seinem Sinne zu beeinflussen sucht. Merkmal unternehmerischen Handelns ist die Zweckmäßigkeit, d. h. die Ausrichtung der eigenen Aktionen auf ein oder mehrere **Unternehmensziele.** Allgemein versteht man unter einem Ziel einen angestrebten Zustand, der mit Hilfe unternehmerischer Aktionen erreicht werden soll.

---

[10] Vgl. Berndt, R., Marketing 3, Marketing-Management, Berlin u. a. 1991; Meffert, H., Marketing, a. a. O., S. 216 ff.; Nieschlag-Dichtl-Hörschgen, a. a. O., S. 825 ff.

Planvolles unternehmerisches Handeln setzt

– die Entwicklung eines Zielsystems und
– die Durchsetzung der Ziele auf allen Ebenen der Unternehmung

voraus. Bei der Formulierung des **Zielsystems**, d. h. bei der Definition der anzustrebenden Ziele orientiert sich ein Unternehmen an

– den eigenen Wünschen (Nutzenvorstellungen),
– den eigenen Möglichkeiten (Ressourcen) und
– den Umweltbedingungen.

Der unternehmerische Entscheidungsprozeß ist ein mehrstufiger Vorgang, der sich über alle Ebenen der Unternehmenshierarchie, also von der Geschäftsleitung bis zum Werkmeister erstreckt. Die Geschäftsleitung orientiert ihre Entscheidungen am Oberziel (Unternehmensziel). Dieses Oberziel läßt sich aber nur erreichen, wenn den **nachgeordneten Hierarchieebenen** genauere Handlungsanweisungen, also **Unterziele** vorgegeben werden. Die Unterziele müssen so definiert sein, daß sie sich widerspruchsfrei dem jeweiligen Oberziel unterordnen lassen.[1] Die Unterziele dienen der Erreichung des Oberziels; sie haben Instrumentalcharakter.

Im marktwirtschaftlichen System können die Wirtschaftssubjekte die Ziele ihres Handelns – im Rahmen der gesetzlichen Vorschriften – autonom festlegen. Für jeden Unternehmer ist die Betätigung am Markt mit einem erheblichen Risiko behaftet: Er riskiert den Verlust seines gesamten Eigenkapitals. Der Unternehmer nimmt dieses **Verlustrisiko** auf sich, weil er nur so die Chance erhält, Gewinne zu erwirtschaften. Kein Unternehmer würde das Verlustrisiko eingehen, nur um

– den Bedarf der Nachfrager zu decken,
– Güter von guter Qualität herzustellen,
– Umsätze zu machen und Marktanteile zu erringen,
– sichere Arbeitsplätze zu garantieren oder
– soziale Verantwortung zu übernehmen.

Ein Unternehmer unterwirft sich dem Verlustrisiko nur, weil er die Chance zur Gewinnerzielung nutzen will. Weil er auf lange Sicht einen hohen Gewinn einem niedrigen vorzieht, kann man die **langfristige Gewinnmaximierung als oberstes Unternehmensziel** ansehen.[2]

Ein Unternehmen wird üblicherweise eingeteilt in Funktionsbereiche (Produktion, Absatz, Finanzierung usw.). Die Unternehmensleitung orientiert sich am obersten **Unternehmensziel** (Gewinnmaximierung). Das Unternehmensziel wird in Funktionsbereichsziele zerlegt. In Abb. 5 wird dabei nur das Absatzziel weiter aufgegliedert. Das **Absatzziel** könnte darin bestehen, den eigenen Marktanteil unter Beachtung des Gewinnmaximierungsprinzips in der Planungsperiode um zwei Prozentpunkte zu erhöhen.

---

[1] Vgl. S. 126
[2] Anderer Meinung z. B. Meffert, H., Marketing, a. a. O., S. 78 f., der eine Reihe gleichrangiger Unternehmensziele aufführt.

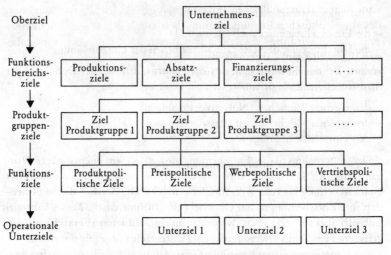

Abb. 5: Zielhierarchie im Absatzbereich

Im Rahmen einer Matrixorganisation[3] kann der Absatzbereich nach Produktgruppen aufgeteilt werden, die jeweils von einem Produktmanager geleitet werden. Das **Produktgruppenziel 2** kann z. B. lauten, einen Beitrag von 30% zum geplanten Jahresgewinn zu leisten.

Aus Abb. 5 läßt sich erkennen, daß sich die Produktgruppenziele in **Funktionsziele** untergliedern lassen. Die Funktionsziele können sich richten auf

– produktpolitische Maßnahmen,
– preispolitische Maßnahmen,
– Werbeaktivitäten und
– vertriebspolitische Maßnahmen.

Damit sind wir auf der hierarchischen Ebene angelangt, die den Einsatz der vier **absatzpolitischen Instrumente** plant, durchführt und kontrolliert. Wie sich ein absatzpolitisches Funktionsziel weiter aufgliedern läßt, ist in Abb. 5 nur noch angedeutet. Nieschlag-Dichtl-Hörschgen geben ein Beispiel für die Bildung von **operationalen Unterzielen** im Bereich der **Werbung**. Die Werbung sollte dabei folgendes erreichen:

– „Bekanntheitsgrad: Das für einen speziellen Verwendungszweck konzipierte Produkt sollte am Ende des ersten Jahres 75% aller Hausfrauen bekannt sein.

– Probieranteil: 30% aller Hausfrauen sollten den Artikel im selben Zeitraum erprobt haben.

– Stammverbraucher(innen)anteil: Innerhalb derselben Frist sollten 12% aller Hausfrauen zu Stammverbraucherinnen geworden sein."[4]

Die obigen Ausführungen lassen erkennen, daß das oberste Unternehmensziel über alle hierarchischen Ebenen solange aufgegliedert wird, bis

---

[3] Vgl. S. 194ff.
[4] Nieschlag/Dichtl/Hörschgen, a. a. O., S. 882

man zu den absatzpolitischen Instrumenten gelangt. Mit der Optimierung des absatzpolitischen Instrumentariums beschäftigt sich das übernächste Kapitel. Zuvor wird die Gewinnung und Auswertung von Marktinformationen (Umweltdaten) dargestellt, denn die Auswahl der absatzpolitischen Instrumente ist nicht nur von den Unternehmenszielen, sondern auch von den Umweltdaten abhängig.

III. Informationsbeschaffung im Absatzbereich

1. Der Informationsbedarf der Absatzplanung

Die Absatzplanung besteht aus einer Vorbereitungs-, Durchführungs- und Kontrollphase (siehe Abb. 6). In allen drei Phasen werden Informationen als Entscheidungshilfen benötigt, wobei die Qualität der Informationen in hohem Maße die Qualität der gesamten Absatzplanung beeinflußt.

Vorbereitungsphase	1. Situationsanalyse 2. Erstellen von Entwicklungsprognosen 3. Festlegung der Absatzziele
Durchführungsphase	4. Bestimmung der Handlungsalternativen 5. Bewertung der Handlungsalternativen 6. Entscheidung für Instrumenteneinsatz 7. Durchführung der Maßnahme
Kontrollphase	8. Kontrolle der Maßnahme

Abb. 6: Phasen der Absatzplanung

Als Ausgangspunkt der Absatzplanung sind in der **Vorbereitungsphase** zunächst in einer **Situationsanalyse** die bestehenden Marktverhältnisse zu erfassen. Ein Unternehmen definiert seine Stellung am Markt und vergleicht die bestehende mit früheren Marktsituationen. Hierdurch können Marktentwicklungen und Veränderungen der eigenen Marktposition erkannt und das Zustandekommen der derzeitigen Situation erklärt werden.

Um bei der Situationsanalyse zu detaillierten Erkenntnissen zu gelangen, bedarf es aufgrund der Komplexität der Märkte einer hohen und vielschichtigen Anzahl von Einzelinformationen, die zu erfassen und auszuwerten sind. Benötigt werden Informationen über

- das eigene Unternehmen (Einsatz der produkt-, preis-, kommunikations- und distributionspolitischen Instrumente, bisherige Absatz- und Umsatzzahlen, Marktanteile, finanzielle und technische Ressourcen),
- die Konkurrenten (deren Instrumenteneinsatz, Absatz- und Umsatzzahlen, Marktanteile sowie finanzielle und technische Ressourcen),
- den Handel als Absatzmittler (Sortimentsgestaltung und Verkaufsförderungsmaßnahmen der Händler, bestehende Verbindungen zwischen bestimmten Händlern und Produzenten),

– die Endverbraucher bzw. Konsumenten (Wer kauft warum, wo, wann und in welchen Abständen welche Produkte? Welche Bedürfnisse und Einstellungen haben die Konsumenten?) und

– die sonstigen Rahmenbedingungen (bestehende rechtliche, politische, ökonomische, technische und kulturelle Rahmenbedingungen).

Aufgabe der Situationsanalyse ist die Beschreibung und Untersuchung gegenwärtiger und vergangener Marktverhältnisse. Da die Absatzplanung jedoch grundsätzlich zukunftsorientiert ist, benötigt sie Informationen über zukünftige Marktverhältnisse. Zur Gewinnung dieser Informationen erstellt ein Unternehmen im nächsten Schritt **Entwicklungsprognosen,** wobei – ausgehend von den derzeitigen Marktverhältnissen – die voraussichtlichen Marktveränderungen geschätzt werden und dadurch die weitere Entwicklung des Marktes in der Zukunft prognostiziert wird.[1] Erst durch das Erstellen von Entwicklungsprognosen gelingt es einem Unternehmen, bestehende Marktchancen und -risiken richtig zu erkennen und abzuschätzen. Hierfür sind die voraussichtlichen Veränderungen bei sämtlichen in der Situationsanalyse ermittelten Daten zu prognostizieren.

Die Vorbereitung der Absatzplanung endet mit der **Festlegung von Absatzzielen,** die als konkrete Vorgaben für die Durchführung der Absatzplanung gelten. Die Zielbestimmung erfolgt als Abstimmungsprozeß zwischen dem betrieblichen Zielsystem und den aus der Situationsanalyse und insbesondere den Entwicklungsprognosen gewonnenen Informationen.

Zur Erreichung der Absatzziele setzt ein Unternehmen die absatzpolitischen Instrumente Produkt, Preis, Kommunikation und Distribution ein. Ein Absatzziel kann dabei grundsätzlich durch verschiedene Handlungsalternativen (Kombinationen der absatzpolitischen Instrumente, Marketing-Mix) erreicht werden. Die **Durchführungsphase** beginnt mit einer **Bestimmung sämtlicher Handlungsalternativen,** mit denen das angestrebte Absatzziel angesteuert werden könnte. Hierfür wird auf Erfahrungen früherer, ähnlicher Planungsabläufe, Vorgehensweisen der Konkurrenten und den Einsatz von Kreativitätstechniken (z. B. Brain Storming) zurückgegriffen.

Im nächsten Planungsschritt sind die alternativen **Handlungsmöglichkeiten** zielorientiert zu **bewerten.** Für jede Handlungsalternative ist eine **Wirkungsprognose** zu erstellen, die die voraussichtliche Wirkung der Maßnahme auf das angestrebte Absatzziel (den Zielerreichungsgrad) bestimmt. Man fragt sich, wie sich eine Preissenkung, eine Verbesserung der Produktqualität oder eine Erhöhung des Werbebudgets usw. auf das Absatzziel auswirken.[2]

Nach der Bewertung der Handlungsalternativen folgt die **Entscheidung für** den konkreten **Instrumenteneinsatz.** Die zuständigen Entscheidungsträger wählen aus den alternativen Handlungsmöglichkeiten jene aus, die den höchsten Zielerreichungsgrad aufweist. Hierbei sollte nicht vergessen wer-

---

[1] Zu Entwicklungsprognosen vgl. S. 629 f.
[2] Zu Wirkungsprognosen vgl. S. 629 f.

den, daß das Absatzziel stets dem unternehmerischen Oberziel, der langfristigen Gewinnmaximierung, untergeordnet ist.

Als Abschluß der Durchführungsphase ist die getroffene Entscheidung zu realisieren **(Durchführung der Maßnahme)**. Das Unternehmen trifft die notwendigen organisatorischen Maßnahmen und setzt die gewählte Handlungsalternative um.

Die **Kontrolle der** realisierten **Maßnahme** bildet den Abschluß des Absatzplanungsprozesses **(Kontrollphase)**. Es ist zu prüfen, ob die vorgegebenen Ziele erreicht wurden. Treten Abweichungen zwischen der Zielvorgabe und dem tatsächlichen Zustand auf, sind die Ursachen hierfür zu ermitteln. Das Erkennen von Abweichungsursachen liefert wichtige Informationen für eventuelle Gegensteuerungsmaßnahmen und für zukünftige ähnliche Planungsabläufe. Die Kontrollphase stellt in gewisser Weise schon wieder den Beginn einer neuen Absatzplanung dar, da die Erfassung des Istzustands als Teil einer neuen Situationsanalyse angesehen werden kann.

Der Gesamtbedarf an Informationen im gesamten Absatzplanungsprozeß läßt sich zusammenfassend folgendermaßen systematisieren:

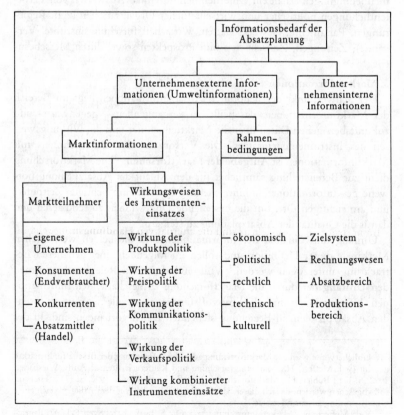

Abb. 7: Informationsbedarf der Absatzplanung

2. Marktforschung

a) Aufgabe der Marktforschung

Nachdem der Informationsbedarf ermittelt ist, stellt sich die Frage, wie die Informationen beschafft werden können.

1. Unternehmensinterne Informationen

Der Informationsbedarf an unternehmensinternen Informationen läßt sich verhältnismäßig einfach decken. Die benötigten Daten liegen entweder im Absatzbereich selbst (Umsätze, Absatzzahlen, Daten über eigenen Instrumenteneinsatz) oder in anderen Unternehmensbereichen (Unternehmensführung, Rechnungswesen, Produktion) vor und sind lediglich zweckentsprechend auszuwählen, abzurufen und aufzubereiten.

2. Informationen über die Rahmenbedingungen

Auch dieser Typ von Informationen ist relativ einfach und ohne großen Forschungsaufwand zu beschaffen. Informationen über die relevanten Rahmenbedingungen erhält ein Unternehmen durch das Auswerten von Veröffentlichungen politischer und wirtschaftlicher Organisationen (z. B. Regierungen, Parlamente, Gewerkschaften, Wirtschaftsforschungsinstitute, Verbände), Zeitungen, Zeitschriften und Prospekten sowie durch Messebesuche.

3. Marktinformationen

Der Schwerpunkt der benötigten Absatzinformationen liegt im Bereich der Marktinformationen, das heißt bei vergangenheits-, gegenwarts- und zukunftsbezogenen Daten über die Marktteilnehmer und die Wirkungsweisen des Instrumenteneinsatzes. Die Versorgung des Unternehmens mit Marktinformationen ist **Aufgabe der Marktforschung:** Die Marktforschung dient zur Bereitstellung sämtlicher für den Ablauf der Absatzplanung notwendigen Informationen in hinreichender Qualität zum richtigen Zeitpunkt und am richtigen Ort, um die bestehende Ungewißheit zu reduzieren und damit die Qualität der Absatzplanung zu steigern.[3]

Umfang und Qualität der Informationen sind die beiden wesentlichen Merkmale dieser Definition und sollen im folgenden einer genaueren Betrachtung unterzogen werden.[4] Vollständigkeit und Relevanz bestimmen den **Umfang** der durch die Marktforschung zu beschaffenden Informationen. Informationen sind objektiv **vollständig,** wenn alle mit dem zu lösenden Absatzproblem in Beziehung stehenden Daten vorhanden sind. In der

---

[3] Üblicherweise wird zur Marktforschung auch die Erforschung der Beschaffungsmärkte gezählt (vgl. Meffert, H., Marketingforschung und Käuferverhalten, 2. Aufl., Wiesbaden 1992, S. 15f.; Böhler, H., Marktforschung, 2. Aufl., Stuttgart u. a. 1992, S. 17f.). Hiervon soll abgesehen werden, da sich dieser Abschnitt ausschließlich mit dem Absatzbereich einer Unternehmung auseinandersetzt.

[4] Vgl. Meffert, H., Marketingforschung, a. a. O., S. 180f.; Berekoven/Eckert/Ellenrieder, Marktforschung – Methodische Grundlagen und praktische Anwendung, 6. Aufl., Wiesbaden 1993, S. 22ff.

Regel kann diesem Vollständigkeitsanspruch nicht entsprochen werden, da der Marktforscher aufgrund seines persönlichen Kenntnisstandes und seiner persönlichen Fähigkeiten nicht in der Lage sein wird, den gesamten objektiv notwendigen Informationsbedarf zu erfassen. Die objektive ist auf eine subjektive (aus Sicht des Marktforschers) Vollständigkeit zu reduzieren. Des weiteren schränken ungünstige Kosten-Nutzen-Verhältnisse (der Beschaffungsaufwand ist größer als der Nutzen von Informationen) und zeitliche Restriktionen (die Informationen sind innerhalb einer bestimmten Frist zu besorgen) die Vollständigkeit weiter ein. Neben der Vollständigkeit von Informationen ist auch auf die **Relevanz** der beschafften Daten zu achten. Es geht nicht darum, alle nur denkbaren Informationen zu beschaffen, sondern sich auf jene Informationen zu beschränken, die für das zu lösende Absatzproblem von Bedeutung sind.

Die **Qualität** von Informationen wird durch die Zuverlässigkeit (Reliabilität) und Gültigkeit (Validität) des zugrundeliegenden Erhebungs- bzw. Meßvorgangs determiniert. Informationen sind **zuverlässig,** wenn der Meßvorgang nicht durch zufällige Einflüsse beeinträchtigt wird. Das Auftreten eines **Zufallsfehlers** liegt in den meisten Fällen darin begründet, daß Marktforschungsstudien nicht als Vollerhebung, sondern als Teilerhebung in Form einer Stichprobenauswahl durchgeführt werden.[5] Wie weit das in der Stichprobe erzielte Ergebnis dem „wahren", aber unbekannten Wert der Grundgesamtheit entspricht, bleibt selbst bei einer repräsentativen Auswahl der Stichprobe teilweise dem Zufall überlassen: Eine Stichprobe kann eine Grundgesamtheit zwar repräsentieren, sie ist jedoch nie die Grundgesamtheit selbst. Zufallsfehler lassen sich nicht vermeiden, nehmen jedoch mit zunehmender Größe des Stichprobenumfangs ab.

Der Marktforscher überprüft die Zuverlässigkeit von Informationen, indem er zwei vom Konzept her vergleichbare Untersuchungen durchführt.[6] Führen beide Untersuchungen zu demselben Ergebnis, liegen zuverlässige Informationen vor; bei abweichenden Ergebnissen kann sich der Marktforscher weder auf die Resultate der einen noch der anderen Studie verlassen.

Neben der Zuverlässigkeit von Informationen ist auch deren Gültigkeit (Validität) zu überprüfen. Informationen sind **gültig (valide),** wenn die Marktforschung keinen **systematischen Fehler** begeht. Folgende Beispiele verdeutlichen eine geringe Güte von Marktforschungsstudien:
- An einem Werktag wird vormittags in einer Fußgängerzone eine Befragung zum Ernährungsverhalten durchgeführt. Problem: Die Ergebnisse lassen sich nicht verallgemeinern, da Berufstätige kaum erfaßt werden.
- In einem Supermarkt soll untersucht werden, wie sich eine Preissenkung auf den Absatz eines Produktes auswirkt. Unberücksichtigt bleibt, daß gleichzeitig das Hauptkonkurrenzprodukt wegen Lieferschwierigkeiten kurzfristig nicht angeboten wird.

---

[5] Zu Voll- und Teilerhebungen vgl. S. 618f.
[6] Zu den einzelnen Verfahren der Reliabilitätsmessung vgl. Berekoven/Eckert/Ellenrieder, a. a. O., S. 85; Hammann/Erichson, Marktforschung, 2. Aufl., Stuttgart, New York 1990, S. 75ff.

b) Die Vorgehensweise (Technik) der Marktforschung

Die Marktforschung wird zur Lösung einer Vielzahl unterschiedlicher Informationsbeschaffungsprobleme im Absatzbereich herangezogen. Trotz der Differenziertheit der Anwendungen laufen jedoch nahezu alle Marktforschungsstudien nach einem einheitlichen **Grundmuster** ab. Abb. 8 zeigt vier Phasen, die eine Marktforschungsstudie idealtypischerweise durchläuft.[7]

| 1. Zieldefinition |
| 2. Wahl des Forschungsdesigns |
| 3. Informationsgewinnung |
| 4. Informationsauswertung |

Abb. 8: Ablaufschema der Marktforschung

aa) Zieldefinition

Der Ausgangspunkt für den Beginn eines Marktforschungsprozesses liegt im Vorhandensein eines Informationsdefizits im Absatzbereich einer Unternehmung. Zur Lösung eines Absatzproblems fehlen wichtige Marktdaten als Entscheidungshilfen. Die Marktforschung wird beauftragt, die fehlenden Informationen durch eine Forschungsstudie zu beschaffen. Aus dem vorliegenden Absatzproblem hat der Marktforscher das angestrebte **Forschungsziel** abzuleiten. Das Forschungsziel gibt Art, Ausmaß und Qualität der benötigten Informationen an.

Diesem einfach erscheinenden Schritt kommt eine große Bedeutung zu, da ein Fehler in der Zieldefinition sich im gesamten Prozeß fortpflanzt. Nur wenn sich das Marktforschungsziel direkt aus dem Absatzproblem ergibt und klar und deutlich formuliert ist, kann sichergestellt werden, daß auch wirklich das erforscht wird, was erforscht werden sollte. Zu weit oder nur vage gefaßte Zielformulierungen können zum einen dazu führen, daß zuviel erforscht wird und dabei wertvolle Ressourcen in zeitlicher und finanzieller Hinsicht vergeudet werden. Zum anderen können unpräzise Zielformulierungen bewirken, daß um das Absatzproblem herumgeforscht wird und die

---

[7] Vgl. Berekoven/Eckert/Ellenrieder, a. a. O., S. 33; Böhler, H., a. a. O., S. 24; Hammann/Erichson, a. a. O., S. 56

bereitgestellten Informationen nicht zur Beseitigung des eigentlichen Informationsdefizits beitragen.

bb) Wahl des Forschungsdesigns

Unter **Wahl des Forschungsdesigns** versteht man die Festlegung des grundsätzlichen Untersuchungsaufbaus und -ablaufs. Der Marktforscher bestimmt die in den nachfolgenden Phasen anzuwendenden Verfahren der Informationsgewinnung und -auswertung. Aufgrund der Vielfalt existierender Forschungsdesigns sollen an dieser Stelle nur drei Grundtypen vorgestellt werden. Sie leiten sich aus der **Forschungsart** ab, die durch das Absatzproblem und die Zielformulierung vorgegeben wird.[8]

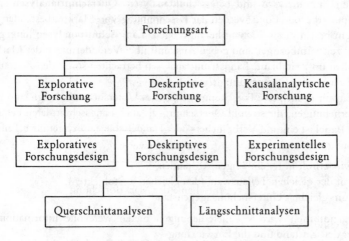

Abb. 9: Forschungsart und Forschungsdesign

Ein **exploratives Forschungsdesign** wird eingesetzt, wenn über das zu untersuchende Problem gar keine oder nur wenige Informationen vorliegen. Es sollen Basisinformationen gesammelt werden, die erste Erkenntnisse über mögliche Lösungsmöglichkeiten liefern und als Ausgangspunkt für weiterführende Untersuchungen (deskriptiver oder kausalanalytischer Art) dienen. Vom Marktforscher wird hierbei ein hohes Maß an Flexibilität und Kreativität verlangt.

In explorativen Untersuchungen steht nicht die Ermittlung quantitativer Zusammenhänge, sondern das Erfassen qualitativer Ausprägungen im Vordergrund. An die Repräsentativität der Ergebnisse werden keine hohen Ansprüche gestellt. Häufigstes Anwendungsgebiet explorativer Forschungsdesigns bei der Absatzplanung ist die Bestimmung möglicher Handlungsalternativen, mit denen ein Absatzziel erreicht werden kann. Beispiele für den Einsatz explorativer Forschungsdesigns finden sich im zugehörigen Übungsbuch.

---

[8] Vgl. Green/Tull, Methoden und Techniken der Marktforschung, 4. Aufl., Stuttgart 1982, S. 61 ff.; Böhler, H., a. a. O., S. 30 ff.

Die **deskriptive Forschung** dient zur quantitativen Beschreibung von Markttatbeständen (Absatzzahlen, Marktanteile, Einkaufshäufigkeiten der Konsumenten usw.) und deren zeitlicher Entwicklung. Im Absatzplanungsprozeß finden deskriptive Forschungen hauptsächlich im Rahmen der Situationsanalyse und der Maßnahmenkontrolle Anwendung. Des weiteren liefern deskriptive Forschungen Informationsgrundlagen zur Erstellung von Prognosen. Im Gegensatz zur explorativen Forschung verfügt der Marktforscher bei der deskriptiven Forschung bereits über ein gewisses Maß an Informationen über den Untersuchungsgegenstand, wodurch die Forschungsziele und -abläufe konkret festgelegt werden können.

Die deskriptive Forschung verwendet zwei Arten von Forschungsdesigns: Querschnittanalysen und Längsschnittanalysen. **Querschnittanalysen** sind zeitpunktbezogen und werden zur Beschreibung von Markttatbeständen an einem bestimmten Stichtag herangezogen. **Längsschnittanalysen** hingegen sind zeitraumbezogen und geben Auskunft über Veränderungen der Marktgrößen im Zeitablauf. Längsschnittanalysen betrachten somit den Zeitraum zwischen zwei Querschnittanalysen.

Ein für deskriptive Forschungen typisches Untersuchungsdesign sind Panelerhebungen, die sowohl Querschnitt- als auch Längsschnittdaten liefern. Ein **Panel** ist eine auf Verbraucher- oder Handelsebene durchgeführte Teilerhebung,[9] die

– wiederholt in regelmäßigen Abständen,
– mit der gleichen Teilauswahl (den gleichen Testobjekten),
– zum gleichen Untersuchungsgegenstand

vorgenommen wird.[10] Panelerhebungen bieten wertvolle Informationen über den Zustand und die Entwicklung

– von Absatz- und Umsatzzahlen sowie Marktanteilen,
– des Preisniveaus,
– des Käuferverhaltens (z. B. Wiederkaufverhalten, Markenwechsel, Kaufhäufigkeiten),
– der einzelnen Marktsegmente (Käufersegmente wie Rentner, Singles, Akademiker, Handelssegmente) und
– der vorgenommenen Verkaufsförderungsaktivitäten.

Deskriptive Forschungsdesigns beschreiben zwar Markttatbestände und Marktentwicklungen, erklären jedoch nicht die Ursachen ihres Zustandekommens. Die Frage nach dem „Warum" eines beobachteten Marktphänomens ist Gegenstand **kausalanalytischer Forschungen**: Zusammenhänge sollen ergründet und in Form einer **Ursache-Wirkung-Beziehung** dargestellt werden. Je besser der Informationsstand über die Ursachen von Marktphänomenen bzw. die Wirkung von Maßnahmen ist, desto effektiver läßt sich die Absatzpolitik einsetzen. Beispiele für kausalanalytische Forschungen finden sich im zugehörigen Übungsbuch.

---

[9] Vgl. S. 618f.
[10] Hammann/Erichson, a. a. O., S. 137

Kausalanalytische Untersuchungen verwenden experimentelle Forschungsdesigns. Unter einem **Experiment** versteht man einen Forschungsaufbau, mit dem in einer kontrollierten und bewußt beeinflußten Umgebung ein bestimmter Sachverhalt oder ein Ablauf untersucht wird. Folgende Elemente charakterisieren ein experimentelles Forschungsdesign:[11]

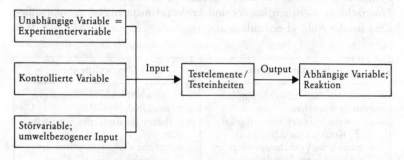

Abb. 10: Elemente eines Experiments

- **Unabhängige Variable (Experimentiervariable):** Die absatzpolitische Maßnahme, deren Einsatz isoliert variiert wird und deren Wirkung gemessen werden soll (z. B. Preis, Werbemaßnahme, Verpackung, Serviceleistung, Regalplazierung).
- **Abhängige Variable:** Größe, an der die Wirkung der Variation der unabhängigen Variable gemessen wird (z. B. Absatzzahlen, Marktanteil, Werbeerinnerung, Imagewert).
- **Testelemente/ -einheiten:** Objekte, an denen das Experiment durchgeführt wird (Personen, Einzelhandel oder Produkte).
- **Kontrollierte Variablen:** Die Variablen, die nicht untersucht werden sollen und deren Einsatz direkt gesteuert werden kann (z. B. alle weiteren eigenen absatzpolitischen Instrumente außer der unabhängigen Variablen).
- **Störvariablen:** Einflußgrößen, die im Gegensatz zu den kontrollierten Variablen nicht direkt beeinflußt werden können (z. B. Konkurrenzmaßnahmen, saisonale und konjunkturelle Einflüsse).

Die Güte von Experimenten hängt entscheidend davon ab, inwiefern es gelingt, den Einfluß der Störvariablen zu eliminieren bzw. zu kontrollieren. Bei einer vollständigen Kontrolle der Störvariablen (z. B. Ausbleiben von Konkurrenzreaktionen) läßt sich die eingetretene Reaktion einzig auf die Variation der unabhängigen Experimentiervariablen (z. B. Preisänderung) zurückführen. Zur Kontrolle der Störvariablen werden die Testelemente in zwei sich in ihrer Struktur vergleichbare Gruppen (**Experimentiergruppe** und **Kontrollgruppe**) eingeteilt. Bei der Experimentiergruppe erfolgt eine Variation der unabhängigen Variable, während bei der Kontrollgruppe die ursprünglichen Bedingungen bestehen bleiben. Durch die Strukturgleichheit

---

[11] Angelehnt an Meffert, H., Marketingforschung, a. a. O., S. 207 f.

der Experimentier- und Kontrollgruppe liegt die Ursache für eventuelle unterschiedliche Reaktionen allein in der Experimentiervariablen begründet.[12] Experimente können als Labor- oder Feldexperimente durchgeführt werden. **Laborexperimente** finden marktfern in einer künstlichen Umgebung (z. B. einem Studio), **Feldexperimente** (Marktexperimente, Testmärkte) marktnah in einer natürlichen Umgebung (z. B. einem Testmarkt) statt. Die Unterschiede zwischen Labor- und Feldexperimenten sind zusammenfassend aus der Abb. 11 ersichtlich.

Laborexperimente	**Feldexperimente**
– unrealistische Umweltbedingungen, da marktfern – gute Kontrolle der Störvariablen (z. B. Konkurrenzaktivitäten) – unnatürliche Verhaltensweisen der Testteilnehmer, da realitätsfern – Geheimhaltung gegenüber der Konkurrenz möglich – geringere Kosten – kürzere Dauer	– realistische Umweltbedingungen, da marktnah – schlechte Kontrolle der Störvariablen – natürliche Verhaltensweisen der Testteilnehmer, da realitätsnah – Geheimhaltung gegenüber der Konkurrenz nicht möglich – höhere Kosten – längere Dauer

Abb. 11: Unterschiede zwischen Labor- und Feldexperimenten

Typische Formen von Feldexperimenten sind regionale und lokale Testmärkte. Bei einem **regionalen Testmarkt (Markttest)** wird die Wirkung einer Marketing-Maßnahme in einem als repräsentativ erachteten regionalen Gebiet (z. B. einem Bundesland) experimentell überprüft. **Lokale Testmärkte (Store-Tests)** unterscheiden sich von regionalen Testmärkten darin, daß das Experiment nur in einigen wenigen ausgewählten Einzelhandelsgeschäften durchgeführt wird. Diese Einzelhandelsgeschäfte können, müssen aber nicht örtlich zusammenliegen. Der Vorteil lokaler Testmärkte gegenüber regionalen Testmärkten liegt in den geringeren Kosten und der kürzeren Durchführungszeit. Nachteilig wirkt die geringere Validität der Testergebnisse, da mit der geringen Zahl einbezogener Einzelhandelsgeschäfte kaum eine hohe Repräsentativität erreicht werden kann.

Eine Sonderform lokaler Testmärkte bilden **Minimarkttests.** Bei dieser Art von Marktexperimenten werden repräsentativ zusammengestellte Test-Haushalte (Panel-Haushalte) über Kabelfernsehen mit speziellen Werbesendungen angesprochen. Anschließend wird das Einkaufsverhalten der Test-Haushalte in ausgewählten Einzelhandelsgeschäften über Scanner-Kassen erfaßt. Minimarkttest liefern trotz der geringen Zahl einbezogener Haushalte und Einzelhandelsgeschäfte aufgrund der exakten Steuerung und Erfassung des Kaufverhaltens gute Testergebnisse. (**ÜB 4/9–11**)

---

[12] Näheres zur Kontrolle der Störvariablen siehe Böhler, H., a. a. O., S. 33 ff.; Berekoven/Eckert/Ellenrieder, a. a. O., S. 152 ff.

cc) Informationsgewinnung

Durch die Wahl des Forschungsdesigns steht der weitere Ablauf der Untersuchung in seiner Grundstruktur fest. Noch ungelöst sind Fragen hinsichtlich des konkreten Vorgehens bei der Informationsgewinnung. Ausgangspunkt der Informationsgewinnung ist eine Entscheidung über die zu verwendende **Informationsgewinnungsmethode.** Der Marktforscher kann sich die benötigten Informationen grundsätzlich über eine Primär- oder Sekundärforschung besorgen. Bei einer **Primärforschung** (field research) werden die zu beschaffenden Informationen durch eine Marktforschungsstudie neu erhoben. Eine **Sekundärforschung** (desk research) verarbeitet vorhandene, bereits früher selbst oder von einem Dritten für einen anderen oder ähnlichen Zweck erhobene Daten. Bei beiden Methoden können die Daten sowohl aus **internen** als auch aus **externen Quellen** gewonnen werden:

	Sekundärerhebung	Primärerhebung
innerbetrieblich	– Absatzstatistik – Kostenrechnung – Außendienstberichte	– Befragung des Außendienstes
außerbetrieblich	– Amtliche Statistik – Verbandsstatistiken – Standardisierte Marktinformationsdienste (Verbraucher- und Handelspanels, Media-Analysen)	– Befragung bzw. Beobachtung von Endabnehmern oder des Handels

Abb. 12: Informationsgewinnungsmethoden und Informationsquellen[13]

Insbesondere aus Zeit- und Kostengründen sollte zunächst immer versucht werden, die benötigten Informationen über eine Sekundärforschung zu gewinnen. Eine teurere und aufwendigere Primärforschung erfolgt nur, wenn kein ausreichendes Sekundärmaterial verfügbar ist, weil über das zu untersuchende Problem keine Daten vorliegen, vorhandene Daten eine mangelnde Aktualität, Sicherheit oder Detailliertheit aufweisen oder der Umfang der verfügbaren Daten unzureichend ist.

Mit der Entscheidung für eine Sekundärforschung ist der Informationsgewinnungsprozeß mit dem Erhalt der Informationen aus den entsprechenden Datenquellen abgeschlossen. Bei einer Primärforschung hingegen sind vor der eigentlichen Datenerhebung weitere Fragen bezüglich der anzuwendenden **Erhebungsmethode** (Befragung oder Beobachtung) und des **Erhebungsumfangs** (Voll- oder Teilerhebung) zu klären, die im folgenden behandelt werden (siehe Abb. 13).

Die meisten Primärforschungen verwenden eine **Befragung** als Erhebungsmethode. Eine Befragung wird durch die verwendete Kommunika-

---

[13] Entnommen aus Böhler, H., a. a. O., S. 54

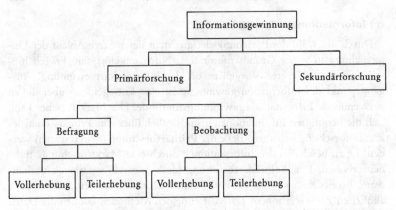

Abb. 13: Ablauf der Informationsgewinnungsphase

tionsform, Befragungsstrategie und Befragungstaktik charakterisiert.[14] Die **Kommunikation** zwischen dem Befrager (Interviewer) und dem Befragten (Auskunftsperson) kann mündlich, telefonisch oder schriftlich erfolgen. **Mündliche Befragungen** sind durch einen direkten Kontakt zwischen Interviewer und Befragtem gekennzeichnet, wobei der Interviewer die Fragen stellt und die Antworten notiert. Auch bei **telefonischen Befragungen** erfolgt die Fragestellung und das Aufzeichnen der Antworten durch einen Interviewer, allerdings sind Befrager und Befragter räumlich voneinander getrennt. Bei **schriftlichen Befragungen** erhält die Auskunftsperson in der Regel per Post einen Fragebogen zugesandt und schickt ihn ausgefüllt zurück.

Bei der auszuwählenden **Befragungsstrategie** reicht das Spektrum von streng standardisierten bis zu vollkommen nicht-standardisierten Fragestellungen. Bei streng **standardisierten Befragungen** sind die Fragestellungen und die Fragereihenfolge fest vorgegeben. Auch die Antwortmöglichkeiten stehen fest (geschlossene Fragestellungen; z. B. ja/nein). Standardisierte Fragebögen eignen sich für wohlbekannte Themenkreise, engen den Interviewereinfluß ein und bieten eine gute Vergleichbarkeit und Quantifizierbarkeit der Ergebnisse. Nachteilig wirkt hingegen der inflexible Aufbau, der keinen Spielraum für individuelle Situationen zuläßt. Bei einer vollkommen **nicht-standardisierten Befragung** wird vom Marktforscher nur das Thema und Ziel der Befragung vorgegeben, in der konkreten Ablaufgestaltung bleibt der Interviewer völlig frei. Dem Befragten werden keine Antwortmöglichkeiten vorgegeben (offene Fragen). Die Vorteile (Nachteile) der nicht-standardisierten Befragung entsprechen den Nachteilen (Vorteilen) der standardisierten Befragung. Die Marktforschungspraxis verwendet in den meisten Fällen keinen der beiden vorgestellten Extrempole der Befragungsstrategie, sondern benutzt **teilstandardisierte Fragebögen:** Ein Kernbereich wird fest

---

[14] Vgl. Behrens, K. Ch., Demoskopische Marktforschung, 2. Aufl., Wiesbaden 1966, S. 35 ff.; Böhler, H., a. a. O., S. 77 ff.; Green/Tull, a. a. O., S. 95 ff.

vorgegeben, ansonsten bleibt dem Interviewer ein individueller Gestaltungsspielraum überlassen.

Bezüglich der **Befragungstaktik** kann zwischen direkten und indirekten Fragestellungen gewählt werden. Bei einer **direkten Fragestellung** wird der zu erforschende Sachverhalt ohne Umschweife angesprochen („Wie alt sind Sie?", „Ist Ihnen bei Ihrem Einkauf das neue Produkt A aufgefallen?"). Der Anwendungsbereich direkter Fragen beschränkt sich auf Themenbereiche, bei denen die Auskunftspersonen bereitwillig eine Antwort geben. Bei Sachverhalten, die den Persönlichkeitsbereich des Befragten berühren bzw. als unangenehm empfunden werden (z. B. Fragen nach der Konsumhäufigkeit von Alkohol), greift der Marktforscher auf **indirekte Fragestellungen** zurück. Durch psychologisch geschickte Frageformulierungen wird versucht, mittelbar Auskünfte über den Untersuchungsgegenstand zu erhalten. Indirekte Fragestellungen dienen darüber hinaus zur Erforschung von Verhaltensweisen, Einstellungen und Motiven,[15] deren sich die Auskunftspersonen selbst nicht bewußt sind und über die sie demzufolge auch keine direkte Antwort geben können. (Warum kauft ein Kunde die Marke A und nicht die gleichwertige Marke B? Warum wählt ein Kunde eine bestimmte Route durch einen Supermarkt?)

Neben der Befragung stellt die **Beobachtung** die zweite Erhebungsmethode der Primärforschung dar. Die Beobachtung ist im Gegensatz zur Befragung nicht auf die Auskunftsbereitschaft von Personen angewiesen, wodurch die Repräsentanz der Ergebnisse nicht durch auskunftsunwillige Personen, einen eventuellen Interviewereinfluß oder das Erinnerungsvermögen der Befragten beeinträchtigt wird. Die Stärken der Beobachtung liegen in der Erfassung selbstverständlicher, unreflektierter und nichtabfragbarer Sachverhalte (z. B. Verhaltensweisen von Kunden in einem Kaufhaus, Betrachten von Schaufenstern). Andererseits beschränkt sich die Beobachtung auf die Erfassung äußerlicher Merkmale. Eine Vielzahl interessanter Sachverhalte (Motive, Meinungen, Images) entzieht sich somit einer Beobachtung.[16]

Bezüglich der Rolle des Beobachters lassen sich teilnehmende und nichtteilnehmende Beobachtungen unterscheiden. Bei einer **teilnehmenden Beobachtung** nimmt der Beobachter aktiv an der Beobachtung teil. Die Beobachtung ist **offen,** wenn sich die Testperson der Tatsache, daß sie beobachtet wird, bewußt ist. (Der Beobachter begleitet einen Außendienstmitarbeiter auf seiner Tour, um Informationen über Veränderungsmöglichkeiten im Außendienst zu erhalten.) Da diese Kenntnis häufig zu Verhaltensänderungen seitens der Testperson führt (Beobachtungseffekt), werden **verdeckte** Beobachtungen bevorzugt. (Der Beobachter geht als Kunde in ein Fachgeschäft für Unterhaltungselektronik, um die Qualität der Beratung zu beurteilen.)

---

[15] Vgl. S. 620 ff.
[16] Vgl. S. 620 ff.

Bei **nicht-teilnehmenden Beobachtungen** setzt der Marktforscher technische Geräte (z. B. Scannerkassen, Kameras, Video) ein, mit denen er Verhaltensweisen aufzeichnet. Durch nicht-teilnehmende Beobachtungen können zum Beispiel

– Verkäufe an Scannerkassen aufgezeichnet,

– die Wege der Kunden durch einen Supermarkt (Kundenlaufstudien) bestimmt oder

– durch ein eingebautes Gerät im Fernseher die von bestimmten Haushalten eingeschalteten Fernsehprogramme ermittelt werden.

Eine Primärforschung kann hinsichtlich der Anzahl der in die Befragung bzw. Beobachtung einzubeziehenden Testobjekte als Voll- oder Teilerhebung konzipiert sein (siehe Abb. 14). In **Vollerhebungen** werden die relevanten Daten bei jedem Element der zugrundeliegenden Grundgesamtheit (z. B. alle potentiellen Käufer eines Produktes; alle Geschäfte, die ein bestimmtes Produkt im Sortiment führen) erhoben. Vollerhebungen kommen aus Kosten- und Zeitgründen in der Marktforschung nur bei relativ kleinen Grundgesamtheiten (in der Regel im Investitionsgüterbereich: Nachfrager einer Spezialmaschine) vor. In den meisten Fällen beschränkt sich die Marktforschung auf eine **Teilauswahl (Stichprobe),** die ein möglichst realistisches (repräsentatives) Abbild der Grundgesamtheit verkörpert. Die Daten werden in der Stichprobe erhoben und die erzielten Ergebnisse im Wege des Repräsentationsschlusses auf die Grundgesamtheit hochgerechnet.[17] Bei der Festlegung der Größe der Teilauswahl hat der Marktforscher zwischen der Genauigkeit und den Kosten der Teilauswahl abzuwägen: Je größer (kleiner) die Teilauswahl, desto höher (kleiner) ist die Genauigkeit der Ergebnisse, desto höher (geringer) sind aber auch die entstehenden Kosten.[18]

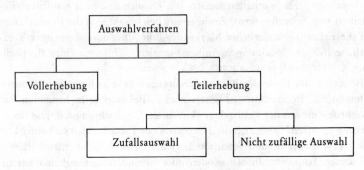

Abb. 14: Auswahlverfahren

Erfolgt die Teilauswahl nach dem Zufallsprinzip **(Zufallsauswahl),** besitzt jedes Element der Grundgesamtheit eine statistisch berechenbare und von

---

[17] Um festzustellen, ob die in einer Teilauswahl erzielten Ergebnisse auf die Grundgesamtheit übertragbar sind, stehen dem Marktforscher verschiedene Testverfahren zur Verfügung. Vgl. Böhler, H., a. a. O., S. 140 ff. und S. 172 ff.

[18] Die Bestimmung des Stichprobenumfangs wird ausführlich bei Green/Tull, a. a. O., S. 202 ff. behandelt.

Null verschiedene Wahrscheinlichkeit, in die Stichprobe zu gelangen. Legt der Marktforscher dagegen die Auswahl nach subjektivem Ermessen fest, liegt eine **nichtzufällige Auswahl** ohne Wahrscheinlichkeitswerte vor. Zufällige Auswahlverfahren haben den Vorteil, daß der Zufallsfehler (die Verläßlichkeit bzw. Reliabilität der Untersuchung) berechenbar ist und nur der systematische Fehler (die Gültigkeit bzw. Validität der Untersuchung) als unbekannte Größe übrigbleibt. Dagegen liegen die Nachteile der Zufallsauswahl in den höheren Kosten und der im allgemeinen längeren Zeitdauer der Erhebungen. Auch besteht keine Möglichkeit, Testobjekte bei Verweigerung oder Einstellung der Mitarbeit auszutauschen, weil dadurch das Zufallsprinzip durchbrochen würde.

dd) Informationsauswertung

An den Informationsgewinnungsprozeß schließt sich die **Informationsauswertung** an, in der die Marktforschung die erhobenen Daten **zielbezogen analysiert.** Hierfür steht dem Marktforscher ein breites Spektrum von **Analyseverfahren** (Auswertungsverfahren) zur Verfügung:

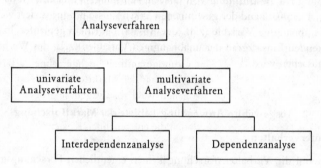

Abb. 15: Analyseverfahren der Marktforschung

Univariate Analyseverfahren[19] beziehen nur eine einzige Variable in die Auswertung ein. Dadurch sind der Erklärungskraft univariater Analyseverfahren enge Grenzen gesetzt. Dennoch kann die Betrachtung nur einer Variablen in gewissen Situationen sinnvoll sein:

- Die Untersuchung beschränkt sich auf eine Variable (z. B. Ermittlung des Bekanntheitsgrads eines Produktes).
- Neben einer zusammenhängenden Analyse mehrerer Variablen liefern auch isolierte Betrachtungen einzelner Variablen aussagekräftige Ergebnisse (z. B. Charakterisierung von Kunden eines Supermarktes anhand einzelner Merkmale wie Alter, Beruf, Einkommen und Wohnort).
- Durch univariate Analysen werden erste Erkenntnisse gewonnen, die als Grundlage für weiterführende multivariate Analysen dienen.

Multivariate Analyseverfahren werten Zusammenhänge zwischen zwei oder mehr Variablen aus. In Form von **Interdependenzanalysen** untersu-

---

[19] Zu univariaten Analysemethoden siehe Böhler, H., a. a. O., S. 164 ff.

chen sie wechselseitige Beziehungen zwischen Variablen bzw. Objekten. Die Fragestellungen könnten beispielsweise lauten: Welche gegenseitigen Zusammenhänge bestehen zwischen dem Alter, dem Einkommen und dem Bildungsstand von Käufern von Pauschalreisen? Lassen sich die Kunden von Lebensmitteldiscountern hinsichtlich ihrer Kaufgewohnheiten zu Gruppen zusammenfassen? Desweiteren dienen Interdependenzanalysen zur Verdichtung umfangreicher, unpraktikabler Datenmengen auf handhabbarere Datenbestände, indem gleichartige Variablen oder Objekte zusammengefaßt werden. Die geläufigsten Verfahren der Interdependenzanalyse sind die Faktorenanalyse, die Clusteranalyse und die Multidimensionale Skalierung.[20]

Während Interdependenzanalysen gegenseitige Beziehungen zwischen Variablen untersuchen, liefern **Dependenzanalysen** Aussagen über einseitige Abhängigkeitsverhältnisse. Die Variablen werden in eine oder mehrere abhängige Variablen (**Kriteriumsvariablen;** z. B. Absatz, Marktanteil, Bekanntheitsgrad) und eine oder mehrere unabhängige Variablen (**Prädiktorvariablen;** z. B. Einsatz der absatzpolitischen Instrumente) unterteilt. Dependenzanalysen stellen somit typische Verfahren der kausalanalytischen Forschung zur Bestimmung von Ursache-Wirkungs-Verhältnissen dar. Des weiteren kann anhand der gewonnenen Erkenntnisse prognostiziert werden, wie die abhängige Variable (z. B. der Absatz) bei einem geplanten bzw. zu erwartenden Einsatzgrad der unabhängigen Variablen (z. B. des Werbebudgets) aussehen wird.[21]

3. Ausgewählte Anwendungsgebiete der Marktforschung

a) Käuferverhalten

Obwohl die Verhaltensforschung keinen eigentlichen Forschungsgegenstand der Betriebswirtschaftslehre darstellt, sondern primär der Psychologie und Soziologie zuzuordnen ist, gehören Erkenntnisse über das Verhalten der Nachfrager und Konkurrenten zu den wesentlichen informatorischen Grundlagen der Absatzplanung. Die Verhaltensweisen dieser Gruppen und das eigene Verhalten determinieren die Marktsituation und entscheiden somit über Erfolg bzw. Mißerfolg des Unternehmens. Marktanteile, Umsätze und Gewinne sind das Resultat der aggregierten Verhaltensweisen der Marktteilnehmer. Je besser es einem Anbieter gelingt, das Nachfrager- und Konkurrentenverhalten auf der einen Seite und das eigene Verhalten auf der anderen Seite zielbezogen aufeinander abzustimmen, desto stärker wird die Stellung des Unternehmens am Markt sein. Denn nur wer die Verhaltensweisen insbesondere der Nachfrager und deren Bedürfnisse und Einstellungen genau kennt und mit einer bedürfnisbefriedigenden und bedürfniswek-

---

[20] Eine ausführliche Darstellung der Verfahren der Interdependenzanalyse findet sich bei Backhaus, K., u. a., Multivariate Analysemethoden, 7. Aufl., Berlin u. a. 1994
[21] Zu den einzelnen Verfahren der Interdependenzanalyse siehe Backhaus, K. u. a., Analysemethoden, a. a. O.

kenden Absatzpolitik antwortet, kann Absatzwiderstände überwinden und sich einen Wettbewerbsvorsprung sichern.

Die **Ziele der** auf den Absatzbereich einer Unternehmung bezogenen **Verhaltensforschung** bestehen daher in

– dem Erkennen von Verhaltensweisen (Wie verhalten sich die Nachfrager bzw. Konkurrenten?),

– dem Ergründen von hinter dem Verhalten stehenden Ursachen (Warum verhalten sich die Nachfrager bzw. Konkurrenten in einer bestimmten Art und Weise?),

– der Prognose von voraussichtlichen Veränderungen der Verhaltensweisen (Mit welchen Veränderungen im Verhalten der Nachfrager und Konkurrenten ist in Zukunft zu rechnen?) und

– der im Interesse des eigenen Unternehmens zielgerichteten Beeinflussung und Steuerung des Verhaltens der Abnehmer und Konkurrenten durch den Einsatz des absatzpolitischen Instrumentariums.

Die Verhaltensforschung läßt sich folgendermaßen einteilen:

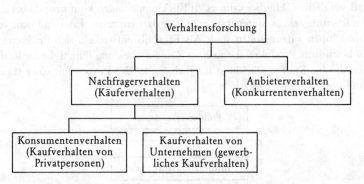

Abb. 16: Teilgebiete der Verhaltensforschung

Im folgenden werden nur die Grundzüge des **Konsumentenverhaltens** näher erläutert. Dies geschieht aus zwei Gründen: Zum einen liegt der Schwerpunkt der marketingorientierten Verhaltensforschung eindeutig beim Konsumentenverhalten, zum anderen ist die Mehrzahl der Produktionsunternehmen im Konsumgüterbereich tätig. Die Erforschung des Konsumentenverhaltens befaßt sich mit der Beschreibung, Erklärung und Prognose von (privaten) Kaufentscheidungsprozessen. Dabei ist von verschiedenen Typen von Kaufentscheidungen auszugehen:[22]

1. Impulsive Kaufentscheidungen

Impulsive Kaufentscheidungen sind ungeplante, emotionale Kaufhandlungen. Der spontane Kauf wird durch starke Reize ausgelöst (z. B. durch eine interessante und verlockende Warenplazierung im Geschäft oder im Schau-

---

[22] Vgl. Weinberg, P., Das Entscheidungsverhalten der Konsumenten, Paderborn u. a. 1981

fenster) und beinhaltet in den meisten Fällen ein geringes finanzielles Risiko bei einem Fehlkauf.

2. Habitualisierte (gewohnheitsmäßige) Kaufentscheidungen
Diese Art der Kaufentscheidung läuft quasi routinemäßig und automatisch ab. Sie ist hauptsächlich bei bekannten, wohlvertrauten Produkten, die häufig gekauft werden (z. B. Güter des täglichen Bedarfs), anzutreffen.

3. Extensive Kaufentscheidungen
Extensive Kaufentscheidungen sind vor allem beim Kauf teurer, langlebiger Gebrauchsgüter zu beobachten, bei denen bei einer Fehlentscheidung ein hohes finanzielles Risiko besteht. Beim Konsumenten findet ein langer, ausführlicher Entscheidungsprozeß statt (Abb. 17).[23] Am Anfang des Prozesses steht die Problemerkenntnis, d. h. die Feststellung eines Bedürfnisses (z. B. nach einem Fertighaus). Der Problemerkenntnis schließt sich eine umfangreiche Informationsaufnahme und -verarbeitung an. Informationen aus externen Quellen (z. B. Werbung, Familie) und internen Quellen (Gedächtnis) werden aufgenommen und die zur Wahl stehenden Alternativen bewertet und verglichen. Hierbei kann es zu Rückkoppelungen kommen, da bei der Verarbeitung ein weiterer Informationsbedarf entstehen kann und neue Informationen aufzunehmen sind. Als Ergebnis entwickeln sich Präferenzen für bestimmte Produkte, die zu einer Kaufentscheidung führen. Ist die Realisierung der Kaufentscheidung möglich, endet der Prozeß mit einer Kaufhandlung.

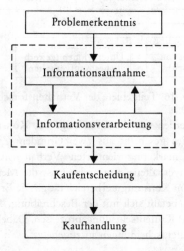

Abb. 17: Prozeß einer extensiven Kaufentscheidung

4. Limitierte (vereinfachte) Kaufentscheidungen
Hierbei durchläuft der Konsument nur einen eingeschränkten, verkürzten Entscheidungsprozeß. Er beendet den Entscheidungsprozeß, sobald er ein

---

[23] Vgl. Kuß, A., Käuferverhalten, Stuttgart 1991, S. 26 ff.

Produkt gefunden hat, das seinen Ansprüchen und Vorstellungen genügt. Weitere Produktalternativen bleiben unberücksichtigt. Andere Gründe für eine Limitation können in einer Beschränkung der Auswahl auf bekannte Produkte, zeitlichen Restriktionen oder einfach Bequemlichkeit liegen. Beispielhaft sei hier der Kauf von Kleidung oder Schuhen erwähnt.

Zur Analyse der den einzelnen Typen zugrundeliegenden Kaufentscheidungsprozessen hat die Verhaltensforschung eine Vielzahl von Modellen entwickelt. Abb. 18 zeigt eine Systematisierung der verschiedenen Modellansätze zum Konsumentenverhalten.

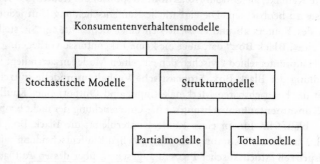

Abb. 18: Modellansätze des Konsumentenverhaltens

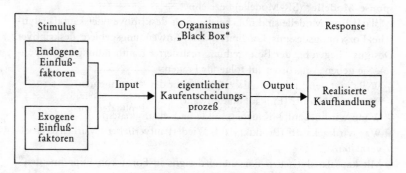

Abb. 19: Schematische Darstellung eines allgemeinen
Kaufentscheidungsprozesses[24]

Um die Unterschiede zwischen den verschiedenen Modellansätzen zu verdeutlichen, sei von dem in Abb. 19 dargestellten allgemeinen Ablauf eines Kaufentscheidungsprozesses ausgegangen. Dabei ist zu beachten, daß sich ein Kaufentscheidungsprozeß nur zum Teil beobachten läßt. Beobachtbar sind bestimmte Inputgrößen, die als äußere **Reize (Stimuli)** auf den Käufer einwirken. Hierzu gehören

---

[24] Angelehnt an Topritzhofer, E., Absatzwirtschaftliche Modelle des Kaufentscheidungsprozesses unter besonderer Berücksichtigung des Markenwahlaspektes, Wien 1974, S. 14

– entscheidungsrelevante Merkmale des Käufers **(endogene Einflußfaktoren)** wie z. B. demographische und sozioökonomische Merkmale (Alter, Geschlecht, Bildung und Einkommen) und
– entscheidungsrelevante Umwelteinflüsse **(exogene Einflußfaktoren)** in Form der eingesetzten absatzpolitischen Instrumente. Aus Sicht eines bestimmten Anbieters kann hierbei zwischen **kontrollierbaren** (eigene absatzpolitische Instrumente) und **nicht-kontrollierbaren Elementen** (absatzpolitische Instrumente der Konkurrenz) unterschieden werden.

Des weiteren ist das Resultat der Kaufentscheidung, der tatsächlich durchgeführte Kaufakt, als Output **(Reaktion, Response)** des Kaufentscheidungsprozesses zu beobachten. Die eigentliche Kaufentscheidung läuft jedoch im Innern des Käufers ab und entzieht sich einer Beobachtung. Sie stellt zunächst eine „**Black Box**" dar, über die keine Erkenntnisse vorliegen.

Der Hauptunterschied zwischen den einzelnen Modellansätzen liegt in der Behandlung der Black Box. **Stochastische Verhaltensmodelle** stützen sich nur auf die beobachtbaren Merkmale (Input und Output) einer Kaufhandlung **(Konsumentenbeobachtung).** Eine Untersuchung der nicht beobachtbaren Abläufe im Innern eines Käufers unterbleibt; die Black Box bleibt dunkel. Das Zustandekommen der individuellen Kaufentscheidung wird als **Zufallsprozeß** (stochastischer Prozeß) angesehen, über dessen Aufbau und Ablauf keine näheren Aussagen getroffen werden. Stochastische Modelle werden demzufolge auch als „**Black-Box-Modelle**" oder „**Stimulus-Response-Modelle**" (SR-Modelle) bezeichnet.

Black-Box-Modelle sind üblicherweise als deskriptive oder kausalanalytische Forschungsdesigns konzipiert. Die Anwendungsgebiete deskriptiver Designs[25] liegen bei der Beschreibung realisierter Kaufhandlungen (Response). Sie geben Antworten auf folgende Fragen:
– Wer tätigt den Einkauf? (Alter, Geschlecht des Konsumenten)
– Wo wird gekauft? (Einkaufsstättenwahl)
– Wann wird gekauft? (Kaufzeitpunkte und -häufigkeiten)
– Was wird gekauft? (Produktwahl, Wiederkaufverhalten, Markenwechselverhalten)

Mit kausalanalytischen Forschungsdesigns in Form von Experimenten[26] wird versucht, eine Ursache-Wirkung-Beziehung zwischen einem Stimulus (z. B. einer Verpackungsänderung oder einer Verkaufsförderungsmaßnahme) und der Response (verändertes Kaufverhalten der Konsumenten) herzustellen.

Nicht beantwortet werden von stochastischen Modellen Fragen nach den Gründen bestimmter Handlungsweisen der Konsumenten. Warum kaufen Konsumenten ein bestimmtes Produkt an einem bestimmten Ort zu einem bestimmten Zeitpunkt? Warum hat eine neue Verpackung zu niedrigeren Absatzmengen geführt? Zur Beantwortung dieser Fragen reicht die bloße Beobachtung von Kaufprozessen nicht aus. Bedürfnisse, Einstellungen oder

---

[25] Vgl. S. 612
[26] Vgl. S. 613 f.

Images sind nur durch **Konsumentenbefragungen** im Rahmen von **Strukturmodellen** zu ermitteln. Durch gezielte und psychologisch geschickte Fragestellungen wird versucht, auch den bei einem Kaufentscheidungsprozeß im Innern des Konsumenten ablaufenden Vorgang zu ergründen. Die zusätzlich zu den beobachtbaren Verhaltensweisen gewonnenen Erkenntnisse über innere Beweggründe helfen, den Einsatz der absatzpolitischen Instrumente noch gezielter auf die Nachfragerbedürfnisse auszurichten.

Strukturmodelle betrachten die Black Box nicht mehr als zufallsgesteuerten Prozeß, sondern als **Organismus,** der in einzelne Elemente zerlegt und detailliert abgebildet werden kann. Die Black Box wird „erhellt". Die Stimulus–Response-Modelle der stochastischen Modellansätze erfahren somit eine Erweiterung zu „**Stimulus-Organismus-Response-Modellen**" (SOR-Modellen). Vereinfacht dargestellt besteht die Struktur des Organismus in SOR-Modellen aus folgenden nicht beobachtbaren Elementen, deren Wesen zu ergründen ist und deren Zusammenwirken den inneren Kaufentscheidungsprozeß determinieren:[27]

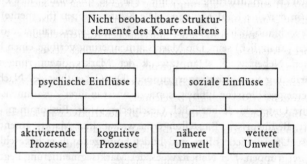

Abb. 20: Strukturelemente des Kaufverhaltens

Psychische Strukturelemente kennzeichnen jene Verhaltenseinflüsse, die allein auf den Konsumenten bezogen sind und intrapersonelle Prozesse auslösen. Hierzu zählen zum einen **aktivierende Prozesse,** die als menschliche Antriebskräfte („Energiegeber") aufzufassen sind und in Form von Bedürfnissen (Motiven), Einstellungen und Emotionen auftreten. Zum anderen existieren **kognitive** (gedankliche) **Prozesse,** die das Wahrnehmungsverhalten, die Denkweisen, das Lernverhalten und das Gedächtnis eines Individuums widerspiegeln.

Neben psychischen beeinflussen auch **soziale Einflüsse** das Kaufverhalten der Konsumenten. Soziale Einflüsse beziehen sich auf zwischenmenschliche (interpersonelle) Prozesse und bestimmen das Verhältnis zwischen dem Käufer und seiner Umwelt. Dabei wird zwischen Einflüssen der **näheren Umwelt** (Familie, Bezugsgruppen wie z. B. Freundeskreis) und der **weiteren Umwelt** (Kulturkreis, soziale Schicht, Massenkommunikation) unterschieden.

---

[27] Vgl. hierzu Kroeber-Riel, W., Konsumentenverhalten, 5. Aufl., München 1992

Strukturmodelle teilen sich in Totalmodelle und Partialmodelle. **Total-modelle** berücksichtigen alle Strukturelemente des Kaufentscheidungsprozesses und versuchen, den inneren Entscheidungsprozeß vollständig abzubilden. Totalmodelle sind bislang wenig verbreitet, da die Erfassung sämtlicher Abläufe einer Kaufhandlung zu einer kaum noch zu bewältigenden Komplexität der Modelle führt. **Partialmodelle** berücksichtigen entweder nur eine Einflußgröße oder beschränken sich auf wenige Verhaltensdeterminanten (z. B. Modelle der Motivtheorie, der Einstellungstheorie oder der Kaufentscheidungsfindung in Familien). Sie sind zwar in ihrer Erklärungskraft gegenüber Totalmodellen eingeschränkt, liefern jedoch aufgrund der überschaubaren und praktikablen Komplexität gute Ergebnisse zur Erklärung einzelner Teilbereiche des inneren Kaufentscheidungsprozesses. (**ÜB 4/12**)

b) Marktsegmentierung

Als **Marktsegmentierung** bezeichnet man die Aufteilung eines Gesamtmarktes in einzelne Käufergruppen. Die Käufergruppen (Segmente) sollen dabei in sich möglichst homogen (ähnlich) und untereinander möglichst heterogen (unähnlich) sein. Die Marktsegmentierung verfolgt einen Haupt- und einen Nebenzweck. **Hauptzweck** der Marktsegmentierung ist die **Strukturierung von Nachfragergruppen.** Die Gesamtheit der Nachfrager bildet keine geschlossene Einheit, sondern weist in ihrer Zusammensetzung erhebliche Unterschiede bezüglich Geschlecht, Alter, Einkommen, Beruf, Wohnort, Bedürfnissen, Einstellungen usw. auf. Eine Marktsegmentierung legt diese Unterschiede offen und bildet homogene, in sich geschlossene Nachfragergruppen. Der **Nebenzweck** der Marktsegmentierung liegt in der **Erhöhung der Markttransparenz.** Der Anbieter erhält einen genaueren Überblick über die Marktsituation und -struktur und ist dadurch besser in der Lage, Marktchancen und -risiken zu erkennen.

Durch die Segmentbildung kann ein Anbieter eine speziell auf die unterschiedlichen Nachfragerbedürfnisse ausgerichtete Absatzpolitik betreiben. Jedes Marktsegment kann als Zielmarkt betrachtet und hinsichtlich Produktgestaltung, Preisbildung, Kommunikation und Distribution getrennt bearbeitet werden. Dem Unternehmen ist es damit möglich, eine hohe Identität zwischen der angebotenen Marktleistung und den Wünschen der Nachfrager zu erreichen. Dadurch überwindet das Unternehmen Absatzwiderstände und festigt seine Wettbewerbsposition.

Um eine Marktsegmentierung erfolgreich durchführen zu können, müssen bestimmte **Voraussetzungen** erfüllt sein. Zum einen müssen zwischen den Nachfragern überhaupt nachfragerelevante Unterschiede bestehen, die eine Segmentierung erforderlich machen. Weiterhin müssen die Marktsegmente mit den vorhandenen Methoden der Marktforschung bestimmbar sein. Und schließlich sollten Marktsegmente eine bestimmte Mindestgröße aufweisen, die ein eigenständiges Absatzprogramm wirtschaftlich rechtfertigen.

Die Aufteilung des Gesamtmarktes in einzelne Marktsegmente kann anhand verschiedener Kriterien erfolgen.[28]

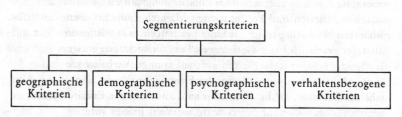

Abb. 21: Marktsegmentierungskriterien

Eine **geographische Marktsegmentierung** (nach Wohngebieten, Städten, Bundesländern, Regionen, Ländern u. ä.) bildet vielfach den ersten Segmentierungsschritt. Ein Lebensmittelgeschäft beschränkt sich auf das Wohngebiet um seinen Standort; ein multinationaler Konzern teilt sein Absatzgebiet nach Ländern ein, in denen er seine Produkte vertreibt bzw. vertreiben möchte. Bei einer **demographischen Marktsegmentierung** finden Kriterien wie Alter, Geschlecht, Familienstand, Beruf, Einkommen, Bildungsstand, Nationalität und Zugehörigkeit zu einer sozialen Schicht Verwendung. Demographische Merkmale sind verhältnismäßig leicht meßbar und liefern gute Segmentierungsergebnisse, weswegen sie zusammen mit geographischen Kriterien die traditionelle und beliebteste Segmentierungsform darstellen.

Eine **psychographische Marktsegmentierung** erfolgt häufig zusätzlich zu geographischen und demographischen Segmentierungen, um die einzelnen Marktsegmente noch genauer zu bestimmen und gegeneinander abzugrenzen. Zu den psychographischen Kriterien gehören die Persönlichkeitsstruktur (z. B. gesellig, häuslich, ehrgeizig, autoritär) und der Lebensstil der Käufer. Immer mehr Unternehmen führen eine psychographische Marktsegmentierung durch und versuchen, das Image ihrer Produkte über entsprechende Werbebotschaften bestimmten Persönlichkeitsmerkmalen und Lebensstilen anzupassen. Beispielhaft erwähnt seien die Zigarettenwerbung (der zigarettenrauchende Abenteurer oder Cowboy) und die Spirituosenwerbung (Spirituosen für den stillen Genießer oder für die lustige Gesellschaft). Eng verbunden mit der psychographischen ist die **verhaltensbezogene Marktsegmentierung**. Hierbei werden Merkmale wie Kaufanlässe, Markentreue und Einstellungen zur Segmentierung herangezogen.

Der Marktforschung kommt bei der Marktsegmentierung die Aufgabe zu, durch Forschungsstudien aus der Vielzahl der oben genannten Kriterien jene herauszufiltern, die für das jeweilige Unternehmen und Produkt die Nachfragerunterschiede am deutlichsten kennzeichnen. Bei Oberbekleidung könnten dies z. B. die Kriterien Alter, Einkommen und Modebewußtsein, bei Urlaubsreisen die Kriterien Einkommen, Familienstand, Bildungsniveau und Lebensstil sein.

---

[28] Vgl. Kotler/Bliemel, Marketing-Management, dt. Übersetzung der 8. Aufl., Stuttgart 1995, S. 429 ff.

Nach erfolgter Marktsegmentierung stellt sich einem Anbieter die Frage, welche Marktsegmente er überhaupt bearbeiten will **(Marktbearbeitungs-strategie).** Ein Unternehmen kann hierbei zwischen einem undifferenzierten, differenzierten und konzentrierten Marketing wählen. Beim **undifferenzierten Marketing** bietet das Unternehmen ein einheitliches Produkt und Absatzprogramm für den Gesamtmarkt an. Diese Strategie eignet sich nur für Märkte, bei denen die Nachfrager insgesamt relativ homogen sind (z. B. Butter). Auf heterogenen Gesamtmärkten wird sich das Einheitsprodukt nicht durchsetzen, da die Konsumenten Konkurrenzprodukte bevorzugen werden, die spezieller auf ihre Bedürfnisse zugeschnitten sind.

Beim **differenzierten Marketing** richtet ein Anbieter seine Aktivitäten ebenfalls auf den Gesamtmarkt, bietet jedoch im Gegensatz zum undifferenzierten Marketing für jedes Segment ein den Käuferbedürfnissen entsprechendes Produkt an. Ein Beispiel hierfür sind große Kaffeeanbieter, die den gesamten Kaffeemarkt mit verschiedenen, segmentspezifischen Kaffeesorten abdecken. Der Vorteil dieser Strategie liegt in hohen Absatzmengen und damit hohen Gewinnchancen sowie der Möglichkeit eines Risikoausgleichs zwischen den Segmenten. Allerdings ist mit einem differenzierten Marketing auch ein sehr hoher finanzieller Bedarf in allen Unternehmensbereichen verbunden, so daß diese Strategie nur von finanzkräftigen – im allgemeinen größeren – Unternehmen verfolgt werden kann.

In den meisten Fällen wird sich ein Anbieter auf wenige Marktsegmente konzentrieren **(konzentriertes Marketing).** Im Extremfall ist er als Nischenanbieter nur in einem kleinen Marktsegment tätig. Beispiele für eine konzentrierte Marktbearbeitungsstrategie sind Porsche (prestigeträchtige Sportwagen) oder Öko-Läden. Durch die Konzentration der zur Verfügung stehenden Ressourcen wird der Anbieter zum Spezialisten, der genaue Kenntnisse über die von ihm bearbeiteten Marktsegmente besitzt und sich in den Segmenten eine starke Wettbewerbsposition aufbaut. Die Nachteile des konzentrierten Marketings sind in der Abhängigkeit von nur einem oder wenigen Segmenten zu sehen. Eine schlechte Konjunkturlage, Marktanteilsgewinne der Konkurrenten oder stärkere Bedarfsverschiebungen im Segment (z. B. durch veränderte Kundenwünsche) können nicht durch andere Marktsegmente aufgefangen werden und bedeuten für das Unternehmen ein hohes Risiko.

c) Markt- und Absatzprognosen

Unter einer **Absatzprognose (Marktprognose)** versteht man allgemein eine Vorhersage des zukünftigen Absatzes eines Unternehmens (der gesamten Branche) in genau festgelegter produktbezogener, zeitlicher und räumlicher Hinsicht bei einem bestimmten Einsatzgrad der absatzpolitischen Instrumente.

Gegenstand von Markt- und Absatzprognosen „sind vor allem der zukünftige Zustand bzw. die Entwicklung von **Markt- und Absatzpotential,**

Markt- und Absatzvolumen sowie des **Marktanteils** einer Unternehmung"[29]

Marktpotential (MP)	Die Gesamtheit möglicher Absatzmengen eines Produktes auf einem bestimmten Markt (Aufnahmefähigkeit des Marktes)
Absatzpotential (AP)	Der Anteil am Marktpotential, den ein einzelnes Unternehmen maximal erreichen zu können glaubt (Zielsetzung)
Marktvolumen (MV)	Die realisierte bzw. prognostizierte effektive Absatzmenge einer Branche
Absatzvolumen (AV)	Die realisierte bzw. prognostizierte effektive Absatzmenge eines Unternehmens
Marktanteil (MA)	Das Verhältnis des Absatzvolumens eines Unternehmens zum Marktvolumen

Abb. 22: Gegenstand von Markt- und Absatzprognosen

Im Rahmen der Absatzplanung sind zum einen Prognosen über die zukünftige Entwicklung des Marktes (Entwicklungsprognosen), zum anderen Prognosen über die voraussichtlichen Wirkungsweisen alternativer Instrumenteneinsätze (Wirkungsprognosen) zu erstellen.[30] **Entwicklungsprognosen** sind zeitraumbezogen (Längsschnittprognosen) und stellen die zu prognostizierende Größe (z. B. das Absatzvolumen) in Abhängigkeit der unabhängigen Variablen Zeit – bei gegebenem Instrumenteneinsatz und gegebenen sonstigen Umwelteinflüssen (z. B. konjunktureller Lage) – dar. Zeit-

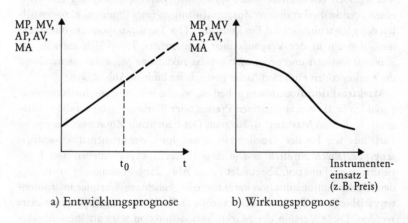

a) Entwicklungsprognose b) Wirkungsprognose

Abb. 23: Entwicklungs- und Wirkungsprognosen

[29] Meffert, H., Marketing, a. a. O., S. 216
[30] Vgl. Abb. 6 auf S. 605

punktbezogene **Wirkungsprognosen** (Querschnittprognosen) gehen von den absatzpolitischen Instrumenten als unabhängigen Variablen aus, wobei vom Zeitablauf und sonstigen Umwelteinflüssen abstrahiert wird. Zur Schätzung des Absatzpotentials oder -volumens wird der eigene Instrumenteneinsatz, für das Marktpotential oder -volumen der Instrumenteneinsatz der gesamten Branche als unabhängige Variable herangezogen (siehe Abb. 23).

Neben Entwicklungs- und Wirkungsprognosen ist zwischen quantitativen und qualitativen Prognosen zu unterscheiden. **Quantitative Prognosen** werden anhand mathematisch-statistischer Verfahren (z. B. Regressionsanalyse) erstellt, bei **qualitativen Prognosen** stützt sich die Marktforschung auf verbale Äußerungen von Personen, die spezielle Erfahrungen und Kenntnisse auf dem zu untersuchenden Gebiet aufweisen. Abb. 24 zeigt die geläufigsten Prognoseverfahren und ordnet sie den genannten Prognosearten zu.

	Entwicklungsprognosen	**Wirkungsprognosen**
quantitativ	Trendextrapolation	Marktreaktionsfunktionen
qualitativ	Expertenbefragungen	Expertenbefragungen

Abb. 24: Prognoseverfahren

Bei der **Trendextrapolation** wird untersucht, ob die zu schätzende Größe (z. B. das Marktvolumen) in der Vergangenheit eine bestimmte Entwicklung (einen Trend) über die Zeit erkennen läßt. Ein mathematisch-statistisches Verfahren (Regressionsanalyse) wertet tatsächliche Datenkombinationen der Vorperioden (Zeitpunkte und zugehöriges Marktvolumen) aus und stellt einen eventuell erkennbaren Zusammenhang in einer (linearen, exponentiellen oder logarithmischen) Funktion dar. Die Trendextrapolation unterstellt nun, daß ein in der Vergangenheit festgestellter Trend sich auch in der Zukunft fortsetzt und prognostiziert das zukünftige Marktvolumen anhand der vorliegenden Funktion (siehe gestrichelte Linie in Abb. 23a).

Marktreaktionsfunktionen geben an, welche Wirkung von Instrumentenvariablen (z. B. von alternativen Preisen oder Werbebudgets) auf die Schätzgröße (z. B. den Marktanteil) ausgeht. Der bestehende Zusammenhang wird auch hier wie bei der Trendextrapolation durch ein mathematisch-statistisches Verfahren ermittelt und in einer (linearen, exponentiellen oder logarithmischen) Funktion abgebildet (siehe Abb. 23b). Anhand der vorliegenden Marktreaktionsfunktion kann für jeden beliebigen Wert der Instrumentenvariable (z. B. Preis) die Schätzgröße (z. B. Absatzmenge) prognostiziert werden. Diese Version der Marktreaktionsfunktion wird als Preis-Absatz-Funktion bezeichnet. Die zur Schätzung der Reaktionsfunktion notwendige Datenbasis erhält der Marktforscher durch ein kausalanalytisches Forschungsdesign in Form eines Experiments. Auch Daten aus internen Quellen (z. B. Absatzstatistiken) oder Panelerhebungen dienen als Prognosegrundlage. Allerdings sind derart ermittelte Marktreaktionsfunktionen von geringerer Güte, da nur quasi-experimentelle Bedingungen vorliegen.

Bei **Expertenbefragungen** als qualitativem Prognoseverfahren nutzt der Marktforscher das Wissen ausgewählter Personenkreise, die aufgrund ihrer Kenntnisse und Erfahrungen ein spezielles Fachwissen besitzen. Experten können dabei das Verkaufspersonal (Außendienst, Verkäufer), Händler, Mitarbeiter des eigenen Unternehmens oder auch Wissenschaftler sein. Die Experten werden veranlaßt, die Schätzgröße subjektiv zu prognostizieren. Aus den vorliegenden Einzelprognosen erstellt der Marktforscher dann eine aggregierte Gesamtprognose. Expertenbefragungen können sowohl für Entwicklungs- als auch für Wirkungsprognosen herangezogen werden.[31]

IV. Die absatzpolitischen Instrumente

1. Überblick

a) Marktbedingungen und Wettbewerb

Unter einem Markt versteht man das Zusammentreffen von Angebot und Nachfrage. Jenseits dieser abstrakten Definition bedürfen Märkte in der Praxis einer **Abgrenzung** in sachlicher, räumlicher und personeller Hinsicht. In **sachlicher Hinsicht** sind Märkte nach Gütern oder Gütergruppen abzugrenzen. So gibt es auf einem Wochenmarkt einen Markt für Kartoffeln, einen Markt für Eier usw. Die **räumliche Abgrenzung** eines Marktes ist von den Einkaufsgewohnheiten abhängig. Der Markt für Backwaren oder Zeitschriften ist auf einen engen Raum von vielleicht einem Quadratkilometer (= Wohngebiet) begrenzt. Der Gebrauchtwagenmarkt oder Möbelmarkt ist dagegen ein ausgedehnter, regionaler Markt. In **personeller Hinsicht** konstituiert sich der Markt aus den im Marktgebiet agierenden Anbietern und Nachfragern.

Wie stark der Wettbewerb auf einem Markt ist, hängt bei gegebener Nachfrage vor allem von zwei Faktoren ab: der Anzahl der Anbieter und der Art der angebotenen Güter. Je größer die **Anzahl der Anbieter,** desto stärker ist c. p. der Wettbewerbsdruck.

Nicht nur die Zahl der Anbieter, auch die **Art der Güter** hat Einfluß auf die Intensität des Wettbewerbs. Hierbei ist zunächst zwischen homogenen und heterogenen Gütern zu unterscheiden. **Homogenität** bedeutet, daß eine angebotene Gütereinheit mit der anderen qualitativ identisch ist. Beispiele sind Strom, Gas, Heizöl usw. Von **Heterogenität** spricht man, wenn sich die Gütereinheiten artmäßig oder qualitativ unterscheiden. Beispiele sind Autos, Schuhe, Kosmetika usw.

Auf der Güterebene unterscheidet man weiterhin zwischen Substitutionsgütern und Komplementärgütern. Von **Substitutionsgütern** spricht man,

---

[31] Näheres zu den einzelnen Prognoseverfahren findet sich bei Hüttner, M., Markt- und Absatzprognosen, Stuttgart u. a. 1982

wenn zwei Güter ein und denselben Zweck erfüllen. Gas, Kohle und Heizöl sind Substitutionsgüter. Bei Kaffee und Tee ist Substitutionalität in abgeschwächter Form gegeben. Substitutionalität erhöht den Wettbewerbsdruck. Ein Heizölhändler konkurriert direkt mit anderen Heizölanbietern und indirekt mit den Anbietern von Gas und Fernwärme. Man nennt das **Substitutionskonkurrenz.**

Substitutionsgüter ersetzen sich, **Komplementärgüter** ergänzen sich. Beispiele für Komplementärgüter sind Getränke und Speisen in der Gastronomie, Kameras und Filme, Hardware und Software usw. Durch Ausnutzung von Komplementaritätsbeziehungen kann ein Unternehmen den Wettbewerbsdruck abmildern. Der Markt für Personal-Computer bietet ein gutes Beispiel. Der Wettbewerb auf dem Hardware-Markt ist extrem hart. Dem Wettbewerbsdruck auf dem heiß umkämpften Hardware-Markt kann sich ein Anbieter weitgehend entziehen, wenn er ein **Leistungsbündel** schnürt, indem er das Komplementärgut, die knappe Software, gleich mitanbietet.

Das von der klassischen Preistheorie entwickelte Modell des vollkommenen Marktes dient u. a. der Erklärung der Wettbewerbsintensität. Von einem **vollkommenen Markt** sprechen wir, wenn vier Bedingungen erfüllt sind:

(1) Alle Marktteilnehmer handeln nach dem **Maximumprinzip,** d. h. alle Anbieter streben nach dem Gewinnmaximum und alle Nachfrager nach dem Nutzenmaximum.

(2) Es herrscht **vollständige Markttransparenz,** d. h. alle Anbieter und Nachfrager sind stets vollkommen informiert.

(3) Es gilt die **Homogenitätsbedingung,** d. h. es gibt keine persönlichen und sachlichen, aber auch keine räumlichen und zeitlichen Präferenzen.

(4) Anbieter und Nachfrager **reagieren unendlich schnell** auf Preisänderungen oder andere Verschiebungen der Marktbedingungen.

Einen wirklich vollkommenen Markt gibt es in der Realität nicht, denn allein schon vollständige Information und unendlich hohe Reaktionsgeschwindigkeit sind eine Utopie. Immerhin finden wir aber in Finanzmärkten, d. h. im Aktienmarkt, im Rentenmarkt, im Devisenmarkt usw. Beispiele, die vollkommenen Märkten sehr nahe kommen.

Je höher der **Vollkommenheitsgrad** eines Marktes, desto stärker ist die **Wettbewerbsintensität.** Ein Anbieter wird deshalb immer versuchen, eine oder mehrere Bedingungen des vollkommenen Marktes aufzuheben, um sich dem Wettbewerbsdruck zu entziehen, um sich einen begrenzten Freiraum zur autonomen Preisgestaltung zu schaffen.

Denn Wettbewerbsdruck bedeutet: Druck auf die Absatzpreise, Druck auf die Erlösseite der Gewinn- und Verlustrechnung, bedeutet letztlich Druck auf den Gewinn. Der Wettbewerbsdruck kann so groß werden, daß das Unternehmen in die Verlustzone gerät und früher oder später als sog. Grenzbetrieb vom Markt verschwinden muß.

Gelingt es einem Anbieter, die Bedingung der **Markttransparenz** aufzuheben, kann er sich dem Konkurrenzdruck – teilweise – entziehen. Der Grund: aus Bequemlichkeit verzichten die Nachfrager auf vollständigen Preisvergleich, auf die Herstellung vollständiger Markttransparenz. Fehlende Markttransparenz schafft Freiräume im Wettbewerb. Ähnliches gilt für die unendliche **Reaktionsgeschwindigkeit.** Wenn die Konkurrenz den Wettbewerbsdruck durch Preissenkungen erhöht, kann ein einzelner Anbieter für einen begrenzten Zeitraum den höheren Absatzpreis beibehalten, denn die Nachfrager reagieren erfahrungsgemäß nicht sofort, sondern mit erheblicher zeitlicher Verzögerung auf Preisänderungen.

Gelingt es einem Unternehmen, die **Homogenitätsbedingung** des vollkommenen Marktes zu unterlaufen, gelingt es also, sich vom (Einheits-) Angebot der Konkurrenten abzuheben, ist die **Marktnische** gefunden. Mit dem Unterlaufen der Homogenitätsbedingung schafft ein Unternehmen persönliche und/oder sachliche Präferenzen für das eigene Angebot. Um dem Preisdruck auszuweichen, wird ein Unternehmen versuchen,

– sein Angebot so zu differenzieren, daß es als **tatsächlich heterogenes Produkt** mit dem Konkurrenzangebot nicht mehr vergleichbar ist,

– ein homogenes Produkt in den Augen der Nachfrager als Gut eigener Art (= **Markenartikel**) erscheinen zu lassen oder

– die Nachfrager durch **Schaffung persönlicher Kontakte** (Kundendienst, persönliche Ansprache) fest an sich zu binden.

Ein Unternehmen kann sich also auf mannigfache Weise positiv vom Konkurrenzangebot abheben. Je eher ihm das gelingt, desto größer ist in den Augen der Kunden seine Attraktivität, sein **akquisitorisches Potential.** Je stärker sein akquisitorisches Potential ist, desto eher kann sich ein Anbieter dem Konkurrenzdruck entziehen; er nimmt – in den Grenzen dieses Potentials – eine **monopolähnliche Stellung** ein.

Wir haben gesehen: Der Wettbewerb kann stärker oder weniger stark ausgeprägt sein. Von vollkommener Konkurrenz sprechen wir, wenn die stärkste Form von Wettbewerbsintensität erreicht ist. Die klassische Preistheorie spricht von **vollkommener Konkurrenz,** wenn

– die Bedingungen des **vollkommenen Marktes** erfüllt und

– **unendlich viele Anbieter und Nachfrager** am Markt tätig sind.

Bei vollkommener Konkurrenz kann sich ein Anbieter dem Preiswettbewerb nicht entziehen: Sobald seine Preisforderung den – einheitlichen – Marktpreis übersteigt, verliert er die gesamte bisherige Nachfrage. Bei vollkommener Konkurrenz gibt es keine Preisdifferenzen. Jedes (homogene) Gut hat einen einheitlichen Marktpreis, von dem kein Anbieter abweicht.

Das von der klassischen Preistheorie entwickelte **Marktformenschema** teilt die Märkte nach der Anzahl der beteiligten Marktteilnehmer ein. Von einem Monopol sprechen wir, wenn nur ein Anbieter (Nachfrager), von einen Oligopol, wenn wenige Anbieter (Nachfrager) und von atomistischer Konkurrenz, wenn sehr viele kleine Anbieter (Nachfrager) am Markt agieren (siehe Abb. 25).

Am stärksten eingeschränkt ist der Wettbewerb beim Angebots-Monopol. Der Monopolist wird in seiner Entscheidungsfreiheit nur durch die Substitutionskonkurrenz eingeengt. Die höchste Wettbewerbsintensität herrscht bei vollkommener Konkurrenz, d. h. auf einem vollkommenen Markt. Gelingt

Anbieter / Nachfrager	viele Kleine	wenige Mittelgroße	ein Großer
viele Kleine	Vollkommene Konkurrenz	Angebots-oligopol	Angebots-monopol
wenige Mittelgroße	Nachfrage-oligopol	Bilaterales Oligopol	Beschränktes Angebots-monopol
ein Großer	Nachfrage-monopol	Beschränktes Nachfrage-monopol	Bilaterales Monopol

Abb. 25: Marktformenschema

es einem Anbieter, die Bedingungen des vollkommenen Marktes im einen oder anderen Punkt auszuhebeln, verschafft er sich also ein akquisitorisches Potential, gewinnt er – in Grenzen – einen autonomen Preisspielraum und steigt damit in eine monopolartige Stellung auf. (**ÜB** 4/13–16, 24–26)

b) Mittel zur Stärkung der Wettbewerbsposition

Je schärfer der Wettbewerbsdruck auf Käufermärkten ist, desto größer sind die Absatzwiderstände, denen sich der einzelne Anbieter gegenübersieht. Unter **absatzpolitischen Instrumenten** – die Literatur spricht häufig von Marketing-Instrumenten – versteht man alle Maßnahmen, die ein Anbieter ergreift, um die **Absatzwiderstände zu reduzieren,** um die eigene **Wettbewerbsposition zu stärken.**

Das vorliegende Lehrbuch folgt der gängigen Einteilung der Marketingliteratur: Produkt-, Preis-, Kommunikations- und Distributionspolitik bilden zusammen das absatzpolitische Instrumentarium. In Anlehnung an Zentes[1] lassen sich die vier Aktionsfelder folgendermaßen unterteilen (siehe Abb. 26).

Die **Produktpolitik** steht nicht zufällig an der Spitze dieser Aufzählung. Ihre Aufgabe ist es, ein an den Bedürfnissen der Nachfrager orientiertes Angebot zu konzipieren. Mit Recht wird daher die Produktpolitik als das ‚Herz des Marketing' bezeichnet.[2]

Ziel der Produktpolitik ist es, sich positiv vom Konkurrenzangebot abzuheben. Man setzt alles daran, das eigene Angebot zu einem Gut eigener Art zu machen, denn Produktheterogenität enthebt den Anbieter den Niederungen des Preiswettbewerbs.

Die **Preispolitik** ist aus der volkswirtschaftlichen Preistheorie in die Betriebswirtschaftslehre überführt worden. Im Rahmen der Preispolitik werden Preissenkungen als absatzförderndes Instrument betrachtet. Dadurch treten die Anbieter in einen Preiswettbewerb, den sie – wegen des Drucks

---

[1] Vgl. Zentes, J., Marketing, in: Vahlens Kompendium der Betriebswirtschaftslehre, Bd. 1, 3. Aufl., München 1993, S. 366
[2] Meffert, Marketing, a. a. O., S. 361

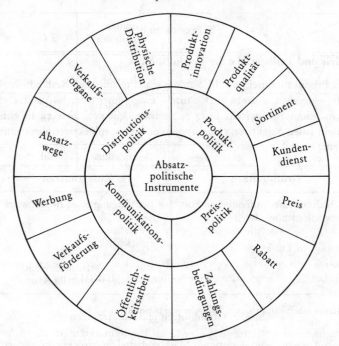

Abb. 26: Absatzpolitische Instrumente

auf die Gewinnmargen – eigentlich vermeiden wollen. Deshalb bevorzugen Literatur und Praxis i. d. R. die anderen absatzpolitischen Instrumente.

Im Zentrum der **Kommunikationspolitik** steht die Werbung. Mit der Werbung verfolgt ein Anbieter häufig den Zweck, ein homogenes Gut als Produkt eigener Art (Markenartikel) erscheinen zu lassen. So möchte man sich dem harten Preiswettbewerb entziehen, der auf den Märkten für homogene Massengüter herrscht.

Durch eine effiziente **Distributionspolitik** möchte ein Anbieter erreichen, daß seine Produkte zur rechten Zeit am rechten Ort verfügbar sind. Damit dient auch die Distributionspolitik dem Versuch, einen Wettbewerbsvorsprung gegenüber den Mitanbietern zu erreichen.

Mit dem Einsatz der absatzpolitischen Instrumente will ein Anbieter die **Nachfrager** von der Leistungsfähigkeit des eigenen Angebots **überzeugen** und die **Konkurrenten übertrumpfen**. Die Wirksamkeit des Einsatzes dieser Instrumente hängt davon ab, daß sie

– zielgerecht ausgewählt,
– sorgfältig aufeinander abgestimmt und
– wohldosiert eingesetzt werden.

Die dabei anzustellenden Überlegungen faßt man unter dem Begriff **Optimierung des absatzpolitischen Instrumentariums** zusammen. Dafür hat sich in der neueren Marketingliteratur die Bezeichnung **Marketing-Mix** durchgesetzt. (**ÜB 4/2, 15–16**)

2. Produktpolitik

a) Ziele und Teilbereiche der Produktpolitik

Ein Produkt ist mehr als die Summe seiner technischen Bestandteile. Der Käufer eines Autos strebt nicht danach, Eigentümer einer Karosserie, eines Motors, eines Fahrgestells usw. zu werden. Mit dem Erwerb möchte er vielmehr einen objektiven Grundnutzen und einen subjektiven Zusatznutzen befriedigen.

Grundnutzen	Zusatznutzen
– Schaffung einer individuellen Fortbewegungsmöglichkeit	– Befriedigung eines Bedürfnisses nach – Prestige – Sicherheit – Komfort – Bedienungsfreundlichkeit – Umweltfreundlichkeit usw.

Abb. 27: Grundnutzen und Zusatznutzen

Die auf weitgehend gesättigten Märkten bestehenden Verkaufswiderstände überwindet ein Anbieter umso leichter, je eher es ihm gelingt, den Bedürfnissen der Nachfrager gerecht zu werden. Ziel der Produktpolitik ist nicht (allein) die Entwicklung technisch hochwertiger Produkte, sondern die Orientierung aller Produkteigenschaften an den Bedürfnissen der relevanten Nachfrage.

Einem Produkt lassen sich über seine technischen Eigenschaften hinaus folgende Elemente zuordnen:

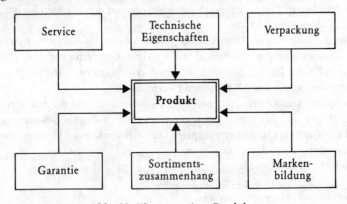

Abb. 28: Elemente eines Produktes

Gegenstand der Produktpolitik ist die Schaffung eines bedarfsgerechten Güter- bzw. Dienstleistungsangebots. Nach den in Abb. 28 aufgeführten

Produktelementen können wir zwischen einem Kernbereich und einem Randbereich der Produktpolitik unterscheiden.

Produktpolitik	
Kernbereich	**Randbereich**
Optimierung technischer Produkteigenschaften durch – Produktinnovation – Produktvariation – Produkteliminierung	Optimierung der – Programm- und Sortimentspolitik – Verpackungs- und Markenpolitik – Kundendienstpolitik

Abb. 29: Teilbereiche der Produktpolitik

Die Produktpolitik steht im Dienste der unternehmerischen Zielsetzung. Sie muß sich nahtlos in die Zielhierarchie einordnen lassen. Zwischen Ober-, Zwischen- und Unterziel besteht etwa folgender Zusammenhang:

– **Maximiere** den langfristigen **Gewinn!**
– Meide den (gewinnschmälernden) Preiswettbewerb auf annähernd vollkommenen Märkten!
– Sorge für Unvollkommenheit des Marktes!
– Strebe nach monopolähnlicher Stellung durch Aufbau eines akquisitorischen Potentials!
– Schaffe sachliche und persönliche Präferenzen für eigenes Angebot!
– Gestalte das Angebot so, daß es den **Nachfragerbedürfnissen besser entspricht** als das Konkurrenzangebot!

Die Schaffung eines bedarfsgerechten Angebots ist eine logische Folge des unternehmerischen Gewinnstrebens. Hat ein Unternehmen durch Schaffung eines akquisitorischen Potentials eine monopolähnliche Stellung erlangt, wird es versuchen, sie möglichst lange zu behaupten. Sobald es einem Konkurrenzunternehmen gelingt, die offenen Bedürfnisse und latenten Wünsche der Nachfrager besser zu bedienen, ist es mit der eigenen monopolähnlichen Stellung vorbei.

Ob ein Unternehmen erfolgreich ist, d. h. Gewinn erzielt, indem es sich ein akquisitorisches Potential erobert, hängt einerseits von seinem technischen Know-how, andererseits von seiner Fähigkeit zu effizienter **Marktforschung** ab. Sorgfalt und Kreativität auf dem Gebiet der Marktforschung sind unabdingbare Voraussetzungen zur Erkundung der Nachfragerbedürfnisse und des Käuferverhaltens. Persönliche und sachliche Präferenzen werden nur dem zuteil, der Kundenwünsche und Nachfragerverhalten sorgfältiger ergründet hat als seine Konkurrenten. (**ÜB 4/17**)

b) Kernbereich der Produktpolitik

Im marktwirtschaftlichen Wettbewerb zwingt das Gewinnstreben jeden Anbieter, bedarfsgerechte Leistungen auf den Markt zu bringen. Gewinnerzielungsabsicht auf der einen und uneingeschränkter Wettbewerb auf der anderen Seite führen – gesamtwirtschaftlich betrachtet – zu bestmöglicher, zumindest sehr guter Versorgung des Marktes.

Ein Güterangebot, das die Nachfrager zum Zeitpunkt t_0 als optimal, gut oder befriedigend klassifizieren, kann unter Umständen schon im Zeitpunkt t_1 als ausreichend und in t_2 als mangelhaft eingestuft werden. Der **technische Fortschritt** auf der Produzentenseite und **Bedarfsverschiebungen** auf der Nachfragerseite verleihen den Märkten eine mehr oder weniger starke **Dynamik**. Ein einzelner Anbieter kann eine einmal errungene Vorzugsstellung nur dann behaupten, wenn er seine Produkte bzw. Dienstleistungen ständig diesen beiden Marktänderungskomponenten anpaßt.

Jeder Anbieter muß versuchen, durch Höchstleistungen im Rahmen der **innerbetrieblichen Forschung und Entwicklung** auf der Höhe des technischen Fortschritts zu bleiben. Und er muß sich im Rahmen sorgfältiger **Marktforschung** um eine Früherkennung von Bedarfsverschiebungen bemühen. Das vorhandene Angebot muß permanent überprüft werden. Auf diese Weise kommt es zur

– Produktinnovation,
– Produktvariation bzw.
– Produkteliminierung.

Von **Produktinnovation** spricht man, wenn technischer Fortschritt und/ oder Bedarfsverschiebungen zur Entwicklung völlig neuer Produkte führen. **Produktvariation** liegt vor, wenn bereits existierende Produkte technisch verbessert werden. Im Zusammenhang mit der Produktvariation ist die Produktdifferenzierung und die Diversifikation zu erwähnen. In beiden Fällen handelt es sich nicht um die Variation eines bestehenden, sondern um die Einführung eines neuen Produktes (Produktinnovation). Von **Produktdifferenzierung** spricht man, wenn eine bereits bestehende Produktlinie, z. B. Mittelklassefahrzeuge um ein neues Produkt in Form eines Kleinwagens ergänzt wird. **Produktdiversifikation** liegt vor, wenn ein Unternehmen eine neue Produktlinie einführt, wenn also beispielsweise ein Fahrradhersteller Mofas auf den Markt bringt. Wird – wie in diesem Beispiel – ein artverwandtes Produkt eingeführt, spricht man von **horizontaler Diversifikation.** Unter **vertikaler Diversifikation** versteht man dagegen die Herstellung verwandter Produkte einer vor- oder nachgelagerten Produktionsstufe. So kann der Mofa-Hersteller seine Zweitaktmotoren an Rasenmäherhersteller liefern. Schließlich gibt es noch die **laterale Diversifikation,** wo sogenannte Diversifikationskonzerne (Daimler-Benz, Krupp, Oetker) völlig artfremde Produkte anbieten.

Technischer Fortschritt und Bedarfsverschiebungen haben nicht nur die Einführung neuer und die Variation bestehender Produkte zur Folge. Von **Produkteliminierung** spricht man, wenn alte Produkte vom Markt verschwinden. Beispiele sind mechanische Rechenmaschinen, asbesthaltige Baumaterialien, Koksheizkessel u. ä.

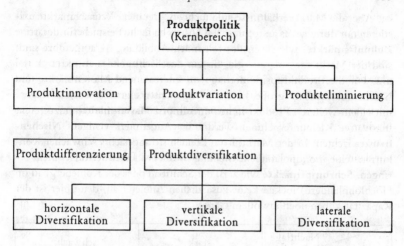

Abb. 30: Kernbereich produktpolitischer Entscheidungen

Die obige Abb. 30 enthält in Anlehnung an Kuß[3] eine Zusammenfassung produktpolitischer Grundsatzentscheidungen. (**ÜB 4/18**)

aa) Produktinnovation

Die Entwicklung und Einführung neuer Produkte ist ein sehr kostspieliges Unterfangen. Ist eine Produktinnovation – z. B. auf dem Arzneimittelmarkt – erfolgreich, sichert sie dem innovativen Anbieter für begrenzte Zeit einen Wettbewerbsvorsprung vor seinen Konkurrenten. Das neue Produkt verkörpert dann ein Umsatz- bzw. Gewinnpotential, von dem das Unternehmen jahrelang zehren kann. Findet die Produktinnovation dagegen keine positive Marktresonanz, schlagen die hohen Einführungskosten – bei fehlenden Erlösen – als Verlust zu Buche.

Die Produktinnovation kann für ein Unternehmen zur Existenzfrage werden: Einerseits können schon wenige fehlgeschlagene Einführungsversuche das Eigenkapital aufzehren und den Ruin bedeuten. Andererseits kann es sich ein Unternehmen nicht leisten, auf Produktinnovation zu verzichten. Sein hergebrachtes Produktionsprogramm würde im Laufe der Zeit veralten und an den Rand des Marktgeschehens gedrängt. Auch damit wäre der Konkurs vorprogrammiert. Daraus folgt: Produktinnovation ist unverzichtbar, muß aber sehr sorgfältig geplant werden.

Ausgangspunkt einer Produktinnovation ist die Frage, in welchem Marktsegment ein Produkt plaziert werden soll. Man nennt dies **Produktpositionierung**. Für die Produktpositionierung gibt es in der Theorie ein Erfolgsrezept: Das Produkt sollte in dem Marktsegment plaziert werden, wo
– die Nachfrage sehr groß und
– das Konkurrenzangebot sehr klein

---

[3] Vgl. Kuß, A., Absatzpolitik, Kurseinheit 2 – Marketingplanung, Schriftenreihe der Fernuniversität Hagen, Hagen 1991, S. 12

ist. Aber die Marktverhältnisse sind nicht so. Derartige Wunschmärkte existieren nur dort, wo es an technischen Lösungen fehlt. Beispiele für derartige **Zukunftsmärkte,** wie sie in der folgenden Abbildung 31 aufgeführt sind, sind der Markt für Solarenergie, für ein durchschlagendes Antikrebsmittel u. ä. Für die Produktpositionierung von Interesse sind Massenmärkte und Nischenmärkte. Nur große, kapitalkräftige Unternehmen werden es wagen, mit einem weiteren Produkt in heißumkämpfte **Massenmärkte** einzutreten. Innovative Kleinunternehmen werden ihr Augenmerk eher auf **Nischenmärkte** richten. In der Marktnische können sie angesichts schwacher Konkurrenz eine monopolähnliche Stellung in einem kleinen Marktsegment erringen. **Schrumpfmärkte** wie z. B. der Schiffbau oder der Kohlebergbau (in Hochlohnländern) locken keine zusätzlichen Anbieter an, denn hier ist der Kapazitätsabbau noch in vollem Gange.

Konkurrenz Nachfrage	stark	schwach
stark	**Massenmärkte** – große Umsätze – kleine Gewinnmargen	**Schrumpfmärkte** – Überkapazitäten – sinkende Umsätze – (hohe) Verluste
schwach	**Zukunftsmärkte** – fehlende technische Lösungen	**Nischenmärkte** – kleine Umsätze – hohe Gewinnmargen

Abb. 31: Produktpositionierung auf Massen- oder Nischenmärkten

Die Marketingliteratur[4] hat Modelle entwickelt, die einem Anbieter im Zuge der Produktpositionierung das Auffinden von Marktnischen erleichtern sollen. Ziel dieser Modelle ist es,

(1) die von Konkurrenzprodukten bereits eingenommenen Marktpositionen und

(2) die auf das Produkt bezogenen Idealvorstellungen nachfragerelevanter Personengruppen

sichtbar zu machen.

Zunächst werden die bereits am Markt befindlichen Konkurrenzprodukte – z. B. Automarken – nach verschiedenen Merkmalen wie z. B. Motorstärke, Bequemlichkeit, Wirtschaftlichkeit, modernes Design usw. sortiert. Bei n Merkmalen gelangt man zu einem n-dimensionalen Objektraum. Aus Gründen anschaulicher Darstellung beschränkt man sich im allgemeinen auf die Wiedergabe eines zweidimensionalen Objektraums.

Im Rahmen der Marktforschung stellt man zunächst durch Befragung eines repräsentativen Verbraucherquerschnitts fest, welches Image die bereits angebotenen Automarken bei den Nachfragern haben. In unserem Beispiel werden die Automarken nur nach den Merkmalen Sportlichkeit und

---

[4] Vgl. Kotler/Bliemel, a. a. O., S. 520ff.; Nieschlag/Dichtl/Hörschgen, a. a. O., S. 220ff. und die dort angegebene Literatur.

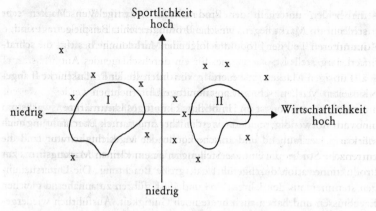

Abb. 32: Objektraum für Automobilmarken

Wirtschaftlichkeit identifiziert (siehe Abb. 32). Markiert man die Automarken A, B, C . . . im Koordinatensystem jeweils mit einem x, kann man leicht zwei unbesetzte Felder I und II ausmachen, die wir als **Produktlücke** bezeichnen wollen. Damit ist ein erster Schritt zur Auffindung einer Marktnische getan.

In einem zweiten Schritt fragt man die Verbraucher, welche Idealvorstellungen sie von einem Produkt haben. Dabei werden die Verbraucher nach soziodemographischen und anderen Merkmalen in relevante Käufergruppen – Marktsegmente – eingeteilt. In unserem Beispiel werden die nach Alter, Geschlecht, Einkommen usw. geschichteten Nachfragergruppen befragt, wie sportlich bzw. wie sparsam ihr „Idealauto" sein sollte. Nach dieser Befragung lassen sich die Nachfragergruppen als Punkte in einem gemeinsamen Merkmalsraum eintragen:

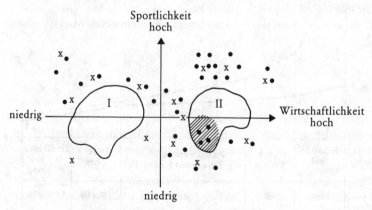

Abb. 33: Gemeinsamer Merkmalsraum

Der in Abb. 33 dargestellte Merkmalsraum zeigt, daß
– die Produktlücke I für die Produktpositionierung völlig uninteressant ist, weil es keine Nachfrage gibt;

– die beiden unterhalb der Produktlücke I angesiedelten Marken sehr schlecht im Markt liegen, weil die Produktmerkmale nicht gefragt sind;
– im unteren Teil der Produktlücke II eine **Marktnische** besteht, die schraffiert dargestellt ist;
– alle übrigen Marken (insbesondere die oberhalb der Produktlücke II angesiedelten Marken) sehr gut positioniert sind.

Produktinnovation ist im Hinblick auf künftiges Unternehmenswachstum nicht nur notwendig, sondern sie ist in ihrer praktischen Durchführung auch schwierig, zeitraubend und kostspielig. In der Marketingliteratur fand die empirische Studie, die eine amerikanische Unternehmensberatungsfirma zur Produktinnovation durchgeführt hat, große Beachtung. Die Untersuchungen stammen aus den Jahren 1968 und 1981, führen zu annähernd gleichen Ergebnissen und haben auch heute noch Gültigkeit. Ausführlich wiedergegeben werden die Untersuchungsergebnisse bei Kotler[5] und Kuß[6], deren Darstellung wir in diesem Zusammenhang weitgehend folgen.

Nach dieser empirischen Studie läßt sich der Prozeß der Produktinnovation in sechs Phasen einteilen:
(1) Entwicklung von Produktideen
(2) Bewertung und Selektion von Produktideen
(3) Wirtschaftlichkeitsanalyse von Produktideen
(4) Produktentwicklung im engeren Sinne

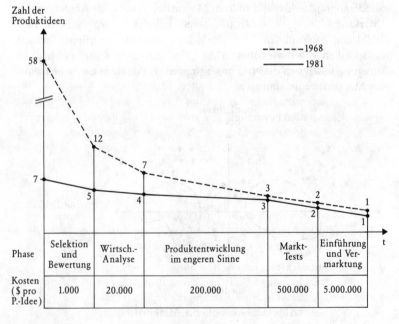

Abb. 34: Schematische Darstellung des Prozesses der Produktinnovation

[5] Vgl. Kotler/Bliemel, a. a. O., S. 506
[6] Vgl. Kuß, A., Kurseinheit 2, a. a. O., S. 21 ff.

(5) Markt-Tests
(6) Einführung und Vermarktung.
In der obigen Abbildung 34 werden die Ergebnisse der empirischen Untersuchung vorgestellt. Die Phase (1) „Entwicklung von Produktideen" ist dabei – zunächst – ausgeklammert.

Auf der Ordinate ist die Anzahl der weiterverfolgten Produktideen, auf der Abzisse ist die jeweilige Prozeßphase zeitanteilig abgetragen. Schließlich sind für jede Prozeßphase die pauschalierten „Bearbeitungskosten" für jeweils eine Produktidee angegeben.

Aus Abb. 34 läßt sich erkennen, daß
– sehr **viele Produktideen geprüft** werden müssen, um eine einzige Produktinnovation zur Marktreife zu bringen;
– mit fortschreitendem Produktentwicklungsprozeß die **„Bearbeitungskosten"** einer Produktvariante rapide **ansteigen;**
– ein sorgfältiges Ausleseverfahren notwendig ist, damit weniger erfolgversprechende Produktideen – zwecks Kostenersparnis – **rechtzeitig separiert** werden können.

Im folgenden sollen die einzelnen Prozeßschritte der Produktinnovation kurz charakterisiert werden.

1. Entwicklung von Produktideen
Orientierungspunkt: Wünsche und Bedürfnisse der Nachfrager.
Informationsquelle: Außendienst, Handel, Marktforschung.
Ideenentwicklung durch eigene Forschungs- und Entwicklungsabteilung, Brain-Storming, Konkurrenzprodukte.

2. Selektion und Bewertung
Bewertungskriterien seitens der Unternehmung: Zielmarkt, Konkurrenzsituation, Preisklasse, Entwicklungskosten, Ertragsspanne.
Bewertungskriterien seitens ausgewählter Testpersonen: Welche Produkteigenschaften werden bevorzugt? Wie groß ist die jeweilige Kaufneigung?
Entwicklung alternativer Marketing-Strategien: Merkmale des avisierten Marktes; Festlegung der Preisklasse, Vertriebsform und Einführungskosten; Prognose kurzfristiger und langfristiger Umsatz- und Gewinnerwartungen.

3. Wirtschaftlichkeitsanalyse von Produktideen
Überprüfung der Marketing-Strategie durch Marktforschung: Absicherung der Erlös- und Kostenprognose durch externe Daten.
Wirtschaftlichkeitsrechnung auf Basis der Marktforschungsdaten: Break-even-Analyse[7] oder Investitionskalküle[8] (Kapitalwerte).

4. Produktentwicklung im engeren Sinne
Produktentwicklung im technischen Sinne: Prototyp, Geschmacksmuster.
Entwicklung einer Marketing-Konzeption: Produktpreis, Verpackung, Vertriebsform und Werbebudget werden vorläufig festgelegt.

---

[7] Zur Feststellung der kostendeckenden Mindestabsatzmenge im Rahmen der Break-even-Analyse vgl. S. 1314f.
[8] Zur Rentabilitätsrechnung im Rahmen der Kapitalwertmethode vgl. S. 757ff.

5. Markttests

Ziel: Ist die Produktidee tragfähig? Welche Marketing-Instrumente sollen eingesetzt werden?

Datengewinnung: Marktforschungsergebnisse, insbesondere Testmärkte.

Besonderheiten: hoher Zeitaufwand, hohe Kosten, hohe Prognosesicherheit.

Entscheidungskriterium auf Testmarkt: Zahl der Testkäufe (Versuchsrate); Zahl der Wiederholungskäufe (Wiederkaufrate).

Ver-suchs-rate	Wieder-kauf-rate	Urteil über		Entscheidung des Unternehmens
		Produkt	Marketing-Konzept	
hoch	hoch	gut	gut	Produkt einführen
hoch	niedrig	schlecht	gut	Produktidee ändern oder aufgeben
niedrig	hoch	gut	schlecht	Marketing-Konzept, insb. Werbung verbessern
niedrig	niedrig	schlecht	schlecht	Produktidee aufgeben

Abb. 35: Systematik von Testmarktergebnissen[9]

6. Einführung und Vermarktung

Markteinführung: regional oder national.

Planung: Beginn der Serienproduktion; Abstimmung von Produktions- und Absatzplanung; Optimierung der Vertriebsform.

Kontrolle: Ist-Umsätze (-Gewinne) werden mit Plan-Umsätzen (-Gewinnen) aus 3. – Wirtschaftlichkeitsanalyse – verglichen.

Negative Kontrollergebnisse: Änderung des Marketing-Konzepts oder Produktionseinstellung.

Abschließend läßt sich festhalten, daß die Planung und Durchführung der Produktinnovation in den zurückliegenden Jahren kontinuierlich verfeinert wurde. So läßt sich aus Abb. 34 ablesen, daß 1968 noch 58 Produktideen in die erste Selektionsphase gebracht werden mußten, um ein Produkt erfolgreich am Markt zu plazieren; im Jahre 1981 waren dazu nur noch sieben Produktideen erforderlich.

Unternehmen können im Blick auf neue Produkte drei verschiedene Strategien verfolgen:

1. Kopiervariante

Man verzichtet auf die Entwicklung neuer Produkte. Sobald ein neues Konkurrenzprodukt auf den Markt kommt, greift man die vom Konkurrenten realisierte Idee auf und bemüht sich um technische Verbesserungen. Vor-

---

[9] Ähnlich Kuß, A., Kurseinheit 2, a. a. O., S. 27

und Nachteile: Eingesparte Entwicklungskosten, geringes Risiko, zu später Markteintritt, schlechtes Image als innovationsfeindliches Unternehmen.

2. Innovationsvariante

Eine eigene Abteilung „Forschung und Entwicklung[10] bemüht sich – gestützt von der Marktforschung als Datenlieferant – permanent um die Entwicklung neuer Produkte. Vor- und Nachteile: Vorsprung beim Markteintritt, gutes Image als innovationsfreudiges Unternehmen, hohe Entwicklungskosten.

3. Kaufvariante

Risikofeindliche (Groß-)Unternehmen verzichten auf selbständige Forschung und Entwicklung. Sie verschaffen sich neue Produkte, indem sie (Klein-)Unternehmen aufkaufen, die bei der Produktinnovation erfolgreich waren. Vor- und Nachteile: Geringes Risiko, hoher Kapitalbedarf.

Bei einzelwirtschaftlicher Betrachtung möchte sich ein Anbieter durch Produktinnovation vom Massenmarkt positiv abheben und sich dem unmittelbaren Preiswettbewerb entziehen. So gesehen dient Produktinnovation der Entschärfung des Wettbewerbs. Bei gesamtwirtschaftlicher Betrachtung entpuppt sich die Produktinnovation aber sehr schnell als wettbewerbsverschärfender Prozeß: Hat ein Anbieter mit der Einführung eines neuen Pro-

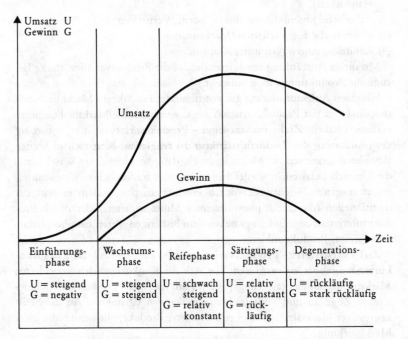

Abb. 36: Produktlebenszyklus

---

[10] Zu den Problemen von Forschung und Entwicklung vgl. insbesondere Brockhoff, K., Produktpolitik, 3. Aufl., Stuttgart 1993, S. 186 ff.

duktes Erfolg, müssen sich die Konkurrenten – wollen sie nicht ins Hintertreffen geraten – ebenfalls innovativ betätigen. Es wird eine zweite Wettbewerbsfront eröffnet: zum Preiswettbewerb kommt der Innovationswettbewerb.

Bedarfsverschiebungen und der technische Fortschritt sorgen dafür, daß Produkte „veralten". Ein ehemals erfolgreiches Produkt verliert an Attraktivität; Umsätze und Gewinne sind rückläufig. Diesen Sachverhalt versucht der Produktlebenszyklus darzustellen. Im Fall erfolgreicher Produktinnovationen zeigen Umsatz und Gewinn im Zeitablauf die in Abb. 36 angedeutete idealtypische Entwicklung:

Im zugehörigen Übungsbuch wird am Beispiel gezeigt, welche absatzpolitischen Instrumente typischerweise in den einzelnen Lebensphasen eingesetzt werden. (**ÜB 4**/19, 27–28)

bb) Produktvariation

Von Produktvariation spricht man, wenn ein bereits am Markt befindliches Produkt so verändert wird, daß es den Nachfragern als mehr oder weniger neues Produkt erscheint. Im Zuge der Produktvariation wird mindestens eine der folgenden **Produkteigenschaften geändert:**[11]

(1) physikalische oder funktionale Eigenschaften (Material, Bauart, Qualität, Haltbarkeit),

(2) ästhetische Eigenschaften (Farbe, Form, Verpackung),

(3) symbolische Eigenschaften (Markenname),

(4) Zusatzleistungen (Garantie, Kundendienst).

Mit dieser Aufzählung wird deutlich, daß die Produktvariation starke Bezüge zur Produktinnovation aufweist.

Für einen Anbieter, der ein gut positioniertes Produkt im Markt hat, stellt sich die Frage der Produktvariation dann, wenn sich die Marktbedingungen verändert haben. **Ziel – rechtzeitiger – Produktvariation** ist es, sofort auf eine **Änderung der Bedürfnisstruktur zu reagieren.** Setzt sich in breiten Bevölkerungskreisen die Meinung durch, daß phosphathaltige Waschmittel die Umwelt belasten, muß der Hersteller eines traditionellen Waschmittels sofort reagieren, – entweder durch Produktvariation, indem er statt der traditionellen Marke ein phosphatarmes Mittel anbietet, oder durch Produktdifferenzierung, indem er neben dem bisherigen Mittel ein phosphatarmes (-freies) Produkt anbietet.

Ziel – verspäteter – Produktvariation ist es, auf eine **Änderung des Konkurrenzangebots zu reagieren.** Hat sich die Konkurrenz den veränderten Marktbedingungen bereits angepaßt, nimmt die eigene Produktvariation defensive Züge an und verliert ihren innovativen Charakter. An die Stelle aggressiver Marktstrategie tritt eine defensive Produktpolitik mit reduzierter Marktwirkung.

Ist das Produkt eines Anbieters schon lange unverändert am Markt, verliert es im allgemeinen an Attraktivität, weil

---

[11] Vgl. Meffert, H., Marketing, a. a. O., S. 396

- der Erstbedarf befriedigt ist und inzwischen nur noch Ersatzbedarf zu decken ist und/oder
- zwischenzeitlich Konkurrenzprodukte auf den Markt gekommen sind, die u. U. moderner und bedarfsgerechter sind.

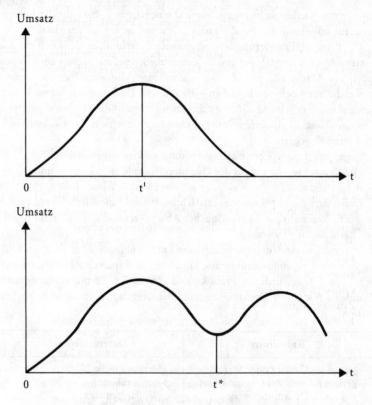

Abb. 37: Produktvariation und Produktlebenszyklus

Die abnehmende Attraktivität alternder Produkte wird in der Marketing-Literatur durch einen **Produktlebenszyklus** dargestellt, wie er auf der oberen Graphik der Abb. 37 wiedergegeben ist: Nach Erreichen des Zeitpunkts t' nimmt der Umsatz kontinuierlich ab; das Produkt wird allmählich aus dem Markt gedrängt. Entschließt sich das anbietende Unternehmen zur Produktvariation, indem es z. B. ein in entscheidenden Punkten modernisiertes und verbessertes Automodell in t* auf den Markt bringt, kann es zur sog. Zwei-Höcker-Funktion kommen, wie sie im unteren Teil der Abb. 37 dargestellt ist. Im vorliegenden Fall war die Produktvariation erfolgreich. Diese Art der Wiederbelebung eines Produktes bzw. einer Marke wird in der Marketingliteratur vielfach als **Relaunch** bezeichnet. (**ÜB 4/29**)

cc) Produkteliminierung

Langfristig kann ein Unternehmen nur existieren, wenn es mit Erfolg neue Produkte auf den Markt bringt. Gleichzeitig müssen alte Produkte aus dem Programm genommen werden. Ohne eine solche Programmbereinigung würde das Sortiment immer größer. Die negativen Folgen für die Kostenstruktur und damit für die Zielgröße „Gewinn" liegen auf der Hand.

Die Produkteliminierung ist ein schwerer Entschluß, zu dem sich ein Anbieter nur nach sorgfältiger Prüfung entschließen sollte. Solange ein Produkt noch am Markt ist, erzielt das Unternehmen Umsatzerlöse, die einen – vielleicht nur noch bescheidenen – Beitrag zur Deckung der hohen Vorleistungskosten erbringen. Solange die Erlöse einen in diesem Sinne positiven Deckungsbeitrag abwerfen, sollte das Produkt – noch – nicht aus dem Markt genommen werden.

Gegenstand einer Eliminierungsprüfung sind im allgemeinen
- **alle Produkte,** die sich in der **Degenerationsphase**[12] befinden und
- **neue Produkte,** die sich als sogenannter **Flop**[13] erwiesen haben.

Dabei darf das eliminierungsverdächtige Produkt niemals isoliert beurteilt werden. Vielmehr muß ein möglicher **Absatzverbund** mit anderen Produkten berücksichtigt werden.

Will man zu eindeutig nachprüfbaren Entscheidungen über die Zweckmäßigkeit einer Produkteliminierung kommen, muß man eine Beziehung zwischen dem fragwürdigen Produkt und der Zielgröße unternehmerischen Handelns (Gewinn, Deckungsbeitrag, Rentabilität, Kapitalwert u. ä.) herstellen.

Kriterium	Datenlieferant

– sinkender Umsatz oder Marktanteil
– geringer Anteil am Gesamtumsatz
– sinkender Deckungsbeitrag
– sinkende Rentabilität
	– Umsatzstatistik
	– Kostenrechnung
	  – Vollkostenbasis
	  – Teilkostenbasis
	– Investitionsrechnung

Abb. 38: Quantitative Produktbeurteilung

Die **quantitative Produktbeurteilung** hat den Vorteil der rechnerischen Nachprüfbarkeit, d. h. Willkürfreiheit, gleichzeitig aber den Nachteil, daß sich Erlöse und Kosten bzw. Einzahlungen und Auszahlungen in der Praxis einem Produkt nicht immer zweifelsfrei zurechnen lassen. Beurteilt man ein zu prüfendes Produkt auf Vollkostenbasis, kann das Ergebnis negativ sein, während eine Kostenzurechnung auf Teilkostenbasis in der gleichen Situation zu dem Ergebnis gelangen kann, daß das Produkt auch weiterhin angeboten werden sollte. Zu dieser – scheinbar widersprüchlichen – Aussage

---

[12] Zur Degenerationsphase vgl. S. 645
[13] Von einem Flop spricht man, wenn das neue Produkt nach der Markteinführung weit hinter dem gewünschten Mindestumsatz zurückbleibt.

kommt man immer dann, wenn die Erlöse des zu prüfenden Produkts zwar niedriger sind als die vollen Stückkosten k, aber immer noch höher als die variablen Kosten k_v bzw. die Einzelkosten sind. In der Marketingliteratur gibt es auch Hinweise auf die Möglichkeit **qualitativer Produktbeurteilung.** Dabei wird ein eliminierungsverdächtiges Produkt nach Kriterien wie

- Störungen im Produktionsablauf,
- negativer Einfluß auf Firmenimage,
- nachlassende Wirkung von Marketingaktivitäten,
- Änderung der Bedarfsstruktur und
- Änderung gesetzlicher Vorschriften

beurteilt. Auffallend ist der Zusammenhang zwischen qualitativen und quantitativen Beurteilungskriterien: Ein qualitativer Negativfaktor schlägt sich immer in einer Reduzierung des Produktpreises bzw. der Absatzmenge oder in einer Erhöhung der Produktionskosten nieder.

Bei qualitativer Produktbeurteilung nimmt man die oben aufgeführten Kriterien in einen **Produktbewertungsbogen** auf. Jedem Kriterium wird eine Bewertungsskala von 0 bis 1 oder von 0 bis 10 beigegeben. Der unterste (oberste) Wert spricht für Eliminierung (Beibehaltung) des Produkts. Eliminiert wird das Produkt dann, wenn ein subjektiv festgelegter Mindestpunktwert nicht erreicht wird. Solche **Scoring-Modelle**[14] sind in der Marketing-Praxis weit verbreitet. Da

- die Aufnahme der Kriterien,
- die Zuordnung der Rangziffer zu einem Kriterium und
- die Fixierung der kritischen Mindestpunktzahl

willkürlich sind, sollte den quantitativen Bewertungsmethoden im Rahmen der Kosten- bzw. Investitionsrechnung nach Möglichkeit der Vorzug gegeben werden. (**ÜB 4/20**)

c) Randbereiche der Produktpolitik

aa) Programm- und Sortimentspolitik

Bisher sind wir Fragen nachgegangen, die jeweils nur ein Produkt betrafen. Diese isolierte Betrachtungsweise wollen wir jetzt aufgeben, denn ein Unternehmen bietet in der Regel mehrere Leistungen gleichzeitig an. Der Grund: auf der Seite der Leistungserstellung stehen die Güter in einem Beschaffungs- bzw. Produktionszusammenhang; hinsichtlich der Leistungsverwertung liegt ein Bedarfszusammenhang seitens der Nachfrager vor. Die **optimale Gestaltung des Leistungsprogramms** bezeichnet man bei Produktionsunternehmen als **Programmpolitik** und bei Handelsunternehmen als **Sortimentspolitik.**

Die konzeptionelle Ausrichtung des Produktionsprogramms bzw. des Sortiments gehört in den Bereich strategischer Unternehmensentscheidun-

---

[14] Zu Einzelheiten vgl. Meffert, H., Marketing, a. a. O., S. 385 ff.

gen. Nach Nieschlag-Dichtl-Hörschgen[15] bestimmen folgende Kriterien die programmpolitische Grundorientierung:

Industrie	Handel
A Produktionsprogramm	**B Sortiment**
(1) Materialorientierung	(1) Materialorientierung
(2) Verfahrensorientierung	(2) Preislagenorientierung
(3) Bedarfsorientierung	(3) Bedarfsorientierung
	(4) Bedienungsorientierung

Abb. 39: Programmpolitische Grundorientierung

Unter einer **Produktlinie** versteht man eine Gruppe von Produkten, die in engem technischen Zusammenhang stehen. So befaßt sich ein Hersteller von Unterhaltungselektronik z. B. mit vier Produktlinien (Fernsehgeräte, Radiogeräte, Cassettenrecorder, Videorecorder). Zu jeder Produktlinie gehören mehrere Typen. Bei einem Radiohändler, der diese Produkte vertreibt, spricht man statt von Produktlinien von **Warengruppen**. Die Anzahl der Produktlinien (Warengruppen) kennzeichnet die Breite, die Anzahl der Typen pro Produktlinie (Warengruppe) die Tiefe eines Programms (Sortiments).

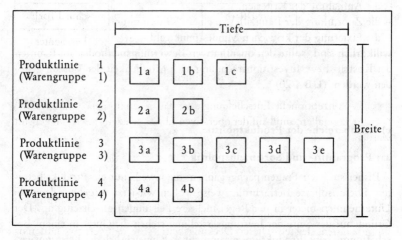

Abb. 40: Elemente eines Produktionsprogramms (Sortiments)

Die Verkaufsabteilung eines Industriebetriebs (Handelsbetriebs) ist an einem großen Produktionsprogramm (Sortiment) interessiert: Je größer das Leistungsprogramm, desto größer ist der **Verkaufserfolg**. Mit jedem weiteren Leistungselement läßt sich unter Umständen ein zusätzliches Marktsegment abdecken.

---

[15] Nieschlag/Dichtl/Hörschgen, a. a. O., S. 252ff.

Im Gegensatz dazu orientiert sich die Unternehmensleitung nicht an Umsatzzahlen, sondern an Gewinngrößen. Sie hat nicht nur die Verkaufserlöse, sondern auch die **Kostenseite** im Auge. Je größer aber das Produktionsprogramm ist, desto höher sind die Kosten pro Produktionseinheit. Beschränkt sich ein Hersteller auf ein kleines Produktionsprogramm, hat er den Vorteil der großen Serie mit geringen Stückkosten. Er kann Material und Zubehör in großen Mengen zu günstigen Konditionen einkaufen. Seine Lagerhaltung ist ebenfalls mit geringen Kosten verbunden, weil sich das Materiallager und das Halb- und Fertigfabrikatelager auf wenige Sorten beschränkt. Ähnliche Überlegungen muß der Handel anstellen: Je größer das Sortiment, desto größer ist der Bedarf an Verkaufs- und Lagerfläche sowie an Verkaufspersonal. Die Warenumschlagshäufigkeit ist gering, die Kapitalbindung hoch. Je größer also das Sortiment, desto stärker wird die Handelsspanne, d. h. die Differenz zwischen Verkaufs- und Einkaufspreis durch die Handlungskosten aufgezehrt.

Ein großes Produktionsprogramm/Sortiment stellt einen großen Absatzerfolg bei hohen Kosten in Aussicht. Beim kleinen Leistungsprogramm ist es umgekehrt. Die beiden Merkmale Sortimentsbreite und Sortimentstiefe lassen vier Kombinationsmöglichkeiten zu, von denen drei in der Unternehmenspraxis anzutreffen sind.

Sortiment			
breit/tief	breit/flach	schmal/tief	schmal/flach
unüblich	Warenhäuser	Fachhandel	Discounter

Abb. 41: Sortimentstypen

Ist die konzeptionelle Entscheidung über das Produktionsprogramm bzw. Sortiment gefallen, muß auf der operativen Ebene in jedem Einzelfall geprüft werden, ob ein Produkt/Artikel zum Leistungsprogramm gehören soll oder nicht. Letzten Endes stellt sich hier also die Frage nach der Einführung bzw. Eliminierung von Produkten/Artikeln. Wir verweisen in diesem Zusammenhang auf die obigen Ausführungen.[16] Ob ein Produkt (Artikel) in das Programm (Sortiment) aufgenommen wird, hängt letzten Endes von dem Beitrag ab, den es (er) zur Deckung der Fixkosten (Handlungskosten)[17] des Unternehmens leistet. Dieser Deckungsbeitrag ist definiert als Differenz zwischen Verkaufspreis und variablen Stückkosten k_v. Ein Produkt wird dann ins Programm (Sortiment) aufgenommen, wenn der erwartete Deckungsbeitrag über dem Solldeckungsbeitrag, d. h. dem gewünschten Mindestdeckungsbeitrag liegt. Bezüglich des gewünschten Mindestdeckungsbeitrags stellt die betriebswirtschaftliche Theorie nur bescheidene Anforderungen: Hier genügt es, wenn der erwartete **Deckungsbeitrag positiv** ist. Im

---

[16] Vgl. hierzu S. 639 ff.
[17] Bei kurzfristiger Betrachtung sind die Handlungskosten mit den Fixkosten identisch.

Klartext: Ein Produkt wird ins Programm (Sortiment) aufgenommen, wenn der Verkaufspreis höher ist als die variablen Stückkosten.

Es wurde bereits an früherer Stelle[18] darauf hingewiesen, daß es vorteilhaft sein kann, Produkte selbst bei negativem Deckungsbeitrag ($p<k_v$) im Programm/Sortiment zu belassen. Das ist der Fall, wenn ein „Verlustartikel" im Rahmen eines **Absatzverbunds** für den Verkauf gewinnträchtiger Artikel förderlich ist. Aus dem Beispiel[19] in Abb. 42 läßt sich der Absatzverbund im Rahmen eines Sortiments feststellen. So besteht zwischen den Artikeln A und B ein sehr loser Absatzverbund; sie wurden nur einmal zusammen erworben. Dagegen besteht zwischen den Artikeln C und D ein sehr enger Absatzverbund: In sieben Einkaufsfällen wurden sie fünfmal gemeinsam gekauft. Die Verbreitung moderner Datenerfassungstechniken, insbesondere die Einführung von Scannerkassen, ermöglicht es dem Handel, den Absatzverbund zwischen einzelnen Artikeln des Sortiments mühelos festzustellen. (**ÜB 4**/20–23)

Kauf \ Artikel	A	B	C	D	E	F	Zahl der gekauften Artikel
(1)	1		1	1			3
(2)					1	1	2
(3)					1	1	2
(4)		1	1	1	1		4
(5)	1		1	1	1		4
(6)	1	1	1	1	1		5
(7)	1		1	1			3
Summe der Käufe eines Artikels	4	2	5	5	5	2	23

Abb. 42: Sortiment und Absatzverbund

bb) Verpackungs- und Markenpolitik

Die Verpackungs- und Markenpolitik ist ein wichtiges absatzpolitisches Steuerungsinstrument. Bei vielen Produkten – insbesondere im Konsumgüterbereich – bestimmt die Verpackung die äußere Erscheinungsform eines Produktes. Besonders im Konsumgüterbereich begegnet man häufig dem Phänomen des Impulskaufs. Weniger die Produktqualität, als vielmehr das **positive Erscheinungsbild** des Produkts beeinflußt den Verkaufserfolg.

Fragt man nach der Rolle der **Verpackung** im Rahmen der absatzpolitischen Instrumente, hat man zwischen

---

[18] Vgl. S. 648 f.
[19] Vgl. Merkle, E., Die Erfassung und Nutzung von Informationen über den Sortimentsverbund in Handelsbetrieben, Berlin 1981, S. 49; Nieschlag/Dichtl/Hörschgen, a. a. O., S. 258 ff.

- technischer Funktion,
- rechtlicher Funktion und
- wirtschaftlicher Funktion

zu unterscheiden.

Ursprünglich hatte die Verpackung eine rein **technische Funktion.** Sie hatte nur die Aufgabe, die Ware auf ihrem langen Weg vom Hersteller zum Endverbraucher vor Beschädigung zu schützen. Im Laufe der Zeit bildeten sich normierte Packeinheiten heraus. Nicht mehr der einzelne Abnehmer, sondern die Verpackung bestimmte den Umfang der kleinstmöglichen Abnahmemenge.

Verbraucherschutz ist ein öffentliches Anliegen. Unter Verbraucherschutz versteht man die Gesamtheit aller Maßnahmen, die die Verbraucher vor Praktiken von Anbietern privater und öffentlicher Güter wie Irreführung, Übervorteilung, Gefährdung von Leib und Leben usw. bewahren sollen.[20] Die **rechtliche Funktion** der Verpackung besteht darin, dem Verbraucher gesetzlich vorgeschriebene Mindestinformationen, z. B. über die Packungsmenge, das Mindesthaltbarkeitsdatum, den Anteil gesundheitsgefährdender Substanzen (Nikotin, Konservierungsstoffe) u. ä. zu geben.

Im absatzpolitischen Zusammenhang kommt der **wirtschaftlichen Funktion** der Verpackung die größte Bedeutung zu. Oberstes Ziel aller absatzpolitischen Bemühungen ist die langfristige Gewinnmaximierung. Zwischenziele sind Kostensenkung auf der einen und Erlössteigerung auf der anderen Seite. Die daraus abzuleitenden verpackungspolitischen Unterziele lassen sich folgendermaßen darstellen:

langfristiges Gewinnmaximum	
Kostensenkung	**Erlössteigerung**
– Senkung der Transportkosten – Senkung der Lager- und Präsentationskosten – Kostensenkung im Einweg- bzw. Mehrwegsystem – Personalkostensenkung durch Selbstbedienung	– Gebrauchsnutzensteigerung für Nachfrager durch – Gebrauchsanweisung – bedarfsadäquate Packungsmenge – bedienungsfreundliche Packungstechnik – Imageoptimierung zur Verbesserung der Selbstverkäuflichkeit

Abb. 43: Ziele der Verpackungspolitik

Zunächst geht es darum, durch Materialgestaltung und Normierung (Eurokartons, Europaletten, Eurocontainer) die **Kosten** des Transports zu **minimieren.** Daneben gilt es, die Lagerkosten und die Präsentationskosten im Verkaufsregal des Handels möglichst gering zu halten. Hierbei sollte die Verpackung widerstandsfähig, normiert und präsentationsfähig sein. Beson-

---

[20] Vgl. Nieschlag/Dichtl/Hörschgen, a. a. O., S. 62 ff.

ders in der Getränkebranche stellt sich die Frage nach Ein- bzw. Mehrwegverpackungen. Hierbei wird das Einwegsystem aus Kostengründen häufig bevorzugt. Es verursacht zwar höhere Materialkosten, dafür aber geringere Transport-, Personal- (Leergutrücknahme) und (Leergut-) Reinigungskosten.

Zunehmender Wohlstand bedeutet: Lohn- und Gehaltssteigerungen. Das **Personal** fällt als Kostenfaktor immer stärker ins Gewicht. Die Industrie weicht dem zunehmenden Personalkostendruck durch Mechanisierung, der Handel durch **Selbstbedienung** aus. Der Siegeszug der personalkostensenkenden Selbstbedienung war nur möglich, weil die Verpackungsindustrie Lösungen anbot, die es erlaubten, die Leistungen des Verkaufspersonals zu ersetzen. Es fand ein tiefgreifender Substitutionsprozeß vom Faktor Arbeit zum Faktor Werkstoffe (Verpackungsmaterial) statt. Einzelwirtschaftlich führte dies zu Kostensenkungen, gesamtwirtschaftlich zu kostengünstiger Versorgung der Verbraucher.

Verpackungspolitik dient auch dem Versuch, **Erlössteigerungen zu bewirken.** Durch Erzeugung sachlicher Präferenzen will sich der einzelne Anbieter ein positives akquisitorisches Potential schaffen, um sich dem harten Preiswettbewerb auf (annähernd) vollkommenen Märkten zu entziehen. So gesehen dient Verpackungspolitik der Aufhebung der Homogenitätsbedingung,[21] d. h. der **Heterogenisierung von Massenprodukten.** Preissteigerungspotentiale verschafft sich ein Anbieter zunächst durch mannigfache Verbesserungsmöglichkeiten im Rahmen des objektiven Gebrauchsnutzens. Von größerem absatzpolitischen Gewicht sind aber Maßnahmen zur Herstellung eines subjektiv empfundenen positiven Produktimages. Überall dort, wo Kaufentscheidungen nicht kognitiv, sondern impulsiv getroffen werden,[22] kommt es nicht so sehr darauf an, wie die Produkte wirklich sind, sondern wie sie nach außen erscheinen.

Sachliche Präferenzen schafft also der Anbieter, dem es gelingt, durch ein als angenehm empfundenes Produktäußeres ein positives Produktimage zu erzeugen. Während früher dem Verkaufspersonal die Aufgabe zufiel, solche Überzeugungsarbeit zu leisten, hat im modernen Selbstbedienungshandel die Verpackung die Funktion der Übermittlung positiver Produktnachrichten übernommen. Aufwendige, exklusive, psychologisch ausgeklügelte Verpackungen sind ein Wohlstandssymptom: Der Wohlstand brachte den Selbstbedienungshandel und mit dem Selbstbedienungshandel etablierte sich die Verpackung als verkaufsförderndes Absatzinstrument.

Zwischen der Verpackungspolitik, die einen Teilaspekt der Produktpolitik bildet, und den übrigen absatzpolitischen Instrumenten gibt es viele Querbeziehungen. So ist **Markenbildung** ohne Verpackung nicht denkbar. Diese ist Träger der **Werbung** für das Produkt und seinen Hersteller. Die Verpackung öffnet den Weg zur Realisierung bestimmter **Vertriebsformen** (Selbstbedienung). Deshalb besteht ein enger Zusammenhang zwischen Verpackung und

---

[21] Vgl. hierzu S. 633
[22] Vgl. zu dieser Unterscheidung S. 621 ff.

Preispolitik. Denn einerseits muß durch die Verpackung zum Ausdruck kommen, ob sich ein Produkt dem Hoch- oder Niedrigpreissegment zuordnen möchte. Zum anderen versuchen die Anbieter, durch Packungen unterschiedlicher Größe verschiedene Marktsegmente abzudecken und (gewinnmaximierende) Preisdifferenzierung zu betreiben.

Gerade am letzten Punkt zeigt sich der Zusammenhang zwischen der **Marktforschung** und der **Verpackungspolitik.** Die Marktforschung untersucht die Bedürfnisse und Kaufgewohnheiten der Nachfrager und betätigt sich auch hier als Datenlieferant für eine zielbewußte Absatzpolitik. Nicht nur neue Produktvarianten, auch neue Verpackungsvarianten müssen sich – zur Sicherung optimaler Lösungen – auf Testmärkten bewähren. So ist es nicht verwunderlich, daß zwischen der Entwicklung einer Verpackungsidee und ihrer endgültigen Markteinführung ein Zeitraum von über einem Jahr liegen kann.[23]

Es wurde oben angedeutet, daß der Siegeszug der Verpackung ein Wohlstandssymptom industrieller Wohlstandsgesellschaften ist. Personalkosteneinsparungen und gesteigerte Verkaufserfolge sind die eine Seite der Verpackungsflut, Müllberge die andere. Hopfenbeck[24] weist darauf hin, daß Ende der achtziger Jahre Verpackungen

– 50% unseres Hausmüllvolumens ausmachten,
– im Nahrungsmittelbereich Kosten in Höhe von 6% des Umsatzes verursachten und
– mit jährlichen Zuwachsraten von ca. 8% etwa doppelt so schnell wachsen wie die gesamte volkswirtschaftliche Leistungserstellung.

Die Verpackungsflut führte zu **Umweltbelastungen,** die ordnungspolitisch nicht mehr tragbar erschienen. Folglich versucht der Gesetzgeber, durch

– freiwillige Vereinbarungen mit der (Getränke-)Industrie den Anteil der Einwegverpackungen zu senken und durch
– zwingende Rücknahmeverpflichtungen von Verpackungen[25] die Müllentsorgungskosten auf Handel und Hersteller zurückzuverlagern.

Der Entsorgungskostendruck soll die Anbieter zu sparsamerem Umgang mit Verpackungsmaterial veranlassen. Es ist zu erwarten, daß die gesetzgeberischen Initiativen auf der Produzentenseite zur Entwicklung neuer Strategien im Rahmen der Verpackungspolitik führen. Diese Erwartung wird zusätzlich gestützt durch die Beobachtung, daß sich in immer größeren Nachfragerkreisen ein Müllvermeidungsbewußtsein entwickelt. Das Marktsegment umweltorientierter Nachfrager wird immer größer. Durch weniger aufwendige Verpackung, durch die Wahl umweltverträglicher Verpackungsmaterialien versuchen die Anbieter inzwischen eine differenzierte Ver-

[23] Vgl. Kotler/Bliemel, a. a. O., S. 701
[24] Vgl. Hopfenbeck, W., Umweltorientiertes Management und Marketing, 3. Aufl., Landsberg/Lech 1994, S. 274 ff.
[25] Vgl. die „Verordnung über die Vermeidung von Verpackungsabfällen" (Verpackungsverordnung)

packungspolitik zu betreiben, die den Bedürfnissen dieses (wachsenden) Marktsegments gerecht wird.

Aufwendige, vielfältig gestaltete Produktverpackungen sollen den Nachfrager nicht nur ansprechen, sondern sie sollen ihm auch helfen, das einmal gekaufte Produkt bei Wiederholungskäufen wiederzuerkennen. Ein Hersteller markiert seine Produkte durch

– Farb- und Formgebung der Packung,
– Produktnamen, Firmenzeichen und Firmennamen.

Das Ergebnis dieser Produktmarkierung sind **Markenartikel**. Ob Lebensmittel, Kosmetika, Kleidung oder technische Geräte, im Regelfall werden wir mit Markenartikeln konfrontiert.

Die Anbieter setzen die Marke als absatzpolitisches Instrument ein. Mit der Markenbildung wollen sie ihr Angebot von Konkurrenzprodukten unterscheiden. Mit der Marke bürgen sie für **gleichbleibende Qualität** und hoffen, den Nachfrager als Wiederholungskäufer zu gewinnen, ihn zur **Markentreue** zu bewegen.

Markenbildung und Werbung stehen in wechselseitiger Beziehung zueinander. Werbung ist nur sinnvoll, wenn sie das eigene Unternehmen oder die eigenen Produktmarken zum Gegenstand hat. Und Markenbildung ist nur möglich, wenn der markierte Artikel einen hohen Bekanntheitsgrad hat. Erst die Werbung macht aus einem markierten Artikel einen Markenartikel. Die Markenpolitik verursacht Kosten. Diese resultieren weniger aus den Mehrkosten der Verpackungsmarkierung als vielmehr aus den hohen Kosten der Markenartikelwerbung in den unterschiedlichsten Medien.

Mit Blick auf das unternehmerische Gewinnziel erweist sich Markenpolitik nur dann als sinnvoll, wenn die Markenbildung zu Mehrerlösen führt, die höher sind als die damit verbundenen Kosten. In diesem Zusammenhang erhebt sich die Frage, warum die Käufer vorzugsweise Markenartikel erwerben und warum sie für Markenartikel einen höheren Preis zu zahlen bereit sind als für sogenannte No-name-Produkte.

In der klassischen Preistheorie wird der Nachfrager als homo oeconomicus dargestellt, als nutzenmaximierendes, rational handelndes, emotionsloses Wesen. Die Marktwirklichkeit sieht anders aus: Ein Teil der Nachfrager trifft seine Kaufentscheidungen mit hohem Preisbewußtsein, andere Nachfrager sind an bequemem Einkauf ohne lange Preis- und Qualitätsvergleiche interessiert. Eine andere Gruppe bevorzugt zur Stärkung des Selbstbewußtseins Produkte mit einem hohen Prestigegehalt, wieder andere wollen nur umweltfreundliche Produkte erwerben usw. Gefragt sind nicht homogene, sondern **heterogene Produkte.** Derart unterschiedliche Nachfragerpräferenzen führen zur Aufsplitterung des Marktes, d. h. zur Herausbildung von Marktsegmenten.

Die **verschiedenen Marktsegmente** können ihre unterschiedlichen Bedürfnisse nur dann befriedigen, wenn sie die Möglichkeit haben, die angebotenen Produkte als mehr oder weniger bedarfsgerecht zu identifizieren. Mit der Markenbildung kommen die Anbieter dem **Nachfragerwunsch nach Produktidentifikation** entgegen. Daß die Markenpolitik auf das unterneh-

merische Oberziel der langfristigen Gewinnmaximierung ausgerichtet ist, läßt folgende Gedankenkette erkennen:
– Markenbildung führt zu Markentreue und sachlichen Präferenzen für die eigene Marke,
– sachliche Präferenzen schaffen die Möglichkeit zur Preisdifferenzierung,
– Preisdifferenzierung erlaubt Erlössteigerungen und
– Erlössteigerungen führen zu höheren Gewinnen.

Adressaten der Markenpolitik sind – hauptsächlich – zwei Gruppen: die qualitätsbewußten und die prestigebewußten Nachfrager. Die erste Gruppe zahlt den Markenartikelmehrpreis, weil sie einerseits Qualität bevorzugt und andererseits an bequemem Einkauf ohne lange Vergleiche, an einem habitualisierten Kaufverhalten festhalten möchte. Für die zweite Gruppe ist der höhere Preis kein Argument gegen, sondern häufig sogar für den Markenartikelkauf. Damit sind Markenartikelhersteller der vollkommenen Konkurrenz enthoben. Sie können eine **Qualitätsgarantierente** und eine **Prestigerente** abschöpfen.

Nachfrager	Handel	Hersteller
– Qualitätsgarantie – gute Verfügbarkeit – habitualisierter Einkauf – bedarfsgerechter Einkauf wegen Produktidentifikation	– empf. Richtpreis – hohe Handelsspanne – hoher Selbstverkäuflichkeitsgrad – große Nachfrage – schneller Warenumschlag	– akquisitorisches Potential – Prestigerente – Qualitätsgarantierente – starke Position gegenüber Handel

Abb. 44: Vorteile von Markenartikeln

Markenartikel haben sich am Markt durchgesetzt, weil sie verschiedenen Nachfragerbedürfnissen Rechnung tragen. Weil die Markenartikel sich größter Beliebtheit beim Nachfrager erfreuen, sind sie zur Hauptstütze des Umsatzes im Einzelhandel geworden. Der Markenartikel hat für den Handel den Nachteil, daß er vom Hersteller abhängig wird. Größer sind aber die Vorteile: Markenartikel sind für den Handel Selbstgänger. Wegen ihres hohen Bekanntheitsgrades bedarf es keiner besonderen – personalintensiven – Verkaufsanstrengungen. Der Hersteller wirbt für seine Markenartikel nicht beim Handel, sondern beim Endverbraucher. Hat sich der Markenartikel beim Endverbraucher erst einmal durchgesetzt, muß ihn der Handel in sein Sortiment aufnehmen.

Neben den klassischen **Herstellermarken,** die wir bisher behandelt haben, gibt es **Handelsmarken,** z. B. Aldi-Kaffee. Für Handelsmarken wird weitaus weniger Werbung betrieben. Sie sind meist etwas billiger als die Herstellermarken und haben die Aufgabe, die Nachfrage des Marktsegments preisbewußter Verbraucher auf sich zu ziehen. (ÜB 4/24–25)

cc) Kundendienstpolitik

Nachfrager verlangen von einem Anbieter keine Produkte oder Dienstleistungen, sondern Problemlösungen. Der Käufer eines PC ist i. d. R. nicht zufriedengestellt, wenn ihm zwei Kisten Hardware über den Ladentisch geschoben werden. Neben dieser Hauptleistung erwartet er vom Hersteller bzw. Einzelhändler **Nebenleistungen** im Bereich von **Garantie** und **Service**. Besonders begehrt sind die Nebenleistungen dann, wenn sie unentgeltlich zur Verfügung gestellt werden.

Die im Rahmen des Kundendienstes zu erbringenden Nebenleistungen haben die Aufgabe

– den Kunden **beim Kaufentscheidungsprozeß** fachkundig zu **unterstützen** (Auswahl der bedarfsgerechten Lösung),
– eine **reibungslose Funktion** des Gerätes während der gesamten Nutzungsdauer zu gewährleisten und
– am Ende der Nutzungsdauer eine **reibungslose Entsorgung** des Altgerätes sicherzustellen.

Schon diese Aufzählung macht deutlich, daß Kundendienstleistungen weniger im Konsumgütersektor als vielmehr im Bereich komplizierter, langlebiger **technischer Geräte,** insbesondere im Bereich der **Investitionsgüterhersteller** nachgefragt werden. Je teurer und spezialisierter das Gerät ist, desto größer wird die Bedeutung der Kundendienstpolitik als absatzpolitisches Instrument. Wichtige Anwendungsfelder der Kundendienstpolitik gegenüber privaten Nachfragern[26] sind der Bereich der Haustechnik, der Kraftfahrzeugtechnik, der Unterhaltungselektronik, der Computertechnik usw. Mit zunehmender Technisierung unserer Umwelt gewinnt die Kundendienstpolitik als absatzpolitisches Instrument an Bedeutung. Die starke Nachfrage nach kundendienstlichen Nebenleistungen hat zwei Ursachen: zum einen ist es die Bequemlichkeit der Nachfrager und ihr Wunsch nach Leistungen aus einer Hand, zum anderen ist es die Tatsache, daß der Hersteller eines Produktes im allgemeinen eine höhere Beratungs- und Betreuungskompetenz aufzuweisen hat als ein zwischengeschaltetes Dienstleistungsunternehmen.

Die einzelnen Bereiche der Kundendienstpolitik lassen sich folgendermaßen gliedern:

Kundendienst
– Information, Beratung und Unterstützung beim Einkauf – Schulung und Instruktion der Endabnehmer bzw. der Einzelhandelsmitarbeiter – Transport und Inbetriebnahme – Unterhalt, Reparatur, Ersatzteil- und Garantiedienst, Entsorgung

Abb. 45: Bereiche der Kundendienstpolitik[27]

---

[26] Zur Kundendienstpolitik gegenüber gewerblichen Nachfragern vgl. die Literatur zum Investitionsgütermarketing, insbes. Backhaus, K., Investitionsgütermarketing, 3. Aufl., München 1992, S. 60 f. u. S. 330 ff.

[27] Eine detaillierte Darstellung findet sich bei Berndt, R., Marketing 2, Marketing-Politik, 2. Aufl., Berlin u. a. 1992, S. 124 f.

Kundendienstleistungen können – wie bereits dargestellt – vor bzw. nach dem Kauf erbracht werden, sie können technischer oder kaufmännischer Natur sein und sie können entgeltlich oder unentgeltlich zur Verfügung gestellt werden. Die technischen Aufgaben des Kundendienstes wurden bereits angesprochen. Zum kaufmännischen Kundendienst gehört neben dem Umtauschrecht und dem Zustellen der Ware die Schaffung optimaler Einkaufsbedingungen (Kinderhort im Kaufhaus, Parkmöglichkeiten usw.). Als Teilbereich der Absatzpolitik steht die Kundendienstpolitik im Dienst der Erreichung des unternehmerischen Oberziels der langfristigen Gewinnmaximierung. Informationsbeschaffung und Präferenz- und Imagebildung sind Subziele der Kundendienstpolitik.

langfristige Gewinnmaximierung	
Informationsbeschaffung	**Präferenz- und Imagebildung**
– Marktinformationen über Kundenwünsche – technische Informationen zur Produktverbesserung	– akquisitorisches Potential steigt – eingeschränkter Preiswettbewerb – Preiserhöhungsspielräume
Zukunftsgewinn steigt	Gegenwartsgewinn steigt

Abb. 46: Ziele der Kundendienstpolitik

Die Aussage, daß Kundendienstpolitik zur Gewinnsteigerung führt, bedarf der Präzisierung. In jedem Fall muß die Kundendienstpolitik auf den Prüfstand einer **Kosten-Nutzen-Analyse** gestellt werden. Dabei gilt es, die **positiven Kundendienstwirkungen** mit den **Kosten des Kundendienstes** zu vergleichen. Einfach ist dieser Vergleich, wenn Kundendienstleistungen entgeltlich zur Verfügung gestellt werden. Dann ist eine Kundendienstleistung vorteilhaft, wenn $K_{KD} < E_{KD}$, wobei K_{KD} für die Kosten, E_{KD} für die Erlöse aus der Kundendienstleistung steht. Nach dieser Bedingung müssen Kundendiensterlöse mindestens kostendeckend sein. Das gilt allerdings nur dann, wenn von der – entgeltlichen – Kundendienstleistung keine positiven Präferenzwirkungen ausgehen. Kundendienstleistungen sind aber im praktischen Regelfall durch das Entstehen positiver Präferenzwirkungen gekennzeichnet, die sich in späteren Perioden in Mehrerlösen niederschlagen können.

Gehen wir jetzt von einer unentgeltlichen Kundendienstleistung aus, müssen wir die Kosten des Kundendienstes K_{KD} mit dem kundendienstbedingten Mehrerlös ME_{KD}, der sich aus der Nutzung des Preissteigerungspotentials ergibt, vergleichen.

Der in Abb. 47 wiedergegebene Optimierungsansatz dient der Ermittlung des **gewinnmaximalen Kundendienstniveaus**. Es wird ein proportionaler Anstieg der Kundendienstkosten unterstellt, d. h. die Grenzkosten einer zusätzlichen Kundendiensteinheit sind konstant. Der degressive Anstieg der

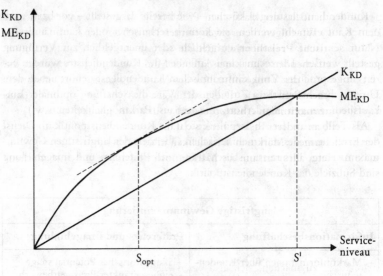

Abb. 47: Optimale Kundendienstintensität

ME-Funktion zeigt, daß die präferenzbildende Wirkung der Kundendienstleistungen mit zunehmender Serviceintensität nachläßt. Vom Nullpunkt ausgehend wird die Steigerung des Serviceniveaus solange fortgesetzt, bis der Abstand zwischen ME_{KD} und K_{KD} seinen maximalen Wert erreicht. Das ist beim Serviceniveau S_{opt} der Fall. Vor (nach) diesem Serviceniveau sind die Grenzerträge einer zusätzlichen Servicemaßnahme größer (kleiner) als die Grenzkosten des Kundendienstes. Würde der Anbieter seine Serviceintensität auf S' ausdehnen, wäre sein Gewinn genauso hoch wie im Nullpunkt, d. h. im Falle des Verzichts auf jegliche Kundendienstleistung. Diesem Optimierungsansatz sind praktische Grenzen gesetzt: In der Kundendienstpraxis ist es schon schwer, die durch eine Kundendienstmaßnahme verursachten Kosten K_{KD} zu schätzen. Noch schwerer ist es, die kundendienstbedingten Mehrerlöse ME_{KD} zuverlässig von anderen Erlöskomponenten zu isolieren. (**ÜB 4/26**)

3. Preispolitik

a) Ziele und Teilbereiche der Preispolitik

Bis weit in die sechziger Jahre galt die Preispolitik als wichtigstes absatzpolitisches Instrument zur Erreichung unternehmerischer Ziele. Zwischenzeitlich haben sich die Absatzmärkte in den westlichen Industriegesellschaften stark verändert. Dabei haben vor allem Werbung und Produktpolitik an Bedeutung gewonnen, wodurch die Preispolitik ihren absatzpolitischen Vorrang einbüßte.

Gleichwohl nimmt die Darstellung der Preispolitik in der Marketingliteratur noch immer breiten Raum ein. Sie wird üblicherweise in zwei Unterkapiteln abgehandelt, der klassischen Preistheorie und der praxisorientierten Preispolitik. Wir folgen dieser zweigeteilten Darstellung.

Die **klassische Preistheorie** bildet die wirtschaftliche Wirklichkeit unter stark vereinfachenden Annahmen in einer Modellwelt ab. Dabei gehört die Hypothese von der Vollkommenheit des Marktes zu den Grundannahmen der klassischen Preistheorie. Diese sucht eine Antwort auf die Frage nach dem **gewinnmaximalen Absatzpreis auf vollkommenen Märkten.**

Es wurde an anderer Stelle[28] bereits darauf hingewiesen, daß
– es vollkommene Märkte in Wirklichkeit nicht gibt und daß
– die Anbieter alles tun, um die Märkte noch unvollkommener zu machen.

Denn je unvollkommener die Märkte, desto eher ist es möglich, sich dem gewinnschmälernden Preiswettbewerb zu entziehen.

Auf unvollkommenen Märkten spielt die Preispolitik eine nachgeordnete Rolle. Alle Bemühungen der Anbieter sind zunächst darauf gerichtet, die Märkte durch Produktpolitik, Werbung und Distributionspolitik unvollkommen zu machen. Ziel ist es, sich vom Preiswettbewerb – weitgehend – unabhängig zu machen, sich also einen eigenständigen Preisspielraum zu erkämpfen. Die **praktische Preispolitik** fragt folgerichtig nach der optimalen Gestaltung des Absatzpreises auf **unvollkommenen Märkten.**

Die klassische Preistheorie hat ihre Wurzeln in der volkswirtschaftlichen Mikrotheorie. Sie hat einen nicht zu unterschätzenden didaktischen Vorzug: Sie zeigt auf anschauliche Weise, daß ein einzelner Anbieter unter den Bedingungen des vollkommenen Marktes[29] keine Möglichkeit zu eigenständiger Preispolitik hat. Erst auf unvollkommenen Märkten kann man sich als Anbieter dem Diktat des einheitlichen Konkurrenzpreises entziehen und aktive Preispolitik betreiben.

Wie jeder Entscheidungskalkül so basiert auch die Preispolitik auf Zielen, Instrumenten (Handlungsalternativen) und Daten. Die klassische Preistheorie unterstellt als **Ziel** unternehmerischen Handelns die **langfristige Gewinnmaximierung.** Dieses Unternehmensziel spielt auch in der praktischen Preispolitik[30] die dominierende Rolle. Üblicherweise definiert man den Gewinn als Differenz zwischen Erlösen und Kosten, also G = E − K. Kosten und Erlöse sind abhängig von der abgesetzten Menge m. Die Erlöse E sind das Produkt aus abgesetzter Menge m und dem erzielten Verkaufspreis p. Der erzielbare Erlös E ist in zweifacher Hinsicht vom geforderten Kaufpreis abhängig: direkt über den Faktor p und indirekt über den Faktor m, denn je höher (niedriger) die Preisforderung p, desto geringer (höher) ist nach landläufiger Erfahrung die absetzbare Menge.

Die Preispolitik bedient sich einer Anzahl von **Instrumenten.** Die klassische Preistheorie geht von der Vorstellung aus, daß ein (homogenes) Gut auf

---

[28] Vgl. S. 632 f.
[29] Vgl. dazu die Ausführungen zur vollkommenen Konkurrenz auf S. 633.
[30] So weist Berndt auf empirische Untersuchungen hin, wonach etwa 80 Prozent aller befragten Unternehmen die Erzielung eines maximalen bzw. eines branchenüblichen oder „angemessenen" Gewinns als wichtigstes preispolitisches Ziel nennen. Vgl. Berndt, R., Marketing 2, a. a. O., S. 128 f.

einem vollkommenen Markt alternativ – also nicht gleichzeitig – zum Preis p_1, p_2, p_3 usw. angeboten werden kann, wobei die entsprechenden Alternativmengen m_1, m_2, m_3 usw. abgesetzt werden können. Es gilt, die Preisalternative p_i ausfindig zu machen, bei der der Gewinn $G = m \cdot p - K$ den maximalen Wert erreicht.

Die praktische Preispolitik erweitert das Spektrum der preispolitischen Instrumente. Während auf vollkommenen Märkten immer nur ein Einheitspreis herrscht, der **alternativ** die Höhe p_1, p_2, p_3 usw. haben kann, können auf unvollkommenen Märkten nicht nur alternative, sondern auch **differenzierte Preise** nebeneinander existieren. Auf unvollkommenen Märkten kann es also vorkommen, daß im Wege der Preisdifferenzierung in den Marktsegmenten a, b, c usw. – gleichzeitig – die Preise p_a, p_b, p_c mit den zugehörigen Absatzmengen m_a, m_b und m_c vorzufinden sind.

Merkmal	Klassische Preistheorie	Praktische Preispolitik
Marktverfassung	vollkommener Markt	unvollkommener Markt
gehandelte Güter	homogen	heterogen
alternative Einheitspreise	möglich	möglich
differenzierte Preise	unmöglich	möglich

Abb. 48: Preispolitische Instrumente auf vollkommenen
und unvollkommenen Märkten

Neben dem Preis kennt die praktische Preispolitik noch andere Instrumente:

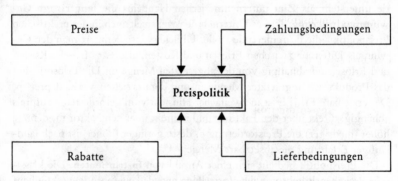

Abb. 49: Instrumente der praktischen Preispolitik

Differenzierte Rabatte, Zahlungs- und Lieferbedingungen erlauben eine differenzierte Marktbearbeitung. Ein Markt, auf dem nur der Preis variiert wird, ist sehr transparent, er neigt c. p. zur Vollkommenheit. Mit den anderen drei preispolitischen Aktionsparametern wollen die Anbieter die Märkte unübersichtlich machen. Auf diese Weise erzeugt man unvollkommene Märkte, auf denen sich höhere Gewinne erwirtschaften lassen. Eine Preispolitik, die neben dem Preis auch die Instrumente Rabatte, Zahlungs- und Lieferbedingungen optimiert, wird in der absatzwirtschaftlichen Literatur häufig als **Konditionenpolitik** bezeichnet.

Im planwirtschaftlichen System ist Preispolitik unmöglich, weil die Preise durch eine zentrale Planungsbehörde vorgegeben werden. Im marktwirtschaftlichen System ist dagegen jeder Anbieter in den Möglichkeiten zur Preisgestaltung frei. Von diesem Grundsatz gibt es einige Ausnahmen. So müssen sich Versicherungen ihre Tarife vom Bundesaufsichtsamt für das Versicherungswesen genehmigen lassen. Für Angehörige freier Berufe, also für Ärzte, Anwälte, Architekten, Notare usw. gibt es Gebührenordnungen mit festgeschriebenen Höchstpreisen. Daneben gibt es eine vertikale Preisbindung, wonach der Einzelhandel mit seinen Preisforderungen vom Herstellerpreis nicht abweichen darf (Arzneimittel, Druckerzeugnisse).

Der Zustandsraum preispolitischer Optimierungsmodelle wird durch betriebsinterne und betriebsexterne **Daten** determiniert. Durch Verdichtung aller betriebsinternen (betriebsexternen) Daten gelangt man zur Kostenfunktion (Nachfragefunktion). Die Nachfragefunktion wird auch als **Preis-Absatz-Funktion** bezeichnet. Sie zeigt, in welchen Mengen sich ein homogenes Gut auf einem Gesamtmarkt bei alternativen Preisforderungen absetzen läßt. Die Preis-Absatz-Funktion ist eine Marktreaktionsfunktion, die angibt, mit welchen Mengenänderungen die Nachfrager auf eine Preisänderung der Anbieter reagieren, während alle übrigen absatzpolitischen Instrumente unverändert bleiben.

Betriebsinterne Daten	Betriebsexterne Daten
– Unternehmensgröße – Unternehmensstandort – Produktionstechnik – Produktqualität – Produktionsprogramm – Kapazität usw.	– Marktgröße – Konkurrenzsituation – Konkurrenzverhalten – Nachfragereinkommen – Nachfragerverhalten – Substitutionsgüter usw.
Kostenfunktion	**Nachfragefunktion**

Abb. 50: Daten der Preispolitik

Die Unternehmenspraxis begegnet den preispolitischen Aktionsmöglichkeiten teils aufgeschlossen, teils mit Vorbehalten. Die Aktionsparameter Rabatt, Zahlungs- und Lieferbedingungen erfreuen sich ungeteilter Beliebtheit, weil man mit diesen Instrumenten den harten Preiswettbewerb unterlaufen kann. Anders verhält es sich mit dem Preis als Aktionsmöglichkeit. Der Vorteil des absatzpolitischen Instruments Preis wird darin gesehen, daß es schneller greift als die Werbung oder gar die Produktpolitik. Dem steht der

Nachteil gegenüber, daß sich eine zur kurzfristigen Absatzbelebung vorgenommene Preissenkung später nur sehr schwer wieder rückgängig machen läßt. (**ÜB 4**/24, 26, 30–31)

b) Preispolitik im Rahmen der klassischen Preistheorie

aa) Grundlagen der Preistheorie

Ziel der klassischen Preistheorie ist die Bestimmung des gewinnmaximalen Absatzpreises unter modellmäßigen Bedingungen. Zur Konkretisierung preispolitischer Entscheidungsmodelle benötigt man betriebsinterne und marktbezogene Informationen. Die **betriebsinternen Informationen** werden vor allem von der Kostenrechnung bereitgestellt. Im modelltheoretischen Idealfall werden die Kosteninformationen in einer **Kostenfunktion**[31] zusammengefaßt.

Weitaus schwieriger gestaltet sich die Beschaffung zuverlässiger **Marktinformationen**. Die genaue Kenntnis der jeweiligen Marktgegebenheiten ist eine unabdingbare Voraussetzung zur modellmäßigen Ermittlung des gewinnmaximalen Absatzpreises. Wer als Anbieter den gewinnmaximalen Absatzpreis bestimmen will, muß über

(1) die Struktur von Angebot und Nachfrage,
(2) das Marktverhalten der Konkurrenten und
(3) das Marktverhalten der Nachfrager

informiert sein.

Preispolitische Modelle basieren – wie alle Modelle – auf einer vereinfachten Abbildung der Wirklichkeit. Zu den **modellmäßigen Vereinfachungen** gehört die Annahme, daß

– sich Anbieter und Nachfrager auf einem vollkommenen Markt begegnen,
– nur der Preis als Aktionsparameter eingesetzt wird, d. h. daß die übrigen absatzpolitischen Instrumente konstant gehalten werden,
– die Wirkung einer Preisänderung sich nur auf eine Periode erstreckt[32] und daß – üblicherweise –
– vollkommene Sicherheit bezüglich der angenommenen Erlöse und Kosten herrscht.

Vereinfachung und Schematisierung ist das gemeinsame Kennzeichen aller preispolitischen Modelle. Die (1) **Struktur von Angebot und Nachfrage** wird im sog. **Marktformenschema**[33] zusammengefaßt. Daraus hat man je ein preispolitisches Modell für das (Angebots-)**Monopol,** das (Angebots-) **Oligopol** und die **vollkommene Konkurrenz,** die zuweilen auch atomistische Konkurrenz genannt wird, entwickelt.

Auch das (2) **Marktverhalten der Konkurrenten** muß in preistheoretischen Modellen berücksichtigt werden. Versucht ein Anbieter, seinen mengenmäßigen Absatz durch eine Preissenkung zu steigern, dann hängt – auf

---

[31] Zur Ermittlung von Kostenfunktionen vgl. S. 491 ff.
[32] Man spricht in diesem Zusammenhang von einer statischen Preis-Absatz-Funktion. Zu dynamischen Preis-Absatz-Funktionen vgl. Meffert, Marketing, a. a. O., S. 270 f.
[33] Vgl. S. 633 f.

einem vollkommenen Markt – der Erfolg dieser Maßnahme wesentlich von
der Reaktion der Konkurrenten ab. Kann der betreffende Anbieter davon
ausgehen, daß seine Konkurrenten nicht reagieren, verhält er sich monopoli-
stisch, d. h. er ist in seiner Preispolitik nur von der Reaktion der Nachfrager,
nicht von der Reaktion der Konkurrenten abhängig. Muß der Anbieter aber
im obigen Fall damit rechnen, daß seine Konkurrenten ihrerseits mit einer
Preissenkung reagieren, verhält er sich konkurrenzgebunden. Konkurrenz-
gebundenes Verhalten engt den preispolitischen Spielraum ein: Wer den Gewinn mittels Preissenkung erhöhen will, weil er hofft, daß er dabei einen
Teil der Nachfrage von der Konkurrenz auf sich ziehen kann, wird dieses
Ziel nicht erreichen, wenn die Konkurrenz mit einer Preissenkung reagiert.
Weil unter solchen Bedingungen eine Preissenkung die Position aller Anbieter verschlechtert, wird sie von keinem Anbieter ins preispolitische Kalkül
gezogen.

Die Intensität der Konkurrenzbeziehung zwischen zwei Anbietern läßt
sich mit Hilfe des **Triffinschen Koeffizienten** messen. In diesem Zusammenhang stellt Triffin[34] die Frage, in welchem Maße die relative Preisänderung des agierenden Anbieters A bei einem beliebigen Konkurrenten B zu
einer relativen Veränderung der Absatzmenge führt.

Preisänderung durch A (Aktion) $\dfrac{\Delta p_A}{p_A}$	Mengenänderung bei B (Reaktion) $\dfrac{\Delta m_B}{m_B}$
$$T = \frac{\Delta m_B}{m_B} : \frac{\Delta p_A}{p_A} = \frac{p_A \cdot \Delta m_B}{m_B \cdot \Delta p_A}$$	

Abb. 51: Triffinscher Koeffizient T

Ausgehend von diesem Koeffizienten kommt Triffin zu folgenden Formen
der Konkurrenzbeziehung:
a) Keine Konkurrenzbeziehung (T = O).
b) Homogene Konkurrenz. Im Extremfall sorgt eine infinitesimal kleine
   Preissenkung (Preiserhöhung) durch A dafür, daß es bei B zu einem starken Einbruch (Anwachsen) der Absatzmenge kommt (T = ∞).
c) Heterogene Konkurrenz. Sie liegt zwischen den beiden oben genannten
   Extremen. Je stärker die Heterogenität des Gutes, desto geringer ist die
   Konkurrenzbeziehung, desto geringer ist T (O < T < ∞).

Bei der Ermittlung des gewinnmaximalen Absatzpreises muß der Anbieter
schließlich das (3) **Marktverhalten der Nachfrager** berücksichtigen. Hierbei
interessiert vor allem die Frage, wie die Nachfrager oder einzelne Nachfragergruppen auf Änderungen des Angebotspreises reagieren. Normalerweise
können die Anbieter davon ausgehen, daß infolge einer Preiserhöhung

---

[34] Vgl. Triffin, R., Monopolistic Competition and General Equilibrium Theory, Cambridge (Mass.) 1949, S. 97 ff.

(Preissenkung) die insgesamt nachgefragte Menge abnimmt (zunimmt).
Wenn eine Preisänderung von beispielsweise 10 Prozent eine prozentual stärkere (schwächere) Änderung der Nachfragemenge nach sich zieht, spricht man von einer elastischen (unelastischen) Nachfrage.

Unter der **Elastizität der Nachfrage** η versteht man das Verhältnis der relativen Änderung der Nachfragemenge (Wirkungsgröße) zu der sie verursachenden prozentualen Preisänderung (Einflußgröße). Der Elastizitätskoeffizient η ist in der Regel negativ, weil eine Preiserhöhung (-minderung) eine Mengenänderung in umgekehrter Richtung auslöst. Meist wird der Elastizitätskoeffizient durch ein eingefügtes Minuszeichen zu einem positiven Wert umdefiniert. Wenn beispielsweise eine zehnprozentige Preiserhöhung (-senkung) eine fünfzigprozentige Senkung (Steigerung) der Absatzmenge nach sich zieht, ist $\eta = 5$; die Nachfrage ist elastisch. Führt die gleiche prozentuale Preisänderung zu einer Änderung der Nachfragemenge um nur zwei Prozent, ist $\eta = 0,2$; die Nachfrage wird als unelastisch bezeichnet.

$$\eta = \frac{\Delta m}{m} : \frac{\Delta p}{p} = \frac{p}{m} \cdot \frac{\Delta m}{\Delta p}$$

$\eta = \infty$	$\eta = 1$	$\eta = 0$
Schon die kleinste Preisänderung verursacht eine extrem starke Änderung der Nachfragemenge	Eine Preisänderung um x Prozent verursacht eine gleich starke Veränderung der Nachfragemenge	Eine Preisänderung verursacht keinerlei Änderung der Nachfragemenge

Abb. 52: Elastizität der Nachfrage

Ob sich infolge einer Preisänderung der Umsatz erhöht oder verringert, hängt von der Elastizität der Nachfrage ab. Allgemein gilt:

Preis-\ Elastizität änderung	$\infty > \eta > 1$	$\eta = 1$	$1 > \eta > 0$
Preiserhöhung	Umsatz sinkt	Umsatz konstant	Umsatz steigt
Preissenkung	Umsatz steigt	Umsatz konstant	Umsatz sinkt

Abb. 53: Elastizität der Nachfrage und Umsatz

Die klassische Preistheorie arbeitet mit der Fiktion des vollkommenen Marktes, auf dem ein homogenes Gut zu einem einheitlichen Preis angeboten wird. Kennt ein Anbieter – ausgehend von einem gegebenen Marktpreis

p_i^* – die zugehörige Elastizität der Nachfrage η_i^*, dann weiß er, wie sich der gegenwärtige Umsatz U_i^* verändert, wenn p_i^* geringfügig gesenkt oder erhöht wird. Ist darüber hinaus die Kostenfunktion K bekannt, läßt sich bei Kenntnis der zu p_i^* gehörigen Elastizität unschwer prognostizieren, in welchem Maße sich der gegenwärtige Gewinn $G_i^* = U_i^* - K_i^*$ verändert, wenn der gegenwärtige Marktpreis p_i^* geringfügig erhöht oder gesenkt wird.

Die Bestimmung der für das gegenwärtige Preisniveau p_i^* geltenden Nachfrageelastizität η_i^* ist in der Unternehmenspraxis mit größten Schwierigkeiten behaftet. Über solche Hindernisse setzt sich die klassische Preistheorie hinweg. Mehr noch: sie betrachtet nicht nur die zum gegenwärtigen Marktpreis p_i^* gehörende Nachfrageelastizität η_i^* als gegeben, sondern sie unterstellt, daß die zu jedem denkbaren Absatzpreis p_i gehörende Gesamtnachfragemenge m_i bekannt ist. Weiß man, welche alternativen Gesamtmengen m_1, m_2, m_3 ... bei alternativen Angebotspreisen p_1, p_2, p_3 ... nachgefragt werden, ist die **Preis-Absatz-Funktion**, auch Nachfragefunktion oder Nachfragereaktionsfunktion genannt, bekannt. Die zugehörigen Nachfrageelastizitäten η_1, η_2, η_3 ... sind dann zwangsläufig gegeben.

Die Preis-Absatz-Funktion der klassischen Preistheorie zeigt, welche Gesamtmengen auf einem vollkommenen Markt zu alternativen Einheitspreisen abgesetzt werden können.

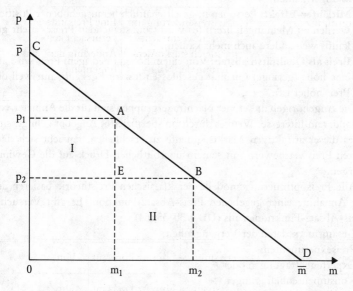

Abb. 54: Preis-Absatz-Funktion

Zum Preis p_1 (p_2) kann die Gesamtmenge m_1 (m_2) abgesetzt werden. Das bei einem Preis p_1 realisierbare Gesamtumsatzvolumen wird durch das Rechteck p_1Am_1O abgebildet. Der Preis $\overline{p}$ wird als **Prohibitivpreis** bezeichnet: es läßt sich kein Stück mehr absetzen. Die Menge $\overline{m}$ nennt man **Sättigungsmenge**: in so reichem Maße verfügbar ist das Gut wertlos geworden.

Die zum Preis p_1 (p_2) gehörende Elastizität der Nachfrage ist durch das Verhältnis der Streckenabschnitte

$$\frac{AD}{AC} \left(\frac{BD}{BC} \right)$$

bestimmt. Da $AD > AC$, ist die dem Preis p_1 zuzuordnende Elastizität der Nachfrage größer als 1. Nach Abb. 53 führt eine Preissenkung zu einem Umsatzanstieg, wenn $\eta > 1$. Abb. 54 bestätigt diese Behauptung. Bei einer Preissenkung von p_1 auf p_2 geht die Umsatzfläche I (AEp_2p_1) verloren, die Umsatzfläche II (Bm_2m_1E) kommt aufgrund der Mengenexpansion hinzu. Da II > I, ist der Umsatz durch die Preisermäßigung per Saldo gestiegen. Die Preissenkung wurde im Bereich elastischer Nachfrage ($\eta > 1$) vorgenommen.

Gewöhnlich zeigt die Preis–Absatz–Funktion den in Abb. 54 angedeuteten Verlauf: Je höher der Preis, desto kleiner die absetzbare Menge. Nur in Ausnahmefällen steigt die Absatzmenge mit steigendem Preis:

(1) **Veblen–Effekt:** Der Einzelne möchte durch aufwendigen Konsum auffallen, wobei die Aufwendigkeit der Güter am Preis gemessen wird (es wird mehr gekauft, nur weil der Preis höher ist).

(2) **Snob–Effekt:** Der Snob möchte sich von der Masse abheben und Güter besitzen, die andere nicht besitzen (es wird mehr gekauft, weil andere weniger kaufen).

(3) **Mitläufer–Effekt:** Personen in gesellschaftlich herausgehobener Position werden zu Meinungsführern (es wird trotz steigenden Preises mehr gekauft, weil andere auch mehr kaufen).

(4) **Preis als Qualitätsmaßstab:** Von einem hohen (niedrigen) Preis wird auf eine hohe (geringe) Qualität geschlossen (es wird gekauft, nur weil der Preis höher ist).

Die Angehörigen dieser vier Nachfragergruppen sind für die Anbieter von besonderem Interesse. Wem es durch ein spezifiziertes Angebot gelingt, sich eines dieser attraktiven Marktsegmente zu erschließen, entzieht sich dem harten Preiswettbewerb mit seinem unerbittlichen Druck auf die Gewinnmargen.

Alle Preisoptimierungsmodelle der klassischen Preistheorie basieren auf der Annahme einer gegebenen Preis-Absatz-Funktion. Es gibt Versuche, Preis-Absatz-Funktionen aus (**ÜB 4**/30–35, 64)

– Gesamtmarktdaten der Vergangenheit,

– Preisexperimenten,

– Expertenbefragungen oder

– Konsumentenbefragungen

empirisch abzuleiten.[35] Die Ergebnisse sind – noch – unbefriedigend.

---

[35] Vgl. Berndt, R., Marketing 2, a. a. O., S. 150 ff. und die dort angegebene Literatur.

bb) Preisbildung im Monopol

Als einziger Anbieter beherrscht der Monopolist den Markt. Erhöht der Monopolist seinen Angebotspreis, können die Nachfrager nicht auf andere Anbieter ausweichen. Sie haben lediglich die Möglichkeit, die Nachfragemenge zu reduzieren oder auf Substitutionsgüter (z. B. Kohle statt Heizöl) auszuweichen. Man spricht in diesem Zusammenhang von **Substitutionskonkurrenz.**

Weil sich im Monopolfall die gesamte Nachfrage auf einen Anbieter konzentriert, ist die auf den Gesamtmarkt bezogene Preis-Absatz-Funktion identisch mit der einzelwirtschaftlichen Angebotsfunktion des Monopolisten. Bei der Festsetzung seines Angebotspreises ist der Monopolist autonom. Er möchte den Preis so festsetzen, daß er seinen Gewinn langfristig maximiert. Der Monopolist erreicht dann sein **Gewinnmaximum,** wenn die Differenz zwischen seinem Gesamterlös (E) und seinen Gesamtkosten (K) am größten ist. Er muß also seine Gesamterlöskurve und seine Gesamtkostenkurve kennen.

Der Gesamterlös (E) ergibt sich, wenn man die Absatzmenge (m) mit dem dazugehörigen Preis (p) multipliziert.

Nehmen wir der Einfachheit halber an, die Preis-Absatz-Funktion (AB) verlaufe linear. Dann steigt die Gesamterlöskurve (E) vom Nullpunkt des Koordinatensystems an. Bei einem Absatz von Null ist auch der Gesamterlös

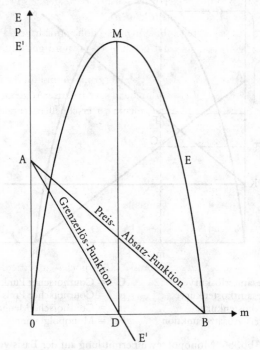

Abb. 55: Erlös- und Grenzerlösfunktion des Monopolisten

E = 0, bei Erreichen der Sättigungsmenge, d. h. im Schnittpunkt der Nachfragekurve mit der Abszisse (B), ist der Preis p=0, also der Gesamterlös ebenfalls gleich 0 (Abb. 55). Der Gesamterlös steigt zunächst stetig an, solange die Verminderung des Preises durch die Zunahme der abgesetzten Menge überkompensiert wird, erreicht ein Maximum (M) und sinkt wieder bis 0 ab, sobald die Erhöhung der Menge die Verminderung des Preises nicht mehr kompensieren kann. Als **Grenzerlös** (E') bezeichnet man die durch den Verkauf der jeweils letzten Mengeneinheit verursachte Erlösveränderung. Somit entspricht die Grenzerlösfunktion E' der ersten Ableitung der Erlösfunktion E. Wenn der Monopolist im Ausbringungsmengenbereich OD seine Absatzmenge (durch Preissenkung) erhöht, steigt sein Gesamterlös E an; der Grenzerlös E' ist also positiv. Erhöht er die Absatzmenge über den Punkt D hinaus, ist der Gesamterlös E rückläufig; der Grenzerlös E' wird negativ. Anders gesagt: Eine Umsatzsteigerung durch Preissenkung und Erhöhung der Angebotsmenge ist solange möglich, wie der Grenzerlös E' positiv ist. Dies ist nach Abb. 53 der Fall, wenn die Elastizität der Nachfrage $\eta > 1$ ist. Im Ausbringungsmengenbereich OD gilt für die Elastizität: $\infty > \eta > 1$. Bei

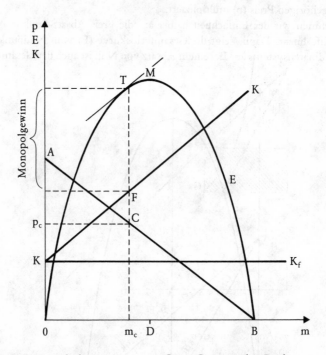

OMB	= Gesamterlöskurve
KK	= Gesamtkostenkurve
KK_f	= Fixkostenkurve
AB	= Preis-Absatz-Funktion

C	= Cournotscher Punkt
p_c	= Cournotscher Preis
m_c	= Cournotsche Menge
FT	= Monopolgewinn

Abb. 56: Monopolgewinnermittlung auf der Basis von
Gesamterlösen und Gesamtkosten

der Absatzmenge D (Erlösmaximum) ist η gleich Eins. Im Mengenbereich DB gilt: 1>η > O.

Die gewinnmaximale Ausbringungsmenge des Monopolisten ist im Mengenbereich OD zu suchen. Würde er – durch Preissenkung – die Absatzmenge über D hinaus ausdehnen, würden seine Kosten K steigen und seine Erlöse E fallen.

Das Modell zur Ermittlung des gewinnmaximalen Absatzpreises im Monopolfall wurde von Cournot entwickelt. Die gewinnmaximale Absatzmenge des Monopolisten bezeichnet man als **Cournotsche Menge** (m_c), den gewinnmaximalen Absatzpreis als **Cournotschen Preis** (p_c). In Abb. 56 findet man auf der Preis-Absatz-Funktion den Punkt C. Er markiert den sog. Cournotschen Punkt, d. h. die gewinnmaximale Menge m_c mit dem zugehörigen Preis p_c.

Den **Cournotschen Punkt** C kann man einerseits – wie in Abb. 56 – durch Vergleich des Gesamterlöses und der Gesamtkosten bestimmen. Andererseits läßt sich der Cournotsche Punkt C auch durch Gegenüberstellung der **Grenzerlöskurve** E′ und der **Grenzkostenkurve** K′ ermitteln (Abb. 57): Zunächst wird die Grenzerlöskurve (Grenzkostenkurve) aus der Gesamter-

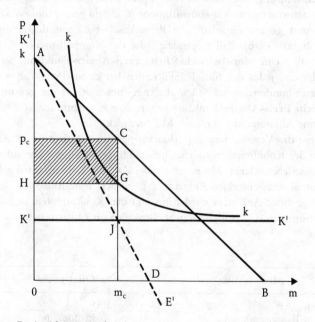

AB	= Preis-Absatz-Funktion	p_c = Cournotscher Preis
K′K′	= Grenzkostenkurve	m_c = Cournotsche Menge
ADE′	= Grenzerlöskurve	CG = Monopolgewinn je Stück
kk	= Stückkostenkurve	$CGHp_c$ = gesamter Monopolgewinn
C	= Cournotscher Punkt	

Abb. 57: Monopolgewinnermittlung auf der Basis von Grenzerlösen und Grenzkosten

löskurve (Gesamtkostenkurve) abgeleitet. Weitet der Monopolist von Null ausgehend seine Angebotsmenge aus, liegen seine Grenzerlöse E' über den Grenzkosten K': Der Gewinn steigt. Im Schnittpunkt J der Grenzerlös- und Grenzkostenfunktion, also bei der Cournotschen Menge m_c, erreicht der Monopolist sein **Gewinnmaximum**. Steigert er die Angebotsmenge um eine weitere Einheit, nimmt der Gewinn ab, weil $K' > E'$.

Errichtet man im Schnittpunkt (J) der Grenzerlös- und der Grenzkostenkurve eine Senkrechte, so schneidet sie die Preis-Absatz-Funktion im Punkt C. Der durch Grenzbetrachtung (Abb. 57) ermittelte Cournotsche Punkt C markiert die gleiche Cournotsche Menge m_c und den gleichen Cournotschen Preis p_c wie im Falle der Gesamtbetrachtung (Abb. 56). (**ÜB 4/36–43**)

Bei der gewinnmaximalen Angebotsmenge entspricht der Stückgewinn in Abb. 57 der Strecke CG. Multipliziert man den Stückgewinn CG mit der Cournotschen Menge m_c, erhält man den maximalen Monopolgewinn, der in Abb. 57 als schraffierte Fläche dargestellt wird.

cc) Preisbildung im Oligopol

Stehen wenige große Anbieter einer Vielzahl von Nachfragern gegenüber, spricht man von einem **Angebotsoligopol**. Während beim Monopolisten die einzel- und gesamtwirtschaftliche Preis-Absatz-Funktion deckungsgleich sind, gilt im Oligopolfall folgendes: Jeder der oligopolistischen Anbieter verfügt über eine **einzelwirtschaftliche Preis-Absatz-Funktion.** So kann beispielsweise jeder der fünf Konkurrenten bei einem Preis von 40 DM/Stück zweihunderttausend Stück absetzen. Bezogen auf die **gesamtwirtschaftliche Preis-Absatz-Funktion** gehört dann zu einem Preis von 40 DM/Stück eine Absatzmenge von einer Million Stück.

Solange die Veränderung der Absatzmenge eines Anbieters die Absatzmengen der Konkurrenten spürbar beeinflußt, bewegen wir uns auf einem oligopolistischen Markt. Mit zunehmender Zahl der Konkurrenten geht der Marktanteil eines einzelnen Anbieters c. p. zurück. Eine Änderung der Absatzmenge eines Anbieters wird dann von den Konkurrenten kaum noch wahrgenommen. Das Oligopol geht allmählich über in **atomistische Konkurrenz.**

Monopolist	Oligopolist
– eigene PAF[36] – eigene Kostenfunktion	– eigene PAF – eigene Kostenfunktion – PAF der Konkurrenten – Reaktion der Konkurrenten auf eigene Preisänderungen

Abb. 58: Informationen zur Bestimmung des gewinnmaximalen Preises

---

[36] PAF = Preis-Absatz-Funktion

Der Oligopolist betreibt Preispolitik mit dem gleichen Ziel wie der Monopolist: Er möchte den **gewinnmaximalen Absatzpreis** ausfindig machen. Zur Bestimmung des gewinnmaximalen Absatzpreises benötigt aber der Oligopolist weitaus mehr Informationen als der Monopolist (siehe Abb. 58). Ist schon die Ermittlung von Preis-Absatz-Funktionen mit größten praktischen Schwierigkeiten verbunden, läßt sich die Reaktion der Konkurrenten auf eigene Preisänderungen kaum vorhersagen. Aus diesem Grunde haben die preistheoretischen Modelle zum Oligopolfall nur geringe praktische Bedeutung. Entsprechend kurz sollen sie an dieser Stelle abgehandelt werden.

Zunächst wollen wir unterstellen, daß zwei Anbieter A und B auf einem **vollkommenen Markt** konkurrieren. Diese spezielle Oligopolsituation bezeichnet man als **Dyopol**. Kennzeichen eines vollkommenen Marktes ist ein für alle Anbieter geltender einheitlicher Marktpreis. In der Ausgangssituation (Abb. 59) liegt der für beide Anbieter geltende einheitliche Marktpreis bei p*, wobei A (B) die Menge m_A* (m_B*) absetzen kann. Zur Bestimmung des gewinnmaximalen Absatzpreises stellt der Oligopolist im Prinzip die gleichen Überlegungen an wie der Monopolist: Der Anbieter A wird versuchen, den Preis von p* auf p_A^1 zu erhöhen. Hier erreicht er das Gewinnmaximum, denn bei p_A^1 gilt: $E_A' = K_A'$!

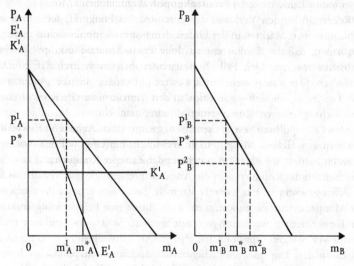

Abb. 59: Preisänderung im Dyopol

Ob der Anbieter A durch die Preissteigerung von p* auf p_A^1 seine Gewinnsituation tatsächlich verbessert, hängt aber vom Verhalten des Konkurrenten B ab. Wenn B auf die Preiserhöhung des A reagiert und seinerseits den Absatzpreis auf p_B^1 erhöht, ergibt sich ein neuer Einheitspreis. Die Absatzmengenrelationen $m_A : m_B$ bleiben unverändert. Zumindest A hat seine Situation verbessert.

Für B könnte es aber durchaus interessant sein, der Preiserhöhung des A nicht zu folgen: Bleibt B beim Angebotspreis p*, würden nach der Preiserhöhung des A alle Nachfrager zu B abwandern, denn sie haben – in Ermangelung persönlicher und/oder sachlicher Präferenzen – keinen Grund, bei A einen höheren Preis zu zahlen als bei B. An dieser Stelle wird deutlich: Wie jeder Anbieter so muß auch der Oligopolist bestrebt sein, die Vollkommenheitsbedingung des Marktes aufzuheben und **persönliche bzw. sachliche Präferenzen** für sein Angebot zu schaffen, weil er sich nur so die Möglichkeit zu (begrenzten) **Preiserhöhungen** eröffnen kann.[37]

Kehren wir zur Ausgangssituation (Abb. 59) zurück, wo der einheitliche Marktpreis bei p* lag. Würde der Anbieter B – aus welchen Gründen auch immer – seinen Angebotspreis auf p_B^2 absenken, hätte A die Möglichkeit,

(1) **nicht zu reagieren,** d. h. bei p* zu bleiben und damit die gesamte Nachfrage zu verlieren,

(2) den eigenen Preis p_a **in gleichem Maß zu senken** $(p_A^2 = p_B^2)$ und damit die Absatzmengenrelationen $m_A : m_B$ (auf verringertem Gewinnniveau) aufrechtzuerhalten,

(3) den eigenen Preis p_A^2 noch stärker zu senken, in der Hoffnung, die gesamte Nachfrage auf sich zu ziehen und B **zu ruinieren** oder

(4) mit B im Wege stillschweigenden **Übereinkommens** oder offener Absprache[38] zu vereinbaren, die Preissenkung zurückzunehmen oder zumindest keine weiteren Preissenkungen vorzunehmen.

Wegen drohenden Verlustes der gesamten Nachfrage (1) wird man auf vollkommenen Märkten in der Unternehmenspraxis immer davon auszugehen haben, daß die Konkurrenz auf Preissenkungen eines oligopolistischen Anbieters reagiert. Den Fall (2) bezeichnet man als wirtschaftsfriedliches Verhalten. Das Kampfverhalten des Falles (3) werden allenfalls Anbieter an den Tag legen, die sich – gemessen an den Verhältnissen der Konkurrenz – einer sehr günstigen Kostenstruktur sicher sein können. Im allgemeinen werden Oligopolisten bestrebt sein, dem gewinnschmälernden **Preiswettbewerb auszuweichen.** Mit gutem Grund scheut ein Oligopolist X vor dem Versuch zurück, die eigene Absatzmenge durch eine Preissenkung zu erhöhen. Senken die Konkurrenten die Angebotspreise in gleichem Maße, ist für X nichts gewonnen. Ein weiterer Versuch, durch eine erneute Preissenkung zur Mengenexpansion zu kommen, kann durch eine Preissenkungsreaktion der Konkurrenten wiederum vereitelt werden. Statt eines sinnlosen Preiswettbewerbs legen Oligopolisten eher ein stillschweigendes Koalitionsverhalten an den Tag oder sie bedienen sich anderer absatzpolitischer Instrumente wie der Produktpolitik oder der Werbung, um sich eine bevorzugte Marktposition zu verschaffen. (**ÜB 4/44–46**)

---

[37] Zu den Möglichkeiten oligopolistischer Preispolitik auf unvollkommenen Märkten vgl. Meffert, H., Marketing, a. a. O., S. 317 ff.

[38] In der Praxis wird es bei verdeckten Übereinkünften bleiben, weil Preisabsprachen gegen wettbewerbsrechtliche Vorschriften verstoßen. Vgl. S. 404 ff., insbesondere S. 409 f.

dd) Preisbildung bei vollkommener Konkurrenz

Wenn sich auf einem vollkommenen Markt sehr viele Nachfrager und sehr viele Anbieter begegnen, spricht man von **vollkommener Konkurrenz** oder auch von **atomistischer Konkurrenz.** Vollkommene Konkurrenz bedeutet:

(1) Angesichts der Vollkommenheit des Marktes gibt es für ein (homogenes) Gut einen **einheitlichen Marktpreis,** den man auch als Gleichgewichtspreis bezeichnet, weil er Angebot und Nachfrage zum Ausgleich bringt.

(2) Bei der Vielzahl von Anbietern verfügt jeder Betrieb nur über einen **verschwindend kleinen Marktanteil.** Anders als beim Monopol und beim Oligopol fehlt es dem Anbieter bei vollkommener Konkurrenz an Marktmacht.

(3) Bei vollkommener Konkurrenz ist der **Marktpreis** für den einzelnen Anbieter ein **Datum.** Würde er einen Preis fordern, der über dem einheitlichen Marktpreis liegt, würde er – wegen der Vollkommenheit des Marktes – auf einen Schlag alle Nachfrager verlieren. Würde er dagegen seinen individuellen Angebotspreis unter den bisherigen Marktpreis senken, dann würde er zwar die gesamte Nachfrage des Marktes auf sich ziehen. Angesichts seiner beschränkten Produktionskapazität könnte er diese Nachfrage aber nicht befriedigen.

Daraus folgt: bei vollkommener Konkurrenz hat der einzelne Anbieter **keine Möglichkeit zu aktiver Preispolitik.** Eine Verbesserung der individuellen Gewinnmarge läßt sich nicht durch Preiserhöhungen, sondern nur durch Kostensenkungen erreichen. Da alle Anbieter nach Gewinnmaximierung streben, sind sie ständig um Kostensenkungen bemüht, die durch Rationalisierung erreicht werden.

Herrscht im marktwirtschaftlichen System scharfer Wettbewerb, nähern sich die Marktbedingungen dem Modell der vollkommenen Konkurrenz. Aus Eigennutz strebt der einzelne Anbieter nach Gewinnmaximierung, wobei er um Kostenminimierung bemüht sein muß. Das allgemeine Kostenminimierungsstreben führt aber zu erhöhtem Wettbewerbsdruck, der die Anbieter zu erneuter Kostensenkung herausfordert. Nutznießer des erhöhten Wettbewerbsdrucks ist der einzelne Nachfrager, dem die Kostensenkungen in Form von Qualitätsverbesserungen oder Preisermäßigungen zugute kommen. Einzelwirtschaftliches Gewinnmaximierungsstreben führt zu gesamtwirtschaftlich kostenoptimaler Güterversorgung. **Marktwirtschaft mit funktionierendem Wettbewerb** ist deshalb so effektiv, weil sich eigennütziges Gewinnmaximierungsstreben in **gemeinnützige Wohlfahrt** (kostenoptimale Gütersorgung) verwandelt.

Bei vollkommener Konkurrenz ist der Marktpreis für den einzelnen Anbieter ein Datum. Betrachtet man die betriebsindividuellen Kosten ebenfalls als gegebene Größe, muß jeder Anbieter zur Erreichung des Gewinnmaximums die Angebotsmenge ausfindig machen, bei der die Differenz zwischen den Gesamterlösen E und den Gesamtkosten K am größten ist. Beim Versuch zur Bestimmung der gewinnmaximalen Angebotsmenge unterscheiden die preistheoretischen Modelle zwischen linearem und S-förmigen Gesamtkostenverlauf.

Bei vollkommener Konkurrenz verhält sich die Erlösfunktion E proportional zur abgesetzten Menge, weil der einzelne Anbieter zum Marktpreis p – innerhalb seiner begrenzten Kapazität – jede beliebige Menge absetzen kann. In Abb. 60 wird die proportionale Erlösfunktion E mit einer **linearen Kostenfunktion** (mit Fixkostenblock) K kombiniert. Die gewinnmaximale Angebotsmenge $\overline{m}$ liegt allgemein gesagt dort, wo die positive Differenz zwischen Erlösen E und Kosten K am größten ist. Bei linearem Gesamtkostenverlauf liegt die **gewinnmaximale Angebotsmenge** $\overline{m}$ an der **Kapazitätsgrenze**. Die linke (rechte) Graphik in Abb. 60 zeigt die Gegenüberstellung von Gesamterlösen und Gesamtkosten (Stückerlösen und Stückkosten). Unter der Nutzschwelle NS versteht man die Angebotsmenge, nach deren Überschreiten der Anbieter in die Gewinnzone gelangt. Ist die Angebotsmenge größer (kleiner) als m_1, agiert der Betrieb in der Gewinnzone (Verlustzone). In der Gesamtbetrachtung wird der (maximale) Gewinn als Strekke EK dargestellt. In der Stückbetrachtung der rechten Graphik erscheint der maximale Gewinn als Produkt aus dem Stückgewinn (e-k) und der Angebotsmenge $\overline{m}$ (schraffierte Fläche).

In Abb. 61 gehen wir von einem **S-förmigen Gesamtkostenverlauf** aus. Dabei wird unterstellt, daß die betriebsindividuelle Kapazitätsgrenze jenseits der Angebotsmenge m_2 liegt. Die gewinnmaximale Angebotsmenge wird

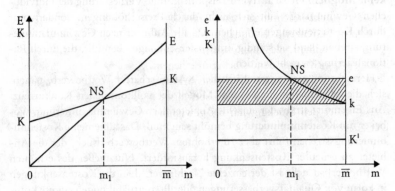

Abb. 60: Gewinnmaximum bei linearem Gesamtkostenverlauf

auch hier durch $\overline{m}$ symbolisiert. In der Gesamtbetrachtung (linke Graphik) wird der maximale Gewinn als Strecke AB abgebildet. Der größtmögliche positive Abstand zwischen E und K liegt dort (B), wo die Parallele zur Erlösfunktion die Kostenfunktion tangiert. Hier haben beide Funktionen das gleiche Steigungsmaß: die erste Ableitung beider Funktionen, also E′ und K′ sind hier identisch. Die Nutzschwelle NS (Nutzgrenze NG) zeigt die Ausbringungsmenge, wo der Anbieter die Gewinnzone betritt (verläßt). Innerhalb des Mengenbereichs m_1 bis m_2 liegt also die Gewinnzone. Die Verlustzonen liegen zwischen 0 und m_1 und zwischen m_2 und der Kapazitätsgrenze.

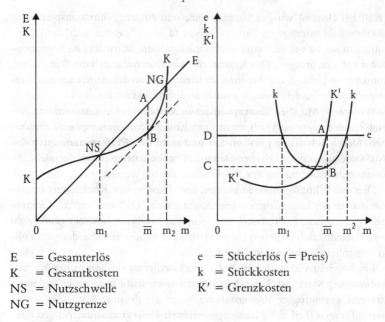

E = Gesamterlös   e = Stückerlös (= Preis)
K = Gesamtkosten   k = Stückkosten
NS = Nutzschwelle   K' = Grenzkosten
NG = Nutzgrenze

Abb. 61: Gewinnmaximum bei S-förmigem Gesamtkostenverlauf

In der Stückbetrachtung (rechte Graphik) symbolisiert e den Stückerlös, der zugleich Grenzerlös ist und dem Marktpreis p entspricht. Für den Anbieter ist es vorteilhaft, die Angebotsmenge solange zu erhöhen, wie die Grenzkosten K' noch unter dem Stückerlös e liegen. Würde die Angebotsmenge über $\overline{m}$ ausgedehnt, wäre der Kostenbeitrag der nächsten Mengeneinheit (K') größer als der zugehörige Erlösbeitrag (e = E'). Die Strecke AB symbolisiert hier den Stückgewinn bei gewinnmaximaler Angebotsmenge $\overline{m}$. Der zugehörige (maximale) Gesamtgewinn wird als Fläche, hier durch das Rechteck ABCD abgebildet. (ÜB 4/47–53)

ee) Preisbildung bei unvollkommener Konkurrenz

Nach dem preistheoretischen Modell vollkommener Konkurrenz ist der Marktpreis für den einzelnen Anbieter ein Datum. Aktive Preispolitik ist nicht möglich. Die Gewinnerzielungsmöglichkeiten sind (auf Mengenexpansion und Kostensenkungsmöglichkeiten) begrenzt.

In der Unternehmenspraxis wird der gewinnmaximierende Anbieter versuchen, positive Erfolgsbeiträge nicht nur über eine Senkung der Kosten, sondern auch über eine Erhöhung der Angebotspreise zu erwirtschaften. Da der einzelne, kleine Anbieter auf vollkommenen Märkten keine Möglichkeit zu aktiver Preispolitik hat, wird er alles daran setzen, den **Markt unvollkommen** zu machen. Durch geschickte Produktpolitik versucht er, die Homogenitätsbedingung des vollkommenen Marktes zu durchbrechen und sein Angebot als Gut eigener Art zu präsentieren. Bei faktischer Homogenität

(z. B. bei Benzin) wird er bemüht sein, sein Angebot durch ansprechende Werbung als heterogenes Gut erscheinen zu lassen. Bei der Wahl der Distributionswege läßt er sich vom Wunsch leiten, seine Ware dem Kunden möglichst nahe zu bringen. Der Kunde soll sich nicht nur durch die Ware selbst, sondern auch durch die Art ihrer Präsentation, durch ein angenehmes Auftreten des Verkaufspersonals, positiv angesprochen fühlen.

Wir sehen: Mit allen **absatzpolitischen Mitteln** versucht der einzelne Anbieter, seine Ware und sich selbst vom Konkurrenzangebot positiv abzuheben. Durch **Schaffung persönlicher und sachlicher Präferenzen,** durch den Aufbau eines akquisitorischen Potentials, soll die gewinnbegrenzende Vollkommenheitsbedingung des Marktes unterlaufen werden.

Den modellmäßigen Bedingungen unvollkommener Konkurrenz begegnet man in der Unternehmenspraxis sehr häufig. Ob Lebensmittel, Elektrogeräte, Textilien, Sportartikel usw. – immer bearbeitet eine sehr große Zahl von Einzelhandelsbetrieben einen Markt, der mindestens eine der vier Vollkommenheitsbedingungen[39] nicht erfüllt.

Ein von sehr vielen kleinen Anbietern beschickter vollkommener (unvollkommener) Markt ist dadurch gekennzeichnet, daß ein einzelner Anbieter, der eine geringfügige Preiserhöhung wagt, die gesamte Nachfrage (einen geringfügigen Teil der Nachfrage) verliert. Bewegt sich ein Anbieter bei unvollkommener Konkurrenz mit seiner Preisänderung innerhalb einer Preisklasse, tolerieren die Nachfrager die Preisbewegung. Erst wenn die Preisänderung eines Anbieters den oberen (unteren) Grenzpreis überschreitet

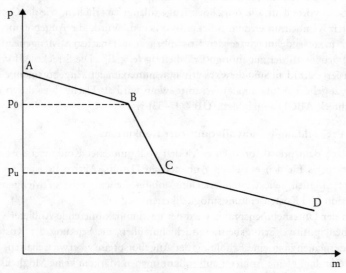

Abb. 62: Preis-Absatz-Funktion bei unvollkommener
(polypolistischer) Konkurrenz

[39] Zu den Bedingungen des vollkommenen Marktes vgl. S. 632.

(unterschreitet), reagieren die Nachfrager durch Abwanderung zu (Zuwanderung von) Konkurrenzanbietern. [40]

In Abb. 62 liegt das von den Nachfragern tolerierte Preisintervall zwischen dem unteren Grenzpreis p_u und dem oberen Grenzpreis p_o. Die Preis-Absatz-Funktion ABCD ist die individuelle Nachfragefunktion, der sich der Anbieter i gegenübersieht. Den innerhalb der Preistoleranz gelegenen Streckenabschnitt BC bezeichnet man als **monopolistischen Bereich**. Innerhalb des Preisintervalls ($p_u - p_o$) kann selbst der kleinste Anbieter wie ein Monopolist agieren: Preisänderungen lösen keine Wanderbewegungen zu und von Konkurrenzanbietern aus.

Den Streckenabschnitt AB (CD) bezeichnet man als oberen (unteren) atomistischen Bereich. Die Preis-Absatz-Funktion verläuft hier sehr flach, weil schon geringfügige Preisänderungen eines Anbieters eine starke Kundenwanderung zur Konkurrenz bzw. von der Konkurrenz auslösen.

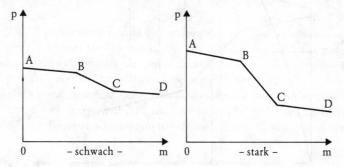

Abb. 63: Stärke des akquisitorischen Potentials

Verfügen die Anbieter über ein schwach (stark) ausgeprägtes akquisitorisches Potential, ist der monopolistische Bereich sehr schmal (breit). Im ersten (zweiten) Fall sind die Preiserhöhungsmöglichkeiten gering (groß): Bei B erreicht der Anbieter den oberen Grenzpreis; bei einer weiteren Preiserhöhung ist mit einem massiven Abwandern der Kunden zur Konkurrenz zu rechnen.

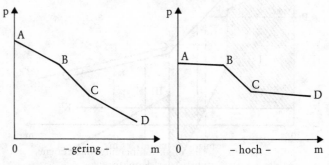

Abb. 64: Reaktionsgeschwindigkeit auf Preisänderungen

---

[40] Vgl. hierzu im einzelnen Meffert, H., Marketing, a.a.O., S. 311f.

Wieviele Kunden beim Überschreiten des oberen Grenzpreises B (Unterschreiten des unteren Grenzpreises C) zur Konkurrenz abwandern (von Konkurrenzanbietern zuwandern), hängt von ihrer Reaktionsgeschwindigkeit ab. Ist diese sehr gering (Abb. 64, links), sind wir also den Bedingungen des vollkommenen Marktes recht fern, ähnelt die Preis-Absatz-Funktion der des Monopolisten.

Auch bei unvollkommener Konkurrenz läßt sich die **gewinnmaximale Angebotsmenge** durch Gegenüberstellung der Erlöse E und der Kosten K

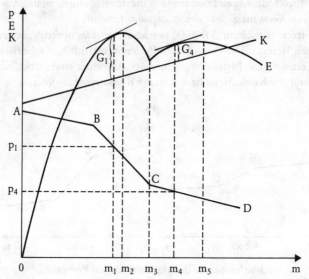

Abb. 65: Gewinnmaximale Angebotsmenge (E − K → max!)

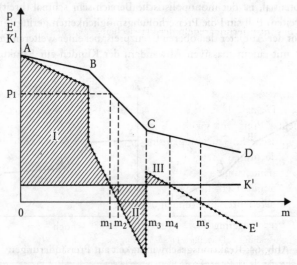

Abbl. 66: Gewinnmaximale Angebotsmenge (E′ = K′)

(Abb. 65) bzw. der Grenzerlöse E' und der Grenzkosten K' (Abb. 66) ermitteln.

Gegeben ist in Abb. 65 und 66 die polypolistische Preis-Absatz-Funktion ABCD und die Kostenfunktion K. Aus der Preis-Absatz-Funktion läßt sich die Erlösfunktion E (Abb. 65) ableiten. Aus der in Abb. 65 wiedergegebenen Erlösfunktion E und der Kostenfunktion K kann man die Grenzerlösfunktion E' bzw. die Grenzkostenfunktion K' ableiten, wie sie in Abb. 66 wiedergegeben sind.

In Abb. 65 wird der erzielbare Gewinn als Differenz zwischen E und K dargestellt. G_1 symbolisiert den maximalen Gewinn. Er wird bei der Angebotsmenge m_1 und dem zugehörigen Angebotspreis p_1 erreicht. Die gewinnmaximale Angebotsmenge m_1 wird im vorliegenden Fall im monopolistischen Abschnitt BC der Preis-Absatz-Funktion erreicht. Im unteren atomistischen Bereich CD wird ein relatives Gewinnmaximum G_4 sichtbar. Im gegebenen Beispiel lohnt es sich aber für den Polypolisten nicht, durch Senkung des Angebotspreises auf p_4 den unteren Grenzpreis zu unterschreiten und mit entsprechender Erhöhung der Angebotsmenge auf m_4 in den unteren atomistischen Bereich vorzudringen, weil $G_4 < G_1$. Verallgemeinernd kann man feststellen: Nur in seltenen Ausnahmefällen lohnt es sich für einen polypolistischen Anbieter, im unteren atomistischen Bereich zu agieren.[41]

In Abb. 66 sind neben der Preis-Absatz-Funktion ABCD der Grenzerlös E' und die Grenzkosten K' dargestellt. Die schraffierten Flächen I und III zeigen kumulierte Grenzgewinne (E' > K'), die schraffierte Fläche II bildet den kumulierten Grenzverlust (E' < K') ab, der innerhalb des Mengenbereichs m_1 bis m_3 zu verzeichnen ist. Der Gesamtgewinn G ergibt sich aus der Saldierung der schraffierten Flächen I und III auf der Positivseite und der Fläche II auf der Negativseite. (ÜB 4/54–57)

c) Preispolitik in der betrieblichen Praxis

Die Preisoptimierungsregeln der klassischen Preistheorie finden nur selten Eingang in die Marketing-Praxis. Der Grund liegt auf der Hand: Die modellmäßigen Annahmen sind größtenteils wirklichkeitsfremd. Preisänderungen sind in der Realität immer mit einem großen Risiko behaftet, weil sich die Reaktionen der Nachfrager und Konkurrenten nur schwer prognostizieren lassen. Deshalb bedient sich die Marketing-Praxis des absatzpolitischen Instruments „Preis" mit größter Vorsicht.

Preispolitische Entscheidungen sind in der Praxis unausweichlich, wenn

(1) **Preisänderungen**[42] wegen

– Kostenänderungen

– Nachfrageverschiebungen

– Konkurrenzpreisänderungen oder

---

[41] Zur Begründung vgl. Meffert, H., Marketing, a. a. O., S. 314
[42] Berndt berichtet von einer empirischen Untersuchung, wonach Kostenänderungen mit weitem Abstand als häufigster Preisänderungsanlaß genannt werden. Vgl. Berndt, R., Marketing 2, a. a. O., S. 127

(2) **Preisfestsetzungen** bei Markteinführung neuer Produkte anstehen.

Die (1) Preisänderungsentscheidungen werden im folgenden Kapitel unter der Überschrift „Prinzipien der Preisfestsetzung" abgehandelt. Die langfristig geltenden Prinzipien der (2) Preisfestsetzung für neue Produkte werden anschließend unter dem Stichwort „Preispolitische Strategien" erläutert.

aa) Prinzipien der Preisfestsetzung

(1) Kostenorientierte Preisbildung

Kostenorientierte Preisbildung ist ein Charakteristikum des planwirtschaftlichen Systems. Im marktwirtschaftlichen System begegnet man der kostenorientierten Preisbildung[43] in modifizierter Form: Der Angebotspreis p ergibt sich aus den Kosten k, die um einen mehr oder weniger einheitlichen **Gewinnzuschlag** g erhöht werden. Für den gesuchten Angebotspreis p gilt also

$$p = k \cdot \left(1 + \frac{g}{100}\right)$$

In **Handelsbetrieben** steht k für den Einkaufspreis. Der „Gewinnaufschlag" g muß dann so hoch bemessen sein, daß er die Handlungskosten abdeckt und darüber hinaus den gewünschten Gewinn verspricht. In **Industriebetrieben** symbolisiert g einen reinen Gewinnaufschlag, denn k repräsentiert die Selbstkosten/Stück, die im Einproduktunternehmen nach der Divisionskalkulation,[44] im Mehrproduktunternehmen i. d. R. nach der Zuschlagskalkulation[45] ermittelt werden.

Bei einer **Kalkulation auf Vollkostenbasis** enthalten die Selbstkosten k anteilige Gemeinkosten bzw. anteilige Fixkosten.[46] In beiden Fällen gilt: je kleiner die abgesetzte Menge m, desto höher ist der in k enthaltene Anteil an Gemeinkosten bzw. Fixkosten.

Zur Ermittlung des Angebotspreises p muß also ein Unternehmen (1) dem jeweiligen Gut anteilige Gemeinkosten bzw. Fixkosten zuordnen, (2) den „richtigen", produktspezifischen Gewinnzuschlag g ermitteln und (3) zur Bestimmung von (1) die erwartete Absatzmenge m prognostizieren.

Der zuletzt genannte Punkt läßt die **Problematik kostenorientierter Preisbildung** besonders deutlich werden: Der gesuchte Angebotspreis p wird von der Absatzmenge m abhängig gemacht, wo doch die Absatzmenge ihrerseits von der Höhe der Preisforderung abhängig ist.

Ermittelt ein Unternehmen die Angebotspreise (zuzüglich Gewinnaufschlag) auf **Vollkostenbasis,** besteht die Gefahr, daß es sich „aus dem Markt herauskalkuliert". Mit einer Verringerung der Angebotsmenge steigen die

---

[43] Zu den Möglichkeiten und Grenzen kostenorientierter Preisbildung vgl. im einzelnen Diller, H., Preispolitik, 2. Aufl., Stuttgart u. a. 1991, S. 150 ff.

[44] Vgl. hierzu S. 1289 ff.

[45] Vgl. hierzu das Schema der Zuschlagskalkulation auf S. 1294

[46] Zur Problematik der Verrechnung von Gemeinkosten bzw. Fixkosten vgl. S. 1313 ff.

fixen Stückkosten, wodurch sich die Preisforderung erhöht und die absetzbare Menge abermals verringert.

Die Preisbildung auf Vollkostenbasis führt – bei überdurchschnittlich hohem Kostenniveau eines Anbieters – zu einer Kosten-Preis-Spirale, die das angebotene Gut zunehmend wettbewerbsunfähig macht. Dieser preistreibende Effekt der Fixkostenverteilung läßt sich vermeiden, wenn die **Kalkulation auf Teilkostenbasis** umgestellt wird. Der gesuchte Angebotspreis p ergibt sich dann aus

$$p = k_v + db,$$

der Addition von variablen Stückkosten k_v und einem Solldeckungsbeitrag db.[47] Die Problematik dieses Preisfindungsverfahrens liegt in der Ermittlung des **Solldeckungsbeitrags.** Der Solldeckungsbeitrag setzt sich aus einem gewünschten Fixkostenanteil und einem gewünschten Gewinnanteil zusammen. Aus dem Gewinnmaximierungsziel lassen sich aber weder „richtige" Fixkostenanteile noch „richtige" Gewinnanteile für ein Produkt ableiten. Die teilkostenorientierte Preisbildung ist demnach ein Verfahren, bei dem Intuition eine größere Rolle spielt als logische Stringenz.

Zusammenfassend lassen sich die Vor- und Nachteile kostenorientierter Preisbildung wie folgt darstellen:

Vorteile	Nachteile
– einfach zu rechnen – wenig Informationsbedarf – erscheint Nachfragern plausibel und „gerecht" – Vermeidung von Preiskämpfen bei vergleichbaren Kostenstrukturen	– Verteilung von Gemeinkosten bzw. Fixkosten willkürlich – Gewinnzuschlag willkürlich – p wird von m abhängig gemacht; m ist aber von p abhängig – kein Anreiz zur Kostensenkung

Abb. 67: Vor- und Nachteile kostenorientierter Preisbildung

Ein Punkt bedarf kurzer Erläuterung: bei annähernd gleichen Kostenstrukturen gibt es keinen Preisdruck. Das Fehlen eines Preiswettbewerbs ist für das **einzelne Unternehmen ein Vorteil.** Aus der Sicht der Nachfrager, d. h. **gesamtwirtschaftlich** betrachtet, ist der fehlende Preiswettbewerb **von Nachteil,** weil ohne entsprechenden Preis- und Kostensenkungsdruck Rationalisierungsbemühungen erlahmen. Vor diesem Hintergrund muß die kostenorientierte Preispolitik[48] öffentlicher Betriebe skeptisch beurteilt werden.

Wo freier Wettbewerb herrscht, resultiert der Absatzpreis p nicht aus den Selbstkosten k, sondern er ergibt sich aus Angebot und Nachfrage. In Marktpreisen spiegeln sich Knappheitsrelationen. Ist – bei gegebenem Angebot – die Nachfrage groß (klein), ist das Gut knapp (reichlich vorhanden) und der Preis entsprechend hoch (niedrig).

---

[47] Zur Ermittlung von Deckungsbeiträgen vgl. S. 536 und 1313 ff.
[48] Vgl. hierzu S. 9

Dieser Marktmechanismus versagt, wenn die öffentliche Hand Güter nachfragt, die nur von einem einzigen Unternehmen[49] angeboten werden. Um den öffentlichen Auftraggeber vor überzogenen Preisforderungen eines Angebotsmonopolisten zu schützen, gelten für solche **öffentlichen Aufträge** die „**Leitsätze für die Preisermittlung aufgrund von Selbstkosten**" (LSP). In diesen Sonderfällen gilt uneingeschränkt das Prinzip kostenorientierter Preisermittlung.[50]

Bei der kostenorientierten Preisbildung sind die Kosten die gegebene, der Angebotspreis ist die gesuchte Größe. Hinter der Ermittlung von **Preisuntergrenzen** steht ein ganz anderes gedankliches Konzept: Hier werden nicht nur die Kosten, sondern auch der Marktpreis eines Gutes als gegebene Größen betrachtet. Die Preisuntergrenze ist ein **Indifferenzpreis**. Sie markiert jenen Absatzpreis, bei dem es für den Anbieter gleichgültig ist, ob er eine Gütereinheit verkauft oder nicht. Erfolgt der Verkauf gerade zur Preisuntergrenze, ist der **Verkaufserfolg definitionsgemäß gleich Null.**

Bei der Bestimmung von Preisuntergrenzen muß man den Zeitaspekt berücksichtigen. Langfristig kann ein Betrieb nur existieren, wenn seine Erlöse E (mindestens) die Gesamtkosten K decken. Langfristig gilt also für das Betriebsminimum: $E = K$ oder $p = k$.

Die **langfristige Preisuntergrenze** entspricht also den **Stückkosten** k. Langfristig kann ein Unternehmen nur existieren, wenn der Absatzpreis die Durchschnittskosten deckt. Sein Verkaufserfolg ist dann gerade gleich Null. Sinkt der Marktpreis unter die Stückkosten k, muß die Produktion eingestellt werden, weil das Unternehmen nicht mehr wettbewerbsfähig ist.[51]

Bei **kurzfristiger Betrachtung** muß man die Gesamtkosten[52] K in fixe Kosten K_f und variable Kosten K_v zerlegen. Auf kurze Sicht verursachen die Produktion und der Verkauf eines Gutes nur variable Kosten, wie z. B. Materialkosten und Akkordlöhne. Fixe Kosten, also Miete, Fremdkapitalzinsen, Leasinggebühren u. ä. beruhen auf vertraglichen Vereinbarungen, die erst innerhalb bestimmter Kündigungsfristen aufgelöst werden können. **Fixe Kosten** können also nur (mehr oder weniger) langfristig abgebaut werden. Kurzfristig sind sie unvermeidlich, sind sie **entscheidungsirrelevant.** Daraus folgt: Wenn nichts produziert (und verkauft) wird, wenn also m = 0, dann entsteht nicht ein Erfolg in Höhe von Null, sondern ein **Verlust in Höhe der fixen Kosten.** Wenn aber ein Verlust in Höhe der fixen Kosten in jedem Falle unvermeidlich ist, gilt kurzfristig für den zu erzielenden Mindesterlös: $E = K_v$ oder $p = k_v$.

Die **kurzfristige Preisuntergrenze** entspricht also den **variablen Durchschnittskosten** k_v. Sinkt der Marktpreis unter diesen Grenzwert, sollten Produktion und Verkauf sofort eingestellt werden. Werden die fixen Kosten im

---

[49] Zum Beispiel Beschaffungsentscheidungen, nachdem sich die öffentliche Hand für das System eines Anbieters entschieden hat (Panzer, Kampfflugzeuge).
[50] Vgl. hierzu Berndt, R., Marketing für öffentliche Aufträge, München 1988
[51] Hierbei wird unterstellt, daß alle Kostensenkungsmöglichkeiten ausgeschöpft sind.
[52] Der Einfachheit halber gehen wir hier von einem linearen Gesamtkostenverlauf aus. Die Grenzkosten K' sind also mit den variablen Durchschnittskosten k_v identisch.

Zeitablauf – durch Kündigungsmöglichkeiten – disponibel, verwandeln sich entscheidungsirrelevante Fixkostenbestandteile (z. B. Leasinggebühren) in entscheidungsrelevante, d. h. variable Kosten. Die kurzfristige Preisuntergrenze steigt entsprechend an. (**ÜB** 4/49–51, 58–59)

(2) Nachfrageorientierte Preisbildung

Im Zuge nachfrageorientierter Preisbildung möchte ein Anbieter in Erfahrung bringen, welche alternativen Mengen eines Gutes X sich zu alternativen Preisen absetzen lassen. Die Kenntnis solcher Preis-Mengen-Relationen, die sich jedes Unternehmen mühsam erarbeiten muß, läuft in die gleiche Richtung wie die Vorgabe von Preis-Absatz-Funktionen im Rahmen der klassischen Preistheorie.

Nachfrageorientierte Preisbildung hat die Aufgabe,
(1) im Zuge einer Sammlung von Marktdaten **Informationen über Preis-Mengen-Relationen zu beschaffen** und
(2) die gesammelten Informationen zur **Grundlage gewinnmaximaler Preisentscheidungen** zu machen.

Bezüglich der Informationssammlung stellen sich folgende Fragen:
– Welchen Preis (welche Preise) sind einzelne Nachfrager(schichten) für ein bestimmtes Gut zu zahlen bereit?
– Wie reagieren die Nachfrager(schichten) auf mögliche Preisänderungen?

Kostenorientierte Preisbildung macht die Selbstkosten zum Maßstab der Preisermittlung. Nachfrageorientierte Preisbildung macht die Preisermittlung vom Urteil der Nachfrager abhängig. Im marktwirtschaftlichen System hängt der Verkaufserfolg eines Produktes vom positiven Urteil der Nachfrager über das Preis-Leistungs-Verhältnis ab. Das Verbraucherurteil orientiert sich aber nicht an der Höhe der Produktionskosten des Gutes, sondern an seinem Bedürfnisbefriedigungsgrad, am Nutzen, den es zu stiften vermag. Die Zahlungsbereitschaft der Nachfrager orientiert sich nicht an den Produktionskosten, sondern am (Nutz-)Wert[53] des jeweiligen Gutes.

Voraussetzung für die Preisfindung durch die Anbieter ist also die **Erfassung der Nutzeneinschätzung seitens der Nachfrager.** Wie kann ein Anbieter feststellen, welchen Preis die Nachfrager zu zahlen bereit sind, wie sie ein vorgegebenes Preis-Leistungs-Verhältnis beurteilen, wie sie auf Preisänderungen reagieren? Zwei Wege führen zum Ziel: die Konsumentenbefragung und die Beobachtung des Konsumentenverhaltens (siehe Abb. 68).

In der Marketingliteratur[54] und Marketingpraxis kennt man in diesem Zusammenhang verschiedene **Arten der Konsumentenbefragung,** die sich übersichtmäßig wie folgt zusammenfassen lassen (siehe Abb. 69).

Oben wurde unter dem Stichwort „geringe Validität" bereits angedeutet, daß Auskünfte der befragten Testpersonen nicht für bare Münze genommen werden dürfen, daß man die bekundete Kaufbereitschaft nicht mit tatsächlich

---

[53] Meffert spricht in diesem Zusammenhang vom Wertprinzip der Preisbildung. Vgl. Meffert, H., Marketing, a. a. O., S. 328 f.
[54] Vgl. hierzu insbesondere Berndt, R., Marketing 2, a. a. O., S. 141 ff. und die dort angegebene Literatur.

	Konsumenten-befragung	Beobachtung des Konsumentenverhaltens
Vorteile	– einfach – kostengünstig – auch auf Marketinginnovationen anwendbar	– hohe Validität
Nachteile	– geringe Validität, weil Konsumentenaussage ≠ tatsächlichem Einkaufsverhalten	– teuer – erst nach abgeschlossener Produktentwicklung anwendbar
Instrumente	Befragung mittels – Interview – Fragebögen	– Store-Test – Minimarkttest – regionaler Markttest

Abb. 68: Konsumentenbefragung und Konsumentenbeobachtung

Befragungsart	Fragestellung
Preisschätzungs-Test	Wieviel darf das vorgegebene Gut X nach Ihrer Meinung kosten?
Preis-Reaktions-Test	Halten Sie die Preise P_1, P_2, P_3 ... für das Gut X für – zu niedrig – angemessen – zu hoch?
Preis-Kaufbereit-schafts-Test	Sind Sie bereit, das Gut X zum Preis P_1, P_2, P_3 ... in nächster Zeit zu kaufen?
Preisklassen-Test	Bei welchem Höchstpreis P_1, P_2, P_3 ... würden Sie das Gut X noch kaufen? Bei welchem Niedrigpreis P_1, P_2, P_3 ... beginnen Sie, an der Produktqualität zu zweifeln?

Abb. 69: Arten der Konsumentenbefragung

vollzogenem Kauf gleichsetzen darf. Deshalb versucht die Marketingpraxis mit Hilfe verschiedener Verfahren der **Beobachtung des Konsumentenverhaltens**[55] herauszufinden, wie alternative Preise p_1, p_2, p_3 ... das tatsächliche Kaufverhalten der Nachfrager beeinflussen.

Anbieter, die im Zuge der Konsumentenbefragung bzw. der Beobachtung des Konsumentenverhaltens Marktforschung betrieben haben, werden häufig feststellen, daß die Nachfragergruppe A die Angemessenheit des Preises anders beurteilt als die Gruppe B oder daß die Nachfragergruppe C auf

---

[55] Zu den Möglichkeiten der Beobachtung des Käuferverhaltens vgl. S. 623 ff.

Preisänderungen empfindlicher reagiert als die Gruppe D. Folglich kann man den Preis bzw. die Preisempfindlichkeit einzelner Käufergruppen als **Marktsegmentierungskriterium** heranziehen.

Hat man aber erst einmal festgestellt, unter welchen Bedingungen einzelne Nachfragergruppen für ein Gut mehr (oder weniger) zu zahlen bereit sind als andere Nachfragergruppen, gelangt man sehr schnell zur **Preisdifferenzierung.** Dabei können die Angebotspreise nach verschiedenen Kriterien differenziert werden.

Art der Preis-differenzierung	Alternative Preise differenziert nach
mengenbezogen	– der Höhe der Abnahmemenge
personell	– der Angehörigkeit zu bestimmten sozioökonomischen Gruppen
räumlich	– dem Ort des Angebots
verwendungs-bezogen	– dem Verwendungszweck
zeitlich	– dem Zeitpunkt der Inanspruchnahme der Leistung

Abb. 70: Arten der Preisdifferenzierung

Die Preisdifferenzierung dient der Gewinnmaximierung durch differenzierte Marktbearbeitung. So sollen z. B. im Rahmen personeller Preisdifferenzierung einkommensschwache Bevölkerungsschichten (Schüler, Rentner, Soldaten u. a.) über einen niedrigeren Preis als zusätzliche Nachfrager gewonnen werden. Dagegen sollen bei zeitlicher Preisdifferenzierung besonders preisempfindliche Käuferschichten veranlaßt werden, ihre Nachfrage in Zeiten nicht ausgelasteter Kapazitäten (Nachttarife, Nebensaisonpreise) zu verlagern. (**ÜB 4/52–53, 60–63**)

(3) Konkurrenzorientierte Preisbildung

In der Marketingpraxis begegnet man häufig dem Phänomen, daß ein Anbieter auf eine **aktive Preispolitik verzichtet** und sich statt dessen an der Preisforderung eines Konkurrenten oder am Branchendurchschnittspreis orientiert. Änderungen des **Leitpreises** veranlassen den einzelnen Anbieter zu einer entsprechenden Preisänderung. Ändern sich für den einzelnen Anbieter dagegen die Nachfrageverhältnisse oder die Produktionskosten, zieht das keine Preisänderung nach sich, jedenfalls solange nicht, wie der Leitpreis unverändert bleibt.

Die Rahmenbedingungen konkurrenzorientierter Preisbildung sind von der jeweiligen Marktkonstellation abhängig:

Marktkon-stellation	Wenige Großan-bieter mit atomisti-schem Restmarkt	Oligopol	Atomistische Konkurrenz
Leitpreis	Preisführerschaft der Großanbieter	Wechselnde Preis-führerrolle	Branchendurch-schnittspreis
Preisabwei-chung	Preis der Klein-anbieter liegt unter dem Preis der Großanbieter	Einheitspreis bei homogenen Gütern	Begrenzte Abwei-chung nach beiden Seiten
Beispiele	Champagner Cognay	Benzin Kaffee	Backwaren Wurstwaren

Abb. 71: Grundelemente konkurrenzorientierter Preisbildung

Werden auf einem oligopolistischen Markt heterogene Güter gehandelt, treten an die Stelle des Einheitspreises Preisrelationen, die im Zeitverlauf annähernd konstant bleiben. Hierbei kann man an die Automobilhersteller denken, wo die verschiedenen Anbieter in regelmäßigen Zeitabständen die Preise in annähernd gleichen Raten erhöhen.

bb) Preispolitische Strategien

Veränderte Umweltbedingungen können – wie wir oben gesehen haben – einen Anbieter zur Preisänderung veranlassen. Ändert sich die Kosten-, die Nachfrage- oder die Konkurrenzsituation erneut, muß die frühere Preisände-rung einer Überprüfung unterzogen werden.

Jenseits dieser kurzfristig geltenden preispolitischen Routineentscheidun-gen muß ein Anbieter **preispolitische Grundsatzentscheidungen mit Lang-zeitwirkung** treffen. Solche Grundsatzentscheidungen stellen sich regelmä-ßig bei der Preisfestsetzung für neue Produkte. Dabei gebietet das Prinzip **langfristiger Gewinnmaximierung**, bei Festlegung des Einstiegspreises für das neue Produkt nicht nur den Einfluß auf den Gewinn des laufenden Ge-schäftsjahrs zu berücksichtigen. Der langfristige Kalkül muß vielmehr die preisbedingten Erfolgswirkungen während des gesamten **Produktlebens-zyklus** zu prognostizieren versuchen. Optimal ist der Preis, bei dem der **Barwert aller produktspezifischen Zukunftsgewinne** maximiert wird.

(1) Prämienpreise versus Promotionspreise

Bei Einführung eines neuen Produktes muß sich der Anbieter entscheiden, ob er einen Luxusartikel zum Prämienpreis oder einen Massenartikel zum Promotionspreis auf den Markt bringen will. Hinter dem Prämienpreis ste-hen hohe Stückgewinne mit geringen Verkaufszahlen, hinter dem Promo-tionspreis geringe Stückgewinne mit hohen Verkaufszahlen.

Im einzelnen sind bei der Festsetzung von Prämien- bzw. Promotionsprei-sen folgende Merkmale zu beachten:

Preisstrategie	Prämienpreis	Promotionspreis
Art des Gutes	Luxusartikel	Massenprodukt
Käuferschicht	prestigebewußt	preisbewußt
Marktsegment	klein	groß
Bevorzugtes absatzpolitisches Instrument	Markenbildung durch – Produktgestaltung – Werbung	Niedrigpreis
Vertriebsweg	Exklusivgeschäfte	Niedrigpreisläden
Beispiele	Parfum Haute Couture Luxusautos	Baustoffe T-Shirts Kleinwagen

Abb. 72: Prämienpreise und Promotionspreise

Der Wechsel vom Promotionspreis zum Prämienpreis ist ausgeschlossen. Ein Wechsel in die umgekehrte Richtung ist möglich, wie gleich zu zeigen ist.

(2) **Abschöpfungspreise versus Penetrationspreise**

Der mit einem Produkt j erzielbare Periodengewinn G_j läßt sich definieren als

$$G_j = (p_j - k_j) \cdot m_j$$

Wären die drei Einflußvariablen p, k und m voneinander unabhängig, ließe sich die Gewinnmaximierungsaufgabe leicht lösen. Absatzpreise und Absatzmengen müßten maximiert, die Stückkosten k müßten minimiert werden. Die Wirklichkeit ist anders: Erhöht man den Angebotspreis, geht die Absatzmenge zurück. Sinkt aber die Absatzmenge, dann steigen die Stückkosten,[56] weil sich die Fixkosten nur noch auf eine kleinere Stückzahl verteilen lassen.

Bei Einführung eines neuen Produktes hat also jeder Anbieter – theoretisch – die Wahl, ob er mit
(1) hohem Preis, kleiner Menge und hohen Stückkosten oder mit
(2) niedrigem Preis, großer Menge und niedrigen Stückkosten
in den Markt eintreten will. Im ersten Fall spricht man von einer **Abschöpfungspreisstrategie** (skimming-pricing): Kaufkräftige preisunempfindliche Nachfrage wird über einen hohen Einführungspreis abgeschöpft. In späteren Perioden wird der Angebotspreis sukzessiv gesenkt, wobei dem Produkt immer weitere Nachfragerkreise erschlossen werden. Im zweiten Fall hat man es mit einer **Penetrationspreisstrategie** zu tun: Mit einem extrem nied-

---

[56] Unterstellt wird ein linearer Gesamtkostenverlauf.

rigen Einführungspreis will der Anbieter den Markt durchdringen, will so lange wie möglich eine Monopolstellung einnehmen oder zumindest einen sehr großen Marktanteil halten. Dabei gehen niedrige Preise mit niedrigen Stückkosten einher.

Niedrige Stückgewinne nimmt der Anbieter billigend in Kauf: Erstens werden sie durch hohe Verkaufszahlen relativiert und zweitens nehmen die niedrigen Gewinnmargen potentiellen Konkurrenten den Mut zum Eintritt in einen scheinbar uninteressanten Markt.

Die Frage, welche der beiden Preisstrategien hinsichtlich langfristiger Gewinnmaximierung vorteilhafter ist, läßt sich modelltheoretisch leicht beantworten. Zu maximieren ist der Barwert[57] K aller während des Produktlebenszyklus (t = 0, 1, 2.. n) erzielbaren Periodengewinne G = (p–k) · m.

$$K = \sum_{t=1}^{n} [(p_t - k_t) \cdot m_t] \cdot (1+i)^{-t}$$

Den Barwert der Zukunftsgewinne $(p_t - k_t) \cdot m_t$ kann ein Anbieter aber nur ermitteln, wenn er für den gesamten Planungszeitraum t_o bis t_n
(1) die Kostenfunktion und
(2) die Preis-Absatz-Funktion
kennt. In der Marketing-Praxis ist zumindest die Bedingung (2) nicht erfüllt. An die Stelle des Entscheidungsmodells müssen deshalb Plausibilitätsüberlegungen treten.

Eine Abschöpfungspreisstrategie kann nur solange erfolgreich sein, wie das angebotene Gut nicht in gleicher oder ähnlicher Form von Konkurrenten angeboten werden kann. So gesehen eigenen sich **patent- oder urheberrechtlich geschützte Güter** (technische Neuerungen, Medikamente oder Bücher) besonders gut für eine Abschöpfungspreisstrategie. Sobald Konkurrenten mit vergleichbaren Produkten in den Markt eintreten, ist es mit der monopolistischen Sonderstellung und der Abschöpfungspreispolitik vorbei.

Die Penetrationspreisstrategie strebt ebenfalls nach einer monopolähnlichen Sonderstellung. Der Anbieter sucht aber diese Sonderstellung nicht über technische Innovation oder rechtlichen Schutz, sondern über den **Mut zur Größe:** Man kalkuliert die Stückkosten und den Einführungspreis von Anfang an auf der Basis
(1) hoher Verkaufszahlen pro Periode und
(2) langer Lebensdauer des Produktes.

Der Hersteller eines medizinischen Präparates versucht, die Forschungs- und Entwicklungskosten des Produktes über hohe Abschöpfungspreise zu amortisieren. Der Hersteller eines Massenprodukts ist dagegen bestrebt, die Forschungs- und Entwicklungskosten in minimalen Stückraten über große Stückzahlen wiederzugewinnen. Zeigt sich der Markt für das angebotene Massengut weniger aufnahmefähig als erwartet oder bieten Konkurrenten schon bald vergleichbare Güter zu ähnlich günstigen Preisen an, wird das eigene Gut wegen mangelnder Deckung der Forschungs- und Entwicklungskosten zum „Flop". Die Penetrationspreisstrategie ist gescheitert.

---

[57] Zur Barwertmaximierung nach der Kapitalwertmethode vgl. die Ausführungen auf S. 757 ff.

Abschöpfungspreisstrategie kommt – unabhängig von der **Größe des Unternehmens** – nur für Anbieter mit hohem innovatorischem Potential in Frage. Die Penetrationspreisstrategie setzt große Serien und somit eine hohe Kapitalintensität voraus. Den Mut zur Größe und zum Wagnis können sich im allgemeinen nur kapitalstarke Großunternehmen leisten. (ÜB 4/64)

Preisstrategie	Abschöpfungspreis	Penetrationspreis
Merkmal des Anbieters	großes Innovationspotential	große Kapitalkraft
Sonderstellung durch	technischen Vorsprung; rechtlichen Schutz	konkurrenzlos niedrigen Preis
Chance	schnelle Amortisation der F+E-Kosten über Abschöpfungspreis	langsame Amortisation der F+E-Kosten über Massenabsatz
Risiko	Innovation mißlingt	Aufnahmefähigkeit des Marktes wird überschätzt

Abb. 73: Abschöpfungs- und Penetrationspreisstrategie

d) Konditionenpolitik

Die Höhe des Entgelts, das ein Anbieter für seine Leistung erhält, wird in erster Linie durch den Preis bestimmt. Darüber hinaus beeinflussen aber Rabatte, Skonti sowie Zahlungs- und Lieferbedingungen die Höhe und den Zuflußzeitpunkt des Leistungsentgelts. Die Marketingliteratur rechnet die

(1) Rabattpolitik,
(2) Lieferungs- und Zahlungsbedingungen und die
(3) Absatzkreditpolitik

zum Bereich konditionenpolitischer Entscheidungen. Im folgenden wird auf die gesonderte Behandlung der (3) Absatzkreditpolitik[58] verzichtet, weil sich Art, Umfang und Zeitraum der Absatzkreditierung indirekt aus der Festlegung der (2) Zahlungsbedingungen ergeben.

aa) Rabattpolitik

Als Preisnachlaß ist der Rabatt ein **Instrument zur differenzierten (Netto-)Preisgestaltung**. (Brutto-)Absatzpreise, die für jeden Nachfrager Gültigkeit haben, erlauben die Beurteilung des Preis-Leistungs-Verhältnisses und sind somit ein Beitrag zur Markttransparenz. Rabatte, die nicht für alle Nachfrager Gültigkeit haben, sind der Markttransparenz abträglich und können deshalb als Instrument zur Einschränkung des offenen (Preis-)Wettbe-

---

[58] Vgl. hierzu etwa Meffert, H., Marketing, a. a. O., S. 349 ff.

44*

werbs interpretiert werden. Aus wettbewerbspolitischen Gründen unterliegt die Rabattgewährung einer Einschränkung[59] durch den Gesetzgeber.

Bei der Rabattpolitik haben wir zwischen
– Wiederverkäuferrabatten und
– Verbraucherrabatten
zu unterscheiden. Der **Verbraucherrabatt** spielt in der Marketing-Praxis eine untergeordnete Rolle, weil er gesetzlich auf drei Prozent des ausgezeichneten Preises begrenzt ist.[60] Im Rahmen des **Wiederverkäuferrabatts** begegnen wir folgenden Rabattarten:

Rabattart	Charakteristikum
Funktionsrabatt	Vergütung von Leistungen, die vom Groß- bzw. Einzelhandel übernommen werden. Äquivalent für Lagerhaltung, Vertrieb und Kundenbetreuung.
Mengenrabatt	– auf Einzelbestellmenge: Vergütung hinsichtlich Vermeidung mehrfacher auftragsfixer Kosten bei wiederholter Lieferung von Kleinmengen – Periodenbestellmenge: „Erziehung" des Kunden zur Lieferantentreue
Zeitrabatt	Einführungsrabatt Auslaufrabatt Nebensaisonrabatt

Abb. 74: Arten des Wiederverkäuferrabatts

Der Wiederverkäuferrabatt hat als absatzpolitisches Instrument folgende **Aufgaben:**

(1) Mittel zum Kaufanreiz gegenüber Handel, wenn Rabattvolumen > Handlungskosten
(2) Mittel zur kundenspezifischen Preisdifferenzierung
(3) Mittel zur Weitergabe von Kostenvorteilen (bei großer Bestellmenge)
(4) Mittel zur Wahrung des Exklusivimage durch hohen Bruttopreis
(5) Mittel zur zeitlichen Steuerung des Auftragseingangs

Abb. 75: Aufgaben des Wiederverkäuferrabatts

Der vom Anbieter eingeräumte (Mengen-)Rabatt beeinflußt den Umsatz in gegenläufiger Richtung:
– durch die Rabattgewährung sinkt der Nettopreis (= Stückerlös);
– über den gesunkenen Nettopreis erhöht sich die Absatzmenge.
Der Einfluß der Rabattgewährung auf **Umsatz und Gewinn**[61] ist also

---

[59] Gemeint sind das Rabattgesetz, das Gesetz gegen unlauteren Wettbewerb und das Gesetz gegen Wettbewerbsbeschränkungen. Vgl. hierzu Ahlert/Schröder, Rechtliche Grundlagen des Marketing, Stuttgart u. a. 1989, S. 246 ff.
[60] Vgl. § 2 Rabattgesetz
[61] Vgl. hierzu Tacke, G., Nichtlineare Preisbildung, Wiesbaden 1989, S. 144 ff.

abhängig von der Preiselastizität der Nachfrage. Teilt man die Nachfrager in Kleinabnehmer, die keine oder geringe Rabatte, und Großabnehmer, die hohe Rabatte erhalten, kommt man zu folgender Tendenzaussage: Wenn
– die Kleinabnehmer eher preisunelastisch (= preisunempfindlich) und
– die Großabnehmer eher preiselastisch
reagieren, stellt die Rabattpolitik positive Auswirkungen auf Umsatz und Gewinn in Aussicht. Die negative Reaktion der Kleinabnehmer auf die hohen Preise fällt dann weniger scharf aus als die positive Reaktion der Großabnehmer auf die vergleichsweise niedrigen Nettopreise. So gesehen kann auch die Rabattpolitik nicht darauf verzichten, sich mit dem Problem der Preiselastizität einzelner Nachfragergruppen auseinanderzusetzen. (ÜB 4/60, 65)

bb) Lieferungs- und Zahlungsbedingungen

Die Lieferungs- und Zahlungsbedingungen sind im allgemeinen Bestandteil der Geschäftsbedingungen eines Lieferanten. Sie regeln die Rechte und Pflichten für Verkäufer und Käufer und können im Einzelfall modifiziert werden.

Die **Lieferungsbedingungen** regeln Umfang und Zeitpunkt der Lieferverpflichtung durch den Verkäufer.

---

(1) Mindestabnahmemengen
(2) Zeitpunkt der Lieferung
(3) Ort der Warenübergabe (Gefahrenübergang)
(4) Übernahme von Fracht- und Versicherungskosten
(5) Umtauschrecht

Abb. 76: Elemente der Lieferungsbedingungen

Das Umtauschrecht spielt beim Verkauf an Endverbraucher eine große Rolle. Die Punkte (1) bis (4) sind für Wiederverkäufer und im **Investitionsgütermarketing** von besonderer Bedeutung. Hier (z. B. im Schiffbau) ist die Zusage **kurzfristiger Lieferung** und die in der Vergangenheit **praktizierte Vertragstreue** häufig ein wichtigeres Verkaufsargument als ein niedriger Preis.[62]

Die **Zahlungsbedingungen** beinhalten die Modalitäten der Zahlung des Kaufpreises.

---

(1) Zahlungsfristen (Anzahlungen, Zahlungsziele)
(2) Skonto bei vorzeitiger Zahlung
(3) Kreditzinsen bei später Zahlung
(4) Sicherung des Lieferantenkredits
(5) Kompensationsgeschäfte (Export in Weichwährungsländer)
(6) Inzahlungnahme des zu ersetzenden Gutes

Abb. 77: Elemente der Zahlungsbedingungen

---

[62] Vgl. Backhaus, K., Investitionsgütermarketing, a. a. O., S. 520f. und S. 532f.

Die Lieferungs- und Zahlungsbedingungen haben nicht nur die Aufgabe, Rechte und Pflichten im juristischen Sinne zu regeln. Sie werden – wie oben bereits angedeutet – auch zur Stärkung des akquisitorischen Potentials eines Anbieters eingesetzt. Häufig kommt ein Geschäft mit einem Wiederverkäufer nur zustande, wenn der Lieferant den Kaufpreis bis zum Endverkaufszeitpunkt kreditiert. Natürlich sind großzügige Lieferungs- und Zahlungsbedingungen für den Anbieter mit zusätzlichen Kosten verbunden. Günstige Lieferungs- und Zahlungsbedingungen gehen somit immer zu Lasten des Angebotspreises. Auch hier muß sich das Marketing an den Kundenwünschen orientieren: Es gilt, die Nachfragerschichten ausfindig zu machen, die komfortable Lieferungs- und Zahlungsbedingungen stärker bevorzugen als einen extrem scharf kalkulierten Preis.

4. Kommunikationspolitik

a) Ziele und Teilbereiche der Kommunikationspolitik

Ist das Güterangebot kleiner als die Güternachfrage, haben die Nachfrager ein Problem: Sie suchen nach einem Güterangebot und reihen sich in Warteschlangen ein. In westlichen Volkswirtschaften mit ihrem Überangebot an Gütern ist es umgekehrt. Die Anbieter haben ein Problem: Um die vollen Läger zu räumen, müssen sie sich ihre Nachfrager suchen.

Wohlstandsgesellschaften sind gekennzeichnet durch
– überreichliches Güterangebot,
– unübersichtliche Märkte,
– technisch ausgereifte, nahezu homogene Produkte und
– bequeme, zur Passivität neigende Nachfrager.

Die Anbieter müssen große Anstrengungen unternehmen, um die verwöhnten Nachfrager mit der Qualität, der Preiswürdigkeit und den Bezugsquellen ihres Angebots bekannt zu machen. Hierin liegt die **Aufgabe der Kommunikationspolitik**. Ziel ist es also, durch **Information und gezielte Beeinflussung** der Nachfrager Absatzwiderstände zu überwinden. Das Kommunikationsziel läßt sich lückenlos aus dem Oberziel des Unternehmens ableiten: Wer den langfristigen Gewinn maximieren will (Oberziel), muß sich bemühen, Absatzwiderstände zu überwinden (Marketingziel); zu diesem Zweck müssen potentielle Nachfrager umfassend informiert und positiv beeinflußt werden (Kommunikationsziel).

In der Marketingliteratur gliedert man die Kommunikationspolitik in drei, bisweilen auch vier Teilbereiche (siehe Abb. 78).

Das Schwergewicht der Kommunikationspolitik liegt eindeutig auf dem Gebiet der **(Media-)Werbung.** Dies gilt sowohl für die Breite und Tiefe, mit der dieses Teilgebiet der Kommunikationspolitik in der Marketingliteratur abgehandelt wird, wie auch für den Kostenanteil am Kommunikationsbudget eines Unternehmens. Dieser Tatsache wird durch eine vergleichsweise ausführliche Behandlung der Werbung Rechnung getragen.

Teilbereich	Gegenstand
(Media-)Werbung	Durch den Einsatz von breit gestreuten Werbemedien sollen Nachfrager zum Kauf angeregt werden.
Verkaufsförderung	Durch gezielte Maßnahmen am Ort des Verkaufs sollen Abnehmer zum Kauf angeregt werden.
Öffentlichkeitsarbeit	Die Einstellung der Öffentlichkeit zur Unternehmung soll positiv beeinflußt werden.
Persönlicher Verkauf	Ein schlagkräftiger Außendienst soll in direktem Gespräch den Kunden informieren und zum Kauf anregen.

Abb. 78: Teilgebiete der Kommunikationspolitik

Die insbesondere im Konsumgüterbereich zu beobachtende **Werbeflut** beeinträchtigt die Effizienz der einzelnen Werbemaßnahmen. Das hat zur Folge, daß viele Anbieter ihre absatzfördernden Bemühungen in den Bereich der anderen Kommunikationsinstrumente verlagern. Diese Verschiebung ist vor allem der **Verkaufsförderung** (Sales Promotions) zugute gekommen, deren relative Bedeutung dadurch gewachsen ist.

Die Mitglieder einer Wohlstandsgesellschaft erwarten von einem Unternehmen nicht nur die Erstellung von Gütern und Dienstleistungen, sondern auch eine umweltschonende Produktionsweise, moderne, sichere, menschenfreundliche Arbeitsplätze, keine Überbelastung der örtlichen Infrastruktur, kurz: ein Eintreten für gesellschaftliche Belange. Ein Unternehmen, das diese Erwartungen der Öffentlichkeit nicht erfüllt, wird als Anbieter auf dem Absatzmarkt mit einem Negativimage behaftet sein. Zur Überwindung von Absatzwiderständen gehören somit auch Maßnahmen zur Herstellung eines positiven Unternehmensimage im Rahmen der **Öffentlichkeitsarbeit** (Public Relations).

Persönlicher Verkauf, d. h. Umwerbung des Kunden im unmittelbaren Verkaufsgespräch ist die effizienteste, wohl aber auch die teuerste Form der Kommunikationspolitik. In der angelsächsischen Marketingliteratur[63] spielt dieser Aspekt der Kommunikationspolitik eine weitaus stärkere Rolle als in den deutschen Lehrbüchern[64] zum Marketing. Die Probleme des persönlichen Verkaufs werden im Kapitel „Distributionspolitik" behandelt.

Alle kommunikationspolitischen Maßnahmen müssen einerseits in der Unternehmenspraxis sorgfältig aufeinander abgestimmt werden **(Kommunikations-Mix).** Andererseits müssen sie als kommunikationspolitische Programme in ein schlüssiges Konzept von Marketing-Maßnahmen, also: Produktpolitik, Preispolitik, Kommunikationspolitik und Distributionspolitik

---

[63] Vgl. für viele andere Kotler/Bliemel, a. a. O., S. 907 ff.
[64] Vergleichsweise ausführlich behandelt werden die Fragen des persönlichen Verkaufs von Meffert. Vgl. Meffert, H., Marketing, a. a. O., S. 481 ff.

eingebaut werden. Wer als Anbieter einen groß angelegten Werbefeldzug für ein Produkt startet, das schlecht, zu teuer oder im Handel kaum erhältlich ist, verstößt gegen das Gebot der Optimierung absatzpolitischer Instrumente (Marketing-Mix).

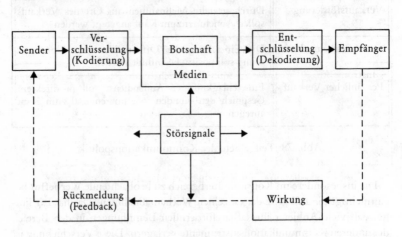

Abb. 79: Informationstheoretische Grundstruktur
der Marktkommunikation[65]

Der Kommunikationsprozeß zwischen dem Anbieter (Sender) und den Nachfragern (Empfängern) läuft folgendermaßen ab: Der Sender übermittelt eine (Werbe-)Botschaft an den Empfänger. Das Medium (z. B. Fernsehspot, Anzeige, mündliche Übertragung) ist der Weg, über den die Botschaft den Empfänger erreicht. Unter Kodierung versteht man das Umsetzen der Botschaft in symbolische Form (Bilder, Schriftzeichen, Laute). Verschiedene Empfänger werden die Botschaft verschieden interpretieren, weil sich die Dekodierung, also etwa die Interpretation der Bilder, weitgehend auf der Gefühlsebene des Empfängers abspielt. Uneinheitlich ist auch die Nachrichtenwirkung beim Empfänger. Sie reicht von Nichtwahrnehmung der Botschaft über Gleichgültigkeit, Freude oder Ärger bis hin zum spontanen Kauf des angepriesenen Gutes. Unerwünschte Wirkungen können auf den Einfluß von Störsignalen zurückzuführen sein. Der Sender ist bestrebt, im Wege der Rückmeldung Informationen über die Reaktion des Empfängers zu erhalten. Auf diese Weise kann er den Erfolg seiner Nachrichtenübermittlung kontrollieren und die (Werbe-)Botschaft so modifizieren, daß sich ein größerer (Werbe-)Erfolg einstellt.

Werbung, Verkaufsförderung und Öffentlichkeitsarbeit, also die Kommunikation mit den Nachfragern, müssen vom Anbieter geplant, durchgeführt und kontrolliert werden.

---

[65] Vgl. Kotler/Bliemel, a. a. O., S. 910

Planung	Fragestellung
– Ziele	(1) Was soll durch Kommunikation erreicht werden? (2) Wie sollen Zielgruppen reagieren?
– Daten	(3) Für welches Objekt soll geworben werden? (4) Welche Zielgruppe soll umworben werden? (5) Wie verarbeitet der Empfänger (Werbesubjekt) die (Werbe-)Botschaft?
– Instrumente	(6) Wie muß die Botschaft (zielgerecht) gestaltet werden? (7) Welche Medien sollen zur Übermittlung der Botschaft eingesetzt werden?
Kontrolle	(8) Hat die Botschaft das Kaufverhalten des Empfängers beeinflußt?

Abb. 80: Planung und Kontrolle der Marktkommunikation

Dabei stellen sich die in Abb. 80 aufgeführten Fragen, die im Laufe des folgenden Unterkapitels „Werbung" ausführlicher behandelt werden. Der im Rahmen der Verkaufsförderung und der Öffentlichkeitsarbeit ablaufende Kommunikationsprozeß läßt sich im Prinzip nach dem gleichen Planungs- und Kontrollschema abhandeln. Beide Kommunikationsfelder werden im Anschluß an die Ausführungen zur Werbung kurz dargestellt.

b) Werbung

aa) Grundlagen

Alle Formen der (vom Anbieter betriebenen) Marktkommunikation haben werbenden Charakter, wollen den Abnehmer für das Unternehmen und seine Leistungen einnehmen. Die Mediawerbung, auch klassische Werbung oder einfach Werbung genannt, unterscheidet sich von anderen Formen der Kommunikationspolitik dadurch, daß sie

– sich an eine sehr **große Zahl von Menschen** wendet, die dem Werbetreibenden im einzelnen nicht bekannt sind und
– eine Marktkommunikation **mittels Sachen** ist.

Die Werbebotschaft wird nicht durch einzelne Personen, sondern durch Massenkommunikationsmittel überbracht. „Werbung kennzeichnet den bewußten Versuch, Marktpartnern mit Hilfe eines spezifischen Mix an Mitteln zu einem bestimmten, unternehmenspolitischen Zielen dienenden Verhalten zu veranlassen."[66]

Im Rahmen der Werbung übermittelt der Werbetreibende einer Vielzahl von Werbesubjekten (Zielgruppe) eine Werbebotschaft. Die verbale bzw. visuelle Gestaltung der Werbebotschaft bezeichnet man als Werbemittel. Unter dem Werbeträger versteht man das Medium, das die Werbebotschaft übermittelt.

---

[66] Nieschlag/Dichtl/Hörschgen, a. a. O., S. 531 f.

Werbemittel	Werbeträger
Anzeigen in Insertionsmedien	Zeitungen, Zeitschriften, Telefonbücher usw.
Werbefilme	Fernsehprogramme, Kinos
Rundfunkspots	Rundfunkprogramme
Plakate	Plakatsäulen, öffentliche Verkehrsmittel, Fußballstadien usw.

Abb. 81: Werbemittel und Werbeträger

Die meisten Güter durchlaufen die Absatzkette Produzent – Großhandel – Einzelhandel – Endabnehmer. Dabei entfaltet der Großhandel die geringsten kommunikationspolitischen Aktivitäten.

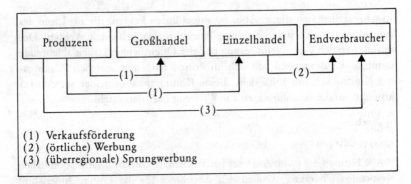

(1) Verkaufsförderung
(2) (örtliche) Werbung
(3) (überregionale) Sprungwerbung

Abb. 82: Werbung und Verkaufsförderung

Im Investitionsgütersektor sind Kundendienst, Termintreue, technische Beratung u. ä. die Hauptverkaufsargumente. Werbung findet kaum statt. Anders im Konsumgüterbereich: Die Produkte sind technisch ausgereift, weitgehend homogener Art, unkompliziert in der Anwendung und überall sofort erhältlich. Wenn Anbieter im Konsumgüterbereich mit Markenartikeln konkurrieren, versuchen sie,

– im Rahmen der **Aktionswerbung** das Publikum durch kurzfristig wirkende Werbemaßnahmen zum Spontankauf zu aktivieren bzw.
– im Rahmen der **Imagewerbung** die Produktwahrnehmung seitens des Publikums zu verbessern und sich ein positives Image aufzubauen, das langfristig zur Kaufbereitschaft führen kann.

Die Werbung hat sowohl in einzel- wie gesamtwirtschaftlicher Hinsicht einen hohen Stellenwert. Es gibt zahlreiche Markenartikelhersteller, bei denen der Werbeetat zehn oder sogar zwanzig Prozent vom Umsatz erreicht. Verschiedene Schätzungen kommen übereinstimmend zu dem Ergebnis, daß die Bruttowerbeausgaben in westlichen Industriestaaten etwa zwei Prozent des Bruttosozialprodukts ausmachen.[67] Berndt[68] macht darüber hinaus zahlenmäßige Angaben zur Verteilung der Werbeaufwendungen auf Mediengruppen, Branchen und große Unternehmen. (**ÜB 4/66**)

bb) Werbeplanung

Wie jeder Planungsvorgang erfordert auch die Werbeplanung eine Definition der Ziele, eine Erfassung und Verarbeitung der Daten (des Entscheidungsfeldes) und eine Untersuchung der Instrumente. Mit diesen drei Elementen der Werbeplanung wollen wir uns im folgenden auseinandersetzen.

(1) Ziele der Werbeplanung

Im Zuge der Zielplanung stellen sich die folgenden beiden Fragen: Was soll durch Werbung erreicht werden? Wie sollen die verschiedenen Zielgruppen reagieren? Als Unterziele müssen sich die Werbeziele in die Zielhierarchie einbauen lassen. Es gilt also, die Verknüpfung von Unternehmenszielen, Marketingzielen und Werbezielen zu beachten.

Neue Käuferschichten zu gewinnen, eine Preiserhöhung argumentativ abzusichern, eine Preissenkung einem breiten Publikum bekanntzumachen, das Produktimage zu verbessern, die Marktdurchdringung in einem verkaufsschwachen Gebiet zu erhöhen – die Aufzählung diverser Werbeziele ließe sich lange fortsetzen.[69]

Die Literatur zum Marketing unterscheidet üblicherweise zwischen ökonomischen und außerökonomischen Werbezielen. **Ökonomische Werbeziele** sind auf den unmittelbaren Vollzug einer Kaufhandlung gerichtet. Zielgröße ist der realisierte Gewinn, der realisierte Umsatz, der realisierte Marktanteil u. ä. **Außerökonomische Werbeziele** – zuweilen auch als kommunikative Werbeziele bezeichnet – stehen nur in mittelbarem Bezug zur Kaufhandlung. Sie tragen der Tatsache Rechnung, daß positive Werbewirkungen schon im Vorstadium des Kaufs eintreten können.

Werbeziele		
ökonomische	außerökonomische	
	psychologische	streutechnische
Zielgröße: – Gewinn – Umsatz – Marktanteil . . .	Zielgröße: – Aufmerksamkeit – Gedächtniswirkung – Gefühlswirkung – Präferenzbildung . .	Zielgröße: – Zahl erreichbarer Personen – Zahl tatsächlicher Informationskontakte . .

Abb. 83: Werbeziele

---

[67] Vgl. Meffert, Marketing, a. a. O., S. 443
[68] Vgl. Berndt, R., Marketing 2, a. a. O., S. 225 ff.
[69] Zu weiteren Werbezielen vgl. Meffert, H., Marketing, a. a. O., S. 451 ff.

Ökonomische Werbeziele haben den **Vorteil,** daß sich die Zielgröße der Werbung auf direktem Wege aus der unternehmerischen Zielsetzung der langfristigen Gewinnmaximierung ableiten läßt. Dennoch finden außerökonomische Werbeziele in der Marketing-Praxis stärkere Anwendung. Literatur[70] und Praxis sehen den **Nachteil** ökonomischer Werbeziele in der Tatsache, daß sich die ökonomischen Wirkungen der Werbung

- **nicht isolieren lassen,** weil Gewinne, Umsatz, Marktanteil u. ä. durch alle vier absatzpolitischen Instrumente (Marketing-Mix) beeinflußt werden und
- **nicht periodengerecht abgrenzen lassen.**

Letzteres bezieht sich auf den sog. Carry-Over-Effekt. Gemeint ist eine Werbewirkungsverzögerung, wonach der gewünschte Kaufakt nicht in der Werbeperiode – hier wurde nur Aufmerksamkeit oder Interesse geweckt –, sondern erst in einer späteren Periode ausgelöst wird.

Außerökonomische Werbeziele tragen der Tatsache Rechnung, daß dem Kaufakt ein kognitiver Prozeß vorausgeht. Die Marketingliteratur[71] hat sog. **Stufenkonzepte** entwickelt, die den psychischen Prozeß zwischen Werbemittelkontakt und Kaufakt beschreiben sollen. Das bekannteste Stufenkonzept ist das **AIDA-Schema:**

- **A**ttention (Aufmerksamkeit)
- **I**nterest (Interesse)
- **D**esire (Kaufwunsch)
- **A**ction (Aktion)

Das AIDA-Schema macht deutlich, wie die Werbesubjekte nach dem Wunsch des Werbetreibenden (stufenweise) reagieren sollen.[72]

(2) **Daten der Werbeplanung**

Vor einer Entscheidung über den Einsatz der Werbeinstrumente muß sich der Werbetreibende Informationen über werberelevante Umweltdaten verschaffen. Folgende Fragen sind dabei zu beantworten:

(a) Für welches Objekt soll geworben werden?
(b) Welche Zielgruppe soll umworben werden?
(c) Wie verarbeitet das Werbesubjekt die Werbebotschaft?

Als **Werbeobjekt** kommt ein Produkt, eine Produktgruppe oder das Unternehmen als Ganzes in Frage. Entsprechend unterscheidet man zwischen Produktwerbung und Firmenwerbung. Die **Produktwerbung** hebt die positiven Produkteigenschaften hervor. Die **Firmenwerbung** hebt auf Merkmale wie Zuverlässigkeit, Tradition, Innovationsfähigkeit, Größe bzw. Weltgeltung eines Herstellers ab.

Im Rahmen der Produktwerbung hat man nicht nur festzustellen, welche Produkte für die Werbung in Frage kommen. Darüber hinaus muß man

---

[70] Vgl. Nieschlag/Dichtl/Hörschgen, a. a. O., S. 577 ff. und die dort angegebene Literatur.
[71] Vgl. für viele andere Kotler/Bliemel, a. a. O., S. 916 ff.; Meffert, H., Marketing, a. a. O., S. 454 f. Zur Kritik am Stufenkonzept vgl. Nieschlag/Dichtl/Hörschgen, a. a. O., S. 580.
[72] Zur näheren Erläuterung vgl. Abb. 84 auf S. 701

versuchen, den Deckungsbeitrag, die vorhandene Produktionskapazität, die absatzmäßige Verflechtung mit anderen Produkten und die werbebedingte Absatzmengenänderung zu prognostizieren. Ein knappes Werbebudget zwingt dazu, sich auf erfolgversprechende Werbeprojekte zu konzentrieren.

Im Zusammenhang mit der Werbeplanung versteht man unter der **Zielgruppe** jenen Personenkreis (Marktsegment), auf den der Anbieter seine Werbemaßnahmen konzentrieren möchte. Zur Zielgruppe gehören jene Personen, deren Bedürfnisse durch das Werbeobjekt in spezifischer Weise befriedigt werden können. Die Informationen zur Abgrenzung der Zielgruppe[73] liefert die Marktforschung. Die Bildung von Zielgruppen hat den Zweck, durch Abgrenzung des Adressatenkreises
– die **Kosten** der Werbung zu **minimieren** und
– auf eine **homogene Bedürfnisstruktur** der Gruppenmitglieder mit einer homogenen Werbebotschaft zu antworten.
Je besser die Zielgruppe abgegrenzt ist, desto treffsicherer und erfolgreicher ist die Werbung.

Prozeßstufe	Kurzcharakteristik
Kontakt mit der Botschaft	Werbesubjekt muß die Botschaft sehen bzw. hören.
Aufnahme der Botschaft	Werbesubjekt muß – aufmerksam sein und – die Botschaft verstehen. (Problem: selektive Wahrnehmung)
Kognitive Reaktion	Werbesubjekt muß die Botschaft – annehmen und – vom Kurzzeit- in das Langzeitgedächtnis übertragen. (Ziel: Erzeugung positiver Einstellung)
Attitüdenbildung	Kognitiver Prozeß kann die Einstellung zum Produkt (positiv oder negativ) verändern.
Intention	Aus positiver Attitüde wird Kaufbereitschaft, wenn – persönliche Einstellung und – soziales Umfeld den Kauf gutheißen.
Kaufakt	Kaufintention führt zum Kaufakt, wenn – Trägheit überwunden wird und – externe Störfaktoren (z. B. Arbeitsplatzverlust) ausbleiben.

Abb. 84: Informationsverarbeitung durch Werbesubjekt

---

[73] Zur Zielgruppenbildung im Rahmen der Werbeplanung vgl. Berndt, R., Marketing 2, a. a. O., S. 231 ff.

Der Werbetreibende benötigt schließlich Informationen darüber, wie ein Werbesubjekt die **Werbebotschaft verarbeitet.** Es stellt sich also die Frage, welche gedanklichen Prozesse in einem Menschen vorgehen, an den eine Werbebotschaft herangetragen worden ist. Worauf ist es zurückzuführen, daß einzelne Werbesubjekte auf die Werbebotschaft so unterschiedlich reagieren? Folgende Reaktionen sind denkbar:

– sofortiger Kauf mit Wiederholungskäufen,
– einmaliger Spontankauf,
– hohe Kaufbereitschaft,
– positive (negative) Einstellung zum Werbeobjekt,
– Gleichgültigkeit oder
– Nichtwahrnehmung der Werbebotschaft.

Wer erfolgreich werben will, braucht eine zugkräftige Werbebotschaft. Die optimale Gestaltung der Werbebotschaft setzt aber Kenntnisse über den Informationsverarbeitungsprozeß beim Werbesubjekt voraus. Um solche Kenntnisse bemüht sich die verhaltenswissenschaftlich orientierte Marketing-Forschung, die an anderer Stelle[74] behandelt wurde.

Der Prozeß zwischen dem Empfang der Werbebotschaft und der Reaktion des Empfängers (Kauf oder Nichtkauf) läßt sich in mehrere Stufen zerlegen (siehe Abb. 84).

Die verhaltenswissenschaftlich orientierte Untersuchung des Informationsverarbeitungsprozesses gehört trotz erheblicher Forschungserfolge immer noch zu den größten Herausforderungen der Werbeforschung. (**ÜB 4/ 67–68**)

(3) Instrumente der Werbeplanung

Instrument der Werbeplanung ist die Werbemaßnahme, die in Form einer Werbebotschaft an die potentiellen Nachfrager herangetragen wird. Die Kosten aller Werbemaßnahmen finden im Werbebudget ihren Niederschlag. Zur Durchführung der Werbeplanung gehört somit

– die Festlegung des (jährlichen) **Werbebudgets,**
– die Verteilung des Werbebudgets auf verschiedene Werbemittel – **Mediaselektion** – und
– die (optische bzw. akustische) **Gestaltung der Werbebotschaft.**

Ziel der Planung ist die Entwicklung eines Werbeprogramms, bei dem die Differenz zwischen werbebedingten Mehrerträgen und werbebedingten Mehrkosten (Werbekosten) maximiert wird. Dieses Optimierungsproblem kann simultan (einstufig) oder sukzessiv (mehrstufig) gelöst werden.

Bei **simultaner Lösung** wird über die Höhe des Budgets, die Verteilung des Budgets und die Gestaltung der einzelnen Werbebotschaft gleichzeitig entschieden. Nur dieser Simultanansatz führt zum gewünschten Optimum. Denn einerseits kann ohne Aussagen über die Verteilung nicht über die Höhe des Budgets entschieden werden. Andererseits beeinflußt die Höhe des Budgets die Verteilung auf einzelne Werbemedien.

---

[74] Vgl. die Ausführungen auf S. 620 ff

Der praktischen Verwirklichung der simultanen Lösung des Optimierungsproblems stehen **erhebliche Schwierigkeiten** im Wege. Sie liegen auf dem Gebiet der Datenbeschaffung.

Weil sich Grenzerlöse und Grenzkosten einer einzelnen Werbemaßnahme kaum bestimmen lassen, wählt die Praxis den **sukzessiven Lösungsweg**, wonach zuerst über die Höhe des Budgets, dann über dessen Aufteilung auf einzelne Werbeträger und schließlich über die Gestaltung der einzelnen Werbebotschaft entschieden wird. Ergebnis der sukzessiven Festlegung der Parameter ist eine suboptimale (Näherungs-)Lösung. In Anlehnung an die Lehrbuchliteratur zum Marketing vernachlässigen wir im folgenden die Interdependenzen des Entscheidungsproblems und behandeln die drei Planungsbereiche in getrennter Form.

(a) Höhe des Werbebudgets

Wie hoch ist das optimale Werbebudget? Seit Jahrzehnten bemühen sich Modelltheorie und Werbepraxis um eine Antwort. Die Modelltheorie arbeitet analytisch einwandfrei, aber mit praxisfernen Annahmen. Die Werbepraxis findet praktizierbare Lösungen, die analytisch nicht haltbar sind; das erstrebte Gewinnmaximum wird allenfalls zufällig erreicht.

Beim **analytischen Ansatz** versucht man, die Höhe des Werbebudgets W mit der unternehmerischen Zielfunktion G (Gewinn) zu verknüpfen. Dabei wird die **Werbeerfolgsfunktion** $m_i = f(W_i)$ als gegeben betrachtet. Die durch eine Erhöhung des Werbebudgets ΔW_i bewirkte Erhöhung der Absatzmenge Δm_i gilt also als bekannt.

Gewinn = Erlös − Produktionskosten − Werbekosten

$$G_i = p \cdot m_i - (k_v \cdot m_i + K_f) - W_i$$
$$G_i = (p - k_v) \cdot m_i - K_f - W_i$$

p = Stückerlös
k_v = variable Stückkosten
m_i = Absatzmenge in Abhängigkeit von W_i
K_f = fixe Kosten
W_i = Werbebudget i

Optimal ist das Werbebudget, bei dem G_i sein Maximum erreicht. Bei marginalanalytischer Betrachtung ist die Ausdehnung des Werbebudgets vorteilhaft, solange der Grenzertrag einer zusätzlichen Werbemaßnahme i höher ist als die Grenzkosten dieser Werbemaßnahme. Es gilt also

Grenzertrag der Werbung $\geq$ Grenzkosten der Werbung
$(p - k_v) \cdot \Delta m_i$ $\qquad \geq \Delta W_i$

Werbung ist also zweckmäßig, solange das Produkt aus Deckungsbeitrag $(p - k_v)$ und werbebedingtem Mehrabsatz (Δm_i) größer ist als die Kosten der zusätzlichen Werbemaßnahme (ΔW_i).

Neben diesem einfachen Modell hat die Literatur[75] weitaus anspruchsvollere Ansätze zur Bestimmung des optimalen Werbebudgets entwickelt.

---

[75] Vgl. hierzu insbesondere Schmalen, H., Kommunikationspolitik, 2. Aufl., Stuttgart u. a. 1992, S. 73 ff.

Alle Modelle gehen aber von einer gegebenen Werbeerfolgsfunktion aus, die in der Realität nur in den seltensten Fällen näherungsweise bekannt ist.

Die **Praktikerverfahren** zur Werbebudgetoptimierung ziehen

- den Umsatz (Gewinn),
- das Budget der Konkurrenz,
- die Höhe verfügbarer finanzieller Mittel oder
- ein operationales Werbeziel

als Orientierungsgröße der Budgetierung heran.

Die **Orientierung am Umsatz** (bzw. Gewinn) hat für „gute" Jahre ein hohes, für „schlechte" Jahre ein geringes Werbebudget zur Folge. Dieses weitverbreitete Budgetierungsverfahren hat mehrere **Nachteile:** Es ist sachlogisch falsch, denn der Werbeaufwand ist nicht vom Umsatz, sondern der Umsatz ist vom Werbeaufwand abhängig. Es wirkt prozyklisch. Eher wünschenswert scheint eine antizyklische Werbung, d. h. einem Umsatzeinbruch sollte mit verstärkten Werbeanstrengungen begegnet werden. Schließlich setzt diese Form der Budgetierung die Festlegung eines (Umsatz- bzw. Gewinn-)Prozentsatzes voraus, was nicht ohne Willkür möglich ist.

Die **Orientierung am Konkurrenzbudget** ist mit anderen **Nachteilen** behaftet: Zum einen läßt sich das Budget der Konkurrenz allenfalls für das abgelaufene Jahr, nicht aber für das Planungsjahr ermitteln. Zum anderen kann die Budgetplanung der Konkurrenz ebenso desolat sein wie die eigene. Eine Orientierung an der Desorientierung ist aber wenig hilfreich. Schließlich sind die Verhältnisse im Konkurrenzunternehmen nur in den seltensten Fällen mit denen des eigenen Unternehmens vergleichbar.

Auch die **Orientierung am Finanzvolumen** (Liquidität) ist **unbefriedigend.** Das Verfahren ist sachlogisch falsch, denn die verfügbare Liquidität ist nicht Richtgröße, sondern (werbe-)abhängige Variable: Durch verstärkten Werbeaufwand kann der Umsatz erhöht und der Mittelzufluß gesteigert werden. Auch dieses Verfahren wirkt prozyklisch, d. h. in ertragschwachen Jahren werden die Werbeanstrengungen reduziert.

Wer das Budget **an operationalen Werbezielen orientiert,** befindet sich auf dem **Weg zum Optimum.** Bei diesem Verfahren werden

- operationale Werbeziele für einzelne Produkte festgelegt (z. B.: Steigere den Umsatz um 5 Prozent.),
- die zur Zielerreichung erforderlichen Werbemaßnahmen bestimmt,
- die mit den diversen Maßnahmen verbundenen Kosten ermittelt; in der Summe ergibt sich das zielkonforme Budget,
- die Kosten des zielkonformen Budgets mit den verfügbaren Mitteln verglichen und
- die Werbeziele modifiziert, wenn die verfügbaren Mittel nicht ausreichen.

Der Vorzug dieses Verfahrens liegt in seiner sachlogischen Richtigkeit. Es existiert aber ein gravierendes Prognoseproblem: Wer die zur Zielerreichung notwendigen Werbemaßnahmen bestimmen will, muß im Grunde genommen in jedem Einzelfall die Werbeerfolgsfunktion kennen.

Orientierungsgröße	Schwachpunkte
Umsatz (Gewinn)	– sachlogisch falsch – prozyklische Wirkung – willkürlicher Prozentsatz
Konkurrenzbudget	– künftiges Konkurrenzbudget unbekannt – Orientierung an Desorientierung
Finanzielle Mittel	– sachlogisch falsch – prozyklische Wirkung
Operationale Werbe- ziele	– Werbewirkung einzelner Maßnahmen nicht exakt prognostizierbar

Abb. 85: Schwächen der Praktikerverfahren

Zur empirischen Relevanz der einzelnen Budgetierungsverfahren äußert sich Berndt.[76] Danach ist die Orientierung am Umsatz das gängigste Verfahren. Modelltheoretisch fundierte Verfahren kommen kaum zur Anwendung. Das an operationalen Werbezielen orientierte Budgetierungsverfahren erfreut sich zunehmender praktischer Verbreitung. (Üb 4/29)

(b) **Verteilung des Werbebudgets**

Steht das Werbebudget der Höhe nach fest, muß es nach sachlichen und zeitlichen Gesichtspunkten aufgeteilt werden. Dieser Vorgang wird als **Streuplanung** bezeichnet. Optimale Streuplanung hat zwei Aspekte zu berücksichtigen:

– die **Auswahl** der zur Übermittlung der Werbebotschaft geeignetsten **Werbeträger** (Mediaselektion) und

– die Bestimmung des **günstigsten Werbezeitpunktes** und der Zahl von möglichen Wiederholungen der Werbebotschaft.

Die im Rahmen der **Mediaselektion** zur Wahl stehenden Werbeträger lassen sich in drei große Gruppen einteilen:

– **Printmedien;** hier hat der Werbetreibende in Deutschland die Wahl zwischen etwa 600 Tageszeitungen und 1.200 Zeitschriften.

– **Elektronische Medien;** etwa zehn regionale Rundfunkanstalten, etwa zehn regionale Fernsehanstalten und eine Reihe von Privatsendern treten als Anbieter auf.

– **sonstige Medien;** hierunter fallen die verschiedensten Formen der Außenwerbung.

Die Mediaselektion findet auf zwei Ebenen statt: Zunächst prüft der Werbetreibende, ob er beispielsweise Zeitungs- oder Rundfunkwerbung durchführen soll (Inter-Mediaselektion). Hat er sich für die Zeitungswerbung entschieden, bleibt die Wahl zwischen den Tageszeitungen X, Y und Z (Intra-

---

[76] Vgl. Berndt, R., Marketing 2, a. a. O., S. 242f.

Mediaselektion). Weitergehende Informationen über die praktische Bedeutung einzelner Werbeträger finden sich in der einschlägigen Literatur.[77]

Die Auswahl der günstigsten Werbeträger kann im Rahmen von Optimierungsmodellen oder heuristischen Verfahren erfolgen.

Optimierungsmodelle haben den Vorteil, die Auswahl des günstigsten Werbeträgers in Bezug zur unternehmerischen Zielsetzung zu stellen.

$i = 1\ldots n$	Anzahl der Werbeträgeralternativen
WE_i	Werbeertrag beim Einsatz des Werbeträgers i
WA_i	Werbeaufwand beim Einsatz des Werbeträgers i
$WE_i\text{-}WA_i$	Werbeerfolg beim Einsatz des Werbeträgers i

$$\sum_{i=1}^{n} WE_i - WA_i \to \text{Max!}$$

Abb. 86: Zielfunktion eines Mediaselektionsmodells

Bei unbeschränktem Werbebudget werden alle Werbeträgeralternativen i realisiert, bei denen $WE_i > WA_i$. Bei beschränktem Werbebudget wird für die Werbeträgeralternativen i eine Rangreihe gebildet. An der Spitze (am Ende) der Rangreihe steht jene Werbeträgeralternative, bei der die Differenz zwischen WE_i und WA_i am größten (kleinsten) ist. Wieviele Werbeträgeralternativen in absteigender Reihe realisiert werden können, hängt von der Budgetrestriktion ab.

Die in der Literatur[78] diskutierten Optimierungsmodelle finden in der Praxis kaum Anwendung. Der Grund: Während sich der Werbeaufwand WA_i meistens exakt bestimmen läßt, ist der **Werbeertrag WE_i kaum meßbar.** Man weiß, daß ein Fernsehspot von 30 Sekunden Dauer etwa 30.000 DM und daß eine ganzseitige Anzeige in einer großen Illustrierten etwa 25.000 DM kostet. Man weiß aber nicht, wie hoch der zusätzliche Ertrag WE ist, den jeder der beiden Werbeträger erwirtschaftet.

Werbeerfolg	
Positivkomponente	Negativkomponente
indirekte Messung	direkte Messung
– Verbreitungsgrad des Mediums – Reichweite des Mediums – Kontaktwahrscheinlichkeit – Werbeträgerimage	– Werbeaufwand WA_i

Abb. 87: Werbeerfolgsfaktoren bei heuristischer Mediaselektion

---

[77] Vgl. Nieschlag/Dichtl/Hörschgen, a. a. O., S. 541 ff. und die dortigen Quellenangaben.

[78] Vgl. Berndt, R., Marketing 2, a. a. O., S. 276 ff. sowie Nieschlag/Dichtl/Hörschgen, a. a. O., S. 610 ff. und die dort angegebene Literatur.

So kann es nicht verwundern, daß sich die Marketing-Praxis **heuristischen Planungsverfahren** zuwendet. Die heuristischen Verfahren tragen der Tatsache Rechnung, daß sich der dem Einsatz des Werbeträgers i zurechenbare Werbeertrag nicht messen läßt. An die Stelle des Werbeertrags treten Hilfsgrößen, die Auskunft über positive Werbewirkungen geben sollen (siehe Abb. 87).

Heuristische Planungsverfahren haben den Vorteil der Praktikabilität und den Nachteil, nicht zum optimalen Ergebnis (des Werbeträgereinsatzes) zu führen.

Das erste Indiz zur hilfsweisen Beurteilung des Werbeertrags ist der **Verbreitungsgrad des Mediums.** Bei Printmedien versteht man hierunter die Auflage, bei elektronischen Medien die Zahl der Empfangsgeräte im Sendegebiet. Je größer der Verbreitungsgrad eines Mediums, desto erfolgversprechender ist c. p. die Werbung. Je größer der Verbreitungsgrad, desto teurer ist aber auch die Belegung einer Anzeigenseite bzw. die Belegung von 30 Sekunden Sendezeit. Zur Bestimmung der relativen Vorteilhaftigkeit des Werbeträgers ermittelt man deshalb den sog. Tausenderpreis.

$$\text{Tausenderpreis} = \frac{\text{Werbekosten/Ganzseite}}{\text{Auflagenhöhe}} \cdot 1000 \text{ bzw. } \frac{\text{Werbekosten/30 Sek.}}{\text{Empfänger}} \cdot 1000$$

Entscheidend für den Werbeerfolg ist weniger die Höhe der Auflage bzw. die Zahl der Empfangsgeräte als vielmehr die Tatsache, wieviele Personen die Zeitung tatsächlich lesen bzw. das Rundfunk- oder Fernsehprogramm tatsächlich empfangen. Eine Zeitung mit einer Auflage von 120.000 Stück, die durchschnittlich von drei Personen gelesen wird, hat eine größere **Reichweite** als ein Konkurrenzblatt mit einer Auflage von 150.000 Stück, das nur im Durchschnitt von zwei Personen gelesen wird.

Indiz für den Werbeerfolg ist nicht nur die Reichweite eines Mediums, sondern auch die Intensität, mit der das Medium genutzt wird. Weil eine Fachzeitschrift im allgemeinen viel intensiver gelesen wird als eine große Publikumszeitschrift, ist die **Kontaktwahrscheinlichkeit,** d. h. die Wahrscheinlichkeit, daß der Leser mit der eigenen Werbebotschaft in Kontakt kommt, bei der Fachzeitschrift c. p. größer.

Das Werbesubjekt muß die Werbebotschaft nicht nur empfangen, sondern es muß ihr auch Glauben schenken. Der Werbetreibende muß also versuchen, sich eines glaubwürdigen Mediums zu bedienen. Hierbei spielt das **Werbeträgerimage** eine bedeutende Rolle. Nieschlag-Dichtl-Hörschgen[79] berichten in diesem Zusammenhang von Untersuchungen, wonach Tageszeitungen als glaubwürdigster Lieferant von Werbebotschaften eingestuft werden, während Fernsehwerbung als langweilig und irreführend bewertet wird.

Die Mediaforschung fragt aber nicht nur nach Verbreitungsgrad, Reichweite, Kontaktwahrscheinlichkeit und Image eines Mediums. Sie fragt vor allem danach, in welchem Maße die **Zielgruppe,** die der Werbetreibende

---

[79] Vgl. Nieschlag/Dichtl/Hörschgen, a. a. O., S. 542f.

ansprechen möchte, unter den Empfängern des jeweiligen Mediums wiederzufinden ist. So macht es wenig Sinn, in einer Jugendzeitschrift für ein Rheumamittel oder in einer Autozeitschrift für Babynahrung zu werben.

Über den Werbemitteleinsatz muß auch in **zeitlicher Hinsicht entschieden** werden. Die Frage des Werbezeitpunktes stellt sich besonders bei Saisonartikeln. Aber auch bei der Werbung für Ganzjahresartikel ist die Wahl des Werbezeitpunktes wichtig, wie der Blick auf die Werbeflaute in den Ferienmonaten oder auf die unterschiedlichen Einschaltquoten zu unterschiedlichen Tageszeiten belegt.

Schließlich muß der Werbetreibende festlegen, wie oft die Werbebotschaft in einem Medium wiederholt werden soll. In den meisten Fällen wird die Botschaft erst nach mehrmaliger Wiederholung verinnerlicht. Wird danach die Werbung eingestellt, gerät die – verinnerlichte – Werbebotschaft bald in Vergessenheit. Wer als Werbetreibender die Zielgruppe zu Markentreue, d. h. zu ständigen Wiederholungskäufen „erziehen" will, kann auf eine Werbewiederholung in bestimmten Zeitabständen nicht verzichten. (ÜB 4/69)

(c) **Gestaltung der Werbebotschaft**

Die Werbebotschaft gleicht einer Brücke, die eine Verbindung zwischen dem Werbeobjekt und dem Werbesubjekt herstellen soll. Tragfähig ist diese Brücke aber nur dann, wenn bei ihrer Konstruktion die Besonderheiten der beiden Brückenpfeiler, das sind die Merkmale des Werbeobjekts auf der einen Seite und die Wünsche und Lebensbedingungen des Werbesubjekts auf der anderen Seite, beachtet werden.

Gestaltungselemente der Werbebotschaft sind das gesprochene bzw. geschriebene Wort, das Bild, die Musik, die graphische Gestaltung, die Farbe und die räumliche bzw. zeitliche Extension. Endziel der Werbung ist das Überwinden von Absatzwiderständen. Dies setzt voraus, daß die Werbebotschaft – und sei es nur für einen flüchtigen Augenblick – die Aufmerksamkeit des Werbesubjekts findet. Mit zunehmender Werbeflut nimmt die Aufnahmebereitschaft des Umworbenen für die einzelne Werbebotschaft ab. Die Botschaft hat nur dann eine Chance, wahrgenommen zu werden, wenn sie **kurz und prägnant** ist, wenn sie den entscheidenden Produktvorteil mit einem einprägsamen Bild und/oder Worten zum Ausdruck bringt.

Vor Gestaltung der Werbebotschaft benötigt man also **Kenntnisse** über den entscheidenden **Produktvorteil.** Solche Kenntnisse kann der Werbetreibende durch Nachdenken (deduktive Methode) oder durch Befragung von Verbrauchern, Handel und Außendienst (induktive Methode) gewinnen. Danach können alternative Werbebotschaften – meist durch eine zwischengeschaltete Werbeagentur – entwickelt werden. Diese alternativen Botschaften können Testpersonen zur Beurteilung vorgelegt werden.

Die letzte Entscheidung über die Auswahl der – optimalen – Werbebotschaft liegt beim Werbetreibenden. Die Wirksamkeit einer Werbebotschaft basiert nach Kotler,[80] der sich seinerseits auf ältere Untersuchungen bezieht, auf drei Elementen:

---

[80] Kotler/Bliemel, a. a. O., S. 966

Wünschbarkeit	Im Werbesubjekt muß der Wunsch entstehen, das Produkt zu erwerben.
Trennschärfe	Das Werbesubjekt muß von der Exklusivität und Originalität (= absolute Vorziehenswürdigkeit) der Marke X überzeugt werden.
Glaubwürdigkeit	Das Werbesubjekt muß von der Seriosität der Werbeaussage überzeugt werden.

Abb. 88: Elemente der Werbebotschaft

Wird auch nur eine dieser drei Bedingungen nicht oder nur in schwachem Maße erfüllt, hat die Werbung keine Aussicht auf Erfolg.

Will man die – alles entscheidende – Frage beantworten, wie eine Werbebotschaft vom Werbesubjekt aufgenommen und verarbeitet wird, muß man sich den Erklärungsmustern der Konsumentenverhaltensforschung zuwenden, die oben bereits angesprochen wurden. In welchem Maße aktivierende Prozesse, d. h. emotionale Vorgänge, bzw. kognitive Prozesse wie Denken und Lernen beim Werbesubjekt ausgelöst werden, hängt ab von
– der Aufmerksamkeit des Werbesubjekts,
– der Art des Werbeobjekts und
– der Art der Werbebotschaft.
Die hieraus resultierenden Werbewirkungsmuster hat Kroeber-Riel[81] umfassend beschrieben.

Wie an früherer Stelle bereits dargestellt, kann ein Nachfrager **rational** geprägte (z. B. Heizkessel oder Baudarlehen) oder **emotional** geprägte Beschaffungsentscheidungen (z. B. Erfrischungsgetränk, Kosmetika) treffen. Sprechen wir einfachheitshalber im einen Fall von Investitionsgütern, im

Emotionale Werbung	Informative Werbung
„Konsumgut"	„Investitionsgut"
Geringe Aufmerksamkeit	Hohe Aufmerksamkeit
Aktivierende Prozesse im Vordergrund	Kognitive Prozesse im Vordergrund
Emotionale Signale (Bilder, Farben, Musik u. a.)	Informative Signale (Techn. Daten, Garantieleistung, Preis, Bezugsquelle u. a.)
Häufige Wiederholung nötig	Einmalige Werbung möglich

Abb. 89: Emotionale und informative Werbung

---

[81] Vgl. Kroeber-Riel, W., Strategie und Technik der Werbung – Verhaltenswissenschaftliche Ansätze, Edition Marketing, 4. Aufl., Stuttgart u. a. 1993

anderen von Konsumgütern. Im Rahmen rationaler (emotionaler) Beschaffungsentscheidungen trifft der Werbetreibende i. a. auf eine hohe (geringe) Aufmerksamkeit des Werbesubjekts. Hieraus ergibt sich das in Abb. 89 aufgeführte Grundmuster emotionaler bzw. informativer Werbung. In der Werbepraxis begegnet man fast immer Mischformen von emotionaler und informativer Werbung. Ob dabei in einer Werbebotschaft das emotionale oder das informative Element in den Vordergrund treten sollte, muß vom Einzelfall abhängig gemacht werden.[82] (**ÜB 4/70–74**)

cc) Werbeerfolgskontrolle

Bei vielen Unternehmen, insbesondere bei Markenartikelherstellern mit ihrer langfristig angelegten Werbestrategie sind die Werbeaufwendungen so umfangreich, daß sie als Investitionen zur Erreichung verbesserter Absatzerfolge interpretiert werden können. Im Zuge der Werbeerfolgskontrolle möchte man feststellen, wie **erfolgreich einzelne Werbemaßnahmen** gewesen sind. Auf diese Frage hält die Investitionstheorie eine Antwort bereit: Die Werbemaßnahme i war erfolgreich, wenn der Kapitalwert positiv ist. Den Kapitalwert[83] der Werbemaßnahme i erhält man, wenn man
- vom Barwert aller auf die Werbemaßnahme i zurückzuführenden Mehreinzahlungen (Deckungsbeiträge)
- den Barwert der für die Werbemaßnahme i getätigten Auszahlungen (Werbeaufwendungen)

abzieht. Solche Investitionsmodelle finden in der Werbepraxis kaum Anwendung, weil
- die zeitliche Ausdehnung (positiver) Werbewirkungen kaum bestimmbar ist und
- die Zurechnung von (Mehr-)Einzahlungen auf einzelne Werbemaßnahmen so gut wie unmöglich ist.

Ökonomischer Werbeerfolg	Außerökonomischer Werbeerfolg
Maßgrößen – Umsatz – Gewinn – Marktanteil	Maßgrößen: – Reichweite des Mediums – Erinnerung an Werbebotschaft – Physiologische Reaktion auf Werbebotschaft
Meßverfahren: – Zeitreihenanalyse – Querschnittanalyse	Meßverfahren: – Befragung – Labortest

Abb. 90: Ökonomischer und außerökonomischer Werbeerfolg

---

[82] Vgl. hierzu die Grundmuster der Werbewirkung bei Kroeber-Riel, W., Konsumentenverhalten, a. a. O., S. 619 ff.
[83] Zur Ermittlung von Kapitalwerten vgl. S. 757 ff.

Die **Marketing-Praxis** bemüht sich im Rahmen der Werbeerfolgskontrolle einerseits um die Feststellung des ökonomischen Werbeerfolgs, andererseits um die Ermittlung des außerökonomischen (kommunikativen) Werbeerfolgs (siehe Abb. 90).

Bei der Kontrolle des **ökonomischen Werbeerfolgs** versucht man, die (positiven) Werbewirkungen unmittelbar zu messen. Man fragt also: In welchem Maße hat sich die Zielgröße (Umsatz, Gewinn bzw. Marktanteil) durch die einzelne Werbemaßnahme verändert? In den weitaus meisten Fällen versucht man, die im Untersuchungszeitraum eingetretene **werbebedingte Umsatzänderung** festzustellen. Zu diesem Zweck werden einerseits Zeitreihenanalysen, andererseits Querschnittanalysen angestellt.

Nehmen wir an, das Unternehmen X habe in den zurückliegenden Jahren mit sehr unterschiedlicher Intensität geworben. Der einer Periode p zurechenbare Jahresumsatz U_p wird als abhängige Variable, der jährliche Werbeaufwand WA_p als unabhängige Variable betrachtet. Im Rahmen einer Regressionsanalyse versucht man, für eine **möglichst lange Zeitreihe** festzustellen, wie sich U_p in Abhängigkeit von WA_p entwickelt hat. In der Literatur ist man übereinstimmend der Auffassung, daß die Zeitreihenanalyse höchst unzuverlässige Ergebnisse zur Kontrolle des Werbeerfolgs liefert. Die Unzulänglichkeiten der Zeitreihenanalyse liegen in der Tatsache[84] begründet, daß

– die Umsatzentwicklung nicht allein vom Werbeaufwand abhängig ist (Konkurrenzaktivitäten, Konjunkturzyklen u. a.) und

– die Werbeaufwendungen der Periode p erst mit zeitlicher Verzögerung umsatzwirksam werden (Carry-Over-Effekt).

Zu weitaus zuverlässigeren Kontrollergebnissen führt die **Querschnittanalyse.** Hierbei versucht man, die umsatzmäßigen Auswirkungen der Werbung durch Vergleich zweier Teilmärkte zu eliminieren. Auf dem Testmarkt findet Werbung statt, auf dem Kontrollmarkt findet keine Werbung statt. Test- und Kontrollmarkt sollten

– hinsichtlich ihrer Bevölkerungsstruktur vergleichbar sein und der Zielgruppe der Werbung entsprechen und

– möglichst klein und scharf abgrenzbar sein.

Das **Testmarktverfahren** ist das **genaueste,** aber auch das **teuerste** und **zeitraubendste** Verfahren der ökonomischen Werbeerfolgskontrolle. Aus Kostengründen geht die Werbeforschung zunehmend vom regionalen Markttest zum **Minimarkttest** über, der an anderer Stelle[85] bereits beschrieben wurde.

Die Verfahren zur Kontrolle des ökonomischen Werbeerfolgs messen nur die Werbewirkungen, die sich in einer Erhöhung des Umsatzes, also in realisierten Kaufhandlungen niedergeschlagen haben. Latente Werbewirkungen, d. h.

---

[84] Zur weiteren Kritik und komplizierteren Modellansätzen vgl. insbesondere Nieschlag/Dichtl/Hörschgen, a. a. O., S. 635 ff.

[85] Vgl. hierzu S. 614

- die Erinnerung an eine Werbemaßnahme,
- die stimulierende Wirkung einer Werbemaßnahme oder
- die (positive) Änderung der Einstellung gegenüber dem Werbeobjekt

lassen sich als kommunikative Werbewirkungen nur im Rahmen der **außerökonomischen Werbeerfolgskontrolle** erfassen. Die Determinanten des außerökonomischen Werbeerfolgs lassen sich wie folgt systematisieren:

Außerökonomischer Werbeerfolg		
quantitativ	qualitativ	
Reichweite des Mediums	kognitive Wirkungen (Wahrnehmung, Wiedererkennung, Erinnerung)	emotionale Wirkungen (physiologische Reaktionen)

Abb. 91: Determinanten des außerökonomischen Werbeerfolgs

Die **Reichweite des Mediums** gibt Auskunft darüber, wieviele Personen mit dem Medium in Kontakt kommen. Die Messung von Einschaltquoten bei elektronischen Medien dient der Ermittlung dieser Größe. Die Reichweite ist ein sehr fragwürdiger, weil **vordergründiger Erfolgsmaßstab.** Die Zahl der angesprochenen Personen sagt nichts über eine aufmerksame Aufnahme der Werbebotschaft und schon gar nichts über eine Einstellungsänderung durch die Werbebotschaft aus.

Voraussetzung für den Werbeerfolg im Sinne sofortiger oder späterer Kaufhandlungen ist die Wahrnehmung der Werbebotschaft. Die Messung **kognitiver Werbewirkungen** kann durch Tests oder Befragungen erfolgen. Mit Hilfe der **Blickaufzeichnung**[86] läßt sich im Labortest feststellen, welche Teile einer Werbevorlage visuell fixiert werden und welche nicht. Hierbei wird die Augenbewegung der Testperson durch ein Blickaufzeichnungsgerät registriert. Die Meßergebnisse erlauben eine sehr zuverlässige Beurteilung der Wahrnehmung der Werbebotschaft. Sie eignen sich dabei nicht nur zur nachträglichen Werbeerfolgskontrolle, sondern ebenso zum Pretest, d. h. zur Vorauswahl von Anzeigen im Rahmen der Werbeplanung.

Um verhaltenswirksam zu werden, muß eine **Werbebotschaft** nicht nur wahrgenommen, sondern auch **im Gedächtnis gespeichert** werden. In diesem Zusammenhang will man nachträglich feststellen, inwieweit sich ein Werbesubjekt an die Werbebotschaft erinnert. Im Zuge des **Wiedererkennungsverfahrens** wird einem Zeitschriftenleser die Zeitschrift wieder vorgelegt, wobei ein Interviewer Seite für Seite abfragt, an welche Anzeige sich die Testperson erinnert. Im Rahmen des **Erinnerungsverfahrens** prüft man die Markenbekanntheit. Ein Interviewer stellt der Testperson etwa folgende Frage: „Wenn Sie an Bier (Zigaretten, Waschmittel ...) denken – welche Marken fallen Ihnen dabei ein?" Die Marketingliteratur[87] steht diesen Ver-

---

[86] Vgl. hierzu Kroeber-Riel, W., Konsumentenverhalten, a. a. O., S. 241 ff.
[87] Zur Kritik vgl. für viele andere Nieschlag/Dichtl/Hörschgen, a. a. O., S. 645 ff.

fahren sehr reserviert gegenüber, weil eine unmittelbare Beziehung zwischen dem Bekanntheitsgrad und der Kaufbevorzugung bislang nicht nachgewiesen werden konnte.

Weitaus besser als die kognitiven lassen sich die **emotionalen Wirkungen** der Werbung erfassen. Vom Umfang emotionaler Bewegung schließt man auf das Ausmaß aktivierender Prozesse, von diesen zur Einstellungsänderung gegenüber dem Werbeobjekt und von dort aus schließlich zu erhöhter Kaufwahrscheinlichkeit. Im Rahmen von Labortests läßt sich das Ausmaß emotionaler Erregung, das von der Werbebotschaft ausgeht, feststellen. Zu diesem Zweck werden gehirnelektrische Vorgänge, die Atemfrequenz, der Pulsschlag, die Durchblutung des peripheren Gewebes u. a. gemessen.

Zwar ist noch nicht restlos geklärt, in welcher Richtung und in welchem Umfang die beim Umworbenen gemessenen Reaktionen dessen tatsächliches Kaufverhalten beeinflussen. Gleichwohl wurden auf diesem Gebiet der Werbeerfolgskontrolle erhebliche Fortschritte gemacht, die eine fruchtbare Anwendung verhaltenswissenschaftlicher Ansätze in der Betriebswirtschaftslehre als aussichtsreich erscheinen lassen. (**ÜB 4/75–77**)

c) Verkaufsförderung

Hinter dem Begriff Verkaufsförderung **(Sales Promotion)** steht eine Vielzahl von absatzfördernden Maßnahmen, die sich teilweise der Preis-, Produkt- oder Distributionspolitik zuordnen lassen, bei denen aber der kommunikationspolitische Aspekt ein besonderes Gewicht hat. Unter den kommunikationspolitischen Instrumenten hat die Verkaufsförderung seit den sechziger Jahren zunehmend an Bedeutung gewonnen. Gleichwohl bleibt die Vorrangstellung der Werbung unangefochten.

Werbung und Verkaufsförderung versuchen gleichermaßen, Absatzwiderstände zu überwinden. Während die Werbung im allgemeinen auf eine breite Streuung und langfristige Wirkung angelegt ist, sucht die Verkaufsförderung den **schnellen,** meist kurzlebigen **Absatzerfolg** durch gezielte Beeinflussung einer **beschränkten Personenzahl.**

Kommunikations-wirkung	Produktinformationen oder die Produkte selbst werden an den Konsumenten herangetragen.
Anreiz	Der Konsument muß die Offerte als einmalige Kaufgelegenheit empfinden.
Aufforderung	Der Gelegenheitscharakter „zwingt" den Konsumenten, sofort zu kaufen.

Abb. 92: Elemente der Verkaufsförderung

Die Verkaufsförderung wird in der angelsächsischen Literatur[88] ausführlicher behandelt als im deutschen Sprachraum.[89] Je nach Zielrichtung der

---

[88] Vgl. Kotler/Bliemel, a. a. O. S. 1003 ff.
[89] Einschlägige Monographien liefern Hänel, G., Verbraucher-Promotions, Wiesbaden 1974 und Döppner, H. W., Verkaufsförderung – Eine Marketing-Funktion, Berlin 1977

verkaufsfördernden Maßnahmen unterscheidet man zwischen konsumentenorientierter, handelsorientierter und verkaufspersonalorientierter Förderung.

- Preisausschreiben
- Sonderverkaufsaktionen mit Preisnachlaß
- Verteilung von Produktproben
- Zusicherung der Warenrücknahme
- Attraktive Zusatzangebote zum Selbstkostenpreis (Sonnenbrillen im Kaffeegeschäft)

Abb. 93: Beispiele konsumentenorientierter Verkaufsförderung

Mit **konsumentenorientierter Verkaufsförderung** versucht der Herstel-
ler u. a., Erstkäufer zu gewinnen und das (neue) Produkt durch Anreiz der
Endnachfrage mit einem Sogeffekt durch den Vertriebskanal zu ziehen (Pull-
Effekt).

Im Rahmen der **verkaufspersonalorientierten Förderung** versuchen Hersteller bzw. Händler, ihr Verkaufspersonal zu Höchstleistungen zu motivieren. Hierzu dienen Schulungs- und Informationsveranstaltungen ebenso wie
die Auslobung von Prämien für die erfolgreichsten Verkäufer.

Der Handel fungiert für den Hersteller als Verkäufer. Zu den **handels-
orientierten Fördermaßnahmen** gehören somit auch Schulung und Prämie.
Darüber hinaus werden dem Handel Werbekostenzuschüsse (für Sonderverkaufsaktionen) und produktspezifische Verkaufsständer (Display-Material)
zur Verfügung gestellt. Das wichtigste Element handelsorientierter Förderungsmaßnahmen ist der Sonderrabatt, der etwa bei der Einführung neuer
Produkte oder zum beschleunigten Verkauf auslaufender Modelle eingeräumt wird.

d) Öffentlichkeitsarbeit

In einer Knappheitsgesellschaft mißt man unternehmerische Leistung allein an Umfang und Qualität des Güterangebots. Wohlstandsgesellschaften
legen strengere Maßstäbe an: Sie betrachten das Güterangebot als Selbstver-
ständlichkeit und beurteilen ein Unternehmen (auch) danach, in welchem
Maße es den gerade vorherrschenden gesellschaftlichen Normvorstellungen
entspricht. Neben scheinbar selbstverständlicher Güterbereitstellung erwartet man von Unternehmen sorgsamen Umgang mit der Umwelt, Einsatz für
die sozialen Belange der Mitarbeiter und ihrer Angehörigen, Bereitstellung
sicherer, sauberer Arbeitsplätze, Unterstützung kommunalpolitischer Anliegen am Betriebsstandort, vorbehaltlose Unterrichtung der Öffentlichkeit
über unternehmensinterne Vorgänge, Unterstützung karitativer Einrichtungen, Förderung von Kunst und Wissenschaft u. v. a.

Ein Unternehmen, das solchen Wunschvorstellungen nicht gerecht wird,
genießt geringes gesellschaftliches Ansehen, hat ein schlechtes Image. Die
Öffentlichkeitsarbeit (Public Relations) hat die Aufgabe, durch verschiedene

kommunikationspolitische Maßnahmen zur **Verbesserung des Unternehmensbildes in der Öffentlichkeit,** zur Steigerung des Image beizutragen.

– Pflege guter Kontakte zu den Medien – regelmäßige Unterrichtung der Öffentlichkeit (Pressekonferenzen, Geschäftsberichte) – Öffnung des Unternehmens für die Öffentlichkeit – finanzielle Unterstützung öffentlicher Anliegen u. v. a.

Abb. 94: Instrumente der Öffentlichkeitsarbeit

Die Öffentlichkeitsarbeit dient der Steigerung des Unternehmensimage und dieses wiederum dient der Erreichung des Unternehmensziels.

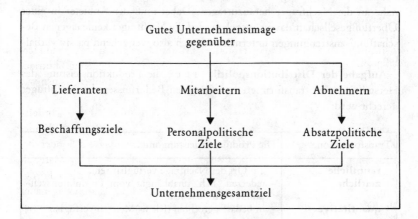

Abb. 95: Ziele der Öffentlichkeitsarbeit

An dieser Stelle interessieren nur die **absatzpolitischen Ziele** der Öffentlichkeitsarbeit: Der Absatzerfolg eines Unternehmens wird ungeachtet eines guten Preis/Leistungsverhältnisses unzureichend bleiben, wenn der Hersteller in der Öffentlichkeit ein schlechtes Ansehen genießt. Darüber hinaus muß folgendes beachtet werden: Werbung kann nur dann erfolgreich sein, wenn sie glaubwürdig ist. Ein Hersteller mit hohem Ansehen gilt aber im allgemeinen als glaubwürdig.

Abschließend soll die Öffentlichkeitsarbeit zur Werbung einerseits und zur Verkaufsförderung andererseits abgegrenzt werden. Produktwerbung und Öffentlichkeitsarbeit lassen sich klar trennen, während die Grenzen zwischen Öffentlichkeitsarbeit und Firmenwerbung fließend sind. Der Unterschied zwischen Verkaufsförderung und Öffentlichkeitsarbeit läßt sich an folgendem Beispiel demonstrieren: Wenn ein Pharmahersteller zu einem Ärztekongreß einlädt und in einer Vortragsreihe nur die eigenen Präparate vorstellt, handelt es sich um Verkaufsförderung; werden dagegen den Kongreßteilnehmern wissenschaftliche Vorträge – ohne firmenspezifische Produktinformation – angeboten, haben wir es mit Öffentlichkeitsarbeit zu tun, die das

Firmenimage heben und – langfristig – zur Stärkung der Marktposition des Veranstalters beitragen soll.

5. Distributionspolitik

a) Ziele und Teilbereiche der Distributionspolitik

Moderne, arbeitsteilige Volkswirtschaften sind gekennzeichnet durch
– zentrale Produktion in großer Serie und
– dezentralen Verbrauch in kleinen Einheiten.

Der Absatzerfolg eines Produktionsbetriebes hängt nicht nur von der Qualität und vom Preis der Produkte, sondern auch von der Fähigkeit des Produzenten ab, die eigenen Leistungen in bedarfsgerechter Form möglichst nahe an die Nachfrager heranzutragen. Dabei muß der Anbieter in einer Überflußgesellschaft davon ausgehen, daß die Nachfrager keine eigenen Beschaffungsanstrengungen unternehmen, sich also weitgehend passiv verhalten.

Aufgabe der Distributionspolitik[90] ist es, die Produktionsleistung des Herstellers so zu transformieren, daß sie den Bedürfnissen der Nachfrager gerecht wird:

Transformation	Die Produktionsleistung muß...
– **räumliche**	– am Ort der Nachfrage verfügbar sein.
– **zeitliche**	– jederzeit, d. h. unabhängig vom Produktionszeitpunkt verfügbar sein.
– **quantitative**	– in bedarfsgerechten (Klein-)Mengen verfügbar sein.
– **qualitative**	– in bedarfsgerechten Leistungsbündeln (z. B. Benzin + Reiselektüre + Reiseproviant) verfügbar sein.

Abb. 96: Leistungstransformation im Rahmen der Distributionspolitik

Distribution ist weitaus mehr als der Transport von Gütern vom Hersteller zum Endabnehmer. Die Fragen nach
– Transportmitteln,
– Transportwegen,
– (Zwischen-)Lagerkapazität und
– (Zwischen-)Lagerstandort
sind Gegenstand der **physischen Distribution**. Bei der Lösung dieser logistischen Probleme – man spricht in diesem Zusammenhang häufig von **Marketing-Logistik** – stehen Kostenminimierungsüberlegungen im Vordergrund.

Jenseits dieser technischen Probleme erhebt sich die Frage, welche Institutionen in welcher Art und Weise an der Lösung der Distributionsaufgabe

---

[90] Zu den Aufgaben und Gestaltungsmöglichkeiten der Distributionspolitik vgl. insbesondere Ahlert, D., Distributionspolitik, 2. Aufl., Stuttgart 1991

beteiligt sein sollen. Böcker[91] spricht in diesem Zusammenhang von **akqui-sitorischer Distribution**. Das zentrale Problem der akquisitorischen Distribution ist die **Optimierung des Absatzweges**. Unter dem Absatzweg, dem sog. Marktkanal, versteht man die Gesamtheit der betrieblichen Organe (z. B. Reisende) und der externen Institutionen (z. B. Groß- und Einzelhandel), über die ein Hersteller seine Produkte an die Konsumenten bzw. Verwender leitet. Bei der Optimierung des Absatzweges stellen sich u. a. folgende Fragen:

---

(1) In welcher Form sollen die Produkte in den Letztverkaufsstellen präsentiert werden?
(2) Wo soll der Absatz an den Letztverbraucher erfolgen?
(3) Soll sich der Hersteller bei der Distribution auf unternehmensinterne Institutionen (direkter Absatz) oder auf unternehmensexterne Institutionen (indirekter Absatz) stützen?
(4) Welche Institutionen sollen beim direkten Absatz eingeschaltet werden?
(5) Wie soll der Hersteller bei indirektem Absatz seine vertraglichen Beziehungen zu Groß- und Einzelhandel gestalten?

Abb. 97: Grundfragen zur Optimierung des Absatzweges (Marktkanals)

Die Fragen (1) und (2) sind von den Letztverkaufsstellen, also insbesondere vom Einzelhandel, die Fragen (3) bis (5) vom Hersteller zu beantworten. Zwischen den fünf Fragekomplexen gibt es Interdependenzen: Ob der Hersteller sich für oder gegen die Einschaltung des Handels entschließt (3), hängt u. a. davon ab, ob es dem Handel gelungen ist, die nachfragestarken Verkaufsstandorte zu besetzen (2).

Als Teilgebiet der Unternehmenspolitik steht die Distributionspolitik im Dienst der unternehmerischen Zielsetzung. Somit ist jede distributionspolitische Entscheidung auf ihren Gewinnbeitrag hin zu untersuchen. Geht man im Rahmen der **physischen Distribution** davon aus, daß die Absatzerlöse von der Wahl des Transportmittels, des Transportweges usw. unabhängig sind, kann die Erlösseite bei allen Optimierungsüberlegungen unberücksichtigt bleiben. **Kostenminimale Entscheidungen** sind dann gleichzeitig gewinnmaximale Entscheidungen.

Bei der **akquisitorischen Distribution** liegen die Dinge nicht so einfach. Absatzpreis und Absatzvolumen hängen u. a. davon ab, ob ein Hersteller den Weg des **direkten Absatzes** geht oder ob er Absatzmittler (Handel) zwischenschaltet, die auf eigene Rechnung und eigenes Risiko arbeiten; man spricht dann von **indirektem Absatz**. Der Absatzerfolg hängt auch davon ab, ob der Hersteller das Produkt als exklusiven Artikel über den gehobenen Fachhandel (geringere Stückzahlen, höherer Preis) oder über Discounter (hohe Stückzahlen, geringerer Preis) absetzen will. Bei jeder distributionspolitischen Alternative muß die **Erlösseite** (Menge × Preis) mit der **Kostenseite**, hier also mit den Distributionskosten **verglichen** werden.

---

[91] Vgl. Böcker, F., Marketing, 5. Aufl., Stuttgart 1994, S. 299

Beim direkten Absatz resultieren die **Distributionskosten** aus allen mit dem Vertrieb verbundenen Kosten. Hierzu gehören u. a. Vertreterprovisionen, Kosten für den firmeneigenen Fuhrpark, Lagerhaltungskosten usw. Beim indirekten Absatz wird ein Großteil dieser Kosten auf den Groß- bzw. Einzelhandel verlagert. Dafür muß der Hersteller dem Handel die sog. **Handelsspanne,** d. h. einen Abschlag vom Endverkaufspreis einräumen. Der indirekte Absatz ist also für den Hersteller durch geringere Distributionskosten auf der einen Seite und geringere Herstellerabgabepreise auf der anderen Seite gekennzeichnet.

Opportunitätskosten resultieren aus entgangenen Erlösen.[92] Aus der Sicht des Herstellers kann die eingeräumte Handelsspanne als ein Teil der Distributionskosten interpretiert werden. Auf funktionierenden Märkten sind besonders hohe Distributionskosten ein Indiz für eine besonders schwierige Distributionsaufgabe. Die Distribution homogener Massengüter (z. B. Heizöl) ist einfach. Die Handelsspanne ist entsprechend niedrig. Bei Modeartikeln oder extrem schnell verderblichen Gütern (z. B. Blumen) sind die Distributionskosten wegen der Gefahr des Veraltens oder des Verderbs besonders hoch. Zur Abgeltung der hohen Distributionskosten müssen dem Handel Spannen eingeräumt werden, die bis zu 70 Prozent vom Endverkaufspreis ausmachen können.

Distributionspolitische Grundsatzentscheidungen haben **strategischen Charakter,** d. h. sie können kurzfristig nicht revidiert werden. Das gilt für die Wahl zwischen direktem und indirektem Absatz ebenso wie – im Falle des indirekten Absatzes – für den Aufbau eines Händlernetzes. Angesichts ihrer großen sachlichen und zeitlichen Reichweite gehört die Optimierung distributionspolitischer Grundsatzentscheidungen zu den schwierigsten Aufgaben der Absatzpolitik. (ÜB 4/78–80)

b) Distributionspolitik aus der Sicht des Einzelhandels

aa) Distributionswünsche der Nachfrager

Der Weg eines Gutes von der Urproduktion zum Letztverbraucher ist in einer arbeitsteiligen Wirtschaft sehr weit. So kann etwa eine Jeanshose auf folgende Entstehungskette zurückblicken: Baumwollplantage, Spinnerei, Weberei, Färberei, Näherei, Großhandel, Einzelhandel, Endabnehmer. Jedes dieser acht Kettenglieder ist mit dem nächsten Glied durch eine Markttransaktion verbunden. Jede dieser sieben Transaktionen setzt beim Anbieter eine spezifische Distributionsleistung voraus: Will ein Anbieter Erfolg haben, muß er seinen Absatzmarkt pflegen und auf die spezifischen Distributionswünsche seines Abnehmers eingehen.

So läßt sich der Großhandel von den Distributionswünschen seiner Nachfrager, der Einzelhändler und gewerblichen Endabnehmer, leiten. Der Einzelhandel seinerseits muß den Distributionswünschen der Endabnehmer folgen. Im folgenden wollen wir uns ausschließlich mit den Distributionswün-

---

[92] Zu Opportunitätskosten vgl. S. 756

schen der **Endabnehmer** beschäftigen. Sie finden besondere Beachtung, weil
– die Marketingliteratur konsumgüterorientiert ist und weil
– die Distributionswünsche der Endabnehmer indirekt auf alle vorgelagerten Markttransaktionen zurückwirken.
Die Distributionswünsche der Nachfrager sind von vielfältigen Faktoren
abhängig. Drei besonders wichtige seien hier erwähnt:

Determinante	Distributionswunsch
Nachfrager	Senioren: Lieferung frei Haus Autofahrer: Kundenparkplatz
Produkt	Heizkessel: Technische Erläuterung Zigaretten: Tag und Nacht verfügbar
Verbrauchsgelegen- heit	Champagner zu Hause: Sonderangebot im Super- markt Champagner außer Haus: Ambiente im Nobellokal

Abb. 98: Determinanten von Distributionswünschen

Der Einzelhandel hat eine jahrhundertelange Tradition. Sein Bemühen,
auf diverse Distributionswünsche der Nachfrager einzugehen, hat zur Bildung verschiedenartiger institutioneller Einzelhandelsformen geführt. Die
verschiedenen **Betriebstypen des Einzelhandels**[93] können an dieser Stelle
nicht dargestellt werden. Statt dessen soll an Hand einiger Beispiele gezeigt
werden, welche institutionellen Distributionsformen sich aus diversen Distributionswünschen entwickelt haben:

Distributionswünsche	Institutionelle Distributionsformen
Kurze Wege	„Tante-Emma-Laden" im Wohngebiet (Kleineinkäufe)
Schnelle Wege	Verbrauchermarkt am Verkehrsknotenpunkt (Großeinkäufe)
Schneller Einkauf	Selbstbedienung
Gute Beratung	Bedienung im Fachgeschäft
Ständige Verfügbarkeit	Automatenverkauf
Kostengünstiger Einkauf	Discountgeschäft
Kaufentscheidung zu Hause	Haustürverkauf; Versandhandel
Kauf an einem Ort	Warenhaus
Große Auswahl	Fachgeschäft, Spezialgeschäft
Erlebniseinkauf	Einkaufszentrum; Großstadtpassage

Abb. 99: Distributionswünsche und Distributionsformen

---

[93] Vgl. hierzu ausführlich Tietz, B., Konsument und Einzelhandel, 3. Aufl., Frankfurt/
Main 1983; ders., Der Handelsbetrieb, 2. Aufl., München 1993

Den diversen Distributionswünschen begegnet der Einzelhandel vor allem durch

– spezifische Arten der **Warenpräsentation** und
– gezielte Wahl seines **Standorts.**

Diese beiden **Gestaltungselemente der Distributionspolitik** des Einzelhandels sollen im folgenden behandelt werden.

bb) Wahl der Präsentationsform

Durch aufwendige Warenpräsentation, z. B. in einem Juweliergeschäft, werden Kaufanreize geschaffen. Die damit verbundene **Verbesserung der Erlösseite** wird aber von einer **Verschlechterung auf der Kostenseite** begleitet, denn aufwendige Warenpräsentation ist mit erhöhtem Personal- und Kapitaleinsatz verbunden. Ob die Ware eher spartanisch und kostengünstig (Getränkemarkt) oder aufwendig und kostspielig (Boutique) präsentiert wird, hängt davon ab, ob

– problemlose, standardisierte Massengüter oder
– prestigeträchtige Güter des individuellen Bedarfs

angeboten werden.

	Massengut	Prestigegut
Beispiel	Bier	Pelzmantel
Prestigewert	gering	hoch
Produktinformation durch	Werbung	Verkaufsgespräch
Qualitätsunterschiede	klein	groß
Preisempfindlichkeit	groß	klein
Sortimentstiefe	klein	groß
Selbstbedienung	ja	nein
Ladengestaltung	nüchtern	aufwendig
Erlebniseinkauf	nein	ja
Handelsspanne	klein	groß
Einzelhandelstyp	– Discounter	– Fachgeschäft
	– Verbrauchermarkt	– Spezialgeschäft
		– Warenhaus

Abb. 100: Präsentationsform von Massen- und Prestigegütern

Konsumgüter mit niedrigem Prestigeprofil werden vorzugsweise in nüchtern ausgestalteten Verkaufsräumen angeboten. Mit zunehmendem Prestigewert der Güter steigen die Ansprüche der Nachfrager an eine gediegene **Ladenausstattung.** Gehobenes Ambiente ist Voraussetzung für den umsatzfördernden Erlebniseinkauf. Die teuere Ladenausstattung verlängert die Verweildauer des Kunden. Dadurch steigt zum einen die Zahl der Sichtkontakte zur ausgestellten Ware, zum anderen werden durch die angenehme, nicht alltägliche Atmosphäre **positive aktivierende Prozesse** ausgelöst, die häufig in – vorher unerwartete – Kaufentscheidungen münden.

Die Frage nach Bedienung oder Selbstbedienung ist für die Präsentationsform von grundlegender Bedeutung. Die zunehmende Verbreitung der Selbstbedienung erklärt sich vor allem aus dem Bestreben des Einzelhandels, die Personalkosten zu senken, denn in einer Wohlstandsgesellschaft steckt in dieser Kostenart das stärkste Wachstumspotential.

Bedienung	Selbstbedienung
– Aufbau eines akquisitorischen Potentials durch persönliche Beratung – Informationsrückfluß über Kundenwünsche	– geringe Personalkosten – Preisvorteil durch Kostenvorteil – keine Wartezeichen – ungeplante Impulskäufe möglich

Abb. 101: Vorteile von Bedienung und Selbstbedienung

Die Möglichkeit der Selbstbedienung findet ihre Grenze bei
- erklärungsbedürftigen Produkten (Brillen),
- hochwertigen, diebstahlgefährdeten Produkten (Schmuck),
- unverpackten Frischwaren (Fleisch, Fisch) und
- Produkten mit gesetzlich regulierter Abgabe (Waffen, Arzneimittel).

Ob ein Artikel für ein Einzelhandelsunternehmen zum „Renner" oder zum „Penner" wird, hängt oft auch von der **Plazierung innerhalb des Verkaufsraums** ab. Von Bedeutung ist hierbei
- der Standort des Regals,
- der Standort im Regal und
- die zugebilligte Fläche im Regal.

Die Attraktivität des Regalstandortes ist von der Kundenfrequenz abhängig. In einem Selbstbedienungsladen liegen die besten Regalstandorte an dem Weg, den der Kunde vom Eingang bis zur Kasse zurücklegt. Von den Markenartikelherstellern besonders begehrt sind Standorte in der Nähe der Fleischabteilung, der Rolltreppe, insbesondere aber der Kasse.

Innerhalb des Regals zählen die Flächen in Sicht- und Griffhöhe[94] zu den begehrtesten Plätzen. Besonders verkaufsfördernd wirken **Sonderdisplays,** d. h. vom Markenartikelhersteller bereitgestellte Verkaufsständer, die vorübergehend an markanten Punkten plaziert werden. Empirische Untersuchungen belegen, daß Sonderdisplays verbunden mit geringfügigen Preisnachlässen ein wesentlich stärkeres Absatzstimulans darstellen als große Preisnachlässe am herkömmlichen Regalstandort.

cc) Wahl des Standorts

Marktwirtschaft ist ein Suchprozeß. Die Anbieter sind ständig auf der Suche nach Marktlücken: Um Bedarfsänderungen Rechnung zu tragen, entwickeln innovative Hersteller neue Produkte. Um die distributive Unterversorgung von Randzonen des Absatzgebietes zu beseitigen, erschließt der Einzelhandel neue Standorte.

---

[94] Zu abweichenden Ergebnissen empirischer Untersuchungen vgl. Nieschlag/Dichtl/ Hörschgen, a. a. O., S. 44 f

Steht ein Einzelhändler vor der Frage, ob er am Standort X eine Filiale eröffnen soll, müßte er streng genommen im Rahmen eines Investitionskalküls alle künftigen Ein- und Auszahlungen, die er aus der Filiale X erwartet, auf t_o abzinsen. Dann fällt nur bei positivem Kapitalwert[95] die Standortentscheidung positiv aus.

Ein solches **quantitatives Optimierungsverfahren** läßt sich praktisch **nicht realisieren,** weil vor allem die erwarteten Einzahlungen (Umsatzerlöse) nicht mit hinreichender Genauigkeit prognostiziert werden können.

Zur **Standortbewertung** bedient sich die Marketing-Praxis des **Stufenwertzahlverfahrens,** das sich um eine mehr oder weniger vage Aussage über die Standortqualität bemüht. In Ermangelung genauerer Planungsgrundlagen gibt man sich mit einer suboptimalen Lösung des Standortproblems zufrieden. Das Stufenwertzahlverfahren arbeitet etwa nach folgendem Prinzip:

(1) Enumeriere umsatzbeeinflussende Standortmerkmale!

(2) Ordne jedem internen und externen Standortmerkmal eine standortindividuelle Wertziffer zu!

(3) Gewichte die wichtigen (weniger wichtigen) Standortmerkmale mit einer hohen (weniger hohen) Äquivalenzziffer!

(4) Berechne für jedes Standortmerkmal den Punktwert als Produkt aus Wert- und Äquivalenzziffer und ermittle den Gesamtpunktwert!

Standortmerkmale	Wert-ziffer	Äquivalenz-ziffer	Punkt-wert
interne			
– Verkaufsfläche	–	–	–
– Straßenfront	–	–	–
– eigene Parkplätze	–	–	–
.			
externe			
– Einwohnerzahl	–	–	–
– relevante Kaufkraft/ Einwohner	–	–	–
– Verkehrsanbindung	–	–	–
– Passantenfrequenz	–	–	–
– Konkurrenzsituation	–	–	–
.			
		Gesamtpunktwert:	═

Abb. 102: Standortbewertung nach dem Stufenwertzahlverfahren

Die **Unwägbarkeiten des Stufenwertzahlverfahrens** liegen in
– der Enumerierung relevanter Merkmale,

---

[95] Zur Ermittlung von Kapitalwerten vgl. S. 757 ff.

- der Schätzung individueller Wertziffern und
- der Festlegung normierter Äquivalenzziffern.

Gleichwohl ist dieses heuristische Verfahren eine wertvolle praktische Entscheidungshilfe insbesondere für Einzelhandelsfilialisten, die es tausendfach anwenden. Wenn die in der Vergangenheit ermittelten Gesamtpunktwerte der Standorte i = 1 ... n positiv mit den Umsätzen der jeweiligen Standorte korrelieren, können Merkmalsauswahl und -gewichtung als gelungen betrachtet werden.

Kann man den **Gesamtpunktwert** als **Umsatzindikator** ansehen, müssen ihm als negative Entscheidungskomponente die standortabhängigen Kosten, insbesondere der Personalaufwand und der Mietaufwand gegenübergestellt werden. Die Monatsmiete für ein etwa 100 qm großes Ladenlokal streut zwischen unter 1000 DM (ländlicher Raum) und etwa 50000 DM (Spitzenlage in der Fußgängerzone einer Großstadt). In ähnlicher Streubreite können sich die Gesamtpunktwerte einzelner Standorte bewegen.

Je nach Betriebstyp und Branche verfolgt der Einzelhandel unterschiedliche **Standortstrategien**: In **räumlicher Hinsicht** unterscheiden wir Einzelhandelsbetriebe, die **laufstarke Citylagen** und solche, die **verkehrsgünstige Stadtrandlagen** bevorzugen. Zur letzten Gruppe gehören Anbieter mit großem Verkaufsflächenbedarf (Mietkostenminimierung) bzw. Anbieter, die sperrige Produkte an Selbstabholer verkaufen. Zu diesem Typ gehört – als Extrembeispiel – des Möbelhaus IKEA, dessen Distributionsnetz aus etwa zwanzig Verkaufsstellen besteht, die weitmaschig über das gesamte Bundesgebiet verteilt, vorzugsweise an einem Autobahnkreuz in der Nähe eines Ballungsgebietes angesiedelt sind. Inzwischen lassen sich auch **Einkaufszentren** als Agglomeration von Fachgeschäften, Supermärkten und Warenhäusern an der Peripherie der Ballungsgebiete nieder, weil sie dem Mietpreisniveau und dem Verkehrschaos der Innenstädte ausweichen wollen.

In **konkurrenzmäßiger Hinsicht** haben wir zwischen konkurrenzsuchenden und konkurrenzmeidenden Anbietern zu unterscheiden. Anbieter, die heterogene Produkte des nicht alltäglichen Bedarfs (z. B. Möbel, Orientteppiche, kostbaren Schmuck, Antiquitäten) offerieren, agieren **konkurrenzgebunden**: Sie lassen sich vorzugsweise an einem Standort nieder, der bereits

	Lauflage	**Verkehrsgünstige Lage**
Konkurrenz-gebunden	– Juwelen – Designer-Möbel – Antiquitäten usw.	– Autohandel – Billigmöbel usw.
Konkurrenz-scheu	Geschäfte des täglichen Bedarfs – Bäckereien – Fleischereien – Apotheken usw.	– Tankstellen – Verbrauchermarkt – Baumarkt – Gartencenter usw.

Abb. 103: Standorttypologie

von einem oder mehreren Konkurrenten besetzt ist. Einzelhändler, die eher homogene Produkte des täglichen Bedarfs anbieten, **meiden** dagegen **die Konkurrenz** (siehe Abb. 103).

Das Gros der Anbieter ist konkurrenzscheu und sucht laufstarke City-standorte. Dabei ist der Citystandort umso attraktiver, je mehr Kundenlauf auslösende Anbieter, vor allem Warenhäuser und Lebensmittelmärkte, dort bereits ansässig sind. Anbieter, die selbst keinen Kundenlauf erzeugen, diesen aber benötigen (z. B. Imbißketten, Spielsalons, Optiker u. a.), suchen die Nähe solcher Publikumsmagneten.

Mit stetiger Wettbewerbsverschärfung hat der Einzelhandel eine zunehmend **aggressive Standortpolitik** betrieben, was zu erneuter Wettbewerbs-verschärfung beitrug: Insbesondere die Lebensmittelfilialisten haben den Markt mit einem engmaschigen Verkaufsstellennetz überzogen. Die Grenzen der Überversorgung sind sichtbar, wenn nicht gar überschritten. Andere Filialisten (Schuhe, Kleidung, Reisebüros, Kaffee, Parfümerien, Imbißketten usw.) überbieten sich gegenseitig bei der Anmietung von Ladenlokalen an laufstarken Spitzenstandorten. Die Fluktuation in den Fußgängerzonen ist dadurch erheblich größer geworden. Durch asymmetrische Mietverträge[96] versuchen die Mieter, das Risiko in Grenzen zu halten: Mit Mietverlänge-rungsoptionen sichern sie sich die **Standortchancen.** Mit der Möglichkeit zu baldiger Kündigung durch den Mieter wird das **Standortrisiko** dem Ver-mieter zugewiesen.

c) Distributionspolitik aus der Sicht des Herstellers

Anders als der Einzelhandel, der nur die Distributionsbedürfnisse des End-abnehmers im Auge haben muß, steht der Hersteller vor einem **mehrschich-tigen Distributionsproblem:** Langfristig ist der Absatzerfolg des Herstellers von der Aufnahmebereitschaft der Endabnehmer abhängig. Kurz- und mit-telfristig wird das Absatzvolumen – bei indirektem Absatz – durch die Ab-nahmebereitschaft der Absatzmittler (Groß- und Einzelhandel) bestimmt.

Den Weg des Produkts vom Hersteller zum Endabnehmer bezeichnet man als Marktkanal. Die distributionspolitische Aufgabe des Herstellers besteht in der **optimalen Gestaltung des Marktkanals.** Hierbei ist die Frage zu be-antworten,

(1) welche Distributionsorgane,
(2) wieviele Distributionsorgane und
(3) in welcher Form die Distributionsorgane

an der Lösung der Distributionsaufgabe beteiligt werden sollen. Auf der ersten Ebene geht es darum, ob der Hersteller sich auf betriebseigene Ver-triebsorgane, Absatzhelfer oder Absatzmittler stützen soll. Das Ergebnis die-ser Entscheidung ist ein direkter bzw. ein indirekter Absatzweg. Auf der zweiten Ebene muß der Hersteller entscheiden, ob er sich – im Falle des indirekten Absatzes – auf wenige große oder auf viele kleine Händler stützen

---

[96] Den Mietern werden einseitige Mietverlängerungsoptionen eingeräumt.

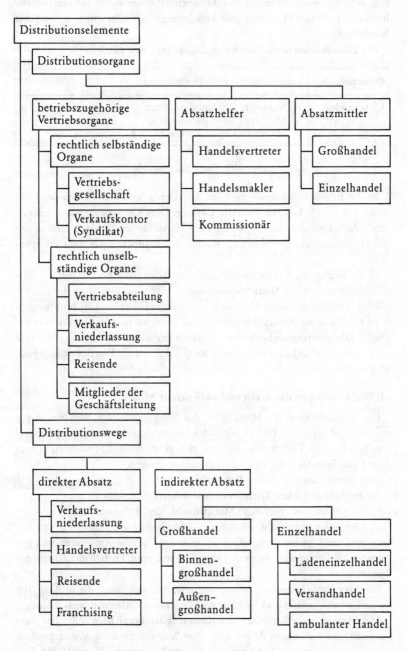

Abb. 104: Distributionselemente

soll. Auf der dritten Ebene steht schließlich die Frage an, ob die vertragliche Bindung zwischen Hersteller und Handel eher lose oder eher eng gestaltet werden soll.

Die **Distributionsziele** lassen sich folgendermaßen gliedern:

Oberziel:	Langfristige Gewinnmaximierung
Unterziele:	(1) Minimale Distributionskosten (2) Maximale Distributionsquote (3) Maximale Distributionssicherheit

Abb. 105: Distributionsziele

Ist die Erlösseite unabhängig vom Absatzweg, entscheidet sich der Hersteller für die (1) **kostenminimale Lösung.** Dem Opportunitätskostenkonzept folgend werden die Erlöse, die dem Hersteller infolge der Einräumung der Handelsspanne entgehen, als Kosten des indirekten Absatzes interpretiert. In der Marketing-Praxis hat natürlich der Absatzweg Einfluß auf das Absatzvolumen. Die (2) **Distributionsquote**[97] gibt Auskunft über die marktmäßige Verbreitung eines Markenerzeugnisses. Eine hohe Distributionsquote ist nur dann ein starker Absatzrückhalt, wenn sie langfristig gesichert ist. Die (3) **Distributionssicherheit** ist dabei für einen Hersteller umso größer, je stärker sein vertraglicher oder faktischer Einfluß auf die Distributionsorgane ist.

aa) Wahl zwischen direktem und indirektem Absatz

Die Möglichkeiten des Herstellers, den Marktkanal nach Belieben zu gestalten, sind begrenzt. Der Großhandel, insbesondere aber der Einzelhandel repräsentiert ein Distributionssystem mit gewachsenen Strukturen. Ist es dem **Einzelhandel** – wie oben dargestellt – gelungen,

– sein **Sortiment** und dessen **Präsentation** optimal zu gestalten und
– die **nachfragestarken Distributionsstandorte** zu besetzen,

verfügt er über eine erhebliche **Marktmacht.** Unter diesem Aspekt ist mancher Hersteller regelrecht gezwungen, den indirekten Absatzweg zu beschreiten, auch wenn dieser Weg mit höheren Distributionskosten und geringerer Distributionssicherheit (Abhängigkeit vom Einzelhandel) verbunden ist.

Direkter bzw. indirekter Absatzweg zeichnen sich durch die in Abb. 106 aufgeführten Vorteile und Bestimmungsgründe der Alternativenwahl aus.

Die Markenartikelhersteller des **Konsumgüterbereichs** wählen fast ausnahmslos den indirekten Absatzweg. Den Weg des direkten Absatzes gehen dagegen vorzugsweise **Anbieter von Investitionsgütern.** Nieschlag-Dichtl-

---

[97] Eine Distributionsquote von 70 Prozent für die Marke X besagt, daß die Marke X in sieben von zehn in Frage kommenden Letztverkaufsstellen des Absatzgebietes angeboten wird.

	Direkter Absatz	Indirekter Absatz
Vorteile	– großer Einfluß auf Marktkanal – direkter Zugang zu Kundeninformationen	– hohe Distributionsquote – geringe Kapitalbindung – Handel übernimmt Sortimentsbildung – Handel ist bestens über Kundenwünsche informiert
Bestimmungsgründe der Alternativenwahl – produktspezifische	– erklärungsbedürftige Produkte – sortimentsungebundene Produkte	– problemlose Markenartikel – sortimentsgebundene Produkte
– nachfragespezifische	– wenige Großabnehmer	– viele Kleinabnehmer
– anbieterspezifische	– monopolähnliche Stellung als Spezialhersteller	– breiter Bekanntheitsgrad als Markenartikelhersteller

Abb. 106: Vorteile und Bestimmungsgründe der Absatzwegalternative

Hörschgen[98] liefern ein instruktives Beispiel differenzierter Absatzwegentscheidungen (siehe Abb. 107):

Eine **modelltheoretisch** saubere Lösung der Absatzwegentscheidung ist auf der Basis einer **Kapitalwertrechnung** denkbar. Eine solche Rechnung scheitert – vor allem – an der Möglichkeit, die mit einer Absatzwegalternative verbundenen Erlöserwartungen für einen sehr langen Planungszeitraum hinreichend genau zu prognostizieren. In Ermangelung besserer Planungsverfahren stützt sich die Marketing-Praxis vorzugsweise auf **Punktbewertungsverfahren**.[99] Dabei werden der Distributionsgrad, das Wachstumspotential, die Kontrollierbarkeit sowie die Kosten des Absatzweges und andere Merkmale als Entscheidungskriterien herangezogen und mit Punkten – etwa von 1 bis 5 – bewertet. (**ÜB 4/78–79**)

bb) Gestaltungsmöglichkeiten bei indirektem Absatz

Wenn es einem Produktionsbetrieb gelingt, seine Erzeugnisse über ein dichtmaschiges Händlernetz abzusetzen, kann er mit einer hohen Distributionsquote rechnen. Um diese Distributionsquote langfristig zu sichern, wird der Produktionsbetrieb versuchen, die **Abhängigkeit vom Einzelhandel** zu reduzieren. Welche distributionspolitischen Maßnahmen die Herstel-

---

[98] Vgl. Nieschlag/Dichtl/Hörschgen, a. a. O., S. 466 ff.
[99] Vgl. Meffert, H., Marketing, a. a. O., S. 428

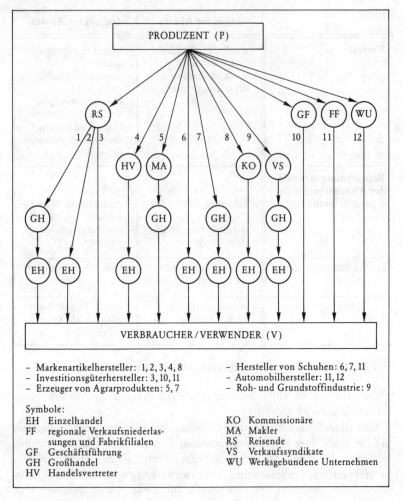

- Markenartikelhersteller: 1, 2, 3, 4, 8
- Investitionsgüterhersteller: 3, 10, 11
- Erzeuger von Agrarprodukten: 5, 7

- Hersteller von Schuhen: 6, 7, 11
- Automobilhersteller: 11, 12
- Roh- und Grundstoffindustrie: 9

Symbole:
EH	Einzelhandel	KO	Kommissionäre
FF	regionale Verkaufsniederlas-	MA	Makler
	sungen und Fabrikfilialen	RS	Reisende
GF	Geschäftsführung	VS	Verkaufssyndikate
GH	Großhandel	WU	Werksgebundene Unternehmen
HV	Handelsvertreter		

Abb. 107: Schematische Darstellung alternativer Absatzwege

ler zu diesem Zweck ergreifen, ist von der Marktmacht der beteiligten Parteien abhängig. Drei Typen lassen sich unterscheiden:

(1) dominante Handelsstufe,
(2) dominante Produktionsstufe und
(3) ausgewogenes Machtverhältnis.

Bei (1) **dominanter Handelsstufe** steht ein im Extremfall wenig namhafter Hersteller einem Einzelhandelsunternehmen gegenüber, das über mehrere tausend Letztverkaufsstellen verfügt. Einer solchen Konstellation begegnet man häufig im Lebensmitteleinzelhandel, wo der Konzentrationsprozeß am weitesten fortgeschritten ist. In den Einkaufszentralen der zehn größten Einzelhandelsgruppen wird über etwa 45 Prozent des gesamten Umsatzes im Lebensmitteleinzelhandel entschieden. Der kleine oder mittelständische Hersteller hat also keinerlei gestaltenden Einfluß auf die Distribution seiner Produkte.

Mit einer (2) **dominanten Produktionsstufe** haben wir es zu tun, wenn ein Markenartikelhersteller von hohem Bekanntheitsgrad viele kleine Einzelhandelsbetriebe beliefert. Der Hersteller diktiert die Verkaufsbedingungen des Einzelhändlers. Der Druck des Produktionsbetriebes auf die Handelsspanne ist sehr groß. Der kleine Drogist muß froh sein, das Eau de Cologne des weltbekannten Herstellers im Sortiment zu haben.

Bei einem (3) **ausgewogenen Machtverhältnis** kooperieren Produktions- und Einzelhandelsbetriebe auf partnerschaftlicher Basis. Das arbeitsteilige Verhältnis läßt sich etwa folgendermaßen charakterisieren: Der Hersteller sorgt für optimale Produktpolitik und ansprechende Markenartikelwerbung. Der Einzelhandel optimiert das Sortiment. Auf dem Gebiet spezieller Werbeaktionen und der Produktpräsentation arbeiten beide Partner Hand in Hand. Man bezeichnet diese Arbeitsteilung als **Vertikales Marketing**.

Die attraktiv positionierten Regalflächen des Einzelhandels sind knapp. Der **Wettbewerb** der Hersteller um die **knappen Regalflächen** ist stark ausgeprägt. Um eine attraktive Plazierung im Verkaufsraum zu erreichen, muß der Produktionsbetrieb entweder mit

– einem **Markenartikel** mit starker originärer Nachfragewirkung (u. a. durch Markenartikelwerbung) oder mit

– besonders attraktiven **Handelsspannen**

aufwarten.

Häufig sichern Produktionsbetriebe die Geschäftsbeziehungen zu den Letztverkaufsstellen durch Rahmenverträge ab. Brauereien schließen mit Gaststätten Bierlieferungsverträge ab, Hersteller von langlebigen Konsumgütern (Fahrzeuge, Elektrogeräte, Möbel usw.) bauen sich ein Netz von **Vertragshändlern** auf. Der Produktionsbetrieb gewährt teilweise dabei Gebietsschutz, der Handelsbetrieb verpflichtet sich im Gegenzug, andere Marken nicht zu führen; zuweilen garantiert er sogar Mindestabnahmemengen. Solche Verträge erhöhen die Distributionssicherheit für den Hersteller und vermindern den Wettbewerbsdruck für den Einzelhandel. (**ÜB 4**/80–83)

cc) Gestaltungsmöglichkeiten bei direktem Absatz

Beim direkten Absatz vertreibt ein Produktionsbetrieb seine Erzeugnisse über unternehmenseigene Verkaufsorgane (z. B. Verkaufsniederlassungen, Reisende) oder über unternehmensfremde Organe (z. B. Handelsvertreter, Handelsmakler, Franchisebetrieb), deren wirtschaftliche Entscheidungsfreiheit durch vertragliche Bindungen zum Produktionsbetrieb stark eingeschränkt ist. Die vielfältigen Gestaltungsmöglichkeiten des direkten Absatzes können an dieser Stelle nicht beschrieben werden.[100]

Starke Beachtung findet in der Lehrbuchliteratur zum Marketing die Frage, ob es für einen Produktionsbetrieb vorteilhafter ist, den direkten Absatz

---

[100] Vgl. hierzu etwa Albers, S., Entscheidungshilfen für den persönlichen Verkauf, Berlin 1989 sowie Zentes, J., Außendienststeuerung, Stuttgart 1980

über eigene, d. h. abhängige Reisende oder über selbständige Handelsvertreter zu bewerkstelligen.

Handelsvertreter	Reisende
– nur bedingt steuerbar – Verkauf von Produkten mehrerer Hersteller – Entlohnung durch mengenabhängige Provision – eher hohe Motivation	– streng weisungsgebunden – Verkauf von Produkten eines Herstellers (Dienstherr) – festes Gehalt (eventuell Prämien bei Spitzenabsatz) – eher geringe Motivation

Abb. 108: Merkmale von Handelsvertretern und Reisenden

Beschränkt man den Vorteilhaftigkeitsvergleich zwischen Handelsvertretern und Reisenden auf eine Betrachtung der Kostenseite, gelangt man typischerweise zu folgendem Ergebnis: Unterhalb (oberhalb) einer kritischen Absatzmenge m* sind die Kosten für den Einsatz von Handelsvertretern K_H niedriger (höher) als die Kosten für den Einsatz von Reisenden K_R. Der Vorteilhaftigkeitsvergleich läßt sich aber nur dann auf die Kostenseite beschränken, wenn die Erlösseite bei beiden Absatzwegalternativen gleich ist. Wegen unterschiedlicher Motivations- und Steuerungsmöglichkeiten, wegen unterschiedlicher Fähigkeiten, Marktinformationen für den Hersteller bereitzustellen, wegen unterschiedlicher Fähigkeiten, ein akquisitorisches Potential gegenüber den Endabnehmern aufzubauen, fällt jedoch die Einsatzentscheidung in der Marketing-Praxis meist jenseits des Kostenvergleichs.

Abschließend ist ein Grenzfall zwischen direktem und indirektem Absatzweg anzusprechen: das **Franchising**. Ein Franchise-System besteht aus einem Franchise-Geber und einer Mehrzahl von Franchise-Nehmern. Bei den **Franchise-Nehmern** kann es sich um Handels-, Produktions- oder Dienstleistungsbetriebe handeln. Die Franchise-Nehmer sind rechtlich selbständig. Die enge Bindung an den Franchise-Geber entsteht nicht durch Kapitalbeteiligung, sondern durch umfassende vertragliche Regelungen. Dem Franchising begegnet man besonders häufig im Hotel- und Gaststättengewerbe. Bekannte Anwender dieses Systems sind Coca-Cola und McDonalds.

Der **Franchise-Geber** hat eine starke, monopolartige Stellung. Er verfügt über einen Markenartikel, eine Rezeptur, ein Firmenzeichen oder ein anderes rechtlich geschütztes Gut. Der Franchise-Geber verleiht dem Franchise-Nehmer während der Vertragsdauer das Recht, die Rezeptur anzuwenden, das Firmenzeichen zu nutzen usw. Der Franchise-Nehmer verpflichtet sich im Gegenzug, eine einmalige und/oder laufende Franchise-Gebühr zu zahlen. Außerdem unterwirft er sich weitgehenden Weisungs- und Kontrollbefugnissen des Franchise-Gebers. Das Gebot, ein einheitliches Firmenimage zu wahren, ist so stark, daß Außenstehende den Franchise-Verbund für ein einziges Unternehmen halten. Das Franchise-System hat von der formalen Struktur große Ähnlichkeit mit einem Vertragshändlersystem. Auch beim Franchise-System tragen die einzelnen Mitglieder das volle unternehmerische Risiko. Allein die starken Weisungs- und Kontrollrechte des Franchise-Gebers legen es nahe, diese Form wirtschaftlicher Zusammenarbeit dem direkten Absatz zuzuordnen. (**ÜB 4**/84–85)

d) Optimierung der physischen Distribution

Die physische Distribution hat das **Ziel,** den Fluß der Produkte vom Produktionsort zum Ort der Letztverkaufsstelle optimal zu gestalten. Man bezeichnet dieses Problemfeld auch als Marketing-Logistik. Es geht um die art-, mengen- und zeitgerechte Bereitstellung der Produkte am Ort der Nachfrage. Sind die Umsatzerlöse von der Art der physischen Distribution unabhängig, wird das angestrebte Gewinnmaximum über eine **Minimierung der Distributionskosten** erreicht.

Die Kosten der physischen Distribution setzen sich im wesentlichen aus Lagerkosten und Transportkosten zusammen. Diese Kostenzusammensetzung ergibt sich aus den **Daten** des Distributionsproblems: Produktionsstandort und Standorte der Letztverkaufsstellen sind nicht identisch. Aus der Funktion **räumlicher Überbrückung** resultieren Transportkosten. Außerdem lassen sich Produktionsrhythmus und Nachfragerhythmus nicht in Einklang bringen. Aus der Funktion **zeitlicher Überbrückung** resultieren Lagerkosten.

Die Optimierung der physischen Distribution hat sowohl im Investitions- wie im Konsumgüterbereich große Bedeutung. Im Investitionsgütermarketing sind Termintreue und reibungslose Ersatzteilversorgung meist ein stärkeres Verkaufsargument als ein günstiger Preis. Und im Konsumgütermarketing fallen die Kosten der physischen Distribution so stark ins Gewicht, daß der Kostenminimierung aus Wettbewerbsgründen große Aufmerksamkeit zu schenken ist. Es erhebt sich die Frage, welche Institutionen die Transport- und Lagerfunktion übernehmen. Der Wettbewerbsdruck des marktwirtschaftlichen Systems sorgt quasi automatisch dafür, daß Transport und Lagerhaltung – bei gleicher Qualität – vom billigsten Anbieter übernommen werden. Da die Lagermieten i.d.R. am Ort der Letztverkaufsstellen – im Extremfall in Fußgängerzonen – sehr hoch sind, wird die Lagerfunktion vom Hersteller oder vom Großhandel (marktkanalintern) bzw. von einem selbständigen Lagerhaus (marktkanalextern) übernommen. Die Transportfunktion wird i.d.R. von Fremdunternehmen, seltener vom Hersteller ausgeübt.

Lager- und Transportkosten weisen interdependente Beziehungen auf. Die gegenseitige Abhängigkeit zeigt sich besonders deutlich an der Frage, ob ein Produktionsbetrieb den Groß- bzw. Einzelhandel unmittelbar beliefern soll oder ob es kostengünstiger ist, **Zwischenlager** zu bilden, von denen aus die nachgegliederten Institutionen des Marktkanals beliefert werden. Die Bildung von Zwischenlagern hat zur Folge, daß
– die Transportkosten sinken,
– die Lagerkosten steigen und
– die Lieferzeit verkürzt

wird. Die **Verkürzung der Lieferzeit,** d. h. die Erhöhung der Lieferbereitschaft ist in einigen Branchen (z. B. Blumen, Fisch, Arzneimittel, Bücher) von ausschlaggebender absatzpolitischer Bedeutung.

Allgemein läßt sich sagen, daß sich eine hohe Lieferbereitschaft positiv auf die Erlösseite auswirkt, denn viele Abschlüsse kommen nur bei schneller Belieferungsmöglichkeit zustande. Lange Lieferzeiten haben also Gewinneinbußen, genauer gesagt: Einbußen an Deckungsbeiträgen zur Folge. Die durch verspätete Lieferung entgehenden Deckungsbeiträge können als Opportunitätskosten der „langsamen" Distributionsalternative interpretiert werden. Der **Opportunitätskostenansatz** hat den Vorteil, daß man sich zur Optimierung des Distributionsproblems auf ein **Kostenminimierungsmodell** beschränken kann. Die Distributionswirkungen auf die Erlösseite werden indirekt, d. h. über den Ansatz entgangener Deckungsbeiträge erfaßt.

Auch die **Wahl des Transportmittels** gehört in den Bereich physischer Distributionspolitik. Kleine und schnelle Transporte (Kurierdienst) verursachen hohe stückbezogene Transportkosten, steigern aber auch die Lieferbereitschaft und senken somit die Opportunitätskosten. Große und langsame Transporte (Schiffsfracht) lösen gegenläufige Kostenbewegungen aus.

Müssen vom Standort der Produktion bzw. des Zwischenlagers mehrere Distributionsstandorte angefahren werden, stellt sich das Problem der **Tourenplanung.** Zur Lösung dieses Problems stellt die Unternehmensforschung Modellansätze auf Kostenminimierungsbasis zur Verfügung.[101]

Zu den **Instrumenten** der physischen Distribution gehört somit die Bestimmung von

- Lagerstandort,
- Transportmittel,
- Transportvolumen und -zeitpunkt und
- Transportweg.

Zielgröße sind die zu minimierenden Kosten physischer Distribution, die sich aus Transport-, Lager-, Verpackungs-, Verwaltungs- und Opportunitätskosten zusammensetzen. EDV-gestützte Bestell-, Lagerhaltungs- und Auftragsabwicklungssysteme leisten einen entscheidenden Beitrag zur Beschleunigung der Distribution und zur Senkung der Kosten.

6. Optimierung der absatzpolitischen Instrumente – Marketing-Mix

Die obigen Ausführungen zur Optimierung der absatzpolitischen Instrumente könnten folgendermaßen interpretiert werden: Wenn ein Anbieter zunächst seine Produktpolitik, dann seine Preispolitik, danach seine Kommunikationspolitik und schließlich seine Distributionspolitik optimiert hat,

---

[101] Zur Behandlung dieser und anderer Probleme physischer Distribution vgl. Tempelmeier, H., Quantitative Marketing-Logistik, Berlin u. a. 1983

erreicht er zwangsläufig das langfristige Gewinnmaximum. Dieses schrittweise Vorgehen bezeichnet man als **sukzessiven Entscheidungsprozeß.**

Die sukzessive Auswahl der Aktionsmöglichkeiten führt aber nur dann zum gewünschten Optimum, wenn es zwischen den Aktionsmöglichkeiten keine erfolgsmäßigen Interdependenzen gibt. In der Marketing-Praxis läßt sich beobachten, daß etwa eine Werbemaßnahme oder eine Produktvariation oder eine Sonderverkaufsaktion jeweils für sich allein betrachtet wenig (Erfolgszuwachs) bewirkt, daß aber der kombinierte, d. h. gezielt abgestimmte Einsatz aller drei Aktionsvariablen eine erhebliche Steigerung des Absatzerfolgs mit sich bringen kann. Umgekehrt kann es zu negativen Synergieeffekten kommen, wenn einzelne absatzpolitische Maßnahmen nicht zueinander passen. Bei sukzessiver Auswahl der Aktionsmöglichkeiten bleiben die Interdependenzen in jedem Fall unberücksichtigt; das Gewinnmaximum wird verfehlt.

Darum ist es aus entscheidungstheoretischer Sicht unabdingbar, in einem **simultanen Ansatz,** d. h. in einem Zug, über die Auswahl der absatzpolitischen Handlungsmöglichkeiten zu entscheiden. Das gewünschte absatzpolitische Ziel, i. d. R. das langfristige Gewinnmaximum, wird nur erreicht, wenn das Entscheidungsmodell

- **alle denkbaren Kombinationen** absatzpolitischer Aktionsmöglichkeiten berücksichtigt,
- so **langfristig** angelegt ist, daß auch die in späteren Teilperioden eintretenden Erfolgswirkungen berücksichtigt werden können und
- von einer **sicheren Zukunft** ausgeht, in der sich die langfristigen Erfolgswirkungen der Handlungsalternativen genau prognostizieren lassen.

Sind diese modelltheoretischen Bedingungen erfüllt, läßt sich das optimale absatzpolitische Aktionsprogramm folgendermaßen charakterisieren: Würde aus dem geplanten Bündel absatzpolitischer Maßnahmen eine Einzelaktion herausgenommen, hinzukommen oder ausgetauscht, wäre der erwartete Absatzerfolg (langfristiger Gewinn) geringer.

Bei diesem Optimierungsmodell wird unterstellt, daß

- die Kosten jeder absatzpolitischen Aktionsmöglichkeit und
- die Marktreaktionsfunktionen

bekannt sind. Sind die Kosten- und Ertragswirkungen jeder einzelnen Handlungsmöglichkeit bekannt, werden die Alternativen realisiert, deren Grenzertrag größer/gleich den zugehörigen Grenzkosten ist.

Dieses **marginal-analytische Auswahlverfahren** ist in der Marketing-Praxis **unbrauchbar.** Die Gründe liegen vor allem in

(1) der unüberschaubaren Vielzahl von Kombinationsmöglichkeiten absatzpolitischer Handlungsalternativen und
(2) der Unmöglichkeit, die Erfolgsbeiträge dieser Handlungsalternativen sicher zu prognostizieren.

Nehmen wir beispielsweise an, aus jedem der vier absatzpolitischen Gebiete stünden nur zwei Aktionen zur Wahl, von denen jede in zehnfach gestufter Intensität realisiert werden kann. In einem solchen Fall (1) müßten 10^8, also 100 Mio. Kombinationsmöglichkeiten geprüft werden.

In der Marketing-Praxis wissen wir nicht (2), wie eine Werbemaßnahme, eine Preissenkung, eine Public Relations-Maßnahme, eine Verkäuferschulung, eine Umgestaltung des Verkaufsraumes u. a. auf den gegenwärtigen und zukünftigen Umsatz wirkt. Marktreaktionsfunktionen sind uns nicht mit Sicherheit bekannt. Der Anwendungsbereich quantitativer Planungsmöglichkeiten[102] ist deshalb sehr stark eingeschränkt. **Simultanplanung** im Rahmen eines Totalmodells ist jedenfalls völlig **illusorisch.** Die **praktische Marketing-Planung** ist daher durch

(1) partielle, d. h. unvollständige Betrachtung,

(2) sukzessive Festlegung und

(3) nichtquantitative Beurteilung

der absatzpolitischen Aktionsmöglichkeiten gekennzeichnet.

Zur praktischen Optimierung des Marketing-Mix[103] beschränkt man sich auf (1) die Berücksichtigung einer überschaubaren Zahl von Kombinationsmöglichkeiten. Hilfreich ist hierbei eine produktspezifische Vorauswahl.[104] Im Zuge einer (2) sukzessiven Festlegung unterscheidet man zwischen strategischen und taktischen Marketing-Instrumenten. Produktpolitische und distributionspolitische Maßnahmen haben strategischen Charakter, weil sie langfristige Wirkungen haben und sich nur in großen Zeitabständen variieren lassen. Diese **strategischen Instrumente** werden zuerst festgelegt.

Preispolitik und Werbung gehören zu den **taktischen Instrumenten,** die in kurzen Zeitabständen variierbar sind. Preispolitik und Werbung betrachten die strategischen Vorentscheidungen im Bereich der Produkt- und Distributionspolitik als Datum.

Wenn überhaupt quantitative Entscheidungsmodelle zur Anwendung kommen, beschränken sie sich auf das Gebiet der taktischen Absatzplanung. Im übrigen werden die absatzpolitischen Handlungsmöglichkeiten (3) nicht mit exakten Erfolgsziffern versehen, sondern nur in die Kategorien sehr gut, gut, befriedigend, ausreichend, mangelhaft eingeordnet. Subjektives Ermessen steht hierbei – ebenso wie bei Punktbewertungsmodellen – im Vordergrund.

Das hier zur Anwendung kommende Planungsverfahren hat sehr viel Ähnlichkeit mit der praktischen Werbeplanung: Nach Festlegung der strategischen Ziele und Auswahl strategischer Instrumente (Produkt- und Distributionspolitik) wird ein **Marketing-Budget** aufgestellt. Daran schließt sich die Bestimmung von Leistungs- und Kostenvorgaben für die Aktionsbereiche taktischer Marketing-Planung an. Die **Leistungsvorgaben** richten sich auf Absatzmenge, Umsatz, Marktanteil, Bekanntheitsgrad usw. Die **Kostenvorgaben** ergeben sich aus der Aufteilung des Marketing-Budgets.

Subjektivem Ermessen ist hierbei Tür und Tor geöffnet. Optimale Lösungen können bei diesem heuristischen Planungsverfahren nicht erwartet wer-

---

[102] Vgl. hierzu Berndt, R., Marketing 2, a. a. O., S. 402 ff. und Meffert, H., Marketing, a. a. O., S. 525 ff.
[103] Vgl. hierzu Nieschlag/Dichtl/Hörschgen, a. a. O., S. 890 ff.
[104] Vgl. Berndt, R., Marketing 2, a. a. O., S. 398 ff.

den.[105] Andererseits gilt auch hier: Planvolles Wirtschaften ist nur begrenzt berechenbar. Wer vom Prinzip optimaler Entscheidungen keine Abstriche machen will, ist praktisch zum Nichtstun verdammt. Die Ergebnisse des Nichtstuns sind aber meist schlechter als die Ergebnisse unzulänglichen unternehmerischen Handelns. Unternehmerische Entscheidungen im allgemeinen und Marketing-Entscheidungen im besonderen sind häufig **suboptimale Entscheidungen**. Der (entscheidungstheoretisch) optimale Gewinn läßt sich praktisch kaum erreichen. Unternehmerische Intuition spielt gerade im Marketing, wo es in so weiten Bereichen um Käuferpsychologie, also um nichtrechenbare Vorgänge geht, eine entscheidende Rolle. Wer als Anbieter ein gutes Gespür für die Bedürfnisse der Nachfrager und für die Reaktionen des Marktes auf absatzpolitische Aktionen hat, wird auch einen guten Absatzerfolg erwirtschaften.

---

[105] Zu den entscheidungstheoretischen Einwendungen gegen solche Planungspraktiken vgl. die Ausführungen zur Ermittlung und Aufteilung des Werbebudgets auf S. 702 ff.

Fünfter Abschnitt
Investition und Finanzierung

I. Grundlagen

Der Leser versetze sich in Gedanken 500 Jahre zurück: Ein Kaufmann in Antwerpen kauft ein Handelsschiff, heuert eine Mannschaft an und stellt eine Kollektion exportfähiger Waren zusammen. Man nennt das heute: Bereitstellung von Produktionsfaktoren oder einfach Input.

Der Kaufmann läßt das Schiff beladen, erteilt dem Kapitän Aufträge hinsichtlich des Ziels, der Route und der Art und Menge der in Indien einzutauschenden Gewürze. Er stattet das Schiff mit Proviant aus und betet für eine glückliche Rückkehr. Das nennt man heute Leistungserstellungsprozeß.

Nach zwei Jahren kehrt das Schiff vollbeladen mit Gewürzen zurück. Die Waren werden entladen und finden reißenden Absatz. Das nennt man heute: Output oder Leistungsverwertung.

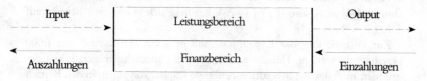

Abb. 1: Leistungs- und Finanzbereich

Dem realwirtschaftlichen **Güterstrom** (Input/Output) steht ein gegenläufiger **Geldstrom** (Einzahlung/Auszahlung) gegenüber. Dabei ist unternehmerische Tätigkeit seit jeher durch folgenden Wertekreislauf bestimmt: Geld (Anfangskapital), Input, Leistungserstellung, Output, Geld (Endkapital). Die Größe des unternehmerischen Erfolgs mißt man als Differenz zwischen Endkapital und Anfangskapital.

Wird das Unternehmen nach Beendigung der Expedition liquidiert, wird das vorhandene Geld als Endkapital ausgeschüttet. Wird das Unternehmen – wie es der Going-concern-Annahme entspricht – fortgeführt, steht das am Ende des ersten Leistungszyklus vorhandene Geld für eine Fortführung des Leistungsprozesses zur Verfügung.

Die zweckmäßige Gestaltung des Finanzbereichs wird in der Literatur unter den Stichworten Investition und Finanzierung abgehandelt. Diese Thematik ist Gegenstand des fünften Abschnitts dieses Buches. Als **Investition** bezeichnet man ganz allgemein die **Verwendung finanzieller Mittel.** In unserem Eingangsbeispiel ist die Beschaffung des Handelsschiffs der klassische Fall einer Investition mit markanten Merkmalen: hoher Kapitalbedarf und langfristige Kapitalbindung.

Man kann aber auch die ganze Expedition als Investitionsobjekt auffassen. Dabei läßt sich jede Investition als zeitliche Abfolge von Zahlungsvorgängen betrachten. Wie bei fast allen Investitionen steht auch hier am Anfang eine Auszahlung (Anschaffung Schiff, Heuer, Proviant), der zu späteren Zeitpunkten Einzahlungen (Verkaufserlöse der Waren, ggf. auch des Schiffs) folgen. Unter diesem Aspekt läßt sich eine Investition begreifen als **Hingabe von Geld** (Auszahlung) heute in der Hoffnung auf **höhere Geldrückflüsse** (Einzahlungen) in der Zukunft.

Mit jeder Investitionsentscheidung stellt sich zwangsläufig die Finanzierungsfrage. Unter **Finanzierung** versteht man landläufig die **Bereitstellung finanzieller Mittel.** Investitions- und Finanzierungsentscheidungen sind untrennbar miteinander verbunden. Jeder – vorsichtige – Häuslebauer weiß: Mit dem Erdaushub beginnt man erst, wenn die Gesamtkosten (= Investitionsvolumen) prognostiziert sind und die Finanzierung gesichert ist.

Zurück zu unserem Eingangsbeispiel: Bei Beginn der Expedition, also in t_0, ist der Leistungssaldo, also die Differenz von Einzahlungen und Auszahlungen, negativ. Es gibt eine Anfangsauszahlung A_0 in Höhe von -1.000. In t_2, also am Ende der Expedition, gibt es Einzahlungen E_2 in Form von Verkaufserlösen der Waren. Fallen zu diesem Zeitpunkt auch Auszahlungen z. B. durch Verkaufsspesen an, bezeichnet man sie mit A_2. Wird auch das Schiff in t_2 verkauft, bezeichnet man den Liquidationserlös mit L_2. Der Leistungssaldo[1] in t_2, also $(E_2 + L_2 - A_2)$, beziffere sich in unserem Beispiel auf 1.400.

Zur Finanzierung der Expedition muß in t_0 ein Startkapital von 1.000 bereitgestellt werden. Hat der Kaufmann sein Unternehmen gerade erst gegründet, muß das zur Investition benötigte Kapital von außen in den Betrieb eingebracht werden. Man nennt das **Außenfinanzierung.** Bringt er das benötigte Startkapital aus seinem eigenen Privatvermögen ein, handelt es sich um Eigenkapital; man spricht von **Eigenfinanzierung.** Muß er sich Kapital leihen, handelt es sich um Fremdkapital bzw. eine **Fremdfinanzierung.** Beim eingebrachten Startkapital handelt es sich aus der Sicht des Unternehmens auf jeden Fall um eine Einzahlung, die mit dem Vorzeichen + zu versehen ist.

In t_2 ergibt sich aus investitionstheoretischer Sicht eine Einzahlung (Kapitalrückfluß) von $+1.400$. Wird das Unternehmen in t_2 eingestellt, wird das vorhandene Endvermögen von 1.400 an den oder die Kapitalgeber zurückgezahlt. Für das Unternehmen ist dies mit einer Auszahlung von -1.400 verbunden.

Im Falle vollständiger Eigenfinanzierung empfängt der Eigenkapitalgeber 1.400. Er interpretiert diesen Betrag als (Eigen-) Kapitalrückzahlung von 1.000 und Kapitalzuwachs, also Gewinn, von 400. Der Gewinn von 400 enthält das Entgelt für die Kapitalbereitstellung für zwei Jahre und das Entgelt für die Übernahme des Unternehmerrisikos. Dieses Unternehmerrisiko reicht vom Teilverlust (Plünderung des Schiffs) bis zum Totalverlust des

---

[1] Es wird unterstellt, daß alle Zahlungen am Ende der Periode 2, also in t_2, anfallen.

Startkapitals (Untergang des Schiffs). Bezieht man das Risiko der Übernahme von Sozialplanverpflichtungen (Versorgung der Witwen) mit ein, übersteigt das Verlustrisiko die Höhe der Anfangsauszahlung A_0.

Im Fall vollständiger Fremdfinanzierung hat das Unternehmen in t_2 ebenfalls eine Auszahlung von -1.400. Davon erhält die kreditgebende Bank in t_2 1.210. Dieser Betrag setzt sich aus der Kreditrückzahlung von 1.000 und Zinseszinsen (10 Prozent pro Jahr auf 1.000) in Höhe von 210 zusammen. Den Restbetrag von 190 erhält der Kaufmann als Gewinnausschüttung, d. h. als Prämie für die Übernahme des Verlustrisikos. Im Fall des Scheiterns der Expedition hätte die Bank bei einem betrieblichen Vermögenspotential von Null ihre Darlehensforderung von 1.000 fällig gestellt und in das Privatvermögen des Kaufmanns vollstreckt.

Der mit der Expedition verbundene Zahlungsstrom läßt sich folgendermaßen abbilden:

Zeit-punkt	Geschäftsvorfall aus Sicht des Unternehmens	Investitions-seite	Finanzierungs-seite
t_0	– Bereitstellung Startkapital durch Kapitalgeber E_0 – Realisierung Investition A_0	-1.000	$+1.000$
t_2	– Geldzufluß ($E_2 + L_2 - A_2$) – Geldabfluß an Kapitalgeber	$+1.400$	-1.400

Abb. 2: Struktur des Zahlungsstroms

Man erkennt leicht: Investition und Finanzierung sind zwei Seiten ein und derselben Medaille. Eine Investition ist durch einen Zahlungsstrom gekennzeichnet, der mit einer Auszahlung beginnt und dem später Einzahlungen bzw. Einzahlungsüberschüsse folgen. Dagegen beginnt die Finanzierung mit einer entsprechenden Einzahlung und endet mit einer Auszahlung (an die Kapitalgeber). „Investition und Finanzierung unterscheiden sich also nur durch das Vorzeichen der ersten Zahlung."[2]

Oben wurde die Eigen- bzw. Fremdkapitalzuführung von außen als Außenfinanzierung bezeichnet. Im Gegensatz dazu spricht man von einer **Innenfinanzierung,** wenn die für Investitionszwecke benötigten **Mittel im betrieblichen Leistungsprozeß erwirtschaftet** wurden. Wird das Unternehmen nach Beendigung der Expedition in t_2 nicht aufgelöst, stehen in t_2 liquide Mittel in Höhe von

1.400 bei Eigenfinanzierung bzw.

190 bei Fremdfinanzierung

(der ersten Expedition) zur Verfügung. Diese Mittel können zur Finanzierung eines zweiten Leistungszyklus eingesetzt werden.

---

[2] Schneider, D., Investition, Finanzierung und Besteuerung, 7. Aufl., Wiesbaden 1992, S. 21

Der Zusammenhang zwischen Investitions- und Finanzierungsvorgängen läßt sich auch durch eine schematisierte Bilanz darstellen:

Aktiva	Bilanz zum 31. 12....	Passiva
Investitionsbereich		Kapitalbereich
Zahlungsbereich		

Abb. 3: Investitions- und Finanzierungszusammenhang

Zum Zahlungsbereich gehören jederzeit verfügbare Geldbestände, also Kasse und Sichtguthaben. Alle übrigen Vermögenswerte, also Vorräte, Sachanlagen usw. werden dem Investitionsbereich zugeordnet. Der Kapitalbereich setzt sich aus Eigen- und Fremdkapitalpositionen zusammen.

Außenfinanzierung
Durch eine Eigenkapitaleinlage bzw. eine Kreditaufnahme vergrößert sich der Kapitalbereich. Entsprechend wächst der Zahlungsbereich.

Investition
Durch Barkauf (Kreditkauf) eines Investitionsgegenstands vergrößert sich der Investitionsbereich und verringert sich der Zahlungsbereich (vergrößert sich der Kapitalbereich).

Innenfinanzierung
Durch Barverkauf eines Gegenstands aus dem Investitionsbereich (z. B. Waren) kommt es zu einem Aktivtausch zugunsten des Zahlungsbereichs. Durch diese Desinvestition erhöht sich das Innenfinanzierungsvolumen.

Umfinanzierung
Durch einen Passivtausch, z. B. Einlösung von Lieferantenverbindlichkeiten bei gleichzeitiger Aufnahme eines Darlehenskredits, ändert sich die Kapitalbereitstellung nicht im Volumen, wohl aber in der Struktur.

Investitions- und **Finanzierungsentscheidungen** bedingen einander, sind **interdependent.**[3] Ob ein Unternehmer seinem Betrieb weiteres Eigenkapital zuführt, hängt von dessen Expansionsmöglichkeiten, also seinen Gelegenheiten zu lukrativen Investitionen ab. Andererseits: Ob eine aussichtsreiche Investition realisiert werden kann, hängt von den Finanzierungsmöglichkeiten, insbesondere von den Finanzierungskosten ab.

Gegenstand dieses Lehrbuchabschnitts ist die Optimierung von Investitions- und Finanzierungsentscheidungen. Aus der Vielzahl von Investitionsmöglichkeiten I_1, I_2, ... I_l und aus der Vielzahl von Finanzierungsvarianten F_1, F_2, ... F_m sollen diejenigen ausgewählt werden, die der unternehmerischen Zielsetzung am ehesten entsprechen.

Bei den Investitionsprojekten I kann es sich um **Sachinvestitionen** (z. B. maschinelle Anlagen, Gebäude), um **Finanzinvestitionen** (z. B. Anlagen in

---

[3] Vgl. hierzu S. 799 ff.

Aktien oder Schuldverschreibungen) oder um **immaterielle Investitionen** (z. B. Entwicklung eines Patents, Ausbildungsinvestitionen) handeln.

Investitions- alternativen $I_{1,2,\ldots 1}$	Sachinvestitionen	
	Finanzinvestitionen	
	Immaterielle Investitionen	
Finanzierungs- alternativen $F_{1,2,\ldots m}$	Außenfinanzierung	Eigenfinanzierung
		Fremdfinanzierung
	Innenfinanzierung	

Abb. 4: Investitions- und Finanzierungsalternativen

Bei den Finanzierungsalternativen geht es um die Unterscheidung zwischen Außen- und Innenfinanzierungsvarianten. Im Rahmen der Außenfinanzierungsmöglichkeiten[4] ist zwischen Eigenfinanzierungsvarianten und Fremdfinanzierungsvarianten zu unterscheiden. Auch die Innenfinanzierung läßt sich in verschiedene Varianten unterteilen; sie werden an späterer Stelle[5] ausführlich erläutert.

Die Optimierung der Investitions- und Finanzierungsentscheidungen ist Gegenstand der Investitions- und Finanzplanung. Die **Investitionsplanung** hat die Aufgabe, aus der Vielzahl der Investitionsalternativen $I_{1,2,\ldots 1}$ die vorteilhafteste auszuwählen. Als Vorteilhaftigkeitskriterium wird den Investitionsplanungsmodellen der langfristige Gewinn zugrunde gelegt, den es zu maximieren gilt. Im Mittelpunkt der Investitionsplanung steht also die **Bewertung der Investitionsalternativen,** wobei jeder Alternative der **Gewinnbeitrag** zugerechnet wird, der aus ihrer Realisierung erwartet wird.

Ein Unternehmen, das seinen Zahlungsverpflichtungen nicht mehr nachkommen kann, ist gezwungen, Konkurs anzumelden. Das unternehmerische Oberziel der langfristigen Gewinnmaximierung setzt also die Aufrechterhaltung der Zahlungsbereitschaft, man spricht auch von der Wahrung des finanziellen Gleichgewichts, zwingend voraus. Ziel der **Finanzplanung** ist also die **langfristige Gewinnmaximierung** unter der Nebenbedingung der **Wahrung des finanziellen Gleichgewichts.** Zur Einhaltung dieser Nebenbedingung erstellt man einen **Finanzplan,** der die künftig erwarteten Ein- und Auszahlungen eines Unternehmens enthält.

Wie in der Investitionsplanung den Investitionsalternativen $I_{1,2,\ldots 1}$, so müssen in der Finanzplanung den Finanzierungsalternativen $F_{1,2,\ldots m}$ die durch sie ausgelösten Gewinnbeiträge zugerechnet werden. Grundsätzlich ist der einer Handlungsalternative zurechenbare Gewinnbeitrag immer von der Differenz zwischen der Positivkomponente (Erlös, Ertrag, Einzahlung) und

---

[4] Zur ausführlichen Darstellung der Instrumente der Außenfinanzierung vgl. S. 809 ff.
[5] Vgl. S. 864 ff.

der Negativkomponente (Kosten, Aufwand, Auszahlung) abhängig. Investitionsentscheidungen beeinflussen die Positiv- und die Negativkomponente. Finanzierungsentscheidungen haben dagegen in aller Regel keinen Einfluß auf die Höhe der erzielbaren Erlöse oder Einzahlungen. Hier ist die Positivkomponente entscheidungsirrelevant, weil sie von der Finanzierungsentscheidung unabhängig ist. Bei der **Finanzplanung** reduziert sich also das Gewinnmaximierungsstreben zum **Kostenminimierungsstreben.** (ÜB 5/ 47–48)

II. Investitionsplanung und Investitionsrechnung

1. Grundlagen der Investitionsplanung

Die Investitionsplanung ist Bestandteil der Unternehmensgesamtplanung. Gegenstand der Investitionsplanung ist
– die **Optimierung** der Investitionsentscheidung
– die **Realisierung** des Investitionsprojekts und
– die **Kontrolle** des Investitionsprojekts.

Der Investitionsplanung kommt in Theorie und Praxis große Bedeutung zu, weil Investitionsentscheidungen i. d. R. mit
– hohem Kapitaleinsatz
– langfristiger Kapitalbindung und
– weitreichenden Wirkungen in andere Unternehmensbereiche
verbunden sind. Zum letzten Punkt: Wenn bei der Investitionsplanung die künftigen Folgen einer Investition im Produktions-, Absatz- und Finanzierungsbereich nicht berücksichtigt werden, ist die Gefahr der **Fehlinvestition** sehr groß. Von einer Fehlinvestition spricht man dann, wenn die tatsächlichen Kapitalrückflüsse so weit hinter den ursprünglichen Erwartungen zurückbleiben, daß sich der Investor nachträglich betrachtet mit der Unterlassensalternative, d. h. mit der Nichtdurchführung der Investition, besser gestellt hätte.

Wie jede Planung ist auch die Investitionsplanung ein stufenweiser Prozeß, der sich nach Abb. 5 in folgende Planungsschritte[1] einteilen läßt:

zu 1.1: Zielanalyse
Unter den von einem Unternehmen verfolgten **monetären** Zielen nimmt die langfristige Gewinnmaximierung eine herausragende Stellung ein. Daneben verfolgen Unternehmen **nicht-monetäre Ziele** wie das Streben nach Macht, Sicherheit, sozialer Anerkennung, Traditionspflege usw. Unternehmerische Planungsrechnungen orientieren sich an monetären Zielvorgaben, weil nicht-monetäre Ziele nicht rechenbar gemacht werden können.

Die folgenden Schritte der Investitionsplanung orientieren sich ausschließlich am Ziel der langfristigen Gewinnmaximierung. Erst im Zuge der end-

---

[1] Nach weitverbreiteter Auffassung gehören die Realisationsphase und die Kontrollphase nicht mehr zum Planungsprozeß. Wegen ihrer Rückwirkungen auf den Planungsprozeß werden sie aber hier in die Betrachtung einbezogen.

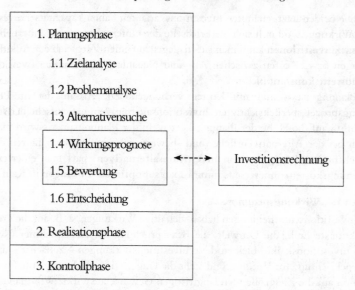

Abb. 5: Investitionsplanungsprozeß

gültigen „1.6 Entscheidung" werden die in Frage kommenden Alternativen auch unter nicht-monetären Gesichtspunkten betrachtet.

zu 1.2: Problemanalyse

Im Zuge der Problemanalyse verschafft sich der Investor Klarheit über die Unternehmens- und Umweltsituation, die ihn zu einer Investitionsentscheidung drängt. Für ein Unternehmen, das auf hohen Liquiditätsüberschüssen sitzt, in seiner angestammten Sparte aber keine Chancen sieht, stellt sich die Investitionsproblematik ganz anders dar als für einen erfindungsreichen Jungunternehmer, der sich mit innovativen Investitionen interessante Marktnischen erschließen könnte, der in Kreditgesprächen aber immer wieder erfährt, daß Kreativität einen geringen Beleihungswert hat.

zu 1.3: Alternativensuche

Der eben angesprochene Jungunternehmer möchte Sachinvestitionen tätigen, hat aber kein Geld. Das hochliquide Unternehmen hat Geld, aber keine (erfolgversprechenden) Sachinvestitionsalternativen. Hier bleibt der Ausweg in Finanzinvestitionen.

Im Mittelpunkt der Literatur zur Investitionsplanung und -rechnung stehen **Sachinvestitionen.**[2] Sie lassen sich unterteilen in:

– **Ersatzinvestitionen**

– **Rationalisierungsinvestitionen und**

– **Erweiterungsinvestitionen**

---

[2] Sachinvestitionen werfen bezüglich ihrer Bewertung, insbesondere bei der Abgrenzung der Zahlungsströme, weitaus größere Probleme auf als Finanzinvestitionen. Mit dem in der Literatur entwickelten Instrumentarium der Investitionsrechnung lassen sich die Optimierungsprobleme von Finanzinvestitionen also leichter lösen als die von Sachinvestitionen.

Die beiden letztgenannten Investitionsvarianten haben kapazitätserhöhende Wirkung, wodurch sich die Erlösseite der Unternehmung verändert. Bei **Ersatzinvestitionen** kann man sich dagegen auf einen Vergleich der Auszahlungen bzw. Kosten zwischen Alt- und Neuanlage beschränken, weil die **Erlösseite konstant** bleibt.

Planung ist immer mit Kosten verbunden. Die Anzahl der im Planungsprozeß berücksichtigten Investitionsalternativen hat entscheidenden Einfluß auf die Höhe der Planungskosten. In der Planungspraxis wird man sich bei der Alternativensuche (und -bewertung) einschränken. Durch die **Nichtberücksichtigung** von **Investitionsalternativen** spart man einerseits Planungskosten, andererseits nimmt man **suboptimale Lösungen** in Kauf.

zu 1.4: Wirkungsprognose

Investitionsentscheidungen haben vielfältige Wirkungen, z. B. auf die Produktionstechnik, die Umwelt, die Beanspruchung der Arbeitnehmer usw. Im Investitionskalkül bleiben diese Investitionswirkungen – zunächst – unberücksichtigt. Im Vordergrund steht die Frage, wie sich die geplante Investition auf die Zielgröße, den langfristigen Gewinn, auswirkt. Will man die **gewinnmäßigen Auswirkungen** einer Investition messen, braucht man ähnlich wie bei der Temperaturmessung einen Bezugswert, einen Nullpunkt, einen Eichstrich. Als Eichstrich zur Messung der Investitionswirkungen gilt üblicherweise die **Unterlassensalternative**, d. h. die Nichtdurchführung der Investition. Je nach Lage der Dinge kann die Unterlassensalternative im Nichtstun oder Unterlassen der Investition bei anderweitiger Anlage[3] der knappen Geldmittel gesehen werden.

zu 1.5: Bewertung

Hat man ihre gewinnmäßigen Wirkungen erst einmal ermittelt, ist es verhältnismäßig einfach, die Investitionsalternativen $I_{1,2,...1}$ zu bewerten. Im Falle einer Ersatzinvestition, wo die Investitionsentscheidung keinen Einfluß auf die Erlösseite hat, weil diese im Realisierungsfall (Neuanlage) genauso aussieht wie bei der Unterlassensalternative (Altanlage), können die Bewertungsziffern aus der Negativkomponente (Kosten bzw. Auszahlungen) abgeleitet werden.

Ist dagegen von der Investitionsentscheidung auch die Erlösseite betroffen, muß der Differenzwert zwischen positiver Erfolgskomponente (Erträge, Einzahlungen) und negativer Erfolgskomponente (Kosten, Auszahlungen) als Bewertungsziffer herangezogen werden.

Die Analyse der monetären Investitionswirkungen (1.4) und die Verdichtung dieser quantitativen Wirkungen zu Wertziffern (1.5) wird als **Investitionsrechnung** bezeichnet. Die Investitionsrechnung ist damit ein wichtiger Baustein der Investitionsplanung. Die Investitionsrechnung steht sowohl in

---

[3] Wird die Investitionswirkung auf der Ergebnisbasis eines alternativen Eigenkapitaleinsatzes gemessen, dann steht dahinter der gleiche Opportunitätskostengedanke wie hinter der Berücksichtigung kalkulatorischer Eigenkapitalzinsen in der Kostenrechnung. Vgl. S. 1264 ff.

der Unternehmenspraxis als auch in der einschlägigen Literatur[4] im Mittelpunkt der Investitionsplanung. Dieser Tatsache trägt auch das vorliegende Lehrbuch Rechnung: In den folgenden beiden Kapiteln werden die Verfahren der statischen, vor allem aber der dynamischen Investitionsrechnung ausführlich behandelt.

zu 1.6: Entscheidung

Mit der Entscheidung für eine der Investitionsalternativen $I_{1,2\ldots1}$ endet der Planungsprozeß im engeren Sinne. Die Entscheidung wird einerseits nach den Ergebnissen der **Investitionsrechnung**, d. h. nach den aus der monetären Zielgröße abgeleiteten Wertziffern, andererseits unter **Hinzuziehung nicht-monetärer Beurteilungsmaßstäbe** getroffen. So kann es z. B. durchaus vorkommen, daß sich ein Traditionsunternehmen für eine Betriebserweiterung am angestammten Standort entscheidet, obwohl die Investitionsrechnung die Gründung einer Betriebsstätte in einem Niedriglohnland als die gewinnträchtigere Investitionsalternative ausweist.

zu 2.: Realisationsphase

In der Realisationsphase geht es darum, das in Stufe 1.6 verabschiedete Investitionsprojekt unter **Einhaltung** der technischen Standards und des geplanten **Finanz- und Zeitrahmens** zu realisieren.

zu 3.: Kontrollphase

Nach Realisierung der Investition hat der Investor Gelegenheit, die in der Bewertungsphase geplanten Erfolgsbeiträge mit den tatsächlich eingetretenen Erfolgsbeiträgen zu vergleichen. Ein solcher **Soll-Ist-Vergleich** ist in zweifacher Hinsicht wichtig: Einerseits kann man bei negativen Istabweichungen versuchen, beim konkreten Investitionsobjekt **gegenzusteuern.** Zweitens befähigt der Soll-Ist-Vergleich und die mit ihm verbundene Abweichungsanalyse den Investor bei künftigen Investitionsbeurteilungen zu einer **besseren Prognose.**

Bisher haben wir uns nur mit der Optimierung von Einzelprojekten, also mit der in Abb. 6 dargestellten Planungsebene (3) beschäftigt. Faßt man alle in einem Jahr zu realisierenden Investitionsprojekte (Planungsebene 3) zusammen, erhält man das **Investitionsbudget.** Das Investitionsbudget muß mit der Finanzplanung abgestimmt sein. Es ist der Schlußstein der einjährigen Investitionsplanung (Ebene 2). Der langfristige Investitionsplan (Ebene 1) ist ein strategischer Rahmenplan, der für die operative Planungsebene Vorgabecharakter hat. Der strategische Investitionsplan (1) wird von der Unternehmensleitung verabschiedet. Die operative Planung auf Jahresebene (2) und (3) liegt auf der Funktionsbereichsebene (Anlagenwirtschaft/Finanzen).[5]

---

[4] Zur Vertiefung vgl. für viele andere das Lehrbuch von Kruschwitz, L., Investitionsrechnung, 6. Aufl., Berlin/New York 1995
[5] Zu Einzelheiten vgl. Lüder, K., Investitionsplanung und -kontrolle, in: HWB, Bd. 2, 5. Auflage, Stuttgart 1993, Sp. 1982 ff.

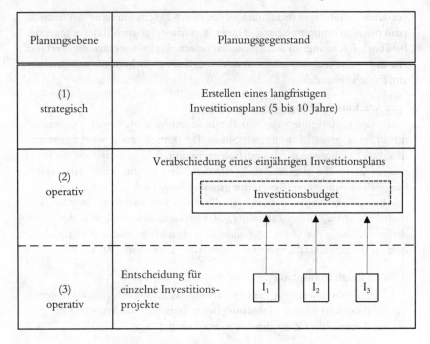

Planungsebene	Planungsgegenstand
(1) strategisch	Erstellen eines langfristigen Investitionsplans (5 bis 10 Jahre)
(2) operativ	Verabschiedung eines einjährigen Investitionsplans Investitionsbudget
(3) operativ	Entscheidung für einzelne Investitions- projekte I_1 I_2 I_3

Abb. 6: Ebenen der Investitionsplanung

2. Investitionsrechnung im Zahlungstableau[6]

Die Investitionsrechnung (Wirtschaftlichkeitsrechnung) hat die Aufgabe, den künftigen Investitionserfolg zu prognostizieren und zu bewerten. Zum Zweck der Vorteilhaftigkeitsbeurteilung bedient man sich in der Unternehmenspraxis verschiedener Verfahren der statischen und dynamischen Investitionsrechnung, die in den nächsten beiden Unterkapiteln dargestellt werden. Diese beiden unterschiedlichen Verfahren der Investitionsrechnung lernt man besser verstehen, wenn man alle aus einem Investitionsprojekt resultierenden Ein- und Auszahlungen in einer Tabelle, einer Art Kontokorrent, zusammenfaßt.

Erstellt man dieses Zahlungstableau ex post, erhält man eine Ergebnisrechnung mit tatsächlich realisierten Zahlungen. Da eine Investitionsrechnung vor der Investitionsentscheidung zu erstellen ist, muß man in einer solchen ex ante-Rechnung folgende Werte prognostizieren: Die Einzahlungen E_t, die Auszahlungen A_t, die Investitionsdauer n, den Liquidationserlös der Anlage L_n und den Zinssatz (für Fremdkapital) i. Die Einzahlungen E_t basieren bei einer Sachinvestition im wesentlichen auf Umsatzerlösen, die Auszahlungen A_t auf Zahlungen für Lohn, Material, Energie, Reparaturen

---

[6] Zu dieser Art von Investitionsrechnung vgl. Grob, H. L., Investitionsrechnung mit vollständigen Finanzplänen, München 1989

usw. In investitionsrechnerischen Modellen wird üblicherweise unterstellt, daß die Ein- bzw. Auszahlungen jeweils zum Periodenende anfallen. Die in t_0 anfallende Anschaffungsauszahlung A_0 für das Investitionsprojekt ist in jedem Fall bekannt. In einem **Modell unter Sicherheit,** von dem wir im folgenden zunächst ausgehen wollen, gelten auch die Größen E_t, A_t, n, L_n und i als in t_0 bekannt. In unserem Beispielfall wollen wir von einem Investitionsprojekt mit folgenden Daten ausgehen:

Zeitpunkt	t_0	t_1	t_2
Anschaffungsauszahlung A_0	− 1.000		
Einzahlungen E_t		+ 500	+ 900
Auszahlungen A_t		− 400	− 200
Liquidationserlös L_n			+ 600
Kreditaufnahme	+ 1.000		
Kredittilgung			− 1.000
Fremdkapitalzins i		10 Prozent	
Investitionsdauer n		2 Jahre	

Abb. 7: Ausgangsdaten Investitionsprojekt I

Das Projekt ist vollständig fremdfinanziert; der Kredit wird in t_2 zurückgezahlt. Aus diesen (sicheren) Erwartungsgrößen läßt sich folgendes Zahlungstableau ableiten:

Zeitpunkt	Zahlungsvorgang	Betrag
t_0	Geldzufluß Kreditaufnahme	+ 1.000
t_0	Anschaffungsauszahlung A_0	− 1.000
t_1	E_1	+ 500
t_1	A_1	− 400
t_1	Fremdkapitalzinsen (1)	− 100
t_1	Bestand Schulden (−) Guthaben (+)	0
t_2	E_2	+ 900
t_2	A_2	− 200
t_2	Fremdkapitalzinsen (2)	− 100
t_2	Liquidationserlös L_n	+ 600
t_2	Kredittilgung	− 1.000
t_2	Bestand Schulden (−) Guthaben (+)	+ 200

Abb. 8: Zahlungstableau Investitionsprojekt I

Im obigen Beispiel reichen die Einzahlungen (E_t, L_n) aus, die laufenden Auszahlungen A_t, die Fremdkapitalzinsen und die Kredittilgung abzudekken. Darüber hinaus steht dem Investor in t_2 ein Guthaben von 200 DM zur Verfügung. Wie steht es um die Vorteilhaftigkeit dieses Investitionsprojekts? Der Investor hat kein Eigenkapital eingesetzt. Sein Reinvermögen in t_0 war also Null. Sein Reinvermögen in t_2 beträgt + 200. Im Reinvermögenszuwachs (= Gewinn) von + 200 konkretisiert sich der Investitionserfolg. Geht man von einem festen Reinvermögen (= Eigenkapital) in t_0 aus und stellt man diesem EK_0 das Eigenkapital am Ende des Investitionszeitraums EK_n gegenüber, beziffert sich der Investitionserfolg Δ_I auf

$$\Delta_I = EK_n - EK_0.$$

Ausgehend vom Ziel der **langfristigen Gewinnmaximierung** geht es bei Investitionsentscheidungen darum, die Größe Δ_I zu maximieren. Da aber das zu Beginn des Planungszeitraums vorhandene Eigenkapital EK_0 eine konstante Größe ist, gelangt man auf zwei Wegen zur optimalen Investitionsentscheidung: Zum einen über die Gewinnmaximierung (Δ_I max!), zum anderen über die **Endvermögensmaximierung** (EK_n max!).[7]

Auch im Falle der Eigenfinanzierung läßt sich die Vorteilhaftigkeit einer Investition durch ein Zahlungstableau ermitteln. In diesem Zusammenhang stellt sich für den Eigenkapitaleinsatz die Opportunitätskostenfrage. Zur Lösung dieses Problems findet sich eine Aufgabe im zugehörigen Übungsbuch. (**ÜB** 5/20–21)

3. Statische Verfahren der Investitionsrechnung

a) Überblick

Eine Optimierung von Investitionsentscheidungen ist – wie oben gezeigt wurde – mit Hilfe eines vollständigen Zahlungstableaus möglich, wenn die Investitionsdauer und die Höhe und der Zeitpunkt aller investitionsrelevanten Ein- und Auszahlungen prognostiziert werden können. Um diesen in der Tat beachtlichen Prognoseaufwand zu vermeiden, hat die Unternehmenspraxis vereinfachte Rechenverfahren entwickelt, die in der Literatur[8] unter der Bezeichnung „Praktikerverfahren", „Hilfsverfahren der Praxis" oder „statische Investitionsrechnung" behandelt werden.

Mit Hilfe der statischen Verfahren will man **Investitionswahlentscheidungen optimieren**. Man möchte also feststellen, ob die zu beurteilende Investition I günstiger ist als die Unterlassensalternative (Ja/Nein-Entscheidung) bzw. welches von mehreren sich gegenseitig ausschließenden Projekten $I_{1, 2, \ldots, I}$ das vorteilhafteste ist. Sollte sich im folgenden herausstellen, daß

---

[7] Zum weitergehenden Zusammenhang zwischen Entnahmestrom sowie Gewinn- und Endvermögensmaximierung vgl. Kruschwitz, L., (Investitionsrechnung), a. a. O., S. 12 ff.
[8] Zu den statischen Verfahren vgl. insbesondere Blohm/Lüder, Investition, 8. Aufl., München 1995, S. 157 ff.

die statischen Verfahren bei geringerem Prognoseaufwand (=Planungsko-
sten) immer zum gleichen Optimierungsergebnis kommen wie das exakte,
weil zielkonforme Zahlungstableau, wären sie das leistungsfähigere Rechenverfahren.

Hinsichtlich der verwendeten Rechengrößen und der Anzahl der Planungsperioden (jeweils ein Jahr) unterscheidet man folgende Verfahren:

Statische Verfahren	Rechengrößen	Anzahl der Planungsperioden
Kosten- **vergleichsrechnung**	Kosten	eine
Gewinn- **vergleichsrechnung**	Kosten und Leistungen	eine
Rentabilitäts- **vergleichsrechnung**	Kosten und Leistungen	eine
Amortisations- **rechnung**	Einzahlungen und Auszahlungen	mehrere, maximal n

Abb. 9: Charakteristika statischer Verfahren

Die statischen Verfahren erfreuen sich in der Praxis noch immer großer
Beliebtheit, obwohl sie wegen ihrer Fehleranfälligkeit in zunehmendem Maße durch die dynamischen Verfahren verdrängt werden. Mit Ausnahme der
Amortisationsrechnung gewinnen sie ihre Planungsgrößen aus der Kosten-
und Leistungsrechnung (seltener aus dem externen Rechnungswesen). Die
drei einperiodigen Verfahren stützen sich bei der Investitionsbeurteilung auf
die Auswertung der **Rechengrößen einer Periode.** Dies ist entweder das
erste Jahr der Nutzungsdauer oder eine – ominöse – **Repräsentativperiode.**
(ÜB 5/1–5)

b) Die Kostenvergleichsrechnung

Die Kostenvergleichsrechnung will vorzugsweise die Frage nach der **Vorteilhaftigkeit** einer **Ersatzinvestition** (Vergleich: Altanlage/Neuanlage) beantworten. Darüber hinaus will sie Auskunft über die Vorteilhaftigkeit mehrerer **vergleichbarer Erweiterungsinvestitionen** geben. Dabei soll sich der
Investor für die Anlage mit den minimalen Kosten[9] entscheiden. Die Beschränkung auf den Kostenvergleich setzt die Entscheidungsirrelevanz der
Erlösseite voraus; die **Erlöse** müssen also bei allen betrachteten Investitionsalternativen **gleich hoch** sein.

---

[9] Beim angestrebten Kostenminimum kann es sich um einen Vergleich auf Stückkosten-
basis oder auf Jahreskostenbasis handeln.

Bei einem Vorteilhaftigkeitsvergleich der Anlagen I_1 und I_2 vergleicht man die mit dem Anlageneinsatz einhergehenden Kostenwerte K_1 und K_2 nach etwa folgendem Schema:

Kostenart	Anlage I_1	Anlage I_2
1. **Aufwandsgleiche Betriebskosten**		
1.1 Personalkosten	...	...
1.2 Reparaturkosten	...	...
1.3 Energiekosten	...	...
1.4 Materialkosten	...	...
1.5 Raumkosten usw.	...	...
2. **Kalkulatorische Abschreibungen**	...	...
3. **Kalkulatorische Zinsen**	...	...
Gesamtkosten	K_1	K_2

Abb. 10: Schema der Kostenvergleichsrechnung

Mit Hilfe der kalkulatorischen Abschreibung will man den Wertverzehr an der jeweiligen Anlage berücksichtigen. Dabei geht man von einem kontinuierlichen Wertverzehr aus. Im einfachsten Fall ermittelt man die kalkulatorische Abschreibung wie folgt:

$$\text{kalkulatorische Abschreibung} = \frac{A_0}{n}$$

Unabhängig von der Eigen- bzw. Fremdfinanzierung ermittelt man kalkulatorische Zinsen nach der Durchschnittsmethode.[10] Die kalkulatorischen Zinsen werden also nach Maßgabe des durchschnittlich gebundenen Kapitals ermittelt, im einfachsten Fall als

$$\text{kalkulatorische Zinsen} = \frac{A_0}{2} \cdot i$$

Wer eine Investitionsentscheidung nach diesem Rechenverfahren trifft, geht ein erhebliches Risiko ein: Er kennt zwar die kostengünstigste Alternative, weiß aber nicht, ob die erzielbaren Erlöse zur Kostendeckung ausreichen. (**ÜB 5/1**)

c) Die Gewinnvergleichsrechnung

Ist der bewertete Output der zu vergleichenden Investitionsprojekte $I_{1,2,\ldots,1}$ nicht identisch, sind die Ergebnisse der Kostenvergleichsrechnung unbrauchbar. Die Erlösseite muß berücksichtigt werden. Darum bemüht sich die Gewinnvergleichsrechnung.

Nach der Gewinnvergleichsrechnung ermittelt man für die Investitionsalternativen $I_{1,2,\ldots,1}$ die jeweiligen **Gewinne für eine repräsentative Periode** $G_{1,2,\ldots,1}$. Die Gewinndefinition lautet

$$G = E - K,$$

---

[10] Vgl. hierzu S. 1264 ff.

wobei E für die dem Projekt zurechenbaren Erlöse steht und die Kosten K nach dem in Abb. 10 dargestellten Schema zu ermitteln sind.

Wird nur ein einziges Projekt beurteilt, entscheidet man sich für die Realisierung, wenn der ermittelte Gewinnwert G positiv ist bzw. wenn er einen gewünschten Mindestgewinn übersteigt. Hat man zwischen mehreren konkurrierenden Projekten $I_{1, 2, \ldots, 1}$ zu wählen, entscheidet man sich für das Projekt mit dem höchsten Gewinnwert G, sofern dieser positiv ist. (**ÜB 5/2**)

d) Die Rentabilitätsvergleichsrechnung

Werden im Wege der Gewinnvergleichsrechnung die beiden Alternativen I_1 und I_2 verglichen, wobei $G_1 = +300$ und $G_2 = +320$, so kann man sich nicht ohne weiteres für I_2 entscheiden, wenn der erforderliche Kapitaleinsatz A_0 mit $A_0^1 = 5.000$ und $A_0^2 = 10.000$ stark differierende Werte ausweist. Dieser Kapitaldifferenzierung möchte die Rentabilitätsrechnung gerecht werden. Sie setzt deshalb eine korrigierte Gewinngröße G_p (pagatorischer Gewinn) ins Verhältnis zum durchschnittlich gebundenen Kapital, so daß sich eine Rentabilitätskennziffer ergibt, die in ihrem Aufbau der Gesamtkapitalrentabilität[11] ähnelt:

$$\text{Rentabilität } r = \frac{\text{korrigierter Gewinn } G_p}{\text{durchschn. gebundenes Kapital}} \cdot 100$$

Wie bei der Steuerungsgröße der Gewinnvergleichsrechnung bezieht sich die Gewinngröße auf eine repräsentative Periode. Zwischen der originären Gewinngröße G und der korrigierten Gewinngröße G_p besteht folgender Zusammenhang:

$$\frac{\text{originärer Gewinn } G}{= \text{korrigierter Gewinn } G_p}$$
$$+ \text{ kalkulatorische Zinsen } \frac{A_0}{2} \cdot i$$

Der **korrigierte Gewinn G_p** ist also der Gewinn vor Abzug von Fremdkapital- bzw. kalkulatorischen Eigenkapitalzinsen. Bei vollständiger Eigenfinanzierung ist der korrigierte Gewinn G_p das Entgelt, welches der Unternehmer für die Bereitstellung von Eigenkapital und für die Übernahme des Unternehmerrisikos erhält.[12] Wie bei der Darstellung der Kostenvergleichsrechnung gezeigt wurde, entspricht die **durchschnittliche Kapitalbindung** im einfachsten Fall der halben Anschaffungsauszahlung, also $(A_0:2)$.

Im Zuge der Rentabilitätsvergleichsrechnung vergleicht man die projektindividuelle Rentabilität r mit der vom Investor gewünschten Mindestverzinsung i. Ist r größer als i, wird die Investition realisiert. Die gewünschte Mindestverzinsung i kann als Kalkulationszinsfuß, d. h. als Kapitalkostenäquivalent interpretiert werden. (**ÜB 5/3–4**)

---

[11] Zur Ermittlung der Gesamtkapitalrentabilität vgl. S. 48
[12] So gesehen enthält der originäre Gewinn G nur die Prämie für die Übernahme des Unternehmerrisikos.

e) Die Amortisationsrechnung

Als einziges der Praktikerverfahren schaut die Amortisationsrechnung – auch **Pay-off-Methode** genannt – über den Tellerrand einer repräsentativen Einzelperiode hinaus. Ein weiterer Unterschied besteht darin, daß die Amortisationsrechnung nicht mit den Rechengrößen der Kosten- und Leistungsrechnung, sondern mit Ein- und Auszahlungen E_t und A_t arbeitet. Der Einzahlungsüberschuß einer Periode, also $E_t - A_t$, wird im folgenden mit dem Symbol EÜ bezeichnet.

Eine „**Normalinvestition**" ist idealtypisch dadurch gekennzeichnet, daß nach dem Investitionszeitpunkt t_0 mit seiner Auszahlung A_0 nur noch positive Einzahlungsüberschüsse EÜ anfallen. Weisen die prognostizierten EÜ-Werte im Zeitverlauf keine großen Schwankungen auf, kann man für EÜ, wie im folgenden dargestellt, von einem repräsentativen Periodendurchschnittswert ausgehen.

Die Amortisationsrechnung will feststellen, wieviel Perioden es dauert, bis sich die **Anschaffungsauszahlung A_0** durch Kapitalrückflüsse EÜ **amortisiert** hat. Liegen beispielsweise die jährlichen Einzahlungsüberschüsse bei 25.000 und beträgt die Anschaffungsauszahlung A_0 100.000, dann beziffert sich die Amortisationsdauer auf vier Jahre:

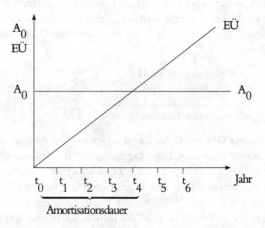

Abb. 11: Ermittlung der Amortisationsdauer

In weiten Bereichen der Unternehmenspraxis herrscht die Vorstellung, daß eine Investition ein Fehlschlag ist, wenn sie vor Erreichen der Amortisationsdauer abgebrochen werden muß. Hat der Investor dagegen erst einmal den vom Ende der Amortisationsdauer markierten Schwellenwert überschritten, betritt er nach landläufiger Vorstellung die ersehnte Gewinnzone. Der **risikoscheue Investor** ist bei vordergründiger Betrachtungsweise daran interessiert, Investitionen mit möglichst **kurzer Amortisationsdauer** zu tätigen, um nur möglichst schnell aus der Gefahrenzone zu kommen.

Bei diesem Praktikerverfahren vergleicht der Investor die errechnete Amortisationsdauer mit einer **Soll-Amortisationsdauer.** Liegt die errechnete Amortisationsdauer unter der subjektiv geschätzten Soll-Amortisationsdauer, wird die Investition durchgeführt. (**ÜB 5/5**)

f) Zusammenfassende Kritik

„Statisch einperiodige Investitionsrechnungen sind Rechnungen, die sich auf **eine fiktive Jahres-Abrechnungsperiode** beziehen und mit periodisierten **Erfolgsgrößen (Kosten/Erlöse)** arbeiten."[13] An den beiden hervorgehobenen Merkmalen dieser Rechenverfahren läßt sich die zusammenfassende Kritik festmachen.

Wer im Interesse der Planungsbequemlichkeit die Rechnung auf eine **repräsentative Einzelperiode** bezieht, bezahlt mit einem schwerwiegenden Verzicht auf Planungsgenauigkeit. Welche Einzelperiode des Planungszeitraumes repräsentativ sein soll, läßt sich auf zweifachem Weg bestimmen: Entweder nach subjektivem Ermessen, zu deutsch: **willkürlich** oder durch gezielte Auswahl bei der Beurteilung der **Ergebnisziffern aller Planeinzelperioden.** Der erste Weg ist indiskutabel; der zweite plausibel, aber trotzdem problematisch. Zum einen geht bei der Analyse aller periodenbezogenen Erfolgsziffern ein Großteil der Planungsbequemlichkeit verloren. Zum anderen ist man auch hierbei vor Fehlentscheidungen nicht sicher, wie folgendes Beispiel einer Gewinnvergleichsrechnung zeigt:

Periode Investition	1	2	3	4	Durch- schnitts- gewinn
I_1	100	500	900	1.300	+ 700
I_2	1.300	900	500	80	+ 695

Abb. 12: Beispiel einer Gewinnvergleichsrechnung

Berechnet man den Gewinn der repräsentativen Einzelperiode als Durchschnittsgewinn, muß man sich für I_1 entscheiden. Betrachtet man aber die zeitliche Struktur der Gewinnziffern und unterstellt man, daß der geplante Gewinn pro Periode mit dem Einzahlungsüberschuß pro Periode identisch ist, wird man sich für I_2 entscheiden, weil man für hohe Rückflüsse in der Gegenwart eine größere Präferenz hat als für hohe Rückflüsse in einer ferneren Zukunft. Man kann es auch anders sagen: Der statische Charakter der Rechnungen vernachlässigt die intertemporären Ergebnisunterschiede, die – wie man im nächsten Kapitel sehen kann – bei den dynamischen Verfahren der Investitionsrechnung durch die Berücksichtigung von Zins und Zinseszins erfaßt werden.

---

[13] Kruschwitz, L., (Investitionsrechnung), a. a. O., S. 33

Ein weiteres Manko der einperiodigen Verfahren liegt in der Auswahl der **Rechengrößen Kosten/Erlöse**. Es gibt Kosten, die nicht auszahlungsgleich (z. B. Abschreibungen) und Erlöse, die nicht einzahlungsgleich (z. B. Verkauf auf Ziel) sind. Bei der Erläuterung des vollständigen Zahlungstableaus[14] wurde gezeigt, daß nur das Rechnen mit Ein- und Auszahlungen zu zielkonformen Investitionsentscheidungen führt. Die Fehleranfälligkeit der einperiodigen Verfahren läßt sich in dem Maße mindern, wie es gelingt, Kosten und Erlöse in die Größen Ein- bzw. Auszahlungen zu überführen. Wer sich aber im Interesse der Planungsgenauigkeit dieser Mühe unterzieht, kann von vornherein mit E_t und A_t, also mit dem vollständigen Zahlungstableau oder mit den dynamischen Verfahren rechnen, die im folgenden dargestellt werden.

Abschließend ein Wort zur **Amortisationsrechnung:** Es wurde bereits festgestellt, daß risikoscheue Anleger bei vordergründiger Betrachtung Investitionen mit kurzer Amortisationszeit bevorzugen, weil sie möglichst schnell aus der verlustträchtigen Gefahrenzone in die sichere Gewinnzone kommen wollen. Als Instrument zur **Risikobegrenzung** ist sie aber – wie das Beispiel im zugehörigen Übungsbuch (**ÜB 5/5**) demonstriert – nur **wenig geeignet,** weil sich gerade Investitionen mit einem geringen Risiko durch eine lange Amortisationsdauer auszeichnen.

4. Dynamische Verfahren der Investitionsrechnung

a) Überblick

Die dynamischen Verfahren der Investitionsrechnung verfolgen im Prinzip das gleiche Ziel wie das prospektive Zahlungstableau und wie die statischen Verfahren: Sie wollen Aussagen über die **Vorteilhaftigkeit** einer anstehenden **Investitionsentscheidung** machen.

Im Gegensatz zu den einperiodig-statischen Verfahren wollen die dynamischen Verfahren, die man auch als finanzmathematische Verfahren bezeichnet, die finanziellen Auswirkungen einer Investitionsentscheidung über den gesamten Investitionszeitraum t_0 bis t_n erfassen und auswerten. Wie schon an anderer Stelle erläutert, manifestieren sich die finanziellen Investitionswirkungen in folgenden Größen:

A_0 Anschaffungsauszahlung in t_0

E_t Einzahlung zum Zeitpunkt t (Periodenende)

A_t Auszahlung zum Zeitpunkt t (Periodenende)

n Anzahl der Nutzungsdauerperioden

L_n Liquidationserlös zum Ende der Nutzungsdauer

i Kalkulationszinsfuß

Grundlage der Vorteilhaftigkeitsberechnung ist also der für die **Nutzungsdauer zu prognostizierende Zahlungsstrom.** Anders als beim vollständigen Zahlungstableau, wo man Fremdkapitalaufnahme, -tilgung und -zinsen ex-

---

[14] Vgl. S. 746 ff.

plizit als Auszahlungen erfaßt, werden diese Größen bei den im folgenden darzustellenden dynamischen Verfahren implizit, d. h. außerhalb der Zahlungsreihe berücksichtigt.

Die folgende Erläuterung der dynamischen Verfahren knüpft an das Beispiel aus den Abb. 7 und 8 an. Der Zahlungsstrom des zu beurteilenden Investitionsprojekts läßt sich folgendermaßen darstellen:

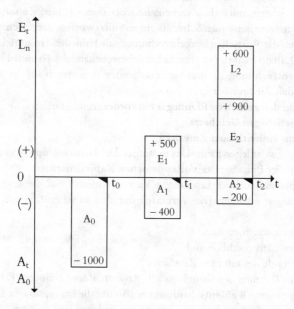

Abb. 13: Struktur des Zahlungsstroms des Investitionsprojekts I

Da man Geldmittel verzinslich anlegen kann, ist dem Investor ein Kapitalrückfluß E_t zum Zeitpunkt t_1 lieber als ein gleichhoher Kapitalrückfluß in t_2. Daraus folgt: **Zahlungen,** die zu **unterschiedlichen Zeitpunkten** anfallen, darf man nicht addieren bzw. subtrahieren. Will man sie vergleichbar machen, muß man die Zeitpräferenz des Investors berücksichtigen, die sich im **Zinsfaktor** i niederschlägt. Unmittelbar verrechenbar und damit vergleichbar sind nur die Zahlungen, die sich auf ein und denselben Zeitpunkt beziehen. Die übrigen Zahlungen werden vergleichbar gemacht, indem man sie auf einen einzigen Zeitpunkt bezieht, wozu man sich der Aufzinsung bzw. der Abzinsung bedient. Leser, die noch nicht (nicht mehr) über die entsprechenden finanzmathematischen Grundkenntnisse verfügen, werden auf die einfachen, erläuternden Übungsaufgaben im zugehörigen Übungsbuch[15] verwiesen.

---

[15] Vgl. Wöhe/Kaiser/Döring, Übungsbuch zur Einführung in die Allgemeine Betriebswirtschaftslehre, 8. Aufl., München 1996, (**ÜB 5/6–19**) = 5. Abschnitt, Aufgabe 6 bis 19

Im **Kalkulationszinsfuß** i manifestiert sich – allgemein gesprochen – die **gewünschte Mindestverzinsung** des Investors; sie entspricht den Kapitalkosten. Die Kapitalkosten ihrerseits hängen bei Fremdfinanzierung vom Sollzins und bei Eigenfinanzierung von der entgangenen Verzinsung (Habenzins) bei der maßgeblichen Alternativanlage des Eigenkapitals (= Opportunitätskosten des Eigenkapitaleinsatzes) ab. In der Realität erheben sich zwei Probleme: Erstens weichen Soll- und Habenzins bezogen auf ein Planungsjahr voneinander ab. Zweitens ist jeder dieser beiden Zinssätze während der Investitionsdauer Schwankungen unterworfen. Beide Phänomene erschweren die Wirtschaftlichkeitsrechnung mit Hilfe der dynamischen Verfahren. Deshalb baut das in allen Lehrbüchern behandelte **Grundmodell der Investitionsrechnung** auf drei vereinfachenden Annahmen auf. Es wird unterstellt, daß der Investor

– während des gesamten **Planungszeitraumes**
– jeden **beliebigen Geldbetrag**
– zu einem **einheitlichen Zinssatz i**

ausleihen bzw. anlegen kann. Das im folgenden darzustellende Grundmodell basiert auf der Prämisse des **vollkommenen Kapitalmarktes.**

Abschließend soll der Leser einen kurzen Ausblick auf die kommenden Ausführungen erhalten: Die Verfahren der dynamischen Investitionsrechnung, also

– die Kapitalwertmethode,
– die Annuitätenmethode und
– die Methode des internen Zinsfußes

werden im Rahmen des Grundmodells dargestellt und erläutert. Dabei geht es um sogenannte **Wahlentscheidungen,** also um die Frage, ob eine Einzelinvestition vorteilhaft ist bzw. um die Frage, welches von mehreren sich gegenseitig ausschließenden Investitionsprojekten $I_{1, 2, \dots I}$ das vorteilhafteste ist. Dabei wird von einem Modell unter Sicherheit ausgegangen, es wird also unterstellt, daß alle künftigen Zahlungen in t_0 bekannt sind. In einem zweiten Schritt wird die Annahme aufgegeben, daß die Anzahl der Nutzungsjahre n in t_0 feststeht. Damit steht das **Problem der optimalen Nutzungsdauer** einer Investition zur Diskussion. In einem dritten Schritt wird das Grundmodell um die **Einbeziehung von Ertragsteuern** erweitert.

Leider entspricht die Wirklichkeit der Investitionsplanung nicht den Annahmen des Grundmodells. Investitionsentscheidungen lassen sich nicht durch isolierte Beurteilung eines Investitionsprojektes optimieren. Dieser Tatsache versucht die **Investitionsprogrammplanung,** wo Bündel von Investitionsprojekten auf den Prüfstand gestellt werden, Rechnung zu tragen.

Weiterhin muß man sich von der modellmäßigen Illusion der Investitionsentscheidung unter Sicherheit verabschieden. Dabei können in einem einführenden Lehrbuch die Möglichkeiten zur **Berücksichtigung des Risikos** nur in grundlegender Form angesprochen werden. Schließlich soll die Frage der Unternehmensbewertung angesprochen werden. Dabei wird sich zeigen, daß die **Unternehmensbewertung** – theoretisch – als Anwendungsfall der dynamischen Investitionsrechnung betrachtet werden kann. (**ÜB 5/20–21**)

b) Grundmodell der dynamischen Investitionsrechnung

Bei der folgenden Darstellung der dynamischen Verfahren wird unterstellt, daß der Zahlungsstrom und die Dauer einer projektierten Investition in t_0 bekannt sind. Nach der Modellannahme des vollkommenen Kapitalmarktes ist der Kalkulationszinsfuß i eine von Eigen- bzw. Fremdfinanzierung unabhängige Größe.

aa) Die Kapitalwertmethode

In Abb. 13 ist der Zahlungsstrom einer Investition I abgebildet, auf die wir an dieser Stelle zurückkommen wollen. Dabei stelle man sich zunächst vor, in einer Welt ohne Zinsen zu leben, also gilt i = 0. Zur Beurteilung der Vorteilhaftigkeit von I saldiert man die Größen E_t, L_n auf der einen und A_t, A_0 auf der anderen Seite. Es ergibt sich ein Überschuß der Einzahlungen über die Auszahlungen in Höhe von 400. Bei i = 0 hat die Investition einen Kapitalwert von + 400. Zwischen dem **Kapitalwert K** und der Vorteilhaftigkeit einer Investition gibt es folgende Beziehung:

K > 0 → Investition vorteilhaft
K = 0 → Entscheidungsindifferenz
K < 0 → Investition unvorteilhaft

Stehen mehrere sich gegenseitig ausschließende Investitionsalternativen zur Wahl, sollte sich der Investor für das Projekt mit dem **höchsten Kapitalwert** entscheiden.

Die Annahme einer Welt ohne Zinsen ist unrealistisch. Wegen der Vorliebe des Investors für gegenwartsnahe Einzahlungsüberschüsse müssen jetzt die zu unterschiedlichen Zeitpunkten anfallenden Zahlungen gleichnamig gemacht werden. Als Bezugszeitpunkt wählt die Kapitalwertmethode t_0, also den Zeitpunkt, zu dem die Anschaffungsauszahlung A_0 anfällt. Bezieht man die künftigen Zahlungen E_t, A_t und L_n auf t_0, erhält man bei entsprechender Abzinsung **Barwerte**. Zwischen den Barwerten der Zahlungen und dem Kapitalwert besteht folgender Zusammenhang:

Barwert L_n
+ Barwert E_t
− Barwert A_t

= **Zukunftserfolgswert** künftiger Zahlungen
− Anschaffungsauszahlung A_0

= **Kapitalwert K**

Abb. 14: Barwert, Zukunftserfolgswert und Kapitalwert

Die Formel[16] zur Berechnung des Kapitalwerts K lautet:

$$K = -A_0 + \sum_{t=1}^{n} (E_t - A_t) \cdot (1 + i)^{-t} + L_n (1 + i)^{-n}$$

Je höher der Kalkulationszinsfuß, desto stärker wird eine künftige Zahlung durch den Barwertabschlag abgewertet. Daraus folgt für eine Normalinvestition[17]: Mit steigendem i verringert sich c. p. der Zukunftserfolgswert der Kapitalrückflüsse und somit auch der Kapitalwert K.

Geht man von einem Kalkulationszinsfuß von 10 Prozent ($i = 0,10$) aus, läßt sich für die obige Zahlungsreihe der folgende Zukunftserfolgswert ZEW bzw. Kapitalwert K ermitteln, wobei E_t, A_t und L_n zu Nettoeinzahlungen zusammengefaßt werden:

	t_1	t_2
E_t	+ 500	+ 900
A_t	− 400	− 200
L_n		+ 600
Nettoeinzahlung	+ 100	+ 1.300
Abzinsungsfaktor[18]	$1,10^{-1}$	$1,10^{-2}$
Barwert	+ 90,91	+ 1.074,38

Barwert t_1	+ 90,91
+ Barwert t_2	+ 1.074,38
= Zukunftserfolgswert	+ 1.165,29
./. A_0	− 1.000,00
= Kapitalwert	+ 165,29

Abb. 15: Beispiel einer Kapitalwertermittlung

Der **Zukunftserfolgswert** repräsentiert den Barwert aller Kapitalrückflüsse (= Zahlungen zwischen t_1 und t_n) der Investition. Der Zukunftserfolgswert ist der **Gegenwartswert des Investitionsobjekts,** also der Betrag, den der Investor in t_0 maximal als Anschaffungsauszahlung leisten darf.

---

[16] In manchen Lehrbüchern wird die Anschaffungsauszahlung unter dem Symbol A_0 und der Liquidationserlös L_n unter dem Symbol E_n geführt. Die Kapitalwertformel lautet dann:

$$K = \sum_{t=0}^{n} (E_t - A_t) \cdot (1 + i)^{-t}$$

[17] Vgl. S. 752
[18] $1,10^{-1} = 0,909100$
$1,10^{-2} = 0,826446$
Vgl. die Zinstabellen am Ende von Wöhe/Kaiser/Döring, Übungsbuch, a. a. O.

Zieht man vom Zukunftserfolgswert die Anschaffungsauszahlung A_0 ab, erhält man den Kapitalwert. Beim Erwerb des Investitionsobjektes opfert der Investor die Anschaffungsauszahlung und erhält als Gegenwert den Zukunftserfolgswert der Zahlungsreihe. Im **positiven Kapitalwert** spiegelt sich der **Reinvermögenszuwachs zum Investitionszeitpunkt t_0**. Der positive Kapitalwert gibt den Betrag an, der dem Investor in t_0 als Ausgleich für den Verzicht auf die Investition gezahlt werden müßte. Der **negative Kapitalwert** gibt den Betrag an, der dem Investor in t_0 als Subvention gezahlt werden müßte, um ihn gerade noch zur Investition zu veranlassen.

Im obigen Beispiel gelangt man für die Investition I zu einem Kapitalwert von + 165,29. Bei der Erläuterung des vollständigen Zahlungstableaus[19] ergab sich für die gleiche Investition I ein Gewinn, genauer gesagt ein Endvermögenszuwachs in t_2, von + 200. Wie ist diese Diskrepanz zu erklären? Bei einem Kalkulationszins von 10 Prozent ist es dem Investor gleichgültig, ob er in t_0 einen Reinvermögenszuwachs (K) von 165,29 oder in t_2 einen Reinvermögenszuwachs von 200 erhält.

Anfangsvermögenszuwachs $\cdot (1 + i)^n$ = Endvermögenszuwachs

$$K \qquad \cdot 1{,}1^2 \quad = \text{Endvermögenszuwachs in } t_2$$
$$165{,}29 \quad \cdot 1{,}21 \quad = 200$$

Damit ist – für den Fall der Fremdfinanzierung – bewiesen, daß eine am **Kapitalwertkriterium** orientierte Investitionsentscheidung zum **gleichen Ergebnis** führt wie eine auf das **vollständige Zahlungstableau** gestützte Entscheidung. Bei Fremdfinanzierung zeigt K den auf t_0 bezogenen Reinvermögenszuwachs nach Abzug der Kapitalkosten, d. h. nach Abzug der Fremdkapitalzinsen. Bei Eigenfinanzierung zeigt K ebenfalls den auf t_0 bezogenen Reinvermögenszuwachs nach Abzug der Kapitalkosten. Kapitalkosten sind hier die entgangenen Zinsen der Alternativanlage des Eigenkapitals. Bei einer eigenfinanzierten Investition wird also der Erfolg K (= Reinvermögenszuwachs in t_0) nicht auf der Basis des Nichtstuns, sondern auf der Basis der Alternativanlage des Eigenkapitals zum Kalkulationszinsfuß gemessen. Im Klartext: Gelangt man bei einem Kalkulationszinsfuß von 10 Prozent zu einem Kapitalwert von Null, dann wird das eingesetzte Eigenkapital gerade zu 10 Prozent verzinst. Der Investor ist dieser Investition gegenüber indifferent, weil sich das eingesetzte Eigenkapital gerade so verzinst wie bei einer Anlage zum Kalkulationszinsfuß. Nicht ohne Grund erfreut sich die Kapitalwertmethode in Theorie und Praxis großer Beliebtheit: Wer sich bei Investitionsentscheidungen am Kapitalwertkriterium orientiert, gelangt zum angestrebten Gewinn- bzw. Endvermögensmaximum. (**ÜB 5/9–13; 22–24**)

bb) Die Annuitätenmethode

Nach den Prämissen des Grundmodells basiert auch dieses Rechenverfahren auf der Annahme eines vollkommenen Kapitalmarkts (i = Sollzins = Habenzins) und der Unterstellung, daß während des Planungszeitraums keine Zinsschwankungen auftreten. Die Kapitalwertmethode weist den Investi-

---

[19] Vgl. S. 747 f.

tionserfolg als Vermögenszuwachs $(K > 0)$ bzw. Vermögensabnahme $(K < 0)$ bezogen auf den Zeitpunkt t_0 aus.

Jetzt wird unterstellt, daß ein Investor den investitionsbedingten Vermögenszuwachs für Konsumzwecke entnehmen möchte. Dabei sind (mindestens) drei Fälle denkbar: Er möchte den Vermögenszuwachs = Investitionserfolg einer Investition von zwei Jahren Nutzungsdauer in t_0 oder in t_2 oder in gleichen Raten in t_1 bzw. t_2 entnehmen. Für diese drei Entnahmealternativen kann er drei Arten von Investitionsrechnungen aufmachen:

Entnahmezeitpunkt	Entnahmebetrag	Geeignete Investitionsrechnung
t_0	K	**Kapitalwertmethode**
t_2	$K^{20} \cdot (1 + i)^2$	**Vollständiges Zahlungstableau**
t_1, t_2	$a_1 = a_2$	**Annuitätenmethode**

Abb. 16: Eignung von Investitionsrechnungen

Bei der Annuitätenmethode geht es darum, einen auf t_0 bezogenen Betrag K umzurechnen in eine **gleichbleibende nachschüssige Periodenzahlung a**, die als **Annuität** (Rente) bezeichnet wird. Bezeichnet man den (positiven) Kapitalwert mit K und den gesuchten Entnahmebetrag im Zwei-Perioden-Fall mit a_1, a_2, dann läßt sich das Umrechnungsproblem folgendermaßen abbilden:

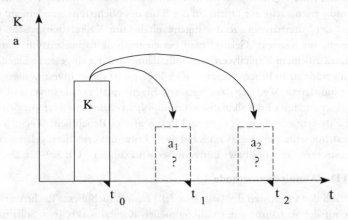

Abb. 17: Umformung des Kapitalwerts zur Annuität

[20] $K \cdot (1 + i)^2$ = Reinvermögenszuwachs in t_2

Den Barwert K einer nachschüssigen Rente a ermittelt man als

$$K = a \cdot RBF,$$

wobei RBF für den Rentenbarwertfaktor

$$\frac{(1 + i)^n - 1}{i \, (1 + i)^n}$$

steht.[21] Das hier zu lösende Rechenproblem stellt sich in umgekehrter Form; gegeben ist K und gesucht ist die Annuität a:

$$a = K \cdot \frac{1}{RBF}$$

Den Kehrwert des RBF bezeichnet man als Annuitätenfaktor ANF^{22}, also

$$\frac{i \, (1 + i)^n}{(1 + i)^n - 1}$$

Zurück zur beispielhaften Investition I mit ihrem Kapitalwert K = 165,29.[23] Aus der am Ende des Übungsbuchs abgedruckten Zinstabelle läßt sich für ANF 10 % / 2 Jahre der Faktor 0,57619 entnehmen. Somit gilt:

$$a = K \cdot ANF$$
$$a = 165,29 \cdot 0,57619$$
$$a = 95,24$$

Statt einer Anfangsentnahme K = 165,29 kann der Investor eine ratenweise Entnahme a_1, a_2 von jeweils 95,24 tätigen. Interpretiert man den erwarteten Investitionserfolg als in t_0 entnahmefähigen Reinvermögenszuwachs K = 165,29 und unterstellt man, daß dieser Betrag zum Kalkulationszinsfuß i = 0,10 angelegt wird, kann man folgende Proberechnung aufmachen:

t_0 Anfangskapital K	+ 165,29
t_1 Zinsgutschrift Periode 1	+ 16,53
t_1 Entnahme a_1	− 95,24
t_1 Guthaben	+ 86,58
t_2 Zinsgutschrift Periode 2	+ 8,66
t_2 Entnahme a_2	− 95,24
t_2 Endbestand	0

Abb. 18: Kapitalwert und Annuität im Zahlungstableau

Wie die Kapitalwertrechnung läßt sich also auch die Annuitätenrechnung in ein vollständiges Zahlungstableau integrieren. Nach der Annuitätenmethode gilt eine Einzelinvestition I als **vorteilhaft, wenn a > 0.** Wer mit

---

[21] Zur Herleitung vgl. Wöhe/Kaiser/Döring, Übungsbuch, a. a. O., (**ÜB 5**/12–13).
[22] Zur Herleitung vgl. erneut Wöhe/Kaiser/Döring, Übungsbuch, a. a. O., (**ÜB 5**/14).
[23] Vgl. S. 758

diesem Vorteilhaftigkeitskriterium arbeitet, gelangt immer zum gleichen Optimierungsergebnis wie nach dem vollständigen Zahlungstableau oder nach der Kapitalwertmethode.

Steht der Investor vor der Frage, welche von mehreren sich gegenseitig ausschließenden Investitionsalternativen $I_{1, 2, \ldots, 1}$ er realisieren soll, dann sollte er sich für die **Alternative mit der höchsten Annuität** entscheiden, sofern diese positiv ist. Rangentscheidungen nach der Annuitätenmethode führen bei einheitlicher Nutzungsdauer der Investitionsobjekte zum gleichen Ergebnis wie das Rechnen mit Kapitalwerten. Haben die Investitionsalternativen unterschiedliche Nutzungsdauern, darf die Annuität nicht auf eine Nutzungsdauer n, sondern sie muß auf den einheitlichen Planungszeitraum T bezogen werden.[24]

Abschließend soll versucht werden, die Annuität als Kennziffer der Vorteilhaftigkeit von Investitionen ökonomisch zu interpretieren. Eine **positive Annuität a** zeigt

– welchen gleichbleibenden Jahresbetrag der Investor als Erfolgsrate entnehmen kann, ohne sein ursprüngliches Reinvermögen zu dezimieren oder

– um welchen gleichbleibenden Jahresbetrag die objektbezogenen Einzahlungsüberschüsse im „Krisenfall" absinken könnten, ohne daß das Investitionsprojekt unvorteilhaft wird.

Dagegen zeigt eine **negative Annuität a** z. B. an, mit welchem jährlichen Subventionsbetrag die öffentliche Hand ein an sich unvorteilhaftes Investitionsobjekt – z. B. einen einzurichtenden Arbeitsplatz – bezuschussen müßte, damit sich die Investitionsmaßnahme für das Unternehmen gerade noch trägt. (**ÜB 5/14–15 und 25–26**)

cc) Die Methode des internen Zinsfußes

Eine Investition mit einem Kapitalwert von Null bringt dem Investor bei Fremdfinanzierung keinen Reinvermögenszuwachs. Die Einzahlungsüberschüsse reichen lediglich aus, die Anschaffungsauszahlung zu kompensieren und die Finanzierungskosten zu decken. Das investierte Kapital verzinst sich gerade zum Kalkulationszinsfuß.[25]

Eine Investition mit einem positiven (negativen) Kapitalwert verzinst sich dagegen zu einem Zinssatz, der über (unter) dem Kalkulationszinsfuß liegt. Die **Verzinsung** des in einem Investitionsobjekt **durchschnittlich gebundenen Kapitals** bezeichnet man als **interne Verzinsung**, den zugehörigen Zinsfuß r als internen Zinsfuß.

Zur Ermittlung des internen Zinsfußes r setzt man den Kapitalwert K gleich null, also

$$- A_0 + \sum_{t=1}^{n} (E_t - A_t) \cdot (1 + r)^{-t} + L_n \cdot (1 + r)^{-n} = 0$$

---

[24] Vgl. hierzu Kruschwitz, L., Investitionsrechnung, in: HWB, Bd. 2, 5. Auflage, Stuttgart 1993, Sp. 2020ff., insb. Sp. 2028f.

[25] Bei Eigenfinanzierung erwirtschaftet der Investor einen Reinvermögenszuwachs in Höhe der marktüblichen Eigenkapitalverzinsung. Einen darüber hinausgehenden Reinvermögenszuwachs gibt es nicht.

und löst die Gleichung nach r auf. Dabei läßt sich r in der Regel nicht exakt ermitteln. Die Erläuterung einer brauchbaren **Näherungslösung** findet sich im zugehörigen Übungsbuch.[26] Dort wird gezeigt, daß die exemplarische Investition einen internen Zinsfuß von 19,13 Prozent aufzuweisen hat. Die Investition verzinst sich also mit annähernd 20 Prozent, während die Kapitalkosten nur etwa halb so hoch sind (i = 0,10).

Zur Beurteilung der Vorteilhaftigkeit einer einzelnen Investition vergleicht man die interne Verzinsung r (= Investitionsnutzen) mit dem Kalkulationszins i (= Kapitalkosten). Die Entscheidungsregel lautet:

$$r > i \rightarrow \text{Investition vorteilhaft}$$
$$r = i \rightarrow \text{Entscheidungsindifferenz}$$
$$r < i \rightarrow \text{Investition unvorteilhaft}$$

Stehen mehrere sich gegenseitig ausschließende Investitionsobjekte zur Wahl, sollte sich der Investor für das Objekt mit dem **höchsten internen Zinsfuß entscheiden.** Voraussetzung ist aber, daß r > i.

Versucht man, den internen Zinsfuß **ökonomisch** zu **interpretieren,** kann er als „Rendite" der Investition angesehen werden. Er ähnelt damit der Gesamtkapitalrentabilität, die an anderer Stelle[27] behandelt wurde. Bei **vollständiger Eigenfinanzierung** zeigt r die Verzinsung des eingesetzten Eigenkapitals. Bei **vollständiger Fremdfinanzierung** gibt r den Zinsfuß an, bis zu dem der Kreditgeber die Zinsen anheben könnte, ohne daß das Projekt für den Investor unrentabel wird.

In der einschlägigen Literatur ist die Methode der internen Zinsfüße nicht ohne Kritik geblieben.[28] Die kritischen Einwendungen an diesem Rechenverfahren sind von der Struktur des Zahlungsstroms eines Investitionsobjektes abhängig.

Bei einem beliebigen Investitionsobjekt kann der Zahlungsstrom beliebigen Schwankungen unterliegen. Einem Einzahlungsüberschuß (+) in Periode 3 kann ein Auszahlungsüberschuß (–) in Periode 4 folgen usw. Je **häufiger** das **Vorzeichen** des Zahlungsstroms **wechselt,** desto **problematischer** wird der interne Zinsfuß als Vorteilhaftigkeitskriterium. Es kommt bei solchen Investitionsobjekten häufig vor, daß sich

– überhaupt kein interner Zinsfuß ermitteln läßt (**Nichtexistenz**) oder daß sich

– aus der obigen Definitionsgleichung mehrere interne Zinsfüße[29] (**Mehrdeutigkeit**) ermitteln lassen.

Eine „**Normalinvestition**" ist dadurch charakterisiert, daß es nach der Anschaffungsauszahlung (–) nur noch zu **einem Vorzeichenwechsel** kommt. Die Serie der Einzahlungsüberschüsse (+) darf nicht unterbrochen werden. Das Problem der Nichtexistenz taucht hier nicht auf. Für jedes Investitionsobjekt läßt sich also **ein konkreter interner Zinsfuß** ermitteln.

---

[26] Vgl. Wöhe/Kaiser/Döring, Übungsbuch, a. a. O. (**ÜB 5/27**).
[27] Vgl. S. 48
[28] Vgl. dazu z. B. Kilger, W., Zur Kritik am internen Zinsfuß, ZfB 1965, S. 765 ff.
[29] Aus diesem Grund spricht man von der Methode der internen Zinsfüße.

Laufen beim Vergleich mehrerer sich gegenseitig ausschließender Investitionsobjekte die Reihe der Kapitalwerte und der internen Zinsfüße ohne Rangverschiebung konform, gibt es kein Problem. Es kann aber auch anders kommen:

Beispiel:
- Investitionsalternative: Objekt A oder Objekt B
- Kalkulationszinsfuß: $i = 0,10$
- Kriterium Kapitalwert: $K_A > K_B$; $K_A, K_B > 0$
- Kriterium interner Zinsfuß: $r_A < r_B$; $r_A, r_B > i$

Abb. 19: Kapitalwert und interner Zinsfuß

Wer nach der Kapitalwertmethode rechnet, hat sich für A, wer nach der Methode der internen Zinsfüße rechnet, hat sich für B zu entscheiden. Es stellen sich zwei Fragen:
(1) Welches Rechenverfahren ist richtig?
(2) Warum kommen beide Verfahren zu unterschiedlichen Ergebnissen?
Zu Frage (1): Der Kapitalwert ist das richtige Vorteilhaftigkeitskriterium. Die Methode des internen Zinsfußes führt zu unzweckmäßigen Rechenergebnissen und ist abzulehnen. Den Grund für die Ablehnung liefert die Antwort auf Frage (2): Die Kapitalwertmethode geht davon aus, daß die Kapitalrückflüsse zum Kalkulationszinsfuß, hier also zu 10 Prozent, angelegt werden. Die Methode des internen Zinsfußes geht dagegen von der spezifischen **Wiederanlageprämisse** aus. Danach wird unterstellt, daß die Kapitalrückflüsse zum internen Zinsfuß verzinst werden. In unserem Beispiel bedeutet das: Die Rückflüsse aus der Sachinvestition B (A) werden zum Zinssatz r_B (r_A) angelegt. Diese Prämisse ist bei einer Finanzinvestition vielleicht realistisch, bei einer individuellen Sachinvestition aber völlig unrealistisch. Überzeugender erscheint da die Anlageprämisse[30] der Kapitalwertmethode: Rückflüsse aus den Objekten A bzw. B werden zum (einheitlichen) Kalkulationszinsfuß i verzinst. Ein erläuterndes Zahlenbeispiel findet sich im zugehörigen Übungsbuch. (**ÜB 5**/16–17 und 27–28)

c) Die optimale Nutzungsdauer

Oben[31] wurde gezeigt, wie sich die Vorteilhaftigkeit eines einzelnen Investitionsobjektes bestimmen läßt. Die dazu notwendige Investitionsrechnung basierte auf mehreren (sicheren) Ausgangsdaten, die als fest vorgegeben anzusehen waren:
(1) Einzahlungsüberschüsse/Periode $E_t - A_t$
(2) Liquidationserlös am Ende der Nutzungsdauer L_n

---

[30] Die modellmäßige Annahme eines einheitlichen Soll- und Habenzinses i liegt allerdings auch ein gutes Stück von der Kapitalmarktrealität entfernt.
[31] Vgl. S. 757 ff.

(3) Kalkulationszinsfuß (auf vollkommenen Kapitalmarkt) i
(4) Anzahl der Perioden der Nutzungsdauer n
Den Zeitraum, während dessen eine maschinelle Anlage technisch einwandfreie Nutzungen abgeben kann, bezeichnet man als **technische Nutzungsdauer.**[32] In vielen Fällen ist es möglich, die technische Nutzungsdauer eines Aggregats durch ständige Unterhaltungsmaßnahmen und den Ersatz ganzer Bauteile beliebig zu verlängern. Irgendwann kommt aber der Zeitpunkt, wo sich solche Reparaturen nicht mehr lohnen. Es ist wirtschaftlich sinnvoll, das Aggregat vor Ablauf der technischen Nutzungsdauer durch eine neue Anlage (Ersatzinvestition) zu ersetzen.

Die wirtschaftliche Betrachtung der Nutzungsdauer löst sich vom technischen Aspekt. Man fragt jetzt: welche Nutzungsdauervariante stiftet den größten Nutzen, leistet den höchsten Beitrag zur unternehmerischen Zielsetzung? Oben wurde festgestellt, daß die Kapitalwertmaximierung dem Ziel langfristiger Gewinnmaximierung (bzw. Endvermögensmaximierung) entspricht. Daraus folgt: Das Unternehmen sollte sich für jene Nutzungsdauervariante entscheiden, die den **höchsten Kapitalwert** verspricht. Diese kritische Nutzungsdauer bezeichnet man als optimale oder **wirtschaftliche Nutzungsdauer.**

Anders als oben dargestellt ist bei der Ermittlung der Vorteilhaftigkeit von Investitionsobjekten die Nutzungsdauer nicht Datum, sondern Entscheidungsvariable. Man ermittelt also die Vorteilhaftigkeit einer Anlage nicht für eine vorgegebene Nutzungsdauer, sondern für mehrere Nutzungsdaueralternativen. Zur Erläuterung dieser Problematik wollen wir davon ausgehen, daß
– der zeitabhängige Zahlungsstrom bekannt und sicher ist und daß
– auf einem vollkommenen Kapitalmarkt während des Planungszeitraums der Kalkulationszinsfuß i gilt.

Wie lang die wirtschaftliche Nutzungsdauer eines Investitionsobjektes ist, hängt nicht nur von diesen Daten ab. Am Ende der wirtschaftlichen Nutzungsdauer des Aggregates I wird Kapital freigesetzt, das man natürlich nicht in der Kasse liegen läßt, sondern das man im allgemeinen reinvestiert. Schon jetzt sagt der gesunde Menschenverstand: **Je lukrativer die Folgeinvestitionen** (nach Beendigung der wirtschaftlichen Nutzungsdauer von I sind), desto stärker ist der Anreiz zur Folgeinvestition, desto stärker ist der Anreiz, die Investition **I vorzeitig abzubrechen.**

Wer also die wirtschaftliche Nutzungsdauer n_I von I ermitteln will, muß klare Vorstellungen über seine Investitionsmöglichkeiten nach n_I haben. Eine Unternehmung mit offenem Ende steht also vor dem Problem, die Investitionsmöglichkeiten für einen unendlichen Planungszeitraum zu prognostizieren und zu bewerten.

Das offene Entscheidungsfeld entzieht sich planerischer Beherrschbarkeit: Der Versuch, für einen unendlichen Planungszeitraum unendlich viele Investitionsalternativen durchzurechnen, ist zum Scheitern verurteilt. Zur didak-

---

[32] Vgl. S. 1085

tischen Darstellung des Problems schränkt die gängige Investitionsliteratur[33] die Frage der Nachfolgeinvestitionen von I auf drei Fälle ein:

(1) **Einmalige Investition** von I. Nach n_I wird das Kapital zum Kalkulationszinsfuß i angelegt.

(2) **Zweimalige Investition** von I_1 und I_2. Nach $n_{I1} + n_{I2}$ wird das Kapital zum Kalkulationszinsfuß i angelegt.

(3) **Unendliche Kette** identischer Investitionsobjekte I_1, I_2, ... I_l.

Im folgenden wird gezeigt, wie sich in allen drei Fällen die optimale Nutzungsdauer der Anlage I ermitteln läßt. Dabei wird einschränkend unterstellt, daß die technische Nutzungsdauer von I auf sechs Perioden beschränkt ist. Die Frage ist dann, ob die wirtschaftliche Nutzungsdauer n_I bei 1, 2, ... oder 6 Perioden liegt.

Fall (1) Einmalige Investition

Bei einem Kalkulationszinsfuß i = 0,10 soll die Sachinvestition I nur ein einziges Mal getätigt werden. Nach Beendigung der wirtschaftlichen Nutzungsdauer von I soll verfügbares Kapital zum Kalkulationszinsfuß angelegt werden. Das Aggregat I kann maximal sechs Jahre genutzt werden (technische Nutzungsdauer). Die Anschaffungsauszahlung A_0 beträgt 1.700. Die jährlichen Einzahlungsüberschüsse $E_t - A_t$ sowie der Restwertverlauf L_n sind der folgenden Übersicht zu entnehmen:

Zeitpunkt	t_0	t_1	t_2	t_3	t_4	t_5	t_6
A_0	− 1.700						
$E_t - A_t$		300	450	640	350	400	250
L_n		1.000	1.450	1.375	1.250	1.000	800
K		− 64	+ 143	+ 458	+ 518	$\boxed{+ 534}$	+ 506

Abb. 20: Kapitalwerte bei einmaliger Investition

Würde die Anlage I nur ein Jahr lang genutzt, hätte sie einen negativen Kapitalwert von − 64. Das Kapitalwertmaximum erreicht man innerhalb der wirtschaftlichen Nutzungsdauer von fünf Jahren (K = + 534). Eine Weiternutzung in der sechsten Periode wäre unvorteilhaft, weil der Kapitalwert in diesem Fall auf + 506 zurückginge.

Zur Bestimmung der optimalen Nutzungsdauer muß man nicht unbedingt den dynamischen Weg über die Ermittlung der Kapitalwerte für die einzelnen Nutzungsdaueralternativen gehen. Es gibt einen zweiten, statischen Lösungsweg. Dabei betrachtet man nur die Zahlungsströme in der **letzten, kritischen Periode**.

---

[33] Vgl. für viele andere Kruschwitz, L., (Investitionsrechnung), a. a. O., S 150 ff.

Ehe der Zahlungsstrom des obigen Beispiels analysiert wird, sei an einen kostenrechnerischen Grundtatbestand erinnert. Dort werden für die Nutzung von Betriebsmitteln
– kalkulatorische Abschreibungen[34] und
– kalkulatorische Zinsen[35]

als Kosten in Ansatz gebracht. Eine maschinelle Anlage muß also mit ihrem Produktionsergebnis pro Periode den Wertverzehr, d. h. die Abnahme des Restverkaufserlöses innerhalb der Periode und die Zinsen auf das in der Anlage gebundene Kapital erwirtschaften.

Auf die Zahlungsebene der Investitionsrechnung übertragen heißt dies: Die **laufenden Einzahlungen** der zu beurteilenden Periode n, also E_n müssen mindestens so groß sein wie die Summe aus
– den **laufenden Auszahlungen A_n**, die im Zusammenhang mit Lohnzahlungen, Werkstoffverbrauch usw. anfallen,
– die **Wertminderung** der Anlage I, die sich aus der **Abnahme des Restverkaufserlöses** L während der Periode n ergibt $(L_{n-1} - L_n)$ und
– den **Zinsen** auf das gebundene Kapital. Am Periodenanfang ist Kapital in Höhe des Restverkaufserlöses L_{n-1} gebunden. Die Zinsen beziffern sich somit auf $i \cdot L_{n-1}$.

Mit anderen Worten: Die Fortführung des Investitionsobjektes während der zu beurteilenden Periode n lohnt sich nur, wenn die im fraglichen Zeitraum erzielbaren Einzahlungsüberschüsse $(E_n - A_n)$ größer sind als der Wertverzehr $(L_{n-1} - L_n)$ zuzüglich der Zinsen auf das am Periodenanfang gebundene Kapital $(i \cdot L_{n-1})$. Diese Zinsen müssen aus den Einzahlungsüberschüssen erwirtschaftet werden, weil bei Abbruch der Investition am Ende der Vorperiode n–1 der Liquidationserlös L_{n-1} erzielt würde, wobei das freigesetzte Kapital zum Kalkulationszinsfuß angelegt werden könnte.

Die Investition sollte also in der fraglichen Periode n nur fortgeführt werden, wenn folgende Bedingung erfüllt ist:

$$(E_n - A_n) > (L_{n-1} - L_n) + i \cdot L_{n-1} \text{ oder:}$$
$$(E_n - A_n) - (L_{n-1} - L_n) - i \cdot L_{n-1} > 0$$

Ist im Beispiel aus Abb. 20 die Fortführung der Investition im sechsten Jahr vorteilhaft?

$$
\begin{array}{ccccc}
(E_6 - A_6) & - (L_5 - L_6) & - i \cdot L_5 & > & 0 \\
250 & - (1.000 - 800) & - 0,10 \cdot 1.000 & = & -50
\end{array}
$$

Das negative Ergebnis von -50 zeigt, daß sich die Fortführung der Investition während des sechsten Jahres nicht lohnt. Zinst man den auf t_6 bezogenen „Nachteil" von 50 auf t_0 mit $i = 0,10$ ab, erhält man für den Nachteil einen Barwert von -28. Dies entspricht exakt der Abnahme des Kapitalwertes, die durch die Weiternutzung im sechsten Jahr eintritt (506–534 = 28).

---

[34] Vgl. S. 1262 ff.
[35] Vgl. S. 1264 ff.

Fall (2) Zweimalige Investition

Im folgenden wird angenommen, daß die Investition I ein einziges Mal wiederholt werden soll. Es gilt also folgende Sequenz:

Investition	Investition	Kapitalanlage zu
I_1	I_2	i

Da der zweiten Investition I_2 die Kapitalanlage zum Kalkulationszinsfuß i folgt, gilt für diese Investition und ihre Nutzungsdauer n_2 das, was zum Fall (1) gesagt wurde: Die optimale Nutzungsdauer n_2 beträgt fünf Jahre. Es stellt sich also nur noch die Frage, wie lang die **optimale Nutzungsdauer n_1** der **Investition I_1** ist.

Bezogen auf die kritische Periode n steht der Investor vor der Frage, ob er die Investition I_1 bis zum Periodenende n weiterführt oder ob er sie am Periodenanfang n–1 abbricht. Gemessen am Abbruch in n–1 hat die Fortführung den Vorteil, daß man die Einzahlungsüberschüsse der Periode n, also $(E_n - A_n)$ noch vereinnahmen kann. Diesem Vorteil stehen mehrere **Nachteile** gegenüber:

– Die **Wertminderung** in n $(L_{n-1} - L_n)$,
– die (entgangenen) **Zinsen** auf den nicht realisierten **Liquidationserlös** am Periodenanfang, also i · L_{n-1} sowie
– die Verschiebung des Starts der lukrativen Investition I_2 von n–1 auf n. Die Realisierung des Kapitalwerts K_2 der Folgeinvestition I_2 um eine Periode verursacht **Opportunitätskosten** in Höhe von **i · K_2.**

Die Fortführung von I_1 während der kritischen Periode n ist nur vorteilhaft, wenn folgende Bedingung erfüllt ist:

$$(E_n - A_n) - (L_{n-1} - L_n) - i \cdot L_{n-1} - i \cdot K_2 > 0$$

Aus Abb. 20 ist ersichtlich, daß die Investition I_2 eine optimale Nutzungsdauer von fünf Jahren hat und der Kapitalwert K_2 + 534 beträgt. Zunächst ist zu prüfen, ob auch die Investition I_1 während des fünften Jahres fortgeführt werden soll:

$(E_5 - A_5)$	$- (L_4 - L_5)$	$- i \cdot L_4$	$- i \cdot K_2$	>	0
+ 400	− (1.250 − 1.000)	− 0,10 · 1.250	− 0,10 · 534	=	− 28,4

Der Wert von −28,4 zeigt, daß eine Nutzung von I_1 während der fünften Periode unvorteilhaft ist. Ist die Nutzung von I_1 während der vierten Periode vorteilhaft?

$(E_4 - A_4)$	$- (L_3 - L_4)$	$- i \cdot L_3$	$+ i \cdot K_2$	>	0
+ 350	− (1.375 − 1.250)	− 0,10 · 1.375	+ 0,10 · 534	=	+ 34,1

Die Nutzung von I_1 während der vierten Periode bringt einen Vorteil von + 34,1. In unserem Beispiel liegt also die optimale Nutzungsdauer von I_1 bei vier, diejenige von I_2 bei fünf Jahren.

Fall (3) Unendliche Investitionskette

Der Investor steht jetzt vor der Situation, die identische Investition unendlich oft zu wiederholen. Die **Investitionskette** setzt sich also aus den **Einzelgliedern** I_1, I_2, ... I_m zusammen. Für jede Einzelinvestition gilt eine technische Nutzungsdauer von sechs Jahren und ein Kalkulationszinsfuß $i = 0,10$. Der Zahlungsstrom mit den nutzungsdauerabhängigen Kapitalwerten K_1, K_2, ... K_6 findet sich in der obigen Abb. 20. Für den Investor erhebt sich die Frage nach der **optimalen Nutzungsdauer eines Investitionsgliedes I.**

Nutzungsjahre	Kapitalwert der Einzelinvestition (K)	Annuitätenfaktor (ANF)	Annuität (a = K · ANF)	Kapitalwert der Investitionskette $\left(\dfrac{a}{i}\right)$
1	− 64	1,10000	− 70,40	− 704
2	+ 143	0,57619	+ 82,40	+ 824
3	+ 458	0,40211	+ 184,17	$\boxed{+ 1.842}$
4	+ 518	0,31547	+ 163,41	+ 1.634
5	+ 534	0,26380	+ 140,87	+ 1.409
6	+ 506	0,22961	+ 115,95	+ 1.160

Abb. 21: Kapitalwerte einer unendlichen Investitionskette

Zur Ermittlung der optimalen Nutzungsdauer einer unendlichen Investitionskette werden die alternativen nutzungsdauerabhängigen Kapitalwerte der Einzelinvestition aus Abb. 20 in einen kontinuierlichen Zahlungsstrom (**Annuität**) umgerechnet. Bei dreijähriger Nutzungsdauer erreicht die Annuität mit + 184,17 ihr Maximum. Der Investor erwirtschaftet also bei einem dreijährigen Investitionsturnus einen Entnahmestrom von + 184,17 pro Periode. Optimal ist die (Einzel-) Nutzungsdauer von drei Jahren, weil der Jahresbetrag der ewigen Rente bei dieser Nutzungsdaueralternative sein Maximum erreicht. Der **Kapitalwert** der **gesamten Investitionskette** entspricht dem **Barwert der ewigen Rente**. Er ist in der letzten Spalte der Abb. 21 ausgewiesen.

Das Ergebnis der Fälle (1) bis (3) läßt sich wie folgt zusammenfassen:

Investitionsvariante	optimale Nutzungsdauer
einmalige Investition	5 Jahre
zweimalige Investition	4 Jahre
unendliche Investition	3 Jahre

Abb. 22: Optimale Nutzungsdauer

Dieses Ergebnis entspricht unserer Eingangshypothese: Je **lukrativer** die **Folgeinvestition**(en), desto stärker ist die **Tendenz** zur **Verkürzung der Nutzungsdauer** der laufenden Investition. Durch eine Verlängerung der

Nutzungsdauer der laufenden Investition werden die Vorteile aus den Folgeinvestitionen auf die lange Bank geschoben. Durch die Wartezeit entstehen Opportunitätskosten, die der laufenden Investition anzulasten sind.

Bis jetzt haben wir uns mit der Frage beschäftigt, wie die optimale Nutzungsdauer einer Investition ex ante, d. h. vor Durchführung der Investition ermittelt werden kann. Könnte ein Unternehmen – wie hier unterstellt – von sicheren Erwartungen ausgehen, wären mit der Ermittlung der optimalen Nutzungsdauer alle Nutzungsdauerprobleme gelöst.

In Wirklichkeit muß aber jeder Investor damit rechnen, daß die tatsächlichen Zahlungsströme von den Plandaten abweichen. Eine Investition kann sich – je nach Entwicklung der Umweltbedingungen – günstiger oder ungünstiger entwickeln als ursprünglich erwartet. Entwickelt sich die Investition günstiger (ungünstiger) als ursprünglich erwartet, besteht c. p. eine Tendenz zur Verlängerung (Verkürzung) der Nutzungsdauer.

In beiden Fällen zwingt die veränderte Datenlage den Investor ex post, d. h. nach der Realisierung des Investitionsprojektes, die ursprünglich veranschlagte wirtschaftliche Nutzungsdauer einer **Überprüfung** zu unterziehen. Bei **veränderter Datenlage** stellt sich die Frage nach dem **optimalen Ersatzzeitpunkt**. Bei der Feststellung des optimalen Ersatzzeitpunktes ist zu entscheiden, ob eine vorhandene Anlage durch eine gleichartige bzw. eine modernere, leistungsfähigere Neuanlage ersetzt werden soll. Zur Ermittlung des optimalen Ersatzzeitpunktes gelten im wesentlichen die **gleichen Grundsätze** wie sie zur Feststellung der **optimalen Nutzungsdauer**[36] entwickelt wurden. Auch hier läßt sich sagen: je vorteilhafter die Ersatzinvestition ist, desto höher ist c. p. die Wahrscheinlichkeit eines schnellen Ersatzes der Altanlage. (**ÜB 5/29–30**)

d) Investitionsmodelle zur Berücksichtigung von Gewinnsteuern

Das deutsche Steuerrecht kennt mehrere **gewinnabhängige Steuern** (Ertragsteuern).[37] Zu ihnen gehören

– die Einkommensteuer
– die Körperschaftsteuer und
– die Gewerbeertragsteuer.[38]

In der dynamischen Investitionsrechnung können Steuerzahlungen[39] unter der Auszahlungsgröße A_t und Steuererstattungen unter der Einzahlungsgröße E_t erfaßt werden. Trotz dieser klaren Zuordnung ist die Berücksichtigung gewinnabhängiger Steuern im Investitionskalkül mit großen Problemen verbunden.

Will man den **tatsächlichen Einfluß** der Gewinnsteuern auf die Vorteilhaftigkeit einer Einzelinvestition erfassen, muß man die künftige Steuerbela-

---

[36] Vgl. hierzu Kruschwitz, L., (Investitionsrechnung), a. a. O., S. 166ff.

[37] Zu den steuerlichen Einzelheiten vgl. Wöhe, G., Die Steuern des Unternehmens, 6. Aufl., München 1991, S. 43ff.

[38] Da sich die Kirchensteuer nach der Höhe der Einkommensteuer richtet, wird sie in Theorie und Praxis häufig als Quasiertragsteuer berücksichtigt.

[39] Auch gewinnunabhängige Steuern, wie insbesondere die Substanzsteuern, können auf diesem Wege in die Investitionsrechnung integriert werden.

stung im Wege der **Veranlagungssimulation** für jede Planungsperiode ermitteln. Diese Vorgehensweise ist **zeitraubend,** weil die Gewinnsteuerbe-
messungsgrundlagen nicht einheitlich definiert und zudem noch (teilweise)
interdependent sind; sie ist außerdem mit großen Abgrenzungsproblemen
verbunden. Eine exakte Zurechnung der anteiligen Gewinnsteuerbelastung
auf ein einzelnes Investitionsobjekt bereitet bei einem progressiven Einkommensteuertarif und einem ausschüttungsabhängigen Körperschaftsteuertarif
größte Probleme.[40]

Hat man die anteilige Gewinnsteuerbelastung eines zu beurteilenden Investitionsobjektes im Wege der Veranlagungssimulation prognostiziert, kann
man ein **vollständiges Zahlungstableau** erstellen, in dem die Realisierungs-
variante mit der Unterlassensalternative verglichen wird.[41]

Die Veranlagungssimulation führt zu relativ exakten Planungsergebnissen, ist aber mit hohem Planungsaufwand verbunden. Man hat deshalb nach
Wegen zur vereinfachten, modellmäßigen Berücksichtigung von Steuern im
Investitionskalkül gesucht. Das bekannteste und einfachste Rechenverfahren
ist das sog. **Standardmodell mit Gewinnsteuern.** Dieses Modell läßt sich –
verkürzt – so charakterisieren:

- Im Wege der **Kapitalwertmethode** ermittelt man K_S, den Kapitalwert
  nach Steuern.
- Auf einem **vollkommenen Kapitalmarkt** herrscht ein einheitlicher Kal-
  kulationszinsfuß i.
- Es gibt nur eine einzige **allgemeine Gewinnsteuer,** die alle Anlagemög-
  lichkeiten im betrieblichen und privaten Bereich mit einem proportionalen
  Steuertarif erfaßt.
- **Steuerzahlungen** sind jeweils zum **Periodenende** zu leisten. Bei **Verlu-
  sten** (V) leistet das Finanzamt eine (unbegrenzte) **Steuerrückzahlung** in
  Höhe von s · V zum Ende der Verlustperiode.

Das folgende Beispiel geht davon aus, daß der Kalkulationszinsfuß vor
Steuern 10 Prozent beträgt (i = 0,10) und daß der Tarif der allgemeinen
Gewinnsteuer bei 40 Prozent liegt (s = 0,40). Wird das Investitionsobjekt
mit Fremdkapital finanziert, können die **Fremdkapitalzinsen** als **steuermin-
dernder Aufwand** geltend gemacht werden. Die Kapitalkosten nach Abzug
von Steuern belaufen sich auf 6 Prozent (= **Nettokapitalkosten**).

Wird das Investitionsvorhaben mit **Eigenkapital** finanziert, stellt der Investor folgende Überlegung an: Beim Unterlassen der Investition wird das
verfügbare Eigenkapital zu 10 Prozent brutto am Kapitalmarkt angelegt.
Auch diese **Eigenkapitalverzinsung** wird von der allgemeinen Gewinnsteuer getroffen. Der **Nettoertrag** der „Unterlassensalternative" liegt also bei 6
Prozent. Bei Durchführung der betrieblichen Investitionsalternative verzichtet der Investor auf den Nettoertrag der „Unterlassensalternative". Seine
Nettokapitalkosten liegen also auch im Falle der Eigenfinanzierung bei 6
Prozent.

---

[40] Vgl. Wöhe/Bieg, a. a. O., S. 356
[41] Zur Vorgehensweise vgl. Kruschwitz, L., (Investitionsrechnung), a. a. O., S. 126 ff.

Bezeichnet man die Gewinnsteuerbelastung einer Planperiode t mit S_t, dann erfaßt man den Zahlungsstrom des (betrieblichen) Investitionsobjektes mit:

$$E_t - A_t - S_t$$

Dem zu beurteilenden Investitionsobjekt werden also Zahlungen nach **Abzug von Gewinnsteuern** zugerechnet.

Der Vorteilhaftigkeitsvergleich zwischen Realisieren und Unterlassen würde verzerrt, wenn die Nettoerträge der (betrieblichen) Investition mit den Bruttoerträgen der Alternativanlage am Kapitalmarkt verglichen würden. Die **Nettoerträge** der (betrieblichen) Investition müssen vielmehr an den **Nettokapitalkosten** gemessen werden. Als Kalkulationszinsfuß im Steuerfall i_S gilt deshalb:

$$i_s = i \cdot (1 - s)$$

Sowohl bei Eigen- wie bei Fremdfinanzierung sind die Nettozahlungsströme der (betrieblichen) Investition mit dem **Nettokalkulationszinsfuß** i_S zu diskontieren. Wenn im folgenden die Formel zur Ermittlung des Nettokapitalwerts K_S entwickelt wird, soll zunächst von der Existenz eines **Veräußerungserlöses L_n** der ausscheidenden Altanlage **abgesehen** werden.

Die am Periodenende fällige Gewinnsteuerzahlung S_t ist das Produkt aus der Steuerbemessungsgrundlage B_t und dem Gewinnsteuersatz s, also:

$$S_t = B_t \cdot s$$

Dabei wird die Gewinnsteuerbemessungsgrundlage B_t – anders als bei der Veranlagungssimulation – nicht nach dem real geltenden Steuerrecht ermittelt. Man unterstellt vielmehr, daß

$$B_t = E_t - A_t - AfA_t$$

Man geht also von der wirklichkeitsfernen Fiktion aus, daß die Gewinnsteuerbemessungsgrundlage dem Einzahlungsüberschuß abzüglich der steuerlichen Abschreibungen AfA_t entspricht. Die folgende Übersicht zeigt, wie sich der Kapitalwert vor Steuern K^{42} zum **Kapitalwert nach Steuern K_S** transformieren läßt.

$$K = \sum_{t=1}^{n} (E_t - A_t) \cdot (1 + i)^{-t} - A_0 \quad \text{(ohne Steuern)}$$

$$(1)\ K_s = \sum_{t=1}^{n} (E_t - A_t - S_t) \cdot (1 + i_s)^{-t} - A_0 \quad \text{(mit Steuern)}$$

$$(2)\ K_s = \sum_{t=1}^{n} (E_t - A_t - s \cdot B_t) \cdot (1 + i_s)^{-t} - A_0$$

$$(3)\ K_s = \sum_{t=1}^{n} [E_t - A_t - s \cdot (E_t - A_t - AfA_t)] \cdot (1 + i_s)^{-t} - A_0$$

Abb. 23: Kapitalwert nach Steuern (ohne Veräußerungserlös L_n)

---

42 Zur Entwicklung der Kapitalwertformel K vgl. S. 758

Die Gleichung in Zeile (3) zeigt die **gängige Formel** zur Berechnung des Kapitalwertes nach Steuern, wenn es keinen **Veräußerungserlös L_n** am Ende der Nutzungsdauer gibt.

Werden bei einer Sachinvestition planmäßige Periodenabschreibungen AfA_t in Ansatz gebracht, verringert sich der **Restbuchwert RBW_t** um die bis zum Zeitpunkt t vorgenommenen Periodenabschreibungen. Eine Anlage mit Anschaffungskosten von 1.000, die über fünf Jahre linear abgeschrieben wird, steht am Ende der vierten Periode mit $RBW_4 = 200$ zu Buche. Wird die Anlage in t_4 veräußert, erhält man den Veräußerungserlös L_4, der größer, gleich oder geringer ist als der Restbuchwert RBW_4.

Am Ende der Nutzungsdauer können bei Berücksichtigung des Veräußerungserlöses L_n folgende Fälle eintreten:

Annahme	Steuerwirkung	
$L_n = RBW_n$	erfolgsneutral	$\rightarrow$ keine Steuerwirkung
$L_n > RBW_n$	Veräußerungsgewinn	$\rightarrow$ Steuerbelastung in n steigt
$L_n < RBW_n$	Veräußerungsverlust	$\rightarrow$ Steuerbelastung in n sinkt

Abb. 24: Steuerwirkung im Veräußerungsfall

Es gilt also:

Veräußerungserfolg: $(L_n - RBW_n)$

Steuer auf Veräußerungserfolg: $s \cdot (L_n - RBW_n)$

Steuerbarwert: $s \cdot (L_n - RBW_n) \cdot (1 + i_s)^{-n}$

Nettobarwert: $[L_n - s \cdot (L_n - RBW_n)] \cdot (1 + i_s)^{-n}$

Unter Berücksichtigung des **Veräußerungserlöses L_n** läßt sich für den **Kapitalwert nach Steuern** schreiben:

$$K_s = \sum_{t=1}^{n} [E_t - A_t - s \cdot (E_t - A_t - AfA_t)] \cdot (1 + i_s)^{-t}$$
$$+ [L_n - s \cdot (L_n - RBW_n)] \cdot (1 + i_s)^{-n}$$
$$- A_0$$

Im zugehörigen Übungsbuch findet sich ein Anwendungsbeispiel zur Ermittlung des Kapitalwerts nach Steuern. (**ÜB 5/31–33**) Dabei wird das **Steuerparadoxon**[43], wonach der Nettokapitalwert mit steigendem Steuersatz steigt, erläutert.

Der hohe Abstraktionsgrad des **Standardmodells** mit Gewinnsteuern hat Vor- und Nachteile. Der **Vorteil** besteht darin, daß
– die Querbeziehungen zwischen der Besteuerung des zu beurteilenden Investitionsobjekts und der **Vergleichsalternative** (Verzinsung zum Kalkulationszinsfuß) **transparent** gemacht werden und daß

---

[43] Vgl. hierzu Schneider, D., Investition, Finanzierung und Besteuerung, a. a. O., S. 246 ff.

– der Einfluß unterschiedlicher **steuerlicher Abschreibungen** auf die Vorteilhaftigkeit der Investition mit einfachen Mitteln (vgl. die Aufgabe im zugehörigen Übungsbuch) errechnet werden kann. Der **Nachteil** der modellmäßigen Abstraktion ist die **Entfernung** vom **geltenden Ertragsteuerrecht.** Je höher die Gewinnsteuerbelastung und je gewichtiger das zu beurteilende Investitionsvorhaben, desto eher lohnt sich der hohe Planungsaufwand der Veranlagungssimulation. (**ÜB 5**/31–33)

e) Weiterentwicklung des Grundmodells der Investitionsrechnung

Das **Grundmodell** der Investitionsrechnung[44] wird wegen seiner realitätsfernen Vereinfachungen heftig kritisiert. Die wichtigsten Kritikpunkte sind:
(1) Es gibt **keinen vollkommenen Kapitalmarkt,** auf dem beliebige Beträge zum einheitlichen Zinsfuß geliehen bzw. angelegt werden können.
(2) Es ist **schwer,** in vielen Fällen unmöglich, einer zu beurteilenden Sachinvestition anteilige **Auszahlungen,** vor allem aber anteilige **Einzahlungen zuzuordnen.**
(3) Es gibt **keine vollkommene Voraussicht.** Investitionen sind mit Risiko behaftet.

Diese drei Kritikpunkte veranlaßten die einschlägige Literatur zur Weiterentwicklung der Investitionsrechnung. An dieser Stelle wollen wir uns mit den Konsequenzen aus den ersten beiden Kritikpunkten auseinandersetzen. Möglichkeiten zur Berücksichtigung des Risikos bei Investitionsentscheidungen – Kritikpunkt (3) – werden im nächsten Kapitel aufgegriffen. Entfällt die Annahme eines vollkommenen Kapitalmarkts – Kritikpunkt (1) –, ist der **Kalkulationszinsfuß kein Datum** mehr. Die Annäherung der Investitionsrechnung an die Realität hat ihren Preis: **Investitionsentscheidungen** können – anders als im Grundmodell – **nicht** mehr **isoliert** getroffen werden. Je niedriger die Finanzierungskosten i, desto höher wird c. p. das Investitionsvolumen. Je erfolgversprechender („rentabler") die Investitionsprojekte, desto höher wird c. p. das Fremdfinanzierungsvolumen, weil Investitionen mit hoher interner Verzinsung auch bei teurer Kreditaufnahme noch lohnenswert sind.

Dieser Interdependenz von Investitions- und Finanzierungsentscheidungen versucht das sogenannte Dean-Modell[45], das schon zu Beginn der fünfziger Jahre entwickelt wurde, auf einfachste Weise Rechnung zu tragen. Das Dean-Modell basiert auf folgender Erfahrung: Die in ein Investitionsprogramm aufzunehmenden einzelnen Investitionsobjekte haben eine unterschiedliche **interne Verzinsung.** Die verschiedenen Finanzierungsalternativen sind mit unterschiedlichen **Finanzierungskosten** verbunden. Dean sortiert die Investitions- und Finanzierungsalternativen nach ihrer Vorziehenswürdigkeit: Investitionsobjekte nach abnehmendem internen Zinsfuß r und Finanzierungsalternativen nach zunehmenden Finanzierungskosten i.

---

[44] Vgl. S. 757 ff.
[45] Zum Dean-Modell vgl. Hax, H., Investitionstheorie, 5. Aufl., Würzburg 1985, S. 62 ff.

Investitions- alternativen I	Investitions- betrag A_0	interner Zinsfuß r
1	100	0,18
2	200	0,15
3	100	0,12
4	300	0,10
5	200	0,06

Finanzierungs- alternativen F	Kredit- volumen	Finanzierungs- kosten i
1	600	0,06
2	400	0,08
3	300	0,12

Abb. 25: Investitions- und Finanzierungsalternativen

In den Investitionsalternativen (Finanzierungsalternativen) manifestiert sich die Kapitalnachfrage (das Kapitalangebot). Graphisch läßt sich dieser Zusammenhang folgendermaßen darstellen:

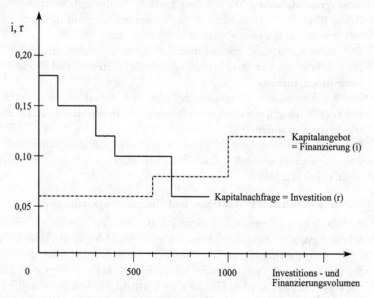

Abb. 26: Kapitalangebot und -nachfrage im Dean-Modell

Das vierte Investitionsobjekt kann noch realisiert werden, weil seine interne Verzinsung (10 Prozent) über den zugehörigen Finanzierungskosten (6 Prozent bzw. 8 Prozent) liegt. Die Realisierung des fünften Investitionsprojektes führt zu einem negativen Grenzgewinn, weil die Finanzierungskosten die interne Verzinsung übersteigen.

Das Dean-Modell hat große **Vorteile:**
- Es berücksichtigt die **Kapitalmarktrealität** weitaus besser als das Grundmodell, weil es ohne die wirklichkeitsfremde Vorgabe eines (einheitlichen) Kalkulationszinsfußes auskommt.
- Anders als die nachfolgend beschriebenen simultanen Planungsmodelle ist es **rechentechnisch leicht** zu handhaben. Diese Planungsbequemlichkeit hat ihren Preis. Die **Kritik** an diesem Modell konzentriert sich auf zwei Punkte:
- Unternehmerische Tätigkeit setzt permanente Zahlungsbereitschaft[46] voraus. Als statisches Modell beschränkt sich das Dean-Modell auf eine Zeitpunktbetrachtung und **vernachlässigt** mögliche **Auszahlungsüberschüsse** im Zeitverlauf.
- Die Annahme, daß **Kapitalrückflüsse** aus den geplanten Investitionen zu deren **internem Zinsfuß** angelegt werden können, ist in der Regel **unrealistisch.**

Das Dean-Modell kann keine exakte, sondern nur eine näherungsweise Antwort auf die Frage nach der Vorteilhaftigkeit einer Investition bzw. eines Investitionsprogramms geben. Als **heuristisches Planungsverfahren** führt es nicht zu optimalen, wohl aber zu **guten** oder **befriedigenden Planungsergebnissen.**

Diesen methodischen Nachteil wollen die **exakten Verfahren** der **Investitionsprogrammplanung,** die seit dem Ende der fünfziger Jahre entwickelt wurden, beseitigen. Dabei läßt sich ein Zusammenhang mit den eingangs erwähnten Kritikpunkten am Grundmodell erkennen:
- Die Nichtexistenz eines einheitlichen Kalkulationszinsfußes – Kritikpunkt (1) – führte zur simultanen Planung von **Investitions- und Finanzierungsprogrammen.**
- Die Zurechnungsschwierigkeiten bei Ein- und Auszahlungen – Kritikpunkt (2) – führten zur simultanen Planung von **Produktions- und Investitionsprogrammen.**

Diese beiden Entwicklungsrichtungen simultaner Programmplanung können in einem einführenden Lehrbuch[47] zur Betriebswirtschaftslehre nur kurz charakterisiert werden.

(1) **Ansätze simultaner Investitions- und Finanzierungsplanung**

Stehen nicht genügend Finanzmittel zur Realisierung aller als vorteilhaft erachteten Investitionsmöglichkeiten zur Verfügung oder unterscheiden sich die Finanzierungsalternativen hinsichtlich der Fristigkeit und der Kapitalkosten, müssen die Restriktionen des Finanzbereichs bei der Investitionsplanung berücksichtigt werden. Hierfür eignen sich die Modelle der simultanen Investitions- und Finanzierungsplanung. Mit ihrer Hilfe können die Investi-

---

[46] Wer die Zahlungsfähigkeit verliert, muß Konkurs anmelden. Vgl. S. 801
[47] Der an Einzelheiten interessierte Leser wird auf folgende Quellen verwiesen: Blohm/Lüder, a. a. O., München 1995, S. 296 ff. sowie Kruschwitz, L., a. a. O., (Investitionsrechnung) S. 176 ff.

tions- und Finanzierungsprojekte ermittelt werden, deren Kombination dem Betrieb den **höchsten Gewinn** versprechen. Die Ergebnisse der Produktions- sowie der Absatzplanung werden dabei als Datum vorausgesetzt. Zur simultanen Investitions- und Finanzierungsplanung sind verschiedene Ansätze entwickelt worden. Allen Modellen ist gemeinsam, daß sie das Optimierungsproblem mit Hilfe der **linearen Programmierung**[48] zu lösen versuchen. Dabei soll eine Zielfunktion unter Beachtung restriktiver Nebenbedingungen maximiert werden. Die **Zielfunktion** beschreibt die Zahlungsströme der Investitions- und Finanzierungsalternativen, die **Nebenbedingungen** umfassen die Liquiditäts- und Projektmengenrestriktionen. Der Unterschied zwischen den einzelnen Ansätzen liegt im verwendeten Zielkriterium. Als Zielkriterium wird entweder das Endvermögen[49] oder der Kapitalwert[50] der Programme benutzt. Die Endvermögensmodelle sind den Kapitalwertmodellen allerdings methodisch überlegen. Durch die explizite Berücksichtigung der spezifischen Zahlungsreihen der Investitions- und Finanzierungsalternativen in allen Planungsperioden entfällt bei ihnen die Notwendigkeit der einschränkenden Annahmen der Wiederanlageprämisse. Die Einzahlungsüberschüsse der Investitionen werden innerhalb des Planungszeitraums nicht pauschal zum Kalkulationszinsfuß angelegt, sondern schon im Modell der besten Verwendung zugeführt.[51]

Dem ermittelten Optimaltableau der Endwertmodelle ist nicht nur die beste Kombination von Investitions- und Finanzierungsalternativen zu entnehmen. Es liefert auch, als **Nebenprodukt,** die **endogenen Kalkulationszinsfüße** der einzelnen Perioden. Sie lassen sich aus den Dualwerten der Liquiditätsbedingungen ableiten. Wären diese Werte nicht erst nach der Ermittlung des optimalen Ergebnisses bekannt, könnte die Programmplanung auch mit Hilfe des Kapitalwertkriteriums sukzessiv gelöst werden. Zinst man die Zahlungsreihen aller nicht in das Optimalprogramm aufgenommenen Investitionsprojekte mit den aus dem Optimaltableau abgeleiteten endogenen Kalkulationszinsfüßen ab, so sind die Kapitalwerte dieser Projekte negativ. Die Kapitalwerte aller im Optimalprogramm enthaltenen Alternativen sind nicht negativ.

(2) Ansätze simultaner Investitions- und Produktionsplanung

Ein Nachteil aller Modelle der simultanen Investitions- und Finanzierungsplanung ist, daß den Investitionsalternativen jeweils genaue Zahlungs-

---

[48] Vgl. zum Verfahren der linearen Programmierung Müller-Merbach, H., Operations-Research, 3. Aufl., München 1973, S. 88 ff. sowie Domschke/Drexl, Einführung in Operations Research, 3. Aufl., Berlin u. a. 1995, S. 11 ff.
[49] Vgl. Hax, H., Investitions- und Finanzplanung mit Hilfe der linearen Programmierung, ZfbF 1964, S. 430 ff., Weingartner, H., Mathematical Programming and the Analysis of Capital Budgeting Problems, 2nd printing, Englewood Cliffs, N. J. 1964
[50] Vgl. Albach, H., Investition und Liquidität – Die Planung des optimalen Investitionsbudgets, Wiesbaden 1962
[51] Auch bei den Endvermögensmodellen kann nicht auf eine Abzinsung mit einem geschätzten Kalkulationszinsfuß verzichtet werden. Um die nach dem Planungsende liegenden Zahlungen zu berücksichtigen, werden diese mit dem Kalkulationszinsfuß auf das Planungsende abgezinst.

reihen zugeordnet werden müssen. Dies ist insbesondere bei Mehrprodukt-unternehmen und bei mehrstufigen Produktionsprozessen aufgrund der starken Interdependenzen in der Regel nicht möglich. Dieser Nachteil kann durch die Verwendung simultaner Investitions- und Produktionsplanungs-modelle[52] umgangen werden. Auch diese Modelle basieren auf der **linearen Programmierung**. Ziel ist es, das optimale Investitions- und Produktionsprogramm zu ermitteln. Bei diesen Modellen werden in der **Zielfunktion** nur die Auszahlungen A_0 bei der Anschaffung und die Veräußerungserlöse L_n den Investitionsobjekten direkt zugeordnet. Die Erfassung aller anderen Zahlungen erfolgt produkt-bezogen über die Stückdeckungsbeiträge (Umsatzerlöse abzüglich variable Stückkosten). Die Zuordnung der Zahlungen auf die Investitionsobjekte wird somit auf die exakt verrechenbaren Zahlungen beschränkt. Dies erhöht die Realitätsnähe des Modells. Die **Nebenbedingungen** umfassen die Liqui-ditätsbedingungen, die Produktionsbedingungen und Absatzhöchstmengen.

Die Ansätze der simultanen Investitions- und Produktionsplanung unter-liegen insbesondere der folgenden **Kritik:** Zum einen finden Interdependen-zen der beiden Bereiche zum Finanzbereich keine Berücksichtigung. Die **Finanzplanung** wird als **Datum** vorausgesetzt. Es bleibt offen, zu welchem Zins Kapitalrückflüsse angelegt werden können. Ebenso wird die **Absatz-planung** als **Datum** angesehen. Die zum Absatzbereich bestehenden Inter-pendenzen bleiben somit unberücksichtigt.

Obwohl auch die Modelle zur simultanen Investitionsprogrammplanung die Realität mit ihren Entscheidungsinterdependenzen nur unzureichend ab-bilden, sind sie mit **hohem Rechenaufwand** verbunden. Die simultanen Planungsmodelle haben sich in der **Praxis** der Investitionsplanung **nicht durchsetzen** können: Zu gering ist der Nutzen aus der größeren Planungsge-nauigkeit gemessen an den zusätzlichen Planungskosten. Ungeachtet dieser praktischen Vorbehalte haben diese Modelle die Investitionsplanung positiv beeinflußt: Sie haben die Notwendigkeit zur Berücksichtigung der Pla-nungszusammenhänge zwischen den betrieblichen Funktionsbereichen Pro-duktion, Absatz, Investition und Finanzierung aufgezeigt. Als **Erklärungs-modelle** sind sie von hohem didaktischen Wert.

Die Praxis der Investitionsplanung wird sich bei Abwägung von Pla-nungsnutzen und Planungskosten auch weiterhin auf **heuristische Nähe-rungslösungen** konzentrieren. Hierbei wird sie – auf absehbare Zeit – das Konzept **sukzessiver Planung** weiterverfolgen. Dabei wird man sich bemü-hen, die Interdependenzen durch schrittweisen **Abgleich** der **Teilpläne** weit-gehend zu berücksichtigen. (ÜB 5/36 und 50)

---

[52] Vgl. zu diesen Modellen z. B. Albach, H., Investitionsentscheidungen in Mehrpro-duktunternehmen, in: Betriebsführung und Operations Research, hrsg. von Angermann, A., Frankfurt 1963, S. 24 ff.; Förstner/Henn, Dynamische Produktionstheorie und lineare Programmierung, Meisenheim a. Glan 1957; Jacobs, H., Neuere Entwicklungen in der Investitionsrechnung, ZfB 1964, S. 487 ff. und S. 551 ff.; Swoboda, P., Die simultane Pla-nung von Rationalisierungs- und Erweiterungsinvestitionen und von Produktionsprogram-men, ZfB 1965, S. 148 ff.

5. Investitionsrechnung bei unsicheren Erwartungen

Investitionsrechnungen erfassen die erwarteten finanziellen Konsequenzen einer anstehenden Investitionsentscheidung. Zur informatorischen Unterstützung dieser Entscheidung werden im Rahmen der Investitionsrechnung Inputgrößen zu einer Ergebnisgröße verdichtet, die als Entscheidungskriterium dient. Bei der Kapitalwertmethode[53] gelten Einzahlungen E_t, Auszahlungen A_t, Nutzungsdauer n und Kalkulationszinsfuß i als **Inputgrößen**, der Kapitalwert seinerseits repräsentiert die **Ergebnisgröße**.

Die bisher dargestellten Verfahren der Investitionsrechnung[54] waren deterministische Modellrechnungen: die finanziellen Konsequenzen einer Investitionsentscheidung – also die Inputgrößen – galten als bekannt und sicher. Folglich konnte auch die Ergebnisgröße nur einen einzigen – sicheren – Wert annehmen. Der Ergebniswert, also beispielsweise ein Kapitalwert, der entweder positiv oder negativ war, erlaubte eine eindeutige Aussage über die Vorteilhaftigkeit der Investition.

Die **Investitionswirklichkeit** sieht anders aus. Die Inputgrößen (E_t, A_t, n und i) können nicht mit Sicherheit prognostiziert werden. So sind beispielsweise die künftigen Einzahlungen von der konjunkturellen Entwicklung, die künftigen Auszahlungen von der Entwicklung der Lohnkosten bzw. der Rohstoffpreise auf dem Weltmarkt abhängig. Für die Zukunft sind also **verschiedene Umweltzustände** denkbar, die die Inputgrößen in vielfacher Weise beeinflussen:

Umweltzustand	Inputgrößen	Ergebnisgröße
U_1	E_t A_t n i	
U_2		K_1
	E_t A_t n i	
		K_2

Abb. 27: Abhängigkeit der Ergebnisgröße von Inputgrößen und Umweltzustand

Aus jedem Umweltzustand resultiert eine bestimmte Wertkonstellation für die Inputgrößen. Je größer die Zahl alternativer Umweltzustände $U_{1,2,\dots u}$, desto größer die Bandbreite möglicher Kapitalwerte $K_{1,2,\dots u}$. Bei dem in Abb. 27 dargestellten Fall resultieren die beiden Kapitalwerte K_1 und K_2 aus der Inputgrößenkonstellation der Umweltzustände U_1 und U_2. Die

---

[53] Die folgenden Ausführungen beziehen sich vorzugsweise auf dieses Verfahren der Investitionsrechnung.
[54] Vgl. S. 748 ff.

Kapitalwerte K_1 und K_2 können verschieden sein, können aber auch gleich hoch sein. Eine Betragsgleichheit kann sich aus kompensatorischen Effekten bei den Inputgrößen ergeben. Wie ist das zu erklären? Markiert beispielsweise U_2 im Vergleich zu U_1 eine schlechtere Konjunkturlage, kann dies mit einem Rückgang der Einzahlungen E_t auf der einen Seite (der Kapitalwert würde c. p. sinken) und einem Rückgang der Auszahlungen A_t sowie einem sinken des Kalkulationszinsfußes i auf der anderen Seite (der Kapitalwert würde c. p. steigen) verbunden sein.

Andererseits kann es vorkommen, daß aus U_1 ein positiver Kapitalwert K_1, aus U_2 ein negativer Kapitalwert K_2 resultiert. Aus der Ungewißheit über den künftigen Umweltzustand ergibt sich dann das **Investitionsrisiko**. Die Unsicherheit über das Eintreten künftiger Umweltzustände führt zu **mehrwertigen Investitionsergebnissen**. Man spricht von **stochastischen Investitionsmodellen**. Mit diesem Modelltyp beschäftigen sich die folgenden Ausführungen. Dabei wird gezeigt, wie

– Korrekturverfahren,
– Sensitivitätsanalysen,
– Risikoanalysen,
– Entscheidungsbaumverfahren und
– Portfoliotheoretische Ansätze

der Problematik des Investitionsrisikos begegnen. Bei dieser Gelegenheit wird man an eine alte Erfahrung erinnert: Einfache Planungsrechnungen sind zwar billig, aber ungenau. Anspruchsvolle Planungsrechnungen sind zwar genauer, dafür aber teurer.

a) Korrekturverfahren

Bei den Korrekturverfahren handelt es sich um einfache Faustregeln zur Bewältigung des Investitionsrisikos. Für jede der oben genannten Inputgrößen E_t, A_t, n und i wird zunächst ein Wert geschätzt. Der ursprüngliche Schätzwert wird dann nach dem Prinzip der Vorsicht mit einem Zuschlag bzw. Abschlag versehen.

geschätzte Inputgröße	Sicherheitskorrektur	korrigierte Inputgröße
E_t	wird verringert	$E_t^\star$
A_t	wird erhöht	$A_t^\star$
n	wird verkürzt	$n^\star$
i	wird erhöht	$i^\star$

Abb. 28: Zu- und Abschläge beim Korrekturverfahren

Alle Korrekturen laufen in eine Richtung: sie **dezimieren** den **Kapitalwert**. Dabei bemüht man sich, die Zu- und Abschläge so zu bemessen, daß man im Rahmen der Investitionsrechnung mit einwertigen, sicheren Inputdaten rechnen kann, ohne sich dem Risiko einer Fehlinvestition auszusetzen.

Zu diesem Zweck kann man eine, mehrere oder alle Inputgrößen korrigieren. Wichtig ist nur, daß die Korrekturen so bemessen werden, daß der errechnete Kapitalwert auch unter ungünstigsten Umweltbedingungen mindestens erwirtschaftet werden kann. Je größer die Sicherheitsabschläge, desto sicherer erreicht man dieses Ziel.

Dieses **heuristische Planungsverfahren** ist einfach und kostengünstig, weist aber erhebliche **Mängel** auf:
- Pauschale Schätzung des Risikos ohne Ursachenanalyse;
- Gefahr der Doppelerfassung von Risiken (z. B. Kürzung von E_t und Erhöhung von i);
- Beim verengten Blick auf die ungünstigste Zukunftsentwicklung werden unter Umständen lukrative Investitionsalternativen „totgerechnet".

Der Anwendungsbereich der Korrekturverfahren beschränkt sich auf kleinere Investitionsvorhaben, bei denen sich ein höherer Planungsaufwand nicht lohnt.

b) Sensitivitätsanalysen

Die Sensitivitätsanalyse setzt dort an, wo die deterministischen Verfahren der Investitionsrechnung enden. Sie stellt somit eine Ergänzung dieser Verfahren dar. Die Sensitivitätsanalyse beruht auf der Annahme, daß die Werte der **Inputgrößen** um einen (unter der Annahme von Sicherheit) geschätzten Wert **schwanken** können. Ausgehend von diesem ersten Schätzwert der Inputgrößen sollen durch systematische Variation der Werte zwei Fragen beantwortet werden:

(1) Welche Inputgrößen beeinflussen die Höhe der Ergebnisgröße besonders stark?

(2) Innerhalb welcher Grenzen können die Werte der Inputgrößen schwanken, ohne daß eine zuvor getroffene Vorteilhaftigkeitsentscheidung geändert werden muß? Hierbei werden die Werte der Inputgrößen als kritische Werte[55] bezeichnet, bei denen sich die Vorteilhaftigkeit ändert, also z. B. das Vorzeichen des Kapitalwerts wechselt oder sich die Rangfolge der Investitionsalternativen ändert.

Bei der ersten Fragestellung der Sensitivitätsanalyse werden die Werte einzelner oder mehrerer[56] Inputgrößen variiert. Sollte sich herausstellen, daß die Ergebnisgröße bei Variation der Werte der Inputgrößen nur sehr **geringen Schwankungen** unterliegt, kann im konkreten Einzelfall die **Unsicherheit** bei der Investitionsrechnung **vernachlässigt** werden. Sind die Schwankungen dagegen relativ groß, gibt die Sensitivitätsanalyse gute Anhaltspunkte darüber, welche Inputgrößen vorrangig für die instabile Vorteilhaftigkeitskennziffer (z. B. Kapitalwert) verantwortlich sind. Durch eine weitere

---

[55] Vgl. Kilger, W., Kritische Werte in der Investitions- und Wirtschaftlichkeitsrechnung, ZfB 1965, S. 338 ff.

[56] Die weiteren Ausführungen beziehen sich der Einfachheit halber ausschließlich auf die Variation der Werte einer einzelnen Inputgröße. Die gleichzeitige Variation mehrerer Inputgrößen stellt aber methodisch keinen Unterschied dar. Vgl. zur multiplen Sensitivitätsanalyse z. B. Kruschwitz, L., (Investitionsrechnung), a. a. O., S. 275 ff.

Analyse der die Höhe der Inputgrößen bestimmenden Einflußfaktoren kann der Investor die Risikostruktur besser erkennen. Diese Kenntnis verhilft ihm unter Umständen zur – partiellen – Beherrschung der Unsicherheit.

Mit der zweiten Fragestellung soll untersucht werden, wie stabil eine Entscheidung gegenüber Änderungen der Unternehmensumwelt ist. Der interne Zinsfuß[57] stellt beispielsweise den **kritischen Wert** für die Inputgröße „Kalkulationszins" einer Investitionseinzelentscheidung dar. Solange der Kalkulationszinsfuß i unter dem internen Zinsfuß liegt, ist der Kapitalwert einer Investition c. p. positiv. Übersteigt er dagegen den internen Zinsfuß, wird der Kapitalwert c. p. negativ. Nehmen wir an, das Investitionsobjekt I lasse eine interne Verzinsung von 20% erwarten. Der Investor rechnet für den „Normalfall" mit Kapitalkosten von 10%. Er erwartet, daß die Kapitalkosten im günstigsten (ungünstigsten) Fall auf 7% fallen (13% steigen) können. Unter diesen Bedingungen wird er den Einfluß von Zinsänderungen auf die Vorteilhaftigkeit der Investition als gering einschätzen. Auch bei Änderung der Umweltdaten wird die Investitionsalternative vorteilhaft bleiben.

Die Sensitivitätsanalyse stellt keine Entscheidungsregel dar. Sie liefert keinen Hinweis darauf, welche Investitionsalternative zu wählen ist. Mit ihr kann aber der Einfluß der Unsicherheit über die zukünftige Umweltsituation auf die anstehende Investitionsentscheidung ausgelotet werden. Insofern liefert sie einen guten Beitrag zur Bewältigung des Investitionsrisikos. (**ÜB 5/34**)

c) Risikoanalyse

Während bei der Sensitivitätsanalyse das Augenmerk auf den Inputfaktoren lag, untersucht die Risikoanalyse die Risikostruktur der Ergebnisgröße. Mit Hilfe der Risikoanalyse soll durch kombinierte Variation der Inputgrößen eine **Wahrscheinlichkeitsverteilung** der **Ergebnisgröße** ermittelt werden. Hierzu stehen drei Lösungsansätze zur Verfügung:

(1) Vollenumeration
(2) Analytische Verfahren
(3) Simulation

Die folgende Beschreibung der Risikoanalyse beschränkt sich aus Gründen der didaktischen Vereinfachung auf das Verfahren der Vollenumeration, da das praktische Anwendungsfeld der analytischen Verfahren wegen ihrer zum Teil recht restriktiven Annahmen sehr beschränkt ist und die Simulation keinen großen methodischen Unterschied zur Vollenumeration aufweist.[58]

Die Vorgehensweise der **Vollenumeration** wird im folgenden am Beispiel einer einfachen Kapitalwertermittlung beschrieben. Der Kapitalwert soll nach der bekannten Formel[59] aus den Inputgrößen Einzahlungen E_t, Auszahlungen A_t, Nutzungsdauer n und Kalkulationszinsfuß i berechnet werden. Zur weiteren Vereinfachung sei unterstellt, daß die Werte der Inputgrößen

---

[57] Vgl. S. 762ff.
[58] Vgl. zu Einzelheiten der beiden Verfahren z.B. Franke/Hax, Finanzwirtschaft des Unternehmens und Kapitalmarkt, 3. Aufl., Berlin, Heidelberg 1994, S. 254ff.
[59] Vgl. S. 758

von sechs denkbaren zukünftigen Entwicklungen der Unternehmensumwelt U abhängen und daß der Investor in der Lage sei, Eintrittswahrscheinlichkeiten w für die jeweiligen Umweltzustände anzugeben. Errechnet man für alle denkbaren Umweltzustände den Kapitalwert, erhält man eine Wahrscheinlichkeitsverteilung, d. h. eine Aussage darüber, mit welcher Wahrscheinlichkeit ein bestimmter Kapitalwert zu erwarten ist.

Für eine Investitionsalternative kann die Wahrscheinlichkeitsverteilung des Kapitalwerts beispielweise folgendes Aussehen haben:

Umweltzustand	U_1	U_2	U_3	U_4	U_5	U_6
relative Eintrittswahrscheinlichkeit w	0,10	0,15	0,25	0,25	0,20	0,05
erwarteter Kapitalwert	−100	−25	0	+150	+200	+300

Abb. 29: Beispiel einer Wahrscheinlichkeitsverteilung des Kapitalwertes

Aus der Wahrscheinlichkeitsverteilung läßt sich das Risikoprofil der Investitionsalternative ableiten.[60] Aus dem Risikoprofil kann abgelesen werden, mit welcher Wahrscheinlichkeit mindestens ein bestimmter Kapitalwert erzielt wird.

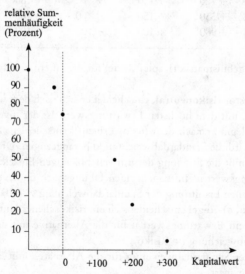

Abb. 30: Beispiel eines diskreten Risikoprofils

Der Abb. 30 ist zu entnehmen, daß bei der betrachteten Investitionsalternative mit einer Wahrscheinlichkeit von 75% ein nicht negativer Kapitalwert erwartet werden kann. Der Wahrscheinlichkeitswert von 75% ergibt sich

---

[60] Vgl. z. B. Perridon/Steiner, Finanzwirtschaft der Unternehmung, 8. Aufl., München 1995, S. 120 f.

dabei aus der Summe der Eintrittswahrscheinlichkeit der vier Kapitalwerte in Abb. 29, die kein negatives Vorzeichen haben. Zwar sind die meisten Kapitalwerte der Ergebnisverteilung der betrachteten Investitionsalternative positiv, doch besteht die Gefahr, daß bei Eintritt der Umweltzustände U_1 und U_2 kein positiver Kapitalwert erzielt werden kann. Die Eintrittswahrscheinlichkeit für ein negatives Ergebnis beträgt 25% (10 + 15). Die Aussicht, mit 25% Wahrscheinlichkeit im negativen Bereich zu landen, mag für den risikofreudigen (risikoscheuen) Unternehmer kein Investitionshindernis (Grund zur Ablehnung der Investition) sein. In jedem Fall leistet das Risikoprofil mit seinem Bezug zur subjektiven Risikoneigung eine wertvolle Entscheidungshilfe.

Das folgende Beispiel geht davon aus, daß ein Unternehmer über drei sich gegenseitig ausschließende Sachinvestitionen A, B und C zu entscheiden hat. Die Höhe des erwarteten Kapitalwerts ist davon abhängig, welcher von vier möglichen Umweltzuständen U_1 bis U_4 eintritt. Die zugehörigen Eintrittswahrscheinlichkeiten w_1 bis w_4 sind bekannt und betragen jeweils 25%:

w	U_1 0,25	U_2 0,25	U_3 0,25	U_4 0,25	Erwartungswert μ
A	+ 120	+ 110	+ 90	+ 80	+ 100
B	+ 350	+ 150	0	− 100	+ 100
C	+ 900	+ 100	− 100	− 400	+ 125

Abb. 31: Ergebnismatrix (Kapitalwerte) für drei alternative Investitionen

Ist der Investor **risikoneutral**, entscheidet er sich nach dem μ-Prinzip[61] für das Projekt C mit dem höchsten Erwartungswert. Ist der Investor dagegen **risikoscheu**, kann er nach dem (μ, σ)-Prinzip[62] entscheiden: Zur Messung des Risikos wird die Standardabweichung σ herangezogen. Die Standardabweichung σ mißt die Streuung der umweltabhängigen Einzelergebnisse um den Erwartungswert μ. Im zugehörigen Übungsbuch finden sich Beispiele zur rechnerischen Ermittlung der Standardabweichung σ. (**ÜB 5/36**)

Nach der **(μ, σ)-Regel** entscheidet sich ein risikoscheuer Unternehmer
(a) bei gleichem Erwartungswert μ für die Alternative mit der geringeren Standardabweichung (= Risiko);
(b) bei gleicher Standardabweichung für die Alternative mit dem höchsten Erwartungswert.

Im Beispiel der Abb. 31 ist $\sigma_A < \sigma_B < \sigma_C$. Nach der (μ, σ)-Regel (a) gibt der Investor der Investition A den Vorzug vor B. Damit scheidet B aus der Betrachtung aus. Vergleicht der Investor jetzt die Investitionen

---

[61] Vgl. S. 163
[62] Bamberg/Coenenberg, Betriebswirtschaftliche Entscheidungslehre, 8. Aufl., München 1994, S. 88 ff.

A, niedriger Erwartungswert, geringes Risiko und
B, hoher Erwartungswert, hohes Risiko,

hilft die (μ, σ)-Regel nicht weiter. Eine theoretische Lösungsmöglichkeit bietet das **Bernoulli-Prinzip**,[63] was allerdings die Quantifizierung der subjektiven Risikoneigung in Form einer Risikopräferenzfunktion voraussetzt. Die Risikoanalyse wird überwiegend positiv beurteilt und ist auch in der Praxis, insbesondere zur Beurteilung von Großprojekten, beliebt.[64] Die vorgebrachte Kritik richtet sich hauptsächlich auf die Ermittlung der Werte der Inputgrößen und ihrer Eintrittswahrscheinlichkeiten. Da es sich bei ihnen um Schätzdaten handelt, sind sie stets subjektiv geprägt und nur schwer objektiv überprüfbar. Dieses Problem läßt sich aber bei einem zukunftsorientierten Verfahren kaum umgehen. (ÜB 5/36 und 92)

d) Entscheidungsbaumverfahren

Das Entscheidungsbaumverfahren läßt sich am besten an einem Beispiel erklären, wobei ein Entscheidungsbaum mit sehr einfacher Grundstruktur ausgewählt wurde:

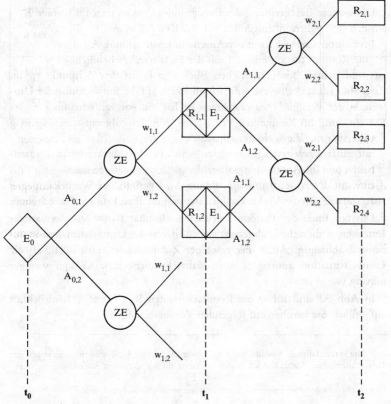

Abb. 32: Teilstruktur eines Entscheidungsbaums

---

[63] Bamberg/Coenenberg, a. a. O., S. 74 ff.
[64] Vgl. Blohm/Lüder, a. a. O., S. 279 f.

In t_0 ist die **Investitionsentscheidung E_0** zu treffen. Entscheidet man sich für die Investitionsvariante 1, hat man mit der Anschaffungsauszahlung $A_{0,\,1}$, im Fall der Investitionsvariante 2 mit der Anschaffungsauszahlung $A_{0,\,2}$ zu rechnen. Aus Gründen der didaktischen Vereinfachung wird im folgenden nur die Entscheidungskette betrachtet, die sich dem Investor eröffnet, wenn in t_0 die Variante 1 gewählt wird.

Der Anschaffungsauszahlung $A_{0,\,1}$ steht in t_1 ein **Investitionsresultat R_1** gegenüber. Als Investitionsresultat wird hier der in t_1 erwartete Einzahlungsüberschuß (als Barwert abgezinst auf t_0) betrachtet. Das in t_1 erzielbare Resultat R_1 ist davon abhängig, wie sich die Unternehmensumwelt in der Periode 1 entwickelt. Der **Zufallsereignisknoten ZE** stellt die Weiche in zwei mögliche Umweltzustände. In unserem Beispiel kann sich die Konjunktur und damit die Produktnachfrage in Periode 1 gut entwickeln. Dann wird das günstige Resultat $R_{1,\,1}$ erwartet. Entwickeln sich Konjunktur und Absatzzahlen dagegen ungünstig, wird ein schlechteres Resultat $R_{1,\,2}$ erwartet. Die geschätzten **Eintrittswahrscheinlichkeiten** für die gute (schlechte) Konjunktur in Periode 1 wird mit $w_{1,\,1}$ ($w_{1,\,2}$) bezeichnet.

Die weitere Beschreibung des Entscheidungsbaums setzt im Knoten $R_{1,\,1}$ an, d. h. wir gehen im folgenden von der Konstellation
- Investitionsvariante 1 mit der Anschaffungsauszahlung $A_{0,\,1}$,
- gute Konjunktur in Periode 1 mit der Eintrittwahrscheinlichkeit $w_{1,\,1}$

aus und richten den planerischen Blick von t_0 auf den Zeitpunkt t_1. Im Zeitpunkt t_1 hat der Investor die Möglichkeit, auf die Entwicklung der Umwelt in der Periode 1 zu reagieren. Er hat die Folgeentscheidung E_1 (= Entscheidung im Zeitpunkt t_1) zu treffen. Mit der Folgeentscheidung mag der Investor vor die Wahl gestellt sein, in t_1
- mit einer Erweiterungsinvestition seine Produktionskapazitäten auszubauen und die Anschaffungsauszahlung[65] $A_{1,\,1}$ zu tätigen oder
- eine mit der Anschaffungsauszahlung $A_{1,\,2}$ verbundene Werbekampagne zu starten, um die Verkaufszahlen der hergestellten Produkte zu erhöhen.

Das am Ende der Periode 2 erwartete Resultat R_2 (= in t_2 erwarteter Einzahlungsüberschuß, abgezinst auf t_0) ist von der Umweltsituation in Periode 2 abhängig. Auch hier zeigt der Zufallsereignisknoten ZE, ob die Umweltsituation günstig (Eintrittswahrscheinlichkeit $w_{2,\,1}$) oder weniger günstig ($w_{2,\,2}$) ist.

In Abb. 32 sind für t_2 die Resultatvarianten $R_{2,\,1}$ bis $R_{2,\,4}$ ausdrücklich aufgeführt. Sie beruhen auf folgenden Voraussetzungen:

---

[65] Die in t_1 anfallende Anschaffungsauszahlung ($A_{1,\,1}$ bzw. $A_{1,\,2}$) wird mit dem jeweiligen Betrag angegeben. Dabei handelt es sich um einen auf t_0 abgezinsten Auszahlungsbarwert.

Folgeinvestition in t_1	Umwelt Periode 2	Resultat t_2
Erweiterungsinvestition	günstig	$R_{2,\,1}$
Erweiterungsinvestition	ungünstig	$R_{2,\,2}$
Werbekampagne	günstig	$R_{2,\,3}$
Werbekampagne	ungünstig	$R_{2,\,4}$

Abb. 33: Ergebnistableau (Ausschnitt)

Es wird deutlich, daß sich schon bei Wahl der Handlungsalternative 1 und bei Eintritt der günstigen Umweltsituation in Periode 1 in t_2 vier Resultatvarianten ergeben. Unterstellt man, daß
– in t_0 bzw. t_1 jeweils zwei Handlungsalternativen und
– in Periode 1 bzw. 2 ein Zufallsereignisknoten mit jeweils zwei möglichen Umweltzuständen
existieren, erhält man in t_2 schon 16 Resultatvarianten.

Jeder **Pfad** durch den **Entscheidungsbaum**, d. h. jeder Weg vom Entscheidungsknoten E_0 bis zu den Resultatvarianten der letzten Periode, entspricht einer möglichen vollständigen Entscheidungsfolge. Jede dieser Entscheidungsfolgen umfaßt die ursprüngliche Investition in t_0 und alle zustandsabhängigen Folgeentscheidungen. Es gilt nun, im Planungszeitpunkt t_0 die Entscheidungsfolge zu finden, die dem Investor den höchsten Zielbeitrag verspricht.

Mit Hilfe des **Roll–Back–Verfahrens** kann das Entscheidungsproblem gelöst werden. Ausgehend von den Resultaten der letzten Periode ist für jeden Entscheidungsknoten der letzten Periode der Zielbeitrag aller Handlungsalternativen zu ermitteln. Als Entscheidungskriterium kann z. B. der **Erwartungswert des Kapitalwerts** dienen. Im obigen Beispiel wäre dann der ersten Handlungsalternative des Knotens $R_{1,\,1}/E_1$ (= Erweiterungsinvestition) das gewogene Mittel der Resultate $R_{2,\,1}$ und $R_{2,\,2}$ zuzuordnen. Als Gewichtungsfaktoren dienen dabei die Eintrittswahrscheinlichkeiten der Umweltzustände $w_{2,\,1}$ und $w_{2,\,2}$. Bei der weiteren Betrachtung wird für jeden Entscheidungsknoten nur noch die Alternative, die den höchsten Zielbeitrag verspricht, berücksichtigt. Die schlechteren Alternativen eines Entscheidungsknotens fallen aus der Betrachtung heraus.

Nachdem für jeden Entscheidungsknoten der letzten Periode die optimale Folgeentscheidung gefunden wurde, sind die Alternativen der Vorperiode – im Beispiel die Alternativen der Periode 1 (Entscheidungsknoten E_0) – in gleicher Weise zu bewerten. Die Vorteilhaftigkeit der Alternativen der Periode 1 hängt aber unter anderem auch von den Entscheidungen ab, die erst in der Folgeperiode zu treffen sind. Daher ist, neben den Resultaten der Periode 1, der Zielbeitrag der optimalen Folgeentscheidungen bei der Bewertung zu berücksichtigen. Auch für die Periode 1 ist die Handlungsalternative zu ermitteln, die den höchsten Zielbeitrag verspricht.

Erstreckt sich das Entscheidungsproblem über mehr als zwei Perioden, wird dieses Vorgehen solange wiederholt, bis der Entscheidungsknoten E_0 erreicht ist. Für jeden Entscheidungsknoten wird die optimale Alternative bestimmt, so daß die optimale Entscheidungsfolge am Ende der Prozedur feststeht. Im zugehörigen Übungsbuch befindet sich ein geschlossenes Beispiel, welches den Lösungsweg des Entscheidungsbaumverfahrens noch einmal verdeutlicht. (**ÜB 5/35**)

Während bei den bisher beschriebenen Verfahren der Investitionsrechnung unterstellt wurde, daß die Folgeentscheidungen des Investors schon bei Planungsbeginn endgültig feststehen, wird beim Entscheidungsbaumverfahren explizit berücksichtigt, daß der Investor seine Folgeentscheidungen in Abhängigkeit von der zukünftigen Entwicklung der Unternehmensumwelt treffen kann. Das Entscheidungsbaumverfahren zeichnet sich in dieser Beziehung durch eine größere Realitätsnähe aus. Dabei dürfen folgende **Nachteile** nicht übersehen werden:

– Je mehr Daten zu verarbeiten sind, desto umfangreicher und **unübersichtlicher** wird der **Entscheidungsbaum.**[66]
– Schon zu Beginn der Planung müssen alle Werte geschätzt und mit den entsprechenden Eintrittswahrscheinlichkeiten belegt werden. Hierbei ist zu beachten, daß auch die **Wahrscheinlichkeiten geschätzte Werte** sind, so daß die Planungsgenauigkeit stark von der Prognosefähigkeit des Investors abhängt.

Zwar stellt das Entscheidungsbaumverfahren das Entscheidungsproblem gut strukturiert dar, doch steht diesem Vorteil ein sehr hoher Planungsaufwand gegenüber. Die praktische Anwendbarkeit dieses Verfahrens dürfte bei realen, komplexen Entscheidungsproblemen sehr beschränkt sein. (**ÜB 5/35**)

e) Portfoliotheoretische Ansätze

Die bisher beschriebenen Verfahren dienen der Berücksichtigung von Unsicherheit bei der isolierten Beurteilung einzelner Investitionsobjekte bzw. -ketten. Der Einfluß der einzelnen Investitionsobjekte auf die **Risikostruktur des Gesamtunternehmens** kann dabei allerdings nicht dargestellt werden. Da sich aber das Risiko des Gesamtunternehmens durch **gezielte Diversifikation** verringern läßt, sollte dieser Aspekt bei der Beurteilung von Investitionsalternativen nicht vernachlässigt werden.

Einzelne Investitionsalternativen können durchaus einen unterschiedlichen Einfluß auf die Risikostruktur des Gesamtunternehmens haben. Dies gilt z. B. für einen Hersteller von Lastkraftwagen. Der Erfolg seines Unternehmens unterliegt unter anderem dem Risiko, daß die Verkehrspolitik eine Verlagerung des Güterverkehrs von der Straße auf die Schiene (Instrumente: Mineralölsteuer, Straßenbenutzungsgebühr) anstrebt. Werden Mineralölsteuern und Straßenbenutzungsgebühren in Zukunft drastisch erhöht, dürfte

---

[66] Ein Planungsproblem, das sich über vier Perioden erstreckt und bei dem pro Periode vier Handlungsalternativen und vier alternative Umweltzustände möglich sind, würde schon zu $4^8 = 65.536$ Resultatvarianten führen.

das Transportvolumen auf den Straßen und damit der Bedarf an LKW sinken, die Nachfrage nach Schienenfahrzeugen dürfte dagegen steigen.

Erweitert der LKW-Hersteller seine Fertigungsstraße zur LKW-Produktion, kann sich diese Investition dann als Fehlinvestition erweisen, wenn sich der Güterverkehr auf die Schienen verlagert, da die neu aufgebauten Kapazitäten wegen der sinkenden Nachfrage nach LKW nicht ausgelastet werden können. Investiert er dagegen in einen neuen Geschäftszweig „Schienenfahrzeuge", kann er sich gegen das von der Verkehrspolitik ausgehende **Risiko weitgehend immunisieren:** Bei einer Erhöhung von Steuern und Abgaben sinken zwar die Absatzzahlen und damit auch die Kapitalrückflüsse aus der LKW-Produktion; gleichzeitig ist aber eine Erhöhung der Absatzzahlen und Kapitalrückflüsse aus der Schienenfahrzeugproduktion zu erwarten.

Je dynamischer die Unternehmensumwelt, desto mehr trägt eine gezielte Diversifikation zur Minderung des Investitionsrisikos eines Unternehmens bei. Dieser risikomindernde Effekt der Diversifikation kann mit Hilfe der portfoliotheoretischen Ansätze erfaßt werden, die an anderer Stelle genauer erläutert werden.[67] Sie helfen somit bei der Beurteilung der Wirkung einzelner Investitionsobjekte auf die Risikostruktur des Gesamtunternehmens.

III. Die Unternehmensbewertung

1. Vorbemerkung

Wird ein Unternehmen zum Verkauf angeboten, kann ein Kaufinteressent das Unternehmensvermögen unter dem Aspekt
(1) der Einzelveräußerung der Vermögensteile oder
(2) der Fortführung der Unternehmenstätigkeit
begutachten. Die Verwendungsvariante (1) führt zur **Einzelbewertung.** Nach diesem Bewertungsgrundsatz[1] ist der handelsrechtliche Jahresabschluß aufzustellen. Bei der Verwendungsvariante (2) soll das Unternehmen als Einkommensquelle für den Erwerber erhalten bleiben. Maßgeblich für den Wert des Unternehmens ist nicht die Summe der Einzelwerte der Vermögensgegenstände; maßgeblich ist vielmehr der **Wert** der **Einkommensquelle.** Dieses Bewertungskonzept, das man als **Gesamtbewertung** bezeichnet, steht im Mittelpunkt der folgenden Ausführungen.

2. Anlässe und Funktionen der Unternehmensbewertung

Was veranlaßt den Betriebswirt, sich mit der Frage der Gesamtbewertung von Unternehmen zu beschäftigen? Man denkt zunächst an den Kauf bzw. Verkauf eines Unternehmens. Daneben gibt es eine Vielzahl weiterer Anläs-

---

[67] Vgl. S. 906 ff.
[1] Vgl. S. 1066 ff.

se zur Unternehmensbewertung. Die **Bewertungsanlässe** können in solche
mit und ohne Eigentümerwechsel[2] systematisiert werden.

Mit Eigentümerwechsel

- Kauf/Verkauf
- Fusion
- Erbauseinandersetzung
- Enteignung
- Eintritt bzw. Ausscheiden eines Gesellschafters einer Personen-
  gesellschaft

Ohne Eigentümerwechsel

- Sanierung
- Kreditwürdigkeitsprüfung
- Steuerliche Bewertung

Abb. 34: Anlässe zur Unternehmensbewertung

Beim Eigentümerwechsel geht es vornehmlich um die Frage, welchen
Preis der neue Eigentümer zahlen, bzw. der alte Eigentümer erhalten sollte.
Anders ist es in den Fällen ohne Eigentümerwechsel: Im Rahmen der Sanierung haben die Gesellschafter zu entscheiden, ob sie eine Kapitalgesellschaft
durch Zuführung weiteren Haftungskapitals[3] vor dem Konkurs retten wollen. Zur Beantwortung dieser Frage sollten sie den gegenwärtigen Wert des
Unternehmens kennen. Das gilt auch für eine Hausbank, die vor der Frage
steht, ob sie sich mit einem weiteren Großkredit in einem bereits stark
verschuldeten Unternehmen weiter engagieren soll. Schließlich zeigt der
Fiskus Interesse für den Gesamtwert eines Unternehmens, wenn es darum
geht, nicht börsengängige Anteile an einer Kapitalgesellschaft für vermögensteuerliche Zwecke zu bewerten.

Nach herrschender Meinung der einschlägigen Literatur hat die Unterneh-
mensbewertung eine
- Beratungsfunktion,
- Vermittlungsfunktion,
- Argumentationsfunktion und
- Steuerbemessungsfunktion.

Im Rahmen der **Beratungsfunktion** wird ein Bewerter für den Käufer
oder Verkäufer tätig. Die zu beratende Partei soll erfahren, ob die geplante
Transaktion vorteilhaft ist. Der potentielle Verkäufer V wird nur verkaufen,
wenn der erzielbare Preis P über dem für ihn maßgeblichen Unternehmens-

---

[2] Zu weiteren Einteilungsmöglichkeiten vgl. Sieben, G., Unternehmensbewertung,
HWB, Bd. I/3, 5. Aufl., Stuttgart 1993, Sp. 4315 ff., hier Sp. 4321.
[3] Vgl. S. 940

wert UW_V liegt. Entsprechend wird der potentielle Käufer K nur kaufen, wenn der für ihn maßgebliche Unternehmenswert UW_K über dem zu zahlenden Preis P liegt. Im Rahmen der Beratungsfunktion muß also der individuelle Unternehmenswert UW_V bzw. UW_K ermittelt werden. Eine Transaktion kommt nur zustande, wenn $UW_V < UW_K$. In diesem Fall spricht man von einem positiven **Einigungsbereich.** UW_V ist die **Preisuntergrenze des Verkäufers,** UW_K ist die **Preisobergrenze des Käufers.** Der auszuhandelnde Kaufpreis liegt irgendwo zwischen diesen beiden Eckwerten.

Im Rahmen der **Vermittlungsfunktion** wird der Unternehmensbewerter für beide Kontrahenten tätig. Der Vermittler hat die Aufgabe, den iustum pretium, den „angemessenen Preis", zu ermitteln. Dabei wird der Vermittler zunächst den Einigungsbereich ausloten, indem er die Eckwerte UW_V und UW_K ermittelt. Danach wird er einen sog. Schiedswert oder Arbitriumwert als Einigungsbasis vorschlagen. Klassisches Beispiel für die Vermittlungsfunktion ist der Vorschlag, den ein Wirtschaftsprüfer bei einer geplanten Fusion für das Aktienumtauschverhältnis macht. Der Schiedswert teilt den Einigungsbereich zwischen den Kontrahenten auf. Ob dabei der Einigungsbereich symmetrisch oder asymmetrisch aufzuteilen ist, kann nur nach ethischen, nicht nach ökonomischen Kategorien beantwortet werden.

Im Rahmen der **Argumentationsfunktion** wird der Bewerter wiederum nur für eine Partei tätig, die bei den Preisverhandlungen unterstützt werden soll. Auch hierbei wird sich der Bewerter bemühen, die beiden Eckwerte UW_V und UW_K festzustellen.

Wird er als Berater für den Käufer (Verkäufer) tätig, wird er versuchen, durch eine **parteiische,** jedoch plausibel klingende **Argumentation** den Kaufpreis so weit wie möglich zu drücken (anzuheben).

Im Zuge der **Steuerbemessungsfunktion** geht es darum, für nicht notierte Anteile an einer Kapitalgesellschaft den gemeinen Wert zum Zwecke der Vermögensbesteuerung zu ermitteln. Als fingierter Marktpreis soll der **gemeine Wert** den Preis angeben, der im gewöhnlichen Geschäftsverkehr bei einer Veräußerung zu erzielen wäre.

3. Das investitionstheoretische Konzept des Zukunftserfolgswerts

Eine Investition ist die Hingabe von Geld heute in Erwartung (höherer) Geldrückflüsse in der Zukunft. So gesehen ist ein Unternehmen ein Investitionsobjekt: Der Käufer zahlt heute den Kaufpreis A_0, weil er hofft, daß die jährlichen Kapitalrückflüsse ($E_t - A_t$) die Anschaffungsauszahlung A_0 übertreffen. Die Investition „Unternehmenskauf" lohnt sich nach dem Kapitalwertkriterium dann, wenn der **Zukunftserfolgswert,**[4] d.h. der **Barwert aller künftigen Zahlungen,** größer ist als die Anschaffungsauszahlung A_0. In diesem Fall ist der Kapitalwert K positiv:[5]

---

[4] Dieser Begriff wurde von Busse von Colbe geprägt. Vgl. Busse von Colbe, W., Der Zukunftserfolg, Wiesbaden 1957.
[5] Vgl. hierzu S. 757 ff.

$$K = \sum_{t=1}^{n} (E_t - A_t)(1+i)^{-t} + L_n(1+i)^{-n} \qquad\qquad - A_0$$

$$K = \qquad\quad \underbrace{\text{Zukunftserfolgswert}} \qquad\qquad\qquad\qquad - A_0$$

Abb. 35: Der Zukunftserfolgswert

Aus investitionstheoretischer Sicht entspricht der Wert des Investitionsobjekts „Unternehmung" dem Zukunftserfolgswert. Die moderne investitionsorientierte Unternehmensbewertung unterscheidet sich von den herkömmlichen Verfahren[6] vor allem durch zwei Merkmale: Sie ist

– zukunftsorientiert und

– subjektbezogen.

Die **Zukunftsorientierung** zeigt sich darin, daß man nicht Zahlungsüberschüsse oder Gewinne vergangener Perioden, sondern erwartete Zukunftserfolge diskontiert. Wie ist der Zukunftserfolg zu definieren? Der Unternehmenskäufer erwartet, daß seinem Haushalt künftige Einzahlungen E_t aus dem Unternehmen zufließen. Es kann auch vorkommen, daß Zahlungen in umgekehrter Richtung fließen: Der Unternehmer (Gesellschafter) leistet eine Privateinlage (beteiligt sich an einer Kapitalerhöhung). Aus der Sicht des Unternehmerhaushalts ist das eine Auszahlung A_t. Zur Ermittlung des Zukunftserfolgswerts diskontiert man also den **erwarteten Nettoentnahmestrom** $(E_t - A_t)$. Beim Nettoentnahmestrom kann es sich um eine variierende oder eine feste Größe (= Rente) handeln.

Ob bei der Ermittlung des Zukunftserfolgswerts auch ein **künftiger Veräußerungserlös** L_n berücksichtigt werden sollte, ist umstritten. Gegen eine Berücksichtigung des künftigen Veräußerungserlöses L_n spricht dreierlei: Eine spätere Veräußerung liegt meist

– jenseits des Planungshorizonts des Käufers;

– so weit in der Zukunft, daß L_n kaum noch geschätzt werden kann;

– so weit in der Zukunft, daß der Barwert von L_n durch einen extrem hohen Abzinsungsfaktor $(1+i)^n$ zur vernachlässigbaren Größe werden kann.

Für eine Berücksichtigung des späteren Veräußerungserlöses L_n spricht die Notwendigkeit, **künftige Gewinnthesaurierungen** – indirekt – im Bewertungskalkül zu erfassen. Will das zu bewertende Unternehmen künftig einen Großteil seiner Gewinne thesaurieren, reduziert sich der Nettoentnahmestrom $(E_t - A_t)$. Diskontiert man also nur den Entnahmestrom $(E_t - A_t)$, sinkt der Zukunftserfolgswert infolge von Gewinnthesaurierungen. Berücksichtigt man bei der Unternehmenswertermittlung auch den künftigen Veräußerungserlös L_n zeigt sich schnell die **kompensatorische Wirkung:** Durch Gewinnthesaurierung erhöht sich die Vermögenssubstanz des Unternehmens. Das Absinken des Nettoentnahmestroms $(E_t - A_t)$ wird durch den Anstieg des potentiellen Veräußerungserlöses L_n rechnerisch ausgeglichen.

---

[6] Vgl. S. 94 ff.

Deshalb sollte man den künftigen Veräußerungserlös L$_n$ bei der Unternehmenswertermittlung berücksichtigen.[7] Der Zukunftserfolgswert ist einerseits ein zukunftsbezogener, andererseits ein **subjektiver Wert**. Die Zukunftserfolge eines Unternehmens sind abhängig von der **Leitungsqualifikation** des Unternehmers. Daraus folgt: Wenn ein zum Verkauf stehendes Unternehmen von fünf verschiedenen Kaufinteressenten bewertet wird, dann werden sich aus dem Bewertungskalkül fünf verschiedene, subjektive Zukunftserfolgswerte ergeben. Derjenige Kaufinteressent wird einen besonders hohen Zukunftserfolgswert ermitteln, der c. p. mit besonders

– hohen Einzahlungen E$_t$,

– geringen Auszahlungen A$_t$,

– hohen Veräußerungserlösen L$_n$,

– langer Unternehmensdauer n und

– geringem Kalkulationszinsfuß i

rechnet. Wer hohe Einzahlungsüberschüsse (E$_t$ – A$_t$) erwirtschaften kann und dank günstiger Fremdfinanzierungsmöglichkeiten mit geringen Zinskosten rechnet, gilt als guter Wirt. Soll der Unternehmenskauf mit **Eigenkapital** finanziert werden, leitet der Kaufinteressent den für ihn maßgeblichen Kalkulationszinsfuß i als Opportunitätskostensatz aus der – entgangenen – Verzinsung jener Kapitalanlage ab, die durch den Unternehmenskauf unmöglich gemacht wird (**Opportunitätskostenprinzip**). Gleichgültig ob Eigen- oder Fremdfinanzierung: der Kalkulationszinsfuß ist immer ein individueller, d. h. **subjektbezogener Kapitalkostensatz**.

Verhandelt der Verkäufer mit allen fünf Kaufinteressenten, wird vermutlich jener Bewerber zum Abschluß kommen, der für sich den höchsten Zukunftserfolgswert (= subjektive Preisobergrenze) ermittelt hat. Bei ungehindertem Marktmechanismus haben Unternehmen die Tendenz, **zum besten Wirt** zu **wandern**. Die Vermögenstransaktion von V zu K kommt zustande, wenn UW$_K$ größer als UW$_V$, wenn also K das Unternehmen besser bewirtschaftet als der bisherige Eigentümer V. Die Volkswirtschaftslehre bezeichnet diesen Marktmechanismus als **Allokationsprozeß**.

Die **Stärke** des hier vorgestellten Bewertungskonzepts liegt in seiner **investitionstheoretisch** überzeugenden **Fundierung**. Seine **Schwäche** liegt in der Bewältigung des **Informationsproblems**. Diesem Einwand begegnet zwar jede dynamische Investitionsrechnung. Im Fall der Unternehmensbewertung wiegt er aber besonders schwer. Aus zwei Gründen:

---

[7] Gleicher Meinung – wenn auch mit anderer Begründung – Moxter, A., Grundsätze ordnungsmäßiger Unternehmensbewertung, 2. Aufl. Wiesbaden 1983, S. 103.

Zeitliche Extension	Sachliche Extension
Laufzeit „Unternehmung" teilweise unbegrenzt, auf jeden Fall länger als bei sonstiger Sachinvestition	Hohes Investitionsvolumen; hohe, schwierig zu prognostizierende Kapitalrückflüsse

Abb. 36: Besondere Schwierigkeiten der Zukunftserfolgswertermittlung

Der Zukunftserfolgswert ist zwar zukunftsorientiert. Bei der Prognose künftiger Zahlungsströme muß man jedoch an **Vergangenheitsgrößen anknüpfen,** die – das kommt erschwerend hinzu – aus Aufwands- und Ertragsgrößen des externen Rechnungswesens abzuleiten sind.[8] (**ÜB 5/37–38**)

4. Herkömmliche Verfahren der Unternehmensbewertung

Anders als die investitionstheoretisch fundierte Unternehmensbewertung streben die herkömmlichen Bewertungsverfahren nach einem **objektiven,** d. h. für jedermann gültigen **Unternehmenswert.**[9] Darüber hinaus sind sie mehr oder weniger stark **vergangenheitsorientiert.** Schließlich wird der Wert eines Unternehmens teilweise von den erzielbaren Gewinnen (Ertragswertverfahren), teilweise von der vorhandenen Vermögenssubstanz (Substanzwertverfahren) abhängig gemacht. Dabei versuchen verschiedene Kombinationsverfahren, die Kluft zwischen divergierendem Ertrags- und Substanzwert zu überwinden.

a) Das Ertragswertverfahren

Auch das Ertragswertverfahren hat einen investitionstheoretischen Hintergrund: Zukünftige Gewinne G werden mit dem Kalkulationszinsfuß i diskontiert. Ausgangspunkt zur Schätzung der Zukunftsgewinne G sind die **Gewinne der Vergangenheit.** Häufig begnügt man sich damit, zur Ermittlung des Zukunftsgewinns G aus den Gewinngrößen der letzten fünf Perioden einen einfachen Durchschnitt zu bilden. Der Zukunftsgewinn G soll den „**normalen" Erfolg** bei „normaler" Unternehmerleistung abbilden. In der Regel geht man von einem in Zukunft gleichbleibenden Gewinn G (= **Rente**) aus.

Als Kalkulationszinsfuß gilt der sog. „**landesübliche Zins";** dieser soll dem Zins für langfristige Staatsanleihen entsprechen. Da eine Investition in ein Unternehmen im allgemeinen riskanter ist als der Erwerb von Staatsanleihen, erhöht man den Diskontierungszins häufig um einen Risikozuschlag von etwa 2–3 Prozentpunkten.

---

[8] Vgl. hierzu S. 977 ff.
[9] Zu diesen Verfahren vgl. insb. Jacob, H., Die Methoden zur Ermittlung des Gesamtwertes einer Unternehmung, ZfB 1960, S. 131 ff. u. 209 ff.

Rechnet man mit einer **endlichen Lebensdauer** des Unternehmens, kann man zur Ermittlung des Ertragswerts EW einen fiktiven Liquidationserlös L_n berücksichtigen:

$$EW = \sum_{t=1}^{n} G_t (1 + i)^{-t} + L_n (1 + i)^{-n}$$

Häufig ermittelt man den Ertragswert EW unter zwei vereinfachenden Annahmen:

– G bleibt in Zukunft konstant (Rente);

– die Lebensdauer des Unternehmens ist unendlich.

Der Ertragswert EW entspricht dann dem **Barwert** einer **ewigen Rente:**

$$EW = \frac{G}{i}$$

Ist das zu bewertende Unternehmen teilweise mit Fremdkapital finanziert, werden nicht die Nettogewinne G, sondern die Bruttogewinne BG diskontiert. Dabei gilt

$$BG = G + FKZ.$$

Der Bruttogewinn BG setzt sich also aus dem den Eigenkapitalgebern zustehenden Nettogewinn G und den Fremdkapitalzinsen FKZ zusammen. Auch bei der Ermittlung des Bruttogewinns orientiert man sich an „Normalwerten" der Vergangenheit.

In formaler Hinsicht ähneln sich Ertragswert und Zukunftserfolgswert: Beide Werte repräsentieren den Barwert des Unternehmenserfolgs. Die große **Schwäche** des **Ertragswertverfahrens** liegt aber in seinem

– unreflektierten Rückgriff auf „normale" **Vergangenheitsgewinne** und seinem

– **Verzicht** auf Berücksichtigung **individueller Finanzierungkosten.**

Damit ist das Ertragswertverfahren zur Ermittlung einer Preisobergrenze für den Käufer (Preisuntergrenze für den Verkäufer) ungeeignet. (ÜB 5/39)

b) Das Substanzwertverfahren

Bei den investitionstheoretisch fundierten Verfahren zur Unternehmensbewertung (Zukunftserfolgswert bzw. Ertragswert) muß man die künftige Ertragslage prognostizieren. Dieser Problematik möchten die Anhänger des Substanzwertverfahrens aus dem Wege gehen. Das Substanzwertverfahren arbeitet mit der Fiktion, man könne ein dem zu bewertenden Unternehmen **identisches Unternehmen nachbauen.** Seiner Idee nach ist also der Substanzwert ein Rekonstruktionswert bzw. **Reproduktionswert.**

Zur Ermittlung des Reproduktionswertes

– konzentriert man sich auf das betriebsnotwendige Vermögen und

– berücksichtigt nur die bilanzierungsfähigen Wirtschaftsgüter,

– die man einzeln mit dem Tageswert bewertet.

Würde ein Unternehmen nachgebaut, müßten die betriebsnotwendigen Wirtschaftsgüter neu beschafft werden. Bewertet man neuwertige materielle Vermögensgegenstände zum Tageswert, erhält man den **Teilreproduk-**

tionsneuwert. Von diesem Betrag setzt man kalkulatorische Abschreibungen ab, um dem fortgeschrittenen Alter der maschinellen Anlagen des zu bewertenden Unternehmens Rechnung zu tragen. Auf diese Weise erhält man den **Teilreproduktionsaltwert,** den man üblicherweise mit dem Substanzwert gleichsetzt. Der Teilreproduktionsaltwert entspricht dem zu Tageswerten bilanzierten Vermögen. Zum Teilreproduktionsaltwert gelangt man also, wenn man die in den Bilanzwerten steckenden **stillen Rücklagen auflöst.**

Üblicherweise ist der Ertragswert eines Unternehmens höher als der Teilreproduktionsaltwert. Das hat folgenden Grund: Zum Teilreproduktionsaltwert kann man ein technisches Gebilde auf der grünen Wiese rekonstruieren. Zu einem Unternehmen, das sich am Markt behaupten und künftig Gewinne erwirtschaften soll, gehört weitaus mehr als die Rekonstruktion einer Produktionsanlage: Technisches Know-how, eine reibungslose Organisation, geschultes, motiviertes Personal, die Kenntnis günstiger Bezugsquellen, ein gutes Produktimage und ein hoher Bekanntheitsgrad am Markt, ein fester Kundenstamm, Produktionsgeheimnisse u. v. a. beeinflußt die Ertragsaussichten und damit den Wert der Unternehmung. Die hier genannten Faktoren gehören zu den **immateriellen Wirtschaftsgütern.** In ihnen konkretisiert sich der selbstgeschaffene, originäre Firmenwert,[10] der auch als Geschäftswert oder Goodwill[11] bezeichnet wird.

Materielle Vermögensgegenstände zum Tageswert
= **Teilreproduktionsneuwert**

./. Kalkulatorische Abschreibung

Teilreproduktionsaltwert = Substanzwert

+ Originärer Firmenwert
   (= Wert der immateriellen Wirtschaftsgüter)

Ertragswert

Abb. 37: Substanz-, Ertrags- und Firmenwert

Um ein Unternehmen von gleicher Ertragskraft nachzubauen, müßten auch die immateriellen Wirtschaftsgüter rekonstruiert werden. Wäre es möglich, die Firmenwertkomponenten zu rekonstruieren und jeweils einzeln mit Anschaffungspreisen zu bewerten, könnte man den Teilreproduktionsaltwert zum **Vollreproduktionswert** ausbauen. Ein so interpretierter Substanzwert würde einen wesentlichen Beitrag zur Unternehmensbewertung leisten.

Eine solche direkte Ermittlung des Firmenwertes ist aber nicht möglich. Der originäre Firmenwert läßt sich nur indirekt als Differenz zwischen Er-

---

[10] Der originäre Firmenwert darf in der Bilanz nicht ausgewiesen werden.
[11] Vgl. hierzu Döring, U., Goodwill, HWR, 3. Aufl., Stuttgart 1993, Sp. 810 ff.

trags- und Teilreproduktionsaltwert ermitteln. Solange der Substanzwert nur auf dem **Teilreproduktionsaltwert** beruht, ist er zur Unternehmensbewertung **nicht brauchbar.**

Die im folgenden dargestellten herkömmlichen Bewertungsverfahren basieren auf folgender Überlegung: Der Substanzwert (= Teilreproduktionsaltwert) ist zu niedrig, weil er den werterhöhenden Firmenwert völlig vernachlässigt. Der Ertragswert erscheint den Anhängern der traditionellen Bewertungspraxis als zu hoch, weil

– sich der vom bisherigen Eigentümer geschaffene Firmenwert nach dessen Ausscheiden bald verflüchtigen könne;

– die über den Teilreproduktionswert hinausgehenden (Ertrags-)Wertkomponenten im marktwirtschaftlichen Wettbewerb einem besonders hohen Schwundrisiko ausgesetzt seien.

Deshalb versucht man, den „objektiven Unternehmenswert" nach schematischen Regeln irgendwo zwischen Substanzwert und Ertragswert anzusiedeln. (**ÜB 5**/40)

c) Kombinationsverfahren

Beim sog. **Mittelwertverfahren** wird der Unternehmenswert UW als Mittelwert zwischen Ertrags- und Substanzwert gebildet.

$$UW = \frac{\text{Ertragswert} + \text{Substanzwert}}{2}$$

Das **Verfahren der Übergewinnkapitalisierung** geht von der Vorstellung aus, daß ein Unternehmen – auf einem zur Vollkommenheit tendierenden Kapitalmarkt – langfristig nur einen Normalgewinn als Verzinsung des Substanzwertes (SW) erwirtschaften kann. Zieht man vom nachhaltig erwarteten Zukunftserfolg G den Normalgewinn ab, erhält man den sog. Übergewinn:

Erwarteter Zukunftsgewinn G

. /. Normalgewinn (SW · i)

Übergewinn

Weil der **Übergewinn** als flüchtige Größe angesehen wird, diskontiert man ihn mit einem **erhöhten Kalkulationszinsfuß**. Je höher der Risikozuschlag, desto kleiner ist der Anteil des originären Firmenwertes, der in den Unternehmenswert UW Eingang findet. Hinter diesem Verfahren steht ein Denkfehler: Wenn man schon mit „Normalverzinsung" rechnet, müßte sie auf der Basis des Vollreproduktionswertes ermittelt werden.

Auch das **Verfahren** der **verkürzten Goodwillrentendauer** differenziert zwischen einem „sicheren" Normalgewinn und einem flüchtigen Übergewinn. Der Unbeständigkeit des Übergewinns trägt man nicht durch Erhöhung des Zinsfußes, sondern durch **Herabsetzung** der **Goodwillrentendauer** Rechnung. Der Unternehmenswert UW ergibt sich aus dem Substanzwert (Teilreproduktionsaltwert) und dem Barwert der Übergewinne.

Je kürzer die Goodwillrentendauer[12] angesetzt wird, desto geringer ist die im Unternehmenswert UW enthaltene Firmenwertkomponente. (ÜB 5/41–43)

5. Der Zukunftserfolgswert in der Bewertungspraxis

Im Zuge einer Beratungs- oder Vermittlungsfunktion sind Wirtschaftsprüfer häufig mit Unternehmensbewertungen beauftragt. Auf europäischer Ebene hat der Berufsstand durch die U. E. C.-Kommission[13] eine Empfehlung zur Bewertung ganzer Unternehmen ausgearbeitet. Hierauf baut die Stellungnahme des HFA des IdW[14] auf. Beide Bewertungsempfehlungen gehen von einer **ertragsabhängigen Bewertung** aus, wie sie bei der Darstellung des Zukunftserfolgswerts[15] konzipiert wurde. Der **Substanzwert** wird – wie die Kombinationsverfahren – als theoretisch nicht haltbar **abgelehnt**. Die Stellungnahme des HFA widmet sich hauptsächlich der Bewältigung des **Ungewißheitsproblems.** Im übrigen unterscheidet man nach vier grundlegenden Problembereichen:

(a) **Anpassung der Aufwendungen und Erträge an Zahlungsvorgänge**

Das Ertragswertverfahren beruht auf investitionstheoretischen Überlegungen. Der Wert der Unternehmung läßt sich theoretisch richtig nur bestimmen, wenn die zukünftigen Einzahlungsüberschüsse diskontiert werden. Eine Einzahlungsüberschußrechnung für einen längeren Zeitraum ist praktisch aber nicht durchführbar. Aus dem Rechnungswesen der Unternehmung können nur zukünftige Aufwendungen und Erträge geschätzt werden. Der Unternehmenswert ist daher **auf der Grundlage der zukünftigen Erfolge** zu bestimmen. Liegen Zahlungszeitpunkt und Aufwands-/Ertragsverrechnung weit auseinander, müssen die Zeitunterschiede berücksichtigt werden. Um Veränderungen der Finanzierungsstruktur und eventuell erforderliche Kapitalzuführungen zu ermitteln, ist die Erfolgsprognose um eine langfristige Finanzbedarfsrechnung zu ergänzen. Der Finanzbedarf wird wesentlich durch den Zustand der vorhandenen Wirtschaftsgüter, d. h. durch den **Substanzwert,** bestimmt. Der Substanzwert ist daher auch weiterhin zu berücksichtigen, allerdings nicht als wertbeeinflussender Faktor, sondern nur als Ausgangsgröße für die Ermittlung des Finanzbedarfs, der Zinsen und der Abschreibungen.

(b) **Die Ermittlung der zukünftigen Erfolge (Prognoseproblem)**

Der HFA schlägt vor, die zukünftigen Erfolge möglichst unabhängig von den Werten der Vergangenheit, gestützt auf Marktanalysen und Umsatz-, Finanzbedarfs- und Abschreibungsprognosen zu ermitteln.

---

[12] Das Stuttgarter Verfahren zur vermögensteuerlichen Bewertung nicht notierter Anteile einer Kapitalgesellschaft begrenzt die Goodwillrentendauer auf 5 Jahre. Vgl. hierzu Wöhe, G., Betriebswirtschaftliche Steuerlehre, Bd. I/2, 7. Aufl., München 1992, S. 577 ff.
[13] Vgl. U. E. C.-Kommission, Empfehlung zur Vorgehensweise von Wirtschaftsprüfern bei der Bewertung ganzer Unternehmen TRC 1, U. E. C.-Empfehlungen 1980.
[14] Vgl. Stellungnahme HFA 2/1983, Grundsätze zur Durchführung von Unternehmensbewertungen, WPg 1983, S. 468 ff.; die Erläuterungen folgen dieser Stellungnahme (HFA = Hauptfachausschuß).
[15] Vgl. S. 791 ff.

Die Ergebnisschätzung wird in drei Phasen unterteilt. Für die erste Phase (3–4 Jahre) wird eine detaillierte Erfolgsplanung vorgeschlagen; aus dieser Planungsrechnung ist der Erfolgstrend für die zweite Phase (etwa 5 Jahre) zu schätzen. Für den weiteren Planungszeitraum werden gleichbleibende Ergebnisse unterstellt. Durch die Phasenmethode wird die traditionelle Ertragswertmethode verbessert; das Problem der mit zunehmendem Zeitabstand stark steigenden Unsicherheit bleibt aber bestehen.

(c) **Die Festlegung des Kalkulationszinsfußes**

Bei der Festlegung des Kalkulationzinsfußes ist von der für den Käufer/Verkäufer erreichbaren günstigsten Alternativrendite oder vom langfristigen Kapitalmarktzins auszugehen. Wird hierzu der Kapitalmarktzinssatz verwendet, können das allgemeine Unternehmerwagnis und Inflationserwartungen zu einer Anpassung des Kalkulationszinssatzes führen. Eine allgemeingültige Quantifizierung dieser Einflußgrößen ist jedoch unmöglich.

(d) **Die Berücksichtigung subjektiver Erwartungen**

Der Wirtschaftsprüfer kann Unternehmensbewertungen als neutraler Gutachter, als Schiedsgutachter oder als Berater einer Partei durchführen. In den beiden ersten Fällen können subjektive Einflußfaktoren nicht oder nur begrenzt berücksichtigt werden. Die Stellungnahme geht davon aus, daß zunächst ein „**objektivierter Wert**", d. h. ein Unternehmenswert unter Berücksichtigung der bisherigen Ertragskraft und Unternehmenskonzeption im Vergleich zu einer Alternativanlage am Kapitalmarkt ermittelt wird. Im zweiten Schritt sind die **subjektiven Faktoren** der betroffenen Personen (Käufer/Verkäufer) zu berücksichtigen. Derartige Faktoren sind eventuell auftretende Synergieeffekte, die steuerlichen Verhältnisse, der subjektive Kalkulationszinsfuß u. ä.

Die Verlautbarungen stellen einen Versuch dar, praktikable Handlungsanweisungen zur Unternehmensbewertung zu entwickeln. Sie berücksichtigen sowohl theoretische Erkenntnisse als auch praktische Erfahrungen. (**ÜB 5/ 44–45**)

IV. Grundlagen der Finanzplanung

1. Finanzplanung als betriebliche Teilplanung

Produktions-, Absatz-, Investitions- und Finanzierungsentscheidungen sind eng miteinander verbunden. Die starke gegenseitige Abhängigkeit erfordert aus theoretischer Sicht eine gleichzeitige Optimierung aller Entscheidungen, also eine simultane Planung. An dieser Stelle ist erneut darauf hinzuweisen: Eine **simultane Unternehmensplanung scheitert** in der Realität an der Vielzahl der zu berücksichtigenden Entscheidungsalternativen.

Eine Zerlegung des Unternehmensgesamtplans (Partialisierung) in einzelne Teilpläne ist in der Planungspraxis unausweichlich. Im Zuge **sukzessiver Planung** werden die Teilpläne nacheinander erstellt. Es handelt sich in einem ersten Planungsdurchlauf um **vorläufige Teilpläne**. Dabei ist zu erwarten, daß die Teilpläne nicht auf Anhieb zusammenpassen. Deshalb werden sie in einem zweiten (dritten, vierten usw.) Planungsdurchlauf koordiniert. Nach Abschluß der Koordinationsphase erhält man **endgültige Teilpläne,** die sich zu einem stimmigen Unternehmensgesamtplan zusammenfassen lassen.

Vor dem Start des ersten Planungsdurchlaufs beruht die Finanzplanung auf einer vorläufigen Verabschiedung der Produktions-, Absatz- und Investitionsentscheidungen. Neben dem Produktions- und Absatzplan ist auch der **Investitionsplan** ein **(vorläufiges) Datum.** An dieser Stelle muß an die bilanzielle Darstellung des Investitions-, Zahlungs- und Kapitalbereichs[1] erinnert werden. Aufgrund der vorläufig getroffenen Produktions-, Absatz- und Investitionsentscheidungen ist der Investitionsbereich (vorläufiges) Datum. **Aufgabe** der sich anschließenden **Finanzplanung** ist die Optimierung

– des Kapitalbereichs und

– des Zahlungsbereichs.

Dabei kann man sich nicht gleich auf die Suche nach der kostengünstigsten Finanzierungsquelle für die geplanten Investitionsvorhaben begeben. Vorher ist zu prüfen, ob für die Planungsperiode das vorläufig geplante Investitionsvolumen mit dem vorhandenen Finanzierungspotential realisiert werden kann. Im allgemeinen steht man vor der Notwendigkeit, beide Teilpläne abzustimmen. Folgende Situationen sind denkbar:

Ausgangs- situation	Investitionsvolumen **größer** **Finanzierungspotential**	Investitionsvolumen **kleiner** **Finanzierungspotential**
Anpassungs- maßnahmen	– **Erschließung zusätzli- cher Finanzquellen** – **Verzicht auf Investitionsprojekte**	– **Abbau des Finanzie- rungspotentials (z. B. Kredittilgung)** – **Zusätzliche Investi- tionsprojekte (z. B. Finanzinvestitionen)**

Abb. 38: Grobabstimmung von Investitions- und Finanzplan

Man hat also bei sukzessiver Planung die Möglichkeit, die Interdependenzen zwischen den Planungsbereichen durch den Abgleich der Teilpläne weitgehend zu berücksichtigen.

2. Ziele der Finanzplanung

Das Subziel eines Teilplans ist immer aus dem für das Gesamtunternehmen geltenden Oberziel abzuleiten. Welches **Subziel** der Finanzplanung läßt sich aus dem Oberziel „langfristige Gewinnmaximierung" herleiten? Bei vordergründiger Betrachtung könnte man zu folgendem Ergebnis kommen: Die Erlösseite ist von der Wahl der Finanzierungsalternative im allgemeinen unabhängig. Wer also die kostengünstigsten Finanzierungsalternativen wählt, gelangt zum langfristigen Gewinnmaximum.

---

[1] Vgl. Abb. 3 auf S. 740

In Wahrheit kann sich die Finanzplanung nicht allein auf die Kapital-kostenminimierung beschränken. Wenn ein Unternehmen nicht mehr in der Lage ist, seinen laufenden Zahlungsverpflichtungen nachzukommen, muß es Konkurs anmelden, also seine Tätigkeit einstellen.[2] Langfristige Gewinnma-ximierung gebietet also **Kapitalkostenminimierung** unter der **Nebenbedin-gung**, die **Zahlungsbereitschaft** zu wahren.

Das finanzielle Gleichgewicht eines Unternehmens ist gesichert, wenn über alle (infinitesimal kleinen) Planungsperioden gilt: Einzahlungen $\geq$ Aus-zahlungen. Gäbe es vollkommene Voraussicht, könnte sich die Finanzpla-nung zur Wahrung des finanziellen Gleichgewichts darauf beschränken, die künftigen Ein- und Auszahlungen nach der obigen Bedingung zu koordinie-ren. In der Realität gibt es aber keine vollkommene Voraussicht. Die Finanz-planung muß dem **Risiko** Rechnung tragen, daß

– tatsächliche Einzahlungen < geplante Einzahlungen und
– tatsächliche Auszahlungen > geplante Auszahlungen

sein können.

Zur Schließung **drohender Deckungslücken** muß die Finanzplanung Li-quiditätsvorsorge betreiben.

Liquidität	
Liquidität als Eigenschaft eines Wirtschaftssubjektes	Liquidität als Eigenschaft eines Vermögensgegenstandes
Während eines **Zeitraums** ist ein Unternehmen liquide, wenn es alle Zahlungsverpflichtungen termin-gerecht erfüllt.	Zu einem **Zeitpunkt** verfügt ein Unternehmen über hohe (geringe) Bestände an Liquidität.

Abb. 39: Zeitraum- und zeitpunktbezogene Liquidität

Bei einer Zeitpunktbetrachtung zeigt die **Liquidität** die **Geldnähe** eines Vermögensgegenstandes. Vermögensgegenstände lassen sich nach abneh-mender Liquidität[3] (= Geldnähe) folgendermaßen sortieren:

– Kasse, Bank, Postscheck
– Forderungen aus Lieferung und Leistung
– Warenbestände, Fertigfabrikate
– Halbfabrikate
– Rohstoffe usw.

Bei vollkommener Voraussicht benötigt man keine Zahlungsmittelbestän-de, sofern Ein- und Auszahlungen koordiniert sind. Bei Planungsmittelunsi-

---

[2] Gemäß § 102 KO ist bei Zahlungsunfähigkeit das Konkursverfahren über das Vermö-gen eines Wirtschaftssubjektes zu eröffnen. Einen weiteren Konkursgrund (für Kapitalge-sellschaften) stellt die Überschuldung dar. Vgl. § 92 Abs. 2 AktG
[3] Vgl. Vormbaum, H., Liquidität, HWB, Bd. I/2, 5. Aufl., Stuttgart 1993, Sp. 2608ff.

cherheit ist das anders: Unternehmen, die über ein starkes **Liquiditätspolster**, also über einen großen Zahlungsbereich verfügen, können unvorhergesehene **Zahlungsmitteldefizite** durch einen Rückgriff auf den vorhandenen Pufferbestand **ausgleichen.**

Hohe Zahlungsmittelbestände haben den Vorteil guter Konkursvorsorge; sie haben aber den Nachteil fehlender Verzinsung. Hohe Zahlungsmittelbestände sind der Nebenbedingung des Gewinnstrebens (= Wahrung des finanziellen Gleichgewichts) zuträglich, sind aber der Zielgröße „Gewinn" abträglich.

Eine Finanzplanung, die Gewinnmaximierung und finanzielles Gleichgewicht im Auge behalten will, steht also vor der Aufgabe,

– die **günstigste Finanzierungsalternative** und
– das **optimale Liquiditätspolster**

ausfindig zu machen. Bei gegebenen Zahlungsstromerwartungen hängt die Wahl des optimalen Liquiditätspolsters ab von

– der **Risikoneigung** des Unternehmers und
– den **Kapitalkosten** (Zinsentgang bei Kassenhaltung).

Die geplanten Einzahlungen (E_t) und Auszahlungen (A_t) ergeben sich aus den geplanten Produktions-, Absatz- und Investitionsentscheidungen. Diese Entscheidungen haben also folgenden Einfluß auf den Zahlungsmittelbestand:

$E_t > A_t \rightarrow$ Zahlungsmittelbestand steigt
$E_t < A_t \rightarrow$ Zahlungsmittelbestand sinkt

Die geplanten Produktions-, Absatz- und Investitionsentscheidungen beeinflussen also den geplanten Zahlungsmittelbestand (ZMB). Dieser kann, muß aber nicht mit dem gewünschten Zahlungsmittelbestand (subjektive Risikoneigung; Kapitalkosten) übereinstimmen, wie die folgende Übersicht zeigt:

geplanter ZMB gleich gewünschter ZMB	geplanter ZMB größer gewünschter ZMB	geplanter ZMB kleiner gewünschter ZMB
Idealliquidität	**Überliquidität**	**Unterliquidität**
Anpassungsmaßnahmen:	Anpassungsmaßnahmen:	Anpassungsmaßnahmen:
keine	– zusätzliche Sachinvestitionen – zusätzliche Finanzinvestitionen – Kapitalrückzahlung	– Streichungen von geplanten Investitionen – Auflösungen vorhandener Investitionen – Kapitalzuführung

Abb. 40: Anpassungsmaßnahmen zur Optimierung
der Zahlungsmittelbestände

Abschließend lassen sich die **Subziele der Finanzplanung** wie folgt zusammenfassen:
1. Wähle **kostenminimale** Finanzierungsalternative!
2. Verhindere **Überliquidität** (Minimiere Zinsverlust)!
3. Verhindere **Unterliquidität** (Minimiere Konkursrisiko)! (**ÜB 5**/86–90)

3. Instrumente der Finanzplanung

Wer Planungsinstrumente beschreiben will, muß die Planungsgrundlagen kennen. Grundlage der Finanzplanung sind vorläufig geplante Produktions-, Absatz- und Investitionsentscheidungen. Diese führen zu geplanten Ein- und Auszahlungen, deren Saldo den Zahlungsmittelbestand zum Ende der Planperiode verändert.

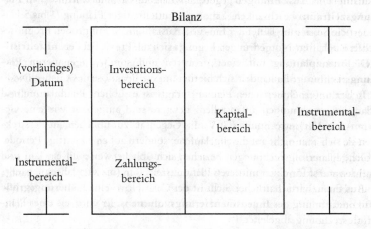

Abb. 41: Daten und Instrumente der Finanzplanung

Die Finanzplanung erstreckt sich auf die Optimierung der Außen- und der Innenfinanzierung. Gibt es keine Rückstellungen, weist also der Kapitalbereich nur Eigen- und Fremdkapital aus, gilt:

$$\text{Außenfinanzierung} = \frac{\text{optimale Gestaltung}}{\text{des Kapitalbereichs}}$$

Zur **Optimierung der Außenfinanzierung** gehören die
– Charakteristik verschiedener Formen der Einlagen- und Beteiligungsfinanzierung,
– Charakteristik verschiedener Formen der Kreditfinanzierung und
– Optimierung der Relation zwischen Einlagen- und Kreditfinanzierung.
Diese Fragenkomplexe werden in den folgenden Kapiteln V. und VII. ausführlich behandelt.

Bei der Frage nach der **optimalen Innenfinanzierung** hat man vom Umstand vorläufig geplanter Produktions-, Absatz- und Investitionsentscheidungen auszugehen. Der Saldo aus geplanten Ein- und Auszahlungen erhöht (vermindert) den geplanten Zahlungsmittelbestand. Deckt sich zum Ende der Zahlungsperiode der geplante Zahlungsmittelbestand mit dem gewünschten Liquiditätspotential, bedarf es keiner weiteren Finanzplanung. Produktions-, Absatz-, Investitions- und Finanzplan sind abgestimmt und können endgültig verabschiedet werden.

Führt dagegen der Saldo aus geplanten Ein- und Auszahlungen zu einem geplanten Zahlungsmittelbestand, der die gewünschte Liquidität überschreitet (unterschreitet), muß die **Überliquidität** (**Unterliquidität**) durch geeignete Anpassungsmaßnahmen, wie sie in Abb. 40 kurz dargestellt wurden, aufgehoben werden. Der **Zahlungsbereich** wird hier zum **Instrumentalbereich** der Finanzplanung.

Wer das künftige Innenfinanzierungsvolumen über die **Prognose** laufender **Ein-** und **Auszahlungen** ermitteln will, muß sich auf einen **kurzen Planungszeitraum** beschränken. Schon bei mittelfristiger Planung (1 bis 5 Jahre) ist die Schätzung laufender Ein- und Auszahlungen mit großen Prognosefehlern behaftet. Notgedrungen begnügt sich die Praxis bei der **mittelfristigen Finanzplanung** mit einer gröberen und somit **ungenaueren Planungsrechnung**. Es handelt sich hierbei um die Prognose des Cash-Flow.

In der unternehmerischen Planungspraxis ist es üblich, Planbilanzen und Planerfolgsrechnungen aufzustellen. Letztere sind aufgebaut wie eine Gewinn- und Verlustrechnung (GuV). Im Gegensatz zur üblichen GuV erstrecken sie sich aber nicht auf die abgelaufene, sondern auf eine künftige Periode. Solche Planerfolgsrechnungen beziehen sich üblicherweise auf ein Jahr und werden meist für einen mittleren Planungszeitraum (bis zu 5 Jahren) erstellt.

Aus finanzwirtschaftlicher Sicht ist der Cash-Flow[4] eine **Näherungsgröße** zur Bestimmung des **Innenfinanzierungsvolumens**. Er wird aus einer Planerfolgsrechnung abgeleitet.

Bei der finanzwirtschaftlichen Cash-Flow-Analyse versucht man, aus dem erwarteten Ertrag (Aufwand) der Plan-GuV die künftigen Einzahlungen (Auszahlungen) abzuleiten. Unter dem finanzwirtschaftlichen **Cash-Flow** versteht man

– den erwarteten Mittelrückfluß aus dem Umsatzprozeß, der
– nicht in Kürze zu Auszahlungen führt.

Das einfachste Modell zur Cash-Flow-Berechnung geht von folgenden vereinfachenden Annahmen aus:

(1) Alle Erträge der Plan-GuV sind einzahlungswirksam.

(2) Alle Aufwendungen der Plan-GuV sind auszahlungswirksam mit Ausnahme
– der Abschreibungen und
– der Zuführungen zu Rückstellungen.

---

[4] Vgl. zu Einzelheiten der Cash-Flow-Ermittlung Wöhe, G., Bilanzierung und Bilanzpolitik, 8. Aufl., München 1992, S. 877 ff., sowie Coenenberg, A. G., Jahresabschluß und Jahresabschlußanalyse, 15. Aufl., Landsberg/Lech 1994, S. 530 ff.

Hieraus ergibt sich folgende Cash-Flow-Definition:

Gewinn
+ Abschreibungen
+ Zuführungen zu langfristigen Rückstellungen[5]

Brutto-Cash-Flow

Zieht man von diesem Brutto-Cash-Flow die anstehende

– Gewinnsteuerzahlung und
– Gewinnausschüttungen

ab, erhält man den **Netto-Cash-Flow,** der eine brauchbare Näherungsgröße zur Bestimmung des Innenfinanzierungsvolumens darstellt. Zur Cash-Flow-Ermittlung findet sich eine Aufgabe im zugehörigen Übungsbuch. (**ÜB 5/** 47–48)

Bei der Behandlung der Innenfinanzierung (Kapitel VI) folgt dieses Lehrbuch der gängigen Finanzierungsliteratur[6] und gliedert diesen Problembereich nach dem Muster: Finanzierung aus

– Gewinnthesaurierung (Selbstfinanzierung),
– langfristigen Rückstellungen und
– Abschreibungen.

Ergänzt wird diese Kapiteleinteilung um die Finanzierung aus Vermögensumschichtungen. Hier kann man beispielsweise an die Freisetzung finanzieller Mittel durch Veräußerung einer Beteiligung denken. Durch solche operativen Maßnahmen kann das Innenfinanzierungsvolumen kurzfristig erhöht werden. (**ÜB 5**/47–48)

4. Fristigkeit der Finanzplanung

Aufgabe der Finanzplanung[7] ist es, die kostengünstigsten Finanzierungsinstrumente auszuwählen und gleichzeitig die künftigen Zahlungsströme so zu koordinieren, daß weder Über- noch Unterliquidität entsteht. Damit orientiert sich die Finanzplanung an den Größen Rentabilität und Liquidität.

Wie jede Planung vollzieht sich auch die Finanzplanung auf einer langfristigen (strategischen), einer mittel- und einer kurzfristigen Zeitebene. Je **kürzer** der **Planungszeitraum,** desto **detaillierter** und sicherer werden die Prognoserechnungen. Nur die kurzfristige Finanzplanung (bis 12 Monate) mit ihren hohen Anforderungen an die Prognosegenauigkeit leistet sich den großen Planungsaufwand einer Einzahlungs-/Auszahlungsprognose. Die mittel- und langfristige Planung basieren dagegen auf gröberen Planungsdeterminanten.

Die langfristige Finanzplanung (über 5 Jahre hinaus) ist eine strategische Rahmenplanung. Ihre Ergebnisse sind als Vorgaben für die mittelfristige

---

[5] Kurzfristige Rückstellungen werden nicht berücksichtigt, weil sie schon in Kürze zu Auszahlungen führen.

[6] Vgl. Spremann, K., Investition und Finanzierung, 5. Aufl., München/Wien 1996, S. 317 ff.; Perridon/Steiner, Finanzwirtschaft der Unternehmung, 8. Aufl., München 1995, S. 420 ff.

[7] Vgl. zu Einzelheiten z. B. Krümmel, H.-J., Grundsätze der Finanzplanung, ZfB 1964, S. 225 ff.

Finanzplanung (1–5 Jahre) anzusehen. Die Resultate der mittelfristigen Finanzplanung gelten ihrerseits als – vorläufiges – Datum für die kurzfristige Finanzplanung (bis 12 Monate).

a) Strategische Finanzplanung

Ausgangsgrößen (**Daten**) der strategischen Finanzplanung sind
(1) das vorhandene **Eigenkapital** und seine langfristige Entwicklung,
(2) der **Tätigkeitsbereich** des Unternehmens und
(3) die geplante **Betriebsgröße.**
Aus den Datenbereichen (2) und (3) wird der strategische Produktions-, Absatz- und Investitionsplan abgeleitet. Der **strategische Investitionsplan** gibt das **Investitionsvolumen** in seiner Größenordnung vor. Gleichzeitig determiniert er die **Dauer** der **Vermögensbindung.** So verursachen z. B. Investitionen im Sachanlagevermögen eines Bergbauunternehmens eine langfristige, Investitionen im Umlaufvermögen eines Handelsbetriebs eine kurzfristige Mittelbindung.

Rahmenmäßig vorgegeben ist also das Eigenkapital auf der Passivseite und die Investitionshöhe und -dauer auf der Aktivseite der Bilanz. Als Instrument der strategischen Finanzplanung verbleibt die optimale Gestaltung der Passivseite. Hierbei geht es zum Beispiel um die Frage, ob die Differenz zwischen dem langfristig geplanten Investitionsvolumen und dem (langfristig geplanten) Eigenkapital eher durch langfristige oder durch kurzfristige Kredite gedeckt werden soll.

Bei der Beantwortung dieser Frage hat man nicht nur die Höhe der **Kapitalkosten,** sondern auch die langfristige **Versorgungssicherheit** auf den Kreditmärkten zu beachten. Die Anbieter von Fremdkapital haben subjektive Vorstellungen darüber, wann eine Unternehmensfinanzierung als solide bzw. als risikoreich oder sogar unsolide anzusehen ist. Diese Vorstellungen finden ihren Niederschlag in sogenannten Finanzierungsregeln, die in Kapitel VII. behandelt werden.

b) Mittelfristige Finanzplanung

Ausgangsdatum der mittelfristigen Finanzplanung ist der strategische Investitions- und Finanzplan. Daraus wird für den mittelfristigen Planungszeitraum von 1 bis 5 Jahren das in den einzelnen Teilperioden gewünschte Investitionsvolumen abgeleitet. Dieses gewünschte Investitionsvolumen ist ein (vorläufiges) Datum.

Gegenstand der mittelfristigen Finanzplanung ist die Frage, wie das gewünschte Investitionsvolumen finanziert werden soll. Dabei stellen sich folgende Teilfragen:
(1) Soll die Außenfinanzierung als **Eigen- oder Fremdfinanzierung** betrieben werden?
(2) Soll **lang- oder kurzfristiges Fremdkapital** aufgenommen werden?
(3) Inwieweit kann der Kapitalbedarf aus dem **Innenfinanzierungsvolumen** gedeckt werden?

Eine näherungsweise Antwort auf die Frage (3) liefert die oben dargestellte Cash-Flow-Prognose. Reichen die internen und externen Finanzierungsmittel zur Realisierung des vorläufig geplanten Investitionsvolumens nicht aus, muß der mittelfristige Investitionsplan revidiert werden. (**ÜB 5/47–48**)

c) Kurzfristige Finanzplanung

Wichtigstes Anliegen der kurzfristigen Finanzplanung ist die **Vermeidung** von **Unter- und Überliquidität.** Zur Ermittlung der „richtigen" Liquidität geht die Planungspraxis zwei Wege:
- Ermittlung von Liquiditätskennziffern;
- Erstellung eines prospektiven Finanzplans.

Bei der Ermittlung von Liquiditätskennziffern fragt man, wie weit die vorhandene Liquidität zur Abdeckung der kurzfristigen Verbindlichkeiten ausreicht:

$$\text{Liquidität 1. Grades} = \frac{\text{Zahlungsmittel}}{\text{kurzfr. Verbindlichkeiten}} \times 100$$

$$\text{Liquidität 2. Grades} = \frac{\text{Zahlungsmittel} + \text{kurzfr. Forderungen}}{\text{kurzfr. Verbindlichkeiten}} \times 100$$

$$\text{Liquidität 3. Grades} = \frac{\text{Zahlungsmittel} + \text{kurzfr. Forderungen} + \text{Vorräte}}{\text{kurzfr. Verbindlichkeiten}} \times 100$$

Abb. 42: Liquiditätskennziffern

Zur Einschränkung des Insolvenzrisikos sind die **Liquiditätskennziffern wenig geeignet.** Der Grund: Die Kennziffern sind auf einen **Zeitpunkt bezogen.** Selbst wenn die Liquidität 3. Grades > 100 Prozent ist, kann es zu Zahlungsschwierigkeiten kommen: Kurz nach dem kritischen Stichtag wird ein langfristiges Darlehen zur Rückzahlung fällig. Zur Wahrung des finanziellen Gleichgewichts benötigt man einen Anschlußkredit oder ein Aktivum, das sich kurzfristig flüssig machen läßt.

Im Gegensatz zu den statischen Liquiditätskennziffern berücksichtigt der **Finanzplan** als dynamische Rechnung, die auf einen **Planungszeitraum** von 1 bis 12 Monaten bezogen ist, alle künftigen Ein- und Auszahlungen. Der zukunftsbezogene Finanzplan muß folgende Bedingungen erfüllen:
- Prinzip der **Vollständigkeit:** alle erwarteten Ein- und Auszahlungen sind zu erfassen.
- **Bruttoprinzip:** Ein- und Auszahlungen dürfen nicht saldiert werden.

- Prinzip der **Termingenauigkeit**: die Zahlungen sollten möglichst tageweise zugeordnet werden.
- Prinzip der **Betragsgenauigkeit**: die Zahlungen sollten möglichst exakt, in der Tendenz aber eher zu pessimistisch als zu optimistisch geschätzt werden.

Das folgende Beispiel zeigt die **Grundstruktur** eines **Finanzplans**. Als Zeitintervalle in der Kopfzeile können Tage, Wochen, Dekaden oder Monate angenommen werden. Bei allen Betragsangaben handelt es sich um **prognostizierte Größen**.

Zeitintervall	1	2	3...
Einzahlungen	800	400	750
− Auszahlungen	− 650	− 500	− 900
= Saldo	+ 150	− 100	− 150
Zahlungsmittel AB	+ 100	+ 250	+ 150
+/− Saldo	+ 150	− 100	− 150
= Zahlungsmittel EB	+ 250	+ 150	0

Abb. 43: Grobstruktur eines zukunftsbezogenen Finanzplans

Hinter dem hier skizzierten übersichtlichen Finanzplan für das Gesamtunternehmen stehen **Teilfinanzpläne** für einzelne Geschäftssparten. In diesen Teilplänen werden die **Ein-** und **Auszahlungen** stärker **spezifiziert**.[8] Die Einzahlungen reichen von Umsatzerlösen über Zinseinnahmen, Kreditaufnahmen bis zu Einnahmen aus der Veräußerung von Sach- oder Finanzanlagen. Als Auszahlungen kommen Zahlungen für die Beschaffung von Produktionsfaktoren, Steuerzahlungen, Kreditrückzahlungen, Finanzinvestitionen usw. in Betracht.

Bei der **Analyse** des **zukunftsbezogenen Finanzplans** hat man vor allem auf folgende Punkte zu achten:
(1) Salden mit durchweg negativen (positiven) Vorzeichen signalisieren die Tendenz zu **struktureller Unterliquidität** (**Überliquidität**).
(2) Das Vorliegen einer Unter- bzw. Überliquidität läßt sich auch durch den **Vergleich** der im Finanzplan ausgewiesenen Zahlungsmittelbestände mit der Sollgröße einer **gewünschten Liquidität** feststellen.
(3) Je nach Dauer und Ausmaß erfordern Unter- bzw. Überliquidität **Anpassungsmaßnahmen** zur Sicherung der Liquidität bzw. Rentabilität.[9]
(4) Die planmäßigen Anfangs- bzw. Endbestände an **Zahlungsmitteln** dürfen **niemals negativ** werden.
(5) Die **gewünschte Liquidität** als vorsichtsbedingter Pufferbestand sollte die **Richtschnur** für die geplanten Zahlungsmittelbestände sein. Höhe

---

[8] Vgl. Witte, E., Finanzplanung der Unternehmung, 3. Aufl., Opladen 1983, S. 46 ff.
[9] Vgl. zu den möglichen Maßnahmen Abb. 40 auf S. 802

und/oder lang anhaltende Abweichungen von der subjektiv gewünschten Liquidität erfordern entsprechende **Anpassungsmaßnahmen.**

Auch im Rahmen der kurzfristigen Finanzplanung stehen die schon oben beschriebenen Anpassungsmaßnahmen zur Verfügung. Liegt der geplante Zahlungsmittelbestand unter dem gewünschten Liquiditätsbestand, sind Mittel zuzuführen oder freizusetzen. Liegt der Endbestand dagegen für längere Zeit über der gewünschten Liquidität, sollte nach einer rentableren Verwendung der Überschüsse gesucht werden. Ziel der kurzfristigen Finanzplanung sollte somit sein, den Zahlungsmittelbestand möglichst konstant auf dem Niveau der gewünschten Liquidität zu halten.

Auch bei der kurzfristigen Finanzplanung ist das Prinzip der **rollenden Planung** sinnvoll anwendbar. So läßt sich beispielsweise ein Planungszeitraum von einem Jahr in zwölf Monate, diese wiederum in jeweils drei Dekaden einteilen. Die Planung für die ersten drei Dekaden ist eine **Feinplanung,** die Planung für die folgenden Monate eine weniger exakte „**Grobplanung**". Nach Ablauf der ersten (zweiten) Dekade wird die Feinplanung auf die vierte (fünfte) Dekade ausgedehnt. Auch ein „rollender" Finanzplan ist nach den soeben beschriebenen Gesichtspunkten zu analysieren. (**ÜB 5/46** und **49**)

V. Quellen der Außenfinanzierung

1. Die Eigenfinanzierung (Einlagen- und Beteiligungsfinanzierung)

Eine Einlagen- oder Beteiligungsfinanzierung liegt vor, wenn dem Betrieb durch die Eigentümer (Einzelunternehmung), Miteigentümer (Personengesellschaften) oder Anteilseigner (Kapitalgesellschaften) **Eigenkapital von außen** zugeführt wird. Das Eigenkapital entspricht grundsätzlich der Differenz zwischen Vermögen und Schulden (Reinvermögen). Seine speziellen bilanzmäßigen Formen werden maßgeblich von der Rechtsform des Betriebes beeinflußt. Soweit Eigenkapital nicht durch Gewinnthesaurierung (Innenfinanzierung) gebildet wird, erhalten Einzelunternehmen und Personengesellschaften ihr Eigenkapital durch Einlage von privaten Mitteln, also aus dem Haushalt des Unternehmers bzw. der Gesellschafter, die zugleich Eigentümer bzw. Miteigentümer des Betriebes sind, Kapitalgesellschaften durch Gewährung von Gesellschaftsrechten an natürliche oder juristische Personen, die Anteile übernehmen. Die Kapitalgesellschaft ist als juristische Person Eigentümer des Betriebes; die Anteilseigner können als „wirtschaftliche Eigentümer" bezeichnet werden.

Für Personenunternehmen bestehen keinerlei Vorschriften über eine Mindesthöhe des Eigenkapitals. Bei der Aktiengesellschaft ist ein nominell fest gebundenes Grundkaptial von mindestens 100.000 DM[1] und bei der GmbH ein nominell fest gebundenes Stammkapital von mindestens 50.000 DM[2] als

---

[1] Vgl. § 7 AktG
[2] Vgl. § 5 Abs. 1 GmbHG

Haftungsuntergrenze erforderlich. Davon müssen mindestens 25% eingezahlt sein.

Betrachtet man das gesamte Außenfinanzierungsvolumen unserer Wirtschaft, so nimmt die **Finanzierung durch Aktien** umfangmäßig den bedeutendsten Rang ein. Durch die Festsetzung des Mindestnennbetrages von nur 5 DM für eine Aktie[3] kann die Aktiengesellschaft auch kleinste Kapitalbeträge zur Finanzierung mobilisieren. Hierin liegt ein Vorteil in der Eigenkapitalbeschaffung gegenüber allen anderen Rechtsformen. Ein weiterer Vorteil ergibt sich dadurch, daß der einzelne Aktionär sein Beteiligungsverhältnis nur dadurch beenden kann, daß er seine Aktie an einen anderen Aktionär verkauft. Die Gesellschaft erfährt in der Regel von dem Wechsel ihrer Gesellschafter überhaupt nichts, es sei denn, die Aktien lauten auf den Namen[4] oder die in § 20 Abs. 1 und 4 AktG festgesetzten Beteiligungsgrenzen, die eine Mitteilungspflicht auslösen, werden erreicht oder überschritten. Für die Gesellschaft ist das Aktienkapital seitens der Gesellschafter unkündbar. Unternehmen, die Zugang zu hochorganisierten Kapitalmärkten haben und sich über die Ausgabe von börsengängigen Aktien Eigenkapital beschaffen können, bezeichnet man als emissionsfähige Unternehmen.

a) Die Beteiligungsfinanzierung emissionsfähiger Unternehmen

aa) Nennwertaktien – Quotenaktien

Aktien sind Wertpapiere (Teilhaberpapiere), die das Mitgliedschaftsrecht der Aktionäre an der Gesellschaft verbriefen. Die nach deutschem Recht zulässigen Aktien sind **Nennwertaktien** (§ 6 AktG), d. h. sie lauten auf einen bestimmten in Geld ausgedrückten Nennbetrag, der – wie bereits erwähnt – mindestens 5 DM betragen muß (§ 8 Abs. 1 AktG). Sie dürfen nicht unter pari, also nicht unter dem Nennwert ausgegeben werden, wohl aber über pari. Dann entsteht ein sog. Agio (Aufgeld). Für eine Aktie zum Nennwert von 1.000 DM sind dann beispielsweise 1.100 DM zu zahlen (Kurs 110%). Die Gesellschaft erhält einen über den Nennwert hinausgehenden Betrag, der Eigenkapital darstellt und der Kapitalrücklage zugeführt werden muß.[5]

Quotenaktien (nennwertlose Aktien) sind Aktien, die auf eine bestimmte Quote am Reinvermögen, z. B. 1/1.000 oder 1/10.000 lauten; sie sind in Deutschland nicht zulässig, jedoch z. B. in den USA anzutreffen. Im Prinzip wirkt sich die Aufteilung des Kapitals in Nennwert- oder Quotenaktien gleich aus. Wenn z. B. bei einem Aktienkapital von 500.000 DM eine Aktie einen Nennwert von 1.000 DM hat, so macht sie 1/500 des Aktienkapitals aus. Soweit Änderungen in der Höhe des Reinvermögens vom Periodenerfolg (und nicht von Kapitalzuführungen von außen) abhängen, ändert sich die Quote selbst überhaupt nicht; es schwankt nur der hinter der Quote

---

[3] Das Aktiengesetz 1937 setzte den Mindestbetrag für eine Aktie auf 1.000 RM fest; durch § 60 Abs. 2 DM-Bilanzgesetz vom 21. 8. 1949 wurde er auf 100 DM, durch § 8 Abs. 1 AktG 1965 auf 50 DM und durch das Gesetz vom 2. 8. 1994 auf 5 DM herabgesetzt.
[4] Vgl. S. 816 f.
[5] Vgl. § 272 Abs. 2 Nr. 1 HGB

stehende reale Wert des Anteils, ein Vorgang, der als Kursänderung der Aktie sichtbar wird.

Der Börsenkurs von Quotenaktien kann nicht als Prozentkurs, sondern nur als Stückkurs ausgedrückt werden. Während in den USA Stückkurse schon länger üblich sind, wurden in Deutschland die Prozentnotierungen erst 1967 durch Stücknotierungen (damals i. d. R. bezogen auf eine Aktie im Nennwert von 50 DM) ersetzt.[6] Die Verwendung von Nennwertaktien ist jedoch deshalb erforderlich, weil nach dem Aktiengesetz das Grundkapital als Garantiekapital für die Gläubiger in seiner nominellen Höhe fest gebunden ist. Lauten die Aktien auf eine bestimmte Quote am Reinvermögen, so wird das Aktienkapital zu einer mit der jeweiligen Höhe des Reinvermögens variierenden Größe.

bb) Stammaktien – Vorzugsaktien

Nach dem Umfang der Rechte der Aktionäre sind zu unterscheiden:

(1) **Stammaktien.** Sie stellen den Normaltyp der Aktie dar und gewähren gleiches Stimmrecht in der Hauptversammlung, gleichen Anspruch auf Gewinnanteile (Dividende), gleichen Anteil am Liquidationserlös und ein gesetzliches Bezugsrecht auf junge Aktien bei Kapitalerhöhungen oder auf Wandelschuldverschreibungen.

(2) **Vorzugsaktien** sind Aktien besonderer Gattung. Sie räumen dem Aktionär im Verhältnis zu den Stammaktien einen besonderen Anspruch auf Dividende, Stimmrecht, Bezugsrecht oder Liquidationserlös ein. Von praktischer Bedeutung sind vor allem die Dividendenvorzugsaktien. Ihre Ausgabe erfolgt beispielsweise dann, wenn eine Erhöhung des Aktienkapitals erforderlich ist, aber mit Stammaktien nicht durchgeführt werden kann, weil der Aktienkurs unter dem Nennwert liegt, eine Ausgabe von Aktien unter pari jedoch nicht zulässig ist. Dann ist eine Unterbringung neuer Aktien zum Nennwert, also über dem Börsenkurs der alten Aktien, nur möglich, wenn die neuen Aktien mit einem Vorzugsrecht ausgestattet werden.

Vorzugsaktien werden auch dann ausgegeben, wenn infolge eines hohen Verlustvortrages eine Sanierung erfolgen muß. Sanierung bedeutet Herabsetzung des Grundkapitals in vereinfachter Form und anteilsmäßige Verteilung des Verlustes auf die Aktionäre. Das kann durch Herabstempelung des Nennwertes oder durch Zusammenlegung von Aktien erfolgen.[7] Da die Gesellschaft in einer schlechten wirtschaftlichen Lage jedoch nicht nur an einer buchtechnischen Beseitigung des Verlustvortrages interessiert ist, wird sie die Aktionäre auffordern, ihren Verlustanteil durch eine Zuzahlung zu begleichen. Um einen Anreiz zur Zuzahlung zu geben, können die Aktien der zuzahlenden Aktionäre mit einem Vorzug ausgestattet werden.

Das Aktiengesetz bestimmt, daß dann, wenn mehrere Aktiengattungen vorhanden sind, ein Beschluß der Hauptversammlung zur Kapitalerhöhung

---

[6] Vgl. Verordnung über die Feststellung der Börsenpreise von Wertpapieren vom 17. 4. 1967, BGBl I S. 479

[7] Vgl. S. 936 ff.

oder zur Kapitalherabsetzung nur wirksam ist, wenn die Aktionäre jeder Gattung einen gesonderten Beschluß fassen und die gesetzlich oder satzungsmäßig erforderliche Stimmenmehrheit erreichen.[8] Die Ausgabe von Vorzugsaktien kann deshalb auch den Zweck verfolgen, eine Verschiebung der Mehrheitsverhältnisse in einer Gesellschaft zu erreichen. Häufig haben die Vorzugsaktien **kein Stimmrecht**.[9] Dann stellen sie ein Finanzierungsmittel dar, mit dem Eigenkapital beschafft werden soll, ohne daß sich die bestehenden Stimmrechtsverhältnisse in der Gesellschaft verschieben. Der Ausschluß des Stimmrechts erfolgt also aus machtpolitischen Gründen. Als Ersatz wird ein wirtschaftlicher Vorteil in Form eines erhöhten Dividendenanspruchs gewährt.

Es gibt verschiedene Gattungen von Vorzugsaktien. Gewöhnlich besteht der Vorzug in einem **prioritätischen Dividendenanspruch**, d. h., daß bei der Verteilung des Gewinns vorweg an die Vorzugsaktionäre eine Vorzugsdividende zu zahlen ist, also bevor an die Stammaktionäre eine Dividende ausgeschüttet wird. Die Vorzugsaktionäre erhalten beispielsweise zunächst 6 DM Vorzugsdividende je 50 DM Aktien. Ist dann noch Gewinn vorhanden, so werden an die Stammaktionäre auch 6 DM Dividende je 50 DM Aktie ausgeschüttet; der Rest wird gleichmäßig auf alle Aktien verteilt. Ein Vorzug ergibt sich hier nur, wenn der Gewinn nicht ausreicht, den Stammaktionären ebenfalls 6 DM Dividende zu gewähren. Anderenfalls sind Vorzugs- und Stammaktien gleichgestellt.

Der Vorzug kann auch in einem prioritätischen Dividendenanspruch mit **Überdividende** bestehen. Es wird z. B. bestimmt, daß die Vorzugsaktien zunächst 8 DM, danach die Stammaktien 5 DM erhalten und der Rest gleichmäßig auf alle Aktien verteilt wird. Dann kann je nach der Gewinnlage der „Vorsprung" der Vorzugsaktionäre unterschiedlich groß sein.

Beispiel:

Prioritätische Dividende mit Überdividende					
	01	02	03	04	05
Vorzugsaktien	8 DM	8 DM	10 DM	11 DM	8 DM
Stammaktien	0 DM	5 DM	7 DM	8 DM	3 DM
Differenz	8 DM	3 DM	3 DM	3 DM	5 DM

Die Vorzugsdividende kann auf einen bestimmten Höchstbetrag festgesetzt sein **(limitierte Vorzugsaktien)**. Darüber hinaus erhalten die Vorzugsaktionäre keine weiteren Gewinnanteile, sondern der gesamte verbleibende Gewinn wird an die Stammaktionäre verteilt. Einen Vorzug gewähren diese Aktien nur bei relativ schlechter Geschäftslage. Je größer der Gewinn wird, desto stärker kehrt sich der Vorteil in einen Nachteil um.

---

[8] Vgl. §§ 182 Abs. 2 und 222 Abs. 2 AktG
[9] Vgl. § 139 AktG

Limitierte Vorzugsdividende					
	01	02	03	04	05
Vorzugsaktien	6 DM	6 DM	6 DM	6 DM	6 DM
Stammaktien	0 DM	2 DM	6 DM	10 DM	14 DM
Differenz	+ 6 DM	+ 4 DM	± 0 DM	− 4 DM	− 8 DM

Vom Standpunkt des Ertrages, den ein Anleger erzielt, ähnelt diese Aktiengattung festverzinslichen Papieren, solange die Ertragslage günstig ist. In Verlustjahren dagegen braucht die Gesellschaft keine Dividende zu zahlen. Da die Vorzugsaktien vielfach kein Stimmrecht haben, ist auch hier eine Ähnlichkeit zur Obligation, also zum Gläubigerpapier gegeben. Da aber im Konkursfall die aus Obligationen geltend gemachten Ansprüche vorab befriedigt werden, während die Ansprüche der Inhaber von Vorzugsaktien nur für den (seltenen) Fall zur Geltung kommen, daß die Vermögensmasse noch höher ist als die Summe aller Konkursforderungen; da außerdem die Vorzugsaktien sämtliche anderen Aktionärsrechte verbriefen (z. B. Teilnahme an der Hauptversammlung, Informationsrecht, Bezugsrecht, Recht auf Anteil am Liquidationserlös), bestehen trotz dieser Gemeinsamkeiten wichtige Unterschiede zwischen beiden Finanzierungsinstrumenten.

Von **kumulativen Vorzugsaktien**[10] spricht man dann, wenn ein Anspruch auf Vorzugsdividende auch in Verlustjahren besteht und im nächsten Gewinnjahr nachgezahlt werden muß. Die Aktie wird damit praktisch mit einer garantierten Mindestverzinsung ausgestattet. Sind diese Aktien stimmrechtslos, so muß dem Aktionär sein Stimmrecht wieder zuwachsen, wenn in einem Jahr der Vorzugsbetrag nicht oder nur teilweise bezahlt wird und im folgenden Jahr neben dem Vorzugsbetrag dieses Jahres eine Nachzahlung der Rückstände nicht oder nur teilweise möglich ist. In diesem Falle müssen die Vorzugsaktien auch bei der Berechnung einer nach Gesetz oder Satzung erforderlichen Kapitalmehrheit berücksichtigt werden.[11]

Beispiel:
Die kumulative Vorzugsdividende beträgt 6 DM, der Gewinn des ersten Geschäftsjahres reicht zur Zahlung von 4 DM, der des zweiten Jahres zur Zahlung von 4 DM und der des dritten Jahres zur Zahlung von 6 DM Vorzugsdividende aus.

(1) Der Rückstand für das erste Jahr beträgt 2 DM.

(2) Im zweiten Jahr wären zu bezahlen:

    a) der Rückstand von 2 DM,

    b) die Vorzugsdividende dieses Jahres von 6 DM.

    Tatsächlich werden 4 DM bezahlt, Rückstand also 4 DM. Die Vorzugsaktionäre erhalten das Stimmrecht.

---

[10] Vgl. Wöhe/Bilstein, a. a. O., S. 50 f.
[11] Vgl. § 140 Abs. 2 AktG

(3) Im dritten Jahr wären zu bezahlen:
a) der Rückstand von 4 DM,
b) die Vorzugsdividende dieses Jahres von 6 DM.
Tatsächlich werden 6 DM bezahlt. Der Rückstand beträgt 4 DM. Das Stimmrecht bleibt bestehen.

(4) Im vierten Jahr müßten den Vorzugsaktionären 10 DM ausgeschüttet werden, damit das Stimmrecht erlischt.

Nach § 139 Abs. 2 AktG darf der Gesamtnennbetrag der stimmrechtslosen Vorzugsaktien nicht größer sein als der Gesamtnennbetrag der Stammaktien. Diese Vorschrift soll verhindern, daß der Einfluß der stimmberechtigten Stammaktionäre im Verhältnis zu ihrer Kapitalbeteiligung zu groß wird.

Der Vorzug kann sich auch auf das Stimmrecht beziehen und Aktien mit einem mehrfachen Stimmrecht ausstatten. Die Ausgabe von **Mehrstimmrechtsaktien** ist nach § 12 Abs. 2 AktG (gleichlautend in den AktG 1937 und 1965) grundsätzlich unzulässig. Ausnahmen kann nur „die für Wirtschaft zuständige oberste Behörde des Landes, in dem die Gesellschaft ihren Sitz hat", zulassen, „soweit es zur Wahrung überwiegender gesamtwirtschaftlicher Belange erforderlich ist."[12] Soweit Mehrstimmrechtsaktien vor Inkrafttreten des Aktiengesetzes von 1937 ausgegeben worden sind, haben sie weiterhin Gültigkeit. § 5 Abs. 2 des Einführungsgesetzes zum AktG 1965 räumt jedoch der Hauptversammlung das Recht ein, mit einer Mehrheit von drei Vierteln des bei der Beschlußfassung vertretenen Grundkapitals die Beseitigung oder Beschränkung der Mehrstimmrechte zu beschließen.

Die bestehenden Mehrstimmrechtsaktien haben in den seltensten Fällen in erster Linie als Finanzierungsinstrument gedient, sondern sollten eine Veränderung der Stimmenverhältnisse in der Hauptversammlung zugunsten ihrer Inhaber ohne entsprechende Kapitalbeteiligung herbeiführen. Sie wurden vor allem in den zwanziger Jahren während und nach der Inflation ausgegeben, um die Einflußnahme ausländischer Kapitalgruppen, deren Geld man zwar benötigte, denen man aber nur mindere Stimmrechte einräumen wollte, abzuwehren und die Gesellschaft vor einer „äußeren Überfremdung" zu bewahren. Sie sind aber auch ein Instrument der Machtpolitik, um eine „innere Überfremdung", die durch Einfluß unerwünschter Machtgruppen eintreten kann, zu verhindern. Damit sie ihre Aufgaben erfüllen konnten, wurden sie in der Regel als vinkulierte Namensaktien ausgegeben.

Das Stimmrecht eines Aktionärs, der über eine größere Zahl von Aktien verfügt, kann durch die Satzung begrenzt werden. Ein Beispiel dafür war die Satzung der Feldmühle Nobel AG, in der bestimmt worden war, daß das Stimmrecht eines einzelnen Aktionärs auch bei höherem Aktienbesitz auf 5% des Aktienkapitals beschränkt wird.

cc) Vorratsaktien – eigene Aktien

Steht das Mitgliedschaftsrecht der Gesellschaft selbst (oder einem Dritten für Rechnung der Gesellschaft) zu, so lassen sich unterscheiden:

---

[12] § 12 Abs. 2 AktG

(1) **Vorratsaktien** (§ 56 AktG). Man bezeichnet sie auch als Verwaltungs- oder Verwertungsaktien. Es handelt sich um Aktien, die beispielsweise im Rahmen einer ordentlichen Kapitalerhöhung über den momentanen Kapitalbedarf der Gesellschaft hinaus geschaffen und für Rechnung der Gesellschaft oder eines abhängigen oder in Mehrheitsbesitz stehenden Unternehmens von einem Dritten (z. B. einer Bank) oder einem Treuhänder übernommen werden. Der Übernehmer haftet auf die volle Einlage; er kann sich dieser Forderung auch nicht durch den Einwand entziehen, daß er die Aktien nicht für eigene Rechnung übernommen habe. Weder der Übernehmer noch die Gesellschaft können Rechte aus den Vorratsaktien geltend machen, bevor sie ordnungsgemäß übernommen worden sind.

Bilanztechnisch wirken sich Vorratsaktien so aus, daß das Grundkapital um ihren Betrag erhöht wird. Dem steht bei 25%iger Einzahlung der Posten „ausstehende Einlagen auf das Grundkapital" in Höhe von 75% des Gesamtbetrages der Vorratsaktien gegenüber, außerdem die Forderung an den Übernehmer in Höhe von 25%. Der Übernehmer zahlt in der Regel nur den Mindesteinzahlungsbetrag (25% des Nennwerts) ein und erhält dafür einen Kredit von der Gesellschaft in entsprechender Höhe. Dem Betrieb fließen also bei dieser Transaktion keine neuen Mittel oder Vermögenswerte zu. Das ist erst bei der endgültigen Verwertung der Aktien der Fall.

Die Vorratsaktien müssen zur Verfügung der Gesellschaft gehalten werden. Ihre Aufgabe besteht darin, daß die Gesellschaft sie später zum Erwerb größerer Beteiligungen, zur Vorbereitung von Fusionen oder bei Vornahme größerer Investitionen verwerten kann. Die Vorratsaktien sind jedoch durch die Schaffung des sog. genehmigten Kapitals (§ 202 AktG)[13] praktisch überflüssig geworden.

(2) **Eigene Aktien** (§ 71 AktG). Der Erwerb eigener Aktien durch die Gesellschaft ist **grundsätzlich verboten,** da er gegen das Prinzip des Schutzes der Gläubiger und Aktionäre verstößt, denn wirtschaftlich bedeutet der Erwerb eigener Aktien nichts anderes als eine Rückzahlung von Teilen des Grundkapitals. § 71 Abs. 1 AktG läßt jedoch in einigen **Ausnahmefällen** den Kauf eigener Aktien zu und zwar dann, wenn

(1) der Erwerb notwendig ist, um einen schweren Schaden von der Gesellschaft abzuwenden;

(2) die Aktien den Arbeitnehmern der Gesellschaft zum Erwerb angeboten werden sollen;

(3) der Erwerb den Zweck verfolgt, die Aktien außenstehender Aktionäre (Minderheitsaktionäre), die beim Abschluß eines Beherrschungsvertrages aus der abhängigen Gesellschaft ausscheiden wollen, durch Hingabe eigener Aktien der herrschenden Gesellschaft zu erwerben (Abfindung nach § 305 Abs. 2 AktG) oder die ausscheidenden Aktionäre einer Gesellschaft, die bereits zu 95% der eigenen Gesellschaft gehört und nach § 320 AktG i. V. m. § 320b AktG eine Eingliederung in diese Gesellschaft beschließt, oder die ausscheidenden Gesellschafter bei Verschmelzung,

---

[13] Vgl. 931 f.

Spaltung oder Formwechsel der Gesellschaft i. S. d. UmwG mit eigenen
Aktien abzufinden;

(4) auf die Aktien der Nennbetrag oder der höhere Ausgabebetrag voll geleistet ist und der Erwerb unentgeltlich geschieht oder ein Kreditinstitut mit
dem Erwerb eine Einkaufskommission ausführt;

(5) der Erwerb durch Gesamtrechtsnachfolge eintritt;

(6) die Aktien auf Beschluß der Hauptversammlung nach den Vorschriften
über die Herabsetzung des Grundkapitals eingezogen werden sollen;

(7) ein Kredit- oder Finanzinstitut durch einen Beschluß der Hauptversammlung dazu ermächtigt wird, die eigenen Anteile zum Zwecke des Wertpa-
pierhandels zu erwerben. Dabei ist die Höhe des Bestands an eigenen
Aktien ebenso wie die Zeitdauer der Ermächtigung begrenzt.

Der Gesamtnennbetrag der für die unter Nr. 1–3 und 7 genannten Zwecke
erworbenen eigenen Aktien darf jedoch zusammen mit den eigenen Anteilen, die die Gesellschaft schon besitzt, 10 Prozent des Grundkapitals der
Gesellschaft nicht übersteigen. Aus den eigenen Aktien stehen der Gesellschaft keine Rechte zu. Außerdem sind die Vorschriften des § 272 Abs. 4
HGB über die Bildung einer Rücklage für eigene Anteile zu beachten.

Um Umgehungen des Verbots, eigene Aktien zu erwerben, zu verhindern, untersagt § 71 d AktG einem abhängigen Unternehmen, **Aktien der
herrschenden Gesellschaft,** und einem in Mehrheitsbesitz stehenden Unternehmen, Aktien der an ihm mit Mehrheit beteiligten Gesellschaft zu erwerben. Die oben unter Nr. 1–5 und 7 aufgeführten Ausnahmen gelten jedoch
auch in diesen Fällen.

Die Vorratsaktien unterscheiden sich von den eigenen Aktien dadurch,
daß sie nicht wie die eigenen Aktien im Handel waren und von der Gesellschaft erworben worden sind. Eigene Aktien werden am Markt (Börse,
Bank) gekauft, Vorratsaktien werden für Rechnung der Gesellschaft übernommen, ohne zunächst in den Verkehr zu gelangen.

dd) Namensaktien – Inhaberaktien

Je nach den Übertragungsmodalitäten unterscheidet man zwei verschiedene Aktienarten: Namens- und Inhaberaktien.

(1) **Namensaktien** lauten auf den Namen des Aktionärs, der im Aktienbuch
der Gesellschaft eingetragen werden muß.[14] Sie sind geborene Orderpapiere
und werden durch Indossament und Übergabe übertragen. Außerdem ist
eine Umschreibung im Aktienbuch erforderlich. Dadurch wird die Übertragung recht umständlich und schränkt die Beweglichkeit (Fungibilität) der
Aktie ein. Der Gesellschaft gegenüber gilt als Aktionär, wer im Aktienbuch
eingetragen ist. Bei Ausübung des Stimmrechts und bei Dividendenzahlun-
gen können u. U. Unstimmigkeiten bei der Legitimation entstehen. Diesen
Nachteilen steht der Vorteil einer größeren Publizität der Eigentumsverhältnisse gegenüber, da das Aktienbuch eingesehen werden kann. Dadurch werden auch die Möglichkeiten der Steuerhinterziehung eingeschränkt. Die Ur-

---

[14] Vgl. § 67 AktG

kunden der Namensaktien dürfen bereits vor der Volleinzahlung des Nennbetrages ausgegeben werden. Die Mindesteinzahlung beträgt 25% des Nennwertes. Das geforderte Agio muß voll eingezahlt werden.

Wird durch die Satzung die Übertragung an die Zustimmung der Gesellschaft gebunden, so bezeichnet man die Aktien als **„vinkulierte Namensaktien"**. Mit Hilfe der Vinkulierung kann die Gesellschaft verhindern, daß die Aktien in die Hände von Personen gelangen, die ihr aus machtpolitischen Gründen als Aktionäre nicht genehm sind (z. B. ausländische Anteilseigner) oder – im Falle nicht voll eingezahlter Aktien – deren Kreditwürdigkeit problematisch ist. Bei Familiengesellschaften soll die Vinkulierung eine Übertragung an nicht zur Familie gehörende Personen verhindern oder unter Kontrolle halten.

(2) **Inhaberaktien** lauten auf den Inhaber. Sie sind Inhaberpapiere und werden durch Einigung und Übergabe übertragen (§ 929 BGB). Ihre Ausgabe ist nur dann zulässig, wenn der Nennbetrag voll eingezahlt worden ist. Solange die Volleinzahlung nicht erfolgt ist, können an Stelle von Aktien Interimsscheine ausgegeben werden, die auf den Namen lauten[15] und wie Namenspapiere behandelt werden. Sie gewähren die gleichen Rechte wie die Aktien. In der Satzung ist festzulegen, ob die Aktien auf den Inhaber oder den Namen ausgestellt werden.[16] Inhaberaktien bilden in Deutschland den Normaltyp der Aktie.

ee) Stammeinlagen (Anteile) einer GmbH

Die Eigenkapitalbeschaffung der GmbH erfolgt durch die Übernahme von Stammanteilen durch die Gesellschafter. Die GmbH hat ein festes Stammkapital wie die AG, das im Gesellschaftsvertrag festgelegt wird und mindestens 50.000 DM betragen muß. Die Stammeinlage jedes Gesellschafters muß nach § 5 GmbHG mindestens 500 DM betragen. Die Anmeldung zur Eintragung in das Handelsregister darf gem. § 7 GmbHG erst erfolgen, wenn auf jede Stammeinlage 25% eingezahlt sind und der Gesamtbetrag der geleisteten Einlagen 25.000 DM erreicht. Die Fungibilität eines Anteils an einer GmbH wird durch die notarielle oder gerichtliche Beurkundung des Übertragungsvorgangs sowie die besondere Bewertungsproblematik, da die Anteile nicht an der Börse gehandelt werden, erheblich eingeschränkt.

ff) Die Ermittlung des Wertes von Anteilen

Das Nominalkapital einer Aktiengesellschaft ist nicht mit ihrem gesamten Eigenkapital identisch. Während sich bei den Einzelunternehmungen und den Personengesellschaften Gewinne und Verluste in einer Veränderung der Kapitalkonten zeigen, vollziehen sich Bewegungen im Eigenkapital der Kapitalgesellschaften nicht im Haftungskapital (Nominalkapital), sondern in gesonderten Eigenkapitalpositionen: den Rücklagen und dem Gewinn- bzw. Verlustvortrag. Bei der Aktiengesellschaft setzt sich das ausgewiesene Eigenkapital vereinfacht folgendermaßen zusammen:

---

[15] Vgl. § 10 Abs. 3 AktG
[16] Vgl. § 23 Abs. 3 Nr. 5 AktG

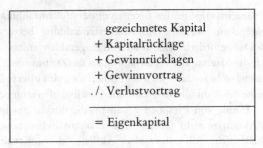

Es läßt sich auch wie folgt bestimmen:

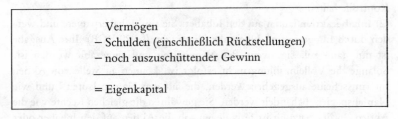

Ist das Eigenkapital infolge von Verlusten kleiner als das Nominalkapital geworden, so darf dieses in der Bilanz nicht vermindert werden, sondern ist weiterhin in voller Höhe auszuweisen. Der Verlust wird auf der Passivseite der Bilanz bei den Eigenkapitalpositionen ausgewiesen.

Das Verhältnis des bilanzierten Eigenkapitals zum gezeichneten Kapital bezeichnet man als **Bilanzkurs.**

$$\text{Bilanzkurs} = \frac{\text{bilanziertes Eigenkapital}}{\text{gezeichnetes Kapitel}} \times 100$$

Beispiel:

gezeichnetes Kapital	500.000
Kapitalrücklage	50.000
Gewinnrücklagen	250.000
Eigenkapital	800.000

$$\text{Bilanzkurs} = \frac{800.000}{500.000} \times 100 = 160\%$$

Dieser Bilanzkurs besagt, daß auf je 100 DM Nominalkapital 60 DM weiteres Eigenkapital entfallen.

Es darf nicht übersehen werden, daß dann, wenn durch Unterbewertung von Vermögensteilen oder Überbewertung von Schulden stille Rücklagen[17] gebildet worden sind, das Vermögen des Betriebes größer ist als das in der Bilanz ausgewiesene Vermögen. Folglich ist auch das effektiv vorhandene

---

[17] Vgl. S. 1123 ff.

und bei der betrieblichen Leistungserstellung mitwirkende Eigenkapital um die stillen Rücklagen größer als das bilanzierte Eigenkapital, so daß sich das gesamte Eigenkapital eines Betriebes aus dem bilanzierten Eigenkapital und den stillen Rücklagen zusammensetzt. Diese Feststellung ist von der Rechtsform des Betriebes unabhängig. Je größer die stillen Rücklagen sind, desto höher ist bei einer Aktiengesellschaft der solchermaßen korrigierte Bilanzkurs der Aktie.

$$\text{Korrigierter Bilanzkurs} = \frac{\text{bilanziertes Eigenkapital} + \text{stille Rücklagen}}{\text{Grundkapital}} \times 100$$

Setzt man im vorangegangenen Beispiel die stillen Rücklagen mit 100.000 DM an, so ergibt sich ein Eigenkapital von 900.000 DM, der Kurs beträgt dann 180%.

Geht man nicht vom Verhältnis des Eigenkapitals zum Grundkapital, sondern vom Verhältnis des Ertragswertes zum Grundkapital aus, so erhält man den **Ertragswertkurs:**

$$\text{Ertragswertkurs} = \frac{\text{Ertragswert}}{\text{Grundkapital}} \times 100$$

Der Ertragswert läßt sich durch Kapitalisierung des nachhaltig erwarteten Reinertrages ermitteln:[18]

$$\text{Ertragswert} = \frac{\text{Reinertrag}}{\text{Kapitalisierungszinsfuß}} \times 100$$

Angenommen, der Reinertrag beträgt 60.000 DM, der Kapitalisierungszinsfuß 5%, so ergibt sich ein Ertragswert von

$$\frac{60.000}{5} \times 100 = 1.200.000 \text{ DM};$$

der Ertragswertkurs beträgt dann:

$$\frac{1.200.000}{500.000} \times 100 = 240\%.$$

Während der Bilanzkurs lediglich zum Ausdruck bringt, wieviele Rücklagen im Verhältnis zum Grundkapital vorhanden sind, d. h. wie groß der „innere Wert" einer Aktie auf Grund der vorhandenen Vermögenssubstanz ist, zeigt der Ertragswertkurs den „inneren Wert" einer Aktie unter Berücksichtigung der Ertragserwartungen.

---

[18] Vereinfachte Formel, vgl. die Errechnung des Ertragswerts S. 794 f.

52*

Keiner der bisher dargestellten Kurse entspricht dem **Börsenkurs.** Dieser bildet sich durch Angebot und Nachfrage an der Börse und wird folglich durch alle Komponenten beeinflußt, von denen Angebot und Nachfrage abhängen.

Grundlage der Kursbildung sind die **Erwartungen der Anleger** hinsichtlich der Erträge des Unternehmens und ihrer sonstigen Anlagemöglichkeiten. Diese Erwartungen werden u. a. durch Dividendenankündigungen, Bekanntmachungen über Gewinne und den Geschäftsverlauf der Unternehmen, durch die allgemeine Konjunkturentwicklung, wirtschafts- und sozialpolitische Maßnahmen, Veränderungen der innen- und außenpolitischen Lage beeinflußt. Die Erwartungen der Anleger können sich auch auf Kurssteigerungen bzw. -verluste richten, die nicht Ergebnis der Ertragslage der Unternehmen sind, z. B. Ankündigungen von Kapitalerhöhungen, die Ausgabe von Zusatzaktien,-die Absicht einzelner Anleger, Mehrheitsbeteiligungen zu erwerben u. ä. Alle diese sich gegenseitig beeinflussenden Faktoren rufen eine optimistische oder pessimistische Stimmung an der Börse hervor, die die Entschlüsse zum Kauf oder Verkauf berührt.

An jeder Wertpapierbörse unterscheidet man den **amtlichen Handel,** den **geregelten Markt** und den **Freiverkehr,**[19] der aus den bisherigen Marktsegmenten „geregelter" und „ungeregelter Freiverkehr" entstanden ist. Die Zulassung von Aktien zum amtlichen Handel erfordert die Genehmigung der Zulassungsstelle der Börse, die an eine Reihe von Voraussetzungen geknüpft ist.[20] Die Zulassungsanforderungen für den geregelten Markt sind geringer,[21] so daß auch kleine und mittlere Unternehmen leichteren Zugang zur Börse finden. Während das Mindestgesamtvolumen des an der Börse einzuführenden Kapitals im amtlichen Handel 2.500.000 DM beträgt, beläuft es sich für den geregelten Markt nur auf 500.000 DM. Zudem ist der von den Unternehmen einzureichende und zu veröffentlichende sogenannte **Unternehmensbericht** weniger umfangreich als der für den amtlichen Handel erforderliche **Börseneinführungsprospekt.** Im geregelten Markt handelt es sich um nicht-amtliche, jedoch der Aufsicht des Börsenvorstandes unterliegende Kurse. Unternehmen, die nicht in der Lage sind, die Zulassungsvoraussetzungen des amtlichen Handels bzw. des geregelten Marktes zu erfüllen, können auf den Freiverkehr ausweichen. Dort findet eine Preisbildung auf privatrechtlicher Basis statt.

Beim amtlichen Handel ist zwischen einem Einheitsmarkt und einem variablen Markt zu unterscheiden. Am **Einheitsmarkt** wird an einem Tag nur ein einheitlicher Kurs (Kassakurs) ermittelt, am variablen Martk erfolgt dagegen eine fortlaufende Notierung während der Börsenzeit. Am **variablen Markt** sind nur Aktien von Gesellschaften zugelassen, deren Grundkapital mindestens zehn Millionen DM beträgt. Außerdem muß das einzelne Ge-

---

[19] Vgl. hierzu ausführlich Vormbaum, H., (Finanzierung), 9. Aufl., Wiesbaden 1995, S. 197 ff.

[20] Vgl. §§ 36 ff. BörsG

[21] Vgl. §§ 71 ff. BörsG

schäft über mindestens 50 Stück oder ein Vielfaches davon abgeschlossen werden.

Der **Einheitskurs** wird in der Weise ermittelt, daß der Börsenmakler sämtliche Kauf- und Verkaufsaufträge sammelt und daraus den Kurs festsetzt, bei dem der größtmögliche Umsatz vollzogen wird. Käufer und Verkäufer können ihren Börsenauftrag entweder limitieren, d. h. den Kurs angeben, der beim Kauf nicht überschrittten oder beim Verkauf nicht unterschritten werden darf, oder sie können – wenn sie wünschen, daß ihr Auftrag in jedem Falle ausgeführt wird – angeben, daß „billigst" angeschafft oder „bestens" verkauft wird (unlimitierter Auftrag).[22]

Beispiel:

Nachfrage (Kaufaufträge)		Angebot (Verkaufsaufträge)	
200 Stück A-Aktien	zu 164 DM	400 Stück A-Aktien	zu 160 DM
500 Stück dto.	zu 163 DM	400 Stück dto.	zu 161 DM
300 Stück dto.	zu 162 DM	100 Stück dto.	zu 162 DM
200 Stück dto.	zu 161 DM	300 Stück dto.	zu 163 DM
300 Stück dto.	zu 160 DM	300 Stück dto.	zu 164 DM

Der Kurs wird auf 162 DM festgesetzt, da bei diesem Kurs der größte Umsatz erzielt wird, wie die folgende Übersicht zeigt:

Kurs	Angebot	Nachfrage
160 DM	400 Stück	1500 Stück
161 DM	800 Stück	1200 Stück
162 DM	900 Stück	1000 Stück
163 DM	1100 Stück	700 Stück
164 DM	1500 Stück	200 Stück

Da beim Kurs von 162 DM nicht alle Kaufaufträge erledigt werden können, wird dieser Kurs mit dem Zusatz „bG" notiert; bG bedeutet: bezahlt und Geld, d. h. es wurden Umsätze durchgeführt, die Nachfrage wurde jedoch nicht voll gedeckt.

Auf dem **Kurszettel** können den Kursen folgende Zeichen hinzugesetzt werden:[23]

b, bz oder bez. (= **bezahlt**) besagt, daß Angebot und Nachfrage sich ausgeglichen haben, d. h. es wurden ausgeführt:

(1) alle Kauf- und Verkaufsaufträge, die nicht limitiert oder zum notierten Kurs limitiert waren,

(2) alle höher limitierten Kaufaufträge und

(3) alle niedriger limitierten Verkaufsaufträge.

---

[22] Vgl. Obst-Hintner, Geld-, Bank- und Börsenwesen, 38. Aufl., Stuttgart 1991, S. 1035 ff.
[23] Vgl. Wöhe/Bilstein, a. a. O., S. 60

G (= Geld) bedeutet: zum notierten Kurs bestand Nachfrage, aber kein oder nur unbedeutendes Angebot, so daß der größte Teil der limitierten Kaufaufträge nicht erledigt werden konnte und nur „Bestens-Aufträge" ausgeführt wurden.

B (= Brief) heißt, daß zum notierten Kurs ein Angebot, aber keine oder nur unbedeutende Nachfrage vorhanden war, so daß nur Bestens-Verkaufsaufträge erledigt werden konnten.

bG oder bez.G (= bezahlt und Geld) bedeutet, daß Umsätze erfolgt sind, aber die Nachfrage nicht voll befriedigt werden konnte.

etw.bez.G (= etwas bezahlt und Geld) besagt: es wurden Umsätze durchgeführt, die limitierten Kaufaufträge konnten aber nur zum Teil erledigt werden.

bB oder bez.B (= bezahlt und Brief) bedeutet, daß Umsätze erfolgt sind, aber noch Angebot bestand.

etw.bez.B (= etwas bezahlt und Brief) besagt, daß Umsätze durchgeführt wurden, aber nur ein Teil der limitierten Verkaufsaufträge erledigt werden konnte.

– (= gestrichen) bedeutet: da keine Aufträge vorlagen, erfolgte keine Kursbildung.

T (= Taxe) heißt: Der Kurs wurde geschätzt, da keine Aufträge vorlagen. Umsätze werden jedoch zum geschätzten Kurs für möglich gehalten.

b) Die Beteiligungsfinanzierung nicht-emissionsfähiger Unternehmen

Nicht-emissionsfähige Unternehmen haben keinen Zugang zur Börse, so daß ihnen – im Gegensatz zu großen Aktiengesellschaften – kein organisierter Markt zur Beschaffung von Eigenkapital zur Verfügung steht. Davon sind insbesondere Einzelunternehmungen und Personengesellschaften, aber auch GmbH und kleinere AG betroffen. Sie sind zur Deckung ihres Kapitalbedarfs auf Gewinnthesaurierung, Zuführung von privaten Mitteln oder die Aufnahme eines stillen Gesellschafters bzw. weiterer Gesellschafter angewiesen.[24] Dabei können Schwierigkeiten hinsichtlich der zu gewährenden Mitspracherechte und der Möglichkeiten zur Einflußnahme bzw. der Aufteilung stiller Rücklagen entstehen. Negativ wirkt sich auch die mangelnde Fungibilität bzw. Liquidierbarkeit der Beteiligungen aus. Da bei gegebenem Eigenkapitalvolumen auch die Fremdfinanzierungsmöglichkeiten begrenzt sind, wachsende Unternehmungen jedoch zur Einführung neuer Produkte bzw. zur Entwicklung neuer Technologien zusätzliche finanzielle Mittel benötigen, hat man neue Finanzierungsinstrumente entwickelt, um den Mangel an Beteiligungskapital nicht-emissionsfähiger Unternehmen zu beheben.

aa) Kapitalbeteiligungsgesellschaften

Bei Kapitalbeteiligungsgesellschaften handelt es sich häufig um Tochtergesellschaften von Banken, die anstelle von Krediten Eigenkapital zur Verfü-

---

[24] Vgl. S. 346 ff.

gung stellen. Dies kann in Form einer offenen Beteiligung durch den Erwerb von Gesellschaftsanteilen oder in Form einer stillen Beteiligung erfolgen, wobei die Beteiligungen in der Regel nur befristet gehalten werden. Dabei streben die Kapitalbeteiligungsgesellschaften keine Beherrschung der jeweiligen Unternehmen an, sondern beschränken sich auf die Finanzierungsfunktion, werden aber in gewissem Umfang auch beratend und überwachend tätig. Allerdings sind Kapitalbeteiligungsgesellschaften eher risikoscheu, so daß sie kaum junge, innovative Unternehmen oder mit hohen Risiken verbundene Gründungsinvestitionen fördern, sondern vielmehr langjährig bestehende Unternehmen bevorzugen.[25]

bb) Venture-Capital-Gesellschaften

Die Anlageobjekte von Venture-Capital-Gesellschaften sind dagegen gerade solche jungen innovativen Unternehmen. Weil die Bereitstellung von Eigenkapital für diese Unternehmen oftmals besonders risikoreich ist, strebt man beim Erwerb von Gesellschaftsanteilen **Risikodiversifikation** an, um dadurch das Scheitern einzelner Engagements auszugleichen. Venture-Capital-Gesellschaften finanzieren sich über Banken, Versicherungen, Großunternehmen und ggf. auch über Privatpersonen durch die **Bildung von Fonds.**

Während Kapitalbeteiligungsgesellschaften in erster Linie am laufenden Gewinn der Gesellschaften beteiligt sind, profitieren Venture-Capital-Gesellschaften von der Wertsteigerung der Beteiligung bei späterer Veräußerung, nachdem die Anteile langfristig gehalten wurden. Venture-Capital-Gesellschaften stellen neben finanziellen Mitteln auch ihr Know-how zur Verfügung und übernehmen somit auch eine **Managementberatungsfunktion.**[26] Jedoch sind die Grenzen zwischen Kapitalbeteiligungsgesellschaften und Venture-Capital-Gesellschaften inzwischen fließend geworden, so daß beide Finanzierungsinstrumente ineinander übergehen können.

cc) Unternehmensbeteiligungsgesellschaften

Das Problem der Eigenkapitalbeschaffung für nicht börsennotierte Unternehmen hat den Gesetzgeber zur Schaffung sog. Unternehmensbeteiligungsgesellschaften veranlaßt,[27] mit denen die Außenfinanzierungsmöglichkeiten derartiger Unternehmen verbessert und dem breiten Publikum eine mittelbare Beteiligung an mittelständischen Unternehmen ermöglicht werden soll. Für Unternehmensbeteiligungsgesellschaften ist die **Rechtsform der Aktiengesellschaft** vorgeschrieben. Ihr Gegenstand ist der Erwerb, die Verwaltung und die Veräußerung von Anteilen oder Beteiligungen als stiller Gesellschafter an inländischen Unternehmen, deren Anteile weder an der Börse

---

[25] Vgl. Perridon/Steiner, Finanzwirtschaft der Unternehmung, 8. Aufl., München 1995, S. 330 f.
[26] Vgl. Vormbaum, H., (Finanzierung), a. a. O., S. 175
[27] Vgl. Gesetz über Unternehmensbeteiligungsgesellschaften (UBGG) vom 17. 12. 1986, BStBl 1987 I, S. 181

noch einem sonstigen organisierten Markt gehandelt werden.[28] Eine Anlage in börsennotierten Anteilen ist nicht erlaubt.

Die Tätigkeit der Unternehmensbeteiligungsgesellschaften ist durch gesetzliche Kapitalanlage- und -beschaffungsgrundsätze, die den Erwerb von Anteilen, die Kreditaufnahme und unzulässige Kapitalbeschaffungsmöglichkeiten (Schuldverschreibungen, Genußscheine) regeln, genau festgelegt.[29] Gemäß § 9 UBGG muß eine Unternehmensbeteiligungsgesellschaft innerhalb von zehn Jahren nach ihrer Anerkennung mindestens 70% ihrer Aktien öffentlich zum Erwerb anbieten. Diese Aktien müssen an einer inländischen Börse zugelassen sein.

Von besonderer Bedeutung sind die für anerkannte Unternehmensbeteiligungsgesellschaften vorgesehenen **steuerlichen Vorteile.** Diese sind ein Anreiz für klassische Kapitalbeteiligungsgesellschaften bzw. Venture-Capital-Gesellschaften, sich den strengen Anforderungen des UBGG durch Erfüllung der Anerkennungsvoraussetzungen zu unterwerfen, damit sie in den Genuß von Steuerbefreiungen kommen. Um den privaten Anleger, der nur mittelbar über die Unternehmensbeteiligungsgesellschaft an den nicht börsennotierten Unternehmen beteiligt ist, steuerlich so zu stellen, als handele es sich um eine unmittelbare Beteiligung, sind die Unternehmensbeteiligungsgesellschaften gem. § 3 Abs. 1 Nr. 19 VStG von der **Vermögensteuer** und gem. § 3 Nr. 23 GewStG von der **Gewerbesteuer befreit.** Die explizite Aufnahme der Unternehmensbeteiligungsgesellschaften in § 9 Nr. 2a und § 12 Abs. 3 Nr. 2a GewStG, d. h. in die Gruppe der begünstigten Schachtelunternehmen, stellt die Anwendung des gewerbesteuerlichen Schachtelprivilegs auch für die steuerbefreiten Unternehmensbeteiligungsgesellschaften sicher, denn diese Vergünstigung gilt grundsätzlich nur für nicht steuerbefreite inländische Kapitalgesellschaften. Ferner bleibt gem. § 4 Nr. 8j UStG die Beteiligung als stiller Gesellschafter am Unternehmen oder am Gesellschaftsanteil eines Dritten von der Umsatzsteuer befreit.

Eine Alternative zu den Unternehmensbeteiligungsgesellschaften wäre die Erleichterung des Börsenzugangs kleinerer und mittlerer Aktiengesellschaften sowie die direkte Zulassung von GmbH- und KG-Anteilen zur Börse;[30] beide Vorschläge sind jedoch bislang nicht umgesetzt worden.

2. Die Fremdfinanzierung (Kreditfinanzierung)

a) Übersicht

Die Arten des Fremdkapitals lassen sich nach verschiedenen Kriterien einteilen:

(1) Nach der **Herkunft des Kapitals,** d. h. nach den Kreditgebern unterscheidet man:

    (a) Bankkredite (z. B. Kontokorrentkredit, Darlehen, Diskontkredit, Akzeptkredit, Lombardkredit);

---

[28] Vgl. § 2 UBGG
[29] Vgl. §§ 3–8 UBGG
[30] Vgl. Perridon/Steiner, a. a. O., S. 332

(b) Kredite von Privatpersonen und Betrieben (z. B. Darlehen, Schuld-scheindarlehen, Obligationen);

(c) Lieferantenkredite (Kaufpreisstundung);

(d) Kundenkredite (Anzahlungen);

(e) Kredite der öffentlichen Hand (z. B. auf Grund öffentlicher Förderungsprogramme).

(2) Nach der erforderlichen **rechtlichen Sicherung** ist zu trennen zwischen:

  (a) Schuldrechtlicher Sicherung:

    aa) Bürgschaft oder Garantie (Avalkredit);

    bb) Forderungsabtretung;

  (b) Sachenrechtlicher Sicherung:

    aa) Grundpfandrechte (Hypothekarkredite, Grundschuld);

    bb) bewegliche Pfandrechte (z. B. Waren- und Effektenlombardkredit);

    cc) Sicherungsübereignung;

    dd) Eigentumsvorbehalt.

(3) Nach der **Dauer der Kapitalüberlassung** (Fristigkeit) wird gegliedert in:

  (a) Kurzfristige Kredite: bis zu 90 Tagen (z. B. Handelswechsel), teilweise bis zu 360 Tagen, die Abgrenzung zu b) ist fließend;

  (b) Mittelfristige Kredite: über 90 bzw. 360 Tage bis zu 5 Jahren;

  (c) langfristige Kredite: über 5 Jahre Laufzeit; so z. B. die Fristeneinteilung der Bankenstatistik der Deutschen Bundesbank.[31]

(4) Nach dem **Gegenstand der Übertragung** auf den Betrieb ist zu unterscheiden in:

  (a) Sachkredite: dem Betrieb fließen Sachwerte zu, z. B. Lieferantenkredit, Naturalkredit;

  (b) Geldkredite: dem Betrieb fließt Geld zu, z. B. Darlehen, Anzahlungen;

  (c) Kreditleihe: der Betrieb erhält weder Geld noch Sachwerte, sondern Sicherheiten, mit denen er Kredite nach (a) oder (b) aufnehmen kann, z. B. Akzeptkredit, Avalkredit, Akkreditiv.

b) Langfristige Fremdfinanzierung

Die langfristige Fremdfinanzierung ist eine Darlehensfinanzierung. **Darlehen** sind festverzinsliche Kredite, die an bestimmten, vertraglich vereinbarten Terminen auszuzahlen oder zurückzuzahlen sind. Sie belasten den Betrieb im Gegensatz zu Aktien und Geschäftsanteilen auch in Verlustjahren mit Zinsen, andererseits sind die Zinsen bei der Ermittlung des Gewinns abzugsfähig, d. h. sie werden buchtechnisch als Aufwand verrechnet und mindern den ausgewiesenen und den steuerpflichtigen Gewinn. Dividenden dagegen sind aus dem versteuerten Gewinn zu zahlen. Nach der Art der Kapitalbeschaffung und der rechtlichen Sicherung unterscheidet man:

---

[31] Vgl. Krüger, W., Langfristige Fremdfinanzierung durch Kreditinstitute und andere Finanzinstitutionen, in: Finanzierungshandbuch, hrsg. von F. W. Christians, 2. Aufl., Wiesbaden 1988, S. 259

(1) Anleihen (Obligationen),
(2) Schuldscheindarlehen,
(3) Hypotheken- und Grundschulden,
(4) sonstige langfristige Darlehen.

Wegen ihrer besonderen Bedeutung als Finanzierungsinstrument von Großbetrieben sollen die Obligationen und Schuldscheindarlehen ausführlicher besprochen werden.

aa) Industrieobligationen

Die von der gewerblichen Wirtschaft ausgegebenen Obligationen bezeichnet man als Industrieobligationen, auch wenn sie nicht nur von Industriebetrieben, sondern z. B. auch von Handels- oder Verkehrsbetrieben begeben werden. Andere Anleihegruppen bilden die Obligationen der öffentlichen Hand (Anleihen des Bundes, der Länder und der Gemeinden) und die Pfandbriefe der Realkreditinstitute (z. B. Hypothekenbanken).

Die Aufnahme von Fremdkapital durch **Emission von Teilschuldverschreibungen** ist die typische Form langfristiger Fremdfinanzierung von großen Aktiengesellschaften. Durch Stückelung des Gesamtbetrages in kleinere Teilbeträge bieten die Anleihen den Vorteil, daß große Kreditsummen, die eine einzelne Bank einzuräumen nicht bereit oder in der Lage wäre, von vielen einzelnen Gläubigern (Obligationären) aufgebracht werden können. Von seiten der Gläubiger kann die Obligation nicht gekündigt werden, doch hat jeder Obligationär die Möglichkeit, das Kreditverhältnis durch Verkauf seiner Schuldverschreibung für sich persönlich zu beenden – ebenso wie ein Aktionär sein Beteiligungsverhältnis durch Veräußerung seiner Aktien lösen kann.

Obligationen verbriefen keine Mitgliedschaftsrechte, sondern Forderungsrechte, d. h. sie sind reine **Gläubigerpapiere.** Im Falle des Konkurses zählen sie zu den Konkursforderungen. Die Ausgabe von Obligationen ist an sich nicht auf Betriebe einer bestimmten Rechtsform beschränkt, praktisch jedoch kommen nur sehr große Betriebe, also in den meisten Fällen Aktiengesellschaften, in Frage, da die Ausgabekosten von Obligationen sehr hoch sind und sich erst bei Anleihebeträgen von mehreren Millionen rentieren. Außerdem setzt die Börseneinführung nach § 2 Abs. 2 BörsZulV einen bestimmten Mindestbetrag in Höhe von 500.000 DM voraus. Zum Zwecke der schnelleren Unterbringung werden Obligationen häufig von einem Bankenkonsortium übernommen, das der ausgebenden Gesellschaft sofort den Gegenwert zur Verfügung stellt und dann gegen Vergütung einer Provision die Obligationen im Publikum unterbringt.

Die Emission von Anleihen ist an **staatliche Genehmigung** gebunden (zuständiger Bundesminister im Einvernehmen mit der zuständigen obersten Landesbehörde). Die Teilschuldverschreibungen sind gewöhnlich Inhaberpapiere, die auf einen bestimmten Nennwert lauten. Sie sind festverzinslich. Die Sicherung erfolgt in der Regel durch Eintragung eines Grundpfandrechts. Sie kann durch die sog. Negativklausel verstärkt werden, d. h. durch die vertragliche Zusage gegenüber den Obligationären, sie im Hinblick auf die Sicherheit nicht schlechter zu stellen als die Gläubiger später ausgegebener Anleihen. Im Gegensatz zur Aktienausgabe ist eine **Unter-pari-Emission** zulässig. Wird eine Anleihe unter pari begeben, z. B. zum Kurs von 97%, so muß der Käufer für eine Obligation von 1.000 DM nur 970 DM bezahlen. Da der Nennbetrag von 1.000 DM verzinst wird, bedeutet die Unter-pari-Emission, daß der Effektivzins über dem Nominalzins liegt. Das stellt einen zusätzlichen Anreiz zur Zeichnung einer Obligation dar, der noch dadurch erhöht wird, daß die Rückzahlung der Obligation über pari, z. B. zu 103%, erfolgen kann. Für den Betrieb bedeutet die Unter-pari-Ausgabe und die Über-pari-Rückzahlung einen Verlust **(Disagio)**, denn für je 1.000 DM erhält er nur 970 DM und muß 1.030 DM zurückzahlen.

§ 253 Abs. 1 HGB schreibt vor, daß die Bilanzierung der Obligationen zum Rückzahlungsbetrag erfolgen muß, und § 250 Abs. 3 HGB läßt zu, daß der Disagiobetrag auf der Aktivseite unter den Posten der Rechnungsabgrenzung eingestellt und über die Laufzeit der Anleihe durch planmäßige Abschreibungen getilgt oder sofort abgeschrieben werden kann.

Die **Laufzeit** der Obligationen beträgt im allgemeinen 10 bis 20 Jahre. Die **Rückzahlung** kann entweder nach Ablauf der Frist auf einmal erfolgen, oder es wird von einem bestimmten Zeitpunkt an eine allmähliche Tilgung nach einem festgelegten Tilgungsplan durchgeführt. Da neben der Tilgungsquote auch Zinsen gezahlt werden müssen, ist die Belastung der einzelnen Jahre bei gleicher Tilgungsquote verschieden. Will man eine gleichmäßige Belastung erreichen, so tilgt man anfangs weniger, weil die Zinsen noch höher sind; je mehr die Zinsen abnehmen, um so mehr wird die Tilgungsquote erhöht. Die Summe aus jährlicher Tilgungsquote und jährlichem Zinsbetrag bezeichnet man als **Annuität.**

Die Tilgung kann entweder durch **Auslosung** erfolgen – die gezogenen Nummern werden dann zurückgezahlt – oder durch **Rückkauf** der zu tilgenden Stücke an der Börse. Die erste Form der Tilgung bringt bei hohem Emissionsdisagio und Rückzahlungsagio den Obligationären einen Zinsvorteil, deren Stücke frühzeitig ausgelost werden, da Disagio bzw. Agio die durchschnittliche Verzinsung um so mehr erhöhen, je kürzer die effektive Laufzeit ist. Die zweite Form der Tilgung ist für die Gesellschaft dann günstig, wenn der Kurs der Obligationen unter dem Rückzahlungskurs liegt. Für die Obligationäre hat sie den Vorteil, daß die beim Rückkauf entfaltete Nachfrage zu Kurssteigerungen führen kann.

bb) Wandelschuldverschreibungen

Die Obligationen können mit verschiedenen Sonderrechten ausgestattet sein. Wandelschuldverschreibungen (Convertible bonds) enthalten das Recht, nach einer bestimmten Sperrfrist in Aktien umgetauscht zu werden. Damit bietet man gegenüber den normalen Obligationen einen gewissen Anreiz durch die Möglichkeit, das Gläubigerverhältnis in ein Beteiligungsverhältnis umzuwandeln. Die Ausgabe der Bezugsaktien gegen Wandelschuldverschreibungen darf nur erfolgen, wenn die Differenzen zwischen dem Ausgabebetrag der zum Umtausch eingereichten Schuldverschreibungen und dem höheren Nennbetrag der für sie auszugebenden Bezugsaktien durch Zuzahlung des Obligationärs oder aus einer anderen Gewinnrücklage, die zu diesem Zweck verwendet werden kann, gedeckt ist.[32] Das Umtauschverhältnis und eine eventuelle Zuzahlung werden von vornherein in den Emissionsbedingungen festgelegt.

Das Aktienbezugsrecht der Obligationäre wird durch eine **bedingte Kapitalerhöhung**[33,34] gesichert, d. h. durch eine Kapitalerhöhung, „die nur so weit durchgeführt werden soll, wie von einem Umtausch- oder Bezugsrecht Gebrauch gemacht wird, das die Gesellschaft auf die neuen Aktien (Bezugsaktien) einräumt.[35]" Der Nennbetrag des bedingten Kapitals darf die Hälfte des Grundkapitals nicht überschreiten.[36] Da die Erhöhung des Aktienkapitals durch Umtausch der Wandelschuldverschreibungen zu einer Veränderung des Aktienkurses und einer Verwässerung der Aktionärsrechte (z. B. Anteil an den stillen Rücklagen, Dividendenanteil, Anteil am Liquidationserlös) führen kann, haben die Aktionäre auf Wandelschuldverschreibungen ebenso ein Bezugsrecht wie auf neue Aktien.[37]

Die **Umtauschfrist** erstreckt sich gewöhnlich über mehrere Jahre. Die Gesellschaft kann auf den Zeitpunkt der Umwandlung der Obligation in Aktien einen gewissen Einfluß durch eine zeitliche Staffelung der Zuzahlungsbeträge ausüben. Wünscht man einen möglichst schnellen Umtausch, so wird man die Zuzahlung anfangs niedrig und später immer höher festsetzen, will man den Umtausch auf einen möglichst späten Zeitpunkt hinausschieben, so geht man umgekehrt vor. Da es für den Betrieb vorteilhafter sein kann, sich über Wandelschuldverschreibungen statt über Aktien zu finanzieren, denn die Fremdkapitalzinsen mindern als Betriebsausgabe den steuerpflichtigen Gewinn und folglich die Körperschaftsteuer, während Dividenden aus dem versteuerten Gewinn zu zahlen sind, werden die Gesellschaften in der Regel bestrebt sein, den Umtausch möglichst spät vorzunehmen.

Die **Zuzahlung** kann dann folgendermaßen geregelt werden: entweder wird sie in Prozent des Nennwertes bemessen, und zwar im Zeitablauf fallend, oder sie wird in Prozent der Dividende, und zwar ebenfalls fallend, berechnet.[38]

(1) Beispiel für eine **in Prozent des Nennwerts** fallende Zuzahlung: Ausgabe der Wandelschuldverschreibung 1995
Sperrfrist bis 2000

---

[32] Vgl. § 199 Abs. 2 AktG
[33] Vgl. S. 932f.
[34] Vgl. § 192 Abs. 2 Nr. 1 AktG
[35] § 192 Abs. 1 AktG
[36] Vgl. § 192 Abs. 3 AktG
[37] Vgl. § 221 Abs. 4 AktG
[38] Vgl. Rittershausen, H., Industrielle Finanzierungen, Systematische Darstellung mit Fällen aus der Unternehmenspraxis, Wiesbaden 1964, S. 229 f., an dessen Ausführungen sich auch die folgenden Beispiele anlehnen.

Zuzahlung:

bis 2005   100%
von 2006 bis 2008 jährlich 3% fallend bis   91%
von 2009 bis 2011 jährlich 4% fallend bis   79%
von 2012 bis 2015 jährlich 6% fallend bis   55%.

(2) Beispiel für eine in **Prozent der Dividende** fallende Zuzahlung:
Ausgabe der Wandelschuldverschreibung 1995
Sperrfrist bis 2000
2001–2005 4% Zuzahlung je 1% Dividende der Stammaktien
im Vorjahr, mindestens 20%
2006–2010 3% Zuzahlung je 1% Dividende der Stammaktien
im Vorjahr, mindestens 15%
2011–2015 2% Zuzahlung je 1% Dividende der Stammaktien
im Vorjahr, mindestens 10%.

Rittershausen stellt fest: „Der Kurs der Wandelobligationen wird bei allen Schwankungen der Aktie immer nahezu genau um den Zahlungssatz tiefer liegen als die Aktie . . .", und er kommt zu dem Ergebnis, „daß die Zuzahlung, die eine Art Preis des vorzunehmenden Umtauschs ist, den Zweck hat, die fortgesetzt wechselnde Differenz zwischen Obligationen- und Aktienkurs zu überbrücken."[39]

Die Wandelschuldverschreibungen haben in Deutschland als Finanzierungsinstrument vor allem in Zeiten außergewöhnlicher Verhältnisse am Kapitalmarkt größere Bedeutung erlangt, so insbesondere in den Jahren der Kapitalknappheit nach den beiden Weltkriegen. Nach der Währungsreform des Jahres 1948 waren viele Aktiengesellschaften jahrelang nicht in der Lage, Dividenden auszuschütten und Kapitalerhöhungen durch Ausgabe junger Aktien durchzuführen, weil sie eine Neufestsetzung der Kapitalverhältnisse in der DM-Eröffnungsbilanz wegen des erwarteten Lastenausgleichsgesetzes (1952) verzögerten. Andererseits bestand bei den Sparern wenig Interesse an festverzinslichen Gläubigerpapieren, die gerade auf ein Zehntel ihres Wertes abgewertet worden waren. In dieser Situation stellte die Wandelschuldverschreibung das geeignetste Finanzierungsmittel dar. Sie bot den Gläubigern die Möglichkeit, das Gläubigerpapier nach einigen Jahren, nach denen sich die Ertragslage der Gesellschaft und die Kursentwicklung ihrer Aktien wieder überblicken ließ, in ein Anteilspapier umzuwandeln.

cc) Optionsschuldverschreibungen

Optionsanleihen sind den Wandelanleihen insofern ähnlich, als sie ebenfalls ein Aktienbezugsrecht verbriefen. Aber im Gegensatz zu den Wandelschuldverschreibungen werden Optionsanleihen beim Aktienbezug nicht in Zahlung gegeben, sondern bleiben nebenher bestehen. Die Aktien werden also **zusätzlich** zur Obligation durch Kauf erworben. Die Optionsanleihe kann it und ohne Optionsschein **(Warrant)**, der auch selbständig am Wert-

---

[39] Rittershausen, H., a. a. O., S. 230

papiermarkt gehandelt wird, notiert werden. Das Aktiengesetz bezieht die Optionsanleihen in den Begriff der Wandelschuldverschreibung ein, denn es bezeichnet als Wandelschuldverschreibung „Schuldverschreibungen, bei denen den Gläubigern ein Umtausch- oder Bezugsrecht auf Aktien eingeräumt wird".[40] Auch hier ist eine bedingte Kapitalerhöhung erforderlich. Den Aktionären steht ein Bezugsrecht auf die Optionsanleihen zu.

Während bei den Wandelschuldverschreibungen Fremdkapital in Eigenkapital umgewandelt wird und aus den Gläubigern Gesellschafter werden, tritt bei den Optionsanleihen zum vorhandenen Fremdkapital weiteres Eigenkapital hinzu. Die Inhaber der Optionsanleihen sind nach Ausübung ihres Bezugsrechts Gläubiger und Gesellschafter zugleich.

dd) Gewinnschuldverschreibungen

Eine weitere Sonderform der Schuldverschreibungen sind die Gewinnschuldverschreibungen. Das Aktiengesetz bezeichnet sie als Schuldverschreibungen, „bei denen die Rechte der Gläubiger mit Gewinnanteilen von Aktionären in Verbindung gebracht werden".[41] Sie sind entweder festverzinslich, haben aber zusätzlich einen weiteren Gewinnanspruch in einem bestimmten Verhältnis zur Dividende (**Zusatzzins**), oder sie sind nicht mit festem Zins ausgestattet, sondern haben einen nach oben **begrenzten Gewinnanspruch**. Sie sind also risikobehaftet; in Verlustjahren gehen sie leer aus, in Jahren hoher Gewinne haben sie die Chance, weit über dem normalen Zins verzinst zu werden. Hinsichtlich der Erträge für den Anleger und der laufenden Belastung für die Gesellschaft ähneln Gewinnschuldverschreibungen also dem Eigenkapital, wenn sie auch in ihren sonstigen Rechten Fremdkapital sind.

Von den limitierten Vorzugsaktien unterscheiden sie sich durch ihren festen Rückzahlungstermin und durch ihre Rechtsstellung im Konkursfalle. Weitere Unterschiede bestehen darin, daß Gewinnschuldverschreibungen, soweit sie mit einer festen Grundverzinsung ausgestattet sind, auch in Verlustjahren verzinst werden müssen, während auf Vorzugsaktien dann keine Dividende ausgeschüttet wird, allerdings unter Umständen ein Nachzahlungsanspruch bestehen kann. Die Liquidität des Betriebes wird also unterschiedlich beeinflußt. Werden auf stimmrechtslose Vorzugsaktien zwei Jahre lang keine Dividenden gezahlt, so wächst ihnen das Stimmrecht zu, während die Gewinnschuldverschreibungen reine Gläubigerpapiere bleiben. Gewinnschuldverschreibungen sind allerdings mit dem Risiko einer wirtschaftlichen Benachteiligung behaftet, wenn nämlich die Gesellschaft einen großen Teil des Gewinns zur Selbstfinanzierung verwendet, also den Rücklagen zuführt, statt ihn als Dividende auszuschütten. Eine Zunahme der Rücklagen wird zwar in der Regel zu einem Steigen des Aktienkurses führen, aber auf den Kurs der Gewinnschuldverschreibungen unmittelbar keinen Einfluß haben.

---

[40] § 221 Abs. 1 AktG
[41] § 221 Abs. 1 AktG

ee) Schuldscheindarlehen

Schuldscheindarlehen als Mittel der langfristigen Investitionsfinanzierung unterscheiden sich in rechtlicher Hinsicht von Obligationen dadurch, daß Schuldscheine keine Wertpapiere, sondern **Beweisurkunden** sind. Der Obligationär kann sein Recht nicht ohne das Wertpapier geltend machen („Das Recht aus dem Papier folgt dem Recht am Papier"), der Gläubiger eines Schuldscheindarlehens kann sein Recht bei Verlust des Schuldscheins anderweitig beweisen. Obligationen werden als Inhaberpapiere durch Einigung und Übergabe übertragen und an der Börse gehandelt, d. h., die Gläubiger können durch Verkauf der Wertpapiere jederzeit wechseln und bleiben gegenüber dem Schuldner anonym. Schuldscheine werden durch Zession übertragen, die häufig an die Zustimmung des Schuldners gebunden ist. Es besteht also ein persönliches Kreditverhältnis und damit eine begrenzte Fungibilität. Die Laufzeit beträgt i. d. R. nicht mehr als 15 Jahre.

Eine Besonderheit der Schuldscheine liegt darin, daß sie in großem Umfange nicht in erster Linie von Banken, sondern insbesondere **von Versicherungsgesellschaften** gewährt werden, die langfristiges Kapital aus ihrem Deckungsstock anlegen wollen. Damit ist diese Finanzierungsform zwar von vornherein auf große Unternehmen allererster Bonität beschränkt, es kommen als Schuldner aber auch Unternehmen in Betracht, die wegen der Höhe der Emissionskosten oder der für die Börseneinführung erforderlichen Mindestbeträge keine Obligationen ausgeben können oder wollen.

Die Hingabe von Schuldscheindarlehen ist **nicht genehmigungspflichtig.** Die Sicherung erfolgt durch erststellige Grundschulden. Da Versicherungsunternehmen dem Versicherungsaufsichtsgesetz (VAG) unterliegen, das strenge Anforderungen an die Beträge stellt, die dem Deckungsstock zuzuführen sind, spielen die Kreditwürdigkeit des Schuldners und die Qualität der Sicherheiten hier eine besondere Rolle. In § 54 a VAG ist genau geregelt, wie das gebundene Vermögen angelegt werden kann. Das Bundesaufsichtsamt für das Versicherungs- und Bausparwesen (BVA) überwacht die Deckungsstockfähigkeit von Kapitalanlagen.

Wegen der fehlenden Fungibilität liegt der Zinssatz der Schuldscheindarlehen i. a. etwa ¼ bis ½% über dem jeweiligen Zins für Obligationen. Die einmaligen Kosten bei der Schuldaufnahme sind wesentlich geringer als die Emissionskosten von Obligationen.

Schuldscheindarlehen werden häufig nicht direkt begeben, sondern durch **Einschaltung von Banken oder Finanzmaklern** vermittelt. Solcher Institutionen bedarf es dann, wenn sich die Wünsche des Gläubigers und des Schuldners hinsichtlich des Umfangs und/oder der Fristigkeit des Darlehens nicht decken. Aufgabe des Finanzmaklers ist es, dann ggf. Schuldscheindarlehen mehrerer Kreditgeber zusammenzufassen und zeitlich so aneinanderzureihen, daß die gewünschte langfristige Finanzierung zustande kommt (Revolving-System).

Das **Fristenrisiko,** d. h. das Risiko, daß bei Fälligkeit von Teilbeträgen, deren Laufzeit kürzer als die des gesamten Darlehens ist, kein rechtzeitiger Anschlußkredit vorhanden ist, trägt:[42]

(1) entweder der Betrieb als Kreditnehmer (direktes System). Die Zinsen werden dabei für jedes Teildarlehen gesondert vereinbart, die effektive Zinsbelastung einer mit dem Gesamtdarlehen finanzierten Investition ist dann im voraus nicht zu berechnen;

(2) oder eine Bank, wenn sie ein langfristiges Schuldscheindarlehen aus kurzfristigen Mitteln gewährt, die ihr von einem Makler wie beim Direkt-Revolving vermittelt werden (indirektes System); der Kredit verteuert sich folglich;

(3) oder der Makler selbst. Er garantiert dem Kreditnehmer den termingerechten Geldanschluß und dem Kreditgeber die termingerechte Rückzahlung (sog. 7-M-System). Das Kreditwesengesetz 1961 hat derartige revolvierende Schuldscheindarlehen in den Kreis der Bankgeschäfte[43] einbezogen, so daß sie nur noch von den Banken vermittelt werden können.

ff) Genußscheine und Partizipationsscheine

Bei Genußscheinen handelt es sich um eine Kategorie von Wertpapieren, die zwar bestimmte Vermögensrechte, aber keine Mitgliedschaftsrechte verbriefen. Ihre Ausgabe kann unterschiedliche **Anlässe** haben. So können sie als Entschädigung für besondere Leistungen von Anteilseignern im Zusammenhang mit Gründungs-, Sanierungs- und Verschmelzungsvorgängen dienen; ferner können sie als Instrument der Erfolgsbeteiligung von Arbeitnehmern Verwendung finden oder als eigenständiges Finanzierungsinstrument eingesetzt werden.[44] Für die Gesellschaft hat die Ausgabe von Genußscheinen den Vorteil, daß sie sich am Kapitalmarkt Mittel beschaffen kann, ohne daß die bestehenden Beteiligungsverhältnisse verändert werden, da Genußscheine im Gegensatz zu Aktien kein Stimmrecht gewähren.

Genußscheine sind eindeutig weder dem Eigenkapital noch dem Fremdkapital zuzuordnen. Je nach ihrer Ausstattung, also den Rechten, die sie verbriefen, stehen Genußscheine entweder mehr dem Fremdkapital oder mehr dem Eigenkapital näher. Das hat vor allem **steuerliche Konsequenzen.** Genußscheine haben den Charakter von **Eigenkapital,** wenn sie eine unbegrenzte Laufzeit haben, vom Inhaber nicht gekündigt werden können und nicht nur eine Beteiligung am Gewinn und Verlust, sondern auch am Liquidationserlös und somit an den stillen Rücklagen vorsehen. Nach § 8 Abs. 3 Satz 2 KStG dürfen Gewinnausschüttungen auf derart ausgestattete Genußrechte bei der Gewinnermittlung nicht als Betriebsausgaben abgesetzt werden; solche Genußrechte werden also steuerlich wie Aktien behandelt, d. h. die Gesellschaft muß die Ausschüttungsbelastung herstellen. Diese Genußscheine sind demzufolge auch bei der Vermögensteuer keine abzugsfähige Schuld. Das gilt auch für die Gewerbesteuer.

---

[42] Vgl. Krause, M. W., Die langfristige Fremdfinanzierung; in: Handbuch der Unternehmensfinanzierung, hrsg. von O. Hahn, München 1971, S. 661
[43] Vgl. § 1 Abs. 1 Nr. 7 KWG
[44] Vgl. Wöhe/Bilstein, a. a. O., S. 194

Diese steuerlichen Belastungen können vermieden werden, wenn die Genußrechte so ausgestaltet werden, daß sie **Fremdkapitalcharakter** haben, d. h. wenn ihre Laufzeit begrenzt ist, ein beiderseitiges Kündigungsrecht besteht und keine Beteiligung am Liquidationserlös, d. h. an den stillen Rücklagen vorgesehen ist. Dann mindern Gewinnausschüttungen als Betriebsausgaben den körperschaftsteuerpflichtigen Gewinn und unterliegen gem. § 8 Nr. 1 GewStG nur zu 50% der Gewerbeertragsteuer und werden bei der Gewerbekapitalsteuer zur Hälfte als Dauerschulden berücksichtigt. Bei der Ermittlung der Bemessungsgrundlage für die Vermögensteuer sind die Genußscheine in diesem Fall voll abzugsfähig.

Die Emission von Genußscheinen ist nicht an eine bestimmte Rechtsform des Unternehmens gebunden. Nach § 221 Abs. 3 AktG muß bei Aktiengesellschaften die Hauptversammlung der Ausgabe mit Dreiviertelmehrheit zustimmen. Außerdem haben die Aktionäre nach § 221 Abs. 4 AktG ein Bezugsrecht auf den Erwerb von Genußscheinen, da diese Anteile am Gewinn der Gesellschaft verbriefen.

Zu den Genußscheinen zählen auch die **Partizipationsscheine.** Sie ähneln stimmrechtslosen Aktien, da sie die gleichen Vermögensrechte wie Aktien (Recht auf Dividende und Liquidationserlös, Bezugsrechte) gewähren, aber durch das Fehlen des Stimmrechts eine Einflußnahme auf die Gesellschaft ausschließen. Partizipationsscheine sind besonders häufig in der Schweiz anzutreffen, weil dort die Ausgabe stimmrechtsloser Aktien nicht zulässig ist und folglich eine Beschaffung von langfristigem Eigenkapital ohne Stimmrecht vorwiegend mit Hilfe von Partizipationsscheinen erfolgt.[45]

c) Vergleich zwischen der Beteiligungs- und der langfristigen Fremdfinanzierung

aa) Entscheidungsbefugnisse und Liquidität

Die Entscheidung der Frage, ob es für eine Gesellschaft zweckmäßig ist, langfristiges Kapital von außen auf dem Wege der Eigenfinanzierung oder der Fremdfinanzierung zu beschaffen, hängt von einer Reihe von Überlegungen ab. Zusätzliches Eigenkapital bedeutet Aufnahme von neuen Gesellschaftern und Aktionären in die Gesellschaft (falls die bisherigen das benötigte Kapital nicht aufbringen können), die ein Mitbestimmungsrecht bei der laufenden Geschäftsführung oder bei besonderen, in Gesetz und Satzung festgelegten Anlässen haben; dadurch kann eine **Einengung der Entscheidungsbefugnisse** und eine **Verschiebung der Mehrheits- und Abstimmungsverhältnisse** bei der Aktiengesellschaft erfolgen. Die Gläubiger des Fremdkapitals haben in der Regel kein Recht auf Einflußnahme auf die Geschäftsführung, es sei denn auf dem Wege besonderer vertraglicher Vereinbarungen. Die Aufnahme von Fremdkapital setzt andererseits eine bestimmte Kreditwürdigkeit voraus, deren Grundlage zunächst eine entsprechende Eigenkapitalbasis und eine zufriedenstellende Ertragslage darstellen.

---

[45] Vgl. Vormbaum, H., (Finanzierung), a. a. O., S. 195

Auch das **Liquiditätsproblem** spielt bei der Entscheidung eine Rolle. Eigenkapital erfordert keine regelmäßigen Zinszahlungen, also keine terminmäßige Belastung der Liquidität durch Zinsausgaben, wie das beim Fremdkapital der Fall ist. Dazu hat das Fremdkapital den Nachteil, daß Zinsen auch in Verlustjahren gezahlt werden müssen und die betriebliche Substanz mindern können, ganz abgesehen von der Liquiditätsbelastung in Verlustjahren. Eigenkapital erhält dagegen nur Dividenden, wenn zuvor Gewinne erzielt worden sind. Außerdem kann der Betrieb, indem er auf das Eigenkapital keine Zinsen oder weniger als erwirtschaftet zahlt, das Eigenkapital durch Selbstfinanzierung (Rücklagenbildung) vermehren, während diese Möglichkeit beim Fremdkapital nur besteht, wenn es höhere Erträge als die vereinbarten Zinsen erzielt, die sich als Gewinn zeigen und thesauriert werden können.

Faßt man die Zielsetzung des Betriebes, das Gewinnmaximum zu erzielen, so auf, daß er die Rendite des Eigenkapitals maximieren will, so wird es stets dann zweckmäßig sein, Fremdkapital einzusetzen, wenn die Fremdkapitalzinsen, also die Kosten des Fremdkapitals, niedriger sind als die mit dem Fremdkapital erzielte effektive Verzinsung. Der mit dem Fremdkapital über die Fremdkapitalzinsen hinaus erzielte Ertrag erhöht die Rendite des Eigenkapitals **(leverage effect)**. Dieser Vorteil schlägt dann in einen Nachteil um, wenn die Gesamtkapitalrentabilität unter dem Fremdkapitalzins liegt.

Bei dieser Rechnung muß der Unternehmer allerdings beachten, daß sein außerhalb des Betriebes im Privatvermögen noch verfügbares Eigenkapital, das er nicht im Betriebe einsetzt, weil aus den eben angeführten Überlegungen eine Finanzierung mit Fremdkapital günstiger ist, sich mindestens zum Fremdkapitalzins außerhalb des Betriebes[46] verzinst, da er sonst Fremdkapital zu einem höheren Zins aufnimmt, als er selbst für sein ausgeliehenes Kapital erhält. Ist das der Fall, so ist die Verwendung von Eigenkapital im Betriebe billiger als die Aufnahme von Fremdkapital.

bb) Unterschiede in der Besteuerung

Die Entscheidung über eine Außenfinanzierung mit Eigen- oder Fremdkapital wird wesentlich durch **steuerliche Überlegungen** beeinflußt. Ein einführendes Lehrbuch zur Allgemeinen Betriebswirtschaftslehre kann nur grobe Anhaltspunkte für Steuerbelastungsunterschiede zwischen Eigen- und Fremdfinanzierung geben. Es wird ausdrücklich darauf hingewiesen, daß die Ausführungen die komplexe Rechtsmaterie stark vereinfachen und schematisieren.[47]

Die folgende Darstellung der Steuerbelastungsunterschiede zwischen Eigen- und Fremdfinanzierung geht von folgenden Annahmen aus:

---

[46] Vgl. Moxter, A., Die Bestimmung des Kalkulationszinsfußes bei Investitionsentscheidungen – Ein Versuch zur Koordinierung von Investitions- und Finanzierungslehre, ZfhF 1961, S. 189

[47] Der interessierte Leser wird verwiesen auf Wöhe/Bieg, a. a. O., S. 391 ff. Hier wird auch ausgeführt, wie sich die im folgenden genannten Steuersätze ergeben.

(1) Ein Kapitalgeber hat die Wahl,
- einer Personengesellschaft,[48]
- einer Kapitalgesellschaft

einen bestimmten Geldbetrag als Eigen- oder Fremdkapital zur Verfügung zu stellen.

(2) Als Gegenleistung für die Kapitalhingabe erhält er entweder eine Gewinnbeteiligung (Dividende) oder Fremdkapitalzinsen. Dabei ist davon auszugehen, daß er mit dem so erzielten Grenzeinkommen in der oberen Proportionalzone der Einkommensteuerbelastung liegt.

(a) **Eigen- oder Fremdfinanzierung bei Personengesellschaften**

Wird der Kapitalanleger zum Fremdkapitalgeber, muß er die erhaltenen Fremdkapitalzinsen als Einkünfte aus Kapitalvermögen dem maximalen Steuersatz von 53% der **Einkommensteuer** unterwerfen. Wird er dagegen Eigenkapitalgeber, muß er seinen Gewinnanteil als Einkünfte aus Gewerbebetrieb mit einem nach § 32c EStG auf 47% begrenzten Steuersatz versteuern.

Der Gewinn geht in voller Höhe in den Gewerbeertrag ein. Bei einem Hebesatz von 400% ergibt sich eine **Gewerbeertragsteuerbelastung** des Gewinnanteils von 16,67%. Die Zinszahlungen für langfristiges Fremdkapital werden hingegen nur zur Hälfte im Gewerbeertrag erfaßt. Somit verringert sich die Gewerbeertragsteuerbelastung der Fremdkapitalzinsen auf 8,33%.

Eine langfristige Fremdkapitaleinlage wird anders als eine Beteiligung am Eigenkapital nur zur Hälfte im Gewerbekapital berücksichtigt. Daher wird die Einlage bei Fremdfinanzierung nur mit 0,4% **Gewerbekapitalsteuer** belastet, während hierauf bei Eigenfinanzierung 0,8% zu zahlen sind.

Nach § 117a BewG wird Betriebsvermögen für Zwecke der **Vermögensteuerbemessung** nur zu 75% angesetzt. Daher muß ein Eigenkapitalgeber für seine Einlage nicht 0,5%, sondern nur 0,375% Vermögensteuer zahlen. Ein Fremdkapitalgeber kommt hingegen nicht in den Genuß dieses Bewertungsprivilegs und muß auf seine Einlage die vollen 1% Vermögensteuer zahlen.

(b) **Eigen- oder Fremdfinanzierung bei Kapitalgesellschaften**

Gewinnausschüttungen einer Kapitalgesellschaft muß ein Eigenkapitalgeber der Einkommensteuer unterwerfen. Durch das **körperschaftsteuerliche Anrechnungsverfahren** ist sichergestellt, daß diese Einkünfte in Höhe seines individuellen Einkommensteuersatzes – hier also mit 53% – belastet werden. Wird er statt dessen Fremdkapitalgeber, muß der Kapitalanleger seine Zinseinkünfte dem gleichen Steuersatz der Einkommensteuer unterwerfen. Folglich hat in einer Kapitalgesellschaft die Finanzierungsform bei einer Vollausschüttung der Gewinne keinen Einfluß auf die Einkommensteuerbelastung des Kapitalgebers.

Hinsichtlich der Belastung mit **Gewerbeertrag- und Gewerbekapitalsteuer** ergeben sich in diesem Fall keine Unterschiede zwischen Kapital- und

---

[48] Es wird unterstellt, daß er bislang noch nicht an dieser Gesellschaft beteiligt ist.

Personengesellschaften, so daß auch in Kapitalgesellschaften die Eigenfinanzierung in diesem Bereich steuerlich benachteiligt wird.

Zur Erfassung der **Vermögensteuerbelastung** ist zwischen der Besteuerung der Gesellschaft und der des Kapitalgebers zu unterscheiden. Durch eine Eigenkapitaleinlage erhöht sich die Bemessungsgrundlage für die Vermögensteuer der **Gesellschaft,** während sie durch eine Fremdkapitaleinlage nicht berührt wird. Die hieraus resultierende höhere Vermögensteuerbelastung der Eigenfinanzierung wird noch dadurch verschärft, daß diese Steuer bei der Gewinnermittlung nicht als Betriebsausgabe abzugsfähig ist. In unserem Fall beläuft sich die Belastung einer Eigenkapitaleinlage auf Gesellschaftsebene durch die Vermögensteuer auf 0,82%.

Zusätzlich zur Steuerzahlung der Gesellschaft muß der **Gesellschafter** noch 0,5% Vermögensteuer auf seine Eigenkapitaleinlage zahlen. Diese Benachteiligung der Eigenfinanzierung wird aber dadurch etwas gemildert, daß der Kapitalgeber auf eine Fremdkapitaleinlage einen erhöhten Vermögensteuersatz von 1% zahlen muß.

Im Ergebnis zeigt sich eine eindeutige **steuerliche Diskriminierung der Eigenfinanzierung** gegenüber der Fremdfinanzierung. Diese resultiert aus der ungleichen gewerbesteuerlichen Behandlung der Alternativen. In Kapitalgesellschaften kommt hierzu noch die Doppelbelastung von Eigenkapitaleinlagen bei der Vermögensteuer. (**ÜB 5/54–55**)

d) Leasing

Die Idee, Anlagegüter zu mieten statt zu kaufen, wurde zwar bereits Ende des letzten Jahrhunderts entwickelt, gelangte aber in Deutschland erst nach dem zweiten Weltkriege zu größerer Verbreitung.[49] Inzwischen gibt es in der Bundesrepublik Deutschland fast tausend Leasing-Gesellschaften. Infolge der vielen Gestaltungsmöglichkeiten von Miet- und Pachtverträgen, die sich in der Praxis herausgebildet haben, ist der Begriff des Leasing-Vertrages weder in der juristischen noch in der wirtschaftswissenschaftlichen Literatur eindeutig und abschließend geklärt.

Die Besonderheit des Leasing-Vertrages gegenüber dem normalen Mietvertrag nach § 535 BGB liegt meist darin, daß nicht der Hersteller der vermieteten Anlagegüter mit dem Mieter (Leasing-Nehmer) den Vertrag schließt (**direktes Leasing),** sondern eine Leasing-Gesellschaft (Finanzierungsgesellschaft) als Leasing-Geber eingeschaltet wird (**indirektes Leasing),** die vom Hersteller die Mietobjekte erwirbt. Der Hersteller kann jedoch auch die Aufgabe der Leasing-Gesellschaft selbst übernehmen.

Je nach der Gestaltung der Verträge (laufende Kündigungsmöglichkeit oder feste **Grundmietzeit,** Länge der Grundmietzeit im Verhältnis zur betriebsgewöhnlichen Nutzungsdauer, Einräumung einer Verlängerungs- oder Kaufoption nach Ablauf der Grundmietzeit u. ä.) werden Leasing-Verhält-

---

[49] Mit der Gründung der „Deutschen Leasing GmbH" Düsseldorf, im Jahre 1962 begann die Verbreitung des Leasing in Deutschland.

nisse als normale Mietverträge,[50] als verdeckte Teilzahlungsverträge,[51] als Geschäftsbesorgungsverträge,[52] als Treuhandverhältnisse[53] oder als Verträge eigener Art interpretiert.

Nach der Art der Vertragsgestaltung lassen sich zwei Typen von Leasing-Verträgen unterscheiden:

(1) **Operate-Leasing-Verträge** sind normale Mietverträge im Sinne des BGB. Sie können von beiden Seiten sofort oder unter Einhaltung einer relativ kurzen Kündigungsfrist ohne Zahlung von Konventionalstrafen gekündigt werden. Infolgedessen übernimmt der **Leasing-Geber das gesamte Investitionsrisiko.** Eine volle Amortisation kann bei Kündigung vor Ablauf der Nutzungsdauer nur durch eine oder mehrere Anschlußmieten erzielt werden. Die Gefahren des zufälligen Unterganges und der wirtschaftlichen Entwertung (technischer Fortschritt) sowie die Aufwendungen für Versicherung, Wartung und Reparaturen trägt der Vermieter. Infolge dieser Risikobelastung des Leasing-Gebers kommen für derartige Verträge in der Regel nur solche Wirtschaftsgüter (z. B. Universalmaschinen) in Frage, die von einer größeren Zahl von potentiellen Mietern nachgefragt werden, also jederzeit erneut vermietet werden können.

Die Bilanzierung von Operate-Leasing-Verträgen folgt in der Handels- und Steuerbilanz der zivilrechtlichen Gestaltung. Die Leasing-Objekte sind beim Leasing-Geber zu aktivieren und über die betriebsgewöhnliche Nutzungsdauer abzuschreiben. Der Leasing-Nehmer kann die gezahlten Leasing-Raten als Aufwand (Betriebsausgaben) verrechnen.

(2) **Finance-Leasing-Verträge** (Finanzierungs-Leasing) sind vor allem dadurch gekennzeichnet, daß sie für eine zwischen dem Leasing-Geber und dem Leasing-Nehmer vereinbarte Grundmietzeit unkündbar sind. Die Grundmietzeit entspricht maximal der betriebsgewöhnlichen Nutzungsdauer, ist aber in der Regel kürzer, jedoch meist länger als die Hälfte der in den AfA-Tabellen angegebenen betriebsgewöhnlichen Nutzungsdauer.[54]

Die Mietraten werden so bemessen, daß das vermietete Objekt sich nach Ablauf der Grundmietzeit einschließlich aller Nebenkosten voll amortisiert und der Leasing-Geber einen Gewinn erzielt hat. Sie sind in der Regel in gleichbleibender Höhe monatlich im voraus zu leisten.

Im Gegensatz zum Operate-Leasing trägt beim Finanzierungs-Leasing der **Leasing-Nehmer das volle Investitionsrisiko,** insbesondere auch die Gefahr der Überalterung im Zuge des technischen Fortschritts oder der Einschränkung bzw. des Wegfalls der Verwendungsmöglichkeit des Mietobjekts während der Grundmietzeit. Außerdem trifft ihn neben den Versicherungs-, Wartungs- und Reparaturaufwendungen auch das Risiko des zufälligen Un-

---

[50] Vgl. Vogel, H., Aktuelle Fragen des Einkommensteuerrechts, StbJb 1964/65, S. 187
[51] Vgl. Thiel, R., Das Leasing steuerlich gesehen. Die Information über Steuer und Wirtschaft 1964, S. 121 („eingekleideter Teilzahlungsvertrag").
[52] Vgl. Koch, P., Haag, J., Die Rechtsnatur des Leasing-Vertrages, BB 1968, S. 93; Wagner, P., Leasing als Geschäftsbesorgung? BB 1969, S. 109
[53] Vgl. Pougin, E., Leasing in Handels- und Steuerbilanz, ZfB 1965, S. 402
[54] Vgl. DIHT (Hrsg.), Leasing im Steuerrecht, 2. Aufl., Bonn 1969, S. 28

terganges des Mietobjektes, da in diesem Falle die Verpflichtung zur Zahlung der noch fälligen Mietraten bestehen bleibt.

Ferner werden im Falle des Verzugs oder des Konkurses des Leasing-Nehmers sämtliche Mietraten auch dann fällig, wenn die vermieteten Wirtschaftsgüter in den Besitz des Leasing-Gebers zurückfallen.

Das Finanzierungs-Leasing eignet sich wegen der vertraglichen Risikoübernahme durch den Leasing-Nehmer nicht nur für marktgängige Wirtschaftsgüter, sondern auch für Verträge über Güter, die nach den besonderen Wünschen eines Leasing-Nehmers gestaltet werden (**Spezial-Leasing**), wobei ggf. der Leasing-Nehmer unmittelbar mit dem Hersteller in Verhandlungen tritt.

Infolge der besonderen Vertragsgestaltung beim Finanzierungs-Leasing ist die Frage nach der Ordnungsmäßigkeit der Bilanzierung derartiger Verträge nicht so eindeutig zu beantworten wie beim Operate-Leasing. Für die steuerliche Behandlung, von der es entscheidend abhängt, ob Leasing vorteilhafter ist als ein durch Eigen- oder Fremdkapital finanzierter Kauf, ist von Bedeutung, was mit dem Leasing-Objekt nach Ablauf der Grundmietzeit geschieht. Folgende Möglichkeiten sind denkbar:

(1) Finanzierungs-Leasing **ohne Option**, d. h. der Vertrag enthält keine Vereinbarungen, und es bestehen auch keine (geheimen) Nebenabreden für die Zeit nach Ablauf der Grundmietzeit. In diesem Fall entscheidet die Relation von Grundmietzeit und betriebsgewöhnlicher Nutzungsdauer über die bilanzielle Zurechnung des Leasing-Objektes.

(2) Der Vertrag enthält ein **Kaufoptionsrecht**. Für die bilanzielle Behandlung eines solchen Miet-Kaufvertrages ist von Bedeutung, ob es sich um einen Kaufvertrag mit gestundeten Kaufpreisraten oder in erster Linie um einen Mietvertrag handelt, der ein Kaufangebot nach Ablauf des Mietvertrages enthält. Die Zuordnung zu einem dieser beiden Vertragstypen hängt vom Inhalt des Vertrages ab.

(3) Der Vertrag enthält ein **Verlängerungsoptionsrecht**, d. h. der Leasing-Nehmer kann ihn durch einseitige Willenserklärung verlängern. In diesem Falle beträgt die Folgemiete in der Regel nur einen geringen Prozentsatz (etwa nur 5% der bisherigen Rate) der Grundmiete. Wirtschaftlich handelt es sich also nur um eine Anerkennungsgebühr. Für die bilanzielle Behandlung ist die Relation von Summe der Folgemieten und dem Restwert bzw. dem niedrigeren gemeinen Wert des Leasing-Objektes von Bedeutung.

Das Finanzierungs-Leasing ist eine **Form der Fremdfinanzierung**, denn der Leasing-Nehmer erhält vom Leasing-Geber praktisch einen Kredit in Höhe der Anschaffungs- oder Herstellungskosten des Leasing-Gebers (in der Regel vermindert um eine Abschlußgebühr). Da aber die Grundmietzeit kürzer als die wirtschaftliche Nutzungsdauer ist, sind die bis zum Ende der Grundmietzeit aufzubringenden Leasing-Raten höher als die durch den Umsatzprozeß freigesetzten Abschreibungsgegenwerte. Dadurch entsteht bei jedem Leasing-Objekt im Laufe seiner Nutzung eine Finanzierungslücke, die durch andere Finanzierungsmittel gedeckt werden muß.[55] Diese Finanzierungslücke ist um so größer, je kürzer die Grundmietzeit im Verhältnis zur wirtschaftlichen Nutzungsdauer des Leasing-Objektes ist. Das Finanzierungsproblem ist im Prinzip das gleiche wie bei einer Fremdfinanzierung von Investitionsobjekten, bei der die Fristigkeit des Kredits kürzer als die wirtschaftliche Nutzungsdauer ist.[56]

Büschgen hat nachgewiesen, daß die **Ausgaben beim Finanzierungs-Leasing** größer sind als bei Fremd- oder Eigenfinanzierung eines gekauften Investitionsobjektes. Diese Ausgaben setzen sich zusammen:[57]

(1) aus den Tilgungsanteilen in den Leasing-Raten während der Grundmietzeit,

(2) aus den Kapitalkostenanteilen in den Leasing-Raten während der Grundmietzeit,

(3) aus den nach Ablauf der Grundmietzeit entstehenden Kosten für eine Verlängerungsmiete bis zum Ende der betriebsgewöhnlichen Nutzungsdauer oder für einen Kauf des Leasing-Objektes zum Zeitwert,

(4) aus den für die Deckung der zu erwartenden Finanzierungslücke entstehenden Kapitalkosten.

Der Nachteil des Finanzierungs-Leasing gegenüber dem Kauf kann jedoch vermindert werden oder sogar in einen Vorteil umschlagen, wenn man berücksichtigt, daß im Falle der **steuerlichen Abzugsfähigkeit** der Leasing-Raten Gewinnsteuerzahlungen auf spätere Perioden verschoben werden können. Die steuerliche Wirkung des Finanzierungs-Leasing hängt von der bilanziellen Behandlung der Leasing-Objekte in der Steuerbilanz ab, genauer gesagt davon, ob das Leasing-Objekt beim Leasing-Geber oder beim Leasing-Nehmer bilanziert werden muß.

Wird das vermietete Wirtschaftsgut **dem Leasing-Geber zugerechnet,** so hat er es mit seinen Anschaffungs- oder Herstellungskosten zu aktivieren und über die betriebsgewöhnliche Nutzungsdauer abzuschreiben. Die vereinnahmten Mietraten sind Betriebseinnahmen. Der Leasing-Nehmer hat Betriebsausgaben in Höhe dieser Leasing-Raten.

Erfolgt die **Zurechnung beim Leasing-Nehmer,** so muß er das Leasing-Objekt mit seinen Anschaffungs- oder Herstellungskosten bilanzieren. Nach dem Leasing-Erlaß sind das die Anschaffungs- oder Herstellungskosten des Leasing-Gebers, die der Berechnung der Leasing-Raten zugrunde gelegt worden sind, zuzüglich etwaiger weiterer Anschaffungs- oder Herstellungskosten, die nicht in den Leasing-Raten enthalten sind (z. B. Transport- und Versicherungsaufwendungen oder Aufwendungen für die Herstellung von Fundamenten). Die Abschreibung nach der betriebsgewöhnlichen Nutzungsdauer erfolgt durch den Leasing-Nehmer.

---

[55] Vgl. Büschgen, H. E., Das Leasing als betriebswirtschaftliche Finanzierungsalternative, DB 1967, S. 476
[56] Vgl. Kolbeck, R., Leasing als finanzierungs- und investitionstheoretisches Problem, ZfbF 1968, S. 789
[57] Vgl. Büschgen, H. E., a. a. O., S. 561 ff.

Der Leasing-Nehmer muß in Höhe der Anschaffungs- oder Herstellungskosten, die die Grundlage für die Berechnung der Leasing-Raten bilden, eine Verbindlichkeit gegenüber dem Leasing-Geber passivieren. Die Leasing-Raten sind in einen Tilgungsanteil sowie einen Kosten- und Zinsanteil aufzuteilen. Letzterer vermindert sich mit fortschreitender Tilgung, so daß sich der Tilgungsanteil entsprechend erhöht. Der Tilgungsanteil wird mit der Verbindlichkeit erfolgsneutral verrechnet. Als Betriebsausgaben sind nur der Zins- und Kostenanteil sowie die Abschreibungen abzuziehen, d. h. die Bilanzierung beim Leasing-Geber ist für den Leasing-Nehmer steuerlich vorteilhafter, weil er bei kurzer Grundmietzeit die Anschaffungs- bzw. Herstellungskosten des Leasing-Objektes in Form von Leasing-Raten als Betriebsausgaben verrechnen kann, d. h. in jeder Periode Leasing-Raten gewinnmindernd absetzen kann, die erheblich über den steuerlich zulässigen Periodenabschreibungen (AfA) liegen. Dadurch werden Gewinnsteuerzahlungen auf spätere Perioden verschoben, d. h. der Betrieb erhält einen zinslosen Kredit von den Finanzbehörden, durch den die Finanzierungslücke reduziert wird und die Finanzierungskosten gesenkt werden. Da der Steuervorteil im Falle der Bilanzierung des Leasing-Objektes beim Leasing-Geber für den Leasing-Nehmer um so größer ist, je kürzer die Grundmietzeit im Verhältnis zur betriebsgewöhnlichen Nutzungsdauer ist, sah sich die Finanzverwaltung im Interesse der Gleichmäßigkeit der Besteuerung gezwungen, in Verwaltungsanweisungen[58] zu regeln, unter welchen Voraussetzungen eine Bilanzierung beim Leasing-Geber bzw. beim Leasing-Nehmer erfolgen muß. (ÜB 5/56–59)

e) Kurzfristige Fremdfinanzierung

Die Beschaffung von kurzfristigen Mitteln kann grundsätzlich auf **drei Arten** erfolgen: erstens durch Kredite der Lieferanten, zweitens durch Anzahlungen von Kunden und drittens durch Aufnahme von kurzfristigen Bankkrediten, die sich vor allem durch die Art ihrer Sicherung und den damit verbundenen Kreditkosten unterscheiden.

aa) Der Lieferantenkredit

Der Lieferantenkredit entsteht dadurch, daß zwischen den verschiedenen Wirtschaftsstufen Zahlungsziele eingeräumt werden. So erhält der Betrieb seine Rohstofflieferungen oder Warenlieferungen „auf Ziel", d. h. er muß den Rechnungsbetrag erst nach einer bestimmten Frist, z. B. nach 30 oder 60 Tagen, begleichen; er liefert seinerseits an seine Kunden auf Ziel, gibt also Kredit. Der Lieferantenkredit ist seinem Wesen nach ein **Mittel der Absatzförderung.** Der Lieferant ist im Gegensatz zu einer Bank nicht wegen des Kreditgeschäfts, sondern zur Steigerung seines Umsatzes an der Einräu-

---

[58] Vgl. hierzu die BMF-Schreiben v. 19. 4. 1971, BStBl I 1971, S. 264 betr. bewegl. WG v. 21. 3. 1972, BStBl. I 1972, S. 188 betr. unbewegl. WG, v. 22. 12. 1975, BB 1976, S. 72 betr. bewegl. WG bei Teilamortisationsverträgen und v. 23. 12. 1991, BStBl. I 1992, S. 13 betr. unbewegl. WG bei Teilamortisationsverträgen.

mung des Kredits interessiert, d. h. er finanziert den Absatz seiner Produkte.
Der Lieferant ermöglicht es dem Einzelhändler, seine Lieferungen aus den
Umsatzerlösen der verkauften Waren zu bezahlen, so daß der sonstige Kapitalbedarf des Einzelhändlers dadurch wesentlich geringer ist.
Der Lieferantenkredit ist eine besonders bequeme Form der kurzfristigen
Finanzierung.

Er wird ohne jede Formalität, ohne besondere Kreditwürdigkeitsprüfung, in der Regel ohne Sicherheiten – abgesehen vom Eigentumsvorbehalt – gewissermaßen „nebenbei" bei einem Kaufvertrag gewährt.

Für den Lieferantenkredit wird zwar kein Zins gezahlt, doch wird er dennoch nicht umsonst gewährt, da bei Barzahlung vom Rechnungspreis ein
Skonto abgesetzt werden kann. Da bei der Ermittlung des Preisangebots der
Skontobetrag einkalkuliert wird, ist i. d. R. die Verzinsung des Lieferantenkredits im Kaufpreis bereits enthalten, m. a. W., der Rechnungspreis setzt
sich aus dem Preis für die gelieferten Wirtschaftsgüter und dem Zins für die
Kreditinanspruchnahme („Ziel") zusammen. Wird innerhalb der Skontofrist
gezahlt, so hat der Lieferant den Vorteil, daß die Kaufverträge schneller und
ohne Mahnungen und Beitreibungen abgewickelt werden. Der Anreiz zum
Skontoabzug wird verständlich, wenn aus den Zahlungsbedingungen der
vergleichbare Jahreszinssatz errechnet wird.

Ist in einem Wirtschaftszweig z. B. die Gewährung eines Zahlungszieles
von 30 Tagen und ein Skontoabzug von 3% bei Barzahlung üblich, so entspricht das einer jährlichen Verzinsung von 36%. Tatsächlich ist diese Verzinsung noch höher, wenn man berücksichtigt, daß vom Lieferanten in der
Regel eine gewisse Frist – oft bis zu 8 Tagen – eingeräumt wird, innerhalb
deren der Skontoabzug gewährt wird (Skontofrist). Beträgt diese Frist bei
einem Ziel von 30 Tagen z. B. 6 Tage und der Skontoabzug 3%, so wird der
Lieferantenkredit für 6 Tage zinslos gewährt, und der im Preis eingerechnete
Skontobetrag entspricht den Zinskosten für 24 Tage **(Skontobezugsspanne)**. Der Jahreszins beträgt dann nicht 36%, sondern sogar 45%. Zur Berechnung des Jahreszinses dient die folgende Faustformel, die allerdings nicht
berücksichtigt, daß es sich um eine unterjährige Verzinsung handelt.[59]

$$p = \frac{S}{Z-s} \cdot 360$$

Es bedeuten:
Z = Zahlungsziel
s = Skontofrist
S = Skontosatz
Eine sofortige Barzahlung mit Hilfe eines kurzfristigen Bankkredits wäre
in solchen Fällen wirtschaftlicher als die Inanspruchnahme des Lieferantenkredits. Allerdings können die Kosten des Lieferanten- und des Bankkredits
nur verglichen werden, wenn die Finanzierung mit Lieferantenkrediten laufend erfolgt.

---

[59] Vgl. Hahn, O., Der Skonto in der Wirtschaftspraxis, Frankfurt a. M. 1962, S. 22

Diese Art der Finanzierung ist für diejenigen Betriebe von besonderer Bedeutung, deren Kapitalausstattung und Liquidität gering ist und die nicht über genügend Sicherheiten verfügen, um Bankkredite in Anspruch nehmen zu können. Mit Hilfe eines Lieferantenkredits können sie eine zumindest teilweise Finanzierung ihrer Lagerbestände vornehmen und in den Fällen, in denen die durchschnittliche Lagerdauer kürzer als die Kreditzeit ist, sogar ihrerseits einen Absatzkredit gewähren, der – wenn er und die durchschnittliche Lagerdauer zusammen nicht länger als der in Anspruch genommene Lieferantenkredit sind – die Liquiditätslage des Betriebes nicht verschlechtert und außerdem eine „Überwälzung" eines Teils des nicht in Anspruch genommenen Skontos ermöglicht.

Erhält ein Betrieb z. B. von seinem Lieferanten 30 Tage Ziel oder 3% Skonto, beträgt die durchschnittliche Lagerdauer 10 Tage und gibt er selbst seinem Abnehmer 20 Tage Ziel oder 2% Skonto, so kann er seinen Lieferanten aus den Umsatzerlösen bezahlen, braucht seine Lagerbestände also nicht vorzufinanzieren, und kann – wenn sein Abnehmer das gewährte Ziel in Anspruch nimmt – seine eigenen Kreditkosten in Höhe von 3% des Einkaufspreises dadurch vermindern, daß er innerhalb der ihm eingeräumten Kreditzeit 2% vom Absatzpreis für die Kreditgewährung an seine Abnehmer „verdient".

Der Lieferantenkredit ist zwar in der Regel wesentlich teurer als ein Bankkredit, praktisch werden die Kreditkosten aber durch die **Stärke der Marktposition des Abnehmers** und des Lieferanten beeinflußt. Ist der Lieferant vom Abnehmer abhängig, so kann dieser die Zahlungsziele oft weit überschreiten, was eine Skontierung uninteressant macht und den Lieferantenkredit erheblich verbilligt. Eine starke Stellung gegenüber dem Lieferanten kann u. U. sogar zu einer längerfristigen Einsparung von Mitteln führen, die für andere Finanzierungsvorhaben eingesetzt werden können.

Nehmen wir an, ein Betrieb bezieht von seinem Lieferanten an jedem 1. eines Monats für 10.000 DM Waren mit 30 Tagen Ziel, muß also am 30. desselben Monats zahlen. Ist der Lieferant von ihm abhängig, so kann der Betrieb, ohne Verzugszinsen zahlen zu müssen, z. B. erst nach 60 Tagen, also am 30. des zweiten Monats den Betrag begleichen. Inzwischen sind erneut für 10.000 DM Waren bezogen worden. Wird von nun an im Abstand von je einem Monat regelmäßig ein Betrag von 10.000 DM beglichen, so ist praktisch die erste Warenlieferung ohne Bezahlung erfolgt, d. h. es ist nicht eine, sondern es sind zwei Lieferungen kreditiert worden, eine vertragsgemäß und unter Verzicht auf den Skontoabzug, eine nicht mehr vertragsgemäß und ohne Skontoeinbuße. Die Skontobelastung der ersten Lieferung wurde so halbiert. Solange die Geschäftsbeziehungen im gleichen Umfange fortgeführt werden, bleibt der Betrieb mit dem Wert einer Lieferung in Verzug, d. h. er hat 10.000 DM, die er seinem Lieferanten schuldet, für andere Zwecke freigesetzt. Er muß sie erst begleichen, wenn die Geschäftsbeziehung abreißt.

Hier handelt es sich um einen **erzwungenen zinslosen Kredit;** der Betrieb behält die Umsatzerlöse aus den verkauften Waren, die bei Einhaltung des

Vertrages längst zur Rückzahlung des Lieferantenkredits hätten verwendet werden sollen, unter Umständen langfristig zurück und kann mit ihnen seinen Geschäftsumfang erweitern. Es liegt eine Ausnutzung einer wirtschaftlichen Machtstellung vor, die aus keiner Bilanz ersichtlich wird. (**ÜB 5/58**)

bb) Anzahlungen

Anzahlungen von Abnehmern, die in bestimmten Wirtschaftszweigen, z. B. im Schiffbau, Großmaschinenbau, Wohnungsbau u. a. üblich sind, stellen eine weitere Quelle kurzfristiger, teilweise mittelfristiger Fremdkapitalbeschaffung dar. Sie werden entweder vor Beginn des Produktionsprozesses oder nach teilweiser Fertigstellung gewährt. Sie stehen dem Betrieb **zinslos** zur Verfügung und verbessern seine Liquiditätslage. In manchem Wirtschaftszweig wäre infolge langer Produktionsdauer eine alleinige Finanzierung durch den Hersteller nicht durchführbar. Im Maschinenbau ist es branchenüblich, daß ein Drittel des Kaufpreises bei Erteilung des Auftrages, das zweite Drittel bei Lieferung und der Rest mit vereinbartem Ziel fällig wird. Bei dieser Finanzierungsform spielt aber nicht nur die Länge des Produktionsprozesses, sondern auch die Stärke der Marktstellung des Betriebes und seiner Abnehmer eine entscheidende Rolle.

Der Auftraggeber geht bei der Gewährung von Anzahlungen das Risiko ein, daß der Lieferant seinen Verpflichtungen nicht nachkommt oder nicht mehr nachkommen kann. Aus diesem Grunde wird er – wenn dem Hersteller an der Auftragserteilung gelegen ist – durchsetzen können, daß der Hersteller eine Bankgarantie zur Sicherheit beibringt.[60] Die Gebühren hierfür sind indirekt Kosten des Kundenkredits. Ist die Konkurrenz groß und die Auftragslage schlecht, so wird der Betrieb entweder bei unveränderten Anzahlungsquoten Preisnachlässe einräumen müssen oder wesentlich weniger Anzahlungen fordern können, als wenn im gesamten Wirtschaftszweig lange Lieferfristen bestehen und der Abnehmer froh ist, einen einigermaßen günstigen Liefertermin vereinbaren zu können. Bei langen Lieferzeiten und starker Nachfrage wird die Anzahlung auch oft dazu verwendet, den Kunden an seinen Auftrag zu binden, so z. B. in Möbel- und Einrichtungshäusern.

Zusammenfassend liegen die besonderen Vorteile für den Auftragnehmer darin, daß er in Höhe der Anzahlung keine eigenen Finanzierungsmittel zur Vorfinanzierung des Auftrages einzusetzen hat und daß die geleisteten Anzahlungen das Risiko aus dem Gesamtauftrag herabsetzen.

cc) Kontokorrentkredit

Der Kontokorrentkredit ist die am häufigsten auftretende Form des kurzfristigen Bankkredits. Wohl jeder Betrieb hat eine Bankverbindung, also ein Konto bei einer Bank, auf dem Zahlungen der Kunden eingehen und aus dem Lieferanten bezahlt oder Beträge zur Zahlung von Löhnen usw. abgebucht werden. Der Kredit entsteht bei der Abwicklung des Zahlungsver-

---

[60] Vgl. die Ausführungen zum Avalkredit auf S. 848

kehrs. Die Bank räumt ihren Kunden einen Kredit bis zu einer bestimmten Höhe ein, d. h. der Betrieb kann sein Konto bis zu einem vereinbarten Maximalbetrag (Kreditlinie) belasten. So entsteht ein Kontokorrent (geregelt in §§ 355 ff. HGB), d. h. eine laufende Rechnung, die ein **wechselseitiges Schuld- und Guthabenverhältnis** darstellt. Jede über das Konto laufende Zahlung ändert den Saldo, der entweder ein Guthaben oder eine Kreditinanspruchnahme zeigt. Der Kontokorrentkredit dient zwar der kurzfristigen Finanzierung, das Kontokorrentverhältnis ist aber – obwohl es, wenn der Vertrag nichts anderes vorsieht, jederzeit gekündigt werden kann (§ 355 Abs. 3 HGB) – de facto langfristig.

Der Kontokorrentkredit dient der **Sicherung der Zahlungsbereitschaft,** insbesondere der Finanzierung von Spitzenbelastungen, und ist besonders für die Lohnzahlungen oder für die Ausnutzung von Skonto von großer Bedeutung. Das Kontokorrent gewährt der Bank einen guten Einblick in die wirtschaftliche Lage eines Betriebes. Es gibt z. B. Aufschlüsse über den Kundenkreis des Kreditnehmers und zeigt seine Umsätze mit Abnehmern und Lieferanten, die regelmäßig wiederkehrenden Zahlungsverpflichtungen u. a. Es bildet somit zugleich eine wertvolle Unterlage bei der Prüfung der Kreditwürdigkeit, die der Gewährung weiterer Bankkredite an den Betrieb vorausgeht.

Die Kosten des Kontokorrentkredits sind verhältnismäßig hoch. Die Soll-Zinsen für den Kreditsaldo sind erheblich höher als die Haben-Zinsen für den Guthabensaldo. Zu verzinsen ist der jeweils in Anspruch genommene Kredit bzw. das sich bei der Abwicklung des Zahlungsverkehrs ergebende Guthaben. Mit Hilfe der Zinsstaffelrechnung wird die sich täglich ändernde Kreditinanspruchnahme berücksichtigt. Neben den **Kreditzinsen** kann eine **Kreditprovision** erhoben werden, die entweder einen bestimmten Prozentsatz vom zugesicherten oder vom in Anspruch genommenen Kredit beträgt oder nach dem Höchst-Sollsaldo einer Abrechnungsperiode berechnet wird. Im ersten Falle ist sie also unabhängig von der tatsächlichen Kreditinanspruchnahme und wird von der Bank damit begründet, daß sie die zugesagten Mittel nicht an andere Kunden vergeben kann; für den Betrieb stellt die Kreditprovision somit einen konstanten Aufwand dar. Weiterhin wird eine **Umsatzprovision** von der jeweils größeren Seite des Kontos erhoben, und, falls das Kreditlimit überschritten wird, fällt außerdem eine **Überziehungsprovision** an.

dd) Wechselkredit

Der Wechselkredit tritt in zwei Formen auf: der **Diskontkredit** wird von der Bank durch Ankauf von Kundenwechseln eingeräumt; beim **Akzeptkredit** zieht der Betrieb einen Wechsel auf seine Bank, die ihn akzeptiert und ihn damit praktisch zum Zahlungsmittel macht, ohne selbst Mittel zur Verfügung zu stellen (Kreditleihe), wenn sie ihn nicht selbst ankauft. Ein **Wechsel** ist ein Wertpapier, das ein Zahlungsversprechen des Ausstellers enthält. Verpflichtet sich der Aussteller des Wechsels, die Wechselsumme selbst zu zahlen, so liegt ein „eigener" Wechsel **(Solawechsel)** vor. Gibt dagegen im

Wechsel der Aussteller dem Bezogenen (Wechselschuldner) die Anweisung, die Wechselsumme an einen Dritten (den Remittenten) zu zahlen, so spricht man von einem „gezogenen" Wechsel **(Tratte)**. Beim Solawechsel ist also der Aussteller selbst der Schuldner; beim gezogenen Wechsel ist dagegen der Bezogene der Schuldner, und der Aussteller haftet nur als Rückgriffsschuldner.

Der Wechsel ist ein geborenes Orderpapier, seine Übertragung erfolgt durch Indossament. Ein gezogener Wechsel muß folgende **gesetzlichen Bestandteile** enthalten:

(1) Das Wort „Wechsel" im Text der Urkunde (Wechselklausel),
(2) die unbedingte Anweisung, eine bestimmte Geldsumme zu zahlen (Zahlungsklausel),
(3) den Namen der Person oder Firma, die zahlen soll (Bezogener),
(4) die Angabe der Verfallzeit,
(5) die Angabe des Zahlungsortes,
(6) den Namen der Person oder Firma, an die oder deren Order gezahlt werden soll (Remittent),
(7) den Ausstellungstag und -ort,
(8) die Unterschrift des Ausstellers.

Der wesentlichste Unterschied zwischen dem Wechseldiskontkredit und anderen Formen der kurzfristigen Fremdfinanzierung liegt in der Möglichkeit der **Refinanzierung** für den Kreditgeber. Verkauft der Betrieb seine Produkte auf Ziel, so belastet diese Gewährung eines Lieferantenkredits seine Liquidität, zieht er dagegen auf einen Abnehmer einen Wechsel, so kann der Betrieb sich durch Weitergabe des Wechsels refinanzieren.[61]

Erwirbt der Betrieb Waren auf Kredit, so wird er die Kosten eines Lieferantenkredits, eines Kontokorrentkredits oder eines Wechseldiskontkredits miteinander vergleichen, wenn er die Wahl zwischen diesen Kreditformen hat. Am teuersten ist in der Regel der Lieferantenkredit, am billigsten der Wechseldiskontkredit. Infolge des höheren Liquiditätsgrades und der größeren Sicherheit fordert der Kreditgeber bei letzterem i. a. einen geringeren Zinssatz als beim Kontokorrentkredit. Das zeigt die Übersicht auf der folgenden Seite über die Durchschnittssätze und Streubreite der Sollzinsen von Kontokorrent- und Diskontkrediten.

Die Banken kaufen in erster Linie solche Wechsel an, die der Finanzierung des Warenumschlags dienen **(Handels- oder Warenwechsel)**. Da die Banken ihrerseits die Möglichkeit haben, im Rahmen ihrer Kontingente eine Refinanzierung bei der Bundesbank durchzuführen, müssen sie beim Ankauf von Wechseln darauf achten, daß diese den Anforderungen der Deutschen Bundesbank entsprechen. Die Bundesbank diskontiert nur Wechsel, deren Restlaufzeit drei Monate nicht übersteigt, die mindestens drei gute Unterschriften tragen (eine davon ist das Indossament der Bank an die Landeszentralbank) und die an einem Bankplatz zahlbar sind, d. h. an einem Ort, an dem die Bundesbank eine Niederlassung hat.

---

[61] Vgl. auch Hagenmüller/Diepen, Der Bankbetrieb, 12. Aufl., Wiesbaden 1989, S. 485 ff.

Übersicht über die Durchschnittssätze und Streubreite der Sollzinsen von Kontokorrent- und Diskontkrediten[62]

Erhebungszeitraum Oktober	Kontokorrentkredite				Wechseldiskontkredite für bundesbankfähige Abschnitte bis unter 100.000 DM	
	unter 1 Mill. DM		von 1 Mill. DM – unter 5 Mill. DM			
	Durchschnittszinssatz p. a.	Streubreite	Durchschnittszinssatz p. a.	Streubreite	Durchschnittszinssatz p. a.	Streubreite
1993	12,32	10,50–13,75	10,55	9,25–12,75	8,24	6,75–10,25
1994	11,24	9,25–12,75	9,40	7,75–11,75	6,62	5,00– 8,75
1995	10,66	8,25–12,50	8,45	7,00–11,25	5,71	4,00– 8,00

Die bei der Finanzierung eines Handelsgeschäfts durch einen Wechsel entstehenden Beziehungen verdeutlicht das folgende Schema:

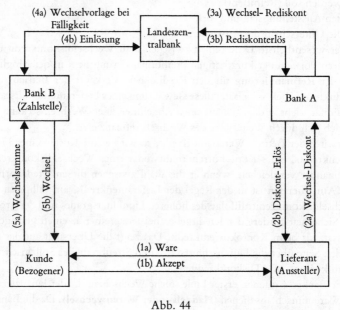

Abb. 44

Der Lieferant liefert Waren an seinen Kunden (1a) und zieht einen Wechsel, den der Kunde akzeptiert (1b). Der Lieferant refinanziert sich durch Weitergabe des Wechsels an seine Bank A (2a, b). Die Bank A wiederum refinanziert sich, indem sie den Wechsel an die Landeszentralbank verkauft

---

[62] Quelle: Monatsberichte der Deutschen Bundesbank, Statistischer Teil, VI. Zinssätze, Heft 12, Dezember 1993, S. 61, Heft 12, Dezember 1994, S. 61 sowie Heft 12, Dezember 1995, S. 45

(3a, b). Bei Fälligkeit legt diese den Wechsel der im Wechsel bezeichneten Zahlstelle (Bank B) vor (4a), die ihn einlöst (4b). Die Bank B präsentiert den Wechsel dem Bezogenen (5b), der ihn bezahlt (5a).

Die **Kosten** des Diskontkredits bestehen im wesentlichen aus dem Diskont, der von der Bank einbehalten wird. Er ist abhängig von der Höhe des jeweils geltenden Diskontsatzes der Deutschen Bundesbank, der mit einem Zuschlag versehen wird. Dieser Zuschlag richtet sich einerseits danach, ob die eingereichten Wechsel rediskontfähig sind oder nicht, zum anderen nach dem Ergebnis der Kreditverhandlung mit dem Kreditnehmer und der Höhe der Wechselsumme. Für bundesbankfähige Wechsel beträgt der Zuschlag zum Diskontsatz ca. 0,75%–2,5% p. a., für andere Wechsel 2%–4% p. a.

Beim **Akzeptkredit** zieht der Betrieb einen Wechsel auf seine Bank, die ihn akzeptiert. Entweder diskontiert die Bank ihr eigenes Akzept selbst, oder der Betrieb kann den Wechsel, dessen Bezogener die Bank ist, anderweitig verwerten. Für die Bank handelt es sich dann bei dieser Kreditart nicht um eine Geldleihe, sondern um eine **Kreditleihe.** Der Betrieb erhält kein Geld, sondern lediglich einen von der Bank akzeptierten Wechsel, den er jedoch wie Bargeld verwenden kann. Der Betrieb ist verpflichtet, den Gegenwert des Wechsels am Tage der Fälligkeit bei der Bank bereitzustellen. Die Abwicklung dieses Kreditgeschäftes erfolgt gewöhnlich über das Kontokorrentkonto. Als Kosten fällt neben dem Zins eine Akzeptprovision an. Soweit der Akzeptkredit über das Kontokorrentkonto abgewickelt wird, beeinflußt er die Höhe der Umsatzprovision. Dasselbe gilt für den Diskontkredit.

ee) Lombardkredit

Der Lombardkredit ist ein Kredit, der durch **Verpfändung** von Wertpapieren, Wechseln und Waren gesichert ist. Beliehen wird nur ein Teil des Wertes des Sicherungsgutes. Die Beleihungsgrenzen schwanken je nach der Art des Pfandes zwischen 50% (Waren) und 80% (mündelsichere festverzinsliche Wertpapiere). Voraussetzung der Lombardierung ist, daß das Pfand wertbeständig und schnell realisierbar ist.

Der Warenlombard kommt vor allem im Warenhandel vor. Die verpfändete Ware muß der Bank übergeben werden, was meistens – da die Bank nicht über entsprechende Lagerräume verfügt – in der Weise geschieht, daß eine Einlagerung bei einem Spediteur oder in einem Lagerhaus erfolgt. Der über die eingelagerte Ware ausgestellte Lagerschein wird der Bank übergeben und der Herausgabeanspruch an sie abgetreten. Wird der Lagerschein als Orderpapier ausgestellt, so genügt die Übertragung durch Indossament und die Übergabe.

Zu verzinsen ist der Lombardkredit zum sog. **Lombardsatz,** der gewöhnlich 0,5–1% über dem amtlichen Diskontsatz liegt, da das Risiko des Lombardgeschäftes größer ist als das des Wechselgeschäftes. Der Nachteil des Lombards liegt darin, daß der Betrieb nicht mehr über die verpfändeten Gegenstände verfügen kann.

In der Praxis hat sich deshalb eine Variante dieser Kreditform in der **Sicherungsübereignung** herausgebildet. Das Eigentum der als Sicherheit dienen-

den Gegenstände, z. B. Maschinen eines Industriebetriebes, wird zwar auf
den Kreditgeber übertragen, jedoch bleibt durch Vereinbarung eines Besitz-
konstituts der Betrieb unmittelbarer Besitzer der Gegenstände, deren Nutzung gewöhnlich überhaupt erst die Voraussetzung zur Rückzahlung des
Kredits darstellt.

ff) Avalkredit

Der Avalkredit ist eine **Kreditleihe.** Eine Bank übernimmt für ihren Kunden bis zu einer vereinbarten Höhe eine **Bürgschaft** oder eine **Garantie.** Der
Unterschied zwischen der Bürgschaft und der Garantie besteht darin, daß die
Bürgschaftsverpflichtung, die auf einem Vertrag zwischen dem Gläubiger
und dem Bürgen beruht, vom Bestehen und vom Umfang der Hauptschuld
abhängig, also akzessorisch ist, während die Garantie eine von der Hauptschuld unabhängige selbständige Verpflichtung darstellt, also nicht akzessorisch ist.[63] Die Bürgschaft oder Garantie kann z. B. der Sicherung eines größeren
Lieferantenkredits dienen oder bei der Vergabe von Großaufträgen, z. B.
durch öffentliche Auftraggeber, die Voraussetzung zur Erlangung des Auftrages sein. Da kein Geld, sondern nur eine Bürgschaft oder Garantie zur
Verfügung gestellt wird, fallen keine Zinsen an, sondern es ist lediglich eine
Avalprovision zu zahlen.

gg) Factoring

Das Factoring ist eine Finanzierungsform, die einem erhöhten Bedarf an
Liquidität und Schutz vor Kreditrisiken Rechnung trägt. Steigende Umsatzzahlen des Factorings belegen die zunehmende Bedeutung dieser Finanzierungsform. Weltweit stieg der Factoringumsatz von knapp 61 Milliarden
US-$ 1982 auf über 104 Milliarden US-$ 1988, was einem Zuwachs von
über 70% entspricht.[64] In Deutschland waren 1988 zweiundfünfzig Gesellschaften tätig (Umsatzvolumen über 12 Milliarden DM).[65]

Das Factoring ist ein Finanzierungsgeschäft, bei dem ein Finanzierungsinstitut (der Factor) die Forderungen, die bei seinen Kontrahenten aus dem
Verkauf von Waren entstehen, erwirbt und das Risiko für den Ausfall der
Forderungen übernimmt. Der Verkäufer wird auf diese Weise in die Lage
versetzt, seinen Abnehmern die Forderungen zu stunden, d. h. „Ziel" zu
gewähren, ohne daß ihn diese Kreditgewährung liquiditätsmäßig belastet
und ohne daß er ein Kreditrisiko tragen muß. Dafür hat er dem Factor eine
Vergütung zu zahlen.

Neben dem Erwerb der Forderungen (Finanzierungsfunktion) und der
Übernahme des Kreditrisikos (Delkrederefunktion) übt das Finanzierungsinstitut noch eine Dienstleistungsfunktion aus. Der „Service" besteht vor allem

---

[63] Vgl. Hagenmüller/Diepen, Der Bankbetrieb, a. a. O., S. 154 ff.
[64] Vgl. Factors Chain International: Review of Activities, Amsterdam 1987, S. 12 (zitiert
nach Lambeck, P., Factoring und Forfaitierung als Alternative der Fremdfinanzierung, in:
Finanzierungshandbuch, hrsg. von F. W. Christians, 2. Aufl., Wiesbaden 1988, S. 469)
[65] Vgl. Wassermann, H., Factoring in Deutschland 1988, FIF 1989, Heft 4, S. 132 ff.

in der Führung der Debitorenbuchhaltung des Vertragspartners,[66] in der Übernahme des Mahnwesens, oft sogar in der Ausstellung der Rechnung für den Vertragspartner, im Inkassodienst von nicht abgetretenen Forderungen und in einer allgemeinen Unternehmensberatung, die nicht nur die Finanzierungsfragen, sondern auch die Fragen der Investition, der Produktion, des Absatzes, der Werbung u. a. umfassen kann.

Das Factoring-Geschäft kann in offener oder stiller Form erfolgen. Beim **offenen System** enthalten die Rechnungen des Vertragspartners den Hinweis, daß die Forderung im Rahmen eines Factoring-Vertrages abgetreten wird und daß folglich unmittelbar an das Factoring-Institut zu zahlen ist. Beim **stillen System** dagegen zahlen die Kunden des Vertragspartners an diesen, und er leitet die eingegangenen Zahlungen an das Institut weiter. Beim offenen System mahnt das Finanzierungsinstitut die säumigen Schuldner der Vertragspartner unmittelbar, beim stillen System stellt es zwar im Rahmen des Service die Mahnung aus, versendet sie jedoch über den Vertragspartner, der auf diese Weise die Möglichkeit hat, einzelne Mahnungen zurückzubehalten, insbesondere bei Kunden, die besonders wichtig sind und nicht verärgert werden sollen. (**ÜB 5/59**)

In der Praxis wird echtes Factoring, also die Übernahme von Finanzierungs-, Delkredere- und Servicefunktion, in der Regel in der Form des offenen Verfahrens betrieben. Die sich hierbei ergebenden Beziehungen zwischen den Beteiligten werden durch die vorangegangene Abbildung verdeutlicht.

hh) Rembourskredit

Durch die räumlichen Entfernungen und die damit oft verbundenen Informationslücken über den Geschäftspartner erwachsen aus Auslandsgeschäften

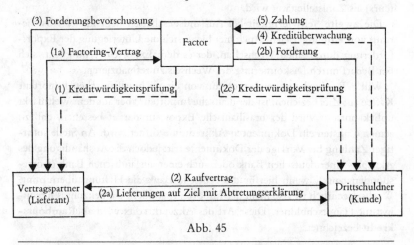

Abb. 45

---

[66] Beim echten Factoring, d. h. dem Forderungsverkauf, führt der Factor dagegen seine eigene Debitorenbuchhaltung, denn die Forderungen gehen in seinen Vermögensbereich über. Statt zahlreicher Kundenkonten verbleibt beim Vertragspartner nur das Konto des Factors (vgl. Lambeck, P., a. a. O., S. 471).

besondere Risiken. Auch zur Verringerung dieser Risiken werden Wechsel verwendet.

Die **erste Schwierigkeit** im Außenhandel ergibt sich daraus, daß die Importeure bestrebt sind, erst zu leisten, wenn sie über die Ware verfügen. Sie wollen also das Zug-um-Zug-Prinzip aufrecht erhalten. Da in diesem Fall der Exporteur frühestens nach Ablauf der Transportzeit den Kaufpreis erhält, ist von der Praxis das **Akkreditiv** entwickelt worden, das unter Wahrung der Interessen des Importeurs eine frühere Bezahlung des Exporteurs ermöglicht. Unter einem Akkreditiv ist ein Auftrag an ein Kreditinstitut zu verstehen, einem Dritten (dem Akkreditierten) einen bestimmten Geldbetrag zur Verfügung zu stellen und unter bestimmten Bedingungen auszuzahlen.

Um dem Exporteur eine Sicherheit zu geben, daß er das Geld auch tatsächlich erhält, gibt das Kreditinstitut eine Verpflichtungserklärung ab, zu zahlen, wenn der Exporteur den Nachweis erbringt, daß die Lieferung erfolgt ist. Dieser Nachweis wird mit Dokumenten (z. B. Konnossement,[67] Versicherungspolicen, Rechnungen) geführt **(Dokumenten-Akkreditiv).** Gewöhnlich enthalten die Akkreditive die Vereinbarung, daß das Kreditinstitut gegen Vorlage der Dokumente zahlt. Dabei werden diese sehr genau von den Banken geprüft.

Für den Exporteur hat das Akkreditiv-Verfahren zwei Vorteile:

(1) Er erhält bereits gegen die Dokumente sein Geld, unabhängig davon, daß die Güter sich noch auf dem Transport befinden.

(2) Durch die Verpflichtung des Kreditinstituts hat er einen (weiteren) potenten Schuldner gewonnen, der für die Bezahlung garantiert.

In der Praxis ist das Verfahren jedoch nicht ganz so einfach, weil meist außer der Akkreditivbank noch ein weiteres Kreditinstitut (im Land des Exporteurs) als Zahlstelle tätig wird.

Die **zweite Schwierigkeit** bei Auslandsgeschäften liegt in der Absicherung von Zahlungszielen. Auch hier bietet sich die Unterlegung der Exportforderung durch einen Wechsel an, der es dem Exporteur ermöglicht, sich bei Bedarf durch Diskontierung des Wechsels zu refinanzieren.

Will z. B. ein deutscher Importeur von einem brasilianischen Exporteur Kaffee auf Ziel beziehen, ist der deutsche Importeur aber auf dem Weltmarkt unbekannt, so wird der brasilianische Exporteur darauf bestehen, daß zu seinen Gunsten ein Dokumenten-Akkreditiv eröffnet wird. An Stelle sofortiger Zahlung bei Vorlage der Dokumente tritt jedoch die Aushändigung des Akzeptes einer deutschen Bank oder auch einer ausländischen Bank (Korrespondenzbank), wenn hierfür die deutsche Bank die Haftung übernimmt. Wechselrechtlich ist also nicht der Importeur, sondern ein bekanntes Kreditinstitut Hauptschuldner. Diese Art des Akzeptkredits wird als **Remburskredit** bezeichnet.

---

[67] Das Konnossement ist ein im Seefrachtgeschäft ausgestelltes Wertpapier über den Empfang der Güter mit der Verpflichtung, diese an den legitimierten Inhaber des Konnossements abzuliefern.

Das Geschäft wird folgendermaßen abgewickelt (s. Schaubild): Der Importeur schließt einen Kaufvertrag mit dem Exporteur ab (1) und beauftragt seine Bank (2), bei der Bank des Exporteurs zu dessen Gunsten ein Dokumentenakkreditiv zu eröffnen und eine Akzeptzusage zu geben (3). Die Bank des Exporteurs benachrichtigt diesen davon (4), der daraufhin die Ware an den Importeur absendet (5). Der Exporteur übergibt die Versanddokumente (Konnossement, Versicherungsschein, Rechnung) und einen Wechsel (Tratte) auf die Akzeptbank an seine Bank (6), die diese Unterlagen an die Bank des Importeurs weiterleitet (7). Diese akzeptiert den Wechsel (8) und gewährt dem Importeur einen Akzeptkredit (9). Das Akzept wird über die Bank des Exporteurs an den Exporteur weitergeleitet (10), der den Wechsel bei seiner Bank diskontieren lassen kann (10a, b). Die Dokumente werden dem Importeur von seiner Bank ausgehändigt (11), damit er die Ware bei Eingang in Empfang nehmen kann. Bei Fälligkeit stellt er die Wechselsumme seiner Bank zur Verfügung (12), die wiederum diese Summe bei der Bank des Exporteurs bereitstellt (13), wenn diese den Wechsel vorlegt (14).

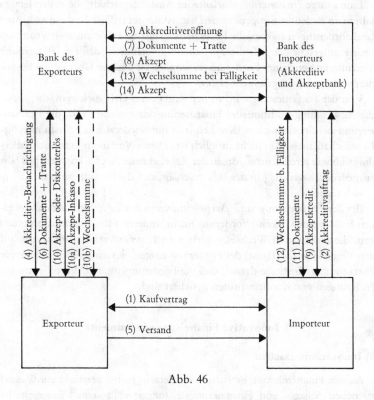

Abb. 46

ii) Negoziationskredit

Der Negoziationskredit ist eine weitere Kreditform im Auslandsgeschäft. Er unterscheidet sich vom Rembourskredit dadurch, daß bei diesem der Exporteur von der deutschen Bank ein Akzept erhält, das er bei seiner Bank diskontieren kann, während beim Negoziationskredit die Bank des Exporteurs sich verpflichtet, einen vom Exporteur auf den Importeur gezogenen Wechsel gegen Vorlage der Dokumente anzukaufen oder zu bevorschussen (zu negoziieren), also bereits bevor er vom Importeur oder dessen Bank akzeptiert worden ist. Das setzt voraus, daß sich die Bank des Exporteurs im Besitze eines Dokumenten-Akkreditivs befindet. Auf das bei der Darstellung des Rembourskredits verwendete Beispiel übertragen, besagt das, daß der deutsche Importeur über seine Bank bei der Bank des Exporteurs zu dessen Gunsten ein Dokumentenakkreditiv eröffnen läßt, das mit einer Negoziierungsklausel versehen ist und die ausländische Bank ermächtigt, einen vom Exporteur auf den Importeur gezogenen Wechsel anzukaufen, bevor er akzeptiert ist. Auf diese Weise erhält der Exporteur sein Geld unverzüglich, aber als Aussteller des Wechsels haftet er für diesen, wenn er nicht eingelöst wird. Er hat also zunächst nur einen Wechselkredit erhalten.

jj) Forfaitierung

Eine andere Finanzierungsvariante im Auslandsgeschäft, die in den letzten Jahren an Bedeutung zugenommen hat, ist der regreßlose Verkauf von Auslandsforderungen an spezielle Finanzierungsinstitute (Forfaiteure). Vom Factoring unterscheidet sich die Forfaitierung[68] dadurch, daß bei letzterer die Veräußerung einzelner Forderungen möglich ist und die Übernahme besonderer Serviceleistungen nicht erfolgt.

Von der Forfaitierung wird in der Regel dann Gebrauch gemacht, wenn die Anwendung traditioneller Finanzierungsinstrumente, z. B. die Refinanzierung bei Spezialbanken (Kreditanstalt für Wiederaufbau, Ausfuhrkredit-Gesellschaft m. b. H.), nicht möglich ist. Dieses Verfahren verursacht allerdings höhere Kreditkosten, die in der Regel in einer Art Diskontsatz pro Jahr ausgedrückt werden.[69] In der Bilanz schlägt sich die Forfaitierung als Aktivtausch nieder.

Bei der Forfaitierung sind zwei Grundvarianten zu unterscheiden. Im einen Falle werden Wechselforderungen, im anderen Falle Auslandsforderungen, die nicht durch Wechsel unterlegt sind, veräußert. Da Rückgriffe auf den Veräußerer (Forfaitist) der Forderung ausgeschlossen werden, achten die Forfaitierungs-Institute darauf, daß die Forderungen durch Verpflichtungserklärungen von Kreditinstituten gesichert sind.

3. Innovative Finanzierungsinstrumente

a) Innovationsursachen

An den Finanzmärkten hat sich in den letzten Jahren verstärkt ein Wandel zu neuen Anlage- und Finanzierungsleistungen vollzogen.[70] Einerseits ist

---

[68] A forfait = in Bausch und Bogen.
[69] Vgl. v. Stein/Kirschner, Kreditleistungen, in: Obst/Hintner, Geld-, Bank- und Börsenwesen, 38. Aufl., Stuttgart 1988, S. 420
[70] Vgl. Vormbaum, H., (Finanzierung), a. a. O., S. 343 ff.

dies auf eine **Veränderung der ökonomischen Rahmenbedingungen** zurückzuführen. Die Inflation in den 70er und zu Beginn der 80er Jahre verursachte erhebliche Schwankungen der Zinssätze und Wechselkurse. Das förderte die Entwicklung von Finanzierungsinstrumenten, die durch entsprechende Ausgestaltung eine Beschränkung der Währungs- und Zinsänderungsrisiken anstrebten.

Als Folge der internationalen Verschuldungskrise sind zahlreiche Forderungen von Banken an die Entwicklungsländer eingefroren bzw. überhaupt nicht mehr eintreibbar; das schränkte den Kapitalfluß über die Märkte stark ein.[71] Ferner nahmen die Zahlungsbilanzüberschüsse der ölexportierenden Länder ab und damit auch ihre Nachfrage nach kurzfristigen Bankeinlagen. In den Industrieländern dagegen wuchs das Interesse an verbrieften Forderungen. Infolgedessen rückten die Banken von der direkten Gewährung von Bankkrediten ab, während im Gegenzug die Emission von Wertpapieren beträchtlich zunahm. Diese Tendenz zur Verbriefung von Forderungen in Wertpapieren wird als **Securitization** bezeichnet. Auf diese Weise werden im allgemeinen bis zur Fälligkeit gehaltene Buchforderungen weitgehend durch handelbare Effekten ersetzt, zumal diese die Liquidität der Banken und ihre Refinanzierungsmöglichkeiten beträchtlich erhöhen.

Außerdem hat sich der Wettbewerb zwischen den Banken infolge der geringeren Kreditnachfrage seitens der Entwicklungsländer einerseits und wegen der zunehmenden Internationalisierung im Finanzdienstleistungsbereich andererseits erheblich verschärft, so daß die Suche nach neuen Finanzierungsinstrumenten immer mehr an Bedeutung gewann.

Neben den ökonomischen Rahmenbedingungen haben sich andererseits auch die **institutionellen Rahmenbedingungen** geändert. Dazu gehören Anpassungen bei Aufsichtsregelungen, Liberalisierungs- und Deregulierungstendenzen und eine Verringerung der Kapitalverkehrsbeschränkungen. So ist seit dem 1. 5. 1985 die Begebung von DM-Auslandsanleihen nicht mehr nur deutschen Kreditinstituten vorbehalten; vielmehr steht seither auch inländischen Tochtergesellschaften ausländischer Banken die Übernahme der Konsortialführung offen.

Nicht zuletzt haben **Fortschritte in der Kommunikationstechnologie,** verbunden mit einer Verringerung der Transaktionskosten und einer erst dadurch erzielbaren Rentabilität bei der Durchführung bestimmter Innovationen, die Einführung neuer Finanzierungsinstrumente begünstigt.

b) Innovationen bei Anleihen

aa) Null-Kupon-Anleihen (Zerobonds)

Bei Null-Kupon-Anleihen (Zerobonds) handelt es sich um Schuldverschreibungen, die im Gegensatz zu festverzinslichen Anleihen nicht zu kontinuierlichen Zinszahlungen führen und deshalb auch nicht mit Zinskupons ausgestattet sind. Vielmehr werden dem Anleger die Zinsen und Zinseszin-

---

[71] Vgl. Monatsberichte der Deutschen Bundesbank, 38. Jg., Heft Nr. 4, April 1986, S. 26

sen erst **am Ende der Laufzeit** zusammen mit dem ursprünglich eingezahlten Kapitalbetrag ausbezahlt. Dabei ergibt sich die Verzinsung aus der Differenz zwischen Emissionskurs und höherem Rückzahlungskurs. Je nach Ausgestaltung der Anleihe erfolgt entweder die Ausgabe zu einem Kurs von 100% mit einem weit darüber liegenden Rückzahlungskurs **(Aufzinsungsanleihe)** oder die Rückzahlung erfolgt zu 100% mit entsprechend darunter liegendem Emissionskurs.

Die mit Null-Kupon-Anleihen verbundenen **Vor- bzw. Nachteile** stellen sich bei Kapitalanleger (Anleihegläubiger) und -nehmer (Anleiheschuldner) genau spiegelbildlich dar. Null-Kupon-Anleihen haben in der Regel eine Laufzeit zwischen 10 und 20 Jahren, während der keine Zahlungen vom Anleiheschuldner an den Anleihegläubiger fließen. Dies ist für den **Kapitalnehmer** von Vorteil, weil seine Liquidität nicht durch laufende Zinszahlungen belastet wird.[72] Allerdings trägt er das Wiederanlagerisiko, das noch dadurch verstärkt wird, daß er außer der Erzielung der Zinsen auch die Zinseszinsen sicherstellen muß.

Umgekehrt profitiert der **Kapitalanleger** bei Null-Kupon-Anleihen davon, daß er sich nicht um die Reinvestition der Zinserträge kümmern muß; diese werden bei Halten der Anleihe bis zur Endfälligkeit von Zinsschwankungen nicht berührt. Andererseits haben spekulationsfreudige Anleger die Möglichkeit, durch vorzeitigen Verkauf der Papiere Zinsentwicklungen auszunutzen. Mit steigenden Marktzinsen sinkt der Kurs der Null-Kupon-Anleihen und umgekehrt, wobei diese Effekte stärker sind als bei üblichen Anleihen, weil außer dem Kapitalbetrag auch die **Zinsen mitverzinst** werden. Die mit einer Veränderung des Marktzinssatzes verbundene Hebelwirkung sinkt mit abnehmender Restlaufzeit.[73]

Für den Kapitalanleger kommt der Kauf einer Null-Kupon-Anleihe gerade während einer Hochzinsphase in Betracht, weil er sich auf diese Weise die hohen Zinsen während der gesamten Laufzeit sichert. Dagegen ist für den Kapitalnehmer die Ausgabe einer Anleihe in einer Niedrigzinsphase vorteilhaft.

Nicht zu vernachlässigen ist ferner die Tatsache, daß die **Sicherheit** der Anleihe wegen ihrer langen Laufzeit von der dauerhaften Bonität des Anleiheschuldners abhängt. Außerdem steigt wegen fehlender laufender Zinszahlungen das **Inflationsrisiko;** auch das **Wechselkursrisiko** bei einer Anlage in fremder Währung fällt höher aus, da die Zinszahlung erst im Fälligkeitszeitpunkt erfolgt und nicht zwischenzeitlich über eine Reinvestition der Zinsen in einer anderen Währung entschieden werden kann.[74]

In der Handelsbilanz sind Null-Kupon-Anleihen beim Anleiheschuldner zum jeweiligen Emissionsbetrag zuzüglich der bis zum Bilanzstichtag aufge-

---

[72] Vgl. Kußmaul, H., Betriebswirtschaftliche Überlegungen bei der Ausgabe von Null-Kupon-Anleihen, BB 1987, S. 1562ff., siehe bes. S. 1563
[73] Vgl. Büschgen, H. E., Finanzinnovationen, Neuerungen und Entwicklungen an nationalen und internationalen Finanzmärkten, ZfB 1986, S. 301ff., siehe bes. S. 307f.
[74] Vgl. Büschgen, H. E., a. a. O., S. 313

laufenen Zinsen auszuweisen (Nettoausweis).[75] Dies gilt ebenso für den Anleihegläubiger, sofern er die Anleihe im Betriebsvermögen hält. Über das Maßgeblichkeitsprinzip ist dieser sog. Nettoausweis auch für die **Steuerbilanz** relevant; das kann zur Folge haben, daß beim Anleihegläubiger auf die aufgelaufenen Zinserträge Steuerzahlungen bzw. Gewinnausschüttungen entfallen, ohne daß tatsächlich Zinszahlungen zugeflossen sind, während der Anleiheschuldner den **Zinsaufwand als Betriebsausgabe** geltend machen kann, obwohl effektive Zahlungen grundsätzlich erst zum Fälligkeitszeitpunkt erfolgen.

Gehören die Null-Kupon-Anleihen dagegen zum **Privatvermögen** des Anleihegläubigers, wird der Kapitalbetrag einschließlich der Zinsen erst beim eigentlichen Zufluß, d. h. bei Endfälligkeit, als Einkünfte aus Kapitalvermögen gem. § 20 Abs. 1 Nr. 7 EStG der Besteuerung unterworfen. Dadurch ergibt sich ein **Steuerstundungseffekt,** der im Falle einer Steuersatzsenkung gegenüber dem Zeitpunkt des Kaufs der Anleihe zu einer endgültigen Steuerersparnis führen kann.

Bei vorzeitiger Veräußerung der Anleihe wird der jeweils aufgelaufene Zinsanteil besteuert. In Höhe der Differenz zwischen Veräußerungserlös einerseits und Kapitalbetrag einschließlich zum Veräußerungszeitpunkt aufgelaufener Zinsen andererseits entsteht ein Veräußerungsgewinn, der jedoch nur unter der Voraussetzung des § 23 EStG, d. h. bei Veräußerung innerhalb der sechsmonatigen Spekulationsfrist, der Besteuerung unterliegt.

bb) Variabel verzinsliche Anleihen (Floating Rate Notes)

Floating Rate Notes sind Schuldverschreibungen, bei denen der Zins nicht für die gesamte Laufzeit festgelegt ist, sondern in **regelmäßigen Zeitabständen** – überwiegend viertel- oder halbjährlich – in Abhängigkeit von der Entwicklung eines bestimmten Referenzzinssatzes angepaßt wird. Die Verzinsung besteht in der Regel aus dem Referenzzinssatz und einem Aufschlag, der die Bonität des Emittenten berücksichtigt. Als Referenzzinssätze werden häufig der **LIBOR-Satz** (London interbank offered rate) für Euro-Anleihen oder der **FIBOR-Satz** (Frankfurt interbank offered rate) für DM-Anleihen herangezogen; letzterer wird als Durchschnitt der Geldmarktsätze für Drei- und Sechsmonatsgelder im Interbankenhandel von zwölf deutschen Kreditinstituten von der Privatdiskont AG ermittelt.

Floating Rate Notes werden als geldmarktnahe Anleiheform wegen der in der Regel **erstklassigen Bonität** der Anleiheschuldner und der ausgezeichneten Handelbarkeit insbesondere von **institutionellen Anlegern** nachgefragt.[76] Aufgrund der regelmäßigen Zinsanpassung ist das Risiko von Kursschwankungen der Anleihe sehr gering, was gerade für Anleger, die mit einem unerwarteten bzw. kurzfristigen Verkauf der Papiere rechnen müssen, von Vorteil ist. Der Kauf von Floating Rate Notes an Stelle einer festverzins-

[75] Vgl. hierzu und zum Bruttoausweis ausführlich Kußmaul, H., a. a. O., S. 1564f., 1566 ff.
[76] Vgl. im folgenden Büschgen, H. E., a. a. O., S. 305 f.

lichen Anleihe bietet sich **in Zeiten steigender Marktzinsen** an, um von einem sich später tatsächlich ergebenden Zinsanstieg profitieren zu können. Aus Sicht des Emittenten bieten Floating Rate Notes gute Refinanzierungsmöglichkeiten. Auch bei langfristiger Aufnahme von Kapital gewährleisten sie eine marktkonforme Verzinsung. Der Anleiheschuldner kann sich neben einer größeren Refinanzierungsbasis auch bessere Diversifikationsmöglichkeiten zunutze machen.

cc) Doppelwährungsanleihen (Multi Currency Notes)

Doppelwährungsanleihen sind dadurch gekennzeichnet, daß Kapitalaufnahme und Zinszahlungen sowie Rückzahlung **in unterschiedlicher Währung** erfolgen. Bezüglich der Zinszahlungen können die an der Emission Beteiligten die Einzahlungs- oder Rückzahlungswährung vereinbaren. Dabei werden die Zinszahlungen sowie die Höhe des Rückzahlungsbetrages im Begebungszeitpunkt der Anleihe festgelegt. Die **Emissionsrendite** einer Doppelwährungsanleihe liegt zwischen der Rendite einer Anleihe in der Einzahlungswährung und der Rendite einer Anleihe in der Rückzahlungswährung.[77]

Nimmt z. B. ein US-amerikanisches Unternehmen am deutschen Kapitalmarkt durch Emission einer Doppelwährungsanleihe einen bestimmten Kapitalbetrag in DM auf und werden die Zinszahlungen ebenfalls in DM, die Rückzahlung des Anleihebetrages bei Fälligkeit jedoch in US-$ beglichen, entfällt das Wechselkursrisiko des Emittenten hinsichtlich des Rückzahlungsbetrages. Es beschränkt sich auf die jährlichen Zinszahlungen und kann somit erheblich reduziert werden.

Auf diese Weise kommt es zu einer weitgehenden Abwälzung des Wechselkursrisikos auf den Kapitalanleger. Als Ausgleich erhält dieser eine Rendite, die höher ist als der sonst übliche inländische Marktzins, jedoch unter dem ausländischen Zinsniveau verbleibt, da die Zinszahlungen ohne Wechselkursrisiko in inländischer Währung erfolgen.

c) Finanzierungsinstrumente am Euromarkt

Über die nationalen Geld- und Kapitalmärkte hinaus ist in den letzten Jahren ein internationaler Kreditmarkt entstanden, der sog. Euromarkt, auf dem Transaktionen in Währungen außerhalb ihrer Ursprungsländer getätigt werden. Man unterscheidet den **Eurogeldmarkt** als kurzfristiges Marktsegment, auf dem Kredite bis zu einer Laufzeit von einem Jahr, üblicherweise jedoch 90 Tage gehandelt werden, den mittelfristigen **Kreditmarkt** mit Kreditlaufzeiten zwischen einem Jahr und fünf Jahren sowie den **Eurokapitalmarkt,** der sich durch langfristige internationale Anleihen mit Laufzeiten zwischen 5 und 15 Jahren auszeichnet.[78]

Der internationale Kreditmarkt entwickelte sich, als in den USA die Zahlungsbilanzüberschüsse in Zahlungsbilanzdefizite übergingen und die Dol-

---

[77] Vgl. Perridon/Steiner, a. a. O., S. 399
[78] Vgl. im folgenden ausführlich Perridon/Steiner, a. a. O., S. 159ff.

larguthaben im europäischen Besitz anwuchsen. Weil in den USA nur eine äußerst niedrige bzw. unverzinsliche Anlage dieser Dollarguthaben möglich war, im Ausland jedoch eine starke Dollarnachfrage bestand, bot der Euromarkt den Anlegern eine wesentlich höhere Verzinsung als in den USA. Heute werden am Euromarkt Geschäfte außer in Dollar auch in allen europäischen Hartwährungen abgewickelt.

Die wachsende Bedeutung des Euromarktes ist darauf zurückzuführen, daß sich dieser den jeweiligen nationalstaatlichen Maßnahmen zur Geld-, Währungs- und Konjunkturpolitik sowie den spezifischen nationalen Aufsichtsregelungen weitgehend entzieht, deshalb bessere Zinskonditionen bietet und das Kreditvolumen im Gegensatz zu den nationalen Geld- und Kapitalmärkten nicht begrenzt ist. Nicht zuletzt können auch steuerliche Gründe für eine Anlage am Euromarkt sprechen. Zentrum des europäischen Euromarktes ist **London** mit dem **LIBOR** (London interbank offered rate) als wichtigster Zinsbasis, daneben aber auch **Luxemburg** (Zinsbasis **LUXI-BOR**).

Der **Eurogeldmarkt** zeichnet sich durch den Handel von Devisenguthaben durch Abtretung aus; er stellt also einen Markt für Fremdwährungsguthaben dar.[79] Den Abtretungen liegt ein eigener, von den nationalen Geldmarktzinsen unabhängiger Marktzins zugrunde. Um den Handel von Termineinlagen zu erleichtern, wurden spezielle Einlagenzertifikate, sog. **Certificates of Deposit** geschaffen. Dabei handelt es sich um eine von einem Kreditinstitut ausgestellte marktfähige Quittung über die Einlage von Geldern bei einer Bank innerhalb eines bestimmten Zeitraums zu einem bestimmten festen oder variablen Zinssatz. Für die als Inhaberpapiere ausgestatteten Einlagenzertifikate, die durch Einigung und Übergabe übertragen werden, existiert auch ein Sekundärmarkt, so daß sie für den Anleger mit hoher Flexibilität und Liquidität verbunden sind und sich auch für sehr kurzfristige Anlagezwecke eignen.

Der **Eurokreditmarkt** refinanziert sich in erster Linie über den Eurogeldmarkt. Die dort von den Banken kurzfristig aufgenommenen Mittel leihen diese mittelfristig auf dem Eurokreditmarkt primär an Nicht-Banken aus unter Abwälzung des Zinsänderungsrisikos auf den Kreditnehmer anhand sog. **Roll-Over-Kredite**. Diese sind dadurch gekennzeichnet, daß es keine festen Zinskonditionen gibt, sondern Zinsanpassungen auf Basis eines variablen Referenzzinssatzes (i. d. R. LIBOR) zuzüglich eines Aufschlags, der die Refinanzierungskosten des Kreditgebers beinhaltet und dessen Höhe von der Bonität des Kreditnehmers und der Kreditlaufzeit abhängt, erfolgen. Die Banken ihrerseits können die Ausgabe von Roll-Over-Krediten fristen- und zinsgerecht durch Floating Rate Notes finanzieren.[80]

Am **Eurokapitalmarkt** werden internationale Anleihen gehandelt, die über ein internationales Emissionskonsortium gleichzeitig in mehreren Ländern plaziert werden. Diese können als fest oder variabel verzinsliche Anlei-

---

[79] Vgl. im folgenden Perridon/Steiner, S. 161
[80] Vgl. Perridon/Steiner, a. a. O., S. 162

hen bzw. als Wandel- oder Optionsanleihen mit Option auf den Bezug von Aktien oder Anleihen, ggf. mit Wahl der Währung, in der die Tilgungs- und Zinszahlungen erfolgen, ausgestaltet sein.

Besondere Bedeutung am Euromarkt haben die sog. **Euronote Facilities** erlangt, bei denen die Banken nicht mehr unmittelbar als Kreditgeber auftreten, sondern die Kapitalnehmer die benötigten Mittel direkt von den meist institutionellen Kapitalanlegern über die Emission von nicht börsennotierten kurzfristigen Papieren flexibel und zu geldmarktnahen Konditionen beziehen.[81] Falls die Unterbringung der Papiere am Markt nicht (bzw. nicht zu dem gewünschten Zinssatz) gelingt, übernehmen Banken die Euronotes entweder selbst zu einem vertraglich vereinbarten Zinssatz oder stellen dem Kreditnehmer im Rahmen einer Kreditlinie Buchkredite zur Verfügung, damit dieser die Papiere selbst aus dem Markt nehmen kann. In diesem Fall erhöhen sich die dem Kreditnehmer entstehenden Kosten, die ansonsten unter denjenigen vergleichbarer langfristiger Kredite mit variabler Verzinsung liegen. Die Kapitalanleger können durch kurzfristige Anlage ihrer verfügbaren Gelder in Euronotes i. d. R. eine höhere Rendite erzielen als bei vergleichbaren Anlageformen; außerdem gehören nicht nur Banken zu den Emittenten, sondern auch Staaten und internationale Unternehmen, so daß ein breiteres Anlagespektrum im Nicht-Bankenbereich zur Verfügung steht.[82]

Im Gegensatz zu Euronotes gehen die Banken bei **Commercial Papers,** die als kurzfristige abgezinste Inhaberschuldverschreibungen ausgestattet sind, keine Verpflichtung ein, die Papiere im Falle der Nicht-Plazierung selbst zu übernehmen, so daß das Plazierungsrisiko beim Emittenten verbleibt. Aus Sicht des Emittenten ist es dennoch vorteilhaft Commercial Papers zu begeben, weil diese ein äußerst kostengünstiges und flexibles Finanzierungsinstrument darstellen. In der Regel handelt es sich um eine Roll-Over-Emission, indem durch Ausgabe neuer Papiere fällige Papiere eingelöst werden. Für Kapitalanleger, überwiegend internationale Konzerne und institutionelle Anleger, sind Commercial Papers interessant, weil sie gute Renditen bieten, eine Anlage im Nichtbanken-Bereich ermöglichen sowie über eine hohe Liquidität verfügen und somit jederzeit einlösbar sind.[83]

d) Instrumente zur Begrenzung von Zinsänderungs- und Währungsrisiken

aa) Forward Rate Agreements (FRA)[84]

Das Forward Rate Agreement (FRA) ist ein Instrument zur Absicherung gegen Zinsänderungsrisiken. Dabei vereinbaren zwei Vertragspartner einen

---

[81] Vgl. hierzu ausführlich, insbesondere auch zu den Plazierungsverfahren Binkowski/ Beeck, Finanzinnovationen, 3. Aufl., Bonn 1995, S. 124 ff.

[82] Vgl. Binkowski/Beeck, a. a. O., S. 126 f.

[83] Vgl. Binkowski/Beeck, a. a. O., S. 128 ff. sowie Eilenberger, G., Lexikon der Finanzinnovationen, München 1990, S. 52 f.

[84] Vgl. hierzu mit Rechenbeispielen Binkowski/Beeck, a. a. O., S. 62 ff. sowie Wöhe/ Bilstein, a. a. O., S. 250 f.

festen Zinssatz auf der Grundlage eines nominellen Kapitalbetrages zum Zweck der Zinssicherung für einen in der Zukunft liegenden Zeitraum. Die Zeit zwischen Vertragsabschluß und Beginn der Zinsfestsetzung wird als Vorlaufperiode bezeichnet, die zusammen mit der eigentlichen Zinsperiode die Gesamtlaufzeit ergibt. Die während des Zinssicherungszeitraums anfallenden Zinsen werden nicht in voller Höhe gezahlt, sondern nur in Höhe der Differenz zwischen dem vereinbarten festen Zinssatz und dem zu Beginn der Zinsperiode tatsächlich vorliegenden Referenzzinssatz (i. d. R. LIBOR). Der Käufer eines Forward Rate Agreement kann geplante künftige Kreditaufnahmen oder bereits bestehende variabel verzinsliche Kreditengagements gegen das Risiko steigender Zinsen absichern. Ist der Referenzzinssatz zu Beginn der Zinsperiode höher als der FRA-Satz, erhält der Käufer vom Verkäufer eine entsprechende Ausgleichszahlung. Plant ein Unternehmen künftig die Anlage bestimmter freiwerdender Mittel bzw. verfügt es bereits über Terminanlagen oder variabel verzinsliche Anlagen, rechnet es aber in Zukunft mit sinkenden Zinsen, so erreicht es durch den Verkauf eines Forward Rate Agreement eine Absicherung gegen daraus resultierende Risiken. Sinkt nämlich der Referenzzinssatz unter den vereinbarten Zins, so erfolgt eine Kompensationszahlung vom Käufer des Forward Rate Agreement an den Verkäufer.

Die **Vorteile** der Forward Rate Agreements[85] bestehen darin, daß sie hinsichtlich der Laufzeit und des Betrags individuell zugeschnitten werden können und somit eine hohe Flexibilität gewährleisten und daß sie wegen der hohen Marktliquidität – zumindest bis zu einer Laufzeit von zwei Jahren – durch gegenläufige Transaktionen neutralisiert werden können. Da außer den Ausgleichszahlungen keine Kapitalbeträge fließen, führen sie weder zu Bilanzverlängerungen, noch belasten sie Kreditlinien in vollem Umfang. Ferner sind Forward Rate Agreements kostengünstige Finanzierungsinstrumente, weil keine Provisionen oder Vorabkosten anfallen.

bb) Caps und Floors[86]

Ein Cap stellt ein Zinssicherungsinstrument dar, das es ermöglicht, die Zinskosten über einen bestimmten Zeitraum hinweg nach oben zu begrenzen. Die Vertragsparteien vereinbaren dabei, daß im Falle eines Anstiegs des Referenzzinssatzes über die festgelegte Zinsobergrenze der Verkäufer dem Käufer die jeweilige Differenz, bezogen auf einen bestimmten nominellen Kapitalbetrag, erstattet. Im umgekehrten Fall findet keine Ausgleichszahlung statt. Die Vertragslaufzeit beträgt i. d. R. zwischen zwei und zehn Jahren, innerhalb der bestimmten, im voraus festgelegten Zeitabständen **(Roll-Over-Termine)** ein Vergleich zwischen Referenzzinssatz und Zinsobergrenze stattfindet, so daß es zu mehrmaligen **Ausgleichszahlungen** kommen kann. Der Verkäufer des Caps, der das wirtschaftliche Risiko eines

---

[85] Vgl. Binkowski/Beeck, a. a. O., S. 66 f.
[86] Vgl. Perridon/Steiner, a. a. O., S. 306 ff. sowie mit Rechenbeispielen Binkowski/Beeck, a. a. O., S. 50 ff. und Wöhe/Bilstein, a. a. O., S. 246 ff.

Zinsanstiegs trägt, erhält als Ausgleich bei Vertragsabschluß eine **Prämie** vom Käufer; u. U. kann auch eine periodische Zahlung der Prämie vereinbart werden.

Der Käufer eines Caps beschränkt sein Verlustrisiko bei sinkenden Zinsen auf die Zahlung der Prämie; gleichzeitig bleibt ihm jedoch die Möglichkeit, aufgrund der fallenden Zinssätze Zinsersparnisse zu realisieren. Er kann zudem von der hohen Flexibilität und der möglichen Vereinbarung langer Vertragslaufzeiten profitieren.

Die **Höhe der Prämie** ist vom aktuellen Marktzinsniveau, der Vertragslaufzeit, der Höhe der Zinsobergrenze und der erwarteten Schwankungsbreite des Referenzzinssatzes abhängig. Je niedriger die Zinsobergrenze bzw. je länger die Laufzeit gewählt wird, um so teurer ist die Prämie. Anbieter und Verkäufer von Caps sind i. d. R. Banken.

Das Gegenstück zu einem Cap ist der sog. **Floor,** bei dem die Vertragsparteien eine Zinsuntergrenze vereinbaren. Hier leistet der Verkäufer eine Ausgleichszahlung an den Käufer, wenn der Referenzzinssatz diese Zinsuntergrenze unterschreitet. Somit bieten Floors eine **Absicherung gegen fallende Zinsen,** indem sie dem Käufer einen Mindestzins garantieren. Auch hier beschränkt sich das Risiko des Käufers bei wider Erwarten steigenden Zinsen auf die Floor-Prämie.

Von einem **Collar** spricht man, wenn der Kauf eines Caps mit dem Verkauf eines Floors kombiniert wird. Dadurch kann der variable Zinssatz einer Verbindlichkeit auf eine Bandbreite zwischen Ober- und Untergrenze festgelegt werden. Von sinkenden Zinsen kann das Unternehmen nur bis zur Zinsuntergrenze des Floors profitieren. Dem Käufer eines Collars entstehen durch den Kauf eines Caps Kosten für das Recht auf eine Zinsobergrenze, während er aus dem Verkauf des Floors für das Recht auf Einräumung einer Untergrenze selbst eine Prämie erhält, so daß auf diese Weise die Cap-Kosten verringert werden.

cc) Devisentermingeschäfte[87]

Gegenüber Kassageschäften zeichnen sich Termingeschäfte dadurch aus, daß Vertragsabschluß und Vertragserfüllung zeitlich auseinanderfallen. Ziel von Termingeschäften ist die Sicherung gegenwärtiger Kurse für einen in der Zukunft liegenden Zeitpunkt. Durch Abschluß eines Devisentermingeschäftes kann sich ein Unternehmen gegen die aus Fremdwährungsverbindlichkeiten resultierenden Währungsrisiken absichern. Dabei werden im Zeitpunkt des Vertragsschlusses für einen zukünftigen Devisenkauf oder -verkauf die Höhe des Währungsbetrages, der künftige Zahlungstermin und insbesondere der Währungskurs vorab zwischen den Vertragspartnern vereinbart. Bestimmungsfaktoren des Terminkurses sind der Kassakurs sowie durch die Zinsdifferenzen zwischen beiden Währungen bedingte Auf- bzw. Abschläge. Die Wechselkurssicherung über Devisentermingeschäfte ge-

---

währleistet eine sichere Kalkulationsgrundlage, nimmt dem Unternehmen jedoch die Möglichkeit, an positiven Wechselkursänderungen teilzuhaben.

dd) Futures[88]

Ausgehend vom Terminmarkt hat sich durch zunehmende Standardisierung der Verträge hinsichtlich der Kontraktanzahl und der Fälligkeitstermine sowie durch Vereinfachung der Zugangsvoraussetzungen der Future-Markt entwickelt. Bei **Financial Futures** handelt es sich um börsenfähige standardisierte Finanzterminkontrakte. Sie beruhen auf der vertraglichen Vereinbarung zweier Parteien, eine bestimmte standardisierte Menge eines Finanzierungsinstruments in einem künftigen standardisierten Erfüllungszeitpunkt zu einem im voraus festgelegten Kurs zu kaufen bzw. verkaufen. Zu den Financial Futures zählen Währungs-Futures, Zinsterminkontrakte und Aktienindexterminkontrakte.

Während zur Absicherung von Währungsrisiken neben dem Handel mit **Währungs-Futures** auch auf den Devisenterminhandel zurückgegriffen werden kann, konnte die Absicherung von Zinsänderungsrisiken durch Abwälzung auf andere Marktteilnehmer erst mit Einführung der **Zins-Futures** erreicht werden. **Aktienindex-Futures** richten sich auf den Ausgleich von Aktienkursschwankungen. Dabei macht man sich die Tatsache zunutze, daß Kursschwankungen einer Aktie in einer bestimmten Relation zur Änderung eines bestimmten Aktienindex stehen.

Zu den Motiven für ein Engagement am Future-Markt zählen Hedging, Arbitrage und Trading.[89] Unter **Hedging** versteht man die Durchführung von Transaktionen am Future-Markt zur Verminderung des Zins- bzw. Währungsrisikos aus bereits bestehenden oder künftig abzuschließenden Positionen. Dies wird durch das Eingehen einer Position am Terminmarkt erreicht, die einer gegenwärtigen oder künftigen Position am Kassamarkt genau entgegengerichtet ist. Auf diese Weise soll ein eventueller Verlust am Kassamarkt durch einen Kursgewinn am Terminmarkt kompensiert werden.

Durch **Arbitragegeschäfte** wird ein Zusammenhang zwischen Future- und Kassamarkt hergestellt, indem die Arbitrageure bestrebt sind, Kursunterschiede zwischen Kontrakten an verschiedenen Märkten auszugleichen.

Trader versuchen, sich Kursschwankungen eines oder mehrerer Kontrakte zunutze zu machen durch den Verkauf von Terminkontrakten in Erwartung einer Aufwärtsbewegung der Zinsen bzw. durch den Kauf entsprechender Kontrakte bei erwarteter Abwärtsbewegung der Zinsen, wobei der geringe Kapitaleinsatz im Verhältnis zur Größe eines Future-Kontraktes dem Trader enorme Spekulationsmöglichkeiten eröffnet.

Die Abrechnung und Abwicklung der an der Börse abgeschlossenen Kontrakte erfolgt über eine Clearing-Stelle, durch deren Zwischenschaltung Bo-

---

[88] Vgl. ausführlich Binkowski/Beeck, a. a. O., S. 70 ff. sowie Perridon/Steiner, a. a. O., S. 279 ff.
[89] Vgl. im folgenden Eilenberger, G., a. a. O., S. 129 ff.

nitätsrisiken weitgehend beseitigt und somit Marktsicherheit und Liquidität gewährleistet werden. Seit 1990 werden auch in Deutschland an der Deutschen Terminbörse Financial Futures gehandelt, wobei der Handel vollständig computerisiert ist. Die Terminbörse ist durch hohe Markttransparenz, hohe Sicherheitsanforderungen sowie umfangreiche Kontroll- und Aufsichtsregelungen gekennzeichnet.[90]

ee) Swaps[91]

Auch Swaps sind Finanzierungsinstrumente, die zur Begrenzung von Währungs- bzw. Zinsänderungsrisiken herangezogen werden. Es handelt sich dabei um **Tauschgeschäfte,** durch die komparative Kostenvorteile an internationalen Finanzmärkten ausgenutzt werden können, die auf unterschiedliche Bonitätseinschätzungen bzw. Marktzugangsmöglichkeiten der einzelnen Vertragsparteien zurückzuführen sind.

Bei einem **Währungsswap** werden sowohl Zins- als auch Kapitalbeträge ausgetauscht; er kann in folgende drei Schritte aufgespalten werden: Bei Abschluß des Geschäftes werden fest vereinbarte Kapitalbeträge in unterschiedlichen Währungen, üblicherweise zum aktuellen Kassakurs getauscht. Während der Laufzeit des Swaps werden auch die auf die ursprünglichen Kapitalbeträge entfallenden Zinszahlungen zwischen den Vertragspartnern ausgetauscht. Am Ende der Laufzeit kommt es dann zu einem Rücktausch der Kapitalbeträge, der sich auf der Grundlage des ursprünglich vereinbarten Wechselkurses vollzieht.

Je nach Art der Zinszahlungen, die stets in unterschiedlichen Währungen erfolgen, unterscheidet man Festsatz-Währungsswaps mit Zahlung von Festsatzzinsen, Variable-Währungsswaps mit Austausch variabler Zinsen sowie kombinierte Zins-/Währungsswaps, bei denen fest und variabel verzinsliche Positionen ausgetauscht werden. Währungsswaps sichern die Vertragspartner langfristig gegen Wechselkursänderungen ab, so z. B. bei der Währungssicherung von in Fremdwährung gewährten Krediten innerhalb internationaler Konzerne. Ferner ermöglichen sie eine kostengünstigere Finanzierung als bei einem Direktengagement in der gewünschten Fremdwährung.

Ein **Zinsswap** beruht auf dem Austausch von Zinszahlungen zwischen den Vertragspartnern auf Basis eines festen Kapitalbetrages innerhalb einer bestimmten Laufzeit zu vorab festgelegten Zahlungsterminen. In der Regel werden dabei Festsatzzinsen gegen variable Zinsverpflichtungen und umgekehrt getauscht; es können jedoch auch verschiedene Arten von variablen Zinssätzen Gegenstand des Tausches sein.

Charakteristisch für Zinsswaps ist die Tatsache, daß **beide** Vertragspartner Zinsvorteile realisieren, und zwar nicht nur dann, wenn jeder Vertragspartner im jeweils anderen Markt Kostenvorteile besitzt, sondern u. U. auch,

---

[90] Vgl. hierzu ausführlich Binkowski/Beeck, a. a. O., S. 84 ff. sowie Perridon/Steiner, a. a. O., S. 166 f.
[91] Vgl. im folgenden mit Beispielen Perridon/Steiner, a. a. O., S. 283 ff., Binkowski/ Beeck, a. a. O., S. 32 ff., Wöhe/Bilstein, a. a. O., S. 251 ff. sowie Büschgen, H. E., a. a. O., S. 321 ff.

wenn einer der Partner sich auf beiden Märkten billiger refinanzieren kann. Mit Hilfe von Zinsswaps können somit die Finanzierungskosten bereits bestehender bzw. neu einzugehender Verbindlichkeiten reduziert werden. Ferner ermöglichen sie die Festschreibung eines günstigen Zinsniveaus im Zusammenhang mit der Aufnahme von Kapital, aber auch bei Geldanlagen. Die Anwendung von Swaps beschränkt sich somit nicht nur auf die Mittelbeschaffung, sondern wird verstärkt auch auf das Aktivgeschäft ausgedehnt. Insbesondere Banken nutzen Swaps zum Schließen offener Zins- bzw. Währungspositionen, zum Austausch von Länderkreditforderungen bzw. zum aktiven Zinsmanagement von Rentenportefeuilles.[92]

In den letzten Jahren haben sich aus den Swap-Grundformen neuartige Swaps entwickelt, die eine immer bessere Anpassung an individuelle Gegebenheiten hinsichtlich Laufzeit- und Tilgungsmodalitäten, aber auch der Anzahl der Vertragspartner ermöglichen. Inzwischen ist auch ein Sekundärmarkt für den Handel bereits bestehender Swap-Vereinbarungen entstanden, auf dem Kreditinstitute als Vermittler fungieren. Dabei treten Dritte in eine Swap-Vereinbarung ein, so daß der Ausscheidende Vertragspartner zu seiner ursprünglichen Finanzierung zurückkehrt.

ff) Optionen[93]

Optionsgeschäfte beinhalten das Recht oder die Verpflichtung zum Kauf bzw. Verkauf einer bestimmten Anzahl von Finanztiteln. Dabei werden die Art der Finanztitel, die Optionsfrist, d. h. die Zeit innerhalb der die Option ausgeübt werden kann, die Optionsprämie und der Basispreis für das jeweilige Optionsgeschäft bereits im voraus festgelegt. Man unterscheidet zwischen **Kaufoption** (call) und **Verkaufsoption** (put) sowie zwischen Käufer und Verkäufer der entsprechenden Optionsart. Der Verkäufer wird auch als Stillhalter bezeichnet, weil sein Verhalten von dem des Käufers abhängt, er also lediglich auf dessen Entscheidungen reagieren kann.

Während der Käufer einer europäischen Option bezüglich der Ausübung seines Optionsrechtes an festgelegte Fälligkeitstermine gebunden ist, ist die Ausübung einer amerikanischen Option zu jedem beliebigen Zeitpunkt innerhalb der Optionsfrist möglich. So erwirbt der Käufer einer (amerikanischen) Kaufoption das Recht, innerhalb der Optionsfrist die Lieferung bestimmter Finanztitel vom Verkäufer zu fordern, dem folglich die Beschaffung der Finanztitel obliegt. Umgekehrt kann der Käufer einer Verkaufsoption vom Verkäufer die Abnahme der vereinbarten Finanztitel verlangen, so daß dieser zum Kauf verpflichtet ist.

Das Optionsgeschäft vollzieht sich in zwei Schritten: der erste Schritt besteht im Kauf bzw. Verkauf des Optionsrechtes und der Zahlung der Optionsprämie vom Käufer an den Verkäufer, die dieser in jedem Fall unabhängig von der tatsächlichen Ausübung der Option erhält; der zweite Schritt

---

[92] Vgl. hierzu ausführlich Perridon/Steiner, a. a. O., S. 283 ff. sowie zu den Risiken aus Swap-Geschäften, insbesondere für Banken, Büschgen, H. E., a. a. O., S. 326 ff.
[93] Vgl. Perridon/Steiner, a. a. O., S. 291 ff. sowie Binkowski/Beeck, a. a. O., S. 96 ff.

		Optionsarten	
		Kaufoption	Verkaufsoption
Am Optionsgeschäft Beteiligte	Käufer	Recht zum Kauf von Finanztiteln innerhalb der Optionsfrist	Recht zum Verkauf von Finanztiteln innerhalb der Optionsfrist
	Verkäufer	Verpflichtung zum Verkauf von Finanztiteln bei Optionsausübung ⇨ Stillhalter in Finanztiteln	Verpflichtung zur Abnahme von Finanztiteln bei Optionsausübung durch den Käufer ⇨ Stillhalter in Geld

umfaßt die Ausübung der Option durch den Käufer und somit den Kauf bzw. Verkauf von Finanztiteln innerhalb der Optionsfrist. Das Optionsrecht verfällt, wenn die Optionsfrist verstrichen ist, ohne daß der Käufer aktiv tätig wird.

Um einen effizienten Optionsmarkt zu gewährleisten und die Handelbarkeit von Optionen zu erhöhen, ist ein gewisses Maß an **Standardisierung** erforderlich. So ist der der Übertragung der Finanztitel zugrundeliegende Basispreis, auf den sich Käufer und Verkäufer einigen und der sich am jeweiligen Tageskurs orientiert, innerhalb bestimmter Intervalle standardisiert. Ferner sind die Laufzeiten der jeweiligen Optionsrechte sowie die Fälligkeitstermine entsprechend festgelegt.

Gegenstand von Optionen sind nicht nur Aktien, sondern auch Währungen, verschiedene Anleiheformen, Swaps sowie Futures-Kontrakte. Durch Kombination der genannten innovativen Finanzierungsinstrumente mit Optionen dienen auch diese letztlich dazu, die aus Zins- bzw. Währungsänderungen resultierenden Risiken auszuschalten.

VI. Quellen der Innenfinanzierung

1. Begriff und Formen der Innenfinanzierung

Jede Finanzierungsmaßnahme führt zu einer Ausweitung des Finanzbereichs, wie er in Abb. 3 dargestellt[1] ist. Im Gegensatz zur Außenfinanzierung fließen dem Betrieb im Rahmen der Innenfinanzierung die Finanzmittel nicht über die Finanzierungsmärkte zu. Die zur Verfügung stehenden Mittel werden vielmehr vom Betrieb selbst über den betrieblichen Umsatzprozeß er-

---

[1] Vgl. S. 740

wirtschaftet. Notwendige Voraussetzung der Innenfinanzierung ist somit, daß durch den **Umsatzprozeß** ein **Zahlungsmittelüberschuß** erzielt wird. Dies bedeutet, daß dem Zufluß liquider Mittel kein oder ein geringerer Mittelabfluß gegenübersteht.

Bei der Darstellung der Innenfinanzierung macht die deutschsprachige Literatur einen didaktischen Umweg. Sie erfaßt das Innenfinanzierungsvolumen einer Periode nicht direkt durch die Gegenüberstellung periodenbezogener Ein- und Auszahlungen. Sie geht statt dessen den indirekten Weg über die Gewinn- und Verlustrechnung, wobei sie **Aufwendungen** und **Erträge** auf ihre **Zahlungswirksamkeit** überprüft.

Der Gewinn einer Periode ist der Saldo aus Erträgen und Aufwendungen. Unterstellt man, daß alle Erträge zu Einzahlungen und alle Aufwendungen zu Auszahlungen führen, so steht der bilanzielle Gewinn dem Betrieb in liquider Form zur Verfügung. Diese liquiden Mittel können in voller Höhe an die Gesellschafter ausgeschüttet werden. Wird allerdings nicht der gesamte Gewinn an die Gesellschafter ausgezahlt, verbleibt ein Teil der erwirtschafteten Finanzmittel im Betrieb, der sie frei nutzen kann. Der **einbehaltene** Teil des **Gewinns** beschreibt in diesem Fall das Innenfinanzierungsvolumen der Periode. Diese Form der Finanzierung aus nicht abgeführten Gewinnen wird als **Selbstfinanzierung** bezeichnet.

Das Innenfinanzierungsvolumen einer Periode erhöht sich, wenn nicht alle **Aufwendungen** in der gleichen Periode, sondern erst in der **Zukunft auszahlungswirksam** sind. Bleibt die Annahme der Zahlungswirksamkeit der Erträge bestehen, so stehen diesem Mittelzufluß Aufwendungen gegenüber, die den Zahlungsmittelbestand nicht sofort reduzieren. Bis zum späteren Zeitpunkt der Auszahlung ist dieser Betrag für den Betrieb im Rahmen der Finanzplanung frei disponierbar. Der Zeitraum zwischen Aufwandsverrechnung und Auszahlung beträgt unter Umständen mehrere Jahre, so daß ein beachtliches Finanzierungspotential aufgebaut werden kann. Als typisches Beispiel für das zeitliche Auseinanderfallen von Aufwandsverrechnung und Auszahlung ist die Bildung **langfristiger Rückstellungen** zu nennen. Das Innenfinanzierungsvolumen wird folglich durch die Dotierung von Rückstellungen erhöht.

Zusätzliche Kapitalbindung	Bilanz-verlängerung	**Selbstfinanzierung**	Erhöhung des Eigenkapitals
		Finanzierung aus lang-fristigen Rückstellungen	Erhöhung des Fremdkapitals

Abb. 47: Innenfinanzierung durch zusätzliche Kapitalbindung

Der Selbstfinanzierung und der Finanzierung aus Rückstellungsgegenwerten ist gemeinsam, daß sich c. p. der Zahlungsmittelbestand erhöht. Dieser Vermögensmehrung steht eine zusätzliche Kapitalbindung auf der Passivseite der Bilanz gegenüber. Die Selbstfinanzierung hat eine Aufstockung des Eigenkapitals zur Folge, dagegen stellt die Bildung von Rückstellungen eine Ausweitung des Fremdkapitals[2] dar. In beiden Fällen verlängert sich die Bilanz.

Die zweite große Aufwandsposition, die nicht auszahlungswirksam ist, sind die **Abschreibungen**. Im Gegensatz zur Bildung von Rückstellungen erhöht sich bei der Verrechnung von Abschreibungen die Bilanzsumme aber nicht. Es wird kein zusätzliches Kapital gebunden. Vielmehr beruht die Finanzierungswirkung der Abschreibungen auf einem Aktivtausch, d. h. auf einer **Vermögensumschichtung**.

Durch die Produktion von Gütern nutzen sich maschinelle Anlagen ab. Der Maschineneinsatz führt bei den Aggregaten zu einer Wertminderung, die über Abschreibungen erfaßt wird, und bei den hergestellten Produkten zu einer Wertsteigerung. Buchtechnisch vermindern die Abschreibungen den Wert der Maschinen und erhöhen – im Rahmen der Aktivierung von Herstellungskosten – den Wert der Produkte. Wenn es gelingt, einen kostendeckenden Preis zu erzielen, wird auch der Wertverzehr an den maschinellen Anlagen vom Markt vergütet, und die Abschreibungsgegenwerte fließen dem Betrieb über den Verkaufspreis in liquider Form zu. Der Finanzierungseffekt der Abschreibungen entfaltet sich somit stufenweise. Teile des relativ liquiditätsfernen Anlagevermögens werden über die Abschreibungen auf das liquiditätsnahe Umlaufvermögen (Fertigerzeugnisse) übertragen. Durch den Verkauf der Produkte wird der Investitionsbereich zugunsten des Finanzbereichs verringert. Der Kapitalbestand bleibt durch diese Transaktionen unberührt.[3]

Neben den planmäßigen Vermögensumschichtungen durch Abschreibungen besteht die Möglichkeit, das Innenfinanzierungsvolumen kurzfristig durch **andere Vermögensumschichtungen,** wie z. B. die Veräußerung von nicht benötigtem Sachvermögen oder Rationalisierungsmaßnahmen, zu erhöhen. Bei der Veräußerung von Vermögensgegenständen ist der Finanzierungseffekt offensichtlich. Aus dem Verkauf fließen dem Betrieb direkt Zahlungsmittel zu. **Sachvermögen** wird somit in **Geldvermögen** umgewandelt.

Vermögens- umschichtung	Aktivtausch	**Abschreibungen**	planmäßige Kapitalfreisetzung
		andere Vermögens- umschichtungen	außerplanmäßige Kapitalfreisetzung

Abb. 48: Innenfinanzierung durch Vermögensumschichtung

---

[2] Rückstellungen für ungewisse Verbindlichkeiten sind bei wirtschaftlicher Betrachtung als Fremdkapital anzusehen. Vgl. S. 1112 ff.

[3] Der Kapitalbereich bleibt nur unberührt, wenn durch den Verkauf der Produkte keine Gewinne erzielt werden. Sobald Gewinne realisiert werden können, vergrößert sich auch der Kapitalbereich.

Rationalisierungsmaßnahmen können z. B. die Lagerhaltung betreffen. Wenn es gelingt, die Lagerhaltung effizienter zu gestalten, kann langfristig der durchschnittliche Lagerbestand und damit auch die durchschnittliche Kapitalbindung des Umlaufvermögens reduziert werden. Unterstellt man, daß der Kapitalbereich unverändert bleiben soll, so folgt aus der Reduktion des Investitionsbereichs eine Ausweitung des Finanzbereichs. Es liegt also auch hier ein Aktivtausch vor. (**ÜB 5**/47–48; 85)

2. Selbstfinanzierung

a) Formen der Selbstfinanzierung

Innenfinanzierung aus zurückbehaltenem (thesauriertem) Gewinn wird als **Selbstfinanzierung** bezeichnet. Das Selbstfinanzierungspotential steigt also in dem Maße, in dem die Gesellschafter – wissentlich oder unwissentlich – auf eine **Gewinnausschüttung** verzichten.

Literatur und Praxis machen eine Trennung zwischen
– offener Selbstfinanzierung und
– stiller Selbstfinanzierung.

Den Unterschied zwischen beiden Formen der Selbstfinanzierung kann man sich an folgendem Beispiel klar machen: Ein Unternehmen erzielt einen **tatsächlichen Gewinn** von 500. **Ausschüttungsrichtgröße** für die Gesellschafter ist der **ausgewiesene Gewinn**. Annahmegemäß beanspruchen die Gesellschafter die Hälfte des ausgewiesenen Gewinns als Ausschüttung. Wird der tatsächlich erzielte Gewinn in voller Höhe (500) im Jahresabschluß ausgewiesen, verbleiben **nach Ausschüttung** 250 zur **offenen Selbstfinanzierung.**

Will der Vorstand des Unternehmens das Selbstfinanzierungspotential weiter ausdehnen, geht er den Weg der **stillen Selbstfinanzierung.** Zu diesem Zweck bildet er z. B. durch Unterbewertung von Vermögensteilen in der Bilanz eine stille Rücklage[4] von 200. Der tatsächliche Gewinn beträgt nach wie vor 500, der ausgewiesene Gewinn 300. Der ausgewiesene Gewinn wird zur Hälfte ausgeschüttet.

Tatsächlicher Gewinn	500
./. stille Selbstfinanzierung durch	
Bildung stiller Rücklagen	200
ausgewiesener Gewinn	300
./. Ausschüttung	150
offene Selbstfinanzierung	150

Abb. 49: Offene und stille Selbstfinanzierung

---

[4] Zu den Möglichkeiten und Grenzen der Bildung stiller Rücklagen vgl. S. 1124 ff.

b) Offene Selbstfinanzierung

Durch offene Selbstfinanzierung wird das Eigenkapital eines Unternehmens gestärkt und der Zahlungsmittelbestand durch Ausschüttungsverzicht erhöht.

Sind sich Vorstand und Gesellschafter einig, daß das Eigenkapital des Unternehmens um 250 gestärkt werden soll, stehen zwei Alternativen offen:

(1) **Gewinnthesaurierung** (250) oder

(2) **Gewinnausschüttung** (250) mit **anschließender Wiedereinlage** des ausgeschütteten Betrags.

Die zweite Alternative wird als **Schütt-aus-hol-zurück-Verfahren** bezeichnet. In einer Welt ohne Steuern ist es unerheblich,[5] ob der Gewinn direkt thesauriert oder zuerst an die Gesellschafter ausgeschüttet und später im Wege einer Kapitalerhöhung wieder eingelegt wird. Es ist lediglich sicherzustellen, daß die Gesellschafter auch tatsächlich den gesamten ausgeschütteten Gewinn dem Betrieb wieder zuführen, damit bei beiden Alternativen das Eigenkapital um den gleichen Betrag erhöht wird.

Ein anderes Bild zeigt sich, wenn **Steuern** in die Betrachtung mit **einbezogen** werden. Steuerzahlungen führen grundsätzlich zu Auszahlungen und damit zu einer Verringerung der Zahlungsmittelbestände. Da Gewinnthesaurierungen und Gewinnausschüttungen aus dem Gewinn nach Steuern getätigt werden, können die Alternativen nur dann das gleiche Finanzierungsvolumen gewährleisten, wenn ausgeschüttete und thesaurierte Gewinne gleich stark belastet werden.

Das deutsche Steuersystem kennt drei Ertragsteuern:

– Gewerbeertragsteuer,

– Einkommensteuer und

– Körperschaftsteuer.

Will man den Einfluß der Ertragsteuern auf die anstehende Finanzierungsentscheidung untersuchen, muß man zwischen

– Einzelfirmen bzw. Personengesellschaften und

– Kapitalgesellschaften

unterscheiden.

Der Gewinn einer **Einzelfirma** bzw. einer **Personengesellschaft** wird mit der **Gewerbeertragsteuer**[6] und der **Einkommensteuer**[7] belastet. Die Höhe dieser beiden Ertragsteuern ist unabhängig davon, ob der Gewinn einbehalten oder ausgeschüttet wird. Gewinnthesaurierung und Schütt-aus-hol-zurück-Verfahren unterliegen folglich der gleichen Ertragsteuerbelastung. Für Einzelfirmen und Personengesellschaften ist also die **Ertragsbesteuerung** – bezogen auf diese Finanzierungsalternative – **entscheidungsneutral.**

Anders liegen die Verhältnisse bei Kapitalgesellschaften. Der von ihnen erzielte Gewinn unterliegt der Gewerbeertragsteuer und der Körperschaft-

---

[5] Es wird unterstellt, daß die beiden Alternativen die gleichen Transaktionskosten verursachen.

[6] Zu den steuerrechtlichen Einzelheiten vgl. Wöhe, G., (Steuern), a. a. O., S. 190ff.

[7] Vgl. ebenda, S. 43ff.

steuer.[8] Hinsichtlich der Gewerbeertragsteuerbelastung gibt es auch hier keinen Unterschied zwischen einbehaltenen und ausgeschütteten Gewinnen.

Die Körperschaftsteuer belastet einbehaltene Gewinne gegenwärtig mit 45 Prozent und ausgeschüttete Gewinne mit 30 Prozent. Der erste Anschein spricht für eine Steuerbegünstigung ausgeschütteter Gewinne und damit für Schütt-aus-hol-zurück. Aber der erste Anschein trügt. Die Gesellschafter müssen die ihnen zufließenden Gewinnausschüttungen der Einkommensteuer unterwerfen. Bemessungsgrundlage ist dabei der Gewinn nach Steuern (Bardividende) zuzüglich der abgezogenen Körperschaftsteuer. Es ist also der gesamte ausgeschüttete Gewinn nach Gewerbeertragsteuer zu versteuern. Auf diesen Betrag ist die Einkommensteuer nach Maßgabe des persönlichen Steuersatzes der Gesellschafter zu entrichten. Hierbei ist zu beachten, daß die von der Gesellschaft gezahlte Körperschaftsteuer auf die ausgeschütteten Gewinne bei der Einkommensteuerveranlagung der Gesellschafter angerechnet werden kann. **Ausgeschüttete Gewinne** sind somit im Endeffekt nur mit der **Gewerbeertragsteuer** und der persönlichen **Einkommensteuer** der Gesellschafter **belastet.**

Es wird unterstellt, der Gewinn nach Abzug der Gewerbeertragsteuer betrage 100. Das Finanzierungsvolumen bei offener **Selbstfinanzierung** beziffert sich nach Abzug der Körperschaftsteuer auf 55:

Gewinn nach Gewerbeertragsteuer	100
./. Körperschaftsteuer	45
= Thesaurierungsbetrag	55

Abb. 50: Finanzierungsvolumen bei offener Selbstfinanzierung

Das Finanzierungsvolumen im **Schütt-aus-hol-zurück-Verfahren** hängt – wie Abb. 51 zeigt – vom individuellen Einkommensteuersatz[9] (ESt) des Gesellschafters ab:

Je niedriger der Einkommensteuersatz, desto größer ist das Finanzierungsvolumen, das sich durch Ausschüttung mit anschließender Wiedereinlage erreichen läßt. Ist der individuelle **Einkommensteuersatz** des Gesellschafters **genauso hoch** wie der **Körperschaftsteuersatz** für thesaurierte Gewinne (zur Zeit 45 Prozent) führen die beiden konkurrierenden Gewinnverwendungsvarianten zu einem **gleichwertigen Finanzierungsvolumen.** Für Gesellschafter mit einem höheren (niedrigeren) Einkommensteuersatz ist Gewinnthesaurierung (Schütt-aus-hol-zurück) vorteilhafter.

Die **Vorteilhaftigkeit** des **Schütt-aus-hol-zurück-Verfahrens** ist nicht nur vom persönlichen Einkommensteuersatz der Gesellschafter abhängig.

---

[8] Vgl. ebenda, S. 127 ff.
[9] Aus Vereinfachungsgründen wurde auf die Berücksichtigung der Kapitalertragsteuer verzichtet, wodurch sich das Endergebnis nicht ändert.

	ESt = 25%	ESt = 45%	ESt = 50%
Gewinn nach Gewerbeertragsteuer	100	100	100
./. Körperschaftsteuer (Ausschüttungsbelastung)	30	30	30
= Ausschüttung	70	70	70
+ Körperschaftsteuererstattung	30	30	30
= zu versteuerndes Einkommen	100	100	100
./. Einkommensteuer	25	45	50
= Nettoeinkommen der Gesellschafter = verbleibendes Finanzierungsvolumen	75	55	50

Abb. 51: Finanzierungsvolumen beim Schütt-aus-hol-zurück-Verfahren
bei unterschiedlichen Einkommensteuersätzen

Sie **sinkt** unter anderem auch, wenn
- **Kirchensteuer** mit berücksichtigt wird. Diese Steuer bemißt sich nach der Höhe der Einkommensteuer und ist der Steuerbelastung der Gesellschafter hinzuzurechnen, so daß der kritische Einkommensteuersatz, bei dem Indifferenz zwischen Thesaurierung und Ausschüttung herrscht, sinkt,
- die **Kosten** einer **ordentlichen Kapitalerhöhung** ins Kalkül einbezogen werden, da sie nur beim Schütt-aus-hol-zurück-Verfahren anfallen und dieses zusätzlich verteuern,
- **nicht** alle Gesellschafter den vollständigen Betrag der Gewinnausschüttung **wiedereinlegen.**

Der letzte Punkt ist bei Kapitalgesellschaften mit großem Gesellschafterkreis von besonderer Bedeutung: Die Gewinnthesaurierung erfreut sich gerade bei Publikumsaktiengesellschaften großer Beliebtheit, weil hier das Risiko einer ausbleibenden Wiedereinlage ausgeschaltet wird. Nach einer Erhebung der Deutschen Bundesbank[10] machen die offenen Rücklagen bei deutschen Kapitalgesellschaften etwa 30 Prozent des ausgewiesenen Eigenkapitals aus. (**ÜB 5**/62; 64–65)

c) Stille Selbstfinanzierung

Gelingt es einem Unternehmen, am Markt Preise zu realisieren, die über den Kosten liegen, erwirtschaftet es Gewinn. Werden im Rahmen der Bilanzerstellung durch die bewußte Nutzung bilanzpolitischer Möglichkeiten stille Rücklagen gebildet, verkürzt dies den Gewinnausweis. Nur der ausgewiesene Gewinn fungiert als Ausschüttungsrichtgröße. Bei Verkürzung des

---

[10] Vgl. Monatsberichte der Deutschen Bundesbank, Heft 11, 1992, S. 24

Gewinnausweises kommt es zur stillen Selbstfinanzierung in Höhe der stillen Rücklagen.

Die verschiedenen Möglichkeiten zur Bildung stiller Rücklagen[11] reduzieren – bei gegebenen Einzahlungsüberschüssen – das Ausschüttungsvolumen, wodurch sich das Innenfinanzierungspotential erhöht.

Im folgenden wird unterstellt, daß
– ein Unternehmen eine stille Rücklage von 1.000 bildet,
– bei einem Ertragsteuersatz von 45 Prozent die Bildung der stillen Rücklage steuerlich anerkannt wird,
– der ausgewiesene Gewinn immer in voller Höhe ausgeschüttet wird.

In diesem Fall **verhindert** die Bildung der **stillen Rücklage** einen **Geldabfluß**
– an den **Fiskus** in Höhe von 450 und
– an die **Gesellschafter** in Höhe von 550.

Durch die Bildung der stillen Rücklage erhöht sich das Innenfinanzierungsvolumen um 1.000. Aufgaben im zugehörigen Übungsbuch erläutern die Finanzierungswirkung bei alternativen Ausschüttungsquoten. (ÜB 5/66–68)

Stille Rücklagen haben eine begrenzte Lebensdauer. Steht hinter der stillen Rücklage die Unterbewertung einer Wertpapierposition, kommt es – spätestens – beim Verkauf der Wertpapiere zur erfolgswirksamen **Auflösung** der **stillen Rücklage**. Bei Auflösung der stillen Rücklage erhöht sich der ausgewiesene Gewinn in unserem Beispiel um 1.000. In der Auflösungsperiode **erhöht** sich die **Ertragsteuerbelastung** um 450 und die **Gewinnausschüttung** um 550.

Man kann es auch so sehen: Für die Zeitdauer zwischen Bildung (t_0) und Auflösung (t_n) der stillen Rücklage haben das Finanzamt und die Gesellschafter dem Unternehmen einen zinslosen Zahlungsaufschub eingeräumt. Der **Vorteil** der **stillen Selbstfinanzierung** für das Unternehmen liegt auf der Hand: Zwischen t_0 und t_n hat sich
– die **Liquidität** durch verhinderten Geldabfluß und
– die **Rentabilität** durch zinslose Kapitalüberlassung
erhöht. (ÜB 5/63–68)

d) Beurteilung der Selbstfinanzierung

Beurteilt man die Alternativen zur Selbstfinanzierung nach ihrer Finanzierungswirkung, können Unterschiede festgestellt werden. Offene Selbstfinanzierung kann nur aus dem Gewinn nach Steuern betrieben werden, d. h. der thesaurierte Betrag ist stets mit Steuern belastet. Dagegen mindert die stille Selbstfinanzierung schon die Bemessungsgrundlage der Ertragsteuern, so daß der einbehaltene Betrag nicht durch Steuern gekürzt ist. Folglich kann die **stille Selbstfinanzierung** die **größere Finanzierungswirkung** entfalten.

Beiden Formen der **Selbstfinanzierung** ist eine Reihe von **Vorteilen** gemeinsam. Unter anderem sind zu nennen:[12]

---

[11] Vgl. S. 1124 ff.
[12] Vgl. Perridon/Steiner, a. a. O., S. 426 ff.

(1) Durch die Selbstfinanzierung fallen in der Zukunft **keine Zins- und Tilgungszahlungen** an. Die zukünftige Liquiditätslage des Betriebes wird somit nicht beeinflußt.

(2) Da sich Kreditgeber bei der Kreditgewährung häufig an der Kapitalstruktur eines Betriebes orientieren, **erhöht** die Stärkung des Eigenkapitals die **Kreditwürdigkeit** und verringert somit die Krisenanfälligkeit des Betriebes. Zukünftige Liquiditätsengpässe können leichter durch die Zuführung von Fremdkapital beseitigt werden.

(3) Die Mittel aus der Selbstfinanzierung unterliegen keiner Zweckbindung und können daher auch zur **Finanzierung risikoreicher Investitionen** herangezogen werden.

Aus den genannten Vorteilen resultieren aber auch die **Nachteile** der **Selbstfinanzierung**. Durch die fehlenden Zinszahlungen wird die Selbstfinanzierung leicht als kostenlose Finanzierungsalternative angesehen. Dies ist allerdings ein Trugschluß. Bei der Entscheidung über die Verwendung finanzieller Mittel sind alle möglichen Anlagealternativen, also auch solche außerhalb des Betriebes, zu berücksichtigen. Versprechen die Investitionsalternativen innerhalb des Betriebes nicht mindestens die **Renditen** der **außerbetrieblichen Alternativen,** sollte der Gewinn lieber ausgeschüttet und der lukrativeren Alternative außerhalb des Betriebes zugeführt werden. Wird der Gewinn dennoch nicht ausgeschüttet, entstehen Kosten dadurch, daß auf einen möglichen höheren Gewinn verzichtet wird. Diese Kosten der entgangenen Alternative sind bei der Beurteilung der Selbstfinanzierung als Opportunitätskosten stets im Kalkül zu berücksichtigen. Sie stellen die **Kosten** der **Selbstfinanzierung** dar.

3. Finanzierung aus Rückstellungen

Rückstellungen sind für ungewisse, zukünftige Verpflichtungen zu bilden und dienen der periodengerechten Aufwandsverrechnung. Der Finanzierungseffekt von Rückstellungen liegt darin, daß in einer Periode Aufwand verrechnet wird, der erst in der Zukunft zu Auszahlungen führt. Notwendige Voraussetzung dafür, daß die Bildung von Rückstellungen tatsächlich einen Finanzierungseffekt entfaltet, ist allerdings, daß die Gegenwerte der Aufwendungen verdient wurden, daß also den verrechneten Aufwendungen einzahlungswirksame Erträge in zumindest gleicher Höhe gegenüberstehen. Ein Teil der erwirtschafteten Finanzmittel kann durch die Rückstellungsbildung im Betrieb gehalten werden und steht ihm vom Zeitpunkt der Aufwandsverrechnung bis zur tatsächlichen Auszahlung zur freien Verfügung. Fällt der Grund für die Rückstellungsbildung ganz oder teilweise fort, sind die **Rückstellungen** erfolgswirksam **aufzulösen.** Auch in diesem Fall **endet** der durch sie erzielte **Finanzierungseffekt.**

Betrachtet man die Finanzierungswirkung der Rückstellungsbildung genauer, so sind zwei **Finanzierungseffekte** zu erkennen:
– Verringerung der Steuerzahlung und
– Verringerung der Gewinnausschüttung.

Die Bildung von Rückstellungen von beispielsweise 1.000 erfolgt durch die Verrechnung von Aufwand. Werden die Rückstellungen auch steuerlich anerkannt, verringert sich in der Periode der Rückstellungsbildung durch die Erhöhung der Aufwendungen c. p. der zu versteuernde Gewinn und damit auch die Steuerzahlung. Bei einem Ertragsteuersatz von 45 Prozent vermindert sich die Steuerbelastung in der Periode der Rückstellungsbildung um 450. Die **eingesparte Ertragsteuerzahlung erhöht** das **Innenfinanzierungsvolumen.**

Rückstellungsbildungen führen bei gleichbleibenden Steuersätzen nicht zu einem endgültigen Steuerausfall. Die aus der Aufwandsverrechnung resultierende Steuerminderung wird durch die Bildung einer Rückstellung lediglich zeitlich vorgezogen, so daß in einer **späteren Periode** mit einer **erhöhten Steuerzahlung** zu rechnen ist. Per Saldo bleibt die **gesamte Steuerlast gleich.** Da aber die **Steuerstundung** für den Betrieb **zinslos** ist, entsteht für den Betrieb neben der Finanzierungswirkung der Rückstellungsbildung ein positiver Rentabilitätseffekt, wenn die verfügbaren Mittel rentabel investiert werden.

Orientiert sich die Gewinnausschüttung am ausgewiesenen Gewinn, tritt neben die Verringerung der Steuerzahlungen ein weiterer Finanzierungseffekt. Durch die Bildung von Rückstellungen verringert sich der ausgewiesene Gewinn nach Steuern um 550. Unter den gegebenen Bedingungen **verhindert** die **Rückstellungsbildung** eine **Gewinnausschüttung** von 550. Dies ist der Beitrag der Gesellschafter zur Erhöhung des Innenfinanzierungsvolumens.

Der **Finanzierungseffekt** der Bildung von Rückstellungen ist **vom Ausschüttungsverhalten** der Gesellschaft **abhängig:** Wird der ausgewiesene Gewinn üblicherweise thesauriert, käme es ohne Bildung der Rückstellung zur offenen Selbstfinanzierung in Höhe von 550. Der Finanzierungseffekt der Rückstellungsbildung beschränkt sich dann auf die Verschiebung der Gewinnsteuerzahlung von 450.

Unabhängig von der Gewinnverwendung hängt das Finanzierungsvolumen der Rückstellungsbildung grundsätzlich von zwei Faktoren ab:
(1) Höhe der Rückstellung
(2) Dauer der Kapitalbindung durch die Rückstellungsbildung.

Pauschal kann gesagt werden, daß der Finanzierungseffekt um so größer ist, je höher der Betrag und je länger die Dauer der Kapitalbindung der Rückstellungsbildung ist. Als Paradebeispiel für **langfristige Rückstellungen,** die zusätzlich ein hohes Finanzierungsvolumen darstellen, können die **Pensionsrückstellungen**[13] genannt werden.

Verpflichtet sich ein Betrieb vertraglich, seinen Arbeitnehmern eine Pension P als Alters-, Invaliden- oder Hinterbliebenenversorgung zu leisten, so sind vom Zeitpunkt der Zusage t_z bis zum Zeitpunkt des Eintritts des Ver-

---

13 Zum Einfluß der Pensionsrückstellungen auf die Finanzierung vgl. insbesondere Weihrauch, H., Pensionsrückstellungen als Mittel der Finanzierung, Stuttgart 1962; derselbe, Finanzierungseffekt der Rückstellungen, insbesondere der Pensionsrückstellungen, in: Finanzierungs-Handbuch, hrsg. von H. Janberg, 2. Aufl., Wiesbaden 1970, S. 319ff.

sorgungsfalls t_v Rückstellungen zu bilden. Dieser Zeitraum (t_z bis t_v) kann unter Umständen mehrere Jahrzehnte betragen. Die Zuführungen zu den Rückstellungen während der Anwartschaft stellen Lohn- und Gehaltsaufwand dar und sind, solange die Vorschriften des § 6a EStG beachtet werden,[14] auch steuerlich anzuerkennen. Sie mindern folglich den steuerlichen Gewinn und somit die Steuerzahlungen. Mit Eintritt des Versorgungsfalls leistet der Betrieb regelmäßige Zahlungen oder eine einmalige Kapitalleistung an den Berechtigten. Nach Maßgabe dieser Zahlungen sind die Rückstellungen erfolgsneutral aufzulösen.

Die **Bildung** einer **Pensionsrückstellung** vollzieht sich – vereinfacht dargestellt – in folgenden **Schritten:**

(1) Die erwartete Zahl der Pensionszahlungen P werden auf den Zeitpunkt t_v diskontiert. Man erhält den Barwert X.

(2) Der Barwert X wird auf den Zeitpunkt t_z diskontiert. Man erhält den Barwert Y.

(3) Aus dem Barwert Y bildet man die Annuität A für den Zeitraum t_z bis t_v. A markiert die jährliche Zuführung zur Pensionsrückstellung.

Im zugehörigen Übungsbuch findet sich ein anschauliches Rechenbeispiel, das mit dem steuerrelevanten Diskontierungszinsfuß von 6 Prozent arbeitet. (**ÜB 5**/82)

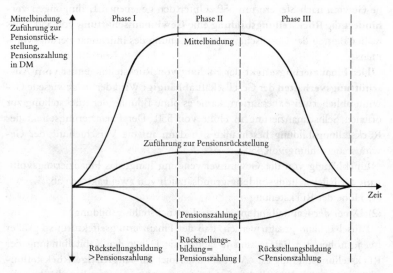

Abb. 52: Bildung und Auflösung von Pensionsrückstellungen

Die obige Abbildung beschreibt den **Aufbau** des **Finanzierungspotentials** von Pensionsrückstellungen im **Lebenszyklus** eines **Betriebes.** Es lassen sich hierbei drei Phasen unterscheiden:

(1) In **Phase I** beginnt der Betrieb, seinen Mitarbeitern Pensionszusagen zu geben. Durch die Rückstellungsbildung werden mehr Mittel an den Be-

---

[14] Vgl. im einzelnen z. B. Wöhe, G., (Bilanzierung), a. a. O., S. 563 ff.

trieb gebunden, als den Betrieb durch Pensionsauszahlungen verlassen. Das durch die Pensionsrückstellungen im Betrieb gebundene **Finanzierungspotential wächst** im Zeitablauf.

(2) In **Phase II** halten sich die Auszahlungen an pensionierte Mitarbeiter die Waage mit den Zuführungen zu den Rückstellungen für Anwartschaften und neue Pensionszusagen. Das **Finanzierungsvolumen** bleibt konstant, da sich Auszahlungen und Aufwandsverrechnung ausgleichen, sich also die erfolgswirksamen Dotierungen zu den Rückstellungen und die erfolgsneutralen Auszahlungen kompensieren. Das während der Phase I angesammelte Vermögen steht jedoch weiterhin zur Verfügung.

(3) In **Phase III** beziehen mehr ehemalige Mitarbeiter Pensionen als Neuzusagen und damit verbundene Rückstellungsdotierungen getätigt werden. Die erfolgsneutralen Auszahlungen übersteigen somit die erfolgswirksame Aufwandsverrechnung. Daher **verringert** sich auch das im Betrieb durch die Pensionsrückstellungen gebundene Vermögen und damit ihr **Finanzierungsvolumen.**

Durch die Bildung von Pensionsrückstellungen kann sich ein Betrieb ein beachtliches Finanzierungspotential aufbauen, das ihm praktisch während der gesamten Zeit seiner Existenz zur Verfügung steht. Aber nicht nur aus den langfristigen Rückstellungen kann ein dauerhaftes Finanzierungsvolumen aufgebaut werden. Da gewisse Rückstellungsarten, wie z. B. Steuerrückstellungen oder Rückstellungen für Garantieleistungen, jährlich aufs neue gebildet werden, überschneiden sich Neubildung und Auflösung. Es bleibt somit selbst bei diesen relativ **kurzfristigen Rückstellungsarten** ein **Bodensatz** bestehen, der dem Betrieb langfristig zur Verfügung steht. Wie groß die praktische Bedeutung der Rückstellungen als Finanzierungsinstrument ist, zeigt folgender Vergleich: Bei deutschen Kapitalgesellschaften machen die Rückstellungen etwa 20 Prozent, das ausgewiesene Eigenkapital macht demgegenüber nur etwa 18 Prozent der Bilanzsumme aus.[15]

Die Grenze zwischen stiller Selbstfinanzierung und der Finanzierung aus Rückstellungen ist fließend und nicht genau zu ziehen. **Rückstellungen** sind aus Gründen der kaufmännischen Vorsicht eher zu hoch zu bilden als zu niedrig. Werden sie aber **bewußt überbewertet,** so betreibt der Betrieb **stille Selbstfinanzierung.** Für die Beurteilung der Finanzierungswirkungen ist die Unterscheidung der beiden Formen der Innenfinanzierung allerdings unerheblich, da beide die gleichen Finanzierungseffekte entfalten. (**ÜB 5/82–84**)

4. Finanzierung aus Abschreibungen

Planmäßige Abschreibungen[16] haben die Aufgabe, die Anschaffungs- oder Herstellungskosten langlebiger, abnutzbarer Wirtschaftsgüter über die Jahre der Nutzungsdauer zu verteilen. Die verrechneten Abschreibungsbeträge stellen Aufwand der jeweiligen Periode dar. Die Finanzierungswirkung der

---

[15] Vgl. die Aufstellung auf S. 886
[16] Zu Einzelheiten der Abschreibungsverrechnung vgl. S. 1082 ff.

Abschreibungen beruht auf einem Desinvestitionsprozeß: Die verrechneten Abschreibungsbeträge bilden einen Bestandteil der Herstellungskosten der produzierten Güter. Der über die Abschreibungen verrechnete Teil der Anschaffungskosten geht auf die Produkte über. Teile des **Anlagevermögens** (maschinelle Anlagen) werden in **Umlaufvermögen** (Halb- und Fertigfabrikate) **transformiert** (Aktivtausch). Können die Produkte kostendeckend am Markt abgesetzt werden, so fließen auch die Gegenwerte der Abschreibungsbeträge dem Betrieb zu. Sieht man von Zielverkäufen ab, wurde stufenweise **Sachanlagevermögen** in **Geldvermögen umgewandelt.** Grundidee der Abschreibungsverrechnung ist die Substanzerhaltung. Es soll gewährleistet werden, daß am Ende der Nutzungsdauer eines Wirtschaftsgutes die **Ersatzbeschaffung** mit den **kumulierten Abschreibungsgegenwerten finanziert** werden kann. Da die Nutzungsdauer der Wirtschaftsgüter mehrere Perioden beträgt, wäre es allerdings unzweckmäßig, die Abschreibungsgegenwerte über den gesamten Zeitraum in liquider Form anzusammeln. Sie sollten vielmehr rentableren Verwendungen zugeführt werden. Bei einem solchen Vorgehen ist lediglich sicherzustellen, daß zum späteren Ersatzzeitpunkt genügend liquide Mittel zur Wiederbeschaffung zur Verfügung stehen. Hierbei muß die Ersatzbeschaffung eines Wirtschaftsgutes jedoch nicht aus „seinen" Abschreibungsgegenwerten erfolgen, sondern sie kann aus irgendwelchen Abschreibungsgegenwerten finanziert werden.

Unter diesem Gesichtspunkt sind zwei Effekte der Abschreibungsverrechnung zu unterscheiden:

(1) Kapitalfreisetzungseffekt und

(2) Kapazitätserweiterungseffekt.

Der **Kapitalfreisetzungseffekt** erwächst daraus, daß die **Ersatzinvestitionen nicht sofort** getätigt werden müssen. Die erwirtschafteten Abschreibungsgegenwerte fließen dem Betrieb aber während der gesamten Nutzungsdauer eines Wirtschaftsgutes zu und können bis zur Auszahlung für die Ersatzinvestition frei genutzt werden.

Ein einfaches Zahlenbeispiel macht diesen Zusammenhang deutlich:[17] Angenommen, ein Betrieb beschafft in fünf aufeinanderfolgenden Jahren je eine Maschine im Wert von 1.000, deren Nutzungsdauer fünf Jahre beträgt. Die Abschreibung erfolgt in konstanten Quoten (lineare Abschreibung). Es wird unterstellt, daß die verrechneten Abschreibungen dem Wertminderungsverlauf entsprechen und über den Markt verdient werden. Die Jahresabschreibung je Maschine beträgt:

$$\frac{\text{Anschaffungskosten}}{\text{Zahl der Jahre der Nutzung}} = \frac{1.000}{5} = 200$$

Während der ersten fünf Jahre beträgt der Kapitalbedarf jährlich 1.000. Die Mittel werden durch externe Finanzierung aufgebracht. Im 6. Jahr muß die 1. Maschine ersetzt werden, im 7. Jahr die 2. Maschine usw.; die Ersatzbe-

---

[17] Vgl. Ruchti, H., Die Abschreibung, ihre grundsätzliche Bedeutung als Aufwands-, Ertrags- und Finanzierungsfaktor, Stuttgart 1953, S. 112ff.

Maschinen \ Jahr (Ende)	1	2	3	4	5	6	7	8	9	10
1	200	200	200	200	200	200	200	200	200	200
2	·	200	200	200	200	200	200	200	200	200
3			200	200	200	200	200	200	200	200
4				200	200	200	200	200	200	200
5					200	200	200	200	200	200
jährl. Abschreibg.	200	400	600	800	1000	1000	1000	1000	1000	1000
liquide Mittel	200	600	1200	2000	3000	3000	3000	3000	3000	3000
./.Reinvestitionen	–	–	–	–	1000	1000	1000	1000	1000	1000
freigesetzte Mittel	200	600	1200	2000	2000	2000	2000	2000	2000	2000 usw.

Abb. 53: Kapitalfreisetzungseffekt

schaffung beläuft sich also vom 6. Jahr an auf 1.000. Vom Ende des 5. Jahres entspricht das Abschreibungsvolumen jedes Jahres genau dem Reinvestitionsbetrag von 1.000. Die Abschreibungsbeträge des 1. bis 4. Jahres sind also zur Reinvestition nicht erforderlich. Durch das zeitliche Auseinanderfallen von Aufwandsverrechnung und Auszahlung für die Ersatzinvestitionen ist ein Finanzierungsvolumen von 2.000 aufgebaut worden. Das freigesetzte Kapital kann auf verschiedene Weise genutzt werden. So könnten z. B. **Kredite zurückgezahlt** oder Finanz- bzw. **Sachinvestitionen getätigt** werden.

Ein Spezialfall des Kapitalfreisetzungseffektes ist der **Kapazitätserweiterungseffekt**. Werden die freigesetzten Mittel sofort in **identische Maschinen** investiert, kann die **Periodenkapazität erweitert** werden, ohne daß eine Kapitalbeschaffung von außen notwendig wäre. Diesen Effekt bezeichnet man in der Literatur als **Ruchti-Effekt** oder als Lohmann-Ruchti-Effekt.[18]

Da die Erweiterung der Periodenkapazität aus den Abschreibungsbeträgen der vorhandenen Anlagen – und somit aus deren Kapazitätsabbau – finanziert werden, kann die Gesamtkapazität (Summe aller in sämtlichen Maschinen steckenden Leistungseinheiten) des Betriebes nicht steigen. Die insgesamt in allen vorhandenen Anlagen steckenden Leistungen lassen sich nicht vermehren, aber durch die unterschiedliche Altersstruktur kann die Anzahl der Anlagen in den einzelnen Perioden erhöht werden.

Das zeigt folgendes Beispiel[19] in Abb. 54, in dem unterstellt wird, daß der Betrieb einen Bestand von Anlagen in Höhe von 1.000 DM (Anschaffungs-

---

[18] Vgl. Ruchti, H., Die Bedeutung der Abschreibung für den Betrieb, Berlin 1942; Lohmann, M., Abschreibungen, was sie sind und was sie nicht sind, in: Der Wirtschaftsprüfer 1949, S. 353 ff.
[19] Vgl. Schneider, D., (Investition), a. a. O., S. 161 ff.

Jahr	Periodenkapazität LE[20]	Gesamtkapazität Bilanzansatz DM	Gesamtkapazität Restleistungsabgabe LE	Abschreibung = Investition am Ende des Jahres 1	2	3	4	5	6	7	8	9	10	11	12	13	14	15
1	1.000	1.000	5.000	200	200	200	200	200										
2	1.200	1.000	5.000		40	40	40	40	40									
3	1.440	1.000	5.000			48	48	48	48	48								
4	1.728	1.000	5.000				57	58	57	58	58							
5	2.073	1.000	5.000					69	69	69	69	69						
6	1.488	1.000	5.000						83	83	83	83	83					
7	1.585	1.000	5.000							59	59	60	59	60				
8	1.662	1.000	5.000								63	63	64	63	64			
9	1.706	1.000	5.000									66	66	67	66	67		
10	1.702	1.000	5.000										68	68	68	68	69	
11	1.627	1.000	5.000											68	68	68	68	68
Summe				200	240	288	345	415	297	317	332	341	340					

Abb. 54: Kapazitätserweiterungseffekt

[20] Leistungseinheiten

kosten = Bilanzansatz) hat, der über 5 Jahre in gleichen Jahresbeträgen abgeschrieben wird. Die Leistungsabgabe pro Jahr betrage 1.000 Einheiten (Periodenkapazität), die Gesamtkapazität ist folglich 5.000 Einheiten. Die Abschreibungen eines Jahres werden am Ende dieses Jahres in Anlagen gleicher Technik, gleicher Nutzungsdauer und gleicher Wiederbeschaffungskosten investiert. Die 15 Jahresspalten zeigen über dem Strich die Abschreibungen; die unter dem Strich ausgewiesene Abschreibungssumme eines Jahres ist gleich der Zunahme der Periodenkapazität, die zu Beginn des folgenden Jahres zur Verfügung steht.

Die Tabelle enthält **folgende Voraussetzungen:**

(1) Die Periodenabschreibungen stehen am Ende der Periode in liquider Form zur Verfügung und werden sofort wieder investiert.

(2) Die Abschreibungen erfolgen in gleichen Jahresbeträgen; sie entsprechen genau der Minderung der Nutzungsfähigkeit, d. h. der Abnahme der Gesamtkapazität.

(3) Die Periodenkapazität jeder Anlage bleibt zum Ende der Nutzungsdauer konstant. Wirtschaftliche und technische Nutzungsdauer sind gleich.

(4) Die Abnahme der Gesamtkapazität wird durch die Wiederverwendung der Abschreibungsgegenwerte kompensiert. Die Gesamtkapazität des Betriebes bleibt also konstant.

(5) Technik und Wiederbeschaffungskosten der neuen Anlagen entsprechen denen der alten Anlagen.

(6) Die Anlagen sind so weit teilbar, daß eine Wiederverwendung aller Abschreibungsgegenwerte einer Periode am Ende dieser Periode möglich ist.

Abb. 54 zeigt, daß die Periodenkapazität bis zum 5. Jahr auf 2.073 Leistungseinheiten steigt. Vom 6. Jahr an wird sie durch das Ausscheiden abgenutzter Anlagen wieder reduziert bzw. die Zunahme teilweise kompensiert. Insgesamt spielt sich jedoch unter den Annahmen des Beispiels eine Erhöhung der Periodenkapazität auf etwa das 1,6-fache der Anfangskapazität ein. Die **Gesamtkapazität** bleibt während der ganzen Zeit **unverändert.** Das zeigt sich, wenn man die in einem Zeitpunkt in den Anlagen noch enthaltenen Restnutzungsabgaben addiert.

Investitionszeitpunkt	Anschaffungskosten DM	Restbuchwert DM
Beginn des 1. Jahres	1.000	$2 \times 200 = 400$
Ende des 1. Jahres	200	$3 \times 40 = 120$
Ende des 2. Jahres	240	$4 \times 48 = 192$
Ende des 3. Jahres	288	$5 \times 57{,}6 = 288$
	1.728	1.000

Abb. 55: Periodenkapazität und Gesamtkapazität

Die Gesamtkapazität entspricht in jedem Zeitpunkt der Anfangskapazität von 1.000 DM (unter Berücksichtigung der Nutzungsdauer entspricht das einer Gesamtkapazität von 5.000 Leistungseinheiten). Die Restkapazitäten zu Beginn des 4. Jahres sind in der obigen Tabelle dargestellt. Die Periodenkapazität beträgt dagegen 1.728 LE.

Der zu erwartende Kapazitätserweiterungseffekt läßt sich mit Hilfe des Kapazitätserweiterungsfaktors prognostizieren:

$$\text{Kapazitätserweiterungsfaktor } r = \frac{2}{1 + \frac{1}{n}}$$

In der Formel beschreibt n die Nutzungsdauer einer einzelnen Anlage. Es ist zu sehen, daß der Kapazitätserweiterungseffekt maßgeblich von der Nutzungsdauer der einzelnen Maschinen abhängt. Unterstellt man eine unendliche Nutzungsdauer, so ist zu erkennen, daß sich die Kapazität maximal verdoppeln kann. Nimmt n einen sehr hohen Wert an, so ist der Wert des Bruches 1/n im Nenner zu vernachlässigen, der Kapazitätserweiterungseffekt beträgt in diesem Fall 2/1 = 2.

Abschließend muß vor einer Überschätzung der Bedeutung des Kapazitätserweiterungseffektes gewarnt werden. Die **Prämissen,** die im Beispiel genannt wurden, sind zum Teil sehr **realitätsfern.** Insbesondere die Annahme der **unendlichen Teilbarkeit** der Anlagen ist in der Regel nicht gegeben, so daß die neuen Investitionen nicht sofort getätigt werden können, da nicht genügend Mittel zur Finanzierung einer vollständigen Anlage angesammelt werden konnten. Durch die Verzögerung der Neuinvestitionen reduziert sich der Erweiterungseffekt. Auch die Annahme der konstanten Wiederbeschaffungskosten ist realitätsfern. Ebenso wie bei Nichtexistenz der unendlichen Teilbarkeit reduziert sich der zu erwartende Effekt bei steigenden Wiederbeschaffungskosten.

Ferner ist zu beachten, daß durch die erhöhte Kapazität auch mehr Produkte gefertigt werden können. Diese müssen am Markt kostendeckend abgesetzt werden, damit die Abschreibungsgegenwerte erwirtschaftet werden können. Können nicht entsprechende Einzahlungen realisiert werden, so stehen auch nicht die notwendigen Finanzmittel für die Kapazitätserweiterungen zur Verfügung. **Absatzschwierigkeiten** können also den Effekt einschränken.

Steigende Kapazitäten ziehen in der Regel einen **Anstieg** des **Umlaufvermögens** nach sich. Auch die Ausweitung an Lagerbeständen und der Mehrbedarf an Roh-, Hilfs- und Betriebsstoffen muß finanziert werden. Ist die Finanzierung nicht gewährleistet, ist die Ausweitung der Kapazität in dieser Hinsicht einer weiteren Restriktion unterworfen. (**ÜB 5**/69–79)

5. Finanzierung aus außerplanmäßigen Vermögensumschichtungen

Durch eine außerplanmäßige Vermögensumschichtung wird dem Betrieb kein neues Kapital von außen zugeführt. Es erfolgt vielmehr eine **Reduktion** des **Investitionsbereichs** zugunsten des Finanzbereichs. Der Finanzierungseffekt dieser Maßnahmen erwächst aus einem außerordentlichen Umsatzprozeß oder aus dauerhaften Kapitalfreisetzungen.

Abb. 56: Arten außerplanmäßiger Vermögensumschichtungen

Die **Veräußerung von Teilen des Anlagevermögens** führt stets zu einem Aktivtausch. Sachvermögen wird in Geldvermögen getauscht. Die erzielten Einzahlungsüberschüsse sind für den Betrieb frei disponierbar. Hat ein Betrieb Schwierigkeiten, seine Zahlungsfähigkeit zu wahren, können geldnahe Vermögensteile relativ schnell veräußert werden, um die **Liquiditätslücke** zu **schließen.** Häufig legen Betriebe in Zeiten mit einer guten Ertragslage Liquiditätspolster an, die bei Bedarf schnell wieder aufzulösen sind. Solche Polster können im **Anlagevermögen** u. a. langfristige Kapitalanlagen oder Investitionen in rentable aber **nicht** unbedingt **betriebsnotwendige Wirtschaftsgüter** (z. B. zur Vermietung bestimmte Gebäude) sein. Bei diesen Vermögenspositionen besteht die Möglichkeit, sie relativ einfach zu veräußern, ohne daß der reguläre Betriebsablauf gestört wird.

Sobald in den verkauften Vermögensteilen stille Rücklagen enthalten sind, wird durch die Veräußerung ein Gewinn realisiert. In diesen Fällen steht nicht der volle Verkaufserlös für Finanzierungszwecke zur Verfügung. Der Erlös wird vielmehr durch die zu entrichtenden Ertragsteuern geschmälert; nur der Nettobetrag nach Steuern kann zu Finanzierungszwecken genutzt werden.

Die Veräußerung von Vermögensgegenständen wird **problematisch,** wenn es sich dabei um **betriebsnotwendiges Vermögen** handelt. Stehen dem Betrieb diese Wirtschaftsgüter nicht mehr zur Verfügung, treten Störungen im Leistungserstellungsprozeß auf. Diese Beeinträchtigungen können durch eine besondere Variante der Vermögensumschichtung, das **Sale-And-Lease-Back-Verfahren,**[21] umgangen werden. Beim Sale-And-Lease-Back-Verfahren verkauft der Betrieb betriebsnotwendige Vermögensteile an eine Leasinggesellschaft und mietet die Wirtschaftsgüter von dieser sofort wieder an.

Der Vorteil dieses Vorgehens besteht darin, daß dem Betrieb durch den Verkauf liquide Mittel zufließen, er aber dennoch nicht auf die Nutzung der

---

[21] Zu Einzelheiten des Leasing vgl. S. 836 ff.

entsprechenden Vermögensteile verzichten muß. Beim Sale-And-Lease-Back-Verfahren ist allerdings im Rahmen der Finanzplanung zu beachten, daß durch die Zahlung der (unter Umständen hohen) Leasingraten die Liquidität des Betriebs in der Zukunft belastet wird.

Vermögensumschichtungen im **Umlaufvermögen** haben naturgemäß **keinen** so **hohen Finanzierungseffekt** wie Umschichtungen des Anlagevermögens. Das Umlaufvermögen soll dem Betrieb nicht langfristig dienen, sondern im Rahmen des regulären Umsatzprozesses schnell wieder veräußert werden, so daß der aus der vorgezogenen Veräußerung resultierende **Zeitgewinn geringer** ist. Da sich allerdings z. T. beachtliche Volumina im Umlaufvermögen aufbauen, führt der vorgezogene Verkauf zu entsprechenden kurzfristigen Finanzierungseffekten.

Als Beispiele für Vermögensumschichtungen im Umlaufvermögen sind das **Factoring**[22] und die **Forfaitierung**[23] zu nennen. Bei diesen beiden Maßnahmen werden Forderungen vor Fälligkeit an spezielle Gesellschaften verkauft. Der Vorteil für den Betrieb liegt darin, daß der Zahlungseingang zeitlich vorgezogen wird. Da der Verkauf der Forderungen mit Kosten verbunden ist und die Kosten in der Regel vom zu vergütenden Forderungsbetrag abgezogen werden, fließen dem Betrieb keine Mittel in der vollen Höhe des Forderungsbestandes zu. Die zeitliche Vorverlegung der Einzahlung wird also mit einer Reduktion des Finanzierungsvolumens erkauft.

Auch **ohne akuten Liquiditätsengpaß** kann es sinnvoll sein, Vermögensumschichtungen vorzunehmen. So ist es z. B. für einen Betrieb, der in seinem Vermögen Kapitalanlagen hält, sinnvoll, diese zu veräußern, wenn er die Möglichkeit hat, den Verkaufserlös in Alternativanlagen zu investieren, die eine höhere Rendite versprechen. Der Verkaufserlös kann so z. B. zur Finanzierung einer neuen, rentableren Kapitalanlage genutzt werden. Dieser Umschichtungsvorgang war zur Wahrung der Liquidität des Betriebes nicht erforderlich, er hat aber zur Folge, daß sich die **Rentabilität** des Betriebes **erhöht**, ohne daß zusätzliches Kapital von außen zugeführt werden muß. Somit können Vermögensumschichtungen auch positiv auf die Ertragslage des Betriebes wirken.

Rationalisierungsmaßnahmen sind dadurch gekennzeichnet, daß nach ihrer Umsetzung eine gegebene Leistung mit geringerem Arbeits-, Zeit- und (oder) Kapitalaufwand erbracht werden kann. Der Finanzierungseffekt der Rationalisierungsmaßnahmen liegt somit darin, daß die leistungsbedingte **Bindung finanzieller Mittel reduziert** wird.

Als Beispiele für Rationalisierungsmaßnahmen können genannt werden:
(1) Verringerung der Lagerhaltung durch Just-In-Time-Anlieferung[24] der Rohstoffe;
(2) Verbesserung der Abstimmung im Produktionsbereich[25] (Vermeidung von Zwischenlagern).

---

[22] Vgl. zu Einzelheiten S. 848 f.
[23] Vgl. zu Einzelheiten S. 852
[24] Vgl. S. 540 f.
[25] Vgl. S. 575 ff.

Diese Maßnahmen führen dazu, daß weniger Kapital im Umlaufvermögen gebunden wird. Es werden Mittel freigesetzt, die z. B. für neue Investitionen oder zur Tilgung von Krediten genutzt werden können. Unterstellt man, daß das Kapital konstant bleiben soll, haben alle Rationalisierungsmaßnahmen, bei denen Kapital freigesetzt wird, einen Aktivtausch zur Folge. Gelingt es zusätzlich, die freigesetzten Mittel rentabel zu investieren, verbessert sich außerdem die Ertragslage des Betriebs.

Rationalisierungsmaßnahmen können auch auf eine **Steigerung der Effizienz der Produktionsverfahren**[26] zielen. Solche Maßnahmen führen oft nicht zu einer direkten Kapitalfreisetzung, sondern zu einer **Reduktion der Aufwendungen** (z. B. für Material oder Personal) und damit verbunden zu einer Erhöhung des Gewinns. Der Finanzierungseffekt hängt bei ihnen im weiteren von der Gewinnverwendung, also von der Bereitschaft zur **Selbstfinanzierung,**[27] ab.

Der **Finanzierungseffekt,** der aus einer **Reduktion von Aufwendungen** resultiert, ist **nachhaltiger** als der einer Veräußerung von Vermögensgegenständen oder einer Rationalisierungsmaßnahme, bei der Kapital freigesetzt wird. Während sich bei diesen reinen außerplanmäßigen Vermögensumschichtungen die Liquidität nur zu einem Zeitpunkt (dem Zeitpunkt der Veräußerung/Reduktion des Umlaufvermögens) erhöht, wird durch die Steigerung der Effizienz der Produktionsverfahren die Liquiditätslage aller folgenden Perioden c. p. verbessert. Gelingt es z. B. die auszahlungswirksamen Materialaufwendungen zu verringern, wird, solange die Einzahlungen konstant bleiben, ein höherer Einzahlungsüberschuß erwirtschaftet. Bei gleichbleibendem Ausschüttungsverhalten stehen dem Betrieb in jeder Folgeperiode somit zusätzliche Finanzmittel zur Verfügung. (ÜB 5/60–61; 80–81)

VII. Optimierung der finanzierungspolitischen Instrumente

1. Ziele und Instrumente der Optimierung

Die Optimierung der finanzierungspolitischen Instrumente orientiert sich an einem Subziel, das aus dem betrieblichen Oberziel der langfristigen Gewinnmaximierung abzuleiten ist. Geht man davon aus, daß die Auswahl der Finanzierungsmittel keinen Einfluß auf die Erlösseite hat, reduziert sich das **finanzierungspolitische Subziel** auf die
– **Minimierung** der **Finanzierungskosten** unter der
– **Nebenbedingung** der Wahrung des **finanziellen Gleichgewichts** (Wahrung der Zahlungsfähigkeit).

Die zur Finanzierung eingesetzten Instrumente wurden dem Leser ausführlich vorgestellt. Im V. Kapitel wurden die Instrumente der Außenfinanzierung, im VI. Kapitel wurden die Instrumente der Innenfinanzierung be-

---

[26] Vgl. S. 556 ff.
[27] Vgl. zur Selbstfinanzierung S. 867 ff.

handelt. Dabei wurden bereits Aussagen zur Vorteilhaftigkeit einzelner Innenfinanzierungsformen gemacht.[1] Dagegen ist die Frage der Optimierung der Außenfinanzierungsinstrumente bisher offengeblieben. Somit konzentrieren sich die folgenden Ausführungen auf die **kostenminimale Gestaltung der Außenfinanzierung** unter der Nebenbedingung der Wahrung des finanziellen Gleichgewichts.

Ein Blick auf die Passivseite der Bilanz läßt erkennen, welche Instrumente in Form von Eigenkapital oder Fremdkapital zur Außenfinanzierung eingesetzt werden. Die Gliederung des Kapitals in Eigenkapital auf der einen Seite und verschiedene Positionen des Fremdkapitals (langfristige Darlehen, kurzfristige Darlehen, Lieferantenverbindlichkeiten usw.) bezeichnet man als Kapitalstruktur. Die Optimierung der Außenfinanzierung ist also gleichbedeutend mit der **Optimierung der Kapitalstruktur.**

Das folgende Unterkapitel „2. Finanzierungsregeln und Kapitalstruktur" betrachtet die Kapitalstruktur nicht unter Kostenminimierungsaspekten, sondern im Hinblick auf die langfristige Einhaltung der Nebenbedingung (Wahrung des finanziellen Gleichgewichts). Das Unterkapitel „3. Optimierung der Kapitalstruktur" will die Frage beantworten, bei welcher Relation von Fremd- und Eigenkapital die Finanzierungskosten minimiert werden. Im Unterkapitel „4. Zinsänderungsrisiko und Finanzierungskosten" geht es um einen Kostenvergleich der Fremdfinanzierung mit kurz- bzw. langfristiger Zinsbindung. Und schließlich stellt sich im Unterkapitel „5. Das Kapitalmarktmodell" die Frage, welchen Preis Unternehmen mit unterschiedlicher Risikostruktur für die Bereitstellung von Eigenkapital an die Gesellschafter zahlen müssen.

2. Finanzierungsregeln und Kapitalstruktur

a) Überblick

Die Wahrung des finanziellen Gleichgewichts ist Voraussetzung für unternehmerische Tätigkeit.[2] In der Regel ist die **Insolvenz** ein schleichender Prozeß:
- Das Unternehmen macht über mehrere Jahre Verluste. Das Eigenkapital ist aufgezehrt. Es droht Überschuldung.
- Eine Kapitalzuführung von außen scheitert einerseits an mangelnden Eigenmitteln, andererseits an mangelnder Kreditfähigkeit gegenüber Fremdkapitalgebern.
- Schließlich kommt es zur Zahlungsunfähigkeit und damit zum **Konkurs.**
Die Finanzierungsregeln richten sich auf die **optimale Gestaltung** der **Kapitalstruktur.** Ausgangspunkt ist ein gegebenes Investitionsprogramm und somit eine gegebene Vermögensstruktur. **Ziel der Finanzierungsregeln** ist es,

---

[1] Vgl. z. B. den Vorteilhaftigkeitsvergleich zwischen stiller und offener Selbstfinanzierung S. 871
[2] Vgl. hierzu S. 801 ff.

- bei gegebener Vermögensstruktur
- die Kapitalstruktur so zu gestalten, daß
- die Zahlungsfähigkeit langfristig gesichert ist.

Man unterscheidet zwischen vertikalen Finanzierungsregeln, die die Passivseite der Bilanz isoliert betrachten und horizontalen Finanzierungsregeln, die eine Beziehung zwischen der Vermögensstruktur und der Kapitalstruktur herstellen:

Finanzierungsregeln

vertikale	horizontale	
„Vertikale Kapitalstrukturregel"	„Goldene Bankregel" „Goldene Finanzierungsregel"	„Goldene Bilanzregel"
EK : FK = 1 : 1 oder EK : FK = 1 : 2 oder EK : FK = 1 : 3	Fristenkongruenz: Dauer der Mittelbindung gleich Dauer der Mittelverfügbarkeit	EK ≥ AV oder EK + langfr. FK ≥ AV oder EK + langfr. FK ≥ AV + langfr. UV

FK = Fremdkapital   AV = Anlagevermögen
EK = Eigenkapital   UV = Umlaufvermögen

Abb. 57: Finanzierungsregeln (Überblick)

b) Die vertikale Finanzierungsregel

In ihrer strengsten Form verlangt die vertikale Kapitalstrukturregel, daß das Eigenkapital mindestens so hoch sein soll wie das Fremdkapital. In abgemilderter Form hält man ein Kapitalstrukturverhältnis

EK : FK = 1 : 1 für erstrebenswert,
EK : FK = 1 : 2 für solide,
EK : FK = 1 : 3 für noch zulässig.

Die **Mängel** solcher Kapitalstrukturregeln liegen auf der Hand:
- In ihrer starren Verallgemeinerung ist die vertikale Kapitalstrukturregel unbrauchbar. **Branchenzugehörigkeit** und Vermögenszusammensetzung werden **vernachlässigt**. Ein anlagenintensiver Produktionsbetrieb bedarf einer anderen Kapitalstruktur als ein vorratsintensiver Handelsbetrieb.
- In der Finanzierungspraxis wird die Regel nicht eingehalten. Aus Abb. 58 läßt sich erkennen, daß deutsche Unternehmen nur zu etwa **18 Prozent** mit **Eigenkapital** finanziert sind.
- Erstrebenswert ist unter Erfolgsgesichtspunkten eine Kapitalstruktur, bei der die **Eigenkapitalrentabilität** maximiert[3] wird bzw. die durchschnittlichen **Kapitalkosten** minimiert[4] werden.

---

[3] Vgl. S. 893 ff.
[4] Vgl. S. 895 ff.

Wirtschaftszweig	Jahr	Bilanz-summe[5] Mrd. DM	Eigenkapital	Fremdkapital			Rechnungs-abgrenzungs-posten
				Verbindl.	Rückstellungen[6]	insgesamt	
				in % der Bilanzsumme			
Alle Unternehmen	1991	2.815,3	17,8	61,2	20,6	81,8	0,3
	1992	2.906,9	18,2	59,8	21,6	81,4	0,3
	1993	2.966,5	17,8	60,1	21,7	81,8	0,4
Verarbeitendes Gewerbe	1991	1.395,6	22,8	51,7	25,4	77,1	0,1
	1992	1.445,0	23,0	50,8	26,0	76,8	0,1
	1993	1.426,8	23,0	50,2	26,6	76,8	0,1
Baugewerbe[7]	1991	240,7	5,2	83,9 (73,0)	10,7	94,6	0,1
	1992	231,0	6,2	81,1 (69,0)	12,6	93,7	0,1
	1993	282,0	5,8	82,7 (71,1)	11,3	94,0	0,1
Großhandel	1991	436,4	13,6	77,3	8,9	86,2	0,1
	1992	469,7	13,4	77,0	9,4	86,4	0,3
	1993	467,4	14,5	75,8	9,5	85,3	0,1
Einzelhandel	1991	277,4	5,7	86,4	7,7	94,1	0,2
	1992	297,4	6,2	85,3	8,2	93,5	0,2
	1993	300,8	5,2	86,4	8,2	94,6	0,2

Abb. 58: Kapitalstruktur deutscher Unternehmen nach Wirtschaftszweigen[8]

[5] Abzüglich Berichtigungsposten zum Eigenkapital und Wertberichtigungen
[6] Einschließlich anteiliger Sonderposten mit Rücklageanteil
[7] Die kurzfristigen Verbindlichkeiten sind in % der Bilanzsumme in Klammern angegeben.
[8] Quellen: Monatsberichte der Deutschen Bundesbank, Heft 11, 1994, S. 32ff. und Heft 11, 1995, S. 46ff.

Ungeachtet dieser Kritik hat die vertikale Kapitalstrukturregel mit ihrer Mindestanforderung an die Eigenkapitalausstattung der Unternehmen auch einen **Vorteil:** Je höher die Eigenkapitalquote, desto größer ist c. p. die Kreditwürdigkeit des Unternehmens. Je höher das **Eigenkapital,** desto länger kann ein Unternehmen **Verluste verkraften,** ohne die Gläubiger in ihren Zahlungsansprüchen zu gefährden. (**ÜB 5/92**)

c) Die horizontalen Finanzierungsregeln

Die **goldene Finanzierungsregel** fordert eine **Fristenkongruenz** zwischen der Mittelbindung auf der Aktivseite und der Kapitalverfügbarkeit auf der Passivseite. Weil sie im Bankgewerbe entstanden ist, heißt sie auch **goldene Bankregel.** Hier besagt die goldene Finanzierungsregel, daß der Bankier kurzfristig hereingenommene Kundengelder (Passivgeschäft) nur kurzfristig ausleihen darf (Aktivgeschäft). Würde er Dreimonatsgelder seiner Kunden auf drei Jahre ausleihen, hätte er das Problem der **Anschlußfinanzierung.** Fordern die Kunden nach drei Monaten ihr Kapital zurück und findet die Bank keine neuen Kreditgeber, kommt es zur Zahlungsunfähigkeit.

Die goldene Finanzierungsregel läßt sich auf andere Wirtschaftsbereiche nicht ohne weiteres übertragen. Es fehlt an der banküblichen Querbeziehung zwischen Aktiv- und Passivgeschäft. Auf der Aktivseite der Bilanz steht z. B. eine maschinelle Anlage A_1 mit einer Nutzungsdauer von zwei Jahren neben einer Anlage A_2 mit einer Nutzungsdauer von 20 Jahren. Welche von beiden Anlagen mit Eigenkapital oder langfristigem bzw. kurzfristigem Fremdkapital finanziert wurde, läßt sich in aller Regel nicht feststellen.

An dieser Stelle setzt die **goldene Bilanzregel** ein. Auch ihr Anliegen ist die Fristenkongruenz zwischen Finanzmittelbindung auf der Aktivseite und Finanzmittelverfügbarkeit auf der Passivseite.

Anlagevermögen	Eigenkapital
Umlaufvermögen langfristig	Fremdkapital langfristig
Umlaufvermögen kurzfristig	Fremdkapital kurzfristig

Abb. 59: Goldene Bilanzregel (weite Fassung)

Mangels genauer Zurechenbarkeit von einem einzelnen Aktivum zum jeweiligen Passivum beschränkt man sich auf eine **pauschalisierte Fristenkongruenz:** Langfristig gebundenes Vermögen soll langfristig, kurzfristig gebundenes Vermögen darf kurzfristig finanziert werden. In ihrer weitesten Fassung besagt die goldene Bilanzregel, daß Anlagevermögen und langfristig gebundenes Umlaufvermögen – z. B. eiserne Bestände – mit Eigenkapital bzw. langfristigem Fremdkapital finanziert sein müssen. Nur das kurzfristig gebundene Umlaufvermögen darf mit kurzfristigem Kapital finanziert werden.

d) Beurteilung der Finanzierungsregeln

Als theoretisch nicht abgesicherte Faustformel ist die goldene Bilanzregel – wie auch die anderen beiden Finanzierungsregeln – in der einschlägigen Literatur[9] heftiger Kritik ausgesetzt. Diese **Kritik** läßt sich im wesentlichen zu zwei Punkten zusammenfassen:

(1) Die **Einhaltung** der Finanzierungsregeln garantiert nicht unbedingt die Zahlungsfähigkeit.

(2) Die **Mißachtung** der Finanzierungsregeln führt nicht zwangsläufig zur Zahlungsunfähigkeit.

Beispiel zu (1): Auch ein Unternehmen, das alle drei Finanzierungsregeln eingehalten hat, kann zahlungsunfähig werden, wenn

– ein Großkunde in Konkurs geht und umfangreiche Forderungen nicht eingetrieben werden können oder wenn

– unerwartet große Schadensersatzansprüche an das Unternehmen gestellt werden.

Beispiel zu (2): Auch bei geringer Eigenkapitalausstattung und Mißachtung der Fristenkongruenzregel kann ein Unternehmen zahlungsfähig bleiben, wenn die notwendige Anschlußfinanzierung durch Aufnahme neuer Kredite gesichert werden kann.

Damit kommt man zu einem Paradoxon: Ein Unternehmen darf sich über die Finanzierungsregeln hinwegsetzen, wenn es seine **Kreditwürdigkeit wahrt** und eine **Anschlußfinanzierung** ermöglicht. Aber: Bei der Kreditwürdigkeitsprüfung eines Unternehmens achten die potentiellen Kreditgeber – auch – auf die Einhaltung der Finanzierungsregeln. Nicht die theoretische Begründbarkeit, sondern die Praxis der Kreditwürdigkeitsprüfung gibt den Finanzierungsregeln ihren Stellenwert. Für ein Unternehmen kommt es also nicht so sehr darauf an, die schematischen Regeln auf Punkt und Komma einzuhalten. Vielmehr geht es darum, bei gegebener Vermögensstruktur die Kapitalstruktur so zu gestalten, daß die potentiellen Kreditgeber – sie heißen nicht von ungefähr „Gläubiger" – an die Solvenz des Unternehmens glauben. Die Begrenzung des Verschuldungsgrads und fristgerechte Finanzierung steigern c. p. die Kreditwürdigkeit und dienen somit der **strategischen Finanzplanung.**[10]

3. Optimierung der Kapitalstruktur

a) Finanzierungstheoretische Grundlagen

Im Zentrum der Finanzierungstheorie[11] steht die Frage nach der optimalen Kapitalstruktur einer Unternehmung. Ausgehend von

---

[9] Vgl. Wöhe/Bilstein, a. a. O., S. 327 ff., Härle, D., Finanzierungsregeln und ihre Problematik, Wiesbaden 1961, S. 83 ff., Süchtig, J., Finanzmanagement, 6. Aufl., Wiesbaden 1995, S. 494 ff.

[10] Ähnlich Franke/Hax, a. a. O., S. 116 und 119

[11] Vgl. hierzu insbesondere Drukarczyk, J., Theorie und Politik der Finanzierung, 2. Aufl., München 1993, S. 119 ff.

– einem gegebenen Investitionsprogramm I
– mit einem gegebenen Kapitalbedarf A_0 und
– gegebenen Kapitalrückflüssen $E_t - A_t$

stellt sich die Frage, in welchem Maße der Kapitalbedarf A_0 durch Eigenkapital (EK) oder Fremdkapital (FK) gedeckt werden soll. Der Kapitalbedarf A_0 ist also betragsgleich mit dem bereitzustellenden Gesamtkapital GK. Die Relation zwischen Fremdkapital und Eigenkapital wird dabei bezeichnet als

$$\text{Verschuldungsgrad } v = \frac{FK}{EK}$$

Die periodischen Kapitalrückflüsse $E_t - A_t$ werden üblicherweise als Bruttogewinn BG bezeichnet. Zieht man vom **Bruttogewinn** die Fremdkapitalzinsen ab, erhält man den Nettogewinn. Der **Nettogewinn** G fließt den Eigentümern als Entschädigung für die Bereitstellung des Eigenkapitals zu.

Beziffert sich der jährliche Bruttogewinn BG auf 100 und das gesamte Investitionsvolumen A_0 (= GK) auf 1.000, erwirtschaftet das eingesetzte Gesamtkapital eine Verzinsung r_{GK} von 10 Prozent/Jahr. Der Kapitalertrag r_{GK} darf nicht verwechselt werden mit den Verzinsungswünschen der Kapitalgeber. Aus der Sicht des Unternehmens handelt es sich hierbei um Kapitalkosten. Bezeichnet man die **gewünschte Mindestverzinsung**

– der Eigenkapitalgeber mit i_E,
– der Fremdkapitalgeber mit i_F,

kann sich folgende Konstellation ergeben:

	A	B
Eigenkapitalkosten i_E (Prozent)	8	14
Fremdkapitalkosten i_F (Prozent)	6	11
Kapitalertrag r_{GK} (Prozent)	10	10

Abb. 60: Kapitalkosten und Kapitalertrag

Ein Unternehmen will ein Investitionsprogramm realisieren, bei dem sich der Kapitaleinsatz GK mit 10 Prozent/Jahr verzinst. In der A-Situation wird es keine Probleme haben, Eigen- und Fremdkapital zu akquirieren, weil die erwarteten Kapitalerträge höher sind als die gewünschte Mindestverzinsung (= Kapitalkosten). In der B-Situation reichen die **Kapitalerträge** von 10 Prozent zur Deckung der **Kapitalkosten** nicht aus. Das Investitionsprogramm I kann bei dieser Konstellation nicht realisiert werden.

Die Höhe der gewünschten Mindestverzinsung i_E (i_F) richtet sich nach den entgangenen Erträgen aus alternativen Anlagemöglichkeiten für Eigenkapital (Fremdkapital). Die Fixierung der gewünschten Mindestverzinsung folgt also dem Opportunitätskostenkonzept.

In Abb. 60 (Situation A) waren die Kosten für Eigenkapital (Fremdkapital) auf 8 (6) Prozent beziffert worden. Aus der Sicht des Unternehmens – es handele sich um eine Publikumsaktiengesellschaft – hängen die **durchschnittlichen Kapitalkosten** i vom Verschuldungsgrad v ab. Finanziert der Vorstand das Investitionsprogramm I nicht vollständig mit Eigenkapital (v = 0), sondern zu 75% mit Fremdkapital (v = 3), kann er die durchschnittlichen Kapitalkosten i von 8 auf 6,5 Prozent senken:

v	i_E	i_F	i
0	8	–	8
1	8	6	7
3	8	6	6,5

Abb. 61: Durchschnittliche Kapitalkosten i und Verschuldungsgrad v

In den obigen Beispielen sind die Mindestverzinsungsansprüche der Eigenkapitalgeber höher als die der Fremdkapitalgeber. Wie ist dieser Unterschied zu erklären? Die **künftigen Rückflüsse BG** aus einem gegebenen Investitionsprogramm I sind nicht sicher, sondern **risikobehaftet**.[12] Wenn im obigen Beispiel ein Bruttogewinn von 100 unterstellt wurde, dann soll es sich bei diesem Betrag unter Risikogesichtspunkten um den Erwartungswert[13] des Bruttogewinns handeln. Dieser Erwartungswert des Bruttogewinns BG wird aus den zufallsabhängigen Größen $BG_{1,2...n}$ gebildet.

Eintrittswahrschein- lichkeit	w_1 0,60	w_2 0,40	Erwartungswert BG
Bruttogewinn $BG_{1,2}$	+ 300	– 200	+ 100

Abb. 62: Erwartungswert des Bruttogewinns

Tritt der ungünstige Umweltzustand 2 ein, resultiert aus dem Investitionsprogramm I ein jährlicher Bruttoverlust BG_2 = – 200. Wie werden Eigen- bzw. Fremdkapitalgeber von diesem Verlustrisiko betroffen? Zur Beantwortung dieser Frage kann man beispielhaft von einem Verschuldungsgrad v = 1 ausgehen. Das Investitionsprogramm ist also zu 500 mit Eigenkapital, zu 500 mit Fremdkapital finanziert. Die Fremdkapitalgeber haben einen einklagbaren Anspruch auf die Zahlung jährlicher Fremdkapitalzinsen (500 · 0,06) von 30. Damit erhöht sich der Nettoverlust G auf –230. Dieser geht voll zu Lasten der Eigenkapitalgeber. Zunächst tragen also die Eigenkapitalgeber das volle Investitionsrisiko. Nach zwei Verlustjahren hat sich das Eigenkapi-

---

[12] Zur Risikoproblematik bei Investitionsentscheidungen vgl. S. 77 f.
[13] Zur Ermittlung des mathematischen Erwartungswerts vgl. S. 163 f.

tal von ursprünglich + 500 zweimal um – 230 auf + 40 verringert. Kommt es im dritten Jahr erneut zu einem Nettoverlust von – 230, kann das Eigenkapital diesen Verlust nur noch teilweise auffangen. Das Unternehmen ist überschuldet. Die Fremdkapitalgeber müssen im dritten Jahr mit einem Forderungsausfall von 190 rechnen. Zusammenfassend läßt sich sagen:

– Die **Eigenkapitalgeber** tragen ein **größeres Risiko** als die Fremdkapitalgeber, weil Verluste – zunächst – ausschließlich von den Eigenkapitalgebern zu tragen sind.

– Haben die bisherigen Verluste das Vermögen soweit dezimiert, daß V ≤ FK, steht also kein Eigenkapital mehr als Verlustauffangpotential zur Verfügung, treffen darüber hinausgehende **Verluste** die **Fremdkapitalgeber.**[14]

– Je **höher** der **Verschuldungsgrad** v, je kleiner also der Anteil des Eigenkapitals am Gesamtkapital, desto größer wird das **Risiko** des **Vermögensverlustes** für Eigen- und Fremdkapitalgeber.

Je höher das von den Eigen- und Fremdkapitalgebern übernommene Risiko, desto höher sind ihre Verzinsungswünsche i_E bzw. i_F. Im geforderten Zins (= Kapitalkosten) ist also eine Risikoprämie enthalten.

Risikoloser Zins (Pure Rate)
Entgelt für gegenwärtigen Konsumverzicht

Risikozuschläge
Entgelt für Geldentwertungs- und Zinsänderungsrisiko
Entgelt für Bonitätsrisiko
  – Existentielles Risiko
  – Kapitalstrukturrisiko

Abb. 63: Zinskostenbestandteile

Für Wirtschaftssubjeke hat gegenwärtiger Konsum im allgemeinen einen höheren Nutzen als künftiger Konsum. Die **Pure Rate** ist der Preis, den die Kapitalanleger in einer Welt ohne Risiko als Ausgleich für ihren Konsumverzicht fordern. Dieser **risikolose Basiszins** dürfte sich auf etwa 2 bis 3 Prozent pro Jahr beziffern.

Darüber hinaus fordern die Kapitalgeber ein Entgelt für die Übernahme diverser Risiken. Mit zunehmender Geldentwertung steigen ihre Zinsforderungen. Erwarten sie für die Zukunft einen **Anstieg** der **Inflationsraten,** sind künftige Zinssteigerungen vorprogrammiert. Folglich verlangen die Kapitalgeber bei langfristigen Kapitalanlagen ein zusätzliches Entgelt für das künftige **Geldentwertungs- und Zinsänderungsrisiko.**[15]

---

[14] Das Finanzierungsmodell von Modigliani und Miller geht von der Annahme aus, daß das Eigenkapital stets ausreicht, Verluste aufzufangen, so daß die Gläubiger kein Verlustrisiko tragen. Vgl. S. 899
[15] Zum Zinsänderungsrisiko vgl. S. 901 ff.

Abb. 62 hat deutlich gemacht, daß hinter dem Erwartungswert des Bruttogewinns (BG = + 100) eine zufallsabhängige Streuung möglicher Bruttogewinne (BG$_1$ = + 300; BG$_2$ = − 200) steht. Die Unsicherheit künftiger
Bruttogewinne bezeichnet man als existentielles Risiko. Je größer die **Streuung** der **Bruttogewinne,** desto höher ist das **existentielle Risiko,**[16] desto
höher ist der von den Kapitalgebern geforderte Risikozuschlag.

Ist das Unternehmen ausschließlich mit Eigenkapital finanziert, ist das
Kapitalstrukturrisiko gleich Null. Das **Bonitätsrisiko** ist dann mit dem existentiellen Risiko identisch. Nimmt das Unternehmen Fremdkapital auf,
erhöht sich das Bonitätsrisiko um das hinzutretende Kapitalstrukturrisiko.
Mit zunehmendem Verschuldungsgrad v werden die unsicheren Bruttogewinne BG durch den Vorwegabzug sicherer Fremdkapitalzinsen (FKZ) belastet. Je höher der Verschuldungsgrad, desto unsicherer werden die den Eigenkapitalgebern zustehenden Nettogewinne G (G = BG − FKZ). Je höher
der **Verschuldungsgrad** v, desto höher wird der in den Zinssatz einkalkulierte Zuschlag für die Übernahme des Kapitalstrukturrisikos.[17]

In der neueren Finanzierungstheorie nimmt der **Marktwert eines Unternehmens** eine zentrale Stellung ein. Wie ist das zu erklären? Investitionstheoretisch vereinfacht läßt sich ein Unternehmen gleichsetzen mit der Realisierung eines Investitionsprogramms I. Zur weiteren Vereinfachung wird angenommen, daß die künftigen Bruttogewinne BG in Form einer **ewigen
Rente** anfallen. In diesem einfachen Fall kann man den **Marktwert des Unternehmens** (EW) nach der Ertragswertformel[18] berechnen:

$$EW = \frac{BG}{i}$$

Wird ein (ewiger) Bruttogewinn von 100 mit einem Kapitalkostensatz i
von 8 Prozent (5 Prozent) diskontiert, gelangt man zu einem Unternehmenswert EW von 1.250 (2.000). Der Zusammenhang liegt auf der Hand: Je
niedriger die Kapitalkosten i, desto höher ist c. p. der Marktwert der Unternehmung EW.

Oben wurde festgestellt, daß der Kapitalkostensatz i (auch) vom Verschuldungsgrad der Unternehmung abhängt; es gilt also i = f (v). Aus der Sicht
der Unternehmensleitung – z. B. des Vorstands einer Publikumsaktiengesellschaft – liegt der **optimale Verschuldungsgrad** dort, wo die **Finanzierungskosten i** ihr **Minimum** erreichen. Aus der Sicht der Anteilseigner liegt der
optimale Verschuldungsgrad dort, wo der **Wert ihres Gesamtvermögens** (=
Marktwert des Unternehmens + Privatvermögen) das **Maximum**[19] erreicht.
Dabei zeigt Vormbaum[20] in einem einfachen Beispiel, daß die Maximierung

---

[16] Zum existentiellen bzw. systematischen Risiko vgl. S. 915 f.
[17] Zum Kapitalstrukturrisiko vgl. S. 897 ff. Droht bei sehr hohem Verschuldungsgrad die
Gefahr der Überschuldung (V < FK), verlangen auch die Gläubiger einen Ausgleich für das
Kapitalstrukturrisiko.
[18] Vgl. hierzu S. 795
[19] Dieses Vermögensmaximierungsstreben läuft in die gleiche Richtung wie das Streben
nach maximaler Reinvermögenssteigerung (= Gewinnmaximierung).
[20] Vgl. Vormbaum, H., (Finanzierung), a. a. O., S. 47 f.

des Marktwerts der Unternehmung gleichzeitig zur Maximierung des Vermögens der Anteilseigner führt. Es ist also gleichgültig, ob die Optimierung des Verschuldungsgrads aus der Sicht des Unternehmens oder aus der Sicht der Eigenkapitalgeber betrieben wird: Der optimale Verschuldungsgrad v* erfüllt gleichzeitig die Bedingungen

$$i \rightarrow \text{min!}$$
und
$$EW \rightarrow \text{max!} \qquad \text{(ÜB 5/36; 92–93)}$$

b) Der Leverage-Effekt

Der Leverage-Effekt läßt sich am besten an einem Beispiel erklären: Ein Unternehmen verfügt über ein Eigenkapital EK von 1.000. Im Unternehmen kann beliebig viel Kapital investiert werden. Das Kapital verzinst sich mit 10 Prozent/Jahr (Gesamtkapitalrentabilität r_{GK} = 10 Prozent). Fremdkapital FK kann zu 6 Prozent aufgenommen werden (i_F = 6 Prozent). Der Leverage-Effekt zeigt, wie sich die sukzessive Aufnahme von Fremdkapital, wie sich also die **Erhöhung des Verschuldungsgrades v,** auf die **Eigenkapitalrentabilität r_{EK}** auswirkt:

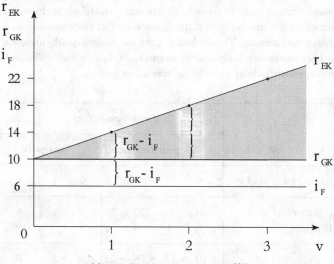

Abb. 64: Positiver Leverage-Effekt

Bei vollständiger Eigenfinanzierung (v = 0) verzinst sich das Eigenkapital mit 10 Prozent. Nimmt das Unternehmen 1.000 Geldeinheiten Fremdkapital auf (v = 1), erwirtschaftet es mit dem Gesamtkapital GK von 2.000 einen Bruttogewinn BG in Höhe von 200. Nach Abzug von 60 Fremdkapitalzinsen verbleibt ein Nettogewinn G von 140.

Für v = 1 gilt also

$$r_{EK} = \frac{G}{EK} = \frac{140}{1.000} = 14 \text{ Prozent}$$

Die unterlegte Fläche in Abb. 64 zeigt, in welchem Maße die Erhöhung des Verschuldungsgrads v als **Hebel zur Veränderung der Eigenkapitalrentabilität** eingesetzt werden kann. Dabei ist zwischen einem positiven und einem negativen Hebeleffekt zu unterscheiden:

Positiver Hebeleffekt: $(r_{GK} > i_F)$ $\rightarrow$ r_{EK} steigt
Negativer Hebeleffekt: $(r_{GK} < i_F)$ $\rightarrow$ r_{EK} fällt

mit steigendem Verschuldungsgrad v.

Die Eigenkapitalrentabilität läßt sich folgendermaßen ermitteln:

$$r_{EK} = \frac{BG - i_F \cdot FK}{EK} = \frac{r_{GK} \cdot GK - i_F \cdot FK}{EK}$$

$$r_{EK} = \frac{r_{GK} \cdot EK + r_{GK} \cdot FK - i_F \cdot FK}{EK}$$

$$r_{EK} = r_{GK} + (r_{GK} - i_F) \cdot \frac{FK}{EK}$$

Ist $r_{GK} < i_F$, wird der Klammerausdruck in der letzten Gleichung negativ. Der Kapitalertrag einer zusätzlich investierten Geldeinheit an Fremdkapital ist kleiner als die zugehörigen Kapitalkosten i_F. Der Grenzgewinn ist negativ. Mit zunehmender Verschuldung geht die Eigenkapitalrentabilität zurück. Hier wirkt der **Hebeleffekt negativ**. In diesem Fall sollte auf eine **Fremdkapitalaufnahme** vollständig **verzichtet** werden.

	Leverage-Effekt						
	positiv				negativ		
Verschuldungsgrad v	0	1	2	3	0	1	2	3
r_{GK} (Prozent)	10	10	10	10	6	6	6	6
i_F (Prozent)	6	6	6	6	9	9	9	9
r_{EK} (Prozent)	+ 10	+ 14	+ 18	+ 22	+ 6	+ 3	0	− 3

Abb. 65: Positiver und negativer Leverage-Effekt

Bei einem positiven Leverage-Effekt $(r_{GK} > i_F)$ wird die maximale Eigenkapitalrentabilität – theoretisch – bei einem unendlich hohen Verschuldungsgrad erreicht. Einer solchen Verschuldungsstrategie sind in der Finanzierungspraxis Grenzen gesetzt:

(1) Es ist **unrealistisch,** für jeden beliebigen Investitionsbetrag mit einer **konstanten Gesamtkapitalrentabilität** r_{GK} zu rechnen. Sind die rentabel-

sten Investitionsprojekte realisiert, wird die Rentabilität von Projekt zu Projekt geringer ausfallen.[21]

(2) Mit zunehmendem Verschuldungsgrad steigt andererseits das Kreditausfallrisiko für die Fremdkapitalgeber. Hierfür wollen die Fremdkapitalgeber entschädigt werden. Deshalb werden die **Fremdkapitalkosten** i_F mit zunehmendem **Verschuldungsgrad steigen.**[22]

Allgemein läßt sich deshalb nur sagen: Liegt die Gesamtkapitalrentabilität r_{GK} anfangs über den Fremdkapitalkosten i_F, dann lohnt sich die Aufnahme von Fremdkapital solange, wie die (fallenden) Kapitalerträge r_{GK} noch höher sind als die (steigenden) Kapitalkosten i_F.[23] (**ÜB 5/86–91**)

c) Die traditionelle These zur optimalen Kapitalstruktur

Wie alle Kapitalstrukturmodelle möchte auch die jetzt vorzustellende „traditionelle These"[24] die Frage beantworten, in welchem Maße die Aufnahme von Fremdkapital aus der Sicht eines Unternehmens bzw. seiner Anteilseigner vorteilhaft ist. Dabei ist von einem gegebenen Investitionsprogramm I auszugehen. Damit liegt der gesamte Kapitalbedarf GK fest. Der Bruttogewinn BG (Erwartungswert) ist gegeben. In der Regel geht man davon aus, daß der Bruttogewinn in Form einer ewigen Rente anfällt. Das Leverage-Modell geht von einem gegebenen Eigenkapitaleinsatz und der Möglichkeit der Aufnahme zusätzlichen Fremdkapitals aus. Die klassische These dagegen geht von einem gegebenen Gesamtkapital und sukzessiver Substitution von Eigenkapital durch Fremdkapital aus.

Die traditionelle These zum optimalen Verschuldungsgrad ist durch zwei Merkmale gekennzeichnet:

(1) Optimalitätskriterium ist das **Minimum** der durchschnittlichen **Kapitalkosten i** bzw. das **Maximum des Marktwerts** der Unternehmung EW.

(2) Die Änderung des Verschuldungsgrades v wird die **Mindestverzinsungsansprüche** der Eigen- und Fremdkapitalgeber in bestimmter Weise **verändern.**

Um die Wirkungsweise des Optimalitätskriteriums in einem einfachen Beispiel vorführen zu können, wird die Verhaltensannahme (2) der traditionellen These zunächst ignoriert. Es wird zunächst unterstellt, daß die Mindestverzinsungsansprüche der Kapitalgeber unabhängig vom Verschuldungsgrad sind. Diese – vorläufige – didaktische Vereinfachung eröffnet die Möglichkeit, die Gemeinsamkeiten des hier vorzustellenden Marktwertmaximierungsansatzes mit der einfachsten Version des Leverage-Effekts (vgl. Abb. 64) aufzuzeigen.

---

[21] Dieser Sachverhalt wird im Dean-Modell durch die fallende Kapitalnachfragefunktion abgebildet. Vgl. S. 775
[22] Diesen Sachverhalt bildet das Dean-Modell durch eine steigende Kapitalangebotsfunktion ab. Vgl. S. 775
[23] Zu entsprechenden Berechnungen vgl. Vormbaum, H., (Finanzierung), a.a.O., S. 94ff.
[24] Vgl. hierzu ausführlich Perridon/Steiner, a.a.O., S. 452ff.

Gegeben:

Gesamtkapitalbedarf GK	1.000
Bruttogewinn (Erwartungswert) BG	100
Gesamtkapitalrentabilität (Prozent) r_{GK}	10
Eigenkapitalkosten (Prozent) i_E	10
Fremdkapitalkosten (Prozent) i_F	6

Gesucht:

Durchschnittliche Kapitalkosten i abhängig von Verschuldungsgrad v

Marktwert der Unternehmung $EW = \dfrac{BG}{i}$

Optimaler Verschuldungsgrad $v^\star = \dfrac{FK^\star}{EK^\star}$

v	0	1	2	3	4	5
i_E	10	10	10	10	10	10
i_F	–	6	6	6	6	6
i	10,00	8,00	7,33	7,00	6,80	6,66
EW	1.000	1.250	1.364	1.429	1.471	1.500

Abb. 66: Der Marktwert der Unternehmung bei verschuldungsgradunabhängigen Verzinsungsansprüchen (Prozent)

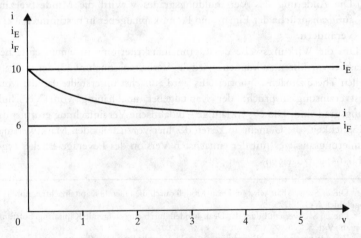

Abb. 67: Durchschnittsverzinsung i bei verschuldungsgradunabhängigen
Verzinsungsansprüchen

Wird das Unternehmen ausschließlich mit Eigenkapital finanziert (v = 0) beträgt der Marktwert 1.000. Mit zunehmender Aufnahme von Fremdkapital gelingt es
- die durchschnittlichen Kapitalkosten i zu senken bzw.
- den Marktwert der Unternehmung EW zu steigern.

Der Marktwert des Unternehmens EW darf dabei nicht mit dem in der Bilanz ausgewiesenen Gesamtkapital (= 1.000) gleichgesetzt werden. Die Zusammenhänge zwischen beiden Größen werden im zugehörigen Übungsbuch erläutert. (ÜB 5/97)

Das hier vorgestellte **Marktwertmaximierungsmodell** kommt zum **gleichen Ergebnis** wie das einfache **Leverage-Modell** in Abb. 64: Der optimale Verschuldungsgrad liegt im Unendlichen. Dieses Ergebnis ist auf die einheitlichen Grundannahmen beider Modelle zurückzuführen:
(1) i_F ist kleiner als i_E bzw. r_{GK} und
(2) i_F ist unabhängig von der Höhe des Verschuldungsgrads v.

Die Annahme (2) wird jetzt aufgegeben. An ihre Stelle setzt die **klassische These** folgende **Prämissen** (siehe Abb. 68):
(1) Ausgehend von vollständiger Eigenfinanzierung (v = 0) reagieren weder Eigen- noch Fremdkapitalgeber auf eine schrittweise, aber moderate Erhöhung des Verschuldungsgrads.
(2) Überschreitet der Verschuldungsgrad die kritische Schwelle (a), beginnen die Eigenkapitalgeber das verschuldungsgradabhängige Verlustrisiko zu fürchten. Folglich erhöhen sie ihre Mindestzinsforderung i_E um eine verschuldungsgradabhängige Risikoprämie.
(3) Beim Verschuldungsgrad (a) verspüren die Fremdkapitalgeber noch kein Verlustrisiko. Im Verschuldungsintervall (a) bis (b) gehen sie davon aus, daß drohende Verluste vom Eigenkapital aufgefangen werden können. Erst beim Verschuldungsgrad (b) sehen sich die Fremdkapitalgeber in ihren Zins- und Tilgungsansprüchen bedroht. Folglich sanktionieren sie eine weitere Erhöhung des Verschuldungsgrads mit einer Anhebung ihrer Mindestverzinsungsansprüche i_F.

Nach der klassischen These liegt der optimale Verschuldungsgrad v* dort, wo die Funktion der durchschnittlichen Kapitalkosten i ihr Minimum erreicht. Da der Erwartungswert des Bruttogewinns BG eine gegebene Größe ist, wird bei **minimalem i** der **maximale Unternehmenswert EW** erreicht. Im zugehörigen Übungsbuch findet sich ein Beispiel zur Berechnung des optimalen Verschuldungsgrads v*. (ÜB 5/95)

Zwischen 0 und v* sinken die durchschnittlichen Kapitalkosten i, weil die zunehmende Beimischung von billigem Fremdkapital dominiert. Wird der Verschuldungsgrad über v* hinaus angehoben, dominiert die bei (a) bzw. (b) einsetzende Erhöhung der Verzinsungsansprüche der Eigen- bzw. Fremdkapitalgeber.

Die klassische These geht davon aus, daß die verschuldungsgradabhängige Erhöhung der Kapitalkosten i_E bzw. i_F vom Markt vorgegeben wird. In der **Realität** wird es aber **schwierig** sein, die **kritischen Verschuldungsschwellen** (a) bzw. (b) sowie die danach einsetzende Kapitalkostenerhöhung exakt

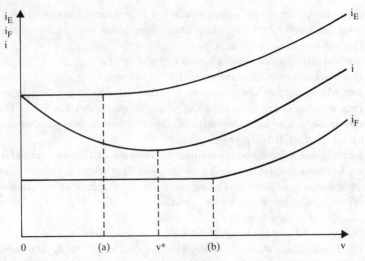

Abb. 68: Durchschnittliche Kapitalkosten i bei verschuldungsgrad-
abhängiger Verzinsung

zu bestimmen. Anders als im Modell sind die Eigenkapitalanbieter (Fremd-
kapitalanbieter) keine homogene Gruppe mit einheitlichen Risikopräferen-
zen. Deshalb kann man auch nicht von einheitlichen Mindestverzinsungsan-
sprüchen ausgehen. (**ÜB 5**/94–95)

d) Die Modigliani-Miller-These

Nach der „klassischen These" gibt es einen optimalen Verschuldungsgrad.
Er liegt dort, wo die durchschnittlichen Kapitalkosten i ihr Minimum, bzw.
der Marktwert der Unternehmung EW sein Maximum erreicht.

Im Grunde genommen stellen Modigliani und Miller in ihrem grundlegenden Aufsatz[25] aus dem Jahre 1958 die gleiche Frage wie die Vertreter der
klassischen These. Sie lautet: Kann bei
– **gegebenem Investitionsprogramm** einer Unternehmung und somit bei
– **gegebenem Gesamtkapitalbedarf** und
– **gegebenen Bruttogewinnen**
– durch eine **Variation des Verschuldungsgrads** (sukzessiven Ersatz von
  Eigenkapital durch Fremdkapital)
– der **Marktwert eines Unternehmens maximiert** werden?

Entscheidungskriterium ist also auch für Modigliani-Miller das Minimum
von i bzw. Maximum von EW. Die Antwort auf die obige Frage ist unter
dem Namen Modigliani-Miller-These (**MM-These**) in die Literatur[26] eingegangen:

---

[25] Vgl. Modigliani/Miller, The cost of capital, corporation finance and the theory of
investment, The American Economic Review, Vol. 48 (1958), S. 261 ff.
[26] Als Sekundärliteratur empfiehlt sich dem Anfänger die leicht verständliche Interpretation bei Vormbaum, H., (Finanzierung), a. a. O., S. 54 ff.

– Der Marktwert des Unternehmens EW ist unabhängig vom Verschuldungsgrad v.

– Die durchschnittlichen Kapitalkosten i sind für jeden denkbaren Verschuldungsgrad konstant.

– Die gewünschte Mindestverzinsung des Eigenkapitals i_E erhöht sich mit steigendem Verschuldungsgrad v.

Der MM-These liegen **modellmäßige Annahmen** zugrunde, die sich – verkürzt – so zusammenfassen lassen:

(1) Kapitalanleger haben die Wahl

– **Forderungstitel** zu erwerben (= Fremdkapital bereitzustellen) oder

– **Beteiligungstitel** zu erwerben (= Eigenkapital bereitzustellen).

Für Forderungstitel (Beteiligungstitel) erhalten sie Fremdkapitalzinsen (Dividenden).

(2) Es gibt einen **vollkommenen Kapitalmarkt,** wo Privatanleger und Unternehmen beliebige Kapitalbeträge zu einem einheitlichen Zinssatz i_F (Sollzins = Habenzins) anlegen oder ausleihen können.

(3) Für Fremdkapitalgeber existiert annahmegemäß **kein Forderungsausfallrisiko.** Der Erwerb von Forderungstiteln ist also risikolos. Die gewünschte Mindestverzinsung für Fremdkapital i_F ist entsprechend niedrig.

(4) Der von den Unternehmen erwirtschaftete Bruttogewinn BG unterliegt dem **allgemeinen Geschäftsrisiko.** Hohes (geringes) Geschäftsrisiko zeigt sich in einer starken (schwachen) Streuung der Bruttogewinne um ihren Erwartungswert.

(5) Unternehmen mit gleichem Streuungsmaß der Bruttogewinne werden zu **einer Risikoklasse** zusammengefaßt.

(6) Die **Anleger** sind **risikoscheu.** Je riskanter der Kapitaleinsatz, desto höher ist die in den Verzinsungsanspruch (= Kapitalkosten) einkalkulierte Risikoprämie.

Nach der MM-These gibt es **keinen optimalen Verschuldungsgrad.** Den Zusammenhang zwischen

– den durchschnittlichen Kapitalkosten i,

– den Fremdkapitalkosten i_F,

– den Eigenkapitalkosten i_E und

– dem Verschuldungsgrad v

zeigt Abb. 69.

Beispielhaft läßt sich die MM-These folgendermaßen erklären: Am Kapitalmarkt läßt sich ein risikofreier Einheitszins i_F erwirtschaften, der im Beispiel 6 Prozent beträgt. Möglich ist eine Alternativanlage in Beteiligungstiteln einer vorgegebenen Risikoklasse.

Der Anleger kann sich an einem unverschuldeten Unternehmen A beteiligen. Hier ist FK = 0, so daß die durchschnittlichen Kapitalkosten i den Eigenkapitalkosten i_E entsprechen. Beteiligt sich der Anleger an A, partizipiert er am **allgemeinen Geschäftsrisiko.** In unserem Beispiel verlangt er hierfür einen Risikozuschlag von 4 Prozent $(i - i_F)$. Je höher die Risikoklasse, desto größer wird der Abstand zwischen i und i_F.

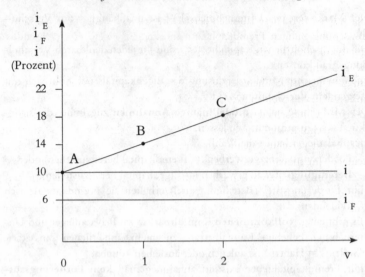

Abb. 69: Kapitalkostenstruktur nach der MM-These

Statt dessen kann sich der Anleger auch an einem mehr oder weniger verschuldeten Unternehmen C oder B beteiligen, die der gleichen Risikoklasse wie A angehören. Neben dem allgemeinen Geschäftsrisiko hat er jetzt ein mehr oder weniger hohes **Kapitalstrukturrisiko** zu tragen. Je größer das Verschuldungsgradrisiko, desto höher ist die in die Eigenkapitalkosten i_E einkalkulierte Risikoprämie.

Nach der MM-These gilt:

$$i_F < i < i_E \quad \text{für } v > 0$$
$$i_F < i = i_E \quad \text{für } v = 0$$
$$i_E = i + (i - i_F)\,\frac{FK}{EK}$$

Der Marktwert des Unternehmens EW setzt sich zusammen aus dem Marktwert des Eigenkapitals und dem Marktwert des Fremdkapitals. Diese drei Marktwerte lassen sich – bei unendlicher Lebensdauer – folgendermaßen ermitteln:

Marktwert des Unternehmens (des Gesamtkapitals)	Marktwert des Eigenkapitals EK	Marktwert des Fremdkapitals FK
$\dfrac{BG}{i}$	$\dfrac{BG - FKZ}{i_E}$	$\dfrac{FKZ}{i_F}$

FKZ = Fremdkapitalzinsen

Abb. 70: Marktwert und Kapitalkosten

Nach der MM-These läßt sich der Marktwert der Unternehmung durch Beimischung billigen Fremdkapitals nicht steigern, weil mit wachsendem Kapitalstrukturrisiko die Mindestverzinsungsansprüche i_E der Eigenkapitalgeber steigen. Im MM-Modell können sich private Anleger am Kapitalmarkt zu gleichen Konditionen verschulden wie Unternehmen. Für einen Anleger macht es also keinen Unterschied, ob er sich mit einem gegebenen Eigenkapitalbetrag X am verschuldeten Unternehmen B beteiligt oder ob er sich selbst am Kapitalmarkt verschuldet, um sich am unverschuldeten Unternehmen A zu beteiligen. Im zugehörigen Übungsbuch wird am konkreten Zahlenbeispiel der Zusammenhang zwischen der Indifferenz des Anlegers gegenüber A und B und der Irrelevanzthese erläutert. (**ÜB 5/98**)

Für die beiden Unternehmen A und B wird ein identischer Bruttogewinn BG angenommen. Der Marktwert beider Unternehmen ergibt sich aus:

$$EW_A = \frac{BG}{i_A} \; ; \quad EW_B = \frac{BG}{i_B}$$

Nach der MM-These gilt

$$i_A = i_B$$

Die Behauptung, i sei für jeden Verschuldungsgrad gleich hoch, wird durch den sog. **Arbitragebeweis**[27] gestützt: Wäre in der Ausgangssituation der Marktwert des Unternehmens B größer als der von A, würden B-Anteile angeboten (der Marktwert von B sinkt) und A-Anteile nachgefragt (der Marktwert von A steigt). Der Arbitrageprozeß ist erst beendet, wenn

$$EW_A = EW_B$$

Ist aber diese Gleichgewichtsbedingung erfüllt, muß auch $i_A = i_B$ sein. Damit ist die MM-These bewiesen.

In **praktischer Hinsicht** stößt die MM-These auf **Kritik,** weil sie auf völlig wirklichkeitsfremden Annahmen (z. B. vollkommener Kapitalmarkt; kein Forderungsausfallrisiko für Fremdkapitalgeber) beruht. Wegen der wirklichkeitsnäheren Grundannahmen erscheint die klassische These der Finanzierungspraxis glaubwürdiger.

In **theoretischer Hinsicht** hat das MM-Modell großen **Zuspruch** gefunden. Weil es die marktabhängige Bewertung unterschiedlicher Risiken erlaubt, hat es den Weg in die moderne Finanzierungstheorie eröffnet, die weiter unten[28] ansatzweise dargestellt wird. (**ÜB 5/96–98**)

4. Zinsänderungsrisiko und Finanzierungskosten

Unter dem Stichwort „Optimierung der Kapitalstruktur" wurde im vorangegangenen Kapitel gezeigt, welchen Einfluß das Bonitätsrisiko, insbesondere aber das Kapitalstrukturrisiko auf die Höhe der Finanzierungskosten

---

[27] Vgl. hierzu das erläuternde Beispiel bei Schmidt/Terberger, a. a. O., S. 251 ff.
[28] Vgl. S. 904 ff.

ausübt. Im folgenden soll gezeigt werden, wie das Zinsänderungsrisiko die Finanzierungskosten beeinflußt.

Oben wurde festgestellt,[29] daß die Höhe der Zinsforderungen u. a. von den Inflationserwartungen der Kapitalanbieter abhängig ist. Je größer die Gefahr künftiger Geldentwertung, desto höher ist der geforderte Zuschlag für das **Zinsänderungsrisiko.**

Üblicherweise muß ein Schuldner X bei gegebener Bonität Y für einen Kredit mit langfristiger Zinsfestschreibung von beispielsweise 10 Jahren einen höheren Jahreszins bezahlen als für einen kurzfristigen Kredit von beispielsweise 6 Monaten. Die folgende **Zinsstrukturkurve** zeigt beispielhaft die Höhe des Zinssatzes i_F in Abhängigkeit von der Dauer der Zinsbindung:

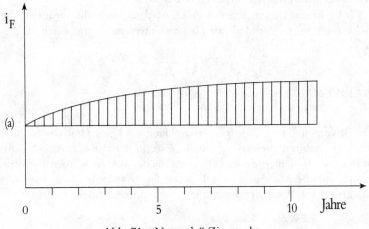

Abb. 71: „Normale" Zinsstruktur

Ist ein variabler, d. h. täglich änderbarer Jahreszinssatz (a) vereinbart, ist das Zinsänderungsrisiko für die Fremdkapitalgeber gleich null. Die Senkrechten in der unterlegten Fläche zeigen den jeweiligen Zinszuschlag, den die Fremdkapitalgeber für die Übernahme des Zinsänderungsrisikos verlangen.

Wenn ein Kredit mit kurzfristiger Zinsbindung billiger ist als ein Kredit mit langfristiger Zinsbindung, liegt der Gedanke nahe,
– langfristigen Kapitalbedarf durch
– langfristigen Kredit mit
– kurzfristiger Zinsbindung
zu decken. Diese Kreditkonstruktion wird als **Roll-over-Kredit** oder revolvierender Kredit bezeichnet.

Ziel des kreditsuchenden Unternehmens ist die Minimierung der Finanzierungskosten auf lange Sicht. Ob sich dieses Ziel durch den Roll-over-Kredit erreichen läßt, ist nicht von der im Entscheidungszeitpunkt t_0 geltenden Zinsstruktur, sondern von der bis zum Ende des Planungszeitraums (z. B. t_{10}) erwarteten Zinsentwicklung abhängig. So ist es denkbar, daß schon in t_1

---

[29] Vgl. S. 891

oder t_2 eine **inverse Zinsstruktur**[30] vorherrscht, wo der kurzfristige Kredit teurer ist als der langfristige.

Will man – vage – Prognosen über die künftige Zinsentwicklung abgeben, lohnt es sich, einen Blick auf die Zinsentwicklung der Vergangenheit zu werfen. In den vergangenen 30 Jahren hat sich der langfristige Kapitalmarktzins, hier dargestellt als Effektivverzinsung der Bundesanleihen mit einer Restlaufzeit von 10 Jahren, in der Bundesrepublik Deutschland folgendermaßen entwickelt:

Prozent

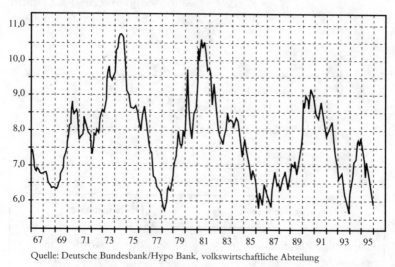

Quelle: Deutsche Bundesbank/Hypo Bank, volkswirtschaftliche Abteilung

Abb. 72: Entwicklung des langfristigen Kapitalmarktzinses in Deutschland

Die Zinsentwicklung der Vergangenheit zeigt, daß der **langfristige Kapitalmarktzins**

– etwa bei 10 Prozent sein **Maximum** bzw.
– etwa bei 6 Prozent sein **Minimum** erreicht und daß
– ein **Zinszyklus** etwa 8 bis 9 Jahre dauert.

Geht man davon aus, daß sich diese „Regelmäßigkeiten" zwischen Hoch- und Niedrigzinsphase auch in Zukunft wiederholen werden, erhält man aus der Vergangenheit vage Anhaltspunkte für die Prognose der künftigen Zinsentwicklung.

In **schematisierter Form** läßt sich der **Zinszyklus** wie in Abb. 73 darstellen. Die Empfehlung zur Dauer der Zinsfestschreibung des langfristigen Kredits hängt davon ab, ob sich das kreditsuchende Unternehmen zum Entscheidungszeitpunkt t_0 gerade in einer Niedrig- oder in einer Hochzinsphase befindet.

---

[30] Zur inversen Zinsstruktur vgl. Süchting, J., a.a.O., S. 425 ff.

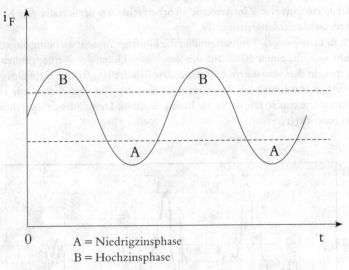

0   A = Niedrigzinsphase   t
     B = Hochzinsphase

Abb. 73: Schema von Hoch- und Niedrigzinsphasen

Entscheidungspunkt t_0	
Niedrigzinsphase A	Hochzinsphase B
Langfristige Zinsbindung für gesamte Investitionsdauer	(1) Zunächst kurzfristige Zinsbindung zum Erreichen der Niedrigzinsphase (2) Danach langfristige Zinsbindung für restliche Investitionsdauer

Abb. 74: Zinsbindung in Niedrig- und Hochzinsphase

Bei den in Abb. 74 enthaltenen Empfehlungen handelt es sich um grobe **Faustregeln,** die eine genaue Vorteilhaftigkeitsberechnung nach Maßgabe des langfristigen Finanzierungskostenminimums (= minimaler Barwert der Fremdkapitalzinsen) nicht ersetzen können.

5. Das Kapitalmarktmodell

a) Vorbemerkungen

Jeder risikoscheue, rational handelnde Kapitalgeber läßt sich die Übernahme von Risiko vergüten. Je höher das zusätzlich zu übernehmende Risiko eingeschätzt wird, desto höhere Zuschläge zum Basiszinssatz (Pure Rate) werden verlangt.[31] Bei der Ermittlung der durchschnittlichen Kapitalkosten i wurde bislang unterstellt, daß die Zinssätze für Fremdkapital i_F und Eigenkapital i_E vom Markt vorgegeben sind. Mit Hilfe kapitalmarkttheoretischer Modelle soll nun untersucht werden, wie auf **vollkommenen Kapitalmärkten** die **Risikoübernahme bewertet** wird, um dann Ansätze aufzuzeigen, mit denen die Werte für i_F und i_E aus einem Modell heraus ermittelt und erklärt werden können. Zwar ist das Kapitalmarktmodell vorrangig zur Bewertung von Wertpapieren entwickelt worden; die aus ihm gewonnenen Erkenntnisse lassen sich aber ohne große Probleme auf alle risikobehafteten Investitionen übertragen.[32] Somit bietet es eine Möglichkeit, den risikoabhängigen Kalkulationszinssatz für alle Investitionsobjekte bei Unsicherheit abzuleiten.

Bevor erklärt werden kann, wie sich auf vollkommenen Kapitalmärkten Preise für riskante Anlagen bilden, muß gezeigt werden, wie sich rational handelnde Anleger am Kapitalmarkt verhalten. Im Rahmen des Kapitalmarktmodells wird das Anlegerverhalten mit Hilfe der Portfoliotheorie erklärt. Daher ist im folgenden zunächst die Portfoliotheorie zu erläutern, bevor das eigentliche Kapitalmarktmodell, das Capital Asset Pricing Model (CAPM), erörtert wird. Während die Portfoliotheorie zeigen will, wie ein risikoaverser Anleger bei gegebener Rendite sein Risiko minimieren kann, bemüht sich das CAPM, die Preismechanismen, d. h. den Zusammenhang von Renditeforderung und Risiko, auf Kapitalmärkten zu erklären.

Portfoliotheorie und **CAPM** beruhen auf einer Reihe von gemeinsamen **Annahmen.**[33] Die wichtigsten sind:

(1) Es gibt einen vollkommenen Kapitalmarkt bei Unsicherheit, auf dem der freie Kapitalverkehr nicht durch Transaktionskosten, Steuern oder andere Kapitalmarktbeschränkungen behindert wird.

(2) Das Volumen aller am Markt gehandelten Wertpapiere ist gegeben; jedes Wertpapier ist unendlich teilbar, d. h. man könnte z. B. auch ein Hundertstel einer Aktie kaufen.

(3) Die Marktteilnehmer handeln rational und sind risikoscheu.

Lassen sich alle Wertpapiere durch die Erwartungswerte der Renditen (μ) und durch die Streuung (σ)[34] der Renditen um die Erwartungswerte hinreichend genau beschreiben, kann die Streuung als Risikomaß angesehen werden. Wertpapiere mit einer schwachen Streuung der Renditen um den Erwartungswert μ stellen für den Investor weniger riskante Positionen dar als Wertpapiere, deren Renditen stark streuen. In einer solchen Situation kann der Investor seine **Entscheidung** nach der **(μ, σ)-Regel** treffen. Er wird bei gleichem Rendite-Erwartungswert μ die Alternative mit dem geringsten Ri-

---

[31] Vgl. zu den Zinsbestandteilen S. 891

[32] Die folgenden Ausführungen beschränken sich einfachheitshalber auf die Analyse von Wertpapieren.

[33] Vgl. zu den einzelnen Annahmen z. B. Swoboda, P., Betriebliche Finanzierung, 3. Aufl., Würzburg/Wien 1994, S. 75 f.

[34] In der Portfoliotheorie wird meist die Standardabweichung σ als Risikomaß verwendet. Vgl. zur Standardabweichung als Risikomaß z. B. Schmidt/Terberger, a. a. O., S. 281 ff.

siko (der geringsten Streuung σ) oder bei gleichem Risiko (bei gleicher Streuung σ) die Alternative mit dem höchsten Rendite-Erwartungswert μ wählen. Im folgenden wird unterstellt, daß die Investoren sich nach der (μ, σ)-Regel entscheiden.

b) Die Portfoliotheorie

Die grundlegende Struktur der Portfoliotheorie[35] soll an einem einfachen Beispiel erklärt werden. Die hieraus gewonnenen Erkenntnisse lassen sich dann ohne weiteres auf komplexere, realitätsnähere Anwendungsfelder übertragen.

Ein Investor besitzt beispielsweise einen bestimmten Geldbetrag A_0, den er vollständig für die Dauer einer Periode in Wertpapieren anlegen will. Ihm stehen dafür nur die Aktien zweier Unternehmen (A und B) zur Auswahl. Für die beiden Aktien seien der Erwartungswert der Rendite $μ$[36] und die Streuung σ der Renditen um den Erwartungswert bekannt:

Aktie	A	B
Erwartungswert der Rendite μ	0,12	0,08
Streuung σ	8	4

Abb. 75: Beispiel Rendite-Risiko-Relationen zweier Aktien

Der Investor hat somit folgende drei Handlungsalternativen:
(1) Anlage des gesamten Betrags in A-Aktien,
(2) Anlage des gesamten Betrags in B-Aktien oder
(3) Bildung eines Portefeuilles aus beiden Aktien, d. h. er legt einen Teilbetrag in A-Aktien an, der Restbetrag wird in B-Aktien investiert.
Wegen der Unsicherheit der Rendite kann sich der Anleger nicht ohne weiteres für die höherrentierliche A-Aktie entscheiden. Die höhere Rendite erkauft er sich mit der Übernahme eines höheren Risikos. Eine eindeutige Entscheidung nach der (μ, σ)-Regel ist nicht möglich.

Im folgenden interessiert die Frage, wie sich
– Rendite[37] und
– Risiko
entwickeln, wenn A- und B-Aktien in einem Portefeuille gemischt werden. Hinsichtlich der Rendite fällt die Antwort leicht: Die **Rendite des Portefeuilles** entspricht dem gewogenen arithmetischen Mittel der Aktienrenditen.

---

[35] Die Portfoliotheorie geht auf H. M. Markowitz zurück. Vgl. Markowitz, H. M., Portfolio Selection, Journal of Finance 1952, S. 77 ff. Eine umfassende Einführung in die Portfoliotheorie findet der interessierte Leser bei Franke/Hax, a. a. O., S. 309 ff.

[36] Die Rendite einer Aktie ergibt sich aus: $\dfrac{\text{Dividende} + \text{Kursänderung}}{A_0}$

[37] Im folgenden wird zur Vereinfachung statt vom Erwartungswert der Rendite nur noch von der Rendite eines Wertpapiers gesprochen.

Wird also im obigen Beispiel der Anlagebetrag A_0 jeweils zur Hälfte in A-Aktien und B-Aktien investiert, beziffert sich die Rendite des Portefeuilles auf 10 Prozent. Dagegen ist keineswegs ausgemacht, daß auch das **Portefeuille-Risiko** dem gewogenen arithmetischen Mittel der Einzelrisiken entspricht.[38] Im obigen Beispiel trägt ein gleichgewichtetes A-B-Portefeuille nur dann die Risikoziffer 6, wenn die A- und B-Aktien vollständig positiv korreliert sind.

Wie ist das zu verstehen? Das Ergebnis einer Investition oder eines ganzen Unternehmens ist davon abhängig, welcher zufallsbedingte Umweltzustand U eintritt. Dabei ist es denkbar, daß sich die Ergebnisse zweier Unternehmen A und B bei einem Wechsel von U_1 nach U_2 gleichförmig oder gegenläufig entwickeln.

Bei Änderung der Umweltsituation entwickeln sich die Ergebnisse von A und B:	Korrelationskoeffizient ϱ
Vollständig gleichförmig	$\varrho = +1$
mehr oder weniger gleichförmig	$0 < \varrho < +1$
völlig unabhängig	$\varrho = 0$
mehr oder weniger gegenläufig	$-1 < \varrho < 0$
vollständig gegenläufig	$\varrho = -1$

Abb. 76: Korrelationskoeffizient $+1$ bis -1

Der Unterschied zwischen positiver und negativer **Korrelation** läßt sich an folgendem Beispiel erklären: Zur künftigen Energiegewinnung können Kernkraftwerke Y und Kohlekraftwerke Z eingesetzt werden. Außerdem gibt es für abgebrannte Kernbrennstäbe eine Wiederaufbereitungsanlage X. Für die Zukunft gebe es nur ein einziges Risiko, das sich in zwei denkbaren Umweltzuständen manifestiert. Die Gesellschaft entscheidet sich
– U_1 gegen Kernkraft und nimmt den CO_2-Ausstoß in Kauf;
– U_2 gegen den CO_2-Ausstoß und nimmt das Kernkraftrisiko in Kauf.
Ein Anleger, der bereits Anteile an der Wiederaufbereitungsanlage X hält, hat die Möglichkeit, entweder Anteile am Kernkraftwerk Y oder am Kohlekraftwerk Z beizumischen. X und Y sind vollständig positiv korreliert ($\varrho = +1$): Tritt U_1 (U_2) ein, bringen beide Anteile Verlust (Gewinn). Dagegen sind X und Z vollständig negativ korreliert ($\varrho = -1$): Tritt U_1 ein, bringt X Verlust und Z Gewinn; tritt U_2 ein, bringt X Gewinn und Z Verlust. Allgemein läßt sich also sagen: Je stärker der Korrelationskoeffizient

---

[38] Vgl. zur mathematischen Herleitung der Rendite und des Risikos eines Wertpapierportefeuilles z. B. Uhlir/Steiner, Wertpapieranalyse, 3. Aufl., Heidelberg 1994, S. 134 ff.

zweier Portefeuille-Anteile von + 1 abweicht, desto besser läßt sich das **Portefeuille-Risiko** durch **Diversifikation vermindern.** Wäre der theoretisch mögliche Extremwert eines Korrelationskoeffizienten von $\varrho = -1$ realisierbar – was praktisch nicht möglich ist –, könnte das Risiko des Portefeuilles – wie gleich gezeigt wird – restlos wegdiversifiziert werden.

Zurück zum Ausgangsbeispiel. Welche Rendite und welches Risiko der Investor mit seinem Aktienkauf realisieren kann, hängt von zwei Faktoren ab. Zum einen ist entscheidend, wie der Investor sein Geld anlegt, also die Frage, ob er ausschließlich die Aktien eines Unternehmens kauft oder ob er ein Portefeuille aus beiden Wertpapieren bildet. Zum anderen ist entscheidend, in welchem Maß die Renditen der beiden Aktien miteinander korrelieren. In Abb. 77 sind in Anlehnung an den Zwei-Wertpapier-Fall aus Abb. 75 die Rendite-Risikorelationen verschiedener Portefeuillestrukturen beispielhaft für fünf **unterschiedliche Korrelationskoeffizienten** wiedergegeben. In der ersten Spalte wird die Aufteilung der Finanzmittel beschrieben. Hierbei geben die Werte von a_1 (a_2) den Anteil der B-Aktien (A-Aktien) am Portefeuille wieder. Der zweiten Spalte ist die Portefeuillerendite zu entnehmen, die letzten fünf Spalten beschreiben das Portefeuillerisiko in Anhängigkeit von der Portefeuillezusammensetzung und dem Korrelationskoeffizienten.

Portefeuille-Struktur		Erwartungswert der Portefeuille-rendite	Portefeuillerisiko (σ_p) in Abhängigkeit vom Korrelationskoeffizienten ϱ				
a_1	a_2	μ_p	$\varrho = +1,0$	$\varrho = +0,5$	$\varrho = 0$	$\varrho = -0,5$	$\varrho = -1,0$
0,00	1,00	0,120	8,0000	8,0000	8,0000	8,0000	8,0000
0,10	0,90	0,116	7,6000	7,4081	7,2111	7,0086	6,8000
0,20	0,80	0,112	7,2000	6,8352	6,4498	6,0399	5,6000
0,30	0,70	0,108	6,8000	6,2865	5,7271	5,1069	4,4000
0,40	0,60	0,104	6,4000	5,7689	5,0596	4,2332	3,2000
0,50	0,50	0,100	6,0000	5,2915	4,4721	3,4641	2,0000
0,60	0,40	0,096	5,6000	4,8662	4,0000	2,8844	0,8000
0,70	0,30	0,092	5,2000	4,5078	3,6878	2,6230	0,4000
0,80	0,20	0,088	4,8000	4,2332	3,5777	2,7713	1,6000
0,90	0,10	0,084	4,4000	4,0596	3,6878	3,2741	2,8000
1,00	0,00	0,080	4,0000	4,0000	4,0000	4,0000	4,0000

Abb. 77: Rendite und Risiko eines Portefeuilles bei unterschiedlichen Korrelationskoeffizienten (tabellarisch)

Betrachtet man die letzten fünf Spalten der Abb. 77, ist zu erkennen, daß die Streuung der Portefeuillerenditen σ_P vom Wert des Korrelationskoeffizienten abhängt. Überträgt man die Werte aus Abb. 77 in ein Koordinatenkreuz, ergibt sich das in Abb. 78 dargestellte Bild.

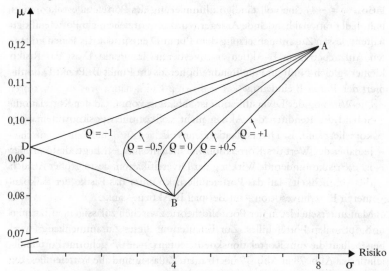

Abb. 78: Rendite und Risiko eines Portefeuilles bei unterschiedlichen
Korrelationskoeffizienten (graphisch)

Die Punkte A und B verdeutlichen die Fälle, in denen der Investor ausschließlich die Aktien eines Unternehmens erwirbt. Punkt A gibt die Rendite-Risiko-Relation wieder, die der Anleger erzielen kann, wenn er seinen gesamten Anlagebetrag A_0 in A-Aktien investiert. Kauft er ausschließlich A-Aktien, kann er die höchste Rendite erzielen. Diese hohe Rendite erkauft er sich allerdings mit der Übernahme des höchsten Risikos. Der Zusammenhang von höchster Rendite und höchstem Risiko wird durch die Lage des Punktes A deutlich: Er ist der Punkt, der am weitesten vom Ursprung des Koordinatenkreuzes entfernt liegt. Punkt B symbolisiert den Fall, daß der Investor ausschließlich B-Aktien kauft. Er trägt im Punkt B zwar ein deutlich geringeres Risiko als im Punkt A, die erzielbare Rendite ist allerdings auch geringer als im Punkt A. Die Minderung des Risikos wird somit durch eine Minderung der Rendite erkauft.

Jede der fünf **Linien,** die die Punkte A und B verbinden, stellt mögliche **Rendite-Risiko-Relationen** eines Portefeuilles aus den Aktien A und B bei alternativen Korrelationskoeffizienten dar. Die Lage der Linien verdeutlicht die Wirkung der Diversifikation, d. h. der Risikostreuung durch Bildung eines Mischportefeuilles. Während bei vollständig positiver Korrelation ($\varrho = +1$) das Risiko des Portefeuilles noch genau dem gewogenen Durchschnitt der Einzelrisiken der beiden Aktien entspricht, ist bei allen anderen Werten des Korrelationskoeffizienten eine risikomindernde Wirkung zu sehen. Das Risiko des Portefeuilles ist in diesen Fällen stets kleiner als der gewogenen Durchschnitt der Einzelrisiken.

Im Extremfall (Punkt D in Abb. 78) ist bei **vollständig negativer Korrelation** ($\varrho = -1$) eine vollständige Eliminierung des Portefeuillerisikos möglich. Jeder rational handelnde Anleger würde es vorziehen, ein Portefeuille zu halten, dessen Zusammensetzung dem Punkt D entspricht, als seinen gesamten Anlagebetrag in B-Aktien zu investieren. Im Punkt D ist das Risiko kleiner (gleich Null) und die Rendite höher als im Punkt B. Punkt D dominiert den Punkt B eindeutig.

Die Wirkung der Diversifikation ist abhängig vom Grad der Korrelation:
– Sobald die Renditen der Aktien nicht vollkommen positiv miteinander korreliert sind, ist Diversifikation sinnvoll.
– Je näher der Wert des Korrelationskoeffizienten an -1 liegt, desto größer ist die risikomindernde Wirkung der Diversifikation, desto größer ist auch die Möglichkeit, daß das Portefeuillerisiko unter das Risiko der risikoärmeren Einzelinvestition – im Beispiel B-Aktien – sinkt.

Man unterscheidet in der Portfoliotheorie zwischen zulässigen, effizienten und optimalen Portefeuilles. Zur Erläuterung dieses Zusammenhangs wird beispielhaft die zum Korrelationskoeffizienten $\varrho = -0,5$ gehörige Portefeuillelinie aus Abb. 78 in Abb. 79 übertragen. Zulässig sind alle Portefeuilles, die sich der Investor aufgrund der Marktsituation und seines Anlagebetrages zusammenstellen kann. Im hier beschriebenen Zwei-Wertpapier-Fall liegen alle **zulässigen Portefeuilles** auf der **Linie AB'DB**.

Erwartungswert der Rendite

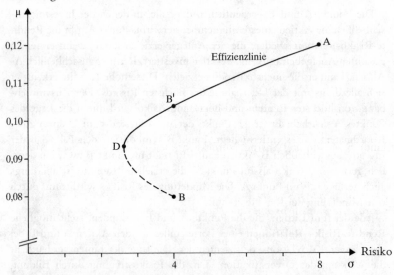

Abb. 79: Zulässige und effiziente Portefeuilles

Effizient sind solche Portefeuilles, die nicht von anderen Portefeuilles dominiert werden, d. h. für **effiziente Portefeuilles** gilt: Es gibt kein Portefeuille, das

– bei gleicher Rendite μ ein geringeres Risiko σ oder
– bei gleichem Risiko σ eine höhere Rendite μ oder
– bei geringerem Risiko σ eine höhere Rendite μ hat.

In Abb. 79 liegen alle effizienten Portefeuilles auf der fett gezeichneten Linie AB'D. Sie wird als **Effizienzlinie** bezeichnet. Alle Portefeuilles auf dem gestrichelten Teil der Linie sind ineffizient, sie werden von den effizienten Portefeuilles dominiert. So hat z. B. das Portefeuille B' bei gleichem Risiko eine höhere Rendite als das Portefeuille B. Rational handelnde Anleger würden B' eindeutig präferieren.

Auf der Effizienzlinie liegen alle Mischvarianten aus A- und B-Aktien (= Portefeuilles), die für einen rational handelnden, risikoaversen Anleger in Frage kommen. Welcher Punkt der Effizienzlinie repräsentiert aber das **optimale Portefeuille?** Die Frage läßt sich nicht eindeutig beantworten: Unter den risikoscheuen Anlegern gibt es graduelle Unterschiede im Ausmaß der Risikoaversion. Ein extrem risikoscheuer Kapitalanleger K_1 wird das Portefeuille D realisieren. Hier erreicht das Portefeuillerisiko σ_p sein Minimum. Mit abnehmender Risikoaversion werden sich die Kapitalanleger K_2 oder K_3 auf der Effizienzlinie von D in Richtung A bewegen. Erst die Kenntnis der individuellen **Risikonutzenfunktion** des jeweiligen Kapitalanlegers K erlaubt die modellmäßige Bestimmung des individuellen Optimalportefeuilles.

Die Portfoliotheorie vermittelt gute Einblicke in das Anlageverhalten risikoscheuer Anleger. Ihre praktische Anwendbarkeit dürfte allerdings beschränkt sein.[39] Ein Hauptproblem des Portfoliomodells liegt in der Schätzung der Korrelationskoeffizienten. Zum einen sind die Werte schwer zu ermitteln, zum anderen benötigt man bei größeren Entscheidungsproblemen als dem zuvor dargestellten Zwei-Wertpapier-Fall eine sehr hohe Zahl von Korrelationskoeffizienten. (**ÜB 5/99**)

c) Das Capital Asset Pricing Model (CAPM)

Das zentrale Element der Kapitalmarkttheorie ist das auf die Arbeiten von Lintner, Mossin und Sharpe[40] zurückgehende Capital Asset Pricing Modell (CAPM). Auf der Grundlage der Erkenntnisse, die aus der Portfoliotheorie gewonnen wurden, kann mit Hilfe des CAPM erklärt werden, welchen **Preis** Investoren im Kapitalmarktgleichgewicht für die **Übernahme von Risiko** fordern. Es dient somit der Ermittlung der Preise für unsichere Anlagen. Zwar ist das CAPM anlegerorientiert, da aber die Renditeforderungen der Investoren auf der Unternehmensseite den Kosten der Kapitalbeschaffung entsprechen, können die aus dem CAPM abgeleiteten Erkenntnisse ohne weiteres zur Ermittlung der Kapitalkosten bei Unsicherheit genutzt werden.

---

[39] Vgl. zur Kritik an der Portefoliotheorie z. B. Franke/Hax, a. a. O., S. 322.
[40] Vgl. Sharpe, W. F., Portfolio Theory and Capital Markets, New York 1970, S. 77 ff. Eine gute Einführung in das CAPM ist z. B. bei Uhlir/Steiner zu finden. Vgl. Uhlir/Steiner, a. a. O., S. 185 ff.

Zusätzlich zu den in den Vorbemerkungen getroffenen Annahmen gelten die folgenden **Prämissen:**

(1) Alle Marktteilnehmer verhalten sich im Sinne der Portfoliotheorie, d. h. sie sind risikoavers und investieren ihr Kapital ausschließlich in effiziente Portefeuilles.

(2) Alle Marktteilnehmer haben die selben Erwartungen über das Risiko und die Rendite aller Wertpapiere. Die Erwartungen der Anleger sind somit homogen.

(3) Neben mehreren verschiedenen riskanten Wertpapieren bietet der Kapitalmarkt die Möglichkeit, zu einem einheitlichen Zinssatz i_F unbeschränkt risikolos Geld anzulegen oder Kredite aufzunehmen. Der Zinssatz für die risikolose Anlage am Kapitalmarkt liegt unter dem des risikoärmsten Wertpapierportefeuilles und entspricht dem Basiszinssatz (Pure Rate).

Bisher wurde unterstellt, daß der Kapitalmarkt nur aus zwei riskanten Wertpapieren besteht. Die Annahme, daß am Kapitalmarkt mehr als zwei riskante Wertpapiere existieren, ändert nichts an der grundlegenden Modellstruktur. Die Bildung von Portefeuilles und die risikomindernde Wirkung der Diversifikation ist auch bei mehr als zwei Wertpapieren möglich. Zwar liegt die Menge aller zulässigen Portefeuilles nicht mehr auf einer Linie, sondern innerhalb einer Fläche, die hier interessierende Menge der effizienten Portefeuilles liegt aber weiterhin auf einer Kurve. In Abb. 80 sei die fett gezeichnete Verbindungslinie der Punkte A, C, M und D die **Effizienzlinie.** Auf ihr liegen alle effizienten Portefeuilles, die bei gegebener Kapitalausstattung der Anleger durch Mischung der riskanten Wertpapiere realisiert werden können. Zur Veranschaulichung kann man sich jeden beliebigen Punkt auf der Effizienzlinie als Wertpapierfonds vorstellen, dessen Fondsvermögen in spezieller Weise auf die verschiedenen riskanten Wertpapiere verteilt ist.

Da die Investoren annahmegemäß homogene Erwartungen haben, ist die Effizienzlinie für alle Investoren gleich. Sie beschreibt somit alle effizienten Portefeuilles des gesamten Kapitalmarkts. Führt man die Möglichkeit der **risikolosen Geldanlage** in die Betrachtung ein, stehen den Investoren verschiedene Anlagealternativen offen. Extrem risikoscheue Investoren legen ihr gesamtes Geld risikolos an und erzielen eine sichere Rendite in Höhe der Pure Rate (i_F). Diese Position beschreibt Punkt R in Abb. 80. Weniger risikoscheue Investoren können ihr gesamtes Geld ausschließlich in effiziente Wertpapierportefeuilles anlegen oder ein Mischportefeuille bilden. Ein solches **Mischportefeuille** entsteht, wenn der Investor sein Gesamtkapital aufteilt und einen Teil in die risikolose Anlage R, das Restkapital in eines der riskanten Wertpapierportefeuilles auf der Effizienzlinie investiert. Die Rendite-Risiko-Relationen dieser Anlagealternativen werden durch Linien beschrieben, die im Punkt R beginnen und durch die die verschiedenen Wertpapierportefeuilles repräsentierenden Punkte auf der Effizienzlinie laufen. Die Linie RD steht z. B. für die Rendite-Risiko-Relationen aller Kombinationsmöglichkeiten der risikolosen Anlage R mit dem Wertpapierportefeuille D

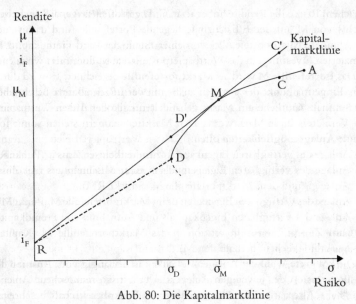

Abb. 80: Die Kapitalmarktlinie

Vergleicht man die Punkte D und D′ miteinander, ist leicht zu erkennen, daß der Punkt D′ bei gleichem Risiko eine höhere Rendite als D verspricht. Das Wertpapierportefeuille D wird von dem Mischportefeuille D′ dominiert und ist somit nicht mehr effizient. Ist ein Investor bereit, Risiko in Höhe von σ_D zu übernehmen, wird er sein gesamtes Kapital nicht in das Wertpapierportefeuille D investieren, sondern ein Mischportefeuille bilden, das in der durch Punkt D′ beschriebenen Relation aus der risikolosen Anlage und dem Wertpapierportefeuille M besteht.

Die Strecke RM in Abb. 80 liegt links oberhalb des Abschnitts DM der Effizienzlinie. Das bedeutet, daß bei gegebenem Kapitalbestand der Investoren die **Mischung** von **risikoloser Anlage** mit dem **Portefeuille M** jedes denkbare Portefeuille auf diesem Abschnitt der Effizienzlinie und damit auch jedes andere Mischportefeuille hinsichtlich der Kriterien Rendite und Risiko **dominiert**. Rational handelnde Investoren werden somit ihren gesamten Anlagebetrag in Mischportefeuilles investieren, die zu einem Teil aus der risikolosen Anlage und zum anderen Teil aus dem Wertpapierportefeuille M bestehen. Nur wenn ein Investor Risiko in Höhe von σ_M übernehmen möchte, ist es sinnvoll, das gesamte Kapital ausschließlich in ein reines Wertpapierportefeuille – in das Portefeuille M – zu investieren.

Bisher wurde die Möglichkeit der Kreditaufnahme zum Zinssatz i_F vernachlässigt. Möchte ein Anleger ein höheres Risiko als σ_M übernehmen, kann er ohne Kreditaufnahme z. B. das Portefeuille C realisieren. Die Verlängerung der Strecke RM zeigt allerdings, daß der Anleger bei gleichem Risiko seine Renditeerwartungen steigern kann, wenn er sein gesamtes Kapital in M investiert und zusätzlich einen Kredit aufnimmt, um auch das Fremdkapital in M zu investieren. Durch die **Hebelwirkung der Verschuldung** könnte er dann z. B. den Punkt C′ realisieren. Im Punkt C′ ist bei gleichem Risiko die Rendite höher als in C. Die Abb. 80 zeigt, daß auch jedes rechts von M auf der Effizienzlinie liegende Portefeuille (und damit auch jedes andere Mischportefeuille) von einer mit Eigen- und Fremdkapital finanzierten Investition in das Wertpapierportefeuille M dominiert wird. Das **Portefeuille M** wird als **Marktportefeuille** bezeichnet. Es wird durch den Tangentialpunkt der Geraden aus R mit der Effizienzkurve beschrieben und enthält sämtliche am Markt gehandelten risikobehafteten Wertpapiere im Verhältnis ihrer Marktwerte. Den Marktteilnehmern stehen somit folgende **Anlagemöglichkeiten** offen:

(1) Anlage des verfügbaren Eigenkapitals zum risikolosen Zins i_F (Punkt R).

(2) Anlage des verfügbaren Eigenkapitals in einer Mischung aus risikoloser Anlage i_F und dem Marktportefeuille M (Strecke RM).

(3) Anlage des verfügbaren Eigenkapitals im Marktportefeuille M (Punkt M).

(4) Anlage des verfügbaren Eigenkapitals und Aufnahme von Fremdkapital zum Zinssatz i_F zur Investition in das Marktportefeuille M (Kapitalmarktlinie rechts oberhalb von M).

Die konkrete Wahl der Anlagemöglichkeit ist abhängig vom **Ausmaß** der **Risikoaversion** des jeweiligen Anlegers. Der extrem risikoscheue Anleger wählt die Alternative (1). Mit zunehmender Risikobereitschaft beschreiten die Anleger einen Pfad steigenden Risikos (und steigender Renditeerwartung), der durch die Anlagestationen (2), (3) und (4) markiert wird. Die Zusammensetzung des Marktportefeuilles bleibt dabei aber stets konstant. Ein Blick auf Abb. 80 verdeutlicht, daß die Zusammensetzung des Marktportefeuilles nur durch zwei Faktoren, nämlich durch die Höhe der Pure Rate und die Lage der Effizienzlinie, bestimmt wird. Die Risikoneigung des einzelnen Investors hat keinen Einfluß auf die Struktur des Marktportefeuilles. Diese Unabhängigkeit der Zusammensetzung des Marktportefeuilles von der Risikoneigung der einzelnen Investoren wird als **Tobin-Separation** bezeichnet.[41]

Besteht die Möglichkeit, risikolos Geld anzulegen und zum gleichen Zinssatz i_F Kredite aufzunehmen, liegen alle effizienten Mischportefeuilles auf der Linie, die durch die Punkte R, D′, M und C′ verläuft. Sie bildet jetzt die Effizienzlinie und wird als **Kapitalmarktlinie** bezeichnet. Sie ist noch einmal in Abb. 81 dargestellt.

Die Steigung der Kapitalmarktlinie gibt den Preis wieder, der am Kapitalmarkt für die Übernahme einer zusätzlichen Risikoeinheit verlangt wird. Sie stellt somit eine Beziehung zwischen Rendite und Risiko dar. Es gilt der Zusammenhang:

$$\mu_p = i_F + \frac{\mu_M - i_F}{\sigma_M} \cdot \sigma_p.$$

Ein Beispiel: Die Pure Rate (i_F) betrage 2 Prozent. Das Marktportefeuille M habe eine Rendite μ_M von 12 Prozent und ein Risiko σ_M von 5 Einheiten. Für die Übernahme von 5 Risikoeinheiten gewährt der Markt einen Risikozuschlag ($\mu_M - i_F$) von 10 Prozent. Eine Risikoeinheit wird mit 2 Zinspunkten

---

[41] Vgl. Schmidt/Terberger, a. a. O., S. 330 ff.

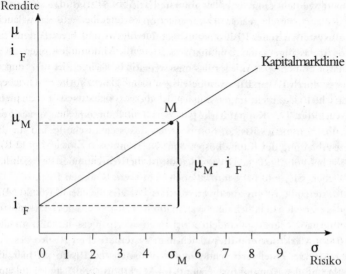

Abb. 81: Steigung der Kapitalmarktlinie

honoriert. Ist σ_P gleich 2, ist also ein Anleger bereit, zwei Risikoeinheiten zu übernehmen, kann er eine Rendite von 6 Prozent erwarten.

Aus dem Verlauf der Kapitalmarktlinie lassen sich zwei Folgerungen ableiten:

(1) Zwischen **Rendite** und **Risiko** besteht im Kapitalmarktgleichgewicht ein **linearer** Zusammenhang.

(2) Die Übernahme jeder zusätzlichen Risikoeinheit wird mit einer **Risikoprämie** in Höhe von

$$\frac{(\mu_M - i_F)}{\sigma_M}$$

vergütet.

Die Kapitalmarktlinie stellt eine allgemeine Beziehung zwischen Rendite und Risiko im Kapitalmarktgleichgewicht her. Sie zeigt, wie Risiko am Kapitalmarkt bewertet wird. Die Kapitalkosten eines einzelnen Unternehmens innerhalb des Marktportefeuilles lassen sich mit ihr allerdings nicht ohne weiteres herleiten. Daher soll im folgenden das Konzept der Wertpapierlinie beschrieben werden, das zur Bestimmung der Kapitalkosten direkt herangezogen werden kann.

Die Höhe der **Kapitalkosten** eines Unternehmens hängt davon ab, wie hoch die Investoren das **Risiko** einschätzen, das ein finanzielles Engagement in dieses Unternehmen in sich birgt. Bevor die konkreten Kapitalkosten eines Unternehmens bestimmt werden können, ist somit zunächst ein geeignetes Risikomaß zu suchen.

Die Portfoliotheorie hat gezeigt, daß durch gezielte Diversifikation Teile des Gesamtrisikos der einzelnen Wertpapiere wegdiversifiziert werden können.[42] Der Teil des Risikos eines Wertpapiers, der durch Diversifikation

---

[42] Vgl. S. 906 ff.

eliminiert werden kann, wird als **unsystematisches Risiko** bezeichnet, der Teil, der auch durch gezielte Diversifikation nicht beseitigt werden kann, wird als **systematisches Risiko** bezeichnet. Der Prototyp des systematischen Risikos ist das allgemeine Konjunkturrisiko. Auf einem vollkommenen Kapitalmarkt braucht ein Anleger das unsystematische Risiko nicht zu tragen, weil er es durch **Diversifikation** beseitigen kann. Da die Anleger das unsystematische Risiko nicht tragen müssen, wird es am Kapitalmarkt auch **nicht** extra **vergütet**. Der Kapitalmarkt gewährt keine Prämie für ein unnötigerweise übernommenes Risiko. Somit ist das unsystematische Risiko für die weitere Ableitung der Kapitalkosten ohne Relevanz.

Selbst bei vollständiger Diversifikation ist die Rendite eines Portefeuilles nicht sicher. Sie unterliegt immer noch dem systematischen Risiko.[43] Das Marktportefeuille ist ein gut diversifiziertes Portefeuille. Seine Rendite unterliegt daher ausschließlich dem systematischen Risiko. Da das Marktportefeuille alle am Markt gehandelten riskanten Wertpapiere umfaßt, ist das **Risiko** des **Marktportefeuilles** gleich dem **systematischen Risiko** des gesamten Marktes. Stellvertretend für das systematische Risiko sei hier die Veränderung der Konjunktur genannt. Im Marktportefeuille sind Titel enthalten, die sehr sensibel auf Veränderungen der Konjunktur reagieren, z. B. die Aktien von Herstellern von Luxusautomobilen, und Titel, die auf Änderungen der Konjunktur weniger reagieren, z. B. Aktien von Versorgungsunternehmen.

Der **β-Wert**[44] (Beta) einer Aktie ist ein standardisiertes Maß für die Korrelation des betreffenden Wertpapiers mit dem Marktportefeuille. Er beschreibt also, wie stark die Rendite des jeweiligen Wertpapiers bei Schwankungen der Renditen des Marktportefeuilles reagiert. Der β-Wert stellt somit ein geeignetes Risikomaß für die weitere Untersuchung dar.

Das **Marktportefeuille** hat definitionsgemäß ein **Beta** von **eins**. Konjunkturanfällige Werte haben ein Beta > 1, weniger konjunkturanfällige Werte ein Beta < 1. Ist eine Anlage risikolos, hat sie ein Beta von Null. Im Übungsbuch wird dies an einem Zahlenbeispiel verdeutlicht. (**ÜB 5/100**) Stellt man eine Beziehung zwischen dem Beta eines Wertpapiers als Risikomaß und seiner Rendite her, so erhält man die **Wertpapierlinie**[45] in Abb. 82.

Je höher der **Betawert** einer Aktie, desto höher ist das systematische Risiko der Aktie. Je höher das Risiko einer Aktie eingeschätzt wird, um so höhere **Risikozuschläge** werden am Kapitalmarkt verlangt. Formal lautet die entsprechende Gleichung der Wertpapierlinie:

$$\mu_p = i_F + (\mu_M - i_F) \cdot \beta_p$$

Die Renditeforderungen der Kapitalgeber und damit die Kapitalkosten eines Unternehmens sind unmittelbar aus dieser Gleichung abzulesen. Solan-

---

[43] Der Fall der vollständig negativen Korrelation, bei dem das Risiko vollkommen eliminiert werden kann, wird wegen seiner Realitätsferne nicht weiter betrachtet.

[44] Vgl. zum β-Wert z. B. Franke/Hax, a. a. O., S. 265 ff.

[45] Vgl. zur mathematischen Herleitung der Wertpapierlinie z. B. Perridon/Steiner, a. a. O., S. 241 ff.

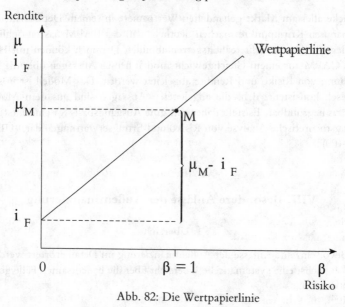

Abb. 82: Die Wertpapierlinie

ge die Vergabe von Fremdkapital für die Kapitalgeber kein Risiko in sich birgt, entspricht der Kostensatz für Fremdkapital der Pure Rate i_F. Die Kosten für Eigenkapital übersteigen in diesem Fall die Fremdkapitalkosten um den Risikozuschlag $(\mu_M - i_F) \cdot \beta_p$. Die Höhe des Risikozuschlags hängt somit vom Beta des jeweiligen Unternehmens (β_p) ab. Diese Eigenkapitalkosten entsprechen dem Kostensatz für Eigenkapital eines unverschuldeten Unternehmens und damit den konstanten durchschnittlichen Kapitalkosten einer Unternehmung.

Die wichtigsten **Folgerungen,** die aus dem **CAPM** gezogen werden können, sind:

(1) Bei der Bewertung einzelner Unternehmen innerhalb des Marktportefeuilles ist nicht das gesamte Risiko des Unternehmens relevant, sondern nur sein systematisches Risiko.

(2) Zwischen dem Risikomaß Beta für das systematische Risiko und der Rendite besteht ein linearer Zusammenhang. Die Risikoprämie beträgt $(\mu_M - i_F) \cdot \beta_p$.

Die **Kritik** am CAPM richtet sich hauptsächlich gegen die Prämissen des Modells.[46] Die Annahme, daß der Zinssatz der risikolosen Geldanlage und der Zinssatz für die Kreditaufnahme identisch sind, entspricht nicht der Realität. In der Regel liegen die Kreditzinsen stets über den Guthabenszinsen. Auch die Annahmen, daß alle Anleger identische Erwartungen haben und das Marktportefeuille halten, sind gleichermaßen realitätsfern. Es wird keine zwei Anleger geben, die die zukünftige Entwicklung des Kapitalmarkts gleich einschätzen. Somit werden die Investoren auch kein identisches Marktportefeuille bilden. Zum anderen wird es keinen Anleger geben, der

---

[46] Vgl. zur Kritik am CAPM insbesondere Schneider, D., (Investition), a. a. O., S. 510ff.

Stücke aller am Markt gehandelten Wertpapiere in seinem Depot hält. Die genannten Kritikpunkte machen deutlich, daß das CAPM das tatsächliche Anlegerverhalten nicht realitätsgetreu abbildet. Dennoch können mit Hilfe des CAPM aus einem Gleichgewichtsmodell heraus Aussagen über die Beziehung von Risiko und Rendite abgeleitet werden. Das Modell ist in sich logisch konsistent, d. h. die abgeleiteten Aussagen sind aus dem Modell heraus begründbar. Es stellt daher eine gute Ausgangsbasis für eine entscheidungstheoretische Analyse von Risiko und Ertragserwartungen dar. (**ÜB 5/ 99–100**)

VIII. Besondere Anlässe der Außenfinanzierung

1. Übersicht

Bevor einzelne Anlässe der Außenfinanzierung im Detail erörtert werden, soll zunächst eine systematische Übersicht über die bedeutsamen Fälle gegeben werden:

(1) **Die Gründung**

Sie kann erstens entweder als Bargründung durch Einlage von Geldmitteln (Personenunternehmung) oder durch Erwerb von Anteilen an Kapitalgesellschaften erfolgen. Sie kann zweitens als Sachgründung durch Einbringung von einzelnen Vermögenswerten (Grundstücke, Maschinen, Beteiligungen, Wertpapiere) oder von Betriebsteilen bzw. ganzen Betrieben vorgenommen werden. Im letztgenannten Fall kann eine Verschmelzung (Fusion) durch Neugründung oder einen Formwechsel (z. B. Umwandlung einer OHG in eine GmbH, d. h. Gründung einer GmbH, in die die OHG eingebracht wird) vorliegen.

Abb. 83. Gründung

(2) Die Kapitalerhöhung

Auch sie kann durch Zuführung von Bargeld oder Sachwerten durchgeführt werden, wobei entweder die bisherigen Gesellschafter ihre Kapitalanteile erhöhen oder neue Gesellschafter eintreten. Eine Kapitalerhöhung kann auch in der Weise erfolgen, daß eine Verschmelzung durch Aufnahme stattfindet, d. h. eine Gesellschaft eine andere Gesellschaft aufnimmt, indem sie ihr Vermögen gegen Gewährung von Gesellschaftsrechten übernimmt.

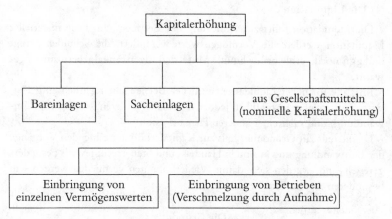

Abb. 84. Kapitalerhöhung

Das Aktiengesetz unterscheidet neben der normalen (ordentlichen) Kapitalerhöhung durch Ausgabe neuer (junger) Aktien die bedingte Kapitalerhöhung, deren Wirksamwerden vom Eintritt bestimmter Bedingungen abhängt (z. B. Umwandlung von Wandelschuldverschreibungen [Fremdkapital] in Aktien), und das genehmigte Kapital (Ermächtigung des Vorstandes für ein vereinfachtes Verfahren der ordentlichen Kapitalerhöhung). Bei Kapitalgesellschaften gibt es außerdem noch die Kapitalerhöhung aus Gesellschaftsmitteln (nominelle Kapitalerhöhung), bei der vorhandene offene Rücklagen in Nominalkapital umgewandelt werden (Umfinanzierung).

(3) Die Kapitalherabsetzung

Sie führt zur Rückzahlung von Eigenkapital durch Herabsetzung der Einlagen oder Ausscheiden von Gesellschaftern (Auseinandersetzung). Auch hier ist zu unterscheiden zwischen Rückzahlung in Form von Geld oder Sachwerten.

Bei Kapitalgesellschaften ist neben der ordentlichen Kapitalherabsetzung (Kapitalrückzahlung) die vereinfachte Kapitalherabsetzung (Sanierung) zu unterscheiden, bei der keine Rückzahlung von Eigenkapital erfolgt, sondern infolge von Vermögensverlusten das Nennkapital durch Herabsetzung dem verminderten Vermögen angepaßt wird. Bei Personenunternehmungen tritt diese Anpassung automatisch ein, da dort die Eigenkapitalkonten beweglich sind, d. h. direkt um Verluste gekürzt bzw. um Gewinne erhöht werden.

Abb. 85. Kapitalherabsetzung

(4) Die Liquidation

Die Liquidation führt zur Auflösung des Betriebes. Im Falle materieller Liquidation werden alle Vermögenswerte veräußert, die Schulden getilgt und ggf. noch verbleibende liquide Mittel den Eigenkapitalgebern zurückgewährt.

Im Falle formeller Liquidation wird der Betrieb nur rechtlich aufgelöst, wirtschaftlich aber fortgeführt, jedoch unter einer anderen Rechtsform (Umwandlung) und/oder einer anderen Firma (Fusion).

Da die teils zur Gründung, teils zur Kapitalerhöhung zählenden Vorgänge der Umwandlung und Fusion in Handels- und Steuerrecht jeweils besonders geregelt sind, werden sie – damit Wiederholungen vermieden werden – in besonderen Abschnitten behandelt.

2. Die Gründung

Die Probleme der Gründung eines Betriebes sollen in diesem Zusammenhang nur kurz behandelt und in erster Linie auf die finanzielle Seite beschränkt werden, da die sonstigen betriebswirtschaftlichen Überlegungen, die einer Gründung vorangehen, an anderer Stelle bereits ausführlich besprochen wurden. Vor der Gründung wird man die Aufnahmefähigkeit des Marktes, die Stärke der Konkurrenz u. a. mit Hilfe der Marktforschung feststellen. Sodann wird man sich über die Höhe und die Struktur des Kapitalbedarfs, über die Möglichkeiten der Kapitalbeschaffung und damit zusammenhängend über die Rechtsform des Betriebes, über den Standort usw. Gedanken machen. Die Probleme sollen hier nicht wiederholt werden.

Der rechtliche Hergang der Gründung ist bei den einzelnen **Rechtsformen** verschieden stark formbelastet. Bei der Einzelunternehmung erfolgt gewöhnlich eine Eintragung im Handelsregister, bei Personen- und Kapitalgesellschaften muß diese Eintragung durchgeführt werden. Gesellschaften müssen darüber hinaus einen Gesellschaftsvertrag abschließen. Bei der OHG ist er formlos, bei der AG bedarf die Satzung einer notariellen Beurkundung. Bei Personengesellschaften ist kein Mindestkapital vorgeschrieben, bei der AG muß das Grundkapital mindestens 100.000 DM, bei der GmbH mindestens 50.000 DM betragen.

Die Gründung einer **Aktiengesellschaft**[1] vollzieht sich im einzelnen folgendermaßen: Die Personen, die Aktien übernehmen (Gründer) bilden ein

---

[1] Vgl. §§ 23–53 AktG

Gründungskonsortium. Sie stellen die **Satzung** fest, die – wie bereits erwähnt – notariell beurkundet werden muß und Angaben über Firma, Sitz und Gegenstand des Unternehmens, über die Höhe des Grundkapitals und den Nennbetrag sowie die Gattung der Aktien, über die Art der Zusammensetzung des Vorstandes und über die Form der Bekanntmachung der Gesellschaft enthalten muß.[2] Darüber hinaus sind Sondervorteile, die einzelnen Aktionären eingeräumt werden (z. B. Gewinnvorteile, Vorteile beim Liquidationserlös, Bezugs- oder Lieferungsrechte),[3] ferner Entschädigungen oder Belohnungen, die den Gründern oder anderen Personen für die Gründung oder ihre Vorbereitung gewährt werden (Gründerlohn),[4] sowie der Nennbetrag der bei einer Sacheinlage dem einbringenden Aktionär zu gewährenden Aktien oder die bei einer Sachübernahme durch die Gesellschaft zu gewährende Vergütung[5] in der Satzung festzusetzen.

Fehlen entsprechende Angaben, so sind bereits geschlossene Verträge der Gesellschaft gegenüber unwirksam. An Stelle der vereinbarten Sacheinlage hat der Aktionär dann eine Bareinlage zu erbringen.

Im Anschluß an die Feststellung der Satzung erfolgt die **Aufbringung des Grundkapitals** durch Übernahme der Aktien. Hierbei ist zu unterscheiden zwischen Einheitsgründung (Simultangründung), bei der sämtliche Aktien von den Gründern, zu denen häufig eine Bank oder ein Bankenkonsortium gehört, übernommen werden, und der Stufengründung (Sukzessivgründung), bei der die Gründer nur einen Teil der Aktien übernehmen, während der übrige Teil durch Zeichnung im Publikum untergebracht wird. Die zweite Form ist seltener, da sie umständlicher und demgemäß mit höheren Kosten (Einschaltung von Emissionsbanken, Veröffentlichung von Prospekten usw.) verbunden ist. Außerdem ist sie mit dem Risiko behaftet, daß nicht alle Aktien gezeichnet werden. Das deutsche Aktienrecht (AktG 1965) sieht nur noch die Einheitsgründung vor, d. h. alle Aktien müssen durch die Gründer übernommen werden.[6]

Nach der Übernahme der Aktien wird der **Aufsichtsrat** bestellt; bei der Einheitsgründung erfolgt die Bestellung durch die Gründer,[7] bei der Stufengründung wurde sie durch die von den Gründern einberufene Hauptversammlung vorgenommen.[8] Der Aufsichtsrat bestellt seinerseits den ersten **Vorstand**.[9] Der Vorstand fordert das Aktienkapital ein. Es müssen mindestens 25 % des Nennwertes, zuzüglich dem Agio (zur Deckung der Gründungskosten), eingezahlt werden. Die eingehenden Geldmittel werden zum Aufbau des Betriebes verwendet. Diesen wirtschaftlichen Vor-

---

[2] Vgl. § 23 Abs. 3 und 4 AktG
[3] Vgl. § 26 Abs. 1 AktG
[4] Vgl. § 26 Abs. 2 AktG
[5] Vgl. § 27 Abs. 1 AktG
[6] Vgl. § 29 AktG
[7] Vgl. § 30 Abs. 1 AktG
[8] Vgl. § 30 Abs. 4 AktG 1937
[9] Vgl. § 30 Abs. 4 AktG

gang bezeichnet man als Errichtung, er hat nichts mehr mit der Gründung zu tun.[10] Nach der Einzahlung des Grundkapitals (bzw. des eingeforderten Teils) erfolgt durch alle Gründer und Mitglieder des Vorstands und Aufsichtsrats die **Anmeldung zum Handelsregister,**[11] der neben der Satzung und den Urkunden über die Bestellung von Aufsichtsrat und Vorstand auch ein Gründungsbericht,[12] in dem die Gründer den Hergang der Gründung beschreiben müssen, und ein Prüfungsbericht[13] beizufügen sind. Die **Gründungsprüfung** nehmen Vorstand und Aufsichtsrat vor. Gehört jedoch ein Gründungsmitglied zum Vorstand oder Aufsichtsrat oder liegt eine qualifizierte Gründung vor, so sind außerdem vom Gericht besondere Gründungsprüfer zu bestellen.

Von **qualifizierter Gründung** spricht man dann, wenn entweder Aktien nicht gegen bar (Bargründung), sondern gegen Hingabe von Sacheinlagen, z. B. von Patenten, Maschinen, Grundstücken u. a. (Sachgründung) erworben werden, oder wenn den Gründern oder sonstigen Aktionären besondere Vorteile in Form eines Gründerlohns oder von Warenlieferungs- oder Warenbezugsverträgen eingeräumt worden sind. Die verschärften Prüfungsvorschriften bei der qualifizierten Gründung sollen insbesondere verhindern, daß bei Einbringung von Sachwerten durch Bewertungsmanipulationen einzelnen Aktionären auf Kosten anderer Vorteile eingeräumt werden oder daß durch Überbewertung von Vermögenswerten keine volle Deckung des Grundkapitals erreicht wird und somit von vornherein eine Erhöhung des Risikos für die Gläubiger gegeben ist.

Die für die qualifizierte Gründung gegebenen Schutzvorschriften könnten dadurch umgangen werden, daß zunächst eine Bargründung erfolgt, danach aber von der Gesellschaft Sachübernahmen von Aktionären vorgenommen werden, die praktisch eine Rückzahlung des Bargeldes bedeuten und nicht ausschließen, daß durch Festsetzung überhöhter Kaufpreise eine Schädigung anderer Aktionäre eintritt. Derartige Gründungen bezeichnet man als Schein-Bargründungen. Sie sollen durch die Bestimmungen über die Nachgründung erschwert werden.

Eine **Nachgründung**[14] liegt vor, wenn eine Aktiengesellschaft in den ersten zwei Jahren nach der Eintragung im Handelsregister Verträge schließt, nach denen sie Anlagen oder sonstige Vermögensgegenstände für eine den zehnten Teil des Grundkapitals übersteigende Vergütung erwerben soll. Derartige Verträge sind nur rechtswirksam, wenn ihnen die Hauptversammlung mit Dreiviertelmehrheit zugestimmt hat, nachdem sie zuvor vom Aufsichtsrat und einem Gründungsprüfer geprüft worden sind und der Aufsichtsrat einen Nachgründungsbericht erstattet hat. Außerdem ist eine Eintragung im Handelsregister erforderlich.

---

[10] Das Aktiengesetz bezeichnet eine Gesellschaft als errichtet, wenn die Gründer alle Aktien übernommen haben (vgl. § 29 AktG)

[11] Vgl. § 36 AktG

[12] Vgl. § 32 AktG

[13] Vgl. §§ 33–35 AktG

[14] Vgl. § 52 AktG

Nach der Prüfung der Anmeldung zum Handelsregister erfolgt die **Eintragung,** die die Aktiengesellschaft zur Entstehung bringt und somit konstitutive Wirkung hat.

Die **Gründungskosten** bestehen in erster Linie aus Steuern, Notariats- und Gerichtskosten, Bankgebühren und Zinsen für die Übernahme der Anteile (Konsortium) und Prüfungsgebühren. Der Erwerb von Gesellschaftsrechten an Kapitalgesellschaften unterlag in Höhe der geleisteten Einlagen der Gesellschaftsteuer. Sie betrug bis zum 31. 12. 1991 1 % der tatsächlichen Einzahlungen. Der Erwerb von Grundstücken und Gebäuden wird von der Grunderwerbsteuer erfaßt. Diese Umsätze sind umsatzsteuerfrei, da sie der Grunderwerbsteuer unterliegen.[15] Auch die Übertragung der Gesellschaftsrechte durch die Gesellschaft an die Aktionäre ist von der Umsatzsteuer befreit.[16,17] Notariats- und Gerichtskosten fallen bei der Beurkundung der Satzung, dem Erwerb von Grundstücken und bei der Eintragung ins Handelsregister an. Die Gebühren der Gründungsprüfung sind bei Sachgründungen gewöhnlich erheblich höher als bei Bargründungen. Zu den Gründungskosten zählen ferner die Druckkosten für die Aktien und Interimsscheine, für die Satzung, die ersten Pflichtveröffentlichungen in Zeitungen u. ä. und die Gebühren für die Bescheinigung des Finanzamts, daß der Eintragung steuerliche Bedenken nicht entgegenstehen.

Die Gründungskosten sollen durch das **Agio,** mit dem die Aktien in der Regel ausgegeben werden, gedeckt werden. Sie dürfen allerdings das in die Kapitalrücklage einzustellende Agio nicht direkt kürzen, sondern sind zu Lasten des jeweiligen Jahresergebnisses zu verrechnen.[18] Sie betragen im Durchschnitt etwa 5–7 % des Aktienkapitals. Eine Aktivierung der Gründungskosten in der Jahresbilanz und eine Verteilung durch Abschreibung über mehrere Jahre ist nicht zulässig.[19]

3. Die Kapitalerhöhung

a) Begriff und Motive

Als Kapitalerhöhung kann man an sich jede Erweiterung der Kapitalbasis eines Betriebes durch Einbringung eigener oder Aufnahme fremder Mittel bezeichnen; gewöhnlich wird der Begriff aber enger gefaßt und nur für die Erhöhung des **Eigenkapitals** oder noch enger für die Erhöhung des **Nomi-**

---

[15] Vgl. § 4 Nr. 9 Buchstabe a UStG
[16] Vgl. § 4 Nr. 8 Buchstabe f UStG
[17] Bei der Einbringung von Sacheinlagen entsteht durch die Notwendigkeit einer Bewertung der Sacheinlagen eine Reihe steuerlicher Probleme, deren Behandlung in diesem Zusammenhang zu weit führen würde. Vgl. dazu: Wöhe, G., Betriebswirtschaftliche Steuerlehre, Bd. II, 2. Halbband, 3. Aufl., a. a. O., S. 206 ff.
[18] Vgl. Baetge, J., Fey, D., Weber, C.-P., in: Küting/Weber, Handbuch der Rechnungslegung, 4. Aufl., Stuttgart 1995, Anm. 4 zu § 248 HGB
[19] Die Gründungskosten sind nicht mit den „Aufwendungen für die Ingangsetzung und Erweiterung des Geschäftsbetriebes" (§ 269 HGB) zu verwechseln, zu denen die Aufwendungen für den Aufbau des Betriebes, der Betriebsorganisation und der Verwaltung gehören. Sie dürfen aktiviert werden und sind durch jährliche Abschreibungen in jedem folgenden Geschäftsjahr mit mindestens einem Viertel zu tilgen (§ 282 HGB).

nalkapitals der Aktiengesellschaft oder des Stammkapitals der GmbH verwendet. Die Erhöhung des Eigenkapitals kann durch Zuführung neuer Mittel von außen (z. B. durch Einlagen des Unternehmers bzw. der Mitunternehmer oder durch Ausgabe neuer Aktien) oder durch Selbstfinanzierung (z. B. durch Nichtentnahme von Gewinnen bzw. Zuweisung von Gewinnen an die Rücklagen) erfolgen.

Die Folge einer Kapitalerhöhung ist eine Verbesserung der **Liquidität** des Betriebes, es sei denn, die Erhöhung vollzieht sich durch Einbringung von Sacheinlagen. Da durch eine Erhöhung des nominell gebundenen Eigenkapitals der Kapitalgesellschaften bzw. der Kommanditeinlagen die Haftungsbasis des Betriebes erweitert wird, nimmt in der Regel auch seine **Kreditwürdigkeit** zu, so daß eine Kapitalerhöhung den Weg zur Aufnahme weiteren Fremdkapitals freimachen kann.

Eine Kapitalerhöhung wird immer dann erfolgen müssen, wenn ein Betrieb auf Grund einer guten Geschäftslage seine Kapazität erweitern will und folglich neue Mittel zur Finanzierung benötigt. Erhöhungen des Eigenkapitals können aber auch dazu dienen, Fremdkapital durch Eigenkapital zu ersetzen, so daß keine Erweiterung der Kapitalbasis, sondern nur eine Änderung in der Zusammensetzung des Kapitals eintritt. Das ist insbesondere dann erforderlich, wenn infolge Kapitalmangels eine Finanzierung von Anlagen vorübergehend mit kurzfristigem Fremdkapital erfolgt ist, das unbedingt durch langfristiges Kapital abgelöst werden muß, wenn nicht schwere Schäden für den Betrieb eintreten sollen. Auch Rationalisierungsmaßnahmen, insbesondere Modernisierungsinvestitionen zur Berücksichtigung technischer Fortschritte können Kapitalerhöhungen notwendig machen.

Bei Aktiengesellschaften kann die Kapitalerhöhung auch andere als reine Finanzierungszwecke verfolgen, so z. B. wenn junge (neue) Aktien den **Belegschaftsmitgliedern** angeboten oder wenn durch die Erhöhung des Aktienkapitals bestehende Mehrheitsverhältnisse verändert oder die neuen finanziellen Mittel zum Erwerb von Beteiligungen verwendet werden sollen.

b) Die Kapitalerhöhung der Einzelunternehmung und der Personengesellschaften

Bei der Einzelunternehmung ist die Selbstfinanzierung oft die einzige Möglichkeit zur Erhöhung des Eigenkapitals, es sei denn der Einzelunternehmer verfügt noch über Privatvermögen, das er in den Betrieb einbringen kann oder es gelingt ihm, einen stillen Gesellschafter aufzunehmen.

aa) Kapitalerhöhung ohne Aufnahme neuer Gesellschafter

Bei den Personengesellschaften kann die Kapitalerhöhung eine Anzahl schwieriger Probleme aufwerfen. Wird z. B. in einer OHG weiteres Eigenkapital benötigt, sind aber nicht alle Gesellschafter in der Lage, ihren bisherigen Anteil am Kapital im gleichen Verhältnis aufzustocken, so tritt eine **Verschiebung der prozentualen Anteile** am Gesellschaftskapital ein. Erfolgt die Gewinnverteilung nach Gewährung einer festen Verzinsung der

Einlagen nach Köpfen, so hat die Verschiebung der Anteile auf die nach der festen Verzinsung erfolgende Gewinnverteilung keinen Einfluß.

Im Falle der Liquidation oder beim Ausscheiden eines Gesellschafters aus der Gesellschaft berechnet sich jedoch der Liquidationserlös bzw. das Auseinandersetzungsguthaben des ausscheidenden Gesellschafters nicht nach dem Gewinnverteilungsschlüssel, sondern nach dem prozentualen Anteil am Kapital. Das führt dann, wenn im Betrieb erhebliche stille Rücklagen vorhanden sind, zu einer Bevorzugung der Gesellschafter, die bei einer Kapitalerhöhung ihren Anteil am Gesellschaftskapital prozentual vergrößern. Dabei ist es gleichgültig, ob die Kapitalerhöhung durch Zuführung von Mitteln von außen oder durch Nichtentnahme von Gewinnen (Selbstfinanzierung) erfolgt.

Ein **Beispiel** soll das erläutern. Am Eigenkapital einer OHG von 100.000 DM ist der Gesellschafter A mit 80.000 DM, der Gesellschafter B mit 20.000 DM beteiligt. Die Gewinnverteilung erfolgt nach einer Verzinsung der Einlagen mit 6 % nach Köpfen, da auf Grund der privaten Vermögensverhältnisse das Risiko beider Gesellschafter das gleiche sein soll. Sind in der Gesellschaft stille Rücklagen in Höhe von 20.000 DM vorhanden, so würden sie im Falle der Liquidation im Verhältnis der Anteile (4:1) verteilt, d. h. A würde 16.000 DM und B würde 4.000 DM erhalten.

Erhöhen jetzt beide Gesellschafter ihr Kapital nicht im bisherigen Verhältnis der Anteile, sondern um den gleichen absoluten Betrag von beispielsweise 10.000 DM, so verschiebt sich das Beteiligungsverhältnis von 4:1 (80.000:20.000) auf 3:1 (90.000:30.000). Bei der Verteilung der stillen Rücklagen im Liquidationsfalle würde jetzt A 15.000 DM und B 5.000 DM erhalten, obwohl das neu eingebrachte Kapital an der Erwirtschaftung der Rücklagen überhaupt nicht beteiligt war.

Es tritt also eine Verschiebung zugunsten des Gesellschafters B, also des Gesellschafters mit dem kleineren Kapitalanteil ein. Sollen derartige Verschiebungen verhindert werden, so ist es zweckmäßig, im Gesellschaftsvertrag die Gesellschaftsanteile festzulegen und nicht entnommene Gewinnanteile auf gesonderten Konten zu erfassen. Bei wesentlichen Kapitalerhöhungen durch Zuführung von Mitteln von außen wird dann in der Regel eine Neufestsetzung der Gesellschaftsanteile unter Berücksichtigung der bereits gebildeten stillen Rücklagen notwendig sein.

bb) Kapitalerhöhung durch Aufnahme neuer Gesellschafter

Ein analoges Problem entsteht, wenn die Kapitalerhöhung einer OHG durch Aufnahme eines neuen Gesellschafters erfolgt. Da in der Gesellschaft in der Regel bereits stille Rücklagen vorhanden sind, an denen der neue Gesellschafter im Liquidationsfalle automatisch entsprechend seinem Anteil beteiligt ist, obwohl diese stillen Rücklagen zu Lasten der Gewinnentnahme oder zu Lasten der Erhöhung der Kapitalkonten der alten Gesellschafter gebildet wurden, wird ihm nicht seine gesamte Einlage als Kapitalanteil zugeschrieben, sondern nur der Bruchteil, der unter Berücksichtigung der Beteiligung an den stillen Rücklagen wertmäßig der Einlage entspricht.

Beispiel:

Das Eigenkapital einer OHG, an der A und B im Verhältnis 3:1 beteiligt sind, soll durch Aufnahme eines weiteren Gesellschafters (C) von 200.000 DM auf 250.000 DM erhöht werden. Die stillen Rücklagen betragen 40.000 DM.

Würden A und B diese stillen Rücklagen unmittelbar vor dem Eintritt des Gesellschafters C auflösen, so wären nach der Kapitalerhöhung A, B und C im folgenden Verhältnis an der Gesellschaft beteiligt:

Gesell-schafter	Eigenkapital-Buchwert	Stille Rücklagen	Kapitalerhöhung	Gesamtes Eigenkapital	
A	150.000 DM	30.000 DM		180.000 DM	62,07 %
B	50.000 DM	10.000 DM	–	60.000 DM	20,69 %
C	–	–	50.000 DM	50.000 DM	17,24 %
Σ	200.000 DM	40.000 DM	50.000 DM	290.000 DM	100 %

Soll C nicht an den alten stillen Rücklagen partizipieren, so dürfen ihm von den 50.000 DM nur 43.100 DM (= 17,24 % des neuen buchmäßigen Eigenkapitals) zugeschrieben werden, wenn eine Auflösung der stillen Rücklagen zuvor nicht erfolgt. Die Differenz entfällt anteilsmäßig auf die Eigenkapitalkonten von A und B. Eine Auflösung der stillen Rücklagen unter Verwendung des neuen Beteiligungsverhältnisses beteiligt C an den stillen Rücklagen. Sein Anteil entspricht genau dem Betrag, um den sein Kapitalanteil (Kapitalkonto) zu Gunsten der alten Gesellschafter niedriger festgesetzt wurde (vgl. S. 922).

Erfolgt die Kapitalerhöhung einer Personengesellschaft durch Aufnahme weiterer Gesellschafter, so stellt sich außerdem die Frage, ob der bisherige Gewinnverteilungsschlüssel weiterhin angewendet werden kann und welchen Einfluß auf die Unternehmenspolitik die alten Gesellschafter den neuen Gesellschaftern einräumen wollen oder müssen. Dabei spielt eine Rolle, ob die neuen Gesellschafter als Komplementäre die volle Haftung übernehmen oder als Kommanditisten ihr wirtschaftliches Risiko auf ihre Kapitaleinlage beschränken wollen.

c) Die Kapitalerhöhung der Aktiengesellschaft

Bei der Aktiengesellschaft sind verschiedene Formen der Kapitalerhöhung zu unterscheiden:

(1) Die Kapitalerhöhung durch Zufluß neuer Geldmittel. Dieser Zufluß kann erfolgen durch:

(a) die ordentliche Kapitalerhöhung (§§ 182–191 AktG);

(b) die bedingte Kapitalerhöhung (§§ 192–201 AktG);

(c) das genehmigte Kapital (§§ 202–206 AktG);

(2) Die Kapitalerhöhung aus Gesellschaftsmitteln (nominelle Kapitalerhöhung [§§ 207–220 AktG]).

Gesell-schafter	Eigenkapital-Buchwert		Anteil an den stillen Rücklagen		
			Nach Kapital-erhöhung[20]	Vor Kapital-erhöhung	Differenz
A	150.000 DM + 5.175 DM = 155.175 DM	62,07%	24.825 DM	30.000 DM	− 5.175 DM
B	50.000 DM + 1.725 DM = 51.725 DM	20,69%	8.275 DM	10.000 DM	− 1.725 DM
C	50.000 DM ./. 5.175 DM ./. 1.725 DM = 43.100 DM	17,24%	6.900 DM	–	+ 6.900 DM
Σ	250.000 DM	100%	40.000 DM	40.000 DM	– DM

aa) Die ordentliche Kapitalerhöhung

Die ordentliche Kapitalerhöhung (Kapitalerhöhung gegen Einlagen §§ 182 ff. AktG) vollzieht sich durch Ausgabe neuer (junger) Aktien. Sie erfordert einen Beschluß der Hauptversammlung mit mindestens Dreiviertelmehrheit des bei der Beschlußfassung anwesenden Aktienkapitals. Sind mehrere stimmberechtigte Aktiengattungen vorhanden, so muß diese Mehrheit für die jeweilige Gattung getrennt erzielt werden. Solange das bisherige Grundkapital noch nicht voll eingezahlt ist, soll eine Kapitalerhöhung nicht durchgeführt werden; lediglich für Versicherungsgesellschaften kann die Satzung etwas anderes bestimmen.[21] Der Beschluß über die Kapitalerhöhung und ihre Durchführung sind zur Eintragung in das Handelsregister anzumelden. Die Kapitalerhöhung wird wirksam, wenn ihre Durchführung eingetragen worden ist.

Den Aktionären steht grundsätzlich ein unentziehbares **Bezugsrecht** auf die neuen Aktien entsprechend ihrem Anteil am bisherigen Grundkapital zu,[22] um dem Aktionär die Aufrechterhaltung seiner bisherigen prozentualen Beteiligung (Besitzverhältnisse) zu ermöglichen. Ein **Ausschluß des Bezugsrechts** ist jedoch im Beschluß über die Kapitalerhöhung mit Dreiviertelmehrheit des bei der Beschlußfassung vertetenen Grundkapitals möglich,[23] vorausgesetzt, die Ausschließung ist in der Tagesordnung der Hauptversammlung enthalten und mit dieser ordnungsgemäß bekanntgemacht wor-

---

[20] Auftretende Rundungsdifferenzen wurden beseitigt.
[21] Vgl. § 182 Abs. 4 AktG
[22] Vgl. § 186 Abs. 1 AktG
[23] Vgl. § 186 Abs. 3 und 4 AktG

den.[24] Ein Ausschluß ist beispielsweise bei einer Fusion oder zur Schaffung von Belegschaftsaktien erforderlich. Nimmt die Gesellschaft eine andere Gesellschaft im Wege der Verschmelzung auf, so müssen die Aktionäre der aufgenommenen Gesellschaft mit Aktien der aufnehmenden entschädigt werden. Die erforderlichen Aktien werden im Wege einer bedingten Kapitalerhöhung[25] beschafft. Eine „Verwässerung" (Wertminderung) der alten Aktien kann durch Festetzung eines den beiden Unternehmenswerten entsprechenden Umtauschverhältnisses zwischen den Aktien der aufnehmenden und der aufgenommenen Gesellschaft verhindert werden.

Wird bei einer Kapitalerhöhung durch teilweisen Ausschluß des Bezugsrechts ein Teil der jungen Aktien der Gesellschaft überlassen, damit man sie Arbeitnehmern anbieten kann, so verschieben sich die bisherigen Besitzverhältnisse.

Kein Entzug des Bezugsrechts tritt ein, wenn der Ausschluß nur aus verwaltungstechnischen Gründen erfolgt. Die Gesellschaft kann die neuen Aktien den Aktionären direkt zur Zeichnung anbieten. Diese sog. Eigenemission ist allerdings gewöhnlich recht umständlich und verzögert die Kapitalerhöhung. Zweckmäßiger ist es, die neuen Aktien unter Ausschluß des gesetzlichen Bezugsrechts einem Bankenkonsortium zu übertragen, das sich verpflichtet, sie den alten Aktionären zu vorher vereinbarten Bedingungen anzubieten. Diese sog. Fremdemission hat den Vorteil, daß der Gesellschaft der Gegenwert der neuen Aktien sofort zur Verfügung steht, ein Vorteil freilich, den sich das Konsortium in „angemessener Weise" honorieren läßt. Den Liquiditätsvorteil erkauft sich die Gesellschaft durch einen nicht unbeachtlichen Vermögensnachteil.

Das Bezugsrecht hat erstens die **Aufgabe,** der Gesellschaft die Ausgabe neuer Aktien zu einem Kurs zu ermöglichen, der erheblich unter dem Kurs der alten Aktien liegen kann. Werden neue Aktien zu einem niedrigeren Kurs ausgegeben als die alten Aktien notiert werden, so bildet sich nach der Kapitalerhöhung ein **Mittelkurs,** der unter dem Kurs der alten Aktien und über dem Emissionskurs der jungen Aktien liegt. Bei der neuen Notierung erzielt also der Inhaber einer jungen Aktie sofort einen Kursgewinn, während der Inhaber der alten Aktie einen entsprechenden Kursverlust hinnehmen muß. Handel und Notierung des Bezugsrechts sind solange überflüssig, wie es sich bei den Inhabern der alten und der jungen Aktien um jeweils identische Personen handelt, da unter Berücksichtigung des Bezugsverhältnisses bei jedem Anleger der Kursverlust durch den Kursgewinn kompensiert wird. Erst wenn diese personale Identität aufgehoben wird, wenn es also Interessenten gibt, die junge Aktien (mit Kursgewinn) erwerben, ohne vorher alte Aktien (mit Kursverlust) besessen zu haben, sind die Kursdifferenzen über den Bezugsrechtshandel in der Weise auszugleichen, daß die „Jung-Aktionäre" ihren Kursgewinn durch Bezahlung des Bezugsrechts an die „Alt-Aktionäre" weiterleiten und so deren Kursverlust eliminieren.

---

[24] Vgl. § 124 Abs. 1 AktG
[25] Vgl. S. 932f.

Ohne Bezugsrecht kann man einen Verlust für die alten Aktionäre nur ausschließen, wenn man neue Aktien zum gleichen Kurs ausgibt, zu dem die alten Aktien notiert werden. Anderenfalls würde sich in der Hauptversammlung die für einen Kapitalerhöhungsbeschluß erforderliche Dreiviertelmehrheit des bei der Beschlußfassung anwesenden Aktienkapitals nicht finden. Für die Gesellschaft aber bestünde bei hohem Ausgabekurs die Gefahr, daß nicht alle Aktien gezeichnet werden. Das Bezugsrecht hat aber noch eine **zweite Aufgabe.** Der Ausgleich des für die alten Aktionäre durch die Kapitalverwässerung eingetretenen Vermögensverlustes genügt allein nicht, um ihre Zustimmung zu einer Kapitalerhöhung zu gewinnen, denn die Erhöhung des Grundkapitals führt zu einer Veränderung der Stimmrechtsverhältnisse, wenn nicht jeder alte Aktionär im Verhältnis seines bisherigen Anteils an der Kapitalerhöhung teilnehmen kann. Ein Mehrheitsaktionär wird in der Regel einer Kapitalerhöhung nur zustimmen, wenn er seine Mehrheit durch diese Maßnahme nicht verliert. Das Bezugsrecht bietet die Möglichkeit zur Wahrung der bestehenden Stimmrechtsverhältnisse. Ohne Bezugsrecht wäre eine Ausgabe neuer Aktien nur in der Form von stimmrechtslosen Vorzugsaktien möglich, die aber – je nach ihrer Ausgestaltung – die Dividendenzahlung an die Stammaktionäre negativ beeinflussen können.[26]

Die **Berechnung des Bezugsrechts** zeigt das folgende Beispiel: Das Grundkapital einer Gesellschaft wird um 50 % erhöht, auf je zwei alte Aktien entfällt also eine neue Aktie, d. h. das Bezugsverhältnis ist 2:1. Da alle Aktien nach der Kapitalerhöhung zum gleichen Kurs notiert werden, ergibt sich ein Mittelkurs zwischen dem Kurs der alten und dem Kurs der neuen Aktien, der vom Bezugsverhältnis abhängt.

Beispiel:

	Nennwert	Kurs	Gesamtwert
bisheriges Aktienkapital (alte Aktien)	1.000.000	180 %	1.800.000
Kapitalerhöhung (junge Aktien)	500.000	120 %	600.000

$$\text{neuer Kurs} = \frac{2.400.000 \times 100}{1.500.000} = 160\ \%$$

Gewinn je junge Aktie 160 % − 120 % = 40 %
Verlust je alte Aktie 180 % − 160 % = 20 %

Der rechnerische Wert des Bezugsrechts läßt sich einfacher durch folgende Formel bestimmen:

$$B = \frac{K_a - K_n}{\frac{a}{n} + 1}$$

---

[26] Vgl. Vormbaum, H., (Finanzierung), a. a. O., S. 215

B = Bezugsrecht

K_a = Kurs der alten Aktie

K_n = Kurs der neuen Aktie

$\frac{a}{n}$ = Bezugsverhältnis

Unter Verwendung des obigen Zahlenbeispiels ergibt sich:

$$B = \frac{180\% - 120\%}{\frac{2}{1} + 1} = \frac{60\%}{3} = 20\%.$$

Das Bezugsrecht beträgt 20, der Mittelkurs = K_a − B = 180 − 20 = 160.
Der Aktionär verliert an jeder alten Aktie 20 Punkte, an zwei Aktien also 40,
und gewinnt an einer neuen Aktie 40 Punkte, ist also durch die Kapitalerhöhung nicht benachteiligt. Will er selbst keine neuen Aktien beziehen, so kann
er das an seinen alten Aktien hängende Bezugsrecht an der Börse verkaufen
und erhält auf diese Weise einen Geldersatz für die Wertminderung seines in
Aktien angelegten Vermögens. Für den Aktionär ist diese Einnahme „der
Erlös eines Teilverkaufs seiner Substanz".[27] Will ein Außenstehender eine
neue Aktie erwerben, so muß er die für eine Aktie erforderliche Bezugsrechte kaufen. Erst dann kann er zum Bezugskurs eine Aktie beziehen.

Der rechnerische Wert des Bezugsrechts, der im obigen Beispiel als Prozentkurs ermittelt wurde, läßt sich auch in DM je Stück berechnen, wenn in
die Formel die Kursangaben in DM je Aktie statt in Prozent eingesetzt
werden. Bei einem Nennwert von 50 DM je Aktie ergibt sich:

$$B = \frac{90 - 60}{\frac{2}{1} + 1} = \frac{30}{3} = 10\,DM$$

Der theoretisch ermittelte Wert des Bezugsrechtes und der Kurs nach der
Kapitalerhöhung werden praktisch allerdings durch die Angebots- und
Nachfrageverhältnisse an der Börse und durch die Faktoren beeinflußt, von
denen der Wert der neuen Aktien abhängt. Das sind erstens der Zeitpunkt
der Dividendenberechtigung der neuen Aktien, zweitens die im nächsten
Jahr erwartete Dividende und drittens der Zeitpunkt der Lieferbarkeit der
neuen Aktien.[28] Wird z. B. eine Dividende von 12 % erwartet und erfolgt die
Kapitalerhöhung am 1. 10., so tritt – wenn die Dividendenberechtigung am
1. 10. einsetzt – ein Kursabschlag von 9 % ein. Solange die neuen Aktien
noch nicht ausgefertigt sind, ist eine Zulassung zum Börsenhandel nicht
möglich, folglich erfolgt ein Kursabschlag, dessen Höhe Rittershausen mit
3–12 % angibt.[29] Das Bezugsrecht wird gewöhnlich 14 Tage vor der Ausgabe der jungen Aktien an der Börse notiert.

Die **Höhe des Bezugskurses** für die jungen Aktien ist von der Interessenlage der Aktionärsgruppen und der Verwaltung der Gesellschaft abhängig. Je
höher der Bezugskurs festgesetzt wird, d. h. je mehr er dem Börsenkurs
angenähert ist, desto größer ist bei gegebener Erhöhung des Nominalkapi-

---

[27] Rittershausen, H., a. a. O., S. 78
[28] Vgl. Rittershausen, H., a. a. O., S. 75 f.
[29] Vgl. Rittershausen, H., a. a. O., S. 76

tals der Zufluß an liquiden Mitteln. Will eine Gesellschaft einen bestimmten Betrag an finanziellen Mitteln über eine Kapitalerhöhung beschaffen, so muß die Nominalkapitalerhöhung um so größer sein, je niedriger der Bezugskurs gewählt wird; um so größer ist dann auch die Kapitalverwässerung.

Beispiel:

Benötigte Mittel	Bezugskurs	notwendige Erhöhung des Grundkapitals
1.000.000	100 %	1.000.000
1.000.000	125 %	800.000
1.000.000	200 %	500.000

Der Vorstand muß prüfen, bei welchem Bezugskurs die Kapitalerhöhung in der Hauptversammlung die erforderliche Mehrheit erhält und am Markt untergebracht werden kann. Kleinaktionäre betrachten häufig einen niedrigen Bezugskurs (hoher Wert des Bezugsrechts) als vorteilhaft. Sind sie nicht am Bezug junger Aktien interessiert, so sehen sie im Verkauf des Bezugsrechts einen zusätzlichen Gewinn, der in der Regel steuerfrei ist. Erwerben sie die ihnen zustehenden jungen Aktien, so erhalten sie bei niedrigem Bezugskurs einen relativ hohen dividendenberechtigten Nennwert für ihre Zahlung.

Ist die Gesellschaft daran interessiert, auch nach der Kapitalerhöhung die gleiche Nominaldividende wie bisher zu zahlen, so strebt sie einen möglichst hohen Bezugskurs und damit eine relativ niedrige Erhöhung des dividendenberechtigten Nominalkapitals an.

Ein Großaktionär, der finanziell in der Lage ist, seine beherrschende Stellung zu erweitern, zieht in der Regel einen hohen Bezugskurs vor, um den Kleinaktionären die Ausübung ihrer Bezugsrechte zu erschweren und so zusätzliche Bezugsrechte erwerben zu können. Allerdings verstößt er letztlich gegen sein eigenes Interesse, wenn er aufgrund seiner beherrschenden Position einen so hohen Bezugskurs durchsetzt, daß dadurch die Unterbringung der von ihm nicht übernommenen jungen Aktien gefährdet wird.

bb) Das genehmigte Kapital

Das genehmigte Kapital[30] ist eine Form der Kapitalerhöhung, die nicht an einen bestimmten Finanzierungsanlaß gebunden ist. Der Vorstand der Aktiengesellschaft wird für längstens fünf Jahre von der Hauptversammlung ermächtigt, das Grundkapital bis zu einem bestimmten Nennbetrag, der die Hälfte des bisherigen Grundkapitals nicht überschreiten darf, durch Ausgabe neuer Aktien, zu der der Aufsichtsrat seine Zustimmung geben soll, zu erhöhen. Dieses Verfahren soll die Schwerfälligkeit, die der ordentlichen Kapitalerhöhung durch eine Anzahl rechtlicher Vorschriften anhaftet, überwinden und dem Vorstand eine größere Elastizität in der finanziellen Dispo-

---

[30] Vgl. §§ 202 ff. AktG.

sition, insbesondere die Ausnutzung günstiger Situationen am Kapitalmarkt ermöglichen.

Die Ermächtigung der Hauptversammlung kann vorsehen, daß der Vorstand mit Zustimmung des Aufsichtsrats über den Ausschluß des Bezugsrechts entscheidet. Ein Ausschluß ist erforderlich, wenn die jungen Aktien an Arbeitnehmer der Gesellschaft ausgegeben werden sollen.

Das genehmigte Kapital ist an die Stelle der Vorratsaktien[31] getreten, mit denen vor Inkrafttreten des Aktiengesetztes 1937 erheblicher Mißbrauch getrieben werden konnte. Vorratsaktien sind zwar im Aktiengesetz nicht verboten worden; sie sind aber durch die Einrichtung des genehmigten Kapitals praktisch überflüssig geworden. Das genehmigte Kapital darf in der Bilanz nur in der Vorspalte ausgewiesen werden, jedoch ist ein Vermerk vor Ausgabe der Aktien und vor Eintragung im Handelsregister nicht vorgeschrieben. Das genehmigte Kapital ist im Anhang anzugeben.[32]

cc) Die bedingte Kapitalerhöhung

Die bedingte Kapitalerhöhung[33] ist eine Sonderform, die drei Zwecke verfolgen kann:

(1) Sie soll die Ansprüche auf Aktien, die sich aus Umtausch- und Bezugsrechten der Inhaber von Wandel- oder Optionsanleihen ergeben, sichern;

(2) Sie dient zur Vorbereitung von Fusionen;

(3) Sie soll die Gewährung von Bezugsrechten an Arbeitnehmer der Gesellschaft zum Bezug neuer Aktien gegen Einlage von Geldforderungen ermöglichen, die den Arbeitnehmern aus einer ihnen von der Gesellschaft eingeräumten Gewinnbeteiligung zustehen.[34]

Der Nennbetrag des bedingten Kapitals darf die Hälfte des Nennbetrages des bisherigen Grundkapitals nicht überschreiten.[35]

Eine bedingte Kapitalerhöhung kann ebenso wie das genehmigte Kapital nur mit Dreiviertelmehrheit von der Hauptversammlung beschlossen werden. Es dürfen nur so viele Aktien ausgegeben werden, wie Umtausch- oder Bezugsrechte durch die Inhaber von Wandel- oder Optionsanleihen und durch gewinnbeteiligte Arbeitnehmer geltend gemacht werden. Im Beschluß müssen auch der Zweck der bedingten Kapitalerhöhung, der Kreis der Bezugsberechtigten und der Ausgabebetrag oder die Grundlagen festgestellt werden, nach denen dieser Betrag errechnet wird.[36]

Da durch die bedingte Kapitalerhöhung der Aktienkurs beeinflußt werden kann und die Aktionäre kein Bezugsrecht auf die im Rahmen einer solchen Kapitalerhöhung ausgegebenen Aktien besitzen, wird eine mögliche Vermögensminderung für die Aktionäre dadurch ausgeschlossen, daß ihnen ein

---

[31] Vgl. S. 815 f.
[32] Vgl. § 160 Abs. 1 Nr. 4 AktG
[33] Vgl. §§ 192 ff. AktG
[34] Vgl. § 192 Abs. 2 Nr. 3 AktG
[35] Vgl. § 192 Abs. 3 AktG
[36] Vgl. § 193 Abs. 2 AktG

Bezugsrecht auf die Wandel- und Optionsanleihen eingeräumt werden muß.[37]

Das Aktiengesetz hat besondere Sicherungen vorgesehen, um zu verhindern, daß beim Umtausch von Wandelschuldverschreibungen in Aktien eine Aktienausgabe unter dem Nennwert möglich ist. Die Ausgabe von Bezugsaktien gegen Wandelschuldverschreibungen darf nur erfolgen, wenn der Unterschied zwischen dem Ausgabebetrag der zum Umtausch eingereichten Schuldverschreibungen und dem höheren Nennbetrag der für sie zu gewährenden Bezugsaktien entweder durch eine **Zuzahlung** der Umtauschberechtigten oder durch die Gesellschaft selbst aus einer anderen Gewinnrücklage gedeckt ist.[38] Die gesetzliche Rücklage darf hierfür nicht verwendet werden. Der Beschluß über die bedingte Kapitalerhöhung ist zur Eintragung in das Handelsregister anzumelden.[39] Ist die Eintragung des Beschlusses erfolgt, so dürfen die Bezugsaktien ausgegeben werden. Im Gegensatz zur ordentlichen Kapitalerhöhung wird die bedingte Kapitalerhöhung bereits mit der Ausgabe der Aktien und nicht erst mit der Eintragung der Durchführung der Kapitalerhöhung wirksam.[40] Der Vorstand ist verpflichtet, nach Ablauf eines Geschäftsjahres zur Eintragung in das Handelsregister anzumelden, in welchem Umfang im abgelaufenen Geschäftsjahr Bezugsaktien ausgegeben worden sind.[41] Aktien, die bei einer bedingten Kapitalerhöhung im Geschäftsjahr bezogen worden sind, müssen im Anhang aufgeführt werden.[42]

dd) Die Kapitalerhöhung aus Gesellschaftsmitteln

Bei Kapitalgesellschaften gibt es eine Form der Kapitalerhöhung, bei der keine zusätzlichen finanziellen Mittel von außen durch Ausgabe neuer Aktien bzw. Geschäftsanteile beschafft werden, sondern das Nominalkapital durch Umwandlung von bisher als Kapital- oder Gewinnrücklagen ausgewiesenem Eigenkapital in gebundenes Haftungskapital (Nominalkapital) erhöht wird. Auch stille Rücklagen können in Nominalkapital überführt werden, wenn sie zuvor auf offene Rücklagen übertragen worden sind.

Die Höhe des Eigenkapitals ändert sich durch eine Kapitalerhöhung aus Gesellschaftsmittel nicht, wohl aber die Zusammensetzung des Eigenkapitals, d. h. die Aufteilung des Eigenkapitals auf stimm- und dividendenberechtigtes Haftungskapital einerseits und Rücklagen andererseits. Buchmäßig gesehen erfolgt ein **Passivtausch,** die Rücklagen vermindern sich, das Nominalkapital wird entsprechend größer. Die Vermögensseite der Bilanz wird von diesem Vorgang nicht berührt.

Bei der Aktiengesellschaft erhalten die Aktionäre im Rahmen einer nominellen Kapitalerhöhung Zusatzaktien **(Gratisaktien),** bei der GmbH Zusatzanteile im Verhältnis ihrer bisherigen Beteiligung. Die Gewinnrücklagen

---

[37] Vgl. § 221 Abs. 4 AktG
[38] Vgl. § 199 Abs. 2 AktG
[39] Vgl. § 195 AktG
[40] Vgl. § 200 AktG
[41] Vgl. § 201 Abs. 1 AktG
[42] Vgl. § 160 Abs. 1 Nr. 3 AktG

stellen Gewinn dar, der in früheren Jahren nicht ausgeschüttet wurde, also den Aktionären zusteht. Folglich ist die Gewährung von Zusatzaktien für die Gesellschafter kein vermögensmäßiger Vorteil.

Das Vermögen des einzelnen Gesellschafters bleibt durch eine Kapitalerhöhung aus Gesellschaftsmitteln unberührt, da durch die Reduzierung der Rücklagen und gleichzeitige Aufstockung des Aktienkapitals sich das Verhältnis von Nominalkapital zu Rücklagen, durch das der Bilanzkurs bestimmt wird, zugunsten des Nominalkapitals verschiebt, wodurch der Bilanzkurs sinkt. Das effektive Vermögen jedes Aktionärs ergibt sich aus dem Nominalwert seines Anteils mal Kurs. Durch eine Kapitalerhöhung aus Gesellschaftsmitteln erhöht sich die Anzahl der Aktien, der Kurs sinkt, aber das **Produkt aus Nominalwert mal Kurs bleibt** grundsätzlich, wenn man von Einflüssen der Börse absieht, **unverändert.**

Beispiel:

Bilanz vor der Kapitalerhöhung			Bilanz nach der Kapitalerhöhung		
Vermögen	900	Grundkapital 200	Vermögen	900	Grundkapital 400
		Rücklagen 600			Rücklagen 400
		Verbindlich-			Verbindlich-
		keiten 100			keiten 100
	900	900		900	900

Das Grundkapital wird zu Lasten der Rücklagen um 100 % erhöht. Bezugsrechtverhältnis ist 1:1.

$$\text{Bilanzkurs: } \frac{\text{Bilanziertes Eigenkapital}}{\text{Grundkapital}} \times 100$$

$$\text{Bilanzkurs vor der Kapitalerhöhung } \frac{800}{200} \times 100 = 400\%$$

$$\text{Bilanzkurs nach der Kapitalerhöhung } \frac{800}{400} \times 100 = 200\%.$$

Eine Aktie zum Nennwert von 100 DM repräsentiert bei einem Kurs von 400 % vor der Kapitalerhöhung ein Vermögen von 400 DM. Eine Aktie und eine darauf ausgegebene Gratisaktie haben nach der Kapitalerhöhung bei einem Kurs von 200 % ebenfalls einen Wert von 400 DM.

Die nominelle Kapitalerhöhung dient nicht der Beschaffung neuer finanzieller Mittel, sondern hat andere Gründe. So können z. B. die Rücklagen im Verhältnis zum bisherigen Grundkapital sehr groß geworden sein. Folglich ist der Aktienkurs relativ hoch, und die Gesellschaft muß, wenn sie eine bestimmte **Realdividende** gewähren will, eine sehr hohe Nominaldividende ausschütten. Das kann aus „optischen Gründen" unerwünscht sein.

Steigt z. B. der Kurs einer zu pari erworbenen Aktie durch hohe Rücklagenbildung auf 400% an, so bedeutet die Ausschüttung von 20% Dividende eine Realverzinsung von nur 5%. Würde man das Aktienkapital durch Überführung von Rücklagen in Nominalkapital verdoppeln, so würde der Bilanzkurs auf die Hälfte absinken. Erlaubt die Ertragslage die Zahlung einer Dividende von 40%, will man aber aus Gründen der Optik den Satz von 20% nicht überschreiten, so kann eine Verdoppelung der Dividendenzahlung durch Ausgabe von Gratisaktien im Verhältnis 1:1 bei einem unveränderten Dividendensatz von 20% erreicht werden.

Hohe Aktienkurse haben außerdem den Nachteil, daß sie eine breite Streuung der Aktie im Publikum verhindern, da kleine Sparer den im Verhältnis zum Nennwert hohen Anschaffungspreis scheuen. Ist eine solche Streuung erwünscht, so kann sie durch eine nominelle Kapitalerhöhung ermöglicht werden.

Die nominelle Kapitalerhöhung ist jahrelang durch **steuerliche Vorschriften** erschwert worden, da die Ausgabe von Zusatzaktien bei der Gesellschaft der Gesellschaftsteuer und bei den Aktionären der Einkommensteuer unterworfen wurde. Der Steuergesetzgeber ging dabei von der Fiktion aus, daß Rücklagen, die in Nominalkapital umgewandelt werden, zunächst an die Aktionäre als Gewinnanteile ausgeschüttet und von diesen gegen Erwerb von Gesellschaftsrechten sofort wieder eingezahlt wurden (Theorie der Doppelmaßnahme).[43] Die Fiktion der Doppelmaßnahme wurde zum 1. 1. 1960 beseitigt.[44] Die nominelle Kapitalerhöhung löst seitdem keine Steuerpflichten mehr aus.

Die Diskussion um die steuerliche Behandlung der Kapitalerhöhung aus Gesellschaftsmitteln ist im Zusammenhang mit der Körperschaftsteuerreform wieder aufgelebt. Mit dem körperschaftsteuerlichen Anrechnungssystem wird das Ziel verfolgt, die von der Gesellschaft gezahlte Körperschaftsteuer bei der Ausschüttung von Gewinnen auf die Einkomensteuerschuld der Anteilseigner anzurechnen bzw. zu erstatten. Offene Rücklagen sind bei ihrer Bildung mit 81,81% (bis einschließlich 1993 sogar mit 100%) Körperschaftsteuer belastet worden, d.h. von 100 DM Gewinn sind 45 DM an das Finanzamt abgeführt und – sieht man von anderen Steuern ab – 55 DM in die Rücklagen eingestellt worden.[45]

Die Steuerreformkommission hat vorgeschlagen, die „Theorie der Doppelmaßnahme" wieder anzuwenden und bei der Umwandlung von offenen Rücklagen in Nennkapital zusammen mit der Ausgabe von Zusatzaktien die früher auf diese Rücklagen gezahlte Körperschaftsteuer bei den Anteilseignern anzurechnen.[46] Das KStG 1977 ist dem Vorschlag der Steuerreformkommission nicht gefolgt. § 29 Abs. 3 KStG löst das Problem der Körperschaftsteueranrechnung bei der nominellen Kapitalerhöhung durch die Bestimmung, daß das Nennkapital, das nicht durch Einlagen, sondern durch

---

[43] Zur Kritik vgl. Wöhe, G., Betriebswirtschaftliche Steuerlehre, Band II, 2. Halbband, 2. Aufl., Berlin und Frankfurt a. M. 1965, S. 247 ff. und die dort angegebene Spezialliteratur.

[44] Vgl. Gesetz über die Kapitalerhöhung aus Gesellschaftsmitteln und über die Gewinn- und Verlustrechnung vom 23. 12. 1959, BGBl. I, S. 789 und Gesetz über steuerrechtliche Maßnahmen bei der Erhöhung des Nennkapitals aus Gesellschaftsmitteln und bei der Überlassung von eigenen Aktien an Arbeitnehmer vom 30. 12. 1959, BGBl. I, S. 834

[45] Ab 1994: $\frac{45 \times 100}{100 - 45} = \frac{45}{55} \times 100 = 81,81\%$; bis 1993: $\frac{50 \times 100}{100 - 50} = 100\%$

[46] Vgl. Gutachten der Steuerreformkommission, Bonn 1971, S. 365 ff.

Umwandlung von Rücklagen, die nach dem 31. 12. 1976 aus dem Gewinn gebildet worden sind, erhöht worden ist, zum **für Ausschüttungen verwendbaren Eigenkapital** zählt. Dadurch wird sichergestellt, daß im Falle der Rückzahlung dieses Nennkapitals der Anrechnungsmechanismus ausgelöst wird. Die Anrechnung wird dadurch allerdings auf einen Zeitpunkt verschoben, der in der Regel außerhalb des Planungshorizonts der Finanz- und Steuerplanung der Gesellschaft liegt.

Das Aktiengesetz 1965 hat das seit dem 1. 1. 1960 geltende Recht in die §§ 207ff. mit nur geringen Modifizierungen aufgenommen. Nach § 208 Abs. 1 AktG dürfen nur Rücklagen in Grundkapital umgewandelt werden, die in der letzten Jahresbilanz – wenn dem Beschluß eine andere Bilanz zugrunde gelegt wird, auch in dieser Bilanz – als Kapital- oder Gewinnrücklagen ausgewiesen werden. Diese Bestimmung soll verhindern, daß stille Rücklagen, die noch nicht versteuert sind, zur Aufstockung des Grundkapitals verwendet werden. Will der Betrieb stille Rücklagen in Nominalkapital umwandeln, so muß er sie zuvor über die Erfolgsrechnung auflösen, versteuern und als Gewinnrücklagen ausweisen. Grundsätzlich dürfen umgewandelt werden:

(1) andere Gewinnrücklagen in voller Höhe (wenn sie jedoch einem bestimmten Zweck dienen nur, soweit es mit diesem vereinbar ist);

(2) die Kapitalrücklage und die gesetzliche Rücklage, soweit sie den zehnten oder den satzungsgemäß höheren Teil des bisherigen Grundkapitals übersteigen.

Rücklagen, denen in der Bilanz ein Verlust, ein Verlustvortrag oder ein anderer Eigenkapital-Gegenposten gegenübersteht, dürfen nicht in Grundkapital überführt werden.

Die Kapitalerhöhung aus Gesellschaftsmitteln wird mit der Eintragung des Beschlusses über die Erhöhung des Grundkapitals wirksam. Die neuen Aktien gelten als voll eingezahlt.[47] Sie stehen den Aktionären im Verhältnis ihrer Anteile am bisherigen Grundkapital zu.[48] Die Bedeutung der Kapitalerhöhung aus Gesellschaftsmitteln ist erheblich. Die Erhöhung des Grundkapitals bei Aktiengesellschaften betrug z. B. im Jahre 1992, 6,371 Mrd. DM und 1993 4,854 Mrd. DM. Davon entfielen 1992 0,393 Mrd. DM und 1993 0,755 Mrd. DM auf Kapitalerhöhungen aus Gesellschaftsmitteln.[49]

4. Die Kapitalherabsetzung

a) Überblick

Ähnlich wie der Begriff der Kapitalerhöhung kann auch der Begriff der Kapitalherabsetzung unterschiedlich weit gefaßt werden. Im allgemeinen

---

[47] Vgl. § 211 AktG

[48] Vgl. § 212 AktG

[49] Vgl. Statistisches Jahrbuch 1994 für die Bundesrepublik Deutschland, Wiesbaden 1994, S. 138 sowie Statistisches Jahrbuch 1995 für die Bundesrepublik Deutschland, Wiesbaden 1995, S. 132

versteht man unter Kapitalherabsetzung nicht einfach jede Verminderung der Kapitalbasis, sondern nur eine Verminderung der Eigenkapitalbasis, im engsten Sinne sogar nur eine Herabsetzung des Grundkapitals der Aktiengesellschaft oder des Stammkapitals der GmbH.

Während die Kapitalherabsetzung bei Einzelunternehmungen und **Personengesellschaften** relativ einfach vorgenommen werden kann, ist sie bei Kapitalgesellschaften an umfangreiche gesetzliche Vorschriften gebunden. Bei den Einzelunternehmern und den persönlich haftenden Gesellschaftern der Personengesellschaften gibt es keine nominelle Bindung der Kapitalanteile. Jeder Gewinn, der nicht entnommen wird, stellt eine Kapitalerhöhung, jeder Verlust und jede Privatentnahme eine Herabsetzung des Kapitals dar.

Während aber beim Einzelunternehmer die Privatentnahmen nicht durch den erzielten Gewinn begrenzt werden, dürfen die Gesellschafter der Offenen Handelsgesellschaft – soweit der Gesellschaftsvertrag nicht etwas anderes vorsieht – nur einen Betrag in Höhe von 4% ihres Kapitalanteils und – vorausgesetzt, daß es nicht zum offenbaren Schaden der Gesellschaft gereicht – darüber hinaus den diesen Betrag übersteigenden Anteil am Gewinn entnehmen.[50] Die gleiche Regelung gilt für die Komplementäre der Kommanditgesellschaft. Ist kein Gewinn erzielt worden, so können also die Kapitalanteile durch Privatentnahmen in Höhe von 4% oder eines im Gesellschaftsvertrag vereinbarten anderen Zinssatzes herabgesetzt werden. Jede weitergehende Kapitalherabsetzung bedarf eines Gesellschafterbeschlusses.

Da die Haftungssumme der Kommanditisten im Handelsregister eingetragen ist, ist eine Herabsetzung der Kommanditeinlagen durch laufende Privatentnahmen ausgeschlossen. Gewinnanteile darf der Kommanditist erst entnehmen, wenn er seine Einlage voll eingezahlt hat. Eine Herabsetzung der Einlage muß von allen Gesellschaftern beschlossen und in das Handelsregister eingetragen werden. Der Kommanditist haftet nach § 174 HGB jedoch weiterhin gegenüber den Gläubigern, „deren Forderungen zur Zeit der Eintragung begründet waren".

Bei den **Kapitalgesellschaften,** bei denen es eine persönliche Haftung der Gesellschafter nicht gibt, ist das Hauptanliegen der gesetzlichen Vorschriften über die Kapitalherabsetzung der Gläubigerschutz. Sie sollen verhindern, daß eine von den Gläubigern nicht kontrollierbare Rückzahlung des Haftungskapitals möglich ist. Die Vorschriften über die Kapitalherabsetzung finden sich für die GmbH in §§ 58 und 58a GmbHG.

Das Aktiengesetz unterscheidet drei Formen der Kapitalherabsetzung:
(1) die ordentliche Kapitalherabsetzung (§§ 222 ff. AktG),
(2) die vereinfachte Kapitalherabsetzung (§§ 229 ff. AktG) und
(3) die Kapitalherabsetzung durch Einziehung von Aktien (§§ 237 ff. AktG).

Die beiden letztgenannten Formen kommen vor allem im Zusammenhang mit Sanierungsvorgängen vor. Wir wollen uns im folgenden zunächst den Formen der Kapitalherabsetzung zuwenden, die der Sanierung von Gesellschaften dienen sollen, die in wirtschaftliche Schwierigkeiten geraten sind.

---

[50] Vgl. § 122 HGB

b) Die Sanierung

Wenn ein Betrieb in finanzielle Schwierigkeiten geraten ist, dann soll eine Sanierung dazu dienen, die Leistungsfähigkeit wieder herzustellen. Das setzt allerdings voraus, daß nicht nur entstandene Verluste durch Herabsetzung des Grundkapitals buchtechnisch beseitigt oder daß dem Betrieb neue finanzielle Mittel zur Verbesserung seiner Liquidität zugeführt werden, sondern daß sich die Betriebsführung zunächst über die Ursachen der schlechten Geschäftslage Klarheit verschafft und prüft, ob durch eine durchgreifende Reorganisation eine Gesundung des Betriebes möglich ist.

Die Ursachen für die Schwierigkeiten können teils innerbetrieblicher Natur sein, d. h. z. B. durch mangelnde Rationalisierung, veraltete Betriebsorganisation oder durch falsche Finanzierungs- und Abschreibungspolitik bedingt sein, teils können sie auf außerbetriebliche Faktoren wie Verschlechterung der Konjunkturlage, Nachfrage- und Modeänderungen, wirtschaftspolitische Maßnahmen, z. B. Aufhebung von Schutzzöllen und Subventionen, usw. zurückzuführen sein.

aa) Die reine Sanierung

Bei der Aktiengesellschaft zeigen sich Verluste durch einen Verlustvortrag auf der Passivseite, der eine Korrektur des nominell ausgewiesenen Grundkapitals bedeutet.[51] Der Verlust läßt sich durch Herabsetzung des Grundkapitals im Wege der vereinfachten Kapitalherabsetzung,[52] die von der Hauptversammlung mit Dreiviertelmehrheit beschlossen werden muß, buchtechnisch beseitigen, d. h. er wird gleichmäßig auf alle Aktionäre verteilt, indem entweder der Nennwert der Aktien um den Verlustanteil (durch **Abstempelung**) herabgesetzt wird oder die Aktien in einem bestimmten Verhältnis (z. B. 3 : 2) **zusammengelegt** werden.

Eine **Zusammenlegung von Aktien** ist jedoch nur dann zulässig, wenn durch Herabsetzung des Nennbetrages der Mindestnennbetrag (5 DM) unterschritten würde.[53] Diese Bestimmung soll verhindern, daß durch die Wahl von sehr ungeraden Zusammenlegungsrelationen (z. B. 11 : 9) die Kleinaktionäre benachteiligt werden. Wer nur eine oder zwei Aktien besitzt, wäre dann gezwungen, seine Aktien entweder zu verkaufen oder weitere Aktien hinzuzukaufen.

Voraussetzung für eine vereinfachte Kapitalherabsetzung ist, daß die **gesetzliche Rücklage** und die **Kapitalrücklage** so weit aufgelöst werden, daß

---

[51] Nur wenn das Eigenkapital durch Verluste aufgebraucht ist, ist der überschießende Betrag nach § 268 Abs. 3 HGB auf der Aktivseite unter der Bezeichnung „Nicht durch Eigenkapital gedeckter Fehlbetrag" auszuweisen.

[52] „Vereinfacht" heißt diese Form der Kapitalherabsetzung deshalb, weil gegenüber der ordentlichen Kapitalherabsetzung keine besonderen Vorschriften zum Gläubigerschutz erforderlich sind, denn die Herabsetzung des Grundkapitals darf nur dazu dienen, „Wertminderungen auszugleichen, sonstige Verluste zu decken oder Beträge in die Kapitalrücklage einzustellen" (§ 229 Abs. 1 AktG). Folglich vermindern sich das vorhandene Eigenkapital und somit das Vermögen der Gesellschaft nicht, da keine Rückzahlung, sondern nur eine Umbuchung erfolgt.

[53] Vgl. § 222 Abs. 4 Nr. 2 AktG

sie nicht mehr als 10% des herabgesetzten Grundkapitals betragen. Ferner müssen zuvor alle Gewinnrücklagen aufgelöst worden sein. Da das Aktiengesetz vorschreibt, daß nach einer vereinfachten Kapitalherabsetzung Gewinne erst wieder ausgeschüttet werden dürfen, wenn die gesetzliche Rücklage und die Kapitalrücklage 10% des herabgesetzten Grundkapitals erreicht haben[54] – auch dann ist die Ausschüttung in den beiden ersten Jahren nach der Sanierung auf 4% beschränkt –, setzt man das Kapital gewöhnlich um einen höheren Betrag herunter, als der Verlust ausmacht. Dadurch entsteht ein Buchgewinn, der auf die Kapitalrücklage überführt werden muß. § 231 AktG bestimmt jedoch, daß die aus der Auflösung anderer Gewinnrücklagen bzw. aus der Kapitalherabsetzung gewonnenen Beträge, die in die gesetzliche Rücklage bzw. in die Kapitalrücklage eingestellt werden, 10% des herabgesetzten Grundkapitals nicht überschreiten dürfen. Diese Vorschrift soll zum Schutz der Aktionäre verhindern, daß der Kapitalschnitt zu groß wird. **Beispiel:** Grundkapital 600.000 DM, Verlust 100.000 DM, Kapitalherabsetzung 145.000 DM. Das Grundkapital verkürzt sich um den Betrag der Kapitalherabsetzung, beträgt also nur noch 455.000 DM, die Kapitalrücklage steigt um 45.000 DM, der Verlust ist aus der Bilanz verschwunden.

Durch diese Art der Sanierung (reine Sanierung) werden dem Betrieb keinerlei neue Geldmittel zugeführt, die er in einer schlechten wirtschaftlichen Situation dringend zur Reorganisation braucht.

Bilanz vor der Kapitalherabsetzung A (in 1.000 DM)				Bilanz nach der Kapitalherabsetzung A (in 1.000 DM)			
Vermögen	500	Gezeichnetes Kapital ./. Verlust- vortrag	600 100	Vermögen	500	Gezeichnetes Kapital Kapital- rücklage	455 45
	500		500		500		500

Da die Kapitalherabsetzung buchtechnisch zu einem **Sanierungsgewinn** führen kann, der größer als der Verlustvortrag ist (im obigen Beispiel 145.000 DM bei einem Verlustvortrag von 100.000 DM), bestimmt § 230 AktG im Interesse des Gläubigerschutzes, daß die aus einer Kapitalherabsetzung gewonnenen Beträge nicht zur Zahlung an die Aktionäre oder dazu verwandt werden dürfen, die Aktionäre von der Verpflichtung zur Leistung von Einlagen zu befreien.

Stellt sich jedoch bei der Aufstellung der Jahresbilanz für das Geschäftsjahr, in dem der Beschluß über die Kapitalherabsetzung gefaßt wurde, oder für eines der beiden folgenden Geschäftsjahre heraus, daß die Wertminderungen oder sonstigen Verluste gar nicht die Höhe erreichen, von der man bei der Beschlußfassung ausgegangen ist, so sind die sich dadurch ergebenden Buchgewinne nach § 232 AktG in die Kapitalrücklage einzustellen. Das kann z. B. der Fall sein, wenn die Buchverluste durch zu hohe Abschreibun-

---

[54] Vgl. § 233 AktG

gen, insbesondere außerplanmäßige Abschreibungen oder zu hohe Rückstellungen, die u. U. nicht zu den erwarteten Ausgaben führen und folglich gewinnerhöhend aufzulösen sind, entstanden sind.

Die Pflicht zur Einstellung derartiger Beträge in die Kapitalrücklage verhindert, daß sie als Gewinne ausgeschüttet werden können.

bb) Die Sanierung durch Zuführung neuer Mittel

Aus den eben genannten Gründen strebt der Betrieb gewöhnlich eine andere Methode an, die Sanierung mit Zuführung von Mitteln. Eine Zuzahlung wird entweder erreicht durch eine Kapitalerhöhung, die sich an die vereinfachte Kapitalherabsetzung anschließen kann, oder durch Zuzahlung der Aktionäre, d. h. dadurch, daß die Aktionäre ihren „Verlustanteil" bezahlen. Im ersten Falle hat die Kapitalherabsetzung den Zweck, die Unterbilanz zu beseitigen und den Kurs der Aktien wieder auf oder über pari zu heben, damit die formelle Voraussetzung für eine Kapitalerhöhung durch Ausgabe junger Aktien geschaffen wird (eine Ausgabe von Aktien unter pari ist unzulässig).

Im zweiten Falle ist die Gesellschaft auf den guten Willen der Aktionäre angewiesen. Da gewöhnlich nicht alle Aktionäre bereit und in der Lage sein werden, ihren Verlustanteil zu bezahlen, wird häufig eine **Alternativsanierung** beschlossen, d. h. die Aktionäre werden vor die Wahl gestellt, entweder den Verlustanteil durch Zuzahlung zu begleichen oder den Nennwert ihrer Aktien herunterstempeln zu lassen. Da die Gesellschaft an der Zuzahlung stärker interessiert ist, bietet sie in diesem Falle den Aktionären Vorzugsrechte an.

cc) Die Sanierung durch Einziehung von Aktien

Eine weitere Form der Sanierung ist die Sanierung durch Einziehung von Aktien.[55] Diese Einziehung erfolgt gegen Entgelt, d. h. die Gesellschaft kauft eigene Aktien unter pari zurück. Das setzt voraus, daß sie trotz der Sanierungsbedürftigkeit noch über entsprechende liquide Mittel verfügt. Wegen dieses Einsatzes liquider Mittel hat man diese Form der Sanierung auch als „Sanierung mit Ausschüttung von Mitteln" (im Gegensatz zur oben erwähnten Sanierung mit Zuführung von Mitteln) bezeichnet.

Angenommen, ein Verlustvortrag ist dadurch entstanden, daß der Betrieb nur noch einen Teil seiner Kapazität ausnutzt, für die stilliegenden Anlagen aber weiterhin Abschreibungen in der Erfolgsrechnung verrechnet. Der Markt deckt nur noch die Abschreibungen für die noch beschäftigten Anlagen. Folglich entstehen Verluste in Höhe der nicht mehr verdienten Abschreibungen. Verkauft der Betrieb nun die überzähligen Anlagegüter, und verwendet er die erlösten Geldmittel zum Rückkauf eigener Aktien, die auf Grund des Verlustvortrages unter pari notiert werden, so entsteht bei einer Herabsetzung des Grundkapitals um den Nennwert der zurückgekauften Aktien ein Buchgewinn.

---

[55] Vgl. §§ 237 ff. AktG

Ein Beispiel mag das erläutern: Der Betrieb (Ausgangsbilanz I) verkauft Anlagen im Werte von 100.000 DM und kauft mit den vereinnahmten Geldmitteln zum Kurs von 50% eigene Aktien zum Nennwert von 200.000 DM zurück. Diese werden nach § 253 HGB nicht zum Nennwert, sondern nach dem Niederstwertprinzip bewertet, in diesem Fall also mit 100.000 DM (Bilanz II). Der Betrieb setzt nun das Grundkapital um den Nennwert der eigenen Aktien, also um 200.000 DM, herab, dafür verschwindet auf der Aktivseite die Position eigene Aktien, und es entsteht ein Buchgewinn in Höhe der Differenz zwischen dem Nennwert (200.000 DM) und dem Kurswert (100.000 DM) der eigenen Aktien, also in Höhe von 100.000 DM, der zur teilweisen Tilgung des Verlustvortrages verwendet werden kann (Bilanz III).

Beispiel: (in 1.000 DM)

A	Bilanz I		P		A	Bilanz II		P
AV	200	GK	500		AV	100	GK	500
UV	100	./. Ver-			UV	100	./. Ver-	
		lust 200	300		eig. Aktien	100	lust 200	300
	300		300			300		300

A	Bilanz III		P
AV	100	GK	300
UV	100	./. Ver-	
		lust 100	200
	200		200

Das Aktiengesetz schränkt zwar in § 71 Abs. 2 AktG den Erwerb eigener Aktien in einigen Fällen auf 10% des Nennkapitals ein. Die 10%-Klausel gilt jedoch nicht, wenn Aktien nach § 237 AktG eingezogen werden. In diesem Falle müssen aber die Vorschriften über die ordentliche Kapitalherabsetzung beachtet werden. Es muß ein Beschluß der Hauptversammlung über diese Maßnahme mit einfacher Mehrheit herbeigeführt werden, außerdem sind die Vorschriften über den Gläubigerschutz,[56] die bei der vereinfachten Kapitalherabsetzung nicht gelten, anzuwenden.

c) Die ordentliche Kapitalherabsetzung

Neben der vereinfachten Kapitalherabsetzung, die nur zur Verlustdeckung oder zur Zuführung eines Betrages in die Kapitalrücklage erlaubt ist, sieht das Aktiengesetz ferner die sog. ordentliche Kapitalherabsetzung[57] vor, die mit einer Auszahlung von Mitteln verbunden sein kann. Sie erfordert einen

---

[56] Vgl. § 225 AktG
[57] Vgl. §§ 222ff. AktG

Beschluß der Hauptversammlung mit Dreiviertelmehrheit, in dem anzugeben ist, zu welchem Zweck die Kapitalherabsetzung erfolgt und ob Teile des Grundkapitals zurückgezahlt werden sollen.[58] Die Herabsetzung wird durch Verminderung des Nennwertes der Aktien vorgenommen. Nur wenn dadurch der Mindestnennbetrag für eine Aktie unterschritten würde, ist eine Zusammenlegung von Aktien zulässig.

Der Beschluß über die Kapitalherabsetzung ist zur Eintragung in das Handelsregister anzumelden. Mit der Eintragung des Beschlusses ist das Grundkapital herabgesetzt. Gläubigern, deren Forderungen begründet worden sind, bevor die Eintragung des Beschlusses über die Kapitalherabsetzung bekanntgemacht worden ist, ist Sicherheit zu leisten, wenn sie das binnen 6 Monaten nach der Bekanntmachung verlangen. Eine Rückzahlung von Kapital an die Aktionäre darf frühestens 6 Monate nach der Bekanntmachung der Eintragung erfolgen.[59]

d) Kapitalherabsetzung durch Einziehung von Aktien

Eine weitere Form der Kapitalherabsetzung ist die Herabsetzung durch Einziehen von Aktien.[60] Dabei sind zwei Fälle zu unterscheiden:

(1) Der Erwerb von eigenen Aktien durch eine Gesellschaft;

(2) die zwangsweise Einziehung von Aktien.

Ein Sonderfall, der Rückkauf durch die Gesellschaft unter pari zum Zwecke der Einziehung bei der Sanierung, wurde bereits erwähnt. In diesem Falle und im Falle eines zwangsweisen Einziehens der Aktien bei Rückzahlung des Kapitals, das nur zulässig ist, wenn es in der ursprünglichen Satzung oder durch eine Satzungsänderung vor Übernahme oder Zeichnung der Aktien angeordnet oder gestattet war, erfolgt sie nach den Vorschriften über die ordentliche Kapitalherabsetzung, d. h. die Bestimmungen zum Schutze der Gläubiger, insbesondere die sechsmonatige Sperrfrist für die Rückzahlung, sind einzuhalten.

Werden dagegen Aktien, auf die der Nennbetrag oder der höhere Ausgabebetrag voll geleistet ist, zu Lasten des Bilanzgewinns oder einer anderen Gewinnrücklage eingezogen, oder werden sie der Gesellschaft unentgeltlich zur Verfügung gestellt, so besteht keine Gefahr, daß die Gläubiger benachteiligt werden, da kein Haftungskapital zurückgezahlt, sondern Gewinnteile verwendet bzw. im Falle der unentgeltlichen zur Verfügungstellung überhaupt keine Mittel benötigt werden. Deshalb brauchen die Vorschriften über die ordentliche Kapitalherabsetzung nicht befolgt zu werden.[61] Um den Gesamtnennbetrag der eingezogenen Aktien ist die Kapitalrücklage zu erhöhen.[62]

---

[58] Vgl. § 222 Abs. 3 AktG
[59] Vgl. § 225 Abs. 2 AktG
[60] Vgl. §§ 237 ff. AktG
[61] Vgl. § 237 Abs. 3 AktG
[62] Vgl. § 237 Abs. 5 AktG

Beispiel: (in 1.000 DM)
Angenommen, es werden Aktien im Nennwert von 100.000 DM eingezogen.

A	Bilanz vor der Einziehung		P
Vermögen 1.280	Gez. Kapital	800	
	ges. Rücklage	80	
	andere Gewinnrückl.	60	
	Gewinn	40	
	Schulden	300	
1.280		1.280	

A	Bilanz nach der Einziehung		P
Vermögen 1.180	Gez. Kapital	700	
	Kapitalrücklage	100	
	ges. Rücklage	80	
	Schulden	300	
1.180		1.180	

Durch die Einstellung in die Kapitalrücklage wird verhindert, daß der Bilanzgewinn und die anderen Gewinnrücklagen zusätzlich ausgeschüttet werden können.

e) Der Ausweis der Kapitalherabsetzung

Der Ausweis der Kapitalherabsetzung ist in § 240 AktG geregelt. In die Gewinn- und Verlustrechnung ist der aus der Kapitalherabsetzung gewonnene Betrag als „Ertrag aus Kapitalherabsetzung" auszuweisen. Eine Erhöhung der Kapitalrücklage im Zusammenhang mit einer vereinfachten Kapitalherabsetzung ist gesondert anzugeben. Außerdem muß der Anhang Angaben darüber enthalten, „ob und in welcher Höhe die aus der Kapitalherabsetzung und aus der Auflösung von Gewinnrücklagen gewonnenen Beträge

1. zum Ausgleich von Wertminderungen,
2. zur Deckung von sonstigen Verlusten oder
3. zur Einstellung in die Kapitalrücklage verwandt werden."[63]

5. Die Fusion (Verschmelzung)

a) Begriff, Formen und Motive

Als **Fusion** bezeichnet man einen Konzentrationsvorgang, der zu einem Unternehmenszusammenschluß führt, bei dem die sich zusammenschließenden Unternehmen nicht nur zu einer **wirtschaftlichen** Einheit, sondern auch zu einer **rechtlichen** Einheit zusammengefaßt werden, und zwar dadurch, daß das Betriebsvermögen zweier oder mehrerer bisher selbständiger Unternehmen zu einem einzigen Betriebsvermögen „verschmolzen" wird. Während bei der Bildung von Unterordnungskonzernen die einzelnen Konzerngesellschaften rechtlich selbständig bleiben, jedoch unter der einheitlichen Leitung der Konzernspitze ihre wirtschaftliche Selbständigkeit in mehr oder weniger großem Umfange aufgeben müssen, gibt es nach einer Fusion rechtlich nur noch ein Unternehmen. Die „eingeschmolzenen" Unternehmen werden zu **rechtlich unselbständigen Betriebsstätten** dieses einheitlichen Unternehmens.

Die gesetzliche Regelung der verschiedenen Fusionsvorgänge war bis zum 31. 12. 1994 in mehreren Gesetzen enthalten. Das Umwandlungsgesetz (1969), das Aktiengesetz, das Kapitalerhöhungsgesetz, das Genossenschaftsgesetz und das Versicherungsaufsichtsgesetz verwendeten für derartige Fusionsvorgänge den Begriff **„Verschmelzung"** und bezeichneten damit die in diesen Gesetzen geregelten Fusionsfälle, bei denen es sich stets um die Fusion von Kapitalgesellschaften bzw. von sonstigen in den genannten Gesetzen geregelten Körperschaften im Wege der Gesamtrechtsnachfolge handelte. **Gesamtrechtsnachfolge** bedeutet, daß das Vermögen einer Körperschaft als Ganzes übertragen wird, d. h. daß zur Übertragung von Grundstücken keine Auflassung und Eintragung, sondern nur eine Korrektur des Grundbuchs erforderlich ist, und daß bewegliche Sachen ohne Einigung und Übergabe, Forderungen ohne Zession, Orderpapiere ohne Indossament übergehen.

Mit Wirkung vom 1. 1. 1995 ist im Rahmen der Neuordnung des Umwandlungsrechts auch die Verschmelzung neu geregelt worden. Mit dem Gesetz zur Bereinigung des Umwandlungsrechts vom 28. 10. 1994[64] verfolgt der Gesetzgeber für Umwandlungen, die nach dem 1. 1. 1995 vollzogen werden, eine grundlegende Reform in Form einer „Rechtsbereinigung", „indem die bisherigen Regelungen des Umwandlungsrechts aus vielen Gesetzen herausgelöst und in einer Kodifikation zusammengefaßt werden. Darüber hinaus sollen zahlreiche neue Möglichkeiten der Umwandlung eröffnet werden, um den Unternehmen die Anpassung ihrer rechtlichen Strukturen an die veränderten Umstände des Wirtschaftslebens zu erleichtern."[65] Wie schon das Umwandlungsgesetz 1969 wird auch das neue Gesetz durch ein **Umwandlungssteuergesetz**[66] ergänzt, das einerseits das bisherige Umwandlungssteuerrecht an die neuen handelsrechtlichen Regelungen anpassen und andererseits steuerliche Hemmnisse abbauen soll, indem es Kapitalgesellschaften in Zukunft die steuerneutrale Umwandlung in Personengesellschaften ermöglicht.

Für die technische Durchführung der Fusion bietet das Umwandlungsgesetz zwei Wege an: Rechtsträger können nach § 2 UmwG unter Auflösung ohne Abwicklung verschmolzen werden:

(1) **im Wege der Aufnahme (§§ 4–35 UmwG):** Das Vermögen des übertragenden Unternehmens wird als Ganzes auf das übernehmende Unternehmen gegen Gewährung von Anteilen oder Mitgliedschaften dieses Unternehmens an die Anteilseigner (Gesellschafter, Aktionäre, Genossen oder Mitglieder) des übertragenden Unternehmens übertragen;

(2) **im Wege der Neugründung (§§ 36–38 UmwG):** Das Vermögen zweier oder mehrerer Unternehmen (übertragende Rechtsträger) wird jeweils als Ganzes auf ein neues, von ihnen dadurch gegründetes Unternehmen

---

[64] BGBl. I, S. 3210
[65] Begründung des Gesetzentwurfs der Bundesregierung, BR-Drs. 132/94, S. 38
[66] Umwandlungssteuergesetz vom 28. 10. 1994, BGBl. I, S. 3267

gegen Gewährung von Anteilen oder Mitgliedschaften des neuen Unternehmens an die Anteilseigner übertragen.

Ebenso wie bei der Bildung von Konzernen unterscheidet man zwischen einer **horizontalen** und einer **vertikalen** Fusion, je nachdem, ob Betriebe der gleichen Produktions- und Handelsstufe oder Betriebe vor- und nachgelagerter Produktions- und Handelsstufen sich vereinigen.

Die **Motive** der Verschmelzung sind ähnlich denen der Konzernbildung: Erringen einer Machtstellung entweder zur Sicherung des Absatzmarktes oder zur Sicherung der Rohstoffbeschaffung, Erweiterung der Kapital- und Kreditbasis, gemeinsame Verwertung von Patenten, Vereinheitlichung des Produktionsprogramms, leichtere Durchführung von Rationalisierungsmaßnahmen unter einheitlicher Leitung usw.

b) Die Berechnung der Umtauschverhältnisse und der Kapitalerhöhung

Die entscheidenden betriebswirtschaftlichen Probleme bei der Fusion entstehen dadurch, daß die aufnehmende Gesellschaft die übertragende Gesellschaft „entschädigen" muß, indem sie den Anteilseignern der übertragenden Gesellschaft eigene Anteile überläßt. Dazu ist bei Aktiengesellschaften gewöhnlich nach § 192 Abs. 2 Nr. 2 AktG eine bedingte Kapitalerhöhung erforderlich. Nimmt z. B. die Aktiengesellschaft A die Aktiengesellschaft B auf, so müssen die Vermögensansprüche der bisherigen B-Aktionäre, die nun A-Aktien erhalten, errechnet werden. Eine Zugrundelegung der Börsenkurse ist dann nicht zweckmäßig, wenn sie auf Grund von Marktschwankungen oder bewußten Manipulationen nicht dem wirtschaftlichen Wert der beiden Gesellschaften entsprechen. Dann ist es erforderlich, entweder nach Auflösung der stillen Rücklagen den Bilanzkurs oder den Ertragswertkurs bei der **Berechnung des Umtauschverhältnisses** heranzuziehen. Wie problematisch jedoch die Ermittlung des Ertragswertes ist, wurde oben[67] bereits ausgeführt.

Da die Hauptversammlungen der sich verschmelzenden Gesellschaften der Fusion zustimmen müssen, ist eine Korrektur der errechneten Kurse unter Umständen dann erforderlich, wenn sich ein recht ungerades Umtauschverhältnis ergibt, für das eine Dreiviertelmehrheit in der Hauptversammlung nicht zu erreichen ist.

Beträgt z. B. der ermittelte innere Wert einer 100-DM-Aktie der aufnehmenden Gesellschaft A 240, der innere Wert der übertragenden Gesellschaft B 150 je 100-DM-Aktie, so ist das Umtauschverhältnis 5:8, d. h. die Aktionäre der Gesellschaft B erhalten für je 8 B-Aktien 5 A-Aktien. Da nicht jeder B-Aktionär acht Aktien oder ein Vielfaches davon besitzt, ergeben sich Schwierigkeiten beim Umtausch. Deshalb ist es notwendig – um die Zustimmung der Aktionäre zur Fusion zu erhalten – die Kurse so zu korrigieren, daß sich ein auch für die Kleinaktionäre tragbares Umtauschverhältnis ergibt. Erhöht man den Kurs der Gesellschaft B auf 160, so verbessert sich

---

[67] Vgl. S. 794 f.

das Umtauschverhältnis auf 2:3. Für 3 B-Aktien erhalten die B-Aktionäre 2 A-Aktien. Die Erhöhung des B-Kurses kann beispielsweise durch eine Zuzahlung der B-Aktionäre zu den Rücklagen erfolgen. Ein Umtauschverhältnis von 2:3 ist auch dadurch zu erreichen, daß der Kurs der Gesellschaft A auf 225 herabgesetzt wird. Das ist durch eine Ausgabe neuer Aktien zu einem entsprechend niedrigen Kurs möglich.

Zur Entschädigung der B-Aktionäre mit A-Aktien ist bei der Gesellschaft A eine Kapitalerhöhung erforderlich. Diese Kapitalerhöhung muß nicht unbedingt dem Wert sämtlicher B-Aktien entsprechen. Beide Gesellschaften können die Fusion von langer Hand vorbereitet haben, beispielsweise durch gegenseitige Beteiligung oder Kauf eigener Aktien. Ist die Gesellschaft A an der Gesellschaft B beteiligt, so ist bei der Zusammenlegung beider Gesellschaften für den Wert der Beteiligung keine Kapitalerhöhung notwendig. An die Stelle der Position „Beteiligung" in der Bilanz der Gesellschaft A treten entsprechende, von B übernommene Vermögenswerte. Besitzt B eine Beteiligung an A und verfügt A über eigene Aktien, so können diese A-Aktien zur Entschädigung von B-Aktionären verwendet werden. Die erforderliche Kapitalerhöhung vermindert sich entsprechend.

Beispiel:

Ermittelter innerer Wert einer 100-DM-Aktie der aufnehmenden Gesellschaft A: 240%
Ermittelter innerer Wert einer 100-DM-Aktie der übertragenden Gesellschaft B: 160%
Umtauschverhältnis: A:B = 2:3
Grundkapital B: 600.000 DM

Fall 1:

Sind weder eigene Aktiven bei A und B vorhanden, und besteht auch keine Beteiligung von A an B oder umgekehrt, so sind zur Entschädigung von nominell 600.000 DM B-Aktien nominell 400.000 DM A-Aktien erforderlich:

innerer Wert des vorhandenen B-Kapitals:
$$600.000 \text{ zu } 160\% = 960.000 \text{ DM}$$
innerer Wert des erforderlichen A-Kapitals:
$$400.000 \text{ zu } 240\% = 960.000 \text{ DM}$$
Das Grundkapital bei A muß also um 400.000 DM erhöht werden.

Fall 2:

Nehmen wir an,
B besitzt 1. eigene Aktien zum Nennwert von 60.000 DM,
    2. eine Beteiligung an A zum Nennwert von 50.000 DM;
A besitzt 1. eigene Aktien zum Nennwert von 60.000 DM,
    2. eine Beteiligung an B zum Nennwert von 300.000 DM;
dann berechnet sich die Kapitalerhöhung wie folgt:

	Nennwert	Kurswert (innerer Wert)	
		A-Aktien	B-Aktien
Grundkapital B	600.000		
– eigene Aktien B	60.000		
– Beteiligung A an B	300.000		
= abzulösende B-Aktien	240.000		384.000
erforderliche A-Aktien	160.000		384.000
– eigene Aktien A	60.000	144.000	
– Beteiligung B an A	50.000	120.000	
= erforderliche Kapital-erhöhung	50.000	120.000	384.000

Da der Unterschied im Kurs der A- und B-Aktien bereits im Umtauschverhältnis berücksichtigt wird, erfolgt die Berechnung der Kapitalerhöhung auf der Grundlage der Nennwerte.[68]

c) Die Besteuerung des Fusionsvorganges[69]

aa) Allgemeine Grundsätze

Bei der Fusion – ganz gleich, ob sie mit oder ohne Liquidation erfolgt – wird der Betriebsprozeß in der Regel nicht unterbrochen. Es ändern sich lediglich die rechtlichen und organisatorischen Verhältnisse der beteiligten Betriebe, und es kann auf längere Sicht zu Umstellungen im Produktionsprozeß kommen. Vom betriebswirtschaftlichen Standpunkt aus besteht in der Regel keine Veranlassung, die stillen Rücklagen bei der Fusion anders zu behandeln als zuvor. Die Finanzverwaltung hat jedoch ein durchaus berechtigtes Interesse daran, daß durch den Fusionsvorgang keine stillen Rücklagen der Besteuerung endgültig entzogen werden können, da anderenfalls nicht nur Steuereinnahmen verlorengingen, sondern auch die Gleichbehandlung aller Steuerpflichtigen verletzt würde.

Aus dieser Überlegung folgt, daß eine Auflösung und **Besteuerung stiller Rücklagen** nur in den Fällen erforderlich ist, in denen infolge der Verschmelzung eine spätere Erfassung nicht mehr möglich ist. Vollzieht sich die Fusion durch Aufnahme, so scheint auf den ersten Blick die spätere Versteuerung der stillen Rücklagen immer dann sichergestellt zu sein, wenn aufnehmende und übertragende Gesellschaft eine Rechtsform haben, die den gleichen Steuern unterliegt. Ist die aufnehmende Gesellschaft dagegen eine Einzelunternehmung oder eine Personengesellschaft, die übertragende Gesellschaft aber eine Kapitalgesellschaft, so würden die stillen Rücklagen der übertragenden Gesellschaft der Körperschaftsteuer entzogen, wenn sie un-

---

[68] Vgl. Vormbaum, H. (Finanzierung), a. a. O., S. 497
[69] Vgl. Wöhe, G., Betriebswirtschaftliche Steuerlehre, Bd. II, 2. Halbband, 3. Aufl., München 1982, S. 206 ff.

versteuert auf die aufnehmende Gesellschaft übertragen werden dürften, da diese nicht körperschaftsteuerpflichtig ist.

Würde steuerrechtlich ausnahmslos der Grundsatz gelten, daß bei Wirtschaftsgütern, die zu einem Betriebsvermögen gehören, eine im Zeitablauf eingetretene Wertsteigerung, die aufgrund des Realisationsprinzips vor ihrer Verwirklichung durch einen Umsatz- oder Entnahmevorgang steuerlich nicht erfaßt werden kann, im Falle der Entnahme **in der wirtschaftlichen Einheit verwirklicht wird, in der sie entstanden ist,** so stünde der Steuergesetzgeber vor dem Dilemma, daß er einerseits bei Beachtung des genannten Bewertungsgrundsatzes auf der Auflösung und Besteuerung der stillen Rücklagen bei der Vermögensübertragung im Wege der Verschmelzung bestehen müßte und andererseits steuerliche Hemmnisse bei der Umstrukturierung von Unternehmen möglichst vermeiden möchte.

Um letzteres zu erreichen, hat er in verschiedenen Umwandlungssteuergesetzen (1934, 1956, 1969, 1977, 1995) nach und nach die **Übertragung der stillen Rücklagen** des übertragenden auf den übernehmenden Rechtsträger zunächst in den Fällen zugelassen, in denen diese Übertragung für den Fiskus vorteilhaft war – z. B. die Übertragung von stillen Rücklagen aus der Sphäre der Einkommensteuer in die Sphäre der Körperschaftsteuer bei der Verschmelzung einer Personengesellschaft auf eine Kapitalgesellschaft – oder die spätere steuerliche Gleichbehandlung übertragener stiller Rücklagen sichergestellt war – z. B. bei der Verschmelzung von Kapitalgesellschaften. Die steuerneutrale Übertragung von stillen Rücklagen bei der Verschmelzung einer Kapitalgesellschaft auf eine Personengesellschaft ist erstmals durch das UmwStG 1995 zugelassen worden. Zuvor mußten bei diesem Verschmelzungsvorgang die stillen Rücklagen der übertragenden Kapitalgesellschaft aufgelöst und noch bei ihr der Körperschaftsteuer unterworfen werden.

Gem. § 3 UmwG können an Verschmelzungen als übertragende und damit untergehende, als übernehmende oder als neue Rechtsträger sowohl Kapitalgesellschaften als auch Personengesellschaften beteiligt sein. Das bedeutet, daß Vermögensübertragungen in vier Rechtsformkombinationen möglich sind, die im Umwandlungssteuergesetz geregelt sind:

(1) Die Vermögensübertragung von einer Kapitalgesellschaft auf eine andere Kapitalgesellschaft (§§ 11–13 UmwStG);

(2) die Vermögensübertragung von einer Kapitalgesellschaft auf eine Personengesellschaft (§§ 3–10 UmwStG);

(3) die Vermögensübertragung von einer Personengesellschaft auf eine Kapitalgesellschaft (§§ 20–22 UmwStG) und

(4) die Vermögensübertragung von einer Personengesellschaft auf eine andere Personengesellschaft (§ 24 UmwStG).

In den genannten Fällen räumt das Umwandlungssteuergesetz grundsätzlich ein **Wahlrecht** ein, die letzten steuerlichen **Buchwerte** des übertragenden Rechtsträgers fortzuführen, d. h. die stillen Rücklagen nicht aufzulösen und somit Übertragungsgewinne zu vermeiden, oder die **Teilwerte** anzusetzen, d. h. die stillen Rücklagen aufzulösen und als Übertragungsgewinn auszuweisen. Außerdem ist der Ansatz von **Zwischenwerten** zwischen den (höheren) Teilwerten und den (niedrigeren) Buchwerten zulässig. Die Minimierung der Steuerbelastung bei Verschmelzungsvorgängen erfordert also eine Entscheidung über die Behandlung der stillen Rücklagen der übertragenden Gesellschaft im Rahmen des Wertansatzwahlrechts.

bb) Die steuerliche Behandlung der stillen Rücklagen bei der Fusion von Kapitalgesellschaften

§ 11 Abs. 1 UmwStG räumt der übertragenden Kapitalgesellschaft ein Wahlrecht ein, in der steuerlichen Schlußbilanz für das letzte Wirtschaftsjahr (Übertragungsbilanz) die übergegangenen Wirtschaftsgüter entweder mit dem Wert, der sich nach den steuerrechtlichen Vorschriften über die Gewinnermittlung ergibt, d. h. mit dem **Buchwert** anzusetzen oder einen **höheren Wert** zu wählen. Dabei dürfen die Teilwerte der einzelnen Wirtschaftsgüter nicht überschritten werden.

Die Fortführung der Buchwerte setzt nach § 11 Abs. 1 Satz 1 UmwStG voraus, daß die **spätere Besteuerung** der in den übertragenen Wirtschaftsgütern enthaltenen stillen Rücklagen bei der übernehmenden Körperschaft sichergestellt ist und eine Gegenleistung (z. B. in Form von Barleistungen, von Leistungen in Sachwerten oder sonstigen Wirtschaftsgütern) nicht gewährt wird oder in Gesellschaftsrechten besteht. Sind diese Voraussetzungen nicht erfüllt, sind die übertragenen Wirtschaftsgüter mit dem Wert der für die Übertragung gewährten **Gegenleistung** anzusetzen. Wird eine Gegenleistung nicht gewährt, sind die Wirtschaftsgüter mit dem **Teilwert** zu bewerten.[70]

Für die Übernahme der übertragenen Wirtschaftsgüter durch die aufnehmende Kapitalgesellschaft verweist § 12 Abs. 1 UmwStG auf § 4 Abs. 1 dieses Gesetzes. Danach hat die übernehmende Körperschaft die übernommenen Wirtschaftsgüter „mit dem in der steuerlichen Schlußbilanz der übertragenden Körperschaft enthaltenen Wert zu übernehmen", d. h. es besteht **Buchwertverknüpfung**. Dieser Begriff besagt, daß die übernehmende Körperschaft die von der übertragenden Körperschaft gewählten Wertansätze (= Buchwerte) – das können die letzten steuerlichen Buchwerte, die Teilwerte oder Zwischenwerte sein – unverändert zu übernehmen hat.

Hat sich die übertragende Kapitalgesellschaft für den Ansatz der letzten steuerlichen **Buchwerte** entschieden, so werden die stillen Rücklagen auf die Übernehmerin übertragen und sind von ihr zu versteuern, sobald sie durch den Umsatzprozeß realisiert worden sind. Hat die übertragende Körperschaft ihr Vermögen mit den **Teilwerten** bewertet, weil beispielsweise die in § 11 Abs. 1 UmwStG geforderten Voraussetzungen für die Fortführung der Buchwerte nicht erfüllt sind, so sind alle stillen Rücklagen aufgelöst und eine Übertragung auf die übernehmende Körperschaft und eine spätere Besteuerung kommt nicht in Betracht.

Erfolgt die Übernahme des Vermögens der untergehenden Kapitalgesellschaft **gegen Gewährung von Gesellschaftsrechten**, d. h. ist die überneh-

---

[70] Vgl. § 11 Abs. 2 UmwStG

mende Gesellschaft nicht an der übertragenden beteiligt, so hat die Buchwertverknüpfung zur Folge, daß ein Übernahmegewinn nicht entstehen kann. Die übernommenen Werte gelten als **Anschaffungskosten** der übergegangenen Wirtschaftsgüter.

Ist die übernehmende Kapitalgesellschaft bereits an der übertragenden beteiligt, so kann ein **Übernahmegewinn** in Höhe der Differenz zwischen dem Buchwerte der Beteiligung und dem Wert des der Beteiligung entsprechenden Teils der übernommenen Wirtschaftsgüter entstehen. Eine Übereinstimmung des Buchwerts der Beteiligung, deren Anschaffungskosten auch im Falle des Steigens des Wertes des Vermögens der übertragenden Gesellschaft und damit des Steigens des Teilwertes über die Anschaffungskosten wegen des Realisationsprinzips nicht erhöht werden dürfen, wäre rein zufällig. Die in der Beteiligung liegenden stillen Rücklagen würden voll aufgedeckt, wenn an die Stelle der Beteiligung die zu Teilwerten bewerteten Teile des der Beteiligung entsprechenden Vermögens der übertragenden Gesellschaft treten würden. Es käme dann zu einer **Verdoppelung der aufgelösten stillen Rücklagen;** sie würden einerseits im Vermögen der übertragenden Gesellschaft und andererseits in der einen Anspruch auf dieses Vermögen verbriefenden Beteiligung aufgelöst. Es ist also in der Regel zweckmäßig, die letzten steuerlichen Buchwerte anzusetzen, denn dann erfolgt nur eine Teilauflösung der in der Beteiligung liegenden stillen Rücklagen, nämlich in Höhe der Differenz zwischen den Buchwerten der dem Wert der Beteiligung entsprechenden übernommenen Vermögenswerte und einem niedrigeren Buchwert der Beteiligung.

Der **Übernahmegewinn** wird durch § 12 Abs. 2 UmwStG **von der Besteuerung ausgenommen,** d. h. nur die aufgelösten stillen Rücklagen in den Wirtschaftsgütern der übertragenden Gesellschaft sind zu versteuern, nicht dagegen die stillen Rücklagen in der schwindenden Beteiligung der übernehmenden Gesellschaft. Das gilt auch für die Gewerbesteuer.[71] Sind allerdings die **tatsächlichen Anschaffungskosten** der Beteiligung höher als der Buchwert im Zeitpunkt der Verschmelzung, so ist die Differenz dem Gewinn der übernehmenden Kapitalgesellschaft hinzuzurechnen, d. h. dieser Betrag ist steuerpflichtig.

Eine solche Differenz kann z. B. dadurch entstehen, daß die Beteiligung zu einem früheren Zeitpunkt auf den niedrigeren Teilwert abgeschrieben, bei späterer Wertsteigerung aber nicht wieder bis zu den Anschaffungskosten aufgewertet wurde. Diese Aufwertung hätte als Zuschreibung Steuerpflicht ausgelöst.

Beispiel:

Die Aktiengesellschaft B wird im Wege der Verschmelzung von der Aktiengesellschaft A aufgenommen. A ist bereits an B beteiligt.

Buchwert der Beteiligung von A an B	800.000 DM
Anschaffungskosten der Beteiligung von A an B	900.000 DM

---

[71] Vgl. § 19 Abs. 1 UmwStG

Buchwert des der Beteiligung entsprechenden Vermögens B 1.000.000 DM
Teilwert des der Beteiligung entsprechenden Vermögens B 1.400.000 DM

Lfd. Nr.		Ansatz gem. § 11 Abs. 1 Satz 2 UmwStG	Ansatz gem. § 11 Abs. 1 Satz 1 UmwStG
(1)	Übertragungsbilanz B	1.400.000	1.000.000
(2)	Übertragungsgewinn B	400.000	0
(3)	Übernahmebilanz A	1.400.000	1.000.000
(4)	Übernahmegewinn A (Differenz zwischen übernommenem Vermögen und Buchwert der Beteiligung)	600.000	200.000
(5)	davon steuerfrei (Differenz zwischen übernommenem Vermögen und Anschaffungskosten der Beteiligung)	500.000	100.000
(6)	davon steuerpflichtig (Differenz zwischen Anschaffungskosten und Buchwert der Beteiligung)	100.000	100.000
(7)	spätere Auflösung stiller Rücklagen bei A	0	400.000
(8)	kst.-pflichtig insgesamt (Nr. 2 + 6 + 7)	500.000	500.000

Ergebnis:

(1) Beim Ansatz der Teilwerte gem. § 11 Abs. 1 Satz 2 UmwStG zahlt die Gesellschaft B sofort Körperschaftsteuer auf 400.000 DM, die Gesellschaft A auf 100.000 DM. Insgesamt sind also 500.000 DM zu versteuern; das ist die Differenz zwischen den Anschaffungskosten der Beteiligung und dem Teilwert des dafür übernommenen Vermögens. Die gezahlte Körperschaftsteuer ist anrechenbar.

(2) Beim Ansatz der Buchwerte gem. § 11 Abs. 1 Satz 1 UmwStG zahlt die Gesellschaft B zunächst keine Körperschaftsteuer, die Gesellschaft A auf 100.000 DM. Bei späterer Auflösung der stillen Rücklagen fällt bei A Körperschaftsteuer auf 400.000 DM an, insgesamt unterliegen auch in diesem Falle 500.000 DM der Körperschaftsteuer. Es tritt aber ein Liquiditäts- und Zinsvorteil durch die spätere Zahlung ein.

Der Umfang dieser Vorteile hängt davon ab, ob die stillen Rücklagen in nichtabnutzbaren oder in abschreibungsfähigen Anlagegütern bzw. in Warenvorräten liegen. Die Vorteile sind um so größer, je weiter in der Zukunft die Auflösung der stillen Rücklagen liegt. Da Vorschriften des UmwStG über die Fusion auch für die Ermittlung des Gewerbeertrages anzuwenden sind,[72] fallen die Gewerbesteuerzahlungen zum gleichen Zeitpunkt wie die Körperschaftsteuerzahlungen an.

6. Die Umwandlung

a) Begriff, Motive und Arten

Da die wirtschaftlichen und rechtlichen Faktoren, die bei der Gründung eines Betriebes zur Wahl einer bestimmten Rechtsform geführt haben, sich im Laufe der Zeit durch Änderung der allgemeinen Wirtschaftslage, durch Wechsel des wirtschaftspolitischen Kurses, durch Wachstum oder Schrump-

---

[72] Vgl. § 19 UmwStG

fung des Betriebes und nicht zuletzt durch Änderung von Steuergesetzen verschieben können, muß der Betrieb die Möglichkeit haben, sich den veränderten Verhältnissen durch einen Wechsel der Rechtsform anzupassen. Eine andere Rechtsform kann auch notwendig werden durch den Tod eines Unternehmers und den Übergang des Betriebes auf eine Erbengemeinschaft, ferner durch das Bestreben, die Haftung zu beschränken, oder zur Erweiterung der Kapitalbeschaffungsmöglichkeiten.

Die Überführung eines Betriebes von einer Rechtsform in eine andere bezeichnet man als „Umwandlung". Es muß unterschieden werden zwischen einer Umwandlung, die ohne Liquidation entweder im Wege der Gesamtrechtsnachfolge oder ohne Vermögensübertragung durch Satzungsänderung vollzogen werden kann, und einer Umwandlung, bei der eine formelle Liquidation der Rechtsform, d. h. eine Einzelübertragung der Vermögensteile auf eine andere Rechtsform erfolgt (Umgründung). Der Betrieb als wirtschaftliche Einheit wird davon zunächst nicht tangiert.

Die handels- und steuerrechtliche Regelung der Umwandlung ist im mit Wirkung vom 1. 1. 1995 novellierten **Umwandlungsgesetz**[73] bzw. **Umwandlungssteuergesetz**[74] enthalten. Das neue Umwandlungsrecht faßt den Begriff der Umwandlung weiter als das frühere Recht. Entsprechend der Zielsetzung der Novellierung, alle Spielarten der Umstrukturierung von Unternehmen in einem einheitlichen Gesetz zu regeln, wird unter Umwandlung nicht nur wie bisher in erster Linie der Wechsel der Rechtsform verstanden, sondern es werden **vier Arten der Umstrukturierung** unter dem Oberbegriff Umwandlung subsumiert. Nach § 1 Abs. 1 UmwG 1995 können Rechtsträger mit Sitz im Inland umgewandelt werden:

(1) **durch Verschmelzung.** Die Verschmelzung (Fusion) wurde oben bereits ausführlich behandelt.[75] Sie liegt vor, wenn das Vermögen eines oder mehrerer Rechtsträger gegen Gewährung von Gesellschaftsrechten im Wege der Gesamtrechtsnachfolge auf einen anderen Rechtsträger übertragen wird, und zwar entweder **im Wege der Aufnahme** (ein oder mehrere Rechtsträger übertragen ihr Vermögen als Ganzes auf einen bereits bestehenden Rechtsträger) oder **im Wege der Neugründung** (zwei oder mehrere Rechtsträger übertragen ihr Vermögen als Ganzes auf einen neu gegründeten Rechtsträger);

(2) **durch Spaltung.** Bei dieser erstmals im Handelsrecht geregelten Umstrukturierungsmaßnahme wird zwischen Aufspaltung, Abspaltung und Ausgliederung unterschieden. Während bei der **Aufspaltung** ein Rechtsträger sein Vermögen teilt, auf wenigstens zwei andere Rechtsträger überträgt und dabei ohne Abwicklung aufgelöst wird, bleibt bei **Abspaltung** und **Ausgliederung** der sich spaltende Rechtsträger als Rumpfunternehmen bestehen. Wie bei der Verschmelzung ist auch bei der Spaltung zwischen einer **Spaltung zur Aufnahme** (der sich spaltende Rechts-

---

[73] Umwandlungsgesetz vom 28. 10. 1994, BGBl. I, S. 3210, ber. BGBl. 1995 I, S. 428
[74] Umwandlungssteuergesetz vom 28. 10. 1994, BGBl. I, S. 3267
[75] Vgl. S. 943 ff.

träger überträgt sein Vermögen oder Teile davon auf mindestens zwei bestehende Rechtsträger) und einer **Spaltung zur Neugründung** (der sich spaltende Rechtsträger überträgt sein Vermögen oder Teile davon auf mindestens zwei neugegründete Rechtsträger);

(3) **durch Vermögensübertragung.** Sie unterscheidet sich von der Verschmelzung oder Spaltung dadurch, daß das Vermögen nicht gegen Gewährung von Gesellschafts- oder Mitgliedschaftsrechten übertragen wird, sondern gegen eine andere Leistung, bzw. eine Geldzahlung erfolgt;

(4) **durch Formwechsel.** Bei dieser Form der Umwandlung erfolgt **keine Vermögensübertragung,** sondern lediglich eine Änderung der Rechtsform. Das Unternehmen erhält durch einen Umwandlungsbeschluß der Anteilseigner des formwechselnden Rechtsträgers eine neue Rechtsform, z. B. Formwechsel einer Personengesellschaft in eine Kapitalgesellschaft (z. B. OHG in GmbH) oder Formwechsel einer Kapitalgesellschaft in eine andere Kapitalgesellschaft (z. B. GmbH in Aktiengesellschaft).

b) Steuerliche Probleme der Umwandlung

aa) Überblick

Daß in diesem Zusammenhang die steuerliche Problematik etwas ausführlicher als bei anderen Problemkreisen behandelt wird, findet seine Begründung darin, daß es dabei weniger um die Vermittlung steuerrechtlicher Spezialkenntnisse, als vielmehr um die Darstellung eines besonders instruktiven Beispiels geht, wie durch steuerrechtliche Vorschriften weit in die Zukunft reichende unternehmerische Entscheidungen beeinflußt werden.[76]

Die Entscheidung für eine neue Rechtsform kann als eine **Investitionsentscheidung** aufgefaßt werden, die Einzahlungen in Höhe der in Zukunft erwarteten, allein durch die Rechtsform bedingten Mehrerlöse (z. B. als Folge besserer Finanzierungsmöglichkeiten oder geringerer laufender Steuerzahlungen) erbringt und Auszahlungen in Höhe der durch den Umwandlungsvorgang ausgelösten einmaligen Steuerzahlungen sowie sonstiger Auszahlungen für Gründungskosten, Gebühren, Beraterhonorare u. ä. – das sind gewissermaßen die Anschaffungsauszahlungen für die neue Rechtsform – und in Höhe der ggf. laufenden Steuermehrbelastungen gegenüber der bisherigen Rechtsform (z. B. Körperschaft- und Vermögensteuer bei der Umwandlung eines Personenunternehmens in eine Kapitalgesellschaft) und laufender höherer Auszahlungen für die Rechtsform (z. B. Verwaltungsorgane, für Rechnungslegung, Pflichtprüfung und Veröffentlichung des Jahresabschlusses) verursacht.

Diese Investition wird jedoch nicht nur durchgeführt, wenn sie mit hoher Wahrscheinlichkeit vorteilhaft ist, sondern es wird auch Fälle geben, wo sie **Nachteile** erwarten läßt, aber aus zwingenden Gründen dennoch vorgenom-

---

[76] Eine weiter ins Detail gehende Darstellung findet sich bei Wöhe, G., Betriebswirtschaftliche Steuerlehre, Band 2, 1. Halbband, 5. Aufl., München 1990, S. 469 ff.

men werden muß, so z. B. wenn der Wechsel der Rechtsform durch einen Erbfall unvermeidlich geworden ist.

Es gilt steuerrechtlich der **allgemeine Grundsatz,** daß bei Wirtschaftsgütern, die zu einem Betriebsvermögen gehören, eine im Zeitablauf eingetretene Wertsteigerung, die aufgrund des Realisationsprinzips vor ihrer Verwirklichung durch einen Umsatz- bzw. Entnahmevorgang steuerlich nicht erfaßt werden kann, im Falle der Entnahme in der wirtschaftlichen Einheit verwirklicht wird, in der sie entstanden ist. Es soll also eine **Verlagerung stiller Rücklagen verhindert** werden, damit nicht zu einem späteren Zeitpunkt andere Steuerpflichtige zur Besteuerung von Wertsteigerungen herangezogen werden oder eine Besteuerung überhaupt vermieden werden kann.

Würde der Grundsatz, daß Wertsteigerungen stets in dem Bereich zu besteuern sind, in dem sie entstanden sind, auch bei der Umwandlung einer Personengesellschaft in eine Kapitalgesellschaft angewendet werden, so müßten sämtliche in der Personengesellschaft entstandenen stillen Rücklagen – ganz gleich, ob sie eine Folge zulässiger Unterbewertungen von Vermögensteilen (z. B. durch steuerliche Sonderabschreibungen) oder eine Folge von Wertsteigerungen über die Anschaffungskosten sind – vor der Übertragung der Wirtschaftsgüter auf die Kapitalgesellschaft **aufgelöst** und noch bei der Personengesellschaft **als Umwandlungsgewinn** ausgewiesen und von ihren Gesellschaftern versteuert werden.

Entsprechend würde bei der Umwandlung einer Kapitalgesellschaft in eine Personengesellschaft erreicht, daß alle in der Kapitalgesellschaft gebildeten stillen Rücklagen noch der Körperschaftsteuer und Gewerbeertragsteuer unterworfen werden. Diese Regelung wäre bei formaljuristischer Betrachtung konsequent, denn sie würde verhindern, daß Steuerpflichtige durch die Umwandlung Steuern vermeiden könnten. Seit Einführung des Anrechnungssystems könnte die Körperschaftsteuer allerdings durch Anrechnung neutralisiert werden.

Besteht ein Zwang, die Wirtschaftsgüter in der Umwandlungsbilanz zum **Teilwert**[77] anzusetzen, d. h. die stillen Rücklagen aufzulösen und der normalen Besteuerung zu unterwerfen, so führt das zu einer **Liquiditätsbelastung,** die das finanzielle Gleichgewicht des Unternehmens stört. Vom wirtschaftlichen Standpunkt aus ist es nicht sinnvoll, ein Unternehmen, dessen Produktions- und Absatzprozeß durch den Umwandlungsvorgang in der Regel nicht berührt werden, zur Auflösung und Besteuerung stiller Rücklagen zu zwingen. In der Vergangenheit sah sich der Gesetzgeber mehrfach veranlaßt, dem Bedürfnis nach Umwandlungen durch zeitlich befristete steuerliche Erleichterungen Rechnung zu tragen.[78]

---

[77] Nach § 6 Abs. 1 Nr. 1 EStG ist der Teilwert „der Betrag, den ein Erwerber des ganzen Betriebs im Rahmen des Gesamtkaufpreises für das einzelne Wirtschaftsgut ansetzen würde; dabei ist davon auszugehen, daß der Erwerber den Betrieb fortführt."
[78] Vgl. Gesetz über Steuererleichterungen bei der Umwandlung und Auflösung von Kapitalgesellschaften vom 5. 7. 1934 (UmwStG 1934), RGBl I, S. 572; Gesetz über Steuererleichterungen bei der Umwandlung von Kapitalgesellschaften und bergrechtlichen Gewerkschaften vom 11. 10. 1957 (UmwStG 1957), BGBl I, S. 1713; Gesetz über steuerliche

bb) Die steuerliche Behandlung der stillen Rücklagen bei der Umwandlung einer Kapitalgesellschaft in eine Personengesellschaft

Wird das Vermögen einer Kapitalgesellschaft im Wege der Gesamtrechtsnachfolge auf eine Personengesellschaft übertragen, so mußte die Kapitalgesellschaft nach bis zum 31. 12. 1994 geltendem Recht in ihrer Umwandlungsbilanz die **Teilwerte** ansetzen und folglich die stillen Rücklagen auflösen, so daß bei ihr ein Übertragungsgewinn entstand. § 3 UmwStG 1995 dagegen räumt ein **Wahlrecht** ein, die Wirtschaftsgüter in der steuerlichen Schlußbilanz der übertragenden Kapitalgesellschaft mit dem Buchwert oder einem höheren Wert, höchstens aber mit dem Teilwert anzusetzen. Als Buchwert bezeichnet § 3 UmwStG den Wert, „der sich nach den steuerrechtlichen Vorschriften über die Gewinnermittlung ergibt."

Wählt die übertragende Kapitalgesellschaft den **Buchwertansatz** für die zu übertragenden Wirtschaftsgüter, so erfolgt die Übertragung **steuerneutral**. Werden dagegen die Teilwerte oder Zwischenwerte angesetzt, so ergibt sich bei der Kapitalgesellschaft ein **Übertragungsgewinn**. Voraussetzung für die Buchwertfortführung ist, daß die spätere Besteuerung der stillen Rücklagen im Inland sichergestellt ist. Das ist grundsätzlich dann der Fall, „wenn das Vermögen der übertragenden Körperschaft Betriebsvermögen der übernehmenden Personengesellschaft oder der übernehmenden natürlichen Person wird."[79] Ein im Falle des Ansatzes von Zwischenwerten oder Teilwerten entstehender Übertragungsgewinn ist voll zu versteuern. Die Körperschaftsteuer wird jedoch bei den Gesellschaftern angerechnet.

Die übernehmende Personengesellschaft muß die auf sie übertragenen Wirtschaftsgüter mit den Werten übernehmen, mit denen sie in der Schlußbilanz der übertragenden Kapitalgesellschaft angesetzt worden sind, d. h. es besteht grundsätzlich **Buchwertverknüpfung**.[80] Die übernehmende Personengesellschaft tritt bezüglich der Absetzungen für Abnutzung, der erhöhten Absetzungen, der Sonderabschreibungen u. a. in die Rechtsstellung der übertragenden Kapitalgesellschaft ein, jedoch nicht bezüglich eines verbleibenden Verlustabzugs im Sinne des § 10d Abs. 3 Satz 2 EStG. Da ein **Verlustvortrag** der übertragenden Kapitalgesellschaft „nicht von der Ebene der Körperschaftsteuer auf die Ebene der Einkommensteuer (Ebene des Anteilseigners) übertragen werden"[81] kann, sondern bei der Vermögensübertragung untergeht, kann es zweckmäßig sein, die Wirtschaftsgüter statt mit den Buchwerten mit solchen Zwischenwerten anzusetzen, durch die der Verlustvortrag ausgeglichen wird. Da die Teilwerte der Wirtschaftsgüter nicht überschritten werden dürfen, kann bei hohen Verlustvorträgen ein Restverlust bleiben, der dann untergeht.

Maßnahmen bei Änderung der Unternehmensform vom 15. 8. 1968 (UmwStG 1969), BGBl I, S. 1163; Gesetz über steuerliche Maßnahmen bei Änderung der Unternehmensform (UmwStG 1977) vom 6. 9. 1976, BGBl I, S. 2641; Umwandlungssteuergesetz (UmwStG 1995) vom 28. 10. 1994, BGBl I, S. 3267

[79] Begründung zu § 3 UmwStG, a. a. O., S. 46
[80] Vgl. § 4 Abs. 1 UmwStG
[81] Begründung zu § 4 Abs. 2 UmwStG, a. a. O., S. 49

Infolge der Übertragung des Vermögens der Kapitalgesellschaft auf die Personengesellschaft ergibt sich ein **Übertragungsgewinn oder -verlust** in Höhe der Differenz zwischen dem Wert, mit dem die übertragenen Wirtschaftsgüter zu übernehmen sind, und dem Buchwert der Anteile an der übertragenden Gesellschaft; das ist der Wert, „mit dem die Anteile nach den steuerrechtlichen Vorschriften über die Gewinnermittlung in einer für den steuerlichen Übertragungsstichtag aufzustellenden Steuerbilanz anzusetzen sind oder anzusetzen wären."[82]

Nach § 10 Abs. 1 UmwStG ist die **Körperschaftsteuer,** die auf den Teilbeträgen des für Ausschüttungen verwendbaren Eigenkapitals der übertragenden Kapitalgesellschaft lastet, auf die Einkommensteuer oder Körperschaftsteuer der Gesellschafter der übernehmenden Personengesellschaft anzurechnen. Um diese anzurechnende Steuer erhöht sich der Übernahmegewinn bzw. vermindert sich der Übernahmeverlust.[83]

Ensteht ein **Übernahmeverlust,** weil der Buchwert der Anteile der Personengesellschaft an der Kapitalgesellschaft den Wert des übernommenen Vermögens übersteigt, so ist dieser Verlust „auf im Buchwert der Anteile enthaltene gekaufte stille Reserven zurückzuführen."[84] Dieser um die anzurechnende Körperschaftsteuer reduzierte Verlust ist im Gegensatz zum früheren Recht bei den Gesellschaftern der Personengesellschaft in der Weise zu berücksichtigen, daß die Wertansätze der übertragenen Wirtschaftsgüter in der Bilanz der Personengesellschaft gleichmäßig bis maximal zu ihren Teilwerten aufgestockt werden. Der Aufstockungsbetrag wird dann mit dem Übernahmeverlust verrechnet. Durch diese Aufstockung der Werte abschreibungsfähiger Wirtschaftsgüter wird ein **zusätzliches Abschreibungspotential** geschaffen, das in den folgenden Jahren zur Minderung der Gewinne führt.[85] Bleibt nach dieser Verrechnung noch ein Übernahmeverlust übrig, so mindert er den laufenden Gewinn der Personengesellschaft.

Der Übertragungsgewinn unterliegt bei der übertragenden Kapitalgesellschaft der **Gewerbesteuer,** jedoch kann durch Ansatz der steuerlichen Buchwerte bei der Kapitalgesellschaft ein Übertragungsgewinn und damit auch eine Gewerbesteuerbelastung vermieden werden. Ein Übernahmegewinn bei der Personengesellschaft ist nach § 18 Abs. 2 UmwStG „nicht zu erfassen".

cc) Die steuerliche Behandlung der stillen Rücklagen bei der Umwandlung einer Personengesellschaft in eine Kapitalgesellschaft

Wird eine Personengesellschaft in eine Kapitalgesellschaft umgewandelt, räumt das UmwStG ein **Wahlrecht** ein,

(a) alle stillen Rücklagen aufzulösen, indem in der Umwandlungsbilanz die Teilwerte angesetzt werden;

---

[82] § 4 Abs. 4 Satz 2 UmwStG
[83] Vgl. § 4 Abs. 5 UmwStG
[84] Begründung zu § 4 Abs. 4 UmwStG, BR.-Drs. 132/94, S. 50
[85] Vgl. Dehmer, H., Das Umwandlungssteuergesetz 1994 (Teil I), DStR 1994, S. 1718

(b) nur einen Teil der stillen Rücklagen aufzudecken oder

(c) die steuerlichen Buchwerte fortzuführen.[86]

Die für das in die Kapitalgesellschaft eingebrachte Betriebsvermögen gewählten Wertansätze sind für die Gesellschaft die **Anschaffungskosten** und für den Einbringenden einerseits der **Veräußerungspreis** und andererseits die **Anschaffungskosten des Anteils** an der Kapitalgesellschaft.

Das Wahlrecht ermöglicht dem umwandelnden Unternehmen eine Entscheidung, durch die die steuerliche Belastung soweit wie möglich reduziert bzw. ihre nachteilige Auswirkung auf die Rentabilitäts- und Liquiditätslage vermindert werden kann. Bei der Entscheidung, wie das Wahlrecht ausgeübt werden soll, ist folgendes zu berücksichtigen:

(1) Die **Auflösung der stillen Rücklagen** durch Teilwertansatz bedeutet, daß

  a) ein sofort zu versteuernder Übertragungsgewinn entsteht, der jedoch durch einen Sondertarif und eine Freibetragsregelung begünstigt ist;[87] die Anwendung der Freibetragsregelung des § 16 Abs. 4 EStG ist beim Ansatz von Zwischenwerten ausgeschlossen;

  b) eine spätere der Körperschaftsteuer unterliegende Auflösung der stillen Rücklagen in der Kapitalgesellschaft vermieden wird;

  c) durch den Ansatz der Teilwerte sich bei abnutzbaren Gütern des Anlagevermögens die Abschreibungen während der Restnutzungsdauer um den Betrag der aufgelösten stillen Rücklagen erhöhen und damit je nach Ertragslage und Gewinnverwendung die laufende Steuerbelastung der Kapitalgesellschaft mindern;

  d) ein in die Kapitalgesellschaft nicht übertragbarer Verlustvortrag gegen die aufgelösten stillen Rücklagen übertragungsgewinnmindernd aufgerechnet werden kann;

  e) die von den bisherigen Personengesellschaftern übernommenen Anteile an der Kapitalgesellschaft keine stillen Rücklagen enthalten, die im Falle späterer Veräußerung zu versteuern wären.

(2) Die **Übertragung der stillen Rücklagen** hat zur Folge, daß

  a) die später frei werdenden stillen Rücklagen der Körperschaftsteuer bzw. bei Ausschüttung der Einkommensteuer unterworfen werden müssen, ohne daß Tarifbegünstigungen und Freibetragsregelungen ausgenutzt werden können;

  b) kein Übertragungsgewinn und folglich keine Liquiditätsbelastung durch Ertragsteuerzahlungen entsteht;

  c) ein Zinsgewinn auf den Kapitalbetrag eintritt, der im Falle der Auflösung der stillen Rücklagen das Unternehmen als Steuern auf den Übertragungsgewinn verlassen hätte;

  d) in den Anteilen an der Kapitalgesellschaft stille Rücklagen enthalten sind, die zu steuerpflichtigen Veräußerungsgewinnen führen können.

Die optimale Entscheidung zwischen vollständiger bzw. teilweiser Übertragung oder vollständiger Auflösung der stillen Rücklagen, d. h. zwischen

---

[86] Vgl. § 20 Abs. 2 UmwStG
[87] Vgl. § 20 Abs. 5 UmwStG; § 34 Abs. 1 EStG; § 16 Abs. 4 EStG

Teilwert-, Zwischenwert- oder Buchwertansatz bei der übernehmenden Kapitalgesellschaft läßt sich mit einer **Kapitalwertrechnung** vorbereiten, da für diese Entscheidung gegenwärtige und zukünftige Steuerzahlungen von Bedeutung sind.

Sind die Gesellschafter der übertragenden Personengesellschaft und der übernehmenden Kapitalgesellschaft die gleichen natürlichen Personen, so ist der Kapitalwert der Summe der Steuerzahlungen der Gesellschafter und der Kapitalgesellschaft, der sich bei den drei Alternativen ergibt, als Maßstab der Vorteilhaftigkeit zu verwenden. Folgende Vergleiche sind durchzuführen:

(1) **Beim Teilwertansatz:** Vergleich der Steuerzahlungen der Personengesellschaft bzw. ihrer Gesellschafter im Zeitpunkt der Umwandlung als Folge der Auflösung der stillen Rücklagen der Personengesellschaft und der Steuerersparnisse der Kapitalgesellschaft und ihrer Gesellschafter in der Zukunft aufgrund höherer Ausgangswerte und dadurch bedingter höherer Abschreibungen bzw. niedrigerer Veräußerungsgewinne.

(2) **Bei der Buchwertfortführung:** Vergleich der Steuerersparnisse der Personengesellschaft bzw. ihrer Gesellschafter im Zeitpunkt der Umwandlung und der Steuerzahlungen der Kapitalgesellschaft und ihrer Gesellschafter in der Zukunft als Folge der Auflösung der in den von der Kapitalgesellschaft übernommenen Wirtschaftsgütern und der in den von ihr dafür gewährten Anteilen liegenden stillen Rücklagen.

(3) **Beim Zwischenwertansatz:** Vergleich der Differenz der durch Teilauflösung stiller Rücklagen eintretenden Steuerzahlungen und Steuerersparnisse der Personengesellschaft bzw. ihrer Gesellschafter im Zeitpunkt der Umwandlung und der Differenz der als Folge höherer Wertansätze und höherer Abschreibungen bzw. niedrigerer Veräußerungsgewinne eintretenden Steuerersparnisse und der aufgrund der Auflösung der restlichen stillen Rücklagen bzw. eintretenden Veräußerungsgewinne in der Zukunft ausgelösten Steuerzahlungen der Kapitalgesellschaft und ihrer Gesellschafter.

Bei der Ermittlung der steuerlich vorteilhaftesten Alternative der Behandlung der stillen Rücklagen muß eine Anzahl von **Restriktionen** beachtet werden. Da es sich um eine in die Zukunft gerichtete Entscheidung handelt, sind die in die Rechnung eingehenden Variablen um so ungewisser, je länger der **Planungszeitraum** gewählt wird. Er wird insbesondere von der Verteilung der Realisierung der stillen Rücklagen im Zeitablauf, also vor allem von der Restnutzungsdauer der übernommenen Wirtschaftsgüter bestimmt.

Neben der durch den Gesetzgeber verfügten Einschränkung des Wertansatzwahlrechtes in den Fällen, in denen bei der umzuwandelnden Personengesellschaft ein negatives Kapitalkonto besteht oder die übernehmende Kapitalgesellschaft neben den neuen Gesellschaftsanteilen auch „andere Wirtschaftsgüter" für das übernommene Betriebsvermögen der Personengesellschaft gewährt,[88] hängt die Entscheidung vor allem von folgenden weiteren Faktoren ab:

---

[88] Vgl. § 20 Abs. 2 Satz 4 und 5 UmwStG

(1) der Länge des Planungszeitraums,
(2) der Restnutzungsdauer der übernommenen Wirtschaftsgüter,
(3) der Aufteilung der stillen Rücklagen auf abschreibungsfähige und nicht abschreibungsfähige Wirtschaftsgüter,
(4) der Höhe des gewünschten Stammkapitals,
(5) der Übereinstimmung oder Nichtübereinstimmung des Gewinnverteilungsschlüssels in der übertragenden Personengesellschaft und der übernehmenden Kapitalgesellschaft,
(6) der für die Zukunft geplanten Gewinnverwendung, d. h. der Aufteilung der zukünftigen Gewinne auf Ausschüttung und Thesaurierung,
(7) der im Umwandlungszeitpunkt durch Steuerzahlungen eintretenden Liquiditätsbelastung.

Sind die dargestellten Größen mit einiger Sicherheit zu quantifizieren, so ist **im Falle der Auflösung der stillen Rücklagen** durch Ansatz der Teilwerte eine optimale Entscheidung mit Hilfe des Kapitalwertkriteriums möglich. Der Kapitalwert der Summe der Steuerzahlungen ergibt sich, wenn die Steuerzahlungen der Personengesellschaft bzw. ihrer Gesellschafter auf den sich als Folge der Auflösung der stillen Rücklagen ergebenden Umwandlungsgewinn (Auszahlungen) und die Steuerersparnisse der übernehmenden Kapitalgesellschaft und ihrer Gesellschafter (Einzahlungen) während des Planungszeitraums aufgrund hoher Ausgangswerte (Teilwerte = Anschaffungskosten) und dadurch bedingte höhere Abschreibungen (Anlagen) bzw. niedrigere Umsatzgewinne (Vorräte) auf den Umwandlungsstichtag abgezinst werden.

Ist der Barwert der in den Perioden des Planungszeitraums zu erzielenden Steuerersparnisse größer als die Einkommensteuerzahlung auf den Umwandlungsgewinn im Zeitpunkt der Übertragung des Betriebsvermögens auf die Kapitalgesellschaft, so ist die Vollauflösung der stillen Rücklagen durch Ansatz der Teilwerte vorteilhaft. Man wird sich für eine Vollauflösung entscheiden, soweit es die Liquiditätslage erlaubt.

Im Falle der Übertragung der stillen Rücklagen ergibt sich der Kapitalwert der Summe der Steuerzahlungen, indem die Steuerersparnisse der Personengesellschaft bzw. ihrer Gesellschafter als Folge der Vermeidung eines Umwandlungsgewinns durch Buchwertverknüpfung (Einzahlungen) und die Steuerzahlungen der Kapitalgesellschaft und ihrer Gesellschafter (Auszahlungen) während des Planungszeitraumes als Folge der Auflösung der in den zu Buchwerten übernommenen Wirtschaftsgütern und in den dafür gewährten Anteilen liegenden stillen Rücklagen auf den Umwandlungsstichtag abgezinst werden.

Ist der Barwert der in den Perioden des Planungszeitraumes auf die sich auflösenden stillen Rücklagen oder auf die bei der Veräußerung von Anteilen anfallenden Veräußerungsgewinne zu zahlenden Steuern niedriger als die im Zeitpunkt der Übertragung des Betriebsvermögens zu Buchwerten in die Kapitalgesellschaft durch Vermeiden eines Umwandlungsgewinns ersparte Einkommensteuer, so ist die Buchwertverknüpfung vorteilhaft.

7. Auflösung und Liquidation (Abwicklung)

Stellt ein Betrieb seine Tätigkeit ein, so wird er aufgelöst. Die Auflösung ist ein rechtlicher Vorgang. An die Auflösung schließt sich die Liquidation (Abwicklung) an, d. h. die vorhandenen Vermögenswerte werden veräußert und der erzielte Erlös wird zur Tilgung der Schulden und zur Rückzahlung des Eigenkapitals verwendet. Nicht immer werden die Geldmittel ausreichen, um alle Ansprüche voll zu decken, denn in den meisten Fällen erfolgt die Auflösung dann, wenn der Betrieb durch laufende Umsatzverluste immer mehr Eigenkaptial verloren und keine Möglichkeit mehr hat, seine Rentabilität wieder zu erhöhen. Eine Auflösung des Betriebes ist aber auch aus anderen Gründen möglich, so beispielsweise dann, wenn der Betriebszweck erreicht ist (z. B. Abbau eines Kohlevorkommens).

Wie bei den bisher behandelten Finanzierungsanlässen ist auch im Falle des Kapitalrückflusses bei der Liquidation im Interesse der Gläubiger und der an der Geschäftsführung nicht beteiligten Anteilseigner die rechtliche Regelung bei den Kapitalgesellschaften besonders streng.

Das Aktiengesetz nennt vor allem folgende **Auflösungsgründe:**[89]
(1) Ablauf der in der Satzung bestimmten Zeit,
(2) Beschluß der Hauptversammlung mit Dreiviertelmehrheit,
(3) Eröffnung des Konkursverfahrens über das Vermögen der Gesellschaft,
(4) Ablehnung des Konkursverfahrens mangels Masse.
Mit der Auflösung wird aus der Erwerbsgesellschaft eine Abwicklungsgesellschaft. Dem Firmennamen wird die Bezeichnung „i. L." (in Liquidation) hinzugefügt. Die Abwicklung wird in der Regel von den Mitgliedern des Vorstandes durchgeführt. Sie kann sich über mehrere Jahre erstrecken, da die Abwickler bestrebt sein müssen, die vorhandenen Vermögenswerte so günstig wie nur möglich zu veräußern.

Die Abwickler haben für den Beginn der Liquidation eine Eröffnungsbilanz und bis zu ihrer Beendigung für den Schluß jedes Geschäftsjahres einen Jahresabschluß und einen Lagebericht aufzustellen und der Hauptversammlung vorzulegen. Durch das Bilanzrichtlinien-Gesetz haben die Vorschriften zur Rechnungslegung einer in Liquidation befindlichen AG zwei wesentliche Änderungen erfahren. Erstens gelten nun die Vorschriften über den Jahresabschluß der werbenden AG entsprechend für die gesamte Rechnungslegung der sich in Abwicklung befindenden AG. Nur soweit für Vermögensgegenstände des Anlagevermögens innerhalb eines übersehbaren Zeitraums eine Veräußerung beabsichtigt ist oder diese Gegenstände nicht mehr dem Geschäftsbetrieb dienen, sind Gegenstände des Anlagevermögens wie Umlaufvermögen zu bewerten.[90] Zweitens ist die Prüfung der Abwicklungsbilanzen jetzt die Regel.

---

[89] Vgl. § 262 Abs. 1 AktG. In § 60 Abs. 1 GmbHG werden im wesentlichen dieselben Auflösungsgründe aufgeführt.
[90] Vgl. § 270 Abs. 2 Satz 3 AktG

Sind alle Gläubiger aus dem Liquidationserlös befriedigt worden, so wird das restliche Vermögen auf die Anteilseigner im Verhältnis ihrer Kapitalanteile verteilt. Zum Schutze der Gläubiger schreibt § 267 AktG allerdings vor, daß die Gläubiger in den Gesellschaftsblättern dreimal aufzufordern sind, ihre Ansprüche anzumelden. Erst ein Jahr nach der Veröffentlichung der dritten Aufforderung darf das restliche Vermögen an die Aktionäre verteilt werden.[91] Gleiche Regelungen gelten bei der Liquidation einer GmbH.[92]

Sind im Liquidationserlös Beträge aus der Auflösung stiller Rücklagen enthalten, so werden sie auf die Gesellschafter entsprechend ihrem nominellen Kapitalanteil verteilt. Bei Personengesellschaften kann das zur Benachteiligung einzelner Gesellschafter führen, wenn die Gewinnverteilung, wie z. B. bei der Offenen Handelsgesellschaft, nach Köpfen im Anschluß an eine 4%ige Verzinsung der Anteile erfolgt. Dabei ist zu bemerken, daß die betroffenen Gesellschafter die Ursache für diese Benachteiligung nicht beim Gesetzgeber, sondern in ihren eigenen Entscheidungen zu suchen haben, denn die Vorschriften über die Gewinnverteilung (§ 121 HGB) und die Verteilung des Restvermögens (§ 155 HGB) sind nicht zwingendes, sondern dispositives Recht.

Angenommen, eine OHG hat zwei Gesellschafter, von denen der Gesellschafter A mit 20%, der Gesellschafter B mit 80% an der Gesellschaft beteiligt ist. Werden bei der Liquidation stille Rücklagen in Höhe von 10.000 DM aufgelöst, so erhält A 2.000 DM, B 8.000 DM. Wären diese Rücklagen in früheren Jahren als Gewinn ausgewiesen und ausgeschüttet worden, so hätte bei einer Gewinnverteilung nach Köpfen jeder der beiden Gesellschafter je 5.000 DM erhalten. Der kapitalschwächere A ist also bei der Verteilung der stillen Rücklagen im Falle der Liquidation benachteiligt, wenn im Gesellschaftsvertrag nicht ein bestimmter Verteilungsschlüssel vereinbart worden ist.

Der bei einer Liquidation erzielte Gewinn ist der **Besteuerung** zu unterwerfen. Hierbei ist zu unterscheiden, ob es sich um Personenunternehmen einerseits oder um Kapitalgesellschaften und Genossenschaften andererseits handelt.

Bei der Liquidation von Kapitalgesellschaften und Genossenschaften wird der im Abwicklungszeitraum erzielte Gewinn besteuert. Die Gewinnermittlung erfolgt nicht nach Geschäftsjahren, sondern für den **gesamten Abwicklungszeitraum,** der aber drei Jahre nicht übersteigen soll.[93] Zur Ermittlung des steuerlichen Abwicklungsgewinns ist das Abwicklungs-Endvermögen, das zur Verteilung gelangt, dem Abwicklungs-Anfangsvermögen gegenüberzustellen, d. h. dem Vermögen, das am Schluß des der Auflösung vorangegangenen Wirtschaftsjahrs der Körperschaftsteuerveranlagung zugrunde lag.[94]

---

[91] Vgl. § 272 Abs. 1 AktG
[92] Vgl. §§ 72 u. 73 GmbHG
[93] Vgl. § 11 Abs. 1 KStG
[94] Vgl. § 11 Abs. 2–4 KStG

Der Abwicklungsgewinn unterliegt in der Regel dem normalen Körperschaftsteuersatz von 45%. Für die Anteilseigner ergibt sich das Abwicklungsergebnis aus der Differenz des ihnen zufließenden Liquidationserlöses und dem Buchwert/Anschaffungswert ihrer Anteile.

Durch das körperschaftsteuerliche Anrechnungsverfahren erfolgt bei den Anteilseignern eine Erstattung der von der Gesellschaft entrichteten Körperschaftsteuer. Einbezogen in die Anrechnung ist auch die Körperschaftsteuer, die auf in früheren Jahren nach dem KStG 1977 versteuerten und evtl. in Nennkapital umgewandelten Rücklagen liegt.[95]

Die Liquidation von Einzelunternehmen und Personengesellschaften wird der **Veräußerung des Betriebes** gleichgestellt.[96] Veräußerungsgewinn ist der Betrag, um den der Veräußerungspreis nach Abzug der Veräußerungskosten den Wert des Betriebsvermögens oder den Wert des Anteils am Betriebsvermögen übersteigt. Er ist durch besondere Tarifvorschriften und Freibetragsregelungen steuerlich begünstigt.[97]

Neben der beschriebenen materiellen Liquidation kann ein Betrieb auch formell liquidiert werden. Eine **formelle Liqudiation** liegt z. B. bei der Umwandlung im Wege der Einzelübertragung vor (Umgründung). Bei der Wahl der Wertansätze in der Liquidationsbilanz muß in diesem Falle davon ausgegangen werden, daß der Betrieb fortgeführt und nur die Rechtsform liquidiert wird.

---

[95] Vgl. §§ 41 Abs. 2 KStG, 20 Abs. 1 Nr. 2 EStG
[96] Vgl. § 16 Abs. 3 EStG
[97] Vgl. §§ 34, 16 Abs. 4 EStG

Sechster Abschnitt
Das betriebliche Rechnungswesen

A. Grundlagen

I. Aufgaben und Gliederung des betrieblichen Rechnungswesens

1. Überblick

Unter dem Begriff betriebliches Rechnungswesen faßt man sämtliche Verfahren zusammen, deren Aufgabe es ist, alle im Betrieb auftretenden Geld- und Leistungsströme, die vor allem – aber nicht ausschließlich – durch den Prozeß der betrieblichen Leistungserstellung und -verwertung (betrieblicher Umsatzprozeß) hervorgerufen werden, mengen- und wertmäßig zu erfassen und zu überwachen (**Dokumentations- und Kontrollaufgabe**). Diese Aufgabe kann sich im einzelnen auf die **Ermittlung von Beständen** in einem Zeitpunkt erstrecken (z. B. die Ermittlung des Vermögens und der Schulden des Betriebes an einem Stichtag) oder sie kann in der **Feststellung von Bestandsveränderungen** im Zeitablauf (z. B. die Zu- und Abnahme von Forderungen und Verbindlichkeiten) oder des **Erfolges** einer Zeitperiode bestehen (z. B. die Höhe des Aufwandes und Ertrages einer Abrechnungsperiode); sie kann ferner auf die **Ermittlung der Selbstkosten** der betrieblichen Leistungen gerichtet sein, also nicht nur zeitbezogen, sondern auch stückbezogen sein. Über die Stichtagsfeststellung oder den Zeitvergleich von Bestands- und Erfolgsgrößen soll das Rechnungswesen in erster Linie der Kontrolle der Wirtschaftlichkeit und der Rentabilität der betrieblichen Prozesse dienen und der Betriebsführung damit zugleich Unterlagen für ihre auf die Zukunft gerichteten Planungsüberlegungen liefern (**Dispositionsaufgabe**).

Neben diesen betriebsinternen Aufgaben hat das Rechnungswesen **externe Aufgaben**: auf Grund gesetzlicher Vorschriften dient es der Rechenschaftslegung und informiert – soweit es auf Grund gesetzlicher Vorschriften veröffentlicht oder freiwillig zur Einsicht freigegeben wird – die Gesellschafter (Aktionäre, Gesellschafter der GmbH, Kommanditisten usw.), die Gläubiger (Lieferanten, Kreditgeber), die Belegschaft, die Finanzbehörden und die Öffentlichkeit (potentielle Aktionäre und Gläubiger, staatliche Instanzen, wissenschaftliche Institute, Wirtschaftspresse, sonstige Interessierte) über die Vermögens-, Finanz- und Ertragslage des Betriebes (**Rechenschaftslegungs- und Informationsaufgabe**).

Aus der Verschiedenheit der Aufgaben hat sich eine Einteilung des betrieblichen Rechnungswesens in die folgenden **vier Teilgebiete** entwickelt, die in enger Verbindung miteinander stehen und zum Teil das gleiche Zahlenmaterial – allerdings unter verschiedenen Gesichtspunkten bzw. mit unterschiedlichen Zielsetzungen – verwenden. Es sind das:

(1) die Buchführung und Bilanz (Zeitrechnung)
(2) die Selbstkostenrechnung (Stückrechnung)
(3) die betriebswirtschaftliche Statistik
(4) die Planungsrechnung (Vorschaurechnung).

Diese Gliederung ist bis heute im Grundsatz im allgemeinen beibehalten worden, jedoch erweist es sich von der Aufgabenstellung der einzelnen Teilgebiete her als zweckmäßig, die beiden Bereiche der Buchführung – die Finanzbuchführung (Geschäftsbuchführung), aus der die Bilanz entwickelt wird, einerseits und die Betriebsbuchführung (kalkulatorische Buchführung, Betriebsabrechnung), die der Kostenerfassung und -verteilung dient, andererseits – zu trennen und letztere unter dem Oberbegriff Kostenrechnung mit der Selbstkostenrechnung (Kalkulation) zusammenzufassen. Dann ergibt sich folgende Einteilung:

(1) **Finanzbuchführung und Bilanz**
  (a) Buchführung
  (b) Inventar
  (c) Jahresabschluß (Jahresbilanz, Erfolgsrechnung und ggf. Anhang)
  (d) Sonderbilanzen, Zwischenbilanzen
(2) **Kostenrechnung**
  (a) Betriebsabrechnung (kalkulatorische Buchführung)
    (aa) Kostenartenrechnung
    (bb) Kostenstellenrechnung
    (cc) Kostenträger-Zeitrechnung
    (dd) kurzfristige Erfolgsrechnung
  (b) Selbstkostenrechnung (Kostenträger-Stückrechnung)
(3) **Betriebswirtschaftliche Statistik und Vergleichsrechnung**
  (a) Betriebswirtschaftliche Statistik
  (b) Einzelbetrieblicher Vergleich
    (aa) Zeitvergleich
    (bb) Verfahrensvergleich
    (cc) Soll-Ist-Vergleich
  (c) Zwischenbetrieblicher Vergleich
(4) **Planungsrechnung**

Alle Teilgebiete bestehen aus einem **theoretischen** und einem **angewandten** Teil. Beide lassen sich in der Darstellung in der Regel nicht scharf trennen. Theoretische Erkenntnisse können häufig nur dann praktisch angewendet werden, wenn sie „rechenbar" gemacht werden können. Nicht alles, was im Bereich des Rechnungswesens als richtig erkannt worden ist, läßt sich auch auf Mark und Pfennig ausrechnen. Die Anwendung verschiedener als theoretisch richtig erkannter Lösungen von Verteilungs- und Zurechnungsproblemen scheitert bisher daran, daß nicht alle für eine exakte Ausrechnung erforderlichen Größen quantifiziert werden können oder daß die Anwendung wirtschaftlich zweckmäßiger und auch rechenbarer Lösungen handels- und steuerrechtlich nicht erlaubt ist.

Aufbau und Organisation des Rechnungswesens sind von den spezifischen Gegebenheiten eines Betriebes abhängig, also beispielsweise vom Wirtschaftszweig, von der Wirtschafts- und Rechtsform, der Betriebsgröße, dem Fertigungsverfahren und dem Fertigungsprogramm.[1] Je nach dem **Wirtschaftszweig** liegt die Betonung bei der Abrechnung einmal mehr auf der Erfassung und Verteilung der Kosten zum Zwecke der genauen Ermittlung der Selbstkosten der Erzeugnisse und der Kontrolle der Wirtschaftlichkeit der Produktion (Industrie) oder auf der Kontrolle des Umsatzes und der Warenbestände (Handel). Die **Rechtsform** bedingt die Beachtung bestimmter Gliederungs- und Bewertungsvorschriften für Bilanz und Erfolgsrechnung. Die **Wirtschaftsform,** d. h. die Tatsache, daß die Betriebe erwerbswirtschaftlich oder gemeinwirtschaftlich geführt werden können, hat Einfluß auf die Kalkulation und Preispolitik. Von der **Betriebsgröße** hängt es ab, bis zu welchem Grad der Verfeinerung durch Anwendung komplizierter Abrechnungsmethoden, durch Einführung einer Normal- oder Plankostenrechnung und durch Verwendung der betriebswirtschaftlichen Statistik das Rechnungswesen ausgebaut werden kann. Das **Fertigungsprogramm** und die Fertigungsverfahren (z. B. die Anzahl der Artikel und ihre produktionstechnische Verwandtschaft oder Differenzierung) beeinflussen die Wahl der Kalkulationsverfahren (z. B. Divisionskalkulation bei Massenfertigung, Zuschlagskalkulation bei Fertigung verschiedener Serien).

Die Tatsache, daß im betrieblichen Rechnungswesen in zunehmendem Maße – und zwar nicht nur in Großbetrieben, sondern auch bis hin zu kleineren Handwerksbetrieben – die Verfahren der EDV Anwendung finden (z. B. **computergestützte Buchführung und Jahresabschlußrechnung**), hat nicht nur eine teilweise erhebliche Reduzierung der Personalkosten im Rechnungswesen zur Folge, die durch die Abschreibungen der EDV-Anlagen bei weitem nicht kompensiert wird, sondern führt auch zu einer bedeutenden Erweiterung des Informationswertes aller Bereiche des betrieblichen Rechnungswesens. Wer Programme für einzelne Gebiete des Rechnungswesens entwickeln oder von Dritten erworbene Programme nicht nur anwenden, sondern auch begreifen will, muß auch im Zeitalter der EDV die Grundlagen des Systems der doppelten Buchführung und die gesetzlichen Vorschriften über die Bilanzierung dem Grunde und der Höhe nach beherrschen und muß die bilanzpolitischen Spielräume, die diese Vorschriften bei der Aufstellung des Jahresabschlusses und bei der steuerlichen Gewinnermittlung gewähren, kennen. Auch der Einsatz von EDV-Programmen in der Kostenrechnung setzt eine genaue Kenntnis der Kostenrechnungsverfahren voraus.

2. Finanzbuchführung und Bilanz

Die Aufgabe der **Buchführung** besteht darin, alle in Zahlenwerten festgestellten wirtschaftlich bedeutsamen Vorgänge (Geschäftsvorfälle), die sich im Betrieb ereignen, in chronologischer Reihenfolge festzuhalten. Sie be-

---

[1] Vgl. Mellerowicz, K., Kosten und Kostenrechnung, Bd. II, Teil 1, 5. Aufl., Berlin 1974, S. 2.

ginnt mit der Gründung und endet mit der Liquidation eines Betriebes. Wirtschaftlich bedeutsam sind alle Vorgänge, die zur Änderung der Höhe und/oder der Zusammensetzung des Vermögens und des Kapitals eines Betriebes führen.

Alle in der Buchführung und Bilanz erfaßten Bestands- und Bewegungsgrößen werden in Geldeinheiten ausgedrückt. Die mengenmäßige Erfassung der Bestände erfolgt durch **Inventur** (körperliche Bestandsaufnahme) vor der Bilanzaufstellung und findet ihren Niederschlag in einem Bestandsverzeichnis, das als **Inventar** bezeichnet wird. Das Inventar enthält neben den durch körperliche Inventur ermittelten Beständen die Forderungen und Schulden des Betriebes, die nur durch Buchinventur ermittelt werden können. Alle Vermögensbestände und Schulden sind dabei art-, mengen- und wertmäßig aufzuführen. Die Bilanz unterscheidet sich vom Inventar dadurch, daß sie in der Regel Kontoform hat und keine mengenmäßigen, sondern nur art- und wertmäßige Angaben enthält. Außerdem zieht sie die vielen Arten von Wirtschaftsgütern zu Gruppen, sog. Bilanzpositionen, zusammen.

Die Buchführung ist also eine **Zeitrechnung.** Sie kann Finanzbuchführung (Geschäftsbuchführung) oder Betriebsbuchführung sein. Erstere erfaßt den gesamten Wertzuwachs oder Wertverbrauch sowie die Änderungen der Vermögens- und Kapitalstruktur während einer Zeitperiode (Jahr, Monat). Den gesamten Wertverbrauch einer Abrechnungsperiode bezeichnet man als **Aufwand,** den gesamten Wertzuwachs als **Ertrag.** Die in der Buchführung an einem Stichtag (Bilanzstichtag) erfaßten Bestände an Vermögen und an Kapital werden in der Bilanz, die erfaßten Aufwendungen und Erträge einer

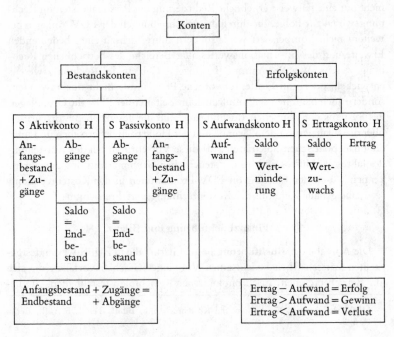

Abrechnungsperiode in der Erfolgsrechnung (Gewinn- und Verlustrechnung) gegenübergestellt.

Die Buchführung liefert alle Zahlenwerte, die zur Erstellung von Bilanzen – und zwar sowohl von Jahresbilanzen (Handels- und Steuerbilanz) als auch von Sonderbilanzen (z. B. Umwandlungs-, Fusions-, Liquidationsbilanzen) – benötigt werden. Außerdem stellt sie das für Liquiditäts- und Finanzkontrollen erforderliche Zahlenmaterial zur Verfügung.

Zur Erfassung der Geschäftsvorfälle bedient sich die Buchführung folgender Arten von Konten:

(1) **Bestandskonten.** Sie nehmen für jede Vermögens- und Kapitalart den Anfangsbestand einer Abrechnungsperiode auf, sammeln die Zugänge und Abgänge während der Periode, zeigen also die Bewegung der Bestände, und ermöglichen am Ende der Periode durch Gegenüberstellung von Anfangsbestand und Zugängen einerseits und Abgängen andererseits die Ermittlung des Endbestandes.

(2) **Erfolgskonten.** Sie sammeln – getrennt nach Aufwands- und Ertragsarten – die Aufwendungen und Erträge einer Abrechnungsperiode. Der Saldo zwischen sämtlichen Aufwendungen und Erträgen ergibt den Erfolg der Periode, der mit dem Eigenkapitalkonto verrechnet wird und als Gewinn das Eigenkapital vermehrt, als Verlust das Eigenkapital vermindert.

(3) Eine dritte Art von Konten sind die **gemischten Konten,** die eine Kombination von Bestands- und Erfolgskonten bilden. Bekanntestes Beispiel ist das ungeteilte (gemischte) Warenkonto. Diese Konten haben den Nachteil, daß ihr Saldo eine Mischung von Endbestandswert und Erfolg ist und sich folglich eine sinnvolle Aussage nur ergibt, wenn vor der Saldierung der durch Inventur festgestellte Endbestand eingesetzt wird, so daß der Saldo nur noch den Erfolg zeigt. Im Interesse einer klaren und übersichtlichen Buchführung und Bilanzierung sollten gemischte Konten durch Aufteilung in ein reines Bestands- und ein reines Erfolgskonto (z. B. Wareneinkaufskonto und Warenverkaufskonto) vermieden werden.

Der formale Aufbau der doppelten Buchführung ermöglicht die **Ermittlung des Periodenerfolges** in doppelter Weise:
(1) durch Vermögensvergleich:
   Erfolg = Vermögen am Ende der Periode – Vermögen am Anfang der Periode + Entnahmen – Einlagen;
(2) durch Aufwands- und Ertragsvergleich:
   Erfolg = Ertrag – Aufwand.
Alle Geschäftsvorfälle können mit einem der vier Typen von Buchungsfällen erfaßt werden. Es sind das:
(1) Der **Aktivtausch.** Er führt zu einer Veränderung der Vermögensstruktur, ohne daß sich die Bilanzsumme vergrößert oder verringert. Der Zugang auf einem Vermögenskonto entspricht dem Abgang auf einem anderen Vermögenskonto. Beispiel: Kauf von Rohstoffen gegen Barzah-

lung = Zunahme des Rohstoffbestandes und Abnahme des Kassenbestandes in gleicher Höhe.

(2) Der **Passivtausch.** Er führt zu einer Veränderung der Kapitalstruktur, ohne daß sich die Bilanzsumme vergrößert oder verringert. Der Zugang auf einem Kapitalkonto entspricht dem Abgang auf einem anderen Kapitalkonto. Beispiel: Umwandlung eines Lieferantenkredits in einen Wechselkredit = Abnahme des Kreditorenbestandes und Zunahme des Schuldwechselbestandes (Akzepte) in gleicher Höhe.

(3) Die **Bilanzverlängerung.** Aktiv- und Passivseite vermehren sich um den gleichen Betrag. Dem Zugang auf einem Vermögenskonto entspricht ein Zugang auf einem Kapitalkonto in gleicher Höhe oder umgekehrt. Die Bilanzsumme nimmt zu. Beispiel: Kauf von Waren auf Kredit = Zunahme des Warenbestandes und Zunahme des Kreditorenbestandes in gleicher Höhe.

(4) Die **Bilanzverkürzung.** Aktiv- und Passivseite vermindern sich um den gleichen Betrag. Einem Abgang auf einem Vermögenskonto entspricht ein Abgang auf einem Kapitalkonto in gleicher Höhe oder umgekehrt. Die Bilanzsumme nimmt ab. Beispiel: Bezahlung einer Lieferantenschuld = Abnahme des Bankbestandes und Abnahme des Kreditorenbestandes in gleicher Höhe.

Erfolgswirksame Geschäftsvorfälle ändern die Höhe des Eigenkapitals und führen entweder zu einer Bilanzverkürzung oder zu einer Bilanzverlängerung.

3. Die Kostenrechnung

Die Betriebsabrechnung (Betriebsbuchführung) bildet zusammen mit der Selbstkostenrechnung (Kalkulation) das Gebiet der Kostenrechnung, deren Aufgabe die Erfassung, Verteilung und Zurechnung der Kosten ist, die bei der betrieblichen Leistungserstellung und -verwertung entstehen, zu dem Zwecke,

(1) durch Vergleich der Kosten mit der erzielten Leistung und somit durch Feststellung des Erfolges (kurzfristige Erfolgsrechnung) eine **Kontrolle der Wirtschaftlichkeit** des Betriebsprozesses zu ermöglichen und dadurch eine Grundlage für betriebliche Dispositionen zu schaffen und

(2) auf der Grundlage der ermittelten Selbstkosten der Leistungen (Kostenträger) eine **Kalkulation des Angebotspreises** bzw. die Feststellung der Preisuntergrenze zu ermöglichen.

Die Kostenrechnung erfaßt nur den Teil des Wertverbrauchs und Wertzuwachses, der durch die Erfüllung der spezifischen Aufgaben des Betriebes (Erzeugung und Absatz von Gütern und Leistungen) verursacht wird, nicht dagegen betriebsfremde und außerordentliche Aufwendungen und Erträge, die neben den betriebsbedingten Aufwendungen und Erträgen in der Finanzbuchführung aufgezeichnet werden.

Den Wertverbrauch, der bei der Erstellung der Betriebsleistungen erfolgt, bezeichnet man als **Kosten,** den entstandenen Wertzuwachs als **Leistung.** Während in der Finanzbuchführung nur der Wertverzehr erfaßt wird, der mit Ausgaben verbunden war (Aufwand), bezieht die Betriebsbuchführung auch den Wertverzehr ein, der – ohne Ausgaben zu verursachen – durch die Erstellung der Betriebsleistungen hervorgerufen wird.[2] Da die Erfassung und Verteilung der Kosten in der Regel nicht nur mit Hilfe der Buchführung, sondern teilweise auch mit Hilfe statistischer Methoden erfolgen kann, ist die Bezeichnung Betriebsbuchführung als zu eng anzusehen. Sie wird deshalb in zunehmendem Maße durch die Bezeichnung **Betriebsabrechnung** ersetzt. Sie ist eine Periodenrechnung, die als **Kostenartenrechnung** ermittelt, welche Arten von Kosten im Betrieb angefallen sind (z. B. Personalkosten, Materialkosten, Abschreibungen, Zinsen, Kosten für Dienstleistungen Dritter, Steuern usw.) und als **Kostenstellenrechnung** die Kostenarten auf die einzelnen Kostenbereiche verteilt (z. B. Beschaffungs-, Fertigungs-, Verwaltungs- und Vertriebsbereich), um durch die Feststellung, wo die Kosten verursacht worden sind, eine genaue Zurechnung der Kosten auf die Leistungen der Periode **(Kostenträgerzeitrechnung)** und durch Vergleich der Kostenstellenkosten mit anderen Größen z. B. eine Kontrolle der Wirtschaftlichkeit in den einzelnen Kostenentstehungsbereichen zu ermöglichen.

Die **Selbstkostenrechnung** (Kalkulation) führt als Kostenträger-Stückrechnung – aufbauend auf der Kostenarten- und Kostenstellenrechnung – die Zurechnung der Kosten auf die einzelne Leistung durch, d. h. sie ermittelt die Selbstkosten und schafft damit die Grundlage für die Preispolitik (Feststellung der Preisuntergrenzen bzw. Kalkulation des Angebotspreises). Wird die Selbstkostenrechnung vor der Erstellung der Betriebsleistung durchgeführt, so bezeichnet man sie als Vorkalkulation, erfolgt sie nach Abschluß der Leistungserstellung, so spricht man von Nachkalkulation.

Zwischen der Finanzbuchführung und der Bilanz einerseits und der Kostenrechnung andererseits bestehen enge Wechselbeziehungen. Die Bestände an Halb- und Fertigfabrikaten und die vom Betrieb für die eigene Verwendung erstellten Werkzeuge und Maschinen werden in der Bilanz mit ihren Herstellungskosten bewertet, die in der Kostenrechnung ermittelt werden. Die Finanzbuchführung zeichnet zwar die in einer Periode verbrauchten Aufwandsarten (Löhne, Gehälter, Material usw.) auf, verteilt sie aber nicht auf die einzelnen Leistungen (Kostenträger). Das ist Aufgabe der Betriebsabrechnung.

Ein wesentlicher Unterschied zwischen Finanzbuchführung und Bilanz einerseits und Kostenrechnung andererseits ist darin zu sehen, daß die Bilanz eine periodische Rechenschaftslegung ist, die der Betrieb (Unternehmer, Geschäftsführer, verfassungsmäßige Organe von Kapitalgesellschaften) sowohl den Eigenkapitalgebern (Mitunternehmer, Anteilseigner von Kapitalgesellschaften) als auch den Fremdkapitalgebern (Gläubigern) sowie den Finanzbehörden zu geben hat.

Die Verpflichtung zur Rechenschaftslegung **beruht auf Gesetz;** auch ihr Umfang, ihre Form und ihr Inhalt (Bilanzgliederung, Bilanzbewertung

---

[2] Zur Abgrenzung der Begriffe vgl. S. 972 ff.

usw.) sind gesetzlich geregelt. Sie trifft stets den Betrieb als rechtliche Einheit in seiner Gesamtheit und richtet sich nach außen.

Aufbau und Organisation der Kostenrechnung dagegen sind in das **Ermessen des Betriebes** gestellt. Die Kostenrechnung ist eine innerbetriebliche Angelegenheit. Sie dient nicht der Rechenschaftslegung gegenüber einem bestimmten Personenkreis. Ihr Gegenstand ist nicht der gesamte betriebliche Prozeß eines Zeitraumes und der Zustand an einem Zeitpunkt, sondern sie kann sich je nach der vom Betrieb gewünschten Ausgestaltung auf einzelne betriebliche Bereiche (Kostenstellen) oder auf einzelne Produkte (Kostenträger) richten. Die Länge des Abrechnungszeitraums kann vom Betrieb ebenso bestimmt werden wie das angewandte Verrechnungsverfahren (z. B. Istkosten-, Normalkosten- oder Plankostenrechnung, Vollkosten- oder Teilkostenrechnung u. a.).

4. Die betriebswirtschaftliche Statistik und Vergleichsrechnung

Diese Zweige des Rechnungswesens werten neben anderen Unterlagen die Zahlen der Buchführung, der Bilanz und der Kostenrechnung zur Kontrolle der Wirtschaftlichkeit und zur Gewinnung von Unterlagen für die Planung und Disposition aus. Während Buchführung, Bilanz und Kostenrechnung in erster Linie Werte, Wertbewegungen und Wertveränderungen erfassen, gewinnt die betriebswirtschaftliche Statistik durch Vergleichen von betrieblichen Tatbeständen und Entwicklungen mit Hilfe sog. betrieblicher **Kennzahlen** (z. B. der Entwicklung der Produktion, der Lagerbewegungen, der Umsätze in verschiedenen Monaten) oder durch Feststellung von Beziehungen und Zusammenhängen zwischen betrieblichen Größen (z. B. Beziehungen zwischen Eigenkapital und Gewinn, zwischen eingesetztem Material und Materialabfall, zwischen Lohnkosten und Gesamtkosten) neue zusätzliche Erkenntnisse über betriebliche Vorgänge und Erscheinungen. Die betriebswirtschaftliche Statistik dient also wie die übrigen Zweige des Rechnungswesens selbständig der betrieblichen Kontrolle, Planung und Disposition.

Als rein formale Methode findet die betriebswirtschaftliche Statistik daneben auch in den übrigen Teilen des Rechnungswesens Anwendung und tritt hier entweder an die Stelle anderer Rechnungsverfahren oder ergänzt sie.

Die Vergleichsrechnung (Betriebsvergleich) kann als **Zeitvergleich** die Entwicklung bestimmter betrieblicher Größen im Zeitablauf (z. B. die Umsatzentwicklung, die Produktionsentwicklung usw.) erfassen, als **Verfahrensvergleich** die Wirtschaftlichkeit verschiedener Verfahren (z. B. Fertigungsverfahren) ermitteln oder als **Soll-Ist-Vergleich** Soll-Werte, d. h. vorgegebene Richtgrößen (z. B. Plankosten) den Ist-Werten, d. h. den tatsächlich angefallenen Größen, gegenüberstellen.

Sie kann ferner als **zwischenbetrieblicher Vergleich** Betriebe derselben oder verschiedener Branchen vergleichen oder Kennzahlen des eigenen Betriebes an Hand von Branchendurchschnittszahlen (Richtzahlen) überprüfen. Die Methoden der Betriebsstatistik dienen hier als Hilfsmittel.

5. Die Planungsrechnung

Sie stellt eine mengen- und wertmäßige Schätzung der erwarteten betrieblichen Entwicklung dar und hat die Aufgabe, die betriebliche Planung in Form von Voranschlägen der zukünftigen Ausgaben und Einnahmen zahlenmäßig zu konkretisieren.

Sie bedient sich einerseits des bereits von der Buchhaltung, der Bilanz, der Kostenrechnung und der betriebswirtschaftlichen Statistik erfaßten und verarbeiteten Zahlenmaterials; da jedoch jede Planung in die Zukunft gerichtet ist, müssen andererseits auch die **Zukunftserwartungen** geschätzt und in Rechnung gestellt werden. Je unvollkommener die Informationen der Betriebsführung sind, desto größer sind die Unsicherheiten und Risiken, die in den Erwartungen stecken.

Die Planungsrechnung läßt sich nicht immer scharf von den anderen Teilgebieten des Rechnungswesens abgrenzen. So ist z. B. die Kostenplanung in Form einer Plankostenrechnung ihrem Wesen nach eine Planungsrechnung, zugleich aber als Bestandteil der Kostenrechnung anzusehen.

Mit zunehmender Betriebsgröße und zunehmender Differenzierung des Fertigungsprogramms bzw. des Sortiments werden die Planungsaufgaben immer schwieriger. Ihre Lösung erfordert die Anwendung immer komplizierterer Rechenverfahren. Der betriebliche Gesamtplan setzt sich aus einer Anzahl von Teilplänen zusammen, die auf Grund der Rahmenplanung der Betriebsführung von den einzelnen betrieblichen Funktionsbereichen aufgestellt und von der Betriebsführung koordiniert werden müssen. Solche Teilpläne sind z. B. der Absatzplan, der Produktionsplan und der Finanzplan, die ihrerseits wiederum aus verschiedenen Teilplänen bestehen.

Zur Lösung schwieriger Planungs- und Koordinierungsprobleme sind nach dem Zweiten Weltkriege wissenschaftliche Methoden und Verfahren entwickelt worden, die gewöhnlich unter der Bezeichnung Unternehmensforschung (Operations Research) zusammengefaßt werden. Die **Unternehmensforschung** arbeitet mit mathematischen Entscheidungsmodellen, zu deren rechnerischen Lösung spezielle mathematische Verfahren verwendet werden. Die betriebliche Planungsrechnung hat durch die Entwicklung des Operations Research und die Bewältigung ihrer schwierigen Rechnungen mit Hilfe von EDV-Anlagen eine erhebliche Erweiterung und Verfeinerung erfahren. Die wichtigsten dieser Verfahren wurden aus didaktischen Gründen bereits im Zusammenhang mit der betrieblichen Planung behandelt.[3] (**ÜB 6** 1)

---

[3] Vgl. S. 170 ff.

II. Die Grundbegriffe des betrieblichen Rechnungswesens[1]

1. Übersicht

Die Betriebswirtschaftslehre hat zur Bezeichnung der vom betrieblichen Rechnungswesen erfaßten Zahlungs- und Leistungsvorgänge eine eigene Terminologie entwickelt. Sie benutzt vier Begriffspaare, die auch im täglichen Sprachgebrauch Anwendung finden, dort aber nicht die scharfe begriffliche Trennung erfahren wie in der Betriebswirtschaftslehre, sondern teilweise synonym verwendet werden. Es handelt sich um folgende Begriffspaare:

(1) Einzahlungen – Auszahlungen;
(2) Einnahmen – Ausgaben;
(3) Ertrag – Aufwand;
(4) Leistung – Kosten.

Das Steuerrecht verwendet in den Vorschriften über die Gewinnermittlung mit Hilfe der Steuerbilanz ein weiteres Begriffspaar, das sich mit keinem der oben genannten in vollem Umfange deckt:

(5) Betriebseinnahmen – Betriebsausgaben.

Bei allen genannten betriebswirtschaftlichen Begriffen handelt es sich um **Strömungsgrößen,** also um Zahlungs- bzw. Leistungsvorgänge, die sich innerhalb einer bestimmten Periode ereignen. Diese Strömungsgrößen führen zu einer Veränderung von **Bestandsgrößen,** wobei die „positiven" Strömungsgrößen (Einzahlung, Einnahme, Ertrag, Leistung) eine Bestandserhöhung, die „negativen" (Auszahlung, Ausgabe, Aufwand, Kosten) eine Bestandsverminderung hervorrufen. Dabei bewirkt jedes der vier Begriffspaare die Veränderung eines anders definierten Bestandes. Die Differenz zwischen der „positiven" Strömungsgröße einer Periode (Bestandserhöhung) und der dazugehörigen „negativen" Strömungsgröße einer Periode (Bestandsminderung) ergibt die Veränderung (Erhöhung oder Verminderung) des betreffenden Bestandes in dieser Periode.

2. Einzahlungen – Einnahmen; Auszahlungen – Ausgaben

Die Summe aus **Kassenbeständen** und jederzeit verfügbaren **Bankguthaben,** also den Bestand an liquiden Mitteln, bezeichnet man als **Zahlungsmittelbestand.** Jeder Vorgang, bei dem der Zahlungsmittelbestand zunimmt, ist eine Einzahlung, jeder Vorgang, der zu einer Abnahme des Zahlungsmittelbestandes führt, ist eine Auszahlung.

Beispiele für **Einzahlungen** sind folgende Vorgänge: Bareinlagen, Aufnahme eines Barkredits (z. B. Bankdarlehen), Bartilgung eines vom Betrieb gegebenen Finanzkredits, Bartilgung eines vom Betrieb gegebenen Lieferan-

[1] Entnommen aus: Wöhe, G., Bilanzierung und Bilanzpolitik, 8. Aufl., München 1992, S. 9ff.

tenkredits, Vorauszahlungen an den Betrieb, Barverkauf von Fertigfabrikaten oder Waren.

Beispiele für **Auszahlungen** sind folgende Vorgänge: Barentnahme, eigene Barausleihungen (Finanzkredit), Bartilgung eines in einer früheren Periode empfangenen Finanzkredits, Bartilgung eines Lieferantenkredits, Vorauszahlungen für später eingehende Produktionsfaktoren, Barkauf von Produktionsfaktoren.

Als **Geldvermögen** wird die Summe aus Zahlungsmittelbestand (Kassenbestände und jederzeit verfügbare Bankguthaben) und Bestand an sonstigen Forderungen[2] abzüglich des Bestandes an Verbindlichkeiten bezeichnet.[3]

Jeden Geschäftsvorfall, der zu einer Erhöhung des Geldvermögens führt, nennt man **Einnahme**; jeder Geschäftsvorfall, der eine Verminderung des Geldvermögens hervorruft, wird als **Ausgabe** bezeichnet.

Damit wird deutlich, daß der Begriffsinhalt der Strömungsgrößen von der Definition des zugehörigen Bestandes abhängig ist. Der Zusammenhang zwischen Änderungen des Zahlungsmittelbestandes und des Geldvermögens, oder anders ausgedrückt zwischen Ein- und Auszahlungen einerseits und Einnahmen und Ausgaben andererseits wird im folgenden genauer aufgezeigt.

Einzahlungen (Periode) (= Erhöhungen des Zahlungsmittelbestandes)	
Einzahlungen, keine Einnahmen (1)	Einzahlungen = Einnahmen (2)

Einnahmen = Einzahlungen (2)	Einnahmen, keine Einzahlungen (3)
Einnahmen (Periode) (= Erhöhungen des Geldvermögens)	

Fall 1: Einzahlungen, aber keine Einnahmen

Es handelt sich um Vorgänge, durch die sich der Zahlungsmittelbestand erhöht, ohne daß sich das Geldvermögen verändert. Das ist nur möglich, wenn sich eine der beiden Komponenten des Geldvermögens (außer dem Zahlungsmittelbestand), also entweder die sonstigen Forderungen oder die Verbindlichkeiten, in gleicher Höhe, aber in entgegengesetzter Richtung verändern, wodurch die Erhöhung des Zahlungsmittelbestandes gerade kompensiert wird.

---

[2] Gemeint sind alle „übrigen" Forderungen, die nicht bereits im Zahlungsmittelbestand enthalten sind.

[3] Forderungen und Verbindlichkeiten werden als Geldforderungen und Geldverbindlichkeiten verstanden; Sachforderungen und Sachverbindlichkeiten werden hier noch nicht erfaßt.

Beispiele:

(1) Aufnahme eines Barkredits (z. B. Bankdarlehen).
Im Umfang des gewährten Kredits (z. B. 1.000 DM) fließen liquide Mittel zu (Einzahlung). Gleichzeitig entsteht jedoch eine Verbindlichkeit, so daß die Summe aus Zahlungsmittelbestandserhöhung (1.000 DM) + Erhöhung sonstiger Forderungen (0 DM) ./. Erhöhung von Verbindlichkeiten (1.000 DM) Null ist, d. h. eine Änderung des Geldvermögens liegt nicht vor.
Die gleichen Auswirkungen hat eine erhaltene Anzahlung.

Einzahlungen	+	Forderungszugang	./.	Schuldenzugang	=	Einnahmen
1.000	+	0	./.	1.000	=	0

Änderung des Zahlungsmittelbestands	= + 1.000
Änderung des Geldvermögens	= ± 0

(2) Bartilgung eines vom Betrieb gegebenen Finanzkredits.
Auch hier wird die Zunahme des Zahlungsmittelbestandes (Einzahlung) durch eine betragsgleiche entgegengerichtete Veränderung der übrigen Komponenten des Geldvermögens kompensiert. Das zeigt folgende Rechnung (Tilgung in Höhe von 500 DM unterstellt) unter Beachtung der richtigen Vorzeichen:

Zunahme der liquiden Mittel	+ 500
+ Erhöhung der sonstigen Forderungen	− 500
./. Erhöhung der Verbindlichkeiten	+ 0

Geldvermögensänderung	= 0

Einzahlungen	./.	Forderungsabgang	±	Schuldenänderung	=	Einnahmen
500	./.	500	±	0	=	0

Änderung des Zahlungsmittelbestands	= + 500
Änderung des Geldvermögens	= ± 0

Fall 2: Einzahlungen = Einnahmen
Hierbei handelt es sich um Geschäftsvorfälle, die zu einer Erhöhung sowohl des Bestandes an liquiden Mitteln (Zahlungsmittelbestand) als auch der Summe aus Zahlungsmittelbestand und sonstigen Forderungen abzüglich Verbindlichkeiten (Geldvermögen) führen. Der Einzahlung darf also keine kompensierende Veränderung der beiden übrigen Komponenten des Geldvermögens (sonstige Forderungen und Verbindlichkeiten) gegenüberstehen.

Beispiele:
Barzuführung von 1.000 DM Eigenkapital, Barverkauf von Fertigfabrikaten oder Waren (1.000 DM).

Einzahlungen	±	Forderungsänderung	±	Schuldenänderung	=	Einnahmen
1.000	±	0	±	0	=	1.000

Änderung des Zahlungsmittelbestandes	= + 1.000
Änderung des Geldvermögens	= + 1.000

Fall 3: Einnahmen, aber keine Einzahlungen

Derartige Geschäftsvorfälle erhöhen das Geldvermögen, ohne den Zahlungsmittelbestand zu beeinflussen. Das ist nur möglich, wenn sich eine der Komponenten des Geldvermögens ändert, die nicht Bestandteil des Zahlungsmittelbestandes ist (sonstige Forderungen, Verbindlichkeiten).

Beispiel: Warenverkauf auf Ziel in Höhe von 600 DM.

Während die liquiden Mittel durch diesen Vorgang nicht berührt werden, erhöhen sich die sonstigen Forderungen um den Verkaufspreis. Da die dritte Komponente des Geldvermögens, der Bestand an Verbindlichkeiten, unverändert bleibt, ergibt sich eine Geldvermögenserhöhung in Höhe der Zunahme der sonstigen Forderungen.

Einzahlungen	+	Forderungszugang	±	Schuldenänderung	=	Einnahmen
0	+	600	±	0	=	600

Änderung des Zahlungsmittelbestandes	= 0
Änderung des Geldvermögens	= + 600

In gleicher Weise können die „negativen" Bestandsveränderungen, also die Auszahlungen und Ausgaben, einander gegenübergestellt werden.

Auszahlungen (Periode) (= Verminderung des Zahlungsmittelbestandes)	
Auszahlungen, keine Ausgaben (1)	Auszahlungen = Ausgaben (2)
Ausgaben = Auszahlungen (2)	Ausgaben, keine Auszahlungen (3)
Ausgaben (Periode) (= Verminderung des Geldvermögens)	

Fall 1: Auszahlungen, aber keine Ausgaben

In diesen Fällen steht der Verringerung der liquiden Mittel (Auszahlungen) eine betragsgleiche entgegengerichtete Veränderung der beiden übrigen

Komponenten des Geldvermögens gegenüber, durch die die Verminderung des Zahlungsmittelbestands gerade kompensiert wird.

Beispiele:
(1) Bartilgung eines in einer früheren Periode empfangenen Finanzkredits. Zahlt der Betrieb ein bei einer Bank aufgenommenes Darlehen in Höhe von 20.000 DM in bar zurück, so nehmen seine liquiden Mittel (Kassenbestände und jederzeit verfügbare Bankguthaben[4]) um 20.000 DM ab. Im gleichen Umfang ergibt sich eine Verringerung der Verbindlichkeiten. In die Definitionsgleichung für Geldvermögensänderungen – unter Beachtung der richtigen Vorzeichen – eingesetzt ergibt dies:

Zahlungsmittelbestandsverminderung (– 20.000 DM)
+ Erhöhung des Bestandes an sonstigen Forderungen (0 DM)
./. Verminderung des Bestandes an Verbindlichkeiten (+ 20.000 DM)

Auszahlungen	± Forderungsänderung	+ Schuldenabgang	= Ausgaben
./. 20.000	± 0	+ 20.000	= 0

Änderung des Zahlungsmittelbestandes	= ./. 20.000
Änderung des Geldvermögens	= 0

(2) Eigene Barausleihungen (Finanzkredit)
Gewährt der Betrieb einen Kredit, z. B. in Höhe von 7.000 DM, und zahlt er diesen dem Kreditnehmer in bar aus, so vermindert sich der Bestand an liquiden Mitteln (Zahlungsmittelbestand) um 7.000 DM. Da die sonstigen Forderungen entsprechend um 7.000 DM zunehmen und die Verbindlichkeiten durch diesen Vorgang nicht berührt werden, kompensieren sich Zahlungsmittelbestandsverringerung und Erhöhung des sonstigen Geldvermögens; das Geldvermögen bleibt unverändert.

Auszahlungen	+ Forderungszugang	± Schuldenänderung	= Ausgaben
./. 7.000	+ 7.000	± 0	= 0

Änderung des Zahlungsmittelbestandes	= ./. 7.000
Änderung des Geldvermögens	= 0

Fall 2: Auszahlungen = Ausgaben
Bei derartigen Geschäftsvorfällen nimmt außer den Kassenbeständen und den jederzeit verfügbaren Bankguthaben (Zahlungsmittelbestand) auch die Summe aus Zahlungsmittelbestand + Bestand an sonstigen Forderungen ./. Bestand an Verbindlichkeiten ab, was nur möglich ist, wenn die übrigen Komponenten des Geldvermögens außer dem Zahlungsmittelbestand unverändert bleiben.

---

[4] Bankverbindlichkeiten sind also nicht Bestandteil des Zahlungsmittelbestandes.

Beispiele:
Barentnahme in Höhe von 5.000 DM, Bareinkauf von Produktionsfaktoren (5.000 DM).

Auszahlungen	±	Forderungsänderung	±	Schuldenänderung	=	Ausgaben
./. 5.000	±	0	±	0	=	./. 5.000

Änderung des Zahlungsmittelbestandes	= ./. 5.000
Änderung des Geldvermögens	= ./. 5.000

Fall 3: Ausgaben, aber keine Auszahlungen
Diese Geschäftsvorfälle vermindern bei unverändertem Zahlungsmittelbestand das Geldvermögen. Das ist nur bei einer entsprechenden Veränderung der beiden Komponenten „Bestand an sonstigen Forderungen" und „Bestand an Verbindlichkeiten" möglich.

Beispiel: Wareneinkauf auf Ziel in Höhe von 800 DM.

Es erhöhen sich lediglich die Verbindlichkeiten, die Zahlungsmittelbestände und der Bestand an sonstigen Forderungen ändern sich nicht. Das Geldvermögen reduziert sich in Höhe der Zunahme der Verbindlichkeiten.

Auszahlungen	±	Forderungsänderung	./.	Schuldenzugang	=	Ausgaben
0	±	0	./.	800	=	./. 800

Änderung des Zahlungsmittelbestandes	= 0
Änderung des Geldvermögens	= ./. 800

3. Einnahmen – Ertrag; Ausgaben – Aufwand

Die Summe aus **Geldvermögen** und **Sachvermögen,** also die Summe aus dem Bestand an Kassenbeständen und jederzeit verfügbaren Bankguthaben, dem Bestand an sonstigen Forderungen sowie dem Bestand an Sachvermögen, für dessen Bewertung die Wertansätze der Finanzbuchhaltung herangezogen werden, abzüglich des Bestandes an Verbindlichkeiten, wird als Netto- oder **Reinvermögen** bezeichnet. Jeden Vorgang, der zu einer Erhöhung dieses Nettovermögens führt, nennt man Ertrag, jeden Geschäftsvorfall, der eine Verminderung des Nettovermögens hervorruft, Aufwand.

Die Beziehungen zwischen Einnahmen und Erträgen einer Periode können dreifacher Art sein (vgl. Schaubild auf S. 978):

Fall 1: Einnahmen, aber keine Erträge

Hier handelt es sich um Geschäftsvorfälle, die das Geldvermögen erhöhen, bei denen aber eine betragsgleiche Sachvermögensverringerung zu einer Kompensation der Geldvermögenserhöhung führt, so daß das Nettovermögen unverändert bleibt.

Einnahmen (Periode) (= Erhöhungen des Geldvermögens)	
Einnahmen, keine Erträge (1)	Einnahmen = Erträge (2)
Erträge = Einnahmen (2)	Erträge, keine Einnahmen (3)
Erträge (Periode) (= Erhöhungen des Nettovermögens)	

Beispiele:

(1) Verkauf von Sachvermögen zum Buchwert von 2.000 DM, also zu dem Wertansatz, zu dem der verkaufte Gegenstand vorher in der Finanzbuchhaltung erfaßt war, unabhängig von Art und Zeitpunkt der Zahlung. Dies gilt für den Verkauf aller Sachvermögensbestandteile, also auch für den Verkauf von Waren und Fertigfabrikaten, falls dieser gerade zu dem Wert erfolgt, mit denen sie zu Buche standen,[5] denn diese Gegenstände verlassen beim Verkauf den Betrieb, was zu einer Verminderung des Sachvermögens in Höhe der Buchwerte der verkauften Waren bzw. Fertigfabrikate führt.

Sachvermögensabgang+Geldvermögenszugang=Nettovermögensänderung
                    (Einnahmen)   (Ertrag)
    ./. 2.000   +   2.000   =   0

Es erweist sich jedoch insbesondere für die Trennung in Wareneinkaufs- und Warenverkaufskonto als vorteilhaft, den Verkaufsvorgang gedanklich in einen Aufwand, der durch das Hingeben der Ware entsteht, und einen Ertrag, der sich durch das gleichzeitige Entstehen der Forderung bzw. durch den gleichzeitigen Zahlungsvorgang ergibt, zu zerlegen. Im Falle des Verkaufs zum Buchwert entsprechen sich Aufwand und Ertrag, so daß das Nettovermögen unverändert bleibt.

(2) Bei der Produktion der betrieblichen Erzeugnisse findet eine Umformung der verbrauchten Sachvermögensbestandteile „Produktionsfaktoren" (= Aufwand) in die mit dem gleichen Wertansatz (Herstellungskosten) versehenen Sachvermögensbestandteile „Fertigfabrikate" (= Ertrag) statt, die das Nettovermögen nicht verändert. Auch bei einem Verkauf der Fertigfabrikate zum Buchwert ändert sich – analog zum Verkauf

---

[5] Auf die Ermittlung der Wertansätze für Waren und Fertigfabrikate in der Finanzbuchhaltung soll hier nicht eingegangen werden; vgl. dazu S. 1099 ff.

von Waren zum Buchwert – das Nettovermögen nicht; trotzdem wird eine gedankliche Trennung dieses Vorgangs in einen Güterabgang (= Aufwand) und einen entsprechenden Ertrag vorgenommen. In beiden Fällen steigt jedoch das Geldvermögen um den Verkaufserlös.

Fall 2: Einnahmen = Erträge

Es tritt eine Erhöhung sowohl des Geldvermögens als auch des Nettovermögens ein. Das ist nur möglich, wenn der Erhöhung des Geldvermögens keine gleichhohe Verminderung des Sachvermögens gegenübersteht.

Beispiele:

(1) Entstehung eines Zinsanspruchs in Höhe von 1.500 DM gegenüber einem Kreditnehmer. Unabhängig davon, ob diese Zinszahlung in bar (Einzahlung = Einnahme) oder auf dem Bankkonto mit Guthaben (Einzahlung = Einnahme) oder auf dem Bankkonto, das Schulden gegenüber der Bank ausweist (Einnahme, aber keine Einzahlung) eingeht, oder ob überhaupt noch keine Zahlung erfolgt (Einnahme, aber keine Einzahlung), handelt es sich in allen Fällen um eine Erhöhung des Geldvermögens. Dieser steht jedoch keine Verringerung des Sachvermögens gegenüber, es tritt also auch eine Erhöhung des Nettovermögens ein.

Sachvermögensänderung	+	Geldvermögenszugang	=	Nettovermögenszugang
		(Einnahmen)		(Ertrag)
0	+	1.500	=	1.500

(2) Beim Verkauf von Waren und Fertigfabrikaten zu einem über dem in der Finanzbuchhaltung gewählten Wertansatz liegenden Preis (2.000 DM) ergibt sich in Höhe des Buchwertes (1.800 DM) lediglich eine Erhöhung des Geldvermögens, jedoch keine Erhöhung des Nettovermögens, weil eine gleich hohe Verminderung des Sachvermögens eintritt.[6] Nur die Differenz zwischen (höherem) Verkaufspreis und Buchwert stellt eine Einnahme (200 DM) dar, der keine Sachvermögensminderung gegenübersteht, d. h. diese Differenz ist nicht nur eine Einnahme, sondern auch ein über den gleichzeitig entstehenden Aufwand hinausgehender Ertrag, also ein Nettovermögenszugang.

Sachvermögensabgang	+	Geldvermögenszugang	=	Nettovermögenszugang
		(Einnahmen)		(Ertrag)
./. 1.800	+	2.000	=	200

Fall 3: Erträge, aber keine Einnahmen

Hier handelt es sich um Geschäftsvorfälle, die zwar zu einer Erhöhung des Nettovermögens führen, jedoch das Geldvermögen unverändert lassen. Es muß sich also notwendigerweise um eine Zunahme des Sachvermögensbestandes handeln.

---

[6] Aufwand und Ertrag aus dem Verkauf gleichen sich gerade aus (vgl. Fall 1, S. 977)

Beispiele:
Der Betrieb erhält einen Sachvermögensgegenstand geschenkt, oder (weniger unrealistisch) es wird eine Werterhöhung eigener Sachvermögensgegenstände vorgenommen, z. B. werden Wertpapiere des Anlagevermögens, deren Wert um 1.500 DM gestiegen ist, ohne damit die Anschaffungskosten zu überschreiten, entsprechend höher bilanziert.

Sachvermögenszugang	±	Geldvermögensänderung	=	Nettovermögenszugang
		(Einnahme)		(Ertrag)
1.500	±	0	=	1.500

Analog zu den Beziehungen zwischen Einnahmen und Erträgen können auch die Beziehungen zwischen **Ausgaben** und **Aufwand** dreifacher Art sein:

Ausgaben (Periode)	
(= Verminderung des Geldvermögens)	
Ausgaben, kein Aufwand (1)	Ausgaben = Aufwand (2)
Aufwand = Ausgaben (2)	Aufwand, keine Ausgaben (3)
Aufwendungen (Periode)	
(= Verminderung des Nettovermögens)	

Fall 1: Ausgaben, aber kein Aufwand
Der Verminderung des Geldvermögens steht eine betragsgleiche Erhöhung des Sachvermögens kompensierend gegenüber, so daß das Nettovermögen unverändert bleibt.

Beispiele:
(1) Kauf von Sachvermögen (Maschine) im Wert von 10.000 DM und Ansatz in der Finanzbuchhaltung zu den Anschaffungskosten, unabhängig von der Art und dem Zeitpunkt der Zahlung. Das gilt sowohl für Sachvermögensgegenstände, die für immer im Betrieb bleiben sollen, auch wenn sie in ihrem Wertansatz in der Regel nicht unter die Anschaffungskosten sinken, also nicht zu Aufwand führen (so z. B. Grundstücke), als auch für Maschinen, deren Nutzung in den folgenden Perioden Abschreibungsaufwand verursacht, als auch für Waren, die im Zeitpunkt ihres Verkaufs zu Aufwand in Höhe des Buchwertes führen.[7]

---

[7] Erfolgt der Verkauf in der Periode der Anschaffung, so fallen in der gleichen Periode die Ausgaben und der Aufwand an, während beim Verkauf in einer der folgenden Perioden der

Sachvermögenszugang./.Geldvermögensabgang = Nettovermögensabgang
          (Ausgabe)   (Aufwand)
    10.000   ./.   10.000   =   0

(2) Verwendung von Rückstellungen:

Rückstellungen haben die Aufgabe, Aufwendungen, die in der Abrechnungsperiode verursacht worden sind, aber erst in einer späteren Periode zu einer Ausgabe führen, zu erfassen (z. B. Steuerrückstellungen). Tritt die Ausgabe dann in einer späteren Periode ein, so beeinflußt sie nur noch das Geldvermögen, während das bereits im Jahre der Verursachung verminderte Nettovermögen von diesem Vorgang unberührt bleibt.[8]

Fall 2: Ausgaben = Aufwand

Geschäftsvorfälle dieser Art vermindern sowohl das Geldvermögen als auch das Nettovermögen. Das bedeutet, daß der Verringerung des Geldvermögens keine betragsmäßig gleiche Erhöhung des Sachvermögens entgegenwirken darf.

Beispiel:

Entstehung einer Zinszahlungsverpflichtung in Höhe von 1.400 DM gegenüber einem Kreditgeber; das gilt (siehe oben Fall 2, Einnahmen = Erträge) unabhängig von der Art und dem Zeitpunkt der Zinszahlung bereits zu dem Zeitpunkt, zu dem die Zinszahlungsverpflichtung entsteht. Das Sachvermögen erhöht sich dadurch nicht, so daß eine Verringerung des Nettovermögens eintritt.

Sachvermögensänderung ./. Geldvermögensabgang = Nettovermögensabgang
           (Ausgaben)   (Aufwand)
    0   ./.   1.400   =   ./. 1.400

Fall 3: Aufwand, aber keine Ausgaben

In diesen Fällen handelt es sich um Geschäftsvorfälle, die zu einer Verminderung des Nettovermögens führen. Das Geldvermögen bleibt dagegen unverändert. Das ist nur möglich, wenn ausschließlich eine Verminderung des Sachvermögensbestandes eintritt.

Beispiele:

(1) Abschreibung einer früher angeschafften Maschine in Höhe von 800 DM. Die Geldvermögensminderung erfolgte bereits in der Periode der Beschaffung. Durch Abschreibung soll der Wertverzehr (Aufwand) an der Maschine, also die Verminderung des Sachvermögensbestandes, erfaßt werden.

Aufwand nicht in die Periode der Ausgaben fällt. Es ist jedoch vorteilhaft, die einzelnen Geschäftsvorfälle, hier Kauf und Verkauf der Waren, getrennt zu betrachten, auch wenn sie in die gleiche Periode fallen.

[8] Zum Problem der Schätzung der Rückstellungen und der wegen möglicher Schätzungsfehler notwendigen erfolgswirksamen (d. h. Ertrag oder Aufwand verursachenden) Korrektur in der Periode, in der die Ausgaben erfolgen, s. S. 1111

Sachvermögensabgang ± Geldvermögensänderung = Nettovermögensabgang
           (Ausgaben)   (Aufwand)
.∕. 800   ±   0   =   .∕. 800

(2) Bildung von Rückstellungen:
Hier wird der Aufwand in der Periode der Verursachung verrechnet, die
Ausgaben treten erst in späteren Perioden ein.

(3) Der Betrieb leistet eine Sachspende.

Die bisher erörterten Beziehungen zwischen den **Bestands-** und **Strömungsgrößen** zeigt das folgende Schaubild:

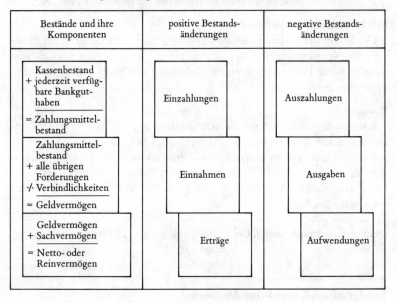

Bestände und ihre Komponenten	positive Bestandsänderungen	negative Bestandsänderungen
Kassenbestand + jederzeit verfügbare Bankguthaben = Zahlungsmittelbestand	Einzahlungen	Auszahlungen
Zahlungsmittelbestand + alle übrigen Forderungen ∕· Verbindlichkeiten = Geldvermögen	Einnahmen	Ausgaben
Geldvermögen + Sachvermögen = Netto- oder Reinvermögen	Erträge	Aufwendungen

4. Ertrag – Leistung; Aufwand – Kosten

Die bisher behandelten Begriffspaare charakterisieren die Zahlen der **Finanzbuchführung.** Die Begriffe Leistung und Kosten, die im folgenden den Begriffen Ertrag und Aufwand gegenübergestellt werden, dienen zur Bezeichnung von Vorgängen, die ihren zahlenmäßigen Niederschlag in der **Betriebsabrechnung** finden.

Als **Aufwand** bezeichnet man die Verminderung des Nettovermögens, also den in der Finanzbuchhaltung erfaßten Wertverzehr (Wertverbrauch) einer Abrechnungsperiode. Der „Verbrauch" von Werten kann einerseits in einer **Umformung** von Werten (z. B. Verbrauch von Rohstoffen zur Erstellung von Fabrikaten bzw. Verkauf von Waren und Fabrikaten) bestehen, dann steht dem Güterverzehr ein Gegenwert in Form von Betriebsleistungen gegenüber, oder er kann **ohne Gegenwert** erfolgen, wie z. B. bei der Zahlung einer Spende (freiwillig) oder der Zahlung von Steuern (zwangsweise).

Der Teil des in einer Periode eingetretenen Wertverzehrs, der bei der Erstellung der Betriebsleistungen angefallen ist, stellt **Kosten** dar. Aufwand und Kosten stimmen nicht in vollem Umfang überein, da es einerseits Aufwand, also in der Finanzbuchhaltung erfaßten Wertverzehr an Nettovermögen, gibt, der entweder nichts mit der Erstellung von Betriebsleistungen zu tun hat oder ihnen nicht oder nicht in voller Höhe zugerechnet wird **(neutraler Aufwand)**. Andererseits gibt es Kosten, die lediglich in der Betriebsbuchführung verrechnet werden, denen entweder kein Aufwand oder nicht in voller Höhe der Kosten Aufwand entspricht **(Zusatzkosten)**. Soweit sich Aufwand und Kosten decken, spricht man von **Zweckaufwand** und **Grundkosten**.

Die Beziehungen zwischen Aufwand und Kosten lassen sich anhand des folgenden Schemas erläutern:

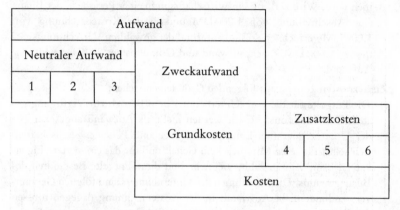

1 Betriebsfremder Aufwand
2 Außerordentlicher Aufwand
3 Bewertungsbedingter neutraler Aufwand
4 Kalkulatorische Kostenarten, denen keine Aufwandsarten entsprechen (z. B. kalkulatorischer Unternehmerlohn)
5 Kalkulatorische Kostenarten, deren Aufgabe die Periodisierung aperiodisch eintretenden betriebsbedingten Wertverzehrs ist (z. B. kalkulatorische Wagnisse)
6 Kalkulatorische Kostenarten, soweit sie entsprechende Aufwandsarten übersteigen (z. B. kalkulatorische Abschreibungen)

Der **neutrale Aufwand**, d. h. der Aufwand, dem keine Kosten entsprechen, läßt sich in drei Kategorien unterteilen:

(1) **Betriebsfremder Aufwand** liegt vor, wenn ein Wertverzehr überhaupt keine Beziehung zur betrieblichen Leistungserstellung hat (z. B. eine Spende an das Rote Kreuz).

(2) **Außerordentlich** ist ein Aufwand dann, wenn er zwar durch die Erstellung von Betriebsleistungen verursacht worden ist, aber so außergewöhnlich ist, daß er nicht in die Selbstkosten einbezogen werden kann (z. B. Feuer-, Sturm-, Diebstahlschäden, Verluste aus Bürgschaften), weil sonst die Selbstkosten einer Periode durch zufallsbedingten Wertver-

zehr erhöht würden und folglich weder eine Grundlage für die Produktionsplanung noch für die Preiskalkulation oder die Ermittlung der Preisuntergrenze sein könnten.

(3) **Bewertungsbedingter** neutraler Aufwand liegt vor, wenn ein Aufwand zwar seinem Wesen nach, nicht aber in seiner Höhe kostengleich ist. Das ist der Fall, wenn z. B. in der Bilanz für ein Wirtschaftsgut ein höherer Abschreibungsbetrag als in der Kostenrechnung verrechnet wird, weil entweder die Verteilung der Anschaffungskosten auf die Jahre der Nutzung aufgrund unterschiedlicher Zielsetzungen in der Bilanz nach einem anderen Abschreibungsverfahren als in der Kostenrechnung erfolgt oder/ und die Abschreibung in der Bilanz auf Basis der Anschaffungskosten, in der Kostenrechnung auf Basis der Wiederbeschaffungskosten vorgenommen wird. Wird z. B. für ein Wirtschaftsgut in einer Periode in der Bilanz eine Abschreibung von 1.200 DM und in der Kostenrechnung von 1.000 DM verrechnet, so sind aufgrund der gewählten Verrechnungsmethoden 1.000 DM Zweckaufwand und Grundkosten, 200 DM neutraler Aufwand.

Zusatzkosten können aus folgenden Gründen entstehen:

(1) Die Entgelte für die vom Unternehmer dem Betrieb zur Verfügung gestellten Produktionsfaktoren werden nicht als Aufwand angesehen, da der Unternehmer (bei Einzelunternehmen und Personengesellschaften) sich selbst für seine Mitarbeit kein Gehalt und für das eingesetzte Eigenkapital keine Zinsen zahlt, vielmehr sind diese Entgelte Bestandteil des Bilanzgewinns. Die Entnahmen des Unternehmers sind folglich Gewinnverwendung, nicht Aufwand. In der Kostenrechnung dagegen müssen für die Mitarbeit des Unternehmers (bei Einzelunternehmen und Personengesellschaften[9]) **Unternehmerlöhne** und für den Einsatz des Eigenkapitals **Eigenkapitalzinsen** (als Bestandteil der kalkulatorischen Zinsen) in die Kosten einbezogen werden, da diese sonst zu niedrig angesetzt wären, denn wenn die Betriebsleistungen z. B. genau zu ihren Selbstkosten abgesetzt würden, so hätte anderenfalls der Unternehmer einen Nutzenentgang in Höhe der Beträge erlitten, die er erzielt hätte, wenn er seine Arbeitskraft und sein Kapital einem anderen Betrieb zur Verfügung gestellt hätte. Es handelt sich also um Kosten im Sinne von entgangenem Nutzen (Alternativkosten, opportunity costs).

(2) Bei der Erstellung der Betriebsleistungen aperiodisch auftretende Wagnisverluste werden in der Kostenrechnung durch Ansatz geschätzter **kalkulatorischer Wagniszuschläge** berücksichtigt. Es erfolgt auf diese Weise eine **„Periodisierung von Kosten"**, die aperiodisch anfallen. In einer Periode, in der keine Wagnisverluste eingetreten sind, ist auch kein Aufwand angefallen, die verrechneten kalkulatorischen Wagniszuschläge

---

[9] Bei Kapitalgesellschaften erhalten die Geschäftsführer oder Vorstandsmitglieder Gehälter von der Gesellschaft, auch wenn sie zugleich – wie häufig bei der GmbH – Gesellschafter sind. Diese Gehälter sind Personalaufwand wie alle übrigen Gehälter und Löhne, da die Kapitalgesellschaften als juristische Personen auch mit den geschäftsführenden Gesellschaftern schuldrechtliche Verträge abschließen können.

sind in voller Höhe Zusatzkosten. Entsteht in einer Periode ein Wagnisverlust, so stellt er einen außerordentlichen Aufwand dar und wird in der
Kostenrechnung nicht berücksichtigt.[10]

(3) Ebenso wie beim neutralen Aufwand gibt es neben den Kosten, die ihrem
Wesen nach Zusatzkosten sind, **bewertungsbedingte Zusatzkosten.**
Nehmen wir an, daß aus den oben genannten Gründen in der Bilanz eine
andere Periodenabschreibung als in der Kostenrechnung angesetzt wird.
Beträgt z. B. die kalkulatorische Abschreibung 1.500 DM, die Bilanzab-
schreibung aber nur 1.000 DM, so sind 1.000 DM Grundkosten und
Zweckaufwand, 500 DM Zusatzkosten.

Ertrag ist der in der Finanzbuchhaltung in Geld bewertete Wertzugang
einer Periode. Er stellt den Gegenbegriff zum Aufwand dar. Stammt der
Ertrag aus dem Prozeß der betrieblichen Leistungserstellung und -verwer-
tung, so handelt es sich um einen **Betriebsertrag,** anderenfalls wird er als
neutraler Ertrag bezeichnet. Die Differenz zwischen Ertrag und Aufwand,
also die Veränderung des Nettovermögens, wird als Erfolg (positiv: Gewinn, negativ: Verlust) bezeichnet.

Die (Betriebs-)**Leistung** ist das Ergebnis der betrieblichen Tätigkeit, die
sich in Sachgütern und Dienstleistungen niederschlägt. Leistung ist der Gegenbegriff zu den Kosten; die Differenz beider Größen stellt das Betriebsergebnis dar. Dem neutralen Ertrag steht keine Betriebsleistung gegenüber.

Die **Betriebsleistung** setzt sich aus folgenden Komponenten zusammen:
(1) Umsatzerträge, d. h. Erlöse[11] aus dem Verkauf von Fertigfabrikaten, Waren usw.;
(2) Erhöhung der Bestände an Halb- und Fertigfabrikaten;
(3) Innerbetriebliche Erträge, z. B. zu Herstellungskosten bewertete selbsterstellte Maschinen, Werkzeuge u. a., die im eigenen Betrieb eingesetzt
werden.

Neutrale Erträge sind entweder betriebsfremde Erträge (z. B. Kursgewin-
ne bei Wertpapieren, Erträge aus Beteiligungen) oder außergewöhnliche Erträge (z. B. Anlagenverkäufe über dem Buchwert).

5. Betriebsausgaben – Aufwand

Das Steuerrecht hat eine eigene Terminologie für die Ermittlung des steuerlichen Ergebnisses (Gewinn oder Verlust) mit Hilfe der Steuerbilanz ent-

---

[10] Eine wenigstens teilweise Übereinstimmung von Aufwand und Kosten könnte erreicht
werden, wenn in der Bilanz Rückstellungen für Wagnisverluste gebildet und aperiodisch
eintretende Wagnisverluste erfolgsunwirksam mit den Rückstellungen verrechnet würden.
Auf diese Weise würde in der Bilanz analog zur Kostenrechnung eine Periodisierung von
Aufwand vorgenommen. Da die Bildung derartiger Rückstellungen in der Bilanz nicht
erlaubt ist, sind in Jahren, in denen keine Wagnisverluste eingetreten sind, c. p. die kalkulatorischen Wagniszuschläge in der Steuerpflichtigen bzw. im ausschüttungsfähigen Gewinn enthalten und stehen infolge der Besteuerung bzw. Ausschüttung nicht mehr in vollem Umfange zur Deckung späterer Wagnisverluste zur Verfügung.
[11] Als Erlös bezeichnet man den Geldwert der umgesetzten Teile des Ertrages. Die Begriffe Umsatzertrag und Umsatzerlös können also synonym verwendet werden.

wickelt. Nach § 4 Abs. 1 EStG ist **steuerpflichtiger Gewinn** „der Unterschiedsbetrag zwischen dem Betriebsvermögen am Schluß des Wirtschaftsjahrs und dem Betriebsvermögen am Schluß des vorangegangenen Wirtschaftsjahrs, vermehrt um den Wert der Entnahmen und vermindert um den Wert der Einlagen." Der Wert des Betriebsvermögens kann durch Betriebsausgaben vermindert und durch Betriebseinnahmen erhöht werden. § 4 Abs. 4 EStG definiert den Begriff der **Betriebsausgaben** als „Aufwendungen, die durch den Betrieb veranlaßt sind." Aus dieser Definition kann jedoch nicht abgeleitet werden, daß Betriebsausgaben grundsätzlich Aufwand im oben definierten Sinne sind, da das Steuerrecht unter „Aufwendungen" auch Ausgaben versteht, die kein Wertverzehr einer Periode sind.

Trotz dieser Gleichsetzung zwischen Ausgaben und steuerlichen Betriebsausgaben bedarf die obige Darstellung der Beziehungen zwischen Ausgaben und Aufwand für die Betriebsausgaben einer Ergänzung, weil diese Beziehungen kraft steuerrechtlicher Vorschriften in der Weise verändert werden können, daß z. B. bestimmte Betriebsausgaben, die zugleich Aufwand der Periode sind, zu **„nichtabzugsfähigen"** Betriebsausgaben erklärt werden, d. h. zu Betriebsausgaben, die im Gegensatz zum Aufwand den (steuerlichen) Erfolg der Periode nicht vermindern dürfen (z. B. Aufwendungen für Geschenke, Gästehäuser u. a.[12]).

Zwischen dem Aufwand und den Betriebsausgaben einer Periode sind folgende Beziehungen denkbar:

(1) Beide Größen **stimmen sachlich und zeitlich überein:**
Aufwand der Periode = Betriebsausgabe der Periode.
Beispiel: Zahlung von Löhnen (Ausgabe = Aufwand = Betriebsausgabe).

(2) Beide Größen unterscheiden sich **sachlich:**
Betriebsausgabe der Periode, grundsätzlich kein Aufwand (auch nicht einer anderen Periode).
Beispiel: Kauf von nicht abnutzbaren Anlagegütern (Grund und Boden, Wertpapiere u. a.).

(3) Beide Größen unterscheiden sich **kraft Gesetzes:**
a) Betriebsausgabe der Periode, grundsätzlich kein Aufwand (auch nicht in einer anderen Periode).
Beispiel: Anerkennung der steuerlichen Abzugsfähigkeit von nicht aufwandswirksamen Ausgaben aus konjunkturpolitischen oder wirtschaftspolitischen Gründen: beispielsweise die Anerkennung eines zur Förderung des Wohnungsbaus gegebenen Darlehens als Betriebsausgabe im Jahr der Hingabe. Soweit die steuerliche Anerkennung als Betriebsausgabe aufgrund der Maßgeblichkeit der Bilanzansätze der Handelsbilanz für die Steuerbilanz davon abhängt – und das ist die Regel –, daß der Vorgang auch in der Handelsbilanz erfolgswirksam verrechnet wird, kommt derartigen Beispielen nur theoretische Bedeutung zu.

---

[12] Vgl. § 4 Abs. 5 EStG.

b) Aufwand der Periode, grundsätzlich keine abzugsfähige Betriebsausgabe (auch nicht in einer anderen Periode).

Beispiel: Körperschaft- und Vermögensteuer bei Kapitalgesellschaften. Sie mindern nicht den steuerpflichtigen Gewinn, sondern sind aus diesem Gewinn zu zahlen, während sie in der Gewinn- und Verlustrechnung der Kapitalgesellschaften als Aufwand den Jahresüberschuß kürzen.

(4) Beide Größen stimmen **sachlich, aber nicht zeitlich** überein:

a) Der Aufwand der Periode ist kleiner als die Betriebsausgaben der Periode (beide Größen stimmen jedoch in der Totalperiode überein).

Beispiel: Die Periodenabschreibung in der Handelsbilanz ist niedriger als in der Steuerbilanz. Trotz des Prinzips der Maßgeblichkeit der Handelsbilanz sind solche Fälle möglich, wenn die bis dahin vorgenommene Gesamtabschreibung eines Wirtschaftsgutes in der Handelsbilanz nicht geringer als in der Steuerbilanz ist oder wenn steuerliche Sonderabschreibungen zugelassen werden, ohne daß sie zuvor in der Handelsbilanz berücksichtigt werden müssen.

b) Der Aufwand der Periode ist größer als die Betriebsausgabe der Periode (beide Größen stimmen jedoch in der Totalperiode überein).

Beispiel: Die Periodenabschreibung eines Wirtschaftsgutes in der Handelsbilanz ist höher als die nach § 7 EStG in der Steuerbilanz zulässige Absetzung für Abnutzung (AfA) der Periode.

Die Beziehungen zwischen Betriebsausgaben und Aufwand lassen sich schematisch folgendermaßen zeigen (die in Klammern gesetzten Ziffern und Buchstaben beziehen sich auf die angeführten Fälle):

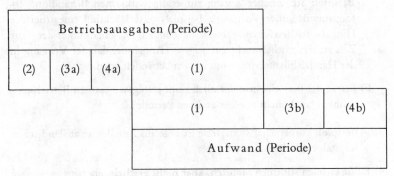

6. Betriebseinnahmen – Ertrag

Der Begriff der (steuerlichen) **Betriebseinnahmen** ist gesetzlich nicht definiert. Der BFH bezeichnet als Betriebseinnahmen alle Zugänge in Geld und Geldeswert, die durch den Betrieb veranlaßt sind.[13] Dazu gehören nicht nur

---

[13] Vgl. BFH vom 21. 11. 1963, BStBl. 1964 III, S. 183

erfolgswirksame, sondern auch **erfolgsunwirksame** Einnahmen wie z. B. Geldeingänge aus einer Kreditaufnahme. Ebenso wie bei den Betriebsausgaben kann der Gesetzgeber auch die Erfolgswirksamkeit von Betriebseinnahmen aufheben, so daß Betriebseinnahmen, die ihrem Wesen nach Ertrag der Periode sind, den steuerlichen Erfolg nicht beeinflussen können.

Zwischen den Erträgen und den steuerlichen Betriebseinnahmen bestehen analoge Beziehungen wie zwischen den Aufwendungen und den steuerlichen Betriebsausgaben:
(1) Beide Größen stimmen **sachlich und zeitlich überein:**
Ertrag der Periode = Betriebseinnahmen der Periode.

Beispiel: Produktion und Verkauf von Fabrikaten.

(2) Beide Größen unterscheiden sich **sachlich:**
a) Betriebseinnahmen der Periode, grundsätzlich kein Ertrag (auch nicht in einer anderen Periode).

Beispiel: Aufnahme eines Kredits.

b) Ertrag der Periode, grundsätzlich keine Betriebseinnahmen (auch nicht in einer anderen Periode).

Beispiel: Selbsterstellte Maschinen, die im eigenen Betriebe eingesetzt werden.

(3) Beide Größen unterscheiden sich **kraft Gesetzes:**
a) Erfolgswirksame Betriebseinnahmen der Periode, grundsätzlich kein Ertrag (auch nicht in einer anderen Periode).

Beispiel: Steuerlicher Zwang zur erfolgswirksamen Behandlung erfolgsunwirksamer Vorgänge, beispielsweise Rückfluß eines (bei der Hingabe als Betriebsausgabe abzugsfähigen) Darlehens unter der – zur Zeit steuerrechtlich nicht zulässigen – Annahme, daß der Vorgang in der Handelsbilanz erfolgsunwirksam behandelt wird.

b) Ertrag der Periode, grundsätzlich keine erfolgswirksamen Betriebseinnahmen (auch nicht in einer anderen Periode).

Beispiel: körperschaftsteuerfreie Erträge aus Anteilen an ausländischen Kapitalgesellschaften.

(4) Beide Größen stimmen **sachlich, aber nicht zeitlich,** überein:
a) Der Ertrag der Periode ist niedriger als die Betriebseinnahmen der Periode.

Beispiel: Eine nicht mehr benötigte Rückstellung wird in der Steuerbilanz schneller als in der Handelsbilanz aufgelöst.

b) Der Ertrag der Periode ist größer als die Betriebseinnahmen der Periode.

Beispiel: Veräußerung von Anlagegütern, deren Restbuchwert auf Grund von Abschreibungsvorschriften in der Steuerbilanz höher als in der Handelsbilanz ist, zu einem über dem steuerlichen Restbuchwert liegenden Wert.

Veräußerungswert	DM 1.500
Buchwert in der Handelsbilanz	DM 1.000
Restbuchwert in der Steuerbilanz	DM 1.200
a. o. Ertrag	DM 500
Betriebseinnahmen	DM 300

Die Beziehungen zwischen Betriebseinnahmen und Ertrag lassen sich schematisch folgendermaßen darstellen (die in Klammern gesetzten Ziffern und Buchstaben beziehen sich auf die aufgeführten Fälle):

Betriebseinnahmen (Periode)						
(2a)	(3a)	(4a)	(1)			
			(1)	(2b)	(3b)	(4b)
			Ertrag (Periode)			

7. Erfolg – Betriebsergebnis

Unter Verwendung der bisher erläuterten Begriffe ergeben sich der Erfolg und das Betriebsergebnis einer Periode aus folgenden Beziehungen:

(1) Handelsbilanz

Betriebsertrag . /. Zweckaufwand	= Betriebserfolg
neutraler Ertrag . /. neutraler Aufwand	= neutraler Erfolg

Gesamtertrag . /. Gesamtaufwand	= Gesamterfolg

Gesamtertrag	> Gesamtaufwand	= Bilanzgewinn
Gesamtertrag	< Gesamtaufwand	= Bilanzverlust

(2) **Steuerbilanz**

Erfolgswirksame Betriebseinnahmen . /. abzugsfähige Betriebsausgaben = steuerpflichtiger Erfolg
Erfolgswirksame Betriebseinnahmen > abzugsfähige Betriebsausgaben = steuerpflichtiger Gewinn
Erfolgswirksame Betriebseinnahmen < abzugsfähige Betriebsausgaben = steuerlicher Verlust

---

(3) **Kostenrechnung**

Leistung . /. Kosten = Betriebsergebnis

Betriebserfolg und Betriebsergebnis einer Periode stimmen in der Regel
nicht überein, da – wie oben gezeigt – sowohl zwischen Betriebsertrag und
Leistung als auch zwischen Zweckaufwand und Kosten einer Periode Differenzen bestehen können.

Ebenso sind Gesamterfolg und steuerlicher Erfolg in der Regel nicht identisch, weil sowohl zwischen dem Gesamtertrag und den erfolgswirksamen
Betriebseinnahmen als auch zwischen dem Gesamtaufwand und den abzugsfähigen Betriebsausgaben einer Periode Differenzen bestehen können. (**ÜB**
6/2–3)

B. Der Jahresabschluß

I. Die Bilanz[1]

1. Begriff und Formalaufbau der Bilanz

Die Bilanz ist eine Gegenüberstellung von Vermögen und Kapital eines Betriebes.

Das **Vermögen** stellt als Gesamtheit aller im Betriebe eingesetzten Wirtschaftsgüter und Geldmittel die **Aktiva**, das **Kapital** als Summe aller Schulden des Betriebes gegenüber Beteiligten und Gläubigern die **Passiva** dar. Beide Seiten der Bilanz sind Ausdruck für ein und dieselbe Wertgesamtheit. Die Passivseite zeigt die Herkunft der finanziellen Mittel (Beteiligungs- = Eigenkapital, Darlehens- = Fremdkapital), die Aktivseite die Verwendung der Mittel (Anlage- und Umlaufvermögen). Die Differenz zwischen dem Bilanzvermögen (Aktiva) und den Verbindlichkeiten bezeichnet man als **Reinvermögen**. Es ist gleich dem auf der Passivseite ausgewiesenen Eigenkapital.

Das Vermögen besteht aus zwei großen Gruppen: dem Anlagevermögen, zu dem die Wirtschaftsgüter zählen, die dem Betrieb auf eine längere Dauer zu dienen bestimmt sind (z. B. Grund und Boden, Gebäude, Maschinen, Werkzeuge), und dem Umlaufvermögen, das von den Wirtschaftsgütern gebildet wird, die gewöhnlich innerhalb einer kürzeren Zeitspanne umgeformt oder umgesetzt werden (z. B. Roh-, Hilfs- und Betriebsstoffe, Fertigfabrikate, Waren, Zahlungsmittel).

Das **Anlagevermögen** läßt sich in drei Gruppen von Bilanzpositionen untergliedern, und zwar in:

(1) **materielles** Anlagevermögen, das entweder genutzt wird, ohne daß eine laufende Wertminderung eintritt, wie z. B. Grundstücke, oder das, wie z. B. bei Gebäuden, Maschinen, Werkzeugen usw., durch Nutzung einer ständigen oder plötzlichen Wertminderung unterliegt;

(2) **immaterielles** Anlagevermögen, wozu vor allem gegen Entgelt erworbene Rechte gehören, die vom Betrieb für längere Zeit genutzt werden können, wie z. B. Patente, Konzessionen, Lizenzen u. a.;

(3) **Finanzanlagevermögen,** das sich aus Beteiligungen, Wertpapieren und langfristigen Darlehens- und Hypothekenforderungen zusammensetzt.

Das **Umlaufvermögen** besteht aus folgenden Gruppen von Bilanzpositionen:

(1) **Vorräten,** z. B. Roh-, Hilfs- und Betriebsstoffe, Halb- und Fertigfabrikate und Waren;

---

[1] Zur Vertiefung verweise ich auf meine Bücher: „Bilanzierung und Bilanzpolitik", 8. Aufl., München 1992 (im folgenden als „Bilanzierung" zitiert), Die Handels- und Steuerbilanz, 3. Aufl., München 1996 und „Betriebswirtschaftliche Steuerlehre", Bd. I, 2. Halbband, 7. Aufl., München 1992.

(2) **Forderungen** aller Art, soweit sie nicht unter anderen Positionen (z. B. Anlagevermögen [3], Umlaufvermögen [3]) ausgewiesen werden;

(3) **Wertpapieren,** die nur kurzfristig als Liquiditätsreserve gehalten werden;

(4) **Zahlungsmitteln** wie z. B. Bank, Kasse und Postscheck.

Auf der **Aktivseite der Bilanz** werden außer den Gütern des Anlage- und Umlaufvermögens die aktiven **Rechnungsabgrenzungsposten** ausgewiesen, deren Aufgabe darin besteht, den Erfolg einer Abrechnungsperiode von dem einer folgenden Abrechnungsperiode abzugrenzen. Die Abgrenzung wird dadurch erreicht, daß

(1) alle Ausgaben, die im abgelaufenen Jahr getätigt worden sind, aber Aufwendungen des kommenden Jahres betreffen (z. B. im voraus bezahlte Löhne = **transitorisches Aktivum**) und

(2) alle Erträge, die im abgelaufenen Jahr erzielt worden sind, aber erst im kommenden Jahr zu Einnahmen führen (z. B. noch nicht eingegangene Mieten = **antizipatives Aktivum**) der Abrechnungsperiode zugerechnet werden, in die sie nach dem Prinzip der periodenrichtigen Gewinnermittlung gehören.

Ohne aktive Rechnungsabgrenzung würde der Periodengewinn zu niedrig ausgewiesen. Da es sich bei den antizipativen Aktiva um Forderungen handelt (der Betrieb hat z. B. ein Lagerhaus vermietet, die Mietzahlung wird aber erst in der kommenden Periode fällig), läßt das geltende Bilanzrecht[2] – der Regelung des Aktiengesetzes 1965[3] folgend – den Ansatz antizipativer Rechnungsabgrenzungsposten nicht mehr zu, sondern verlangt den Ausweis unter der Position „sonstige Forderungen" (bei antizipativen Passiva unter der Position „sonstige Verbindlichkeiten"). Das EStG hat diese Regelung durch eine Ergänzung des § 5 Abs. 5 im Anschluß an das AktG 1965 übernommen und damit für die Steuerbilanzen der Betriebe aller Rechtsformen verbindlich gemacht.

Die Aktivseite nimmt ferner **Korrekturposten** auf, mit denen bestimmte Kapitalpositionen der Passivseite berichtigt werden. Sie korrigieren z. B. bei Gesellschaften mit festem Nominalkapital diese Kapitalposition (Grundkapital der AG, Stammkapital der GmbH bzw. gezeichnetes Kapital), wenn deren Wert unter dem Nennwert liegt. Ist z. B. das Reinvermögen unter den Wert des Nominalkapitals gesunken, so mußte dieses bisher auf der Aktivseite durch die Position „Bilanzverlust" berichtigt werden. Nach geltendem Bilanzrecht (§ 266 Abs. 3 A V HGB) ist diese Eigenkapitalkorrektur allerdings auf der Passivseite vorgesehen (mit negativem Vorzeichen). Nur in den Fällen, in denen das Eigenkapital durch Verluste schon aufgebraucht ist, sieht § 268 Abs. 3 HGB im Verlustfall eine aktivische Korrektur durch den Ansatz des Postens „Nicht durch Eigenkapital gedeckter Fehlbetrag" vor. Des weiteren kann eine aktivische Korrektur des festen Nominalkapitals auch erfolgen, wenn dieses nicht voll einbezahlt ist.

Bei Personenunternehmungen kommt ein Verlustausweis auf der Aktiv-

---

[2] Vgl. § 250 Abs. 1 HGB
[3] Vgl. § 152 Abs. 9 AktG 1965 (a. F.)

seite entweder im Falle der **Überschuldung** (die Summe der Aktiva deckt das Fremdkapital nicht mehr) oder im Falle eines negativen Kapitalkontos eines Gesellschafters in Betracht. Letzteres kann eintreten, wenn z. B. der buchmäßige Verlustanteil eines Kommanditisten größer als seine vertraglich vereinbarte Einlage geworden ist.

Da Verbindlichkeiten zum Rückzahlungsbetrag auszuweisen sind, ist ein Korrekturposten auf der Aktivseite dann erforderlich, wenn der Auszahlungsbetrag unter dem Rückzahlungsbetrag liegt **(Disagio, Damnum)** und der für den Kreditnehmer dadurch eintretende Verlust durch Aktivierung des Differenzbetrages und Abschreibung über die Laufzeit des Kredits verteilt werden soll.

Auf der **Passivseite der Bilanz** wird das Kapital ausgewiesen, d. h. die Summe aller vom Unternehmer bzw. von Gesellschaftern zur Verfügung gestellten Mittel (Eigenkapital) und aller von Dritten dem Betrieb überlassenen Mittel (Fremdkapital). Außerdem nimmt die Passivseite Korrekturposten (Wertberichtigungen), mit denen bestimmte Vermögenspositionen der Aktivseite korrigiert werden, und Rechnungsabgrenzungsposten auf, die den Erfolg der Abrechnungsperiode vom Erfolg einer späteren Periode abgrenzen sollen, indem sie solche auf der Aktivseite bereits erfaßten Einnahmen in einer besonderen Position auf der Passivseite ausweisen, für die der Betrieb noch eine Leistung zu erbringen hat und die nicht als Verbindlichkeiten erscheinen (z. B. im voraus erhaltene Mieten).

Der Ausweis des **Eigenkapitals** wird von der Rechtsform beeinflußt. Bei Personenunternehmungen wird für den Unternehmer bzw. die Gesellschafter je eine Kapitalposition bilanziert, der Gewinnanteile und Einlagen zugeschrieben werden und die um Verlustanteile und Entnahmen gekürzt wird. Der Saldo zwischen Anfangs- und Endbestand eines Kapitalkontos ergibt – wenn man Entnahmen hinzuzählt und Einlagen abzieht – den Erfolg bzw. Erfolgsanteil der Periode.

Häufig werden bei Personengesellschaften für jeden Gesellschafter zwei Kapitalpositionen geführt, eine feste, auf der die im Gesellschaftsvertrag festgelegte Einlage ausgewiesen wird, und eine veränderliche, auf der Gewinn- und Verlustanteile sowie Privatentnahmen und -einlagen verrechnet werden. Wird eine solche Position negativ, so erscheint sie auf der Aktivseite der Bilanz als Korrekturposten zur festen Kapitalposition.

Bei Kapitalgesellschaften muß das Kapital, auf das die Haftung beschränkt ist, (sog. **gezeichnetes Kapital**) stets zum Nennwert passiviert werden. Nicht entnommene Gewinne oder den Nennwert der ausgegebenen Kapitalanteile übersteigende Einlagen (Agio) werden auf Rücklagepositionen ausgewiesen. Verluste werden von diesen Positionen abgesetzt oder – wenn sie z. B. den Wert der Rücklagen übersteigen – als Verlustvortrag ausgewiesen.

Werden Gewinnteile weder den Rücklagen zugeführt noch ausgeschüttet, so erscheinen sie auf der Passivseite als **Gewinnvortrag**.

Veränderungen im Eigenkapital erfolgen – außer durch das Entstehen von Gewinnen oder Verlusten – durch Entnahmen und Einlagen. Eine **Entnahme** bedeutet, daß Wirtschaftsgüter aus dem Betrieb für betriebsfremde

Zwecke ausscheiden, eine **Einlage** liegt vor, wenn betriebsfremde Wirtschaftsgüter dem Betriebsvermögen zugeführt werden. Bei Kapitalgesellschaften spricht man nicht von Einlagen und Entnahmen, sondern von Kapitalerhöhung und Kapitalherabsetzung.

Für die **Gliederung des Fremdkapitals** werden mehrere Gliederungsprinzipien angewendet:

(1) die Fristigkeit (lang-, mittel-, kurzfristig);

(2) die Sicherheit oder Unsicherheit über Bestehen oder Entstehen, über Höhe und Fälligkeitstermin (Verbindlichkeiten – Rückstellungen);

(3) die Art der Verbindlichkeit (z. B. Lieferantenschulden, erhaltene Anzahlungen, Verbindlichkeiten gegenüber Kreditinstituten);

(4) die besondere rechtliche Sicherung (Akzepte, Sicherung durch Grundpfandrechte u. a.);

(5) die besondere rechtliche und wirtschaftliche Verbindung mit dem Gläubiger (z. B. Verbindlichkeiten gegenüber verbundenen Unternehmen).

Die folgende Übersicht zeigt noch einmal schematisch den Formalaufbau der Bilanz:

Formalaufbau der Bilanz

Aktiva	Bilanz zum 31. 12. 19..	Passiva
Anlagevermögen Sachanlagen Immaterielle Anlagen Finanzanlagen		**Eigenkapital**
Umlaufvermögen Vorräte Forderungen Wertpapiere Zahlungsmittel		**Fremdkapital** langfristige Verbindlichkeiten kurzfristige Verbindlichkeiten
Rechnungsabgrenzungsposten		Rechnungsabgrenzungsposten
(Bilanzverlust)		(Bilanzgewinn)

Die Beziehungen zwischen Vermögen und Kapital zeigen in schematischer Form die folgenden sieben Fälle:[4]

Fall 1: Die Bilanzsumme entspricht dem vorhandenen Vermögen und Kapital.

Fall 2: In einer Personenunternehmung ist ein Gewinn erzielt worden (Mehrung des Vermögens und der Eigenkapitalposition).

---

[4] Vgl. Wöhe, G., Bilanzierung ..., a. a. O., S. 33 ff.

Fall 1

A	Bilanz	P
Vermögen	Fremd-kapital	
	Eigen-kapital	

Fall 2

A	Bilanz	P
Vermögen	Fremd-kapital	
	Eigen-kapital	
Zuwachs	(Zuwachs = Gewinn)	

Fall 3: In einer Personenunternehmung ist ein Verlust eingetreten (Minderung des Vermögens und der Eigenkapitalposition).

Fall 4: Das Vermögen einer Personengesellschaft wird durch eine Wertberichtigung[5] (z. B. indirekte Abschreibung) korrigiert. Vermögen und Kapital sind kleiner als die Bilanzsumme.

Fall 3

A	Bilanz	P
Vermögen	Fremd-kapital	
	Eigen-kapital	

Fall 4

A	Bilanz	P
Vermögen	Fremd-kapital	
	Eigen-kapital	
	Wertbe-richtigung	

Fall 5: Das Vermögen ist kleiner als das Fremdkapital: das Eigenkapital ist aufgezehrt, das restliche Vermögen deckt nur noch einen Teil des Fremdkapitals; ein Verlustvortrag bzw. der Posten „Nicht durch Eigenkapital gedeckter Fehlbetrag" zeigt die Unterdeckung des Fremdkapitals **(Unterbilanz).** Das Vermögen ist kleiner als die Bilanzsumme.

---

[5] Die Bilanzgliederung für Kapitalgesellschaften (vgl. § 266 Abs. 3 HGB) sieht grundsätzlich keine Wertberichtigungen auf der Passivseite mehr vor, sondern entsprechende Korrekturvermerke auf der Aktivseite. Eine Ausnahme bildet die Wertberichtigung nach § 281 Abs. 1 HGB im Rahmen des Sonderpostens mit Rücklageanteil.

Fall 5

A	Bilanz	P
Vermögen	Fremd-
Verlust	kapital

Fall 6: In einer Kapitalgesellschaft ist ein Gewinn erzielt worden, der teils zurückbehalten (Rücklagenerhöhung), teils zur Ausschüttung freigegeben wird (Gewinn). Der Mehrung des Vermögens entspricht der Ausweis zusätzlicher Eigenkapitalpositionen neben dem Nominalkapital (gezeichnetes Kapital).

Fall 6

A	Bilanz	P
Vermögen	Fremd-kapital
	Nominal-kapital
(Zuwachs)	Rücklagen
	Gewinn

Eigen-kapital

Fall 7: In einer Kapitalgesellschaft ist ein Verlust entstanden. Der Verlustposten korrigiert – nach Ausgleich mit den zusätzlichen Eigenkapitalpositionen – das Nominalkapital. Vermögen und Kapital sind kleiner als die Bilanzsumme.

Fall 7

A	Bilanz	P
Vermögen	Fremd-kapital
	Nominal-
Verlust	kapital

Eigen-kapital

Nach § 266 Abs. 3. HGB müssen Kapitalgesellschaften einen Jahresfehlbetrag bzw. einen Bilanzverlust **passivisch vom Eigenkapital absetzen.** Insofern stimmt die Höhe des ausgewiesenen Vermögens mit der Bilanzsumme überein. Eine aktivische Korrektur des Kapitals ist – wie erwähnt – nur noch vorgesehen, wenn Verluste erwirtschaftet werden, die nicht durch Eigenkapital gedeckt sind.

Ebenso wie die Bilanz enthält auch das **Inventar** alle im Betriebe vorhandenen Vermögenswerte und Schulden. Das Inventar ist ein auf Grund einer Inventur, d. h. einer körperlichen Bestandsaufnahme aufgestelltes Verzeichnis, das die Vermögensgegenstände und die Schulden eines Betriebes art-, mengen- und wertmäßig im einzelnen verzeichnet. Die Bilanz unterscheidet sich vom Inventar dadurch, daß sie in der Regel Kontoform hat und keine mengenmäßigen, sondern nur art- und wertmäßige Angaben enthält. Außerdem zieht sie die vielen Arten von Wirtschaftsgütern zu Gruppen, sog. **Bilanzpositionen,** zusammen (z. B. Gebäude, Maschinen, Werkzeuge, Fertigfabrikate u. a.). Das Inventar steht zwischen Bilanz und Buchhaltung und ist eine Voraussetzung dafür, daß überhaupt eine ordnungsmäßige Bilanz erstellt werden kann.

Die Bilanz ist eine **Beständerechnung,** die die Bestände an Aktiv- und Passivposten an einem Zeitpunkt, dem Bilanzstichtag, gegenüberstellt. Die Bestände übernimmt sie aus den Bestandskonten der Buchhaltung, die als Zeitraumrechnung alle Geschäftsvorfälle einer Rechnungsperiode in chronologischer Reihenfolge aufzeichnet. Durch die Inventur werden Differenzen zwischen den sich aus den Konten buchmäßig ergebenden und den tatsächlich vorhandenen Beständen aufgedeckt und korrigiert.

Neben den Beständen zeigt die Bilanz auch den **Erfolg** einer Periode als Saldo zwischen Aktiv- und Passivseite, gibt aber keine Auskunft über die Entstehung des Erfolges. Das ist Aufgabe der **Erfolgsrechnung** (Gewinn- und Verlustrechnung), die durch Gegenüberstellung von Erträgen und Aufwendungen der Abrechnungsperiode, die sie aus den Aufwands- und Ertragskonten (Erfolgskonten) der Buchhaltung übernimmt, über das Zustandekommen des Erfolges, über seine Herkunft und Höhe Rechenschaft gibt. Sie ist im Gegensatz zur Bilanz eine **Zeitraumrechnung.** Bilanz und Gewinn- und Verlustrechnung bilden zusammen den Jahresabschluß. Bei Kapitalgesellschaften und Genossenschaften gehört nach geltendem Bilanzrecht zum Jahresabschluß außerdem ein Anhang, der die Bilanz und Gewinn- und Verlustrechnung erläutern und ergänzen soll.[6] Diese Aufgabe erfüllte früher für Unternehmen bestimmter Rechtsformen der Geschäftsbericht.

Das in einer Bilanz ausgewiesene Vermögen – und folglich auch das in einer Bilanz ausgewiesene Kapital – entsprechen in der Regel wertmäßig nicht dem in einem Betrieb tatsächlich arbeitenden Vermögen und Kapital, da auf Grund der für die einzelnen Bilanzpositionen anzuwendenden Bewertungsvorschriften

---

[6] Vgl. §§ 264 Abs. 1 und 284 ff. HGB; für Genossenschaften ergibt sich die Pflicht zur Erstellung eines Anhangs aus § 336 HGB.

(1) einzelne Wirtschaftsgüter mit einem **geringeren Wert** angesetzt werden können, als es ihrem Realisationswert (Einzelveräußerungspreis) oder ihrem Nutzungswert (Veräußerungswert der in einem Wirtschaftsgut, z. B. in einer Maschine, am Bilanzstichtag noch steckenden Nutzungen) entspricht, oder

(2) bestimmte Wirtschaftsgüter (z. B. immaterielle Werte, die den Firmenwert bilden, wie beispielsweise der Kundenstamm, die Organisation, ein Markenname u. ä.) überhaupt **nicht in der Bilanz angesetzt** werden dürfen, wenn sie nicht Gegenstand des Rechtsverkehrs sind (sog. nicht bilanzierungsfähige immaterielle Wirtschaftsgüter).

Der **Gesamtwert eines Betriebes** und der Wert des Bilanzvermögens stimmen also in der Regel nicht überein.[7]

Der Begriff Bilanz wird nicht nur für Beständebilanzen, die das Vermögen und Kapital des Betriebes an einem Stichtag ausweisen (Zeitpunkt-Bilanzen), sondern auch für sog. **Bewegungsbilanzen** (Zeitraum-Bilanzen)[8] verwendet, die die Veränderungen der Bilanzpositionen während einer Periode in der Form einer Gegenüberstellung von Mittelverwendung und Mittelherkunft zeigen. Die Zugänge zu den Aktivkonten und die Verminderung der Passivkonten weisen die Mittelverwendung aus und erscheinen auf der linken Seite, die Abgänge von den Aktivkonten und die Zugänge auf den

Mittelverwendung	Bewegungsbilanz	Mittelherkunft
Vermögenszugänge = Sollüberschuß auf aktiven Bestandskonten		Vermögensabgänge = Habenüberschuß auf aktiven Bestandskonten
Kapitalabgänge = Sollüberschuß auf passiven Bestandskonten		Kapitalzugänge = Habenüberschuß auf passiven Bestandskonten
(Saldo = Verlust)		(Saldo = Gewinn)

---

[7] Vgl. S. 789 ff.

[8] In der Literatur finden sich für die Bewegungsbilanz auch die Bezeichnungen finanzwirtschaftliche Bilanz, Kapitalverwendungsrechnung, Kapitalflußrechnung, Wertflußrechnung, Zeitraumbilanz. Vgl. insbesondere Bauer, W., Die Bewegungsbilanz und ihre Anwendbarkeit, insbesondere als Konzernbilanz, ZfhF 1926, S. 485 ff.; Flohr, G., Die Zeitraumbilanz, Berlin 1963; Busse von Colbe, W., Aufbau und Informationsgehalt von Kapitalflußrechnungen, ZfB 1966, 1. ErgHeft, S. 82 ff.; Walb, E., Finanzwirtschaftliche Bilanz, 3. Aufl., Wiesbaden 1966; Käfer, K., Kapitalflußrechnungen, 2. Aufl., Stuttgart 1984; Meyer, C., Konsolidierte Zeitraum-Bilanzen, Stuttgart 1969; Weber, H. K., Die Kapitalflußrechnung als Ergänzung des Jahresabschlusses?, DB 1979, S. 609 ff.; Reichmann, Th., Lange, Ch., Kapitalflußrechnung und Wertschöpfungsrechnung als Ergänzungsrechnungen des Jahresabschlusses im Rahmen einer gesellschaftsbezogenen Rechnungslegung, ZfB 1980, S. 518 ff.; Kußmaul, H., Die Bewegungsbilanz und Kapitalflußrechnung als Instrumente der externen Analyse des Jahresabschlusses, StB 1984, S. 291 ff.; Coenenberg, A. G., Jahresabschluß und Jahresabschlußanalyse, 15. Aufl., Landsberg/Lech 1994, S. 535 ff.; Schult, E., Bilanzanalyse, Möglichkeiten und Grenzen externer Unternehmensbeurteilung, 8. Aufl., Freiburg i. Br. 1991, S. 65 ff.

Passivkonten geben über die Mittelherkunft Aufschluß und stehen auf der rechten Seite der Bewegungsbilanz.

Die Bewegungsbilanz ist ein Instrument zur Darstellung finanzwirtschaftlicher Vorgänge und der Liquidität und ist außerdem zur Erfolgsermittlung geeignet. Die **Zeitpunkt-Bilanz** zeigt den Gesamtgewinn einer Periode als Differenz zwischen Kapital am Ende und Kapital am Anfang der Periode, die **Erfolgsrechnung** (Gewinn- und Verlustrechnung) weist den Gewinn als Saldo zwischen Ertrag und Aufwand der Periode aus und gibt damit Aufschluß über seine Herkunft, die **Zeitraum-Bilanz** ermittelt aus den Veränderungen der Bestände den Gewinn und macht gleichzeitig sichtbar, welche Veränderungen in den Bestandskonten zur Bildung des Gewinns geführt haben, und zeigt, in welchen Positionen sich der Gewinn niedergeschlagen hat.

2. Arten und Aufgaben der Bilanz

Die Arten der Bilanzen ergeben sich aus den **Anlässen** der Bilanzaufstellung und aus den **Zielsetzungen,** die mit der Bilanzaufstellung verfolgt werden. Eine erste Einteilung ist die Unterscheidung in ordentliche und außerordentliche Bilanzen. Bei dieser Einteilung tritt zum Zweckkriterium noch das Kriterium der Regelmäßigkeit der Wiederholung bzw. der Einmaligkeit oder zeitlichen Unregelmäßigkeit der Bilanzaufstellung hinzu.[9] **Ordentliche** Bilanzen werden in regelmäßigen Abständen auf Grund gesetzlicher Vorschriften (Jahresbilanzen) oder auf Grund vertraglicher Vereinbarungen (z. B. Vorlage monatlicher, viertel- oder halbjährlicher Zwischenbilanzen bei einem Kreditgeber) oder für betriebsinterne Zwecke zur Selbstinformation und als Grundlage für weitere Dispositionen aufgestellt.

Außerordentliche Bilanzen werden – wie ihr Name sagt – bei besonderen einmalig oder in unregelmäßigen Zeitabständen auftretenden rechtlichen oder wirtschaftlichen Anlässen (z. B. Gründung, Kapitalerhöhung, Kapitalherabsetzung, Umwandlung, Fusion, Auseinandersetzung, Liquidation, Kreditwürdigkeitsprüfung) oder infolge besonderer währungspolitischer Ereignisse (Goldmark-Eröffnungsbilanz, DM-Eröffnungsbilanz) erstellt.

Die wichtigste Art der ordentlichen Bilanzen sind die **Jahresbilanzen,** die zusammen mit der Erfolgsrechnung den Jahresabschluß bilden (bei Kapitalgesellschaften und Genossenschaften grundsätzlich ergänzt durch Anhang und Lagebericht). Sie lassen sich nach dem Kreis der Personen, an die eine Bilanz adressiert ist, weil sie ein Recht auf Rechenschaftslegung und den Wunsch nach Information haben, einteilen in **Handelsbilanzen** (Adressaten: Gesellschafter, Gläubiger, Belegschaft, potentielle Anleger oder Kreditgeber, Konkurrenten, staatliche und wissenschaftliche Institutionen, Wirtschaftspresse u. a.) und **Steuerbilanzen** (Adressat: Finanzverwaltung). Diese Bilanzen werden als **externe** Bilanzen bezeichnet, weil sie sich in

---

[9] Heinen, E. (Handelsbilanzen, 12. Aufl., Wiesbaden 1986, S. 19) verwendet dafür das Begriffspaar „laufende und gelegentliche Bilanzen".

erster Linie oder ausschließlich an außerhalb des Betriebes stehende Personen richten, im Gegensatz zu den internen Bilanzen, die lediglich der Information der Geschäftsführung dienen und Außenstehenden in der Regel nicht zugänglich sind.

Die Jahresbilanz dient – je nachdem, wie man ihre Positionen interpretiert und bewertet – entweder in erster Linie der **Erfolgsermittlung** (Erfolgsbilanz) oder der **Vermögensermittlung** (Vermögensbilanz). Zwar ergibt sich aus jeder Vermögensbilanz auch der Erfolg, wie auch umgekehrt jede Erfolgsermittlung mit der Bilanz über eine Feststellung von Vermögens- und Schuldenbeständen erfolgt, jedoch können sich Unterschiede insbesondere bei der Bewertung der Vermögenspositionen und bei der Abgrenzung der Bilanzperioden gegeneinander ergeben, je nachdem, ob der Akzent bei der Bilanzierung mehr auf die Ermittlung des Erfolges einer Periode oder auf die Feststellung des Vermögens und der Schulden an einem Stichtag gelegt wird.

Sowohl ordentliche als auch außerordentliche Bilanzen können je nach der **Rechtsform** bzw. der Größe des Betriebes unterschiedlich ausgestaltet sein. So bestehen z. B. spezielle Rechtsvorschriften über die **Mindestgliederung** der Bilanz, durch die das Zusammenfassen verschiedenartiger Wirtschaftsgüter zu einer Bilanzposition oder die Aufrechnung von Forderungen und Verbindlichkeiten vermieden und somit die Klarheit und Übersichtlichkeit der Bilanzierung vergrößert werden soll, ferner über die **Bewertung** der Bilanzpositionen, durch die die Höhe des ausgewiesenen Bilanzgewinns beeinflußt wird, über den Ausweis des Haftungskapitals (Grundkapital der Aktiengesellschaften, Stammkapital der GmbH), über die Bildung gesetzlicher Rücklagen u. a.

Eine besondere Art von Jahresbilanzen entsteht dann, wenn die Bilanzen mehrerer rechtlich selbständiger Unternehmungen zusammengefaßt werden. Sind die Unternehmen auch wirtschaftlich selbständig – wie z. B. bei der Interessengemeinschaft –, so bezeichnet man eine derartige Bilanzzusammenfassung als **General- oder Gemeinschaftsbilanz.**

Bilden die Unternehmen dagegen eine wirtschaftliche Einheit – trotz rechtlicher Selbständigkeit wie z. B. bei bestimmten Konzernverbindungen – so spricht man von einer **konsolidierten Bilanz** (Konzernbilanz). Sie hat für den Konzern die gleiche Aufgabe wie die Einzelbilanz für eine einzelne Unternehmung: sie soll ein den tatsächlichen Verhältnissen entsprechendes Bild der Vermögens-, Finanz- und Ertragslage des Konzerns vermitteln. Sie ist als externe Bilanz adressiert an die Verwaltungen, die Gesellschafter und Gläubiger aller Konzernunternehmen sowie an die an Kapitalanlagen interessierte Öffentlichkeit. Für die Rechtsansprüche der Gläubiger und der Anteilseigner (auch der Anteilseigner der Konzernobergesellschaft) und für die Ansprüche der Steuerverwaltung bleiben die Einzeljahresabschlüsse der Konzernunternehmen – auch wenn ein Konzernjahresabschluß aufgestellt wird – maßgeblich.

Die Konzernbilanz kann auch eine **interne** Bilanz sein, die als Grundlage für Entscheidungen der Konzernleitung dient. Eine solche Bilanz ist wie jede interne Bilanz nicht an gesetzliche Bilanzierungsvorschriften gebunden, sondern kann ihren Zielsetzungen entsprechend gestaltet werden.

In einer konsolidierten Bilanz werden die Bilanzpositionen der Einzelbilanzen nicht einfach addiert, sondern alle Positionen, die eine Folge davon sind, daß eine wirtschaftliche Einheit aus mehreren rechtlichen Einheiten besteht, werden **gegeneinander aufgerechnet.** Zu diesem Zweck müssen die in den Einzeljahresabschlüssen der Konzernunternehmen ausgewiesenen Bestands- und Erfolgspositionen in **konzerninterne** und **konzernexterne** aufgeteilt werden, d. h. einerseits in solche, die eine Folge von wirtschaftlichen Vorgängen sind, die sich zwischen Konzernunternehmen wie zwischen Abteilungen eines einheitlichen Unternehmens vollziehen und die nur deshalb den Charakter von buchungs- und bilanzierungspflichtigen Geschäftsvorfällen bekommen, weil sie Vorgänge zwischen rechtlich selbständigen Teilen einer wirtschaftlichen Einheit sind, und andererseits in solche Positionen, die eine Folge von Beziehungen von Konzernunternehmen mit außerhalb des Konzerns stehenden Wirtschaftseinheiten sind. Die konzerninternen Vorgänge (Positionen) müssen aufgerechnet werden, da sich sonst im Konzernabschluß Doppelzählungen ergeben würden, die ein falsches Bild über die Vermögens-, Finanz- und Ertragslage des Konzerns zur Folge hätten.[10]

Neben den – gesetzlich vorgeschriebenen – konsolidierten Zeitpunkt-Bilanzen (Beständebilanzen) werden auch **konsolidierte Zeitraum-Bilanzen** (Bewegungsbilanzen) aufgestellt. Sie bieten zusätzliche Einblicke in die finanzwirtschaftlichen Vorgänge und in die Liquiditätsverhältnisse eines Konzerns und sind dadurch ein hervorragendes Hilfsmittel zur finanziellen Führung von Konzernen.[11]

Das Schaubild auf der folgenden Seite gibt – ohne Anspruch auf Vollständigkeit – einen Überblick über die Bilanzarten, gegliedert nach bestimmten Systematisierungsmerkmalen. Das Schaubild kann nur horizontal gelesen werden.[12]

Die Bilanz ist vom Betriebe aufzustellen. Folglich bestimmen sich die Aufgaben und der Aufbau der Bilanz nach den Zielen, die mit der Bilanzaufstellung verfolgt werden. Da diese Ziele aber nicht notwendigerweise mit den Zielen übereinstimmen, die der Gesetzgeber mit dem Zwang zur Aufstellung von jährlichen Handels- und Steuerbilanzen verfolgt, wird die **Realisierung betrieblicher Ziele,** die mit externen Bilanzen erstrebt wird, insoweit **durch gesetzliche Vorschriften** begrenzt, als die Ziele des Gesetzgebers ganz oder teilweise andere sind als die des Betriebes.

Die **Aufgaben,** die der Gesetzgeber den Bilanzen zuweist, sind im wesentlichen die folgenden:

(1) **Schutz der Gläubiger** vor falschen Informationen über die Vermögens-, Finanz- und Ertragslage. Mittel dazu sind:

---

[10] Vgl. die ausführliche Behandlung des Konzernabschlusses auf S. 1170 ff.
[11] Vgl. insbesondere Bauer, W., Die Bewegungsbilanz und ihre Anwendbarkeit, insbesondere als Konzernbilanz, ZfhF 1926, S. 485 ff.; Meyer, C., Konsolidierte Zeitraum-Bilanzen, Stuttgart 1969
[12] Entnommen aus Wöhe, G., Bilanzierung . . ., a. a. O., S. 40

Systematisierungs-merkmal	Bilanzarten				
Initiative zur Bilanzaufstellung	gesetzlich vorgeschrieben (Handels-, Steuerbilanz)		vertraglich vereinbart (für Kredit-institute)	freiwillig erstellt (betriebsinterne Bilanzen)	
Häufigkeit der Bilanzaufstellung	regelmäßige Bilanzen (z. B. Handelsbilanz, interne Monats-bilanz)			einmalige (Sonder-) Bilanzen (z. B. Grün-dungs-, Umwand-lungs-, Sanierungs-bilanz)	
Bilanzierungs-zeitraum	Wo-chen-bilanz	Mo-nats-bilanz	Mehr-monats-bilanz	Jahres-bilanz	Total-bilanz
Adressatenkreis	externe Bilanzen			interne Bilanzen	
Zahl der bilanzierenden Unternehmen	Einzelbilanz		Gemeinschafts-bilanz	konsolidierte Bilanz (Konzernbilanz)	
Schwerpunkt der Information	Vermögens-bilanz		Erfolgsbilanz	Liquiditäts-bilanz	

a) der Zwang zur Dokumentation der Geschäftsvorfälle (Buchführungs-pflicht);

b) der Zwang zur periodischen Selbstinformation des Unternehmers über die wirtschaftliche Lage seines Betriebes;

c) gesetzliche Gliederungs- und Bewertungsvorschriften, die durch Fixierung oberer Wertgrenzen das Vortäuschen einer zu günstigen Vermögenslage und durch Fixierung von unteren Wertgrenzen die Verlagerung von Gewinnen wirtschaftlich guter in wirtschaftlich schlechte Jahre und damit eine Täuschung über die Vermögens- und Ertragssituation verhindern sollen;

d) das Verbot der Ausschüttung oder Rückzahlung von bestimmten Eigenkapitalteilen (gezeichnetes Kapital, gesetzliche Rücklagen) bei Gesellschaften, deren Gesellschafter beschränkt haften;

e) die Publizitätspflicht für Unternehmen bestimmter Rechtsformen und Größenordnungen,[13] d. h. die Verpflichtung, den Jahresabschluß zu veröffentlichen.

(2) **Schutz der Gesellschafter** bei Gesellschaften, deren Führung nicht in den Händen der Eigentümer, sondern von Organen (Vorständen, Geschäftsführern von Kapitalgesellschaften) liegt, vor falschen Informationen über

---

[13] Vgl. §§ 325 ff. HGB und § 9 PublG. Einzelheiten zu den Größenmerkmalen vgl. § 267 HGB und § 1 PublG

die Vermögens-, Finanz- und Ertragslage, deren Zweck es ist, Gewinnansprüche zu verkürzen oder auf spätere Perioden zu verschieben. Mittel
dazu sind neben den unter (1) a)–c) genannten vor allem gesetzliche Vorschriften über die Gewinnermittlung und Gewinnverwendung, insbesondere über die Begrenzung der Kompetenzen der Geschäftsführungsorga-
ne, Gewinne durch Rücklagenbildung der Ausschüttung zu entziehen.

(3) Der **Schutz der vertraglich am Gewinn beteiligten Arbeitnehmer** vor
Verkürzung oder zeitlicher Verschiebung ihrer Gewinnansprüche durch
Bildung stiller Rücklagen auf dem Wege der Unterbewertung von Vermögenswerten (z. B. überhöhte Abschreibungen, zu niedriger Ansatz
von Herstellungskosten) oder der Überbewertung von Passivposten
(z. B. Rückstellungen). Mittel dazu sind Gewinnermittlungsvorschriften,
die die Bildung stiller Rücklagen ausschließen.

(4) Der **Schutz der Finanzbehörden** vor falschen Informationen über die
Besteuerungsgrundlagen. Mittel dazu sind neben der Dokumentation der
Geschäftsvorfälle steuerliche Bilanzierungs- und Bewertungsvorschriften
und die Kontrolle der Einhaltung dieser Vorschriften durch steuerliche
Betriebsprüfungen. Die Bilanzierungs- und Bewertungsvorschriften verfolgen den Zweck, daß der in einer Periode erzielte Gewinn zum Ausweis
gelangt, insbesondere Gewinnverlagerungen auf spätere Perioden verhindert werden, es sei denn, solche Verlagerungen werden aus wirtschafts-,
sozial- oder konjunkturpolitischen Gründen gewünscht und durch entsprechende gesetzliche Vorschriften für jeden Betrieb ermöglicht.

(5) **Korrektur der Steuerbemessungsgrundlagen** durch steuerliche Sondervorschriften zur Realisierung außerfiskalischer Zielsetzungen. Dazu zählen z. B. Vorschriften zur Beeinflussung der Selbstfinanzierung der Unternehmen, zur Beeinflussung der Standortwahl, der Investitionsentscheidungen, ferner Vorschriften zur strukturpolitischen Begünstigung
bestimmter Wirtschaftszweige, zur sozialpolitischen Begünstigung bestimmter Personengruppen, zur Förderung von Maßnahmen für den
Umweltschutz, zur Beeinflussung der Konjunktur und Bekämpfung der
Inflation u. a. Mittel dazu sind z. B.:

(a) die Verlagerung steuerpflichtiger Gewinne und folglich von Steuerzahlungen auf spätere Perioden durch Sonderabschreibungen und Gewährung steuerfreier Rücklagen;

(b) Investitionszulagen;

(c) die Aussetzung der degressiven Abschreibung;

(d) befristete Konjunkturzuschläge oder Stabilitäts-, Ergänzungs- bzw.
Investitionshilfeabgaben.

(6) Der **Schutz der am Betriebe interessierten Öffentlichkeit** vor falschen
Informationen über die Vermögens-, Finanz- und Ertragslage. Mittel
dazu sind alle unter (1) und (2) genannten. Interessenten sind vor allem
potentielle Anleger, potentielle Gläubiger und arbeitsuchende Personen,
insbesondere Führungskräfte sowie staatliche Institutionen.

(7) Der **Schutz** des Betriebes **vor plötzlichem wirtschaftlichen Zusammenbruch** im Interesse der Belegschaft (Sicherung der Arbeitsplätze) und

der gesamten Volkswirtschaft (Rückwirkungen eines Zusammenbruchs auf andere Betriebe, insbesondere Lieferanten). Mittel zur Realisierung dieses Zieles sind die bisher genannten.

Neben der allgemeinen Aufgabe der Rechenschaftslegung und Information durch Feststellung der Höhe des Vermögens und der Schulden an einem Stichtage und durch Ermittlung des Erfolges einer Abrechnungsperiode hat die Bilanz eine Anzahl weiterer Aufgaben, die teils durch die Gliederung der Bilanz, teils durch die Bewertung der Bilanzpositionen, teils durch Auswertung der Bilanz mit Hilfe betriebswirtschaftlicher Kennzahlen erfüllt werden können. Die internen Bilanzen eignen sich dafür besser als die externen Bilanzen, da diese durch gesetzliche Bilanzierungsvorschriften auf die vom Gesetzgeber erstrebten Zielsetzungen ausgerichtet sind. (ÜB 6/4–5)

3. Gesetzliche Vorschriften zur Aufstellung des Jahresabschlusses

a) Nach dem HGB zur Rechnungslegung verpflichtete Unternehmen

aa) Die Vorschriften für Unternehmen aller Rechtsformen

Nach § 242 Abs. 1 HGB ist jeder Kaufmann verpflichtet, „zu Beginn seines Handelsgewerbes und für den Schluß eines jeden Geschäftsjahrs einen das Verhältnis seines Vermögens und seiner Schulden darstellenden Abschluß (Eröffnungsbilanz, Bilanz) aufzustellen". Die Bilanz und die Gewinn- und Verlustrechnung bilden zusammen den **Jahresabschluß**.[14] Der Begriff „Kaufmann" umfaßt die in den §§ 1 bis 3 und 6 HGB aufgeführten Vollkaufleute (Muß-, Soll-, Kann- und Formkaufleute), beschränkt sich also nicht auf das Einzelunternehmen, sondern bezieht sich auch auf Personen- und Kapitalgesellschaften sowie Genossenschaften. Die Vorschriften über die Handelsbücher und somit des gesamten durch das Bilanzrichtlinien-Gesetz in das HGB eingefügten Dritten Buches des Handelsgesetzbuches, das mit „Handelsbücher" überschrieben ist, sind nicht auf Minderkaufleute i. S. des § 4 HGB anzuwenden.

Unter **Eröffnungsbilanz** ist in diesem Zusammenhang in der Regel die Gründungsbilanz bei der Geschäfteröffnung zu verstehen. Eröffnungsbilanzen sind auch zu erstellen, wenn ein Minderkaufmann infolge der Ausdehnung seiner Geschäftätigkeit zum Vollkaufmann wird und folglich zum ersten Mal die Vorschriften über die Handelsbücher beachten muß, oder wenn ein Unternehmen seine Rechtsform im Wege der Liquidation und Einzelübertragung des Vermögens und der Schulden auf die neue Rechtsform (Umgründung) ändert.

Der maßgebende **Stichtag des Beginns des Handelsgewerbes** hängt von der Kaufmannseigenschaft bzw. von der Rechtsform ab. Da Kapitalgesellschaften als juristische Personen erst mit der Eintragung ins Handelsregister entstehen, ist die Eröffnungsbilanz auf den Eintragungsstichtag aufzustellen. Bei Einzelunternehmen und Personengesellschaften, die ein Grundhandels-

---

[14] Vgl. § 242 Abs. 3 HGB

gewerbe i. S. des § 1 Abs. 2 HGB (Mußkaufleute) betreiben, ist der Stichtag für die Eröffnungsbilanz der Tag der Aufnahme des Geschäftsbetriebs. Obwohl die Kaufmannseigenschaft von Sollkaufleuten i. S. des § 2 HGB erst mit der Eintragung ins Handelsregister entsteht, bestimmt § 262 HGB, daß die Eröffnungsbilanz nicht auf den Zeitpunkt der Eintragung, sondern bereits auf den Zeitpunkt, an dem die Verpflichtung zur Eintragung entstanden ist, aufzustellen ist. Bei Kannkaufleuten i. S. des § 3 HGB ist der maßgebende Stichtag für die Eröffnungsbilanz der Tag der Eintragung in das Handelsregister.

Die **Dauer des Geschäftsjahrs** darf nach § 240 Abs. 2 Satz 2 HGB zwölf Monate nicht überschreiten. Das Geschäftsjahr muß nicht mit dem Kalenderjahr übereinstimmen. Abweichungen vom Kalenderjahr sind z. B. bei Saisonbetrieben anzutreffen.

Das HGB schreibt für Nicht-Kapitalgesellschaften keine fest fixierte Aufstellungsfrist für den Jahresabschluß vor. Nach § 243 Abs. 3 HGB ist der Jahresabschluß „innerhalb der einem ordnungsmäßigen Geschäftsgang entsprechenden Zeit aufzustellen". Für die Aufstellung der Steuerbilanz, die als aus der Handelsbilanz abgeleitete Bilanz[15] die vorherige Aufstellung der Handelsbilanz voraussetzt, sieht der BFH eine Frist von einem Jahr nach Abschluß des Geschäftsjahrs noch für fristgerecht an.[16] Unter Abwägung der mit dem Jahresabschluß verbundenen Arbeitsbelastung einerseits und dem Anspruch der Gläubiger und Gesellschafter auf eine aktuelle Rechnungslegung andererseits wird ein Zeitraum von 6 bis 9 Monaten für angemessen angesehen.[17]

bb) Die ergänzenden Vorschriften für Kapitalgesellschaften und Genossenschaften

Obwohl die dargestellten Vorschriften des HGB für alle Kaufleute gelten, werden sie in § 264 Abs. 1 HGB für Kapitalgesellschaften und in § 336 Abs. 1 HGB für Genossenschaften dahingehend erweitert, daß diese Unternehmen den grundsätzlich aus Bilanz und Gewinn- und Verlustrechnung bestehenden Jahresabschluß um einen **Anhang** zu erweitern und außerdem grundsätzlich einen **Lagebericht** aufzustellen haben. Die strengeren Rechnungslegungsvorschriften für diese Unternehmen werden mit der Haftungsbeschränkung gegenüber den Gläubigern begründet. Die ergänzenden Rechnungslegungsvorschriften für Kapitalgesellschaften werden in der Strenge ihrer Anwendung nach Größenmerkmalen differenziert.

§ 267 HGB unterscheidet **drei Größenklassen** von Kapitalgesellschaften: kleine, mittelgroße und große. Kleine Kapitalgesellschaften sind nicht prüfungspflichtig; außerdem bestehen für kleine und mittelgroße Kapitalgesellschaften größenabhängige Erleichterungen, z. B. bei der Gliederung der Bi-

---

[15] Vgl. § 5 Abs. 1 EStG
[16] Vgl. BFH-Urteil vom 25. 4. 1978, BStBl II, S. 525; vom 28. 10. 1981, BStBl 1982 II, S. 481; vom 6. 12. 1983, BStBl 1984 II, S. 227
[17] Vgl. Baetge J., Fey, D., Fey, G., in: Küting, K., Weber, C.–P., Handbuch der Rechnungslegung, 4. Aufl., Stuttgart 1995, Erl. zu § 243 HGB, Rn. 93

lanz und der Gewinn- und Verlustrechnung, bei der Berichterstattung im
Anhang, bei der Verpflichtung zur Aufstellung des Lageberichts und bei der
Offenlegung.

Größenklassen der Kapitalgesellschaften (§ 267 HGB)			
Größenmerkmal	kleine Kap.-Ges.	mittelgroße Kap.-Ges.	große Kap.-Ges.
Bilanzsumme in DM	≤ 5,31 Mio.	> 5,31 bis 21,24 Mio.	> 21,24 Mio.
Umsatzerlöse in DM	≤ 10,62 Mio.	> 10,62 bis 42,48 Mio.	> 42,48 Mio.
Arbeitnehmner	≤ 50	51 bis 250	> 250

Kleine Kapitalgesellschaften sind solche, die mindestens zwei der für sie
in der Übersicht aufgeführten Merkmale nicht überschreiten, **große Kapitalgesellschaften** sind solche, die mindestens zwei der für sie in der Übersicht aufgeführten Merkmale überschreiten. Bei den übrigen Kapitalgesellschaften handelt es sich um **mittelgroße**; das sind diejenigen, die mindestens
zwei Merkmale der kleinen Kapitalgesellschaften überschreiten und gleichzeitig mindestens zwei Merkmale der großen Kapitalgesellschaften nicht
überschreiten. Dabei müssen die Größenmerkmale an zwei aufeinanderfolgenden Abschlußstichtagen erfüllt sein. Kapitalgesellschaften, deren Anteile
an einer Börse innerhalb der EWG notiert oder zum geregelten Freiverkehr
zugelassen sind und Kapitalgesellschaften, die die Zulassung zum amtlichen
Handel beantragt haben, gelten nach § 267 Abs. 3 HGB jedoch immer als
große.

Das Größenmerkmal „**Bilanzsumme**" ist problematisch, weil die Bilanzsumme von der Bilanzierungstechnik (z. B. durch Korrekturposten) und
durch die Nutzung von Bilanzierungs- und Bewertungswahlrechten beeinflußt werden kann.

Die Differenzierung nach Größenmerkmalen wirkt sich einerseits auf die
Aufstellungsfristen für den Jahresabschluß aus, andererseits auf die Tiefe der
Gliederung von Bilanz und Gewinn- und Verlustrechnung sowie auf den
Umfang der Angaben im Anhang. Ferner bestehen Unterschiede in Umfang
und Form der Offenlegung des Jahresabschlusses. Außerdem brauchen kleine Kapitalgesellschaften keinen Lagebericht aufzustellen, und sie unterliegen
nicht der Pflicht zur Prüfung des Jahresabschlusses. Die Größenmerkmale
gelten entsprechend für Genossenschaften.[18]

Große und mittelgroße Kapitalgesellschaften haben ihren Jahresabschluß
und Lagebericht **in den ersten drei Monaten** des Geschäftsjahrs für das vergangene Geschäftsjahr aufzustellen, kleine Kapitalgesellschaften können diese Frist **bis auf sechs Monate** ausdehnen, „wenn dies einem ordnungsmäßigen Geschäftsgang entspricht".[19] Für Genossenschaften beträgt diese Frist
unabhängig von der Größe fünf Monate.[20]

---

[18] Vgl. § 336 Abs. 2 HGB mit Verweis auf § 267 HGB
[19] § 264 Abs. 1 Satz 3 HGB
[20] Vgl. § 336 Abs. 1 HGB

b) Exkurs: Nach dem D-Markbilanzgesetz 1990 zur Aufstellung einer DM-Eröffnungsbilanz verpflichtete Unternehmen

Die durch die Währungs-, Wirtschafts- und Sozialunion am 1. Juli 1990 erfolgte Einführung der Deutschen Mark in der DDR und die anschließende Wiedervereinigung Deutschlands erforderten eine Neuordnung des Rechnungswesens und des Vermögens der Betriebe in den fünf neuen Bundesländern. Sie wurde durch das **D-Markbilanzgesetz vom 31. 8. 1990**[21] geregelt.

Der Übergang von der Bilanzierung in Mark der DDR auf die DM-Bilanzierung im Jahre 1990 ist nicht ohne weiteres mit dem Übergang von der Reichsmark- auf die DM-Bilanzierung nach der Währungsreform des Jahres 1948 zu vergleichen. RM- und DM-Bilanzierung erfolgten im wesentlichen nach den gleichen Rechnungslegungsvorschriften und den gleichen Grundsätzen ordnungsmäßiger Buchführung und Bilanzierung. Die Zielsetzungen des Jahresabschlusses und die Bilanzadressaten änderten sich durch die Währungsreform nur unwesentlich. Die Durchbrechung der wertmäßigen (nicht der mengenmäßigen!) Bilanzidentität und die besonderen Bewertungsvorschriften des **D-Markbilanzgesetzes 1949** dienten der infolge der Währungsumstellung im Verhältnis zehn Reichsmark zu einer D-Mark erforderlichen **Neubewertung des Vermögens und der Schulden** und der damit verbundenen **Neufestsetzung der Kapitalverhältnisse**.

Die Überleitung der Bilanzierung in Mark der DDR auf die Bilanzierung in Deutscher Mark warf dagegen wegen der unterschiedlichen Wirtschaftsordnungen viele Probleme auf, die weit über das bloße Umtauschverhältnis beider Währungen hinausgingen. Die Bilanzierung in der Planwirtschaft verfolgte andere Ziele und erforderte eine andere Technik der Rechnungslegung als die Bilanzierung in der Marktwirtschaft. Die **planwirtschaftliche Bilanzierung** hatte in erster Linie „den Charakter einer innerbetrieblichen Kennzahlenrechnung. Oberstes Ziel war die Kontrolle der Wirtschaftlichkeit. Adressat der Rechnungslegung war letztlich die oberste Planungszentrale und damit der Staat."[22] Die marktwirtschaftliche Bilanzierung dagegen soll allen Bilanzadressaten ein den tatsächlichen Verhältnissen entsprechendes Bild der Vermögens-, Finanz- und Ertragslage vermitteln. Die Rechnungslegung in der Planwirtschaft kannte keine Bewertungs- und Abschreibungswahlrechte, ließ also **keine bilanzpolitischen Spielräume** zu, ebenso spielte die Frage der Gewinnverwendung kaum eine Rolle.

Kaufleute, die nach den früher geltenden Vorschriften der DDR verpflichtet waren, sog. „buchhalterische Bilanzen" aufzustellen, mußten nach § 2 Abs. 1 der „Anordnung über den Abschluß der Buchführung in Mark der DDR" (SchlußAO) auf der Grundlage einer Inventur sämtlicher Vermögensgegenstände und Schulden bis spätestens 31. 8. 1990 eine Schlußbilanz und eine Gewinn- und Verlustrechnung in Mark der DDR auf den 30. 6. 1990 erstellen. Die durch nach der WPO bestellte Wirtschaftsprüfer (oder

---

[21] BGBl II, S. 885
[22] Küting, K., Weber, C. P., Der Übergang auf die DM-Bilanzierung, Stuttgart 1990, S. 1

durch bis zum 30. 6. 1990 zuständige Finanzrevisoren) nach den bisherigen Rechtsvorschriften geprüfte Bilanz und Gewinn- und Verlustrechnung war bis zum 31. 10. 1990 den zuständigen Dienststellen des Statistischen Amtes der DDR einzureichen, soweit eine Berichtspflicht nach den bisher geltenden Rechtsvorschriften bestand.

Neben Einzelunternehmen und Personengesellschaften gelten in teilweiser Erweiterung des Kaufmannsbegriffs der DDR nach § 1 Abs. 2 SchlußAO auch „juristische Personen, volkseigene Kombinate, Betriebe, selbständige Einrichtungen und wirtschaftsleitende Organe sowie sonstige, im Register der volkseigenen Wirtschaft eingetragene Wirtschaftseinheiten, die Deutsche Post, die Deutsche Reichsbahn und andere Staatsunternehmen, alle Genossenschaften, die Geld- und Kreditinstitute sowie Versicherungsunternehmen, die ein Handelsgewerbe im Sinne des § 1 des Handelsgesetzbuches betreiben", als Kaufleute. Nach § 1 Abs. 1 DMBilG mußten die genannten Unternehmen zum 1. 7. 1990 ein **Inventar** und eine **Eröffnungsbilanz in DM** aufstellen, der ein erläuternder und ergänzender **Anhang** beizufügen ist. Die Aufstellung hatte nach § 4 Abs. 1 DMBilG in den ersten vier Monaten des Geschäftsjahres, d. h. bis zum 31. 10. 1990 zu erfolgen.

§ 4 Abs. 2 DMBilG bindet die Eröffnungsbilanz und den Anhang ausdrücklich an die Generalnorm des § 264 Abs. 2 HGB, d. h. beide haben unter Beachtung der Grundsätze ordnungsmäßiger Buchführung ein den tatsächlichen Verhältnissen entsprechendes Bild der Vermögenslage zu vermitteln. Ist das aufgrund besonderer Umstände nicht möglich, sind zusätzliche Angaben im Anhang zu machen. Nicht alle Bilanzierungsvorschriften des DMBilG stimmen mit denen des HGB überein. Einzelne Vorschriften gelten nur beim Übergang auf die DM-Bilanzierung.[23]

4. Die Grundsätze ordnungsmäßiger Buchführung und Bilanzierung

a) Systematisierung und tabellarische Übersicht über die wichtigsten Bilanzierungsgrundsätze

Damit der Jahresabschluß die mit ihm verfolgten Aufgaben, insbesondere der Rechenschaftslegung und Information durch Vermittlung eines den tatsächlichen Verhältnissen entsprechenden Bildes der Vermögens-, Finanz- und Ertragslage des Betriebes erfüllen kann, muß er nach bestimmten Regeln über Form und Inhalt aufgestellt werden. Diese Regeln werden unter dem Begriff „**Grundsätze ordnungsmäßiger Buchführung und Bilanzierung**" zusammengefaßt und gelten rechtsformunabhängig für alle Kaufleute. Daneben gibt es einige Grundsätze, die nur von Kapitalgesellschaften beachtet werden müssen. Diese Grundsätze lassen sich folgendermaßen systematisieren:

---

[23] Zu Einzelheiten der Bewertungsvorschriften und der bilanzpolitischen Spielräume des DMBilG vgl. Wöhe, G., Bilanzierung, a. a. O., S. 434 ff. und 782 ff.

aa) Allgemeine Grundsätze

Es gibt eine Anzahl von allgemeinen Grundsätzen der Rechnungslegung, die sowohl bei der Führung der Bücher als auch bei der Aufstellung des Jahresabschlusses beachtet werden müssen. **Formelle Grundsätze** (z. B. Klarheit und Übersichtlichkeit, Beibehaltung der gewählten Gliederung der Bilanz, der Erfolgsrechnung und des Anhangs) dienen der besseren Information der Bilanzadressaten und der Vergleichbarkeit des Jahresabschlusses mit früheren Jahresabschlüssen. Ihre Verletzung hat keinen Einfluß auf die Höhe des ausgewiesenen Vermögens und Erfolgs.

Die Verletzung **materieller Grundsätze** (z. B. Vollständigkeit und Richtigkeit der Buchführung oder der Angaben in Anhang) kann zur Folge haben, daß das gesetzliche Gebot des § 264 Abs. 2 HGB, daß der Jahresabschluß ein den tatsächlichen Verhältnissen entsprechendes Bild der Vermögens-, Finanz- und Ertragslage vermitteln soll, nicht erfüllt werden kann.

bb) Grundsätze für die Bilanzierung dem Grunde nach

Bei der Bilanzierung dem Grunde nach lautet die Fragestellung: Welche Vermögensgegenstände und Schulden müssen, welche dürfen und welche dürfen nicht bilanziert werden, d. h. man unterscheidet:
(a) Aktivierungs- und Passivierungsgebote,
(b) Aktivierungs- und Passivierungswahlrechte,
(c) Aktivierungs- und Passivierungsverbote.

Diese Grundsätze beeinflussen die Höhe des Vermögens, der Schulden und des Erfolges. Wird ein Aktivierungswahlrecht eingeräumt, so bedeutet die Entscheidung für die Aktivierung den Ausweis eines im Vergleich zur Nichtaktivierung höheren Vermögens und Erfolges. Besteht ein Passivierungswahlrecht, so bedeutet die Passivierung (z. B. Bildung einer Rückstellung) einen höheren Schuldenausweis und eine entsprechende, den Periodenerfolg mindernde Verrechnung von Aufwand.

cc) Grundsätze für die Bilanzierung der Höhe nach

Bei der Bilanzierung der Höhe nach geht es um die Frage: Wenn ein Vermögensgegenstand oder eine Schuld bilanziert werden muß oder darf, wie sind diese Positionen dann zu bewerten? Man unterscheidet:
(a) Bewertungsgebote,
(b) Bewertungswahlrechte bzw. Bewertungsspielräume (Ermessensspielräume).

Der Unterschied zwischen Bewertungswahlrechten und Ermessensspielräumen besteht darin, daß bei gesetzlich eingeräumten **Bewertungswahlrechten** der Bilanzierende „die Wahl zwischen mindestens zwei gesetzlich zulässigen Wertansätzen"[24] hat. So darf z. B. nach § 253 Abs. 2 HGB bei Gütern des Anlagevermögens im Falle einer voraussichtlich nur vorübergehenden Wertminderung sowohl der bisherige Buchwert fortgeführt als auch

---

[24] Marettek, A., Ermessensspielräume bei der Bestimmung wichtiger aktienrechtlicher Wertansätze, WiSt 1976, S. 515

eine Abschreibung auf den niedrigeren Wert vorgenommen werden. Beide Werte sind also gesetzmäßig. § 279 Abs. 1 HGB schränkt dieses Wahlrecht bei Kapitalgesellschaften auf Vermögensgegenstände des Finanzanlagevermögens ein.

Ermessensspielräume bei der Bewertung ergeben sich dadurch, „daß der Gesetzgeber einen bestimmten Wert bzw. eine bestimmte Wertart zwar zwingend vorgeschrieben hat, nicht jedoch die jeweilige Methode und die jeweiligen Komponenten zu seiner Bestimmung".[25] So schreibt das HGB z. B. in bestimmten Fällen den Ansatz der Herstellungskosten vor, läßt aber bei ihrer Ermittlung insofern einen Ermessensspielraum, als es sowohl Herstellungskosten, die auf Vollkostenbasis als auch Herstellungskosten, die auf Teil- oder Grenzkostenbasis ermittelt sind, zuläßt. Ermessensspielräume ergeben sich auch – ohne daß sie vom Gesetzgeber ausdrücklich vorgesehen sind – dadurch, daß viele Wertansätze unter unvollkommener Information über die zukünftige Entwicklung fixiert werden müssen. Das gilt z. B. bei der Bemessung von Garantie-, Prozeß- oder Bergschädenrückstellungen oder bei der Bemessung von Abschreibungen auf Vorräte.

dd) Tabellarische Übersicht über die Bilanzierungsgrundsätze

Die folgende tabellarische Übersicht zeigt die Grundsätze für die Aufstellung des Jahresabschlusses, die teils anschließend, teils in anderen Zusammenhängen ausführlicher erläutert werden:

Grundsätze für die Aufstellung des Jahresabschlusses		
I. Allgemeine Grundsätze		
Grundsatz	Inhalt	Rechtsgrundlage
(1) Der Jahresabschluß hat den Grundsätzen ordnungsmäßiger Buchführung (GoB) zu entsprechen	Alle kodifizierten und nicht kodifizierten formellen und materiellen GoB sind zu beachten.	§ 243 Abs. 1 HGB
(2) Die Generalnorm für Kapitalgesellschaften	Der Jahresabschluß hat ein den tatsächlichen Verhältnissen entsprechendes Bild der Vermögens-, Finanz- und Ertragslage zu vermitteln.	§ 264 Abs. 2 HGB

---

[25] Marettek, A., a. a. O., S. 515

Grundsätze für die Aufstellung des Jahresabschlusses

I. Allgemeine Grundsätze

Grundsatz	Inhalt	Rechtsgrundlage
(3) Klarheit und Übersichtlichkeit	Insb. Beachtung der Gliederungsvorschriften der Bilanz und Erfolgsrechnung sowie klarer Aufbau von Anhang und Lagebericht.	§ 243 Abs. 2 HGB
(4) Bilanzwahrheit	Die Bilanzansätze sollen nicht nur rechnerisch richtig, sondern auch geeignet sein, den jeweiligen Bilanzzweck zu erfüllen.	nicht kodifziert
(5) Einhaltung der Aufstellungsfristen	– Aufstellung innerhalb der einem ordnungsmäßigen Geschäftsgang entsprechenden Zeit; – kleine Kapitalgesellschaften innerhalb von 3, spätestens 6 Monaten des folgenden Geschäftsjahres; – mittelgroße und große Kapitalgesellschaften innerhalb von 3 Monaten des folgenden Geschäftsjahres.	§ 243 Abs. 3 HGB § 264 Abs. 1 Satz 3 HGB § 264 Abs. 1 Satz 2 HGB

II. Grundsätze für die Bilanzierung dem Grunde nach

(1) Bilanzidentität	Mengen- und wertmäßige Übereinstimmung der Ansätze in der Eröffnungsbilanz und der vorangegangenen Schlußbilanz.	§ 252 Abs. 1 Nr. 1 HGB
(2) Vollständigkeit	Ausweis sämtlicher Vermögensgegenstände, Schulden, RAP, Aufwendungen, Erträge sowie bei Kapitalgesellschaften sämtlicher Pflichtangaben im Anhang und Lagebericht.	§ 246 Abs. 1 HGB §§ 284 und 285 HGB

Grundsätze für die Aufstellung des Jahresabschlusses		

II. Grundsätze für die Bilanzierung dem Grunde nach

	Grundsatz	Inhalt	Rechtsgrundlage
(3)	Verrechnungs-verbot (Saldie-rungsverbot, Bruttoprinzip)	keine Aufrechnung zwischen Aktiv- und Passivposten oder zwischen Aufwendungen und Erträgen sowie zwischen Grundstücksrechten und -lasten.	§ 246 Abs. 2 HGB
(4)	Darstellungsste-tigkeit (formelle Bilanzkontinui-tät)	Die Form der Darstellung, insbes. die Gliederung der Bilanz und Gewinn- und Verlustrechnung ist beizubehalten.	§ 265 Abs. 1 HGB

III. Grundsätze für die Bilanzierung der Höhe nach

	Grundsatz	Inhalt	Rechtsgrundlage
(1)	Unternehmens-fortführung	Sog. going-concern-Prinzip. Bewertung und Abschreibung unter dem Gesichtspunkt der Weiterführung des Betriebes, nicht der Liquidation.	§ 252 Abs. 1 Nr. 2 HGB
(2)	Einzelbewertung	Vermögensgegenstände und Schulden sind einzeln zu bewerten, soweit nicht Ausnahmen zulässig sind. (Gruppenbewertung, § 240 Abs. 4 HGB, Festbewertung, § 240 Abs. 3 HGB, Sammelbewertung mittels Verbrauchsfolgefiktionen (Lifo-Fifo), § 256 HGB).	§ 252 Abs. 1 Nr. 3 HGB
(3)	Vorsichtsprinzip	– Realisationsprinzip für Gewinne: kein Ausweis von noch nicht durch Umsatz realisierten Gewinnen. – Imparitätsprinzip: noch nicht durch Umsatz realisierte Verluste dürfen oder müssen ausgewiesen werden, für Gewinne gilt das Realisationsprinzip.	§ 252 Abs. 1 Nr. 4 HGB

Grundsätze für die Aufstellung des Jahresabschlusses

III. Grundsätze für die Bilanzierung der Höhe nach

Grundsatz	Inhalt	Rechtsgrundlage
(4) Anschaffungskostenprinzip (Prinzip der nominellen Kapitalerhaltung)	Die Anschaffungs- bzw. Herstellungskosten bilden die obere Grenze der Bewertung und für die Bemessung der Gesamtabschreibungen. Höhere Wiederbeschaffungskosten dürfen nicht berücksichtigt werden.	§ 253 HGB
(5) Periodenabgrenzung	Aufwendungen und Erträge des Geschäftsjahres sind unabhängig von den Zeitpunkten der entsprechenden Zahlungen im Jahresabschluß zu berücksichtigen.	§ 252 Abs. 1 Nr. 5 HGB
(6) Bewertungsstetigkeit (materielle Bilanzkontinuität)	Die im vorhergehenden Jahresabschluß angewendeten Bewertungs- und Abschreibungsmethoden sollen beibehalten werden.	§ 252 Abs. 1 Nr. 6 HGB
(7) Methodenbestimmtheit	Vermögensgegenstände und Schulden sind nach einer bestimmten Bewertungsmethode zu ermitteln. Zwischenwerte zwischen unterschiedlichen Wertansätzen alternativ zulässiger Methoden sind nicht erlaubt.	nicht kodifiziert
(8) Willkürfreiheit	Bewertungsspielräume müssen frei von sachfremden Argumenten genützt werden. Das Ergebnis sollte intersubjektiv nachprüfbar sein.	nicht kodifiziert
(9) Wesentlichkeit	Auf schwer erreichbare Genauigkeit bei der Bewertung kann verzichtet werden, wenn es sich um Sachverhalte von untergeordneter Bedeutung handelt, die wegen ihrer Größenordnung keinen Einfluß auf das Jahresergebnis haben.	nicht kodifiziert

b) Die Grundsätze ordnungsmäßiger Buchführung und Bilanzierung im engeren Sinn

aa) Begriff und Quellen

Nach § 238 Abs. 1 HGB ist jeder Kaufmann verpflichtet, „Bücher zu führen und in diesen seine Handelsgeschäfte und die Lage seines Vermögens nach den Grundsätzen ordnungsmäßiger Buchführung ersichtlich zu machen. Die Buchführung muß so beschaffen sein, daß sie einem sachverständigen Dritten innerhalb angemessener Zeit einen Überblick über die Geschäftsvorfälle und über die Lage des Unternehmens vermitteln kann. Die Geschäftsvorfälle müssen sich in ihrer Entstehung und Abwicklung verfolgen lassen." Diese Vorschrift gilt **für Unternehmen aller Rechtsformen.** § 91 AktG verpflichtet den Vorstand der Aktiengesellschaft, „dafür zu sorgen, daß die erforderlichen Handelsbücher geführt werden." Bei der Erstellung des Jahresabschlusses ergibt sich die ausdrückliche Beachtung der Grundsätze ordnungsmäßiger Buchführung für Kaufleute aus § 243 Abs. 1 HGB und für Kapitalgesellschaften aus § 264 Abs. 2 HGB.

Der Gesetzgeber hat den Begriff der Ordnungsmäßigkeit der Buchführung und Bilanzierung nirgendwo erschöpfend definiert, er hat aber durch Ergänzung des – oben zitierten – § 238 Abs. 1 HGB und durch weitere Vorschriften im Dritten Buch des HGB früher nicht – oder nur im AktG 1965 für Aktiengesellschaften – kodifizierte Prinzipien der Ordnungsmäßigkeit (z. B. Vollständigkeit, Klarheit und Übersichtlichkeit, Gliederungs- und Bewertungskontinuität[26]), die bereits seit langem rechtsform- und größenunabhängige GoB sind, umschrieben, damit Mehrfachregelungen (z. B. im AktG, im GmbHG, im GenG) vermieden werden. Die Tatsache, daß die GoB bisher nicht kodifiziert waren, hatte erhebliche Vorteile, weil diese Grundsätze im Laufe der Zeit durch Veränderungen und Verfeinerungen der Methoden des betrieblichen Rechnungswesens, durch Einsatz elektronischer Datenverarbeitungssysteme und durch neue Aufgaben, die an das Rechnungswesen gestellt werden, einer laufenden Weiterentwicklung unterliegen.[27] Die amtliche Begründung weist jedoch darauf hin, daß die Kodifizierung durch eine „auch von der Sache her gebotene Verwendung unbestimmter Rechtsbegriffe ... ein hohes Maß an Flexibilität"[28] ermögliche, so daß auch in der Zukunft die GoB durch die kaufmännische Praxis weiterentwikkelt werden könnten.

Die Grundsätze ordnungsmäßiger Buchführung und Bilanzierung haben ihren Ursprung in **vier unterschiedlichen Bereichen:**
(1) In der **praktischen Übung** ordentlicher Kaufleute, die zum Handelsbrauch geworden ist und einer laufenden Entwicklung unterliegt;

---

[26] Vgl. §§ 246 Abs. 1, 243 Abs. 2 und 252 Abs. 1 Nr. 6 HGB
[27] Vgl. Wöhe, G., Sind die Anforderungen an die Ordnungsmäßigkeit der Buchführung noch zeitgemäß?, Steuer-Kongreß-Report 1967, München 1967, S. 213
[28] Begründung zum Entwurf eines Gesetzes zur Durchführung der Vierten Richtlinie des Rates der Europäischen Gemeinschaften zur Koordinierung des Gesellschaftsrechts (Bilanzrichtlinie-Gesetz), Bundesrats-Drucksache 257/83, S. 68

(2) in der **Rechtsordnung** (Handelsrecht, Steuerrecht, Rechtsprechung);
(3) in **Erlassen, Empfehlungen und Gutachten** von Behörden und Verbänden (z. B. die vom Reichswirtschaftsminister erlassenen „Grundsätze für Buchführungsrichtlinien der gewerblichen Wirtschaft" vom 11. 11. 1937, die vom Bundesverband der Deutschen Industrie herausgegebenen „Gemeinschaftsrichtlinien für das Rechnungswesen" vom 12. 12. 1952, die zahlreichen Gutachten der Industrie- und Handelskammern);
(4) in der **wissenschaftlichen Diskussion** der Probleme der Buchführung und Bilanz, die zur Entwicklung neuer Grundsätze oder zur Ermittlung und Präzisierung von Praktikergrundsätzen führen und damit für Gesetzgebung und Rechtsprechung Impulse geben kann.

Aus dem Umstand, daß sich einerseits die in der Praxis angewendeten Methoden des Rechnungswesens den veränderten Anforderungen anpassen, die die betrieblichen Ablaufprozesse an das Rechnungswesen stellen, und daß sich andererseits die mit der Rechnungslegung verfolgten Zielsetzungen wandeln können (z. B. Betonung des Aktionärsschutzes neben dem Gläubigerschutz im AktG 1965, Überdeckung des Prinzips der periodengerechten Gewinnermittlung in der Steuerbilanz durch wirtschaftspolitische Zielsetzungen, die zu Steuerverschiebungen führen), entsteht das Problem, daß viele in früherer Zeit durch Gesetz und Rechtsprechung entwickelte Grundsätze ordnungsmäßiger Buchführung **nicht mehr zeitgemäß** sein können und folglich der Gesetzgeber und die Rechtsprechung sich der neuen Entwicklung anpassen müssen, damit sie die Betriebe nicht durch ein Beharren auf Normen und Prinzipien behindern, die von der praktischen Entwicklung der Technik und den Zielen des Rechnungswesens überholt worden sind.

Gleiches gilt auch für den unter (4) genannten Bereich, d. h. für die wissenschaftliche Diskussion. Sie ist stets zeitgemäß, denn sie setzt sich entweder mit den neuesten praktischen Entwicklungen auseinander oder sie bereitet durch theoretische Analysen derartige Entwicklungen vor und ist damit u. U. – gemessen am Verhalten der Praxis – ihrer Zeit voraus.

Gutachten und Empfehlungen von Verbänden, die zu dem unter (3) aufgeführten Bereich zählen, bilden in der Regel für Gesetzgebung und Rechtsprechung wichtige Hilfsmittel der Information über die Weiterentwicklung der Grundsätze ordnungsmäßiger Buchführung in der Praxis.

bb) Materielle und formelle Ordnungsmäßigkeit

(1) Fortlaufende Eintragungen und Belege

Ordnungsmäßig ist die Buchführung dann, wenn sich ein „sachverständiger Dritter" aus den Aufzeichnungen ein Bild über die Lage des Betriebes machen kann. Das ist eine sehr dehnbare Definition. Grundsätzlich müssen die Aufzeichnungen der Geschäftsvorfälle **vollständig** und **richtig** (materielle Ordnungsmäßigkeit) sein, es darf nichts ausgelassen, aber auch nichts fingiert werden, ferner darf keine Buchung ohne Beleg erfolgen, d. h. sämtliche Aufzeichnungen müssen nachgeprüft werden können, alle Buchungen müssen **klar** und **übersichtlich** (formelle Ordnungsmäßigkeit) ausgeführt sein.

Handelsrecht[29] und Steuerrecht[30] haben einige Grundregeln aufgestellt, deren Beachtung die Voraussetzung für die Anerkennung der Ordnungsmäßigkeit der Buchführung darstellt. Sie sind jedoch nicht erschöpfend und sind im Laufe der Zeit durch die Rechtsprechung ergänzt worden. Nach den Einkommensteuer-Richtlinien liegt eine ordnungsmäßige Buchführung vor, wenn folgende Grundsätze beachtet sind:

„Handelsrechtliche Grundsätze ordnungsmäßiger Buchführung

Eine Buchführung ist ordnungsmäßig, wenn die für die kaufmännische Buchführung erforderlichen Bücher geführt werden, die Bücher förmlich in Ordnung sind und der Inhalt sachlich richtig ist. ... Ein bestimmtes Buchführungssystem ist nicht vorgeschrieben; allerdings muß bei Kaufleuten, soweit sie nicht Minderkaufleute im Sinne des § 4 HGB sind, die Buchführung den Grundsätzen der doppelten Buchführung entsprechen (§ 242 Abs. 3 HGB). Im übrigen muß die Buchführung so beschaffen sein, daß sie einem sachverständigen Dritten innerhalb angemessener Zeit einen Überblick über die Geschäftsvorfälle und über die Vermögenslage des Unternehmens vermitteln kann. Die Geschäftsvorfälle müssen sich in ihrer Entstehung und Abwicklung verfolgen lassen ...[31]

Ordnungsmäßige Eintragung in den Geschäftsbüchern

Die Eintragungen in den Geschäftsbüchern und die sonst erforderlichen Aufzeichnungen müssen vollständig, richtig, zeitgerecht und geordnet vorgenommen werden (§ 239 Abs. 2 HGB). Die zeitgerechte Erfassung der Geschäftsvorfälle erfordert – mit Ausnahme des baren Zahlungsverkehrs – keine tägliche Aufzeichnung. Es muß jedoch ein zeitlicher Zusammenhang zwischen den Vorgängen und ihrer buchmäßigen Erfassung bestehen. ...“[32]

Vollständigkeit und Richtigkeit sind also die Voraussetzungen für die **materielle Ordnungsmäßigkeit**. Ein **sachlicher Mangel** liegt vor, wenn die Eintragungen in den Büchern nicht der Wahrheit entsprechen, indem

(1) Geschäftsvorfälle, die stattgefunden haben, nicht aufgezeichnet werden,

(2) Geschäftsvorfälle falsch aufgezeichnet werden,

(3) Geschäftsvorfälle aufgezeichnet werden, die in Wahrheit nicht stattgefunden haben,

(4) bei der Inventur nicht alle Vermögensgegenstände und Schulden erfaßt werden,

(5) bei der Inventur Vermögensgegenstände und Schulden aufgeführt werden, die nicht vorhanden sind, oder

---

[29] Vgl. §§ 239 ff. HGB
[30] Vgl. §§ 145–147 AO
[31] Die beiden letzten Sätze wurden sinngemäß in den § 238 Abs. 1 HGB aufgenommen.
[32] R 29 Abs. 2 und 3 EStR

(6) Vermögensgegenstände und Schulden falsch, d. h. nicht den gesetzlichen Vorschriften entsprechend, bewertet werden.

Formelle Ordnungsmäßigkeit bedeutet, daß die Führung der Bücher so klar und übersichtlich ist, daß ein sachverständiger Dritter die Buchführung ohne Schwierigkeiten übersehen kann und die Aufzeichnungen somit jederzeit nachprüfbar sind.

Die Klarheit und Übersichtlichkeit der Buchführung soll erreicht werden
(1) durch die Einhaltung der in den §§ 239, 243, 244, 257, 261 HGB und 145–147 AO aufgeführten Grundsätze,
(2) durch die Organisation der Buchführung, insbesondere die Anwendung des Kontenrahmens,
(3) durch das System der Buchführung und durch die Art der geführten Bücher.

Die formelle Ordnungsmäßigkeit setzt ferner voraus, daß die Belege mit Nummern zu versehen und aufzubewahren sind. Einer der wichtigsten Grundsätze der Buchführung ist es, daß **keine Buchung ohne Beleg** (Rechnungen, Quittungen, Lieferscheine, Frachtbriefe, Bank- und Postscheckauszüge, Kassenzettel, Inventurunterlagen u. a.) ausgeführt werden darf. Eine Buchung kann nur dann gegenüber der Betriebsprüfung bewiesen werden, wenn ein Beleg vorgelegt werden kann. Belege bilden also einen Bestandteil der Buchführungsunterlagen.

(2) **Aufbewahrungsfristen**

Für die Bücher, Aufzeichnungen, Geschäftspapiere und sonstigen Unterlagen besteht eine **Aufbewahrungspflicht.**

Aufzubewahren sind nach § 257 Abs. 1 HGB bzw. § 147 Abs. 1 AO:
(1) Handelsbücher, Inventare, Eröffnungsbilanzen, Jahresabschlüsse, Lageberichte, Konzernabschlüsse, Konzernlageberichte sowie die zu ihrem Verständnis erforderlichen Arbeitsanweisungen und sonstigen Organisationsunterlagen,
(2) die empfangenen Handelsbriefe,
(3) Wiedergaben der abgesandten Handelsbriefe,
(4) Belege für Buchungen in den nach § 238 Abs. 1 HGB zu führenden Büchern (Buchungsbelege),
(5) sonstige Unterlagen, soweit sie für die Besteuerung von Bedeutung sind.

Die **Frist** für die Aufbewahrung der unter (1) genannten Unterlagen beträgt 10 Jahre, die für die übrigen in § 257 Abs. 1 HGB aufgezählten Unterlagen 6 Jahre. Für steuerliche Zwecke schreibt § 147 Abs. 3 AO die gleichen Fristen vor. Belege dürfen seit der Änderung des HGB und der AO vom 2. 8. 1965[33] auch als Wiedergabe auf einem Bildträger oder auf anderen Datenträgern aufbewahrt werden, wenn das Verfahren bei der Herstellung der Bild- oder Datenträger den GoB entspricht. Seit 1977 dürfen alle Buchfüh-

---

[33] BGBl. I S. 665; vgl. auch das Schreiben des Bundesministers der Finanzen betr. Verwendung von Mikrofilmaufnahmen zur Erfüllung gesetzlicher Aufbewahrungspflichten vom 1. 2. 1984, BStBl. I, S. 155

rungsunterlagen – mit Ausnahme der Jahresabschlüsse, Konzernabschlüsse und der Eröffnungsbilanzen – auf Datenträgern aufbewahrt werden, wenn gesichert ist, daß die Wiedergabe mit der Urschrift übereinstimmt.[34]

(3) Anwendung eines Kontenrahmens

Die formelle Ordnungsmäßigkeit der Buchführung setzt auch voraus, daß die Buchführung nach einem **Kontenrahmen** gegliedert ist. Der Kontenrahmen ist ein Organisations- und Gliederungsplan für das gesamte Rechnungswesen.[35] Er wurde im Jahre 1937 durch einen Erlaß des Reichswirtschaftsministers (Wirtschaftlichkeitserlaß) für verbindlich erklärt. Nach diesem sog. „**Erlaßkontenrahmen**" wurden in Deutschland mehr als 200 Kontenrahmen für einzelne Branchen aufgestellt. Die Verbindlichkeit des „Erlaßkontenrahmens" und der von ihm abgeleiteten Branchenkontenrahmen wurde im Jahre 1953 durch das Bundeswirtschaftsministerium aufgehoben. Heute besteht also kein Zwang mehr zur Anwendung eines Kontenrahmens, jedoch hat der Bundesverband der Deutschen Industrie einen sog. „**Gemeinschaftskontenrahmen**" (GKR) entwickelt, der eine Empfehlung darstellt. Er ist die Rahmenvorschrift, nach der der einzelne Betrieb unter Berücksichtigung seiner individuellen Eigenart seinen **Kontenplan** entwickelt.

Der GKR genügte infolge der Entwicklungen im Bilanzrecht und in der Kostenrechnung nicht mehr in vollem Umfange den Anforderungen der Wirtschaft. Deshalb erarbeitete ein Expertenteam des Betriebswirtschaftli-

---

Beispiel für die Unterteilung in Kontenklasse, -gruppe und -art nach dem GKR:

Kontenklasse: 4 Kostenarten
 Kontengruppe: 46 Steuern, Gebühren, Beiträge, Versicherungen
  Kontenart: 460 Steuern
                         4600 Vermögensteuer
                         4601 Gewerbesteuer
                         4602 Grundsteuer
                         4604 Umsatzsteuer
                          usw.
                       462 Gebühren
                         4620 Gebühren für den gewerblichen
                              Rechtsschutz
                         4621 Gebühren für den allgemeinen
                              Rechtsschutz
                         4625 Prüfungsgebühren
                       466 Beiträge
                       468 Versicherungen
                         4680 Feuer-Versicherung
                         4681 Diebstahl-Versicherung
                         4682 Kfz-Versicherung
                          usw.

---

[34] Vgl. § 147 Abs. 2 AO, § 257 Abs. 3 HGB
[35] Der Ausdruck „Kontenrahmen" ist durch Schmalenbach eingeführt worden (vgl. Schmalenbach, E., Der Kontenrahmen, Leipzig 1927).

chen Ausschusses des BDI einen neuen **Industriekontenrahmen** (IKR).[36] Er konnte jedoch bisher den GKR nicht vollständig verdrängen, findet aber in der Praxis seit Inkrafttreten des Bilanzrichtlinien-Gesetzes zunehmend Anwendung.

Der **Gemeinschaftskontenrahmen** (bzw. Kontenplan) ist nach dem dekadischen System in 10 **Kontenklassen** eingeteilt. Jede Kontenklasse läßt sich in 10 Kontengruppen, jede Kontengruppe in 10 Untergruppen (Kontenarten) unterteilen. Je nach Bedarf ist eine weitere Unterteilung möglich. Die Kontenklassen 0–3 und 8 und 9 sind für alle Betriebe in ihrem Inhalt im Prinzip gleich. Die dazwischen liegenden Klassen sind in den Kontenrahmen der einzelnen Wirtschaftszweige auf die besonderen Gegebenheiten jedes Wirtschaftszweiges abgestellt. Der Gemeinschaftskontenrahmen der Industrie (GKR) ist beispielsweise so aufgebaut, daß er den Prozeß der betrieblichen Leistungserstellung und -verwertung von links nach rechts, also von Klasse 0 bis 9 widerspiegelt **(Prozeßgliederungsprinzip)**. Die Klassen 0–3 erfassen die Vorbereitung der Leistungserstellung, die Klassen 4–7 die Durchführung der Produktion und die Klasse 8 die Verwertung der Leistung. Klasse 9 dient dem Abschluß.[37]

Der **Industriekontenrahmen** ist ebenso wie der GKR nach dem dekadischen System aufgebaut. Er umfaßt 10 Kontenklassen. Eine strenge Trennung von Finanz- und Betriebsbuchhaltung **(Zweikreissystem)** soll eine betriebsindividuelle Gestaltung der Betriebsabrechnung gestatten, ohne die Einheitlichkeit des Rechnungswesens zu gefährden.[38]

Für den Bereich der Finanzbuchhaltung (Kontenklassen 0–8) wird das **Abschlußgliederungsprinzip** verwendet, d. h. es werden die handelsrechtlichen Gliederungsvorschriften für den Jahresabschluß einer großen Kapitalgesellschaft zugrunde gelegt. Das erleichtert die Abschlußarbeiten und die Aufstellung des Jahresabschlusses. Daß sich die Neufassung des IKR an den handelsrechtlichen Gliederungsvorschriften für Kapitalgesellschaften orientiert und keine Differenzierung zwischen Kapitalgesellschaften einerseits und Einzelunternehmen und Personengesellschaften andererseits vornimmt hat nur pragmatische Gründe und sollte nicht zu der These verführen, die für Kapitalgesellschaften existierenden Gliederungsvorschriften seien auch für die Personen- und Einzelunternehmen Bestandteile der Grundsätze ordnungsmäßiger Buchführung.[39]

Für den Bereich der Betriebsabrechnung (Kontenklasse 9) gilt wie im gesamten GKR das **Prozeßgliederungsprinzip**. Die Betriebsabrechnung kann in tabellarischer oder in buchhalterischer Form geführt werden. Die

---

[36] Vgl. Industrie-Kontenrahmen „IKR", hrsg. vom Bundesverband der Deutschen Industrie, Betriebswirtschaftlicher Ausschuß, Bergisch Gladbach 1971; Neufassung 1986 in Anpassung an die Gliederungsschemata für große Kapitalgesellschaften nach dem HGB, Bergisch-Gladbach 1986

[37] Vgl. Wöhe, G., Bilanzierung und Bilanzpolitik, a. a. O., S. 80 ff.

[38] Vgl. Kresse, W., Döring, J., So bucht man nach dem neuen Industriekontenrahmen, Stuttgart 1972, S. 11

[39] Vgl. Falterbaum, H., Beckmann, H., Buchführung und Bilanz, 15. Aufl., Achim 1993, S. 247 f.

Gliederung der Kontenklassen für die Finanzbuchhaltung[40]

Bilanzkonten (Bestandsrechnung)					Ergebniskonten (Erfolgsrechnung)			Konten zur Eröffnung u. zum Abschluß (Abschlußrechnung)
Aktivkonten (Kontengruppen entsprechend Bilanzgliederung nach § 266 Abs. 2 HGB)			Passivkonten (Kontengruppen entsprechend Bilanzgliederung nach § 266 Abs. 3 HGB)		Ertragskonten	Aufwandskonten (Kontengruppen entsprechend Gliederung der GuV-Rechnung nach § 275 Abs. 2 HGB)		
0	1	2	3	4	5	6	7	8
Sachanlagen und immaterielle Vermögensgegenstände	Finanzanlagen	Umlaufvermögen und aktive Rechnungsabgrenzung	Eigenkapital, Sonderposten mit Rücklageanteil und Rückstellungen	Verbindlichkeiten und passive Rechnungsabgrenzung	Erträge	Betriebliche Aufwendungen: Material- u. Personalaufwendungen und Abschreibungen	Weitere Aufwendungen: Zinsen, Steuern und sonstige Aufwendungen	Ergebnisrechnungen (Eröffnung/Abschluß, kurzfristige Erfolgsrechnung)

[40] Verkürzt nach Kresse, W., Döring, J., a. a. O., S. 14 und angepaßt an das neue Bilanzrecht.

vollständige Trennung beider Abrechnungskreise ermöglicht die Anwendung des IKR auch dann, wenn eine Betriebsabrechnung nicht besteht. Zwischen die Finanz- und Betriebsbuchhaltung muß eine Abgrenzungsrechnung eingeschoben werden.

In strenger Anlehnung an die Gliederung des handelsrechtlichen Jahresabschlusses umfaßt die Finanzbuchhaltung (Rechnungskreis I) in ihren 9 Kontenklassen drei Gruppen (vgl. Schaubild auf S. 1020):

(1) **Bilanzkonten** (Aktivkonten Kl. 0–2; Passivkonten Kl. 3 und 4);

(2) **Erfolgskonten** (Ertragskonten Kl. 5; Aufwandskonten Kl. 6 und 7);

(3) **Konten der Ergebnisrechnungen** (Kl. 8).

cc) Inventar – Inventur

Ein wesentliches Erfordernis für die Ordnungsmäßigkeit der Buchführung ist die Durchführung einer **körperlichen Bestandsaufnahme** zum Bilanzstichtag (Inventur) und die Erstellung eines Bestandsverzeichnisses (Inventar). Nach § 240 Abs. 1 und 2 HGB ist der Kaufmann verpflichtet, jährlich neben der Bilanz für den Bilanzstichtag ein Inventar aufzustellen. Die Inventur für den Bilanzstichtag braucht nicht am Bilanzstichtag vorgenommen zu werden. Sie muß aber zeitnah, d. h. in der Regel innerhalb einer Frist von zehn Tagen vor oder nach dem Bilanzstichtag durchgeführt werden. Die zwischen dem Tag der Bestandsaufnahme und dem Bilanzstichtag eingetretenen Bestandsveränderungen müssen an Hand von Belegen oder Aufzeichnungen nachgewiesen werden.

Durch die körperliche Bestandsaufnahme der Wirtschaftsgüter eines Betriebes soll eine Kontrolle gegeben sein, daß die tatsächlich vorhandenen Wirtschaftsgüter (Istbestände) mit den sich aus den Büchern ergebenden Beständen an Wirtschaftsgütern (Sollbestände) in Art, Menge und Wert übereinstimmen, bzw. sollen Differenzen festgestellt und ihr Zustandekommen erklärt werden. Das Handelsrecht sieht im Inventar ein Instrument zur Vermögensfeststellung zum Schutze der Gläubiger.

In die Neufassung des § 39 Abs. 3 HGB (a. F.) durch das „Gesetz zur Änderung des Handelsgesetzbuches und der Reichsabgabenordnung" vom 2. 8. 1965[41] wurde die Vorschrift, daß unter bestimmten Voraussetzungen nur jedes zweite Jahr ein Inventar aufgestellt zu werden braucht, nicht mehr aufgenommen.

Absatz 4 des § 39 HGB (a. F.) führte im Rahmen dieser Novellierung eine bedeutsame Änderung der Inventurvorschriften ein. Nach den bisherigen Inventurmethoden war das Inventar – auch bei Anwendung der permanenten Inventur – für den Bilanzstichtag aufzustellen. § 39 Abs. 4 HGB (a. F.), dessen Regelungen in den § 241 Abs. 3 HGB übernommen wurden, läßt zu, daß am Schluß des Geschäftsjahres diejenigen Vermögensgegenstände nicht verzeichnet zu werden brauchen, die nach Art, Menge und Wert in ein **besonderes Inventar** aufgenommen worden sind, das für einen Tag inner-

---

[41] Vgl. BGBl I, S. 665

halb der letzten drei Monate vor oder der beiden ersten Monate nach dem Bilanzstichtag aufgestellt worden ist. Durch Anwendung eines den Grundsätzen ordnungsmäßiger Buchführung entsprechenden Fortschreibungs- oder Rückrechnungsverfahrens ist sicherzustellen, daß der am Schluß des Geschäftsjahres vorhandene Bestand an Vermögensgegenständen für den Bilanzstichtag ordnungsgemäß bewertet werden kann.

Die Einführung dieses **Wertnachweisverfahrens** ist vom betriebswirtschaftlichen Standpunkt aus zu begrüßen, da es den Betrieben ermöglicht, die Inventurarbeiten auf einen größeren Zeitraum zu verteilen und somit einen übermäßigen Arbeitsanfall am Jahresende, der zu Störungen im normalen Betriebsablauf führen kann, zu vermeiden. Grundlage der Bewertung in der Bilanz ist also nicht mehr allein das für den Bilanzstichtag aufgestellte Inventar, sondern ebenso das auf den Bilanzstichtag fortgeschriebene oder zurückgerechnete besondere Inventar nach § 241 Abs. 3 HGB.

Eine weitere bedeutende Verbesserung der Inventurvorschriften hat der durch Gesetz vom 14. 12. 1976[42] in den § 39 HGB (a. F.) eingefügte Abs. 2a gebracht, der in den § 241 Abs. 1 HGB übernommen wurde. Er erlaubt, daß bei der Aufstellung des Inventars „der Bestand der Vermögensgegenstände nach Art, Menge und Wert auch mit Hilfe anerkannter mathematisch-statistischer Methoden auf Grund von Stichproben ermittelt werden" darf – vorausgesetzt, daß diese Methoden den GoB entsprechen und das Inventar den gleichen Aussagewert wie ein mittels körperlicher Bestandsaufnahme aufgestelltes Inventar hat.

Das Inventar ergibt sich aus einer Inventur des Umlaufvermögens und einer Aufnahme des Anlagevermögens in ein Bestandsverzeichnis. Nach § 240 Abs. 1 HGB hat ein Kaufmann in das jährliche Inventar „seine Grundstücke, seine Forderungen und Schulden, den Betrag seines baren Geldes sowie seine sonstigen Vermögensgegenstände" aufzunehmen.

Die Stichtagsinventur des Vorratsvermögens kann unter bestimmten Voraussetzungen durch eine sog. **permanente Inventur** ersetzt werden, die auf Grund von § 241 Abs. 2 HGB gesetzlich zulässig ist. Sie unterscheidet sich von der körperlichen Stichtagsinventur dadurch, daß die körperliche Aufnahme der Bestände über das ganze Jahr verteilt wird und nicht für alle Wirtschaftsgüter an einem Stichtag (Bilanzstichtag) erfolgt. Voraussetzung für die Anwendung der permanenten Inventur ist das Vorhandensein laufend geführter buchmäßiger Unterlagen (Lagerbücher, Lagerkartei). Die zwischen dem Aufnahmetag und dem Bilanzstichtag durch Zu- und Abgänge eintretenden Veränderungen werden durch Fortschreibung in den Lagerkarteien erfaßt.

Die permanente Inventur hat sich in der betrieblichen Praxis immer mehr durchgesetzt, da sie große **betriebswirtschaftliche Vorteile** bietet. Die Stichtagsinventur führt zu einem großen Arbeitsanfall innerhalb weniger Tage, der bei vielen Betrieben Betriebsunterbrechungen zur Folge hat. Dagegen kann für die laufende Inventur ein Arbeitsplan aufgestellt werden, der

---

[42] BGBl I, S. 3341

eine Verteilung der Inventuraufnahme über das ganze Jahr vorsieht. Die Inventurarbeiten können dann ohne Betriebsunterbrechung von eingearbeiteten Arbeitskräften durchgeführt werden, die nicht wie bei der Stichtagsinventur unter Zeitdruck stehen. Inventurdifferenzen lassen sich schneller aufdecken und aufklären.

Die permanente Inventur hat günstige Auswirkungen auf betriebliche Dispositionen (Material-, Lagerdispositionen) und ermöglicht eine schnellere Aufstellung des Jahresabschlusses. Allerdings werden im Falle der permanenten Inventur strenge Anforderungen an die Lagerbücher gestellt. Sie müssen an Hand von Belegen nachgewiesene Einzelangaben über die Bestände und über alle Zu- und Abgänge nach Tag, Art und Menge enthalten. Die sich aus den Lagerbüchern ergebenden Bestände sind in jedem Wirtschaftsjahr mindestens einmal durch körperliche Bestandsaufnahme zu kontrollieren. Die Prüfung darf sich nicht nur auf Stichproben beschränken.

c) Allgemeine Grundsätze für die Aufstellung der Bilanz

Von den oben tabellarisch aufgeführten allgemeinen Aufstellungsgrundsätzen[43] werden im folgenden die Grundsätze der Bilanzwahrheit, Bilanzklarheit und die Generalnorm des § 264 Abs. 2 HGB näher analysiert.

aa) Der Grundsatz der Bilanzwahrheit

Eine absolute Bilanzwahrheit gibt es nicht, weil die Frage, ob ein Bilanzansatz „wahr" ist oder nicht, von der Bewertung der einzelnen Bilanzpositionen abhängt, die Wertansätze aber in jedem Fall durch die Zielsetzung bedingt sind, der die Bewertung dienen soll. Es gibt aber nicht nur ein Ziel, an dem sich die Bildung der Wertansätze ausrichten kann, sondern eine ganze **Anzahl von Zielsetzungen,** die sich zum Teil konträr gegenüberstehen.

Die Ziele der Bewertung sind in der Handelsbilanz zum Teil völlig andere als in der Steuerbilanz. Deshalb kann auch der oft vertretenen Auffassung, daß eine Bilanz dann als wahr anzusehen ist, wenn sie den Grundsätzen ordnungsmäßiger Buchführung (Vollständigkeit und Richtigkeit bei der Aufzeichnung der Geschäftsvorfälle) und den gesetzlichen Bewertungsvorschriften entspricht, nicht vorbehaltlos zugestimmt werden. Selbstverständlich muß die Bilanz vollständig sein, d. h. ebenso wie die Grundsätze ordnungsmäßiger Buchführung verlangen, daß keine Geschäftsvorfälle ausgelassen oder Konten auf falsche oder erdichtete Namen geführt werden, setzt eine ordnungsmäßige Bilanzierung voraus, daß auch keine Bilanzpositionen, die sich aus einer ordnungsmäßigen Buchführung ergeben, weggelassen oder andere, die sich nicht aus der Buchführung ableiten lassen, hinzugefügt werden.

Bei der Wahl der Wertansätze gehen jedoch nicht nur Handelsrecht und Steuerrecht von unterschiedlichen Überlegungen aus, sondern auch die Be-

---

43 Vgl. S. 1010 ff.

triebswirtschaftslehre hat in einer Anzahl von **Bilanztheorien**,[44] die größtenteils Bewertungstheorien sind, Auffassungen über die „wahre" Bilanz entwickelt, die nicht nur untereinander, sondern zum Teil auch zu den handelsrechtlichen und steuerrechtlichen Bewertungsvorschriften im Gegensatz stehen.

Die Problematik der Zweckbezogenheit der Bilanzansätze zeigt sich insbesondere in den verschiedenen **Unternehmenserhaltungsvorstellungen,** die in den betriebswirtschaftlichen Bilanztheorien vertreten werden. Ein Betrieb kann aus den Geschäftsvorfällen einer Periode einen verschieden hohen Gewinn errechnen, je nachdem, ob die Bewertung des Vermögens – wie in der Handels- und Steuerbilanz – unter Beachtung des Prinzips der nominellen Kapitalerhaltung oder unter Beachtung verschiedener Formen der Substanzerhaltung erfolgt.

Das Kapital ist **nominell** erhalten, wenn das in Geldeinheiten ausgedrückte Reinvermögen des Betriebes am Ende der Periode gleich dem in Geldeinheiten ausgedrückten Reinvermögen am Anfang der Periode ist. Ist es höher, so ist die Differenz Gewinn, ist es niedriger, so ist die Differenz Verlust, wenn man von Gewinnentnahmen und Kapitaleinlagen während der Periode absieht. Geld- und Sachwertschwankungen in der Volkswirtschaft werden nicht beachtet, d. h. die gütermäßige Substanz und damit die Leistungsfähigkeit des Betriebes bleibt nur erhalten, wenn alle Preise konstant sind.

Steigen die Preise der abgesetzten Güter und der eingesetzten Kostengüter während der Periode, so ist, wenn der nominell definierte Gewinn den Betrieb verläßt, eine Substanzerhaltung nicht möglich. Mit den verbleibenden finanziellen Mitteln können die für den Umsatz eingesetzten Kostengüter nicht in vollem Umfange wiederbeschafft werden. Will man die **gütermäßige Substanz** des Betriebs erhalten, so muß man alle Wirtschaftsgüter statt mit ihren Anschaffungskosten mit ihren Wiederbeschaffungskosten am Bilanzstichtag (Tageswert) bewerten. Gewinn ist dann der Betrag, der aus den Umsatzerlösen verbleibt, wenn zuvor die Wiederbeschaffungskosten für alle beim Umsatz verbrauchten Kostengüter abgezogen worden sind.

Beide Unternehmenserhaltungsformen führen also zu unterschiedlichen Wertansätzen des Vermögens und zu einem unterschiedlichen Gewinn. Die Frage, welche Ansätze „wahr" sind, läßt sich nicht beantworten. Zu fragen ist, ob die jeweiligen Bilanzansätze dem jeweiligen Zweck adäquat sind.

Die Frage nach der Bilanzwahrheit wird in der Literatur in der Regel mit der Frage nach der Zulässigkeit der Bildung stiller Rücklagen verbunden. Die gesetzlichen Möglichkeiten, stille Rücklagen durch Unterbewertung von Vermögenswerten (z. B. durch zu schnelle Abschreibung oder durch zu niedrigen Ansatz der Herstellungskosten selbsterstellter Wirtschaftsgüter) zu bilden, sind in der Handels- und Steuerbilanz von verschiedener Art. Für die Steuerbilanz ist eine **untere Wertgrenze** vorgeschrieben. Für die Handelsbilanz hat das HGB[45] zwar grundsätzlich ebenfalls untere Wertgrenzen be-

---

[44] Einzelheiten vgl. S. 1210ff.
[45] Vgl. § 253 HGB

stimmt, jedoch sind auch hier noch immer Schätzungsrücklagen durch Gestaltung des der planmäßigen Abschreibung zugrunde liegenden Abschreibungsplanes möglich. Einzelkaufleute und Personenhandelsgesellschaften können außerdem gemäß § 253 Abs. 4 HGB Abschreibungen „im Rahmen vernünftiger kaufmännischer Beurteilung" vornehmen und hierdurch stille Rücklagen bilden. Ferner besteht bei der Ermittlung der Herstellungskosten[46] für Gemeinkosten (z. B. die anteiligen fixen Kosten) in der Handelsbilanz keine Aktivierungspflicht, während diese Kostenbestandteile in der Steuerbilanz nach R 33 EStR angesetzt werden müssen.

Auch hier stellt sich wieder die Frage: welche Bilanz ist „wahr"? Eine Handelsbilanz, in der zulässigerweise stille Rücklagen gebildet worden sind, oder eine aus ihr abgeleitete Steuerbilanz, bei der bestimmte Mindestwertansätze nicht unterschritten werden dürfen? Man kann eine Bilanz nicht als „wahr" bezeichnen, deren Wertansätze durch absichtliche Bildung stiller Rücklagen zu niedrig ausgewiesen werden, auch wenn die Ansätze nicht gegen gesetzliche Vorschriften verstoßen. Die stillen Rücklagen können ihre Stütze aber in einem anderen Bilanzierungsgrundsatz finden: dem Prinzip kaufmännischer Vorsicht, das die Bildung von wirtschaftlich vertretbaren Bewertungsreserven beinhalten kann.

Wir kommen zu dem Ergebnis, daß mit dem Prinzip der Bilanzwahrheit nicht viel anzufangen ist. Es enthält entweder die Grundsätze der Vollständigkeit und Richtigkeit, die bereits als Bestandteil der Grundsätze ordnungsmäßiger Buchführung charakterisiert wurden, und ist dann als zusätzlicher Bilanzierungsgrundsatz überflüssig; oder es wird als „relative Bilanzwahrheit"[47] interpretiert, d. h. bezogen auf die jeweiligen Zielsetzungen der Bilanzierung; dann sollte man es aber gleich entsprechend als **Grundsatz der Zweckmäßigkeit eines Bilanzansatzes** bezeichnen.

bb) Der Grundsatz der Bilanzklarheit

Der Grundsatz der Bilanzklarheit ist in § 243 Abs. 2 HGB erstmals für alle Kaufleute gesetzlich kodifiziert worden. Hier heißt es: „Er (der Jahresabschluß, der Verf.) muß klar und übersichtlich sein". Die Beachtung des Grundsatzes der Bilanzklarheit soll den Gläubigern, den Gesellschaftern und Aktionären und nicht zuletzt der Betriebsführung selbst einen möglichst sicheren Einblick in die Vermögens-, Finanz- und Ertragslage des Betriebes gewähren. Das geltende Bilanzrecht[48] hat diese Aufgabe des Jahresabschlusses im Gesetzestext für Kapitalgesellschaften ausdrücklich festgehalten, indem es von diesen in Anlehnung an den früheren § 149 Abs. 1 AktG 1965 fordert, daß der Jahresabschluß unter Beachtung der GoB ein **den tatsächlichen Verhältnissen entsprechendes Bild der Vermögens-, Finanz- und Ertragslage** des Unternehmens zu vermitteln hat.

---

[46] Vgl. S. 1077 ff.
[47] Heinen, E., Handelsbilanzen, a. a. O., S. 181
[48] Vgl. § 264 Abs. 2 HGB

Die Klarheit und Übersichtlichkeit der Bilanzierung wird erreicht durch eine den Bilanzzwecken entsprechende **Gliederung des Vermögens und des Kapitals.** Dabei müssen die einzelnen Bilanzpositionen inhaltlich scharf umrissen und gegen andere Positionen abgegrenzt werden. Es dürfen keine Vermögensgegenstände in einer Position zusammengefaßt werden, wenn sich dadurch Fehlinformationen für die Bilanzleser ergeben können. Vor allem aber ist das Bruttoprinzip voll anzuwenden. Das bedeutet, daß Saldierungen von Aktiv- und Passivpositionen nicht zulässig sind. Die Gliederung darf aber auch nicht so weit getrieben werden, daß die geforderte Übersichtlichkeit verlorengeht.

Bei Kapitalgesellschaften wird seit Inkrafttreten des neuen Bilanzrechts die Bilanzklarheit durch den **Anhang**[49] vergrößert, in dem Erläuterungen zu den einzelnen Posten der Bilanz und Gewinn- und Verlustrechnung sowie zusätzliche Angaben, z. B. über Restlaufzeiten oder besondere Sicherung von Verbindlichkeiten oder über aus der Bilanz nicht zu ersehende Haftungsverhältnisse zu machen sind.[50] Der Anhang ist als Bestandteil des Jahresabschlusses zu veröffentlichen.

Bei großen und mittelgroßen Kapitalgesellschaften wird die Klarheit und Übersichtlichkeit des Jahresabschlusses durch die Verpflichtung zur Aufstellung eines **Lageberichts**[51] erhöht. Er war bisher Bestandteil des nicht veröffentlichungspflichtigen **Geschäftsberichts** der AG.[52] Im Lagebericht sind u. a. der Geschäftsverlauf und die Lage sowie die voraussichtliche Entwicklung des Unternehmens und ggf. Vorgänge von besonderer Bedeutung, die nach Ablauf des Geschäftsjahres eingetreten sind, darzulegen.

Das HGB enthält einige weitere Vorschriften, die speziell der Realisierung der Bilanzklarheit dienen sollen. So dürfen nach § 246 Abs. 2 HGB Forderungen nicht mit Verbindlichkeiten, nicht abgerechnete Leistungen nicht mit Anzahlungen, andere Posten der Aktivseite nicht mit anderen Posten der Passivseite, Aufwendungen nicht mit Erträgen, Grundstücksrechte nicht mit Grundstückslasten verrechnet werden.

Die Entwicklung der einzelnen Posten des Anlagevermögens kann von Kapitalgesellschaften entweder in der Bilanz oder im Anhang dargestellt werden. Dabei sind bei den einzelnen Posten nach § 268 Abs. 2 HGB die gesamten Anschaffungs- oder Herstellungskosten, die Zugänge, Abgänge, Umbuchungen und Zuschreibungen des Geschäftsjahres sowie die Abschreibungen „in ihrer gesamten Höhe" (d. h. kumuliert) gesondert aufzuführen **(Anlagespiegel).** Die Angabe der Abschreibungen des Geschäftsjahres im Anlagespiegel ist gesetzlich nicht vorgeschrieben. Diese sind vielmehr „entweder in der Bilanz bei dem betreffenden Posten zu vermerken oder im Anhang in einer der Gliederung des Anlagevermögens entsprechenden Aufgliederung anzugeben"[53] (wobei diese Angabe ggf. auch in Form einer zu-

---

[49] Vgl. §§ 284 ff. HGB
[50] Vgl. § 285 HGB
[51] Vgl. § 289 HGB
[52] Vgl. § 160 AktG 1965 (a. F.)
[53] § 268 Abs. 2 Satz 3 HGB

sätzlichen Spalte im Anlagespiegel erfolgen kann). Diese Ausweismethode für den Anlagespiegel wird als „**direkte Bruttomethode**" bezeichnet.

Die folgende Übersicht zeigt schematisch den Aufbau eines Anlagespiegels:[54]

Aufbau eines Anlagespiegels

Anschaffungs- und Herstellungskosten	Zugänge	Abgänge	Umbuchungen	Zuschreibungen des Geschäftsjahres	Abschreibungen (kum.)	Restbuchwert 31. 12.	Restbuchwert Vorjahr
gesondert für Aufwendungen für die Ingangsetzung und Erweiterung des Geschäftsbetriebs sowie für jeden Posten des Anlagevermögens							

Steuerfreie Rücklagen, d. h. offene Rücklagen, die aufgrund steuerrechtlicher Vorschriften aus dem unversteuerten Gewinn gebildet werden dürfen, aber in späteren Jahren nachzuversteuern sind, dürfen nicht mit den übrigen Rücklagen zusammengefaßt werden, sondern sind nach § 247 Abs. 3 HGB als „**Sonderposten mit Rücklageanteil**" auszuweisen, weil sie nur zum Teil Eigenkapital, zum anderen Teil eine in ihrer Höhe noch nicht exakt bestimmbare Verbindlichkeit gegenüber dem Finanzamt enthalten.

Pauschalwertberichtigungen zu Forderungen waren nach altem Recht getrennt von den Einzelwertberichtigungen bestimmter Forderungen zu bilanzieren. Nach geltendem Recht sind derartige Pauschal- oder Einzelkorrekturen von Kapitalgesellschaften direkt und nicht mehr durch einen Passivposten vorzunehmen. Wie früher ist darauf zu achten, daß eine bestimmte Forderung nur einmal wertberichtigt wird.

Fällt ein Vermögensgegenstand oder eine Schuld unter mehrere Posten der Bilanz, so müssen Kapitalgesellschaften die **Mitzugehörigkeit** zu den anderen Posten bei dem Posten, unter dem der Ausweis vorgenommen wird, vermerken oder im Anhang angeben, wenn das zur Aufstellung eines klaren und übersichtlichen Jahresabschlusses erforderlich ist.[55] So können z. B. Forderungen an verbundene Unternehmen zugleich Forderungen aus Lieferungen und Leistungen sein.

Ebenso wie die Bilanz muß auch die Erfolgsrechnung dem Erfordernis der Klarheit und Übersichtlichkeit entsprechen. Auch hier gilt grundsätzlich das Bruttoprinzip, das eine Saldierung von Aufwands- und Ertragsposten ausschließt.

---

[54] Vgl. hierzu auch Lorson, P. C. in: Küting, K., Weber, C.-P., Handbuch der Rechnungslegung, 4. Aufl., a. a. O., § 268, Rn. 66
[55] Vgl. § 265 Abs. 3 HGB

cc) Die Generalnorm des § 264 Abs. 2 HGB für Kapitalgesellschaften

§ 243 Abs. 1 HGB verlangt von allen Kaufleuten, den Jahresabschluß nach den Grundsätzen ordnungsmäßiger Buchführung aufzustellen. Diese Vorschrift wird durch § 264 Abs. 2 HGB **für Kapitalgesellschaften** dahingehend erweitert, daß der Jahresabschluß „ein den tatsächlichen Verhältnissen entsprechendes Bild der Vermögens-, Finanz- und Ertragslage der Kapitalgesellschaft zu vermitteln" hat (Grundsatz des „true and fair view"). Eine vergleichbare Generalnorm gab es bis zum Inkrafttreten des Bilanzrichtlinien-Gesetzes nur für Aktiengesellschaften. § 149 Abs. 1 AktG 1965 (a. F.) bestimmte, daß der Jahresabschluß „im Rahmen der Bewertungsvorschriften einen möglichst sicheren Einblick in die Vermögens- und Ertragslage der Gesellschaft geben" muß.

Die herrschende Kommentarmeinung legte die Vorschrift des § 149 Abs. 1 AktG 19675 (a. F.) extensiv aus, d. h. es durfte **jeder beliebige Bilanzansatz** gewählt werden, der **gesetzlich zulässig** war, d. h. bei zwei oder mehreren gesetzlich zulässigen Ansätzen sollte nicht überprüft werden, welcher davon den „sicheren Einblick" in die Lage der Gesellschaft gewährt. Adler-Düring-Schmaltz vertraten die Ansicht, daß durch diese Vorschrift „nur die mißbräuchliche Ausnutzung von Bewertungswahlrechten verhindert" werden soll.[56] Darunter wurde eine Bewertung verstanden, durch die „der Einblick in die Vermögens- und Ertragslage verwehrt oder verschleiert" wird.[57] Der Gesetzgeber hat in der Begründung der neuen Generalnorm zum Ausdruck gebracht, daß sich an der bisherigen extensiven Auslegung nichts ändern soll.[58]

Die Generalnorm kann keine Bedeutung bei der Anwendung von Bilanzierungs- und Bewertungsvorschriften erlangen, die **zwingendes Recht** sind, auch wenn durch diese Vorschriften nicht der „sicherste Einblick" oder „ein den tatsächlichen Verhältnissen entsprechendes Bild" der Lage der Gesellschaft vermittelt wird. So hat z. B. die Vorschrift des § 253 Abs. 1 HGB, daß Vermögensgegenstände höchstens mit ihren Anschaffungs- oder Herstellungskosten angesetzt werden dürfen, bei Vermögensgegenständen, deren Nutzung zeitlich nicht begrenzt ist, zur Folge, daß Wertsteigerungen z. B. beim Grund und Boden, bei Finanzanlagen, bei Lagerbeständen u. a. über die Anschaffungs- oder Herstellungskosten nicht berücksichtigt werden dürfen, also **stille Rücklagen** (Zwangsrücklagen oder gesetzlich bedingte stille Rücklagen) entstehen, durch die die Vermögenslage nicht richtig dargestellt wird, vom Standpunkt des Bilanzrechts aber aufgrund der Zielsetzungen des Gläubigerschutzes und der kaufmännischen Vorschrift (kein Ausweis von noch nicht durch Umsatz realisierten Gewinnen) nicht anders dargestellt werden kann. Einer Verbesserung des Einblicks in die Vermögenslage durch Berücksichtigung von **Wiederbeschaffungskosten**, die **über** den Anschaffungskosten liegen (so ist es z. B. nicht ungewöhnlich, daß ein

---

[56] Adler-Düring-Schmaltz, 4. Aufl., a. a. O., Erl. zu § 149 AktG 1965, Tz 94
[57] Ebenda
[58] Vgl. BT-Drucksache 10/317, S. 76

unbebautes Grundstück, das früher einmal 100.000 DM Anschaffungskosten verursacht hat, heute einen Verkehrswert von 1 Mill. DM hat), würde hier also eine Verschlechterung des Einblicks in die Ertragslage gegenüberstehen, wenn die Wertzuschreibung zusammen mit Umsatzgewinnen als Jahresüberschuß ausgewiesen würde.[59]

Es stellt sich die Frage, ob die Generalnorm die Anwendung von **gesetzlichen Wahlrechten** bei der Bilanzierung und Bewertung oder von Ermessensspielräumen beeinflußt. Bei den gesetzlichen Wahlrechten ist zu unterscheiden zwischen solchen, die den Zielen des Jahresabschlusses entsprechen (z. B. der Ansatz von Bilanzierungshilfen zur Verteilung von Aufwendungen auf mehrere Perioden: die Aufwendungen für die Ingangsetzung und Erweiterung des Geschäftsbetriebs; das Disagio oder Damnum bei der Aufnahme von Darlehen) und solchen, die **bilanzfremden Zwecken** dienen (z. B. Gewinn- und Steuerverlagerungen auf spätere Perioden durch steuerliche Sonderabschreibungen, die außerfiskalischen Zielen dienen). Vorschriften der letztgenannten Art **widersprechen eindeutig der Generalnorm,** da sie zu einem Vermögens-, Finanz- und Ertragsausweis führen, der nicht ein den tatsächlichen Verhältnissen entsprechendes Bild vermitteln kann.

Die Problematik derartiger Verstöße gegen die Generalnorm hat der Gesetzgeber durch die Bestimmung des § 264 Abs. 2 Satz 2 HGB entschärft, daß dann, wenn besondere Umstände dazu führen, daß der Jahresabschluß ein den tatsächlichen Verhältnissen entsprechendes Bild der Vermögens-, Finanz- und Ertragslage nicht vermitteln kann, zusätzliche Angaben **im Anhang** zu machen sind.

Auch bei den **Ermessensspielräumen** sind **zwei Arten** zu unterscheiden: entweder ergeben sie sich aus den gesetzlichen Vorschriften (z. B. die genau fixierten Spielräume bei der Zusammensetzung der Herstellungskosten), oder sie müssen unter Anwendung der Grundsätze ordnungsmäßiger Buchführung bestimmt werden. So schreibt z. B. § 253 Abs. 2 HGB für Vermögensgegenstände des Anlagevermögens, deren Nutzung zeitlich begrenzt ist, die Verminderung der Anschaffungs- oder Herstellungskosten um planmäßige Abschreibungen vor. § 253 Abs. 2 Satz 2 HGB bestimmt, daß die Anschaffungs- und Herstellungskosten auf die Geschäftsjahre zu verteilen sind, „in denen der Vermögensgegenstand voraussichtlich genutzt werden kann". Damit wird sowohl die Länge der wirtschaftlichen Nutzungsdauer als auch das gewählte Abschreibungsverfahren in das Ermessen des Bilanzierenden gestellt. Baetge/Commandeur stellen dazu fest: Die Formulierung des § 253 Abs. 2 Satz 2 HGB „macht deutlich, daß ein Abschreibungsverfahren gewählt werden soll, das zu einem den tatsächlichen Verhältnissen entsprechenden Bild von der Lage des Unternehmens führt. Hier würde es nicht dem Sinn und Zweck der Einzelvorschrift entsprechen, die Generalnorm

---

[59] Dieses Argument entfiele allerdings, wenn man Zuschreibungen über die Anschaffungskosten als „Wertänderung am ruhenden Vermögen" im Sinne der organischen Bilanztheorie von Fritz Schmidt in einem gesonderten Eigenkapitalposten ausweisen und nicht in der Gewinn- und Verlustrechnung berücksichtigen würde. Vgl. dazu S. 1223 f.

unberücksichtigt zu lassen. Eine solche Vorgehensweise wäre eine mißbräuchliche Ausnutzung des Spielraums bzw. des expliziten Wahlrechts."[60]

d) Grundsätze für die Bilanzierung dem Grunde nach

aa) Der Grundsatz der Bilanzidentität

Der Grundsatz der Bilanzidentität besagt, daß die Positionen der Schlußbilanz eines Wirtschaftsjahres mit den Positionen der Anfangsbilanz des folgenden Wirtschaftsjahres völlig übereinstimmen, also identisch sein müssen,
und zwar nicht nur **wertmäßig**, sondern auch **mengenmäßig**. Das gilt gleichermaßen für die Handelsbilanz wie auch für die aus ihr abgeleitete Steuerbilanz.

Daß die Schlußbilanz und die folgende Anfangsbilanz sich in allen Positionen decken müssen, ergibt sich zwingend aus den Grundsätzen ordnungsmäßiger Buchführung. Die Salden sämtlicher Bestandskonten der Buchhaltung
werden am Schluß der Periode in die Schlußbilanz, die Salden sämtlicher
Erfolgskonten in die Gewinn- und Verlustrechnung übernommen. Der Saldo des Schlußbilanzkontos und der Saldo des Gewinn- und Verlustkontos
zeigen jeder für sich den Erfolg der Periode. In der Schlußbilanz ergibt sich
der Erfolg als Saldo zwischen Vermögen (Aktiva) und Kapital (Passiva), in
der Erfolgsrechnung als Saldo zwischen Aufwand und Ertrag. Die Schlußbilanz ist gleichzeitig Anfangsbilanz des folgenden Jahres, aus der die einzelnen
Bilanzpositionen dann auf die Bestandskonten übertragen werden.

Unterbrechungen der Bilanzidentität sind nur in Sonderfällen zulässig,
die durch Gesetz oder durch die Rechtsprechung geregelt sind. Ein Beispiel
dafür ist der Übergang von der RM-Schlußbilanz auf die DM-Eröffnungsbilanz durch die Währungsreform vom 21. 6. 1948. Auch die Goldmark-Eröffnungsbilanz des Jahres 1925 unterbrach die Bilanzidentität. Die Aufhebung
der Bilanzidentität in der DM-Eröffnungsbilanz bezog sich allerdings generell nur auf die Wertansätze der ausgewiesenen Vermögensgegenstände,
nicht dagegen auf die mengenmäßigen Bestände der RM-Schlußbilanz. Diese mußten unverändert in die DM-Eröffnungsbilanz übernommen werden,
d. h. das Betriebsvermögen für die RM-Schlußbilanz mußte bestandsmäßig
mit dem Betriebsvermögen für die DM-Eröffnungsbilanz übereinstimmen.
Von der DM-Eröffnungsbilanz an gilt wieder der Grundsatz der Bilanzidentität, was sich aus der Bestimmung des § 5 Abs. 3 DMBG ergibt, daß die
Wertansätze der DM-Eröffnungsbilanz als **fiktive Anschaffungskosten**
bzw. Herstellungskosten für künftige Jahresbilanzen zu behandeln sind.

Auch die zum 1. Juli 1990 aufzustellenden **DM-Eröffnungsbilanzen** der
Unternehmen, die ihren Sitz in den fünf neuen Bundesländern haben, führten zu einer Durchbrechung der Bilanzidentität, und zwar nicht nur wegen
des Übergangs der Bilanzierung von der Mark der DDR auf die Deutsche
Mark, sondern vor allem auch deshalb, weil das Rechnungswesen der Be-

---

[60] Baetge, J., Commandeur, D., in: Küting/Weber, Handbuch der Rechnungslegung,
4. Aufl., a. a. O., Erl. zu § 264 HGB, Rn. 34

triebe einer Planwirtschaft andere Zielsetzungen verfolgte und nach anderen Prinzipien aufgebaut war als die Rechnungslegungsvorschriften in der Bundesrepublik Deutschland, die bei der Aufstellung der DM-Eröffnungsbilanz anzuwenden sind.[61]

bb) Der Grundsatz der Vollständigkeit

Nach § 246 Abs. 1 HGB hat der Jahresabschluß „sämtliche Vermögensgegenstände, Schulden, Rechnungsabgrenzungsposten, Aufwendungen und Erträge zu enthalten, soweit gesetzlich nichts anderes bestimmt ist." Der letzte Halbsatz eröffnet dem Gesetzgeber die Möglichkeit, Bilanzierungsverbote auszusprechen, Bilanzierungswahlrechte einzuräumen und Bilanzierungshilfen zu gewähren.

Soweit Vermögensgegenstände, für die eine Aktivierungspflicht besteht, bereits voll abgeschrieben sind, ist mindestens ein **„Erinnerungswert"** (Merkposten) von 1,– DM anzusetzen. Soweit nach § 248 HGB Bilanzierungsverbote bestehen, darf auch kein Merkposten in die Bilanz aufgenommen werden.

Der Vollständigkeitsgrundsatz wird durch die im Gesetz ausgesprochenen **Bilanzierungswahlrechte** eingeschränkt. So dürfen z. B. nach § 247 Abs. 3 HGB „Passivposten, die für Zwecke der Steuern vom Einkommen und vom Ertrag zulässig sind" (sog. steuerfreie Rücklagen), als **Sonderposten mit Rücklageanteil** ausgewiesen werden, für Kapitalgesellschaften allerdings mit der Einschränkung, daß „das Steuerrecht die Anerkennung des Wertansatzes bei der steuerrechtlichen Gewinnermittlung davon abhängig macht, daß der Sonderposten in der Bilanz gebildet wird."[62] Ferner besteht ein Ansatzwahlrecht für bestimmte **Aufwandsrückstellungen**[63] i. S. d. § 249 Abs. 2 HGB sowie für Rückstellungen für unterlassene Reparaturen, die im folgenden Geschäftsjahr nach Ablauf von drei Monaten nachgeholt werden.

Eine weitere Einschränkung des Vollständigkeitsgrundsatzes ergibt sich durch das Ansatzwahlrecht sog. **Bilanzierungshilfen und RAP i. w. S.** Diese haben die Aufgabe, Auszahlungen der Periode, die als Aufwand mehrere Perioden betreffen, in die Bilanz aufzunehmen, damit sie durch Abschreibungen auf mehrere Perioden verteilt werden können. Beispiele sind die Aufwendungen für die Ingangsetzung und Erweiterung des Geschäftsbetriebs,[64] das Disagio, das z. B. bei der Unterpari-Ausgabe von Schuldverschreibungen entsteht,[65] der Rechnungsabgrenzungsposten für aktivische latente Steuern, der dann angesetzt werden darf, wenn „der nach den steuerrechtlichen Vorschriften zu versteuernde Gewinn höher als das handelsrechtliche Ergebnis ist"[66] und der derivative Firmenwert, d. h. der Unterschieds-

---

[61] Zu Einzelheiten zur DM-Eröffnungsbilanz 1990 vgl. Wöhe, G., Bilanzierung, a. a. O., S. 434 ff. und S. 782 ff.
[62] § 273 HGB
[63] Vgl. § 249 Abs. 2 HGB
[64] Vgl. § 269 HGB
[65] Vgl. § 250 Abs. 3 HGB
[66] § 274 Abs. 2 HGB

betrag, „um den die für die Übernahme eines Unternehmens bewirkte Gegenleistung den Wert der einzelnen Vermögensgegenstände des Unternehmens abzüglich der Schulden im Zeitpunkt der Übernahme übersteigt."[67] Der Vollständigkeitsgrundsatz gilt ausdrücklich auch für die **Gewinn- und Verlustrechnung**. In der Regel wirkt sich jedoch die Entscheidung über den Bilanzansatz automatisch auf die Erfolgsrechnung aus. So bedeutet z. B. die Aktivierung eines derivativen Firmenwertes, daß der aktivierte Betrag über mehrere Perioden durch Abschreibungen verteilt werden muß, während im Falle der Nichtaktivierung der gesamte Betrag im Jahre der Entstehung als Aufwand dieser Periode in die Gewinn- und Verlustrechnung eingeht.

cc) Das Bruttoprinzip (Verrechnungsverbot)

§ 246 Abs. 2 HGB bestimmt, daß „Posten der Aktivseite ... nicht mit Posten der Passivseite, Aufwendungen nicht mit Erträgen, Grundstücksrechte nicht mit Grundstückslasten verrechnet werden" dürfen. Diese Vorschrift ist eine der Voraussetzungen dafür, daß der Jahresabschluß ein den tatsächlichen Verhältnissen entsprechendes Bild der Vermögens-, Finanz- und Ertragslage vermittelt. Diese Forderung des § 264 Abs. 2 HGB wäre im Falle von Saldierungen der genannten Posten nicht zu erfüllen. Sind z. B. in einer Periode Aufwandszinsen (Zinsen für Fremdkapital) von 100.000 DM und Ertragszinsen (Zinsen aus Guthaben und Wertpapieren) von 95.000 DM angefallen, so würde eine Verrechnung zum Ausweis von 5.000 DM Aufwandszinsen führen. Es wäre nicht zu erkennen, daß der Betrieb auch Ertragszinsen erzielt hat.

Das Verrechnungsverbot gilt nicht, wenn die rechtlichen Voraussetzungen für eine Aufrechnung vorliegen, also z. B. bei Identität von Schuldner und Gläubiger.

dd) Der Grundsatz der formalen Bilanzkontinuität (Darstellungsstetigkeit)

Die Beachtung des Prinzips der formalen Bilanzkontinuität erfordert eine **Beibehaltung der Bilanzgliederung,** damit die Bilanzen mehrerer Wirtschaftsjahre miteinander vergleichbar sind. Das heißt also, daß der Inhalt der einzelnen Bilanzpositionen stets gleichbleiben, bzw. **nicht ohne zwingenden wirtschaftlichen Grund** verändert werden soll, daß also z. B. nicht in einem Jahre eine Aufgliederung von Bilanzpositionen über die gesetzlich vorgeschriebene Mindestgliederung hinaus erfolgt, während in einem anderen Jahre wieder eine Zusammenziehung bestimmter Positionen vorgenommen wird. Das würde die Vergleichbarkeit dieser Bilanzen stören oder zumindest sehr erschweren. Der Betriebsvergleich (Zeitvergleich) ist aber sowohl für externe Bilanzadressaten als auch für den Betrieb ein wichtiges Kontrollinstrument und zugleich eine der Grundlagen für betriebliche Dispositionen.

Die Kontinuität der Bilanzgliederung und der Bilanzierungsmethoden ge-

---

[67] § 255 Abs. 4 HGB

hört zu den handelsrechtlichen Grundsätzen ordnungsmäßiger Buchführung. Für Kapitalgesellschaften ist sie in § 265 Abs. 1 HGB gesetzlich kodifiziert. Sie wird durch die Bestimmung des § 5 Abs. 1 EStG für die Steuerbilanz maßgeblich. Abweichungen in der Gliederung sind nur „wegen besonderer Umstände" in Ausnahmefällen zulässig. Zwingende wirtschaftliche Gründe für eine Änderung der Bilanzgliederung können beispielsweise in einer wesentlichen Vergrößerung des Betriebes oder in einer Änderung des Fertigungsprogramms gegeben sein. Kapitalgesellschaften müssen Abweichungen **im Anhang angeben** und begründen.[68]

e) Grundsätze für die Bilanzierung der Höhe nach

aa) Der Grundsatz der Unternehmensfortführung (Going-concern-Prinzip)

Die Bewertung in der Bilanz hat nach § 252 Abs. 1 Nr. 2 HGB grundsätzlich unter der Annahme zu erfolgen, daß das Unternehmen fortgeführt wird. Dieses auch für die periodische steuerliche Gewinnermittlung geltende Prinzip erfordert eine Bewertung der Wirtschaftsgüter des Anlagevermögens zu ihren Anschaffungs- bzw. Herstellungskosten, bei abnutzbaren Anlagegütern unter Berücksichtigung planmäßiger Abschreibungen (AfA). Der **Liquidationswert,** d. h. der am Bilanzstichtag am Markt für gebrauchte Anlagegüter noch erzielbare Absatzpreis, würde im Falle der Unternehmensfortführung in der Regel zu einer zu niedrigen Bewertung führen, da er für Anlagen, die bereits längere Zeit im Betriebe genutzt werden, häufig mit dem Schrottwert identisch sein wird.

Über den **Zeitraum,** in dem das Unternehmen fortgeführt werden muß, damit die Going-concern-Prämisse erfüllt ist, sagt das Gesetz nichts aus. Aus Gründen kaufmännischer Vorsicht ist grundsätzlich von einem Zeitraum von ungefähr 12 Monaten auszugehen. Dieser Zeitraum kann allerdings nur ein allgemeiner Richtwert sein, von dem im Einzelfall nach oben oder nach unten abgewichen werden kann.[69] „Die zu verlangende zeitliche Erstreckung der Going-concern-Prämisse kann etwa von der Fertigungsdauer oder der Umschlaghäufigkeit des Warenlagers bei Saison-Unternehmen mit geprägt werden".[70]

Für die **Steuerbilanz** ergibt sich die Anwendung der Going-concern-Prämisse nicht nur aus dem Maßgeblichkeitsprinzip, sondern auch aus der Verwendung des Teilwerts als Bewertungsmaßstab, denn der Teilwert ist in § 6 Abs. 1 Nr. 1 Satz 3 EStG als der Betrag definiert, „den ein Erwerber des ganzen Betriebs im Rahmen des Gesamtkaufpreises für das einzelne Wirtschaftsgut ansetzen würde; dabei ist davon auszugehen, daß der Erwerber den Betrieb fortführt".

---

[68] Vgl. § 284 Abs. 2 Nr. 3 HGB

[69] Vgl. u. a. Adler-Düring-Schmaltz, 6. Aufl., a. a. O., Erl. zu § 252 HGB, Tz. 24

[70] Selchert, F. W.., Allgemeine Bewertungsgrundsätze, in: Küting/Weber, Handbuch der Rechnungslegung, a. a. O., Erl. zu § 252 HGB, Rn. 36

bb) Der Grundsatz der Einzelbewertung

Für die Handels- und Steuerbilanz gilt der Grundsatz der Einzelbewertung. Er hat seine gesetzliche Grundlage in § 252 Abs. 1 Nr. 3 HGB: „Die Vermögensgegenstände und Schulden sind zum Abschlußstichtag einzeln zu bewerten." § 6 Abs. 1 EStG spricht im ersten Satz von der „Bewertung der einzelnen Wirtschaftsgüter".

Der Grundsatz der Einzelbewertung entspricht dem Prinzip vorsichtiger Bewertung, denn seine Anwendung soll verhindern, daß durch Zusammenfassung von Wirtschaftsgütern Wertminderungen und Werterhöhungen einzelner Wirtschaftsgüter verrechnet werden können. Dadurch würden eingetretene Wertminderungen nicht sichtbar, weil sie durch noch nicht durch Umsatz realisierte Wertsteigerungen kompensiert würden. Einzelbewertung bedeutet also, daß die Risiken eines jeden Vermögensgegenstandes für sich beurteilt werden und „daß die Bewertung nach den individuellen Gegebenheiten des jeweiligen Vermögensgegenstandes auszurichten ist".[71]

Der Grundsatz wird in zwei Fällen vom Gesetzgeber durchbrochen:

(1) Aus Gründen der **Arbeitsvereinfachung** läßt § 256 Satz 2 i.V.m. § 240 Abs. 3 und 4 HGB unter bestimmten Voraussetzungen für Vermögensgegenstände des Sachanlagevermögens sowie für Roh-, Hilfs- und Betriebsstoffe den Ansatz eines **Festwertes**[72] und für Vorräte sowie andere bewegliche Vermögensgegenstände und Schulden, die bestimmte Bedingungen erfüllen, eine **Gruppenbewertung**[73] zu.

(2) In den Fällen, in denen eine Einzelbewertung nicht möglich ist, z.B. bei gleichartigen Vorräten, die zu unterschiedlichen Anschaffungs- oder Herstellungskosten beschafft wurden, aber nicht getrennt gelagert werden können, ist nach § 256 Satz 1 HGB eine **Sammelbewertung** mittels bestimmter Schätzungsverfahren erlaubt, die einer Einzelbewertung möglichst nahe kommen soll.

cc) Der Grundsatz der Vorsicht

Die bei der Bilanzierung zu beachtenden Bewertungsprinzipien werden durch die mit dem Jahresabschluß verfolgten Zielsetzungen bestimmt. Die Bewertung in der Handelsbilanz wird vom **Prinzip kaufmännischer Vorsicht** beherrscht, das den Interessen der Gläubiger und Gesellschafter dient, vorausgesetzt, daß es bei der Einschätzung der dem Betrieb drohenden Risiken nicht durch übertriebenen Pessimismus zu willkürlichen Unterbewertungen führt, mit denen der Erfolgs- und Vermögensausweis manipuliert werden soll.

Dem Prinzip der Vorsicht sowie den mit ihm verfolgten Zielen wird durch Beachtung folgender Grundsätze in den handels- und steuerrechtlichen Bewertungsvorschriften Rechnung getragen:

Das **Realisationsprinzip** hat die Forderung zum Inhalt, daß Gewinne und

---

[71] Adler-Düring-Schmaltz, 6. Aufl., a.a.O., Erl. zu § 252 HGB, Tz. 48
[72] Einzelheiten vgl. S. 1101
[73] Einzelheiten vgl. S. 1100

Verluste erst dann ausgewiesen werden dürfen, wenn sie durch den Umsatzprozeß in Erscheinung getreten sind. Die bloße Möglichkeit, Vermögensgegenstände zu einem späteren Zeitpunkt mit Gewinn veräußern zu können oder mit Verlust absetzen zu müssen, rechtfertigt nach diesem Grundsatz noch nicht die bilanzmäßige Berücksichtigung derartiger Gewinne bzw. Verluste. Das Prinzip schließt die Beachtung von Wertsteigerungen über die Anschaffungs- oder Herstellungskosten aus. Dabei kommt es nicht darauf an, ob die Wertsteigerungen die Folge einer allgemeinen Preissteigerung sind oder ob der Wert von einzelnen Wirtschaftsgütern – z. B. eines unbebauten Grundstücks oder eines Wertpapiers – bei konstantem Geldwert gestiegen ist.

Da nach dem Realisationsprinzip am Bilanzstichtag bereits erkennbare, aber durch Umsatz noch nicht eingetretene Wertminderungen nicht berücksichtigt werden, hat das Handelsrecht – und ihm folgend auch das Steuerrecht – das **Imparitätsprinzip** in die gesetzlichen Bewertungsvorschriften eingeführt. Imparität bedeutet Ungleichheit und zwar in dem Sinne, daß unrealisierte Gewinne und unrealisierte Verluste ungleich behandelt werden. Das Imparitätsprinzip besagt:[74]

(a) noch nicht durch Umsatz realisierte Gewinne dürfen nicht ausgewiesen werden; es gilt also das Realisationsprinzip;

(b) noch nicht durch Umsatz realisierte Wertminderungen und Verluste müssen oder dürfen berücksichtigt werden; das Realisationsprinzip gilt also nicht, an seine Stelle tritt das **Niederstwertprinzip** bei der Bewertung von Vermögensgegenständen und das **Höchstwertprinzip** bei der Bewertung von Verbindlichkeiten.

Auch in der Steuerbilanz ist es zulässig, erwartete Wertminderungen am Bilanzstichtag durch Ansatz eines niedrigeren Teilwertes bereits zu berücksichtigen und damit den steuerpflichtigen Gewinn der Periode zu vermindern. Erwartete Wertsteigerungen oder bereits eingetretene, aber noch nicht durch Umsatz realisierte Wertsteigerungen dürfen auch hier wie in der Handelsbilanz nicht beachtet werden.

Das **Niederstwertprinzip** für Vermögensgegenstände und das Höchstwertprinzip für Verbindlichkeiten sind die technischen Vorschriften zur Durchsetzung des Realisations- und des Imparitätsprinzips. Das Niederstwertprinzip besagt, daß von zwei möglichen Wertansätzen – z. B. den Anschaffungs- oder Herstellungskosten einerseits und dem Börsen- oder Marktpreis andererseits – jeweils der niedrigere angesetzt werden muß **(strenges Niederstwertprinzip)** oder darf **(gemildertes Niederstwertprinzip)**. Damit wird eine Aufwandsantizipation verlangt bzw. erlaubt. Der niedrigere der beiden zur Wahl stehenden Werte bildet bei strenger Anwendung des Prinzips, die nach § 253 Abs. 2 HGB für Vermögensgegenstände des Anlagevermögens bei einer voraussichtlich dauernden Wertminderung und nach § 253 Abs. 3 HGB für Vermögensgegenstände des Umlaufvermögens gefordert wird, die obere Wertgrenze, die nicht überschritten werden

---

[74] Vgl. § 252 Abs. 1 Nr. 4 HGB

darf. Der Grundsatz der Aufwandsantizipation gilt analog bei der Bewertung von Verbindlichkeiten und führt hier zu einem **Höchstwertprinzip**. Liegt der Tageswert einer Verbindlichkeit unter den Anschaffungskosten – das ist z. B. bei Auslandsschulden infolge von Wechselkursänderungen möglich –, so sind letztere anzusetzen, da die niedrigere Bewertung einer Schuld zum Ausweis eines unrealisierten Gewinns führen würde. Entsprechend muß (bzw. darf) ein über die Anschaffungskosten gestiegener Tageswert passiviert werden. (**Üb 6/25; 45–48**)

dd) Der Grundsatz der nominellen Kapitalerhaltung (Anschaffungswertprinzip)

Die Kapitalerhaltung ist die Voraussetzung für die ungestörte Fortführung des Betriebsprozesses. Sie kann **nominell**, d. h. in Geldeinheiten, oder **substantiell**, d. h. in Gütereinheiten, gemessen werden. Man unterscheidet deshalb zwischen nomineller Kapitalerhaltung und Substanzerhaltung.[75] Unter der Annahme konstanter Beschaffungs- und Absatzpreise stimmen beide Formen überein, d. h., wenn am Ende einer Periode aus dem betrieblichen Prozeßablauf ebensoviele finanzielle Mittel zur Verfügung stehen wie am Anfang der Periode, so können auch die gleichen Mengen an Produktionsfaktoren wiederbeschafft werden, die zur Durchführung des Produktions- und Umsatzprozesses der abgelaufenen Periode eingesetzt werden mußten.

In Zeiten steigender Preise sind von Periode zu Periode mehr Geldeinheiten zur Wiederbeschaffung dieser Mengen an Produktionsfaktoren erforderlich. Die **Substanzerhaltung** bedingt also, daß nur die Mittel als Gewinnausschüttung und Steuerzahlung den Betrieb verlassen dürfen, die über die zur Finanzierung der zur Substanzerhaltung erforderlichen Vermögenswerte benötigten Geldeinheiten hinaus erwirtschaftet worden sind. Dieses Ziel kann nur erreicht werden, wenn die Vermögenswerte nicht zu hoch und die Verbindlichkeiten nicht zu niedrig bewertet werden, d. h. wenn alle exakt meßbaren oder durch Schätzung ermittelten Wertänderungen und Risiken in den Wertansätzen berücksichtigt werden. Die Vorsicht erfordert dabei, geschätzte Aufwendungen eher höher, geschätzte Erträge eher niedriger anzusetzen.

Für die Handels- und Steuerbilanz hat der Gesetzgeber das Prinzip der **nominellen Kapitalerhaltung** durch gesetzliche Bewertungsvorschriften fixiert. Danach gilt die Leistungsfähigkeit eines Betriebes als gewahrt, wenn das nominelle, in Geldeinheiten gemessene Kapital ziffernmäßig von Periode zu Periode gleichbleibt. Eine positive Differenz zwischen dem Kapital am Anfang und am Ende der Periode stellt – unter Berücksichtigung von Entnahmen und Einlagen – einen Gewinn, eine negative Differenz einen Verlust dar. Die Bewertung erfolgt grundsätzlich zu **Anschaffungs- oder Herstellungskosten**. Geld- und Sachwertschwankungen in der Volkswirtschaft werden nicht berücksichtigt. Steigen die Preise infolge konjunktureller Ein-

---

[75] Einzelheiten vgl. Wöhe, G., Bilanzierung, a. a. O., S. 360 ff.; ders., Zehn Thesen zur Behandlung von Scheingewinnen im Jahresabschluß, in: Bewertung, Prüfung und Beratung in Theorie und Praxis, Festschrift für Carl Helbling, Zürich 1992, S. 513 ff.

flüsse oder allgemeiner Geldentwertung, so kann die Produktionsfähigkeit des Betriebes durch Einsatz der gleichen investierten Geldsumme nicht in gleichem Umfang aufrechterhalten werden.

Für den Gesetzgeber besteht keine Veranlassung, für die Handelsbilanz Bewertungsvorschriften zu erlassen, die im Falle von Preissteigerungen dafür sorgen, daß der Teil des Überschusses der Erträge über die Aufwendungen einer Periode, der der Substanzerhaltung dient, nicht als Gewinn erscheint, denn der Gesetzgeber geht nicht wie z. B. die Vorstände und Geschäftsführungen großer Kapitalgesellschaften von der Vorstellung eines „Unternehmens an sich" aus, dessen Substanz durch Gewinnausschüttungen nicht gekürzt werden darf, sondern von den gesellschaftsrechtlichen Verhältnissen: die Gesellschafter stellen dem Unternehmen einen bestimmten Geldbetrag als Eigenkapital zur Verfügung; das „Mehr" an Vermögen, das mit diesem Eigenkapital durch den betrieblichen Umsatzprozeß erzielt wird, steht als Gewinn den Eigenkapitalgebern zu. Dieses „Mehr" wird ebenso wie die Kapitaleinlagen in Geld und nicht in Gütern gemessen. Welcher Teil davon ausgeschüttet oder zur Substanzerhaltung oder Substanzerweiterung zurückbehalten wird, hängt von den Zielsetzungen ab, die die Geschäftsführung verfolgt.

Die Eigenkapitalgeber werden nicht anders behandelt als die Fremdkapitalgeber, die ihren vereinbarten Zins nicht erst dann erhalten, wenn zuvor der Betrieb die Vermögenssubstanz gesichert hat. Erstere können lediglich frei entscheiden, ob sie die auf ihre Anteile entfallenden Gewinne entnehmen oder zum Teil zur Selbstfinanzierung im Betriebe belassen. Bei der Aktiengesellschaft regelt sich die Aufteilung des Gewinns auf Ausschüttung und auf Rücklagenbildung teils nach der Satzung, teils beruht sie auf einer Entscheidung des Vorstandes, teils auf einem Beschluß der Hauptversammlung.[76]

Die Tatsache, daß die Nominalgewinne durch Gewinnsteuern gekürzt werden und folglich bei Preissteigerungen die Substanzerhaltung über eine Zurückbehaltung von bereits versteuerten Gewinnen durch Rücklagenbildung erfolgen muß, ist oft als eine unberechtigte **Besteuerung von Scheingewinnen** angegriffen worden.

Das folgende Beispiel verdeutlicht dieses Problem: Angenommen, ein Betrieb hat am 1. 1. eines Jahres 1.000 Einheiten einer Ware auf Lager, deren Anschaffungskosten pro Einheit 240 DM betrugen. Ferner sei unterstellt, daß der Betrieb im Laufe der betreffenden Periode alle Einheiten für einen Preis von 400 DM pro Einheit verkauft hat und daß die Wiederbeschaffungskosten pro Einheit bis zum 31. 12. (Bilanzstichtag) auf 300 DM gestiegen sind. Dann ergibt sich, wenn man von weiteren Aufwendungen neben den Anschaffungskosten absieht, folgendes Bild:

---

[76] Vgl. § 58 AktG

Anschaffungskosten	240.000 DM
Verkaufserlös	400.000 DM
Wiederbeschaffungskosten	300.000 DM

Verkaufserlös	./.	Wiederbeschaffungskosten	=	Umsatzgewinn
400.000	./.	300.000	=	100.000

Wiederbeschaffungskosten	./.	Anschaffungskosten	=	Preissteige- rungsgewinn (Scheingewinn)
300.000	./.	240.000	=	60.000

Verkaufserlös	./.	Anschaffungskosten	=	Gesamtgewinn (nominell)
400.000	./.	240.000	=	160.000

Soll eine Substanzerhaltung nach Steuer möglich sein, so darf, wie die folgende Rechnung verdeutlicht, die Steuerbelastung des Gesamtgewinns nicht höher sein als der Umsatzgewinn.

	Steuersatz		
	60%	62,5%	70%
Gesamtgewinn vor Steuer in Tsd. DM	160	160	160
– Steuer in Tsd. DM	96	100	112
Gesamtgewinn nach Steuer in Tsd. DM	64	60	48
– Preissteigerungsgewinn (Einbehaltung zur Substanzerhaltung erforderlich) in Tsd. DM	60	60	60
mögliche Ausschüttung in Tsd. DM	4	–	–
Fehlbetrag bei Substanzerhaltung in Tsd. DM	–	–	12

Die Angriffe gegen eine Besteuerung von Preissteigerungsgewinnen sind jedoch nicht berechtigt, da es **gegen die Gleichmäßigkeit der Besteuerung verstoßen** würde, wenn nicht die in Betrieben erzielten Nominalgewinne, sondern nur die um bestimmte zur Substanzerhaltung erforderlichen Beträge gekürzten Gewinne der Besteuerung unterliegen würden, während bei allen anderen Einkunftsarten (z. B. Einkünfte aus unselbständiger oder selbständiger Arbeit, Einkünfte aus Vermietung und Verpachtung oder aus Kapitalvermögen) die Nominaleinkünfte besteuert werden. Bei progressivem Einkommensteuertarif hat die Besteuerung der Nominaleinkünfte bei laufend steigenden Preisen und Löhnen eine real steigende Steuerbelastung zur Folge, wenn der Progressionstarif nicht entsprechend geändert wird, weil der Steuerpflichtige, dessen Einkommen zwar nominell, aber wegen entsprechend steigender Preise nicht real steigt, prozentual immer mehr Steuern zahlen muß. Diese sog. heimlichen Steuererhöhungen sind jedoch kein Einwand gegen eine Besteuerung der Nominaleinkünfte, sondern die Folge der Unterlassung einer notwendigen Korrektur des Progressionsverlaufs.

Fordert man die Freilassung der Preissteigerungsgewinne von der Besteuerung, so müßte ein solches Abgehen vom Nominalwertprinzip auch **auf alle anderen steuerpflichtigen Einkünfte** übertragen werden, wenn die Gleichmäßigkeit der Besteuerung nicht verletzt werden soll. Der Wissenschaftliche Beirat beim Bundesministerium der Finanzen hat Überlegungen angestellt, „ob nicht eine durchgängige Umrechnung auf Realwerte für Steuerzwecke möglich wäre. Dies würde jedoch voraussetzen, daß das gesamte Rechnungs- und Wertsystem der Wirtschaft in einheitlicher Weise dem Geldentwertungsprozeß laufend angepaßt und damit gleichsam dynamisiert würde."[77] Da ein derartiges „System" in der Praxis jedoch undurchführbar ist und da auch partielle Korrekturen wegen der Ungerechtigkeiten, die sie mit sich bringen, abzulehnen sind, kommt der Beirat zu dem Ergebnis, daß das Nominalwertprinzip kompromißlos beizubehalten sei.[78]

Diese pragmatische Betrachtung übersieht nicht, daß das Prinzip der Gleichmäßigkeit der Besteuerung nur ein Teilaspekt der Steuergerechtigkeit ist. Der andere Teilaspekt ist die Besteuerung nach der wirtschaftlichen Leistungsfähigkeit.[79] Die Beibehaltung des Nominalwertprinzips bedeutet, daß die Besteuerung auch an Geldzuflüsse anknüpft, die eigentlich nur die Geldentwertung ausgleichen, also keine erhöhte Kaufkraft darstellen und daher auch keine zusätzliche steuerliche Leistungsfähigkeit[80] begründen.

ee) Der Grundsatz der materiellen Bilanzkontinuität (Bewertungsstetigkeit)

(1) Die Stetigkeit der Anwendung der Bewertungsgrundsätze

Der Grundsatz der materiellen Bilanzkontinuität verlangt eine Bewertungskontinuität, d. h. die Beibehaltung der in früheren Bilanzen verwendeten Bewertungs- und Abschreibungsgrundsätze. Die Einhaltung dieses Prinzips ist vom betriebswirtschaftlichen Standpunkt aus zu fordern, damit gewährleistet wird, daß die Gewinnermittlung nach gleichen Grundsätzen erfolgt und dementsprechend auch durch **Vergleich der Bilanzen mehrerer Perioden** Unterlagen für die betrieblichen Dispositionen gewonnen werden können.

Das Handelsrecht hat in § 252 Abs. 1 Nr. 6 HGB den Grundsatz der Bewertungsstetigkeit nicht als zwingende, sondern als für alle Kaufleute gültige **Soll-Vorschrift** formuliert: „Die auf den vorhergehenden Jahresabschluß angewandten Bewertungsmethoden sollen beibehalten werden." Von die-

---

[77] Gutachten zur Reform der direkten Steuern, erstattet vom Wissenschaftlichen Beirat beim Bundesministerium der Finanzen, Bad Godesberg 1967, S. 19

[78] Vgl. Gutachten zur Reform der direkten Steuern, a. a. O., S. 15

[79] Vgl. hierzu auch Schildbach, T., Zur Verwendbarkeit der Substanzerhaltungskonzeption in Handels- und Steuerbilanz, BB 1974, S. 52 ff.; Schneider, D., Gewinnermittlung und steuerliche Gerechtigkeit, ZfbF 1971, S. 353 ff.; ders., Steuerbilanzen, Rechnungslegung als Messung steuerlicher Leistungsfähigkleit, Wiesbaden 1978, S. 95 ff.

[80] Wagner hingegen kommt zu dem Ergebnis, daß es aus der Sicht des Leistungsfähigkeitsprinzips keinen Anlaß gibt, vom Nominalwertprinzip abzugehen; vgl. Wagner, F. W., Kapitalerhaltung, Geldentwertung und Gewinnbesteuerung, Berlin, Heidelberg, New York 1978, S. 248 ff., insbes. S. 266

sem Grundatz darf gem. § 252 Abs. 2 HGB „nur in begründeten Ausnahme-fällen abgewichen werden". Neben diesem Abweichen von der Bewertungs-stetigkeit aus sachlichen Gründen ergibt sich für Nicht-Kapitalgesellschaften ggf. eine Relativierung des Stetigkeitsgebotes aus der auslegungsbedürftigen Vorschrift des § 253 Abs. 4 HGB, nach der Abschreibungen „im Rahmen vernünftiger kaufmännischer Beurteilung" vorgenommen werden können. Für Kapitalgesellschaften wird jedoch unabhängig von Abweichungen von der Stetigkeit gem. § 252 Abs. 2 i. V. m. § 252 Abs. 1 Nr. 6 die Vergleichbar-keit der Bilanzen dadurch erreicht, daß Änderungen der Bilanzierungs- und Bewertungsmethoden **im Anhang anzugeben** und zu erläutern sind und ihr Einfluß auf die Vermögens-, Finanz- und Ertragslage gesondert darzustellen ist.[81]

Die **Steuerbilanz** kann ihrer Aufgabe, den periodengerechten Gewinn zu ermitteln, dann nicht gerecht werden, wenn nicht generell die gleichen Be-wertungsgrundsätze angewendet werden. Zwar ist der Grundsatz der Be-wertungskontinuität im Einkommensteuergesetz nicht ausdrücklich veran-kert, wohl aber wird durch die Rechtsprechung eine Stetigkeit in der An-wendung der Bewertungsgrundsätze verlangt, indem willkürliche Änderun-gen der Bilanzierungs- und Bewertungsgrundsätze für unzulässig erklärt werden. Der Grundsatz der Bewertungskontinuität darf jedoch nicht so eng ausgelegt werden, daß steuerlich zugelassene **Bewertungswahlrechte ihren Sinn verlieren.** So ist es nicht als ein Verstoß gegen den Grundsatz der Bilanzstetigkeit anzusehen, wenn steuerlich zugelassene Bewertungswahl-rechte für einzelne Wirtschaftsgüter von einem Unternehmen unterschied-lich ausgeübt werden, z. B., wenn die Bewertungsfreiheit für geringwertige Wirtschaftsgüter bald voll, bald teilweise, bald gar nicht in Anspruch ge-nommen wird, wenn einzelne Wirtschaftsgüter linear, andere gleichartige Wirtschaftsgüter dagegen degressiv abgeschrieben werden oder wenn bei einzelnen abnutzbaren Anlagegütern im Falle einer voraussichtlich vorüber-gehenden Wertminderung der niedrigere Teilwert angesetzt wird,[82] bei an-deren gleichartigen Gütern hingegen nicht.[83] Blümich sieht die Bewertungs-stetigkeit in den Vorschriften bzgl. der steuerlichen Bewertungswahlrechte ausdrücklich geregelt. So kann z. B. die Bewertungsfreiheit gem. § 6 Abs. 2 EStG nur im Jahr der Anschaffung der entsprechenden Güter in Anspruch genommen werden, so daß eine willkürliche Bewertung in den Folgeperio-den ausgeschlossen wird.[84]

(2) **Die Fortführung der Wertansätze (Prinzip des Wertzusammenhangs)**

Der Begriff der materiellen Bilanzkontinuität schließt auch den Grundsatz der **Wertfortführung** ein, der besagt, daß die in der Bilanz einmal angesetz-

---

[81] Vgl. § 284 Abs. 2 Nr. 3 HGB
[82] Dies ist handelsrechtlich für Kapitalgesellschaften nicht mehr möglich, da § 279 Abs. 1 Satz 2 HGB den Ansatz des niedrigeren Wertes bei nicht dauernder Wertminderung auf Finanzanlagen beschränkt. Diese Vorschrift wird allerdings über die umgekehrte Maßgeb-lichkeit relativiert. Vgl. hierzu S. 1044 ff.
[83] Vgl. Herrmann-Heuer-Raupach, a. a. O., § 6 EStG Anm. 96
[84] Vgl. Blümich, a. a. O., § 6 EStG Anm. 1158

ten Werte auch für spätere Bilanzen maßgeblich sind, daß insbesondere Werterhöhungen über den vorhergehenden Bilanzansatz grundsätzlich unzulässig sind. Dieses Prinzip gilt in der Handelsbilanz nur für den Ansatz der Anschaffungs- oder Herstellungskosten, die prinzipiell nicht überschritten werden dürfen, während darunterliegende Werte (Abschreibungsrestwerte beim Anlagevermögen, aus dem Börsen- oder Marktpreis abgeleitete Werte bzw. beizulegende Werte beim Umlaufvermögen) wieder überschritten werden dürfen bzw. wieder angehoben werden müssen (bis zu den fortgeführten Anschaffungs- oder Herstellungskosten), wenn sie sich als zu niedrig herausgestellt haben bzw. wenn sie wieder gestiegen sind.[85]

In der Steuerbilanz war bis zum Inkrafttreten des Bilanzrichtlinien-Gesetzes die Beachtung des Wertzusammenhanges für alle **abnutzbaren Güter des Anlagevermögens ausnahmslos** vorgeschrieben. Hier durften bisher keine Werterhöhungen über den letzten Bilanzansatz vorgenommen werden.[86] Dadurch sollte verhindert werden, daß der Betrieb von dem in der Steuerbilanz zulässigen Ermessensspielraum bei den Wertansätzen nach Belieben Gebrauch macht, z. B. in einem Jahr für ein Wirtschaftsgut den niedrigeren Teilwert ansetzt und im folgenden Jahr wieder auf den darüberliegenden Anschaffungsrestwert (Anschaffungskosten abzüglich AfA) heraufgeht, um evtl. im nächsten Jahre wieder den niedrigeren Teilwert anzusetzen. Das würde dem Betrieb die Möglichkeit geben, in Gewinnjahren den niedrigstmöglichen, in Verlustjahren den höchstmöglichen Wertansatz zu wählen, und würde damit zu einer Verlagerung der Periodengewinne führen.

Das sog. „Restantengesetz"[87] hat nunmehr das Prinzip des strengen Wertzusammenhanges endgültig aufgehoben und durch das Prinzip des eingeschränkten Wertzusammenhanges ersetzt,[88] das zuvor nur für die **nicht abnutzbaren Güter** des Anlagevermögens und für die Güter des Umlaufvermögens galt. Danach dürfen bei Wertsteigerungen lediglich die Anschaffungs- oder Herstellungskosten nicht überschritten werden. Werte, die unter den Anschaffungs- oder Herstellungskosten liegen, dürfen jedoch bei Wertsteigerungen wieder bis zu dieser Grenze aufgewertet werden.

Da es sich bei der Wertaufholung nach § 6 Abs. 1 Nr. 1 Satz 4 und Nr. 2 Satz 3 EStG um ein Bewertungswahlrecht handelt, ist der Wertansatz der Handelsbilanz maßgeblich. Nach § 253 Abs. 5 HGB darf ein niedrigerer Wertansatz, der durch eine außerplanmäßige Abschreibung gebildet wurde, beibehalten werden, „auch wenn die Gründe dafür nicht mehr bestehen." Diese Vorschrift gilt jedoch nicht für Kapitalgesellschaften. Für diese besteht ein **Wertaufholungsgebot**[89], d. h. wenn die Gründe für eine außerplanmäßi-

---

[85] Vgl. das Wertaufholungsgebot des § 280 HGB

[86] Vgl. § 6 Abs. 1 Nr. 1 EStG (i. d. F. für Veranlagungszeiträume vor 1986): „Bei Wirtschaftsgütern, die bereits am Schluß des vorangegangenen Wirtschaftsjahrs zum Anlagevermögen des Steuerpflichtigen gehört haben, darf der Bilanzansatz nicht über den letzten Bilanzansatz hinausgehen."

[87] Vgl. Gesetz zur steuerlichen Förderung des Wohnungsbaus und zur Ergänzung des Steuerreformgesetzes 1990 vom 8. 12. 1989, BT-Drucksache 692/89

[88] Vgl. § 6 Abs. 1 Nr. 1 Satz 4 und Nr. 2 Satz 3 EStG

[89] Vgl. § 280 Abs. 1 HGB

ge Abschreibung nicht mehr bestehen, ist eine entsprechende Zuschreibung vorzunehmen. Da die Zuschreibung jedoch auch den steuerpflichtigen Gewinn erhöht, räumt § 280 Abs. 2 HGB ein, daß der niedrigere Wert in der Handelsbilanz beibehalten werden kann, wenn nur unter dieser Voraussetzung der niedrigere Wert in der Steuerbilanz weiterhin angesetzt werden darf. Dieses **Wertaufholungswahlrecht** betrifft die nicht abnutzbaren Güter des Anlagevermögens und die Güter des Umlaufvermögens sowie nach Aufgabe des Prinzips des strengen Wertzusammenhangs auch die abnutzbaren Güter des Anlagevermögens. (**ÜB 6/7**)

f) Die Maßgeblichkeit der Handelsbilanz für die Steuerbilanz (Maßgeblichkeitsprinzip)

aa) Grundlagen

Das deutsche Steuerrecht kennt den Begriff der selbständigen **Steuerbilanz** nicht. Der Unternehmer ist daher auch nicht verpflichtet, eine gesonderte Steuerbilanz aufzustellen: Vielmehr genügt es, wenn er dem Finanzamt seine Handelsbilanz einreicht, die unter Beachtung der steuerlichen Vorschriften korrigiert worden ist.

§ 5 Abs. 1 EStG bestimmt, daß Betriebe, die buchführungspflichtig sind und regelmäßig Abschlüsse erstellen müssen oder die freiwillig Bücher führen und Abschlüsse erstellen, für den Schluß des Wirtschaftsjahres das Betriebsvermögen anzusetzen haben, „das nach den handelsrechtlichen Grundsätzen ordnungsmäßiger Buchführung auszuweisen ist." Dieser Grundsatz wird als **Grundsatz der Maßgeblichkeit der Handelsbilanz für die Steuerbilanz** bezeichnet. Er ist in der Literatur allerdings noch immer umstritten. So war lange Zeit kontrovers, ob der Verweis auf die handelsrechtlichen Grundsätze ordnungsmäßiger Buchführung so zu verstehen ist, daß irgendein beliebiger, diesen Grundsätzen entsprechender Ansatz gewählt werden kann (**materielle Maßgeblichkeit**)[90] oder ob jeweils der konkrete Handelsbilanzansatz in die Steuerbilanz zwingend übernommen werden muß (**formelle Maßgeblichkeit**).[91]

Weiterhin war strittig, ob sich § 5 Abs. 1 EStG sowohl auf die Bilanzierung **dem Grunde nach** als auch auf die Bilanzierung **der Höhe nach** bezieht oder ob den handelsrechtlichen Grundsätzen ordnungsmäßiger Buchführung bei der Bewertung keine Bedeutung zukommt. Die in § 5 Abs. 1 EStG genannten handelsrechtlichen Grundsätze ordnungsmäßiger Buchführung beziehen sich auf die **Bilanzierung dem Grunde und der Höhe nach,** d. h. sie legen einerseits fest, welche Vermögenswerte und Schulden bilanziert werden müssen, welche bilanziert werden dürfen und für welche kein Bilanzansatz in Betracht kommt, und bestimmen andererseits, wie die bilanzierten Vermögens- und Schuldenposten zu bewerten sind bzw. welche Be-

---

[90] Vgl. Stobbe, T., Das Verhältnis von handels- und steuerrechtlicher Rechnungslegung unter Berücksichtigung der Neuregelung des § 5 Abs. 1 Satz 2 EStG, DStR 1991, S. 54 ff.
[91] Vgl. Sievers, H., Maßgeblichkeitsprinzip und Steuerreform 1990, BB 1990, S. 25

wertungswahlrechte zur Verfügung stehen. Bei strenger Anwendung des Maßgeblichkeitsprinzips folgt daraus, daß alle handelsrechtlichen Aktivierungs- und Passivierungsgebote, -verbote und -wahlrechte und alle Bewertungsvorschriften auch für die Steuerbilanz gelten, soweit keine **zwingenden** steuerrechtlichen Vorschriften eine andere Bilanzierung verlangen. Der Große Senat des BFH hat in seinem Beschluß vom 3. 2. 1969[92] jedoch die Auffassung vertreten, daß der Grundsatz der Maßgeblichkeit der Handelsbilanz für die Steuerbilanz nur für handelsrechtliche Aktivierungs- und Passivierungsgebote und -verbote, nicht dagegen für handelsrechtliche Aktivierungs- und Passivierungswahlrechte gelte.

Zur Begründung führt der BFH aus, daß die steuerliche Gewinnermittlung den **vollen Gewinn** erfassen wolle und es deshalb nicht in das Ermessen des Betriebes gestellt werden könne, seine Ertragslage durch Nichtaktivierung von Wirtschaftsgütern, die handelsrechtlich aktiviert werden dürfen, aber nicht aktiviert worden sind, oder durch Ansatz eines Passivpostens, der handelsrechtlich nicht geboten sei, ungünstiger darzustellen.

Diese Auffassung hätte bei strenger Anwendung zur Folge, daß bei einem handelsrechtlichen Aktivierungswahlrecht in der Steuerbilanz auch dann eine Aktivierung erfolgen muß, wenn das Wahlrecht in der Handelsbilanz zugunsten einer Nichtaktivierung ausgeübt wird, und bei einem handelsrechtlichen Passivierungswahlrecht eine Passivierung in der Steuerbilanz auch dann nicht in Frage kommt, wenn das Wahlrecht in der Handelsbilanz zugunsten einer Passivierung ausgeübt wird. U. E. kann das Maßgeblichkeitsprinzip nach dem Wortlaut des Gesetzes nur so ausgelegt werden, daß – soweit steuerliche Sondervorschriften nicht existieren – das handelsrechtliche **Wahlrecht auch für die Steuerbilanz gilt,** denn § 5 Abs. 1 EStG bestimmt, daß das Betriebsvermögen anzusetzen **ist,** „das nach den handelsrechtlichen Grundsätzen ordnungsmäßiger Buchführung auszuweisen ist". Aus diesem Wortlaut kann u. E. nicht geschlossen werden, daß in der Steuerbilanz das Betriebsvermögen, für das nach handelsrechtlichen GoB lediglich ein Bilanzierungswahlrecht besteht, d. h. das angesetzt werden darf, auch dann auszuweisen ist, wenn in der Handelsbilanz kein Ansatz erfolgt ist. Der BFH folgt in seinem Urteil vom 2. 4. 1980[93] der vom Großen Senat eingeschlagenen Linie und vertritt die Ansicht, es genüge, daß der Ansatz in der Steuerbilanz „handelsrechtlichen Grundsätzen nicht widerspricht".[94]

bb) Die Maßgeblichkeit der handelsrechtlichen Bilanzierung dem Grunde nach

Im Zusammenhang mit der Bilanzierung dem Grunde nach, d. h. mit der Beantwortung der Frage, welche Wirtschaftsgüter müssen, welche dürfen und welche dürfen nicht in der Steuerbilanz angesetzt werden, ist das Maßgeblichkeitsprinzip zunächst wie folgt zu interpretieren: Die Entscheidung

---

[92] BStBl II, S. 291
[93] BStBl II, S. 702
[94] Zur Kritik dieser Rechtsprechung vgl. Wöhe, G., Betriebswirtschaftliche Steuerlehre, Bd. I, 2. Halbbd., 7. Aufl., München 1992, S. 72 ff.

über die Bilanzierung in der Handelsbilanz wird maßgeblich für die Steuerbilanz, sofern keine zwingenden steuerrechtlichen Vorschriften entgegenstehen. Allgemein gilt für die Steuerbilanz, daß nur Wirtschaftsgüter und Rechnungsabgrenzungsposten angesetzt werden dürfen. **Steuerlich zwingende Bilanzierungsvorschriften** ergeben sich insbesondere für:

– Immaterielle Wirtschaftsgüter des Anlagevermögens (§ 5 Abs. 2 EStG)
– Rückstellungen für Schutzrechtsverletzungen (§ 5 Abs. 3 EStG)
– Jubiläumsrückstellungen (§ 5 Abs. 4 EStG)
– Rechnungsabgrenzungsposten (§ 5 Abs. 5 Satz 1 EStG)
– als Aufwand berücksichtigte Zölle und Verbrauchsteuern auf Vorratsvermögen (§ 5 Abs. 5 Satz 2 Nr. 1 EStG)
– als Aufwand berücksichtigte Umsatzsteuer auf Anzahlungen (§ 5 Abs. 5 Satz 2 Nr. 2 EStG)
– Pensionsrückstellungen (§ 6a EStG).

Tabellarisch lassen sich die Konsequenzen des Maßgeblichkeitsprinzips für **die Bilanzierung dem Grunde nach** wie folgt darstellen:

Bilanzierung dem Grunde nach	
Zwingende steuerrechtliche Vorschriften sind in der Steuerbilanz ungeachtet der handelsrechtlichen Regelungen zu befolgen.	
Handelsbilanz	**Steuerbilanz**
1. Aktivierungswahlrecht	→ gem. BFH-Beschluß vom 3. 2. 1969 Aktivierungspflicht, sofern es sich um Wirtschaftsgüter oder Rechnungsabgrenzungsposten handelt
2. Passivierungswahlrecht	→ gem. BFH-Beschluß vom 3. 2. 1969 Pasivierungsverbot (sofern keine steuerrechtliche Spezialregelung vorhanden)
3. Aktivierungs- und Passivierungsgebot; Aktivierungs- und Passivierungsverbot	→ Aktivierungs- und Passivierungsgebot; Aktivierungs- und Passivierungsverbot; Maßgeblichkeitsprinzip
4. Aktivierungs- oder Passivierungswahlrecht in Abhängigkeit von den in der Steuerbilanz gewählten Ansätzen (§§ 247 Abs. 3, 273 HGB)	← Aktivierungs- oder Passivierungswahlrecht (steuerrechtliches Bilanzierungswahlrecht, Folge: Umkehrung des Maßgeblichkeitsprinzips)

cc) Die Maßgeblichkeit der handelsrechtlichen Bilanzierung der Höhe nach

Bei der Bilanzierung der Höhe nach, d. h. bei der Beantwortung der Frage, mit welchem Wert die Wirtschaftsgüter bzw. Rechnungsabgrenzungsposten in der Steuerbilanz angesetzt werden müssen, ist das Maßgeblichkeitsprinzip wie folgt zu interpretieren: Der in der Handelsbilanz gewählte Wert wird maßgeblich für die Steuerbilanz, sofern die steuerlichen Bewertungsvorschriften (insbes. §§ 6, 7 EStG) keinen anderen Wertansatz verlangen (§ 5 Abs. 6 EStG).[95] Zwingende steuerliche Bewertungsvorschriften ergeben sich zum Beispiel bei der Festlegung der steuerlichen Bewertungsuntergrenze durch den **niedrigeren Teilwert,** der den Ansatz handelsrechtlich zulässiger Werte wie z. B. den niedrigeren Zukunftswert im Bereich des Umlaufvermögens (§ 253 Abs. 3 Satz 3 HGB) bzw. den niedrigeren Wert im Rahmen vernünftiger kaufmännischer Beurteilung (§ 253 Abs. 4 HGB; gilt nicht für Kapitalgesellschaften) für die Steuerbilanz verbietet.[96]

Zwingende Vorschriften des Steuerrechts bestehen auch bei der Bewertung des abnutzbaren Anlagevermögens und hier insbesondere bei den **Abschreibungsregelungen** (§ 7 EStG). So dürfen z. B. abnutzbare immaterielle Wirtschaftsgüter des Anlagevermögens in der Steuerbilanz nur linear abgeschrieben werden, so daß eine abweichende handelsrechtliche Vorgehensweise ohne Bedeutung für die Steuerbilanz ist. Weitere zwingende steuerliche Bewertungsvorschriften sind bei der Bewertung von **Entnahmen und Einlagen** zu beachten, die grundsätzlich mit dem Teilwert zu bewerten sind.[97]

Treffen steuerliche Bewertungswahlrechte auf handelsrechtliche Bewertungswahlrechte, so können beide nur übereinstimmend ausgeübt werden, d. h. damit ein bestimmter steuerlicher Wertansatz gewählt werden kann, muß dieser zuvor auch in der Handelsbilanz angesetzt werden (**umgekehrte Maßgeblichkeit**).[98] Treffen handelsrechtliche Bewertungsgebote, die nicht über die umgekehrte Maßgeblichkeit beeinflußbar sind, auf steuerliche Bewertungswahlrechte, muß der handelsrechtlich zwingende Wertansatz in die Steuerbilanz übernommen werden.[99]

In einem Schaubild können diese Zusammenhänge wie folgt dargestellt werden:

---

[95] Vgl. Schulze-Osterloh, J., Handelsbilanz und steuerrechtliche Gewinnermittlung, StuW 1991, S. 285; Bordewin, A., Zur Maßgeblichkeit der Handelsbilanz für die steuerliche Gewinnermittlung, DStR 1988, S. 668 ff.

[96] Vgl. Ellrott/Schramm/Bail, in: Beck'scher Bilanzkommentar, 3. Aufl. München 1995, Erl. zu § 253 HGB, Rn. 626, 661; Döring, U., in: Küting/Weber, Handbuch der Rechnungslegung, 4. Aufl., a. a. O., Erl. zu § 253, Rn. 188 und Rn. 199; Schneeloch, D., Die Grundsätze der Maßgeblichkeit, DStR 1990, S. 55

[97] Vgl. § 6 Abs. 1 Nr. 4–5 EStG

[98] Vgl. Lause, B., Sievers, H., Maßgeblichkeitsprinzip und Steuerreform 1991, BB 1990, S. 27; zur kritischen Auseinandersetzung vgl. Stobbe, T., Die Ausübung „steuerrechtlicher Wahlrechte" nach § 5 Abs. 1 Satz 2 EStG, StuW 1991, S. 17 ff.

[99] Vgl. hierzu kritisch Schulze-Osterloh, J., Handelsbilanz und steuerrechtliche Gewinnermittlung, StuW 1991, S. 288 f.

Bilanzierung der Höhe nach
Zwingende steuerrechtliche Bewertungsvorschriften sind in der Steuerbilanz ungeachtet der handelsrechtlichen Regelungen zu befolgen (Bewertungsvorbehalt des § 5 Abs. 6 EStG).

Handelsbilanz	Steuerbilanz
1. Bewertungswahlrecht	→a) Ist keine steuerrechtliche Vorschrift vorhanden, so muß der Ansatz der Handelsbilanz übernommen werden (Maßgeblichkeitsprinzip). ←b) Besteht ein steuerliches Bewertungswahlrecht, so muß der gewählte Ansatz zuvor in der Handelsbilanz verwendet werden (umgekehrte Maßgeblichkeit).
2. Bewertungsgebot	→a) Ist keine steuerrechtliche Vorschrift vorhanden, so muß der Ansatz der Handelsbilanz übernommen werden (Maßgeblichkeitsprinzip). →b) Besteht ein steuerliches Bewertungswahlrecht, muß die Steuerbilanz der zwingenden Bewertung in der Handelsbilanz folgen (Maßgeblichkeitsprinzip). ←c) Steuerliches Wahlrecht wird handelsrechtlich wirksam (§§ 254, 279 Abs. 2, 280 Abs. 2; umgekehrte Maßgeblichkeit).

dd) Die Umkehrung des Maßgeblichkeitsprinzips

Die Steuerbilanz hat seit langem nicht mehr allein die Aufgabe, den periodenrichtigen Gewinn zu ermitteln, wenn man unter Gewinn das versteht, was ein Betrieb über die tatsächlich angefallenen (und nicht die nach irgendwelchen Prinzipien verrechneten) Aufwendungen hinaus an Erträgen erzielt hat. Die Steuerbilanz ist vielmehr in vielen Fällen zur „**Steuerverschiebungsbilanz**" geworden. Der ausgewiesene Gewinn ist nicht mehr der Gewinn, der in einer Periode erzielt worden ist, sondern ein Betrag, der nach Inanspruchnahme zeitlich begrenzter Sonderbewertungsvorschriften verbleibt. Die steuerlichen Gewinnermittlungsvorschriften enthalten eine Vielzahl von Sonderbewertungsvorschriften, mit denen zur **Realisierung außerfiskalischer Ziele** (Struktur-, Konjunktur-, Arbeitsmarkt-, Umweltpolitik) Gewinne auf spätere Perioden verschoben werden sollen, so daß für die Betriebe durch indirekte zinslose Steuerstundung liquiditäts- und rentabilitätsmäßige Vorteile entstehen können. Diese Vorschriften verstoßen in der Regel **gegen die handelsrechtlichen Grundsätze ordnungsmäßiger Buch-**

führung (z. B. eine Sonderabschreibung von 50% der Anschaffungskosten im Jahr der Anschaffung bei einer Nutzungsdauer von 15 Jahren). Da diese Sondervorschriften in der Steuerbilanz i. d. R. nur angewendet werden dürfen, wenn sie zuvor auch in der Handelsbilanz beachtet worden sind, wird das **Maßgeblichkeitsprinzip umgekehrt:** Wertansätze müssen in der Handelsbilanz nach steuerrechtlichen Vorschriften bemessen werden, damit sie für die Steuerbilanz genutzt werden können. Durch die Berücksichtigung derartiger steuerrechtlicher Sonderbewertungsvorschriften kann der Aussagewert der Handelsbilanz erheblich beeinträchtigt werden.

So können z. B. nach § 254 HGB, der für alle Kaufleute gilt, Abschreibungen auch vorgenommen werden, „um Vermögensgegenstände des Anlageoder Umlaufvermögens mit dem niedrigeren Wert anzusetzen, der auf einer nur steuerrechtlich zulässigen Abschreibung beruht." Für Kapitalgesellschaften wird diese Regleung aber in § 279 Abs. 2 HGB dergestalt eingeschränkt, daß Abschreibungen nach § 254 HGB nur insoweit vorgenommen werden dürfen, „als das Steuerrecht ihre Anerkennung bei der steuerrechtlichen Gewinnermittlung davon abhängig macht, daß sie sich aus der Bilanz ergeben." Damit wird die Zulässigkeit steuerrechtlicher Abschreibungen in der Handelslbilanz der Kapitalgesellschaft auf die Fälle der sogenannten umgekehrten Maßgeblichkeit beschränkt.

Durch das sog. „Restantengesetz"[100] wurde das Prinzip der umgekehrten Maßgeblichkeit generell im Einkommensteuergesetz verankert, indem der Vorschrift des § 5 Abs. 1 EStG, die das Maßgeblichkeitsprinzip mit der Formulierung begründet, daß für den Schluß des Wirtschaftsjahrs das Betriebsvermögen anzusetzen ist, „das nach den handelsrechtlichen Grundsätzen ordnungsmäßiger Buchführung auszuweisen ist", folgender Satz angefügt wurde: „Steuerrechtliche Wahlrechte bei der Gewinnermittlung sind in Übereinstimmung mit der handelsrechtlichen Jahresbilanz auszuüben."

5. Die Gliederung der Bilanz

a) Allgemeine Grundsätze

Der Grundsatz der Bilanzklarheit wird in erster Linie durch eine möglichst weitgehende Gliederung der Bilanz und der Gewinn- und Verlustrechnung realisiert. Art und Umfang der Gliederung hängen von den Zielsetzungen ab, die mit dem Jahresabschluß verfolgt werden sollen, d. h. von der Interessenlage der Personen, für die der Jahresabschluß als Instrument der Rechenschaftslegung und/oder der Information aufgestellt wird. Das sind in erster Linie die Gläubiger, die Gesellschafter, die Finanzbehörden und nicht zuletzt die Unternehmensleitung. Sie wollen sich ein Bild über die Vermögens-, Finanz- und Ertragslage des Betriebes machen und benötigen dazu Informationen über:

---

[100] Gesetz zur steuerlichen Förderung des Wohnungsbaus und zur Ergänzung des Steuerreformgesetzes 1990 vom 8. 12. 1989, BR-Drucksache – 692/89

(1) die Vermögens- und Kapitalstruktur,
(2) die finanzielle Struktur,
(3) die Liquiditätslage,
(4) die Rentabilität und Gewinnverwendung (in Verbindung mit der Erfolgsrechnung),
(5) die Beziehungen zu verbundenen Unternehmen,
(6) die finanziellen Beziehungen zwischen der Gesellschaft und den geschäftsführenden Organen bei Unternehmungen, bei denen die Geschäftsführer keine Gesellschafter sind.

Der Gesetzgeber hat kein für Unternehmen aller Rechtsformen geltendes Mindestgliederungsschema für die Bilanz und die Gewinn- und Verlustrechnung erlassen. Zum Inhalt der Bilanz ist aus § 240 Abs. 1 HGB lediglich zu entnehmen, daß jeder Kaufmann „zu Beginn seines Handelsgewerbes seine Grundstücke, seine Forderungen und Schulden, den Betrag seines baren Geldes sowie seine sonstigen Vermögensgegenstände genau zu verzeichnen und dabei den Wert der einzelnen Vermögensgegenstände und Schulden anzugeben" hat. § 247 Abs. 1 HGB sagt zur Gliederung der Bilanz lediglich aus, daß das Anlage- und Umlaufvermögen, das Eigenkapital, die Schulden sowie die Rechnungsabgrenzungsposten gesondert auszuweisen und hinreichend aufzugliedern sind.

Für bestimmte Betriebe gibt es **gesetzliche Gliederungsvorschriften** für die Handelsbilanz und die Erfolgsrechnung, die als Kompromiß zwischen theoretischer Erkenntnis über eine zweckentsprechende Gliederung von handelsrechtlichen Jahresabschlüssen einerseits und ihrer praktischen Durchführbarkeit unter dem Gesichtspunkt der Einfachheit, Übersichtlichkeit und Wirtschaftlichkeit der Rechnungslegung andererseits angesehen werden können. Diese Vorschriften knüpfen teils an die **Rechtsform** des Betriebes (z. B. Aktiengesellschaft, GmbH, Genossenschaft), teils an die Zugehörigkeit des Betriebes zu einem bestimmten **Wirtschaftszweig** (z. B. Kreditinstitute, Versicherungen), teils an die **Eigentumsverhältnisse** (z. B. öffentliche Betriebe), teils an bestimmte **Größenmerkmale** (z. B. die dem Publizitätsgesetz unterworfenen Betriebe) an. In einigen der wirtschaftszweigbezogenen Vorschriften wird außerdem noch nach der Rechtsform unterschieden (z. B. bei Kreditinstituten).

Durch ein gesetzliches Bilanzgliederungsschema ist die Frage nach dem Inhalt der Bilanz nicht eindeutig beantwortet, und zwar **erstens,** weil in einem solchen Mindestgliederungsschema nicht alle Vermögensgegenstände und Schulden aufgezählt werden, die bilanziert werden dürfen, **zweitens,** weil nicht alle aufgeführten Vermögensgegenstände und Schulden bilanziert werden müssen und **drittens,** weil durch die Bildung von Bilanzpositionen noch nicht in allen Fällen eindeutig über die Zuordnung der Vermögensgegenstände und Schulden zu dieser oder jener Position entschieden ist. Aus einem gesetzlichen Gliederungsschema können jedoch drei eindeutige Schlüsse gezogen werden:
(1) Alle zu den aufgezählten Bilanzpositionen zählenden Vermögensgegenstände und Schulden **müssen** bilanziert werden **(Bilanzierungsgebot),** es

sei denn, durch besondere gesetzliche Vorschriften wird ein **Bilanzierungswahlrecht** eingeräumt.

(2) Alle übrigen – nicht aufgeführten – Vermögensgegenstände und Schulden **dürfen** bilanziert werden, es sei denn, durch besondere gesetzliche Vorschriften wird ein **Bilanzierungsverbot** ausgesprochen. Sie müssen bilanziert werden, wenn das Gesetz es nicht durch das Gliederungsschema, sondern – weil es sich um selten auftretende Positionen handelt – durch besondere Vorschriften verlangt.

(3) Eine **weitergehende Gliederung** ist zulässig, wenn sie die Klarheit und Übersichtlichkeit verbessert. Sie ist geboten, wenn in Ausnahmefällen das Mindestgliederungsschema für eine klare und übersichtliche Bilanzierung nicht ausreicht. Es ist dann aber das Prinzip der formalen Bilanzkontinuität zu beachten.

Bei der sich nach gesetzlichen Vorschriften vollziehenden Bilanzierung dem Grunde nach sind also zu unterscheiden:

(1) Aktivierungs- und Passivierungsgebote,
(2) Aktivierungs- und Passivierungsverbote,
(3) Aktivierungs- und Passivierungswahlrechte.

b) Die Gliederung der Bilanz der Kapitalgesellschaften nach dem HGB

Das Bilanzgliederungsschema des § 266 Abs. 2 und 3 HGB ist für große und mittelgroße Kapitalgesellschaften verbindlich. Kleine Kapitalgesellschaften dürfen eine verkürzte Bilanz aufstellen, in die nur die mit Buchstaben und römischen Zahlen bezeichneten Posten gesondert aufgenommen werden müssen.[101]

Gliederung der Bilanz nach § 266 Abs. 2 und 3 HGB

Aktivseite:

A. **Anlagevermögen:**
I. Immaterielle Vermögensgegenstände:
1. Konzessionen, gewerbliche Schutzrechte und ähnliche Rechte und Werte sowie Lizenzen an solchen Rechten und Werten;
2. Geschäfts- oder Firmenwert;
3. geleistete Anzahlungen;
II. Sachanlagen:
1. Grundstücke, grundstücksgleiche Rechte und Bauten einschließlich der Bauten auf fremden Grundstücken;
2. technische Anlagen und Maschinen;
3. andere Anlagen, Betriebs- und Geschäftsausstattung;
4. geleistete Anzahlungen und Anlagen im Bau;
III. Finanzanlagen:
1. Anteile an verbundenen Unternehmen;
2. Ausleihungen an verbundene Unternehmen;
3. Beteiligungen;
4. Ausleihungen an Unternehmen, mit denen ein Beteiligungsverhältnis besteht;

---

[101] Vgl. § 266 Abs. 1 Satz 3 HGB

Gliederung der Bilanz nach § 266 Abs. 2 und 3 HGB

5. Wertpapiere des Anlagevermögens;
6. sonstige Ausleihungen.
B. **Umlaufvermögen:**
I. Vorräte:
1. Roh-, Hilfs- und Betriebsstoffe;
2. unfertige Erzeugnisse, unfertige Leistungen;
3. fertige Erzeugnisse und Waren;
4. geleistete Anzahlungen;
II. Forderungen und sonstige Vermögensgegenstände:
1. Forderungen aus Lieferungen und Leistungen;
2. Forderungen gegen verbundene Unternehmen;
3. Forderungen gegen Unternehmen, mit denen ein Beteiligungsverhältnis besteht;
4. sonstige Vermögensgegenstände;
III. Wertpapiere:
1. Anteile an verbundenen Unternehmen;
2. eigene Anteile;
3. sonstige Wertpapiere;
IV. Schecks, Kassenbestand, Bundesbank- und Postgiroguthaben, Guthaben bei Kreditinstituten.
C. **Rechnungsabgrenzungsposten.**

Passivseite:
A. **Eigenkapital:**
I. Gezeichnetes Kapital;
II. Kapitalrücklage;
III. Gewinnrücklagen:
1. gesetzliche Rücklage;
2. Rücklage für eigene Anteile;
3. satzungsmäßige Rücklagen;
4. andere Gewinnrücklagen;
IV. Gewinnvortrag/Verlustvortrag;
V. Jahresüberschuß/Jahresfehlbetrag.
B. **Rückstellungen:**
1. Rückstellungen für Pensionen und ähnliche Verpflichtungen;
2. Steuerrückstellungen;
3. sonstige Rückstellungen.
C. **Verbindlichkeiten:**
1. Anleihen, davon konvertibel;
2. Verbindlichkeiten gegenüber Kreditinstituten;
3. erhaltene Anzahlungen auf Bestellungen;
4. Verbindlichkeiten aus Lieferungen und Leistungen;
5. Verbindlichkeiten aus der Annahme gezogener Wechsel und der Ausstellung eigener Wechsel;
6. Verbindlichkeiten gegenüber verbundenen Unternehmen;
7. Verbindlichkeiten gegenüber Unternehmen, mit denen ein Beteiligungsverhältnis besteht;
8. sonstige Verbindlichkeiten,
   davon aus Steuern,
   davon im Rahmen der sozialen Sicherheit.
D. **Rechnungsabgrenzungsposten.**

Zu jeder Bilanzposition ist der entsprechende Betrag des vorhergehenden Geschäftsjahres anzugeben. Sind die Beträge nicht vergleichbar, so ist eine Erläuterung im Anhang erforderlich.[102]

Eine **über das gesetzliche Gliederungsschema hinausgehende Gliederung** kann dann erforderlich werden, wenn die gesetzliche Mindestgliederung aufgrund der Besonderheiten eines Betriebes nicht ausreicht, die Klarheit und Übersichtlichkeit der Bilanzierung zu gewährleisten. Unter Beachtung der vorgeschriebenen Gliederung ist eine „weitere Untergliederung der Posten"[103] erlaubt. Außerdem dürfen neue Posten hinzugefügt werden, „wenn ihr Inhalt nicht von einem vorgeschriebenen Posten gedeckt wird."[104]

Eine weitere Untergliederung eines Bilanzpostens kann nur unter Beachtung der vorgeschriebenen Gliederung erfolgen, indem ein Posten des Gliederungsschemas (z. B. die Position „andere Anlagen, Betriebs- und Geschäftsausstattung") in die in ihm enthaltenen Komponenten (hier z. B. „andere Anlagen", „Werkzeuge", „andere Betriebsausstattung", „Fuhrpark" und „Büroausstattung") unterteilt wird, so daß entweder mehrere Positionen an die Stelle von einer Position treten oder die Zusammensetzung einer Position durch Vermerke in einer Vorspalte oder in einer Fußnote erläutert wird. Ihre Grenzen finden diese Untergliederungsmöglichkeiten nach Adler-Düring-Schmaltz aber dort, wo die Übersichtlichkeit des Jahresabschlusses beeinträchtigt wird. Nur wenn dem abgespaltenen Posten eine besondere Bedeutung zukommt, die zu einer Verbesserung des Einblicks in die Vermögens-, Finanz- und Ertragslage führt, halten Adler-Düring-Schmaltz eine weitere Untergliederung für zulässig.[105]

Außerdem ergibt sich aus dem Gesetz der Ausweis bestimmter Positionen, die

(1) im Gliederungsschema **nicht enthalten** sind, weil sie selten auftreten, z. B. ausstehende Einlagen auf das gezeichnete Kapital,[106] aktivische latente Steuern,[107] die Aufwendungen für die Ingangsetzung und Erweiterung des Geschäftsbetriebes;[108]

(2) wegen ihres **besonderen Charakters** aus einer im Gliederungsschema angegebenen Position ausgegliedert werden müssen, z. B. steuerfreie Rücklagen als „Sonderposten mit Rücklageanteil";[109]

(3) eine im Gliederungsschema aufgeführte Position durch **nähere Angaben in den Vorspalten** oder auf andere Weise (z. B. als Fußnote oder im Anhang) erläutern; so müssen z. B. der Betrag der Forderungen mit einer Restlaufzeit von mehr als einem Jahr und der Betrag der Verbindlichkeiten mit einer Restlaufzeit bis zu einem Jahr bei jedem Posten gesondert

---

[102] Vgl. § 265 Abs. 2 HGB
[103] § 265 Abs. 5 Satz 1 HGB
[104] § 265 Abs. 5 Satz 2 HGB
[105] Vgl. Adler–Düring–Schmaltz, 5. Aufl., a. a. O., Anm. 63 zu § 265 HGB
[106] Vgl. § 272 Abs. 1 Satz 2 HGB
[107] Vgl. § 274 Abs. 2 Satz 1 HGB
[108] Vgl. § 269 HGB
[109] Vgl. § 247 Abs. 3 HGB

vermerkt werden,[110] ferner muß ein in den aktiven Rechnungsabgren-zungsposten aufgenommener Disagiobetrag gesondert ausgewiesen oder im Anhang angegeben werden[111] u. a.

Fällt ein Vermögensgegenstand oder eine Schuld unter mehrere Posten des Gliederungsschemas, so ist bei dem Posten, unter dem der Ausweis erfolgt, die **Mitzugehörigkeit** zu anderen Posten zu vermerken.[112] Weist ein im Mindestgliederungsschema vorgesehener Posten keinen Betrag aus **(Leerpo-sten)**, so braucht er nur dann aufgeführt zu werden, wenn im vorhergehen-den Geschäftsjahr unter diesem Posten ein Betrag ausgewiesen wurde.[113]

Risiken und Verpflichtungen, für die ein Ausweis auf der Passivseite der Bilanz nicht zwingend vorgeschrieben ist, müssen im Interesse der Klarheit der Rechenschaftslegung entweder in der Bilanz („unter dem Strich", d. h. nicht als Bestandteil der Bilanzsumme) oder bei Kapitalgesellschaften im Anhang vermerkt werden. Bestehen derartige Verbindlichkeiten oder Haf-tungen gegenüber verbundenen Unternehmen, so ist das bei den einzelnen Vermerken unter Angabe des Betrages kenntlich zu machen.

Im einzelnen handelt es sich:[114]
(1) um Verbindlichkeiten, die aus der Begebung und Übertragung von Wechseln entstehen können, d. h. um die Haftung aus Indossamenten;
(2) um Verbindlichkeiten aus Bürgschaften, Wechsel- und Scheckbürgschaf-ten;
(3) um Verbindlichkeiten aus Gewährleistungsverträgen, das sind „Verträ-ge, in denen jemand sich verpflichtet, für das Eintreten eines bestimmten Erfolges einzustehen",[115] z. B. Garantien für die Ausführung von Arbei-ten Dritter. Nicht dazu gehören Garantien für die eigenen Leistungen der Gesellschaft;
(4) um die Haftung aus der Bestellung von Sicherheiten für fremde Verbind-lichkeiten. Dazu gehören an sich die Bürgschaften, doch sind diese schon unter (2) aufgeführt. Es muß sich also um andere Sicherheiten, z. B. um Sicherungshypotheken handeln.[116]

Soweit den aufgeführten Verbindlichkeiten oder Haftungen **Rückgriffs-forderungen** gegenüberstehen, müssen erstere dennoch vermerkt werden,[117] und zwar unsaldiert. Im Interesse der Klarheit sind die Rückgriffsforderun-gen – falls die Eventualverbindlichkeiten „unter dem Strich" vermerkt wer-den – auf der Aktivseite entsprechend anzugeben.

Die genannten Gruppen von Verbindlichkeiten bzw. Haftungen müssen von Kapitalgesellschaften gem. § 268 Abs. 7 HGB gesondert aufgeführt werden, d. h. sie dürfen nicht in einer Summe zusammengefaßt werden.

---

[110] Vgl. § 268 Abs. 4 und 5 HGB
[111] Vgl. § 268 Abs. 6 HGB
[112] Vgl. § 265 Abs. 3 HGB
[113] Vgl. § 265 Abs. 8 HGB
[114] Vgl. § 251 HGB
[115] RG-Urteil vom 28. 9. 1917, Entscheidungen des RG in Zivilsachen, 90. Bd., Leipzig 1917, S. 416, zit. bei Godin-Wilhelmi, Aktiengesetz, 4. Aufl., Berlin 1971, S. 908
[116] Vgl. Godin-Wilhelmi, a. a. O., S. 909
[117] Vgl. § 251 Satz 2 HGB

Die Bedeutung, die die Bilanzgliederung für die Vermittlung eines den tatsächlichen Verhältnissen entsprechenden Bildes der Vermögens-, Finanz- und Ertragslage der Gesellschaft hat, soll an zwei Positionen erläutert werden: den Wertpapieren und den Forderungen.

Für die **Bilanzierung von Wertpapieren** sind – wie sich aus dem Bilanzgliederungsschema gem. § 266 HGB ergibt – auf der Aktivseite mehrere Positionen vorgesehen. Würde man für alle diese Positionen nur einen Sammelposten „Wertpapiere" ansetzen, so wären die Einblicke in die Bilanz dadurch erheblich eingeschränkt. Der gesonderte Ausweis der Beteiligungen gibt Auskunft über finanzielle Verflechtungen mit anderen Unternehmungen. Die Trennung in Wertpapiere des Anlagevermögens und des Umlaufvermögens zeigt, daß der Betrieb mit den Wertpapieren verschiedene Zwecke verfolgt: die einen dienen der langfristigen Anlage, die anderen werden nur vorübergehend als Liquiditätsreserve gehalten. Der bei Kapitalgesellschaften vorgeschriebene getrennte Ausweis der eigenen Anteile dient dem Gläubigerschutz und zeigt, welcher Teil des Nennkapitals sich in den Händen der Gesellschaft selbst befindet. Schecks gehören zu den Zahlungsmitteln. Ein Ausweis unter den Wertpapieren würde zu einer falschen Beurteilung der Liquiditätslage führen.

Die **Forderungen** sind ebenso wie die Wertpapiere auf eine Anzahl von Positionen zu verteilen. Aus der Gliederung wird auf den ersten Blick klar, daß eine Zusammenfassung aller oder eines Teils dieser Positionen unter einen Posten „Forderungen" zu einer Verschleierung der tatsächlich gegebenen Verhältnisse führen würde. Die Forderungen an die Anteilseigner aufgrund von ausstehenden Einlagen auf das Nominalkapital sind im Prinzip eine Art Korrekturposten zum nominell ausgewiesenen Kapital und haben einen völlig anderen Charakter als die Forderungen aus dem Umsatzprozeß.

Die Ausgliederung der Forderungen an verbundene Unternehmen dient wie bei dem Posten Beteiligungen der Offenlegung der bestehenden Unternehmensverbindungen. Auch die geschäftlichen Beziehungen der Gesellschaft zu Vorstands- und Aufsichtsratmitgliedern müssen im Interesse der Rechenschaftslegung gegenüber den Anteilseignern im Anhang, der Bestandteil des Jahresabschlusses ist, dargelegt werden und dürfen nicht unerkannt in anderen Forderungspositionen verschwinden.

c) Tabellarischer Überblick über die allgemeinen Gliederungsgrundsätze

Allgemeine Grundsätze für die Gliederung des Jahresabschlusses		
	Grundsatz	Rechtsvorschrift
Für alle Unternehmen	(1) Aufstellung nach den GoB	§ 243 Abs. 1 HGB
	(2) Klarheit und Übersichtlichkeit	§ 243 Abs. 2 HGB
	(3) Vollständigkeit	§ 246 Abs. 1 HGB
	(4) Saldierungsverbot (Bruttoprinzip)	§ 246 Abs. 2 HGB

Allgemeine Grundsätze für die Gliederung des Jahresabschlusses		
	Grundsatz	Rechtsvorschrift
Zusätzliche Grundsätze für Kapitalgesellschaften	(1) **Gliederungskontinuität;** Abweichungen in Ausnahmefällen sind im Anhang anzugeben und zu begründen	§ 265 Abs. 1 HGB
	(2) Angabe des entsprechenden Vorjahresbetrages bei jedem Posten; ggf. Angabe und Erläuterung nicht vergleichbarer Beträge im Anhang	§ 265 Abs. 2 HGB
	(3) Vermerk der **Mitzugehörigkeit** zu anderen Posten, wenn ein Vermögensgegenstand oder eine Schuld unter mehrere Bilanzposten fällt, in der Bilanz oder Angabe im Anhang	§ 265 Abs. 3 HGB
	(4) Beachtung des **Mindestgliederungsschemas** (oder Beachtung von Formblättern bei abweichendem Geschäftszweig) – Aufstellung in Kontoform	§ 266 HGB § 275 HGB § 330 HGB § 266 Abs. 1 Satz 1 HGB
	– Beachtung der vorgeschriebenen Reihenfolge	§ 266 Abs. 1 Satz 2 HGB
	– gesonderter Ausweis der vorgeschriebenen Posten	§ 266 Abs. 1 Satz 2 HGB
	– größenabhängige Erleichterungen für kleine Kapitalgesellschaften bei der Bilanz und für kleine und mittelgroße Kapitalgesellschaften bei der G+V-Rechnung	§ 266 Abs. 1 Satz 3 HGB § 276 HGB
	(5) **Abweichungen** vom Mindestgliederungsschema – Sind mehrere Geschäftszweige mit verschiedenen Gliederungsschemata vorhanden, so ist ein Schema anzuwenden und der Jahresabschluß nach den anderen Schemata zu ergänzen;	§ 265 Abs. 4 HGB
	– weitergehende Untergliederung von Posten zulässig;	§ 265 Abs. 5 Satz 1 HGB
	– Hinzufügung neuer Posten zulässig, wenn ihr Inhalt nicht von einem vorgeschriebenen Posten gedeckt wird;	§ 265 Abs. 5 Satz 2 HGB
	– Änderung der Gliederung und Bezeichnung der mit arabischen Zahlen versehenen Posten zulässig, wenn wegen Besonderheiten im Interesse der Klarheit und Übersichtlichkeit erforderlich;	§ 265 Abs. 6 HGB
	– mit arabischen Zahlen versehene Posten dürfen zusammengefaßt werden, wenn dadurch die Klarheit der Darstellung vergrößert wird oder wenn sie einen für die Vermittlung eines den tatsächlichen Verhältnissen entsprechenden Bildes unerheblichen Betrag enthalten;	§ 265 Abs. 7 HGB
	– Leerposten (ein Posten der Mindestgliederung weist keinen Betrag aus) sind nur zu führen, wenn im vorhergehenden Geschäftsjahr unter diesem Posten ein Betrag ausgewiesen wurde.	§ 265 Abs. 8 HGB

d) Der Erkenntniswert der Bilanzgliederung

Die Bilanzgliederung hat nicht nur die Aufgabe, dafür zu sorgen, daß zwischen den einzelnen Bilanzpositionen eine scharfe Trennung erreicht wird, sondern sie soll einen Einblick in die wirtschaftliche Situation der Gesellschaft auch dadurch ermöglichen, daß sie Auskunft über die finanzielle Struktur, die Liquiditätslage, die Rentabilität (in Verbindung mit der Gewinn- und Verlustrechnung), über die bestehenden Beziehungen zu verbundenen Unternehmen und über die Beziehungen zwischen der Gesellschaft und der Geschäftsleitung gibt. Inwieweit sie diese Aufgabe erfüllt, soll im folgenden kurz erörtert werden.

Einblicke in die **finanzielle Struktur** des Betriebes werden durch die Gliederung der Passivseite in Eigen- und Fremdkapital erreicht. Das Eigenkapital wird in Nominalkapital (gezeichnetes Kapital) und Rücklagen, das Fremdkapital nach seiner Fristigkeit und nach der Art der Sicherung weiter unterteilt. Dingliche Belastungen müssen im Anhang gesondert kenntlich gemacht werden. Auf diese Weise wird ersichtlich, in welchem Umfange das Anlagevermögen einem eventuellen Zugriff der Gesamtheit der übrigen Gläubiger entzogen ist.

Über die **Finanzierungsstruktur** geben z. B. folgende Kennzahlen Aufschluß:

$$\text{Eigenkapitalanteil} = \frac{\text{Eigenkapital (gez. Kapital + Rücklagen)}}{\text{Gesamtkapital}} \times 100;$$

$$\text{Anspannungskoeffizient} = \frac{\text{Fremdkapital}}{\text{Gesamtkapital}} \times 100;$$

$$\text{Verschuldungskoeffizient} = \frac{\text{Fremdkapital}}{\text{Eigenkapital}} \times 100.$$

Auf der Aktivseite wird der **Vermögensaufbau** durch eine Gliederung in Anlagevermögen und Umlaufvermögen dargelegt, aus der sichtbar wird, welcher Teil des Vermögens umgesetzt werden soll und welcher nicht unmittelbar für den Umsatz bestimmt ist, sondern dem Betriebe durch Abgabe von Nutzungen langfristig dienen soll. Das Anlagevermögen wird weiter in materielles, immaterielles und Finanzanlagevermögen unterteilt. Der gesonderte Ausweis von Beteiligungen gibt – wie oben bereits erwähnt – Aufschluß über die finanzielle Verflechtung mit anderen Betrieben. Durch Gegenüberstellung von Anlagevermögen und langfristigem Kapital läßt sich ein Einblick in die Art der Finanzierung gewinnen.[118]
Der Vermögensaufbau läßt sich z. B. aus folgenden Kennzahlen ersehen:

---

[118] Vgl. dazu die Ausführungen über die Finanzierungsregeln, insbesondere die „goldene Bilanzregel" auf S. 887 f.

$$\text{Anteil des Anlagevermögens} = \frac{\text{Anlagevermögen}}{\text{Gesamtvermögen}} \times 100;$$

$$\text{Anteil des Umlaufvermögens} = \frac{\text{Umlaufvermögen}}{\text{Gesamtvermögen}} \times 100.$$

Die Aussagefähigkeit der Kennzahlen über den Vermögensaufbau ist begrenzt, da die Bilanz einerseits nur bilanzierungsfähige Vermögensteile enthält und damit zahlreiche immaterielle Vermögenswerte in den Kennzahlen nicht erfaßt werden und andererseits die Vermögensgegenstände oft nicht mit ihren tatsächlichen Werten angesetzt werden.

Ein weiteres wesentliches Anliegen der Bilanzgliederung ist es, einen **Einblick in die Liquiditätsverhältnisse** zu geben. Nach Strobel lassen sich bei der Gliederung der Bilanz nach Liquiditätsmerkmalen zwei Gliederungskriterien unterscheiden, die beide zu beachten sind:[119]

(1) Die Gliederung **nach dem Grad der Bindung** der einzelnen Vermögens- und Kapitalteile. Ziel dieses Ordnungsprinzips ist es, die Bilanzpositionen „so zusammenzufassen, daß die Vermögens- und Kapitalteile eliminiert werden, die keinen unmittelbaren Einfluß auf die Liquidität ausüben."[120]

Dieses Merkmal ermöglicht die Zusammenfassung des Bilanzinhalts auf der Aktivseite in den beiden Obergruppen „gebundenes Vermögen" und „freies (variables) Vermögen". Die Einteilung kann sowohl nach **betriebswirtschaftlichen** („dauernde oder vorübergehende Bindung im Hinblick auf den Unternehmungszweck und den Betriebsprozeß"[121]) als auch nach **rechtlichen** Gesichtspunkten erfolgen. Während im gebundenen Vermögen alle Vermögensteile enthalten sind, die auf Grund fehlender Geldnähe nicht unmittelbar liquiditätswirksam sind bzw. die infolge ihrer Zweckbestimmung oder aus rechtlichen Gründen für lange Dauer gebunden sind,[122] umfaßt das freie Vermögen alle Vermögensteile, die gemäß ihrer Zweckbestimmung dem Betrieb nicht dauernd dienen und in absehbarer Zeit realisiert sind.

Der Gruppierung in gebundenes und freies Vermögen entspricht auf der Passivseite die Einteilung in lang-, (mittel-) und kurzfristiges Kapital.[123]

---

[119] Vgl. Strobel, A., Die Liquidität, 2. Aufl., Stuttgart 1953, S. 61 ff.

[120] Strobel, A., a. a. O., S. 65

[121] Strobel, A., a. a. O., S. 62

[122] Z. B. das gesamte Sachanlagevermögen, das die Grundlage für die betriebliche Leistungserstellung bildet; in der Regel auch die Beteiligungen, insbesondere wenn der Betrieb mit ihnen für den Produktionsablauf erforderliche Unternehmensverbindungen eingegangen ist (z. B. zur Sicherung der Rohstoffbeschaffung oder der Absatzmöglichkeiten).

[123] Über die Frage, welchen Zeitraum die Begriffe kurz-, mittel- und langfristig umfassen, gehen die Meinungen in der Literatur auseinander. Nach deutschen Bankenstatistiken wird eine Laufzeit bis zu sechs Monaten als kurzfristig, von sechs Monaten bis zu vier Jahren als mittelfristig und ab vier Jahren als langfristig angesehen.

(2) Die Gliederung **nach der Fristigkeit.** Nach diesem Merkmal sind die Vermögenswerte nach der Dauer ihrer Geldwerdung und die Kapitalteile nach ihrer Laufzeit zu gliedern. Dabei sind nur Positionen übereinstimmender Fristigkeit zu Bilanzgruppen zusammenzufassen. Dieses Gliederungsprinzip ordnet also die Bilanzpositionen nach der Zeitspanne, die bis zur Umwandlung der Vermögensgüter in Zahlungsmittel benötigt wird bzw. die bis zur Fälligkeit der Verbindlichkeiten vergeht.

Eine nach beiden Ordnungsprinzipien gegliederte **Liquiditätsbilanz** kann folgendermaßen aufgebaut sein:[124]

Liquiditätsbilanz

Aktiva	Passiva

A. Gebundenes Vermögen
  I. Anlagevermögen
 II. Umlaufvermögen
     (soweit langfristig
     gebunden)
	A. Langfristiges Kapital
	  I. Grundkapital
	 II. Rücklagen (offene
	     und stille)
	III. Gewinn ./. beschlossene
	     Ausschüttung
	 IV. Langfristige Rück-
	     stellungen
	  V. Langfristige Ver-
	     bindlichkeiten

B. Freies Vermögen
  I. Nicht betriebsnot-
     wendiges Vermögen
 II. Umlaufvermögen
    1. Vorratsvermögen
    2. Forderungen
    3. Wertpapiere
    4. Geldvermögen
	B. Kurzfristiges Kapital
	  I. Kurzfristige Rück-
	     stellungen
	 II. Kurzfristige Ver-
	     bindlichkeiten

:::	
<div align="center">Liquiditätsreserven</div>	
I. Nicht in Anspruch genommene Kredite II. Ausstehende Einlagen	I. Kurzfristiger Baraufwand

Das handelsrechtliche Bilanzgliederungsschema trägt der Forderung, daß eine für Liquiditätsaussagen geeignete Bilanz eine Gegenüberstellung von Zahlungsmittelbedarf und Zahlungsmitteldeckung ermöglichen muß, im Prinzip durch die Anordnung der Vermögenspositionen in der Reihenfolge ihrer Liquidierbarkeit und die Anordnung der Kapitalpositionen – getrennt nach Eigen- und Fremdkapital – nach der Fristigkeit Rechnung.

Dieser **liquiditätsbestimmte Gliederungsablauf** war in der Bilanzgliederung des Aktiengesetzes 1937 konsequent verwirklicht. Das Aktiengesetz 1965 hat ihn im Umlaufvermögen zum Teil zugunsten eines anderen Gliede-

---

[124] Nach Strobel, A., a. a. O., S. 72f. (verkürzt)

rungskriteriums aufgegeben, ohne dadurch allerdings die Einblicke in die Liquiditätslage zu verschlechtern. Zwar standen nach wie vor die Vorräte vor den Forderungen, die Zahlungsmittel folgten jedoch unmittelbar nach den Forderungen aus Warenlieferungen und Leistungen, und erst nach den Zahlungsmitteln schlossen sich Wertpapiere, eigene Aktien, Forderungen an verbundene Unternehmen, Forderungen aus Krediten an Vorstands- und Aufsichtsratsmitglieder an. Diese Forderungen stehen in der Regel in ihrem Liquiditätsgrad hinter den Zahlungsmitteln und den davor aufgeführten Forderungen zurück. Durch diese Änderung in der Reihenfolge der Positionen wurde aber erreicht, daß zunächst die dem Betriebsprozeß dienenden Umlaufgüter ausgewiesen werden und dann erst solche Positionen folgen, die in der Regel mit dem laufenden Betriebsprozeß nicht in unmittelbarem Zusammenhang stehen.

Das handelsrechtliche Gliederungsschema weist wieder die Gliederung nach der Liquidität – im Sinne von Liquidierbarkeit – auf. Die flüssigen Mittel stehen am Schluß. Wichtiger noch als die Gliederung der Bilanz nach Liquiditätsgesichtspunkten, durch die die Klarheit und Übersichtlichkeit erhöht und Mehrarbeiten durch Umgliederungen vermieden werden, ist ein Aufbau der Bilanz, der die **Fristigkeiten und Fälligkeiten** der Vermögens- und Kapitalteile erkennen läßt.

Gerade dieser Aspekt wurde im aktienrechtlichen Gliederungsschema unzureichend berücksichtigt. Die Vorschriften des HGB haben hier gewisse Verbesserungen gebracht. Sie verlangen einerseits bei jeder Forderungsposition den Ausweis des Teils, der eine Restlaufzeit von mehr als einem Jahr hat, und bei jeder Position der Verbindlichkeiten den Ausweis des Teils mit einer Restlaufzeit bis zu einem Jahr[125] und andererseits im Anhang die Angabe des Gesamtbetrags der Verbindlichkeiten mit einer Restlaufzeit von mehr als fünf Jahren[126] sowie des Gesamtbetrages der sonstigen finanziellen Ver-

$$\text{(1) Liquidität ersten Grades (Barliquidität)} = \frac{\text{Zahlungsmittel}}{\text{kurzfristige Verbindlichkeiten}} \times 100$$

$$\text{(2) Liquidität zweiten Grades (Liquidität auf kurze Sicht)} = \frac{\text{Zahlungsmittel + kurzfristige Forderungen}}{\text{kurzfristige Verbindlichkeiten}} \times 100$$

$$\text{(3) Liquidität dritten Grades (Liquidität auf mittlere Sicht)} = \frac{\text{Zahlungsmittel + kurzfristige Forderungen + Vorräte}}{\text{kurzfristige Verbindlichkeiten}} \times 100$$

[125] Vgl. § 268 Abs. 4 und 5 HGB
[126] Vgl. § 285 Nr. 1a HGB

pflichtungen, die nicht in der Bilanz erscheinen, „sofern diese Angabe für die Beurteilung der Finanzlage von Bedeutung ist".[127]

Das wichtigste Hilfsmittel, um mit Hilfe der Bilanz zu Liquiditätsaussagen zu kommen, ist die Ermittlung von Liquiditätskennzahlen, die auch als **Liquiditätsgrade** bezeichnet werden. Sie werden durch Gegenüberstellung bestimmter Vermögenspositionen (kurzfristiger Deckungsmittel) und kurzfristiger Verbindlichkeiten gebildet und sollen Aussagen über die Zahlungsfähigkeit des Betriebes machen, d. h. Auskunft darüber geben, ob und inwieweit die kurzfristigen Verbindlichkeiten in ihrer Höhe und Fälligkeit mit den Zahlungsmittelbeständen und anderen kurzfristigen Deckungsmitteln übereinstimmen. Die gebräuchlichsten Liquiditätskennzahlen zur Beurteilung der **kurzfristigen Liquidität** sind auf S. 1058 dargestellt.

Zur Beurteilung der **langfristigen Liquidität** werden folgende Kennzahlen verwendet:

$$\text{Deckungsgrad A} = \frac{\text{Eigenkapital}}{\text{Anlagevermögen}} \times 100;$$

$$\text{Deckungsgrad B} = \frac{\text{Eigenkapital} + \text{langfr. Fremdkapital}}{\text{Anlagevermögen}} \times 100.$$

Die Liquiditätsgrade können als Prozentzahlen oder in Form absoluter Differenzen dargestellt werden. Im letzten Falle zeigen sie die jeweiligen Über- und Unterdeckungen in der absoluten Höhe.

Der **Aussagewert** dieser Kennzahlen ist beschränkt. Während die Finanzierungskennzahlen (Anlagendeckung, Verschuldungskoeffizient) und die Kennzahlen zur Beurteilung der langfristigen Liquidität nicht nur für den Bilanzstichtag gelten, sondern – insbesondere bei langfristiger Finanzierung – davon ausgegangen werden kann, daß sie auch noch im und über den Zeitpunkt der Aufstellung und Veröffentlichung der Bilanz hinaus Gültigkeit haben, zeigen die kurzfristigen Liquiditätskennzahlen die Deckungsverhältnisse am Bilanzstichtag. Das Risiko der Fehleinschätzung der Liquiditätslage ist aber noch nicht einmal am Bilanzstichtag genau einzuschätzen, da – wie oben zum Teil bereits ausgeführt –

(1) die Bilanzzahlen nichts über die genaue Fälligkeit kurzfristiger Forderungen und Verbindlichkeiten aussagen, so daß die Liquiditätskennzahlen nur das **durchschnittliche** Deckungsverhältnis angeben, das vom tatsächlichen Deckungsverhältnis um so mehr abweichen kann, je kleiner die Zahl der Gläubiger und Schuldner und je größer folglich der Anteil der einzelnen kurzfristigen Verbindlichkeiten bzw. Forderungen an der entsprechenden Bilanzposition ist, und es infolgedessen offen bleibt, ob die Zahlungsbereitschaft trotz günstiger Kennzahlen wirklich gewährleistet ist;

---

[127] § 285 Nr. 3 HGB

(2) neben den ausgewiesenen Verbindlichkeiten mit Auszahlungen verbundene Aufwendungen (Lohnzahlungen, Zinszahlungen, Steuernachzahlungen, außerordentliche Instandhaltungen, für die keine oder nicht ausreichende Rückstellungen gebildet worden sind) entstehen, die nicht aus der Bilanz zu ersehen sind;

(3) aus der Bilanz nicht zu erkennen ist, ob Teile des Vermögens zur Sicherheit übereignet, verpfändet oder abgetreten wurden. Kapitalgesellschaften müssen aber grundsätzlich im Anhang darüber berichten.

(4) Bilanzpositionen unter Liquiditätsgesichtspunkten nicht richtig bewertet sein können. Unterbewertungen im Vermögen, die aus der Bilanz nicht zu erkennen sind und infolgedessen bei der Ermittlung von Liquiditätskennzahlen nicht beachtet werden können, führen zu Aussagen über die Liquidität, die ungünstiger sind, als es den tatsächlichen Verhältnissen entspricht;

(5) die Stichtagsliquidität mit Hilfe bilanzpolitischer Mittel beeinflußt werden kann, z. B. durch Wahl des Bilanzstichtages bei Saisonbetrieben, bei denen in der Regel am Ende der Saison geringe Bestände an Fertigfabrikaten und Waren, aber hohe Bestände an Zahlungsmitteln und Forderungen vorhanden sind, während zu Beginn der Saison das Verhältnis umgekehrt ist; ferner durch Wahl von Zahlungsterminen, durch Beschaffungspolitik, durch Bildung stiller Rücklagen oder im Rahmen von Konzernen durch Gewährung von Krediten durch Konzernmitglieder kurz vor dem Bilanzstichtag (und Rückzahlung oft wenige Tage nach dem Bilanzstichtag!);

Allgemeine Definition	Beispiel	
Bilanzgewinn		20
− Gewinnvortrag		−
+ Verlustvortrag		−
+ Erhöhung von Rücklagen	+	4
− Auflösung von Rücklagen		−
= Jahresüberschuß	=	24
+ Abschreibungen	+	96
− Zuschreibungen		−
= Cash-Flow Nr. 1	=	120
+ Erhöhung langfristiger Rückstellungen	+	20
− Auflösung langfristiger Rückstellungen		−
= Cash-Flow Nr. 2	=	140
+ sonstige betriebliche Aufwendungen	+	5
− sonstige betriebliche Erträge	./.	10
= Cash-Flow Nr. 3	=	135
− Gewinnausschüttungen	./.	20
= Cash-Flow Nr. 4	=	115

(6) die dem Betrieb zur Verfügung stehenden Möglichkeiten zur Beschaffung oder Prolongation kurzfristiger Kredite, mit denen die Zahlungsbereitschaft auf kurze Sicht verbessert werden kann, aus der Bilanz nicht zu ersehen sind.

Die geringe Aussagekraft der bestandsorientierten Liquiditätskennzahlen hat zur Entwicklung **zeitraumbezogener** Kennzahlen geführt, die die Liquiditätslage der Unternehmung besser kennzeichnen sollen. Die wichtigste dieser Größen ist der Cash-Flow,[128] der den Finanzmittelüberschuß der Periode zeigen soll.

Der **Cash-Flow** wird ebenfalls aus den Zahlen des Jahresabschlusses abgeleitet. Eine einheitliche Definition hat sich noch nicht herausgebildet. In der Literatur werden die auf S. 804 ff. dargestellten Cash-Flow-Begriffe unterschieden.

Die einzelnen Cash-Flow-Begriffe unterscheiden sich dadurch, daß sie aus teilweise unterschiedlichen Komponenten zusammengesetzt sind. Sie resultieren aus unterschiedlichen Auffassungen darüber, welche Vorgänge als „finanzwirksam" anzusehen sind und welche nicht. Werden die finanzwirksamen Vorgänge auf die Auszahlungen und Einzahlungen der Periode beschränkt, läßt sich das folgende allgemeine Ermittlungsschema angeben:

```
Jahresüberschuß
+ alle nicht auszahlungswirksamen Aufwendungen
./. alle nicht einzahlungswirksamen Erträge
= Cash-Flow
```

Der Cash-Flow wird üblicherweise **indirekt,** d. h. über die einzahlungsbzw. auszahlungslosen Vorgänge ermittelt. **Direkt** läßt sich der Cash-Flow als Differenz der einzahlungswirksamen Erträge und der auszahlungswirksamen Aufwendungen berechnen. Beide Wege führen zum gleichen Ergebnis.

Der Cash-Flow soll den aus der laufenden Umsatztätigkeit resultierenden **Finanzmittelüberschuß** zeigen, der der Unternehmung für Investitionsausgaben, Tilgungszahlungen und Gewinnausschüttungen zur Verfügung steht. Da bis zum Bilanzstichtag große Teile dieser Mittel durch die Unternehmung bereits verwendet wurden, zeigt der aus dem Jahresabschluß ermittelte Cash-Flow keine frei verfügbare Finanzmittelgröße, sondern nur den Betrag, der der Unternehmung in der Abrechnungsperiode zur Verfügung stand. Ein weiterer sachlicher Mangel des Cash-Flow liegt darin, daß er alle ein- und auszahlungswirksamen Vorgänge, die **erfolgsneutral** sind, nicht erfaßt. Obwohl der Cash-Flow nur eine grobe Näherungslösung für die Finanzmittelbewegung darstellt, ist seine Aussagekraft bei sorgfältiger Berechnung größer als die der bestandsorientierten Liquiditätskennzahlen.

Obwohl der Cash-Flow eine finanzwirtschaftliche Kennzahl ist, wird er auch zur **Analyse und Prognose der Ertragskraft** einer Unternehmung her-

---

[128] Daneben werden zur Liquiditätsanalyse Bewegungsbilanzen und Kapitalflußrechnungen herangezogen; vgl. dazu S. 1245 ff.

angezogen. Das geschieht vor allem deshalb, weil bei der indirekten Berechnung des Cash-Flow Bewertungsmanipulationen ausgeschaltet werden und der Cash-Flow damit eine korrigierte Gewinngröße bildet.

Die Beurteilung der **Rentabilitätslage** des Betriebes kann auf Basis der nach den handelsrechtlichen Gliederungsvorschriften aufgestellten Bilanzen allein nicht vorgenommen werden, sondern es müssen die weitergehenden Angaben in der Gewinn- und Verlustrechnung herangezogen werden. Zwar ist durch die neuen Vorschriften insofern eine Verbesserung gegenüber dem AktG 1965 eingetreten, als in der Bilanz nicht mehr nur Angaben über den Bilanzgewinn, d. h. den „verteilungsfähigen Reingewinn", zu finden sind, sondern der Jahresüberschuß (Jahresfehlbetrag) ausgewiesen werden kann, der sich als Saldo zwischen Erträgen und Aufwendungen **vor** seiner Verwendung zur Ausschüttung oder Rücklagendotierung ergibt. Da der Jahresüberschuß jedoch bereits um bestimmte Steuern, um Gewinne, die aufgrund eines Gewinnabführungsvertrages abgeführt worden sind, und um Aufwendungen aus Verlustübernahmeverträgen gekürzt ist, kann auch weiterhin die tatsächliche Ertragsfähigkeit eines Unternehmens nur beurteilt werden, wenn diese nicht aus der Bilanz, sondern nur aus der Gewinn- und Verlustrechnung oder dem Anhang erkennbaren Vorgänge zur Beurteilung herangezogen werden. Außerdem müssen ggf. im Anhang enthaltene Angaben über die Bildung und Auflösung stiller Rücklagen (z. B. im Rahmen der Änderung von Bewertungs- und Abschreibungsmethoden) in die Beurteilung einbezogen werden.

Die Beurteilung der **Rentabilität** erfolgt durch Kennzahlen, die Gewinn und/oder Fremdkapitalzinsen ins Verhältnis zum Eigen- und/oder Fremdkapital setzen.

$$\text{Eigenkapital-rentabilität} = \frac{\text{Gewinn}}{\text{Eigenkapital}} \times 100 = \frac{\text{Jahresüberschuß}}{\text{gez. Kapital} + \text{Rücklagen}} \times 100;$$

$$\text{Fremdkapital-rentabilität} = \frac{\text{Fremdkapitalzinsen}}{\text{Fremdkapital}} \times 100;$$

$$\text{Gesamtkapital-rentabilität} = \frac{\text{Gewinn (Jahresüberschuß)} + \text{Fremkapitalzinsen}}{\text{Gesamtkapital}} \times 100.$$

Als zusätzliche Rentabilitätsgröße kann die **Umsatzrentabilität** verwendet werden.

$$\text{Umsatzrentabilität} = \frac{\text{Gewinn (Jahresüberschuß)}}{\text{Umsatzerlöse}} \times 100.$$

Die Problematik der exakten Ermittlung der Rentabilitätskennzahlen liegt weniger im Bereich der Gliederung als vielmehr im Bereich der Bewertung des Jahresabschlusses, d. h. in der richtigen Ermittlung des Gewinns und des

Eigenkapitals. Durch Unterbewertung von Vermögensteilen in der Bilanz können das Eigenkapital und/oder der Gewinn zu niedrig ausgewiesen sein. Bei der internen Bilanzauswertung können derartige Bewertungsmaßnahmen u. U. rückgängig gemacht werden. Außerdem ist es bei entsprechender Organisation des Rechnungswesens möglich, Rentabilitäten für einzelne (Teil-)Betriebe oder Betriebsbereiche zu ermitteln. (ÜB 6/6)

6. Die Bewertung in der Bilanz

a) Bewertungsmaßstäbe und Bewertungsentscheidungen

Bewerten ist eine Tätigkeit, die das Ziel hat, den Wert einer Handlungsweise, eines Verfahrens oder einer Sache festzustellen. Feststellen hat hier einen doppelten Sinn und bedeutet, daß der Bewertende entweder eine Entscheidung treffen kann, indem er dem Bewertungsgegenstand selbst einen Wert zumißt, oder daß er die dafür vorgefundenen Werte registriert und überträgt. Gibt jemand z. B. das Urteil ab, daß ein bestimmtes Entlohnungsverfahren gerecht ist, so leitet er den Wert des Verfahrens von einem allgemein anerkannten **ethischen Wert,** der Gerechtigkeit, ab. Ein anderer kann das gleiche Verfahren als ungerecht bewerten, wenn er eine andere Vorstellung davon hat, was gerecht ist. Beide gehen bei ihrer Bewertung von der gleichen Norm, der Gerechtigkeit, aus, doch keiner von beiden kann sein Urteil rational beweisen wie ein Rechenexempel. Urteile über ethische Werte (sog. primäre Werturteile) sind persönliche Bekenntnisse, aber keine wissenschaftliche Erkenntnisse. Sie erfordern eine Entscheidung des Wertenden und beruhen auf **Konventionen,** die dadurch zustandekommen, daß alle, die das Werturteil anerkennen, von den gleichen Wertvorstellungen ausgehen, deren Wurzeln in irrationalen Bereichen liegen.[129]

Im Gegensatz zu Urteilen über ethische Werte sind Urteile über **ökonomische Werte** keine Werturteile, sondern rational zu erklärende Feststellungen (Seinsurteile) über den Gebrauchswert, den Tauschwert oder den Ertragswert von Gütern. Diese Feststellungen führen in der Regel zu einer Bezifferung des zu bewertenden Objekts in Geldeinheiten. Der ökonomische Wert ist eine Folge der Unbegrenztheit der menschlichen Bedürfnisse und der Knappheit der Güter, die zur Bedarfsdeckung zur Verfügung stehen. Güter, die fähig sind, ein Bedürfnis zu decken, besitzen einen **Gebrauchswert.** Sind sie nicht in unbegrenzter Menge vorhanden, so kann man sie gegen andere, ebenfalls knappe Güter eintauschen, d. h. sie haben aufgrund ihres Gebrauchswertes und ihrer Knappheit einen **Tauschwert,** der sich in Geldeinheiten als Marktpreis ausdrückt. Knappe Güter, die in der Lage sind, einen Ertrag abzuwerfen (z. B. Grund und Boden), besitzen ebenfalls einen Tauschwert (Preis), der sich als **Ertragswert** aus dem Tauschwert der erzielten Erträge ableitet. Die „Bezifferung" erfolgt als Bildung von Marktpreisen durch das Zusammentreffen einer Vielzahl von Einzelentscheidungen.

---

[129] Vgl. Wöhe, G., Zur Problematik der Werturteile in der Betriebswirtschaftslehre, ZfhF 1959, S. 165 ff.

Der Wert eines Vermögensgegenstandes ist jedoch keine dem Gut inne-
wohnende Eigenschaft, die – wie z. B. eine physikalische Eigenschaft – **objektiv** existiert und von der bewertenden Person unabhängig ist. Vielmehr
hängt der Wert von einer bestimmten Beziehung zwischen dem Bewertenden und dem zu bewertenden Gut in einer bestimmten Situation und den in
dieser Situation gegebenen Entscheidungsmöglichkeiten ab. Ein solcher
Wert ist kein rein **subjektiver** Wert, der von den Präferenzvorstellungen des
Wertenden und der Stellung des zu bewertenden Gutes innerhalb seines
Präferenzsystems bestimmt wird. Ein subjektiver Wert ist nicht zu quantifizieren und von anderen Personen nicht zu überprüfen. Leitet man den Wert
eines Gutes jedoch im Hinblick auf eine gegebene Zielsetzung unter Berücksichtigung des Entscheidungsfeldes des Bewertenden, d. h. der Gesamtheit
der Handlungsmöglichkeiten ab, die ihm in einer bestimmten Situation zur
Realisierung des Zieles zur Verfügung stehen, so handelt es sich zwar auch
um eine subjektbezogene Bewertung, doch lassen sich wissenschaftliche Urteile über den Wert abgeben, da er im Gegensatz zum rein subjektiven Wert
nachgeprüft werden kann. Für einen solchen entscheidungsorientierten Wert
hat Engels den Begriff „**gerundiver Wert**" vorgeschlagen.[130]

Das **Bewertungsproblem in der Bilanz** stellt sich für den Betrieb aus
mehreren Gründen:
(1) Im Interesse der langfristigen Existenz des Betriebes ist es erforderlich, in
    regelmäßigen Abständen festzustellen, ob die am Markt für die produ-
    zierten Leistungen erzielbaren Erlöse wenigstens die eingesetzten Auf-
    wendungen decken. Letztere ergeben sich als Preise des Beschaffungs-
    marktes (z. B. Anschaffungskosten oder Wiederbeschaffungskosten für
    Anlagegüter, Vorräte usw.), erstere als Preise des Absatzmarktes.
(2) Der Gesetzgeber verlangt vom Betriebe in jährlichem Abstand die Auf-
    stellung einer Handelsbilanz zur Rechenschaftslegung und Information
    bestimmter Personengruppen und einer Steuerbilanz zur Ermittlung von
    Steuerbemessungsgrundlagen. Dabei fordert er eine Bewertung aller
    Vermögens- und Schuldpositionen (Einzelbewertung) nach bestimmten
    Bewertungsvorschriften, die z. T. auch Bewertungswahlrechte enthalten.
(3) Bei besonderen Anlässen (z. B. Fusion, Umwandlung, Ausscheiden von
    Gesellschaftern, Verkauf des Betriebes oder eines Teilbetriebes u. a.) ist es
    notwendig, den Wert des ganzen Betriebes, den Wert der Kapitalanteile
    einzelner Gesellschafter oder den Wert einzelner Güter festzustellen.

Ein Bewertungsproblem würde nicht entstehen, wenn am Bilanzstichtag
nur liquide Mittel vorhanden wären, d. h. wenn der Kreislauf der bei der
Gründung des Betriebes eingesetzten Geldbeträge, mit denen Grundstücke,
Gebäude, Anlagen, Rohstoffe usw. beschafft wurden, beendet und alle diese
Vermögensgegenstände durch Umsatz wieder in Geld überführt worden

---

[130] Vgl. Engels, W., Betriebswirtschaftliche Bewertungslehre im Licht der Entschei-
dungstheorie, Köln und Opladen 1962, S. 11 ff., vgl. ferner zum Wertproblem: Wittmann,
W., Der Wertbegriff in der Betriebswirtschaftslehre, Köln und Opladen 1956; Albert, H.,
Das Werturteilsproblem im Lichte der logischen Analyse, ZfgSt 1956, Bd. 112, S. 410 ff.;
Stützel, W., Bemerkungen zur Bilanztheorie, ZfB 1967, S. 318

wären. Bei einer derartigen **Totalbetrachtung** wären die Vermögens- und Erfolgsermittlung ohne Problem: das Vermögen besteht am Anfang und am Ende der Periode aus dem jeweils vorhandenen Geldbetrag, der Erfolg ergibt sich als Differenz zwischen dem Vermögen am Ende und am Anfang der Totalperiode, vermehrt um Entnahmen, vermindert um Einlagen, die während der Gesamtperiode getätigt worden sind.

Eine derartige theoretische Totalbetrachtung ist für die praktische Bilanzierung ohne Wert. Das Bewertungsproblem im Sinne eines Treffens von Bewertungsentscheidungen ist ausgeklammert. Die Bewertung der Vermögensgegenstände ist durch den Markt erfolgt: Der Betrieb war bereit, bei der Beschaffung seiner Kostengüter die Preise des Beschaffungsmarktes zu zahlen, und er hat seinerseits beim Absatz seiner Ertragsgüter die Preise des Absatzmarktes erzielt.

Bewertungsentscheidungen bei der Bilanzierung sind lediglich dort zu treffen, wo

(1) entweder zwei zu verschiedenen Zeitpunkten gebildete Marktpreise zur Wahl stehen, z. B. die früheren Anschaffungskosten und die heutigen Wiederbeschaffungskosten eines Wirtschaftsgutes, oder

(2) Marktpreise nicht vorhanden sind, z. B. bei der Bewertung von Anlagegütern, deren Wertminderung durch technische (Gebrauch, natürlicher Verschleiß) oder wirtschaftliche Faktoren (technischer Fortschritt) nur geschätzt werden kann, oder

(3) Marktpreise zur Bewertung als ungeeignet angesehen werden, wenn z. B. bei Anlagegütern der Wert der noch in ihnen enthaltenen Nutzungen und nicht der Veräußerungswert am Markt zur Grundlage einer Wertzumessung gemacht werden soll, bei der die Zugehörigkeit des zu bewertenden Objekts zu einem bestimmten Betrieb die Höhe des Wertes mitbestimmt, wie das die theoretische Konzeption des Teilwertes für die Bewertung in der Steuerbilanz fordert, oder

(4) Marktpreise zwar Ausgangspunkt der Bewertung sind, aber das Problem ihrer Zurechnung auf einzelne Güter nicht exakt gelöst werden kann (z. B. bei der Ermittlung der Herstellungskosten oder der Hinzurechnung von Anschaffungsnebenkosten zum Anschaffungspreis [Rechnungspreis] eines Gutes), so daß der Gesetzgeber gezwungen ist, Bewertungswahlrechte zu gewähren, oder – für die Steuerbilanz – pauschale Zurechnungsverfahren zu normieren.

Obwohl der Jahresabschluß gewöhnlich als **Vergangenheitsrechnung** bezeichnet wird, weil er am Bilanzstichtag die abgelaufene Wirtschaftsperiode „abschließt", enthält die Bilanz auch Zahlen, die nur durch **Schätzung zukünftiger Entwicklungen** gewonnen werden können. Ein großer Teil der Bilanzansätze beruht auf Bewertungsentscheidungen, die an Zukunftserwartungen orientiert sind, z. B. die Schätzung der wirtschaftlichen Nutzungsdauer von Anlagegütern, die Wahl der Abschreibungsmethode, die Schätzung von Restverkauferlösen, der Ansatz niedrigerer Werte im Umlaufvermögen wegen erwarteter Wertminderungen, die Bildung von Rückstellungen, die Pauschalwertberichtigung von Forderungen u. a.

Da die Bewertungsvorschriften also nur zum Teil zwingender Natur sein können und somit zu eindeutigen Wertansätzen führen, zu einem anderen Teil dagegen Wahlrechte gewähren, die Wertansätze innerhalb gewisser oberer und unterer Grenzen festzusetzen (Bewertungswahlrechte), hat der Betrieb die Möglichkeit, die Bewertung des Vermögens und damit den Ausweis des Gewinns bzw. Verlustes **nach bilanzpolitischen Zielen** vorzunehmen. Die wichtigsten dieser Ziele sind einerseits die Minimierung der Gewinnsteuerbelastung durch Ausweis möglichst niedriger Gewinne und die Substanzerhaltung des Betriebes in Zeiten steigender Preise durch möglichst geringe Gewinnausschüttungen an die Anteilseigner.

Da die Steuerbilanz von der Handelsbilanz abhängig ist (Prinzip der Maßgeblichkeit der Handelsbilanz) wirken sich alle für die Handelsbilanz getroffenen Bewertungsentscheidungen automatisch auf die Steuerbilanz aus, soweit nicht zwingende steuerrechtliche Vorschriften abweichende Wertansätze verlangen.

b) Einzelbewertung – Gesamtbewertung

Die Bewertung in der Bilanz erfolgt nach dem **Grundsatz der Einzelbewertung**, d. h. jeder Vermögensgegenstand und jede Schuld wird für sich bewertet. Der Gesamtwert eines Unternehmens läßt sich folglich mit Hilfe der Bilanz nur durch die Addition der einzelnen Vermögenswerte ermitteln (Reproduktions- oder Substanzwert). Da jedoch nicht alle Güter bilanziert werden dürfen (Bilanzierungsverbote) oder bilanziert werden müssen (Bilanzierungswahlrechte) und da es außerdem Werte gibt, die zwar nicht Gegenstand des Rechtsverkehrs sind und deshalb nicht in die Bilanzsumme aufgenommen werden dürfen, dennoch aber bei der Erzielung des Ertrages mitwirken (z. B. der gute Ruf des Unternehmens und die darauf basierende Kreditwürdigkeit, der Kundenstamm, die Organisation), zeigt das in der Bilanz ausgewiesene Reinvermögen den **Gesamtwert** des Unternehmens **nur unvollkommen** an. Er wird deshalb genauer ermittelt, wenn die mit allen bilanzierungsfähigen und nicht bilanzierungsfähigen Werten erzielten bzw. nachhaltig erzielbaren Reinerträge (Gewinne) kapitalisiert werden. Der Gesamtwert entspricht dann einem Kapitalbetrag, der bei Annahme eines bestimmten Kalkulationszinsfußes (z. B. Zins für alternative Kapitalanlagemöglichkeiten) erforderlich wäre, um damit Zinserträge in Höhe der nachhaltig im Unternehmen zu erzielenden Gewinne zu verdienen. Betriebswirtschaftslehre und Praxis haben eine Anzahl von Gesamtbewertungsmethoden entwickelt, die sich insbesondere dadurch unterscheiden, welches Gewicht bei der Gesamtwertermittlung dem Ertragswert und dem Substanzwert zugemessen wird.

Bei der Einzelbewertung stellt sich das Problem, ob ein Gut isoliert für sich oder unter Berücksichtigung der Tatsache bewertet wird, daß es in einem Betrieb mit anderen Gütern zusammen eine Leistung erbringt. Wird z. B. eine Maschine isoliert bewertet, so kann ihr Wert **erstens** dem **Preis** entsprechen, der am Absatzmarkt für sie noch zu erzielen ist. Das ist ggf. nur noch der Schrottwert, wenn es keinen Käufer gibt, der die Maschine noch verwenden kann.

Da Maschinen in der Regel nicht beschafft werden, um wieder am Absatzmarkt verkauft zu werden, sondern im Betriebe zur Leistungserstellung bis zum Ende ihrer wirtschaftlichen Nutzungsdauer eingesetzt werden sollen, kann ihr Wert **zweitens** auch von den **geschätzten Erträgen** abgeleitet werden, die diese Maschine im Rahmen des Betriebes noch erbringen kann.

Zur Bewertung können **drittens** die **Anschaffungskosten** der Maschine verwendet werden, vermindert um die bis zum Bilanzstichtag eingetretenen (geschätzten) Wertminderungen, die durch planmäßige oder außerplanmäßige Verteilung der Anschaffungskosten auf die wirtschaftliche Nutzungsdauer mittels Abschreibungen erfaßt werden. Anstelle der Anschaffungskosten können **viertens** auch die um die Abschreibungen verminderten **Wiederbeschaffungskosten** am Bilanzstichtag angesetzt werden.

Bei der Einzelbewertung ist also zwischen marktpreisabhängiger und ertragsabhängiger Bewertung zu unterscheiden. Marktabhängige Bewertungsmaßstäbe sind die Anschaffungskosten, die Herstellungskosten, die Wiederbeschaffungskosten und die Preise am Absatzmarkt. Ein ertragsabhängiger Bewertungsmaßstab ist seiner Idee nach der steuerliche Teilwert. Wegen der großen Schwierigkeiten bei seiner Ermittlung wird er in der Praxis meistens von marktabhängigen Werten abgeleitet.

Zusammenfassend lassen sich folgende Bewertungsmöglichkeiten unterscheiden:

(1) Die **marktpreisbezogene Einzelbewertung** der einzelnen Vermögensgegenstände ohne Rücksicht auf ihre Zugehörigkeit zu einem Betrieb durch Verwendung von am Markt vorgefundenen Anschaffungskosten, Wiederbeschaffungskosten oder Absatzpreisen bzw. durch Ermittlung von auf Preisen des Beschaffungsmarktes basierenden Herstellungskosten.

(2) Die **ertragsabhängige Einzelbewertung** der einzelnen Vermögensgegenstände unter Berücksichtigung ihrer Zugehörigkeit zu einem Betrieb, z. B. mit Hilfe des steuerlichen Teilwertes.[131]

(3) Die **Gesamtbewertung** des Betriebes durch Addition der marktpreisbezogenen oder ertragsabhängigen Einzelwerte der bilanzierungsfähigen Vermögensgegenstände.

(4) Die **ertragsabhängige Gesamtbewertung** des Betriebes als einer wirtschaftlichen Einheit, die einen ihr zurechenbaren Ertrag abwirft, durch Kapitalisierung der nachhaltig mit allen bilanzierungsfähigen und nicht bilanzierungsfähigen Vermögensgegenständen gemeinsam zu erzielenden Reinerträge oder mit Hilfe anderer ertragsabhängiger Gesamtbewertungsverfahren.

Welche Bewertungsmaßstäbe angewendet werden, hängt von den mit der Bewertung verfolgten Zielen ab. Die Bewertung in der Handels- und Steu-

---

[131] Vgl. die ausführliche Darstellung der Gesamtbewertungsproblematik auf S. 789 ff.

erbilanz ist aufgrund gesetzlicher Vorschriften grundsätzlich eine Einzelbewertung.

c) Allgemeine Grundsätze der Bewertung (Überblick)

Nicht alle für den Jahresabschluß relevanten allgemeinen Bewertungsgrundsätze sind kodifiziert worden. § 252 Abs. 1 HGB stellt den speziellen Bewertungsvorschriften der §§ 253 ff. HGB „insbesondere" sechs allgemeine Grundsätze voran, die von unterschiedlicher Qualität sind. Sie sind teilweise unabhängig von den Einzelbewertungsvorschriften, so z. B. der Grundsatz der Bilanzidentität[132] und der Grundsatz der Einzelbewertung,[133] teils sind sie „im Rahmen der eigentlichen Bewertung anzuwenden, d. h. sie beschränken die Bewertung oder führen sie in eine bestimmte Richtung hin",[134] so z. B. die Grundsätze der Unternehmensfortführung,[135] der Vorsicht[136] und der Bewertungsstetigkeit[137] (materielle Bilanzkontinuität).

Weitere allgemeine Bewertungsgrundsätze sind im Rahmen der Einzelvorschriften der §§ 253 ff. HGB geregelt, die den allgemeinen Bewertungsvorschriften des § 252 Abs. 1 HGB grundsätzlich vorgehen, so z. B. das Anschaffungskostenprinzip, das Niederstwertprinzip und das Prinzip der Planmäßigkeit der Abschreibungen.[138]

Aus den Grundsätzen ordnungsmäßiger Buchführung werden drei weitere – nicht kodifizierte – allgemeine Bewertungsgrundsätze abgeleitet: die Grundsätze der Methodenbestimmtheit der Wertansätze, des Willkürverbots bei der Nutzung von Bewertungswahlrechten und der Wesentlichkeit der die Rechnungslegung betreffenden Tatbestände für die Bilanzadressaten. Alle genannten Grundsätze sind in der tabellarischen Übersicht über die Grundsätze für die Aufstellung des Jahresabschlusses auf S. 1010 ff. kurz umschrieben.

d) Die Bewertungsvorschriften für die Handelsbilanz (Überblick)

Die handelsrechtlichen Bewertungsvorschriften sind in den §§ 252–256 HGB für Unternehmen aller Rechtsformen geregelt. Sie werden in den §§ 279–283 HGB für Kapitalgesellschaften ergänzt. Außerdem finden sich in Spezialgesetzen (z. B. AktG, GmbHG, GenG) rechtsformspezifische Ergänzungen.

Das HGB unterscheidet bei den Vermögensgegenständen **zwei große Bewertungsgruppen**. Einteilungskriterium ist der Zeitraum, in dem sich ein Vermögensgegenstand nach seiner Zweckbestimmung in der Regel im Betrieb befindet:

(1) Gegenstände des **Anlagevermögens** (§ 253 Abs. 2 HGB) sind dazu be-

---

[132] Vgl. § 252 Abs. 1 Nr. 1 HGB
[133] Vgl. § 252 Abs. 1 Nr. 3 HGB
[134] Adler-Düring-Schmaltz, 6. Aufl., a. a. O., Erl. zu § 252 HGB, Tz. 8
[135] Vgl. § 252 Abs. 1 Nr. 2 HGB
[136] Vgl. § 252 Abs. 1 Nr. 4 HGB
[137] Vgl. § 252 Abs. 1 Nr. 6 HGB
[138] Vgl. Budde/Geißler, Allgemeine Bewertungsgrundsätze, in: Beck'scher Bilanzkommentar, 3. Aufl., a. a. O., Erl. zu § 252, Rn. 65

stimmt, „dauernd dem Geschäftsbetrieb zu dienen. "[139] Diese werden unterteilt in:
(a) Vermögensgegenstände, deren **Nutzung zeitlich begrenzt** ist, d. h. deren Nutzungsvorrat sich durch Gebrauch (Verschleiß), durch wirtschaftliche Entwertung (z. B. technischer Fortschritt) oder durch Zeitablauf (z. B. Patente) von Periode zu Periode vermindert.
(b) Vermögensgegenstände, deren Nutzungsvorrat im Zeitablauf **nicht abnimmt.**
(2) Gegenstände des **Umlaufvermögens** (§ 253 Abs. 3 HGB).

Für die genannten Vermögensgegenstände gelten folgende allgemeine Bewertungsgrundsätze:
(1) Die Gegenstände des Anlagevermögens sind nach § 253 Abs. 1 HGB höchstens mit den **Anschaffungs- oder Herstellungskosten,** vermindert um Abschreibungen nach § 253 Abs. 2 HGB anzusetzen.
(2) Ist die Nutzung von Anlagegütern zeitlich begrenzt, so sind die Anschaffungs- oder Herstellungskosten um **planmäßige Abschreibungen** zu vermindern. Die Verteilung der Anschaffungs- oder Herstellungskosten auf die geschätzte wirtschaftliche Nutzungsdauer muß auf Grund eines **Abschreibungsplans** erfolgen, dem jede Verteilungsmethode zugrunde liegen darf, die den Grundsätzen ordnungsmäßiger Buchführung entspricht. Das HGB enthält keine speziellen Vorschriften für die Bestimmung der wirtschaftlichen Nutzungsdauer, für die Schätzung des Restwertes am Ende der Nutzungsdauer und für das Abschreibungsverfahren. § 253 Abs. 4 HGB läßt die Bildung stiller Rücklagen durch die Bestimmung zu, daß Abschreibungen „außerdem im Rahmen vernünftiger kaufmännischer Beurteilung" zulässig sind. Diese Vorschrift ist nach § 279 Abs. 1 Satz 1 HGB nicht auf Kapitalgesellschaften anzuwenden.
(3) Treten bei Gegenständen des Anlagevermögens außergewöhnliche Wertänderungen ein (z. B. ein Steigen oder Sinken der Wiederbeschaffungskosten oder der Kurswerte über bzw. unter die Anschaffungskosten, eine unerwartete technische oder wirtschaftliche Entwertung von Maschinen), so müssen oder dürfen die Wertminderungen – unabhängig davon, ob es sich um Gegenstände handelt, deren Nutzung zeitlich begrenzt ist oder nicht – durch **außerplanmäßige Abschreibungen** erfaßt werden, während nach dem Realisationsprinzip Wertsteigerungen über die Anschaffungs- oder Herstellungskosten nicht berücksichtigt werden dürfen. Ein Zwang zum Ansatz des niedrigeren Wertes besteht, wenn die Wertminderung **voraussichtlich von Dauer ist,** anderenfalls ist ein Wahlrecht gegeben.[140] Ist der niedrigere Wert angesetzt worden, so darf er auch dann beibehalten werden, „wenn die Gründe dafür nicht mehr bestehen" **(Beibehaltungswahlrecht).**[141]
§ 279 Abs. 1 HGB schränkt für Kapitalgesellschaften das Wahlrecht

---

[139] § 247 Abs. 2 HGB
[140] Vgl. § 253 Abs. 2 Satz 3 HGB
[141] § 253 Abs. 5 HGB

zum Ansatz des niedrigeren Wertes durch Vornahme einer außerplanmäßigen Abschreibung bei voraussichtlich nicht dauernder Wertminderung auf die Vermögensgegenstände des **Finanzanlagevermögens** ein. Außerdem wird für Kapitalgesellschaften durch § 280 Abs. 1 HGB das Beibehaltungswahlrecht durch ein **Wertaufholungsgebot** (Zuschreibung) ersetzt, das allerdings dadurch relativiert wird, daß von einer Zuschreibung abgesehen werden kann, „wenn der niedrigere Wertansatz bei der steuerrechtlichen Gewinnermittlung beibehalten werden kann und wenn Voraussetzung für die Beibehaltung ist, daß der niedrigere Wertansatz auch in der Bilanz beibehalten wird."[142] Durch die Aufhebung des früher in der Steuerbilanz geltenden Prinzips des strengen Wertzusammenhangs beim abnutzbaren Anlagevermögen und durch die Verankerung des Prinzips der umgekehrten Maßgeblichkeit ist das handelsrechtliche Wertaufholungsgebot faktisch zu einem Wertaufholungswahlrecht geworden.

(4) Ist zwar keine außerplanmäßige Wertminderung eingetreten, ist aber nach **steuerrechtlichen Vorschriften** in der Steuerbilanz ein niedrigerer Wert zulässig (z. B. auf Grund von Sonderabschreibungen oder Bewertungsfreiheiten zur Realisierung außerfiskalischer Zielsetzungen), so darf der niedrigere Wert auch in der Handelsbilanz angesetzt werden.[143] Diese Vorschrift wird für Kapitalgesellschaften dahingehend ergänzt, daß derartige Abschreibungen nur vorgenommen werden dürfen, wenn das Steuerrecht ihre Anerkennung bei der steuerlichen Gewinnermittlung davon abhängig macht, daß sie sich aus der Handelsbilanz ergeben **(Umkehrung des Maßgeblichkeitsprinzips).**[144]

(5) Für den **derivativen Firmenwert** besteht ein Aktivierungswahlrecht.[145] Ist er bilanziert worden, so ist er in jedem auf seine Entstehung folgenden Jahr mit mindestens einem Viertel abzuschreiben. § 255 Abs. 4 Satz 3 HGB läßt jedoch auch eine planmäßige Verteilung auf die Geschäftsjahre zu, „in denen er voraussichtlich genutzt wird." Dadurch soll eine Anpassung an die in § 7 Abs. 1 Satz 3 EStG vorgeschriebene betriebsgewöhnliche Nutzungsdauer von 15 Jahren ermöglicht werden.

(6) Die Gegenstände des **Umlaufvermögens** sind ebenfalls nach § 253 Abs. 1 HGB höchstens mit den Anschaffungs- oder Herstellungskosten anzusetzen, es sei denn, die folgenden Werte sind niedriger:

(a) der aus dem Börsen- oder Marktpreis am Abschlußstichtag abgeleitete Wert,[146]

(b) der den Vermögensgegenständen am Bilanzstichtag beizulegende Wert.[147]

Liegt einer dieser beiden Werte vor, so ist dessen Ansatz zwingend, d. h. es gilt das **strenge Niederstwertprinzip.** Darüber hinaus ist der Ansatz

---

[142] § 280 Abs. 2 HGB
[143] Vgl. § 254 HGB
[144] Vgl. § 279 Abs. 2 HGB
[145] Vgl. § 255 Abs. 4 Satz 1 HGB
[146] Vgl. § 253 Abs. 3 Satz 1 HGB
[147] Vgl. § 253 Abs. 3 Satz 2 HGB

eines niedrigeren Wertes erlaubt, wenn er bei vernünftiger kaufmännischer Beurteilung auf Grund **erwarteter Wertschwankungen** für notwendig erachtet wird (§ 253 Abs. 3 Satz 3 HGB) oder wenn er auf einer nur **steuerrechtlich zulässigen Abschreibung** beruht (§ 254 HGB). § 253 Abs. 4 HGB, der für Nicht-Kapitalgesellschaften die Bildung stiller Rücklagen durch Abschreibungen im Rahmen vernünftiger kaufmännischer Beurteilung für zulässig erklärt, ist auch für die Vermögensgegenstände des Umlaufvermögens anzuwenden.

(7) Bei **gleichartigen Vorräten**, die nicht getrennt gelagert werden und bei denen folglich die Anschaffungs- oder Herstellungskosten der einzelnen verbrauchten oder im Endbestand verbliebenen Gegenstände im Falle unterschiedlicher Anschaffungs- oder Herstellungskosten nicht ermittelt werden können, ist eine **Sammelbewertung** zulässig.[148] Als **Schätzungsmethoden** kommen in Betracht:

(a) die Ermittlung der durchschnittlichen Anschaffungs- oder Herstellungskosten;

(b) die Unterstellung einer bestimmten zeitlichen Verbrauchsfolge; z. B. gelten die zuerst oder zuletzt angeschafften oder hergestellten Güter als jeweils zuerst oder zuletzt verbraucht;

(c) die Unterstellung einer bestimmten Verbrauchsfolge nach der Höhe der Anschaffungs- oder Herstellungskosten; z. B. die am teuersten oder am billigsten angeschafften oder hergestellten Güter gelten jeweils als zuerst verbraucht.

Das Niederstwertprinzip und die Grundsätze ordnungsmäßiger Buchführung sind bei der Anwendung dieser Verfahren zu beachten.

(8) Zur **Vorratsbewertung** läßt in Sonderfällen § 256 i. V. m. § 240 Abs. 3 und 4 HGB zwei weitere Verfahren zu:

(a) die **Gruppenbewertung** für gleichartige Vermögensgegenstände des Vorratsvermögens sowie andere gleichartige oder annähernd gleichwertige bewegliche Vermögensgegenstände und Schulden, die zu einer Gruppe zusammengefaßt und mit dem gewogenen Durchschnittswert angesetzt werden können,

(b) die **Festbewertung** bei Vermögensgegenständen des Sachanlagevermögens sowie bei Roh-, Hilfs- und Betriebsstoffen, „sofern ihr Bestand in seiner Größe, seinem Wert und seiner Zusammensetzung nur geringen Veränderungen unterliegt."

Passivposten sind folgendermaßen zu bewerten:

(1) Das gezeichnete Kapital ist zum **Nennbetrag** anzusetzen.[149]

(2) **Verbindlichkeiten** sind zu ihrem **Rückzahlungsbetrag** anzusetzen.[150] Soweit der Rückzahlungsbetrag den Ausgabebetrag übersteigt, darf der Unterschied (Disagio, Damnum) unter die aktiven Rechnungsabgrenzungsposten aufgenommen werden (Bilanzierungshilfe). Wird von die-

---

[148] Vgl. § 256 HGB
[149] Vgl. § 283 HGB
[150] § 253 Abs. 1 Satz 2 HGB

sem Aktivierungswahlrecht für einen Korrekturposten im Interesse der richtigen Periodenabgrenzung Gebrauch gemacht, so ist er durch planmäßige jährliche Abschreibungen, die über die Laufzeit der Verbindlichkeit verteilt werden dürfen, zu tilgen.[151]

(3) Rentenverpflichtungen sind zu ihrem **Barwert** zu bilanzieren.[152]

(4) Die Höhe der **Rückstellungen** ist nach vernünftiger kaufmännischer Beurteilung zu schätzen.[153]

e) Die Bewertungsvorschriften des Einkommensteuergesetzes (Überblick)

Grundsätzlich erfolgt auch in der Steuerbilanz die Bewertung nach dem Prinzip der **Einzelbewertung.** § 6 Abs. 1 EStG spricht im ersten Satz von der „Bewertung der einzelnen Wirtschaftsgüter." In der Zusammenfassung von Wirtschaftsgütern, die im wesentlichen gleichartig sind, sieht die Rechtsprechung jedoch keinen Verstoß gegen den Grundsatz der Einzelbewertung. Die handelsrechtlich zulässige Sammel-, Gruppen- und Festbewertung werden deshalb steuerlich anerkannt, jedoch läßt die Rechtsprechung nicht alle handelsrechtlich erlaubten Verbrauchsfolgeunterstellungen zu.

Das EStG bildet für die Wirtschaftsgüter (Vermögensgegenstände) ebenso wie das HGB **zwei Bewertungsgruppen,** verwendet aber als Abgrenzungskriterium nicht die Dauer der Betriebszugehörigkeit, sondern die Abnutzung im Zeitablauf und unterscheidet:

(1) Wirtschaftsgüter des Anlagevermögens, die der **Abnutzung** unterliegen (§ 6 Abs. 1 Nr. 1 EStG),

(2) Wirtschaftsgüter des Anlagevermögens, die **nicht der Abnutzung** unterliegen, und Güter des Umlaufvermögens (§ 6 Abs. 1 Nr. 2 EStG).

Für die einzelnen Gruppen von Wirtschaftsgütern gelten folgende Vorschriften:

(1) **Abnutzbare Anlagegüter**

(a) Nach § 6 Abs. 1 Nr. 1 EStG sind die Anschaffungs- oder Herstellungskosten, vermindert um die Absetzungen für Abnutzung nach § 7 EStG (= Abschreibungsrestwerte, Buchwerte oder fortgeführte Anschaffungs- oder Herstellungskosten), anzusetzen. Sie bilden also die **obere Grenze der Bewertung.** Höhere Wiederbeschaffungskosten dürfen nicht berücksichtigt werden, da sonst noch nicht durch Umsatz realisierte Gewinne ausgewiesen würden und der Besteuerung unterworfen werden müßten (Realisationsprinzip).

Höhere Wertansätze als in der Handelsbilanz ergeben sich zwingend, wenn z. B. bei degressiver Abschreibung in der Handelsbilanz die nach § 7 Abs. 2 EStG zugelassenen Degressionssätze[154] überschritten werden.

---

[151] § 250 Abs. 3 HGB
[152] § 253 Abs. 1 Satz 2 HGB
[153] § 253 Abs. 1 Satz 2 HGB
[154] Vgl. S. 1093

(b) Liegt der **Teilwert** unter den fortgeführten Anschaffungs- oder Herstellungskosten, so darf er angesetzt werden, ein Zwang dazu besteht nach § 6 Abs. 1 Nr. 1 EStG nicht. Der Betrieb hat also grundsätzlich ein Wahlrecht, das er jedoch im Falle der Gewinnermittlung nach § 5 EStG auf Grund des Maßgeblichkeitsprinzips nur so ausüben kann **wie in der Handelsbilanz.** Dort aber ist eine außerplanmäßige Abschreibung zwingend, wenn die Wertminderung voraussichtlich von Dauer ist. Der Ansatz eines **Zwischenwertes** ist handelsrechtlich für Nicht-Kapitalgesellschaften zulässig, wenn die Wertminderung voraussichtlich nicht von Dauer ist. Der niedrigere Teilwert bildet jedoch die **untere Grenze der Bewertung,** die grundsätzlich nicht unterschritten werden darf, auch wenn der Wertansatz in der Handelsbilanz z. B. auf Grund schnellerer Abschreibung niedriger ist. Hier wird also das Prinzip der Maßgeblichkeit der Handelsbilanz für die Steuerbilanz durchbrochen. Eine absichtliche Bildung stiller Rücklagen ist nicht möglich – im Gegensatz zur Handelsbilanz, die – außer für die Jahresabschlüsse der Kapitalgesellschaften – eine streng fixierte untere Wertgrenze nicht kennt, sondern nach § 253 Abs. 4 HGB Abschreibungen „im Rahmen vernünftiger kaufmännischer Beurteilung" zuläßt.

(c) Ein Unterschreiten des Teilwertes ist allerdings durch Vornahme von **Sonderabschreibungen** auf Grund steuerlicher Sondervorschriften möglich, die nicht der Erfassung eingetretener Wertminderungen, sondern der Korrektur der Steuerbemessungsgrundlage zur Realisierung außerfiskalischer Ziele des Gesetzgebers dienen. Wegen des Maßgeblichkeitsprinzips sind sie grundsätzlich zuvor in der Handelsbilanz vorzunehmen.[155]

(d) Steigt der Teilwert über den letzten Bilanzansatz an, so darf nach § 6 Abs. 1 Nr. 1 Satz 4 EStG eine Zuschreibung erfolgen, sofern diese nicht zu einem Wertansatz führt, der über dem Restbuchwert liegt, der sich nach Berücksichtigung der Absetzungen für Abnutzung gem. § 7 EStG ergeben hätte.

(2) **Nicht abnutzbare Güter des Anlagevermögens**

(a) Nach § 6 Abs. 1 Nr. 2 EStG bilden auch bei diesen Wirtschaftsgütern die **Anschaffungs- oder Herstellungskosten** die obere Grenze der Bewertung.

(b) Liegt der **Teilwert** unter den Anschaffungs- oder Herstellungskosten, so darf er angesetzt werden, ein Zwang dazu besteht nicht **(gemildertes Niederstwertprinzip).** Die Bildung eines Zwischenwertes ist für Nicht-Kapitalgesellschaften bzw. über § 279 Abs. 2 i. V. m. § 254 HGB für das gesamte Anlagevermögen auch für Kapitalgesellschaften zulässig. Der Wertansatz der Handelsbilanz ist maßgeblich. Verstößt der Ansatz zu Anschaffungs- oder Herstellungskosten jedoch gegen die Grundsätze ordnungsmäßiger Buchführung, weil die Wertminderung erheblich und aller Voraussicht nach von Dauer ist,

---

[155] Vgl. § 5 Abs. 1 Satz 2 EStG

so muß der niedrigere Wert in der Handelsbilanz angesetzt werden,[156] und die Steuerbilanz muß folgen, vorausgesetzt, daß der Ansatz der Handelsbilanz nicht unter dem Teilwert liegt.

(3) **Wirtschaftsgüter des Umlaufvermögens**

Nach § 6 Abs. 1 Nr. 2 EStG erfolgt die Bewertung grundsätzlich wie bei den nicht abnutzbaren Anlagegütern. Der wahlweise Ansatz des niedrigeren Teilwerts wird aber über das Maßgeblichkeitsprinzip zu einer **zwingenden Vorschrift**, da nach § 253 Abs. 3 HGB für die Vermögensgegenstände des Umlaufvermögens in der Handelsbilanz das strenge Niederstwertprinzip beachtet werden muß.

(4) **Wertaufholung**

Liegt der Teilwert über dem letzten Bilanzansatz, so darf er angesetzt werden. Allerdings ist ein Überschreiten der (fortgeführten) Anschaffungs- oder Herstellungskosten nicht zulässig. Voraussetzung für die Zulässigkeit der **Wertaufholung** ist eine entsprechende Werterhöhung in der Handelsbilanz, die für Nicht-Kapitalgesellschaften erlaubt, jedoch nicht zwingend ist (§ 253 Abs. 5 HGB). Für Kapitalgesellschaften gilt dagegen grundsätzlich das **Wertaufholungsgebot** des § 280 Abs. 1 HGB. Allerdings kann gemäß § 280 Abs. 2 HGB von der handelsrechtlich gebotenen Zuschreibung abgesehen werden, wenn Voraussetzung für die Beibehaltung des niedrigeren Wertansatzes in der Steuerbilanz ist, daß der niedrigere Ansatz auch in der Handelsbilanz beibehalten wird. Da steuerrechtliche Wahlrechte in Übereinstimmung mit der handelsrechtlichen Jahresbilanz auszuüben sind,[157] ist handels- und steuerrechtlich für das Anlage- und Umlaufvermögen grundsätzlich von einem **Beibehaltungswahlrecht** auszugehen.

(5) **Verbindlichkeiten**

Sie sind nach § 6 Abs. 1 Nr. 3 EStG unter sinngemäßer Anwendung der Vorschriften für nicht abnutzbare Anlagegüter und Güter des Umlaufvermögens zu bewerten, d. h. in Betracht kommen die Anschaffungskosten oder der höhere Teilwert einer Verbindlichkeit.

(6) **Entnahmen und Einlagen**

Die Bewertung erfolgt nach § 6 Abs. 1 Nr. 4 und 5 EStG grundsätzlich zum Teilwert. Einlagen sind ausnahmsweise höchstens zu den Anschaffungs- oder Herstellungskosten anzusetzen, wenn das zugeführte Wirtschaftsgut entweder innerhalb der letzten drei Jahre vor dem Zeitpunkt der Zuführung angeschafft oder hergestellt worden ist oder ein Anteil an einer Kapitalgesellschaft ist, an der der Steuerpflichtige wesentlich beteiligt ist.

f) Die Bewertungsmaßstäbe

Zur Bewertung in der **Handelsbilanz** dienen folgende Wertmaßstäbe:
(1) die Anschaffungskosten (§§ 253 Abs. 1, 255 Abs. 1 HGB),

---

[156] Vgl. § 253 Abs. 2 Satz 3 HGB
[157] Vgl. § 5 Abs. 1 Satz 2 EStG

(2) die Herstellungskosten (§ 253 Abs. 1, § 255 Abs. 2 HGB),

(3) der aus dem Markt- oder Börsenwert am Beschaffungsmarkt (Wiederbeschaffungskosten am Bilanzstichtag) abgeleitete Wert[158],

(4) der unter den Anschaffungs- oder Herstellungskosten liegende niedrigere Wert, der den Vermögensgegenständen am Abschlußstichtag beizulegen ist[159] oder der Verkaufswert am Absatzmarkt abzüglich noch anfallender Aufwendungen.

Die **Steuerbilanz** verwendet folgende Bewertungsmaßstäbe[160]:

(1) die Anschaffungskosten,

(2) die Herstellungskosten,

(3) den niedrigeren Teilwert.

aa) Die Anschaffungskosten

Als Anschaffungskosten bezeichnet man die Gegenwerte, die ein Betrieb aufwenden muß, um einen Vermögensgegenstand zu beschaffen und einsatzfähig zu machen. Nach § 255 Abs. 1 HGB sind Anschaffungskosten „die Aufwendungen, die geleistet werden, um einen Vermögensgegenstand zu erwerben und in einen betriebsbereiten Zustand zu versetzen, soweit sie dem Vermögensgegenstand einzeln zugeordnet werden können. Zu den Anschaffungskosten gehören auch die Nebenkosten sowie die nachträglichen Anschaffungskosten. Anschaffungspreisminderungen sind abzusetzen". Nachträgliche Anschaffungskosten können beispielsweise entstehen, wenn ein bebautes Grundstück mit der Absicht erworben wird, das Gebäude, das technisch und wirtschaftlich wertlos ist, abzubrechen, jedoch kein neues Gebäude zu errichten (z. B. Nutzung des Grundstücks als Parkplatz). Die späteren Abbruchkosten zählen dann in der Steuerbilanz nach Abschnitt 33a Abs. 2 EStR zu den Anschaffungskosten des Grund und Bodens. Eine Abschreibung kommt nicht in Betracht.

Die Anschaffungskosten setzen sich also nach § 255 Abs. 1 HGB folgendermaßen zusammen:

Anschaffungspreis
+ Anschaffungsnebenkosten
+ nachträgliche Anschaffungskosten
− Anschaffungspreisminderungen

= Anschaffungskosten

Die Anschaffungskosten stellen einen **Vergangenheitswert** dar. Nur im Moment der Anschaffung sind sie gleich den Wiederbeschaffungskosten bzw. dem Tageswert (Börsen- oder Marktpreis). Durch Wertminderungen

---

[158] Vgl. § 253 Abs. 3 Satz 1 HGB
[159] Vgl. § 253 Abs. 3 Satz 2 HGB
[160] Vgl. § 6 Abs. 1 EStG

oder Preisänderungen im Zeitablauf entsprechen die tatsächlichen Werte der Wirtschaftsgüter gewöhnlich nicht mehr ihren Anschaffungskosten. Soweit Wertminderungen durch planmäßige Abschreibungen erfaßt werden und die Anschaffungskosten mindern, spricht man von **fortgeführten Anschaffungskosten** bzw. Anschaffungswerten.

Zu den **Anschaffungsnebenkosten** gehören insbesondere Aufwendungen für Transport und Transportversicherung des beschafften Vermögensgegenstands, für Aufstellung und Montage, z. B. den Bau von Fundamenten für Maschinen, ferner für Gebühren für die Beurkundung von Kaufverträgen (insbesondere bei Grundstücken), für Provisionen und Vermittlungsgebühren, für Steuern (z. B. Grunderwerbsteuer), Zölle und sonstige Abgaben usw., kurz formuliert alle Aufwendungen, die erforderlich sind, um den erworbenen Vermögensgegenstand in Dienst zu stellen (Maschinen) bzw., wenn er zur Weiterverarbeitung (Roh-, Hilfs- und Betriebsstoffe) oder zum Verkauf (Waren) bestimmt ist, auf Lager zu nehmen.

Grundsätzlich dürfen jedoch nur die **Einzelkosten** als Anschaffungsnebenkosten aktiviert werden, d. h. im Gegensatz zur Ermittlung der Herstellungskosten muß auf den Ansatz anteiliger **Gemeinkosten** verzichtet werden.[161]

Die Anschaffungsnebenkosten verursachen Ausgaben, durch deren Aktivierung eine Erhöhung des Bilanzansatzes der gekauften Wirtschaftsgüter über den Anschaffungspreis hinaus erfolgt. Der Zweck der Einbeziehung der Nebenkosten in die Anschaffungskosten ist eine **periodengerechte Verteilung des Aufwandes**. Die Anschaffungsnebenkosten werden ebenso wie der Anschaffungspreis bei Gütern des Anlagevermögens, die der Abnutzung unterliegen, mittels der Abschreibung über die Jahre der Gesamtnutzung verteilt, damit verhindert wird, daß der Gewinn einer Wirtschaftsperiode besonders stark reduziert wird, wenn die Anschaffungsnebenkosten im Jahre der Anschaffung voll als Aufwand in der Erfolgsrechnung verrechnet würden. Würde das geschehen, so wäre der Gewinn der folgenden Perioden der Nutzungsdauer des angeschafften Anlagegutes entsprechend höher, weil infolge der geringeren aktivierten Anschaffungskosten die Abschreibungen (Absetzungen) pro Periode kleiner sind. Das widerspricht insbesondere in der Steuerbilanz dem Prinzip, den in einer Periode tatsächlich erwirtschafteten Gewinn auszuweisen. (ÜB 6/17–19)

Als Anschaffungspreis ist nicht der gezahlte Kaufpreis (Bruttopreis), sondern der Kaufpreis abzüglich der Umsatzsteuer (Nettopreis) anzusehen. Der Lieferant ist – wenn der Abnehmer es verlangt – verpflichtet, den Kaufpreis in der Rechnung in zwei Teile aufzuspalten:[162] den **Nettopreis** und die **Umsatzsteuer**. In die aktivierungsfähigen Anschaffungskosten geht nur der Nettopreis ein. Die im Kaufpreis gezahlte Umsatzsteuer darf nicht als Bestandteil der Anschaffungskosten aktiviert werden, da der Betrieb einen Rechtsanspruch auf Erstattung oder Aufrechnung an das Finanzamt hat. Durch An-

---

[161] Vgl. § 255 Abs. 1 HGB
[162] Vgl. § 14 Abs. 1 UStG

schaffung eines Vermögensgegenstandes erwirbt der Betrieb zwei bei der Bilanzierung getrennt zu behandelnde Vermögenswerte: den gekauften Vermögensgegenstand und eine Forderung an das Finanzamt.

bb) Die Herstellungskosten

1. Die Herstellungskosten der Kostenrechnung

Ganz oder teilweise selbsterstellte Güter (Halbfabrikate, Fertigfabrikate, für den eigenen Betrieb erstellte Anlagen und Werkzeuge usw.) sind mit den Herstellungskosten zu bewerten. Diese sind wesentlich schwieriger zu ermitteln als die Anschaffungskosten, da letztere im allgemeinen auf Grund von Rechnungen, die bei der Beschaffung eines Vermögensgegenstandes erteilt werden, genau zu bestimmen sind. Auch die mit der Anschaffung verbundenen Nebenkosten wie Transport- und Aufstellungskosten, Notariatsgebühren u. a. sind gewöhnlich als Aufwendungen, die zu entsprechenden Ausgaben führen, exakt zu berechnen.

Die Herstellungskosten dagegen setzen sich aus einer Vielzahl von Kostenarten zusammen, die bei der Erstellung einer Betriebsleistung anfallen. Die Herstellungskosten werden in der **Kostenrechnung** errechnet.[163] Da aber die Kostenrechnung andere Ziele verfolgt als die Bilanz, müssen die aus der Kostenrechnung übernommenen Herstellungskosten entsprechend den Zielsetzungen der Handels- und Steuerbilanz korrigiert werden.

Es ist das Grundprinzip der Kostenrechnung, daß jeder erstellten Betriebsleistung die Kosten belastet werden, die sie bei ihrer Produktion tatsächlich **verursacht** hat. Nur ein Teil dieser Kosten stellt **Einzelkosten** dar, d. h. solche Kosten, die einem Kostenträger (z. B. einer bestimmten Leistung oder einem bestimmten Auftrag) direkt zugerechnet werden können. Solche Einzelkosten sind z. B. die Fertigungslöhne, das Fertigungsmaterial, die Sonderkosten der Fertigung (Entwurfskosten, Lizenzgebühren, Modelle, Spezialwerkzeuge u. a.) und die Sonderkosten des Vertriebs (Vertreterprovision, Umsatzsteuer).

Ein großer Teil der Kostenarten aber läßt sich nicht direkt auf die Kostenträger zurechnen, da diese Kosten für mehrere oder alle Kostenbereiche (Kostenstellen) und mehrere oder alle Kostenträger angefallen sind und eine Aufteilung nur mit Hilfe von Schlüsselgrößen möglich ist. Zu diesen sogenannten **Gemeinkosten** gehören z. B. Abschreibungen auf Anlagegüter, Versicherungen, Transportlöhne, Gehälter leitender Angestellter, bestimmte Steuern, Strom, Wasser, Post- und Telefongebühren u. a.

Ist es schon nicht einfach, festzustellen, welche Bestandteile der Herstellungskosten in der Bilanz aktiviert werden müssen bzw. dürfen, so bereitet die Ermittlung der absoluten Beträge, die für jede Kostenart anzusetzen sind, aus mehreren Gründen erhebliche Schwierigkeiten: **erstens** ist die Verteilung der Gemeinkosten auf Kostenstellen und Kostenträger in der Kostenrech-

---

[163] In der Kostenrechnung wird vorwiegend der Begriff „Herstellkosten" verwendet.

nung ein außerordentlich schwieriges Problem, **zweitens** dürfen nicht alle Bestandteile der betriebswirtschaftlichen Herstellungskosten in der Bilanz aktiviert werden, weil es sonst zu Verstößen gegen die Bilanzierungsvorschriften kommt. So dürfen z. B. **kalkulatorische Kosten** in dem Umfange, in dem sie nicht aufwandsgleich sind, nicht aktiviert werden, beispielsweise kalkulatorischer Unternehmerlohn, kalkulatorische Mieten sowie kalkulatorische Zinsen und Abschreibungen, soweit sie die Aufwandszinsen bzw. bilanziellen Abschreibungen übersteigen.

Drittens können die Grundsätze ordnungsmäßiger Buchführung und Bilanzierung eine Aktivierung von Kostenbestandteilen erfordern, die in der Kostenrechnung nicht den hergestellten Wirtschaftsgütern zugerechnet worden sind, wie das z. B. bei Anwendung einer **Teilkostenrechnung** der Fall ist, bei der den Kostenträgern nur die variablen Gemeinkosten zugerechnet werden.

Viertens kann in der Kostenrechnung eine **Bewertung** der Kosten erfolgen, die mit den Bewertungsprinzipien der Handelsbilanz nicht vereinbar ist, z. B. die Verrechnung kalkulatorischer Abschreibungen auf Basis gestiegener Wiederbeschaffungskosten oder die Bewertung der Kostengüter mit Normal- oder Plankosten, die erheblich von den Istkosten abweichen. (ÜB 6/21–23; 49–58)

2. Die handels- und steuerrechtlichen Herstellungskosten

Nach § 255 Abs. 2 HGB sind Herstellungskosten „die Aufwendungen, die durch den Verbrauch von Gütern und die Inanspruchnahme von Diensten für die Herstellung eines Vermögensgegenstands, seine Erweiterung oder für eine über seinen ursprünglichen Zustand hinausgehende wesentliche Verbesserung entstehen". Für die Handels- und Steuerbilanz bestehen im HGB[164] bzw. den Einkommensteuerrichtlinien[165] unterschiedliche Vorschriften, welche Bestandteile der Herstellungskosten aktiviert werden müssen, aktiviert werden können und welche nicht angesetzt werden dürfen. Die Unterschiede zeigt die folgende Übersicht:[166]

---

[164] Vgl. § 255 Abs. 2 und 3 HGB
[165] Vgl. R 33 EStR
[166] Vgl. Wöhe, G., Bilanzierung, a. a. O., S. 400

Zusammensetzung der Herstellungskosten in der Handels- und Steuerbilanz
(§ 255 Abs. 2 u. 3 HGB; R 33 EStR)

| Definition (§ 255 Abs. 2 Satz 1 HGB) | Aufwendungen, die entstehen durch
– Verbrauch von Gütern und
– Inanspruchnahme von Diensten,
um einen Vermögensgegenstand
– herzustellen,
– zu erweitern oder
– wesentlich zu verbessern. | | | | | | |

Zusammen-setzung (§ 255 Abs. 2 Sätze 2–6, Abs. 3 HGB)	Aufwandsart	Handelsbilanz			Steuerbilanz (R 33 EStR)		
		Aktivierungs-			Aktivierungs-		
		pflicht	wahl-recht	verbot	pflicht	wahl-recht	verbot
	Materialeinzelkosten	x			x		
	Fertigungseinzelkosten	x			x		
	Sonderkosten der Fertigung	x			x		
	Materialgemeinkosten		x			x	
	Fertigungsgemeinkosten		x			x	
	Wertverzehr des Anlagevermögens		x			x	
	Kosten der allg. Verwaltung		x			x	
	Aufw. f. soz. Einrichtungen		x			x	
	Aufw. f. freiw. soz. Leistungen		x			x	
	Aufw. f. betriebl. Altersversorgung		x			x	
	Fremdkapitalzinsen (soweit zurechenbar, § 255 Abs. 3 HGB)		x			x	
	Vertriebskosten			x			x

cc) Der aus dem Markt- oder Börsenpreis abgeleitete Wert

Als Börsenpreis gilt der an einer deutschen Börse amtlich festgestellte oder der im Freiverkehr ermittelte Preis (Kurs) am Bilanzstichtag. „Marktpreis ist der Durchschnittspreis, der sich aus dem Vergleich einer erheblichen Anzahl an dem Ort, an dem die Gesellschaft die Waren einzukaufen oder abzusetzen pflegt, am Abschlußstichtag über Waren und Wertpapiere der betreffenden Art und Güte geschlossener Kaufverträge ergibt."[167]

Anzusetzen ist nicht der Börsen- oder Marktpreis, sondern der Wert, der sich aus einem niedrigeren Börsen- oder Marktpreis ergibt. Auf diesen Wert sind die Vermögensgegenstände ggf. abzuschreiben.[168]

Marktpreise sind entweder vom Beschaffungsmarkt oder vom Absatzmarkt abzuleiten. Der **Beschaffungsmarkt** kommt in Frage für Roh-, Hilfs-

---

[167] Godin-Wilhelmi, Aktiengesetz, a. a. O., S. 936
[168] Vgl. § 253 Abs. 3 Satz 1 HGB

und Betriebsstoffe und für Halb- und Fertigfabrikate, für die Fremdbezug möglich wäre. Ausgangswert sind die Wiederbeschaffungskosten am Bilanzstichtag, zuzüglich angemessener Nebenkosten. Der **Absatzmarkt** ist maßgeblich für Halb- und Fertigfabrikate, sowie für den Überbestand an Roh-, Hilfs- und Betriebsstoffen. Es erfolgt eine **verlustfreie Bewertung,**[169] d. h. vom erwarteten Preis am Absatzmarkt sind alle noch bis zum Absatz anfallenden Aufwendungen abzusetzen.[170] Ist der sich ergebende Wert niedriger als die Anschaffungs- oder Herstellungskosten, so ist der niedrigere Wert anzusetzen, da der am Stichtag erzielbare Preis die höheren Anschaffungs- oder Herstellungskosten zuzüglich der bis zum Verkauf noch anfallenden Aufwendungen nicht voll deckt, also ein Verlust zu erwarten ist, der nach dem Imparitätsprinzip bereits berücksichtigt werden muß, bevor er durch Umsatz in Erscheinung getreten ist.

dd) Der am Bilanzstichtag beizulegende Wert

Der den Vermögensgegenständen am Abschlußstichtag beizulegende Wert,[171] der dann zu ermitteln ist, wenn ein Börsen- oder Marktpreis nicht existiert, und der dann anzusetzen ist, wenn er unter den Anschaffungs- oder Herstellungskosten liegt, ist bei Roh-, Hilfs- und Betriebsstoffen vom **Beschaffungsmarkt** abzuleiten. Dabei ist von den **Wiederbeschaffungskosten** auszugehen, wenn es sich um Vermögensgegenstände handelt, die im Betriebe noch verwendet werden können. Die Wiederbeschaffungskosten dürfen angemessene Nebenkosten enthalten.

Handelt es sich um Rohstoffe, deren Verwendbarkeit im Betriebe eingeschränkt ist, so erfordert das Prinzip kaufmännischer Vorsicht die Vornahme von Abschlägen (sog. **Gängigkeitsabschreibung**).[172] Sind die Rohstoffe usw. überhaupt nicht mehr verwendbar, so kommt als Bewertungsmaßstab nur der vom Absatzmarkt abgeleitete Verkaufspreis (evtl. Schrottpreis) abzüglich aller bis zum Verkauf noch anfallenden Aufwendungen in Frage. Entscheidend für die Bewertung ist also nicht die Art der Vermögensgegenstände, sondern der Grad ihrer Verwendbarkeit für den Betrieb.

Bei Halbfabrikaten, Fertigfabrikaten und Waren, für die kein Börsen- oder Marktpreis besteht oder deren Absatzpreise am Markt gesunken sind, muß die Bewertung nach den Verhältnissen am **Absatzmarkt** erfolgen. Es ist eine **verlustfreie Bewertung** vorzunehmen, d. h. Ausgangspunkt ist der vorsichtig geschätzte Verkaufserlös, der um alle bis zum Verkauf noch anfallenden Aufwendungen zu kürzen ist. Es erfolgt also eine retrograde Bewertung. Bei Fertigfabrikaten und Waren handelt es sich dabei vor allem um Erlösschmälerungen, Verpackungs-, Vertriebs- und Verwaltungskosten. Adler-Düring-Schmaltz zählen auch Kapitaldienstkosten, d. h. entstandene Zinsverluste, hinzu, wenn die Wirtschaftsgüter voraussichtlich für längere Zeit nicht abge-

---

[169] Vgl. Koch, H., Die Problematik des Niederstwertprinzips, WPg 1957, S. 31 ff. u. 60 ff.
[170] Vgl. Adler-Düring-Schmaltz, 6. Aufl., a. a. O., Anm. 524 zu § 253 HGB
[171] Vgl. § 253 Abs. 3 Satz 2 HGB
[172] Vgl. Adler-Düring-Schmaltz, 6. Aufl., a. a. O., Anm. 518 zu § 253 HGB

setzt werden können. Sie schlagen folgendes Schema für eine verlustfreie
Bewertung von Fertigfabrikaten und Waren vor[173]:

Voraussichtlicher Verkaufserlös
. / . Erlösschmälerungen
. / . Verpackungskosten und Ausgangsfrachten
. / . Sonstige Vertriebskosten
. / . Noch anfallende Verwaltungskosten
. / . Kapitaldienstkosten

= am Bilanzstichtag beizulegender Wert

Handelt es sich um Halbfabrikate, so sind außerdem alle Produktionskosten abzusetzen, die bis zur Fertigstellung der Produkte noch anfallen. (ÜB 6/24)

ee) Der Teilwert

In der Steuerbilanz wird die untere Wertgrenze durch den Teilwert fixiert. § 6 Abs. 1 Nr. 1 Satz 3 EStG definiert den Teilwert als den Betrag, „den ein Erwerber des ganzen Betriebs im Rahmen des Gesamtkaufpreises für das einzelne Wirtschaftsgut ansetzen würde; dabei ist davon auszugehen, daß der Erwerber den Betrieb fortführt." Der Teilwert ist aus der Überlegung entwickelt worden, daß die an Marktpreisen orientierten Bewertungsmaßstäbe unbrauchbar sind, wenn es gilt, eine Wertuntergrenze für Güter zu finden, die nicht am Markt abgesetzt werden sollen, sondern – wie Grund und Boden, Gebäude, Maschinen usw. – im Betrieb verbleiben und viele Jahre lang Nutzungen abgeben und dabei entweder keiner Abnutzung unterliegen (Grundstücke) oder allmählich von Periode zu Periode im Wert sinken (Gebäude, Maschinen). Eine Orientierung an den Wiederbeschaffungskosten erscheint hier nicht zweckmäßig, auch wenn sie unter den Anschaffungs- oder Herstellungskosten liegen, da der Wert dieser Güter nicht von ihren Marktpreisen, sondern von den **Nutzungsmöglichkeiten im Betriebe** abhängt. Die Nutzungsmöglichkeiten aber sind nicht festzustellen, indem man das zu bewertende Gut isoliert für sich betrachtet, sondern indem man es in Verbindung mit allen übrigen Vermögensteilen des Betriebes bewertet.

An Stelle einer preisabhängigen Bewertung (Wiederbeschaffungskosten) wird hier vom Steuerrecht eine nutzungs- oder **ertragsabhängige Bewertung** angestrebt, die davon ausgeht, welcher Ertrag mit dem zu bewertenden Gut (in Gemeinschaft mit allen anderen Teilen des Betriebes) noch zu erwarten ist. Werden diese Werte bewußt unterschritten, so entstehen stille Rücklagen.

Die bewertungstheoretisch an sich richtige Konzeption des Teilwertes hat sich jedoch als **unpraktikabel** erwiesen, weil es bis heute weder eine Methode gibt, den Gesamtwert eines Betriebes exakt festzustellen, noch ein Ver-

---

[173] Adler-Düring-Schmaltz, 6. Aufl., a. a. O., Anm. 525 ff. zu § 253 HGB

fahren, den Gesamtwert auf die einzelnen Wirtschaftsgüter des Betriebes genau aufzuteilen. Folglich muß der Teilwert in der Praxis mit Hilfe von marktabhängigen Werten (Anschaffungskosten, Herstellungskosten, Wiederbeschaffungskosten) bestimmt werden.[174]

7. Bilanzierung und Bewertung ausgewählter Aktiva

a) Die Abschreibung von Anlagegütern

aa) Begriff und Aufgaben

Die Beträge, die auf Grund einer planmäßigen Rechnung zur Erfassung des Wertverzehrs am Anlagevermögen in der Gewinn- und Verlustrechnung als Aufwand und in der Kostenrechnung als Kosten angesetzt werden, bezeichnet man als Abschreibungen. Der Begriff der Abschreibung wird daneben auch verwendet, um außerordentliche Wertminderungen zu bezeichnen, die an Gütern des Anlage- und Umlaufvermögens entstanden sind (z. B. Forderungsverluste) und in der Erfolgsrechnung erfaßt werden.

Das Abschreibungsproblem stellt sich bei Anlagegütern, die auf Grund ihrer natürlichen, technischen oder rechtlichen Beschaffenheit nicht in einer Periode im Betriebsprozeß verbraucht und folglich auch nicht in einer Periode in voller Höhe ihrer Anschaffungs- oder Herstellungskosten als Aufwand in der Gewinn- und Verlustrechnung verrechnet werden. Die Tatsache, daß solche Güter dem Betrieb eine Anzahl von Jahren zur Verfügung stehen und Nutzungen abgeben, hat zur Folge, daß die **technische und wirtschaftliche Wertminderung** dieser Wirtschaftsgüter, die im Laufe der Zeit eintritt, für jede einzelne Periode erfaßt und als Aufwand verrechnet werden muß, wenn eine Feststellung des Periodengewinns möglich sein soll.

Da die tatsächliche Wertminderung einer Periode in der Praxis in der Regel nicht ermittelt werden kann, ist die Abschreibung letzten Endes eine reine „Verteilungsabschreibung", d. h. sie teilt die Anschaffungs- bzw. Herstellungskosten eines Wirtschaftsgutes mittels eines planmäßigen Verfahrens auf die Jahre der geschätzten Nutzung auf. So ist nach § 7 Abs. 1 Satz 1 EStG „jeweils für ein Jahr der Teil der Anschaffungs- oder Herstellungskosten abzusetzen, der bei gleichmäßiger **Verteilung** dieser Kosten auf die Gesamtdauer der Verwendung oder Nutzung auf ein Jahr entfällt".

Dieser herrschenden „Verteilungstheorie" steht in der Literatur die „Wertverzehrtheorie" gegenüber, die von der Vorstellung ausgeht, „daß die Ausgabe von Anschaffungs- oder Herstellungskosten von vornherein nicht dem Werbungskosten- oder Betriebsausgabenbegriff unterfallen kann, weil es sich nicht um Aufwendungen handelt. Denn das Vorliegen einer Aufwendung setzt eine Vermögensminderung voraus"[174a], die Ausgabe von

---

[174] Zur Problematik und Kritik des Teilwertes vgl. Wöhe, G., Betriebswirtschaftliche Steuerlehre, Band I, 2. Halbband, 7. Aufl., München 1992, S. 175 ff.

[174a] Knobbe-Keuk, B., Die Einkommensbesteuerung der entgeltlichen Überlassung von Bodensubstanz, DB 1985, S. 147

Anschaffungs- oder Herstellungskosten führt aber zu einer Vermögensumschichtung, denn mit dem Kauf eines abnutzbaren Wirtschaftsgutes erfolgt zunächst ein erfolgsunwirksamer Aktivtausch in Höhe der Anschaffungskosten. Erst wenn die Anlage eingesetzt wird, mindert sich ihr Wert, d. h. ein Teil der Anschaffungskosten wird Aufwand bzw. Betriebsausgabe, d. h. es tritt eine Vermögensminderung ein, zugleich aber wird die von der Anlage abgegebene Leistung ein Ertragsbestandteil, d. h. führt zu einer Vermögensmehrung.

Der u. E. nur scheinbare Gegensatz zwischen beiden Theorien läßt sich aufheben, wenn man davon ausgeht, daß der **Grund** für eine planmäßige Abschreibung im sich über mehrere Perioden verteilenden Wertverzehr des Wirtschaftsgutes liegt, während die **Art und Weise der Normierung** der jährlichen Abschreibungsbeträge zur Verteilungsabschreibung führt, da die tatsächliche Wertminderung des abzuschreibenden Wirtschaftsgutes für eine Periode ebensowenig exakt ermittelt werden kann wie der Ertragsbeitrag, den das Wirtschaftsgut in dieser Periode geleistet hat.

bb) Abschreibung und Substanzerhaltung

Will der Betrieb seine **Substanz erhalten,** so muß er bestrebt sein, für jedes Anlagegut, an dem eine Wertminderung eintritt, insgesamt so viele Abschreibungsbeträge zu verrechnen, daß er in der Lage ist, das gleiche oder ein funktionsgleiches Wirtschaftsgut nach Ablauf seiner wirtschaftlichen Nutzungsdauer wiederbeschaffen zu können, vorausgesetzt, die verrechneten Abschreibungen sind über den Umsatz der mit den abgeschriebenen Anlagen produzierten Güter vom Markt zurückvergütet worden. Bei konstanten Preisen ist die Summe der über die Jahre der Nutzung verteilten Abschreibungsbeträge eines Gutes gleich seinen Anschaffungs- oder Herstellungskosten. Steigen die Wiederbeschaffungskosten, so müssen die Abschreibungen höher als die Anschaffungskosten sein, wenn eine Wiederbeschaffung mit Hilfe der durch die Abschreibung amortisierten Geldbeträge möglich sein soll. Bei sinkenden Wiederbeschaffungskosten können die Abschreibungen insgesamt niedriger als die ursprünglichen Anschaffungskosten sein, da nur ein geringerer Geldbetrag zur Wiederbeschaffung erforderlich ist.

Ist ein Betrieb auf Substanzerhaltung bedacht, so muß er in der **Kostenrechnung,** wenn sie zur Grundlage der Preispolitik gemacht wird, die Abschreibungsbeträge in dieser Weise berechnen, d. h. so viele Abschreibungsbeträge in die Selbstkosten einbeziehen, daß die tatsächlich eingetretenen Wertminderungen in die Selbstkosten eingehen und somit in den Umsatzerlösen der produzierten Güter und Leistungen vom Markt zurückvergütet werden, wenn der Absatzpreis wenigstens die Selbstkosten deckt.

Dieses Prinzip der Kostenrechnung wird bei der Bewertung der Anlagegüter **in der Bilanz nicht beachtet.** Handels- und Steuerrecht verlangen, daß in der Bilanz ohne Rücksicht auf die Entwicklung der Wiederbeschaffungskosten die Anschaffungs- oder Herstellungskosten durch Verteilung auf die Jahre der Nutzung abgeschrieben werden. Diese Verteilung erfolgt in der Handelsbilanz häufig nicht entsprechend der geschätzten Wertminderung einer Periode, sondern nach betriebspolitischen, insbesondere **finanzie-rungspolitischen Zweckmäßigkeitserwägungen.** Da zwingende Vorschrif-ten über die Verteilung der Anschaffungskosten in der Handelsbilanz nicht bestehen, ist die Abschreibungspolitik eines der wichtigsten bilanzpoliti-schen Instrumente des Betriebes.

Die Bilanzabschreibung ist beendet, wenn der Wert null bzw. ein bei Verkauf des abgeschriebenen Gutes noch erzielbarer Restverkaufserlös (Restwert) oder – falls das Gut noch nicht ausscheidet – ein Erinnerungswert von 1 DM erreicht ist. Dann sind die gesamten Anschaffungskosten amorti-siert worden und wieder in liquiden Mitteln vorhanden, vorausgesetzt, daß die verrechneten Abschreibungen über den Absatzmarkt verdient worden sind.

Dieses Verfahren, durch die Abschreibung ohne Rücksicht auf die Ent-wicklung der Wiederbeschaffungskosten nicht mehr und nicht weniger als den in Höhe der Anschaffungskosten investierten Geldbetrag über den be-trieblichen Umsatzprozeß wieder in liquide Form zu überführen, führt zur **nominellen Kapitalerhaltung.** Wenn der Markt den in der Periode verrech-neten Betrag der Anschaffungs- oder Herstellungskosten vergütet hat und auch alle anderen Aufwendungen durch Umsatzerlöse gedeckt worden sind, so ist ein vorhandener Überschuß als Gewinn auszuweisen. Die Substanzer-haltung kann in Zeiten steigender Preise nur erreicht werden, wenn Teile des um die Steuern gekürzten Gewinns im Betriebe thesauriert werden.

Die Verrechnung des Abschreibungsaufwandes in der Erfolgsrechnung bindet Ertragsteile an den Betrieb, die letzten Endes zu Geld werden. Daraus folgt, daß die Abschreibung nicht nur ein Aufwands-, sondern auch ein **Ertragsfaktor** ist, denn in Höhe des verrechneten Abschreibungsaufwandes bleiben die verdienten Abschreibungsgegenwerte im Betrieb.[175] Durch die Bilanzabschreibung tritt eine **Strukturänderung im Vermögen** ein: Das An-lagevermögen vermindert sich um die Abschreibungen, das Umlaufvermö-gen (liquide Mittel oder Bestände, falls die Abschreibungen in die Herstel-lungskosten einbezogen worden sind) erhöht sich um die Abschreibungs-gegenwerte, bis schließlich die gesamten Anschaffungskosten aus dem Anlage-vermögen verschwinden und – wenn alle produzierten Leistungen ohne Ver-lust abgesetzt worden sind – an ihre Stelle in gleicher Höhe liquide Mittel getreten sind.

Da die Abschreibungen Aufwand sind und den ausgewiesenen Gewinn mindern, hat der Betrieb die Möglichkeit, durch die Höhe der angesetzten Jahresabschreibungen den Periodengewinn zu beeinflussen.

cc) Die Aufstellung eines Abschreibungsplans

Der in § 253 Abs. 2 HGB ausgesprochene Grundsatz der Planmäßigkeit erfordert die Aufstellung eines **Abschreibungsplanes,** aus dem der Abschrei-bungsverlauf eindeutig ersichtlich ist und durch den der Grundsatz der Be-

---

[175] Vgl. Ruchti, H., Die Abschreibung. Ihre grundsätzliche Bedeutung als Aufwands-, Ertrags- und Finanzierungsfaktor, Stuttgart 1953.

wertungskontinuität gesichert werden soll. Dieser Plan kann geändert werden, wenn sachliche Gründe es rechtfertigen (z. B. Verkürzung der wirtschaftlichen Nutzungsdauer infolge unerwarteten technischen Fortschritts). Das dem Plan zugrundeliegende Abschreibungsverfahren muß nach § 284 Abs. 2 Nr. 1 HGB von Kapitalgesellschaften **im Anhang** angegeben werden. Jede Änderung der Abschreibungsmethode ist ebenfalls im Anhang anzugeben und zu begründen. Außerdem ist der Einfluß der Methodenänderung auf die Vermögens-, Finanz- und Ertragslage darzustellen.[176]

Zur **Aufstellung des Abschreibungsplanes** müssen neben den Anschaffungs- oder Herstellungskosten bestimmt werden:

(1) die wirtschaftliche Nutzungsdauer;

(2) der am Ende der wirtschaftlichen Nutzungsdauer noch erzielbare Restverkaufserlös;

(3) der Verlauf der Wertminderung des in dem abzuschreibenden Vermögensgegenstand enthaltenen Nutzungsvorrats bzw. ein anderes Kriterium (z. B. gezielte Periodengewinnbeeinflussung im Rahmen gesetzlich zulässiger Ermessensspielräume) zur Bestimmung des zweckmäßigsten Abschreibungsverfahrens.

Als **wirtschaftliche Nutzungsdauer** bezeichnet man den Zeitraum, in dem es wirtschaftlich sinnvoll ist, eine Anlage zu nutzen. Sie ist in der Regel kürzer als die technische Nutzungsdauer (Lebensdauer), unter der der Zeitraum zu verstehen ist, in dem eine Anlage technisch einwandfreie Nutzungen abgeben kann. Die Lebensdauer läßt sich in der Regel durch Reparaturen und Austausch von Einzelteilen verlängern. Sie stellt die obere Grenze der wirtschaftlichen Nutzungsdauer dar.

Die Berechnung der wirtschaftlichen Nutzungsdauer von Anlagegütern ist theoretisch mit Hilfe der Investitionsrechnung möglich, in der Praxis aber außerordentlich schwierig. Folglich wird die Ermittlung in der Regel **mit Hilfe von Schätzungen** vorgenommen, die von Vergangenheitswerten ausgehen, d. h. von der beobachteten durchschnittlichen Nutzungsdauer einer vergleichbaren Anlage.

Die wirtschaftliche Nutzungsdauer eines Wirtschaftsgutes wird durch eine Reihe von Faktoren begrenzt. Die Beschaffung einer Anlage ist für den Betrieb dann vorteilhaft, wenn die Summe der mit der Anlage erzielten Einzahlungen die Summe der laufenden Auszahlungen übersteigt und der Überschuß der Einzahlungen über die Auszahlungen die Amortisation und eine angemessene Verzinsung des eingesetzten Kapitals ermöglicht. Die Berechnung der Vorteilhaftigkeit setzt folglich die exakte Ermittlung der durch den Einsatz der Anlage bedingten Einzahlungs- und Auszahlungsreihe voraus.

Die Fähigkeit einer Anlage, **Einzahlungen** zu erzielen, kann durch drei Gruppen von Faktoren begrenzt werden:

(1) durch **technische Entwertung** infolge von Verschleiß (Gebrauch, natürlicher Verschleiß durch Witterungseinflüsse u. ä., Katastrophen),

---

[176] Vgl. § 284 Abs. 2 Nr. 3 HGB

(2) durch **wirtschaftliche Entwertung** (z. B. technischer Fortschritt, Einschränkung oder Wegfall der Verwendungsmöglichkeit infolge von Nachfragerückgang oder Modewechsel, Fehlinvestition),

(3) durch **vertragliche Begrenzung der Nutzungszeit** (z. B. Konzessionen).

Die wirtschaftliche Nutzungsdauer einer Anlage ist solange noch nicht beendet, wie die Einzahlungen dieser Anlage in einer Periode noch ausreichen, um folgende Größen zu decken:

(1) die zum Einsatz der Anlage erforderlichen **laufenden Betriebsausgaben** (z. B. laufende Wartung, Ersatzteile);

(2) die in einer Periode eintretende **Minderung des Restverkaufserlöses;**

(3) die **Zinsen** auf den Restverkaufserlös;

(4) die **Ertragsteuern** auf den Teil der Einzahlungen, die zum steuerpflichtigen Gewinn zählen.

Für die Bemessung der steuerlichen Abschreibungen werden von der Finanzverwaltung die „betriebsgewöhnlichen Nutzungsdauern" von Anlagegütern in sog. **AfA-Tabellen** zusammengestellt, die nach Auffassung der Finanzverwaltung ihre Verwaltungsarbeit und die Bilanzierungsarbeiten bei den Betrieben vereinfachen, die Zahl der Streitfälle verringern und zugleich der Gleichmäßigkeit der Besteuerung dienen sollen. Letzteres ist aber gerade nicht der Fall, wenn die Vereinfachung zu einer „Schematisierung unter Vernachlässigung betriebsindividueller Umstände"[177] führt.

Grundlage der AfA-Tabellen sind nicht Nutzungsdauerberechnungen auf der Basis von Investitionsrechnungen, sondern **Erfahrungswerte,** die bei steuerlichen Betriebsprüfungen gewonnen worden sind. Die Tabellensammlung enthält eine Tabelle „für die allgemein verwendbaren Anlagegüter",[178] das sind Anlagegüter, deren betriebsgewöhnliche Nutzungsdauer von der Verwendung in einem bestimmten Wirtschaftszweig in der Regel unabhängig ist. Alle übrigen Tabellen gelten für jeweils einen Wirtschaftszweig. Sie enthalten Anlagegüter, deren Nutzungsdauer verschieden lang ist, je nachdem, in welchem Wirtschaftszweig sie eingesetzt werden. An ihrer Entwicklung haben die zuständigen Wirtschafts- bzw. Fachverbände teilweise mitgewirkt.

Ist zu erwarten, daß sich am Ende der wirtschaftlichen Nutzungsdauer noch ein **Nettoliquidationserlös** ergibt, d. h. ein Überschuß des Veräußerungspreises (z. B. Schrotterlös) über die Kosten der Außerbetriebnahme und der Veräußerung des abgeschriebenen Anlagegutes, so können die zu verteilenden Anschaffungs- oder Herstellungskosten um den geschätzten Restwert vermindert werden, da im Interesse einer periodenrichtigen Erfolgsermittlung nur der Teil der Anschaffungs- oder Herstellungskosten abgeschrieben werden sollte, der aller Voraussicht nach bis zum Ausscheiden

---

[177] Herrmann-Heuer-Raupach, Einkommensteuer- und Körperschaftsteuergesetz mit Nebengesetzen, Kommentar (Loseblatt), 20. Aufl., Köln 1992 ff., Anm. 195 b zu § 7 EStG
[178] Vgl. AfA-Tabellen, hrsg. v. Bundesministerum der Finanzen und den Finanzministern (Finanzsenatoren) der Länder, abgedruckt in: Beck'sche Textausgaben, Steuertabellen, München 1990 ff.

des Vermögensgegenstandes verbraucht worden ist. Wird kein Restwert berücksichtigt, so tritt im Jahre der Veräußerung des Vermögensgegenstandes buchtechnisch ein **sonstiger betrieblicher Ertrag** in Höhe des während der Abschreibungsdauer zu viel verrechneten Abschreibungsaufwandes ein.

Es entspricht jedoch kaufmännischer Übung, daß ein Restverkaufserlös in der Regel nicht berücksichtigt wird, sondern die vollen Anschaffungs- oder Herstellungskosten abgeschrieben werden. Handelsrechtlich ist ein Wahlrecht anzunehmen, es sei denn, es handelt sich um Vermögensgegenstände, bei denen eine Veräußerung vor ihrer vollen Abnutzung von Anfang an geplant ist (z. B. werden gebrauchte Kraftfahrzeuge in der Regel beim Kauf neuer Fahrzeuge in Zahlung gegeben) oder bei denen ein Schrottwert im Verhältnis zur Höhe der Anschaffungs- oder Herstellungskosten erheblich ins Gewicht fällt.

Steuerrechtlich kommt der Ansatz eines Schrottwertes nur in Ausnahmefällen in Betracht. Das ergibt sich aus dem Wortlaut des § 7 Abs. 1 EStG, nach dem die Anschaffungs- oder Herstellungskosten auf die betriebsgewöhnliche Nutzungsdauer zu verteilen sind.

dd) Die Verfahren planmäßiger Abschreibung

(1) Überblick

Bei der Ermittlung der jährlichen Abschreibungsbeträge können die folgenden Verfahren angewendet werden; sie sind in der Handelsbilanz grundsätzlich zulässig, soweit sie im Einzelfall den Grundsätzen ordnungsmäßiger Bilanzierung entsprechen. Das ergibt sich aus der Tatsache, daß der Gesetzgeber keine bestimmte Methode, sondern generell einen Abschreibungsplan fordert, nach dem die Anschaffungs- oder Herstellungskosten auf die voraussichtliche Nutzungsdauer zu verteilen sind.[179] Das Steuerrecht schränkt die Anwendung einzelner Methoden ein. Die entsprechenden Vorschriften sind in der folgenden Aufzählung angegeben:

(a) Die **Zeitabschreibung:** Die Anschaffungs- oder Herstellungskosten werden mit Hilfe eines planmäßigen Verteilungsverfahrens entsprechend dem Zeitablauf auf die betriebsgewöhnliche Nutzungsdauer verteilt. Der Abschreibungsbetrag einer Abrechnungsperiode ist von der Zahl der mit dem abzuschreibenden Wirtschaftsgut produzierten Leistungen und damit vom Beschäftigungsgrad unabhängig.

Die Berechnung des jährlichen Abschreibungsbetrages kann erfolgen durch eine:

(aa) **Abschreibung in gleichbleibenden Jahresbeträgen** (lineare Abschreibung); sie ist nach § 7 Abs. 1 EStG bei allen abnutzbaren Anlagegütern auch in der Steuerbilanz zulässig;

(bb) **Abschreibung in fallenden Jahresbeträgen** (degressive Abschreibung); je nach dem Verlauf der Degression sind zu unterscheiden:
– geometrisch-degressive Abschreibung (Buchwertabschreibung);

---

[179] Vgl. § 253 Abs. 2 Satz 2 HGB

sie ist auch in der Steuerbilanz nach § 7 Abs. 2 EStG zulässig bei allen beweglichen abnutzbaren Anlagegütern, also nicht bei Gebäuden;

– arithmetisch-degressive Abschreibung; sie ist seit 1985 in der Steuerbilanz nicht mehr erlaubt;

– degressive Abschreibung mit fallenden Staffelsätzen; sie ist in der Steuerbilanz nach § 7 Abs. 5 EStG nur bei Gebäuden zulässig;

– degressive Abschreibung mit unregelmäßigen Quoten; sie kommt zustande durch Anwendung steuerlicher Sonderabschreibungen anstelle oder neben der Normalabschreibung;

(cc) **Abschreibung mit steigenden Jahresbeträgen** (progressive Abschreibung); sie ist seit dem 1. 1. 1958 steuerlich als Zeitabschreibung nicht mehr zulässig, da sie weder im EStG noch in der EStDV aufgeführt wird;

(b) Die **Leistungsabschreibung** (variable Abschreibung): Die Anschaffungs- oder Herstellungskosten werden entsprechend der Beanspruchung, d. h. der Zahl der in einer Abrechnungsperiode mit dem abzuschreibenden Wirtschaftsgut produzierten Leistungen (Stückzahl, Maschinenstunden, km-Leistung bei Kraftfahrzeugen), verteilt. Schwankungen des Beschäftigungsgrades beeinflussen die Höhe der Periodenabschreibung, d. h. der Abschreibungsaufwand steigt oder fällt proportional zur Ausbringungsmenge des abzuschreibenden Wirtschaftsgutes. Sie ist nach § 7 Abs. 1 Satz 4 EStG bei Nachweis des Umfanges der auf ein Jahr entfallenden Leistung auch steuerlich zulässig.

Nimmt die Leistungsabgabe im Laufe der Nutzungsdauer zu, so führt das zu einer Verteilung der Anschaffungs- oder Herstellungskosten in steigenden Jahresbeträgen. Als eine mögliche Form der grundsätzlich erlaubten Leistungsabschreibung ist diese Art progressiver Abschreibung auch steuerlich als zulässig anzusehen. (**ÜB 6**/33–34)

(c) Die **Abschreibung für Substanzverringerung** (variable Abschreibung): bei Bergbauunternehmen, Steinbrüchen, Kiesgruben und anderen Betrieben, bei denen ein Substanzabbau erfolgt, dürfen die Abschreibungen nach Maßgabe des eingetretenen Substanzverzehrs berechnet werden. Ebenso wie bei der Leistungsabschreibung schwankt die Periodenabschreibung mit der Höhe der Periodenleistung. Der Abschreibungsbetrag pro Leistungseinheit, z. B. pro Kubikmeter abgebauter Substanz ist konstant. Das Verfahren ist nach § 7 Abs. 6 EStG auch steuerlich zulässig.

(2) Die Abschreibung in gleichbleibenden Jahresbeträgen (lineare Abschreibung)

Bei linearer Abschreibung werden die Anschaffungs- oder Herstellungskosten gleichmäßig auf die betriebsgewöhnliche Nutzungsdauer verteilt. Der jährliche Abschreibungsbetrag wird ermittelt, indem die Anschaffungs- bzw. Herstellungskosten durch die Zahl der Jahre der Nutzung dividiert werden. Betragen die Anschaffungskosten (A) einer Anlage 20.000 DM, die

Nutzungsdauer (n) 10 Jahre, so beläuft sich die Abschreibungsquote (a) auf 2.000 DM im Jahr.

$$a = \frac{A}{n}$$

$$a = \frac{20.000\,DM}{10\,Jahre}$$

$$a = 2.000\,DM/Jahr.$$

Die Abschreibungsquote kann auch als konstanter Prozentsatz (p) der Anschaffungs- oder Herstellungskosten ausgedrückt werden. Sie errechnet sich dann wie folgt:

$$p = 10\%$$
$$a = p \times A$$
$$a = 2.000\,DM/Jahr.$$

Ein **Restwert** (Schrottwert) wird im allgemeinen bei der Ermittlung der Abschreibungsquoten nicht berücksichtigt, es sei denn, daß ihm im Verhältnis zum Gesamtabschreibungsbetrag eine besondere Bedeutung zukommt. Wird im obigen Beispiel z. B. ein Restwert (R) von 3.000 DM angesetzt, so ergibt sich:

$$a = \frac{A - R}{n}$$

$$a = \frac{20.000\,DM - 3.000\,DM}{10\,Jahre}$$

$$a = 1.700\,DM/Jahr.$$

Die Behauptung, daß der Vorteil des linearen Abschreibungsverfahrens in einer **gleichmäßigen Aufwandsbelastung** der einzelnen Perioden liege, trifft nur zu, wenn auch die Reparaturen (Instandhaltungsaufwand) pro Periode etwa gleichmäßig anfallen. Treten sie dagegen erst im späteren Verlauf der Nutzungsdauer auf – und das ist die Regel –, so nimmt der jährliche Aufwand für die Anlage gegen Ende der Nutzungsdauer trotz linearer Abschreibung zu.

Soll diese Abschreibungsmethode die Wertminderung pro Periode erfassen, so müßte eine völlig gleichmäßige Verschleißabnutzung des Anlagegutes von Beginn bis zum Ende der wirtschaftlichen Nutzungsdauer erfolgen, und außerdem dürften keine anderen Wertminderungsursachen eintreten, oder alle in einer Periode wirksamen Wertminderungsursachen müßten zusammen pro Periode die gleiche Wertminderung ergeben. Beide Annahmen sind unrealistisch. Bleibt die Gebrauchsfähigkeit einer Anlage bis zum Ende der wirtschaftlichen Nutzungsdauer nahezu konstant, um erst dann schlagartig abzusinken, so entspricht der Verlauf der tatsächlichen Wertminderung nicht dem Verlauf der durch die Abschreibung unterstellten Wertminderung (Restbuchwert). Da der Marktwert (gemeine Wert) einer Anlage in der Regel stark absinkt, sobald sie in Gebrauch genommen worden ist, hat die lineare Abschreibung also gewöhnlich weder eine Beziehung zum Zeitwert (Veräußerungswert) noch zur tatsächlichen Wertminderung. Sie berücksichtigt auch die Gefahr plötzlicher Wertminderungen durch technische Fortschritte oder Nachfrageschwankungen nicht. (ÜB 6/40–43)

(3) Die Abschreibung in fallenden Jahresbeträgen (degressive Abschreibung)

(a) Betriebswirtschaftliche Berechtigung

Die degressive Abschreibung ist ein Verfahren, das die Anschaffungs- oder Herstellungskosten eines Anlagegutes mittels sinkender jährlicher Abschreibungsquoten auf die wirtschaftliche Nutzungsdauer verteilt, d. h. die Abschreibungsquote ist im ersten Jahr der Nutzung am höchsten, im letzten Jahr am geringsten. Die **Degression** der Abschreibungsquoten kann **regelmäßig** (z. B. in Form einer geometrischen oder arithmetischen Reihe der Abschreibungsbeträge) oder **unregelmäßig** (z. B. durch Vornahme steuerlicher Sonderabschreibungen neben der Normalabschreibung) erfolgen. Die einzelnen Berechnungsmethoden werden unten ausführlich besprochen.

Für die degressive Abschreibung spricht die Tatsache, daß abnutzbare Anlagegüter nicht nur durch technischen Verschleiß im Laufe der Nutzungsdauer entwertet werden, sondern daß sie von Anfang an der **wirtschaftlichen Entwertung** durch technischen Fortschritt, Nachfrageverschiebungen, Modeänderungen u. a. ausgesetzt sind. Das Prinzip kaufmännischer Vorsicht als ein Grundprinzip der Bilanzbewertung erfordert daher, dem durch das Zusammenwirken mehrerer Wertminderungskomponenten degressiven Verlauf der Nutzungskurve abnutzbarer Anlagegüter durch eine entsprechende Bemessung der Abschreibungsquoten Rechnung zu tragen.

Ein weiteres Argument für die degressive Abschreibung ist die Feststellung, daß sie eine **planmäßigere Aufwandsverteilung** als die lineare Abschreibung ermöglicht, weil die Risiken des technischen Fortschritts usw. bereits im Abschreibungsplan berücksichtigt worden sind und infolgedessen außerplanmäßige Abschreibungen nur in ganz außergewöhnlichen Fällen noch zusätzlich erforderlich werden und weil sich außerdem derartige Risiken – ebenso wie z. B. eine Fehlschätzung der wirtschaftlichen Nutzungsdauer – um so weniger auswirken, je später sie eintreten.[180]

Im Gegensatz zur linearen Abschreibung wird bei der degressiven Abschreibung eine **etwa gleichmäßige Aufwandsbelastung** der einzelnen Jahre erreicht, wenn die jährlichen Abschreibungsquoten und der jährliche Repa-

---

[180] Vgl. Leffson, U., Die Grundsätze ordnungsmäßiger Buchführung, 7. Aufl., Düsseldorf 1987, S. 441

raturaufwand addiert werden, da in der Regel der Reparaturaufwand mit zunehmendem Alter einer Anlage steigt.

(b) Die geometrisch-degressive Abschreibung

Die geometrisch-degressive Abschreibungsmethode ermittelt die jährlichen Abschreibungsquoten nicht wie die lineare als festen Prozentsatz von den Anschaffungs- oder Herstellungskosten, sondern als festen Prozentsatz des bei direkter Abschreibung sich ergebenden Restbuchwertes. Sie wird deshalb auch als **Buchwertabschreibung** bezeichnet.

Beispiel: Anschaffungskosten 10.000 DM, Nutzungsdauer 5 Jahre, Abschreibungsprozentsatz vom jeweiligen Buchwert:
a) 30%
b) 40%

Jahr (am Ende)	Abschreibungs-prozentsatz		Jahresabschreibung		Restbuchwert	
	a)	b)	a)	b)	a)	b)
1	30	40	3.000	4.000	7.000	6.000
2	30	40	2.100	2.400	4.900	3.600
3	30	40	1.470	1.440	3.430	2.160
4	30	40	1.029	864	2.401	1.296
5	30	40	720	518	1.681	778

Das Beispiel zeigt, daß dieses Verfahren nicht zum Restwert Null führt **(unendliche Abschreibung)**. Je niedriger der Restwert (Schrottwert) am Ende der Nutzungsdauer ist, auf den abgeschrieben werden muß, desto höher muß der auf den jährlichen Restbuchwert angewendete Abschreibungsprozentsatz sein. Der Abschreibungsprozentsatz vom jeweiligen Restbuchwert muß – wenn am Ende der Nutzungsdauer etwa der gleiche Restwert erreicht werden soll – wesentlich höher sein als der Abschreibungsprozentsatz von den Anschaffungs- oder Herstellungskosten.

Die Höhe des am Ende der Nutzungsdauer noch erzielbaren Schrottwertes beeinflußt also den Abschreibungsprozentsatz. Er wird mit Hilfe folgender Formel ermittelt:

$$p = 100 \left(1 - \sqrt[n]{\frac{R_n}{A}} \right)$$

p = Abschreibungsprozentsatz

n = Zahl der Jahre der Nutzung

A = Anschaffungskosten

R_n = Restwert am Ende der Nutzungsdauer.

Den Einfluß der Höhe des Restwertes auf den Abschreibungsprozentsatz zeigt folgendes Beispiel: Anschaffungskosten 100.000 DM, Nutzungsdauer 10 Jahre, Restwert am Ende der Nutzungsdauer:
(a) 10.000 DM, (b) 1.000 DM, (c) 1,– DM.

Restwert am Ende der Nutzungsdauer	Abschreibungsprozentsatz vom Buchwert
10.000	20,57
1.000	36,90
1	68,38

Ein Abschreibungsprozentsatz von 68,38% bei einem Anlagegut, bei dem kein Schrottwert berücksichtigt wird, weil er etwa den erwarteten Kosten der Außerbetriebnahme und Veräußerung am Ende der Nutzungsdauer entspricht, ist – abgesehen davon, daß er steuerlich unzulässig ist – auch betriebswirtschaftlich unrealistisch. Bei zehnjähriger Nutzungsdauer rechtfertigen technischer Verschleiß und in der Zukunft erwartete wirtschaftliche Wertminderung eine Abschreibung von fast 70% der Anschaffungskosten am Ende des ersten Wirtschaftsjahres auch bei sehr risikobelasteten Anlagegütern in der Regel nicht.

Will man die **Degression mildern,** ist aber nur ein relativ geringer Restwert vorhanden, so ist es zweckmäßig, Vermögensgegenstände, die abgeschrieben werden müssen, mit solchen, die normalerweise nicht abgeschrieben werden, zu koppeln, also z. B. die Anschaffungskosten eines Grundstückes und eines Gebäudes zu addieren und so abzuschreiben, daß als Restwert der Wert des Grundstücks zuzüglich des Abbruchwertes des Gebäudes verbleibt.

Das folgende Beispiel[181] zeigt den Unterschied in der Höhe der Degression, wenn einmal vom Wert des Gebäudes einschließlich des Grundstücks und das andere Mal nur vom Wert des Gebäudes abgeschrieben wird.

Beispiel:

Gebäude 1.000.000 DM, Abbruchwert 100.000 DM; Nutzungsdauer 25 Jahre; Grundstückswert 500.000 DM.

Abschreibungsprozentsatz auf Gebäude einschließlich Grundstückswert:

$$p = 100 \left(1 - \sqrt[25]{\frac{600.000}{1.500.000}} \right) = 3,6\%$$

Abschreibungsprozentsatz auf Gebäude allein:

$$p = 100 \left(1 - \sqrt[25]{\frac{100.000}{1.000.000}} \right) = 8,8\%$$

---

[181] Das Beispiel findet sich bei Ruchti, H., a.a.O., S. 59ff.

Es ergibt sich folgender Abschreibungsverlauf:

	Gebäude einschl. Grundstück	Gebäude allein
Anschaffungswert	1.500.000,—	1.000.000,—
Abschreibung 1. Jahr	54.000,—	88.000,—
Restwert	1.446.000,—	912.000,—
Abschreibung 2. Jahr	52.056,—	80.256,—
Restwert	1.393.944,—	831.744,—
Abschreibung 3. Jahr	50.182,—	73.193,—
Restwert	1.343.762,—	758.551,—
usw.		

In beiden Fällen ist nach 25 Jahren der Restwert des Gebäudes von 100.000 DM erreicht. Die Differenz zwischen den jährlichen Abschreibungsbeträgen ist aber im ersten Fall wesentlich geringer.

Eine Milderung der Degression läßt sich auch dadurch erreichen, daß man zur Berechnung des Abschreibungsprozentsatzes den Anschaffungskosten des abzuschreibenden Wirtschaftsgutes einen **fiktiven Restwert** hinzufügt, auf den dann der Gesamtwert abgeschrieben wird. Bezeichnet man den fiktiven Restwert mit R_f, so ergibt sich:

$$p = 100 \left(1 - \sqrt[n]{\frac{R_f}{A + R_f}}\right).$$

In der **Steuerbilanz** ist die geometrisch-degressive Abschreibung nur bei den beweglichen Wirtschaftsgütern des Anlagevermögens zugelassen. Besondere Voraussetzungen hinsichtlich des Wertminderungsverlaufs sind nicht erforderlich. Für die Höhe der jährlich möglichen Abschreibung hat aber der Gesetzgeber Grenzen gesetzt. Der zu wählende Abschreibungsprozentsatz muß zwei Bedingungen erfüllen:[182]

(1) Er darf nicht höher sein als das Dreifache des Prozentsatzes, der sich bei der Absetzung für Abnutzung in gleichen Jahresbeträgen (konstante Abschreibung) ergibt;

(2) er darf unabhängig von der ersten Bedingung 30% nicht übersteigen.

Die Höchstgrenze von 30% ist in der Abschreibungspraxis maßgebend bis zu einer Nutzungsdauer von 9 Jahren. Bei einer Nutzungsdauer von 10 Jahren beträgt das Dreifache des linearen Satzes genau 30%. Die Höchstgrenze hat jetzt keine Bedeutung mehr. Dafür ist aber die Bedingung zu beachten, daß der Prozentsatz bei geometrisch-degressiver Absetzung das Dreifache des linearen Satzes, das nun immer unter 30% liegt, nicht übersteigen darf.

---

[182] Vgl. § 7 Abs. 2 Satz 2 EStG

Beispiel:

Anschaffungs-kosten (DM)	Nutzungs-dauer (Jahre)	Absetzung am Ende des ersten Jahres			
		linear		geometrisch-degressiv	
		(in % vom An-schaf-fungswert)	(in DM)	(in % vom Restbuchwert)	(in DM)
10.000	20	5	500	3,0 × 5% = 15%	1.500
10.000	10	10	1.000	3,0 × 10% = 30%	3.000
10.000	5	20	2.000	maximal 30%	3.000
10.000	4	25	2.500	maximal 30%	3.000
10.000	3	33⅓%	3.333	maximal 30%	3.000

(c) Die arithmetisch-degressive Abschreibung

Bei diesem Verfahren vermindern sich die jährlichen Abschreibungsquo-ten stets um den gleichen Betrag.

Beispiel: Anschaffungskosten 18.000 DM, Nutzungsdauer 6 Jahre, kein Schrottwert.

Jahr (am Ende)	Jahresabschreibung	Restbuchwert
1	5.500	12.500
2	4.500	8.000
3	3.500	4.500
4	2.500	2.000
5	1.500	500
6	500	0

Ist die Abschreibungsquote des letzten Jahres gleich dem Betrag, um den die jährliche Abschreibungsquote abnimmt (Degressionsbetrag), so bezeich-net man diese Form der arithmetisch-degressiven Abschreibung als **digitale Abschreibung** (Jahressummenabsetzung). Die Abschreibungsquoten wer-den in der Weise ermittelt, daß man die Jahresziffern der geschätzten Nut-zungsdauer addiert und die Anschaffungs- oder Herstellungskosten durch die erhaltene Summe dividiert. Der Quotient ist der Degressionsbetrag, der mit den Jahresziffern in fallender Reihe multipliziert wird. Die Produkte ergeben die jährlichen Abschreibungsquoten.

Beispiel: Anschaffungskosten (A) 90.000 DM, Nutzungsdauer (n) 5 Jahre, kein Schrottwert.
Addition der Jahresziffern von n: $1 + 2 + 3 + 4 + 5 = 15$.

$$\text{Degressionsbetrag (D)} = \frac{\text{Anschaffungskosten}}{\text{Summe der Jahresziffern}}$$

$$D = \frac{A}{\frac{n\,(n\,+\,1)}{2}}$$

$$D = 2 \times \frac{A}{n\,(n\,+\,1)}$$

$$D = 2 \times \frac{90.000}{30}$$

$$D = 6.000$$

Die jährliche Abschreibungsquote ergibt sich, wenn man den Degressionsbetrag mit den Jahresziffern in umgekehrter Reihenfolge multipliziert. Bezeichnet man die Abschreibungsquote des 1. Jahres mit a_1, des 2. Jahres mit a_2 usw., so folgt daraus:

$$a_1 = D \times n$$
$$a_2 = D \times (n - 1)$$
$$a_3 = D \times (n - 2)$$
$$\text{usw.}$$

Jahr (am Ende)	Degressionsbetrag mal Jahresziffer in fallender Reihe	Jahresab-schreibung	Restbuchwert
1	6.000 × 5	30.000	60.000
2	6.000 × 4	24.000	36.000
3	6.000 × 3	18.000	18.000
4	6.000 × 2	12.000	6.000
5	6.000 × 1	6.000	0

(d) Die Abschreibung in unregelmäßig fallenden Jahresbeträgen

Bei diesem Verfahren werden die ersten Jahre der Nutzungsdauer zwar mit höheren Abschreibungsquoten belegt als die späteren, jedoch erfolgt das Abfallen der Quoten nicht in einer regelmäßigen Degression oder in fallenden Staffelsätzen, sondern infolge steuerlich zulässiger niedriger Wertansätze, die durch Anwendung steuerlicher Sonderabschreibungen (neben der AfA) oder erhöhter Absetzungen (anstelle der AfA) entstehen, kommt es zu einem Abfallen der Abschreibungsquoten, die der Betrieb nach bilanzpolitischen Überlegungen bestimmen kann, da in der Regel die Aufteilung der erhöhten Absetzung bzw. der Sonderabschreibung auf mehrere Jahre in das Belieben des Steuerpflichtigen gestellt ist.

Nach § 14 BerlinFG können beispielsweise bei abnutzbaren Wirtschaftsgütern des Anlagevermögens einer im ehemaligen Berlin (West) gelegenen Betriebsstätte unter bestimmten Voraussetzungen **an Stelle** der nach § 7 EStG zu bemessenden AfA im Wirtschaftsjahr der Anschaffung oder Herstellung und in den vier folgenden Wirtschaftsjahren **erhöhte Absetzungen** bis zu 75% der Anschaffungs- oder Herstellungskosten vorgenommen werden. Dagegen gewährt § 7g EStG bei neuen beweglichen Wirtschaftsgütern des Anlagevermögens im Jahr der Anschaffung oder Herstellung und in den folgenden vier Jahren **neben** der normalen AfA nach § 7 EStG **Sonderabschreibungen** bis zu 20% der Anschaffungs- oder Herstellungskosten zur Förderung kleiner und mittlerer Betriebe.

Beispiel:

Anschaffungskosten 10.000 DM, Nutzungsdauer 5 Jahre, lineare Abschreibung 20%, Sonderabschreibung neben der AfA in den beiden ersten Jahren 50%. Sie wird beispielsweise folgendermaßen verteilt:

	Fall (a)	Fall (b)	Fall (c)
1. Jahr	45%	30%	15%
2. Jahr	5%	20%	35%

Jahr (am Ende)	Normalab-schreibung	Sonderabschreibung			Restbuchwert		
		(a)	(b)	(c)	(a)	(b)	(c)
1	2.000	4.500	3.000	1.500	3.500	5.000	6.500
2	2.000	500	2.000	3.500	1.000	1.000	1.000
3	333	—	—	—	667	667	667
4	333	—	—	—	334	334	334
5	334	—	—	—	—	—	—
insgesamt	5.000	5.000	5.000	5.000			

Das Beispiel zeigt, daß Sonderabschreibungen auch zu steigenden Abschreibungsquoten vom ersten zum zweiten Jahr der Nutzungsdauer führen können (Fall (c)). Insgesamt werden aber in allen Fällen 90% der Anschaffungskosten in den ersten zwei Jahren, die restlichen 10% in den darauffolgenden drei Jahren abgeschrieben. (**ÜB** 6/36–38)

(4) Die Abschreibung mit steigenden Jahresbeträgen (progressive Abschreibung)

Dieses Verfahren widerspricht in der Regel dem Prinzip kaufmännischer Vorsicht und wird deshalb kaum angewendet. Zweckmäßig könnte es nur dann sein, wenn ein Abschreibungsobjekt in Zukunft mit Sicherheit zunehmende Erträge abwirft. Die Abschreibungsquoten können wie bei der degressiven Abschreibung als geometrische oder arithmetische Reihe gebildet werden. Steuerlich ist das progressive Verfahren zur Zeit nicht zulässig.

(5) Die Abschreibung nach der Leistung und Inanspruchnahme

Bei diesem Verfahren wird nicht die Zeit geschätzt, auf die die Anschaffungs- oder Herstellungskosten zu verteilen sind, sondern die **mögliche Leistungsabgabe.** Die Dauer der Abschreibung hängt von dem Zeitraum ab, in dem ein Anlagegut seinen Leistungsvorrat durch Inanspruchnahme bei der Produktion abgibt. Die Anschaffungs- oder Herstellungskosten werden durch die geschätzte Zahl der mit einem Anlagegut zu bearbeitenden Produkte oder der möglichen Laufstunden einer Anlage dividiert. Auf diese Weise ergibt sich der Abschreibungsbetrag je Produkteinheit oder Maschinenstunde.

Der Abschreibungsbetrag einer Periode hängt also von der Höhe der Ausbringung dieser Periode ab, d. h. Schwankungen im Beschäftigungsgrad beeinflussen die Höhe der Jahresabschreibung. Dadurch verlieren die Abschreibungen den Charakter der auf die Zeitperiode bezogenen fixen Kosten. Sie sind als Gesamtkosten **dem Beschäftigungsgrad proportional,** auf die Leistungseinheit bezogen also konstant. Dieses Abschreibungsverfahren eignet sich deshalb besonders für die Kostenrechnung.

Beispiel:

Anschaffungskosten einer Maschine 60.000 DM, Gesamtleistungsabgabe: Bearbeitung von 120.000 Werkstücken; Produktion einer Periode: 15.000 Werkstücke.

$$a = \frac{60.000}{120.000} \times 15.000$$
$$a = 7.500$$

Allgemein formuliert:

$$a = \frac{A - R}{L_G} \times L_P.$$

a = Jahresabschreibung
A = Anschaffungskosten
R = Restwert (Schrottwert)

L_G = Gesamtleistungsvorrat des Anlagegutes
L_P = in der Periode verbrauchter Leistungsvorrat

Der Mangel des Verfahrens besteht darin, daß nur die Abnutzung durch Gebrauch (technischer Verschleiß), nicht dagegen der auch bei vorübergehender Außerbetriebnahme mögliche natürliche Verschleiß (z. B. durch Witterungseinflüsse) und vor allem nicht die durch den Zeitablauf bedingte wirtschaftliche Entwertung durch technischen Fortschritt usw. berücksichtigt werden.

Dieser Mangel der Leistungsabschreibung läßt sich beseitigen, wenn man

die Zeit- und Leistungsabschreibung miteinander kombiniert, indem man
die Jahresabschreibung in einen fixen und einen variablen Bestandteil auf-
spaltet, „um auf diese Weise die technische Abnutzung und die zeitabhängige
Wertminderung erfassen zu können."[183] Bei einem solchen Vorgehen finden
auch die Risiken der wirtschaftlichen Wertminderung Berücksichtigung.

Beispiel:
Anschaffungskosten einer Maschine 60.000 DM, Nutzungsdauer 5 Jahre,
Gesamtleistungsabgabe: Bearbeitung von 120.000 Werkstücken, Abschreibung zu 40% der Anschaffungskosten fix und zu 60% variabel. In der 1. Periode werden 10.000 Werkstücke bearbeitet. Als fixen Abschreibungsbetrag
erhält man 4.800 DM (40% von 60.000 DM = 24.000 DM : 5 Jahre = 4.800
DM) und als variablen Abschreibungsbetrag 3.000 DM (36.000 DM :
120.000 Werkstücke = 0,30 DM/Werkstück × 10.000 Werkstücke = 3.000
DM). In der Summe erhält man für die 1. Periode einen Abschreibungsbetrag von 7.800 DM.

Nach § 7 Abs. 1 Satz 4 EStG ist die Absetzung nach der Leistung bei
beweglichen Gütern des Anlagevermögens zulässig, wenn folgende Voraussetzungen erfüllt sind:
(1) Die Anwendung der Methode muß sich **wirtschaftlich begründen** lassen. Nach den Einkommensteuerrichtlinien ist die Absetzung nach Maßgabe der Leistung bei solchen beweglichen Wirtschaftsgütern des Anlagevermögens wirtschaftlich begründet, „deren Leistung in der Regel erheblich schwankt und deren Verschleiß dementsprechend wesentliche Unterschiede aufweist."[184]
(2) Der auf ein Jahr entfallende Umfang der Leistung muß **nachweisbar** sein.
Der Nachweis kann nach den Worten der Richtlinien „z. B. bei einer
Spezialmaschine durch ein die Anzahl der Arbeitsvorgänge registrieren-
des Zählwerk oder bei einem Kraftfahrzeug durch den Kilometerzähler
geführt werden."[185]

ee) Außerplanmäßige Abschreibungen

Liegt der Wert eines Vermögensgegenstandes am Bilanzstichtag unter den
Anschaffungs- oder Herstellungskosten bzw. den fortgeführten, d. h. um
planmäßige Abschreibungen verminderten Anschaffungs- oder Herstellungskosten oder unter einem bereits am letzten Bilanzstichtag erreichten
niedrigeren Buchwert, so folgt aus dem Imparitätsprinzip, daß die Wertminderung bereits vor ihrer Realisierung durch eine außerplanmäßige Abschreibung erfaßt werden muß. Die Bezeichnung außerplanmäßig besagt, daß bei
abnutzbaren Anlagegütern die dem Abschreibungsplan entsprechenden
Buchwerte zu hoch sind, weil wertmindernde Tatbestände eingetreten sind,
die im Plan nicht berücksichtigt wurden oder bei nicht abnutzbaren Anlagegütern und Gütern des Umlaufvermögens, die keiner planmäßigen Ab-

---

[183] Heinen, E., Handelsbilanzen, 12. Aufl., Wiesbaden 1986, S. 228f.
[184] R 44 Abs. 5 Satz 2 EStR
[185] R 44 Abs. 5 Satz 4 EStR

schreibung unterliegen können, der Wert unter dem letzten Bilanzansatz liegt.

Als **außergewöhnlich** ist eine Entwertung dann anzusehen, wenn
(1) die **technische Fähigkeit** des zu bewertenden Anlagegutes, Nutzungen abzugeben, aus bestimmten Gründen stärker abgenommen hat, als das durch die planmäßige Abschreibung berücksichtigt wird;
(2) der Nutzungsvorrat, den ein Anlagegut noch repräsentiert, **aus wirtschaftlichen Gründen** stärker entwertet worden ist, als es der planmäßigen Abschreibung entspricht;
(3) die **Wiederbeschaffungskosten** oder der Einzelveräußerungswert eines Anlagegutes gesunken sind. Der Einzelveräußerungswert kommt bei Anlagegütern nur selten in Frage, da solche Güter normalerweise dazu bestimmt sind, dauernd dem Betriebe zu dienen.

Für die Berücksichtigung der außerordentlichen Wertminderung (Beeinträchtigung der Nutzung) kommen **drei Methoden** in Betracht:
(1) Es wird eine **außerplanmäßige Abschreibung** vorgenommen, und der Restwert wird auf die **unverkürzte Restnutzungsdauer** verteilt. Dieses Verfahren wird dann in Frage kommen, wenn der Nutzungsvorrat des Anlagegutes mengenmäßig unverändert geblieben, wertmäßig aber geringer geworden ist, weil z. B. durch Nachfragerückgang oder durch technischen Fortschritt, den die Konkurrenz bereits eingeführt hat, die Leistungen der abzuschreibenden Anlagen nur noch zu einem geringeren Preis am Markt abgesetzt werden können.
(2) Es wird eine **außerplanmäßige Abschreibung** vorgenommen und außerdem werden die zukünftigen planmäßigen Abschreibungsbeträge auf der Grundlage einer **verkürzten Nutzungsdauer** bemessen. Das wird insbesondere dann erforderlich sein, wenn der Nutzungsvorrat, der in einem Anlagegut noch enthalten ist, mengenmäßig abgenommen hat, z. B. durch übermäßige Inanspruchnahme einer Anlage, durch Beschädigung einer Maschine, durch Katastropheneinflüsse u. a.
(3) Es wird keine außerplanmäßige Abschreibung vorgenommen, sondern der durch **planmäßige Abschreibung** erreichte Buchwert wird auf eine **verkürzte Nutzungsdauer** verteilt, d. h. es wird die planmäßige Abschreibung für die Restnutzungsdauer korrigiert. (ÜB 6/32)

b) Bilanzierung und Bewertung des Vorratsvermögens

aa) Einführung

Zum Vorratsvermögen zählen Roh-, Hilfs- und Betriebsstoffe, Halb- und Fertigfabrikate und Waren. Grundsätzlich gilt auch für diese Vermögensgegenstände das **Prinzip der Einzelbewertung**.[186] Ein Warenlager kann deshalb grundsätzlich nicht als Ganzes bewertet werden, sondern die einzelnen Güter sind getrennt zu bewerten. Die Bewertung wird um so genauer sein, je sorgfältiger ein Warenlager in die einzelnen Sorten aufgeteilt wird und je

---

[186] Vgl. § 252 Abs. 1 Nr. 3 HGB

sicherer sich die einzelnen Sorten in konkrete Teillieferungen mit exakten Anschaffungskosten zerlegen lassen. Das setzt allerdings voraus, daß die einzelnen Teilmengen, aus denen sich der Gesamtbestand eines gleichartigen Vorrats zusammensetzt, getrennt nach ihren verschiedenen Anschaffungs- oder Herstellungskosten gelagert werden. Dem Betrieb steht es frei, welche Güter eines solchen Bestandes er zuerst verbraucht oder verkauft. Er kann grundsätzlich die am teuersten beschafften zuerst absetzen, um einen möglichst niedrigen Wert für den Endbestand und einen vergleichsweise niedrigen Gewinn in der Periode auszuweisen; da er diese Entscheidung im Zeitpunkt des Verbrauchs bzw. Verkaufs und nicht erst im Zeitpunkt der Bilanzierung trifft, ist eine Gewinnbeeinflussung nachträglich nicht möglich.

Werden die Güter nicht getrennt nach unterschiedlichen Anschaffungskosten gelagert, so ist ebenso wie in der Handelsbilanz auch steuerrechtlich eine **Sammel- oder Gruppenbewertung** oder der Ansatz eines **Festwertes** zulässig, vorausgesetzt, daß es sich um Güter handelt, die im wesentlichen gleichartig sind und ungefähr die gleiche Preislage haben. In diesem Fall muß die Zusammensetzung des einheitlich bewerteten Bestandes nach den verschiedenen Anschaffungspreisen geschätzt werden.

bb) Sammel-, Gruppen- und Festbewertung

(1) Überblick über die Verfahren[187]

Ist eine Einzelbewertung von Vorräten nicht möglich, weil eine getrennte Lagerung von zu unterschiedlichen Anschaffungs- oder Herstellungskosten erworbenen bzw. hergestellten gleichartigen Gütern nicht erfolgt, oder aus wirtschaftlichen Gründen nicht vertretbar, so können folgende Verfahren angewendet werden, mit denen durch bestimmte Fiktionen zur Ermittlung möglichst genauer Anschaffungs- oder Herstellungskosten ein der **Einzelbewertung möglichst nahe kommendes Ergebnis** erzielt werden soll:

(a) Aus sämtlichen Anschaffungskosten wird ein gewogener Durchschnitt gebildet (**durchschnittliche Anschaffungskosten**);

(b) die Anschaffungskosten der einzelnen Zugänge werden der **zeitlichen Reihenfolge nach geordnet**, d. h. es werden jeweils die zuerst (First in – first out – [Fifo-] Verfahren) oder die zuletzt (Last in – first out – [Lifo-] Verfahren) bezahlten Preise zuerst „verbraucht";

(c) die Anschaffungskosten der einzelnen Zugänge werden der **Höhe nach geordnet**, d. h. es werden jeweils die höchsten (Highest in – first out – [Hifo-]Verfahren) oder die niedrigsten (Lowest in – first out – [Lofo-] Verfahren) bezahlten Preise zuerst ausgebucht;

(d) es erfolgt eine **Gruppenbewertung** für gleichartige Vermögensgegenstände des Vorratsvermögens und andere gleichartige oder annähernd gleichwertige bewegliche Vermögensgegenstände, d. h. sie können zu einer Gruppe zusammengefaßt und mit dem gewogenen Durchschnittswert angesetzt werden;[188]

---

[187] Vgl. Wöhe, G., Bilanzierung, a. a. O., S. 496 ff.
[188] Vgl. § 256 Satz 2 HGB i. V. m. § 240 Abs. 4 HGB

(e) es erfolgt eine **Festbewertung** bei Vermögensgegenständen des Sachanlagevermögens sowie Roh-, Hilfs- und Betriebsstoffen, sofern ihr Bestand in seiner Größe, seinem Wert und seiner Zusammensetzung nur geringen Veränderungen unterliegt.[189]

Während die Verbrauchsfolgeverfahren nur bei gleichartigen Gütern des Vorratsvermögens anwendbar sind, dürfen zur Gruppenbewertung auch Güter zusammengefaßt werden, die „annähernd gleichwertig" sind. Die Festbewertung ist im Umlaufvermögen auf Roh-, Hilfs- und Betriebsstoffe begrenzt.

Die Durchschnittsmethode (a) und die Gruppen- und Festbewertung (d und e) sind handels- und steuerrechtlich zulässig.[190] Die auf Verbrauchsfolgeunterstellungen beruhenden Verfahren (b und c) sind handelsrechtlich erstmals ausdrücklich durch § 155 Abs. 1 Satz 3 AktG 1965 zugelassen worden. Der Inhalt dieser Vorschrift wurde in den § 256 HGB übernommen. Nach § 6 Abs. 1 Nr. 2a EStG ist nur die **Lifo-Methode** von den Verbrauchsfolgeverfahren **steuerlich anerkannt**. Die Lifo-Methode vermeidet hier durch die zeitnahe Verrechnung von Einkaufs- und Verkaufspreisen eine Besteuerung von preissteigerungsbedingten Scheingewinnen. Ihre Anwendung wird im Steuerrecht von denselben Voraussetzungen abhängig gemacht wie im Handelsrecht. Folglich ist das Bewertungswahlrecht in der Handelsbilanz auszuüben.

Es darf nicht übersehen werden, daß die mit Hilfe der einzelnen Verfahren ermittelten Werte nicht ohne weiteres als Bilanzansätze in Frage kommen, sondern daß sie die fiktiven Anschaffungs- oder Herstellungskosten der als Bestände zu aktivierenden Vorräte sind. Sie kommen bei Anwendung des **strengen Niederstwertprinzips** nur zum Zuge, wenn sie unter dem Börsen- oder Marktwert liegen.

Alle Versuche, dem Endbestand Anschaffungskosten beizumessen, bauen auf einer Fiktion der Zusammensetzung des Endbestandes und damit auch auf einer Fiktion der Zusammensetzung des Verbrauchs (Wareneinsatz) auf. Diese Fiktionen sind in der Übersicht auf S. 1102 (oben) zusammengefaßt.

(2) Die Durchschnittsmethode

Bei dieser Methode wird ein Durchschnittspreis (durchschnittliche Anschaffungskosten) als gewogenes arithmetisches Mittel aus allen Einkäufen einer Waren- oder Rohstoffart, deren Einheiten im wesentlichen gleichartig sind und ungefähr die gleiche Preislage haben, errechnet. Mit den ermittelten durchschnittlichen Anschaffungskosten werden dann sowohl die Abgänge als auch der Endbestand bewertet. Schließt man den Anfangsbestand in die Berechnung ein, so ergibt sich ein durchschnittlicher Buchbestandswert, rechnet man ohne den Anfangsbestand, so stellt der Durchschnittspreis den mittleren Beschaffungswert dar.

---

[189] Vgl. § 256 Satz 2 HGB i. V. m. § 240 Abs. 3 HGB
[190] Vgl. R 36 Abs. 3 bis 5 EStR

Bewertungs-verfahren	Fiktion der Zusammensetzung des Endbestandes	Fiktion der Zusammensetzung des Verbrauchs
gewogener Durchschnitt	Im Endbestand steckt die gleiche Mengenrelation aus Anfangsbestand und Einzellieferungen der Periode.	Im Verbrauch steckt die gleiche Mengenrelation aus Anfangsbestand und Einzellieferungen der Periode.
Fifo (first in – first out)	Im Endbestand sind die letzten Lieferungen enthalten.	Der Verbrauch setzt sich aus dem Anfangsbestand und den ersten Lieferungen zusammen.
Lifo (last in – first out)	Im Endbestand sind der Anfangsbestand und ggf. die ersten Lieferungen enthalten.	Der Verbrauch setzt sich aus den letzten Lieferungen zusammen.
Hifo (highest in – first out)	Im Endbestand sind die billigsten Lieferungen ggf. einschließlich des Anfangsbestands enthalten.	Der Verbrauch setzt sich aus den teuersten Lieferungen ggf. einschließlich des Anfangsbestands zusammen.
Lofo (lowest in – first out)	Im Endbestand sind die teuersten Lieferungen ggf. einschließlich des Anfangsbestands enthalten.	Der Verbrauch setzt sich aus den billigsten Lieferungen ggf. einschließlich des Anfangsbestands zusammen.

Beispiel:

Anfangsbestand	100 ME à 24 DM =	2.400 DM
Zugang	100 ME à 25 DM =	2.500 DM
Zugang	100 ME à 26 DM =	2.600 DM
Zugang	300 ME à 27 DM =	8.100 DM
Zugang	200 ME à 28 DM =	5.600 DM
	800 ME	= 21.200 DM

$$\text{Durchschnittlicher Buchbestandswert:} \quad \frac{21.200}{800} = 26,50 \text{ DM}$$

$$\text{Durchschnittlicher Beschaffungswert:} \quad \frac{18.800}{700} = 26,86 \text{ DM}$$

Sind die Preisverhältnisse im allgemeinen konstant, so werden zwar auch gewisse kleinere Schwankungen der Anschaffungskosten der einzelnen Zugänge eintreten, z.B. dadurch, daß unterschiedliche Bestellmengen (verschiedene Rabatte) beschafft werden oder daß verschiedene Lieferanten herangezogen werden müssen (unterschiedliche Lieferbedingungen und Transportkosten) oder daß aufgrund der Liquiditätslage des Betriebes einmal eine Skontierung möglich, ein anderes Mal nicht möglich ist. Derartige Schwankungen der Anschaffungskosten werden sich aber in etwa ausgleichen, so daß der gewogene Durchschnittswert nicht wesentlich vom Tageswert am Bilanzstichtag abweichen wird.

Sind die Wiederbeschaffungskosten im Laufe des Wirtschaftsjahres gesunken, so wirken sich in den durchschnittlichen Anschaffungskosten auch die höheren Anschaffungskosten zu Beginn des Jahres aus, und der Durchschnittswert liegt über dem Tageswert am Bilanzstichtag. Sein Ansatz würde **dem Niederstwertprinzip widersprechen.** Sind die durchschnittlichen Anschaffungskosten höher als der Tageswert, so ist dieser anzusetzen, und die Differenz zwischen beiden Werten ist abzuschreiben, da das strenge Niederstwertprinzip beachtet werden muß.[191]

Daraus folgt, daß der Endbestand nur bei konstanten oder steigenden Preisen mit den durchschnittlichen Anschaffungskosten bewertet werden kann. Im Falle sinkender Preise verbietet das Niederstwertprinzip diesen Ansatz.

Die dargestellte Methode der Bewertung zum gewogenen Durchschnittswert kann dadurch verfeinert werden, daß die durchschnittlichen Anschaffungskosten nicht am Ende der Periode, sondern laufend, d. h. nach jedem Zugang neu ermittelt werden **(Skontration).** Die Abgänge werden dann stets mit dem jeweils zuletzt ermittelten Durchschnittspreis bewertet. Die durchschnittlichen Anschaffungskosten werden also bis zum Jahresende fortgeschrieben, so daß der Endbestand mit den zuletzt ermittelten durchschnittlichen Anschaffungskosten bewertet wird, falls diese Bewertung nicht gegen das strenge Niederstwertprinzip verstößt.

(3) Die Verbrauchsfolgeverfahren

Anstelle einer Bewertung zu durchschnittlichen Anschaffungskosten besteht aber auch die Möglichkeit, jeweils die zuletzt oder zuerst angefallenen oder die höchsten Anschaffungskosten zu „verbrauchen". Folgende Methoden sind möglich:

Die **Lifo-Methode** unterstellt, daß die zuletzt beschafften Güter stets zuerst veräußert oder verbraucht werden (buchtechnisch, nicht gegenständlich) und daß die zuerst gekauften Güter als Endbestand verbleiben. Diese Methode ist **bei steigenden Preisen** zweckmäßig, denn dann bleiben die zuerst mit den niedrigsten Preisen beschafften Güter als Endbestand erhalten, oder besser gesagt, der Endbestand wird mit den niedrigen Anschaffungskosten des Anfangsbestandes bzw. der zeitlich am weitesten zurückliegenden Beschaffungen bewertet. Die ausgewiesenen Gewinne – und damit auch die Preissteigerungsgewinne – werden vermindert, vorausgesetzt, daß die ausgewiesenen Bestände keinen zu starken Schwankungen unterliegen.

Die **Fifo-Methode** geht davon aus, daß die zuerst erworbenen Güter buchtechnisch auch als zuerst veräußert oder verbraucht angesehen werden. Folglich wird der Endbestand mit den Anschaffungskosten der zuletzt beschafften Güter bewertet. Dieses Verfahren ist **bei sinkenden Preisen** zweckmäßig. Der Gewinn wird niedriger ausgewiesen, als wenn die hohen Beschaffungspreise von früher für den Endbestand angesetzt worden wären.

---

[191] Vgl. § 253 Abs. 3 HGB

Die **Hifo-Methode** bucht grundsätzlich die mit den höchsten Beschaffungspreisen hereingenommenen Güter zuerst aus, so daß bei der Bewertung des Endbestandes stets die niedrigst möglichen Wertansätze gewählt werden. Diese Methode entspricht insbesondere dann dem Prinzip kaufmännischer Vorsicht, wenn der Trend der Anschaffungskosten innerhalb einer Periode nicht in einer Richtung läuft, also die Preise weder permanent steigen noch permanent sinken, sondern wenn innerhalb der Periode **Schwankungen der Preise** erfolgt sind.

Beispiel: Es wird unterstellt, daß die Wiederbeschaffungskosten laufend steigen.

(a) **Durchschnittliche Anschaffungskosten**

Soll	Gemischtes Warenkonto		Haben
AB 100 ME à 24 DM = 2.400 DM	Verkauf 200 ME à 30 DM =	6.000 DM	
+ 100 ME à 25 DM = 2.500 DM	Verkauf 300 ME à 35 DM =	10.500 DM	
+ 100 ME à 26 DM = 2.600 DM	Verkauf 200 ME à 40 DM =	8.000 DM	
+ 300 ME à 27 DM = 8.100 DM		24.500 DM	
+ 200 ME à 28 DM = 5.600 DM	EB 100 ME à 26,50 DM	2.650 DM	
21.200 DM			
Gewinn 5.950 DM			
27.150 DM		27.150 DM	

(b) **Lifo-Methode**

Soll	Gemischtes Warenkonto		Haben
AB 100 ME à 24 DM = 2.400 DM	Verkauf 200 ME à 30 DM =	6.000 DM	
+ 100 ME à 25 DM = 2.500 DM	Verkauf 300 ME à 35 DM =	10.500 DM	
+ 100 ME à 26 DM = 2.600 DM	Verkauf 200 ME à 40 DM =	8.000 DM	
+ 300 ME à 27 DM = 8.100 DM		24.500 DM	
+ 200 ME à 28 DM = 5.600 DM	EB 100 ME à 24 DM	2.400 DM	
21.200 DM			
Gewinn 5.700 DM			
26.900 DM		26.900 DM	

(c) **Fifo-Methode**

Soll	Gemischtes Warenkonto		Haben
AB 100 ME à 24 DM = 2.400 DM	Verkauf 200 ME à 30 DM =	6.000 DM	
+ 100 ME à 25 DM = 2.500 DM	Verkauf 300 ME à 35 DM =	10.500 DM	
+ 100 ME à 26 DM = 2.600 DM	Verkauf 200 ME à 40 DM =	8.000 DM	
+ 300 ME à 27 DM = 8.100 DM		24.500 DM	
+ 200 ME à 28 DM = 5.600 DM	EB 100 ME à 28 DM	2.800 DM	
21.200 DM			
Gewinn 6.100 DM			
27.300 DM		27.300 DM	

(d) Hifo-Methode

Diese Methode führt bei kontinuierlich steigenden Preisen zum gleichen Endbestandswert wie die Lifo-Methode.

Unterstellen wir, daß die Wiederbeschaffungskosten am Bilanzstichtag (Tageswert) gleich den Anschaffungskosten der zuletzt beschafften Menge (28 DM je Einheit) sind. Bei Anwendung des Niederstwertprinzips ergibt sich dann folgende Bewertung des Endbestandes:

Methode	Wert des Endbestandes je Einheit	Tageswert am Bilanz- stichtag je Einheit	zulässiger Bilanzansatz je Einheit (Handelsbilanz)	Periodengewinn
Durchschnitts- methode	26,50	28,—	26,50	5.950 DM
Lifo	24,—	28,—	24,—	5.700 DM
Fifo	28,—	28,—	28,—	6.100 DM
Hifo	24,—	28,—	24,—	5.700 DM

Beispiel: Es wird unterstellt, daß die Wiederbeschaffungskosten laufend sinken.

(a) Durchschnittliche Anschaffungskosten

Soll	Gemischtes Warenkonto		Haben
AB 200 ME à 28 DM = 5.600 DM	Verkauf 200 ME à 30 DM =	6.000 DM
+ 300 ME à 27 DM = 8.100 DM	Verkauf 200 ME à 29 DM =	5.800 DM
+ 100 ME à 26 DM = 2.600 DM	Verkauf 300 ME à 26 DM =	7.800 DM
+ 100 ME à 25 DM = 2.500 DM		19.600 DM
+ 100 ME à 24 DM = 2.400 DM	EB 100 ME à 26,50	2.650 DM
21.200 DM		
Gewinn 1.050 DM		
22.250 DM		22.250 DM

(b) Lifo-Methode

Soll	Gemischtes Warenkonto		Haben
AB 200 ME à 28 DM = 5.600 DM	Verkauf 200 ME à 30 DM =	6.000 DM
+ 300 ME à 27 DM = 8.100 DM	Verkauf 200 ME à 29 DM =	5.800 DM
+ 100 ME à 26 DM = 2.600 DM	Verkauf 300 ME à 26 DM =	7.800 DM
+ 100 ME à 25 DM = 2.500 DM		19.600 DM
+ 100 ME à 24 DM = 2.400 DM	EB 100 ME à 28,— DM	2.800 DM
21.200 DM		
Gewinn 1.200 DM		
22.400 DM		22.400 DM

(c) Fifo-Methode

Soll		Gemischtes Warenkonto		Haben
AB 200 ME à 28 DM =	5.600 DM	Verkauf 200 ME à 30 DM =	6.000 DM	
+ 300 ME à 27 DM =	8.100 DM	Verkauf 200 ME à 29 DM =	5.800 DM	
+ 100 ME à 26 DM =	2.600 DM	Verkauf 300 ME à 26 DM =	7.800 DM	
+ 100 ME à 25 DM =	2.500 DM		19.600 DM	
+ 100 ME à 24 DM =	2.400 DM	EB 100 ME à 24 DM	2.400 DM	
	21.200 DM			
Gewinn	800 DM			
	22.000 DM		22.000 DM	

(d) Hifo-Methode

Diese Methode führt bei kontinuierlich fallenden Preisen zum gleichen Ergebnis wie die Fifo-Methode.

Unterstellt man auch im Falle sinkender Preise, daß die Wiederbeschaffungskosten am Bilanzstichtag (Tageswert) genau den Anschaffungskosten der zuletzt beschafften Menge (24,– DM je Einheit) entsprechen, so ergibt sich bei Anwendung des Niederstwertprinzips folgende Bewertung:

Methode	Wert des Endbestandes je Einheit	Tageswert am Bilanzstichtag je Einheit	zulässiger Bilanzansatz je Einheit (Handelsbilanz)
Durchschnittsmethode	26,50	24,–	24,–
Lifo	28,–	24,–	24,–
Fifo	24,–	24,–	24,–
Hifo	24,–	24,–	24,–

Ist der Endbestand mengenmäßig größer oder kleiner als der Anfangsbestand, so kommt dennoch ein anderer Endbestandswert je Einheit für die Bilanzierung nicht in Betracht, da nach dem strengen Niederstwertprinzip der Endbestand unter den gemachten Voraussetzungen stets zum niedrigeren Tageswert zu bewerten ist. (ÜB 6/59–69)

c) Bilanzierung und Bewertung von Forderungen

aa) Begriff und Arten bilanzierungspflichtiger Forderungen

Für Forderungen besteht grundsätzlich eine **Aktivierungspflicht**. Diese Feststellung bedarf jedoch dahingehend einer Einschränkung, daß bei einem zweiseitigen Vertrag eine bilanzierungsfähige Forderung erst gegeben ist, wenn der Gläubiger den Anspruch des Schuldners erfüllt hat, also z. B. bei einer Warenforderung der Verkäufer „das zur Erfüllung des Vertrages Erforderliche getan hat und die Gefahr des zufälligen Untergangs und der zufälligen Verschlechterung der Ware auf den Käufer übergegangen ist."[192]

---

[192] Adler-Düring-Schmaltz, Rechnungslegung und Prüfung der Aktiengesellschaft, 4. Aufl., Stuttgart 1968, Anm. 43 zu § 149 AktG 1965 (a. F.)

Nicht bilanzierungsfähig sind Forderungen aus Verträgen, die noch von keiner Seite erfüllt wurden (**schwebende Geschäfte**). Ein schwebendes Geschäft liegt z. B. vor, wenn der Betrieb einen Vertrag über die Lieferung von Fertigfabrikaten geschlossen hat, den er erst in den folgenden Perioden erfüllen muß. Auch der Kaufpreis wird erst in einer der nächsten Perioden fällig, eine Anzahlung ist nicht erfolgt. Folglich ist noch kein buchungspflichtiger Geschäftsvorfall eingetreten. Die rechtlich bereits bestehende Forderung auf Zahlung des Kaufpreises ist ebenso wie die Lieferverpflichtung des Betriebes wirtschaftlich noch nicht entstanden.[193]

Nach der Art der Geschäftsvorfälle lassen sich im wesentlichen folgende Forderungsarten unterscheiden:

(1) Geldforderungen auf Grund der Lieferung von Gütern (Güterausgang – Geldeingang);

(2) Geldforderungen auf Grund von Darlehensverträgen (Geldausgang – Geldeingang);

(3) Güterforderungen auf Grund von Anzahlungen (Geldausgang – Gütereingang);

(4) Güterforderung auf Grund von Tauschgeschäften (Güterausgang – Gütereingang);

(5) Geldforderungen auf Grund von Wertpapiererwerb (Geldausgang – Geldeingang [z. B. Obligationen] oder Güterausgang – Geldeingang [z. B. Warenlieferung gegen Wechsel]).

Forderungen können im Anlage- und im Umlaufvermögen bilanziert werden. Welche von den im handelsrechtlichen Bilanzgliederungsschema ausgewiesenen Positionen zu den Forderungen zählen, wurde oben bereits erläutert.[194]

bb) Die Bewertung der Forderungen

Forderungen sind grundsätzlich zu ihren **Anschaffungskosten** zu bewerten. Die Anschaffungskosten einer Forderung sind in der Regel gleich ihrem Nennwert, zuzüglich aller Nebenkosten. Das gilt nicht nur für normalverzinsliche Geldforderungen aus der Gewährung von Darlehen, sondern ebenso für Forderungen aus Warenlieferungen und Leistungen. Auch letztere sind in der Regel verzinslich, da die Abnehmer im Falle der Barzahlung einen Skonto abziehen können, der seinem Wesen nach nichts anderes als ein Zinsbetrag ist, der im Kaufpreis enthalten ist und bezahlt wird, wenn die Kreditfrist in Anspruch genommen wird. Er liegt allerdings gewöhnlich weit über dem Zins für einen vergleichbaren Bankkredit.

Wird vom Abnehmer der Skontoabzug nicht genutzt, so ist es üblich, daß der Lieferant eine Forderung in Höhe des Rechnungsbetrages bilanziert. Beträgt der vereinbarte Kaufpreis z. B. 1.000 DM mit 3% Skonto, so setzt er sich zusammen aus einer Forderung aus dem Lieferungsgeschäft von 970

---

[193] Kritisch hierzu: Bieg, H., Schwebende Geschäfte in Handels- und Steuerbilanz, Frankfurt/Main – Bern 1977, insbes. S. 179 ff.
[194] Vgl. S. 1053

DM und aus dem Kreditgeschäft von 30 DM. Ein getrennter Ausweis dieser artverschiedenen Forderungen ist jedoch nach herrschender Auffassung weder in der Bilanz noch in der Gewinn- und Verlustrechnung erforderlich. Die Umsatzerlöse sind in der Gewinn- und Verlustrechnung nach Abzug von Erlösschmälerungen und der Umsatzsteuer auszuweisen. Der Skonto gilt als Erlösschmälerung im Sinne des Gesetzes, d. h. wenn der Abnehmer den Skontoabzug in Anspruch nimmt, ist der Umsatzerlös in Höhe des Rechnungsbetrages abzüglich des Skontos anzusetzen.[195] Es ist demnach unzulässig, nur 970 DM als Umsatzerlös und 30 DM als Zinsertrag anzusetzen. Diese Abspaltung der vom Schuldner nicht genutzten Skonti vom Erlös ist nach h. M.[196] nicht erlaubt, obwohl diese Methode genauer wäre, da sie zwei unterschiedliche Ertragskategorien trennt.[197]

Uneinbringliche Forderungen sind nach dem Grundsatz der Vorsicht abzuschreiben, **zweifelhafte** Forderungen sind mit ihrem wahrscheinlichen Wert anzusetzen. Ein **drohender Verlust** soll im Interesse einer genauen Periodenabgrenzung bereits in der Periode als Aufwand verrechnet werden, in der er erkennbar wird und nicht erst dann, wenn er durch vollen oder teilweisen Forderungsausfall offenkundig wird. Dieser Grundsatz ergibt sich aus § 252 Abs. 1 Nr. 4 HGB, der bestimmt, daß „alle vorhersehbaren Risiken und Verluste, die bis zum Abschlußstichtag entstanden sind, zu berücksichtigen (sind), selbst wenn diese erst zwischen dem Abschlußstichtag und dem Tag der Aufstellung des Jahresabschlusses bekanntgeworden sind". Dieses Prinzip ist als **Wertaufhellungstheorie** in Rechtsprechung und Literatur eingegangen.

Das Prinzip der **Einzelbewertung** gilt auch bei der Bewertung von Forderungen, d. h. grundsätzlich ist jede Forderung einzeln zu bewerten. Es ist in der Handelsbilanz jedoch üblich, bei einem größeren Bestand an Forderungen aus Warenlieferungen aus Gründen kaufmännischer Vorsicht eine Sammelbewertung **(Pauschalbewertung)** für das Risiko vorzunehmen, daß in dem Gesamtbestand der ausgewiesenen Forderungen ein gewisser Prozentsatz an zweifelhaften Forderungen enthalten sein kann. Die Höhe einer solchen Pauschalkorrektur kann nur geschätzt werden.

Grundlage der Schätzung bilden die bisherigen Erfahrungen des Betriebes, gegebenenfalls des gesamten Wirtschaftszweiges. Allerdings müssen in die Berechnungen auch die Zukunftserwartungen einbezogen werden, insbesondere wenn sich die wirtschaftlichen Verhältnisse geändert haben. In Zeiten eines konjunkturellen Rückganges wird man mit einer Zunahme der zweifelhaften Forderungen rechnen müssen. Hier sind die Erfahrungen der Vergangenheit, die sich auf Jahre guter Konjunktur beziehen, nicht ausreichend.

Nach geltendem Bilanzrecht sind Pauschalwertberichtigungen auf der Pas-

---

[195] Vgl. Adler-Düring-Schmaltz, a. a. O., 5. Aufl., Stuttgart 1987, Anm. 30 zu § 277 HGB
[196] Vgl. Adler-Düring-Schmaltz, 5. Aufl., a. a. O., Anm. 158 zu § 275 HGB m. w. N.
[197] Gleicher Ansicht: Schäfer, W., Grundsätze ordnungsmäßiger Bilanzierung von Forderungen, 2. Aufl., Düsseldorf 1977, S. 52 f.

sivseite bei Kapitalgesellschaften nicht mehr zulässig. Die Korrekturen sind entweder bei der entsprechenden Bilanzposition zu vermerken oder im Anhang anzugeben.

cc) Einzelprobleme

(1) Die Behandlung abzuzinsender Forderungen

Gewährt der Betrieb ein unverzinsliches oder niedrig verzinsliches Darlehen, so ist die Darlehensforderung auf den Barwert abzuzinsen. Entsprechen sich Ausgabebetrag, Nennbetrag und Rückzahlungsbetrag, so läßt sich die Abzinsung auf den Barwert buchtechnisch auf zwei Wegen erreichen:

(a) Die Forderung wird **mit dem Barwert** bilanziert. Da der Wert der Forderung allmählich ansteigt und am Fälligkeitstermin den Nennbetrag (Rückzahlungsbetrag) erreicht, wird die Forderung in jedem Jahr mit dem gestiegenen Wert angesetzt.

(b) Die Forderung wird zum **Nennbetrag** (Rückzahlungsbetrag) aktiviert und der Abzinsungsbetrag wird passiviert und entsprechend dem Wertzuwachs der Forderung über deren Laufzeit gewinnerhöhend aufgelöst.

(2) Die Behandlung eines Disagios (Damnums) beim Darlehensgeber

Ein ähnliches Problem wie bei der Abzinsung entsteht bei Forderungen, deren Ausgabebetrag unter dem Nennbetrag **(Disagio)** oder deren Rückzahlungsbetrag über dem Nennbetrag **(Agio)** liegt. In beiden Fällen entsteht für den Darlehensgeber ein **zusätzlicher Zinsertrag** neben dem Normalzins. Analog zu der bilanziellen Behandlung derartiger Differenzbeträge beim Schuldner, der grundsätzlich den Rückzahlungsbetrag zu passivieren hat[198] und die Differenz zum Auszahlungsbetrag als Disagio (Damnum) unter den Posten der Rechnungsabgrenzung aktivieren und über die Laufzeit abschreiben darf, könnte der Gläubiger die Forderung zum Rückzahlungsbetrag aktivieren und die Differenz zum Auszahlungsbetrag passivieren und über die Laufzeit der Forderung gewinnerhöhend auflösen. Er könnte aber die Forderung auch mit dem Auszahlungsbetrag aktivieren und zusätzlich eine Forderung zur Erfassung der Vergütung der Kapitalhingabe ansetzen, die sich bis zum Tage der Fälligkeit allmählich auf die Differenz zwischen Rückzahlungs- und Auszahlungsbetrag erhöht. Schließlich könnte er den Rückzahlungsbetrag der Forderung bilanzieren und die Differenz in voller Höhe als Erfolg der Periode der Darlehenshingabe erfassen.

Hat der Betrieb z. B. ein Darlehen von 100.000 DM mit einem Damnum von 3.000 DM gewährt, so ergeben sich folgende **Möglichkeiten der buchmäßigen Behandlung:**

(a) Aktivierung der Forderung zum Rückzahlungsbetrag (100.000), Passivierung des Damnums (3.000) und gewinnerhöhende Verteilung auf die Laufzeit;

(b) Aktivierung der Forderung zum Auszahlungsbetrag (97.000) und allmähliche Aktivierung des Damnums über die Laufzeit;

---

[198] Vgl. § 253 Abs. 1 Satz 2 HGB

(c) Aktivierung der Forderung zum Auszahlungsbetrag (97.000) und gleichzeitige Aktivierung und Passivierung des Damnums (3.000) und gewinnerhöhende Auflösung des Passivpostens über die Laufzeit, bei gleichzeitiger allmählicher Auflösung des Aktivpostens zugunsten der Forderung;
(d) Aktivierung der Forderung zum Rückzahlungsbetrag (100.000) und sofortige erfolgswirksame Vereinnahmung des Damnums (3.000).
Die drei ersten Methoden führen zum gleichen Ergebnis, d. h. sie verteilen
das Damnum als Ertrag auf die Laufzeit der Forderung, während die vierte
Methode das Damnum als Ertrag der Auszahlungsperiode des Darlehens
erfaßt. Welche Methode mit den Bewertungsvorschriften vereinbar ist,
hängt davon ab, wie das Damnum wirtschaftlich interpretiert wird.

Grundsätzlich gilt, daß Forderungen zu ihren Anschaffungskosten zu bilanzieren sind. Faßt man das Damnum als eine zusätzliche Zinszahlung auf,
so sind die Anschaffungskosten gleich dem Auszahlungsbetrag. Diese Auffassung wird von der Finanzrechtsprechung nicht geteilt. „Liegt nämlich der
Auszahlungsbetrag unter dem Nennbetrag, so ist die Forderung mit dem
Nennbetrag anzusetzen, obgleich Anschaffungskosten im üblichen Sinn im
wesentlichen nur in Höhe des geringeren Auszahlungsbetrages entstanden
sind. In Höhe des Unterschiedsbetrages ... muß ... ein passiver Rechnungsabgrenzungsposten gebildet werden."[199]

Das Damnum ist im Moment der Darlehenshingabe noch nicht realisiert,
sondern realisiert sich wie alle Zinsen erst über die Zeitdauer der Überlassung des Kapitals. Die drei ersten Methoden unterscheiden sich also nicht im
Ergebnis, sondern in der Buchungstechnik. Die Steuerreformkommission
schlägt die erste Methode der bilanziellen Behandlung vor, die der bei abzu-
zinsenden Forderungen entspricht.[200] Diese Methode hat den Vorzug, daß
die Höhe des Rückzahlungsbetrages aus der Bilanz ersichtlich und als Korrektur die Höhe des noch nicht vereinnahmten Teils des Damnums gezeigt
wird.

Betrachtet man das Damnum als **zusätzlichen Zins,** so verstößt die vierte
Methode gegen das Realisationsprinzip. Der Zinsgewinn in Höhe des Damnums ist noch nicht realisiert, die Forderung wird folglich über ihren Anschaffungskosten bilanziert, weil der höhere Rückzahlungsbetrag nicht
durch einen Passivposten korrigiert wird.

Interpretiert man das Damnum dagegen als eine Art **Bereitstellungspro-
vision** oder Bearbeitungsgebühr, so könnte man den Rückzahlungsbetrag als
Anschaffungskosten der Forderung ansehen und gedanklich unterstellen,
daß dieser Betrag ausbezahlt und in Höhe des Damnums vom Schuldner zur
Abdeckung der Kreditkosten sofort zurückgezahlt wird.[201] Wir halten eine
solche Interpretation des Damnums mit den zugrundeliegenden wirtschaftlichen Vorgängen nicht für vereinbar. (**ÜB** 6/70-74)

---

[199] BFH-Urteil vom 23. 4. 1975, BStBl II, S. 876
[200] Vgl. Gutachten der Steuerreformkommission, Bonn 1971, S. 470
[201] Vgl. Beine, G., Die Bilanzierung von Forderungen in Handels-, Industrie- und Bank-
betrieben, Wiesbaden 1960, S. 112

8. Bilanzierung und Bewertung ausgewählter Passiva

a) Abgrenzung der Passivposten gegeneinander

aa) Rücklagen – Rückstellungen

Rücklagen sind Eigenkapital, das
(1) nicht auf den Kapitalkonten (Grundkapital, Stammkapital, Gesellschaftskapital), sondern auf gesonderten Rücklagenkonten ausgewiesen wird (offene Rücklagen, die in der Bilanz als Kapital- oder Gewinnrücklagen erscheinen), oder das
(2) überhaupt nicht in der Bilanz in Erscheinung tritt, da Vermögensteile unterbewertet worden sind (stille Rücklagen im engeren Sinne), oder das
(3) in überhöhten Passivposten, z. B. Rückstellungen, steckt (versteckte stille Rücklagen).

Gesonderte Rücklagenpositionen auf der Passivseite der Bilanz werden gewöhnlich nur bei Gesellschaften mit nominell fest gebundenen Kapitalposten (Grundkapital der Aktiengesellschaft, Stammkapital der GmbH) und bei Erwerbs- und Wirtschaftsgenossenschaften ausgewiesen. Bei Betrieben dieser Rechtsformen wird der nicht ausgeschüttete Gewinn nicht wie bei der Einzelunternehmung oder den Personengesellschaften vom Gewinn- und Verlustkonto auf die Eigenkapitalkonten übertragen, sondern wird entweder einem Rücklagenkonto zugeführt oder als Gewinnvortrag bilanziert.

Rücklagen entstehen in erster Linie durch Zurückbehaltung von Gewinnen (Gewinnthesaurierung) oder durch Einlage von zusätzlichem Eigenkapital (z. B. Agio-Beträge bei der Aktienausgabe, Zuzahlungen bei Sanierungen u. a.).

Der Zweck der Bildung von Rücklagen ist in erster Linie, neben dem von außen eingebrachten Gesellschafterkapital weiteres Eigenkapital an den Betrieb zu binden, und zwar entweder auf dem Wege der Bildung **offener Rücklagen** durch Thesaurierung von ausgewiesenen Periodengewinnen, die in der Bilanz als Gewinnrücklagen erscheinen, oder auf dem Wege der Bildung **stiller Rücklagen** durch buchmäßig niedrigeren Gewinnausweis mit Hilfe zusätzlicher Aufwandsverrechnung durch Unterbewertung von Vermögenswerten oder überhöhten Ansatz von Rückstellungen und Verbindlichkeiten. Stille Rücklagen können außerdem dadurch entstehen, daß Wertsteigerungen über die Anschaffungs- oder Herstellungskosten als unrealisierte Gewinne nicht berücksichtigt werden dürfen (Zwangsrücklagen).

Die wichtigsten Ziele, die mit Hilfe rücklagepolitischer Maßnahmen auf dem Wege über eine Gestaltung der Höhe des ausgewiesenen Erfolges, des ausgewiesenen Vermögens und der ausgewiesenen Schulden realisiert werden können, sind **erstens** die Beeinflussung des finanziellen Bereichs des Betriebes (Kapitalsicherung, Kapitalerhaltung, Kapitalerweiterung, Kapitalumschichtung, Liquiditätsverbesserung), **zweitens** die Minimierung der Steuerbelastung (Bildung stiller statt offener Rücklagen und dadurch bedingte Steuerverschiebungen und Zinsgewinne) und **drittens** die Beeinflussung der am Betriebe interessierten Personengruppen in einer Weise, die dem guten Ruf des Betriebes dient (Meinungsbildungspolitik, Ausschüttungspolitik).[202]

Treten Verluste ein, so werden zunächst die Rücklagen aufgelöst, bevor das Nominalkapital korrigiert werden muß. Damit erhalten sie zugleich den Charakter von Garantieposten für die Gläubiger: je höher die Rücklagen sind, desto geringer ist das Risiko, daß das nominell gebundene Haftungskapital durch Verluste angegriffen wird oder anders formuliert, daß das dem nominell gebundenen Haftungskapital gegenüberstehende Vermögen durch Verluste angegriffen bzw. aufgezehrt wird.

Die Rücklagen haben keinen gesonderten Gegenposten auf der Aktivseite der Bilanz, sondern sind wie alles Kapital durch die Gesamtheit der Vermögenswerte gedeckt. Die durch die Rücklagen zurückbehaltenen Beträge können deshalb auch als Selbstfinanzierungsmittel für zusätzliche Investitionen im Betriebe Verwendung finden oder gegebenenfalls zur Rückzahlung von Fremdkapital und damit der Verbesserung des Verhältnisses von Eigenkapital zu Fremdkapital dienen.

Im Gegensatz zu den Rücklagen, die Teile des Eigenkapitals sind und – abgesehen von der gesetzlichen Rücklage der Aktiengesellschaft und der Kapitalrücklage – nicht zweckgebunden sein müssen, sind die **Rückstellungen** in der Regel wirtschaftlich als **Fremdkapital** anzusehen und stets zweckgebunden. Da Rückstellungen für Aufwendungen gebildet werden, die ihren wirtschaftlichen Grund in der abgelaufenen Periode haben, die aber erst in einer späteren Periode zu Auszahlungen (z. B. Pensionsrückstellungen) oder zu Mindereinzahlungen (z. B. Delkredererückstellungen) führen, und da die Höhe dieser Auszahlungen bzw. Mindereinzahlungen in der Regel nur geschätzt werden kann, ist es denkbar, daß durch eine zu hohe Schätzung des Aufwandes und der Auszahlungen bzw. Mindereinzahlungen in den Rückstellungen Rücklagen versteckt werden, d. h., daß Eigenkapital im Gewande von Fremdkapital in dieser Position erscheint. Das ändert aber nichts daran, daß es sich bei einer richtig bemessenen Rückstellung nicht um Eigenkapital, sondern wirtschaftlich um Fremdkapital handelt.

Auch die Tatsache, daß der Gegenwert der Rückstellung dem Betrieb unter Umständen langfristig zu anderer Verwendung zur Verfügung steht, wie z. B. bei den Pensionsrückstellungen, berechtigt nicht, sie als Eigenkapital zu bezeichnen. Es würde niemandem einfallen, eine vom Betrieb begebene Anleihe nur deshalb dem Eigenkapital zuzurechnen, weil die Anleihemittel erst nach 20 Jahren zurückgezahlt werden müssen.

Der Nachweis, daß Rückstellungen kein Eigenkapital sind, läßt sich auch durch folgende Überlegungen führen: Angenommen, der Betrieb wird liquidiert und alles Kapital – mit Ausnahme der Rückstellungen – wird an die Eigentümer zurückgezahlt. Dann bleibt theoretisch im Vermögen nur der Gegenwert der Rückstellungen übrig. Nehmen wir der Einfachheit halber an, er sei in liquiden Mitteln vorhanden. Wären die Rückstellungen Eigenka-

---

[202] Einzelheiten vgl. Wöhe, G., Bilanzierung, a. a. O., S. 697 ff.

pital, so müßte ihr Gegenwert bei der Auflösung des Betriebes den Eigentümern des Eigenkapitals (Unternehmer, Gesellschafter, Aktionäre) zufließen. Soweit aber die Rückstellungen für eine spätere Inanspruchnahme durch Dritte gebildet worden sind (Rückstellungen für Steuern, Pensionen, Bergschäden u. a.), ist klar ersichtlich, daß der Gegenwert an diese Dritte und nicht an die Eigentümer des Eigenkapitals zu zahlen ist.

Bei einer Rückstellung steht lediglich fest, daß in der Periode, für die die Bilanz erstellt wird, ein Aufwand oder Verlust tatsächlich oder mit großer Wahrscheinlichkeit eingetreten ist, der erst **in einer späteren Abrechnungsperiode zu einer Auszahlung bzw. einer Mindereinzahlung** führt. Soll die später zu erwartende Auszahlung bereits in der laufenden Periode erfolgswirksam werden, so muß bereits jetzt in der Gewinn- und Verlustrechnung ein entsprechender Aufwand verrechnet werden. Der Erfolg wird um diesen Betrag vermindert. Da aber noch keine Zahlung erfolgt ist, so ist in der Bilanz keine entsprechende Verminderung des Vermögens eingetreten. Der Bilanzgewinn, der durch Vermögensvergleich entsteht, muß also durch Einfügung eines Passivpostens entsprechend verkürzt werden. Daher wird die Bildung einer Rückstellung durch den Buchungssatz: per Aufwandskonto an Rückstellungskonto vollzogen.

Beispiel:

Der Betrieb rechnet für das abgelaufene Jahr mit einer Steuerabschlußzahlung von 800 DM. Das ist Aufwand der Periode, der den Gewinn mindert, aber erst in der folgenden Periode zu einer Auszahlung führt. Beträgt in der nächsten Periode die Steuerabschlußzahlung für das vergangene Jahr tatsächlich 800 DM, so ist dieser Zahlungsvorgang dann erfolgsunwirksam und

1995

S	Rückstellung	H		A	Gewinn und Verlust	E
		800			800	

1996
Fall 1:

S	Bank	H		A	Rückstellung	E
		800			800	800

Fall 2:

S	Bank	H	S	Rückstellung	H	A	Gewinn und Verlust	E
		650		650	800			150
				150				

führt lediglich zu einer Bilanzverkürzung (per Rückstellungskonto an Bankkonto).

1995: Bildung einer Steuerrückstellung: erfolgswirksam.

1996: Nachzahlung der Steuern: erfolgsunwirksam, wenn Höhe der Zahlung und Höhe der Rückstellung sich entsprechen (Fall 1), erfolgswirksam in Höhe der Differenz zwischen Zahlung und Rückstellung (Fall 2).

Beträgt die Nachzahlung nur 650 DM, so ist der Vorgang in dieser Höhe erfolgsunwirksam, jedoch muß der restliche Rückstellungsbetrag von 150 DM jetzt über die Erfolgsrechnung gewinnerhöhend aufgelöst werden, da der Zweck, für den die Rückstellung gebildet worden ist, hinfällig ist. Der Aufwand der vorhergehenden Periode betrug – wie sich später herausgestellt hat – nur 650 DM, wurde aber auf 800 DM, also um 150 DM zu hoch, geschätzt. Das wird in der folgenden Periode durch Ausweis eines sonstigen betrieblichen Ertrages von 150 DM rückgängig gemacht.

Die Bildung von offenen Rücklagen hat keinen Einfluß auf die Höhe des Gewinns, sondern stellt eine **Gewinnverwendung** dar, ist also **erfolgsneutral.** Offene Rücklagen (Gewinnrücklagen, Kapitalrücklage) können also nur gebildet werden, wenn auch Gewinn erwirtschaftet worden ist oder wenn neues Eigenkapital von außen zugeführt wird (z. B. Agio bei Kapitalerhöhungen). Die Bildung von Rückstellungen ist dagegen **erfolgswirksam.** Es entsteht ein Aufwand in Höhe der Rückstellung, der den Periodengewinn mindert. Wurde der Aufwand zu hoch eingeschätzt, oder stellt sich später heraus, daß er überhaupt nicht eingetreten ist, so ist eine Gewinnverlagerung in die Periode erfolgt, in der die Rückstellung aufgelöst werden muß. Die Bildung von Rückstellungen ist also unabhängig davon, ob Gewinne entstanden sind.

Während offene Rücklagen größtenteils aus dem versteuerten Gewinn gebildet werden (Gewinnrücklagen), mindern Rückstellungen in der Regel als Aufwand im Zuge der Gewinnermittlung den steuerbaren Gewinn oder führen zu einem Verlust. Eine Erhöhung des Periodenerfolges tritt lediglich bei der Auflösung von Rückstellungen um den Betrag ein, um den sie überhöht waren, d. h. nicht in gleicher Höhe zu Auszahlungen geführt haben.

Eine Ausnahme bilden Rückstellungen, die in der Handelsbilanz für Aufwendungen gemacht werden, die in der Steuerbilanz nicht als Betriebsausgaben abzugsfähig sind, wie z. B. Rückstellungen für Körperschaftsteuer. Sie sind in der Periode ihrer Bildung dem steuerpflichtigen Gewinn außerhalb der Bilanz wieder hinzuzurechnen und bekommen damit steuerrechtlich den Charakter von Rücklagen (die Körperschaftsteuer ist steuerrechtlich Gewinnverwendung und nicht Aufwand), während sie vom betriebswirtschaftlichen Standpunkt aus als Aufwand anzusehen sind (die Körperschaftsteuer ist betriebswirtschaftlich nicht Verwendung von Gewinn, sondern mindert als Aufwand den entstehenden Gewinn).

bb) Offene Rücklagen – steuerfreie offene Rücklagen

Der Steuergesetzgeber läßt – teils aus Billigkeitserwägungen, teils zur Realisierung außerfiskalischer Zielsetzungen – unter bestimmten Voraussetzungen die Bildung von offenen Rücklagen **zu Lasten des steuerpflichtigen Gewinns** zu.[203] Da derartige steuerfreie Rücklagen in der Regel in späteren Perioden gewinnerhöhend aufzulösen sind, tritt im allgemeinen durch ihre Bildung keine endgültige Steuerersparnis, sondern nur eine **zinslose Steuerverschiebung** und dadurch ein Liquiditäts- und Zinsvorteil für den Betrieb ein.

Die Handelsbilanz trägt dem durch die Bindung der Steuerbilanz an die Handelsbilanz erforderlichen Ausweis steuerfreier Rücklagen durch die Position **„Sonderposten mit Rücklageanteil"** Rechnung. Eine Einstellung in die offenen Rücklagen kommt deshalb nicht in Frage, weil die steuerfreien Rücklagen nicht in voller Höhe Eigenkapital, sondern zum Teil eine Steuerrückstellung darstellen; denn bei ihrer Auflösung in späteren Jahren sind sie vor einer Umbuchung in offene Rücklagen oder einer Ausschüttung zunächst um Ertragsteuern zu kürzen. Erst dann kann der nach Abzug der Steuern verbleibende Teil als Gewinnverwendung auf offene Rücklagenkonten übertragen werden.

Auf der Passivseite ausgewiesene Posten, die auf Grund steuerlicher Vorschriften gebildet werden und erst bei ihrer Auflösung zu versteuern sind, müssen unter Angabe der Vorschriften, nach denen sie gebildet sind, auf der Passivseite unter der Bezeichnung „Sonderposten mit Rücklageanteil" vor den Rückstellungen ausgewiesen werden.[204] Aus dieser Vorschrift kann zwar nicht entnommen werden, daß ein Passivierungszwang für steuerfreie Rücklagen besteht. Es wäre demnach auch möglich, in der Handelsbilanz auf den gesonderten Ausweis der steuerfreien Rücklagen zu verzichten und entsprechende Rückstellungen für die bei der späteren Auflösung der in der Steuerbilanz gebildeten steuerfreien Rücklagen anfallenden Steuern zu machen. Wegen der Spaltung des Körperschaftsteuersatzes müßte eine solche Rückstellung nach der zukünftigen Gewinnverwendungspolitik bemessen werden. Da jedoch die Inanspruchnahme der steuerfreien Rücklagen aufgrund der umgekehrten Maßgeblichkeit in der Steuerbilanz von der Passivierung in der Handelsbilanz abhängig gemacht wird, bleibt dem Betrieb nichts anderes als ein gesonderter Ausweis übrig.

Während offene Rücklagen (Gewinnrücklagen) in der Regel Gewinnverwendung darstellen, ihre Bildung also einen Periodengewinn voraussetzt, dienen steuerfreie Rücklagen der **Korrektur der Steuerbemessungsgrundlage**. Ihre Bildung kann auch einen Verlust zur Folge haben, der vortragsfähig ist. Da sie in der Gewinn- und Verlustrechnung als „sonstigen betrieblichen Aufwendungen" behandelt wewrden,[205] mindern sie den Jahresüberschuß und können folglich auch zu einem Jahresfehlbetrag führen.

---

[203] Einzelheiten vgl. Wöhe, G., Betriebswirtschaftliche Steuerlehre, Bd. I, 2. Halbband, 7. Aufl., München 1992, S. 370 ff.
[204] Vgl. §§ 247 Abs. 3, 273 HGB
[205] Vgl. § 281 Abs. 2 Satz 2 HGB

cc) Rückstellungen – Verbindlichkeiten

Obwohl die Rückstellungen wirtschaftlich zum Fremdkapital gehören, sind sie aber dennoch nicht mit den Verbindlichkeiten identisch. Bei Verbindlichkeiten, die stets in der Bilanz ausgewiesen werden müssen, bei denen also eine Passivierungspflicht besteht, während für gewisse Rückstellungen lediglich ein Passivierungsrecht gilt, sind der Grund, die Höhe und der Termin der Fälligkeit bekannt. Bei Rückstellungen steht gewöhnlich nur der Zweck fest, für den sie gebildet werden, die Höhe und der Termin der Auszahlung oder des zu erwartenden Verlustes sind in der Regel ungewiß. Ungewiß kann auch sein, ob überhaupt eine Inanspruchnahme des Betriebes erfolgt, z. B. bei Rückstellungen für schwebende Prozesse, die der Betrieb verlieren, aber auch gewinnen kann. Im letzteren Fall entsteht überhaupt keine Schuld, ihre Entstehung war allerdings wahrscheinlich, und solange der Prozeß nicht entschieden ist, muß der Betrieb mit der Inanspruchnahme rechnen. Wird der Prozeß gewonnen, so muß die Rückstellung aufgelöst und der zurückgestellte Betrag als sonstiger betrieblicher Ertrag dieser Periode ausgewiesen werden.

Rückstellungen und Verbindlichkeiten haben gemeinsam, daß sie nicht in der Periode bilanziert werden, in der die Schuld geltend gemacht wird oder fällig ist, sondern in der Periode, in der die Schuld wirtschaftlich entstanden ist.

dd) Rechnungsabgrenzungsposten – Rückstellungen – Verbindlichkeiten

Die passiven Rechnungsabgrenzungsposten haben die gleiche Aufgabe wie die aktiven: eine **periodenrichtige Erfolgsermittlung** zu ermöglichen, indem sie zwei Geschäftsjahre so gegeneinander abgrenzen, daß jedem Geschäftsjahr die Aufwendungen und Erträge zugerechnet werden, die durch das jeweilige Geschäftsjahr verursacht worden sind. Passivisch ist stets dann abzugrenzen, wenn der Periodenerfolg ohne Abgrenzung zu hoch ausgewiesen würde. Dabei sind zwei Fälle zu unterscheiden. Der Ansatz eines **transitorischen Passivpostens** ist erforderlich, wenn der Betrieb eine Einzahlung erzielt hat, für die er in der folgenden Periode noch eine Leistung zu erbringen hat, z. B. im voraus erhaltene Miete (Einzahlung jetzt – Ertrag später). Ist jedoch in der Abrechnungsperiode ein Aufwand eingetreten, der erst später zu einer Auszahlung führt (z. B. noch zu zahlende Löhne), so erfolgt die Abgrenzung mit Hilfe eines antizipativen Passivpostens (Aufwand jetzt – Auszahlung später).

Der Rechnungsabgrenzungsposten, bei dem die gleichen Beziehungen zwischen Leistungs- und Zahlungsbereich gegeben sind wie bei den meisten Rückstellungen, ist das **antizipative Passivum**. Bei beiden gilt: Aufwand jetzt, Auszahlung später. In beiden Fällen werden Kapitalteile, die sonst als Gewinn ausgewiesen worden wären und den Betrieb ggf. als Gewinnausschüttung und Steuerzahlung verlassen hätten, an den Betrieb gebunden.

Zwischen einer Rückstellung und einem antizipativen Passivum besteht aber der Unterschied, daß beim Rechnungsabgrenzungsposten Grund, Höhe und Fälligkeitstermin der Zahlung bekannt sind, bei der Rückstellung dagegen Höhe und Fälligkeit der späteren Auszahlung ungewiß sind. Muß der Betrieb z. B. für das abgelaufene Jahr noch Miete bezahlen, ist die Zahlung aber vertraglich erst in der nächsten Periode fällig, so grenzt er passiv ab, da der Aufwand bereits eingetreten ist, die Auszahlung jedoch erst in der nächsten Periode (in einer bestimmten Höhe und zu einem bestimmten Termin) fällig wird. Ohne Abgrenzung in der Bilanz wäre der Periodengewinn zu hoch, da ein Aufwand nicht erfaßt würde, obwohl er bereits verursacht worden ist, und da das Vermögen in Höhe der erst in der nächsten Periode fälligen Auszahlung zu hoch ausgewiesen würde. Antizipative Passiva werden in der Regel für Leistungen gebildet, die der Betrieb fortlaufend in Anspruch nimmt und in regelmäßigen Zeitabständen entsprechend den bestehenden Verträgen abrechnet (z. B. Mieten, Versicherungsprämien, Darlehenszinsen u. a.). Der Ansatz eines passiven antizipativen Rechnungsabgrenzungspostens stellt stets die Passivierung einer echten Verbindlichkeit dar, deren Einfluß auf den Gewinn der laufenden und einer folgenden Periode abgegrenzt werden soll.

Es wurde oben bei der Besprechung der aktiven Rechnungsabgrenzungsposten bereits erwähnt, daß handels- und steuerrechtlich nur transitorische Rechnungsabgrenzungen zugelassen werden.[206] Diese Regelung wird damit begründet, daß bei antizipativen Abgrenzungen auf der Passivseite in Wirklichkeit Verbindlichkeiten vorliegen, wenn der Betrieb in der nächsten Periode noch eine Zahlung für einen Aufwand zu leisten hat, der bereits in der Abrechnungsperiode eingetreten ist. Derartige Verbindlichkeiten sind als „sonstige Verbindlichkeiten" auszuweisen. Die Abgrenzung zu den Rückstellungen verlagert sich somit von den passiven Rechnungsabgrenzungsposten zu den sonstigen Verbindlichkeiten.

ee) Wertberichtigungen – Rückstellungen

Aufgabe der passiven Wertberichtigungen ist es, bestimmte Vermögenspositionen, die auf der Aktivseite der Bilanz zu hoch angesetzt sind, zu korrigieren. Wird beispielsweise die Verteilung der Anschaffungskosten von langfristig dem Betrieb dienenden Anlagegütern (Abschreibung) auf die wirtschaftliche Nutzungsdauer nicht direkt, d. h. durch Kürzung der Anschaffungskosten, sondern indirekt vorgenommen, indem auf der Aktivseite die Anschaffungskosten unverändert ausgewiesen, die Abschreibungen aber auf der Passivseite als Korrekturposten gegenübergestellt werden, so sind diese Wertberichtigungen zwar in der Summe der Passiva enthalten, sie stellen aber kein Kapital dar, sondern ihre Bildung ist ein in der Buchhaltung übliches Verfahren der Subtraktion. Setzt man die Korrekturposten von den durch sie korrigierten Vermögenspositionen ab, so reduziert man die Bilanzsumme auf das am Bilanzstichtag vorhandene Vermögen.

Die Bildung von Wertberichtigungen ist eine besondere Methode der Erfassung von Wertminderungen des Anlagevermögens oder von Forderun-

---

[206] Vgl. § 250 HGB, § 5 Abs. 5 EStG

gen. Sie wird als **indirekte Abschreibung** bezeichnet. Nach § 152 Abs. 6 AktG 1965 (a. F.) hatte der Betrieb grundsätzlich ein Wahlrecht, indirekt oder direkt, d. h. durch Minderung der Wertansätze auf der Vermögensseite der Bilanz, abzuschreiben. Dieses Wahlrecht war jedoch kein Bilanzierungs- oder Bewertungswahlrecht, sondern lediglich ein Recht, zwischen indirekter oder direkter Abschreibung, also zwischen zwei Verfahren zu wählen, die zum gleichen Ergebnis führen (Ausweiswahlrecht).

Im geltenden Bilanzrecht werden bei Kapitalgesellschaften Wertberichtigungen im Rahmen der Anpassung an Art. 35 Abs. 1 Buchstabe b und c der Vierten EG-Richtlinie auf der Passivseite nicht mehr zugelassen, d. h. Abschreibungen dürfen nur noch auf der Aktivseite durchgeführt werden. Eine Ausnahme bildet die Erfassung der Differenz zwischen einer handelsrechtlich gebotenen und einer steuerrechtlich zulässigen höheren Abschreibung. Sie darf als Wertberichtigung in den **Sonderposten mit Rücklageanteil** aufgenommen werden.[207] Beträgt z. B. die jährliche Abschreibung laut Handelsrecht 10.000 DM, läßt aber das Steuerrecht zur Realisierung außerfiskalischer Ziele z. B. im ersten Jahr der Nutzung eine erhöhte Absetzung von 50.000 DM zu, so besteht ein Wahlrecht, die 50.000 DM entweder direkt abzuschreiben oder nur 10.000 DM direkt, die Differenz von 40.000 DM aber durch Bildung einer Wertberichtigung unter dem Sonderposten mit Rücklageanteil zu erfassen.

Mit den Wertberichtigungen haben die Rückstellungen gemeinsam, daß sie beide einen Aufwand erfassen, der in einer anderen Periode zu einer Auszahlung führt bzw. geführt hat. Während bei der Rückstellung die Auszahlung später als der Aufwand erfolgt, liegt die Auszahlung bei der Wertberichtigung in der Regel früher (z. B. indirekte Abschreibungen auf Maschinen).

Rückstellungen und Wertberichtigungen stimmen darin überein, daß der Aufwand nur geschätzt ist. Die Abschreibungsquote eines Jahres, die bei indirekter Abschreibung der Wertberichtigung hinzugefügt wird, stimmt in der Regel nicht mit der tatsächlich eingetretenen Wertminderung überein, da die Abschreibung lediglich eine frühere Ausgabe, d. h. die Anschaffungskosten, auf die Jahre der Nutzung verteilt.

Der Unterschied zwischen Rückstellung und Wertberichtigung liegt darin, daß die Bildung einer Wertberichtigung sowohl vermögens- als auch erfolgswirksam ist, da sie einen in der Bilanz angesetzten Vermögensposten nach unten korrigiert und damit zugleich den Gewinn der Periode mindert, während die Rückstellung keinem einzelnen Vermögensposten gegenübersteht, ihre Bildung also nur erfolgswirksam, aber nicht vermögenswirksam ist, da das Gesamtvermögen unverändert bleibt.

Daran ändert auch die Tatsache nichts, daß zwischen bestimmten Rückstellungen und bestimmten Vermögensposten enge Beziehungen bestehen können, z. B. zwischen den Debitoren einerseits und Garantie- oder Provisionsrückstellungen andererseits. Die Wertberichtigung zeigt, daß durch sie

---

[207] Vgl. § 281 Abs. 1 HGB

der Wert eines konkreten Vermögenspostens korrigiert wird; die Rückstellung kann lediglich zeigen, daß im Zusammenhang mit bestimmten Vermögensposten Aufwendungen entstanden sind, die später noch zu Auszahlungen führen werden. Dadurch wird der Gesamtgewinn, nicht aber der Wert eines einzelnen Aktivpostens oder des Gesamtvermögens korrigiert.

Soweit eine Rückstellung für eine spätere Inanspruchnahme durch einen Dritten gebildet worden ist, ist ein um die Rückstellung größerer Betrag des Vermögens zur Deckung der Schulden erforderlich. Es tritt also eine Verschiebung innerhalb des Gesamtvermögens zu Lasten des Reinvermögens, also des Gegenwerts des Eigenkapitals ein.

Ein weiterer Unterschied zwischen Wertberichtigung und Rückstellung besteht in der Art ihrer Auflösung. Eine Rückstellung wird in der Regel durch einen Zahlungsvorgang aufgelöst, der vermögenswirksam, aber nicht erfolgswirksam ist (z. B. Zahlung von Steuerschulden, für die eine Rückstellung gebildet wurde). Eine Wertberichtigung dagegen kann nur ausgebucht werden, wenn auch der Aktivposten, den sie korrigiert, aus der Bilanz verschwindet (z. B. Ausbuchen einer voll indirekt abgeschriebenen Maschine). Dieser Vorgang ist weder vermögens- noch erfolgswirksam.

Fassen wir zusammen:

(1) **Offene Rücklagen** (Kapital- und Gewinnrücklagen) sind Teile des Eigenkapitals. Ihre Bildung ist erfolgsneutral, sie stellen entweder Gewinnverwendung dar und sind dann in der Regel aus dem versteuerten Gewinn zu bilden oder entstehen im Zusammenhang mit Kapitaleinlagen (z. B. als Agio).

(2) **Steuerfreie offene Rücklagen** werden zu Lasten des steuerpflichtigen Gewinns gebildet und erhöhen ihn in der Regel bei ihrer Auflösung in einer späteren Periode. In Höhe der späteren Steuerschuld sind sie dem Fremdkapital zuzurechnen, der übrige Teil zählt zum Eigenkapital.

(3) **Rückstellungen** sind rechtlich und wirtschaftlich dem Fremdkapital zuzurechnen. Von den Verbindlichkeiten unterscheiden sie sich dadurch, daß diese nicht nur ihrem Grunde nach, sondern auch in ihrer Höhe und dem Termin ihrer Fälligkeit nach feststehen, während bei den Rückstellungen Höhe und Fälligkeit ungewiß sind. Rückstellungen mindern den Erfolg der Periode, in der sie gebildet werden, sind aber in dieser Periode nicht vermögenswirksam, d. h. dienen nicht der Korrektur des Vermögens.

(4) **Passive Rechnungsabgrenzungsposten** dienen ebenso wie die Rückstellungen der periodengerechten Erfolgsermittlung. Sie dürfen nur zur periodenrichtigen Zurechnung von Einzahlungen gebildet werden, für die in der folgenden Periode noch eine Leistung zu erbringen ist (transitorische Abgrenzung). Steht im Gegensatz zu den Rückstellungen eine Auszahlung einer späteren Periode, der in der Abrechnungsperiode ein Aufwand vorangegangen ist, in ihrer Höhe und dem Termin ihrer Fälligkeit fest, so ist statt eines antizipativen Passivpostens eine „sonstige Verbindlichkeit" zu bilanzieren.

(5) **Wertberichtigungen** sind ebenso wie die Rückstellungen geschätzte Auf-

wandsposten, stellen aber im Gegensatz zu den die Höhe des Gesamtvermögens nicht beeinflussenden Rückstellungen Korrekturposten zu bestimmten Vermögenspositionen dar, deren eingetretene, geschätzte Wertminderung sie ausdrücken sollen.

b) Offene Rücklagen

aa) Kapitalrücklage und gesetzliche Rücklage

Bei Rechtsformen, deren Haftungskapital mit einem festen Nennbetrag in der Bilanz ausgewiesen werden muß (z. B. Aktiengesellschaften, GmbH), erfolgt – wie oben erwähnt – der Ausweis von Eigenkapital, das über das nominelle Haftungskapital hinausgeht, auf Rücklagenkonten (offene Rücklagen). Folgende Arten von offenen Rücklagen sind zu unterscheiden:

Das HGB[208] zählt eine Anzahl von Beträgen auf, die in die Kapitalrücklage eingestellt werden müssen. Dazu gehören in erster Linie **Agiobeträge**, die bei der Überpari-Ausgabe von Aktien und im Zusammenhang mit der Ausgabe von Wandelschuldverschreibungen entstehen, ferner Beträge aus **Zuzahlungen** von Aktionären, die für das Einräumen von Vorzugsrechten zugeflossen sind, sowie Beträge, die bei vereinfachten Kapitalherabsetzungen frei geworden sind.

§ 150 Abs. 1 und 2 AktG schreibt vor, daß eine **gesetzliche Rücklage** zu bilden ist, die zusammen mit der Kapitalrücklage 10% oder den in der Satzung bestimmten höheren Teil des Grundkapitals beträgt. Bis diese 10% bzw. der höhere satzungsmäßige Prozentsatz erreicht sind, müssen der gesetzlichen Rücklage 5% des Jahresüberschusses (abzüglich eines Verlustvortrages) zugeführt werden. Unter **Jahresüberschuß** ist der Periodengewinn zu verstehen vor Abzug
(1) der Einstellungen in Gewinnrücklagen und
(2) eines Verlustvortrages
und vor Hinzurechnung

---

[208] Vgl. § 272 Abs. 2 HGB; Einzelheiten vgl. Wöhe, G., Bilanzierung, a. a. O., S. 598 ff.

(1) der Entnahmen aus der Kapitalrücklage und aus den Gewinnrücklagen und

(2) eines Gewinnvortrages.

Das **GmbH-Gesetz** kennt keine gesetzliche Rücklage. Bei den Erwerbs- und Wirtschaftsgenossenschaften erfüllte die nach § 7 Nr. 3 GenG (a. F.) zwingend zu bildende statutarische Rücklage (Reservefonds) die Aufgaben der gesetzlichen Rücklage sowie der Kapitalrücklage der AG. Nach Inkrafttreten des Bilanzrichtlinien-Gesetzes hat diese Rücklage der Genossenschaften gem. § 7 Nr. 2 GenG die Bezeichnung „gesetzliche Rücklage" erhalten.

Die gesetzliche Rücklage und die Kapitalrücklage dürfen **nur zum Ausgleich eines Jahresfehlbetrages oder eines Verlustvortrages** aus dem Vorjahr verwendet werden. Sind sie zusammen nicht höher als 10% des Grundkapitals, so dürfen sie erst aufgelöst werden, wenn **zuvor** ein Gewinnvortrag zum Ausgleich eines Jahresfehlbetrags bzw. ein positiver Jahresüberschuß zum Ausgleich eines Verlustvortrags und die anderen Gewinnrücklagen zur Verlusttilgung herangezogen worden sind. Lediglich ein 10% des Grundkapitals übersteigender Teil der gesetzlichen Rücklage und der Kapitalrücklage darf – nach Verwendung eines Gewinnvortrages bzw. positiven Jahresüberschusses – vor Auflösung der anderen Gewinnrücklagen zur buchmäßigen Tilgung von Verlusten (Jahresfehlbetrag oder Verlustvortrag aus dem Vorjahr) benutzt werden.[209] Eine **Ausschüttung von Dividenden** aus der gesetzlichen und der Kapitalrücklage ist nicht zulässig. Das gilt auch, wenn sie zusammen mehr als 10% des Grundkapitals betragen. Die Teile dieser Rücklagen, die 10% des Grundkapitals übersteigen, dürfen jedoch für eine Kapitalerhöhung aus Gesellschaftsmitteln (Umwandlung von Rücklagen in Grundkapital gegen Gewährung von Gratisaktien) verwendet werden.

Die Auflösung der gesetzlichen und der Kapitalrücklage zur Verlusttilgung kann bereits in der Bilanz des betreffenden Jahres erfolgen, so daß der Ausweis eines Verlustvortrages vermieden werden kann. Die Verwendung dieser Rücklagen muß in der Erfolgsrechnung ausgewiesen werden und ist in der Bilanz oder im Anhang gesondert anzugeben.

bb) Sonstige Rücklagen

Andere Gewinnrücklagen werden in der Regel durch den Vorstand und den Aufsichtsrat gebildet. Diese Gremien dürfen nicht mehr als die Hälfte des um einen Verlustvortrag und die Zuführung zur gesetzlichen Rücklage verminderten Jahresüberschusses in die anderen Gewinnrücklagen einstellen, es sei denn, sie sind durch die Satzung zur Zuführung eines größeren Teils ermächtigt. Die Einstellung eines die Hälfte des (korrigierten) Jahresüberschusses übersteigenden Teils ist allerdings nur solange zulässig, wie die gesamten anderen Gewinnrücklagen nicht über die Hälfte des Grundkapitals angewachsen sind. Ist die Hälfte des Grundkapitals erreicht, so darf nur noch maximal die Hälfte des (korrigierten) Jahresüberschusses zugeführt werden.

---

[209] Vgl. § 150 Abs. 3 und 4 AktG

„Dabei sind Beträge, die in die gesetzliche Rücklage einzustellen sind, und ein Verlustvortrag vorab vom Jahresüberschuß abzuziehen."[210] Nach § 58 Abs. 3 AktG kann die Hauptversammlung beim Beschluß über die Verwendung des Bilanzgewinns den Gewinnrücklagen weitere Beträge zuführen oder sie als Gewinnvortrag stehen lassen.

Die anderen Gewinnrücklagen müssen zur **Tilgung von Verlusten** herangezogen werden, bevor die gesetzliche Rücklage und die Kapitalrücklage, soweit sie 10% des Grundkapitals nicht übersteigen, aufgelöst werden dürfen; erstere können aber auch zur Ausschüttung von Gewinnen, zur Aufrechterhaltung der Dividendenzahlung in Verlustjahren oder zur Kapitalerhöhung aus Gesellschaftsmitteln Verwendung finden.

Das geltende Bilanzrecht sieht – wie das AktG 1965 (a. F.) bereits seit Einfügung des § 150a (1979) – für Kapitalgesellschaften eine „**Rücklage für eigene Anteile**" vor.[211] Hat eine Kapitalgesellschaft eigene Anteile erworben, so sind diese im Umlaufvermögen nach dem strengen Niederstwertprinzip zu bilanzieren. Der Zweck dieser Rücklage besteht darin, Gewinnausschüttungen in Höhe des auf der Aktivseite bilanzierten Wertes dieser eigenen Anteile aus den **Gewinnrücklagen dadurch zu sperren,** daß bereits vorhandene Gewinnrücklagen in die Position „Rücklage für eigene Anteile" umgebucht werden. Diese Rücklage darf nur aufgelöst oder vermindert werden, wenn die eigenen Anteile ausgegeben, veräußert oder eingezogen werden, oder wenn sie auf der Aktivseite niedriger bewertet werden müssen.

Die **satzungsmäßigen Rücklagen,** deren Bildung durch die Satzung der Gesellschaft vorgeschrieben werden kann und die auch nur nach den Bestimmungen der Satzung aufgelöst werden dürfen, wurden nach dem AktG 1965 (a. F.) in der Regel nicht gesondert ausgewiesen, sondern waren entweder in den gesetzlichen Rücklagen (z. B. Zuführungen über den gesetzlich vorgeschriebenen Mindestbetrag hinaus) oder in den freien Rücklagen (z. B. Zweckbindung bestimmter Gewinnteile für soziale Zwecke) enthalten. Die Bilanzgliederung nach geltendem Recht sieht einen gesonderten Ausweis vor.[212]

cc) Bilanzierung

§ 152 Abs. 2 und 3 AktG verlangt in einer Vorspalte der Bilanz oder im Anhang eine **Darstellung der Bewegungen** in den Rücklagen, die der Vergrößerung der Bilanzklarheit dienen soll. Aus der Gewinn- und Verlustrechnung nach § 275 HGB bzw. § 158 AktG läßt sich zwar ersehen, welche Beträge den Gewinnrücklagen aus dem Jahresgewinn zugeführt und welche Beträge aus den Rücklagen entnommen worden sind,[213] jedoch sind die Beträge nicht zu erkennen, die die Hauptversammlung in ihrem Beschluß über die Verwendung des Bilanzgewinns in die Gewinnrücklagen eingestellt hat, da durch diesen Beschluß der festgestellte Jahresabschluß nicht geändert

---

[210] § 58 Abs. 1 Satz 3 AktG
[211] Vgl. § 272 Abs. 4 HGB
[212] Vgl. § 266 Abs. 3 HGB
[213] Nach § 275 Abs. 4 HGB dürfen Veränderungen der Kapital- und Gewinnrücklagen erst nach dem Posten „Jahresüberschuß/Jahresfehlbetrag" ausgewiesen werden.

wird,[214] so daß diese Beträge erst in der folgenden Jahresbilanz als Teil der Gewinnrücklagen erscheinen. In der Vorspalte zu den Gewinnrücklagen oder im Anhang sind deshalb auszuweisen: „1. die Beträge, die die Hauptversammlung aus dem Bilanzgewinn des Vorjahrs eingestellt hat; 2. die Beträge, die aus dem Jahresüberschuß des Geschäftsjahrs eingestellt werden; 3. die Beträge, die für das Geschäftsjahr entnommen werden."[215]

Rücklagen, die buchmäßig durch Thesaurierung von Gewinnen entstehen (Gewinnrücklagen), also Gewinnverwendung darstellen, sind grundsätzlich **steuerpflichtig** (Einkommensteuer, Körperschaftsteuer, Gewerbeertragsteuer), d. h. sie sind aus dem versteuerten Gewinn zu bilden. Rücklagen, die durch Kapitaleinlagen entstehen, z. B. Agio-Beträge bei der Überpari-Ausgabe von Aktien (Kapitalrücklagen), unterliegen wie alle Einlagen nicht der Ertragsbesteuerung, waren allerdings unter bestimmten Voraussetzungen bis zum 31. 12. 1991 gesellschaftsteuerpflichtig. (ÜB 6/75–77)

c) Stille Rücklagen[216]

aa) Begriff und Arten

Die stillen Rücklagen gehören ebenso wie die offenen Rücklagen (Gewinnrücklagen) zum Eigenkapital des Betriebes, sind jedoch – wie die Bezeichnung ausdrücken soll – **Eigenkapitalteile, deren Existenz aus der Bilanz nicht zu ersehen ist,** und zwar entweder, weil die Eigenkapitalteile und die ihnen entsprechenden Vermögenswerte nicht in der Bilanz enthalten sind (stille Rücklagen im engeren Sinne) oder in Fremdkapitalpositionen versteckt sind (versteckte Rücklagen). Werden stille Rücklagen durch den Umsatzprozeß aufgelöst, so erhöhen sie den Gewinn und unterliegen der Besteuerung.

Die stillen Rücklagen im engeren Sinne unterscheiden sich von den versteckten Rücklagen dadurch, daß erstere überhaupt nicht in der Bilanz enthalten sind, letztere dagegen in der Bilanz erscheinen, aber im Gewande von Fremdkapital statt als Eigenkapital. Werden stille Rücklagen durch Unterbewertung von Vermögensteilen gebildet, so führt das zu einer **Komprimierung der Bilanzsumme;** die Bildung versteckter Rücklagen hat dagegen **keinen Einfluß** auf die Höhe der Bilanzsumme. Je mehr versteckte Rücklagen man bildet, desto kleiner wird das ausgewiesene Eigenkapital bei gleicher Bilanzsumme, je mehr stille Rücklagen im engeren Sinne man bildet, desto kleiner wird die gesamte Bilanzsumme.

Das Bilanzrecht läßt für Unternehmen, die nicht in der Rechtsform einer

---

[214] Vgl. § 174 Abs. 3 AktG.
[215] § 152 Abs. 3 AktG.
[216] Vgl. zur Vertiefung: Wöhe, G., Bilanzierung, a. a. O., S. 623 ff.; ders., Bildung, Auflösung und Übertragung stiller Rücklagen im Steuerrecht aus der Sicht der betriebswirtschaftlichen Steuerlehre, ZfbF 1966, S. 98 ff.; ders., Rücklage, HWStR, Bd. II, 2. Aufl., München und Bonn 1981, S. 1148 ff.

Kapitalgesellschaft geführt werden, **stille Rücklagen** in gewissen Grenzen zu, wenn diese „nach vernünftiger kaufmännischer Beurteilung" durch Abschreibungen gebildet werden.[217] Bisher wurden die gleichen Möglichkeiten über die GoB eröffnet. Die Einschränkung auf bestimmte Rechtsformen besagt aber nicht, daß der Jahresabschluß von Kapitalgesellschaften grundsätzlich keine stillen Rücklagen enthält. Es gibt stille Rücklagen, die entweder automatisch durch Anwendung der gesetzlichen Bewertungsvorschriften entstehen (z. B. Wertsteigerungen über die Anschaffungskosten) oder die als Folge fehlender Voraussicht (z. B. durch – unabsichtlich – falsche Schätzung der wirtschaftlichen Nutzungsdauer) mittels zu hoher Periodenabschreibungen entstehen. Gleiches gilt für die Schätzung zukünftiger Auszahlungen, für die Rückstellungen zu bilden sind.

Nicht alle Vermögenswerte, die in der Bilanz nicht ausgewiesen sind, aber an der Erzielung des betrieblichen Erfolges mitgewirkt haben, sind stille Rücklagen. Auch der **Firmenwert** setzt sich aus Werten zusammen, die nicht in der Bilanz erscheinen, aber maßgeblich am Erfolg beteiligt sein können, z. B. der Wert des guten Rufes des Betriebes, der Wert der Organisation, des Mitarbeiterstabs, des Kundenstamms, eines Markennamens, u. a. Derartige immaterielle Werte, die in der Regel nicht Gegenstand des Rechtsverkehrs sind, dürfen nicht aktiviert werden (originärer Firmenwert),[218] es sei denn, bei Erwerb eines Betriebes ist für sie ein Teil des Kaufpreises bezahlt worden (derivativer Firmenwert).[219] Stille Rücklagen können also nur durch Bewertungsmaßnahmen bei Vermögensgegenständen und Schulden entstehen, für die eine Bilanzierungspflicht oder ein Bilanzierungswahlrecht besteht. Die Unterbewertung eines aktivierungspflichtigen Vermögensgegenstandes findet theoretisch ihre Grenze im Ansatz eines Erinnerungspostens von 1 DM.

bb) Möglichkeiten zur Bildung stiller Rücklagen

Stille Rücklagen im engeren Sinne können grundsätzlich durch folgende bilanzpolitisch bedingte Maßnahmen gebildet werden:
(1) durch Unterbewertung von Vermögensgegenständen,
(2) durch Nichtaktivierung aktivierungsfähiger Vermögensgegenstände,
(3) durch Unterlassen der Zuschreibung von Wertsteigerungen.

Unterbewertungen sind **erstens** durch Verrechnung von **Abschreibungsquoten** möglich, die die geschätzte Wertminderung erheblich übersteigen. Das ist dann der Fall, wenn entweder die Nutzungsdauer zu kurz angesetzt wird, d. h. die Anschaffungs- oder Herstellungskosten auf eine kürzere als die tatsächliche Nutzungsdauer verteilt werden, oder ein Abschreibungsverfahren (z. B. degressive Abschreibung) angewendet wird, bei dem in den ersten Jahren der Nutzungsdauer mehr abgeschrieben wird, als es der tatsächlichen Wertminderung entspricht, so daß der Buchwert geringer ist als

---

[217] § 253 Abs. 4 HGB
[218] Vgl. § 248 Abs. 2 HGB
[219] Vgl. § 255 Abs. 4 HGB

der tatsächliche Wert. Dafür kann aber in den späteren Jahren der Nutzungsdauer nur noch entsprechend weniger abgeschrieben werden – vorausgesetzt, daß bis zum Ende der Nutzungsdauer nicht mehr als die Anschaffungs- oder Herstellungskosten verteilt werden –, so daß die in den ersten Jahren gebildeten stillen Rücklagen sich im Zeitablauf wieder auflösen. Die Tatsache, daß die Wertminderung der meisten Vermögensgegenstände nicht exakt berechnet, sondern nur geschätzt werden kann, hat zur Folge, daß auch die Höhe der entstehenden stillen Rücklagen nur durch Schätzung ermittelt werden kann.

Unterbewertungen können **zweitens** durch zu niedrigen Ansatz der **Herstellungskosten**, z. B. von selbsterstellten Anlagen oder Halb- und Fertigfabrikaten vorgenommen werden. Das kann buchtechnisch in der Weise geschehen, daß nicht alle Gemeinkosten, die durch die Herstellung der aktivierten Vermögensgegenstände verursacht worden sind, aktiviert, sondern zum Teil als Aufwand der Produktionsperiode und nicht der Umsatzperiode über die Gewinn- und Verlustrechnung verrechnet werden.

Drittens besteht die Möglichkeit, im Umlaufvermögen durch eine Überspitzung des Prinzips der kaufmännischen Vorsicht oder durch **Anwendung spezieller Bewertungsverfahren** (Bewertung von eisernen Beständen mit einem Festwert, Bewertung gleichartiger Vorräte nach der Lifo-, Fifo- oder Hifo-Methode) Vorräte zu niedrig zu bewerten. Auch bei den Forderungen können durch extrem vorsichtige Bewertung stille Rücklagen gelegt werden.

Ein Beispiel für ein Aktivierungswahlrecht ist der sog. **derivative Firmenwert**. Nach § 255 Abs. 4 HGB darf bei der Übernahme eines Unternehmens der Unterschiedsbetrag, um den die für die Übernahme des Unternehmens gewährte Gegenleistung den Wert der einzelnen Vermögensgegenstände des Unternehmens abzüglich der Schulden im Zeitpunkt der Übernahme übersteigt, aktiviert werden. Wird dieser Betrag aktiviert, so ist er in jedem folgenden Geschäftsjahr zu mindestens einem Viertel oder durch eine sonstige planmäßige Verteilung auf die voraussichtliche Nutzungsdauer zu tilgen. Im Falle der Nichtaktivierung werden stille Rücklagen gebildet, die sich im Laufe der Nutzungsdauer wieder auflösen.

Stille Rücklagen können ferner durch **Wertsteigerungen** entstehen, die auf Grund betriebswirtschaftlicher Bewertungsprinzipien oder gesetzlicher Bewertungsvorschriften bei der Bilanzierung nicht berücksichtigt werden. Das ist z. B. der Fall, wenn die Wiederbeschaffungskosten von Vermögensgegenständen über die Anschaffungskosten steigen und die Anerkennung des Realisationsprinzips durch gesetzliche Bewertungsvorschriften ein Überschreiten der Anschaffungskosten unmöglich macht, weil andernfalls noch nicht durch Umsatz realisierte Gewinne ausgewiesen werden müßten. In diesem Fall ist die stille Rücklage nicht das Ergebnis einer bilanzpolitischen Entscheidung, sondern die automatische Folge der Beachtung einer Bilanzierungsvorschrift.

Versteckte Rücklagen entstehen beispielsweise durch absichtliche oder unabsichtliche **Überhöhung von Rückstellungen**. Da Rückstellungen für ungewisse Verpflichtungen oder drohende Verluste gebildet werden, die ihren wirtschaftlichen Grund zwar in der Abrechnungsperiode haben, aber erst zu einem späteren Zeitpunkt zu einer Auszahlung (z. B. Pensionsrückstellungen) führen, deren Höhe nur geschätzt werden kann, enthalten die Rückstellungen in der Höhe, in der die tatsächliche Auszahlung hinter der Schätzung zurückbleibt, versteckte Rücklagen.

Da stille Rücklagen im engeren Sinne stets an konkrete Vermögenspositionen gebunden sind, lösen sie sich in vielen Fällen ohne Zutun des Betriebes auf, z. B. wenn unterbewertete Vorräte verkauft werden oder zu schnell abgeschriebene Vermögensgegenstände des Anlagevermögens ausscheiden oder wenn bei stark degressiver Abschreibung gegen Ende der Nutzungsdauer die jährlichen Abschreibungsbeträge immer kleiner werden. Stille Rücklagen in nicht abnutzbaren Anlagegütern (z. B. im Grund und Boden) können dagegen langfristig vorhanden sein. Ihre Auflösung erfolgt unter Umständen erst bei der Liquidation des Betriebes. Auch versteckte Rücklagen können sich automatisch auflösen, so z. B. wenn mit einer überhöhten Garantierückstellung nur wenige Garantiefälle verrechnet werden können.

Offene Rücklagen lösen sich dagegen nicht ohne Zutun des Betriebes auf; es bedarf dazu stets einer **betrieblichen Entscheidung,** auch wenn durch den betrieblichen Umsatzprozeß sich das Eigenkapital und damit der Gegenwert der Rücklagen vermindert hat. Eine solche Wertminderung könnte unter Beibehaltung der offenen Rücklagen auch durch einen Verlustausweis gezeigt werden.

In der Betriebswirtschaftslehre hat sich eine Einteilung der stillen Rücklagen im Hinblick auf ihr Verhältnis zu den gesetzlichen Bewertungsvorschriften in Zwangsrücklagen, Schätzungsrücklagen, Ermessensrücklagen und Willkürrücklagen durchgesetzt.

Der Begriff **Zwangsrücklagen** soll zum Ausdruck bringen, daß der Betrieb im Gegensatz zu den drei anderen genannten Arten zur Bildung stiller Rücklagen gezwungen wird, und zwar durch **gesetzliche Bewertungsvorschriften.** Obere Grenze der Bewertung der Vermögensgegenstände des Anlage- und Umlaufvermögens sind in der Handelsbilanz und Steuerbilanz die Anschaffungs- oder Herstellungskosten. Sie dürfen auch dann nicht überschritten werden, wenn die Wiederbeschaffungskosten über die Anschaffungs- oder Herstellungskosten gestiegen sind. Das hat zur Folge, daß Wertsteigerungen, die über die Anschaffungs- oder Herstellungskosten hinausgehen, nicht ausgewiesen werden können und folglich stille Rücklagen entstehen. Sie könnten nur vermieden werden, wenn das Anschaffungswertprinzip aufgegeben und eine Bewertung (und Abschreibung) nach den Wiederbeschaffungskosten durchgeführt würde.

Zwangsrücklagen in der Steuerbilanz sind aus betriebswirtschaftlicher Sicht **positiv** zu beurteilen, da sie verhindern, daß Wertsteigerungen als Gewinne versteuert werden müssen, bevor sie durch Umsatz realisiert worden sind. Zwangsrücklagen sind also die Folge der Anerkennung des Realisationsprinzips für Gewinne in der Steuerbilanz. Dieses Prinzip präzisiert den in § 4 Abs. 1 EStG nur formal definierten Gewinnbegriff dahingehend, daß steuerpflichtig nur Gewinne sind, die durch Umsatz entstanden sind. Ist aber der steuerpflichtige Gewinn in dieser Weise definiert, so können Zwangsrücklagen ihn nicht vermindern. Folglich kann ihre Bildung nicht gegen das Prinzip periodengerechter Gewinnermittlung verstoßen. Ein solcher Verstoß liegt nur dann vor, wenn durch Umsatz erzielte Gewinne mit Hilfe stiller Rücklagen zeitweilig der Besteuerung entzogen werden. Ebensowenig wie Zwangsrücklagen können **Schätzungsrücklagen** in beiden Bilanzen vermieden werden. Sie entstehen allgemein dann, wenn der Wert eines Aktiv- oder Passivpostens in der Bilanz wegen der mangelnden menschlichen Voraussicht nur schätzungsweise festgestellt werden kann. So z. B., wenn die Nutzungsdauer von Vermögensgegenständen zu kurz geschätzt wird oder die Verteilung der Anschaffungskosten durch Abschreibungen auf die Jahre der Nutzung nicht entsprechend der Wertminderung erfolgt oder Rückstellungen zu hoch angesetzt werden. Ist der Ansatz einer zu kurzen Nutzungsdauer oder einer zu hohen Rückstellung nicht die Folge einer unvollkommenen Voraussicht, sondern einer **absichtlichen Fehlschätzung,** so liegt eine Willkürrücklage vor. Gleiches gilt, wenn die Diskrepanz zwischen Abschreibungsquote und Wertminderung nicht infolge der Unmöglichkeit einer exakten Messung der Wertminderung, sondern einer absichtlichen Unterbewertung zustande kommt.

Ermessensrücklagen können, wie die Bezeichnung sagt, dann gebildet werden, wenn die gesetzlichen Bewertungsvorschriften dem Betrieb ein Ermessen einräumen, zwischen zwei oder mehreren Wertansätzen für einen Vermögensgegenstand zu wählen. Das ist beispielsweise nach einer außerplanmäßigen Abschreibung der Fall, wenn die Gründe für diese Abschreibung weggefallen sind. Dann kann der Betrieb nach § 253 Abs. 5 HGB den niedrigeren Wertansatz beibehalten, „auch wenn die Gründe dafür nicht mehr bestehen", d. h. der letzte Bilanzansatz darf nach geltendem Recht im Falle einer Wertsteigerung überschritten werden. Er kann aber auch beibehalten werden, oder es kann ein Zwischenwert angesetzt werden.

Unterschreitet der Betrieb willkürlich den bekannten oder durch Schätzung ermittelten Wert eines Vermögensgegenstandes, so entsteht eine **Willkürrücklage.** Für die Handelsbilanz sind Willkürrücklagen seit jeher geradezu charakteristisch, denn sie werden aus betriebspolitischen Überlegungen gebildet, die über die Zielsetzungen der Handelsbilanz gestellt werden, soweit das Handelsrecht nicht einen Riegel vorschiebt. Es war ein ausgesprochenes Ziel der Neufassung der aktienrechtlichen Rechnungslegungsvorschriften im Aktiengesetz 1965, die Möglichkeiten zur Bildung von Willkürrücklagen, die das Aktiengesetz 1937 offen ließ, zu beseitigen, und zwar in erster Linie im Interesse der Aktionäre, deren Gewinnansprüche durch Bildung von Willkürrücklagen beeinträchtigt werden können. Der Gesetzgeber hat im Bilanzrichtlinien-Gesetz versucht, diesem Ziel im Jahresabschluß der Kapitalgesellschaften insbesondere durch die umfangreichen Berichterstattungspflichten im Anhang näher zu kommen.

Obwohl stille Rücklagen dem Prinzip der periodengerechten Gewinnermittlung widersprechen und deshalb durch die Bewertungsvorschriften der

§§ 6 und 7 EStG verhindert werden sollen, sind sie insbesondere in der Zeit nach dem 2. Weltkrieg in steigendem Maße ein von der Steuerpolitik bevorzugtes Instrument geworden, die Entscheidungen des Betriebes im Hinblick auf bestimmte wirtschaftspolitische Zielsetzungen zu beeinflussen.

cc) Aufgaben und Beurteilung

Die Tatsache, daß die Bildung stiller Rücklagen durch buchmäßige Erhöhung des Periodenaufwandes (z. B. überhöhte Abschreibungen) den Periodengewinn reduziert, spricht zunächst **gegen** die Zulassung stiller Rücklagen in der Handelsbilanz, denn der Jahresabschluß soll ein den tatsächlichen Verhältnissen entsprechendes Bild der Vermögens-, Finanz- und Ertragslage der Gesellschaft vermitteln. Daraus ist zu folgern, daß der in einer Periode erzielte Gewinn und das am Bilanzstichtag vorhandene Vermögen auch tatsächlich aus dem Jahresabschluß zu ersehen sein müssen.

Da aber durch die Bildung stiller Rücklagen die möglichen Gewinnausschüttungen an die Gesellschafter und steuerbedingte Gewinnabführungen an die Finanzbehörden vermindert werden, **erhöht sie den Gläubigerschutz,** verstößt also nicht gegen eine wesentliche Zielsetzung der Handelsbilanz, vorausgesetzt, daß der Umfang der stillen Rücklagen sich aus dem Prinzip kaufmännischer Vorsicht – auch wenn es großzügig ausgelegt wird – begründen läßt und ihre Bildung nicht aus reiner Bewertungswillkür, die anderen Zielsetzungen als denen der Handelsbilanz dienen soll, erfolgt.

Vom Standpunkt der Anteilseigner ist die Bildung stiller Rücklagen dann **negativ** zu beurteilen, wenn die Anteilseigner ein Interesse an möglichst hohen Gewinnausschüttungen haben, da Bemessungsgrundlage für den Teil des Gewinns, den der Vorstand nach § 58 AktG zur Ausschüttung freigeben muß, die Position **Jahresüberschuß** ist, die durch erhöhte Aufwandsverrechnung als Folge von Unterbewertungen (z. B. erhöhter Abschreibungsaufwand) reduziert wird. Handelt es sich dagegen um Großaktionäre, die nicht in erster Linie an Ausschüttungen, sondern an einem Zuwachs des Gesellschaftsvermögens interessiert sind, so können stille Rücklagen – insbesondere wenn sie steuerlich zulässig sind und zu einer Verschiebung von Gewinnsteuern auf spätere Perioden führen – auch positiv beurteilt werden.

Soweit durch die Bildung von stillen Rücklagen **Preissteigerungsgewinne** vor der Ausschüttung bewahrt werden, sind sie auch im Interesse der Gesellschafter günstig zu beurteilen. Sie dienen in diesem Falle der Kapitalerhaltung und der Kapitalsicherung. Sobald sie aber höher sind, als es zur Erfüllung dieser Aufgabe notwendig ist, kürzen sie die Gewinnansprüche der Gesellschafter.

Da stille Rücklagen aber in späteren Perioden wieder aufgelöst werden und dann entweder einen Verlustausweis verhindern oder sogar einen Gewinnausweis und eine Gewinnausschüttung ermöglichen können, enthalten sie die Gefahr, daß die Geschäftsführung durch ihre Auflösung Gläubiger, Gesellschafter und die Öffentlichkeit über die wirtschaftliche Lage des Betriebes täuschen kann, weil eine Rentabilität vorgespiegelt wird, die nicht auf der Leistung der Abrechnungsperiode, sondern früherer Perioden beruht.

Für die Handelsbilanz ist deshalb zunächst festzustellen, daß die Bildung stiller Rücklagen – soweit sie aus kaufmännischer Vorsicht erfolgt und nicht zum Zwecke absichtlicher Gewinnmanipulierungen – im Interesse der Gläubiger und auch der Gesellschafter liegen kann; da aber durch die Auflösung stiller Rücklagen, die aus der Bilanz nicht zu ersehen ist, eine gezielte Täuschung über die Ertragslage des Betriebes möglich ist, sind stille Rücklagen in der Handelsbilanz **als generell mit den Zielen dieser Bilanz unvereinbar** abzulehnen. Dennoch entstehen bei Anwendung der handelsrechtlichen Bewertungsvorschriften stille Rücklagen.

Im geltenden Bilanzrecht werden die negativen Wirkungen stiller Rücklagen dadurch entschärft, daß im **Anhang** einer Kapitalgesellschaft gem. § 284 HGB die auf die Posten der Bilanz und der Gewinn- und Verlustrechnung angewendeten Bilanzierungs- und Bewertungsmethoden sowie Abweichungen von den bisher angewendeten Methoden angegeben werden müssen. Derartige Abweichungen sind zu begründen und in ihrem Einfluß gesondert darzustellen. Ist das oberste Ziel der Besteuerung die Gewinnung größtmöglicher Einnahmen zur Deckung der Staatsausgaben, so widerspricht jede Bewertung in der Steuerbilanz, die zu einer Verringerung oder einer zinslosen zeitlichen Verschiebung der Steuereinnahmen führen kann, dieser Zielsetzung. Daraus folgt, daß eine dieser Zielsetzung der Besteuerung entsprechende Steuerbilanz die Aufgabe hat, den in einer Periode erzielten Gewinn zu ermitteln, damit er auch in dieser Periode der Besteuerung unterworfen werden kann. Das bedeutet: stille Rücklagen, die den steuerpflichtigen Gewinn reduzieren, dürfen in der Steuerbilanz nicht zugelassen werden. Dennoch schließen die steuerrechtlichen Bewertungsvorschriften die Bildung stiller Rücklagen nicht völlig aus.

Verfolgt der Staat dagegen mit der Steuerpolitik zugleich **ordnungspolitische Ziele**, d. h. benutzt er die Steuerpolitik als Instrument der Wirtschafts-, Konjunktur-, Umwelt- und Sozialpolitik, indem er versucht, die unternehmerischen Entscheidungen über Investition, Finanzierungsform (z. B. Selbstfinanzierung), über Wahl oder Wechsel der Rechtsform und des Standortes, über Zusammenschlüsse zu Konzernen oder über die Vornahme von Fusionen u. a. zu beeinflussen, so kann die Zulässigkeit der Bildung stiller Rücklagen in der Steuerbilanz oder die Behandlung vorhandener stiller Rücklagen bei Umwandlung, Fusion oder Veräußerung von Betrieben oder von einzelnen Wirtschaftsgütern eines der Instrumente sein, mit denen eine derartige Ordnungspolitik vollzogen werden soll. Die wirtschaftspolitischen Ziele werden dann über das Ziel der periodengerechten Gewinnermittlung gestellt.

Da in den letzten Jahrzehnten die Steuerpolitik in einem immer stärkeren Maße zu einem Instrument staatlicher Beeinflussung unternehmerischer Entscheidungen geworden ist, kann man das früher einmal gültige Urteil, daß stille Rücklagen dem Wesen der Steuerbilanz widersprechen, nicht mehr aufrechterhalten. Sie widersprechen dem Ziel periodengerechter Gewinnermittlung, können aber durchaus berechtigt sein, wenn dieses Ziel wirtschaftspolitischen Zielen untergeordnet wird. (**ÜB 6/78**)

d) Rückstellungen

aa) Begriff, Aufgaben und Systematisierung

Rückstellungen haben die Aufgabe, **Aufwendungen,** die erst in einer späteren Periode zu einer in ihrer Höhe und ihrem genauen Fälligkeitstermin am Bilanzstichtag noch nicht feststehenden Auszahlung (z. B. Steuerrückstellungen) oder Mindereinzahlung (z. B. Delkredererückstellungen) führen, **der Periode ihrer Verursachung zuzurechnen.** Eine rechtsverbindliche Verpflichtung gegenüber einem Dritten muß nach betriebswirtschaftlicher Auffassung nicht bestehen, um eine Rückstellung bilden zu können. Es muß lediglich die Wahrscheinlichkeit für eine spätere Inanspruchnahme und somit für eine spätere Auszahlung gegeben sein, deren wirtschaftliche Begründung bereits aus der laufenden Abrechnungsperiode herrührt.

Der Umfang des Rückstellungsbegriffs hängt entscheidend davon ab, welche Ziele mit einer Bilanz verfolgt werden. Soll in erster Linie der Bestand an Vermögen und Kapital an einem Stichtag festgestellt werden, so kommt der Rückstellung die Aufgabe zu, einen **vollständigen Ausweis der Schulden** zu ermöglichen, indem auch Schulden, die ihrem Verpflichtungsgrunde, ihrer Höhe und dem Termin ihrer Fälligkeit nach noch ungewiß sind, bereits erfaßt werden. Eine rechtswirksame Verbindlichkeit (mit ungewisser Höhe) muß nicht notwendigerweise bestehen; es genügt, daß in der Abrechnungsperiode eine Schuld wirtschaftlich begründet wurde. Dieser – aus der statischen Bilanztheorie entspringende – Rückstellungsbegriff betont also vorwiegend den **Schuldcharakter der Rückstellung.**

Wird der Bilanz dagegen in erster Linie die Aufgabe zugeordnet, den in einer Periode erzielten Erfolg auszuweisen, wie das die dynamische Bilanzauffassung fordert, so erhält der Rückstellungsbegriff einen weiteren Umfang. Rückstellungen werden als eine Art **Abgrenzungsposten** aufgefaßt, die ähnlich wie die Rechnungsabgrenzungsposten die Aufgabe haben, den Erfolg der Abrechnungsperiode von dem späterer Perioden dadurch abzugrenzen, daß die Aufwendungen (und Erträge) jeweils der Periode zugerechnet werden, in der sie verursacht worden sind. Daraus folgt, daß Rückstellungen nicht nur für ungewisse Verpflichtungen gegenüber einem Dritten, die ihren wirtschaftlichen Grund in der Abrechnungsperiode haben, gebildet werden müssen, sondern auch für **Aufwendungen oder drohende Verluste,** die wirtschaftlich in der Abrechnungsperiode begründet worden sind, die aber erst in einer späteren Periode zu einer Auszahlung oder Mindereinzahlung führen, **ohne** daß eine Verpflichtung gegenüber einem Dritten besteht. Das ist z. B. bei im Abstand mehrerer Perioden regelmäßig anfallenden Auszahlungen (z. B. für Großreparaturen) oder aperiodisch anfallenden Auszahlungen (z. B. bei innerhalb größerer Zeiträume erfahrungsgemäß immer wieder auftretenden Risikoverlusten) der Fall. Hier hat die Rückstellung die Aufgabe einer Verteilung der Auszahlungen auf mehrere Perioden, weil der der Auszahlung entsprechende Aufwand entweder in mehreren Perioden verursacht worden ist oder durch Verteilung auf mehrere Perioden „periodisiert" werden soll. In diesen Fällen kann man von einer **wirtschaftlichen Verpflichtung** des Betriebes gegen sich selbst sprechen.

Geht man von dem weiteren dynamischen Rückstellungsbegriff aus, so muß, damit sich die Bildung einer Rückstellung rechtfertigen läßt, eine der drei folgenden Voraussetzungen erfüllt sein:

(1) Der Betrieb rechnet mit einer **Inanspruchnahme durch einen Dritten,** die ihren wirtschaftlichen Grund in der Abrechnungsperiode hat, aber voraussichtlich erst in einer späteren Periode erfolgen und zu einer Auszahlung oder Mindereinzahlung führen wird. Hier ergeben sich folgende Möglichkeiten:

   (a) Es besteht bereits eine **rechtswirksame Verpflichtung** gegenüber einem Dritten, die Höhe der später fällig werdenden Auszahlung ist aber noch ungewiß. Beispiel: Pensionsrückstellungen.

   (b) Es ist eine **Verpflichtung** gegenüber einem Dritten bereits **verursacht,** aber rechtswirksam noch nicht festgesetzt worden. Beispiele: Steuerrückstellungen, Rückstellungen für Bergschäden, die bereits erkennbar sind.

   (c) Es besteht auf Grund der bisherigen Erfahrung die **Wahrscheinlichkeit,** daß eine Verpflichtung gegenüber einem Dritten entstehen wird, die ihren wirtschaftlichen Grund in der Abrechnungsperiode hat. Höhe und Fälligkeit sind noch ungewiß. Beispiele: Garantierückstellungen, Rückstellungen für Bergschäden, die bereits verursacht, aber noch nicht erkennbar sind.

(2) Es besteht eine rechtswirksame Verpflichtung auf Grund eines Vertrages, der in der Abrechnungsperiode abgeschlossen wurde, der aber noch von keinem der beiden Vertragspartner erfüllt wurde **(schwebendes Geschäft),** bei dessen Erfüllung der Betrieb aber einen am Bilanzstichtag bereits erkennbaren Verlust erleiden wird. Beispiel: Rückstellungen für drohende Verluste aus schwebenden Geschäften, z. B. als Folge von Preissenkungen.

(3) Es ist ein **Aufwand** entstanden oder droht ein **Verlust,** der seinen wirtschaftlichen Grund in der Abrechnungsperiode hat, aber erst in einer späteren Periode zu einer Auszahlung bzw. Mindereinzahlung führt, ohne daß eine Inanspruchnahme durch einen Dritten erfolgt. Hier ergeben sich folgende Möglichkeiten:

   (a) Es ist ein **drohender Verlust,** der seinen wirtschaftlichen Grund in der Abrechnungsperiode hat, bereits erkennbar, in seiner Höhe aber nur zu schätzen. Beispiele: Delkredererückstellungen, Rückstellungen für Selbstversicherungen mittels kalkulatorischer Wagniszuschläge.

   (b) Es besteht eine **wirtschaftliche Verpflichtung** des Betriebs gegen sich selbst, die ihren wirtschaftlichen Grund in der Abrechnungsperiode hat, aber erst später zu einer Auszahlung führen wird. Beispiel: Rückstellungen für aufgeschobene Reparaturen.

Eine Pflicht zur Bildung von Rückstellungen ergibt sich aus betriebswirtschaftlicher Sicht aus den Grundsätzen ordnungsmäßiger Buchführung und

Bilanzierung, nach denen mögliche Verluste bereits als echte Verluste auszuweisen sind (Imparitätsprinzip).

bb) Der handels- und steuerrechtliche Rückstellungsbegriff

§ 249 Abs. 1 HGB schreibt eine **Passivierungspflicht** für Rückstellungen für ungewisse Verbindlichkeiten und für drohende Verluste aus schwebenden Geschäften sowie für Rückstellungen für Gewährleistungen, die ohne rechtliche Verpflichtung erbracht werden (Kulanzrückstellungen), vor. Passivierungspflichtig sind ferner Rückstellungen für im Geschäftsjahr unterlassene Aufwendungen für Instandhaltung, die in den ersten drei Monaten des folgenden Geschäftsjahres nachgeholt werden, sowie für unterlassene Aufwendungen für Abraumbeseitigung, die im folgenden Geschäftsjahr nachgeholt werden.

Ein **Passivierungswahlrecht** räumt der Handelsgesetzgeber für sog. Aufwandsrückstellungen[220] sowie für im Geschäftsjahr unterlassene Aufwendungen für Instandhaltung ein, wenn diese im folgenden Geschäftsjahr nach Ablauf von drei Monaten nachgeholt werden.

Dieser Rückstellungskatalog ist erschöpfend. § 249 Abs. 3 HGB bestimmt, daß für andere Zwecke keine Rückstellungen gebildet werden dürfen. Diese Vorschrift ist allerdings auslegungsbedürftig, weil der Begriff „Rückstellungen für ungewisse Verbindlichkeiten" Abgrenzungsprobleme aufwerfen kann. Sie soll jedoch verhindern, daß unter Berufung auf das Prinzip kaufmännischer Vorsicht weitere Rückstellungen, insbesondere Aufwandsrückstellungen, die nicht die Voraussetzungen des § 249 Abs. 2 HGB erfüllen, gebildet werden können.

Das im früheren Bilanzrecht bestehende Passivierungswahlrecht für **Pensionsrückstellungen** ist durch eine Passivierungspflicht ersetzt worden. Eine besondere Erwähnung der Pensionsrückstellungen erfolgt im Rückstellungskatalog des § 249 HGB nicht, da sie zu den Rückstellungen für ungewisse Verbindlichkeiten zu zählen sind.

Neu eingeführt wurde das Passivierungswahlrecht für Rückstellungen „für ihrer Eigenart nach genau umschriebene, dem Geschäftsjahr oder einem früheren Geschäftsjahr zuzuordnende Aufwendungen ..., die am Abschlußstichtag wahrscheinlich oder sicher, aber hinsichtlich ihrer Höhe oder des Zeitpunkts ihres Eintritts unbestimmt sind".[221] Diese neue Rückstellungsart ist steuerrechtlich nicht zulässig, und zwar erstens, weil es sich um eine **Aufwandsrückstellung** handelt, bei der keine Verpflichtung gegenüber einem Dritten besteht, und zweitens, weil für ihre Bildung ein Passivierungswahlrecht besteht, das steuerrechtlich nach ständiger Rechtsprechung als Passivierungsverbot zu interpretieren ist.

Neu geschaffen wurde für Kapitalgesellschaften außerdem eine Passivierungspflicht für **Rückstellungen für latente Steuern.** Auch diese Rückstellungsart erscheint im Rückstellungskatalog des § 249 HGB nicht, weil sie

---

[220] Vgl. § 249 Abs. 2 HGB
[221] § 249 Abs. 2 HGB

vom Gesetzgeber zu den Rückstellungen für ungewisse Verbindlichkeiten gezählt wird. Sie ist jedoch nach § 274 Abs. 1 Satz 1 HGB entweder in der Bilanz oder im Anhang „gesondert anzugeben". Die Rückstellung für latente Steuern hat die Aufgabe, die Differenz zwischen dem sich aus der Steuerbilanz ergebenden Steueraufwand und dem Steueraufwand, der sich aufgrund eines höheren Handelsbilanzgewinns ergeben würde, in der Handelsbilanz als ungewisse Verbindlichkeit zurückzustellen. Für die Steuerbilanz kommt eine derartige Rückstellung schon von ihrer Aufgabenstellung her nicht in Betracht.

Das Mindesgliederungsschema des § 266 HGB für die Bilanz der Kapitalgesellschaften schreibt den **gesonderten Ausweis** folgender Rückstellungsarten vor:

(1) Rückstellungen für Pensionen und ähnliche Verpflichtungen;

(2) Steuerrückstellungen;

(3) sonstige Rückstellungen.

Auf Grund des derzeitigen Standes der Rechtsprechung dürfen Rückstellungen in der **Steuerbilanz** nur gebildet werden, wenn ein passives Wirtschaftsgut oder eine selbständige bewertungsfähige Last vorliegt. Das ist der Fall, wenn

(1) eine ihrer Höhe nach ungewisse Schuld gegenüber einem Dritten entweder rechtswirksam besteht oder in der Abrechnungsperiode wirtschaftlich bereits begründet ist;

(2) eine sittliche Verpflichtung zu einer Leistung gegenüber einem Dritten in ungewisser Höhe besteht, die wirtschaftlich in der Abrechnungsperiode begründet ist (sog. „Kulanzrückstellungen");

(3) ein drohender Verlust zu einer Vermögensminderung führt (z. B. Rückstellung für drohende Verluste aus schwebenden Geschäften);

(4) eine selbständig bewertungsfähige Betriebslast vorliegt (z. B. Rückstellung für unterlassene Abraumbeseitigung).

Rückstellungen, die lediglich der Abgrenzung des Periodengewinns dienen sollen, ohne daß einer der vier genannten Gründe gegeben ist, sind in der Steuerbilanz unzulässig. Ein Beispiel dafür sind die sog. Aufwandsrückstellungen gem. § 249 Abs. 2 HGB. (**ÜB 6**/79–90)

Die Übersicht auf S. 1168 gibt einen zusammenfassenden Überblick über die Regelung der Rückstellungen durch das geltende Bilanzrecht.

e) Bilanzierung und Bewertung von Verbindlichkeiten

Für Verbindlichkeiten, die rechtsverbindliche Verpflichtungen enthalten, besteht handels- und steuerrechtlich grundsätzlich eine **Passivierungspflicht,** auf die der Zeitpunkt der Fälligkeit keinen Einfluß hat. Die Grundsätze ordnungsmäßiger Bilanzierung und die gesetzlichen Bilanzierungsvorschriften[222] verbieten eine Saldierung von Verbindlichkeiten und Forderungen.

---

[222] Vgl. § 246 Abs. 2 HGB

Rückstellungen in der Handelsbilanz (§ 249 HGB)	
Rückstellungskatalog, § 249 HGB	Keine gesetzliche Definition, sondern erschöpfende Aufzählung der zulässigen Rückstellungsarten.
Gesonderter Ausweis in der Bilanz, § 266 Abs. 3 B 1–3 HGB, § 274 Abs. 1 HGB	(1) Rückstellungen für Pensionen und ähnliche Verpflichtungen; (2) Steuerrückstellungen; (3) sonstige Rückstellungen; (4) Rückstellungen für latente Steuern (Ausweis auch im Anhang statt in der Bilanz möglich).
Berichterstattung im Anhang, § 285 Nr. 12 HGB	Rückstellungen, die in der Bilanz unter dem Posten „sonstige Rückstellungen" nicht gesondert ausgewiesen werden, sind zu erläutern, wenn sie einen nicht unerheblichen Umfang haben.
Passivierungspflicht, § 249 Abs. 1 HGB (steuerrechtlich zulässig)	(1) Rückstellungen für ungewisse Verbindlichkeiten; (2) Rückstellungen für drohende Verluste aus schwebenden Geschäften; (3) Rückstellungen für Gewährleistungen ohne rechtliche Verpflichtung (Kulanzrückstellungen); (4) Rückstellungen für unterlassene Abraumbeseitigung, wenn diese im folgenden Geschäftsjahr nachgeholt wird; (5) Rückstellungen für unterlassene Instandhaltung, wenn diese in den ersten 3 Monaten des folgenden Geschäftsjahres nachgeholt wird.
Passivierungswahlrecht, § 249 Abs. 1 Satz 3 und Abs. 2 HGB (steuerrechtlich nicht zulässig)	(1) Rückstellungen für unterlassene Instandhaltung, wenn diese erst im 4. bis 12. Monat des folgenden Geschäftsjahres nachgeholt wird; (2) Rückstellungen für zukünftige Aufwendungen (Auszahlungen), – die ihrer Eigenart nach genau umschrieben sind, – die dem Geschäftsjahr oder einem früheren Geschäftsjahr zuzuordnen sind, – die am Abschlußstichtag wahrscheinlich oder sicher sind, – deren Höhe und Zeitpunkt des Eintritts unbestimmt sind.
Passivierungsverbot, § 249 Abs. 3 Satz 1 HGB	Für andere Zwecke als die in § 249 Abs. 1 und 2 HGB genannten dürfen keine Rückstellungen gebildet werden.
Bewertung, § 253 Abs. 1 Satz 2, § 252 Abs. 1 Nr. 4 HGB	– In Höhe des Betrages, der nach vernünftiger kaufmännischer Beurteilung notwendig ist; eine Abzinsung ist nur möglich, wenn die zugrundeliegenden Verbindlichkeiten einen Zinsanteil enthalten; – Beachtung des Vorsichtsprinzips.
Auflösung, § 249 Abs. 3 Satz 2, § 274 Abs. 1 Satz 2 HGB	Auflösung nur zulässig, soweit der Grund der Rückstellungsbildung entfallen ist bzw. bei Rückstellungen für latente Steuern, sobald die höhere Steuerbelastung eintritt oder mit ihr voraussichtlich nicht mehr zu rechnen ist.

Verbindlichkeiten sind zu ihrem **Rückzahlungsbetrag,** Rentenverpflichtungen, für die eine Gegenleistung nicht mehr zu erwarten ist, zum **Barwert** der zukünftigen Auszahlungen anzusetzen.[223] Als Rückzahlungsbetrag (Erfüllungsbetrag) ist der Betrag anzusehen, der vom Betrieb „bei normaler Tilgung ohne außergewöhnliche Aufwendungen, wie Strafzuschläge wegen unpünktlicher Zahlung, aufgebracht werden muß."[224]

Aus dieser Vorschrift folgt, daß der Rückzahlungsbetrag auch dann angesetzt werden muß, wenn er über dem Ausgabebetrag liegt. Die Differenz zwischen dem Rückzahlungs- und dem niedrigeren Ausgabebetrag (**Disagio, Damnum**) darf auf der Aktivseite unter die Posten der Rechnungsabgrenzung aufgenommen werden. Der Unterschiedsbetrag ist in der Bilanz gesondert auszuweisen oder im Anhang anzugeben und muß durch planmäßige Abschreibungen getilgt werden, die über die Laufzeit der Verbindlichkeit verteilt werden können.[225] Eine besondere Abschreibungsmethode ist nicht vorgeschrieben. Dieses handelsrechtliche Aktivierungswahlrecht darf allerdings nur im Jahre der Kreditaufnahme ausgeübt werden.[226]

Gibt z. B. eine Aktiengesellschaft eine Anleihe zum Nennwert von 1.000.000 DM zum Kurs von 96% aus, und beträgt der Rückzahlungskurs 102%, dann müssen in der Handelsbilanz 1.020.000 DM passiviert werden. Da aber nur 960.000 DM eingezahlt werden, ergibt sich zwischen dem Rückzahlungsbetrag und dem Ausgabebetrag eine Differenz von 60.000 DM, die entweder als Disagio aktiviert und auf die Laufzeit oder eine kürzere Zeit durch planmäßige Abschreibungen verteilt oder sofort als Aufwand der Ausgabeperiode verrechnet werden kann.

Bei vorzeitiger Rückzahlung der Anleihe ist der Restbuchwert des Disagiokontos als Aufwand der Rückzahlungsperiode zu verrechnen. Wird die Laufzeit der Anleihe verkürzt, so muß das Disagio neu auf die Restlaufzeit aufgeteilt werden.

In der **Steuerbilanz** sind Verbindlichkeiten unter sinngemäßer Anwendung der Bewertungsvorschriften des § 6 Abs. 1 Nr. 2 EStG anzusetzen, d. h., daß die Anschaffungskosten, die für die Vermögenspositionen die obere Grenze der Bewertung darstellen, für die Verbindlichkeiten die untere Grenze bilden. Als Anschaffungskosten einer Verbindlichkeit gilt grundsätzlich der Rückzahlungsbetrag. Ist der Ausgabebetrag niedriger als der Rückzahlungsbetrag, so ist in der Steuerbilanz ebenso wie in der Handelsbilanz der Rückzahlungsbetrag zu passivieren. Der Unterschiedsbetrag (Disagio, Damnum) ist hier zwingend als Rechnungsabgrenzungsposten zu aktivieren und über die Laufzeit des Darlehens abzuschreiben.

Eine **Abzinsung** unverzinslicher oder niedrig verzinslicher Verbindlichkeiten ist mit der Vorschrift, daß Verbindlichkeiten mit ihrem Rückzahlungsbetrag anzusetzen sind, nicht zu vereinbaren. Das gilt auch für Wech-

---

[223] Vgl. § 253 Abs. 1 HGB
[224] Godin-Wilhelmi, Aktiengesetz, Bd. I, 4. Aufl., Berlin 1971, S. 942
[225] Vgl. § 250 Abs. 3 HGB
[226] Vgl. Trützschler, K., in: Küting/Weber: Handbuch der Rechnungslegung, 4. Aufl., Stuttgart 1990, Anm. 78 zu § 250 HGB

selverbindlichkeiten, die stets in der Höhe der Wechselsumme auszuweisen sind. (ÜB 6/92–95)

II. Die Erfolgsrechnung

1. Aufgaben und Aufbau der Gewinn- und Verlustrechnung

Während in der Bilanz der Erfolg einer Abrechnungsperiode als Saldo durch Gegenüberstellung von Vermögens- und Kapitalpositionen an einem Zeitpunkt (Bilanzstichtag) ermittelt wird, saldiert die Gewinn- und Verlustrechnung sämtliche Erträge und sämtliche Aufwendungen einer Abrechnungsperiode und ermittelt so nicht nur den Erfolg als Saldo, sondern zeigt auch die **Quellen des Erfolges** auf, d. h. sie erklärt sein Zustandekommen. Die Erfolgsrechnung ist eine **Aufwands- und Ertragsrechnung,** keine Zahlungsrechnung. Nur ein Teil der Aufwendungen und Erträge einer Abrechnungsperiode stimmt mit den Auszahlungen und Einzahlungen dieses Zeitraums überein; anderen Aufwendungen und Erträgen sind Auszahlungen und Einzahlungen in früheren Perioden vorausgegangen, oder es folgen ihnen in späteren Perioden Auszahlungen und Einzahlungen nach, wenn aus Kreditvorgängen Zahlungsvorgänge werden, z. B. Abschreibungen auf Maschinen (Auszahlungen früher, Aufwand jetzt), Verbrauch von Rohstoffen, die auf Kredit gekauft worden sind (Aufwand jetzt, Auszahlung später),[1] Lieferungen auf Grund früherer Anzahlungen (Einzahlungen früher, Ertrag jetzt) oder Forderungen aus Warenlieferungen (Ertrag jetzt, Einzahlung später).[2]

Die Erfolgsrechnung **grenzt den Erfolg zweier oder mehrerer Perioden ab,** indem sie jeder Periode die Aufwendungen und Erträge zurechnet, die in dieser Periode verursacht worden sind, auch wenn die entsprechenden Zahlungsvorgänge in früheren oder späteren Perioden liegen. Sind Zahlungen für die folgende Periode geleistet und auf Aufwandskonten gegengebucht worden (z. B. Vorauszahlungen von Löhnen und Gehältern, Versicherungsprämien, Mieten u. ä.), so ist eine Rechnungsabgrenzung[3] erforderlich, durch die verhindert wird, daß die Zahlungen bereits in dieser Periode erfolgswirksam werden, denn der Aufwand tritt erst in der folgenden Periode ein und ist ihr folglich zuzurechnen. Ist z. B. eine Vorauszahlung von Löhnen für die kommende Periode erfolgt, die auf dem Lohnkonto (Aufwandskonto) dieser Periode erfaßt ist, so darf der Betrag vom Lohnkonto nicht in die Erfolgsrechnung, sondern muß mit Hilfe eines Rechnungsabgrenzungspostens (transitorisches Aktivum) auf die Vermögensseite der Bilanz übernommen werden, damit die für die kommende Periode geleistete Zahlung und

---

[1] Der Kreditkauf ist als Schuldenzugang eine Ausgabe, die bei späterer Zahlung zu einer Auszahlung, also einer anderen Form der Ausgabe wird (vgl. die Abgrenzung der Begriffe auf S. 972ff.).

[2] Die Warenlieferung ist als Forderungszugang eine Einnahme, die bei späterer Bezahlung zu einer Einzahlung, also einer anderen Form der Einnahme wird (vgl. die Abgrenzung der Begriffe auf S. 972ff.).

[3] Vgl. S. 972.

die dadurch eingetretene Vermögensminderung buchtechnisch kompensiert wird, und der Vorgang folglich nicht in dieser, sondern erst in der nächsten Periode in der Erfolgsrechnung wirksam wird.

Sind Zahlungen in der Abrechnungsperiode eingegangen, die erst in der folgenden Periode zu Erträgen führen, so ist eine passive Rechnungsabgrenzung erforderlich (z. B. im voraus erhaltene Mieten), denn das Vermögen der Periode ist um diese Zahlungen zu hoch, die Gegenbuchung auf dem Mietertragskonto darf in der Abrechnungsperiode nicht erfolgswirksam werden, da der Mietertrag ein Erfolg der nächsten Periode ist.

Beim Aufbau und der Ausgestaltung der Gewinn- und Verlustrechnung sind folgende Grundsätze zu beachten:

a) Kontoform oder Staffelform

Durch die Neufassung der aktienrechtlichen Gewinn- und Verlustrechnung durch das Gesetz über die Kapitalerhöhung aus Gesellschaftsmitteln und über die Gewinn- und Verlustrechnung vom 23. Dezember 1959 war neben der bis dahin in Deutschland üblichen und für die Aktiengesellschaft zwingend vorgeschriebenen Kontoform auch die Staffelform für die Gewinn- und Verlustrechnung zulässig geworden. Nach § 157 Abs. 1 AktG 1965 (a. F.) war für Aktiengesellschaften nur noch die Staffelform erlaubt.

Die handelsrechtliche Mindestgliederung,[4] die für alle Kapitalgesellschaften verbindlich ist, folgt dieser Regelung. Diese Mindestgliederung ist **in Staffelform nach dem Gesamtkosten- oder Umsatzkostenverfahren** aufzustellen.[5] Für kleine und mittelgroße Kapitalgesellschaften gelten gem. § 276 HGB größenabhängige Erleichterungen.

Der Vorteil der Staffelform ist die größere Übersichtlichkeit durch Bildung von **Zwischensummen,** die den Charakter betriebswirtschaftlicher Kennzahlen haben und damit die Aussagekraft der Erfolgsrechnung erheblich erweitern können.

b) Bruttoprinzip oder Nettoprinzip

Die Grundsätze ordnungsmäßiger Buchführung und Bilanzierung gelten für die Erfolgsrechnung sinngemäß. Sie hat in erster Linie **klar und übersichtlich** zu sein. Für den Aufbau der Gewinn- und Verlustrechnung gibt es grundsätzlich zwei Möglichkeiten:

(1) Der Aufbau erfolgt nach dem **Bruttoprinzip,** d. h. sämtliche Aufwendungen und Erträge werden ohne jede Saldierung gegenübergestellt. Nur so sind die Voraussetzungen gegeben, daß sämtliche Erfolgsquellen voll ersichtlich sind. Vor allem wird der betriebliche Umsatzerlös ohne Abzug bestimmter (z. B. Materialverbrauch) oder aller Aufwendungen ausgewiesen.

(2) Der Aufbau erfolgt nach dem **Nettoprinzip,** d. h. Aufwands- und Er-

---

[4] Vgl. § 275 Abs. 1 HGB
[5] Vgl. § 275 Abs. 2 und 3 HGB

tragspositionen werden völlig oder teilweise gegeneinander aufgerechnet; im Extremfall erscheint nur noch der Gewinn oder der Verlust. Die Aufrechnung kann z. B. bei gleichartigen Aufwands- und Ertragspositionen (z. B. Zinsaufwand und Zinsertrag) oder bei aus mehreren Aufwands- und Ertragsarten zusammengesetzten Positionen (z. B. außerordentliche Aufwendungen und Erträge) oder zwischen sämtlichen Umsatzerlösen und bestimmten Aufwandsarten (z. B. Materialaufwand, Energieaufwand, Steueraufwand u. a.) erfolgen.

Die Aussagefähigkeit der Salden ist gering. Beträgt z. B. nach Saldierung mit den Zinserträgen der Zinsaufwand der Periode 5.000 DM, so kann sich dieser Saldo aus Zinsaufwand von 6.000 DM und Zinserträgen von 1.000 DM, aber ebensogut aus Zinsaufwand von 600.000 DM und Zinserträgen von 595.000 DM ergeben.

Je größer die Zahl der Aufwands- und Ertragsarten ist, die miteinander verrechnet werden, und je ungleichartiger ihre Zusammensetzung ist, desto geringer ist der Aussagewert des Saldos. Saldierungen beim Umsatzerlös verhindern jeden Einblick in die Höhe des Umsatzes und verschleiern damit eine für die Beurteilung der Ertragslage des Betriebs entscheidende Größe.

§ 246 Abs. 2 HGB fordert nicht nur für die Bilanz, sondern auch für die Gewinn- und Verlustrechnung die strenge Beachtung des Bruttoprinzips.

c) Trennung von Betriebserfolg und neutralem Erfolg

Das Prinzip der Klarheit erfordert eine scharfe Trennung der Aufwendungen und Erträge, die mit der Erstellung und dem Absatz der Betriebsleistung zusammenhängen, von den Aufwendungen und Erträgen, die neutralen (betriebsfremden oder außerordentlichen) Charakter haben. Nur so wird erkenntlich, welcher Teil des Gesamterfolges das Ergebnis der eigentlichen betrieblichen Tätigkeit ist und welcher Teil aus anderen Quellen stammt.

Das Beispiel auf S. 1139 zeigt eine Bruttoerfolgsrechnung und eine Nettoerfolgsrechnung mit Spaltung des betrieblichen und neutralen Erfolges.

Aus der Gegenüberstellung wird ersichtlich, daß die Aussagekraft der Bruttoerfolgsrechnung wesentlich größer ist.

d) Produktionsrechnung oder Umsatzrechnung[6]

Produktion (Ertrag) und Verkauf (Umsatzerlös) einer Periode stimmen gewöhnlich nicht überein, sondern es bilden sich Lagerbestände an Halb- und Fertigfabrikaten, so daß mehr verkauft als produziert (Minderung der

---

[6] In § 275 HGB werden diese Verfahren als Gesamtkosten- bzw. Umsatzkostenverfahren bezeichnet. Sie stimmen somit mit den in der Kostenrechnung geläufigen Bezeichnungen überein (vgl. S. 1305 ff.). Verfahrenstechnisch besteht kein Unterschied zwischen der Gewinn- und Verlustrechnung und der kurzfristigen Erfolgsrechnung der Kostenrechnung. Die verrechneten Werte stimmen jedoch wegen möglicher Differenzen zwischen Aufwendungen und Kosten in der Regel nicht überein. Außerdem wird die kurzfristige Erfolgsrechnung in der Regel für einen kürzeren Zeitraum (z. B. monatlich) erstellt.

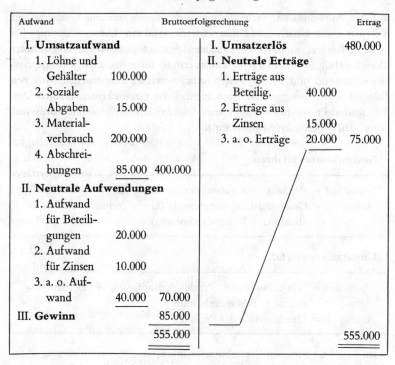

Aufwand	Bruttoerfolgsrechnung		Ertrag
I. Umsatzaufwand		**I. Umsatzerlös**	480.000
1. Löhne und		**II. Neutrale Erträge**	
Gehälter	100.000	1. Erträge aus	
2. Soziale		Beteilig.	40.000
Abgaben	15.000	2. Erträge aus	
3. Material-		Zinsen	15.000
verbrauch	200.000	3. a. o. Erträge	20.000 75.000
4. Abschrei-			
bungen	85.000 400.000		
II. Neutrale Aufwendungen			
1. Aufwand			
für Beteili-			
gungen	20.000		
2. Aufwand			
für Zinsen	10.000		
3. a. o. Auf-			
wand	40.000 70.000		
III. Gewinn	85.000		
	555.000		555.000

Aufwand	Nettoerfolgsrechnung	Ertrag
I. Umsatzaufwand ab-		I. Umsatzerlös abzügl.	
züglich Materialver-		Materialverbrauch	280.000
brauch	200.000		
II. Neutrale Aufwendun-		II. Neutrale Erträge,	
gen, a.o. Aufwand		Erträge aus Beteiligun-	
(Saldo)	20.000	gen (Saldo)	20.000
III. Gewinn	85.000	Erträge aus Zinsen	
		(Saldo)	5.000
	305.000		305.000

Bestände an Fertigfabrikaten) oder mehr produziert als verkauft werden kann (Mehrung der Bestände). Die Erfolgsrechnung kann zur Ermittlung des Betriebserfolges entweder sämtliche Aufwendungen, die bei der Erstellung der Betriebsleistung entstanden sind, sämtlichen Erträgen, also nicht nur den Umsatzerlösen, sondern auch den nicht abgesetzten Leistungen gegenüberstellen. Dieses Verfahren wird als **Gesamtkostenverfahren** (Produktionsrechnung) bezeichnet. Erscheint dagegen auf der Ertragsseite nicht der gesamte Ertrag der Periode, sondern nur der Umsatzerlös, der größer oder kleiner als der Periodenertrag sein kann, während die Umsatzaufwendungen unter Berücksichtigung der Bestandsveränderungen der Fabrikate auf der Aufwandsseite stehen, so handelt es sich um eine Gewinn- und Verlustrechnung nach dem **Umsatzkostenverfahren** (Umsatzrechnung).

Beide Rechnungsarten unterscheiden sich also lediglich darin, wie sie unter Berücksichtigung von Lagerbestandsveränderungen die Erfolgskomponenten (Aufwand und Ertrag) mengenmäßig vergleichbar machen. Aus den folgenden Gleichungen erkennt man, daß das Gesamtkostenverfahren den Ertrag den Produktionsmengen und das Umsatzkostenverfahren den Aufwand den abgesetzten Mengen anpaßt.

Gesamtkostenverfahren:

Aufwand = Produktionsaufwand der Periode
Ertrag = Gesamtleistung der Periode (Umsatzerlöse − Bestandsabnahme + Bestandserhöhung)

Umsatzkostenverfahren:

Aufwand = Umsatzaufwand (Produktionsaufwand + Bestandsabnahme − Bestanderhöhung)
Ertrag = Umsatzerlöse der Periode

Im Ergebnis stimmen Produktionsrechnung und Umsatzrechnung überein. Bei Bestandserhöhungen, d. h. wenn mehr produziert als umgesetzt wird, weist die Umsatzrechnung einen um den zur Bestandserhöhung erforderlichen Aufwand geringeren Aufwand aus als die Produktionsrechnung. Im Periodenertrag der Produktionsrechnung werden demgegenüber neben den Umsatzerlösen auch die Bestandserhöhungen als Ertragskomponente ausgewiesen. Bei Bestandsabnahmen ist der Produktionsaufwand entsprechend geringer als der Aufwand für die insgesamt in der Periode umgesetzten Erzeugnisse. Die Umsatzrechnung enthält dafür auch die vollen Erlöse für die ab Lager verkauften Produkte als Ertragskomponente.

Die folgende Produktionsrechnung (Gesamtkostenverfahren) zeigt nur den Produktionsaufwand der Abrechnungsperiode, gegliedert nach Aufwandsarten. Die Betriebsleistung aus dem Umsatz der Periode wird korrigiert um die Veränderung der Bestände an Halb- und Fertigfabrikaten. Da der Endbestand niedriger als der Anfangsbestand ist, ist in der Abrechnungsperiode mehr umgesetzt als produziert worden.

Beispiel:

Aufwand	Gewinn- und Verlustrechnung (Gesamtkostenverfahren)		Ertrag
Betriebsaufwand der Periode		**Betriebsleistung**	
1. Löhne und Gehälter 30.000		1. Umsatzerlös 200.000	
2. Materialverbrauch 70.000		2. Endbestand an Halb- und Fertigfabrikaten 20.000 220.000	
3. Abschreibungen 10.000			
4. Zinsen 5.000		3. Anfangsbestand an Halb- und Fertigfabrikaten − 40.000 180.000	
5. Sonstige Aufwendungen 25.000 140.000			
Gewinn 40.000			
180.000		180.000	

Das folgende Beispiel zeigt eine nach Kostenstellen gegliederte Umsatzrechnung (Umsatzkostenverfahren).

Aufwand	Gewinn- und Verlustrechnung (Umsatzkostenverfahren)		Ertrag
Anfangsbestand an Fertigfabrikaten 20.000		Umsatzerlös 200.000	
+ Herstellungskosten der produzierten Fabrikate (einschließlich Bestandsveränderungen der Halbfabrikate) 140.000			
+ Verwaltungs- und Vertriebsaufwand 10.000			
170.000			
./. Endbestand an Fertigfabrikaten 10.000			
Umsatzaufwand 160.000			
Gewinn 40.000			
200.000		200.000	

2. Die handelsrechtlichen Vorschriften zum Aufbau und Inhalt der Erfolgsrechnung

a) Die Gliederung

§ 275 HGB sieht für Kapitalgesellschaften wahlweise das **Gesamtkosten-** oder **Umsatzkostenverfahren** vor. Entsprechend enthält das HGB zwei Mindestgliederungsschemata. Für Einzelunternehmen und Personengesellschaften ist – ebenso wie bei der Bilanz – kein Mindestgliederungsschema vorgeschrieben.

Die Gliederung der Gewinn- und Verlustrechnung ist nach § 277 Abs. 3 Satz 2 HGB um den gesonderten Ausweis von Erträgen und Aufwendungen aus Verlustübernahme und von aufgrund einer Gewinngemeinschaft, eines Gewinnabführungs- oder eines Teilgewinnabführungsvertrages erhaltenen oder abgeführten Gewinnen zu ergänzen.

Die beiden Formen der Gliederung der Gewinn- und Verlustrechnung nach § 275 Abs. 2 und 3 HGB zeigt die folgende Übersicht. In der sich anschließenden Übersicht auf S. 1143 wird gezeigt, auf welche Komponenten der Jahresüberschuß (Jahresfehlbetrag) zurückzuführen ist und wie sich aus dem Jahresüberschuß (Jahresfehlbetrag) der Bilanzgewinn (Bilanzverlust) ergibt.

Gliederung der Gewinn- und Verlustrechnung (§ 275 HGB)

Gesamtkostenverfahren (§ 275 Abs. 2 HGB)	Umsatzkostenverfahren (§ 275 Abs. 3 HGB)
1. Umsatzerlöse	1. Umsatzerlöse
2. Erhöhung oder Verminderung des Bestands an fertigen und unfertigen Erzeugnissen	
3. andere aktivierte Eigenleistungen	
4. sonstige betriebliche Erträge	
5. Materialaufwand: a) Aufwendungen für Roh-, Hilfs- und Betriebsstoffe und für bezogene Waren b) Aufwendungen für bezogene Leistungen	2. Herstellungskosten der zur Erzielung der Umsatzerlöse erbrachten Leistungen
6. Personalaufwand: a) Löhne und Gehälter b) soziale Abgaben und Aufwendungen für Altersversorgung und für Unterstützung	3. Bruttoergebnis vom Umsatz 4. Vertriebskosten
7. Abschreibungen: a) auf immaterielle Vermögensgegenstände des Anlagevermögens und Sachanlagen sowie auf aktivierte Aufwendungen für die Ingangsetzung und Erweiterung des Geschäftsbetriebs b) auf Vermögensgegenstände des Umlaufvermögens, soweit diese die in der Kapitalgesellschaft üblichen Abschreibungen überschreiten	5. allgemeine Verwaltungskosten 6. sonstige betriebliche Erträge

8. (7.) sonstige betriebliche Aufwendungen
9. (8.) Erträge aus Beteiligungen
10. (9.) Erträge aus anderen Wertpapieren und Ausleihungen des Finanzanlagevermögens
11. (10.) sonstige Zinsen und ähnliche Erträge
12. (11.) Abschreibungen auf Finanzanlagen und auf Wertpapiere des Umlaufvermögens
13. (12.) Zinsen und ähnliche Aufwendungen
14. (13.) Ergebnis der gewöhnlichen Geschäftstätigkeit
15. (14.) außerordentliche Erträge
16. (15.) außerordentliche Aufwendungen
17. (16.) außerordentliches Ergebnis
18. (17.) Steuern vom Einkommen und vom Ertrag
19. (18.) sonstige Steuern
20. (19.) Jahresüberschuß/Jahresfehlbetrag

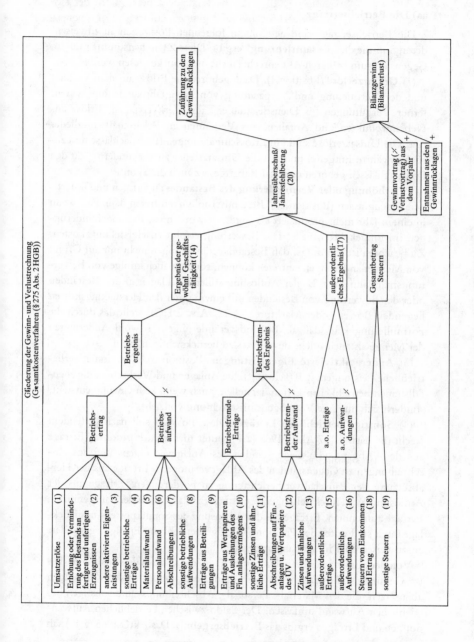

b) Erläuterungen zu einzelnen Positionen

aa) Die Betriebserträge

Die Betriebserträge sind getrennt in folgenden Positionen auszuweisen, deren Summe die „**Gesamtleistung**" ergibt. Diese Zwischensumme muß im Gegensatz zum früheren Aktienrecht[7] nicht mehr ausgewiesen werden.

(1) **Umsatzerlöse** (Position 1). Dazu gehören die Erlöse aus dem Verkauf und der Vermietung und Verpachtung von Fertigfabrikaten und Waren, ferner Vergütungen für Dienstleistungen, aus Werkverträgen, Erlöse aus Nebenprodukten und Abfällen, aus Verkäufen an Belegschaftsmitglieder u. a. Die Umsatzerlöse sind um Erlösschmälerungen (Preisnachlässe und zurückgewährte Entgelte) und um die Umsatzsteuer zu vermindern.[8] Zu den Preisnachlässen gehören nach § 1 Rabattgesetz auch die Skonti.

(2) **Erhöhung oder Verminderung des Bestandes** an fertigen und unfertigen Erzeugnissen (Position 2).[9] Bestandserhöhungen treten dann ein, wenn in einem Jahr mehr produziert als abgesetzt worden ist, Bestandsminderungen im umgekehrten Falle. Die Bewertung erfolgt zu Herstellungskosten. Zu beachten ist allerdings, daß Bestandsveränderungen nicht nur auf Grund von Mengenänderungen eintreten können, sondern auch infolge von Bewertungsmaßnahmen, z. B. der Auflösung stiller Rücklagen in den Beständen oder der Bewertung von Beständen mit einem unter den Herstellungskosten liegenden Börsen- oder Marktpreis. § 277 Abs. 2 HGB stellt das durch die Formulierung klar, daß als Bestandsveränderungen „sowohl Änderungen der Menge als auch solche des Wertes zu berücksichtigen" sind.

(3) **Andere aktivierte Eigenleistungen** (Position 3). Das sind innerbetriebliche Leistungen, z. B. selbsterstellte Anlagen und Werkzeuge, die ebenfalls einen betrieblichen Ertrag darstellen, auch wenn kein Gewinn entsteht, sondern sich nur eine Vermögensumschichtung vollzieht.

(4) **Sonstige betriebliche Erträge.** Diese Position soll nach geltendem Recht die nach § 157 AktG 1965 (a. F.) unter mehreren Positionen (Erträge aus dem Abgang von Gegenständen des Anlagevermögens und aus Zuschreibungen zu Gegenständen des Anlagevermögens, Erträge aus der Herabsetzung der Pauschalwertberichtigung zu Forderungen, Erträge aus der Auflösung von Rückstellungen, sonstige Erträge) gesondert aufgeführten Erträge aufnehmen. Erträge aus der Auflösung des Sonderpostens mit Rücklageanteil sind unter der Position „sonstige betriebliche Erträge" gesondert auszuweisen oder im Anhang anzugeben.[10]

Von der Summe der betrieblichen Erträge, die sich aus den Positionen 1–4 (= Gesamtleistung) zusammensetzt, sind die betrieblichen Aufwendungen abzusetzen, die den Material-, Personal-, Abschreibungs- und sonstigen betrieblichen Aufwand umfassen. Der Saldo zwischen betrieblichen Aufwendungen und Erträgen ergibt das **Betriebsergebnis.** Das AktG 1965 (a. F.) sah

---

[7] Vgl. § 157 AktG 1965 (a. F.)
[8] Vgl. § 277 Abs. 1 HGB
[9] Gesamtkostenverfahren, vgl. § 275 Abs. 2 HGB
[10] Vgl. § 281 Abs. 2 Satz 2 HGB

eine andere Zwischensumme vor: den Rohertrag bzw. Rohaufwand, der sich ergab, wenn von der Gesamtleistung lediglich der Materialaufwand abgezogen wurde.[11]

Kleine und mittelgroße Kapitalgesellschaften dürfen nach geltendem Recht für Zwecke der Veröffentlichung die Positionen 1–5 des § 275 Abs. 2 HGB (Gesamtleistung abzügl. Materialaufwand) bei Anwendung des Gesamtkostenverfahrens und die Positionen 1–3 und 6 des § 275 Abs. 3 HGB (Umsatzerlöse abzügl. Umsatz-Herstellungskosten zuzügl. sonstige betriebliche Erträge) bei Anwendung des Umsatzkostenverfahrens zu dem Posten „**Rohergebnis**" zusammenfassen.[12]

Der Saldo „Rohergebnis" hat vom betriebswirtschaftlichen Standpunkt aus wenig Aussagekraft. Er ist weder eine Brutto- noch eine Nettogröße. Vom betrieblichen Bruttoertrag (Gesamtleistung) sind bei Anwendung des Gesamtkostenverfahrens zwar die Materialaufwendungen abgesetzt, jedoch nicht die übrigen betriebsbedingten Aufwendungen wie Löhne und Gehälter, soziale Abgaben, Abschreibungen, Zinsen, Steuern usw. Es kommt hinzu, daß die Position Gesamtleistung nicht immer eine eindeutige Aussage über den Gesamtertrag einer Periode im betriebswirtschaftlichen Sinn enthält, weil z. B. Eigenleistungen nicht aktiviert, sondern als Aufwand verrechnet werden, obwohl sie mehrere Perioden lang genutzt werden können (z. B. selbsterstellte Werkzeuge), oder weil Bestandsänderungen allein eine Folge von Bewertungsmaßnahmen sind.

Bei Anwendung des Umsatzkostenverfahrens sind dagegen von den Umsatzerlösen in der Position „Rohergebnis" neben dem Materialaufwand auch die Personal- und Abschreibungsaufwendungen abgesetzt.

Größeren Aussagewert hat die Zwischensumme „**Ergebnis der gewöhnlichen Geschäftstätigkeit**",[13] die sich als Saldo aller durch die Erstellung und Verwertung der Betriebsleistungen und durch sonstige betriebsgewöhnliche Vorgänge (z. B. Erträge aus Beteiligungen, Abschreibungen auf Finanzanlagen) bedingten Erträge und Aufwendungen ergibt und der Abgrenzung von den außerordentlichen Erträgen und Aufwendungen sowie dem Steueraufwand, also von Erträgen und Aufwendungen dient, die außerhalb der gewöhnlichen Geschäftstätigkeit anfallen (vgl. das Schaubild auf S. 1143).

bb) Die Steuern

Die Steueraufwendungen werden nach geltendem Recht in folgende zwei Gruppen unterteilt:

(1) **Die Steuern vom Einkommen und vom Ertrag.**
Dazu zählen bei Kapitalgesellschaften:
– Steuern vom Einkommen: Körperschaftsteuer einschließlich Kapitalertragsteuer,
– Steuern vom Ertrag: Gewerbeertragsteuer.

---

[11] Vgl. § 157 Abs. 1 Pos. 6 AktG 1965 (a. F.)
[12] Vgl. § 276 HGB
[13] Vgl. § 275 Abs. 2 Pos. 14, Abs. 3 Pos. 13 HGB

Diese Steuern sind auf der Grundlage des Gewinnverwendungsbeschlusses zu berechnen. Liegt ein solcher Beschluß im Zeitpunkt der Feststellung des Jahresabschlusses nicht vor, so ist vom Vorschlag über die Verwendung des Ergebnisses auszugehen.[14] Diese Bestimmung ist erforderlich, weil der Körperschaftsteuersatz für ausgeschüttete Gewinne 30%, für thesaurierte Gewinne 45% beträgt.

(2) **Sonstige Steuern.** Das sind z. B. Vermögensteuer, Gewerbekapitalsteuer, Grundsteuer, Ausfuhrzölle, Kraftfahrzeugsteuer, Mineralölsteuer, Umsatzsteuer, Versicherungsteuer, spezielle Verbrauchsteuern u. a. Gewisse Steuern sind als Anschaffungsnebenkosten zu aktivieren (z. B. Grunderwerbsteuer, Eingangszölle, Ausgleichsteuern). Sie sind dann nicht in der Steuerposition enthalten. Sie werden nur in dem Umfange zu Aufwand, in dem sie durch Abschreibungen verteilt werden. Der in der Steuerposition insgesamt erfaßte Steueraufwand ist dann infolge der im Interesse einer periodengerechten Gewinnermittlung vorgenommenen Aktivierung von Steuern als Anschaffungsnebenkosten um die in den Abschreibungen enthaltenen Steuerbeträge niedriger.

cc) Der Ausweis der Beziehungen zu verbundenen Unternehmen

Erträge aus Verlustübernahme sowie aus Gewinngemeinschaften, Gewinnabführungs- und Teilgewinnabführungsverträgen müssen gesondert ausgewiesen werden.[15] Analog sind unter den Aufwendungen solche aus Verlustübernahme sowie Gewinne auszuweisen, die auf Grund einer Gewinngemeinschaft, eines Gewinnabführungsvertrages oder eines Teilgewinnabführungsvertrages an ein anderes Unternehmen abgeführt werden mußten. Im Gegensatz zur früheren aktienrechtlichen Regelung bestimmt das HGB nicht, an welcher Stelle der Gewinn- und Verlustrechnung diese Positionen einzuordnen sind. Erträge und Aufwendungen aus Unternehmensverträgen und aus Verlustübernahme sind zweckmäßigerweise gesondert unter den Erträgen bzw. Aufwendungen aus Finanzanlagen auszuweisen, da sie zum Ergebnis der gewöhnlichen Geschäftstätigkeit gehören.

Ein **Gewinnabführungsvertrag** liegt nach § 291 Abs. 1 AktG vor, wenn sich eine Aktiengesellschaft oder Kommanditgesellschaft auf Aktien verpflichtet, ihren ganzen Gewinn an ein anderes Unternehmen abzuführen. Bezieht sich diese Verpflichtung dagegen nur auf einen Teil des Gewinns oder auf den Gewinn oder einen Teil des Gewinns einzelner Betriebsstätten einer Aktiengesellschaft oder Kommanditgesellschaft auf Aktien, so handelt es sich um einen **Teilgewinnabführungsvertrag** im Sinne des § 292 Abs. 1 Nr. 2 AktG.

Während beim Gewinnabführungsvertrag eine einseitige Gewinnabführung des abhängigen an das herrschende Unternehmen erfolgt, gehört es zum Wesen der **Gewinngemeinschaft,** daß die von allen beteiligten Unternehmen erwirtschafteten Gesamtgewinne oder auch nur die Gewinne aus

---

[14] Vgl. § 278 HGB
[15] Vgl. § 277 Abs. 3 Satz 2 HGB

bestimmten Quellen (z. B. aus Export, gemeinsamer Patentverwertung u. a.) in eine gemeinsame Kasse fließen und dann nach bestimmten Schlüsseln aufgeteilt werden **(Gewinnpoolung)**.

Gesondert auszuweisen sind ferner Erträge und Aufwendungen aus **Verlustübernahme**. § 302 Abs. 1 AktG schreibt vor, daß bei Bestehen eines Beherrschungs- oder Gewinnabführungsvertrages die herrschende Gesellschaft bei der abhängigen Gesellschaft entstehende Verluste auszugleichen hat. Bei Betriebspacht- und Betriebsüberlassungsverträgen besteht diese Verpflichtung nur, „soweit die vereinbarte Gegenleistung das angemessene Entgelt nicht erreicht."[16] Erträge aus Verlustübernahme können also bei Gesellschaften entstehen, die Anspruch auf Verlustausgleich haben, Aufwendungen aus Verlustübernahme bei Gesellschaften, die vertraglich zum Ausgleich verpflichtet sind.

Der gesonderte Ausweis von Gewinnabführungen und Verlustübernahmen läßt zwar einen Rückschluß darauf zu, wie hoch der Gewinn einer Gesellschaft gewesen wäre, wenn sie ihn nicht ganz oder zum Teil hätte abführen müssen oder wenn sie nicht auf Grund von Gewinnabführungsverträgen Gewinne von anderen Gesellschaften erhalten hätte, bzw. wie hoch der Verlust gewesen wäre, wenn er nicht von einer anderen Gesellschaft vertraglich übernommen worden wäre; dennoch sind diese Aussagen nicht geeignet, einen sicheren Einblick zu gewähren, in welchem Umfang die Ertragslage durch das Bestehen von Unternehmensverbindungen beeinflußt worden ist, denn die Gewinne und Verluste sind Saldogrößen, die durch Aufrechnung von Erträgen und Aufwendungen zustande kommen, die in ihrer Höhe selbst vom Bestehen von Unternehmensverbindungen mitbestimmt werden können.

Das geltende Recht verbessert den Einblick in die Beziehungen zu verbundenen Unternehmen dadurch, daß bei Erträgen aus Beteiligungen, anderen Wertpapieren, Ausleihungen des Finanzanlagevermögens sowie bei Zinserträgen und -aufwendungen jeweils gesondert anzugeben ist, inwieweit sie verbundene Unternehmen betreffen.[17]

dd) Jahresüberschuß – Bilanzgewinn

Der Jahresüberschuß (bzw. Jahresfehlbetrag) ergibt sich als Differenz zwischen den einzeln aufgeführten Erträgen und Aufwendungen. Wird er um einen Gewinnvortrag aus dem Vorjahr und/oder um Entnahmen aus den Gewinnrücklagen erhöht oder um einen Verlustvortrag aus dem Vorjahr und/oder um Einstellungen in die Gewinnrücklagen vermindert, so erhält man den Bilanzgewinn (bzw. Bilanzverlust). Die Gliederungsschemata des § 275 HGB enthalten nur die Position Jahresüberschuß/Jahresfehlbetrag. Nach § 275 Abs. 4 HGB dürfen Veränderungen in den Rücklagen erst nach dem Jahresergebnis ausgewiesen werden. Aktiengesellschaften sind allerdings wie bisher verpflichtet, in der Gewinn- und Verlustrechnung oder im

---

[16] § 302 Abs. 2 AktG
[17] Vgl. § 275 Abs. 2 und 3 HGB

Anhang durch Darstellung der Ergebnisverwendung auf den Bilanzgewinn überzuleiten.[18] Weder der Jahresüberschuß noch der Bilanzgewinn lassen einen **Einblick in die Ertragslage** der Unternehmung zu, der vom betriebswirtschaftlichen Standpunkt aus befriedigen kann. Keine der beiden Größen ist identisch mit dem Gewinn, den die Gesellschaft in einer Periode erzielt hat. Vielmehr kann der Jahresüberschuß einerseits bereits um Gewinnteile gekürzt worden sein, die zur Zahlung von Steuern und zur Abführung an andere Unternehmungen verwendet worden sind, andererseits kann er Gewinnteile früherer Perioden (Steuererstattungen) oder anderer Unternehmungen (Erträge aus Gewinnabführung und Gewinngemeinschaften) enthalten. Es kommt hinzu, daß im Rahmen der gesetzlichen Bewertungsvorschriften noch immer stille Rücklagen gebildet werden können, die den ausgewiesenen Periodengewinn reduzieren und in den Jahren ihrer Auflösung erhöhen.

Der **Bilanzgewinn** ist der ,,verteilungsfähige Reingewinn", d. h. einerseits der Teil des Jahresüberschusses, der vom Vorstand oder der Geschäftsführung nicht in die Gewinnrücklagen überführt worden ist, andererseits der Teil, der aus einem Gewinnvortrag einer früheren Periode stammt oder aus Gewinnrücklagen, die in einer früheren Periode gebildet worden sind, entnommen wird. Ist der Bilanzgewinn größer als der Jahresüberschuß, so ist das ein Zeichen dafür, daß auch Gewinne früherer Perioden zur Ausschüttung gelangen, ist er kleiner, so sind Verluste früherer Perioden getilgt oder Rücklagen gebildet worden. Der Vorstand kann nicht völlig frei entscheiden, welchen Teil des Jahresüberschusses er in die Rücklagen überführt. § 58 Abs. 2 AktG bestimmt, daß Vorstand und Aufsichtsrat, wenn sie den Jahresabschluß feststellen, höchstens die Hälfte des um einen Verlustvortrag und die gesetzlich vorgeschriebene Auffüllungsrate der gesetzlichen Rücklage gekürzten Jahresüberschusses in die anderen Gewinnrücklagen einstellen dürfen. Die Hauptversammlung kann allerdings – insbesondere wenn der Vorstand die betriebswirtschaftliche Notwendigkeit überzeugend darlegt – in ihrem Beschluß über die Verwendung des Bilanzgewinns weitere Beträge in die Gewinnrücklagen einstellen.

Ein solcher Beschluß wird erst im folgenden Jahresabschluß sichtbar. Damit er den Bilanzgewinn der nächsten Periode nicht beeinflußt, darf eine derartige Rücklagenzuweisung nicht über die Gewinn- und Verlustrechnung laufen, sondern muß ebenso wie eine Dotierung der Kapitalrücklage aus Agiobeträgen **erfolgsneutral** in die Bilanz aufgenommen werden. Im Interesse der Bilanzklarheit müssen Aktiengesellschaften Beträge, die die Hauptversammlung aus dem Bilanzgewinn des Vorjahres in die Gewinnrücklagen eingestellt hat, gesondert, d. h. in einer Vorspalte oder im Anhang vermerken, damit sichtbar gemacht wird, welcher Teil der Erhöhung der Rücklagen aus Gewinnen einer früheren Periode stammt.[19]

Wir halten also zunächst fest, daß aus der Gewinn- und Verlustrechnung

---

[18] Vgl. § 158 Abs. 1 AktG
[19] Vgl. § 152 Abs. 3 Nr. 1 AktG

zwar die Verwendung des Jahresüberschusses entweder zur Rücklagenbildung oder zur Gewinnausschüttung einerseits und die Zusammensetzung des Bilanzgewinns aus Teilen des Jahresüberschusses, der Rücklagen und Gewinnvorträge früherer Perioden andererseits zu ersehen sind. Da aber der Jahresüberschuß selbst nicht genau den in einer Periode erzielten Gewinn zeigt, ist der **Einblick in die Ertragslage** der Gesellschaft trotz Offenlegung der Verwendung des Jahresüberschusses und der Zusammensetzung des Bilanzgewinns **unvollständig**.

Der Bilanzleser – insbesondere der Anteilseigner einer Kapitalgesellschaft – möchte nicht nur wissen, wieviel Gewinn **verwendet** wird, sondern ihn interessiert auch, wieviel Gewinn **entstanden** ist. Eine Rentabilitätskennziffer aus der Relation von Eigenkapital und Bilanzgewinn (ausschüttungsfähigem Gewinn) ist ohne Aussagewert. Gleiches gilt für eine Kennziffer aus Eigenkapital und Jahresüberschuß. Dieser kann bereits gekürzt sein um die oben erwähnten Abführungen auf Grund von Gewinnabführungs- oder Gewinngemeinschaftsverträgen oder auf Grund von Verlustübernahmen. Die abgeführten Beträge sind aber von der Gesellschaft zunächst erwirtschaftet worden, auch wenn sie auf Grund bestehender Verträge abzuführen sind. Andererseits können bestehende Unternehmensverträge zur Folge haben, daß z.B. eine Konzernobergesellschaft durch Weisungen über Verrechnungspreise für Lieferungen zwischen Konzernunternehmen den Gewinn einer Gesellschaft über die Höhe der Umsatzerlöse bzw. der Zinserträge beeinflussen kann.

Außerdem sind im „Jahresüberschuß" Steuern vom Einkommen, vom Ertrag und andere Steuern nicht enthalten, da sie als gesonderte Aufwandsposition abgesetzt werden müssen. Selbst wenn man auch den Gewinnsteuern Aufwandscharakter zuschreibt, so daß sie nicht zur Gewinnverwendung zählen, wäre zur Ermittlung des Periodengewinns eine Abgrenzung der Steuern nach solchen Aufwendungen erforderlich, die die Abrechnungsperiode betreffen und nach solchen, die Abschlußzahlungen für die Vorperiode darstellen.

Der Periodengewinn eines Unternehmens kann also aus der Gewinn- und Verlustrechnung, die nach § 275 HGB gegliedert ist, auch schätzungsweise **nicht ohne zusätzliche Nebenrechnungen** ermittelt werden. Eine exakte Ermittlung der Rentabilität würde allerdings zusätzlich einen Einblick in die Konten der Buchführung erfordern. Auch wenn man berücksichtigt, daß es nicht Aufgabe des Jahresabschlusses ist, in erster Linie eine Grundlage für innerbetriebliche Dispositionen zu bilden, sondern daß er unter Beachtung des Gläubigerschutzprinzips der Information der Gläubiger und der Eigenkapitalgeber dienen soll, so scheint die Forderung nicht unbillig zu sein, daß die Gewinn- und Verlustrechnung als Teil des Jahresabschlusses dem genannten Personenkreis in einer Zahl zeigen sollte, welchen Gewinn die Gesellschaft in einer Periode tatsächlich erzielt hat, und daß sie nicht nur angibt, welcher Teil des Gewinns zur Verteilung zur Verfügung gestellt wird, und es im übrigen der Sachkenntnis der Interessenten überläßt, sich ein Bild über die tatsächliche Ertragslage des Betriebes durch Korrektur der Position „Jahresüberschuß" (Jahresfehlbetrag) an Hand von Nebenrechnungen und Schätzungen zu machen. (ÜB 6/75–77)

III. Anhang und Lagebericht

1. Aufgaben und Aufstellung

Kapitalgesellschaften haben den Jahresabschluß um einen **Anhang** zu erweitern, der mit der Bilanz und der Gewinn- und Verlustrechnung eine Einheit bildet. Außerdem müssen große und mittelgroße Kapitalgesellschaften einen Lagebericht aufstellen.[1] Aktiengesellschaften waren bis zum Inkrafttreten des Bilanzrichtlinien-Gesetzes zur Aufstellung eines **Geschäftsberichtes** verpflichtet, der aus einem Erläuterungs- und einem Lagebericht bestand.[2] Die Aufgaben des Erläuterungsberichts hat der Anhang übernommen. Der Lagebericht wurde verselbständigt.

Die **Aufgabe** dieser beiden Berichte ist die Verbesserung des Erkenntniswertes des Jahresabschlusses mittels zusätzlicher Angaben, Begründungen, Aufgliederungen, Informationen über finanzielle Daten, die sich in der Bilanz oder der Gewinn- und Verlustrechnung nicht niedergeschlagen haben, insbesondere durch:[3]

(1) die Darstellung der angewendeten Bilanzierungs- und Bewertungsmethoden;

(2) die Darstellung, Begründung und Erläuterung der Änderung dieser Methoden;

(3) die Darstellung, Begründung und Erläuterung der Durchbrechung der Gliederungs- und Bewertungskontinuität und

(4) die Berichterstattung über den Geschäftsverlauf, die Lage und die voraussichtliche Entwicklung der Gesellschaft.

Personengesellschaften und Einzelunternehmen brauchen auch dann, wenn sie unter das Publizitätsgesetz fallen, keinen Anhang und keinen Lagebericht aufzustellen.[4]

Der Vorstand bzw. die Geschäftsführer sind verpflichtet, den Anhang und Lagebericht zusammen mit dem sonstigen Jahresabschluß in den ersten drei Monaten des Geschäftsjahrs für das vergangene Geschäftsjahr aufzustellen und den Abschlußprüfern unverzüglich nach der Aufstellung vorzulegen.[5] Für kleine Kapitalgesellschaften kann sich diese Frist bis sechs Monate verlängern.

Der Anhang und der Lagebericht müssen vollständig sein, d. h. sie müssen alle Angaben enthalten, die für den Aufsichtsrat und die Hauptversammlung (Gesellschafterversammlung) bei der Beschlußfassung von Bedeutung sein

---

[1] Vgl. § 264 Abs. 1 HGB
[2] Vgl. § 160 AktG 1965 (a. F.)
[3] Vgl. §§ 284 und 289 HGB
[4] Vgl. § 5 Abs. 2 PublG
[5] Vgl. §§ 264 Abs. 1, 320 Abs. 1 HGB

können. Sie müssen außerdem so verständlich sein, daß auch ein nicht fachkundiger Leser den Inhalt verstehen kann. Insbesondere sollen Bezugnahmen auf Gesetzesparagraphen ohne entsprechende Erläuterungen unterlassen werden.[6]

2. Der Inhalt des Anhangs und des Lageberichts

a) Der Anhang

Der Anhang hat die Aufgabe, die einzelnen Positionen der Bilanz und der Gewinn- und Verlustrechnung zu erklären oder zu ergänzen. Eine Stellungnahme ist dann erforderlich, wenn die Positionen ohne Erläuterung nicht verständlich sind oder wenn im Gesetz ausdrücklich Angaben verlangt werden.[7] Das Gesetz fordert auch eine Berichterstattung, wenn wesentliche Abweichungen gegenüber dem letzten Jahresabschluß bestehen, die die Vergleichbarkeit beeinträchtigen.

Der Inhalt des Anhangs wird nach Unternehmensformen bzw. Unternehmensgrößen differenziert. Die §§ 284 und 285 HGB enthalten die Angaben, die von großen Kapitalgesellschaften gemacht werden müssen. § 288 HGB räumt für kleine und mittelgroße Kapitalgesellschaften größenabhängige Erleichterungen ein. Bei diesen Gesellschaften dürfen die in dieser Vorschrift aufgezählten Angaben unterbleiben.

Im einzelnen schreibt das HGB für den Anhang vor:

(1) Angaben zur Erläuterung der einzelnen Posten der Bilanz und Gewinn- und Verlustrechnung, die aufgrund von Einzelvorschriften **wahlweise** in der Bilanz bzw. in der Gewinn- und Verlustrechnung oder im Anhang gemacht werden müssen.[8]

(2) **Pflichtangaben,** die nur im Anhang zu machen sind
   – § 284 Abs. 2 HGB: Erläuterungen zur Bilanz und zur Gewinn- und Verlustrechnung;
   – § 285 HGB: Sonstige Pflichtangaben;
   – Rechtsformabhängige Einzelangaben im AktG, GmbHG u. a.

(3) **Unterlassen von Angaben**
   – § 286 Abs. 1 HGB: Schutzklausel zugunsten der Bundesrepublik Deutschland oder eines ihrer Länder;
   – § 286 Abs. 2 und 3 Nr. 2 HGB: Unterlassen bestimmter Angaben, die der Kapitalgesellschaft oder einem Unternehem, von dem sie mindestens 20% der Anteile besitzt, einen erheblichen Nachteil zufügen können;
   – § 286 Abs. 3 Nr. 1 HGB: Unterlassen bestimmter Angaben, soweit sie für die Darstellung der Vermögens-, Finanz- und Ertragslage von untergeordneter Bedeutung sind;
   – § 287 HGB: Unterlassen der in § 285 Nr. 11 HGB geforderten Anga-

---

[6] Vgl. Schmaltz, K., Geschäftsbericht, HdB, Bd. II, 3. Aufl., Stuttgart 1958, Sp. 2244
[7] Vgl. § 285 HGB, § 160 Abs. 1 AktG
[8] Vgl. § 284 Abs. 1 HGB

ben über Unternehmen, an denen die Kapitalgesellschaft mit mindestens 20% beteiligt ist, wenn diese Angaben in einer gesonderten Aufstellung des Anteilsbesitzes gemacht werden, auf die im Anhang hinzuweisen ist;

- § 288 HGB: Größenabhängige Erleichterungen für kleine und mittelgroße Kapitalgesellschaften.

(4) **Freiwillige Erweiterungen,** soweit die Klarheit und Übersichtlichkeit und das Bild der tatsächlichen Verhältnisse nicht beeinträchtigt werden (auch im Lagebericht möglich):

- Sozialbericht
- Kennzahlen, graphische Darstellungen, Kapitalflußrechnung, Netto-Substanzerhaltungsrechnung u. a.

Durch die Vorschrift, daß Abweichungen von den bisher angewendeten Bilanzierungs- und Bewertungsmethoden angegeben und begründet werden müssen und ihr Einfluß auf die Vermögens-, Finanz- und Ertragslage gesondert darzustellen ist,[9] soll auch erreicht werden, daß die Bildung oder Auflösung stiller Rücklagen, die aus der Bilanz und der Gewinn- und Verlustrechnung nicht zu ersehen ist, erläutert wird und daß folglich dem Bilanzleser, der den in einer Gesellschaft tatsächlich erzielten Gewinn (und nicht nur den in der Erfolgsrechnung ausgewiesenen Gewinn) aus dem veröffentlichten Jahresabschluß errechnen will, eine weitere Information zur Verfügung gestellt wird. Ohne derartige Zahlenangaben würden auch die Berichtspflichten keinen Einblick ermöglichen, in welchem Umfange die angegebenen Änderungen der Bewertungs- und Abschreibungsmethoden das Ergebnis des Jahresabschlusses, insbesondere den Erfolg, beeinflußt haben.

Anhand dieser umfangreichen Berichtspflichten muß die Geschäftsleitung entscheiden, worüber sie denn nun tatsächlich berichten muß, und der Abschlußprüfer muß prüfen, ob der Anhang in diesem Bereich auch den gesetzlichen Vorschriften entspricht. Die Geschäftsleitung wird in der Regel bestrebt sein, nicht mehr Tatbestände offenzulegen, als das Gesetz es verlangt. Dabei muß sie sich von folgenden **Fragen** leiten lassen:

(1) Ist die Bekanntgabe einer Bilanzierungs- oder Bewertungsmaßnahme bzw. einer Bewertungs- und Abschreibungsmethode erforderlich, um ein den tatsächlichen Verhältnissen entsprechendes Bild der Vermögens-, Finanz- und Ertragslage der Gesellschaft zu vermitteln?

(2) Beruht die Änderung einer Bilanzierungs- oder Bewertungsmethode auf einer zwingenden gesetzlichen Vorschrift (z. B. außerplanmäßige Abschreibung aufgrund voraussichtlich dauernder Wertminderung), oder ist sie das Ergebnis einer bilanzpolitischen Entscheidung im Rahmen gesetzlicher Wahlrechte?

(3) Wie intensiv muß die Begründung der Änderung einer Bilanzierungs- oder Bewertungsmethode sowie die Berichterstattung über den Einfluß auf die Vermögens-, Finanz- und Ertragslage sein?

---

[9] Vgl. § 284 Abs. 2 Nr. 3 HGB.

Zur Beantwortung dieser Fragen sind die Bilanzierungs-, Bewertungs- und Abschreibungsvorschriften des Handelsrechts nach verschiedenen Kategorien zu gliedern, wobei nicht alle Kategorien eine Berichtspflicht auslösen.[10]

Das zeigt die folgende Übersicht:

Berichterstattung über die angewandten Bilanzierungs- und Bewertungsmethoden und Abweichungen von Bilanzierungs- und Bewertungsmethoden nach § 284 Abs. 2 Nr. 1 und Nr. 3 HGB	
Art des Wertansatzes	Erläuterungen im Anhang
(1) Bilanzierungsverbote (z. B. Vertriebskosten, originärer Firmenwert)	keine Berichtspflicht
(2) Zwingend; fest vorgegebener Wert (Nennwert, Rückzahlungsbetrag)	keine Berichtspflicht
(3) Zwingend; Wahl zwischen zwei oder mehreren Wertansätzen vorgeschrieben (strenges Niederstwertprinzip mit eindeutiger Wertfixierung)	keine Berichtspflicht
(4) Zwingend; Wertermittlung nach verschiedenen Verfahren möglich (Anschaffungskosten, Herstellungskosten, planmäßige Abschreibungen)	Berichtspflicht
(5) Zwingend; Wahl zwischen zwei oder mehreren Wertansätzen vorgeschrieben, aber Wertermittlung nach verschiedenen Verfahren möglich (Lifo-, Fifo-, Hifo-Methode)	Berichtspflicht
(6) Wahlrecht zwischen zwei oder mehreren Wertansätzen (z. B. steuerlich zulässiger niedrigerer Wertansatz, Beibehaltungswahlrecht)	Berichtspflicht

Angaben über Wertsteigerungen über die Anschaffungs- oder Herstellungskosten hinaus enthält auch der Anhang nicht. Die in vielen Betrieben insbesondere bei Gütern des nicht abnutzbaren Anlagevermögens – z. B. Grund und Boden, Wertpapiere, Beteiligungen – infolge der gesetzlichen Bewertungsvorschriften bei Wert- und Preissteigerungen zwangsläufig entstehenden stillen Rücklagen (**Zwangsrücklagen**), die echte betriebliche Vermögenssubstanz darstellen, die an der Ertragserzielung beteiligt ist, sind also **nicht zu erkennen,** d. h. die Information der an der Rechenschaftslegung interessierten Gruppen bleibt auch nach Kenntnis der Berichterstattung unvollständig, da nur über die Bildung bzw. Auflösung stiller Rücklagen als Folge einer Veränderung der Bewertungs- und Abschreibungsmethoden, nicht aber über die Bildung stiller Rücklagen als Folge der Anwendung von zwingenden gesetzlichen Bewertungsvorschriften zu berichten ist.

---

[10] Zu Einzelheiten vgl. Wöhe, G., Bilanzierung und Bilanzpolitik, a. a. O., S. 661 ff.

Von **Aktiengesellschaften** werden über die im HGB vorgeschriebenen Angaben im Anhang zusätzliche **Einzelangaben** gefordert. Dazu gehört z. B. die Berichterstattung über:[11]

(1) Bestand und Zugang an **Vorratsaktien.** Das sind Aktien, die ein Dritter im eigenen Namen, aber für Rechnung der Gesellschaft oder eines abhängigen oder eines im Mehrheitsbesitz der Gesellschaft stehenden Unternehmens übernimmt, und die er auf Abruf der Gesellschaft überläßt. Der Dritte haftet auf die volle Einlage und hat vor Übernahme der Aktien auf eigene Rechnung kein Stimmrecht;

(2) **eigene Aktien** der Gesellschaft;

(3) das Bestehen einer **wechselseitigen Beteiligung**[12] unter Angabe des Unternehmens;

(4) die Zahl und den Nennbetrag der Aktien jeder Gattung; dabei sind die Aktien, die bei bedingter Kapitalerhöhung[13] oder einem genehmigten Kapital im Geschäftsjahr gezeichnet worden sind, gesondert anzugeben;

(5) das **genehmigte Kapital;**[14]

(6) bestehende **Genußrechte,** Rechte aus Besserungsscheinen und ähnliche Rechte unter Angabe der im Geschäftsjahr neu geschaffenen. Genußrechte gewähren keine aktienrechtlichen Mitgliedschaftsrechte, sondern Gläubigerrechte am Reingewinn und/oder am Liquidationserlös. Zu berichten ist über Inhalt, Ausgestaltung und Zweck der Genußrechte usw. und über den Kreis der berechtigten Personen;

(7) das Bestehen einer Beteiligung an der Gesellschaft, die ihr nach § 20 Abs. 1 oder 4 AktG **(Mitteilungspflichten)** mitgeteilt worden ist; dabei ist anzugeben, wem die Beteiligung gehört, ob sie 25% übersteigt oder ob sie eine Mehrheitsbeteiligung ist.

Auch für diese zusätzlichen Angaben muß die Geschäftsleitung von der sog. **Schutzklausel** Gebrauch machen. Die Berichterstattung hat insoweit zu unterbleiben, „als es für das Wohl der Bundesrepublik Deutschland oder eines ihrer Länder erforderlich ist."[15]

Die Übersicht auf der folgenden Seite zeigt noch einmal zusammenfassend die Aufgaben und den Inhalt des Anhangs.

b) Der Lagebericht

Der Lagebericht bezieht sich auf folgende Bereiche:[16]

(1) auf den Geschäftsablauf im Berichtsjahr,

(2) auf die Lage des Unternehmens,

(3) auf Vorgänge von besonderer Bedeutung, die nach Ende des Geschäftsjahres eingetreten sind,

---

[11] Vgl. § 160 Abs. 1 Nr. 1–8 AktG
[12] Zum Begriff der wechselseitigen Beteiligung vgl. S. 437f.
[13] Einzelheiten vgl. S. 932f.
[14] Einzelheiten vgl. S. 931f.
[15] § 286 Abs. 1 HGB und gleichlautend § 160 Abs. 2 AktG
[16] Vgl. § 289 HGB

	Der Anhang (§§ 284–288 HGB)
Aufgaben	Verbesserung des Erkenntniswertes des Jahresabschlusses mittels zusätzlicher Angaben, Darstellungen, Begründungen, Aufgliederungen, Informationen über finanzielle Daten, die sich in der Bilanz und G + V nicht niedergeschlagen haben, insbesondere – Darstellung der angewendeten Bewertungs- und Abschreibungsmethoden, – Darstellung, Begründung und Erläuterung der Änderung dieser Methoden, – Darstellung, Begründung und Erläuterung der Durchbrechung der Gliederungs- und Bewertungskontinuität
Aufstellungs-pflicht	Für alle Kapitalgesellschaften nach § 264 Abs. 1 Satz 1 HGB dritter Bestandteil des Jahresabschlusses
Aufstellungs-fristen	wie für Jahresabschluß, § 264 Abs. 1 Sätze 2, 3 HGB
Inhalt	(1) Angaben zur Erläuterung der Bilanz und Gewinn- und Verlustrechnung, die aufgrund von Einzelvorschriften wahlweise in der Bilanz bzw. G + V oder im Anhang gemacht werden müssen (§ 284 Abs. 1 HGB) (2) Pflichtangaben, die nur im Anhang zu machen sind – § 284 Abs. 2 HGB: Erläuterungen zur Bilanz und G + V – § 285 HGB: Sonstige Pflichtangaben – Rechtsformabhängige Einzelangaben nach AktG, GmbHG u. a. (3) Unterlassen von Angaben – § 286 Abs. 1 HGB: Schutzklausel zugunsten der Bundesrepublik Deutschland oder eines ihrer Länder; – § 286 Abs. 2, 3 Nr. 2 HGB: Unterlassen bestimmter Angaben, die der Kapitalgesellschaft oder einem Unternehmen, von dem sie mindestens 20% der Anteile besitzt, einen erheblichen Nachteil zufügen können; – § 286 Abs. 3 Nr. 1 HGB: Unterlassen bestimmter Angaben, soweit sie für die Darstellung der Vermögens-, Finanz- und Ertragslage von untergeordneter Bedeutung sind; – § 287 HGB: Unterlassen der in § 285 Nr. 11 HGB geforderten Angaben über Unternehmen, an denen die Kapitalgesellschaft mit mindestens 20% beteiligt ist, wenn diese Angaben in einer gesonderten Aufstellung des Anteilsbesitzes gemacht werden, auf die im Anhang hinzuweisen ist; – § 288 HGB: Größenabhängige Erleichterungen (4) Freiwillige Erweiterungen, soweit die Klarheit und Übersichtlichkeit und das Bild der tatsächlichen Verhältnisse nicht beeinträchtigt werden (auch im Lagebericht möglich). – Sozialbericht – Kennzahlen, graphische Darstellungen, Kapitalflußrechnung, Netto-Substanzerhaltungsrechnung u. a.

(4) auf die voraussichtliche Entwicklung des Unternehmens,
(5) auf die Forschungs- und Entwicklungstätigkeit,
(6) auf bestehende Zweigniederlassungen der Gesellschaft.

Diese Angaben sind die Voraussetzungen dafür, daß sich aus dem gesamten Jahresabschluß ein umfassendes Bild über die wirtschaftliche Lage der Gesellschaft ergibt, denn der Jahresabschluß ist allein – trotz der Erläuterungen im Anhang – nicht geeignet, den Außenstehenden (Anteilseignern, Gläubigern) dieses Bild zu vermitteln.

Welche Angaben der Lagebericht im einzelnen zu enthalten hat, geht aus dem Gesetz nicht hervor. Insbesondere sollen hier **allgemeine Angaben über die Wirtschaftslage** der Gesellschaft (oder auch des gesamten Wirtschaftszweigs) gemacht werden, die aus der Bilanz und Gewinn- und Verlustrechnung (sowie dem Anhang) nicht zu ersehen sind. So ist über alle wichtigen Ereignisse des abgelaufenen Geschäftsjahres zu berichten, die den Erfolg wesentlich beeinflussen und Auswirkungen auf spätere Geschäftsjahre haben, z. B. die Durchführung wesentlicher Erweiterungsinvestitionen, Änderungen im Produktionsprogramm oder in den Produktionsverfahren, die Gründung von Filialen, der Erwerb wesentlicher Beteiligungen, der Abschluß wichtiger Verträge, die Entwicklung des Beschäftigungsgrades und des Auftragsbestandes u. a.

Die Geschäftsleitung ist nicht verpflichtet, genaue Zahlenangaben über die einzelnen Tatbestände vorzulegen; es genügt auch eine **Angabe der tendenziellen Entwicklung** gewisser betrieblicher Größen oder die Verwendung von Relativzahlen, die keine Rückschlüsse auf die Größenordnung der absoluten Zahlen zulassen, so insbesondere bei Angaben über die Entwicklung des Umsatzes, der Kosten, der Rentabilität, der Liquidität usw. Der Lagebericht muß auch Aussagen über die in Zukunft erwartete Entwicklung des Betriebes, über die Preisentwicklung an den Absatz- und Beschaffungsmärkten usw. enthalten. Durch Vergleich mit entsprechenden Größen aus früheren Jahren wird die Aussagekraft des Lageberichts erhöht.

Im Lagebericht sind ferner alle wichtigen Vorgänge darzulegen, die **nach Ablauf des Geschäftsjahres** eingetreten sind. Als wichtig sind solche Ereignisse anzusehen, die zu einer anderen Beurteilung der Gesamtlage führen können, als sie sich aus den Tatbeständen des abgelaufenen Geschäftsjahres ergibt, z. B. starke Preiseinbrüche auf den Absatzmärkten, Verlust von Exportmärkten, Begründung von Konzernverflechtungen, Erwerb wesentlicher Beteiligungen u. a.

Der Lagebericht kann durch einen **Sozialbericht** ergänzt werden, in dem der Vorstand über die sozialen Leistungen und Verhältnisse des Betriebes Rechenschaft gibt. Eine gesetzliche Berichtspflicht besteht nicht. Hierbei sind folgende Angaben von Interesse:[17] Zahl der Belegschaftsmitglieder,[18]

---

[17] Vgl. Adler-Düring-Schmaltz, Rechnungslegung und Prüfung der Unternehmen, 6. Aufl., Stuttgart 1995, Erl. zu § 289 HGB, Tz. 76
[18] Nach geltendem Bilanzrecht muß die durchschnittliche Zahl der Arbeitnehmer während des Geschäftsjahres in den Anhang aufgenommen werden, vgl. § 285 Nr. 7 HGB

Einzelheiten über die Zusammensetzung der Belegschaft, Veränderungen der Entlohnung und der Arbeitszeit, Urlaubsregelung, Freizeitgestaltung, Facharbeiter- und Nachwuchsschulung, Werkswohnungen, Siedlungen, Erholungsheime, Weihnachtsgratifikationen, Gewinnbeteiligung der Arbeitnehmer, Zuweisungen an Pensions- und Unterstützungskassen usw.

Die folgende Übersicht zeigt noch einmal Aufgaben und Inhalt des Lageberichts sowie die mit diesem Bericht verbundenen Pflichten.

Der Lagebericht (§ 289 HGB)	
Aufgaben:	(1) Ergänzende Informationsquelle für die Bilanzadressaten (2) Hilfsmittel, die in der Generalnorm des § 264 Abs. 2 HGB geforderte Vermittlung eines den tatsächlichen Verhältnissen entsprechenden Bildes der Vermögens-, Finanz- und Ertragslage zu realisieren.
Gesetzestext: (§ 289 HGB)	(1) Im Lagebericht sind zumindest der Geschäftsverlauf und die Lage der Kapitalgesellschaft so darzustellen, daß ein den tatsächlichen Verhältnissen entsprechendes Bild vermittelt wird. (2) Der Lagebericht soll auch eingehen auf: 1. Vorgänge von besonderer Bedeutung, die nach dem Schluß des Geschäftsjahrs eingetreten sind; 2. die voraussichtliche Entwicklung der Kapitalgesellschaft; 3. den Bereich der Forschung und Entwicklung; 4. bestehende Zweigniederlassungen der Gesellschaft.
Aufstellungspflicht (§ 264 Abs. 1 HGB)	Große und mittelgroße Kapitalgesellschaften
Aufstellungsfrist (§ 264 Abs. 1 Satz 2 HGB)	in den ersten 3 Monaten
Prüfungspflicht (§ 316 Abs. 1 HGB)	alle aufstellungspflichtigen Kapitalgesellschaften
Offenlegungspflicht (§ 325 Abs. 1, 2; HGB)	große (Bundesanzeiger) und mittelgroße (Handelsregister) Kapitalgesellschaften
Inhalt (§ 289 HGB, § 312 Abs. 3 AktG)	(1) Im Lagebericht „sind zumindest" darzustellen, und zwar unter Beachtung der Generalklausel des § 264 Abs. 2 HGB: – der Geschäftsverlauf, – die Lage der Kapitalgesellschaft. (2) Der Lagebericht „soll" auch eingehen auf z. B.: – Vorgänge von besonderer Bedeutung, die nach dem Schluß des Geschäftsjahrs eingetreten sind, – die voraussichtliche Entwicklung der Kapitalgesellschaft.

Der Lagebericht (§ 289 HGB)	
	(3) Bei abhängigen Aktiengesellschaften ist die Schlußerklärung des Abhängigkeitsberichtes (§ 312 Abs. 3 AktG) in den Lagebericht aufzunehmen, ob die Gesellschaft bei Ausführung von Weisungen der herrschenden Gesellschaft eine angemessene Gegenleistung erhalten hat und ob eingetretene Nachteile ausgeglichen worden sind.
	(4) Freiwillige Erweiterung der Darstellung der Lage des Unternehmens, soweit die Klarheit und Übersichtlichkeit und das Bild der tatsächlichen Verhältnisse nicht beeinträchtigt werden, durch:
	– Sozialbericht,
	– Kennzahlen, graphische Darstellungen, Kapitalflußrechnung, Netto-Substanzerhaltungsrechnung u. a.

IV. Der Jahresabschluß als Gegenstand und als Hilfsmittel von Prüfungen

1. Überblick

Der Jahresabschluß kann einerseits einer gesetzlich vorgeschriebenen oder freiwilligen Prüfung (Gesetzmäßigkeitsprüfung, Ordnungsmäßigkeitsprüfung) unterzogen werden, er kann andererseits eine Unterlage (neben anderen) für spezielle Prüfungen sein. Ein Kreditstatus beispielsweise geht in der Regel von einer Bilanz aus, nimmt aber auf Grund seiner speziellen Zielsetzungen Umbewertungen (Tageswertprinzip!) und Umgliederungen vor. Gegenstand der Prüfung ist hier die Kreditwürdigkeit einer Unternehmung, nicht die Bilanz. Diese dient als Informationsquelle.

Für den größten Teil der Betriebe besteht kein gesetzlicher Zwang, eine Prüfung des handelsrechtlichen Jahresabschlusses durch externe Prüfer vornehmen zu lassen. **Gesetzliche Pflichtprüfungen**[1] sind vor allem für mittelgroße und große Aktiengesellschaften, Kommanditgesellschaften auf Aktien und GmbH[2] sowie für Genossenschaften,[3] für Kreditinstitute,[4] für Versicherungsunternehmen,[5] für Bausparkassen[6] und für Wirtschaftsbetriebe der öffentlichen Hand (gesetzlich geregelt in der Bundeshaushaltsordnung (BHO), den Landeshaushaltsordnungen (LHO u. a.) vorgeschrieben. Außerdem ist

---

[1] Eine Übersicht über die Prüfungspflichten und -rechte im deutschen Rechtsbereich findet sich bei v. Wysocki, K., Grundlagen des betriebswirtschaftlichen Prüfungswesens, Prüfungsordnungen, Prüfungsorgane, Prüfungsverfahren, Prüfungsplanung und Prüfungsbericht, 3. Aufl., München 1988, S. 19 ff.

[2] Vgl. §§ 316–324 HGB

[3] Vgl. §§ 53 ff. GenG

[4] Vgl. § 340k HGB

[5] Vgl. §§ 57 a–60, 64 VAG

[6] Vgl. § 340k HGB

der **Konzernabschluß**, bestehend aus der Konzernbilanz, der Konzern-Ge-
winn- und -Verlustrechnung und dem Konzernanhang, unter Einbeziehung
des Konzernlageberichts durch Konzernabschlußprüfer zu prüfen.[7] Eine gesetzliche Prüfungspflicht besteht ferner für den Bericht über Beziehungen zu
verbundenen Unternehmen (Abhängigkeitsbericht), den der Vorstand eines
abhängigen Unternehmens aufzustellen hat, wenn kein Beherrschungsvertrag besteht. Die Prüfung kann auch durch die Abschlußprüfer der abhängigen Gesellschaft erfolgen.[8]

Das an die Vierte EG-Richtlinie angepaßte **Bilanzrecht** des HGB hat die
Jahresabschlußprüfung auf alle Kapitalgesellschaften ausgedehnt, die nicht
„kleine" Gesellschaften im Sinne des Gesetzes sind.[9] „Kleine" Aktiengesellschaften sind folglich im Gegensatz zum früheren Recht nicht mehr prüfungspflichtig.

Das Gesetz über die Rechnungslegung von Großunternehmen und Konzernen vom 15. 8. 1969 (Publizitätsgesetz)[10] sieht in § 6 eine Ausdehnung der
Pflichtprüfung auf Jahresabschlüsse von Unternehmen vor, die – zunächst
unabhängig davon, in welcher Rechtsform sie geführt werden – zur Rechnungslegung nach handelsrechtlichen Vorschriften verpflichtet sind, „wenn
für den Tag des Ablaufs eines Geschäftsjahres (Abschlußstichtag) und für die
zwei darauf folgenden Abschlußstichtage jeweils mindestens zwei der drei
nachstehenden Merkmale zutreffen:

1. Die **Bilanzsumme** einer auf den Abschlußstichtag aufgestellten Jahresbilanz übersteigt einhundertfünfundzwanzig Millionen Deutsche Mark.
2. Die **Umsatzerlöse** des Unternehmens in den zwölf Monaten vor dem
   Abschlußstichtag übersteigen zweihundertfünfzig Millionen Deutsche
   Mark.
3. Das Unternehmen hat in den zwölf Monaten vor dem Abschlußstichtag
   durchschnittlich mehr als fünftausend **Arbeitnehmer** beschäftigt."[11]

Eine Beschränkung der Verpflichtung, einen geprüften Jahresabschluß zu
veröffentlichen, auf bestimmte Rechtsformen ist grundsätzlich nicht zu
rechtfertigen, weil das öffentliche Interesse an einer Unternehmung nicht in
erster Linie von ihrer Rechtsform, sondern von ihrer Größe bestimmt wird,
denn die Folgen des Zusammenbruchs einer Großunternehmung für die
Interessenten (Gesellschafter, Gläubiger, Belegschaft, Lieferanten, Steuer-
zahler) treten nicht nur bei Aktiengesellschaften, GmbH und Genossenschaften ein. Es gibt eine größere Zahl von Personengesellschaften, insbesondere
GmbH & Co KG, die wesentlich größer als prüfungspflichtige GmbH sind,
deren Größe aber noch unter den sehr hoch festgesetzten Größenmerkmalen
des Publizitätsgesetzes liegt.

Während die genannten Prüfungen sich auf einen einzelnen Jahresabschluß
erstrecken, also jährlich erfolgen müssen, finden **steuerliche Betriebsprü-**

---

[7] Vgl. § 316 Abs. 2 HGB
[8] Vgl. § 313 AktG
[9] Vgl. § 316 Abs. 1 Satz 1 HGB
[10] BGBl I, S. 1189
[11] § 1 Abs. 1 PublG

fungen turnusmäßig in größeren Zeitabständen statt (Außenprüfungen). Die Rechtsgrundlage der steuerlichen Betriebsprüfung ist § 193 AO. Das Finanzamt kann die Bücher und Aufzeichnungen daraufhin prüfen, ob sie fortlaufend, vollständig und formell und sachlich richtig geführt werden. Bei Großbetrieben soll mindestens alle drei Jahre eine derartige Prüfung durch entsprechend vorgebildete Beamte oder Sachverständige der Finanzverwaltung durchgeführt werden.[12]

Neben den planmäßigen (ordentlichen) Prüfungen nach Handels- und Steuerrecht gibt es eine Reihe von gesetzlich vorgesehenen oder freiwillig durchgeführten Prüfungen bei bestimmten Anlässen, bei denen Sonder- oder Jahresbilanzen eine wesentliche Prüfungsunterlage bilden. Das Aktiengesetz sieht folgende außerordentlichen Prüfungen vor:

(1) Gründungsprüfungen (§ 33 AktG);

(2) Prüfung der bei einer Kapitalerhöhung aus Gesellschaftsmitteln zugrunde gelegten Bilanz (§ 209 Abs. 3 AktG);

(3) Prüfung der Sacheinlagen bei der Kapitalerhöhung (§§ 183 Abs. 3, 194 Abs. 4, § 205 Abs. 3 AktG);

(4) Prüfung der Eröffnungsbilanz und des Jahresabschlusses bei Abwicklung, hiervon kann das Gericht absehen (§ 270 Abs. 3 AktG);

(5) Prüfung von Vorgängen bei der Gründung oder der Geschäftsführung, namentlich auch bei Maßnahmen der Kapitalbeschaffung und der Kapitalherabsetzung (§ 142 AktG);

(6) Sonderprüfung bei unzulässiger Unterbewertung (§ 258 Abs. 1 AktG);

(7) Sonderprüfung des Abhängigkeitsberichts (§ 315 AktG).

Zusätzlich erfolgen Prüfungen im Rahmen von Umwandlungsvorgängen (z. B. Verschmelzung, §§ 9ff. UmwG).

Den Gesellschaftern einer Gesellschaft des bürgerlichen Rechts, einer Offenen Handelsgesellschaft, einer Kommanditgesellschaft und einer stillen Gesellschaft steht – auch wenn sie von der Geschäftsführung ausgeschlossen sind – das Recht zu, die Bücher und Papiere ihrer Gesellschaft einzusehen und zu prüfen.[13]

Zu den Sonderprüfungen zählen ferner Kreditwürdigkeitsprüfungen und Unterschlagungsprüfungen.

Im folgenden wollen wir uns auf eine knappe Erörterung der Jahresabschlußprüfungen beschränken.

2. Die Jahresabschlußprüfung

a) Gegenstand, Aufgaben und Entwicklung

Die größte Bedeutung kam bis zum Inkrafttreten des Bilanzrichtlinien-Gesetzes der Jahresabschlußprüfung der AG zu, die im AktG 1965 geregelt war.[14] Die aktienrechtlichen Prüfungsvorschriften sind – mit Ausnahme der

---

[12] Vgl. §§ 193ff. AO
[13] Vgl. §§ 716 BGB; 118, 166, 233 HGB
[14] Vgl. §§ 162–171 AktG 1965 (a. F.)

Vorschriften über die Prüfung des Jahresabschlusses durch den Aufsichtsrat[15] – in das HGB übernommen worden und somit für alle prüfungspflichtigen Kapitalgesellschaften verbindlich.

Die aktienrechtliche Pflichtprüfung wurde erst relativ spät eingeführt. Nach dem HGB in seiner ursprünglichen Fassung, die auch die aktienrechtlichen Bestimmungen enthielt, war die Prüfung des Jahresabschlusses allein Aufgabe des **Aufsichtsrats**. Sie wurde als eine interne Angelegenheit angesehen. Gemäß dem früheren § 246 Abs. 1 HGB war der Aufsichtsrat verpflichtet, „die Jahresrechnungen, die Bilanzen und die Vorschläge zur Gewinnverwendung zu prüfen und darüber der Generalversammlung Bericht zu erstatten."

Die aktienrechtlichen Vorschriften des damaligen HGB bewährten sich bis zum Ende des Ersten Weltkrieges. Gegen die danach durch den kriegsbedingten Währungsverfall eintretenden Spekulationen in- und ausländischen Kapitals boten sie keinen Schutz. Zur Abwehr der Überfremdung der deutschen Aktiengesellschaften durch ausländisches Kapital wurden in großem Maße **Mehrstimmrechts-** und **Vorratsaktien** geschaffen. Aus dem gleichen Grunde wurde das **Depotstimmrecht** der Banken in die allgemeinen Geschäftsbedingungen aufgenommen, mit der Folge, daß mit der Übergabe der Aktien in ein Bankdepot die Bank das Stimmrecht aus diesen Aktien im eigenen Namen ausüben konnte.

Nach der Normalisierung der Währungsverhältnisse und dem allmählichen Aufhören der wilden Spekulation wurden die drei eben erwähnten Instrumente nicht abgebaut. Das hatte zur Folge, daß sie während der Weltwirtschaftskrise von der Verwaltung der Gesellschaft und den Hauptaktionären zur Wahrung eigener Interessen zum Schaden der übrigen Interessenten mißbraucht werden konnten, denn alle drei Instrumente boten die Möglichkeit, den Willen der Aktionäre, also der wirtschaftlichen Eigentümer der Gesellschaft, zu verfälschen.

Damit derartige Mißbräuche verhindert und die inzwischen eingetretenen Schäden nach Möglichkeit behoben werden konnten, wurden im Jahre 1931 im Wege der Notverordnung drei Novellen zum Aktienrecht erlassen, die neben eingehenden Vorschriften für die Aufstellung des Jahresabschlusses und des Geschäftsberichts die **Pflichtprüfung** von Buchhaltung, Jahresabschluß und Geschäftsbericht durch externe Wirtschaftsprüfer durch Einfügung des § 262b in das HGB (a. F.) einführten.

Die aktienrechtliche Pflichtprüfung wurde stufenweise – beginnend bei Gesellschaften, deren Kapital 3 Mill. RM überschritt – verwirklicht. Für Geschäftsjahre, die nach dem 30. 9. 1933 begannen, unterlagen alle Aktiengesellschaften der Pflichtprüfung. Wurde keine Prüfung durchgeführt, so war der Jahresabschluß zunächst dennoch gültig. Erst § 135 Abs. 1 AktG 1937 führte ein, daß der Jahresabschluß nichtig ist, wenn die Pflichtprüfung unterbleibt. Das AktG 1965 hat diese Vorschrift, die auch in der heute geltenden Fassung enthalten ist, in den § 256 Abs. 1 Nr. 2 übernommen.

---

[15] Vgl. §§ 170 und 171 AktG

§ 316 Abs. 1 Satz 2 HGB bestimmt für alle prüfungspflichtigen Kapitalge-sellschaften, daß der Jahresabschluß nicht festgestellt werden kann, wenn keine Prüfung stattgefunden hat.

Mit Hilfe des Jahresabschlusses gibt die Geschäftsführung Rechenschaft gegenüber den Anteilseignern, den Gläubigern und anderen an der wirt-schaftlichen Entwicklung eines Unternehmens interessierten Personen und Institutionen; das sind insbesondere die Belegschaftsmitglieder, potentielle Anleger und Kreditgeber, aber auch die Gemeinden, deren finanzielle Lage (Gewerbesteuer!) von der wirtschaftlichen Entwicklung großer Unterneh-men mitbestimmt wird.

Zweck der jährlichen Pflichtprüfung ist es, die genannten Interessenten davor zu schützen, daß die Geschäftsführung bei der Aufstellung von Bilanz, Erfolgsrechnung, Anhang und Lagebericht die dafür bestehenden gesetzli-chen Vorschriften und die Grundsätze einer gewissenhaften und getreuen Rechenschaftslegung verletzt. Die Prüfung ist eine wichtige Voraussetzung dafür, daß die Bilanzadressaten sich auf den veröffentlichten Jahresabschluß und die Angaben im Lagebericht verlassen können.

Der Vorstand einer prüfungspflichtigen AG ist nach § 170 Abs. 1 AktG und die Geschäftsführer einer GmbH sind nach § 52 Abs. 1 GmbHG i. V. m. § 170 Abs. 1 AktG – soweit die GmbH prüfungspflichtig ist und einen Auf-sichtsrat hat – verpflichtet, dem Aufsichtsrat diese Unterlagen unverzüglich nach Eingang des Prüfungsberichtes der Abschlußprüfer zusammen mit die-sem Bericht vorzulegen. Sind diese Gesellschaften nicht prüfungspflichtig, hat die Vorlage der genannten Unterlagen bei dem Aufsichtrat unmittelbar nach ihrer Aufstellung zu erfolgen. Der Aufsichtsrat der AG hat über das Ergebnis seiner Prüfung schriftlich an die Hauptversammlung zu berichten und dabei ggf. auch zum Ergebnis der Prüfung durch die Abschlußprüfer Stellung zu nehmen.[16] Billigt der Aufsichtsrat den Jahresabschluß, so ist er festgestellt.[17] Da ein prüfungspflichtiger, aber nicht geprüfter Jahresabschluß nicht festgestellt werden kann,[18] ist die aktienrechtliche Pflichtprüfung auch eine Voraussetzung für die pflichtgetreue Aufgabenerfüllung des Vorstan-des. Bei der GmbH haben die Geschäftsführer den Jahresabschluß und den Lagebericht zusammen mit dem Bericht der Abschlußprüfer und dem Be-richt des Aufsichtsrats den Gesellschaftern vorzulegen.[19]

Ihrer Zwecksetzung entsprechend ist die Abschlußprüfung eine **Gesetz-mäßigkeits- und Ordnungsmäßigkeitsprüfung,** die von selbständigen Prüfungsinstituten (i. d. R. Wirtschaftsprüfungsgesellschaften, Wirtschafts-prüfer) durchgeführt werden muß. Sie erstreckt sich also nur auf die Einhal-tung der gesetzlichen Vorschriften oder Satzungsbestimmungen für die Auf-stellung des Jahresabschlusses und des Lageberichts und auf die Ordnungs-mäßigkeit der Rechenschaftslegung.

---

[16] Vgl. § 171 Abs. 2 AktG
[17] Vgl. § 172 AktG
[18] Vgl. § 316 Abs. 1 Satz 2 HGB
[19] Vgl. § 42a Abs. 1 GmbHG

Die **Abschlußprüfer** werden von den Gesellschaftern gewählt.[20] Abschlußprüfer können Wirtschaftsprüfer und Wirtschaftsprüfungsgesellschaften sein. Abschlußprüfer von Jahresabschlüssen und Lageberichten mittelgroßer GmbH können auch vereidigte Buchprüfer und Buchprüfungsgesellschaften sein.[21] Die Abschlußprüfer haben ein umfassendes **Auskunftsrecht**. Die gesetzlichen Vertreter der Gesellschaft haben ihnen zu gestatten, die Bücher und Schriften der Gesellschaft und die Vermögensgegenstände und Schulden, namentlich die Gesellschaftskasse und die Bestände an Wertpapieren und Waren, zu prüfen, und haben ihnen außerdem auf Verlangen alle Aufklärungen und Nachweise zu geben, die für eine sorgfältige Prüfung notwendig sind.[22]

Der Abschlußprüfer ist auf Grund seines Prüfungsauftrages nicht berechtigt bzw. verpflichtet, ohne zusätzlichen Auftrag andere Tatbestände einer Beurteilung zu unterziehen, beispielsweise die Geschäftsführung, die Kreditwürdigkeit der Gesellschaft, die Rentabilitätslage, die Organisation, das Vorliegen von Unterschlagungen usw. Diese Tatbestände können Gegenstand spezieller Prüfungen sein, sind aber in der Jahresabschlußprüfung nicht besonders zu untersuchen. Allerdings werden oft zur Durchführung einer ordnungsmäßigen Abschlußprüfung gewisse Überschneidungen dieser Prüfungsarten unvermeidlich sein. So kann die Pflichtprüfung – gewissermaßen nebenbei – zur Aufdeckung von Unterschlagungen führen, von denen dann selbstverständlich die Geschäftsführung zu unterrichten ist, oder sie kann Mängel in der Organisation des Rechnungswesens aufdecken (z. B. in der Technik der Verbuchung, der Anlage des Kontenrahmens usw.), die die pflichtgemäß zu prüfende Ordnungsmäßigkeit der Rechnungslegung in Frage stellen können. Soweit im Rahmen der Jahresabschlußprüfung Tatsachen festgestellt werden, die den Bestand des Unternehmens gefährden oder seine Entwicklung negativ beeinträchtigen können, oder soweit schwerwiegende Verstöße der gesetzlichen Vertreter gegen Gesetz, Gesellschaftsvertrag oder Satzung entdeckt werden, müssen Angaben darüber im Prüfungsbericht gemacht werden.[23]

Die Abschlußprüfung erstreckt sich auf folgende **vier Gebiete:**
(1) die Prüfung der Buchführung,
(2) die Prüfung der Bilanz und des Inventars,
(3) die Prüfung der Gewinn- und Verlustrechnung,
(4) die Prüfung des Anhangs und des Lageberichts.

b) Die Prüfung der Buchführung

Da die Bilanz und die Gewinn- und Verlustrechnung aus der Buchführung entwickelt werden, ist diese zunächst einer Prüfung zu unterziehen. Das kann selbstverständlich nicht bedeuten, daß sämtliche Buchungen des abge-

---

[20] Vgl. § 318 Abs. 1 HGB
[21] Vgl. § 319 Abs. 1 HGB
[22] Vgl. § 320 Abs. 1 und 2 HGB
[23] Vgl. § 321 Abs. 2 HGB

laufenen Geschäftsjahres überprüft werden müssen. Es ist vielmehr in das pflichtgemäße Ermessen des Prüfers gestellt, auf welche Weise er sich ein Bild über die formelle und materielle Ordnungsmäßigkeit der Buchführung verschafft, d. h. welche Prüfungstechnik er anwendet. Gewöhnlich wird er statt einer lückenlosen Prüfung nur **Stichproben** vornehmen. Der Begriff der lückenlosen Prüfung ist allerdings nicht nur so aufzufassen, daß der gesamte Prüfungsstoff geprüft wird. Der Begriff ist vielmehr auch so zu verstehen, daß sich der Prüfer einen bestimmten Komplex von Vorgängen, z. B. die Abschreibungen, vornimmt und ihn einer lückenlosen Prüfung unterzieht, also die Abschreibung jedes einzelnen Wirtschaftsguts formell und materiell prüft.[24]

Das entscheidende Problem bei der Prüfung in Stichproben ist die Auswahl der Stichproben. Die deutsche Prüfungspraxis geht in der Regel nicht von einer **Zufallsauswahl** aus, bei der die Stichproben ohne bestimmtes System auf den gesamten Prüfungsstoff verteilt werden, sondern von einer **bewußten Auswahl,** für die z. B. folgende Kriterien verwendet werden können:[25]

„(1) Funktionen (z. B. Zahlungsverkehr, Warenverkehr, Lohn- und Gehaltsverkehr)

(2) Abteilungen (z. B. Anlagenbuchhaltung, Lagerbuchhaltung, Kontokorrentbuchhaltung, Lohnbuchhaltung, Kassen, Filialen und andere Außenstellen)

(3) Aufträge (vor allem bei Einzelfertigung großer Objekte, z. B. Großmaschinenbau, Werften, Bauunternehmen)

(4) Kunden oder Lieferanten (z. B. Zahlungs- und Leistungsverkehr mit bestimmten Großlieferanten oder -abnehmern)

(5) Verbundene Unternehmen (z. B. Rechtsbeziehungen, Einflußnahme, Verrechnungsverkehr)

(6) Zeiträume (z. B. Monate vor und nach dem Bilanzstichtag, Saison oder sonstige Perioden starken Buchungsverkehrs)

(7) Größenordnungen (Geschäftsvorfälle, die eine bestimmte Wert- oder Mengengrenze überschreiten, z. B. Debitoren über DM 1.000,–)

(8) Arbeitsgebiete bestimmter Angestellter

(9) Internes Kontrollsystem (Stichproben werden dort angesetzt, wo Lücken oder schwache Stellen im internen Kontrollsystem vorhanden und folglich Ordnungswidrigkeiten und Unregelmäßigkeiten leichter möglich sind). "

Die Prüfungsrichtung kann progressiv oder retrograd sein. Beginnt die Prüfung eines Geschäftsvorfalls beim Beleg und wird seine buchtechnische Behandlung über Grundbücher, Journale und Hauptbuch bis zum Jahresabschluß verfolgt, so liegt eine **progressive Prüfung** vor, verfolgt man einen Tatbestand von seinem Ausweis in der Bilanz zurück bis zum Beleg, so handelt es sich um eine **retrograde Prüfung.**

---

[24] Vgl. Bussmann, K., Betreuung und Prüfung der Unternehmungen, Wiesbaden 1970, S. 69
[25] WP-Handbuch 1985/86, Bd. I, 9. Aufl., Düsseldorf 1985, S. 950

Führen dieselben Abschlußprüfer die Prüfung eines Unternehmens Jahr für Jahr durch, so ist es zweckmäßig, daß sie ihren Prüfungsplan jeweils nach anderen Gesichtspunkten aufbauen, damit die von ihnen verwendeten Prüfungsmethoden nicht von vornherein durchschaut werden können.

c) Die Prüfung der Bilanz

Die Prüfung der Bilanz bezieht sich einmal auf die Einhaltung der Gliederungsvorschriften, zum anderen auf die Beachtung der Bewertungsvorschriften. Soweit der Geschäftszweig keine abweichende Gliederung bedingt, die gleichwertig sein muß, ist die gesetzliche Mindestgliederung einzuhalten. Eine freiwillige Aufgliederung der Positionen ist zulässig. In einem solchen Fall ist besonders die Beachtung der formalen Bilanzkontinuität zu prüfen. Durch häufigen Wechsel der Aufgliederung der Bilanzpositionen wird die Vergleichbarkeit mit Bilanzen früherer Perioden erheblich erschwert.

Gehört ein Vermögensgegenstand zu mehreren Bilanzpositionen, so ist bei der Position, unter der er ausgewiesen ist, die Mitzugehörigkeit zu den anderen Positionen zu vermerken, wenn das zur Aufstellung einer klaren und übersichtlichen Jahresbilanz erforderlich ist.[26]

Bei der **Prüfung der Wertansätze** hat der Prüfer einerseits darauf zu achten, ob das Prinzip des Gläubigerschutzes beachtet worden ist, d. h., ob die Wertansätze der Vermögenspositionen nicht zu hoch sind und ob Abschreibungen, Wertberichtigungen und Rückstellungen reichlich genug bemessen worden sind, andererseits muß er im Interesse der Gesellschafter prüfen, daß deren Gewinnansprüche nicht durch zu niedrige Bewertung (Bildung stiller Rücklagen) oder durch zu hohe Einstellung von Gewinnen in die Gewinnrücklagen gekürzt werden. Soweit die gesetzlichen Bewertungsvorschriften dem Unternehmen Ermessensspielräume bei der Fixierung der Wertansätze einräumen, genügt m. E. nicht die Feststellung, daß die Wertansätze im Rahmen der gesetzlichen Grenzen liegen; vielmehr erfordert die Generalnorm, nach der der Jahresabschluß ein den tatsächlichen Verhältnissen entsprechendes Bild der Vermögens-, Finanz- und Ertragslage geben soll,[27] daß die Ausübung des Ermessens daraufhin geprüft wird, ob dieser Grundsatz beachtet worden ist.

So gibt es beispielsweise für die Handelsbilanz keine gesetzliche Vorschrift über das anzuwendende Abschreibungsverfahren. Deshalb muß sich der Prüfer ein eigenes Urteil darüber bilden, ob z. B. eine stark degressive Abschreibung in den ersten Jahren der wirtschaftlichen Nutzungsdauer zu Periodenabschreibungen führt, die ein nicht den tatsächlichen Verhältnissen entsprechendes Bild der wirtschaftlichen Lage des Unternehmens geben. Es liegt dann zwar kein nachweisbarer Verstoß gegen eine spezielle Bewertungsvorschrift vor, es ist aber möglich, daß die gewählte Abschreibung nicht den Grundsätzen ordnungsmäßiger Buchführung entspricht.

---

[26] Vgl. § 265 Abs. 3 HGB
[27] Vgl. § 264 Abs. 2 HGB

Besonders kritisch sind die mit Herstellungskosten bewerteten Positionen zu überprüfen, da durch zu hohe Bemessung der Herstellungskosten (z. B. durch Einbeziehen zu hoher Gemeinkostenbeträge) die Gesellschaft ihre Lage günstiger darstellen kann als sie tatsächlich ist. Die Nachprüfung der Herstellungskosten erfordert eine Einsichtnahme in die Unterlagen der Kostenrechnung und damit in gewissem Umfange auch eine Prüfung der Kostenrechnung.

d) Die Prüfung der Gewinn- und Verlustrechnung

Die Prüfung der Gewinn- und Verlustrechnung ist in erster Linie eine **Gliederungsprüfung.** Eines der gesetzlich fixierten Mindestgliederungsschemata ist einzuhalten, es sei denn, der Geschäftszweig erfordert eine abweichende Gliederung, die gleichwertig sein muß. Wird die Gliederung freiwillig erweitert, so ist insbesondere die Beachtung der Kontinuität der Gliederung zu prüfen. Die Aufmerksamkeit des Prüfers hat sich vor allem auf die Einhaltung des Bruttoprinzips, d. h. des vollständigen und getrennten Ausweises aller Aufwendungen und Erträge, und auf die Einordnung der Aufwendungen und Erträge unter die vorgesehenen Positionen zu richten.

Zusätzliche Bewertungsfragen treten in der Regel nicht auf, wenn die Positionen, bei denen eine Bewertung in Frage kommt (z. B. Abschreibungen, Bestandsänderungen bei den Vorräten, Wertberichtigungen auf Forderungen, Rückstellungen u. a.), bereits in der Bilanz geprüft worden sind. Auch die Prüfung der Zuführungen und Entnahmen zu bzw. aus den Rücklagen wird in der Regel bereits bei der Prüfung der Rücklagen und des Ausweises ihrer Bewegung in der Bilanz vorgenommen.

e) Die Prüfung des Anhangs und des Lageberichts

Den Schwerpunkt dieses Prüfungsgebietes bilden die Angaben zu den einzelnen Posten der Bilanz und der Gewinn- und Verlustrechnung, die für den Anhang vorgeschrieben sind oder die in den Anhang aufzunehmen sind, weil sie in Ausübung eines Wahlrechts nicht in die Bilanz oder in die Gewinn- und Verlustrechnung aufgenommen wurden. Erwähnenswert sind hier insbesondere die Bilanzierungs- und Bewertungsmethoden und Änderungen dieser Methoden. Diese Angaben sind nach geltendem Bilanzrecht als Bestandteil des Anhangs zugleich auch Bestandteil des Jahresabschlusses.

Die Prüfung des **Lageberichts** beschränkt sich auf die Feststellung, daß er mit dem Jahresabschluß in Einklang steht, die allgemeine wirtschaftliche Situation der Gesellschaft richtig darstellt und daß er nicht geeignet ist, beim Leser eine falsche Vorstellung über die Lage des Unternehmens zu erwecken.[28] Einzelheiten, insbesondere die Darstellung der Lage durch Kennziffern, Statistiken und Schaubilder, sind nicht Gegenstand der Prüfung. „Eine Prüfung des Lageberichts in allen Einzelheiten würde die Abschlußprüfer überfordern und außerdem in den Verantwortungsbereich des Vorstands

---

[28] Vgl. § 317 Abs. 1 Satz 3 HGB

übergreifen, da der Lagebericht notwendigerweise ein stark persönlich geprägtes Urteil des Vorstands über die Lage der Gesellschaft enthalten wird."[29]

Der Abschlußprüfer hat den Anhang daraufhin zu prüfen, ob die gesetzlichen Vorschriften und sie ergänzende gesellschaftsvertragliche Bestimmungen beachtet worden sind. Das bedeutet im einzelnen, daß er sich ein Urteil darüber bilden muß, ob die geforderten Erläuterungen zu den einzelnen Posten der Bilanz und der Gewinn- und Verlustrechnung nicht nur sachlich richtig, sondern auch der Zielsetzung der Berichterstattung entsprechend hinreichend sind, ob die Bilanzierungs- und Bewertungsmethoden in einer Weise dargestellt worden sind, daß der Bilanzleser dadurch die erforderlichen Informationen für die Beurteilung des Jahresabschlusses erhält, und ob ferner über Unterbrechungen der Bilanzkontinuität durch Änderung der angewendeten Bilanzierungs- und Bewertungsmethoden, durch die die Vergleichbarkeit mit einem früheren Jahresabschluß beeinträchtigt wird, ausreichend berichtet und ihr Einfluß auf die Vermögens-, Finanz- und Ertragslage gesondert dargestellt worden ist.

Der Abschlußprüfer steht hier vor einer außerordentlich schwierigen Aufgabe, da – wie oben dargestellt – nicht immer eindeutig ist, wann eine Änderung der Bewertungs- und Abschreibungsmethoden vorliegt und wann die Vergleichbarkeit mit dem letzten Jahresabschluß oder die Vermittlung eines den tatsächlichen Verhältnissen entsprechenden Bildes der Vermögens-, Finanz- und Ertragslage beeinträchtigt ist. Vorstand bzw. Geschäftsführer und Abschlußprüfer können hier ggf. unterschiedlicher Auffassung sein, ob und in welchem Umfange eine Berichtspflicht besteht.

Da auch eine Berichterstattung über bestimmte, aus dem Jahresabschluß nicht oder nicht hinreichend erkennbare Tatbestände im Anhang verlangt wird, z. B. über aus der Bilanz nicht zu ersehende finanzielle Verpflichtungen oder rechtliche und geschäftliche Beziehungen zu verbundenen Unternehmen u. a., muß der Abschlußprüfer auch diese Tatbestände einer Beurteilung unterziehen und sich von den gesetzlichen Vertretern die dazu erforderlichen Unterlagen und Auskünfte beschaffen.

f) Prüfungsbericht und Bestätigungsvermerk

Über das Ergebnis der Prüfung haben die Abschlußprüfer schriftlich zu berichten.[30] Der Prüfungsbericht hat im wesentlichen drei **Aufgaben:** Er dient **erstens** der Unterrichtung und damit der Unterstützung des Aufsichtsrats oder der Gesellschafter bei der Ausübung ihrer Überwachungsfunktion, er ist **zweitens** ein Rechenschaftsbericht der Abschlußprüfer über die ordnungsmäßige Durchführung und das Ergebnis der ihnen übertragenen Prüfung, und er stellt **drittens** eine Dispositionsunterlage für die Geschäftsleitung dar, da der Bericht in der Regel auch eine Beurteilung der wirtschaftli-

---

[29] Kropff, B., Aktiengesetz, Düsseldorf 1965, S. 265
[30] Vgl. § 321 Abs. 1 Satz 1 HGB

chen Situation durch die Abschlußprüfer enthält und in diesem Teil somit den Charakter eines Gutachtens externer Sachverständiger hat.

Der **Inhalt** des Berichts ergibt sich aus dem Gesetz; er muß folgende Feststellungen und Angaben enthalten:

(1) ob die Buchführung, der Jahresabschluß und der Lagebericht den gesetzlichen Vorschriften entsprechen;

(2) ob die gesetzlichen Vertreter die verlangten Aufklärungen und Nachweise erbracht haben;

(3) eine Aufgliederung und „ausreichende" Erläuterung der Posten des Jahresabschlusses;

(4) die Angabe und ausreichende Erläuterung von nachteiligen Veränderungen der Vermögens-, Finanz- und Ertragslage gegenüber dem Vorjahr sowie von Verlusten, die das Jahresergebnis nicht unwesentlich beeinflußt haben;

(5) einen Bericht über bei der Abschlußprüfung entdeckte

  (a) Tatsachen, die den Bestand des Unternehmens gefährden können,

  (b) Tatsachen, die die Entwicklung des Unternehmens wesentlich beeinträchtigen können,

  (c) schwerwiegende Verstöße der gesetzlichen Vertreter gegen Gesetz, Gesellschaftsvertrag oder Satzung.

(6) Umstritten ist, ob aus der Pflicht „besonders" – d. h. wohl „vor allem" – die Gesetzmäßigkeit festzustellen,[31] eine Pflicht zur Abgabe eines Berichts über die Lage der Unternehmung abzuleiten ist, wie dies in der Praxis gehandhabt wird (z. B. Angaben über Rentabilität, Wirtschaftlichkeit, Finanzierung, Liquidität, Umsatzentwicklung, Konkurrenzsituation usw.).

Ein Antrag des Instituts der Wirtschaftsprüfer, eine Verpflichtung zur Darstellung der Entwicklung der Vermögens- und Ertragslage sowie der Bilanzstruktur im AktG 1965 zu verankern, ist seinerzeit bei den Beratungen des Gesetzesentwurfes vom Rechts- und Wirtschaftsausschuß abgelehnt worden. „Die Ausschüsse sind davon ausgegangen, daß die Prüfungsberichte schon jetzt ganz überwiegend diese Darstellung enthalten. Dabei werde es auch ohne gesetzliche Regelung bleiben. Gegen eine gesetzliche Regelung spreche, daß aus einer solchen Ausweitung der gesetzlichen Berichtspflicht auf eine Erweiterung des Prüfungsumfanges geschlossen werden könnte".[32] Auch das neue Bilanzrecht des HGB sieht hier keine Erweiterung der gesetzlichen Vorschriften vor. Ohne Zweifel sind aber gerade die Berichte über die wirtschaftliche Lage für Aufsichtsrat und Vorstand von besonders **großem Informationsgehalt,** so daß die ohne gesetzliche Regelung geübte Praxis der Berichterstattung im Prüfungsbericht als zweckmäßig erscheint.

Das Gesetz schreibt für den Prüfungsbericht keine besondere Gliederung vor, jedoch hat sich durch die Berufspraxis der Wirtschaftsprüfer eine Eintei-

---

[31] Vgl. § 321 Abs. 1 Satz 2 HGB
[32] Kropff, B., Aktiengesetz, a. a. O., S. 271

lung in einen Hauptteil, einen Anhang und Anlagen entwickelt. Der **Hauptteil** soll etwa folgendermaßen aufgebaut werden:[33]

(1) Prüfungsauftrag und Auftragsdurchführung;
(2) Veränderungen in den rechtlichen Verhältnissen;
(3) Entwicklung der wirtschaftlichen Grundlagen;
(4) Erläuterungen und Feststellungen zum Jahresabschluß
   (a) Bilanz und Gewinn- und Verlustrechnung,
   (b) Anhang,
   (c) Analyse des Jahresabschlusses;
(5) Lagebericht;
(6) Buchführung und Bestandsnachweise;
(7) Prüfungsergebnis und Bestätigungsvermerk.

Sind nach dem abschließenden Ergebnis der Prüfung keine Einwendungen zu machen, so sind die Abschlußprüfer verpflichtet, dies durch einen Vermerk zu bestätigen. Aus diesem sog. **Bestätigungsvermerk** muß ersichtlich sein, daß nach pflichtgemäßer Prüfung auf Grund der Bücher und der Schriften der Gesellschaft sowie der von den gesetzlichen Vertretern erteilten Aufklärungen und Nachweise die Buchführung und der Jahresabschluß den gesetzlichen Vorschriften entsprechen. Der Bestätigungsvermerk hat nach § 322 Abs. 1 HGB folgenden Wortlaut: „Die Buchführung und der Jahresabschluß entsprechen nach meiner/unserer pflichtgemäßen Prüfung den gesetzlichen Vorschriften. Der Jahresabschluß vermittelt unter Beachtung der Grundsätze ordnungsmäßiger Buchführung ein den tatsächlichen Verhältnissen entsprechendes Bild der Vermögens-, Finanz- und Ertragslage der Kapitalgesellschaft. Der Lagebericht steht im Einklang mit dem Jahresabschluß."

Während der Bestätigungsvermerk der Unterrichtung der Gesellschafter, der Gläubiger und der interessierten Öffentlichkeit über die Ordnungsmäßigkeit und Gesetzmäßigkeit des Jahresabschlusses und der Buchführung dient und folglich mit dem Jahresabschluß bekanntzumachen ist,[34] ist der **Prüfungsbericht** vertraulich. Er gelangt nur dem Vorstand bzw. der Geschäftsführung und dem Aufsichtsrat zur Kenntnis. Der Bestätigungsvermerk ist in den Prüfungsbericht aufzunehmen.[35] „Der Bestätigungsvermerk ist in geeigneter Weise zu ergänzen, wenn zusätzliche Bemerkungen erforderlich erscheinen, um einen falschen Eindruck über den Inhalt der Prüfung und die Tragweite des Bestätigungsvermerks zu vermeiden".[36]

Haben die Abschlußprüfer Einwendungen zu erheben, so müssen sie den Bestätigungsvermerk einschränken oder versagen.[37] Einschränkungen sind dann erforderlich, wenn Verstöße gegen die Grundsätze ordnungsmäßiger Buchführung, die Gliederungs- und Bewertungsvorschriften, die Vorschriften über die Berichterstattung im Anhang, gegen die Satzung oder wenn

---

[33] Vgl. WP-Handbuch 1992, Bd. I, 10. Aufl., Düsseldorf 1992, S. 910
[34] Vgl. § 325 Abs. 1 HGB
[35] Vgl. § 322 Abs. 4 HGB
[36] § 322 Abs. 2 HGB
[37] Vgl. § 322 Abs. 3 HGB

Verletzungen der Auskunftspflicht der Geschäftsführung vorliegen, die nicht so schwerwiegend sind, daß der Bestätigungsvermerk versagt werden muß. Dasselbe gilt, wenn der Lagebericht falsche Aussagen über die wirtschaftliche Lage der Gesellschaft im allgemeinen macht, die geeignet sind, das Bild, das sich aus dem Jahresabschluß ergibt, wesentlich zu verändern. Neben Einschränkungen haben sich in der Praxis auch **Vorbehalte und Zusätze** zum Bestätigungsvermerk entwickelt. Diese Übung in der Praxis wurde in § 322 Abs. 2 HGB gesetzlich geregelt.

Eine **Versagung des Bestätigungsvermerks** wird immer dann erforderlich sein, wenn die Verstöße, die zu einer Einschränkung des Testats führen können, besonders schwerwiegend sind. Die Grenze zwischen Einschränkung und Versagung läßt sich nicht immer eindeutig ziehen. Soweit der Jahresabschluß nach § 256 AktG wegen bestimmter Verstöße, z. B. gegen die Vorschriften über die Gliederung, die Bewertung, die Einstellungen und die Entnahmen in bzw. aus den Rücklagen nichtig ist, kommt eine Einschränkung nicht mehr in Betracht. Hier muß der Bestätigungsvermerk versagt werden.

Der Jahresabschluß kann jedoch auch festgestellt werden, wenn der Bestätigungsvermerk nicht erteilt worden ist. Die Versagung des Testats muß auf dem zum Handelsregister eingereichten Jahresabschluß und bei der Bekanntmachung des Jahresabschlusses vermerkt werden.[38]

V. Die Rechnungslegung im Konzern[1]

1. Die Entwicklung der Konzern-Rechnungslegungsvorschriften

Die Rechnungslegung im Konzern wurde in den §§ 329–338 AktG 1965 (a. F.) erstmals kodifziert. Diese Vorschriften über die Konzernrechnungslegung mußten zum ersten Mal für das Geschäftsjahr angewendet werden, das nach dem 31. 12. 1966 begann.[2] Nach § 329 Abs. 1 AktG 1965 (a. F.) war der Vorstand einer Obergesellschaft, unter deren einheitlicher Leitung die Konzernunternehmen stehen, verpflichtet, eine Konzernbilanz, eine Konzern-Gewinn- und Verlustrechnung und einen Konzerngeschäftsbericht aufzustellen, wenn die Obergesellschaft eine Aktiengesellschaft oder eine Kommanditgesellschaft auf Aktien mit Sitz im Inland war.

§ 28 Abs. 1 EGAktG 1965 dehnte diese Rechnungslegungsvorschriften auch auf Obergesellschaften mit Sitz im Inland aus, die in der Rechtsform der GmbH oder der bergrechtlichen Gewerkschaft geführt werden, wenn

---

[38] Vgl. § 325 Abs. 1 HGB

[1] Da im Rahmen dieses Lehrbuches nicht auf alle Einzelheiten der teilweise komplizierten gesetzlichen Vorschriften eingegangen werden kann, wird auf Spezialliteratur verwiesen; vgl. u. a. Busse von Colbe, W./Ordelheide, D., Konzernabschlüsse, 6. Aufl., Wiesbaden 1993; Küting, K./Weber, C. P., Der Konzernabschluß, 3. Aufl., Stuttgart 1991, Küting, K./Weber, C. P., Handbuch der Konzernrechnungslegung, Stuttgart 1991; v. Wysocki, K./Wohlgemuth, M., Konzernrechnungslegung, 3. Aufl., Düsseldorf 1986; Wöhe, G., Bilanzierung und Bilanzpolitik, 8. Aufl., München 1992, S. 925–1031

[2] Vgl. § 23 Abs. 1 EG AktG

zum Konzern wenigstens eine Aktiengesellschaft oder Kommanditaktienge-
sellschaft gehörte. Auf Konzerne, zu denen keine Unternehmen dieser beiden Rechtsformen zählten, waren die aktienrechtlichen Konzernrechnungslegungsvorschriften grundsätzlich nicht anzuwenden; sie stellten somit kein
allgemeines Konzernrecht, sondern aktienrechtliche Spezialvorschriften dar.

Durch das „Gesetz über die Rechnungslegung von bestimmten Unternehmen und Konzernen" vom 15. 8. 1969[3] **(Publizitätsgesetz)** wurde der Anwendungsbereich der aktienrechtlichen Konzernrechnungslegungsvorschriften der §§ 329 ff. ebenso erweitert wie der Anwendungsbereich der allgemeinen Rechnungslegungsvorschriften der §§ 148 ff. AktG 1965 (a. F.). § 11
Abs. 1 PublG (a. F.) bestimmte, daß die Konzernobergesellschaft (Konzernleitung) unabhängig von ihrer Rechtsform und der Rechtsform der Konzernunternehmen Rechnung zu legen hat, wenn sie ihren Sitz (Hauptniederlas-
sung) im Inland hat und der Konzern bestimmte Größenmerkmale erfüllt.

Die nach dem Publizitätsgesetz (a. F.) zur Rechnungslegung verpflichteten
Konzernobergesellschaften hatten einen Konzernabschluß und einen Konzerngeschäftsbericht aufzustellen, auf den die entsprechenden Vorschriften
des Aktiengesetzes 1965 anzuwenden waren.[4]

Durch die gesellschaftsrechtlichen Harmonisierungsbestrebungen der EG
sind Änderungen in der Konzernrechnungslegung eingetreten. Der Rat der
Europäischen Gemeinschaften hat am 13. Juni 1983 nach rund 12jähriger
Diskussion die **Siebente Richtlinie**[5] über den konsolidierten Abschluß
(Konzernrichtlinie), die den Umfang und Inhalt des Konzernabschlusses und
Konzernlageberichts regelt, endgültig verabschiedet.[6] Die Richtlinie ist an
die Mitgliedstaaten der Europäischen Gemeinschaften gerichtet.[7] Diese
mußten ihre nationalen Gesetze bis zum 31. 12. 1987 an die Vorschriften der
Konzernrichtlinie anpassen.[8] Durch die Anpassung des deutschen Rechts an
die 7. EG-Richtlinie (Konzernrichtlinie) im Bilanzrichtlinien-Gesetz vom
19. 12. 1985 haben sich die Konzernrechnungslegungsvorschriften über den
Konsolidierungskreis, d. h. über die zur Aufstellung eines Konzernabschlusses verpflichteten und die in diesen Abschluß einzubeziehenden Unternehmen sowie über die bei der Aufstellung des Konzernabschlusses anzuwendenden Methoden der Konsolidierung geändert. Das neue Recht der Konzernrechnungslegung mußte zwingend erstmals für das **nach dem 31. 12.
1989** beginnende Geschäftsjahr angewendet werden.[9] Bis dahin galten allerdings die bisherigen Konzernrechnungslegungsvorschriften des Aktien- und
Publizitätsgesetzes alter Fassung weiter, jedoch durften die neuen Vorschrif-

---

[3] BGBl I, S. 1189
[4] Vgl. § 13 PublG (a. F.)
[5] Siebente Richtlinie des Rates vom 13. 6. 1983 aufgrund von Art. 54 Abs. 3g) des Vertrages über den konsolidierten Abschluß (83/349/EWG), Amtsblatt der Europäischen Gemeinschaften Nr. L 193 vom 18. 7. 1983, im folgenden als Konzernrichtlinie zitiert.
[6] Zur Entstehungsgeschichte der 7. Richtlinie vgl. Biener, H., Die Konzernrechnungslegung nach der Siebenten Richtlinie des Rates der Europäischen Gemeinschaften über den
Konzernabschluß, DB 1983, Beilage 19 zu Heft 35, S. 2
[7] Vgl. Art. 51 Konzernrichtlinie
[8] Vgl. Art. 49 Abs. 1 Konzernrichtlinie
[9] Vgl. Art. 49 Abs. 2 Konzernrichtlinie

ten des HGB und des Publizitätsgesetzes auch bereits für ein früheres Geschäftsjahr angewendet werden.[10]

Es gibt bis heute noch **kein Konzernsteuerrecht**, das den handelsrechtlichen Konzernrechnungslegungsvorschriften folgt, also den Konzern, dessen rechtlich selbständige Mitglieder eine wirtschaftliche Einheit bilden, auch steuerrechtlich in vollem Umfang als Einheit behandelt. Die im handelsrechtlichen Konzernabschluß eliminierten und somit nicht im Konzerngewinn enthaltenen Zwischengewinne (konzerninterne Gewinne)[11] unterliegen bei dem jeweiligen Konzernunternehmen voll der Besteuerung. Grundlage der Besteuerung ist die aus der Einzel-Handelsbilanz jedes Konzernunternehmens abgeleitete Steuerbilanz.

Für Gewinne aus Beteiligungen und für die Beteiligungen selbst hat das Steuerrecht, um eine offensichtliche steuerliche Diskriminierung von Unterordnungskonzernen zu vermeiden, **mehrere Rechtsinstitute** geschaffen oder von der Rechtsprechung übernommen, die von der normalen Regelung, daß jedes Unternehmen, das in der Rechtsform der Kapitalgesellschaft geführt wird, in vollem Umfang selbständig steuerpflichtig ist, abweichen und unter bestimmten Voraussetzungen in einem Konzern zusammengeschlossene Unternehmen entweder generell oder bei einzelnen Steuerarten in gewissem Umfang **als wirtschaftliche Einheit** behandeln, damit die gleichen steuerlichen Vorteile, die sich durch eine Fusion erreichen lassen, auch ohne Aufgabe der rechtlichen Selbständigkeit zu erzielen sind.

Bei den Rechtsinstituten, die steuerliche Sonderregelungen für Unternehmenszusammenschlüsse auf der Grundlage von Kapitalbeteiligungen enthalten, handelt es sich um das **Schachtelprivileg**, die **Organschaft** und den **Gewinnabführungsvertrag**.[12] Diese Rechtsinstitute sollen einerseits die Zwei- oder Mehrfachbelastung von Vermögenswerten, die in einem Konzernunternehmen eingesetzt werden, die aber bei einem anderen Konzernunternehmen ebenfalls, und zwar als Beteiligungen, in der Bilanz erscheinen, durch die Vermögensteuer und Gewerbekapitalsteuer vermeiden und andererseits die Zwei- oder Mehrfachbelastung der in einem Konzernunternehmen erzielten Gewinne und Gewerbeerträge, die an ein anderes Konzernunternehmen als Beteiligungserträge weitergegeben werden, mit Körperschaftsteuer und Gewerbeertragsteuer verhindern.

2. Begriff und Aufgaben des Konzernabschlusses

Der Konzernabschluß setzt sich aus einer Konzernbilanz, einer Konzernerfolgsrechnung und einem Konzernanhang zusammen. Eine Konzernbilanz entsteht nicht durch Addition der Einzelbilanzen der Konzernunternehmen. Eine solche Zusammenfassung ergibt eine **Gemeinschaftsbilanz,** die nicht geeignet ist, Einblicke in die wirtschaftliche Lage eines Konzerns zu geben. Die Konzernbilanz ist eine **konsolidierte Bilanz,** d. h. eine Bilanz, die zwar

---

[10] Vgl. Art. 23 Abs. 2 und 5 EGHGB
[11] Vgl. S. 1197 ff.
[12] Einzelheiten vgl. S. 432 ff.

ebenso wie die Gemeinschaftsbilanz aus den Einzelbilanzen der Konzernunternehmen zusammengesetzt wird, aber unter Aufrechnung der Positionen, die eine Folge der wirtschaftlichen Beziehungen zwischen den rechtlich selbständigen Konzernunternehmen sind.

Ausgehend von der Fiktion, daß der Gesamtkonzern wie ein einziges Unternehmen abrechnet, müssen zur Vermeidung von Doppelzählungen folgende Aufrechnungen (Konsolidierungen) erfolgen:

(1) Aufrechnung der Beteiligungen der Muttergesellschaft gegen den entsprechenden Anteil des Kapitals der Tochtergesellschaften **(Kapitalkonsolidierung)**;

(2) Aufrechnung von Forderungen und Verbindlichkeiten zwischen Konzernunternehmen **(Forderungs- und Schuldenkonsolidierung)**;

(3) Eliminierung von Gewinnen und Verlusten aus Lieferungen und Leistungen zwischen Konzernunternehmen **(Erfolgskonsolidierung)**;

(4) Eliminierung von Umsatzerlösen aus Lieferungen und Leistungen zwischen Konzernunternehmen in der Konzern-Gewinn- und Verlustrechnung **(Konsolidierung der Innenumsatzerlöse)**.

Aus den Einzelbilanzen ist die wirtschaftliche Lage eines Konzerns nicht ohne weiteres zu erkennen, da Gewinne oder Verluste einzelner Gesellschaften, die eine Folge von Umsätzen zwischen diesen Gesellschaften sind, nicht in jedem Falle zugleich Gewinne oder Verluste des gesamten Konzerns sind. Außerdem kann durch die Konzernverwaltung das Bild über die wirtschaftliche Lage der einzelnen Gesellschaften verändert werden, da die Konzernverwaltung die Möglichkeit hat, **Gewinnverlagerungen** zwischen den einzelnen Gesellschaften vorzunehmen und die **Liquidität** der einzelnen Gesellschaften zu beeinflussen. Das soll an einem Zahlenbeispiel gezeigt werden.

Beispiel:

Angenommen, in einem vertikalen Konzern liefert die Gesellschaft A Halbfabrikate an die Gesellschaft B, die diese zu Endprodukten weiterverarbeitet und entweder an einen außerhalb des Konzerns stehenden Abnehmer verkauft oder zunächst auf Lager nimmt.

Fall 1: A liefert zu 500 DM an B, B verkauft zu 1.000 DM weiter.

Selbstkosten bei A	500 DM	
Verkauf an B	500 DM	
Gewinn bei A		0 DM
Weiterverarbeitung bei B	300 DM	
Selbstkosten bei B	800 DM	
Verkauf nach außen	1.000 DM	
Gewinn bei B		200 DM
Gewinn des Konzerns		200 DM

Fall 2: A liefert zu 700 DM an B, B verkauft zu 1.000 DM weiter.

Selbstkosten bei A	500 DM	
Verkauf an B	700 DM	
Gewinn bei A		200 DM
Weiterverarbeitung bei B	300 DM	
Selbstkosten bei B	1.000 DM	
Verkauf nach außen	1.000 DM	
Gewinn bei B		0 DM
Gewinn des Konzerns		200 DM

Das Beispiel zeigt, daß der Gewinn des Konzerns in Höhe von 200 DM je nach der Höhe des Verrechnungspreises, den die Konzernleitung für die Lieferung von A an B festsetzt, entweder bei A oder B entstehen oder auf beide Gesellschaften verteilt werden kann.

Veräußert die Gesellschaft B die zu Endprodukten verarbeiteten Halbfabrikate in der Abrechnungsperiode noch nicht weiter, sondern nimmt sie sie auf Lager, so hat der Konzern als wirtschaftliche Einheit noch keinen Gewinn erzielt. Im Falle 1 würde dann keine der beiden Gesellschaften einen Gewinn ausweisen, im Falle 2 dagegen hat A mit einem Gewinn von 200 DM an B verkauft, B dagegen hat noch keinen Gewinn erzielt. Soll die wirtschaftliche Lage des Konzerns richtig dargestellt werden, so muß eine Eliminierung der konzerninternen Gewinne erfolgen.

Die Konzernverwaltung hat auch die Möglichkeit, die **Liquidität** der einzelnen Gesellschaften (bei gegebener Liquidität des Konzerns) zu beeinflussen. Hat B eine Verbindlichkeit gegenüber A von 1.000 DM und zahlt B kurz vor dem Bilanzstichtag, so verbessert sich die Liquidität bei A, während sie sich bei B verschlechtert. Vom Standpunkt des Konzerns ist die Summe der liquiden Mittel unverändert.

Die Konzernbilanz hat aber nicht nur für die Konzernleitung große Bedeutung als Informations- und Dispositionsinstrument, sondern auch für die **außenstehenden Anteilseigner.** Da die Geschäftsleitung der Muttergesellschaft die Möglichkeit hat, den Gewinn- und Liquiditätsausweis der einzelnen Konzerngesellschaften zu beeinflussen, können sich die Minderheitsgesellschafter aus der Bilanz ihrer Gesellschaft allein kein umfassendes Bild über die wirtschaftliche Lage des Konzerns machen und deshalb auch nicht entscheiden, ob es z. B. zweckmäßig ist, ihre Anteile zu veräußern. Das gilt insbesondere dann, wenn einzelne Konzerngesellschaften in einer Rechtsform geführt werden, die keine Jahresabschlüsse veröffentlichen muß. Dann stehen den Minderheitsgesellschaftern zu ihrer Information noch nicht einmal die Bilanzen aller Konzerngesellschaften zur Einsicht zur Verfügung, und nur eine konsolidierte Bilanz kann ihnen die erforderlichen Aufschlüsse geben.

Ist im Konzern ein Gewinn entstanden, so könnte die Konzernleitung dafür sorgen, daß er stets bei Gesellschaften zum Ausweis gelangt, an denen die Muttergesellschaft zu 100% beteiligt ist, während Gesellschaften, an denen Minderheiten beteiligt sind, leer ausgehen. Solche Gewinnverlagerungen kann auch die Konzernbilanz nicht verhindern. Sie zeigt lediglich den gesamten im Konzern entstandenen Gewinn und kann dadurch **Hinweise auf möglicherweise stattgefundene Gewinnverlagerungen** geben.

Das Aktiengesetz versucht daher durch eine Reihe weiterer Bestimmungen, einen Ausgleich zwischen den Interessen des Konzerns und der außenstehenden Anteilseigner (sowie der Gläubiger) zu schaffen. Beruht der Konzern auf **Vertrag**, so darf die herrschende Gesellschaft im Interesse des Konzerns einer abhängigen Gesellschaft auch Weisungen erteilen, die für diese nachteilig sind. Der Vorstand der abhängigen Gesellschaft muß diese **Weisungen befolgen**. Die Minderheitsgesellschafter sollen jedoch vor Nachteilen durch die Bestimmung geschützt werden, daß die herrschende Gesellschaft ihnen entweder eine **Dividendengarantie** zusichern[13] oder eine angemessene Entschädigung gewähren muß, wenn sie ausscheiden wollen, nachdem ein Beherrschungs- oder ein Gewinnabführungsvertrag geschlossen worden ist.[14]

Beruht der Konzern nicht auf Vertrag, sondern auf **faktischer Beherrschung**, so darf eine herrschende Gesellschaft ihren Einfluß nicht dazu benutzen, eine abhängige Gesellschaft zu veranlassen, „ein für sie nachteiliges Rechtsgeschäft vorzunehmen oder Maßnahmen zu ihrem Nachteil zu treffen oder zu unterlassen, es sei denn, daß die Nachteile ausgeglichen werden".[15]

Damit diese den Interessen der außenstehenden Anteilseigner und der Gläubiger gleichermaßen dienende Vorschrift eingehalten wird, ist der Vorstand der abhängigen Gesellschaft verpflichtet, einen Bericht über die Beziehungen der Gesellschaft zu verbundenen Unternehmen aufzustellen, in dem alle Rechtsgeschäfte und anderen Maßnahmen, welche die abhängige Gesellschaft auf Veranlassung oder im Interesse der herrschenden Gesellschaft oder anderer Konzernunternehmen vorgenommen oder unterlassen hat, aufzuführen sind.[16] Am Schluß dieses sog. **Abhängigkeitsberichts** hat der Vorstand zu erklären, ob seine Gesellschaft für alle derartigen Rechtsgeschäfte und Maßnahmen eine angemessene Gegenleistung erhalten hat und ob Nachteile, die ihr entstanden sind, ausgeglichen worden sind. Diese Erklärung ist auch in den Lagebericht zum Einzelabschluß der abhängigen Gesellschaft aufzunehmen.[17] Der Abhängigkeitsbericht ist von den Abschlußprüfern[18] und vom Aufsichtsrat[19] zu prüfen.

---

[13] Vgl. § 304 AktG
[14] Vgl. § 305 AktG
[15] § 311 Abs. 1 AktG
[16] Vgl. § 312 Abs. 1 und 2 AktG
[17] Vgl. § 312 Abs. 3 AktG
[18] Vgl. § 313 Abs. 1 AktG
[19] Vgl. § 314 Abs. 2 AktG

3. Theoretische Grundlagen des Konzernabschlusses

Über die Ausgestaltung der Konzernbilanz sind mehrere Theorien entwikkelt worden, die sich insbesondere in der Behandlung der Minderheitsanteile unterscheiden. Von praktischer Bedeutung sind vor allem die Einheitstheorie und die Interessentheorie.

Die **Einheitstheorie** kann heute als die herrschende angesehen werden. Sie bildete bereits die Grundlage der Vorschriften über die Konzernrechnungslegung im Aktiengesetz 1965 (a. F.) und wurde in den entsprechenden Vorschriften des Dritten Buchs des HGB berücksichtigt, allerdings mit der Einschränkung, daß für Beziehungen zu Dritten, also zu Gesellschaftern, Gläubigern und den Finanzbehörden die **Einzelabschlüsse maßgeblich** bleiben, d. h., daß die Verrechnung innerkonzernlicher Beziehungen im Konzernabschluß für sie keine rechtlichen Wirkungen hat.

So richten sich die Gewinnansprüche der Anteilseigner jedes Konzernunternehmens nach dessen Jahresabschluß. Das gilt gleichermaßen für die Muttergesellschaft, wie auch für die abhängigen Gesellschaften. Allerdings schließt das nicht aus, daß von der Konzernleitung „zur Beurteilung einzelner Fragen, z. B. der Angemessenheit einer Gewinnausschüttung, aus dem Konzernabschluß gewonnene Erkenntnisse mit zu berücksichtigen sind",[20] d. h. z. B., daß konzerninterne Gewinne, also Gewinne, die zwar vom Standpunkt eines Konzernunternehmens realisiert und in seinem Jahresabschluß ausgewiesen, vom Standpunkt des Konzerns als wirtschaftliche Einheit aber noch nicht durch Umsatz mit konzernexternen Wirtschaftseinheiten verwirklicht worden sind, nicht zur Ausschüttung freigegeben werden.

Die Einheitstheorie geht von der Vorstellung aus, daß die in einem Konzern zusammengefaßten rechtlich selbständigen Unternehmen eine **wirtschaftliche Einheit** bilden und daß es folglich die Aufgabe des Konzernabschlusses ist, ein den tatsächlichen Verhältnissen entsprechendes Bild der Vermögens-, Finanz- und Ertragslage des Konzerns zu geben, der durch einen Konzernlagebericht noch verbessert werden soll. Betrachtet man die Konzernunternehmen wirtschaftlich als Betriebsabteilungen eines einheitlichen Unternehmens, d. h. vernachlässigt man die rechtliche Selbständigkeit der unter einheitlicher Leitung stehenden Unternehmen, so folgt daraus, daß sowohl die Gesellschafter des herrschenden Unternehmens als auch die außenstehenden Gesellschafter (Minderheiten) des abhängigen Unternehmens als Anteilseigner der wirtschaftlichen Einheit angesehen werden. Alle Fragen der Gliederung, Bewertung sowie der Aufrechnung konzerninterner Positionen werden unter diesem Gesichtspunkt behandelt.

Die **Interessentheorie** betrachtet den Konzernabschluß zwar auch als Abschluß einer aus mehreren selbständigen Unternehmen bestehenden wirtschaftlichen Einheit, faßt die wirtschaftliche Einheit aber enger als die Einheitstheorie. Nach der Interessentheorie wird die handels- und steuerrechtli-

---

[20] Kropff, B., Aktiengesetz 1965 (Textausgabe mit Begründung des Regierungsentwurfes und Bericht des Rechtsausschusses des Deutschen Bundestages), Düsseldorf 1965, S. 437

che Selbständigkeit der Konzernunternehmen in den Vordergrund gestellt. Der Konzernabschluß wird lediglich als ein **erweiterter Abschluß der Obergesellschaft** aufgefaßt. Er kann folglich keinen Einblick in das von der wirtschaftlichen Einheit insgesamt erzielte Ergebnis liefern wie ein nach der Einheitstheorie aufgestellter Konzernabschluß. Anders formuliert: der nach der Interessentheorie aufgestellte Konzernabschluß dient in erster Linie den Interessen der Obergesellschaft und der an der Obergesellschaft interessierten Personengruppen. Der Konzernabschluß nach der Einheitstheorie ist für alle zum Konsolidierungskreis gehörenden Unternehmen und für alle an diesen Unternehmen interessierten Gruppen nicht nur ein wichtiges, sondern auch ein brauchbares Informationsinstrument.

Die Anteile der außenstehenden Anteilseigner (Minderheiten) werden bei der Interessentheorie wie Fremdkapital behandelt. Die auf die Minderheiten entfallenden Zwischengewinne (konzerninternen Gewinne) werden **als realisiert** angesehen und nur die auf die Gesellschafter der Obergesellschaft entfallenden Zwischengewinne werden eliminiert.

Der Konzernabschluß zeigt nur die Anteile der Gesellschafter der Obergesellschaft am Vermögen des Konzerns, die Minderheiten werden wie Gläubiger betrachtet. Der Konzern wird also nur in dem Umfange als wirtschaftliche Einheit angesehen, in dem er den Gesellschaftern der Obergesellschaft gehört. An die Stelle der Position „Beteiligungen" der Obergesellschaft an den abhängigen Gesellschaften treten die den Beteiligungen entsprechenden Teile der Aktiva dieser Gesellschaften.[21]

Von den Minderheiten wird unterstellt, daß sie kein Interesse am Konzern, sondern nur ein Interesse an ihrer Einzelgesellschaft haben. Deshalb müssen die Anteile der Minderheiten am Gewinn – unabhängig davon, ob sie vom Standpunkt des Konzerns realisiert sind oder nicht – getrennt ausgewiesen werden.

Nach dieser Theorie ist es auch möglich, auf den Ausweis der Minderheitsbeteiligungen überhaupt zu verzichten und die Aktiva und Passiva nur in Höhe des Prozentsatzes der Mehrheitsbeteiligung in die konsolidierte Bilanz einzusetzen.

Ein auf diese Weise aufgestellter Konzernabschluß ist nicht geeignet, ein den tatsächlichen Verhältnissen entsprechendes Bild der Vermögens-, Finanz- und Ertragslage eines Konzerns zu geben und dadurch der Konzernleitung als Instrument der Information und der Planung, Lenkung und Kontrolle zu dienen, weil die **Konsolidierung** – insbesondere die Erfolgskonsolidierung – **unvollständig** ist. Er ist deshalb vom betriebswirtschaftlichen Standpunkt aus als unzweckmäßig anzusehen. Aus diesem Grunde ist der Gesetzgeber – u. E. zu Recht – auch für die auf Grund gesetzlicher Vorschriften zu veröffentlichenden Konzernabschlüsse im wesentlichen der Einheitstheorie gefolgt.

Die **Aufgaben des Konzernabschlusses** und sein Verhältnis zu den Einzel-

---

[21] Vgl. Fuchs, H., Gerloff, O., Die konsolidierte Bilanz, Köln 1954, S. 64

abschlüssen der Konzernunternehmen lassen sich bei Anwendung des Gedankens der Einheitstheorie folgendermaßen charakterisieren:

(1) Der Konzernabschluß soll ein den tatsächlichen Verhältnissen entsprechendes Bild der Vermögens-, Finanz- und Ertragslage des Konzerns als wirtschaftliche Einheit vermitteln.

Der Einblick in die **Vermögenslage** wird erreicht durch eine Aufrechnung der konzerninternen Beteiligungen (Kapitalkonsolidierung) und der konzerninternen Forderungen und Verbindlichkeiten (Forderungs- und Schuldenkonsolidierung). Durch diese Aufrechnungen werden Doppelzählungen von Vermögenswerten und die Erfassung von Schulden, die vom Standpunkt des Konzerns als Einheit nicht existieren, vermieden, und es wird einerseits das Gesamtvermögen aller im Konsolidierungskreis zusammengefaßten Unternehmen und andererseits der Gesamtbetrag aller Verbindlichkeiten gegenüber Dritten ausgewiesen.

Der Einblick in die **Ertragslage** wird erreicht durch eine Eliminierung konzerninterner Gewinne, d. h. durch die Reduzierung der Einzelbilanzgewinne auf einen durch den Konzern als wirtschaftliche Einheit realisierten Gewinn und durch die Eliminierung der Innenumsatzerlöse und der auf sie entfallenden Aufwendungen.

Die Einblicke in die **Finanzlage** werden vor allem dadurch verbessert, daß im Rahmen der Schuldenkonsolidierung finanzielle Transaktionen zwischen Konzerngesellschaften, welche die Liquiditätslage optisch verbessern sollen, neutralisiert werden. So könnte z. B. durch Verlagerung von flüssigen Mitteln von einer nicht publizitätspflichtigen auf eine publizitätspflichtige Konzerngesellschaft die Liquiditätslage in der veröffentlichten Einzelbilanz verbessert werden.

(2) Die **Interessenten am Konzernabschluß** sind die Konzernleitung, der Aufsichtsrat und die Anteilseigner der Obergesellschaft, die Vorstände, Aufsichtsräte und Minderheitsgesellschafter der abhängigen Gesellschaften, ferner die Gläubiger, die potentiellen Anteilseigner, die Belegschaften, die Konkurrenten und der Staat.

Die **Konzernleitung** benötigt den Konzernabschluß als Unterlage für ihre Führungsentscheidungen, insbesondere für ihre Weisungen an die abhängigen Gesellschaften, die sie ohne exakte Information über die wirtschaftliche Lage des Konzerns sinnvoll nicht erteilen kann. Das Informationsinteresse der **übrigen Gruppen** richtet sich zwar in erster Linie auf die Situation derjenigen Konzerngesellschaft, an der sie beteiligt sind oder an die sie Ansprüche – sei es als Gläubiger, als Arbeitnehmer oder als Fiskus – zu stellen haben, also auf den Einzeljahresabschluß; durch den Konzernabschluß können aber die durch die einheitliche Konzernleitung im Interesse des Gesamtkonzerns vorgenommenen Beeinträchtigungen der Aussagefähigkeit der Einzelbilanzen zum Teil aufgedeckt werden.

So kann die Konzernleitung die **Vermögens- und Liquiditätslage** einer Einzelgesellschaft **beeinflussen**, indem sie diese veranlaßt, Forderungen an andere Konzernunternehmen abzutreten, Schulden zu übernehmen oder Darlehen zu gewähren oder indem sie Kapitalerhöhungen mittels wechselseitiger Beteiligungen veranlaßt, durch die dem Konzern keine neuen Mittel zufließen, sondern nur das Haftungskapital und als Gegenposten die Beteiligungen erhöht werden.[22] Durch Bewertungs-, Abschreibungs- und Aktivierungspolitik sowie durch den Ansatz von Verrechnungspreisen für Lieferungen und Leistungen zwischen Konzernunternehmen kann die Konzernleitung die Gewinne der Einzelbilanzen beeinflussen, so daß die dort ausgewiesene Ertragslage nicht der tatsächlichen Ertragslage des Einzelunternehmens entspricht. Durch Information über die Lage der wirtschaftlichen Einheit kann das sich aus einem Einzelabschluß ergebende Bild korrigiert werden.

(3) Im Hinblick auf den in den Einzelbilanzen und der Konzernbilanz ausgewiesenen Gewinn läßt sich folgendes feststellen:

(a) In der **Handelsbilanz eines einzelnen Konzernunternehmens** setzt sich der Jahresüberschuß zusammen:
- aus Gewinnen, die durch Umsatz mit konzernfremden Wirtschaftseinheiten erzielt worden sind,
- aus neutralen Gewinnen (Beteiligungsgewinne, Zinsgewinne u. a.), die mit konzernfremden Wirtschaftseinheiten erzielt worden sind,
- aus konzerninternen Verrechnungsgewinnen (Umsatzgewinne, Zinsgewinne u. a.),
- aus erhaltenen Gewinnanteilen anderer Konzernunternehmen.

Der Jahresüberschuß ist gekürzt um Gewinnabführungen an andere Konzernunternehmen.

(b) In der **Steuerbilanz eines einzelnen Konzernunternehmens** ergibt sich der steuerpflichtige Gewinn:
- aus Gewinnen, die durch Umsatz mit konzernfremden Wirtschaftseinheiten erzielt worden sind,
- aus neutralen Gewinnen, die mit konzernfremden Wirtschaftseinheiten erzielt worden sind,
- aus konzerninternen Verrechnungsgewinnen.

Durch die Anwendung des körperschaftsteuerlichen Anrechnungssystems oder der Organtheorie wird allerdings sichergestellt, daß die von einem Konzernunternehmen an ein anderes ausgeschütteten bzw. abgeführten Gewinne nur einmal besteuert werden.

(c) In der **Konzernbilanz** setzt sich der Jahresüberschuß zusammen:
- aus Gewinnen, die durch Umsatz mit konzernfremden Wirtschaftseinheiten erzielt worden sind,
- aus neutralen Gewinnen, die mit konzernfremden Wirtschaftseinheiten erzielt worden sind.
- Konzerninterne Gewinne bleiben außer Ansatz.

Konzernexterne Gewinne werden nur einmal berücksichtigt, auch wenn sie auf Grund von Verschachtelungen durch Weitergabe an

---

[22] Vgl. Gutenberg, E., Konzernbilanzen, HdS, Bd. 6, Stuttgart, Tübingen, Göttingen 1959, S. 180

andere Konzerngesellschaften mehrfach in den (Einzel-)Handelsbilanzen erscheinen.

4. Der Konsolidierungskreis

a) Der Kreis der nach dem HGB und dem Publizitätsgesetz zur Aufstellung eines Konzernabschlusses verpflichteten Unternehmen

aa) Konzernabschlüsse

Das Konzernrechnungslegungsrecht des HGB verwendet statt der aktienrechtlichen Begriffe Ober- und Untergesellschaft die Begriffe **Mutter- und Tochterunternehmen.** Nach § 290 Abs. 1 HGB besteht die Pflicht zur Aufstellung eines Konzernjahresabschlusses und eines Konzernlageberichts, wenn wenigstens ein Tochterunternehmen unter der einheitlichen Leitung eines Mutterunternehmens steht, das stets Kapitalgesellschaft (AG, KGaA, GmbH) sein muß. Als weitere Voraussetzungen werden gefordert: Das Mutterunternehmen besitzt eine **Beteiligung** i. S. des § 271 Abs. 1 HGB (im Zweifel mehr als 20% der Anteile) an dem Tochterunternehmen und hat seinen Sitz im Inland. Eine Mehrheitsbeteiligung ist nicht erforderlich.

Im Gegensatz zum früheren Recht kann das Bestehen der einheitlichen Leitung nicht widerlegt werden, wenn das Mutterunternehmen die **rechtliche Möglichkeit** hat, einen beherrschenden Einfluß auszuüben – unabhängig davon, ob es von dieser Möglichkeit Gebrauch macht oder nicht. Nach § 290 Abs. 2 HGB ergibt sich daher eine Pflicht zur Konzernrechnungslegung, wenn einem Mutterunternehmen die **Mehrheit der Stimmrechte** bei einem Tochterunternehmen zusteht oder ihm das Recht zusteht, die Mehrheit der Mitglieder des Verwaltungs-, Leitungs- oder Aufsichtsorgans des Tochterunternehmens zu bestellen oder abzuberufen, oder einen beherrschenden Einfluß aufgrund eines mit der Tochtergesellschaft geschlossenen Beherrschungsvertrages bzw. aufgrund einer entsprechenden Satzungsbestimmung des Tochterunternehmens auszuüben. In den meisten dieser Fälle wird gleichzeitig eine einheitliche Leitung vorliegen.

§ 293 HGB sieht **größenabhängige Befreiungen** von der Pflicht zur Konzernrechnungslegung vor. Als Größenmerkmale dienen die Bilanzsumme, die Umsatzerlöse und die Zahl der Arbeitnehmer im Jahresdurchschnitt. Diese Merkmale können entweder nach der **Bruttomethode,** d. h. durch Addition der Bilanzsummen und Umsatzerlöse des Mutterunternehmens und der einbezogenen Tochterunternehmen, oder nach der **Nettomethode,** d. h. auf Basis der sich aus dem vom Mutterunternehmen aufzustellenden Konzernabschluß ergebenden Größen ermittelt werden. Die Bruttomethode wurde zugelassen, „damit die Unternehmen nicht genötigt werden, einen Konzernabschluß aufzustellen, nur um feststellen zu können, ob sie zur Konzernrechnungslegung verpflichtet sind."[23]

Die Befreiung von der Konzernrechnungslegungspflicht tritt ein, wenn am Abschlußstichtag und am vorhergehenden Abschlußstichtag mindestens

---

[23] BT-Drucksache 10/3440 vom 3. 6. 1985, S. 44

zwei der drei genannten Größenmerkmale die folgenden Werte nicht überschreiten:

Größenmerkmal	Bruttomethode	Nettomethode
Bilanzsumme	63,72 Mio DM	53,10 Mio DM
Umsatzerlöse	127,44 Mio DM	106,20 Mio DM
Arbeitnehmer	500	500

Kreditinstitute und Versicherungsunternehmen sind hingegen unabhängig
von ihrer Größe und sogar Rechtsform zur Konzernrechnungslegung verpflichtet, soweit ein Mutter-Tochter-Verhältnis vorliegt.[24]

Das **Publizitätsgesetz** dehnt die Pflicht zur Aufstellung von Konzernabschlüssen auf alle Unternehmen aus, die – obwohl sie Konzernobergesellschaften sind – auf Grund ihrer Rechtsform nicht zur Konzernrechnungslegung nach dem HGB verpflichtet sind, jedoch die Größenmerkmale nach
§ 11 Abs. 1 PublG erfüllen.

Ein Konzernabschluß ist aufzustellen, wenn für drei aufeinanderfolgende
Abschlußstichtage der Konzernobergesellschaft jeweils mindestens zwei der
drei folgenden Merkmale zutreffen:

(1) Die **Bilanzsumme** einer auf den Abschlußstichtag aufgestellten Konzernbilanz übersteigt 125 Mill. DM.

(2) Die **Außenumsatzerlöse** des Konzerns in den zwölf Monaten vor dem
Abschlußstichtag übersteigen 250 Mill. DM.

(3) Die Konzernunternehmen mit Sitz im Inland haben in den zwölf Monaten vor dem Abschlußstichtag insgesamt durchschnittlich mehr als **5.000
Arbeitnehmer** beschäftigt.

Für Unternehmen, die dem Publizitätsgesetz unterliegen, ist das einzige
Kriterium für die Rechnungslegungspflicht die „einheitliche Leitung". Hat
das die einheitliche Leitung ausübende Mutterunternehmen seinen Sitz im
Ausland, so haben die inländischen Unternehmen, die der ausländischen
Konzernleitung am nächsten stehen, nach § 11 Abs. 3 PublG für ihren Kon-
zernbereich **(Teilkonzern)** einen Konzernabschluß aufzustellen, wenn die
Größenmerkmale des § 11 Abs. 1 PublG für den Teilkonzern erfüllt sind.

bb) Teilkonzern- und befreiende Konzernabschlüsse

Da ein Mutterunternehmen selbst zugleich Tochterunternehmen sein kann
(Beispiel: Gesellschaft B beherrscht die Gesellschaft C, steht aber ihrerseits
unter der einheitlichen Leitung von Gesellschaft A), müßte nach § 290 HGB
Gesellschaft A einen Konzernabschluß (Konsolidierung von A, B und C)
und Gesellschaft B einen Teilkonzernabschluß (Konsolidierung von B und
C) aufstellen. Zur Vereinfachung der Rechnungslegung bestimmt § 291
Abs. 1 HGB jedoch, daß ein Mutterunternehmen (im Beispiel B), das zu-
gleich Tochterunternehmen eines Mutterunternehmens (im Beispiel A) mit

---

[24] Vgl. § 340i Abs. 1 und § 341i Abs. 1 HGB

Sitz in einem Mitgliedstaat der EG ist, von der Aufstellung eines Konzernabschlusses **befreit** ist, wenn sein Mutterunternehmen (A) einen den Anforderungen des § 291 Abs. 2 HGB entsprechenden Konzernabschluß und Konzernlagebericht in deutscher Sprache in der Bundesrepublik Deutschland
offenlegt. Zu den **Anforderungen an den befreienden Konzernabschluß**
und Konzernlagebericht gehören nach § 291 Abs. 2 HGB u. a., daß das zu
befreiende Mutterunternehmen (B) und sein Tochterunternehmen (C) in den
befreienden Konzernabschluß des Mutterunternehmens (A) einbezogen
worden sind, daß der befreiende Konzernabschluß und der befreiende Konzernlagebericht den Anforderungen der 7. EG-Richtlinie entsprechen und
von einem Abschlußprüfer geprüft worden sind, der die Prüferqualifikation
gem. der 8. EG-Richtlinie besitzt und daß der Anhang des Jahresabschlusses
des zu befreienden Unternehmens (B) Angaben über Name und Sitz seines
Mutterunternehmens (A) sowie einen Hinweis auf die Befreiung von der
Konzernrechnungslegungspflicht enthält.

Die Befreiung von der Aufstellung eines Konzernabschlusses und Kon-
zernlageberichts kann – auch wenn die in § 291 Abs. 2 HGB genannten
Voraussetzungen erfüllt sind – nicht in Anspruch genommen werden, wenn
Aktionäre, die mindestens 10% der Anteile, oder Gesellschafter einer
GmbH, die mindestens 20% der Anteile besitzen, spätetens 6 Monate vor
Ablauf des Konzerngeschäftsjahres die Aufstellung eines Konzernabschlusses
und eines Konzernlageberichts beantragt haben.[25] Gehören dem von der
Konzernrechnungslegung zu befreienden Mutterunternehmen mindestens
90% der Anteile des Tochterunternehmens, so ist als weitere Voraussetzung
der Befreiung zu beachten, daß gem. § 291 Abs. 3 Satz 2 HGB die außenstehenden Gesellschafter der Befreiung von der Konzernrechnungslegungspflicht zustimmen müssen.

Die Vorschriften des § 291 HGB über befreiende Konzernabschlüsse gelten sinngemäß für Unternehmen, die einen Konzernabschluß **nach dem
PublG** aufstellen müssen, d. h. daß ein Teilkonzernabschluß nicht aufgestellt
zu werden braucht, wenn die ausländische Konzernspitze oder ein ausländisches Unternehmen, das zwischen der ausländischen Konzernspitze und dem
inländischen Unternehmen steht, das zur Aufstellung eines Teilkonzernab-
schlusses verpflichtet ist, einen befreienden Konzernabschluß erstellt.

Ein Konzernabschluß eines Mutterunternehmens **mit Sitz außerhalb der
EG** hat nur dann eine befreiende Wirkung, wenn eine solche Befreiung durch
eine Rechtsverordnung gem. § 292 HGB ausdrücklich erlaubt wird. Nach
§ 2 Abs. 1 Nr. 2 der am 15. 10. 1991 auf dieser Basis erlassenen Konzernab-
schlußbefreiungsverordnung (KonBefrV)[26] besitzt ein Konzernabschluß befreiende Wirkung, wenn er entweder nach dem Recht eines EG-Mitglied-
staates, das der 7. EG-Richtlinie entspricht, aufgestellt wird oder einem nach
diesem Recht aufgestellten Konzernabschluß gleichwertig ist. Ist ein Tochterunternehmen, das zugleich im Verhältnis zu nachgeordneten Unterneh-

---

[25] Vgl. § 291 Abs. 3 Satz 1 HGB
[26] BGBl. I, S. 2122

men Mutterunternehmen ist, jedoch nicht in einen befreienden Konzernabschluß und Konzernlagebericht einbezogen worden, so ist dieses Unternehmen dazu verpflichtet, für den ihm nachgeordneten Teil des Konzerns einen
Teilkonzernabschluß und einen Teilkonzernlagebericht aufzustellen.

b) Voraussetzungen für die Einbeziehung eines Konzernunternehmens in den Konzern- bzw. Teilkonzernabschluß nach dem HGB

aa) Konsolidierungspflichten

Die Abgrenzung des Konsolidierungskreises im HGB stimmt mit der früheren aktienrechtlichen Regelung im Ergebnis weitgehend überein. Allerdings wird das Wahlrecht für die Einbeziehung von Tochterunternehmen
mit Sitz im Ausland durch ein Einbeziehungsgebot ersetzt. Nach § 294
Abs. 1 HGB sind grundsätzlich „das Mutterunternehmen und alle Tochterunternehmen ohne Rücksicht auf den Sitz der Tochterunternehmen einzubeziehen". Nach dieser Vorschrift ist also ein **Weltabschluß** zu erstellen. Sind
die in § 290 Abs. 1 und 2 HGB aufgezählten Kriterien (einheitliche Leitung
und Beteiligung nach § 271 Abs. 1 HGB oder Control-Verhältnis) erfüllt,
erfolgt grundsätzlich eine Einbeziehung, und zwar unabhängig davon, ob
eine Mehrheitsbeteiligung vorliegt oder nicht.

Die Einbeziehungspflicht für ausländische Konzernunternehmen trägt wesentlich dazu bei, die Forderung des § 297 Abs. 2 HGB, daß der Konzernabschluß „ein den tatsächlichen Verhältnissen entsprechendes Bild der Vermö-
gens-, Finanz- und Ertragslage des Konzerns zu vermitteln" habe, besser als
im früheren Aktienrecht zu realisieren.

bb) Konsolidierungsverbote

Verboten ist die Einbeziehung nach § 295 Abs. 1 HGB, wenn die Tätigkeit
des Tochterunternehmens sich von der aller anderen einbezogenen Unternehmen so wesentlich unterscheidet, daß durch die Einbeziehung die Aufgabe des Konzernabschlusses, ein den tatsächlichen Verhältnissen entsprechendes Bild der Vermögens-, Finanz- und Ertragslage des Konzerns zu vermitteln, nicht realisiert werden kann. § 295 Abs. 2 HGB weist jedoch ausdrücklich darauf hin, daß der Verzicht auf die Einbeziehung nicht allein damit
begründet werden kann, daß „die in den Konzernabschluß einbezogenen
Unternehmen teils Industrie-, teils Handels- und teils Dienstleistungsunternehmen sind" oder daß „diese Unternehmen unterschiedliche Erzeugnisse
herstellen, mit unterschiedlichen Erzeugnissen Handel treiben oder Dienstleistungen unterschiedlicher Art erbringen". Diese Vorschrift ist eng auszulegen und sollte auf Ausnahmefälle beschränkt werden, weil „auch der Ausschluß eines Unternehmens von der Konsolidierung den Einblick in die
Vermögens-, Finanz- und Ertragslage des Konzerns beeinträchtigt."[27]
Darf ein Tochterunternehmen nach § 295 Abs. 1 und 2 HGB nicht in den

---

[27] WP-Handbuch 1992, Bd. I, a. a. O., S. 696f.

Konzernabschluß einbezogen werden, so sind die Gründe dafür **im Konzernanhang anzugeben.** Dabei sollte auch angegeben werden, „warum und in welchen Posten des Konzernabschlusses bei einer Einbeziehung der Einblick in die Vermögens-, Finanz- und Ertragslage des Konzerns beeinträchtigt würde."[28]

cc) Konsolidierungswahlrechte

§ 296 HGB zählt erschöpfend die Konsolidierungswahlrechte auf. Danach braucht ein Tochterunternehmen nicht in den Konzernabschluß einbezogen zu werden, wenn „erhebliche und andauernde Beschränkungen die Ausübung der Rechte des Mutterunternehmens in bezug auf das Vermögen oder die Geschäftsführung dieses Unternehmens nachhaltig beeinträchtigen."[29] Ist das der Fall, so wird trotz Bestehens einer Mehrheitsbeteiligung in der Regel weder eine einheitliche Leitung nach § 290 Abs. 1 HGB, noch ein beherrschender Einfluß nach § 290 Abs. 2 Nr. 3 HGB gegeben sein. Damit der Spielraum für die Nichteinbeziehung in den Konsolidierungskreis nicht zu groß wird, muß eine „erhebliche und andauernde Beschränkung" der Geschäftsführungs- und/oder der Vermögensrechte bestehen. Diese Beschränkung kann auf wirtschaftspolitischen oder allgemein politischen Gründen (z. B. bei ausländischen Tochterunternehmen) oder auf gesellschaftsrechtlicher oder vertraglicher Grundlage beruhen.[30] Im Interesse des Aussagewertes des Konzernabschlusses müssen bei Inanspruchnahme dieses Konsolidierungswahlrechts strenge Maßstäbe angelegt werden.[31]

Ein weiteres Konsolidierungswahlrecht besteht dann, wenn „die für die Aufstellung des Konzernabschlusses erforderlichen Angaben nicht ohne unverhältnismäßig hohe Kosten oder Verzögerungen zu erhalten sind".[32] Auch diese Vorschrift ist eng auszulegen, da die unbestimmten Rechtsbegriffe „unverhältnismäßig hohe Kosten" und „unverhältnismäßige Verzögerungen" ebensowenig zu quantifizieren sind wie der Begriff der „erheblichen Beschränkungen" bei der Ausübung von Geschäftsführungs- und Vermögensrechten. Das WP-Handbuch nennt als Beispiele für zeitliche Verzögerungen, die einen Verzicht auf die Konsolidierung rechtfertigen, „außergewöhnliche Ereignisse oder Katastrophenfälle" wie z. B. „Zusammenbruch der Datenverarbeitung, Streik, Vernichtung von Unterlagen oder Anlagen durch Naturkatastrophen, politische Behinderungen".[33]

---

[28] WP-Handbuch 1992, Bd. I, a. a. O., S. 697
[29] § 296 Abs. 1 Nr. 1 HGB
[30] Vgl. WP-Handbuch 1992, Bd. I, a. a. O., S. 699
[31] Zu Einzelheiten und Beispielen vgl. insb. Arbeitskreis Weltbilanz: Die Einbeziehung ausländischer Unternehmen in den Konzernabschluß („Weltabschluß"), Ergebnisse des Arbeitskreises „Weltbilanz" des Instituts der Wirtschaftsprüfer in Deutschland e. V., Düsseldorf 1977, Abschn. I A II 1; Arbeitskreis Weltabschlüsse der Schmalenbach-Gesellschaft/ Deutsche Gesellschaft für Betriebswirtschaft e. V., Aufstellung internationaler Konzernabschlüsse, ZfbF 1979, Sonderheft 9; v. Wysocki, K., Wohlgemuth, M., Konzernrechnungslegung, a. a. O., S. 87; WP-Handbuch 1992, Bd. I, a. a. O., S. 698; Küting, K., Weber, C. P., Handbuch der Konzernrechnungslegung, Stuttgart 1989, Erl. zu § 296 HGB
[32] § 296 Abs. 1 Nr. 2 HGB
[33] WP-Handbuch 1992, Bd. I, a. a. O., S. 700

Weitere Konsolidierungswahlrechte bestehen dann, wenn „die Anteile des Tochterunternehmens ausschließlich zum Zwecke ihrer Weiterveräußerung gehalten werden",[34] ferner wenn die Einbeziehung eines grundsätzlich konsolidierungspflichtigen Tochterunternehmens „für die Verpflichtung, ein den tatsächlichen Verhältnissen entsprechendes Bild der Vermögens-, Finanz- und Ertragslage des Konzerns zu vermitteln, von untergeordneter Bedeutung ist."[35] Diese Vorschrift entspricht im wesentlichen der oben besprochenen Vorschrift des § 329 Abs. 2 Satz 2 AktG 1965 (a. F.).

Wird gem. § 296 Abs. 1 und 2 HGB auf die Einbeziehung von Tochterunternehmen in den Konzernabschluß verzichtet, so ist das im Konzernanhang zu begründen.[36]

dd) Schematische Übersicht über den Konsolidierungskreis

Die folgende Übersicht gibt noch einmal einen zusammenfassenden Überblick über die in §§ 294, 295 und 296 HGB geregelten Konsolidierungspflichten, -wahlrechte und -verbote:

I. Die **Einbeziehung in den Konzernabschluß ist zwingend** unter folgenden Voraussetzungen:
 (1) Das Mutterunternehmen ist eine inländische Kapitalgesellschaft (§ 290 Abs. 1 HGB) oder
 (2) das Mutterunternehmen wird in einer beliebigen Rechtsform außer der einer Kapitalgesellschaft geführt, und für drei aufeinanderfolgende Konzernabschlußstichtage sind bestimmte Größenmerkmale erfüllt (§ 11 Abs. 1 und 5 PublG);
 (3) die einheitliche Leitung wird tatsächlich ausgeübt (§ 290 Abs. 1 HGB), und es besteht eine Beteiligung i. S. d. § 271 Abs. 1 HGB (im Zweifel mehr als 20% der Anteile) oder
 (4) die Ausübung der einheitlichen Leitung ist rechtlich möglich (Mehrheit der Stimmrechte, Beherrschungsvertrag, Recht des Mutterunternehmens, die Mehrheit der Mitglieder des Verwaltungs-, Leitungs- oder Aufsichtsorgans zu bestellen oder abzuberufen, § 290 Abs. 2 HGB);
 (5) das Tochterunternehmen ist ein in- oder ausländisches Unternehmen beliebiger Rechtsform (§ 294 Abs. 1 HGB).

II. Die **Einbeziehung eines Tochterunternehmens in den Konzernabschluß ist freiwillig** unter folgenden Voraussetzungen:
 (1) Die Ausübung der Rechte des Mutterunternehmens in bezug auf das Vermögen oder die Geschäftsführung des Tochterunternehmens wird durch erhebliche und andauernde Beschränkungen nachhaltig beeinträchtigt (§ 296 Abs. 1 Nr. 1 HGB);
 (2) die für die Aufstellung des Konzernabschlusses erforderlichen Angaben sind nicht ohne unverhältnismäßig hohe Kosten oder Verzögerungen zu erhalten (§ 296 Abs. 1 Nr. 2 HGB);
 (3) die Anteile des Tochterunternehmens werden ausschließlich zum Zwecke ihrer Weiterveräußerung gehalten (§ 296 Abs. 1 Nr. 3 HGB);
 (4) das Tochterunternehmen ist für die Vermittlung eines dem tatsächlichen Verhältnissen entsprechenden Bildes der Vermögens-, Finanz- und Ertragslage des Konzerns von untergeordneter Bedeutung (§ 296 Abs. 2 HGB).

---

[34] § 296 Abs. 1 Nr. 3 HGB
[35] § 296 Abs. 2 HGB
[36] Vgl. § 296 Abs. 3 HGB

III. **Die Einbeziehung eines Tochterunternehmens in den Konzernab-schluß ist verboten** unter folgender Voraussetzung:
Die Tätigkeit des Tochterunternehmens unterscheidet sich von der Tätigkeit der anderen einbezogenen Unternehmen derart, daß die Einbeziehung in den Konzernabschluß unvereinbar ist „mit der Verpflichtung, ein den tatsächlichen Verhältnissen entsprechendes Bild der Vermögens-, Finanz- und Ertragslage des Konzerns zu vermitteln" (§ 295 Abs. 1 HGB).

Nach §§ 295 Abs. 3 und 296 Abs. 3 HGB muß das Mutterunternehmen im **Konzernanhang** die Gründe dafür angeben, daß Tochterunternehmen aufgrund des Konsolidierungsverbots oder aufgrund von Konsolidierungswahlrechten nicht in den Konzernabschluß einbezogen worden sind.

Ferner ist eine einheitliche Anwendung und Auslegung der Bewertungsvorschriften erforderlich, insbesondere in den Fällen, in denen die gesetzlichen Vorschriften einen Ermessensspielraum einräumen (Abschreibungspolitik, Rücklagenpolitik, Aktivierungs- und Passivierungspolitik).

5. Allgemeine Grundsätze für die Aufstellung der Konzernbilanz

a) Gliederung

Für die Aufstellung einer Konzernbilanz muß eine Anzahl technischer Voraussetzungen erfüllt sein. In formaler Hinsicht sind ein einheitliches Buchhaltungs- und Kontierungssystem und ein **einheitliches Gliederungsschema** der Bilanz erforderlich. Letzteres ist dann nicht möglich, wenn in einem Konzern Unternehmen zusammengefaßt sind, die auf Grund gesetzlicher Vorschriften unterschiedliche Gliederungsschemata anwenden müssen (z. B. Industriebetriebe, Banken, Versicherungen).

Das HGB schreibt für die Konzernbilanz kein besonderes Gliederungsschema vor, sondern es sind grundsätzlich die für die Einzelbilanzen geltenden Gliederungsvorschriften[37] anzuwenden, soweit die Eigenart der Konzernbilanz keine Abweichungen bedingt. Eine solche Abweichung ergibt sich beispielsweise bei den Positionen Roh-, Hilfs- und Betriebsstoffe, unfertige und fertige Erzeugnisse sowie Waren, die nach § 298 Abs. 2 HGB in einer Position zusammengefaßt werden dürfen, „wenn deren Aufgliederung wegen besonderer Umstände mit einem unverhältnismäßigen Aufwand verbunden wäre." So können z. B. in einem vertikalen Konzern die Fertigfabrikate eines vorgelagerten Konzernunternehmens für das nachgelagerte Konzernunternehmen Rohstoffe oder Halbfabrikate sein; folglich können Schwierigkeiten bei der Zurechnung in der Konzernbilanz entstehen, die durch die Zusammenfassung in einer Position „Vorräte" umgangen werden.

Besondere Schwierigkeiten bei der Aufstellung einer Konzernbilanz können dann auftreten, wenn einzelne Konzernunternehmen entweder, weil sie keine Kapitalgesellschaften sind oder weil sie ausländische Unternehmen sind, ihre Einzelbilanzen nach anderen Prinzipien gliedern, als nach dem für das Mutterunternehmen vorgeschriebenen Schema. In solchen Fällen müs-

---

[37] Vgl. §§ 265, 266 HGB

sen **Umgliederungen** erfolgen, die besonders dann kompliziert sind, wenn die abweichenden Gliederungen weniger ausführlich sind, so daß z. B. Vermögensgegenstände in einer Position zusammengefaßt sind, die nach § 266 Abs. 2 und 3 HGB grundsätzlich getrennt ausgewiesen werden müssen. Diese Schwierigkeiten könnten – wenigstens bei inländischen Konzernunternehmen – vermieden werden, wenn die Konzernleitung für alle Konzernunternehmen Richtlinien für die Anwendung eines einheitlichen, den gesetzlichen Vorschriften genügenden Gliederungsschemas erläßt. Derartige Gliederungsprobleme können sich z. B. bei der Konsolidierung von Tochterunternehmen ergeben, die als kleine Kapitalgesellschaften i. S. des § 267 Abs. 1 HGB nach § 266 Abs. 1 Satz 3 HGB nur eine verkürzte Bilanz aufzustellen brauchen.

b) Bewertung

In materieller Hinsicht ist eine einheitliche Anwendung und Auslegung der Bewertungsvorschriften und -grundsätze zu fordern, insbesondere in den Fällen, in denen die gesetzlichen Vorschriften einen Ermessensspielraum einräumen (Abschreibungspolitik, Politik der stillen Rücklagen, Aktivierungs- und Passivierungspolitik).

Der Gesetzgeber hat keine besonderen Bewertungsvorschriften für die Konzernbilanz erlassen. Nach § 308 Abs. 1 HGB gilt der **Grundsatz der Einheitlichkeit der Bewertung**, d. h. die in den Konzernabschluß übernommenen Vermögensgegenstände und Schulden sind nach den auf den Jahresabschluß des Mutterunternehmens anwendbaren Bewertungsmethoden einheitlich zu bewerten. Bewertungswahlrechte, die nach dem Recht des Mutterunternehmens zulässig sind, können unabhängig von ihrer Ausübung in den einzelnen Abschlüssen der in den Konzernabschluß einbezogenen Tochterunternehmen ausgeübt werden. Gleiches gilt nach § 300 Abs. 2 Satz 2 HGB auch für die nach dem Recht des Mutterunternehmens zulässigen Wahlrechte bezüglich der Bilanzierung dem Grunde nach (Ansatzwahlrechte).

Der Grundsatz der Einheitlichkeit der Bewertung in der Konzernbilanz besagt nicht, daß die für die Konzernbilanz angewendeten Bewertungsgrundsätze des Mutterunternehmens auch in den Einzelbilanzen der Tochterunternehmen beachtet werden müssen, sondern verlangt, daß dann, wenn die im Einzelabschluß eines Konzernunternehmens angewendeten Bewertungsmethoden von denen des Mutterunternehmens abweichen, eine sog. **Handelsbilanz II** aufgestellt werden muß, in der der Einzelabschluß nach den Bewertungsmethoden des Mutterunternehmens korrigiert wird **(Neubewertung)**. Es ist also zwischen dem Einzelabschluß eines Unternehmens (Handelsbilanz I), der die Grundlage für die Ansprüche der Gesellschafter und der Gläubiger dieses Unternehmens und für die Ableitung der Steuerbilanz bildet, und der Handelsbilanz II zu unterscheiden, die in den Konzernabschluß eingeht.

Da in der Handelsbilanz Wahlrechte bestehen, nur nach steuerrechtlichen

Vorschriften zulässige Sonderabschreibungen und sonstige Bewertungsfreiheiten zu berücksichtigen (Prinzip der umgekehrten Maßgeblichkeit), durch
die der Aussagewert des Einzelabschlusses – trotz gewisser Berichterstattungspflichten im Anhang – beeinträchtigt werden kann, müßten im Interesse der Vermittlung eines den tatsächlichen Verhältnissen entsprechenden Bildes der Vermögens-, Finanz- und Ertragslage in der Handelsbilanz II derartige **steuerlich bedingte Wertansätze korrigiert** werden. § 308 Abs. 3 HGB
sieht jedoch – der 7. EG-Richtlinie folgend – ein **Wahlrecht** vor, derartige
steuerlich bedingte Wertansätze in die Handelsbilanz II und damit in den
Konzernabschluß zu übernehmen. Diese Bestimmung lautet: „Wurden in
den Konzernabschluß zu übernehmende Vermögensgegenstände oder Schulden im Jahresabschluß eines in den Konzernabschluß einbezogenen Unternehmens mit einem nur nach Steuerrecht zulässigen Wert angesetzt, weil
dieser Wertansatz sonst nicht bei der steuerrechtlichen Gewinnermittlung
berücksichtigt werden würde, oder ist aus diesem Grunde auf der Passivseite
ein Sonderposten gebildet worden, so dürfen diese Wertansätze unverändert
in den Konzernabschluß übernommen werden. Der Betrag der im Geschäftsjahr nach Satz 1 in den Jahresabschlüssen vorgenommenen Abschreibungen, Wertberichtigungen und Einstellungen in Sonderposten sowie der
Betrag der unterlassenen Zuschreibungen sind im Konzernanhang anzugeben; die Maßnahmen sind zu begründen."

c) Bilanzstichtag

In zeitlicher Hinsicht ist ein **einheitlicher Bilanzstichtag** zu fordern, da
anderenfalls eine zuverlässige Eliminierung von konzerninternen Beziehungen, insbesondere von Zwischengewinnen, nicht möglich ist. Nach § 299
Abs. 1 HGB ist der Konzernabschluß grundsätzlich auf den Stichtag des
Jahresabschlusses des Mutterunternehmens aufzustellen; jedoch kann im Interesse der Klarheit und Übersichtlichkeit des Konzernabschlusses der hiervon abweichende „Stichtag der Jahresabschlüsse der bedeutendsten oder der
Mehrzahl der in den Konzernabschluß einbezogenen Unternehmen" gewählt
werden. Liegt der Stichtag des Jahresabschlusses eines Tochterunternehmens
um mehr als 3 Monate vor dem Stichtag des Konzernabschlusses, so ist
dieses Unternehmen mit einem auf den Stichtag und den Zeitraum des Konzernabschlusses aufgestellten Zwischenabschluß in den Konzernabschluß
einzubeziehen.[38]

Eine Vereinheitlichung abweichender Bilanzstichtage kann sowohl vom
betriebswirtschaftlichen als auch vom rechtlichen Standpunkt aus problema-
tisch sein. Bei Saisonbetrieben ist es oft zweckmäßig, einen vom Ende des
Kalenderjahres abweichenden Bilanzstichtag zu wählen, der auf einen Zeit-
punkt fällt, an dem die Saisonspitze vorbei ist. Dann sind in der Regel die
Lagerbestände weitgehend abgebaut, so daß die Inventurarbeiten und die
Aufstellung des Inventars erleichtert werden, außerdem steht Personal zur
Durchführung der Abschlußarbeiten zur Verfügung.

---

[38] Vgl. § 299 Abs. 2 HGB; vgl. auch Küting, K./Weber, C.P., Der Konzernabschluß,
a.a.O., Übersicht 15, S. 94

6. Die Konsolidierung des Kapitals

a) Aufgabe der Kapitalkonsolidierung

Würde man bei der Aufstellung einer Konzernbilanz die Eigenkapitalkonten der Mutter- und der Tochtergesellschaften addieren, so käme es aus der Sicht der Einheitstheorie des Konzerns in dem Umfange zu **Doppelzählungen**, in dem das Mutterunternehmen an den Tochterunternehmen beteiligt ist. Die beim Mutterunternehmen ausgewiesene Beteiligung muß folglich gegen das entsprechende Kapital des Tochterunternehmens aufgerechnet werden.

Beispiel:

Muttergesellschaft A ist zu 100% an Gesellschaft B beteiligt.

A	Bilanz A (in TDM)	P		A	Bilanz B (in TDM)	P
Beteiligung 350	Kapital	900		versch. 350	Kapital	300
versch.	Rücklagen	100		Aktiva	Rücklagen	50
Aktiva 650						
1000		1000		350		350

A	Konzernbilanz (in TDM)	P
versch. 1000	Kapital	900
Aktiva	Rücklagen	100
1000		1000

Eine Addition des Kapitals der beiden Gesellschaften ergibt ein Eigenkapital von 1.350.000 DM, bestehend aus Grundkapital von 1.200.000 DM und Rücklagen von 150.000 DM. Im Konzern als wirtschaftliche Einheit sind aber nur 1.000.000 DM an Eigenkapital wirksam. Die Differenz von 350.000 DM ist eine Folge der durch die rechtliche Selbständigkeit und der dadurch bedingten Rechtsbeziehungen zwischen den beiden Gesellschaften eintretenden Doppelzählungen.

Beispiel:

Muttergesellschaft A ist zu 80% an der Gesellschaft B beteiligt.

A	Bilanz A (in TDM)	P		A	Bilanz B (in TDM)	P
Beteiligung 280	Kapital	900		versch. 350	Kapital	300
versch.	Rücklagen	100		Aktiva	Rücklagen	50
Aktiva 720						
1000		1000		350		350

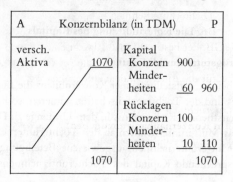

Im Rahmen der Kapitalkonsolidierung wird im vorangegangenen Beispiel die 80%ige Beteiligung von A an B in Höhe von 280.000 DM gegen das Kapital und die Rücklagen von B aufgerechnet. Die verbleibenden 20% des Kapitals (60.000 DM) und der Rücklagen (10.000 DM) von B hat eine außerhalb des Konzern stehende Minderheit zur Verfügung gestellt. Eine nach den Grundsätzen der Einheitstheorie aufgestellte Konzernbilanz weist wie im Beispiel die Anteile der Minderheit gesondert aus.

Bestehen mehrfache Abhängigkeiten, so müssen weitere Aufrechnungen erfolgen. In der Konzernbilanz darf nur das Kapital erscheinen, das dem Konzern als wirtschaftliche Einheit tatsächlich zur Verfügung steht. Infolge der rechtlichen Selbständigkeit werden Teile des Kapitals der wirtschaftlichen Einheit mehrfach ausgewiesen.

b) Durchführung der Kapitalkonsolidierung nach § 301 HGB

Nach § 301 Abs. 1 HGB wird bei der Kapitalkonsolidierung der „Wertansatz der dem Mutterunternehmen gehörenden Anteile an einem in den Konzernabschluß einbezogenen Tochterunternehmen ... mit dem auf diese Anteile entfallenden Betrag des Eigenkapitals des Tochterunternehmens verrechnet". Das Eigenkapital kann dabei nach zwei verschiedenen Methoden ermittelt werden: der Buchwertmethode und der Neubewertungsmethode. Bei Anwendung der **Buchwertmethode** wird das Eigenkapital mit dem Betrag angesetzt, „der dem Buchwert der in den Konzernabschluß aufzunehmenden Vermögensgegenstände, Schulden, Rechnungsabgrenzungsposten, Bilanzierungshilfen und Sonderposten ... entspricht".[39] Statt mit den Buchwerten kann das Eigenkapital auch mit den Werten angesetzt werden, die den genannten Positionen im Zeitpunkt der Verrechnung beizulegen sind.[40] Das erfordert eine Neubewertung.

Die **Neubewertungsmethode** unterscheidet sich von der dargestellten Buchwertmethode lediglich dadurch, daß die Auflösung der stillen Rücklagen und die Zuordnung zu den einzelnen Vermögensgegenständen des Tochterunternehmens nicht erst bei der Aufstellung der Konzernbilanz, son-

---

[39] § 301 Abs. 1 Satz 2 Nr. 1 HGB
[40] Vgl. § 301 Abs. 1 Satz 2 Nr. 2 HGB

dern bereits vom Tochterunternehmen in einer Handelsbilanz II vorgenommen wird. Eine Begrenzung findet diese Methode allerdings durch § 301 Abs. 1 Satz 4 HGB, der bestimmt, daß „das anteilige Eigenkapital nicht mit einem Betrag angesetzt werden (darf), der die Anschaffungskosten des Mutterunternehmens für die Anteile an dem einbezogenen Tochterunternehmen überschreitet".

Das Mutterunternehmen ist verpflichtet, die angewendete Konsolidierungsmethode **im Konzernanhang anzugeben.**

Als **Zeitpunkt** der Konsolidierung kommt nach § 301 Abs. 2 HGB entweder der Zeitpunkt des Erwerbs der Anteile oder der Zeitpunkt der erstmaligen Einbeziehung des Tochterunternehmens in den Konzernabschluß in Betracht. Sind die Anteile an einem Tochterunternehmen zu verschiedenen Zeitpunkten erworben worden, so ist für die Konsolidierung der Zeitpunkt maßgebend, zu dem das Unternehmen Tochterunternehmen geworden ist. Der Grundsatz der Einheitlichkeit der Bewertung kann vor der Konsolidierung eine Neubewertung erforderlich machen.

Zwischen dem Buchwert der Beteiligung und den an seine Stelle tretenden Werten der Vermögensgegenstände und Schulden besteht in der Regel eine **Differenz.** Ist der Buchwert der Beteiligung höher, so ist das ein Zeichen dafür, daß Vermögensgegenstände zu niedrig bewertet sind, also stille Rücklagen enthalten, oder daß die Muttergesellschaft aufgrund hoher Ertragserwartungen beim Erwerb der Beteiligung höhere Anschaffungskosten zu zahlen bereit war. Folglich entsteht bei der Konsolidierung eine **aktive** Differenz, weil z. B. an die Stelle einer Beteiligung von 500.000 DM Vermögensgegenstände zu Buchwerten von 450.000 DM treten. Im Gegensatz zur früheren aktienrechtlichen Regelung ist diese Differenz nicht als aktive Aufrechnungsdifferenz zu bilanzieren, sondern gemäß § 301 Abs. 1 Satz 3 HGB „den Wertansätzen von in der Konzernbilanz anzusetzenden Vermögensgegenständen und Schulden des jeweiligen Tochterunternehmens insoweit zuzuschreiben oder mit diesen zu verrechnen, als deren Wert höher oder niedriger ist als der bisherige Wertansatz", d. h. die **stillen Rücklagen** in den Vermögensgegenständen des Tochterunternehmens sind in der Konzernbilanz entsprechend **aufzulösen und zuzuschreiben.** Verbleibt dennoch eine Differenz, weil der höhere Buchwert der Beteiligung nicht nur eine Folge stiller Rücklagen in den ihr entsprechenden Vermögensgegenständen ist, sondern für zukünftige Ertragserwartungen bezahlt wurde, so ist dieser Unterschiedsbetrag nach § 301 Abs. 3 HGB als **Geschäfts- oder Firmenwert** auszuweisen. Er ist mit einem Unterschiedsbetrag zu vergleichen, den der Käufer eines Unternehmens über den Wert der Vermögensgegenstände und Schulden hinaus für Ertragskomponenten zu zahlen bereit ist, die nicht bilanzierungsfähig sind. Der bei der Kapitalkonsolidierung entstehende Firmenwert ist gemäß § 309 Abs. 1 HGB (erfolgswirksam) abzuschreiben oder (erfolgsunwirksam) offen mit den Rücklagen zu verrechnen.

Entsteht der Unterschiedsbetrag bei der Kapitalkonsolidierung auf der **Passivseite,** weil die Beteiligung unterbewertet ist oder ihre Anschaffungskosten wegen geringer Ertragserwartungen unter dem Wert der der Beteiligung entsprechenden Vermögenswerte liegen (negativer Firmenwert), so ist der Unterschiedsbetrag nach § 301 Abs. 3 Satz 1 HGB auf der Passivseite als „Unterschiedsbetrag aus der Kapitalkonsolidierung" auszuweisen. Dieser darf nach § 309 Abs. 2 HGB nur dann erfolgswirksam aufgelöst werden, wenn

„1. eine zum Zeitpunkt des Erwerbs der Anteile oder der erstmaligen Konsolidierung erwartete ungünstige Entwicklung der künftigen Ertragslage des Unternehmens eingetreten ist oder zu diesem Zeitpunkt erwartete Aufwendungen zu berücksichtigen sind oder

2. am Abschlußstichtag feststeht, daß er einem realisierten Gewinn entspricht."

c) Die Kapitalkonsolidierung bei Interessenzusammenführung

Das Konzernrechnungslegungsrecht läßt unter bestimmten, in § 302 Abs. 1 Nr. 1–3 HGB aufgeführten Voraussetzungen zu, daß das Mutterunternehmen bei der Kapitalkonsolidierung den Beteiligungsbuchwert nur gegen das gezeichnete Kapital (Grundkapital, Stammkapital) des Tochterunternehmens aufrechnet. Diese sog. **Methode der Kapitalkonsolidierung bei Interessenzusammenführung** (Pooling of Interest-Methode) kann dann angewendet werden, „wenn die Unternehmensverbindung zwischen dem Mutterunternehmen und dem Tochterunternehmen im wesentlichen durch Hingabe (Tausch) von Anteilen der Obergesellschaft und nicht durch Kauf von Anteilen hergestellt wird".[41]

Ein sich bei der Kapitalkonsolidierung nach dieser Methode ergebender Unterschiedsbetrag auf der Aktivseite ist nach § 302 Abs. 2 HGB mit den Konzernrücklagen zu verrechnen, ein passiver Unterschiedsbetrag ist den Konzernrücklagen hinzuzurechnen. § 302 Abs. 3 HGB fordert eine Berichterstattung im Konzernanhang über die Anwendung dieser Methode und die sich daraus ergebenden Veränderungen der Rücklagen.

d) Die Quotenkonsolidierung für Gemeinschaftsunternehmen

§ 310 Abs. 1 HGB sieht vor, daß Gemeinschaftsunternehmen in den Konzernabschluß entsprechend den Kapitalanteilen einbezogen werden dürfen, die dem Mutterunternehmen gehören. Das Gesetz spricht von **„anteilmäßiger Konsolidierung"**. In der Literatur hat sich für dieses Verfahren der Konsolidierung der Begriff **„Quotenkonsolidierung"** durchgesetzt. Küting/ Weber definieren Gemeinschaftsunternehmen als „eine Form der wirtschaftlichen Zusammenarbeit zwischen zwei oder mehreren voneinander unabhängigen Unternehmungen – den sog. Gesellschafterunternehmen (Stammunternehmen) –, die sich darin niederschlägt, daß ein rechtlich selbständiges Unternehmen gegründet oder erworben wird mit dem Ziel, Aufgaben im

---

[41] Groß, G., Schruff, L., v. Wysocki, K., Der Konzernabschluß nach neuem Recht, 2. Aufl., Düsseldorf 1987, S. 151

gemeinsamen Interesse der Gesellschafterunternehmen auszuführen."[42] Wird eine derartige Zusammenarbeit auf internationaler Ebene durchgeführt, so wird eine solche Unternehmensverbindung als **„Joint venture"** bezeichnet.

Die Einbeziehung von Gemeinschaftsunternehmen kann wahlweise auch nach der **Equity-Methode** vorgenommen werden. Diese ist für assoziierte Unternehmen nach § 311 HGB vorgeschrieben, wenn also eine Beteiligung gem. § 271 Abs. 1 HGB, d. h. im Zweifel eine Beteiligung von mindestens 20% vorliegt.

Für die Quotenkonsolidierung ist keine Beteiligungsquote vorgeschrieben. Es genügt das Kriterium der **gemeinsamen Leitung** durch wenigstens zwei Gesellschaftsunternehmen. § 310 Abs. 1 HGB spricht von einem in den Konzernabschluß einbezogenen Mutter- oder Tochterunternehmen, das „ein anderes Unternehmen gemeinsam mit einem oder mehreren nicht in den Konzernabschluß einbezogenen Unternehmen" führt.

Nach § 310 Abs. 2 HGB sind auf die anteilmäßige Konsolidierung die Vorschriften über die **Vollkonsolidierung** des Kapitals, der Schulden, des Erfolges sowie der Aufwendungen und Erträge entsprechend anzuwenden. Die Vermögensgegenstände und Schulden sowie die Aufwendungen und Erträge des Gemeinschaftsunternehmens werden in den Konzernabschluß nur in Höhe des Anteils des Mutterunternehmens übernommen. Die Kapitalanteile der übrigen Gesellschafterunternehmen werden nicht berücksichtigt. Folglich ist ein Ausgleichsposten für Anteile von Minderheiten nicht erforderlich. Die Auflösung der stillen Rücklagen erfolgt nur quotal. Ebenso werden in der Konzern-Gewinn- und Verlustrechnung die Aufwendungen und Erträge des Gemeinschaftsunternehmens nur anteilmäßig verrechnet; „folglich geht in den Konzernjahreserfolg nur der quotale Erfolg des Gemeinschaftsunternehmens ein".[43]

Die Quotenkonsolidierung unterliegt der **Kritik**,[44] weil sie gegen die Einheitstheorie verstößt. Sie entspricht der **Interessentheorie,** nach der im Konzernabschluß nur der Teil des Vermögens und der Schulden sowie der Aufwendungen und Erträge konsolidiert wird, der dem Mutterunternehmen gehört, so daß der Konzernabschluß lediglich ein erweiterter Jahresabschluß des Mutterunternehmens ist. Der Einfluß der Minderheitsgesellschafter wird nicht gezeigt.[45] „Im Hinblick auf die Aussagefähigkeit des Konzernabschlusses ist es zu bedauern, daß der deutsche Gesetzgeber die Quotenkonsolidierung zugelassen hat."[46]

---

[42] Küting, K., Weber, C.-P., Der Konzernabschluß, a. a. O., S. 216
[43] Küting, K., Weber, C.-P., Der Konzernabschluß, a. a. O., S. 218
[44] Vgl. insbesondere Küting, K., Die Quotenkonsolidierung nach der 7. EG-Richtlinie – Anwendungsprobleme und kritische Würdigung, BB 1983, S. 804 ff. sowie die dort aufgeführte Literatur
[45] Vgl. Heinen, E., Handelsbilanzen, a. a. O., S. 418
[46] v. Wysocki, K., Wohlgemuth, M., Konzernrechnungslegung, a. a. O., S. 129

e) Die Bewertung von Beteiligungen an assoziierten Unternehmen nach der Equity-Methode

Eine durch die 7. EG-Richtlinie zwingend vorgeschriebene Neuerung im deutschen Konzernrechnungslegungsrecht ist die Bewertung von **Beteiligungen an assoziierten Unternehmen** nach der Equity-Methode. § 311 Abs. 1 HGB umschreibt ein assoziiertes Unternehmen als ein nicht in den Konzernabschluß einbezogenes Unternehmen, auf dessen Geschäfts- und Finanzpolitik ein in den Konzernabschluß einbezogenes Unternehmen einen „maßgeblichen Einfluß" ausübt und an dem letzteres „nach § 271 Abs. 1 beteiligt ist". Ein maßgeblicher Einfluß wird nach § 311 Abs. 1 Satz 2 HGB vermutet, wenn ein Unternehmen von einem anderen Unternehmen mindestens 20% der Stimmrechte besitzt.

Beteiligungen dürfen in der Einzelbilanz höchstens zu ihren **Anschaffungskosten** bewertet werden. Diese Bewertungsvorschrift unterliegt deshalb der Kritik,[47] weil sich im Falle der Bildung von Gewinnrücklagen der Substanzwert der Beteiligungsgesellschaft laufend erhöht, die dadurch bedingte Erhöhung des Beteiligungswertes aber wegen des Anschaffungswertprinzips (Realisationsprinzip) in der Bilanz nicht erkennbar ist.

Ein weiterer Mangel der Anschaffungswertmethode besteht darin, daß anteilige Beteiligungsgewinne bei der beteiligten Gesellschaft erst mit einer Zeitverschiebung bilanziert werden können, weil zunächst der Gewinnverteilungsbeschluß der Beteiligungsgesellschaft erfolgen muß.

Während die Bewertung von Beteiligungen im Einzelabschluß im neuen Bilanzrecht unverändert nach dem Anschaffungswertprinzip erfolgt, sind Beteiligungen an assoziierten Unternehmen im Konzernabschluß nach der **Equity-Methode** zu bewerten. Nach dieser Methode bilden die Anschaffungskosten der Beteiligung im Erwerbszeitpunkt zwar die Ausgangsbasis der Bewertung, in den Folgeperioden ist jedoch der Buchwert der Beteiligung laufend an die Entwicklung des Eigenkapitals des Beteiligungsunternehmens anzupassen, und zwar durch folgende Rechnung:[48]

	Anschaffungskosten der Beteiligung
+	anteilige Gewinne des assoziierten Unternehmens
./.	anteilige Verluste des assoziierten Unternehmens
./.	vereinnahmte Gewinnausschüttungen vom assoziierten Unternehmen
=	Wertansatz der Beteiligung

---

[47] Vgl. dazu Havermann, H., Zur Bilanzierung von Beteiligungen an Kapitalgesellschaften in Einzel- und Konzernabschlüssen – Einige Bemerkungen zum Equity-Accounting, WPg 1975, S. 233 ff.; Harms, J./Küting, K., Equity-Accounting im Konzernabschluß. Die Bewertung von Beteiligungen gemäß dem geänderten Vorschlag für eine 7. EG-Richtlinie nach dem Stand vom 10. Februar 1982, BB 1982, S. 2150 ff.; v. Wysocki, K./Wohlgemuth, M., Konzernrechnungslegung unter Berücksichtigung des Bilanzrichtlinien-Gesetzes, 3. Aufl., Düsseldorf 1986, S. 130 ff.
[48] Vgl. Havermann, H., Zur Bilanzierung, a. a. O., S. 235

Busse von Colbe/Ordelheide sehen den Vorteil der Equity-Methode vor allem darin, „daß die Beteiligungserträge periodengerecht ausgewiesen und stille Rücklagen in den Beteiligungen als Folge der Bildung offener Rücklagen durch die Untergesellschaften in der Konzernbilanz in ähnlicher Weise aufgedeckt werden wie bei der Kapitalkonsolidierung".[49]

Die Bewertung nach der Equity-Methode hat zwar ebenso wie bei der Vollkonsolidierung des Kapitals zur Folge, daß die Differenz zwischen den Anschaffungskosten der Beteiligung und den ihr entsprechenden (anteiligen) Eigenkapitalpositionen eines assoziierten Unternehmens ermittelt wird, jedoch werden im Gegensatz zur Vollkonsolidierung die anteiligen Vermögenswerte des assoziierten Unternehmens nicht in den Konzernabschluß übernommen, sondern es wird **die Beteiligung angesetzt**.

Wird die Beteiligung an einem assoziierten Unternehmen mit dem Buchwert bilanziert, so ist nach § 312 Abs. 1 Satz 2 HGB „der Unterschiedsbetrag zwischen diesem Wert und dem anteiligen Eigenkapital des assoziierten Unternehmens bei erstmaliger Anwendung in der Konzernbilanz zu vermerken oder im Konzernanhang anzugeben" **(Buchwertmethode)**.

§ 312 Abs. 1 Satz 1 Nr. 2 HGB läßt daneben die **„Kapitalanteilsmethode"** zu, d. h. einen Ansatz der Beteiligung „mit dem Betrag, der dem anteiligen Eigenkapital des assoziierten Unternehmens entspricht". Diese Methode entspricht der Neubewertungsmethode bei der Vollkonsolidierung. Das Eigenkapital des assoziierten Unternehmens ist nach § 312 Abs. 1 Satz 3 HGB im Zeitpunkt der erstmaligen Einbeziehung „mit dem Betrag anzusetzen, der sich ergibt, wenn die Vermögensgegenstände, Schulden, Rechnungsabgrenzungsposten, Bilanzierungshilfen und Sonderposten des assoziierten Unternehmens mit dem Wert angesetzt werden, der ihnen... beizulegen ist, jedoch darf dieser Betrag die Anschaffungskosten für die Anteile an dem assoziierten Unternehmen nicht überschreiten".

7. Die Konsolidierung von Forderungen und Verbindlichkeiten

Die in einem Konzern bestehenden Schuldverhältnisse sind für die Aufstellung des Konzernabschlusses in zwei Gruppen einzuteilen:
(1) in Schuldverhältnisse zwischen den einzelnen Konzernunternehmen und
(2) in Schuldverhältnisse zwischen Konzernunternehmen und Konzernfremden (Fremdschuldverhältnisse).

§ 303 Abs. 1 HGB bestimmt: „Ausleihungen und andere Forderungen, Rückstellungen und Verbindlichkeiten zwischen den in den Konzernabschluß einbezogenen Unternehmen sowie entsprechende Rechnungsabgrenzungsposten sind wegzulassen." Die gesetzliche Regelung entspricht also der Einheitstheorie des Konzerns, nach der Forderungen und Verbindlichkeiten zwischen Konzernunternehmen des Konsolidierungskreises nur **interne Verrechnungsposten** sind, wie sie zwischen rechtlich nicht selbständigen Betriebsabteilungen entstehen. Die in der Konzernbilanz ausgewiesenen

---

[49] Busse von Colbe, W./Ordelheide, D., Konzernabschlüsse, 5. Aufl., a. a. O., S. 97

Forderungen und Verbindlichkeiten sind folglich immer Forderungen und Verbindlichkeiten gegenüber konzernfremden Unternehmen oder gegenüber Konzernunternehmen, die nicht in den Konzernabschluß einbezogen worden sind.

Die gesetzlichen Vorschriften enthalten trotz der Präzisierung im § 303 Abs. 1 HGB keinen erschöpfenden Hinweis darauf, welche Forderungen und Verbindlichkeiten aufzurechnen sind. Es handelt sich zwar in erster Linie um die Forderungen und Verbindlichkeiten, die in den Einzelbilanzen der Konzernunternehmen als „Forderungen und Verbindlichkeiten gegenüber verbundenen Unternehmen" auszuweisen sind, jedoch beschränkt sich die Konsolidierung nicht allein auf diese Positionen.

Auch andere Positionen können Verrechnungsbeträge enthalten, so z. B. ausstehende Einlagen auf das gezeichnete Kapital und Einlageverpflichtungen. Hat z. B. eine einbezogene Gesellschaft eine Forderung aus ausstehenden Einlagen an eine andere Konzerngesellschaft, so kann eine Forderungs- und Schuldenkonsolidierung allerdings nur erfolgen, wenn letztere eine entsprechende Einzahlungsverpflichtung passiviert hat. Eine derartige Passivierung erfolgt in der Regel erst, wenn die Einlagen eingefordert worden sind. Ist noch keine Passivierung vorgenommen worden, so hat die Forderung aus ausstehenden Einlagen den Charakter einer Wertberichtigung auf das Nominalkapital; bei der Kapitalkonsolidierung muß die ausstehende Einlage vom Nominalkapital abgesetzt werden.

Weitere konsolidierungspflichtige Positionen sind erhaltene und geleistete Anzahlungen, Wechselforderungen und -verbindlichkeiten, Darlehens-, Hypotheken- und Obligationskonten, aktive und passive Rechnungsabgrenzungsposten, Rückstellungen für Risiken aus dem Lieferungs- und Leistungsverkehr zwischen in den Konzernabschluß einbezogenen Unternehmen und sonstige Forderungen und Verbindlichkeiten, die aus Beziehungen zwischen Konzernunternehmen resultieren.

Auch die in den Einzelbilanzen unter dem Strich vermerkten **Eventualforderungen und -verbindlichkeiten** können Beträge enthalten, die aufgerechnet oder weggelassen werden müssen.[50] Die in den Einzelbilanzen vorhandenen Vermerke müssen vom Standpunkt der Einheitstheorie analysiert werden. Alle Vermerke, die den Rechtsverkehr zwischen in den Konzernabschluß einbezogenen Unternehmen betreffen, sind in der Konzernbilanz wegzulassen, z. B. Bürgschaften, Gewährleistungsverträge und das Wechselobligo.[51] Die Forderung nach einer Aufrechnung von konzerninternen Schuldverhältnissen ergibt sich aus der wirtschaftlichen Betrachtungsweise der Konzerneinheit. Ein Unternehmen kann gegen sich selbst keine Forderungen und Verbindlichkeiten haben und darf sie dementsprechend

---

[50] Vgl. Edelkott, D., Der Konzernabschluß in Deutschland. Eine Untersuchung über seine Aussagefähigkeit und seine zweckmäßige Gestaltung, Zürich 1963, S. 26; Gutenberg, E., Konzernbilanzen, HdS, Bd. 6, S. 182; Schuhmann, W., a. a. O., S. 111
[51] Vgl. § 251 HGB

nicht in der Bilanz ausweisen.[52] Man verhindert damit Wertwiederholungen und -aufblähungen in der Konzernbilanz.[53]

Das Gesetz enthält keine Regelung der Frage, ob Forderungen eines Konzernunternehmens gegen einen **Konzernfremden** und Verbindlichkeiten eines anderen Konzernunternehmens gegenüber dem gleichen Konzernfremden aufgerechnet werden dürfen. Die Auffassungen in der Literatur sind unterschiedlich. Vom Standpunkt der Einheitstheorie wäre eine solche Aufrechnung konsequent in allen Fällen, in denen die Aufrechnung rechtlich zulässig wäre, wenn die Konzerngesellschaften zu einer rechtlichen Einheit zusammengeschlossen würden.

Nach § 303 Abs. 2 HGB braucht die Schuldenkonsolidierung nicht durchgeführt zu werden, „wenn die wegzulassenden Beträge für die Vermittlung eines den tatsächlichen Verhältnissen entsprechenden Bildes der Vermögens-, Finanz- und Ertragslage des Konzerns nur von untergeordneter Bedeutung sind".

8. Die Konsolidierung des Erfolgs

a) Der Grundsatz der Eliminierung konzerninterner Ergebnisse

Die Notwendigkeit zur Ausschaltung von Zwischengewinnen (konzerninternen Gewinnen) ergibt sich aus der Tatsache, daß ein Konzern eine wirtschaftliche Einheit bildet, so daß Gewinne aus Lieferungen und Leistungen zwischen rechtlich selbständigen Konzerngesellschaften vom betriebswirtschaftlichen Standpunkt aus ebensowenig als realisiert angesehen werden können wie Gewinne, die als Folge von Lieferungen und Leistungen zwischen mehreren Betriebsstätten einer Unternehmung entstehen können. In beiden Fällen sind die „Gewinne" das Ergebnis von **Verrechnungspreisen,** die die Konzern- bzw. Unternehmensleitung nach eigenem Ermessen festsetzen kann. Ein Konzern als wirtschaftliche Einheit kann im betriebswirtschaftlichen Sinne einen Gewinn erst erzielen, wenn er Umsätze mit außerhalb des Konzerns stehenden Wirtschaftseinheiten tätigt.

Die Bedeutung der Ausschaltung von Zwischengewinnen liegt vor allem darin, daß die Konzernleitung bei ihrer Dividendenpolitik davor bewahrt wird, Gewinne der einzelnen Konzernunternehmen zur Ausschüttung an außenstehende Aktionäre freizugeben, die nicht durch Umsatz mit Konzernfremden, sondern durch konzerninterne Gewinne entstanden, also vom Standpunkt des Konzerns noch gar nicht realisiert sind. Eine Ausschüttung solcher Gewinne käme einer Substanzverminderung gleich und wäre vom Standpunkt der Einheitstheorie nicht zu vertreten.

---

[52] Vgl. Wietzke, G., Der konsolidierte Jahresabschluß in der deutschen und anglo-amerikanischen Bilanzierungspraxis, Berlin 1962, S. 75; Küting, K./Weber, C. P., Der Konzernabschluß, a. a. O., S. 253 f.
[53] Vgl. Marchand, J.-P., Konsolidierte Bilanz und Betriebsabrechnung der Holding, Bern 1949, S. 39

b) Schematisches Beispiel zur Technik der Ausschaltung konzerninterner Gewinne

Angenommen, die Obergesellschaft A liefert an die abhängige Gesellschaft B Fabrikate zu 100.000 DM, die B als Vorräte zunächst auf Lager behält. Die Herstellungskosten, die der Einfachheit halber gleich den Konzernherstellungskosten sein sollen, betragen 80.000 DM.

A	Bilanz A (in TDM)	P
Forderungen 100	gez. Kapital 400	
Beteiligung 150	Rücklagen 50	
sonst.	Gewinn 20	
Aktiva 220		
470	470	

A	Bilanz B (in TDM)	P
Vorräte 100	gez. Kapital 150	
sonst.	Verbindl. 100	
Aktiva 150		
250	250	

A	Konzernbilanz (in TDM)	P
Vorräte 80	gez. Kapital 400	
sonst.	Rückla-	
Aktiva 370	gen 50	
450	450	

In der Konzernbilanz werden die Beteiligung A gegen das Kapital B und die Forderung A gegen die Verbindlichkeit B (aus der Lieferung der Fabrikate) gegeneinander aufgerechnet. Die Vorräte werden ohne Zwischengewinn mit 80.000 DM bilanziert, der Konzern hat noch keinen Gewinn erzielt, da der Gewinn von 20.000 DM in der Bilanz von A noch nicht realisiert ist.

Besser als die kontenmäßige Darstellung der Bilanzen zeigt die folgende Übersicht die Konsolidierungsvorgänge:

Bilanzpositionen (in TDM)	Gesellschaft A		Gesellschaft B		Kapitalkonsolidierung		Schuldenkonsolidierung		Erfolgskonsolidierung		Konzernbilanz	
	S	H	S	H	S	H	S	H	S	H	S	H
Aktiva:												
Beteiligungen	150	–				150					–	
Vorräte	–		100							20	80	
Forderungen	100	–						100			–	
sonst. Aktiva	220		150								370	
	470		250								450	
Passiva:												
gez. Kapital		400		150	150							400
Rücklagen		50		–								50
Verbindlichkeiten				100			100					–
Gewinn		20		–					20			–
		470		250	150	150	100	100	20	20		450

In der folgenden Periode veräußert B die Vorräte an einen konzernexternen Abnehmer zu 130.000 DM (es wird unterstellt, daß kein weiterer Aufwand dabei entsteht), außerdem begleicht B die Forderung von A, A schüttet den (unrealisierten) Gewinn der Vorperiode von 20.000 DM an die Anteilseigner bzw. das Finanzamt aus.

Bilanzpositionen (in TDM)	Gesellschaft A		Gesellschaft B		Kapital-konsolidierung		Schulden-konsolidierung		Erfolgs-konsolidierung		Konzern-bilanz	
	S	H	S	H	S	H	S	H	S	H	S	H
Aktiva:												
Beteiligungen	150					150					–	
sonst. Aktiva	300		50								350	
Bank			130								130	
	450		180								480	
Passiva:												
gez. Kapital		400		150	150							400
Rücklagen		50		–								50
Gewinn		–		30								30
		450		180	150	150	–	–	–	–		480

Diese Konzernbilanz ist falsch, denn der Konzern als wirtschaftliche Einheit hat einen Gewinn von 50.000 DM und nicht von 30.000 DM erzielt: die Herstellungskosten bei A betrugen 80.000 DM, der Absatzpreis bei B 130.000 DM, es wurde unterstellt, daß keine weiteren Aufwendungen eingetreten sind. Das falsche Ergebnis der Konsolidierung ist entstanden, weil der in der Vorperiode bei der Konsolidierung ausgeschaltete Zwischengewinn in dieser Periode nach erfolgtem Umsatz in der Konzernbilanz nicht hinzugerechnet wurde. Der Konzerngewinn in dieser Periode ist also größer als die Summe der Gewinne der Einzelbilanzen.

Sobald Bestände, deren Wertansätze bei der Konsolidierung um konzerninterne Gewinne gekürzt worden sind, an Konzernfremde veräußert werden, ist der Konzerngewinn um den gleichen Betrag zu erhöhen, der in einer früheren Periode gekürzt wurde. „In der Totalrechnung muß die Summe aller Konzerngewinne mit der Summe aller Gewinne der Konzernmitglieder übereinstimmen, da es nach Abschluß der Totalperiode keine unrealisierten Gewinne mehr geben kann."[54] Diese Übereinstimmung kann nur erzielt werden, wenn jeder Kürzung des Konzerngewinns um Einzelgewinne, die vom Standpunkt des Konzerns unrealisierte Gewinne sind, eine entsprechende Erhöhung des Konzerngewinns nach erfolgter Realisierung entspricht.

c) Die Behandlung von Zwischenergebnissen nach dem HGB

Das Konzernrechnungslegungsrecht des HGB schreibt in § 304 Abs. 1 HGB in konsequenter Anwendung der Einheitstheorie die **Eliminierung**

---

[54] Hax, H., Zum Problem des Konzernabschlusses, ZfbF 1966, S. 64 ff.

von Zwischenergebnissen vor, also nicht nur von Zwischengewinnen, sondern auch von Zwischenverlusten. Die Zwischenergebniseliminierung braucht nach § 304 Abs. 2 HGB ausnahmsweise nicht vorgenommen zu werden, wenn die Lieferung oder Leistung zu üblichen Marktbedingungen vorgenommen worden ist und die Ermittlung des Zwischenergebnisses einen unverhältnismäßig hohen Aufwand erfordern würde. In diesem Falle besteht eine Berichtspflicht im Konzernanhang, wenn die Unterlassung der Zwischenergebniseliminierung einen wesentlichen Einfluß auf die Vermögens-, Finanz- und Ertragslage des Konzerns hat.

Die Zwischenergebniseliminierung kann ferner nach § 304 Abs. 3 HGB unterbleiben, wenn sie für die Vermittlung eines den tatsächlichen Verhältnissen entsprechenden Bildes der Vermögens-, Finanz- und Ertragslage nur von untergeordneter Bedeutung ist. Durch diese Befreiungstatbestände dürfte in den meisten Fällen die Pflicht zur Zwischenergebniseliminierung bei Anwendung der Equity-Methode nach § 312 Abs. 5 Satz 3 HGB entfallen.

Der **Grundsatz der Einheitlichkeit der Bewertung,** nach dem Bewertungsspielräume, die beim Mutterunternehmen für Wertansätze zwischen einer Wertobergrenze und einer Wertuntergrenze bestehen, auch im Konzernabschluß genutzt werden können, hat zur Folge, daß zum Zwecke der Zwischengewinneliminierung dem Wertansatz in der Einzelbilanz zwar die Konzernherstellungskosten gegenüberzustellen sind, diese aber durch die Möglichkeit zur Neubewertung einen Spielraum zwischen aktivierungspflichtigen und aktivierungsfähigen Komponenten und somit zwischen einem Mindest- und einem Höchstwert zulassen.[55] Konsolidierungstechnisch bedeutet dieser auch für den Konzernabschluß geltende Ermessensspielraum bei der Bestimmung der Höhe der zu aktivierenden Herstellungskosten, daß entweder der Mindestwert, der Höchstwert oder ein Zwischenwert der Konzernherstellungskosten den in der Handelsbilanz II für Konzernbestände angesetzten Werten gegenüberzustellen ist.

Beispiel: A liefert an B Fabrikate, die B am Bilanzstichtag noch auf Lager hat, zu einem Verrechnungspreis, der einen Zwischengewinn enthält.

Selbstkosten bei A	100.000 DM
Verrechnungspreis (Lieferung A an B)	130.000 DM
aktivierungspflichtige Konzernherstellungs-kosten (Wertuntergrenze)	– 90.000 DM
aktivierungsfähige Konzernherstellungskosten	+ 20.000 DM
gesamte Konzernherstellungskosten (Wertobergrenze)	= 110.000 DM

---

[55] Vgl. ausführlich mit tabellarischen Übersichten: Küting, K./Weber, C. P., Der Konzernabschluß, a. a. O., S. 285 ff.

Da nach § 304 Abs. 1 HGB Vermögensgegenstände, die Zwischengewinne enthalten, in der Konzernbilanz mit dem Betrag anzusetzen sind, „zu dem sie in der auf den Stichtag des Konzernabschlusses aufgestellten Jahresbilanz dieses Unternehmens angesetzt werden könnten, wenn die in den Konzernabschluß einbezogenen Unternehmen auch rechtlich ein einziges Unternehmen bilden würden", besteht ein **Wahlrecht,** ob die positive Differenz zwischen dem Einzelabschlußwert und entweder dem Höchstwert (Wertobergrenze) oder dem Mindestwert (Wertuntergrenze) oder einem Zwischenwert der Konzernherstellungskosten als Zwischengewinn eliminiert wird. Im obigen Beispiel müßten mindestens 20.000 DM (130.000 ./. 110.000 DM) und dürften höchstens 40.000 DM (130.000 ./. 90.000 DM) als Zwischengewinn eliminiert werden.

Ein **Zwischenverlust** ergibt sich, wenn die Konzernherstellungskosten größer sind als der entsprechende Einzelabschlußwert. Geht man von den Zahlen des obigen Beispiels aus, unterstellt man aber, daß der Verrechnungspreis bei A nur 80.000 DM beträgt, so ist die Differenz zwischen dem Mindestwert der Konzernherstellungskosten (90.000 DM) und dem Einzelabschlußwert (80.000 DM) bei B als Zwischenverlust eliminierungspflichtig, während die Differenz zwischen dem Mindest- und dem Höchstwert der Konzernherstellungskosten (20.000 DM) zusätzlich eliminierungsfähig ist, der Zwischenverlust bei Ansatz des Höchstwertes der Konzernherstellungskosten also 30.000 DM beträgt (80.000 ./. 110.000 DM).

Die folgende **Zusammenstellung** zeigt noch einmal die Fälle der Zwischenergeniseliminierung:

Verrechnungspreis (Lieferung A an B)	130.000 DM
aktivierungspflichtige und aktivierungsfähige Konzernherstellungskosten (Wertobergrenze)	./. 110.000 DM
eliminierungspflichtiger Zwischengewinn	= 20.000 DM
Verrechnungspreis (Lieferung A an B)	130.000 DM
aktivierungspflichtige Konzernherstellungskosten (Wertuntergrenze)	./. 90.000 DM
maximal eliminierungsfähiger Zwischengewinn	= 40.000 DM
Verrechnungspreis (Lieferung A an B)	80.000 DM
aktivierungspflichtige Konzernherstellungskosten (Wertuntergrenze)	./. 90.000 DM
eliminierungspflichtiger Zwischenverlust	= 10.000 DM
Verrechnungspreis (Lieferung A an B)	80.000 DM
aktivierungspflichtige und aktivierungsfähige Konzernherstellungskosten (Wertobergrenze)	./. 110.000 DM
maximal eliminierungsfähiger Zwischenverlust	= 30.000 DM

9. Die Konzern-Gewinn- und Verlustrechnung

a) Das Problem der Eliminierung und Umgliederung der Innenumsatzerlöse

Wie jede Erfolgsrechnung, so hat auch die Konzern-Gewinn- und Verlustrechnung die Aufgabe, die Erträge und die Aufwendungen einer Periode gegenüberzustellen, um einen Einblick in das Zustandekommen des Erfolges zu geben. Faßt man den Konzern als wirtschaftliche Einheit auf, so wird dieses Ziel der Gewinn- und Verlustrechnung **nicht durch Addition** der Erfolgsrechnungen der einzelnen Konzernunternehmen erreicht, sondern ebenso wie bei der Erstellung der Konzernbilanz müssen alle Positionen herausgerechnet werden, die zu Doppelzählungen führen und folglich ein falsches Bild von der Ertragslage des Konzerns geben.

In einer nach § 275 Abs. 2 HGB nach dem Gesamtkostenverfahren gegliederten Gewinn- und Verlustrechnung enthält das Ergebnis der gewöhnlichen Geschäftstätigkeit folgende Ertragskomponenten:

(1) die Umsatzerlöse,

(2) die Erhöhung oder Verminderung des Bestandes an fertigen und unfertigen Erzeugnissen,

(3) die anderen aktivierten Eigenleistungen (z. B. selbsterstellte Anlagen),

(4) die sonstigen betrieblichen Erträge und

(5) die Erträge aus Finanzvermögen.[56]

Für den Konzern als wirtschaftliche Einheit liegen Umsatzerlöse nur vor, wenn sie mit Konzernfremden getätigt worden sind **(Außenumsatzerlöse)**, d. h. alle konzerninternen Lieferungen und Leistungen **(Innenumsatzerlöse)** müssen eliminiert werden, solange der Umsatz noch nicht nach außen erfolgt ist. Sie sind bei der liefernden Gesellschaft Umsatzerlöse, bei der empfangenden Gesellschaft Aufwendungen und sind folglich ebenso wie konzerninterne Forderungen und Verbindlichkeiten aufzurechnen.

Beispiel: Gesellschaft A produziert aus dem Rohstoff X ein Halbfabrikat Y und liefert es an die Gesellschaft B. Diese bearbeitet das Halbfabrikat zum Fertigfabrikat Z und verkauft es nach außen. Es entsteht kein Zwischengewinn.

A	Gewinn- und Verlustrechnung A (in TDM)		E
Rohstoff X	300	Umsatz Y	550
Löhne	250		
	550		550

---

[56] Vgl. § 275 Abs. 2 Nr. 9, 10 und 11 HGB

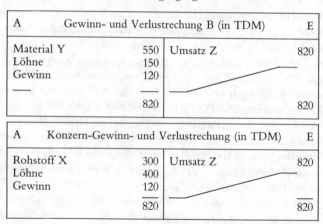

A	Gewinn- und Verlustrechnung B (in TDM)		E
Material Y	550	Umsatz Z	820
Löhne	150		
Gewinn	120		
	820		820

A	Konzern-Gewinn- und Verlustrechnung (in TDM)		E
Rohstoff X	300	Umsatz Z	820
Löhne	400		
Gewinn	120		
	820		820

Der Innenumsatzerlös aus den Halbfabrikaten Y von 550.000 DM bei A wird aufgerechnet gegen den Materialaufwand Y bei B. Der Konzern erzielt bei einem Außenumsatz von 820.000 DM einen (externen) Gewinn von 120.000 DM und hat dafür Rohstoffe von 300.000 DM und Löhne von 400.000 DM eingesetzt. Würde man die Umsatzerlöse und Aufwendungen bei A und B zusammenzählen, so ergäbe sich ein Umsatz von 1.370.000 DM, dem Aufwendungen von 1.250.000 DM gegenüberstehen. Der Außenumsatz beträgt aber nur 820.000 DM.

Sind Innenumsätze erfolgt, die nicht oder noch nicht zu Außenumsätzen geführt haben, so muß in der Konzern-Gewinn- und Verlustrechnung eine **Umgliederung von Umsatzerlösen in Bestandsänderungen** oder andere aktivierte Eigenleistungen erfolgen. Liegen die einem Konzernunternehmen gelieferten Güter bei der empfangenden Gesellschaft noch unverarbeitet auf Lager oder sind sie zwar verarbeitet und an ein drittes Konzernunternehmen weitergeliefert worden, hält diese Gesellschaft die Güter aber noch auf Lager, so ist vom Standpunkt des Konzerns noch kein Umsatz, wohl aber eine Bestandsänderung eingetreten.

Beispiel: Es gelten die gleichen Angaben wie oben, jedoch wird noch eine Bearbeitungsstufe C eingeschaltet; B liefert Halbfabrikate Z an das Konzernunternehmen C weiter, das diese nach Bearbeitung als Fertigfabrikate auf Lager nimmt.

A	Gewinn- und Verlust- rechnung A (in TDM)		E	A	Gewinn- und Verlust- rechnung B (in TDM)		E
Rohstoff X	300	Umsatz Y	550	Material Y	550	Umsatz Z	700
Löhne	250			Löhne	150		
	550		550		700		700

A	Gewinn- und Verlust- rechnung C (in TDM)		E	A	Konzern-Gewinn- und Verlust- rechnung (in TDM)		E
Material Z	700	Bestandsver- änderung	750	Rohstoff X	300	Bestandsver- änderung	750
Löhne	50			Löhne	450		
	750		750		750		750

Der Konzern als wirtschaftliche Einheit hat noch keinen Umsatzerlös erzielt, wohl aber eine Mehrung der Bestände an Fertigfabrikaten um 750.000 DM. Würde man die drei Gewinn- und Verlustrechnungen der Konzernunternehmen addieren, so ergäbe sich eine Gesamtleistung von 2.000.000 DM, bestehend aus (Innen-)Umsatzerlösen von 1.250.000 DM und Bestandsmehrungen von 750.000 DM, der Aufwand würde ebenfalls 2.000.000 DM betragen. Die tatsächlich eingesetzten Rohstoffe von 300.000 DM wären dreimal gezählt worden (je einmal bei A, B und C), die Löhne von A ebenfalls dreimal, die von B zweimal. Der Aufwand enthielte also Materialkosten von 600.000 DM und Lohnkosten von 650.000 DM zuviel. Die tatsächliche Leistung des Konzerns als wirtschaftliche Einheit beträgt 750.000 DM, der Aufwand ebenfalls.

Liefert ein Konzernunternehmen eine selbsterstellte Anlage an ein anderes Konzernunternehmen, das sie im eigenen Betriebe einsetzt, so ist auch in diesem Falle vom Standpunkt des Konzerns kein Umsatzerlös erzielt worden, sondern es sind innerbetriebliche Erträge eingetreten, die als **aktivierte Eigenleistungen** in der Konzern-Gewinn- und Verlustrechnung auszuweisen sind.

Zusammenfassend läßt sich feststellen: Erträge eines Konzernunternehmens, die Aufwendungen eines anderen Konzernunternehmens sind, lassen sich formal einteilen

(1) in solche, die ihre Bezeichnung behalten (z. B. Zinsen, Mieten) und

(2) in solche, die bei einer Gesellschaft Umsatzerlöse, bei einer nachgelagerten Gesellschaft dagegen Aufwendungen für Rohstoffe u. ä. darstellen.

Während die erste Art von Aufwendungen und Erträgen gegeneinander aufgerechnet, also bei der Konsolidierung einfach weggelassen wird, sind bei der zweiten Gruppe zwei Fälle zu unterscheiden:[57]

(1) die Umsatzerlöse der liefernden Gesellschaft sind bei der empfangenden Gesellschaft entweder als Aufwand in der Gewinn- und Verlustrechnung enthalten, falls sie schon verbraucht sind, oder

(2) sie sind als Bestand in der Bilanz aufgeführt, falls sie noch nicht verbraucht sind.

Sind sie bereits von der empfangenden Gesellschaft verbraucht worden, so wird der Umsatzerlös der liefernden Gesellschaft gegen den gleich hohen Aufwand der empfangenden Gesellschaft aufgerechnet. Sind die Umsatzerlöse der liefernden Gesellschaft noch als Bestand in der empfangenden Gesellschaft vorhanden, so werden sie in der Konzernbilanz – vorausgesetzt, daß keine Zwischengewinne im Umsatzerlös stecken – durch diesen Bestand ersetzt und erscheinen in der Konzern-Gewinn- und Verlustrechnung als Bestandsänderung an Halb- und Fertigfabrikaten oder als andere aktivierte Eigenleistungen.

---

[57] Vgl. Mellerowicz, K., Rechnungslegung und Konzernabschluß, in: Hengeler, H., Beiträge zur Aktienrechtsform, Heidelberg 1959, S. 245

b) Die Konzern-Gewinn- und Verlustrechnung nach dem HGB

§ 305 HGB sieht die **Vollkonsolidierung** vor. Das entspricht der stärkeren Betonung der Einheitstheorie. Die Konzern-Gewinn- und Verlustrechnung ist so aufzustellen, als ob alle im Konzern zusammengefaßten Unternehmen ein einheitliches Unternehmen bilden würden.

Das Konzernrechnungslegungsrecht sieht keine besondere Gliederung der Konzern-Gewinn- und Verlustrechnung vor, sondern verweist in § 298 Abs. 1 HGB auf die entsprechenden Gliederungsvorschriften für die Einzel-Gewinn- und Verlustrechnung. Ein gesonderter Ausweis wird jedoch für die auf Minderheitsgesellschafter und assoziierte Beteiligungen entfallenden Gewinne oder Verluste vorgeschrieben.[58]

Die Vollkonsolidierung erfordert die **Ausschaltung aller Innenumsatzerlöse.** Nach § 305 Abs. 1 Nr. 1 HGB sind die Erlöse aus Lieferungen und Leistungen zwischen den in den Konzernabschluß einbezogenen Unternehmen mit den auf sie entfallenden Aufwendungen zu verrechnen, vorausgesetzt, daß sie nicht als Erhöhung des Bestandes an Halb- und Fertigfabrikaten oder als andere aktivierte Eigenleistungen auszuweisen sind. Die Probleme sind hier im wesentlichen die gleichen, wie sie oben anhand von Beispielen bereits dargestellt wurden.

Auch für die Aufwands- und Ertragskonsolidierung gilt das **Prinzip der Wesentlichkeit,** d. h. Innenumsätze betreffende Aufwendungen und Erträge brauchen nach § 305 Abs. 2 HGB dann nicht weggelassen zu werden, wenn sie für die Vermittlung eines den tatsächlichen Verhältnissen entsprechenden Bildes der Vermögens-, Finanz- und Ertragslage „nur von untergeordneter Bedeutung" sind.

Während die frühere aktienrechtliche Gewinn- und Verlustrechnung gem. § 157 AktG 1965 (a. F.) ausschließlich auf der Grundlage des Gesamtkostenverfahrens aufzustellen war, läßt § 275 HGB **wahlweise das Gesamtkosten- oder das Umsatzkostenverfahren** für die Einzel-Gewinn- und Verlustrechnung und durch Verweisung in § 298 Abs. 1 HGB auch für die Konzern-Gewinn- und Verlustrechnung zu. Da der Konzernabschluß grundsätzlich nach den vom Mutterunternehmen angewendeten Bilanzierungs- und Bewertungsgrundsätzen aufzustellen ist, können erhebliche Umgliederungen erforderlich werden, wenn z. B. das Mutterunternehmen für die Gewinn- und Verlustrechnung das Gesamtkostenverfahren und einzelne Tochterunternehmen das Umsatzkostenverfahren anwenden und dadurch die Aufwendungen in der Einzel-Gewinn- und Verlustrechnung teils nach Kostenarten, teils nach Kostenstellen gegliedert sind.

Da nach geltendem Recht im Gegensatz zum früheren Aktienrecht ausländische Konzernunternehmen grundsätzlich in den Konzernabschluß einbezogen werden müssen, können sich **umfangreiche Umgliederungsarbeiten** ergeben, wenn das Mutterunternehmen das früher allein zulässige Gesamt-

---

[58] Vgl. §§ 307 Abs. 2 bzw. 312 Abs. 4 HGB

kostenverfahren verbindlich vorschreibt, ausländische Unternehmen jedoch das im angelsächsischen Raum vorherrschende Umsatzkostenverfahren anwenden müssen. Umgliederungsprobleme können auch dann auftreten, wenn kleine und mittelgroße Kapitalgesellschaften i. S. des § 267 Abs. 1 und 2 HGB die ihnen in § 276 HGB eingeräumten größenabhängigen Erleichterungen in Anspruch nehmen und eine verkürzte Gewinn- und Verlustrechnung aufstellen. Derartige Gewinn- und Verlustrechnungen müssen vor ihrer Konsolidierung in die ausführliche Form des § 275 HGB umgegliedert werden, weil in der in § 298 Abs. 1 HGB enthaltenen Aufzählung der auf den Konzernabschluß anzuwendenden Vorschriften für den Einzelabschluß die Erleichterungsvorschrift des § 276 HGB nicht genannt wird.

10. Der Konzernanhang und der Konzernlagebericht

Analog zu der Vorschrift des § 264 Abs. 1 HGB, nach der die Kapitalgesellschaften den Jahresabschluß um einen Anhang zu erweitern haben, der mit der Bilanz und der Gewinn- und Verlustrechnung eine Einheit bildet, und außerdem einen Lagebericht aufzustellen haben, bestimmt § 297 Abs. 1 HGB, daß zum Konzernabschluß als dritter Bestandteil der Konzernanhang gehört, und § 290 Abs. 1 HGB verlangt, daß neben dem Konzernabschluß ein gesonderter Konzernlagebericht aufzustellen ist. Die Vorschriften über den Konzernanhang und den Konzernlagebericht sind entsprechend den Vorschriften der §§ 284 bis 288 HGB über den (Einzel-)Anhang und des § 289 HGB über den (Einzel-)Lagebericht aufgebaut. § 313 HGB regelt die erforderlichen Erläuterungen der Konzernbilanz und Konzern-Gewinn- und Verlustrechnung, § 314 HGB zählt eine Anzahl „sonstiger Pflichtangaben" auf und § 315 HGB enthält die Bestimmungen über den Konzernlagebericht.

a) Der Konzernanhang

Nach § 313 Abs. 1 Satz 1 HGB sind in den Konzernanhang die Angaben aufzunehmen, „die zu einzelnen Posten der Konzernbilanz oder der Konzern-Gewinn- und Verlustrechnung vorgeschrieben oder die im Konzernanhang zu machen sind, weil sie in Ausübung eines Wahlrechts nicht in die Konzernbilanz oder in die Konzern-Gewinn- und Verlustrechnung aufgenommen wurden." Der Ersatz des Grundsatzes der Maßgeblichkeit der Einzelbilanzen für die Konzernbilanz gem. § 331 Abs. 1 Nr. 1 AktG 1965 (a. F.) durch den Grundsatz der Einheitlichkeit der Bewertung gem. § 308 HGB macht es im Gegensatz zu den früher anwendbaren aktienrechtlichen Vorschriften erforderlich, daß im Konzernanhang nach § 313 Abs. 1 Nr. 1 und 3 HGB die auf die Posten der Konzernbilanz und der Konzern-Gewinn- und Verlustrechnung angewendeten **Bilanzierungs- und Bewertungsmethoden angegeben** werden sowie Abweichungen von den Bilanzierungs-, Bewertungs- und Konsolidierungsmethoden angegeben und begründet werden. Hier sind auch Angaben über die Quotenkonsolidierung von Gemeinschaftsunternehmen und die Equity-Konsolidierung von assoziierten Unternehmen zu machen.

Da auch **ausländische Unternehmen** in den Konzernabschluß einzubeziehen sind (Weltabschluß), gewinnt die Vorschrift des § 313 Abs. 1 Nr. 2 HGB besondere Bedeutung, nach der die Grundlagen für die **Umrechnung in Deutsche Mark** angegeben werden müssen, „sofern der Konzernabschluß Posten enthält, denen Beträge zugrunde liegen, die auf fremde Währung lauten oder ursprünglich auf fremde Währung lauteten".

Umfangreiche Angaben über den **Konsolidierungskreis** werden in § 313 Abs. 2 HGB gefordert. Hier sind Name und Sitz der in den Konzernabschluß einbezogenen Unternehmen sowie der Anteil am Kapital der Tochterunternehmen, der dem Mutterunternehmen und den in den Konzernabschluß einbezogenen Tochterunternehmen gehört, anzugeben. Entsprechende Angaben sind über assoziierte Unternehmen zu machen. Ferner ist über Gemeinschaftsunternehmen sowie über andere Unternehmen zu berichten, an denen das Mutterunternehmen oder ein Tochterunternehmen mit wenigstens 20% beteiligt ist. Bei der letztgenannten Gruppe von Unternehmen ist auch die Höhe des Eigenkapitals und des Ergebnisses des letzten Geschäftsjahres anzugeben.[59] Für diese Angaben gilt das **Prinzip der Wesentlichkeit.** Sie können unterbleiben, „wenn sie für die Vermittlung eines den tatsächlichen Verhältnissen entsprechenden Bildes der Vermögens-, Finanz- und Ertragslage des Konzerns von untergeordneter Bedeutung sind."[60] Auf die Angabe des Eigenkapitals und des Ergebnisses kann verzichtet werden, wenn das in Anteilsbesitz stehende Unternehmen seinen Jahresabschluß nicht offenzulegen hat und die Beteiligung unter 50% liegt.[61]

Werden die Angaben über Tochterunternehmen und sonstige Beteiligungsunternehmen statt im Konzernanhang in einer besonderen **Aufstellung des Anteilsbesitzes** (Beteiligungsliste) nach § 313 Abs. 4 HGB gemacht, die als Bestandteil des Anhangs gilt, so kann die Erleichterung der Offenlegung nach § 325 Abs. 3 Satz 2 HGB in Anspruch genommen werden, d. h. diese Angaben brauchen nicht im Bundesanzeiger bekanntgemacht zu werden. Allerdings muß im Konzernanhang auf diese Beteiligungsliste und den Ort ihrer Hinterlegung (Handelsregister) hingewiesen werden.[62]

Die speziellen Vorschriften zum Anhang und zum Konzernanhang enthalten nur etwa die Hälfte der im Konzernanhang geforderten Angaben. Die andere Hälfte ist über die sonstigen Konzernrechnungslegungsvorschriften verstreut geregelt.[63] Harms/Küting stellen die Frage, „ob der Umfang der Berichterstattung noch in einem sinnvollen Verhältnis zum Nutzen der Information steht."[64] Sie halten aufgrund des großen Umfangs der Berichter-

---

[59] Vgl. § 313 Abs. 2 Nr. 4 HGB
[60] § 313 Abs. 2 Nr. 4 HGB
[61] Vgl. § 313 Abs. 2 Nr. 4 letzter Satz HGB
[62] Vgl. § 313 Abs. 4 HGB
[63] Vgl. Harms, J. E., Küting, K., Der Konzernanhang nach künftigem Recht, BB 1984, S. 1980
[64] Harms, J. E., Küting, K., Der Konzernanhang, a. a. O., S. 1980

stattungspflichten eine besondere Gliederung des Konzernanhangs für erforderlich und machen dafür den folgenden „Strukturierungsvorschlag":[65]

I. Abgrenzung des Konsolidierungsbereichs
(1) Konzern- und Beteiligungsunternehmen
  a) Konzernunternehmen
  b) Gemeinschaftsunternehmen
  c) Assoziierte Unternehmen
  d) Andere Unternehmen
  e) Anwendung der Schutzklausel
(2) Änderung des Konsolidierungsbereichs
(3) Begründung der Nichteinbeziehung

II. Konsolidierungsgrundsätze
(1) Allgemeine Angaben
  a) Generalnormen
  b) Vorgänge nach dem Bilanzstichtag
  c) Abweichende Konsolidierungsmethoden gegenüber dem Vorjahr
  d) Abweichender Bilanzstichtag
  e) Währungsumrechnung
(2) Einheitlichkeit der Bewertung
  a) Abweichungen vom Einheitlichkeitsgrundsatz
  b) Unterlassung einer Neubewertung
  c) Steuerliche Sonderregelungen
(3) Kapitalkonsolidierung und kapitalkonsolidierungsähnliche Verfahren
  a) Vollkonsolidierung
  b) Quotenkonsolidierung
  c) Equity-Konsolidierung
(4) Zwischenerfolgseliminierung

III. Erläuterungen zur Konzernbilanz und Konzernerfolgsrechnung
(1) Generalnorm
(2) Einzelangaben
  a) Eigene Aktien
  b) Organkredite
  c) langfristige Verbindlichkeiten
  d) sonstige finanzielle Verpflichtungen
  e) Haftungsverhältnisse
  f) Aufgliederung der Umsatzerlöse
  g) Organaufwendungen
  h) Steuerabgrenzung

IV. Sonstige Angaben
(1) Anzahl und Struktur der Belegschaft
  a) Angaben bei vollkonsolidierten Unternehmen
  b) Angaben bei quotal einbezogenen Unternehmen
(2) Inanspruchnahme steuerlicher Vergünstigungen
(3) Anwendung der Schutzklausel

b) Der Konzernlagebericht

Im Konzernlagebericht sind nach § 315 Abs. 1 HGB „zumindest der Geschäftsverlauf und die Lage des Konzerns so darzustellen, daß ein den tatsächlichen Verhältnissen entsprechendes Bild vermittelt wird". In diesem Bereich unterscheidet sich der Konzernlagebericht grundsätzlich nicht von

---

[65] Harms, J. E., Küting, K., Der Konzernanhang, a. a. O., S. 1980

der früher im Rahmen des Geschäftsberichts nach § 334 Abs. 2 AktG 1965 (a. F.) geforderten Berichterstattung über die **allgemeine wirtschaftliche Lage** des Konzerns. Gleiches gilt auch für die Berichterstattung über **Vorgänge von besonderer Bedeutung,** die nach dem Schluß des Geschäftsjahres eingetreten sind.

Der Konzernlagebericht muß – ebenso wie der Einzellagebericht – nach neuem Recht gem. § 315 Abs. 2 HGB über die frühere Berichterstattung gem. AktG 1965 hinaus auf die **voraussichtliche Entwicklung** des Konzerns und auf den **Bereich der Forschung und Entwicklung** des Konzerns eingehen. Von dieser Berichterstattungspflicht sind grundsätzlich nur solche Entwicklungen betroffen, „die den Konzern in seiner Gesamtheit und nicht nur einzelne Konzernunternehmen beeinflussen. Gleichwohl kann auch über einzelne Konzernunternehmen zu berichten sein, wenn sich aufgrund neuerer Entwicklungen für die überschaubare Zukunft z. B. abzeichnet, daß einzelne Konzernunternehmen stillzulegen sind und dies gleichzeitig für die Lage des Konzerns bedeutsam ist."[66]

Der Konzernanhang und der Konzernlagebericht dürfen nach §§ 298 Abs. 3 und 315 Abs. 3 HGB mit dem Anhang und dem Lagebericht des Mutterunternehmens zusammengefaßt werden. Diese Unterlagen müssen dann gemeinsam offengelegt werden. Auch die Prüfungsberichte und Bestätigungsvermerke dürfen jeweils zusammengefaßt werden.

11. Die Prüfung der Konzernrechnungslegung

Ebenso wie der Jahresabschluß und der Lagebericht unterliegen auch der Konzernabschluß und der Konzernlagebericht der Pflichtprüfung.[67] Die Prüfung des Konzernabschlusses hat sich darauf zu erstrecken, ob die gesetzlichen Vorschriften und sie ergänzende Bestimmungen des Gesellschaftsvertrages oder der Satzung beachtet sind. Der Konzernlagebericht ist nach § 317 Abs. 1 HGB darauf zu prüfen, ob er mit dem Konzernabschluß in Einklang steht und ob die sonstigen Angaben im Konzernlagebericht nicht eine falsche Vorstellung von der Lage des Konzerns erwecken. Das Bilanzrecht faßt die Vorschriften über die Prüfung des Einzelabschlusses und des Konzernabschlusses zusammen, damit Mehrfachregelungen vermieden werden.[68]

Als **Konzernabschlußprüfer** gelten – wenn keine anderen Prüfer bestellt werden – die Prüfer als bestellt, die für die Prüfung des Mutterunternehmens bestellt worden sind.[69]

Da der Konzernabschluß aus den Einzelabschlüssen der einbezogenen Konzernunternehmen entwickelt wird, ist dessen Prüfung nur sinnvoll, wenn zuvor **alle Einzelabschlüsse geprüft** worden sind. Das bedeutet, daß die Konzernabschlußprüfer alle Einzelabschlüsse einer Prüfung unterziehen müssen, die nicht bereits einer Pflichtprüfung nach den Vorschriften des

---

[66] WP-Handbuch 1992, Bd. I, a. a. O., S. 862f.
[67] Vgl. § 316 Abs. 2 HGB
[68] Vgl. §§ 316ff. HGB.
[69] Vgl. § 318 Abs. 2 HGB

HGB oder nach anderen gesetzlichen Vorschriften unterlegen haben oder
nach den Grundsätzen dieser Vorschriften auf freiwilliger Basis geprüft worden sind. Bei bereits geprüften in den Konzernabschluß einzubeziehenden
ausländischen Unternehmen fordert § 317 Abs. 2 HGB darüber hinaus, daß
der ausländische Abschlußprüfer eine den Anforderungen der EG-Prüfer-
richtlinie **gleichwertige Befähigung** hat und der Jahresabschluß in einer den
Vorschriften des HGB entsprechenden Weise geprüft worden ist. Die Prüfung der noch nicht geprüften Jahresabschlüsse von Konzernunternehmen
beschränkt sich nach § 317 Abs. 2 HGB auf die Feststellung, ob sie den
Grundsätzen ordnungsmäßiger Buchführung entsprechen. § 317 Abs. 2
HGB fordert darüber hinaus die Prüfung, „ob die für die Übernahme in den
Konzernabschluß maßgeblichen Vorschriften beachtet sind."

Nach Eingang des Prüfungsberichts des Abschlußprüfers hat der Vorstand
des Mutterunternehmens diesen Bericht zusammen mit dem Konzernabschluß und dem Konzernlagebericht unverzüglich dem **Aufsichtsrat** des
Mutterunternehmens „zur Kenntnisnahme" vorzulegen.[70] Im Gegensatz
zum Einzelabschluß unterliegt der Konzernabschluß also nach der Prüfung
durch die Abschlußprüfer nicht einer weiteren Prüfung durch den Aufsichtsrat. Auf eine solche Prüfung kann deshalb verzichtet werden, weil aus dem
Konzernabschluß niemand Rechte herleiten kann. Konzernabschluß und
Konzernlagebericht werden der Hauptversammlung des Mutterunternehmens vom Vorstand zusammen mit dem Jahresabschluß und dem Lagebericht dieser Gesellschaft vorgelegt. Der Konzernabschluß wird aber im Gegensatz zum Einzelabschluß nicht festgestellt. Rechtliche Wirkungen für Anteilseigner, Gläubiger und Finanzbehörden haben allein die Einzelabschlüsse
der Konzernunternehmen.

Der Konzernabschluß und der Konzernlagebericht sind gem. § 325 Abs. 3
HGB im Bundesanzeiger bekanntzumachen. Die Bekanntmachung ist mit
allen Unterlagen zum Handelsregister einzureichen.

VI. Die Bilanzauffassungen

1. Allgemeine Einteilungskriterien

Über die Aufgaben des Jahresabschlusses gibt es eine Anzahl unterschiedlicher Auffassungen. Sie haben ihren Niederschlag in den Bilanztheorien gefunden, die sich einerseits mit dem formalen Aufbau, der Gliederung und
Deutung des Inhaltes der Jahresbilanz und andererseits mit der Bewertung
und Erfolgsermittlung befassen, wobei der Akzent teils stärker auf der Bewertung, teils stärker auf dem formalen Aufbau liegt.

Man kann die Bilanzauffassungen nach ihrem unterschiedlichen Standpunkt zur Frage des **Zwecks der Bilanz** gliedern. Unter diesem Aspekt sind
die Bilanzauffassungen teils **monistisch,** d. h. sie schreiben der Bilanz nur

---

[70] Vgl. § 337 Abs. 1 Satz 1 AktG 1965 (a. F. und n. F.)

eine dominierende Aufgabe zu, z. B. die Zusammenstellung der Bestände an Vermögen und Schulden an einem Stichtag (statische Bilanzauffassung) oder die Ermittlung des vergleichbaren Periodenerfolges als Instrument der Überwachung der Wirtschaftlichkeit (dynamische Bilanzauffassung), teils sind sie **dualistisch,** indem sie die Aufgabe der Bilanz sowohl in der Vermögens- und Kapitalfeststellung als auch in der Gewinnermittlung erblicken (organische Bilanzauffassung), teils wird die Ansicht vertreten, daß eine Bilanz **allen** an sie gestellten Aufgaben gerecht werden muß und nicht nur einem Einzelzweck dienen darf (totale Bilanzauffassung).

Aus den vorangegangenen Ausführungen über die nach handels- und steuerrechtlichen Vorschriften aufgestellte Jahresbilanz ist ersichtlich geworden, daß mit jeder derartigen Bilanz durch Abschluß der aktiven und passiven Bestandskonten sowohl das **Vermögen und Kapital** als auch durch Abschluß der Aufwands- und Ertragskonten über die Gewinn- und Verlustrechnung oder durch Vergleich des um Einlagen und Entnahmen korrigierten Vermögens am Ende und am Anfang einer Periode der **Erfolg** ermittelt wird, d. h. **zwei Ziele** verfolgt werden. Faßt man den Begriff des Vermögens bilanzrechtlich als Addition der in der Handels- oder Steuerbilanz ausgewiesenen Vermögenswerte auf, so ist jede derartige Bilanz dualistisch, da sie sowohl einen Einblick in die Vermögens- als auch in die Ertragslage gibt. Interpretiert man aber – wie z. B. Schmalenbach in seiner dynamischen Bilanz – das Vermögen des Betriebes nicht als Summe der bilanzierten Einzelwerte, sondern als **Ertragswert** im Sinne der allgemeinen Kapitaltheorie, d. h. als Summe der auf den Bilanzstichtag diskontierten zukünftigen Einnahmenüberschüsse, so dient eine solche Bilanz nur einem Zweck, nämlich der periodenrichtigen Gewinnermittlung, weil sie ein als Ertragswert definiertes Vermögen nicht ermitteln kann.

Die Bilanzauffassungen unterscheiden sich weiterhin in ihrer Stellung zur **Periodisierung des Totalgewinns,** d. h. des während der gesamten Lebensdauer eines Betriebes erzielten Gewinns. Theoretisch müßte eine Beurteilung des Erfolges eines Betriebes am Ende der Lebensdauer vom Totalgewinn ausgehen. Praktisch ist für unternehmerische Entscheidungen nur der Gewinn einer Periode bzw. der Vergleich des Gewinns mehrerer vergangener Perioden oder höchstens noch der in einer überschaubaren Zahl zukünftiger Perioden erwartete Gewinn von Bedeutung. Durch die Jahresbilanzen erfolgt eine Periodisierung des Totalgewinns, die z. B. nach dynamischer Auffassung in der Weise erfolgen soll, daß Aufwendungen und Erträge der Periode zugerechnet werden, in der sie verursacht bzw. erzielt wurden, auch wenn die dazugehörigen Zahlungsvorgänge (Ausgaben und Einnahmen) in früheren Perioden erfolgt oder erst in späteren Perioden zu erwarten sind.

Die Bilanzauffassungen unterscheiden sich ferner in ihrer Stellung zum Problem der **Erhaltung der Leistungsfähigkeit** des Betriebes. Je nachdem, ob man der Bilanz die Aufgabe zuschreibt, aufzuzeigen, ob das Geldkapital oder das mengenmäßige Güterkapital des Betriebes erhalten worden ist, differieren die anzuwendenden Bewertungsprinzipien und -maßstäbe, und damit kommt es auch zu Unterschieden in der Höhe des ausgewiesenen Gewinns.

Im folgenden wird eine **Zweiteilung** der Behandlung der Bilanztheorien vorgenommen. Im ersten Teil liegt der Schwerpunkt auf der Erörterung der **Fragen des Formalaufbaus und -inhalts** der Bilanz durch die Bilanztheorien. Dabei wird auf Bewertungsprobleme nur am Rande hingewiesen. Die unterschiedlichen Auffassungen zur Bewertung und damit zur Gewinnermittlung unter dem Gesichtspunkt der Unternehmenserhaltung werden ausführlich bei der **Analyse der Unternehmenserhaltungstheorien** erörtert, da die Bewertung jeweils von der einer Theorie zugrundeliegenden Vorstellung über die Form der Unternehmenserhaltung bestimmt wird.[1]

Es muß jedoch darauf hingewiesen werden, daß eine derartige Trennung der Probleme des Formalaufbaus und der Bewertung bei der Behandlung der Bilanzauffassung nicht mit letzter Konsequenz durchgeführt werden kann, weil einzelne Verfasser von Bilanztheorien beide Problembereiche vermischt, andere sich schwerpunktmäßig mit dem Aufbau der Bilanz (z. B. Riegers Nominalistische Bilanztheorie, Kosiols Pagatorische Bilanztheorie) oder mit der Bewertung (z. B. Schmidts Organische Bilanztheorie) beschäftigt haben. (**ÜB 6/8–16**)

2. Theorien über den Formalinhalt der Bilanz

a) Die dynamische Bilanzauffassung

aa) Schmalenbachs dynamische Bilanz

Nach dynamischer Auffassung ist die **Erfolgsermittlung** als Hauptaufgabe der Bilanz anzusehen. Der vergleichbare Periodenerfolg wird als Maßstab der Wirtschaftlichkeit betrachtet. Der Begründer dieser Auffassung ist E. Schmalenbach.[2] Der Erfolg ist die Differenz zwischen Aufwand und Leistung (Ertrag). Der Aufwand wird an den Ausgaben, die Leistung an den Einnahmen gemessen, Leistung des Betriebes ist der Wert der von ihm geschaffenen Güter und Dienste, Aufwand ist der Wert für Güter und Dienste, die bei der Erstellung der betrieblichen Leistung verbraucht bzw. umgeformt worden sind.

Würden die Gesamtlebensdauer des Betriebes und die Bilanzperiode übereinstimmen, so würde in einer solchen **Totalperiode** jeder Aufwand zu einer Ausgabe und jeder Ertrag zu einer Einnahme führen. Die Totalerfolgsrechnung wäre eine reine Einnahmen- und Ausgabenrechnung.[3]

---

[1] Vgl. die Ausführungen auf S. 1228 ff.
[2] Vgl. Schmalenbach, E., Grundlagen dynamischer Bilanzlehre, ZfhF 1919, S. 1–60, S. 65–101; ders., Dynamische Bilanz, 13. Aufl., Köln und Opladen 1962
[3] Schmalenbach verwendet die Begriffe Einnahmen und Ausgaben nicht im heute üblichen Sinn. Während sie heute nach herrschender Terminologie eine Zunahme bzw. Abnahme des Geldvermögens bezeichnen, versteht Schmalenbach darunter lediglich Zahlungsmittelzu- und abgänge. Der Unterschied zwischen beiden Begriffsformen liegt im Bereich der Forderungen und Verbindlichkeiten: während z. B. eine Einnahme auch bei Verkauf auf Ziel vorliegt, ergibt sich eine Einzahlung erst bei dem entsprechenden Zahlungsmittelzugang.

Das bei der Gründung eines Betriebes eingebrachte Kapital erscheint zunächst in liquider Form in der Kasse. Aus der Kasse werden Vermögensgüter und Dienstleistungen beschafft (Ausgabe) und zur Erstellung von Ertragsgütern verbraucht (Aufwand). Die Ertragsgüter (Leistung) werden gegen bar verkauft (Einnahme). Die Differenz zwischen Einnahmen und Ausgaben ist – unter Berücksichtigung von Entnahmen und Einlagen – der Erfolg der Periode.

Beispiel:

A	Anfangsbilanz		P
Kasse	5.000	Anfangskapital	5.000

A	Endbilanz		P
Kasse	6.000	Anfangskapital	5.000
		Gewinn	1.000
	6.000		6.000

Tatsächlich wird jedoch die Gesamtlebensdauer eines Betriebes (Totalperiode) in **Geschäftsjahre** (Teilperioden) zerlegt, da erstens eine Totalrechnung für die betriebliche Disposition zu spät kommt und zweitens ein gesetzlicher Zwang zur Aufstellung einer Jahresbilanz besteht. Das hat zur Folge, daß am Bilanzstichtag nicht alle Geschäftsvorfälle beendet sind, d. h. daß nicht alle Geschäftsvorfälle zu Ausgaben bzw. Einnahmen geführt haben, sondern Ausgaben und Aufwand sowie Einnahmen und Ertrag zeitlich auseinanderfallen. Es ergeben sich also Differenzen zwischen Einnahmen- und Ausgabenrechnung sowie Ertrags- und Aufwandsrechnung (Erfolgsrechnung), weil z. B. nicht alle vom Betrieb beschafften Sachgüter in der Abrechnungsperiode verbraucht bzw. umgeformt, sondern Teile davon gelagert und erst in späteren Perioden zu Aufwand werden, oder weil produzierte Güter nicht in der Periode ihrer Erstellung zu Einnahmen führen.

Diese sog. „schwebenden Geschäfte"[4] werden neben dem Kapital und den liquiden Mitteln in die Bilanz aufgenommen, wo sie so lange erscheinen, bis sie „ausgelöst" werden, während die Ausgaben und Einnahmen, die in der Rechnungsperiode zu Aufwand und Ertrag geführt haben, in der Verlust- und Gewinnrechnung erfaßt werden. Die Bilanz verrechnet also:
(1) alle nicht ausgelösten Aufwendungen und Leistungen (Erträge),
(2) alle nicht ausgelösten Ausgaben und Einnahmen.

Schmalenbach bezeichnet es als Aufgabe der Bilanz, „die schwebenden, d. h. die noch der Auslösung harrenden Posten, in Evidenz zu erhalten. Man

---

[4] Der Begriff „schwebende Geschäfte" wird von Schmalenbach nicht im juristischen Sinne verwendet, d. h. es handelt sich nicht um Verträge, die noch von keinem der beiden Vertragspartner erfüllt worden sind. Zu schwebenden Geschäften im juristischen Sinne vgl. Bieg, H., Schwebende Geschäfte in Handels- und Steuerbilanz, Frankfurt/M., Bern 1977

sieht aus ihr, was noch nicht ausgelöst ist. Das noch nicht Ausgelöste stellt noch vorhandene aktive Kräfte und passive Verpflichtungen dar. Die Bilanz ist mithin die Darstellung des Kräftespeichers der Unternehmung".[5] Die in der Bilanz gespeicherten zukünftigen Aufwendungen und Erträge bzw. Ausgaben und Einnahmen hat Schmalenbach folgendermaßen gegliedert:

Aktiva	Dynamische Bilanz nach Schmalenbach	Passiva
1. Liquide Mittel		1. Kapital
2. Ausgabe, noch nicht Aufwand (Gekaufte Maschinen mit mehrjähriger Nutzungsdauer)		2. Aufwand, noch nicht Ausgabe (Kreditoren, Rückstellungen)
3. Ausgabe, noch nicht Einnahme (Wertpapiere, Aktivdarlehen)		3. Einnahme, noch nicht Ausgabe (Darlehen)
4. Ertrag, noch nicht Aufwand (selbsterstellte Maschinen und Werkzeuge)		4. Aufwand, noch nicht Ertrag (rückständige Instandsetzungen durch eigene Werkstatt)
5. Ertrag, noch nicht Einnahme (Forderungen, Fertigfabrikate)		5. Einnahme, noch nicht Ertrag (Anzahlungen von Kunden)

Verkürzt man dieses Schema, so ergibt sich folgende Bilanz:

Aktiva	Dynamische Bilanz	Passiva
1. Liquide Mittel		1. Kapital
2. Einnahmen späterer Perioden		2. Ausgaben späterer Perioden
3. Aufwand späterer Perioden		3. Leistungen späterer Perioden

In dieser Gliederung wird der Unterschied zur statischen Bilanz, die eine reine Beständebilanz ist, klar. Schmalenbach verwendet in der Bilanz die Begriffe Aufwand und Ertrag, die sonst nur in der Gewinn- und Verlustrechnung erscheinen, sowie die Begriffe Ausgaben und Einnahmen zur Charakterisierung der Zahlungsvorgänge. Auf der Aktivseite erscheinen neben den Geldmitteln die Einnahmen und Aufwendungen späterer Perioden (Vorleistungen), auf der Passivseite neben dem Kapital die Erträge und Ausgaben späterer Perioden (Nachleistungen).

Die Bilanzposten werden also nicht als Bestände am Bilanzstichtag interpretiert, sondern als noch **nicht erfolgte Umsätze.** Die Bilanz dient somit nicht der Erkenntnis eines **Zustandes,** sondern der Erkenntnis einer **Bewegung.** Daher trägt sie die Bezeichnung dynamische Bilanz.

Die Bilanz wird bei Schmalenbach zu einem **Hilfsmittel der Erfolgsrechnung.** Letzterer gebührt der Vorrang. Sie nimmt alle Einnahmen und Ausgaben auf, die in der Abrechnungsperiode zu Aufwand und Ertrag geführt haben. Sie erscheinen in der Bilanz als Veränderung der liquiden Mittel und des Kapitals. Einnahmen und Ausgaben, die erst später zu Ertrag und Auf-

---

[5] Schmalenbach, E., Dynamische Bilanz, a. a. O., S. 74

wand werden, werden bis dahin in der Bilanz gespeichert. Das beleuchtet den Hilfscharakter der Bilanz. Die Erfolgsrechnung nimmt ferner alle Aufwendungen und Erträge der Abrechnungsperiode auf, die erst in späteren Perioden zu Einnahmen und Ausgaben führen. Sie erscheinen ebenfalls in der Bilanz. Die Gewinn- und Verlustrechnung enthält außerdem Aufwendungen und Erträge, die bereits in früheren Perioden zu Einnahmen und Ausgaben geführt haben.

Soll	Erfolgsrechnung nach Schmalenbach	Haben
1. Aufwand jetzt, Ausgabe jetzt (Kauf und Verbrauch von Rohstoffen)		1. Ertrag jetzt, Einnahme jetzt (Verkauf von in der Periode produzierten Produkten)
2. Aufwand jetzt, Ausgabe früher (Abschreibung)		2. Ertrag jetzt, Einnahme früher (Nachlieferung auf Grund von Anzahlungen)
3. Aufwand jetzt, Ausgabe später (Verbrauch von Rohstoffen auf Kredit)		3. Ertrag jetzt, Einnahme später (Produktion auf Lager, Verkauf auf Ziel)
4. Aufwand jetzt, Ertrag jetzt (Produktion von Fabrikaten)		4. Ertrag jetzt, Aufwand jetzt (Produktion von Fabrikaten)
5. Aufwand jetzt, Ertrag früher (Abschreibung selbsterstellter Maschinen)		5. Ertrag jetzt, Aufwand früher (Nachholung rückständiger Instandsetzungen durch eigene Werkstatt)
6. Aufwand jetzt, Ertrag später (rückständige Instandsetzungen durch eigene Werkstatt)		6. Ertrag jetzt, Aufwand später (Produktion von Maschinen zum eigenen Gebrauch)

Die Zusammenhänge zwischen Bilanz und Erfolgsrechnung können folgendermaßen zusammengefaßt werden:

(1) Nur in der Bilanz werden gespeichert:

a) Ausgaben und Einnahmen, die erst später zu Aufwand und Ertrag werden,

b) Ausgaben und Einnahmen, die erst später zu Einnahmen und Ausgaben werden.

(2) In der Bilanz werden folgende Vorgänge gespeichert, die gleichzeitig die Erfolgsrechnung berühren:

a) Aufwendungen und Erträge, die erst später zu Erträgen und Aufwendungen werden,

b) Aufwendungen und Erträge, die erst später zu Ausgaben und Einnahmen werden.

Auf die Unvollständigkeit des Schmalenbachschen Bilanzschemas haben seine Kritiker hingewiesen.[6] So sind beispielsweise auf Kredit beschaffte Rohstoffe, die noch nicht verbraucht sind, in dieser Bilanzgliederung nicht unterzubringen. Sie sind weder Ausgaben (im Sinne Schmalenbachscher

---

[6] Vgl. Nicklisch, H., Dynamik, ZfHH, 1920/21, S. 244; Rieger, W., Schmalenbachs dynamische Bilanz, 2. Aufl., Stuttgart und Köln 1954, S. 116 ff.

Terminologie) noch Aufwand der Periode, ihre Beschaffung stellt auch keinen Ertrag dar, sondern eine erfolgsunwirksame Zunahme von Beständen an Vermögen und Schulden. Nochmals sei an dieser Stelle daran erinnert, daß nach heute üblicher Begriffsbildung eine Ausgabe vorliegt, da das Geldvermögen durch die Entstehung der Verbindlichkeit abnimmt, nicht aber eine Auszahlung, daß Schmalenbach aber unter „Ausgabe" nach heutigem Verständnis „Auszahlung" gemeint hat. Die richtige Bezeichnung in Schmalenbachs Terminologie wäre „noch nicht Ausgabe, noch nicht Aufwand". Eine solche Position hat in seinem Bilanzschema keinen Platz.

Schmalenbach hat **keine in sich geschlossene Bewertungslehre** für die Bilanz entwickelt. „Dieses Unterlassen von Schmalenbach ist um so unverständlicher" – schreibt Gutenberg[7] –, „als das Kategoriensystem, mit dem er die formale Struktur der Bilanz aufschließt, an sich die Ansätze zu einem Bewertungssystem enthält." Da Schmalenbach als Zweck des Jahresabschlusses die Ermittlung des vergleichbaren Periodenerfolges als Maßstab der Wirtschaftlichkeit bezeichnet, kommt dem **Grundsatz der Vergleichbarkeit** des Periodenerfolges besondere Bedeutung zu. Die Vergleichbarkeit soll einmal durch eine genaue Periodenabgrenzung erreicht werden, die den einzelnen Abrechnungsperioden den Aufwand und Ertrag zurechnet, der in ihnen auch verursacht wurde, zum zweiten durch Verwendung gleicher Gewinnermittlungsmethoden. Das Prinzip der Vergleichbarkeit wird jedoch wieder eingeschränkt durch Zugeständnisse an die Bewertungsgewohnheiten der Praxis, insbesondere durch Berücksichtigung des Prinzips der kaufmännischen Vorsicht bei der Bemessung der Wertansätze.

Die dynamische Bewertungslehre arbeitet mit verschiedenen Werten. Der hauptsächlich verwendete Wert ist zunächst der **Anschaffungswert,** der jedoch dann nicht anwendbar ist, wenn Sachwert- oder Geldwertschwankungen eingetreten sind. In diesem Falle tritt an die Stelle des Anschaffungswertes der **Zeitwert.** Beim **Anlagevermögen** stößt die Ermittlung des Zeitwertes (Tageswert) auf Schwierigkeiten, da die Güter des Anlagevermögens (z. B. gebrauchte Maschinen) nicht am Markt veräußert werden sollen, zwischen dem Marktwert einer gebrauchten Maschine und dem Gebrauchswert im Betrieb aber ein Unterschied bestehen wird. Deshalb läßt Schmalenbach bei Zeitvergleichen den Anschaffungswert (vermindert um verbrauchsbedingte Abschreibungen) als Wertansatz für das Anlagevermögen gelten.

Für das **Umlaufvermögen** wird bei Preisänderungen eine Rechnung mit eisernen Beständen gefordert. **Eiserner Bestand** ist das Minimum an Vorräten, das zur Gewährleistung eines ungestörten Betriebsablaufs erforderlich ist. Bei steigenden Preisen treten „Scheingewinne" auf, wenn Bestände, die noch mit niedrigeren Preisen beschafft wurden, mit gestiegenen Absatzpreisen veräußert werden können, die Wiederbeschaffungspreise aber inzwischen ebenfalls gestiegen sind. Im Falle von Preissenkungen würden entsprechende „Scheinverluste" entstehen. Schmalenbach fordert deshalb, einen eisernen Bestand mit einem Festwert in die Bilanz einzusetzen, damit verhin-

---

[7] Gutenberg, E., Einführung in die Betriebswirtschaftslehre, Wiesbaden 1958, S. 165

dert wird, daß plötzliche Preisschwankungen sich in der Erfolgsrechnung auswirken.

Nach Schmalenbach sollen die Erfolgsrechnung und die Bilanz die Wirtschaftlichkeit der Periode zeigen. Unter Wirtschaftlichkeit versteht er aber eine „**gemeinwirtschaftliche Wirtschaftlichkeit**", nicht dagegen die „privatwirtschaftliche Wirtschaftlichkeit" (Rentabilität), denn – so betont er – es ist „nicht der Sinn unserer Betriebswirtschaftslehre, zuzuschauen, ob und wie irgend jemand sich ein Einkommen oder Vermögen verschafft. Sinn unserer Lehre ist lediglich, zu erforschen, wie und auf welche Weise der Betrieb eine gemeinwirtschaftliche Produktivität beweist".[8]

In Wirklichkeit aber ist die dynamische Bilanz nicht geeignet, die gemeinwirtschaftliche Wirtschaftlichkeit, die eine gesamtwirtschaftliche Kategorie ist, zu ermitteln. Schmalenbach hat das selbst gesehen und stellt zwar fest, „daß der privatwirtschaftliche Ertrag am letzten Ende nicht das ist, was wir eigentlich herausmessen wollen", muß jedoch zugeben, „daß wir aber den privatwirtschaftlichen Ertrag uns zum Rechnungsziele nehmen, wissend, daß nur dieser die nötige Sicherheit und den guten Willen der Rechner findet".[9] Die dynamische Bilanzauffassung wurde durch Walb, Kosiol und Sommerfeld weiterentwickelt.

bb) Die finanzwirtschaftliche Bilanzauffassung von Walb[10]

An die Stelle der Schmalenbachschen Gegenüberstellung von Ausgaben und Einnahmen einerseits und Aufwand und Leistung andererseits führt Walb eine Zweiteilung der Konten in eine **Zahlungsreihe** (Zahlungsausgänge und Zahlungseingänge) und eine **Leistungsreihe** (Leistungsausgänge und Leistungseingänge) ein. Die Konten der Zahlungsreihe finden in der Bilanz, die Konten der Leistungsreihe in der Gewinn- und Verlustrechnung ihren Abschluß. Die Aktivposten der Bilanz werden als Einnahmen späterer Perioden, die Passivposten als Ausgaben späterer Perioden betrachtet.

Beim Jahresabschluß werden Aufwendungen und Erträge, die noch nicht erfolgswirksam sind, aus der Leistungsreihe in die Zahlungsreihe zurückverrechnet. Die Erfolgsrechnung enthält dann nur die Leistungsausgänge (Aufwand) und Leistungseingänge (Ertrag) der Abrechnungsperiode. Die finanzwirtschaftliche Bilanz sieht dann folgendermaßen aus:

Aktiva	Finanzwirtschaftliche Bilanz	Passiva
zukünftige Einnahmen zurückverrechnete Ausgaben		zukünftige Ausgaben zurückverrechnete Einnahmen

---

[8] Schmalenbach, E., Dynamische Bilanz, 5. Aufl., Leipzig 1931, S. 94
[9] Schmalenbach, E., a. a. O., S. 95
[10] Vgl. Walb, E., Die Erfolgsrechnung privater und öffentlicher Betriebe, Berlin und Wien 1926; derselbe, Die finanzwirtschaftliche Bilanz, 3. Aufl., Wiesbaden 1966

Beispiel:

Betragen die Anschaffungskosten beim Kauf einer Maschine 1.000 DM und die Abschreibung am Ende der ersten Periode 100 DM, so erscheint die Maschine zunächst mit 1.000 DM in der Leistungsreihe. Da aber nur die Abschreibung von 100 DM Aufwand der Periode darstellt, wird der Restbuchwert von 900 DM erst in späteren Perioden zu Aufwand (Abschreibung). Folglich wird die noch nicht zu Aufwand gewordene Ausgabe von 900 DM am Ende der Periode in die Zahlungsreihe zurückverrechnet und in die Bilanz als „zurückverrechnete Ausgabe" aufgenommen.

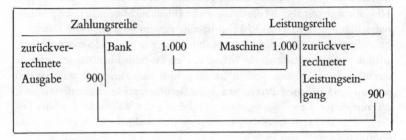

Diese Art der Verrechnung über Leistungsreihe und Zahlungsreihe führt dazu, daß sowohl mit der Bilanz als auch mit der Erfolgsrechnung der Erfolg der Periode unabhängig voneinander ermittelt werden kann. Die Bilanz ist damit nicht mehr nur wie bei Schmalenbach ein großes transitorisches Konto, ein Hilfsmittel der Erfolgsrechnung, sondern ermöglicht getrennt und unabhängig von der Erfolgsrechnung die Ermittlung des Periodenerfolges.

In seiner Auffassung über die Bewertung unterscheidet sich Walb von Schmalenbach. „Es liegt auf der Hand, daß das Prinzip der Vorsicht das der Vergleichbarkeit völlig aufheben kann. Die Jahre überhöhter Aufwandsbewertung stehen ja mit solcher normaler Verrechnung außer 'jedem Bezug'".[11] Dieses bewertungsmäßige Problem löst Walb „rein bilanztheoretisch", d. h. nicht in der Gewinnermittlung, sondern in der Gewinnaufgliederung, indem die aperiodischen Gewinnkomponenten gesondert ausgewiesen werden müssen.[12]

cc) Die pagatorische[13] Bilanzauffassung von Kosiol[14]

Kosiol entwickelte die Walbsche Auffassung weiter, indem er den Nachweis erbringt, daß auch die Leistungsreihe sich auf Zahlungsvorgänge zurückführen läßt und folglich eine Trennung von Leistungsreihe und Zahlungsreihe nicht erforderlich ist. Sämtliche betrieblichen Vorgänge werden

---

[11] Walb, E., Die Erfolgsrechnung privater und öffentlicher Betriebe, a. a. O., S. 370

[12] Vgl. Moxter, A., Betriebswirtschaftliche Gewinnermittlung, Tübingen 1982, S. 201

[13] Pagatorisch = auf Zahlungsvorgängen beruhend

[14] Vgl. Kosiol, E., Bilanzreform und Einheitsbilanz, 2. Aufl., Berlin-Stuttgart 1949; derselbe, Pagatorische Bilanz, in: Bott, K., Lexikon des kaufmännischen Rechnungswesens, 2. Aufl., Bd. 3, Stuttgart 1956, Sp. 2085 ff.; derselbe, Bilanztheorie, pagatorische, HWR, 2. Aufl., Stuttgart 1981, Sp. 235 ff.

mit den Begriffen Einnahme und Ausgabe dargestellt. Das erfordert eine Erweiterung des Zahlungsbegriffes über den Begriff der Barzahlung hinaus. Barzahlungen späterer und früherer Perioden werden mit **Verrechnungszahlungen** bezeichnet. Dadurch werden auch die leistungswirtschaftlichen Vorgänge (Aufwand und Ertrag) als Zahlungen definiert. Kosiol unterscheidet zwischen Vorverrechnung, Tilgungsrechnung, Rückverrechnung und Nachverrechnung.

Die **Vorverrechnung** führt zu erfolgswirksamen und erfolgsunwirksamen Voreinnahmen und Vorausgaben. Erfolgswirksame Voreinnahmen sind z. B. die Debitoren, erfolgswirksame Vorausgaben z. B. die Kreditoren. Die Hingabe eines Darlehens ist eine erfolgsunwirksame Voreinnahme, die Aufnahme eines Kredites eine erfolgsunwirksame Vorausgabe.

Werden Forderungen bezahlt, so stellt die Barzahlung eine Ausgleichseinnahme, die Gegenbuchung auf dem Forderungskonto eine **Tilgungsausgabe** dar. Werden Kreditoren bezahlt, so erfolgt eine Ausgleichsausgabe, der eine **Tilgungseinnahme** als Verrechnungszahlung gegenübersteht.

Beispiel:

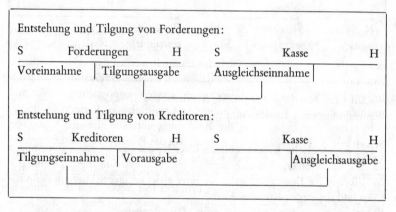

Die **Rückverrechnung** führt dazu, daß Ausgaben und Einnahmen, die erst in späteren Perioden zu Aufwand bzw. Ertrag werden, durch Rückeinnahmen oder Rückausgaben erfolgsrechnerisch durch Aktivierung oder Passivierung zunächst neutralisiert werden. Ausgaben dieser Art bezeichnet Kosiol als **Vorratsausgaben.** Bei der Aktivierung entsteht eine Rückeinnahme (Kauf einer Maschine), die spätere Aufwandsverrechnung (Abschreibung) stellt eine **Nachausgabe** dar.

Einnahmen, die erst später zu Erträgen führen, heißen **Reservateinnahmen;** ihre Erfolgswirksamkeit wird „reserviert". Werden sie passiviert, so entsteht eine Rückausgabe (z. B. Vorauszahlungen von Kunden). Werden sie später erfolgswirksam, so entstehen **Nacheinnahmen.**

Nacheinnahmen und Nachausgaben bilden zusammen die **Nachverrechnung,** Rückeinnahmen und Rückausgaben die **Rückverrechnung.**

Die Einführung der Verrechnungszahlen ermöglicht den Aufbau einer auf Zahlungsvorgängen beruhenden periodischen Erfolgsrechnung. Die Barzahlungen früherer oder späterer Perioden werden als Verrechnungszahlungen der Abrechnungsperiode aufgefaßt.

Der Periodenerfolg wird als Unterschied sämtlicher Einnahmen und Ausgaben mit Hilfe der **pagatorischen Bewegungsbilanz** ermittelt. Sie ist eine Bruttozusammenstellung aller Einnahmen (Soll) und Ausgaben (Haben), gegliedert nach Verrechnungsarten. Sie enthält die Umsätze aller Bestandskonten, also nicht die Anfangsbestände. (Vgl. Seite 1221 f.).

Beispiele:

S	Maschinen	H		S	Kasse	H
Zugang (Rückeinnahme) 1.000	Abschreibung (Nachausgabe) 100				(Vorratsausgabe) 1.000	

S	Anzahlung	H		S	Kasse	H
(Nacheinnahme) 500	(Rückausgabe) 500			(Reservateinnahme) 500		

Kauf einer Maschine 1.000 DM, Abschreibung 100 DM; Anzahlung eines Kunden und spätere Lieferung 500 DM.

Die **pagatorische Beständebilanz** leitet Kosiol aus der Bewegungsbilanz ab. Die Bestände ergeben sich durch Addition der Anfangsbestände und der entsprechenden Bewegungsgrößen „unter gleichzeitiger Saldierung der positiven und negativen Komponenten":[15]

Kasse	= Bareinnahmen minus Barausgaben,
Forderungen	= Voreinnahmen minus Tilgungsausgaben,
Schulden	= Vorausgaben minus Tilgungseinnahmen,
Vorräte	= Rückausgaben minus Nacheinnahmen,
Reservate	= Rückeinnahmen minus Nachausgaben.

Die Bewertung erfolgt in der pagatorischen Bilanz mit dem sog. „**pagatorischen Wert**". Die Güter werden mit den Ausgaben bewertet, die sie verursacht haben. „Der pagatorische Wert ist auf den Zeitpunkt des tatsächlichen Vollzuges von Einnahmen und Ausgaben bezogen. Er ist ein im Markt realisierter und darum feststehender, eindeutiger Wert."[16] Dieser Wert entspricht bei Realgütern dem **Anschaffungswert** im üblichen Sinne.

Kosiol interpretiert den pagatorischen Wert aller Bilanzpositionen als An-

---

[15] Kosiol, E., Pagatorische Bilanz, a. a. O., Sp. 2097
[16] Kosiol, E., Pagatorische Bilanz, a. a. O., Sp. 2106

schaffungswert im weiteren Sinne. „Methodisch gesehen, sind alle Beständebilanzpositionen einheitlich zum pagatorischen Wert im Sinne eines allgemeinen Anschaffungswertes anzusetzen: Barbestände zum Einnahmenwert der tatsächlichen Bareinnahmen, Forderungen zum Einnahmenwert der vereinbarten zukünftigen Bareinnahmen, Schulden zum Ausgabenwert der vereinbarten zukünftigen Barausgaben, Vorräte (Realgüter) zum Ausgabenwert der Anschaffungsausgaben als dem Wert der Vorratsausgaben (Anschaffungswert im üblichen engeren Sinne), Reservate (geschuldete Realgüter) zum Einnahmenwert der entstandenen Reservateinnahmen."[17]

Aktiva	Pagatorische Beständebilanz (Grundgestalt)[18]	Passiva

I. Einnahmenbestände
  1. Kasse bzw. Guthaben = Barbestände
  2. Forderungen = Einnahmenvorgriffe
II. Ausgabengegenwerte
  3. Vorräte
		I. Ausgabenbestände
		  1. Schulden = Ausgabenvorgriffe
		
		II. Einnahmengegenwerte
		  2. Reservate
		
		Saldo = Periodenerfolg (Gewinn)

Einnahmen	Pagatorische Bewegungsbilanz[19]	Ausgaben

I. Bareinnahmen
  a) Ertragseinnahmen
    (bare Verkaufserlöse)
  b) Reservateinnahmen
    (bare Vorauszahlungen von Kunden)
  c) Schuldeinnahmen
    (in bar erhaltenes Darlehen)
  d) Ausgleichseinnahmen
    (Bareingang ertragswirksamer oder wechselbezüglicher Forderungen)
II. Verrechnungseinnahmen
  a) Voreinnahmen
    (Forderungsentstehungen)
    1. Ertragswirksame Voreinnahmen
      (Forderungen aus Kreditverkäufen)
    2. Reservat-Voreinnahmen
      (Vorauszahlungen von Kunden durch Wechsel)
    3. Wechselbezügliche Voreinnahmen
      (Darlehensforderungen)
		I. Barausgaben
		  a) Aufwandsausgaben
		    (bare Lohnzahlungen)
		  b) Vorratsausgaben
		    (Bareinkauf von Maschinen)
		  c) Forderungsausgaben
		    (in bar gegebenes Darlehen)
		  d) Ausgleichsausgaben
		    (bare Begleichung aufwandswirksamer oder wechselbezüglicher Schulden)
		II. Verrechnungsausgaben
		  a) Vorausgaben
		    (Schuldentstehungen)
		    1. Aufwandswirksame Vorausgaben
		      (Schulden für Reparaturleistungen)
		    2. Vorrats-Vorausgaben
		      (Schulden für Warenlieferungen)
		    3. Wechselbezügliche Vorausgaben
		      (Darlehensschulden)

[17] Kosiol, E., HWR, a. a. O., Sp. 249
[18] Kosiol, E., Pagatorische Bilanz, a. a. O., Sp. 2097 f.
[19] Kosiol, E., Pagatorische Bilanz, a. a. O., Sp. 2095 f.

Einnahmen	Pagatorische Bewegungsbilanz[19]	Ausgaben
b) Tilgungseinnahmen (Schuldtilgungen = Gegenbuchung zu Ausgleichsausgaben) c) Rückeinnahmen (Aktivierung von Vorratsausgaben für Maschineneinkäufe) d) Nacheinnahmen (ertragswirksame Verrechnung passivierter Vorauszahlungen von Kunden)		b) Tilgungsausgaben (Forderungstilgungen = Gegenbuchung zu Ausgleichseinnahmen) c) Rückausgaben (Passivierung erhaltener Vorauszahlungen von Kunden) d) Nachausgaben (Verbrauch von Warenvorräten, Abschreibungen, Wertberichtigungen) Saldo = Periodenerfolg (Gewinn)

Der **Herstellungswert** ist als Sonderfall des Anschaffungswertes anzusehen. Die Abschreibung stellt keine Bewertung dar, sondern eine Verteilung von Ausgaben. Die Wirtschaftsgüter erscheinen in der Bilanz mit dem noch nicht verteilten Ausgabewert.

Durch den Ansatz von Anschaffungswerten wird dem **Realisationsprinzip** voll Rechnung getragen. Die Beachtung des Prinzips kaufmännischer Vorsicht und damit des Niederstwertprinzips führt zur Notwendigkeit des Ansatzes von Tageswerten, in denen z. B. auch unrealisierte Verluste enthalten sein können. Liegt der Tageswert unter dem Anschaffungswert, so erfolgt nach Kosiol eine Aufwands-(Verlust-)Antizipation. Ein in einer späteren Periode möglicher Verlust wird bereits in dieser Periode erfaßt. Durch Erweiterung des Begriffes des pagatorischen Wertes von Werten, die auf tatsächlichen Zahlungsvorgängen beruhen, auf Werte, die aus möglichen Zahlungsvorgängen abgeleitet sind, gelingt es Kosiol, auch den Tageswert in die pagatorische Bewertungslehre einzubeziehen.

dd) Die eudynamische Bilanzauffassung von Sommerfeld[20]

Ebenso wie Walb und Kosiol geht auch Sommerfeld von Schmalenbachs Auffassung aus, daß die Bilanz nicht der Darstellung des Vermögens, sondern der Erfolgsermittlung dient. Sommerfeld unterscheidet sich von den übrigen Anhängern der dynamischen Bilanzauffassung vorwiegend durch seine Stellung zum Problem der Kapitalerhaltung des Betriebes.

Schmalenbach und Walb vertreten den Grundsatz realer (materieller) Kapitalerhaltung, d. h. sie betrachten den Gewinn als den Überschuß über das Anfangskapital, der sich ergibt, wenn man das Endkapital auf die Kaufkraft des Anfangskapitals umgerechnet hat. Es wird also nicht Geld mit Geld, sondern Geld gleicher Kaufkraft verglichen. Sobald die Kaufkraft schwankt, muß mit Hilfe eines Index eine Umrechnung erfolgen. Kosiol dagegen

---

[20] Vgl. Sommerfeld, H., Bilanz (eudynamische), HdB, Bd. 1, Stuttgart 1926, Sp. 1340 ff., derselbe, Eudynamische Bilanz, in: Bott, Lexikon des kaufmännischen Rechnungswesens, 2. Aufl., Bd. 2, Stuttgart 1955, Sp. 980 ff.

kommt durch die Anwendung des pagatorischen Wertes, der weitgehend mit dem Anschaffungswert gleichgesetzt werden kann, zum Grundsatz der nominellen Kapitalerhaltung. Danach ist Gewinn der Unterschiedsbetrag zwischen nominellem Geldkapital am Anfang und am Ende der Periode. Nominelle und reale Kapitalerhaltung entspringen dem reinen Gelddenken. Die reale Kapitalerhaltung berücksichtigt nur Geldwertschwankungen, dagegen nicht Sachwertschwankungen.

Sommerfeld vertritt die Auffassung einer **„qualifizierten Substanzerhaltung"**, aus der ein völlig anderer Gewinnbegriff folgt.[21] Er fordert eine Gewinnermittlung, die nicht nur die nominelle Kapitalerhaltung und die Erhaltung der betrieblichen Substanz (der Sachwerte), sondern darüber hinaus eine Erweiterung der Substanz entsprechend dem allgemeinen Trend der volkswirtschaftlichen Gesamtentwicklung ermöglicht. „Die Erhaltung der Substanz", schreibt Sommerfeld, „erschöpft sich nach eudynamischer Auffassung nicht mit der Sicherung des Gleichbleibens des Geldwertes der Substanz. Da Stillstand schon Rückschritt ist, so muß der Unternehmer mit der technischen und sozialen Entwicklung mitgehen. Das ist nur durch ausreichende Substanzmehrung möglich."[22]

b) Die organische Bilanzauffassung von F. Schmidt[23]

Schmidt stellt der Bilanz zwei Aufgaben: die richtige Feststellung des Erfolges und des Vermögens. Der Akzent liegt bei seiner Theorie auf der Bewertungsfrage. Die Bezeichnung „organisch" soll ausdrücken, daß der einzelne Betrieb bei der Ermittlung der Bilanzwerte in den organischen Gesamtzusammenhang der Volkswirtschaft gestellt werden muß.

Das Hauptanliegen der organischen Bilanztheorie ist die **Eliminierung aller Geldwertänderungen.** Die Gewinnermittlung und die Bewertung der Wirtschaftsgüter haben so zu erfolgen, daß nicht nur eine Erhaltung des Kapitals, sondern auch der realen Vermögenssubstanz erreicht wird. Deshalb ist es erforderlich, echte Gewinne von **Scheingewinnen** und echte Verluste von **Scheinverlusten** zu trennen. Ein echter Gewinn ist nur dann entstanden, wenn der Verkaufspreis einer Ware höher ist als der Wiederbeschaffungspreis am Verkaufstage. Ist der Wiederbeschaffungspreis am Verkaufstage höher als der Anschaffungspreis, so ist die Differenz ein Scheingewinn.

Echte Gewinne und Verluste entstehen also **nur durch Umsatz,** während Preisänderungen zu Scheingewinnen oder -verlusten führen. „Gewinn kann nur sein", schreibt Schmidt, „was über den Tagesbeschaffungswert der Kostenmengen des Umsatztages hinaus erzielt wird. Weder die Volkswirtschaft noch die Betriebe können Gewinne erzielen, wenn nicht die Erlöse erlauben, ein Mehr an Kostenmengen über die verbrauchten hinaus zu bezahlen. Da-

---

[21] Vgl. hierzu Sommerfelds Bewertungs- und Kapitalerhaltungsvorstellungen ausführlich auf S. 1237 ff.

[22] Sommerfeld, H., Eudynamische Bilanz, a. a. O., Sp. 983

[23] Vgl. Schmidt, F., Die organische Tageswertbilanz, 3. Aufl., 1929, unveränderter Nachdruck, Wiesbaden 1951

mit ist gleichzeitig gesagt, daß eine bloße Wertänderung der Kostenteile niemals Gewinn aus der Betätigung des Betriebes sein kann, sondern im Rahmen einer besonderen Rechnung für die Wertänderung am ruhenden Vermögen auszuweisen ist."[24,25]

c) Die statische Bilanzauffassung

aa) Die ältere statische Bilanztheorie

Die statische Auffassung sieht die Aufgabe der Bilanz in der Aufstellung eines „Status", d. h. in der Ermittlung des Vermögens- und Schuldenstandes an einem Stichtag. Die Bilanz soll einmal dem Geldgeber Rechenschaft über den „Zustand" am Bilanzstichtag geben und außerdem ein Instrument zur wirtschaftlichen Betriebsführung sein. Beide Aufgaben erfordern in erster Linie eine genaue Gliederung der Bilanz, so daß in der statischen Bilanztheorie die **Gliederungslehre** und nicht die Bewertungslehre das Kernstück darstellt.

Die statische Auffassung ist Grundlage der handelsrechtlichen Vorschriften über die Aufstellung von Inventar und Bilanz (§§ 240 ff. HGB) und der Bewertungsvorschriften der §§ 252 ff. HGB. Im Rahmen der Kommentierung der ähnlich lautenden §§ 39, 40 HGB a. F. wurde von Juristen erstmals der Versuch einer Deutung der kaufmännischen Bilanz gemacht. Zu nennen sind hier insbesondere die Arbeiten von Simon[26] und Fischer.[27]

Die statische Bilanz ist eine **Kapitalbilanz;** die Passivseite zeigt das Eigen- und Fremdkapital und die Aktivseite die Vermögensteile, in denen das Kapital angelegt ist und die die Deckung für das Kapital darstellen. Für die Erfolgsermittlung ist diese Beständebilanz nicht zu verwenden, sondern dafür wird eine getrennte Gewinn- und Verlustrechnung aufgestellt.

Die Bilanzierung hat nach dem **Bruttoprinzip** zu erfolgen; alle Vermögenswerte sind mit den Anschaffungskosten anzusetzen, Wertminderungen sind durch Wertberichtigungen zu erfassen, also grundsätzlich ist die indirekte Abschreibung anzuwenden. Die bewußte Bildung stiller Rücklagen wird abgelehnt. Diese Bewertung führt zur nominellen Kapitalerhaltung.

Nach **Nicklisch,** einem der Hauptvertreter der statischen Bilanzauffassung, gliedert sich das Vermögen „nach der Art, in der seine Bestandteile am Betriebsprozeß teilnehmen. Dieser Wertumlauf besteht aus einem ‚Hin' von der Beschaffung und Verwendung der Güter bis zur Veräußerung der erzielten Betriebsleistung und aus einem ‚Her' von dem Eingange des Gegenwerts als Erlös bis zu dessen Wiederverwendung für die Beschaffung von Gütern,

---

[24] Schmidt, F., Organische Bilanz, in: Bott, Lexikon des kaufmännischen Rechnungswesens, 2. Aufl., Bd. 3, Stuttgart 1956, Sp. 2044 f.

[25] Vgl. hierzu Schmidts Bewertungs- und Substanzerhaltungsvorstellungen ausführlich auf S. 1235 ff.

[26] Vgl. Simon, H. V., Die Bilanzen der Aktiengesellschaften und der Kommanditgesellschaften auf Aktien, 1886

[27] Vgl. Fischer, R., Die Bilanzwerte, was sie sind und was sie nicht sind. Teil 1 u. 2, 1905 u. 1908

die für die Erneuerung der ersten Hälfte der Bewegung und damit des ganzen Wertumlaufs geeignet sind. "[28]

In der ersten Richtung („Hin") laufen „Erzeugungswerte", dazu gehören das nicht abnutzbare Anlagevermögen („Fundierungsvermögen"), das abnutzbare Anlagevermögen („Gebrauchsvermögen") und das umlaufende Vermögen, soweit es nicht aus Zahlungsmitteln besteht; in der zweiten Richtung („Her") laufen die Zahlungsmittel („Regulierungsgüter").

Die bisher genannten Vermögensgruppen bilden das Betriebsvermögen. Diesen unmittelbar durch den Betriebszweck gebundenen Vermögenswerten stehen solche gegenüber, die nur mittelbar (Reservevermögen) oder überhaupt nicht (Überschußvermögen, „Überwerte") mit dem Betriebszweck zusammenhängen.[29]

Schematisch läßt sich Nicklischs Gliederung des Vermögens nach Funktionen folgendermaßen darstellen:

I. Betriebsvermögen
  1. Erzeugungswerte
    a) Fundierungsvermögen (= nicht abnutzbare Anlagegüter)
    b) Gebrauchsvermögen (= abnutzbare Anlagegüter)
    c) Umlaufendes Vermögen (außer Zahlungsmitteln)
  2. Regulierungsgüter (= Zahlungsmittel)
II. Reservevermögen
III. Überschußvermögen

bb) Die totale Bilanzauffassung von Le Coutre[30]

Die totale Bilanzauffassung stellt eine Weiterentwicklung der statischen Bilanztheorie dar, indem sie diese von ihrer Einseitigkeit befreit. Le Coutre lehnt jeden Monismus ab und stellt fest: „... die Schaffung wirtschaftlich wirklich brauchbarer Bilanzen ist nur möglich, wenn bei der Bilanzaufstellung nicht nur ein jeweiliger Einzelzweck, sondern auch die naturgegebenen betriebsorganisatorischen Allgemeinzwecke der Bilanzen, ihr Wesen nach Inhalt und Form und ihre betrieblichen Beziehungen lückenlos beachtet werden. "[31]

Die Bilanz soll folgenden Zwecken dienen:
a) der Betriebserkenntnis und Betriebsübersicht,
b) der Betriebsführung, insbesondere der Disposition,
c) der Betriebsergebnisfeststellung,
d) der Betriebsüberwachung,
e) der Rechenschaftslegung.

---

[28] Nicklisch, H., Die Betriebswirtschaft, 7. Aufl., Stuttgart 1932, S. 327
[29] Vgl. Nicklisch, H., a. a. O., S. 326
[30] Vgl. Le Coutre, W., Zeitgemäße Bilanzierung. Die statische Bilanzauffassung und ihre praktische Anwendung, Berlin-Wien 1934; ders., Grundzüge der Bilanzkunde, eine totale Bilanzlehre, Teil 1, 4. Aufl., Wolfenbüttel 1949; ders., Totale Bilanz, in: Bott, Lexikon des kaufmännischen Rechnungswesens, 2. Aufl., Bd. 4, Stuttgart 1957, Sp. 2555ff.
[31] Le Coutre, W., Totale Bilanz, a. a. O., Sp. 2562

Die Probleme der Bewertung treten hinter der Gliederungslehre zurück. Die Gliederung der Bilanzen muß so erfolgen, daß sie Einblicke für die Betriebsführung, Disposition, Verwaltung und Kontrolle gewährt. Die Gliederung des Bilanzinhalts soll in folgender Reihenfolge erfolgen, wobei diese Gliederung „gleichzeitig eine Rangordnung nach der wirtschaftlichen Bedeutung und der rechnungs-organisatorischen Seite" darstellt:[32]

„1. nach Funktionen,
2. nach Aufgaben,
3. nach Arten,
4. nach Rechtsbeziehungen,
5. nach Risiken,
6. nach individuellen Bedürfnissen. "

Beispiel einer **Bilanzgliederung nach Le Coutre** (verkürzt)[33]:

Sachkapital	Totale Bilanz	Finanzkapital
A. Werbendes Vermögen	A. Eigenkapital	
I. Anlagevermögen	I. Langfristig	
a) Produktionsanlagen	a) Grundkapital	
b) Verwaltungsanlagen	b) Zusatz- und	
c) Beteiligungen	Zuwachskapital	
II. Beschäftigungsvermögen	II. Kurzfristig	
a) Vorräte	III. Sofort fällig	
b) Forderungen	B. Fremdkapital	
c) Zahlungsmittel	I. Langfristig	
B. Sicherungsvermögen	II. Kurzfristig	
C. Verwaltungsvermögen	III. Sofort fällig	
D. Überschußvermögen	C. Posten der Rechnungs-	
E. Sozialvermögen	abgrenzung	
F. Posten der Rechnungs-	D. Durchlaufende Posten	
abgrenzung	E. Jahreserfolg	
G. Durchlaufende Posten		

Die genannten Aufgaben können nicht von einer einzigen Bilanz gelöst werden, vielmehr sind für die verschiedenen Aufgaben getrennte Bilanzen aufzustellen. Die bisher übliche Trennung in Bilanz und Gewinn- und Verlustrechnung wird als nicht ausreichend betrachtet. Le Coutre unterscheidet daher zwischen

(1) **Kapitalbestandsbilanzen,** deren Aktiva das Sachkapital und deren Passiva das Finanzkapital darstellen. Die totale Bilanz ist also grundsätzlich eine Kapitaldispositionsrechnung.

(2) **Kapitalbewegungsbilanzen,** die als
  (a) Umsatzbilanzen den Umsatz der Bestände verzeichnen, als
  (b) Leistungsbilanzen dem Kapitalverzehr (Aufwand und Kosten) den Kapitalersatz (Erlös und Erträge) gegenüberstellen, und als

---

[32] Le Coutre, W., Totale Bilanz, a. a. O., Sp. 2591f.
[33] Le Coutre, W., Totale Bilanz, a. a. O., Sp. 2601f.

(c) Erfolgsbilanzen den Kapitalzuwachs (Gewinn) und die Kapitalver-
nichtung (Verlust) zeigen.

Die Gliederung der statischen und noch stärker der totalen Bilanz führt
dazu, daß die Vermögenswerte nicht mehr allein nach ihren Arten und nach
ihrer Liquidierbarkeit angeordnet werden, wie das z. b. in einer nach handelsrechtlichen Gliederungsvorschriften erstellten Handelsbilanz und der
daraus abgeleiteten Steuerbilanz der Fall ist, sondern daß einzelne Vermögensarten je **nach ihrem Verwendungszweck** auf verschiedene Vermögensgruppen aufgeteilt werden. Ein Teil der Gebäude, Maschinen, Wertpapiere
usw. kann im Betriebsvermögen, ein anderer Teil im Sicherungs-, Verwal-
tungs- oder Überschußvermögen erscheinen.

Eine solche Gliederung kann jedoch für die Beurteilung der wirtschaftlichen Situation und der zukünftigen Entwicklung des Betriebes von großem
Nutzen sein. Sie ist deshalb für die Betriebsführung, für die Gesellschafter,
aber auch für die Gläubiger von größter Wichtigkeit. Für die Steuerbilanz
dagegen ist sie ohne wesentlichen praktischen Wert, ja sie kann sogar unübersichtlich sein, da mit Hilfe der Steuerbilanz eine Steuerbemessungsgrundlage – der Gewinn – ermittelt werden soll und dafür nicht eine Gliederung des Vermögens nach seinen Zwecken, sondern nach Arten und Bewertungsgruppen von Bedeutung ist.

Die **Bewertung** erfolgt in der totalen Bilanz grundsätzlich zum Anschaffungswert. Das Bruttoprinzip ist ausnahmslos anzuwenden, alle Bewertungen sind über Wertberichtigungsposten vorzunehmen (indirekte Abschreibungsmethode). Die Höhe der Abschreibungen wird nicht vorgeschrieben,
jedoch sollen die verbrauchsbedingten Abschreibungen von den überhöhten
Finanzabschreibungen getrennt werden. Auch die Höhe der offenen Rücklagen wird in das Ermessen des Betriebes gestellt. Die Bildung stiller Reserven
wird abgelehnt, „da dadurch Kapital außer Rechnung gesetzt und allen Er-
folgs- und Rentabilitätsrechnungen die Grundlage entzogen wird."[34]

cc) Die nominalistische Bilanzauffassung von Rieger[35]

Nach Rieger ist die Bilanz eine reine Geldrechnung, sie enthält die zukünftigen Einnahmen und Ausgaben. Erst am Ende der Lebenszeit einer Unternehmung, also bei der Liquidation, wenn alle Werte wieder zu Geld geworden sind, läßt sich der richtige Erfolg als Totalerfolg als Differenz zwischen
Geldeinsatz (Anfangskapital + spätere Einlagen) und Gelderlös (Endkapital
+ Entnahmen, d. h. Gewinnausschüttungen oder Kapitalrückzahlungen) ermitteln. Jeder Zwischenabschluß ist eine Fiktion, da er einen willkürlichen
Schnitt durch betriebliche Zusammenhänge darstellt und an einem Zeitpunkt erfolgt, an dem noch nicht alle Güter wieder zu Geld geworden sind.
Aus dem Gesagten wird ersichtlich, daß Rieger den Grundsatz der **nominel-
len Kapitalerhaltung** vertritt.[35a]

---

[34] Le Coutre, W., a. a. O., Sp. 2603
[35] Vgl. Rieger, W., Einführung in die Privatwirtschaftslehre, 3. Aufl., Erlangen 1964;
ders., Schmalenbachs dynamische Bilanz, 2. Aufl., Stuttgart und Köln 1954
[35a] Einzelheiten werden im Rahmen der Kapitalerhaltungskonzeptionen auf S. 1232f.
erörtert.

3. Bewertungs- und Kapitalerhaltungstheorien

a) Das Problem der Unternehmenserhaltung

Die Erhaltung der Leistungsfähigkeit des Unternehmens ist die Voraussetzung für eine ungestörte Fortführung des Betriebsprozesses. Da alle im Jahresabschluß ausgewiesenen Vermögens- und Kapitalpositionen sowie alle Aufwendungen und Erträge in Geldeinheiten ausgewiesen werden müssen, der Geldwert aber im Laufe der Zeit schwanken kann und in den letzten Jahrzehnten tendenziell abgenommen hat, kann eine Jahresabschlußrechnung, die nicht berücksichtigt, daß eine Geldeinheit am Ende der Periode eine geringere Kaufkraft repräsentieren kann als zu Beginn der Periode, sondern aufgrund der handels- und steuerrechtlichen Gewinnermittlungsvorschriften von der Fiktion ausgehen muß, daß stets der **Grundsatz „Mark gleich Mark"** (**nominelle Kapitalerhaltung**) gilt, die ihr vom Gesetzgeber zugewiesenen Aufgaben – Rechenschaftslegung, Information, Ausschüttungs- und Steuerbemessung – nur unzureichend erfüllen.

Steigen die Preise als Folge des Sinkens des Geldwertes, dann entstehen **Preissteigerungsgewinne** (Scheingewinne), wenn der Periodengewinn als Differenz zwischen den gestiegenen Preisen am Absatzmarkt und den historischen Kosten (Anschaffungskosten) der eingesetzten Produktionsfaktoren ermittelt werden muß. Soll die Leistungsfähigkeit des Unternehmens erhalten bleiben, d. h. soll es in der Lage sein, aus den Umsatzerlösen die verbrauchten Produktionsfaktoren wiederbeschaffen zu können, so reichen dazu Mittel in Höhe der früheren Anschaffungskosten dieser Faktoren nicht aus, sondern es müssen die **höheren Wiederbeschaffungskosten** gedeckt werden, d. h. ein Teil des nominellen Gewinns ist zur Wiederbeschaffung erforderlich. Würde er als Ausschüttung und Steuerzahlung das Unternehmen verlassen, so könnte auf die Dauer die Leistungsfähigkeit des Betriebes nicht erhalten werden.

Dieses Problem beschäftigt die Bilanztheoretiker bereits seit der Inflation der zwanziger Jahre. Das starke Ansteigen der Geldentwertungsrate zu Anfang der siebziger Jahre hat die Diskussion um die Beziehungen zwischen Geldentwertung und Bilanzierung wieder aufleben lassen und zu einer Vertiefung und Verfeinerung der Vorschläge zur Lösung dieses Problems geführt, allerdings ohne die geringste Resonanz beim Gesetzgeber, der auch im nun geltenden, an die Vierte EG-Richtlinie angepaßten Bilanzrecht am Nominalwertprinzip festhält.[36]

Folglich muß sich die Wirtschaftspraxis damit behelfen, in **Nebenrechnungen** neben dem Jahresabschluß die Scheingewinne zu ermitteln und im Rahmen der legalen bilanzpolitischen Möglichkeiten versuchen zu verhindern, daß die als Scheingewinne erkannten Teile der Umsatzgewinne den Betrieb verlassen.

---

[36] Auf die Gründe des Gesetzgebers wurde oben bereits ausführlich hingewiesen, vgl. S. 1037f.

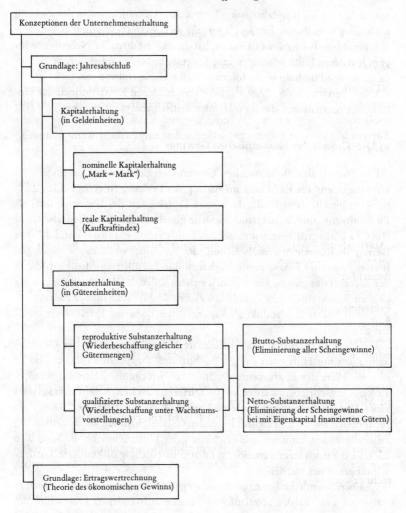

Die **bilanztheoretischen Ansätze** unterscheiden sich zum Teil erheblich bei der Bestimmung des Scheingewinns, da dieser davon abhängt, wie man den Begriff der Unternehmenserhaltung definiert. Die in der Literatur entwickelten Erhaltungskonzeptionen verwenden entweder den Begriff „**Kapitalerhaltung**" und messen dann die Unternehmenserhaltung in Geldeinheiten oder den Begriff „**Substanzerhaltung**" und bezeichnen damit die Erhaltung der gütermäßigen (mengenmäßigen) Vermögenssubstanz des Unternehmens. Diesen beiden Konzeptionen ist gemeinsam, daß sie – was in diesem Zusammenhang besonders interessiert – **von der Bilanz** ausgehen, und zwar die Kapitalerhaltungskonzeptionen von der Passivseite, die Substanzerhaltungskonzeptionen von der Aktivseite der Bilanz.

Demgegenüber geht die **Theorie des ökonomischen Gewinns** von der **Gesamtbewertung** des Unternehmens mit Hilfe der Kapitalwertmethode aus, d. h. von der Kapitalisierung der mit dem Unternehmen in der Zukunft nachhaltig erzielbaren Erträge. Obwohl die Gesamtbewertung des Unternehmens dem Bilanzrecht fremd ist, hat dieses Verfahren für Nebenrechnungen, mit deren Hilfe Scheingewinne festgestellt werden sollen, große Bedeutung. Es wird deshalb in die folgende Betrachtung einbezogen.

Die Übersicht auf S. 1229 zeigt die verschiedenen Konzeptionen der Unternehmenserhaltung, die im folgenden kritisch analysiert werden.

b) Die Theorie des ökonomischen Gewinns

Die Theorie des ökonomischen Gewinns vergleicht den Ertragswert des Unternehmens am Ende und am Anfang der Periode. Ist er zu beiden Zeitpunkten gleich, dann ist die dauerhafte Ergiebigkeit des Unternehmens als Einkommens- und Steuerzahlungsquelle gesichert. Der betriebswirtschaftliche Gewinnbegriff bestimmt also den dem Betrieb **maximal entziehbaren Betrag** als Resteinnahmenüberschuß, der verbleibt, wenn zuvor diejenigen Investitions- und Finanzierungsvorhaben durchgeführt worden sind, die in der Zukunft das gleiche Einkommen sichern sollen.[37] Die Substanzerhaltung ist dann automatisch gewährleistet, weil mit der wie auch immer zusammengesetzten Substanz (Produktionskapazität) der bisherige Ertragswert erhalten geblieben ist.

Der dem Betrieb maximal entziehbare Betrag (**ökonomischer Gewinn**) kann nicht mit Hilfe einer aus der Buchhaltung abgeleiteten Bilanz, sondern nur mit Hilfe der Instrumente der Investitionsrechnung bestimmt werden. Er kann umschrieben werden als die **Differenz zwischen dem Ertragswert eines Unternehmens am Ende und am Anfang der Periode.**[38] Dieser errechnet sich aus in der Zukunft liegenden Größen, nämlich aus den zukünftig zu erwartenden Einnahmenüberschüssen des Unternehmens. Er kann also auch als der noch zu erwartende, auf den Bilanzstichtag diskontierte Totalgewinn bezeichnet werden.

Der herkömmliche Bilanzgewinn dagegen ist ein **Vergangenheitswert;** er ist gleich dem in der abgelaufenen Periode entstandenen Überschuß des Endvermögens über das Anfangsvermögen. Er hängt damit – wie sich bei der Darstellung der Bilanzauffassungen deutlich gezeigt hat – von der Bewertung dieser Vermögensarten ab. Die Bewertung steht unter dem Prinzip der Vorsicht, aus dem das oben dargestellte Imparitätsprinzip entwickelt wurde, nach dem Erträge erst im Zeitpunkt ihrer Realisierung, Aufwendungen dagegen bereits im Zeitpunkt ihrer Verursachung auszuweisen sind. Auf diese Weise wird – der Zielsetzung einer derartigen Bewertung entsprechend – der Gewinn ermittelt, der dem Betrieb unter der Voraussetzung nomineller Kapitalerhaltung höchstens entzogen werden kann.

Zur Ermittlung des ökonomischen Gewinns dagegen werden nicht die

---

[37] Zum ökonomischen Gewinnbegriff vgl. aus der umfangreichen Literatur Schneider, D., Bilanzgewinn und ökonomische Theorie, ZfhF 1963, S. 457 ff.; ders.: Ausschüttungsfähiger Gewinn und das Minimum an Selbstfinanzierung, ZfbF 1968, S. 1 ff.

[38] Vgl. auch S. 864 ff.

Bilanzwerte einzelner Wirtschaftsgüter, sondern die mit diesen Wirtschaftsgütern noch erzielbaren **Einnahmenüberschüsse** benötigt. Eine solche auf Zukunftsgrößen basierende Rechnung ist für die auf das Ziel nomineller Kapitalerhaltung ausgerichtete handels- und steuerrechtliche Bilanzierung nicht geeignet. Sie kann eine Rechenschaftslegung durch Ausweis der an einem Stichtag vorhandenen Vermögenswerte und Schulden nicht völlig ersetzen. Sie kann nur als eine **gesondert durchgeführte Rechnung** der Unternehmensleitung als Instrument für ihre in die Zukunft gerichteten Entscheidungen dienen und außenstehenden Interessenten ein zusätzliches Instrument zur Beurteilung der dispositiven Fähigkeiten der Unternehmensleitung durch die Möglichkeit geben, die von ihr vor Jahresfrist gestellten Prognosen zu überprüfen. Sie zeigt vor allem, welcher Teil des ausgewiesenen Bilanzgewinns unter Beachtung der Bedingung der Betriebserhaltung, die hier nicht als Erhaltung eines bestimmten Bestandes an Realgütern, sondern als Erhaltung des Ertragswertes des Betriebes interpretiert wird, ausgeschüttet werden kann.

Übersteigt der maximal entziehbare Geldbetrag (= ökonomischer Gewinn) den ausgewiesenen Bilanzgewinn, so ist im Falle der vollen Ausschüttung des ökonomischen Gewinns eine Erhaltung des ausgewiesenen Eigenkapitals nicht möglich. In der Regel ist aber – insbesondere in Zeiten steigender Preise – in einer am Prinzip der nominellen Kapitalerhaltung ausgerichteten Bilanz wie der Handels- und Steuerbilanz der Bilanzgewinn höher als der unter dem Gesichtspunkt der Erhaltung der Ertragsfähigkeit entziehbare Gewinn. Wird letzterer unter Berücksichtigung der zu zahlenden Steuern zum Maßstab möglicher Ausschüttungen gemacht, so verbleibt ein Teil des Bilanzgewinns als Rücklage und damit zur Substanzerhaltung in der Bilanz.

c) Die Kapitalerhaltungskonzeptionen

aa) Die nominelle Kapitalerhaltung

Diese Kapitalerhaltungskonzeption geht von der **Fiktion eines stabilen Geldwertes** aus. Es gilt der Grundsatz „Mark gleich Mark". Die Leistungsfähigkeit eines Betriebes gilt als gewahrt, wenn das nominelle Geldkapital ziffernmäßig von Periode zu Periode gleichbleibt. Eine positive Differenz zwischen dem Kapital am Anfang und am Ende der Periode stellt – unter Berücksichtigung von Entnahmen und Einlagen – einen Gewinn, eine negative Differenz einen Verlust dar. Grundsätzlich erfolgt die Bewertung zu **Anschaffungs- oder Herstellungskosten**. Geld- und Sachwertschwankungen in der Volkswirtschaft und daraus resultierende Änderungen der Wiederbeschaffungskosten werden nicht berücksichtigt. Deshalb ist die nominelle Kapitalerhaltung nur in „normalen" Zeiten, d.h. in Zeiten stabiler wirtschaftlicher Verhältnisse geeignet, die Leistungsfähigkeit des Betriebes unverändert zu garantieren. Handels- und Steuerrecht vertreten – wie oben dargestellt[39] – grundsätzlich das Prinzip der nominellen Kapitalerhaltung,

---

[39] Vgl. S. 1037 ff.

auch in Zeiten, in denen infolge von extremen Preissteigerungen die Leistungsfähigkeit des Betriebes durch Einsatz der gleichen investierten Geldsumme nicht aufrechterhalten werden kann.

Die nominelle Kapitalerhaltung wird in den Bilanzauffassungen vor allem von **Rieger** in seiner „**nominalistischen Bilanztheorie**" vertreten.[40] Nach Rieger ist die Bilanz eine reine Geldrechnung, die die zukünftigen Einzahlungen und Auszahlungen enthält. Erst am Ende der Lebenszeit einer Unternehmung, also bei der Liquidation, wenn alle Werte wieder zu Geld geworden sind, läßt sich der richtige Erfolg (Totalerfolg) als Differenz zwischen Geldeinsatz (Anfangskapital + spätere Einlagen) und Gelderlös (Endkapital + Entnahmen, d. h. Gewinnausschüttungen oder Kapitalrückzahlungen) ermitteln. Jeder Zwischenabschluß (Jahresabschluß) ist nach Rieger eine Fiktion, da er einen willkürlichen Schnitt durch betriebliche Zusammenhänge darstelle und an einem Zeitpunkt erfolge, an dem noch nicht alle Güter wieder zu Geld geworden sind.

Das Problem der Geldwertschwankungen existiert für Rieger nicht. Nicht der substantielle Wert des Betriebsvermögens interessiert, sondern lediglich sein Ausdruck in Geldeinheiten. Jeder sich ergebende Gewinn wird als echter Gewinn angesehen, gleichgültig, ob er aus Umsatz oder Preissteigerung entstanden ist. Scheingewinne und Scheinverluste werden in Riegers Theorie nicht berücksichtigt.

Aus diesem reinen Gelddenken entspringt auch die Auffassung Riegers, daß Bewertung nichts anderes als eine **Antizipation des geldlichen Endes eines Wirtschaftsgutes** sei. Den einzig richtigen Wert, der als Bilanzansatz in Frage kommt, bezeichnet er als „**heutigen Wert**". Der heutige Wert aller noch zu erwartenden Einnahmen und Ausgaben wird gewonnen, indem der zukünftige Geldwert aller noch der Geldwerdung entgegengehenden Wirtschaftsgüter auf den Bilanzstichtag diskontiert wird.

Rieger sieht den Jahresgewinn lediglich als „Abschlagszahlung"[41] an, weil über den tatsächlichen Unternehmensgewinn nur eine sich über die gesamte Lebenszeit des Unternehmens erstreckende Totalrechnung Aussagen liefern könne.[42] Daraus ergibt sich auch die Skepsis Riegers über die Eignung des Periodengewinns als Maßgröße zur Bestimmung des Betrages, der dem Unternehmen jährlich entzogen werden kann.[43]

Auch die meisten Vertreter der dynamischen Bilanzauffassung gehen vom Prinzip der nominellen Kapitalerhaltung aus. So führt die zur Gruppe der dynamischen Bilanzlehre zählende **pagatorische Bilanztheorie Kosiols**[44] zur nominellen Kapitalerhaltung.

---

[40] Vgl. Rieger, W.: Einführung in die Privatwirtschaftslehre, 3. Aufl., Erlangen 1964, S. 203 f.

[41] Vgl. Rieger, W., Einführung, a. a. O., S. 231

[42] Vgl. Rieger, W., Einführung, a. a. O., S. 205

[43] Vgl. Moxter, A., Betriebswirtschaftliche Gewinnermittlung, Tübingen 1982, S. 203

[44] Vgl. S. 1218 ff.

bb) Die reale Kapitalerhaltung

Die Vertreter dieser Konzeption[45] verfolgen das Ziel der „Erhaltung eines geldziffernmäßig bestimmten Ursprungskapitals in Einheiten gleicher Kaufkraft."[46] Das Eigenkapital ist „real" oder „indexmäßig" erhalten, wenn die **Kaufkraft des Endkapitals gleich der des Anfangskapitals** einer Periode ist. Ein Gewinn liegt demnach vor, wenn die Kaufkraft des Endkapitals höher ist als die des Anfangskapitals; anders formuliert ist **Gewinn** der Überschuß des mittels eines Indexes auf gleiche Kaufkraft umgerechneten Endkapitals über das Anfangskapital. Die reale Kapitalerhaltung ist lediglich eine Variante der nominellen Kapitalerhaltung. Beide entspringen einem rein geldmäßigen Denken.

Die Problematik dieses Verfahrens liegt zunächst in der **Gewinnung der Indexzahlen** für die Umrechnung. Die Veränderung des Preisniveaus innerhalb einer Volkswirtschaft kann an sehr verschiedenen Wertmaßstäben gemessen werden, z. B. an der Preisentwicklung einzelner Güter (Gold, Weizen), an den Kursen bestimmter ausländischer Devisen, am Lebenshaltungskosten- oder am Großhandelspreisindex. Schmalenbach entschied sich nach einer Prüfung der verschiedenen möglichen Maßstäbe für die Verwendung des **Großhandelspreisindexes.**[47] Mit seiner Hilfe werden Anfangs- und Endkapital einer Periode gleichnamig gemacht.

Es ist jedoch unwahrscheinlich, daß die Veränderung der Wiederbeschaffungskosten der verschiedenen Vermögensgegenstände, die in einem Unternehmen verbraucht bzw. veräußert werden, gegenüber ihren historischen Anschaffungskosten in allen Fällen dem die durchschnittliche Entwicklung widerspiegelnden Großhandelspreisindex entspricht. Jede Indexzahl hat als Durchschnittswert eine **nivellierende Wirkung.** Ist der Geldwert beispielsweise um 8% gesunken, so heißt das nicht, daß alle Preise um 8% gestiegen sind, sondern lediglich das Preisniveau, d. h. der Durchschnittsstand aller Preise liegt um 8% höher als am Vergleichszeitpunkt, die Preisrelationen zwischen den einzelnen Gütern können sich aber völlig verschoben haben, d. h. einzelne Rohstoff- oder Maschinenpreise können z. B. um 12%, andere dagegen nur um z. B. 3%, andere überhaupt nicht gestiegen sein.

Ein von einer Behörde veröffentlichter **Generalindex** der Preissteigerungsrate ist also in der Regel unbrauchbar, jeder Betrieb müßte die Indexzahlen der für ihn relevanten Preisänderungen kennen. Dieses Verfahren ist also nur als individuelle Nebenrechnung zur Ermittlung von Scheingewin-

---

[45] Vgl. Walb, E.: Die Erfolgsrechnung privater und öffentlicher Betriebe, Berlin und Wien 1926, S. 319ff., Mahlberg, W.: Bilanztechnik und Bewertung bei schwankender Währung, Leipzig 1921. Schmalenbach berücksichtigt in seiner Bilanzlehre grundsätzlich keine Preisveränderungen, „die von Veränderungen des Geldwertes, z. B. von inflatorischen Einflüssen, herrühren." (Dynamische Bilanz, 13. Aufl., Köln und Opladen 1962, S. 186). Nur in Extremfällen spricht er sich für eine reale Kapitalerhaltung aus. (Dynamische Bilanz, 4. Aufl., Leipzig 1926, S. 217ff. und Geldwertausgleich in der bilanzmäßigen Erfolgsrechnung, ZfhF 1921, S. 401ff.).

[46] Hax, K.: Die Substanzerhaltung der Betriebe, Köln und Opladen 1957, S. 17
[47] Vgl. Schmalenbach, E.: Dynamische Bilanz, 4. Aufl., a. a. O., S. 219ff.

nen brauchbar, kann aber wegen der Problematik des Gewinns der Indexzahlen vom Gesetzgeber nicht willkürfrei normiert werden.

Gegenüber den anschließend zu behandelnden Substanzerhaltungskonzeptionen, die von der Erhaltung von Gütermengen ausgehen, hat das Verfahren der realen Kapitalerhaltung den Vorteil, daß es **nur inflationsbedingte Scheingewinne** vom Nominalgewinn aussondert, während bei gütermäßiger Erhaltung alle Preissteigerungen berücksichtigt werden, auch solche, die nicht inflationsbedingt, sondern z. B. eine Folge technischer Verbesserungen sind.

d) Die Substanzerhaltungskonzeptionen

Maßstab für die Unternehmenserhaltung ist nach diesen Konzeptionen nicht eine bestimmte Geldsumme, sondern sind die hinter den Geldbeträgen stehenden **Gütermengen.** Ob ein Periodengewinn erzielt worden ist, bestimmt sich nicht danach, wieviel Geldeinheiten am Ende der Periode mehr als zu Beginn der Periode vorhanden sind, sondern allein danach, ob die Umsatzerlöse größer sind als die zur Wiederbeschaffung aller im Leistungsprozeß der abgelaufenen Periode verbrauchten und umgesetzten Produktionsfaktoren erforderlichen Geldbeträge.

Die Substanzerhaltung ist dann erreicht, wenn der **mengenmäßige Bestand der Vermögensgegenstände am Ende der Periode dem am Anfang der Periode entspricht,** d. h. wenn es gelungen ist, aus den Erträgen der Periode die verbrauchten bzw. veräußerten Vermögensgegenstände (bei gestiegenen Preisen) wiederzubeschaffen. Als Gewinn wird demnach nur der Teil der Erträge angesehen, der nicht zur Wiederbeschaffung der in der Periode verbrauchten bzw. veräußerten Vermögensgegenstände benötigt wird. Dementsprechend muß die Bewertung der am Periodenende vorhandenen Vermögensgegenstände in der Bilanz und der in der Periode verbrauchten bzw. veräußerten Vermögensgegenstände in der Erfolgsrechnung (Aufwendungen) zu Wiederbeschaffungspreisen erfolgen.

Gegen das Prinzip der Substanzerhaltung wird eingewendet, daß Preisänderungsgewinne keine Scheingewinne, sondern echte Gewinne seien, denn auch sie würden **durch Umsatz realisiert.** Daß die Substanzerhaltung nicht erreicht wird, wird als Folge des mit jedem Betrieb verbundenen Risikos angesehen, das in Zeiten von Geldwert- und Preisschwankungen besonders hoch ist. Gegner der organischen Bilanztheorie bestreiten, daß die Substanzerhaltung Aufgabe der Erfolgsrechnung und Bilanz sei, vielmehr müsse die Substanzerhaltung erstrebt werden durch Finanzpolitik und durch Reserve- und Gewinnverwendungspolitik.[48]

Die Substanzerhaltungskonzeptionen unterscheiden sich in der Bestimmung des zu erhaltenden Gütervolumens.

---

[48] Vgl. Gutenberg, E., Einführung, a. a. O., S. 173

aa) Absolute oder reproduktive Substanzerhaltung

Eine absolute[49] (materielle,[50] reproduktive[51]) Substanzerhaltung liegt dann vor, wenn aus dem Umsatzerlös der Periode alle im Leistungsprozeß verbrauchten Güter **in gleicher Menge und gleicher Qualität wiederbeschafft** werden können, d. h. wenn eine Reproduktion aller in der Periode verbrauchten Produktionsfaktoren erfolgen kann. Ein darüber hinaus erwirtschafteter Geldbetrag kann als Gewinn den Betrieb ohne Beeinträchtigung seiner Leistungsfähigkeit verlassen.

Der nominelle Gewinn wird also in einen „echten" Gewinn (Umsatzgewinn) und einen Scheingewinn zerlegt. Wird nur der **Umsatzgewinn** ausgeschüttet, so ist die reproduktive Substanzerhaltung gelungen, wird dagegen der nominelle Gewinn (Umsatzgewinn plus Scheingewinn) entnommen, so verläßt „Substanz" den Betrieb, und folglich kann ohne zusätzliche Finanzierungsmaßnahmen nur eine geringere Gütermenge wiederbeschafft werden.

Diese Erhaltungskonzeption ist **rein statisch** und hat deshalb keine praktische Bedeutung erlangen können. In einer dynamischen Wirtschaft bleiben weder die Produktionstechnik, noch das Produktions- und Absatzprogramm eines Betriebes langfristig unverändert. Tritt ein technischer Fortschritt ein oder kann ein Betrieb aufgrund von Rationalisierungsmaßnahmen Produktionsfaktoren einsparen, so führt die Konzeption der reproduktiven Substanzerhaltung zu einer zu hohen Aufwandsverrechnung. Der „echte" und damit ausschüttungsfähige Gewinn wird zu niedrig ausgewiesen.[52]

bb) Relative[53] oder qualifizierte[54] Substanzerhaltung

Diese Konzeptionen versuchen, die Mängel der statischen Betrachtungsweise dadurch zu überwinden, daß sie den **technischen Fortschritt** und den **Wachstumsprozeß in der Volkswirtschaft** oder in dem betreffenden Wirtschaftszweig berücksichtigen.

Die relative Substanzerhaltung wurde zuerst von **F. Schmidt** in seiner oben bereits kurz charakterisierten **„Organischen Bilanztheorie"** vertreten. Nach Schmidt sind sämtliche Vermögenswerte und Schulden mit dem **Tageswert des Bilanzstichtages** anzusetzen, d. h., daß auch der Anschaffungswert bei höherem Tageswert überschritten werden darf. Um zu vermeiden, daß durch Aufwertung oder Abwertung von Bilanzpositionen Gewinne oder Verluste entstehen, werden die Wertänderungen nicht in der Gewinn- und Verlustrechnung erfaßt, sondern in der Bilanz in einem gesonderten

---

[49] Vgl. z. B. Geldmacher, E., Wirtschaftsunruhe und Bilanz, Teil 1: Grundlagen und Techniken der bilanzmäßigen Erfolgsrechnung, Berlin 1923

[50] Vgl. Walb, E., Die Erfolgsrechnung privater und öffentlicher Betriebe, Berlin u. Wien 1926

[51] Vgl. Hax, K., a. a. O., S. 19

[52] Vgl. Jacobs, O. H., Schreiber, U., Betriebliche Kapital- und Substanzerhaltung in Zeiten steigender Preise, Stuttgart 1979, S. 103

[53] Vgl. Schmidt, F., Die organische Tageswertbilanz, 3. Aufl., 1929, unveränderter Nachdruck, Wiesbaden 1951

[54] Vgl. Sommerfeld, H., Bilanz (eudynamische), HdB, 1. Aufl. 1926, Bd. I, Sp. 1340ff.

Vermögenswertänderungskonto (Wertänderungen am ruhenden Vermögen) verbucht, das ein Vorkonto zum Kapitalkonto ist. Die Abschreibungen werden auf der Basis der **Wiederbeschaffungskosten** ermittelt. Da die Wiederbeschaffungswerte als Zukunftswerte nicht bekannt sind, werden hilfsweise die Tageswerte am Bilanzstichtag angesetzt.

Beispiel:

Anschaffungswert einer Maschine 10.000 DM, Nutzungsdauer 5 Jahre, Abschreibung 20% vom Tageswert (zum Vergleich 20% vom Anschaffungswert).

Periodenende	Tageswert der Maschine	Abschreibung 20% vom Tageswert	Abschreibung 20% vom Anschaffungswert
1. Jahr	10.000	2.000	2.000
2. Jahr	16.000	3.200	2.000
3. Jahr	20.000	4.000	2.000
4. Jahr	15.000	3.000	2.000
5. Jahr	16.000	3.200	2.000
		15.400	10.000

Das Beispiel zeigt, daß bei gleichbleibender Abschreibung vom Anschaffungswert das investierte Kapital nominell erhalten wird, daß dagegen bei gleicher prozentualer Abschreibung vom Tageswert eine substantielle Kapitalerhaltung erreicht werden kann. Bei stark schwankenden Preisen ist eine Übereinstimmung von Gesamtabschreibungsbetrag und Wiederbeschaffungspreis (Tagespreis bei Ersatzbeschaffung) allerdings reiner Zufall.

Bei der Bewertung von Wirtschaftsgütern, die zum Nominalwert bilanziert werden (Geld, Forderungen und Verbindlichkeiten), ist das Tageswertprinzip nicht anwendbar. Schmidt versucht, diese Schwierigkeit zu beheben, indem er dem Betrieb empfiehlt, das **Prinzip der Wertgleichheit** anzuwenden. „Wertgleichheit liegt vor, wenn alle aktiven Geldposten, also Kasse und Geldforderungen, durch gleich hohe Geldschulden finanziert sind. Dann kann auch eine starke Änderung des Geldwertes dem Betrieb wenig schaden, weil alle Wertverluste, die er auf der einen Seite erleidet, auf der anderen durch Wertgewinne ausgeglichen werden."[55]

Schmidt vertritt den Grundsatz substantieller Kapitalerhaltung, und zwar nicht nur im Sinne einer Erhaltung der Produktionskraft des Betriebes auf einem bestimmten Ausgangsniveau; vielmehr ist er der Ansicht, daß die güter- und leistungsmäßige Erhaltung der Betriebe sich **relativ zur Produktivitätsveränderung** verschieben müsse.[56]

Die Gedankengänge der organischen Bilanztheorie sind in Zeiten großer Geldwert- und Preisschwankungen immer wieder verwendet worden, um den Gesetzgeber, insbesondere für die **Steuerbilanz,** zu einem Abgehen vom Prinzip der nominellen Kapitalerhaltung zu bewegen, da dieses Prinzip in

[55] Schmidt, F., a. a. O., Sp. 2047 f.
[56] Vgl. Schmidt, F., a. a. O., Sp. 2047

Zeiten steigender Preise zur Besteuerung und zur Ausschüttung von Gewinnteilen führt, die nicht eine Folge des Umsatzes, sondern der Preissteigerungen sind. Werden diese Gewinne dem Betrieb durch Steuern und Ausschüttungen entzogen, so ist er nicht in der Lage, mit den verbleibenden Geldmitteln die Anfangsbestände wieder zu ersetzen.[57] **Sommerfeld** fordert in seiner „**Eudynamischen Bilanztheorie**", die oben bereits kurz angesprochen wurde,[58] eine Gewinnermittlung, die eine Erweiterung der Substanz entsprechend dem allgemeinen Trend der volkswirtschaftlichen Gesamtentwicklung ermöglicht (**qualifizierte Substanzerhaltung**). Seine Konzeption ist durch eine extrem vorsichtige Bewertung gekennzeichnet. Das zeigt sich darin, daß er zu Lasten der Erfolgsrechnung folgende Rücklagen bildet:

(1) eine **Wachstumssicherungsrücklage,** die so viel vom Gewinn aufzunehmen hat, daß eine Erweiterung des Betriebes entsprechend der allgemeinen volkswirtschaftlichen Entwicklung möglich ist;

(2) eine **Dividendenausgleichsrücklage,** die eine dauernde Verzinsung des Eigenkapitals ermöglichen soll;

(3) eine **Substanzerhaltungsrücklage** zur Krisensicherung, daneben

(4) eine **weitere Substanzerhaltungsrücklage,** die dadurch entsteht, daß aus Gründen der Vorsicht die Halb- und Fertigfabrikate nur mit ihrem Materialwert angesetzt werden sollen, während die sonstigen Bearbeitungskosten zunächst als Verlust betrachtet werden.

Buchtechnisch wird das dadurch erreicht, daß die in den Fertigfabrikaten aktivierten Fertigungskosten zunächst als Verlust über die Erfolgsrechnung abgebucht werden und dafür eine Substanzsicherungsrücklage als Abgrenzung gebildet wird, die beim Umsatz erfolgswirksam aufgelöst wird.

Im nachfolgenden Beispiel wird in der ersten Periode aus Vorsicht ein Verlust in Höhe der Fertigungskosten von 400 DM verrechnet. Durch Verkauf entsteht ein Gewinn von 200 DM, durch Auflösung der Substanzsicherungsrücklage über das Gewinn- und Verlustkonto ein weiterer Gewinn von 400 DM, der den nicht eingetretenen, aber in Periode I verrechneten Verlust von 400 DM kompensiert.

Der Unterschied zwischen Sommerfelds und Schmidts Substanzerhaltungskonzeption liegt darin, daß Sommerfeld die Substanzerhaltung durch besonders vorsichtige Bewertung der Halb- und Fertigfabrikate und durch Thesaurierung von Gewinnen in besonderen Rücklagen erreichen will, während Schmidt eine Eliminierung der Geldwertänderungen bei der Erfolgsermittlung versucht.

Der **Unterschied** zwischen der reproduktiven und der relativen bzw. qualifizierten Substanzerhaltung zeigt sich bei der Berücksichtigung von Preissteigerungen, die nicht eine Folge der Geldentwertung, sondern der **technischen Verbesserung** der wiederzubeschaffenden Wirtschaftsgüter sind. Wird der auf dem technischen Fortschritt beruhende Teil der Preissteigerung nicht eliminiert, so wird der technische Fortschritt über höhere Abschreibungen

---

[57] Vgl. dazu das Beispiel auf S. 1038
[58] Vgl. S. 1222 f.

Beispiel:

Fertigfabrikate: Herstellkosten 1.000 DM, davon 600 DM Materialaufwand

Periode I

S Fertigfabrikate H	S Substanzsiche-rungsrücklage H	S GuV H
1.000	400	400

Periode II

S Fertigfabrikate H	S Verkauf H
1.000	1.000	1000	1200
	Gewinn 200	

S Substanzsicherungs-rücklage H	S GuV H
400	400	200
		400

(von den Wiederbeschaffungskosten) finanziert, d. h. es wird die Konzeption der relativen oder qualifizierten Substanzerhaltung verfolgt. Werden aus den Wiederbeschaffungskosten die Preiswirkungen des technischen Fortschritts eliminiert,[59] so kommt es zur reproduktiven Substanzerhaltung. Der technische Fortschritt wird über den Gewinn oder durch zusätzliche Kapitalaufnahme von außen finanziert.

cc) Kapitalstruktur und Unternehmenserhaltung

Die dargestellten Substanzerhaltungskonzeptionen vernachlässigen den **Aspekt der Finanzierung,** d. h. sie unterstellen, daß der nominelle Gewinn um einen Betrag zu kürzen ist, der bei gestiegenen Wiederbeschaffungskosten zusätzlich über die Anschaffungskosten hinaus zur Wiederbeschaffung aller Produktionsfaktoren erforderlich ist. Dieses Konzept, das heute als **Bruttosubstanzerhaltung** bezeichnet wird, geht davon aus, daß unabhängig davon, ob Vermögenswerte mit Eigen- oder Fremdkapital finanziert worden sind, der zur Substanzerhaltung erforderliche zusätzliche Kapitalbedarf durch Zurückbehaltung von Nominalgewinnen in Form offener oder stiller Rücklagen aufgebracht wird. Bei konstantem Fremdkapital würde dadurch das **Eigenkapital von Jahr zu Jahr um die eliminierten Scheingewinne zunehmen.**

Die Konzeption der **Nettosubstanzerhaltung,** die heute als herrschend angesehen werden kann, bezieht dagegen die Passivseite mit in die Betrachtung ein und geht von der Vorstellung aus, daß eine Substanzerhaltung

---

[59] Zur Technik der Eliminierung des technischen Fortschritts vgl. das Beispiel im WP-Handbuch 1992, Bd. II, Düsseldorf 1992, S. 71 ff.

mittels Abspaltung eines Teils des nominellen Gewinns **nur bei den mit Eigenkapital finanzierten Vermögensgegenständen** erforderlich ist, während die inflatorischen Preissteigerungen bei den mit Fremdkapital finanzierten Vermögenswerten durch entsprechende **Aufstockung des Fremdkapitals** zu kompensieren sind.[60] Diese Auffassung vertritt auch der Hauptfachausschuß des Instituts der Wirtschaftsprüfer (IdW) in seiner Stellungnahme „Zur Berücksichtigung der Substanzerhaltung bei der Ermittlung des Jahresergebnisses".[61]

Die Konzeption der Nettosubstanzerhaltung wird in erster Linie damit begründet, daß durch die Bruttosubstanzrechnung die Substanzerhaltung durch Zurückbehaltung von nominellen Gewinnteilen **ausschließlich zu Lasten der Eigenkapitalgeber** erfolgt und dadurch insbesondere die Anteilseigner, die sich vorwiegend wegen der zu erwartenden Gewinnausschüttungen an der Gesellschaft beteiligen, benachteiligt würden. Die Vertreter der Bruttosubstanzerhaltung gehen von der Vorstellung des „Unternehmens an sich" aus, das aus eigener Kraft, d. h. ohne zusätzliche Kapitalaufnahme von außen, die Substanz erhalten müsse.[62]

Gegen das Bruttosubstanzerhaltungskonzept wird vorgebracht, daß bei einer von der Finanzierungsstruktur unabhängigen Bewertung aller Aufwendungen zu Wiederbeschaffungskosten eine **Ausschüttungssperre in Höhe des gesamten Scheingewinns** eintritt, was „eine ständige Substitution von Fremdkapital durch Eigenkapital zur Folge"[63] hat. In Höhe der durch diese Rechnung eliminierten Scheingewinne aus mit Fremdkapital finanzierten Vermögenswerten „wird jedoch Eigenkapital in dem Sinne neu gebildet, daß bisher als fremdfinanziert angesehenes Vermögen sukzessive anteilig durch Eigenkapital finanziert wird."[64]

Da diese Umfinanzierung aber aus einer auf der Passivseite der Bilanz ausgewiesenen Position **„Substanzerhaltungsrücklage",** die den Wertänderungen der in der Bilanz gespeicherten Vermögenswerte und der Umsatzwerte entspricht, nicht zu erkennen ist, ist die **Informationsfunktion** der Bilanz ebenso beeinträchtigt wie die **Ausschüttungssperrfunktion,** denn es werden Teile des Nominalgewinns als „Scheingewinn" eliminiert, die ausgeschüttet werden könnten, „wenn die notwendigen Reinvestitionen fremdfinanzierter Vermögensgüter auch in Zukunft mit Fremdkapital finanziert werden."[65]

---

[60] Vgl. Sieben, G.; Schildbach, T.: Substanzerhaltung und anteilige Fremdfinanzierung. Ein Beitrag zur Behandlung des Schuldenproblems in Jahresabschlüssen bei Geldentwertung, BFuP 1973, S. 579ff.; Sieben, G.: Kritische Würdigung der externen Rechnungslegung unter besonderer Berücksichtigung von Scheingewinnen, ZfbF 1974, S. 163ff.; Coenenberg, A. G.: Inflationsbereinigte Rechnungslegung – Diskussionsstand in Deutschland, AG 1975, S. 113ff.; Jacobs O. H., Schreiber U. Betriebliche Kapital- und Substanzerhaltung, Stuttgart 1979, a. a. O.
[61] Stellungnahme HFA 2/75, WPg 1975, S. 614ff.
[62] Vgl. z. B. Hax, K., a. a. O., S. 266
[63] Coenenberg, A. G., a. a. O., S. 116
[64] Sieben, G., Schildbach, Th., a. a. O., S. 580
[65] Coenenberg, A. G., a. a. O., S. 116

Die Schwierigkeiten des Nettosubstanzerhaltungskonzepts liegen auf der **rechentechnischen Ebene.** Da zwischen den Kapitalpositionen der Passivseite und den Vermögenspositionen der Aktivseite der Bilanz keine unmittelbare Zuordnung möglich ist, sondern allgemein gilt, daß die Passivseite die Herkunft der Mittel, die Aktivseite die Verwendung dieser Mittel zeigt, ist eine Bestimmung, welche in ihren Wiederbeschaffungskosten gestiegenen Wirtschaftsgüter mit Eigenkapital und welche mit Fremdkapital finanziert worden sind, nur mit Hilfe einer Fiktion möglich.

Coenenberg hat mehrere **Zuordnungsfiktionen** geprüft. Am zweckmäßigsten erscheint die Zuordnung nach dem Geldcharakter und nach der Fristigkeit der Vermögenspositionen. Nach diesem Verfahren wird das Fremdkapital zunächst dem gesamten monetären Vermögen (Zahlungsmittel, Forderungen, Wertpapiere) zugeordnet. Ein verbleibender Fremdkapitalbetrag „wird in aufsteigender Reihenfolge zunächst den kurzfristigen und dann den mittel- und langfristigen nicht nominellen Aktiva zugeordnet",[66] also beispielsweise zunächst den Beständen und dann dem Sachanlagevermögen. Eine solche Zuordnungsfiktion schließt weitgehend aus, daß die Verteilung des Erfolgs manipuliert wird, indem z. B. Eigenkapital grundsätzlich solchen Positionen zugeordnet wird, die besonders starken Preissteigerungen unterliegen. Die auf diese Weise bemessenen Substanzerhaltungsrücklagen hätten dann eine übersteigerte Ausschüttungssperre zur Folge.

e) Neuere Entwicklungstendenzen in den Bilanzauffassungen

Die bisher dargestellten Bilanzauffassungen wurden im wesentlichen bereits in den zwanziger und dreißiger Jahren entwickelt. Teile der statischen und der dynamischen Bilanzlehre wurden im Handels- und Steuerrecht – insbesondere in den Aktiengesetzen 1937 und 1965 und in dem im Jahre 1985 eingefügten Dritten Buch des HGB – sowie in der Steuerrechtsprechung berücksichtigt. Die organische Bilanzauffassung wird vom Gesetzgeber bis heute als mit dem Prinzip nomineller Kapitalerhaltung nicht vereinbar abgelehnt.

Während die Probleme der **Bilanzgliederung** und der Deutung des Inhalts der einzelnen Bilanzpositionen durch die dargestellten Bilanztheorien – besonders durch die pagatorische Bilanz Kosiols – im allgemeinen als geklärt angesehen werden, ist die Diskussion über die Frage, ob eine Bilanz und Gewinn- und Verlustrechnung überhaupt geeignet ist, einen **Periodengewinn** zu ermitteln, der die wirtschaftliche Lage des Betriebes richtig darstellt, in den letzten drei Jahrzehnten wieder aufgelebt. Kritiker[67] der mit

---

[66] Coenenberg, A. G., a. a. O., S. 117
[67] Aus der umfangreichen Literatur vgl. insbesondere: Käfer, K., Die Bilanz als Zukunftsrechnung, Zürich 1962, Schneider, D., Bilanzgewinn und ökonomische Theorie, ZfhF 1963, S. 457 ff.; ders., Ausschüttungsfähiger Gewinn und das Minimum an Selbstfinanzierung, ZfbF 1968, S. 1 ff.; ders., Bilanztheorien, neuere Ansätze, HWR, 1. Aufl., Stuttgart 1970, Sp. 260 ff.; ders., Kritische Anmerkungen zur Bilanzauffassung des Bundesfinanzhofs, StbJb 1981/82, S. 175 ff.; Albach, H., Grundgedanken einer synthetischen Bilanztheorie, ZfB 1965, S. 21 ff.; Honko, J., Über einige Probleme bei der Ermittlung des

Hilfe der Bilanz durchgeführten Periodengewinnermittlung weisen darauf hin, daß dieser Gewinn weder ein brauchbares Planungs- und Kontrollinstrument für Entscheidungen der Unternehmensleitung bildet, noch daß er dazu geeignet ist, den Gesellschaftern und Gläubigern ein Bild über die wirtschaftliche Situation des Unternehmens zu geben, weil ein solcher Gewinn weder der Unternehmensleitung noch den an der Unternehmung interessierten Gruppen den Betrag bezeichnet, der dem Betrieb maximal entzogen werden kann, „wenn die Unternehmung als dauerhafte Einkommensquelle angesehen wird und das Unternehmungsziel auf einen möglichst hohen periodischen Entnahme-(Einkommens-)strom gerichtet ist (oder auf eine den persönlichen Präferenzen entsprechende Kombination von Entnahmen und Selbstfinanzierung bzw. Unternehmungswachstum)."[68]

Die fehlende Eignung der herkömmlichen Bilanz für die Ermittlung des ökonomischen Gewinns hat dazu geführt, daß in der Literatur entweder der **Ersatz der Bilanz** durch ein anders geartetes Rechnungsinstrument[69] oder die **Ergänzung der Bilanz** durch eine Parallelrechnung zur Ermittlung des ökonomischen Gewinns gefordert wird. So hält es K. Hax für besser, „wenn man so unterschiedliche Rechnungsziele mit spezifisch ausgestalteten Rechnungsinstrumenten zu realisieren versucht".[70] Auch **D. Schneider** schlägt vor, Bilanzgewinn und ökonomischen Gewinn in getrennten Rechnungen zu ermitteln und in Anlehnung an das von **K. Hax** entwickelte **„Prinzip des doppelten Minimums"**[71] „nur den geringeren von beiden als ausschüttungsfähig anzusehen".[72] Das Prinzip des doppelten Minimums[73] besagt, daß der Gewinn als geringerer Betrag folgender Differenzbeträge ermittelt wird:

(1) Umsatzerlöse – Wiederbeschaffungskosten;

(2) Umsatzerlöse – Anschaffungskosten.

Jahresgewinns der Unternehmung, ZfB 1965, S. 611 ff.; Moxter, A., Die Grundsätze ordnungsmäßiger Bilanzierung und der Stand der Bilanztheorie, ZfbF 1966, S. 28 ff.; ders., Die statische Bilanztheorie heute, ZfbF 1967, S. 724 ff.; ders., Bilanzlehre, Bd. I, Einführung in die Bilanztheorie, 3. Aufl., Wiesbaden 1984; ders., Bilanztheorien, HdWW, 1. Band, Stuttgart, New York, Tübingen, Göttingen, Zürich 1977, S. 670 ff.; ders., Betriebswirtschaftliche Gewinnermittlung, Tübingen 1982; ders., Bilanzauffassungen, HdB, 5. Aufl., Stuttgart 1992, Sp. 500 ff.; Endres, W., Der erzielte und der ausschüttbare Gewinn der Betriebe, Köln und Opladen 1967; Stützel, W., Bemerkungen zur Bilanztheorie, ZfB 1967, S. 314 ff.; Münstermann, H., Unternehmensrechnung, Wiesbaden 1969; Wegmann, W., Der ökonomische Gewinn. Ein Beitrag zur neueren bilanztheoretischen Diskussion, Diss. Köln 1968; Seicht, G., Die kapitaltheoretische Bilanz und die Entwicklung der Bilanztheorien, Berlin 1970; ders., Bilanztheorien, allgemein, HWR, 2. Aufl., Stuttgart 1981, Sp. 258 ff.; Jacobs, O. H., Das Bilanzierungsproblem in der Ertragsteuerbilanz, Stuttgart 1971; Schweitzer, M., Struktur und Funktion der Bilanz, Berlin 1972; ders., Bilanztheorien, HdB, 4. Aufl., Stuttgart 1974, Sp. 927 ff.; Wöhe, G., Zehn Thesen zur Behandlung von Scheingewinnen im Jahresabschluß, in: Bewertung, Prüfung und Beratung in Theorie und Praxis, Festschrift für Carl Helbling, Zürich 1992, S. 513 ff.

[68] Schneider, D., Bilanztheorien, neuere Ansätze, HWR, 1. Aufl., Stuttgart 1970, Sp. 262

[69] Vgl. z. B. Moxter, A., Die Grundsätze ordnungsmäßiger Buchführung und der Stand der Bilanztheorie, ZfbF 1966, S. 28 ff.

[70] Hax, K., Bilanztheorien, allgemein, HWR, 1. Aufl., Stuttgart 1970, Sp. 247

[71] Vgl. Hax, K., Die Substanzerhaltung der Betriebe, Köln und Opladen 1957, S. 37

[72] Schneider, D., Bilanzgewinn und ökonomische Theorie, ZfhF 1963, S. 469

[73] Vgl. Hax, K., Die Substanzerhaltung der Betriebe, a. a. O., S. 32 ff. sowie bezüglich der verwendeten Bezeichnung „doppeltes Minimum", S. 37

Betragen die Anschaffungskosten z. B. 110, die Verkaufserlöse 100 und die Wiederbeschaffungskosten 70, dann ergibt sich der Gewinn als geringerer Betrag der beiden Differenzen (100 − 110 = − 10 und 100 − 70 = 30), d. h. es ist ein Verlust von 10 entstanden. Der Unterschied zur organischen Tageswertbilanz von F. Schmidt besteht darin, daß dort nur eine Orientierung an den Wiederbeschaffungskosten erfolgt, so daß im Beispiel ein Gewinn von 30 entstanden wäre. Das Prinzip des doppelten Minimums besagt, daß sowohl das Geldkapital als auch die Substanz erhalten werden müssen, es ist insofern noch mehr vom Prinzip der Vorsicht geprägt als das reine Substanzerhaltungsprinzip.[74]

Das von D. Schneider entwickelte Prinzip basiert auf einem ähnlichen Gedanken bezüglich der doppelten Minimumsbildung: Übersteigt der ökonomische Gewinn den Bilanzgewinn, so darf höchstens der Bilanzgewinn den Betrieb verlassen, wenn dem Prinzip der nominellen Kapitalerhaltung Rechnung getragen werden soll. Die Erhaltung der Ertragsfähigkeit des Betriebes ist zugleich gesichert. Übersteigt der Bilanzgewinn den ökonomischen Gewinn, so darf höchstens letzterer ausgeschüttet werden, wenn die Ertragsfähigkeit des Betriebes erhalten bleiben soll. Die nominelle Kapitalerhaltung ist dann ebenfalls sichergestellt.

Im deutschsprachigen Schrifttum hat vor allem **Käfer**[75] den Versuch unternommen, den Inhalt der Bilanz **auf der Grundlage von Zukunftserwartungen** zu erklären. Die Bilanz wird interpretiert als ein „Bericht über den in einem bestimmten Zeitpunkt zu erwartenden zukünftigen Zufluß von Gütern und Leistungen für eine Einzelwirtschaft",[76] ein Gedanke, der bereits in der nominalistischen Bilanztheorie Riegers anklingt. **Rieger** schreibt: „Alles betriebliche Geschehen ist nur ein der Geldwerdung Entgegenreifen ... Somit kann es sich bei der Bewertung auch nur darum handeln, das spätere geldliche Ende auf den Bilanzstichtag zu eskomptieren".[77]

Käfer interpretiert das Vermögen nicht als einen Bestand von mit fortgeführten Anschaffungskosten (Vergangenheitswerten) bewerteten Wirtschaftsgütern, sondern als die **Summe der Erwartungen zukünftigen Güter- und Leistungszugangs.** Entsprechend deutet er das Kapital als die Summe der Erwartungen zukünftigen Güter- und Leistungsabganges. Er entwickelte das auf der folgenden Seite dargestellte Bilanzschema.[78]

Auch **Münstermann** vertritt die Ansicht, daß die beiden Ziele des Jahresabschlusses – die Feststellung des ausschüttbaren Gewinns und die Erfolgsmessung – mit herkömmlichen Jahresabschlüssen nicht realisiert werden können, weil die Ermittlung des ausschüttungsfähigen Gewinns hinsichtlich der Erträge auf dem Realisationsprinzip und somit auf Vergangenheitswerten basiert und weil eine Erfolgsmessung, d. h. eine „Messung des Grades

---

[74] Vgl. dazu mit einer ausführlichen Begründung Hax, K., Die Substanzerhaltung der Betriebe, a. a. O., S. 41 f.

[75] Käfer, K., Die Bilanz als Zukunftsrechnung, Zürich 1962

[76] Käfer, K., a. a. O., S. 26

[77] Rieger, W., Einführung in die Privatwirtschaftslehre, 3. Aufl., Erlangen 1964, S. 213

[78] Käfer, K., a. a. O., S. 43

Aktiva	Bilanzschema	Passiva
1. Erwartungen (Chancen) künftigen Güter- und Leistungszuganges (Eingang von außen, interne Entstehung oder Zunahme, evtl. Verminderungen von Abgängen) ohne Gegenleistungen a) aus zur Verfügung stehenden Sachgütern, b) auf Grund von Rechten gegenüber anderen Wirtschaftseinheiten, c) auf Grund tatsächlicher Verhältnisse.		1. Erwartungen (Risiken) künftigen Güter- und Leistungsabganges (externer Ausgang, Verschwinden oder Abnahme im Inneren, evtl. Verminderungen von Zugängen) ohne Gegenleistungen a) auf Grund von Verpflichtungen gegenüber Wirtschaftseinheiten, b) auf Grund tatsächlicher Verhältnisse. c) wegen Förderung des Zweckes der Einzelwirtschaft durch Leistungen an Teilhaber oder andere Arten der Zweckerfüllung, d) wegen eines Bestandes an „negativen Gütern" wie z. B. schädlichen Abfällen.
2. Aktive Berichtigungsposten a) Zuschläge zu Aktiven, b) Abzüge an Passiven.		2. Passive Berichtigungsposten a) Abzüge an Aktiven, b) Zuschläge zu Passiven.

der Zielerreichung der Unternehmung zum Zwecke der Beurteilung der unternehmerischen Dispositionen", voraussetzt, daß ein „in diesem Sinne richtiger Gewinn ... nicht auf dem Realisationsprinzip beruhen (darf), sondern ... auch alle durch die gegenwärtigen Dispositionen verursachten künftigen Auswirkungen einbeziehen" muß.[79] Seiner Meinung nach kann der Jahresabschluß nur dann zu einem „wirkungsvollen Informationsinstrument" werden, wenn sich das betriebliche Rechnungswesen stärker an der Zukunft orientiert.

Münstermann kommt in seiner Untersuchung aber zu dem Ergebnis, daß die praktischen Schwierigkeiten eines auf Zukunftswerten basierenden Rechnungswesens erheblich sind und stellt fest: „Eine Bilanzierung nach dem ökonomischen Gewinnprinzip entspricht zwar weitgehend den aus der Zwecksetzung der Erfolgsmessung hergeleiteten theoretischen Erfordernissen, ist indes wegen des Postulats der Wirtschaftlichkeit der Rechnungsführung sowie insbesondere wegen der Objektivität und Kontrollierbarkeit der Bilanzwerte praktisch nicht durchführbar. Eine zweckmäßige Bilanzauffas-

---

[79] Münstermann, H., Unternehmungsrechnung, Wiesbaden 1969, S. 40

sung muß aber Regeln bieten, die sowohl dem Rechnungsziel der Bilanz wie auch den praktischen Schwierigkeiten der Realisation dieses Zieles gerecht werden."[80] Diese Auffassung wird von **A. Moxter** geteilt, der für die handels- und steuerrechtliche Rechnungslegung „relativ strenge ‚Objektivierungen‘, also Ermessensbegrenzungen"[81] für erforderlich hält. „Diese Objektivierungen bewirken, daß anstelle der wirklichen Einkommenserwartungen fiktive, jedoch leicht überprüfbare Einkommenserwartungen treten."[82]

Moxter geht allerdings noch einen Schritt weiter als die meisten Kritiker des herkömmlichen Jahresabschlusses. Er fordert nicht eine Nebenrechnung zur Ermittlung des ökonomischen Gewinns, sondern schlägt vor, die Bilanz und die Gewinn- und Verlustrechnung „durch ein grundsätzlich finanzplanorientiertes Tableau" zu ersetzen.[83] Was die Personen, die finanziell an einem Unternehmen interessiert sind (Anteilseigner, Gläubiger, Arbeitnehmer), wissen müssen, um Dispositionen treffen zu können, ist nach Moxter die zeitliche und sachliche Aufgliederung des in der Zukunft zu erwartenden Stroms der Ein- und Auszahlungen des Unternehmens bis zum ökonomischen Horizont (Gesamtzahlungsstrom). Ziel dieser Personen ist es, den an sie fließenden künftigen Nettozahlungsstrom – Moxter nennt ihn „Zielstrom" – im Zeitablauf zu optimieren. „Dieser Strom dient ihnen wiederum zur Optimierung eines Konsumauszahlungsstroms . . ., das heißt zur Erreichung eines von ihnen angesichts ihrer persönlichen Restriktionen als realisierbar erachteten Niveaus der Versorgung mit durch monetären Aufwand erlangbaren Gütern im Zeitablauf."[84] „Für eine direkte Ermittlung dieses Zielstroms selbst sind Bilanz und Gewinn- und Verlustrechnung völlig untauglich . . ."[85]

Das finanzplanorientierte Tableau „wäre in der Vertikalen in zweckmäßigerweise zehn Klassen von Zahlungen, und zwar nach den sie Leistenden und/oder Empfangenden aufzuteilen, etwa wie folgt: Anteilseigner; Arbeitnehmer; Verwaltung (Unternehmensleistung); Geldgläubiger; Lieferanten (Warengläubiger); Staat; Kunden; Beteiligungsunternehmen und Mitgliedschaftsrechte; Dienstleistungen und ähnliches; Geldschuldner und liquide Mittel. Diese vertikale Aufgliederung der Einzahlungen und Auszahlungen würde vornehmlich darüber informieren, in welchem Umfange die verschiedenen am Unternehmen interessierten Gruppen zu den Einzahlungen beitragen, und nicht zuletzt, an seinen Auszahlungen partizipieren."[86]

Mit einem solchen Tableau kann jedoch weder ein Periodengewinn noch ein ausschüttungsfähiger Betrag ermittelt werden und folglich – darauf weist Moxter selbst hin[87] – auch keine Kapitalerhaltungskontrolle ausgeübt wer-

---

[80] Münstermann, H., a. a. O., S. 56
[81] Moxter, A., Bilanztheorien, HdWW, 1. Band, S. 670ff., s. bes. S. 684
[82] Moxter, A., Bilanztheorien, a. a. O., S. 684
[83] Moxter, A., Die Grundsätze ordnungsmäßiger Bilanzierung und der Stand der Bilanztheorie, ZfbF 1966, S. 51
[84] Moxter, A., Die Grundsätze . . ., a. a. O., S. 58
[85] Moxter, A., Die Grundsätze . . ., a. a. O., S. 45
[86] Moxter, A., Die Grundsätze . . ., a. a. O., S. 51f.
[87] Moxter, A., Die Grundsätze . . ., a. a. O., S. 59

den. Er hält es jedoch für möglich, „diese bei Unternehmen mit auf das Unternehmensvermögen beschränkter Haftung wichtige Ausschüttungssperre auf andere Weise (und außerdem wirksamer als in der herkömmlichen Rechnungslegung) zu realisieren. "[88] Wenn es jedoch um die Informationsfunktion des Jahresabschlusses geht, dann ist es Aufgabe des Periodengewinns, „Zielrealisierungs-Erwartungen zu globalisieren, um die Unternehmenseigner in die Lage zu versetzen, ihre Zielrealisierungs-Möglichkeiten zu beeinflussen und ihre Konsumausgaben im Zeitablauf planen zu können. In dieser Hinsicht ist der Periodengewinn nicht nur ergänzbar durch detailliertere Informationen, sondern durch diese auch ersetzbar. "[89]

Ebenso wie Moxter schlägt auch **Busse von Colbe** vor, den Jahresabschluß durch ein auf Zahlungsvorgängen aufgebautes Rechenwerk zu ersetzen oder zu ergänzen, da auch er – wie die meisten Kritiker der herkömmlichen Bilanz – der Ansicht ist, daß der Periodengewinn als Maßgröße den Informationsbedürfnissen der Rechnungsempfänger nicht genügt. Er hält es für zweckmäßig, „neben oder anstelle der sehr komprimierten und unscharf definierten Maßgröße Gewinn mit Hilfe der Kapitalflußrechnung mehrere Maßgrößen zu definieren, die den Informationsbedürfnissen auch im Hinblick auf die Unsicherheit, die allen künftigen für die Entscheidungen relevanten Daten anhaftet, besser entsprechen. "[90]

Eine **Kapitalflußrechnung** zeigt nicht die Bestände an Vermögen und Kapital an einem Stichtag, sondern die Veränderungen dieser Bestände während einer Abrechnungsperiode, m. a. W., sie erfaßt sämtliche Zugänge und Abgänge. Eine solche Rechnung ist bei entsprechender Ausgestaltung „frei von Bewertungsproblemen und damit intersubjektiv nachprüfbar. Diese Forderung wird erfüllt, wenn die Kapitalflußrechnung nur auf Einnahmen und Ausgaben als den monetären Äquivalenten der Güterbewegungen und leistungsfreien Transaktionen (wie Steuern) und auf Ein- und Auszahlungen der Abrechnungsperiode aufbaut (retrospektive Kapitalflußrechnung). "[91]

Aktivmehrung (A)
− Aktivminderung (a)
− Passivmehrung (ohne Gewinn) (P)
− Gewinn (G)
+ Passivminderung (ohne Verlust) (p)
+ Verlust (V)
= 0

$$(1)\ A - a - P - G + p + V = 0$$

[88] Moxter, A., Die Grundsätze . . . , a. a. O., S. 59
[89] Moxter, A., Bilanzlehre, 2. Aufl., Wiesbaden 1976, S. 388
[90] Busse v. Colbe, W., Aufbau und Informationsgehalt von Kapitalflußrechnungen, ZfB 1966, 1. Erg.Heft, S. 97
[91] Busse von Colbe, W., Aufbau und Informationsgehalt . . . , a. a. O., S. 97

Ordnet man die Gleichung in der Weise, daß auf jeder Seite des Gleichheitszeichens nur positive Werte stehen, so gilt:

$$(2)\ A + p + V = P + a + G,$$

oder in Worten:

Aktivmehrung	Aktivminderung
Passivminderung	Passivmehrung
Verlust	Gewinn

Diese Aufstellung ist die **Grundform jeder Bewegungsbilanz** oder Kapitalflußrechnung.

Löst man die Gleichung (1) nach dem Erfolg der Periode auf, so gilt:

$$(3)\ G = A - a - P + p.$$
$$(4)\ V = - A + a + P - p.$$

Hier wird entweder der Grund für die Entstehung des Gewinns in den entsprechenden Änderungen der Positionen auf der rechten Seite der Gleichung gesehen, oder es wird umgekehrt argumentiert, daß die Änderungen der Aktiva und Passiva eine Folge des Gewinns sind (z. B. ein Gewinn ist der Grund für eine Erhöhung der Kassenbestände oder eine Erhöhung der Kassenbestände hat einen Gewinn zur Folge).

Ebenso wie nach dem Erfolg läßt sich die Gleichung (1) nach allen anderen Größen auflösen, z. B. nach der Vermehrung aller Aktiva oder nur bestimmter Aktiva.

Busse von Colbe bezeichnet als wichtigste **Informationsgrößen,** die eine Kapitalflußrechnung neben dem Jahresabschluß liefern kann, die folgenden:

(1) Betriebseinnahmen, insbesondere aus Umsatzerlösen.

(2) Betriebsausgaben, insbesondere für Material, Personal, Fremdleistungen und Abgaben.

(3) Überschuß der Betriebseinnahmen über die Betriebsausgaben (betriebliche Nettoeinnahmen).

(4) Ausgaben für Finanz- und Sachanlageinvestitionen sowie für immaterielle Investitionen, wie Ausgaben für Entwicklung und Markterschließung.

(5) Der Finanzbedarf, der sich aus einem Überschuß der Investitionsausgaben über die betrieblichen Nettoeinnahmen ergibt.

(6) Langfristige Außenfinanzierung durch Eigen- und Fremdkapital.

(7) Ausschüttung an die Gesellschafter.

(8) Veränderung der liquiden Mittel, eventuell abzüglich der kurzfristigen Verbindlichkeiten.[92]

Liefert eine für einen vergangenen Zeitraum erstellte (retrospektive) Kapitalflußrechnung nicht alle erforderlichen Informationen, so kann sie durch

---

[92] Vgl. Busse von Colbe, W., Kapitalflußrechnungen als Berichts- und Planungsinstrument. In: Schriften zur Unternehmensführung, Bd. 6/7, Hrsg. v. H. Jacob, Wiesbaden 1968, S. 19

eine Prognoserechnung ergänzt werden, „die auf Erwartungen über künftige Einnahmen und Ausgaben sowie Ein- und Auszahlungen aufbaut (prospektive Kapitalflußrechnung)."[93]

Busse von Colbe gliedert die retrospektive Kapitalflußrechnung in vier Bereiche:

(1) den Umsatzbereich,

(2) den Anlagenbereich,

(3) den Kapitalbereich,

(4) den Geldbereich.

Im **Umsatzbereich** werden als Überschuß der Betriebseinnahmen (= Einnahmen aus Umsatz und sonstigen Erträgen) über die Betriebsausgaben und die betrieblichen Gewinnsteuern die „betrieblichen Nettoeinnahmen" ermittelt. Diese werden den „Nettoanlageinvestitionen" (= Differenz zwischen Kauf und Verkauf von Anlagen) des **Anlagebereiches** gegenübergestellt; der sich daraus ergebende Saldo stellt den „Finanzbedarf" der Unternehmung dar.

Kapitalbereich und **Geldbereich** zeigen, wie dieser Finanzbedarf gedeckt wird. Im Kapitalbereich wird durch „Gegenüberstellung von Ein- und Auszahlungen, die für Einlagen von Eigen- und Fremdkapital und deren Rückgewährung (einschließlich der Dividenden) geleistet werden,"[94] die „Außenfinanzierung" als Nettogröße ermittelt. Die Differenz zwischen „Finanzbedarf" und „Außenfinanzierung" zeigt schließlich die Veränderung der „liquiden Mittel" an, die im Geldbereich ausgewiesen wird.

In jüngster Zeit hat **E. Heinen** den Vorschlag gemacht, für verschiedene, in Konflikt zueinander stehende, Bilanzzwecke eine sog. „**ergänzte Mehrzweckbilanz**" zu entwickeln. „Die Theorie der ergänzten Mehrzweckbilanz setzt sich zum Ziel, ein bilanzielles Grundmodell zu entwickeln, das den verschiedenen Informationsanforderungen unterschiedlicher Bilanzinteressenten gerecht wird ... Das Grundmodell soll durch relativ geringfügige Ergänzungen bzw. Modifikationen weitere Informationen liefern können, die auf die jeweilige Entscheidungssituation und Einstellung der Informationsempfänger abgestimmt sind."[95] Der handelsrechtliche Jahresabschluß soll das Grundmodell der ergänzten Mehrzweckbilanz darstellen, „da ihm bereits grundsätzlich die Intention zugrunde liegt, mehrere Bilanzzwecke für mehrere Bilanzinteressenten zu erfüllen."[96] Als Ergänzung für den Fall, daß das unveränderte Grundmodell nicht zur Erfüllung mehrerer Bilanzzwecke geeignet ist, schlägt Heinen folgende Möglichkeiten vor:[97]

(1) **Verbesserungen der Übersichtlichkeit und Klarheit** des Jahresabschlusses

– durch Ausweis zusätzlicher Bilanzpositionen,

---

[93] Busse von Colbe, W., Aufbau und Informationsgehalt ..., a. a. O., S. 97
[94] Busse von Colbe, W., Aufbau und Informationsgehalt ..., a. a. O., S. 100
[95] Heinen, E., Handelsbilanzen, 12. Aufl., Wiesbaden 1986, S. 105
[96] Heinen, E., a. a. O., S. 106
[97] Vgl. Heinen, E., a. a. O., S. 106 ff.

- durch Bilanzvermerke und
- durch eine erweiterte Berichterstattung im Geschäftsbericht.

(2) **Erstellung von Nebenrechnungen** wie
- die Kapitalflußrechnung,
- die zukunftsorientierte Kapitalflußrechnung und
- die Bewegungsbilanz.

(3) **Mehrfachbilanzierung,** d. h. neben die Handelsbilanz treten andere Bilanzen wie
- die Tageswertbilanz,
- die Steuerbilanz,
- die zukunftsorientierte Planbilanz.

Die Theorie der ergänzten Mehrzweckbilanz hat zum Ziel, „die engen Grenzen der Bilanztheorie zugunsten einer umfassenden Theorie der Kommunikationsbeziehungen in der Unternehmung und mit ihrer Umwelt zu überwinden."[98]

Zusammenfassend läßt sich die neuere bilanztheoretische Diskussion als eine breit angelegte Erörterung eines einfachen Problems charakterisieren, das auch von älteren Bilanztheoretikern wie Schmalenbach und Rieger längst erkannt war: Bilanztheorie ist die Suche nach einer Antwort auf die Frage, welches der „richtige" Vermögens- und Ertragsausweis sei. Man hat sich heute weitgehend auf den **Ertragswert** (= Vermögen) und die **Ertragswertänderung** (= ökonomischer Gewinn) geeinigt.

Aus der bilanztheoretischen Diskussion läßt sich folgende Erkenntnis ableiten: Unsere heutige Bilanzierungspraxis stünde mit unseren theoretischen Erkenntnissen dann voll in Einklang, wenn wir Vermögensbestände (und damit auch Vermögensbestandsänderungen) **nicht vergangenheitsorientiert** (Anschaffungskostenprinzip), **sondern zukunftsorientiert** bewerten würden (und könnten), denn dann wäre das Vermögen am Ende der Periode gleich dem Ertragswert des Unternehmens, und die Differenz zwischen dem Vermögen am Ende und am Anfang der Periode wäre gleich dem ökonomischen Gewinn.

Da aber der Jahresabschluß dem Prinzip der Objektivierbarkeit im Sinne einer **Nachprüfbarkeit** unterliegt, ist es für die Praxis unmöglich, von der Orientierung an Vergangenheitswerten völlig abzugehen. Gewisse Modifikationen wären durch den Gesetzgeber sowohl handels- als auch steuerrechtlich realisierbar. Solange aber der Gesetzgeber an seinen bisherigen Prinzipien festhält, kann die Praxis nicht anders bilanzieren, sondern ist weiterhin gezwungen, sich Informationen, die der Jahresabschluß nicht liefert, durch Nebenrechnungen zu beschaffen. (**ÜB 6**/13–16)

Moxter weist darauf hin, daß sowohl die zunehmende Steuerbelastung als auch die Tendenz zu einem stärkeren Aktionärsschutz dazu führe, „daß Bilanztheorie heute im allgemeinen als Theorie der Bilanz im Rechtssinne verstanden wird."[99] Diese Entwicklungsrichtung der Bilanztheorie wurde

---

[98] Heinen, E., a. a. O., S. 113.
[99] Moxter, A., Bilanzauffassungen, HdB, 5. Aufl., Stuttgart 1992, Sp. 505

durch das Bilanzrichtlinien–Gesetz von 1985 verstärkt, das viele bis dahin nur aus nicht kodifizierten Grundsätzen ordnungsmäßiger Buchführung entwikkelte Bilanzierungsgrundsätze für alle Kaufleute verbindlich kodifizierte. Moxter nennt hier insbesondere das Realisationsprinzip, das Imparitätsprinzip, und die Prinzipien der Einzelbewertung und der Stetigkeit. Dieses System von Bilanzrechtsprinzipien mündet „in einem dominierenden Sinn und Zweck der Bilanz im Rechtssinne . . . Nach heute unter Bilanzrechtlern herrschender (und zutreffender) Auffassung ist das, immer de lege lata gesehen, die vorsichtige Ermittlung eines als Gewinn entziehbaren Betrages."[100]

---

[100] Moxter, A., a. a. O., Sp. 506

C. Die Kostenrechnung

I. Aufgaben, Teilgebiete, Systeme

Aufgabe der Kostenrechnung ist die Erfassung, Verteilung und Zurechnung der Kosten, die bei der betrieblichen Leistungserstellung und -verwertung entstehen, zu dem Zweck,

(1) durch Ermittlung der voraussichtlich anfallenden Kosten eine Grundlage für betriebliche Dispositionen zu schaffen (**entscheidungsorientierte Zukunftsrechnung**) und

(2) durch Vergleich der tatsächlich angefallenen Kosten mit den zuvor geplanten Kosten Planabweichungen festzustellen und somit die Möglichkeit zu schaffen, die Ursachen von Fehlleistungen, die sowohl im Planungs- als auch im Produktionsbereich liegen können, aufzudecken (**kontrollierende Vergangenheitsrechnung**).

Diesen beiden Zwecken dienen die beiden Teilgebiete der Kostenrechnung, die Betriebsabrechnung und die Selbstkostenrechnung (Kalkulation).

Über den **Kostenbegriff** besteht – wie auch über viele andere zentrale Begriffe der Betriebswirtschaftslehre – keine volle Übereinstimmung in der Literatur. Der herrschende Kostenbegriff ist der auf Schmalenbach[1] zurückgehende **wertmäßige Kostenbegriff**. Danach sind Kosten der bewertete Verbrauch von Gütern und Dienstleistungen für die Herstellung und den Absatz von betrieblichen Leistungen und die Aufrechterhaltung der dafür erforderlichen Kapazitäten. Güter- und Dienstleistungsverbrauch sowie Leistungsbezogenheit sind also die beiden charakteristischen Merkmale dieses Kostenbegriffs.

Demgegenüber geht der **pagatorische Kostenbegriff**[2] nicht vom Verbrauch von Gütern und Dienstleistungen, sondern von Ausgaben (Auszahlungen) aus. Da Ausgaben in einer früheren oder späteren Periode erfolgen können als der Verbrauch der Produktionsfaktoren, für die diese Ausgaben anfallen, und da ein derartiger Verbrauch nicht immer mit Ausgaben verbunden ist (z. B. bei kalkulatorischen Kostenarten[3] wie Unternehmerlohn und Eigenkapitalzins), hat sich dieser Kostenbegriff als nicht zweckmäßig erwiesen.[4] Kilger weist zu Recht darauf hin, daß der wertmäßige Kostenbegriff „den Erfordernissen der betrieblichen Praxis" besser entspreche als der pagatorische und „daher insbesondere bei Planungsaufgaben besser geeignet ist."[5]

---

[1] Vgl. Schmalenbach, E., Kostenrechnung und Preispolitik, 8. Aufl., Köln und Opladen 1963, S. 6

[2] Vgl. Koch, H., Zur Diskussion über den Kostenbegriff, ZfhF 1958, S. 361 f.

[3] Vgl. S. 1261 ff.

[4] Kritisch zum pagatorischen Kostenbegriff vgl. Wöhe, G., Betriebswirtschaftliche Steuerlehre, Bd. II, 2. Halbband, 2. Aufl., Berlin u. Frankfurt/M. 1965, S. 8, Fußnote 2

[5] Kilger, W., Flexible Plankostenrechnung und Deckungsbeitragsrechnung, 10. Aufl., Wiesbaden 1993, S. 2

Von der Diskussion über den Kostenbegriff ist jedoch ein anderes Problem zu trennen: Da mit der Kostenrechnung mehrere Aufgaben verfolgt werden können, ist mit der Feststellung, welcher Teil des betrieblichen Wertverzehrs zu den Kosten gehört, noch nicht entschieden, ob die als Kosten definierten Beträge **in einer konkreten Entscheidungssituation** auch in vollem Umfang verrechnet werden müssen.

Ebenso wie die Bewertung in der Bilanz zweckbezogen ist (so sind z. B. für Zwecke der nominellen Kapitalerhaltung andere Wertansätze zu wählen als für Zwecke der Substanzerhaltung), sind auch für **verschiedene Zwecke der Kostenrechnung** (z. B. dispositive Aufgaben beim Aufbau der betrieblichen Planung, Kalkulation, Ermittlung von Preisuntergrenzen, Kostenkontrolle) nicht automatisch die gleichen Kostenbeträge von Bedeutung. Eine Kostenrechnung, die die für bestimmte betriebliche Entscheidungen relevanten Kosten ermittelt, wird als **entscheidungsorientierte** oder **zweckorientierte** Kostenrechnung bezeichnet. Die Aufgabe einer solchen Kostenrechnung besteht darin, „für jedes Planungsproblem genau **die** Kosten anzugeben, die von den variierten Aktionsparametern funktional abhängig sind. Diese Kosten werden als **relevante Kosten** bezeichnet."[6]

Werden z. B. bei der Ermittlung der kurzfristigen Preisuntergrenze[7] nur die variablen Kosten erfaßt, so bleiben die fixen Kosten als für kurzfristige Entscheidungen nicht relevante Kosten zwar außer Ansatz, sie bleiben aber vom wertmäßigen Kostenbegriff her selbstverständlich Kosten. Bei der Ermittlung der langfristigen Preisuntergrenze müssen sie als relevante Kosten einbezogen werden, da hier eine andere Entscheidungssituation vorliegt.

Die **Betriebsabrechnung** ist eine Periodenrechnung. Sie ermittelt als Kostenartenrechnung, welche Arten von Kosten im Betriebe angefallen sind (z. B. Personalkosten, Materialkosten, Abschreibungen, Zinsen usw.), und verteilt als Kostenstellenrechnung die Kostenarten auf die einzelnen Funktionsbereiche des Betriebes (z. B. Beschaffungs-, Fertigungs-, Verwaltungs- und Vertriebsbereich), um durch die Feststellung, wo die Kosten verursacht worden sind, eine genaue Zurechnung der Kosten auf die Leistungen der Periode (Kostenträgerzeitrechnung) zu ermöglichen.

Durch Gegenüberstellung der in einer Kostenrechnungsperiode (in der Regel ein Monat) für einen Kostenträger ermittelten Kosten und erzielten Erlöse wird eine nach Kostenträgern gegliederte kurzfristige Betriebsergebnisrechnung **(kurzfristige Erfolgsrechnung)** durchgeführt. Sie liefert der Betriebsführung Entscheidungsunterlagen, die der Jahresabschluß aus zwei Gründen nicht zur Verfügung stellen kann: erstens kommt er zu spät, da er in der Regel erst mehrere Monate nach Abschluß des Wirtschaftsjahres zur Verfügung steht, und zweitens gliedert er in der Gewinn- und Verlustrechnung die Kosten (Aufwendungen) nach Kostenarten (Aufwandsarten) und die Erträge nach Kostenträgern, ohne für jeden einzelnen Kostenträger den Anteil am Gesamterfolg aufzuzeigen.

---

[6] Kilger, W., Flexible Plankostenrechnung . . ., a. a. O., S. 191 (Hervorhebungen im Original kursiv)
[7] Vgl. S. 675 ff.

Die **Selbstkostenrechnung** (Kalkulation) führt als Kostenträger-Stück-rechnung – aufbauend auf der Kostenarten- und Kostenstellenrechnung – die Zurechnung der Kosten auf die einzelne Leistung durch, d. h. sie ermittelt die Selbstkosten und schafft damit die Grundlage für die kurzfristige Erfolgs-rechnung, die Verkaufssteuerung und die Preispolitik.[8] Wird die Selbstko-stenrechnung vor der Erstellung der Betriebsleistung durchgeführt, so be-zeichnet man sie als **Vorkalkulation,** erfolgt sie nach Abschluß der Lei-stungserstellung, so spricht man von **Nachkalkulation.** Die Vorkalkulation verwendet geplante Kosten, die Nachkalkulation stellt die tatsächlich ange-fallenen Kosten (Istkosten) fest.

Von der Vorkalkulation unterscheiden sich **Normal- und Plankalkulatio-nen** dadurch, daß erstere auf die Kalkulation einer einzelnen Leistung zielt, letztere dagegen auf eine zeitlich vor der Leistungserstellung liegende Vor-ausrechnung der Gesamtkosten eines Abrechnungszeitraumes abstellen.

Nicht alle Kosten lassen sich nach dem gleichen Prinzip den Kostenstellen oder Kostenträgern zurechnen. Man unterscheidet folgende **Zurechnungs-grundsätze:**

(1) das Prinzip der Kostenverursachung,
(2) das Prinzip der Kostentragfähigkeit,
(3) das Prinzip der Durchschnittsbildung.

Theoretisch einwandfrei ist allein das **Kostenverursachungsprinzip:** jeder Kostenbereich (Kostenstelle) und jeder Kostenträger ist mit dem Kostenbe-trag zu belasten, den er verursacht hat. Nur wenn eine kausale Beziehung zwischen angefallenen Kosten und einer Kostenstelle bzw. einem Kostenträ-ger nicht feststellbar ist, kommen die anderen Zurechnungsprinzipien zur Anwendung.

Da fixe Kosten als vom Beschäftigungsgrad unabhängig anfallende Kosten nicht nach dem Verursachungsprinzip zugerechnet werden können, werden sie in der Regel nach dem **Prinzip der Kostentragfähigkeit** (Deckungsprin-zip) verteilt, d. h. im proportionalen Verhältnis zu den Deckungsbeiträgen oder den Absatzpreisen der Kostenträger. Als Deckungsbeiträge (Bruttoge-winne) bezeichnet man die Differenz zwischen dem erzielten bzw. erzielba-ren Absatzpreis und den variablen Stückkosten. Die Differenz zwischen dem Absatzpreis und den gesamten Stückkosten ist der Nettogewinn.[9]

Das **Durchschnittsprinzip** ist ebenfalls eine Hilfsmethode, die in Betracht kommt, wenn das Verursachungsprinzip versagt. Statt nach der Verursa-chung fragt man danach, welche Kosten im Durchschnitt auf welche Lei-stungen entfallen.

---

[8] In der neueren Literatur wird darauf hingewiesen, daß keine funktionale Beziehung zwischen den Selbstkosten und dem Angebotspreis besteht. Angebotspreise lassen sich daher in der Regel nicht ‚kalkulieren‘. (Vgl. z. B. Kilger, W., Einführung in die Kostenrech-nung, 3. Aufl., Wiesbaden 1987, S. 16, 279 f., 284). Die Kalkulation kann für die Preispolitik lediglich Preisuntergrenzen bestimmen. Die Ermittlung von Marktpreisen und der bei die-sen Preisen erzielbaren Absatzmengen ist vorwiegend die Aufgabe der Marktforschung und der Produktions- und Absatzplanung, nicht aber der Kostenrechnung (Vgl. Riebel. P., Einzelkosten- und Deckungsbeitragsrechnung, 7. Aufl., Wiesbaden 1993, S. 204 ff.)

[9] Einzelheiten zur Deckungsbeitragsrechnung vgl. S. 1313 ff.

Die Kostenrechnung kann sich verschiedener Abrechnungssysteme bedienen. Sie lassen sich nach der **Zeitbeziehung** der Kosten (vergangenheits- oder zukunftsbezogen) oder nach dem **Umfang** der verrechneten Kosten (Vollkosten- oder Teilkostenrechnung) unterscheiden.

Nach dem ersten Kriterium ist zu trennen zwischen Ist-, Normal- und Plankostenrechnungssystemen. Eine **Istkostenrechnung** liegt vor, wenn die tatsächlich angefallenen Kosten (Istkosten = Ist-Verbrauchsmengen × Ist-Preise) ohne Eliminierung von Zufälligkeiten (Preisschwankungen am Beschaffungsmarkt, Störungen im Produktionsablauf) verrechnet werden. Sie ist eine Vergangenheitsrechnung.

Von einer **Normalkostenrechnung** spricht man dann, wenn bestimmte Kosten nicht mit ihren tatsächlichen, sondern mit durchschnittlichen Mengen und Preisen angesetzt werden (Normalkosten). Sie baut also ebenso auf Vergangenheitswerten auf.

Eine **Plankostenrechnung** liegt dann vor, wenn auf Grund detaillierter Berechnungen und Messungen unter Einschluß zukünftiger Erwartungen der Kostenanfall vorausgeplant wird und die Kosten für die einzelnen Kostenstellen und Kostenträger vorgegeben werden. Die Plankostenrechnung ist also eine auf die Zukunft gerichtete Rechnung. Die zwischen Normal- oder Plankosten einerseits und Istkosten andererseits sich ergebenden Differenzen (Abweichungen) werden gesondert erfaßt und stellen ein wichtiges Instrument der Kostenkontrolle dar.[10]

Nach dem zweiten Kriterium werden Voll- und Teilkostenrechnungssysteme unterschieden. Werden alle angefallenen Kosten auf die Kostenträger verrechnet, so handelt es sich um eine **Vollkostenrechnung.** Wird dagegen nur ein Teil der Kosten den Kostenträgern zugerechnet, während die übrigen Teile auf anderen Wegen in das Betriebsergebnis übertragen werden, so spricht man von einer **Teilkostenrechnung.** Beide Einteilungskriterien treten stets kombiniert auf, da die Ist-, Normal- und Plankostenrechnung jeweils als Voll- oder Teilkostenrechnung ausgestaltet werden können.

Historisch betrachtet ist die Vollkostenrechnung älter als die Teilkostenrechnung. Erst im Laufe der letzten Jahrzehnte hat sich die Auffassung durchgesetzt, daß fixe Kosten den Kostenträgern nicht belastet werden dürfen, da sie in der Regel nicht nach dem Prinzip der Verursachung zugerechnet werden können. Deshalb übernimmt die Teilkostenrechnung nur die variablen Kosten auf die Kostenträger und rechnet die fixen Kosten en bloc erst in der Erfolgsrechnung ab.

Da bei linearem Gesamtkostenverlauf, der für die industrielle Produktion als repräsentativ angesehen wird, die variablen (proportionalen) Kosten gleich den Grenzkosten sind, wird für die Teilkostenrechnung häufig der Begriff **Grenzkostenrechnung** verwendet.

Die Teilkostenrechnung ist zwar geeignet, die Mängel, die der Vollkostenrechnung bei der Bestimmung der Preisuntergrenze, der Optimierung des Produktionsprogramms, der Verfahrensauswahl und der Anpassung des

---

[10] Einzelheiten vgl. S. 1335 ff.

Betriebes an Beschäftigungsschwankungen anhaften, zu reduzieren, sie ist aber kein brauchbares Verfahren zur Ermittlung der bilanziellen Herstellungskosten, da sie Zielen dient, die nicht mit den Zielen der Bewertung in der Bilanz übereinstimmen. Deshalb ist die Vollkostenrechnung bisher nicht überflüssig geworden. In der Steuerbilanz müssen anteilige Abschreibungen (Absetzungen für Abnutzung) in die Herstellungskosten einbezogen werden, [11] in der Handelsbilanz dürfen sie angesetzt werden. [12] Werden nur die beschäftigungsabhängigen (variablen) Teile der Abschreibungen in den Herstellungskosten aktiviert, so werden das Vermögen und der Periodenerfolg in der Bilanz zu niedrig ausgewiesen. [13] (**ÜB** 6/96–100)

II. Die Betriebsabrechnung

1. Die Kostenartenrechnung

a) Begriff und Gliederung der Kostenarten

Die Kostenartenrechnung dient der systematischen Erfassung aller Kosten, die bei der Erstellung und Verwertung der Kostenträger (Leistungen) entstehen. Ihre Fragestellung lautet: **Welche Kosten sind angefallen?** So sind beispielsweise Löhne und Gehälter die Kostenarten für die Arbeitsleistungen, Materialkosten die Kostenarten für den Verbrauch von Werkstoffen, Abschreibungen die Kostenart, die die Wertminderungen der Anlagegüter erfaßt. Diese Erfassung der Kosten erfolgt in Zusammenarbeit mit der Finanzbuchhaltung, insbesondere der Lohn- und Gehaltsabrechnung, der Materialabrechnung und der Anlagenabrechnung.

Die gesamten Kosten einer Abrechnungsperiode lassen sich nach verschiedenen Kriterien systematisieren:

Werden die Kostenarten nach der **Art der verbrauchten Produktionsfaktoren** eingeteilt, so ergibt sich folgende Gliederung:
(1) Personalkosten, z. B. Löhne, Gehälter, Provisionen, Tantiemen, soziale Abgaben;
(2) Sachkosten, z. B. Roh-, Hilfs- und Betriebsstoffe, Abschreibungen auf Gebäude, Maschinen, Werkzeuge, Geschäftseinrichtung;
(3) Kapitalkosten, z. B. kalkulatorische Zinsen;
(4) Kosten für Dienstleistungen Dritter, z. B. Transportkosten, Rechts- und Beratungskosten, Kosten für Strom, Gas, Wasser, Telefon, Versicherungskosten;
(5) Kosten für Steuern, Gebühren und Beiträge.

Diese Gliederung kann weiter verfeinert werden. Ein Beispiel dafür ist die Kostenarteneinteilung der Kontenklasse 4 des Gemeinschaftskontenrahmens.

---

[11] Vgl. R 33 Abs. 4 EStR
[12] Vgl. § 255 Abs. 2 HGB
[13] Zur Problematik der Ermittlung der bilanziellen Herstellungskosten vgl. Wöhe, G., Bilanzierung und Bilanzpolitik, 8. Aufl., München 1992, S. 396 ff.

Die Kostenarten lassen sich ferner nach den wichtigsten **betrieblichen Funktionen** gliedern in:

(1) Kosten der Beschaffung,
(2) Kosten der Lagerhaltung,
(3) Kosten der Fertigung,
(4) Kosten der Verwaltung,
(5) Kosten des Vertriebs.

Auch diese Form der Kostenartensystematik läßt sich weiter differenzieren. Sie stimmt dann mit einer Aufteilung der Kostenarten auf eine nach Funktionen gegliederte Kostenstellenrechnung überein.

Nach der **Art der Verrechnung** auf die Leistungseinheiten lassen sich Einzelkosten und Gemeinkosten unterscheiden. **Einzelkosten** werden unmittelbar, d. h. ohne vorherige Verrechnung über die Kostenstellen, den Kostenträgern, z. B. einer bestimmten Leistung oder einem bestimmten Auftrag, zugerechnet, da sie pro Kostenträger genau erfaßt werden können (z. B. Fertigungslöhne in Form von Akkordlöhnen). Sie treten auch als Sondereinzelkosten der Fertigung (z. B. ein Werkzeug kann nur für einen Auftrag verwendet werden) oder Sondereinzelkosten des Vertriebs (z. B. Verpackungskosten, Vertreterprovisionen) auf. Sie müssen dem Verursachungsprinzip in hohem Maße entsprechen.

Gemeinkosten dagegen lassen sich nicht direkt auf die Leistung zurechnen, da sie für mehrere oder alle Leistungen der Kostenbereiche entstanden sind, z. B. Abschreibungen, Versicherungen, Transportlöhne, Gehälter leitender Angestellter, Strom, Wasser, Post- und Telefongebühren usw. Das Verursachungsprinzip ist bei ihnen schwerer (oder überhaupt nicht) als Verteilungsprinzip anzuwenden. Die Verrechnung auf die Leistungen erfolgt indirekt durch Zuschläge, die mit Hilfe von bestimmten Schlüsseln – meist durch Verwendung einer Kostenstellenrechnung – ermittelt werden und deren Basis bestimmte Bezugsgrößen wie z. B. die Einzelkosten, die Maschinenstunden oder die bearbeiteten Stückzahlen bilden.

Werden aus Gründen der abrechnungstechnischen Vereinfachung Einzelkosten als Gemeinkosten behandelt, d. h. nicht direkt, sondern indirekt per Zuschlag zugerechnet, so bezeichnet man sie als **unechte Gemeinkosten** (z. B. Hilfsstoffe wie Anstrichmittel, Leim, Nägel usw.).

Nach der **Art der Kostenerfassung** kann man die Kostenarten gliedern in:

(1) **Aufwandsgleiche Kostenarten.** Sie sind für die Kostenrechnung aus der Finanzbuchhaltung zu entnehmen und machen den größten Teil aller Kostenarten aus (z. B. Löhne, Material).

(2) **Kalkulatorische Kostenarten.** Sie stellen insoweit Zusatzkosten dar, als der durch sie erfaßte Werteverbrauch in der Finanzbuchhaltung überhaupt nicht oder in anderer Höhe verrechnet wird, z. B. Unternehmerlohn, kalkulatorische Zinsen, kalkulatorische Wagnisse, kalkulatorische Abschreibungen.[1]

---

[1] Vgl. S. 1261 ff.

Nach dem **Verhalten der Kosten bei Beschäftigungsänderungen** (Änderungen der Kapazitätsausnutzung) lassen sich die Kostenarten gliedern in:

(1) **Fixe (feste, konstante) Kostenarten,** die unabhängig von der Höhe der Ausbringung immer in gleicher Höhe anfallen, z. B. Abschreibungen, die nicht nach der Inanspruchnahme der Anlagegüter, sondern nach der Kalenderzeit berechnet werden; auch Fremdkapitalzinsen sind zeitabhängige Kosten. Fixe Kosten sind in der Regel Gemeinkosten, da sie nicht durch eine einzelne Leistung, sondern durch die Aufrechterhaltung der Betriebsbereitschaft verursacht werden.

(2) **Variable Kostenarten,** die sich mit der Änderung der Ausbringung ebenfalls ändern, und zwar entweder im gleichen Verhältnis (proportionale Kosten) oder aber schneller (progressive Kosten) oder langsamer (degressive Kosten) als die Ausbringung.

Diese Einteilung der Kostenarten ist deshalb problematisch, weil es praktisch keine Kostenart gibt, die ihrem Wesen nach fixe oder variable Kosten darstellt, sondern weil bestimmte Kostenarten lediglich durch die Art der Verrechnung oder durch die Art der Formulierung des Entscheidungsproblems zu fixen oder variablen Kosten gemacht werden. So sind z. B. Abschreibungen dann fixe Kosten, wenn sie unabhängig davon, wie groß die Produktion der betreffenden Periode ist, für die Kalenderzeit, z. B. ein Jahr, verrechnet werden (Zeitabschreibung); sie sind variable, und zwar proportionale Kosten, wenn sie auf das Stück bezogen werden; dann fallen und steigen sie im gleichen Verhältnis wie die Ausbringung (Leistungsabschreibung).[2] Heißt beispielsweise die Entscheidungsalternative: 1.000 Stück produzieren oder den Betrieb schließen, so sind sämtliche Kosten variabel.

Einzelkosten sind variable Kosten, da sie durch die Produktion eines Stückes verursacht werden. Sie können vermieden werden, wenn dieses Stück nicht produziert würde (z. B. Akkordlöhne).

Nach der **Herkunft der Kostengüter** unterscheidet man primäre und sekundäre Kostenarten. Den **primären** (einfachen, ursprünglichen) Kostenarten ist gemeinsam, daß sie den Verbrauch von Gütern, Arbeits- und Dienstleistungen erfassen, die der Betrieb von außen, d. h. von den Beschaffungsmärkten bezogen hat. Alle primären Kosten werden in der Kostenartenrechnung erfaßt und auf Kostenstellen (Gemeinkosten) oder direkt auf Kostenträger (Einzelkosten) weiterverrechnet.

Sekundäre (zusammengesetzte, gemischte) Kostenarten sind der geldmäßige Gegenwert für den Verbrauch innerbetrieblicher Leistungen. Der Betrieb erstellt neben den Leistungen, die am Markt abgesetzt werden sollen, auch solche, die er selbst verwendet (innerbetriebliche Leistungen), z. B. Werkzeuge, Maschinen, Reparaturen, Strom, Dampf u. a. Bei der eigenen Stromerzeugung entstehen z. B. die einfachen (primären) Kostenarten Löhne, Stoffe, Abschreibungen usw. Diese einfachen Kostenarten ergeben zusammen die zusammengesetzte (sekundäre) Kostenart „selbsterzeugter Strom", die auf die Hauptkostenstellen und von dort auf die Kostenträger

---

[2] Vgl. S. 1097 f.

weiterverrechnet wird. Sekundäre Kostenarten entstehen also erst in der Kostenstellenrechnung.

Die verschiedenen Gliederungsgesichtspunkte werden bei der **Aufstellung eines Kostenartenplanes** kombiniert. Der oberste Gesichtspunkt ist grundsätzlich die Einteilung nach verbrauchten Produktionsfaktoren (Personal-, Sachkosten usw.). Die Lohnkosten lassen sich z. B. weiter unterteilen nach Funktionsbereichen: Löhne der Fertigung, der Beschaffung, der Verwaltung usw. Die Löhne der Fertigung werden z. B. nach verrechnungstechnischen Gesichtspunkten weiter gegliedert in Einzellöhne (direkt) und Gemeinkostenlöhne (indirekt). Beide Gruppen können weiter unterteilt werden nach der Berufsstellung in Facharbeiter- oder Hilfsarbeiterlöhne oder nach der Lohnform in Zeit-, Akkord- und Prämienlöhne usw. (**ÜB 6**/101, 102)

b) Die Erfassung der wichtigsten Kostenarten

aa) Personalkosten

Zu den Personalkosten zählen alle Kosten, die durch den Produktionsfaktor Arbeit unmittelbar oder mittelbar entstanden sind. Sie werden in der Lohn- und Gehaltsbuchhaltung erfaßt. Dabei entstehen keine besonderen Probleme, wenn man zunächst von zwei Sonderfällen, dem kalkulatorischen Unternehmerlohn und der zeitlichen Abgrenzung bestimmter Personalkosten wie Urlaubslöhne, Feiertags- und Krankheitslöhne absieht. Diese Sonderfälle werden in anderen Zusammenhängen besprochen.[3]

Die wichtigsten Kategorien der Personalkosten sind die Löhne, die Gehälter, die gesetzlichen Sozialabgaben, die freiwilligen Sozialleistungen und sonstige Personalkosten. Die Löhne und Gehälter werden an Hand von Zeitlohn- oder Akkordlohnscheinen, Prämienunterlagen, Gehaltslisten, Stempelkarten usw. erfaßt und verrechnet. Die gesetzlichen Sozialabgaben (z. B. Arbeitgeberanteile an der Renten-, Kranken-, Arbeitslosen- und Unfallversicherung) werden auf Basis der erfaßten Löhne und Gehälter ermittelt.

Die freiwilligen Sozialaufwendungen lassen sich in zwei Kategorien einteilen. Kommen sie einem Arbeitnehmer unmittelbar zugute, wie z. B. Pensionszusagen, Beihilfen für Fahrt und Verpflegung, Beihilfen zur Ausbildung usw., so bezeichnet man sie als primäre freiwillige Sozialleistungen; werden allen Arbeitnehmern bestimmte Einrichtungen zur Verfügung gestellt, z. B. Sportanlagen, Kantine, Sanitätsstation, Werksbibliothek, so handelt es sich um sekundäre freiwillige Sozialleistungen.

bb) Materialkosten

Die Materialkosten ergeben sich, wenn der mengenmäßige Verbrauch an Roh-, Hilfs- und Betriebsstoffen mit den entsprechenden Preisen bewertet wird. Die Erfassung der Kosten erfordert also zunächst eine Ermittlung der Verbrauchsmengen und danach eine Bewertung. Ersteres ist Aufgabe der Materialabrechnung, letzteres der Betriebsabrechnung, die die dafür erforderlichen Zahlen von der Finanzbuchhaltung erhält.

---

[3] Vgl. S. 1261 und 1267 f.

(1) **Die Ermittlung der Verbrauchsmengen**

Je nach der Organisation der Lagerbuchhaltung und des innerbetrieblichen Belegwesens werden die verbrauchten Materialmengen nach verschiedenen Verfahren ermittelt, die sich in ihrer Exaktheit unterscheiden. Die am häufigsten benutzten Methoden sind die folgenden:

(a) Es erfolgt eine unmittelbare Erfassung in der Materialbuchhaltung durch laufende Addition der Abgänge laut Materialentnahmescheine (MES) **(Skontrationsmethode):**

Abgang 1 (lt. MES) + Abgang 2 (lt. MES) ... = Verbrauch

Diese Methode ist am genauesten, erfordert aber auch den größten Arbeitsaufwand. Sie ist bei Einzel- und Serienfertigung üblich, da sich hier der Verbrauch annähernd bestimmen läßt und Rücklieferungen gewöhnlich nicht erfolgen. Die Entnahme aus dem Materiallager wird auf Materialentnahmescheinen (Einzel- oder Sammelscheine) oder auf Stücklisten erfaßt, wenn eine größere Zahl verschiedener Materialarten oder Einzelteile gebraucht wird. Das Lager führt für jede Materialart eine Karteikarte und bucht die Entnahme aus. Die Materialscheine werden gesammelt und zur Nachkalkulation verwendet. Da jeder Materialentnahmeschein neben anderen Angaben die empfangende Kostenstelle und die Auftragsnummer enthält, sind der Verwendungsort und der Verwendungszweck der Stoffe genau feststellbar.

Da der mit dieser Methode ermittelte Endbestand ein Soll-Endbestand ist, ermöglicht sie zugleich eine Feststellung von Inventurdifferenzen, wenn der durch Inventur ermittelte Ist-Endbestand bekannt ist. Wird die Skontrationsmethode angewendet, so kann man die für den externen Jahresabschluß vorgeschriebene körperliche Bestandsaufnahme als **permanente Inventur** über das ganze Jahr verteilt durchführen.[4]

(b) Die Erfassung des Materialverbrauchs kann auch mit Hilfe der **Inventurmethode** (Befundrechnung, Bestandsdifferenzrechnung) vorgenommen werden. Der Verbrauch ergibt sich aus Anfangsbestand zuzüglich der Zugänge, abzüglich des Endbestandes:

Anfangsbestand + Zugang – Endbestand = Abgang (Verbrauch)

Die Feststellung des Endbestandes erfolgt durch Inventur. Das ist zeitraubend und nur dann zweckmäßig, wenn der Mengenverbrauch eines Materials pro Kostenstelle oder Kostenträger relativ einfach zu ermitteln ist. Werden Materialien für verschiedene Kostenträger verbraucht, so ist eine Zurechnung nicht möglich, da nur der Gesamtverbrauch, aber nicht der Verbrauch pro Kostenträger zu erfassen ist. Differenzen zwischen Soll- und Istverbrauch lassen sich mit dieser Methode nicht analysieren.

(c) Der Materialverbrauch kann auch am fertigen Produkt durch Rück-

---

[4] Vgl. Wöhe, G., Bilanzierung und Bilanzpolitik, a.a.O., S. 205 f.

rechnung (**retrogade Methode**) festgestellt werden. Das setzt voraus, daß der Verbrauch für jedes Produkt einmal erfaßt wird, z. B. durch Berechnung oder Schätzung, und als Soll-Verbrauch in einer Materialkartei festgehalten wird. Die Ermittlung des Verbrauchs erfolgt durch Multiplikation der produzierten Stückzahlen mit den Soll-Materialverbrauchsmengen pro Stück.

Die retrogade Methode hat jedoch den Nachteil, daß Bestandsminderungen über den Soll-Verbrauch hinaus mit ihr nicht festgestellt werden können. Diese fehlende Kontrollmöglichkeit kann nur mit Hilfe von Materialentnahmescheinen und/oder durch Inventur, also mittels einer der beiden erstgenannten Methoden geschaffen werden.

(2) **Die Bewertung des Materialverbrauchs**

Die Bewertung des Materialverbrauchs kann entweder zu den **effektiven Anschaffungskosten** (Einstandspreisen) oder – wenn es zu einer Mischung der zu verschiedenen Zeitpunkten und zu unterschiedlichen Preisen beschafften Mengen kommt – zu **durchschnittlichen Anschaffungskosten**[5] erfolgen. Die Anschaffungskosten haben den Nachteil, daß sie in Zeiten von Preisschwankungen weder im Zeitpunkt des Materialverbrauchs noch des Umsatzes der Fertigfabrikate den „richtigen" Materialwert darstellen, d. h. den Wert, der über den Erlös die Wiederbeschaffung der gleichen Materialmengen, also die Substanzerhaltung ermöglicht.

Vorteilhaft wirkt sich die Verwendung von **Verrechnungspreisen** aus, die über eine längere Zeit fest sind und nicht nur den Durchschnitt der Anschaffungskosten der letzten Zeit bilden, sondern auch unter Berücksichtigung der zukünftigen Preiserwartungen errechnet werden. Dadurch werden Marktpreisschwankungen im Beschaffungssektor in der Kostenrechnung ausgeschaltet; außerdem ergibt sich der Vorteil, daß die Lagerkartei nur noch mengenmäßig geführt zu werden braucht. Die Differenzen zwischen den Durchschnitts- oder Verrechnungspreisen und den effektiven Anschaffungskosten werden eliminiert. Das kann in einfachster Form mit Hilfe eines Preisdifferenzkontos der Klasse 2 erfolgen.

Beispiel:

| Verrechnungspreis für 1 kg eines Rohstoffes: DM 5,– |
| Zugänge: 100 kg à 4,92 = 492,–   Verbrauch: 80 kg à 5,– = 400,– |
| 120 kg à 5,10 = 612,– |

S	Bank (Kl. 1)		H	S	Rohstoffe (Kl. 3)		H
	(1)	492		(1)	500	(3)	400
	(2)	612		(2)	600	SBK	700

S	Preisdifferenzen (Kl. 2)		H	S	Fert.-Material (Kl. 4)		H
(2)	12	(1)	8	(3)	400		
		Saldo	4				

[5] Vgl. S. 1101 f.

Die gesamte Preisabweichung (Saldo des Preisdifferenzkontos) beträgt 4, der Endbestand an Rohstoffen 700. Genauer wird die Rechnung, wenn die Preisabweichung anteilig auf das Fertigungsmaterial und den Rohstoffendbestand aufgeteilt wird. Das zeigt die folgende Art der Verrechnung, bei der der Teil der Preisdifferenz, der zum Endbestand gehört, auf einem Differenzbestandskonto verbleibt und zusammen mit dem Endbestand des Rohstoffkontos zur Bewertung in der Bilanz verwendet werden kann, während der Teil der Preisdifferenz, der zum Verbrauch gehört, auf ein Preisdifferenzkonto gebucht wird.

Beispiel: (gleiche Ausgangszahlen wie im vorangegangenen Beispiel)

S	Bank (Kl. 1)	H		S	Preisdiff. Bestand (Kl. 3)		H
	(1)	492		(1)	492	(2)	500
	(4)	612		(4)	612	(5)	600
						(6)	1,45
						SBK	2,55
					1.104		1.104,00

S	Rohstoffe (Kl. 3)		H		S	Fert.-Material (Kl. 4)	H
(2)	500	(3)	400		(3)	400	
(5)	600	SBK	700				
	1.100		1.100				

S	Preisdiff. kosten (Kl. 4)	H
(6)	1,45	

Die Aufteilung der gesamten Preisabweichung von 4 erfolgt nach dem Durchschnittsprinzip:

$$\frac{4}{1.100} = 0,3636\%;$$

$$400 \cdot \frac{0,3636}{100} = 1,45;$$

$$700 \cdot \frac{0,3636}{100} = 2,55.$$

Damit verbleibt als Endbestand ein Materialwert von 702,55; die laufende Kostenrechnung rechnet mit einem Verbrauch von 400. Die Preisdifferenzkosten von 1,45 können entweder direkt auf dem Abgrenzungssammelkonto oder auf Differenzsammelkonten in der Hoffnung auf einen jährlichen Ausgleich gespeichert werden; sie können auch direkt in die Kalkulation der Klassen 5, 6 und 7 übernommen werden.

cc) Die Erfassung von Kosten durch zeitliche Verteilung von Ausgaben

Bei stoßweise oder aperiodisch auftretenden Ausgaben muß eine **Vor-oder Nachverrechnung** in der Kostenrechnung erfolgen, damit die einzelnen Abrechnungszeiträume gleichmäßig belastet werden. Man geht von der Fiktion eines gleichmäßigen Verbrauchs aus. Das ist z. B. bei folgenden Kostenarten erforderlich: Versicherungen, Urlaubslöhnen, Steuern, Umsatzprovisionen, Großreparaturen, Mieten u. a. Die Abgrenzung zwischen Ausgaben und Aufwand einerseits und Kosten andererseits erfolgt in der Kontenklasse 2. Diese zeitliche Abgrenzung von Aufwand und Kosten ist nicht zu verwechseln mit der auf Klasse 0 erfolgenden Abgrenzung des Erfolges zweier Rechnungsperioden mittels der Rechnungsabgrenzungsposten (transitorische und antizipative Posten).

Beispiel:

Vorauszahlung von Versicherungsprämien am 1. 10. 1993 für 1 Jahr.
Buchungen bis 31. 12. 1993:

11 Bank	272 Verr.-Versicherung	463 Versicherung	091 Akt. Abgrenzung
(272) 1.200	(11) 1.200	1.10. 100 → 100	(272) 900
		1.11. 100 → 100	
		1.12. 100 → 100	
		31.12. (091) 900	

Der nicht verteilte Rest von 900 DM wird in der Bilanz abgegrenzt (transitorisches Aktivum) und im nächsten Rechnungsjahr weiterverteilt.

dd) Die kalkulatorischen Kostenarten

(1) Begriff und Aufgaben

Bei der Abgrenzung von Aufwand und Kosten zeigte sich, daß es Kosten gibt, denen kein Aufwand bzw. Aufwand in geringerer Höhe gegenübersteht (**Zusatzkosten**). Außerdem gibt es Aufwandsarten, deren Bemessung von Faktoren abhängig ist, die für die Ermittlung der Kosten nicht geeignet sind. So hängt z. B. die Höhe der Aufwandszinsen von der Art der Finanzierung ab; je größer der Anteil des Fremdkapitals am Gesamtkapital ist, desto höher sind die Aufwandszinsen. In der Kostenrechnung müssen aber Zinsen für das gesamte bei der Erstellung der Betriebsleistung genutzte Kapital verrechnet werden, unabhängig davon, ob es Fremdkapital oder Eigenkapital ist.

Die Höhe der Abschreibungen in der Bilanz wird häufig von steuerlichen oder finanzierungspolitischen Überlegungen und nicht von der geschätzten Wertminderung bestimmt. In der Kostenrechnung dagegen müssen die tatsächlichen (geschätzten) Wertminderungen durch Abschreibungen erfaßt werden, wenn dem Kostenverursachungsprinzip Rechnung getragen werden soll.

Die Höhe des Personalaufwands ist abhängig von der Rechtsform. Der Gesellschafter-Geschäftsführer einer GmbH erhält ein Gehalt (Aufwand), der Einzelunternehmer oder geschäftsführende Gesellschafter einer Personengesellschaft bezieht kein Gehalt, sondern Gewinnanteile für seine Tätigkeit.[6] Die Kosten in der Kostenrechnung wären jedoch zu niedrig bemessen, wenn für die Mitarbeit des Unternehmers oder der Gesellschafter nicht ein entsprechender Unternehmerlohn (Zusatzkosten) verrechnet würde.

Aus diesen Beispielen geht hervor, daß es Kostenarten gibt, die entweder in der Bilanzrechnung überhaupt nicht oder in anderer Höhe als Aufwandsarten auftreten. Man bezeichnet sie als kalkulatorische Kostenarten. Ihr Zweck ist es, die **Genauigkeit der Kostenrechnung** zu erhöhen, indem

(1) die Selbstkosten der Produkte mit dem Wertverbrauch belastet werden, der tatsächlich erfolgt ist, auch wenn er in der Erfolgsrechnung nicht oder in anderer Höhe angesetzt wurde, und

(2) aperiodisch auftretende, durch den Betriebsprozeß bedingte Verluste durch kalkulatorische Wagniszuschläge gleichmäßig auf die Abrechnungszeiträume verteilt werden, um ihren stoßweisen Anfall in einzelnen Perioden zu vermeiden.

Die wichtigsten kalkulatorischen Kostenarten sind die folgenden:

(1) Die kalkulatorischen Abschreibungen,

(2) die kalkulatorischen Zinsen,

(3) der kalkulatorische Unternehmerlohn,

(4) die kalkulatorischen Wagniszuschläge,

(5) die kalkulatorische Miete.

(2) Die kalkulatorischen Abschreibungen

Sie haben die Aufgabe, die tatsächliche Wertminderung des Anlagevermögens zu erfassen und als Kosten zu verrechnen. Die Bilanzabschreibungen[7] dagegen bezwecken eine Bewertung von Vermögensteilen in der Bilanz durch eine Verteilung der Anschaffungskosten eines Wirtschaftsgutes auf die Jahre der Nutzung als Aufwand in der Erfolgsrechnung. Diese Verteilung erfolgt nicht notwendigerweise entsprechend dem geschätzten Wertverzehr, sondern nach bilanzpolitischen Zweckmäßigkeitserwägungen. Die Bilanzabschreibung erfaßt die gesamten Anschaffungskosten und ist beendet, wenn die der Verteilung der Anschaffungskosten zugrunde gelegte (geschätzte) Nutzungsdauer abgelaufen ist. Dann sind im Falle positiver Ertragslage die gesamten Anschaffungskosten über den Umsatzprozeß zurückvergütet worden und ganz oder teilweise wieder in liquider Form vorhanden. Ist das Anlagegut nach Ablauf der geschätzten Nutzungsdauer noch nutzungsfähig, so wird es mit einem Erinnerungswert von 1,-DM bilanziert.

Die kalkulatorische Abschreibung dagegen endet nicht, wenn die Anschaf-

---

[6] Auch wenn im Gesellschaftsvertrag die Zahlung eines Gehalts an den geschäftsführenden Gesellschafter vereinbart ist, bleibt dieses Gehalt verrechnungstechnisch in der Handels- und Steuerbilanz von Personengesellschaften Bestandteil des Gewinns (sog. „Vorweg-Gewinn").

[7] Vgl. die ausführliche Behandlung des Abschreibungsproblems auf S. 1082 ff.

fungskosten vollständig verteilt sind, sondern wird so lange fortgesetzt, wie die Anlage noch verwendet wird. Die Bilanzabschreibung führt – wie eben ausgeführt – zu einer nominellen Erhaltung des investierten Kapitals. Eine abgenutzte Anlage kann aus den Abschreibungserlösen nur wiederbeschafft werden, wenn die Wiederbeschaffungskosten konstant geblieben sind. Verrechnet man in der Kostenrechnung auch nach Verteilung der Anschaffungskosten weiterhin Abschreibungen, solange das betreffende Anlagegut noch genutzt werden kann, so entsteht bei konstanten Wiederbeschaffungskosten der Anlagegüter und Erstattung der Selbstkosten durch den Markt ein Gewinn in der Bilanz, da die in den Selbstkosten enthaltenen Abschreibungsbeträge über den Absatzmarkt vergütet werden, ohne daß in der Gewinn- und Verlustrechnung ein entsprechender Aufwand angesetzt wird; bei steigenden Preisen der Anlagegüter ist eine Erhaltung der Substanz dadurch eher möglich, weil die Summe aller Abschreibungsbeträge die früheren Anschaffungskosten übersteigt. Würde man die kalkulatorischen Abschreibungen nach der Verteilung der Anschaffungskosten einstellen, so wären von nun an die verrechneten Kosten auch gegenüber einem mit neueren Maschinen arbeitenden Betrieb unter sonst gleichen Bedingungen geringer. Im Zeitpunkt der Ersatzbeschaffung der Anlage würden sie sprunghaft um die nun wieder einsetzenden Abschreibungen steigen.

Die Bemessung der kalkulatorischen Abschreibungen sollte grundsätzlich so erfolgen, daß eine **substantielle (gütermäßige) Kapitalerhaltung** ermöglicht wird. Theoretisch richtig wäre es daher, die **Wiederbeschaffungskosten zum Ersatzzeitpunkt** als Bemessungsgrundlage der Abschreibungen zu wählen. Die Schätzung der wirtschaftlichen Nutzungsdauer und der Wiederbeschaffungskosten zum Ersatzzeitpunkt ist jedoch mit so großen Unsicherheiten behaftet, daß die Abschreibungen in der Regel auf Basis der Wiederbeschaffungskosten der **jeweiligen Abrechnungsperiode** vorgenommen werden. Das Ziel der Substanzerhaltung wird so allerdings nicht vollständig erreicht, da im Falle von Preissteigerungen – bei richtiger Schätzung der Nutzungsdauer – die Summe der verrechneten Abschreibungen geringer ist als die Wiederbeschaffungskosten zum Ersatzzeitpunkt.[8]

Aus den bisherigen Ausführungen ergibt sich, daß sowohl zwischen dem für die Gesamtlebensdauer einer Anlage in der Bilanz und in der Kostenrechnung verrechneten Gesamtabschreibungsbetrag als auch zwischen den für eine einzelne Periode verrechneten Quoten der bilanziellen und kalkulatorischen Abschreibung Differenzen bestehen können. Sie sind auf der Kontenklasse 2 abzugrenzen. Die Gründe für die unterschiedliche Höhe zwischen der Bilanzabschreibung und der kalkulatorischen Abschreibung lassen sich wie folgt zusammenfassen:

(1) Die mit der Bewertung verfolgten **Zielsetzungen** in der Handels- und Steuerbilanz einerseits und in der Kostenrechnung andererseits sind unterschiedlich. In der Bilanz gilt das Prinzip nomineller Kapitalerhaltung: die Gesamtabschreibung darf die Anschaffungskosten auch im Falle eines

---

[8] Vgl. Kilger, W., Einführung in die Kostenrechnung, 3. Aufl., Wiesbaden 1987, S. 116f.

Steigens der Wiederbeschaffungskosten nicht übersteigen. Die Kostenrechnung dagegen ist bestrebt, durch Einrechnung von Abschreibungsquoten in die Selbstkosten vom Markt in den Umsatzerlösen so viele
Abschreibungsbeträge zurückvergütet zu bekommen, daß die betriebliche Substanz erhalten bleibt. Das führt bei steigenden Preisen zu einer
Erhöhung, bei sinkenden Preisen zu einer Ermäßigung der kalkulatorischen Abschreibungen.

(2) Im Falle falscher Schätzung der **Nutzungsdauer** unterscheiden sich die
gesamten bilanziellen und kalkulatorischen Abschreibungen, da letztere
auch nach Amortisation der Anschaffungskosten fortgesetzt werden.

(3) Sind die **Abschreibungsmethoden** in der Bilanz und in der Kostenrechnung unterschiedlich (z. B. degressives Verfahren in der Bilanz, lineare
Methode in der Kostenrechnung), so sind die Abschreibungsquoten in
der Bilanz und der Kostenrechnung auch dann verschieden hoch, wenn
die verrechneten bilanziellen und kalkulatorischen Gesamtabschreibun-
gen auf die gesamte Nutzungsdauer bezogen übereinstimmen würden.

Praktisch werden die drei genannten Gründe kombiniert auftreten. (**ÜB 6/**
105–113)

Die **buchtechnische Abgrenzung** der kalkulatorischen und bilanziellen
Abschreibungen wird folgendermaßen durchgeführt:

Beispiel:

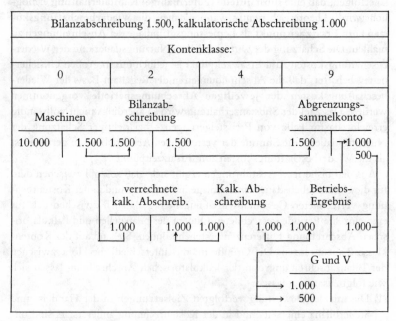

(3) **Die kalkulatorischen Zinsen**

In der Erfolgsrechnung werden nur die für das Fremdkapital gezahlten
Zinsen als Aufwand verrechnet. Da der Markt im Erlös aber auch eine

Verzinsung für das Eigenkapital vergüten muß – anderenfalls wäre es zweckmäßiger, das Eigenkapital in einer anderen Verwendungsart zinsbringend
anzulegen – werden in der Kostenrechnung Zinsen für das gesamte im Leistungserstellungsprozeß eingesetzte Kapital **(betriebsnotwendiges Kapital)**
angesetzt. Um die kalkulatorischen Zinsen ermitteln zu können, muß zunächst das betriebsbedingte (betriebsnotwendige) Kapital errechnet werden.
Die Grundlage des betriebsnotwendigen Kapitals bildet das **betriebsnotwendige Vermögen.** Hierzu gehören sämtliche Vermögensteile, die laufend
dem Betriebszweck dienen. Bei den Wertansätzen ist nicht von den Bilanzwerten auszugehen, sondern bei den Posten des abnutzbaren Anlagevermögens entweder von den kalkulatorischen Restwerten **(Restwertverzinsung)**,
hierunter sind die um die Abschreibungen verminderten Ausgangswerte zu
verstehen, oder von den halben Anschaffungskosten **(Durchschnittswertverzinsung)**. Auszugliedern sind nicht betriebsnotwendige Vermögensteile,
z. B. landwirtschaftlich genutzte Grundstücke, stillgelegte Anlagen, Wertpapiere, Beteiligungen, falls sie nicht – wie z. B. bei vertikalen Konzernen – mit
der Leistungserstellung zusammenhängen.

Da bei der Methode der Restwertverzinsung die kalkulatorischen Zinsen
im Zeitablauf mit dem Restwert abnehmen, werden die einzelnen Abrechnungszeiträume nicht gleichmäßig belastet, so daß unter der Annahme gleicher Produktionsbedingungen die Stückkosten von Jahr zu Jahr fallen. Bei
der Durchschnittswertverzinsung sind dagegen die Zinsen im Zeitablauf
konstant, weil sie bei abnutzbaren Anlagegütern stets auf Basis der halben
und bei nicht abnutzbaren Anlagegütern auf Basis der gesamten Anschaffungskosten berechnet werden, denn diese sind während der gesamten Nutzungsdauer – lineare Abschreibung vorausgesetzt – durchschnittlich im Betrieb gebunden **(durchschnittlich gebundenes Kapital)**.

Graphisch läßt sich der Unterschied zwischen beiden Methoden unter der
Annahme linearer Abschreibung folgendermaßen darstellen:

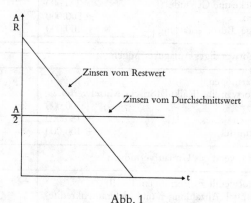

Abb. 1
A = Anschaffungskosten, R = Restwert, t = Zeit

Die im Zeitablauf fallende Zinsbelastung bei der Restwertmethode ergibt
sich nur bei homogener Alterszusammensetzung der Anlagegüter. Bei hete-

rogener Alterszusammensetzung kann auch bei Anwendung der Restwertverzinsung eine etwa gleichmäßige Zinsbelastung pro Periode eintreten. Das trifft aber nur für den Gesamtbetrieb zu. Bei der Ermittlung der Kalkulationssätze der einzelnen Kostenstellen oder Maschinenplätze dagegen tritt nur bei Anwendung der Durchschnittswertverzinsung eine gleiche Zinskostenbelastung pro Periode auf.

Das Umlaufvermögen ist nach Ausgliederung nicht betriebsnotwendiger Teile mit den Beträgen anzusetzen, die durchschnittlich im Abrechnungszeitraum gebunden sind. Betriebsnotwendiges Anlagevermögen und Umlaufvermögen ergeben zusammen das betriebsnotwendige Vermögen. Von diesem Wert werden diejenigen Kapitalbeträge in Abzug gebracht **(Abzugskapital),** die dem Betrieb zinslos zur Verfügung stehen, z. B. Anzahlungen von Kunden. Kriterium dafür, daß Beträge zum Abzugskapital gerechnet werden, darf aber nicht sein, daß keine Zinsen dafür gezahlt werden, sondern daß effektiv keine Zinsen – auch nicht in Form von Opportunitätskosten (= verlorene Zinsen aus nicht genutzten Alternativanlagemöglichkeiten) – entstehen. Auch bei den Kreditoren handelt es sich deshalb gewöhnlich um Abzugskapital, weil bei Inanspruchnahme von Lieferantenkrediten die Skontierungsmöglichkeit verlorengeht und folglich eine Verzinsung bereits im Beschaffungspreis (z. B. Materialkosten) enthalten ist. (ÜB 6/115)

Zieht man vom betriebsnotwendigen Vermögen das Abzugskapital ab, so erhält man das betriebsnotwendige (betriebsbedingte) Kapital. Die Verzinsung des Betrages zum **Kalkulationszinsfuß,** d. h. zu den Konditionen der

Beispiel für die Berechnung des betriebsnotwendigen Kapitals:

I. Anlagevermögen betriebsnotwendig: (Hälfte der Anschaffungskosten der abnutzbaren Anlagegüter und gesamte Anschaffungskosten der nicht abnutzbaren Anlagegüter)		
Grundstücke und Gebäude		200.000
Maschinen		+ 500.000
Werkzeuge, Büroausstattung		+ 100.000
Betriebsnotwendiges Anlagevermögen	=	800.000
II. Umlaufvermögen betriebsnotwendig: (Kalkulatorische Mittelwerte)		
Vorräte		300.000
Forderungen		+ 150.000
Zahlungsmittel		+ 100.000
Betriebsnotwendiges Umlaufvermögen	+	550.000
Betriebsnotwendiges Vermögen (I + II)	=	1.350.000
Abzugskapital: Anzahlungen und Lieferantenkredite	./.	150.000
betriebsnotwendiges Kapital davon 7% Zinsen = 84.000 kalkulatorische Zinsen = 7.000 pro Monat	=	1.200.000

günstigsten Fremdkapitalbeschaffungsmöglichkeit bzw. den Konditionen der optimalen Alternativanlage, stellt die kalkulatorischen Zinsen dar.

(4) Der kalkulatorische Unternehmerlohn

Bei Einzelfirmen und Personengesellschaften wird für die Mitarbeit der Unternehmer im Betrieb kein als Aufwand abzugsfähiges Gehalt gezahlt, sondern der Jahresgewinn wird unter Berücksichtigung von Einlagen und Entnahmen als Einkommen angesehen. Dieses Einkommen stellt dann ein Entgelt sowohl für die Tätigkeit des Unternehmers als auch für den Einsatz des Eigenkapitals dar.[9] Ebenso aber wie die Eigenkapitalzinsen, soweit das Kapital betriebsnotwendig ist, in den kalkulatorischen Zinsen als Kosten verrechnet werden, muß auch das **Entgelt für die Arbeitsleistung der Betriebsführung** (Einzelunternehmer oder geschäftsführende Gesellschafter von Personengesellschaften) als Kostenfaktor in die Selbstkosten eingerechnet werden, wenn diese nicht zu niedrig sein sollen. Maßstab für die Höhe des Unternehmerlohnes ist das Gehalt eines leitenden Angestellten, das für eine gleichartige Tätigkeit gezahlt würde.

Bei Kapitalgesellschaften tritt das Problem des Unternehmerlohns nicht

Beispiel:

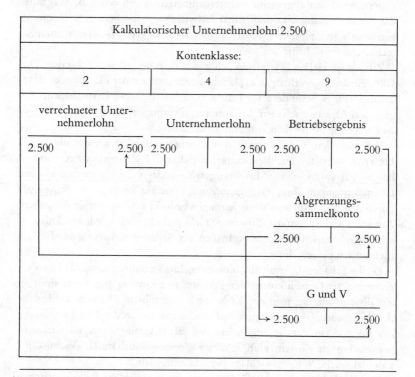

Kalkulatorischer Unternehmerlohn 2.500		
Kontenklasse:		
2	4	9
verrechneter Unternehmerlohn	Unternehmerlohn	Betriebsergebnis
2.500 | 2.500	2.500 | 2.500	2.500 | 2.500
		Abgrenzungssammelkonto
		2.500 | 2.500
		G und V
		2.500 | 2.500

[9] Bei Personengesellschaften wird die Geschäftsführertätigkeit von Gesellschaftern in der Gewinnverteilungsabsprache berücksichtigt.

80*

auf, da hier die leitenden Personen (Vorstand, Geschäftsführung) Organe der Kapitalgesellschaft und Gehaltsempfänger sind.

Der Unternehmerlohn stellt seinem Wesen nach **Zusatzkosten** dar, Aufwand und Ausgaben entstehen nicht. Das hat zur Folge, daß der Unternehmerlohn in der Erfolgsrechnung als Gewinn erscheint, denn durch die Nichtverrechnung des Unternehmerlohnes als Aufwand erhöht sich c. p. der Saldo (Gewinn) der Erfolgsrechnung. (ÜB 6/116)

(5) Die kalkulatorischen Wagniszuschläge

Jede betriebliche Tätigkeit ist mit Wagnissen verbunden und kann damit zu Schadensfällen und Verlusten führen, die sich in ihrer Höhe und im Zeitpunkt des Eintretens nicht vorhersehen lassen. Man unterscheidet zwischen dem allgemeinen Unternehmerrisiko und den speziellen Einzelwagnissen.

Während die Einzelrisiken sich nur auf einzelne Bereiche des Betriebes, einzelne Kostenstellen, betriebliche Funktionen oder Leistungen beziehen, betrifft das **allgemeine Unternehmerrisiko** die Entwicklung des Gesamtbetriebes und ist folglich wesentlich schwerer zu erfassen. Es wird nicht als Kostenfaktor angesetzt, sondern ist aus dem Gewinn zu decken. Dem allgemeinen Risiko des Verlustes stehen entsprechende Chancen des Gewinns gegenüber. Zum allgemeinen Unternehmerrisiko gehören z. B. Wagnisse, die aus der gesamtwirtschaftlichen Entwicklung entstehen, z. B. Konjunkturrückgänge, plötzliche Nachfrageverschiebungen, Geldentwertungen, technische Fortschritte u. a.

Zu den **speziellen Wagnissen** gehören z. B. Feuergefahr, Diebstähle, Unfälle, Forderungsverluste u. ä. Daneben entstehen aus der Eigenart des Wirtschaftszweiges besondere Risiken, z. B. Schiffsverluste, Bergschäden, Abgas- und Abwässerschäden, Garantieverpflichtungen, Kosten für mißlungene Forschungs- und Konstruktionsarbeiten usw.

Die speziellen Wagnisse wirken sich nicht unmittelbar wie das allgemeine Unternehmerrisiko auf die Gesamtentwicklung des Betriebes aus, sondern lassen sich aufgrund von Erfahrungszahlen oder versicherungstechnischen Überlegungen in ihrer Größenordnung ungefähr bestimmen. Soweit sie durch den Abschluß von Versicherungen gedeckt sind, stellen sie Ausgaben, Aufwand und Kosten dar. Soweit sie nicht gedeckt sind, werden kalkulatorische Wagniszuschläge gewissermaßen **als Selbstversicherung** in die Gemeinkosten eingerechnet.

Da die Schadensfälle zufällig und unregelmäßig auftreten, würde ihre Verrechnung als Gemeinkosten der Periode, in denen sie angefallen sind, zu Zufallsschwankungen in der Kostenrechnung führen. Deshalb werden die durch Schadensfälle bedingten Aufwendungen nur in der Erfolgsrechnung der Periode, in der sie angefallen sind, als neutraler Aufwand wirksam, während in der Kostenrechnung dieser Werteverbrauch durch gleichmäßige kalkulatorische Wagniszuschläge berücksichtigt wird.

Solange keine Schadensfälle eintreten, wirken sich die kalkulatorischen Wagniszuschläge ebenso wie der Unternehmerlohn gewinnerhöhend aus.

Erstrebt wird ein **langfristiger Ausgleich zwischen eingetretenen Wagnisverlusten und verrechneten kalkulatorischen Wagniszuschlägen.** Das ist nur möglich, wenn zur Berechnung genügend Erfahrungsmaterial zur Verfügung steht, z. B. bei Debitorenausfällen, Garantieverpflichtungen u. ä., so daß auf statistischem Wege mit Hilfe der Wahrscheinlichkeitsrechnung eine Bestimmung der Höhe der wahrscheinlichen Verluste erfolgen kann. Die Berechnung der Wagniszuschläge erfolgt in Form von Prozentsätzen, die auf bestimmte Einzelkosten, z. B. Fertigungslohn, Fertigungsmaterial, oder auf die Herstellkosten bezogen werden. Dem Proportionalitätsprinzip folgend wählt man jeweils die Bezugsgröße, von der man annimmt, daß sie möglichst verursachungsgerecht mit dem Wagnisverlust in Beziehung steht.

Beispiel:

Beständewagnis (z. B. Minderung der Rohstoffvorräte), Zuschlagsbasis: Fertigungsmaterial	
Mengen- und wertmäßige Minderung der Bestände in 5 Jahren	12.000
Fertigungsmaterial in 5 Jahren	800.000
Wagniszuschlag	1,5%
Beständewagnis eines Monats:	
Fertigungsmaterial	15.000
kalkulatorischer Zuschlag 1,5%	225
tatsächliche Wertminderung der Rohstoffe (Aufwand)	100

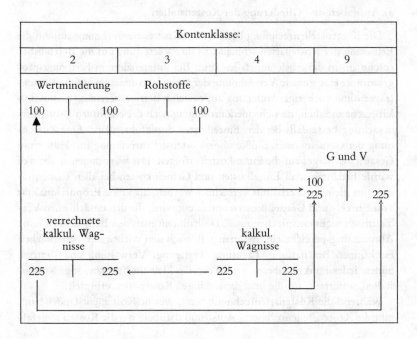

In der Erfolgsrechnung wird nur der tatsächlich eingetretene Aufwand (Wertminderung der Rohstoffe) wirksam, die kalkulatorischen Wagniszuschläge erhöhen (nach Verteilung in der Kostenstellen- und Kostenträgerrechnung) die Selbstkosten, werden aber in der Erfolgsrechnung dadurch storniert, daß die auf Klasse 2 verrechneten kalkulatorischen Wagniszuschläge den erhöhten Selbstkosten gegenübergestellt werden. Sie sind jedoch in den Verkaufserlösen enthalten, wenn der Erlös wenigstens den kalkulierten Kosten entspricht.

Mittels kalkulatorischer Wagniszuschläge werden auch Abschreibungswagnisse verrechnet, die in der Schätzung der Nutzungsdauer der Anlagegüter liegen. Neben dem Bestände- und Anlagenwagnis setzt man kalkulatorische Wagniszuschläge für Vertriebs-, Gewährleistungs-, Entwicklungs-, Mehrkosten-, Ausschußwagnisse u. a. an. (ÜB 6/117)

(6) Die kalkulatorische Miete

Ähnlich wie der Unternehmerlohn für die Tätigkeit des Unternehmers im eigenen Betrieb in der Kostenrechnung berücksichtigt werden muß, ist auch ein Kostenbetrag zu verrechnen, wenn ein Einzelunternehmer oder ein Personengesellschafter private Räume für betriebliche Zwecke zur Verfügung stellt. Der Unternehmer zahlt sich selbst keine Miete dafür. Die kalkulatorische Miete entspricht einem Mietaufwand, der für die Nutzung vergleichbarer, von Dritten mietweise überlassener Räume entstehen würde.

2. Die Kostenstellenrechnung

a) Aufgaben und Gliederung der Kostenstellen

Die Kostenstellenrechnung baut auf der Kostenartenrechnung auf. An die Erfassung der Kostenarten schließt sich ihre **Verteilung auf die Betriebsbereiche** an, in denen sie angefallen sind. Bei differenziertem Fertigungsprogramm ist eine genaue Verrechnung der Gemeinkostenarten auf die Kostenträger ohne vorherige Aufteilung auf einzelne Betriebsbereiche (Kostenstellen) nicht möglich, da sich eine Zurechnung nach der effektiven Kostenverursachung bestenfalls bei den Einzelkosten durchführen läßt. Eine Zurechnung der Gemeinkosten müßte ohne Kostenstellenrechnung mit Hilfe eines Gesamtzuschlages auf die Einzelkosten erfolgen. Das wäre ungenau, denn es würde bedeuten, daß Einzelkosten und Gemeinkosten bei allen Kostenträgern im gleichen Verhältnis verrechnet werden, also eine **Proportionalität von Einzel- und Gemeinkosten** unterstellt wird, die den tatsächlichen Verhältnissen nicht entsprechen muß. Deshalb teilt man den Betrieb in einzelne Abrechnungsbereiche ein, die man z. B. nach den wichtigsten betrieblichen Funktionen Beschaffung, Lagerung, Fertigung, Verwaltung und Vertrieb bildet. Jeder Funktionsbereich wird dann in kleinere Bereiche, sog. Kostenstellen, unterteilt, für die man die anteiligen Kostenarten ermittelt.

Während die Kostenartenrechnung zeigt, welche Kosten entstanden sind, gibt die Kostenstellenrechnung Aufschluß darüber, **wo die Kosten angefal-**

len sind. Sie erfaßt die Kosten also am Ort ihrer Entstehung. Die Aufteilung der Kostenarten auf die Kostenstellen verfolgt einen doppelten Zweck:

(1) Sie soll eine **genauere Zurechnung der Gemeinkosten auf die Kostenträger** ermöglichen. Wenn die Kostenträger die einzelnen Betriebsabteilungen unterschiedlich beanspruchen, so würde die Verrechnung der Gemeinkosten mit einem Gesamtzuschlag auf die Einzelkosten alle Kostenträger im gleichen Verhältnis mit Gemeinkosten belasten, obwohl die einzelnen Kostenträger ganz unterschiedliche Kosten verursacht haben können. Die Aufteilung in Kostenstellen bedeutet, daß ein Zuschlag von Gemeinkosten auf einen Kostenträger nur erfolgt, wenn er die betreffende Kostenstelle auch beansprucht hat.

Innerhalb der einzelnen Kostenstellen gilt allerdings das **Prinzip der Proportionalität** von Einzel- und Gemeinkosten, d. h. wenn man die Gemeinkosten mit einem festen Prozentsatz auf die Einzelkosten verrechnet, so bedeutet eine Verdoppelung der Einzelkosten auch eine Verdoppelung der Gemeinkosten. Entspricht eine solche Verdoppelung der Gemeinkosten nicht den tatsächlichen Verhältnissen, so gebietet das Proportionalitätsprinzip die Suche nach einer anderen Bezugsgröße.

(2) Die zweite Aufgabe der Kostenstellenrechnung ist die **Überwachung und Kontrolle der Wirtschaftlichkeit** der betrieblichen Tätigkeit (Kostenkontrolle) in den einzelnen Tätigkeits- und Verantwortungsbereichen, die durch eine weitgehende Aufgliederung des Betriebes in Verantwortungsbereiche ermöglicht werden.

Die unter (1) genannte Aufgabe der Kostenstellenrechnung dient dem ersten Oberziel der Kostenrechnung, nämlich **Entscheidungsgrundlagen** zu schaffen. Hier geht es also um die Vorbereitung der Kalkulation, der kurzfristigen Erfolgsrechnung und der Planungsrechnung. Die unter (2) erwähnte Aufgabe der Kostenstellenrechnung deckt sich mit dem zweiten Oberziel der Kostenrechnung, nämlich ihrer **Kontrollfunktion.**

Die **Bildung von Kostenstellen** kann erstens nach **betrieblichen Funktionen** (Beschaffung, Fertigung, Verwaltung, Vertrieb), zweitens nach **Verantwortungsbereichen,** drittens nach **räumlichen Gesichtspunkten** (Werkstatt) und viertens nach **rechentechnischen Erwägungen** (Platzkostenrechnung) erfolgen. Diese Gliederungsgesichtspunkte können kombiniert werden. So kann z. B. die Bildung großer Kostenbereiche nach Funktionen erfolgen (z. B. Fertigungsbereich); die weitere Unterteilung kann dann entweder nach bestimmten Tätigkeiten, z. B. Gießerei, Formerei, Dreherei oder nach räumlichen Gesichtspunkten: Werkhalle I, Werkhalle II oder Maschinengruppe A, Maschinengruppe B usw. durchgeführt werden. Jede solche Kostenstelle kann gleichzeitig den Verantwortungsbereich eines Werkmeisters bilden.

Nach abrechnungstechnischen Gesichtspunkten unterscheidet man **Haupt- und Hilfskostenstellen.** Die Kosten der ersteren werden mit Hilfe von Kalkulationssätzen den Kostenträgern unmittelbar zugerechnet. Die Kosten der Hilfskostenstellen werden mit Hilfe eines der Verfahren der innerbetrieblichen Leistungsverrechnung auf die leistungsempfangenden Hauptkostenstellen umgelegt.

Allgemeine Kostenstellen sind solche Hilfskostenstellen, die dem Gesamtbetriebe dienen. Ihre Leistungen werden von allen oder fast allen Kostenstellen in Anspruch genommen; folglich sind ihre Kosten entsprechend der Inanspruchnahme auf die nachgelagerten Kostenstellen zu verteilen. Zu den allgemeinen Kostenstellen gehören z. B. Wasserversorgung, Kesselhaus, Kraftzentrale, Gebäudeinstandsetzung u. a.

In den **Fertigungsstellen** wird die Produktion der Kostenträger durchgeführt. Die **Fertigungshilfsstellen** sind indirekt für die Fertigung tätig und verrechnen ihre Kosten nur auf die Fertigungsstellen, z. B. technische Betriebsleitung, Arbeitsbüro, Lohnbüro, Werkzeugmacherei u. a.

Die **Materialstellen** nehmen die Kosten des Einkaufs, der Lagerung, der Materialannahme und -prüfung auf.

Zu den **Verwaltungsstellen** gehören: Geschäftsführung, Buchhaltung, Kalkulation, Statistik, interne Revision, Poststelle u. a.

Zu den **Vertriebsstellen** zählen: Verkauf, Korrespondenz, Vertreterdienst, Fertiglager, Werbung u. a.

Bei der Kostenstellengliederung sind **drei Grundsätze** zu beachten:

(1) Für jede Kostenstelle müssen sich genaue Maßstäbe **(Bezugsgrößen)** der Kostenverursachung finden lassen. Andernfalls besteht durch die Wahl falscher Gemeinkostensätze die Gefahr einer fehlerhaften Kalkulation, die falsche Entscheidungen zur Folge hätte.

(2) Um der Kontrollfunktion der Kostenrechnung gerecht zu werden, muß jede Kostenstelle ein **selbständiger Verantwortungsbereich** sein. Nur so ist eine wirksame Überwachung der Entscheidungsträger (z. B. Meister) gewährleistet.

(3) Nach dem Wirtschaftlichkeitsprinzip ist jede Kostenstelle so zu bilden, daß sich alle Kostenbelege ohne große Schwierigkeiten verbuchen lassen.

Wie weit die Kostenstellengliederung geht, hängt von der Betriebsgröße, der Eigenart des Wirtschaftszweiges, vom Fertigungsprogramm, von der Abgrenzung der Verantwortungsbereiche, von den erstrebten Möglichkeiten der Kostenermittlung und -überwachung ab. Ihre Grenzen findet die Aufteilung in Kostenstellen dort, wo sie nicht mehr wirtschaftlich ist.

Die **Platzkostenrechnung** ist die weitestgehende Gliederung einer Betriebsabteilung in Kostenstellen. Sie geht über die sonst übliche funktionale, personale oder lokale Aufteilung der Bereiche hinaus und verwendet einzelne Maschinen, Maschinengruppen und Arbeitsplätze als eigene Kostenstellen. Die Summe der Kosten einer solchen Kostenstelle bezeichnet man als **Platzkosten.**

Der Zweck dieser weitgehenden und verfeinerten Kostenstellengliederung ist die Erhöhung der Genauigkeit der Gemeinkostenverrechnung. Mit Hilfe der Platzkostenrechnung ist die Zurechnung der Kosten nach der Verursachung genauer durchzuführen als mittels eines durchschnittlichen Zuschlagssatzes für einen größeren Fertigungsbereich. Die erhöhte Genauigkeit der Kostenverrechnung wird allerdings durch eine größere Kompliziertheit und damit durch höhere Kosten des betrieblichen Rechnungswesens erkauft. Das bedeutet, daß die Einführung der Platzkostenrechnung nur dort zweckmäßig ist, wo eine derart verfeinerte Gemeinkostenrechnung wirtschaftlich sinnvoll ist.

Das **Anwendungsgebiet** der Platzkostenrechnung liegt dort, wo die Maschinen- und Arbeitsplätze einer Kostenstelle nicht gleichmäßig beansprucht werden, sondern die verschiedenen technischen Eigenschaften der einzelnen Maschinen und die unterschiedliche Inanspruchnahme der einzelnen Kostenplätze einer Kostenstelle durch die Kostenträger die Verwendung unterschiedlicher Gemeinkostensätze erfordert. Ein Pauschalsatz für die ganze Kostenstelle wäre also nicht geeignet, die Kosten dem Kostenträger zuzurechnen, der sie verursacht hat (Beispiel: Kostenstelle Dreherei, in der mehrere Drehbänke verschiedener Leistungsfähigkeit zusammengefaßt sind, die von den Kostenträgern unterschiedlich beansprucht werden).

Die Platzkostenrechnung findet ferner **bei auftragsweiser Fertigung** (Spezialfertigung) Anwendung. Hier weist die kostenmäßige Beanspruchung der einzelnen Fertigungsstellen oft erhebliche Differenzen auf, und zwar nicht nur aus den eben genannten Gründen, sondern auch deshalb, weil bei den einzelnen Aufträgen häufig Sonderwünsche des Kunden berücksichtigt werden müssen, der Produktionsprozeß also grundsätzlich nicht wiederholbar ist. Das hat zur Folge, daß eine Verrechnung der Gemeinkosten mit einem pauschalen Zuschlagssatz für eine größere Kostenstelle zu ungenau ist und eine erhöhte Genauigkeit durch Aufteilung der Gemeinkosten auf einzelne Maschinen und Arbeitsplätze erstrebt wird. Man errechnet den Maschinenstundensatz, das ist der Betrag an Fertigungsgemeinkosten, der sich aus der Division der für eine Maschine ermittelten Gemeinkostensumme und der Laufzeit der Maschine ergibt. Man kann auch die Fertigungslöhne in den Maschinenstundensatz einbeziehen.

Die Ermittlung der Gemeinkosten je Maschine birgt deshalb gewisse Mängel in sich, weil von der Vielzahl der Gemeinkostenarten je Maschine unmittelbar nur die Kosten der Abschreibung, der Zinsen, des Werkzeug- und Energieverbrauchs und der Instandsetzung festgestellt werden können **(Platzeinzelkosten)**. Alle anderen Gemeinkostenarten **(Platzgemeinkosten)** dagegen müssen mit Hilfe von Schlüsseln verteilt werden, die stets ungenau sind, da sie nivellierend wirken. Bei der Kalkulation eines Einzelauftrages wird die von einer Kostenstelle aufgewendete Stundenzahl mit dem errechneten Maschinenstundensatz multipliziert. Ist der Maschinenstundensatz bei jeder für den Auftrag verwendeten Maschine ein anderer, so zeigt das, daß eine Kalkulation auf Basis einer Verrechnung mit einem Pauschalzuschlagssatz zu ungenau wäre und die Verwendung der Platzkostenrechnung wirtschaftlich sinnvoll ist.

Die Methoden der Durchführung der Platzkostenrechnung sind je nach den konkreten Verhältnissen eines Betriebes unterschiedlich. In den seltensten Fällen erfolgt eine Aufteilung des ganzen Betriebes in Platzkostenstellen. Vielmehr werden gewöhnlich nur die Fertigungsstellen bis hin zu den einzelnen Arbeitsplätzen gegliedert oder auch nur einzelne Fertigungsbereiche, während andere Kostenstellen mit Pauschalzuschlägen arbeiten. Die jeweilige Gliederung hängt von organisatorischen und fertigungstechnischen Überlegungen und nicht zuletzt von der Frage der Wirtschaftlichkeit des verwendeten Verfahrens ab. (ÜB 6/121–122)

b) Die Ermittlung von Bezugsgrößen

Die Genauigkeit der Kostenrechnung hängt wesentlich davon ab, daß es gelingt, für jede Kostenstelle eine oder mehrere Bezugsgrößen (Maßgrößen der Kostenverursachung, Kostenschlüssel) zu finden, zu denen sich – unter der Voraussetzung konstanter Kapazitäten und fester Preis- und Lohnsätze – die variablen Kosten der jeweiligen Kostenstelle proportional verhalten. Bezugsgrößen sind erforderlich:

(1) für die Verteilung der primären Kostenarten auf die Kostenstellen;
(2) für die Kostenverrechnung der Kostenstellen untereinander (innerbetriebliche Leistungsverrechnung);
(3) für die Zurechnung der Kosten der Hauptkostenstellen auf die Kostenträger.

Es lassen sich zwei Hauptgruppen von Bezugsgrößen unterscheiden:[10]

(1) **Direkte Bezugsgrößen** können unmittelbar aus den Quantitäten der erstellten Leistungen abgeleitet werden. Sie sind für die Hauptkostenstellen des Fertigungsbereichs und gewisse Hilfskostenstellen von Bedeutung (z. B. Stückzahlen, Fertigungszeiten, Gewichtseinheiten).

(2) **Indirekte Bezugsgrößen** werden dort verwendet, wo keine Beziehung zwischen der Kostenverursachung der Kostenstellen und den Kostenträgern besteht (z. B. bei den Stellen des Beschaffungs-, Verwaltungs- und Vertriebsbereichs).

Sollen die Bezugsgrößen eine Kostenverteilung nach dem **Prinzip der Kostenverursachung** ermöglichen, so müssen sie möglichst allen Faktoren proportional sein, die die Kostenhöhe beeinflussen, mit anderen Worten, die Veränderungen der Bezugsgrößen müssen den Veränderungen der zu verteilenden Kosten proportional sein. Ebenso wie bei der direkten Messung, z. B. der Messung des Stromverbrauchs einer Maschine mittels eines Stromzählers, unterstellt wird, daß die von dem Zähler angegebenen Zahlenwerte den Stromkosten proportional sind, so muß auch bei der indirekten Kostenmessung mit Hilfe von Bezugsgrößen eine Proportionalität zwischen den Bezugsgrößen und den Kosten angenommen werden. Durch die direkte Messung der Bezugsgrößen erfolgt dann eine **indirekte Messung der Kosten.**

Wählt man z. B. die Laufzeit als Bezugsgröße für die Verteilung der Stromkosten auf Maschinen, so ist diese Bezugsgröße der Verursachung dann proportional, wenn die Stromaufnahme je Maschine pro Stunde gleich ist. Direkt gemessen wird die Laufzeit der Maschine, indirekt der Stromverbrauch. Bei unterschiedlich großer Stromaufnahme infolge verschiedener Motorenstärke müßte auch dieser Faktor in die Bezugsgröße einbezogen

---

[10] Vgl. Kilger, W., Einführung ..., a. a. O., S. 163 ff., sowie ausführlicher Kilger, W., Flexible Plankosten- und Deckungsbeitragsrechnung, 10. Aufl., Wiesbaden 1993, S. 312 ff.

werden. Verbraucht beispielsweise eine Maschine viermal mehr Strom pro Zeiteinheit als eine andere und läuft sie doppelt so lange, so betragen ihre Stromkosten das Achtfache der zweiten Maschine.

Ein Kostenschlüssel (Bezugsgröße) ist also nur dann der Kostenverursachung proportional, wenn alle Kosteneinflußfaktoren ihn bestimmen. Der Schlüssel zur Verteilung einer Kostensumme ist das **Produkt der kostenbeeinflussenden Faktoren dieser Kostensumme** (im Beispiel: Laufzeit × Stromaufnahme des Motors).

Daraus folgt, daß zur Ermittlung der richtigen Bezugsgrößen eine Analyse der Kostenbeeinflussungsfaktoren erfolgen muß. Oftmals wird es nicht möglich sein, alle Faktoren zu ermitteln. Dann kommt es darauf an, die Haupteinflußgrößen ausfindig zu machen.

Man unterscheidet Wertschlüssel und Mengenschlüssel. **Wertmäßige Bezugsgrößen** sind z. B. die Fertigungslöhne, die Fertigungsmaterialkosten, die Herstellkosten, der wertmäßige Bestand an Maschinen, Gebäuden, Warenvorräten u. a.; **mengenmäßige Bezugsgrößen** sind z. B. Maschinen- oder Arbeitsstunden, der Materialverbrauch in kg, die Erzeugung in t, die Größe der Arbeitsräume in qm, der Wasserverbrauch in cbm, der Stromverbrauch in kWh usw. Der Vorteil mengenmäßiger Bezugsgrößen liegt darin, daß bei Preisänderungen die feststehende Mengengröße lediglich mit neuen Zahlenwerten multipliziert werden muß (z. B. Materialverbrauch in kg × Preis pro Materialeinheit).

Benötigt man für eine Kostenstelle nur eine direkte Bezugsgröße, die zu sämtlichen variablen Kosten dieser Stelle in einer proportionalen Beziehung steht, so spricht man von **homogener Kostenverursachung**. In diesem Falle müssen die Produktionsbeiträge der Kostenstelle gleichartig sein oder sich mit Hilfe von Äquivalenzziffern gleichnamig machen lassen. Wird in einer Kostenstelle nur eine Produktart oder werden unterschiedliche Produkte mit gleicher Kostenverursachung je Mengeneinheit bearbeitet, so eignet sich die Stückzahl als Bezugsgröße. Werden dagegen mehrere Produkte mit unterschiedlicher Kostenverursachung in einer Kostenstelle produziert, so müssen die erstellten Produkteinheiten mit Äquivalenzziffern, die sich proportional zur Kostenverursachung verhalten (Bezugsgröße pro Einheit), multipliziert werden. Als Bezugsgrößen verwendet man dann in Fertigungskostenstellen meist Arbeits- oder Maschinenzeiten in Stunden oder den Materialverbrauch in entsprechenden Mengeneinheiten.

Sind die Produktionsbeiträge einer Kostenstelle nicht homogen und lassen sie sich auch nicht gleichnamig machen, weil auf die Kostenhöhe verschiedene Einflußgrößen (Kostenbestimmungsfaktoren) einwirken, deren Maßgrößen nicht proportional zueinander sind, so müssen mehrere direkte Bezugsgrößen pro Kostenstelle gewählt werden **(heterogene Kostenverursachung)**.

Beispiele für heterogene Kostenverursachung sind wechselnde Seriengrößen bei Serienfertigung (unterschiedliche Kosten für Rüstzeiten und Ausführungszeiten), wechselnde Bedienungsverhältnisse (z. B. unterschiedlicher Arbeitseinsatz für verschiedene Produkte des Fertigungsprogramms) oder wechselnde Auftragszusammensetzung (z. B. unterschiedliche Kosten für die Bearbeitung verschiedener Materialsorten).

Die **Grenzen und Probleme** der Bezugsgrößenwahl zeigen sich einerseits bei den Beschaffungs-, Verwaltungs- und Vertriebsstellen, da dort in der Regel keine objektbezogenen, sondern dispositive Tätigkeiten anfallen, und andererseits bei gewissen Hilfskostenstellen, bei denen sich Istkosten für an sich quantifizierbare Leistungen überhaupt nicht quantifizieren lassen (Leitungsstellen wie Meisterbüro, Arbeitsvorbereitung, Forschungs- und Entwicklungsabteilung u. ä.).

Für die **Beschaffungs-, Verwaltungs- und Vertriebsstellen** bedient man sich indirekter Bezugsgrößen, bei denen keine oder nur eine unzureichende Beziehung zur Kostenverursachung besteht. Dabei ist zu unterscheiden zwischen Kostenstellen, in denen überwiegend dispositive, planende oder organisatorische Tätigkeiten ausgeübt werden, und Kostenstellen, in denen überwiegend verwaltende Routinearbeiten mit Wiederholungscharakter erledigt werden.[11]

Bei ersteren wählt man **indirekte Bezugsgrößen,** weil sich die Leistungen dieser Stellen nicht quantifizieren lassen und sich daher keine direkte Bezugsgröße ermitteln läßt.

Für letztere lassen sich theoretisch **direkte Bezugsgrößen** zum Zwecke der Kostenkontrolle finden. Als Kalkulationsgrundlagen sind direkte Bezugsgrößen im Beschaffungs-, Verwaltungs- und Vertriebsbereich jedoch ungeeignet, da sie in keiner Beziehung zu den Kostenträgern stehen.

Zur Messung der Leistungsbeiträge dieser Kostenstellen und damit für die Kostenkontrolle wären z. B. folgende **direkte** Bezugsgrößen denkbar:

Kostenstelle	Bezugsgröße
Verkauf, Einkauf	Zahl der erledigten Aufträge
Fakturierung	Zahl der Rechnungen
Mahnabteilung	Zahl der Mahnungen
Kalkulationsabteilung	Zahl der Kalkulationen
EDV-Abteilung	Zahl der Datensätze
Versand	Zahl der versendeten Einheiten

Als **indirekte** Bezugsgrößen wählt man für den Beschaffungsbereich die Einzelmaterialkosten und für den Verwaltungs- und Vertriebsbereich die Herstellkosten der abgesetzten Produkte.

Die Wahl indirekter Bezugsgrößen ist im Bereich der Hilfskostenstellen **in zwei Fällen** erforderlich:[12]

(1) Die Leistungsabgaben der Hilfskostenstellen an die Hauptkostenstellen sind überhaupt nicht quantifizierbar, aber aus Gründen der Kostenkontrolle wird eine Proportionalisierung (und damit Verteilung) angestrebt (z. B. bei Leitungsstellen wie Meisterbüro oder Arbeitsvorbereitung).

[11] Vgl. Kilger, W., Flexible Plankostenrechnung ..., a. a. O., S. 329 f. sowie die dort angegebene Literatur
[12] Vgl. das Zahlenbeispiel bei Kilger, W., Einführung ..., a. a. O., S. 167

(2) Die Leistungsabgaben der Hilfskostenstellen sind zwar quantifizierbar, in den Hauptkostenstellen aber nicht erfaßbar (z. B. Energiestellen). Als indirekte Bezugsgrößen werden dann sogenannte „DM-Deckungsbe- zugsgrößen" verwendet, die sich aus Bezugsgrößen anderer Kostenstellen ableiten lassen. (ÜB 6/141–145)

c) Die Verrechnung innerbetrieblicher Leistungen

aa) Begriff und Aufgaben der innerbetrieblichen Leistungsverrechnung

Ein besonders schwieriges Problem der Kostenverrechnung ergibt sich durch den Tatbestand, daß der Betrieb nicht nur Leistungen erstellt, die für den Markt bestimmt sind (Absatzleistungen, Außenaufträge), sondern auch Leistungen erzeugt, die im eigenen Betriebe wieder eingesetzt werden. Der- artige Leistungen bezeichnet man als innerbetriebliche Leistungen (Eigenlei- stungen, Innenaufträge). Beispiele dafür sind selbsterstellte Maschinen, Werkzeuge, Modelle usw., die im eigenen Betriebe verwendet werden, fer- ner eigene Reparaturleistungen, innerbetriebliche Transportleistungen, Er- zeugung von Energie, Versuchs- und Entwicklungsarbeiten usw.

Die innerbetrieblichen Leistungen sind zum Teil **aktivierbar**, wie z. B. Maschinen und Werkzeuge. Sie werden in diesem Falle wie Absatzleistungen zu Selbstkosten abgerechnet, also **als Kostenträger behandelt** und in späte- ren Perioden wieder als Kostenarten (Abschreibungen) verrechnet. Soweit eine Aktivierung nicht möglich ist, muß eine sofortige Verrechnung zwi- schen den Kostenstellen erfolgen.

Die Schwierigkeit einer exakten innerbetrieblichen Leistungsverrechnung liegt darin begründet, daß in der Regel zwischen den Kostenstellen eines Betriebes ein **ständiger Leistungsaustausch** stattfindet. So erstellt z. B. die Kostenstelle A nicht nur Leistungen für sich selbst und für die Stellen B, C, D usw., sondern sie empfängt ihrerseits auch Leistungen von B, C, D usw. Da jede Kostenstelle mit den Kosten belastet werden sollte, die sie verursacht hat, ist in diesem Falle eine gegenseitige Verrechnung der innerbetrieblichen Leistungen erforderlich. Haben beispielsweise zwei Kostenstellen gegensei- tig Leistungen voneinander empfangen, so kann keine der beiden Stellen abrechnen, bevor sie nicht die Kosten der von der anderen Stelle empfange- nen Leistung kennt.

Ohne eine exakte innerbetriebliche Leistungsverrechnung ist eine genaue Ermittlung der Selbstkosten der für den Absatz bestimmten Kostenträger nicht möglich. Da es sich bei den innerbetrieblichen Leistungen in der Regel um solche Leistungen handelt, die auch von außen, also von anderen Betrie- ben bezogen werden können, hat die innerbetriebliche Leistungsverrech- nung außerdem die Aufgabe, dem Betrieb ein Urteil darüber zu ermögli- chen, ob die Erzeugung von Eigenleistungen oder die Inanspruchnahme von Fremdleistungen (z. B. Werkzeugen, Strom, Reparaturen usw.) wirtschaftli- cher ist.

Zur Verrechnung der innerbetrieblichen Leistungen sind verschiedene Verfahren entwickelt worden, die jedoch fast alle von der Unterstellung ausgehen, daß kein gegenseitiger Leistungsaustausch zwischen den Kostenstellen stattfindet. Man unterscheidet folgende Verfahren.[13]

bb) Das Kostenartenverfahren

Bei diesem Verfahren werden nur die **Einzelkosten** (Fertigungslohn und Fertigungsmaterial) der Eigenleistungen[14] erfaßt und auf die leistungsempfangenden Kostenstellen als Gemeinkosten verrechnet. Die **Gemeinkosten** der leistenden Kostenstellen dagegen werden nicht weiterverrechnet, sondern verbleiben bei diesen Stellen. Werden auf der leistenden Kostenstelle auch zum Absatz bestimmte Leistungen erstellt (Hauptkostenstelle), so ist der Gemeinkostenzuschlag dieser Stelle für die zum Absatz bestimmten Leistungen zu hoch. Erstellt die leistende Kostenstelle dagegen nur innerbetriebliche Leistungen (Hilfskostenstelle), so werden nur ihre Einzelkosten auf die Hauptkostenstellen verteilt. Das wiederum hat zur Folge, daß die Gemeinkostenzuschläge für die zum Absatz bestimmten Kostenträger zu niedrig sind und daher die Selbstkosten der Kostenträger zu niedrig ausgewiesen werden. In einer Vollkostenrechnung sollte daher das Kostenartenverfahren nur angewendet werden, **wenn die innerbetrieblichen Leistungen in Hauptkostenstellen produziert** werden.

Ein Wirtschaftlichkeitsvergleich zwischen der Eigenleistung und einer entsprechenden Fremdleistung ist mit diesem Verfahren nicht möglich, da nicht alle Kosten der Eigenleistung erfaßt werden. Dieses Verfahren kann nur dann angewendet werden, wenn der Gemeinkostenanteil der innerbetrieblichen Leistung an den gesamten Gemeinkosten der leistenden Kostenstelle sehr gering ist.

cc) Die Kostenstellenumlageverfahren

Im Gegensatz zum Kostenartenverfahren werden bei den Kostenstellenumlageverfahren die gesamten primären Gemeinkosten der Hilfskostenstellen erfaßt und als sekundäre Gemeinkosten auf die Hauptkostenstellen weiterverrechnet.

(1) Das Anbauverfahren

Mit Hilfe dieses Verfahrens werden die Verrechnungssätze für innerbetriebliche Leistungen in der Weise gebildet, daß die primären Gemeinkosten der Hilfskostenstellen durch die an Hauptkostenstellen abgegebenen Leistungen dividiert werden. Die Verteilung auf die Hauptkostenstellen erfolgt dann durch Multiplikation der Kosten pro Leistungseinheit mit der Zahl der auf die jeweiligen Hauptkostenstellen entfallenden Leistungseinheiten. Bei

---

[13] Vgl. hierzu insbesondere: Kosiol, E., Kalkulatorische Buchhaltung, 5. Aufl., Wiesbaden 1953, S. 360 ff.; ders., Kosten- und Leistungsrechnung, Wiesbaden 1979, S. 285 ff.; ferner: Nowak, P., Leistungsverrechnung, innerbetriebliche, HdB, Bd. 3, 3. Aufl., Stuttgart 1960, Sp. 3791 ff.; Bergner, H., Leistungsverrechnung, innerbetriebliche, HWB Bd. I/2, 4. Aufl., Stuttgart 1975, Sp. 2493 f.; Kilger, W., Einführung ..., a. a. O., S. 179 ff.

[14] Zu beachten ist, daß es sich hier um solche Kosten handelt, die den innerbetrieblichen Leistungen direkt zugerechnet werden können, nicht aber den Absatzleistungen.

der Bildung der Verrechnungssätze bleibt unberücksichtigt, daß manche Hilfskostenstellen auch an andere Hilfskostenstellen Leistungen abgeben und andererseits Leistungen anderer Hilfskostenstellen empfangen. (Interdependenz des innerbetrieblichen Leistungsaustauschs.[15]

Beispiel:

	Hilfskostenstellen		
	Strom	Wasser	Reparatur
Summe der primären Kosten	1.500 DM	3.000 DM	5.000 DM
Insgesamt abgegebene Leistungseinheiten	10.000 kWh	3.000 cbm	150 Rep. Std.
Davon an Hauptkostenstellen abgegebene Leistungseinheiten	7.000 kWh	2.800 cbm	120 Rep. Std.
Empfangene Leistungseinheiten von Kostenstelle:			
Strom	–	1.000 kWh	2.000 kWh
Wasser	100 cbm	–	100 cbm
Reparatur	–	–	30 Rep. Std.

Nach dem Anbauverfahren ergeben sich folgende innerbetriebliche Verrechnungssätze:

Hilfskostenstelle:	
Strom	$\dfrac{1.500 \text{ DM}}{7.000 \text{ kWh}} = 0{,}21 \text{ DM/kWh}$
Hilfskostenstelle:	
Wasser	$\dfrac{3.000 \text{ DM}}{2.800 \text{ cbm}} = 1{,}07 \text{ DM/cbm}$
Hilfskostenstelle:	
Reparatur	$\dfrac{5.000 \text{ DM}}{120 \text{ Rep. Std.}} = 41{,}67 \text{ DM/Rep. Std.}$

Durch Aufteilung der Hilfskostenstellen in zwei Blöcke kann das Anbauverfahren verfeinert werden[16] (**zweistufiges Anbauverfahren**). Die Kostenstellen des ersten Blocks sollten dann möglichst wenig Leistungen der Kostenstellen des zweiten Blocks empfangen. Während die Verrechnungssätze des ersten Blocks wie zuvor beim einstufigen Anbauverfahren unter völliger

[15] Vgl. Kilger, W., Einführung . . ., a. a. O., S. 177
[16] Vgl. Kilger, W., Einführung . . ., a. a. O., S. 183 und die dort angegebene Literatur

Vernachlässigung der Interdependenz des innerbetrieblichen Leistungsaustauschs gebildet werden, erfolgt die Ermittlung der Verrechnungssätze des zweiten Blocks unter Berücksichtigung der von den Kostenstellen des ersten Blocks empfangenen Leistungen. Das zweistufige Anbauverfahren stellt somit den Anfang der sukzessiven Berücksichtigung innerbetrieblicher Leistungsverflechtungen dar, wie sie im folgenden beim Stufenleiterverfahren dargestellt wird.

(2) **Das Stufenleiterverfahren**

Dieses Verfahren ist ein **Näherungsverfahren,** bei dem die Interdependenz des innerbetrieblichen Leistungsaustauschs durch sukzessive Weiterverrechnung der Kosten der allgemeinen Kostenstellen bzw. der Hilfskostenstellen berücksichtigt wird.

Es wird zunächst diejenige Kostenstelle abgerechnet, die die wenigsten Leistungen anderer Hilfskostenstellen empfängt. Den ersten zu bildenden Verrechnungssatz erhält man, indem man die primären Kosten durch die abgegebene Leistungsmenge abzüglich des Eigenverbrauchs dividiert. Die Reihenfolge der anschließend abzurechnenden Hilfskostenstellen ist so zu bestimmen, daß die jeweils abgerechneten Hilfskostenstellen möglichst wenig Leistungen von noch nicht abgerechneten Hilfskostenstellen empfangen.

Sodann werden die Verrechnungssätze gebildet, indem die primären Kosten zuzüglich der Kosten für empfangene Leistungen bereits abgerechneter Hilfskostenstellen (sekundäre Kosten) durch die abgegebene Leistungsmenge abzüglich des Eigenverbrauchs und der an vorgelagerte Stellen abgegebenen Leistungseinheiten dividiert werden.

Für unser Beispiel erhält man nach dem Stufenleiterverfahren folgende Verrechnungssätze:

Hilfskostenstelle:

Strom: $\dfrac{1.500\,\text{DM}}{10.000\ \text{kWh}} = 0,15\ \text{DM/kWh}$

Hilfskostenstelle:

Wasser: $\dfrac{3.000\,\text{DM} + 1.000\ \text{kWh} \cdot 0,15\ \text{DM/kWh}}{3.000\ \text{cbm} - 100\ \text{cbm}} = 1,09\ \text{DM/cbm}$

Hilfskostenstelle:

Reparatur: $\dfrac{5.000\,\text{DM} + 2.000\,\text{kWh} \cdot 0,15\,\text{DM/kWh} + 100\,\text{cbm} \cdot 1,09\,\text{DM/cbm}}{120\ \text{Rep.Std.}}$

$= 45,08\ \text{DM/Rep.Std.}$

dd) Das Kostenstellenausgleichsverfahren

Bei diesem Verfahren werden ebenso wie beim Kostenartenverfahren die Einzelkosten, die für die innerbetrieblichen Leistungen anfallen, unmittelbar den die Leistungen empfangenden Kostenstellen als Gemeinkosten belastet. Im Gegensatz zum Kostenartenverfahren werden beim Stellenausgleichsverfahren jedoch auch die Gemeinkosten der innerbetrieblichen Leistungen auf die empfangenden Kostenstellen verrechnet. Diese Gemeinkosten sind aber bereits in den Gemeinkosten der leistenden Stellen enthalten. Sie müssen deshalb bei den leistenden Stellen abgesetzt (Gutschrift) und den empfangenden Stellen zugeschrieben werden (Belastung). Auf diese Weise wird ein Ausgleich der Gemeinkosten innerhalb der gesamten Kostenstellenrechnung erreicht. Gutschriften und Belastungen müssen sich ausgleichen. Die Verrechnung erfolgt im Betriebsabrechnungsbogen, in dem nach der Summenzeile (Summen der Gemeinkosten je Kostenstelle) drei Zeilen für den Kostenstellenausgleich geführt werden. Die erste dieser Zeilen nimmt die Belastungen der empfangenden Stellen mit den Gemeinkosten der innerbetrieblichen Leistungen auf, die zweite die Gutschriften dieser Gemeinkosten für die leistenden Stellen. Die dritte Zeile enthält die Gemeinkostensumme je Kostenstelle, die sich nach Berücksichtigung der Gutschriften und Belastungen ergibt. Dieses Verfahren findet dann Anwendung, wenn einzelne Kostenstellen sowohl innerbetriebliche Leistungen als auch Absatzleistungen erstellen, eine Unterteilung in Hauptkostenstellen und Hilfskostenstellen also nicht möglich ist.[17]

ee) Das Kostenträgerverfahren

Bei diesem Verfahren werden die innerbetrieblichen Leistungen als Kostenträger behandelt und wie Absatzleistungen abgerechnet. Die entstandenen Kosten werden, wenn die Leistungen in der gleichen Periode verbraucht werden, den empfangenden Stellen belastet und den leistenden Stellen gutgeschrieben.

Handelt es sich um aktivierungsfähige Leistungen (z. B. selbsterstellte Anlagen), so werden die Kosten zunächst über besondere Ertragskonten verbucht und dann auf Bestandskonten übernommen. Dieses Verfahren findet insbesondere dann Anwendung, wenn eine Aktivierung der innerbetrieblichen Leistungen erfolgen soll oder ein Vergleich der Wirtschaftlichkeit der Eigenleistung und des Fremdbezugs beabsichtigt ist.

ff) Das mathematische Verfahren (Gleichungsverfahren)

Allen bisher beschriebenen Verfahren haftet der Nachteil an, daß der gegenseitige Leistungsaustausch zwischen den Kostenstellen nicht oder nur in ungenügender Weise berücksichtigt wird. Will man diesem Leistungsaustausch Rechnung tragen, so muß man mit einem **System linearer Gleichungen** arbeiten, in denen die ausgetauschten Mengenleistungen bekannt sind, die jeweiligen Kostensätze dagegen als Unbekannte auftreten. Die Zahl der Gleichungen ist gleich der Anzahl der Kostenstellen, die in die Verrechnung einbezogen werden. Dieses Verfahren war früher wegen seiner erheblichen Rechenarbeit in der Praxis wenig verbreitet. Es ist jedoch das exakteste

---

[17] Vgl. Kosiol, E., Kosten- und Leistungsrechnung, a. a. O., S. 301

Verfahren. Mit Hilfe von EDV-Programmen ist die Lösung derartiger Gleichungssysteme heute kein Problem mehr.[18]

Die Verrechnung erfolgt nach folgendem allgemeinen Prinzip:[19] Für jede Kostenstelle muß der Kostenwert der (nach außen und an andere Kostenstellen) abgegebenen Leistungen und der selbst verbrauchten eigenen Leistungen gleich der Summe aus den primären und den sekundären Kosten der Kostenstelle sein. Als primäre Kosten bezeichnet man alle aus der Buchhaltung in den Betriebsabrechnungsbogen übernommenen und auf die Kostenstellen verteilten Gemeinkosten („Summe der Gemeinkosten" im Beispiel). Sekundäre Kosten nennt man die Kosten, die einer Kostenstelle im Rahmen der innerbetrieblichen Leistungsverrechnung zugerechnet werden.

Damit die Kosten der Leistungseinheiten der einzelnen Kostenstellen ermittelt werden können, muß die Bedingung erfüllt sein, daß die Kosten für die von einer Stelle insgesamt abgegebenen Leistungen gleich der Summe aus ihren primären und sekundären Kosten sind.

Unter Verwendung der Zahlen des obigen Beispiels ergeben sich folgende Bestimmungsgleichungen:

Hilfskostenstelle Strom: $10.000 \ k_{Strom} = 1.500 \ DM + 100 \ k_{Wasser}$

Hilfskostenstelle Wasser: $3.000 \ k_{Wasser} = 3.000 \ DM + 1.000 \ k_{Strom}$

Hilfskostenstelle Reparatur: $150 \ k_{Reparatur} = 5.000 \ DM + 2.000 \ k_{Strom}$
$$+ 100 \ k_{Wasser} + 30 \ k_{Reparatur}$$

Löst man diese Gleichungen auf, so ergeben sich folgende Verrechnungssätze:

$k_{Strom} = 0,16 \ DM/kWh$

$k_{Wasser} = 1,05 \ DM/cbm$

$k_{Reparatur} = 45,21 \ DM/Rep.Std.$

Während das Stufenleiterverfahren nur dann zu richtigen Ergebnissen führt, wenn vorgelagerte Stellen keine Leistungen nachgelagerter Stellen empfangen, führt das Gleichungsverfahren unabhängig von der Komplexität der innerbetrieblichen Leistungsverflechtungen zu exakten Lösungen.

Nehmen wir nun an, daß jede Hilfsstelle an jede andere Hilfsstelle und an die Hauptstellen Leistungen abgibt, und ferner, daß jede Hilfsstelle einen Teil ihrer Leistungen selbst wieder verbraucht, so erhalten wir allgemein folgendes System linearer Gleichungen:

$$K_1 + m_{11} k_1 + m_{21} k_2 + m_{31} k_3 + \ldots + m_{n1} k_n = m_1 k_1$$
$$K_2 + m_{12} k_1 + m_{22} k_2 + m_{32} k_3 + \ldots + m_{n2} k_n = m_2 k_2$$
$$\vdots$$
$$K_n + m_{1n} k_1 + m_{2n} k_2 + m_{3n} k_3 + \ldots + m_{nn} k_n = m_n k_n$$

---

[18] Vgl. Haberstock, L., Grundzüge der Kosten- und Erfolgsrechnung, 3. Aufl., München 1982, S. 95

[19] Vgl. Schneider, E., Industrielles Rechnungswesen, 5. Aufl., Tübingen 1969, S. 53

Dabei bedeuten:

K_1, K_2 ... K_n = primäre Kosten der Stelle 1 bis n;

m = abgegebene Mengen; der erste Index bezeichnet die leistende, der zweite Index die empfangende Stelle;

k_1, k_2 ... k_n = Kosten pro Leistungseinheit der Stellen 1 bis n.

Mit Hilfe dieses Gleichungssystems ist es möglich, die Kosten der innerbetrieblichen Leistungen unter Berücksichtigung eines gegenseitigen Austausches exakt zu bestimmen. (ÜB 6/123–127)

d) Der Betriebsabrechnungsbogen

aa) Aufgaben, Aufbau und Arbeitsgang

Die Kostenstellenrechnung kann kontenmäßig oder tabellarisch durch Verwendung eines Betriebsabrechnungsbogens (BAB) durchgeführt werden. Der BAB ist eine Tabelle, in der gewöhnlich die Kostenarten vertikal und die Kostenstellen horizontal aufgeführt werden. Er wird heute häufig mit Hilfe der EDV erstellt.

Der BAB hat folgende **Aufgaben:**

(1) die primären Gemeinkostenarten nach dem Verursachungsprinzip auf die Kostenstellen zu verteilen,

(2) die Kosten der allgemeinen Kostenstellen auf nachgelagerte Kostenstellen umzulegen,

(3) die Kosten der Hilfskostenstellen auf die Hauptkostenstellen umzulegen,

(4) Kalkulationssätze für jede Kostenstelle durch Gegenüberstellung von Einzel- und Gemeinkosten für die Vor- und Nachkalkulation zu ermitteln,

(5) Kostenstellenüberdeckungen und -unterdeckungen, die bei der Verwendung von Normalgemeinkostensätzen als Differenz zwischen verrechneten (Durchschnitts-)Kosten und entstandenen (Ist-)Kosten auftreten, festzustellen,

(6) die Berechnung von Kennzahlen zur Kontrolle der Wirtschaftlichkeit der einzelnen Kostenstellen zu ermöglichen.

Wenn die Ausgestaltung des BAB auch von individuellen Gegebenheiten eines Betriebes abhängt, so liegt doch allgemein das Schema auf S. 1284 zugrunde.

Der **Arbeitsgang im BAB** ist der folgende:

(1) Zunächst werden die **primären Gemeinkostenarten,** die aus der Kontenklasse 4 in den BAB übernommen werden, mit Hilfe von Schlüsseln (Bezugsgrößen), die nach Möglichkeit dem Prinzip der Kostenverursachung Rechnung tragen sollen, auf die Kostenstellen verteilt. Dadurch wird jede Kostenstelle mit dem Bruchteil jeder Kostenart, der von ihr verbraucht worden ist, belastet. Die Gesamtsumme der Gemeinkostenarten der Klasse 4 ist gleich der Summe der im BAB auf sämtliche Haupt- und Hilfskostenstellen verteilten Kosten. Addiert man jede Spalte senkrecht auf, so erhält man die Summe der primären Gemeinkosten je Kostenstelle (vgl. Zeile 17 im BAB auf S. 1284).

Kostenstellen → / Kostenarten ↓	Zahlen der Buchhaltung	Allg. Kostenstellen: Wasserversorg.	Kraftzentrale	Fert.-Hilfsstellen: Arbeitsbüro	Fertigungsstellen: A	B	C	Summen 6–8	Materialstellen: Einkauf	Material-lager	Summen 10–11	Material-lager	Vertriebs-stelle
1	2	3	4	5	6	7	8	9	10	11	12	13	14
1. Fert.-Lohn[1]	4500				1 200	1 600	1 700						
2. Fert.-Material	12 000												
3. Fert.-Kosten	16 500												
4. Hilfslöhne	4 030	120	80	60	600	900	850	2 350	20	400	420	400	600
5. Gehälter	2 460	10	5	180	200	250	220	670	15	80	95	600	900
6. Ges. Soz. Leistungen	381	10	6	5	60	80	75	215	5	40	45	45	55
7. Werkzeugverbrauch	48	2	8	—	10	12	11	33	—	5	5	—	—
8. Instandhaltung	220	12	20	8	40	30	60	130	3	12	15	20	15
9. Hilfsmaterial	725	5	100	10	100	175	300	575	2	11	13	10	12
10. Neubau	93	—	4	4	10	12	10	32	—	10	10	23	20
11. Versicherung	147	6	8	5	20	30	25	75	2	18	20	15	18
12. Kalk. Abschreibungen	297	10	8	10	50	75	60	185	—	42	42	20	22
13. Kalk. Zinsen	58	2	1	2	9	11	10	30	1	10	11	5	7
14. Kalk. Wagnisse	99	3	—	3	10	25	28	63	2	4	6	14	10
15. Kalk. Untern.-Lohn	134	—	—	5	15	20	18	53	—	8	8	38	30
16. Sonstige	78	5	8	—	16	15	13	44	—	5	5	10	6
17. Summe (4–16)	8 770	185	250	290	1 140	1 635	1 680	4 455	50	645	695	1 200	1 695
18. Umlage Wasserversorg.		→	20	5	50	45	45	140	—	10	10		
19. Umlage Kraftzentrale			→	3	80	90	85	255	1	5	6		
20. Summe				298	1 270	1 770	1 810	4 850	51	660	711	1 208	1 703
21. Umlage Arbeitsbüro				→	98	110	90	298					
22. Entst. Fert.-G.-K.[2]					1 368	1 880	1 900	5 148			711 (Entst. Mat.-G.-K.)		
23. Entst.-Lohn					1 200	1 600	1 700	4 500			12 000 (Fert.-Mat.)		
24. Norm. Zuschlag in %					121%	110%	124%				5,66% (Mat.-Zuschl. %)	5,37%	7,57%
25. Verr. Fert.-G.-K.[2]					1 450	1 760	2 100	5 310			680 (Verr. Mat.-G.-K.)		
26. Verr. Fert.-K.[3] (23+25)					2 650	3 360	3 800	9 810			12 680 (Verr. Mat.-Kosten)	22.490[4]	22.490[4]
27. Entst. Fert.-K. (22+23)					2 568	3 480	3 600	9 648			12 711 (Entst. Mat.-Kosten)	22.359[5]	22.359[5]
28. Kostenst. Über- und Unterdeckung					+ 82	− 120	+ 200				− 31		
29. Zuschlag in %					114%	118%	112%				5,93%	5,40%	7,61%

(Col. 13/14, Zeilen 22–23: Verwalt.-Vertriebs-zuschlag bez. auf Herst.Kosten)

[1]) Fertigungslohn und Fertigungsmaterial sind Einzelkosten und werden direkt auf die Kostenträger verrechnet. Die Einzelkosten dienen im BAB als Basis zur Ermittlung der Gemeinkostenzuschläge.   [2]) K. = Kosten.   [3]) G. K. = Gemeinkosten.   [4]) verr. Herstellkosten = verr. Fert. Kosten + verr. Materialkosten.   [5]) entst. Herstellkosten = entst. Fert. Kosten + entst. Materialkosten.

(2) Nun werden die ermittelten Gemeinkosten der **allgemeinen Kostenstellen** auf die folgenden Stellen umgelegt (vgl. Zeilen 18–20 im BAB). Dabei wird in der Regel ein Kostenstellenumlageverfahren angewendet. Diese Verfahren und ihre Problematik wurden oben (S. 1278 ff.) im Zusammenhang mit der Verrechnung innerbetrieblicher Leistungen dargestellt.

(3) Ebenso wie die allgemeinen Kostenstellen werden die **Hilfskostenstellen** auf die dazugehörigen Hauptkostenstellen umgelegt, eine erneute senkrechte Addition ergibt dann die gesamten Gemeinkosten je Stelle (vgl. Zeilen 21–22 im BAB).

(4) Man addiert die Einzelkosten und die Gemeinkosten je Fertigungskostenstelle und erhält so die Fertigungskosten je Stelle.

(5) Man errechnet nun die **Gemeinkostenzuschläge.** Die Fertigungszuschläge ergeben sich aus der Relation zwischen den Gemeinkosten und einer Bezugsgröße (Einzelkosten = Fertigungslohn, Maschinenstunden u. a.) je Fertigungsstelle. Die Einzelkosten bilden im Beispiel eines BAB auf S. 1284 die Basis (vgl. Zeilen 22, 23 und 29 im BAB auf S. 1284). Kennt man den Fertigungslohn, der in einer Kostenstelle bei der Bearbeitung eines Kostenträgers angefallen ist, so erfolgt die Zurechnung der Gemeinkosten auf den Kostenträger mittels des Fertigungszuschlages dieser Stelle auf den Fertigungslohn.

Der Materialzuschlag ergibt sich aus dem Verhältnis von Fertigungsmaterial (Einzelkosten) und Materialgemeinkosten. Für die Ermittlung der Verwaltungs- und Vertriebszuschläge werden, da hier in der Regel keine Einzelkosten erfaßt werden können, entweder die gesamten Fertigungskosten oder die gesamten Herstellkosten (Fertigungslohn + Fertigungsgemeinkosten + Fertigungsmaterial + Materialgemeinkosten) als Basis verwendet.

(6) Nimmt man in den BAB nicht nur die tatsächlich entstandenen Gemeinkosten (Istkosten), sondern auch die durchschnittlichen Gemeinkostenbeträge (**Sollkosten**) auf, mit denen man vorkalkuliert hat, so zeigen die Differenzen zwischen entstandenen und verrechneten Kosten die **Kostenstellenüberdeckungen oder -unterdeckungen.** Eine Überdeckung liegt vor, wenn die Istkosten kleiner sind als die in der Vorkalkulation verrechneten und damit „gedeckten" Normalkosten, eine Unterdeckung im umgekehrten Fall (vgl. Zeile 28 im BAB auf S. 1284).

bb) Betriebsabrechnungsbogen und Beschäftigungsschwankungen

Es wurde bereits erwähnt, daß als Basis für die Ermittlung der Gemeinkostenzuschläge z. B. die Einzelkosten (Fertigungs- und Materialstellen) oder die Herstellkosten (Verwaltungs- und Vertriebsstellen) verwendet werden können. Fertigungslohn und Fertigungsmaterial sind variable Kosten, d. h. sie ändern sich in ihrer Höhe mit der Kapazitätsausnutzung (Ausbringung). Die Gemeinkosten setzen sich dagegen teils aus variablen, teils aus fixen Kosten zusammen. Ermittelt man z. B. einen Gemeinkostenzuschlag aus dem Verhältnis von Fertigungslohn und Fertigungsgemeinkosten einer Stelle, so gilt der Zuschlagsprozentsatz **nur für den Beschäftigungsgrad, für den er errechnet wurde.**

Gewöhnlich werden aber in einer Vollkostenrechnung die errechneten Zuschläge auch bei Zunahme oder Abnahme des Beschäftigungsgrades als Normalzuschläge bei der Vorkalkulation angewendet. Damit wird aber unterstellt, daß bei Änderungen der Ausbringung sich die Gemeinkosten in einem proportionalen Verhältnis zu den Einzelkosten entwickeln. Der BAB setzt also eine **Proportionalität von Einzelkosten und Gemeinkosten** voraus, die in Wirklichkeit jedoch um so weniger gegeben ist, je größer der Anteil der fixen Kosten an den Gemeinkosten ist.

Nehmen wir einmal an, die Fertigungslöhne (Einzelkosten) einer Kostenstelle seien proportionale Kosten, d. h. bei einer Zunahme der ausgebrachten Menge um 50% nehmen sie auch um 50% zu. Dann ist der Verlauf der Einzelkostenkurve OE (vgl. Abb. 2). Der Gemeinkostenzuschlag betrage bei der Ausbringung m_1 150%. Dann ist der angenommene Verlauf der Gesamtkosten der betreffenden Stelle OK, wenn bei Zu- oder Abnahme des Beschäftigungsgrades immer 150% Gemeinkosten verrechnet werden. Die Differenz zwischen beiden Kurven gibt die Gemeinkosten an. Tatsächlich sind aber in den Gemeinkosten fixe Kosten von OF enthalten, die auch anfallen, wenn die Ausbringung Null ist. Der tatsächliche Verlauf der Kosten ist FK_1.

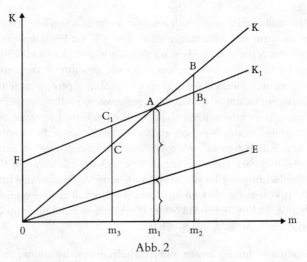

Abb. 2

Nur bei der Ausbringung m_1 werden mit einem Zuschlag von 150% die Gesamtkosten m_1A gedeckt. Steigt die Ausbringung auf m_2, so werden die Kosten m_2B verrechnet. Es entstehen aber nur Kosten in Höhe von m_2B_1, da die fixen Kosten nicht mitsteigen. Der Zuschlagsprozentsatz von 150% ist also zu hoch. Es ergibt sich eine **Überdeckung** von B_1B.

Sinkt die Ausbringung auf m_3, so werden die Kosten von m_3C verrechnet, obwohl Kosten von m_3C_1 anfallen, da die fixen Kosten nicht mit absinken. Es entsteht eine **Unterdeckung**. Mit anderen Worten: Verwendet man bei der Änderung des Beschäftigungsgrades feste Gemeinkostenzuschläge, so sind diese bei einer Steigerung der Ausbringung zu hoch, und zwar um so mehr, je größer der Anteil der fixen Kosten an den Gemeinkosten ist. Bei einer Verminderung der Ausbringung sind die Zuschläge zu niedrig. Sie entsprechen in beiden Fällen nicht mehr dem Prinzip der Verursachung. Dieser Fehler ist nur zu beseitigen, wenn man für jeden Kapazitätsausnutzungsgrad einen anderen Gemeinkostenzuschlag anwendet. Eine solche zeitraubende Berechnung ist praktisch kaum durchführbar. Eine Verminderung, jedoch keine Beseitigung der Ungenauigkeit tritt ein, wenn man für einige relevante Beschäftigungsgrade die Berechnung durchführt, z. B. für 60%, 70% und 80% der Kapazitätsausnutzung. Dann engt man den Fehler ein und kann die Zuschlagssätze für dazwischenliegende Beschäftigungsgrade durch Interpolation ermitteln. Diese Methode ist ein Behelf, dem kein Anspruch auf völlige Genauigkeit zukommt.

Ein anderes Verfahren **trennt die Gemeinkosten in fixe und variable** und verrechnet beide gesondert. Abgesehen davon, daß auch zwischen Einzelkosten und variablen Gemeinkosten keine durchgehende Proportionalität bestehen muß, entsteht die Schwierigkeit, welche Kostenarten zu den variablen und welche zu den fixen Kosten gehören. Es wurde bereits oben darauf hingewiesen, daß es keine Kostenarten gibt, die ihrem Wesen nach fix sind, sondern daß es von der durch die Fragestellung bedingten Art der Verrechnung abhängt, was als fix und was als variabel anzusehen ist. So sind die Abschreibungen fixe Kosten, wenn sie auf die Zeit bezogen werden, sie sind proportional, wenn sie nach der Inanspruchnahme, also z. B. nach der produzierten Stückzahl ermittelt werden. Dasselbe gilt für die Zinsen, da nicht der tatsächliche Zinsaufwand für Fremdkapital, sondern die Zinsen für das betriebsnotwendige Kapital in der Kostenrechnung angesetzt werden, das aber mit der Ausbringung ebenfalls zu- oder abnimmt, wenn auch nicht proportional. Andererseits sind bestimmte Personalkosten fix, z. B. die Gehälter leitender Angestellter, andere sind variabel, z. B. Hilfslöhne. Auch die getrennte Verrechnung von variablen und fixen Gemeinkosten stellt also **keine eindeutige Beseitigung des Fehlers dar,** der durch die Annahme einer Proportionalität von Einzel- und Gemeinkosten einer Kostenstelle entsteht. Das Grundprinzip der Verrechnung der Kosten nach der Verursachung wird jedenfalls auch hier nicht voll verwirklicht. (**ÜB 6**/128–134)

III. Die Kostenträgerrechnung (Selbstkostenrechnung)

1. Begriff und Aufgaben

Die Kostenträgerrechnung stellt die Frage: **Wofür sind Kosten entstanden?** Sie hat die Aufgabe, die Herstell- und Selbstkosten, die bei der Erstellung von absatzfähigen oder innerbetrieblichen Leistungen (Kostenträger) entstanden sind, auf die Leistungseinheiten zu verrechnen. Diese Kostenermittlung ist

(1) die **Grundlage der Bewertung der Bestände** an Halb- und Fertigfabrikaten sowie der selbsterstellten Anlagen und Werkzeuge in der Handels-

und Steuerbilanz sowie in der kurzfristen Erfolgsrechnung (Herstellkosten);

(2) die **Grundlage der Planung und Kontrolle des Periodenerfolges** durch Bestimmung der Selbstkosten der abgesetzten Leistungen;

(3) die **Grundlage preispolitischer Entscheidungen**, z. B. der Kalkulation des Angebotspreises, sofern der Betrieb von sich aus einen Einfluß auf den Preis nehmen kann. Ist das – z. B. mit Blick auf die Preise der Konkurrenz – nicht der Fall, so beschränkt sich der Betrieb auf die Ermittlung der **Preisuntergrenze**, d. h. auf die Feststellung, welcher Marktpreis gerade noch geeignet ist, die Gesamtkosten der Produktion und des Vertriebs zu decken (langfristige Preisuntergrenze), oder welcher Preis nur noch die variablen Kosten deckt (kurzfristige Preisuntergrenze).

Bei bestimmten öffentlichen Aufträgen muß ein sog. „**Selbstkostenpreis**" nach den „Leitsätzen für die Preisermittlung aufgrund von Selbstkosten" (LSP) vom 21. 11. 1953[1] ermittelt werden. Dagegen ist es bei marktwirtschaftlicher Preisbildung oft nicht möglich, Angebotspreise zu kalkulieren, wenn die am Markt erzielbaren Preise und absetzbaren Mengen nicht auf Basis der Selbstkosten, sondern anhand vorgefundener Marktdaten bestimmt werden müssen. Dann ist es Aufgabe der Produktions- und Absatzplanung, den aufgrund der vermuteten betriebsindividuellen Nachfragekurve **gewinnmaximalen Preis** zu bestimmen.

Werden die gesamten in einer Abrechnungsperiode angefallenen Kosten – nach Kostenträgern gegliedert – ermittelt, so liegt eine **Kostenträgerzeitrechnung** vor. Sie wird unten im Rahmen der Betriebsergebnisrechnung (kurzfristigen Erfolgsrechnung) behandelt.

Im folgenden wird zunächst die **Kostenträgerstückrechnung** (Kalkulation oder Selbstkostenrechnung) besprochen.

Es gibt zwei Hauptformen der Zurechnung der Kosten auf die Kostenträger:

(1) die **Divisionskalkulation** und

(2) die **Zuschlagskalkulation**.

Beide Kalkulationsformen werden in unterschiedlichen Ausprägungsarten angewendet. Ihre Anwendung wird bedingt vom Produktionsprogramm und Produktionsverfahren eines Betriebes. So bietet die Kostenrechnung bei einheitlicher Massenfertigung keine besonderen Probleme. Sobald aber mehrere Sorten oder mehrere Serien gleichzeitig produziert werden, wird die Zurechnung der Kosten nach der Verursachung immer schwieriger, da nur wenige Kostenarten sich direkt, d. h. als Einzelkosten auf die Kostenträger, die meisten dagegen sich nur indirekt, d. h. als Gemeinkosten mit Hilfe von Zuschlägen verteilen lassen, und da eine verursachungsgemäße Zurechnung von Fixkosten unmöglich ist. (**ÜB 6**/135–136)

---

[1] BAnz 1953, Nr. 244

2. Die Divisionskalkulation

a) Die einstufige Divisionskalkulation

Bei der einstufigen (einfachen) Divisionskalkulation werden die Gesamtkosten (K) einer Periode durch die gesamte in dieser Periode produzierte Menge (m) dividiert. Der Quotient ergibt die Stückkosten (k):

$$k = \frac{K}{m}$$

Die Anwendung dieses Kalkulationsverfahrens setzt voraus, daß

(1) ein einheitliches Produkt hergestellt wird,
(2) keine Lagerbestandsveränderungen an Halbfabrikaten und
(3) keine Lagerbestandsveränderungen an Fertigfabrikaten entstehen.

Hauptanwendungsgebiet sind Betriebe mit **einheitlicher Massenfertigung**, z. B. in den Grundstoffindustrien oder bei der Elektrizitätserzeugung.

Eine Anwendung ist aber auch für die Abrechnung einzelner Kostenstellen möglich, die eine einheitliche Leistung erstellen, z. B. eigene Stromerzeugung oder Wasserversorgung (allgemeine Kostenstellen).

Man kann dieses recht grobe Verfahren dadurch verbessern, daß man bestimmte Kosten, die nur von einem Teil der Produkte verursacht worden sind (Vertriebskosten), aus den Gesamtkosten herausnimmt und auf die betreffenden Produkte zurechnet. Beispiel: unterschiedliche Transport- und Verpackungskosten bei Export eines Teils der Produktion nach Übersee. Hier liegt bereits ein Übergang zur zwei- oder mehrstufigen Divisionskalkulation vor.

b) Die zwei- und mehrstufige Divisionskalkulation

Hebt man die Voraussetzung, daß keine Lagerbestandsveränderungen bei den Fertigfabrikaten entstehen, auf, so müssen die Herstellkosten und Verwaltungs- und Vertriebskosten getrennt werden. Die gesamten Herstellkosten einer Periode werden durch die in dieser Periode produzierte Menge, die Verwaltungs- und Vertriebskosten dieser Periode durch die in diesem Zeitraum abgesetzte Menge dividiert. So wird vermieden, daß die auf Lager gehenden Fabrikate mit Vertriebskosten belastet werden, die sie gar nicht verursacht haben, und daß der Angebotspreis der zum Verkauf gelangenden Produkte auf Basis einer zu niedrig ermittelten Preisuntergrenze kalkuliert wird. Man bezeichnet dieses Verfahren als **zweistufige** Divisionskalkulation.

Beispiel:

Herstellkosten	10.000 DM	Verw.+Vertr.Kosten	4.000 DM
Produktion	1.000 Stck.	Verkauf	800 Stck.
Herst.Kosten/Stck.	10,— DM	Vw.+Vt.-Kosten/Stck.	5,– DM
Selbstkosten 10 + 5 = 15,— DM			
Gewinnzuschl. 30%	4,50 DM		
Angebotspreis	19,50 DM		

Wird die Trennung von produzierter und verkaufter Menge nicht durchgeführt, sondern werden die Gesamtkosten auf die produzierte Menge verteilt, so betragen die Selbstkosten pro hergestelltem Stück:

$$\frac{14.000}{1.000} = 14,— \text{ DM}$$

+ Gewinnzuschlag 30%	= 4,20 DM
Angebotspreis	= 18,20 DM

Eine **mehrstufige Divisionsrechnung** (Stufen-Kalkulation) kann angewendet werden, wenn zwar ein einheitliches Produkt hergestellt wird, die Produktion sich jedoch in mehreren Stufen vollzieht und auf jeder Produktionsstufe Zwischenläger gebildet werden, deren Bestand wechselt. Dann ist es nicht möglich, die Gesamtkosten durch die Gesamtzahl der Fabrikate zu dividieren, weil die Zahl der produzierten Zwischenfabrikate auf den einzelnen Produktionsstufen mit der Zahl der Endfabrikate nicht übereinstimmt. Man ermittelt mit Hilfe einer Kostenstellenrechnung die in einer Periode angefallenen Gesamtkosten jeder Stufe und dividiert sie durch die Zahl der Halb- und Zwischenfabrikate, die eine Stufe innerhalb dieses Zeitraums durchlaufen haben. Die nachgelagerte Produktionsstufe (oder das Zwischenlager) übernimmt die Leistung der vorhergehenden Stufe dann mit ihren bisherigen Kosten bzw. mit Verrechnungspreisen (**ÜB 6**/137)

Beispiel:

Die Materialkosten eines Produktes betragen 20 DM. Die Produktion wird in zwei Stufen durchgeführt:

Produktionsstufe 1: 800 Stück Halbfabrikate; Fertigungskosten 16.000 DM;

$$\text{Stückkosten} = 20 + \frac{16.000}{800} + \frac{3.000}{1.000} + \frac{2.400}{400};$$
$$= 20 + 20 + 3 + 6 = 49.$$

Herstellkosten Halbfabrikat	40 DM	
Herstellkosten Fertigfabrikat	43 DM	
Selbstkosten je Stück	49 DM	
Lagerbestandsverminderung Halbfabrikate	200 Stck. à 40 =	8.000 DM
Lagerbestandsvermehrung Fertigfabrikate	600 Stck. à 43 =	25.800 DM

Produktionsstufe 2: Weiterverarbeitung von 1.000 Stück Halbfabrikaten zu Fertigfabrikaten, Fertigungskosten 3.000 DM; Absatz 400 Stück, Verwaltungs- und Vertriebskosten 2.400 DM.

Man kann die Stufen-Divisionsrechnung auch in der Form durchführen, daß die Materialkosten den Kostenträgern direkt zugerechnet werden und auf jeder Produktionsstufe nur die Verarbeitungskosten erfaßt und verrechnet werden. Man bezeichnet dieses Verfahren als **Veredelungsrechnung.**

c) Die Divisionskalkulation mit Äquivalenzziffern

Dieses Kalkulationsverfahren wird angewendet, wenn mehrere **Sorten** eines Produktes produziert werden. Die Leistungen sind dann zwar nicht einheitlich, stehen aber in einer festen Kostenrelation zueinander. Es besteht eine verwandte Kostengestaltung, wenn z. B. der gleiche Rohstoff verarbeitet wird und lediglich die Arbeitszeit sowie die Zeit der Betriebsmittelbeanspruchung unterschiedlich sind (z. B. in Ziegeleien, Blechwalzwerken, Brauereien, Sägewerken u. a.).

Das bestehende Kostenverhältnis wird durch Beobachtung und Messung festgestellt und in einer Wertigkeitsziffer **(Äquivalenzziffer)** ausgedrückt. Durch Multiplikation der produzierten Menge mit der Äquivalenzziffer werden die einzelnen Leistungen kostenmäßig (rechnerisch) gleichnamig gemacht, d. h. in gleichartige „**Rechnungseinheiten**" umgerechnet, so daß die Gesamtkosten durch die Gesamtmenge aller durch Umrechnung gleichnamig gemachten Produkte (Rechnungseinheiten) dividiert werden können. Die sich ergebenden Stückkosten je Rechnungseinheit werden dann jeweils mit der Äquivalenzziffer der Sorte multipliziert und ergeben so die Stückkosten je Sorte. Multipliziert man diese mit der effektiv produzierten Menge je Sorte, so erhält man die Gesamtkosten je Sorte.

Das folgende Beispiel zeigt eine **einstufige Äquivalenzziffernkalkulation.** Für sie gilt die Voraussetzung, daß bei den Halb- und Fertigfabrikaten keine Bestandsveränderungen erfolgen.

Beispiel:

			Gesamtkosten 600.000		
Sorte	1 Äquiv. Ziffer	2 prod. Menge (t)	3 Rechnungs- einheiten (1 × 2)	4 Stückkosten je Sorte	5 Gesamtkosten je Sorte (2 × 4)
I	0,8	5.000	4.000	30 × 0,8 = 24,–	120.000
II	1,0	10.000	10.000	30 × 1,0 = 30,–	300.000
III	1,5	4.000	6.000	30 × 1,5 = 45,–	180.000
			20.000		600.000

$$\frac{\text{Gesamtkosten} \quad 600.000 \text{ DM}}{\text{Gesamtrechnungsmenge } 20.000 \text{ t}} = 30,- \text{ DM je Rechnungseinheit.}$$

Das schwierigste Problem der Äquivalenzziffernkalkulation ist die Ermittlung von Äquivalenzziffern, die der Kostenverursachung entsprechen. Im Beispiel ist unterstellt, daß Sorte I 20% weniger und Sorte III 50% mehr Kosten verursacht haben als Sorte II.

Bestehen Abweichungen zwischen Produktions- und Absatzmengen und/ oder sind die Kostenrelationen zwischen den einzelnen Sorten in verschiedenen Produktionsstufen unterschiedlich, so kann diesen Unterschieden durch eine Bildung mehrerer Äquivalenzziffernreihen Rechnung getragen werden (**mehrstufige Äquivalenzziffernkalkulation**). (ÜB 6/138–140)

3. Die Zuschlagskalkulation

a) Begriff

Die Zuschlagskalkulation wird angewendet, wenn in einem Betriebe verschiedene Arten von Produkten in mehrstufigen Produktionsabläufen bei unterschiedlicher Kostenverursachung und laufender Veränderung der Lagerbestände an Halb- und Fertigfabrikaten hergestellt werden, z. B. bei **Serien- und Einzelfertigung**. Im Gegensatz zur Divisionskalkulation teilt dieses Kalkulationsverfahren die Kosten in Einzelkosten, die den Kostenträgern direkt zugerechnet werden, und in Gemeinkosten, die indirekt mit Hilfe von Bezugsgrößen und Zuschlägen verrechnet werden. Jedes Produkt soll mit den Kosten belastet werden, die es tatsächlich verursacht hat. Dabei muß das Bemühen dahin gehen, möglichst viele Kosten als Einzelkosten zu erfassen, da jeder Schlüsselung von Kosten eine gewisse Ungenauigkeit anhaftet.

Der Wahl der richtigen **Bezugsbasis** bei der Ermittlung der Gemeinkostenzuschläge ist besondere Aufmerksamkeit zu schenken. Je kleiner die Basis ist, und je größer die zu verrechnenden Gemeinkosten sind, desto höher werden die Zuschlagsprozentsätze, und desto stärker wirken sich die geringsten Fehler bei der Kostenerfassung der Basisgröße aus.

In der Fertigung wird vielfach der **Fertigungslohn** als Basis für die Gemeinkostenzurechnung verwendet. In Kostenstellen, in denen durch die fortschreitende Automation des Produktionsprozesses die Zahl der vollautomatischen Maschinen immer größer und die Zahl der Arbeitskräfte immer kleiner werden, eignet sich der Fertigungslohn nicht mehr als Basis, da z. B. die in den Gemeinkosten steckenden Abschreibungen der hochwertigen Spezialmaschinen um ein Vielfaches höher sein können als die Fertigungslöhne und dadurch infolge der kleinen Einzelkostenbasis Gemeinkostenzuschläge von 1.000% und mehr entstehen können. Hier ist es zweckmäßig, die **Maschinenstunden** als Zuschlagsgrundlage zu verwenden.

Mengenmäßige Bezugsgrößen, wie z. B. die Maschinenstunde, haben gegenüber den wertmäßigen Bezugsgrößen (z. B. Fertigungslohn) außerdem den Vorteil, daß sie gegen Preisschwankungen unempfindlich sind, also eine größere Dauerhaftigkeit aufweisen.

Ebenso wie bei der Divisionskalkulation gibt es auch bei der Zuschlagskalkulation mehrere Verfahren.

b) Die summarische Zuschlagskalkulation

Bei der summarischen Zuschlagskalkulation bilden entweder die gesamten (**kumulatives Verfahren**) oder ausgewählte Arten (**elektives Verfahren**) der Einzelkosten die Zuschlagsgrundlage. Man setzt also z. B. die gesamten Einzelkosten zu den gesamten Gemeinkosten in Beziehung und ermittelt einen Zuschlagssatz. Das bedeutet, daß man eine Proportionalität von Einzelkosten und Gemeinkosten bei allen Kostenträgern unterstellt, die gewöhnlich nicht gegeben ist.

Ohne Schaden anwendbar wäre dieses grobe Verfahren nur dann, wenn die Gemeinkosten, gemessen an den Einzelkosten, einen ganz unbedeutenden Anteil an den Gesamtkosten haben. Dennoch kann hierbei von einer Verteilung der Gemeinkosten nach dem Prinzip der Verursachung keine Rede sein. Verwendet man nur eine Einzelkostenart als Basis, z. B. die Lohn- oder Materialkosten, so wird unterstellt, daß die Gemeinkosten eine Funktion entweder des Fertigungslohns oder des Fertigungsmaterials sind. Bei arbeitsintensiven Betrieben arbeitet man mit einem Lohnzuschlag, bei materialintensiven mit einem Materialzuschlag.

Beispiel:

Lohnzuschlag:		Stückrechnung:	
Gesamte Lohneinzelkosten	80.000	Fertigungslohn (FL)	70
gesamte Gemeinkosten	120.000	Fertigungsmaterial	40
Gemeinkosten in %			110
der Lohneinzelkosten	150%		
		Gemeinkosten (150% d. FL)	105
		Herstellkosten	215

Die summarische Zuschlagsrechnung ist einfach zu handhaben, sie erfordert keine Kostenstellenrechnung. Allerdings muß bei Anwendung dieses Kalkulationsverfahrens die Bedingung erfüllt sein, daß **keine Bestandsveränderungen** in Zwischenlagern eintreten. (**ÜB** 6/148–150)

c) Die differenzierende Zuschlagskalkulation

Die differenzierende Zuschlagskalkulation geht anders vor. Sie verwendet nicht nur eine Zuschlagsbasis, sondern wählt Zuschlagsgrundlagen aus, die möglichst in kausaler Beziehung zur Entwicklung der Gemeinkosten stehen sollten. Das wird entweder dadurch erreicht, daß bestimmte Gruppen von Gemeinkostenarten zusammengefaßt werden, die zu einer bestimmten Einzelkostenart oder einer anderen Bezugsgröße in einem engen Verhältnis stehen, oder daß die Kostenarten auf Kostenstellen verteilt werden und dann für jede Kostenstelle aus der Relation von Einzelkosten (oder sonstigen Bezugsgrößen wie Maschinenstunden, Stückzahl) und Gemeinkosten der betreffenden Stelle ein Zuschlag errechnet wird; das kann z. B. mit Hilfe des Betriebsabrechnungsbogens erfolgen. Da nach Möglichkeit solche Bezugsgrößen ausgewählt werden, die eine verursachungsgemäße Zurechnung der Gemeinkosten erlauben, liegt auch hier eine elektive Zuschlagskalkulation vor, allerdings mit **elektiven Stellenzuschlägen** und nicht mit elektiven Gesamtzuschlägen wie im Falle der summarischen Zuschlagsrechnung.

Die Kostenstellenkalkulation ist die komplizierteste, aber auch die genaueste Art der Zuschlagsrechnung.

Bei der Zuschlagskalkulation ergibt sich folgendes allgemeines Kalkulationsschema:

Fertigungsmaterial (FM)	
+ Materialgemeinkosten (MGK)	
=	Materialkosten (MK)
+ Fertigungslohn (FL)	
+ Fertigungsgemeinkosten (FGK)	
+ Sondereinzelkosten der Fertigung (SoKF)	
=	Fertigungskosten (FK)
=	Herstellkosten (HK)
+	Verw.Gemeinkosten (VwGK)
+	Vertriebsgemeinkosten (VtGK)
+	Sondereinzelkosten des Vertriebs (SoKVt)
=	Selbstkosten (SK)

Bei der Kostenstellenkalkulation wird das allgemeine Kalkulationsschema dann folgendermaßen modifiziert, wobei 1, 2...n die Zahl der Kostenstellen angibt (von Sonderkosten wird abgesehen):

$$
\begin{array}{llll}
FM_1 & + FM_2 & + \ldots\ldots\ldots & + FM_n \\
+ MGK_1 & + MGK_2 & + \ldots\ldots\ldots & + MGK_n \\
+ FL_1 & + FL_2 & + \ldots\ldots\ldots & + FL_n \\
+ FGK_1 & + FGK_2 & + \ldots\ldots\ldots & + FGK_n \\
\hline
= \text{Herstellkosten} & & & \\
+ VwGK_1 & + VwGK_2 & + \ldots\ldots\ldots & + VwGK_n \\
+ VtGK_1 & + VtGK_2 & + \ldots\ldots\ldots & + VtGK_n \\
\hline
= \text{Selbstkosten} & & &
\end{array}
$$

Die folgende Übersicht zeigt noch einmal schematisch die Zusammensetzung der Selbstkosten.

FL	FGK	SoKF	FM	MGK			
Fertigungskosten			Materialkosten				
Herstellkosten					VwGK	VtGK	SoKVt
Selbstkosten							

Beispiel:

			DM/Stück
Materialeinzelkosten 8,— DM/Stück + Materialgemeinkosten = 10% der Material- einzelkosten 0,80 DM/Stück		Materialkosten	8,80
Fertigungsstelle I: Bezugsgröße: Maschinenstunden Bezugsgröße pro Stück: 0,5 Std./Stück Kalkulationssatz = $\dfrac{\text{ges. Fertigungskosten}}{\text{gel. Maschinenstunden}}$ $= \dfrac{15.000\,\text{DM}}{300\,\text{Std.}}$ = 50 DM/Std. Fertigungskosten I: 50 DM/Std. · 0,5 Std./Stück = 25 DM/Stück			
Fertigungsstelle II: Bezugsgröße: Durchsatzgewicht Bezugsgröße pro Stück: 7 kg/Stück Kalkulationssatz = $\dfrac{\text{ges. Fertigungskosten}}{\text{Durchsatzgewicht}}$ $= \dfrac{5.000\,\text{DM}}{20.000\,\text{kg}}$ = 0,25 DM/kg Fertigungskosten II: 0,25 DM/kg · 7 kg/Stück = 1,75 DM/Stück			
Sondereinzelkosten der Fertigung: = 2,25 DM/Stück		+ Fertigungs- kosten (25,– + 1,75 + 2,25)	29,—
		= Herstell- kosten + Verwaltungs- gemeinkosten + Vertriebsge- meinkosten + Sonderein- zelkosten des Vertriebs	37,80 2,10 2,60 1,50
		= Selbstkosten	44,—

Die Verwendung der Fertigungslöhne als Zuschlagsbasis hat folgende **Nachteile:**[2]

(1) Bei hohem Mechanisierungs- und Automatisierungsgrad entstehen extrem hohe Zuschlagssätze, so daß bereits geringfügige Erfassungsungenauigkeiten zu erheblichen Kalkulationsfehlern führen.

(2) Die absolute Höhe der Gemeinkostenzuschläge ist von der Lohnhöhe der ausführenden Arbeiter abhängig. Folglich ändern sich bei jeder Lohnerhöhung nicht nur die Gemeinkostenzuschläge, sondern es ergibt sich auch eine andere Bezugsbasis; das hat komplizierte Umrechnungen zur Folge.

(3) Eine Proportionalitätsbeziehung der Fertigungsgemeinkosten kann – wenn überhaupt – eher zu den Fertigungszeiten als zu den Fertigungslöhnen unterstellt werden.

Aufgrund dieser Mängel des Fertiglohnes geht man in jüngerer Zeit immer mehr dazu über, im Fertigungsbereich die wertmäßigen Bezugsgrößen durch mengenmäßige zu ersetzen. Diese allgemeinste Form der Kalkulation wird als **Bezugsgrößenkalkulation** bezeichnet. Bei ihr wird die Trennung zwischen Fertigungseinzellöhnen und Fertigungsgemeinkosten aufgegeben. Die Kalkulationssätze der einzelnen Kostenstellen werden in der Weise errechnet, daß die gesamten Fertigungskosten einer Kostenstelle durch die geleisteten Bezugsgrößeneinheiten dividiert werden. (**ÜB 6**/141–147)

Läßt sich in einer Kostenstelle keine eindeutige Proportionalitätsbeziehung herstellen, sondern verhält sich z. B. ein Teil der Kosten proportional zur Fertigungszeit, ein anderer Teil dagegen zur Rüstzeit, so müssen pro Fertigungsstelle **2 Kalkulationssätze** gebildet werden (**heterogene Kostenverursachung**).

d) Die Kalkulation verbundener Produkte (Kuppelprodukte)

aa) Das Wesen der Kuppelproduktion

Die Kuppelproduktion (verbundene Produktion) ist dadurch gekennzeichnet, daß aus denselben Ausgangsmaterialien im gleichen Produktionsprozeß **zwangsläufig** mehrere verschiedene Erzeugnisse erstellt werden. Die Relationen zwischen dem mengenmäßigen Anfall der Kuppelprodukte können starr oder in gewissen Grenzen variierbar sein. So gewinnt man z. B. bei der Gasherstellung aus dem Ausgangsstoff Kohle nicht nur Gas, sondern gleichzeitig Koks, Teer, Ammoniak und Benzol, im Hochofenprozeß fallen Roheisen, Gichtgas und Schlacke, in Raffinerien Benzine, Öle und Gase an.

Da sich nur die Gesamtkosten der Produktion ermitteln lassen, ist eine Zurechnung der Kosten auf die Teilprodukte nur indirekt möglich. Sie erfolgt allerdings nicht nach dem Prinzip der Kostenverursachung, da diese infolge der gemeinschaftlichen Produktion nicht feststellbar ist, sondern ge-

---

[2] Vgl. Kilger, W., Betriebliches Rechnungswesen, in: Allgemeine Betriebswirtschaftslehre, hrsg. von H. Jacob, 5. Aufl., Wiesbaden 1988, S. 996 f.; Haberstock, L., Grundzüge der Kosten- und Erfolgsrechnung, 3. Aufl., München 1982, S. 110

wöhnlich nach anderen Gesichtspunkten, insbesondere **nach der Tragfähigkeit** (Belastungsfähigkeit). Diese ist abhängig vom erzielbaren Marktpreis. Nach ihrer Herstellung durchlaufen die Kuppelprodukte in der Regel verschiedene Weiterverarbeitungsstufen. Dabei ist eine getrennte Kalkulation möglich.

Schließt man von der **Relation der Marktwerte** der einzelnen Teilprodukte auf die Relation der Kosten, so wird unterstellt, daß sich die Kosten der Teilprodukte proportional zu den Marktpreisen verändern. Das ist eine selten zutreffende Fiktion; steigt der Marktpreis eines Teilproduktes, so wird es automatisch mit höheren Kosten belastet, obwohl sich beim Produktionsprozeß nichts verändert haben muß, das betreffende Gut also nicht mehr Kosten verursacht hat als vorher, wohl aber mehr Kosten tragen kann. Schwanken Marktpreise stark, so ist es zweckmäßig, einen durchschnittlichen Marktwert einer längeren Periode oder einen für längere Zeit festgelegten festen Verrechnungswert zu verwenden.

Um die rein fiktive Kostenzurechnung auf ein Minimum zu beschränken, müssen selbstverständlich sämtliche Kosten, die nur für ein Teilprodukt entstanden sind, getrennt belastet werden, z. B. die Kosten der Nachbearbeitung, Reinigung, Lagerung, des Vertriebs u. a.

Bei der Abrechnung der Kuppelprodukte zeigen sich die **Grenzen der Kostenrechnung.** Die Feststellung des Erfolges der einzelnen verbundenen Produkte hat keinen großen Aussagewert, weil er erstens mehr oder weniger variiert werden kann, je nachdem nach welchen Methoden die Gesamtkosten verteilt werden, und da zweitens Folgerungen für die Betriebspolitik kaum aus der Erfolgshöhe gezogen werden können, denn eine Ausdehnung oder Einschränkung der Produktion nur eines Teilproduktes ist technisch nicht oder nur in sehr engen Grenzen möglich. Es muß immer die Gesamtproduktion verändert werden. Steigt der Marktpreis eines Teilproduktes, während der eines anderen sinkt, so kann der Betrieb meist keine Änderung der Mengenrelation der einzelnen Produkte vornehmen. Entscheidend ist also nur, daß der Gesamterlös mindestens die Gesamtkosten deckt. Die Verteilung der Gesamtkosten auf die einzelnen Kuppelprodukte muß jedoch zur Bestandsbewertung und zur Bildung innerbetrieblicher Verrechnungspreise vorgenommen werden.

Man unterscheidet bei der Kuppelproduktion zwei Verrechnungsmethoden.

bb) Die Subtraktionsmethode (Restwertrechnung)

Sie wird gewöhnlich angewendet, wenn ein Hauptprodukt und ein oder mehrere Nebenprodukte erzeugt werden. Die Erlöse der Nebenprodukte werden – abzüglich noch anfallender Weiterverarbeitungskosten – von den Gesamtkosten abgezogen und stellen somit eine Kostenminderung des Hauptproduktes dar. Die Kosten der Nebenprodukte sind dann nicht feststellbar, so daß weder eine auf den Selbstkosten aufbauende Preiskalkulation möglich ist, noch der Gewinn als Differenz zwischen Erlös und Kosten ermittelt werden kann. Bei Anwendung der Subtraktionsmethode wird unterstellt, daß die Selbstkosten der Nebenprodukte ihrem Verkaufspreis entsprechen und daß der Gesamtgewinn der Kuppelproduktion auf das Hauptprodukt entfällt.

Beispiel:

Produkte	Erlöse		
Gas (Hauptprodukt)	1.500.000	Gesamtkosten	2.400.000
Koks	900.000	− Erlös der Neben-	
Teer	225.000	produkte	1.500.000
Benzol	300.000	= Restkosten des	
·Ammoniak	75.000	Hauptproduktes	900.000
insgesamt	3.000.000		

Ist ein Kuppelprodukt nicht verkäuflich, sondern muß es als Abfall beseitigt werden, so erhöhen die dadurch entstehenden Kosten die Gesamtkosten. Diese zusätzlichen Kosten hat allein das Hauptprodukt zu tragen.

cc) Die Verteilungsmethode

Sie wird angewendet, wenn sich **kein eindeutiges Hauptprodukt** bestimmen läßt. Die Gesamtkosten der Kuppelproduktion werden dann mittels Äquivalenzziffern auf die einzelnen Kuppelprodukte verteilt. Nach Henzel[3] kann die Verteilung erfolgen:

(1) nach dem Erlös (Erzeugungsmenge × Preis) jedes Kuppelproduktes;
(2) nach dem Erlös abzüglich der direkt erfaßbaren Kosten;
(3) nach der Erzeugungsmenge der anfallenden Produkte;
(4) nach der Erzeugungsmenge multipliziert mit den technischen Eigenschaften, z. B. Festigkeit;
(5) nach exakten Schlüsseln, z. B. dem Heizwert bei flüssigen und gasförmigen Brennstoffen.

Im allgemeinen werden die Kosten jedoch nach Maßgabe der Erlöse verteilt und die Äquivalenzziffern von den Marktpreisen abgeleitet, da dann „in den Wertansätzen die Ertragskraft der Kuppelprodukte zum Ausdruck kommt".[4] Dabei können zwei Verfahren angewendet werden.

Bei der **Proportionalitätsmethode** addiert man die Marktpreise der Teilprodukte und dividiert die Gesamtkosten durch die Summe der Verhältniszahlen, die sich aus der Relation der Marktpreise ergeben. Man erhält einen Quotienten, den man mit den einzelnen Verhältniszahlen multipliziert, um die Kosten der Teilprodukte zu ermitteln.

---

[3] Vgl. Henzel, F., Kostenrechnung, in: Bott, Lexikon des kaufmännischen Rechnungswesens, Bd. 3, 2. Aufl., Stuttgart 1956, Sp. 1646
[4] Riebel, P., Kuppelprodukte, Kalkulation der, HWR, 1. Aufl., hrsg. von E. Kosiol, Stuttgart 1970, Sp. 998; vgl. auch Kilger, W., Einführung in die Kostenrechnung, 3. Aufl., Wiesbaden 1987, S. 362

Beispiel:

	Gesamtkosten 2.400.000 DM				

Produkt	Gas	Koks	Teer	Benzol	Ammoniak	
Marktpreis (in DM)	150 +	90 +	22,5 +	30 +	7,5	= 300

$$\frac{\text{Gesamtkosten}}{\text{Summe der Verhältniszahlen}} = \frac{2.400.000}{300} = 8.000$$

Produkt	Verhältniszahl × Quotient	Kosten des Kuppelprodukts	Erlös des Kuppelprodukts	Gewinn in %
Gas	150,0 × 8.000	1.200.000	1.500.000	25
Koks	90,0 × 8.000	720.000	900.000	25
Teer	22,5 × 8.000	180.000	225.000	25
Benzol	30,0 × 8.000	240.000	300.000	25
Ammoniak	7,5 × 8.000	60.000	75.000	25
insgesamt	–	2.400.000	3.000.000	

Bei dieser Art der Verteilung wird unterstellt, daß der Stückgewinn bei allen Kuppelprodukten prozentual gleich ist. Die Kosten der Gasproduktion betragen 1.200.000 DM, während sie bei der Subtraktionsmethode mit 900.000 DM ermittelt wurden. Die Problematik der gesamten Abrechnung der Kuppelprodukte wird daraus ersichtlich.

Während im vorangegangenen Beispiel implizit unterstellt wurde, daß von jedem Kuppelprodukt 10.000 Mengeneinheiten hergestellt werden, geht das folgende an die Divisionskalkulation mit Äquivalenzziffern angelehnte Verfahren von der realistischeren Annahme aus, daß von einzelnen Kuppelprodukten unterschiedliche Mengen produziert werden. Der Unterschied liegt lediglich in der Art der Gewinnung der Äquivalenzziffern, die rechnerische Durchführung ist die gleiche. Während die Sortenkalkulation eine Divisionskalkulation mit Äquivalenzziffern ist, bei der die Leistungsunterschiede **von der Kostenseite** ausgeglichen werden, bei der also die Äquivalenzziffern die unterschiedlichen Kostenrelationen zum Ausdruck bringen, ist diese Kuppelproduktkalkulation eine Divisionskalkulation mit Äquivalenzziffern, bei der der Ausgleich der Leistungsunterschiede **von der Ertragsseite** her erfolgt, d. h. bei der die Äquivalenzziffern die relativen Unterschiede in den erzielten Marktpreisen ausdrücken.

Dem Verteilungsverfahren liegt die Annahme zugrunde, daß sich der Gesamtgewinn der Kuppelproduktion auf alle Kuppelprodukte **proportional** gleich verteilt (vgl. das Beispiel auf S. 1300).

Der Stückgewinn des Produktes Gas ist bei der Verteilungsmethode also um die Hälfte niedriger (30,– statt 60,– DM) als im Beispiel der Subtraktionsmethode, bei der dieses Produkt als Hauptprodukt behandelt wurde.

Läßt sich ein Kuppelprodukt nicht verkaufen, sondern verursacht seine Beseitigung zusätzliche Kosten, so werden diese zu den Gesamtkosten der

Beispiel:

Gesamtkosten 2.400.000 DM

(1) Produkt	(2) Preis (DM)	(3) Mengeneinheiten	(4) Äquivalenzziffer	(5) Rechnungsleistung	(6) Kosten je Rechnungsleistung DM	(7) Gesamtkosten DM (5) × (6)	(8) Stückkosten DM (4) × (6)	(9) Stückgewinn in DM	(9) Stückgewinn in % von (8)
Gas	150,0	10.000	1,500	15.000	80,00	1.200.000	120,00	30,00	25
Koks	90,0	15.000	0,900	13.500	80,00	1.080.000	72,00	18,00	25
Teer	22,5	5.000	0,225	1.125	80,00	90.000	18,00	4,5	25
Benzol	30,0	1.000	0,300	300	80,00	24.000	24,00	6,0	25
Ammoniak	7,5	1.000	0,075	75	80,00	6.000	6,00	1,5	25
				30.000		2.400.000			

$$\frac{\text{Gesamtkosten}}{\text{Rechnungsleistung}} = \frac{2.400.000}{30.000} = 80,00 \text{ DM}$$

Kuppelproduktion addiert, so daß sie von allen am Markt absetzbaren Produkten anteilmäßig getragen werden.

4. Die Prozeßkostenrechnung

a) Begriff und Aufgaben

In der neueren Diskussion über die Weiterentwicklung der traditionellen Kostenrechnungstheorie wird zur Zeit der sog. Prozeßkostenrechnung, die in der deutschsprachigen Literatur[1] auch als „Prozeßorientierte Kostenrechnung", als „Vorgangskostenrechnung", oder als „Aktivitätsorientierte Kostenrechnung" bezeichnet wird, während sie in der amerikanischen Literatur mit den Begriffen „Activity Accounting", „Transaction Costing", „Activity Based Costing" oder auch „Cost Driver Accounting" umschrieben wird, eine besondere Bedeutung zugemessen.[2]

Bei der Prozeßkostenrechnung handelt es sich nicht um ein völlig neues Kostenrechnungssystem, sondern um ein auf die traditionelle Kostenarten- und Kostenstellenrechnung zurückgreifendes **Vollkostenrechnungssystem,** das versucht, durch Analyse des Betriebsablaufes Aktivitäten, Tätigkeiten, Teilprozesse oder Hauptprozesse zu bestimmen und daraus Bezugsgrößen (Maßgrößen) mit dem Ziel abzuleiten, eine „verursachungsgerechte" Verteilung von Gemeinkosten auf die einzelnen Kostenträger zu erreichen. Daraus folgt, daß „bei Einführung der Prozeßkostenrechnung eine Analyse und eventuelle Umstrukturierung von Kostenarten und -stellen angebracht"[3] erscheint.

Ausgangspunkt dieser Überlegungen sind die in den letzten Jahren stark veränderten Produktions- und Kostenstrukturen in den Unternehmen. So ist durch den Einsatz von computergestützten Produktionssystemen (CIM-Systeme) eine weitaus flexiblere Fertigung von Produkten möglich, so daß heute im Gegensatz zu früher, als eine wirtschaftliche Produktion nur bei großen Massen- oder Serienfertigungen möglich schien, auch eine Anzahl

---

[1] Vgl. zu den unterschiedlichen Begriffen Coenenberg, A. G., Fischer T. M., Prozeßkostenrechnung – Strategische Neuorientierung in der Kostenrechnung, DBW 1991, S. 21 ff., m. w. N.

[2] Zur Vertiefung vgl. insbesondere: Coenenberg, A. G., Kostenrechnung und Kostenanalyse, 2. Aufl., Landsberg/Lech 1993, S. 193 ff.; Cooper, R., Activity-Based Costing, Was ist ein Activity-Based Cost-System?, KRP 1990, S. 210 ff.; Franz, K.-P., Die Prozeßkostenrechnung, in: Finanz- und Rechnungswesen als Führungsinstrument, Festschrift für Herbert Vormbaum hrsg. von D. Ahlert, Wiesbaden 1990, S. 110 ff.; Glaser, H., Prozeßkostenrechnung – Darstellung und Kritik, ZfbF 1992, S. 275 ff.; ders., Prozeßkostenrechnung, in: Handwörterbuch des Rechnungswesens, hrsg. von Chmielewicz, K., Schweitzer, M., 3. Aufl., Stuttgart 1993, Sp. 1643 ff.; Horvath, P., Mayer, R., Prozeßkostenrechnung, Controlling 1989, S. 214 ff.; IFUA Horvath & Partner (Hrsg.), Prozeßkostenmanagement, München 1991; Mayer, R., Prozeßkostenrechnung und Prozeßkostenmanagement: Konzept, Vorgehensweise und Einsatzmöglichkeiten, in: Prozeßkostenmanagement, hrsg. von IFUA Horvath & Partner, München 1991, S. 74 ff.; Küting, K., Lorson, P., Grenzplankostenrechnung versus Prozeßkostenrechnung, BB 1991, S. 1421 ff.; Scheer, A.-W., Berkau, C., Wissensbasierte Prozeßkostenrechnung, KRP 1993, S. 111 ff.

[3] Horvath, P., Mayer, R., Prozeßkostenrechnung, a. a. O., S. 216

verschiedener Produkte wirtschaftlich und rentabel hergestellt und angeboten werden kann.[4]

Die Kostenstruktur der Unternehmen hat sich dahingehend verändert, daß die relative Bedeutung der Gemeinkosten im Verhältnis zu den Einzelkosten bzw. die relative Bedeutung der fixen Kosten im Verhältnis zu den variablen Kosten stark zugenommen hat, weil in modernen Industrieunternehmen der Umfang an planenden, steuernden und überwachenden Tätigkeiten in den **indirekten Leistungsbereichen** wie Forschung und Entwicklung, Beschaffung und Logistik, Produktionsplanung und -steuerung usw. erheblich an Bedeutung gewonnen hat. Diese Veränderungen der Produktions- und Kostenstruktur führten zur Kritik an den traditionellen Verfahren der Verteilung der Gemeinkosten auf die einzelnen Kostenträger und lösten die Entwicklung der Prozeßkostenrechnung aus.

Mit Hilfe der Prozeßkostenrechnung soll eine **verursachungsgerechtere Verteilung** der Kosten der indirekten Leistungsbereiche (Gemeinkostenbereiche) auf das einzelne Produkt ermöglicht werden. Dieses Ziel soll durch eine höhere Kostentransparenz (z. B. in den Bereichen Forschung und Entwicklung, Beschaffung und Logistik usw.), die durch eine Zerlegung des Betriebsgeschehens in Aktivitäten (Tätigkeiten, Teilprozesse) und eine anschließende kostenstellenübergreifende Zusammenfügung dieser Aktivitäten in Hauptprozessen erreicht werden soll, realisiert werden. „Neben einem besseren Kostenmanagement indirekter Bereiche ist Prozeßkostenrechnung aber auch ein Instrument für eine strategisch wirkende Produktkalkulation. Nur ein verursachungsgerechteres Einbeziehen der relevanten Gemeinkosten (-prozesse) zeigt auf, ob man an einer Variante verdient, ein Marktsegment Überschuß erbringt, Kleinaufträge sich lohnen oder ob Fremdbezug der Eigenfertigung vorzuziehen ist."[5]

Somit soll die Prozeßkostenrechnung **folgende Aufgaben** erfüllen:[6]

(1) Verbesserung der Kostentransparenz und Kostenkontrolle in den indirekten Leistungsbereichen;

(2) Verbesserung der Produktkalkulation durch verursachungsgerechte Zurechnung der Gemeinkosten;

(3) Verbesserung von strategischen Entscheidungen durch geeignete Kosteninformationen;

(4) Sicherstellung eines effizienten Ressourceneinsatzes;

(5) bessere Informationen über die Kapazitätsauslastung.

b) Durchführung

Nach Horvath/Mayer[7] vollzieht sich die Durchführung der Prozeßkostenrechnung in fünf Schritten:

---

[4] Vgl. Coenenberg, A. G., Fischer, T., a. a. O., S. 22
[5] Mayer, R., a. a. O., S. 75
[6] Vgl. Horvath, P., Mayer, R., a. a. O., S. 216 sowie kritisch Glaser, H., Prozeßkostenrechnung – Darstellung und Kritik, ZfbF 1992, S. 275 ff. und Franz, K.-P., a. a. O., S. 127 f.
[7] Vgl. Horvath, P., Mayer, R., a. a. O., S. 216 f.

(1) Tätigkeitsanalyse zur Identifizierung von Prozessen (Prozeßbestimmung);
(2) Wahl geeigneter Maßgrößen (Bezugsgrößenwahl);
(3) Festlegung der Planprozeßmengen;
(4) Planung der Prozeßkosten;
(5) Ermittlung der Prozeßkostensätze.

„Voraussetzung für den Aufbau einer Prozeßkostenrechnung ist eine Analyse und Strukturierung aller in den einbezogenen Unternehmensbereichen durchgeführten Tätigkeiten."[8] Unter Tätigkeiten (als synonyme Begriffe werden auch Aktivitäten, Transaktionen oder Teilprozesse verwendet) werden einzelne Vorgänge innerhalb einer Kostenstelle verstanden, durch die Produktionsfaktoren verbraucht werden.[9] Als Beispiele für Tätigkeiten können genannt werden: Einholen eines Angebotes, Annahme oder Ausgabe von Material; Bearbeiten von Reklamationen, Leiten der Abteilung usw.

Die mit Hilfe von Interviews mit dem zuständigen Kostenstellenleiter bestimmten Aktivitäten (Teilprozesse) sind anschließend zu sog. **Hauptprozessen** zusammenzufügen. Unter Hauptprozessen werden i. d. R. logisch zusammenhängende und zusammengefaßte Teilprozesse verstanden, d. h. Hauptprozesse entstehen durch kostenstellenübergreifende Zusammenfassung einzelner Aktivitäten. Die Hauptprozesse bilden die Grundlage der prozeßorientierten Kalkulation.

Ein Beispiel für die Bildung eines Hauptprozesses ist die Zusammenfassung der einzelnen Aktivitäten „Material einkaufen", „Material Lieferung entgegennehmen", „Eingangsprüfung für Material durchführen" und „Material lagern" zum Hauptprozeß „Material beschaffen".[10] „Das eigentlich Neue und der zentrale Punkt der Prozeßkostenrechnung und der wesentliche Unterschied zur flexiblen Plankostenrechnung ist das Zusammenbinden von Teilprozessen zu wenigen abteilungsübergreifenden Hauptprozessen, die über ihre Cost Driver das Gemeinkostenvolumen bestimmen."[11]

In der Terminologie der traditionellen Kostenrechnung handelt es sich bei der Suche nach geeigneten Maßgrößen der Kostenbestimmung um nichts anderes als um die Frage der Bezugsgrößenwahl. Um diese sachgerecht durchführen zu können, sind die Teilprozesse „daraufhin zu untersuchen, ob sie sich in Abhängigkeit von dem in der Kostenstelle zu erbringenden Leistungsvolumen mengenvariabel verhalten oder davon unabhängig mengenfix und generell anfallen."[12] Diese Unterscheidung wird durch die Begriffe „leistungsmengeninduzierte" (lmi) und „leistungsmengenneutrale" (lmn) Prozesse zum Ausdruck gebracht.

Als Beispiel für einen **leistungsmengenneutralen** Prozeß (lmn-Prozeß) kann die Aktivität „Abteilung leiten" angeführt werden. Für die **leistungsmengeninduzierten** Prozesse (lmi-Prozesse), wie z. B. die Aktivitäten „An-

---

[8] Horvath, P., Mayer, R., a. a. O., S. 216
[9] Vgl. Franz, K.-P., a. a. O., S. 116
[10] Vgl. Coenenberg, A. G., Fischer, T., a. a. O., S. 27
[11] Mayer, R., a. a. O., S. 79
[12] Horvath, P., Mayer, R., a. a. O., S. 216

gebote einholen", „Bestellungen aufgeben", „Reklamationen bearbeiten" müssen nun geeignete Bezugsgrößen (Maßgrößen), die auch Kostentreiber (Cost Driver) genannt werden, ermittelt werden. Beispiele für Kostentreiber, die als relevante Kostenbestimmungsfaktoren bzw. Kosteneinflußfaktoren umschrieben werden können, sind die Anzahl der Bestellungen, die Anzahl der eingeholten Angebote oder die Anzahl der bearbeiteten Reklamationen. Für die lmn-Prozesse werden keine Maßgrößen benötigt. Die in den lmn-Prozessen verursachten Kosten werden durch einen sog. Umlagesatz[13] berücksichtigt.

„Für alle leistungsmengeninduzierten (lmi) Prozesse ist die Ausprägung der Maßgröße festzulegen, die als Grundlage der Kostenplanung dienen soll."[14] Dies bedeutet, daß, ähnlich wie bei der Festlegung der Planbezugsgrößen in der Grenzplankostenrechnung, die **Kostentreiber** in einer geplanten Größenordnung anzugeben sind. Die Bestimmung der Planprozeßmengen soll unter Beachtung des von Gutenberg formulierten „Ausgleichsgesetzes der Planung"[15] vorgenommen werden.

Bei der **Planung der Prozeßkosten**,[16] bei denen es sich insbesondere um Personal-, Raum-, Strom- und Büromaterialkosten handelt, ist entweder eine analytische Planung oder eine auf einer Schlüsselung des Kostenbudgets beruhenden Vorgehensweise zu wählen.

Bei der **Ermittlung von Prozeßkostensätzen** ist die Frage zu klären, welche Kosten die einzelne Tätigkeit (der einzelne Teilprozeß) bei einmaliger Durchführung verursacht. Der Prozeßkostensatz wird also durch Division der jeweiligen Prozeßkosten durch die dazugehörigen Planprozeßmengen ermittelt. Bei den lmi-Prozessen wird das Ergebnis dieses Divisionsvorganges als **Prozeßkostensatz**, bei den lmn-Prozessen als **Umlagesatz** bezeichnet. Die Summe aus Prozeßkostensatz und Umlagesatz ergibt den **Gesamtprozeßkostensatz**. Die so ermittelten Sätze werden je nach verfolgtem Rechnungszweck in der innerbetrieblichen Leistungsverrechnung oder der Kalkulation berücksichtigt.

Die hier nur knapp dargestellten fünf Stufen der Prozeßkostenrechnung sind „Voraussetzung sowohl für die Wirtschaftlichkeitsüberwachung in den indirekten Leistungsbereichen als auch für prozeßkostenorientierte Produktkalkulationen."[17]

Zur Veranschaulichung der vorangegangenen Umschreibungen dient das folgende von Horvath/Mayer im Bereich der Abteilung Einkauf entwickelte Beispiel:[18]

---

[13] Vgl. Horvath, P., Mayer, R., a.a.O., S. 217
[14] Horvath, P., Mayer, R., a.a.O., S. 217
[15] Vgl. S. 154
[16] Vgl. zur Planung der Prozeßkosten Horvath, P., Mayer, R., a.a.O., S. 217; Mayer, R., a.a.O., S. 90; kritisch Glaser, H., Prozeßkostenrechnung, in: HWR, a.a.O., SP. 1645f.
[17] Horvath, P., Mayer, R., a.a.O., S. 217
[18] Horvath, P., Mayer, R., a.a.O., S. 217

(1)		(2)	(3)	(4)	(5a)	(5b)	(5c)
Prozesse		Maßgrößen	Plan-prozeß-mengen	Plankosten	Prozeß-kostensatz (lmi)	Umlage-satz (lmn)	Gesamt-prozeß-kostensatz
Angebote einholen	lmi	Anzahl der Angebote	1 200	300 000,–	250,–	21,27	271,27
Bestellungen aufgeben	lmi	Anzahl der Bestellungen	3 500	70 000,–	20,–	1,70	21,70
Reklamationen bearbeiten	lmi	Anzahl der Reklamationen	100	100 000,–	1 000,–	85,10	1 085,10
Abteilung leiten	lmn	–	–	40 000,–	–	–	–

IV. Die kurzfristige Erfolgsrechnung

1. Die Zusammenhänge zwischen Betriebsabrechnung und Finanzbuchhaltung

Die organisatorische Eingliederung der Betriebsabrechnung kann in zwei Formen erfolgen:

(1) Finanzbuchhaltung und Betriebsabrechnung **bilden eine Einheit**, d. h. die Gesamtbuchhaltung wird nicht aufgeteilt. Die Betriebsabrechnung erfolgt dann innerhalb eines geschlossenen Kontensystems. Die Abrechnung läuft von Kontenklasse zu Kontenklasse in einem in sich geschlossenen Abrechnungskreis. Eine Ermittlung des Erfolges kann erst geschehen, wenn aus den Kosten der abgesetzten Produkte und den Umsatzerlösen oder aus den Kosten der produzierten Kostenträger und den Umsatzerlösen unter Berücksichtigung der Bestandsänderungen an Halb- und Fertigfabrikaten das Betriebsergebnis und durch Gegenüberstellung von neutralen Aufwendungen und neutralen Erträgen das neutrale Ergebnis errechnet worden ist. Man nennt diese Abrechnungsmethode **„Einkreissystem"**, weil sie einen in sich geschlossenen Abrechnungskreis darstellt, in dem sämtliche Vorgänge, gleichgültig ob innerbetriebliche oder außerbetriebliche, abgerechnet werden.

(2) Finanzbuchhaltung und Betriebsabrechnung werden getrennt. Dann entstehen zwei Abrechnungskreise, von denen jeder in sich geschlossen ist. Man spricht von einem **„Zweikreissystem"**. Die Finanzbuchhaltung ermittelt den angefallenen Aufwand und die eingegangenen Erlöse und stellt sie in der Gewinn- und Verlustrechnung gegenüber. Unter Berücksichtigung der Bestandsänderungen der Halb- und Fertigfabrikate läßt sich der Gesamterfolg errechnen, ohne daß eine innerbetriebliche Abrechnung erfolgt ist. Diese wird im zweiten Abrechnungskreis durchgeführt. Hier werden die Kosten der Kostenträger den Erlösen gegenübergestellt, und unter Berücksichtigung der Bestandsänderungen wird das Betriebsergebnis ermittelt. Die Einheit der Abrechnung wird durch Verbindung beider Abrechnungskreise er-

halten, die entweder mit Hilfe von Spiegelbildkonten oder von Übergangskonten erfolgen kann.

Die Tatsache, daß heute in vielen Betrieben derartige Abrechnungen mit
Hilfe der EDV durchgeführt werden, macht die Erklärung der Zusammenhänge für denjenigen nicht überflüssig, der verstehen will, wie die – ggf. von
betriebsfremden Fachleuten eingeführten – EDV-Programme aufgebaut sind
und was sie leisten können.

2. Das Einkreissystem

Die Abrechnung im Einkreissystem vollzieht sich unter Anwendung des
Gemeinschaftskontenrahmens schematisch dargestellt folgendermaßen:[1]

(1) Zunächst werden die Beträge der Aktiv- und Passivkonten aus der
Eröffnungsbilanz als Anfangsbestände auf die Konten der Klasse 0 (Anlage-
und Kapitalkonten), der Klasse 1 (Finanzkonten), der Klasse 3 (Konten der
Roh-, Hilfs- und Betriebsstoffe) und der Klasse 7 (Halb- und Fertigfabrikate)
übernommen.

(2) Sodann belastet man sämtliche **Aufwendungen, die kostengleich** sind,
also bei der Erstellung der Betriebsleistungen anfallen, den Konten der Kostenarten (Klasse 4), während die neutralen Aufwendungen auf der Klasse 2
abgegrenzt werden. Klasse 2 nimmt alle Aufwendungen und Erträge auf, die
nichts mit der Erstellung und dem Verkauf der Betriebsleistungen zu tun
haben. Sie werden deshalb unmittelbar auf die Klasse 9 (Abschlußkonten)
geleitet, wo sie als neutrales Ergebnis erscheinen.

(3) Die Klasse 4 wird ferner mit den **Zusatzkosten** (kalkulatorische Kostenarten: Abschreibungen, Zinsen, Wagnisse, Unternehmerlohn) belastet.
Ihre Abgrenzung gegenüber den entsprechenden Aufwendungen (Bilanzabschreibung, Fremdkapitalzins, effektive Wagnisverluste) erfolgt auf Klasse 2,
deren Beträge – wie gesagt – unmittelbar auf Klasse 9 weiterzuverrechnen
sind. Klasse 2 grenzt außerdem solche Aufwendungen und Kosten ab, die
zeitlich nicht übereinstimmen (Vor- und Nachleistungen, z.B. Versicherungsprämien).

(4) Der Abschluß der Kostenarten der Klasse 4 erfolgt durch Übertragung
der Zahlenwerte auf den **Betriebsabrechnungsbogen.** Hier werden sie mit
Hilfe von Bezugsgrößen auf die Kostenstellen verteilt; nach Umlage der
allgemeinen Kostenstellen und der Hilfsstellen auf die Hauptstellen werden
die ermittelten Stellengemeinkosten der Klasse 5 belastet. Die Summe der
Salden der Gemeinkostenarten der Klasse 4 und der Kostenstellen der Klasse
5 müssen übereinstimmen, da im BAB nichts anderes erfolgt als eine An-
dersverteilung von gegebenen Zahlenwerten, es wird nichts hinzugefügt und
nichts weggelassen.

(5) Die Klasse 5 gibt die Herstellkosten auf die Klasse 6 (Herstellkonten)
ab, d.h. die Konten der Fertigungslöhne, Fertigungsgemeinkosten, des Fertigungsmaterials und der Materialgemeinkosten werden erkannt und die

---

[1] Vgl. zu den folgenden Ausführungen die schematische Übersicht auf S. 1368.

Herstellkonten der Klasse 6 belastet. Die Konten der Verwaltungs- und Vertriebsgemeinkosten und der Sonderkosten des Vertriebs bleiben zunächst offen.

(6) Nun überträgt man die **Herstellkosten** von Klasse 6 auf die Konten der Halb- und Fertigfabrikate (Kostenträgerkonten der Klasse 7). Damit ist die Abrechnung des Prozesses der Leistungserstellung abgeschlossen.

(7) Der Teil der Fertigfabrikate, der verkauft wird, wird den **Verkaufs-konten** der Klasse 8 belastet und den Fertigfabrikatekonten erkannt. Die **Endbestände** an Halb- und Fertigfabrikaten gehen beim Abschluß in die Bilanz über. Den Verkaufskonten werden ferner die Verwaltungs- und Vertriebsgemeinkosten und die Sonderkosten des Vertriebs für die verkauften Produkte belastet und den entsprechenden Konten der Klasse 5 erkannt. Damit hat die Klasse 5 ihren endgültigen Abschluß gefunden. Auf den Verkaufskonten erscheinen im Soll somit die Selbstkosten (Herstellkosten + Verwaltungs- und Vertriebsgemeinkosten + Sondereinzelkosten des Vertriebs). Die Verkaufskonten übernehmen auf die Habenseite die Verkaufserlöse, die auf den Finanzkonten der Klasse 1 eingegangen sind. Damit hat auch die Abrechnung des Prozesses der Leistungsverwertung sein Ende gefunden.

(8) Die Salden der Verkaufskonten stellen das **Betriebsergebnis** dar und werden auf das Betriebsergebniskonto übertragen (Klasse 9). Die neutralen Aufwendungen und Erträge der Klasse 2 werden auf dem Abgrenzungssammelkonto gesammelt, der Saldo dieses Kontos zeigt das neutrale Ergebnis. Betriebsergebnis und neutrales Ergebnis bilden auf dem Gewinn- und Verlustkonto zusammen das Gesamtergebnis. Der Saldo des Gewinn- und Verlustkontos und die Salden der Konten der Halb- und Fertigfabrikate (Endbestände) gehen auf das Schlußbilanzkonto über.

3. Das Zweikreissystem

a) Das Spiegelbildsystem

Finanzbuchhaltung und Betriebsabrechnung stellen je einen in sich geschlossenen Abrechnungskreis dar. Um die Geschlossenheit und Einheitlichkeit der Abrechnung zu erhalten, verbindet man beide Abrechnungskreise durch Spiegelbildkonten miteinander. Die Finanzbuchhaltung umfaßt die Konten der Klasse 0–4 und Teile von 7–9. Die Betriebsabrechnung enthält die Klassen 5–9.

aa) Die Finanzbuchhaltung

(1) Die Verrechnung bis zur Klasse 4 unterscheidet sich nicht vom Einkreissystem. Die Zahlen der Klasse 4 werden im geteilten System jedoch nicht über den BAB auf die Klasse 5 weiterverrechnet, sondern in der Finanzbuchhaltung unmittelbar auf das Gewinn- und Verlustkonto übertragen.

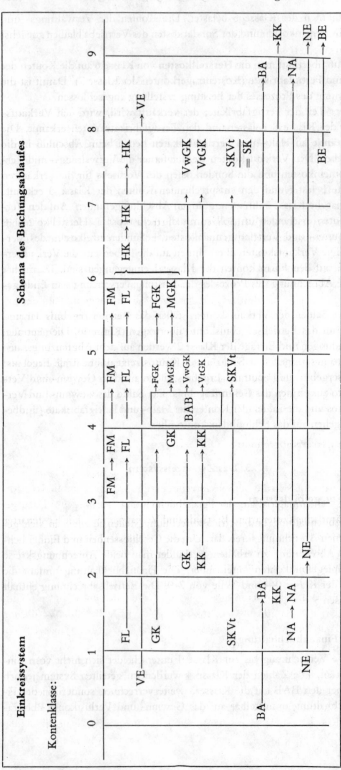

Einkreissystem

Schema des Buchungsablaufes

Kontenklasse:

FM = Fertigungsmaterial, FL = Fertigungslohn, FGK = Fertigungsgemeinkosten, MGK = Materialgemeinkosten, VwGK = Verwaltungsgemeinkosten, VtGK = Vertriebsgemeinkosten, SKVt = Sonderkosten des Vertriebs, GK = Gemeinkosten, KK = kalkulatorische Kosten, HK = Herstellkosten, SK = Selbstkosten, VE = Verkaufserlös, NE = neutraler Ertrag, BE = Betriebsergebnis, BA = Bilanzabschreibung, NA = neutraler Aufwand.

(2) Das **Verkaufskonto** der Klasse 8 ist nicht nach Kostenträgern gegliedert, sondern enthält nur die Gesamterlöse, die entsprechenden Gegenbuchungen erfolgen im Soll der Finanzkonten der Klasse 1. Das Verkaufskonto gibt den Bruttoverkaufserlös an das Gewinn- und Verlustkonto ab.

(3) Das **Fabrikatekonto** der Klasse 7 in der Finanzbuchhaltung dient ebenfalls nur der Verrechnung. Es weist nur die Anfangs- und Endbestände und als Differenz die Bestandsänderungen aus. Die einzelnen Zu- und Abgänge sind nicht ersichtlich, sondern auf den Fabrikatekonten der Betriebsabrechnung verbucht. Die Anfangsbestände stammen aus der Eröffnungsbilanz, die Endbestände gehen auf die Schlußbilanz über, die Bestandsänderungen werden auf das Gewinn- und Verlustkonto übertragen, und zwar die Bestandsminderungen auf die Aufwandsseite, die Bestandsmehrungen auf die Ertragsseite.

(4) Die neutralen Aufwendungen und Erträge werden von Klasse 2 über das Abgrenzungssammelkonto auf die Gewinn- und Verlustrechnung übernommen.

(5) Die **Gewinn- und Verlustrechnung** zeigt also auf der Aufwandsseite sämtliche **Aufwandsarten,** gespalten nach betrieblichen und neutralen Aufwendungen, sowie die Bestandsminderungen der Fabrikate und auf der Ertragsseite die Erträge, ebenfalls getrennt in Umsatzerlöse, Bestandsmehrungen und neutrale Erträge. Der Saldo ergibt den Gesamterfolg der Periode. Die Finanzbuchhaltung ist also in sich geschlossen und ist in der Lage, den Gesamterfolg als Saldo zu zeigen, sagt jedoch nichts über die Kosten und über den Erfolg der einzelnen Kostenträger bzw. -trägergruppen aus. Diese Gliederung der Gewinn- und Verlustrechnung nach Aufwands- und Ertragsarten **entspricht den gesetzlichen Anforderungen an den Jahresabschluß.**

bb) Die Betriebsabrechnung

(1) Da die Kontenklasse 4 bereits auf die Kontenklasse 9 abgeschlossen worden ist, muß sich die Betriebsabrechnung für ihre Abrechnung das erforderliche Zahlenmaterial aus der Finanzbuchhaltung „ausborgen". Dazu gehören sämtliche Kostenarten, Bestände und Verkaufserlöse. Die Kostenarten der Klasse 4 werden im BAB auf die Kostenstellen der Klasse 5 verteilt. Da die Übernahme der Stellengemeinkosten in der Klasse 5 und die Belastung der Konten der Klasse 5 in summa keine Gegenbuchung in der Klasse 4 wie im Einkreissystem findet, erfolgt die Gegenbuchung auf einem **betrieblichen Abschlußkonto** der Klasse 9. Diese Gegenbuchung stellt eine Gutschrift dar, d. h. sämtliche Gemeinkosten und ebenso die ohne Berührung des BAB übernommenen Einzelkosten werden also auf der Habenseite des betrieblichen Abschlußkontos aufgeführt.

(2) Die Abrechnung von Klasse 5 über die Klassen 6 und 7 auf die Verkaufskonten erfolgt wie beim Einkreissystem. Die übernommenen Anfangsbestände an Halb- und Fertigfabrikaten werden ebenfalls dem betrieblichen Abschlußkonto gutgeschrieben, die Endbestände und der Verkaufserlös, der auf der Klasse 8 im Haben erscheint, werden ihm belastet. Ebenso findet der

Saldo der Verkaufskonten bzw. des Betriebsergebniskontos seine Gegenbuchung auf dem betrieblichen Abschlußkonto.

(3) Das betriebliche Abschlußkonto gleicht sich also aus. Es entsteht kein Saldo. Eine Übertragung eines Saldos auf die Gewinn- und Verlustrechnung wäre auch nicht möglich, da diese in der Finanzbuchhaltung bereits abgeschlossen ist.

Das betriebliche Abschlußkonto stellt hinsichtlich der Kosten und Erlöse und hinsichtlich der Bestände ein **Spiegelbildkonto zum Gewinn- und Verlustkonto** dar, wenn letzteres um das neutrale Ergebnis gekürzt wird. Das bezieht sich allerdings nur auf die Summe der Kosten und Erlöse, nicht auf die Aufgliederung. Diese erfolgt in der Gewinn- und Verlustrechnung nach Aufwandsarten, im betrieblichen Abschlußkonto nach Kostenträgern. Da die Summen der Salden der Klasse 4 (Kostenarten) und sämtliche auf der Klasse 5 (Kostenstellen) verrechneten Beträge übereinstimmen, stellen die gesamten Kostenartenkonten ein Spiegelbild zu sämtlichen Kostenstellenkonten dar.

Soll	Betriebliches Abschlußkonto	Haben
Endbestände	Anfangsbestände	
Verkaufserlöse	Gesamtkosten der Periode	
(Betriebsverlust)	Betriebsgewinn	

b) Das Übergangssystem

An Stelle von Spiegelbildkonten läßt sich die Verbindung zwischen Betriebsabrechnung und Finanzbuchhaltung auch durch Übergangskonten herstellen. In der Finanzbuchhaltung wird dann ein Konto Betriebsabrechnung und in dieser ein Konto Finanzbuchhaltung geführt. Man kann auch mehrere Übergangskonten bilden, z. B. getrennt nach Aufwendungen (Kosten) und Erträgen. Dieses System stellt eine Vermehrung der Buchungsarbeit dar.

c) Tabellarische Durchführung der Betriebsabrechnung

In den letzten Jahrzehnten wurde die Kostenrechnung immer mehr von der Finanzbuchhaltung abgekoppelt. Die organisatorische Trennung wird durch den **Industrie-Kontenrahmen** (IKR)[2] ermöglicht. Für die Finanzbuchhaltung sind nach dem IKR die Kontenklassen 1–8 vorgesehen, während der Betriebsabrechnung die Kontenklasse 9 vorbehalten bleibt.[3] Die Abstimmung zwischen Finanzbuchhaltung und Kostenrechnung erfolgt auf den Kontengruppen 90 (Eliminierung des neutralen Erfolges) und 91 (Ergänzung durch kalkulatorische Kosten bei gleichzeitiger Eliminierung der entsprechenden Aufwendungen).

---

[2] Vgl. Industrie-Kontenrahmen „IKR". Hrsg. vom Bundesverband der Deutschen Industrie. Betriebswirtschaftlicher Ausschuß. Bergisch Gladbach 1971; Neufassung 1986 in Anpassung an das Bilanzrichtlinien-Gesetz (BiRiLiG), Bergisch-Gladbach 1986

[3] Vgl. S. 1019f.

Da die Kontenform für die Zwecke der Kostenrechnung zu starr und zu umständlich ist, wird die Betriebsabrechnung heute von den meisten Unternehmen in **tabellarischer Form** durchgeführt.[4] Kilger hält es für zweckmäßig, auch die Abstimmung zwischen Finanzbuchhaltung und Betriebsabrechnung in tabellarischer Form durchzuführen und somit ganz auf die Kontenklasse 9 zu verzichten.[5]

4. Die Verfahren der kurzfristigen Erfolgsrechnung

a) Das Gesamtkostenverfahren

Beim Gesamtkostenverfahren werden den in der Abrechnungsperiode erstellten Leistungen die Gesamtkosten der Abrechnungsperiode gegenübergestellt. Die erstellten Leistungen bestehen aus den **Umsatzerlösen** zuzüglich (abzüglich) **Bestandserhöhungen** (Bestandsminderungen) an Halb- und Fertigfabrikaten, bewertet zu **Herstellkosten**. Ohne Berücksichtigung der Bestandsveränderungen würde der Saldo zwischen den abgesetzten Leistungen (Umsatz) und den Gesamtkosten der Periode das Betriebsergebnis nur dann richtig wiedergeben, wenn Produktion und Absatz der Periode gleich sind. Ist dagegen mehr produziert als abgesetzt worden, so haben sich die Lagerbestände erhöht, ist mehr abgesetzt als produziert worden, so haben sie sich verringert. Folglich müssen die **Bestandsveränderungen** an Halb- und Fertigfabrikaten bei der Ermittlung des Betriebsergebnisses **berücksichtigt** werden.

Beispiel: Abgesetzte Menge: 1.000 Stück
Produzierte Menge: 1.200 Stück

Soll		Betriebsergebnis	Haben
Volle Herstellkosten der erzeugten Leistungen (gegliedert nach Kostenarten)	120.000	Verkaufserlöse (= 1.000 Stück × 140 DM/Stück)	140.000
Volle Verwaltungs- und Vertriebskosten (gegliedert nach Kostenarten)	22.000	Bestandserhöhung Fertigfabrikate (bewertet zu vollen Herstellkosten = 200 Stück × 100 DM/Stück)	20.000
Leistungserfolg	18.000		
	160.000		160.000

---

[4] Vgl. Kilger, W., Einführung ..., a. a. O., S. 476
[5] Vgl. ebenda, S. 477

oder:

Verkaufserlöse (= 1.000 Stück × 140 DM/Stück)	140.000
+ Bestandserhöhung Fertigfabrikate (bewertet zu vollen Herstellkosten = 200 Stück × 100 DM/Stück)	+ 20.000
− Volle Herstellkosten der erzeugten Leistungen (gegliedert nach Kostenarten)	− 120.000
− Volle Verwaltungs- und Vertriebskosten (gegliedert nach Kostenarten)	− 22.000
= Leistungserfolg	= 18.000

Die Anwendung des Gesamtkostenverfahrens ist insbesondere dann zweckmäßig, wenn die Abstimmung zwischen Betriebsabrechnung und Finanzbuchhaltung in einem **Einkreissystem** erfolgt, da der Aufbau des Gesamtkostenverfahrens dem der Gewinn- und Verlustrechnung entspricht. Der zusätzliche Rechenaufwand für die kurzfristige Erfolgsrechnung ist dann vergleichsweise gering, obwohl auch hier für die Bestandsbewertung eine Kostenträgerrechnung erforderlich ist.

b) Das Umsatzkostenverfahren

Bei Anwendung des Umsatzkostenverfahrens werden die Verkaufserlöse nicht den Gesamtkosten der Periode, sondern den **Selbstkosten der abgesetzten Leistungen** gegenübergestellt. Folglich ist eine Korrektur des Ergebnisses durch die Berücksichtigung der Bestandsveränderungen der Halb- und Fertigfabrikate nicht erforderlich.

Beispiel:

Soll	Betriebsergebnis		Haben
Volle Herstellkosten der abgesetzten Leistungen (gegliedert nach Kostenträgern = 1.000 Stück × 100 DM/Stück)	100.000	Verkaufserlöse (= 1.000 Stück × 140 DM/Stück)	140.000
Volle Verwaltungs- und Vertriebskosten (gegliedert nach Kostenträgern = 1.000 Stück × 22 DM/Stück)	22.000		
Leistungserfolg (gegliedert nach Kostenträgern = 1.000 Stück × 18 DM/Stück)	18.000		
	140.000		140.000

oder:

Verkaufserlöse (= 1.000 Stück × 140 DM/Stück)	140.000
− Volle Herstellkosten der abgesetzten Leistungen (gegliedert nach Kostenträgern = 1.000 Stück × 100 DM/Stück)	− 100.000
− Volle Verwaltungs- und Vertriebskosten (gegliedert nach Kostenträgern = 1.000 Stück × 22 DM/Stück)	− 22.000
= Leistungserfolg	= 18.000

Wie das Beispiel zeigt, bleibt der Leistungserfolg beim Umsatzkostenverfahren der gleiche wie beim Gesamtkostenverfahren, da sich die ausgewiesenen Herstellkosten genau um den Wert der beim Gesamtkostenverfahren aktivierten Bestandserhöhungen verringern.

Der Vorteil des Umsatzkostenverfahrens liegt zweifellos darin, daß die **Erfolgsbeiträge pro Kostenträger erkennbar** sind. Erst dadurch wird die kurzfristige Erfolgsrechnung zu einem aussagefähigen Kontroll- und Planungsinstrument für Mehrproduktunternehmen. Wird die kurzfristige Erfolgsrechnung in der Form des Umsatzkostenverfahrens durchgeführt, so empfiehlt sich das **Zweikreissystem** als Abstimmungsinstrument zwischen Betriebsabrechnung und kurzfristiger Erfolgsrechnung, da infolge des nach Kostenträgern gegliederten Erfolgsausweises für die Finanzbuchhaltung ohnehin ein eigener Abschluß durchgeführt werden muß.[6]

V. Die Deckungsbeitragsrechnung

1. Begriff, Aufgaben und Grundformen

Die bisherige Darstellung der Kostenarten-, Kostenstellen- und Kostenträgerrechnung ist von zwei Voraussetzungen ausgegangen, nämlich erstens, daß es sich bei den verrechneten Kosten um **Istkosten** handelt und zweitens, daß **alle** angefallenen Kosten zur Verteilung auf die einzelnen Kostenträger gelangen **(Vollkostenrechnung)**.

Da die Kostenrechnung jedoch auch die Aufgabe hat, eine Grundlage für die Preispolitik des Betriebes (Kalkulation des Angebotspreises oder Feststellung der Preisuntergrenze) zu schaffen, kann es zweckmäßig sein, nur die variablen Kosten auf die Kostenträger zu verteilen und die gesamten fixen Kosten (sog. Fixkostenblock) von der Verteilung auszuschließen **(Teilkostenrechnung)**, wenn eine Vollkostenrechnung zu falschen Entscheidungen der Betriebsführung führen würde.

Langfristig kann ein Betrieb nur existieren, wenn er mindestens eine volle Deckung seiner Gesamtkosten durch die Absatzpreise erzielt. Erzeugt ein Betrieb beispielsweise 10 Produktarten, und erzielt er mit 9 Produktarten einen Gewinn von 1.000 DM, während durch den Absatz der 10. Produktart ein Verlust von 200 DM entsteht, so daß der Gesamtgewinn nur 800 DM beträgt, wäre es falsch, anzunehmen, daß durch die Einstellung der Produk-

---

[6] Vgl. Götzinger, M., Michael, H., Kosten- und Leistungsrechnung, 6. Aufl., Heidelberg 1993, S. 173f.

tion der 10. Produktart der Verlust von 200 DM vermieden und folglich ein Gesamtgewinn von 1.000 DM entstehen würde, wenn die Gesamtkosten der 10. Produktart von beispielsweise 900 DM sich aus fixen Kosten von 300 DM und variablen Kosten von 600 DM zusammensetzen. Durch Einstellung der Erzeugung dieser Produktart könnten nur die variablen Kosten eingespart werden, die fixen Kosten dagegen müßten durch die anderen 9 Produktarten gedeckt werden, so daß der Gesamtgewinn nicht 1.000 DM, sondern' nur 700 DM, also weniger betragen würde, als wenn die Verlustproduktion der 10. Produktart fortgesetzt würde.

Aus dem Beispiel wird ersichtlich, daß eine Auflösung der Gesamtkosten in beschäftigungsabhängige (variable) und beschäftigungsunabhängige (fixe) Kosten erforderlich ist, damit die Kostenrechnung als Instrument der Betriebspolitik verwendet werden kann. Die Betriebsführung muß wissen, welchen Beitrag ein Produkt zur Deckung der fixen Kosten leistet. Solange der Absatzpreis über den variablen Kosten liegt, wird zumindest ein Teil der fixen Kosten gedeckt, d. h. solange liefert auch eine Verlustproduktion einen Beitrag zur Deckung der fixen Kosten, die durch Einstellung dieser Produktion nicht vermindert werden können, es sei denn, der Betrieb würde stillgelegt.

Auf diesen Überlegungen baut die Berechnung des „toten Punktes"[7] auf, der jenes Absatzvolumen angibt, bei dem die Summe der erzielten Deckungsbeiträge dem Fixkostenblock gleich ist. Der **Kostendeckungspunkt** („toter Punkt", break even point[8]) berechnet sich wie folgt:

$$
\begin{aligned}
U &= K; \\
p \cdot m &= k_v \cdot m + F \\
F &= m_D (p - k_v) \\
m_D &= \frac{F}{p - k_v}
\end{aligned}
$$

U = Umsatzerlöse	k_v	= variable Stückkosten
K = Gesamtkosten	p	= Preis
F = fixe Kosten	m	= Absatzmenge
D = Deckungsbeiträge	m_D	= zur Kostendeckung erforderliche Absatzmenge
	$p - k_v$	= Deckungsbeitrag/Stück

Die Mängel, die der Vollkostenrechnung bei der Bestimmung der Preisuntergrenze und bei der Anpassung an Beschäftigungsschwankungen anhaften, führten in Deutschland bereits vor Jahrzehnten zur Entwicklung von Teilkostenrechnungen.[9] In der amerikanischen Literatur hat das Problem der

---

[7] Vgl. Schär, J. F., Allgemeine Handelsbetriebslehre, 5. Aufl., Leipzig 1923, S. 169
[8] Kilger weist darauf hin, daß in der anglo-amerikanischen Literatur break even points seit 1904 bekannt sind. Vgl. Kilger, W., Kurzfristige Erfolgsrechnung, Wiesbaden 1962, S. 93, Anm. 3
[9] Vgl. z. B. Schär, J. F., Buchhaltung und Bilanz, 2. Aufl., Berlin 1914; Schmalenbach, E., Selbstkostenrechnung und Preispolitik, 6. Aufl., Leipzig 1934, bearbeitet von R. Bauer unter dem Titel „Kostenrechnung und Preispolitik", 8. Aufl., Köln und Opladen 1963;

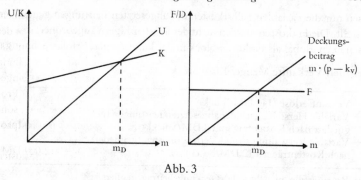

Abb. 3

Teilkostenrechnung in neuerer Zeit unter der Bezeichnung „Direct Costing" Eingang gefunden. Kosiol macht mit Recht darauf aufmerksam, daß das Direct Costing „in Unkenntnis der deutschen Literatur vielfach als neuer Vorschlag zur Verbesserung der Kostenrechnung angesehen" wird.[10] Die Direktkostenrechnung geht von einer Trennung der Kosten in variable, d. h. mengenabhängige (direct costs) und fixe, d. h. zeitabhängige (period costs) aus. Sie unterstellt, daß die variablen Kosten sich proportional zum Beschäftigungsgrad ändern.[11] Das bedeutet, daß die variablen Kosten pro Leistungseinheit konstant und folglich die durchschnittlichen variablen Kosten gleich den Grenzkosten sind. Unter Annahme eines linearen Gesamtkostenverlaufs ist die Direktkostenrechnung identisch mit der **Grenzkostenrechnung.**

Berücksichtigt man in einer Grenzkostenrechnung auch die Erlösseite, so bezeichnet man eine solche Form der kurzfristigen Erfolgsrechnung als **Dekkungsbeitragsrechnung.** Sie ermöglicht eine Analyse des Erfolges und ist eine wesentliche Entscheidungshilfe für die Absatzpolitik. Eine der wichtigsten Voraussetzungen für den Erfolg einer Teilkostenrechnung ist eine **möglichst genaue Kostenauflösung.** Schwierigkeiten ergeben sich insbesondere bei solchen Kostenarten, die teils fixen, teils variablen Charakter haben (Mischkosten im Sinne Schmalenbachs, semivariable costs beim Direct Costing). Ein Beispiel dafür sind Lohnkosten, die zur Aufrechterhaltung der Betriebsbereitschaft erforderlich sind (fix), sich aber zugleich mit dem Beschäftigungsgrad ändern (variabel). (**ÜB** 6/159–160)

Das rechnerische Verfahren der Deckungsbeitragsrechnung ist das **Umsatzkostenverfahren** auf Grenzkostenbasis. Dabei werden den Verkaufser-

---

ders., Der Kontenrahmen, 4. Aufl., Leipzig 1935; Rummel, K., Einheitliche Kostenrechnung auf der Grundlage einer vorausgesetzten Proportionalität der Kosten zu betrieblichen Größen, 3. Aufl., Düsseldorf 1949; Kosiol, E., Warenkalkulation in Handel und Industrie, 2. Aufl., Stuttgart 1953

[10] Kosiol, E., Kosten- und Leistungsrechnung, Berlin, New York 1979, S. 89

[11] Die Bezeichnung „direkt" bezieht sich auf die Relation zwischen Kostenänderung und Beschäftigungsänderung und nicht auf das Verfahren der Zurechnung. Direkte Kosten sind in diesem Zusammenhang also nicht solche, die unmittelbar, d. h. als Einzelkosten verrechnet werden im Gegensatz zu den indirekten, d. h. als Gemeinkosten zuzurechnenden Kosten. Auch die variablen Fertigungsgemeinkosten und die variablen Materialgemeinkosten sind hier „direkte" Kosten, d. h. Kosten, die sich proportional zum Beschäftigungsgrad ändern.

lösen nur die variablen Selbstkosten der abgesetzten Leistungen gegenübergestellt. Die Fixkosten werden nicht den Kostenträgern zugeordnet, sondern
erscheinen global als Fixkostenblock in der kurzfristigen Erfolgsrechnung.

Beispiel: Verkaufte Menge: 1.000 Stück

Verkaufserlöse (140 DM/Stück)	140.000 DM
– Variable Herstellkosten der abgesetzten Leistungen (ge-gliedert nach Kostenträgern 60 DM/Stück)	– 60.000 DM
– Variable Verwaltungs- und Vertriebskosten (gegliedert nach Kostenträgern 12 DM/Stück)	– 12.000 DM
= Bruttoerfolg pro Periode (Deckungsbeitrag gegliedert nach Kostenträgern 140 – 60 – 12 = 68 DM/Stück)	= 68.000 DM
– Fixkostenblock	– 58.000 DM
= Nettoerfolg pro Periode	= 10.000 DM

Das Umsatzkostenverfahren auf Grenzkostenbasis ermittelt den Dek-
kungsbeitrag **je Kostenträger** und zeigt somit, wieviel jeder Kostenträger
zur Deckung des Fixkostenblocks beiträgt. Der Nettoerfolg wird dagegen
pro Periode, jedoch nicht pro Kostenträger ermittelt, da der Fixkostenblock
auf die einzelnen Kostenträger nicht verursachungsgerecht aufgeteilt werden
kann.

Vergleicht man den Nettoerfolg des Umsatzkostenverfahrens auf Grenzkostenbasis (10.000 DM) mit dem mit Hilfe des Umsatzkostenverfahrens auf
Vollkostenbasis ermittelten Nettoerfolg (18.000 DM[12]), so erklärt sich die
Differenz von 8.000 DM daraus, daß beim Umsatzkostenverfahren **auf
Vollkostenbasis** die Bestände mit **vollen Herstellkosten** bewertet werden,
beim Umsatzkostenverfahren **auf Grenzkostenbasis** dagegen nur mit **variablen Herstellkosten.** Im Beispiel auf S. 1311 wurde angenommen, daß die
abgesetzte Menge 1.000 Stück beträgt, die produzierte Menge dagegen 1.200
Stück, so daß eine Lagerbestandserhöhung an Fertigfabrikaten in Höhe von
200 Stück eintritt. Während bei Anwendung der Vollkostenrechnung die
Bestandserhöhung mit 100 DM/Stück aktiviert wird, steht die Bestandserhöhung bei Anwendung der Grenzkostenrechnung mit 60 DM/Stück zu
Buche. Der Nettoerfolg ist folglich um (100 DM – 60 DM) · 200 Stück =
8.000 DM **niedriger.**

Wird dagegen mehr abgesetzt als produziert (= Bestandsverringerung), so
ist der Nettoerfolg beim Umsatzkostenverfahren auf Grenzkostenbasis **höher** als beim Umsatzkostenverfahren auf Vollkostenbasis. Allgemein läßt
sich der Erfolgsunterschied folgendermaßen definieren:

Erfolgsunterschied = fixe Herstellkosten pro Stück × Bestandsveränderung

Folglich führen beide Verfahren zum gleichen Ergebnis, wenn keine Be-
standsveränderung eintritt.

---

[12] Vgl. das Beispiel auf S. 1312f.

Das **Umsatzkostenverfahren** auf Grenzkostenbasis läßt sich organisatorisch in **zwei Formen** durchführen:[13]

(1) Die **geschlossene Kostenträgerrechnung** besteht aus drei Teilgebieten: der Betriebsleistungsrechnung, der Bestandsrechnung und der Erfolgsrechnung.

Während in der Betriebsleistungsrechnung eine genaue Abstimmung mit der Kostenarten- und Kostenstellenrechnung erfolgt, werden in der Bestandsrechnung die rechnerischen Bestände der Halb- und Fertigfabrikate ermittelt.

(2) Die **nicht geschlossene Kostenträgerrechnung** oder Artikelergebnisrechnung verzichtet auf eine Abstimmung mit den übrigen Teilgebieten der Kostenrechnung und auf eine rechnerische Bestandsführung. Die Selbstkosten des Umsatzes werden retrograd aus den Absatzmengen abgeleitet. Nachteilig wirkt sich bei dieser Organisationsform aus, daß eine genaue Verteilung der Kostenabweichungen auf abgesetzte Mengen und Bestandsveränderungen nicht möglich ist. Die Vorteile liegen in der schnelleren Verfügbarkeit der Ergebnisse und im geringeren Arbeitsaufwand.

2. Erweiterte Formen der Deckungsbeitragsrechnung

a) Die stufenweise Fixkostendeckungsrechnung[14]

In der bisher behandelten einstufigen Deckungsbeitragsrechnung werden sämtliche Fixkosten einer Periode en bloc den Deckungsbeiträgen der betreffenden Periode gegenübergestellt. Im Gegensatz dazu versucht man in der stufenweisen Fixkostendeckungsrechnung, den **Fixkostenblock aufzuspalten** und Teile der Fixkosten zwar nicht einzelnen Kostenträgern, wohl aber der Gesamtstückzahl einer Produktart oder einer Produktgruppe, einer Kostenstelle oder einem ganzen Unternehmensbereich zuzuordnen. So kann man z.B. die Kapitalkosten einer Produktionsanlage, auf der nur eine Produktart produziert wird, durchaus der Summe der erzeugten Einheiten dieser Produktart zurechnen. Dagegen lassen sich z.B. die Kosten der Unternehmensleitung nicht einzelnen Kalkulationsobjekten zuordnen. Sie müssen von der Summe aller noch nicht verteilten Deckungsbeiträge gedeckt werden. Agthe differenziert die Fixkosten folgendermaßen:[15]

(1) **Erzeugnisfixkosten** sind der während einer Periode erzeugten Gesamtstückzahl einer Produktart direkt zurechenbar. Beispiele sind Entwicklungskosten, die nur für die betreffende Produktart anfallen, oder die Kosten von Spezialaggregaten.

---

[13] Vgl. ausführlich Kilger, W., Flexible Plankostenrechnung und Deckungsbeitragsrechnung, 10. Aufl., Wiesbaden 1993, S. 759 ff.; Plaut, H.-G., Müller, H., Medicke, W., Grenzplankostenrechnung und Datenverarbeitung, 3. Aufl., München 1973, S. 307 ff.

[14] Vgl. Agthe, K., Stufenweise Fixkostendeckung im System des Direct Costing, ZfB, 29. Jg. (1959), S. 404–418; Mellerowicz, K., Neuzeitliche Kalkulationsverfahren, 6. Aufl., Freiburg i. Br. 1977, S. 169 ff.

[15] Vgl. Agthe, K., a. a. O., S. 406 ff.

(2) **Erzeugnisgruppenfixkosten** entfallen auf mehrere ähnliche Produktarten, die zu einer Produktgruppe zusammengefaßt werden können. Derartige Fixkosten werden einer Produktgruppe zugeordnet, jedoch nicht auf die einzelnen Produktarten dieser Gruppe aufgeteilt. Beispiele sind die Kapitalkosten von Anlagen, die nur von der betreffenden Produktgruppe beansprucht werden oder Forschungs- und Entwicklungskosten für diese Produktgruppe.

(3) **Kostenstellenfixkosten** lassen sich nicht einzelnen Kostenträgergruppen, sondern einzelnen Kostenstellen direkt zuordnen.

(4) **Bereichsfixkosten** werden von mehreren Kostenstellen bzw. von einem ganzen Unternehmensbereich verursacht. Sie sind aus den noch nicht verteilten Deckungsbeiträgen aller Produkte, die diesen Bereich beanspruchen, zu decken.

(5) **Unternehmensfixkosten** sind der Rest der Fixkosten, der nicht auf die speziellen Kalkulationsobjekte verteilt werden kann, z. B. die Kosten der Unternehmensleitung.

Nach dieser differenzierten Aufteilung des Fixkostenblocks läßt sich folgende Hierarchie von Deckungsbeiträgen bilden:

Umsatzerlöse eines Erzeugnisses – variable Selbstkosten dieses Erzeugnisses
= Erzeugnisdeckungsbeitrag – Erzeugnisfixkosten
= Restdeckungsbeitrag I
Summe aller Restdeckungsbeiträge I einer Erzeugnisgruppe – Erzeugnisgruppenfixkosten
= Restdeckungsbeitrag II
Summe aller Restdeckungsbeiträge II einer Kostenstelle – Kostenstellenfixkosten
= Restdeckungsbeitrag III
Summe aller Restdeckungsbeiträge III eines Bereiches – Bereichsfixkosten
= Restdeckungsbeitrag IV
Summe aller Restdeckungsbeiträge IV eines Unternehmens – Unternehmensfixkosten
= Nettoerfolg

Durch die stufenweise Fixkostendeckungsrechnung ergibt sich ein besserer Einblick in die Erfolgsstruktur des Unternehmens. Man erkennt, ob und in welchem Umfang ein Produkt über die Deckung der von ihm verursachten Erzeugnisfixkosten hinaus zur Deckung allgemeiner Fixkosten und zum

Gewinn beiträgt.[16] Die stufenweise Fixkostendeckungsrechnung liefert daher aufschlußreiche Daten für Entscheidungen über die Zusammensetzung des Produktsortiments, insbesondere über die Aufgabe alter und die Einführung neuer Produkte. (ÜB 6/161)

b) Deckungsbeitragsrechnung mit relativen Einzelkosten

Dieses von P. Riebel entwickelte Verfahren geht von einem weiter gefaßten Begriff des Deckungsbeitrags aus. Deckungsbeitrag nach Riebel ist der **Überschuß der Einzelerlöse über die Einzelkosten eines sachlich und zeitlich abzugrenzenden Kalkulationsobjektes,** mit dem dieses zur Deckung variabler und fixer Gemeinkosten und zum Gewinn beiträgt.[17] Es wird also darauf verzichtet, Gemeinkosten in fixe und variable Bestandteile aufzuteilen. Im Gegensatz zu den bisher behandelten Verfahren der Deckungsbeitragsrechnung werden auch variable Gemeinkosten nicht mehr auf Kostenträger weiterverrechnet. Deckungsbeiträge werden nicht nur für Kostenträger errechnet, sondern es werden Hierarchien von Kalkulationsobjekten (Bezugsgrößen) sowohl für Kostenträger als auch für Kostenstellen und einzelne Zeitabschnitte gebildet, für die jeweils Deckungsbeiträge ermittelt werden.

Konsequenterweise werden die Begriffe Einzelkosten und Gemeinkosten **relativiert.** Sie beziehen sich nunmehr auf das jeweilige Kalkulationsobjekt. Da jede Kostenart wenigstens einem Kalkulationsobjekt direkt zurechenbar ist, und sei es, daß dieses Kalkulationsobjekt das Gesamtunternehmen ist, werden alle Kosten als Einzelkosten erfaßt.[18] Kosten, die für spezielle Kalkulationsobjekte Einzelkosten sind, gelten als Gemeinkosten übergeordneter Kalkulationsobjekte. So wird z. B. ein Meistergehalt als Teil der Einzelkosten der jeweiligen Kostenstelle und zugleich als Teil der Gemeinkosten der einzelnen Kostenplätze dieser Kostenstelle angesehen.

Die Unterscheidung zwischen fixen und variablen Kosten hält Riebel für zu grob und zu unbestimmt.[19] Er unterscheidet statt dessen zwischen

(1) **Leistungskosten,** die vom tatsächlich realisierten Leistungsprogramm abhängen und sich automatisch mit Art, Menge und Wert der erzeugten bzw. abgesetzten Leistungen verändern und

(2) **Bereitschaftskosten,** die ,,auf Grund von Planungen und Erwartungen disponiert (werden), um die institutionellen und technischen Voraussetzungen für die Realisierung des Leistungsprogramms zu schaffen".[20]

Bei den Bereitschaftskosten wird **nach der zeitlichen Zurechenbarkeit** zwischen Perioden-Einzelkosten und Perioden-Gemeinkosten differenziert. **Perioden-Einzelkosten** sind fixe Kosten, die den jeweiligen Abrechnungsperioden direkt zugerechnet werden können. Unregelmäßig anfallende Ko-

---

[16] Vgl. Hummel, S., Männel, W., Kostenrechnung 2, 3. Aufl., Wiesbaden 1983, S. 47

[17] Vgl. Riebel, P., Einzelkosten- und Deckungsbeitragsrechnung, 7. Aufl., Wiesbaden 1993, S. 759f.

[18] Vgl. Hummel, S., Männel, W., Kostenrechnung 2, a. a. O., S. 61

[19] Vgl. Riebel, P., Deckungsbeitragsrechnung, HWR, 3. Aufl., Stuttgart 1993, Sp. 366ff.

[20] Ebenda, Sp. 368

sten, z. B. Urlaubslöhne, die nur größeren Zeiträumen zugeordnet werden können, sind Perioden-Einzelkosten des jeweiligen größeren Zeitraumes und gleichzeitig **Gemeinkosten** kleinerer Abrechnungsperioden.[21] Aufgrund der zeitlichen Differenzierung der Bereitschaftskosten dient die Deckungsbeitragsrechnung mit relativen Einzelkosten nicht nur kurzfristigen, sondern auch mittel- und langfristigen Planungsentscheidungen, die sonst Aufgabe der Investitionsrechnung sind.[22] Nachteilig beurteilt wird diese Form der Deckungsbeitragsrechnung vor allem im Hinblick auf ihre praktische Anwendbarkeit.[23]

3. Erfolgsanalyse und Produktions- und Absatzplanung mit Hilfe der Deckungsbeitragsrechnung

Entscheidungen auf Grund von Vollkostenkalkulationen können im Bereich der Produktions- und Absatzplanung allenfalls zufällig zum richtigen Ergebnis führen. Der Grund für die Gefahr von Fehlentscheidungen liegt in der nicht verursachungsgemäßen Zurechnung der Fixkosten auf die Kostenträger; m. a. W.: Entscheidungen über das gewinnmaximale Produktionsprogramm und Aussagen über die daraus resultierenden Erfolgsänderungen können nur auf Basis der Deckungsbeiträge getroffen werden.

Im folgenden werden an Hand von Beispielen die einzelnen Schritte einer Erfolgsanalyse und Produktions- und Absatzplanung von der Nettogewinnanalyse bis zu einer simultanen Programmplanung mit Hilfe der linearen Programmierung dargestellt.

Es wird zunächst unterstellt, daß
(1) keine Absatzrestriktionen vorhanden sind (jedenfalls nicht in den betrachteten Größenordnungen);
(2) alle Produktarten die vorhandenen Kapazitäten gleichmäßig belasten; d. h. z. B., daß die Herstellung einer Einheit von Produkt 1 die gleiche Anzahl von Maschinenminuten erfordert wie eine Einheit von Produkt 2;
(3) die vorhandenen Kapazitäten voll ausgelastet sind, also maximal 800 Stück in beliebiger Kombination der vier Produktarten hergestellt werden können.

Angenommen, ein Betrieb erzielt einen Nettogewinn von 2.900 DM, der sich auf Grund der Zahlen im Beispiel auf S. 1355 errechnet.

Die Unternehmensleitung soll jetzt über das gewinnmaximale Produktions- und Absatzprogramm der nächsten Periode entscheiden. Sortimentsbindungen bestehen nicht. Die Entscheidung auf Grund obiger Unterlagen wird lauten: ausschließliche Herstellung der Produktart 4.

Da maximal 800 Stück produziert werden können, beträgt der geplante Nettogewinn: $800 \cdot 7 - 1.600 = 4.000$ DM.

[21] Vgl. Riebel, P., Einzelkosten- und Deckungsbeitragsrechnung, a. a. O., S. 38
[22] Vgl. Kloock, J., Sieben, G., Schildbach, T., Kosten- und Leistungsrechnung, 6. Aufl., Düsseldorf 1993, S. 250
[23] Vgl. Kilger, W., Flexible Plankostenrechnung ... a. a. O., S. 86

(1) Pro- duktart	(2) Stück- preis	(3) variable Kosten	(4) fixe Kosten pro Stück	(5) Stück- kosten (3+4)	(6) Dek- kungs- beitrag (2-3)	(7) Absatz- menge	(8) Brutto- gewinn (6×7)	(9) fixe Gesamt- kosten (4×7)	(10) Netto- gewinn (8-9)
1	6	1	2	3	5	100	500	200	300
2	8	2	2	4	6	100	600	200	400
3	4	1	2	3	3	200	600	400	200
4	10	3	2	5	7	400	2.800	800	2.000
						800	4.500	1.600	2.900

Eine Entscheidung **nach der Rangfolge der Deckungsbeiträge** führt dann zum richtigen Ergebnis, wenn das Unternehmen in allen Teilbereichen über genügend unausgelastete Teilkapazitäten verfügt. Da hier **keinerlei Engpässe** auftreten, wird man die Produkte mit den höchsten Deckungsbeiträgen herstellen.

Nähert sich aber der Betrieb wenigstens in einem Teilbereich der Vollbeschäftigung, dann reichen die Deckungsbeiträge pro Produkteinheit nicht mehr als alleiniges Entscheidungskriterium für die Steuerung der Produktions- und Absatzpolitik aus. Man muß dann die Deckungsbeiträge auf **eine Einheit der Engpaßkapazität** umrechnen und eine neue Rangfolge der zu fördernden Produkte aufstellen.[24]

$$\frac{\text{Bruttogewinn pro Einheit}}{\text{der Engpaßbelastung}} = \frac{\text{Deckungsbeitrag}}{\text{Engpaßbelastung in Bezugs-}\atop\text{größeneinheiten pro Stück}}$$

Diesen auf die Engpaßeinheit bezogenen Bruttogewinn bezeichnet man in der anglo-amerikanischen Literatur auch als „**speedfactor**", weil er angibt, mit welcher Geschwindigkeit sich im Engpaß ein bestimmter Bruttogewinn erzielen läßt. Auch die Bruttogewinnanalyse mit Hilfe der Umrechnung auf die Engpaßbelastung reicht gewöhnlich nicht als Dispositionshilfe aus. Wenn man beachtet, daß gerade jene Produkte gefördert werden, die den betrachteten Engpaß am günstigsten „ausnutzen", so wird deutlich, daß auf Grund solcher Programmumstellungen leicht andere Teilbereiche zu Engpässen werden können; nämlich solche Teilbereiche, die durch die soeben geförderten Produkte in besonders hohem Maße beansprucht werden.

Es zeigt sich also, daß nur eine **simultane Betrachtung** aller Produkte und Teilbereiche zu optimalen Ergebnissen führen kann. Zur Lösung dieser Simultanprobleme stehen die Methoden der mathematischen, insbesondere der linearen Programmierung zur Verfügung. Ein einfaches Zahlenbeispiel für einen LP-Ansatz zur Ermittlung des gewinnmaximalen Fertigungs- und Absatzprogramms soll im folgenden wiedergegeben werden.[25]

Ein Betrieb kann drei Produkte herstellen, die folgende Deckungsbeiträge erbringen und folgende Kapazitäten benötigen:

[24] Vgl. Kilger, W., Optimale Produktions- und Absatzplanung, Opladen 1973, S. 83 ff.
[25] Verkürzt nach Kern, W., Operations Research, 6. Aufl., Stuttgart 1987, S. 43 ff.

Produkt	Deckungsbeitrag
1	10
2	6
3	7

Kosten-stellen \ Produkt	Stückzeiten für Produkt			Gesamtkapazität der Kostenstelle
	1	2	3	
A	12	4	4	60
B	14	3	8	80
C	8	15	9	90
D	12	16	—	96

Zielfunktion:

$$\text{Bruttogewinn} = 10x_1 + 6x_2 + 7x_3 \rightarrow \text{Max!}$$

Kapazitätsrestriktionen:

$$
\begin{aligned}
A\colon\ 12x_1 + 4x_2 + 4x_3 &\leqslant 60 \\
B\colon\ 14x_1 + 3x_2 + 8x_3 &\leqslant 80 \\
C\colon\ 8x_1 + 15x_2 + 9x_3 &\leqslant 90 \\
D\colon\ 12x_1 + 16x_2 + 0x_3 &\leqslant 96
\end{aligned}
$$

Nichtnegativitätsbedingungen:

$$
\begin{aligned}
x_1 &\geqslant 0 \\
x_2 &\geqslant 0 \\
x_3 &\geqslant 0
\end{aligned}
$$

Es ergibt sich eine mehrfach optimale Lösung, d. h. es gibt (mindestens) zwei Produktionsmengenkombinationen, die zum gleichen (maximalen) Zielwert führen.

1. Lösung	2. Lösung
max. Deckungsbeitrag = 70	max. Deckungsbeitrag = 70
$x'_1 = 3$	$x'_1 = 0$
$x'_2 = 2$	$x'_2 = 0$
$x'_3 = 4$	$x'_3 = 10$

Der Zielfunktionswert gibt den maximalen Deckungsbeitrag an; hiervon ist der Fixkostenblock zu subtrahieren, wenn der Nettogewinn ermittelt werden soll. In der Rechnung brauchen die Fixkosten nicht berücksichtigt zu werden, da sie als konstanter Faktor ohne Einfluß auf die Lage des Optimums sind.

Der dargestellte Ansatz wird auch als „**Standardansatz**" bezeichnet. Er beinhaltet noch viele vereinfachende Prämissen, die aber fast alle ohne besondere Schwierigkeiten durch Vergrößerung des Modells aufgehoben werden können.[26] (**ÜB 6/162–163**)

VI. Die Plankostenrechnung

1. Istkosten-, Normalkosten-, Plankostenrechnung

In der historischen Entwicklung der Kostenrechnung ist allmählich eine Akzentverschiebung bei ihren beiden Hauptaufgaben eingetreten. Lag insbesondere in den dreißiger Jahren der Schwerpunkt auf der Ermittlung der tatsächlichen Stückkosten (Nachkalkulation), so dominiert in der Zeit nach dem 2. Weltkrieg der Ausbau der Kostenrechnung zu einem Instrument der Kontrolle der Wirtschaftlichkeit. Diese Änderung des Schwerpunkts der Aufgabenstellung verläuft parallel mit dem Ausbau der betrieblichen Planungsrechnung und dem Vordringen arbeitswissenschaftlicher Methoden, die die Aufstellung von Maßgrößen (Normal-, Soll-, Plankosten) ermöglichen und so durch rechnerische Ausschaltung der im Zeitablauf eintretenden Schwankungen der Kosteneinflußfaktoren (z. B. Preise, Verbrauchsmengen, Kapazitätsausnutzung) aus der Kostenrechnung die Voraussetzungen für eine Analyse der Abweichungen zwischen geplanten und tatsächlich angefallenen Kosten (Soll-Ist-Vergleich) und damit für eine wirksame Kostenkontrolle geschaffen haben.

Die **Istkostenrechnung** ist dadurch charakterisiert, daß die in einer Abrechnungsperiode effektiv angefallenen Kosten ohne Korrekturen auf die produzierten und abgesetzten Kostenträger der gleichen Abrechnungsperiode weiterverrechnet werden. Infolgedessen wirken sich alle Zufallsschwankungen, denen die Kosten unterliegen können, in der Abrechnung bei der Ermittlung der Selbstkosten aus. So gehen Preisschwankungen auf den Beschaffungsmärkten, zufallsbedingte Mengenschwankungen beim Verbrauch von Kostengütern (z. B. erhöhter Ausschuß, größere Zahl von Arbeits- oder Maschinenstunden, erhöhter Material- oder Energieverbrauch) oder stoßweiser Anfall von Kosten und durch Änderungen des Beschäftigungsgrades eingetretene Kostenverschiebungen in die Kostenrechnung ein.

Der **Nachteil** der Istkostenrechnung liegt darin, daß eine Vergleichbarkeit und Auswertung des Zahlenmaterials verschiedener Abrechnungsperioden für Zwecke der Wirtschaftlichkeitskontrolle nur schwer möglich ist und daß folglich ein solches, nur auf Vergangenheitswerten basierendes Abrechnungssystem keine Grundlagen für dispositive Entscheidungen liefert. Der **Vorteil** liegt in der Einfachheit der abrechnungstechnischen Handhabung. Betrachtet man allerdings nicht nur eine Abrechnungsperiode, sondern einen längeren Zeitraum, so wird diese Einfachheit zum Nachteil, weil in jeder Abrechnungsperiode auf Grund neuer Istwerte eine Nachkalkulation durch-

---

[26] Vgl. dazu die Aufzählung bei Haberstock, L., Zur Integrierung der Ertragsbesteuerung in die simultane Produktions-, Investitions- und Finanzierungsplanung mit Hilfe der linearen Programmierung, Köln-Berlin-Bonn-München 1971, S. 91 ff.

geführt und neue Kalkulationssätze und neue Selbstkosten ermittelt werden müssen. Dieses Verfahren kann schwerfälliger sein als die Ermittlung von Abweichungen der Istkosten von den Sollkosten, die für einen längeren Zeitraum vorgegeben sind.

Die **Normalkostenrechnung** arbeitet mit einer Normung der Kosten, um Zufallsschwankungen der Kosteneinflußfaktoren auszuschalten und die laufende Abrechnung insbesondere durch Verwendung normalisierter Gemeinkostensätze zu vereinfachen. **Normalkosten** sind keine planmäßigen Kosten, die Vorgabecharakter haben, sondern sind **durchschnittliche** Kosten, die aus Vergangenheitswerten (Istkosten) gebildet werden. Grundlage ist der normale, d. h. durchschnittliche Verbrauch an Kostengütern. Aus Istwerten der Vergangenheit gebildete statistische Mittelwerte enthalten auch die aus Fehldispositionen resultierenden Mehrkosten. Sie sind also ein Durchschnitt aus günstigen und ungünstigen Werten.

Die Aussagefähigkeit einer Normalkostenrechnung kann vergrößert werden, wenn bei der Bildung der Durchschnittswerte inzwischen eingetretene Veränderungen der Kosteneinflußfaktoren berücksichtigt werden (aktualisierte Mittelwerte). Die Normalisierung der Kosten muß nicht sämtliche Kostenelemente erfassen, sondern kann verschieden weit gehen und sich z. B. auf die Verwendung von **festen Verrechnungspreisen** für die Materialkosten, festen Lohnsätzen, festen Gemeinkostenzuschlägen **(Normalkostenzuschlägen)** und festen Verrechnungspreisen für innerbetriebliche Leistungen beschränken.

Die Normalkostenrechnung wurde zeitlich vor der Plankostenrechnung entwickelt, und zwar zunächst als starre und später als flexible Rechnung.

Die **starre Normalkostenrechnung** arbeitet in der Regel mit nur zwei Abweichungen:

(1) Die **Preisabweichung** entsteht als Differenz zwischen Istpreisen für Roh-, Hilfs- und Betriebsstoffe und festen Verrechnungspreisen auf Durchschnittsbasis:

$$
\begin{aligned}
&\text{Istmenge} \times \text{Verrechnungspreis} \\
-\;&\text{Istmenge} \times \text{Istpreis} \\
\hline
=\;&\text{Preisabweichung}
\end{aligned}
$$

(2) Die **Mengenabweichung** (Verbrauchsabweichung) tritt auf, wenn die durchschnittlichen Mengen an Kostengütern je Kostenstelle nicht mit den tatsächlich verbrauchten Mengen (Istmengen) übereinstimmen. Da die Normalkostenrechnung jedoch mit einem durchschnittlichen Beschäftigungsgrad (Kapazitätsausnutzungsgrad) arbeitet, sind Differenzen, die durch Abweichungen des Beschäftigungsgrades vom durchschnittlichen Beschäftigungsgrad bedingt sind, in der Verbrauchsabweichung enthalten. Der Aussagewert der entstehenden Differenzen (Über- und Unterdeckungen) für die Kostenkontrolle wird dadurch erheblich vermindert.

Die **flexible Normalkostenrechnung** führt im Interesse einer besseren Kostenkontrolle eine Aufspaltung der Mengenabweichung in eine Verbrauchs- und eine Beschäftigungsabweichung durch, indem sie die Normalkostensätze jeweils der veränderten Kapazitätsausnutzung anpaßt. Das setzt eine Trennung der Normalgemeinkosten jeder Kostenstelle in ihre fixen und ihre variablen Bestandteile voraus, da erstere von Änderungen des Beschäftigungsgrades nicht betroffen werden.

Die Normalkosten dienen einerseits der **Vorkalkulation,** andererseits der **Kostenkontrolle.** Ihre Begrenztheit ergibt sich daraus, daß zwar die Abweichungen der Istkosten von den Normalkosten festgestellt werden können, da aber „Istkosten kein Maßstab der Wirtschaftlichkeit sind, ist auch ihr Durchschnitt (Normalkosten) kein guter, wenn auch nicht wertloser Wirtschaftlichkeitsmaßstab".[1]

Die **Plankostenrechnung** ist dadurch charakterisiert, daß die Kosten nicht aus Vergangenheitswerten abgeleitet werden, sondern aus der betrieblichen Planung hervorgehen. Die Plankostenrechnung ist bestrebt, bestimmte Einflüsse, die auf die Kosten einwirken, durch Vorausplanen der Kosten für eine bestimmte Planungsperiode aus der Abrechnung zu eliminieren. Kostenschwankungen können vor allem verursacht werden:
(1) durch Schwankungen der Preise der Kostengüter,
(2) durch Schwankungen im Mengenverbrauch der Kostengüter,
(3) durch Schwankungen des Beschäftigungsgrades.

Damit die mit Hilfe der Kostenrechnung durchgeführte Kostenkontrolle und die Kalkulation durch derartige Schwankungen nicht gestört werden, verrechnet man an Stelle von Istkosten geplante Kosten, d. h. man legt „die Einzelkosten nach Produktarten und die Gemeinkosten nach Kostenstellen differenziert für eine bestimmte Planungsperiode (meistens ein Jahr) im voraus" fest.[2]

Plankosten sind nicht nur im voraus geplante Kosten, sondern sie sind auch planmäßig, d. h. sie fallen bei wirtschaftlicher Durchführung der Produktion an. Sie stellen das Ziel dar, das erreicht und unterschritten werden soll, sie haben also **Vorgabecharakter.** Nach Nowak sind Plankosten „der im voraus methodisch bestimmte, bei ordnungsmäßigem Betriebsablauf unter gegebenen Produktionsverhältnissen als erreichbar betrachtete wertmäßige leistungsverbundene Güterverzehr, der dadurch Norm- und Vorgabe-Charakter besitzt."[3] Die Plankosten werden aufgrund von Erfahrungen und Arbeitsstudien ermittelt. Sie müssen als Vorgabekosten erreichbar sein, sonst ergeben sich ungünstige psychologische Wirkungen, die die Arbeitsfreude und damit die Arbeitsleistung mindern können.

Um der betrieblichen Kontrolle dienen zu können, stellt die Plankostenrechnung im Wege des **Soll-Ist-Vergleichs** die Differenzen zwischen vorausgeplanten und tatsächlich angefallenen Kosten fest und spaltet die Diffe-

---

[1] Mellerowicz, K., Planung und Plankostenrechnung, Bd. II, Plankostenrechnung, Freiburg 1973, S. 18

[2] Kilger, W., Betriebliches Rechnungswesen, in: Allgemeine Betriebswirtschaftslehre, hrsg. v. H. Jacob, 5. Aufl., Wiesbaden 1988, S. 963

[3] Nowak, P., Kostenrechnungssysteme in der Industrie, 2. Aufl., Köln und Opladen 1961, S. 81

renzen in eine Anzahl von Abweichungen auf, aus denen die Ursachen ermittelt werden sollen, warum sich die Kosten nicht so entwickelt haben, wie es bei der Aufstellung der Soll-Rechnung erwartet wurde. Dieses Verfahren wird unten ausführlich besprochen.[4]

Die Plankostenrechnung hat eine ähnliche Entwicklung wie die Normalkostenrechnung durchgemacht. Sie war zunächst eine starre und ist heute in der Regel eine flexible Plankostenrechnung. Der Unterschied zwischen beiden Systemen besteht vor allem darin, daß bei der **starren Plankostenrechnung** die Kosten der Kostenstellen auf Basis eines bestimmten als Jahresdurchschnitt erwarteten Beschäftigungsgrades geplant werden und für die Dauer eines Jahres auch dann konstant (starr) gehalten werden, wenn sich wesentliche Plandaten, insbesondere die Kapazitätsausnutzung, ändern. Dadurch können erhebliche Abweichungen von den Istkosten entstehen. Vor allem aber ist eine kurzfristige Kostenkontrolle nicht möglich. Dieser schwerwiegende Nachteil wird auch durch die relativ einfache Form der Abrechnung (keine Auflösung der Plankosten in fixe und variable Bestandteile) nicht ausgeglichen.

Demgegenüber versucht die **flexible Plankostenrechnung** eine Anpassung an Plandatenänderungen (z. B. Änderung der technischen oder personellen Kapazität, der Produktarten, der Losgröße, der Produktionsverfahren) vorzunehmen, indem sie die Plankosten der Kostenstellen zwar ebenfalls auf Basis eines als Jahresdurchschnitt erwarteten Planbeschäftigungsgrades vorgibt, diese Plankosten aber auf den in den einzelnen Abrechnungsperioden (z. B. Monaten) der Planungsperiode tatsächlich erreichten Ausnutzungsgrad (Istbeschäftigungsgrad) umrechnet. Die Plankosten der jeweiligen Istbeschäftigung werden als **Sollkosten** bezeichnet. Damit die Sollkosten aus den Plankosten abgeleitet werden können, muß eine Auflösung der Plankosten in fixe und variable (proportionale) Bestandteile erfolgen. Erstere müssen in voller Höhe in die Sollkosten eingehen, letztere nur im Verhältnis der Istausnutzung zur Planausnutzung.

$$\text{Sollkosten} = \text{fixe Plankosten} + \frac{\text{proportionale Plankosten}}{\text{Planbeschäftigungsgrad}} \times \text{Istbeschäftigungsgrad}$$

Beispiel:

Fixe Plankosten	800 DM
variable Plankosten bei geplanter Nutzung (Planbeschäftigung) von 500 Maschinenstunden pro Monat	2.000 DM
Plankosten	2.800 DM

Die tatsächliche Nutzung (Istbeschäftigung) eines Monats beträgt 400 Maschinenstunden, d. h. ⅘ der geplanten Nutzung. Die Plankosten der tatsächlichen Nutzung (Sollkosten) sind jedoch nicht ⅘ der Plankosten bei Planbeschäftigung (2.240 DM), sondern ⅘ der variablen Kosten bei Planbeschäfti-

---

[4] Vgl. S. 1335 ff.

gung (1.600 DM), zuzüglich des vollen Betrages der fixen Plankosten (800 DM), also:

$$\text{Sollkosten} = 800 \text{ DM} + \frac{2.000 \text{ DM}}{500 \text{ Masch.Std.}} \times 400 \text{ Masch.Std.} = 2.400 \text{ DM.}$$

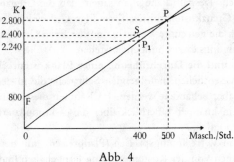

Abb. 4

OF = fixe Plankosten   FSP = Sollkosten
OP = verrechnete Plankosten SP_1 = Beschäftigungsabweichung

Der Vorteil einer solchen Rechnung mit flexiblen Plankosten besteht darin, daß eine **nach Kostenstellen und Kostenarten differenzierte Kostenkontrolle** durchgeführt werden kann, indem zunächst auf Abweichungen vom geplanten Beschäftigungsgrad zurückzuführende Differenzen zwischen verrechneten Plankosten (= geplante Kosten beim geplanten Beschäftigungsgrad) und Sollkosten (= geplante Kosten beim tatsächlich realisierten Beschäftigungsgrad) festgestellt werden und dann die Differenzen zwischen Sollkosten und entsprechenden Istkosten als Verbrauchsabweichung bestimmt werden.

Die flexible Plankostenrechnung kann entweder eine Vollkostenrechnung sein, die alle Kosten, die bei der Leistungserstellung entstanden sind, verrechnet, oder sie kann als Grenzplankostenrechnung nur die Grenzkosten (variablen Kosten) berücksichtigen und ist dann eine Teilkostenrechnung, die durch Hinzunahme der fixen Kosten ergänzt werden muß.

Die Aufteilung der Kosten in fixe und proportionale Bestandteile dient in einer flexiblen Plankostenrechnung auf Vollkostenbasis **nur der Kostenkontrolle.** Für die Kalkulation und die darauf aufbauende kurzfristige Erfolgsrechnung werden die Kalkulationssätze gebildet, indem die gesamten Plankosten durch die Planbeschäftigung dividiert werden. Es werden also insgesamt die verrechneten Plankosten auf die Kostenträger weiterverrechnet.[5]

Die **Grenzplankostenrechnung**[6] vereinfacht das Abrechnungsverfahren der auf Vollkostenbasis arbeitenden flexiblen Plankostenrechnung, indem sie

---

[5] Vgl. Haberstock, L., Kostenrechnung II, (Grenz-)Plankostenrechnung, 7. Aufl., Hamburg 1986, S. 25
[6] Vgl. Plaut, H. G., Die Grenz-Plankostenrechnung, ZfB 1953, S. 347 ff. und S. 402 ff.; insbesondere aber das Standardwerk von Kilger, W., Flexible Plankostenrechnung und Deckungsbeitragsrechnung, 10. Aufl., Wiesbaden 1993

fixe und variable Gemeinkosten trennt und in den geplanten Gemeinkostenverrechnungssatz nur die variablen Gemeinkosten aufnimmt. Die fixen Gemeinkosten werden getrennt verrechnet. Dabei wird ein proportionaler Verlauf der variablen Gemeinkosten bei Beschäftigungsänderungen unterstellt. Das bedeutet, daß ein linearer Gesamtkostenverlauf angenommen wird. In diesem Falle sind die Grenzkosten und die variablen Durchschnittskosten identisch. Deshalb kann man sagen, daß die Grenzplankostenrechnung nur die Grenzkosten mittels ihrer Plan-Gemeinkostenzuschläge verrechnet. Durch die getrennte Verrechnung der fixen Gemeinkosten können keine Beschäftigungsabweichungen entstehen.

Der **Aufbau und die Durchführung einer Plankostenrechnung** vollziehen sich im wesentlichen in folgenden Schritten, die in den kommenden Abschnitten näher behandelt werden. Im Rahmen dieser Einführung ist allerdings nur ein knapper Überblick über dieses komplizierte Kostenrechnungssystem möglich.

(1) Planung von Verrechnungspreisen (Planpreisen), mit deren Hilfe Preisschwankungen von der Kostenrechnung ferngehalten und Preisdifferenzen zwischen Plan- und Istpreisen festgestellt werden.

(2) Einteilung des Betriebes in Kostenstellen oder ggf. Verbesserung einer bereits bestehenden Kostenstellengliederung für Zwecke der Plankostenrechnung.

(3) Planung der Einzelkosten der Kostenträger pro Kostenstelle.

(4) Planung der Gemeinkosten pro Kostenstelle. Sie vollzieht sich in mehreren Etappen:

(a) Zunächst werden die Bezugsgrößen als Maßgrößen der Kostenverursachung ausgewählt (z. B. Fertigungslöhne, Fertigungszeiten, Produkteinheiten).

(b) Nun wird die Planbeschäftigung auf Basis der Maximalkapazität, einer durch Abschläge von dieser bestimmten Normalkapazität oder unter Berücksichtigung von vorhandenen Engpässen festgelegt. Diese Beschäftigungsplanung wird auch als Bezugsgrößenplanung bezeichnet.

(c) Sodann werden die Gemeinkostenpläne aufgestellt, d. h. es werden die der Planbeschäftigung entsprechenden Plankosten für jede Gemeinkostenart je Kostenstelle vorgegeben.

(d) Schließlich werden die Plankalkulationssätze für alle Kostenstellen gebildet. Das geschieht in der Weise, daß die Summe der Gemeinkosten einer Kostenstelle durch die Bezugsgröße dividiert wird. So ergibt z. B. die Summe der geplanten Gemeinkosten, dividiert durch die vorgegebene Zahl der Maschinenstunden, den Plangemeinkostenzuschlag je Maschinenstunde.

(5) Ermittlung und Analyse der Kostenabweichungen. Da der primäre Zweck der Plankostenrechnung die Kostenkontrolle ist, werden die ermittelten Plankosten zur Durchführung des Soll-Ist-Vergleichs mit Hilfe der festgestellten Istbezugsgrößen (Istbeschäftigung) zu Sollkosten umgerechnet und im Betriebsabrechnungsbogen nach Kostenstellen diffe-

renziert den Istkosten (Istmengen an Kostengütern × Planpreise) gegenübergestellt. Die dabei festgestellten Abweichungen werden analysiert und mit den zuständigen Kostenstellenleitern erörtert. Dabei darf nicht übersehen werden, daß negative Abweichungen nicht nur auf Fehlverhalten, positive Abweichungen auf besonderen Leistungen beruhen müssen, sondern auch durch Planungsfehler bedingt sein können. Fehlleistungen der für die Kostenplanung Verantwortlichen müssen durch die interne Revision aufgedeckt werden. (ÜB 6/156–158)

2. Die Planung und Kontrolle der Kosten[7]

a) Kostenplanung auf Basis von Verrechnungspreisen

Preisschwankungen auf den Beschaffungsmärkten, die sich bei der Kostenkontrolle störend auswirken können, werden im System der Plankostenrechnung mit Hilfe von **geplanten Verrechnungspreisen** ausgeschaltet. Die Preisabweichungen ergeben sich durch folgende Rechnung:

$$
\begin{array}{l}
\text{Istmenge} \times \text{Planpreis} \\
- \text{Istmenge} \times \text{Istpreis} \\
\hline
= \text{Preisabweichung}
\end{array}
$$

Die Weiterverrechnung der Kosten erfolgt mit Planpreisen, so daß später auftretende Kostenabweichungen nicht mehr auf Preisschwankungen auf den Beschaffungsmärkten zurückgeführt werden können.

Geplante Verrechnungspreise werden in der Plankostenrechnung vor allem für Werkstoffe und Arbeitsleistungen, d. h. für solche Produktionsfaktoren gebildet, die

(1) ein fest umrissenes Mengengerüst haben (das ist z. B. bei Dienstleistungen nicht der Fall),

(2) regelmäßig in größeren Mengen bezogen werden (das trifft für Güter des Anlagevermögens nicht zu; sie werden deshalb nicht in die Verrechnungspreisbildung einbezogen),

(3) so bedeutsam sind, daß durchschlagende Preisschwankungen die innerbetriebliche Kostenkontrolle beeinträchtigen würden.

Grundlage der Verrechnungspreise können Vergangenheitswerte (Anschaffungskosten), Gegenwartswerte (Tagespreise) oder Zukunftswerte (Wiederbeschaffungskosten) sein. In der Praxis werden heute meist **erwartete Planpreise**, also Zukunftswerte verwendet. Sie werden sowohl für die Kostenkontrolle und die auf ihren Ergebnissen basierenden Entscheidungen als auch für die Plankalkulation und die darauf aufbauende Erfolgsrechnung benötigt.

---

[7] Zu Einzelheiten vgl. insbesondere die beiden angegebenen Standardwerke von Kilger (Flexible Plankostenrechnung und Deckungsbeitragsrechnung) und Mellerowicz (Planung und Plankostenrechnung, Bd. II) sowie die dort aufgeführte Literatur.

Mellerowicz nennt für die Bildung von Planpreisen drei Voraussetzungen:[8]

(1) Der Planpreis soll ein wenigstens für eine Planperiode fester Preis sein. Er darf sich allerdings nicht zu weit von der Entwicklung der Marktpreise entfernen, da sonst die Beziehungen zum Markt verlorengehen und die Abweichungen zum Istpreis zu groß werden.

(2) Das System der Planpreise soll nach Möglichkeit die Relationen der Marktpreise zueinander wiedergeben, da andernfalls die Lenkungsfunktion des Preises beeinträchtigt wird und folglich falsche Entscheidungen getroffen werden können.

(3) Die Planpreise sollen sich am preisgünstigsten Angebot orientieren, denn auch sie haben Vorgabecharakter wie alle Plankosten.

Bei Arbeitsleistungen bilden die Bruttolöhne und -gehälter den Inhalt der Verrechnungspreise (Planlöhne und -gehälter), da sie sich gut mit der Lohn- und Gehaltsabrechnung abstimmen lassen. Die gesetzlichen und freiwilligen Sozialaufwendungen werden hierauf als Zuschlag verrechnet. Erwartete Lohn- und Gehaltserhöhungen können relativ leicht berücksichtigt werden.

b) Planung und Kontrolle der Einzelkosten

Die Planung und Kontrolle der Einzelkosten ist im Vergleich zur Planung und Kontrolle der Gemeinkosten relativ einfach. Obwohl die Einzelkosten den Kostenträgern direkt zugerechnet werden, erfolgt ihre Kontrolle nach Kostenstellen, denn der Verbrauch wird durch die Arbeitskräfte in den Kostenstellen beeinflußt und kann nur hier gesteuert werden.

Die Planung und Kontrolle der **Einzelmaterialkosten** (Kosten des Fertigungsmaterials) vollzieht sich folgendermaßen:

(1) Zunächst werden die **Netto-Einzelmaterialkosten** aufgrund planmäßiger Produktgestaltung, der Materialeigenschaften und der Gestaltung des Fertigungsablaufs ermittelt. Unterlagen hierfür sind Stücklisten, Materialbedarfsaufstellungen, Mischungsanweisungen, Rezepturen u. a.

(2) Sodann wird der Abfall nach verschiedenen Abfallursachen auf Grund detaillierter Abfallanalysen geplant.

(3) Faßt man beide Werte zusammen, so ergeben sich die geplanten **Brutto-Einzelmaterialkosten,** die für die Plankalkulation verwendet werden.

(4) Zur **Kontrolle** der Einzelmaterialkosten werden den Brutto-Plan-Einzelmaterialkosten die tatsächlich angefallenen Einzelmaterialkosten gegenübergestellt. Letztere sind die mit geplanten Verrechnungspreisen bewerteten Materiallagerabgänge, die auf Basis einer Inventur und/oder von Materialentnahmescheinen ermittelt werden.

(5) Die sich ergebende ,,globale" **Materialverbrauchsabweichung** wird durch Aufspaltung in verschiedene Teilabweichungen analysiert.

(a) Ursache von **auftragsbedingten Einzelmaterialabweichungen** sind besondere Kundenwünsche, die eine außerplanmäßige Produktgestaltung und damit evtl. anderes Einzelmaterial erfordern. Da diese

---

[8] Vgl. Mellerowicz, K., a. a. O., S. 86

Teilabweichungen von den Kostenstellenleitern nicht zu verantworten sind, werden sie gelegentlich auch durch besondere Zusatz-Materialentnahmescheine vom Istverbrauch abgespalten.

(b) Abweichungen infolge **außerplanmäßiger Materialeigenschaften** können durch erhöhtes spezifisches Gewicht, geringere Reißfestigkeit, zu hohen Feuchtigkeitsgehalt u. ä. bedingt sein. Derartige Abweichungen lassen sich meistens nur in Verbindung mit Materialanalysen eliminieren und können oft dem Einkauf als zu verantwortende Abweichungen angelastet werden.

(c) Abweichungen infolge von **Schwankungen der innerbetrieblichen Wirtschaftlichkeit** sind das eigentliche Ziel der Kontrolle der Einzelmaterialkosten, denn die Mehrkosten sind – richtige Planung vorausgesetzt – durch dispositive Maßnahmen vermeidbar. Häufig wird versucht, über eine Prämierung der Einsparungen die innerbetriebliche Wirtschaftlichkeit positiv zu beeinflussen.

In Analogie zu den Materialkosten geht die Planung und Kontrolle der **Einzellohnkosten** (Fertigungslöhne) auf der Basis von Zeitstudien, Arbeitsablaufplänen u. a. folgendermaßen vor sich:

(1) Für jeden Arbeitsgang werden bei planmäßigem Arbeitsablauf und geplanten Leistungsgraden die Plan-Lohneinzelkosten ermittelt.

(2) Bei Akkordentlohnung werden alle bezahlten Zeitabweichungen als Zusatzlöhne festgelegt.

(3) Bei der Kontrolle der Lohnkosten ist zwischen Akkord- und Zeitlöhnen zu unterscheiden. Bei Akkordlöhnen können ex definitione keine Abweichungen zwischen Soll und Ist entstehen. Man kontrolliert aber die Leistungsgrade der Arbeiter. Bei Zusatzlöhnen wird allerdings eine Reihe von Abweichungen errechnet und auf folgende Ursachen zurückgeführt: Leistungsgarantien, Konstruktionsänderungen, Materialveränderungen (z. B. Brüchigkeit, Härtegrade) und kostenstellenbedingte Ursachen wie z. B. ablaufbedingte Wartezeiten oder Betriebsstörungen. Bei Zeitlöhnen ergibt sich die Einzellohnabweichung als Differenz zwischen den Iststunden und den Planstunden bei Istbeschäftigung (Sollstunden), jeweils multipliziert mit dem Lohnsatz pro Stunde.

In ähnlicher Weise wie das Fertigungsmaterial und die Fertigungslöhne werden in der Plankostenrechnung auch die **Sondereinzelkosten der Fertigung** (z. B. Entwicklungskosten oder Spezialwerkzeuge) **und des Vertriebs** (z. B. Verpackungs- und Frachtkosten) geplant und kontrolliert. (**ÜB** 6/165–170)

c) Planung und Kontrolle der Gemeinkosten

aa) Aufgaben und allgemeine Voraussetzungen

Die Gemeinkostenplanung erfolgt jeweils für die **Planperiode,** d. h. in der Regel für ein Jahr. In der Zwischenzeit eingetretene Veränderungen der Plandaten werden nur bei größeren produktionstechnischen, organisatorischen oder kapazitätsmäßigen Änderungen berücksichtigt.

Die Gemeinkostenkontrolle wird dagegen jeweils für die **Abrechnungsperiode,** d. h. gewöhnlich für jeden Monat vollzogen. Die Rechenarbeit bei der Kontrolle ist folglich außerordentlich umfangreich und muß deshalb straff durchorganisiert sein.

Ziel der Gemeinkostenplanung ist die Aufstellung von **Gemeinkostenplänen** pro Kostenstelle und pro Bezugsgröße. Diese Gemeinkostenpläne liefern

(1) die Sollkosten als eine der beiden Hauptkomponenten des Soll-Ist-Vergleichs,

(2) die Plankalkulationssätze als Grundlage der Plankalkulation und der Erfolgsplanung und -analyse.

Die Planung der Gemeinkosten erfolgt **pro Kostenstelle,** weil zum Zwekke der Kostenkontrolle die Ermittlung von Kostenabweichungen dort erfolgen muß, wo die Kosten anfallen und wo sie beeinflußbar sind. Auch die Einzelkosten werden pro Kostenstelle kontrolliert, obwohl sie pro Kostenträger geplant werden. Außerdem ist eine genaue Planung der Stückkosten nur möglich, wenn die Gemeinkosten entsprechend der unterschiedlichen Beanspruchung der Kostenstelle durch die Kostenträger zugerechnet werden. Eine Verrechnung der Gemeinkosten auf die Kostenträger mit Hilfe eines pauschalen Zuschlages würde zu ungenauen Planwerten führen.

Grundlage der Gemeinkostenplanung und -kontrolle ist die Einteilung des Betriebes in **Kostenstellen,** durch die klar voneinander abgegrenzte Verantwortungsbereiche gebildet werden sollen, und ferner die Wahl der für jede Kostenstelle geeigneten **Maßgröße der Kostenverursachung** (Bezugsgröße, Schlüsselgröße). Beide Probleme wurden oben[9] bereits in allgemeiner Form behandelt. Für die Kostenstelleneinteilung wurden jedoch von der Plankostenrechnung spezielle Verfahren entwickelt, die im folgenden kurz dargestellt werden.

bb) Die Kostenstelleneinteilung in der Plankostenrechnung

Durch die **Platzkostenrechnung** lassen sich zwar differenzierte Kalkulationssätze bilden, für Zwecke der Kostenkontrolle ist dieses Verfahren der Istkostenrechnung jedoch unzureichend. Daher wurden in der Plankostenrechnung zwei Verfahren der Kostenstelleneinteilung entwickelt, die sowohl Kontierungsschwierigkeiten vermeiden als auch genaue Maßgrößen der Kostenverursachung gewährleisten.[10] Es handelt sich um die Kostenplatzrechnung[11] und die Bildung von Bereichsstellen.[12]

In der **Kostenplatzrechnung** werden die Kostenstellen analog zur Platzkostenrechnung in einzelne Kostenplätze, z. B. Maschinen oder Arbeitsplätze,

---

[9] Vgl. S. 1374 ff.

[10] Vgl. Kilger, W., Flexible Plankostenrechnung ..., S. 306 ff.

[11] Vgl. hierzu insbesondere Diercks, H., Petzold, F., Betriebsüberwachung durch Plankostenrechnung, ZfhF 1951, S. 490 ff.

[12] Vgl. hierzu insbesondere Plaut, H.-G., Die Grenz-Plankostenrechnung, ZfB 1953, S. 347 ff.

unterteilt. Differenziert nach Kostenplätzen werden dann die Kosten geplant und Kalkulationssätze gebildet. Da aber die Istkosten zusammengefaßt nach **Kostenstellen** abgerechnet werden, damit Kontierungsschwierigkeiten bei den Platzgemeinkosten vermieden werden, können jeweils nur die Kostenabweichungen einer gesamten Kostenstelle, nicht aber die Kostenabweichungen der einzelnen Kostenplätze ersichtlich gemacht werden. Daraus ergeben sich die beiden **Nachteile** der Kostenplatzrechnung. Sie ermöglicht keine Kostenkontrolle auf der Ebene der Kostenplätze. Außerdem können Fehler der Kostenplanung bei den einzelnen Kostenplätzen nicht erkannt werden.

Diese Nachteile lassen sich durch die **Bildung von Bereichsstellen** vermeiden. Dabei erfolgt eine sehr weitgehende und differenzierte Einteilung in **Kostenstellen,** entsprechend der Kostenplatzrechnung. Der Unterschied zur Kostenplatzrechnung besteht darin, daß die Kosten auf diesen kleinen Kostenstellen nicht nur geplant, sondern auch abgerechnet werden. Kostenabweichungen werden auch auf Ebene der kleinen Kostenstellen erkennbar. Dadurch wird eine Kostenkontrolle an jedem Arbeitsplatz bzw. an jeder Maschine oder Maschinengruppe möglich. Kosten, die sich nicht eindeutig den einzelnen Kostenstellen zuordnen lassen, wie z. B. das Meistergehalt, Schmieröl oder Reinigungsstoffe, werden auf sogenannten Bereichsstellen geplant und abgerechnet. Sie werden dann nach einem Kostenschlüssel auf die einzelnen Kostenstellen verteilt.

cc) Die Festlegung der Planbezugsgrößen (Beschäftigungsplanung)

Nachdem für die einzelnen Kostenstellen die Bezugsgrößen als Maßstäbe der Kostenverursachung bestimmt worden sind, muß die Höhe der Planwerte der Bezugsgrößen pro Monat (z. B. 5.000 Fertigungsstunden pro Monat, 10.000 kg pro Monat) festgelegt werden. Dabei können zwei Verfahren angewendet werden:

(1) die Kapazitätsplanung,
(2) die Engpaßplanung.

Bei der **Kapazitätsplanung** wird die Höhe der Planbezugsgröße jeder Kostenstelle auf Basis der technischen Maximalkapazität oder besser der realisierbaren Optimalkapazität geplant (z. B. in Stück, kg, Akkordminuten, Maschinenstunden usw. pro Monat). Die übrigen betrieblichen Teilbereiche werden dabei nicht berücksichtigt. Die **Engpaßplanung** dagegen beachtet die Interdependenzen aller betrieblichen Teilpläne und orientiert sich (gemäß Gutenbergs Ausgleichsgesetz der Planung) am Minimumsektor (Engpaß). In der Regel wird hier die Beschäftigung der Kostenstelle aus dem Fertigungsprogrammplan abgeleitet, der seinerseits wiederum durch andere Teilpläne (z. B. den Absatzplan) begrenzt sein kann.

Als Planbezugsgröße (Planbeschäftigung) wird bei der Engpaßplanung die zu erwartende **Durchschnittsproduktion** gewählt, die man unter Berücksichtigung aller möglichen Engpässe (einschließlich des Absatzes) in der Planperiode zu erreichen hofft. Der Vorteil dieser Methode der Festlegung der Planbezugsgrößen ist die Einbettung in die betriebliche Gesamtplanung und damit die Berücksichtigung aller bekannten Engpässe. (ÜB 6/171–178)

dd) Die Durchführung der Gemeinkostenplanung

Nachdem die ersten drei Schritte der Vorbereitung der Gemeinkostenplanung vollzogen worden sind, nämlich die Einteilung des Betriebes in Kostenstellen, die Auswahl der der Kostenverursachung entsprechenden Bezugsgrößen und die Festlegung der Planhöhe dieser Bezugsgrößen, muß nun die Höhe der Gemeinkostenarten pro Kostenstelle und pro Bezugsgröße vorgegeben werden. Das Ergebnis dieser Planung sind die Kostenpläne für alle Kostenstellen. Sie bilden die Grundlage für die laufende Kostenkontrolle im Wege des Soll-Ist-Vergleichs.

Die Gemeinkostenplanung kann mit Hilfe statistischer oder analytischer Verfahren durchgeführt werden. Im ersten Falle werden die Kostenvorgaben aus vorhandenen Kostenstatistiken, d. h. aus Vergangenheitswerten abgeleitet. Im zweiten Falle wird unter Loslösung von den Istkosten vergangener Perioden die Planung aufgrund besonderer Kostenuntersuchungen vorgenommen.

Bei der **mehrstufigen analytischen Gemeinkostenplanung** werden die Sollgemeinkosten jeweils für verschiedene Bezugsgrößenwerte (Beschäftigungsgrade) gesondert geplant, und zwar an Hand exakter Verbrauchsmessungen, die unter Anwendung aller technischen, betriebswirtschaftlichen und arbeitswissenschaftlichen Erkenntnisse vorgenommen werden. Die Verbrauchsmengen werden dann mit den Planpreisen multipliziert.

Diese Methode wird deshalb mehrstufig genannt, weil die Plangemeinkosten nicht nur für die Planbezugsgrößen, sondern für eine ganze Skala alternativer Bezugsgrößenwerte (Beschäftigungsgrade) ermittelt werden. Diese einzelnen Stufen lassen sich dann durch Interpolationen für Zwischenwerte ergänzen. Grundsätzlich werden hier jedoch für jeden Beschäftigungsgrad (z. B. 70–80%, 90–100%) besondere Kalkulationssätze (auf Vollkostenbasis) festgelegt. Der Aufbau eines solchen Stufenplans erfolgt jedoch ohne Trennung in fixe und proportionale Kosten.

Bei der **einstufigen analytischen Gemeinkostenplanung** werden die Sollgemeinkosten, die der Planbezugsgröße entsprechen – also die Plankosten – ermittelt, und zwar ebenso wie bei der mehrstufigen Methode aufgrund besonderer Verbrauchsmessungen und Berechnungen. Die besondere Problematik dieses Planungsverfahrens liegt in der Auflösung der Plangemeinkosten in fixe und proportionale Bestandteile. Dabei untersucht man für jede Kostenstelle das Zeit- und Mengengerüst der ermittelten Sollgemeinkosten der Planbezugsgröße und entscheidet, welche Verbrauchsmengen bei einer maximalen konstanten Betriebsbereitschaft auch dann gerechtfertigt sind, wenn die Istbezugsgröße Null ist.[13] Das sind dann die fixen Kosten der Kostenstelle (z. B. Kosten der Betriebsbereitschaft, wenn überhaupt nicht produziert wird).

---

[13] Vgl. Kilger, W., Plankostenrechnung, HWR, 1. Aufl., hrsg. von E. Kosiol, Stuttgart 1970, Sp. 1351

d) Der Soll-Ist-Kostenvergleich

Es wurde oben bereits darauf hingewiesen, daß der Hauptzweck der Plankostenrechnung die **Kostenkontrolle,** die zweite Aufgabe die Schaffung von Dispositionsgrundlagen ist. Ein Ziel der Kostenkontrolle und der zu diesem Zweck durchgeführten Ermittlung und Analyse der Abweichungen von den vorgegebenen Kosten ist die Überwachung und Beurteilung der für die jeweilige Abweichung verantwortlichen Mitarbeiter. Dabei muß freilich berücksichtigt werden, daß sowohl positive wie negative Planabweichungen ihre Ursache nicht unbedingt in besonderer Leistungsfähigkeit bzw. in nennenswertem Fehlverhalten der an der Produktion beteiligten Mitarbeiter haben müssen. Planabweichungen können ebensogut durch falsche, d. h. zu optimistische bzw. zu pessimistische Auswahl der Plandaten, also durch Fehlleistungen auf der Planungsseite oder durch nicht vorhersehbare und von niemandem zu vertretende Datenänderungen hervorgerufen werden.

Die **Verbrauchsabweichung** wird dabei in der Weise ermittelt, daß man versucht, alle anderen Kostenbestimmungsfaktoren mit ihren außerplanmäßigen Auswirkungen vom Soll-Ist-Vergleich fernzuhalten. Man arbeitet deshalb mit Planpreisen und einem System von Bezugsgrößen, das die Einflüsse der anderen Kostenbestimmungsfaktoren planmäßig berücksichtigt.

Welche Kostenabweichungen diese anderen Kostenbestimmungsfaktoren verursachen, wird durch die Ermittlung von **Spezialabweichungen** außerhalb der Kostenstellenrechnung festgestellt (z. B. Kostenabweichungen als Folge von außerplanmäßiger Seriengröße, außerplanmäßigen Bedienungssystemen, Verfahrensabweichungen, Ablaufabweichungen). Hierbei handelt es sich in der Regel um zu Grenzkosten bewertete Bezugsgrößendifferenzen, die zwischen der Kostenstellen- und der Kostenträgerrechnung entstehen.

Da – wie oben bereits dargestellt – die Materialpreis- und Lohnsatzabweichungen bereits vor der Kostenrechnung erfaßt und abgegrenzt werden, gehen in die Kostenrechnung für die entsprechenden Kostenarten die Istmengen multipliziert mit ihren Planpreisen ein (= Istkosten der Plankostenrechnung). Diese „Istkosten" sind nicht zu verwechseln mit den Istkosten der Istkostenrechnung (Istmenge × Istpreis).

Bei der Vollplankostenrechnung wird die **Gesamtabweichung,** d. h. die Differenz zwischen den verrechneten Plankosten und den Istkosten (Istmenge × Planpreis) in zwei Abweichungen aufgeteilt: in die Beschäftigungsabweichung und die Verbrauchsabweichung.

Verbrauchsabweichungen entstehen, wenn die geplanten und die tatsächlich verbrauchten Mengen an Kostengütern nicht übereinstimmen. Rechnerisch läßt sich die Verbrauchsabweichung einer Kostenstelle ermitteln, indem man den Istmengenverbrauch jeder Kostenart einer Kostenstelle, bewertet mit Planpreisen, dem geplanten Mengenverbrauch, ebenfalls bewertet mit Planpreisen, gegenüberstellt, und zwar beim effektiven Beschäftigungsgrad (Istbeschäftigungsgrad, Istausnutzungsgrad). Da jede Mengeneinheit einer Kostenart mit dem gleichen Planverrechnungspreis bewertet wird und da der dem Vergleich zugrunde gelegte Beschäftigungsgrad ebenfalls gleich ist, kann eine entstehende Differenz nur eine Mengen-(Verbrauchs)abweichung sein.

> Istmenge × Planpreis beim Istbeschäftigungsgrad
> − Planmenge × Planpreis beim Istbeschäftigungsgrad
> ───
> = Verbrauchsabweichung

Oder:

> Verbrauchsabweichung = Istkosten − Sollkosten

Die mit dem Planpreis bewerteten Planmengen beim Istbeschäftigungsgrad sind die **Sollkosten.**

Stellt man die Sollkosten den Plankosten des geplanten Beschäftigungsgrades gegenüber, so erhält man die **Beschäftigungsabweichung** (Ausnutzungsabweichung). Sie wird im Gegensatz zur Verbrauchsabweichung nicht je Kostenart, sondern für jede Kostenstelle insgesamt oder bei heterogener Kostenstruktur je Bezugsgröße ermittelt.[14]

> Planmenge × Planpreis beim Istbeschäftigungsgrad
> − Planmenge × Planpreis beim Planbeschäftigungsgrad
>   × Istbeschäftigungsgrad
> ───
> = Beschäftigungsabweichung

Oder:

> Beschäftigungsabweichung = Sollkosten − verrechnete Plankosten

Die Beschäftigungsabweichung ist eine Folge davon, daß der Plankostenverrechnungssatz bei der Vollplankostenrechnung fixe und variable Kosten enthält und infolgedessen auch die nicht proportionalen Kostenbestandteile wie proportionale verrechnet werden, wenn der Istbeschäftigungsgrad vom Planbeschäftigungsgrad abweicht. Es entsteht eine Überdeckung, wenn der Istbeschäftigungsgrad größer, eine Unterdeckung, wenn er kleiner ist als der Planbeschäftigungsgrad. Die Beziehungen zeigt die Abbildung auf S. 1337.

Der **Soll-Ist-Kostenvergleich** ist bei der Vollplankostenrechnung genau betrachtet ein

> Istkosten − Sollkosten − verrechnete Plankosten − Vergleich

Hierbei werden die Verbrauchsabweichungen als zu verantwortende Restabweichungen im System der Plankostenrechnung als letzte Abweichung, d. h. nach Ermittlung aller anderen Abweichungen, errechnet und analysiert.

Die Verbrauchsabweichung ist als Differenz zwischen Ist- und Sollkosten bei richtig geplanten Sollkosten und richtig erfaßten Istkosten eindeutig bestimmt, d. h. sie wird nicht vom Kapazitätsausnutzungsgrad beeinflußt.

---

[14] Vgl. Mellerowicz, K., a. a. O., S. 257

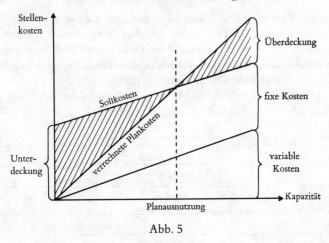

Abb. 5

Die Beschäftigungsabweichung dagegen ändert sich als Differenz zwischen Sollkosten und verrechneten Plankosten, wenn ein anderer Kapazitätsausnutzungsgrad als Planungsbasis verwendet wird, weil eine Veränderung der Planungsbasis auch zu einer Änderung des (Voll-)Plankostenverrechnungssatzes führt.

Beispiel:

Die Planbezugsgröße einer Kostenstelle beträgt bei 100%iger Kapazitätsausnutzung (Kapazitätsplanung) 6.000 Maschinenstunden, bei 80%iger Kapazitätsausnutzung (Engpaßplanung) 4.800 Maschinenstunden. Die entsprechenden Plankosten belaufen sich auf 24.000 DM bzw. 20.400 DM. Sie setzen sich aus 6.000 DM fixen Kosten und 18.000 bzw. 14.400 DM variablen Kosten zusammen.

Der **Plankostenverrechnungssatz**, d. h. der Plankostenbetrag je Maschinenstunde, ergibt sich durch Division der Plankosten durch die Planbezugsgröße, also:

bei Kapazitätsplanung	bei Engpaßplanung
$\dfrac{24.000\,\text{DM}}{6.000\,\text{Std.}} = 4\,\text{DM/Std.}$	$\dfrac{20.400\,\text{DM}}{4.800\,\text{Std.}} = 4.25\,\text{DM/Std.}$

Angenommen, die Istproduktion der Abrechnungsperiode beträgt 4.200 Maschinenstunden; dafür sind Istkosten von 19.200 DM angefallen. Die **verrechneten Plankosten** (= Plankosten der Istbeschäftigung) betragen dann:

bei Kapazitätsplanung	bei Engpaßplanung
4.200 Std. × 4 DM = 16.800 DM	4.200 Std. × 4,25 DM = 17.850 DM

Bei dieser Rechnung sind jedoch die fixen Kosten ebenso wie die variablen Kosten proportional zur Beschäftigungsänderung vermindert worden. Die Differenz zwischen den Istkosten und den verrechneten Plankosten zeigt die Gesamtabweichung, ohne diese jedoch in eine Beschäftigungsabweichung und eine Verbrauchsabweichung aufzuspalten.

Diese Aufspaltung erfolgt mit Hilfe der **Sollkosten,** die sich – wie oben bereits erwähnt – aus folgender Rechnung ergeben:

$$\text{Sollkosten} = \text{fixe Kosten} + \frac{\text{variable Kosten}}{\text{Planbezugsgröße}} \times \text{Istbezugsgröße}.$$

Es errechnen sich also folgende Sollkosten:

bei Kapazitätsplanung:	bei Engpaßplanung:
$6.000 + \dfrac{18.000}{6.000} \times 4.200 = 18.600\,\text{DM}$	$6.000 + \dfrac{14.400}{4.800} \times 4.200 = 18.600\,\text{DM}$

Es lassen sich nun folgende Abweichungen berechnen:

	Kapazitätsplanung	Engpaßplanung
Istkosten	19.200	19.200
Sollkosten	− 18.600	− 18.600
Verbrauchsabweichung	= 600	600
Sollkosten	18.600	18.600
verrechnete Plankosten bei Istbeschäftigung	− 16.800	− 17.850
Beschäftigungsabweichung	= 1.800	750
Gesamtabweichung	2.400	1.350

Die Sollkosten verlaufen in beiden Fällen gleich. Bei einer Istbeschäftigung von 4.200 Maschinenstunden (= Kapazitätsausnutzung von 70%) sind die Istkosten in beiden Fällen ebenfalls gleich. Folglich ergibt sich in beiden Fällen die gleiche Verbrauchsabweichung (Istkosten – Sollkosten).

Die verrechneten Plankosten steigen im Falle der Engpaßplanung steiler an, da sie bei einem Kapazitätsausnutzungsgrad von 80% (= 4.800 Maschinenstunden) und nicht erst von 100% (= 6.000 Maschinenstunden) den Sollkosten entsprechen. Die Beschäftigungsabweichung ist folglich bei Engpaßplanung (80%) geringer als bei Kapazitätsplanung (100%).

Bei der **Grenzplankostenrechnung** enthalten die Plankostenverrechnungssätze keine fixen Kosten. Folglich tritt hier keine Beschäftigungsabweichung auf. Die Sollgemeinkosten und die verrechneten Grenzplankosten sind gleich, wenn für alle Kostenarten proportionaler Kostenverlauf unterstellt wird. (**ÜB 6**/179–186; 191–195)

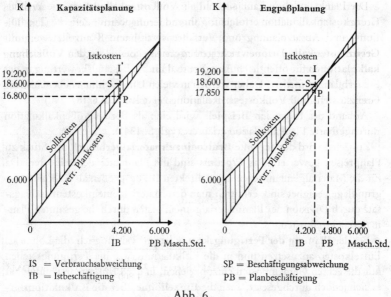

IS = Verbrauchsabweichung
IB = Istbeschäftigung

SP = Beschäftigungsabweichung
PB = Planbeschäftigung

Abb. 6

3. Die Plankalkulation

Obwohl die Hauptaufgabe der Plankostenrechnung die Kostenkontrolle ist, die in den Kostenstellen durchgeführt wird, darf die Bedeutung der Plankostenrechnung **für die Kalkulation** (Kostenträgerrechnung) nicht unterschätzt werden. Die Plankalkulation hat grundsätzlich die gleichen Aufgaben wie die nicht auf geplanten Größen basierenden Vor- und Nachkalkulationen und verwendet dabei prinzipiell die oben dargestellten Kalkulationsverfahren, die – wie gezeigt – im wesentlichen von der Art der Produktion (Massen-, Sorten-, Serien-, Einzel-, Kuppelproduktion) bestimmt werden.

Die Besonderheit der Plankalkulation liegt vor allem darin, daß die verrechneten Werte (Verbrauchsmengen, Kalkulationssätze) **geplante Größen** sind. Mit Hilfe der Plankalkulation werden die geplanten Selbstkosten pro Kostenträger jeweils für eine Planungsperiode (i. d. R. ein Jahr) exakt ermittelt. Für diese Kalkulation sind **folgende Plandaten** erforderlich:

(1) Die geplanten Einzelkosten, die sich aus den geplanten Verbrauchsmengen und den Planpreisen ergeben.

(2) Die geplanten Gemeinkostensätze pro Bezugsgröße. Vor ihrer Ermittlung ist die Planbeschäftigung in den Kostenstellen festzulegen.

Eine Plankalkulation kann nur in **Unternehmen mit standardisierten Erzeugnissen** durchgeführt werden. In Unternehmen mit Einzel- und Auftragsfertigung stehen die erforderlichen Plandaten in der Regel nur für die jeweiligen Einzelaufträge, nicht aber für die gesamte Planungsperiode zur Verfügung.[15]

---

[15] Vgl. Kilger, W., Einführung in die Kostenrechnung, 3. Aufl., Wiesbaden 1987, S. 294 f.

Die Plankalkulation kann sowohl als Vollkostenkalkulation wie auch als Grenzkostenkalkulation erfolgen. Während für dispositive Zwecke (Produktions- und Absatzplanung und Verfahrenswahl) und Kontrollzwecke nur **Grenzkostenkalkulationen** richtige Ergebnisse liefern, werden **Vollkostenkalkulationen** für öffentliche Aufträge und für die Bestandsbewertung in der Steuerbilanz gefordert. Daher werden in vielen Unternehmen nebeneinander Grenzkosten- und Vollkostenkalkulationen erstellt. (**ÜB 6**/187–190)

Anhand des folgenden **Beispiels** wird eine als Bezugsgrößenkalkulation durchgeführte Plankalkulation erläutert (vgl. S. 1341):

Zunächst wird der geplante **Bruttoeinzelmaterialverbrauch** pro Stück zu Planpreisen bewertet. Das Ergebnis sind die Planmaterialeinzelkosten. Da für die Materialgemeinkosten keine direkten Bezugsgrößen als Kalkulationsgrundlage geeignet sind, ermittelt man den Materialgemeinkostenzuschlagssatz durch Division der Planmaterialgemeinkosten durch die gesamten Planmaterialeinzelkosten.

Bei der **Planung der Fertigungskosten** ist es zwar möglich, die Löhne als Einzelkosten anzusetzen und in die Kalkulationssätze der Fertigungsstellen nur die echten Gemeinkosten einzubeziehen, in der Plankostenrechnung hat es sich jedoch durchgesetzt, auch die **Einzellöhne über die Kalkulationssätze** der Kostenstellen abzurechnen.[16] Für die Fertigungsstelle I müssen für die Kalkulation auf Grenzkosten- bzw. auf Vollkostenbasis je zwei Kalkulationssätze gebildet werden, da sich ein Teil der Kosten proportional zur Maschinenlaufzeit, der andere Teil sich proportional zur Rüstzeit verhält, d. h. eine heterogene Kostenverursachung vorliegt. Bei der Fertigungsstelle II handelt es sich um eine Kostenstelle mit homogener Kostenverursachung, denn alle beschäftigungsabhängigen Kosten verhalten sich proportional zu einer Bezugsgröße, nämlich der Arbeitszeit. Folglich reicht in der Fertigungsstelle II je ein Kalkulationssatz aus.

Wie bereits erläutert wurde, gibt es auch für die **Verwaltungs- und Vertriebsgemeinkosten** keine als Kalkulationsgrundlage geeignete direkte Bezugsgröße, da sie in keiner direkten Beziehung zu den Kostenträgern stehen. Die Verwaltungs- und Vertriebsgemeinkostenzuschläge werden deshalb in der Weise ermittelt, daß die geplanten Verwaltungs- und Vertriebsgemeinkosten durch die Planherstellkosten der abzusetzenden Erzeugnisse (= indirekte Bezugsgröße) dividiert werden. Die Planverwaltungs- bzw. -vertriebsgemeinkosten pro Stück ergeben sich dann durch Multiplikation der Zuschlagssätze mit den Planherstellkosten pro Stück. Werden die Planverwaltungs- und -vertriebsgemeinkosten pro Stück sowie eventuelle Sondereinzelkosten des Vertriebs zu den Planherstellkosten pro Stück addiert, so erhält man die Planselbstkosten (im Beispiel als Grenzkosten und als Vollkosten).

---

[16] Vgl. Kilger, W., Flexible Plankostenrechnung ..., a. a. O., S. 247; Käfer, K., Standardkostenrechnung, 2. Aufl., Zürich und Stuttgart 1964, S. 165

Beispiel zur Plankalkulation:

		Grenz-kosten	Voll-kosten
I.	**Planmaterialkosten** Nettoeinzelmaterial-verbrauch 3 kg/Stück + 10%iger Zuschlag für Ausschuß und Abfall 0,3 kg/Stück		
	= Bruttoeinzelmaterial-verbrauch 3,3 kg/Stück × Planpreis (10 DM/kg)		
	= Planmaterialeinzelkosten 3,3 kg/Stück × 10 DM/kg + Planmaterialgemein-kosten (Bezugsbasis: Einzelmaterialkosten)	33,—	33,—

	Grenzkosten	Vollkosten
Zuschlagssatz	20%	40%

	+ 6,60	+ 13,20

		Grenz-kosten	Voll-kosten
	= Summe Planmaterialkosten	= 39,60	= 46,20

II. Planfertigungskosten

	Planbezugs-größe pro Stück	Plankalkulationssatz		Grenzkosten	Vollkosten
		Grenzkosten	Vollkosten		
Ftg. Stelle I	0,5 Masch. Std.	35 DM/Std.	45 DM/Std.	17,50	22,50
+ Ftg. Stelle I	0,1 Rüst. Std.	20 DM/Std.	30 DM/Std.	+ 2,—	+ 3,—
+ Ftg. Stelle II	1 Arbeitsstd.	30 DM/Std.	40 DM/Std.	+ 30,—	+ 40,—

	Grenzkosten	Vollkosten
= Summe Planfertigungskosten	= 49,50	= 65,50
III. Planherstellkosten (Summe I + II)	= 89,10	= 111,70

IV. Planverwaltungs- und -vertriebskosten
Verwaltungsgemeinkosten
(Bezugsbasis: Planherstellkosten der abzusetzenden Leistungen)

	Grenzkosten	Vollkosten
Zuschlagssatz	10%	15%

	Grenzkosten	Vollkosten
	+ 8,91	+ 16,75

+ Vertriebsgemeinkosten
(Bezugsbasis: Planherstellkosten der abzusetzenden Leistungen)

	Grenzkosten	Vollkosten
Zuschlagssatz	4%	10%

	Grenzkosten	Vollkosten
	+ 3,56	+ 11,17
+ Plansondereinzelkosten des Vertriebs	+ 12,—	+ 12,—
V. Planselbstkosten (Summe III + IV)	= 113,57	= 151,62

Literaturverzeichnis

Vorbemerkung

Das Literaturverzeichnis zu den Abschnitten 2 bis 6 beschränkt sich im Interesse der Überschaubarkeit auf ausgewählte Monographien. Zeitschriftenaufsätze zu Spezialproblemen sind in der Regel in den Literaturverzeichnissen der angegebenen Monographien zu finden. Zu Abschnitt 1 konnte auf die Angabe von Zeitschriftenaufsätzen nicht verzichtet werden, da die meisten Beiträge zur Methodologie und Geschichte der Betriebswirtschaftslehre nicht in Büchern, sondern in Zeitschriften enthalten sind.

Den Literaturangaben zu den einzelnen Abschnitten ist eine Auswahl von Gesamtdarstellungen und Handwörterbüchern vorangestellt, die bei den Literaturangaben zu den einzelnen Abschnitten nicht noch einmal aufgeführt werden, obwohl sie alle oder mehrere Abschnitte dieses Buches betreffen.

Gesamtdarstellungen

Albach, H., Albach, R.: Das Unternehmen als Institution, Rechtlicher und gesellschaftlicher Rahmen, Eine Einführung, Wiesbaden 1989.

Arndt, H.: Mikroökonomische Theorie, 1. Band: Markt und Macht, 2. Aufl., Tübingen 1973, 2. Band: Kapitalismus, Sozialismus, Konzentration und Konkurrenz, 2. Aufl., Tübingen 1976.

Bartling, H., Luzius, F.: Grundzüge der Volkswirtschaftslehre, 10. Aufl., München 1993.

Bea, F.X., Dichtl, E., Schweitzer, M. (Hrsg.): Allgemeine Betriebswirtschaftslehre, 3 Bde, Bd. 1: Grundfragen, Bd. 2: Führung, Bd. 3: Leistungsprozeß, alle 6. Aufl., Stuttgart 1992/93/94.

Bestmann, U. (Hrsg.): Kompendium der Betriebswirtschaftslehre, 7. Aufl., München/Wien 1994.

Brauer, K.M. (Hrsg.): Allgemeine Betriebswirtschaftslehre, Würzburg/Wien 1971.

Busse von Colbe, W., Laßmann, G.: Betriebswirtschaftstheorie, 3 Bde, Bd. 1: Grundlagen, Produktions- und Kostentheorie, 5. Aufl., Berlin, Heidelberg, New York, Tokio 1991, Bd. 2: Absatztheorie und Bd. 3: Investitionstheorie, 4. Aufl., Berlin, Heidelberg, New York, Tokio 1994.

Corsten, H. (Hrsg.): Lexikon der Betriebswirtschaftslehre, 3. Aufl., München/Wien 1995.

Corsten, H., Reiß, M. (Hrsg.): Betriebswirtschaftslehre, 2. Aufl., München/Wien 1996.

Diederich, H.: Allgemeine Betriebswirtschaftslehre, 7. Aufl., Stuttgart u. a. 1993.

Drukarczyk, J., Müller-Hagedorn, L. (Hrsg.): Betriebswirtschaftslehre, 2 Bde, Wiesbaden 1978.

Endres, W.: Der Betrieb. Grundriß der Allgemeinen Betriebswirtschaftslehre, Bergisch Gladbach/Köln 1991.

Federmann, R.: Allgemeine Betriebswirtschaftslehre, Wiesbaden 1976.

Fischer, G.: Allgemeine Betriebswirtschaftslehre, 10. Aufl., Heidelberg 1964.

Fries, H.-P.: Betriebswirtschaftslehre des Industriebetriebes, 4. Aufl., München/Wien 1995.

Gutenberg, E.: Einführung in die Betriebswirtschaftslehre, Wiesbaden 1958.

–: Grundlagen der Betriebswirtschaftslehre, Bd. 1: Die Produktion, 24. Aufl., Berlin, Heidelberg, New York 1984, Bd. 2: Der Absatz, 17. Aufl., Berlin, Heidelberg, New York 1983, Bd. 3: Die Finanzen, 8. Aufl., Berlin, Heidelberg, New York 1980.

Hahn, O.: Allgemeine Betriebswirtschaftslehre, 2. Aufl., München/Wien 1994.

Handbuch der Wirtschaftswissenschaften, hrsg. von K. Hax und Th. Wessels, 2 Bde, 2. Aufl., Köln und Opladen 1966.

Handwörterbuch der Betriebswirtschaft, hrsg. von H. Seischab und K. Schwantag, 4 Bde, 3. Aufl., Stuttgart 1956/62.

Handwörterbuch der Betriebswirtschaft, hrsg. von E. Grochla und W. Wittmann, 3 Bde, 4. Aufl., Stuttgart 1974/1976.

Handwörterbuch der Betriebswirtschaft, hrsg. von W. Wittmann, W. Kern, R. Köhler, H.-U. Küpper und K. v. Wysocki, 3 Bde, 5. Aufl., Stuttgart 1993.

Handwörterbuch der Produktionswirtschaft, hrsg. von W. Kern, 2. Aufl., Stuttgart 1996.

Handwörterbuch der Sozialwissenschaften, hrsg. von E. von Beckenrath und C. Brinkmann, 12 Bde, Stuttgart, Tübingen, Göttingen 1956/65.

Handwörterbuch der Wirtschaftswissenschaft, hrsg. von W. Albers u. a., 9 Bde, Stuttgart 1977/83.

Hanssmann, F.: Quantitative Betriebswirtschaftslehre, 4. Aufl., München 1995.

Heinen, E.: Einführung in die Betriebswirtschaftslehre, 9. Aufl., Wiesbaden 1985, Nachdruck 1992.

Henderson, J. M., Quandt, R. E.: Mikroökonomische Theorie, 5. Aufl., München 1983.

Hörschgen, H.: Grundbegriffe der Betriebswirtschaftslehre, 3. Aufl., Stuttgart 1992.

Hopfenbeck, W.: Allgemeine Betriebswirtschafts- und Managementlehre, 8. Aufl., Landsberg am Lech 1994.

Hüttner, M.: Betriebswirtschaftslehre. Einführung und Überblick, 2. Aufl., Berlin/New York 1995.

Illetschko, L. L.: Unternehmenstheorie. Elemente rationeller Betriebslenkung, 2. Aufl., Wien, New York 1967.

Jacob, H. (Hrsg.): Allgemeine Betriebswirtschaftslehre: Handbuch für Studium und Prüfung, 5. Aufl., Wiesbaden 1988, Nachdruck 1990.

Joschke, H. K.: Praktisches Lehrbuch der Betriebswirtschaft, 6. Aufl., Landsberg/Lech 1981.

Kirsch, W.: Betriebswirtschaftslehre: Systeme, Entscheidungen, Methoden, Wiesbaden 1974.

Kolbinger, J.: Die Betriebswirtschaftslehre als Lehre von der sozialen Leistungsordnung. Eine Einführung in die Betriebswirtschaftslehre als Sozialwissenschaft, Berlin, München 1980.

Korndörfer, W.: Allgemeine Betriebswirtschaftslehre, 10. Aufl., Wiesbaden 1992.

Kosiol, E.: Die Unternehmen als wirtschaftliches Aktionszentrum. Einführung in die Betriebswirtschaftslehre, Hamburg 1974.

–: Bausteine der Betriebswirtschaftlehre, Berlin 1973.

Lechner, K., Egger, A., Schauer, R.: Einführung in die Allgemeine Betriebswirtschaftslehre, 15. Aufl., Wien 1994.

Lehmann, M. R.: Allgemeine Betriebswirtschaftslehre. Allgemeine Theorie der Betriebswirtschaft, 3. Aufl., Wiesbaden 1956.

Löffelholz, J.: Repetitorium der Betriebswirtschaftslehre, 6. Aufl., Wiesbaden 1987.

Lohmann, M.: Einführung in die Betriebswirtschaftslehre, 4. Aufl., Tübingen 1964.

Lück, W. (Hrsg.): Lexikon der Betriebswirtschaft, 5. Aufl., Landsberg/Lech 1993.

Luger, A. E.: Allgemeine Betriebswirtschaftslehre, 2 Bde, Bd. 1: Der Aufbau des Betriebes, Bd. 2: Funktionsbereiche des betrieblichen Ablaufs, beide 3. Aufl., München, Wien 1991.

Marshall, A.: Principles of Economics, 9. Aufl., London 1961.

Meyer, L.: Grundriß der allgemeinen Betriebswirtschaftslehre, 2. Aufl., Wiesbaden 1970.

Mellerowicz, K.: Allgemeine Betriebswirtschaftslehre, 5 Bde, 12. Aufl., Berlin 1964/68, Bd. 1, 14. Aufl., Berlin 1973.

–: Unternehmenspolitik, 3 Bde, Bd. 1 u. 2, 3. Aufl., Freiburg i. Br. 1976/77, Bd. 3, 4. Aufl., Freiburg i. Br. 1978.

Mertens, P., Plötzeneder, H. D.: Programmierte Einführung in die Betriebswirtschaftslehre, 4 Bde, Bd. 1, 8. Aufl., Wiesbaden 1993, Bd. 2–4, 2. Aufl., Wiesbaden 1975.

Müller-Merbach, H.: Einführung in die Betriebswirtschaftslehre für Erstsemester und Abiturienten, 2. Aufl., München 1976.

Nicklisch, H.: Die Betriebswirtschaft, 7. Aufl., der „Wirtschaftlichen Betriebslehre", Stuttgart 1932.

Peters, S.: Betriebswirtschaftslehre, 6. Aufl., München/Wien 1994.

Pfohl, H.-C. (Hrsg.): Betriebswirtschaftslehre der Mittel- und Kleinbetriebe, 2. Aufl., Berlin 1990.

Preitz, O.: Allgemeine Betriebswirtschaftslehre für Studium und Praxis, 5. Aufl., Baden-Baden und Bad Homburg 1986.

Radke, M.: Die große betriebswirtschaftliche Formelsammlung, Elementarausgabe, 8. Aufl., Landsberg a. Lech 1991.

Raffée, H.: Grundprobleme der Betriebswirtschaftslehre, Göttingen 1974.

Rieger, W.: Einführung in die Privatwirtschaftslehre, Nürnberg 1928, 3. Aufl., Erlangen 1964 (Nachdruck: Erlangen 1984).

Rößle, K.: Allgemeine Betriebswirtschaftslehre, 5. Aufl., Stuttgart 1956.

Samuelson, P. A.: Volkswirtschaftslehre, 2 Bde, 8. Aufl., Köln 1987.

Sandig, C.: Betriebswirtschaftspolitik, 2. Aufl., Stuttgart 1966.

Schäfer, E.: Die Unternehmung. Einführung in die Betriebswirtschaftslehre, 10. Aufl., Wiesbaden 1980 (Nachdruck: 1991).

Scheer, A.-W.: EDV-orientierte Betriebswirtschaftslehre, 4. Aufl., Berlin u. a. 1990.

Scheuch, F. (Hrsg.): Allgemeine Betriebswirtschaftslehre, Texte für das Grundstudium, Wien 1990.

Schierenbeck, H.: Grundzüge der Betriebswirtschaftslehre, 12. Aufl., München u. a. 1995.

–: Übungsbuch zu Grundzüge der Betriebswirtschaftslehre, 7. Aufl., München/Wien 1996.

Schmalen, H.: Grundlagen und Probleme der Betriebswirtschaft, 9. Aufl., Köln 1993.

Schmidt, R.-B.: Wirtschaftslehre der Unternehmung, 3 Bde, Bd. 1, 2. Aufl., Stuttgart 1977, Bd. 2 u. 3, 1. Aufl., Stuttgart 1973/1978.

Schneider, D.: Allgemeine Betriebswirtschaftlehre, 3. Aufl., München/Wien 1987.

–: Betriebswirtschaftslehre, Bd. 1: Grundlagen, 2. Aufl., München/Wien 1995.

Schneider, E.: Einführung in die Wirtschaftstheorie, Teil 1: Theorie des Wirtschaftskreislaufs, 14. Aufl., Tübingen 1969, Teil 2: Wirtschaftspläne und wirtschaftliches Gleichgewicht in der Verkehrswirtschaft, 13. Aufl., Tübingen 1972.

Schult, E.: Allgemeine Betriebswirtschaftslehre, 2. Aufl., Freiburg i. Br. 1984.

Selchert, F. W.: Einführung in die Betriebswirtschaftslehre in Übersichtsdarstellungen, 3. Aufl., München/Wien 1991.

Specht, G.: Einführung in die Betriebswirtschaftslehre, Stuttgart 1990.

Stackelberg, H. v.: Grundlagen der theoretischen Volkswirtschaftslehre, 2. Aufl., Tübingen und Zürich 1951.

Stüdemann, K.: Allgemeine Betriebswirtschaftslehre, 3. Aufl., München/Wien 1993.

Thommen, J.-P.: Allgemeine Betriebswirtschaftslehre: umfassende Einführung aus managementorientierter Sicht, Wiesbaden 1991.

Ulrich, H.: Die Unternehmung als produktives soziales System, 2. Aufl., Berlin und Stuttgart 1970.

Vahlens Kompendium der Betriebswirtschaftslehre, 2 Bde, 3. Aufl., München 1993.

Vahlens Großes Wirtschaftslexikon, 2 Bde, hrsg. von E. Dichtl und O. Issing, 2. Aufl., München 1993.

Walther, A.: Einführung in die Wirtschaftslehre der Unternehmung, Bd. 1, 2. Aufl., Zürich 1959, Bd. 2, Zürich 1953.

Weber, W.: Einführung in die Betriebswirtschaftslehre, Wiesbaden 1991, Nachdruck 1992.

Wittgen, R.: Einführung in die Betriebswirtschaftslehre, 2. Aufl., München 1979.

Wittmann, W.: Betriebswirtschaftslehre, 2 Bde, Bd. 1: Grundlagen, Elemente, Instrumente, Tübingen 1982, Bd. 2: Beschaffung, Produktion, Absatz, Investition, Finanzierung, Tübingen 1985.

Wöhe, G., Kaiser, H., Döring, U.: Übungsbuch zur Einführung in die Allgemeine Betriebswirtschaftslehre, 8. Aufl., München 1996.

Woll, A.: Allgemeine Volkswirtschaftslehre, 11. Aufl., München 1993.

–: Wirtschaftslexikon, 7. Aufl., München/Wien 1993.

Wunderer, R., Grunwald, W., Moldenhauer, P.: Führungslehre, 2 Bde, Berlin, New York 1984.

Zimmerer, C.: Kompendium der Betriebswirtschaftslehre, 4. Aufl., Frankfurt/M. 1971.

Literatur zum 1. Abschnitt

1. Gegenstand und Methoden der Betriebswirtschaftslehre

Albach, H.: Ansätze zu einer empirischen Theorie der Unternehmung. In: Wissenschaftsprogramm und Ausbildungsziele der Betriebswirtschaftslehre, Berlin 1971, S. 133 ff.

Albert, H.: Das Werturteilsproblem im Lichte der logischen Analyse, ZfgSt 1956, S. 410 ff.

Bergner, H.: Grundzüge der formalen Logik für den betriebswirtschaftlichen Gebrauch. In: Die Betriebswirtschaftslehre in der zweiten industriellen Evolution, hrsg. von G. v. Kortzfleisch, Berlin 1969, S. 1 ff.

Bidlingmaier, J.: Unternehmerziele und Unternehmerstrategien, Wiesbaden 1964.

–: Zielkonflikte und Zielkompromisse im unternehmerischen Entscheidungsprozeß, Wiesbaden 1968.

Budäus, D.: Betriebswirtschaftslehre und Wissenschaftstheorie. Ein Beitrag im Rahmen der Diskussion um die „Entscheidungsprozesse" von W. Kirsch, ZfB 1972, S. 373 ff.

Chmielewicz, K.: Forschungskonzeptionen der Wirtschaftswissenschaft, 3. Aufl., Stuttgart 1994.

–: Forschungsschwerpunkte und Forschungsdefizite in der deutschen Betriebswirtschaftslehre, ZfB 1984, S. 148 ff.

Dahrendorf, R.: Gesellschaft und Freiheit. Zur soziologischen Analyse der Gegenwart, München 1961.

Dlugos, G., Eberlein G., Steinmann, H. (Hrsg.): Wissenschaftstheorie und Betriebswirtschaftslehre. Eine methodologische Kontroverse, Düsseldorf 1972.

Eberlein, G., Kroeber-Riel, W. (Hrsg.): Forschungslogik der Sozialwissenschaften, Düsseldorf 1974.

Fettel, J.: Die normative Betriebswirtschaftslehre, BFuP 1949, S. 376 ff.

Fischer-Winkelmann, W. F.: Methodologie der Betriebswirtschaftslehre, München 1971.

Gäfgen, G.: Theorie der wirtschaftlichen Entscheidung. Untersuchung zur Logik und ökonomischen Bedeutung des rationalen Handelns, 3. Aufl., Tübingen 1974.

Grochla, E.: Einführung in die Organisationstheorie, Stuttgart 1978.

Gümbel, R.: Nebenbedingungen und Varianten der Gewinnmaximierung, ZfhF 1963, S. 12 ff.

Gutenberg, E.: Die Unternehmung als Gegenstand betriebswirtschaftlicher Theorie, Berlin und Wien 1929.

–: Zum „Methodenstreit", ZfhF 1953, S. 327 ff.

–: Betriebswirtschaftslehre als Wissenschaft, Kölner Universitätsrede, 2. Aufl., Krefeld 1961, 3. Aufl., Köln 1967.

Hasenack, W.: Funktions- oder Wirtschaftszweiglehren als spezielle Betriebslehren?, WPg 1954, S. 310. ff.

Hax, H.: Rentabilitätsmaximierung als unternehmerische Zielsetzung, ZfhF 1963, S. 337 ff.

Hax, K.: Die Unternehmung als Erkenntnisobjekt von Betriebswirtschaftslehre und Betriebssoziologie, ZfbF 1965, S. 233 ff.

Heinen, E., Dietel, B.: Zur „Wertfreiheit" in der Betriebswirtschaftslehre, ZfB 1976, S. 1 ff. und S. 101 ff.

Hill, W.: Betriebswirtschaftslehre als Wissenschaft, Zürich und St. Gallen 1957.

Kalveram, W.: Grundfragen der Betriebswirtschaft und der Betriebswirtschaftslehre, BFuP 1949, S. 10 ff.

Katterle, S.: Normative und explikative Betriebswirtschaftslehre, Göttingen 1964.

Keinhorst, H.: Die normative Betrachtungsweise in der Betriebswirtschaftslehre, Berlin 1956.

Kosiol, E.: Betriebswirtschaftslehre und Unternehmensforschung. Eine Untersuchung ihrer Standorte und Beziehungen auf wissenschaftstheoretischer Grundlage, ZfB 1964, S. 743 ff.

Kroeber-Riel, W.: Wissenschaftstheoretische Sprachkritik in der Betriebswirtschaftslehre, Berlin 1969.

Krüger, W.: Macht in der Unternehmung. Elemente und Strukturen, Stuttgart 1976.

Lehmann, M. R.: Die Stellung der Betriebswirtschaftslehre im Rahmen der Wirtschafts- und Sozialwissenschaften. In: Festschrift für Proessller, Erlangen 1953.

Marx, A.: Ethische Probleme in der Betriebswirtschaftslehre. In: Gegenwartsprobleme der Betriebswirtschaft, Festschrift für Walter Le Coutre, Baden-Baden, Frankfurt a. M. 1955, S. 41 ff.

Mellerowicz, K.: Die Stellung der Betriebswirtschaftslehre im Rahmen der Wirtschaftswissenschaften, ZfB 1951, S. 385 ff.

–: Eine neue Richtung in der Betriebswirtschaftslehre? Eine Betrachtung zu dem Buch von E. Gutenberg: „Grundlagen der Betriebswirtschaftslehre", 1. Bd.: Die Produktion, ZfB 1952, S. 145 ff.

–: Betriebswirtschaftslehre am Scheidewege?, ZfB 1953, S. 265 ff.

Moxter, A.: Methodologische Grundfragen der Betriebswirtschaftslehre, Köln und Opladen 1957.

Popper, K. R.: Logik der Forschung, 10. Aufl., Tübingen 1994.

Rieger, W.: Einführung in die Privatwirtschaftslehre, 3. Aufl., Erlangen 1964.

Schanz, G.: Methodologie für Betriebswirte, 2. Aufl., Stuttgart 1988.

Schmalenbach, E.: Die Privatwirtschaftslehre als Kunstlehre, ZfhF 1911/12, S. 304 ff.

Schönpflug, F.: Betriebswirtschaftlehre. Methoden und Hauptströmungen, 2. Aufl. von: Das Methodenproblem in der Einzelwirtschaftslehre, hrsg. von H. Seischab, Stuttgart 1954.

Schreiber, R.: Erkenntniswert betriebswirtschaftlicher Theorien. Einführung in die Methodik der Betriebswirtschaftslehre, Wiesbaden 1960.

Steinmann, H. (Hrsg.): Betriebswirtschaftslehre als normative Handlungswissenschaft, Wiesbaden 1978.

Ulrich, H.: Nationalökonomie und Betriebswirtschaftslehre als Wirtschaftswissenschaften und ihr gegenseitiges Verhältnis, Bern 1944.

Weber, M.: Der Sinn der „Wertfreiheit" der soziologischen und ökonomischen Wissenschaften. In: Gesammelte Aufsätze zur Wissenschaftslehre, 2. Aufl., Tübingen 1951, S. 475 ff.

Wittmann, W.: Der Wertbegriff in der Betriebswirtschaftslehre, Köln und Opladen 1956.

Wöhe, G.: Methodologische Grundprobleme der Betriebswirtschaftslehre, Meisenheim 1959.

–: Zur Problematik der Werturteile in der Betriebswirtschaftslehre, ZfhF 1959, S. 165 ff.; wieder abgedruckt in: Wöhe, G.: Betriebswirtschaftslehre und Unternehmensbesteuerung, München 1984, S. 37 ff.

–: Die Betriebswirtschaftliche Steuerlehre – eine spezielle Betriebswirtschaftslehre?, ZfhF 1961, S. 49 ff.; wieder abgedruckt in: Wöhe, G.: Betriebswirtschaftslehre und Unternehmensbesteuerung, München 1984, S. 51 ff.

–: Betriebswirtschaftslehre, Entwicklungstendenzen der Gegenwart, HWB, Bd. 1, 4. Aufl., Stuttgart 1974, Sp. 710 ff.; wieder abgedruckt in: Wöhe, G.: Betriebswirtschaftslehre und Unternehmensbesteuerung, München 1984, S. 3 ff.

–: Entwicklungstendenzen der Allgemeinen Betriebswirtschaftslehre im letzten Drittel unseres Jahrhunderts – Rückblick und Ausblick, DBW 1990, S. 223 ff.

Wysocki, K. v.: Betriebswirtschaftslehre und Staat, ZfbF 1966, S. 198 ff.

Zimmermann, L. J.: Geschichte der theoretischen Volkswirtschaftslehre, 2. Aufl., Köln 1961.

Zinn, K.-G.: Wirtschaft und Wissenschaftstheorie – Erkenntnisse und Praxis für Betriebs- und Volkswirte, Herne u. a. 1976.

Zlábek, K.: Wirtschaftslehre der Unternehmung. Hauptgedanken ihrer theoretischen Begründung, Würzburg 1968.

2. Geschichte und gegenwärtige theoretische Ansätze

Baetge, J.: Betriebswirtschaftliche Systemtheorie. Regelungstheoretische Planungs- und Überwachungsmodelle für Produktion, Lager und Absatz, Opladen 1974.

–: Kybernetik. Die Systeme und ihre Gesetzmäßigkeiten. In: Betriebswirtschaftslehre heute. Hrsg. von Küting, K. und Schnorbus, A., Frankfurt/M. 1992, S. 23 ff.

Bellinger, B.: Geschichte der Betriebswirtschaftslehre, Stuttgart 1967.

–: Die Betriebswirtschaftslehre der neueren Zeit, Darmstadt 1988.

Elschen, R.: Betriebswirtschaftslehre und Verhaltenswissenschaften. Probleme einer Erkenntnisübernahme am Beispiel des Risikoverhaltens bei Gruppenentscheidungen, Thun, Frankfurt a. M. 1982.

Hasenack, W.: Zur Entwicklung der Betriebswirtschaftslehre. Rückblick und Ausblick, BFuP 1952, S. 459 ff.

Heinen, E.: Zum Wissenschaftsprogramm der entscheidungsorientierten Betriebswirtschaftslehre, ZfB 1969, S. 207 ff.

–: Grundfragen der entscheidungsorientierten Betriebswirtschaftslehre, München 1976.

Isaac, A.: Die Entwicklung der wissenschaftlichen Betriebswirtschaftslehre in Deutschland seit 1898, Berlin 1923.

–: Geschichte der Betriebswirtschaftslehre, Berlin 1932.

Jehle, E. (Hrsg.): Systemforschung in der Betriebswirtschaftslehre, Stuttgart 1975.

Kirsch, W.: Entscheidungsprozesse, Bd. I: Verhaltenswissenschaftliche Ansätze der Entscheidungstheorie, Wiesbaden 1970, Bd. II: Informationsverarbeitungstheorie des Entscheidungsverhaltens, Wiesbaden 1971, Bd. III: Entscheidungen in Organisationen, Wiesbaden 1971.

–: Die verhaltenswissenschaftliche Fundierung der Betriebswirtschaftslehre. In: Wissenschaftstheoretische Grundfragen der Wirtschaftswissenschaften, hrsg. von H. Raffée und B. Abel, München 1979.

Koch, H.: Betriebswirtschaftslehre als Wissenschaft vom Handeln, Tübingen 1975.

Köhler, R.: Theoretische Systeme der Betriebswirtschaftslehre im Lichte der neueren Wissenschaftslogik, Stuttgart 1966.

Kosiol, E. mit Szyperski, N. und Chmielewicz, K.: Zum Standort der Systemforschung im Rahmen der Wissenschaften (einschließlich ihrer Beziehungen zur Organisations-, Automations- und Unternehmensforschung), ZfbF 1965, S. 337 ff.

Kroeber-Riel, W.: Ideologische Komponenten der entscheidungsorientierten Betriebswirtschaftslehre. In: Forschungslogik der Sozialwissenschaften, hrsg. von G. Eberlein und W. Kroeber-Riel, Düsseldorf 1974, S. 285 ff.

Küting, K., Schnorbus, A. (Hrsg.): Betriebswirtschaftslehre heute, Frankfurt/M. 1992.

Leitherer, E.: Betriebswirtschaftslehre, Dogmengeschichte der, HWB, Bd. 1, 4. Aufl., Stuttgart 1974, Sp. 694 ff.

Linhardt, H.: Die historische Komponente der funktionalen Betriebswirtschaftslehre, Berlin 1964.

Löffelholz, J.: Geschichte der Betriebswirtschaft und der Betriebswirtschaftslehre, Stuttgart 1935.

Oechsler, W., Wagner, B.: Der konflikttheoretische Ansatz in der Betriebswirtschaftslehre. In: Zum Praxisbezug der Betriebswirtschaftslehre in wissenschaftstheoretischer Sicht, hrsg. von H. Ulrich, Bern 1976, S. 100 ff.

Penndorf, B.: Die geschichtliche Entwicklung der Handelswissenschaften bis zum Ende des 19. Jahrhunderts. In: Zur Entwicklung der Betriebswirtschaftslehre, Festgabe zum 70. Geburtstag von R. Stern, Berlin, Leipzig und Wien 1925.

Schanz, G.: Grundlagen der verhaltenstheoretischen Betriebswirtschaftslehre, Tübingen 1977.

–: Verhalten in Wirtschaftsorganisationen, München 1978.

Scheer, A.-W.: EDV-orientierte Betriebswirtschaftslehre, 4. Aufl., Berlin, Heidelberg, New York, Tokio 1990.

Schmölders, G.: Geschichte der Volkswirtschaftslehre, Wiesbaden 1961.

Schneider, D.: Allgemeine Betriebswirtschaftslehre, 3. Aufl., München 1987.

–: Geschichte betriebswirtschaftlicher Theorie, München, Wien 1981.

Seidel, E., Menn, H.: Ökologisch orientierte Betriebswirtschaft, Stuttgart 1988.

Seidel, E., Strebel, H.: Umwelt und Ökonomie, Reader zur ökologisch orientierten Betriebswirtschaft, Wiesbaden 1991.

Seyffert, R.: Betriebswirtschaftslehre, Geschichte, HWB, Bd. I, 3. Aufl., Stuttgart 1956, Sp. 995 ff.

Staehle, W.H.: Der situative Ansatz in der Betriebswirtschaftslehre. In: Zum Praxisbezug der Betriebswirtschaftslehre aus wissenschaftstheoretischer Sicht, hrsg. von H. Ulrich, Bern 1976.

Strebel, H.: Umwelt und Betriebswirtschaft. Die natürliche Umwelt als Gegenstand der Unternehmenspolitik, 1980.

Sundhoff, E.: Dreihundert Jahre Handelswissenschaft, 2. Aufl., Köln 1991.

Weber, E.: Literaturgeschichte der Handelsbetriebslehre, Tübingen 1914.

Weyermann M., Schönitz, H.: Grundlegung und Systematik einer wissenschaftlichen Privatwirtschaftslehre und ihre Pflege an Universitäten und Fachhochschulen, Karlsruhe 1912.

Wicke, L.: Umweltökonomie, 4. Aufl., München 1993.

Wicke, L., Haasis, H.-D., Schafhausen, F.-J., Schulz, W.: Betriebliche Umweltökonomie, München 1992.

Wöhe, G.: Betriebswirtschaftslehre, Entwicklungstendenzen der Gegenwart, HWB, Bd. 1, 4. Aufl., Stuttgart 1974, Sp. 710 ff.; wiederabgedruckt in Wöhe, G.: Betriebswirtschaftslehre und Unternehmensbesteuerung, München 1984, S. 3 ff.

–: Entwicklungstendenzen der Allgemeinen Betriebswirtschaftslehre im letzten Drittel unseres Jahrhunderts – Rückblick und Ausblick, DBW 1990, S. 223 ff.

Literatur zum 2. Abschnitt

1. Die betrieblichen Produktionsfaktoren

Acker, H. B.: Die organisatorische Stellengliederung im Betrieb, 3. Aufl., Wiesbaden 1973.

–: Organisationsanalyse. Verfahren und Techniken praktischer Organisationsarbeit, 2. Aufl., Baden-Baden, Bad Homburg v. d. H. 1966.

Ackermann, K.-F., Reber, G. (Hrsg.): Personalwirtschaft, Motivationale und kognitive Grundlagen, Stuttgart 1981.

Ackoff, R. L.: Unternehmensplanung. Ziele und Strategien rationaler Unternehmensführung, München, Wien 1972.

Adam, D.: Kurzlehrbuch Planung, 2. Aufl., Wiesbaden 1983.

–: Planung und Entscheidung, 3. Aufl., Wiesbaden 1993.

AGPLAN-Handbuch zur Unternehmensplanung. Hrsg. in Zusammenarbeit mit der Arbeitsgemeinschaft Planung – AGPLAN – e. V. von J. Fuchs, K. Schwantag, 2. Aufl., Berlin 1985 ff. (Loseblatt).

Agthe, K.: Strategie und Wachstum der Unternehmung. Praxis der langfristigen Planung, Baden-Baden, Bad Homburg v. d. H. 1972.

Agthe, K., Schnaufer, E. (Hrsg.): Unternehmensplanung, Baden-Baden 1963.

Albach, H.: Beiträge zur Unternehmensplanung, 3. Aufl., Wiesbaden 1979.

–: (Hrsg.) Mitarbeiterführung, Wiesbaden 1977.

Baetge, J.: Betriebswirtschaftliche Systemtheorie, Opladen 1974.

– (Hrsg.): Grundlagen der Wirtschafts- und Sozialkybernetik, Opladen 1975.

Baierl, F.: Lohnanreizsysteme: Mittel zur Produktivitätssteigerung, 5. Aufl., München 1974.

Bamberg, G., Coenenberg, A. G.: Betriebswirtschaftliche Entscheidungslehre, 8. Aufl., München 1994.

Bartling, H., Luzius, F.: Grundzüge der Volkswirtschaftslehre, 10. Aufl., München 1993.

Baumgarten, R.: Führungsstile und Führungstechniken, Berlin, New York 1977.

Bea, F. X., Dichtl, E., Schweitzer, M.: Allgemeine Betriebswirtschaftslehre, Bd. 2: Führung, 6. Aufl., Stuttgart, New York 1993.

Bergner, H. (Hrsg.): Planung und Rechnungswesen in der Betriebswirtschaftslehre, Festgabe für Gert v. Kortzfleisch zum 60. Geburtstag, Berlin 1981.

Berthel, J.: Personal-Management: Grundzüge der Konzeptionen betrieblicher Personalarbeit, 3. Aufl., Stuttgart 1992.

Berthel, J., Moews, D.: Information und Planung in industriellen Unternehmungen. Eine empirische Studie, Berlin 1970.

Beyer, H.-T.: Betriebliche Arbeitszeitflexibilisierung, München 1986.

–: Personallexikon, 2. Aufl., München, Wien 1991.

Bidlingmaier, J.: Zielkonflikte und Zielkompromisse im unternehmerischen Entscheidungsprozeß, Wiesbaden 1968.

Biethahn, J.: Einführung in die EDV für Wirtschaftswissenschaftler, 7. Aufl., München, Wien 1991.

Bitz, M.: Entscheidungstheorie, München 1981.

Bleicher, K.: Zentralisation und Dezentralisation von Aufgaben in der Organisation der Unternehmungen, Berlin 1966.

–: Formen und Modelle der Organisation, Bd. 1: Idealmodelle als Alternativen, Wiesbaden 1982.

–: Organisation: Strategien – Strukturen – Kultur, 2. Aufl., Wiesbaden 1991.

–: Das Konzept integriertes Management, 3. Aufl., Frankfurt a. M. 1995.

Blum, E.: Betriebsorganisation – Methoden und Techniken, 3. Aufl., Wiesbaden 1991.

Böhm, F., Briefs, G.: Mitbestimmung – Ordnungselement oder politischer Kompromiß, 2. Aufl., Stuttgart 1973.

Bretzke, W.-R.: Der Problembezug von Entscheidungsmodellen, Tübingen 1980.

Brink, H.-J.: Grundzüge der Arbeitswissenschaft, München 1986.

Brockhoff, K.: Prognoseverfahren für die Unternehmensplanung, Wiesbaden 1977.

Brockhoff, K., Krelle, W. (Hrsg.): Unternehmensplanung, Berlin u. a. 1981.

Bühner, R.: Betriebswirtschaftliche Organisationslehre, 6. Aufl., München, Wien 1992.

Bühlmann, H., Loeffel, H., Nievergelt, E.: Entscheidungs- und Spieltheorie, Berlin, Heidelberg, New York 1975.

Burger, E.: Einführung in die Theorie der Spiele. Mit Anwendungsbeispielen, insbesondere aus Wirtschaftslehre und Soziologie, 2. Aufl., Berlin 1966.

Busse von Colbe, W.: Die Planung der Betriebsgröße, Wiesbaden 1964.

Busse von Colbe, W., Laßmann, G.: Betriebswirtschaftstheorie, Bd. 1: Grundlagen, Produktions- und Kostentheorie, 5. Aufl., Berlin, Heidelberg, New York 1991.

Busse von Colbe, W., Meyer-Dohm, P. (Hrsg.): Unternehmerische Planung und Entscheidung, Bielefeld 1969.

Bussmann, K. F.: Die Prüfung der Unternehmungen, 2. Aufl., Wiesbaden 1972.

Chroust, G.: Bus, in: Lexikon der Wirtschaftsinformatik, hrsg. von Mertens, P., 2. Aufl., Berlin, Heidelberg, New York 1990.

Churchman, C. W., Ackoff, R. L., Arnoff, E. L.: Operations-Research-Einführung in die Unternehmensforschung, 5. Aufl., München, Wien 1971.

Curth, M., Lang, B.: Management der Personalbeurteilung, 2. Aufl., München, Wien 1991.

Curth, M. A., Weiß, B.: PC-gestützte Managementtechniken, 2. Aufl., München, Wien 1989.

Diederich, H.: Allgemeine Betriebswirtschaftslehre, 7. Aufl., Stuttgart, Berlin, Köln 1993.

Dielmann, K.: Betriebliches Personalwesen, Stuttgart u. a. 1981.

Dinkelbach, W.: Entscheidungsmodelle, Berlin, New York 1982.
–: Operations Research – Ein Kurzlehr- und Übungsbuch, Berlin 1992.
Domschke, W., Drexl, A.: Einführung in Operations Research, 3. Aufl., Heidelberg 1995.
Dorow, W.: Unternehmenspolitik, Stuttgart u. a. 1982.
Drumm, H. J.: Matrixorganisation, Regensburg 1978.
–: Personalwirtschaftslehre, 2. Aufl., Berlin/Heidelberg/New York 1992.
Drumm, H. J., Scholz, Ch.: Personalplanung. Planungsmethoden und Methodenakzeptanz, 2. Aufl., Bern/Stuttgart 1988.
Dürr, W., Kleibohm, K.: Operations-Research, 3. Aufl., München, Wien 1992.
Dullien, M.: Flexible Organisation. Praxis, Theorie und Konsequenzen des Projekt- und Matrix-Management, Opladen 1972.
Dunst, K. H.: Portfolio Management. Konzeption für die strategische Unternehmensplanung, 2. Aufl., Berlin, New York 1983.
Dworak, W.: Moderne Unternehmensorganisation in der Praxis, München 1972.
Eckardstein, D. v., Schnellinger, F.: Betriebliche Personalpolitik, 3. Aufl., München 1978.
Egner, H.: Betriebswirtschaftliche Prüfungslehre, Berlin, New York 1980.
Erichson, B., Hammann, P.: Information, in: Allgemeine Betriebswirtschaftslehre, Bd. 2, hrsg. von Bea, F. X., Dichtl, E., Schweitzer, M., 6. Aufl., Stuttgart, New York 1993.
Euler, H.: Die analytische Arbeitsbewertung als Hilfsmittel zur Bestimmung der Arbeitsschwierigkeit, 4. Aufl., Düsseldorf 1965.
Fischer, G.: Die Grundlagen der Organisation, 2. Aufl., Dortmund 1948.
–: Mensch und Arbeit im Betrieb, 2. Aufl., Stuttgart 1949.
Fitting, K., Auffarth, F., Kaiser, H.: Betriebsverfassungsgesetz, Handkommentar, 17. Aufl., München 1992.
Förstner, K., Henn, R.: Dynamische Produktionstheorie und lineare Programmierung, Meisenheim 1957.
Franke, G.: Stellen- und Personalbedarfsplanung, Opladen 1977.
Freiling, C.: Controlling, in: Lexikon der Rechnungslegung und Abschlußprüfung, hrsg. von W. Lück, 2. Aufl., Marburg 1989.
Frese, E.: Kontrolle und Unternehmensführung. Entscheidungs- und organisationstheoretische Grundfragen, Wiesbaden 1968.
–: Grundlagen der Organisation. Die Organisationsstruktur der Unternehmung. 5. Aufl., Wiesbaden 1991.
–: Organisationstheorie, 2. Aufl., Wiesbaden 1992.
– (Hrsg.): Handwörterbuch der Organisation, 3. Aufl., Stuttgart 1992.
Frese, E. u. a. (Hrsg.): Organisation, Planung, Informationssysteme, Erwin Grochla zu seinem 60. Geburtstag gewidmet, Stuttgart 1981.
Fuchs, H.: Systemtheorie und Organisation, Wiesbaden 1973.
Führungsprobleme personenbezogener Unternehmen. Gedenkschrift zum 75. Geburtstag von Karl Friedrich Rößle, hrsg. von der Karl-Rößle-Vereinigung, Stuttgart 1968.
Gabele, E.: Die Einführung von Geschäftsbereichsorganisationen, Tübingen 1981.
–: Portfolio-Planung, in: Vahlens Großes Wirtschaftslexikon, Bd. 2, 2. Aufl., München 1983.
Gäfgen, G.: Theorie der wirtschaftlichen Entscheidung. Untersuchungen zur Logik und ökonomischen Bedeutung des rationalen Handelns, 3. Aufl., Tübingen, 1974.
Gaitanides, M.: Prozeßorganisation. Entwicklung, Ansätze und Programme prozeßorientierter Organisationsgestaltung, München 1983.
Gal, T., Gehring, H.: Betriebswirtschaftliche Planungs- und Entscheidungstechniken, Berlin, New York 1981.
Gaugler, E. (Hrsg.): Instanzenbildung als Problem der betrieblichen Führungsorganisation, Berlin 1968.
Geist, M. N., Köhler, R. (Hrsg.): Die Führung des Betriebes, Stuttgart 1981.
Graf, O.: Arbeitsphysiologie, Wiesbaden 1960.
Graumann, C. F.: Einführung in die Psychologie, Bd. 1: Motivation, Frankfurt a. M. 1974.
Grobe, H.-J.: Mikrocomputer, in: Lexikon der Wirtschaftsinformatik, hrsg. von Mertens, P., Berlin, 2. Aufl., Heidelberg, New York 1990.
Grochla, E.: Automation und Organisation. Die technische Entwicklung und ihre betriebswirtschaftlich-organisatorischen Konsequenzen, Wiesbaden 1966.
–: Betriebliche Planung und Informationssysteme, Reinbek b. Hamburg 1975.
–: Organisationstheorie, Bd. I, Stuttgart 1975.

Grochla, E.: (Hrsg.): Betriebswirtschaftslehre, Teil 2: Betriebsführung, Stuttgart 1978.
– (Hrsg.): Handwörterbuch der Organisation, 3. Aufl., Stuttgart 1992.
–: Unternehmungsorganisation. Neue Ansätze und Konzeptionen, Reinbek b. Hamburg 1980.
–: Grundlagen der organisatorischen Gestaltung, Stuttgart 1982.
Gross, H. F.: Mensch und Organisation in der Unternehmung, Wiesbaden 1966.
Günther, H.: Das Dilemma der Arbeitsablaufplanung. Zielverträglichkeiten bei der zeitlichen Strukturierung, Berlin 1971.
Guserl, R.: Das Harzburger Modell. Idee und Wirklichkeit, 2. Aufl., Wiesbaden 1976.
Gutenberg, E.: Unternehmensführung, Organisation und Entscheidung, Wiesbaden 1962.
Haberkorn, K.: Zeitgemäße betriebliche Sozialleistungen, München 1973.
Hahn, D.: Planungs- und Kontrollrechnung, 5. Aufl., 1995.
– (Hrsg.): Führungsprobleme industrieller Unternehmungen, Festschrift für Friedrich Thomée zum 60. Geburtstag, Berlin, New York 1980.
–: Arbeitskreis „Langfristige Unternehmensplanung" der Schmalenbach-Gesellschaft: Strategische Planung, in: Strategische Unternehmensplanung, hrsg. von D. Hahn, B. Taylor, Würzburg, Wien 1980.
Hahn, D., Klausmann, W.: Frühwarnsysteme und strategische Unternehmensplanung, 4. Aufl., Heidelberg/Wien 1986.
Hahn, D., Taylor B. (Hrsg.): Strategische Unternehmensplanung – Stand und Entwicklungstendenzen, 5. Aufl., Heidelberg u. a. 1990.
Haller-Wedel, E.: Das Multimoment-Verfahren in Theorie und Praxis, 2. Aufl., München 1969.
Handwörterbuch der Organisation, hrsg. von E. Grochla, 1. Aufl., Stuttgart 1973, 2. Aufl., Stuttgart 1980, 3. Aufl. hrsg. von E. Frese, Stuttgart 1992.
Handwörterbuch der Planung, hrsg. von N. Szyperski, Stuttgart 1989.
Handwörterbuch des Personalwesens, hrsg. von E. Gaugler, Stuttgart 1975, 2. Aufl., Stuttgart 1992.
Handwörterbuch des Steuerrechts (HWStR), hrsg. von G. Strickrodt, G. Wöhe, C. Flämig, G. Felix, H. Sebiger, 2 Bde, 2. Aufl., München, Bonn 1981.
Hansen, H. R.: Wirtschaftsinformatik I, 5. Aufl., Stuttgart 1987.
Hanssmann, F.: Unternehmensforschung. Hilfsmittel moderner Unternehmensführung, Wiesbaden 1971.
Harlander, N., Heidack, C., Köpfle, F., Müller, K.-O.: Praktisches Lehrbuch Personalwirtschaft, 2. Aufl., Landsberg a. Lech 1991.
Hauschildt, J.: Entscheidungsziele. Zielbildung in innovativen Entscheidungsprozessen, Tübingen 1977.
Hax, H.: Die Koordination von Entscheidungen. Ein Beitrag zur betriebswirtschaftlichen Organisationslehre, Köln, Berlin, Bonn, München 1965.
–: Entscheidungsmodelle in der Unternehmung, Reinbek b. Hamburg 1974.
Hax, K.: Personalpolitik und Mitbestimmung, Köln und Opladen 1969.
–: Personalpolitik der Unternehmung, Reinbek b. Hamburg 1977.
Heinen, E.: Betriebswirtschaftslehre heute. Die Bedeutung der Entscheidungstheorie für Forschung und Praxis, Wiesbaden 1966.
–: Grundlagen betriebswirtschaftlicher Entscheidungen, 3. Aufl., Wiesbaden 1976.
– (Hrsg.): Betriebswirtschaftliche Führungslehre. Grundlagen, Strategien, Modelle – ein entscheidungsorientierter Ansatz, 2. Aufl., Wiesbaden 1984.
Heinrich, L. J., Burgholzer, P.: Informationsmanagement. Planung, Überwachung und Steuerung der Informations-Infrastruktur, 4. Aufl., München 1992.
Heinrich, L. J., Lehner, F., Roithmayr, F.: Informations- und Kommunikationstechnik, 4. Aufl., München 1994.
Heinrich, L. J., Roithmayr, F.: Wirtschaftsinformatik-Lexikon, 5. Aufl., München, Wien 1995.
Heiser, H. C.: Budgetierung. Grundsätze und Praxis der betriebswirtschaftlichen Planung, Berlin 1964.
Henderson, B. D.: Die Erfahrungskurve in der Unternehmensstrategie, 2. Aufl., Frankfurt, New York 1986.
Henn, R., Künzi, H. P.: Einführung in die Unternehmensforschung, Berlin, Heidelberg, New York 1968.
Hennecke, A.: Die Verfahren der Arbeitsbewertung. Untersuchungen über die methodologischen Grundlagen der verschiedenen Verfahren der analytischen Arbeitsbewertung, Düsseldorf 1965.
–: Betriebswirtschaftliche Organisationslehre, 5. Aufl., Wiesbaden 1971.

Hentze, J.: Personalwirtschaftslehre I und II, 6. Aufl., Bern und Stuttgart 1994/95.

Henzel, F.: Führungsprobleme der industriellen Unternehmen, 2 Bde, Berlin 1973.

Hichert, I.: Die Problematik des Investivlohns unter betriebswirtschaftlichem Aspekt, Frankfurt a. M., Zürich 1973.

Hieronimus, A.: Einbeziehung subjektiver Risikoeinstellungen in Entscheidungsmodellen, Thun und Frankfurt a. M. 1979.

Hill, W.: Unternehmensplanung, 2. Aufl., Stuttgart 1971.

Hill, W., Fehlbaum, R., Ulrich P.: Organisationslehre. Ziele, Instrumente und Bedingungen der Organisation sozialer Systeme, 2 Bde, 5. Aufl., Bern, Stuttgart 1994.

Hiltner, M.: Managementkontrolle in Publikumsaktiengesellschaften, Meisenheim 1972.

Hinterhuber, H. H.: Strategische Unternehmensführung, 5. Aufl., Berlin, New York 1992.

Höhn, R.: Führungsbrevier der Wirtschaft, 7. Aufl., Bad Harzburg 1970.

–: Stellenbeschreibung und Führungsanweisung. Die organisatorische Aufgabe moderner Unternehmensführung, 10. Aufl., Bad Harzburg 1979.

Hörschgen, H.: Grundbegriffe der Betriebswirtschaftslehre, 3. Aufl., Stuttgart 1992.

Hoffmann, F.: Entwicklung der Organisationsforschung, 3. Aufl., Wiesbaden 1986.

–: Betriebswirtschaftliche Organisationslehre in Frage und Antwort, Wiesbaden 1976.

–: Computergestützte Informationssysteme, München, Wien 1984.

Horváth, P.: Controlling, 6. Aufl., München 1996.

Hub, H.: Unternehmensführung, 3. Aufl., Wiesbaden 1990.

Ihde, G.-B.: Grundlagen der Rationalisierung. Theoretische Analyse und praktische Probleme, Berlin 1970.

Illetschko, L. L.: Management und Betriebswirtschaft, Wien 1955.

–: Unternehmenstheorie. Elemente rationaler Betriebslenkung, 2. Aufl., Wien, New York 1967.

Jacob, H. (Hrsg.): Anwendung der Netzplantechnik im Betrieb, Wiesbaden 1969.

– (Hrsg.): Neue Aspekte der betrieblichen Planung, Wiesbaden 1980.

Jaggi, B. L.: Das Stabsproblem in der Unternehmung, Berlin 1969.

John, G. (Hrsg.): Besteuerung und Unternehmenspolitik, Festschrift für Günter Wöhe, München 1989.

Kahle, E.: Betriebliche Entscheidungen. Lehrbuch zur Einführung in die betriebswirtschaftliche Entscheidungstheorie, 3. Aufl., München 1993.

Kern, N.: Netzplantechnik. Bertriebswirtschaftliche Analyse von Verfahren der industriellen Terminplanung, Wiesbaden 1969.

Kern, W.: Optimierungsverfahren in der Ablauforganisation, Essen 1967.

–: Operations Research. Eine Einführung in die Optimierungs-Rechnung, 6. Aufl., Stuttgart 1987.

Kieser, A.: Organisationstheoretische Ansätze, München 1981.

Kieser, A., Kubicek, H.: Organisation, 3. Aufl., Berlin u. a. 1992

Kirsch, G.: Machtverteilung im Unternehmen. Von der Anwendung des Subsidiaritätsprinzips im Unternehmen, Köln 1967.

Kirsch, W.: Entscheidungsprozesse, 3 Bde, Wiesbaden 1970/71.

– (Hrsg.): Unternehmensführung und Organisation, Wiesbaden 1973.

–: Management-Informationssysteme, 2 Bde, Stuttgart 1977.

Kirsch, W., Bamberger, I., Gabele, E., Klein, H. K.: Betriebswirtschaftliche Logistik, Wiesbaden 1973.

Kirsch, W., Meffert, H.: Organisationstheorien und Betriebswirtschaftslehre, Wiesbaden 1970.

Koch, H.: Betriebliche Planung. Grundlagen und Grundfragen der Unternehmenspolitik, Wiesbaden 1961.

–: Aufbau der Unternehmensplanung, Wiesbaden 1977.

–: Integrierte Unternehmensplanung, Wiesbaden 1982.

– (Hrsg.): Unternehmensstrategien und strategische Planung. Erfahrungen und Folgen, ZfbF-Sonderheft 15/83, Wiesbaden 1983.

Kohlus, J., Waldburger, H. (Hrsg.): Informatik für EDV-Benützer, Bern, Stuttgart 1978.

Korndörfer, W.: Grundlagen der Unternehmensführung, Wiesbaden 1980.

–: Unternehmensführungslehre, 7. Aufl., Wiesbaden 1989.

–: Einführung in das Prüfungs- und Revisionswesen, 3. Aufl., Wiesbaden 1993.

Kosiol, E.: Untersuchungen zur Aufbauorganisation der Arbeitsvorbereitung und des Einkaufs industrieller Unternehmungen, Berlin 1960.

–: Leistungsgerechte Entlohnung, 2. Aufl. der „Theorie der Lohnstruktur", Wiesbaden 1962.

Kosiol, E.: Organisation der Unternehmung, Wiesbaden 1962.

–: Grundlagen und Methoden der Organisationsforschung, 2. Aufl., Berlin 1968.

–: Die Unternehmung als wirtschaftliches Aktionszentrum, Reinbek b. Hamburg 1974.

Koubek, N. u. a. (Hrsg.): Betriebswirtschaftliche Probleme der Mitbestimmung, 2. Aufl., Köln 1980.

Kreikebaum, H.: Strategische Unternehmensplanung, 5. Aufl., Stuttgart, Berlin, Köln 1993.

Krüger, W.: Unternehmensprozeß und Operationalisierung von Macht. In: Macht in Organisationen, hrsg. von G. Reber, Stuttgart 1980.

Krystek, U.: Krisenbewältigungs-Management und Unternehmensplanung, Diss. Gießen 1979.

Külp, B., Schreiber, W. (Hrsg.): Arbeitsökonomik, Köln 1972.

Künzi, H. P., Krelle, W., Randow, R. v.: Nichtlineare Programmierung, 2. Aufl., Berlin u. a. 1979.

Küpper, H.-U.: Ablauforganisation, Stuttgart 1982.

Kuhn, A.: Unternehmensführung, 2. Aufl., München 1991.

Kulhavy, E.: Operations Research. Die Stellung der Operationsforschung in der Betriebswirtschaftslehre, Wiesbaden 1963.

Kupsch, P. U.: Das neue Risiko im Entscheidungsprozeß, Wiesbaden 1973.

–: Unternehmensziele, Stuttgart/New York 1977.

Kurbel, K.: Entwicklung und Einsatz von Expertensystemen, 2. Aufl., Berlin, Heidelberg, New York 1992.

Kutzner, R.: Organisationskonzepte für Personal Computer, Köln 1988.

Laßmann, G.: Die Produktionsfunktion und ihre Bedeutung für die betriebswirtschaftliche Kostentheorie, Köln und Opladen 1958.

Lattmann, Ch., Ganz-Keppeler, V.: Mitbestimmung in der Unternehmung, Bern, Stuttgart 1972.

Laux, H.: Entscheidungstheorie, 2 Bde, 3. Aufl., Berlin u. a. 1993/95.

Laux, H., Liermann, F.: Grundlagen der Organisation, 3. Aufl., Berlin u. a. 1993.

Lehmann, G.: Praktische Arbeitsphysiologie, 3. Aufl., Stuttgart 1970.

Lehneis, A.: Langfristige Unternehmensplanung bei unsicheren Erwartungen, Neuwied 1971.

Likert, R.: Neue Ansätze der Unternehmensführung, Bern und Stuttgart 1972.

Lindemann, P.: Unternehmensführung und Wirtschaftskybernetik, Neuwied und Berlin 1970.

Lindley, D.: Einführung in die Entscheidungstheorie, Frankfurt a. M., New York 1974.

Lück, W. (Hrsg.): Lexikon der Rechnungslegung und Abschlußprüfung, 2. Aufl., Marburg 1989.

Lücke, W.: Arbeitsleistung, Arbeitsbewertung, Arbeitsentlohnung. In: Industriebetriebslehre in programmierter Form, hrsg. von H. Jacob, 4. Aufl., Wiesbaden 1990.

Luhmann, N.: Funktionen und Folgen formaler Organisation. 2. Aufl., Berlin 1972.

Macharzina, K., Oechsler, W.: Personalmanagement, Bd. I: Mitarbeiterführung und Führungsorganisation, Bd. II: Organisations- und Mitarbeiterentwicklung, Wiesbaden 1977.

Mag, W.: Entscheidung und Information, München 1977.

Martin, A.: Personalforschung, 2. Aufl., München/Wien 1994.

Maucher, H.: Zeitlohn, Akkordlohn, Prämienlohn, 4. Aufl., Neuwied, Berlin 1968.

Meffert, H.: Informationssysteme, Tübingen 1975.

Mellerowicz, K: Strukturwandel und Unternehmensführung, Freiburg i. Br. 1975.

–: Planung und Plankostenrechnung, 3. Aufl., Freiburg i. Br. 1979.

–: Betriebswirtschaftslehre der Industrie, 2 Bde, 7. Aufl., Freiburg i. Br. 1981.

Mensch, G.: Ablaufplanung, Köln und Opladen 1968.

Mertens, P. (Hrsg.): Lexikon der Wirtschaftsinformatik, 2. Aufl., Berlin, Heidelberg, New York 1990.

Mertens, P., Griese, J.: Industrielle Datenverarbeitung, Bd. 2: Informations-, Planungs- und Kontrollsysteme, 6. Aufl., Wiesbaden 1991.

Meyer, B. E.: Computergestützte Unternehmensplanung, Berlin, New York 1983.

Meyer, G. W. (Hrsg.): Probleme der Betriebsführung, Festschrift zum 65. Geburtstag von Otto R. Schnutenhausen, Berlin 1959.

Mirow, H. M.: Kybernetik. Grundlagen einer allgemeinen Theorie der Organisation, Wiesbaden 1969.

Morgenstern, O.: Spieltheorie und Wirtschaftswissenschaft, Wien, München 1963.

Müller, R.: Krisenmanagement in der Unternehmung, 2. Aufl., Frankfurt a. M. u. a. 1986.

Müller-Hagedorn, L.: Grundlagen der Personalbestandsplanung, Opladen 1970.

Müller-Merbach, H.: Operations Research. Methoden und Modelle der Optimalplanung, 3. Aufl., München 1973.

Neubauer, F.-F.: Strategische Unternehmensführung, in: Management Enzyklopädie, Bd. 8, 2. Aufl., Landsberg a. Lech 1984.

Neumann, v. J., Morgenstern, O.: Spieltheorie und wirtschaftliches Verhalten, Würzburg 1961.

Noltemeier, H. (Hrsg.): Computergestützte Planungssysteme, Würzburg, Wien 1976.

Nordsieck, F.: Die schaubildliche Erfassung und Untersuchung der Betriebsorganisation, 6. Aufl., Stuttgart 1962.

–: Betriebsorganisation, 2. Aufl., Stuttgart 1972.

Oechsler, W.: Personal und Arbeit: Einführung in die Personalwirtschaftslehre, 5. Aufl., München, Wien 1994.

Odiorne, G. S.: Management by objectives. Führung mit Zielvorgabe, München 1971.

–: Management by objektives: Führungssysteme für die achtziger Jahre, München 1980.

Pfohl, H.-Ch.: Planung und Kontrolle, Stuttgart u. a. 1981.

–: Logistiksysteme, 4. Aufl., Berlin u. a. 1990.

Poensgen, O. H.; Geschäftsbereichsorganisation, Opladen 1973.

REFA: Methodenlehre des Arbeitsstudiums, 6 Teile: Teil 1: 7. Aufl., München 1984; Teil 2: 6. Aufl., München 1978; Teil 3: 7. Aufl., München 1985; Teil 4: 5. Aufl., München 1985; Teil 5: 3. Aufl., München 1985; Teil 6: München 1975.

–: Methodenlehre der Planung und Steuerung, Teil 1–5, München 1985.

Remer, A.: Instrumente unternehmenspolitischer Steuerung, Berlin, New York 1982.

–: Organisationslehre, Berlin, New York 1989.

Reusch, P. J. A.: Aufbau und Einsatz betrieblicher Informationssysteme, Mannheim, Wien, Zürich 1984.

Rochau, E.: Das Bedaux-System, 3. Aufl., Würzburg 1952.

Rühle von Lilienstern, H. (Hrsg.): Die informierte Unternehmung, Berlin 1972.

Rühli, E.: Unternehmungsführung und Unternehmungspolitik, 3 Bde, Bern, Stuttgart 1985/88/93.

Rüttinger, R.: Unternehmenskultur, Erfolge durch Vision und Wandel, Düsseldorf, Wien 1986.

Rumpff, K.: Mitbestimmung in wirtschaftlichen Angelegenheiten und bei der Unternehmensplanung und Personalplanung, 3. Aufl., Heidelberg 1990.

Runzheimer, B.: Operations Research I, 5. Aufl., Wiesbaden 1990.

Sasieni, M., Yaspan, A., Friedman, L.: Methoden und Probleme der Unternehmensforschung, in: Operations Research, hrsg. von H. P. Künzi, 2. Aufl., Würzburg 1969.

Schanz, G.: Organisationsgestaltung – Struktur und Verhalten, München 1982.

–: Personalwirtschaftslehre, 2. Aufl., München 1993.

Scheer, A.-W.: Betriebliche Expertensysteme I, Schriften zur Unternehmensführung, Hrsg. von H. Jacob, Bd. 36, Wiesbaden 1988.

–: EDV-orientierte Betriebswirtschaftslehre, 4. Aufl., Berlin, Heidelberg, New York 1990.

–: Wirtschaftsinformatik – Informationssysteme im Industriebetrieb, 3. Aufl., Berlin u. a. 1990.

–: Konsequenzen für die Betriebswirtschaftslehre aus der Entwicklung der Informations- und Kommunikationstechnologien, in: Scheer, A.-W. (Hrsg.): Veröffentlichungen des Instituts für Wirtschaftsinformatik, Heft 79, Saarbrücken 1991.

Scheffler, H. E.: Planung, strategische, in: Management Enzyklopädie, Bd. 7, 2. Aufl., Landsberg a. Lech 1984.

Schertler, W.: Unternehmensorganisation, 6. Aufl., München, Wien 1995.

Schiemenz, B.: Regelungstheorie und Entscheidungsprozesse. Ein Beitrag zur Betriebskybernetik, Wiesbaden 1972.

Schmalen, H.: Grundlagen und Probleme der Betriebswirtschaft, 9. Aufl., Köln 1993.

Schmalenbach, E.: Die Beteiligungsfinanzierung, bearb. von R. Bauer, 9. Aufl., Köln, Opladen 1966.

Schmidt, E.: Brevier der Unternehmensplanung, 2. Aufl., Bern, Köln, Opladen 1970.

Schmidt, G.: Organisation, Methode und Technik, 9. Aufl., Gießen 1991.

–: Grundlagen der Aufbauorganisation, 2. Aufl., Gießen 1991.

Schmidt, H.-J.: Betriebswirtschaftslehre für die Verwaltung, 4. Aufl., Heidelberg, Hamburg 1994.

Schneeweiß, H.: Entscheidungskriterien bei Risiko, Heidelberg, New York 1967.

–: Planung, 2 Bd., Berlin, Heidelberg 1991/92.

Schnutenhaus, O. R.: Allgemeine Organisationslehre, Berlin 1951.

–: Die Entscheidungsanalyse der Unternehmensführung, Herne, Berlin 1969.

Scholz, Ch.: Strategisches Management, Berlin, New York 1987.

–: Personalmanagement, 4. Aufl., München 1995.

Schreyögg, G.: Unternehmensstrategie. Grundfragen einer Theorie strategischer Unternehmensführung, Berlin, New York 1984.

Schröder, H. J.: Projekt-Management, Wiesbaden 1970.

Schuster, D.: Die Deutsche Gewerkschaftsbewegung, 6. Aufl., Düsseldorf, Köln 1980.

Schwarz, G.: Konfliktmanagement, Wiesbaden 1989.

Schwarz, H.: Einführung in die moderne Systemtheorie, Braunschweig 1969.

–: Betriebsorganisation als Führungsaufgabe, Organisation, Lehre und Praxis, 9. Aufl., Landsberg a. Lech 1983.

–: Arbeitsplatzbeschreibungen, 13. Aufl., Freiburg i. Br. 1995.

Schweitzer, M.: Probleme der Ablauforganisation in Unternehmungen, Berlin 1964.

Schwerdtfeger, G. (Hrsg.): Mitbestimmung in privaten Unternehmen, Berlin, New York 1973.

Seicht, G. (Hrsg.): Management und Kontrolle, Festgabe für Erich Loitlsberger zum 60. Geburtstag, Berlin 1981.

Seidel, E., Redel, W.: Führungsorganisation, 2. Aufl., München 1995.

Selchert, F. W.: Die Ausgliederung von Leistungsfunktionen in betriebswirtschaftlicher Sicht, Berlin 1971.

Sieben, G., Schildbach, Th.: Betriebswirtschaftliche Entscheidungstheorie, 4. Aufl., Düsseldorf 1994.

Simon, H. A.: Entscheidungsverhalten in Organisationen. Eine Untersuchung von Entscheidungsprozessen in Management und Verwaltung. Deutsche Übersetzung nach der 3. englischsprachigen Auflage, Landsberg a. Lech 1981.

Staehle, W. H.: Organisation und Führung sozio-technischer Systeme, Stuttgart 1973.

–: Management. Eine verhaltenswissenschaftliche Einführung. 7. Aufl., München 1994.

Stahlknecht, P.: Erfahrungen mit computergestützten Planungsmodellen, in: Modell- und computergestützte Unternehmensplanung, hrsg. von E. Grochla, Szyperski, N., Wiesbaden 1973.

–: Standardsoftware, in: Lexikon der Wirtschaftsinformatik, hrsg. von Mertens, P., 2. Aufl., Berlin, Heidelberg, New York 1990.

–: Einführung in die Wirtschaftsinformatik, 6. Aufl., Berlin, Heidelberg, New York 1993.

Stein, H.: Organisation und Delegation in Kompetenzsystemen, München 1974.

Steinmann, H.: Das Großunternehmen im Interessenkonflikt, Stuttgart 1969.

– (Hrsg.): Planung und Kontrolle. Probleme der strategischen Unternehmensführung, München 1981.

Steinmann, H., Schreyögg, G.: Management, 2. Aufl., Wiesbaden 1992.

Swoboda, P.: Die betriebliche Anpassung als Problem des betrieblichen Rechnungswesens, Wiesbaden 1964.

Szyperski, N.: Computergestützte Informationssysteme, in: Handwörterbuch der Organisation, hrsg. von E. Grochla, 3. Aufl., Stuttgart 1992.

– (Hrsg.): Handwörterbuch der Planung, Stuttgart 1989.

Szyperski, N., Grochla, E. (Hrsg.): Modell- und computergestützte Unternehmensplanung, Wiesbaden 1973.

Szyperski, N., Winand, U.: Entscheidungstheorie, Stuttgart 1974.

–: Grundbegriffe der Unternehmensplanung, Stuttgart 1980.

Thomsen, E.: Das Angebot betrieblicher Sozialleistungen als Instrument der Personalbeschaffungs- und Personalfreisetzungspolitik, Bochum 1982.

Tietz, B.: Der Handelsbetrieb, 2. Aufl., München 1993

Timmermann, M. (Hrsg.): Personalführung, Stuttgart, Berlin, Köln, Mainz 1977.

Töpfer, A.: Planungs- und Kontrollsysteme industrieller Unternehmungen, Berlin 1976.

Töpfer, A., Afheldt, H. (Hrsg.): Praxis der strategischen Unternehmensplanung, Frankfurt 1983.

Ulrich, H.: Betriebswirtschaftliche Organisationslehre, Bern 1949.

–: Organisation und Unternehmensführung. In: Probleme der Betriebsführung, Festschrift zum 65. Geburtstag von Otto R. Schnutenhaus, hrsg. von G. W. Meyer, Berlin 1959.

Wacker, W. H.: Betriebswirtschaftliche Informationstheorie. Grundlagen des Informationssystems, Opladen 1971.

Wächter, H.: Grundlagen der langfristigen Personalplanung, Herne, Berlin 1974.

Wagner, D., Zander, E., Hauke, C. (Hrsg.): Handbuch der Personalleitung, München 1992.

Weber, H.: Die Planung in der Unternehmung, Berlin 1963.

Weber, H. H.: Lineare Programmierung, Frankfurt a. M. 1973.

–: Einführung in Operations Research, 2. Aufl., Wiesbaden 1978.

Weber, W.: Personalplanung, Stuttgart 1975.

Weber, W., Mayrhofer, W., Nienhuser, W.: Grundbegriffe der Personalwirtschaft, Stuttgart 1993.

Wedekind, E. E.: Informationsmanagement in der Organisationsplanung, Wiesbaden 1988.

Wibbe, J.: Arbeitsbewertung. Entwicklung, Verfahren und Probleme, 3. Aufl., München 1966.

Wieselhuber, N.: Phasen und Prozeß der strategischen Planung, in: Praxis der strategischen Unternehmensplanung, hrsg. von A. Töpfer und H. Afheldt, Frankfurt 1983.

Wild, J.: Grundlagen und Probleme der betriebswirtschaftlichen Organisationslehre. Entwurf eines Wissenschaftsprogramms, Berlin 1966.

–: Neuere Organisationsforschung in betriebswirtschaftlicher Sicht, Berlin 1967.

– (Hrsg.): Unternehmensführung, Festschrift für Erich Kosiol, Berlin 1974.

– (Hrsg.): Unternehmensplanung, Reinbek b. Hamburg 1975.

–: Grundlagen der Unternehmensplanung, 4. Aufl., Opladen 1982.

Wildemann, H.: Das Just-In-Time Konzept, 3. Aufl., Aschaffenburg 1992.

Wille, F.: Management mit Profit Centers. Moderne Unternehmensführung mit Erfolgsbereichen, München 1970.

Witte, E.: Das Informationsverhalten in Entscheidungsprozessen, Tübingen 1972.

Wittmann, W.: Entscheiden unter Ungewißheit, Wiesbaden 1975.

–: Unternehmung und unvollkommene Information, Köln, Opladen 1959.

Wöhe, G.: Betriebswirtschaftliche Steuerlehre, Bd. I, 1. Halbband, 6. Aufl., München 1988.

– Betriebswirtschaftliche Steuerlehre, Bd. I, 2. Halbband, 7. Aufl., München 1992.

–: Betriebswirtschaftlehre und Unternehmensbesteuerung, München 1984.

Wöhe, G., Bilstein, J.: Grundzüge der Unternehmensfinanzierung, 7. Aufl., München 1993.

Wunderer, R. (Hrsg.): Führungsgrundsätze in Wirtschaft und öffentlicher Verwaltung, Suttgart 1983.

Wunderer, R., Grunwald, W.: Führungslehre, 2 Bde, Berlin New York 1980.

Wysocki, K. v.: Grundlagen des betriebswirtschaftlichen Prüfungswesens, 3. Aufl., München 1988.

Zimmermann, W.: Operations Research, 7. Aufl., München, Wien 1995.

2. Unternehmensformen, Unternehmenszusammenschlüsse, Standort

Behrens, K. Ch.: Allgemeine Standortbestimmungslehre, 2. Aufl., Köln, Opladen 1971.

Benisch, W.: Kooperationsfibel, hrsg. v. Bundesverband der Deutschen Industrie, 4. Aufl., Bergisch Gladbach 1973.

Bick, O.: Die Gelegenheitsgesellschaft, Recht und Besteuerung, 2. Aufl., Wiesbaden 1968.

Bloech, J.: Optimale Industriestandorte, Würzburg, Wien 1970.

Boettcher, E. (Hrsg.): Theorie und Praxis der Kooperation, Tübingen 1972.

Böttcher, C., Zartmann, H., Kandler, G.: Wechsel der Unternehmensform, Umwandlung, Verschmelzung, Einbringung, 4. Aufl., Stuttgart 1982.

Bohr, K. u. a. (Hrsg.): Unternehmensverfassung als Problem der Betriebswirtschaftslehre, Berlin 1981.

Brede, R.: Bestimmungsfaktoren industrieller Standorte. Eine empirische Untersuchung, Berlin 1971.

Brettcher, E.: Schriften zur Kooperationsforschung, Tübingen 1973.

Buchwald, F., Tiefenbacher, E.: Die zweckmäßige Gesellschaftsform nach Handels- und Steuerrecht, 5. Aufl., Heidelberg 1981.

Chmielewicz, K. u. a. (Hrsg.): Unternehmensverfassung, Stuttgart 1981.

Eichhorn, P. (Hrsg.): Betriebswirtschaftliche Erkenntnisse für Regierung, Verwaltung und öffentliche Unternehmen, Baden-Baden 1985.

Emmerich, V.: Kartellrecht, 7. Aufl., München 1994.

Endress, R.: Strategie und Taktik der Kooperation, 2. Aufl., Berlin 1991.

Fikentscher, W.: Die Interessengemeinschaft, Köln, Berlin, Bonn, München 1966.

Fischer, L.: Die Gesellschaft bürgerlichen Rechts, Bielefeld 1977.

Friedländer, H. E.: Konzernrecht, 2. Aufl., Berlin, Frankfurt 1954.

Geßler, E., **Hefermehl, W.**, **Eckardt, U.**, **Kropff, B.**: Aktiengesetz, Kommentar, München 1984 ff. (Loseblatt).

Giefers, H. W.: Arbeitsgemeinschaften, Freiburg 1966.

Godin, F. v., **Wilhelmi, H.**: Aktiengesetz, 4. Aufl., Berlin, New York 1971.

Hoppmann, E.: Fusionskontrolle, Tübingen 1972.

Jacobs, O. H.: Unternehmensbesteuerung und Rechtsform, München 1988.

Kessler, W.: Typologie der Betriebsaufspaltung, Wiesbaden 1989.

Kiehne, R.: Innerbetriebliche Standortplanung und Raumordnung, Wiesbaden 1969.

Koberstein, G.: Unternehmungszusammenschlüsse, Essen 1955.

Küting, K.: Unternehmerische Wachstumspolitik, Berlin 1980.

Küting, K., **Weber, C.-P.**: Handbuch der Konzernrechnungslegung, Stuttgart 1989.

Kußmaul, H.: Unternehmerkinder. Ihre zivil- und steuerrechtliche Berücksichtigung in personenbezogenen, mittelständischen Familienunternehmen, Köln u. a. 1983.

Lehmann, A.: Wirtschaftsfachverbände, HWB, Bd. 3, Stuttgart 1976.

Liebmann, H.-P.: Die Standortwahl als Entscheidungsproblem. Ein Beitrag zur Standortbestimmung von Produktions- und Handelsbetrieben, Würzburg 1971.

Mann, G.: Steuerliche Probleme bei der Poolung von Unternehmensgewinnen, in: Zur Besteuerung der Unternehmung, Festschrift für Peter Scherpf, Berlin 1968.

Meyer, R.: Der Einfluß des Steuerrechts auf Kooperation und Konzentration, in: Schriften zur Kooperationsforschung, C. Berichte, Bd. 2, hrsg. von E. Brettcher, Tübingen 1973.

Müller-Henneberg, H., **Schwartz, G.**: Gesetz gegen Wettbewerbsbeschränkungen und europäisches Kartellrecht, Gemeinschaftskommentar, hrsg. von W. Benisch, 4. Aufl., Köln, Berlin, Bonn, München 1980 ff. (Loseblatt).

Olbert, G.: Der Standortentscheidungsprozeß in der industriellen Unternehmung, Diss. Würzburg 1976.

Organisationsplan des Bundesverbandes der Deutschen Industrie e. V., Köln 1989.

Oser, P.: Verbundene Unternehmen im Bilanzrecht, Stuttgart 1993.

Pagenkopf, H.: Kommunalrecht, 2 Bde, Bd. 2, 2. Aufl., Köln, Berlin, Bonn, München 1976.

Paulick, H.: Gelegenheitsgesellschaft, in: HwStR, Bd. I, 2. Aufl., München, Bonn 1981.

–: Konsortium HwStR, Bd. II, 2. Aufl., München, Bonn 1981.

Peter, K., **Crezelius, G.**: Neuzeitliche Gesellschaftsverträge und Unternehmensformen, 6. Aufl., Herne, Berlin 1995.

Rasch, H.: Deutsches Konzernrecht, 5. Aufl., Köln, Berlin, Bonn, München 1974.

Reuter, H. P.: Die Besteuerung der verbundenen Unternehmen, München 1970.

Rodenstock, R.: Arbeitgeberverbände, HWB, Bd. I, 4. Aufl., Stuttgart 1974.

Rose, G., **Glorius, C.**: Unternehmungsformen und -verbindungen, 2. Aufl., Wiesbaden/Köln 1995.

Schmidt, R.-B. (Hrsg.): Probleme der Unternehmungsverfassung, Gedanken zum 60. Geburtstag von Martin Lohmann, Tübingen 1971.

Schneider, D. J. G.: Unternehmungsziele und Unternehmungskooperation, Wiesbaden 1973.

Schubert, W., **Küting, K.**: Unternehmungszusammenschlüsse, München 1981.

Sölter, A., **Zimmerer, C.**: Handbuch der Unternehmenszusammenschlüsse, München 1972.

Tietz, B.: Die Standort- und Geschäftsflächenplanung im Einzelhandel, Rüschlikon-Zürich 1969.

Wallis, H. v.: Die Besteuerung der Untenehmenszusammenfassungen, 5. Aufl., Herne, Berlin 1979.

Weber, A.: Über den Standort der Industrien, 1. Teil, Reine Theorie des Standorts, Tübingen 1909.

Westermann, H.: Personengesellschaftsrecht, 2. Aufl., Münster 1973.

Westermann, H. u. a.: Handbuch der Personengesellschaften, systematische Darstellung in gesellschaftsrechtlicher, betriebswirtschaftlicher, steuerrechtlicher und arbeitsrechtlicher Sicht, Köln 1982 ff. (Loseblatt).

Witte, E.: Die öffentliche Unternehmung im Interessenkonflikt, Berlin 1966.

Wöhe, G.: Betriebswirtschaftliche Steuerlehre, Bd. II, 1. Halbband, Der Einfluß der Besteuerung auf die Wahl und den Wechsel der Rechtsform des Betriebes, 5. Aufl., München 1990.

–: Betriebswirtschaftliche Steuerlehre, Bd. II, 2. Halbband, Der Einfluß der Besteuerung auf Unternehmenszusammenschlüsse und Standortwahl im nationalen und internationalen Bereich, 3. Aufl., München 1982.

–: Unternehmensformen, in: Management-Enzyklopädie, 2. Aufl., Bd. 9, München 1984.

Wöhe, G., Bieg, H.: Grundzüge der Betriebswirtschaftlichen Steuerlehre, 4. Aufl., München 1995.

Würdinger, H.: Aktienrecht und das Recht der verbundenen Unternehmen – eine systematische Darstellung, 4. Aufl., Heidelberg u. a. 1981.

Zartmann, H., Litfin, P. M.: Unternehmensform nach Maß, 3. Aufl., Stuttgart 1994.

Zündorf, H.: Die Konsolidierung von Gemeinschaftsunternehmen auf der Grundlage der Equity-Methode und der Quotenkonsolidierung nach neuem Konzernbilanzrecht, Stuttgart 1987.

Literatur zum 3. Abschnitt

Adam, D.: Produktionsplanung bei Sortenfertigung, Wiesbaden 1971.

–: Entscheidungsorientierte Kostenbewertung, Wiesbaden 1970.

–: Produktions- und Kostentheorie, 3. Aufl., Tübingen, 1995.

– (Hrsg.): Fertigungssteuerung II – Systeme zur Fertigungssteuerung, Schriften zur Unternehmensführung, Bd. 39, Wiesbaden 1988.

–: Produktionsmanagement, 7. Aufl., Wiesbaden 1993.

Arnolds, H., Heege, F., Tussing, W.: Materialwirtschaft und Einkauf, 8. Aufl., Wiesbaden 1993.

AWF – Ausschuß für Wirtschaftliche Fertigung e. V. – (Hrsg.): Flexible Fertigungsorganisation am Beispiel von Fertigungsinseln, Eschborn 1984.

– (Hrsg.): Integrierter EDV-Einsatz in der Produktion, Eschborn 1985.

Baetge, J.: Betriebswirtschaftliche Systemtheorie. Regelungstheoretische Planungsüberwachungsmodelle für Produktion, Lagerung und Absatz, Opladen 1974.

Bea, F. X., Dichtl, E., Schweitzer, M.: Allgemeine Betriebswirtschaftslehre, Bd. 3: Leistungsprozeß, 6. Aufl., Stuttgart 1994.

Bichler, K.: Verbesserung der betrieblichen Produktionsplanung durch lineare Programmierung, Hamburg, Berlin 1970.

Bloech, J., Bogaschewsky, R., Götze, U., Roland, F.: Einführung in die Produktion, 2. Aufl., Heidelberg 1993.

Bloech, J., Lücke, W.: Produktionswirtschaft, Stuttgart, New York 1982.

Blohm, H. u. a.: Produktionswirtschaft, 2. Aufl., Herne 1988.

Bohr, K.: Zur Produktionstheorie der Mehrproduktunternehmung. Traditionelle Theorie und Lineare und Nichtlineare Programmierung, Köln und Opladen 1967.

Busse von Colbe, W.: Die Planung der Betriebsgröße, Wiesbaden 1964.

Busse von Colbe, W., Laßmann, G.: Betriebswirtschaftstheorie, Bd. 1, Grundlagen, Produktions- und Kostentheorie, 5. Aufl., Berlin, Heidelberg, München, Tokio 1991.

Cohen, O.: The Drum – Buffer – Rope (DBR) Approach to Logistics, in: Computer Aided Production Management, hrsg. von A. Rolstadas, Berlin u. a. 1988.

Corsten, H.: Produktionswirtschaft. Einführung in das industrielle Produktionsmanagement, 5. Aufl., München u. a. 1995.

Dellmann, K.: Betriebswirtschaftliche Produktions- und Kostentheorie, Wiesbaden 1980.

Demarchi, Ch.: Beschaffungsmarketing, Düsseldorf, Wien 1974.

Dinkelbach, W.: Zum Problem der Produktionsplanung in Ein- und Mehrproduktunternehmen, Würzburg 1964.

Döring, U.: Kostensteuern, Stuttgart 1984.

Domschke, W.: Logistik, Bd. 1: Transport. Grundlagen, lineare Transport- und Umladeprobleme, 4. Aufl., München, Wien 1995.

Domschke, W., Scholl, A., Voß, S.: Produktionsplanung, Berlin u. a. 1993.

Dorninger, C., Janschek, O., Olearczick, E., Röhrenbacher, H.: PPS – Produktionsplanung und -steuerung. Konzepte, Methoden und Kritik, Wien 1990.

Dyckhoff, H.: Betriebliche Produktion, 2. Aufl., Berlin u. a. 1994.

Ellinger, T., Haupt, R.: Produktions- und Kostentheorie, 2. Aufl., Stuttgart 1990.

Ellinger, T., Wildemann, H.: Planung und Steuerung der Produktion aus betriebswirtschaftlich-technologischer Sicht, 2. Aufl., München 1985.

Enrick, N. L.: Optimales Lager-Management, München, Wien 1971.

Fandel, G.: Produktion I – Produktions- und Kostentheorie, 4. Aufl., Berlin u. a. 1994.

Fandel, G., Dyckhoff, H., Reese, J.: Industrielle Produktionsentwicklung. Eine empirisch-deskriptive Analyse ausgewählter Branchen, 2. Aufl., Berlin u. a. 1994.

Fandel, G., Francois, P., Gubitz, K.-M.: PPS-Systeme. Grundlagen, Methoden, Software, Marktanalyse, Berlin 1994.

Franken, R.: Materialwirtschaft. Planung und Steuerung des betrieblichen Materialflusses, Stuttgart u. a. 1984.

Gal, T.: Mathematik für Wirtschaftswissenschaftler, Bd. II, Analysis, 3. Aufl., Berlin u. a. 1991.

Glaser, H.: Material- und Produktionswirtschaft, 3. Aufl., Düsseldorf 1986.

Glaser, H., Geiger, W., Rohde, V.: PPS – Produktionsplanung und -steuerung, 2. Aufl., Wiesbaden 1992.

Grochla, E.: Grundlagen der Materialwirtschaft, 3. Aufl., Wiesbaden 1978, (Nachdruck 1992).

Grochla, E., Schönbohm, P.: Beschaffung in der Unternehmung, Stuttgart 1980.

Günther, H.-O., Tempelmeier, H.: Produktion und Logistik, Berlin u. a. 1994.

–: Produktionsmanagement, 2. Aufl., Berlin u. a. 1995.

Gutenberg, E.: Grundlagen der Betriebswirtschaftslehre, Bd. 1: Die Produktion, 24. Aufl., Berlin, Heidelberg, New York 1984.

Hackstein, R.: Produktionsplanung und -steuerung (PPS), 2. Aufl., Düsseldorf 1989.

Hahn, D., Laßmann, G. (Hrsg.): Produktionswirtschaft – Controlling industrieller Produktion. Bd. 1: Grundlagen, Führung und Organisation, Produkte und Produktprogramm, Material und Dienstleistungen, 2. Aufl., Heidelberg, Wien, Zürich 1990, Bd. 2: Produktionsprozesse, Grundlegung zur Produktionsprozeßplanung, -steuerung u. -kontrolle u. Beispiele aus d. Wirtschaftspraxis, Heidelberg 1989.

Hansmann, K.-W.: Industrielles Management, 4. Auflage der Industriebetriebslehre, München, Wien 1994.

Harrington, J.: Computer Integrated Manufacturing, Florida 1973.

Heinen, E.: Betriebswirtschaftliche Kostenlehre, Kostentheorie und Kostenentscheidungen, 6. Aufl., Wiesbaden 1983, Nachdruck 1985.

– (Hrsg.): Industriebetriebslehre: Entscheidungen im Industriebetrieb, 9. Aufl., Wiesbaden 1991.

Helberg, P.: PPS als CIM-Baustein. Gestaltung der Produktionsplanung und -steuerung für die computerintegrierte Produktion, Berlin 1987.

Hilke, W.: Zielorientierte Produktions- und Programmplanung, 3. Aufl., Neuwied 1988.

Hirt, K., Reineke, B., Sudkamp, J.: FFS-Management. Optimale Organisation der Produktionsplanung und -steuerung für Flexible Fertigungssysteme (FFS), Köln 1991.

Hoitsch, H.-J.: Produktionswirtschaft, 2. Aufl., München 1993.

Jacob, H. (Hrsg.): Industriebetriebslehre: Handbuch für Studium und Prüfung, 4. Aufl., Wiesbaden 1990.

Japan Management Association (Hrsg.): KANBAN. Just-in-Time at Toyota, Cambridge 1989.

John, H.: Abfallwirtschaftskonzept. Handlungsgrundlage für wirtschaftliche und ökologische Entscheidungen im Chemieunternehmen, in: Betrieblicher Umweltschutz: Landschaftsökologie und Betriebswirtschaftslehre, hrsg. von E. Seidel, Wiesbaden 1992.

Jünemann, R.: Materialfluß und Logistik – Systemtechnische Grundlagen mit Praxisbeispielen, Berlin u. a. 1989.

Kahle, E.: Produktion, 4. Aufl., München, Wien 1996.

Kern, W.: Industrielle Produktionswirtschaft, 5. Aufl., Stuttgart 1992.

– (Hrsg.): Handwörterbuch der Produktionswirtschaft, 2. Aufl., Stuttgart 1996.

Kilger, W.: Produktions- und Kostentheorie, Wiesbaden 1958.

–: Optimale Produktions- und Absatzplanung, Opladen 1973.

Kistner, K.-P., Steven, M.: Produktionsplanung, 2. Aufl., Heidelberg 1993.

Kreikebaum, H.: Umweltgerechte Produktion, Wiesbaden 1992.

Kreis, R.: Betriebswirtschaftslehre – EDV-orientierte Einführung, 4. Aufl., München u. a. 1995.

Krelle, W.: Produktionstheorie, 2. Aufl., Tübingen 1969.

Krycha, K.-Th.: Produktionswirtschaft. Bielefeld/Köln 1978.

Laßmann, G.: Die Produktionsfunktion und ihre Bedeutung für die betriebswirtschaftliche Kostentheorie, Köln, Opladen 1958.

Lermen, P.: Hierarchische Produktionsplanung und KANBAN, Wiesbaden 1992.

Link, J.: Computergestützte Fertigungswirtschaft, Wiesbaden 1978.

Leontief, W. (Hrsg.): Input – Output – Economics, New York 1966.

Leontief, W. u. a. (Hrsg.): Studies in the Structure of the American Economy. – Theoretical and Empirical Explorations in Input-Output-Analysis, New York, Oxford 1953.

Lücke, W.: Produktions- und Kostentheorie, 3. Aufl., Würzburg, Wien 1973.

Lücke, W., Schulz, K.: Umweltschutz und Investitionen, Wiesbaden 1992.

May, E.: Dynamische Produktionstheorie auf der Basis der Aktivitätsanalyse, Heidelberg 1992.

Mellerowicz, K.: Kosten und Kostenrechnung, Bd. 1: Theorie der Kosten, 5. Aufl., Berlin 1973; Bd. 2: Verfahren, 1. Teil: Allgemeine Fragen der Kostenrechnung und Betriebsabrechnung, 5. Aufl., Berlin 1974, 2. Teil: Kalkulation und Auswertung der Kostenrechnung und Betriebsabrechnung, 5. Aufl., Berlin 1980.

–: Betriebswirtschaftslehre der Industrie, 2 Bde, 7. Aufl., Freiburg i. Br. 1981.

–: Planung und Plankostenrechnung, Bd. 1: Betriebliche Planung, 3. Aufl., Freiburg i. Br. 1979.

Menrad, S.: Der Kostenbegriff. Eine Untersuchung über den Gegenstand der Kostenrechnung, Berlin 1965.

Moxter, A. u.a. (Hrsg.): Produktionstheorie und Produktionsplanung, Karl Hax zum 65. Geburtstag, Köln, Opladen 1966.

Müller-Merbach, H.: Operations Research, 3. Aufl., München 1973.

Nedeß, Ch. (Hrsg.): Von PPS zu CIM, Berlin u. a. 1992.

Ohno, T.: Toyota Production System. Beyond Large Scale Production. Cambridge/Norwalk 1988.

Orlicky, J.: Material Requirements Planning, New York u. a. 1975.

Pack, L.: Die Elastizität der Kosten – Grundlagen einer entscheidungsorientierten Kostentheorie, Wiesbaden 1966.

–: Optimale Bestellmenge und optimale Losgröße, 2. Aufl., 1964.

Pfohl, H.-C.: Logistiksysteme. Betriebswirtschaftliche Grundlagen, 4. Aufl., Berlin u. a. 1990.

Reese, J.: Standort- und Belegungsplanung für Maschinen in mehrstufigen Produktionsprozessen, Berlin, Heidelberg, New York 1980.

Reichmann, Th.: Die Abstimmung von Produktion und Lager bei saisonalem Absatzverlauf – Ein Beitrag zur Verbindung von Produktions-, Investitions- und Lagerplanung, Köln, Opladen 1968.

Reichwald, R., Dietel, B.: Produktionswirtschaft, in: Industriebetriebslehre, hrsg. von E. Heinen, 9. Aufl., Wiesbaden 1991.

Riebel, P.: Die Elastizität des Betriebes, Köln, Opladen 1954.

–: Kosten und Preise bei verbundener Produktion, Substitutionskonkurrenz und verbundener Nachfrage, Opladen 1971.

Rupper, P., Scheuchzer, R. (Hrsg.): Lagerlogistik, 2. Aufl., Zürich 1982.

Sasieni, M., Yaspan, A., Friedman, L.: Methoden und Probleme der Unternehmensforschung. Operations Research, hrsg. von H. P. Künzi, Würzburg 1969.

Scheer, A. W.: Instandhaltungspolitik, Wiesbaden 1974.

–: CIM – Der computergesteuerte Industriebetrieb, 4. Aufl., Berlin u. a. 1990.

–: EDV-orientierte Betriebswirtschaftslehre, 4. Aufl., Berlin u. a. 1990.

– (Hrsg.): Betriebliche Expertensysteme I – Einsatz von Expertensystemen in der Betriebswirtschaft – eine Bestandsaufnahme, Wiesbaden 1988.

– (Hrsg.): Betriebliche Expertensysteme I – Einsatz von Expertensystem – Prototypen in betriebswirtschaftlichen Funktionsbereichen, Wiesbaden 1989.

Schmalenbach, E.: Kostenrechnung und Preispolitik, 8. Aufl., Köln, Opladen 1963.

Schneeweiß, Ch.: Einführung in die Produktionswirtschaft, 5. Aufl., Berlin u. a. 1993.

–: Modellierung industrieller Lagerhaltungssysteme, Berlin u. a. 1981.

Schneider, E.: Theorie der Produktion, Wien 1934.

Schroer, J.: Produktions- und Kostentheorie, 6. Aufl., München/Wien 1995.

Schweitzer, M. (Hrsg.): Industriebetriebslehre, 2. Aufl., München 1994.

Schweitzer, M., Küpper, H.-U.: Produktions- und Kostentheorie der Unternehmung, Reinbek b. Hamburg 1974.

Siegel, Th.: Optimale Maschinenbelegungsplanung, Berlin 1974.

Speith, G.: Vorgehensweise zur Beurteilung und Auswahl von Produktionsplanungs- und -steuerungssystemen für Betriebe des Maschinenbaus, Aachen 1982.

Stackelberg, H. v.: Grundlagen einer reinen Kostentheorie, Wien 1932.

Steffen, R.: Produktions- und Kostentheorie, 2. Aufl., Stuttgart u. a. 1993.

Strebel, H.: Umwelt und Betriebswirtschaft. Die natürliche Umwelt als Gegenstand der Unternehmenspolitik, Berlin 1980.

Szyperski, N., Roth, P.: Beschaffung und Unternehmensführung, Stuttgart 1982.

Tempelmeier, H.: Simulation mit SIMAN. Ein praktischer Leitfaden zur Modellentwicklung und Programmierung, Heidelberg 1991.

–: Material-Logistik, 3. Aufl., Heidelberg 1995.

Thünen, J. H. v.: Der isolierte Staat in Beziehung auf Landwirtschaft und Nationalökonomie, Rostock 1842.

Turgot, A. R. J.: Réflexions sur la formation et la distribution des richesses, Paris 1766.

Weidner, D.: Engpaßorientierte Fertigungssteuerung. Eine Untersuchung über die Optimized Production Technology implementierten Konzepte der Produktionsplanung und -steuerung, Frankfurt a. M. u. a. 1992.

Wiendahl, H.-P.: Belastungsorientierte Fertigungssteuerung, München/Wien 1987.

Wight, O.: Manufacturing Resource Planning: MRP II, 2. Aufl., New York 1986.

Wildemann, H.: Das Just-in-time-Konzept, 3. Aufl., St. Gallen 1992.

–: Einführungsstrategien in die computerintegrierte Produktion, München 1990.

–: Produktionssynchrone Beschaffung, 2. Aufl., München 1988.

Wittmann, W.: Produktionstheorie, Berlin, Heidelberg, New York 1968.

Wöhe, G.: Betriebswirtschaftliche Steuerlehre, Bd. II, 2. Halbband, 3. Aufl., München 1982.

Zahn, E. (Hrsg.): Organisationsstrategie und Produktion, München 1990.

Zäpfel, G.: Produktionswirtschaft – Operatives Produktions-Management, Berlin/New York 1982.

–: Strategisches Produktions-Management, Berlin/New York 1989.

–: Taktisches Produktions-Management, Berlin/New York 1989.

von Zwehl, W.: Kostentheoretische Analyse des Modells der optimalen Bestellmenge, Wiesbaden 1973.

Literatur zum 4. Abschnitt

Aaker, D. A.: Strategisches Markt-Management, Wiesbaden 1989.

Ahlert, D.: Distributionspolitik, 2. Aufl., Stuttgart 1991.

Ahlert, D., Schröder, H.: Rechtliche Grundlagen des Marketing, Stuttgart u. a. 1989.

Albers, S.: Entscheidungshilfen für den persönlichen Verkauf, Berlin 1989.

Assael, H.: Consumer Behavior and Marketing Action, 3. Aufl., Boston 1987.

Backhaus, K.: Investitionsgütermarketing, 4. Aufl., München 1995.

Backhaus, K., u. a.: Multivariate Analysemethoden, 7. Aufl., Berlin u. a. 1994.

Bänsch, A.: Einführung in die Marketing-Lehre, 3. Aufl., München 1991.

–: Verkaufspsychologie und Verkaufstechnik, 5. Aufl., München, Wien 1993.

–: Käuferverhalten, 6. Aufl., München, Wien 1995.

Barth, K., Theis, H.: Werbung des Facheinzelhandels, Wiesbaden 1991.

Bauer, H. H.: Die Entscheidung des Handels über die Aufnahme neuer Produkte, Berlin 1980.

Becker, J.: Marketing-Konzeption – Grundlagen des strategischen Marketing-Managements, 5. Aufl., München 1993.

Behrens, K. Ch.: Demoskopische Marktforschung, 2. Aufl., Wiesbaden 1966.

Belz, C. (Hrsg.): Realisierung des Marketing, Bd. 1 und 2, Savosa, St. Gallen 1986.

–: Konstruktives Marketing, Savosa, St. Gallen 1989.

Benkenstein, M.: F&E und Marketing, Wiesbaden 1987.

Berekoven, L., Eckert, W., Ellenrieder, P.: Marktforschung – Methodische Grundlagen und praktische Anwendung, 6. Aufl., Wiesbaden 1993.

Berndt, R.: Marketing für öffentliche Aufträge, München 1988.

–: Marketing 1, Käuferverhalten, Marktforschung und Marketing-Prognosen, 2. Aufl., Berlin u. a. 1992.

–: Marketing 2, Marketing-Politik, 3. Aufl., Berlin u. a. 1995.

–: Marketing 3, Marketing-Management, 2. Aufl., Berlin u. a. 1995.

Böcker, F.: Marketing-Kontrolle, Stuttgart 1988.

–: Marketing, 5. Aufl., Stuttgart 1994.

Böhler, H.: Marktforschung, 3. Aufl., Stuttgart u. a. 1994.

Bonoma, T. V.: The Marketing Edge, New York, London 1985.

Brockhoff, K.: Produktpolitik, 3. Aufl., Stuttgart 1993.

Bruhn, M.: Marketing, 2. Aufl., Wiesbaden 1995.

Cravens, D. W.: Strategic Marketing, Homewood 1982.

Day, G. S.: Market Driven Strategy, New York 1990.

Dichtl, E.: Der Weg zum Käufer, 2. Aufl., München 1991.

–: Marketing, in: Allgemeine Betriebswirtschaftslehre, Bd. 3: Leistungsprozeß, hrsg. von Bea, F. X., Dichtl, E., Schweitzer, M., 6. Aufl., Stuttgart 1994.

Diller, H.: Preispolitik, 2. Aufl., Stuttgart u. a. 1991.

–: (Hrsg.) Vahlens Großes Marketing-Lexikon, München 1992.

Döppner, H. W.: Verkaufsförderung – Eine Marketing-Funktion, Berlin 1977.

Engelhardt, W. H., Günter, B.: Investitionsgüter-Marketing, Stuttgart u. a. 1981.

Esch, F.-R.: Expertensystem zur Beurteilung von Anzeigenwerbung, Heidelberg 1990.

Freter, H.: Marktsegmentierung, Stuttgart u. a. 1983.

Fritz, W.: Marktorientierte Unternehmensführung und Unternehmenserfolg, Stuttgart 1992.

Green, P. E., Tull, D. S.: Methoden und Techniken der Marktforschung, 4. Aufl., Stuttgart 1982.

Gümbel, R.: Handel, Markt und Ökonomik, Wiesbaden 1985.

Gussek, F.: Erfolg in der strategischen Markenführung, Wiesbaden 1992.

Gutenberg, E.: Grundlagen der Betriebswirtschaftslehre, Bd. II: Der Absatz, 17. Aufl., Berlin u. a. 1984.

Haedrich, G. (Hrsg.): Operationale Entscheidungshilfen für die Marketingplanung, Berlin, New York 1977.

Haedrich, G., Tomczak, T.: Strategische Markenführung, Bern, Stuttgart 1990.

Hammann, P., Erichson, B.: Marktforschung, 3. Aufl., Stuttgart, New York 1994.

Hänel, G.: Verbraucher-Promotions, Wiesbaden 1974.

Hansen, U.: Absatz- und Beschaffungsmarketing des Einzelhandels, 2. Aufl., Göttingen 1990.

Hardy, K. G., Magrath, A. J.: Marketing Channel Management, Glenview, London 1988.

Hermanns, A., Flegel, V. (Hrsg.): Handbuch des Electronic Marketing, München 1992.

Hill, W., Rieser, I.: Marketing-Management, 2. Aufl., Bern, Stuttgart 1993.

Hopfenbeck, W.: Umweltorientiertes Management und Marketing, 3. Aufl., Landsberg/Lech 1994.

Huth, R., Pflaum, D.: Einführung in die Werbelehre, 5. Aufl., Stuttgart u. a. 1993.

Hüttner, M.: Markt- und Absatzprognosen, Stuttgart u. a. 1982.

Jeanett, J. P., Hennessey, H. D.: International Marketing Management, Boston 1988.

Kliche, M. (Hrsg.): Investitionsgütermarketing, Wiesbaden 1990.

Köhler, R.: Beiträge zum Marketing-Management, 3. Aufl., Stuttgart 1993.

Kotler, Ph., Bliemel, F.: Marketing-Management, dt. Übersetzung der 8. Aufl., Stuttgart 1995.

Kreilkamp, E.: Strategisches Management und Marketing, Berlin, New York 1987.

Kroeber-Riel, W.: Strategie und Technik der Werbung – Verhaltenswissenschaftliche Ansätze, 4. Aufl., Stuttgart u. a. 1993.

–: Konsumentenverhalten, 5. Aufl., München 1992.

Kuß, A.: Absatzpolitik, Kurseinheit 2 – Marketingplanung, Schriftenreihe der Fernuniversität Hagen, Hagen 1991.

–: Käuferverhalten, Stuttgart 1991.

Kuß, A., Tomczak, T.: Marketingplanung, Wiesbaden 1995.

Meffert, H.: Marketing – Grundlagen der Absatzpolitik, 7. Aufl., Wiesbaden 1986.

–: Arbeitsbuch zum Marketing, 5. Aufl., Wiesbaden 1992.

–: Strategische Unternehmensführung und Marketing, 2. Aufl., Wiesbaden 1992.

–: Marketingforschung und Käuferverhalten, 2. Aufl., Wiesbaden 1992.

–: Marketing-Management, Wiesbaden 1994.

Meffert, H., Kirchgeorg, M.: Marktorientiertes Umweltmanagement, 2. Aufl., Stuttgart 1993.

Merkle, E.: Die Erfassung und Nutzung von Informationen über den Sortimentsverbund in Handelsbetrieben, Berlin 1981.

Meyer, P. W.: Integrierte Marketing-Funktionen, 3. Aufl., Stuttgart u. a. 1992.

Meyer, P. W., Meyer, A. (Hrsg.): Marketing-Systeme – Grundlagen des institutionalen Marketing, Stuttgart u. a. 1990.

Müller-Hagedorn, L.: Handelsmarketing, 2. Aufl., Stuttgart u. a. 1993.

–: Das Konsumentenverhalten, 2. Aufl., Wiesbaden 1991.

Nieschlag, R., Dichtl, E., Hörschgen, H.: Marketing, 17. Aufl., Berlin 1994.

Oehme, W.: Handelsmarketing, 2. Aufl., München 1992.

Raffée, H.: Marketing und Umwelt, Stuttgart 1979.

Raffée, H., Wiedmann, K.-P. (Hrsg.): Strategisches Marketing, 2. Aufl., Stuttgart 1995.

Rossiter, J. R., Percy, L.: Advertising and Promotion Management, New York u. a. 1987.

Scheuch, F.: Marketing, 4. Aufl., München 1993.

Schmalen, H.: Kommunikationspolitik, 2. Aufl., Stuttgart u. a. 1992.

Simon, H.: Goodwill und Marketingstrategie, Wiesbaden 1985.
–: Preismanagement, 2. Aufl., Wiesbaden 1992.
Specht, G.: Distributionsmanagement, 2. Aufl., Stuttgart u. a. 1992.
Steffenhagen, H.: Konflikt und Kooperation in Absatzkanälen, Wiesbaden 1975.
–: Wirkungen absatzpolitischer Instrumente, Stuttgart 1978.
–: Marketing, 3. Aufl., Stuttgart u. a. 1994.
Tacke, G.: Nichtlineare Preisbildung, Wiesbaden 1989.
Tempelmeier, H.: Quantitative Marketing-Logistik, Berlin u. a. 1983.
Tietz, B.: Konsument und Einzelhandel, 3. Aufl., Frankfurt/Main 1983.
–: Marketing, 3. Aufl., Düsseldorf 1993.
–: Der Handelsbetrieb, 2. Aufl., München 1993.
–: Binnenhandelspolitik, 2. Aufl., München 1993.
Tietz, B., Köhler, R., Zentes, J.: Handwörterbuch des Marketing, 2. Aufl., Stuttgart 1995.
Topritzhofer, E.: Absatzwirtschaftliche Modelle des Kaufentscheidungsprozesses unter besonderer Berücksichtigung des Markenwahlaspektes, Wien 1974.
Triffin, R.: Monopolistic Competition and General Equilibrium Theory, Cambridge (Mass.) 1949.
Trommsdorff, V.: Die Messung von Produktimages für das Marketing, Köln u. a. 1975.
–: Konsumentenverhalten, 2. Aufl., Stuttgart u. a. 1993.
Weinberg, P.: Das Entscheidungsverhalten der Konsumenten, Paderborn u. a. 1981.
–: Erlebnismarketing, München 1992.
Weinhold-Stünzi, H.: Marketing in 20 Lektionen, 17. Aufl., St. Gallen 1992.
Weisenfeld-Schenk, U.: Marketing- und Technologiestrategien: Unternehmen der Biotechnologie im internationalen Vergleich, Stuttgart 1995.
Wolfrum, B.: Strategisches Technologiemanagement, 2. Aufl., Wiesbaden 1994.
Zentes, J.: Außendienststeuerung, Stuttgart 1980.
–: Marketing, in: Vahlens Kompendium der Betriebswirtschaftslehre, Bd. 1, 3. Aufl., München 1993.
–: (Hrsg.) Moderne Distributionskonzepte in der Konsumgüterwirtschaft, Stuttgart 1991.
–: Grundbegriffe des Marketing, 4. Aufl., Stuttgart 1995.

Literatur zum 5. Abschnitt

Adam, D.: Investitionscontrolling, München, Wien 1996.
Adelberger, O. L., Günther, H. H.: Fall- und Projektstudien zur Investitionsrechnung, München 1982.
Albach, H.: Wirtschaftlichkeitsrechnung bei unsicheren Erwartungen, Köln, Opladen 1959.
–: Investition und Liquidität – Die Planung des optimalen Investitionsbudgets, Wiesbaden 1962.
–: Steuersystem und Investitionspolitik, Wiesbaden 1970.
–: (Hrsg.) Investitionstheorie, Köln 1975.
Albach, H., Hunsdiek, D., Kokalj, L.: Finanzierung mit Risikokapital, Stuttgart 1986.
Alexander, G. J., Sharpe, W. F.: Fundamentals of Investments, Englewood Cliffs, 1989.
Altrogge, G.: Investition, 3. Aufl., München, Wien 1994.
Arrow, K. J.: Aspects of the Theory of Risk-Bearing, Helsinki 1965.
Axmann, N.: Flexible Investitions- und Finanzierungspolitik, 2. Aufl., Wiesbaden 1966.
Baetge, J. (Hrsg.): Akquisition und Unternehmensbewertung, Düsseldorf 1991.
Ballwieser, W.: Unternehmensbewertung und Komplexitätsreduktion, 3. Aufl., Wiesbaden 1990.
Bamberg, G., Coenenberg, A. G.: Betriebswirtschaftliche Entscheidungslehre, 8. Aufl., München 1994.
Baxmann, U. G.: Kreditwirtschaftliche Betriebsgrößen, Stuttgart 1995.
Bea, F. X. u. a. (Hrsg.): Investition – Erklärung und Planung durch Simulation, München u. a. 1981.
Bellinger, B.: Langfristige Finanzierung, Wiesbaden 1964.
Bellinger, B., Vahl, G.: Unternehmensbewertung in Theorie und Praxis, 2. Aufl., Wiesbaden 1992.
Betge, P.: Investitionsplanung. Methoden, Modelle, Anwendungen, Wiesbaden 1991.
Beyer, H.-T., Bestmann, U.: Finanzlexikon, 2. Aufl., München 1989.

Bieg, H.: Betriebswirtschaftslehre 1: Investition und Unternehmensbewertung, Freiburg i. Br. 1991.

–: Betriebswirtschaftslehre 2: Finanzierung, Freiburg i. Br. 1991.

Biergans, E.: Investitionsrechnung, Nürnberg 1973.

Bierman, H., Smidt, S.: The capital budgeting decision: Economic analysis and financing of investment projects, 7th ed., New York u. a. 1988.

Binkowski, P., Beeck, H.: Finanzinnovationen, 2. Aufl., Bonn 1991.

Bischoff, W.: Cash flow und Working Capital. Schlüssel zur finanzwirtschaftlichen Unternehmensanalyse, Wiesbaden 1972.

Bitz, M.: Investition und Finanzierung I, Fernuniversität Hagen 1979.

Blohm, H., Lüder, K.: Investition. Schwachstellen im Investitionsbereich des Industriebetriebes und Wege zu ihrer Beseitigung, 8. Aufl., München 1995.

Blumentrath, U.: Investitions- und Finanzplanung mit dem Ziel der Endwertmaximierung, Wiesbaden 1969.

Born, A.: Entscheidungsmodelle zur Investitionsplanung. Ein Beitrag zur Konzeption der „flexiblen" Planung, Wiesbaden 1976.

Breuer, W.: Finanzintermediation im Kapitalmarktgleichgewicht, Wiesbaden 1993.

Brealey, R., Myers, S.: Principles of Corporate Finance, 4th ed., New York 1991.

Brönner, H.: Die Besteuerung der Gesellschaften, des Gesellschafterwechsels und der Umwandlungen, 17. Aufl., Stuttgart 1995.

Buchner, R.: Das Problem der Kapazitätsausweitung durch laufende Reinvestition in Höhe des Abschreibungsaufwandes, Diss. Frankfurt a. M. 1960.

–: Grundzüge der Finanzanalyse, München 1981.

–: Finanzwirtschaftliche Statistik und Kennzahlenrechnung, München 1985.

Bühler, W., Gering, H., Glaser, H.: Kurzfristige Finanzplanung unter Sicherheit, Risiko und Ungewißheit, Wiesbaden 1979.

Bühler, W., Feuchtmüller, W., Vogel, M. (Hrsg.): Financial Futures, 2. Aufl., Wien 1987.

Büschgen, H.-E.: Zinstermingeschäfte, Instrumente und Verfahren zur Risikoabsicherung an Finanzmärkten, Frankfurt a. M. 1988.

–: Grundlagen betrieblicher Finanzwirtschaft: Unternehmensfinanzierung, 3. Aufl., Frankfurt a. M. 1991.

–: Bankbetriebslehre. Bankgeschäfte und Bankmanagement, 4. Aufl., Wiesbaden 1993.

–: Internationales Finanzmanagement, Frankfurt a. M. 1993.

–: Bankbetriebslehre, 3. Aufl., Stuttgart 1994.

Busse von Colbe, W.: Der Zukunftserfolg. Die Ermittlung des künftigen Unternehmungserfolges und seine Bedeutung für die Bewertung von Industriebetrieben, Wiesbaden 1957.

Busse von Colbe, W., Laßmann, G.: Betriebswirtschaftstheorie, Bd. 3: Investitionstheorie, 4. Aufl., Berlin 1994.

Chmielewicz, K.: Betriebliche Finanzwirtschaft, Berlin u. a. 1976.

Christians, F. W. (Hrsg.): Finanzierungs-Handbuch, 2. Aufl., Wiesbaden 1988.

Coenenberg, A. G.: Jahresabschluß und Jahresabschlußanalyse, 15. Aufl., Landsberg/Lech 1994.

Cohen, J. B., Zinbarg, E. D., Zeikel, A.: Investment Analysis and Portfolio Management, 5th ed., Homewood (Ill.) 1986.

Dean, J.: Kapitalbeschaffung und Kapitaleinsatz, Wiesbaden 1969.

Debreu, G.: The Theory of Value, New York 1959.

Degener, T.: Die Leasingentscheidung bei beweglichen Anlagegütern – ein Vorteilhaftigkeitsvergleich zwischen Leasing und Kreditkauf aus Sicht gewerblicher Investoren, Frankfurt a. M. 1986.

Deppe, H.-D.: Betriebswirtschaftliche Grundlagen der Geldwirtschaft. Bd. 1: Einführung und Zahlungsverkehr, Stuttgart 1973.

–: Grundlagen analytischer Finanzplanung, 2. Aufl., Göttingen 1989.

Dinkelbach, W.: Sensitivitätsanalysen und parametrische Programmierung, Berlin 1969.

Domschke, W., Drexl, A.: Einführung in Operations Research, 3. Aufl., Berlin u. a. 1995.

Drukarczyk, J.: Investitionstheorie und Konsumpräferenz, Berlin 1970.

–: Finanzierungstheorie, München 1980.

–: Finanzierung, 6. Aufl., Stuttgart u. a. 1993.

–: Theorie und Politik der Finanzierung, 2. Aufl., München 1993.

Eilenberger, G.: Lexikon der Finanzinnovationen, 3. Aufl., München, Wien 1996.

–: Betriebliche Finanzwirtschaft, 5. Aufl., München, Wien 1994.

Elton, E. J., Gruber, M. J.: Modern Portfolio Theory and Investment Analysis, 5th ed., New York 1995.

Engels, W.: Betriebswirtschaftliche Bewertungslehre im Licht der Entscheidungstheorie, Köln, Opladen 1962.

Everling, W.: Die Finanzierung des Unternehmens. Kapitalbeschaffung – Liquiditätsvorsorge – Finanzplanung, 2. Aufl., Berlin 1991.

Feinen, K.: Das Leasinggeschäft, 2. Aufl., Frankfurt a. M. 1986.

Fischer, O.: Finanzwirtschaft der Unternehmung, 2 Bde., Tübingen, Düsseldorf 1989/ 1993.

Förstner, K., Henn, R.: Dynamische Produktionstheorie und lineare Programmierung, Meisenheim a. Glan 1957.

Franke, G.: Verschuldungs- und Ausschüttungspolitik im Licht der Portefeuille-Theorie, Köln u. a. 1971.

Franke, G., Hax, H.: Finanzwirtschaft des Unternehmens und Kapitalmarkt, 3. Aufl., Berlin, Heidelberg 1994.

Gebhardt, G., Gerke, W., Steiner, M. (Hrsg.): Handbuch des Finanzmanagements. Instrumente und Märkte der Unternehmensfinanzierung, München 1993.

Georgi, A. A.: Steuern in der Investitionsplanung. Eine Analyse der Entscheidungsrelevanz von Ertrag- und Substanzsteuern, Hamburg 1986.

Glaser, H.: Liquiditätsreserven und Zielfunktion in der kurzfristigen Finanzplanung, Wiesbaden 1982.

Gräfer, H., Scheld, G., Beike, R.: Finanzierung, 2. Aufl., Hamburg 1994.

Grob, H. L.: Investitionsrechnung mit vollständigen Finanzplänen, München 1989.

–: Einführung in die Investitionsrechnung – Eine Fallstudiengeschichte, 2. Aufl., München 1995.

Gutenberg, E.: Untersuchungen über die Investitionsentscheidungen industrieller Unternehmen, Köln, Opladen 1959.

–: Grundlagen der Betriebswirtschaftslehre, Bd. III: Die Finanzen, 8. Aufl., Berlin, Heidelberg, New York 1980.

Haberstock, L.: Zur Integrierung der Ertragsbesteuerung in die simultane Produktions-, Investitions- und Finanzierungsplanung mit Hilfe der linearen Programmierung, Köln u. a. 1971.

Haegert, L.: Der Einfluß der Steuern auf das optimale Investitions- und Finanzierungsprogramm, Wiesbaden 1971.

Hagenmüller, K. F., Diepen, G.: Der Bankbetrieb, 13. Aufl., Wiesbaden 1993.

Hagenmüller, K. F., Eckstein, W. (Hrsg.): Leasing-Handbuch für die betriebliche Praxis, 6. Aufl., Frankfurt a. M. 1992.

Hagenmüller, K. F., Jacob, F.: Der Bankbetrieb, 3 Bde., 5. Aufl., Wiesbaden 1989.

Hagenmüller, K. F., Sommer, H. J. (Hrsg.): Factoring-Handbuch national-international, 2. Aufl., Frankfurt a. M. 1987.

Hahn, O. (Hrsg.): Handbuch der Unternehmensfinanzierung, München 1971.

–: Finanzwirtschaft, 2. Aufl., Landsberg/Lech 1983.

Handwörterbuch der Finanzwirtschaft (HWF), hrsg. von H. E. Büschgen, Stuttgart 1988.

Härle, D.: Finanzierungsregeln und ihre Problematik, Wiesbaden 1961.

Haumer, H.: Sequentielle stochastische Investitionsplanung, Wiesbaden 1983.

Hauschildt, J.: Organisation der finanziellen Unternehmensführung – eine empirische Untersuchung, Stuttgart 1970.

Hauschildt, J., Sachs, G., Witte, E.: Finanzplanung und Finanzkontrolle – Disposition, Organisation, München 1981.

Hax, H.: Investitionstheorie, 5. Aufl., Würzburg, Wien 1985.

Hax, H., Laux, H. (Hrsg.): Die Finanzierung der Unternehmung, Köln 1975.

Hax, K.: Die Substanzerhaltung der Betriebe, Köln, Opladen 1957.

Heinhold, M.: Investitionsrechnung, 6. Aufl., München, Wien 1994.

Heister, M.: Rentabilitätsanalyse von Investitionen. Ein Beitrag zur Wirtschaftlichkeitsrechnung, Köln, Opladen 1962.

Helbling, C.: Unternehmensbewertung und Steuern, 8. Aufl., Düsseldorf 1995.

Hielscher, U., Laubscher, H.-D.: Finanzierungskosten, 2. Aufl., Frankfurt a. M. 1989.

Hirshleifer, J.: Investment, Interest and Capital, Englewood Cliffs (N. J.) 1970.

Jacob, H.: Neuere Entwicklungen in der Investitionsrechnung, Wiesbaden 1964.

–: Investitionsplanung und Investitionsentscheidung mit Hilfe der Linearprogrammierung, 3. Aufl., Wiesbaden 1976.

–: Kurzlehrbuch Investitionsrechnung, 3. Aufl., Wiesbaden 1993.

Jaensch, G.: Wert und Preis der ganzen Unternehmung, Köln, Opladen 1966.

Janberg, H. (Hrsg.): Finanzierungshandbuch, 2. Aufl., Wiesbaden 1970.

Käfer, K.: Investitionsrechnungen. Einführungen in die Theorie, 4. Aufl., Zürich 1974.

–: Kapitalflußrechnungen, 2. Aufl., Stuttgart 1984.

Kegel, K.-P.: Risikoanalyse von Investitionen. Ein Modell für die Praxis, Darmstadt 1991.

Kern, W.: Investitionsrechnung, Stuttgart 1974.

Keun, F., Wiese, O.: Finanzierung und Investition, Darstellung, Kontrollfragen, Aufgaben und Lösungen, 2. Aufl., Herne, Berlin 1985.

Kilger, W., Scheer, A. W. (Hrsg.): Investitions- und Finanzplanung im Wechsel der Konjunktur, Würzburg, Wien 1981.

Koch, H.: Grundlagen der Wirtschaftlichkeitsrechnung. Probleme der betriebswirtschaftlichen Entscheidungslehre, Wiesbaden 1970.

Kortzfleisch, G. v.: Die Grundlagen der Finanzplanung, Berlin 1957.

Kruschwitz, L.: Finanzierung und Investition, Berlin, New York 1995.

–: Finanzmathematik, 2. Aufl., München 1995.

–: Investitionsrechnung, 6. Aufl., Berlin, New York 1996.

Lachnit, L. (Hrsg.): Controllingsysteme für ein PC-gestütztes Erfolgs- und Finanzmanagement, München 1992.

Laux, H.: Kapitalkosten und Ertragsteuern, Köln u. a. 1969.

–: Flexible Investitionsplanung. Einführung in die Theorie der sequentiellen Entscheidungen bei Unsicherheit, Opladen 1971.

–: Entscheidungstheorie, 3. Aufl., Berlin u. a. 1995.

Layer, M.: Optimale Kapazitätsausnutzung und Kapitalbereitstellung. Sequentielle Produktions- und Investitionsplanung mit Hilfe der Dynamischen Programmierung, Würzburg, Wien 1975.

Lehmann, M.: Zur Theorie der Zeitpräferenz, Berlin 1975.

Lohmann, K.: Finanzmathematische Wertpapieranalyse, 2. Aufl., Göttingen 1989.

Loistl, O.: Grundzüge der betrieblichen Kapitalwirtschaft, Berlin u. a. 1986.

–: Kapitalmarkttheorie, 3. Aufl., München, Wien 1994.

Lücke, W.: Finanzplanung und Finanzkontrolle in der Industrie – Systematische Darstellung der Grundlagen, Wiesbaden 1965.

–: Investitionslexikon, 2. Aufl., München 1991.

Markowitz, H. M.: Portfolio Selection, Efficient Diversification of Investments, New York 1959.

Matschke, M. J.: Der Entscheidungswert der Unternehmung, Wiesbaden 1975.

–: Finanzierung der Unternehmung, Herne, Berlin 1991.

–: Investitionsplanung und Investitionskontrolle, Herne, Berlin 1993.

Mellwig, W.: Investition und Besteuerung. Ein Lehrbuch zum Einfluß der Steuern auf die Investitionsentscheidung, Wiesbaden 1985.

Moxter, A.: Grundsätze ordnungsmäßiger Unternehmensbewertung, 2. Aufl., Wiesbaden 1992.

Müller-Merbach, H.: Operations Research, 3. Aufl., München 1973.

Münstermann, H.: Wert und Bewertung der Unternehmung, 3. Aufl., Wiesbaden 1970.

Musil, S., Nippa, M.: Computergestützte Finanzplanung – Einsatzmöglichkeiten von Anwendungssoftware, München 1992.

Obst-Hintner: Geld-, Bank- und Börsenwesen, 39. Aufl., Stuttgart 1993.

Olfert, K.: Finanzierung, 7. Aufl., Ludwigshafen 1992.

–: Investition, 5. Aufl., Ludwigshafen 1992.

Pack, L.: Betriebliche Investition – Begriff – Funktion – Bedeutung – Arten, Wiesbaden 1966.

Perridon, L., Steiner, M.: Finanzwirtschaft der Unternehmung, 8. Aufl., München 1995.

Priewasser, E.: Betriebliche Investitionsentscheidungen, Berlin 1972.

–: Bankbetriebslehre, 5. Aufl., München, Wien 1996.

Rautenberg, H. G.: Finanzierung und Investition, 3. Aufl., Düsseldorf 1984.

Rosenberg, O.: Investitionsplanung im Rahmen einer simultanen Gesamtplanung, Köln u. a. 1975.

Ruchti, H.: Die Abschreibung, ihre grundsätzliche Bedeutung als Aufwands-, Ertrags- und Finanzierungsfaktor, Stuttgart 1953.

Rudolph, B.: Kapitalkosten bei unsicheren Erwartungen, Berlin 1979.

–: (Hrsg.) Derivative Finanzinstrumente, Stuttgart 1995.

Sabel, H.: Die Grundlagen der Wirtschaftlichkeitsrechnung, Berlin 1965.

Saelzle, R.: Investitionsentscheidungen und Kapitalmarkttheorie, Wiesbaden 1976.

Sandig, C.: Finanzierung und Fremdkapital, 2. Aufl., Stuttgart 1974.

–: Finanzen und Finanzierung der Unternehmung, 3. Aufl., Stuttgart 1979.

Schacht, K.: Die Bedeutung der Finanzierungsregeln für unternehmerische Entscheidungen, Wiesbaden 1971.

Scheer, A.-W.: Die industrielle Investitionsentscheidung – Eine theoretische und empirische Untersuchung zum Investitionsverhalten in Industrieunternehmungen, Wiesbaden 1969.

Schierenbeck, H.: Beteiligungsentscheidungen, Berlin 1973.

–: Unternehmensfinanzierung und Konjunktur, Stuttgart 1980.

Schierenbeck, H., Hölscher, R.: Bankassurance. Institutionelle Grundlagen der Bank- und Versicherungsbetriebslehre, 3. Aufl., Stuttgart 1993.

Schirmeister, R.: Theorie finanzmathematischer Investitionsrechnungen bei unvollkommenem Kapitalmarkt, München 1990.

Schmalenbach, E.: Finanzierungen, 6. Aufl., Leipzig 1937.

–: Die Aufstellung von Finanzplänen, 3. Aufl., Leipzig 1939.

–: Kapital, Kredit, Zins in betriebswirtschaftlicher Betrachtung, bearb. von R. Bauer, 4. Aufl., Köln, Opladen 1961.

–: Dynamische Bilanz, bearb. von R. Bauer, 16. Aufl., Köln, Opladen 1962.

–: Die Beteiligungsfinanzierung, bearb. von R. Bauer, 9. Aufl., Köln, Opladen 1966.

Schmidt, H.: Wertpapierbörsen, München 1988.

Schmidt, R. H.: Aktienkursprognose, Wiesbaden 1976.

–: Ökonomische Analyse des Insolvenzrechts, Wiesbaden 1980.

Schmidt, R. H., Terberger, E.: Grundzüge der Investitions- und Finanzierungstheorie, 3. Aufl., Wiesbaden 1996.

Schmidtkunz, H.-W.: Die Koordination betrieblicher Finanzentscheidungen, Wiesbaden 1970.

Schneider, D.: Die wirtschaftliche Nutzungsdauer von Anlagegütern als Bestimmungsgrund der Abschreibungen, Köln, Opladen 1961.

–: Investition, Finanzierung und Besteuerung, 7. Aufl., Wiesbaden 1992.

–: Allgemeine Betriebswirtschaftslehre, 3. Aufl., München, Wien 1994.

Schneider, E.: Wirtschaftlichkeitsrechnung – Theorie der Investition, 8. Aufl., Tübingen, Zürich 1973.

Scholz, H., Lwowski, H.-J.: Das Recht der Kreditsicherung, 7. Aufl., Berlin 1994.

Schulte, K.-H.: Wirtschaftlichkeitsrechnung, 4. Aufl., Heidelberg 1986.

Seelbach, H.: Planungsmodelle in der Investitionsrechnung, Würzburg, Wien 1967.

–: (Hrsg.) Finanzierung, München 1980.

Seicht, G.: Die kapitaltheoretische Bilanz und die Entwicklung der Bilanztheorien, Berlin 1970.

–: Investition und Finanzierung. Theoretische Grundlagen und praktische Gestaltung, 7. Aufl., Wien 1992.

Sharpe, W. F.: Portfolio Theory and Capital Markets, New York 1970.

–: Investments, 3rd ed., Englewood Cliffs (N. J.) 1983.

Sieben, G.: Der Substanzwert der Unternehmung, Wiesbaden 1963.

Sieben, G., Zapf, B. (Hrsg.): Unternehmensbewertung als Grundlage unternehmerischer Entscheidungen, Stuttgart 1981.

Solomon, E.: The Theory of Financial Management, New York, London 1963.

Spittler, H.-J.: Leasing für die Praxis, 4. Aufl., Köln 1992.

Spremann, K.: Wirtschaft, Investition und Finanzierung, 5. Aufl., München, Wien 1996.

Standop, S.: Optimale Unternehmensfinanzierung: Zur Problematik der neueren betriebswirtschaftlichen Kapitaltheorie, Berlin 1975.

Steiner, J.: Gewinnsteuern in Partialmodellen für Investitionsentscheidungen. Barwert und Endwert als Instrumente zur Steuerwirkungsanalyse, Betriebswirtschaftliche Studien, Bd. 40, Berlin 1980.

Strobel, A.: Die Liquidität, Methoden ihrer Berechnung, 2. Aufl., Stuttgart 1953.

Süchting, J.: Bankmanagement, 3. Aufl., Stuttgart 1992.

–: Finanzmanagement: Theorie und Politik der Unternehmensfinanzierung, 6. Aufl., Wiesbaden 1995.

Swoboda, P.: Finanzierungstheorie, Würzburg, Wien 1973.

–: Investition und Finanzierung, 4. Aufl., Göttingen 1992.

–: Betriebliche Finanzierung, 3. Aufl., Würzburg, Wien 1994.

Teichmann, H.: Die Investitionsentscheidung bei Unsicherheit, Berlin 1970.

Terborgh, G.: Leitfaden der betrieblichen Investitionspolitik, hrsg. von H. Albach, Wiesbaden 1969.

Uhlir, H., Steiner, P.: Wertpapieranalyse, 3. Aufl., Heidelberg, Wien 1994.

Viel, J., Bredt, O., Renard, M.: Die Bewertung von Unternehmungen und Unternehmungsanteilen. Richtlinien ausgearbeitet von einer Studienkommission der U.E.C., 5. Aufl., Stuttgart 1975.

Vormbaum, H.: Finanzierung der Betriebe, 9. Aufl., Wiesbaden 1995.

Weber, M.: Risikoentscheidungskalküle in der Finanzierungstheorie, Stuttgart 1989.

Weihrauch, H.: Pensionsrückstellungen als Mittel der Finanzierung, Stuttgart 1962.

Weingartner, H. M.: Mathematical Programming and the Analysis of Capital Budgeting Problems, Englewood Cliffs (N.J.) 1963.

Welcker, J., Thomas, E.: Finanzanalyse, München 1981.

Widmann, S., Mayer, R.: Umwandlungsrecht, Bd. 1–4, (Loseblatt), Bonn 1994.

Witte, E.: Die Liquiditätspolitik der Unternehmung, Tübingen 1963.

–: Finanzplanung der Unternehmung, 3. Aufl., Opladen 1983.

Witte, E., Klein, H.: Finanzplanung der Unternehmung, Prognose und Disposition, 3. Aufl., Wiesbaden 1983.

Wittmann, F.: Der Einfluß der Steuern auf die Investitionsentscheidung der Unternehmung, Frankfurt a. M., New York 1986.

Wittmann, W.: Unternehmung und unvollkommene Information, Köln, Opladen 1959.

Wöhe, G.: Betriebswirtschaftslehre und Unternehmensbesteuerung, München 1984.

–: Betriebswirtschaftliche Steuerlehre, Bd. I, 1. Halbband, 6. Aufl., München 1988.

–: Betriebswirtschaftliche Steuerlehre, Bd. I, 2. Halbband, 7. Aufl., München 1992.

–: Betriebswirtschaftliche Steuerlehre, Bd. II, 2. Halbband, 3. Aufl., München 1982.

–: Die Steuern des Unternehmens, 6. Aufl., München 1991.

–: Bilanzierung und Bilanzpolitik, 8. Aufl., München 1992.

Wöhe, G., Bieg, H.: Grundzüge der Betriebswirtschaftlichen Steuerlehre, 4. Aufl., 1995.

Wöhe, G., Bilstein, J.: Grundzüge der Unternehmensfinanzierung, 7. Aufl., München 1994.

Literatur zum 6. Abschnitt

1. Jahresabschluß

Adler–Düring–Schmaltz: Rechnungslegung und Prüfung der Aktiengesellschaft, 3 Bde, 3. Aufl., Stuttgart 1957 und 4. Aufl., 1968–1972.

–: Rechnungslegung und Prüfung der Unternehmen, bearbeitet von K.-H. Forster, R. Goerdeler, J. Lanfermann u. a., 5. Aufl., Stuttgart 1987 ff. (Loseblatt).

–: Rechnungslegung und Prüfung der Unternehmen, bearbeitet von K.-H. Forster, R. Goerdeler, J. Lanfermann, H.-P. Müller, G. Siepe, K. Stolberg, 6. Aufl., Teilband I, II, Stuttgart 1995, Teilband III, Stuttgart 1996.

Albach, H.: Die degressive Abschreibung, Wiesbaden 1967.

Albach, H., Forster, K. H. (Hrsg.): Beiträge zum Bilanzrichtlinien-Gesetz. Das neue Recht in Theorie und Praxis, Wiesbaden 1987.

Apelt, B.: Die Publizität der GmbH, Berlin 1991.

Baetge, J.: Möglichkeiten der Objektivierung des Jahreserfolges, 2. Aufl., Düsseldorf 1980.

–: (Hrsg.) Der Jahresabschluß im Widerstreit der Interessen, Düsseldorf 1983.

–: Bilanzanalyse und Bilanzpolitik, Düsseldorf 1989.

–: Bilanzen, 3. Aufl., Düsseldorf 1994.

–: Konzernbilanzen, 2. Aufl., Düsseldorf 1995.

Baetge, J., Fischer, T. R., Paskert, D.: Der Lagebericht, Aufstellung, Prüfung und Offenlegung, Stuttgart 1989.

Baetge, J., Moxter, A., u. a. (Hrsg.): Bilanzfragen, Festschrift zum 65. Geburtstag von Ulrich Leffson, Düsseldorf 1976.

Ballwieser, W., Häger, R.: Jahresabschlüsse mittelgroßer Kapitalgesellschaften. Ergebnisse einer Untersuchung von 150 mittelgroßen Kapitalgesellschaften, Düsseldorf 1991.

Bauer, J.: Grundlagen einer handels- und steuerrechtlichen Rechnungspolitik der Unternehmung, Wiesbaden 1981.

Beck'scher Bilanz-Kommentar: Der Jahresabschluß nach Handels- und Steuerrecht, bearb. von Budde, W. D., Clemm, H., Pankow, M. und Sarx, M., 2. Aufl. München 1990.

Beck'sches Handbuch der Rechnungslegung, hrsg. von Castan, E., Heymann, G., Müller E., Ordelheide, D., Scheffler, E., München 1987 (Loseblatt).

Bieg, H.: Schwebende Geschäfte in Handels- und Steuerbilanz, Frankfurt a. M., Bern 1977.

–: Bankbilanzen und Bankenaufsicht, München 1983.

–: Buchführung und Bilanz, Freiburg i. Br. 1991.

Biener, H., Schatzmann, J.: Konzern-Rechnungslegung, Düsseldorf 1983.

Bitz, M., Schneeloch, D., Wittstock, W.: Der Jahresabschluß, 2. Aufl., München 1995.

Böcking, H.-J.: Bilanzrechtstheorie und Verzinslichkeit, Wiesbaden 1988.

Brönner, H., Bareis, H. P.: Die Bilanz nach Handels- und Steuerrecht, 9. Aufl., Stuttgart 1991.

Buchner, R.: Rechnungslegung und Prüfung der Kapitalgesellschaft, 2. Aufl., Stuttgart/ Jena 1992.

–: Buchführung und Jahresabschluß, 4. Aufl., München 1993.

Bundesverband der Deutschen Industrie. Betriebswirtschaftlicher Ausschuß; Industrie-Kontenrahmen „IKR", Neufassung in Anpassung an das Bilanzrichtlinien-Gesetz, Köln 1986.

Busse von Colbe, W.: Bilanzen, 5. Aufl., Wiesbaden 1988.

–: (Hrsg.): Lexikon des Rechnungswesens, 3. Aufl., München/Wien 1994.

Busse von Colbe, W., Ordelheide, D.: Konzernabschlüsse, 6. Aufl., Wiesbaden 1993.

–: Konzernabschlüsse: Übungsaufgaben und Beispiele, 6. Aufl., Wiesbaden 1991.

Castan, E.: Rechnungslegung der Unternehmung, 3. Aufl., München 1990.

Coenenberg, A. G.: Jahresabschluß und Jahresabschlußanalyse, 15. Aufl., Landsberg/Lech 1994.

–: Jahresabschluß und Jahresabschlußanalyse. Aufgaben und Lösungen, 8. Aufl., Landsberg/ Lech 1995.

– (Hrsg.): Bilanzanalyse nach neuem Recht, 2. Aufl., Landsberg am Lech 1990.

Commandeur, D.: Die Bilanzierung der Aufwendungen für die Ingangsetzung und Erweiterung des Geschäftsbetriebs, Berlin 1986.

Le Coutre, W.: Grundzüge der Bilanzkunde, eine totale Bilanzlehre, Teil 1, 4. Aufl., Wolfenbüttel 1949.

Döring, U., Buchholz, R.: Buchhaltung und Jahresabschluß, 5. Aufl., Hamburg 1995.

Ebeling, R. M.: Die Einheitsfiktion als Grundlage der Konzernrechnungslegung, Stuttgart 1995.

Egner, H.: Bilanzen. Ein Lehrbuch zur Bilanztheorie, München 1974.

–: Betriebswirtschaftliche Prüfungslehre, Berlin 1980.

Eifler, G.: Grundsätze ordnungsgemäßer Bilanzierung für Rückstellungen, Düsseldorf 1976.

Eisele, W.: Technik des betrieblichen Rechnungswesens: Buchführung, Kostenrechnung, Sonderbilanzen, 5. Aufl., München 1993.

Eisolt, D.: US-amerikanische und deutsche Konzernrechnungslegung, Hamburg 1992.

Engels, W.: Betriebswirtschaftliche Bewertungslehre im Licht der Entscheidungstheorie, Köln, Opladen 1962.

Ewert, R.: Rechnungslegung, Gläubigerschutz und Agency-Probleme, Wiesbaden 1986.

Federmann, R.: Bilanzierung nach Handels- und Steuerrecht, 10. Aufl., Berlin 1994.

Feuerbaum, E.: Die polare Bilanz, Berlin 1966.

Fey, D.: Imparitätsprinzip und GoB-System im Bilanzrecht 1986, Berlin 1987.

Förschle, G., Knopp, M.: D-Markeröffnungsbilanz. Aufstellung, Inventar, Bewertung, Kapitalausstattung, Steuern, 2. Aufl., Bonn 1991

Förster, W.: Die Liquidationsbilanz, 3. Aufl. Köln 1992.

Friedrich, H.: Grundsätze ordnungsmäßiger Bilanzierung für schwebende Geschäfte, 2. Aufl., Düsseldorf 1976.

Gessler, E., Hefermehl, W., Eckardt, U., Kropff, B.: Aktiengesetz, Kommentar, München 1984.

Glade, A.: Rechnungslegung und Prüfung nach dem Bilanzrichtlinien-Gesetz. Systematische Darstellung und Kommentar, 2. Aufl., Herne/Berlin 1991.

Gräfer, H.: Der Jahresabschluß der GmbH, 3. Aufl., Herne/Berlin 1991.

–: Bilanzanalyse. Eine Einführung mit Aufgaben und Lösungen, 6. Aufl., Herne/Berlin 1994.

Gräfer, H., Scheld, G.: Konzernrechnungslegung, 2. Aufl., Hamburg 1994.

Gross, G., Schruff, L.: Der Jahresabschluß nach neuem Recht. Aufstellung – Prüfung – Offenlegung, 3. Aufl., Düsseldorf 1986.

Gross, G., Schruff, L., Wysocki, K. v.: Der Konzernabschluß nach neuem Recht, 2. Aufl. Düsseldorf 1987.

Großfeld, B.: Bilanzrecht, 2. Aufl., Heidelberg 1990.

Gutachten der Steuerreformkommission, Bonn 1971.

Haase, K. D.: Finanzbuchhaltung, 7. Aufl., Düsseldorf 1991.

Haeger, B.: Die Bilanzierung steuerrechtlich bedingter Sachverhalte im handelsrechtlichen Jahresabschluß, Stuttgart 1989.

Handwörterbuch der Revision (HWRev), hrsg. von A. G. Coenenberg, K. v. Wysocki, 2. Aufl., Stuttgart 1992.

Handwörterbuch des Rechnungswesens (HWR), 1. Aufl., hrsg. von E. Kosiol, Stuttgart 1970, 2. Aufl., hrsg. von E. Kosiol, K. Chmielewicz, M. Schweitzer, Stuttgart 1981, 3. Aufl., hrsg. von K. Chmielewicz und M. Schweitzer, Stuttgart 1993.

Hauschildt, J.: Krisendiagnose durch Bilanzanalyse, Köln 1988.

Hax, K.: Die Substanzerhaltung der Betriebe, Köln, Opladen 1957.

Heinen, E.: Handelsbilanzen, 12. Aufl., Wiesbaden 1986.

Heinhold, M.: Der Jahresabschluß, 3. Aufl., München/Wien 1995.

Helbling, C.: Bilanz- und Erfolgsanalyse, 9. Aufl., Bern/Stuttgart 1994.

Hüttemann, U.: Grundzüge ordnungsmäßiger Bilanzierung für Verbindlichkeiten. Düsseldorf, 2. Aufl., 1976.

Jacobs, O. H., Schreiber, U.: Betriebliche Kapital- und Substanzerhaltung in Zeiten steigender Preise, Stuttgart 1979.

Jonas, H. H.: Die EG-Bilanzrichtlinie. Grundlagen und Anwendung in der Praxis, Freiburg i. Br. 1980.

Käfer, K.: Die Bilanz als Zukunftsrechnung. Eine Vorlesung über den Inhalt der Unternehmungsbilanz, Zürich 1962.

–: Kapitalflußrechnungen, 2. Aufl., Stuttgart 1984.

–: Die Erfolgsrechnung. Theorie, Methoden, Formen, Zürich 1970, Nachdruck 1977.

Kammers, H.: Der Grundsatz der Bewertungsstetigkeit nach § 252 Abs. 1 Nr. 6 HGB, Stuttgart 1988.

Karrenbauer, M.: Die Abschreibung in Einkommen- und Bilanzsteuerrecht, Stuttgart 1993.

Karrenbrock, H.: Latente Steuern in Bilanz und Anhang, Düsseldorf 1991.

Kerth, A., Wolf, J.: Bilanzanalyse und Bilanzpolitik, 2. Aufl., München/Wien 1992.

Kessler, H.: Rückstellungen und Dauerschuldverhältnisse, Stuttgart 1992.

Kirsch, H.-J.: Die Equity-Methode im Konzernabschluß, Düsseldorf 1990.

Knobbe–Keuk, B.: Bilanz- und Unternehmenssteuerrecht, 9. Aufl., Köln 1993.

Kobs, E.: Bilanzen und Ergänzungsbilanzen bei Personengesellschaften, 7. Aufl., Herne 1982.

Kosiol, E.: Pagatorische Bilanz, Berlin 1976.

KPMG Treuverkehr (Hrsg.): Handbuch zum Konzernabschluß der GmbH, Düsseldorf 1990.

Krumbholz, M.: Die Qualität publizierter Lageberichte, Düsseldorf 1994.

Kruse, H. W.: Grundsätze ordnungsmäßiger Buchführung. Rechtsnatur und Bestimmung, 3. Aufl., Köln 1978.

Küting, K.: Konsolidierungspraxis: Grundsätze ordnungsmäßiger Konsolidierung und die Konsolidierungspraxis deutscher Konzerne, 2. Aufl., Berlin 1981.

Küting, K., Weber, C. P.: Bilanzanalyse und Bilanzpolitik nach neuem Bilanzrecht, Stuttgart 1987.

–: Der Konzernabschluß, 3. Aufl., Stuttgart 1991.

–: Handbuch der Konzernrechnungslegung. Kommentar zur Bilanzierung und Prüfung, Stuttgart 1989.

–: Handbuch der Rechnungslegung. Kommentar zur Bilanzierung und Prüfung, 4. Aufl., Stuttgart 1995.

–: Die Bilanzanalyse, 2. Aufl., Stuttgart 1994.

Küting, K., Weber, C. P., Zündorf, H.: Praxis der Konzernbilanzanalyse, Stuttgart 1990.

Kuhn, U.: Planabschlüsse im Konzern, Stuttgart 1993.

Kupsch, P. U.: Bilanzierung von Rückstellungen und ihre Berichterstattung, Herne, Berlin 1975.

Langenbucher, G.: Die Umrechnung von Fremdwährungsgeschäften, Stuttgart 1988.

Leffson, U.: Wirtschaftsprüfung, 4. Aufl., Wiesbaden 1988.

–: Die Grundsätze ordnungsmäßiger Buchführung, 7. Aufl., Düsseldorf 1987.

–: Bilanzanalyse, 3. Aufl., Stuttgart 1984.

Littmann, E., Bitz, H., Meincke, J. P.: Das Einkommensteuerrecht, Kommentar, 3 Bde, 15. Aufl., Stuttgart 1988 ff. (Loseblatt).

Lück, W.: Rechnungslegung im Konzern, Stuttgart 1990.

Mellwig, W., Moxter, A., Ordelheide, D. (Hrsg.): Einzelabschluß und Konzernabschluß, Beiträge zum neuen Bilanzrecht, Bd. 1, Wiesbaden 1988.

–: Handelsbilanz und Steuerbilanz. Beiträge zum neuen Bilanzrecht, Bd. 2, Wiesbaden 1989.

Meyer, C.: Bilanzierung nach Handels- und Steuerrecht unter Einschluß der Konzernrechnungslegung, 10. Aufl., Herne/Berlin 1994.

Moxter, A.: Bilanzlehre, Bd. I, Einführung in die Bilanztheorie. 3. Aufl., Wiesbaden 1984, Nachdruck 1991.

–: Bilanzlehre, Bd. II, Einführung in das neue Bilanzrecht, 3. Aufl., Wiesbaden 1986.

–: Der Einfluß von Publizitätsvorschriften auf das unternehmerische Verhalten, Köln, Opladen 1962.

–: Betriebswirtschaftliche Gewinnermittlung, Tübingen 1982.

–: Bilanzrechtsprechung, 3. Aufl., Tübingen 1993.

Münstermann, H.: Einführung in die Dynamische Bilanz, Köln, Opladen 1957.

–: Unternehmungsrechnung, Wiesbaden 1969.

Naumann, K.-P.: Die Bewertung von Rückstellungen in der Einzelbilanz nach Handels- und Ertragsteuerrecht, Düsseldorf 1989.

Niehus, R. J.: Rechnungslegung und Prüfung der GmbH nach neuem Recht: Kommentar zu den die GmbH betreffenden Vorschriften des Regierungsentwurfs eines Bilanzrichtlinien-Gesetzes vom 12. 2. 1982, Berlin, New York 1982.

Oberbrinkmann, F.: Statische und dynamische Interpretation der Handelsbilanz, Düsseldorf 1990.

Oser, P.: Verbundene Unternehmen im Bilanzrecht, Stuttgart 1993.

Pfleger, G.: Die neue Praxis der Bilanzpolitik, Strategien und Gestaltungsmöglichkeiten im handelsrechtlichen und steuerrechtlichen Jahresabschluß, 4. Aufl., Freiburg i. Br. 1991.

Quick, R.: Grundsätze ordnungsmäßiger Inventurprüfung, Düsseldorf 1991.

Rieger, W.: Schmalenbachs dynamische Bilanz, 2. Aufl., Stuttgart, Köln 1954.

–: Einführung in die Privatwirtschaftslehre, 3. Aufl., Erlangen 1964.

Rogler, S.: Gewinn- und Verlustrechnung nach dem Umsatzkostenverfahren, Wiesbaden 1990.

Roß, N.: Rechtsgeschäftliche Treuhandverhältnisse im Jahres- und Konzernabschluß, Düsseldorf 1994.

Ruchti, H.: Die Abschreibung, ihre grundsätzliche Bedeutung als Aufwands-, Ertrags- und Finanzierungsfaktor, Stuttgart 1953.

Ruhnke, K.: Konzernbuchführung, Düsseldorf 1995.

Ruppert, B.: Währungsumrechnung im Konzernabschluß, Düsseldorf 1993.

Russ, W.: Der Anhang als dritter Teil des Jahresabschlusses, 2. Aufl., Bergisch-Gladbach, Köln 1986.

Schäfer, W.: Grundsätze ordnungsmäßiger Bilanzierung für Forderungen, 2. Aufl., Düsseldorf 1977, Nachdruck 1986.

Schildbach, Th.: Der handelsrechtliche Jahresabschluß, 4. Aufl., Herne/Berlin 1995.

–: Der handelsrechtliche Konzernabschluß, 3. Aufl., München, Wien 1994.

Schmalenbach, E.: Der Kontenrahmen, 4. Aufl., Leipzig 1935.

–: Dynamische Bilanz, 13. Aufl., bearb. von R. Bauer, Köln, Opladen 1962, Nachdruck 1988.

Schmidt, F.: Bilanzwert, Bilanzgewinn und Bilanzumwertung, Berlin 1924.

–: Die organische Tageswertbilanz, 3. Aufl., 1929, unv. Nachdruck, Wiesbaden 1951.

Schneider, D.: Die wirtschaftliche Nutzungsdauer von Anlagegütern als Bestimmungsgrund der Abschreibungen, Köln, Opladen 1961.

–: Steuerbilanzen. Rechnungslegung als Messung steuerlicher Leistungsfähigkeit, Wiesbaden 1978.

–: Kapitalmarkteffizienz durch Jahresabschlußreformen, Göttingen 1981.

Schöttler, J., Spulak, R., Baur, W.: Technik des betrieblichen Rechnungswesens, 7. Aufl., München u. a. 1992.

Schreiber, U.: Unternehmenserhaltung bei steigenden Preisen, Frankfurt a. M. u. a. 1980.

Schult, E.: Bilanzanalyse. Möglichkeiten und Grenzen externer Unternehmensbeurteilung, 8. Aufl., Freiburg i. Br. 1991.

Schweitzer, M.: Struktur und Funktion der Bilanz, Berlin 1972.

Seicht, G.: Die kapitaltheorethische Bilanz und die Entwicklung der Bilanztheorien, Berlin 1970.

–: Bilanztheorien, Würzburg/Wien 1982.

–: Buchführung, Jahresabschluß und Steuern, 10. Aufl., Wien 1995.

Selchert, F.-W.: Der Anhang als Instrument der Informationspolitik, Stuttgart 1987.

–: Jahresabschlußprüfung der Kapitalgesellschaften, 2. Aufl., Wiesbaden 1996.

Siener, F.: Der Cash-Flow als Instrument der Bilanzanalyse, Stuttgart 1991.

Streim, H.: Grundzüge der handels- und steuerrechtlichen Bilanzierung, Stuttgart 1988.

Vogt, S.: Die Maßgeblichkeit des Handelsbilanzrechts für die Steuerbilanz, Düsseldorf 1991.

Walb, E.: Die Erfolgsrechnung privater und öffentlicher Betriebe, Berlin, Wien 1926.
–: Finanzwirtschaftliche Bilanz, 3. Aufl., Wiesbaden 1966.
Weber, C. P.: Praxis der Kapitalkonsolidierung im internationalen Vergleich, Stuttgart 1991.
Weber, E.: Grundsätze ordnungsmäßiger Bilanzierung für Beteiligungen, Düsseldorf 1980.
Weber, H. K.: Betriebswirtschaftliches Rechnungswesen, Bd. I, Bilanz und Erfolgsrechnung, 4. Aufl., München 1993.
Wenger, E.: Unternehmenserhaltung und Gewinnbegriff, Wiesbaden 1981.
Wentland, N.: Die Konzernbilanz als Bilanz der wirtschaftlichen Einheit Konzern, Frankfurt a. M. u. a. 1980.
Wirtschaftsprüfer-Handbuch 1992, 2 Bde, 11. Aufl., Düsseldorf 1996.
Wittmann, W.: Der Wertbegriff in der Betriebswirtschaftslehre, Köln, Opladen 1956.
Wöhe, G.: Die Handels- und Steuerbilanz, 2. Aufl., München 1990.
–: Betriebswirtschaftliche Steuerlehre, Bd. I, 2. Halbband, 7. Aufl., München 1992; Bd. II, 1. Halbband, 5. Aufl., München 1990; 2. Halbband, 3. Aufl., München 1982.
–: Betriebswirtschaftslehre und Unternehmensbesteuerung, München 1984.
–: Bilanzierung und Bilanzpolitik, Betriebswirtschaftlich, handelsrechtlich, steuerrechtlich. Mit einer Einführung in die verrechnungstechnischen Grundlagen, 8. Aufl., München 1992.
Wöhe, G., Bieg, H.: Grundzüge der Betriebswirtschaftlichen Steuerlehre, 4. Aufl., München 1995.
Wöhe, G., Kußmaul, H.: Grundzüge der Buchführung und Bilanztechnik, 2. Aufl., München 1996.
Wysocki, K. v.: Grundlagen des betriebswirtschaftlichen Prüfungswesens, 3. Aufl., München 1988.
–: Sozialbilanzen, Stuttgart, New York 1981.
Wysocki, K. v., Wohlgemuth, M.: Konzernrechnungslegung, 3. Aufl., Düsseldorf 1986.
Zieger, M.: Gewinnrealisierung bei langfristiger Fertigung, Wiesbaden 1990.
Zündorf, H.: Der Anlagespiegel im Konzernabschluß, Stuttgart 1990.
–: Quotenkonsolidierung versus Equity-Methode, Stuttgart 1987.
Zwehl, W. v.: Untersuchung zur Erstellung einer Planbilanz als Ergänzung des Jahresabschlusses, Berlin 1968.
Zwingmann, L.: Die Abbildung ökonomischer Beziehungen zwischen Mutter- und Tochterunternehmen im Jahresabschluß des Konzerns, Bergisch Gladbach, Köln 1994.

2. Kostenrechnung

Adam, D.: Entscheidungsorientierte Kostenbewertung, Wiesbaden 1970.
Agthe, K.: Die Abweichungen in der Plankostenrechnung, Freiburg i. Br. 1958.
–: Kostenplanung und Kostenkontrolle im Industriebetrieb, Baden-Baden 1963.
Ahlert, D. (Hrsg.): Finanz- und Rechnungswesen als Führungsinstrument, Festschrift für Herbert Vormbaum, Wiesbaden 1990.
Ahlert, D., Franz, K.-P.: Industrielle Kostenrechnung, 5. Aufl., Düsseldorf 1992.
Böhm, H.-H., Wille, F.: Deckungsbeitragsrechnung, Grenzpreisrechnung und Optimierung, 6. Aufl., München 1977.
Burger, A.: Entscheidungsorientierte Kostenrechnung für die flexibel automatisierte Fertigung, Stuttgart 1992.
Chmielewicz, K. (Hrsg.): Entwicklungslinien der Kosten- und Erlösrechnung, Stuttgart 1983.
Coenenberg, A. G.: Kostenrechnung und Kostenanalyse, 2. Aufl., Landsberg/Lech 1993.
–: (Hrsg.): Unternehmensrechnung: Betriebliche Planungs- und Kontrollrechnung auf der Basis von Kosten und Leistungen, München 1976.
Dellmann, K., Franz, K.-P.: Neuere Entwicklungen im Kostenmanagement, Bern u. a. 1994.
Döring, U.: Kostensteuern. Der Einfluß von Steuern auf kurzfristige Produktions- und Absatzentscheidungen, Stuttgart 1984.
Ebert, G.: Kosten- und Leistungsrechnung, 6. Aufl., Wiesbaden 1991.
Ehrt, R.: Die Zurechenbarkeit von Kosten auf Leistungen auf der Grundlage kausaler und finaler Beziehungen, Stuttgart, Berlin, Köln, Mainz 1967.
Eisele, W.: Technik des betrieblichen Rechnungswesens, 5. Aufl., München 1993.
Ewert, R., Wagenhofer, A.: Interne Unternehmensrechnung, Berlin u. a. 1993.
Fäßler, K., Rehkugler, H., Wegenast, C.: Lexikon des Controlling, 5. Aufl., München 1991.

Freidank, C.-C.: Kostenrechnung, 5. Aufl., München, Wien 1994.

Gabele, E., Fischer, P.: Kosten- und Erlösrechnung, München 1992.

Götzinger, M., Michael, H.: Kosten- und Leistungsrechnung, Eine Einführung, 6. Aufl., Heidelberg 1993.

Haberstock, L.: Zur Integrierung der Ertragsbesteuerung in die simulante Produktions-, Investitions- und Finanzierungsplanung mit Hilfe der linearen Programmierung, Köln, Berlin, Bonn, München 1971.

–: Grundzüge der Kosten- und Erfolgsrechnung, 3. Aufl., München 1982.

–: Kostenrechnung I, Einführung mit Fragen, Aufgaben und Lösungen, 8. Aufl., Hamburg 1987.

–: Kostenrechnung II, (Grenz-)Plankostenrechnung, 7. Aufl., Hamburg 1988.

Handwörterbuch des Rechnungswesens (HWR): 1. Aufl., hrsg. von E. Kosiol, Stuttgart 1970, 2. Aufl., hrsg. von E. Kosiol, K. Chmielewicz, M. Schweitzer, Stuttgart 1981, 3. Aufl., hrsg. von K. Chmielewicz und M. Schweitzer, Stuttgart 1993.

Heinen, E.: Die Kosten. Ihr Begriff und ihr Wesen. Eine entwicklungsgeschichtliche Betrachtung, Saarbrücken 1956.

–: Betriebswirtschaftliche Kostenlehre, 6. Aufl., Wiesbaden 1983, Nachdruck 1985.

Hoitsch, H.-J.: Kosten- und Erlösrechnung: eine controllingorientierte Einführung, Berlin u. a. 1995.

Horváth, P. (Hrsg.): Strategieunterstützung durch das Controlling – Revolution im Rechnungswesen? Stuttgart 1990.

–: Controlling, 5. Aufl., München 1994.

Huch, B.: Einführung in die Kostenrechnung, 8. Aufl., Heidelberg 1986.

Hummel, S., Männel, W.: Kostenrechnung, 2 Bde, 4. Aufl., Wiesbaden 1986.

IFUA Horváth & Partner (Hrsg.): Prozeßkostenmanagement, München 1991.

Jacob, H.: Moderne Kostenrechnung, Wiesbaden 1978.

Jacobs, O. H.: Aussagemöglichkeiten und Grenzen der industriellen Kostenrechnung aus kostentheoretischer Sicht, Köln, Opladen 1968.

Käfer, K.: Standard-Kostenrechnung, 2. Aufl., Stuttgart 1964.

Kilger, W.: Kurzfristige Erfolgsrechnung, Wiesbaden 1962.

–: Industriebetriebslehre, Bd. I, Wiesbaden 1986.

–: Einführung in die Kostenrechnung, 3. Aufl., Wiesbaden 1987, Nachdruck 1992.

–: Flexible Plankostenrechnung und Deckungsbeitragsrechnung, 10. Aufl., Wiesbaden 1993.

Kilger, W., Scheer, A.-W. (Hrsg.): Saarbrücker Arbeitstagung. Plankostenrechnung und Deckungsbeitragsrechnung in der Praxis. Anwendungen – offene Probleme – Entwicklungstendenzen, Würzburg, Wien 1980.

–: (Hrsg.) Rechnungswesen und EDV, Würzburg u. a. 1983–86.

Kleiner, F.: Kostenrechnung bei flexibler Automatisierung, München 1991.

Kloock, J., Sieben, G., Schildbach, T.: Kosten- und Leistungsrechnung, 7. Aufl., Düsseldorf 1993.

Koch, H.: Grundprobleme der Kostenrechnung, Köln, Opladen 1966.

Kosiol, E.: Kostenrechnung und Kalkulation, 2. Aufl., Berlin, New York 1972.

–: Kosten- und Leistungsrechnung: Grundlagen, Verfahren, Anwendungen, Berlin 1979.

Laßmann, G.: Die Kosten- und Erlösrechnung als Instrument der Planung und Kontrolle in Industriebetrieben, Düsseldorf 1968.

Layer, M.: Möglichkeiten und Grenzen der Anwendbarkeit der Deckungsbeitragsrechnung im Rechnungswesen der Unternehmung, Berlin 1967.

Lorson, P.: Straffes Kostenmanagement und neue Technologien, Herne, Berlin 1993.

Männel, W. (Hrsg.): Handbuch Kostenrechnung, Wiesbaden 1992.

Medicke, W.: Die Gemeinkosten in der Plankostenrechnung, Berlin 1956.

Mellerowicz, K.: Abschreibungen in Erfolgs- und Kostenrechnung, Heidelberg 1957.

–: Kosten und Kostenrechnung, Bd. I: Theorie der Kosten, 5. Aufl., Berlin 1973; Bd. II: Verfahren, 1. Teil: Allgemeine Fragen der Kostenrechnung und Betriebsabrechnung, 5. Aufl., Berlin 1974; 2. Teil: Kalkulation und Auswertung der Kostenrechnung und Betriebsabrechnung, 5. Aufl., Berlin 1980.

–: Planung und Plankostenrechnung, Bd. I, Betriebliche Planung, 3. Aufl., Freiburg i. Br. 1979; Bd. II, Plankostenrechnung, 1. Aufl., Freiburg i. Br. 1972.

Menrad, S.: Der Kostenbegriff. Eine Untersuchung über den Gegenstand der Kostenrechnung, Berlin 1965.

Müller, H.: Prozeßkonforme Grenzplankostenrechnung, 2. Aufl., Wiesbaden 1996.

Plaut, H. G., Müller, H., Medicke, W.: Grenzplankostenrechnung und Datenverarbeitung, 3. Aufl., München 1973.

Pressmar, D. B.: Kosten- und Leistungsanalyse im Industriebetrieb, Wiesbaden 1971.

Reichmann, T.: Kosten und Preisgrenzen, Wiesbaden 1973.

–: Controlling mit Kennzahlen und Managementberichten, Grundlagen einer systemgestützten Controlling-Konzeption, 4. Aufl., München 1995.

Riebel, P.: Die Kuppelproduktion, Betriebs- und Marktprobleme, Köln, Opladen 1955.

–: Kosten und Preise bei verbundener Produktion, Substitutionskonkurrenz und verbundener Nachfrage, 2. Aufl., Opladen 1972.

–: Einzelkosten- und Deckungsbeitragsrechnung, 7. Aufl., Wiesbaden 1994.

Rummel, K.: Einheitliche Kostenrechnung auf der Grundlage einer vorausgesetzten Proportionalität der Kosten zu betrieblichen Größen, 3. Aufl., Düsseldorf 1967.

Scheer, A.-W. (Hrsg.): Grenzplankostenrechnung – Stand und aktuelle Probleme, 2. Aufl., Wiesbaden 1991.

Scherrer, G.: Kostenrechnung, 2. Aufl., Stuttgart u. a. 1991.

Schmalenbach, E.: Der Kontenrahmen, 4. Aufl., Leipzig 1935.

–: Kostenrechnung und Preispolitik, bearb. von R. Bauer, 8. Aufl., Köln, Opladen 1963.

Schneider, D.: Die wirtschaftliche Nutzungsdauer von Anlagegütern als Bestimmungsgrund der Abschreibungen, Köln, Opladen 1961.

Schneider, E.: Industrielles Rechnungswesen, 5. Aufl., Tübingen 1969.

Schönfeld, H.-M., Möller, H. P.: Kostenrechnung, 8. Aufl., Stuttgart 1995.

Schweitzer, M., Küpper, H.-U.: Systeme der Kostenrechnung, 6. Aufl., München 1995.

Seicht, G.: Moderne Kosten- und Leistungsrechnung. Grundlagen und praktische Gestaltung, 7. Aufl., Wien 1993.

Seidenschwarz, W.: Target Costing. Marktorientiertes Zielkostenmanagement, München 1993.

Strecker, A.: Prozeßkostenrechnung in Forschung und Entwicklung, München 1991.

Swoboda, P.: Die betriebliche Anpassung als Problem des betrieblichen Rechnungswesens, Wiesbaden 1964.

Vikas, K.: Controlling im Dienstleistungsbereich mit Grenzplankostenrechnung, Wiesbaden 1989.

Vormbaum, H.: Kalkulationsarten und Kalkulationsverfahren, 4. Aufl., Stuttgart 1977.

Vormbaum, H., Rautenberg, H. G.: Plankostenrechnung, Baden-Baden u. a. 1985.

Weber, J.: Einführung in das Rechnungswesen II, Kostenrechnung, 4. Aufl., Stuttgart 1995.

Weber, K.: Amerikanisches Direct Costing, Bern, Stuttart 1970.

Wilkens, K.: Kosten- und Leistungsrechnung, 7. Aufl., München 1990.

Witt, F. J.: Deckungsbeitragsmanagement, München 1991.

Zimmermann, G.: Grundzüge der Kostenrechnung, 6. Aufl., München, Wien 1996.

Sachverzeichnis

Buchanzeigen

Rechnungswesen und Finanzierung

Wöhe, Bilanzierung und Bilanzpolitik

Betriebswirtschaftlich – Handelsrechtlich – Steuerrechtlich. Mit einer Einführung in die verrechnungstechnischen Grundlagen.
Von Prof. Dr. Dr. h. c. mult. *Günter Wöhe*. 8., völlig neubearbeitete und erweiterte Auflage. 1992. XXVII, 1091 Seiten. Gebunden DM 78,– ISBN 3-8006-1635-1
(Vahlens Handbücher der Wirtschafts- und Sozialwissenschaften)

Das in 8., stark überarbeiteter Auflage vorliegende Standardwerk ist als Lehrbuch für Studenten der Wirtschaftswissenschaften wie auch für Praktiker in den Betrieben, Kanzleien und Verwaltungen konzipiert worden, die, ohne Vorkenntnisse zu besitzen, in das Gebiet der Bilanzierung und Bilanzpolitik eindringen oder ihre früher erworbenen Kenntnisse erweitern und vertiefen wollen. Der erste Teil gibt einen generellen Überblick über das Rechnungswesen, die Grundbegriffe und die verrechnungstechnischen Grundlagen der Bilanzierung. Es folgen Abschnitte über Bilanzierungsgrundsätze, die Gliederung und Bewertung der Bilanzpositionen, Bildung und Auflösung von Rücklagen, Bewertungs- und Rücklagenpolitik sowie die Erfolgsrechnung, den Anhang und Lagebericht und schließlich die Rechnungslegung in Konzernen.

Wöhe/Kußmaul
Grundzüge der Buchführung und Bilanztechnik

Von Prof. Dr. Dr. h. c. mult. *Günter Wöhe* und Prof. Dr. *Heinz Kußmaul*. 2., überarbeitete Auflage. 1996. XVIII, 361 Seiten. Kartoniert DM 42,–
ISBN 3-8006-2082-0
(Lernbücher für Wirtschaft und Recht, herausgegeben von Prof. Dr. Dr. h. c. mult. Günter Wöhe und Prof. Dr. Dr. h. c. Gerhard Lüke)

Das Buch hat in erster Linie die Aufgabe, den Leser in das System der doppelten Buchführung und in die Technik der Erstellung der Bilanz und der Gewinn- und Verlustrechnung (Jahresabschluß) einzuführen. Folglich bilden die begrifflichen und verrechnungstechnischen Grundlagen, die buchtechnische Behandlung der wichtigsten Geschäftsvorfälle bei Handels- und Industriebetrieben und die Technik der Aufstellung des Jahresabschlusses den Schwerpunkt der Ausführungen.
Da aber sowohl die Führung von Büchern als auch der Aufbau und Inhalt des Jahresabschlusses gesetzlich geregelt sind, war es erforderlich, der Buchführungs- und Bilanztechnik die gesetzlichen Vorschriften zur Führung von Büchern und zur Aufstellung des Jahresabschlusses sowie die Grundsätze ordnungsmäßiger Buchführung und Bilanzierung voranzustellen.

Wöhe/Bilstein
Grundzüge der Unternehmensfinanzierung

Von Prof. Dr. Dr. h. c. mult. *Günter Wöhe* und Dr. *Jürgen Bilstein*. 7., überarbeitete und erweiterte Auflage. 1994. XVI, 383 Seiten. Kartoniert DM 32,–
ISBN 3-8006-1771-X
(Lernbücher für Wirtschaft und Recht, herausgegeben von Prof. Dr. Dr. h. c. mult. Günter Wöhe und Prof. Dr. Dr. h. c. Gerhard Lüke)

Durch seine ausführliche, umfassende und verständliche Darstellung der Unternehmensfinanzierung ist dieses Buch in Studium, (bank-)betrieblicher Aus- und Weiterbildung sowie Praxis gleichermaßen geschätzt. Das Werk ist inhaltlich ausgewogen und didaktisch ausgereift.

Verlag Vahlen München

Betriebswirtschaftliche Steuerlehre

Wöhe, Die Steuern des Unternehmens

Von Prof. Dr. Dr. h. c. mult. *Günter Wöhe*. 6., überarbeitete und erweiterte Auflage. 1991. XX, 518 Seiten. Kartoniert DM 49,50 ISBN 3-8006-1555-X
(WiSo-Kurzlehrbücher, Reihe Betriebswirtschaft)

Dieses in Studium und Weiterbildung gleichermaßen geschätzte Lehrbuch gibt einen Überblick über die Besteuerung des Einkommens, der Ertragserzielung und Vermögenssubstanz und der Einkommens- und Vermögensverwendung; ferner über das Besteuerungsverfahren der Unternehmungen. Die Auswahl aus der Vielzahl der steuerlichen Einzelvorschriften ist so getroffen, daß sowohl Studierende als auch Praktiker sich eine schnelle Übersicht über das geltende Steuersystem und seine Mängel verschaffen können, ohne einen dicken Kommentar wälzen zu müssen. Aufgaben, Entwicklung, Rechtfertigung, Bemessungsgrundlagen, Tarif und wirtschaftliche Bedeutung jeder Steuer werden nach dem neusten Stand der Rechtsprechung erörtert. Tabellarische Übersichten über die wichtigsten Merkmale finden sich nach jeder Steuerart.

Wöhe/Bieg
Grundzüge der Betriebswirtschaftlichen Steuerlehre

Von Prof. Dr. Dr. h. c. mult. *Günter Wöhe* und Prof. Dr. *Hartmut Bieg* unter Mitarbeit von Dipl.-Kfm. *Christoph Kneip*. 4., neubearbeitete Auflage. 1995. XXI, 519 Seiten. Kartoniert DM 56,– ISBN 3-8006-1927-X
(Lernbücher für Wirtschaft und Recht, herausgegeben von Prof. Dr. Dr. h. c. mult. Günter Wöhe und Prof. Dr. Dr. h. c. Gerhard Lüke)

Das Buch gibt einen Überblick über die Hauptprobleme der Betriebswirtschaftlichen Steuerlehre. Es richtet sich nicht nur an Studierende, die Betriebswirtschaftliche Steuerlehre als Spezial- und Prüfungsfach wählen, sondern alle Studierenden der Betriebswirtschaftslehre an Universitäten, Hochschulen und Akademien sowie die mit Steuerfragen befaßten Praktiker.

Wöhe, Betriebswirtschaftliche Steuerlehre

Von Prof. Dr. Dr. h. c. mult. *Günter Wöhe*
(Vahlens Handbücher der Wirtschafts- und Sozialwissenschaften)

Band I/1: Die Steuern des Unternehmens – Das Besteuerungsverfahren
6., völlig neubearbeitete Auflage. 1988. XXII, 718 Seiten. Gebunden DM 85,–
ISBN 3-8006-1199-6

Band I/2: Der Einfluß der Besteuerung auf das Rechnungswesen des Betriebes.
Steuerbilanz – Vermögensaufstellung – Steuerliche Betriebsprüfung
7., überarbeitete Auflage. 1992. XXIII, 720 Seiten. Gebunden DM 78,–
ISBN 3-8006-1687-4

Band II/1: Der Einfluß der Besteuerung auf die Wahl und den Wechsel der Rechtsform des Betriebes
5., neubearbeitete Auflage. 1990. XXI, 608 Seiten. Gebunden DM 72,–
ISBN 3-8006-1424-3

Band II/2: Der Einfluß der Besteuerung auf Unternehmenszusammenschlüsse und Standortwahl im nationalen und internationalen Bereich
3., völlig neubearbeitete Auflage. 1982. XX, 452 Seiten. Gebunden DM 68,–
ISBN 3-8006-0695-X

Verlag Vahlen München

Die Klassiker-Reihe:

Vahlens Handbücher der Wirtschafts- und Sozialwissenschaften

Arndt/Rudolf, Öffentliches Recht
Grundriß für das Studium der Rechts- und Wirtschaftswissenschaft.
Von Prof. Dr. *Hans-Wolfgang Arndt* und Prof. Dr. *Walter Rudolf.*
11., überarbeitete Auflage. 1996. XV, 283 Seiten. Gebunden DM 34,–
ISBN 3-8006-2055-3

Backhaus, Investitionsgütermarketing
Von Prof. Dr. *Klaus Backhaus.*
4., überarbeitete Auflage. 1995. XVIII, 637 Seiten. Gebunden DM 75,–
ISBN 3-8006-1965-2

Blohm/Lüder, Investition
Schwachstellenanalyse des Investitionsbereichs und Investitionsrechnung.
Von Prof. Dr.-Ing. *Hans Blohm* und Prof. Dr. *Klaus Lüder.*
8., aktualisierte und ergänzte Auflage. 1995. XI, 372 Seiten. Gebunden DM 48,–
ISBN 3-8006-1926-1

Eisele, Technik des betrieblichen Rechnungswesens
Buchführung, Kostenrechnung, Sonderbilanzen.
Von Prof. Dr. *Wolfgang Eisele.*
5., überarbeitete und erweiterte Auflage. 1993. XXIV, 1082 Seiten und
2 Falttafeln. Gebunden DM 78,–
ISBN 3-8006-1669-6

Horváth, Controlling
Von Prof. Dr. *Péter Horváth.*
6., vollständig überarbeitete Auflage. 1996. XVI, 877 Seiten. Gebunden
DM 120,–
ISBN 3-8006-2052-9

Klunzinger, Einführung in das Bürgerliche Recht
Grundkurs für Studierende der Rechts- und Wirtschaftswissenschaften.
Von Prof. Dr. *Eugen Klunzinger.*
6., verbesserte Auflage. 1995. XLVIII, 480 Seiten. Gebunden DM 49,–
ISBN 3-8006-1967-9

Kroeber-Riel, Konsumentenverhalten
Von Prof. Dr. *Werner Kroeber-Riel.*
5., überarbeitete und ergänzte Auflage. 1992
XIV, 784 Seiten. Gebunden DM 84,–
ISBN 3-8006-1656-4

Müller-Merbach, Operations Research
Methoden und Modelle der Optimalplanung.
Von Prof. Dr. *Heiner Müller-Merbach.*
3., durchgesehene Auflage. 1973. XX, 565 Seiten. Gebunden DM 49,50
ISBN 3-8006-0388-8

Perridon/Steiner, Finanzwirtschaft der Unternehmung
Von Prof. Dr. *Louis Perridon* und Prof. Dr. *Manfred Steiner.*
8., überarbeitete Auflage. 1995. XXX, 656 Seiten. Gebunden DM 49,–
ISBN 3-8006-1899-0

Rose/Sauernheimer, Theorie der Außenwirtschaft
Von Prof. Dr. *Klaus Rose* und Prof. Dr. *Karlhans Sauernheimer.*
12., überarbeitete Auflage. 1995. XXII, 641 Seiten. Gebunden DM 68,–
ISBN 3-8006-1950-4

Scholz, Personalmanagement
Informationsorientierte und verhaltensorientierte Grundlagen.
Von Prof. Dr. *Christian Scholz.*
4., verbesserte Auflage. 1994. XXI, 940 Seiten. Gebunden DM 78,–
ISBN 3-8006-1904-0

Schweitzer/Küpper, Systeme der Kosten- und Erlösrechnung
Von Prof. Dr. *Marcell Schweitzer* und Prof. Dr. *Hans-Ulrich Küpper.*
6., vollständig überarbeitete und erweiterte Auflage. 1995
XX, 754 Seiten. Gebunden DM 58,–
ISBN 3-8006-1598-3

Staehle, Management
Eine verhaltenswissenschaftliche Perspektive.
Von Prof. Dr. *Wolfgang Staehle†*, überarbeitet von Prof. Dr. *Peter Conrad* und
Prof. Dr. *Jörg Sydow.*
7., überarbeitete Auflage. 1994. XVI, 1019 Seiten. Gebunden DM 88,–
ISBN 3-8006-1892-3

Teichmann, Grundriß der Konjunkturpolitik
Von Prof. Dr. *Ulrich Teichmann.* 4., verbesserte und erweiterte Auflage. 1988
XVI, 376 Seiten. Gebunden DM 45,–
ISBN 3-8006-1325-5

Wicke, Umweltökonomie
Eine praxisorientierte Einführung.
Von Prof. Dr. *Lutz Wicke* unter Mitarbeit von *Lieselotte Blenk.*
4., überarbeitete, erweiterte und aktualisierte Auflage. 1993
XVIII, 712 Seiten. Gebunden DM 85,–
ISBN 3-8006-1720-X

Wöhe, Einführung in die Allgemeine Betriebswirtschaftslehre
Von Prof. Dr. Dr. h. c. mult. *Günter Wöhe.*
19., überarbeitete Auflage. 1996
XXXVIII, 1403 Seiten. Gebunden DM 54,–
ISBN 3-8006-2092-8

Woll, Allgemeine Volkswirtschaftslehre
Von Prof. Dr. Dr. h. c. *Artur Woll.*
12., überarbeitete und ergänzte Auflage. 1996. XV, 691 Seiten.
Gebunden DM 48,–
ISBN 3-8006-2091-X

Zimmermann/Henke, Finanzwissenschaft
Eine Einführung in die Lehre von der öffentlichen Finanzwirtschaft.
Von Prof. Dr. *Horst Zimmermann* und Prof. Dr. *Klaus-Dirk Henke.*
7., völlig überarbeitete Auflage. 1994. XXV, 499 Seiten.
Gebunden DM 68,–
ISBN 3-8006-1819-2

Verlag Vahlen München